Kipker/Reusch/Ritter (Hrsg.)
Recht der Informationssicherheit

Recht der Informationssicherheit

Kommentar

Herausgegeben von

Prof. Dr. Dennis-Kenji Kipker
Professor für IT-Sicherheitsrecht an der HSB
Legal Advisor für den VDE Verband der Elektrotechnik
Elektronik Informationstechnik e.V. in Offenbach am Main

Philipp Reusch
Rechtsanwalt in Berlin
Lehrbeauftragter für Produkthaftung und Produktsicherheit
an der RWTH Aachen
Lehrbeauftragter an der TH Köln

Steve Ritter
Referatsleiter IT-Sicherheit und Recht beim Bundesamt für Sicherheit
in der Informationstechnik (BSI)

Bearbeitet von den Herausgebern und

Klaus Beucher, LL.M. (Wisconsin); Dr. Markus Böhme, LL.M.;
Dr. Vyacheslav Bortnikov; Dr. Anne Brandenburg;
Mareike Christine Gehrmann; Moritz Glade; Dr. Martin Hecheltjen;
Prof. Dr. Tobias Herbst; Stefan Hessel, LL.M.; Detlef Klett;
Dr. Hannfried Leisterer; Dr. Carlo Piltz; Karin Potel;
Dr. Philipp Roos; Dr. Paul Voigt, Lic. en Derecho, CIPP/E;
Rebekka Weiß, LL.M.; Rigo Wenning; Johannes Zwerschke, LL.M.

2023

C.H.BECK

Zitiervorschlag: Kipker/Reusch/Ritter/Brandenburg BSIG § 3a Rn. 1

www.beck.de

ISBN 978 3 406 78339 5

Wilhelmstraße 9, 80801 München

Umschlaggestaltung: Druckerei C. H. Beck Nördlingen

Druck und Bindung: Beltz Grafische Betriebe GmbH,
Am Fliegerhorst 8, 99947 Bad Langensalza

Satz: Jung Crossmedia Publishing GmbH
Gewerbestraße 17, 35633 Lahnau

CO_2 neutral
chbeck.de/nachhaltig

Gedruckt auf säurefreiem, alterungsbeständigem Papier
(hergestellt aus chlorfrei gebleichtem Zellstoff)

Vorwort

Informationssicherheit, Cybersecurity, IT-Sicherheit, Datensicherheit: Diese Begriffe stehen allesamt für ein Thema, das wichtiger denn je ist, um Staat, Wirtschaft und Gesellschaft vor schädlichen Auswirkungen aus dem Cyberraum zu schützen. Jüngst belegen die Corona-Pandemie und der Krieg in der Ukraine, dass die Schutzbedarfe ganz erheblich gestiegen und die Bedrohungslagen international vielfältig sind. Dementsprechend müssen auch die erhöhten gemeinsamen Anstrengungen von Regierung, Behörden und Unternehmen vor diesem Hintergrund gesehen werden. Zuvorderst geht es darum, informationstechnische Systeme in den unterschiedlichsten Sektoren und Branchen sowie von verschiedener Größe vom KMU bis hin zum transnational agierenden Konzern technisch-organisatorisch abzusichern. Ein solches Vorgehen kann jedoch nicht im „luftleeren Raum" stattfinden, sondern muss stets an Leitsätze und verbindliche, konkretisierende Vorgaben geknüpft sein. Dies ist die Aufgabe der Gesetzgebung zur Informationssicherheit, der sich dieser Kommentar widmet. Bewusst wird der Blick dabei nicht nur auf das deutsche, sondern auch auf das europäische Recht gerichtet, denn längst geht es nicht mehr allein darum, den Schutz ausschließlich von Kritischen Infrastrukturen auf nationaler Ebene sicherzustellen, sondern es müssen der europäische digitale Binnenmarkt und dessen digitale Souveränität in die Betrachtung einbezogen werden. Auch findet der Informationsaustausch zu den Gefahren für die Cybersicherheit und deren Abwehr mitgliedstaatenübergreifend statt, da die Cyberbedrohungen nicht an nationalstaatlichen Grenzen enden. Die Cybersecurity ist zu einer horizontalen, multidisziplinären und hybriden Herausforderung geworden, die alle Sektoren und Branchen gleichermaßen adressiert und über die Bezüge zur Datensicherheit auch im Datenschutzrecht eine bedeutende Rolle spielt. Sie beginnt im Kleinen bei Themen des Verbraucherschutzes und der Absicherung von IoT, bewegt sich im Kontext industrieller Umgebungen sowie industrieller Steuerungssysteme und reicht bis zur Absicherung der Kritischen Infrastrukturen und zentraler staatlicher Einrichtungen. Betroffen sein können dabei Hardware, Software und eingebettete Systeme gleichermaßen. Die Vielfalt dieser Möglichkeiten zur rechtlichen Regulierung einerseits, andererseits aber auch ihre Bezüge zur praxisgerechten Umsetzung will der Kommentar zum Recht der Informationssicherheit aktuell und systematisch aufbereitet, verständlich sowie detailreich formuliert wiedergeben, indem er als tägliches Arbeitsmittel dabei unterstützt, den richtigen Maßstab für die Cybersecurity im konkreten Einzelfall zu bestimmen.

Bremen/Berlin/Königswinter
im Dezember 2022

Prof. Dr. Dennis-Kenji Kipker
Philipp Reusch
Steve Ritter

Bearbeiterverzeichnis

Klaus Beucher, LL.M. (Wisconsin) Rechtsanwalt in Köln	§§ 7, 7 c, 7 d, 44 b AtG; Art. 58–69 CSA
Dr. Markus Böhme, LL.M. Rechtsanwalt in Düsseldorf	§ 11 EnWG
Dr. Vyacheslav Bortnikov Regierungsdirektor beim Bundesbeauftragten für den Datenschutz und die Informationsfreiheit	§§ 29, 30 TTDSG
Dr. Anne Brandenburg Oberregierungsrätin beim Bundesamt für Sicherheit in der Informationstechnik	§§ 3 a, 6–6 f, 7 a, 8 BSIG
Mareike Christine Gehrmann Rechtsanwältin in Düsseldorf	§ 178 TKG; § 12 TTDSG
Moritz Glade Regierungsrat beim Bundesamt für Sicherheit in der Informationstechnik	§§ 7 d, 9, 9 b, 9 c, 14 BSIG; §§ 1, Anhang 1–7 BSI-KritisV
Dr. Martin Hecheltjen Oberregierungsrat beim Bundesamt für Sicherheit in der Informationstechnik	§§ 5, 5 b BSIG
Prof. Dr. Tobias Herbst Professor an der Hochschule für Polizei und öffentliche Verwaltung NRW Privatdozent an der Humboldt-Universität zu Berlin	Art. 5 DS-GVO
Stefan Hessel, LL.M. Rechtsanwalt in Saarbrücken	§§ 8 b, 8 c BSIG; §§ 165–169 TKG
Prof. Dr. Dennis-Kenji Kipker Professor für IT-Sicherheitsrecht an der HSB Legal Advisor für den VDE Verband der Elektrotechnik Elektronik Informationstechnik e.V. in Offenbach am Main	Art. 24 DS-GVO
Detlef Klett Rechtsanwalt in Düsseldorf	§ 178 TKG, § 12 TTDSG

Bearbeiterverzeichnis

Dr. Hannfried Leisterer Regierungsrat beim Bundesministerium des Innern und für Heimat	§§ 4, 4b, 5a, 7, 8f, 9b, 10, 13 BSIG
Dr. Carlo Piltz Rechtsanwalt in Berlin	Art. 32 DS-GVO
Karin Potel Rechtsanwältin in Saarbrücken	§§ 8b, 8c BSIG
Philipp Reusch Rechtsanwalt in Berlin Lehrbeauftragter für Produkthaftung und Produktsicherheit an der RWTH Aachen	Art. 51–57 CSA
Steve Ritter Referatsleiter IT-Sicherheit und Recht beim Bundesamt für Sicherheit in der Informationstechnik (BSI) Lehrbeauftragter an der TH Köln	§§ 1–3, 4a, 5c, 7b, 7c, 8a, 8d, 8e, 9a, 11, 12, 14a, 15 BSIG; §§ 2–9, Anhang 1–7 BSI-KritisV
Dr. Philipp Roos Rechtsanwalt in Düsseldorf	§§ 7, 7c, 7d, 44b AtG; Art. 58–69 CSA
Dr. Paul Voigt, Lic. en Derecho, CIPP/E Rechtsanwalt in Berlin	§ 11 EnWG
Rebekka Weiß, LL.M. Leiterin Vertrauen & Sicherheit	Art. 46–50 CSA
Rigo Wenning Unternehmensjurist und Rechtsanwalt in Frankfurt am Main	Art. 1–45 CSA
Johannes Zwerschke, LL.M. Rechtsanwalt in Berlin	§ 19 Abs. 4 TTDSG; Art. 32 DS-GVO

Inhaltsverzeichnis

Gesetz über das Bundesamt für Sicherheit in der Informationstechnik (BSI-Gesetz – BSIG)

Verordnung zur Bestimmung Kritischer Infrastrukturen nach dem BSI-Gesetz (BSI-Kritisverordnung – BSI-KritisV)

Gesetz über die friedliche Verwendung der Kernenergie und den Schutz gegen ihre Gefahren (Atomgesetz)

Gesetz über die Elektrizitäts- und Gasversorgung (Energiewirtschaftsgesetz – EnWG)

Telekommunikationsgesetz (TKG)

Gesetz über den Datenschutz und den Schutz der Privatsphäre in der Telekommunikation und bei Telemedien (Telekommunikation-Telemedien-Datenschutz-Gesetz – TTDSG)

Verordnung (EU) 2019/881 des Europäischen Parlaments und des Rates vom 17. April 2019 über die ENISA (Agentur der Europäischen Union für Cybersicherheit) und über die Zertifizierung der Cybersicherheit von Informations- und Kommunikationstechnik und zur Aufhebung der Verordnung (EU) Nr. 526/2013 (Rechtsakt zur Cybersicherheit)

Titel I Allgemeine Bestimmungen

Titel II ENISA (Agentur der Europäischen Union für Cybersicherheit)

Kapitel I Mandat und Ziele

Kapitel II Aufgaben

Kapitel III Organisation der ENISA

Abschnitt 1 Verwaltungsrat

Abschnitt 2 Exekutivrat

Abschnitt 3 Exekutivdirektor

Abschnitt 4 ENISA-Beratungsgruppe, Gruppe der Interessenträger für die Cybersicherheitszertifizierung und Netz der nationalen Verbindungsbeamten

Abschnitt 5 Arbeitsweise

Abkürzungsverzeichnis

1. KritisÄndVO	Erste Verordnung zur Änderung der BSI-Kritisverordnung v. 21.6.2017 (BGBl. I S. 1903)
2. DSAnpUG-EU . .	Zweites Gesetz zur Anpassung des Datenschutzrechts an die Verordnung (EU) 2016/679 und zur Umsetzung der Richtlinie (EU) 2016/680 (Zweites Datenschutz-Anpassungs- und Umsetzungsgesetz EU – 2. DSAnpUG-EU) vom 20.11.2019 (BGBl. I S. 1626)
2. KritisÄndVO	Zweite Verordnung zur Änderung der BSI-Kritisverordnung v. 6.9.2021 (BGBl. I S. 4163)
4. BImSchV	Vierte Verordnung zur Durchführung des Bundes-Immissionsschutzgesetzes (Verordnung über genehmigungsbedürftige Anlagen – 4. BImSchV) idF der Bekanntmachung vom 31.5.2017 (BGBl. I S. 1440)
aA	andere(r) Ansicht
ABl.	Amtsblatt
ABM	Activity Based Management
Abschn.	Abschnitt
abw.	abweichend
AbwAG	Abwasserabgabengesetz
ADR-RL	Richtlinie 2013/11/EU des Europäischen Parlaments und des Rates vom 21.5.2013 über die alternative Beilegung verbraucherrechtlicher Streitigkeiten und zur Änderung der Verordnung (EG) Nr. 2006/2004 und der Richtlinie 2009/22/EG (Richtlinie über alternative Streitbeilegung in Verbraucherangelegenheiten) (ABl. L 165 S. 63)
aE	Am Ende
AEUV	Vertrag über die Arbeitsweise der Europäischen Union in der Fassung der Bekanntmachung vom 9.5.2008
aF	alte Fassung
AG	Amtsgericht, Aktiengesellschaft, Arbeitsgruppe
AHWG	Ad-Hoc Working Group on 5G Cybersecurity Certification
Akkreditierungs-VO	Verordnung (EG) 765/2008 des Europäischen Parlaments und des Rates vom 9.7.2008 über die Vorschriften für die Akkreditierung und zur Aufhebung der Verordnung (EWG) Nr. 339/93 (Text von Bedeutung für den EWR) (ABl.L 218 S. 30)
AkkStelleG	Gesetz über die Akkreditierungsstelle (Akkreditierungsstellengesetz – AkkStelleG) vom 31.7.2009 (BGBl. I S. 2625)
AkkStelleGBV	Verordnung über die Beleihung der Akkreditierungsstelle nach dem Akkreditierungsstellengesetz (AkkStelleG-Beleihungsverordnung – AkkStelleGBV) vom 21.12.2009 (BGBl. I S. 3962)
AktG	Aktiengesetz
allg.	allgemein
Alt.	Alternative
AMG	Arzneimittelgesetz
ÄnderRL	Änderungsrichtlinie
ÄndG	Änderungsgesetz
ÄndVO	Änderungsverordnung
ANSSI	Agence nationale de la sécurité des systèmes d'information

Abkürzungsverzeichnis

ApoG	Apothekengesetz
APT	Advanced Persistent Threats
ArbR	Arbeitsrecht
ArbSchG	Arbeitsschutzgesetz
ARegV	Verordnung über die Anreizregulierung der Energieversorgungsnetze (Anreizregulierungsverordnung – ARegV) vom 29.10.2007 (BGBl. I S. 2529)
Art.	Artikel
Artikel 10-Gesetz	Gesetz zur Beschränkung des Brief-, Post- und Fernmeldegeheimnisses v. 26.6.2001 (BGBl. I S. 1254, ber. S. 2298, 2017 S. 154)
AT	Allgemeiner Teil
AtG	Gesetz über die friedliche Verwendung der Kernenergie und den Schutz gegen ihre Gefahren (Atomgesetz) idF der Bekanntmachung vom 15.7.1985 (BGBl. I S. 1565)
AtSMV	Verordnung über den kerntechnischen Sicherheitsbeauftragten und über die Meldung von Störfällen und sonstigen Ereignissen
Aufl.	Auflage
Ausschuss-Drs.	Ausschuss-Drucksache
AVBEltV	Verordnung über Allgemeine Bedingungen für die Elektrizitätsversorgung von Tarifkunden
AVBFernwärmeV	Verordnung über Allgemeine Bedingungen für die Versorgung mit Fernwärme (AVBFernwärmeV) vom 20.6.1980 (BGBl. I S. 742)
AVBGasV	Verordnung über Allgemeine Bedingungen für die Gasversorgung von Tarifkunden
AVV	Allgemeine Verwaltungsvorschrift
AWG	Außenwirtschaftsgesetz
AWV	Außenwirtschaftsverordnung (AWV) vom 2.8.2013 (BGBl. I S. 2865)
Az.	Aktenzeichen
B 2004/97/EG	Einvernehmlicher Beschluss der auf Ebene der Staats- und Regierungschefs vereinigten Vertreter der Mitgliedstaaten vom 13.12.2003 über die Festlegung der Sitze bestimmter Ämter, Behörden und Agenturen der Europäischen Union (2004/97/EG, Euratom) (ABl. Nr. L 29 S. 15)
B.	Bericht
B3S	Branchenspezifische Sicherheitsstandards
BADV	Bodenabfertigungsdienst-Verordnung
BAFA	Bundesamt für Wirtschaft und Ausfuhrkontrolle
BAG	Bundesarbeitsgericht
BÄK	Bundesärztekammer
BAnz.	Bundesanzeiger
BauGB	Baugesetzbuch
BayEGovG	Gesetz über die elektronische Verwaltung in Bayern
BayKSG	Bayrisches Katastrophenschutzgesetz
BayLDA	Bayerisches Landesamt für Datenschutzaufsicht
BayLfD	Bayerische(r Landesbeauftragte(r) für den Datenschutz
BayRS	Bayerische Rechtssammlung
BBK	Bundesamt für Bevölkerungsschutz und Katastrophenhilfe
Bd., Bde.	Band, Bände
BDI	Bundesverband der Deutschen Industrie
BDSG	Bundesdatenschutzgesetz (BDSG) v. 30.6.2017 (BGBl. I S. 2097)
beA	besonderes elektronisches Anwaltspostfach
BeckOK	Beck'scher Online-Kommentar

BeckRS	Beck-Rechtsprechung
Begr.	Begründung oder Begründer
BEGTPG	Gesetz über die Bundesnetzagentur für Elektrizität, Gas, Telekommunikation, Post und Eisenbahnen
BEREC	Body of European Regulators for Electronic Communications
BerlKommEnergieR	Berliner Kommentar zum Energierecht
Berufsanerkennungs-RL	Richtlinie 2005/36/EG des Europäischen Parlaments und des Rates vom 7.9.2005 über die Anerkennung von Berufsqualifikationen (ABl. L 255 S. 22, ber. ABl. 2007 L 271 S. 18, ABl. 2008 L 93 S. 28, ABl. 2009 L 33 S. 49, ABl. 2014 L 305 S. 115)
Beschl.	Beschluss
Beschluss (EU, Euratom) 2015/443	Beschluss (EU, Euratom) 2015/443 der Kommission vom 13.3.2015 über Sicherheit in der Kommission (ABl. L 72 S. 41)
Beschluss (EU, Euratom) 2015/444	Beschluss (EU, Euratom) 2015/444 der Kommission vom 13.3.2015 über die Sicherheitsvorschriften für den Schutz von EU-Verschlusssachen (ABl. L 72 S. 53)
Betrugsbekämpfung OLAF	Verordnung (EG) Nr. 1073/1999 des Europäischen Parlaments und des Rates vom 25.5.1999 über die Untersuchungen des Europäischen Amtes für Betrugsbekämpfung (OLAF) (ABl. Nr. L 136 S. 1)
BfDI	Bundesbeauftragte(r) für den Datenschutz und die Informationsfreiheit
BfIT/CIO	Beauftragter der Bundesregierung für Informationstechnik
BfV	Bundesamt für Verfassungsschutz
BGB	Bürgerliches Gesetzbuch
BGBl. I (II, III)	Bundesgesetzblatt Teil I (II, III)
BGebG	Gesetz über Gebühren und Auslagen des Bundes (Bundesgebührengesetz – BGebG) v. 7.8.2013 (BGBl. I S. 3154)
BGebRAK	Gesetz zur Aktualisierung der Strukturreform des Gebührenrechts des Bundes
BGH	Bundesgerichtshof
BHO	Bundeshaushaltsordnung
BImSchG	Gesetz zum Schutz vor schädlichen Umwelteinwirkungen durch Luftverunreinigungen, Geräusche, Erschütterungen und ähnliche Vorgänge (Bundes-Immissionsschutzgesetz – BImSchG) idF der Bek. v. 17.5.2013 (BGBl. I S. 1274, ber. 2021 I S. 123)
BISG	Bundesverband der IT-Sachverständigen und Gutachter e. V.
BK6-18-249	Genehmigung des Vorschlags der deutschen Übertragungsnetzbetreiber (ÜNB) für die vertraglichen Modalitäten für Anbieter von Systemdienstleistungen zum Netzwiederaufbau gem. Art. 4 Abs. 4 der Verordnung (EU) 2017/2196 (E&R-Verordnung)
BKA	Bundeskriminalamt
BKartA	Bundeskartellamt
Bl.	Blatt
BlmSchV	Verordnung zur Durchführung des Bundesimmissionsschutzgesetzes
BMI	Bundesminister(ium) des Innern
BMIBGebV	Besondere Gebührenverordnung des Bundesministeriums des Innern, für Bau und Heimat für individuell zurechenbare öffentliche Leistungen in dessen Zuständigkeitsbereich (Besondere Gebührenverordnung BMI – BMIBGebV) vom 2.9.2019 (BGBl. I S. 1359)

Abkürzungsverzeichnis

BMJV	Bundesminister(ium) der Justiz und für Verbraucherschutz
BMU	Bundesministerium für Umwelt, Naturschutz, nukleare Sicherheit und Verbraucherschutz
BMVG	Bundesministerium der Verteidigung
BNAG	Gesetz über die Bundesnetzagentur für Elektrizität, Gas, Telekommunikation, Post und Eisenbahnen vom 7.7.2005 (BGBl. I S. 1970, 2009)
BND	Bundesnachrichtendienst
BNDG	Gesetz über den Bundesnachrichtendienst (BND-Gesetz – BNDG) v. 20.12.1990 (BGBl. I S. 2954)
BNetzA	Bundesnetzagentur für Elektrizität, Gas, Telekommunikation, Post und Eisenbahnen
BORA	Berufsordnung für Rechtsanwälte
BPolG	Gesetz über die Bundespolizei (Bundespolizeigesetz – BPolG) v. 19.10.1994 (BGBl. I S. 2978)
BR	Bundesrat
BRAK	Bundesrechtsanwaltskammer
BR-Drs.	Bundestagsdrucksache
BReg	Bundesregierung
BSG	Bundessozialgericht
BSI	Bundesamt für Sicherheit in der Informationstechnik
BSI-Errichtungsgesetz 1990	Gesetz über die Errichtung des Bundesamtes für Sicherheit in der Informationstechnik vom 17.12.1990 (BGBl. I S. 2834)
BSIG	Gesetz über das Bundesamt für Sicherheit in der Informationstechnik (BSI-Gesetz – BSIG) v. 14.8.2009 (BGBl. I S. 2821)
BSIGMeldVwV	Allgemeine Verwaltungsvorschrift über das Meldeverfahren gemäß § 4 Abs. 6 BSIG
BSIGuaÄndG	Gesetz zur Umsetzung der Richtlinie (EU) 2016/1148 des Europäischen Parlaments und des Rates vom 6.7.2016 über Maßnahmen zur Gewährleistung eines hohen gemeinsamen Sicherheitsniveaus von Netz- und Informationssystemen in der Union
BSI-ITSiKV	Verordnung zum IT-Sicherheitskennzeichen des Bundesamtes für Sicherheit in der Informationstechnik (BSI-IT-Sicherheitskennzeichenverordnung – BSI-ITSiKV) vom 24.11.2021 (BGBl. I S. 4978)
BSI-KritisV	Verordnung zur Bestimmung Kritischer Infrastrukturen nach dem BSI-Gesetz (BSI-Kritisverordnung – BSI-KritisV) vom 22.4.2016 (BGBl. I S. 958)
BSIZertV	Verordnung über das Verfahren der Erteilung von Sicherheitszertifikaten und Anerkennungen durch das Bundesamt für Sicherheit in der Informationstechnik (BSI-Zertifizierungs- und -Anerkennungsverordnung – BSIZertV) vom 17.12.2014 (BGBl. I S. 2231)
BSI-ZertV	Verordnung über das Verfahren der Erteilung eines Sicherheitszertifikats durch das Bundesamt für Sicherheit in der Informationstechnik (BSI-Zertifizierungsverordnung – BSI-ZertV) vom 7.7.1992 (BGBl. I S. 1230)
bspw.	beispielsweise
BstatG	Bundesstatistikgesetz
BSZ	Beschleunigte Sicherheitszertifizierung
BT	Besonderer Teil, Bundestag
bt.	Absatz
BT-Drs.	Bundestags-Drucksache
BUrlG	Bundesurlaubsgesetz
BVerfG	Bundesverfassungsgericht

BVerfGE	Entscheidungssammlung des Bundesverfassungsgerichts
BVerfSchG	Gesetz über die Zusammenarbeit des Bundes und der Länder in Angelegenheiten des Verfassungsschutzes und über das Bundesamt für Verfassungsschutz (Bundesverfassungsschutzgesetz – BVerfSchG) v. 20.12.1990 (BGBl. I S. 2954)
BVerwG	Bundesverwaltungsgericht
BVerwGE	Entscheidungssammlung des Bundesverwaltungsgerichts
Bzgl.	bezüglich
bzw.	beziehungsweise
C&C	Command and Control Server
ca.	circa
CAFS	Commission Anti-Fraud Strategy
CB	Compliance Berater
CC	Common Criteria
CCRA	Common Criteria Recognition Arrangement
CCS	Cargo Community System
ccTLD	Länderspezifische Top-Level-Domain
CCZ	Corporate Compliance Zeitschrift
CD	Compact Disk
CDN	Content Delivery Netzwerke
CDU	Christlich Demokratische Union Deutschlands
CERT	Computer Emergency Response Teams
CIO	Chief Information Officer
CISPA	Cyber Intelligence Sharing und Protection Act
CNECT	Generaldirektion Kommunikationsnetze, Inhalte und Technologien
CNIL	Commission Nationale de l'Informatique et des Libertés
CPE	Customer Premises Equipment
cPP/SD	Collaborative Protection Profiles and Supporting Documents
CR	Computer und Recht
CSA	Verordnung (EU) 2019/881 des Europäischen Parlaments und des Rates vom 17.4.2019 über die ENISA (Agentur der Europäischen Union für Cybersicherheit) und über die Zertifizierung der Cybersicherheit von Informations- und Kommunikationstechnik und zur Aufhebung der Verordnung (EU) Nr. 526/2013 (Rechtsakt zur Cybersicherheit) (Text von Bedeutung für den EWR)
CSIRT	Computer Security Incident Response Team
CSPN	Certification de Sécurité de Premier Niveau
CSU	Christlich Soziale Union in Bayern
DAkkS	Deutsche Akkreditierungsstelle
Datenschutz-RL	Richtlinie 95/46/EG des Europäischen Parlaments und des Rates vom 24.10.1995 zum Schutz natürlicher Personen bei der Verarbeitung personenbezogener Daten und zum freien Datenverkehr (ABl. L 281 S. 31, ber. 2017 L 40 S. 78)
Datenschutzübereinkommen	Übereinkommen zum Schutz des Menschen bei der automatischen Verarbeitung personenbezogener Daten vom 28.1.1981 (BGBl. 1985 II S. 538)
Datenverkehrs-VO	Verordnung (EU) 2018/1807 des Europäischen Parlaments und des Rates vom 14.11.2018 über einen Rahmen für den freien Verkehr nicht-personenbezogener Daten in der Europäischen Union (ABl. L 303 S. 59)

DAV	Deutscher Anwaltsverein
DDoS	Distributed Denial of Service
DECIX	Deutsche Commercial Internet Exchange
DGIT	Deutsche Gesellschaft für internationalen Technologietransfer
DGRI Jahrbuch	Jahrbuch der Deutschen Gesellschaft für Recht und Informatik e. V.
dh	das heißt
DIN	Deutsches Institut für Normung
DNS	Domain Name System
Drs.	Drucksache
DSAnpUG	Datenschutz-Anpassungs- und Umsetzungsgesetz
DSB	Datenschutz-Berater; Dispute Settlement Body
DS-GVO oder DS-GVO	Verordnung (EU) 2016/679 des Europäischen Parlaments und des Rates vom 27.4.2016 zum Schutz natürlicher Personen bei der Verarbeitung personenbezogener Daten, zum freien Datenverkehr und zur Aufhebung der Richtlinie 95/46/EG (Datenschutz-Grundverordnung) (ABl. L 119 S. 1, ber. L 314 S. 72, 2018 L 127 S. 2 und 2021 L 74 S. 35)
DSK	Datenschutzkonferenz; Konferenz der unabhängigen Datenschutzbehörden des Bundes und der Länder
DSMS	Datenschutzmanagementsystem
DSP	Digital Service Provider
DSRITB	Tagungsband Herbstakademie
DuD	Datenschutz und Datensicherung
Durchführungsverordnung (EU) 2017/373	Durchführungsverordnung (EU) 2017/373 der Kommission vom 1.3.2017 zur Festlegung gemeinsamer Anforderungen an Flugverkehrsmanagementanbieter und Anbieter von Flugsicherungsdiensten sowie sonstiger Funktionen des Flugverkehrsmanagementnetzes und die Aufsicht hierüber sowie zur Aufhebung der Verordnung (EG) Nr. 482/2008, der Durchführungsverordnungen (EU) Nr. 1034/2011, (EU) Nr. 1035/2011 und (EU) 2016/1377 und zur Änderung der Verordnung (EU) Nr. 677/2011 (ABl. L 62 S. 1, ber. ABl. 2020 L 15 S. 9)
Durchführungsverordnung (EU) 2018/151	Durchführungsverordnung (EU) 2018/151 der Kommission vom 30.1.2018 über Vorschriften für die Anwendung der Richtlinie (EU) 2016/1148 des Europäischen Parlaments und des Rates hinsichtlich der weiteren Festlegung der von Anbietern digitaler Dienste beim Risikomanagement in Bezug auf die Sicherheit von Netz- und Informationssystemen zu berücksichtigenden Elemente und der Parameter für die Feststellung erheblicher Auswirkungen eines Sicherheitsvorfalls (ABl. Nr. L 26 S. 48)
DVBl.	Deutsches Verwaltungsblatt
DVD	Digital Versatile Disk
DVPMG	Digitale-Versorgung-und-Pflege-Modernisierungs-Gesetz
E	Entscheidungssammlung, Entwurf
e. V.	eingetragener Verein
EAEC	European Atomic Energy Community
EAG	Europäische Atomgemeinschaft
EAL	Evaluation Assurance Level

EBO .... Eisenbahn-Bau- und Betriebsverordnung
ECCG .... European Cybersecurity Certification Group
ECSM .... European Cybersecurity Month
ECSO .... European Cyber Security Organisation
Ed., Eds. .... Editor, Editors, Edition
EDI .... Electronic Data Interchange
EDPS .... Europäischer Datenschutzbeauftragter
EDSA .... Europäischer Datenschutzausschuss
EEA .... Europäische Umweltagentur
EECC .... European Electronic Communications Code
EEG .... Gesetz für den Ausbau erneuerbarer Energien (Erneuerbare-Energien-Gesetz – EEG 2021) vom 21.7.2014 (BGBl. I S. 1066)
EFTA .... European Free Trade Association
EG .... Europäische Gemeinschaft(en)
EG-Datenschutz-Verordnung ...... Verordnung (EG) Nr. 45/2001 des Europäischen Parlaments und des Rates vom 18.12.2000 zum Schutz natürlicher Personen bei der Verarbeitung personenbezogener Daten durch die Organe und Einrichtungen der Gemeinschaft zum freien Datenverkehr vom 12.1.2001 (ABl. L 8 S. 1)
EGMR .... Europäischer Gerichtshof für Menschenrechte
EGV oder EG-Vertrag Vertrag zur Gründung der Europäischen Gemeinschaft vom 25.3.1957
eIDAS-VO .... Verordnung (EU) 910/2014 des europäischen Parlaments und des Rates vom 23.7.2014 über elektronische Identifizierung und Vertrauensdienste für elektronische Transaktionen im Binnenmarkt und zur Aufhebung der Richtlinie 1999/93/EG (ABl. L 257 S. 73, ber. ABl. 2015 L 23 S. 19 und ABl. 2016 L 155 S. 44)
EL .... Ergänzungslieferung
Elektr. .... elektronisch
Elektronische Kommunikations-kodex–RL .... Richtlinie (EU) 2018/1972 des Europäischen Parlaments und des Rates vom 11.12.2018 über den europäischen Kodex für die elektronische Kommunikation (Neufassung) (Text von Bedeutung für den EWR) (ABl. L 321 S. 36, ber. ABl. 2019 L 334 S. 164)
E-Mail .... Electronic Mail
Empf. 2003/361/EG Empfehlung der Kommission vom 6.5.2003 betreffend die Definition der Kleinstunternehmen sowie der kleinen und mittleren Unternehmen (Bekannt gegeben unter Aktenzeichen K(2003) 1422) (2003/361/EG) (ABl. Nr.L 124 S. 36)
EMRK .... Konvention zum Schutz der Menschenrechte und Grundfreiheiten idF vom 22.10.2010 (BGBl. II S. 1198)
ENISA .... Europäische Agentur für Netz- und Informationssicherheit
entspr. .... entsprechend
EnWG .... Gesetz über die Elektrizitäts- und Gasversorgung (Energiewirtschaftsgesetz – EnWG) vom 7.7.2005 (BGBl. I S. 1970, ber. S. 3621)
EP .... Europäisches Parlament
ePrivacy-RL ...... Richtlinie 2002/58/EG des Europäischen Parlaments und des Rates vom 12.7.2002 über die Verarbeitung personenbezogener Daten und den Schutz der Privatsphäre in der elektronischen Kommunikation (Datenschutzrichtlinie für elektronische Kommunikation) (ABl. L 201 S. 37)

Abkürzungsverzeichnis

ePrivacy-VO . . . . . ePrivacy-Verordnung
ERP-Systeme . . . . . Enterprise-Resource-Planning-Systeme
Erwgr. . . . . Erwägungsgrund
ET . . . . Energiewirtschaftliche Tagesfragen
et al. . . . . und andere
etc . . . . et cetera
ETSI . . . . Europäisches Institut für Telekommunikationsnormen
EU . . . . Europäische Union
EU-Bürgerinitiative-Verordnung 2020 . . . Verordnung (EU) 2019/788 des Europäischen Parlaments und des Rates vom 17.4.2019 über die Europäische Bürgerinitiative (ABl. L 130 S. 55; ber. L 334 S. 168 und 2020 L 424 S. 60)
EUCI . . . . EU classified information
EU-DSGVO . . . . . Europäische Datenschutz-Grundverordnung
EU-DSRL . . . . Richtlinie 95/46/EG des Europäischen Parlaments und des Rates vom 24.10.1995 zum Schutz natürlicher Personen bei der Verarbeitung personenbezogener Daten und zum freien Datenverkehr
EuGH . . . . Gerichtshof der Europäischen Gemeinschaften
EU-Haushaltsordnung 2018 . . . . Verordnung (EU, Euratom) 2018/1046 des Europäischen Parlaments und des Rates vom 18.7.2018 über die Haushaltsordnung für den Gesamthaushaltsplan der Union, zur Änderung der Verordnungen (EU) Nr. 1296/2013, (EU) Nr. 1301/2013, (EU) Nr. 1303/2013, (EU) Nr. 1304/2013, (EU) Nr. 1309/2013, (EU) Nr. 1316/2013, (EU) Nr. 223/2014, (EU) Nr. 283/2014 und des Beschlusses Nr. 541/2014/EU sowie zur Aufhebung der Verordnung (EU, Euratom) Nr. 966/2012 (ABl. L 193 S. 1, ber. 2021 L 65 S. 80)
EU-InfrastrukturschutzRL . . . . Richtlinie 2008/114/EG des Rates vom 8.12.2008 über die Ermittlung und Ausweisung europäischer kritischer Infrastrukturen und die Bewertung der Notwendigkeit, ihren Schutz zu verbessern (ABl. L 345 S. 75)
EUR . . . . Euro (Währung)
EURATOM . . . . . Europäische Atomgemeinschaft
EU-ÜbersetzungszentrumVO . . . . . . Verordnung (EG) Nr. 2965/94 des Rates vom 28.11.1994 zur Errichtung eines Übersetzungszentrums für die Einrichtungen der Europäischen Union (ABl. Nr. L 314 S. 1)
EUV . . . . Vertrag über die Europäische Union idF des Vertrags von Lissabon 13.12.2007 (ABl. C 306 S. 1, ber. ABl. 2008 C 111 S. 56, ABl. 2009 C 290 S. 1, ABl. 2011 C 378 S. 3) (ABl. 2010 C 83 S. 13) (ABl. 2012 C 326 S. 13) (ABl. 2016 C 202 S. 13)
EU-VS . . . . EU-Verschlusssachen
EuZW . . . . Europäische Zeitschrift für Wirtschaftsrecht
evtl. . . . . eventuell
EZB . . . . Europäische Zentralbank

f. . . . . folgende
FamFG . . . . Gesetz über das Verfahren in Familiensachen und in den Angelegenheiten der freiwilligen Gerichtsbarkeit (FamFG) v. 17.12.2008 (BGBl. I S. 2586, 2587)
FAZ . . . . Frankfurter Allgemeine Zeitung
ff. . . . . fortfolgende

FGG	Gesetz über die Angelegenheiten der freiwilligen Gerichtsbarkeit
Finalitäts-RL	Richtlinie 98/26/EG des Europäischen Parlaments und des Rates vom 19.5.1998 über die Wirksamkeit von Abrechnungen in Zahlungs- sowie Wertpapierliefer- und -abrechungssystemen (ABl. L 166 S. 45)
Fn.	Fußnote
FORTH-ICS	Foundation for Research and Technology – Hellas – Institute of Computer Science
FS	Festschrift
FTEG	Gesetz über Funkanlagen und Telekommunikationsendeinrichtungen
G.	Gesetz
GAD	Gesetz über den Auswärtigen Dienst
GasNEV	Verordnung über die Entgelte für den Zugang zu Gasversorgungsnetzen (Gasnetzentgeltverordnung – GasNEV) v. 25.7.2005 (BGBl. I S. 2197)
GasNZV	Verordnung über den Zugang zu Gasversorgungsnetzen (Gasnetzzugangsverordnung – GasNZV) vom 3.9.2010 (BGBl. I S. 1261)
GASP	Gemeinsame Außen- und Sicherheitspolitik
GB-A	Gemeinsamer Bundesausschuss
GBl.	Gesetzblatt, Gesetzblätter
GbR	Gesellschaft bürgerlichen Rechts
GCHQ	Government Communications Headquarters
gem.	gemäß
gen.	genannt
GEREK	Gremium europäischer Regulierungsstellen für elektronische Kommunikation (vgl. auch BEREC)
GEREK-Verordnung	Verordnung (EU) 2018/1971 des Europäischen Parlaments und des Rates vom 11.12.2018 zur Einrichtung des Gremiums europäischer Regulierungsstellen für elektronische Kommunikation (GEREK) und der Agentur zur Unterstützung des GEREK (GEREK-Büro), zur Änderung der Verordnung (EU) 2015/2120 und zur Aufhebung der Verordnung (EG) Nr. 1211/2009 (Text von Bedeutung für den EWR) (ABl. Nr. L 321 S. 1
GeschGehG	Gesetz zum Schutz von Geschäftsgeheimnissen (GeschGehG) v. 18.4.2019 (BGBl. I S. 466)
GewO	Gewerbeordnung idF der Bek. v. 22.2.1999 (BGBl. I S. 202)
GG	Grundgesetz für die Bundesrepublik Deutschland
ggf.	gegebenenfalls
GGO	Gemeinsame Geschäftsordnung der Bundesministerien
GmbHG	Gesetz betreffend die Gesellschaften mit beschränkter Haftung (GmbHG) idF der Bek. V. 20.5.1898 (BGBl. III/FNA 4123-1)
GMBl	Gemeinsames Ministerialblatt
GO	Geschäftsordnung
GRCh	Charta der Grundrechte der Europäischen Union vom 12.12.2007
grds.	grundsätzlich
GRUR	Gewerblicher Rechtsschutz und Urheberrecht
GRUR-RR	Gewerblicher Rechtsschutz und Urheberrecht Rechtsprechungsreport
GRUR-RS	Gewerblicher Rechtsschutz und Urheberrecht Rechtsprechungssammlung
GSZ	Zeitschrift für das gesamte Sicherheitsrecht
gTLD	Generische Top-Level-Domain
GÜAS	Gemeinsame übergeordnete Ansprechstelle

Abkürzungsverzeichnis

GVBl., GV	Gesetz- und Verordnungsblatt
GVG	Gerichtsverfassungsgesetz (GVG) idF der Bek. vom 9.5.1975 (BGBl. I S. 1077)
GWB	Gesetz gegen Wettbewerbsbeschränkungen
GWh	Gigawattstunde
hE	Hiesigen Erachtens
HaftPflG	Haftpflichtgesetz
HdB	Handbuch
HGB	Handelsgesetzbuch v. 10.5.1897 (BGBl. III/FNA 4100-1)
hins.	hinsichtlich
HK	Handkommentar
HmbBfDI	Hamburgischer Beauftragter für Datenschutz und Informationsfreiheit
Hrsg.	Herausgeber
Hs.	Halbsatz
HTML	Hypertext Markup Language
http(s)	(secure) hypertext Transport Protocol
IaaS	Infrastructure as a Service
ICLR	International Conference on Learning
ICMP	Internet Control Message Protocol
ICO	Information Comissioner's Office
idF	in der Fassung
idR	in der Regel
idS	in diesem Sinne
iE	im Erscheinen, im Ergebnis
IETF	Internet Engineering Task Force
IFG	Gesetz zur Regelung des Zugangs zu Informationen des Bundes vom 5.9.2005 (BGBl. I S. 2722)
IIWG	International Industry Working Group
IKT	Informations- und Kommunikationstechnologien
IMCO	Ausschuss für Binnenmarkt und Verbraucherschutz
Info-RL	Richtlinie (EU) 2015/1535 des Europäischen Parlaments und des Rates vom 9.9.2015 über ein Informationsverfahren auf dem Gebiet der technischen Vorschriften und der Vorschriften für die Dienste der Informationsgesellschaft (ABl. L 241 S. 1)
Info-RL 1998	Richtlinie 98/34/EG des Europäischen Parlaments und des Rates vom 22.6.1998 über ein Informationsverfahren auf dem Gebiet der Normen und technischen Vorschriften und der Vorschriften für die Dienste der Informationsgesellschaft (ABl. L 204 S. 37)
inkl.	inklusive
insb.	insbesondere
insg.	insgesamt
InTeR	Innovations- und Technikrecht
IoC	Indicators of Compromise
IoT	Internet of things
IP	Internet Protocol; Internationales Privatrecht/int. Privatrechte
iRd	im Rahmen des/der
iRv	im Rahmen von
ISAC	Information Society Activity Center
iSd	im Sinne des/der
ISi-LANA	Sichere Anbindung von lokalen Netzen an das Internet
ISMS	Informationssicherheitsmanagementsystem

ISO	International Organization for Standardization
iSv	im Sinne von
IT	Informationstechnik
ITK	Informations- und Telekommunikationstechnik
ITRB	IT-Rechtsberater
ITRE	Ausschuss für Industrie, Forschung und Energie
IT-SiG	Gesetz zur Erhöhung der Sicherheit informationstechnischer Systeme (IT-Sicherheitsgesetz) vom 17.7.2015 (BGBl. I S. 1324)
IT-SiG 2.0	Zweites Gesetz zur Erhöhung der Sicherheit informationstechnischer Systeme v. 18.5.2021 (BGBl. I S. 1122, ber. S. 4304)
IT-SiK	IT-Sicherheitskennzeichen
ITS-Richtlinie	Richtlinie 2010/40/EU des Europäischen Parlaments und des Rates vom 7.7.2010 zum Rahmen für die Einführung intelligenter Verkehrssysteme im Straßenverkehr und für deren Schnittstellen zu anderen Verkehrsträgern (ABl. L 207 S. 1)
iVm	in Verbindung mit
IXP	Internet Exchange Points
JI-RL	Richtlinie (EU) 2016/680 des Europäischen Parlaments und des Rates vom 27.4.2016 zum Schutz natürlicher Personen bei der Verarbeitung personenbezogener Daten durch die zuständigen Behörden zum Zwecke der Verhütung, Ermittlung, Aufdeckung oder Verfolgung von Straftaten oder der Strafvollstreckung sowie zum freien Datenverkehr und zur Aufhebung des Rahmenbeschlusses 2008/977/JI des Rates (ABl. L 119 S. 89, ber. 2018 L 127 S. 9 und 2021 L 74 S. 36)
JRC	Joint Research Center
JuS	Juristische Schulung
JVEG	Gesetz über die Vergütung von Sachverständigen, Dolmetscherinnen, Dolmetschern, Übersetzerinnen und Übersetzern sowie die Entschädigung von ehrenamtlichen Richterinnen, ehrenamtlichen Richtern, Zeuginnen, Zeugen und Dritten (Justizvergütungs- und -entschädigungsgesetz – JVEG) vom 5.5.2004 (BGBl. I S. 718, 776)
K&R	Kommunikation und Recht
KabF	Kabinettsfassung
Kap.	Kapitel
Kartellverfahrens-VO	Verordnung (EG) Nr. 1/2003 des Rates vom 16.12.2002 zur Durchführung der in den Artikeln 81 und 82 des Vertrags niedergelegten Wettbewerbsregeln (ABl L 1 S. 1)
KatSG	Katastrophenschutzgesetz
KBV	Kassenärztliche Bundesvereinigung
KG	Kammergericht, Kommanditgesellschaft
KJ	Kritische Justiz
KMU	kleine und mittelständische Unternehmen
KoITB	Konferenz der IT-Beauftragten der Ressorts
KOM	Dokument der EG-Kommission, Legislativvorschläge und andere Kommissionsmitteilungen von allgemeinem Interesse
KomE oder Kom-E	Kommissionsentwurf
Komitologie-VO	Verordnung (EU) Nr. 182/2011 des Europäischen Parlaments und des Rates vom 16.2.2011 zur Festlegung der allgemeinen Regeln und Grundsätze, nach denen die Mitgliedstaaten die Wahrnehmung der Durchführungsbefugnisse durch die Kommission kontrollieren (ABl. L 55 S. 13)

Abkürzungsverzeichnis

Kommunikation-Rahmen-RL	Richtlinie 2002/21/EG des Europäischen Parlaments und des Rates vom 7.3.2002 über einen gemeinsamen Rechtsrahmen für elektronische Kommunikationsnetze und -dienste (ABl. L 108 S. 33)
Kontrollverordnung	Verordnung (Euratom, EG) Nr. 2185/96 des Rates vom 11.11.1996 betreffend die Kontrollen und Überprüfungen vor Ort durch die Kommission zum Schutz der finanziellen Interessen der Europäischen Gemeinschaften vor Betrug und anderen Unregelmäßigkeiten (ABl. L 292 S. 2)
KPI	Key-Performance-Indicatorias
KRITIS	Kritische Infrastruktur
KRITIS-Betreiber	Betreiber einer Kritischen Infrastruktur
KrWG	Gesetz zur Förderung der Kreislaufwirtschaft und Sicherung der umweltverträglichen Bewirtschaftung von Abfällen (Kreislaufwirtschaftsgesetz – KrWG) v. 24.2.2012 (BGBl. I S. 212)
KuR	Kunst und Recht
KWG	Gesetz über das Kreditwesen (Kreditwesengesetz – KWG) idF der Bek. v. 9.9.1998 (BGBl. I S. 2776)
KWKG 2020	Gesetz für die Erhaltung, die Modernisierung und den Ausbau der Kraft-Wärme-Kopplung (Kraft-Wärme-Kopplungsgesetz – KWKG 2020) v. 21.12.2015 (BGBl. I S. 2498)
LAG	Landesarbeitsgericht
Lebensmittel-Basis-VO	Verordnung (EG) 178/2002 des Europäischen Parlaments und des Rates vom 28.1.2002 zur Festlegung der allgemeinen Grundsätze und Anforderungen des Lebensmittelrechts, zur Errichtung der Europäischen Behörde für Lebensmittelsicherheit und zur Festlegung von Verfahren zur Lebensmittelsicherheit (ABl. L 31 S. 1)
LfD LSA	Landesbeauftragter für den Datenschutz Sachsen-Anhalt
LfD Niedersachsen	Landesbeauftragte für den Datenschutz Niedersachsen
LfDI R-P	Landesbeauftragte für den Datenschutz und die Informationsfreiheit Rheinland-Pfalz
LFGB	Lebensmittel-, Bedarfsgegenstände- und Futtermittelgesetzbuch (Lebensmittel- und Futtermittelgesetzbuch – LFGB) idF der Bekanntmachung vom 15.9.2021 (BGBl. I S. 4253, ber. 2022 S. 28)
LG	Landgericht
Lit.	Literatur
lit.	Buchstabe/littera
LKW	Lastkraftwagen
LMuR	Lebensmittel und Recht
LNG	Liquified Natural Gas
LReg	Landesregierung
MAC	Media Access Control
MAD	Militärischer Abschirmdienst
MADG	Gesetz über den Militärischen Abschirmdienst (MAD-Gesetz – MADG) v. 20.12.1990 (BGBl. I S. 2954)
Marktüberwachungs-VO	Verordnung (EU) 2019/1020 des Europäischen Parlaments und des Rates vom 20.6.2019 über Marktüberwachung und die Konformität von Produkten sowie zur Änderung der Richtlinie 2004/42/EG und der Verordnungen (EG) Nr. 765/2008 und (EU) Nr. 305/2011 (Text von Bedeutung für den EWR) (ABl. L 169 S. 1)

MdB	Mitglied des Bundestags
Medizinprodukte-VO	Verordnung (EU) 2017/745 des Europäischen Parlaments und des Rates vom 5.4.2017 über Medizinprodukte, zur Änderung der Richtlinie 2001/83/EG, der Verordnung (EG) Nr. 178/2002 und der Verordnung (EG) Nr. 1223/2009 und zur Aufhebung der Richtlinien 90/385/EWG und 93/42/EWG des Rates (ABl. L 117 S. 1, ber. 2019 L 117 S. 9, ber. L 334 S. 165, ber. 2021 ABl. L 241 S. 7)
MiFID II	Richtlinie 2014/65/EU des Europäischen Parlaments und des Rates vom 15.5.2014 über Märkte für Finanzinstrumente sowie zur Änderung der Richtlinien 2002/92/EG und 2011/61/EU (ABl. L 173 S. 349, ber. ABl. 2015 L 74 S. 38, ABl. 2016 L 188 S. 28, ABl. L 273 S. 35, ABl. 2017 L 64 S. 116, ABl. L 278 S. 56)
MIF-VO	Verordnung (EU) 2015/751 des Europäischen Parlaments und des Rates vom 29.4.2015 über Interbankenentgelte für kartengebundene Zahlungsvorgänge (ABl. L 123 S. 1)
Mio.	Million(en)
MIP	Melde- und Informationsportal des BSI
MIRT	Mobile Incident Response Team
MISP	Malware Information Sharing Platform
Mitt.	Mitteilung
MMR	Multimedia und Recht
MMR-Aktuell	Newsletter zur Fachzeitschrift MMR – Zeitschrift für IT-Recht und Recht der Digitalisierung
Mrd.	Milliarde
MR-Int.	Medien und Recht International
MüKoStGB	Münchener Kommentar zum StGB
MW	Megawatt
mwN	mit weiteren Nachweisen
MWV	Fachverband Mineralölwirtschaftsverband e. V.
NAC	North Atlantic Council
NANDO	New Approach Notified and Designated Organisations
NAT	Network Adress Translation
NATO	North Atlantic Treaty Organization
NAV	Verordnung über Allgemeine Bedingungen für den Netzanschluss und dessen Nutzung für die Elektrizitätsversorgung in Niederspannung (Niederspannungsanschlussverordnung – NAV) vom 1.11.2006 (BGBl. I S. 2477)
NCCA	Nationale Behörde für Cybersicherheitszertifizierung
NDAV	Verordnung über Allgemeine Bedingungen für den Netzanschluss und dessen Nutzung für die Gasversorgung in Niederdruck (Niederdruckanschlussverordnung – NDAV) vom 1.11.2006 (BGBl. I S. 2477, 2485)
NdB	Netze des Bundes
nF	neue Fassung, neue Folge
NIS-2-RL	Vorschlag für eine Richtlinie des Europäischen Parlaments und des Rates über Maßnahmen für ein hohes gemeinsames Cybersicherheitsniveau in der Union und zur Aufhebung der Richtlinie (EU) 2016/1148 (COM(2020) 823 final)
NIS-RL	Richtlinie (EU) 2016/1148 des Europäischen Parlaments und des Rates vom 6.7.2016 über Maßnahmen zur Gewährleistung eines hohen gemeinsamen Sicherheitsniveaus von Netz- und Informationssystemen in der Union (ABL. L 194 S. 1)

Abkürzungsverzeichnis

NIS-RL-UmsetzungsG	Gesetz zur Umsetzung der NIS-Richtlinie
NJW	Neue Juristische Wochenschrift
NK	Nomos Kommentar
NLO	National Liaison Officers network
NOV	Nationaler Online Verbund
Nr.	Nummer(n)
NSA	National Security Agency
NVwZ	Neue Zeitschrift für Verwaltungsrecht
NZA	Neue Zeitschrift für Arbeitsrecht
NZM	Neue Zeitschrift für Miet- und Wohnungsrecht
oÄ	oder Ähnlich(es)
og	oben genannt
OK	Online-Kommentar
OLAF	European Anti-fraud Office (Europäisches Amt für Betrugsbekämpfung)
OLAF-VO	Verordnung (EU, Euratom) Nr. 883/2013 des Europäischen Parlaments und des Rates vom 11.9.2013 über die Untersuchungen des Europäischen Amtes für Betrugsbekämpfung (OLAF) und zur Aufhebung der Verordnung (EG) Nr. 1073/1999 des Europäischen Parlaments und des Rates und der Verordnung (Euratom) Nr. 1074/1999 des Rates (ABl. L 248 S. 1)
OLG	Oberlandesgericht
ÖPNV	Öffentlicher Personennahverkehr
ÖSPV	Schienennetz und Stellwerke des Öffentlichen Straßenpersonenverkehrs
OTC-Derivate-VO	Verordnung (EU) 648/2012. des Europäischen Parlaments und des Rates vom 4.7.2012 über OTC-Derivate, zentrale Gegenparteien und Transaktionsregister (ABL. L 201 S. 1)
OVG	Oberverwaltungsgericht
OWi	Ordnungswidrigkeit
OWiG	Gesetz über Ordnungswidrigkeiten (OWiG) idF der Bek. V. 19.2.1987 (BGBl. I S. 602)
PaaS	Platform as a Service
Parl-E	Parlamentsentwurf
PAuswV	Verordnung über Personalausweise, eID-Karten für Unionsbürger und Angehörige des Europäischen Wirtschaftsraums und den elektronischen Identitätsnachweis
PCS	Port Community System
PDCA	Plan-Do-Check-Act
PGP	Pretty Good Privacy
PharmR	Pharma Recht
PinG	Privacy in Germany
PKW	Personenkraftwagen
PlPr	Plenarprotokoll
PNI	Private Network Interconnect
POS	Point of Sale
PPP	Public Private Partnership
ProdHaftG	Gesetz über die Haftung für fehlerhafte Produkte (Produkthaftungsgesetz – ProdHaftG) v. 15.12.1989 (BGBl. I S. 2198)

ProdSG . . . . Gesetz über die Bereitstellung von Produkten auf dem Markt (Produktsicherheitsgesetz – ProdSG) v. 27.7.2021 (BGBl. I S. 3146, 3147)
PTSG . . . . Gesetz zur Sicherstellung des Postwesens und der Telekommunikation v. 14.9.1994 (BGBl. I S. 2325)

RdE . . . . Recht der Energiewirtschaft
RDG . . . . Gesetz über außergerichtliche Rechtsdienstleistungen (Rechtsdienstleistungsgesetz – RDG) v. 12.12.2007 (BGBl. I S. 2840)
RDV . . . . Recht der Datenverarbeitung
RefE . . . . Referentenentwurf
RegE . . . . Regierungsentwurf
RFC . . . . Request for Comments
RL . . . . Richtlinie(n)
RL (EU) 2016/2102 Richtlinie (EU) 2016/2102 des Europäischen Parlaments und des Rates vom 26.10.2016 über den barrierefreien Zugang zu den Websites und mobilen Anwendungen öffentlicher Stellen (Text von Bedeutung für den EWR) (ABl. L 327 S. 1)
RL 2009/136/EG . . Richtlinie 2009/136/EG des Europäischen Parlaments und des Rates vom 25.11.2009 zur Änderung der Richtlinie 2002/22/EG über den Universaldienst und Nutzerrechte bei elektronischen Kommunikationsnetzen und -diensten, der Richtlinie 2002/58/EG über die Verarbeitung personenbezogener Daten und den Schutz der Privatsphäre in der elektronischen Kommunikation und der Verordnung (EG) Nr. 2006/2004 über die Zusammenarbeit im Verbraucherschutz (ABl. L 337 vom 18.12.2009, S. 11–36)
RL 2013/40/EU . . . Richtlinie 2013/40/EU des Europäischen Parlaments und des Rates vom 12.8.2013 über Angriffe auf Informationssysteme und zur Ersetzung des Rahmenbeschlusses 2005/222/JI des Rates (ABl. Nr. L 218 S. 8)
Rn. . . . . Randnummer(n)
RohrFLtgV . . . . . . Rohrfernleitungsverordnung
RS . . . . Rechtsprechung
RVO . . . . Rechtsverordnung

s. . . . . siehe
S. . . . . Satz, Seite
S/MIME . . . . Secure/Multipurpose Internet Mail Extensions
SaaS . . . . Software as a Service
SächsDsb . . . . Sächsische Datenschutzbeauftragte
SächsISichG . . . . . . Gesetz zur Gewährleistung der Informationssicherheit im Freistaat Sachsen (Sächsisches Informationssicherheitsgesetz – SächsISichG) v. 2.8.2019 (SächsGVBl. S. 630)
SCCG . . . . Stakeholder Cybersecurity Certification Group
Screening-VO . . . . . Verordnung (EU) 2019/452 des Europäischen Parlaments und des Rates vom 19.3.2019 zur Schaffung eines Rahmens für die Überprüfung ausländischer Direktinvestitionen in der Union (ABl. L 79I S. 1)
SDOs . . . . Specification Developing Organisations oder Standards Developing Organisations
SEC . . . . Securities and Exchange Commission

Abkürzungsverzeichnis

Sektoren-RL	Richtlinie 2014/25/EU des Europäischen Parlaments und des Rates vom 26.2.2014 über die Vergabe von Aufträgen durch Auftraggeber im Bereich der Wasser-, Energie- und Verkehrsversorgung sowie der Postdienste und zur Aufhebung der Richtlinie 2004/17/EG (Text von Bedeutung für den EWR) (ABl. L 94 S. 243)
Sektoren-RL 2004	Richtlinie 2004/17/EG des Europäischen Parlaments und des Rates vom 31.3.2004 zur Koordinierung der Zuschlagserteilung durch Auftraggeber im Bereich der Wasser-, Energie- und Verkehrsversorgung sowie der Postdienste (ABl. L 134 S. 1, ber. ABl. L 358 S. 35, ABl. 2005 L 305 S. 46)
SES	Schadprogramm-Erkennungssystem
SEWD-Richtlinie (IT)	Richtlinie für den Schutz gegen Störmaßnahmen und sonstigen Einwirkungen Dritter beim Umgang mit und bei der Beförderung von sonstigen radioaktiven Stoffen
SG	Sozialgericht
SGB	Sozialgesetzbuch
SGV V	Sozialgesetzbuch (SGB) – Fünftes Buch (V) – Gesetzliche Krankenversicherung – v. 20.12.1988 (BGBl. I S. 2477)
SIEM	Security Incident and Event Monitoring Systeme
SMTP	Simple Mail Transport Protocol
SNE	Supported National Experts
SOC	Security Operations Center
sog.	sogenannt(e)
SOGIS-MRA	Senior Officials Group Information Systems Security-Mutual Recognition Agreement
SPD	Single Programming Document
SPNV	Schienenersatzverkehr
SPOCs	Single Points of Contact
SPS	Schadprogramm-Präventions-System
SRÜ	Seerechtsübereinkommen der Vereinten Nationen
SSP	Single Submission Portal
StGB	Strafgesetzbuch (StGB) idF der Bek. V. 13.11.1998 (BGBl. I S. 3322)
StMAS	Bayerisches Staatsministerium für Familie, Arbeit und Soziales
Störfall-Verordnung	Zwölfte Verordnung zur Durchführung des Bundes-Immissionsschutzgesetzes (Störfall-Verordnung – 12. BImSchV) idF der Bekanntmachung vom 15.3.2017 (BGBl. I S. 483, ber. S. 3527)
StPO	Strafprozeßordnung (StPO) idF der Bek. V. 7.4.1987 (BGBl. I S. 1074, ber. S. 1319)
STRINT	Strengthening the Internet Against Pervasive Monitoring
StromNEV	Verordnung über die Entgelte für den Zugang zu Elektrizitätsversorgungsnetzen (Stromnetzentgeltverordnung – StromNEV) vom 25.72005 (BGBl. I S. 2225)
StromNZV	Verordnung über den Zugang zu Elektrizitätsversorgungsnetzen (Stromnetzzugangsverordnung – StromNZV) vom 25.7.2005 (BGBl. I S. 2243)
SÜFV	Verordnung zur Feststellung der Behörden des Bundes mit Aufgaben von vergleichbarer Sicherheitsempfindlichkeit wie die der Nachrichtendienste des Bundes und zur Feststellung der öffentlichen Stellen des Bundes und der nichtöffentlichen Stellen mit lebens- oder verteidigungswichtigen Einrichtungen (Sicherheitsüberprüfungsfeststellungsverordnung – SÜFV) v. 12.9.2007 (BGBl. I S. 2294)

SÜG	Gesetz über die Voraussetzungen und das Verfahren von Sicherheitsüberprüfungen des Bundes und den Schutz von Verschlusssachen (Sicherheitsüberprüfungsgesetz – SÜG) v. 20.4.1994 (BGBl. I S. 867)
SÜG-AVV	Allgemeine Verwaltungsvorschrift zum personellen Geheimschutz und zum vorbeugenden personellen Sabotageschutz – SÜG-Ausführungsvorschrift (SÜG-Ausführungsvorschrift – SÜG-AVV) RdSchr. d. BMI v. 15.2.2018 (GMBl. S. 270)
t	Tonne (Einheit)
TByte	Terabyte
TCP/IP	Transmission Control Protocol/Internet Protocol
TDSV	Telekommunikations-Datenschutzverordnung
TeleTrusT	Bundesverband IT-Sicherheit e. V.
THW	Technisches Hilfswerk
TK	Telekommunikation
TK-Anbieter	Telekommunikationsanbieter
TKG	Telekommunikationsgesetz
TKG 1996	Telekommunikationsgesetz v. 25.7.1996 (BGBl. I S. 1120)
TKG 2004	Telekommunikationsgesetz vom 22.6.2004
TKG 2004	Telekommunikationsgesetz v. 22.6.2004 (BGBl. I S. 1190)
TKG 2009	Gesetz zur Änderung datenschutzrechtlicher Vorschriften vom 14.8.2009
TKG 2012	Gesetz zur Änderung telekommunikationsrechtlicher Regelungen vom 3.5.2012
TKG-ÄndG	Telekommunikationsänderungsgesetz
Tkm	Tonnenkilometer
TKModG	Gesetz zur Umsetzung der Richtlinie (EU) 2018/1972 des Europäischen Parlaments und des Rates vom 11. Dezember 2018 über den europäischen Kodex für die elektronische Kommunikation (Neufassung) und zur Modernisierung des Telekommunikationsrechts v. 23.6.2021 (BGBl. I S. 1858)
TKÜV	Verordnung über die technische und organisatorische Umsetzung von Maßnahmen zur Überwachung der Telekommunikation (Telekommunikations-Überwachungsverordnung – TKÜV) idF der Bek. v. 11.7.2017 (BGBl. I S. 2316)
TLD	Top Level Domain
TLfDI	Thüringer Landesbeauftragter für den Datenschutz und die Informationsfreiheit
TLP	Traffic Light Protocol
TLS	Transport Layer Security
TMG	Telemediengesetz
TOM	Technisch organisatorische Maßnahmen
TR	Technische Richtlinie
Transparenz-VO	Verordnung (EG) Nr. 1049/2001 des Europäischen Parlaments und des Rates vom 30.5.2001 über den Zugang der Öffentlichkeit zu Dokumenten des Europäischen Parlaments, des Rates und der Kommission (ABl. L 145 S. 43)
TTDSG	Gesetz über den Datenschutz und den Schutz der Privatsphäre in der Telekommunikation und bei Telemedien (Telekommunikation-Telemedien-Datenschutz-Gesetz – TTDSG) vom 23.6.2021 (BGBl. I S. 1982)
TVöD	Tarifvertrag für den öffentlichen Dienst
TWh	Terawattstunde

Abkürzungsverzeichnis

u.	und
uÄ	und Ähnliches
u.a.	unter anderem
UAbs.	Unterabsatz
UBI	Unternehmen im besonderen öffentlichen Interesse
UIG	Umweltinformationsgesetz idF der Bek. v. 27.10.2014 (BGBl. I S. 1643)
ULG S-H	Unabhängiges Landeszentrum für Datenschutz Schleswig-Holstein
Umweltinformations-RL	Richtlinie 2003/4/EG des Europäischen Parlaments und des Rates vom 28.1.2003 über den Zugang der Öffentlichkeit zu Umweltinformationen und zur Aufhebung der Richtlinie 90/313/EWG des Rates (ABl. L 41 S. 26)
UmweltR	Umweltrecht
UN	United Nations
ÜNSchVO	Verordnung zum Schutz von Übertragungsnetzen vom 6.1.2012 (BGBl. I S. 69)
UODO	Urząd Ochrony Danych Osobowych
UP	Umsetzungsplan
urspr.	ursprünglich
Urt.	Urteil
URWP	Union Rolling Work Programme (URWP) for Cybersecurity Certification
US/USA	United States (of America)
usw	und so weiter
uU	unter Umständen
UWG	Gesetz gegen den unlauteren Wettbewerb
v.	vom, von, versus
Var.	Variante
VBlBW	Verwaltungsblätter für Baden-Württemberg
VDG	Vertrauensdienstegesetz (VDG) v. 18.7.2017 (BGBl. I S. 2745)
Vergabe-RL Verteidigung und Sicherheit	Richtlinie 2009/81/EG des Europäischen Parlaments und des Rates vom 13.7.2009 über die Koordinierung der Verfahren zur Vergabe bestimmter Bau-, Liefer- und Dienstleistungsaufträge in den Bereichen Verteidigung und Sicherheit und zur Änderung der Richtlinien 2004/17/EG und 2004/18/EG (Text mit Bedeutung für den EWR) (ABl. L 216 S. 76)
Vers.	Version
VersorgW	Verlag Versorgungswirtschaft GmbH
VERW	Die Verwaltung (Zeitschrift)
VerwR	Verwaltungsrecht
VerwRspr	Verwaltungsrechtsprechung in Deutschland Sammlung obergerichtlicher Entscheidungen aus dem Verfassungs- und Verwaltungsrecht
VG	Verwaltungsgericht; Verwertungsgesellschaft
VGH	Verwaltungsgerichtshof
vgl.	vergleiche
VIG	Verbraucherinformationsgesetz
VK	Vergabekammer
VO	Verordnung

VO (EG) 460/2004	Verordnung (EG) 460/2004 des Europäischen Parlaments und des Rates vom 10.3.2004 zur Errichtung der Europäischen Agentur für Netz- und Informationssicherheit (ABl. Nr. L 77 S. 1)
VO (EG) 726/2004	Verordnung (EG) Nr. 726/2004 des Europäischen Parlaments und des Rates vom 31.3.2004 zur Festlegung von Unionsverfahren für die Genehmigung und Überwachung von Human- und Tierarzneimitteln und zur Errichtung einer Europäischen Arzneimittel-Agentur (ABl. L 136, S. 1)
VO (EG, Euratom) 2988/95	Verordnung (EG, Euratom) Nr. 2988/95 des Rates vom 18.12.1995 über den Schutz der finanziellen Interessen der Europäischen Gemeinschaften (ABl. Nr. L 312 S. 1)
VO (EU) 1025/2012	Verordnung (EU) Nr. 1025/2012 des Europäischen Parlaments und des Rates vom 25.10.2012 zur europäischen Normung, zur Änderung der Richtlinien 89/686/EWG und 93/15/EWG des Rates sowie der Richtlinien 94/9/EG, 94/25/EG, 95/16/EG, 97/23/EG, 98/34/EG, 2004/22/EG, 2007/23/EG, 2009/23/EG und 2009/105/EG des Europäischen Parlaments und des Rates und zur Aufhebung des Beschlusses 87/95/EWG des Rates und des Beschlusses Nr. 1673/2006/EG des Europäischen Parlaments und des Rates (Text von Bedeutung für den EWR) (ABl. L 316 S. 12)
VO (EU) 1271/2013	Delegierte Verordnung (EU) Nr. 1271/2013 der Kommission vom 30.9.2013 über die Rahmenfinanzregelung für Einrichtungen gemäß Artikel 208 der Verordnung (EU, Euratom) Nr. 966/2012 des Europäischen Parlaments und des Rates (ABl. Nr. L 328 S. 42)
VO (EU) 2015/2120	Verordnung (EU) 2015/2120 des Europäischen Parlaments und des Rates vom 25.11.2015 über Maßnahmen zum Zugang zum offenen Internet und zu Endkundenentgelten für regulierte intra-EU-Kommunikation sowie zur Änderung der Richtlinie 2002/22/EG und der Verordnung (EU) Nr. 531/2012 (ABl. Nr. L 310 S. 1)
VO (EU) 2016/2030	Verordnung (EU, Euratom) 2016/2030 des Europäischen Parlaments und des Rates vom 26.10.2016 zur Änderung der Verordnung (EU, Euratom) Nr. 883/2013 hinsichtlich des Sekretariats des Überwachungsausschusses des Europäischen Amtes für Betrugsbekämpfung (OLAF) (ABl. L 317 vom 23.11.2016, S. 1–3)
VO (EU) 2016/631	Verordnung (EU) 2016/631 der Kommission vom 14.4.2016 zur Festlegung eines Netzkodex mit Netzanschlussbestimmungen für Stromerzeuger (ABl. L 112 S. 1)
VO (EU) 2018/1725	Verordnung (EU) 2018/1725 des Europäischen Parlaments und des Rates vom 23.10.2018 zum Schutz natürlicher Personen bei der Verarbeitung personenbezogener Daten durch die Organe, Einrichtungen und sonstigen Stellen der Union, zum freien Datenverkehr und zur Aufhebung der Verordnung (EG) 45/2001 und des Beschlusses 1247/2002/EG (ABl. L 295 S. 39)
VO (EU) 2019/715	Delegierte Verordnung (EU) 2019/715 der Kommission vom 18.12.2018 über die Rahmenfinanzregelung für gemäß dem AEUV und dem Euratom-Vertrag geschaffene Einrichtungen nach Artikel 70 der Verordnung (EU, Euratom) 2018/1046 des Europäischen Parlaments und des Rates (ABl. 2019 L 122 S. 1)

VO (EU) 2020/2223	Verordnung (EU, Euratom) 2020/2223 des Europäischen Parlaments und des Rates vom 23.12.2020 zur Änderung der Verordnung (EU, Euratom) Nr. 883/2013 im Hinblick auf die Zusammenarbeit mit der Europäischen Staatsanwaltschaft und die Wirksamkeit der Untersuchungen des Europäischen Amtes für Betrugsbekämpfung (ABl. L 437 vom 28.12.2020, S. 49–73)
VO (EU) 526/2013	Verordnung (EU) Nr. 526/2013 des Europäischen Parlaments und des Rates vom 21.5.2013 über die Agentur der Europäischen Union für Netz- und Informationssicherheit (ENISA) und zur Aufhebung der Verordnung (EG) Nr. 460/2004 (ABl. Nr. L 165 S. 41)
VO (EU) 611/2013	Verordnung (EU) Nr. 611/2013 der Kommission vom 24.6.2013 über die Maßnahmen für die Benachrichtigung von Verletzungen des Schutzes personenbezogener Daten gemäß der Richtlinie 2002/58/EG des Europäischen Parlaments und des Rates (Datenschutzrichtlinie für elektronische Kommunikation) (ABl. Nr. L 173 S. 2)
VO (EWG) Nr. 31/62	Verordnung Nr. 31 (EWG), Nr. 11 (EAG) über das Statut der Beamten und über die Beschäftigungsbedingungen für die sonstigen Bediensteten der Europäischen Wirtschaftsgemeinschaft und der Europäischen Atomgemeinschaft (ABl. P 45, 14.6.1962, S. 1385–1386)
Vorb.	Vorbemerkung(en)
VSA	Verschlusssachenanweisung
VV-BHO	Allgemeine Verwaltungsvorschriften zur Bundeshaushaltsordnung
VwGO	Verwaltungsgerichtsordnung (VwGO) idF der Bek. v. 19.3.1991 (BGBl. I S. 686)
VwV	Verwaltungsvorschrift
VwVfG	Verwaltungsverfahrensgesetz (VwVfG) idF der Bek. v. 23.1.2003 (BGBl. I S. 102)
W3C	World Wide Web Consortium
WaStNUG	Gesetz zur Umsetzung unionsrechtlicher Vorgaben und zur Regelung reiner Wasserstoffnetze im Energiewirtschaftsrecht
WaStrG	Bundeswasserstraßengesetz (WaStrG) idF der Bek. v. 23.5.2007 (BGBl. I S. 962, ber. BGBl. I 2008, S. 1980)
WD	Wissenschaftliche Dienste des Deutschen Bundestages
WHG	Gesetz zur Ordnung des Wasserhaushalts (Wasserhaushaltsgesetz – WHG) v. 31.7.2009 (BGBl. I S. 2585)
Whistleblower-RL	Richtlinie (EU) 2019/1937 des Europäischen Parlaments und des Rates vom 23.10.2019 zum Schutz von Personen, die Verstöße gegen das Unionsrecht melden (ABl. L 305 S. 17)
WID	Warn- und Informationsdienst
Wiss.	Wissenschaftlich
WLAN	Wireless Local Area Network
WP	Working Paper
WPO	Gesetz über eine Berufsordnung der Wirtschaftsprüfer (Wirtschaftsprüferordnung WPO) idF der Bekanntmachung vom 5.11.1975 (BGBl. I S. 2803)
WWW	World Wide Web
ZaöRV	Zeitschrift für ausländisches öffentliches Recht und Völkerrecht
zB	zum Beispiel
ZD	Zeitschrift für Datenschutz
ZD-Aktuell	Newsdienst ZD-Aktuell

Zentralverwahrer-VO	Verordnung (EU) 909/2014 des Europäischen Parlaments und des Rates vom 23.7.2014 zur Verbesserung der Wertpapierlieferungen und -abrechnungen in der Europäischen Union und über Zentralverwahrer sowie zur Änderung der Richtlinien 98/26/EG und 2014/65/EU und der Verordnung (EU) Nr. 236/2012 (ABl. L 257 S. 1, ber. ABl. 2016 L 349 S. 5)
ZHR	Zeitschrift für das gesamte Handelsrecht und Wirtschaftsrecht
Ziff.	Ziffer
ZITiS	Zentrale Stelle für Informationstechnik im Sicherheitsbereich
ZLG	Zentralstelle der Länder für Gesundheitsschutz bei Arzneimitteln und Medizinprodukten
ZPO	Zivilprozessordnung idF der Bek. v. 5.12.2005 (BGBl. I S. 3202, ber. 2006 I S. 431 und 2007 I S. 1781)
ZRP	Zeitschrift für Rechtspolitik
ZSKG	Gesetz über den Zivilschutz und die Katastrophenhilfe des Bundes (Zivilschutz- und Katastrophenhilfegesetz – ZSKG) v. 25.3.1997 (BGBl. I S. 726)
ZUM	Zeitschrift für Urheber- und Medienrecht, früher: Film und Recht
ZUR	Zeitschrift für Umweltrecht
Zweite Zahlungsdienste-RL	Richtlinie (EU) 2015/2366 des Europäischen Parlaments und des Rates vom 25.11.2015 über Zahlungsdienste im Binnenmarkt, zur Änderung der Richtlinien 2002/65/EG, 2009/110/EG und 2013/36/EU und der Verordnung (EU) Nr. 1093/2010 sowie zur Aufhebung der Richtlinie 2007/64/EG (ABl. L 337 S. 35, ber. 2016 L 169 S. 18, ber. 2018 L 102 S. 97, ber. 2018 L 126 S. 10)
zzgl.	zuzüglich

Gesetz über das Bundesamt für Sicherheit in der Informationstechnik (BSI-Gesetz – BSIG)

vom 14. August 2009 (BGBl. I S. 2821)

FNA 206-2

zuletzt geändert durch Art. 12 G zur Regelung des Datenschutzes und des Schutzes der Privatsphäre in der Telekommunikation und bei Telemedien vom 23.6.2021 (BGBl. I S. 1982)

§ 1 Bundesamt für Sicherheit in der Informationstechnik

[1]Das Bundesamt für Sicherheit in der Informationstechnik (Bundesamt) ist eine Bundesoberbehörde im Geschäftsbereich des Bundesministeriums des Innern, für Bau und Heimat. [2]Es ist die zentrale Stelle für Informationssicherheit auf nationaler Ebene. [3]Aufgaben gegenüber den Bundesministerien führt das Bundesamt auf Grundlage wissenschaftlich-technischer Erkenntnisse durch.

Literatur: *Epping/Hillgruber* (Hrsg.), BeckOK Grundgesetz, 47. Ed. 15.5.2021; *Maunz/Dürig* (Hrsg.), Grundgesetz, 92. EL 2020; *Schallbruch,* Mehr Unabhängigkeit für das BSI?, DuD 2021, 229; *Schenke/Graulich/Ruthig* (Hrsg.), Sicherheitsrecht des Bundes, 2. Aufl. 2019; *Schwartmann/Jaspers/Thüsing/Kugelmann* (Hrsg.), Heidelberger Kommentar DS-GVO/BDSG, 2. Aufl. 2020.

A. Allgemeines

Seit 2015 wurde § 1 BSIG häufiger geändert, zuletzt mit dem IT-SiG 2.0. Im BSI-Errichtungsgesetz[1] lautet der Wortlaut noch: „Der Bund errichtet das Bundesamt für Sicherheit in der Informationstechnik. Es untersteht dem Bundesministerium des Innern." Mit dem Gesetz zur Stärkung der Sicherheit in der Informationstechnik des Bundes[2] wurde § 1 S. 1 dahin gehend umformuliert, dass der Bund ein Bundesamt „unterhält". 1

B. Einzelerläuterungen

Mit S. 1 wird die Existenz des BSI gesetzlich festgelegt. Das ist keineswegs selbstverständlich, wie man an der Zentralen Stelle für Informationstechnik im Sicher- 2

---

[1] Gesetz über die Errichtung des Bundesamtes für Sicherheit in der Informationstechnik (BSI-Errichtungsgesetz – BSIG) vom 17.12.1990, BGBl. I S. 2834.

[2] Gesetz zur Stärkung der Sicherheit in der Informationstechnik des Bundes vom 14.8.2009, BGBl. I S. 2821.

heitsbereich (ZITiS) sieht. Deren Existenz beruht bisher ausschließlich auf einem Errichtungserlass des Bundesministers des Innern.[3]

I. Aufsicht über das BSI

3 Am Ende von S. 1 wird klargestellt, dass das BSI der Aufsicht des BMI untersteht. Damit wird zunächst die Kompetenzverteilung innerhalb der Bundesregierung entsprechend dem Ressortprinzip aus Art. 65 GG adressiert.[4] Hintergrund ist, dass die Bundesregierung nicht als Gesamtheit für die Ausführung der Gesetze zuständig ist, sondern dies den zuständigen Ministerinnen oder Ministern für ihre jeweiligen Geschäftsbereiche obliegt.[5]

4 Vereinzelt wird und wurde auch eine (stärkere) Unabhängigkeit des BSI vom BMI gefordert,[6] da im Geschäftsbereich des BMI auch Behörden tätig seien, die für ihre Aufgabenerfüllung darauf angewiesen sind, dass die IT-Sicherheitsschutzziele nicht immer erreicht werden – zB bei der Infiltration von IT.[7] Daher wird teilweise eine Unabhängigkeit nach dem Vorbild des Bundesbeauftragten für den Datenschutz in Erwägung gezogen.[8] Einer derart weitgehenden Unabhängigkeit einer Exekutivbehörde dürften jedoch verfassungsrechtliche Bedenken entgegenstehen.

5 Grundsätzlich folgt aus dem Demokratieprinzip des Art. 20 Abs. 1 GG, dass das Volk einen hinreichend effektiven Einfluss auf das Handeln der Behörden haben muss, die Staatsgewalt ausüben.[9] Dabei kann diese Vermittlung demokratischer Legitimation staatlichen Handelns durch verschiedene Elemente erfolgen.[10] Bei Behörden kommt dafür insbesondere die sachlich-inhaltliche Legitimation[11] durch gesetzliche und organisatorische Einhegung der Ausübung von Staatsgewalt zum Tragen. So setzt das Parlament den Rahmen der Tätigkeit der Behörde durch die Gesetzgebung. Daneben ist die Regierung dem Parlament gegenüber dafür verantwortlich, wie die ihr nachgeordneten Behörden die Staatsgewalt ausüben.[12] Insbesondere Letzteres setzt jedoch voraus, dass eine Behörde überhaupt einem Res-

---

[3] GMBl 2017 Nr. 15 S. 274.

[4] Vgl. Schenke/Graulich/Ruthig/*Graulich,* BPolG § 1 Rn. 7 für die ähnliche Regelung im BPolG.

[5] Vgl. *BVerfG,* Urt. v. 15.5.2022 – 2 BvR 2292/00, BVerfGE 105, 251 Rn. 55, 57 und 69; Schenke/Graulich/Ruthig/*Graulich,* BPolG § 1 Rn. 7.

[6] Vgl. dazu die Plenarprotokolle zum IT-Sicherheitsgesetz und die Redebeiträge von MdB *Korte* (BT-PlPr. 18/95, S. 9040), MdB *von Notz* (BT-PlPr. 18/95, S. 9040), MdB *Klingbeil* (BT-PlPr. 18/95, S. 9054); MdB *Reichenbach* (BT-PlPr. 18/110, S. 10568), MdB *Janecek* (BT-PlPr. 18/110, S. 10570), MdB *Hakverdi* (BT-PlPr. 18/110, S. 10574), MdB *Kampmann* (BT-PlPr. 18/95, S. 9049 und BT-PlPr. 18/110, S. 10578). Ebenso in anderen Anhörungen *Herpig,* Ausschuss-Drs. 19(4)255 A, 2; *Sowa,* Ausschuss-Drs. 19(4)255 D, 4. Auch in der Sachverständigenanhörung zum IT-SiG 2.0 wurde diese Forderung wiederholt, vgl. *Herpig,* Ausschuss-Drs. 19(4)741 B, 8; *Atug,* Ausschuss-Drs. 19(4)741 C, 11; *Neumann,* Ausschuss-Drs. 19(4)741 F, 25.

[7] Vgl. *Landefeld,* Ausschuss-Drs. 19(4)255 B, 2, aber auch schon MdB *Paterna* bei der Diskussion des BSI-Errichtungsgesetzes, BT-PlPr. 11/214, S. 16795.

[8] Vgl. *Herpig,* Ausschuss-Drs. 19(4)255 A, 3; MdB *Korte,* BT-PlPr. 18/95, S. 9040.

[9] BeckOK GG/*Huster/Rux,* Art. 20 Rn. 93; Maunz/Dürig/*Grzeszick,* GG Art. 20 Rn. 117.

[10] BeckOK GG/*Huster/Rux,* Art. 20 Rn. 92; Maunz/Dürig/*Grzeszick,* GG Art. 20 Rn. 120.

[11] Vgl. dazu BeckOK GG/*Huster/Rux,* Art. 20 Rn. 95; Maunz/Dürig/*Grzeszick,* GG Art. 20 Rn. 122.

[12] BeckOK GG/*Huster/Rux,* Art. 20 Rn. 96; Maunz/Dürig/*Grzeszick,* GG Art. 20 Rn. 122.

sort und damit der Regierung zugeordnet ist und dass vor allem Weisungs- und Aufsichtsrechte innerhalb der Verwaltungshierarchie existieren.[13] Bei völlig unabhängigen Behörden wie etwa der oder dem BfDI ist dies jedoch nicht der Fall, sodass deren Grad demokratischer Legitimation nur schwach ausgeprägt ist.[14] Eine solch weitgehende Unabhängigkeit der Datenschutzaufsicht war nur vor dem Hintergrund des Vorrangs europäischer Regelungen zulässig, da sowohl Art. 28 Abs. 1 der Datenschutz-RL als auch Art. 52 Abs. 1 DS-GVO den Datenschutzaufsichtsbehörden völlige Unabhängigkeit bei der Aufgabenerfüllung zusprechen. Gestützt wird dies noch dadurch, dass die Unabhängigkeit der Datenschutzaufsichtsbehörden mit Art. 16 Abs. 2 S. 2 AEUV und Art. 8 Abs. 3 iVm Art. 51 GRCh bereits primärrechtlich vorgezeichnet ist.[15] Daher lässt sich diese Sonderstellung der bzw. des BfDI nicht ohne Weiteres auf andere Bundesbehörden übertragen. Für eine Behörde, die wie das BSI zunehmend mit Aufsichts- und Durchsetzungsbefugnissen ausgestattet wird, verbietet sich eine völlige Unabhängigkeit vor diesem Hintergrund.

Alternativ zu einer völligen Unabhängigkeit wird auch die Verteilung der Fach- **6**
aufsicht nach dem Vorbild des statistischen Bundesamtes[16] oder die Zuordnung des BSI zu einem neuen Bundesministerium für Digitales[17] als Möglichkeit gesehen. Während eine Zuordnung zu einem Bundesministerium für Digitales keine rechtlichen Besonderheiten gegenüber einer Zuordnung zum BMI aufweisen würde, wäre dies beim Vorbild des Statistischen Bundesamtes anders. Nach § 2 Abs. 1 BStatG ist das Statistische Bundesamt eine selbstständige Bundesoberbehörde im Geschäftsbereich des BMI und führt seine Aufgaben gem. § 2 Abs. 3 BStatG nach den Anforderungen der fachlich zuständigen Bundesministerien durch. Mit dieser Konstruktion wird die Dienstaufsicht im BMI verortet, die Aufsicht über die fachliche Erfüllung der Aufgaben aber auf verschiedene Ressorts verteilt. Dadurch soll die fachliche Kompetenz in einer Querschnittsbehörde gebündelt, aber trotzdem allen Ressorts nach ihrem Bedarf zur Verfügung gestellt werden.[18] Das wäre bei einer technischen Fachbehörde wie dem BSI grundsätzlich auch denkbar, wenn die Möglichkeit einer Einflussnahme auf seine Arbeit im Bereich der IT-Sicherheit schon gesetzlich ausgeschlossen werden soll.[19] Anders als bei den Forderungen nach einer völligen Unabhängigkeit wird ein hinreichender Grad der demokratischen Legitimation hier über die jeweils zuständigen Fachressorts vermittelt.

Neben diesen rein organisatorischen Lösungen wird teilweise auch eine gesetz- **7**
liche Regelung zum Umgang mit IT-Sicherheitslücken vorgeschlagen, um das Vertrauensproblem zu lösen. Auch dadurch könnte Transparenz gegenüber der Öffentlichkeit und dem Parlament geschaffen werden.[20]

---

[13] Vgl. BeckOK GG/*Huster/Rux*, Art. 20 Rn. 95 f.; so zumindest für das BSI aus Erwägungen zur politischen Verantwortung *Schallbruch*, DuD 2021, 229 (232).

[14] S. dazu *Gärditz*, Ausschuss-Drs. 18(4)205 C, 2; aA: scheinbar *Schallbruch*, DuD 2021, 229 (231 f.) mwN.

[15] Schwartmann/Jaspers/Thüsing/Kugelmann/*Kugelmann*, DS-GVO Art. 52 Rn. 14.

[16] *Herpig*, Ausschuss-Drs. 19(4)255 A, 3.

[17] *Landefeld*, Ausschuss-Drs. 19(4)255 B, 3.

[18] So die Gesetzesbegründung zum Bundesstatistikgesetz von 1953, BT-Drs. 8/2517, 9 sowie zur Neufassung von 1986, BT-Drs. 10/5345, 14.

[19] In diese Richtung argumentierend auch schon MdB *Paterna* bei der Diskussion des BSI-Errichtungsgesetzes, BT-PlPr. 11/214, S. 16795.

[20] *Schallbruch*, DuD 2021, 229 (233).

8 Der Innenausschuss hat sich im Rahmen des Gesetzgebungsverfahrens entschieden, den neuen S. 3 einzufügen, wonach das BSI seine Aufgaben gegenüber den Bundesministerien **„auf Grundlage wissenschaftlich-technischer Erkenntnisse“** durchführt. Dies soll die Position des BSI als neutrale Stelle festigen und ist sehr entfernt an das Modell des Statistischen Bundesamtes angelehnt. Anders als dort bleibt die Rechts- und Fachaufsicht über das BSI auch in dem Fall vollständig beim BMI.[21] Da auch die Ausübung der Aufsicht jedoch der Gesetzesbindung unterliegt, dürfen dem BSI in der Beratung anderer Ministerien keine Weisungen gegeben werden, die mit der gesetzlichen Pflicht aus S. 3 in Widerspruch stehen.

II. Das BSI als zentrale Stelle (S. 2)

9 In S. 2 wurde mit dem IT-Sicherheitsgesetz von 2015 („zuständig für die Informationssicherheit auf nationaler Ebene“) schon klargestellt, dass sich das BSI von einer Fachbehörde für den Bund selbst zu einer nationalen Informationssicherheitsbehörde wandelt, die sowohl für Bürger, Wirtschaft, Politik als auch im internationalen Raum der Ansprechpartner in Fragen der Informationssicherheit ist.[22] Im Hinblick auf die zunehmende Zahl an staatlichen Stellen, die im Bereich der Cybersicherheit tätig sind,[23] hat der Gesetzgeber damals bereits zu erkennen gegeben, dass dem BSI im Konzert der vielen Akteure eine zentrale Rolle zukommen soll. Mit dem IT-SiG 2.0 von 2021 wurde das BSI dann in S. 2 auch zur „zentralen Stelle“ auf nationaler Ebene.

III. Das BSI als neutrale Stelle

10 Mit S. 3 hat der Gesetzgeber dem BSI den Auftrag erteilt, andere Bundesministerien in Fragen der Informationssicherheit rein nach wissenschaftlich-technischen Erkenntnissen zu beraten. Es soll diese Aufgabe also neutral wahrnehmen[24] und nicht entlang möglicher Wünsche des BMI. Gleichwohl unterliegt das BSI dabei dessen Aufsicht. Bemerkenswert ist, dass das Mandat zur rein wissenschaftlich-technischen Beratung nur gegenüber anderen Bundesministerien gilt. Dem Wortlaut nach greift sie also bei der Beratung von nachgeordneten Bundesbehörden nicht. Bei verständiger Auslegung wird man dieses Mandat jedoch weit auslegen müssen. Denn Ziel der Änderung ist die neutrale Wahrnehmung der Beratungsaufgabe nach § 3 Abs. 1 S. 2 Nr. 12a BSIG. Diese betrifft aber nicht nur Bundesministerien, sondern generell „Stellen des Bundes“, also auch nachgeordnete Behörden. Die enge Begrifflichkeit in § 1 S. 3 BSIG dürfte daher eher als Redaktionsversehen im Rahmen einer hastigen Ergänzung anzusehen sein.

---

[21] BT-Drs. 19/28844, 39.

[22] BT-Drs. 18/4096, 23.

[23] S. dazu die regelmäßig aktualisierte Übersicht der Akteure auf Ebene der EU, des Bundes und der Länder im Bereich der Cybersicherheit, die von der Stiftung Neue Verantwortung veröffentlicht wird: https://www.stiftung-nv.de/de/publikationen/akteure-und-zustaendig keiten-der-deutschen-cybersicherheitspolitik.

[24] BT-Drs. 19/28844, 39.

§ 2 Begriffsbestimmungen

(1) **Die Informationstechnik im Sinne dieses Gesetzes umfasst alle technischen Mittel zur Verarbeitung von Informationen.**

(2) **[1]Informationen sowie informationsverarbeitende Systeme, Komponenten und Prozesse sind besonders schützenswert. [2]Der Zugriff auf diese darf ausschließlich durch autorisierte Personen oder Programme erfolgen. [3]Die Sicherheit in der Informationstechnik und der damit verbundene Schutz von Informationen und informationsverarbeitenden Systemen vor Angriffen und unautorisierten Zugriffen im Sinne dieses Gesetzes erfordert die Einhaltung bestimmter Sicherheitsstandards zur Gewährleistung der informationstechnischen Grundwerte und Schutzziele. [4]Sicherheit in der Informationstechnik im Sinne dieses Gesetzes bedeutet die Einhaltung bestimmter Sicherheitsstandards, die die Verfügbarkeit, Integrität oder Vertraulichkeit von Informationen betreffen, durch Sicherheitsvorkehrungen**
1. **in informationstechnischen Systemen, Komponenten oder Prozessen oder**
2. **bei der Anwendung von informationstechnischen Systemen, Komponenten oder Prozessen.**

(3) **[1]Kommunikationstechnik des Bundes im Sinne dieses Gesetzes ist die Informationstechnik, die von einer oder mehreren Bundesbehörden oder im Auftrag einer oder mehrerer Bundesbehörden betrieben wird und der Kommunikation oder dem Datenaustausch innerhalb einer Bundesbehörde, der Bundesbehörden untereinander oder der Bundesbehörden mit Dritten dient. [2]Kommunikationstechnik des Bundesverfassungsgerichts, der Bundesgerichte, soweit sie nicht öffentlich-rechtliche Verwaltungsaufgaben wahrnehmen, des Bundestages, des Bundesrates, des Bundespräsidenten und des Bundesrechnungshofes ist nicht Kommunikationstechnik des Bundes, soweit sie ausschließlich in deren eigener Zuständigkeit betrieben wird.**

(4) **[1]Schnittstellen der Kommunikationstechnik des Bundes im Sinne dieses Gesetzes sind sicherheitsrelevante Netzwerkübergänge innerhalb der Kommunikationstechnik des Bundes sowie zwischen dieser und der Informationstechnik der einzelnen Bundesbehörden, Gruppen von Bundesbehörden oder Dritter. [2]Dies gilt nicht für die Komponenten an den Netzwerkübergängen, die in eigener Zuständigkeit der in Absatz 3 Satz 2 genannten Gerichte und Verfassungsorgane betrieben werden.**

(5) **Schadprogramme im Sinne dieses Gesetzes sind Programme und sonstige informationstechnische Routinen und Verfahren, die dem Zweck dienen, unbefugt Daten zu nutzen oder zu löschen oder die dem Zweck dienen, unbefugt auf sonstige informationstechnische Abläufe einzuwirken.**

(6) **Sicherheitslücken im Sinne dieses Gesetzes sind Eigenschaften von Programmen oder sonstigen informationstechnischen Systemen, durch deren Ausnutzung es möglich ist, dass sich Dritte gegen den Willen des Berechtigten Zugang zu fremden informationstechnischen Systemen ver-**

schaffen oder die Funktion der informationstechnischen Systeme beeinflussen können.

(7) Zertifizierung im Sinne dieses Gesetzes ist die Feststellung durch eine Zertifizierungsstelle, dass ein Produkt, ein Prozess, ein System, ein Schutzprofil (Sicherheitszertifizierung), eine Person (Personenzertifizierung) oder ein IT-Sicherheitsdienstleister bestimmte Anforderungen erfüllt.

(8) [1]Protokolldaten im Sinne dieses Gesetzes sind Steuerdaten eines informationstechnischen Protokolls zur Datenübertragung, die unabhängig vom Inhalt eines Kommunikationsvorgangs übertragen oder auf den am Kommunikationsvorgang beteiligten Servern gespeichert werden und zur Gewährleistung der Kommunikation zwischen Empfänger und Sender notwendig sind. [2]Protokolldaten können Verkehrsdaten gemäß § 3 Nummer 70 des Telekommunikationsgesetzes und Nutzungsdaten nach § 2 Absatz 2 Nummer 3 des Telekommunikation-Telemedien-Datenschutz-Gesetzes enthalten.

(8a) Protokollierungsdaten im Sinne dieses Gesetzes sind Aufzeichnungen über technische Ereignisse oder Zustände innerhalb informationstechnischer Systeme.

(9) [1]Datenverkehr im Sinne dieses Gesetzes sind die mittels technischer Protokolle übertragenen Daten. [2]Der Datenverkehr kann Telekommunikationsinhalte nach § 3 Absatz 1 des Telekommunikation-Telemedien-Datenschutz-Gesetzes und Nutzungsdaten nach § 2 Absatz 2 Nummer 3 des Telekommunikation-Telemedien-Datenschutz-Gesetzes enthalten.

(9a) IT-Produkte im Sinne dieses Gesetzes sind Software, Hardware sowie alle einzelnen oder miteinander verbundenen Komponenten, die Informationen informationstechnisch verarbeiten.

(9b) [1]Systeme zur Angriffserkennung im Sinne dieses Gesetzes sind durch technische Werkzeuge und organisatorische Einbindung unterstützte Prozesse zur Erkennung von Angriffen auf informationstechnische Systeme. [2]Die Angriffserkennung erfolgt dabei durch Abgleich der in einem informationstechnischen System verarbeiteten Daten mit Informationen und technischen Mustern, die auf Angriffe hindeuten.

(10) [1]Kritische Infrastrukturen im Sinne dieses Gesetzes sind Einrichtungen, Anlagen oder Teile davon, die

1. den Sektoren Energie, Informationstechnik und Telekommunikation, Transport und Verkehr, Gesundheit, Wasser, Ernährung, Finanz- und Versicherungswesen sowie Siedlungsabfallentsorgung angehören und
2. von hoher Bedeutung für das Funktionieren des Gemeinwesens sind, weil durch ihren Ausfall oder ihre Beeinträchtigung erhebliche Versorgungsengpässe oder Gefährdungen für die öffentliche Sicherheit eintreten würden.

[2]Die Kritischen Infrastrukturen im Sinne dieses Gesetzes werden durch die Rechtsverordnung nach § 10 Absatz 1 näher bestimmt.

(11) Digitale Dienste im Sinne dieses Gesetzes sind Dienste im Sinne von Artikel 1 Absatz 1 Buchstabe b der Richtlinie (EU) 2015/1535 des Europäischen Parlaments und des Rates vom 9. September 2015 über ein

Informationsverfahren auf dem Gebiet der technischen Vorschriften und der Vorschriften für die Dienste der Informationsgesellschaft (ABl. L 241 vom 17.9.2015, S. 1), und die

1. es Verbrauchern oder Unternehmern im Sinne des Artikels 4 Absatz 1 Buchstabe a beziehungsweise Buchstabe b der Richtlinie 2013/11/EU des Europäischen Parlaments und des Rates vom 21. Mai 2013 über die alternative Beilegung verbraucherrechtlicher Streitigkeiten und zur Änderung der Verordnung (EG) Nr. 2006/2004 und der Richtlinie 2009/22/EG (Richtlinie über alternative Streitbeilegung in Verbraucherangelegenheiten) (ABl. L 165 vom 18.6.2013, S. 63) ermöglichen, Kaufverträge oder Dienstleistungsverträge mit Unternehmern entweder auf der Webseite dieser Dienste oder auf der Webseite eines Unternehmers, die von diesen Diensten bereitgestellte Rechendienste verwendet, abzuschließen (Online-Marktplätze);
2. es Nutzern ermöglichen, Suchen grundsätzlich auf allen Webseiten oder auf Webseiten in einer bestimmten Sprache anhand einer Abfrage zu einem beliebigen Thema in Form eines Stichworts, einer Wortgruppe oder einer anderen Eingabe vorzunehmen, die daraufhin Links anzeigen, über die der Abfrage entsprechende Inhalte abgerufen werden können (Online-Suchmaschinen);
3. den Zugang zu einem skalierbaren und elastischen Pool gemeinsam nutzbarer Rechenressourcen ermöglichen (Cloud-Computing-Dienste),

und nicht zum Schutz grundlegender staatlicher Funktionen eingerichtet worden sind oder für diese genutzt werden.

(12) „Anbieter digitaler Dienste“ im Sinne dieses Gesetzes ist eine juristische Person, die einen digitalen Dienst anbietet.

(13) [1]Kritische Komponenten im Sinne dieses Gesetzes sind IT-Produkte,

1. die in Kritischen Infrastrukturen eingesetzt werden,
2. bei denen Störungen der Verfügbarkeit, Integrität, Authentizität und Vertraulichkeit zu einem Ausfall oder zu einer erheblichen Beeinträchtigung der Funktionsfähigkeit Kritischer Infrastrukturen oder zu Gefährdungen für die öffentliche Sicherheit führen können und
3. die auf Grund eines Gesetzes unter Verweis auf diese Vorschrift
   a) als kritische Komponente bestimmt werden oder
   b) eine auf Grund eines Gesetzes als kritisch bestimmte Funktion realisieren.

[2]Werden für einen der in Absatz 10 Satz 1 Nummer 1 genannten Sektoren keine kritischen Komponenten und keine kritischen Funktionen, aus denen kritische Komponenten abgeleitet werden können, auf Grund eines Gesetzes unter Verweis auf diese Vorschrift bestimmt, gibt es in diesem Sektor keine kritischen Komponenten im Sinne dieses Gesetzes.

(14) [1]Unternehmen im besonderen öffentlichen Interesse sind Unternehmen, die nicht Betreiber Kritischer Infrastrukturen nach Absatz 10 sind und

1. die Güter nach § 60 Absatz 1 Nummer 1 und 3 der Außenwirtschaftsverordnung in der jeweils geltenden Fassung herstellen oder entwickeln,

2. die nach ihrer inländischen Wertschöpfung zu den größten Unternehmen in Deutschland gehören und daher von erheblicher volkswirtschaftlicher Bedeutung für die Bundesrepublik Deutschland sind oder die für solche Unternehmen als Zulieferer wegen ihrer Alleinstellungsmerkmale von wesentlicher Bedeutung sind oder

3. die Betreiber eines Betriebsbereichs der oberen Klasse im Sinne der Störfall-Verordnung in der jeweils geltenden Fassung sind oder nach § 1 Absatz 2 der Störfall-Verordnung diesen gleichgestellt sind.

[2]Die Unternehmen im besonderen öffentlichen Interesse nach Satz 1 Nummer 2 werden durch die Rechtsverordnung nach § 10 Absatz 5 bestimmt, in der festgelegt wird, welche wirtschaftlichen Kennzahlen maßgeblich dafür sind, dass ein Unternehmen zu den größten Unternehmen in Deutschland im Sinne der Nummer 2 gehört und welche Alleinstellungsmerkmale maßgeblich dafür sind, dass Zulieferer für solche Unternehmen von wesentlicher Bedeutung sind.

Literatur: *Bräutigam/Wilmer,* Big Brother is watching you? – Meldepflichten im geplanten IT-Sicherheitsgesetz, ZRP 2015, 38; *Dürig/Fischer,* Cybersicherheit in kritischen Infrastrukturen, DuD 2018, 209; *Gehrmann/Voigt,* IT-Sicherheit – Kein Thema nur für Betreiber Kritischer Infrastrukturen, CR 2017, 93; *Hau/Poseck* (Hrsg.), BeckOK BGB, 56. Ed., 2020; *Heckmann,* IT-Sicherheit auf Raten?, MMR 2015, 289; *Kipker* (Hrsg.), Cybersecurity, 2020; *Maunz/Dürig* (Hrsg.), Grundgesetz, 92. EL 2020; *Monopolkommission,* Wettbewerb 2020 – XXIII. Hauptgutachten der Monopolkommission gemäß § 44 Abs. 1 Satz 1 GWB, 2020; *Ritter* (Hrsg.), Die Weiterentwicklung des IT-Sicherheitsgesetzes, 2022; *Ritter,* IT-Sicherheitsgesetz 2.0 – Das Warten hat ein Ende, K&R 2021, Heft 6, Editorial; *Ritter/Schulte,* Rechtliche Anforderungen an Anbieter digitaler Dienste, die zugleich kritische Infrastrukturen sind, CR 2019, 617; *Roos,* Das IT-Sicherheitsgesetz – Wegbereiter oder Tropfen auf den heißen Stein?, MMR 2015, 636; *Roth,* Neuer Referentenentwurf zum IT-Sicherheitsgesetz – Dringende Neuregelung der Netz- und Informationssicherheit, ZD 2015, 17; *Schallbruch,* IT-Sicherheitsrecht – Schutz kritischer Infrastrukturen und staatlicher IT-Systeme, CR 2017, 648; *Schallbruch,* IT-Sicherheitsrecht – Schutz digitaler Dienste, Datenschutz und Datensicherheit, CR 2017, 798; *Schenke/Graulich/Ruthig* (Hrsg.), Sicherheitsrecht des Bundes, 2. Aufl. 2019; *Schwartmann/Jaspers/Thüsing/Kugelmann* (Hrsg.), Heidelberger Kommentar DS-GVO/BDSG, 2018; *Üge,* Der Einsatz der 3D-Druck-Technologie in der Medizin – Aus der Perspektive des IT-Sicherheitsrechts, InTeR 2020, 6; *Voigt,* IT-Sicherheitsrecht, 2. Aufl. 2021.

Inhaltsübersicht

A. Allgemeines

§ 2 enthält die Definitionen der im BSIG verwendeten Begriffe. Die Norm wächst zusehends. Bei Verabschiedung des BSI-Errichtungsgesetzes hatte sie gerade einmal zwei Absätze. 1

B. Einzelerläuterungen

I. Informationstechnik (Abs. 1)

Abs. 1 definiert den Begriff der Informationstechnik, der im Gesetz an verschiedenen Stellen Verwendung findet. Dabei wird der Begriff bewusst weit definiert und ist insbesondere gegenüber dem engeren Begriff der Kommunikationstechnik des Bundes nach Abs. 3 abzugrenzen. Erfasst werden sollen alle Mittel, mit denen Informationen verarbeitet oder übertragen werden – egal, ob es sich um Hard- oder Software handelt.[1] 2

Anders als im Datenschutzrecht, das die Übermittlung von Informationen inzwischen als Teil der Übertragung ansieht (vgl. Art. 4 Nr. 2 DS-GVO), unterscheidet das BSIG – wie auch einige Landesgesetze[2] – diese Begriffe noch. Dies rührt vor allem aus der deutschen Datenschutztradition[3], in der ein sehr differenziertes Begriffsverständnis vorherrschte, das praktisch jeden Verarbeitungsschritt als einzelnen Begriff definierte und regelte, wohingegen das nunmehr dominante europäische Datenschutzrecht von einem monolithischen und sehr umfassenden Verarbeitungsbegriff ausgeht.[4] Gleichwohl dürfte diese Unterscheidung im Begriffsverständnis nicht zu praktischen Unterschieden in der Anwendung führen. 3

---

[1] BT-Drs. 11/7029, 7.

[2] S. zB § 1 Abs. 1 Nr. 6 des Niedersächsischen Gesetzes über digitale Verwaltung und Informationssicherheit (NDIG) vom 24.10.2019, Nds. GVBl. S. 291.

[3] S. dazu auch die Gesetzesbegründung, BT-Drs. 11/7029, 7.

[4] Schwartmann/Jaspers/Thüsing/Kugelmann/*Schwartmann/Herrmann,* DS-GVO Art. 4 Rn. 39.

4 Einige Gesetze wie zB das Bayerische E-Government-Gesetz[5] verwenden den Begriff der Informationstechnik, ohne ihn näher zu definieren.

II. Sicherheit in der Informationstechnik (Abs. 2)

5 In Abs. 2 wird der Begriff der Sicherheit in der Informationstechnik definiert. Dabei ging schon der Gesetzgeber davon aus, dass es keine absolute Sicherheit gibt, sondern stets nur relative Sicherheit erreicht werden kann.[6] Welches Maß dafür erreicht werden muss, hängt wesentlich von den Sicherheitsanforderungen im Einzelfall ab.[7] Die S. 1–3 wurden mit dem IT-SiG 2.0 neu eingefügt. Sie sind jedoch weder nach Inhalt noch nach Stellung im Absatz Teil der Begriffsbestimmung, da diese schon der Formulierung nach in S. 4 vollumfänglich stattfindet. Nach dem Willen des Gesetzgebers sollen sie gleichwohl eine erläuternde Funktion haben, um den Inhalt der Schutzziele näher zu bestimmen. Einen echten Beitrag dazu leisten die Formulierungen jedoch nicht. Vielmehr erschöpft sich S. 1 in einem bloßen Programmsatz ohne Mehrwert, während S. 2 mit dem Zugriffsschutz einen einzelnen Aspekt der Informationssicherheit nennt. Warum gerade dieser höher zu werten sein soll als andere Aspekte, bleibt unklar. In S. 3 wird schließlich dargelegt, was die Sicherheit in der Informationstechnik erfordert. Dies soll die „Einhaltung bestimmter Sicherheitsstandards zur Gewährleistung der informationstechnischen Grundwerte und Schutzziele" sein. Warum das separat aufgeführt werden muss, ist fraglich. Denn die eigentliche Begriffsbestimmung, die erst in S. 4 erfolgt, bedeutet „die Einhaltung bestimmter Sicherheitsstandards, die die Verfügbarkeit, Integrität oder Vertraulichkeit" – also die Schutzziele – „von Informationen betreffen". Zur Schärfung des Begriffs der „Sicherheit in der Informationstechnik" trägt das nicht bei.[8]

6 Die eigentliche Definition in S. 4 stellt auf Verfügbarkeit, Integrität und Vertraulichkeit als IT-Sicherheitsziele ab. Um diese Sicherheitsziele zu erreichen, sollen bestimmte IT-Sicherheitsstandards eingehalten werden. Welche Sicherheitsstandards das konkret sein sollen, legt das Gesetz nicht fest. Dies wird teilweise kritisiert,[9] ist nach hier vertretener Ansicht jedoch richtig. Denn wenn schon eine abstrakte Festlegung des Sicherheits**niveaus** nicht möglich ist, gilt dies erst recht für die jeweils einschlägigen Standards. Dabei ist insbesondere zu beachten, dass IT-Sicherheit kein statischer Zustand ist, sondern sich mindestens so schnell entwickelt wie die Technik. Daher hat es sich als sinnvoll bewährt, stattdessen in Gesetzen abstrakt auf Standards oder den Stand der Technik zu verweisen, um die Absicherungspflichten ebenso zu dynamisieren.

7 Unter Standards iSd Abs. 2 sind nicht nur solche zu verstehen, die von Standardisierungs- oder Normungsgremien (wie zB DIN und ISO) beschlossen werden. Vielmehr können dazu auch verwaltungsinterne Standards wie die Mindeststandards nach § 8 zählen.

---

[5] Bayerisches E-Government-Gesetz (BayEGovG) vom 22.12.2015 (GVBl. S. 458, BayRS 206-1-D), das zuletzt durch § 1 Abs. 138 der Verordnung vom 26.3.2019 (GVBl. S.98) geändert worden ist.

[6] BT-Drs. 11/7029, 7.

[7] BT-Drs. 11/7029, 7.

[8] *Ritter,* K&R 2021, Heft 6, Editorial.

[9] Schenke/Graulich/Ruthig/*Buchberger,* Rn. 3.

III. Kommunikationstechnik des Bundes (Abs. 3)

8 In Abs. 3 wird der Begriff der Kommunikationstechnik des Bundes definiert. Er ist aufgrund zusätzlicher Tatbestandsmerkmale enger gefasst als der Begriff der Informationstechnik in Abs. 1 und dient als Anknüpfungspunkt für Befugnisse des BSI – zB in § 5. Zur Kommunikationstechnik gehören alle informationstechnischen Systeme, die von Bundesbehörden oder in deren Auftrag betrieben werden und die dem Datenverkehr untereinander oder mit Dritten dienen.[10] Die Variante des „Datenverkehrs untereinander" erfasste schon bisher nicht nur Datenverkehr unter verschiedenen Behörden, sondern auch den Datenverkehr innerhalb der Behörde. Zur Klarstellung wurde die Variante „innerhalb einer Bundesbehörde" mit dem zweiten IT-Sicherheitsgesetz 2021 explizit aufgenommen. Ausweislich der Gesetzesbegründung soll Kommunikationstechnik, die im Rahmen des Digitalen Behördenfunks betrieben wird und im Eigentum von nicht dem Bund zuzuordnenden Nutzern steht, keine Kommunikationstechnik des Bundes sein.[11] In diesen Fällen dürfte es bereits daran fehlen, dass die Kommunikationstechnik im engeren Sinne „im Auftrag des Bundes" betrieben wird.

9 S. 2 stellt als **Ausnahmeregelung** klar, dass bestimmte Informationstechnik nicht Teil der Kommunikationstechnik des Bundes ist, obwohl S. 1 sie begrifflich erfassen würde. Ausgenommen werden so der Bundestag, Bundesrat und weitere Verfassungsorgane. Die Bundesgerichte werden nur so weit ausgenommen, wie dies zu Sicherung der richterlichen Unabhängigkeit geboten ist. Damit soll der besonderen verfassungsrechtlichen Stellung der genannten Organe Rechnung getragen werden.[12] Obwohl das Bundesverfassungsgericht bereits als Bundesgericht nicht erfasst war, wurde es im Rahmen des zweiten IT-Sicherheitsgesetzes 2021 noch einmal explizit aufgenommen.[13] Alle Ausnahmen stehen unter der Bedingung, dass die Informationstechnik der genannten Stellen ausschließlich in deren eigener Zuständigkeit betrieben wird.

10 Insoweit stellt S. 2 letzter Hs. eine **Gegenausnahme** dar. Er ist eine Öffnungsklausel für die genannten Verfassungsorgane, um freiwillig an den Schutzmaßnahmen des BSI, zB nach § 5, teilzunehmen. Wenn Verfassungsorgane dem BSI die Zuständigkeit für den Schutz von IT übertragen, wird die IT dann im Ausmaß der Aufgabenübertragung nicht mehr „ausschließlich in deren eigener Zuständigkeit" betrieben und damit Kommunikationstechnik des Bundes. Damit wird gleichermaßen der besonderen verfassungsrechtlichen Autonomie dieser Stellen wie auch deren Schutzbedürfnis Rechnung getragen. Es obliegt diesen Stellen selbst, inwieweit sie sich des Schutzes des BSI bedienen wollen.

IV. Schnittstellen (Abs. 4)

11 Die Definition legt fest, was die Schnittstellen der Kommunikationstechnik des Bundes sind, da sich erst daraus ergibt, an welchen Stellen das BSI die Befugnis zur Angriffserkennung aus § 5 Abs. 1 S. 1 Nr. 1 nutzen darf. Als solche Schnittstellen gelten die sicherheitsrelevanten Netzwerkübergänge zu externen Netzen, wie zB

---

[10] Schenke/Graulich/Ruthig/*Buchberger,* Rn. 4.
[11] BT-Drs. 19/26106, 55.
[12] BT-Drs. 16/11967, 11; Schenke/Graulich/Ruthig/*Buchberger,* Rn. 5.
[13] BT-Drs. 19/26106, 55.

Ländernetzen und Internet[14], aber auch die innerhalb von Netzen des Bundes selbst, zB behördeninterne Netze oder solche zwischen Behörden. Korrespondierend mit der Ausnahme in der Definition der Kommunikationstechnik des Bundes in Abs. 3 S. 2 findet sich eine ähnliche Regelung in Abs. 4 S. 2. Danach sind die von den Gerichten und Verfassungsorganen in eigener Zuständigkeit betriebenen Netzwerkübergänge keine Schnittstellen der Kommunikationstechnik des Bundes iSd Abs. 4 S. 1.

V. Schadprogramme (Abs. 5)

12 In Abs. 5 findet sich die einzige bundesgesetzliche Definition von Schadprogrammen[15]. Trotz des Wortes Schad*programm* fallen nicht nur Programme, sondern auch sonstige informationstechnische Routinen und Verfahren unter den Begriff. Dies ist insoweit wichtig, da die unbefugte Nutzung von Daten auch dadurch erfolgen kann, dass Nutzer zur Preisgabe ihrer Daten bewegt werden, ohne dass dafür ein schädliches Programm genutzt wird. Stattdessen werden sie teilweise dazu bewegt, ihre Daten selbst, zB auf Phishing-Webseiten, preiszugeben. Da es sich bei den preisgegebenen Daten meist um Zugangsdaten für Informationstechnik (zB für das Online-Banking) handelt, stellen auch solche Angriffe eine Gefahr für die Informationstechnik dar, die es abzuwehren gilt. Daher ist es auch unzutreffend, dass Schadprogramme nur Schaden anrichten können, wenn Sicherheitslücken auf einem System existieren, die das Einbringen von Schadprogrammen erlauben.[16] Vielmehr kann die vermeintliche Lücke auch der Nutzer selbst sein. Gemeinsames Merkmal aller Schadprogramme ist vielmehr, dass sie unerwünschte Funktionen erfüllen.

13 Maßgeblich ist, dass Schadprogramme dem Zweck dienen, unerwünschte Funktionen unbefugt auszuführen.[17] Als Ausgangspunkt für die schädliche Wirkung wird auf zwei unterschiedliche Zwecke abgestellt. Zum einen auf die **unbefugte Nutzung oder Löschung** von Daten und zum anderen auf die unbefugte **Einwirkung auf sonstige informationstechnische Abläufe.** Mit dem beiden Varianten gemeinsamen Merkmal „unbefugt" sollen unbeabsichtigte Sicherheitslücken in normalen Programmen aus der Definition ausgeschlossen werden.[18]

14 **1. Unbefugte Nutzung oder Löschung (Var. 1).** Zu den Programmen, die den Zweck der **unbefugten Nutzung** erfüllen, gehört Ransomware, die Daten verschlüsselt, aber eine Entschlüsselung noch zulässt. Auch Programme, die versuchen, an Daten der Nutzer (zB Zugangsdaten, Bankdaten, E-Mail-Adressen, sonstige Kontaktdaten) zu gelangen, um diese etwa für Online-Betrug oder Spam weiterverwenden zu können, erfüllen die Variante der „unbefugten Nutzung".

Den Zweck der Löschung erfüllen klassische Viren, die Daten auf den Opfersystemen löschen, sowie Ransomware, die die Daten unwiederbringlich verschlüsselt (und die Nutzer über die Unwiederbringlichkeit der Daten täuscht).

---

[14] Schenke/Graulich/Ruthig/*Buchberger,* Rn. 6.

[15] Weitere Definitionen finden sich in Landesgesetzen. § 1 Abs. 1 Nr. 10 NDIG definiert Schadprogramme als „ein Computerprogramm, dessen Ausführung die IT-Sicherheit gefährden kann, oder ein Teil davon". § 3 Abs. 3 SächsISichG ist fast identisch mit der Definition im BSIG.

[16] So jedoch Schenke/Graulich/Ruthig/*Buchberger,* Rn. 7.

[17] BT-Drs. 16/11967, 12.

[18] BT-Drs. 16/11967, 12.

2. Einwirkung auf sonstige informationstechnische Abläufe (Var. 2). Die zweite Variante von Schadprogrammen stellt die Einwirkung auf informationstechnische Abläufe dar. Damit werden Programme erfasst, die zwar keine Daten der Opfer nutzen oder löschen, aber unbefugt auf informationstechnische Abläufe einwirken. Dies kann zB der Fall sein, wenn den Nutzern Software untergeschoben wird, die weitere Funktionen beinhaltet als die dokumentierten. Im Bereich des sog. Krypto-Minings wurde so versucht, die Rechenleistung der Nutzer dafür zu nutzen, für den Angreifer Anteile verschiedener Kryptowährungen zu generieren. Auch Software, die die Opferrechner immer wieder zur Beteiligung an Denial-of-Service-Angriffen[19] oder zum heimlichen Aufruf von Werbeseiten veranlasst, erfüllt diese Variante. 15

VI. Sicherheitslücken (Abs. 6)

Der Begriff der Sicherheitslücken wird in Abs. 6 bewusst weit gefasst, da Sicherheitslücken in den unterschiedlichsten Zusammenhängen und in den unterschiedlichsten Konstellationen auftauchen können – auch abhängig von konkreten Konfigurationen oder Einsatzumgebungen[20]. Der Begriff lässt sich in drei Bestandteile zerlegen, die kumulativ erfüllt sein müssen: 16

1. Es sind **unerwünschte Eigenschaften** von Programmen oder sonstigen informationstechnischen Systemen.
2. Diese unerwünschten Eigenschaften lassen sich zielgerichtet für Punkt 3 **ausnutzen.**
3. Dritte können sich **unberechtigten Zugang** zu fremden informationstechnischen Systemen verschaffen oder die **Funktion** der informationstechnischen Systeme **beeinflussen.**

Als **unerwünscht** wird man die Eigenschaften immer dann qualifizieren können, wenn sie in der konkreten Form nicht dem Willen der Nutzer des Programms oder Systems entsprechen. Sie kann auch dann erfüllt sein, wenn ein Programm zB nach dem Willen des Nutzers einen Fernzugriff auf seine Systeme zulassen soll, aber zugleich auch den Zugriff für Unberechtigte ermöglicht. Das scheint im Ergebnis auch die Rspr. so zu sehen, wenn sie ausführt, dass die tiefgreifenden Systemrechte einer Antiviren-Software und die damit verbundenen Zugriffsmöglichkeiten des Herstellers eine Sicherheitslücke darstellen können.[21] Allerdings ist nicht erkennbar, dass das OVG NRW die einzelnen Voraussetzungen dabei sehr differenziert geprüft hätte. Vielmehr scheinen die Fragen der Unerwünschtheit, der Ausnutzbarkeit und der Zugangs- und Beeinflussungsmöglichkeiten auf die Prüfung verkürzt worden zu sein, „ob ein informationstechnisches System über eine solche – grundsätzlich unerwünschte – Beeinflussungsmöglichkeit durch Dritte verfügt“[22]. Es ist jedoch fraglich, ob das überzeugen kann. Denn konsequenterweise wären dann auch solche mit Zugriffsmöglichkeiten verbundenen Eigenschaften der Produkte als Sicherheitslücke zu qualifizieren, die gerade gewünscht sind (zB Supportzugänge der Hersteller, die die Kunden bewusst gebucht haben). Eine differenziertere Lösung wäre evtl. über den Begriff der „Eigenschaften“ möglich gewesen. Diesen könnte man 17

---

[19] BT-Drs. 16/11967, 12.

[20] BT-Drs. 16/11967, 12; *OVG Münster,* Beschl. v. 28.3.2022 – 4 B 473/22, NJW 2022, 1547 (1550).

[21] Vgl. *OVG Münster,* Beschl. v. 28.3.2022 – 4 B 473/22, NJW 2022, 1547 (1551).

[22] Vgl. *OVG Münster,* Beschl. v. 28.3.2022 – 4 B 473/22, NJW 2022, 1547 (1550).

weit verstehen, also darunter nicht nur technische Eigenschaften der Systeme erfassen, sondern auch organisatorische – wie etwa die Struktur des Anbieters eines Programmes oder Systems – die unerlaubte Zugriffe zulässt.

18 Eine Eigenschaft eines Programms oder informationstechnischen Systems, die keine **Ausnutzung** erlaubt, kann nach dieser begrifflichen Dreiteilung schon keine Sicherheitslücke sein.

19 Die Eigenschaft muss sich dahin gehend ausnutzen lassen, dass Dritte entweder einen **unberechtigten Zugang** zu fremden Systemen erlangen können oder die Funktion der informationstechnischen Systeme unberechtigt beeinflussen können. Ersteres kann zB bei fehlerhaften Zugangssicherungen (zB Verwendung nicht abgeänderter Standardpasswörter) der Fall sein. Eine unberechtigte Beeinflussung kann vorliegen, wenn der Dritte keinen Zugriff auf das System selbst erhält, es aber zB durch Einwirkung auf das System von außen zu einem bestimmten Verhalten veranlasst. So können zB Konfigurationsfehler von Servern dazu genutzt werden, diese für DDoS-Reflection-Angriffe zu nutzen. Dabei schicken Angreifer kleine Datenpakete mit falscher Absender-IP-Adresse an die Server und diese antworten dann mit großen Paketen an die vermeintliche Absenderadresse, unter der in Wirklichkeit das Angriffsopfer erreichbar ist.

VII. Zertifizierung (Abs. 7)

20 In Abs. 7 wird der Begriff der Zertifizierung legaldefiniert. Er bezieht sich auf die Aufgaben des BSI als nationale Zertifizierungsstelle der Bundesverwaltung nach § 9. Die Definition stellt klar, dass die Zertifizierung durch eine Zertifizierungsstelle erfolgen muss, was Gegenstand der Zertifizierung sein kann und was der Inhalt der Zertifizierung ist. Sie stützt sich auf DIN EN ISO/IEC 17 000[23].

21 Gegenstand der **Sicherheitszertifizierung** können Produkte, Prozesse, Systeme oder Schutzprofile sein. Dagegen können Personen Gegenstand einer **Personenzertifizierung** sein. Auch IT-Sicherheitsdienstleister können zertifiziert werden. Inhalt der Zertifizierung ist die Überprüfung, ob der Zertifizierungsgegenstand den festgelegten Anforderungen entspricht. Die Sicherheitszertifizierung bestätigt also nicht die absolute IT-Sicherheit eines Zertifizierungsgegenstandes oder dass er frei von Sicherheitslücken ist. Vielmehr bestätigt sie, dass er bestimmten vorher genau definierten Anforderungen entspricht, aus deren Einhaltung sich ein gewisses – am Bedarf orientiertes – Maß an Sicherheit ergibt. Die Anforderungen an ein Produkt können sich daher je nach Schutzbedarf sehr unterscheiden.

VIII. Protokolldaten (Abs. 8)

22 In Abs. 8 S. 1 wird der Begriff der Protokolldaten definiert, auf den sich die Regelungen in § 5 Abs. 2 ff. beziehen. Dabei handelt es sich um die Steuerdaten, die in Protokollen zur Datenübertragung – wie zB HTTPS, SMTP etc – vorgesehen sind. Sie werden in der Regel bei jedem Datenpaket mit übertragen, um die Kommunikation von Sender und Empfänger zu gewährleisten.[24] Der Begriff ist insoweit enger als der von Logdaten oder Protokollierungsdaten. Letztere können zwar Protokolldaten enthalten, aber eben auch weitere Informationen. Der

[23] Schenke/Graulich/Ruthig/*Buchberger*, Rn. 8.
[24] Schenke/Graulich/Ruthig/*Buchberger*, Rn. 9.

Unterschied ist, dass Protokolldaten immer einen Bezug zur Kommunikation und damit zum Fernmeldegeheimnis nach Art. 10 GG haben. In der Regel enthalten sie Umstände der Kommunikation. Die Inhalte der Kommunikation sind nach der Gesetzesbegründung kein Bestandteil von Protokolldaten[25]. S. 2 stellt klar, dass die Protokolldaten auch Verkehrsdaten iSd § 3 Nr. 70 TKG[26] und Nutzungsdaten iSd § 2 Abs. 2 Nr. 3 TTDSG[27] darstellen können. Dies ist zB der Fall, wenn die Datenübertragung einen Telekommunikationsvorgang darstellt wie beim Absenden einer E-Mail[28].

IX. Protokollierungsdaten (Abs. 8a)

Mit dem IT-SiG 2.0 wurde 2021 der Begriff der Protokollierungsdaten neu eingeführt, für den im allgemeinen Sprachgebrauch oft der Begriff „Logdaten" synonym verwendet wird.[29] Er unterscheidet sich vom Begriff der Protokolldaten vor allem dadurch, dass es sich dabei nicht um Daten aus Kommunikations- bzw. Datenübertragungsvorgängen handeln muss.[30] Vielmehr geht es bei Protokollierungsdaten um die Aufzeichnung sämtlicher technischer Ereignisse oder Zustände in einem System. Die Protokollierungsdaten dienen der Erkennung, Untersuchung und Beseitigung von Fehlern und Angriffen. Dazu können Zustandsdaten der Hardware (zB Temperatur, Auslastung etc), aber auch Ereignisse wie Änderungen von Konfigurationen, Programmstarts und -abbrüche, das Einbinden von Laufwerken oder die Anmeldung von Nutzern an Systemen gehören. Die Protokollierung kann auf Ebene des Betriebssystems oder im Rahmen von speziellen Anwendungen erfolgen. Die Daten werden oft keinen Personenbezug haben. Anders ist dies vor allem bei Daten wie der Nutzerkennung, dem (Host-)Namen, der IP- oder MAC-Adressen des jeweiligen Systems, die eine Ermittlung der dahinterstehenden Person grundsätzlich ermöglichen.[31] Sinn der Protokollierungsdaten ist die Erkennung von Angriffen auf die Kommunikationstechnik, für deren Detektion die Analyse von Systemereignissen erforderlich ist (→ § 5a Rn. 1). 23

X. Datenverkehr (Abs. 9)

Die Definition des Datenverkehrs wurde im Jahr 2009 ins BSIG eingeführt und hatte lange Zeit keinen Anwendungsbereich, da der Begriff im BSIG an keiner weiteren Stelle verwendet wurde.[32] Sie war ursprünglich ein redaktionelles Überbleibsel der ersten Gesetzgebungsentwürfe zum Gesetz von 2009, die den Begriff noch an anderen Stellen enthielten. Im Rahmen des damaligen Gesetzgebungsverfahrens wurden die Normen dann jedoch verändert und der Begriff entfernt – außer in den Begriffsdefinitionen. Dies blieb – auch in der Literatur[33] – lange Zeit unentdeckt. 24

---

[25] BT-Drs. 16/11967, 12.

[26] Bis zum Inkrafttreten des TKG-Modernisierungsgesetzes § 3 Nr. 30 TKG.

[27] Bis zum Inkrafttreten des TTDSG § 15 Abs. 1 TMG.

[28] Schenke/Graulich/Ruthig/*Buchberger*, Rn. 10.

[29] So auch Ritter/*Keppeler/Schulte*, Rn. 112.

[30] Vgl. auch Ritter/*Keppeler/Schulte*, Rn. 112.

[31] Vgl. BT-Drs. 19/26106, 55.

[32] S. die Ausführungen der Gesetzesbegründung im NIS-RL-Umsetzungsgesetz, BT-Drs. 18/11242, 34.

[33] S. zB Schenke/Graulich/Ruthig/*Buchberger*, Rn. 11, wo der Begriff ohne jeden Hinweis auf den fehlenden Anwendungsbereich kommentiert wird.

Mit der Umsetzung der NIS-RL sollte die Definition eigentlich entfernt werden.[34] Trotz Erwähnung dieser Absicht in der Gesetzesbegründung wurde jedoch ein entsprechender Änderungsbefehl im Umsetzungsgesetz selbst scheinbar vergessen. Erst mit dem IT-SiG 2.0 wurde dieser legislative Lapsus dadurch behoben, dass der Begriff „Datenverkehr" in § 7c Abs. 3 verwendet wurde. Inhaltlich umfasst er sämtliche Daten, die elektronisch übermittelt werden.

XI. IT-Produkte (Abs. 9a)

25 Die Definition der IT-Produkte wurde mit dem IT-SiG 2.0 eingeführt. Der Begriff wurde bereits vorher in § 8 verwendet. Nach der Intention des Gesetzgebers soll die Definition möglichst weitgehend sein, um viele Komponenten zu erfassen, durch die sich Sicherheitslücken ergeben könnten.[35] Dementsprechend konturiert die Definition den Begriff auch kaum. Über das normale Begriffsverständnis geht nur die Klarstellung, dass die informationsverarbeitenden Komponenten sowohl einzeln als auch in ihrer Kombination jeweils IT-Produkte darstellen können, hinaus. Der Begriff erfasst daher auch bloße Teile von Software- und Hardwareprodukten wie zB Softwarebibliotheken oder einzelne Chips.[36]

XII. Systeme zur Angriffserkennung (Abs. 9b)

26 Auch die Definition der Systeme zur Angriffserkennung wurde mit dem zweiten IT-Sicherheitsgesetz eingeführt. Diese Systeme können aus technischen Werkzeugen bestehen, also zB Virenscanner, Intrusion Detection Systeme, Security-Incident-and-Event-Monitoring-Systeme (SIEM) uÄ. Daneben stellt die Definition aber auch auf die „organisatorische Einbindung" ab. Gemeint sein dürften klassische organisatorische Maßnahmen wie etwa der Einsatz menschlicher Analysten beim Monitoring der Informationstechnik im Rahmen eines Security Operations Center (SOC). Warum hier nicht auf die Verwendung der bereits in vielen anderen Regelungen verwendeten Formulierung „technische und organisatorische Maßnahmen" zurückgegriffen wurde, bleibt unklar. Stattdessen hebt die Definition auf „Prozesse zur Erkennung von Angriffen" ab, ohne dass damit ein begrifflicher Mehrwert verbunden wäre.

27 S. 2 konkretisiert, wie die Angriffserkennung ablaufen soll, nämlich durch einen Abgleich des Ist-Zustandes der Daten im System mit solchen Informationen und Mustern, die auf Angriffe hindeuten. Der Begriff der Information ist dabei sehr weit. Dazu können sog. Indicators of Compromise (also bekannte konkrete Datenpunkte, die auf Angriffe hinweisen) ebenso gehören wie der auf Erfahrungswissen von Analysten begründete Verdacht auf einen Angriff. Muster sind nur eine Teilmenge der „Informationen" und können zB in Form von Virensignaturen, Firewall-Regeln oÄ auftreten.

---

[34] BT-Drs. 18/11242, 34.

[35] BT-Drs. 19/26106, 56.

[36] Ritter/*Keppeler/Schulte*, Rn. 113.

XIII. Kritische Infrastrukturen (Abs. 10)

Der Begriff der Kritischen Infrastrukturen (KRITIS) wurde mit dem IT-Sicherheitsgesetz von 2015[37] in das BSIG aufgenommen. Auch wenn der Begriff im Bereich des Bevölkerungsschutzes schon länger verwendet wurde,[38], war dies die erste bundesgesetzliche Definition. Sie ist notwendig, um zu bestimmen, wen die Rechte und Pflichten für Betreiber Kritischer Infrastrukturen treffen. 28

Als Infrastruktur kommen grundsätzlich Einrichtungen, Anlagen oder Teile davon in Frage, wobei eine scharfe Abgrenzung zwischen diesen Begriffen nicht immer möglich ist. Eine Infrastruktur ist kritisch, wenn sie erstens einem der genannten Sektoren angehört und zweitens von hoher Bedeutung für das Gemeinwesen ist, da ihr Ausfall oder auch schon ihre Beeinträchtigung zu erheblichen Versorgungsengpässen oder Gefahren für die öffentliche Sicherheit führen könnte. Dahinter steht vor allem der Gedanke, dass die Allgemeinheit vor Versorgungsausfällen geschützt werden soll, die über das Maß hinausgehen, für das staatliche Bewältigungskapazitäten (zB das THW) existieren. Der Gesetzgeber trägt damit der Tatsache Rechnung, dass die Versorgung mit lebensnotwendigen Dienstleistungen zunehmend von funktionsfähiger IT abhängig ist. Zu den von Abs. 10 S. 1 Nr. 1 erfassten Sektoren gehören im Einzelnen: 29

- Energie
- Informationstechnik und Telekommunikation
- Transport und Verkehr
- Gesundheit
- Wasser
- Ernährung
- Finanz- und Versicherungswesen
- Siedlungsabfallentsorgung

Während in anderen Zusammenhängen auch die Sektoren „Staat und Verwaltung" sowie „Medien und Kultur" zu den KRITIS gezählt werden,[39] sind diese von Abs. 10 S. 1 nicht erfasst. Hintergrund ist die weitgehend fehlende Gesetzgebungskompetenz des Bundes insbesondere für die (Landes-)Verwaltung und die Medien.[40] Sofern jedoch staatliche Stellen Betreiber einer Infrastruktur in den in Nr. 1 aufgezählten Bereichen sind, werden sie ungeachtet ihrer Rechtsform erfasst. Kompetenzgrundlage des Bundes für eine Verpflichtung ist dann u.a. das Recht der Wirtschaft aus Art. 74 Abs. 1 Nr. 11 GG[41]. Teilweise wird kritisiert, dass Staat und Verwaltung nicht erfasst sind, obwohl auch ihr Ausfall zu erheblichen Gefährdungen für die öffentliche Sicherheit führen könne.[42] Dem kann für die Landesverwaltung das Argument der fehlenden Gesetzgebungskompetenz entgegengehalten werden. Für die Bundesverwaltung vermag die Kritik – wenn auch nur begrenzt – zu überzeugen. Ausgangspunkt der Kritik ist die fehlende Verpflichtung der Bun- 30

---

[37] Gesetz zur Erhöhung der Sicherheit informationstechnischer Systeme vom 17.7.2015, BGBl I. S. 1324.

[38] Kipker Cybersecurity/*Beucher/Fromageau,* Kap. 12 Rn. 3. S. auch die Darstellung beim BBK: https://www.bbk.bund.de/DE/AufgabenundAusstattung/KritischeInfrastrukturen/kritischeinfrastrukturen_node.html.

[39] Kipker Cybersecurity/*Beucher/Fromageau,* Kap. 12 Rn. 3.

[40] BT-Drs. 18/4096, 24.

[41] BT-Drs. 18/4096, 19 mw Erläuterungen zur Gesetzgebungskompetenz.

[42] Schenke/Graulich/Ruthig/*Buchberger,* Rn. 12; *Schallbruch,* CR 2017, 648 (653).

desverwaltung zu ähnlichen Maßnahmen, wie sie für KRITIS eingeführt werden. Doch eine sehr weitgehende Meldepflicht für die Bundesverwaltung existierte mit § 4 bereits vor dem IT-SiG.[43] Lediglich bei den materiellen Verpflichtungen zur Sicherstellung von IT-Sicherheit nach dem Stand der Technik gibt es einen Unterschied. Zwar kann das BSI nach § 8 Mindeststandards erlassen, doch diese entfalten förmliche Verbindlichkeit für die Bundesverwaltung nur dann, wenn sie vom BMI per Verwaltungsvorschrift für verbindlich erklärt werden. Anders als eine unmittelbar geltende gesetzliche Pflicht für Behörden ist diese mittelbare Verpflichtung aus § 8 also davon abhängig, dass das BSI überhaupt einen Mindeststandard erarbeitet und dieser dann auch noch vom BMI für verbindlich erklärt wird. In seiner Wirksamkeit bleibt diese Konstruktion in der Tat hinter einer unmittelbaren gesetzlichen Verpflichtung für die Bundesverwaltung zurück. Gleichwohl dürfte diese über Art. 32 DS-GVO bereits zu ähnlichen IT-Sicherheitsmaßnahmen verpflichtet sein wie KRITIS-Betreiber.[44]

31 S. 2 legt fest, dass die Konkretisierung von KRITIS mittels Rechtsverordnung des BMI erfolgt. Diese BSI-KritisV hat das BMI erstmals am 22.4.2016 erlassen (seit 3.5.2016 in Kraft) und am 21.6.2017 um weitere Sektoren ergänzt (seit 30.6.2017 in Kraft).[45] In der Literatur gab es verfassungsrechtliche Bedenken hinsichtlich der Einhaltung des Bestimmtheitsgrundsatzes aus Art. 80 Abs. 1 S. 2 GG. Es sei bedenklich, dass die Norm nur eine allgemeine Definition enthalte und die Konturierung im Übrigen auf die Rechtsverordnung verlagere.[46] Dies insbesondere vor dem Hintergrund, dass konstituierende Merkmale wie die „erheblichen Versorgungsengpässe" nicht einmal in der Gesetzesbegründung näher beschrieben wurden.[47] Diese Kritik dürfte jedoch unberechtigt sein. Denn die Konturierung des Begriffs ergibt sich nicht nur aus Abs. 10, sondern auch aus der Verordnungsermächtigung in § 10 Abs. 1. Danach wird die Einstufung als KRITIS in zwei (Prüf-)Schritten vorgenommen: 1. Wird eine kritische Dienstleistung erbracht und 2. hat der Ausfall oder die Beeinträchtigung wesentliche Folgen für die Versorgung der Allgemeinheit oder sonstige Schutzgüter?[48] Auch wenn die konkreten Schwellenwerte zur Bestimmung nicht im Gesetz selbst stehen, so konturiert es doch bereits hinreichend, welche Maßstäbe die Rechtsverordnung bei der Konkretisierung anzulegen hat.

XIV. Digitale Dienste (Abs. 11)

32 Der Begriff der digitalen Dienste wurde 2017 mit dem NIS-RL-Umsetzungsgesetz[49] eingeführt[50], mit dem die Vorgaben für digitale Dienste aus Art. 16–19

---

[43] *Schallbruch,* CR 2017, 648 (653).

[44] Zum weitgehenden Gleichlauf der konkreten Maßnahmen aus Art. 32 DS-GVO und BSIG bereits Schwartmann/Jaspers/Thüsing/Kugelmann/*Ritter,* DS-GVO Art. 32 Rn. 12.

[45] *Dürig/Fischer,* DuD 2018, 209 (212).

[46] *Heckmann,* MMR 2015, 289 (290); *Roos,* MMR 2015, 636 (637); *Roth,* ZD 2015, 17 (19).

[47] *Roos,* MMR 2015, 636 (637).

[48] Vgl. dazu *Bräutigam/Wilmer,* ZRP 2015, 38 (40); *Roth,* ZD 2015, 17 (19).

[49] Gesetz zur Umsetzung der Richtlinie (EU) 2016/1149 des Europäischen Parlaments und des Rates vom 6. Juli 2016 über Maßnahmen zur Gewährleistung eines hohen gemeinsamen Sicherheitsniveaus von Netz- und Informationssystemen in der Union vom 23.7.2017, BGBl I S. 1885.

[50] BT-Drs. 18/11242, 34.

NIS-RL in deutsches Recht umgesetzt wurden. An den Begriff knüpfen die Verpflichtungen aus § 8c an. Wie die NIS-RL selbst unterscheidet auch Abs. 11 drei verschiedene Gruppen von Diensten: Online-Marktplätze, Online-Suchmaschinen und Cloud-Computing-Dienste. Allen gemeinsam ist, dass es sich um Dienste nach Art. 1 Abs. 1 lit. b der Info-RL handelt, also um Dienste, die im Fernabsatz, elektronisch und auf individuellen Abruf eines Empfängers erbracht werden. Der Definition selbst unterfallen zunächst Unternehmen jeglicher Größe, jedoch werden Kleinstunternehmen und kleine Unternehmen iSd Empfehlung 2003/361/EG von den daraus folgenden Pflichten des § 8c ausgenommen.[51]

1. Online-Marktplätze. Zu den Online-Marktplätzen zählen zunächst solche Dienste, die den Vertragsschluss für Kauf- oder Dienstleistungsverträge mit einem Unternehmer auf der Seite des Dienstes selbst ermöglichen (zB eBay). Ebenfalls dazu zählen Dienste, die den Vertragsschluss auf der Webseite des Unternehmers ermöglichen, sofern die Webseite des Unternehmers die von dem Dienst bereitgestellten Rechendienste verwendet. Auch Application-Stores, die den Vertrieb von Software Dritter ermöglichen, fallen gem. Erwgr. 15 der NIS-RL unter den Begriff. Nicht zu den Online-Marktplätzen zählen bloße (Preis-)Vergleichsseiten, die zwar gegebenenfalls auf die Seite eines Unternehmers weiterleiten, aber nicht den Vertragsschluss selbst ermöglichen.[52] Auch eigene Webseiten oder Online-Shops eines Unternehmens, über die es Aufträge annimmt, unterfallen nicht dem Begriff des Online-Marktplatzes[53], da die NIS-RL Dienste adressieren wollte, die für und nicht durch das vertragsschließende Unternehmen erbracht werden.[54] Auch nichtwirtschaftliche Dienstleistungen von allgemeinem Interesse, die vom Staat oder im Namen des Staates ohne Entgelt erbracht werden, sollen nicht als Online-Marktplätze gelten[55]. 33

2. Online-Suchmaschinen. Abs. 11 Nr. 2 definiert den Begriff der Online-Suchmaschine. Bestimmendes Merkmal ist, dass sie grundsätzlich Suchen auf allen Webseiten ermöglicht – gegebenenfalls beschränkt auf eine Sprache. Suchfunktionen, die auf bestimmte Webseiten beschränkt sind (zB Online-IT-Verfahren der Verwaltung, die in Datenbeständen anderer Verwaltungen recherchieren,[56] oder juristische Urteils- und Zeitschriftendatenbanken) unterfallen daher gem. Erwgr. 16 der NIS-RL nicht dem Begriff. Das Gleiche gilt für Preisvergleichsseiten. 34

3. Cloud-Computing-Dienste. Cloud-Computing-Dienste sind Rechendienste, die gemeinsame Ressourcen zur Datenverarbeitung auf Abruf bereitstellen. Dabei bezieht sich der Begriff der „gemeinsamen Ressourcen" sowohl auf Hardware (Netze, Server, Speicher etc) als auch auf Softwarekomponenten (zB Anwendungen und Dienste).[57] Grob unterschieden wird zwischen den Modellen Infrastructure as a Service (IaaS), Platform as a Service (PaaS) und Service as a Service (SaaS). 35

---

[51] Diesbezüglich zumindest missverständlich Schenke/Graulich/Ruthig/*Buchberger,* Rn. 13.
[52] Vgl. BT-Drs. 18/11242, 34.
[53] In diese Richtung aber scheinbar *Üge,* InTer 2020, 6 (10f.).
[54] S. Erwgr. 48f. der NIS-RL.
[55] Vgl. BT-Drs. 18/11242, 35.
[56] Schenke/Graulich/Ruthig/*Buchberger,* Rn. 15.
[57] Anhang I der Mitteilung der Kommission an das Europäische Parlament und den Rat, COM(2017) 476 final, 36.

- Als Infrastructure as a Service wird die Bereitstellung von „nackten" Rechenressourcen bezeichnet, bei der zB Server, Speicherplatz und Netzwerkressourcen zur Verfügung gestellt werden.[58] Die darauf laufenden Betriebssysteme oder Anwendungen stellt der IaaS-Anbieter nicht bereit. Ein Beispiel ist die Amazon Elastic Compute Cloud.
- Wie der Name schon sagt, wird dem Kunden bei „Platform as a Service" eine Plattform online zur Verfügung gestellt, auf der bereits Anwendungen wie zB Datenbanken oder Entwicklungstools laufen.[59]. Dazu zählt zB Microsoft Windows Azure.
- „Service as a Service" beschreibt – vereinfacht gesagt – Programme als Cloud-Dienst. Dem Kunden werden Anwendungen oder Software als Dienst über das Internet zur Verfügung gestellt, ohne dass er diese lokal installieren muss. Beispiele dafür sind zB Microsoft Office 365, Google Docs uÄ.

36 **4. Verhältnis zu anderen Pflichten.** Teilweise können die Betreiber digitaler Dienste auch Überschneidungen zu KRITIS aufweisen. Dies ist zB im Bereich der Cloud-Computing-Dienste der Fall, die sich zB als Rechenzentrumsbetreiber auch dem KRITIS-Sektor Informationstechnik und Telekommunikation zuweisen lassen.[60] Zudem können die Anbieter digitaler Dienste gleichzeitig Telemediendienste nach dem TMG sein und auch den entsprechenden Pflichten unterliegen.[61]

37 **5. Ausnahmen.** Dienste, die zum Schutz grundlegender staatlicher Funktionen eingerichtet worden sind oder für diese genutzt werden, werden durch Abs. 11 letzter Hs. vom Begriff des digitalen Dienstes ausgenommen. Dazu soll nach der Gesetzesbegründung zB die Bundes-Cloud gehören.[62] Diese ebenso unklare wie auch weitgehende Ausnahme wird in der Literatur durchaus kritisiert.[63] Zum einen habe der europäische Gesetzgeber mit der Ausnahme grundlegender staatlicher Funktionen vor allem die Strafverfolgung und Maßnahmen der nationalen Sicherheit gemeint und nicht schon jeden Dienst des Bundes.[64] Dem ist jedoch zu entgegnen, dass Art. 1 Abs. 6 NIS-RL die Aufzählung von Strafverfolgung und nationaler Sicherheit mit „insbesondere" einleitet und damit zum Ausdruck bringt, dass die Aufzählung keinen abschließenden Charakter hat. Entscheidend ist vielmehr, dass der Dienst zum Schutz irgendeiner grundlegenden staatlichen Funktion eingerichtet wurde oder genutzt wird. Zum anderen wird kritisiert, dass es widersinnig sei, wenn ein kommerzieller Dienst von den Anforderungen der NIS-RL bzw. des § 8c ausgenommen wird, bloß weil er neben normalen Kunden auch die Bundesverwaltung bedient, die einen höheren Schutzbedarf hat.[65] Dieses Argument hat durchaus Gewicht. Denn nach dem Telos von Art. 16 Abs. 10 iVm Art. 1 Abs. 6 NIS-RL sind Ausnahmen von den europaweit harmonisierten Verpflichtungen für Anbieter digitaler Dienste nur zulässig, soweit dies notwendig ist, um die Sicher-

---

58 Anhang I der Mitteilung der Kommission an das Europäische Parlament und den Rat, COM(2017) 476 final, 36f.

59 Anhang I der Mitteilung der Kommission an das Europäische Parlament und den Rat, COM(2017) 476 final, 37.

60 *Ritter/Schulte,* CR 2019, 617 (618).

61 *Gehrmann/Voigt,* CR 2017, 93 (94).

62 BT-Drs. 18/11242, 36.

63 *Gehrmann/Voigt,* CR 2017, 93 (95); *Schallbruch,* CR 2017, 798 (799).

64 *Schallbruch,* CR 2017, 798 (799).

65 *Schallbruch,* CR 2017, 798 (799) und wohl auch *Gehrmann/Voigt,* CR 2017, 93 (95).

heitsinteressen der Mitgliedstaaten zu wahren. Aus Sicht der Literatur sei es daher auch europarechtlich geboten, dass der Anbieter als digitaler Dienst gilt und staatliche Auftraggeber ihre besonderen Anforderungen über entsprechende vertragliche Regelungen berücksichtigen. Dieser Weg sei auch in Erwgr. 54 der NIS-RL vorgezeichnet.[66] Art. 1 Abs. 6 entbindet die Mitgliedstaaten demnach nur von der in Art. 16 Abs. 10 NIS-RL vorgesehen Vollharmonisierung der Anforderungen, wenn der Schutz grundlegender staatlicher Interessen einen höheren Schutzbedarf gebietet. Nur so ist auch sichergestellt, dass die übrigen Kunden des Dienstes nicht den mit der NIS-RL und § 8c intendierten gesetzlichen Schutz verlieren. Daher dürfte es geboten sein, die Ausnahme in Abs. 11 letzter Hs. europarechtskonform eng auszulegen. Zur Wahrung der Richtlinienkonformität sollte das „und" als „soweit" gelesen werden. Denn nur in dem Umfang, in dem die Dienste zum Schutz grundlegender staatlicher Funktionen genutzt werden, ist eine entsprechende vertragliche Vereinbarung über Schutzmaßnahmen realistisch und eine Ausnahme von den Regelungen für digitale Dienste überhaupt notwendig.

XV. Anbieter digitaler Dienste (Abs. 12)

Abs. 12 legt fest, dass Anbieter digitaler Dienste nur eine juristische Person sein 38
kann, die einen digitalen Dienst anbietet. Wer einen digitalen Dienst iSd Abs. 11 als natürliche Person betreibt, wird von den Pflichten für digitale Dienste also nicht erfasst.[67] Zwar steht dies scheinbar im Widerspruch zu dem Teil der Gesetzesbegründung, der sich mit der Definition eines Online-Marktplatzes nach Abs. 11 befasst. Danach kann Unternehmer eines Online-Marktplatzes jede natürliche und juristische Person sein.[68] Angesichts des eindeutigen und mit Art. 4 Nr. 6 NIS-RL identischen Wortlaut des Normtextes selbst sowie der vorherigen Ausführungen in derselben Gesetzesbegründung dürfte es sich dabei um ein redaktionelles Versehen handeln. Anzumerken ist, dass der Begriff der juristischen Person hier nicht im engen zivilrechtlichen Sinne zu verstehen ist. Rechtsfähige Personengesellschaften wie zB die GbR oder KG sind nach der klassischen Betrachtung im deutschen Zivilrecht keine juristischen Personen, sondern werden diesen nur gleichgestellt, zB in § 14 BGB.[69] Diese Differenzierung in natürliche und juristische Personen sowie Personengesellschaften findet sich jedoch nicht in allen EU-Staaten. Da der Begriff der juristischen Person hier auf Art. 4 Nr. 6 NIS-RL beruht, muss er vor diesem europarechtlichen Hintergrund weit verstanden werden. Es geht lediglich darum, natürliche Personen auszuschließen. Der Begriff der juristischen Personen ist daher als Sammelbegriff für selbst rechtsfähige Organisationen zu verstehen. Dieses Begriffsverständnis ist dem deutschen Recht auch nicht völlig fremd. Auch im Bereich des Verfassungsrechts werden (teil-)rechtsfähige Organisationen unter den Begriff der „juristischen Person" iSd Art. 19 Abs. 3 GG gefasst.[70]

---

[66] *Schallbruch,* CR 2017, 798 (799).
[67] BT-Drs. 18/11242, 34.
[68] BT-Drs. 18/11242, 35.
[69] BeckOK BGB/*Bamberger,* BGB § 14 Rn. 12.
[70] Maunz/Dürig/*Remmert,* GG Art. 19 Rn. 37 mwN.

XVI. Kritische Komponenten (Abs. 13)

39 Der Begriff der kritischen Komponenten wurde mit dem IT-SiG 2.0 eingeführt und geht letztlich auf die Diskussionen um die nationale IT-Souveränität beim Einsatz der IT-Produkte ausländischer Hersteller in KRITIS (vor allem dem Telekommunikationssektor) zurück. Voraussetzung für eine kritische Komponente ist daher auch, dass es sich um ein IT-Produkt handelt, das in KRITIS eingesetzt wird (Nr. 1) und das dort für die Erbringung der kritischen Dienstleistung relevant ist (Nr. 2). Sofern eine Komponente unter keinem der denkbaren Gesichtspunkte Auswirkungen auf die Erbringung der kritischen Versorgungsdienstleistung haben kann, ist sie keine kritische Komponente. Zusätzlich muss das IT-Produkt **aufgrund eines Gesetzes** entweder als kritische Komponente bestimmt werden oder eine als kritisch bestimmte Funktion realisieren (Nr. 3). Diese Festlegung muss nicht selbst in einem Gesetz erfolgen, sondern kann auch in gesetzlich vorgesehenen Konkretisierungsbestimmungen stattfinden – zB dem Sicherheitskatalog der BNetzA nach § 167 Abs. 1 S. 1 Nr. 2 TKG.[71] Die Festlegung aufgrund eines Gesetzes muss dabei explizit auf die Regelung des Abs. 13 Bezug nehmen – unterliegt also einem Zitiergebot. Damit soll vermieden werden, dass es Unklarheiten über die Einordnung als kritische Komponenten iSd BSIG gibt.[72] S. 2 stellt klar, dass es grundsätzlich auch Bereiche geben kann, in denen es keine kritischen Komponenten gibt. Eine erste Festlegung der kritischen Funktionen für den Bereich der Telekommunikationsnetze hat die BNetzA im August 2021 veröffentlicht.[73]

XVII. Unternehmen im besonderen öffentlichen Interesse (Abs. 14)

40 Mit dem IT-SiG 2.0 wurde die neue Kategorie der „Unternehmen im besonderen öffentlichen Interesse" (UBI) eingeführt. Das sind Unternehmen, deren Ausfall zwar nicht wie bei KRITIS zu Versorgungsausfällen für die Bevölkerung führen kann, aber die für die Sicherheitsinteressen und die Volkswirtschaft Deutschlands von herausgehobener Bedeutung sind.[74] Von dem Begriff werden nur Unternehmen erfasst, die nicht KRITIS sind. KRITIS-Unternehmen, die gleichzeitig die Kriterien des S. 1 Nr. 1–3 erfüllen, sind demnach immer nur als KRITIS zu qualifizieren und **nicht zusätzlich** als Unternehmen im besonderen öffentlichen Interesse.[75]

41 Besonders deutlich wird dies bei Unternehmen nach Abs. 14 S. 1 **Nr. 1,** also solchen, die Güter nach § 60 Abs. 1 Nr. 1 und 3 **Außenwirtschaftsverordnung** (AWV) herstellen oder entwickeln. § 60 Abs. 1 S. 1 Nr. 1 AWV erfasst Hersteller und Entwickler von Kriegswaffen. § 60 Abs. 1 S. 1 Nr. 3 AWV adressiert die Unternehmen, die Produkte oder Komponenten mit IT-Sicherheitsfunktionen für die

---

[71] BT-Drs. 19/26106, 56, *Voigt,* Rn. 395.

[72] BT-Drs. 19/28844, 39.

[73] Anlage 2 zum Katalog von Sicherheitsanforderungen für das Betreiben von Telekommunikations- und Datenverarbeitungssystemen sowie für die Verarbeitung personenbezogener Daten – Liste der kritischen Funktionen nach § 109 Abs. 6 Satz 1 Nr. 2 TKG für öffentliche Telekommunikationsnetze und -dienste mit erhöhtem Gefährdungspotenzial (Stand 18.8.2021), https://www.bundesnetzagentur.de/SharedDocs/Downloads/DE/Sachgebiete/Telekommunikation/Unternehmen_Institutionen/Anbieterpflichten/OeffentlicheSicherheit/KatalogSicherheitsanforderungen/ListekritischeFunktionen.pdf.

[74] Vgl. BT-Drs. 19/26106, 56f.

[75] Vgl. BT-Drs. 19/26106, 57.

Verarbeitung staatlicher Verschlusssachen herstellen, die vom BSI nach § 51 VSA[76] zugelassen wurden. Angriffe auf die IT-Sicherheit dieser Unternehmen würden die Sicherheitsinteressen der Bundesrepublik beeinträchtigen, sodass sie erhöhten Sicherheitsanforderungen nach § 8f unterworfen werden sollen. Als „herstellen" kann in jedem Fall die Anfertigung der durch § 60 Abs. 1 S. 1 Nr. 1 und 3 AWV regulierten Endprodukte bezeichnet werden.[77] Mangels gesetzlicher Definition des Begriffs bleibt aber im Detail noch einiges unklar, zB wer im Rahmen von Auftragsfertigungsverhältnissen als Hersteller gelten soll. Als „entwickeln" iSd Abs. 14 „kann die maßgebliche und unmittelbare Steuerung des Entwicklungsprozesses selbst bzw. die Konzeption eines Produktes verstanden werden".[78]

Mit Nr. 2 sollen jedoch auch Unternehmen im besonderen öffentlichen Inter- 42
esse sein, die aufgrund ihrer inländischen Wertschöpfung von erheblicher **volkswirtschaftlicher Bedeutung** für die Bundesrepublik sind. Indem diese Unternehmen besonderen Anforderungen an die IT-Sicherheit unterworfen werden, soll verhindert werden, dass Angriffe auf die IT dieser Unternehmen zu längeren Störungen der Geschäftstätigkeit und damit zu Auswirkungen auf die Wirtschaft in Deutschland führen können. Welche Unternehmen genau adressiert werden sollen, soll gem. Abs. 14 S. 2 eine Rechtsverordnung bestimmen. Diese soll die maßgeblichen wirtschaftlichen Kennzahlen enthalten, wann ein Unternehmen zu den größten Unternehmen in Deutschland iSd Abs. 14 S. 1 Nr. 2 gehört. Die Methodik zur Entwicklung der Kennzahlen soll sich am Gutachten der Monopolkommission nach § 44 Abs. 1 GWB orientieren.[79] Im Gesetzgebungsverfahren wurde diese Regelung als inhaltlich und von der Zielrichtung her zu unbestimmt[80] und von den Konzepten des Kommissionsentwurfs für eine zweite NIS-RL abweichend[81] kritisiert. Da dem Wortlaut nach nur auf die inländische Wertschöpfung abgestellt wird, könnten die Unternehmen ihr Unterfallen unter die Regelung zudem durch Verlagerung der Wertschöpfung ins Ausland in gewissen Grenzen selbst steuern. Zudem erscheint das Verhältnis von Unternehmen von erheblicher volkswirtschaftlicher Bedeutung zu KRITIS aufgrund der unterschiedlichen Anknüpfungspunkte für die jeweilige Bestimmung nicht ganz so klar, wie es zunächst scheint. So ist es denkbar, dass ein Konzern die Kriterien der für Nr. 2 maßgeblichen Rechtsverordnung erfüllt, da die Methodik des Gutachtens der Monopolkommission die Wertschöpfung aller Unternehmen einer Unternehmensgruppe zusammenfasst.[82] Wenn die Konzerngesellschaft (zB die Holding-AG) selbst keine KRITIS iSd BSI-KritisV betreibt, eine Tochtergesellschaft (zB eine KRITIS-Betreiber GmbH) jedoch schon, ist fraglich, ob die Konzerngesellschaft dann trotzdem als UBI gelten soll oder nicht. Bisher positioniert sich das BSI öffentlich dahingehend, dass jeweils auf die konkrete jur. Person abgestellt wird.[83] Es ist also nur auf die Konzerngesellschaft

[76] Allgemeine Verwaltungsvorschrift zum materiellen Geheimschutz (Verschlusssachenanweisung – VSA) vom 10.8.2018, GMBl. 2018 S. 826.

[77] Ritter/*Keppeler/Schulte,* Rn. 144.

[78] Ritter/*Keppeler/Schulte,* Rn. 144.

[79] BT-Drs. 19/26106, 57.

[80] Vgl. Stellungnahme von *Schallbruch,* Ausschuss-Drs. 19(4)741 D, 9.

[81] *Schallbruch,* Ausschuss-Drs. 19(4)741 D, 10.

[82] *Monopolkommission,* 23. Hauptgutachten, Rn. 177.

[83] S. FAQ zu UBI: allgemein auf der Webseite des BSI: https://www.bsi.bund.de/DE/Themen/KRITIS-und-regulierte-Unternehmen/Weitere_regulierte_Unternehmen/UBI/FAQ/faq_ubi_allgemein_node.html (zuletzt abgerufen am 1.5.2022).

als juristische Person und die in ihr konsolidierte Wertschöpfung abzustellen. Diese kann als UBI gelten und muss dann die entsprechenden Regelungen erfüllen. Die Tochtergesellschaften als KRITIS-Betreiber würden dann nicht als UBI gelten und den KRITIS-Regelungen unterfallen. Operativ wichtige Tochtergesellschaften eines Konzerns, die nicht KRITIS sind, haben dadurch aber keine IT-Sicherheitsverpflichtungen zu erfüllen, was die Frage nach der Sinnhaftigkeit der Regelung aufwirft. Denn IT-Sicherheitsprobleme bei diesen können zu einem Einbruch der Wertschöpfung führen, der sich auf die Konzerngesellschaft als UBI auswirkt – auch wenn die Konzerngesellschaft selbst für sich selbst (als eigene jur. Person) Sicherheitsmaßnahmen getroffen hat. Dem Wortlaut nach denkbar wäre es auch, ganze Konzerne – inklusive der Tochtergesellschaften – als UBI zu erfassen. Dies würde jedoch der Veröffentlichung des BSI widersprechen und die Frage aufwerfen, ob schon eine KRITIS-Tochter im ganzen Konzern der Einordnung als UBI entgegensteht, nur die KRITIS-Tochtergesellschaft nicht als UBI gilt oder ob die KRITIS-Tochtergesellschaft mangels KRITIS-Eigenschaft der Konzernmutter sowohl den Regelungen für KRITIS als auch denen für UBI unterliegt.

43 Neben den größten Unternehmen erfasst Nr. 2 auch die **Zulieferer,** die wegen ihrer Alleinstellungsmerkmale für die größten Unternehmen von wesentlicher Bedeutung sind. Welche Alleinstellungsmerkmale dafür maßgeblich sind, soll nach S. 2 ebenfalls per Rechtsverordnung geregelt werden. Rechtspolitisch verwunderlich ist, dass gerade die Zulieferer der größten Unternehmen unabhängig von ihrer eigenen Größe als Unternehmen im besonderen öffentlichen Interesse gelten sollen, nicht aber die Zulieferer von KRITIS-Betreibern, außenwirtschaftsrechtlich bereits regulierten Unternehmen nach Nr. 1 oder Betreibern von Betriebsbereichen im Sinne der Störfall-Verordnung nach Nr. 3. Denn damit wird der Kreis der verpflichteten Unternehmen gerade dort besonders weit gezogen, wo es nur um Wertschöpfung bzw. Geld geht,[84] aber gerade nicht um die (Versorgungs-)Sicherheit von Staat oder Bevölkerung. Einen Grund für diese Entscheidung nennt die Gesetzesbegründung nicht.

44 Ebenfalls als Unternehmen im besonderen öffentlichen Interesse gelten nach **Nr. 3** Betreiber, die bestimmte **Betriebsbereiche im Sinne der Störfall-Verordnung** betreiben. Dahinter steht der Gedanke, dass IT-Angriffe die Bevölkerung auf verschiedene Weisen gefährden können. Zum einen durch den Ausfall, der zur Beeinträchtigung der Versorgung mit wichtigen Gütern oder Dienstleistungen führen kann. Zum anderen aber auch durch die Einwirkung auf die Betriebsweise einer Anlage, die zu gefährlichen Emissionen der Anlage (Gas, Explosion, Giftstoffe oÄ) und damit einer Gefährdung der Bevölkerung führen kann. Die erste Gefahr wird seit dem ersten IT-Sicherheitsgesetz von 2015 durch die KRITIS-Regelungen adressiert. Für die zweite bestand noch legislativer Ergänzungsbedarf, der durch Nr. 3 gedeckt wurde.[85] Konkret erfasst Nr. 3 zwei Varianten. Die erste sind Betreiber eines Betriebsbereichs der oberen Klasse iSd § 2 Nr. 2 Störfall-Verordnung. Die zweite sind solche Betreiber von Betriebsbereichen der unteren Klasse iSd § 2 Nr. 1 Störfall-Verordnung, denen von der zuständigen Immissionsschutzbehörde nach § 1 Abs. 2 Störfall-Verordnung die Pflichten nach den §§ 9–12 Störfall-Verordnung auferlegt wurden.

---

[84] Die Gesetzesbegründung verweist explizit auf den Ausfall von Wertschöpfung durch den Ausfall von Zulieferungen, vgl. BT-Drs. 19/28844, 39.

[85] In manchen Ländern wurden unter den Begriff der kritischen Infrastrukturen daher nicht nur Anlagen gefasst, deren Ausfall zu Versorgungsengpässen führen, sondern auch solche, von deren Störung Gefahren für die Umgebung ausgehen konnten.

§ 3 Aufgaben des Bundesamtes

(1) [1]Das Bundesamt fördert die Sicherheit in der Informationstechnik mit dem Ziel, die Verfügbarkeit, Integrität und Vertraulichkeit von Informationen und deren Verarbeitung zu gewährleisten. [2]Hierzu nimmt es folgende wichtige im öffentlichen Interesse liegende Aufgaben wahr:

1. Abwehr von Gefahren für die Sicherheit der Informationstechnik des Bundes;
2. Sammlung und Auswertung von Informationen über Sicherheitsrisiken und Sicherheitsvorkehrungen und Zurverfügungstellung der gewonnenen Erkenntnisse für andere Stellen, soweit dies zur Erfüllung ihrer Aufgaben erforderlich ist, sowie für Dritte, soweit dies zur Wahrung ihrer Sicherheitsinteressen erforderlich ist;
3. Untersuchung von Sicherheitsrisiken bei Anwendung der Informationstechnik sowie Entwicklung von Sicherheitsvorkehrungen, insbesondere von informationstechnischen Verfahren und Geräten für die Sicherheit in der Informationstechnik (IT-Sicherheitsprodukte), soweit dies zur Erfüllung von Aufgaben des Bundes erforderlich ist, einschließlich der Forschung im Rahmen seiner gesetzlichen Aufgaben;
4. Entwicklung von Kriterien, Verfahren und Werkzeugen für die Prüfung und Bewertung der Sicherheit von informationstechnischen Systemen oder Komponenten und für die Prüfung und Bewertung der Konformität im Bereich der IT-Sicherheit;
5. Prüfung und Bewertung der Sicherheit von informationstechnischen Systemen oder Komponenten und Erteilung von Sicherheitszertifikaten;

5a. Wahrnehmung der Aufgaben und Befugnisse nach Artikel 58 Absatz 7 und 8 der Verordnung (EU) 2019/881 des Europäischen Parlaments und des Rates vom 17. April 2019 über die ENISA (Agentur der Europäischen Union für Cybersicherheit) und über die Zertifizierung der Cybersicherheit von Informations- und Kommunikationstechnik und zur Aufhebung der Verordnung (EU) Nr. 526/2013 (Rechtsakt zur Cybersicherheit, ABl. L 151 vom 7.6.2019, S. 15) als nationale Behörde für die Cybersicherheitszertifizierung;

6. Prüfung und Bestätigung der Konformität im Bereich der IT-Sicherheit von informationstechnischen Systemen und Komponenten mit technischen Richtlinien des Bundesamtes;
7. Prüfung, Bewertung und Zulassung von informationstechnischen Systemen oder Komponenten, die für die Verarbeitung amtlich geheim gehaltener Informationen nach § 4 des Sicherheitsüberprüfungsgesetzes im Bereich des Bundes oder bei Unternehmen im Rahmen von Aufträgen des Bundes eingesetzt werden sollen;
8. Herstellung von Schlüsseldaten und Betrieb von Krypto- und Sicherheitsmanagementsystemen für informationssichernde Systeme des Bundes, die im Bereich des staatlichen Geheimschutzes oder auf Anforderung der betroffenen Behörde auch in anderen Bereichen eingesetzt werden;
9. Unterstützung und Beratung bei organisatorischen und technischen Sicherheitsmaßnahmen sowie Durchführung von technischen Prü-

fungen zum Schutz amtlich geheim gehaltener Informationen nach § 4 des Sicherheitsüberprüfungsgesetzes gegen die Kenntnisnahme durch Unbefugte;

10. Entwicklung von sicherheitstechnischen Anforderungen an die einzusetzende Informationstechnik des Bundes und an die Eignung von Auftragnehmern im Bereich von Informationstechnik mit besonderem Schutzbedarf;
11. Bereitstellung von IT-Sicherheitsprodukten für Stellen des Bundes;
12. Unterstützung der für Sicherheit in der Informationstechnik zuständigen Stellen des Bundes, insbesondere soweit sie Beratungs- oder Kontrollaufgaben wahrnehmen; dies gilt vorrangig für den Bundesbeauftragten für den Datenschutz, dessen Unterstützung im Rahmen der Unabhängigkeit erfolgt, die ihm bei der Erfüllung seiner Aufgaben nach dem Bundesdatenschutzgesetz zusteht;

12a. Beratung und Unterstützung der Stellen des Bundes in Fragen der Sicherheit in der Informationstechnik;

13. Unterstützung
    a) der Polizeien und Strafverfolgungsbehörden bei der Wahrnehmung ihrer gesetzlichen Aufgaben,
    b) der Verfassungsschutzbehörden und des Militärischen Abschirmdienstes bei der Auswertung und Bewertung von Informationen, die bei der Beobachtung terroristischer Bestrebungen oder nachrichtendienstlicher Tätigkeiten im Rahmen der gesetzlichen Befugnisse nach den Verfassungsschutzgesetzen des Bundes und der Länder beziehungsweise dem MAD-Gesetz anfallen,
    c) des Bundesnachrichtendienstes bei der Wahrnehmung seiner gesetzlichen Aufgaben.

    Die Unterstützung darf nur gewährt werden, soweit sie erforderlich ist, um Tätigkeiten zu verhindern oder zu erforschen, die gegen die Sicherheit in der Informationstechnik gerichtet sind oder unter Nutzung der Informationstechnik erfolgen. Die Unterstützungsersuchen sind durch das Bundesamt aktenkundig zu machen;

13a. auf Ersuchen der zuständigen Stellen der Länder Unterstützung dieser Stellen in Fragen der Abwehr von Gefahren für die Sicherheit in der Informationstechnik;

14. Beratung, Information und Warnung der Stellen des Bundes, der Länder sowie der Hersteller, Vertreiber und Anwender in Fragen der Sicherheit in der Informationstechnik, insbesondere unter Berücksichtigung der möglichen Folgen fehlender oder unzureichender Sicherheitsvorkehrungen;

14a. Verbraucherschutz und Verbraucherinformation im Bereich der Sicherheit in der Informationstechnik, insbesondere durch Beratung und Warnung von Verbrauchern in Fragen der Sicherheit in der Informationstechnik und unter Berücksichtigung der möglichen Folgen fehlender oder unzureichender Sicherheitsvorkehrungen;

15. Aufbau geeigneter Kommunikationsstrukturen zur Krisenfrüherkennung, Krisenreaktion und Krisenbewältigung sowie Koordinierung der Zusammenarbeit zum Schutz der Sicherheit in der Informationstechnik Kritischer Infrastrukturen im Verbund mit der Privatwirtschaft;

16. Aufgaben als zentrale Stelle im Bereich der Sicherheit in der Informationstechnik im Hinblick auf die Zusammenarbeit mit den zuständigen Stellen im Ausland, unbeschadet besonderer Zuständigkeiten anderer Stellen;
17. Aufgaben nach den §§ 8a bis 8c und 8f als zentrale Stelle für die Sicherheit in der Informationstechnik Kritischer Infrastrukturen, digitaler Dienste und der Unternehmen im besonderen öffentlichen Interesse;
18. Unterstützung bei der Wiederherstellung der Sicherheit oder Funktionsfähigkeit informationstechnischer Systeme in herausgehobenen Fällen nach § 5 a;
19. Empfehlungen für Identifizierungs- und Authentisierungsverfahren und Bewertung dieser Verfahren im Hinblick auf die Informationssicherheit;
20. Beschreibung und Veröffentlichung eines Stands der Technik bei sicherheitstechnischen Anforderungen an IT-Produkte unter Berücksichtigung bestehender Normen und Standards sowie Einbeziehung der betroffenen Wirtschaftsverbände.

(2) **Das Bundesamt kann die Länder auf Ersuchen bei der Sicherung ihrer Informationstechnik unterstützen.**

(3) **Das Bundesamt kann Betreiber Kritischer Infrastrukturen auf deren Ersuchen bei der Sicherung ihrer Informationstechnik beraten und unterstützen oder auf qualifizierte Sicherheitsdienstleister verweisen.**

Literatur: *Bartels/Backer,* Die Berücksichtigung des Stands der Technik in der DSGVO, DuD 2018, 214; *Ritter,* IT-Sicherheitsgesetz 2.0 – Das Warten hat ein Ende, K&R 2021, Heft 6 Editorial; *Schenke/Graulich/Ruthig* (Hrsg.), Sicherheitsrecht des Bundes, 2. Aufl. 2019; *Schwartmann/Jaspers/Thüsing/Kugelmann* (Hrsg.), Heidelberger Kommentar DS-GVO/BDSG, 2. Aufl. 2020.

Inhaltsübersicht

A. Allgemeines

§ 3 enthält den Aufgabenkatalog des BSI, der seit der Gründung des Amtes kontinuierlich wächst. Die Aufgaben lassen sich nicht immer sauber voneinander abgrenzen. So kann das BSI seine Warnaufgabe nach Abs. 1 S. 2 Nr. 14 u.a. dadurch 1 erfüllen, dass es Informationen nach Abs. 1 S. 2 Nr. 3 sammelt und an die Stellen des Bundes weitergibt. Im gleichen Zug würde es dadurch Gefahren für die Sicherheit der Informationstechnik des Bundes gem. Abs. 1 S. 2 Nr. 1 abwehren. Trotz dieser überschneidenden Auflistung kommt die gesetzgeberische Intention deutlich hervor, welche Aufgaben das Amt wahrnehmen soll, da fast alle Aufgaben eindeutig darauf ausgerichtet sind, Informationssicherheit herzustellen. Die Aufgabennormen des § 3 enthalten jedoch keine Eingriffsbefugnisse[1].

B. Einzelerläuterungen

I. Allgemeine Aufgaben des BSI (Abs. 1)

2 **1. Gesetzlicher Auftrag des BSI (Abs. 1 S. 1 und Einführung zu S. 2).** In **Abs. 1 S. 1** hat der Gesetzgeber die Kernaufgabe des BSI festgehalten. Das BSI fördert die Sicherheit in der Informationstechnik. Dabei wird bewusst der Begriff der „Informationstechnik" (§ 2 Abs. 1) gewählt und nicht der der „Kommunikationstechnik des Bundes" (§ 2 Abs. 3). Damit kommt klar zum Ausdruck, dass die Aufgaben nicht nur zu Gunsten anderer Bundesbehörden erfüllt werden[2]. Mit dem IT-SiG 2.0 hat der Gesetzgeber das damit verbundene Ziel ergänzt, „die Verfügbarkeit, Integrität und Vertraulichkeit von Informationen und deren Verarbeitung zu gewährleisten". Mit dieser durch den Innenausschuss des Bundestages vorgenommenen Ergänzung wurde jedoch ohne Not eine praktisch unnötige Wiederholung eingebaut. Denn die aufgezählten IT-Sicherheitsgrundwerte sind bereits im Begriff der Sicherheit in der Informationstechnik enthalten (vgl. § 2 Abs. 2 S. 3).[3] Man könnte S. 1 darauf verkürzen, dass jetzt die Sicherheit in der Informationstechnik vom BSI gefördert wird, um sie zu gewährleisten. In **S. 2** werden sodann die dafür zu erfüllenden Aufgaben konkret aufgeführt. Dabei stellt Abs. 1 S. 2 Hs. 1 klar, dass diese Aufgaben im wichtigen öffentlichen Interesse liegen. Diese Formulierung wurde mit dem 2. DSAnpUG-EU eingeführt und referenziert auf die entsprechenden Formulierungen in der DS-GVO. Der Bundesgesetzgeber hat damit gesetzlich klargestellt, dass die Verarbeitung personenbezogener Daten für Zwecke der IT-Sicherheit einem wichtigen öffentlichen Interesse dient[4] und das BSI sich insoweit auf Ausnahmetatbestände, etwa Art. 49 Abs. 1 UAbs. 1 lit. d DS-GVO für die Übermittlung von Daten in Drittstaaten, berufen kann. Das ist durchaus praxisrelevant, denn zu den sog. Indicators of Compromise (IoC), die zur Abwehr von Gefahren zwischen den Computer Emergency Response Teams (CERT) verschiedener Staaten ausgetauscht werden, können IP-Adressen gehören. Diese sind nach der Rechtsprechung des EuGH personenbeziehbar,[5] so dass eine Übermittlung in Drittstaaten grds. nur unter den Voraussetzungen des Art. 45 f. DS-GVO zulässig ist. Nachdem der EuGH das EU-US Privacy Shield für ungültig erklärt hat,[6] sind die Voraussetzungen für Datenübermittlungen in die USA auf Basis des Art. 45 DS-GVO jedoch

---

1 Vgl. die Gesetzesbegründung in BT-Drs. 16/11967, 12, die diese Selbstverständlichkeit noch einmal klarstellt.
2 AA Schenke/Graulich/Ruthig/*Buchberger*, Rn. 2.
3 *Ritter*, K&R 2021, Heft 6, Editorial.
4 BT-Drs. 19/4674, 213.
5 *EuGH*, Urt. v. 19.10.2016 – C-582/14, NJW 2016, 3579 Rn. 49 – Breyer.
6 *EuGH*, Urt.- v. 16.7.2020 – C-311/18, NJW 2020, 2613 Rn. 199 f. – Schrems II.

eindeutig nicht mehr erfüllt und ihre Erfüllung in Bezug auf die Übermittlungen in andere Staaten zumindest zweifelhaft. Im Hinblick auf Abs. 1 S. 2 Hs. 1 können solche Übermittlungen – sofern sie erforderlich sind – auf Art. 49 DS-GVO gestützt werden.

2. Die wichtigen im öffentlichen Interesse liegenden Aufgaben des BSI (Abs. 1 S. 2). Nr. 1 weist dem BSI ganz allgemein die Aufgabe zu, Gefahren für die Informationstechnik des Bundes abzuwehren. Dies korrespondiert insbesondere mit den Befugnissen zum Schutz des Bundes, die 2009 erstmals eingeführt wurden[7]. Tatsächlich geht die Aufgabe jedoch sogar darüber hinaus, sodass das BSI sie auch gegenüber den Bundesorganen wahrnehmen kann, auf die sich seine Befugnisse (zB des § 5) nicht erstrecken. So kann das Bundesamt in originärer Zuständigkeit Unterstützung für den Bundestag leisten, obwohl dieser nicht zur Kommunikationstechnik des Bundes gehört, soweit mit der Unterstützung keine Grundrechtseingriffe verbunden sind. Die Aufgabe nach Nr. 1 lässt sich nicht immer sauber von anderen Aufgabenbeschreibungen in Abs. 1 S. 2 abgrenzen (→ Rn. 1) kann aber als eine Art Auffangaufgabe für die Absicherung der Informationstechnik des Bundes verstanden werden. 3

Nr. 2 wurde ebenfalls 2009 mit dem Gesetz zur Stärkung der Sicherheit in der Informationstechnik des Bundes[8] eingeführt und weist dem BSI die Aufgabe der **Informationssammlung und -auswertung** zu. Diese explizite Aufgabe ist erforderlich, da zu den zu sammelnden und auszuwertenden Informationen auch solche zählen können, die Personenbezug aufweisen können, zB Domainnamen oder IP-Adressen der Systeme von Angreifern. Die Aufgabenzuweisung in Nr. 2 rechtfertigt in diesen Fällen die Datenverarbeitung iVm den geltenden Datenschutzregelungen (zB aus Art. 6 Abs. 1 UAbs. 1 lit. e DS-GVO), soweit diese erforderlich ist. Die Regelung stellt außerdem klar, dass das BSI diese Aufgabe nicht nur für sich wahrnimmt, sondern die Informationen auch anderen Stellen zu deren Aufgabenerfüllung oder Dritten zur Wahrung ihrer Sicherheitsinteressen weitergeben darf.[9] Mit „Stellen" sollen Behörden und mit den „Dritten" idR Unternehmen gemeint sein.[10] Dabei wurde der Begriff der „Dritten" erst mit dem IT-SiG 2015 eingeführt, um klarzustellen, dass das BSI seine wichtigen Gefahren- und Lageinformationen auch zum Schutz von Wirtschaft und Gesellschaft sammeln und an diese weitergeben darf.[11] Da in Nr. 2 im Gegensatz zu den Nr. 11, 12, 12a und 14 nicht nach Stellen des Bundes oder der Länder differenziert wird, erfasst der Begriff der **Stellen** auch sämtliche Behörden ungeachtet der Körperschaft, der sie zuzuordnen sind. 4

Die **Nr. 3** mit der Aufgabe zur **Untersuchung von Sicherheitsrisiken und Entwicklung von Sicherheitsvorkehrungen** war im Wesentlichen bereits im BSI-Errichtungsgesetz von 1990 enthalten, damals jedoch noch als Nr. 1.[12] Das Bundesamt soll aktuelle und potenzielle Risiken untersuchen, um daraus Erkenntnisse zu gewinnen, die für die Entwicklung von technischen oder organisatorischen Sicherheitsvorkehrungen, informationstechnischen Sicherheitsverfahren oder auch 5

---

[7] BT-Drs. 16/11967, 12.

[8] BGBl. 2009 I S. 2821.

[9] Schenke/Graulich/Ruthig/*Buchberger*, Rn. 4 – auch wenn dies dort fälschlich zu Abs. 1 S. 2 Nr. 3 ausgeführt wird.

[10] BT-Drs. 18/4096, 24.

[11] BT-Drs. 18/4096, 24.

[12] BT-Drs. 11/7029, 4.

die Absicherung von Geräten benötigt werden. Von Anfang an sollten dabei nicht nur Sicherheitsvorkehrungen innerhalb der Informationstechnik erfasst werden, sondern auch ergänzende Maßnahmen baulicher oder organisatorischer Art. Die Untersuchungsergebnisse dienen ferner der Entwicklung von Prüfwerkzeugen sowie der Beratung nach Nr. 14.[13] Mit der Gesetzesänderung 2009 wurde durch die Ergänzung des letzten Hs. klargestellt, dass unter die Untersuchungsaufgabe auch die wissenschaftliche Forschung fällt.[14]

6 Nach **Nr. 4** entwickelt das BSI zunächst Kriterien, Verfahren und Werkzeuge, mit denen die Sicherheit von informationstechnischen Systemen geprüft und bewertet werden kann. Die entwickelten Kriterien, Verfahren und Werkzeuge sollen nach dem Willen des Gesetzgebers auch den Herstellern, Vertreibern und Prüf- oder Zertifizierungsstellen zur Verfügung gestellt werden können, damit diese auf dieser Grundlage eigene Prüfungen, Bewertungen oder Zertifizierungen durchführen können.[15] Mit der Ergänzung des letzten Hs. im Jahr 2009 wurde klargestellt, dass das gleiche auch für Konformitätsbewertungen – also die Feststellung der Übereinstimmung der Eigenschaften mit bestimmten Anforderungen – gelten soll.[16] Bei diesen Aufgaben handelt es sich um Vorarbeiten zur Zertifizierung und Konformitätsbewertung.

7 In **Nr. 5** wird dem BSI die Aufgabe zugewiesen, selbst **Sicherheitszertifizierungen** durchzuführen. Die Norm lässt offen, nach welchen Zertifizierungssystemen das BSI zertifiziert (zB Common Criteria). Es ist daher nicht auf selbst aufgestellte Zertifizierungssysteme beschränkt. Für die in **Nr. 6** zugewiesene Aufgabe der **Konformitätsbewertung** gilt das nicht. Diese darf das BSI nach dem Wortlaut der Norm nur für seine eigenen technischen Richtlinien durchführen.

8 Mit der durch das IT-SiG 2.0 eingeführten Aufgabenzuweisung in **Nr. 5a** wird dem BSI die Aufgabe der Nationalen **Behörde für die Cybersicherheitszertifizierung** nach dem CSA zugewiesen. Die korrespondierenden Befugnisse ergeben sich aus § 9a sowie dem Rechtsakt für Cybersicherheit selbst.

9 Eine mit Nr. 5 und 6 artverwandte, aber nicht identische Aufgabe findet sich in **Nr. 7.** Danach ist das BSI für die Prüfung, Bewertung und **Zulassung** von informationstechnischen Systemen oder Komponenten zuständig, mit denen Verschlusssachen nach § 4 SÜG verarbeitet oder übertragen werden sollen. Die Zulassung ist ein Verwaltungsinternum. Im Rahmen des Zulassungsverfahrens wird auf Antrag eines behördlichen Bedarfsträgers festgestellt, dass informationstechnische Systeme oder Komponenten mit IT-Sicherheitsfunktionen nach § 52 VSA[17] für die Verarbeitung oder Übertragung von Verschlusssachen verwendet werden dürfen. Die Notwendigkeit der Zulassung ergibt sich aus § 51 VSA sowie übergreifenden NATO-Bestimmungen[18].

10 Demgegenüber weist **Nr. 8** dem BSI die Aufgabe zu, selbst kryptographische Schlüsseldaten (zB für Public Key Infrastrukturen[19]) herzustellen sowie Krypto-

---

[13] BT-Drs. 11/7029, 8.
[14] BT-Drs. 16/11967, 12.
[15] BT-Drs. 11/7029, 8.
[16] BT-Drs. 16/11967, 12f.
[17] Allgemeine Verwaltungsvorschrift zum materiellen Geheimschutz vom 10.8.2018, GMBl. 2018 Nr- 44–47 S. 826.
[18] BT-Drs. 11/7029, 9.
[19] BT-Drs. 16/11967, 13.

und Sicherheitsmanagementsysteme für informationssichernde Systeme des Bundes zu betreiben.[20]

Die Aufgabe des **technischen Geheimschutzes** nach **Nr. 9** wurde dem BSI 11
aufgrund des dort vorhandenen Wissens und des engen Sachzusammenhangs mit den übrigen Aufgaben zugewiesen. Dies ist konsequent, da informationssichernde Maßnahmen nicht nur unmittelbar die Informationstechnik betreffen, sondern auch darüber hinausgehen können (zB bauliche Maßnahmen des Zutrittsschutzes zu IT-Systemen[21] oder Abstrahlsicherheitsprüfungen[22]). Zur Erfüllung dieser Aufgabe nimmt das BSI daher zB Abstrahl-, Lauschabwehr und Penetrationsprüfungen vor[23] und prüft auch nichtelektronische, technische Sicherheitsmaßnahmen[24], wie zB Schlösser.

Mit der Aufgabe zur **Entwicklung sicherheitstechnischer Anforderungen** 12
für die IT des Bundes und die Eignung von Auftragnehmern wird in **Nr. 10** die Grundlage für die korrespondierende Befugnis zum Erlass von Mindeststandards nach § 8 Abs. 1 und 2 gelegt.[25]

Die Aufgabe zur **Bereitstellung von IT-Sicherheitsprodukten** für Stellen des 13
Bundes in **Nr. 11** korrespondiert mit der entsprechenden Befugnis in § 8 Abs. 3,[26] bedeutet jedoch keineswegs, dass das BSI generell solche Produkte bereitzustellen hat.[27]

In **Nr. 12** wird dem BSI die Aufgabe zugewiesen, die Stellen des Bundes, die für 14
die Sicherheit der Informationstechnik zuständig sind, zu **unterstützen.** Als Beispiel („insbesondere") verweist der Gesetzeswortlaut auf solche Stellen, die Beratungs- oder Kontrollaufgaben wahrnehmen. Ganz besonders herausgehoben wird die bzw. der BfDI, da diese(r) aufgrund ihrer bzw. seiner unabhängigen Datenschutzkontrolle eine besondere Stellung im Gefüge der Bundesverwaltung innehat. Soweit das BSI diese(n) unterstützt, darf nach Abs. 1 S. 2 kein Einfluss durch die Fachaufsicht BSI erfolgen, der die Unabhängigkeit der bzw. des BfDI gefährden könnte.[28] Jedoch dürfen auch andere Kontrollorgane des Bundes, wie der Bundesrechnungshof oder auch Stellen, die Informationssicherheitsaufgaben haben (wie zB das IT-Zentrum Bund als zentraler IT-Dienstleister), aufgrund dieser Aufgabe vom BSI unterstützt werden.

Die Aufgabe zur Beratung und Unterstützung der Stellen des Bundes in Fragen 15
der Informationstechnik in **Nr. 12a** wurde mit dem IT-SiG 2.0 neu eingeführt. Sie weist vom Wortlaut her eine große Schnittmenge mit der Aufgabe aus Nr. 14 auf. Wesentlicher Unterschied ist die in Nr. 12a zusätzlich genannte „Unterstützung". Eine Unterstützung anderer Stellen des Bundes bei der Absicherung ihrer eigenen IT konnte jedoch bisher auch schon auf die Nr. 1 gestützt werden (→ Rn. 3). Einen echten Mehrwert scheint die Norm daher nicht zu bieten. Versucht man sich an

---

[20] BT-Drs. 11/7029, 9; BT-Drs. 16/11967, 13. Insoweit mindestens missverständlich Schenke/Graulich/Ruthig/*Buchberger,* Rn. 6, die diese Aufgabe scheinbar als Prüfungsaufgabe einordnet.

[21] Siehe auch Schwartmann/Jaspers/Thüsing/Kugelmann/*Ritter,* DS-GVO Art. 32 Rn. 26.

[22] Siehe auch Schwartmann/Jaspers/Thüsing/Kugelmann/*Ritter,* DS-GVO Art. 32 Rn. 51.

[23] BT-Drs. 16/11967, 13.

[24] Schenke/Graulich/Ruthig/*Buchberger,* Rn. 7.

[25] BT-Drs. 16/11967, 13; Schenke/Graulich/Ruthig/*Buchberger,* Rn. 8.

[26] BT-Drs. 16/11967, 13.

[27] So auch Schenke/Graulich/Ruthig/*Buchberger,* Rn. 8.

[28] BT-Drs. 11/7029, 9.

einer Systematisierung, so erscheint es sinnvoll, die Aufgaben so abzugrenzen, dass Nr. 1 die Generalklausel für die Unterstützung der Bundesverwaltung in allen Fragen von deren eigener, operativer IT-Sicherheit ist. Nr. 14 kann dann die Spezialnorm für das Informationshandeln des BSI in Fragen der operativen IT-Sicherheit sein, die insoweit Nr. 1 vorginge. Soweit die unterstützten Stellen Aufsichtsaufgaben mit IT-Sicherheitsbezug haben, greift die Aufgabe der Nr. 12 (→ Rn. 14). Für die neue Nr. 12a verbliebe als Anwendungsbereich, dass das BSI die Stellen des Bundes strategisch bei solchen Digitalisierungs- und Gesetzgebungsvorhaben berät, bei denen IT-Sicherheitsaspekte berücksichtigt werden sollten. Für dieses Verständnis spricht zum einen die Gesetzesbegründung zu Nr. 12a. Sie verweist auf die Neugestaltung des § 1[29], mit der die Neutralität des BSI bei der Unterstützung und Beratung anderer Ministerien festgeschrieben werden soll.[30] Diese Neutralität ist vor allem bei solchen Projekten gefragt, bei denen das BSI als fachkompetente Stelle für andere Ressorts tätig werden soll und dabei unabhängig von Interessen des dem BSI übergeordneten BMI beraten und unterstützen soll. Zum anderen spricht dafür die Tatsache, dass die Beratung und Unterstützung der Stellen des Bundes im Übrigen auch bisher schon in den Aufgaben des BSI angelegt war. Einen Beitrag zur Konkretisierung der Aufgaben im BSIG, wie ihn die Regierung laut Koalitionsvertrag für die 19. Legislaturperiode beabsichtigte,[31] stellt die neue Aufgabe aber aufgrund der Abgrenzungsprobleme leider nicht dar.

16 **Nr. 13** enthält die Aufgabe zur **Unterstützung von Polizeien, Strafverfolgungsbehörden und Nachrichtendiensten.** Die Norm unterscheidet, wem und für welche Aufgaben das BSI Unterstützung gewähren darf. So darf es die Polizeien und Strafverfolgungsbehörden sowie den BND bei der Erfüllung **aller** ihrer **gesetzlichen** Aufgaben unterstützen. Nicht zulässig ist demnach die Unterstützung bei der Erfüllung von Aufgaben, die diesen Behörden bloß aufgrund eines Erlasses zugewiesen wird. Noch eingeschränkter ist die Unterstützungsaufgabe zu Gunsten der Verfassungsschutzbehörden des Bundes und der Länder sowie des MAD. Hier ist das BSI in der Unterstützung auf die **Auswertung und Bewertung von Informationen** beschränkt. Zudem müssen diese Informationen bei der Beobachtung terroristischer Bestrebungen oder nachrichtendienstlicher Tätigkeiten und im Rahmen der gesetzlichen Befugnisse der Verfassungsschutzbehörden (inkl. MAD) erlangt worden sein. Eine Unterstützung der Verfassungsschutzbehörden bei ihren übrigen Tätigkeiten ist demnach nicht von der Aufgabe nach Nr. 13 erfasst.

17 Die Unterstützung darf das BSI nach S. 2 grundsätzlich leisten, sofern es um die Verhinderung oder Erforschung von Tätigkeiten geht, die sich gegen die Sicherheit der Informationstechnik richten oder mittels Informationstechnik erfolgen. Faktisch dürfte diese bereits 1990 eingeführte Einschränkung[32] kaum noch relevant sein,[33] da heutzutage praktisch alle Täter Informationstechnik bei ihren Tätigkeiten nutzen. Tun sie dies nicht, würde es für die genannten Behörden wiederum schon fachlich keinen Sinn machen, das BSI als technische Behörde hinzuzuziehen.

---

29 BT-Drs. 19/28844, 40.

30 BT-Drs. 19/28844, 39.

31 Koalitionsvertrag zwischen CDU, CSU und SPD für die 19. Legislaturperiode, S. 44.

32 BT-Drs. 11/7029, 4.

33 AA scheinbar Schenke/Graulich/Ruthig/*Buchberger*, Rn. 10, die eine Unterstützung „wegen allgemeiner Bedrohung" für unzulässig hält, ohne jedoch näher darzulegen, welche solcher Ausschlussfälle überhaupt realistisch denkbar wären.

Die Ersuchen sind gem. S. 3 durch das BSI zu dokumentieren. Teilweise wird in der Literatur darüber hinaus eine Dokumentationspflicht hinsichtlich der geleisteten Hilfe gefordert, um die Einhaltung des unter →Rn. 16f. skizzierten Rahmens im Nachhinein überprüfen zu können.[34] Dem ist jedoch entgegenzuhalten, dass die Dokumentation der geleisteten Unterstützung üblicherweise in den Vorgangsakten der Polizei- und Strafverfolgungsbehörden sowie Nachrichtendienste erfolgt. Dies dürfte eine hinreichende Überprüfung, zB durch das parlamentarische Kontrollgremium, ermöglichen. 18

Die Aufgabe in **Nr. 13a** wurde mit dem NIS-RL-Umsetzungsgesetz[35] eingeführt und schließt eine bis dahin bestehende Lücke bei der Unterstützung der Länder. Bis dahin durfte das BSI die Länder nur bei der Sicherung ihrer eigenen IT nach Abs. 2 und bei der polizeilichen Tätigkeit nach Nr. 13 unterstützen, nicht jedoch die für die Gefahrenabwehr zuständigen nichtpolizeilichen Stellen.[36] Auf Basis der Nr. 13 darf das BSI nunmehr auch die **Stellen der Länder** unterstützen, **die für die Abwehr von Gefahren für die IT-Sicherheit zuständig** sind. Das können insbesondere Aufsichtsbehörden sein, die im Rahmen ihrer fachspezifischen Aufsichtsaufgabe implizit auch über die Sicherheit der Informationstechnik wachen. 19

Nach **Nr. 14** hat das BSI die Aufgabe, verschiedenste Zielgruppen zu **beraten,** zu **informieren** und zu **warnen.** Bereits im ersten BSIG[37]war die allgemeine Beratungsaufgabe zu Gunsten von Herstellern, Vertreibern und Anwendern enthalten.[38] Zu den Anwendern im Sinne der Regelung zählen neben Privaten und Unternehmen auch Behörden. Damit kann das BSI die Aufgabe aus Nr. 14 praktisch zugunsten von jedermann wahrnehmen, der in irgendeiner Form mit IT zu tun hat.[39] Das BSI soll durch Lehrgänge oder Veröffentlichungen die Sicherheitsrisiken beim Betrieb von Informationstechnik ebenso aufzeigen, wie geeignete Sicherheitsmaßnahmen. Nach dem Willen des Gesetzgebers soll das BSI im Rahmen dieser Beratungsaufgabe auch im Bereich der Normung mitarbeiten.[40] Im Rahmen der Novellierung des BSIG im Jahr 2009[41] wurde die Warnung in die Aufgabenbeschreibung aufgenommen, um klarzustellen, dass die Warnung als spezielle Form der Beratung von der Aufgabe ebenfalls umfasst ist.[42] Da mit der Warnung regelmäßig ein Eingriff in die Rechtsposition der betroffenen Hersteller bzw. Anbieter verbunden ist, genügt die Aufgabe alleine nicht. Daher wurde 2009 ebenfalls eine Warnbefugnis in §7 eingeführt. Mit dem IT-SiG 2.0 wurde zudem der Begriff der „Information" hinzugefügt. Dies korrespondiert mit einer entsprechenden Ergänzung des §7 Abs. 1, nach der das BSI nicht nur warnen, sondern auch über Sicher- 20

---

34 So Schenke/Graulich/Ruthig/*Buchberger,* Rn. 10.

35 Gesetz zur Umsetzung der Richtlinie (EU) 2016/1148 des Europäischen Parlaments und des Rates vom 6. Juli 2016 über Maßnahmen zur Gewährleistung eines hohen gemeinsamen Sicherheitsniveaus von Netz- und Informationssystemen in der Union vom 23.6.2017 (BGBl. I S. 1885).

36 BT-Drs. 18/11242, 36f.

37 BSI-Errichtungsgesetz vom 17.12.1990 (BGBl. I S. 2834).

38 BT-Drs. 11/7029, 4.

39 Vgl. Schenke/Graulich/Ruthig/*Buchberger,* Rn. 13.

40 BT-Drs. 11/7029, 10.

41 Gesetz zur Stärkung der Sicherheit in der Informationstechnik des Bundes vom 14.8.2009 (BGBl. I S. 2821).

42 BT-Drs. 16/11967, 13.

heitseigenschaften informieren darf. Insoweit hat die Ergänzung in Nr. 14 keine eigenständige Bedeutung, da die bloße Information durch den Begriff der Beratung bereits hinreichend abgedeckt war und eine Differenzierung zwischen „beraten" und „informieren" bisher nicht nötig war. Vielmehr wirft diese Begriffsergänzung die Frage auf, ob Tätigkeiten, die bisher dem Begriff „beraten" unterfielen, künftig eher unter „informieren" zu fassen sind. Die ebenfalls vorgenommene Ergänzung des Wortes „insbesondere" stellt klar, dass das BSI bei der Beratung, Information und Warnung auch, aber nicht nur, unter Berücksichtigung der möglichen Folgen fehlender oder unzureichender Sicherheitsvorkehrungen agieren kann.

21 Mit der neuen **Nr. 14a** wurde letztlich die im Koalitionsvertrag für die 19. Legislaturperiode vorgesehene Stärkung des **digitalen Verbraucherschutzes** umgesetzt. Die Aufgabe enthält viele Überschneidungen mit Nr. 14. Jedoch wird dem BSI daneben auch ganz allgemein die Aufgabe des Verbraucherschutzes zugewiesen. Neben Warnung und Beratung von Verbrauchern soll diese auch dadurch wahrgenommen werden, dass das BSI sich gegenüber den Herstellern für die Verbraucherinteressen einsetzt und Abmahnungen oder Klagen von Verbraucherschutzzentralen unterstützt.[43] Es erscheint rechtspolitisch nicht unproblematisch, dass der Gesetzgeber eine Bundesbehörde beauftragt, die Interessen einer spezifischen Interessengruppe von Marktteilnehmern zu vertreten. Allerdings dürfte dies insoweit gerechtfertigt sein, als das Ziel der Steigerung der IT-Sicherheit letztlich dem Allgemeininteresse dient und damit über die Partikularinteressen hinausgeht.

22 Die Aufgabe zum **Aufbau von Kommunikationsstrukturen für Krisenfrüherkennung, -reaktion und -bewältigung** nach **Nr. 15** wurde im Rahmen der Novellierung des BSIG im Jahr 2009[44] neu aufgenommen. Dem lag die gesetzgeberische Erkenntnis zugrunde, dass sowohl Staat als auch Wirtschaft zunehmend Angriffen auf die IT ausgesetzt sind, die einer koordinierten Bewältigung bedürfen. Beide sollen sich also gegenseitig und freiwillig informieren. Den Aufbau der dafür nötigen Kommunikationsstrukturen für die Krisenprävention und Krisenbewältigung soll das BSI koordinieren.[45] Die Aufgaben der Krisenbewältigung und -kommunikation werden u.a. durch das im BSI angesiedelte Nationale IT-Krisenreaktionszentrum wahrgenommen. Die gesetzlich vorgesehene Zusammenarbeit findet darüber hinaus auch durch das CERT-Bund[46] im Rahmen verschiedener CERT-Verbünde von Ländern, Staaten und der Wirtschaft statt.

23 In **Nr. 16** wurde dem BSI die Aufgabe der **zentralen Stelle für die Informationssicherheit im internationalen Bereich** zugewiesen. Diese 2015 vorgenommene Ergänzung dient der Klarstellung, dass das BSI zentraler Ansprechpartner für ausländische Stellen im Bereich der Cybersicherheit sein soll.[47] Dies betrifft sowohl die Zusammenarbeit mit anderen Cybersicherheitsbehörden im präventiven Bereich wie auch die operative Zusammenarbeit bei der Vorfallbewältigung, zB durch die Zusammenarbeit mit ausländischen oder supranationalen CERT. Die besondere Zuständigkeit anderer Stellen bleibt dadurch jedoch explizit unberührt. Als solche Ausnahmen nennt die Gesetzesbegründung etwa die Aufgaben des Auswär-

---

[43] BT-Drs. 19/26106, 58f.

[44] Gesetz zur Stärkung der Sicherheit in der Informationstechnik des Bundes vom 14.8.2009 (BGBl. I S. 2821).

[45] BT-Drs. 16/11967, 13.

[46] Computer Emergency Response Team-Bund.

[47] BT-Drs. 18/4096, 24.

tigem Amtes, des Bundesministeriums der Verteidigung sowie der Nachrichtendienste des Bundes.[48]

Nach **Nr. 17** nimmt das BSI die Aufgabe als **zentrale Stelle für die IT-Sicherheit Kritischer Infrastrukturen, digitaler Dienste und Unternehmen im besonderen öffentlichen Interesse** wahr. Damit werden dem BSI die Aufgaben der zuständigen Behörde im Sinne der NIS-RL für Deutschland zugewiesen. Hinsichtlich der Aufgabe für Kritische Infrastrukturen erfolgte diese Zuweisung sogar schon 2015[49] und damit vor der Verabschiedung der NIS-RL. Lediglich hinsichtlich der digitalen Dienste musste 2017 eine nachträgliche Ergänzung erfolgen.[50] Mit dem IT-SiG 2.0 wurden die Aufgaben für die Unternehmen im besonderen öffentlichen Interesse ergänzt. Diese gehen nicht auf europäisches Recht zurück. **24**

Nach **Nr. 18** hat das BSI die Aufgabe zur **Unterstützung bei der Wiederherstellung der Sicherheit oder Funktionsfähigkeit von IT-Systemen** in herausgehobenen Fällen. Diese Aufgabe korrespondiert mit der Befugnis aus § 5b, Mobile Incident Response Teams (MIRT) in herausgehobenen Fällen bei Stellen des Bundes, Kritischen Infrastrukturen oder ausnahmsweise auch anderen Stellen einzusetzen. Die Aufgabe wurde lediglich aus Klarstellungsgründen aufgenommen, um die besonderen Aufgaben der BSI-MIRT noch einmal hervorzuheben und festzuschreiben. Für den Bereich des Bundes wäre dies im Übrigen durch die Aufgabe aus Abs. 1 S. 2 Nr. 1 und für die Kritischen Infrastrukturen durch die aus Abs. 3 abgedeckt gewesen.[51] Sofern das BSI tätig wird, handelt es sich in der Regel um eine individuell zurechenbare und damit nach der Anlage zu § 2 Abs. 1, Abschn. 7 Nr. 8 BMIBGebV[52] gebührenpflichtige Tätigkeit. **25**

Das BSI hat nach **Nr. 19** die Aufgabe, Bewertungen und Empfehlungen für **Identifizierungs- und Authentifizierungsverfahren** unter dem Gesichtspunkt der IT-Sicherheit zu erarbeiten. Das hat den Hintergrund, dass diese Verfahren zunehmend auf IT setzen und dadurch leichter angreifbar werden. So ist es möglich, dass Ausweisbilder durch Morphing manipuliert werden und damit deren Authentifizierungsfunktion unterlaufen werden kann. Im Rahmen von Verfahren der Personenidentifikation über Video (Video-Ident) erlauben neue Angriffstechniken die Manipulation des Videos, so dass sich eine sichere Identifikation der Personen nicht immer gewährleisten lässt. Um diese spezifischen, aus dem IT-Einsatz resultierenden Risiken zu vermeiden, soll das BSI entsprechende Empfehlungen für die Verfahren erarbeiten und die Verfahren im Hinblick auf die IT-Sicherheit abschließend bewerten.[53] **26**

Das BSI soll nach **Nr. 20** den **Stand der Technik** bei sicherheitstechnischen Anforderungen an IT-Produkte beschreiben und veröffentlichen. Ausweislich der Gesetzesbegründung soll dies auch die Prüfung und Bestätigung der Konformität mit entsprechenden Anforderungen (zB aus TR des BSI) umfassen.[54] Dies ist insoweit ungewöhnlich, als diese Aufgabe bereits in Nr. 5 und 6 seit langer Zeit enthalten ist. In welchem Verhältnis diese drei gesetzlichen Aufgaben in diesem Punkt zueinander stehen sollten, lässt der Gesetzgeber offen. Gesetzessystematisch erscheint **27**

---

48 BT-Drs. 18/4096, 24.

49 BT-Drs. 18/4096, 24.

50 BT-Drs. 18/11242, 37; Schenke/Graulich/Ruthig/*Buchberger,* Rn. 15.

51 Ähnlich die Begründung in BT-Drs. 18/11242, 37, die jedoch seltsamerweise auf Abs. 1 S. 2 Nr. 2 abstellt, der dafür nicht passt.

52 Besondere Gebührenverordnung BMI, BGBl. 2019 I S. 1360.

53 BT-Drs. 19/26106, 60.

54 BT-Drs. 19/26106, 61.

es sinnvoll, in Nr. 20 die Aufgabe zur Beschreibung eines Standes der Technik zu sehen und die Prüfung und Bestätigung der Konformität weiter unter Nr. 5 und 6 zu fassen. Denn die Beschreibung des Standes der Technik hat einen Mehrwert als eigenständige Aufgabe. Viele Normen verweisen zwar auf den Stand der Technik als Maßstab, lassen aber offen, was den Stand der Technik darstellt und wie er ermittelt werden kann.[55] Nach der Definition im Handbuch der Rechtsförmlichkeit wird auf die diesbezüglich „herrschende Auffassung führender Fachleute" abgestellt.[56] Eine herrschende Auffassung setzt voraus, dass diese nicht nur von einer Stelle, sondern einer Mehrzahl vertreten wird. Diese zu überblicken, ist für die Anwender nicht immer einfach. Das BSI muss bei der Beschreibung des Standes der Technik für einen konkreten Bereich entsprechende internationale Standards und Normen sowie die fachlichen Positionen entsprechender Fachleute von Herstellern, Entwicklern, Verbänden und aus der Wissenschaft einbeziehen.[57] Auch die daraus abgeleitete Beschreibung wird idR nur eine Augenblickaufnahme darstellen, die eine widerlegliche Vermutung der Richtigkeit begründet. Zu Recht wird daher in entsprechenden Fachgesetzen diese widerlegliche Vermutung für einen konkreten Anwendungsfall gesetzlich geregelt, vgl. etwa § 2 S. 1 PAuswV: „Der Stand der Technik ist als niedergelegt zu vermuten in den Technischen Richtlinien des Bundesamtes für Sicherheit in der Informationstechnik.". Die erstellte Beschreibung des Standes der Technik durch das BSI kann dadurch zu mehr Klarheit in der Rechtsanwendung führen. Der RegE für das IT-SiG 2.0 sah in diesem Zusammenhang ursprünglich sogar vor, dass das BSI den Stand der Technik als zentrale Stelle am Markt entwickelt und als quasi-verbindlich veröffentlicht.[58] Dies wurde zu Recht kritisiert[59], da der Stand der Technik schon qua Definition nicht von einer Stelle festgelegt wird. Insoweit wäre eine Entwicklung des Standes der Technik durch das BSI ein Bruch mit dem klassischen System der Stände technischer Regeln (→ § 8a Rn. 19) gewesen[60], von dem der Gesetzgeber zum Glück abgesehen hat.[61]

II. Unterstützung der Länder (Abs. 2)

28 Abs. 2 stellt klar, dass das BSI auch die Länder bei der Sicherung ihrer Informationstechnik unterstützen darf. Voraussetzung ist ein Ersuchen der Länder um Unterstützung. Ob das BSI die Unterstützung gewährt, steht aufgrund des Wortlautes („kann") in seinem eigenen Ermessen. Grenzen für diese Ermessensentscheidung ergeben sich nach Meinung in der Lit. allenfalls aus dem Willkürverbot[62]. Richtigerweise dürfte sich die Grenze nur aus der Bundestreue ergeben, da die Länder selbst nicht Grundrechtsträger sind und sich nicht auf das Gleichbehandlungsgebot aus Art. 3 Abs. 1 GG beziehen können, aus welchem sich das Willkürverbot ergibt. Auch im Übrigen sind im Gesetz keine Voraussetzungen vorgesehen, die das Ermessen des BSI weitergehend einschränken.[63]

---

[55] Vgl. *Bartels/Backer,* DuD 2018, 214 (219).
[56] Handbuch der Rechtsförmlichkeit, BAnz 2008, Nr. 160a v. 22.10.2008, S. 85.
[57] Vgl. BT-Drs. 19/28844, 40.
[58] Vgl. BT-Drs. 19/26106, 61.
[59] *Schallbruch,* Ausschuss-Drs. 19(4)741 D, 13.
[60] Vgl. *Schallbruch,* Auschuss-Drs. 19(4)741 D, 13.
[61] Vgl. BT-Drs. 19/28844, 40.
[62] Schenke/Graulich/Ruthig/*Buchberger,* Rn. 17.
[63] Schenke/Graulich/Ruthig/*Buchberger,* Rn. 17.

III. Unterstützung von Betreibern Kritischer Infrastrukturen (Abs. 3)

Ausweislich der Gesetzesbegründung soll Abs. 3 dem BSI ermöglichen, KRITIS-Betreiber auf deren Ersuchen hin bei der Sicherung ihrer IT zu unterstützen und zu beraten. Dazu zählen sowohl die Beratung zur Umsetzung der Anforderungen aus den §§ 8a f. (oder vergleichbaren Regelungen iSd § 8d Abs. 2 und 3) als auch die konkrete Unterstützung bei einem IT-Sicherheitsvorfall. Die Regelung ist als Kann-Regelung ausgestaltet und räumt dem BSI damit Ermessen ein, ob es tätig wird. Es hat dieses Ermessen pflichtgemäß auszuüben und muss insoweit insbesondere die Gleichbehandlung der Betreiber sicherstellen. Sofern das BSI tätig wird, handelt es sich idR um eine individuell zurechenbare und damit gebührenpflichtige Leistung im Sinne der Anlage zu § 2 Abs. 1, Abschn. 7 Nr. 9 BMIBGebV.[64] Statt selbst tätig zu werden, darf das BSI auch auf qualifizierte Sicherheitsdienstleister verweisen.[65] Das Gesetz gibt nicht vor, wann ein Dienstleister als qualifiziert anzusehen ist. Neben eher formalen Kriterien (zB Zertifizierungen oÄ) sind daher auch andere Wege denkbar, wie die Qualifikation eines Dienstleisters festgestellt werden kann. Auch hier muss das BSI aufgrund von Art. 3 Abs. 1 GG jedoch auf die Gleichbehandlung aller geeigneten Dienstleister achten. 29

§ 3a Verarbeitung personenbezogener Daten

(1) **Die Verarbeitung personenbezogener Daten durch das Bundesamt ist zulässig, wenn die Verarbeitung zur Erfüllung seiner im öffentlichen Interesse liegenden Aufgaben erforderlich ist.**

(2) **Die Verarbeitung personenbezogener Daten durch das Bundesamt zu anderen Zwecken als demjenigen, zu dem die Daten ursprünglich erhoben wurden, ist unbeschadet von Artikel 6 Absatz 4 der Verordnung (EU) 2016/679 des Europäischen Parlaments und des Rates vom 27. April 2016 zum Schutz natürlicher Personen bei der Verarbeitung personenbezogener Daten, zum freien Datenverkehr und zur Aufhebung der Richtlinie 95/46/EG (Datenschutz-Grundverordnung) (ABl. L 119 vom 4.5.2016, S. 1; L 314 vom 22.11.2016, S. 72; L 127 vom 23.5.2018, S. 2) in der jeweils geltenden Fassung und von § 23 des Bundesdatenschutzgesetzes zulässig, wenn**

1. die Verarbeitung erforderlich ist
   a) zur Sammlung, Auswertung oder Untersuchung von Informationen über Sicherheitsrisiken oder Sicherheitsvorkehrungen für die Informationstechnik oder
   b) zur Unterstützung, Beratung oder Warnung in Fragen der Sicherheit in der Informationstechnik und

---

[64] Die Gesetzesbegründung in BT-Drs. 18/4096, 24 und Schenke/Graulich/Ruthig/*Buchberger,* Rn. 18 verweisen diesbezüglich noch auf die Rechtsverordnung nach § 10 Abs. 3 – also die BSI-Kostenverordnung. § 10 Abs. 3 und die BSI-Kostenverordnung wurden jedoch mit dem Gesetz zur Aktualisierung der Strukturreform des Gebührenrechts des Bundes (BGebRAK) vom 18.7.2016 (BGBl. I S. 1666) mit Wirkung zum 1.10.2019 aufgehoben und die BSI-Kostenverordnung durch die BMIBGebV ersetzt.

[65] BT-Drs. 18/4096, 24.

2. **kein Grund zu der Annahme besteht, dass das schutzwürdige Interesse der betroffenen Person an dem Ausschluss der Verarbeitung überwiegt.**

(3) **Eine Verarbeitung von besonderen Kategorien personenbezogener Daten durch das Bundesamt ist abweichend von Artikel 9 Absatz 1 der Verordnung (EU) 2016/679 und unbeschadet des § 22 Absatz 1 des Bundesdatenschutzgesetzes zulässig, wenn**

1. **die Verarbeitung erforderlich ist zur Abwehr einer erheblichen Gefahr für die Netz-, Daten- oder Informationssicherheit,**
2. **ein Ausschluss dieser Daten von der Verarbeitung die Erfüllung der Aufgaben des Bundesamtes unmöglich machen oder diese erheblich gefährden würde und**
3. **kein Grund zu der Annahme besteht, dass das schutzwürdige Interesse der betroffenen Person an dem Ausschluss dieser Daten von der Verarbeitung überwiegt.**

(4) **Das Bundesamt sieht angemessene und spezifische Maßnahmen zur Wahrung der Interessen der betroffenen Person gemäß § 22 Absatz 2 Satz 2 des Bundesdatenschutzgesetzes vor.**

Literatur: *Ehmann/Selmayr* (Hrsg.), Datenschutz-Grundverordnung, 2. Aufl. 2018; *Gola/Heckmann* (Hrsg.), Bundesdatenschutzgesetz, 13. Aufl. 2019; *Kipker,* Endlich Datenschutz im BSIG? – Referentenentwurf für ein Gesetz zur Anpassung des bereichsspezifischen Datenschutzes und zur Umsetzung der EU JI-Richtlinie (2. DSAnpUG-EU), ZD-Aktuell 2018, 04317; *Schwartmann/Jaspers/Thüsing/Kugelmann* (Hrsg.), Heidelberger Kommentar DS-GVO/BDSG, 2. Aufl. 2020; *Sydow* (Hrsg.), Europäische Datenschutzgrundverordnung, 2. Aufl. 2018; *Wolff/Brink* (Hrsg.), BeckOK Datenschutzrecht, 33. Ed. 1.8.2020.

A. Allgemeines

1 § 3a wurde, ebenso wie die §§ 6 bis 6f, **erst 2019** durch Art. 13 des Zweiten Gesetzes zur Anpassung des Datenschutzrechts an die Verordnung (EU) 2016/679 und zur Umsetzung der Richtlinie (EU) 2016/680[1] in das BSIG **eingeführt.** Zuvor fanden sich im BSIG teilweise vereinzelte bereichsspezifische Datenschutzregelungen (etwa in § 6 aF), die aufgrund der DS-GVO obsolet geworden waren und somit neu geregelt werden mussten. **Grundlage für diese nationale Regelung bildet daher Art. 6 Abs. 1 UAbs. 1 lit. e iVm Abs. 2, 3 DS-GVO.**

B. Einzelerläuterungen

I. Verarbeitung zur Erfüllung im öffentlichen Interesse liegender Aufgaben (Abs. 1)

2 Zunächst bestimmt Abs. 1, dass die **Verarbeitung von personenbezogenen Daten** grds. **zulässig** sein soll, wenn diese für die **Erfüllung der im öffentlichen Interesse liegenden Aufgaben des BSI erforderlich** ist. Welche Aufgaben dabei im öffentlichen Interesse liegen, regelt **§ 3 Abs. 1 S. 2,** der ebenfalls durch das

[1] Zweites Datenschutz-Anpassungs- und Umsetzungsgesetz EU (2. DSAnpUG-EU) vom 20.11.2019, BGBl. I, S. 1626 (1634 ff).

2. DSAnUG-EU neu in das BSIG aufgenommen wurde.[2] Nach dieser Regelung werden im Ergebnis **fast**[3] **alle ausdrücklich gesetzlich geregelten Aufgaben des BSI zu solchen im öffentlichen Interesse erhoben (→ § 3 Rn. 2).** Diese Einordnung kann durchaus hinterfragt werden, führt aber im Ergebnis zu Rechtssicherheit im Rahmen der Aufgabenwahrnehmung durch das BSI – dies gilt insbesondere dort, wo Vorgänge betroffen sind, die sich ggf. nicht ohne Weiteres nur einer Aufgabenerfüllung zuordnen lassen.

Im Übrigen wiederholt Abs. 1 – ähnlich wie § 3 BDSG – Art. 6 Abs. 1 UAbs. 1 3
lit. e DS-GVO in lediglich sprachlich leicht abgewandelter Form. Ob es einer solchen Regelung, die ausweislich der Gesetzesbegründung eine klarstellende Funktion hat, gleichzeitig aber auf Art. 6 Abs. 1 UAbs. 1 lit. e iVm Abs. 2, 3 DS-GVO beruhen soll,[4] aufgrund des **Normwiederholungsverbots** unmittelbar geltenden Unionsrechts[5] überhaupt bedurft hätte, erscheint fraglich. Ein klarstellender Mehrwert, der der Verständlichkeit hinsichtlich des Zusammenwirkens der unionsrechtlichen und nationalen Regelungen zuträglich wäre, wird durch Abs. 1 nicht geschaffen.[6] Eine erforderliche Verarbeitung aufgrund im öffentlichen Interesse liegender Aufgaben könnte vielmehr wohl auch bereits direkt auf Art. 6 Abs. 1 UAbs. 1 lit. e, Abs. 2, 3 DS-GVO iVm der entsprechenden Aufgabe aus dem BSIG erfolgen.[7]

Ein **eigener Mehrwert der Regelung** aus Abs. 1 soll sich ausweislich der Ge- 4
setzesbegründung überdies ohnehin **nur dort** ergeben, **wo nicht bereits bereichsspezifische datenschutzrechtliche Einzeltatbestände im BSIG** vorhanden sind, die die Verarbeitung personenbezogener Daten konkret erlauben sowie ihre Voraussetzungen definieren.[8] Solche Erlaubnisnormen finden sich bspw. in §§ 5 und 5a. Diese finden ihre Anwendung dann direkt über Art. 6 Abs. 1 UAbs. 1 lit. e, Abs. 2, 3 DS-GVO iVm mit der spezialgesetzlichen Regelung im BSIG.

II. Zweckänderung (Abs. 2)

Abs. 2 nutzt die in Art. 6 Abs. 4 DS-GVO vorgesehene Möglichkeit der Einfüh- 5
rung nationaler Regelung für den Fall der **Verarbeitung personenbezogener Daten aufgrund von Zweckänderung,** also zu anderen Zwecken als denjenigen, zu denen die personenbezogenen Daten ursprünglich erhoben wurden. Art. 6 Abs. 4 DS-GVO erlaubt in diesen Fällen den Mitgliedstaaten, nationale Regelun-

---

[2] Zweites Datenschutz-Anpassungs- und Umsetzungsgesetz EU (2. DSAnpUG-EU) vom 20.11.2019, BGBl. I, S. 1626 (1634ff.).

[3] Die Aufgaben des BSI aus § 3 Abs. 2 und 3 wurden nicht ausdrücklich zu solchen im öffentlichen Interesse erhoben.

[4] Vgl. Entwurf eines Zweiten Gesetzes zur Anpassung des Datenschutzrechts an die Verordnung (EU) 2016/679 und zur Umsetzung der Richtlinie (EU) 2016/680, BT-Drs. 19/4674, 214.

[5] Vgl. *EuGH,* Urt. v. 7.2.1973 – 39/72, BeckRS 2004, 71063 Rn. 16f.; 2004, 70873 Rn. 9ff.; Sydow DS-GVO/*Sydow,* DS-GVO Einleitung Rn. 39.

[6] Vgl. auch *EuGH,* Urt. v. 28.3.1985 – 272/83, BeckRS 2004, 72839 Rn. 27, Sydow DS-GVO/*Sydow,* DS-DVO Einleitung Rn. 39.

[7] Vgl. die parallele Diskussion zu § 3 BDSG, statt aller: Gola/Heckmann/*Starnecker,* BDSG § 3 Rn. 8 mwN.

[8] Entwurf eines Zweiten Gesetzes zur Anpassung des Datenschutzrechts an die Verordnung (EU) 2016/679 und zur Umsetzung der Richtlinie (EU) 2016/680, BT-Drs. 19/4674, 214.

gen zu erlassen, die „in einer demokratischen Gesellschaft eine notwendige und verhältnismäßige Maßnahme **zum Schutz der in Art. 23 Abs. 1 genannten Ziele** darstellt". Mitgliedsstaatliche Regelungen und darauf gestützte Datenverarbeitungen müssen sich jedoch nicht nur an den Zielen des Art. 6 Abs. 4 iVm Art. 23 Abs. 1 DS-GVO orientieren, sondern finden ihre grundlegenden Voraussetzungen gleichwohl immer in Art. 6 Abs. 1 DS-GVO und – bei Verarbeitungen auf Grundlage von Art. 6 Abs. 1 UAbs. 1 lit. c oder e – iVm Abs. 2 und 3 DS-GVO und einer entsprechenden mitgliedsstaatlichen Rechtsgrundlage ohne die eine Verarbeitung bereits unzulässig wäre.[9]

6 Durch die Verwendung des Wortes **„unbeschadet"** wird klargestellt, dass die nationale Regelung des Abs. 2 die im Übrigen vorgesehenen Möglichkeiten zur Verarbeitung unter Zweckänderung nach Art. 6 Abs. 4 DS-GVO – also aufgrund von Einwilligung, unionsrechtlicher Rechtsvorschrift oder die allgemein bei der Prüfung der Zweckvereinbarkeit zu berücksichtigenden Umstände nach Art. 6 Abs. 1 UAbs. 1 lit. a bis e – **nicht einschränkt,** sondern diese unberührt lässt und sie weiter Anwendung finden neben einer mitgliedsstaatlichen Regelung. Anderes wäre es auch mit der Natur und den Vorgaben der DS-GVO nicht zu vereinbaren. Daneben soll auch § 23 BDSG, welcher ebenfalls allgemeine Rechtsgründe zur Verarbeitung von personenbezogenen Daten zu anderen Zwecken durch öffentliche Stellen vorsieht, unberührt bleiben. Abs. 2 **führt damit weitere, bereichsspezifische Gründe** auf, bei denen eine Vereinbarkeit zwischen dem ursprünglichen Zweck, zu dem die Daten erhoben wurden, mit dem Zweck, zu dem die Daten weiterverarbeitet werden sollen, vorliegen soll.

7 Der Gesetzeswortlaut des Abs. 2 konkretisiert nicht direkt, welche der in **Art. 23 Abs. 1 DS-GVO genannten Ziele** durch ihn jeweils verfolgt werden. Vielmehr stellt der Gesetzeswortlaut indirekt einen Bezug zu den Aufgaben des BSI nach § 3 her. So ist Abs. 2 Nr. 1 lit. a offensichtlich an § 3 Abs. 1 S. 2 Nr. 1 und 2 sowie Abs. 2 Nr. 1 lit. b an § 3 Abs. 1 S. 2 Nr. 13, 13a, 14, Abs. 2, 3 angelehnt, wenngleich die Regelungen jeweils nicht vollständig übernommen werden. Im Gefüge des Art. 23 Abs. 1 DS-GVO gedacht, erscheinen daher insbesondere die Ziele, die in Verbindung mit der Aufrechterhaltung der nationalen und öffentlichen Sicherheit (Art. 23 Abs. 1 lit. a, c, d DS-GVO) stehen oder dem Schutz sonstiger Ziele des allgemeinen öffentlichen Interesses (Art. 23 Abs. 1 lit. e DS-GVO) bzw. dem Betroffenen oder der Rechte und Freiheiten anderer Personen dienen (Art. 23 Abs. 1 lit. i DS-GVO) einschlägig.[10] Je nach Grundlage der Verarbeitung aus dem Aufgabenbereich des § 3 und Kritikalität der betroffenen Datensätze **können unterschiedliche Ziele des Art. 23 Abs. 1 DS-GVO mit den allgemeinen Voraussetzungen des Abs. 2 berührt werden.** Gleichwohl erscheint die Regelung ausreichend konkret, um den unionsrechtlichen Vorgaben an die Öffnungsmöglichkeit zu genügen, kann doch davon ausgegangen werden, dass durch die Bezugnahme auf wichtige, den Zielen des Art. 23 Abs. 1 DS-GVO entsprechende Aufgaben des BSI jedenfalls im Einzelfall immer auch die zuvor genannten Ziele geschützt werden, wenn die Verarbeitung zu anderen als den ursprünglichen Zwecken erfolgen soll.

---

[9] BeckOK DatenschutzR/*Albers/Veit,* DS-GVO Art. 6 Rn. 77 f.; Ehmann/Selmayr/*Heberlein,* DS-GVO Art. 6 Rn. 48; Sydow DS-GVO/*Reimer,* DS-GVO Art. 6 Rn. 69 f.

[10] Ähnlich auch die Gesetzesbegründung zum Entwurf eines Zweiten Gesetzes zur Anpassung des Datenschutzrechts an die Verordnung (EU) 2016/679 und zur Umsetzung der Richtlinie (EU) 2016/680, BT-Drs. 19/4674, 214.

Um der in Art. 6 Abs. 4 DS-GVO verankerten Vorgabe zu genügen, dass es sich bei der nationalen Regelungen auch um eine solche handelt, die eine notwendige und verhältnismäßige Maßnahme darstellt, um die in Art. 23 Abs. 1 DS-GVO genannten Ziele zu schützen, ist die Verarbeitung zu anderen Zwecken nach Abs. 2 zusätzlich an die **Erforderlichkeit (Nr. 1)** geknüpft und darf nur dann stattfinden, wenn eine **Interessenabwägung** ergibt, dass schutzwürdige Interessen des Betroffenen am Ausschluss der Verarbeitung nicht überwiegen (Nr. 2).[11] Für diese Abwägung kann sich an anderen Regelungen orientiert werden, die ebenfalls auf ein Überwiegen der Interessen des Verantwortlichen abzielen, bspw. Art. 6 Abs. 1 UAbs. 1 lit. f DS-GVO. 8

Ähnlich wie im Rahmen von Abs. 1 festgestellt, gilt auch Abs. 2 **nur für nicht ohnehin bereits im BSIG geregelte Rechtsgrundlagen** zur Verarbeitung personenbezogener Daten zu anderen Zwecken. Diese spezialgesetzlichen Regelungen stellen eigene Rechtsvorschriften eines Mitgliedstaats gem. Art. 6 Abs. 4 DS-GVO dar und regeln diesen Tatbestand daher abschließend. Die Gesetzesbegründung nennt hier bspw. § 5 a Abs. 4 als einen solchen spezialgesetzlichen Tatbestand.[12] 9

III. Verarbeitung besonderer Kategorien personenbezogener Daten (Abs. 3)

Abs. 3 legt die Voraussetzung für die **Verarbeitung von besonderen Kategorien personenbezogener Daten durch das BSI** fest. Diese werden in Art. 9 Abs. 1 DS-GVO legaldefiniert und stellen danach personenbezogenen Daten dar, aus denen die rassistische und ethnische Herkunft, politische Meinungen, religiöse oder weltanschauliche Überzeugungen oder die Gewerkschaftszugehörigkeit hervorgehen, sowie genetische oder biometrische Daten, Gesundheitsdaten oder Daten zum Sexualleben oder der sexuellen Orientierung. Eine Verarbeitung dieser Daten ist grds. verboten, es sei denn, eine der in Art. 9 Abs. 2 DS-GVO vorgesehenen Voraussetzungen greift. Ähnlich wie in Art. 6 Abs. 1 UAbs. 1 lit. e iVm. Abs. 2 und 3 DS-GVO sieht auch **Art. 9 Abs. 2 lit. g DS-GVO eine Öffnungsklausel** für mitgliedsstaatliche Regelungen vor. Diese muss danach im angemessenen Verhältnis zu dem verfolgten Ziel stehen, den Wesensgehalt des Datenschutzrechts wahren sowie angemessene und spezifische Maßnahmen zur Wahrung der Grundrechte und Interessen des Betroffenen vorsehen. Weiterhin muss die Verarbeitung aufgrund eines erheblichen öffentlichen Interesses erforderlich sein. 10

Diesen Voraussetzungen trägt Abs. 3 Rechnung, indem es die Verarbeitung von besonderen Kategorien personenbezogener Daten zunächst in **Nr. 1 an die Erforderlichkeit zur Abwehr einer erheblichen Gefahr für die Netz-, Daten- oder Informationsfreiheit** anknüpft. Diese Voraussetzung stellt zugleich das in Art. 9 Abs. 2 lit. g DS-GVO geforderte „erhebliche öffentliche Interesse" dar und statuiert das dort vorgesehene Erforderlichkeitskriterium. Gedacht wurde hierbei insbesondere an Verarbeitungen von besonderen Kategorien personenbezogener Daten im Rahmen von Hilfs-, Beratungs- und Unterstützungsleistungen bei einem IT-Sicherheitsvorfall im Bereich KRITIS oder der Bundesverwaltung.[13] Weiterhin 11

---

[11] Krit. *Kipker,* ZD-Aktuell 2018, 04317.

[12] Entwurf eines Zweiten Gesetzes zur Anpassung des Datenschutzrechts an die Verordnung (EU) 2016/679 und zur Umsetzung der Richtlinie (EU) 2016/680, BT-Drs. 19/4674, 214.

[13] Entwurf eines Zweiten Gesetzes zur Anpassung des Datenschutzrechts an die Verordnung (EU) 2016/679 und zur Umsetzung der Richtlinie (EU) 2016/680, BT-Drs. 19/4674, 214.

soll laut Gesetzesbegründung ein solches erhebliche Interesse auch bei Schadens- oder Störfällen in anderen Bereichen vorliegen können.[14]

12 **Abs. 3 Nr. 2 und 3** sehen Voraussetzungen vor, um die von Art. 9 Abs. 2 lit. g DS-GVO geforderte **Verhältnismäßigkeit** mit Blick auf den Wesensgehalt des Datenschutzrechts sowie konkret der spezifischen Maßnahme und die **Grundrechte und Interessen des Betroffenen** zu wahren. Hierzu muss neben der zuvor genannten Bezugnahme auf das Ziel der Verarbeitung, nämlich der Abwehr von Gefahren für die die Netz-, Daten- und Informationssicherheit, zusätzlich auch eine Aufgabenerfüllung ohne die (Mit-)Verarbeitung von besonderen Kategorien personenbezogener Daten für das BSI unmöglich oder jedenfalls erheblich gefährdet sein und eine Interessenabwägung ergeben, dass die Interessen des Betroffenen an dem Ausschluss dieser Daten von der Verarbeitung nicht überwiegen. Wann eine Unmöglichkeit oder erhebliche Gefährdung der Aufgabenerfüllung gegeben sein soll, konkretisiert das Gesetz nicht. Die Feststellung dessen liegt vielmehr im Ermessen des BSI. Hinsichtlich der vorgesehenen Interessenabwägung sollte sich, wie auch im Rahmen von Abs. 2 Nr. 2 ebenfalls an der Auslegung ähnlicher Fälle in der DS-GVO orientiert werden.[15]

13 Die sprachliche Ausgestaltung des Abs. 3 macht klar, dass es sich bei den dort genannten Voraussetzungen zur Verarbeitung besonderer Kategorien personenbezogener Daten um eine **zusätzliche Rechtsgrundlage neben denen nach Art. 9 Abs. 2 DS-GVO und § 22 Abs. 1 BDSG** handeln soll, auf die sich das BSI stützen kann. Dies wird daran deutlich, dass Art. 9 Abs. 2 DS-GVO nicht explizit genannt wird und die dortigen Voraussetzungen aufgrund der direkten Geltung der DS-GVO[16] auch ohnehin nicht ausgeschlossen werden. Weiterhin soll § 3a „unbeschadet" von § 22 Abs. 1 BDSG gelten. Das BSI kann sich demnach sowohl auf die in Art. 9 Abs. 2 DS-GVO direkt genannten Rechtsgrundlagen zur Verarbeitung von besonderen Kategorien personenbezogener Daten berufen als auch auf die nach § 22 Abs. 1 BDSG sowie der in Abs. 3 bereichsspezifisch Genannten. Daneben bleibt eine etwaige Verarbeitung aufgrund direkter Anwendung spezialgesetzlicher Regelungen im BSIG weiterhin möglich, sofern diese Regelungen den Anforderungen an Art. 9 Abs. 2 lit. g genügen.[17]

IV. Maßnahmen zur Interessenwahrung (Abs. 4)

14 Abs. 4 verpflichtet das BSI dazu, **angemessene und spezifische Maßnahmen zur Wahrung der Interessen des Betroffenen im Sinne von § 22 Abs. 2 BDSG** vorzusehen. Die Verortung dieser Verpflichtung erscheint misslungen, da sich die Maßnahmen in § 22 Abs. 2 BDSG – wie in Art. 9 Abs. 2 lit. g DS-GVO gefordert – auf solche zur Sicherung der Verarbeitung besonderer Kategorien und nicht allgemein auf die Verarbeitung personenbezogener Daten bezieht. Für letztere gilt bereits Art. 32 DS-GVO unmittelbar.[18] Insofern könnte aufgrund der systemati-

[14] Entwurf eines Zweiten Gesetzes zur Anpassung des Datenschutzrechts an die Verordnung (EU) 2016/679 und zur Umsetzung der Richtlinie (EU) 2016/680, BT-Drs. 19/4674, 214.

[15] Bspw. Art. 6 Abs. 1 UAbs. 1 lit. f DS-GVO.

[16] Vgl. Art. 288 Abs. 2 AEUV.

[17] So können bspw. im Rahmen der Verarbeitung von u.a. personenbezogenen Daten nach § 5 auch solche gem. Art. 9 Abs. 1 DS-GVO verarbeitet werden.

[18] Vgl. zum Verhältnis des § 22 BDSG zu Art. 32 DS-GVO auch Schwartmann/Jaspers/Thüsing/Kugelmann/*Ritter,* DS-GVO/BDSG Art. 32 Rn. 9, der ebenfalls von einer Anwendung des Art. 32 DS-GVO neben dem § 22 BDSG ausgeht.

schen Stellung des Abs. 4 angedacht werden, dass die in § 22 Abs. 2 BDSG vorgesehenen Maßnahmen zusätzlich zu denen aus Art. 32 DS-GVO nunmehr für in jedem Absatz der in § 3a angesprochenen Datenverarbeitungen gelten könnte. Dies sollte aber aufgrund der direkten und ausschließlichen Bezugnahme des § 22 Abs. 2 BDSG auf besondere Kategorien personenbezogener Daten verneint werden. Weiterhin würde es die Verarbeitung allgemeiner personenbezogener Daten unnötig und ohne entsprechende Öffnungsklausel hierzu in der DS-GVO erschweren.

§ 4 Zentrale Meldestelle für die Sicherheit in der Informationstechnik des Bundes

(1) **Das Bundesamt ist die zentrale Meldestelle für die Zusammenarbeit der Bundesbehörden in Angelegenheiten der Sicherheit in der Informationstechnik.**

(2) **Das Bundesamt hat zur Wahrnehmung dieser Aufgabe**
1. **alle für die Abwehr von Gefahren für die Sicherheit in der Informationstechnik erforderlichen Informationen, insbesondere zu Sicherheitslücken, Schadprogrammen, erfolgten oder versuchten Angriffen auf die Sicherheit in der Informationstechnik und der dabei beobachteten Vorgehensweise, zu sammeln und auszuwerten,**
2. **die Bundesbehörden unverzüglich über die sie betreffenden Informationen nach Nummer 1 und die in Erfahrung gebrachten Zusammenhänge zu unterrichten.**

(3) **Werden anderen Bundesbehörden Informationen nach Absatz 2 Nummer 1 bekannt, die für die Erfüllung von Aufgaben oder die Sicherheit der Informationstechnik anderer Behörden von Bedeutung sind, unterrichten diese ab dem 1. Januar 2010 das Bundesamt hierüber unverzüglich, soweit andere Vorschriften dem nicht entgegenstehen.**

(4) **Ausgenommen von den Unterrichtungspflichten nach Absatz 2 Nummer 2 und Absatz 3 sind Informationen, die aufgrund von Regelungen zum Geheimschutz oder Vereinbarungen mit Dritten nicht weitergegeben werden dürfen oder deren Weitergabe im Widerspruch zu der verfassungsrechtlichen Stellung eines Abgeordneten des Bundestages oder eines Verfassungsorgans oder der gesetzlich geregelten Unabhängigkeit einzelner Stellen stünde.**

(5) **Die Vorschriften zum Schutz personenbezogener Daten bleiben unberührt.**

(6) **Das Bundesministerium des Innern, für Bau und Heimat erlässt nach Zustimmung durch den Rat der IT-Beauftragten der Bundesregierung allgemeine Verwaltungsvorschriften zur Durchführung des Absatzes 3.**

Literatur: *Buchberger,* Die Aufgaben des Bundesamtes für die Sicherheit in der Informationstechnik nach den Änderungen des BSIG 2015 bis 2017 – ein Überblick, GSZ 2019, S. 183; *Dietrich/Eiffler* (Hrsg.), Handbuch des Rechts der Nachrichtendienste, 2017; *Gabel/Heinrich/Kiefner* (Hrsg.), Rechtshandbuch Cyber-Security, 2019; *Hornung/Schallbruch* (Hrsg.), IT-Sicherheitsrecht, 2021; *Jarass/Pieroth,* Grundgesetz für die Bundesrepublik Deutschland, 16. Aufl. 2020; *Kipker* (Hrsg.), Cybersecurity, 2020; *Leisterer,* Internetsicherheit in Europa – Zur Gewährleistung der Netz- und Informationssicherheit durch Informationsverwaltungsrecht, 2018; *Schallbruch,* IT-Sicherheitsrecht – Schutz kritischer Infrastrukturen und staatlicher IT-Systeme, CR 2017, 648; *Schenke/Graulich/Ruthig* (Hrsg.), Sicherheitsrecht des Bundes, 2. Aufl. 2019; *Wischmeyer,* Informationssicherheitsrecht – IT-Sicherheitsgesetz und NIS-Richtlinie als Bausteine eines Ordnungsrechts für die Informationsgesellschaft, VERW 2017, 155.

Inhaltsübersicht

A. Allgemeines

1 Wissen und Informationen sind notwendig für die präventive, reaktive und unterstützende Gewährleistung der Cyber- und Informationssicherheit.[1] Insbesondere bei der Behebung von IT-Sicherheitsvorfällen sind aktuelle und verlässliche Kenntnisse unerlässlich.[2] Informationssicherheitsrelevante Ereignisse und Erkenntnisse müssen dafür systematisch aufgespürt werden. Daher ist die Sammlung und Auswertung von Informationen über Sicherheitsrisiken und Sicherheitsvorkehrungen, wie dies dem BSI als Aufgabe gemäß § 3 Abs. 1 S. 2 Nr. 2 zugewiesen ist, von elementarer Bedeutung. Bei der Abwehr von Gefahren für die **Sicherheit in der Informationstechnik des Bundes** weist § 4 dem BSI die Rolle als zentrale Meldestelle zu. In dieser Funktion sammelt das BSI relevante Informationen, wertet diese auf und informiert andere Bundesbehörden.

2 Die über § 4 generierten Erkenntnisse kommen **der Erfüllung verschiedener Aufgaben** des BSI zugute. Sie können Berücksichtigung finden etwa in den Beratungstätigkeiten des BSI, insb. gegenüber den zuständigen Stellen des Bundes (§ 3 Abs. 1 S. 2 Nr. 12 und 14), bei der Erarbeitung für Mindeststandards für die Sicherheit der Bundes-IT (§ 8) oder der Bereitstellung von bestimmten IT-Sicherheitsprodukten (§ 3 Abs. 1 S. 2 Nr. 3 und 11). Die von Bundesbehörden gemeldeten Informationen finden nicht zuletzt Berücksichtigung im Schadprogramm-Präventions-System (SPS) und im Schadprogramm-Erkennungssystem (SES), das für die Datenauswertung in den Kommunikationsnetzen der Bundesverwaltung auf Grundlage von § 5 betrieben wird.[3]

---

1 *Leisterer,* Internetsicherheit, S. 8 ff.

2 Hornung/Schallbruch IT-SicherheitsR/*Gitter,* § 15 Rn. 3.

3 *Bundesamt für Sicherheit in der Informationstechnik,* Fragen und Antworten zu Aufgaben und Themen des BSI, https://www.bsi.bund.de/SharedDocs/FAQs/DE/BSI/faq_node.html.

B. Einzelerläuterungen

I. BSI als zentrale Meldestelle für die Informationssicherheit des Bundes (Abs. 1)

3 Die Abwehr von Gefahren für die IT-Sicherheit des Bundes gehört zu den originären Aufgaben des BSI (§ 3 Abs. 1 S. 2 Nr. 1). Mit der ersten Novellierung des BSIG im Jahr 2009 bekam das BSI mit Abs. 1 die **Funktion als zentrale Meldestelle** der Sicherheit in der Informationstechnik in der IT-Sicherheit des Bundes zugewiesen und wurde so zum IT-Sicherheitsdienstleister für die Bundesverwaltung ausgebaut.[4] Der Wortlaut von Abs. 1 macht deutlich, dass über diese Funktion auch die **Zusammenarbeit der Bundesbehörden** in diesem Bereich realisiert wird.

4 **Abzugrenzen** ist diese Funktion von der Aufgabe als zentrale Stelle für die IT-Sicherheit in der Bundesverwaltung im Hinblick auf die Zusammenarbeit mit den zuständigen Stellen im Ausland (§ 3 Abs. 1 S. 2 Nr. 16) und als zentrale Stelle für die Sicherheit in der Informationstechnik Kritischer Infrastrukturen und digitaler Dienste (§§ 3 Abs. 1 S. 2 Nr. 17, 8b Abs. 1).

II. Pflicht zur Sammlung, Auswertung und Unterrichtung anderer Bundesbehörden (Abs. 2)

5 Abs. 2 Nr. 1 spezifiziert die Aufgabenzuweisung nach Abs. 1. Als zentrale Meldestelle **sammelt und wertet das BSI „alle" Informationen aus,** die für die Abwehr von Gefahren für die Sicherheit in der Informationstechnik erforderlich sind. Der Informationsbegriff ist denkbar weit. Es sind „alle" Informationen zu sammeln und zu analysieren. Die Aufzählung ist nicht abschließend („insbesondere"). Das Gesetz nennt Sicherheitslücken, Schadprogramme, erfolgte und versuchte Angriffe und die dabei beobachtete Vorgehensweise. Eingegrenzt wird der Informationsbegriff durch eine **Zweckbindung.** Die Informationen müssen für die Abwehr von Gefahren für die Sicherheit in der Informationstechnik erforderlich sein („alle [...] erforderlichen").

6 Abs. 2 Nr. 2 statuiert die **Pflicht des BSI zur Unterrichtung anderer Bundesbehörden** über solche Informationen, die sie nach Auswertung nach Abs. 2 Nr. 1 betreffen, dh tatsächlich oder potenziell für die Abwehr von Gefahren für die IT-Sicherheit von Bedeutung sind. Es handelt sich, etwa im Gegensatz zu § 7, um eine **gebundene Entscheidung.** Dem BSI ist bei der Frage der Unterrichtung kein Ermessen eröffnet, sofern die Tatbestandsvoraussetzungen vorliegen. Auch in zeitlicher Hinsicht besteht kein Handlungsspielraum („unverzüglich"), sobald die Betroffenheit einer anderen Bundesbehörde für gegeben erachtet wird. Aus dem Verweis auf Abs. 2 Nr. 1 folgt, dass die **Betroffenheit** einer anderen Bundesbehörde nicht schon dann gegeben ist, wenn deren Aufgabenbereich eröffnet ist, sondern wenn die Information zur Abwehr von Gefahren für die Sicherheit in der Informationstechnik für die zu unterrichtende Behörde erforderlich ist. In Anlehnung an die Begriffsbestimmung der Kommunikationstechnik des Bundes (§ 2 Abs. 3), eine Teilmenge des Oberbegriffs der Informationstechnik (§ 2 Abs. 1), kann eine Betroffenheit auch dann angenommen werden, wenn die Information für den mit dem Betrieb der Informations- bzw. Kommunikationstechnik **Beauftragten** relevant

[4] *Wischmeyer,* VERW 2017, 155 (166).

ist, da diese im Rahmen des Auftragsverhältnisses mit der Sicherheitsgewährleistung betraut sein können. Die Pflicht zur Unterrichtung bezieht sich dem Wortlaut nach auch auf die **Kontextinformationen,** die das BSI in Erfahrung bringt.

7 **In praktischer Hinsicht** werden die Pflichten nach Abs. 2 vielfach auch durch das **CERT-Bund** realisiert.[5] Dabei handelt es sich um das Computer-Notfallteam (Computer Emergency Response Team) des BSI, welches das Ziel hat, als zentrale Anlaufstelle für präventive und reaktive Maßnahmen mit Bezug auf sicherheits- und verfügbarkeitsrelevante Vorfälle in Computersystemen zu wirken.[6] Über den **Warn- und Informationsdienst** (WID) werden Informationen über Sicherheitsrisiken geteilt, die regelmäßig auf Informationen und Sicherheitsempfehlungen der Hersteller beruhen. Zu den Anwendern des WID zählt die Bundesverwaltung.

8 Die Unterrichtungspflicht nach Abs. 2 Nr. 2 ist von der **Datenübermittlung nach § 5 Abs. 5 und 6 zu unterscheiden.** Zum einen betreffen § 5 Abs. 5 und 6 personenbezogene Daten, die im Rahmen der Protokolldatenverarbeitung erhoben werden. Zum anderen ist darin nur die datenschutzrechtliche Befugnis zur Datenübermittlung zu sehen („kann […] übermitteln"). Die Pflicht zur Übermittlung dieser Daten kann sich aus anderen Fachgesetzen ergeben (zB § 18 BVerfSchG).

9 Von der Unterrichtungspflicht nach Abs. 2 S. 2 sind bestimmte Informationen **ausgenommen,** die näher in Abs. 4 bestimmt werden.

III. Korrespondierende Pflicht der Bundesbehörden zur Übermittlung von Informationen (Abs. 3)

10 Abs. 3 schafft eine **Übermittlungspflicht für andere Bundesbehörden.** Diese sind verpflichtet, das BSI über dort bekannt werdende Informationen, die zur Erfüllung der Aufgaben oder für die Gewährleistung der IT-Sicherheit anderer Behörden von Bedeutung sind, zu unterrichten. Die Informationspflicht umfasst nicht nur Informationen zu erfolgten IT-Angriffen, sondern bislang unbekannte Sicherheitslücken und Schadprogramme.[7] Die Meldepflicht geht damit über die Meldeverpflichtung von Betreibern Kritischer Infrastrukturen nach § 8b und Anbietern digitaler Dienste nach § 8c hinaus.[8] **Behördeninterne Protokolldaten** zur zentralen Abwehr und Detektion von Angriffen durch ein zentrales Monitoring durch das BSI sind nicht auf Abs. 3 gestützt zu übermitteln, sondern auf Grundlage von § 5 Abs. 1 S. 4.[9]

11 Durch die Meldungen anderer Bundesbehörden und die Funktion als zentrale Stelle wird sichergestellt, dass die zentrale Datenbasis beim BSI verortet ist und hier eine zentrale Auswertung und Erkenntnisgenerierung stattfinden kann. Zur Aufbereitung und Auswertung von Informationen ist ein Lage- und Analysezentrum des Bundes beim BSI **(CERT-Bund mit BSI-Lagezentrum)** eingerichtet worden. Meldungen über Informationssicherheitsvorfälle werden im BSI-Lagezentrum

---

[5] *Bundesministerium des Innern,* Umsetzungsplan Bund (UP Bund) 2017, Leitlinie für Informationssicherheit in der Bundesverwaltung, S. 26 f.

[6] *Bundesamt für Sicherheit in der Informationstechnik,* RFC-2350, https://www.bsi.bund.de/SharedDocs/Downloads/EN/BSI/KRITIS/rfc2350_CERT-Bund_txt.asc?__blob=publicationFile&v=1.

[7] *Schallbruch,* CR 2017, 648 (654).

[8] Gabel/Heinrich/Kiefner/*Wimmer/Mechler,* Kap. 5 Rn. 70.

[9] BT-Drs. 18/5121, 14.

ausgewertet. Im Bedarfsfall informiert, warnt und alarmiert es die Ressorts und die Geschäftsbereichsbehörden.[10]

Die **Einzelheiten der Durchführung** der Unterrichtung werden näher in einer allgemeinen Verwaltungsvorschrift geregelt, die auf Grundlage des Abs. 6 nach Zustimmung des IT-Rates erlassen wird (→ Rn. 21 ff.). **12**

Die Meldepflicht anderer Behörden steht **unter dem Vorbehalt** entgegenstehender anderer Vorschriften (Abs. 3 aE). Übermittlungs- und Weitergabebeschränkungen ergeben sich aus anderen sicherheitsrechtlichen Fachgesetzen. Die Weitergabe von Erkenntnissen über Cyberbedrohungen durch das **Bundesamt für Verfassungsschutz** beurteilt sich grds. nach den §§ 17 ff. BVerfSchG. Diese sind im Verhältnis zu Abs. 3 die sachnäheren Übermittlungsvorschriften.[11] Eine Weitergabe von cybersicherheitsrelevanten Informationen, die personenbezogene Daten beinhalten, an das BSI kommt auf Grundlage von § 19 Abs. 1 S. 2 Var. 3 BVerfSchG in Betracht, wenn es die Daten für „erhebliche Zwecke der öffentlichen Sicherheit" benötigt.[12] Dies dürfte bei der Abwehr von Cybergefahren iSd Aufgabenprofils des BSI nach § 3 regelmäßig der Fall sein.[13] Auch für nicht-personenbezogene Daten stellt § 23 BVerfSchG drei **Übermittlungsverbote** auf. Zu den in § 23 Nr. 2 BVerfSchG genannten überwiegenden Sicherheitsinteressen gehören insb. Gründe des Quellenschutzes und der im Einzelfall vorrangige Schutz operativer Maßnahmen, zB laufender Cyberabwehroperationen gegen ein nachrichtendienstliches Gegenüber.[14] Für den **Militärischen Abschirmdienst** gelten die §§ 19 und 23 BVerfSchG gem. § 11 Abs. 1 und 12 MADG entsprechend. Übermittlungen des **Bundesnachrichtendienstes** richten sich gem. § 11 Abs. 1, 18 BNDG ebenfalls nach den Übermittlungsbefugnissen im BVerfSchG, §§ 23 bis 26 BVerfSchG. Beschränkungen für die Übermittlung personenbezogener Daten, die aus **Individualmaßnahmen nach § 3 Artikel 10-Gesetz** gewonnen worden sind, ergeben sich zudem etwa auch aus § 4 Abs. 4 Artikel 10-Gesetz. Solche Daten dürfen nur an (inländische) Behörden mit präventiv-polizeilichen Aufgabe oder Stellen, die mit der Verfolgung von Straftaten betraut sind, übermittelt werden.[15] **13**

Im Übrigen sind von der Unterrichtungsverpflichtung – genauso wie für Abs. 2 S. 2 – bestimmte Informationen **ausgenommen,** die näher in Abs. 4 bestimmt werden. **14**

Der **Zeitstempel** in Abs. 3 ist mittlerweile **obsolet,** zumal die Verwaltungsvorschrift nach Abs. 6 bereits in Kraft getreten ist. **15**

---

10 *Bundesministerium des Innern,* Umsetzungsplan Bund (UP Bund) 2017, Leitlinie für Informationssicherheit in der Bundesverwaltung, S. 26 f.

11 Kipker Cybersecurity/*Warg,* Kap. 14 Rn. 90; Schenke/Graulich/Ruthig/*Buchberger,* Rn. 4; vgl. BT-Drs. 16/11967, 13.

12 Strenge Übermittlungsvorschriften greifen bei Erkenntnissen, die aus Maßnahmen nach dem Artikel 10-Gesetz gewonnen werden, vgl. § 4 Abs. 4, 7, 7 a Artikel 10-Gesetz und § 8 Abs. 5 und 6 Artikel 10-Gesetz bzw. § 9 Abs. 2 S. 7 BVerfSchG iVm § 4 Abs. 4 Artikel 10-Gesetz.

13 Kipker Cybersecurity/*Warg,* Kap. 14 Rn. 90; Dietrich/Eiffler NachrichtendienstR-HdB/*Brunst,* § 7 Rn. 83.

14 Kipker Cybersecurity/*Warg,* Kap. 14 Rn. 91.

15 Schenke/Graulich/Ruthig/*Huber,* G 10 § 4 Rn. 17.

IV. Ausnahmen von den Informationspflichten (Abs. 4)

16 Abs. 4 schafft eine **Ausnahme** für die das BSI nach Abs. 2 Nr. 2 und andere Bundesbehörden nach Abs. 3 treffende Unterrichtungsverpflichtung. Zu den Regelungen zum Geheimschutz gehören die Regelungen zum **personellen und materiellen Geheimschutz** nach dem Sicherheitsüberprüfungsgesetz (SÜG).[16] Vereinbarungen mit Dritten können Bestandteil von **vertraglichen Beziehungen** des BSI mit Unternehmen im Bereich Cybersicherheit sein, die dem Bundesamt auf vertraglicher Basis Erkenntnisse über Gefährdungen durch aufgedeckte Schwachstellen übermitteln.[17] Eine Vereinbarung dürfte auch in dem **Traffic Light Protocol (TLP)** zu sehen sein. Dabei handelt es sich um eine informelle, standardisierte Geheimhaltungsvereinbarung zum Austausch von nichtöffentlichen und vertraulichen Informationen.[18] Ausgenommen sind auch Stellen, denen **verfassungsrechtlich eine besondere Stellung** zukommt, Verfassungsorgane oder Stellen mit einer gesetzlich geregelten Unabhängigkeit. Neben den in Abs. 4 genannten Abgeordneten gehören dazu die auch in § 2 Abs. 2 genannten Verfassungsorgane.[19] Mit einer rechtlich verankerten Unabhängigkeit ausgestattet ist der oder die Beauftragte für den Datenschutz und die Datensicherheit (Art. 16 Abs. 2 S. 2 AEUV; Art. 51 DS-GVO; § 10 BDSG), aber auch Bundesgerichte (Art. 97 Abs. 1 GG) und der Bundesrechnungshof (Art. 114 Abs. 2 GG), soweit sie nicht öffentlich-rechtliche Verwaltungstätigkeit ausüben.

17 Ausgeschlossen ist die Übermittlung von diesen Stellen nur, soweit eine Unterrichtungspflicht im **Widerspruch** zur verfassungsrechtlichen Stellung stünde. Sofern möglich, sollen diese Informationen von meldepflichtigen Informationen getrennt werden, damit eine Meldung an das BSI möglich wird.[20] Nicht meldepflichtige Stellen des Bundes können sich **freiwillig** an dem Verfahren beteiligen und dem BSI Informationen melden.

18 Die meldepflichtigen Stellen mit Ausnahme des BND müssen **dem BSI** halbjährlich die **Anzahl** von Fällen, in denen sie von der Ausnahmeregelung nach Abs. 4 Gebrauch machen, **bekannt geben.**[21]

V. Schutz personenbezogener Daten (Abs. 5)

19 Der Schutz der personenbezogenen Daten wird durch § 4 selbst nicht eingeschränkt. Zur Erfüllung der in § 4 genannten Aufgaben darf das BSI **in Verbindung mit § 3a** auch **personenbezogene Daten** verarbeiten. Die Gesetzesbegründung von 2009 geht zwar noch davon aus, dass die im Rahmen von § 4 übermittelten Informationen üblicherweise rein technischer Natur seien und keinen Personenzug aufweisen würden. Die Anwendung des allgemeinen Daten-

---

[16] Vgl. *VG Köln,* Beschl. v. 15.8.2018 – 6 L 1521/18, BeckRS 2018, 18666, das aufgrund der Ausnahme hinsichtlich der Unterrichtung anderer Bundesbehörden durch § 4 Abs. 4 BSIG und § 4 Abs. 2 SÜG im konkreten Fall erst recht den Auskunftsanspruch der Presse durch Vertraulichkeitsinteressen ausschließt.

[17] Vgl. Antwort der Bundesregierung auf eine Kleine Anfrage zum Ankauf von Informationen über Schwachstellen in Softwareprodukten durch Bundesbehörden, BT-Drs. 18/3361, 12ff.

[18] Siehe https://www.first.org/tlp/; vgl. Erwgr. 8 NIS-RL.

[19] BT-Drs. 16/11967, 13.

[20] § 2 Abs. 3 S. 2 BSIGMeldVwV.

[21] § 2 Abs. 3 S. 3 und 4 BSIGMeldVwV.

schutzrechts war aber auch nicht per se ausgeschlossen.[22] Der 2018 auf Grundlage von Art. 6 Abs. 1 UAbs. 1 lit. e und Abs. 3 S. 1 lit. b DS-GVO eingefügte § 3a schafft aber eine im BSIG selbst verankerte datenschutzrechtliche Verarbeitungsbefugnis.[23] Die Aufgaben des BSI nach § 3 sind wichtige im öffentlichen Interesse liegende Aufgaben im Sinne des § 3a Abs. 1. Sofern die Daten ursprünglich zu einem anderen Zweck erhoben wurden, stellt § 3a Abs. 2 eine gem. Art. 6 Abs. 4 Var. 2 DS-GVO erforderliche Rechtsgrundlage für die **Weiterverarbeitung** dar.[24]

Eine Konkretisierung des Schutzes personenbezogener Daten sieht § 2 Abs. 4 der Allgemeinen Verwaltungsvorschrift über das Meldeverfahren gem. Abs. 6 vor. Sofern die gem. § 4 zu meldenden Informationen personenbezogene Daten beinhalten, sind diese zu **anonymisieren,** soweit dies nach dem Verwendungszweck möglich ist. **20**

VI. Allgemeine Verwaltungsvorschrift zur Durchführung der Meldepflicht anderer Bundesbehörden (Abs. 6)

Abs. 6 stellt die Grundlage für den Erlass einer allgemeinen Verwaltungsvorschrift zur Durchführung der **Unterrichtungspflicht nach Abs. 3.** Die „Allgemeine Verwaltungsvorschrift über das Meldeverfahren gemäß § 4 Abs. 6 BSIG" (BSIGMeldVwV) ist am 8.12.2009 erlassen worden. Bei **allgemeinen Verwaltungsvorschriften** handelt es sich um von konkreten Einzelfällen losgelöste, also abstrakt-generelle Regelungen, die Organisation, Verfahren und materielle Fragen des Gesetzesvollzugs oder des Verwaltungsermessens betreffen.[25] Sie sind demnach von Einzelweisungen abzugrenzen und haben keine unmittelbare Außenwirkung, **binden also nur die Verwaltung.**[26] Andere Verfassungsorgane als die Bundesregierung und ihre Verwaltung sind nicht an die Verwaltungsvorschrift gebunden. **21**

Befugt zum Erlass der Allgemeinen Verwaltungsvorschrift ist das Bundesministerium des Innern, für Bau und Heimat **(BMI).** Ermächtigungsadressat für den Erlass allgemeiner Verwaltungsvorschriften zur Sicherung des einheitlichen Vollzugs von Bundesrecht ist gem. Art. 86 S. 1 GG grundsätzlich die Bundesregierung. Anders als bei den Erlassermächtigungen für allgemeine Verwaltungsvorschriften im Rahmen der Ausführung von Bundesgesetzen durch die Länder in eigener Angelegenheit (Art. 84 Abs. 2 GG) oder im Auftrage des Bundes (Art. 85 Abs. 2 S. 1) besteht aber ein Vorbehalt („soweit nicht das Gesetz Besonderes vorschreibt"), sodass einzelne Ressortminister – hier: BMI – einfachgesetzlich zum Erlass von allgemeinen Verwaltungsvorschriften nach Art. 86 S. 1 GG ermächtigt werden können. Die Funktion des Abs. 6 liegt neben der abweichenden Bestimmung des Ermächtigungsadressaten im **Beteiligungserfordernis** des **Rates der IT-Beauftragten der Bundesregierung.** Der Erlass der Verwaltungsvorschrift bedarf dessen Zustimmung. Die Zustimmung des Rats der IT-Beauftragten kann bei fehlender Einstimmigkeit durch Einvernehmen aller Bundesministerien ersetzt werden (§ 12 S. 2). **22**

---

[22] BT-Drs. 16/11967, 13.

[23] Sofern nicht speziellere datenschutzrechtliche Ermächtigungen bestehen, zB §§ 5, 5a Abs. 3 und § 8b Abs. 2.

[24] BT-Drs. 19/4674, 214.

[25] Vgl. *BVerfG,* Beschl. v. 2.3.1999 – 2 BvF 1-94, BVerfGE 100, 249 (258).

[26] Vgl. Jarass/Pieroth/*Kment,* GG Art. 84 Rn. 24.

23 Die **Einzelheiten** des Meldeverfahrens der Bundesbehörden nach Abs. 3 sind in der Allgemeinen Verwaltungsvorschrift über das Meldeverfahren gemäß § 4 Abs. 6 BSIG vom 8.12.2009 festgelegt (BSIGMeldVwV). Zu den meldepflichtigen Informationen gehören neben den in Abs. 2 Nr. 2 genannten solche, die der Frühwarnung anderer Behörden, als Grundlage zur Ermittlung von Angriffsmustern, der Erstellung anonymisierter statistischer Übersichten zur Prüfung der Eignung bestehender Sicherheitsmaßnahmen, der Ableitung erweiterter Sicherheitsmaßnahmen oder der Bewertung der Sicherheit von IT-Produkten und Diensten dienen (§ 2 Abs. 1 BSIGMeldVwV). Die Informationen werden auf Basis des Gefährdungskatalogs des IT-Grundschutzhandbuchs des BSI und der ISO 27005 kategorisiert. Die acht **meldepflichtigen Kategorien** (1. Externer Angriff, 2. Datenverlust, 3. Sicherheitslücke, 4. Störung von Soft- oder Hardwarekomponenten, 5. Widerrechtliche Aktion, 6. Interne Ursachen, 7. Externe Einflüsse, 8. Besondere Erkenntnisse) und die aktuell wesentlichen Gefährdungen sind in der Anlage 1 zur BSIGMeldVwV konkretisiert. Anlage 1 und Anlage 2, in der der **Meldeprozess** beschrieben wird, können nach § 6 BSIGMeldVwV durch das BSI geändert werden, sofern kein Mitglied des Rats der IT-Beauftragten binnen 4 Wochen widerspricht. Für den **Geschäftsbereich des BMVg** besteht zu den Kategorien 4, 6 und 7 keine Meldepflicht (Fn. 3 Anlage 1 zur BSIGMeldVwV). Jede meldepflichtige Gefährdung ist mindestens im Rahmen der statistischen Gesamtmeldung an das BSI als zentrale Meldestelle zu übermitteln (§ 4 Abs. 1 BSIGMeldVwV). Eine **Sofort-Meldung** ist zu erstellen, wenn eine unmittelbare Gefahr für die Sicherheit der Informationstechnik des Bundes nicht ausgeschlossen werden kann. Das BSI legt **dem Rat der IT-Beauftragten** nach § 5 Abs. 2 und 3 BSIGMeldVwV **jährlich einen Bericht** mit einer anonymisierten Auswertung der eingegangenen Meldungen sowie ggf. Anpassungsempfehlungen vor.

§ 4a Kontrolle der Kommunikationstechnik des Bundes, Betretensrechte

(1) [1]**Das Bundesamt ist befugt, die Sicherheit der Kommunikationstechnik des Bundes und ihrer Komponenten, einschließlich technischer Infrastrukturen, die zum Betrieb der Kommunikationstechnik des Bundes erforderlich sind, zu kontrollieren.** [2]**Es kann hierzu die Bereitstellung der zur Erfüllung der Aufgaben nach § 3 Absatz 1 Satz 2 Nummer 1 und 14 erforderlichen Informationen, insbesondere zu technischen Details, zu Strategien, Planungen und Regelungen mit Bezug zur Kommunikationstechnik des Bundes einschließlich Aufbau- und Ablauforganisation verlangen sowie Unterlagen und Datenträger des Betreibers der jeweiligen Kommunikationstechnik des Bundes oder eines mit Betriebsleistungen beauftragten Dritten einsehen und die unentgeltliche Herausgabe von Kopien dieser Unterlagen und Dokumente, auch in elektronischer Form, verlangen, soweit nicht Geheimschutzinteressen oder überwiegende Sicherheitsinteressen des Betreibers im Sinne des Satzes 2 entgegenstehen.**

(2) **Dem Bundesamt ist in den Zeiten, zu denen die Räume normalerweise für die jeweilige geschäftliche oder betriebliche Nutzung zur Verfügung stehen, zu den Grundstücken und Betriebsräumen, einschließlich Datenverarbeitungsanlagen und -geräten, die für die Kommunikations-**

technik des Bundes verwendet werden, Zugang zu gewähren, soweit dies zur Erfüllung der Zwecke nach Absatz 1 erforderlich ist.

(3) [1]**Bei Einrichtungen eines Dritten, bei dem eine Schnittstelle zur Kommunikationstechnik des Bundes besteht, kann das Bundesamt auf der Schnittstellenseite der Einrichtung nur mit Zustimmung des Dritten die Sicherheit der Schnittstelle kontrollieren.** [2]**Es kann hierzu mit Zustimmung des Dritten die zur Aufgabenerfüllung erforderlichen Informationen, insbesondere zu technischen Details, zu Strategien, Planungen und Regelungen sowie Unterlagen und Datenträger des Betreibers einsehen und unentgeltlich Kopien, auch in elektronischer Form, anfertigen.**

(4) [1]**Das Bundesamt teilt das Ergebnis seiner Kontrolle nach den Absätzen 1 bis 3 dem jeweiligen überprüften Betreiber sowie im Falle einer öffentlichen Stelle des Bundes der zuständigen Rechts- und Fachaufsicht mit.** [2]**Mit der Mitteilung soll es Vorschläge zur Verbesserung der Informationssicherheit, insbesondere zur Beseitigung der festgestellten Mängel, verbinden.**

(5) [1]**Ausgenommen von den Befugnissen nach den Absätzen 1 bis 3 sind Kontrollen der Auslandsinformations- und -kommunikationstechnik im Sinne des § 9 Absatz 2 des Gesetzes über den Auswärtigen Dienst, soweit sie ausschließlich im Ausland belegen ist oder für das Ausland oder für Anwender im Ausland betrieben wird.** [2]**Die Bestimmungen für die Schnittstellen der Kommunikationstechnik des Bundes im Inland bleiben davon unberührt.** [3]**Näheres zu Satz 1 regelt eine Verwaltungsvereinbarung zwischen dem Bundesministerium des Innern, für Bau und Heimat und dem Auswärtigen Amt.**

(6) [1]**Die Befugnisse nach den Absätzen 1 bis 3 gelten im Geschäftsbereich des Bundesministeriums der Verteidigung nicht für die Kontrolle der Informations- und Kommunikationstechnik, die von den Streitkräften für ihre Zwecke oder dem Militärischen Abschirmdienst genutzt wird.** [2]**Nicht ausgenommen ist die Informations- und Kommunikationstechnik von Dritten, insbesondere von IT-Dienstleistern, soweit sie nicht ausschließlich für die Zwecke der Streitkräfte betrieben wird.** [3]**Die Bestimmungen für die Schnittstellen der Kommunikationstechnik des Bundes bleiben von den Sätzen 1 und 2 unberührt.** [4]**Näheres regelt eine Verwaltungsvereinbarung zwischen dem Bundesministerium des Innern, für Bau und Heimat und dem Bundesministerium der Verteidigung.**

Literatur: *Maunz/Dürig* (Hrsg.), Grundgesetz-Kommentar, 92. EL 2020.

A. Allgemeines

Die Norm wurde mit dem IT-SiG 2.0 im Jahr 2021 eingeführt. In Ergänzung zu den bereits bestehenden Meldepflichten der Bundesbehörden in § 4 und der Möglichkeit des BSI gem. § 8 Mindeststandards für die Bundesverwaltung zu erarbeiten, wird damit die Möglichkeit des BSI zur Überprüfung der IT-Sicherheit anderer Bundesbehörden eingeführt. Hintergrund ist, dass grds. jedes Ressort bzw. jede Behörde selbst für die Umsetzung der IT-Sicherheitsmaßnahmen in ihrem Bereich verantwortlich ist. Da die Behörden jedoch untereinander vernetzt sind, können 1 fehlende IT-Sicherheitsmaßnahmen bei einer Behörde zu Risiken für die übrigen Behörden und für die sie verbindenden Netze führen.

B. Einzelerläuterungen

I. Kontrollrechte (Abs. 1)

2 Das BSI darf die Sicherheit der **Kommunikationstechnik des Bundes** prüfen. Was Kommunikationstechnik des Bundes ist, wird in § 2 Abs. 3 definiert. Nicht darunter fällt insbesondere die IT der Verfassungsorgane sowie der Bundesgerichte. Damit wird deren besonderer verfassungsrechtlicher Stellung Rechnung getragen, indem eine Kontrolle und damit Einflussmöglichkeit des BSI als Teil der Exekutive ausgeschlossen wird. Die Kontrollbefugnisse erstrecken sich nicht nur auf die Kommunikationstechnik als Ganzes, sondern explizit auch auf einzelne Komponenten sowie technische Infrastrukturen innerhalb der Kommunikationstechnik des Bundes. Angesichts der ohnehin recht weiten Definition in § 2 Abs. 3 wird diese Ausdifferenzierung in der Praxis jedoch vermutlich nicht relevant.

3 Zur Durchführung der Kontrolle hat das BSI weitreichende Informationsrechte. Es kann die Bereitstellung aller Informationen verlangen, die es benötigt, um seine Aufgaben nach § 3 Abs. 1 S. 2 Nr. 1 und 14 zu erfüllen. Die entsprechenden Informationen sollen also nicht nur die Abwehr von Gefahren für die Sicherheit der Informationstechnik des Bundes nach § 3 Abs. 1 S. 2 Nr. 1 ermöglichen, sondern auch eine Beratung der Stellen des Bundes in Fragen der Sicherheit ihrer Informationstechnik nach § 3 Abs. 1 S. 2 Nr. 14. Die Aufzählung der verschiedenen Informationen in Abs. 1 S. 2 ist angesichts des eindeutigen Wortlautes („insbesondere") nicht abschließend, verdeutlicht aber die Bandbreite der möglichen Informationen von technischen Details bis hin zu rein organisatorischen Papieren. Nicht erfasst werden von den Zugangsrechten des BSI die auf den betroffenen Systemen verarbeiteten Inhaltsdaten, da ein Zugriff auf diese für die Kontrolle der Sicherheit in aller Regel nicht notwendig ist.[1] Neben einer Herausgabe von Informationen kann das BSI auch Einsicht in Unterlagen oder Datenträger der Betreiber der Kommunikationstechnik verlangen. Sofern die Kommunikationstechnik nicht von Stellen des Bundes betrieben wird, kann es auch Einsicht in die Unterlagen oder Datenträger von deren Auftragnehmern bzw. Dienstleistern verlangen, die die Kommunikationstechnik des Bundes betreiben. Aufgrund der gesetzlich eingeräumten Befugnis kann das BSI diese Einsicht gegenüber den Dritten auch dann verlangen, wenn die Stelle des Bundes die Dritten dazu nicht im Vertrag zur Erbringung der Betriebsleistungen vertraglich verpflichtet hat. Gleichwohl ist den Stellen des Bundes zu raten, eine entsprechende vertragliche Regelung zu treffen, um spätere Streitigkeiten mit den beauftragten Dritten zu vermeiden. Neben der Einsicht kann das BSI auch die unentgeltliche Herausgabe von Kopien in einer bestimmten Form verlangen. Eine Grenze findet die Befugnis, die Herausgabe von Kopien zu verlangen, nur dort, wo Geheimschutzinteressen oder überwiegende Sicherheitsinteressen des Betreibers entgegenstehen. Da das BSI selbst eine Sicherheitsbehörde und zum angemessenen Schutz der erlangten Informationen verpflichtet ist, dürfte diese Grenze jedoch in den seltensten Fällen überschritten sein. Denkbar wäre eine sol-

[1] Vgl. BT-Drs. 19/26106, 60.

che Grenze etwa in Bereichen, in denen die Informationen sensibelste nachrichtendienstliche Erkenntnisse enthalten.

II. Betretensrechte (Abs. 2)

Das BSI muss sich bei seinen Kontrollen nicht nur auf die Papierlage beschränken, sondern darf auch **Vor-Ort-Kontrollen** durchführen. Dabei gestattet Abs. 2 S. 1 nicht nur das Betreten der Räumlichkeiten, sondern erlaubt dem BSI auch den Zugang zu den entsprechenden Geräten. Auch im Rahmen der Vor-Ort-Kontrollen nach Abs. 2 kann das BSI seine Befugnisse aus Abs. 1 nutzen und die Vorlage konkreter Informationen verlangen. Die Zugangsrechte bestehen nur, „soweit" dies zur Kontrolle erforderlich ist. Bei der entsprechenden Einschätzung wird dem BSI ein Beurteilungsspielraum zuzugestehen sein, der gerichtlich nur begrenzt überprüfbar ist. Als beurteilende Behörde muss das BSI selbst entscheiden können, wie es sich am besten eine fachliche Meinung über den Zustand der IT-Sicherheit der kontrollierten Behörden bilden kann und welche Informationen es dafür benötigt. Gleichwohl wird man jedoch eine Begründung für die Notwendigkeit der entsprechenden Maßnahmen verlangen können, damit die Betroffenen oder ein Gericht die mögliche Überschreitung der Beurteilungsspielräume des BSI überprüfen können. So endet der Beurteilungsspielraum etwa dort, wo der Zugang oder die vom BSI begehrten Informationen evident keine geeignete Grundlage für die Bewertung der IT-Sicherheit wären. **4**

Die Vor-Ort-Kontrollen nach Abs. 2 und die Dokumentenprüfungen nach Abs. 1 können **unangekündigt** erfolgen. Dies ergibt sich schon daraus, dass Abs. 2 in der Fassung des RegE noch einen S. 2 enthielt, der eine „rechtzeitige Absprache" mit dem jeweiligen Betreiber vorsah. Dieses Erfordernis wurde im Rahmen des parlamentarischen Verfahrens aber gestrichen, um dem BSI effektive Kontrollen zu ermöglichen.[2] Da die Betreiber uU nicht nur Kommunikationstechnik des Bundes betreiben, sondern auch für Dritte tätig werden, kann es aber durchaus sinnvoll sein, eine Vor-Ort-Kontrolle erst nach Absprache durchzuführen. So können die Betreiber sich vorbereiten und die gezielte Kontrolle gerade der Anlagen ermöglichen, die für die Bundesbehörden betrieben werden (zB bestimmter Server in einem bestimmten Rechenzentrum). **5**

III. Kontrollen bei Dritten (Abs. 3)

Das BSI darf nicht nur die Kommunikationstechnik des Bundes nach Abs. 1 und 2 kontrollieren, sondern auch die Schnittstellen Dritter mit der Kommunikationstechnik des Bundes. Der Begriff der „Schnittstellen *zur* Kommunikationstechnik des Bundes" ist nicht mit dem Begriff der „Schnittstellen *der* Kommunikationstechnik" aus § 2 Abs. 4 zu verwechseln. Während sich die ersten außerhalb der Kommunikationstechnik des Bundes befinden, sind letztere Teil der Kommunikationstechnik des Bundes. **Dritte mit Schnittstellen zur Kommunikationstechnik des Bundes** können praktisch alle sein, die IT betreiben, die unmittelbar mit der des Bundes vernetzt ist. Aufgrund der weiten Definition in § 2 Abs. 3 fallen darunter also nicht nur Einrichtungen von Ländern, die über Verbundnetze an den Bund angebunden sind, sondern auch private Systeme, die ggf. in einem Rechenzentrum mit Systemen vernetzt sind, die für Bundesbehörden betreiben werden. In der Regel **6**

[2] BT-Drs. 19/28844, 40.

werden das zB auch Systeme von Internet-Zugangsprovidern sein, die die Systeme von Bundesbehörden an das Internet anbinden.

7 Da es sich um Systeme Dritter handelt, ist eine solche Kontrolle nur mit deren **Zustimmung** möglich.[3] Das BSI darf in diesen Fällen nicht die gesamte IT der Dritten überprüfen, sondern nur die Schnittstellen selbst. Hintergrund der Regelung ist, dass die Sicherheit in vernetzten Systemen immer vom schwächsten Glied abhängt. Da die Tests der Schnittstellen jedoch in den Rechtskreis der betroffenen Dritten eingreifen, ist hier eine Zustimmung erforderlich. Die Dritten werden so auch in die Lage versetzt, ihre Systeme, die die Schnittstelle zur Kommunikationstechnik des Bundes darstellen, während des Tests gezielter auf Ausfälle zu überwachen und ggf. auch Backupsysteme vorzuhalten, falls die Tests zu Ausfällen der Systeme führen sollten.

8 Ähnlich wie in Abs. 1 für die Kommunikationstechnik des Bundes darf das BSI nach Abs. 3 S. 2 Informationen zur Kontrolle der Schnittstellen auf Seiten des Dritten vom Betreiber der Systeme anfordern. Dafür ist jedoch ebenfalls die Zustimmung des Dritten erforderlich. Insofern wird abzuwarten bleiben, inwiefern diese Regelung praktische Relevanz erlangen wird.

IV. Ergebnisse der Kontrollen (Abs. 4)

9 Das BSI soll nicht nur Kontrollen durchführen, sondern deren Ergebnisse auch den Betroffenen mit konkreten Hinweisen zur Verbesserung der Sicherheit zur Verfügung stellen. Damit wird klargestellt, dass die Kontrollen kein Selbstzweck sind, sondern im Sinne eines PDCA-Zyklus[4] der Evaluierung und Verbesserung ergriffener IT-Sicherheitsmaßnahmen dienen. Das BSI ist nicht auf eine klassische Kontrollaufgabe reduziert, sondern gem. S. 2 zur Unterstützung der Mängelbeseitigung durch konkrete Hinweise gehalten, sofern es diese schon aus den Ergebnissen ableiten kann.[5] Die Prüfungsergebnisse und damit auch die Verbesserungshinweise sind dem jeweiligen Betreiber und im Fall öffentlicher Stellen auch der jeweiligen Rechts- und Fachaufsicht zu übermitteln. Durch die Informierung der jeweiligen Rechts- und Fachaufsicht wird die technische Kontrollbefugnis des BSI mit den bestehenden Aufsichtsstrukturen über öffentliche Stellen verzahnt. Die jeweiligen Aufsichten werden die IT-Sicherheit der von ihnen beaufsichtigten Stellen idR nicht selbst beurteilen und daher keine dahingehenden Aufsichtsmaßnahmen ergreifen können. Durch die Prüfungsmitteilungen des BSI werden sie richtig in die Lage versetzt, ihre dahingehende Aufsichtsfunktion effektiv wahrzunehmen. Durch die Einbindung der jeweils zuständigen Rechts- und Fachaufsicht wird auch dem Ressortprinzip aus Art. 65 GG Rechnung getragen,[6] nach dem jeder Bundesminister seinen Geschäftsbereich selbständig in eigener Verantwortung regelt und daher

[3] Hier legt ein redaktioneller Fehler der Gesetzesbegründung vor, da die Zustimmung in BT-Drs. 19/26106, 60 von der Kommunikationstechnik des Bundes bei Dritten spricht. Nach dem klaren Wortlaut der Norm betrifft das aber eben nur Technik der Dritten, die gerade keine Kommunikationstechnik des Bundes darstellt.

[4] Plan-Do-Check-Act-Zyklus, der der Planung, Umsetzung, Prüfung und Verbesserung von Maßnahmen dient.

[5] Vgl. BT-Drs. 19/26106, 60. Demnach ist das BSI nicht per se dazu verpflichtet, Hinweise zu geben, sondern nur dann, wenn es das kann.

[6] Vgl. BT-Drs. 19/26106, 60.

auch die Kontrolle über diesen Bereich auszuüben hat.[7] Das BSI selbst bewahrt die mit der Prüfung zusammenhängenden Unterlagen entsprechend der allgemeinen Regelungen zur Aktenverwaltung auf.[8]

V. Ausnahmen im Bereich Auswärtiges Amt (Abs. 5)

Die Kontrollbefugnisse des BSI aus Abs. 1–3 gelten nach Abs. 5 S. 1 nicht für die Kommunikationstechnik des Auswärtigen Amtes, soweit sie ausschließlich im Ausland liegt oder für das Ausland oder Nutzer im Ausland betrieben wird. Die Details zu S. 1 regelt gem. S. 3 eine **Verwaltungsvereinbarung** zwischen dem Bundesministerium des Innern, für Bau und Heimat und dem Auswärtigen Amt. Durch die Ausnahme für das Auswärtige Amt soll den besonderen Anforderungen an die Auslands-IT iSd § 9 Abs. 2 GAD[9] in den Auslandsvertretungen Rechnung getragen werden. Welche besonderen Anforderungen das sein sollen, bleibt jedoch unklar, denn die Anforderungen an die IT-Sicherheit unterscheiden sich grundsätzlich nicht danach, in welchem Land die IT eingesetzt wird. Gleichwohl stellt diese enge Ausnahme bereits eine Verbesserung gegenüber dem ursprünglichen RegE dar, da dieser praktisch jede IT ausgeschlossen hätte, die von Nutzern im Ausland mit verwendet wird. Je nach Auslegung hätte unter diese weite Ausnahme praktisch jedes System zum Daten- oder Nachrichtenaustausch mit den im Ausland gelegenen Dienststellen oder Mitarbeitern des Auswärtigen Amtes fallen können. Im Hinblick auf die Vernetzung der Kommunikationstechnik des Bundes wären dadurch aber enorme Schutzlücken entstanden. Zu Recht wurde die Fassung des RegE daher kritisiert.[10] Denn rechtspolitisch erscheint die Einschränkung der Kontrollbefugnisse in Abs. 5 generell problematisch. Immerhin stellt das Auswärtige Amt aus Sicht potenzieller Angreifer ein hochwertiges Ziel dar, da auf den Systemen Informationen von hohem sicherheitspolitischem Wert liegen. Dass der Schutz gerade dieser Systeme ausgebaut werden muss, haben öffentlich bekannt gewordene Hackerangriffe auf das Auswärtige Amt im Jahr 2018 gezeigt.[11] **10**

Eine Ausnahme von der Ausnahme statuiert S. 2, nach dem die Bestimmungen zur Kontrolle der Schnittstellen im Inland von der Ausnahme des Abs. 5 S. 1 unberührt bleiben. Damit wird insbesondere auf die Befugnisse des BSI nach § 5 verwiesen, die auch für Auslands-IT Anwendung finden.[12] **11**

VI. Ausnahmen für die Bundeswehr (Abs. 6)

Eine dem Abs. 5 vergleichbare Regelung enthält Abs. 6. Nach dessen S. 1 ist die Informations- und Kommunikationstechnik von den Kontrollbefugnissen des BSI ausgenommen, die im Bereich des Bundesministeriums der Verteidigung (BMVg) von den Streitkräften und dem MAD für ihre Zwecke genutzt wird. Begründet wird dies mit der Notwendigkeit der Bundeswehr, auch dann einsatzbereit zu sein, **12**

---

[7] Vgl. Maunz/Dürig/*Herzog,* GG Art. 65 Rn. 61.
[8] BT-Drs. 19/26106, 61.
[9] Gesetz über den auswärtigen Dienst vom 30.8.1990 (BGBl. I S. 1842).
[10] *Schallbruch,* Stellungnahme zum Gesetzentwurf der Bundesregierung „Entwurf eines Zweiten Gesetzes zur Erhöhung der Sicherheit informationstechnischer Systeme", Ausschuss-Drs. 19(4)741 D, 8.
[11] *Steinke/Tanriverdi,* Die Geschichte eines Cyber-Angriffs, https://www.sueddeutsche.de/digital/attacke-auf-auswaertiges-amt-die-geschichte-eines-cyber-angriffs-1.3917502.
[12] BT-Drs. 19/28844, 40.

wenn zivile Einrichtungen, wie das BSI, in Krisenzeiten beeinträchtigt sind. Daher müssten die entsprechenden Systeme mit eigenen Kräften kontrolliert und überprüft werden können.[13] Dies überzeugt sachlich und rechtspolitisch jedoch nur bedingt, denn die Kontrolle durch das BSI würde die Notwendigkeit, die IT-Sicherheit mit den eigenen Kräften zu kontrollieren, nicht ersetzen, sondern lediglich ergänzen. Die vom Gesetzgeber hervorgehobene Notwendigkeit der Handlungsfähigkeit der Streitkräfte im Krisenfall würde durch zusätzliche Kontrollen sogar in höherem Maße sichergestellt als durch rein interne Kontrollen. Die Wahrscheinlichkeit Mängel zu entdecken, würde durch zusätzliche Kontrollen wahrscheinlich sogar deutlich erhöht.

13 Nicht von der Ausnahme in Abs. 6 S. 1 erfasst sein soll nach S. 2 die IT, die von Dritten, insbesondere IT-Dienstleistern, betrieben wird, es sei denn diese wird ausschließlich für die Zwecke der Streitkräfte betrieben. Anders als S. 1 stellt die Ausnahme von der Ausnahme in S. 2 nur auf die Streitkräfte ab und nicht auch auf den MAD. Nach dem Wortlaut ist also IT, die Dritte für den MAD betreiben, der Kontrolle des BSI zugänglich. Rechtssystematisch überzeugt die Differenzierung des Gesetzes an der Stelle jedoch nicht. Generell stellt sich die Frage, wo genau die Linien zwischen der IT der Streitkräfte, des MAD und der übrigen Bereiche des BMVg verlaufen. Zugrunde liegt dem Ganzen eine verfassungsrechtlich vorgegebene funktionelle Trennung von Streitkräften einerseits und Bundeswehrverwaltung anderseits.[14] Eine saubere Abgrenzung ist jedoch nicht in jedem Fall möglich, da die Streitkräfte und die Verwaltung notwendigerweise eng verzahnt sind.[15] Um die Ausnahme des Abs. 6 S. 1 schärfer abgrenzen zu können, sieht S. 4 daher den Abschluss einer Verwaltungsvereinbarung zwischen BMI und BMVg vor, die das Nähere regelt. Hier wird zu berücksichtigen sein, dass Art. 87b GG eine Selbstverwaltung der Streitkräfte nicht schon dann erlaubt, wenn dies die Erfüllung des militärischen Verteidigungsauftrages erleichtert.[16] Bei der Zurechnung von Systemen zu den Streitkräften und dem MAD muss dieses Prinzip berücksichtigt werden. Unstreitig dürfte insoweit jedenfalls sein, dass sämtliche Informations- und Kommunikationstechnik in Waffensystemen eindeutig den Streitkräften und nicht der Bundeswehrverwaltung zuzurechnen ist.[17]

14 Eine Ausnahme von der generellen Ausnahme der IT der Streitkräfte und des MAD statuiert S. 3, nach dem die Bestimmungen zur Kontrolle der Schnittstellen im Inland von der Ausnahme des Abs. 5 S. 1 unberührt bleiben. Damit wird insbesondere auf die Befugnisse des BSI nach § 5 verwiesen, die auch für die IT im gesamten Bereich des BMVg Anwendung finden.[18]

---

[13] BT-Drs. 19/26106, 61.
[14] Maunz/Dürig/*Depenheuer,* GG Art. 87b Rn. 1.
[15] Maunz/Dürig/*Depenheuer,* GG Art. 87b Rn. 33.
[16] Maunz/Dürig/*Depenheuer,* GG Art. 87b Rn. 34.
[17] So auch BT-Drs. 19/28844, 40.
[18] BT-Drs. 19/28844, 40.

§ 4b Allgemeine Meldestelle für die Sicherheit in der Informationstechnik

(1) **Zur Wahrnehmung der Aufgaben nach § 3 nimmt das Bundesamt als zentrale Stelle für Meldungen von Dritten Informationen über Sicherheitsrisiken in der Informationstechnik entgegen und wertet diese Informationen aus.**

(2) **[1]Das Bundesamt nimmt zur Wahrnehmung der Aufgaben nach Absatz 1 Informationen zu Sicherheitslücken, Schadprogrammen, erfolgten oder versuchten Angriffen auf die Sicherheit in der Informationstechnik und der dabei beobachteten Vorgehensweisen entgegen. [2]Das Bundesamt richtet hierzu geeignete Meldemöglichkeiten ein. [3]Die Meldungen können anonym erfolgen. [4]Soweit die Meldung nicht anonym erfolgt, kann der Meldende mit der Meldung oder später verlangen, dass seine personenbezogenen Daten nur anonymisiert weitergegeben werden dürfen. [5]Dies gilt nicht in den Fällen des § 5 Absatz 5 und 6 Satz 1. [6]Eine Übermittlung der personenbezogenen Daten in den Fällen von § 5 Absatz 5 und 6 Satz 1 hat zu unterbleiben, wenn für das Bundesamt erkennbar ist, dass die schutzwürdigen Interessen des Meldenden das Allgemeininteresse an der Übermittlung überwiegen. [7]Zu berücksichtigen ist dabei auch die Art und Weise, mittels derer der Meldende die Erkenntnisse gewonnen hat. [8]Die Entscheidung nach Satz 6 muss dem oder der behördlichen Datenschutzbeauftragten des Bundesamtes sowie einem oder einer weiteren Bediensteten des Bundesamtes, der oder die die Befähigung zum Richteramt hat, zur vorherigen Prüfung vorgelegt werden.**

(3) **Das Bundesamt soll die gemäß Absatz 2 gemeldeten Informationen nutzen, um**
1. **Dritte über bekannt gewordene Sicherheitslücken, Schadprogramme, erfolgte oder versuchte Angriffe auf die Sicherheit in der Informationstechnik zu informieren, soweit dies zur Wahrung ihrer Sicherheitsinteressen erforderlich ist,**
2. **die Öffentlichkeit oder betroffene Kreise gemäß § 7 zu warnen und zu informieren,**
3. **Bundesbehörden gemäß § 4 Absatz 2 Nummer 2 über die sie betreffenden Informationen zu unterrichten,**
4. **Betreiber Kritischer Infrastrukturen und Unternehmen im öffentlichen Interesse gemäß § 8b Absatz 2 Nummer 4 Buchstabe a über die sie betreffenden Informationen zu unterrichten.**

(4) **Eine Weitergabe nach Absatz 3 Nummer 1, 2 oder 4 erfolgt nicht, soweit die gemäß Absatz 2 gemeldeten Informationen**
1. **Betriebs- und Geschäftsgeheimnisse von Dritten beinhalten und die Maßnahmen nach Absatz 3 nicht ohne Bekanntgabe dieser Betriebs- und Geschäftsgeheimnisse durchgeführt werden können oder**
2. **auf Grund von Vereinbarungen des Bundesamtes mit Dritten nicht übermittelt werden dürfen.**

(5) **Sonstige gesetzliche Meldepflichten, Regelungen zum Geheimschutz, gesetzliche Übermittlungshindernisse und Übermittlungsregelungen bleiben unberührt.**

Literatur: *Hessel/Leffer,* Rechtlicher Schutz maschinengenerierter Daten – Schutz durch das GeschGehG, MMR 2020, 647; *Hornung,* Das IT-Sicherheitsgesetz 2.0: Kompetenzzuwachs des BSI und neue Pflichten für Unternehmen, NJW 2021, 1985; *Ramsauer,* Kopp/Ramsauer, Verwaltungsverfahrensgesetz, 22. Aufl. 2021; *Leisterer,* Internetsicherheit in Europa – Zur Gewährleistung der Netz- und Informationssicherheit durch Informationsverwaltungsrecht, 2018; *Römling,* Der Geschäftsgeheimnisbegriff zwischen öffentlichem und privatem Recht, NVwZ 2022, 463; *Schneider,* Meldepflichten im IT-Sicherheitsrecht – Datenschutz, Kritische Infrastrukturen und besondere IT-Dienste, 2017; *Schulze,* Governance von 0-Day-Schwachstellen in der deutschen Cyber-Sicherheitspolitik, SWP-Studie 10, 2019; *Streinz* (Hrsg.), EUV/AEUV, 3. Aufl. 2018; *Wiebe,* Der Geschäftsgeheimnisschutz im Informationsfreiheitsrecht, NVwZ 2019, 1705.

A. Allgemeines

1 Die 2021 mit dem IT-SiG 2.0 eingeführte Vorschrift macht das BSI zur allgemeinen Meldestelle für **Informationen von Dritten** über **Sicherheitsrisiken in der Informationstechnik.** Damit hat das BSI eine weitere Funktion als zentrale Stelle neben der für die Sicherheit in der Informationstechnik des Bundes (§ 4 Abs. 1) und der für die Sicherheit in der IT Kritischer Infrastrukturen, digitaler Dienste und Unternehmen im besonderen öffentlichen Interesse (§§ 3 Abs. 1 S. 2 Nr. 17, 8b Abs. 1).[1]

2 Meldungen an bzw. die Zusammenarbeit mit dem BSI iRv § 4b finden auf **freiwilliger** Grundlage statt. Eine Meldepflicht schafft die Vorschrift nicht. Vielmehr soll die Norm mit den Regelungen zum **Quellenschutz,** insb. durch die Möglichkeit **anonymer Meldungen,** einen **Anreiz** zur Übermittlung von sicherheitsrelevanten Informationen an das BSI schaffen.

3 Spezifisches Unionsrecht soll mit § 4b nicht umgesetzt werden. Für freiwillige Meldungen stellt jedoch Art. 20 **NIS-RL** Anforderungen an die Meldungen annehmende Stelle. Gemäß Art. 2 Abs. 1 lit. a Ziff. x **Whistleblower-RL** umfasst der sachliche Anwendungsbereich der Richtlinie auch Unionsrecht im Bereich der Sicherheit von Netz- und Informationssystemen. Die Umsetzung dieses Rechtsakts in Deutschland steht aber noch aus.[2]

B. Einzelerläuterungen

I. BSI als allgemeine Meldestelle für die Sicherheit in der Informationstechnik (Abs. 1)

4 Abs. 1 konkretisiert die Funktion der allgemeinen Meldestelle. Zwar verweist Abs. 1 pauschal auf den Aufgabenkatalog in § 3. In der Sache konkretisiert er aber die Aufgabe nach § 3 Abs. 1 S. 2 Nr. 2, wonach das BSI Informationen über Sicherheitsrisiken sammelt und auswertet und die gewonnenen Erkenntnisse zur Verfügung stellt. Bezugspunkt ist die Aufgabe des BSI, die Sicherheit in der Informationstechnik zu fördern (§ 3 Abs. 1 S. 1 iVm § 2 Abs. 2). Im Rahmen von § 4b soll das

[1] Neben der Funktion als zentrale Stelle iRv Meldepflichten ist das BSI gem. § 3 Abs. 1 S. 2 Nr. 16 zentrale Stelle für die Zusammenarbeit mit den zuständigen Stellen im Ausland.

[2] Im Übrigen sieht § 4b selbst nicht die in der Richtlinie vorgesehenen Maßnahmen zum Schutz vor Repressalien (Art. 19ff. Whistleblower-RL) vor.

BSI umfassend Informationen zu Sicherheitslücken, Schadprogrammen und IT-Sicherheitsvorfällen **zentral sammeln und auswerten.**[3] Die Auswertung dient der **Generierung von Erkenntnissen,** die anderen Stellen nach Abs. 3 zur Verfügung gestellt werden sollen.

Dritte iSv Abs. 1 sind Informationsquellen außerhalb der Bundesverwaltung 5
und der nach dem BSIG regulierten Unternehmen. Dies sind im Wesentlichen privatwirtschaftlich organisierte Sicherheits- und Computer-Notfallteams (CERT), die Industrie und Wirtschaft sowie Einzelpersonen wie Wissenschaftler, Hacker und IT-Sicherheitsanalysten.[4]

II. Entgegennahme von Meldungen und Weitergabe (Abs. 2)

Das BSI nimmt die in S. 1 genannten Informationen entgegen. Die Annahme 6
kann **nicht verwehrt** werden.[5] S. 2 gibt dem BSI auf, für die Entgegennahme der Meldungen die **geeigneten technischen Voraussetzungen** zu schaffen. In Betracht kommen dafür (automatisierte) Melde- und Austauschmöglichkeiten auf spezifischen Plattformen wie **MISP** (Malware Information Sharing Platform), auf der IT-forensische Artefakte wie Kompromittierungsindikatoren (Indicators of Compromise) gemeldet oder ausgetauscht werden können und die über datenschutzsensible Rollen- und Rechtekonzepte verfügen.[6]

S. 1 bildet die datenschutzrechtliche Rechtsgrundlage für die Entgegennahme 7
von Informationen, die personenbeziehbar sind (zB IP-Adressen, E-Mail-Adressen). Der Bezug in Abs. 1 auf die Aufgabenerfüllung und die Aufgabe zur Auswertung der Informationen spezifiziert den Zweck der etwaigen Datenverarbeitung. Eine wesentliche Funktion der Norm ist in S. 3 und 4 verankert. Durch die Möglichkeit **anonymer Meldungen** soll ein **weitgehender Quellenschutz, dh der Schutz des Meldenden,** ermöglicht werden. Der Quellenschutz ist ein **Anreiz** zur Meldung der sicherheitsrelevanten Informationen, da bei Anonymität des Meldenden insb. ein Bußgeldverfahren nach § 14 durch das BSI oder Ermittlungen der Strafverfolgungsbehörden faktisch ausgeschlossen sind. Für die Wirksamkeit dieses auf **Vertrauensbildung** basierenden Anreizes kommt es daher darauf an, dass das nach S. 2 einzurichtende Meldesystem sicherstellt, dass die technische Rückführbarkeit des Meldenden ausgeschlossen ist.

Meldeinformationen insb. zu erfolgten und versuchten Angriffen können straf- 8
rechtlich relevant sein. S. 5 schafft eine begrenzte Ausnahme für das Recht des Meldenden auf anonymisierte Weitergabe der gemeldeten personenbezogenen Daten. Diese betrifft sowohl die eigenen („seine“) als auch die personenbezogenen Daten Dritter. Auf Grundlage von S. 5 sind Übermittlungen an **Bundes- und Landesbehörden** grundsätzlich zulässig:

- zum Zwecke der Verfolgung eines mittels eines Schadprogramms begangenen, in § 5 Abs. 5 S. 1 genannten Straftatbestandes
- zu den in § 5 Abs. 5 S. 2 genannten weiteren Zwecken (Gefahrenabwehr oder nachrichtendienstliche Zwecke)
- zu den in § 5 Abs. 6 S. 1 genannten sonstigen Zwecken.

---

[3] BT-Drs. 19/26106, 62.
[4] BT-Drs. 19/26106, 62.
[5] BT-Drs. 19/28844, 40.
[6] Vgl. BT-Drs. 19/26106, 62.

In der etwaigen Übermittlung personenbezogener Daten des Meldenden ist kein Verstoß gegen den Nemo-tenetur-Grundsatz zu sehen, da dieser den Zwang zur Selbstanklage ausschließt, nicht aber die freiwillige Meldung von Informationen.[7]

9 S. 6 schafft allerdings eine **Schranken-Schranke** und verpflichtet das BSI vor einer Übermittlung personenbezogener Daten zu einer **Abwägungsentscheidung.** Bei Überwiegen der **schutzwürdigen Interessen des Meldenden** gegenüber dem Interesse der Allgemeinheit an der Übermittlung der personenbezogenen Daten **unterbleibt** die Weitergabe von personenbezogenen Daten an die in § 5 Abs. 5 und 6 S. 1 genannten Behörden. Das BSI berücksichtigt dabei die „Art und Weise", mittels derer der Meldende die Erkenntnisse gewonnen hat. Einbezogen werden kann somit insb. die Motivlage der Meldenden, dh zum Beispiel die Frage danach, ob die Erkenntnisse aus (professionellen) Sicherheitstests stammen, die der Verbesserung der Informationssicherheit dienen.[8]

10 Die Entscheidung zur Übermittlung personenbezogener Daten des Meldenden steht unter einem **„kleinen Richtervorbehalt".** Sowohl dem behördlichen Datenschutzbeauftragten (Art. 39 DS-GVO) des BSI als auch einem Volljuristen des BSI ist die Entscheidung gem. S. 8 vor der Übermittlung an andere Stellen zur Prüfung vorzulegen.

III. Verwendungsbestimmungen (Abs. 3)

11 Abs. 3 trifft Verwendungsbestimmungen iSv **Zweckbindungen** für die gemeldeten Informationen. Das BSI **„soll"** die Informationen zur Unterrichtung Dritter (Nr. 1), der Öffentlichkeit und betroffenen Fachkreise (Nr. 2), Bundesbehörden (Nr. 3) oder genannten Unternehmen (Nr. 4) nutzen. Das begrenzte Ermessen bezieht sich ausweislich des Wortlautes auf die Nutzung, nicht auf die konkrete Übermittlung selbst. Hinsichtlich der aufgelisteten Empfänger der Informationsübermittlung besteht ein reguläres **Auswahlermessen,** das auch durch die Begrenzungen iSv Abs. 4 gesteuert wird. Im Gegensatz zur Zweckbindung von § 7a Abs. 4 ist die Verwendungsbestimmung nach Abs. 4 mit Blick auf den weiten Empfängerkreis **weit.**

12 Dritte iSv **Nr. 1** sind andere als meldende **Dritte** im Sinne von Abs. 1. Die unbestimmte Weite des Empfängerkreises wird eingefangen durch die zusätzliche Zweckbestimmung, wonach die Information zur Wahrung der Sicherheitsinteressen des Dritten erforderlich ist. Sicherheitsinteressen sind primär die Interessen an der Gewährleistung der Schutzziele der IT-Sicherheit (§§ 2 Abs. 2, 3 Abs. 1 S. 1).

13 Durch den Verweis in **Nr. 2** auf § 7 kann die Information auch unter den dort genannten Voraussetzungen im Rahmen der verantwortungsbewussten Offenlegung (Coordinated Vulnerability Disclosure), ggf. unter Vorabinformation betroffener Hersteller, **der Öffentlichkeit oder betroffenen Kreisen,** bekannt gemacht werden.[9] Auch Stellen der **Länder** sind erfasst. § 7 Abs. 1 S. 1 verweist auf die Aufgabe nach § 3 Abs. 1 S. 2 Nr. 14, wonach die Beratung und Warnung der Stellen der Länder zu den Aufgaben des BSI gehört.[10]

---

[7] *Schneider,* Meldepflichten, S. 275f.

[8] Vgl. zu den Akteuren im Schwachstellenökosystem *Schulze,* SWP-Studie 10 2019, 13.

[9] Begrüßend *Hornung,* NJW 2021, 1985 (1989).

[10] Dazu auch Protokollerklärung der Bundesregierung zu Tagesordnungspunkt 10 der 1004. Sitzung des Bundesrates vom 7.5.2021, Bundesrat Plenarprotokoll 1004, S. 178 und Anl. 7; vgl. auch BT-Drs. 19/26921, 18.

Nr. 3 macht deutlich, dass § 4 Abs. 2 Nr. 2 Anwendung findet. Danach hat das BSI **Bundesbehörden** unverzüglich über die sie betreffenden Informationen und die in Erfahrung gebrachten Zusammenhänge zu unterrichten. 14

Betreiber Kritischer Infrastrukturen (§ 2 Abs. 10 iVm § 10 Abs. 1) und **Unternehmen im öffentlichen Interesse** (§ 2 Abs. 14 S. 1 und 2 iVm § 10 Abs. 5) sind nach **Nr. 4** gem. § 8b Abs. 2 Nr. 4 zu unterrichten. Die Unterrichtung umfasst demnach Informationen, die für die Abwehr von Gefahren für die IT-Sicherheit wesentlich sind, insb. Informationen zu Sicherheitslücken, zu Schadprogrammen, zu erfolgten oder versuchten Angriffen auf die Sicherheit in der Informationstechnik und zu der dabei beobachteten Vorgehensweise, sowie Informationen über potenzielle Auswirkungen auf die Verfügbarkeit der Kritischen Infrastrukturen bzw. der Unternehmen im besonderen öffentlichen Interesse. Umfasst sind zudem lagebildbezogene Informationen. 15

Freiwillige Meldungen von Einrichtungen, die nicht Betreiber Kritischer Infrastrukturen oder Anbieter digitaler Dienste sind, dürfen nach Art. 20 Abs. 2 UAbs. 2 NIS-RL nicht dazu führen, dass der meldenden Einrichtung Pflichten auferlegt werden, die ohne die Meldung nicht für diese gegolten hätten. Mangels direkter Umsetzung von Art. 20 NIS-RL im BSIG,[11] kommt ggf. die unmittelbare Anwendung der **Privilegierung** nach Art. 20 Abs. 2 UAbs. 2 NIS-RL in Betracht.[12] 16

IV. Weitergabebeschränkungen (Abs. 4)

Eine Weitergabebeschränkung besteht gem. Nr. 1 **mit Ausnahme der Übermittlung an Bundesbehörden** gem. § 4 Abs. 2 Nr. 2 nach Abs. 3 Nr. 3 für Informationen, die als Betriebs- oder Geschäftsgeheimnisse geschützt sind. Das BSIG selbst bestimmt diesen **Begriff** nicht. Es bietet sich grds. ein Rückgriff auf die verwaltungsrechtliche Vorschrift des § 30 VwVfG an. Dort sind aufbauend auf den wettbewerbsrechtlichen Begriffsgehalt unter Betriebs- und Geschäftsgeheimnissen Tatsachen zu verstehen, die im Zusammenhang mit einem Geschäftsbetrieb stehen, nur einem begrenzten Personenkreis bekannt sind und an deren Geheimhaltung der Unternehmer ein schutzwürdiges wirtschaftliches Interesse hat.[13] Ob etwa auch **maschinengenerierte Daten**[14] oder ggf. **Sicherheitslücken**[15] iSv § 2 Abs. 6 geschützte Informationen umfassen, ist im Einzelfall zu beurteilen. Es kommt bei Nr. 1 jedoch darauf an, dass die Informationen Geheimnisse beinhalten *und* eine Weitergabe nach Abs. 3 nicht ohne Bekanntgabe dieser Betriebs- und Geschäftsgeheimnisse durchgeführt werden könnte. In Betracht kommt für den Geheimnisbegriff auch die Anknüpfung an die Schutzvoraussetzungen des § 2 GeschGehG, wonach Informationen im weitesten Sinne geschützt sind. Zwar gehen gem. § 1 Abs. 2 GeschGehG öffentlich-rechtliche Vorschriften über Geschäftsgeheimnisse dem GeschGehG vor.[16] Im Interesse eines einheitlichen Begriffsverständnisses und zur Vermeidung der Rechtszersplitterung wird aber argumentiert, dass diese Vorschrift sich nur auf gesetzliche, nicht aber auf dogmatisch gewonnene 17

---

[11] Vgl. BT-Drs. 18/11242 sowie BT-Drs. 18/11808.

[12] Dazu Streinz/*W. Schroeder,* AEUV Art. 288 Rn. 91ff.

[13] *BVerfG,* Beschl. v. 14.3.2006 – 1 BvR 2087, 2111/03, BVerfGE 115, 205 (229) = NVwZ 2006, 1041 (1042); Kopp/*Ramsauer,* VwVfG § 30 Rn. 9a.

[14] *Hessel/Leffer,* MMR 2020, 647 (649).

[15] *Leisterer,* Internetsicherheit, S. 183ff.

[16] Vgl. auch Gesetzesbegründung BT-Drs. 19/4724, 23.

Begriffsverständnisse bezieht.[17] Im Gegensatz zum öffentlich-rechtlichen Begriffsverständnis setzt aber § 2 Nr. 1 lit. a GeschGehG zusätzlich voraus, dass die zu schützende Information von wirtschaftlichem Wert ist. Mit Blick auf das Anliegen von § 4b, einen Anreiz zur Meldung von Informationen über Sicherheitsrisiken zu schaffen, sollten aber unter Rückgriff des öffentlich-rechtlichen Begriffsverständnisses schon solche **Geheimnisse** erfasst sein, **die für sich genommen keinen wirtschaftlichen Wert haben,** deren Bekanntwerden aber einen Schaden etwa in Gestalt **wettbewerbsrelevanter Nachteile** verursachen könnte.

18 Vereinbarungen des BSI mit Dritten iSv Nr. 2 sind insbesondere Geheimhaltungsverträge bzw. **Verschwiegenheitsvereinbarungen** (non-disclosure agreements) (→ § 4 Rn. 16ff.).

V. Sonstige Meldepflichten, Geheimschutz und Übermittlungsbestimmungen (Abs. 5)

19 Der mit der Vorschrift beabsichtigte allgemeine Quellenschutz wird durch Abs. 5 relativiert – dieser ist nicht absolut. Gleichrangige gesetzliche Vorgaben bleiben von § 4b unberührt. Gesetzliche Meldepflichten sind insb. Unterrichtungspflichten **(„Spontanübermittlungspflichten")** wie die von Bundesbehörden nach § 18 Abs. 1 BVerfSchG gegenüber dem **Bundesamt für Verfassungsschutz.** Regelungen zum Geheimschutz sind insb. die **Verschlusssachenanweisung** (VSA) auf Grundlage von § 35 Abs. 1 SÜG, die den Umgang mit Verschlusssachen auf bestimmte Personenkreise begrenzt. So kann etwa eine einzustufende Verschlusssache nur einer entsprechend berechtigten Person zur Kenntnis gegeben werden, sodass in solchen Fällen nur eine entsprechende Übermittlung nach Abs. 3 Nr. 3 in Betracht käme.

§ 5 Abwehr von Schadprogrammen und Gefahren für die Kommunikationstechnik des Bundes

(1) [1]**Das Bundesamt darf zur Abwehr von Gefahren für die Kommunikationstechnik des Bundes**

1. **Protokolldaten, die beim Betrieb von Kommunikationstechnik des Bundes anfallen, erheben und automatisiert auswerten, soweit dies zum Erkennen, Eingrenzen oder Beseitigen von Störungen oder Fehlern bei der Kommunikationstechnik des Bundes oder von Angriffen auf die Informationstechnik des Bundes erforderlich ist,**
2. **die an den Schnittstellen der Kommunikationstechnik des Bundes anfallenden Daten automatisiert auswerten, soweit dies für die Erkennung und Abwehr von Schadprogrammen erforderlich ist.**

[2]**Sofern nicht die nachfolgenden Absätze eine weitere Verwendung gestatten, muss die automatisierte Auswertung dieser Daten unverzüglich erfolgen und müssen diese nach erfolgtem Abgleich sofort und spurenlos gelöscht werden.** [3]**Die Verwendungsbeschränkungen gelten nicht für Protokolldaten, sofern diese weder personenbezogene noch dem Fernmeldegeheimnis unterliegende Daten beinhalten.** [4]**Die Bundesbehörden sind**

[17] *Wiebe,* NVwZ 2019, 1705 (1706); vgl. auch *BVerwG,* Urt. v. 30.1.2020 – 10 C 18/19, NVwZ 2020 1368 (1369f.); dazu allg. *Römling,* NVwZ 2022, 463 (464); anders VG Berlin, BeckRS 2019, 24436 Rn. 127.

verpflichtet, das Bundesamt bei Maßnahmen nach Satz 1 zu unterstützen und hierbei den Zugang des Bundesamtes zu behördeninternen Protokolldaten nach Satz 1 Nummer 1 sowie Schnittstellendaten nach Satz 1 Nummer 2 sicherzustellen. [5]Protokolldaten der Bundesgerichte dürfen nur in deren Einvernehmen erhoben werden.

(2) **[1]Protokolldaten nach Absatz 1 Satz 1 Nummer 1 dürfen über den für die automatisierte Auswertung nach Absatz 1 Satz 1 Nummer 1 erforderlichen Zeitraum hinaus, längstens jedoch für 18 Monate, gespeichert werden, soweit tatsächliche Anhaltspunkte dafür bestehen, dass diese im Falle der Bestätigung eines Verdachts nach Absatz 3 Satz 2 zur Abwehr von Gefahren, die von dem gefundenen Schadprogramm ausgehen oder zur Erkennung und Abwehr anderer Schadprogramme erforderlich sein können. [2]Durch organisatorische und technische Maßnahmen ist sicherzustellen, dass eine Auswertung der nach diesem Absatz gespeicherten Daten nur automatisiert erfolgt und dass ein Zugriff auf Daten, die länger als drei Monate gespeichert sind, nur bei Vorliegen tatsächlicher Erkenntnisse über die Betroffenheit des Bundes mit einem Schadprogramm erfolgt. [3]Die Daten sind zu pseudonymisieren, soweit dies automatisiert möglich ist. [4]Eine nicht automatisierte Verarbeitung ist nur nach Maßgabe der nachfolgenden Absätze zulässig. [5]Soweit hierzu die Wiederherstellung pseudonymisierter Protokolldaten erforderlich ist, muss diese durch die Präsidentin oder den Präsidenten des Bundesamtes oder die Vertretung im Amt angeordnet werden. [6]Die Entscheidung ist zu dokumentieren.**

(2a) **[1]Protokolldaten dürfen vor ihrer Pseudonymisierung und Speicherung nach Absatz 2 zur Sicherstellung einer fehlerfreien automatisierten Auswertung manuell verarbeitet werden. [2]Liegen Hinweise vor, dass die fehlerfreie automatisierte Auswertung wegen eines erheblichen Fehlers erschwert wird, darf der Personenbezug von Protokolldaten zur Sicherstellung der fehlerfreien automatisierten Auswertung wiederhergestellt werden, sofern dies im Einzelfall erforderlich ist. [3]Absatz 2 Satz 3 bis 6 gilt entsprechend.**

(3) **[1]Eine über die Absätze 1 und 2 hinausgehende Verwendung personenbezogener Daten ist nur zulässig, wenn bestimmte Tatsachen den Verdacht begründen, dass**
1. diese ein Schadprogramm enthalten,
2. diese durch ein Schadprogramm übermittelt wurden oder
3. sich aus ihnen Hinweise auf ein Schadprogramm ergeben können,

und soweit die Datenverarbeitung erforderlich ist, um den Verdacht zu bestätigen oder zu widerlegen. [2]Im Falle der Bestätigung ist die weitere Verarbeitung personenbezogener Daten zulässig, soweit dies
1. zur Abwehr des Schadprogramms,
2. zur Abwehr von Gefahren, die von dem aufgefundenen Schadprogramm ausgehen, oder
3. zur Erkennung und Abwehr anderer Schadprogramme erforderlich ist.

[3]Ein Schadprogramm kann beseitigt oder in seiner Funktionsweise gehindert werden. [4]Die nicht automatisierte Verwendung der Daten nach den Sätzen 1 und 2 darf nur durch einen Bediensteten des Bundesamtes mit der Befähigung zum Richteramt angeordnet werden.

(4) [1]Die Beteiligten des Kommunikationsvorgangs sind spätestens nach dem Erkennen und der Abwehr eines Schadprogramms oder von Gefahren, die von einem Schadprogramm ausgehen, zu benachrichtigen, wenn sie bekannt sind oder ihre Identifikation ohne unverhältnismäßige weitere Ermittlungen möglich ist und nicht überwiegende schutzwürdige Belange Dritter entgegenstehen. [2]Die Unterrichtung kann unterbleiben, wenn die Person nur unerheblich betroffen wurde, und anzunehmen ist, dass sie an einer Benachrichtigung kein Interesse hat. [3]Das Bundesamt legt Fälle, in denen es von einer Benachrichtigung absieht, dem behördlichen Datenschutzbeauftragten des Bundesamtes sowie einem weiteren Bediensteten des Bundesamtes, der die Befähigung zum Richteramt hat, zur Kontrolle vor. [4]Wenn der behördliche Datenschutzbeauftragte der Entscheidung des Bundesamtes widerspricht, ist die Benachrichtigung nachzuholen. [5]Die Entscheidung über die Nichtbenachrichtigung ist zu dokumentieren. [6]Die Dokumentation darf ausschließlich für Zwecke der Datenschutzkontrolle verwendet werden. [7]Sie ist nach zwölf Monaten zu löschen. [8]In den Fällen der Absätze 5 und 6 erfolgt die Benachrichtigung durch die dort genannten Behörden in entsprechender Anwendung der für diese Behörden geltenden Vorschriften. [9]Enthalten diese keine Bestimmungen zu Benachrichtigungspflichten, sind die Vorschriften der Strafprozessordnung entsprechend anzuwenden.

(5) [1]Das Bundesamt kann die nach Absatz 3 verwendeten personenbezogenen Daten an die Strafverfolgungsbehörden zur Verfolgung einer mittels eines Schadprogramms begangenen Straftat nach den §§ 202a, 202b, 303a oder 303b des Strafgesetzbuches übermitteln. [2]Es kann diese Daten ferner übermitteln

1. **zur Abwehr einer Gefahr für die öffentliche Sicherheit, die unmittelbar von einem Schadprogramm ausgeht, an die Polizeien des Bundes und der Länder,**
2. **zur Unterrichtung über Tatsachen, die sicherheitsgefährdende oder geheimdienstliche Tätigkeiten für eine fremde Macht erkennen lassen, an das Bundesamt für Verfassungsschutz sowie an den Militärischen Abschirmdienst, wenn sich diese Tätigkeiten gegen Personen, Dienststellen oder Einrichtungen im Geschäftsbereich des Bundesministeriums der Verteidigung richten,**
3. **zur Unterrichtung über Tatsachen, die einen internationalen kriminellen, terroristischen oder staatlichen Angriff mittels Schadprogrammen oder vergleichbaren schädlich wirkenden informationstechnischen Mitteln auf die Vertraulichkeit, Integrität oder Verfügbarkeit von IT-Systemen in Fällen von erheblicher Bedeutung mit Bezug zur Bundesrepublik Deutschland erkennen lassen, an den Bundesnachrichtendienst.**

(6) [1]Für sonstige Zwecke kann das Bundesamt die Daten übermitteln

1. **an die Strafverfolgungsbehörden zur Verfolgung einer Straftat von auch im Einzelfall erheblicher Bedeutung, insbesondere einer in § 100a Absatz 2 der Strafprozessordnung bezeichneten Straftat,**
2. **an die Polizeien des Bundes und der Länder zur Abwehr einer Gefahr für den Bestand oder die Sicherheit des Staates oder Leib, Leben oder Freiheit einer Person oder Sachen von bedeutendem Wert, deren Erhalt im öffentlichen Interesse geboten ist,**

3. an die Verfassungsschutzbehörden des Bundes und der Länder sowie an den Militärischen Abschirmdienst, wenn tatsächliche Anhaltspunkte für Bestrebungen in der Bundesrepublik Deutschland vorliegen, die durch Anwendung von Gewalt oder darauf gerichtete Vorbereitungshandlungen gegen die in § 3 Absatz 1 des Bundesverfassungsschutzgesetzes beziehungsweise § 1 Absatz 1 des MAD-Gesetzes genannten Schutzgüter gerichtet sind,
4. an den Bundesnachrichtendienst, wenn tatsächliche Anhaltspunkte für den Verdacht bestehen, dass jemand Straftaten nach § 3 Absatz 1 Nummer 8 des Artikel 10-Gesetzes plant, begeht oder begangen hat und dies von außen- und sicherheitspolitischer Bedeutung für die Bundesrepublik Deutschland ist.

²Die Übermittlung nach Satz 1 Nummer 1 und 2 bedarf der vorherigen gerichtlichen Zustimmung. ³Für das Verfahren nach Satz 1 Nummer 1 und 2 gelten die Vorschriften des Gesetzes über das Verfahren in Familiensachen und in den Angelegenheiten der freiwilligen Gerichtsbarkeit entsprechend. ⁴Zuständig ist das Amtsgericht, in dessen Bezirk das Bundesamt seinen Sitz hat. ⁵Die Übermittlung nach Satz 1 Nummer 3 und Nummer 4 erfolgt nach Zustimmung des Bundesministeriums des Innern, für Bau und Heimat; die §§ 9 bis 16 des Artikel 10-Gesetzes gelten entsprechend.

(7) ¹Eine über die vorstehenden Absätze hinausgehende inhaltliche Auswertung zu anderen Zwecken und die Weitergabe von personenbezogenen Daten an Dritte sind unzulässig. ²Soweit möglich, ist technisch sicherzustellen, dass Daten, die den Kernbereich privater Lebensgestaltung betreffen, nicht erhoben werden. ³Werden aufgrund der Maßnahmen der Absätze 1 bis 3 Erkenntnisse aus dem Kernbereich privater Lebensgestaltung oder Daten im Sinne des Artikels 9 Absatz 1 der Verordnung (EU) 2016/679 erlangt, dürfen diese nicht verwendet werden. ⁴Erkenntnisse aus dem Kernbereich privater Lebensgestaltung sind unverzüglich zu löschen. ⁵Dies gilt auch in Zweifelsfällen. ⁶Die Tatsache ihrer Erlangung und Löschung ist zu dokumentieren. ⁷Die Dokumentation darf ausschließlich für Zwecke der Datenschutzkontrolle verwendet werden. ⁸Sie ist zu löschen, wenn sie für diese Zwecke nicht mehr erforderlich ist, spätestens jedoch am Ende des Kalenderjahres, das dem Jahr der Dokumentation folgt. ⁹Werden im Rahmen der Absätze 4 oder 5 Inhalte oder Umstände der Kommunikation von in § 53 Absatz 1 Satz 1 der Strafprozessordnung genannten Personen übermittelt, auf die sich das Zeugnisverweigerungsrecht der genannten Personen erstreckt, ist die Verwertung dieser Daten zu Beweiszwecken in einem Strafverfahren nur insoweit zulässig, als Gegenstand dieses Strafverfahrens eine Straftat ist, die im Höchstmaß mit mindestens fünf Jahren Freiheitsstrafe bedroht ist.

(8) ¹Vor Aufnahme der Datenerhebung und -verwendung hat das Bundesamt ein Datenerhebungs- und -verwendungskonzept zu erstellen und für Kontrollen durch den Bundesbeauftragten für den Datenschutz und die Informationsfreiheit bereitzuhalten. ²Das Konzept hat dem besonderen Schutzbedürfnis der Regierungskommunikation Rechnung zu tragen. ³Die für die automatisierte Auswertung verwendeten Kriterien sind zu dokumentieren. ⁴Der Bundesbeauftragte für den Datenschutz und die Informationsfreiheit teilt das Ergebnis seiner Kontrollen nach § 16 des Bundes-

datenschutzgesetzes auch dem Rat der IT-Beauftragten der Bundesregierung mit.

(9) **Das Bundesamt unterrichtet den Bundesbeauftragten für den Datenschutz und die Informationsfreiheit kalenderjährlich jeweils bis zum 30. Juni des dem Berichtsjahr folgenden Jahres über**

1. **die Anzahl der Vorgänge, in denen Daten nach Absatz 5 Satz 1, Absatz 5 Satz 2 Nummer 1 oder Absatz 6 Nummer 1 übermittelt wurden, aufgegliedert nach den einzelnen Übermittlungsbefugnissen,**
2. **die Anzahl der personenbezogenen Auswertungen nach Absatz 3 Satz 1, in denen der Verdacht widerlegt wurde,**
3. **die Anzahl der Fälle, in denen das Bundesamt nach Absatz 4 Satz 2 oder 3 von einer Benachrichtigung der Betroffenen abgesehen hat.**

(10) **Das Bundesamt unterrichtet kalenderjährlich jeweils bis zum 30. Juni des dem Berichtsjahr folgenden Jahres den Innenausschuss des Deutschen Bundestages über die Anwendung dieser Vorschrift.**

Literatur: *Dietrich/Eiffler* (Hrsg.), Handbuch des Rechts der Nachrichtendienste, 2017; *Erb/Schäfer* (Hrsg.), Münchener Kommentar zum Strafgesetzbuch, Bd. 4, 4. Aufl. 2021, Bd. 5 2022; *Schenke/Graulich/Ruthig* (Hrsg.), Sicherheitsrecht des Bundes, 2. Aufl. 2019; Schönke/Schröder (Hrsg.), Strafgesetzbuch, 30. Aufl. 2019; *Terhaag,* IT-Sicherheitsgesetz, 2015

Inhaltsübersicht

A. Allgemeines

1 Nach § 3 Abs. 1 S. 2 Nr. 1 hat das BSI die Aufgabe, Gefahren für die Sicherheit der **Informationstechnik des Bundes** abzuwehren. Zur Erfüllung dieser gesetzlichen Aufgabe werden dem BSI durch § 5 Befugnisse zur Erhebung und Auswertung von Daten eingeräumt, die den Betrieb von **automatisierten Abwehrsystemen** zum Schutz der **Kommunikationstechnik des Bundes** ermöglichen. Ergänzend zu der automatisierten Abwehr von Gefahren für die Kommunikationstechnik des Bundes erhält das BSI durch Abs. 3 die Befugnisse, in bestimmten Fällen manuelle Auswertungen der erhobenen Daten vorzunehmen, um Gefahren abzuwehren, die von einem zuvor automatisch identifizierten oder einem anderen Schadprogramm ausgehen. § 5 stellt keine Befugnis zur allgemeinen Gefahrenabwehr dar. Vielmehr nimmt das BSI hierdurch eine **sonderordnungsbehördliche Funktion** zum Schutz der Kommunikationstechnik des Bundes ein.[1] Eine Befugnis zur Verarbeitung von Daten bei Dritten, die nicht Teil der Kommunikationstechnik des Bundes sind, wird durch die Norm nicht eingeräumt.[2] Die ungeschriebene **Gesetzgebungskompetenz** des Bundes zur unmittelbaren Sicherung der Informationstechnik der Bundesverwaltung ergibt sich kraft Natur der Sache sowie aus Art. 86 S. 2 GG.[3]

2 Ziel der Regelung ist es, die Verfügbarkeit, Vertraulichkeit und Integrität der **Regierungsnetze** zu schützen, indem Schadprogramme iSd § 2 Abs. 5 in den **Kommunikationsdaten des Bundes** identifiziert und schnellstmöglich unschädlich gemacht werden. Das BSI betreibt auf Grundlage der Befugnisse aus § 5 ein **Schadprogramm-Präventions-System (SPS)**, zur Verhinderung von ungewollten Zugriffen aus den Regierungsnetzen auf infizierte Webseiten. Daneben betreibt es ein **Schadprogramm-Erkennungssystem (SES)** und ein System zur Protokolldatenauswertung, um Schadprogramme in den Regierungsnetzen zu identifizieren, zu analysieren und an ihrer maliziösen Funktionsweise zu hindern. Mit Hilfe dieser Systeme erfasste das BSI zuletzt einen durchschnittlichen Zuwachs von rund 319.000 neuen Schadprogramm-Varianten pro Tag.[4]

3 Die dem BSI durch die Norm erlaubten **Erhebungs- und Analysemaßnahmen** berühren den Schutzbereich des **Fernmeldegeheimnisses** aus Art. 10 GG,[5] da die Vorschrift eine Erhebung der Daten an den Schnittstellen der Kommunikationstechnik des Bundes und damit inmitten eines laufenden Kommunikationsvorgangs ermöglicht. Zudem wird der Schutzbereich des **allgemeinen Persönlichkeitsrechts** aus Art. 2 Abs. 1 iVm Art. 1 Abs. 1 GG berührt, auch wenn der Fokus der gem. § 5 erhobenen Daten („§ 5-Daten“) auf **„technischen“ Telekommunikationsinhalten** liegt.[6] Der Schutzbereich des Rechts auf informationelle Selbstbestimmung ist nicht auf sensible Daten beschränkt. Vielmehr sind auch personenbezogene Daten, die für sich genommen nur einen lediglich geringen Infor-

[1] BT-Drs. 19/26106, 63.
[2] *Helmbrecht* in Stellungnahme zum Entwurf im Innenausschuss Ausschuss-Drs. 16(4)570 A, 6f.
[3] BT-Drs. 16/11967, 10; BT-Drs. 19/26106, 32.
[4] BSI Lagebericht 2022, 13.
[5] Dem für Art. 10 GG geltenden Zitiergebot aus Art. 19 Abs. 1 S. 2 GG wird durch § 11 entsprochen.
[6] BT-Drs. 16/11967, 14.

mationsgehalt haben, hiervon erfasst. Vor diesem Hintergrund gibt es unter den Bedingungen der elektronischen Datenverarbeitung kein schlechthin belangloses Datum mehr.[7] Die Bundesregierung ging in ihrer Gegenäußerung zur Stellungnahme des Bundesrates im Rahmen des Gesetzgebungsverfahrens zur Stärkung der Sicherheit in der Informationstechnik des Bundes 2009 – mit Hinweis auf die Rechtsprechung des Bundesverfassungsgerichtes aus 2008[8] – noch davon aus, dass die **Eingriffsschwelle** in das Recht auf informationelle Selbstbestimmung jedenfalls in den Fällen des § 5 nicht überschritten werde, bei denen die Daten unverzüglich ausgewertet und „Nichttreffer" danach sofort spurenlos wieder gelöscht werden.[9] An der dieser Ansicht zugrundeliegenden Rechtsprechung hat das Bundesverfassungsgericht jedoch nicht festgehalten. Es kommt für den Eingriff in das Recht auf informationelle Selbstbestimmung nicht darauf an, ob eine automatische Auswertung zu einem Treffer führt oder nicht. Auch eine Erhebung und ein elektronischer Abgleich mit dem Ergebnis „Nichttreffer" sowie eine anschließende spurenlose Löschung kann eine Verarbeitung von personenbezogenen Daten und damit einen Grundrechtseingriff darstellen.[10] Vor diesem Hintergrund ist bei den Maßnahmen nach Abs. 1 von potenziellen Eingriffen in das Recht auf informationelle Selbstbestimmung und das Fernmeldegeheimnis auszugehen, zu welchen die Norm das BSI entsprechend ermächtigt. Diesem Grundrechteingriff begegnet § 5 mit einer engen **Zweckbindung** sowie strengen Löschvorgaben und einem **abgestuften Analyseverfahren,** welches nur bei Vorliegen von bestimmten verdachtsbegründenden Tatsachen (Abs. 3) eine manuelle Auswertung zulässt. Die strengen Vorgaben einer grundsätzlich automatisierten Verarbeitung von Kommunikationsprotokollen und technischen Telekommunikationsinhalten[11] – ohne manuelle Herstellung eines unmittelbaren Persönlichkeitsbezuges – führen iE zu einem verhältnismäßigen Grundrechtseingriff. Zudem wird der besonderen Sensibilität der Daten durch enge Grenzen in Bezug auf die Übermittlung der Daten an andere Stellen Rechnung getragen (Abs. 5 und 6).

Die Norm hat im Rahmen des Gesetzgebungsprozesses, aufgrund der umfas- **4**
senden Erhebung und Auswertung von Protokoll- und Schnittstellendaten, grundsätzliche **Kritik** hervorgerufen.[12] Gegen den Eingriff von § 5 in das allgemeine Persönlichkeitsrecht aus Art. 2 Abs. 1 iVm Art. 1 Abs. 1 GG sowie das Fernmeldegeheimnis aus Art. 10 GG wurde **Verfassungsbeschwerde** eingereicht. Mangels hinreichender Substantiierung einer Grundrechtsverletzung wurde diese vom Bundesverfassungsgericht nicht zur Entscheidung angenommen.[13]

---

7 StRspr. *BVerfG,* Beschl. v. 18.12.2018 – 1 BvR 142/15, NJW 2019, 827 (829); Urt. v. 11.3.2008 – 1 BvR 2074/05, 1 BvR 1254/07, NJW 2008, 1505 (1506); Beschl. v. 13.6.2007 – 1 BvR 1550/03, NJW 2007, 2464 (2464); Urt. v.15.12.1983 – 1 BvR 209/83, NJW 1984, 419 (422).

8 *BVerfG,* Urt. v. 11.3.2008 – 1 BvR 2074/05, BvR 1254/07, NJW 2008, 1505ff.

9 BT-Drs. 16/12225, 7.

10 *BVerfG,* Beschl. v. 18.12.2018 – 1 BvR 142/15, NJW 2019, 827 (829).

11 BT-Drs. 16/11967, 14.

12 S. hierzu vertiefend Protokoll zur öffentlichen Anhörung am. 11.5.2009, BT-Drs. 16/11967; Stellungnahme *Breyer* zum Entwurf im Innenausschuss Ausschuss-Drs. 16(4)570 F.

13 *BVerfG,* Beschl. v. 30.5.2011 – 1 BvR 1667/10.

B. Einzelerläuterungen

I. Verarbeitung von Protokoll- und Schnittstellendaten zur Abwehr von Gefahren für die Kommunikationstechnik des Bundes (Abs. 1)

5 Abs. 1 ermächtigt das BSI zur Erhebung und automatisierten Auswertung von **Protokolldaten,** die beim Betrieb der Kommunikationstechnik des Bundes anfallen, sowie allen an den Schnittstellen der Kommunikationstechnik des Bundes anfallenden Daten (sog. **Schnittstellendaten**). Durch diese Befugnis wird das BSI rechtlich in die Lage versetzt, an einer zentralen Stelle die Kommunikationsnetze der Bundesverwaltung vor **Schadprogrammen** zu schützen und Angriffe auf die Kommunikationstechnik des Bundes abzuwehren.[14] Durch die Maßnahmen nach § 5 erfüllt das BSI seine gesetzliche Aufgabe aus § 3 Abs. 1 S. 2 Nr. 1. Ein konkreter Anlass für die automatisierte Auswertung ist nicht erforderlich.

6 **1. Abwehr von Gefahren für die Kommunikationstechnik des Bundes (S. 1).** Der **Anwendungsbereich** von § 5 ist enger gefasst als die gesetzliche Aufgabe aus § 3 Abs. 1 S. 2 Nr. 1. Während die gesetzliche Aufgabe aus § 3 Abs. 1 S. 2 Nr. 1 dem BSI ganz grundlegend die Zuständigkeit für die gesamte **Informationstechnik** des Bundes einräumt, beziehen sich die Befugnisse aus § 5 nur auf die in § 2 Abs. 3 legaldefinierte **Kommunikationstechnik des Bundes.** Der Begriff der Informationstechnik ist sehr weitgehend und umfasst gem. der Legaldefinition in § 2 Abs. 1 alle technischen Mittel zur Verarbeitung oder Übertragung von Informationen. Durch die Anknüpfung der gesetzlichen Aufgabe aus § 3 Abs. 1 Nr. 1 an diesen weiten Begriff wird dem BSI eine grundlegende und umfassende Zuständigkeit für den Schutz der gesamten Informationstechnik des Bundes zugewiesen. Als Anknüpfungspunkt für eine **Eingriffsnorm** wie § 5 wäre dies jedoch zu weitgehend und wohl auch zu unbestimmt. Daher ist der Anwendungsbereich des § 5 auf den enger definierten Bereich der Kommunikationstechnik des Bundes beschränkt. Bei Maßnahmen nach § 5 dürfen somit nur die Daten erhoben und ausgewertet werden, die bei Betrieb und Kommunikation von einer oder mehreren Bundesbehörden oder im Auftrag einer oder mehrerer Bundesbehörden anfallen und der Kommunikation oder dem Datenaustausch innerhalb einer Bundesbehörde, der Bundesbehörden untereinander oder mit Dritten dienen.

7 Der Begriff der **Gefahr** in S. 1 wird nicht weiter konkretisiert. Es ist davon auszugehen, dass die Vorschrift Gefahren für die Verfügbarkeit, Vertraulichkeit oder Integrität der **Regierungsnetze** erfassen will. Dies ergibt sich zum einen aus der grundlegenden Zuständigkeit des BSI für die **Informationssicherheit** auf nationaler Eben (§ 1 S. 2), zum anderen aus der gesetzlichen Aufgabe, die das BSI mit den Maßnahmen nach § 5 erfüllt. Die in § 3 Abs. 1 S. 1 Nr. 1 verwendete Formulierung „Sicherheit der Informationstechnik", stellt über ihre Legaldefinition in § 2 Abs. 2 S. 4 einen direkten Bezug zu den drei elementaren Schutzzielen der Informationssicherheit her.

8 Um dem Grundsatz der **Verhältnismäßigkeit** Rechnung zu tragen, ist die Auswertung der § 5-Daten in ein **abgestuftes Analyseverfahren** mit vier Stufen unterteilt. Je schwerwiegender der durch die jeweilige Analysemaßnahme stattfin-

[14] BT-Drs. 16/12225, 6.

dende Eingriff sein kann, um so höhere Anforderungen werden durch das Gesetz an die jeweils erforderliche **Verdachtsstufe** gestellt.[15]

a) Erhebung und automatisierte Auswertung von Protokolldaten (Nr. 1). 9
Nr. 1 erlaubt dem BSI die Erhebung und **automatisierte Auswertung** von **Protokolldaten.** Der Begriff der Protokolldaten ist in § 2 Abs. 8 legaldefiniert. Das Gesetz versteht hierunter Steuerdaten eines informationstechnischen Protokolls zur Datenübertragung, die unabhängig vom Inhalt eines Kommunikationsvorgangs übertragen oder auf den am Kommunikationsvorgang beteiligten Servern gespeichert werden und zur Gewährleistung der Kommunikation zwischen Empfänger und Sender notwendig sind. Protokolldaten können **Verkehrsdaten** gemäß § 3 Nr. 70 TKG und **Nutzungsdaten** i. S. v. § 2 Abs. 2 Nr. 3 TTDSG enthalten. Konkrete Beispiele für Protokolldaten sind Logfiles von Servern oder Firewalls sowie Kopfdaten (sog. Header) von Kommunikationsprotokollen wie zB IP, ICMP, TCP, UDP, DNS, HTTP oder SMPT.[16] Inhaltsdaten sind von der Befugnis aus Abs. 1 S. 1 Nr. 1 nicht erfasst. Dennoch kann die Verarbeitung der Protokolldaten einen Eingriff in das Recht auf informationelle Selbstbestimmung darstellen. Denn die Daten von Kommunikationsprotokollen können grundsätzlich einen Personenbezug aufzuweisen.[17]

Die zulässigen **Verarbeitungszwecke** sind in Nr. 1 abschließend geregelt. Hier- 10
bei differenziert die Norm zwischen Maßnahmen zum Schutz der Kommunikationstechnik und der Informationstechnik des Bundes. Nach der ersten Alternative von Nr. 1 dürfen die anfallenden Protokolldaten nur erhoben und automatisiert verarbeitet werden, soweit dies zum Erkennen, Eingrenzen oder Beseitigen von Störungen oder Fehlern bei der Kommunikationstechnik erforderlich ist. Liegen **informationstechnologische Fehler** vor, birgt dies die Gefahr, dass die Verfügbarkeit, Integrität oder Vertraulichkeit der Kommunikationstechnik des Bundes nicht mehr in ausreichender Form gewährleistet ist. Bei einer **Störung** hat sich diese Gefahr bereits realisiert. Es ist daher konsequent, dass eine Verarbeitung von Protokolldaten zum Erkennen, Eingrenzen oder Beseitigen von Störungen ebenso von der Norm erfasst wird. Daneben lässt die zweite Alternative der Nr. 1 eine Verarbeitung von Protokolldaten zu, soweit dies zum Erkennen, Eingrenzen oder Beseitigen von **Angriffen** auf die Informationstechnik erforderlich ist. Die Norm stellt also einen über den Bereich der Kommunikationstechnik des Bundes hinausgehenden Bezug her und ermöglicht eine Verarbeitung der Daten zur unmittelbaren Abwehr von Cyberangriffen auf alle informationstechnischen Systeme, Komponenten oder Prozesse des Bundes. Dieser Bezug zur Informationstechnik des Bundes führt iE jedoch nicht zu einem weitergehenden Eingriff. Denn auch wenn die Daten bei der Angriffsabwehr zugunsten eines erweiterten Rahmens verarbeitet werden können, sind die Quellen der Protokolldaten weiterhin die beim Betrieb der Kommunikationstechnik anfallenden Daten. Zudem ist nicht davon auszugehen, dass sich die Verarbeitung auf technischer Eben unterscheidet, so dass diese Differenzierung der alternativen Maßnahmen in Nr. 1 iE wohl zu vernachlässigen ist.

---

15 *Helmbrecht* in Stellungnahme zum Entwurf im Innenausschuss, Ausschuss-Drs.16(4)570 A, 6f.

16 BT-Drs. 16/11967, 14.

17 *BGH,* Urt. v. 16.5.2017 – VI ZR 135/13 Rn. 18, NJW 2017, 2416 (2417); *EuGH,* Urt. v. 19.10.2016 – C-582/14 Rn. 49, ZD 2017, 24 (26).

11 Eine automatisierte Verarbeitung der Protokolldaten zu anderen als den in Nr. 1 genannten Zwecken ist, neben den allgemeinen geltenden datenschutzrechtlichen Grundsätzen der **Zweckbindung** und des Verbotes mit Erlaubnisvorbehalt, auch unmittelbar durch die eindeutige **Verwendungsbeschränkung** in S. 2 untersagt. Insbesondere dürfen die Daten nicht zur Erstellung von Kommunikationsprofilen oder zur Verhaltens- oder Leistungskontrolle von Beschäftigten verarbeitet werden.[18]

12 **b) Automatisierte Auswertung von Schnittstellendaten (Nr. 2).** Nr. 2 ermächtigt das BSI zur **automatisierten Auswertung** von Daten, die an den sicherheitsrelevanten Netzwerkübergängen innerhalb der Kommunikationstechnik des Bundes sowie an deren Außengrenzen zum Internet anfallen **(Schnittstellendaten).**[19] Anders als in Nr. 1 beschränkt sich die Befugnis aus Nr. 2 nicht nur auf Kommunikationsprotokolle. Nach Nr. 2 kann das BSI auch auf Telekommunikationsinhalte zugreifen, um diese auf Schadprogramme zu untersuchen oder zB prüfen, ob in der Kommunikation Hyperlinks enthalten sind, die auf Internetseiten mit Schadprogrammen verweisen. Auf Grundlage dieser Vorschrift kann das BSI **Virenscanner** und vergleichbare **Detektionstools** betreiben.[20] Nr. 2 ermächtigt das BSI damit zu zwei aufeinanderfolgenden Maßnahmen, durch die der Schutzbereich des allgemeinen Persönlichkeitsrechts aus Art. 2 Abs. 1 iVm Art. 1 Abs. 1 GG berührt wird. Die Erhebung der an den Schnittstellen anfallenden Daten und die sich anschließende automatische Auswertung zur Erkennung und Abwehr von Schadprogrammen können jeweils einen eigenständigen Grundrechtseingriff darstellen.[21] Es ist zu vernachlässigen, dass der Wortlaut von Nr. 2 hier lediglich von der automatischen Auswertung der anfallenden Daten spricht und nicht ausdrücklich eine vorherige Erhebung aufführt. Die technisch notwendige vorgelagerte Aufnahme der anfallenden Daten zum Zwecke der automatischen Auswertung stellt in jedem Fall eine **Erhebung** dar. Sie ist eine unmittelbare Vorbereitungshandlung für die sich direkt anschließende automatisierte Auswertung. Grundsätzlich ist eine so **vorgelagerte Erhebung** personenbezogener Daten geeignet, einen Eingriff in das Recht auf informationelle Selbstbestimmung darzustellen, da die Daten hierdurch für die Behörde verfügbar gemacht werden. Dies gilt auch für den Fall, dass ein größerer Datenbestand nur Mittel zum Zweck für eine kleinere Treffermenge einer Analyse ist. Ein Eingriff würde nur dann ausnahmsweise nicht vorliegen, wenn bei der Gesamtbetrachtung der durchgeführten Maßnahme und unter Berücksichtigung des Verwendungszweckes noch kein **spezifisch verdichtetes Interesse** der Behörde an den Daten besteht.[22] Mit Blick auf den Verarbeitungszeck in Nr. 2 und den gesetzlichen Auftrag aus § 3 Abs. 1 S. 2 Nr. 1 ist hier jedoch von einem spezifisch verdichteten Interesse des BSI an der Erhebung aller an den Schnittstellen anfallenden Daten auszugehen, um einen vollständigen Schutz der Regierungsnetze vor Schadprogrammen zu gewährleisten. Zwar besteht, mit Blick auf den Verwendungszweck der Nr. 2, kein spezifisch verdichtetes Interesse an den in den Schnittstellendaten enthaltenen personenbezogen Daten. Denn der Verarbeitungs-

---

[18] BT-Drs. 16/11967, 14; vgl. hierzu kritisch *Breyer* in Stellungnahme zum Entwurf im Innenausschuss, Ausschuss-Drs. 16(4)570 F v. 7.5.2009.

[19] Zur Legaldefinition „Schnittstellen" s. § 2 Abs. 4.

[20] BT-Drs. 16/11967, 14.

[21] *BVerfG,* Beschl. v. 18.12.2018 – 1 BvR 142/15, NJW 2019, 827 (829).

[22] *BVerfG,* Beschl. v. 18.12.2018 – 1 BvR 142/15, NJW 2019, 827 (829).

zeck aus Nr. 2 zielt gerade nicht auf die Überprüfung von Personen oder die Ermittlung von Angreifern, sondern ausschließlich auf die Erkennung und Abwehr von **Schadprogrammen** durch eine automatisierte Auswertung. Doch auch wenn sich das Interesse der Verarbeitung nicht auf die personenbezogenen Informationen der Betroffenen in den Schnittstellendaten bezieht, liegt ein spezifisches Interesse der Behörde an den vollständigen Daten dergestalt vor, dass für den Schutz der Regierungsnetze vor Schadprogrammen eine **vollständige Datenbasis** für die sich unmittelbar anschließende automatische Auswertung erhoben werden soll. Insofern greift die Erhebung der Schnittstellendaten bereits in das Recht auf informationelle Selbstbestimmung ein, soweit personenbezogen Daten erfasst werden.

Daneben stellt auch die mit der Erhebung unmittelbar verbundene **Verarbeitung der Schnittstellendaten** bei der automatisierten Auswertung einen eigenen Eingriff in das Recht auf informationelle Selbstbestimmung dar. Hierbei kommt es grundsätzlich nicht darauf an, ob das Ergebnis der automatisierten Auswertung einen „Trefferfall" ergibt oder ob die Analyse zu einem „Nichttreffer" bei dem jeweiligen Datensatz führt. Die Verarbeitung stellt gegenüber allen betroffenen Personen, deren personenbezogene Daten in die Auswertung einbezogen werden, einen Grundrechtseingriff dar. Wie bei der Erhebung wäre ein Grundrechtseingriff bei der automatisierten Auswertung nur dann nicht anzunehmen, wenn die personenbezogenen Daten bei der elektronischen Datenverarbeitung nur zufällig am Rande miterfasst, technisch anonym, spurenlos und ohne Erkenntnisgewinn für die Behörde gelöscht würden und sich das behördliche Interesse an den betroffenen Daten insoweit nicht verdichtet hätte.[23] In Bezug auf die automatisierte Auswertung zum Erkennen von Schadprogrammen ist zur Ermittlung dieses Interesses der Behörde zu beurteilen, ob die Einbeziehung der Daten von betroffenen Personen, bei denen die automatische Auswertung zu „Nichttreffern" führt, ungezielt und allein technikbedingt oder ein in der Norm angelegter und durch die Maßnahme bezweckter Teil der Prüfung ist. Nr. 2 hat die Erkennung und Abwehr von Schadprogrammen durch die Auswertung von Schnittstellendaten zum Ziel. Die Norm soll dem BSI den Betrieb von **Virenscannern** und vergleichbaren **Detektionstools** ermöglichen.[24] Um durch Anwendung solcher Detektionsmaßnahmen ein belastbares und vollständiges Ergebnis zu erzielen, ist davon auszugehen, dass bei den Maßnahmen nach Nr. 2 ein spezifisches Interesse der Behörde besteht, alle an den Schnittstellen erhoben Daten in diese automatisierte Auswertung einzubeziehen. Erhebung und Abgleich der Schnittstellendaten stellen einen zusammenhängenden Auswertungsvorgang dar, der sich, entsprechend seiner Ermächtigungsnorm, auf alle Daten an den sicherheitsrelevanten Netzwerkübergängen innerhalb der Kommunikationstechnik des Bundes sowie an deren Außengrenzen erstrecken soll. Die Einbeziehung von Daten, bei denen die automatisierte Auswertung im Ergebnis zu „Nichttreffern" führt, erfolgt nicht ungezielt. Vielmehr ist sie ein wesentlicher Teil der der auf **vollständige Überprüfung** angelegten Schadprogrammerkennungsmaßnahmen. Dementsprechend ist auch bei der automatisierten Auswertung von einem Eingriff in das Recht auf informationelle Selbstbestimmung auszugehen, soweit personenbezogene Daten verarbeitet werden. Dem steht auch nicht entgegen, dass es nach dem Verarbeitungszweck in Nr. 2 nicht auf eine eventuelle Zuordenbarkeit zu einer Person ankommt. 13

---

[23] *BVerfG,* Beschl. v. 18.12.2018 – 1 BvR 142/15, NJW 2019, 827 (829).

[24] BT-Drs. 16/11967, 14.

14 Neben einer Grundlage zum Eingriff in das Recht auf informationelle Selbstbestimmung, räumt Nr. 2 dem BSI zugleich eine Ermächtigung zum Eingriff in das **Fernmeldegeheimnis** ein.[25] Art. 10 Abs. 1 GG schützt die Vertraulichkeit der Kommunikation. Daher ist jede Kenntnisnahme, Aufzeichnung oder Verwertung von Kommunikationsdaten durch den Staat ein Eingriff in Art. 10 GG.[26] Da die Erhebung der Daten an den Schnittstellen der Kommunikationstechnik des Bundes und damit während eines laufenden **Übertragungsvorgangs,** an einer Stelle zwischen Absender und Empfänger erfolgt, können Maßnahmen auf Grundlage von Nr. 2 zu einer Verwertung von Kommunikationsdaten und damit zu einem Eingriff in das Fernmeldegeheimnis führen. Wie oben in Bezug auf das Recht auf informationelle Selbstbestimmung dargestellt, kann es einer Maßnahme auch in Bezug auf das Fernmeldegeheimnis an der erforderlichen **Eingriffsqualität** fehlen, wenn die Fernmeldevorgänge ungezielt und allein technikbedingt zunächst miterfasst, jedoch unmittelbar wieder spurenlos gelöscht werden, ohne dass sich ein **spezifisches Interesse** der Behörde hieran verdichtet hat.[27] Unter Berücksichtigung des in Nr. 2 festgelegten Zwecks der automatisierten Auswertung ist jedoch davon auszugehen, dass an allen Schnittstellendaten ein entsprechendes Interesse der Behörde vorliegt, um die in der Norm angelegte Erkennung und Abwehr von Schadprogrammen auf einer **vollständigen Datenbasis** durchzuführen.[28]

15 Die Ermächtigung aus Nr. 2 beschränkt die Maßnahmen des BSI nicht auf eine bestimmte Form von Daten und erfasst damit die automatisierte Auswertung von Kommunikationsinhalten jeglicher Art, die an den Schnittstellen der Kommunikationstechnik des Bundes anfallen. Allerdings ist diese Ermächtigungsgrundlage im Lichte des in Nr. 2 genannten **Verarbeitungszweckes** zu betrachten. Die automatisierte Auswertung ist nur zulässig, soweit dies für die Erkennung und Abwehr von Schadprogrammen iSd § 2 Abs. 5 erforderlich ist. Die Vorschrift ermöglicht damit zwar die technisch unvermeidbare Verarbeitung personenbezogener Daten, erlaubt aber gerade keine umfängliche inhaltliche Erfassung und Auswertung aller persönlichen Kommunikationsinhalte.[29] Vielmehr zielt die Norm auf **„technische" Telekommunikationsinhalte**[30] ab und setzt den Betrieb eines automatisierten Analysesystems voraus, welches die Schnittstellendaten gezielt und nur soweit nach Schadcodesignaturen (zB Virensignaturen) oder anderen IT-Angriffen durchsucht, wie dies für den Schutz der Kommunikationstechnik des Bundes erforderlich ist. Durch die zwingende Voraussetzung der **Automatisierung** soll sichergestellt werden, dass die in der Kommunikation enthaltenen Inhalte sowie die näheren Umstände der Kommunikation im Rahmen der ersten Analysestufe idR nicht durch Beschäftigte des BSI wahrgenommen werden.[31] Auch für Nr. 2 gilt die **Verwendungsbeschränkung** des S. 2, was insbesondere auch eine Verarbeitung der Daten zur Verhaltens- oder Leistungskontrolle von Beschäftigten untersagt.

---

[25] Bzgl. des Zitiergebotes aus Art. 19 S. 2 GG s. § 11.

[26] *BVerfG,* Urt. v. 14.7.1999 – 1 BvR 2226/94, 2420/95 u. 2437/95, NJW 2000, 55 (59); Beschl. v. 25.3.1992 – BvR 1430/88, NJW 1992, 1875 (1876).

[27] *BVerfG,* Urt. v. 14.7.1999 – 1 BvR 2226/94, 2420/95 u. 2437/95, NJW 2000, 55 (59).

[28] → Rn. 12.

[29] BT-Drs. 16/12225, 7; hierzu kritisch Schenke/Graulich/Ruthig/*Buchberger,* Rn. 4.

[30] BT-Drs. 16/11967, 14.

[31] Vgl. BT-Drs. 16/13259, 8.

2. Grundsatz der unverzüglichen automatisierten Auswertung und spurenlose Löschung (S. 2). S. 2 legt den Grundsatz der **unverzüglichen Auswertung** der § 5-Daten fest. Vorbehaltlich der in den Abs. 2ff. genannten Ausnahmen, hat die automatisierte Auswertung unverzüglich, dh ohne schuldhaftes Zögern (vgl. § 121 BGB), zu erfolgen. Das System zur Abwehr von Schadprogrammen muss also so konstruiert sein, dass die Erhebung der Daten und deren automatisierte Auswertung im Rahmen eines einheitlichen, **fließenden Prozesses** erfolgt und zwischen beiden Verarbeitungsschritten keine vermeidbare, längere Unterbrechung liegt. Zudem müssen die § 5-Daten im Anschluss an die automatische Auswertung sofort und spurenlos gelöscht werden. Hierdurch soll sichergestellt werden, dass ein weitergehender Zugriff auf die Daten nicht mehr möglich ist, sofern nicht eine Ausnahme der Abs. 2ff. greift.[32] Eine **spurenlose Löschung** von Daten ist dann gegeben, wenn die Daten nach dem Löschvorgang für niemanden mehr rekonstruierbar sind.[33] Grundsätzliche **Kritik** wurde an der Formulierung „sofort und spurenlosen gelöscht" dahingehend geäußert, dass eine solche Löschung technisch nicht möglich sei.[34] Dem liegt die Annahme zugrunde, dass die Daten im Moment der Erfassung durch ein informationstechnisches System bereits unmittelbar verarbeitet werden. Dieser Prozess ist der elektronischen Datenverarbeitung immanent. Wäre die Regelung des S. 2 so zu verstehen, würde das Gesetz zu etwas Unmöglichem verpflichten.[35] Zu beachten ist hier jedoch, dass S. 2 die sofortige und spurenlose Löschung fordert, nachdem ein Abgleich der Daten stattgefunden hat, dh der sofortigen und spurenlosen Löschung ist in jedem Fall ein **automatisierter Abgleichprozess** vorgelagert. Eine sich an diesen Prozess anschließende sofortige Löschung der Daten ist ohne Weiteres technisch möglich. Insofern wird durch S. 2 nichts Unmögliches geregelt. Mit der Verpflichtung zur sofortigen spurenlosen Löschung sollte den Vorgaben des BVerfG aus seiner Entscheidung zur automatisierten Kennzeichenkontrolle von 2008[36] entsprochen werden,[37] um so zu verhindern, dass die **Eingriffsschwelle** in das Recht auf informationelle Selbstbestimmung bei sog. „Nichttreffern" überschritten wird. An dieser Rechtsprechung hat das BVerfG jedoch nicht festgehalten. Vielmehr ist im Lichte der Entscheidung des BVerfG von 2018[38] davon auszugehen, dass die Eingriffsschwelle in das Recht auf informationelle Selbstbestimmung auch in den Fällen des § 5 überschritten wird, bei denen personenbezogene Daten unverzüglich ausgewertet und „Nichttreffer" danach sofort spurenlos wieder gelöscht werden. 16

Dennoch stellt die Beschränkung auf eine unverzügliche und rein automatisierte Verarbeitung in Kombination mit der Verpflichtung zur anschließenden sofortigen und spurenlosen Löschung einen wesentlichen Grundstein für die **Verhältnismäßigkeit** der durch die Maßnahmen möglichen Grundrechteingriffe dar. Bei den auf dieser **ersten Analysestufe** verarbeiteten Daten handelt es sich in der Regel um technische Informationen, Ereignisse oder Parameter, die mittels Malware-Scannern oder speziellen Detektionstools[39] – vergleichbar einem Virenscanner – 17

---

32 BT-Drs. 16/11967, 14.

33 *BVerfG,* Urt. v. 2.3.2010 – 1 BvR 256/08, NJW 2010, 833 (839).

34 *Pohl* in Stellungnahme zum Entwurf im Innenausschuss Ausschuss-Drs.16(4)570 C, 3.

35 Schenke/Graulich/Ruthig/*Buchberger,* Rn. 6.

36 *BVerfG,* Urt. v. 11.3.2008 – 1 BvR 2074/05, 1 BvR 1254/07, NJW 2008, 1505ff.

37 BT-Drs. 16/11967, 14; Schenke/Graulich/Ruthig/*Buchberger,* Rn. 6.

38 *BVerfG,* Beschl. v. 18.12.2018 – 1 BvR 142, 15, NJW 2019, 827ff.

39 *Helmbrecht* in Stellungnahme zum Entwurf im Innenausschuss, Ausschuss-Drs.16(4)570 A, 6.

automatisiert untersucht werden, um maliziöse Programme sowie informationstechnische Routinen oder Verfahren von Angriffen aufzuspüren. Auch wenn diese Daten personenbeziehbar sein können, soll ein solcher Bezug – nach dem von der Norm vorgegeben Verarbeitungszweck – bei der automatisieren Verarbeitung idR nicht hergestellt werden. Der Fokus der Analyse liegt auf der Erkennung von Schadprogrammen. Vor diesem Hintergrund dürfte man zu dem Ergebnis kommen, dass die auf Grundlage von Abs. 1 durchgeführten Maßnahmen keinen unverhältnismäßigen Grundrechtseingriff darstellen.[40]

18 **3. Ausnahme von den Verwendungsbeschränkungen (S. 3).** S. 2 eröffnet mit einem Verweis auf die nachfolgenden Abs. 2ff. einen Raum für **Ausnahmen** von den in S. 2 grundsätzlich festgelegten Verwendungsbeschränkungen. Daneben wird in S. 3 noch eine allgemeine **Ausnahme für Protokolldaten** festgelegt, die grundrechtlich nicht geschützt sind, da sie weder Personenbezug aufweisen noch dem Fernmeldegeheimnis unterliegen. Diese Daten sollen von dem Grundsatz der unverzüglichen Auswertung und Löschung nicht erfasst sein. Die Ausnahme des S. 3 erscheint ihrem Wesen nach schlüssig, da eine Verarbeitung der hier genannten Daten keinen Eingriff in die Rechte von Grundrechtsträgern darstellt. Vor dem Hintergrund der Definition der Protokolldaten aus § 2 Abs. 8 wird der Anwendungsbereich dieser Ausnahme jedoch sehr klein sein. Protokolldaten iSd § 2 Abs. 8 sind bestimmte Steuerdaten, die für die Gewährleistung der Kommunikation zwischen Sender und Empfänger erforderlich sind. In dieser Kategorie von Daten sind hE nur Datenarten denkbar, die Personenbezug aufweisen. Zwar könnte dieser Personenbezug durch eine unmittelbare Anonymisierung der Daten entfernt werden, um so die Voraussetzungen der Ausnahme des S. 3 teilweise zu erfüllen. Eine Anonymisierung hätte jedoch keine Auswirkungen auf den Umstand, dass die Protokolldaten, die für die Kommunikation zwischen Sender und Empfänger erforderlich sind, mit hoher Wahrscheinlichkeit in einem Bereich erfasst wurden, der vom Fernmeldegeheimnis geschützt ist. Dementsprechend würde die Ausnahme des S. 3 weiterhin nicht greifen. Der Gesetzesbegründung nach sollen von S. 3 zB Informationen über die Serverlast umfasst sein.[41] Informationen über die Serverlast stellen hE aber kein Protokolldatum iSd § 2 Abs. 8 dar. Zwar mag es sein, dass Informationen über die Serverlast im Rahmen eines Kommunikationsvorgangs mitübertragen werden, sie sind jedoch nicht für die Gewährleistung der Kommunikation zwischen Sender und Empfänger notwendig. Gerade dies wird aber von § 2 Abs. 8 vorausgesetzt. Die Serverlast ist hE eher eine bestimmte Information über technische Ereignisse oder Zustände eines IT-Systems und stellt daher kein Protokolldatum, sondern ein Protokollierungsdatum gem. § 2 Abs. 8a dar.

19 **4. Pflicht zur Unterstützung durch andere Bundesbehörden (S. 4).** Mit S. 4 werden die **Bundesbehörden** verpflichtet, das BSI bei Detektionsmaßnahmen nach S. 1 zu unterstützen und hierbei den **Zugang** des BSI zu behördeninternen Protokolldaten sowie zu Schnittstellendaten sicherzustellen. Durch diese Regelung hat der Gesetzgeber eine frühere Fassung des § 5 verändert, wonach das BSI die behördeninternen Protokolldaten nur im Einvernehmen mit der jeweils betroffenen Behörde erheben durfte.[42] Unter dem Eindruck einer seit 2009 gestiegenen infor-

---

[40] So iE auch Schenke/Graulich/Ruthig/*Buchberger,* Rn. 6 mit Verweis auf *BVerfG,* Urt. v. 4.4.2016 – 1 BvR 518/02, NJW 2006, 1939ff.

[41] BT-Drs. 16/11967, 14.

[42] S. § 5 Abs. 1 S. 4 aF, BT-Drs. 16/11967, 7.

mationstechnischen Bedrohungslage für die Kommunikationstechnik des Bundes wurde durch den Innenausschuss die Notwendigkeit gesehen, das bestehende Mandat des BSI zur **zentralen Abwehr und Detektion** von Angriffen auf die Regierungsnetze zu stärken und dem BSI die Möglichkeit einzuräumen, andere Bundesbehörden zur Erhebung der für die Abwehr und Detektion erforderlichen Daten zu verpflichten.[43]

5. Ausnahme für Bundesgerichte (S. 5). Mit der Ausnahme der Bundes- 20
gerichte in S. 5 soll dem besonderen Schutz der **richterlichen Unabhängigkeit** Rechnung getragen werden.[44] Aufgrund der umfassenden ausdrücklichen Ausnahme der Bundesgerichte aus der Legaldefinition der Kommunikationstechnik des Bundes in § 2 Abs. 3 hat S. 5 lediglich in Bezug auf den Bereich der Bundesgerichte einen Regelungsgehalt, in dem diese **öffentlich-rechtliche Verwaltungsaufgaben** wahrnehmen. Durch S. 5 wird eine Erhebung und Auswertung von Protokolldaten für diesen Bereich der Bundesgerichte von deren Einvernehmen abhängig gemacht.

II. Längere Speicherung von Protokolldaten zur Bestätigung eines Verdachts oder Erkennung und Abwehr von Schadprogrammen (Abs. 2)

Abs. 2 ermöglicht dem BSI – auf der **zweiten Stufe des Analyseverfahrens**[45] – 21
eine über den automatisierten Analyseprozess hinausgehende **Speicherung von Protokolldaten.** Anders als die „Nicht-Treffer" in den Schnittstellendaten, müssen die Protokolldaten nach dem ersten Abgleich nicht sofort und spurenlos gelöscht werden, sondern dürfen unter den Voraussetzungen des Abs. 2 für maximal 18 Monate gespeichert werden.[46] Hintergrund dieser Befugnis zur längeren Speicherung von Protokolldaten ist der Umstand, dass zwischen der Infektion eines IT-Systems mit einem Schadprogramm und der Entdeckung dieses Angriffs idR ein **längerer Zeitraum** liegt, dh die Detektion in vielen Fällen erst mit einem großen zeitlichen Verzug erfolgt.[47] Insbesondere bei besonders komplexen und zielgerichteten Angriff, sog. „Advanced Persistent Threats" (APT) ist eine **verzögerte Entdeckung** wahrscheinlich. Ein solcher APT-Angriff zeichnet sich dadurch aus, dass ein Angreifer äußerst umsichtig vorgeht, um in dem angegriffenen IT-System lange unerkannt zu bleiben.[48] Sein Eindringen wird häufig erst nach mehreren Wochen, Monaten oder teilweise sogar Jahren erkannt.[49]. Werden konkrete Schadprogramme oder vergleichbare Angriffswege, Verfahren oder Wirkweisen erst nach erfolgtem oder versuchtem Angriff erkannt, besteht für das BSI die Erforderlichkeit, **rückwirkend analysieren** zu können, ob ein inzwischen erkanntes Schadprogramm bereits innerhalb der Bundesverwaltung aktiv war und schon Einfluss auf

[43] BT-Drs. 18/5121, 14.
[44] BT-Drs. 18/5121, 14; Schenke/Graulich/Ruthig/*Buchberger,* Rn. 10; Terhaag, IT-Sicherheitsgesetz, S. 34.
[45] *Helmbrecht* in Stellungnahme zum Entwurf im Innenausschuss, Ausschuss-Drs.16(4)570 A, 7.
[46] Bis 2021 war die Speicherdauer auf drei Monate begrenzt. Durch das IT-SiG 2.0 wurde die maximale Speicherdauer auf 18 Monate angehoben, s. BT-Drs. 19/26106, 62.
[47] BT-Drs. 18/5121, 14; BT-Drs. 19/26106, 62.
[48] BT-Drs. 19/26106, 62.
[49] BT-Drs. 18/5121, 14; BT-Drs. 19/26106, 62.

die Informationstechnik genommen hat. Die möglichen Erkenntnisquellen des BSI bezüglich neuer Schadprogramme sind hierbei vielfältig. Denkbar sind zB die manuelle Analyse (Abs. 3), allgemeine Arbeitsergebnisse oder technischen Bewertungen des BSI zur allgemein Bedrohungslage oder die Information des BSI durch andere Bundesbehörden gem. § 4 Abs. 2 Nr. 2, Erlangt das BSI also Informationen über einen neuartigen Angriff, kann es die gem. Abs. 2 gespeicherten Protokolldaten nach Verbindungen zu diesem neuen Angriff analysieren und so bereits laufende oder vergangene Angriffe detektieren.[50] Neben der Detektion des Schadprogramms und der Analyse des Angriffsverlaufs sind die Protokolldaten auch notwendig, um bereits verursachte Schäden zu begrenzen und ggf. die Systeme von dem Angriff zu **bereinigen** bzw. **wieder herzustellen.**[51] Denn auch hierfür kann es erforderlich sein zu ermitteln, bis zu welchem Punkt ein Schadprogramm im System vorgedrungen ist und welche Wege es hierbei genommen hat.

22 **1. Längere Speicherung von Protokolldaten (S. 1).** S. 1 hebt die grundsätzlich geltende Verwendungsbeschränkung aus Abs. 1 S. 2 für die Protokolldaten auf, die einen Personenbezug aufweisen können oder die durch einen Eingriff in das Fernmeldegeheimnis erlangt wurden. Für Protokolldaten, die weder personenbezogene noch dem Fernmeldegeheimnis unterliegende Daten beinhalten, besteht die Verwendungsbeschränkung von vornherein nicht (Abs. 1 S. 3). Die Voraussetzungen für eine **längere Speicherung** der Protokolldaten legt S. 1 in zwei alternativen Fällen fest. Für beide Fälle gilt, dass dem BSI **tatsächliche Anhaltspunkte** für das Vorliegen der weiteren Tatbestandsvoraussetzungen vorliegen müssen.

23 Nach S. 1 Alt. 1 ist eine längere Speicherung der Protokolldaten zulässig, wenn dem BSI tatsächliche Anhaltspunkte dafür vorliegen, dass die Protokolldaten **zur Abwehr einer Gefahr** erforderlich sind, die von einem – im Rahmen der manuellen Analyse nach Abs. 3 aufgefundenen – Schadprogramm für die Informationstechnik des Bundes ausgeht. S. 1 Alt. 1 stellt also einen konkreten Bezug zu einem **bestimmten Schadprogramm** her. Dieses Schadprogramm muss bei der manuellen Analyse gefunden und identifiziert worden sein. Zudem muss das BSI bei der Auswertung zu dem Ergebnis gekommen sein, dass von diesem Schadprogramm eine konkrete Gefahr für die Informationstechnik des Bundes ausgeht (Abs. 3 S. 2 Nr. 2). Soweit eine solche Gefahr besteht, setzt S. 1 Alt. 1 voraus, dass das BSI eine Bewertung auf Basis tatsächlicher Anhaltspunkte vornimmt und hierbei zu dem Ergebnis kommt, dass eine über die automatisierte Auswertung nach Abs. 1 hinausgehend, längere Speicherung von Protokolldaten erforderlich sein kann, um die bestehende Gefahr abzuwehren.

24 Daneben ist gem. S. 1 Alt. 2 eine längere Speicherung der Protokolldaten in den Fällen zulässig, in denen tatsächliche Anhaltspunkte dafür bestehen, dass die Protokolldaten **zur Erkennung und Abwehr anderer Schadprogramme** erforderlich sein können. S. 1 Alt. 2 stellt keinen Bezug zu einer konkret bestehenden Gefahr her, die von einem im Rahmen der manuellen Analyse identifizierten Schadprogramm ausgeht. Vielmehr geht es in der zweiten Alternative um **andere Hinweise** auf neue Schadprogramme.[52] Mit dem Verweis auf „andere" Schadprogramme verwendet S. 1 Alt. 2 die Formulierung aus Abs. 3 S. 2 Nr. 3. Dort werden mit diesem Begriff Schadprogramme erfasst, die einem erkannten Programm ähn-

---

[50] BT-Drs. 18/5121, 14.
[51] BT-Drs. 18/5121, 14.
[52] BT-Drs. 16/11967, 14.

lich sind,[53] dh Programme deren mögliche Angriffswege, Verfahren oder Wirkweisen zwar grundsätzlich bekannt oder vorhersehbar sind, die jedoch – anders als in den Fällen des Abs. 3 S. 2 Nr. 1 oder 2 – im Rahmen der Abwehr- und Analysemaßnahmen des BSI noch nicht unmittelbar erkannt wurden. Bezüglich dieser anderen Schadprogramme verlangt S. 1 Alt. 2 vom BSI eine auf tatsächlichen Anhaltspunkten basierende **Prognoseentscheidung** bezüglich der Frage, ob die Protokolldaten zu deren Erkennung und Abwehr erforderlich sein können. Denkbar ist, dass sich solche tatsächlichen Anhaltspunkte zB aus Untersuchungen oder Studien des BSI über Schadprogramme oder anderen informationstechnischen Gefahren und Angriffswege, aus allgemeinen Arbeitsergebnissen und technischen Bewertungen der aktuellen Bedrohungslage für die Informationstechnik des Bundes oder aus Hinweisen oder Veröffentlichungen Dritter ergeben.

Durch die Tatbestandsvoraussetzungen dieser beiden Alternativen von S. 1 wird 25
zugleich ein **variabler Zeitraum** für die Verlängerung der Speicherfrist festgelegt. Die Speicherung der Protokolldaten ist so lange zulässig, wie dies erforderlich ist, um die entsprechenden Maßnahmen zur Abwehr der Gefahr (S. 1 Alt. 1) oder zur Erkennung und Abwehr anderer Schadprogramme (S. 1 Alt. 2) durchzuführen. Die Festlegung der Speicherdauer liegt damit im **Ermessen** des BSI. Im Rahmen der hier erforderlichen Abwägung werden die technische Entwicklung von Schadprogrammen und Abwehrsystemen ebenso berücksichtigt werden müssen, wie die Frage, innerhalb welches Gesamtzeitraums eine mit den Protokolldaten ermöglichte **Rückschau** auf stattgefundene Angriffe in den Systemen der Bundesverwaltung verhältnismäßig ist.[54] Ist der von S. 1 Alt. 1 oder 2 vorgegebene Zweck erfüllt, greift wieder die **Verwendungsbeschränkung** aus Abs. 1 S. 2. Die Protokolldaten sind dann sofort und spurenlos zu löschen. Beschränkt wird der variable Speicherzeitraum durch die in S. 1 genannte **Obergrenze** von 18 Monaten. Nach Ablauf dieser 18 Monate sind die Protokolldaten, deren Verarbeitung auf Abs. 2 basiert, endgültig zu löschen. Etwas anderes gilt nur dann, wenn die Voraussetzungen für eine manuelle Analyse gem. Abs. 3 erfüllt sind. Durch das IT-SiG 2.0 wurde die Obergrenze des Abs. 2 von drei auf 18 Monate verlängert. Begründet wurde dies mit den Erfahrungen, die bei der Bewältigung unterschiedlicher Cyber-Vorfälle innerhalb der Bundesverwaltung gesammelt wurden. Die durch immer komplexere Angriffe entstandene Bedrohungslage für die Informationstechnik des Bundes mache diese Anpassung des § 5 erforderlich.[55] Zugleich wurde der Zugriff des BSI auf die länger als drei Monate gespeicherten Daten beschränkt. Eine Analyse dieser älteren Daten darf nur beim Vorliegen tatsächlicher Erkenntnisse über die Betroffenheit des Bundes mit einem Schadprogramm erfolgen.

Ob der von S. 1 festgelegte Verarbeitungszweck überhaupt ausreichend ist, um 26
eine anlasslose Speicherung der Protokolldaten zu rechtfertigen, ist nicht unumstritten. So wurde den zweckbegründenden Ausführungen im Entwurfs des Gesetzes zur Stärkung der Sicherheit in der Informationstechnik des Bundes 2009 im Rahmen der öffentlichen Sachverständigenanhörung bereits entgegengehalten, dass eine Speicherung gerade keinen Angriff verhindere, sondern dies nur durch das Schließen von Sicherheitslücken, konsequenten Updates der Systeme und der Implementierung von Schutzsystemen, wie zB Firewalls, gelingen

[53] BT-Drs. 16/11967, 14.
[54] BT-Drs. 16/11967, 14.
[55] BT-Drs. 19/26106, 62; BT-Drs. 19/28844, 40.

könnte.[56] Zudem wurde es grundlegend als unverhältnismäßig angesehen, eine Speicherung vorzunehmen, um diese Daten für einen – im Moment der Speicherung – noch nicht vorliegenden Hinweis auf ein Schadprogramm vorzuhalten.[57]

27 **2. Gewährleistung der automatisierten Auswertung durch organisatorische und technische Maßnahmen (S. 2).** Gem. S. 2 hat das BSI durch **organisatorische und technische Maßnahmen** sicherzustellen, dass eine Auswertung der nach Abs. 2 gespeicherten Daten nur automatisiert erfolgt. Die Verarbeitung der Protokolldaten muss also in den **automatischen Auswertungsprozess** der vom BSI betriebenen Abwehrsysteme zum Schutz der Kommunikationstechnik des Bundes eingebunden sein. Eine manuelle Analyse dieser Daten ist auf Grundlage von Abs. 2 nicht möglich. Hierfür gelten die strengeren Anforderungen des Abs. 3. Zudem wird in S. 2 festgelegt, dass ein Zugriff auf Daten, die länger als drei Monate gespeichert sind, nur dann erfolgen darf, wenn im BSI bereits tatsächliche Erkenntnisse über die Betroffenheit des Bundes mit einem Schadprogramm vorliegen. Diese Zugriffsbeschränkung wurde zugleich mit der Verlängerung der maximalen Speicherdauer auf 18 Monate durch das IT-SiG 2.0 eingefügt. Die vom Innenausschuss hinzugefügte Ergänzung[58] schafft eine die Verhältnismäßigkeit erhaltende Balance zwischen der Verlängerung der Speicherdauer und den hiervon berührten Persönlichkeitsrechten.

28 **3. Pseudonymisierungspflicht und Befugnis zur nicht automatisierten Verarbeitung von Protokolldaten (S. 3 und 4).** Gem. S. 3 sind alle Protokolldaten zu **pseudonymisieren.** Hierdurch soll einem Missbrauch der Protokolldaten vorgebeugt werden. Insbesondere soll hierdurch verhindert werden, dass Kommunikationsprofile von den Beschäftigten der Bundesverwaltung erstellt werden können. Umgesetzt werden kann eine solche Pseudonymisierung zB durch die Verschlüsselung der Datenfelder, die personenbezogen Daten enthalten.[59] Aus S. 1 ergibt sich, dass die Pseudonymisierung grundsätzlich nach dem Ende der automatisierten Auswertung (Abs. 1) erfolgen muss. Dies bedeutet, dass das auf Grundlage von § 5 betriebene Abwehrsystem zum Schutz der Kommunikationstechnik des Bundes technisch und organisatorisch so ausgestaltet sein muss, dass zwischen automatisierter Auswertung und Pseudonymisierung der Protokolldaten kein weiterer Verarbeitungsschritt liegt.[60]

29 Die Pseudonymisierung muss nur durchgeführt werden „soweit dies **automatisiert** möglich ist". In dieser Vorgabe ist jedoch keine Lockerung bezüglich des Umgangs mit den Protokolldaten zu sehen. Zweck dieses Zusatzes ist es zu verhindern, dass mit dem Ziel der Pseudonymisierung eine manuelle Bearbeitung der Protokolldaten erfolgt. Hierdurch würde der Grundrechteingriff in nicht erforderlicher Weise vertieft.[61] Zunächst führt die Beschränkung aus S. 3 damit zu dem Ergebnis,

---

[56] Protokoll Nr. 16/94 der öffentlichen Anhörung von Sachverständigen v. 11.5.2009 zum Gesetzesentwurf der BReg, BT-Drs. 16/11967, *Breyer,* S. 9, *Pfitzmann,* S. 13; *Pfitzmann* in Stellungnahme zum Entwurf im Innenausschuss, Ausschuss-Drs. 16(4)570 B, 1.

[57] *Pohl* in Stellungnahme zum Entwurf im Innenausschuss, Ausschuss-Drs. 16(4)570 C, 4; zur Verlängerung von 3 auf 12 Monate: *Kelber* in Stellungnahme des BfDI im Innenausschuss zum IT-Sicherheitsgesetz 2.0, Ausschuss-Drs. 19(4)681, 2f.

[58] BT-Drs. 19/28844, 12f.

[59] BT-Drs. 16/13259, 6.

[60] Bezüglich der Ausnahme zur Qualitätssicherung und Fehlerbehebung s. Abs. 2a.

[61] BT-Drs. 16/13259, 6.

dass auch eine nicht-pseudonymisierte Speicherung der Protokolldaten möglich ist.[62] Diese könnten demnach zwar gespeichert, dürften jedoch ausweislich des S. 4 nicht personenbezogen verwendet werden. Denn nach S. 4 ist eine **nicht automatisierte Verarbeitung** nur unter den Voraussetzungen der Abs. 3 ff. zulässig, dh ein über die Speicherung hinausgehender Zugriff auf die nicht-pseudonymisierten Daten ist von Abs. 2 nicht umfasst. Aufgrund der Beschränkung der Maßnahmen nach Abs. 2 durch die Pflicht zur Pseudonymisierung und zur ausschließlich automatisierten Auswertung ist von einer **Verhältnismäßigkeit** des Grundrechtseingriffes auszugehen.[63]

4. Depseudonymisierung und Protokollierungspflicht (S. 5 und 6). 30
Gem. S. 5 muss eine Wiederherstellung pseudonymisierter Protokolldaten **(Depseudonymisierung)** durch die Präsidentin oder den Präsidenten des BSI ausdrücklich angeordnet werden. Durch das IT-SiG 2.0 wurde diese Anordnungsbefugnis um eine Vertretungsregelung ergänzt.[64] Soweit die Präsidentin oder der Präsident verhindert ist, kann eine Depseudonymisierung auch durch die Vertretung im Amt angeordnet werden.

Eine Depseudonymisierung darf nur erfolgen, soweit dies zur Umsetzung einer 31
Maßnahme nach Abs. 3 ff. unmittelbar **erforderlich** ist. Dementsprechend ist durch die oder den Anordnenden im Vorfeld zu prüfen, ob die Voraussetzungen für eine weitere Verarbeitung der Protokolldaten nach Abs. 3 ff. erfüllt sind. Zudem muss im Rahmen dieser Anordnung **abgewogen** werden, ob eine mit der Depseudonymisierung verbundene **Intensivierung des Grundrechtseingriffs** durch den Zweck gerechtfertigt werden kann.[65] Im Rahmen der Sachverständigenanhörung im Gesetzgebungsverfahren zur Stärkung der Sicherheit in der Informationstechnik des Bundes 2009 wurde die Möglichkeit einer Depseudonymisierung kritisch gesehen, da die Identität eines Angreifers für den Schutz eines IT-Systems idR irrelevant sei. Zudem würde ein Täter bei einem Angriff häufig seine Identität und den Ursprungsort eines Angriffs verschleiern.[66] Die Depseudonymisierung von Daten würde dieser Argumentation folgend somit keinen zusätzlichen Nutzen für die IT-Sicherheit darstellen. Der Ansicht ist insoweit zuzustimmen, als dass die Identität eines Angreifers idR nicht unmittelbar relevant für den Schutz von IT-Systemen ist. Denkbar ist lediglich eine **mittelbare Indizwirkung,** wenn beispielsweise bekannt ist, dass bestimmte Angreifer in der Vergangenheit mit einer bestimmten Methodik oder einem bestimmten Ziel tätig waren. Aufgrund der sich kontinuierlich verändernden IT-Landschaft ist dieser Aspekt hE jedoch wohl zu vernachlässigen. Im Grundsatz darf davon ausgegangen werden, dass die Person des Angreifers für den Schutz der IT-Systeme nicht von größerer Bedeutung ist. Zu beachten ist jedoch, dass die Identifikation des Täters auch nicht das unmittelbare Ziel des § 5 ist. Eine Depseudonymisierung zum alleinigen Zwecke der Täter-Ermittlung wird vom Zweck der Norm nicht getragen. Denn § 5 ermächtigt nur zur Abwehr von Angriffen auf die IT des Bundes (→ Rn. 6). In eben diesem Lichte ist die

---

62 Schenke/Graulich/Ruthig/*Buchberger,* Rn. 15.

63 IE auch Schenke/Graulich/Ruthig/*Buchberger,* Rn. 13.

64 BT-Drs. 19/28844, 13; die Möglichkeit der Vertretung wurde durch den Ausschuss für Inneres und Heimat ergänzt.

65 Vgl. iE kritisch Schenke/Graulich/Ruthig/*Buchberger,* Rn. 17.

66 *Pohl,* Ausführungen im Protokoll Nr. 16/94 der öffentlichen Anhörung von Sachverständigen v. 11. 5. 2009 zum Gesetzesentwurf der BReg, BT-Drs. 16/11967, 24.

durch die Depseudonymisierung ermöglichte Analyse zu betrachten. Die Depseudonymisierung soll es ermöglichen, die **technischen Parameter** der Angriffs-Kommunikation – zB die Webadresse – zu identifizieren und auszuwerten, um damit Angriffe abzuwehren.[67] So kann es bei der Angriffsabwehr durchaus notwendig sein nachzuvollziehen, von welcher IP-Adresse der Angriff ausging oder welchen Weg der Angreifer genommen hat. Vor diesem Hintergrund ist eine Depseudonymisierung von technischen Parametern der Protokolldaten durchaus geeignet, die Abwehr von Angriffen auf die IT des Bundes zu fördern. Inwieweit eine Depseudonymisierung auch erforderlich und angemessen ist, muss durch das BSI im jeweiligen Einzelfall geprüft werden.

32 Die Entscheidung der Präsidentin oder des Präsidenten des BSI muss gem. S. 6 **dokumentiert** werden. Hierdurch soll eine Überprüfbarkeit der Entscheidung, insbesondere durch das BMI, als zuständige Rechts- und Fachaufsicht, die oder den BfDI, den Innenausschuss (vgl. Abs. 10) sowie durch die Gerichte sichergestellt werden. Um eine wirksame **Kontrolle** durch die zuvor genannten Stellen zu ermöglichen, muss die Dokumentation in jedem Fall den Zweck der weiteren Verarbeitung und dessen Rechtsgrundlage in den Abs. 3ff. enthalten.

III. Qualitätssicherung und Fehlerbehebung (Abs. 2a)

33 Abs. 2a dient der **Qualitätssicherung** und **Fehlerbehebung** des Systems zur automatisierten Protokolldatenanalyse. Die Norm erlaubt zu diesen Zwecken in zwei Fällen eine Klardatenverarbeitung. Durch S. 1 wird dem BSI eine **manuelle Verarbeitung** von Protokolldaten vor ihrer initialen Pseudonymisierung ermöglicht, soweit dies erforderlich ist, um eine fehlerfreie automatisierte Auswertung iSd Abs. 2 sicherzustellen. Dies kann zB dann erforderlich sein, wenn sich grundlegend technische Parameter in den Protokolldaten verändern und das die Auswertung durchführende System die veränderten Parameter nicht kennt. Im Ergebnis würden die Daten dann ggf. fehlerhaft automatisiert verarbeitet. Daneben lässt S. 2 eine Wiederherstellung des Personenbezuges in den Fällen zu, in denen dem BSI hinweise vorliegen, dass die fehlerfreie automatisierte Auswertung wegen eines **erheblichen Fehlers** erschwert wird. Dieser Fall setzt also voraus, dass bei der automatisierten Auswertung der Daten erkennbar wird, dass diese fehlerhaft verläuft. Um den Fehler der automatisierten Auswertung zu analysieren und zu beheben, ist das BSI befugt, die Daten im Klartext zu verarbeiten. Durch das rechtzeitige Aufdecken von semantischen und grammatikalischen Fehlern in den Daten soll verhindert werden, dass das Gesamtsystem in seiner Funktion gestört wird.[68]

IV. Manuelle Auswertung im Trefferfall (Abs. 3)

34 **1. Manuelle Auswertung bei konkretem Verdacht (S. 1).** S. 1 stellt die **dritte Analysestufe** dar.[69] Er ermöglicht eine über die Abs. 1 und 2 hinausgehende Analyse der § 5-Daten im sog. **„Trefferfall“.**[70] Liegen aufgrund der automatisierten Auswertung der Daten nach Abs. 1 oder Abs. 2 Tatsachen vor, die einen

[67] *Helmbrecht,* Ausführungen im Protokoll Nr. 16/94 der öffentlichen Anhörung von Sachverständigen v. 11.5.2009 zum Gesetzesentwurf der BReg; BT-Drs. 16/11967, 26f.

[68] BT-Drs. 19/26106, 62.

[69] *Helmbrecht* in Stellungnahme zum Entwurf im Innenausschuss Ausschuss-Drs.16(4)570 A, 7.

[70] BT-Drs. 16/11967, 14.

konkreten Verdacht dahingehend begründen, dass die Daten ein **Schadprogramm enthalten, übermitteln** oder sich aus ihnen **Hinweise** auf ein Schadprogramm ergeben könnten, dürfen die Daten auf Grundlage von S. 1 zur Überprüfung des Verdachts weitergehend untersucht werden. Die § 5-Daten dürfen hierbei **manuell** und in **depseudonymisierter** Form verarbeitet werden, da die Beschränkungen auf eine ausschließlich automatisierte und pseudonyme Verarbeitung aus den Abs. 1 und 2 in Abs. 3 nicht mehr greifen. Die Verwendung nach S. 1 ist durch eine enge **Zweckbindung** beschränkt. Die Daten dürfen nur zur Bestätigung oder Wiederlegung des konkreten Verdachts verarbeitet werden. Eine darüber hinausgehende Verarbeitung wird von S. 1 nicht getragen. Beachtet man zudem das vom Gesetzgeber intendierte **Stufenverfahren** des § 5, ist die Auswertung der § 5-Daten technisch und organisatorisch soweit wie möglich **automatisiert** und **pseudonymisiert** auszugestalten. Wenn also eine durch S. 1 Nr. 1–3 zulässige Maßnahme technisch auch im Wege einer automatisierten Auswertung nach Abs. 1 oder 2 umgesetzt werden kann, dann ist dies der manuellen Auswertung stets vorzuziehen. Die Ausnahme nach Abs. 3 greift nur, wenn die manuelle Auswertung unmittelbar erforderlich für die Bestätigung oder Wiederlegung des konkreten Verdachts ist. Ob diese Voraussetzung im konkreten Einzelfall vorlag, ist gerichtlich überprüfbar.[71] Hat die Analyse der Daten zum Ergebnis, dass der ursprüngliche Verdacht widerlegt wurde, greift die Ausnahme des S. 1 nicht mehr. In der Folge sind die Daten, entsprechend der dann wieder geltenden grundsätzlichen Verpflichtung aus Abs. 1 S. 2, sofort und spurenlos zu **löschen.**

2. Weitere manuelle Auswertung zur Erkennung und Abwehr von Schadprogrammen oder damit verbundenen Gefahrenen (S. 2). Wird der **Verdacht** durch die Analyse nach S. 1 **bestätigt,** können die Daten gem. S. 2 auf der **vierten Analysestufe**[72] weiterverarbeitet werden. Die durch die vorherigen Analysen identifizierten Daten, die sicher ein Schadprogramm enthalten, übermitteln oder Hinweise auf ein solches geben können, dürfen gem. S. 2 sehr umfassend zur **Abwehr des jeweiligen Schadprogramms** oder der hiervon ausgehenden **Gefahren** sowie präventiv zur **Erkennung und Abwehr anderer Schadprogramme** verwendet werden. Konkret kann das BSI die Daten nutzen, um zB die **Funktionsweise** eines Schadprogramms genauer zu untersuchen oder eine **Virensignatur** auf Basis des erkannten Schadprogramms zu entwickeln, um hiermit die zukünftige Abwehr des Schadprogramms und ähnlicher Schadprogramme effektiver zu gestalten. Zudem kann das BSI einen durch das erkannte Schadprogramm ausgelösten **Datenstrom** detektieren und unterbinden.[73] Welche konkreten Maßnahmen der manuellen Auswertung im jeweiligen Fall ergriffen werden, steht im **Ermessen** des BSI.[74] S. 2 räumt hierfür einen weiten Handlungsspielraum ein. 35

3. Beseitigung des Schadprogramms (S. 3). Neben der zur Abwehr und Erkennung von Schadprogrammen zulässigen manuellen Auswertung nach S. 1 und 2, können die über das Analyseverfahren identifizierten Daten sowie die aus deren Auswertung gewonnen technischen Informationen gem. S. 3 verwendet werden, um ein Schadprogramm aus der Kommunikationstechnik des Bundes zu **beseitigen** oder in dessen Funktionsweise zu **hindern.** 36

---

[71] Schenke/Graulich/Ruthig/*Buchberger,* Rn. 19.
[72] *Helmbrecht* in Stellungnahme zum Entwurf im Innenausschuss Ausschuss-Drs.16(4)570 A., 7.
[73] BT-Drs. 16/11967, 14.
[74] Schenke/Graulich/Ruthig/*Buchberger,* Rn. 20.

37 **4. Vorbehalt der Anordnung bei manueller Auswertung (S. 4).** Der weite Handlungsspielraum des BSI durch die manuelle Auswertung der § 5-Daten im **„Trefferfall"** soll durch ein **behördeninternes Kontrollsystem** überwacht werden. S. 4 verpflichtet das BSI daher, den Analyseprozess des § 5 organisatorisch so zu gestalten, dass die manuellen Verarbeitungen der S. 1 und 2 nur nach vorheriger **Anordnung** einer oder eines Bediensteten des BSI mit der Befähigung zum Richteramt durchgeführt werden dürfen. Der oder die Bedienstete mit der entsprechenden Qualifikation muss das Vorliegen der in S. 1 oder 2 genannten Voraussetzungen prüfen und bewerten, ob das Ergebnis der vorherigen Analyse nach Abs. 1 oder 2 eine ausreichende Tatsachengrundlage für eine weitergehende manuelle Auswertung bietet. Durch die konstante **rechtliche Kontrolle** des Analyseprozesses und dem damit verbundenen **Vier-Augen-Prinzip** soll sichergestellt werden, dass der gesetzliche Rahmen eingehalten wird. Entsprechend dem Grundsatz der ordnungsgemäßen Aktenführung (Art. 20 Abs. 3 GG), muss die Entscheidung über die Anordnung vom BSI **dokumentiert** werden Mit diesem behördeninternen Anordnungsvorbehalt hat sich der Gesetzgeber in den Fällen des Abs. 3 gegen eine externe richterliche Zustimmung – also gegen einen echten **Richtervorbehalt** – entschieden.[75] Dieser in S. 4 angelegte Vorbehalt einer zumindest gleichwertig qualifizierten Person trägt jedoch zumindest dem Umstand Rechnung, dass durch die Verarbeitung der Daten zum Zwecke der Abwehr von Schadprogrammen ein Eingriff in das Recht auf informationelle Selbstbestimmung oder das Fernmeldegeheimnis nicht ausgeschlossen werden kann und deshalb ein umsichtiges Handeln der Behörde organisatorisch sichergestellt werden und überprüfbar sein muss. Daneben ist eine richterliche Überprüfung des gesamten Analyse- und Entscheidungsprozesses weiterhin in jedem Fall möglich.

V. Benachrichtigungspflicht (Abs. 4)

38 Abs. 4 regelt die Pflichten des BSI zur **Benachrichtigung** der betroffenen Personen. Die Norm ist im Verhältnis zu § 3a Abs. 2 eine **spezialgesetzliche Regelung** und gilt abschließend, soweit der Anwendungsbereich des § 5 eröffnet ist.[76]

39 **1. Pflicht zur Information der Betroffenen des Kommunikationsvorgangs (S. 1).** S. 1 legt zunächst den Grundsatz fest, dass die **Beteiligten** des durch die Detektionsmaßnahmen betroffenen Kommunikationsvorgangs spätestens nach dem Erkennen und der Abwehr eines Schadprogramms oder den hiervon ausgehenden Gefahren durch das BSI zu benachrichtigen sind. Dem BSI wird an dieser Stelle **kein Ermessen** eingeräumt. Es handelt sich um eine gebundene Entscheidung. Die grundsätzliche **Pflicht zur Benachrichtigung** bei Vorliegen eines Schadprogramms enthält auch die Verpflichtung zur Benachrichtigung über einen in der manuellen Analyse identifizierten **Fehlalarm** oder die Information über die Detektion oder Unterbindung eines, durch ein Schadprogramm ausgelösten, **ungewollten Datenstromes.**[77] Durch die **Benachrichtigungspflicht** wird die Möglichkeit einer **nachträglichen Kontrolle** der Maßnahmen des BSI eingerichtet.[78]

---

[75] BT-Drs. 16/13259, 6; hierzu kritisch: Schenke/Graulich/Ruthig/*Buchberger,* Rn. 22.
[76] BT-Drs. 19/4674, 214.
[77] BT-Drs. 16/11967, 14.
[78] Schenke/Graulich/Ruthig/*Buchberger,* Rn. 24.

Eine Pflicht zur Benachrichtigung entfällt gem. S. 1, wenn die Beteiligten des Kommunikationsvorgangs nicht bekannt sind oder ihre Identifikation ohne unverhältnismäßige weitere Ermittlungen nicht möglich ist. Die **Ausnahme** der Nichtbenachrichtigung bei fehlender Bekanntheit oder unverhältnismäßigen weiteren Ermittlungen bezieht sich vornehmlich auf die Absender der Schadprogramme. Diese dürften in der Regel nicht oder nur nach umfassenden Ermittlungen zu identifizieren sein, zB weil der gezielte Versand eines Schadprogramms in den allermeisten Fällen unter einer falschen E-Mail-Adresse erfolgen wird.[79] Wenn aber ein Schadprogramm unter Ausnutzung einer tatsächlich existierenden fremden E-Mail verbreitet wird, ggf. ohne Wissen des Inhabers des jeweiligen E-Mail-Accounts, ist dieser Inhaber als (ungewollt) Beteiligter des Kommunikationsvorgangs zu benachrichtigen. Die Ausnahme entbindet also nicht pauschal von einer Prüfung der Absender, sondern verpflichtet vielmehr zur genauen Kontrolle, ob eine Benachrichtigung tatsächlich nicht oder nur mit unverhältnismäßigen weiteren Ermittlungen möglich ist. Darüber hinaus unterbleibt die Benachrichtigung jedenfalls in den Fällen, in denen **schutzwürdige Belange Dritter** einer Benachrichtigung entgegenstehen. Der Wortlaut in S. 2 lässt hierbei offen, ob die jeweiligen Dritten auch Beteiligte des Kommunikationsvorgangs sein müssen.[80] 40

2. Information im Ermessen der Behörde (S. 2). Im **Ermessen** des BSI steht die Benachrichtigung hingegen in den Fällen, in denen die an dem Kommunikationsvorgang beteiligte Person durch die Detektionsmaßnahmen nur **unerheblich betroffen** wurde und aus Sicht des BSI anzunehmen ist, dass **kein Interesse** an einer Benachrichtigung besteht. Ein solcher Fall dürfte dann gegeben sein, wenn zB E-Mails aus sog. **Spam**-Wellen durch das BSI analysiert werden. Diese Wellen sind dadurch gekennzeichnet, dass in einem sehr kurzen Zeitraum einer Vielzahl von Empfängern unerwünscht E-Mails zugesendet werden, deren Inhalt aus falschen Informationen besteht oder keine Bedeutung für den Empfänger hat. Häufig versuchen Angreifer über diesen Weg ungezielt Schadprogramme an eine große Anzahl von Empfängern zu verbreiten. Aufgrund des falschen oder für den Empfänger bedeutungslosen Inhaltes der E-Mail und der Adressierung an eine – ggf. sogar öffentliche bekannte – dienstliche E-Mail-Adresse, dürfte der Empfänger in diesen Fällen häufig nur unerheblich betroffen sein. Zudem wird idR davon auszugehen sein, dass der Empfänger der Spam-Mail kein Interesse an einer Benachrichtigung über die Analyse einer solchen E-Mail hat. Davon ausgehend, dass eine solche Benachrichtigung dem Empfänger durch das BSI wahrscheinlich ebenfalls an seine E-Mail-Adresse zugestellt würde, käme eine vollständige Benachrichtigung über jede analysierte Spam-Mail wohl einer neuen Spam-Welle gleich. 41

3. Kontrolle bei unterbliebener Information (S. 3). Sieht das BSI von einer Benachrichtigung des Betroffenen ab, muss es diese Vorgänge der oder dem **behördlichen Datenschutzbeauftragen** sowie einer oder einem BSI-**Bediensteten mit der Befähigung zum Richteramt** zur Kontrolle vorlegen. Hierdurch wird eine **behördeninterne Kontrolle** der Entscheidungen des BSI über die Nichtbenachrichtigung etabliert. Gem. Art. 38 Abs. 3 S. 1 und 2 DS-GVO ist der Datenschutzbeauftragte bezüglich der Erfüllung seiner Aufgaben und somit auch in Bezug auf diese Kontrolle in § 5 weisungsfrei. Ein bis 2018 in Abs. 4 enthaltener 42

[79] BT-Drs. 16/11967, 14.
[80] Schenke/Graulich/Ruthig/*Buchberger*, Rn. 24.

entsprechender Verweis auf diese **Weisungsfreiheit** ist durch die unmittelbare Geltung des Art. 38 Abs. 3 S. 1 und 2 DS-GVO nicht mehr erforderlich und wurde daher gestrichen.[81] Der oder die Bedienstete mit der Befähigung zum Richteramt ist hingegen nicht weisungsfrei, sondern in den hierarchischen Behördenaufbau integriert.

43 **4. Nachholen der Entscheidung (S. 4).** Widerspricht der **behördliche Datenschutzbeauftragte** der Entscheidung zur Nichtbenachrichtigung, ist die Benachrichtigung zwingend **nachzuholen.** Eine hiervon abweichende Entscheidung ist für das BSI dann nicht mehr möglich. Dem behördliche Datenschutzbeauftragen wird durch S. 4 die Überprüfung der Rechtmäßigkeit und der Zweckmäßigkeit der Ermessensausübung des BSI eingeräumt.[82] Er hat damit in diesem **Kontrollprozess** eine stärkere Position als die oder der Bedienstete mit der Befähigung zum Richteramt, für dessen Bewertung eine solche zwingende Folge nicht besteht. Vielmehr hat letzterer eine beratende Funktion für die Stelle innerhalb des BSI, die gemäß Geschäftsverteilungsplan für die Entscheidung über die Benachrichtigung zuständig und somit verantwortlich ist.

44 **5. Dokumentationspflicht bei unterbliebener Information (S. 5–7).** Die Entscheidung über die Nichtbenachrichtigung ist gem. S. 5 durch das BSI zu dokumentieren. Von dieser **Pflicht zur Dokumentation** wird der gesamte Entscheidungsprozess erfasst. Neben den Gründen für eine Nichtbenachrichtigung sind daher auch die ggf. abgegebenen Bewertungen der Kontrolle durch den behördliche Datenschutzbeauftragen und die oder den Bediensteten mit der Befähigung zum Richteramt zu dokumentieren. S. 6 legt fest, dass diese Dokumentation ausschließlich für die **Zwecke der Datenschutzkontrolle** verwendet werden dürfen. Für anderweitige Verarbeitungen sind diese Daten daher zu sperren. Gem. S. 7 sind die Dokumentationsdaten nach 12 Monaten zwingend zu **löschen.**

45 **6. Informationspflicht durch andere Behörden nach Übermittlung der Daten gem. Abs. 5 oder 6 (S. 8 und 9).** Eine weitere **Ausnahme** von der Pflicht zur Benachrichtigung besteht gem. S. 8 in den Fällen, in denen das BSI die Daten auf Grundlage von Abs. 5 oder Abs. 6 an **Strafverfolgungs- oder Sicherheitsbehörden** übermittelt. Nach einer Übermittlung der Daten erfolgt eine Benachrichtigung bzw. eine diesbezügliche Entscheidung durch die **empfangende Stelle** in entsprechender Anwendung der für sie jeweils geltenden Vorschriften, zB der StPO, den Polizeigesetzen von Bund oder Ländern, dem BVerfSchG, dem MADG oder dem BNDG. So ist beispielsweise gem. § 9 Abs. 3 Nr. 1 BVerfSchG der Betroffene über einen Eingriff erst zu informieren, wenn dieser beendet ist und eine Gefährdung für den Zweck des jeweiligen Eingriffs ausgeschlossen werden kann. Finden sich keine speziellen **Benachrichtigungsvorschriften** in den jeweiligen Spezialgesetzen der empfangenden Stelle, ist gem. S. 9 die StPO entsprechend anzuwenden.

---

81 BT-Drs. 19/4674, 214.

82 Schenke/Graulich/Ruthig/*Buchberger*, Rn. 28.

VI. Übermittlung der Daten an Strafverfolgungs- und Sicherheitsbehörden (Abs. 5)

Abs. 5 ermöglicht dem BSI in bestimmten Fällen die **Übermittlung** der manuell ausgewerteten personenbezogenen Daten (Abs. 3) an andere **Sicherheitsbehörden** sowie an **Strafverfolgungsbehörden.** Dem BSI wird diesbezüglich **Ermessen** eingeräumt, dh die Prüfung der Rechtmäßigkeit und Zweckmäßigkeit der Übermittlung muss durch das BSI erfolgen. 46

Allerdings steht dieses Ermessen in einem **Spannungsverhältnis** zu den **spezialgesetzlichen Spontanübermittlungspflichten,** die teilweise zugunsten unterschiedlicher Sicherheitsbehörden bestehen. So haben zB gem. § 18 BVerfSchG alle Behörden des Bundes von sich aus das Bundesamt für Verfassungsschutz oder die Verfassungsschutzbehörden der Länder über die ihnen bekanntgewordenen Tatsachen zu unterrichten, die sicherheitsgefährdende oder geheimdienstliche Tätigkeiten für eine fremde Macht erkennen lassen. Eine vergleichbare Vorschrift findet sich in § 10 MADG. Zudem besteht gem. § 9 Abs. 5 BKAG eine Übermittlungspflicht, wenn die Informationen erforderlich sind zur Abwehr einer Gefahr für den Bestand oder die Sicherheit des Bundes oder eines Landes oder Leib, Leben oder Freiheit einer Person oder einer Sache von bedeutendem Wert, deren Erhaltung im öffentlichen Interesse liegt. Soweit das BSI im Rahmen der manuellen Auswertung der § 5-Daten (Abs. 3) zu dem Ergebnis kommt, dass die Voraussetzungen der jeweiligen Spontanübermittlungspflichten erfüllt sind, ist die Frage zu klären, in welchem Verhältnis die Übermittlungsvorschriften zueinander stehen und welche Auswirkungen die gesetzlichen Spontanübermittlungspflichten auf das Ermessen des BSI bezüglich der Übermittlung nach Abs. 5 und 6 haben. 47

Denkbar wäre, dass eine Spontanübermittlungspflicht, wie zB aus § 18 Abs. 1 S. 1 BVerfSchG, § 10 MADG oder § 9 Abs. 5 BKAG, das **Übermittlungsermessen** des BSI auf null reduziert. Eine solch pauschale Reduzierung würde jedoch die besondere Eingriffsqualität des § 5 in das Recht auf informationelle Selbstbestimmung und das Fernmeldegeheimnis sowie die gesamte – zur Wahrung der Verhältnismäßigkeit in der Norm vorgesehene – Abwägungssystematik außer Acht lassen. Die auf allen Analysestufen des § 5 erkennbaren Prüfungs- und Abwägungsgedanken werden durch das in den Übermittlungsvorschriften der Abs. 5 und 6 eingeräumte Ermessen des BSI schlüssig fortgeführt. Das BSI „darf" die Daten unter gewissen Voraussetzungen übermitteln[83] und muss zuvor jedoch in eigener Verantwortung prüfen, ob diese Übermittlung geeignet, erforderlich und angemessen ist, um das angestrebte Ziel zu erreichen. Abs. 5 und 6 sollen gerade **keine Regelübermittlung** der Daten ermöglichen.[84] Vor diesem Hintergrund ist davon auszugehen, dass die Abs. 5 und 6 **abschließende Übermittlungsregelungen** darstellen. Sie sind in Bezug auf die § 5-Daten **spezieller,** als die Spontanübermittlungspflichten anderer Gesetze, die sich nur allgemein auf Informationen beziehen, welche die Aufgabenerfüllung der jeweils empfangenden Stelle unterstützen. 48

Zu beachten ist, dass die Abs. 5 und 6 lediglich die Übermittlung der nach Abs. 1 erhobenen Daten beschränken. Die **Beratung und Warnung** anderer Stellen durch das BSI auf Grundlage eines **abstrakten Erkenntnisgewinnes** im Rahmen der Datenauswertung – ohne eine Weitergabe der originären § 5-Daten – ist jederzeit möglich. So kann das BSI zB abstrakt feststellen, dass ein bestimmtes Schadpro- 49

[83] BT-Drs. 16/11967, 15.
[84] BT-Drs. 18/11242, 38.

gramm gehäuft auftritt, eine bestimmte Stelle des Bundes angreift oder ein IT-Angriff die Schwachstelle einer bestimmten technischen Umgebung ausnutzt. Eine nicht personenbezogene Weiterverarbeitung dieser Auswertungsergebnisse, zB zur Erfüllung der Aufgaben des BSI gem. § 3 Abs. 1 S. 2 Nr. 1 oder 14, wird durch die Abs. 5 und 6 nicht beschränkt.

50 In einigen Übermittlungsfällen des Abs. 5 wird der Zweck der Verarbeitung geändert.[85] Ursprünglicher **Verarbeitungszweck** der § 5-Daten ist die Auswertung zur Abwehr von Angriffen und anderen Gefahren für die Kommunikations- bzw. Informationstechnik des Bundes sowie die Erkennung, Eingrenzung oder Beseitigung von Störungen oder Fehlern (Abs. 1 S. 1 Nr. 1 und Nr. 2). Die Zwecke einiger Übermittlungstatbestände in Abs. 5 weichen hiervon ab und sollen dem BSI ermöglichen, die empfangenden Stellen bei der Erfüllung ihrer gesetzlichen Aufgaben zu unterstützen. Die Bundesregierung und der Innenausschuss des Bundestages gingen im Rahmen des Gesetzgebungsverfahrens zur Stärkung der Sicherheit in der Informationstechnik des Bundes 2009 in Bezug auf den gesamten Abs. 5 hingegen nicht von einer **Zweckänderung** aus, da ein Angriff auf die Kommunikationstechnik mittels eines Schadprogramms zugleich eine Straftat oder eine Gefahr für die öffentliche Sicherheit darstelle und die Daten daher durch das BSI an die jeweils zuständigen Stellen übermittelt werden könnten. Zudem liege es innerhalb des **ursprünglichen Verwendungszwecks,** die Daten an die jeweils zuständigen Sicherheitsbehörden weiterzuleiten, wenn erkennbar ein nachrichtendienstlicher Hintergrund vorliege.[86] Vor diesem Hintergrund wurde der Entwurf der Bundesregierung durch den Innenausschuss im Gesetzgebungsverfahren zur Stärkung der Sicherheit in der Informationstechnik des Bundes 2009 noch dahingehend geändert, dass für die – nach Auffassung der Bundesregierung und des Innenausschusses – „zweckbewahrende" Übermittlung nicht alle mittels Telekommunikation begangen Straftaten den Übermittlungstatbestand des S. 1 erfüllen, sondern lediglich die sog. **Computerstraftaten** der §§ 202a, 202b, 303a oder 303b StGB einschlägig sein sollen, sofern diese mittels eines Schadprogramms iSd BSIG begangen worden sind.[87]

51 Insgesamt bilden die Abs. 5 und 6 ein sehr komplexes Regelungsgefüge, welches in einigen Fällen eine stringente Systematik vermissen lässt. In der Gesamtschau wird deutlich, dass die Übermittlung der Daten an andere Behörden eher **restriktiv** geregelt werden sollte. Zudem ist in der **abschließenden Aufzählung** die Absicht des Gesetzgebers zu erkennen, eine eindeutige und transparente Norm zu schaffen, durch die nachvollziehbar werden soll, in welchen Fällen die Daten durch eine andere Stelle verarbeitet werden dürfen. Durch nachträgliche Anpassungen einzelner Übermittlungstatbestände und die nicht konsequente Einhaltung der Trennung zwischen zweckändernden und zweckerhaltenden Übermittlungen in den Absätzen verlieren die Abs. 5 und 6 jedoch an Klarheit. Es wäre hE angebracht, die Übermittlungstatbestände beider Normen grundlegend zu restrukturieren und mit einer überzeugenderen Systematik zu versehen.

52 **1. Übermittlung an Strafverfolgungsbehörden (S. 1).** Gem. S. 1 steht es im **Ermessen** des BSI, die nach Abs. 3 manuell ausgewerteten Daten an die **Strafver-**

---

[85] AA Schenke/Graulich/Ruthig/*Buchberger,* Rn. 31, die in allen Übermittlungen nach Abs. 5 eine Zweckänderung in unterschiedlichem Umfang erkennt.

[86] BT-Drs. 16/11967, 15, (hier noch als Abs. 4); BT-Drs. 16/13259, 7.

[87] BT-Drs. 16/13259, 7.

folgungsbehörden zur Verfolgung einer – mittels eines Schadprogramms iSd § 2 Abs. 5 begangenen – Straftat nach §§ 202a (Ausspähen von Daten), 202b (Abfangen von Daten), 303a (Datenveränderung), oder 303b (Computersabotage) StGB zu übermitteln. S. 1 ermöglicht damit eine Weitergabe der nach Abs. 3 ausgewerteten Daten zu einem anderen als dem ursprünglichen Zweck der Datenerhebung aus Abs. 1. Denn die Verfolgung der durch ein Schadprogramm begangenen Straftat ist für die konkrete Abwehr der aus dieser Tat resultierenden Gefahr für die Informationstechnik des Bundes jedenfalls nicht unmittelbar von Bedeutung.

Die Übermittlung der Daten ist **beschränkt** auf die Informationen, die zur Ver- **53**
folgung der genannten Delikte erforderlich sind. Diese Beschränkung der Vorschrift auf die sog. **Computerstraftaten** wurde durch den Innenausschuss des Bundestages eingefügt.[88] Nicht von dem Übermittlungstatbestand erfasst ist das üblicherweise ebenfalls zu den sog. Computerstraftaten zählende Delikt des Computerbetruges gem. § 263a StGB. Dieser Umstand mag darin begründet sein, dass der Innenausschuss in der Übermittlung nach Abs. 5 gerade keine Zweckänderung gesehen hat und daher nur die Delikte in die Vorschrift aufnahm, die unmittelbar den Schutz der Sicherheit in der Informationstechnik, dh die **Schutzziele** der Verfügbarkeit, Integrität und Vertraulichkeit von Informationen (vgl. § 2 Abs. 2), zum Gegenstand haben. Dies ist bei den aufgeführten Delikten der Fall: Rechtsgut von § 202a StGB (Ausspähen von Daten) und § 202b StGB (Abfangen von Daten) ist die formelle Verfügungsbefugnis des über die Daten Verfügungsberechtigten.[89] Durch § 303a StGB (Datenveränderung) wird das Interesse des Berechtigten an der unversehrten Verwendbarkeit seiner Daten geschützt.[90] § 303b StGB (Computersabotage) schützt das allgemeine Interesse der Betreiber und Nutzer von Datenverarbeitungsanlagen an deren ordnungsgemäßer Funktionsweise.[91] Hingegen ist das durch § 263a StGB (Computerbetrug) geschützte Rechtsgut nicht die Verfügbarkeit, Integrität oder Vertraulichkeit von Daten, sondern das Vermögen.[92]

Das dem BSI in S. 1 zugebilligte **Ermessen** verpflichtet die Behörde, vor einer **54**
Übermittlung der Daten zu prüfen, ob diese verhältnismäßig – dh geeignet, erforderlich und angemessen – ist, um der jeweiligen Strafverfolgungsbehörde die Verfolgung der konkreten Straftat zu ermöglichen. Hierbei sind insbesondere die möglichen **Beeinträchtigungen** des Betroffenen durch die Übermittlung der Daten an die Strafverfolgungsbehörde zu berücksichtigen und abzuwägen.[93] In diesem Zusammenhang ist durch das BSI zu beachten, dass die aufgeführten Delikte, mit Ausnahme des besonders schweren Falls der Computersabotage gem. § 303b Abs. 4 StGB, nur auf **Antrag** verfolgt werden, es sei denn, dass die Strafverfolgungsbehörde wegen des **besonderen öffentlichen Interesses** an der Strafverfolgung ein Einschreiten von Amts wegen für geboten hält (§§ 205 S. 2 bzw. 303c StGB). Das BSI muss im Rahmen der Verhältnismäßigkeitsabwägung also vor der Übermittlung prüfen, ob bei dem konkreten Delikt nach §§ 202a, 202b, 303a oder 303b Abs. 1–3

---

88 BT-Drs. 16/13259, 7.

89 Schönke/Schröder/*Eisele,* StGB § 202a Rn. 1a; Schönke/Schröder/*Eisele,* StGB § 202b Rn. 1; MüKo StGB/*Graf,* § 202a Rn. 2; MüKo StGB/*Graf,* § 202b Rn. 2.

90 Schönke/Schröder/*Hecker,* StGB § 303a Rn. 1; MüKo StGB/*Wieck-Noodt,* § 303a Rn. 3.

91 BT-Drs. 16/3656, 13; Schönke/Schröder/*Hecker,* StGB § 303a Rn. 1; MüKo StGB/*Wieck-Noodt,* § 303b Rn. 1.

92 *BGH,* Beschl. v. 10.11.1994 – 1 StR 157/94, NJW 1995, 669 (670); MüKo StGB/*Mühlbauer* § 263a Rn. 1; Schönke/Schröder/*Perron,* StGB § 263a Rn. 1 mwN.

93 Schenke/Graulich/Ruthig/*Buchberger,* Rn. 32.

StGB eine **Strafverfolgung von Amts wegen** geboten ist, bereits ein **Strafantrag** vorliegt,[94] oder davon auszugehen ist, dass ein Strafantrag gestellt werden wird, sobald das Opfer Kenntnis von dem Angriff erlangt.

55 **2. Übermittlung an Polizeien des Bundes und der Länder (S. 2 Nr. 1).** S. 2 Nr. 1 räumt dem BSI **Ermessen** ein, die nach Abs. 3 manuell ausgewerteten Daten an die **Polizeien des Bundes oder der Länder** zu übermitteln. Aus dem direkten Bezug des S. 2 zu S. 1 („diese Daten") wird deutlich, dass **Umfang und Inhalt** der übermittelten Daten nicht über die Informationen hinausgehen darf, die auch zur Verfolgung der in S. 1 aufgezählten **Computerstraftaten** erforderlich wären. Dies entspricht auch der Intention des Gesetzgebers, der im Kern mit Abs. 5 eine Übermittlungsregelung für Angriffsfälle schaffen wollte, die zugleich auch Straftaten oder eine Gefahr für die öffentliche Sicherheit darstellen.[95] Im Ergebnis wird dieser vorgegebene Umfang und Inhalt in der Regel jedoch keine bedeutende Einschränkung darstellen, da es sich bei den nach Abs. 3 manuell ausgewerteten Daten im Wesentlichen um **technische Informationen** über spezifischen Schadcode handeln wird. Solche Informationen werden bei der Verfolgung einer mittels eines Schadprogramm durchgeführten Computerstraftat wohl stets erforderlich sein.

56 Ob diese Übermittlung eine **Zweckänderung** darstellt, ist eine Frage des Einzelfalles. Grundsätzlich ist davon auszugehen, dass die allgemeine Abwehr einer Gefahr für die öffentliche Sicherheit, welche unmittelbar von einem aufgefundenen Schadprogramm ausgeht, über den in Abs. 1 festgelegten Zweck hinausgehen kann und die Übermittlung nach S. 2 Nr. 1 daher in vielen Fällen eine Zweckänderung darstellt. Jedoch kann hier im Einzelfall eine **Schnittmenge** bestehen, da Angriffe auf die Informationstechnik des Bundes zugleich auch Straftaten oder Gefahren für die öffentliche Sicherheit darstellen können.[96] Wenn somit die Übermittlung dem Zweck dient, den Polizeien zu ermöglichen, eine konkrete Gefahr für die Kommunikationstechnik des Bundes abzuwehren, die zugleich eine Gefahr für die öffentliche Sicherheit darstellt, würden die Daten weiterhin zu dem erhobenen Zweck verwendet.

57 Der Übermittlungstatbestand S. 2 Nr. 1 setzt voraus, dass eine **Gefahr** bereits besteht, deren Abwehr durch die Übermittlung an die Polizeien ermöglicht werden soll. Dies ist vom BSI vor der Übermittlung zu prüfen. Ein Gefahrenverdacht ist für die Erfüllung des Tatbestandes nicht ausreichend.

58 Gem. § 9 Abs. 5 BKAG besteht eine grundsätzliche **Spontanübermittlungspflicht** zugunsten des Bundeskriminalamtes, wenn Informationen vorliegen, die zur Abwehr einer Gefahr für den Bestand oder die Sicherheit des Bundes oder eines Landes oder Leib, Leben oder Freiheit einer Person oder einer Sache von bedeutendem Wert, deren Erhaltung im öffentlichen Interesse liegt, erforderlich ist. Diese Spontanübermittlungspflicht entbindet das BSI in Fällen des S. 2 Nr. 1 jedoch nicht von einer eigenständigen **Ermessensabwägung.** Ein solcher Übermittlungsautomatismus würde der in § 5 zum Schutz der Betroffenen durchgehend etablierten Abwägungssystematik widersprechen (→ Rn. 47 f.).

59 **3. Übermittlung an das Bundesamt für Verfassungsschutz sowie an den Militärischen Abschirmdienst (S. 2 Nr. 2).** S. 2 Nr. 2 erlaubt dem BSI eine Übermittlung der nach Abs. 3 manuell ausgewerteten Daten an das **Bundesamt**

---

94 Schenke/Graulich/Ruthig/*Buchberger,* Rn. 32.
95 BT-Drs. 16/11967, 15.
96 BT-Drs. 16/11967, 15.

für Verfassungsschutz, wenn in der Auswertung der Daten Tatsachen erkannt wurden, die eine sicherheitsgefährdende oder geheimdienstliche Tätigkeit für eine fremde Macht erkennen lassen. S. 2 Nr. 2 knüpft damit an die gesetzliche Aufgabe des Bundesamtes für Verfassungsschutz gem. § 3 Abs. 1 Nr. 2 BVerfSchG an. Ferner wird dem BSI durch S. 2 Nr. 2 eine Übermittlung der Daten an den **Militärischen Abschirmdienst** ermöglicht. In Bezug auf eine Übermittlung an den Militärischen Abschirmdienst müssen sich die erkannten sicherheitsgefährdenden oder geheimdienstlichen Tätigkeiten zudem gegen Personen, Dienststellen oder Einrichtungen im Geschäftsbereich des Bundesministeriums der Verteidigung richten (vgl. § 1 Abs. 1 S. 1 Nr. 2 MADG). Durch die Aufnahme des Militärischen Abschirmdienst als Empfänger der Daten sollte 2017 eine Regelungslücke in Bezug auf die Übermittlung von Daten bei elektronischen Angriffen auf den Geschäftsbereich des Bundesministeriums der Verteidigung geschlossen werden.[97]

Anders als in S. 2 Nr. 1 oder Nr. 3 knüpft der Wortlaut von Nr. 2 nicht direkt an 60
ein **Schadprogramm** als Quelle der Bedrohung für die nach BVerfSchG oder MADG geschützten Rechtsgüter an. Mit Blick auf die Systematik der Abs. 5 und 6 sowie der Intention des Gesetzgebers mit Abs. 5 Fälle zu Regeln, die zugleich einen Angriff auf die Informationstechnik des Bundes mittels Schadprogramm und eine Straftat bzw. eine Gefahr für die öffentliche Sicherheit darstellen,[98] ist S. 2 Nr. 2 jedoch dahingehend auszulegen, dass die sicherheitsgefährdende oder geheimdienstliche Tätigkeit einer fremden Macht unmittelbar von dem erkannten Schadprogram ausgehen muss. Zudem werden **Umfang und Inhalt** der übermittelbaren Daten in S. 2 Nr. 2 ebenfalls durch den Rahmen des S. 1 auf die bei der Verfolgung von **Computerdelikten** erforderlichen Informationen beschränkt (→ Rn. 55).

Ob eine Übermittlung an das Bundesamt für Verfassungsschutz oder den Militä- 61
rischen Abschirmdienst eine **Zweckänderung** darstellt, ist – wie auch bei S. 2 Nr. 1 – anhängig von dem jeweils konkreten Ziel. Denn die Übermittlung dieser Informationen kann im konkreten Fall zB zur Abwehr einer Gefahr für die Kommunikationstechnik des Bundes erforderlich sein, die von einer geheimdienstlichen Tätigkeit einer fremden Macht ausgeht und eine Maßnahme einer anderen Sicherheitsbehörde erforderlich macht. In diesen Fällen würde der Zweck nicht geändert.[99] In der Regel wird aber davon auszugehen sein, dass die Weiterverarbeitung der Daten durch das Bundesamt für Verfassungsschutz oder den Militärischen Abschirmdienst **nachrichtendienstlichen Zielen** und damit einem anderen Zweck dient.

Die zugunsten von Verfassungsschutz und Militärischem Abschirmdienst be- 62
stehenden **Spontanübermittlungspflichten** aus § 18 Abs. 1 S. 1 BVerfSchG und § 10 MADG entbinden das BSI in den Fällen des S. 2 Nr. 2 nicht von einer eigenständigen **Ermessensabwägung.** Andernfalls würde ein Übermittlungsautomatismus entstehen, welcher im Widerspruch zu der in § 5 – zum Schutz der betroffenen Personen – durchgehend etablierten Abwägungssystematik stünde und der vom Gesetzgeber gerade nicht intendiert war (→ Rn. 47 f.).

4. Übermittlung an Bundesnachrichtendienst (S. 2 Nr. 3). Gem. S. 2 63
Nr. 3 darf das BSI die nach Abs. 3 manuell ausgewerteten Daten an den **Bundesnachrichtendienst** übermitteln, wenn durch die Auswertung des Schadpro-

---

[97] BT-Drs. 18/11242, 38.
[98] BT-Drs. 16/11967, 15.
[99] Weniger differenzierend, aber iE auch BT-Drs. 16/11967, 15.

gramms Tatsachen bekannt geworden sind, die einen internationalen kriminellen, terroristischen oder staatlichen Angriff auf die Vertraulichkeit, Integrität oder Verfügbarkeit von IT-Systemen erkennen lassen, der jeweilige Fall von erheblicher Bedeutung ist und zudem einen direkten Bezug zur Bundesrepublik Deutschland aufweist. Hierdurch soll dem BSI eine schnelle und direkte Übermittlung von Daten an den Bundesnachrichtendienst ermöglicht werden, für den aus seinen Aufgaben und Befugnissen aus § 1 Abs. 2 BNDG iVm §§ 3 Abs. 1 S. 1 Nr. 8, 5 Abs. 1 S. 3 Nr. 8 Artikel 10-Gesetz auch eine Zuständigkeit zur Erkennung und Begegnung von Angriffen aus dem Cyberraum hergeleitet wird.[100]

64 Auch in S. 2 Nr. 3 werden **Umfang und Inhalt** der übermittelbaren Daten durch den Rahmen des S. 1 auf die bei der Verfolgung von Computerdelikten erforderlichen Informationen beschränkt (→ Rn. 55). **Ziel** der Übermittlung muss die Unterstützung des Bundesnachrichtendienstes bei der Abwehr von Gefahren für die Vertraulichkeit, Integrität oder Verfügbarkeit von IT-Systemen sein. Dieser Zweck deckt sich mit dem Erhebungszweck aus Abs. 1, soweit der Bundesnachrichtendienst die übermittelten Informationen zum Schutz der Informationstechnik des Bundes verarbeitet. In diesen Fällen liegt keine Zweckänderung vor.[101] Allerdings ist die Übermittlung nicht nur auf den Schutz der Informationstechnik des Bundes beschränkt. Eine Übermittlung ist nach S. 2 Nr. 3 ganz allgemein möglich „in Fällen von erheblicher Bedeutung mit Bezug zur Bundesrepublik Deutschland". Diese sehr weitgehende und recht unbestimmte Beschreibung möglicher Übermittlungsfälle geht über den Schutz der Informationstechnik des Bundes hinaus. Die über den Schutz der Informationstechnik des Bundes hinausgehenden Fälle sind jedoch nicht mehr von dem Erhebungszweck aus Abs. 1 gedeckt und stellen damit eine Zweckänderung dar.

VII. Übermittlung der Daten für sonstige Zwecke an Strafverfolgungs- und Sicherheitsbehörden (Abs. 6)

65 Abs. 6 ermöglicht dem BSI eine **Übermittlung** der manuell ausgewerteten Daten (Abs. 3) an andere **Sicherheitsbehörden** sowie an **Strafverfolgungsbehörden** zu **„sonstigen Zwecken".** Anders als Abs. 5 beinhaltet Abs. 6 keinen direkten Verweis auf die die manuelle Auswertung gem. Abs. 3. Aus der Systematik der Abs. 5 und 6 und dem schlichten Bezug des Abs. 6 auf „die Daten", wird jedoch ersichtlich, dass sich Abs. 6 ebenfalls auf die nach Abs. 3 manuell ausgewerteten Daten bezieht. Die „sonstigen Zwecke" sind in Abs. 6 abschließend aufgezählt. Der Begriff „sonstige Zwecke" ist in der Systematik der Abs. 5 und 6 und im Lichte der Gesetzeshistorie zu betrachten. Der Gesetzgeber ging davon aus, dass alle in Abs. 5 geregelten Übermittlungstatbestände keine Zweckänderung darstellen, während Abs. 6 eine zweckändernde Übermittlung ermöglichen sollte. Abs. 6 sollte es dem BSI gestatten, mögliche **Zufallsfunde** an Strafverfolgungs- und Sicherheitsbehörden zu übermitteln.[102] Als Zufallsfunde können in diesem Zusammenhang Erkenntnisse der Analyse bezeichnet werden, die in keiner unmittelbaren Beziehung zum Ziel der Untersuchung, dh der Maßnahmen nach § 5 stehen. Ziel der Maßnahmen ist nur die Suche nach **technischen Inhalten**[103], dh nach Program-

---

[100] BT-Drs. 18/11242, 38.
[101] Weniger differenzierend BT-Drs. 18/11242, 38.
[102] BT-Drs. 16/11967, 15.
[103] BT-Drs. 16/11967, 15.

men und informationstechnischen Routinen und Verfahren, die dem Zweck dienen, unbefugt Daten zu nutzen oder zu löschen oder auf sonstige Weise auf informationstechnische Abläufe einzuwirken (vgl. § 2 Abs. 5) und damit die Verfügbarkeit, Integrität oder Vertraulichkeit der Informationstechnik des Bundes negativ zu beeinträchtigen. Nicht von der Analyse bezweckt sind Erkenntnisse über den eigentlichen Inhalt der Kommunikation.[104] Aufgrund der weitgehenden Ermächtigung des BSI zur manuellen Analyse der Daten gem. Abs. 3 ist jedoch nicht ausgeschlossen, dass solche Inhalte verarbeitet werden und das BSI damit **weitergehende Erkenntnisse** erlangt. Abs. 6 soll dementsprechend die Fälle erfassen, in denen das BSI bei der Analyse und Abwehr von Schadprogrammen, im Rahmen der manuellen Auswertung von Daten nach Abs. 3, weitergehende Erkenntnisse über den Inhalt der Kommunikation erlangt und diese Erkenntnisse Informationen über eine schwere Straftat von erheblicher Bedeutung enthalten oder für die Abwehr von Gefahren für Rechtsgüter von wesentlicher Bedeutung erforderlich sind. Vor diesem Hintergrund sind die Übermittlungstatbestände – mit Ausnahme von S. 1 Nr. 4 – nicht auf Informationen zur Verfolgung von Computerdelikten oder unmittelbar aus einer Schadprogrammanalyse stammende technische Ergebnisse beschränkt.

Abgesehen von S. 1 Nr. 4 wird der **Zweck der Verarbeitung** in allen Fällen des **66**
Abs. 6 geändert. Spätestens durch die Einführung des S. 1 Nr. 4 hat die ursprünglich durch den Gesetzgeber beabsichtigte Trennung zwischen einer Übermittlung mit und ohne Zweckänderung an Trennschärfe verloren. Der Gesetzgeber selbst geht im Fall des S.1 Nr. 4 nun nicht mehr von einer Zweckänderung aus.[105] Dem ist zumindest bei einer Verwendung der Daten zum Schutz der Informationstechnik des Bundes zuzustimmen (→ Rn. 75 f.).

Dem BSI wird in S. 1 **Ermessen** für die Übermittlung der manuell ausgewerte- **67**
ten Daten (Abs. 3) eingeräumt. Dementsprechend muss vor einer Übermittlung der Daten durch das BSI geprüft werden, ob die Übermittlung tatsächlich geeignet, erforderlich und – insbesondere mit Blick auf die Beeinträchtigung des Betroffenen – angemessen ist. Die spezialgesetzlichen **Spontanübermittlungspflichten,** die teilweise zugunsten unterschiedlicher Sicherheitsbehörden bestehen, entbinden das BSI in Fällen des Abs. 6 nicht von einer eigenständigen Ermessensabwägung (→ Rn. 47 f.). Denn auch durch Abs. 6 soll gerade keine Regelübermittlung der Daten ermöglicht werden.[106]

1. Übermittlung an Strafverfolgungsbehörden (S. 1 Nr. 1). Nach S. 1 **68**
Nr. 1 dürfen die manuell ausgewerteten Daten (Abs. 3) zur Verfolgung einer Straftat von auch im Einzelfall erheblicher Bedeutung an **Strafverfolgungsbehörden** von Bund und Ländern übermittelt werden. Der Begriff der **„erheblichen Bedeutung"** wird in S. 1 Nr. 1 nicht weiter definiert, jedoch dadurch näher bestimmt, dass hiermit insbesondere eine Übermittlung zur Verfolgung einer in § 100 a Abs. 2 StPO bezeichneten Straftat ermöglicht oder unterstützt werden soll. Dieser Verweis und die einzelnen Voraussetzungen von S. 1 Nr. 1 lassen erkennen, dass § 100 a StPO dem Gesetzgeber unmittelbar als Vorlage für den Übermittlungstatbestand diente. § 100 a StPO ist die Grundlage für eine Überwachung und Aufzeichnung von Telekommunikation ohne das Wissen des Betroffenen, wenn der Verdacht be-

[104] BT-Drs. 16/11967, 15.
[105] BT-Drs. 18/11242, 38.
[106] BT-Drs. 18/11242, 38.

steht, dass jemand Täter oder Teilnehmer einer schweren Straftat ist. Als eine **schwere Straftat** iSd § 100a Abs. 2 StPO gelten eine Vielzahl von Delikten aus dem StGB sowie aus der Abgabenordnung, dem Arzneimittelgesetz, Anti-Doping-Gesetz, Asylgesetz, Aufenthaltsgesetz, Außenwirtschaftsgesetz, Betäubungsmittelgesetz, Grundstoffüberwachungsgesetz, Gesetz über die Kontrolle von Kriegswaffen, Neue-psychoaktive-Stoffe-Gesetz, Völkerstrafgesetzbuch und Waffengesetz. Neben den in § 100a Abs. 2 StPO genannten Delikten lässt die Vorschrift auch eine Übermittlung zur Verfolgung von **vergleichbaren Straftaten** zu („insbesondere"). Beachtet man jedoch, dass die der Analyse zugrundeliegenden Daten ausschließlich aus der Kommunikationstechnik des Bundes gewonnen werden sowie den Umfang der Liste aus § 100a Abs. 2 StPO, erscheint diese Öffnung für vergleichbar schwere Straftaten eher theoretischer Natur.

69 **2. Übermittlung an Polizeien des Bundes und der Länder (S. 1 Nr. 2).** Zur Abwehr einer Gefahr für den Bestand oder die Sicherheit des Staates oder Leib, Leben oder Freiheit einer Person oder Sachen von bedeutendem Wert, deren Erhalt im öffentlichen Interesse geboten ist, dürfen die manuell ausgewerteten Daten (Abs. 3) gem. S. 1 Nr. 2 an die **Polizeien des Bundes und der Länder** übermittelt werden. Vor dem Hintergrund der erheblichen Eingriffe in die Grundrechte betroffener Personen, die mit der Verarbeitung dieser Daten einhergehen, wird man hier eine **konkrete Gefahr** voraussetzen müssen.[107]

70 **3. Übermittlung an Verfassungsschutzbehörden des Bundes und der Länder sowie an den Militärischen Abschirmdienst (S. 1 Nr. 3).** S. 1 Nr. 3 ermöglicht dem BSI eine Übermittlung der manuell ausgewerteten Daten (Abs. 3) an die **Verfassungsschutzbehörden** des Bundes und der Länder, wenn aus den Daten tatsächliche Anhaltspunkte für Bestrebungen in der Bundesrepublik Deutschland erkennbar werden, die durch Anwendung von Gewalt oder darauf gerichtete Vorbereitungshandlungen gegen die in § 3 Abs. 1 BVerfSchG genannten Schutzgüter gerichtet sind. Demnach ist eine Übermittlung beim Vorliegen von Tatsachen möglich, aus denen sich jedenfalls eine der folgenden **Bestrebungen oder Tätigkeiten** erkennen lässt:

- Bestrebungen, die gegen die freiheitliche demokratische Grundordnung, den Bestand oder die Sicherheit des Bundes oder eines Landes gerichtet sind oder eine ungesetzliche Beeinträchtigung der Amtsführung der Verfassungsorgane des Bundes oder eines Landes oder ihrer Mitglieder zum Ziele haben (§ 3 Abs. 1 Nr. 1 BVerfSchG),
- sicherheitsgefährdende oder geheimdienstliche Tätigkeiten für eine fremde Macht (§ 3 Abs. 1 Nr. 2 BVerfSchG),
- Bestrebungen, die durch Anwendung von Gewalt oder darauf gerichtete Vorbereitungshandlungen auswärtige Belange der Bundesrepublik Deutschland gefährden (§ 3 Abs. 1 Nr. 3 BVerfSchG),
- Bestrebungen, die gegen den Gedanken der Völkerverständigung (Art. 9 Abs. 2 GG), insbes. gegen das friedliche Zusammenleben der Völker (Art. 26 Abs. 1 GG) gerichtet sind (§ 3 Abs. 1 Nr. 1 BVerfSchG).

71 Eine direkte Übermittlung an den **Militärischen Abschirmdienst** ist zulässig, wenn Tatsachen eine der folgenden **Bestrebungen oder Tätigkeiten** aus § 1 Abs. 1 MADG erkennen lassen:

---

[107] Schenke/Graulich/Ruthig/*Buchberger,* Rn. 37.

- Bestrebungen, die gegen die freiheitliche demokratische Grundordnung, den Bestand oder die Sicherheit des Bundes oder eines Landes gerichtet sind (§ 1 Abs. 1 S. 1 Nr. 1 MADG) oder
- sicherheitsgefährdende oder geheimdienstliche Tätigkeiten für eine fremde Macht (§ 1 Abs. 1 S. 1 Nr. 2 MADG).

Durch die Voraussetzung in S. 1 Nr. 3 „durch **Anwendung von Gewalt** oder darauf gerichtete **Vorbereitungshandlungen**" wird die erforderliche Beeinträchtigung des jeweiligen Schutzgutes qualifiziert. Diese eigentlich nur in § 3 Abs. 1 Nr. 3 BVerfSchG enthaltene Formulierung wird durch S. 1 Nr. 3 auf alle von S. 1 Nr. 3 erfassten Schutzgüter der § 3 Abs. 1 BVerfSchG und § 1 MADG ausgeweitet Denn der Wortlaut des S. 1 Nr. 3 setzt unmittelbar voraus, dass Anhaltspunkte für Bestrebungen vorliegen, welche sich durch die Anwendung von Gewalt oder entsprechenden Vorbereitungshandlungen gegen die Schutzgüter aus § 3 Abs. 1 BVerfSchG oder § 1 MADG richten. Der Wortlaut des S. 1 Nr. 3 geht damit also über einen reinen Verweis auf die Schutzgüter von § 3 Abs. 1 BVerfSchG oder § 1 MADG hinaus. Der Begriff der **Gewaltanwendung** erfasst physische als auch psychische[108] Handlungen gegen Menschen, wie zB Attentate, Geiselnahmen oder Körperverletzungen.[109] Darüber hinaus sind auch Gewaltanwendungen gegen Sachen erfasst,[110] zB durch Sprengstoff- oder Brandanschläge oder andere Sachbeschädigungen.[111] Die Gewaltanwendung muss als Mittel zur Durchsetzung der jeweiligen Bestrebung eingesetzt werden.[112] Eine **Vorbereitungshandlung** zur Gewaltanwendung ist jedes Verhalten, dass die Begehung einer Gewaltanwendung fördert. Als Vorbereitungshandlung können bereits Handlungen angesehen werden, die vor einem Versuchsbeginn stattfinden, zB Waffen- und Materialbeschaffung, das Ausforschen von Gelegenheiten für gewalttätige Handlungen oder die Verbreitung von gewaltverherrlichender Propaganda[113] gegen ein genanntes Schutzgut.[114] 72

Bestrebungen unterhalb der Gewaltschwelle bzw. entsprechende Vorbereitungshandlungen – also zB eine rein politische Betätigung gegen die freiheitliche demokratische Grundordnung, den Bestand oder die Sicherheit des Bundes oder das friedliche Zusammenleben der Völker[115] – reichen dem Wortlaut des S. 1 Nr. 3 nach nicht für eine Übermittlung aus. Ziel des Gesetzgebers war es, die Übermittlungen nach Abs. 6 **höheren Schranken** zu unterwerfen, als dies bei Abs. 5 der Fall ist.[116] Es darf daher angenommen werden, dass die **Gewalt-Qualifikation** in S. 1 Nr. 3 zu eben diesem Zweck in die Norm aufgenommen wurde und hierdurch – neben den für alle Nummern geltenden Voraussetzungen der S. 2 bis 4 – eine besonders hohe Hürde für die Übermittlung der Daten festgelegt werden sollte. Mit Blick auf den erheblichen Eingriff in die Grundrechte der betroffenen Personen durch die Maßnahmen nach § 5 ist dies grundsätzlich zu begrüßen. In Bezug auf § 3 Abs. 1 Nr. 3 BVerfSchG führt die gewählte Formulierung allerdings dazu, dass 73

108 AA Dietrich/Eiffler NachrichtendiensteR-HdB/*Warg*, § 1 Rn. 66.
109 Schenke/Graulich/Ruthig/*Roth*, BVerfSchG § 4 Rn. 79.
110 *BVerwG*, Urt. v. 20.3.2012 – 5 C 1.11, Rn. 17, NVwZ 2012, 1254 (1255).
111 Schenke/Graulich/Ruthig/*Roth*, BVerfSchG § 4 Rn. 79.
112 *BVerwG*, Urt. v. 20.3.2012 – 5 C 1.11, Rn. 17, NVwZ 2012, 1254 (1255).
113 *VG München*, Urt. v. 29.8.2002 – M 24 K 02.2483, Rn. 37, BeckRS 2002, 28406 Rn. 37.
114 Dietrich/Eiffler NachrichtendiensteR-HdB/*Warg*, § 1 Rn. 66; Schenke/Graulich/Ruthig/*Roth*, BVerfSchG § 4 Rn. 79 mwN.
115 Vgl. Schenke/Graulich/Ruthig/*Roth*, BVerfSchG § 4 Rn. 78.
116 BT-Drs. 16/13259, 7.

sich die Voraussetzungen im Fall der Gefährdung auswärtiger Belange der Bundesrepublik Deutschland doppeln und in diesem Fall keine Qualifikation des Tatbestandes erfolgt. Zu beachten ist auch die **Abgrenzung** zwischen den Übermittlungen nach Abs. 5 S. 2 Nr. 2 und Abs. 6 S. 1 Nr. 3 iVm § 3 Abs. 1 Nr. 2 BVerfSchG oder § 1 Abs. 1 S. 1 Nr. 2 MADG. Die in jedem Fall zweckändernde Übermittlung von Abs. 6 geht über den in Abs. 5 zugrunde liegend Rahmen der sog. Computerdelikte hinaus, ist jedoch auf die zusätzliche Voraussetzung der Überschreitung der Gewaltschwelle sowie durch die vorherige Zustimmung des BMI und die entsprechende Anwendung der §§ 9–16 Artikel 10-Gesetz beschränkt (→ Rn. 79 f.).

74 Die Übermittlung der § 5-Daten an den Militärischen Abschirmdienst oder die Verfassungsschutzbehörden des Bundes oder der Länder steht im **Ermessen** des BSI.[117] Die **Spontanübermittlungspflicht** aus § 18 Abs. 1 S. 1 BVerfSchG oder § 10 MADG entbindet das BSI in Fällen des Abs. 6 S. 1 Nr. 3 nicht von einer eigenständigen Abwägung, ob die Übermittlung im jeweiligen Fall geeignet, erforderlich und angemessen ist (→ Rn. 47 f.).

75 **4. Übermittlung an den Bundesnachrichtendienst (S. 1 Nr. 4).** S. 1 Nr. 4 räumt dem BSI **Ermessen** bezüglich einer Übermittlung der manuell ausgewerteten Daten (Abs. 3) an den **Bundesnachrichtendienst** ein,[118] wenn tatsächliche Anhaltspunkte für den Verdacht bestehen, dass jemand Straftaten nach § 3 Abs. 1 Nr. 8 Artikel 10-Gesetz plant, begeht oder begangen hat und dies von außen- und sicherheitspolitischer Bedeutung für die Bundesrepublik Deutschland ist. § 3 Abs. 1 Nr. 8 Artikel 10-Gesetz listet die sog. **Computerdelikte** § 202a StGB (Ausspähen von Daten), § 202b StGB (Abfangen von Daten), § 303a StGB (Datenveränderung), oder § 303b StGB (Computersabotage) auf und qualifiziert diese dahingehend, dass sich die Straftat gegen die innere oder äußere Sicherheit der Bundesrepublik Deutschland, insbesondere gegen sicherheitsempfindliche Stellen von lebenswichtigen Einrichtungen richten muss.

76 Soweit die Übermittlung erfolgt, um die Informationstechnik des Bundes, die von außen- und sicherheitspolitischer Bedeutung ist, vor Angriffen in Form der aufgezählten Computerdelikte zu schützen, werden die § 5-Daten weiterhin zu dem **Erhebungszweck** verarbeitet. Eine Zweckänderung findet in diesen Fällen nicht statt.[119] Etwas anderes gilt jedoch in den Fällen, in denen sich das Angriffsziel außerhalb der Informationstechnik des Bundes befindet. In diesen Fällen werden die Daten zu einem anderen als dem ursprünglichen Zweck weiterverarbeitet. Betrachtet man die lediglich teilweise – durch den Gesetzgeber sogar vollständig nicht angenommene[120] – Zweckänderung, wirft dies Abgrenzungsfragen zu Abs. 5 auf, bei dem eine Übermittlung ohne Zustimmung des BMI (→ Rn. 77 ff.) möglich ist. In Abs. 5 gelten zwar andere Voraussetzungen für die Übermittlung. Jedoch sind hier auch Schnittmengen zu den Voraussetzungen in Abs. 6 zu erkennen. So ist wohl davon auszugehen, dass ein in Abs. 5 S. 2 Nr. 3 genannter staatlicher Angriff auf die IT-Systeme der Bundesrepublik Deutschland zugleich auch die in S. 1 Nr. 4 vorausgesetzte außen- und sicherheitspolitische Bedeutung haben kann. Darüber hinaus führt die Voraussetzung der „außen- und sicherheitspolitischen Bedeutung“

---

117 → Rn. 67.
118 → Rn. 67.
119 Weniger differenzierend BT-Drs. 18/11242, 38.
120 BT-Drs. 18/11242, 38.

hE nicht zu einer Schärfung des Übermittlungstatbestandes in S. 1 Nr. 4. Denn es ist davon auszugehen, dass eine gem. § 3 Abs. 1 Nr. 8 Artikel 10-Gesetz gegen die innere oder äußere Sicherheit der Bundesrepublik Deutschland gerichtete Straftat idR auch von außen- und sicherheitspolitischer Bedeutung sein wird.

5. Vorbehalt der gerichtlichen Zustimmung oder der Zustimmung des Bundesministeriums des Innern, für Bau und Heimat (S. 2–4). a) Gerichtlichen Zustimmung in den Fällen S. 1 Nr. 1 und 2. Gem. S. 2 bedarf eine Übermittlung der manuell ausgewerteten Daten (Abs. 3) an Strafverfolgungsbehörden (S. 1 Nr. 1) oder Polizeien des Bundes oder der Länder (S. 1 Nr. 2) zu „sonstigen Zwecken" der vorherigen gerichtlichen Zustimmung. Dieser **Richtervorbehalt** trägt dem Umstand Rechnung, dass in der Weitergabe der Daten zu einem anderen Zweck ein weitergehender Grundrechtseingriff zu sehen ist.[121] 77

Nach S. 3 richtet sich das Verfahren für die Übermittlung an Strafverfolgungsbehörden und Polizeien nach dem **FamFG.** Nicht ausdrücklich geregelt ist jedoch, nach welchem Verfahren des FamFG die richterliche Zustimmung eingeholt werden soll. Auch in der Gesetzesbegründung findet sich hierzu kein Hinweis. Der ursprüngliche Entwurf eines Gesetzes zur Stärkung der Sicherheit in der Informationstechnik des Bundes von 2009 sah noch ein Verfahren nach den Vorschriften des FGG vor und verwies unmittelbar auf die Zuständigkeit des **Amtsgerichts,** in dessen Bezirk das BSI seinen Sitz hat.[122] Da das FamFG das FGG am 1.9.2009 ablöste und mit einem Auftreten erster Übermittlungsfälle nicht vor September 2009 gerechnet wurde, schlug der Innenausschuss eine entsprechende Anpassung des § 5 vor.[123] Auf ein konkretes Verfahren des FamFG wurde hierbei jedoch nicht Bezug genommen. Aufgrund des Gewichts der betroffenen Grundrechte schlägt *Buchberger* für den Fall der gerichtlichen Zustimmung die Anwendung der Vorschriften über Freiheitsentziehungssachen §§ 415 ff. FamFG vor, wobei die §§ 418–420 FamFG nicht zur Anwendung kommen sollen, da der Betroffene, aufgrund des Übermittlungszweckes, nicht informiert werden könne.[124] Dem ist jedoch entgegenzuhalten, dass die §§ 415 ff. FamFG einen sehr speziellen und hier gerade nicht einschlägigen Fall regeln. Wäre ein spezielles Verfahren hier tatsächlich beabsichtigt gewesen, hätte es eines entsprechenden eindeutigen Verweises bedurft. Ausweislich der Beschlussempfehlung des Innenausschusses diente der Austausch des FGG durch das FamFG in § 5 lediglich der Anpassung der Norm an den Umstand, dass ab 2009 alle Verfahren in Familiensachen und der freiwilligen Gerichtsbarkeit und damit auch die Vorschriften des FGG einheitlich geregelt werden.[125] Daher ist hE die gerichtliche Zustimmung zur Übermittlung der manuell ausgewerteten Daten (Abs. 3) an Strafverfolgungsbehörden (S. 1 Nr. 1) oder Polizeien des Bundes oder der Länder (S. 1 Nr. 2) im Rahmen der allgemeinen Vorschriften des 1. Buches FamFG einzuholen. Örtlich zuständig ist gem. S. 4 das Amtsgericht, in dessen Bezirk das BSI seinen Sitz hat, also das AG Bonn. Mit Blick auf die Übermittlungstatbestände aus S. 1 Nr. 1 und Nr. 2, insbesondere dem Verweis auf § 100a StPO, ist die Zuweisung zu den Verfahren in Familiensachen und den Angelegen- 78

[121] Schenke/Graulich/Ruthig/*Buchberger,* Rn. 38.
[122] BT-Drs. 16/11967, 7.
[123] BT-Drs. 16/13259, 7.
[124] Schenke/Graulich/Ruthig/*Buchberger,* Rn. 38.
[125] BT-Drs. 16/13259, 7.

heiten über die freiwillige Gerichtsbarkeit insgesamt überraschend. Sachgerechter wäre hier wohl ein Verfahren nach der StPO.[126]

79 **b) Zustimmung des Bundesministeriums in den Fällen S. 1 Nr. 3 und 4.** Gem. S. 5 bedürfen Übermittlungen an das Bundesamt für Verfassungsschutz, den Militärischen Abschirmdienst und den Bundesnachrichtendienst in den Fällen des S.1 Nr. 3 und 4 der **vorherigen Zustimmung** des Bundesministeriums des Innern und Heimat. Hierbei werden die §§ 9–16 Artikel 10-Gesetz entsprechend angewendet. Diese Vorschriften regeln das Verfahren für die Beschränkungsmaßnahmen der § 3ff. Artikel 10-Gesetz durch den Verfassungsschutz von Bund und Ländern, den Militärischen Abschirmdienst und den Bundesnachrichtendienst.

80 In entsprechender Anwendung des § 9 Abs. 1 Artikel 10-Gesetz muss die Präsidentin oder der Präsident des BSI einen **Übermittlungsantrag** beim BMI stellen. Der Antrag muss gem. § 9 Abs. 3 Artikel 10-Gesetz schriftlich erfolgen, ist zu begründen und muss alle zur Bewertung erforderlichen Angaben enthalten. Im Rahmen der Begründung muss das BSI insbesondere seine **Ermessenserwägungen** darlegen. Nach § 10 Abs. 2 Artikel 10-Gesetz muss die **Anordnung** des BMI schriftlich an das BSI ergehen. Im Rahmen dieser schriftlichen Anordnung muss sich das BMI inhaltlich mit den Gründen der Übermittlung und der Art der zu übermittelnden Daten auseinandersetzen. Eine reine Überprüfung der Ermessensausübung des BSI ist nicht ausreichend. Die Anordnung muss nach § 10 Abs. 3 S. 1 Artikel 10-Gesetz die betroffene Person bezeichnen, soweit diese aus den manuell ausgewerteten Daten (Abs. 3) erkennbar ist. Nach erfolgter Anordnung ist die Übermittlung durch und unter Verantwortung des BSI vorzunehmen (§ 11 Abs. 1 Artikel 10-Gesetz) und dem BMI anschließend anzuzeigen (§ 11 Abs. 2 S. 2 Artikel 10-Gesetz). Da der Verweis in S. 5 auch § 15 Artikel 10-Gesetz erfasst, gelten für die Übermittlung auch die Regelungen der § 15 Abs. 6 S. 3, 4 Artikel 10-Gesetz. Demnach darf eine Übermittlung bereits am Tag der Beantragung vor einer Anordnung durch das BMI erfolgen. Jedoch dürfen die Daten durch die empfangende Stelle erst nach einer Anordnung genutzt werden. Dieser Verweis ist aber wohl eher theoretischer Natur. Da das BSI die manuell ausgewerteten Daten (Abs. 3) bereits gesichert hat, kann durch eine verzögerte Übermittlung kein Verlust von Informationen drohen und da eine Nutzung der Daten durch die empfangende Stelle in jedem Fall erst nach einer Anordnung erfolgen darf, kann eine vorherige Übermittlung auch nicht zur Verhinderung eines Schadens beitragen.

81 Abweichend von § 12 Abs. 3 Artikel 10-Gesetz regelt Abs. 4 S. 8, dass eine **Mitteilung an den Betroffenen** nicht durch das BSI, als beantragende Behörde, sondern durch die jeweils empfangende Behörde, entsprechend der für sie geltenden Vorschriften, erfolgen muss.[127] Dies ist insofern konsequent, als dass die über § 5 hinausgehende Beeinträchtigung der betroffenen Person durch die Verarbeitung der Daten bei der empfangenden Stelle erfolgt. Zudem hat eine Mitteilung gem. § 12 Abs. 1 S. 2 Artikel 10-Gesetz zu unterbleiben, solange eine **Gefährdung des Zwecks** nicht ausgeschlossen werden kann oder solange der Eintritt übergreifender Nachteile für das Wohl des Bundes oder eines Landes absehbar ist. In entsprechender Anwendung ist dies auf den Zweck der Übermittlung zu beziehen. Übermittlungszweck ist die Unterstützung der jeweiligen Behörde bei dem Schutz der in S. 1

[126] So iE auch Schenke/Graulich/Ruthig/*Buchberger,* Rn. 38.

[127] AA Schenke/Graulich/Ruthig/*Buchberger,* Rn. 42, die aus systematischen Erwägungen in § 5 Abs. 4 S. 9 keine Ausnahme von der Verfahrensregel in § 12 Artikel 10-Gesetz erkennt.

Nr. 3 und 4 genannten Schutzgüter. Über die Übermittlung der Daten hinaus hat das BSI in diesen Fällen jedoch keine Zuständigkeit mehr, soweit es nicht von den jeweiligen Behörden im konkreten Fall um Amtshilfe gebeten wird. Dementsprechend kann durch das BSI nicht beurteilt werden, ob und wann das **Mitteilungshindernis** aus § 12 Abs. 1 S. 2 Artikel 10-Gesetz nicht mehr besteht. Dies obliegt der Bewertung der die Daten empfangenden Stelle. Im Ergebnis wird damit der Zustand hergestellt, der bestehen würde, wenn eine in § 9 Abs. 2 Artikel 10-Gesetz genannte Stelle den Antrag auf eine Beschränkungsmaßnahme gestellt hätte. Die Rechte der betroffenen Person werden so durch das Regelungsgefüge des Artikel 10-Gesetz gewahrt.

Nach § 14 Abs. 1 S. 1 Artikel 10-Gesetz hat das BMI das **Parlamentarische** 82
Kontrollgremium über die Anordnung der Übermittlung zu unterrichten. Um dem Parlamentarischen Kontrollgremium im Rahmen seines jährlichen Berichtes an den **Deutschen Bundestag** Angaben zu Art und Umfang der Übermittlung zu ermöglichen (vgl. § 14 Abs. 1 S. 2 Artikel 10-Gesetz), muss die Unterrichtung des Parlamentarischen Kontrollgremiums durch das BMI auch entsprechende Angaben über Inhalt und Zweck der Übermittlung enthalten.

Gem. § 15 Abs. 6 S. 1 Artikel 10-Gesetz hat das BMI vor einer Anordnung der 83
Übermittlung die **G 10-Kommission** zu unterrichten. Eine Anordnung der Übermittlung vor Unterrichtung der G 10-Kommission kann nur bei Gefahr im Verzug erfolgen, § 15 Abs. 6 S. 2 Artikel 10-Gesetz. Wird eine Anordnung von der G 10-Kommission als unzulässig oder nicht notwendig erachtet, hat das BMI diese unverzüglich aufzuheben, § 15 Abs. 6 S. 6 Artikel 10-Gesetz. Vor einer Übermittlung der manuell ausgewerteten Daten (Abs. 3) an Verfassungsschutzbehörden der Länder ist zudem zu prüfen, ob die Kontrolle der Verarbeitung durch den Landesgesetzgeber geregelt ist. Andernfalls dürfen die Daten nicht übermittelt werden, § 16 S. 2 Artikel 10-Gesetz.

VIII. Verbot der weitern inhaltlichen Auswertung und Umgang mit dem Kernbereich privater Lebensgestaltung (Abs. 7 S. 1–8)

Nach S. 1 ist eine über die vorherigen Absätze hinausgehende inhaltliche Aus- 84
wertung zu anderen Zwecken und die Weitergabe von personenbezogenen Daten unzulässig. Dieses absolute **Verbot der weiteren Auswertung** sowie der Weitergabe ist lediglich eine Klarstellung. Denn eine Verarbeitung zu anderen als den in Abs. 1–Abs. 6 genannten Zwecken wäre bereits nicht mehr von der Eingriffsermächtigung des § 5 getragen und würde damit einen rechtswidrigen Eingriff in das Recht auf informationelle Selbstbestimmung aus Art. 2 Abs. 1 iVm Art. 1 Abs. 1 GG sowie das Fernmeldegeheimnis aus Art. 10 GG darstellen. Dennoch ist diese eindeutige Klarstellung zu begrüßen, da hierdurch der eindeutige Fokus der Norm auf den Schutz der Informationstechnik deutlich hervorgehoben wird.

Um hinreichende gesetzliche Vorkehrungen zu treffen, damit Eingriffe in den 85
absolut geschützten **Kernbereich privater Lebensgestaltung**[128] vermieden werden, verpflichtet S. 2 das BSI dazu, soweit wie möglich technisch und organisatorisch sicherzustellen, dass diese Daten durch das zum Schutz der Kommunikationstechnik des Bundes betriebene Abwehrsystem nicht erhoben werden. Erfolgt

[128] *BVerfG*, Urt. v. 27.2.2008 – 1 BvR 370/07, NJW 2008, 822 (834).

dennoch eine Erhebung, dürfen die Kernbereichsdaten nicht verwendet werden (S. 3) und sind unverzüglich zu **löschen** (S. 4). Erlangung und Löschung der Daten sind gem. S. 6 zu dokumentieren, wobei die **Dokumentation** ausschließlich zum Zwecke der **Datenschutzkontrolle** verwendet werden darf (S. 7) und nach der Kontrolle, spätestens aber am Ende des Kalenderjahres, welches dem Dokumentationsjahr folgt, zu löschen ist (S. 8). Im Ergebnis führt dies in Bezug auf die Dokumentation zu einer maximalen Löschfrist von zwei Jahren.

86 Aufgrund der **Verwendungsbeschränkung** aus S. 3 kann es keinen Grund für das BSI geben die Daten – nach der Identifikation als zum Kernbereich privater Lebensgestaltung gehörende Informationen – länger aufzubewahren, als dies für die Dokumentation nach S. 6 und den direkten Löschvorgang erforderlich ist. Dementsprechend handeln die Beschäftigten des BSI nur unverzüglich iSd S. 4, wenn die Kernbereichsdaten unmittelbar nach der Dokumentation gelöscht werden. Bestehen Zweifel, ob es sich um Informationen aus dem geschützten Kernbereich privater Lebensgestaltung handelt, sind die Daten ebenfalls unverzüglich zu löschen, S. 5.

87 Die Beschränkung der Vorgaben zum Kernbereichsschutz auf eine **technisch mögliche Sicherstellung** (S. 2) und sofortige Löschung trägt dem Umstand Rechnung, dass bei einer Datenerhebung dieser Art kein vorheriges Aussortieren von Kernbereichsdaten möglich ist. Dies würde zu Beginn der Verarbeitung eine inhaltliche Auswertung aller Daten erfordern. Eine solche inhaltliche Kommunikationsauswertung ist jedoch mit der Analyse nach § 5 gerade nicht beabsichtigt und würde einen deutlich stärkeren Grundrechtseingriff als die eigentlich bezweckten Maßnahmen darstellen, welche lediglich auf eine Suche nach **technischen Informationen** über Schadprogramme und andere Angriffe auf die Informationstechnik des Bundes gerichtet sind. Die Erhebung von semantischen Inhalten ist nicht das Ziel der Analyse, sondern kann nur einen bei der technischen Auswertung erkannten Zufallsfund darstellen.[129]

IX. Beweisverwertungsverbot (Abs. 7 S. 9)

88 Durch S. 9 wird ein **Beweisverwertungsverbot** für Inhalt und Umstände der Kommunikation von bestimmten Berufsgruppen eingeführt, zB für Geistliche, Rechtsanwälte, Ärzte, Psychotherapeuten, Mitglieder des Deutschen Bundestages, eines Landtages oder des Europäischen Parlaments, Journalisten etc. Sofern durch die Maßnahmen nach § 5 Kommunikation von **Berufsgeheimnisträgern** iSv § 53 Abs. 1 S. 1 StPO erfasst wird – was dann der Fall sein kann, wenn diese zB mit Bundesbehörden über die Schnittstellen der Kommunikationstechnik des Bundes kommunizieren – und diese Daten im Anschluss an eine manuelle Auswertung (Abs. 3) unter der Voraussetzung der Abs. 5 oder 6[130] an Strafverfolgungsbehörden weitergegeben werden, ist die Verwertung dieser Daten zu Beweiszwecken in einem Strafverfahren nur insoweit zulässig, als Gegenstand dieses Verfahrens eine Straftat ist, die im Höchstmaß mit mindestens fünf Jahren Freiheitsstrafe bedroht ist. Als Vorbild für dieses Beweisverwertungsverbot aus S. 9 diente § 108 Abs. 3

[129] BT-Drs. 16/11967, 15.

[130] Die im Gesetzestext stehende Angabe „Absatz 4 oder 5" ist ein redaktioneller Fehler. In der ursprünglichen Form 2009 waren die Übermittlungsregelungen der Abs. 5 und 6 in den Abs. 4 und 5 geregelt, s. BT-Drs. 16/11967, 7 u. 15.

StPO.[131] S. 9 geht jedoch über das Beweisverwertungsverbot des § 108 Abs. 3 StPO hinaus. Während über § 108 Abs. 3 iVm § 53 Abs. 1 S. 1 Nr. 5 StPO nur Journalisten geschützt werden erstreckt sich die von S. 9 geschützte Personengruppe auf alle in § 53 Abs. 1 S. 1 StPO genannten Berufsgruppen.

X. Datenerhebungs- und -verwendungskonzept (Abs. 8)

Die Verarbeitung der Protokoll- und Schnittstellendaten durch das BSI unterliegt der **Kontrolle** durch die Bundesbeauftragte oder den Bundesbeauftragen für Datenschutz und Informationsfreiheit (Art. 55 Abs. 1, 57 Abs. 1 lit. a, 58 DS-GVO). Abs. 8 verpflichtet das BSI, vor Beginn der Datenverarbeitung ein **Datenerhebungs- und -verwendungskonzept** zu erstellen und dieses für die Kontrolle durch die oder den BfDI bereit zu halten. Ein solches Datenschutzkonzept muss grundsätzlich und abstrakt die Verarbeitungsprozesse des Analysesystems beschreiben. Neben diesen abstrakten Angaben ist das BSI gem. S. 3 verpflichtet, die im Rahmen der automatisierten Auswertung nach Abs. 1 konkret verwendeten Kriterien zu dokumentieren, um diese einer **Datenschutzkontrolle** zugänglich zu machen. Insbesondere sind hierbei die Überprüfungsroutinen und die verwendeten Virensignaturen zu dokumentieren.[132] Das Ergebnis der Datenschutzkontrolle wird gem. S. 4 durch die oder den BfDI mit dem **Rat der IT-Beauftragten** der Bundesregierung geteilt. Diese Weitergabe an den Rat der IT-Beauftragten soll den Ressorts des Bundes ebenfalls die Möglichkeit einer Überprüfung der Datenverarbeitung durch das BSI einräumen, um die Interessen ihrer Beschäftigten zu Vertreten und damit der hohen Verantwortung der Ressorts gegenüber ihren Mitarbeiterinnern und Mitarbeitern gerecht zu werden.[133] Es ist davon auszugehen, dass hierdurch die durch die Einführung des § 5 entfallene Beteiligung der Personalvertretungen[134] der Bundesbehörden kompensiert werden soll.[135] 89

XI. Pflicht zur jährlichen Unterrichtung der oder des BfDI (Abs. 9)

Neben der Kontrolle auf Veranlassung der oder des BfDI, ist das BSI verpflichtet einen **jährlichen Datenschutzbericht** vorzulegen. Dieser Bericht muss die Anzahl der personenbezogenen manuellen Analysen nach Abs. 3 enthalten, bei denen ein Fehltreffer (sog. „false positive“)[136] erkannt wurde (Nr. 2). Zudem muss das BSI Angaben darüber machen, in wie vielen Fällen die Behörde auf Grundlage von Abs. 4 S. 2 oder 3 von einer **Benachrichtigung** einer betroffenen Person abgesehen hat (Nr. 3). 90

Darüber hinaus muss das BSI gem. Nr. 1 in dem Bericht die **Anzahl der Übermittlungen** an Strafverfolgungsbehörden und Polizeien gem. Abs. 5 S. 1 und 2 Nr. 1 sowie Abs. 6 S. 1 Nr. 1 nennen, inkl. der jeweils konkret genutzten Übermittlungsbefugnis. Ausgenommen von dieser Unterrichtungspflicht nach Nr. 1 91

---

[131] BT-Drs. 16/13259, 7.
[132] BT-Drs. 16/13259, 7.
[133] BT-Drs. 16/11967, 15.
[134] Vgl. *Helmbrecht* in Stellungnahme zum Entwurf im Innenausschuss, Ausschuss-Drs.16(4) 570 A, 6, in Bezug auf die erforderliche Einwilligung der Bundesbediensteten.
[135] Schenke/Graulich/Ruthig/*Buchberger,* Rn. 47.
[136] BT-Drs. 16/13259, 7.

sind Angaben über die Übermittlung von Daten an Nachrichtendienste (Abs. 5 S. 2 Nr. 2. und 3; Abs. 6 S. 1 Nr. 3 und 4) sowie die Übermittlung an Polizeien des Bundes und der Länder (Abs. 6 S. 1 Nr. 2). In Bezug auf die Ausnahme für Nachrichtendienste erscheint dies insoweit nachvollziehbar, als dass auf diese Übermittlungen das Kontrollsystem des Artikel 10-Gesetzes Anwendung findet.[137] Da durch den Verweis in Abs. 6 S. 5 auf das Verfahren nach dem Artikel 10-Gesetz auch die Kontrolle durch das **Parlamentarische Kontrollgremium** und die **G 10-Kommission** erfasst wird, findet bezüglich dieser Übermittlungen eine jedenfalls vergleichbare Kontrolle statt. Die Ausnahme von Abs. 6 S. 1 Nr. 2 erscheint hingegen nicht konsequent. Während eine Übermittlung an die Polizeien nach Abs. 5 S. 2 Nr. 1 in den jährlichen Bericht aufgenommen werden muss, müssen keine Angaben zur Übermittlung an die Polizeien „zu anderen Zwecken" (Abs. 6 S. 1 Nr. 2) enthalten sein. In diesem Umstand vermag man auch mit Blick auf den in Abs. 6 bestehenden Richtervorbehalt kein System zu erkennen. Denn wäre dies der Grund für die Ausnahme, würde dies ebenso auf die Übermittlungen nach Abs. 6 S. 1 Nr. 1 zutreffen, die jedoch von Abs. 9 Nr. 1 ausdrücklich erfasst sind.

XII. Pflicht zur jährlichen Unterrichtung des Innenausschusses des Deutschen Bundestages (Abs. 10)

92 Nach Abs. 10 ist das BSI verpflichtet, dem **Innenausschuss des Deutschen Bundestages** einen jährlichen Bericht über die Anwendung des § 5 vorzulegen. Abs. 10 schränkt die **Berichtspflicht** – anders als Abs. 9 – nicht auf bestimmte Maßnahmen, Ergebnisse oder Übermittlungen ein. Der Bericht an den Innenausschuss ist somit umfassender, beinhaltet aber in jedem Fall auch die Angaben aus Abs. 9.[138] Die Berichtspflicht erfasst grundsätzlich alle Verarbeitungen und Übermittlungen, die auf Grundlage des § 5 durchgeführt wurden. Insbesondere muss das BSI in seinem Bericht auch auf die aktuelle Bedrohungslage für die Informationstechnik des Bundes und die technische Entwicklung der IT-Angriffe sowie der Abwehrsysteme eingehen.[139]

§ 5a Verarbeitung behördeninterner Protokollierungsdaten

[1]Das Bundesamt darf zur Abwehr von Gefahren für die Kommunikationstechnik des Bundes und ihrer Komponenten, einschließlich technischer Infrastrukturen, die zum Betrieb der Kommunikationstechnik des Bundes erforderlich sind, Protokollierungsdaten, die durch den Betrieb von Kommunikationstechnik des Bundes anfallen, verarbeiten, soweit dies zum Erkennen, Eingrenzen oder Beseitigen von Störungen, Fehlern oder Sicherheitsvorfällen in der Kommunikationstechnik des Bundes oder von Angriffen auf die Informationstechnik des Bundes erforderlich ist und Geheimschutzinteressen oder überwiegende Sicherheitsinteressen der betroffenen Stellen nicht entgegenstehen. [2]Die Bundesbehörden sind verpflichtet, das Bundesamt bei Maßnahmen nach Satz 1 zu unterstützen und hierbei den Zugang des Bundesamtes zu behördeninternen Protokol-

---

137 Zweifelnd Schenke/Graulich/Ruthig/*Buchberger,* Rn. 47.
138 BT-Drs. 16/13259, 7.
139 BT-Drs. 16/13259, 7.

lierungsdaten nach Satz 1 sicherzustellen. [3]Hierzu dürfen sie dem Bundesamt die entsprechenden Protokollierungsdaten übermitteln. [4]§ 5 Absatz 1 Satz 5, Absatz 2 bis 4, 8 und 9 gilt entsprechend. [5]§ 4a Absatz 6 gilt für die Verpflichtung nach Satz 2 entsprechend.

Literatur: *Bundesamt für Sicherheit in der Informationstechnik,* Mindeststandard des BSI zur Protokollierung und Detektion von Cyber-Angriffen nach § 8 Absatz 1 Satz 1 BSIG, Version 1.0a vom 25.2.2021; *Heidrich/Wegener,* Rechtliche und technische Anforderungen an die Protokollierung von IT-Daten, MMR 2015, 487; *Hornung/Schallbruch* (Hrsg.), IT-Sicherheitsrecht, 2021; *Schenke/Graulich/Ruthig* (Hrsg.), Sicherheitsrecht des Bundes, 2. Aufl. 2019.

A. Allgemeines

Die Befugnis des BSI zu Verarbeitung behördeninterner Protokollierungsdaten 1
wurde 2021 mit dem IT-SiG 2.0 eingeführt. Damit wird die rechtliche Möglichkeit des BSI, **Gefahren für die Kommunikationstechnik des Bundes abzuwehren,** erweitert. Bis zur Einführung von § 5a durfte das BSI zur Abwehr entsprechender Gefahren gem. § 5 Protokolldaten sowie Daten, die an den Schnittstellen der Kommunikationstechnik des Bundes anfallen, erheben und automatisiert auswerten. Auf Grundlage von § 5a kann das BSI behördeninterne Protokollierungsdaten, dh insbesondere Logdaten, für die spezifische Gefahrenabwehr verarbeiten. Die Verarbeitung dieser Daten ist eine wichtige Voraussetzung für die Gewährleistung eines sicheren und fehlerfreien IT-Betriebs.[1]

B. Einzelerläuterungen

I. Befugnis des BSI zur Verarbeitung von behördeninternen Protokollierungsdaten (S. 1)

Die Vorschrift normiert den Umgang mit Protokollierungsdaten. Umfasst von 2
der Befugnis nach S. 1 sind **zwei Schutzgüter:** die Kommunikationstechnik des Bundes und die Informationstechnik des Bundes. Durch den mit dem IT-SiG 2.0 ebenfalls erweiterten Begriff der Kommunikationstechnik des Bundes (§ 2 Abs. 3 S. 1) sind nunmehr auch die behördeninterne Kommunikation und der **behördeninterne** Datenaustausch gegenständlich als **Schutzgut** der Befugnis erfasst. Zudem knüpft die Norm an den Oberbegriff der Informationstechnik des Bundes (§ 1 Abs. 1) an, der grundsätzlich alle technischen Mittel der Informationsverarbeitung erfasst, ohne dass es darauf ankommt, dass die IT mit anderen informationstechnischen Systemen verbunden ist.

Der Begriff der **Protokollierungsdaten** ist in **§ 2 Abs. 8a** legaldefiniert. Es 3
handelt sich dabei um Aufzeichnungen über technische Ergebnisse und Zustände innerhalb informationstechnischer Systeme. IT-forensisch können diese **Logdaten** tatsächliche Anhaltspunkte für die Erkennung und Analyse laufender und die Rekonstruktion vergangener Angriff auf die Informations- und Kommunikationstechnik liefern.[2] Erfasst sind dabei auch Daten wie IP-Adressen, die Aufschluss über

[1] Dazu *Heidrich/Wegener,* MMR 2015, 487 (487).
[2] BT-Drs. 19/26106, 56.

die Umstände der von Beschäftigten oder anderen Nutzern über die Kommunikationstechnik des Bundes abgewickelte Kommunikation zulassen und daher im Einzelfall durch **Art. 10 GG** geschützt sein können.[3] Entsprechend dem Zitiergebot aus Art. 19 Abs. 1 S. 2 GG ist § 5a in § 11 genannt.

4 Der **Verarbeitungsbegriff** knüpft inhaltlich an den **weiten** allgemeinen datenschutzrechtlichen Begriff nach Art. 4 Nr. 2 DS-GVO an. Danach sind grds. alle denkbaren Verarbeitungsschritte wie etwa das Erheben, die Speicherung oder die Offenlegung durch Übermittlung erfasst.

5 Die Verarbeitungsbefugnis ist auf **bestimmte Zwecke** eingegrenzt. Dabei kommt es auf das betroffene Schutzgut an (→ Rn. 2). Die Datenverarbeitung muss jeweils zum Erkennen, Eingrenzen oder Beseitigen bestimmter Dysfunktionen und Gefahren erforderlich sein. Hinsichtlich der Kommunikationstechnik des Bundes bezieht sich die Verarbeitung auf Störungen, Fehler oder Sicherheitsvorfälle, hinsichtlich der Informationstechnik des Bundes auf Angriffe. Eine Auswertung von **Kommunikationsinhalten** ist **nicht Gegenstand** der Protokollierungsdatenverarbeitung.[4] Das Erstellen von Nutzerprofilen, etwa zur Leistungs- und Verhaltenskontrolle, darf aufgrund der Zweckbestimmung nicht Gegenstand der Protokollierungsdatenverarbeitung sein.

6 Der Begriff der **Störung** wird im BSIG nicht näher erläutert. Grundsätzlich ist dem Begriff ein weiteres, **funktionales Verständnis** zugrunde zu legen. Eine Störung kann angenommen werden, wenn die eingesetzte Technik eine ihr zugedachte Funktion nicht mehr richtig oder nicht mehr vollständig erfüllen kann, oder versucht wurde, entsprechend auf sie einzuwirken.[5]

7 Die Befugnis besteht nach S. 1 aE nur, wenn Geheimschutzinteressen oder überwiegende Sicherheitsinteressen der betroffenen Stellen nicht entgegenstehen. Auf diesen Vorbehalt können sich insbesondere Nachrichtendienste und andere Sicherheitsbehörden berufen (→ § 4a Rn. 3). Die Voraussetzungen und Verfahren hinsichtlich des Vorliegens **überwiegender Sicherheitsinteressen** soll eine **Verwaltungsvereinbarung** zwischen dem BSI, dem BKA, dem BfV und weiterer Sicherheitsbehörden des Bundes bis spätestens zwei Jahre nach Inkrafttreten dieses Gesetzes regeln.[6]

II. Mitwirkungspflicht der Bundesbehörden (S. 2)

8 Die Bundesbehörden sind bei der technischen Realisierung der Protokollierungsdatenverarbeitung durch das BSI nach S. 2 zur Mitwirkung verpflichtet. Ein Einvernehmen der Behörden ist nicht erforderlich. Die Pflicht entspricht der Verpflichtung gem. § 5 Abs. 1 S. 4 iRd Protokolldatenverarbeitung, die eingeführt wurde, damit **das BSI die Behörden verpflichten kann,** entsprechende Daten zu erheben, die erforderlichen Schritte einzuleiten oder diese Daten dem BSI zu Verfügung zu stellen.[7]

9 Im Übrigen besteht ein **Mindeststandard des BSI** nach § 8 Abs. 1 S. 1 zur Protokollierung und Detektion von Cyber-Angriffen. Dieser dient insbesondere als

[3] BT-Drs. 19/26106, 89.
[4] BT-Drs. 19/26106, 56.
[5] Vgl. Schenke/Graulich/Ruthig/*Buchberger,* § 8b Rn. 4f.
[6] BT-Drs. 19/26106, 64.
[7] BT-Drs. 18/5121, 14.

Grundlage für die Umsetzung von organisatorischen und technischen Maßnahmen.[8]

III. Übermittlungsbefugnis der Bundesbehörden (S. 3)

10 Aus der Mitwirkungspflicht nach S. 2 ergibt sich auch die Befugnis, die Protokollierungsdaten, welche die verpflichtete Bundesbehörde erhebt, an das BSI zu übermitteln. Die **datenschutzrechtliche Befugnis** folgt aus Art. 6 Abs. 1 UAbs. 1 lit c DS-GVO iVm § 5a S. 2 BSIG.[9] S. 3 stellt diesbezüglich eine Klarstellung dar.[10]

IV. Voraussetzungen und Beschränkungen der Protokollierungsdatenverarbeitung (S. 4)

11 Die Verarbeitung der Protokollierungsdaten unterliegt durch die entsprechenden Verweise in S. 4 auf § 5 Abs. 1 S. 5, Abs. 2–4, 8 und 9 denselben **strengen Beschränkungen wie die Verarbeitung** von Protokolldaten.

So dürften Protokollierungsdaten der **Bundesgerichte** nur in deren Einvernehmen erhoben werden. Soweit sie nicht öffentlich-rechtliche Verwaltungsaufgaben wahrnehmen und die IT ausschließlich in eigener Zuständigkeit betrieben wird, sind diese begrifflich bereits gem. § 2 Abs. 3 S. 2 nicht Kommunikationstechnik des Bundes. Durch den Verweis auf § 5 Abs. 2–4 greifen die Anforderungen und Voraussetzungen zur **Speicherung** und zur **Speicherdauer** (§ 5 Abs. 2), zur **manuellen Verarbeitung** zur Sicherstellung einer fehlerfreien automatisierten Auswertung (§ 5 Abs. 2a), zur über § 5 Abs. 2 **hinausgehenden Verwendung personenbezogenen Daten** zur Bestätigung oder Widerlegung näher bestimmter Verdachtsumstände (§ 5 Abs. 3) und zur **Benachrichtigung der Beteiligten** des Kommunikationsvorgangs nach dem Erkennen sowie der Abwehr von Störungen, Fehlern oder Sicherheitsvorfällen (§ 5 Abs. 4) entsprechend. Das BSI hat vor Erhebung und Verwendung von Protokollierungsdaten gem. S. 4 iVm § 5 Abs. 9 ein dem besonderen Schutzbedürfnis der Regierungskommunikation Rechnung tragendes **Konzept** zu erstellen und für **Kontrollen** durch den Bundesbeauftragten für den Datenschutz und die Informationsfreiheit **(BfDI)** bereitzuhalten. Die für die automatisierte Auswertung verwendeten Kriterien sind zu dokumentieren.

12 Der oder die BfDI teilt das **Ergebnis seiner bzw. ihrer Kontrolle** nach § 16 BDSG auch dem Rat der IT-Beauftragten der Bundesregierung (§ 12) mit, S. 4 iVm § 5 Abs. 8 S. 2. Das BSI **unterrichtet** jährlich den oder die BfDI entsprechend S. 4 iVm § 5 Abs. 9.

V. Ausnahme für die IT der Streitkräfte (S. 5)

13 Aus S. 5 ergibt sich, dass die Mitwirkungspflicht nach S. 2 nicht für die nach § 4a Abs. 6 ausgenommenen Bereiche gilt. Die Verarbeitung von Protokollierungsdaten durch das BSI nach S. 1 und die Übermittlung von entsprechenden Daten durch die entsprechenden Stellen iSv § 4a Abs. 6 nach S. 3 bleiben gleichwohl zulässig.

---

[8] *BSI,* Mindeststandard des BSI zur Protokollierung und Detektion von Cyber-Angriffen nach § 8 Absatz 1 Satz 1 BSIG, Version 1.0a vom 25.2.2021, S. 2. Der Hinweis auf § 8 Abs. 1 S. 1 bezieht sich auf die Fassung durch Art. 1 G v. 14.8.2009 (BGBl. I S. 2821), zuletzt geändert durch Art. 73 VO v. 19.6.2020 (BGBl. I S. 1328).

[9] Hornung/Schallbruch IT-SicherheitsR/*Jandt,* § 17 Rn. 61.

[10] BT-Drs. 19/26106, 64.

§ 5b Wiederherstellung der Sicherheit oder Funktionsfähigkeit informationstechnischer Systeme in herausgehobenen Fällen

(1) [1]Handelt es sich bei einer Beeinträchtigung der Sicherheit oder Funktionsfähigkeit eines informationstechnischen Systems einer Stelle des Bundes oder eines Betreibers einer Kritischen Infrastruktur oder eines Unternehmens im besonderen öffentlichen Interesse um einen herausgehobenen Fall, so kann das Bundesamt auf Ersuchen der betroffenen Stelle oder des betroffenen Betreibers die Maßnahmen treffen, die zur Wiederherstellung der Sicherheit oder Funktionsfähigkeit des betroffenen informationstechnischen Systems erforderlich sind. [2]Soweit das Bundesamt erste Maßnahmen zur Schadensbegrenzung und Sicherstellung des Notbetriebes vor Ort ergreift, werden hierfür keine Gebühren oder Auslagen für die Tätigkeit des Bundesamtes erhoben. [3]Hiervon unberührt bleiben etwaige Kosten für die Hinzuziehung qualifizierter Dritter.

(2) [1]Ein herausgehobener Fall nach Absatz 1 liegt insbesondere dann vor, wenn es sich um einen Angriff von besonderer technischer Qualität handelt oder die zügige Wiederherstellung der Sicherheit oder Funktionsfähigkeit des betroffenen informationstechnischen Systems von besonderem öffentlichem Interesse ist.

(3) [1]Das Bundesamt darf bei Maßnahmen nach Absatz 1 personenbezogene oder dem Fernmeldegeheimnis unterliegende Daten erheben und verarbeiten, soweit dies zur Wiederherstellung der Sicherheit oder Funktionsfähigkeit des betroffenen informationstechnischen Systems erforderlich und angemessen ist. [2]Die Daten sind unverzüglich zu löschen, sobald sie für die Wiederherstellung der Sicherheit oder Funktionsfähigkeit des informationstechnischen Systems nicht mehr benötigt werden. [3]Wenn die Daten in Fällen des Absatzes 4 an eine andere Behörde zur Erfüllung von deren gesetzlichen Aufgaben weitergegeben worden sind, darf das Bundesamt die Daten abweichend von Satz 2 bis zur Beendigung der Unterstützung dieser Behörden weiterverarbeiten. [4]Eine Nutzung zu anderen Zwecken ist unzulässig. [5]§ 5 Absatz 7 ist entsprechend anzuwenden.

(4) [1]Das Bundesamt darf Informationen, von denen es im Rahmen dieser Vorschrift Kenntnis erlangt, nur mit Einwilligung des Ersuchenden weitergeben, es sei denn, die Informationen lassen keine Rückschlüsse auf die Identität des Ersuchenden zu oder die Informationen können entsprechend § 5 Absatz 5 und 6 übermittelt werden. [2]Zugang zu den in Verfahren nach Absatz 1 geführten Akten wird Dritten nicht gewährt.

(5) [1]Das Bundesamt kann sich bei Maßnahmen nach Absatz 1 mit der Einwilligung des Ersuchenden der Hilfe qualifizierter Dritter bedienen, wenn dies zur rechtzeitigen oder vollständigen Wiederherstellung der Sicherheit oder Funktionsfähigkeit des betroffenen informationstechnischen Systems erforderlich ist. [2]Die hierdurch entstehenden Kosten hat der Ersuchende zu tragen. [3]Das Bundesamt kann den Ersuchenden auch auf qualifizierte Dritte verweisen. [4]Das Bundesamt und vom Ersuchenden oder vom Bundesamt nach Satz 1 beauftragte Dritte können einander bei Maßnahmen nach Absatz 1 mit der Einwilligung des Ersuchenden Daten übermitteln. [5]Hierfür gilt Absatz 3 entsprechend.

(6) **Soweit es zur Wiederherstellung der Sicherheit oder Funktionsfähigkeit des informationstechnischen Systems erforderlich ist, kann das Bundesamt vom Hersteller des informationstechnischen Systems verlangen, an der Wiederherstellung der Sicherheit oder Funktionsfähigkeit mitzuwirken.**

(7) [1]**In begründeten Einzelfällen kann das Bundesamt auch bei anderen als den in Absatz 1 genannten Einrichtungen tätig werden, wenn es darum ersucht wurde und es sich um einen herausgehobenen Fall im Sinne des Absatzes 2 handelt.** [2]**Ein begründeter Einzelfall liegt in der Regel vor, wenn eine Stelle eines Landes betroffen ist.**

(8) [1]**Im Falle von Anlagen oder Tätigkeiten, die einer Genehmigung nach dem Atomgesetz bedürfen, ist in Fällen der Absätze 1, 4, 5 und 7 vor Tätigwerden des Bundesamtes das Benehmen mit den zuständigen atomrechtlichen Aufsichtsbehörden des Bundes und der Länder herzustellen.** [2]**Im Falle von Anlagen oder Tätigkeiten, die einer Genehmigung nach dem Atomgesetz bedürfen, haben bei Maßnahmen des Bundesamtes nach § 5b die Vorgaben aufgrund des Atomgesetzes Vorrang.**

Literatur: *Akkilic,* Der Umgang mit unzulässig erhobenen Daten im arbeitsgerichtlichen Verfahren, NZA 2020, 623; *Brink/Schwab,* Die private E-Mail-Nutzung am Arbeitsplatz, ArbRAktuell 2018, 111; *Fokken,* Telekommunikationsrechtliche Pflichten des Arbeitgebers bei privater E-Mail-Nutzung der Mitarbeiter, NZA 2020, 629; *Herzog/Scholz/Herdegen/Klein* (Hrsg.), Dürig/Herzog/Scholz, Grundgesetz-Kommentar, 98. EL 2022; *Kipker,* Der BMI-Referentenentwurf zur Umsetzung der NIS-RL, MMR 2017, 143; *Kühling/Buchner* (Hrsg.), DS-GVO BDSG, 3. Aufl. 2020; *Linck/Preis/Schmidt* (Hrsg.), Ascheid/Preis/Schmidt, Kündigungsrecht, 6. Aufl. 2021; *Schenke/Graulich/Ruthig* (Hrsg.), Sicherheitsrecht des Bundes, 2. Aufl. 2019; *Schlegel,* Einsatz von sog. „Data Loss Prevention"-Software im Unternehmen, MMR 2020, 3; *Taeger/Pohle* (Hrsg.), Computerrechts-Handbuch, 37. EL 2022.

Inhaltsübersicht

A. Allgemeines

Erwgr. 34 der NIS-RL) sieht vor, dass Mitgliedsstaaten über angemessene und organisatorische Fähigkeiten zur Reaktion und Abschwächung von Sicherheitsvorfällen im Bereich der Informationstechnik verfügen sollen. Mit § 5b wird diese Vor- 1 gabe dergestalt umgesetzt, dass dem BSI eine rechtliche Grundlage für die Errichtung sog. **Mobile Incident Response Teams (MIRT)** und ein entsprechender Befugnisrahmen für deren Einsatz bei der Bewältigung von Angriffen auf informationstechnische Systeme eingeräumt wird. Gemeinsam mit § 5b wurde auch der § 3 Abs. 1 S. 2 Nr. 18 in das BSIG eingefügt.[1] Dieser stellt die grundlegende Aufgabenzuweisung an das BSI dar, die in § 5b genannten Stellen zu Unterstützen. § 5b ist die hiermit korrespondierende **Eingriffsnorm,** welche insbesondere aufgrund der möglichen Grundrechtseingriffe in das Recht auf informationelle Selbstbestimmung sowie das Fernmeldegeheimnis erforderlich ist. Die Maßnahmen, die das BSI zur Erfüllung seiner Aufgabe aus § 3 Abs. 1 S. 2 Nr. 18 auf Grundlage von § 5b durchführt oder durchführen lässt, gehen über den durch § 3 Abs. 3 gezogenen Rahmen der reinen Beratung und Unterstützung von Kritischen Infrastrukturen hinaus.[2] Zwar kann das BSI nach beiden Normen nur die Maßnahmen ergreifen, um die es direkt ersucht wurde; § 5b ermöglicht dem BSI jedoch auch die erforderlichen Maßnahmen vorzunehmen, in welche die ersuchende Einrichtung mangels rechtlicher Kompetenz nicht einwilligen kann, zB eine Netzwerkanalyse, bei der auch Daten von Dritten betroffen sein können.[3] Durch die Aufnahme des § 5b wurde eine informationstechnische Generalklausel[4] zur **operativen Gefahrenabwehr**[5] und damit ein wesentlicher Baustein zur Bewältigung von Angriffen auf die Informationssicherheit der Informationstechnik des Bundes sowie der Kritischen Infrastrukturen in das BSIG eingefügt.

B. Einzelerläuterungen

I. Wiederherstellung der Sicherheit oder Funktionsfähigkeit informationstechnischer Systeme in herausgehobenen Fällen (Abs. 1)

2 S. 1 setzt eine **Beeinträchtigung** der Sicherheit oder Funktionsfähigkeit eines informationstechnischen Systems voraus und ermächtigt das BSI, die Maßnahmen zu treffen, die für eine **Wiederherstellung** der Sicherheit oder Funktionsfähigkeit des betroffenen Systems erforderlich sind. Die Norm ermächtigt somit zu einer speziellen Form der Gefahrenabwehr, was der **sonderordnungsbehördlichen Funktion** des BSI[6] entspricht.

3 Die Art und Weise der Maßnahmen wird durch die Norm nicht weiter konkretisiert. Dies wäre aufgrund der vielfältigen Möglichkeiten denkbarer Beeinträchtigungen der Sicherheit und Funktionsfähigkeit wohl auch kaum umsetzbar. Ermöglicht werden daher, im Rahmen der Verhältnismäßigkeit, alle Formen der **technischen und organisatorischen Unterstützung,** die unmittelbar der

---

[1] Die Aufgabe aus § 3 Abs. 1 S. 2 Nr. 18 verweist noch auf § 5a. Dies ist lediglich ein redaktionelles Versehen des Gesetzgebers, der – im Rahmen der Überarbeitung des BSIG durch das IT-SiG 2.0 (BT-Drs. 19/26106) – die Nummerierung des § 5a auf § 5b geändert, den Verweis in der korrespondierenden Aufgabe jedoch nicht angepasst hat.

[2] BT-Drs. 18/11242, 39.

[3] BT-Drs. 18/11242, 39.

[4] Dürig/Herzog/Scholz/*Durner*, GG Art. 10, Rn. 268.

[5] BT-Drs. 18/11242, 39; Schenke/Graulich/Ruthig/*Buchberger*, § 5a Rn. 1.

[6] BT-Drs. 19/26106, 63.

Schadensbegrenzung oder der Sicherstellung eines **Notbetriebes** vor Ort dienen. In Bezug auf Schadensbegrenzung und Notbetrieb findet S. 1 dort seine Grenzen, wo durch die Maßnahmen des BSI ein stabiler und sicherer Betrieb der **Basisfunktionalitäten** des betroffenen Systems wieder hergestellt ist. Ein **stabiler Betrieb** von Basisfunktionalitäten wird frühestens dann wieder gegeben sein, wenn der berechtigte Betreiber wieder dergestalt die Kontrolle über das betroffene System erlangt hat, dass eine grundlegende Arbeitsfähigkeit des jeweiligen Betriebes wieder hergestellt ist und der Betreiber die nach dem Angriff ggf. weiterhin erforderlichen Reparatur- und Bereinigungsarbeiten eigenständig durchführen oder einen Dritten in die Lage versetzten kann, diese für ihn durchzuführen. **Sicher** wird der Betrieb von Basisfunktionalitäten erst dann wieder sein, wenn Verfügbarkeit, Integrität und Vertraulichkeit des betroffenen Systems durch den jeweiligen Vorfall nicht mehr beeinträchtigt werden können. Dies ist jedenfalls dann noch nicht der Fall, wenn sich ein Angreifer noch im betroffenen System befindet oder dieses noch nicht vollständig von dem ursächlichen Schadprogramm bereinigt oder die Funktionsweise des Schadprogramms zumindest vollständig neutralisiert wurde.

Darüber hinaus werden dem BSI von der Norm weitergehende **forensische** 4 **Untersuchungen** sowie die Unterstützung der betroffenen Einrichtung bei der **Beseitigung der Ursachen** des Vorfalls und der Wiederherstellung des **Normalbetriebes** ermöglicht.[7] Dem BSI wird somit ein weiter Handlungsspielraum eingeräumt, der von rein analytischen Maßnahmen, wie der Auswertung des Netzwerkverkehrs eines betroffenen Systems, bis hin zu aktiven Abwehrmaßnahmen, wie zB dem Blockieren von Netzwerkverbindungen zu den Gefahrenquellen, reicht.[8] Insgesamt soll die Norm aber den **Charakter einer Notfallhilfe** haben und ausdrücklich keinen Fehlanreiz für ein verantwortungsloses oder leichtsinniges Verhalten von Stellen des Bundes, Betreibern Kritischer Infrastrukturen oder Unternehmen im besonderen öffentlichen Interesse in Bezug auf deren eigenständige Aufgabe zum Schutz vor Angriffen und anderen IT-Sicherheitsvorfällen setzen.[9] Ein solcher Gedanke erscheint h.E auch abwegig. Es darf bezweifelt werden, dass eine der durch § 5b begünstigten Stellen bewusst auf einen ausreichenden Schutz der eigenen Informationstechnik verzichtet, weil das BSI im Schadensfall, nach eigenem Ermessen, ein MIRT zur Unterstützung aussenden kann und diese Unterstützung bis zur Sicherstellung des **Notbetriebes** gebührenfrei ist (S. 2).

Ziel der Maßnahmen muss die **Wiederherstellung** der Sicherheit oder der 5 Funktionsfähigkeit eines IT-Systems sein, bei dem eben diese Eigenschaften zuvor negativ beeinträchtigt wurden. Unter dem Begriff Sicherheit ist in diesem Zusammenhang die **IT-Sicherheit** zu verstehen, dh die Wiederherstellung von Verfügbarkeit, Integrität oder Vertraulichkeit[10] der mit dem betroffenen System verarbeiteten Daten. Die **Funktionsfähigkeit** bezieht sich hingegen direkt auf die Gesamtfunktionalität des beeinträchtigten Verarbeitungssystems. Abhängig von dem beeinträchtigten IT-System und der Art der Beeinträchtigung können die Begriffe jedoch nicht trennscharf voneinander abgegrenzt werden und weisen eine gewisse Schnittmenge auf. So kann beispielsweise eine Beeinträchtigung der Verfügbarkeit von Daten auch eine Beeinträchtigung der Funktionsfähigkeit des IT-Systems darstellen,

[7] BT-Drs. 18/11242, 40.
[8] BT-Drs. 18/11242, 40.
[9] BT-Drs. 18/11242, 40.
[10] S. § 2 Abs. 2.

wenn die Verarbeitung dieser beeinträchtigten Daten eine elementare Funktion des jeweiligen IT-Systems darstellt.

6 Die Maßnahmen nach Abs. 1 können grundsätzlich nur zur Unterstützung einer in Abs. 1 genannten Einrichtung, dh einer **Stelle des Bundes,** eines Betreibers einer **Kritischen Infrastruktur** oder eines **Unternehmens im besonderen öffentlichen Interesse**[11], durchgeführt werden. Die Unterstützung einer anderen Stelle kann nur ausnahmsweise unter den zusätzlichen Voraussetzungen des Abs. 7 erfolgen.

7 Das BSI muss vor Beginn der Maßnahmen von der betroffenen Einrichtung um Unterstützung **ersucht** worden sein. Es ist demnach nicht befugt, gegen oder ohne den Willen der jeweiligen Einrichtung tätig zu werden. Das **Ersuchen** ist an keine bestimmte Form gebunden. Des Weiteren muss es sich bei der Beeinträchtigung um einen **herausgehobenen Fall** handeln. Durch diese Voraussetzung wird ebenfalls der Notfallcharakter der Norm deutlich. Der Einsatz eines BSI MIRT soll nicht in Fällen erfolgen, bei denen die Wiederherstellung mit bekannten Maßnahmen und einfach zugänglichen Mitteln erreicht werden kann. Die Eigenschaften eines herausgehobenen Falls werden in Abs. 2 weiter konkretisiert.

8 Dem BSI wird durch die Norm **Ermessen** eingeräumt („… so kann das Bundesamt …"). Es muss also in eigener Verantwortung prüfen, ob die Voraussetzungen für einen MIRT Einsatz gegeben sind und ob die möglichen Maßnahmen des BSI geeignet, erforderlich und angemessen sind, um die Sicherheit oder Funktionsfähigkeit des betroffenen IT-Systems wieder herzustellen. Zudem wird durch das eingeräumte Ermessen klargestellt, dass die ersuchende Einrichtung **keinen Anspruch** auf ein Tätigwerden des BSI hat.[12]

9 Erste Maßnahmen des BSI zur Schadensbegrenzung und Sicherstellung des **Notbetriebes** vor Ort sind gem. S. 2 **gebührenfrei.** Hiermit wird dem Umstand Rechnung getragen, dass es ein herausragendes öffentliches Interesse an der Sicherheit der von dem Anwendungsbereich des § 5b erfassten Einrichtungen gibt. Zudem soll gewährleistet werden, dass von einem Hilfeersuchen nicht aus Kostengründen abgesehen wird.[13] Mit Blick auf die von § 5b adressierten Fallkonstellationen erscheint diese Befürchtung jedoch nicht wahrscheinlich. Eine betroffene Einrichtung, deren Informationstechnik dergestalt beeinträchtigt ist, dass sie zB eine kritische Dienstleistung nicht mehr erbringen kann, wird wohl nicht aus Kostengründen von einem Hilfeersuchen absehen. Realistischer erscheint eher der Gedanke, dass – insbesondere in großen Unternehmen – Verhandlungen und erforderliche Abstimmungsprozesse zur Freigabe entsprechender Mittel die Gefahr einer zusätzlichen **zeitlichen Verzögerung** mit sich bringen und eine solche Verzögerung in einer Notfallsituation vermieden werden soll. Von der Gebührenfreiheit ausgenommen sind nach S. 3 die Kosten, die durch die **Hinzuziehung von Dritten** entstehen. Die hierdurch entstehenden Kosten sind von der ersuchenden Einrichtung zu tragen.

---

[11] Die Unternehmen im besonderen öffentlichen Interesse wurden durch das IT-SiG 2.0 (BT-Drs. 19/26106, 65) in den Adressatenkreis des § 5b aufgenommen.

[12] BT-Drs. 18/11242, 40.

[13] BT-Drs. 18/11242, 39.

II. Merkmale eines „herausgehobenen Falles" (Abs. 2)

Durch Abs. 2 soll festgelegt werden, wann ein **herausgehobener Fall** iSv Abs. 1 vorliegt. Abs. 2 zählt hierfür zwei unterschiedliche Eigenschaften auf, von denen die Beeinträchtigung des IT-Systems jedenfalls eine aufweisen muss, um als herausgehobener Fall eingestuft werden zu können. Ein solcher liegt vor, wenn es sich bei der Beeinträchtigung um einen Angriff von **besonderer technischer Qualität** handelt oder die zügige Wiederherstellung der Sicherheit oder Funktionsfähigkeit des betroffenen IT-Systems von **besonderem öffentlichem Interesse** ist. Diese beiden Eigenschaften sind sehr unbestimmt und bedürfen einer weitergehenden Auslegung. Ein Angriff von besonderer Qualität soll vorliegen, wenn zumindest der Verdacht auf einen **Advanced Persistent Threat** (APT) besteht. Ebenso sei die erforderliche Angriffsqualität gegeben, wenn die Beeinträchtigung mittels eines **Distributed-Denial-of-Service-Angriffes** (DDoS-Angriff) durchgeführt und hierbei eine **außergewöhnliche Bandbreite** oder **Technik** eingesetzt wurde.[14] Daneben soll eine besondere Qualität auch gegeben sein, wenn es sich bei der Beeinträchtigung um den **erstmaligen Einsatz** eines **Verschlüsselungstrojaners** handelt. Bei einer wiederholten Beeinträchtigung durch einen identischen Verschlüsselungstrojaner, auch bei anderen betroffenen Einrichtungen, solle diese besondere Qualität jedoch nicht mehr gegeben sein, da keine neue Technik verwendet werde und eine Anleitung zum Umgang mit dem Verschlüsselungstrojaner bereits – jedenfalls in Fachkreisen – bekannt sei.[15] Diese drei sehr konkreten Beispiel, die dem Gesetzgeber als Inspiration für das Kriterium der besonderen Qualität dienten, spiegeln einige zum Zeitpunkt der Gesetzgebung häufig auftretende Bedrohungen für IT-Systeme wieder. Sie stellen keine abschließende Aufzählung von Angriffen mit besonderer Qualität dar. 10

Aus den drei Beispielen lassen sich jedoch abstrakte Kriterien für eine nähere **Definition** eines Angriffs von besonderer Qualität ableiten. Ein APT-Angriff zeichnet sich insbesondere dadurch aus, dass Standardsicherungsmaßnahmen zu seiner Abwehr nicht ausreichen. Der Angreifer geht hierbei sehr gezielt vor, nutzt häufig zum Eindringen und zur Manipulation sehr spezifische Schwachstellen des konkreten Systems und verhält sich idR sehr vorsichtig, um für eine lange Zeit nicht entdeckt zu werden. Die besondere Gefahr eines durch das beschriebene Vorgehen geprägten Angriffs resultiert also aus den **besonderen Kenntnissen und Fähigkeiten** sowie der **technischen Überlegenheit** des Angreifers gegenüber grundlegenden, allgemein bekannten und idR weit verbreiteten Basissicherungsmaßnahmen. Ein DDoS-Angriff, der mit einer außergewöhnlichen Bandbreite oder Technik durchgeführt wird, stellt eine besonders schlagkräftige Attacke auf das IT-System der betroffenen Einrichtung dar. Hat ein Angreifer die Ressourcen für einen solchen Überlastungsangriff, zB durch die Kontrolle über ein Bot-Netzwerk, ist es ihm technisch leicht möglich, diese gegen unterschiedliche Ziele einzusetzen. Die besondere Qualität wird in diesem Beispiel also nicht durch die Art des Angriffes („DDoS") bestimmt, sondern durch die hierfür eingesetzten „außergewöhnlichen", dh (quantitativ oder qualitativ) **„überlegenen", Ressourcen.** Diese können eine grundlegende Bedrohung für eine Vielzahl von IT-Systemen darstellen. Abstrakt werden mit diesem Beispiel also Angriffe erfasst, die mittels überlegener Ressourcen im Vergleich zur Verarbeitungskapazität des Opfersystems 11

[14] BT-Drs. 18/11242, 40f.

[15] BT-Drs. 18/11242, 41.

durchgeführt werden. Das im Weiteren angeführte Beispiel des Verschlüsselungstrojaners bezieht sich auf ein Schadprogramm, durch welches ein Angreifer dem Systembetreiber technisch den Zugriff oder die Verfügungsgewalt über das IT-System entzieht oder die auf dem System befindlichen Daten verschlüsselt. In der Regel werden diese Schadprogramme eingesetzt, um Lösegeld von der betroffenen Einrichtung zu erpressen. Verschlüsselungstrojaner werden daher auch als sog. **„Ransomware"** bezeichnet. Dem Konzept der Lösegelderpressung liegt zugrunde, dass nur der Erpresser den vom Opfer gewünschten Erfolg (ggf. in der erforderlichen Zeit) erzielen kann. In Bezug auf einen Verschlüsselungstrojaner ist dies nur in den Fällen gegeben, in denen noch kein Dritter die Möglichkeit hat, die Wirkung des Schadprogramms aufzuheben, zB durch die Dekodierung der verschlüsselten Dateien im Opfersystem. Dies ist nur dann der Fall, wenn der Verschlüsselungstrojaner oder dessen technische Wirkung auf einer bisher unbekannten oder ungelösten Einmaligkeit beruht, also eine **besondere technische Originalität** besitzt. Aus den drei genannten Beispielen lässt sich somit ableiten, dass eine **besondere Qualität** des Angriffs insbesondere dann vorliegt, wenn sich der Angriff durch besondere Kenntnisse und Fähigkeiten, technische Überlegenheit, den Einsatz qualitativ oder quantitativ überlegener Ressourcen oder eine besondere technische Originalität auszeichnet.

12 Ein **besonderes öffentliches Interesse** an der zügigen Wiederherstellung der Sicherheit oder Funktionsfähigkeit eines informationstechnischen Systems ist dann gegeben, wenn die Beeinträchtigung der betroffenen Einrichtung so groß ist, dass diese eine spürbare Auswirkung auf das Gemeinwohl hat. In Bezug auf eine **Kritische Infrastruktur** ist dies der Fall, wenn die Versorgung der Bevölkerung aufgrund der Beeinträchtigung nicht mehr sichergestellt oder jedenfalls unmittelbar gefährdet ist, zB wenn ein Ausfall der betroffenen Einrichtung droht oder von der Einrichtung potenzielle Gefahren für Leib und Leben der Bevölkerung ausgehen. Gleiches gilt für Angriffe auf **Unternehmen von besonderem öffentlichem** Interesse. Bei einer **Stelle des Bundes** ist von einem besonderen öffentlichen Interesse auszugehen, wenn deren Sicherheit oder Arbeitsfähigkeit nicht unerheblich beeinträchtigt wird, zB wenn ein staatliches IT-System durch einen Angreifer kompromittiert wurde und durch diese Beeinträchtigung die Funktionsfähigkeit oder Vertraulichkeit des behördlichen Handelns nicht mehr sichergestellt ist.[16]

13 Durch die Formulierung **„insbesondere"** wird Abs. 2 für die Einbeziehung von Merkmalen geöffnet, die mit den beiden aufgezählten vergleichbar sind. Abs. 2 ist somit keine eindeutige Definition des herausgehobenen Falles, sondern stellt durch die nicht abschließende Aufzählung von Fällen lediglich eine Orientierungshilfe für die qualitative Bewertung der Beeinträchtigung dar. Aus den beispielhaft gewählten Kriterien für einen herausgehobenen Fall wird die wesentliche Intention der Norm deutlich. Die MIRT des BSI sollen nicht bei jeder beliebigen Beeinträchtigung eines IT-Systems um Unterstützung ersucht werden. Vielmehr sind die MIRT für die Fälle gedacht, in denen die Beeinträchtigung eine besonders hohe Qualität aufweist und die ersuchende Einrichtung diesen Vorfall nicht ohne weiteres durch eigenes Handeln bewältigen kann.[17]

---

[16] BT-Drs. 18/11242, 41.
[17] BT-Drs. 18/11242, 40.

III. Verarbeitung personenbezogener oder dem Fernmeldegeheimnis unterliegender Daten (Abs. 3)

Für die Wiederherstellung der Sicherheit oder Funktionsfähigkeit des betroffenen informationstechnischen Systems werden idR **umfassende Analysen** des Angriffsweges und der Angriffsausbreitung erforderlich sein. Dies erfolgt beispielsweise über die Auswertung von Log- und Kommunikationsdaten der betroffenen Systeme und Netze.[18] Bei den hierbei verarbeiteten Daten wird es sich nicht ausschließlich um rein dienstliche oder betriebliche, nicht-personenbezogene Daten handeln. Vielmehr ist davon auszugehen, dass bei einer umfassenden Analyse des betroffenen Systems zumindest die Möglichkeit eines Zugriffs auf **personenbezogene Daten** besteht. Ähnlich wie in § 12 TTDSG stehen damit die Interessen an der effektiven Wiederherstellung des Systems in einem Konflikt zu den Interessen der betroffenen Personen an dem Schutz ihrer personenbezogenen Daten.[19] 14

Vor diesem Hintergrund ermächtigt Abs. 3 die MIRT des BSI bei Maßnahmen nach Abs. 1 in **das Recht auf informationelle Selbstbestimmung** aus Art. 2 Abs. 1 iVm Art. 1 Abs. 1 GG sowie in das **Fernmeldegeheimnis** nach Art. 10 GG einzugreifen. Aufgrund dieser gesetzlichen Ermächtigung ist für die **Verarbeitung** der Daten **keine Einwilligung** der betroffenen Personen erforderlich. Die Voraussetzung des vorherigen Ersuchens der betroffenen Einrichtung wird durch Abs. 3 jedoch nicht aufgehoben. Vielmehr schafft Abs. 3 eine eindeutige Rechtslage für die Fälle, in denen die betroffene Einrichtung bzw. deren Entscheidungsträger im Rahmen ihres Hilfeersuchens nicht die **rechtliche Kompetenz** besitzen, eine Datenverarbeitung durch das BSI zu erlauben.[20] Dies kann zum einen der Fall sein, wenn die betroffene Einrichtung weder aufgrund gesetzlicher, noch vertraglicher Regelungen die Entscheidungsbefugnis besitzt, einem Dritten, dh dem BSI oder einem hinzugezogenen IT-Dienstleister, die Verarbeitung der von ihrem IT-System genutzten personenbezogene Daten zu gewähren. Zum anderen sieht sich die betroffene Einrichtung, die ihren Beschäftigten die private Nutzung der dienstlichen oder betrieblichen Informationstechnik gestattet hat, im Einsatzfall mit der umstrittenen Problematik konfrontiert, ob sie im Verhältnis zu ihren Beschäftigten als Anbieter von Telekommunikationsdiensten iSd § 3 Nr. 1 TKG an das Fernmeldegeheimnis gebunden ist und damit weder selbst auf die Daten zugreifen, noch einem Dritten den Zugriff gewähren darf.[21] Unabhängig von einer Entscheidung der Frage, ob in den Fällen der erlaubten **privaten Nutzung** von dienstlicher/beruflicher IT ein Schutz dieser Daten durch das Fernmeldegeheimnis besteht[22] oder nicht,[23] schafft Abs. 3 eine eindeutige **Eingriffsbefugnis** für das Recht auf infor- 15

---

[18] BT-Drs. 18/11242, 41.

[19] Schenke/Graulich/Ruthig/*Buchberger*, § 5a Rn. 6; *Kipker*, MMR 2017, 143 (145) noch mit Bezug zu § 100 TKG aF.

[20] BT-Drs. 18/11242, 39.

[21] Hierzu vertiefend: Kühling/Buchner/*Maschmann*, BDSG § 26 Rn. 47 ff.; *Fokken*, NZA 2020 (629 f.); *Schlegel*, MMR 2020, 3 (4 f.).

[22] *LAG Bln-Bbg*, Urt. v. 14.1.2016 – 5 Sa 657/15, ZD 2016, 336; Urt. v. 16.2.2011 – 4 Sa 2132/10, NZA-RR 2011, 342; Ascheid/Preis/Schmidt/*Vossen*, BGB § 626 Rn. 178 k; *Fokken*, NZA 2020 (629 f.).

[23] *LAG Hessen*, Urt. v. 21.9.2018 – 10 Sa 601/18, NZA-RR 2019, 130; Taeger/Pohle ComputerR-HdB/*Imping*, 70.11 Rn. 9; *Akkilic*, NZA 2020, 623 (625); *Brink/Schwab*, ArbRAktuell 2018, 111 (113).

mationelle Selbstbestimmung und das Fernmeldegeheimnis und damit die erforderliche Rechtssicherheit für die Wiederherstellungsmaßnahmen nach Abs. 1. Zu beachten ist jedoch, dass Daten durch die MIRT nur soweit verarbeitet werden dürfen, wie dies unmittelbar zur Wiederherstellung des betroffenen Systems erforderlich ist. In der Regel wird sich die Befugnis des BSI somit auf die Analyse und Auswertung von **System- und Kommunikationsdaten** beschränken. Eine Auswertung von Inhaltsdaten wird wohl nur in den seltensten Fällen erforderlich sein, um eine Wiederherstellung durchzuführen.

16 S. 2 legt eine unverzügliche und vollständige **Löschung der Vorfallsdaten** fest, sobald deren Verarbeitung für die Wiederherstellung nach Abs. 1 nicht mehr erforderlich ist. Diese Löschpflicht bezieht sich jedoch nur auf die in S. 1 beschriebenen personenbezogenen Daten sowie die Daten, die durch einen Eingriff in das Fernmeldegeheimnis erhoben wurden. Andere Daten, die das BSI im Einsatz erhalten hat, dürfen weiterhin uneingeschränkt verarbeitet werden. Gleiches gilt für **Analyseergebnisse,** die das BSI aus den originären Vorfallsdaten gewonnen hat. Beispiele hierfür sind der Code eines Schadprogramms, Informationen über eingesetzte Hard- oder Software oder abstrakte und nicht personenbezogene Auswertungsergebnisse über die Art und Weise des analysierten IT-Angriffes. Daneben werden durch S. 3 die Vorfallsdaten von einer Pflicht zur unverzüglichen Löschung ausgenommen, die unter den Voraussetzungen des Abs. 4 an **andere Behörden** weitergegeben wurden. In diesen Fällen darf das BSI die Vorfallsdaten auch nach Wiederherstellung des beeinträchtigten IT-Systems weiterverarbeiten. Allerdings nur, wenn das BSI die empfangende Behörde bei der Erfüllung ihrer gesetzlichen Aufgabe unterstützt. Wenn und soweit die andere Behörde nur noch eigenständige Verarbeitungsmaßnahmen, zB im Rahmen eigener Ermittlungen, durchführt und eine Unterstützung des BSI, zB in Form von weitergehenden forensischen Untersuchungen oder technischen Gutachten im Rahmen von Strafverfahren zum jeweiligen Angriff, nicht mehr erforderlich ist, hat das BSI die gespeicherten Daten gem. S. 2 unverzüglich zu löschen. Dem BSI ist diesbezüglich kein Ermessen eingeräumt. Die Entscheidung über die Erforderlichkeit einer Unterstützung trifft die andere Behörde. Soweit sich diese gegen eine Unterstützung entscheidet, greift unmittelbar die grundsätzliche Löschpflicht aus S. 2.

17 S. 4 stellt klar, dass die **Verarbeitungszwecke** der personenbezogenen Daten sowie die Daten die durch einen Eingriff in das Fernmeldegeheimnis erlangt wurden, abschließend in Abs. 3 aufgelistet sind. Eine weitergehende Nutzung dieser Daten zu anderen Zwecken als zur Wiederherstellung des IT-Systems oder einer Übermittlung an eine andere Behörde gem. Abs. 4 (nebst anschließender Unterstützung) ist nicht zulässig. Um zudem den Anforderungen an den besonderen **Schutz des Kernbereiches** privater Lebensgestaltung[24] Rechnung zu tragen, wird durch S. 5 vollumfänglich auf die entsprechenden Reglungen zum Kernbereichsschutz in § 5 Abs. 7 verwiesen.[25] Dementsprechend gilt für Maßnahmen nach § 5b die Pflicht, die Wiederherstellungs- und Analysemaßnahmen technisch so zu gestalten, dass Daten, die den Kernbereich privater Lebensgestaltung betreffen, nicht erhoben werden. Sollten die MIRT des BSI dennoch Kernbereichsdaten erheben, dürfen diese nicht verwendet werden (§ 5 Abs. 7 S. 3). Vielmehr sind diese Daten unverzüglich zu **löschen** (§ 5 Abs. 7 S. 4). Das BSI muss die Erhebung und unverzügliche Löschung der Kernbereichsdaten **dokumentieren** (§ 5 Abs. 7 S. 6).

---

[24] *BVerfG,* Urt. v. 27.2.2008 – BvR 370/07, Rn 270, 277 ff., NJW 2008, 822 (834).

[25] S. hierzu → § 5 Rn. 84 ff.

Hierbei ist jedoch zu beachten, dass diese Dokumentation ausschließlich zum Zwecke der **Datenschutzkontrolle** verwendet werden darf (§ 5 Abs. 7 S. 7). Für andere Verarbeitungen, insbesondere für weitere Analysen durch das MIRT, ist diese Dokumentation unverzüglich zu **sperren.** Zudem ist die Dokumentation nach einer erfolgten Datenschutzkontrolle, spätestens aber am Ende des Kalenderjahres, welches dem Dokumentationsjahr folgt, zu löschen (§ 5 Abs. 7 S. 8). Im Ergebnis führt dies in Bezug auf die Dokumentation zu einer maximalen Löschfrist von zwei Jahren. Wie auch bei § 5 Abs. 7 gilt, dass es für das BSI, aufgrund der absoluten Verwendungsbeschränkung aus § 5 Abs. 7 S. 3, keinen Grund geben kann, die Daten – nach der Identifikation als zum Kernbereich privater Lebensgestaltung gehörende Informationen – länger aufzubewahren, als dies für die Dokumentation nach § 5 Abs. 7 S. 6 und den direkten Löschvorgang unbedingt erforderlich ist.

Durch S. 6 wird klargestellt, dass die Vorfallsdaten den grundlegenden Regelungen der **Datenschutzgesetze** unterliegen, soweit in § 5b keine abweichende Regelung getroffen wird. Auch wenn S. 6 hier nur einen ausdrücklichen Bezug zum Bundesdatenschutzgesetz herstellt, darf davon ausgegangen werden, dass es sich bei S. 6 um einen grundlegenden Verweis auf alle direkt anwendbaren datenschutzrechtlichen Regelungen, dh auch die der DS-GVO handeln soll. Eine Klarstellung durch den Gesetzgeber wäre diesbezüglich hier jedoch zu begrüßen. 18

IV. Weitergabe von Einsatzinformationen (Abs. 4)

Abs. 4 legt ein grundsätzliches **Verbot der Weitergabe** oder Zugänglichmachung von **Einsatzinformationen** fest. Die Norm soll dem Schutz der betroffenen Einrichtung dienen. Eine Weitergabe oder Zugänglichmachung von Einsatzinformationen könnte den Interessen des Ersuchenden zuwiderlaufen. Denn aus diesen Informationen könnten potenzielle Angreifer weitergehende Erkenntnisse für neue Angriffe auf die Sicherheit des wiederhergestellten IT-Systems gewinnen. Zudem könnte eine Veröffentlichung von Informationen zu einem Reputationsschaden für die betroffene Einrichtung führen.[26] In Bezug auf die Art der erfassten Informationen geht Abs. 4 weiter als das Verarbeitungsverbot aus Abs. 3. Die Regelung des Abs. 4 bezieht sich – anders als Abs. 3 – nicht nur auf personenbezogene Daten oder Daten die durch einen Eingriff in das Fernmeldegeheimnis erlangt wurden. Vielmehr gilt ein grundsätzliches Verbot für alle Informationen, über die das BSI im Rahmen von Maßnahmen nach § 5b Kenntnis erlangt hat, dh alle **Einsatz- und Analyseinformationen.** 19

Abweichend von diesem Grundsatz erlaubt S. 1 eine Weitergabe in drei **Ausnahmefällen.** Zunächst ist die Weitergabe von Einsatzinformationen dann zulässig, wenn ein ausdrückliches **Einverständnis** des Ersuchenden, dh der betroffenen Einrichtung vorliegt. Zu beachten ist hierbei, dass die betroffene Einrichtung nur eine Erlaubnis für die Informationen geben kann, bezüglich derer sie auch Verfügungsbefugt ist. Im Einzelfall ist daher durch das BSI zu prüfen, ob die Einsatzinformationen zB personenbezogene Daten oder Geschäftsgeheimnisse Dritter enthalten, über welche die betroffene Einrichtung mangels rechtlicher Kompetenz nicht verfügen kann. 20

Des Weiteren ist eine Weitergabe oder Zugänglichmachung von Einsatzinformationen dann nicht untersagt, wenn die Informationen **keine Rückschlüsse auf die Identität** der betroffenen Einrichtung zulassen. Durch diese Ausnahme wird 21

[26] BT-Drs. 18/11242, 42.

dem BSI ermöglicht, abstrakte Informationen und Warnungen aus den konkreten Einsätzen zu erzeugen und diese zu präventiven Zwecken zu veröffentlichen oder zum Schutz Dritter einzusetzen. So kann das BSI zB über die grundsätzliche Wirkungsweise eines Schadprogramms informieren oder abstrakte Hinweise über das Vorgehen von Angreifern geben. Zudem kann das BSI die im Einsatz erlangten Kenntnisse und Fähigkeiten bei der Bewältigung anderer Vorfälle einsetzen. Eine grundlegende Beschränkung findet diese Ausnahme naturgemäß in Bezug auf die Daten, die einen Personenbezug aufweisen. Auch wenn aus diesen Daten keine Rückschlüsse auf die betroffene Einrichtung gezogen werden können, ist eine Weitergabe personenbezogener Daten nur unter den Voraussetzungen des Abs. 3 möglich.

22 Zudem ist eine Weitergabe von Einsatzinformationen unter den **Voraussetzungen der § 5 Abs. 5 oder 6** zulässig.[27] Hierdurch soll die Zusammenarbeit des BSI mit den anderen **Sicherheitsbehörden** sowie den **Strafverfolgungsbehörden** von Bund und Ländern in den Fällen ermöglicht werden, in denen durch die Umstände der Angriff auf die Sicherheit oder Funktionsfähigkeit des informationstechnischen Systems der betroffenen Einrichtung zugleich ein **Anfangsverdacht** bezüglich der Begehung einer Straftat erwächst oder die Folgen der Beeinträchtigung eine **Gefahr** für die öffentliche Sicherheit darstellen.[28] Zudem wird über den vollständigen Verweis auf § 5 Abs. 5 oder 6 eine Weitergabe in den Fällen ermöglicht, in denen der Vorfall zugleich eine in diesen Absätzen benannte Zuständigkeit eines **Nachrichtendienstes** auslöst. Die Weitergabe von Einsatzinformationen an andere Sicherheits- oder Strafverfolgungsbehörden ist damit den identischen hohen Hürden unterworfen, wie eine Weitergabe der vom BSI beim Schutz der Kommunikation des Bundes erhobenen sog. „§ 5-Daten".[29] Dies erscheint konsequent, da dem BSI bei einem MIRT Einsatz in einer betroffenen Einrichtung in der Regel eine sehr umfassende Zugriffsmöglichkeit auf die behörden- oder unternehmensinternen Daten gewährt werden wird. Insbesondere, wenn ein komplexer Angriff in einem Netzwerk analysiert werden muss, um die Wege des Angreifers nachzuvollziehen, wird eine Beschränkung der Maßnahmen des BSI kaum möglich sein. Dieser umfangreiche Zugriff muss mit einer strengen **Zweckbindung** und engen Grenzen einer möglichen **Datenweitergabe** abgesichert werden, um das Interesse der betroffenen Einrichtung sowie das der betroffenen Personen zu schützen.

23 Gemäß S. 2 wird Dritten **kein Zugang** zu den über Maßnahmen nach Abs. 1 geführten Akten gewährt. Hierdurch wird klargestellt, dass das grundlegende **Verbot der Weitergabe** von Einsatzinformationen nicht durch allgemeine verwaltungsrechtliche oder spezialgesetzliche **Auskunftsansprüche** berührt wird. Dementsprechend werden allgemeine Anträge auf Akteneinsicht oder Anträge auf Herausgabe von Dokumenten nach dem Informationsfreiheitsgesetz durch das Verbot aus Abs. 4 beschränkt.[30] Gleiches gilt für Anträge auf Akteneinsicht oder Herausgabe von Dokumenten nach dem Umweltinformationsgesetz oder dem Verbraucherinformationsgesetz. Seine Begründung finden diese Beschränkung des Informationszugangs unmittelbar in den schutzwürdigen Interessen der betroffenen Einrichtung sowie dem öffentlichen Interesse an der Bewältigung des Vorfalls.[31]

---

[27] S. hierzu § 5 Abs. 5 und 6.
[28] BT-Drs. 18/11242, 42.
[29] S. hierzu § 5 Abs. 5 und 6.
[30] BT-Drs. 18/11242, 42.
[31] BT-Drs. 18/11242, 42.

Zum einen könnte die Veröffentlichung von Informationen über einen Angriff auf eine in Abs. 1 genannte Einrichtung oder Auskünfte über einen Einsatz im begründeten Einzelfall iSd Abs. 7 zu einem erheblichen **Reputationsschaden** für das betroffene Unternehmen führen. Zum anderen ist zu beachten, dass es sich bei den von § 5b erfassten Einrichtungen nur um solche handelt, bei denen ein Ausfall oder eine Beeinträchtigung nicht nur unerhebliche Konsequenzen für die Versorgung der Allgemeinheit mit kritischen Dienstleistungen oder die Arbeitsfähigkeit der Stellen des Bundes haben kann. Mittels eines direkten Zugriffes auf Einsatzinformationen über einen Aktenzugangsanspruch für Jedermann, zB über § 1 IFG oder § 3 UIG, könnten Informationen an die Öffentlichkeit gelangen, auf deren Grundlage **weitere Angriffe** konzeptioniert und durchgeführt werden könnten. Potenzielle Angreifer wären ggf. in der Lage, mit Hilfe der Einsatzinformationen neue oder weitergehende Angriffswege zu identifizieren oder getroffene Abwehrmaßnahmen zu umgehen. Hierdurch würde eine neue Gefahr für die betroffene Einrichtung und damit die öffentliche Sicherheit entstehen.

V. Unterstützung durch qualifizierte Dritte (Abs. 5)

S. 1 eröffnet dem BSI die Möglichkeit, bei der Durchführung von Maßnahmen nach Abs. 1 **qualifizierte Dritten** hinzuzuziehen, soweit dies im konkreten Fall erforderlich ist und die betroffene Einrichtung dem ausdrücklich **zugestimmt** hat. Erforderlich ist diese ausdrückliche Regelung des Abs. 5 aufgrund der mit den Maßnahmen verbunden umfassenden Möglichkeiten zu Eingriffen in das Recht auf informationelle Selbstbestimmung sowie das Fernmeldegeheimnis.[32] Eine Erweiterung des Kreises verarbeitender Stellen oder eine Übermittlung dieser Vorfallsdaten bedarf einer entsprechenden Rechtsgrundlage. Es handelt sich bei S. 1 dementsprechend nicht nur um eine reine „Klarstellung“,[33] sondern iVm. S. 4 um eine **Befugnisnorm,** die dem BSI erlaubt, dem qualifizierten Dritten Zugriff zu den Daten zu gewähren oder die Daten an diesen zu übermitteln.[34] Zugleich stellen S. 1 und 4 iVm Abs. 1 (und ggf. Abs. 7) eine **Rechtsgrundlage** für die Datenverarbeitung durch den hinzugezogenen qualifizierten Dritten dar. Aufgrund der möglichen Sensibilität der verarbeiteten Daten gelten gem. S. 5 die Voraussetzungen und Beschränkungen aus Abs. 3 auch im Rahmen der Datenverarbeitung durch qualifizierte Dritte. **24**

Der in Abs. 5 verwendete Begriff **„qualifizierte Dritte“** geht über die in § 3 Abs. 3 gewählte Formulierung „qualifizierte Sicherheitsdienstleister“ hinaus. Somit kann das BSI im Rahmen von Maßnahmen nach § 5b nicht nur Dritte hinzuziehen, die IT-Sicherheitsdienstleistungen anbieten, sondern alle für den konkreten Einzelfall qualifizierte Dritte. Durch „Dritte“ iSd Abs. 5 werden damit alle **natürlichen oder juristischen Personen** erfasst, die sich bereit erklären, dem BSI in Notfällen zu helfen, gleichgültig, ob sie hierzu verpflichtet sind, oder nicht.[35] **25**

Ob die Hinzuziehung eines qualifizierten Dritten erforderlich ist, muss durch das BSI bzw. das MIRT im konkreten Einsatzfall geprüft und entschieden werden. Denkbar sind hier Situationen, in denen die Beschäftigten des BSI nicht die erforderlichen Kenntnisse oder Fähigkeiten besitzen, um die Sicherheit oder Funktions- **26**

---

[32] BT-Drs. 18/11242, 42.
[33] So bezeichnet in BT-Drs. 18/11242, 42.
[34] Wohl auch Schenke/Graulich/Ruthig/*Buchberger,* § 5a Rn. 9.
[35] BT-Drs. 18/11242, 42.

fähigkeit des betroffenen Systems wieder herzustellen. Dies kann beispielsweise der Fall sein, wenn für die Vorfallsbewältigung sehr **spezielle Kenntnisse** über ein bestimmtes informationstechnisches System erforderlich sind. Denkbar ist aber auch, dass bei einem Einsatz in einer Kritischen Infrastruktur – neben IT-Spezialisten – die **Kenntnisse anderer Branchen** hinzugezogen werden müssen. So kann es zB erforderlich sein, eine **Risikoanalyse** über die Folge eines plötzlichen Systemstarts nach einer vorfallsbedingten Ruhephase einer Produktionsstätte oder die Auswirkungen eines plötzlichen Systemstarts auf die Verarbeitung bestimmter Chemikalien vorzunehmen.

27 Alternativ oder ergänzend zur Durchführung von eigenen Maßnahmen steht es im Ermessen des BSI, die betroffene Einrichtung gem. S. 3 **auf qualifizierte Dritte zu verweisen.** Aus dieser Verweisungsmöglichkeit erwächst für das BSI die unmittelbare Aufgabe, eine entsprechende **Liste** von qualifizierten Dritten zu erstellen und aktuell zu halten, um diese einer um Hilfe ersuchenden betroffenen Einrichtung zum Zwecke der schnellen Kontaktaufnahme zur Verfügung stellen zu können. In Bezug auf **IT-Sicherheitsdienstleister** werden sich hier Synergieeffekte mit der gesetzlichen Aufgabe des BSI aus § 3 Abs. 3 ergeben, wonach das BSI – als Alternative zu einer möglichen Beratung und Unterstützung von Kritischen Infrastrukturen außerhalb der Fälle des § 5b – auf qualifizierte Dienstleister verweisen kann und entsprechende Kontaktdaten daher auch zur Erfüllung dieser Aufgabe bereithalten muss. Soweit mehrere **Dienstleister** für die Unterstützung bei der Wiederherstellung geeignet sind, entscheidet die betroffene Einrichtung, welcher Dienstleister angefragt werden soll.[36] Dies ergibt sich zwar nicht unmittelbar aus dem Wortlaut der Norm, kann jedoch aus der Voraussetzung in S. 1 abgeleitet werden, wonach ein qualifizierter Dritter nur mit Einwilligung des Ersuchenden eingesetzt werden darf. Gleiches muss für die Fälle gelten, in denen das BSI direkt auf qualifizierte Dritte verweist. Gemäß S. 2 trägt die betroffene Einrichtung etwaige **Kosten** für die Unterstützung durch einen qualifizierten Dritten.

VI. Anordnung zur Mitwirkung von Herstellern (Abs. 6)

28 Soweit es für die Wiederherstellung der Sicherheit oder Funktionsfähigkeit erforderlich ist, kann das BSI den **Hersteller** des beeinträchtigten informationstechnischen Systems verpflichten, an der Analyse und Wiederherstellung mitzuwirken. Eine solche **Anordnung** gegenüber einem Hersteller kann in den Fällen erforderlich sein, in denen die Beeinträchtigung iSd. Abs. 1 durch eine Sicherheitslücke in der eingesetzten Hard- oder Software ermöglicht oder jedenfalls gefördert wird. Hier kann ein Hersteller durch die Bereitstellung eines **Sicherheitspatches** zu einer schnellen und nachhaltigen Wiederherstellung beitragen.[37] Eine Kostenfreiheit für diese Leistung des Herstellers ist in Abs. 6 ausdrücklich nicht geregelt. Vielmehr wird der Hersteller im Rahmen der regulär für das jeweilige Hard- oder Softwareprodukt geltenden Supportregelungen **vergütet** werden müssen. Ist der **Supportzeitraum** für das eingesetzte Produkt bereits abgelaufen, hat die betroffene Einrichtung dem Hersteller die durch die Mitwirkung entstanden **Kosten** zu ersetzen.[38] Soweit für das eingesetzte Produkt eine Supportvereinbarung besteht, wird im Einzelfall zu prüfen sein, ob die angeordnete Mitwirkung von dieser Ver-

[36] BT-Drs. 18/11242, 43.
[37] BT-Drs. 18/11242, 43.
[38] BT-Drs. 18/11242, 43f.

einbarung abgedeckt wird oder über diese hinausgeht. Ist letzteres der Fall, werden die dem Hersteller durch die Mitwirkung entstehenden Kosten ebenfalls durch die betroffene Einrichtung ersetzt werden müssen. Ist die erforderliche Mitwirkung des Herstellers bereits von einer Supportvereinbarung abgedeckt, stellt sich die grundsätzliche Frage, inwieweit eine Anordnung durch das BSI noch erforderlich sein kann, da die betroffene Einrichtung bereits einen durchsetzbaren **vertraglichen Anspruch** gegen den Hersteller hat. Denkbar ist hier allerdings eine **Priorisierung** der Supportleistung durch den Hersteller aufgrund der Anordnung zur schnellstmöglichen Mitwirkung.

Die **Mitwirkungspflicht** des Herstellers ist unabhängig von der Übernahme **29** der Kosten zu betrachten. Sie besteht unmittelbar ab dem Moment der Anordnung.[39] Ein Hersteller kann eine Mitwirkung demnach nicht mit einer fehlenden Vereinbarung zur Kostenübernahme verweigern. Soweit diesbezüglich Unstimmigkeiten bestehen, sind diese im Nachhinein zu klären. Dies ist insofern konsequent, als dass es sich in den Fällen von Abs. 1 (ggf. iVm Abs. 7) um **Notfallsituationen** bei den betroffenen Einrichtungen handelt, die eine erhebliche **Gefahr** für die Allgemeinheit ausstrahlen. Sinn und Zweck der Norm ist die Ermöglichung einer schnellen und effizienten Bewältigung eines IT-Sicherheitsvorfalls bei einer Kritischen Infrastruktur, eines Unternehmens von besonderem öffentlichen Interesse oder einer staatlichen Einrichtung, um die Versorgung der Bevölkerung mit Kritischen Dienstleistungen oder die Funktionsfähigkeit und Vertraulichkeit staatlichen Handelns zu erhalten oder wieder herzustellen sowie Gefahren für Leib und Leben der Allgemeinheit abzuwenden.[40] In diesem Licht muss auch die Mitwirkungspflicht eines Herstellers betrachtet werden, die in einem Notfall nicht durch eine langwierige Auseinandersetzung über die Frage der Kostenübernahme hinausgezögert werden darf.

Seit der Erweiterung des Bußgeldkataloges durch das IT-SiG 2.0 kann eine vor- **30** sätzliche oder fahrlässige Zuwiderhandlung gegen eine vollziehbare Anordnung nach Abs. 6 gem. § 14 Abs. 1 Nr. 1 lit. a, Abs. 2 S. 3 mit einer **Geldbuße** bis zu 100.000 Euro geahndet werden.

VII. Erweiterung des Einsatzbereiches auf weitere Einrichtungen (Abs. 7)

Abs. 7 erweitert den Einsatzbereich der BSI MIRT über den von Abs. 1 gesetzten **31** Rahmen hinaus auf **weitere Einrichtungen,** die weder zu den Stellen des Bundes zählen, noch die Voraussetzungen für eine Kritische Infrastruktur oder ein Unternehmen von besonderem öffentlichem Interesse erfüllen. Eine Unterstützung dieser anderen Einrichtungen ist jedoch nur möglich, wenn es sich um einen begründeten Einzelfall handelt und ein entsprechendes Ersuchen vorliegt. Ein **begründeter Einzelfall** iSd Abs. 7 setzt voraus, dass die Sicherheit oder Funktionsfähigkeit eines informationstechnischen Systems beeinträchtigt ist, diese Beeinträchtigung die Anforderungen an einen herausgehobenen Fall iSd Abs. 2 erfüllt und **ein vergleichbares öffentliches Interesse** an der Behebung des IT-Sicherheitsvorfalls besteht, obwohl die betroffene Einrichtung nicht zu dem Adressatenkreis des Abs. 1 zählt. Ein vergleichbares öffentliches Interesse soll dann gegeben sein, wenn Anlagen oder IT-Systeme von Unternehmen angegriffen werden, deren

---

[39] BT-Drs. 18/11242, 44.
[40] BT-Drs. 18/11242, 41, 43.

Ausfall ähnlich weitreichende Folgen für die Bevölkerung haben kann, wie der Ausfall einer Kritischen Infrastruktur, zB bei Unternehmen mit besonderem **Sicherheitsbezug** oder besonderem **Gefahrenpotential.** Ein vergleichbares Interesse wird auch bei Zulieferern vorliegen, die zwar nicht unmittelbar eine Kritische Infrastruktur darstellen, deren Ausfall jedoch, aufgrund der engen Verzahnung von Lieferketten, unmittelbare negative Konsequenzen für die Versorgung haben kann.[41] Denkbar ist ein begründeter Einzelfall hE auch dann, wenn die betroffene Einrichtung grundsätzlich einem KRITIS Sektor zugeordnet werden kann, jedoch knapp unter den für eine KRITIS Einordnung erforderlichen Schwellenwerten liegt. Von dem Anwendungsbereich erfasst werden sollen alle Einrichtungen, deren besondere politische, wirtschaftlich oder gesellschaftlich Bedeutung im Falle einer erheblichen Beeinträchtigung ihrer IT-Systeme ein staatliches Eingreifen erforderlich erscheinen lassen.[42] Mit dem IT-SiG 2.0 wurde Abs. 7 dahingehend ergänzt, dass ein begründeter Einzelfall in der Regel dann vorliegt, wenn die **Stelle eines Landes** betroffen ist. Soweit diese Voraussetzungen des Abs. 7 erfüllt sind, liegt eine Unterstützung der Einrichtung im **Ermessen** des BSI.

VIII. Anlagen oder Tätigkeiten gem. Atomgesetz (Abs. 8)

32 Durch Abs. 8 wird der Anwendungsbereich des § 5b in Bezug auf Anlagen abgegrenzt, die dem **Atomgesetz** unterliegen. Hierdurch sollen die besonderen Belange im Atomrecht berücksichtigt werden. Zudem soll diese **Abgrenzung** eine klare Regelung zwischen den in unterschiedlichen Rechtsgebieten agierenden Behörden schaffen und so Zuständigkeitskonflikte verhindern.[43] Gem. Abs. 8 ist vor der Durchführung von Maßnahmen des BSI gem. Abs. 1, 4, 5 oder 7 das **Benehmen** mit der zuständigen atomrechtlichen Aufsichtsbehörde des Bundes oder des Landes herzustellen. Zudem wird durch S. 2 festgelegt, dass die Vorgaben des Atomgesetzes zur nuklearen Sicherheit und nuklearen Sicherung kerntechnischer Anlagen und Tätigkeiten sowie zum Geheimschutz stets **Vorrang** genießen, wenn das BSI bei Anlagen tätig wird, die einer Genehmigung nach dem Atomgesetz bedürfen. Dies steht im Gleichklang mit der durch das IT-SiG eingeführten Regelung aus § 11 Abs. 1b S. 2 und 3 EnWG, wonach die Regulierungsbehörden zwar grundsätzlich im Benehmen mit dem BSI einen Katalog von Sicherheitsanforderungen erstellen, für Telekommunikations- und elektronische Datenverarbeitungssysteme von Anlagen nach § 7 Abs. 1 AtG jedoch die Vorgaben des AtG Vorrang haben.

§ 5c Bestandsdatenauskunft

(1) [1]**Das Bundesamt darf zur Erfüllung seiner gesetzlichen Aufgabe nach § 3 Absatz 1 Satz 1 Nummer 1, 2, 14, 17 oder 18 von demjenigen, der geschäftsmäßig Telekommunikationsdienste erbringt oder daran mitwirkt, über Bestandsdaten gemäß § 3 Nummer 6 des Telekommunikationsgesetzes und über die nach § 172 des Telekommunikationsgesetzes erhobenen Daten (§ 174 Absatz 1 Satz 1 des Telekommunikationsgesetzes)**

---

[41] BT-Drs. 18/11242, 44.
[42] BT-Drs. 18/11242, 44.
[43] BT-Drs. 18/11242, 44f.

Auskunft verlangen. [2]Die Auskunft nach Satz 1 darf nur verlangt werden zum Schutz der Versorgung der Bevölkerung in den Bereichen des § 2 Absatz 10 Satz 1 Nummer 1 oder der öffentlichen Sicherheit, um damit eine Beeinträchtigung der Sicherheit oder Funktionsfähigkeit informationstechnischer Systeme

1. einer Kritischen Infrastruktur oder
2. eines Unternehmens von besonderem öffentlichem Interesse

abzuwenden, wenn Tatsachen den Schluss auf ein wenigstens seiner Art nach konkretisiertes und zeitlich absehbares Geschehen zulassen, das auf die informationstechnischen Systeme bestimmbarer Infrastrukturen oder Unternehmen abzielen wird, und die in die Auskunft aufzunehmenden Daten im Einzelfall erforderlich sind, um die Betroffenen nach Absatz 4 vor dieser Beeinträchtigung zu warnen, über diese zu informieren oder sie bei deren Beseitigung zu beraten oder zu unterstützen.

(2) [1]Die Auskunft nach Absatz 1 darf auch anhand einer zu einem bestimmten Zeitpunkt zugewiesenen Internetprotokoll-Adresse verlangt werden (§ 174 Absatz 1 Satz 3, § 177 Absatz 1 Nummer 3 des Telekommunikationsgesetzes). [2]Die rechtlichen und tatsächlichen Grundlagen des Auskunftsverlangens sind aktenkundig zu machen.

(3) Der auf Grund eines Auskunftsverlangens Verpflichtete hat die zur Auskunftserteilung erforderlichen Daten unverzüglich und vollständig zu übermitteln.

(4) [1]Nach erfolgter Auskunft weist das Bundesamt den Betreiber der betroffenen Kritischen Infrastruktur oder das betroffene Unternehmen im besonderen öffentlichen Interesse auf die bei ihm drohenden Beeinträchtigungen hin. [2]Nach Möglichkeit weist das Bundesamt den Betreiber der betroffenen Kritischen Infrastruktur oder das betroffene Unternehmen im besonderen öffentlichen Interesse auf technische Mittel hin, mittels derer die festgestellten Beeinträchtigungen durch den Betreiber der betroffenen Kritischen Infrastruktur oder das betroffene Unternehmen im besonderen öffentlichen Interesse selbst beseitigt werden können.

(5) Das Bundesamt kann personenbezogene Daten, die es im Rahmen dieser Vorschrift verarbeitet, entsprechend § 5 Absatz 5 und 6 übermitteln.

(6) [1]In den Fällen des Absatzes 2 ist die betroffene Person über die Auskunft zu benachrichtigen. [2]Im Falle der Weitergabe der Information nach § 5 Absatz 5 oder wenn Tatsachen die Annahme rechtfertigen, dass die Voraussetzungen einer Weitergabe nach § 5 Absatz 5 vorliegen, ergeht darüber keine Benachrichtigung an die betroffene Person, sofern und solange überwiegende schutzwürdige Belange Dritter entgegenstehen. [3]Wird nach Satz 2 die Benachrichtigung zurückgestellt oder wird von ihr abgesehen, sind die Gründe aktenkundig zu machen.

(7) Das Bundesamt unterrichtet die Bundesbeauftragte oder den Bundesbeauftragten für den Datenschutz und die Informationsfreiheit jeweils bis zum 30. Juni des dem Berichtsjahr folgenden Jahres über

1. die Gesamtzahl der Vorgänge, in denen Daten nach Absatz 1 oder Absatz 2 an das Bundesamt übermittelt wurden und
2. die Übermittlungen nach Absatz 5.

(8) [1]**Das Bundesamt hat den Verpflichteten für ihm erteilte Auskünfte eine Entschädigung zu gewähren.** [2]**Der Umfang der Entschädigung bemisst sich nach § 23 und Anlage 3 des Justizvergütungs- und -entschädigungsgesetzes; die Vorschriften über die Verjährung in § 2 Absatz 1 und 4 des Justizvergütungs- und -entschädigungsgesetzes finden entsprechende Anwendung.**

Literatur: *Alleweldt/Roggan,* Geheimdienstliches Handeln als Gefahr für die öffentliche Sicherheit, NJW 2020, 3424; *Beukelmann,* Teilweise Verfassungswidrigkeit der Bestandsdatenauskunft, NJW-Spezial 2020, 536; *Gärditz,* Stellungnahme zum Entwurf eines Zweiten Gesetzes zur Erhöhung der Sicherheit informations-technischer Systeme, 2021, Ausschuss-Drs. 19(4)741 E; *Geppert/Schütz* (Hrsg.), Beck'scher TKG-Kommentar, 4. Aufl. 2013; *Herzog/Scholz/Herdegen/Klein* (Hrsg.), Dürig/Herzog/Scholz, Grundgesetz-Kommentar, 95. EL 2021; *Schenke,* Polizeiliches Handeln bei Anscheinsgefahr und Gefahrverdacht, JuS 2018, 505; *Scheurle/Mayen* (Hrsg.), Telekommunikationsgesetz: TKG, 3. Aufl. 2018; *Spittka/Adelberg,* Regelungen zur Bestandsdatenauskunft mal wieder verfassungswidrig, K&R 2020, 609.

A. Allgemeines

1 Die Regelung zur Bestandsdatenauskunft wurde mit dem IT-SiG 2.0 eingeführt. Dies ist insoweit beachtenswert, da das BVerfG im Jahr 2020, also kurz vor dem Kabinettsbeschluss für den Entwurf des IT-SiG, die damaligen Regelungen zur Bestandsdatenauskunft als „überwiegend für mit Art. 2 Abs. 1 iVm Art. 1 Abs. 1 sowie mit Art. 10 Abs. 1 GG unvereinbar" erklärt hat.[1] Das Gericht hatte insbesondere gerügt, dass die damals geltenden Regelungen zur Übermittlung und zum Abruf von Daten zu dynamischen IP-Adressen gegen den Grundsatz der Verhältnismäßigkeit verstoßen, da sie keine konkretisierenden Eingriffsschwellen enthielten und keine Pflicht zur nachvollziehbaren und überprüfbaren Dokumentation der Entscheidung vorsahen.[2] Das BVerfG hat für Bestandsdatenabfragen ein Doppeltürmodell verlangt, nach dem der Gesetzgeber neben der Auskunftserteilung gem. § 113 TKG aF (174 TKG nF) als eine der Türen auch die Abfrage durch die Behörden als zweite Tür regeln müsse.[3] § 5c ist in dieser Systematik die zweite Tür, die dem BSI den Abruf ermöglichen soll.

2 Ziel der Regelung des § 5c ist es, dem BSI die Möglichkeit zu geben, die Betreiber von informationstechnischen Systemen über Lücken in ihrer Informationstechnik und laufende Angriffe zu informieren und so schwere Schäden durch Cyber-Angriffe zu vermeiden.[4]

B. Einzelerläuterungen

I. Auskunftsbefugnis (Abs. 1)

3 Dem BSI wird die Befugnis eingeräumt, für die Erfüllung bestimmter gesetzlicher Aufgaben auch Bestandsdaten nach über das Auskunftsverfahren nach § 174

[1] *BVerfG,* Beschl. v. 27.5.2020 – 1 BvR 1873/13, 1 BvR 2618/13, NJW 2020, 2699 (2724).
[2] *Beukelmann,* NJW-Spezial 2020, 536; *Spittka/Adelberg,* K&R 2020, 609 (610).
[3] *Spittka/Adelberg,* K&R 2020, 609 (610).
[4] Vgl. BT-Drs. 19/26106, 63f.

Abs. 1 S. 1 TKG abzufragen. Die Aufgaben, zu deren Erfüllung dies zulässig ist, sind in § 5c Abs. 1 S. 1 abschließend aufgezählt. Der Auskunftsanspruch unterliegt sehr engen Voraussetzungen.

Zur Auskunft verpflichtet werden durch die Norm alle, die geschäftsmäßig Telekommunikationsdienste anbieten oder daran mitwirken. Telekommunikationsdienste bietet an, wer nachhaltig Telekommunikation für Dritte anbietet, unabhängig davon, ob dies mit oder ohne Gewinnerzielungsabsicht erfolgt.[5] Es ist auch nicht erforderlich, dass diese für die Öffentlichkeit erbracht werden, so dass grds. auch kleine Anbieter für reine Hotel- oder Unternehmensnetzwerke darunterfallen können.[6] Schon im Bereich des TKG war nicht ganz klar, wer an der Erbringung mitwirkt.[7] In Frage kommen hier zB Mitarbeiter oder Erfüllungsgehilfen der Anbieter.[8] Diese Frage wurde leider auch mit der Einführung des § 5c nicht durch den Gesetzgeber geklärt. Stattdessen wurde die Regelung ohne jede hilfreiche Erläuterung aus dem Telekommunikationsrecht übernommen. 4

Die Auskunft darf sich grds. auf Bestandsdaten sowie die nach § 172 TKG erhobenen Daten beziehen. Zu den Bestandsdaten zählen nach der Legaldefinition des § 3 Nr. 6 TKG die „Daten eines Endnutzers, die erforderlich sind für die Begründung, inhaltliche Ausgestaltung, Änderung oder Beendigung eines Vertragsverhältnisses über Telekommunikationsdienste“. Daten nach § 172 TKG sind solche Daten, die Anbieter von TK-Diensten nur für Auskunftsersuchen der Sicherheitsbehörden erheben und speichern müssen. Dazu zählen Rufnummern und andere Anschlusskennungen, Namen und Anschrift der Anschlussinhaber, bei natürlichen Personen das Geburtsdatum, die Anschrift von Festnetzanschlüssen, bei Mobilfunkverträgen die Gerätenummer eines überlassenen Mobilfunkgerätes, das Datum der Vergabe und Beendigung der Zuordnung der Rufnummer sowie der Beginn und ggf. das Ende des mit den Teilnehmern geschlossenen Vertrages. Oftmals werden sich die vom Anbieter erhobenen und gespeicherten Bestandsdaten mit denen des § 172 TKG überschneiden. Einen wesentlichen Unterschied der Datentypen gibt es im Bereich der Anschlusskennungen. Denn im Bereich der Internetzugangsdienste werden **IP-Adressen** teilweise dynamisch vergeben, die definitiv nicht zu den Bestandsdaten gehören, die aber von § 172 Abs. 1 Nr. 2 TKG erfasst werden. 5

Der Auskunftsanspruch des BSI setzt nach S. 2 voraus, dass die Auskunft erforderlich ist, um eine **im Einzelfall drohende Gefahr** für zwei konkret umrissene Schutzgüter zu verhindern. Das erste Schutzgut ist die Versorgung der Bevölkerung mit kritischen Dienstleistungen nach § 2 Abs. 10. Das zweite Schutzgut ist die öffentliche Sicherheit, welche die Unverletzlichkeit der gesamten Rechtsordnung, der strafrechtlich geschützten Rechtsgüter, aber auch die Funktionsfähigkeit der staatlichen Einrichtungen umfasst.[9] Wie im Gefahrenabwehrrecht üblich[10] besteht eine Gefahr, wenn eine Sachlage vorliegt, bei der die hinreichende Wahrscheinlichkeit für einen Schadenseintritt in absehbarer Zeit besteht. Bei der drohenden Gefahr genügt, dass eine Gefahr für diese Rechtsgüter droht, sie muss noch nicht ein- 6

---

[5] Geppert/Schütz/*Eckhardt,* TKG § 113 Rn. 22.

[6] Vgl. für die TKG-Regelung: Scheurle/Mayen/*Löwnau/Ipsen,* TKG § 113 Rn. 6.

[7] Scheurle/Mayen/*Löwnau/Ipsen,* TKG § 113 Rn. 6.

[8] Geppert/Schütz/*Eckhardt,* TKG § 113 Rn. 22.

[9] Vgl. für viele Dürig/Herzog/Scholz/*Depenheuer,* GG Art. 8 Rn. 164; *Alleweldt/Roggan,* NJW 2020, 3424 (3427).

[10] Vgl. *Schenke,* JuS 2018, 505 (506).

getreten sein.[11] Bei der drohenden Gefahr handelt es sich also um eine Art konkreter Möglichkeit einer späteren Gefahr. Das BSI muss seine diesbezügliche Einschätzung jedoch auf Tatsachen stützen können, die nach dem Wortlaut des S. 2 „den Schluss auf ein wenigstens seiner Art nach konkretisiertes und zeitlich absehbares Geschehen zulassen, das auf die informationstechnischen Systeme bestimmbarer Infrastrukturen oder Unternehmen abzielen wird". Damit wird den Anforderungen des BVerfG Rechnung getragen, das für Regelungen zur Bestandsdatenauskunft jedenfalls eine hinreichend konkretisierte Gefahr als Tatbestandsmerkmal fordert.[12] Die entsprechende Gefahrenprognose des BSI ist vollständig gerichtlich überprüfbar.[13]

7 Die drohende Gefahr muss ihren Ursprung in der Beeinträchtigung der Sicherheit oder Funktionsfähigkeit der IT von KRITIS-Betreibern oder von Unternehmen von besonderem staatlichen Interesse haben. Eine Beeinträchtigung der Sicherheit ist zB anzunehmen, wenn Sicherheitslücken auf diesen IT-Systemen detektiert oder gemeldet wurden. Gefährdungen der IT-Sicherheit können dazu führen, dass aus diesen Systemen Daten ausgeleitet werden, die später für (auch physische) Angriffe auf KRITIS und damit die Versorgungssicherheit durchgeführt werden. Unsichere IT-Systeme können aber auch für Angriffe auf die IT Dritter (zB andere KRITIS, andere Unternehmen von besonderem staatlichen Interesse oder des Bundes) genutzt werden (zB indem diese als Ausgangspunkt von DDoS-Angriffen missbraucht werden).

8 Als letzte Voraussetzung sieht S. 2 vor, dass die Auskunft nur zulässig ist, wenn die abgefragten Informationen für die Gefahrenabwehr erforderlich sind. Als konkrete Mittel der Gefahrenabwehr nennt S. 2 aE die Information, Warnung, Beratung oder Unterstützung der Betroffenen. Diese Mittel müssten also zunächst in der Lage sein, die Gefahr abzuwenden oder zu verringern. Das wird man schon bei den Warnungen sowie Beratungs- und Unterstützungsleistungen des BSI grds. annehmen dürfen. Daher ist die einzige echte Voraussetzung des S. 2 aE, dass die Auskunft erforderlich ist, damit das BSI eben diese Mittel erfolgreich anwenden kann. Das ist nicht der Fall, wenn das BSI auch andere, genauso effektive Wege hätte, die Betroffenen zu erreichen – etwa durch Recherchen dazu, wer der technische Inhaber bestimmter IP-Adressbereiche ist,[14] oder durch Weiterleitung der Warnungen oder Informationen über den Betreiber von Telekommunikationsdiensten.[15]

II. Auskunft anhand von IP-Adressen (Abs. 2)

9 Das BSI darf die Auskunft zu den Betroffenen auch anhand von IP-Adressen und deren Zuordnung zu einem bestimmten Zeitpunkt verlangen. Teilweise liegen dem BSI Informationen über Gefährdungen der IT-Sicherheit bestimmter Systeme vor, bei denen dem BSI nicht der Betreiber des Systems, sondern nur die IP-Adresse, der Zeitpunkt und uU die Ports, auf denen diese Systeme angesprochen wurden, be-

---

[11] Vgl. BT-Drs. 19/26106, 65.

[12] Vgl. *BVerfG,* Beschl. v. 27.5.2020 – 1 BvR 1873/13, 1 BvR 2618/13, NJW 2020, 2699 (2710); *Gärditz,* Ausschuss-Drs. 19(4)741 E, 1.

[13] Vgl. für die Prognose im polizeilichen Gefahrenabwehrrecht: *Schenke,* JuS 2018, 505 (506).

[14] Dies wird nur in dem Ausnahmefall möglich sein, wenn die KRITIS oder das Unternehmen von besonderem öffentlichen Interesse die IP-Adressen(blöcke) selbst erworben hat, diese also nicht über ihre TK-Anbieter erhalten.

[15] Vgl. BT-Drs. 19/26106, 65.

kannt sind.[16] Aus diesen Informationen muss es dann in Ausnahmefällen und bei Vorliegen der Voraussetzungen des Abs. 1 die Betroffenen ermitteln können, um die Gefahren abzuwenden. Gerade bei dynamischen IP-Adressen ist dann auch der Zeitpunkt, zu dem die gefährdeten IT-Systeme unter der Adresse erreichbar waren, wichtig. Zudem kann manchmal auch der zugeordnete Port relevant sein, da Anbieter von Telekommunikationsdiensten über sog. Carrier-grade NAT teilweise verschiedene Kunden gleichzeitig über ein und dieselbe IP-Adresse versorgen.[17] Die Unterscheidung der jeweiligen Kunden ist dann nur über die zusätzliche Angabe der nach außen gerichteten Ports möglich.

Die rechtlichen und tatsächlichen Grundlagen für ein Auskunftsersuchen auf Basis einer IP-Adresse sind vom BSI aktenkundig zu machen. So soll eine Kontrolle des BSI durch Aufsichtsbehörden und Gerichte ermöglicht werden.[18] 10

III. Auskunftserteilung (Abs. 3)

Die Regelung ist § 174 Abs. 6 TKG nachgebildet. Soweit Abs. 3 regelt, dass die Verpflichteten die für die Auskunft erforderlichen Daten vollständig übermitteln müssen, handelt es sich eigentlich um eine Selbstverständlichkeit. Einen echten Regelungsgehalt könnte dieses Erfordernis nur im Zusammenspiel mit der Festlegung des Zeitraums für die Auskunftserteilung haben. Die Verpflichteten müssen die entsprechenden Informationen unverzüglich übermitteln, also ohne schuldhaftes Zögern.[19] Ihnen ist daher die Zeit zuzugestehen, die sie benötigen, um die notwendigen Informationen zusammenzutragen. Das Erfordernis der Vollständigkeit könnte so gedeutet werden, dass keine Pflicht der Anbieter besteht, möglichst früh zumindest die ersten vorliegenden Informationen zu übermitteln und die weiteren – noch zu suchenden – Informationen später sukzessive nachzureichen. Die Anbieter könnten sich darauf zurückziehen, dass sie für die vollständige Übermittlung noch Zeit brauchen. Da Ziel der Verpflichtung jedoch ist, die Auskunftserteilung zu beschleunigen,[20] ist es vorzugswürdig, das Erfordernis der Vollständigkeit eher als rein deklaratorisch anzusehen. 11

IV. Hinweise an Betroffene (Abs. 4)

Die Hinweispflicht aus Abs. 4 beschreibt das mit der gesamten Regelung des § 5c verfolgte Ziel, nämlich die Verhinderung von Gefahren für die Sicherheit und Funktionsfähigkeit von IT-Systemen bestimmter Kreise. Damit dieses Ziel erreicht werden kann, müssen die Betroffenen informiert werden. So können sie entsprechende Gegenmaßnahmen erreichen und damit die Gefährdung der in Abs. 1 genannten Schutzgüter verhindern. Neben der reinen Information über bestehende Gefahren kann das BSI die Betroffenen auch auf konkrete Abhilfemöglichkeiten verweisen.[21] 12

---

[16] BT-Drs. 19/26106, 65.

[17] Mit Carrier-grade-NAT (Network Adress Translation) können die inzwischen sehr knappen IPv4-Adressen besser ausgenutzt und eine Unterversorgung mit IP-Adressen verhindert werden. Mit der Einführung von IPv6 sollte sich dieses Problem jedoch zunehmend erledigen.

[18] BT-Drs. 19/26106, 65.

[19] Scheurle/Mayen/*Löwnau/Ipsen,* TKG § 113 Rn. 14.

[20] Vgl. Scheurle/Mayen/*Löwnau/Ipsen,* TKG § 113 Rn. 14 zum ähnlich formulierten § 113 Abs. 4 TKG.

[21] BT-Drs. 19/26106, 65.

V. Übermittlung personenbezogener Daten (Abs. 5)

13 Sofern das BSI im Rahmen der Auskunft personenbezogene Daten erlangt, darf es diese an Nachrichtendienste, Polizeien oder Strafverfolgungsbehörden nur unter den Voraussetzungen der § 5 Abs. 5 und 6 übermitteln. An andere staatliche Stellen als die dort genannten dürfen die erlangten personenbezogenen Daten nicht übermittelt werden. Als „kann"-Bestimmung liegt die Weitergabe der Daten im pflichtgemäßen Ermessen des BSI.

VI. Benachrichtigungspflicht (Abs. 6)

14 Sofern die Auskünfte anhand von IP-Adressen abgefragt werden, muss die betroffene Person über die Abfrage unterrichtet werden. Insoweit ist der Anwendungsbereich des Abs. 6 enger als die bloße Hinweispflicht aus Abs. 4. Da § 5c in der Regel nur Systeme von KRITIS und Unternehmen von besonderem öffentlichem Interesse betrifft, wird es sich bei den betroffenen Personen idR um juristische Personen handeln. Das BSI kann die Benachrichtigungspflicht nach Abs. 6 mit den Hinweisen nach Abs. 4 verbinden.

15 Sofern die Informationen gem. § 5 Abs. 5 an andere Sicherheitsbehörden weitergegeben werden oder die Voraussetzungen für eine Weitergabe vorliegen, muss die betroffene Person über die Tatsache der Weitergabe(-möglichkeit) nicht vom BSI informiert werden. Dies gilt jedoch nur, sofern und solange überwiegende schutzwürdige Belange Dritter entgegenstehen. Weder der Normtext noch die Begründung lassen eindeutig erkennen, welche Belange und welche Dritten damit gemeint sind. Im Hinblick auf die Weitergaberegelungen des § 5 Abs. 5 kann man nur vermuten, dass es sich bei den Dritten um die dort genannten Behörden handeln soll und die Belange sich auf deren Aufgabenerfüllung beziehen. Allerdings wäre die Verwendung des Wortes „Dritter" statt des Begriffes der „anderen Stellen" ungewöhnlich, wenn andere Behörden gemeint sind. Ob die Benachrichtigung unterbleibt, muss das BSI nach pflichtgemäßem Ermessen entscheiden. Um den mit der Bestandsdatenauskunft verbundenen Eingriff zu rechtfertigen, muss die Benachrichtigung die Regel und die Nichtbenachrichtigung der Ausnahmefall sein. Daher erlegt S. 3 dem BSI auch eine Dokumentationspflicht für den Fall der zurückgestellten oder gar unterlassenen Benachrichtigung auf. Diese sind aktenkundig zu machen. Die entsprechenden Vermerke müssen neben dem Umstand der Nichtbenachrichtigung auch die Gründe für die Entscheidung klar dokumentieren. Auch wenn das BSI die Benachrichtigung unterlässt, können die in § 5 Abs. 5 genannten Stellen die Betroffenen eigenständig benachrichtigen. Da der Zweck des Abs. 6 dann erfüllt ist, kann das BSI danach auch von einer eigenständigen Benachrichtigung der Betroffenen über die Weitergabe absehen. Da dies einen Fall der endgültigen Unterlassung der Benachrichtigung darstellt, ist das ebenfalls zu dokumentieren. Wird die Benachrichtigung über die Weitergabe nur zurückgestellt und fallen die Gründe dafür später weg, so hat das BSI die Benachrichtigung unverzüglich nachzuholen, sobald es Kenntnis von der geänderten Situation erhält.

VII. BfDI-Unterrichtung (Abs. 7)

16 In seinem Beschluss zur Verfassungswidrigkeit der Bestandsdatenauskunft hatte das BVerfG klargestellt, dass für die Wahrung des Verhältnismäßigkeitsgrundsatzes ein hinreichendes Maß an Transparenz, Rechtsschutz und Kontrolle gewahrt

wird.[22] Mit der Unterrichtungspflicht werden die Transparenz und die Kontrolle der Abrufpraxis durch die bzw. den BfDI als unabhängige Stelle im Interesse der Betroffenen gewahrt. Diese stellt neben der Benachrichtigungspflicht nach Abs. 6 also einen wesentlichen Baustein zur Wahrung der Verhältnismäßigkeit der Befugnis dar. Das Instrument des jährlichen Berichts an die bzw. den BfDI ist § 5 Abs. 9 nachgebildet. Die ebenfalls eingriffsintensiven Regelungen des § 5 haben sich seit 2009 bewährt; eine dagegen gerichtete Verfassungsbeschwerde hatte keinen Erfolg.[23]

VIII. Entschädigungspflicht (Abs. 8)

Für die dem BSI erteilten Auskünfte können die Verpflichteten eine Entschädigung nach § 23 und Anl. 3 JVEG verlangen. Die Entschädigung betrifft nur die konkrete Auskunft. Gemäß § 174 Abs. 1 S. 5 TKG nicht entschädigt wird das Erheben und Speichern der entsprechenden Informationen, um sie für den Abruf bereithalten zu können.[24] **17**

§ 6 Beschränkungen der Rechte der betroffenen Person

[1]Für die Rechte der betroffenen Person gegen das Bundesamt gelten ergänzend zu den in der Verordnung (EU) 2016/679 enthaltenen Ausnahmen die nachfolgenden Beschränkungen. [2]Soweit dieses Gesetz keine oder geringere Beschränkungen der Rechte der betroffenen Person enthält, gelten für die Beschränkungen im Übrigen die Regelungen des Bundesdatenschutzgesetzes ergänzend.

Literatur: *Ehmann/Selmayr* (Hrsg.), Datenschutz-Grundverordnung, 2. Aufl. 2018; *Gola* (Hrsg.), DS-GVO, 2. Aufl. 2018; *Schenke/Graulich/Ruthig* (Hrsg.), Sicherheitsrecht des Bundes, 2. Aufl. 2019; *Wolff/Brink* (Hrsg.), BeckOK Datenschutzrecht, 34. Ed. 2020.

A. Allgemeines

§ 6 wurde durch Art. 13 2. DSAnpUG-EU **vollständig neu gefasst.** § 6 aF, der noch eine bereichsspezifische Verpflichtung des BSI zur Löschung von personenbezogenen Daten vorsah, wurde aufgrund der grundsätzlichen Geltung der DS-GVO obsolet und musste gestrichen werden.[1] Anstelle dessen finden sich in den §§ 6–6f nunmehr bereichsspezifische Regelungen zur Einschränkung der Rechte der betroffenen Person. **1**

Die Einführung der §§ 6ff. stieß – wie auch andere Regelungen sowie der große Umfang des 2. DSAnpUG-EU als solcher – **vereinzelt auf grundsätzliche Kri-** **2**

---

[22] *BVerfG,* Beschl. v. 27.5.2020 – 1 BvR 1873/13, 1 BvR 2618/13, NJW 2020, 2699 (2716).

[23] *BVerfG,* Beschl. v. 30.5.2011 – 1 BvR 1667/10, abrufbar unter https://www.daten-speicherung.de/wp-content/uploads/Beschluss_BSIG_anon.pdf.

[24] Vgl. zu den diesbezüglichen verfassungsrechtlichen Bedenken Scheurle/Mayen/*Löwnau/Ipsen,* TKG § 110 Rn. 8.

[1] Entwurf eines Zweiten Gesetzes zur Anpassung des Datenschutzrechts an die Verordnung (EU) 2016/679 und zur Umsetzung der Richtlinie (EU) 2016/680, BT-Drs. 19/4674, 215; zur vorherigen Regelung s. Schenke/Graulich/Ruthig/*Buchberger,* § 6 Rn. 1 ff.

tik im Gesetzgebungsverfahren. So wurde insgesamt die Verkürzung der Betroffenenrechte durch die vorgeschlagenen Regelungen im BSIG bemängelt.[2] Gleichwohl wurden die Regelungen zur Beschränkung der Rechte aus den ersten Gesetzesentwürfen ohne große Änderungen ins BSIG übernommen.

3 §§ 6ff. finden ihre Grundlage in Art. 23 DS-GVO, der die Möglichkeit mitgliedsstaatlicher Regelungen vorsieht, die Pflichten und Rechte insbesondere nach den Art. 12–22 DS-GVO beschränken zu können, sofern diese den Wesensgehalt der Grundrechte und Grundfreiheiten achten und eine notwendige und verhältnismäßige Maßnahme zu den in Art. 23 Abs. 1 DS-GVO genannten Zielen darstellen. Die nachfolgenden Regelungen **schränken** dabei **die Betroffenenrechte auf Information bei Erhebung, Auskunft, Berichtigung, Löschung, Einschränkung der Verarbeitung und das Widerspruchsrecht jeweils zugunsten der Verarbeitung durch das BSI ein.**

B. Einzelerläuterungen

4 S. 1 stellt klar, dass **die in den §§ 6a–6f geregelten Beschränkungen** der Rechte der betroffenen Person **neben den jeweiligen Ausnahmen in der DS-GVO gelten** sollen, was aufgrund der unmittelbaren Geltung der DS-GVO[3] lediglich **klarstellenden Charakter** hat.

5 Gegenüber den im BDSG vorgesehenen, allgemeinen Beschränkungen der Betroffenenrechte sieht **S. 2** eine **Konkurrenzregelung** der gesetzlichen Regelungen zueinander vor und unterstreicht damit noch einmal den **bereichsspezifischen Ausnahmecharakter dieser Normen.** Hiernach soll nur dann auf die Vorschriften des BDSG zur Einschränkung der Rechte der betroffenen Person **ergänzend zurückgegriffen** werden können, **sofern die Regelungen des BSIG keine oder lediglich geringere Beschränkungen** der Rechte der betroffenen Person enthalten. Damit wird klargestellt, dass Beschränkungen nach BDSG nur dann anwendbar sind, wenn die in den §§ 6a–6f vorgesehenen Beschränkungen jeweils im Rahmen ihrer konkreten Einzelfallregelung **keinen abschließenden Charakter** genießen[4] **oder hinter denen der §§ 32ff. BDSG für einen konkreten Einzelfall zurückbleiben.** Dies korrespondiert mit der Regelung in § 1 Abs. 2 BDSG und **muss im Einzelfall durch Auslegung ermittelt** werden. Daneben findet das BDSG regelmäßig Anwendung, wenn eine Verarbeitung personenbezogener Daten betroffen ist, welche nicht in den Anwendungsbereich der DS-GVO fällt, § 1 Abs. 8 BDSG.

C. Rechtsschutz

6 Die betroffene Person kann gegen die Inanspruchnahme der Ausnahmen zur Beschränkung ihrer Rechte nach den §§ 6ff. durch das BSI **vorgehen und diese überprüfen lassen.** Eigene Regelungen zur Durchsetzung der Rechte, Geltend-

---

[2] Beschlussempfehlung und Bericht des Ausschusses für Inneres und Heimat, BT-Drs. 19/11181, 18 (25).

[3] Vgl. Art. 288 Abs. 2 AEUV.

[4] Insoweit deckt sich diese Regelung daher mit der Subsidiaritätsregelung in § 1 Abs. 2 S. 1, 2 BDSG.

machung von Rechtsbehelfen oder Sanktionen sieht das BSIG nicht vor. **Anwendung finden daher die allgemeinen Vorschriften der DS-GVO sowie des BDSG.** Der betroffenen Person stehen dabei regelmäßig die folgenden Möglichkeiten zur Verfügung:

Zum einen kann die betroffene Person gegen das BSI auf **Durchsetzung ihrer** 7
Rechte vorgehen[5] bzw. dort, wo das BSI in Folge der Anwendung der §§ 6 ff. einen (ablehnenden) Bescheid erteilt hat (bspw. im Rahmen der Geltendmachung des Rechts auf Berichtigung oder Einschränkung der Verarbeitung), gegen diesen Verwaltungsakt im Wege des **Widerspruchs und** gerichtlich auf dem **Verwaltungsrechtsweg**[6] vorgehen. Insofern steht der betroffenen Person das Recht auf gerichtlichen Rechtsbehelf gemäß Art 79 DS-GVO zu. Zu beachten ist, dass die gemäß Art. 79 Abs. 2 DS-GVO, § 44 Abs. 1 BDSG vorgesehene **Wahl der örtlichen Zuständigkeit** nicht für Klagen gegen Behörden gilt, die in Ausübung ihrer hoheitlichen Befugnisse tätig geworden sind, **§ 44 Abs. 2 BDSG.**

Daneben steht der betroffenen Person das Recht zu, bei der zuständigen Auf- 8
sichtsbehörde **Beschwerde** gegen das BSI einzureichen, Art. 77, 57 Abs. 1 lit. f DS-GVO. Die für das BSI als Bundesbehörde **zuständige Aufsichtsbehörde** ist entsprechend Art. 51 DS-GVO, § 9 Abs. 1 BDSG die oder der **Bundesbeauftragte für den Datenschutz und die Informationsfreiheit (BfDI)** in Bonn. Die Aufsichtsbehörde kann im Rahmen ihrer Befugnisse nach Art. 58 DS-GVO bspw. das BSI anweisen, den Anträgen der betroffenen Person auf Ausübung ihrer Rechte nachzukommen (Art. 58 Abs. 2 lit. c DS-GVO) bzw. dies teilweise anordnen (Art. 58 Abs. 2 lit. g DS-GVO), wenn sie nach Prüfung der Meinung ist, die Voraussetzungen der jeweiligen Ausnahmetatbestände des BSIG hätten im Einzelfall nicht vorgelegen. Ein Bußgeld kann gegen das BSI jedoch nicht festgelegt werden. Den Aufsichtsbehörden kommt zwar gemäß Art. 58 Abs. 2 lit. i DS-GVO die Befugnis zu, zusätzlich zu den Maßnahmen nach Art. 58 DS-GVO Geldbußen nach Art. 83 DS-GVO zu verhängen. Das BDSG hat jedoch von der Möglichkeit des Art. 83 Abs. 7 DS-GVO keinen Gebrauch gemacht und in § 43 Abs. 3 BDSG ausdrücklich geregelt, dass **gegen Behörden kein Bußgeld** verhängt werden kann. Dagegen kann die oder der BfDI aber bei Verstößen gegen die datenschutzrechtlichen Vorschriften die zuständige **Rechts- oder Fachaufsichtsbehörde des BSI informieren** (§ 16 Abs. 1 BDSG).

Bei einer schuldhaften Verletzung der Rechte der betroffenen Person durch die 9
nicht-rechtmäßige Berufung auf einen der Ausnahmetatbestände der §§ 6 ff., steht dieser zudem auch ein **Anspruch auf Schadenersatz** gegen das BSI und seine Auftragsverarbeiter zu, Art. 82 DS-GVO. Zu dessen Geltendmachung, sowie zur Einlegung einer Beschwerde oder zur Wahrnehmung der Rechte aus den Art. 77, 78, 79 DS-GVO kann die betroffene Person zudem eine **Einrichtung, Organisation oder Vereinigung ohne Gewinnerzielungsabsicht** (bspw. Verbraucherschutzverbände) **beauftragen,** in ihrem Namen tätig zu werden.[7]

---

[5] Vgl. bspw. zur Durchsetzung eines Anspruchs auf Erteilung der erforderlichen Informationen nach Art. 13 DS-GVO Gola/*Franck,* DS-GVO Art. 13 Rn. 58 f.

[6] Im Wege der Verpflichtungsklage, Ehmann/Selmayr/*Kamann/Braun,* DS-GVO Art. 16 Rn. 45; BeckOK DatenschutzR/*Worms,* DS-GVO Art. 16 Rn. 33; BeckOK DatenschutzR/*Worms,* DS-GVO Art. 18 Rn. 24; aA: im Wege der Leistungsklage: Gola/*Reif,* DS-GVO Art. 16 Rn. 25.

[7] Zur Frage, ob dies die Form einer reinen Vertretungsbefugnis oder die einer Prozessstandschaft meint, s. BeckOK DatenschutzR/*Karg,* DS-GVO Art. 80 Rn. 8 mwN.

§ 6a Informationspflicht bei Erhebung von personenbezogenen Daten

(1) **Die Pflicht zur Information gemäß den Artikeln 13 und 14 der Verordnung (EU) 2016/679 besteht ergänzend zu den in Artikel 13 Absatz 4 und Artikel 14 Absatz 5 der Verordnung (EU) 2016/679 genannten Ausnahmen nicht, wenn**

1. **die Informationserteilung die ordnungsgemäße Erfüllung der in der Zuständigkeit des Bundesamtes liegenden Aufgaben gefährden würde oder**
2. **die Informationserteilung die öffentliche Sicherheit oder Ordnung oder die Gewährleistung der Netz- und Informationssicherheit auf sonstige Weise gefährden oder sonst dem Wohl des Bundes oder eines Landes Nachteile bereiten würde**

und deswegen das Interesse der betroffenen Person an der Informationserteilung zurücktreten muss.

(2) [1]**Unterbleibt eine Information der betroffenen Person nach Maßgabe des Absatzes 1, ergreift das Bundesamt geeignete Maßnahmen zum Schutz der berechtigten Interessen der betroffenen Person, einschließlich der Bereitstellung der in Artikel 13 Absatz 1 und 2 und Artikel 14 Absatz 1 und 2 der Verordnung (EU) 2016/679 genannten Informationen für die Öffentlichkeit in präziser, transparenter, verständlicher und leicht zugänglicher Form in einer klaren und einfachen Sprache.** [2]**Das Bundesamt hält schriftlich fest, aus welchen Gründen es von einer Information der betroffenen Person abgesehen hat.**

Literatur: *Ehmann/Selmayr* (Hrsg.), Datenschutz-Grundverordnung, 2. Aufl. 2018; *Kipker,* Endlich Datenschutz im BSIG? – Referentenentwurf für ein Gesetz zur Anpassung des bereichsspezifischen Datenschutzes und zur Umsetzung der EU JI-Richtlinie (2. DSAnpUG-EU), ZD-Aktuell 2018, 04317; *Sydow* (Hrsg.), Europäische Datenschutzgrundverordnung, 2. Aufl. 2018.

A. Allgemeines

1 § 6a[1] enthält **Beschränkungen des Rechts der betroffenen Person auf Information bei Erhebung ihrer personenbezogenen Daten** und **schränkt** damit die **Art. 13 und 14 DS-GVO ein** (Abs. 1). Diese Möglichkeit eröffnet Art. 23 DS-GVO, der die Möglichkeit mitgliedsstaatlicher Regelungen vorsieht, die Pflichten und Rechte insbesondere nach den Art. 12–22 DS-GVO beschränken zu können, sofern diese den Wesensgehalt der Grundrechte und Grundfreiheiten achten und eine notwendige und verhältnismäßige Maßnahme zu den in Art. 23 Abs. 1 DS-GVO genannten Zielen darstellen. In Abs. 2 regelt die Norm die **Maßnahmen,** die **zum Schutz der betroffenen Person** gemäß Art. 23 Abs. 2 DS-GVO getroffen werden müssen.

2 § 6a stellt damit, neben den bereits geltenden Art. 13 Abs. 4, 14 Abs. 5 DS-GVO **weitere Beschränkungsmöglichkeiten** der Informationspflicht bei Erhebung auf, die ausdrücklich **ergänzend zu den Regelungen der DS-GVO** stehen sol-

[1] Zum Hintergrund der Einführung der §§ 6ff. → § 6 Rn. 1ff.

len. Weiterhin können sich **weitere Beschränkungsmöglichkeiten nach §§ 29, 32, 33 BDSG** ergeben.[2]

B. Einzelerläuterungen

I. Ausnahmen von der Informationspflicht (Abs. 1)

3 Nach Abs. 1 besteht für das BSI keine Pflicht zur Erteilung von Informationen über die Erhebung personenbezogener Daten gegenüber der betroffenen Person, wenn die **Informationserteilung die ordnungsgemäße Erfüllung der Aufgaben für das BSI gefährden würde (Nr. 1)** oder diese die **öffentliche Sicherheit oder Ordnung, die Gewährleistung der Netz- und Informationssicherheit auf sonstige Weise gefährden oder sonst dem Wohl des Bundes oder eines Landes Nachteile bereiten würde (Nr. 2)** und deswegen das **Interesse der betroffenen Person an der Informationserteilung zurücktreten** muss.

4 **Nr. 1 verweist damit auf sämtliche Aufgaben des BSI nach § 3,** die allesamt nunmehr auch zu solchen im öffentlichen Interesse erhoben wurden.[3] Ausweislich der Gesetzesbegründung dient diese Ausnahme **dem Schutz wichtiger Ziele des allgemeinen öffentlichen Interesses** eines Mitgliedsstaates gemäß Art. 23 Abs. 1 lit. e DS-GVO, da hierdurch die **Funktionsfähigkeit und Aufgabenerledigung der Verwaltung,** in diesem Fall des BSI sowie aller anderen Behörden, auf deren Funktionsfähigkeit die Zuständigkeit des BSI Einfluss haben könnte,[4] gewährleistet werden soll.[5] Art. 23 Abs. 1 lit. e DS-GVO stellt dabei eine Generalklausel dar, auf die Beschränkungsmaßnahmen gestützt werden können.[6] Auch wenn die allgemeine Funktionsfähigkeit und Aufgabenerledigung auf den ersten Blick und im Vergleich zu den in Art. 23 Abs. 1 lit. e DS-GVO bezeichneten wichtigen wirtschaftlichen oder finanziellen Interessen etwas zu allgemein geraten scheint, um hierunter subsumierbar zu sein, erscheint eine solche Auslegung jedenfalls mit Blick auf Erwgr. 73 der DS-GVO und den dort genannten Beispielen, insbesondere das Führen öffentlicher Register aus diesen Gründen, dennoch gerechtfertigt.

5 Sehr spezifisch begründet die **Gesetzesbegründung** die Beschränkung der Betroffenenrechte nach Nr. 1 mit der Aufgabe des BSI zur **Durchführung von Incident Response-Einsätzen,** die das BSI gemäß § 5b bspw. bei Stellen des Bundes, im Bereich der KRITIS-Unternehmen oder in anderen herausgehobenen Fällen durchführen kann. Deren zeitkritische Bearbeitung sei gefährdet, wenn hierbei ggf. betroffene Personen zunächst über die Erhebung ihrer Daten informiert werden müssten. Im Übrigen lässt sowohl das Gesetz als auch die Gesetzesbegründung offen, in welchen anderen Fällen eine Gefährdung der vielfältigen Aufgaben des BSI tatsächlich angenommen werden kann.[7] In jedem Fall **sollte eine vergleich-**

---

[2] Jedenfalls sofern das BDSG neben dem BSIG gemäß § 6 und § 1 Abs. 2 BDSG anwendbar ist, vgl. auch § 1 Abs. 8 BDSG.

[3] → § 3 Rn. 2 und → § 3a Rn. 2.

[4] S. bspw. iRv §§ 5, 5a.

[5] Entwurf eines Zweiten Gesetzes zur Anpassung des Datenschutzrechts an die Verordnung (EU) 2016/679 und zur Umsetzung der Richtlinie (EU) 2016/680, BT-Drs. 19/4674, 215.

[6] Sydow DS-GVO/*Peuker,* Art. 23 Rn. 25.

[7] Da nicht alle Aufgaben des BSI eine ähnliche Eilbedürftigkeit voraussetzen, kritisiert *Kipker* diese Regelung daher als „deutlich zu weit“, *Kipker,* ZD-Aktuell 2018, 04317.

bare Gefährdung der Aufgabenerfüllung durch die Informationserteilung wie bei Incident Response-Einsätzen **vorliegen müssen** – welche bei der übrigen Aufgabenwahrnehmung voraussichtlich nicht regelmäßig und nicht leicht zu erreichen sein wird. Insofern kann und sollte das Beispiel der Gesetzesbegründung als Maßstab für die Gefährdung jedenfalls nach gesetzgeberischer Vorstellung herangezogen werden, um eine verhältnismäßige Anwendung dieser Regelung zu gewährleisten.

6 **Nr. 2** dagegen zielt auf die Aufgabenerfüllung übergeordnete Ziele ab, bei deren Gefährdung ebenfalls die Informationspflicht entfällt, sofern aufgrund dessen die Interessen der betroffenen Person zurücktreten. Die dort aufgezählten **Ziele öffentliche Sicherheit und Ordnung, Gewährleistung Netz- und Informationssicherheit und Wohl des Bundes oder eines Landes** finden sich so bzw. ähnlich in Art. 23 Abs. 1 lit. c, d und e DS-GVO wieder.[8] Insbesondere die **Netz- und Informationssicherheit** werden durch die DS-GVO selbst in **Erwgr. 49** als (für die Verarbeitung nach Art. 6 Abs. 1 UAbs. 1 lit. f DS-GVO erforderliches) **berechtigtes Interesse** für den Verantwortlichen qualifiziert, weswegen die Gleichstellung dessen mit dem hier erforderlichen allgemein öffentlichen Interesse eines Mitgliedsstaates nach Art. 23 Abs. 1 lit. e DS-GVO, wenn es allgemein um die Netz- und Informationssicherheit im Zuständigkeitsbereich des BSI geht, durchaus berechtigt erscheint.

7 Als weiteres Kriterium zur interessensgerechten Anwendung des Absatz 1 dient dann zudem auch die in **Abs. 1 Hs. 2** vorgesehene Prüfung, ob aus den in Abs. 1 aufgezählten Gründen die **Interessen der betroffenen Person** zurücktreten müssen.[9]

II. Maßnahmen zum Schutz des Betroffenen und Dokumentationspflicht (Abs. 2)

8 In Abs. 2 finden sich sodann **Maßnahmen, die das BSI ergreifen** muss für den Fall, dass es sich auf eine Beschränkung der Informationspflicht der betroffenen Person gemäß Abs. 1 berufen will. Ausweislich der Gesetzesbegründung soll damit **Art. 23 Abs. 2 DS-GVO** Rechnung getragen werden, indem Schutzmaßnahmen für die betroffenen Personen etabliert werden.[10] Das BSI ist demnach verpflichtet, die Informationen, die der betroffenen Person eigentlich gemäß Art. 13 und 14 DS-GVO zur Verfügung gestellt werden müssten, nunmehr **gegenüber der Öffentlichkeit darzulegen,** bspw. auf der Webseite des BSI,[11] und das entsprechend Art. 12 Abs. 1 S. 1 DS-GVO in präziser, transparenter, verständlicher und leicht zugänglicher Form in einer klaren und einfachen Sprache. Damit stellt Abs. 2 die Bezugnahmen her, welche Art. 23 Abs. 2 DS-GVO für Beschränkungen der Betroffenenrechte verlangt, nämlich durch die Verpflichtung des BSI, sämtliche erfor-

---

[8] Vgl. auch Entwurf eines Zweiten Gesetzes zur Anpassung des Datenschutzrechts an die Verordnung (EU) 2016/679 und zur Umsetzung der Richtlinie (EU) 2016/680, BT-Drs. 19/4674, 215.

[9] Die Prüfung dürfte sich dabei auf eine Kausalitätsprüfung beschränken.

[10] Entwurf eines Zweiten Gesetzes zur Anpassung des Datenschutzrechts an die Verordnung (EU) 2016/679 und zur Umsetzung der Richtlinie (EU) 2016/680, BT-Drs. 19/4674, 215.

[11] Entwurf eines Zweiten Gesetzes zur Anpassung des Datenschutzrechts an die Verordnung (EU) 2016/679 und zur Umsetzung der Richtlinie (EU) 2016/680, BT-Drs. 19/4674, 215, unter Bezugnahme auf Erwgr. 58 S. 2 DS-GVO.

derlichen Informationen der Art. 13 und 14 DS-GVO zu veröffentlichen. Daneben kann das BSI aber **auch noch weitere Maßnahmen zum Schutz der betroffenen Personen** ergreifen.

Abs. 2 ist – von Anpassungen an den Verantwortlichen abgesehen – **überwiegend wortgleich mit den Regelungen zu Schutzmaßnahmen in §§ 32 Abs. 2, 33 Abs. 2 BDSG.** Dies ist insoweit erfreulich, als dass es eine kongruente Behandlung und Auslegung von Beschränkungen der Betroffenenrechte über verschiedene Gesetze hinaus ermöglicht. Die Gesetzesbegründung der §§ 32 Abs. 2, 33 Abs. 2 BDSG hält zudem ebenfalls ausdrücklich die Bereitstellung der Informationen gegenüber der Öffentlichkeit, bspw. auf der Webseite des Verantwortlichen, für eine geeignete Maßnahme im Sinne des Art. 23 Abs. 2 DS-GVO.[12] **9**

In jedem Fall muss zusätzlich zu den geeigneten Maßnahmen gem. S. 2 eine **schriftliche Dokumentation** stattfinden, aus welchen Gründen die betroffene Person nicht informiert wurde. Diese Vorgabe hat letztlich auch eine Art **Warncharakter,** welcher gewährleistet, dass sich das BSI als verantwortliche Stelle ausreichend mit den Voraussetzungen der Beschränkung sowie der Interessensabwägung im Einzelfall auseinandersetzt.[13] Weiterhin unterliegt die Prüfung der Begründung auch der Kontrolle der zuständigen Aufsichtsbehörde.[14] **10**

§ 6b Auskunftsrecht der betroffenen Person

(1) **Das Recht auf Auskunft gemäß Artikel 15 Absatz 1 und 2 der Verordnung (EU) 2016/679 besteht nicht, wenn und soweit**

1. die Auskunftserteilung die ordnungsgemäße Erfüllung der Aufgaben gefährden würde, die in der Zuständigkeit des Bundesamtes liegen,

2. die Auskunftserteilung

a) die öffentliche Sicherheit oder Ordnung oder die Gewährleistung der Netz- und Informationssicherheit gefährden würde oder

b) sonst dem Wohl des Bundes oder eines Landes Nachteile bereiten würde oder

3. die Auskunftserteilung strafrechtliche Ermittlungen oder die Verfolgung von Straftaten gefährden würde

und deswegen das Interesse der betroffenen Person an der Auskunftserteilung zurücktreten muss.

(2) **§ 34 Absatz 2 bis 4 des Bundesdatenschutzgesetzes gilt entsprechend.**

---

[12] Entwurf eines Gesetzes zur Anpassung des Datenschutzrechts an die Verordnung (EU) 2016/679 und zur Umsetzung der Richtlinie (EU) 2016/680 (Datenschutz-Anpassungs- und -Umsetzungsgesetz EU – DSAnpUG-EU), BT-Drs. 18/11325, 103.

[13] Vgl. hierzu auch Ehmann/Selmayr/*Bertermann,* DS-GVO Art. 23 Rn. 5.

[14] Vgl. hierzu auch die Gesetzesbegründung der überwiegend wortgleichen §§ 32, 33 BDSG, Entwurf eines Gesetzes zur Anpassung des Datenschutzrechts an die Verordnung (EU) 2016/679 und zur Umsetzung der Richtlinie (EU) 2016/680 (Datenschutz-Anpassungs- und -Umsetzungsgesetz EU – DSAnpUG-EU), BT-Drs. 18/11325, 103.

A. Allgemeines

1 § 6b[1] enthält eine **Ausnahme zum Recht der betroffenen Person auf Auskunft** und schränkt damit Art. 15 DS-GVO (Abs. 1) entsprechend den Vorgaben des Art. 23 DS-GVO ein.[2] In Abs. 2 regelt die Norm durch Verweis auf das BDSG die **Maßnahmen,** die **zum Schutz der betroffenen Person** nach Art. 23 Abs. 2 DS-GVO getroffen werden müssen.

2 Anders als bei dem Recht der betroffenen Person auf Information nach den Art. 13, 14 DS-GVO, sieht die **DS-GVO keine eigenen Ausnahmen** zum Recht auf Auskunft vor. Es finden sich jedoch in § 34 **BDSG Ausnahmeregelungen,** bei denen das Auskunftsrecht nicht besteht und welche gemäß § 6 und § 1 Abs. 2 BDSG neben § 6b anwendbar sein können.[3] Einschränkungen sind weiterhin nach § 27 Abs. 2 BDSG, der die Einschränkung der Betroffenenrechte bei der Datenverarbeitung zu wissenschaftlichen oder historischen Forschungszwecken und zu statistischen Zwecken regelt, sowie nach § 28 Abs. 2 BDSG, der die Datenverarbeitung zu im öffentlichen Interesse liegenden Archivzwecken regelt, und § 29 Abs. 1 BDSG, der die Verarbeitung bei Geheimhaltungspflichten regelt, möglich, da diese Sachverhalte nicht im BSIG geregelt werden, vgl. § 6 BSIG iVm § 1 Abs. 2 BDSG.

B. Einzelerläuterungen

I. Ausnahme vom Auskunftsrecht (Abs. 1)

3 Nach Abs. 1 besteht **kein Recht des Betroffenen auf Auskunftserteilung** gemäß Art. 15 Abs. 1 und 2 DS-GVO, wenn und soweit die Auskunftserteilung **die ordnungsgemäße Aufgabenerfüllung des BSI gefährden** würde (Nr. 1) oder diese **die öffentliche Sicherheit oder Ordnung oder die Gewährleistung der Netz- und Informationssicherheit gefährden** würde (Nr. 2 lit. a), bzw. diese sonst **dem Wohl des Bundes oder eines Landes Nachteile bereiten** würde (Nr. 2 lit. b) oder sie **strafrechtliche Ermittlungen oder die Verfolgung von Straftaten gefährden** würde (Nr. 3). In allen Fällen ist es **zusätzlich erforderlich,** dass das **Interesse der betroffenen Person** an der Auskunftserteilung aus den aufgezählten Gründen des Abs. 1 **zurücktritt** (Hs. 2).[4]

4 Die in Abs. 1 **vorgesehenen Ausnahmegründe** decken sich mit Ausnahme der Nr 3 **überwiegend wortgleich mit den Beschränkungen der Informationspflicht** nach § 6a Abs. 1. Die unterschiedliche Aufzählung sowie die Auslassung von „auf sonstige Weise“ in Bezug auf die Gefährdung der Netz- und Informationssicherheit nach Nr. 2 lit. a im Vergleich zu § 6a Abs. 1 Nr. 2 sollte sicherlich keine inhaltliche Unterscheidung mit sich bringen, sondern ist wohl eher als Redaktionsversehen zu verstehen. Es besteht kein Grund, die Gefährdung der Netz- und Informationssicherheit in § 6a und § 6b unterschiedlich zu handhaben,

---

[1] Zum Hintergrund der Einführung der §§ 6 ff. → § 6 Rn 1 ff.

[2] Zu den Voraussetzungen → § 6a Rn. 1.

[3] Daneben findet das BDSG regelmäßig Anwendung, wenn eine Verarbeitung personenbezogener Daten betroffen ist, welche nicht in den Anwendungsbereich der DS-GVO fällt, § 1 Abs. 8 BDSG.

[4] Wie bei § 6a dürfte sich dies auf eine Kausalitätsprüfung beschränken → § 6a Rn. 7.

zumal bereits unklar ist, welchen eigenständigen Aussagehalt der Zusatz „auf sonstige Weise" besitzen soll.

Ähnlich wie in § 6a weist die Gesetzesbegründung[5] auch hier die Ausnahmen zur Auskunftspflicht der konkreten, sicherzustellenden **Ziele des Art. 23 Abs. 1 DS-GVO** zu. So dient Nr. 1 wieder der Gewährleistung der Funktionsfähigkeit und Aufgabenerledigung der öffentlichen Verwaltung und damit Art. 23 Abs. 1 lit. e DS-GVO (→ § 6a Rn. 4), Nr. 2 sowohl dem Schutz der öffentlichen Sicherheit, der Verhütung, Ermittlung, Aufdeckung oder Verfolgung von Straftaten oder zur Strafvollstreckung nach Art. 23 Abs. 1 lit. d sowie dem Schutz sonstiger wichtiger Ziele nach Art. 23 Abs. 1 lit. e DS-GVO, und Nr. 3 ebenfalls zur Sicherstellung der Ermittlung, Aufdeckung oder Verfolgung von Straftaten nach Art. 23 Abs. 1 lit. d DS-GVO. 5

Zu beachten ist weiterhin, dass die Auskunft nur verweigert werden darf, **„wenn und soweit"** die Ausnahmegründe des Abs. 1 vorliegen, dh, sofern sich die Ausnahmegründe nicht auf alle vorhandenen personenbezogenen Daten gleichermaßen beziehen, ist für den Teil, für den solche nicht vorliegen, eine Auskunft zu erteilen. 6

II. Anwendung BDSG (Abs. 2)

Abs. 2 beinhaltet durch die Verweisung auf § 34 Abs. 2–4 BDSG **drei weitere Regelungstatbestände:** Zum einen wird durch den Verweis auf § 34 Abs. 4 BDSG **eine weitere Ausnahme zur Auskunftspflicht** ermöglicht. Hiernach muss bei personenbezogenen Daten, die durch eine öffentliche Stelle nicht automatisiert gespeichert bzw. automatisiert verarbeitet und in einem Dateisystem gespeichert werden, keine Auskunft erteilt werden, wenn nicht die betroffene Person Angaben zum Auffinden dieser Daten macht und der Aufwand der Auskunftserteilung nicht außer Verhältnis zum Informationsinteresse der betroffenen Person steht. Diese Ausnahme zur Auskunftserteilung besteht also lediglich dann, wenn durch das BSI eine Verarbeitung personenbezogener Daten stattfindet, die nicht in den Anwendungsbereich von Art. 2 DS-GVO fallen würde. Diese Fälle sind insofern relevant, als dass auch für sie ein Auskunftsrecht nach Art. 15 DS-GVO besteht. § 1 Abs. 8 BDSG bestimmt, dass für öffentliche Stellen für jedwede Verarbeitung von personenbezogenen Daten, und damit auch einer solchen, die sich außerhalb des Anwendungsbereichs der DS-GVO bewegt, sowohl die DS-GVO als auch das BDSG gelten sollen, sofern nicht das BDSG oder ein anderes Gesetz anderes sagt.[6] 7

Weiterhin sieht **§ 34 Abs. 2 und 3 BDSG Maßnahmen** vor, **die eine Einschränkung der Rechte der betroffenen Person nach Art. 23 Abs. 2 DS-GVO absichern** sollen.[7] So sind gemäß **Abs. 2 iVm § 34 Abs. 2 BDSG** insbesondere die **Gründe für eine (ggf. teilweise) Auskunftsverweigerung zu dokumentieren** und die **Ablehnung als solche gegenüber der betroffenen Person zu begründen,** jedenfalls soweit damit nicht der mit der Auskunftsverweigerung verfolgte Zweck gefährdet würde. Hierdurch wird der betroffenen Person ermöglicht, die Auskunftsverweigerung nachzuvollziehen und sich ggf. für eine Über- 8

---

5 BT-Drs. 19/4674, 216.

6 Vgl. hierzu auch die Gesetzesbegründung des § 34 Abs. 4 BDSG mit Beispielen, BT-Drs. 18/11325, 104f.

7 BT-Drs. 18/11325, 104.

prüfung an die zuständige Auskunftsbehörde zu wenden.[8] Daneben erfüllt diese Verpflichtung auch eine Art **Warnfunktion,** die das BSI zwingt, sich in jedem Einzelfall mit den Details der Ablehnungsgründe auseinander zu setzen. Diese Vorgabe erfüllt insbesondere die Anforderung nach Art. 23 Abs. 2 lit. h DS-GVO. Nach **Abs. 2 iVm § 34 Abs. 2 S. 2 BDSG** unterliegen zudem die zu diesem Zweck gespeicherten Daten einer **strengen Zweckbindung** – sie dürfen nur für die Auskunftserteilung und zur Datenschutzkontrolle verwendet werden und ihre Verarbeitung ist nach Art. 18 DS-GVO einzuschränken.

9 Nach **Abs. 2 iVm § 34 Abs. 3 BDSG** kann die betroffene Person im Falle der Auskunftsverweigerung verlangen, dass an ihrer Stelle **der oder dem Bundesbeauftragten für den Datenschutz und die Informationsfreiheit die entsprechende Auskunft erteilt wird,** jedenfalls, sofern nicht die oberste Bundesbehörde[9] feststellt, dass durch diese Auskunftserteilung die Sicherheit des Bundes oder eines Landes gefährdet würde. Sollte die oder der BfDI die Auskunft erteilen, hat er zudem darauf zu achten, dass diese ohne weitere Zustimmung des Verantwortlichen keine Rückschlüsse auf den Erkenntnisstand des Verantwortlichen zulassen. Der Gesetzgeber hatte hier insbesondere **Fälle der Strafverfolgung vor Augen,** bei denen die Gefahr besteht, dass durch die Auskunft strafrechtliche Ermittlungen vereitelt werden könnten. Diese Beschränkung dient daher den Zielen der Gewährleistung der öffentlichen Sicherheit nach Art. 23 Abs. 1 lit. c DS-GVO sowie der Verhütung, Ermittlung, Aufdeckung oder Verfolgung von Straftaten nach Art. 23 Abs. 1 lit. d DS-GVO.[10] Gleichzeitig kann hierin auch eine Beschreibung des Umfangs bzw. ggf. eine Garantie gegen missbräuchliche Auskunftsverweigerung nach Art. 23 Abs. 2 lit. c und ggf. d DS-GVO gesehen werden. **Fälle, in denen mit dieser Zielsetzung die Auskunft verweigert wird, können grundsätzlich auch im Aufgabenbereich des BSI auftreten,** etwa bei dem Vorhandensein von Daten, die neben der Gefährdung der IT-Sicherheit, wie im Rahmen der §§ 5 oder 5a, auch Rückschlüsse auf eine individuelle Person zulassen.

§ 6c Recht auf Berichtigung

(1) **Das Recht der betroffenen Person auf Berichtigung und Vervollständigung gemäß Artikel 16 der Verordnung (EU) 2016/679 besteht nicht, wenn und soweit die Erfüllung der Rechte der betroffenen Person die ordnungsgemäße Erfüllung der in der Zuständigkeit des Bundesamtes liegenden Aufgaben gefährden würde und deswegen das Interesse der betroffenen Person an der Ausübung dieser Rechte zurücktreten muss.**

(2) **In den Fällen des Absatzes 1 hat die betroffene Person einen Anspruch darauf, den Daten für die Dauer der Verarbeitung eine Gegendarstellung beizufügen, sofern dies für eine faire und transparente Verarbeitung erforderlich ist.**

---

[8] BT-Drs. 18/11325, 104.

[9] In diesem Fall für das BSI ist das Bundesministerium des Innern und für Heimat (BMI) zuständig.

[10] BT-Drs. 18/11325, 104.

A. Allgemeines

Art. 16 DS-GVO ermöglicht der betroffenen Person, **die Berichtigung unrichtiger und Vervollständigung unvollständiger personenbezogener Daten beim Verantwortlichen** zu verlangen. **Abs. 1**[1] **schließt diese Rechte weitestgehend aus,** wobei **Abs. 2** der betroffenen Person als Ausgleich einen **Anspruch auf Gegendarstellung** ermöglicht. 1

Anders als bei §§ 6a, 6b sehen **weder Art. 16 DS-GVO noch §§ 32ff. BDSG eigene Ausnahmen zu den Rechten auf Berichtigung und Vervollständigung** vor. Einschränkungen sind jedoch nach **§ 27 Abs. 2 BDSG,** der die Einschränkung der Betroffenenrechte bei der Datenverarbeitung zu wissenschaftlichen oder historischen Forschungszwecken und zu statistischen Zwecken regelt, sowie nach **§ 28 Abs. 3 BDSG,** der die Datenverarbeitung zu im öffentlichen Interesse liegenden Archivzwecken regelt, möglich, da diese Sachverhalte nicht im BSIG geregelt werden, vgl. § 6 BSIG iVm § 1 Abs. 2 BDSG. 2

B. Einzelerläuterungen

Abs. 1 schließt die nach Art. 16 DS-GVO bestehenden **Rechte auf Berichtigung und Vervollständigung aus, wenn und soweit die Erfüllung dieser Rechte die ordnungsgemäße Erfüllung der Aufgabenerledigung des BSI gefährden** würde und, wie auch schon bei §§ 6a, 6b zu finden, aus diesem Grund **das Interesse der betroffenen Person zurücktreten** muss. Hintergrund dieser Regelung sind die teilweisen großen Datenmengen, die im BSI verarbeitet werden,[2] und deren einzelne Berichtigung oder Vervollständigung einen zu großen Aufwand darstellen und das BSI in einzelnen Aufgabenwahrnehmungen an **Kapazitätsgrenzen** bringen könnte. Die **Aufgabenerfüllung wäre dann nicht mehr sichergestellt.**[3] Dabei stellt § 6c aber klar, dass das Berufen auf diese Ausnahmeregelung nur möglich ist, **„wenn und soweit"** eine Gefährdung der Aufgabenerfüllung vorliegt. In der Vielzahl der Fälle der Aufgabenwahrnehmung, sei es bspw. als Kontaktstelle für KRITIS nach § 8b Abs. 3, wird diese Ausnahme daher schon nicht oder nicht vollständig zum Tragen kommen. 3

Die Beschränkung der Rechte nach § 6c **dient dem Schutz sonstiger wichtiger Ziele des allgemeinen öffentlichen Interesses** gemäß Art. 23 Abs. 1 lit. e DS-GVO, in diesem Fall, ähnlich wie auch bei den vorherigen Beschränkungen, der Gewährleistung der Funktionsfähigkeit und Aufgabenerledigung der öffentlichen Verwaltung.[4] Gerade vor dem Hintergrund des in der Gesetzesbegründung genannten Beispiels erscheint diese Rechtfertigung auch schlüssig. 4

Als Ausgleich zu der Versagung der Berichtigung und dem Unterlassen der Vervollständigung erhält die betroffene Person gemäß **Abs. 2** den **Anspruch, den Daten eine Gegendarstellung beizufügen,** sofern dies für eine faire und transparente Verarbeitung erforderlich ist. Auf welche Art dies geschehen soll, lässt das 5

---

1 Zum Hintergrund der Einführung der §§ 6ff. → § 6 Rn 1ff.

2 Bspw. iRd Abwehr von Schadprogrammen und Gefahren für die Kommunikationstechnik des Bundes gem. § 5.

3 BT-Drs. 19/4674, 216.

4 BT-Drs. 19/4674, 216.

Gesetz offen. Um die Hürden hier möglichst niedrig zu halten, sollte einfache Textform jedenfalls genügen. Gleichwohl sollten aus der formlosen Gegendarstellung die betroffenen Daten sowie ihre Berichtigung bzw. Vervollständigung hervorgehen, damit diese für die Dauer der Verarbeitung durch das BSI berücksichtigt werden können.

§ 6d Recht auf Löschung

(1) [1]Im Fall der nicht automatisierten Verarbeitung besteht die Pflicht des Bundesamtes zur Löschung personenbezogener Daten gemäß Artikel 17 Absatz 1 und 2 der Verordnung (EU) 2016/679 ergänzend zu den in Artikel 17 Absatz 3 genannten Ausnahmen nicht, wenn

1. eine Löschung wegen der besonderen Art der Speicherung nicht oder nur mit unverhältnismäßig hohem Aufwand möglich ist und

2. das Interesse der betroffenen Person an der Löschung als gering anzusehen ist.

[2]In diesem Fall tritt an die Stelle der Löschung eine Einschränkung der Verarbeitung gemäß Artikel 18 der Verordnung (EU) 2016/679. [3]Die Sätze 1 und 2 sind nicht anzuwenden, wenn die personenbezogenen Daten unrechtmäßig verarbeitet wurden.

(2) [1]Ist die Löschung lediglich für eine etwaige gerichtliche Überprüfung von Maßnahmen nach § 5 Absatz 3 zurückgestellt, dürfen die Daten ohne Einwilligung der betroffenen Person nur zu diesem Zweck verwendet werden; sie sind für andere Zwecke in der Verarbeitung einzuschränken. [2]§ 5 Absatz 7 bleibt unberührt.

A. Allgemeines

1 § 6d[1] schränkt das Recht der betroffenen Person ein, in bestimmten Fällen gemäß Art. 17 DS-GVO die Löschung von durch den Verantwortlichen verarbeiteten personenbezogenen Daten zu fordern. Neben den Ausnahmen nach Art. 17 Abs. 3 DS-GVO **führt § 6d** nunmehr **weitere Ausnahmen ein,** die daneben gelten sollen. **Weitere Ausnahmen** zum Recht auf Löschung finden sich in **§ 35 BDSG,** welcher allerdings selbst bei Anwendbarkeit neben dem BSIG[2] keinen neuen Ausnahmegrund schaffen würde, da § 6d BSIG und § 35 Abs. 1 BDSG **überwiegend inhaltsgleich** ausgestaltet wurden. § 35 Abs. 1 BDSG würde jedoch eigenständig anwendbar sein in den Fällen, in denen die nicht automatisierte Verarbeitung gemäß Art. 2 Abs. 1 DS-GVO nicht in den Anwendungsbereich der DS-GVO fällt – in diesen Fällen wäre wohl auch § 6d BSIG aufgrund § 6 BSIG und der direkten Bezugnahme zur DS-GVO nicht anwendbar, sodass in diesem Fall das BDSG und damit § 35 BDSG über § 1 Abs. 8 BDSG direkt Anwendung fände.

---

[1] Zum Hintergrund der Einführung der §§ 6 ff. → § 6 Rn 1 ff.

[2] Vgl. § 6 BSIG und § 1 Abs. 2 BDSG sowie § 1 Abs. 8 BDSG.

B. Einzelerläuterungen

I. Ausnahmen zum Recht auf Löschung (Abs. 1)

S. 1 räumt dem BSI die Möglichkeit ein, **einem Löschungsbegehren** einer betroffenen Person nach Art. 17 DS-GVO **nicht nachzukommen,** wenn die personenbezogenen Daten **nicht automatisiert verarbeitet werden, eine Löschung** wegen der besonderen Art der Speicherung **nicht oder nur mit unverhältnismäßig hohem Aufwand möglich ist und das Interesse der betroffenen Person an der Löschung als gering anzusehen ist.** Damit wird dem Aufwand Rechnung getragen, der insbesondere entsteht, wenn größere Mengen an Daten nicht automatisiert gespeichert werden und damit nicht ohne weiteres durchsuchbar sind. Der vertretbare Aufwand soll sich, ähnlich wie in § 35 BDSG,[3] nach dem jeweiligen **Stand der Technik** bemessen und insbesondere nicht oder nur mit unverhältnismäßig hohem Aufwand veränderbare oder löschbare Datenspeicher betreffen.[4] Weiterhin muss eine **Feststellung des Interesses** der betroffenen Person stattfinden. Nur wenn dieses Interesse **zusätzlich zum hohen Aufwand des BSI,** dem Löschungsersuchen nachzugehen, als gering anzusehen ist, darf auf die Löschung verzichtet werden. 2

Die Einschränkung des Rechts auf Löschung gemäß Art. 17 DS-GVO dient dem Schutz eines wichtigem **Ziels des allgemeinen öffentlichen Interesses,** nämlich des der **Gewährleistung der Funktionsfähigkeit und Aufgabenerledigung der öffentlichen Verwaltung** gemäß Art. 23 Abs. 1 lit. e DS-GVO,[5] damit diese durch das Löschbegehren nicht an **Kapazitätsgrenzen** gebracht wird. 3

Sollte das BSI einem Löschungsersuchen aufgrund von S. 1 nicht nachkommen, so muss es jedenfalls nach **S. 2** eine **Einschränkung der Verarbeitung gemäß Art. 18 DS-GVO** vornehmen. Einschränkung der Verarbeitung in diesem Sinne meint dabei eine „Markierung gespeicherter personenbezogener Daten, mit dem Ziel, ihre künftige Verarbeitung einzuschränken" gemäß Art. 4 Nr. 3 DS-GVO. Die **DS-GVO** nennt in **Erwgr. 67** selbst **Beispiele,** mit welchen Methoden eine solche Einschränkung vorgenommen werden kann. Demnach können bspw. ausgewählte personenbezogene Daten vorübergehend auf ein anderes Verarbeitungssystem übertragen werden, die Verarbeitung kann für Nutzer gesperrt werden oder bspw. veröffentlichte Daten von einer Webseite entfernt werden. Diese Beschränkung wird damit auch **Art. 23 Abs. 2 lit. c DS-GVO** gerecht, der für Beschränkungen der Betroffenenrechte entsprechende **Schutzmaßnahmen** verlangt. Im Übrigen sind durch den Verweis auf Art. 18 DS-GVO insgesamt auch die **Art. 18 Abs. 2 und 3 DS-GVO** anwendbar, welche mit einer **strengen Zweckbindung** der in der Verarbeitung eingeschränkten Daten (Art. 18 Abs. 2 DS-GVO) und einer **Unterrichtungspflicht der betroffenen Person** (Art. 18 Abs. 3 DS-GVO) ebenfalls **Schutzmaßnahmen** im Sinne von Art. 23 Abs. 2 lit. a, c, d und h DS-GVO vorsehen.[6] 4

Für den Fall, dass sich bei der Prüfung des Löschbegehrens herausstellt, dass die personenbezogenen Daten der betroffenen Person bereits **unrechtmäßig ver-** 5

[3] BT-Drs. 18/11325, 105.
[4] BT-Drs. 19/4674, 216.
[5] BT-Drs. 19/4674, 216.
[6] Vgl. auch BT-Drs. 18/11325, 105 zum teilweise wortgleichen § 35 BDSG.

arbeitet wurden, müssen die Daten regelmäßig gelöscht werden. **S. 1 und S. 2 sind nicht anzuwenden,** da ein **Verantwortlicher in diesem Fall nicht schutzwürdig** ist und der entsprechende Aufwand dann abverlangt werden kann.[7]

II. Fälle von § 5 Abs. 3, Einschränkung der Verarbeitung (Abs. 2)

6 Nach **S. 1** dürfen personenbezogen Daten, die nur **aufgrund einer etwaigen gerichtlichen Überprüfung nach § 5 Abs. 3 nicht gelöscht werden,** ohne weitere Einwilligung der betroffenen Person auch ausschließlich **nur zu diesem Zweck verwendet werden** und sind **im Übrigen in der Verarbeitung einzuschränken. S. 2** stellt weiterhin ausdrücklich klar, dass **§ 5 Abs. 7,** der ebenfalls eine **Zweckbindung** hinsichtlich der nach § 5 zu verarbeiteten Daten vorsieht, unberührt bleibt. Beide Sätze waren in § 6 aF, der sich ausschließlich auf die Löschung von personenbezogenen Daten bezog, bereits enthalten und sollten beibehalten werden.[8] Gleichzeitig stellen sie aber auch weitere Ausprägungen der **Schutzmaßnahmen nach Art. 23 Abs. 2 lit. a, c, d DS-GVO** dar.

§ 6e Recht auf Einschränkung der Verarbeitung

Die Pflicht des Bundesamtes zur Einschränkung der Verarbeitung gemäß Artikel 18 Absatz 1 Buchstabe a der Verordnung (EU) 2016/679 besteht für die Dauer der Überprüfung der Richtigkeit der personenbezogenen Daten nicht, wenn
1. **die Verarbeitung oder Weiterverarbeitung durch dieses Gesetz ausdrücklich geregelt ist oder**
2. **die Einschränkung der Verarbeitung die Abwehr von Gefahren für die Sicherheit in der Informationstechnik gefährden würde**

und deswegen das Interesse der betroffenen Person an der Einschränkung zurücktreten muss.

Literatur: *Kipker,* Endlich Datenschutz im BSIG? – Referentenentwurf für ein Gesetz zur Anpassung des bereichsspezifischen Datenschutzes und zur Umsetzung der EU JI-Richtlinie (2. DSAnpUG-EU), ZD-Aktuell 2018, 04317.

A. Allgemeines

1 § 6e[1] sieht die Möglichkeit für das BSI vor, einem **Ersuchen der betroffenen Person auf Einschränkung der Verarbeitung** ihrer personenbezogenen Daten für die Dauer der Überprüfung der Richtigkeit dieser Daten **nicht nachzukommen** für den Fall, dass diese von der betroffenen Person bestritten wird. Damit stellt die Regelung eine **Ausnahme zu Art. 18 Abs. 1 lit. a DS-GVO** dar.

2 Anders als bei §§ 6a, 6b, 6d sehen **weder Art. 18 DS-GVO noch §§ 32 ff. BDSG eigene Ausnahmen des Rechts der betroffenen Person auf Einschränkung der Verarbeitung** vor. Einschränkungen sind jedoch nach **§ 27 Abs. 2 BDSG,** der die Einschränkung der Betroffenenrechte bei der Datenver-

---

[7] BT-Drs. 19/4674, 216; dies entspricht der Fallgruppe des Art. 17 Abs. 1 lit. d DS-GVO.
[8] BT-Drs. 19/4674, 216.
[1] Zum Hintergrund der Einführung der §§ 6 ff. → § 6 Rn 1 ff.

arbeitung zu wissenschaftlichen oder historischen Forschungszwecken und zu statistischen Zwecken regelt, sowie nach **§ 28 Abs. 4 BDSG,** der die Datenverarbeitung zu im öffentlichen Interesse liegenden Archivzwecken regelt, möglich, da diese Sachverhalte nicht im BSIG geregelt werden, vgl. § 6 BSIG iVm § 1 Abs. 2 BDSG.

B. Einzelerläuterungen

3 Gemäß § 6e besteht das **Recht der betroffenen Person auf Einschränkung der Verarbeitung** ihrer personenbezogenen Daten **nicht** für den Fall, dass sie die Richtigkeit dieser Daten bestreitet, wenn entweder **die (Weiter-)Verarbeitung dieser Daten nach dem BSIG ausdrücklich geregelt ist (Nr. 1) oder die Einschränkung der Verarbeitung die Abwehr von Gefahren für die Sicherheit in der Informationstechnik gefährden würde (Nr. 2).** In beiden Fällen muss aufgrund des Vorliegens dieser Tatbestandsmerkmale das **Interesse der betroffenen Person** an der Einschränkung **zurücktreten.**

4 Die Regelung dient ausweislich der Gesetzesbegründung der Sicherstellung der nationalen und der öffentlichen Sicherheit und dem Schutz sonstiger wichtiger **Ziele des allgemeinen öffentlichen Interesses gemäß Art. 23 Art. 1 lit a, c und e DS-GVO.**[2] Die Beschränkung des Rechts der betroffenen Person gemäß Art. 18 DS-GVO sei erforderlich, da anderenfalls die **Aufgabenwahrnehmung des BSI erheblich gefährdet** würde, wenn zunächst die Daten der betroffenen Person ggf. mit unverhältnismäßigem Aufwand ermittelt und überprüft werden müssten und solange nicht weiter verwendet werden könnten.[3] Solche Daten werden oft automatisiert verarbeitet und sind einer natürlichen Person teilweise überhaupt nur unter hohem Aufwand zuzuordnen (zB bei IP-Adressen). Daher könnte die Suspendierung der Verarbeitung faktisch zum Stillstand der Verarbeitung und damit zu **erheblichen Schutzlücken der Sicherheit in der Informationstechnik**[4] führen.

5 Wann konkret die (Weiter-)Verarbeitung von personenbezogenen Daten nach **Nr. 1** im BSIG ausdrücklich geregelt ist und damit kein Recht auf Einschränkung der Verarbeitung besteht, dazu verhält sich die Norm nicht. Durch die Bezugnahme auf **„ausdrücklich“** kann davon ausgegangen werden, dass nicht die „normale“ Aufgabenerfüllung gemeint ist, mit der ggf. eine Verarbeitung personenbezogener Daten einhergeht, vgl. § 3a Abs. 1 iVm § 3. Dies würde anderenfalls praktisch jede Verarbeitung von personenbezogenen Daten durch das BSI umfassen, weswegen es des Einschubs des Wortes „ausdrücklich“ nicht bedurft hätte. Weiterhin würde hierdurch die Ausnahmeregelung deutlich ausgeweitet, was wiederum Fragen nach der Verhältnismäßigkeit dieser Alternative aufwerfen würde. Insofern erscheint es sachgerechter, Nr. 1 **nur auf die Tatbestände im BSIG anzuwenden, in denen ausdrücklich die (Voraussetzungen und Grenzen einer) Verarbeitung personenbezogener Daten geregelt ist,** bspw. nach § 5.

6 Nach **Nr. 2** besteht weiterhin **kein Recht der betroffenen Person auf Einschränkung der Verarbeitung** ihrer personenbezogenen Daten, wenn dies die **Abwehr von Gefahren für die Sicherheit in der Informationstechnik** gefährden würde. **„Sicherheit in der Informationstechnik“** ist definiert in § 2 Abs. 2

---

[2] BT-Drs. 19/4674, 216.
[3] BT-Drs. 19/4674, 216.
[4] BT-Drs. 19/4674, 216.

und meint die Einhaltung bestimmter Sicherheitsstandards, die die Verfügbarkeit, Unversehrtheit oder Vertraulichkeit von Informationen betreffen, durch Sicherheitsvorkehrungen in und bei Anwendung von informationstechnischen Systemen, Komponenten oder Prozessen. Damit findet Nr. 2 den Bezugspunkt für die Gefahr in der Terminologie des BSIG selbst, anders als § 6a und § 6b, die sich mit der „Gewährleistung der Netz- und Informationssicherheit" an der Terminologie der DS-GVO in Erwgr. 49 orientieren und für die es jedenfalls keine gesetzlich vorgegebene Definition gibt. In welchen **Beispielsfällen** eine Verarbeitung von personenbezogenen Daten nicht während der Dauer der Überprüfung ihrer Richtigkeit aufgrund von Gefahren für die Sicherheit in der Informationstechnik eingeschränkt werden kann, führen **weder das Gesetz noch die Gesetzesbegründung** auf.[5] Denkbar ist dies aber beispielsweise im Rahmen einer Verarbeitung nach § 5, wo die Einschränkung der Verarbeitung personenbezogener Daten während der Überprüfung ihrer Richtigkeit dazu führen könnte, dass die dauerhaft ausgeführte und automatisierte Abwehr von Schadprogrammen und anderen Gefahren für die Kommunikationstechnik des Bundes insgesamt unterbrochen werden müsste, während die Richtigkeit einzelner Datensätze überprüft wurde. Derartige Einzelfälle könnten demnach tatsächlich zu erheblichen Schutzlücken in der Sicherheit der Informationstechnik[6] führen.

§ 6f Widerspruchsrecht

[1]Das Recht der betroffenen Person auf Widerspruch gemäß Artikel 21 Absatz 1 der Verordnung (EU) 2016/679 besteht nicht, wenn
1. **an der Verarbeitung ein zwingendes öffentliches Interesse besteht, das die Interessen der betroffenen Person überwiegt, oder**
2. **eine Rechtsvorschrift das Bundesamt zur Verarbeitung verpflichtet.**

[2]Darüber hinaus darf das Bundesamt die personenbezogenen Daten ergänzend zu Artikel 21 Absatz 1 Satz 2 der Verordnung (EU) 2016/679 so lange verarbeiten, bis das Bundesamt geprüft hat, ob zwingende schutzwürdige Gründe für die Verarbeitung bestehen, die die Interessen, Rechte und Freiheiten der betroffenen Person überwiegen.

Literatur: *Kipker,* Endlich Datenschutz im BSIG? – Referentenentwurf für ein Gesetz zur Anpassung des bereichsspezifischen Datenschutzes und zur Umsetzung der EU JI-Richtlinie (2. DSAnpUG-EU), ZD-Aktuell 2018, 04317.

A. Allgemeines

1 Nach **Art. 21 DS-GVO** hat die betroffene Person **das Recht, der Verarbeitung ihrer personenbezogenen Daten zu widersprechen,** wenn diese auf **Grundlage des Art. 6 Abs. 1 UAbs. 1 lit. e oder f DS-GVO** geschieht und **besondere Gründe für die Nichtverarbeitung** in ihrer Person gegeben sind. In der Konsequenz darf ein Verantwortlicher bei Vorliegen dieses Tatbestands die per-

[5] Daher wird dieser Tatbestand auch als zu weitgehend kritisiert, s. *Kipker,* ZD-Aktuell 2018, 04317.

[6] BT-Drs. 19/4674, 216.

sonenbezogenen Daten dieser Person dann grundsätzlich nicht mehr verarbeiten. **§ 6f**[1] **schließt** in den dort genannten Fallalternativen **dieses Recht der betroffenen Person aus.**

2 **Eigene Ausnahmen** zum Widerspruchsrecht der betroffenen Person **sieht Art. 21 DS-GVO nicht vor.** Jedoch findet sich eine **Ausnahmeregelung** in **§ 36 BDSG,** zu dem § 6f inhaltlich gleich geregelt wurde. § 36 BDSG wäre allerdings ohnehin nur anwendbar, wenn dies nach § 6 BSIG und § 1 Abs. 2 BDSG zulässig wäre oder wenn sich die Datenverarbeitung außerhalb des Anwendungsbereichs der DS-GVO bewegt, § 1 Abs. 8 BDSG. Grundsätzlich anwendbar hingegen werden sein **§ 27 Abs. 2 BDSG,** der die Einschränkung der Betroffenenrechte bei der Datenverarbeitung zu wissenschaftlichen oder historischen Forschungszwecken und zu statistischen Zwecken regelt, sowie **§ 28 Abs. 4 BDSG,** der die Datenverarbeitung zu im öffentlichen Interesse liegenden Archivzwecken regelt. Beide Sachverhalte werden nicht im BSIG geregelt, sodass die ergänzenden Regelungen des BDSG greifen können, vgl. § 6 BSIG iVm § 1 Abs. 2 BDSG.

B. Einzelerläuterungen

3 Nach S. 1 besteht **das Recht** der betroffenen Person **auf Widerspruch** gegen die Verarbeitung ihrer personenbezogenen Daten gemäß Art. 21 DS-GVO **nicht, wenn an der Verarbeitung ein zwingendes öffentliches Interesse besteht, das die Interessen der betroffenen Person überwiegt (S. 1 Nr. 1) oder eine Rechtsvorschrift das BSI** zu Verarbeitung dieser Daten **verpflichtet (S. 1 Nr. 2).**

4 **Ein öffentliches Interesse an der Verarbeitung** nach **S. 1 Nr. 1** kann regelmäßig **bei jeder Aufgabenwahrnehmung des BSI angenommen werden,** da § 3 Abs. 1 S. 2 nunmehr bestimmt, dass sämtliche Aufgaben des BSI solche im öffentlichen Interesse sind. Wann jedoch ein **„zwingendes" öffentliches Interesse** besteht, dazu verhält sich weder § 6f noch die Gesetzesbegründung. **Unklar** verbleibt damit, ob das Merkmal „zwingend" ein **eigenständiges Tatbestandsmerkmal** darstellen soll oder lediglich eine Art ‚Redaktionsversehen', welches gleichwohl bei jedweder Aufgabenerfüllung nach § 3 Abs. 1 S. 2 gegeben ist. Der unterschiedliche Gebrauch der ‚öffentlichen Interessen' im BSIG und auch der im Übrigen uferlos weit erscheinende Anwendungsbereich dieser eigentlichen Ausnahmeregelung sprechen jedoch für Ersteres,[2] so dass zunächst **immer eine Prüfung** stattfinden muss, **ob** die streitige Verarbeitung tatsächlich **ein zwingend zu erfüllendes öffentliches Interesse** verfolgt, **welches dann zusätzlich auch die Interessen der betroffenen Person am Widerspruch überwiegt.** Welche **Kriterien** hierfür gelten sollen, lässt das Gesetz jedoch **offen.** Eine Konkretisierung des Prüfungsmaßstabs wäre vor dem Hintergrund der Einschränkung von Betroffenenrechten und auch für die Erleichterung der Rechtsanwendung wünschenswert gewesen. Klarer ist insoweit **S. 1 Nr. 2,** der das Recht auf Widerspruch ebenfalls ausschließt, wenn das BSI durch Rechtsvorschrift zur Verarbeitung verpflichtet ist.[3]

5 **Art. 21 Abs. 1 S. 2 DS-GVO** schränkt das Recht der betroffenen Person auf Widerspruch zudem insoweit ein, als dass **ein Verantwortlicher die Verarbei-**

---

[1] Zum Hintergrund der Einführung der §§ 6ff. → § 6 Rn 1ff.

[2] So auch *Kipker,* ZD-Aktuell 2018, 04317.

[3] Vgl. bspw. § 8 Abs. 3.

tung ihrer Daten nicht einstellen muss, wenn er **zwingende schutzwürdige Gründe für die Verarbeitung nachweisen** kann, **die die Interessen, Rechte und Freiheiten der betroffenen Person überwiegen. S. 2** gestattet es dem BSI zusätzlich hierzu, die personenbezogenen Daten der betroffenen Person **so lange weiter zu verarbeiten, bis diese Prüfung abgeschlossen ist.** Hintergrund ist hier, dass insbesondere bei bestimmten Aufgaben des BSI, bspw. nach §§ 5, 5a,[4] große Datenmengen vorhanden sind, die teilweise automatisiert verarbeitet werden. Diese automatisierte Verarbeitung müsste ggf. unterbrochen werden für den Zeitraum, in dem das BSI prüft, ob die zwingenden, schutzwürdigen Gründe für die Verarbeitung bestehen, die auch die Interessen der betroffenen Person überwiegen. Dies könnte zu Schutzlücken und einer Gefährdung der Netz- und Informationssicherheit in diesem Rahmen führen, wenn die Verarbeitung zwischenzeitlich ausgesetzt werden müsste.[5] Diese Argumentation trifft jedoch sicherlich nicht auf jede Aufgabenwahrnehmung des BSI zu, weswegen jedenfalls eine **einschränkende Auslegung und Anwendung auf bestimmte, vergleichbar (zeit-)kritische Verarbeitungsgrundlagen im BSIG anzudenken** ist, um den Rechten und Interessen der betroffenen Person gerecht zu werden.

6 Vor diesem Hintergrund erscheint auch das Stützen der Grundlage der Beschränkung nach § 6f insgesamt auf **Art. 23 Abs. 1 lit. a, c und e DS-GVO**[6] recht pauschal und weit gefasst, da jedenfalls für S. 2 eine differenziertere Auseinandersetzung mit den einzelnen Aufgaben erforderlich gewesen wäre.

§ 7 Warnungen

(1) [1]**Zur Erfüllung seiner Aufgaben nach § 3 Absatz 1 Satz 2 Nummer 14 und 14a kann das Bundesamt**

1. **die folgenden Warnungen und Informationen an die Öffentlichkeit oder an die betroffenen Kreise richten:**
   a) **Warnungen vor Sicherheitslücken in informationstechnischen Produkten und Diensten,**
   b) **Warnungen vor Schadprogrammen,**
   c) **Warnungen bei einem Verlust oder einem unerlaubten Zugriff auf Daten und**
   d) **Informationen über sicherheitsrelevante IT-Eigenschaften von Produkten.**
2. **Sicherheitsmaßnahmen sowie den Einsatz bestimmter Sicherheitsprodukte empfehlen.**

[2]**Das Bundesamt kann zur Wahrnehmung der Aufgaben nach Satz 1 Dritte einbeziehen, wenn dies für eine wirksame und rechtzeitige Warnung erforderlich ist.**

(1a) [1]**Die Hersteller betroffener Produkte sind rechtzeitig vor Veröffentlichung der Warnungen zu informieren.** [2]**Diese Informationspflicht besteht nicht,**

1. **wenn hierdurch die Erreichung des mit der Maßnahme verfolgten Zwecks gefährdet wird oder**

---

[4] Vgl. BT-Drs. 19/4674, 217.

[5] Vgl. BT-Drs. 19/4674, 217.

[6] BT-Drs. 19/4674, 217, kritisch auch *Kipker,* ZD-Aktuell 2018, 04317.

2. wenn berechtigterweise davon ausgegangen werden kann, dass der Hersteller an einer vorherigen Benachrichtigung kein Interesse hat.

[3]Soweit entdeckte Sicherheitslücken oder Schadprogramme nicht allgemein bekannt werden sollen, um eine Weiterverbreitung oder rechtswidrige Ausnutzung zu verhindern oder weil das Bundesamt gegenüber Dritten zur Vertraulichkeit verpflichtet ist, kann es den Kreis der zu warnenden Personen einschränken. [4]Kriterien für die Auswahl des zu warnenden Personenkreises nach Satz 3 sind insbesondere die besondere Gefährdung bestimmter Einrichtungen oder die besondere Zuverlässigkeit des Empfängers.

(2) **[1]Zur Erfüllung seiner Aufgaben nach §3 Absatz 1 Satz 2 Nummer 14 und 14a kann das Bundesamt die Öffentlichkeit unter Nennung der Bezeichnung und des Herstellers des betroffenen Produkts und Dienstes vor Sicherheitslücken in informationstechnischen Produkten und Diensten und vor Schadprogrammen warnen, wenn hinreichende Anhaltspunkte dafür vorliegen, dass Gefahren für die Sicherheit in der Informationstechnik hiervon ausgehen, oder Sicherheitsmaßnahmen sowie den Einsatz bestimmter informationstechnischer Produkte und Dienste empfehlen. [2]Stellen sich die an die Öffentlichkeit gegebenen Informationen im Nachhinein als falsch oder die zugrunde liegenden Umstände als unzutreffend wiedergegeben heraus, ist dies unverzüglich öffentlich bekannt zu machen.**

Literatur: *Augsberg,* Informationsverwaltungsrecht, 2014; *Becker,* Gemeinschaftsrechtliche Zulässigkeit staatlicher Produktinformationen und -empfehlungen, EuR 2002, 418; *Buchberger,* Die Aufgaben des Bundesamts für Sicherheit in der Informationstechnik nach den Änderungen des BSIG 2015 bis 2017 – ein Überblick, GSZ 2019, 183; *v. Danwitz,* Verfassungsfragen staatlicher Produktempfehlungen, 2003; *Bundesamt für Sicherheit in der Informationstechnik (BSI),* Die Lage der IT-Sicherheit in Deutschland 2020, https://www.bsi.bund.de/DE/Service-Navi/Publikationen/Lagebericht/lagebericht_node.html; *Dietrich,* Der Einsatz von Verschlüsselungstechniken zwischen Grundrechtsschutz und staatlicher Sicherheitsgewährleistung, GSZ 2021, 1; *Feik,* Öffentliche Verwaltungskommunikation, 2007; *Gehrmann/Voigt,* IT-Sicherheit – Kein Thema nur für Betreiber Kritischer Infrastrukturen, CR 2017, 93; *Gusy,* Verwaltung durch Information – Empfehlungen und Warnungen als Mittel des Verwaltungshandelns, NJW 2000, 977; *Gusy,* Neutralität staatlicher Öffentlichkeitsarbeit – Voraussetzungen und Grenzen, NVwZ 2015, 700; *Herpig,* Schwachstellen-Management für mehr Sicherheit, 2018, https://www.stiftung-nv.de/sites/default/files/vorschlag.schwachstellenmanagement.pdf; *Hornung/Schallbruch* (Hrsg.), IT-Sicherheitsrecht, 2021; *Hornung,* Neue Pflichten für Betreiber kritischer Infrastrukturen: Das IT-Sicherheitsgesetz des Bundes, NJW 2015, 3334; *Hornung,* Das IT-Sicherheitsgesetz 2.0: Kompetenzaufwuchs des BSI und neue Pflichten für Unternehmen, NJW 2021, 1985; *Hufen/Siegel,* Fehler im Verwaltungsverfahren, 6. Aufl. 2018; *Ingold,* Desinformationsrecht: Verfassungsrechtliche Vorgaben für staatliche Desinformationstätigkeit, 2011; *Kloepfer,* Staatliche Informationen als Lenkungsmittel, 1998; *Kopp/Ramsauer* (Hrsg.), Verwaltungsverfahrensgesetz: VwVfG, 21. Aufl. 2020; *Kugelmann* (Hrsg.), Migration, Datenübermittlung und Cybersicherheit, 2016; *Leisterer,* Internetsicherheit in Europa – Zur Gewährleistung der Netz- und Informationssicherheit durch Informationsverwaltungsrecht, 2018; *Leisterer/Schneider,* Staatliches Informationshandeln im Bereich der IT-Sicherheit, K&R 2015, 681; *Meyer/Streinz* (Hrsg.), LFGB BasisVO HCVO, 2. Aufl. 2012; *Ossenbühl/Cornils,* Staatshaftungsrecht, 6. Aufl. 2013; *Ritter* (Hrsg.), Die Weiterentwicklung des IT-Sicherheitsgesetzes, 2022; *Raue,* Haftung für unsichere Software, NJW 2017, 1841; *Roos,* Das IT-Sicherheitsgesetz – Wegbereiter oder Tropfen auf den heißen Stein?, MMR 2015, 636; *Schallbruch,* IT-Sicherheitsrecht – Abwehr von IT-Angriffen, Haftung und Ausblick, CR 2018, 215; *Schenke/Graulich/Ruthig* (Hrsg.), Sicherheitsrecht des Bundes, 2. Aufl. 2019; *Schieble,* Öffentliche Warnungen vor unsicheren Verbraucherprodukten: Behördliche Befugnisse und Haftungsrecht, VuR 2007, 401; *Schmidt-Kessel,* Für ein digitales Produktsicherheitsrecht – ein Plädoyer, VuR 2015, 121; *Schneider,* Meldepflichten im IT-Sicherheitsrecht – Datenschutz, Kritische Infrastrukturen und besondere IT-Dienste, 2017; *Seckelmann/Lamping,* Verhaltensökonomischer Experimentalismus im Politik-Labor – Rechtliche Rahmenbedingungen und Folgerungen für die Evaluationsforschung, DÖV 2016, 189; *Spindler,* IT-Sicherheitsgesetz und zivilrechtliche Haftung, CR 2016, 297; *Stelkens/Bonk/Sachs* (Hrsg.), VwVfG: Verwaltungsverfahrensgesetz, 9. Aufl. 2018; *Tremml/Luber,* Amtshaftungsansprüche wegen rechtswidriger Produktinformation, NJW 2005, 1745; *Meisterernst/Sosnitza* (Hrsg.), Zipfel/Rathke, Lebensmittelrecht, 178. EL 2020.

Inhaltsübersicht

A. Allgemeines

I. Zweck und Entstehung der Vorschrift

1 Das BSI hat mit § 7 die Kompetenz, gesetzlich näher bestimmte **Warnungen** an die Öffentlichkeit oder betroffene Kreise zu richten und diese Adressatenkreise zu **informieren.** Wenn auch nicht von der Überschrift erfasst, beinhaltet § 7 auch die Befugnis, bestimmte **Empfehlungen** auszusprechen. Die Vorschrift gehört damit zum Nukleus des digitalen Produktsicherheitsrechts.[1] Mit der Befugnis kann das BSI die weit gefassten Aufgaben nach § 3 Abs. 1 S. 2 Nr. 14 und Nr. 14a erfüllen.

2 Während die Befugnis in der 2009 geschaffenen Fassung mit der Möglichkeit zur Warnung der Öffentlichkeit einen vordergründig vorsorgenden Charakter hatte, wurde mit der Erweiterung durch das IT-SiG von 2015 die **gefahrenabwehrrechtliche Stoßrichtung** der Norm gestärkt.[2] Die Befugnis wurde erneut 2021

[1] *Schmidt-Kessel,* VuR 2015, 121 (122).

[2] *Schallbruch,* CR 2018, 215 (217).

mit dem **IT-SiG 2.0** erweitert. Hinzugefügt wurde der Verweis auf die ebenfalls mit dem Gesetz geschaffene Aufgabe des BSI im Bereich des **Verbraucherschutzes** (§ 3 Abs. 1 S. 2 Nr. 14a). Mit Blick darauf wurde die Befugnis zur Warnung und Empfehlung auch um die Möglichkeit zur Information ergänzt.

Diese Befugnis zu behördlicher Information ist aufgrund der Wirkung des mit staatlicher Autorität ausgestatteten **staatlichen Informationshandelns** und der Grundrechtsrelevanz[3] von **hoher praktischer Bedeutung.**[4] Durch Warnungen und Information kann das BSI die über verschiedene Kanäle gewonnenen Erkenntnisse an die Öffentlichkeit oder an betroffene Kreise richten. Durch behördliche Empfehlungen kann idealerweise ein bestimmtes Verhalten der Adressaten hervorgerufen werden.[5] 3

II. Verhältnis zu anderen Normen

Binnensystematisch unterscheidet sich die Befugnis nach Abs. 1 und Abs. 1a von Abs. 2 dadurch, dass die Warnungen und Empfehlungen nach Abs. 2 auch unter Nennung der Bezeichnung und des Herstellers des betroffenen Produkts erfolgen können, sofern die weiteren Voraussetzungen gegeben sind. 4

Abzugrenzen ist die Warnbefugnis von der Unterrichtungsverpflichtung nach **§ 8b Abs. 2 Nr. 4.** Auf Grundlage dieser Bestimmung hat das BSI die dort in Nr. 4 genannten Stellen, darunter **Betreiber Kritischer Infrastrukturen,** über die in § 8b Abs. 2 Nr. 1–3 näher bestimmten Sicherheitsinformationen, die Auswirkungen auf die Verfügbarkeit der Kritischen Infrastrukturen sowie das aktuelle Lagebild zu unterrichten. Die Unterrichtungsverpflichtung gilt hier nicht gegenüber einem unbestimmten Adressatenkreis, dh der Öffentlichkeit, sondern setzt die Betroffenheit der Betreiber Kritischer Infrastrukturen voraus bzw. die Erforderlichkeit der Aufgabenerfüllung der zuständigen Behörden. Sie ist auch nicht als Ermessenvorschrift ausgestaltet („hat […] unverzüglich"). Ferner ist § 7 von der Unterrichtungspflicht gegenüber **Bundesbehörden** abzugrenzen. Das BSI hat die Bundesbehörden nach § 4 Abs. 2 Nr. 2 unverzüglich über die sie betreffenden Informationen zu unterrichten. 5

Europarechtlich beeinflusst ist die informationsverwaltungsrechtliche Befugnis im Bereich der **Betreiber wesentlicher Dienste** durch Art. 14 Abs. 6 NIS-RL und für **Anbieter digitaler Dienste** durch Art. 16 Abs. 7 NIS-RL. Wesentliche Dienste nach Art. Art. 4 Nr. 4 NIS-RL sind in Deutschland die Kritischen Infrastrukturen gem. § 2 Abs. 10.[6] Anbieter digitaler Dienste sind solche nach Art. 4 Nr. 6 NIS-RL iVm Art. 16 NIS-RL und Anhang III NIS-RL bzw. nach § 2 Abs. 12 BSIG. Die zuständigen Behörden der Mitgliedstaaten (hier: BSI) oder das CSIRT sollen nach Art. 14 Abs. 6 NIS-RL nach Anhörung des meldenden Betreibers wesentlicher Dienste die Öffentlichkeit über einzelne Sicherheitsvorfälle unterrichten können, sofern die Sensibilisierung der Öffentlichkeit zur Verhütung von Sicherheitsvorfällen oder zur Bewältigung aktueller Sicherheitsvorfälle erforderlich ist. Die Befugnis nach Art. 16 Abs. 7 NIS-RL für Sicherheitsvorfälle bei Anbietern digitaler Dienste ist strukturähnlich aufgebaut. Im Gegensatz zu den Betreibern we- 6

---

[3] *Gusy,* NJW 2000, 977 (982, 986).
[4] Allgemein *Augsberg,* Informationsverwaltungsrecht, passim.
[5] Vgl. etwa *Kloepfer,* Staatliche Informationen als Lenkungsmittel, S. 14ff.; zum neueren Konzept des „Nudging" etwa *Seckelmann/Lamping,* DÖV 2016, 189.
[6] BT-Drs. 18/11242, 1.

sentlicher Dienste soll die zuständige Behörde aber auch von Anbietern digitaler Dienste verlangen können, dass diese die Unterrichtung der Öffentlichkeit unternehmen. Eine unionsrechtliche Bestimmung, die den Mitgliedstaaten die Schaffung einer Kompetenz zur Aussprache von **Empfehlungen** aufgibt, besteht in der NIS-RL jedoch nicht.

B. Einzelerläuterungen

I. Einzelbefugnisse zur Warnung (Abs. 1 S. 1 Nr. 1)

7 Aus **Nr. 1** ergeben sich **vier** Befugnisse zur **Warnung** und **Information** der Öffentlichkeit oder betroffener Kreise.[7] **Nr. 2** ist die Befugnis zur Aussprache von **Empfehlungen** ohne Hersteller- und Produktbezeichnung.

8 Nach **Nr. 1 lit. a** kann das BSI vor Sicherheitslücken in informationstechnischen Produkten und Diensten warnen. **Sicherheitslücken** sind nach der Legaldefinition in § 2 Abs. 6 Eigenschaften von Programmen oder sonstigen informationstechnischen Systemen, durch deren Ausnutzung es möglich ist, dass sich Dritte gegen den Willen des Berechtigten Zugang zu fremden informationstechnischen Systemen verschaffen oder die Funktion der informationstechnischen Systeme beeinflussen können (→ § 2 Rn. 16ff.). Immer wieder warnt das BSI prominent vor weit verbreiteten Sicherheitslücken, so etwa 2020 vor Sicherheitslücken in der Mail-App von iPhones, die Angreifern Zugriff auf E-Mails auf den Geräten ermöglichten,[8] oder 2021 vor der Sicherheitslücke in einer weit verbreiteten Server-Software („Log4j"), mit der Angreifer Code auf dem jeweiligen Hostsystem ausführen konnten und somit von infizierten Servern Rechenleistung, zB für Krypto-Mining, benutzen konnten.[9] Ob **hinreichende Anhaltspunkte** dafür vorliegen, dass von einem Produkt aufgrund einer Sicherheitslücke Gefahren für die IT-Sicherheit ausgehen ist anhand aller **mit vernünftigem Aufwand feststellbaren Umstände oder Ereignisse** zu beurteilen, die nachteilige Auswirkungen auf die Sicherheit von Informationssystemen haben können. Einzubeziehen sind sowohl technische als auch staatliche Sicherheitsinformationen.[10] Eine spezielle Befugnis zur öffentlichen Information über Sicherheitslücken stellt § 9c Abs. 8 S. 2 dar. Danach kann das BSI Informationen über Sicherheitslücken in der **Sicherheitsinformation**

---

[7] Vgl. zu den Informationsangeboten jenseits von Warnungen in Form von Advisories, Kurzinformationen und Infomeldungen den Warn- und Informationsdienst von CERT-Bund beim BSI, https://www.cert-bund.de/wid.

[8] *Frankfurter Allgemeine Zeitung,* BSI warnt vor Sicherheitslücke in Mail-App von iPhones, 23.4.2020, https://www.faz.net/aktuell/wirtschaft/digitec/bsi-warnt-vor-sicherheitsluecke-in-mail-app-von-iphones-16739259.html#void.

[9] *Frankfurter Allgemeine Zeitung,* „Größte Schwachstelle in der Geschichte des modernen Computing", 13.12.2021, https://www.faz.net/aktuell/wirtschaft/unternehmen/log4j-softwareluecke-ist-laut-bsi-aeusserst-ernst-zu-nehmen-17682526.html.

[10] *OVG Münster,* Beschl. v. 28.4.2022 – 4 B 473/22, BeckRS 2022, 8843 Rn. 23ff. Das Gericht bestätigte im Eilrechtsschutzverfahren die Annahme des BSI, dass bei dem von der Antragstellerin vertriebenen Virenschutzprogramm wegen der weitreichenden Systemberechtigungen der Software und der möglichen staatlichen Einflussnahme auf den Hersteller der Software mit Blick auf Missbrauchsmöglichkeiten und das Schadenspotential eine Sicherheitslücke iSv § 2 Abs. 6 bestehe.

des IT-Sicherheitskennzeichens veröffentlichen. Die Warnbefugnis nach § 7 bleibt davon aber gem. § 9c Abs. 9 S. 2 **unberührt.**

Warnen kann das BSI nach **Nr. 1 lit. b** auch vor **Schadprogrammen.** Dar- 9
unter sind gem. § 2 Abs. 5 Programme und sonstige informationstechnische Routinen und Verfahren zu verstehen, die dem Zweck dienen, unbefugt Daten zu nutzen oder zu löschen, oder die dem Zweck dienen, unbefugt auf sonstige informationstechnische Abläufe einzuwirken (→ § 2 Rn. 12f.). Öffentlichkeitswirksam warnte das BSI seit 2019 etwa vor dem Schadprogramm Emotet, das Kontaktbeziehungen und E-Mail-Inhalte aus den Postfächern infizierter Systeme auslesen kann und das in Deutschland mind. 40.000 E-Mail-Konten kompromittierte.[11]

Bei der Befugnis nach **Nr. 1 lit. c** zu Warnungen bei **Datenverlust oder bei** 10
einem unerlaubten Zugriff steht die Bewältigung eines bereits erfolgten Verlustes von oder Zugriffs auf Daten im Vordergrund. In der Praxis kann der Datenverlust oder der unbefugte Datenzugriff die Folge der Infektion mit einem Schadprogramm oder des Ausnutzens einer Sicherheitslücke sein. Die Warnung zielt hier aber auf die Bewältigung bzw. Eingrenzung des Schadens.[12]

Nr. 1 lit. d erlaubt die **Information** über **sicherheitsrelevante IT-Eigen-** 11
schaften von Produkten. In Abgrenzung zur Warnung ist bei der Information begrifflich nicht notwendig, dass eine Gefahr für ein rechtlich geschütztes Gut oder Interesse vorliegt. Information iSv Nr. 1 lit. d sind wertneutral berichtete Tatsachen.[13] Vor dem Hintergrund der Zielsetzung der Informationssicherheit (§ 2 Abs. 2) könnten unter den Begriff der „sicherheitsrelevanten IT-Eigenschaften" v. a. solche fallen, welche die Verfügbarkeit, Integrität und Vertraulichkeit von Informationen in informationstechnischen Systemen, Komponenten oder Prozessen betreffen.[14] Die Informationsbefugnis bezieht sich zum einen auf die Aufgabe des BSI zur Verbraucherinformation iSv § 3 Abs. 1 S. 2 Nr. 14a.[15] Aufgabe ist danach der **Verbraucherschutz** und die **Verbraucherinformation,** insb. durch Beratung und Warnung in Fragen der IT-Sicherheit unter Berücksichtigung der möglichen Folgen fehlender oder unzureichender Sicherheitsvorkehrungen. Der Gesetzgeber hat dem BSI die Aufgabe des Verbraucherschutzes auch aus dem Grunde zugewiesen, dass Verbraucherhaushalte zunehmend vernetzt sind, u.a. durch Hardware-Konsumentenprodukten (zB Smartphone, Smart TV) und sonstige Geräte im Bereich „Internet der Dinge".[16] Vor der Einfügung der Informationsbefugnis durch das IT-SiG 2.0 konnte das BSI lediglich Produktempfehlungen für Produkte, zB IT-Sicherheitsprodukte (vgl. § 3 Abs. 1 S. 1 Nr. 3, zB Virenscanner), aussprechen. Nr. 1 lit. d erweitert die Befugnisse des BSI um eine Informationsbefugnis hinsichtlich **allgemeiner informationstechnischer Produkte.** Zum anderen bezieht sich die Befugnis auf die Aufgabe nach § 3 Abs. 1 S. 2 Nr. 14, sodass die dort genannten Stellen, die in Abgrenzung zu § 3 Abs. 1 S. 2 Nr. 14a gerade keine Verbraucher sein müssen, ebenfalls informiert werden können. Anders als Nr. 1 lit. a bezieht sich Nr. 1 lit. d jedoch **nur auf Produkte** und nicht auch auf Dienste. Hinsichtlich Betriebssystemen, Programmen, Applikationen, Online-

---

[11] *BSI,* Die Lage der IT-Sicherheit in Deutschland 2021, S. 21ff.
[12] BT-Drs. 18/4096, 24f.; *Buchberger,* GSZ 2019, 183 (187f.).
[13] Ritter/*Schulte,* Rn. 307.
[14] Vgl. Ritter/*Schulte,* Rn. 308.
[15] BT-Drs. 19/26106, 67.
[16] BT-Drs. 19/26106, 59.

Diensten, Sozialen Netzen, Stream-Diensten[17] und sonstigen Diensten kann gem. Nr. 1 lit. a–c gewarnt werden. Warnungen und Empfehlungen unter Nennung des Herstellers und betroffener Produkte **und Dienste** kann das BSI gem. **Abs. 2** aussprechen.

12 Zum **Adressatenkreis** gehören die **Öffentlichkeit** oder **betroffene Kreise.** Die Öffentlichkeit kann negativ dadurch bestimmt werden, dass alle Personen und Stellen gemeint sind, die nicht Behörden sind.[18] Eine tatsächliche Betroffenheit muss nicht zwingend gegeben sein. Betroffene Kreise lassen sich anhand der Aufgabennorm, auf die S. 1 Bezug nimmt, näher konkretisieren. In Betracht kommen nach § 3 Abs. 1 S. 2 Nr. 14 neben Stellen des Bundes und der Länder auch Hersteller, Vertreiber und Anwender und nach § 3 Abs. 1 S. 2 Nr. 14a **Verbraucher.** Der dem BSI zugewiesene Verbraucherschutz umfasst auch das Eintreten für Verbraucherbelange und Sicherstellung der IT-Sicherheit gegenüber Herstellern oder die Förderung von Forschungsvorhaben mit Verbraucherbezug. Das BSI soll daher auch mit den Verbraucherorganisationen und weiteren Partnern im Bereich des (digitalen) Verbraucherschutzes eng zusammenarbeiten.[19] Betroffene Kreise können damit auch entsprechende **thematisch betroffene Organisationen** sein, die sich in ihrer Tätigkeit an die in § 3 Abs. 1 S. 2 Nr. 14 und 14a genannten Adressaten richten.

13 Hersteller können sich bei der Frage der **Produkthaftung** ihrer Verantwortlichkeit nicht entziehen, indem sie sich auf dem BSI gemeldete Informationen über Sicherheitslücken und auf die dann eröffnete Warnmöglichkeit berufen.[20] Die (zivilrechtlichen) **Produktbeobachtungs- und Warnpflichten** der Hersteller werden durch § 7 **nicht verdrängt.**

14 **Erkenntnisse** als Voraussetzung für eine Warnung kann das BSI auf verschiedene Wege erlangen. Die Informationen können insbesondere stammen aus Meldungen der Bundesverwaltung (§ 4 Abs. 3), aus freiwilligen Meldungen Dritter (§ 4b Abs. 2), Meldungen von Betreibern Kritischer Infrastrukturen (§ 8b Abs. 4), der Anbieter digitaler Dienste (§ 8c Abs. 3), von IT-Sicherheitsbehörden oder CSIRT anderer Mitgliedstaaten (Art. 14 Abs. 5 bzw. Art. 16 Abs. 6 NIS-RL) oder aus Produktuntersuchungen (§ 7a Abs. 1 S. 1, Abs. 2 S. 1). Einfließen können aber auch Informationen aus freiwilligen Meldungen (vgl. Art. 20 NIS-RL), aus der Zusammenarbeit des BSI im Verwaltungs-CERT-Verbund[21], im UP Bund, in der Allianz für Cyber-Sicherheit oder im Cyber-Abwehrzentrum.[22] In Betracht kommen auch eingekaufte Erkenntnisse, etwa über Sicherheitslücken.[23]

15 Etwaige **Einschränkungen** bei der Anwendung der Norm sind insb. im Rahmen der Ermessensausübung zu berücksichtigen. Zum Teil wird bezweifelt, dass Informationen, die das BSI aus Meldungen nach § 8b Abs. 4 bzw. § 8c Abs. 3 erlangt, über § 7 an die Öffentlichkeit gelangen dürfen, weil § 8b Abs. 2 Nr. 4 lit. a hier eine **spezielle proaktive Informationspflicht gegenüber Betreibern Kritischer Infrastrukturen** darstelle und eine etwaige Unterrichtung der Öffentlich-

---

[17] BT-Drs. 19/26106, 59.

[18] Schenke/Graulich/Ruthig/*Buchberger,* Rn. 1.

[19] BT-Drs. 19/26106, 59.

[20] Hornung/Schallbruch IT-SicherheitsR/*Spindler,* § 11 Rn. 32.

[21] *IT-Planungsrat,* Leitlinie für die Informationssicherheit in der öffentlichen Verwaltung, 10. IT-Planungsrat Beschl. 2013/01, Version 1.8, 2013, S. 12.

[22] *Schallbruch,* CR 2018, 215 (218).

[23] Vgl. *Dietrich,* GSZ 2021, 1 (6); vgl. BT-Drs. 18/3361, 12ff.

keit bei Sicherheitsvorfällen im Telekommunikationsbereich mit § 168 Abs. 5 S. 2 TKG ausdrücklich vorgesehen sei.[24] Eine Ermächtigung zur Warnung sei auch nicht für die Information in anonymisierter Form gegeben.[25] Zum Teil wird die Grenze mangels einer Abs. 2 vergleichbaren Befugnisnorm gezogen bei der Nennung konkreter Betreiber oder anderer personenbezogener Daten.[26] Dagegen sprechen zunächst bei unionsrechtlicher Betrachtung hinsichtlich der Betreiber wesentlicher Dienste der Art. 14 Abs. 6 NIS-RL bzw. hinsichtlich der Anbieter digitaler Dienste Art. 16 Abs. 7 NIS-RL. Dort ist jeweils ausdrücklich vorgesehen, dass die zuständige Behörde in den Mitgliedstaaten die Öffentlichkeit über einzelne Sicherheitsvorfälle unterrichten darf. Voraussetzung ist jeweils die Anhörung des meldenden Betreibers bzw. des Anbieters. Auch der Gesetzgeber geht bei Meldungen von Betreibern Kritischer Infrastrukturen ausdrücklich davon aus, dass die Öffentlichkeit benachrichtigt wird, wenn das öffentliche Interesse dies erfordert und die schutzwürdigen Interessen der Betreiber nicht entgegenstehen.[27] Da Meldungen nach § 8b Abs. 4 – anders als bei Erkenntnissen aus Produktuntersuchungen nach § 7a Abs. 2 S. 1 – keiner besonderen Zweck- und Aufgabenbegrenzung unterliegen, ist **kein zwingendes Argument gegen die Verwendung der aus Meldungen generierten Erkenntnisse,** zumindest in generischer Form, ersichtlich.[28]

Eine allgemeine Pflicht zur Information der Öffentlichkeit besteht nicht.[29] Dem **16**
BSI steht bei der Ausübung der Warnbefugnis ein **Ermessen** zu. Aus den allgemeinen verwaltungsrechtlichen Grundsätzen sowie der Verknüpfung mit der in S. 1 genannten Aufgabennorm ergibt sich die Pflicht des BSI, die Interessen der dort genannten Stellen in die Ermessensübung einzubeziehen und mit anderen Interessen sowie **möglichen Folgen einer entsprechenden Warninformation** über bislang unbekannte Schwachstellen oder für Unternehmen (zB Reputationsschaden) abzuwägen.[30] Gegen eine Offenlegung von Erkenntnissen durch eine Warnung können auch Vereinbarungen mit Dritten zur Nichtveröffentlichung von Schwachstellen (vgl. § 4 Abs. 4) sprechen. Solche Geheimhaltungsverträge bzw. Verschwiegenheitsvereinbarungen (Non-Disclosure Agreements) können etwa bei der Beschaffung von IT-Sicherheitsinformationen eine Rolle spielen und sollen die entsprechenden IT-Sicherheitsunternehmen vor wirtschaftlichen Schäden schützen. In die Ermessensentscheidung und die Beurteilung der Verhältnismäßigkeit der Maßnahme ist auch einzustellen, **inwieweit konkrete, abhelfende Abwehrempfehlungen auszusprechen** sind, um das Ziel der staatlichen Informationsmaßnahme zu erreichen.

Insbesondere bei der Warnung vor **Sicherheitslücken** besteht eine **komplexe** **17**
Interessenkollision zwischen Nutzen der Offenlegung im Rahmen einer Warnung bzw. Information darüber und etwaigen nicht intendierten Nebeneffekten zulasten der IT-Sicherheit. Dies liegt am ambivalenten Charakter von IT-Sicherheitsinformationen.[31] Entsprechende Informationen können Attacken Dritter ge-

---

24 *Hornung,* NJW 2015, 3334 (3338) mit Bezug auf § 109 Abs. 5 TKG aF.
25 *Spindler,* CR 2016, 297 (302).
26 *Roos,* MMR 2015, 636 (640).
27 BT-Drs. 18/4096, 27.
28 *Schallbruch,* CR 2018, 215 (218).
29 Kritisch in Bezug auf Sicherheitslücken *Hornung,* NJW 2021, 1985 (1990).
30 *Schallbruch,* CR 2018, 215 (224); *Leisterer/Schneider,* K&R 2015, 681 (684).
31 *Leisterer,* in: Kugelmann, Migration, Datenübermittlung und Cybersicherheit, S. 135 (135 ff.).

radezu provozieren und **Trittbrettfahrer** herausfordern.[32] Der Gesetzgeber hat sich mit der Ausgestaltung als Ermessensvorschrift im Ansatz für den Mittelweg zwischen den Extremen des „Full Disclosure", also der frühzeitigen und zwingenden Offenlegung von Sicherheitslücken, und dem „Non-Disclosure", der konsequenten Nichtveröffentlichung, dh für die im pflichtgemäßen Ermessen stehende verantwortungsbewusste Offenlegung („Responsible Disclosure") entschieden.[33]

18 Es kommt also je auf die Abwägung im Einzelfall an, die den (öffentlichen) Interessen und grundrechtlich geschützten Positionen der betroffenen (privaten) Anwender und Wirtschaftsteilnehmer ausreichend Rechnung trägt. Ein tragfähiger Rechts- oder Zweifelssatz (etwa im Sinne von „in dubio pro securitate") lässt sich aufgrund der **Ambiguität von IT-Sicherheitsinformationen** und der mitunter gegenläufigen Interessen gerade nicht mit allgemeinem Geltungsanspruch formulieren.

19 Je nach Interessenlage kann bei aktiven Cyberangriffen das **Ermessen auf Null reduziert** sein, sodass eine Warnung geboten ist, damit Maßnahmen für die IT-Sicherheit ergriffen werden können.[34] Das BVerfG hat zudem eine **konkrete grundrechtliche Schutzpflicht** aus dem durch Art. 10 Abs. 1 GG geschützten Fernmeldegeheimnis und der aus Art. 2 Abs. 1 iVm Art. 1 Abs. 1 GG hergeleiteten Gewährleistung der Vertraulichkeit und Integrität informationstechnischer Systeme für Fallkonstellationen anerkannt, in denen „der Staat" von Sicherheitslücken, die den Herstellern und Nutzern unbekannt sind, „weiß".[35] Das BSI muss auch **abwägen,** ob aufgrund der kommunizierten Information überhaupt eine **angemessene Reaktion möglich** ist. **Gegen** eine Warnung kann sprechen, dass die Sicherheitslücke mangels Fehlerbehebungsmöglichkeit (Patch) nicht geschlossen werden kann und deshalb eine Veröffentlichung mehr Angriffe provozieren würde, als ohne zu erwarten wären. Ist ein Hersteller ist der Lage, eine Sicherheitslücke in kürzester Zeit zu schließen, kann dies ebenfalls für das Unterlassen einer Warnung sprechen. Mit Blick auf das **Auswahlermessen** bezogen auf den Adressatenkreis kann für Adressierung der Öffentlichkeit sprechen, dass eine Warnung bei gängiger Standardsoftware möglichst breit gestreut werden muss, damit sie einen signifikanten Teil der Nutzer erreicht.[36]

20 Neben den Anforderungen aus der Befugnisnorm selbst gelten für staatliches Informationshandeln wie für anderes staatliches Handeln **übergeordnete Rechtmäßigkeitsvoraussetzungen.** Nicht zuletzt aufgrund der Rechtsprechung des BVerfG ist die Frage strittig, ob staatlichen **Warnungen der Öffentlichkeit** eine grundrechtliche Eingriffsqualität zukommen kann. Der Gewährleistungsgehalt der

---

32 *Spindler,* CR 20016, 297 (297).

33 Vgl. zur Kritik im Gesetzgebungsverfahren Schenke/Graulich/Ruthig/*Buchberger,* Rn. 3; allgemein *Leisterer,* Internetsicherheit, S. 333 ff. Das BVerfG hat den Gesetzgeber in der jüngsten Rspr. zu IT-Sicherheitslücken im Zusammenhang mit der Quellen-TKÜ durch Polizeibehörden dazu verpflichtet, eine Regelung zur grundrechtskonformen Auflösung des Zielkonflikts zwischen dem Schutz informationstechnischer Systeme vor Angriffen Dritter mittels unbekannter Sicherheitslücken einerseits und der Offenhaltung solcher Lücken zur Ermöglichung einer der Gefahrenabwehr dienenden Quellen-TKÜ andererseits verpflichtet, *BVerfG,* Beschl. v. 8.6.21 – 1 BvR 2771/18, BeckRS 2021, 19234 Rn. 26 ff.

34 *Schallbruch,* CR 2018, 215 (218).

35 *BVerfG,* Beschl. v. 8.6.21 – 1 BvR 2771/18, BeckRS 2021, 19234 Rn. 26 ff.

36 Vgl. zu öffentlichen Warnungen im Deliktsrecht *Raue,* NJW 2017, 1841 (1844).

Berufsfreiheit schütze nicht vor jedem staatlichem Informationshandeln, das die Wettbewerbspositionen nachteilig verändert.[37] Die neuere Rechtsprechung lässt aber wenig Zweifel daran, dass die **Grundrechtsbindung** aus Art. 12 GG besteht: „Die amtliche Informationen der Öffentlichkeit kann in ihrer Zielsetzung und ihren **mittelbar-faktischen Wirkungen einem Eingriff als funktionales Äquivalent jedenfalls dann gleichkommen,** wenn sie direkt auf die Marktbedingungen konkret individualisierter Unternehmen zielt, indem sie die Grundlagen der Entscheidungen am Markt zweckgerichtet beeinflusst und so die Markt- und Wettbewerbssituation zum wirtschaftlichen Nachteil der betroffenen Unternehmen verändert."[38]

Es hat sich mittlerweile ein **Katalog an Rechtmäßigkeitsvoraussetzungen** 21
herausgebildet, die für staatliches Informationshandeln jenseits „klassischer" Eingriffskonstellationen gelten.[39] So ist Rechtmäßigkeitsvoraussetzung zunächst die **behördliche Zuständigkeit.** Informationsmaßnahmen des BSI nach § 7 setzten die Aufgabeneröffnung nach § 3 Abs. 1 S. 2 Nr. 14 und die Beachtung der bundesstaatlichen Kompetenzordnung voraus. Über den engen Verfahrensbegriff von § 9 VwVfG hinaus sind weitere verfahrensrechtliche Voraussetzungen tatsächlichen Verwaltungshandelns zu beachten.[40] Für Informationen gilt das **Richtigkeitsgebot.**[41] Tatsachenbehauptungen müssen zutreffend sein oder im Rahmen einer verfahrensfehlerfreien Sachverhaltsaufklärung erhoben und zusammengestellt sein, dh im Rahmen des Möglichen und unter Nutzung der verfügbaren Informationsquellen. Verbleiben dennoch Unsicherheiten, ist der Staat an der Informationsverbreitung dann nicht gehindert, wenn es im öffentlichen Interesse liegt, dass die Marktteilnehmer über ein bestehendes Risiko aufgeklärt werden. Es ist dann aber auch angezeigt, sie auf **verbleibende Unsicherheiten hinzuweisen,** um sie in die Lage zu versetzen, selbst zu entscheiden, wie sie mit der Unsicherheit umgehen wollen.[42] Durch die Art und Weise ihrer Darstellung dürfen sie nicht verzerrt, verfälscht oder ohne sachlichen Grund unangemessen dramatisiert werden.[43] Inhaltlich gilt das **Sachlichkeitsgebot.**[44] Rechtliche Wertungen sind auf ihre Vertretbarkeit hin zu überprüfen. Aus dem **Willkürverbot** folgt, dass Werturteile nicht auf sachfremden Erwägungen beruhen dürfen, also bei verständiger Beurteilung auf einem im Wesentlichen zutreffenden oder zumindest sachgerecht und vertretbar gewür-

---

[37] *BVerfG,* Beschl. v. 26.6.2002 – 1 BvR 558/91, NJW 2002, 2621 (2622) – Glykolwein; vgl. *BVerfG,* Beschl. v. 24.5.2005 – 1 BvR 1072/01, NJW 2005, 2912 (2913); *OVG NRW,* Beschl. v. 3.4.2014 – 13 B 1309/13, BeckRS 2014, 50774 (Rn. 97ff.).

[38] *BVerfG,* Beschl. v. 21.3.2018 – 1 BvF 1/13, NJW 2018, 2109 (2110); vgl. auch schon *BVerfG,* Beschl. v. 26.6.2002 – 1 BvR 670/91, NJW 2002, 2626 (2629) – Osho; vgl. aber auch *OVG Bln-Bbg,* Beschl. v. 3.2.2021 – OVG 10 S 53/20, BeckRS 2021, 4341 Rn. 21, das amtliches Informationshandeln nur dann als „funktionales Äquivalent eines Eingriffs" in Art. 12 Abs. 1 GG ansieht, wenn es spezifisch berufsbezogen und nicht nur marktbezogen ist.

[39] *Gusy,* NVwZ 2015, 700 (701).

[40] Hufen/Siegel VerwVerfahren/*Hufen/Siegel,* Rn. 685ff., 762ff.

[41] *BVerfG,* Beschl. v. 26.6.2002 – 1 BvR 558/91, NJW 2002, 2621 (2624) – Glykolwein.

[42] *OVG NRW,* Beschl. v. 20.4.2020 – 13 B 1466/19, BeckRS 2020, 8787, Rn. 11.

[43] *BVerfG,* Beschl. v. 24.5.2005 – 1 BvR 1072/01, NJW 2005, 2912 (2916); vgl. *Ingold,* Desinformationsrecht, S. 76ff., 90ff.

[44] *BVerfG,* Beschl. v. 26.6.2002 – 1 BvR 558/91, NJW 2002, 2621 (2624) – Glykolwein.

digten Tatsachenkern beruhen müssen, und zudem den sachlich gebotenen Rahmen nicht überschreiten dürfen.[45]

22 Warnungen und Empfehlungen sind schlicht-hoheitliche Maßnahmen und haben mangels verbindlicher Regelungswirkung keine Verwaltungsaktqualität iSv § 35 VwVfG.[46] Zur **gerichtlichen Abwehr** ist die allgemeine Leistungsklage die geeignete Klageform. Die Anspruchsgrundlage ergibt sich mangels spezialgesetzlicher Regelung aus allgemeinen Grundsätzen, zB als Folgenbeseitigungsanspruch aus Art. 2 GG und anderen Grundrechten oder als quasinegatorischer Abwehranspruch aus § 1004 BGB entsprechend.[47]

II. Empfehlung von Sicherheitsmaßnahmen oder des Einsatzes bestimmter Sicherheitsprodukte (Abs. 1 S. 1 Nr. 2)

23 Auf Grundlage von Nr. 2 kann das BSI Empfehlungen aussprechen. **Empfehlungen** können nach informationsverwaltungsrechtlicher Einordnung verstanden werden als Aussagen, die dem angesprochenen Adressatenkreis **bestimmte Verhaltensweisen nahelegen.**[48] Sie ist die staatlicherseits gewünschte Freiheitsausübung. Das rechtliche Dürfen oder Müssen ist durch Empfehlungen nicht berührt. Der Handlungsspielraum bleibt den Informationsadressaten grundsätzlich unbenommen.[49]

24 Eine spezifische **Befugnisnorm** ist für Empfehlungen nicht erforderlich, solange diese keine Eingriffe (oder funktionale Äquivalente) in Freiheitsrechte Dritter mit sich bringen. Das BSI gibt vielfach **allgemeine Empfehlungen** ab (vgl. § 3 Abs. 1 S. 2 Nr. 4). Mit dem **IT-Grundschutz** spricht das BSI Empfehlungen für Unternehmen und Intuitionen aller Größen aus. Mit einem ISO 27001-Zertifikat auf der Basis des IT-Grundschutzes kann eine Institution belegen, dass die umgesetzten Maßnahmen zur Informationssicherheit internationalen Standards entsprechen. Dies kann auch im Bereich des Cyber-Risikomanagements und der entsprechenden Versicherungen bedeutsam werden.

25 Die Erforderlichkeit einer Rechtsgrundlage für die Aussprache von Empfehlungen besteht vor allem beim **Einsatz bestimmter Sicherheitsmaßnahmen** und Sicherheitsprodukte. Nr. 2 erlaubt neben Sicherheitsmaßnahmen auch die Empfehlung des Einsatzes „bestimmter" Sicherheitsprodukte, was insbesondere in der Variante der Empfehlung des **Unterlassens** des Einsatzes eines bestimmten Produkts mit Grundrechtseingriffen verbunden sein kann.

26 Neben den allgemeinen Rechtsmäßigkeitsanforderungen[50] behördlicher Äußerungen zuständiger Stellen ist insbesondere die aus Art. 3 GG hergeleitete **staatliche Neutralitätspflicht** bei bestehenden Wettbewerbsverhältnissen zu beachten.[51]

---

[45] Vgl. *BVerfG,* Beschl. v. 24.5.2005 – 1 BvR 1072/01, NJW 2005, 2912 (2916); *BVerfG,* Beschl. v. 26.6.2002 – 1 BvR 558/91, NJW 2002, 2621 (2624) – Glykolwein; *OLG Stuttgart,* Urt. v. 21.3.1990 – 1 U 132/89, NJW 1990, 2690 (2693).

[46] Stelkens/Bonk/Sachs/*Stelkens,* VwVfG § 35 Rn. 86.

[47] Stelkens/Bonk/Sachs/*Schmitz,* VwVfG § 1 Rn. 145.

[48] *Feik,* Verwaltungskommunikation, S. 26.

[49] *Leisterer,* Internetsicherheit, S. 337 f.

[50] *v. Danwitz,* Produktempfehlungen, S. 84 ff.

[51] *Gusy,* NJW 2000, 977 (986); *Gusy,* NVwZ 2015, 700 (703); *Spindler,* CR 2016, 297 (302); zu den unionsrechtlichen Anforderungen mit Blick auf die Grundfreiheiten *Becker,* EuR 2002, 418.

III. Einbeziehung Dritter zur Aufgabenwahrnehmung (Abs. 1 S. 2)

27 Das BSI kann gem. S. 2 zur Warnung und Information **Informationsintermediäre** einbeziehen, sofern dies für eine wirksame und rechtzeitige Warnung erforderlich ist. Die Unterstützung von Dritten wird insbesondere dann in Betracht kommen, wenn das BSI abhandengekommene Daten einem Betroffenen nicht direkt zuordnen oder diesen nicht ohne weiteres selbst unterrichten kann. Etwaige Informationsintermediäre sind beispielsweise die von betroffenen Kunden genutzten **Provider** und **Diensteanbieter.**[52] Diese können die Betroffenen schneller unterrichten, wenn sie diese schneller identifizieren können oder über die technischen Voraussetzungen verfügen.[53] In **datenschutzrechtlicher** Hinsicht hat die Ermächtigung die Funktion, dass die für die Warnung durch Dritte erforderlichen personenbezogenen Daten **übermittelt** werden dürfen. Nicht eröffnet soll aber die Möglichkeit sein, zusätzliche Daten bei den Dritten zu erheben.[54]

28 Aus der Befugnis, die Hilfe Dritter für Warnungen in Anspruch zu nehmen, könnte durch teleologische Auslegung des Abs. 1a S. 3 iVm Abs. 1 S. 1 die Befugnis abgeleitet werden, **einem Hersteller** zu **untersagen,** bestimmte Störungen öffentlich zu machen, um einen Drittbrettfahrereffekt zu verhindern.[55] Wenn und soweit eine Warnung bzw. das Unterlassen der Warnung **ein Minus** oder ein wirklicher Beitrag zur Beseitigung einer IT-Störung ist, scheint die Ableitung dieser Befugnis grds. vertretbar.

IV. Vorabbeteiligung der Hersteller betroffener Produkte (Abs. 1a S. 1)

29 Die Hersteller betroffener Produkte sind nach S. 1 rechtzeitig vor Veröffentlichung der Warnungen zu informieren. Im Vorfeld der Veröffentlichung von Informationen auf Grund von §7 Abs. 1 besteht die Informationspflicht des BSI nicht.[56] Die Vorabbeteiligung bezieht sich ausdrücklich auf Warnungen und damit auf solche nach Abs. 1 S. 1 Nr. 1 lit. a–c vor Sicherheitslücken in informationstechnischen Produkten und Diensten, vor Schadprogrammen und in Fällen eines Verlustes oder eines unerlaubten Zugriffs auf Daten. Die **Vorabbeteiligung** ist vorbehaltlich der **Ausnahmen** gem. S. 2 zwingend, dem BSI ist diesbezüglich **kein Ermessen** eingeräumt. Die Regelung trägt dem Prinzip der koordinierten bzw. verantwortungsbewussten Offenlegung von IT-Sicherheitsinformationen (***Coordinated Vulnerability Disclosure*** oder *Responsible Disclosure*) und damit auch dem **Anhörungsgrundsatz** Rechnung.[57] Die Verwirklichung dieses Prinzips ermöglicht den Austausch, etwa über eine Schwachstelle, mit dem Hersteller, dem es grds. am

---

52 BT-Drs. 18/4096, 25.

53 Vgl. Hornung/Schallbruch IT-SicherheitsR/*Gitter,* § 15 Rn. 49.

54 BT-Drs. 18/4096, 25.

55 So für §7 Abs. 1 S. 4 aF Hornung/Schallbruch IT-SicherheitsR/*Spindler,* § 11 Rn. 32, der a maiore ad minus auch das Einbeziehen für das unter Verschlusshalten für möglich hält. Für Betreiber Kritischer Infrastrukturen könne sich eine solche Berechtigung aus §8b Abs. 6 ergeben.

56 Ritter/*Schulte,* Rn. 312.

57 Dazu *Leisterer,* Internetsicherheit, S. 333ff.; BT-Drs. 16/13259, 7; aA Ritter/*Schulte,* Rn. 313.

ehesten möglich ist, etwaige Schwachstellen zu schließen, bzw. Gegenmaßnahmen vorzubereiten. Reagiert der Hersteller fristgerecht auf die Kontaktaufnahmeversuche des BSI, besteht die Möglichkeit, einvernehmlich das weitere Vorgehen abzustimmen.[58]

V. Keine Vorabbeteiligung der Hersteller bei Gefährdung des verfolgten Zwecks oder fehlendem Benachrichtigungsinteresse (Abs. 1a S. 2)

30 Die in S. 2 Nr. 1 und 2 genannten Ausnahmen stehen alternativ zueinander und sind **abschließend** aufgelistet („besteht nicht, wenn").

31 **Nr. 1** erlaubt dem BSI, von der Vorabinformation des Herstellers betroffener Produkte abzusehen, wenn ein **Eilfall** vorliegt. Der Gesetzgeber hat sich damit für den Nachrang des Anhörungs- bzw. Vorabbeteiligungsrechts gegenüber der Zweckerreichung einer Warnung ausgesprochen. Zweck der Maßnahme ist die Erfüllung der Aufgabe nach § 3 Abs. 1 S. 2 Nr. 14 und 14a, dh insbesondere die Warnung vor Risiken und Gefahren in der Informationssicherheit, damit entsprechende Abhilfe- oder Gegenmaßnahmen eingeleitet werden können. Die Voraussetzung der Zweckgefährdung entspricht systematisch der Ausnahme vom allgemeinen Anhörungserfordernis nach § 28 Abs. 2 Nr. 1 Alt. 1 VwVfG bei Gefahr im Verzug. Dort werden Fälle erfasst, in denen die Anhörung die Durchführung notwendiger Maßnahmen in unvertretbarem Maße verzögern würde, weil mit hoher Wahrscheinlichkeit die in der Sache gebotene Maßnahme zu spät kommen oder doch ihren Zweck nur noch in geringerem Ausmaß als erforderlich erreichen könnte.[59] Inhaltlich und im Wortlaut ist die Ausnahme angelehnt an § 40 Abs. 3 LFGB.[60] Der Zweck der Vorabbeteiligung der Hersteller ist demnach gefährdet, wenn die Adressaten der Information kurzfristig über IT-Sicherheitsrisiken und -gefährdungen unterrichtet werden müssen und der Hersteller nicht erreichbar ist oder zur Anhörung nicht zur Verfügung steht oder eine Maßnahme des Herstellers (zB Entwicklung und Bereitstellung eines Sicherheitsupdates) nicht, nicht rechtzeitig oder nicht in ausreichendem Umfang getroffen würde. Aufgrund des gefahrenabwehrenden Charakters der Warnung wird man wie iRv § 28 Abs. 2 Nr. 1 Alt. 1 VwVfG nur die Beurteilung aus der **ex-ante-Sicht** fordern können, sodass maßgeblich ist, wie sich die Situation im Zeitpunkt der Entscheidung für die Maßnahme darstellt, nicht wie sie sich im Nachhinein erweist.[61]

32 Die Informationspflicht der Hersteller besteht zudem gem. **Nr. 2** dann nicht, wenn das BSI berechtigterweise davon ausgehen kann, dass der Hersteller an der vorherigen Benachrichtigung kein Interesse hat. Diese Ausnahme ist mit dem IT-SiG 2.0 ergänzt worden und dient der weiteren **Flexibilisierung des Beteiligungsverfahrens.**[62] Eine berechtigte Annahme soll vorliegen, wenn das BSI **vom Hersteller selbst** über den zur Warnung veranlassenden Sachverhalt informiert wurde.[63] Eine erneute Beteiligung erscheint dann nicht erforderlich, zumal

---

[58] Siehe *BSI,* Handhabung von Schwachstellen – Empfehlungen für Hersteller, BSI-CS 019, Version 2.0, 2018.

[59] Kopp/Ramsauer/*Ramsauer,* VwVfG § 28 Rn. 52f.

[60] BT-Drs. 16/13259, 7.

[61] Vgl. Kopp/Ramsauer/*Ramsauer,* VwVfG § 28 Rn. 53.

[62] BT-Drs. 19/26106, 67.

[63] Vgl. BT-Drs. 19/26106, 67.

es das BSI ggf. davon abhält, zeitnah Warnungen entsprechend seiner Reichweite zu verbreiten.

VI. Eingrenzung des zu warnenden Personenkreises (Abs. 1a S. 3 und 4)

IT-Sicherheitsinformationen können eine gewisse **Janusköpfigkeit** aufweisen (→ Rn. 16f.). Publikumsinformationen über Sicherheitslücken und Schadprogramme können durch Angreifer immer auch gegen die Schutzziele der IT-Sicherheit eingesetzt werden. Der Zweck einer Warnung wäre dann verfehlt. Durch die gezielte (Vorab-)Information „betroffener Kreise" kann diesen ein Wissens- und Zeitvorsprung gewährt werden, um etwaige Sicherheitslücken zu schließen. Zur Berücksichtigung dieser Ambiguität von Informationen räumt S. 3 dem BSI auch ein **Ermessen** hinsichtlich des **Adressatenkreises** der behördlichen Informationen ein und konkretisiert in S. 4 die **sachlichen Kriterien** dafür. 33

Der **Kreis der zu warnenden Personen** kann gem. S. 3 **aus drei Gründen eingeschränkt** werden: (1.) das Verhindern der Weiterverbreitung von Sicherheitslücken und Schadprogramme oder (2.) des rechtswidrigen Ausnutzens (insb. §§ 202a ff. StGB) oder (3.) weil das BSI gegenüber Dritten zur Vertraulichkeit verpflichtet ist. Dies können Geheimhaltungsvereinbarungen mit Dritten sein (Non-Disclosure Agreements), die bei der Beschaffung von Informationen über Sicherheitslücken oder Schadprogramme getroffen werden und die sicherstellen, dass bei den entsprechenden IT-Sicherheitsunternehmen durch die Offenlegung der Informationen keine wirtschaftlichen Schäden entstehen.[64] 34

Das Gesetz nennt als **Kriterien** für die Einschränkung des Adressatenkreises – nicht abschließend – die Gefährdung bestimmter Einrichtungen oder die besondere Zuverlässigkeit des Empfängers. Einrichtungen müssen mangels Bezeichnung **nicht notwendig Kritische Infrastrukturen** sein. Genannt ist auch die besondere Zuverlässigkeit des Empfängers der Warnung. Daraus kann im Umkehrschluss gefolgert werden, dass das BSI von der Einbeziehung in eine Warninformation absehen kann, wenn das BSI im Rahmen seiner **Wertungskompetenz**[65] von der Unzuverlässigkeit in Betracht kommender Empfänger ausgeht. 35

VII. Warnungen vor Sicherheitslücken und Schadprogrammen unter Nennung der Bezeichnung von Produkten und Diensten und des Herstellers sowie Empfehlung des Einsatzes bestimmter Produkte und Dienste (Abs. 2 S. 1)

Zur Erfüllung der auch in Abs. 1 S. 1 genannten Warn- und Beratungsaufgabe nach § 3 Abs. 1 S. 2 Nr. 14 und 14a kann das BSI vor Sicherheitslücken in **IT-Produkten und -Diensten** sowie vor Schadprogrammen unter Nennung der Bezeichnung des Herstellers des betroffenen Produkts und Dienstes **warnen** und den Einsatz bestimmter Sicherheitsprodukte **empfehlen.** 36

S. 1 setzt für das Informationshandeln unter Nennung der Bezeichnung und des Herstellers betroffener Produkte und Dienste das **Vorliegen eines Gefahrenverdachts** voraus. Dem Wortlaut nach bezieht sich diese Voraussetzung nur auf die Warnbefugnis. Die Empfehlungsbefugnis (S. 1 aE) knüpft in der Formulierung 37

---

[64] Krit. *Herpig,* Schwachstellen-Management, S. 18f.

[65] Für einen Beurteilungsspielraum Schenke/Graulich/Ruthig/*Buchberger,* Rn. 7.

nicht diese Voraussetzung an. Damit ist fraglich, ob die Empfehlung unter namentlicher Nennung von Produkten und Diensten auch ohne besondere Anhaltspunkte möglich sein soll. Dagegen spricht, dass an namentliche Empfehlungen aufgrund der Grundrechtsbezogenheit erhöhte Anforderungen zu stellen sind. Dafür spricht in systematischer Hinsicht der Vergleich mit der Empfehlungsbefugnis in Abs. 1 S. 1 Nr. 2, die nur an Sicherheitsmaßnahmen und den Einsatz bestimmter Sicherheitsprodukte anknüpft. Auch der Gesetzgeber wollte mit dem IT-SiG 2.0 die Empfehlungsbefugnis mit Blick auf die neue Verbraucherschutzaufgabe gem. § 3 Abs. 1 S. 2 Nr. 14a erweitern.[66] Im Ergebnis spricht dies für die Zulässigkeit von **Empfehlung unter Nennung der Bezeichnung des Herstellers des betroffenen Produktes oder des Dienstes;** im Rahmen der Ermessensausübung ist aber bei der Nennung der Bezeichnung eine der Warnbefugnis vergleichbar restriktive Anwendung zu fordern.

38 Als **Prognosemaßstab** setzt die Vorschrift das **Vorliegen hinreichender Anhaltspunkte** dafür voraus, dass von den informationstechnischen Produkten oder Diensten **Gefahren** für die **Sicherheit in der Informationstechnik** ausgehen. Ermessensleitende Kriterien für die Ausübung des Ermessens nennt das Gesetz an dieser Stelle nicht.[67] Anhaltspunkte können sich aus wissenschaftlichen Erkenntnissen von Sicherheitsforschern oder Bekanntmachungen seriöser, am Markt anerkannter Sicherheitsunternehmen ergeben. Eine abschließende Bestätigung erfordert der **Gefahrenverdacht** nicht. Die Anhaltspunkte müssen **hinreichend** sein, theoretische Überlegungen oder allgemeine Vermutungen bzw. Unterstellungen reichen nicht aus. Hinreichend ist der Anhaltspunkt, wenn er auf **konkreten, tatsächlichen Umständen** beruht. Obgleich sie umstritten sein mögen, müssen diese rational nachvollziehbar sein.[68] Vor dem Hintergrund der bestehenden Unsicherheit bei einer Risikolage und aufgrund der oft fehlenden verbleibenden Zeit für eine vollständige Gefahrerforschung muss es dem BSI möglich sein, **auch bei bestehenden Restzweifeln** über mögliche Folgen zu informieren. Als **Maxime** kann gelten: Je größer nach pflichtgemäßer Einschätzung des BSI und mit Blick auf die hinreichenden Anhaltspunkte die Wahrscheinlichkeit dafür ist, dass von Produkten und Diensten Gefahren für die IT-Sicherheit der in § 3 Abs. 1 S. 2 Nr. 14 und 14a genannten Stellen, Unternehmen und Personenkreise ausgehen, desto eher darf es Informationsmaßnahmen unter Nennung der Bezeichnung des Produkts und des Herstellers einleiten und desto größer darf auch die zum Zeitpunkt der Information noch bestehende Unsicherheit sein. Das **Maß der Rechtsgutsgefährdung** ist in die Überlegung mit einzubeziehen. In Zweifelsfällen sollte das BSI auf die Wahrscheinlichkeitsprognose hinweisen.

39 Auf die Pflicht zur **Vorabinformation des Herstellers,** wie sie in Abs. 1a vorgesehen ist, verweist Abs. 2 nicht ausdrücklich. Aufgrund der typischerweise gegebenen Eingriffsqualität bei Informationshandeln unter Nennung der Hersteller- oder Produktbezeichnung folgt die grundsätzlich erforderliche Vorabinformation aber aus dem Anhörungsgrundsatz. Da aber auch die **Anhörung nach den Umständen des Einzelfalls nicht geboten** ist, insbesondere wenn eine sofortige Ent-

---

[66] BT-Drs. 19/26106, 67.

[67] Schenke/Graulich/Ruthig/*Buchberger,* Rn. 8, die „im Zweifelsfall" von der vollen gerichtlichen Nachprüfbarkeit des Vorliegens hinreichender Anhaltspunkte ausgeht.

[68] Vgl. im Zusammenhang mit der lebensmittelrechtlichen Warnbefugnis nach § 40 Abs. 1 S. 2 Nr. 3 LFGB Zipfel/Rathke LebensmittelR/*Rathke,* LFGB § 40 Rn. 34; Meyer/Streinz/*Pache/Meyer,* LFGB § 40 Rn. 18.

scheidung wegen Gefahr im Verzug oder im öffentlichen Interesse notwendig erscheint (§ 28 Abs. 2 Nr. 1 VwVfG), sollte Abs. 1a nicht in jedem Fall entsprechende Anwendung finden.[69]

VIII. Korrektur von veröffentlichten Informationen (Abs. 2 S. 2)

S. 2 ist eine Spezifizierung der verfassungsrechtlich angezeigten **Richtigstellungspflicht.**[70] Angesichts der prinzipiellen Irreversibilität von Information kommt dieser Pflicht eine wichtige Funktion zu. Eine **Entschädigungsregelung** etwa für den Fall, in dem eine fehlerhafte Warnung oder Information bei einem Hersteller zu Umsatzeinbußen geführt hat, sieht § 7 selbst nicht vor. Es gelten daher die **allgemeinen Grundsätze des Staatshaftungsrechts.**[71] Dies gilt auch für die Frage der Haftung bei unterlassenen Publikumsinformationen. 40

Aus Gründen der Verhältnismäßigkeit kann auch eine **zeitliche Begrenzung** der Informationsverbreitung geboten sein. Die mit Warnungen oder Empfehlungen einhergehenden Grundrechtsbeeinträchtigungen können mit der Dauer der Veröffentlichung außer Verhältnis zu den mit der Veröffentlichung erreichbaren Zwecken geraten.[72] 41

Eine **Entwarnung** ist im Übrigen in der Norm selbst nicht vorgesehen. Die Pflicht zur Entwarnung bei falschen oder unsachlichen Informationen leitet sich aber aus dem Verhältnismäßigkeitsgrundsatz bzw. aus rechtsstaatlichen Grundsätzen ab.[73] Stellt sich ein Gefahrenverdacht als unbegründet heraus, kommt ein öffentlich-rechtlicher Folgenbeseitigungsanspruch des Herstellers als Anspruchsgrundlage für eine Entwarnung in Betracht.[74] Gegen eine Entwarnung kann sprechen, dass die individuelle Gefährdung für diejenigen Nutzerinnen und Nutzer fortbesteht, die von bestehenden Abhilfemöglichkeiten durch bereitgestellte Sicherheitsupdates oder andere Maßnahmen keine Kenntnis haben und daher nicht umsetzen können. In den Abwägungsprozess der Entwarnung ist der betroffene Hersteller grds. mit einzubeziehen, da die mit der Entwarnung verbundene neuerliche negative Publizität zu einem weiteren Schaden führen kann.[75] 42

§ 7a Untersuchung der Sicherheit in der Informationstechnik

(1) [1]Das Bundesamt kann zur Erfüllung seiner Aufgaben nach § 3 Absatz 1 Satz 2 Nummer 1, 14, 14a, 17 oder 18 auf dem Markt bereitgestellte oder zur Bereitstellung auf dem Markt vorgesehene informationstechnische Produkte und Systeme untersuchen. [2]Es kann sich hierbei der Unterstützung Dritter bedienen, soweit berechtigte Interessen des Herstellers der betroffenen Produkte und Systeme dem nicht entgegenstehen.

---

69 Vgl. aber Schenke/Graulich/Ruthig/*Buchberger,* Rn. 8.

70 BT-Drs. 16/11967, 11.

71 Zum Vollzugsfolgen-Beseitigungsanspruch Ossenbühl/Cornils StaatsHaftR/*Ossenbühl/Cornils,* 7. Teil II. 2. d); Schenke/Graulich/Ruthig/*Buchberger,* Rn. 8.

72 Vgl. für die Konstellation, in der die Behörde zur Veröffentlichung im Rahmen einer gebundenen Entscheidung verpflichtet war *BVerfG,* Beschl. v. 21.3.2018 – 1 BvF 1/13, NJW 2018, 2109 (2113f.).

73 Ritter/*Schulte,* Rn. 320.

74 Vgl. *Schieble,* VuR 2007, 401 (407f.).

75 *Tremml/Luber,* NJW 2005, 1745 (1749).

(2) [1]**Soweit erforderlich, kann das Bundesamt für Untersuchungen nach Absatz 1 von Herstellern informationstechnischer Produkte und Systeme alle notwendigen Auskünfte, insbesondere auch zu technischen Details, verlangen. [2]In dem Auskunftsverlangen gibt das Bundesamt die Rechtsgrundlage, den Zweck des Auskunftsverlangens und die benötigten Auskünfte an und legt eine angemessene Frist für die Übermittlung der Auskünfte fest. [3]Das Auskunftsverlangen enthält ferner einen Hinweis auf die in § 14 vorgesehenen Sanktionen.**

(3) **Das Bundesamt gibt Auskünfte sowie die aus den Untersuchungen gewonnen**[1] **Erkenntnisse unverzüglich an die zuständigen Aufsichtsbehörden des Bundes oder, sofern keine Aufsichtsbehörde vorhanden ist, an das jeweilige Ressort weiter, wenn Anhaltspunkte bestehen, dass diese sie zur Erfüllung ihrer Aufgaben benötigen.**

(4) [1]**Die Auskünfte und die aus den Untersuchungen gewonnenen Erkenntnisse dürfen nur zur Erfüllung der Aufgaben nach § 3 Absatz 1 Satz 2 Nummer 1, 14, 14a, 17 und 18 genutzt werden. [2]Das Bundesamt darf seine Erkenntnisse weitergeben und veröffentlichen, soweit dies zur Erfüllung der Aufgaben nach § 3 Absatz 1 Satz 2 Nummer 1, 14, 14a, 17 und 18 erforderlich ist. [3]Zuvor ist dem Hersteller der betroffenen Produkte und Systeme mit angemessener Frist Gelegenheit zur Stellungnahme zu geben.**

(5) [1]**Kommt ein Hersteller der Aufforderung des Bundesamtes nach Absatz 2 Satz 1 nicht oder nur unzureichend nach, kann das Bundesamt hierüber die Öffentlichkeit informieren. [2]Es kann hierbei den Namen des Herstellers sowie die Bezeichnung des betroffenen Produkts oder Systems angeben und darlegen, inwieweit der Hersteller seiner Auskunftspflicht nicht nachgekommen ist. [3]Zuvor ist dem Hersteller mit angemessener Frist Gelegenheit zur Stellungnahme zu gewähren. [4]§ 7 Absatz 2 Satz 2 gilt entsprechend.**

Literatur: *Gehrmann/Voigt,* Entwurf zur Umsetzung der NIS-Richtlinie erweitert den Kreis ungeklärter IT-sicherheitsrechtlicher Fragen, CR 2017, 93; *Gitter/Meißner/Spauschus,* Das neue IT-Sicherheitsgesetz, IT-Sicherheit zwischen Digitalisierung und digitaler Abhängigkeit, ZD 2015, 512; *Leisterer/Schneider,* Staatliches Informationshandeln im Bereich der IT-Sicherheit, K&R 2015, 681; *Schallbruch,* Zur Entwicklung des IT-Sicherheitsrechts in der 18. Wahlperiode (Folge 3), CR 2018, 215; *Schenke/Graulich/Ruthig* (Hrsg.), Sicherheitsrecht des Bundes, 2. Aufl. 2019; *Schoch,* Amtliche Publikumsinformation zwischen staatlichem Schutzauftrag und Staatshaftung, NJW 2012, 2844; *Spindler,* Auswirkungen des IT-Sicherheitsgesetzes im Zusammenspiel mit der endgültigen EU-NIS-Richtlinie auf die zivilrechtliche Haftung, CR 2016, 297; *Terhaag,* IT-Sicherheitsgesetz, 2015.

A. Allgemeines

1 § 7a wurde durch das **IT-SiG eingeführt** und erhielt seitdem aufgrund des Gesetzes zur Umsetzung der NIS-RL eine kleine Erweiterung in Abs. 1, wonach eine weitere Aufgabe aus dem Katalog des § 3 hinzugefügt wurde.[2] Eine **größere Än-**

[1] Richtig wohl: gewonnenen.

[2] Gesetz zur Umsetzung der Richtlinie (EU) 2016/1148 des Europäischen Parlaments und des Rates vom 6.7.2016 über Maßnahmen zur Gewährleistung eines hohen gemeinsamen

derung erfuhr der Paragraf dann mit **Verabschiedung des IT-SiG 2.0,** welches sowohl erneut Änderungen im Rahmen der Aufgaben aus dem Katalog des § 3 in den Abs. 1 und 4 (vormals 2) mit sich brachte sowie die Abs. 2, 3 und 5 neu einführte.

B. Einzelerläuterungen

I. Untersuchungsbefugnis (Abs. 1)

Abs. 1 verleiht dem BSI die Befugnis, am Markt bereitgestellte oder hierzu vorgesehene informationstechnische Produkte und Systeme zu untersuchen, sofern dies der Erfüllung bestimmter, in § 7a aufgezählter Aufgaben nach § 3 Abs. 1 S. 2 dient. Ein entgegenstehender Wille des Herstellers ist hierbei unbeachtlich.[3] **Sinn und Zweck der Norm** ist neben der **Schaffung der Befugnis zur Untersuchung** auch die **Schaffung von Rechtssicherheit** für die Mitarbeiter des BSI, welche ohne § 7a Gefahr liefen, sich rechtwidrig und ggf. strafbar zu verhalten, wenn sie Produkte und Systeme umfassend untersuchten. So dient Abs. 1 daher ausweislich der Gesetzesbegründung dazu, dem BSI die Befugnis zu verleihen, **vollumfängliche Untersuchungen der Produkte und Systeme** vorzunehmen, auch wenn diese mit Eingriffen in Rechtsgüter Dritter einhergehen.[4] In diesen Fällen soll die tatbestandliche „Unbefugtheit" wegfallen.[5] **2**

Die **Aufgaben, zu deren Erfüllung eine Untersuchung möglich ist,** sind **3**

- die **Abwehr von Gefahren** für die Sicherheit der Informationstechnik des Bundes (§ 3 Abs. 1 S. 2 Nr. 1),
- die **Beratung, Information und Warnung** der **Stellen des Bundes, der Länder sowie der Hersteller, Vertreiber und Anwender** in Fragen der Sicherheit in der Informationstechnik insbesondere unter Berücksichtigung der möglichen Folgen fehlender oder unzureichender Sicherheitsvorkehrungen (§ 3 Abs. 1 S. 2 Nr. 14),
- der **Verbraucherschutz und die Verbraucherinformation** im Bereich der Sicherheit in der Informationstechnik, insbesondere durch Beratung und Warnung von Verbrauchern in Fragen der Sicherheit in der Informationstechnik und unter Berücksichtigung der möglichen Folgen fehlender oder unzureichender Sicherheitsvorkehrungen (§ 3 Abs. 1 S. 2 Nr. 14a),
- die **Aufgaben** nach den §§ 8a–8c und § 8f **als zentrale Stelle für** die Sicherheit in der Informationstechnik **Kritischer Infrastrukturen, digitaler Dienste und der Unternehmen im besonderen öffentlichen Interesse** (§ 3 Abs. 1 S. 2 Nr. 17) und
- die **Unterstützung bei der Wiederherstellung der Sicherheit oder Funktionsfähigkeit informationstechnischer Systeme** in herausgehobenen Fällen nach § 5a (§ 3 Abs. 1 S. 2 Nr. 18).

Sicherheitsniveaus von Netz- und Informationssystemen in der Union vom 23.6.2017 (BGBl. I S.1885).

[3] *Spindler,* CR 2016, 297 (302); *Gehrmann/Voigt,* CR 2017, 93 (97).

[4] Nach §§ 202a ff. StGB, § 17 UWG aF – nunmehr unter anderen Voraussetzungen § 23 GeschGehG, wohl auch andere Eingriffe als solche in das Urheberrecht.

[5] BT-Drs. 18/4096, 25.

Mit dem IT-SiG 2.0 wurde die ausdrückliche **Aufgabe des Verbraucherschutzes und der Verbraucherinformation** in § 3 Abs. 1 S. 2 Nr. 14a neu eingeführt und infolgedessen auch § 7a nunmehr hierauf erweitert. Diese Einführung lag nahe, da zum einen Verbraucher auch nach alter Fassung des BSIG unter die allgemeine Formulierung von „Anwendern" nach § 3 Abs. 1 S. 2 Nr. 14 gefasst werden konnten, so dass sich folgerichtig auch Abs. 1 auf die neu geschaffene, letztlich konkreter gefasste Aufgabennorm beziehen sollte. Zum anderen wird hierdurch aber auch die Stellung der nunmehr ausdrücklichen geregelten Aufgaben Verbraucherschutz und -information gestärkt. Es kann daher erwartet werden, dass das BSI fortan verstärkter Verbraucherprodukte in den Blick nehmen und die Zusammenarbeit in diesem Bereich, bspw. mit Herstellern, einschlägigen Verbänden oder Forschungseinrichtungen, suchen wird, um dieser ausdrücklichen neu geregelten Aufgabe gerecht zu werden.

4 Zur Verfolgung **anderer als der zuvor genannten Zwecke** ist die in Abs. 1 vorgesehene Untersuchung danach nicht zulässig. So würde zugleich auch sichergestellt, dass das BSI nicht zu einer „allgemeinen Wettbewerbspolizei" wird.[6] Die Erweiterung der bezuggenommenen Aufgaben um **§ 3 Abs. 1 S. 2 Nr. 18** erfolgte mit dem Inkrafttreten des Gesetzes zur Umsetzung der NIS-RL **der Klarstellung halber,** um Auslegungsfragen zur Reichweite der bestehenden Regelung vorzubeugen und die Befugnis auch ausdrücklich auf Fälle von § 5a und die damit einhergehenden Analysen zu erstrecken.[7] Hierdurch wird einerseits vermieden zu entscheiden, ob solche Fälle bereits über die bisher genannten Aufgaben (§ 3 Abs. 1 S. 2 Nr. 1, 14 und 17) abgedeckt wären bzw. in Fällen, in denen dies problematisch ist, zu entscheiden, ob eine Maßnahme im Einzelfall der Befugnisnorm des § 7a überhaupt bedarf oder mangels Eingriffsqualität noch dahinter zurückbleibt und daher ggf. gleichwohl durchführbar sein könnte.

5 Die Untersuchung nach Abs. 1 muss **an auf dem Markt bereitgestellten oder zur Bereitstellung auf dem Markt** vorgesehenen informationstechnischen Produkten und Systemen durchgeführt werden. Diese sollen ausweislich der Gesetzesbegründung zunächst solche sein, die das BSI auch **am Markt selbst erwerben könnte.**[8] Die gewählte Formulierung „auf dem Markt bereitgestellt" soll sich im Übrigen an der **im Produktsicherheitsgesetz verwendeten Definition** anlehnen.[9] „Bereitstellung auf dem Markt" ist nach § 2 Nr. 4 ProdSG „[…] jede entgeltliche oder unentgeltliche Abgabe eines Produkts zum Vertrieb, Verbrauch oder zur Verwendung auf dem Markt der Europäischen Union im Rahmen einer Geschäftstätigkeit". Da weiterhin auch solche Produkte und Systeme erfasst sein sollen, die zur Bereitstellung am Markt vorgesehen sind, kann das BSI auch solche Produkte und Systeme untersuchen, die bspw. **vom Hersteller angekündigt** wurden, aber noch nicht allgemein am Markt verfügbar sind[10] oder sich ggf. noch in einem **Entwicklungsvorstadium** befinden. Diese müssten dem BSI dann jedoch **freiwillig** durch den Hersteller oder Anbieter zur Verfügung gestellt werden, denn ein Anspruch auf Herausgabe von Produkten kann der Regelung nicht entnommen werden.[11] Dem BSI erwachsen aus § 7a auch **keine Untersuchungsrechte** bei

---

[6] Terhaag, IT-Sicherheitsgesetz, § 7a S. 39.
[7] BT-Drs. 18/11242, 45.
[8] BT-Drs. 18/4096, 25.
[9] BT-Drs. 18/4096, 25.
[10] BT-Drs. 18/4096, 25; Schenke/Graulich/Ruthig/*Buchberger,* Rn. 2.
[11] *Gehrmann/Voigt,* CR 2017 93 (97); aA *Schallbruch,* CR 2018, 215 (217).

Herstellern oder Anbietern,[12] wie sich aus dem Wortlaut der Norm und der Gesetzesbegründung[13] ausdrücklich ergibt. Bei der konkreten Auswahl der Produkte und Systeme steht dem BSI im Übrigen Ermessen zu. Vertreten wird mangels konkreter Regelung bspw., dass jedenfalls solche Produkte und Systeme untersucht werden dürfen, bei denen konkrete Sicherheitsbedenken bestehen und die in wichtigen Bereichen der Bundesverwaltung oder kritischen Infrastrukturen eingesetzt werden.[14] Zur Auslegung des Begriffs der „informationstechnischen Produkte und Systeme" kann sich weiterhin an § 2 Abs. 1, 2 orientiert werden.[15]

Nach Abs. 1 S. 2 darf das BSI zur Durchführung der Untersuchung **Dritte** einsetzen, soweit berechtigte Interessen des Herstellers der betroffenen Produkte oder Systeme nicht entgegenstehen. So soll zur Interessenswahrung bspw. der Abschluss einer **Vertraulichkeitsvereinbarung** mit den eingesetzten Dritten erforderlich oder auch der Einsatz von **Konkurrenten des Herstellers oder Anbieters ausgeschlossen** sein.[16] Daneben wird das BSI auch allgemeine Aspekte wie die der **Gleichbehandlung, Neutralität oder auch des Vergaberechts bei der Auswahl** zu berücksichtigen haben. 6

II. Auskunftsverlangen (Abs. 2)

Durch die Verabschiedung des IT-SiG 2.0 erhält das BSI nunmehr auch die Befugnis, zur leichteren Durchführung der Untersuchung **Auskünfte von den Herstellern** zu den gegenständlichen Produkten oder Systemen zu verlangen. Das Auskunftsverlangen beschränkt sich dabei auf alle **„notwendigen"** Auskünfte, sofern diese **„erforderlich"** sind, und meint dabei ausdrücklich **insbesondere technische Details.** Ausweislich der Gesetzesbegründung[17] dient dies der Sicherstellung der Aufgabenerfüllung des BSI, weil es der **aktiven Mitarbeit der IT-Hersteller** durch Bereitstellung von Informationen bedürfe. So könnte sichergestellt werden, dass IT-Produkte nur die herstellerseitig zugesagten Funktionalitäten aufweisen, bspw. eingebaute Wartungskanäle offengelegt und unbekannte Sicherheitslücken nicht zu einer Gefahr für die IT-Sicherheit durch den Einsatz des Produkts bzw. Systems werden. Insgesamt soll mit dieser Regelung zur Auskunft daher die Aufgabenerfüllung des BSI vereinfacht und letztlich auch beschleunigt werden, indem für die Bewertung notwendige Details bereits erfragt werden können und nicht notwendigerweise selbst durch Untersuchung gewonnen werden müssen. Angelehnt sei die Regelung an Auskunftsverlangen, **wie es diese bereits in anderen, die Sicherheit von Produkten oder Erzeugnissen betreffenden Regelungen** gibt.[18] Gleichwohl dürfen aufgrund des gesetzlichen Erforderlichkeitserfordernisses sowie der Beschränkung auf „notwendige" Auskünfte **nur solche** 7

---

[12] *Gitter/Meißner/Spauschus,* ZD 2015, 512 (514); *Gehrmann/Voigt,* CR 2017, 93 (97).

[13] BT-Drs. 18/4096, 25.

[14] *Schallbruch,* CR 2018, 215 (217).

[15] S. hierzu auch die, wenn auch bereits betagte, Gesetzesbegründung des BSI-Errichtungsgesetzes von 1990, BT-Drs. 11/7029, 7.

[16] BT-Drs. 18/4096, 25.

[17] BT-Drs. 19/26106, 68.

[18] BT-Drs. 19/26106, 68, aufgezählt werden hierbei das Lebensmittel- und Futtermittelgesetzbuch (§ 42 Abs. 2 Nr. 5 LFGB), das Chemikaliengesetz (§ 21 Abs. 4 Nr. 1 ChemG) und das Gesetz über die Errichtung einer Bundesanstalt für den Digitalfunk der Behörden und Organisationen mit Sicherheitsaufgaben (§ 15 Abs. 4 BDBOSG).

Informationen herausverlangt werden, **die das BSI zur Beurteilung** der IT-Sicherheit der Produkte und Systeme im Rahmen seiner Zuständigkeit und des Aufgabenzuschnitts **benötigt** – dem BSI kommt insoweit ein (gerichtlich überprüfbarer) **Ermessensspielraum** zu. **Allgemeine Auskunftsverlangen** zu anderen Aspekten der Funktionalität der Produkte und Systeme **sind daher ausgeschlossen.** Daneben wird aufgrund der Weite der Befugnis auch im besonderen Maße der **Verhältnismäßigkeitsgrundsatz** bzgl. der erbetenen Auskünfte durch das BSI zu beachten sein.

8 Das Auskunftsverlangen stellt einen (belastenden) **Verwaltungsakt** dar, in dem die Rechtsgrundlage, der Zweck, der mit dem Auskunftsverlangen erreicht werden soll und die benötigten Auskünfte konkret bezeichnet werden müssen, Abs. 2 S. 2. Weiterhin muss für das Auskunftsverlangen eine **angemessene Frist** bestimmt werden. Diese wird sich **je nach Umfang und des Aufwands,** diese Informationen zusammenzustellen, bemessen müssen. Die Konkretisierung der Anforderungen an die Förmlichkeiten des Auskunftsverlangens in Abs. 2 S. 2 wurde ausweislich der Gesetzesbegründung dem europäischen Recht entnommen.[19] Bei Zuwiderhandlung gegen die im Auskunftsverlangen enthaltene **vollziehbare Anordnung** droht eine **Geldbuße** bis zu hunderttausend Euro gemäß § 14 Abs. 2 Nr. 1 lit. b[20] – auf diese Sanktion muss ebenfalls bereits **im Auskunftsverlangen hingewiesen werden,** Abs. 2 S. 3.

9 Eine **korrespondierende Auskunftspflicht** wurde gesetzlich **nicht ausdrücklich verankert,** ergibt sich aber letztlich **aus dem Gesamtzusammenhang sowie der drohenden Ordnungswidrigkeit** bei Nichtbefolgung. Zugleich muss der Hersteller auch mit einer **Information gegenüber der Öffentlichkeit** über die Tatsache der Nicht- bzw. der nicht ausreichenden Befolgung des Auskunftsverlangen gemäß Abs. 5 rechnen.

10 Das Auskunftsverlangen richtet sich gegen die **Hersteller** von informationstechnischen Produkten und Systemen, wobei die **Feststellung im Einzelfall** bei aus mehreren Komponenten zusammengesetzten Produkten **schwierig** sein und sich im Zweifel in Anlehnung an Begriffsbestimmungen anderer Gesetze orientieren kann.[21] **Auskunftspflichtig** sind in der Regel die **jeweilig vertretungsbefugten Personen.**

III. Weitergabe an Aufsichtsbehörden oder Ressort (Abs. 3)

11 Abs. 3 **ermöglicht es dem BSI und verpflichtet es zugleich,** die nach Abs. 1 gewonnenen Ergebnisse aus den Untersuchungen sowie die aufgrund eines Auskunftsverlangens nach Abs. 2 erlangten Informationen **unverzüglich** an die **zuständigen Aufsichtsbehörden des Bundes oder** das jeweilige **Ressort** weiterzugeben, wenn diese sie zur Aufgabenerfüllung benötigen. Der Absatz enthält damit, neben Abs. 4, eine **Zweckbindung,** wie das BSI die Ergebnisse und Auskünfte verwenden darf. Anders als in Abs. 4 müssen für diese Weitergabe **keine weiteren Anforderungen** eingehalten werden, insbesondere muss dem Hersteller vor Weitergabe keine Gelegenheit zur Stellungnahme gegeben oder er auch nur hierüber informiert werden. Weitergegeben werden dürfen die Ergebnisse und Auskünfte jedoch nach ausdrücklichem Gesetzeswortlaut nur an Aufsichtsbehörden

[19] BT-Drs. 19/26106, 68, Bezug wird genommen auf Art. 18 Abs. 2 Kartellverfahrens-VO.
[20] Festzusetzen durch das BSI gemäß § 14 Abs. 6.
[21] Sofern diese übertragbar erscheinen, bspw. § 2 Nr. 14 ProdSG.

des Bundes (nicht der Länder) der Hersteller bzw. ihrer Produkte oder Systeme oder aber an das jeweilige Ressort, in deren Zuständigkeit die Erkenntnisse fallen. Weiterhin ist seitens des BSI darauf zu achten, dass auch tatsächlich eine **korrespondierende Zuständigkeit bzw. Aufgabe beim Empfänger** der Erkenntnisse liegt, denn nur zur Erfüllung dieser dürfen die Erkenntnisse weitergegeben werden.

IV. Nutzung, Weitergabe und Veröffentlichung der Ergebnisse (Abs. 4)

Abs. 4 bestimmt sodann, wie das BSI die aus der Untersuchung gewonnen **Ergebnisse verwerten** darf. S. 1 stellt dabei klar, dass dies **nur zu der Erfüllung der Aufgaben nach § 3 Abs. 1 S. 2 Nr. 1, 14, 14a, 17 und 18 möglich** ist und unterwirft damit die Nutzung der Ergebnisse einer strengen Zweckbindung[22]. Die Erfüllung allgemeiner, generalpräventiver Zwecke im Rahmen der IT-Sicherheit wird durch diese Zweckbindung daher, ähnlich wie bei Abs. 1, ausgeschlossen.[23] Daneben darf das BSI die Ergebnisse auch weitergeben oder veröffentlichen, **soweit es zur Erfüllung dieser Aufgaben erforderlich** ist und dem Hersteller bzw. Anbieter vorab eine **Gelegenheit zur Stellungnahme mit angemessener Frist** eingeräumt wurde, Abs. 4 S. 2, 3. Die Angemessenheit der Fristsetzung wird sich nur **anhand des Einzelfalls bestimmen** lassen, wobei der Maßstab sein sollte, dass der Hersteller unter Berücksichtigung des **Umfangs** der Ergebnisse aber auch der **Dringlichkeit** einer Weitergabe bzw. Veröffentlichung, einen **ausreichenden Zeitraum zur Kenntnisnahme, Erörterung des Sachverhalts und substantiierten Stellungnahme** erhält. 12

Das Gesetz definiert nicht, wann eine **Weitergabe oder Veröffentlichung** vorliegt und damit das Stellungnahmeerfordernis greifen soll. Eine **Weitergabe** dürfte, in Abgrenzung zur Veröffentlichung, nur die Übermittlung der Ergebnisse an einen (nach sachlichen Kriterien bestimmten und) **beschränkten Kreis von Dritten** und nicht die Öffentlichkeit als solche meinen. Eine **Veröffentlichung** ist **entbehrlich,** wenn sich der **Hersteller oder Anbieter selbst an die Öffentlichkeit wendet oder bei einer Sicherheitslücke Abhilfe** schafft.[24] Dies entspricht letztlich auch dem **Übermaßverbot,** das auch im Rahmen des staatlichen Informationshandelns gilt.[25] Danach muss die **Veröffentlichung geeignet, erforderlich und angemessen** sein sowie **auf das Notwendige beschränkt** werden und kann daher nicht erfolgen, wenn anderen (milderen) Maßnahmen, wie eben der Selbstinformation durch den Hersteller oder Anbieter, dieselbe Wirkung zukommt.[26] Daher kann bspw. auch die **Weitergabe gegenüber einer Veröffentlichung** als aufgrund des kleineren Empfängerkreises **mildere Maßnahme** im Rahmen der Ermessenentscheidung vorzugswürdig erscheinen. Daneben muss eine Weitergabe oder Veröffentlichung nach dieser Regelung auch den übrigen Vorgaben an staatliches Informationshandeln genügen und insbesondere **den Grundsätzen der Sachlichkeit, Richtigkeit (und ggf. Richtigstellung) und** 13

---

[22] BT-Drs. 18/4096, 25; Schenke/Graulich/Ruthig/*Buchberger,* Rn. 3.

[23] *Leisterer/Schneider,* K&R 2015, 681 (684).

[24] BT-Drs. 18/4096, 25; BT-Drs. 19/26106, 68.

[25] Teilw. wird dies auch explizit gesetzlich geregelt, vgl. § 40 Abs. 2 LFGB; *Schoch,* NJW 2012, 2844 (2848).

[26] *Schoch,* NJW 2012, 2844 (2848) mwN.

Verhältnismäßigkeit entsprechen.[27] Kommt der Weitergabe oder Veröffentlichung die Wirkung einer Warnung oder Empfehlung von Sicherheitsprodukten zu, ist zudem daran zu denken, auch die Voraussetzungen von **§ 7** einzuhalten, da diese Regelung für solche Arten des Informationshandelns die **speziellere Vorschrift** darstellt.

14 Weiterhin stellt die Gesetzesbegründung klar, dass von der Nutzung, Weitergabe und Veröffentlichung nach Abs. 4 BSIG **personenbezogene Daten nicht erfasst** sein sollen.[28] Dies entspricht auch dem Gedanken des zeitlich später eingeführten § 3a Abs. 1, der die Verarbeitung personenbezogener Daten zur Aufgabenerfüllung nur dann erlaubt, wenn dies hierfür auch erforderlich ist. Dies dürfte bei Ergebnissen nach Abs. 1 aufgrund der Untersuchung von Produkten und Systemen regelmäßig ohnehin nicht der Fall sein. Die Gesetzesbegründung zum IT-SiG 2.0 ergänzt zudem, dass jedenfalls vor einer Veröffentlichung **Geschäfts- und Betriebsgeheimnisse unkenntlich gemacht werden müssen,** ggf. auch mit Hilfe des Herstellers.[29] Dies entspricht bereits dem **Verhältnismäßigkeitsgrundsatz.** Gleiches wird daher auch für die Weitergabe an Dritte nach diesem Absatz gelten.

15 Die Verabschiedung des **IT-SiG 2.0** wurde weiterhin dazu genutzt, die **Zweckbindung der Weitergabe und Veröffentlichung zu erweitern** – einerseits folgerichtig auf den ebenfalls mit diesem Gesetz neu eingeführten § 3 Abs. 1 S. 2 Nr. 14a **(Verbraucherschutz und -information),** aber andererseits auch auf § 3 Abs. 1 S. 2 Nr. 18 (**Unterstützung bei Wiederherstellung in herausgehobenen Fällen** nach § 5b). Letzterer fehlte zuvor noch im Abs. 2 aF. In den Gesetzgebungsmaterialien fand sich hierzu keine Begründung, so dass an ein Redaktionsversehen gedacht werden konnte.[30] Dies bestätigt sich letztlich durch die nunmehr ohne weitere Begründung erfolgte Aufnahme dieser Aufgabe des BSI in die Zweckbindung nach Abs. 4. Die in § 5b Abs. 2, 3 (vormals § 5a aF) statuierten Nutzungs- und Weitergabevorgaben für personenbezogene oder dem Fernmeldegeheimnis unterliegende Daten sowie allgemeine Informationen, von denen das BSI im Rahmen eines Einsatzes nach § 5b Kenntnis erlangt, stehen dem nicht entgegen. Vielmehr zeigen sowohl die Aufnahme des § 3 Abs. 1 S. 2 Nr. 18 in § 7a Abs. 4 S. 2 als auch der Blick auf die jeweilige Schutzrichtung der Regelungen, dass die in Abs. 4 S. 2, 3 und die dort geregelten Vorgaben der Erforderlichkeit sowie der Schaffung einer Gelegenheit der Stellungnahme für Hersteller vor einer Weitergabe und Veröffentlichung weiterhin angewendet werden müssen, auch wenn die Informationen über ein Produkt oder System im Rahmen eines Einsatzes nach § 5b unter Zuhilfenahme des § 7a erlangt wurden.

V. Information der Öffentlichkeit bei unterlassener oder unzureichender Auskunft (Abs. 5)

16 Abs. 5 sieht neben der Sanktionsmöglichkeit mit einem Bußgeld nach § 14 Abs. 2 Nr. 1 lit. b bei nicht oder nicht ausreichender Erteilung einer Auskunft trotz Auskunftsverlangen nach Abs. 2 eine weitere **Art der Sanktionierung** vor. In diesen Fällen kann das BSI nunmehr auch die Öffentlichkeit über die Tatsache der Nicht-Befolgung bzw. nicht ausreichender Befolgung des Auskunftsverlangens informie-

---

[27] *Schoch,* NJW 2012, 2844, (2848) mwN; *Leisterer/Schneider,* K&R 2015, 681 (684).
[28] BT-Drs. 18/4096, 25.
[29] BT-Drs. 19/26106, 68.
[30] In die Richtung gehend: Schenke/Graulich/Ruthig/*Buchberger,* Rn. 3.

ren. **Ziel** ist es an dieser Stelle primär, **den Hersteller zur Auskunftserteilung zu bewegen,** um dann aber mittelbar die Produkte oder Systeme vollumfänglich auf IT-Sicherheitsaspekte untersuchen zu können und ggf. die Öffentlichkeit über IT-Sicherheitslücken informieren zu können. Ausweislich der Gesetzesbegründung wird die Sanktionierung mit einem Bußgeld nicht einen als ausreichenden Ansatz angesehen, die Hersteller anzuhalten, dem Auskunftsverlangen nachzukommen.[31] Es wird in diesen Fällen daher vielmehr auf das **Eigeninteresse der Hersteller** gesetzt, ggf. geschäftsschädigende behördliche Aussagen über ihr Unternehmen und die gegenständlichen Produkte oder Systeme abzuwenden. Denn genannt werden dürfen ausweislich Abs. 5 S. 2, 3 der Name des Herstellers sowie die Bezeichnung des betroffenen Produkts oder Systems. Weiterhin kann dargelegt werden, inwieweit der Hersteller seiner Auskunftspflicht (nicht) nachgekommen ist. Ein solches Vorgehen mag auch insbesondere dort hilfreich sein, wo Hersteller außerhalb Deutschlands bzw. der EU ansässig sind und dort die Vollziehung eines Auskunftsverlangens bzw. die Einziehung eines Bußgelds aufwendig bis unmöglich erscheint.

Da mit dieser Information gegenüber der Öffentlichkeit ein nicht zu unterschät- **17**
zender Grundrechtseingriff in die Rechte des betroffenen Herstellers einhergeht, muss die **Verhältnismäßigkeit** ebenfalls **im besonderen Maße gewahrt werden.** Hierzu dienen die letzten beiden Sätze des Abs. 5: Zum einen muss dem Hersteller, ähnlich wie vor der Weitergabe bzw. Veröffentlichung nach Abs. 4, vorab mit **angemessener Frist eine Gelegenheit zur Stellungnahme** gegeben werden. Dies dient einerseits der Information des Herstellers über das geplante Vorgehen der Behörde und bietet andererseits die Möglichkeit, diese öffentliche Information durch Auskunftserteilung innerhalb dieser erneuten Fristsetzung abzuwenden. Weiterhin wird durch Verweis auf die Sanktionsmöglichkeit mit einem Bußgeld nach § 14 Abs. 2 Nr. 1 lit. b auch noch einmal auf die rechtlichen Konsequenzen hingewiesen, sollte es bei einer Nichtbefolgung bleiben bzw. eine bereits (unzureichend) erteilte Auskunft nicht vervollständigt werden. Durch das Vorgehen, dem Hersteller – wenn auch unter Androhung einer öffentlichen Information – eine Art zweite Chance zur Erfüllung des Auskunftsverlangens zu ermöglichen, zeigt sich letztlich auch, dass es dem Gesetzgeber mit dieser Regelung primär auf die Informationserteilung ankam und nicht nur auf eine Sanktionierung, um nach darauffolgender Prüfung die entsprechenden Stellen über etwaige IT-Sicherheitsrisiken ggf. informieren zu können.

§ 7b Detektion von Sicherheitsrisiken für die Netz- und IT-Sicherheit und von Angriffsmethoden

(1) [1]**Das Bundesamt kann im Rahmen seiner Aufgaben nach § 3 Absatz 1 Satz 2 Nummer 1, 2, 14 oder 17 zur Detektion von Sicherheitslücken und anderen Sicherheitsrisiken bei Einrichtungen des Bundes oder der in § 2 Absatz 10, 11 und 14 genannten Unternehmen Maßnahmen an den Schnittstellen öffentlich erreichbarer informationstechnischer Systeme zu öffentlichen Telekommunikationsnetzen (Portscans) durchführen, wenn Tatsachen die Annahme rechtfertigen, dass diese ungeschützt im Sinne des Absatzes 2 sein können und dadurch in ihrer Sicherheit oder Funktionsfähigkeit gefährdet sein können.** [2]**Die Maßnahmen müssen sich auf**

[31] BT-Drs. 19/26106, 68.

einen vorher bestimmten Bereich von Internet-Protokolladressen, die regelmäßig den informationstechnischen Systemen
1. **des Bundes oder**
2. **Kritischer Infrastrukturen, digitaler Dienste und der Unternehmen im besonderen öffentlichen Interesse**

zugeordnet sind (Weiße Liste), beschränken. [3]Die Weiße Liste ist stetig durch geeignete Überprüfungen anzupassen, um Änderungen bei der Zuordnung von Internetprotokoll-Adressen zu den in den Nummern 1 und 2 bezeichneten Stellen zu berücksichtigen. [4]Erlangt das Bundesamt dabei Informationen, die durch Artikel 10 des Grundgesetzes geschützt sind, darf es diese nur zum Zwecke der Übermittlung nach § 5 Absatz 5 und 6 verarbeiten. [5]Sofern die Voraussetzungen des § 5 Absatz 5 und 6 nicht vorliegen, sind Informationen, die nach Artikel 10 des Grundgesetzes geschützt sind, unverzüglich zu löschen. [6]Maßnahmen nach Satz 1 dürfen nur durch eine Bedienstete oder einen Bediensteten des Bundesamtes mit der Befähigung zum Richteramt angeordnet werden.

(2) **Ein informationstechnisches System ist ungeschützt im Sinne des Absatzes 1, wenn in diesem öffentlich bekannte Sicherheitslücken bestehen oder wenn auf Grund sonstiger offensichtlich unzureichender Sicherheitsvorkehrungen unbefugt von Dritten auf das System zugegriffen werden kann.**

(3) **[1]Wird durch Maßnahmen gemäß Absatz 1 eine Sicherheitslücke oder ein anderes Sicherheitsrisiko eines informationstechnischen Systems erkannt, sind die für das informationstechnische System Verantwortlichen unverzüglich darüber zu informieren. [2]Das Bundesamt soll dabei auf bestehende Abhilfemöglichkeiten hinweisen. [3]Sind dem Bundesamt die Verantwortlichen nicht bekannt oder ist ihre Identifikation nur mit unverhältnismäßigem Aufwand oder über eine Bestandsdatenabfrage nach § 5c möglich, ist hilfsweise der betreibende Dienstleister des jeweiligen Netzes oder Systems unverzüglich zu benachrichtigen, wenn überwiegende Sicherheitsinteressen nicht entgegenstehen. [4]Das Bundesamt unterrichtet die Bundesbeauftragte oder den Bundesbeauftragten für den Datenschutz und die Informationsfreiheit jeweils bis zum 30. Juni des Folgejahres über die Anzahl der gemäß Absatz 1 ergriffenen Maßnahmen. [5]Das Bundesamt legt die Weiße Liste nach Absatz 1 Satz 3 der Bundesbeauftragten oder dem Bundesbeauftragten für den Datenschutz und die Informationsfreiheit vierteljährlich zur Kontrolle vor.**

(4) **[1]Das Bundesamt darf zur Erfüllung seiner Aufgaben Systeme und Verfahren einsetzen, welche einem Angreifer einen erfolgreichen Angriff vortäuschen, um den Einsatz von Schadprogrammen oder andere Angriffsmethoden zu erheben und auszuwerten. [2]Das Bundesamt darf dabei die zur Auswertung der Funktionsweise der Schadprogramme und Angriffsmethoden erforderlichen Daten verarbeiten.**

Literatur: *Atug*, Stellungnahme für die Anhörung des Bundestagsausschusses für Inneres und Heimat zum Entwurf eines Zweiten Gesetzes zur Erhöhung der Sicherheit Informationstechnischer Systeme 2.0 (IT-Sicherheitsgesetz 2.0), Ausschuss-Drs. 19(4)741 C; *Bringer/Chelmecki/Fujinoki*, A Survey: Recent Advances and Future Trends in Honeypot Research, IJCNIS 2012, 63, http://www.mecs-press.net/ijcnis/ijcnis-v4-n10/IJCNIS-V4-N10-7.pdf; *Herzog/Scholz/*

Herdegen/Klein (Hrsg.), Dürig/Herzog/Scholz, Grundgesetz-Kommentar, 95. EL 2021; *Ernst,* Das neue Computerstrafrecht, NJW 2007, 2661; *Jamieson,* The Ethics and Legality of Port Scanning, 2021, https://www.sans.org/reading-room/whitepapers/legal/ethics-legality-port-scanning-71; *Keppeler,* Datenschutzrechtliche und strafrechtliche Implikationen der SSL-Decryption, K&R 2017, 453; *Neumann/Rieger/Engling/Marx,* Sicherheit gestalten statt Unsicherheit verwalten, Ausschuss-Drs. 19(4)741 F; *Ritter* (Hrsg.), Die Weiterentwicklung des IT-Sicherheitsgesetzes, 2022; *Schwartmann/Jaspers/Thüsing/Kugelmann* (Hrsg.), Heidelberger Kommentar DS-GVO/BDSG, 2. Aufl. 2020; *Vettermann/Wagner,* Broken by Design? Rechtlicher Schutz und Schranken der IT-Sicherheitsforschung, InTeR 2020, 126.

A. Allgemeines

Die Suche nach IT-Sicherheitsrisiken und -lücken ist bereits seit vielen Jahren mit (straf-)rechtlichen Risiken verbunden, da die dafür nötigen Maßnahmen sich schnell an der Grenze des Erlaubten bewegen.[1] Nicht selten ist unklar, welche Maßnahmen noch gerechtfertigt sind und welche bereits unzulässig. Diese Problematik betrifft auch das BSI, da zu seinen Aufgaben gerade das Sammeln und Auswerten von Informationen über Sicherheitsrisiken gehört, um sie anderen Stellen zur Verfügung stellen zu können (vgl. § 3 Abs. 1 S. 2 Nr. 2). Für die Untersuchung einzelner Produkte und Dienste hat der Gesetzgeber bereits mit dem IT-SiG daher mit § 7a eine ausdrückliche Befugnisnorm für das BSI geschaffen, um die notwendige Rechtssicherheit für die Entdeckung bestehender Sicherheitslücken in Produkten und Diensten zu gewährleisten.[2] Diese Regelung betrifft jedoch keine Systeme, die von Dritten gerade produktiv eingesetzt werden, wenn diese in die Untersuchung nicht eingewilligt haben. Um das BSI in die Lage zu versetzen, zu prüfen, ob in Deutschland Systeme unsicher betrieben werden, wurde mit dem IT-SiG 2.0 die entsprechende Befugnis geschaffen. **1**

Die Norm gliedert sich in zwei grundlegend unterschiedliche Regelungen. Die Abs. 1–3 regeln die Befugnis des BSI, nach Schwachstellen auf Systemen Dritter zu suchen. Demgegenüber enthält Abs. 4 die Regelung für den Betrieb von eigenen Honey-Pot-Systemen, um Angreifer in eine „Falle" zu locken, sie bei ihrer Arbeit beobachten und so mehr über ihre Vorgehensweise erfahren sowie daraus Schutzmaßnahmen ableiten zu können. **2**

B. Einzelerläuterungen

I. Scanbefugnis (Abs. 1)

Das BSI darf die entsprechenden Detektionsmaßnahmen nur zur Erfüllung seiner Aufgaben nach § 3 Abs. 1 S. 2 Nr. 1, 2, 14 und 17 nutzen. Damit ist etwa das Ausnutzen der Scan-Befugnis zur Unterstützung der Nachrichtendienste und Polizeien bei der Erfüllung ihrer Aufgaben ausgeschlossen.[3] Die Maßnahmen dürfen **3**

---

[1] Vgl. *Vettermann/Wagner,* InTeR 2020, 126 (134); *Keppeler,* K&R 2017, 453 (459 f.); *Ernst,* NJW 2007, 2661 (2663).

[2] BT-Drs. 18/4096, 25.

[3] Entspr. Befürchtungen von Seiten der Zivilgesellschaft finden sich zwischen den Zeilen in den Stellungn. zum RegE, vgl. *Atug,* Ausschuss-Drs. 19(4)741 C, 22; *Neumann/Rieger/Engling/Marx,* Sicherheit gestalten statt Unsicherheit verwalten, Ausschuss-Drs. 19(4)741 F, 27 f.

nur an den **Schnittstellen** öffentlich erreichbarer IT-Systeme zu den öffentlichen Telekommunikationsnetzen durchgeführt werden. Ein tieferes Eindringen in die nicht-öffentlichen Netze, zB von Unternehmen, ist daher unzulässig. Das BSI darf also nicht versuchen, über entsprechende Angriffstechniken solche Systeme zu erreichen, die nicht direkt an das öffentliche Netz angebunden sind. Die Maßnahmen werden in S. 1 als Portscans legaldefiniert. Der Begriff ist technisch jedoch bereits mit anderem Inhalt vorbelegt und bedeutet eigentlich nur, dass aus dem Antwortverhalten von Systemen auf einem bestimmten Port Rückschlüsse über die auf dem System verwendeten IT-Anwendungen möglich sind.[4] Portscans im klassischen Sinne stellen idR schon keinen Eingriff dar, da das System im Rahmen der bestimmungsgemäßen Nutzung angesprochen wird, um die Antwort auszuwerten. Da der Nutzer eines Portscans selbst Teilnehmer der Kommunikation ist, liegt ein Eingriff in das Fernmeldegeheimnis der Systembetreiber fern. Für den Eingriff in das Grundrecht auf Vertraulichkeit und Integrität informationstechnischer Systeme wäre es notwendig, dass das System so infiltriert wird, dass es insgesamt ausgespäht werden kann.[5] Das ist beim bloßen Portscan gerade nicht der Fall. Daher findet Abs. 1 auf Portscans im technischen Sinne keine Anwendung, so dass diese auch weiterhin bei Systemen stattfinden können, die nicht auf der in Abs. 1 vorgesehenen sog. weißen Liste aufgeführt sind.

4 Die Maßnahmen dürfen sich nur auf IT-Systeme des Bundes oder von Kritischen Infrastrukturen iSd § 2 Abs. 10, digitalen Diensten iSd § 2 Abs. 11 oder von Unternehmen von besonderem staatlichem Interesse gem. § 2 Abs. 14 richten. Um dies sicherstellen zu können, soll das BSI eine Liste mit IP-Adressen erstellen und pflegen, in der die Systeme der entsprechenden Gruppen aufgeführt sind. Problematisch sind daran jedoch zwei Punkte. Zum einen gibt es keinen Anspruch des BSI auf Herausgabe der entsprechenden IP-Adressen durch die in S. 2 Nr. 2 genannten Gruppen der Privatwirtschaft. Teile dieser Gruppe werden jedoch kein Interesse daran haben, dem BSI ihre IP-Adressen mitzuteilen. Denn das BSI übt über diese Gruppen auch die Aufsicht in Fragen der IT-Sicherheit nach §§ 8a–8f aus. Wenn sie dem BSI die Detektion von Sicherheitslücken in ihrem System ermöglichen, versetzen sie es uU erst in die Lage, Aufsichtsmaßnahmen (zB Erlassen von Anordnungen oder die Verhängung von Bußgeldern) zu ergreifen. Zum anderen stellte eine solche Liste der kritischsten Systeme in Deutschland auch ein lohnendes Ziel für Angreifer dar. Wer das Land digital mit größtmöglicher Wirkung angreifen möchte, erlangt mit dieser Liste eine Auflistung der lukrativsten Ziele.

5 Voraussetzung für die Detektionsmaßnahmen ist, dass **Tatsachen** die Annahme rechtfertigen, dass die Systeme ungeschützt sein könnten und dadurch ihre Sicherheit oder Funktionsfähigkeit gefährdet sein können. Solche Tatsachen können sich aus vielfältigen Quellen ergeben. Dazu zählen zB eigene Erkenntnisse des BSI über Verwundbarkeiten bestimmter Systeme durch Schwachstellen, die es im Rahmen von Produktuntersuchungen nach § 7a erlangt hat. Solche Hinweise auf Schwachstellen können sich aber auch aus Hinweisen Dritter ergeben – etwa der Hersteller bestimmter IT-Produkte, von IT-Sicherheitsforschern oder anderen Behörden. Die Tatsachen müssen nicht so konkret sein, dass bereits die Betroffenheit konkreter Systeme positiv bekannt ist, da die Scanbefugnis ansonsten unnötig wäre. Vielmehr genügt es, wenn dem BSI Hinweise auf Lücken in Systemtypen vorliegen und solche Systeme unter den gelisteten Adressen erreichbar sein könnten.

---

[4] *Jamieson,* Port Scanning, S. 1.

[5] *BVerfG,* Urt. v. 27.2.2008 – 1 BvR 370/07, 1 BvR 595/07, NJW 2008, 822 Rn. 188.

II. Ungeschützt (Abs. 2)

Um die Maßnahmen nach Abs. 1 durchführen zu dürfen, muss das informationstechnische System **„ungeschützt"** sein. Abs. 2 legt fest, wann dies der Fall ist. Auch wenn der Wortlaut des Abs. 2 nur vom informationstechnischen System spricht, verwendet die Begründung des RegE die beiden Begriffe der Kommunikationsnetze und informationstechnischen Systeme.[6] Praktisch führt dies jedoch nicht zu Differenzen, da Kommunikationsnetzwerke letztlich mittels informationstechnischer Systeme betrieben werden. 6

In der ersten Variante des Abs. 2 ist ein IT-System demnach ungeschützt, „wenn in diesem öffentlich bekannte Sicherheitslücken bestehen". Der Begriff der Sicherheitslücken wird in § 2 Abs. 6 legaldefiniert. Diese sind öffentlich im Sinne der Norm, wenn sie nicht nur vereinzelten Personen bekannt sind. Teilweise wird in der Literatur darauf abgestellt, dass ein unbestimmter Personenkreis von der Lücke Kenntnis erlangen kann.[7] Mit Blick auf den Normzweck wird jedoch eine Bereichsöffentlichkeit in den entsprechenden Fachkreisen ausreichen. Denn das BSI soll gerade überprüfen können, ob Sicherheitslücken, von deren möglicher Existenz in Programmen und Systemen es Kenntnis erlangt hat, auch in produktiv betriebenen IT-Systemen in Deutschland existieren. Solche Sicherheitslücken in bestimmten Produkten sind oftmals zunächst in den einschlägigen Fachkreisen bekannt. Eine bewusste Verbreitung der Kenntnis über Medien oÄ wird dann teilweise (zunächst) nicht angestrebt. Vielmehr sollen die IT-Systeme, die diese Sicherheitslücken enthalten, als erstes möglichst schnell identifiziert, deren Betreiber informiert und ihnen die Gelegenheit zur Schließung der Lücken gegeben werden. Das Erfordernis einer breiten medialen Bekanntheit der Lücken würde diesem Normzweck entgegenstehen. Als nicht öffentlich gelten Sicherheitslücken demnach, wenn sie nur vereinzelten Personen bekannt sind, also auch in Fachkreisen keine Bekanntheit genießen. 7

In einer zweiten Variante des Abs. 2 gelten Systeme als ungeschützt, wenn „auf Grund sonstiger offensichtlich unzureichender Sicherheitsvorkehrungen unbefugt von Dritten auf das System zugegriffen werden kann." Diese Variante erfasst also vor allem – aber nicht nur – Systeme, bei denen die Sicherheitslücken nicht in der Hard- oder Software liegen, sondern in der Art, wie das System betrieben wird. Das erfasst insbesondere Konfigurationsfehler oder die Verwendung unsicherer (Standard-)Passwörter (zB „0000" oder „admin"),[8] die unbefugten Dritten das Eindringen in ein IT-System ganz offensichtlich ermöglichen. Diese Variante kann auch dann erfüllt sein, wenn Informationen vorliegen, dass bestimmte Systemtypen von Angreifern bereits erfolgreich kompromittiert werden. 8

III. Informationspflichten (Abs. 3)

Die Informationspflicht nach S. 1 entspricht dem Ziel der Regelung des Abs. 1, der einzig auf die Warnung der Nutzer von Systemen mit Sicherheitslücken abzielt. Die Information muss **unverzüglich** ergehen, was auch hier als „ohne schuldhaftes Zögern" zu verstehen ist.[9] Soweit möglich, soll das BSI die Verantwortlichen auf be- 9

---

[6] BT-Drs. 19/26106, 70.
[7] Ritter/*Keppeler*, Rn. 373.
[8] Diese Fälle führt die Begründung des RegE explizit auf, BT-Drs. 19/26106, 70.
[9] Vgl. Schwartmann/Jaspers/Thüsing/Kugelmann/*Ritter*, DS-GVO Art. 32 Rn. 71.

stehende **Abhilfemöglichkeiten** hinweisen. Dies kann es etwa durch eigene Empfehlungen oder durch Verweis auf andere Informationsquellen (zB des Herstellers der unsicheren Systeme) tun. Die Pflicht zum Hinweis auf Abhilfemöglichkeiten ist eine Soll-Vorschrift, von der das BSI nur in begründeten Fällen absehen kann.

10 Der Begriff der „Verantwortlichen" erfasst in erster Linie diejenigen, für die diese Systeme betrieben werden. Wie S. 3 klarstellt, kann das BSI auch deren Dienstleister oder Netzbetreiber informieren, wenn die Verantwortlichen nicht oder nicht ohne unverhältnismäßigen Aufwand identifiziert werden können. Sofern die Identifikation der Verantwortlichen nur über eine Bestandsdatenauskunft nach § 7c möglich wäre, darf das BSI diese nutzen, sofern die gesetzlichen Voraussetzungen dafür erfüllt sind. Wie der Wortlaut des S. 3 klarstellt, darf das BSI aber auch auf die Bestandsdatenauskunft verzichten und statt den Verantwortlichen deren Dienstleister und Netzbetreiber informieren. Die Netzbetreiber haben dann die Anschlussinhaber entsprechend der Regelungen des § 169 TKG Abs. 4 und Abs. 5 zu informieren. Eine Information über den Dienstleister oder Netzbetreiber ist nur dann zulässig, wenn keine überwiegenden Sicherheitsinteressen entgegenstehen. Die dabei zu berücksichtigenden Sicherheitsinteressen sind die der Verantwortlichen, nicht etwa staatliche Sicherheits- oder Geheimhaltungsinteressen.

11 Die Tätigkeiten des BSI nach Abs. 1 unterliegen nach S. 4 und 5 einer Kontrolle durch die oder den BfDI. So muss das BSI die oder den BfDI nach S. 4 jährlich über die durchgeführten Scans unterrichten. Diese Berichtspflicht orientiert sich an der bereits seit 2009 bestehenden Berichtspflicht des § 5 Abs. 9. Außerdem muss das BSI der oder dem BfDI die Weiße Liste der IP-Adressen vierteljährlich zur Kontrolle vorlegen. Beide Pflichten erscheinen wenig sinnvoll, da sich die gesamte Befugnis des Abs. 1 und die Weiße Liste nur auf Bundesbehörden und Kritische Infrastrukturen beziehen dürfen. Die nach außen für Scans sichtbaren Systeme werden in aller Regel jedoch keine Systeme sein, die einzelnen Nutzern zuzuordnen sind. Damit sind deren IP-Adressen keine personenbezogenen Daten, für die eine Kontrolle durch die oder den BfDI angezeigt sein könnte. Die oder der BfDI kann also überhaupt nur prüfen, ob die Weiße Liste doch personenbeziehbare IP-Adressen enthält, die dann auch noch unzulässigerweise aufgelistet wurden, weil sie nicht informationstechnischen Systemen des Bundes, Kritischer Infrastrukturen, digitaler Dienste oder der Unternehmen im besonderen öffentlichen Interesse zugeordnet sind.

IV. Betrieb von Honeypots (Abs. 4)

12 Dem BSI wird die Befugnis eingeräumt, sog. **Honeypots** einzusetzen. Das sind Systeme, die als Lockfalle betrieben werden, um Angreifer identifizieren und deren Vorgehen beim Eindringen in Systeme beobachten zu können.[10] Der Betrieb rein passiver Honeypots greift nicht in das Fernmeldegeheimnis ein, da der Honeypot selbst ein Endpunkt der von Art. 10 GG geschützten Kommunikation ist. Soweit beim Betrieb des Honeypots personenbezogene Daten erfasst werden, ist deren Verarbeitung durch Art. 6 Abs. 1 S. 1 lit. c3 DS-GVO iVm den gesetzlichen Aufgaben zur Erforschung und Abwehr von Sicherheitsrisiken nach § 3 Abs. 1 gerechtfertigt. S. 2 kommt daher weitgehend nur deklaratorische Bedeutung zu. Für den Betrieb normaler, passiver Honeypots wäre keine weitergehende gesetzliche Grundlage notwendig, da der Datenverkehr von den Angreifenden initiiert wird, der Honeypot selbst passiv bleibt und kein Eingriff in das Fernmeldegeheimnis vorliegt.

---

[10] *Bringer/Chelmecki/Fujinoki*, IJCNIS 2012, 63 (68).

Notwendig ist eine eigene gesetzliche Grundlage beim Betrieb von sog. highly interactive Honeypots. Diese täuschen dem Angreifer nicht nur einen erfolgreichen Angriff vor, sondern erlauben auch ihre Einbindung in Angreifernetzwerke. Sofern diese Honeypots als Relay für Daten verwendet werden, die für andere Systeme bestimmt sind, liegt ein Eingriff in das Fernmeldegeheimnis vor, der einer gesetzlichen Grundlage bedarf. Denn in diesem Fall verarbeiten die Honeypots fremde Kommunikationsinhalte (eben diese Daten) aber auch Fernmeldeumstände (wie zB die Zeit des Datenaustausches), die durch das Fernmeldegeheimnisses geschützt werden.[11] Zudem könnten solche Systeme von den Angreifern auch für Angriffe auf Systeme Dritter missbraucht werden, was einen mittelbaren, wenn auch nicht beabsichtigten Eingriff in deren Grundrecht auf Integrität und Vertraulichkeit informationstechnischer Systeme (das sog. Computergrundrecht aus Art. 2 Abs. 1 iVm Art. 1 Abs. 1 GG) darstellen würde. Dieser Eingriff bedarf zu seiner Rechtfertigung einer Ermächtigungsgrundlage, die mit Abs. 4 geschaffen wurde. Gerade soweit es die Möglichkeit des Missbrauchs der Honeypots für Angriffe auf Systeme Dritter angeht, muss das BSI jedoch auch seine staatliche Schutzpflicht im Hinblick auf das Computergrundrecht beachten. Es muss daher verhindern, dass seine eigenen Honeypots wirkliche Schäden bei Dritten anrichten. Vielmehr wird es im Rahmen der Schutzpflicht idR gehalten sein, die über die Honeypots beobachteten Angriffe schnellstmöglich zu beenden. Dies kann durch Information der Betroffenen geschehen oder durch Nutzung seiner Befugnisse nach § 7c Abs. 1 S. 1 Nr. 1. 13

§ 7c Anordnungen des Bundesamtes gegenüber Diensteanbietern

(1) [1]**Zur Abwehr konkreter erheblicher Gefahren für die in Absatz 2 genannten Schutzziele kann das Bundesamt gegenüber einem Anbieter von Telekommunikationsdiensten im Sinne des Telekommunikationsgesetzes (Diensteanbieter) mit mehr als 100 000 Kunden anordnen, dass er**

1. **die in § 169 Absatz 6 und 7 des Telekommunikationsgesetzes bezeichneten Maßnahmen trifft oder**
2. **technische Befehle zur Bereinigung von einem konkret benannten Schadprogramm an betroffene informationstechnische Systeme verteilt,**

sofern und soweit der Diensteanbieter dazu technisch in der Lage ist und es ihm wirtschaftlich zumutbar ist. [2]**Vor der Anordnung der Maßnahmen nach Satz 1 Nummer 1 oder 2 durch das Bundesamt ist Einvernehmen mit der Bundesnetzagentur herzustellen.** [3]**Vor der Anordnung der Maßnahme nach Satz 1 Nummer 2 durch das Bundesamt ist zusätzlich Einvernehmen mit der oder dem Bundesbeauftragten für den Datenschutz und die Informationsfreiheit herzustellen.** [4]**Die Daten, auf die mit der Maßnahme nach Satz 1 Nummer 2 zugegriffen werden soll, sind in der Anordnung zu benennen.** [5]**§ 5 Absatz 7 Satz 2 bis 8 gilt entsprechend.** [6]**Widerspruch und Anfechtungsklage gegen die Anordnungen nach Satz 1 haben keine aufschiebende Wirkung.**

(2) **Schutzziele gemäß Absatz 1 Satz 1 sind die Verfügbarkeit, Unversehrtheit oder Vertraulichkeit**

---

[11] Dürig/Herzog/Scholz/*Durner*, GG Art. 10 Rn. 111 f.

1. **der Kommunikationstechnik des Bundes, eines Betreibers Kritischer Infrastrukturen, eines Unternehmens im besonderen öffentlichen Interesse oder eines Anbieters digitaler Dienste,**
2. **von Informations- oder Kommunikationsdiensten oder**
3. **von Informationen, sofern deren Verfügbarkeit, Unversehrtheit oder Vertraulichkeit durch unerlaubte Zugriffe auf eine erhebliche Anzahl von telekommunikations- oder informationstechnischen Systemen von Nutzern eingeschränkt wird.**

(3) **Ordnet das Bundesamt eine Maßnahme nach Absatz 1 Satz 1 Nummer 1 an, so kann es gegenüber dem Diensteanbieter auch anordnen, den Datenverkehr an eine vom Bundesamt benannte Anschlusskennung umzuleiten.**

(4) **[1]Das Bundesamt darf Daten, die von einem Diensteanbieter nach Absatz 1 Satz 1 Nummer 1 und Absatz 3 umgeleitet wurden, verarbeiten, um Informationen über Schadprogramme oder andere Sicherheitsrisiken in informationstechnischen Systemen zu erlangen. [2]Die übermittelten Daten dürfen durch das Bundesamt so lange gespeichert werden, wie dies für die Erfüllung des in Satz 1 genannten Zwecks erforderlich ist, längstens jedoch für drei Monate. [3]§ 5 Absatz 7 Satz 2 bis 8 gilt entsprechend. [4]Das Bundesamt unterrichtet die Bundesbeauftragte oder den Bundesbeauftragten für den Datenschutz und die Informationsfreiheit jeweils bis zum 30. Juni des Folgejahres über die Gesamtzahl der angeordneten Datenumleitungen.**

Literatur: *Bundesamt für Sicherheit in der Informationstechnik (BSI),* IT-Grundschutzkompendium, Stand Februar 2021; *Herpig/Kipker,* Emotet-Takedown – Der Zweck heiligt nicht die Mittel, 2021, https://netzpolitik.org/2021/emotet-takedown-der-zweck-heiligt-nicht-die-mittel; *Joecks/Miebach,* Münchener Kommentar zum Strafgesetzbuch, Band 7: Nebenstrafrecht II, 3. Aufl. 2019; *Kipker/Walkusz,* Das BKA zerschlägt die Infrastruktur von Emotet: Mit welcher Rechtsgrundlage?, Beck-Blog v. 2.2.2021, https://community.beck.de/2021/02/02/das-bka-zerschlaegt-die-infrastruktur-von-emotet-mit-welcher-rechtsgrundlage; *Landmann/Rohmer* (Hrsg.), Gewerbeordnung: GewO, 85. EL 2020; *Schenke,* Polizeiliches Handeln bei Anscheinsgefahr und Gefahrenverdacht, JuS 2018, 505; *Schwartmann/Jaspers/Thüsing/Kugelmann* (Hrsg.), Heidelberger Kommentar DS-GVO/BDSG, 2. Aufl. 2020.

Inhaltsübersicht

A. Allgemeines

§ 7c wurde mit dem IT-SiG 2.0 eingeführt und räumt dem BSI erstmals unmittelbare Anordnungsrechte gegenüber Telekommunikationsanbietern ein. Dies ist insofern bemerkenswert, als die Telekommunikationsanbieter im KRITIS-Bereich teilweise explizit von einigen Regelungen des BSIG und damit von der Aufsicht des BSI freigestellt werden (→ § 8d Rn. 7 und 15). In der Sache soll die Anordnungsbefugnis u.a. sicherstellen, dass Telekommunikationsanbieter die ihnen in § 169 Abs. 6 und 7 TKG (§ 109a Abs. 5 und 6 TKG aF) eingeräumten Befugnisse zur Beseitigung von Störungen im Bereich der IT-Sicherheit auch nutzen.[1] Mit der neuen BSI-Befugnis, Bereinigungen von Systemen von Schadprogrammen anzuordnen, wird ein solcher Fall erstmals gesetzlich geregelt. Bisher wurden solche Bereinigungen durch Polizeibehörden durchgeführt, ohne dass dafür entsprechende Rechtsgrundlagen ersichtlich wären.[2] Mit der neuen Befugnis sollen auch solche Gefahren abgewehrt werden können, die so weit verbreitet sind, dass sie nicht mehr einzeln, sondern nur noch auf Ebene der Telekommunikationsanbieter abgewehrt werden können.[3] 1

B. Einzelerläuterungen

I. Anordnungsbefugnisse (Abs. 1)

1. Adressaten. Mögliche Adressaten der Anordnungen des BSI sind nur Telekommunikationsanbieter iSd § 3 Nr. 1 TKG, die mehr als 100.000 Kunden haben. Diese gelten als „Diensteanbieter" im Sinne des § 7c. Nach der wenig aufschlussreichen Definition des § 3 Nr. 1 TKG ist „Anbieter von Telekommunikationsdiensten jeder, der Telekommunikationsdienste erbringt". Vor dem TKModG sah § 3 Nr. 6 TKG aF darüber hinaus als Diensteanbieter noch jeden an, der „an der Erbringung solcher Dienste mitwirkt". 2

2. Inhalt der Anordnungen. Das BSI kann im Rahmen der Anordnung auf zwei verschiedene Maßnahmenpakete zurückgreifen: die Anordnung von Maßnahmen nach § 169 Abs. 6 und 7 TKG einerseits (S. 1 Nr. 1) und die Anordnung der Übermittlung von Bereinigungsbefehlen andererseits (S. 1 Nr. 2). 3

a) Anordnung von Maßnahmen nach § 169 Abs. 6 oder 7 TKG (S. 1 Nr. 1). Mit der Anordnung nach S. 1 Nr. 1, kann das BSI anordnen, dass die Diensteanbieter die in § 169 Abs. 6 und 7 TKG (§ 109a Abs. 5 oder 6 TKG aF) genannten Maßnahmen, die sie auch ohne Anordnung ergreifen dürften, tatsächlich umsetzen müssen. Zu den **Maßnahmen nach § 169 Abs. 6 TKG** zählen die Einschränkung, Umleitung oder Unterbindung der Nutzung eines Telekommunikationsdienstes, sofern dies erforderlich ist, um Beeinträchtigungen von Telekommunikations- oder Datenverarbeitungssystemen zu beseitigen oder zu verhindern. Zu den 4

---

[1] Vgl. BT-Drs. 19/26106, 72.

[2] *Kipker/Walkusz,* https://community.beck.de/2021/02/02/das-bka-zerschlaegt-die-infrastruktur-von-emotet-mit-welcher-rechtsgrundlage; *Herpig/Kipker,* https://netzpolitik.org/2021/emotet-takedown-der-zweck-heiligt-nicht-die-mittel/.

[3] BT-Drs. 19/26106, 72.

Systemen, deren Beeinträchtigung beseitigt oder verhindert werden soll, gehören die der Diensteanbieter selbst – etwa wenn diese unter Überlastungsangriffen leiden. Dazu gehören aber auch die Systeme von Nutzern der Telekommunikationsdienste, von denen selbst Störungen ausgehen, etwa weil auf ihnen Schadsoftware installiert ist. Zuletzt gehören dazu aber auch die Systeme unbeteiligter Dritter, wenn diese unter den Auswirkungen von Störungen leiden, welche von den Systemen aus dem Netz bzw. Nutzerkreis des jeweiligen Diensteanbieters ausgehen (zB Verfügbarkeitsangriffe, an denen sich Systeme von Nutzern des Anbieters beteiligen). Das BSI darf also anordnen, dass die Diensteanbieter konkret benannte Malwaredomänen in ihren DNS-Resolvern oder DNS-Nameservern sperren oder (zB auf Sinkholes) umleiten.[4]

5 Zu den **Maßnahmen nach § 169 Abs. 7 TKG** gehört, dass der Diensteanbieter den Datenverkehr von und zu Störungsquellen einschränken, umleiten oder unterbinden darf, soweit dies zur Vermeidung von Störungen in den Telekommunikations- und Datenverarbeitungssystemen der Nutzer erforderlich ist. Damit sollen insbesondere die Kommunikationswege zu den Systemen von Angreifern blockiert werden. So soll verhindert werden, dass die Systeme der oft ahnungslosen Nutzer von diesen Befehle oder weitere Schadsoftware empfangen oder sensible Daten (zB gestohlene Daten der Nutzer) an diese senden.[5]

6 Das BSI muss im Rahmen von S. 1 Nr. 1 die Erforderlichkeitsprüfung iSd § 169 Abs. 6 und 7 TKG selbst vornehmen und die vom Diensteanbieter zu ergreifenden Maßnahmen konkret in der Anordnung benennen. Es muss aus der Anordnung klar erkennbar sein, ob Maßnahmen nach § 169 Abs. 6 oder 7 TKG (oder beiden) zu ergreifen sind und ob jeweils eine Einschränkung, Umleitung oder Unterbindung vorzunehmen ist.

7 **b) Anordnung von Bereinigungsbefehlen (S. 1 Nr. 2).** Nach S. 1 Nr. 2 kann das BSI auch anordnen, dass ein Diensteanbieter technische Befehle zur Bereinigung von einem konkret benannten Schadprogramm an betroffene informationstechnische Systeme verteilt. Dadurch sollen insbesondere Botnetze effektiv abgeschaltet werden können, indem die Schadsoftware, die informationstechnische Systeme zum Teil eines Botnetzes macht, von den Systemen aus der Ferne entfernt wird.[6] In der Anordnung muss das BSI die Schadsoftware und die zu bereinigenden Systeme nennen und die zu übermittelnden Befehle angeben. Die Benennung der Systeme kann zB über die Angabe der IP-Adresse oÄ identifizierender Merkmale erfolgen. Bei den Befehlen soll es sich nach der Gesetzesbegründung um lückenschließende Sicherheitspatches oder Löschbefehle handeln können.[7] Tatsächlich deckt der Wortlaut jedoch nur Maßnahmen zur Bereinigung von einer konkreten Schadsoftware ab. Sicherheitspatches, die nur eine bestehende Sicherheitslücke schließen, während das System noch gar nicht mit Schadsoftware infiziert ist, sind daher nicht von der Regelung gedeckt. Anders könnte dies allenfalls bei Patches sein, die eine existierende Schadsoftware entfernen und gleichzeitig die Lücke, über die sie installiert wurde, schließen. Aber auch in diesen Fällen würde die Wortlautgrenze bei der Auslegung sehr stark strapaziert. Nach Abs. 1 S. 4 muss das BSI zudem die Daten nennen, auf die konkret zugegriffen werden soll. So soll vermut-

---

[4] BT-Drs. 19/26106, 73.

[5] Vgl. BT-Drs. 18/11808, 11.

[6] BT-Drs. 19/26106, 73f.

[7] BT-Drs. 19/26106, 73f.

lich sichergestellt werden, dass die Bereinigungsbefehle an der richtigen Stelle ansetzen.

Die Anordnung zur Verteilung von Bereinigungsbefehlen weist eine Reihe von technischen und rechtlichen Problemen auf. Zu den technischen Problemen zählt, dass die informationstechnischen Systeme zunehmend komplexer werden. Das gilt sowohl für die Geräte in ihrem Aufbau selbst, aber auch für die Vernetzung untereinander. Vor diesem Hintergrund kann es schwierig sein, die Auswirkungen entsprechender Befehle oder Patches auf den informationstechnischen Systemen der betroffenen Nutzer tatsächlich abzuschätzen. Dies gilt umso mehr, weil weder dem BSI noch den Diensteanbietern die konkreten Umstände bei den Nutzern bekannt sein werden. Beide können praktisch kaum wissen, inwiefern andere Systeme der Nutzer aus Kompatibilitätsgründen auf einen bestimmten (Patch-)Stand des Systems angewiesen sind, an das die Befehle oder Patches übermittelt werden sollen. Solche Probleme können teilweise nicht einmal die Hersteller von Software bei ihren eigenen Updates ausschließen.[8] Die Übersendung der Befehle kann daher zu Kollateralschäden bei den informationstechnischen Systemen der Nutzer führen. Angesichts dieser Gefahren wird das BSI umfassende Prüfungen vornehmen müssen, die das Eintreten solcher Kollateralschäden möglichst ausschließen. Denn, und das führt zu den rechtlichen Problemen, als staatliche Stelle kommt dem BSI eine Schutzpflicht hinsichtlich des Grundrechts auf Vertraulichkeit und Integrität informationstechnischer Systeme aus Art. 2 Abs. 1 iVm Art. 1 Abs. 1 GG zu. Nach den Ausführungen des BVerfG ist der Einzelne darauf angewiesen, „dass der Staat die mit Blick auf die ungehinderte Persönlichkeitsentfaltung berechtigten Erwartungen an die Integrität und Vertraulichkeit derartiger Systeme achtet",[9] da der Einzelne inzwischen „zu seiner Persönlichkeitsentfaltung auf die Nutzung informationstechnischer Systeme angewiesen ist".[10] Diesen Schutz erstreckt das BVerfG zwar nicht auf alle informationstechnische Systeme, sondern nimmt etwa nicht vernetzte elektronische Steuerungsanlagen der Haustechnik davon aus.[11] Abs. 1 zielt aber gerade auf solche Systeme ab, die vernetzt sind. Einen Eingriff nimmt das BVerfG bereits an, „wenn die Integrität des geschützten informationstechnischen Systems angetastet wird, indem auf das System so zugegriffen wird, dass dessen Leistungen, Funktionen und Speicherinhalte durch Dritte genutzt werden können; dann ist die entscheidende technische Hürde für eine Ausspähung, Überwachung oder Manipulation des Systems genommen."[12] Mit der Anordnung zur Übersendung von Befehlsketten an diese Systeme zielt das BSI gerade auf die – wenn auch gutmeinende – Manipulation der in der Anordnung benannten informationstechnischen Systeme ab. Damit bewirkt es aktiv einen Eingriff in das Grundrecht, welcher der Rechtfertigung bedarf. Die Anforderungen, die das BVerfG an die Rechtfertigung stellt, sind hoch. So muss die den Eingriff rechtfertigende Norm hinreichend bestimmt sein, da die wesentlichen Entscheidungen über Grundrechtseingriffe und 8

[8] Ein Windows-Update führte dazu, dass Outlook nicht mehr genutzt werden konnte, obwohl Microsoft der Hersteller beider Programme ist, vgl. https://www.t-online.de/digital/software/id_88121800/problem-nach-aktualisierung-microsoft-update-macht-outlook-unbenutzbar.html.

[9] *BVerfG,* Urt. v. 27.2.2008 – 1 BvR 370/07, 1 BvR 595/07, NJW 2008, 822 Rn. 181.

[10] *BVerfG,* Urt. v. 27.2.2008 – 1 BvR 370/07, 1 BvR 595/07, NJW 2008, 822 Rn. 201.

[11] *BVerfG,* Urt. v. 27.2.2008 – 1 BvR 370/07, 1 BvR 595/07, NJW 2008, 822 Rn. 202.

[12] *BVerfG,* Urt. v. 27.2.2008 – 1 BvR 370/07, 1 BvR 595/07, NJW 2008, 822 Rn. 204.

deren Reichweite durch den Gesetzgeber zu treffen sind.[13] Dies erscheint hier in Bezug auf den Verweis auf die Schutzziele in Abs. 2 Nr. 3 schon insofern fraglich, als nicht im Ansatz aus dem Gesetz erkennbar ist, was eine Vielzahl von Nutzern ist und wann diese tiefgreifende Befugnis aus 1 S. 1 Nr. 2 daher vom BSI genutzt werden darf. Zweifel sind auch bei der Frage der Verhältnismäßigkeit der Maßnahme angebracht. Denn der Eingriff in das Grundrecht auf Vertraulichkeit und Integrität informationstechnischer Systeme muss geeignet, erforderlich und angemessen sein. Die Eignung mag man bei sorgfältiger Prüfung der zu übermittelnden Befehle durch das BSI und bei genauer technischer Kenntnis über die betroffenen Systeme (zB Router) annehmen können. Bei der Erforderlichkeit stellt sich jedoch bereits die Frage, warum ein Eingriff in das System zur Wahrung der Schutzziele nach Abs. 2 notwendig sein soll, wenn zur Abwehr angreifender Systeme auch auf die Maßnahmen nach S. 1 Nr. 1 oder die Warnung der Betroffenen über die Schadsoftwareinfektion zurückgegriffen werden könnte, die jeweils keine Manipulation fremder Systeme erfordern. Wenn ein ebenso wirksamer, aber die Betroffenen weniger belastender Weg existiert, fehlt es an der Erforderlichkeit einer Maßnahme.[14] Vor diesem Hintergrund bedürfen die Maßnahmen nach S. 1 Nr. 2 jedenfalls einer guten Begründung im Hinblick auf die Notwendigkeit. Auch die Angemessenheit der Maßnahme wird vom BSI in jedem Einzelfall näher zu prüfen sein. Denn das Individualinteresse der Betroffenen, in das eingegriffen wird, muss zu den Allgemeininteressen, denen der Eingriff dienen soll, in einem angemessenen Verhältnis stehen. Eine Maßnahme darf dann nicht zur Durchsetzung von Allgemeininteressen angewendet werden, wenn die davon ausgehenden Grundrechtsbeeinträchtigungen schwerer wiegen als die durchzusetzenden Belange.[15] Das Gewicht des Eingriffs in das Individualinteresse durch den Zugriff auf fremde informationstechnische Systeme sah das BVerfG u.a. darin, „dass infolge des Zugriffs Gefahren für die Integrität des Zugriffsrechners sowie für die Rechtsgüter begründet werden".[16] Und in der Tat ist bei Maßnahmen nach S. 1 Nr. 2 eben nicht immer klar, welche Folgen Befehle oder Patches haben. So können Inkompatibilitäten zum Ausfall der Systeme führen. Dies kann je nach System sowohl für die Inhaber des Systems ein Problem darstellen als auch für Dritte, deren Rechte von der Funktionsfähigkeit des jeweiligen Systems abhängen.[17] Gleichzeitig kann die Maßnahme aber auch Zielen der Allgemeinheit von überragend wichtigem Gewicht dienen, etwa wenn es um den Schutz von KRITIS nach Abs. 2 Nr. 1 und damit die Versorgung der Bevölkerung mit teilweise lebenswichtigen Leistungen geht. Dies kann geeignet sein, das Gewicht des Eingriffs in das Grundrecht auf Vertraulichkeit und Integrität informationstechnischer Systeme zu überwiegen. Denn anders als bei der ursprünglich vom BVerfG zu entscheidenden Sache bleibt es hier bei einem Eingriff in die Integrität. Das Eingriffsgewicht wird – anders als im entschiedenen Fall – nicht dadurch massiv erhöht, dass eine umfassende Erforschung der Persönlichkeit ermöglicht würde. Das BSI darf nämlich nur das Senden von Befehlen zu einem bestimmten Zweck – die Beseitigung des Schadprogrammes – anordnen. Ein die Per-

---

[13] *BVerfG,* Urt. v. 27.2.2008 – 1 BvR 370/07, 1 BvR 595/07, NJW 2008, 822 Rn. 209.

[14] Vgl. *BVerfG,* Urt. v. 27.2.2008 – 1 BvR 370/07, 1 BvR 595/07, NJW 2008, 822 Rn. 224.

[15] Vgl. *BVerfG,* Urt. v. 27.2.2008 – 1 BvR 370/07, 1 BvR 595/07, NJW 2008, 822 Rn. 227.

[16] *BVerfG,* Urt. v. 27.2.2008 – 1 BvR 370/07, 1 BvR 595/07, NJW 2008, 822 Rn. 239.

[17] Handelt es sich bei dem System um medizinisches Gerät, kann der Ausfall zB Auswirkung auf das Grundrecht auf Leben und körperliche Unversehrtheit (Art. 2 Abs. 2 GG) der davon abhängigen Personen haben.

sönlichkeit ausforschender Zugriff ist von der Befugnisnorm nicht erfasst und damit ausgeschlossen. Letztlich wird das BSI in jedem Einzelfall abwägen müssen, welches Gewicht dem Eingriff im konkreten Fall zukommt. Dabei wird sicherlich eine Rolle spielen müssen, um was für informationstechnische Systeme es sich handelt. Bei einer vernetzten Videoüberwachungsanlage wird das Eingriffsgewicht sicherlich geringer sein als bei einem medizinischen System. Auch das rechtfertigende Gegengewicht wird sicherlich schwerer wiegen, wenn die Versorgung der Bevölkerung gefährdet ist (Abs. 2 Nr. 1) als wenn es um unerlaubte Zugriffe auf die Daten einer begrenzten Zahl von unkritischen Systemen geht

3. Voraussetzungen. Damit das BSI eine Anordnung nach S. 1 Nr. 1 oder 2 erteilen kann, müssen einige Voraussetzungen erfüllt sein. Es bedarf einer konkreten und erheblichen Gefahr für die in Abs. 2 genannten Schutzziele (Verfügbarkeit, Unversehrtheit oder Vertraulichkeit), die Diensteanbieter müssen zur konkret angeordneten Maßnahme technisch in der Lage sein, sie muss ihnen auch wirtschaftlich zumutbar sein und das BSI muss zuvor das Einvernehmen mit weiteren Behörden herstellen. 9

Eine **konkrete Gefahr** besteht, wenn eine Sachlage vorliegt, bei der im Einzelfall eine hinreichende Wahrscheinlichkeit für einen Schadenseintritt in absehbarer Zeit besteht.[18] Das BSI muss also im Einzelfall und anhand von Tatsachen eine Prognoseentscheidung treffen, ob der Eintritt eines Schadens für die in Abs. 2 genannten Schutzziele wahrscheinlich ist. Diese Prognose des BSI ist gerichtlich voll überprüfbar.[19] Der Eintritt des Schadens muss in absehbarer Zeit erwartet werden. Auch wenn eine besondere zeitliche Nähe nicht vorliegen muss, genügen jedenfalls auch keine weit in der Zukunft liegenden Schadenserwartungen. Das Erfordernis der **Erheblichkeit der Gefahr** bedeutet, dass ein nach Art oder Umfang schwerer Schaden droht.[20] Dies kann etwa der Fall sein, wenn besonders viele IT-Systeme betroffen sind, Angriffe größeren Ausmaßes drohen (wie zB bei dem Botnet Mirai) oder sich die Gefahr gegen besonders wichtige Systeme (zB im Bereich Kritischer Infrastrukturen) richtet. 10

Die Maßnahmen des BSI müssen den Diensteanbietern **technisch möglich und wirtschaftlich zumutbar** sein. Damit wird dem Verhältnismäßigkeitsgrundsatz Rechnung getragen. Die in **S. 1 Nr. 1** bezeichneten Maßnahmen nach § 169 Abs. 6 und 7 TKG standen den Diensteanbietern schon seit dem Gesetz zur Umsetzung der NIS-RL[21] in § 109 a Abs. 5 und 6 TKG aF zur Verfügung. Auch wenn die Regelungen den Diensteanbietern bisher nur das Recht aber nicht die Pflicht einräumten, den Dienst einzuschränken oder zu unterbinden sowie Datenverkehr umzuleiten oder zu unterbinden, kann man davon ausgehen, dass die Anbieter diese Möglichkeiten schon im eigenen Interesse genutzt haben. In diesen Fällen wäre es ihnen auch auf Anweisung technisch möglich, die entsprechenden Maßnahmen zu ergreifen. Es ist auch a priori nicht ersichtlich, inwiefern dies wirtschaftlich unmöglich sein sollte. Denn letztlich sind Datenumleitungen oder die Unterbindung von 11

---

[18] *Schenke,* JuS 2018, 505 (506).

[19] Vgl. allgemein für das Gefahrenabwehrrecht *Schenke,* JuS 2018, 505 (506).

[20] Vgl. für das Gewerberecht Landmann/Rohmer GewO/*Wiebauer,* ArbSchG § 9 Rn. 9.

[21] Gesetz zur Umsetzung der Richtlinie (EU) 2016/1148 des Europäischen Parlaments und des Rates vom 6.7.2016 über Maßnahmen zur Gewährleistung eines hohen gemeinsamen Sicherheitsniveaus von Netz- und Informationssystemen in der Union vom 23.6.2017 (BGBl. I S. 1885).

Datenverkehr technisch idR nicht aufwändig und damit auch nicht nur unter unverhältnismäßigen Aufwendungen umsetzbar. Sollte dies doch einmal der Fall sein, könnten die Diensteanbieter dies im Rahmen der Anhörung vor Erlass der Anordnung oder – sofern eine Anhörung zB nach § 28 Abs. 2 Nr. 1 VwVfG unterbleibt – unmittelbar nach der Anordnung geltend machen. Komplizierter ist die Lage bei Anordnungen nach **S. 1 Nr. 2.** Denn letztlich handelt es sich dabei – anders als bei Datenumleitungen oder -unterbindungen – nicht um das Kerngeschäft der Diensteanbieter. Sie müssten erst sinnvolle Wege finden, um die technischen Befehle zur zielgerichteten Bereinigung der entsprechenden Systeme zu übermitteln. Gerade bei Systemen, die nicht unmittelbar an das Netz der Diensteanbieter angeschlossen sind, sondern die sich hinter dem Netzabschlusspunkt des Kunden (zB dem Router) befinden, kann die Übermittlung uU technische Probleme aufweisen. Gerade auf solche Geräte des internet-of-things (IoT) zielt die Regelung nach der Gesetzesbegründung aber ab.[22] Eine leichte Möglichkeit, der Anordnung nachzukommen, wird für die Diensteanbieter tatsächlich vor allem dann angenommen werden können, wenn diese die Geräte im Rahmen eines Vertrages selbst bereitgestellt haben und entsprechende Support-Zugänge existieren.[23] Der Aufwand zur technischen Umsetzung wird dann die Grenze zur wirtschaftlichen Unzumutbarkeit überschreiten, wenn die Auswirkungen der sich realisierenden Gefahr gering, der Aufwand zur Abwendung der Gefahr mit den Mitteln nach S. 1 Nr. 2 aber hoch ist. Letztlich wird dies in jedem Einzelfall zu beurteilen sein. Die Maßnahme kann den Diensteanbietern auch dann wirtschaftlich unzumutbar sein, wenn eine andere Maßnahme den gleichen Gefahrenabwehrerfolg herbeiführt, aber deutlich weniger Kosten verursacht.

12 Das BSI darf die Maßnahmen nach S. 1 Nr. 1 und Nr. 2 nur im **Einvernehmen** mit der BNetzA anordnen (S. 2). Durch das Einvernehmenserfordernis soll der Tatsache Rechnung getragen werden, dass die BNetzA die Aufsichtsbehörde im Telekommunikationsbereich ist. Auch wenn es im Einzelfall geboten ist, dass das BSI als zuständige Cybersicherheitsbehörde des Bundes Gefahrenabwehrmaßnahmen ergreift, soll dadurch die Aufsichtsrolle der BNetzA nicht tangiert werden. Bei der Anordnung nach S. 1 Nr. 2 ist zusätzlich das Einvernehmen mit der oder dem BfDI erforderlich (S. 3). Dies ist insoweit besonders, als die oder der BfDI üblicherweise nur Kontrollaufgaben wahrnimmt und hier in die operative Arbeit des BSI aktiv einbezogen wird. Da es sich bei den Eingriffen nach S. 1 Nr. 2 um die Veränderung von Daten auf fremden Systemen handelt, kommt der oder dem BfDI hier vermutlich die Aufgabe zu, die Datenschutzinteressen der Betroffenen zu vertreten. Eine genaue Begründung für die Einbindung der oder des BfDI blieb der Gesetzgeber schuldig. Diese Pflicht zur Einbeziehung der Datenschutzaufsicht besteht auch unabhängig davon, ob die betroffenen Systeme personenbezogene Daten enthalten oder nicht.

13 In S. 5 werden die Regelungen des § 5 Abs. 7 S. 2–8 zum **Kernbereichsschutz und Zeugnisverweigerungsrecht** für entsprechend anwendbar erklärt. Es ist jedoch nicht erkennbar, in welchem Verhältnis Abs. 1 S. 5 zur wortgleichen Regelung in Abs. 4 S. 3 steht. Da Abs. 4 generell die Datenverarbeitung durch das BSI im Fall der Umleitung des Datenverkehrs nach Abs. 1 S. 1 Nr. 1 und Abs. 3 regelt, hat Abs. 1 S. 5 vermutlich keinen eigenen Anwendungsbereich. Denn Voraussetʼ-

---

[22] BT-Drs. 19/26106, 74.

[23] Für Router existieren entsprechende Zugänge zB auf Basis der technischen Spezifikation TR-069.

zung für die auch nur theoretische Anwendbarkeit der Regelungen des § 5 Abs. 7 S. 2–8 ist, dass das BSI irgendwelche Daten erhebt. Abgesehen von der Datenumleitung auf vom BSI genannte Anschlusskennungen ist jedoch nicht ersichtlich, inwiefern es durch die Anordnungen zu Datenerhebungen beim BSI kommen könnte.

Eine ungeschriebene Voraussetzung für die Anordnungen ist, dass diese sich jeweils nur auf die Systeme des jeweiligen Diensteanbieters oder die seiner Nutzer beziehen können. Dies ist insbesondere für die Bereinigungsbefugnis nach S. 1 Nr. 2 relevant, da diese Befehle theoretisch von jedem übermittelt werden könnten, nicht nur von den Diensteanbietern an ihre Kunden. Eine besondere Inpflichtnahme der Diensteanbieter über die Anordnung des BSI ist jedoch nur dann zu rechtfertigen, wenn diese eine gewisse Beziehung zu den Systemen oder den Nutzern haben. **14**

Vor Erlass der Anordnung werden die Diensteanbieter in der Regel nach § 28 Abs. 1 VwVfG anzuhören sein, da der Verwaltungsakt ihnen eine rechtliche Pflicht auferlegt und zu Umsetzungskosten führen kann. Diese **Anhörung** kann nach § 28 Abs. 2 Nr. 1 VwVfG entbehrlich sein, wenn es um besonders eilbedürftige Fälle geht, in denen Gefahr im Verzug ist oder dies im öffentlichen Interesse notwendig erscheint. Dies ist etwa bei laufenden großen Cyberangriffen denkbar, die mit den Anordnungen unterbunden werden sollen, um größere Schäden an IT-Systemen zu vermeiden. **15**

4. Rechtsbehelfe – Keine aufschiebende Wirkung (S. 6). Die Anordnungen des BSI nach Abs. 1 stellen Verwaltungsakte iSd § 35 VwVfG dar. Als Rechtsmittel dagegen sind daher Widerspruch und Anfechtungsklage möglich. S. 5 legt gesetzlich fest, dass diese keine aufschiebende Wirkung haben. Die Adressaten der Anordnungen können jedoch ab Einlegung des Widerspruches beim BSI auch einen Antrag beim zuständigen VG Köln auf Anordnung der aufschiebenden Wirkung nach § 80 Abs. 5 S. 1 VwGO stellen. **16**

II. Schutzziele (Abs. 2)

Die Befugnis nach Abs. 1 darf nur zur Abwehr von Gefahren für bestimmte Schutzziele verwendet werden. Welche das sind, wird in Abs. 2 konkretisiert. Als Schutzziele werden die Verfügbarkeit, Unversehrtheit oder Vertraulichkeit bestimmter Technik (Nr. 1), Dienste (Nr. 2) oder Informationen (Nr. 3) festgelegt. Verfügbarkeit, Unversehrtheit und Vertraulichkeit gehören zu den klassischen Informationssicherheitsgrundwerten. **17**

Unter **Verfügbarkeit** versteht man, dass Daten oder IT-Systeme erreichbar sind und bestimmungsgemäß nutzbar sind bzw. funktionieren.[24] Die Verwendung des Begriffs der **Unversehrtheit** ist hier eher überraschend. Statt „Unversehrtheit" ist auch der Begriff **„Integrität"** üblich. Im Rahmen des IT-SiG 2.0 wurde der Begriff „Unversehrtheit" in § 2 Abs. 2 BSIG erst durch den der „Integrität" ersetzt. Warum er hier nicht verwendet wird, kann der Gesetzesbegründung nicht entnommen werden, ist aber vermutlich auf ein Redaktionsversehen zurückzuführen. Inhaltlich meint Unversehrtheit bzw. Integrität die Korrektheit – iSv Vollständigkeit und Unverändertheit – von Daten und die bestimmungsgemäße Funktionsweise **18**

[24] Schwartmann/Jaspers/Thüsing/Kugelmann/*Ritter,* DS-GVO Art. 32 Rn. 58 mwN; vgl. auch *BSI,* IT-Grundschutz-Kompendium, S. 8.

von Systemen.[25] **Vertraulichkeit** bedeutet, dass auf Daten nicht unbefugt zugegriffen wird oder diese nicht unbefugt offenbart werden. Sie sollen nur denjenigen zugänglich sein, für die sie bestimmt sind.[26]

19 Nach **Nr. 1** gehört die Verfügbarkeit, Unversehrtheit und Vertraulichkeit der Kommunikationstechnik des Bundes, von KRITIS-Betreibern, Unternehmen im besonderen öffentlichen Interesse oder eines Anbieters digitaler Dienste zu den Schutzzielen. Was die Kommunikationstechnik des Bundes ist, wird in § 2 Abs. 3 legaldefiniert (→ § 2 Rn. 8 ff.). Schwieriger ist die Bestimmung bei den übrigen Gruppen. Denn „Kommunikationstechnik" eines Betreibers Kritischer Infrastrukturen ist dem BSIG als Begriff fremd. Vielmehr wird im Zusammenhang sämtlicher genannten Gruppen im BSIG die Formulierung „informationstechnische Systeme, Komponenten oder Prozesse" (vgl. § 8a Abs. 1 S. 1, § 8b Abs. 4 S. 1, § 8f Abs. 1 S. 1) oder der europarechtlich geprägte Begriff der Netz- und Informationssysteme (§ 8c Abs. 1) verwendet. Bei verständiger Würdigung ist daher davon auszugehen, dass dies auch in Nr. 1 so zu interpretieren ist.

20 Was Informations- oder Kommunikationsdienste im Sinne der **Nr. 2** sind, wird weder legaldefiniert noch in der Gesetzesbegründung näher ausgeführt.[27] Im Bereich des TMG wird der Begriff ebenfalls verwendet und dort als Oberbegriff für Telekommunikation, Rundfunk und Telemedien verstanden.[28] Damit ist der Anwendungsbereich denkbar weit.

21 Von **Nr. 3** wird das Schutzziel der Verfügbarkeit, Unversehrtheit und Vertraulichkeit von Informationen erfasst, „sofern deren Verfügbarkeit, Unversehrtheit oder Vertraulichkeit durch unerlaubte Zugriffe auf eine erhebliche Anzahl von telekommunikations- oder informationstechnischen Systemen von Nutzern eingeschränkt wird." Diese Variante scheint etwas redundant formuliert zu sein. Im Kern geht es dabei schlicht um Fälle, bei denen auf die Systeme einer erheblichen Anzahl von Nutzern unerlaubt zugegriffen wird und es so zu Einschränkungen der IT-Sicherheitsgrundwerte der darauf verarbeiteten Daten kommt. Verfügbarkeitseinschränkungen können etwa dann vorliegen, wenn auf die Informationen nicht mehr zugegriffen werden kann, weil die Daten von einer Ransomware verschlüsselt wurden, oder das System, auf dem sie liegen, wegen DDoS-Angriffen nicht mehr reagiert. Die Integrität kann eingeschränkt werden, weil Schadsoftware die Daten verändert, zB um sich selbst über legitime Dateien weiterverbreiten zu können. Bei Angriffen, die auf die Ausleitung bestimmter Daten von den Opfersystemen ausgerichtet sind, wird die Vertraulichkeit der Informationen tangiert sein. Für die Variante nach Nr. 3 dürfen die Beeinträchtigungen nicht nur bei einer geringen Zahl von Systemen drohen oder vorliegen, vielmehr muss es eine erhebliche Zahl betreffen. Ab welcher Menge die Erheblichkeitsschwelle konkret überschritten sein soll, lassen Gesetzestext und -begründung unbeantwortet. Die Erheblichkeitsschwelle dient jedoch dazu, dass keine Maßnahmen getroffen werden müssen, wenn nur eine unbedeutende Anzahl von Nutzern betroffen ist.[29] Vor diesem Hintergrund wird man keine überzogenen Erwartungen an die Erheblichkeitsschwelle stellen müssen, sondern kann diese sicherlich jedenfalls bei einer dreistelligen Zahl von Nutzern als überschritten ansehen.

---

[25] *BSI,* IT-Grundschutz-Kompendium, S. 4.
[26] *BSI,* IT-Grundschutz-Kompendium, S. 9.
[27] Vgl. BT-Drs. 19/26106, 74.
[28] Vgl. MüKo StGB/*Altenhain,* TMG § 1 Rn. 6.
[29] BT-Drs. 19/26106, 75.

III. Sinkholing (Abs. 3)

Das BSI darf bei der Anordnung nach Abs. 1 S. 1 Nr. 1 gegenüber den Diensteanbietern auch anordnen, dass der Datenverkehr an eine bestimmte, vom BSI zu benennende, Adresse umgeleitet wird. Abs. 3 stellt insoweit nur eine Konkretisierung der Anordnungsbefugnis aus Abs. 1 S. 1 dar und keine selbständige Anordnungsbefugnis. Während Abs. 1 S. 1 Nr. 1 das „Ob" regelt, findet sich in Abs. 3 also eine Bestimmung des „Wie". Mit der Anordnung zum Umleiten des Datenverkehrs auf eine bestimmte Adresse können sog. **Sinkholes** betrieben werden. Mit Sinkholes können Verbindungen zu Servern, die Schadsoftware verteilen oder Botnetze steuern, identifiziert und verhindert werden.[30] Der Datenverkehr, den die Angreifer veranlasst haben, erreicht also nicht mehr das von ihnen ursprünglich anvisierte Ziel. So fließen ausgespähte Daten nicht mehr von den Opfersystemen zu den Sammelservern der Täter, sondern stattdessen in das vom BSI gewünschte Sinkhole. Dort können die Daten dann vom BSI analysiert werden. Systeme, die Kontakt mit den Angreifer-Servern aufnehmen wollten, sind mit hoher Wahrscheinlichkeit selbst Opfer und können durch Analyse der auf dem Sinkhole eingehenden Daten identifiziert und gewarnt werden.[31] Zudem kann durch eine solche Umleitung die Kommunikation eines Botnetzes gestört und das Botnetz in seiner Funktion lahmgelegt werden. Die Angreifer haben dann in der Regel keine Möglichkeit mehr, den Kontakt zwischen den Opfer-Systemen, die sie über Schadsoftware in ihr Botnetz eingebunden haben, und ihren Kontrollservern aufrechtzuerhalten.[32] Dadurch können auch massive Angriffe, bei denen Botnetze genutzt werden, um das Ziel zu überlasten, abgewehrt werden.[33] 22

Die Umleitung kann entweder durch Umleitung des IP-Datenverkehrs erfolgen oder durch Veränderungen in den DNS-Servern[34] der Telekommunikationsanbieter. Im ersten Fall weisen die Telekommunikationsanbieter die Ziel-IP-Adresse einfach dem Sinkhole-Server zu, so dass sämtlicher an diese IP-Adresse gesendeter Datenverkehr an diesen Sinkhole-Server fließt. Im zweiten Fall werden alle Anfragen der Opfersysteme nach der IP-Adresse der Domain des Angreifers vom DNS-Server des Telekommunikationsanbieters nicht mehr mit der ursprünglichen IP-Adresse des Angreifer-Servers beantwortet, sondern mit der neuen IP-Adresse des Sinkhole-Servers. Auch hier ist das Ergebnis, dass der Datenverkehr nicht mehr an das vom Angreifer gewünschte Ziel fließt, sondern auf den Sinkhole-Server. 23

---

[30] Vgl. Glossar zum Begriff DNS-Sinkhole auf der Webseite der Agentur der Europäischen Agentur für Cybersicherheit (ENISA), https://www.enisa.europa.eu/topics/csirts-in-europe/glossary/dns-sinkhole.

[31] Vgl. BT-Drs. 19/26106, 75; auf der Webseite der Agentur der Europäischen Agentur für Cybersicherheit (ENISA), https://www.enisa.europa.eu/topics/csirts-in-europe/glossary/dns-sinkhole.

[32] BT-Drs. 19/26106, 75.

[33] BT-Drs. 19/26106, 75.

[34] Domain-Name-System-Server weisen einer Domain (zB www.angreifersystem.com) eine bestimmte IP-Adresse zu, zu der die Datenpakete geroutet werden.

IV. Datenverarbeitung (Abs. 4)

24 Das BSI darf nach Abs. 4 die Daten verarbeiten, die es aus der Umleitung von Datenströmen durch einen Telekommunikationsanbieter nach Abs. 1 S. 1 Nr. 1 und Abs. 3 erlangt. Eine solche Verarbeitung der Daten ist erforderlich, damit das BSI die notwendigen Analysen des umgeleiteten Datenverkehrs vornehmen kann. Der Gesetzeswortlaut beschränkt den Verwendungszweck der Daten und damit der Analysen darauf, „Information über Schadprogramme oder andere Sicherheitsrisiken in informationstechnischen Systemen zu erlangen". Dieser Zweck ist – zu Recht – sehr weit gefasst. Zu den umgeleiteten Daten können sowohl reine Steuerungsdaten gehören als auch Inhaltsdaten. Zu den Steuerungsdaten gehören zB die IP-Adressen der am Datenverkehr beteiligten Systeme sowie Daten zur Steuerung des Botnetzes. Zu den Inhaltsdaten zählen etwa weiterer Schadcode, vertrauliche Informationen von Opfern (zB Zugangsdaten) oder unsinnige Datenpakete, die alleine der Überlastung von (anderen) Systemen dienen. Durch Analyse dieser Daten kann das BSI Erkenntnisse über die Funktionsweise von Botnetzen, über die verwendeten Schadprogramme oder die betroffenen Opfersysteme erhalten. Diese Erkenntnisse sollen dann, ausweislich der Gesetzesbegründung, der Vermeidung und Abwehr künftiger Angriffe dienen, sowie der Strafverfolgung.[35] Darüber hinaus wird das BSI diese Erkenntnisse jedoch auch für alle anderen Aufgaben verwenden dürfen, die an die Schadprogramme oder Sicherheitsrisiken informationstechnischer Systeme anknüpfen, wie zB die Warnung der Betroffenen sowie der Öffentlichkeit.

25 Die Daten dürfen nach S. 2 so lange gespeichert werden, wie dies für die Erfüllung der in S. 1 genannten Zwecke erforderlich ist. Als Obergrenze legt S. 2 jedoch drei Monate fest. Auch wenn die Datenspeicherung für Analysezwecke für einen längeren Zeitraum erforderlich wäre, sind die Daten also nach drei Monaten zu löschen. Diese Obergrenze gilt nur für die umgeleiteten Daten selbst, nicht für die daraus gezogenen Erkenntnisse. Zu diesen Erkenntnissen zählen zB solche über Schadprogramme oder Angreifersysteme, inkl. deren IP-Adressen. Das BSI darf diese Daten im Rahmen seiner anderen Befugnisse (zB § 5) weiterverwenden. Da bei der Umleitung des Datenverkehrs nicht ausgeschlossen ist, dass unter den umgeleiteten Daten auch Erkenntnisse aus dem **Kernbereich privater Lebensgestaltung** oder Gesundheitsdaten sind, verweist S. 3 auf die Regelungen zu deren Schutz in § 5 Abs. 7 S. 2–8 (→ § 5 Rn. 84ff.).

26 Um eine Kontrolle der Datenumleitungsbefugnis sicherzustellen, hat das BSI den oder die BfDI jeweils zum 30. Juni des Folgejahres über die Gesamtzahl der angeordneten Datenumleitungen zu unterrichten. Über die Einzelheiten der Umleitungen und der damit verbundenen Datenverarbeitungen muss das BSI die bzw. den BfDI nicht eigeninitiativ unterrichten. Jedoch kann der oder die BfDI sich im Rahmen ihrer bzw. seiner Kontrolltätigkeit als Datenschutzaufsichtsbehörde für die Bundesbehörden näher über die entsprechenden Vorgänge informieren.

---

[35] BT-Drs. 19/26106, 75.

§ 7d Anordnungen des Bundesamtes gegenüber Anbietern von Telemediendiensten

[1]Das Bundesamt kann in begründeten Einzelfällen zur Abwehr konkreter, erheblicher Gefahren für informationstechnische Systeme einer Vielzahl von Nutzern, die von Telemedienangeboten von Anbietern von Telemedien im Sinne des § 2 Absatz 2 Nummer 1 des Telekommunikation-Telemedien-Datenschutz-Gesetzes ausgehen, die durch ungenügende technische und organisatorische Vorkehrungen im Sinne des § 19 Absatz 4 des Telekommunikation-Telemedien-Datenschutz-Gesetzes unzureichend gesichert sind und dadurch keinen hinreichenden Schutz bieten vor

1. **unerlaubten Zugriffen auf die für diese Telemedienangebote genutzten technischen Einrichtungen oder**
2. **Störungen, auch soweit sie durch äußere Angriffe bedingt sind,**

gegenüber dem jeweiligen Anbieter von Telemedien im Sinne des § 2 Absatz 2 Nummer 1 des Telekommunikation-Telemedien-Datenschutz-Gesetzes anordnen, dass dieser die jeweils zur Herstellung des ordnungsgemäßen Zustands seiner Telemedienangebote erforderlichen technischen und organisatorischen Maßnahmen ergreift, um den ordnungsgemäßen Zustand seiner Telemedienangebote herzustellen. [2]Die Zuständigkeit der Aufsichtsbehörden der Länder bleibt im Übrigen unberührt.

Literatur: *Ahlberg/Götting/Lauber-Rönsberg* (Hrsg.), BeckOK Urheberrecht, 31. Ed. 2021; *Geppert/Schütz* (Hrsg.), Beck'scher TKG-Kommentar, 4. Aufl. 2013; *Gersdorf/Paal* (Hrsg.), BeckOK Informations- und Medienrecht, 32. Ed. 2021; *Hoeren/Sieber/Holznagel* (Hrsg.), Handbuch Multimedia-Recht, 56. EL 2021; *Hornung,* Das IT-Sicherheitsgesetz 2.0: Kompetenzaufwuchs des BSI und neue Pflichten für Unternehmen, NJW 2021, 1985; *Erb/Schäfer* (Hrsg.), Münchener Kommentar zum Strafgesetzbuch, Band 3: §§ 80–184k, 4. Aufl. 2021; *Kipker,* IT-Sicherheitsgesetz 2.0 vom Bundestag beschlossen: Mehr Schatten als Licht, MMR-Aktuell 2021, 438414; *Rehbohm/Kalmbach,* Grundforderungen von Informations- und Cybersicherheit in Ländern, MMR-Aktuell 2021, 438461; *Scheurle/Mayen* (Hrsg.), Telekommunikationsgesetz: TKG, 3. Aufl. 2018; *Spindler/Schmitz* (Hrsg.), TMG, 2. Aufl. 2018; *Spindler/Schuster* (Hrsg.), Recht der elektronischen Medien, 4. Aufl. 2019; *Voßkuhle/Wischmeyer,* Grundwissen – Öffentliches Recht: Gesetzgebungskompetenzen, JuS 2020, 315.

A. Allgemeines

Mit dem im IT-SiG 2.0 eingeführten § 7d hat der Gesetzgeber eine **Anordnungsbefugnis** für das BSI als zusätzliches **reaktiv-präventives Durchsetzungsinstrument** geschaffen, um gegenüber Anbietern von Telemediendiensten unmittelbar und bundesweit die Beseitigung von Störungen oder Eingriffen erwirken zu können, wenn diese unabhängig von der eigenen Beeinträchtigung des Dienstes zur **Verbreitung von Schadsoftware über Telemediendienste** genutzt werden. 1

Diensteanbieter und Hostingunternehmen sind grundsätzlich aus **§ 19 Abs. 4 TTDSG** verpflichtet, im Rahmen ihrer jeweiligen Verantwortlichkeit technisch mögliche und wirtschaftlich zumutbare Vorkehrungen zu treffen, welche ihre Kunden vor einem unerlaubten Zugriff auf die technischen Einrichtungen schützen, 2 mittels derer die Kunden ihre Telemedienangebote nutzen. Damit sollen die Kunden gegen die Verbreitung von Schadsoftware, Verletzungen des Schutzes personenbezogener Daten und gegen Störungen, auch soweit sie durch äußere Angriffe bedingt sind, über die Telemedienangebote als Verteiler geschützt werden. Soweit Verstöße gegen die Verpflichtung dazu führen, dass auch § 19 Abs. 1 TTDSG berührt ist, sind sie gemäß § 28 Abs. 1 Nr. 10 TTDSG bußgeldbewehrt – dies gilt jedoch nach der Gesetzesbegründung des IT-SiG 2.0 erst, wenn der Verletzungserfolg bereits tatsächlich eingetreten ist, der Schaden sich bei den Nutzern also bereits realisiert hat.[1] Die Anordnungsbefugnis des BSI bleibt in § 19 Abs. 4 S. 4 TTDSG ausdrücklich vorbehalten.

3 Das BSI sammelt gem. § 3 Abs. 1 S. 2 Nr. 2 Informationen über Sicherheitsrisiken und Sicherheitsvorkehrungen. Es stellt die gewonnenen Erkenntnisse, insbesondere über akute Gefahrenlagen, zB über das Lagezentrum zur Verfügung – für andere Stellen, soweit dies zur Erfüllung ihrer Aufgaben erforderlich ist, sowie für Dritte, soweit dies zur Wahrung ihrer Sicherheitsinteressen erforderlich ist. Zu letzten gehören auch die Telemedienanbieter. Diese müssen jedoch von den registrierten Angriffen regelmäßig **keine Beeinträchtigung für den Telemediendienst** in Kauf nehmen, da die Angriffe auf die breite Verteilung unter den Kunden des Dienstes abzielen und die Telemedienangebote nicht als vorrangiges Angriffsziel, sondern als Verbreitungsweg auf die angebundenen Endkundengeräte nutzen. Der originäre Dienst ist dann von der mittels der Telemedienangebote wirkenden Schadsoftware nicht beeinträchtigt. Reagiert der Telemedienanbieter deshalb mangels eigener Betroffenheit auf die Information des BSI nicht, auch wenn er zur Behebung verpflichtet wäre, kann das BSI die Unterrichtung über die gesammelten Informationen unmittelbar mit der **Anordnung der notwendigen Absicherungsmaßnahmen** in der notwendigen Zügigkeit verbinden.[2]

4 Die Anordnung des BSI hat somit **reaktiv**en Charakter hinsichtlich der Beseitigung beim betroffenen Telemediendienst, dient aber vorrangig der **Vorbeugung** einer (weiteren) Verbreitung auf den Kundengeräten. Die direkte **Verweigerung** oder sonstige Nichtbefolgung der Anordnung ist dafür eigens **bußgeldbewehrt** nach § 14 Abs. 2 Nr. 1 lit. a, in der höchsten Stufe nach § 14 Abs. 5 mit bis zu 2 bzw. 20 Millionen Euro (→ § 14 Rn. 42 ff.). Die Anordnungsbefugnis des BSI im BSIG soll Diensteanbieter so zur unmittelbaren Umsetzung konkreter Maßnahmen verpflichten, wenn ihre Telemedienangebote durch ungenügende technische und organisatorische Vorkehrungen im Sinne des § 19 Abs. 4 TTDSG unzureichend gesichert sind, bevor sich die Angriffe auf die Nutzgeräte gestreut weiter ausbreiten können.[3]

B. Einzelerläuterungen

I. Gesetzgebungskompetenz

5 Die Norm dient primär der Abwendung drohender Gefahren für die Nutzer und gehört damit zum Gefahrenabwehrrecht. Grundsätzlich liegt für das allgemeine Gefahrenabwehrrecht die Gesetzgebungskompetenz bei den Ländern.[4]

---

[1] Vgl. BT-Drs. 19/26106, 76 f., dort noch auf S. 76 mVwa § 16 Abs. 2 Nr. 3 TMG.
[2] BT-Drs. 19/26106, 76.
[3] BT-Drs. 19/26106, 76.
[4] Vgl. Art. 30, 70 GG; *Voßkuhle/Wischmeyer,* JuS 2020, 315 (316 f.).

Der Bund hat für die hier getroffene Anordnungsbefugnis jedoch die konkurrierende Gesetzgebungskompetenz nach Art. 74 Abs. 1 Nr. 11, 72 Abs. 2 GG als besonderes Gefahrenabwehrrecht über das **Recht der Wirtschaft,** einschließlich gefahrenabwehrrechtlicher Annexkompetenz. Die **gefahrenabwehrrechtliche Annexkompetenz** ergibt sich aus der Notwendigkeit der Überwachung der gewerberechtlichen Maßnahmen der Telemedienanbieter aus § 19 Abs. 4 TTDSG durch das BSI zum Schutz informationstechnischer Systeme einer Vielzahl von Nutzern im gesamten Bundesgebiet.[5] Die Einhaltung dieser Maßnahmen durch die Telemedienanbieter muss verpflichtend geregelt werden; es bedarf hierzu der Regelung einer Durchsetzungsmöglichkeit für das BSI, da zur Aufrechterhaltung sicherer IT-Strukturen und -Anwendungen eine **bundesweit einheitliche Gefahrenabwehr** erforderlich ist. Die Angriffe, welche gerade auf eine besonders hohe Streuung auf Geräte im ganzen Bundesgebiet abzielen, sind flächendeckend, geografisch völlig unabhängig und machen nicht an Ländergrenzen halt.

Die Anordnungsbefugnis dient damit laut dem Gesetzgeber der Aufrechterhal- 6
tung der öffentlichen Sicherheit und Ordnung im Bereich des Rechts der **bundesweiten Wirtschaft** als eine dem Bund zugewiesene Sachmaterie und ist für den wirksamen Vollzug der ebenfalls in der Zuständigkeit des Bundes liegenden Bestimmungen aus 19 Abs. 4 TTDSG erforderlich.[6] Während das im Ergebnis gerade hinsichtlich der Effektivität der Gefahrenabwehr überzeugt, ist die Heranziehung allein des Rechts der Wirtschaft nicht unproblematisch – sind doch hier, wenngleich mit sehr hoher Verbreitung, überwiegend Endverbraucher das Angriffsziel, während gravierende Auswirkungen auf die Wirtschaft teilweise weder bei Unternehmen, noch bei dem Telemedienanbieter unmittelbar ersichtlich sein dürften. Dennoch ist die grundsätzliche Gesetzgebungskompetenz des Bundes hier vom Bundesrat in seiner Stellungnahme zum IT-SiG 2.0 ohne Widerspruch akzeptiert worden.[7]

II. Voraussetzungen der Anordnungsbefugnis (S. 1)

1. Telemedienanbieter. Adressat der Anordnungsbefugnis sind Anbieter von 7
Telemedien. Ein solcher **Telemedienanbieter** ist gemäß § 2 Abs. 2 Nr. 1 TTDSG jede natürliche oder juristische Person, die eigene oder fremde Telemedien erbringt, an der Erbringung mitwirkt oder den Zugang zur Nutzung von eigenen oder fremden Telemedien vermittelt.[8] Die ursprüngliche Gesetzesbegründung stellt die zusätzliche Voraussetzung, dass sie ihre Dienste **„geschäftsmäßig"** anbieten.[9] Damit dürfte in hier nicht weiter bezeichneter Anlehnung an § 19 Abs. 4 S. 1 TTDSG[10] gemeint sein, dass nur in der Regel gewerbsmäßige Angebote als „das nachhaltige Angebot von Tele[medien] für Dritte unabhängig von der Gewinnerzielungsabsicht" – daher auf einen längeren Zeitraum angelegt und nicht auf einen Einzelfall begrenzt – erfasst werden sollen.[11] Bereits seit der Rechtslage vor

---

[5] BT-Drs. 19/26106, 76.
[6] BT-Drs. 19/26106, 76.
[7] Vgl. BR-Drs. 16/21, 6.
[8] Ausführlicher vgl. Hoeren/Sieber/Holznagel MMR-HdB/*Sieber/Höfinger,* Teil 18.1 Rn. 30f.; Spindler/Schuster/*Micklitz/Schirmbacher,* TMG § 5 Rn. 8f.
[9] BT-Drs. 19/26106, 76.
[10] Urspr. § 5 Abs. 1 TMG, § 3 Nr. 10 TKG.
[11] Spindler/Schmitz/Spindler, TMG § 5 Rn. 7f.; Geppert/Schütz/Braun, TKG § 91 Rn. 12.

dem IT-SiG 2.0 waren sie gemäß § 13 Abs. 7 TMG aF, jetzt § 19 Abs. 4 TTDSG zu technischen und organisatorischen Vorkehrungen verpflichtet.

8 Erfasst von 19 Abs. 4 TTDSG sind auch **Hostingunternehmen,** die „Webbaukästen" oder vorkonfigurierte Webshop- bzw. CMS-Systeme anbieten. Auch diese sind dann ihren Kunden gegenüber verpflichtet, Maßnahmen zu treffen, um die Schutzgüter des § 19 Abs. 4 TTDSG zu sichern. Entsprechend kann ein Host-Provider oder ein Anbieter von Web-Diensten, der in seinen Dienst Angebote Dritter eingebunden hat, von denen die Schadsoftware aus wirkt, ebenfalls zum Verbreiter von Schadsoftware werden. Durch die Anordnungsbefugnis aus § 7d ist derjenige zur Mitwirkung verpflichtet, auf dessen System die Störung wirksam wird, unabhängig davon, ob diese von ihm selbst oder Unterauftragnehmern oder eingebundenen Diensten ausgeht. Dem BSI kommt mit der Anordnungsbefugnis somit zugleich eine **koordinierende Stellung als Zentralstelle** zu, um die Gefahrenquelle in möglichst kurzer Zeit zu identifizieren und abzustellen.[12]

9 **2. Konkrete erhebliche Gefahr für eine Vielzahl von Nutzern.** Die Verhältnismäßigkeit der Regelung wird unter anderem durch die Einschränkung sichergestellt, dass dem BSI eine Anordnung nur dann möglich sein soll, wenn die konkrete, erhebliche Gefahr für Datenverarbeitungssysteme[13] nicht nur einiger, sondern einer **Vielzahl von Nutzern** besteht. Wann diese Vielzahl erreicht ist, lässt das Gesetz jedoch weitestgehend offen.[14] Die Betroffenheit einer Vielzahl von Nutzern soll aber regelmäßig mindestens dann anzunehmen sein, wenn sich das Telemedienangebot an eine breite **Öffentlichkeit** wendet, wie es zB bei „Jedermann-Diensten"[15] in – unbeschränkten – Web-Shops und allgemeinen Web-Angeboten der Fall ist. Ausschlaggebend ist also nach dem Willen des Gesetzgebers schon die potenzielle Verbreitung und Streuung des Angriffs an einen größeren, durch persönliche Beziehungen nicht verbundenen Personenkreis, die tatsächliche aktuelle Wahrnehmung des Angebots ist dafür nicht erforderlich.[16] Hinsichtlich des Telos der Norm dürfte bei Angeboten, die sich an eine geringe dreistellige Zahl von Nutzern richten, die Gefahr für eine Vielzahl von Nutzern nicht gegeben sein.

10 Auch der Gefahrenbegriff wird nicht eindeutig abstrakt bestimmt[17]. Die Gesetzesbegründung bietet hier, statt einer erweiterten abstrakten Definition, nicht abschließende **Beispielszenarien** für **konkrete, erhebliche Gefahren** für eine Vielzahl von Nutzern im Sinne der Norm, in denen bislang konkrete Möglichkeiten zur Beseitigung und Eindämmung der Gefährdungslage fehlten:[18]

11 a) Hinsichtlich des erforderlichen Gefahrenbegriffs stellen fehlerhaft konfigurierte bzw. ungepatchte Server laut Evaluation des Gesetzgebers ein nicht zu unterschätzendes Risiko für Anbieter und Nutzer dar. Cyber-Kriminelle nutzen die Sicherheitslücke einer E-Commerce-Software aus, um durch Einschleusen von schädlichem Code Zahlungsinformationen von Kunden sowie weitere personenbezogene Kundendaten auszuspähen **(„Online-Skimming").** In der Bundes-

---

[12] BT-Drs. 19/26106, 76.
[13] Hier wohl weit zu verstehen, vgl. Scheurle/Mayen/*Gerhardus,* TKG § 109a Rn. 14f.
[14] *Hornung,* NJW 2021, 1985 (1991).
[15] Die Herleitung dieses Begriffs lässt der Gesetzgeber offen, BT-Drs. 19/26106, 77.
[16] Vgl. BeckOK UrhR/*Götting,* § 19a Rn. 8; auch MüKo StGB/*Anstötz,* § 86a Rn. 23.
[17] *Kipker,* MMR-Aktuell 2021, 438414 spricht hierzu von „spezifischen Gefahren".
[18] Vgl. BT-Drs. 19/26106, 76.

republik waren in der Vergangenheit mehrere hundert Webshops betroffen. Das BSI kann über CERT-Bund die Netzbetreiber und Provider informieren, bei denen die betroffenen Shopbetreiber ihrerseits Kunden sind. Mit dem § 7d soll dann die Befugnis bestehen, gegenüber den Shopbetreibern anzuordnen, konkrete Absicherungsmaßnahmen durchzuführen, um die Gefahr abzustellen.

b) Einer der häufigsten Infektionswege für Schadsoftware ist die vom Anwender unbemerkte Infektion über „Phishing“ und **„Drive-by-Downloads“,** zB durch **schadhafte Online-Werbung.** Des Weiteren kommt es immer wieder zu Sicherheitsvorfällen, bei denen sogenanntes „Cryptocurrency-“ oder „Bitcoin-Mining“ in schadhaften Werbebannern versteckt und im Browser der Anwender ausgeführt wird. In allen Fällen handelt es sich um Schadsoftware, die, oftmals vom Webseitenbetreiber unbemerkt, die Anwender beim Aufrufen seiner Webseite infiziert. Kriminelle kompromittieren dafür die Server, die zur Auslieferung von Werbebannern genutzt und auf anderen Seiten eingebunden werden, und können so breit über viel besuchte deutsche Online-Angebote von Dritten, zB Nachrichten-, Politik-, Lifestyle- und Fachmagazine, Tageszeitungen, Jobbörsen und Städteportale, die Besucher unbemerkt infizieren. Diese Gefährdung kann über Server (zB Web- oder Fileserver) vorliegen, die Kunden bei Hostinganbietern betreiben. Die Server können, wenn keine ausreichenden technischen oder organisatorischen Vorkehrungen getroffen werden, durch Angreifer auf unterschiedlichste Weisen kompromittiert werden – unbemerkt vom Kunden und von eventuellen Nutzern des Kunden. Auch hier kann nach Entdeckung mittels § 7d die Eindämmung der Gefahr angeordnet werden. **12**

c) Durch die Übernahme des **Update-Servers** eines Hardwareherstellers können mit Schadsoftware versehene Updates an eine breite Menge von Kunden, die dessen Endgeräte nutzen, ausgeliefert werden. Über die Kompromittierung verbreitet eingesetzter Content Management Systeme **(CMS)** können in ähnlicher Breite Daten verändert und Phishing-Webseiten hinterlegt werden. Damit ist je nach Verbreitung der übernommenen Server eine missbräuchliche Nutzung von Tausenden von Webseiten möglich. In all diesen Fallkonstellationen warnt das BSI unter gleichzeitiger Information der jeweils zuständigen Telemedienanbieter. Mittels § 7d soll es zudem zielgerichtet gegenüber den Webseitenbetreibern oder Hosting-Anbietern die Absicherung ihrer Hardware und Software anordnen sowie zur Beseitigung der Infektion diese verpflichten. **13**

3. Unzureichend gesichertes Telemedienangebot als Gefahrenquelle. **14**
Das Telemedienangebot, von dem die durch das BSI identifizierte Gefahr ausgeht, muss **unzureichend gesichert** im Sinne des 19 Abs. 4 TTDSG sein. Letzteres dürfte bei Feststellung der bestehenden Gefahr zwar mittelbar nahezu immer der Fall sein. Hier hat das BSI hier aber auch mit jedenfalls hinreichender Wahrscheinlichkeit darzulegen, dass die angeordneten Maßnahmen das Telemedienangebot tatsächlich so absichern, dass die Gefahr damit gebannt oder erheblich verringert werden kann. Die Gefahrenquelle muss durch die erforderlichen technischen und organisatorischen Maßnahmen **beschränkt oder beseitigt** werden können, indem der Anbieter damit den ordnungsgemäßen Zustand seiner Telemedienangebote herstellen kann. Ist unklar, ob die Maßnahmen dementsprechend tatsächlich zur Herstellung des (wieder) hinreichend gesicherten Telemedienangebots beitragen, weil die Wirkung des Angriffs über das Telemedienangebot im ungesicherten Zustand nicht festgestellt werden kann, ist auch eine Anordnung „ins Blaue hinein“ abzulehnen. Da das Ziel die **Herstellung des ordnungsgemäßen Zustandes** ist,

kann dementsprechend die Anordnung auch höchstens auf temporäre, nicht längerfristige Abschaltung lauten. Stattdessen überlässt das BSI es dem Diensteanbieter, welche technischen und organisatorischen Maßnahmen er im Einzelfall jeweils für erforderlich hält, um den ordnungsgemäßen Zustand seiner Telemedienangebote herzustellen – es gibt nur die hinreichende Sicherung als Ergebnis vor.[19]

III. Keine Berührung der Länderkompetenzen (S. 2)

15 Die grundsätzliche Zuständigkeit der Aufsichtsbehörden der Länder bleibt von der Anordnungsbefugnis des BSI unberührt. Das folgt aus der genannten **Grundzuständigkeit** der Länder, neben der das BSI nur insoweit auf den Telemedienanbieter einwirken kann, wie es das BSIG vorsieht[20] (→ Rn. 5), und gilt insbesondere auch für die Zuständigkeiten für die Verfolgung und Ahndung der Ordnungswidrigkeiten aus dem TTDSG.[21]

§ 8 Vorgaben des Bundesamtes

(1) [1]**Das Bundesamt legt im Benehmen mit den Ressorts Mindeststandards für die Sicherheit der Informationstechnik des Bundes fest, die von**

1. **Stellen des Bundes,**
2. **Körperschaften, Anstalten und Stiftungen des öffentlichen Rechts sowie ihren Vereinigungen ungeachtet ihrer Rechtsform auf Bundesebene, soweit von der jeweils zuständigen obersten Bundesbehörde angeordnet, sowie**
3. **öffentlichen Unternehmen, die mehrheitlich im Eigentum des Bundes stehen und die IT-Dienstleistungen für die Bundesverwaltung erbringen,**

umzusetzen sind. [2]**Abweichungen von den Mindeststandards sind nur in sachlich gerechtfertigten Fällen zulässig und sind zu dokumentieren und zu begründen.** [3]**Das Bundesamt berät die in Satz 1 genannten Stellen auf Ersuchen bei der Umsetzung und Einhaltung der Mindeststandards.** [4]**Für die in § 2 Absatz 3 Satz 2 genannten Gerichte und Verfassungsorgane haben die Vorschriften nach Satz 1 empfehlenden Charakter.** [5]**Für die Verpflichtung nach Satz 1 gilt die Ausnahme nach § 4a Absatz 6 entsprechend.**

(1 a) [1]**Das Bundesministerium des Innern, für Bau und Heimat kann im Benehmen mit der Konferenz der IT-Beauftragten der Ressorts bei bedeutenden Mindeststandards die Überwachung und Kontrolle ihrer Einhaltung durch das Bundesamt anordnen.** [2]**Das Bundesamt teilt das Ergebnis seiner Kontrolle der jeweiligen überprüften Stelle, deren zuständiger Aufsichtsbehörde sowie der Konferenz der IT-Beauftragten der Ressorts mit.** [3]**Für andere öffentlich-rechtlich oder privatrechtlich organisierte Stellen dürfen nur dann Schnittstellen zur Kommunikationstechnik des Bundes eingerichtet werden, soweit die für die Einrichtung verantwortliche Stelle vertraglich sicherstellt, dass die öffentlich- oder privatrechtlich organi-**

[19] BT-Drs. 19/26106, 76 aE.
[20] *Rehbohm/Kalmbach,* MMR-Aktuell 2021, 438461.
[21] BeckOK InfoMedienR/*Bornemann,* TMG § 16 Rn. 27.

sierte Stelle sich zur Einhaltung der Mindeststandards verpflichtet. [4]Das Bundesamt kann im Einvernehmen mit dem Dritten die Einhaltung der Mindeststandards überprüfen und kontrollieren.

(2) **[1]Das Bundesamt stellt im Rahmen seiner Aufgaben nach § 3 Absatz 1 Satz 2 Nummer 10 technische Richtlinien bereit, die von den Stellen des Bundes als Rahmen für die Entwicklung sachgerechter Anforderungen an Auftragnehmer (Eignung) und IT-Produkte (Spezifikation) für die Durchführung von Vergabeverfahren berücksichtigt werden. [2]Die Vorschriften des Vergaberechts und des Geheimschutzes bleiben unberührt.**

(3) **[1]Die Bereitstellung von IT-Sicherheitsprodukten durch das Bundesamt nach § 3 Absatz 1 Satz 2 Nummer 11 erfolgt durch Eigenentwicklung oder nach Durchführung von Vergabeverfahren aufgrund einer entsprechenden Bedarfsfeststellung. [2]IT-Sicherheitsprodukte können nur in begründeten Ausnahmefällen durch eine Eigenentwicklung des Bundesamtes zur Verfügung gestellt werden. [3]Die Vorschriften des Vergaberechts bleiben unberührt. [4]Wenn das Bundesamt IT-Sicherheitsprodukte bereitstellt, können die Stellen des Bundes oder von ihnen beauftragte Dritte diese Produkte beim Bundesamt abrufen. [5]Durch Beschluss des Rats der IT-Beauftragten der Bundesregierung kann festgelegt werden, dass die Bundesbehörden verpflichtet sind, diese Produkte beim Bundesamt abzurufen. [6]Eigenbeschaffungen anderer Bundesbehörden sind in diesem Fall nur zulässig, wenn das spezifische Anforderungsprofil den Einsatz abweichender Produkte erfordert. [7]Die Sätze 5 und 6 gelten nicht für die in § 2 Absatz 3 Satz 2 genannten Gerichte und Verfassungsorgane.**

(4) **Zur Gewährleistung der Sicherheit in der Informationstechnik bei der Planung und Umsetzung von wesentlichen Digitalisierungsvorhaben des Bundes soll die jeweils verantwortliche Stelle das Bundesamt frühzeitig beteiligen und dem Bundesamt Gelegenheit zur Stellungnahme geben.**

Literatur: *Bundesministerium des Innern,* Umsetzungsplan Bund 2017, Leitlinie für Informationssicherheit in der Bundesverwaltung; *Deutscher Bundestag,* Innenausschuss Wortprotokoll, 94. Sitzung, Protokoll Nr. 16/94; *Deutscher Bundestag,* Stenografischer Bericht, 211. Sitzung, Plenarprotokoll 16/211; *Schenke/Graulich/Ruthig* (Hrsg.), Sicherheitsrecht des Bundes, 2. Aufl. 2019; *Stelkens/Bonk/Sachs* (Hrsg.), VwVfG: Verwaltungsverfahrensgesetz, 9. Aufl. 2018; *Terhaag,* IT-Sicherheitsgesetz, 2015.

Inhaltsübersicht

A. Allgemeines

1 § 8 wurde erstmals durch die sehr grundlegende Änderung des BSIG im Jahr **2009 eingeführt.**[1] Abs. 1 wurde sodann noch einmal substanziell im Rahmen des **IT-SiG** von 2015 angepasst[2] sowie weiterhin mit Verabschiedung des **IT-SiG 2.0.** Mit dieser letzten großen Änderung wurden, neben kleineren redaktionellen Anpassungen, insbesondere Abs. 1 neu gefasst sowie Abs. 1a und 4 neu eingeführt. Die Änderungen traten anders als der überwiegende Teil der Änderungen des BSIG durch das IT-SiG 2.0 erst am 1.12.2021 in Kraft.[3]

2 Die Norm regelt **vier unterschiedliche Befugnisse** des BSI: Zum einen wird das BSI ermächtigt, sog. **Mindeststandards** für die Sicherheit in der Informationstechnik des Bundes vorzugeben (Abs. 1 und 1a). Daneben kann es sog. **technische Richtlinien** bereitstellen, die im Rahmen von Vergabeverfahren durch die Stellen des Bundes für die Entwicklung von IT-Produkte berücksichtigt werden sollen (Abs. 2). Weiterhin kann das BSI nach Abs. 3 selbst **IT-Sicherheitsprodukte** für andere Stellen des Bundes und den von ihnen beauftragten Dritten zur Verfügung stellen, sei es nach **Eigenentwicklung oder durch eigene Vergabe** aufgrund einer Bedarfsfeststellung. Das Zusammenspiel dieser drei Befugnisse wurde durchaus bei Schaffung dieser Norm als „closed job" kritisiert, da sie dem BSI (und teilweise auch dem BMI) jedenfalls mit Blick auf die Bundesverwaltung als Beschaffer und Abnehmer von IT-Produkten bezüglich Anforderungsvorgaben, Beschaffung und Eigenentwicklung eine starke und durchaus auf den Markt wirkende Vorentscheider- sowie Wettbewerberrolle zukommen lasse und sich somit eine gewisse Marktmacht bündle.[4] In der Konsequenz wurde daher insbesondere in Abs. 3 die Möglichkeit der Eigenentwicklung von IT-Produkten dem **Subsidiaritätsprinzip** unterworfen.[5] Weiterhin bestimmt nunmehr der zuletzt neu eingeführte Abs. 4, dass das BSI bei der Planung und Umsetzung von **wesentlichen Digitalisierungsvorhaben** des Bundes zu beteiligen und ihm Gelegenheit zur Stellungnahme gegeben werden soll. Damit wird sich die vorgenannte starke Stellung des BSI in diesen Bereichen zukünftig zusätzlich festigen.

B. Einzelerläuterungen

I. Mindeststandards (Abs. 1)

3 S. 1 beschreibt die Aufgabe des BSI, **Mindeststandards für die Sicherheit der Informationstechnik des Bundes** festzulegen. Diese Aufgabe findet sich in allgemeinerer Form in § 3 Abs. 1 S. 2 Nr. 10. Anders als bspw. der IT-Grundschutz

---

[1] Gesetz zur Stärkung der Sicherheit in der Informationstechnik des Bundes vom 14.8.2009 (BGBl. I S. 2821).

[2] Neben den Änderungen durch das IT-SiG gab es noch zwischenzeitliche sprachliche aber inhaltlich unrelevante Anpassungen (Elfte Zuständigkeitsanpassungsverordnung vom 19.6.2020 (BGBl. I S. 1328 (Art. 73)).

[3] Art. 7 Abs. 2 IT-SiG 2.0.

[4] *Brückner,* INA 16/94 Protokoll v. 11.5.2009, S. 30; ähnlich auch *Hofmann,* Plenarprotokoll 16/211 v. 19.3.2009, S. 22942; BT-Drs. 16/12225, 2.

[5] Vgl. BT-Drs. 16/12225, 2.

des BSI,[6] der sich allgemein an Verwaltung, Unternehmen und andere Institutionen richtet, gelten die Mindeststandards des BSI **speziell für die Bundesverwaltung.** Ziel ist die Schaffung eines **einheitlichen Niveaus an IT-Sicherheit in der Bundesverwaltung,** was nicht zuletzt aufgrund gemeinsam genutzter Infrastruktur[7] bedeutsam ist. So soll die Einhaltung von Mindeststandards durch jede einzelne Behörde die Gesamtsicherheit der Regierungsnetze und damit ressortübergreifend die aller anderen Behörden der Bundesverwaltung erhöhen.[8] Anders als es noch in der ursprünglichen Fassung vorgesehen war, hat das BSI kein (Entschließungs-)Ermessen (mehr), sondern die Aufgabe der Erarbeitung von Mindeststandards ist durch gesetzliche Änderung[9] zur **„Pflichtaufgabe“**[10] erhoben worden. Diese Aufgabe hat sich auch durch Einführung des neuen Abs. 1 durch das IT-SiG 2.0 und dem damit überarbeiteten Wortlaut nicht geändert. Hierdurch ergibt sich auch die Intention dieser Regelung als einer eher verwaltungsinternen Zuständigkeitsregelung.[11]

Derzeit[12] gibt es neun Mindeststandards, die auf den Seiten des BSI[13] veröffent- 4
licht werden. Diese sind:

- Externe Cloud-Dienste,
- HV-Benchmark kompakt,
- Mobile Device Management,
- Nutzerpflichten Netze des Bundes,
- Protokollierung und Detektion,
- Schnittstellenkontrollen,
- Transport Layer Security (TLS),
- Web-Browser,
- Videokonferenzdienste.

Das BSI legt die Mindeststandards **im Benehmen mit den Ressorts** fest, wo- 5
bei praktisch das BSI, wie bisher auch, die Mindeststandards erarbeiten und dann im Benehmen mit den Ressorts festlegen wird. Unklar verbleibt dabei, ob das Benehmen über eines der bestehenden Gremien auf Bundesebene und über welches es eingeholt werden soll.

Die Vorgängerregelung sah noch die Erarbeitung der Mindeststandards durch 6
das BSI vor, welche dann durch das BMI im Benehmen mit dem IT-Rat[14] ganz oder teilweise als **allgemeine Verwaltungsvorschriften** für alle Stellen des Bun-

---

[6] Veröffentlicht auf den Webseiten des BSI, abrufbar unter: www.bsi.bund.de/grundschutz.
[7] Siehe zB die Netze des Bundes (NdB).
[8] Vgl. BT-Drs. 16/11967, 15f.
[9] Art. 1 IT-SiG.
[10] BT-Drs. 18/5121, 15.
[11] Terhaag, IT-Sicherheitsgesetz, § 8, S. 41.
[12] Stand: November 2022.
[13] www.bsi.bund.de/mindeststandards.
[14] Der IT-Rat (vormals: Rat der IT-Beauftragten) ist eines der Steuerungsgremien der Bundesregierung, welches unter Vorsitz des Chefs des Bundeskanzleramts steht und als politisch-strategisches Gremium für ressortübergreifende Fragen der Digitalisierung und der Steuerung der Informationstechnik der Bundesverwaltung – und damit auch der Informationssicherheit – zuständig ist. Er setzt sich zusammen insbesondere aus den für Verwaltungsdigitalisierung und Informationstechnik zuständig beamteten Staatssekretären der Bundesministerien (https://www.bundesregierung.de/breg-de/themen/digitalisierung/steuerungs-und-beratungsgremien-im-ueberblick-1548450); Umsetzungsplan Bund 2017, Leitlinie für Informationssicherheit in der Bundesverwaltung, S. 6.

des erlassen werden konnten.[15] Die allgemeine Verwaltungsvorschrift sollte dabei eine einheitliche Rechtsanwendung innerhalb der Bundesverwaltung ohne direkte Außenwirkung auf die Bürger gewährleisten.[16] Hierfür war Benehmen zwischen BMI und dem IT-Rat herzustellen, ein Einvernehmen bzw. die Zustimmung des IT-Rats brauchte es nicht. Dieses Vorgehen wurde nunmehr durch Einführung des IT-SiG 2.0 grundlegend geändert. Nunmehr gelten die Mindeststandards nach Abs. 1 für die dort genannten Adressaten unmittelbar verpflichtend, das BSI muss aber zuvor das **Benehmen mit den Ressorts** einholen. Eine Willensübereinstimmung der Beteiligten, wie bei einem Einvernehmenserfordernis erforderlich, braucht es dazu nicht.[17] Vielmehr genügt durch das Benehmenserfordernis bereits die Anhörung der Ressorts, wie zuvor auch die des IT-Rats, der dadurch die Gelegenheit erhielt, Stellung zu nehmen und sich einzubringen.[18] Der Ansicht des IT-Rats musste jedoch nicht gefolgt werden[19] und das BMI konnte die Verwaltungsvorschrift auch ohne Willensübereinstimmung erlassen. Gleiches gilt nunmehr für die direkte Festlegung und Beteiligung der Ressorts durch das BSI.

7 Die **erste, ursprüngliche Fassung** des S. 2[20] sah zudem noch das Erfordernis vor, **mit dem Rat der IT-Beauftragten Zustimmung** zu erreichen, bevor ein Mindeststandard als allgemeine Verwaltungsvorschrift erlassen werden konnte.[21] Dieses Erfordernis wurde mit Änderung der Norm durch das IT-SiG **geändert,** da das Zustimmungserfordernis den Erlass verbindlicher Mindeststandards und damit die Schaffung eines hinreichenden und einheitlichen (Mindest-)Sicherheitsniveaus in der Bundesverwaltung faktisch verhindert habe.[22]

8 Die verpflichtende Anwendbarkeit der vom BSI erarbeiteten Mindeststandards wurde für die Bundesverwaltung im Übrigen auch bereits durch den **Umset-**

---

[15] Ausweislich der Gesetzesbegründung wurde diese Form gewählt, um deutlich zu machen, dass die Bundesregierung nur im Rahmen ihrer Weisungsbefugnisse verbindliche Regelungen treffen kann, BT-Drs. 16/11967, 15.

[16] Terhaag, IT-Sicherheitsgesetz, § 8 S. 41. Eine mittelbare Wirkung wird durch die Anwendung der Mindeststandards durch die Bundesbehörden, unabhängig von ihrem Erlass als allgemeine Verwaltungsvorschrift, allerdings insbesondere da erreicht, wo Mindeststandards auch die Interaktion mit dem Bürger berühren, bspw. bei Vorgaben an die Versionierung von TLS.

[17] Vgl. *BVerwG,* Urt. v. 31.10.2000 – 11 VR 12.00, NVwZ 2001, 90 (91); Urt. v. 29.4.1993 – 7 A 2.92, NVwZ 1993, 890 (891).

[18] Vgl. *BVerwG,* Urt. v. 29.4.1993 – 7 A 2.92, NVwZ 1993, 890 (891); Stelkens/Bonk/Sachs/*Neumann/Kulpmann,* VwVfG § 74 Rn. 242.

[19] Vgl. Stelkens/Bonk/Sachs/*Neumann/Kulpmann,* VwVfG § 74 Rn. 242.

[20] Gesetz zur Stärkung der Sicherheit in der Informationstechnik des Bundes vom 14.8.2009 (BGBl. I S. 2821).

[21] Eine Ausnahme gab es für Sicherheitsvorgaben „für ressortübergreifende Netze sowie die für den Schutzbedarf des jeweiligen Netzes notwendigen und von den Nutzern des Netzes umzusetzenden Sicherheitsanforderungen", welche nur Benehmen mit dem Rat der IT-Beauftragten erforderte, § 8 Abs. 1 S. 3 BSIG aF.

[22] BT-Drs. 18/5121, 15. Gleichwohl ist der einzige Mindeststandard, der bislang als allgemeine Verwaltungsvorschrift erlassen wurde, jener zur Verwendung von TLS (GMBl 2015, 173)). Nach Überarbeitung dieses Mindeststandards und Veröffentlichung der neuen Version 2.0 vom 5.4.2019 wurde die allgemeine Verwaltungsvorschrift wieder aufgehoben (GMBl 2019, 126), da sie sich ausschließlich auf die Vorgängerversion bezog. Die neue Version wurde nicht mehr als allgemeine Verwaltungsvorschrift erlassen.

zungsplan Bund 2017 („UP Bund 2017") festgelegt.[23] Vor diesem Hintergrund schafft die ausdrücklich gesetzlich geregelte Festlegung nach Benehmen mit den Ressorts zwar durchaus mehr Rechtssicherheit, faktisch relativiert sich deren Bedeutung allerdings. Denn über den UP Bund 2017 ist der Mindeststandard für die Bundesverwaltung bereits ab Veröffentlichung durch das BSI zu beachten. Auch eine Überarbeitung von einmal im Benehmen mit den Ressorts festgelegten Mindeststandards würde bspw. zu einer erneuten Herstellung des Benehmens führen, während die bloße Veröffentlichung des überarbeiteten Mindeststandards durch das BSI seine Anwendbarkeit für die Bundesverwaltung über den UP Bund 2017 bereits vorgibt.

Anders als noch in der vorherigen Fassung des Abs. 1 werden **neben den Stellen des Bundes** noch **weitere Adressaten** benannt, die nach dieser Vorschrift zur Umsetzung der Mindeststandards nunmehr verpflichtet werden. Hierzu gehören **Körperschaften, Anstalten und Stiftungen des öffentlichen Rechts sowie ihrer Vereinigungen ungeachtet ihrer Rechtsform auf Bundesebene,** soweit von der jeweils zuständigen obersten Bundesbehörde angeordnet (S. 1 Nr. 2), sowie **öffentliche Unternehmen,** die mehrheitlich im Eigentum des Bundes stehen und die **IT-Dienstleistungen für die Bundesverwaltung** erbringen (S. 1 Nr. 3). Hintergrund für diese Erweiterung war die Notwendigkeit, **IT-Sicherheit letztlich auf alle Akteure** innerhalb der Bundesverwaltung gleichermaßen **zu erstrecken,** insbesondere wenn diese auch auf gemeinsam genutzte Infrastruktur zurückgreifen.[24] Bei den in S. 1 Nr. 2 genannten Organisationen muss die zuständige oberste Bundesbehörde die Einhaltung der Mindeststandards zunächst anordnen. Öffentliches Unternehmen nach S. 1 Nr. 3 ist bspw. die BWI GmbH, welche als IT-Systemhaus der Bundeswehr aber auch IT-Dienstleister des Bundes fungiert. 9

Die vorgenannten Adressaten der Norm haben die festgelegten Mindeststandards umzusetzen. Nach S. 2 dürfen **Abweichungen nur in sachlich gerechtfertigten Fällen** stattfinden und erfordern zusätzlich eine **Dokumentation und Begründung.** Diese Regelung soll ebenfalls zur Aufrechterhaltung eines hohen IT-Sicherheitsniveaus in der Bundesverwaltung beitragen.[25] Dies gilt aber dem Wortsinn nach nur bezüglich der Einhaltung der Mindestanforderungen, die durch die Mindeststandards statuiert werden. Ein „Mehr", unter Einhaltung der festgelegten Mindestvorgaben, kann dagegen kein „Abweichen" im Sinne dieser Vorschrift darstellen, sondern muss möglich bleiben und kann je nach individueller Anforderung auch geboten sein.[26] 10

Das **BSI berät die verpflichteten Stellen,** gegenüber denen die Mindeststandards gelten sollen, auch bei der Umsetzung und Einhaltung dieser Mindeststandards, S. 3. Diese Beratung geschieht allerdings **nur auf Ersuchen** der jeweiligen Stelle. Die Regelung besitzt einen rein klarstellenden Charakter,[27] denn auch § 3 Abs. 1 S. 2 Nr. 14 ermöglicht grundsätzlich eine Beratung der Stellen des Bundes in Fragen der Sicherheit der Informationstechnik gerade unter Berücksichtigung von fehlenden oder unzureichenden Sicherheitsvorkehrungen. Proaktiv veröffent- 11

[23] UP Bund 2017, S. 3, 4, 20, 24.
[24] Vgl. BT-Drs. 19/26106, 78.
[25] BT-Drs. 19/26106, S. 78.
[26] Vgl. www.bsi.bund.de/mindeststandards.
[27] BT-Drs. 18/5121, 15.

licht das BSI aber teilweise auch umfangreiche Hilfsdokumente, die bei der eigenständigen Umsetzung dienlich sein sollen.[28]

12 Die vom BSI zu erarbeiteten **Mindeststandards** nach Abs. 1 gelten nur für Stellen des Bundes **ohne jedoch die Bundesgerichte, den Bundestag, den Bundesrat, den Bundespräsidenten, den Bundesrechnungshof und nunmehr auch das Bundesverfassungsgericht** mit einzuschließen, § 8 Abs. 1 S. 4 iVm § 2 Abs. 3 S. 2. Für diese Stellen, die aufgrund ihrer **besonderen verfassungsrechtlichen Bedeutung** eine **besondere Unabhängigkeit** innehaben, stellt S. 4 klar, dass die Mindeststandards **lediglich einen empfehlenden Charakter** haben – sie können die Mindeststandards also gleichwohl für ihre eigene IT-Infrastruktur anwenden, müssen dies jedoch nicht.[29] Weiterhin gilt die Verpflichtung zur Einhaltung der Mindeststandards gemäß S. 5 im **Geschäftsbereich des BMVg nicht für die Kontrolle der Informations- und Kommunikationstechnik,** die für die Bundeswehr und ihre Zwecke betrieben wird, entsprechen § 4a Abs. 6. Statt der Mindeststandards gelten aufgrund von Besonderheiten der genutzten Informations- und Kommunikationstechnik sowie von einsatzspezifischen Anforderungen im Geschäftsbereich des BMVg regelmäßig höhere Standards,[30] so dass insgesamt eine Entbindung von der Verpflichtung zur Einhaltung der Mindeststandards in diesem Bereich erfolgt ist.

II. Überwachung und Kontrolle von Mindeststandards (Abs. 1a)

13 Der mit dem IT-SiG 2.0 neu eingeführte Abs. 1a ermöglicht die **Überwachung und Kontrolle der Einhaltung der Mindeststandards** durch die Normadressaten. Durchgeführt wird diese Überwachung und Kontrolle gemäß S. 1 durch das BSI, jedoch **erst nach Anordnung durch das BMI im Benehmen mit der Konferenz der IT-Beauftragten der Ressorts (KoITB)**[31] und ausschließlich bei **bedeutenden Mindeststandards.** Wann ein Mindeststandard ‚bedeutend' im Sinne dieser Vorschrift sein soll, definiert das BSIG nicht. Diese Feststellung verbleibt daher im Ermessen des BMI. Ähnlich wie auch Abs. 1 verlangt Abs. 1a lediglich Benehmen mit der KoITB, die daher zwar Gelegenheit zur Stellungnahme und Einbringung erhält, deren Ansicht aber nicht gefolgt werden muss.[32]

14 Wie konkret die **Überwachung und Kontrolle ausgestaltet** werden soll, wird durch das **BSIG nicht festgelegt.** Es ist davon auszugehen, dass das BSI daher entsprechend nach eigenem Ermessen einen Überwachungsmechanismus bzgl. der entsprechenden Mindeststandards gegenüber den Normadressaten aufbauen und die Kontrolle, bspw. durch Anfordern von Informationen zum Umsetzungsstand

---

[28] Bspw. Hilfsdokument zum „Mindeststandard des BSI zur Verwendung von Transport Layer Security", https://www.bsi.bund.de/DE/Themen/Oeffentliche-Verwaltung/Mindeststandards/TLS-Protokoll/TLS-Protokoll_node.html.

[29] S. auch Schenke/Graulich/Ruthig/*Buchberger,* Rn. 2.

[30] BT-Drs. 19/26106, 78.

[31] Die KoITB ist das Steuerungs- und Entscheidungsgremium für die operativen Fragen der Informationstechnik und Verwaltungsdigitalisierung des Bundes, welches die Vorgaben und Beschlüsse des IT-Rats umsetzt oder diesem Beschlussempfehlungen vorbereitet, vgl. hierzu sowie zur Besetzung und Vorsitz das Grobkonzept zur IT-Konsolidierung Bund vom 20.5.2015, S. 10.

[32] Vgl. *BVerwG,* Urt. v. 29.4.1993 – 7 A 2.92, NVwZ 1993, 890 (891); Stelkens/Bonk/Sachs/*Neumann/Kulpmann,* VwVfG § 74 Rn. 242.

bis hin zur Kontrolle vor Ort, durchführen kann. Das **Ergebnis** ist **der überprüften Stelle, ihrer Aufsichtsbehörde sowie der KoITB** gemäß S. 2 **mitzuteilen.**

Da die Verpflichtung zur Einhaltung der Mindeststandards zunächst nur Einrichtungen der Bundesverwaltung im weiteren Sinne gemäß Abs. 1 trifft und nicht von diesen ggf. **beauftragte oder an gemeinsame Infrastruktur angeschlossene andere öffentlich- oder privatrechtlich organisierte Dritte,** bestimmt S. 3, dass diesen Dritten nur dann **Schnittstellen zur Kommunikationstechnik des Bundes**[33] eingerichtet werden dürfen, wenn sie **vertraglich** ebenfalls **auf die Einhaltung der entsprechenden Mindeststandards verpflichtet** wurden. Die Verantwortung hierfür trägt die verantwortliche Stelle des Bundes, welche die Schnittstelle einrichtet. Die Einhaltung der Mindeststandards kann dann nach eigenem Ermessen durch das BSI und im Einvernehmen mit dem Dritten bei diesem überprüft und kontrolliert werden, S. 4. Es wird sich für diese Fälle anbieten, die Überprüfungs- und Kontrollrechte zugunsten des BSI sowie die diesbezüglichen Modalitäten direkt im Rahmen der vertraglichen Verpflichtung auf die Einhaltung der Mindeststandards zu regeln, um spätere Verzögerung bei der Überprüfung durch Herstellung eines **Einvernehmens mit dem Dritten,** wie es das Gesetz in S. 4 fordert, zu vermeiden. 15

III. Technische Richtlinien (Abs. 2)

Gemäß Abs. 2 S. 1 hat das BSI im Rahmen seiner Aufgaben nach § 3 Abs. 1 S. 2 Nr. 10 **technische Richtlinien** bereit zu stellen, die **von den Stellen des Bundes bei der Durchführung von Vergabeverfahren berücksichtigt** werden sollen. Die Formulierung „stellt […] bereit" weist darauf hin, dass dem BSI bezüglich des Tätigwerdens **kein Ermessen** zukommt.[34] Ermessen dürfte jedoch mangels konkreter Festlegung und der Vielzahl von einsetzbaren Produkten hinsichtlich der Auswahl von Produktgruppen sowie mit welcher Priorität sie erarbeitet werden, bestehen. Gleiches gilt ebenso für die konkreten, sachgerechten Anforderungen, die das BSI aufzustellen hat. Diese Anforderungen sind von den Stellen des Bundes lediglich zu berücksichtigen und daher nicht in jedem Fall streng anzuwenden. Sie werden jedoch jedenfalls in die Entscheidungsfindung zur Vergabe mit einfließen müssen. 16

Die technischen Richtlinien sollen dabei **sachgerechte Anforderungen** sowohl **an die Eignung von Auftragnehmern** als auch **Spezifikationen bzgl. zu beschaffender IT-Produkte** enthalten. Gedacht wurde dabei an Vorgaben zur Risikoanalyse und der Auswahl von Produkten mit Bezug zu ihren IT-Sicherheitsanforderungen, die sowohl Auftragnehmer als auch eingesetzte Produkte erfüllen sollen, da einmal erworbene Produkte häufig nicht mehr nachträglich abgesichert werden und so ggf. ein hohes Sicherheitsrisiko für die Interessen der Bundesrepublik Deutschland darstellen können.[35] Aufgrund der Vernetzung der Stellen des Bundes untereinander – letztlich aber auch mit Blick auf die Resilienz und Ausfallsicherheit einzelner Behörden – sei es daher **erforderlich, dass IT-Sicherheit bereits bei Beschaffung berücksichtigt und** durch eine zentrale Stelle **festgelegt** würde.[36] 17

---

[33] S. Legaldefinition in § 2 Abs. 3.

[34] Kein Entschließungsermessen; so auch Schenke/Graulich/Ruthig/*Buchberger,* Rn. 3.

[35] BT-Drs. 16/11967, 16.

[36] Vgl. BT-Drs. 16/11967, 16.

18 Klarstellend bestimmt Abs. 2 S. 2, dass im Übrigen die **Vorschriften des Vergaberechts und Geheimschutzes unberührt** bleiben und daneben unverändert anzuwenden und zu berücksichtigen sind. Die nach Abs. 2 bereitgestellten Anforderungen sollen den Stellen des Bundes **lediglich Leitlinien** an die Hand geben, wie IT-Sicherheit im Rahmen von Eignungs- und Leistungsanforderungen an Auftragnehmer und Produkte mit Blick auf ihren Einsatzzweck und ein zu erreichendes Sicherheitsniveau zu erreichen ist, nicht jedoch vorrangig zu allgemeinen Regelungen des Vergaberechts oder allgemeinen oder konkreten Regelungen des Geheimschutzes gelten.[37]

IV. Bereitstellung von IT-Sicherheitsprodukten (Abs. 3)

19 Gemäß § 3 Abs. 1 S. 2 Nr. 11 hat das BSI die Aufgabe, **IT-Sicherheitsprodukte für Stellen des Bundes bereitzustellen.** Was IT-Sicherheitsprodukte sind, wird **in § 3 Abs. 1 S. 2 Nr. 3 legaldefiniert** und meint danach die Entwicklung von Sicherheitsvorkehrungen, insbesondere informationstechnischer Verfahren und Geräte für die Sicherheit in der Informationstechnik[38]. Ausweislich der Gesetzesbegründung wurde hier an Produkte wie bspw. Virenscanner, Firewalls oder Verschlüsselungstechnik gedacht.[39] S. 1 konkretisiert diese Aufgabe, indem vorgegeben wird, dass die Bereitstellung nach § 3 Abs. 1 S. 2 Nr. 11 entweder **nach Eigenentwicklung** der IT-Sicherheitsprodukte durch das BSI erfolgt (Alt. 1) **oder nach Durchführung eines Vergabeverfahrens aufgrund einer entsprechenden Bedarfsfeststellung** (Alt. 2).

20 Anders als Abs. 1 und 2 kommt dem BSI bei der Frage, ob es tätig wird und IT-Sicherheitsprodukte zentral für die Stellen des Bundes bereitstellt, **Ermessen** zu.[40] Der Bereitstellung der IT-Sicherheitsprodukte hat **in beiden Alternativen eine Bedarfsfeststellung** voranzugehen, aufgrund dessen entschieden wird, ob und durch welche der beiden Alternativen, Eigenentwicklung oder Drittbeschaffung, eine Bereitstellung sinnvoll erscheint.[41] Entscheidend soll dabei sein, **ob eine zentrale Bereitstellung durch das BSI die IT-Sicherheit** für die Stellen des Bundes **erhöhen könnte** oder hierdurch Kosten eingespart werden können, bspw. aufgrund von Mengenrabatten.[42]

21 Eine **Eigenentwicklung** von IT-Sicherheitsprodukten durch das BSI soll jedoch gleichwohl **nicht der Regelfall** sein, sondern gemäß S. 2 **nur in begründeten Ausnahmefällen subsidiär** erfolgen. **Im Regelfall** sollen damit also am Markt **bereits erhältliche IT-Sicherheitsprodukte beschafft und zentral bereitgestellt** werden. Dieser Satz wurde nach Vorschlag durch den Bundesrat[43] auch

---

[37] BT-Drs. 16/11967, 16. So kann es bspw. im Rahmen des Geheimschutzes ebenfalls konkrete Vergabevorgaben geben, die auch und gerade bei Vergaben mit IT-Bezug Relevanz erlangen können, s. bspw. den sog. „No Spy-Erlass" des BMI an das Beschaffungsamt vom 30.4.2014, einschließlich einer Handreichung hierzu vom 19.8.2014 (beide Dokumente sind auf den Webseiten des BMI abrufbar: www.bmi.bund.de).

[38] „Sicherheit in der Informationstechnik" wiederum ist legaldefiniert in § 2 Abs. 2.

[39] BT-Drs. 16/11967, 16.

[40] Vgl. BT-Drs. 16/11967, 16.

[41] Vgl. BT-Drs. 16/11967, 16; aA Schenke/Graulich/Ruthig/*Buchberger,* Rn. 4, die eine Bedarfsfeststellung nur bei Drittbeschaffung durch Vergabe für erforderlich hält.

[42] BT-Drs. 16/11967, 16; sich anschließend: Schenke/Graulich/Ruthig/*Buchberger,* Rn. 6.

[43] BT-Drs. 16/12225, 1.

durch den Innenausschuss empfohlen, welcher dies damit begründete, dass bereits **aus Wirtschaftlichkeitsgründen Produkte am Markt zu bevorzugen** seien. Lediglich wenn spezifische Anforderungen der Bundesverwaltung an Funktion und Sicherheit von Produkten zur Folge haben, dass es keine geeigneten Produkte von zuverlässigen Herstellern am Markt gibt, sei eine Eigenentwicklung durch das BSI angezeigt.[44] Mit diesem Hintergrund hätte die Regelung nur klarstellenden Charakter, da eine Wirtschaftlichkeitsuntersuchung nach den Grundsätzen des Bundeshaushaltsrechts ohnehin bei (unmittelbaren und mittelbaren) finanzwirksamen Maßnahmen durchzuführen ist.[45] Daher ist davon auszugehen, dass diese Subsidiaritätsklausel aufgrund des Zusammenspiels der Aufgaben des BSI, sowohl Anforderungen für die Bundesverwaltung zu definieren (Abs. 1), technische Richtlinien für die Beschaffung vorzugeben (Abs. 2) und der Möglichkeit der Eigenentwicklung und Beschaffung von IT-Produkten für die Bundesverwaltung (Abs. 3), auch die darin innewohnende starke **Wettbewerbsstellung des BSI einschränken** und der „hoch entwickelte private Anbietermarkt" nur dann beeinträchtigt werden soll, wenn es einen solchen begründeten Ausnahmefall gibt und entsprechend benötigte Produkte nicht am Markt verfügbar sind.[46] Erfolgt die Bereitstellung der IT-Sicherheitsprodukte nach Durchführung eines Vergabeverfahrens (S. 1, Alt. 2) stellt S. 3 zusätzlich klar, dass dies im Rahmen eines normalen Vergabeverfahrens zu erfolgen hat, bei dem die **Vorschriften des Vergaberechts unverändert anwendbar** bleiben. So wird ebenfalls gewährleistet, dass der Wettbewerb nicht über Gebühr eingeschränkt wird.

Wenn sich das BSI dazu entschließt, entsprechend Abs. 3 **IT-Sicherheitsprodukte zentral bereitzustellen,** können die Stellen des Bundes diese Produkte direkt beim BSI abrufen, S. 4. Neu durch das **IT-SiG 2.0 eingeführt** wurde der Zusatz, dass nicht nur die **Stellen des Bundes abrufberechtigt** sein sollen, sondern **auch direkt die von ihnen beauftragten Dritten.** Dies erleichtert die Beschaffung für die Stellen des Bundes, da die Beschaffung nunmehr direkt durch die ihre IT betreibenden Auftragnehmer für sie geschehen kann.[47] Daneben kann gemäß S. 5 der Abruf und damit letztlich die Verwendung dieser Produkte auch durch **Beschluss des Rats der IT-Beauftragten[48] jedenfalls gegenüber den Bundesbehörden[49] verpflichtend festgelegt werden.** Auch wenn die von diesen beauftragten Dritten, wie noch in S. 4 zuvor ausdrücklich für abrufberechtigt erklärt, nicht auch direkt gemäß S. 5 verpflichtet werden, so ergibt sich die Durchsetzung der Festlegung des Beschlusses bereits über die Verpflichtung der Stellen des Bundes, die sicherstellen und vorgeben müssen, dass ihre Auftragnehmer die entsprechenden Produkte beschaffen und einsetzen. **Eigenbeschaffungen der Bundesbehörden** sollen daneben nur noch möglich sein, wenn die zentral bereitgestellten 22

---

[44] BT-Drs. 16/13259, 7.

[45] S. § 7 Abs. 2 BHO iVm den allgemeinen Verwaltungsvorschriften zur Bundeshaushaltsordnung (VV-BHO); ähnlich auch Schenke/Graulich/Ruthig/*Buchberger,* Rn. 5.

[46] Vgl. BT-Drs. 16/12225, 2; Schenke/Graulich/Ruthig/*Buchberger,* Rn. 5.

[47] BT-Drs. 19/26106, 78.

[48] Nunmehr: IT-Rat.

[49] Redaktionell müssten diese auch in „Stellen des Bundes" umbenannt werden, wie bereits in Abs. 3 S. 4 durch Verabschiedung des IT-SiG 2.0 geschehen, vgl. BT-Drs. 19/26106, 78. Inhaltlich ist jedoch nicht von einer unterschiedlichen Bedeutung der Begriffe in diesem Zusammenhang auszugehen.

Produkte nicht dem Anforderungsprofil der Behörde entsprechen und die Behörde daher den Bedarf an einem abweichenden Produkt darlegen kann, S. 6.

23 Ähnlich wie in Abs. 1 wird auch in Abs. 3 in S. 7 klargestellt, dass der Beschluss des Rats der IT-Beauftragten gemäß S. 5 und der daraus folgende **verpflichtende Abruf der zentral vom BSI bereitgestellten Produkte sowie die Einschränkung einer Eigenbeschaffung** nach S. 6 **nicht** die in § 2 Abs. 3 S. 2 **genannten Gerichte und Verfassungsorgane** betrifft. Die Bundesgerichte, der Bundestag, der Bundesrat, der Bundespräsident, der Bundesrechnungshof und das Bundesverfassungsgericht können demnach nach eigenem Ermessen zwar die zentral vom BSI bereitgestellten Produkte abrufen und nutzen, ihnen gegenüber kann aufgrund ihrer besonderen verfassungsrechtlichen Stellung der Abruf jedoch nicht verpflichtend gemacht werden.

V. Wesentliche Digitalisierungsvorhaben (Abs. 4)

24 Nach dem **durch das IT-SiG 2.0 neu geschaffenen** Abs. 4 soll das BSI bei der **Planung und Umsetzung von wesentlichen Digitalisierungsvorhaben** durch die verantwortliche Stelle beteiligt und ihm eine Gelegenheit zur Stellungnahme gegeben werden. Hiermit soll erreicht werden, dass IT-Sicherheitsaspekte in solchen Vorhaben durch eine hierfür kompetente Stelle so früh wie möglich und regelmäßig mitberücksichtigt werden.[50]

25 Das **BSI** agiert dabei als **die zuständige Behörde für die Informationssicherheit auf nationaler Ebene** (§ 1) und steht daher der Bundesverwaltung als **Ansprechpartner** für (wesentliche) Digitalisierungsvorhaben zur Verfügung.[51] **Verantwortliche Stelle** meint in diesem Zusammenhang die Stelle des Bundes, die das wesentliche Digitalisierungsvorhaben in eigener Verantwortung bzw. federführend übernimmt. Diese ist **nicht direkt verpflichtet, ‚soll'** aber nach Abs. 4 **das BSI entsprechend einbeziehen.** Die Einbeziehung stellt also den **typischen Regelfall** dar, **Abweichungen sind** jedoch durch die verantwortlichen Stellen **möglich,** wenn sie darlegen können, dass es sich im Einzelfall trotz des Vorliegens eines wesentlichen Digitalisierungsvorhaben um einen atypischen Fall handelt, bei dem eine Einbeziehung des BSI nicht angezeigt ist.[52]

26 Wann ein **‚wesentliches' Digitalisierungsvorhaben** vorliegt, lässt das Gesetz und auch die dazugehörige Gesetzesbegründung offen. So wird man aber sicherlich für das Vorliegen der Wesentlichkeit verlangen müssen, dass das Vorhaben sowohl im Aufwand, seinen Kosten und Auswirkungen über normale Digitalisierungsvorhaben hinaus geht, etwa weil mehrere Behörden betroffen sind, besonders sensible Bereiche bspw. mit sensiblen Daten von Bürgern digitalisiert werden, oÄ.[53]

27 Da das BSI lediglich beteiligt und ihm eine Gelegenheit zur Stellungnahme gegeben werden soll, aber bspw. kein Einvernehmenserfordernis zu Fragen der IT-Sicherheit statuiert wurde, kann das BSI kein (wesentliches) Digitalisierungsvorhaben verhindern. Die verantwortliche Stelle soll jedoch in die Lage versetzt werden, im Rahmen ihrer **Planungs- und Ermessensentscheidungsfindung** die **Stellung-**

---

50 BT-Drs. 19/26106, 78.

51 BT-Drs. 19/26106, 78.

52 Vgl. zur Systematik von „Soll-Vorschriften" *BVerwG,* Urt. v. 17.3.1992 – 1 C 31/89, NVwZ 1993, 675; Urt. v. 17.8.1978 – 5 C 33/77, BVerwGE 56, 220 = BeckRS 9998, 181437; Urt. v. 26.6.1975 – VIII C 77.74, NJW 1975,1240.

53 Die IT-Konsolidierung Bund dürfte sicherlich ohne weiteres darunterfallen.

nahme des BSI miteinzubeziehen und wird Abweichungen hiervon darlegen können müssen.

§ 8a Sicherheit in der Informationstechnik Kritischer Infrastrukturen

(1) [1]**Betreiber Kritischer Infrastrukturen sind verpflichtet, spätestens bis zum ersten Werktag, der darauf folgt, dass diese erstmalig oder erneut als Betreiber einer Kritischen Infrastruktur nach der Rechtsverordnung nach § 10 Absatz 1 gelten, angemessene organisatorische und technische Vorkehrungen zur Vermeidung von Störungen der Verfügbarkeit, Integrität, Authentizität und Vertraulichkeit ihrer informationstechnischen Systeme, Komponenten oder Prozesse zu treffen, die für die Funktionsfähigkeit der von ihnen betriebenen Kritischen Infrastrukturen maßgeblich sind.** [2]**Dabei soll der Stand der Technik eingehalten werden.** [3]**Organisatorische und technische Vorkehrungen sind angemessen, wenn der dafür erforderliche Aufwand nicht außer Verhältnis zu den Folgen eines Ausfalls oder einer Beeinträchtigung der betroffenen Kritischen Infrastruktur steht.**

(1 a) [1]**Die Verpflichtung nach Absatz 1 Satz 1, angemessene organisatorische und technische Vorkehrungen zu treffen, umfasst ab dem 1. Mai 2023 auch den Einsatz von Systemen zur Angriffserkennung.** [2]**Die eingesetzten Systeme zur Angriffserkennung müssen geeignete Parameter und Merkmale aus dem laufenden Betrieb kontinuierlich und automatisch erfassen und auswerten.** [3]**Sie sollten dazu in der Lage sein, fortwährend Bedrohungen zu identifizieren und zu vermeiden sowie für eingetretene Störungen geeignete Beseitigungsmaßnahmen vorzusehen.** [4]**Absatz 1 Satz 2 und 3 gilt entsprechend.**

(2) [1]**Betreiber Kritischer Infrastrukturen und ihre Branchenverbände können branchenspezifische Sicherheitsstandards zur Gewährleistung der Anforderungen nach den Absätzen 1 und 1 a vorschlagen.** [2]**Das Bundesamt stellt auf Antrag fest, ob diese geeignet sind, die Anforderungen nach den Absätzen 1 und 1 a zu gewährleisten.** [3]**Die Feststellung erfolgt**

1. **im Benehmen mit dem Bundesamt für Bevölkerungsschutz und Katastrophenhilfe,**
2. **im Einvernehmen mit der zuständigen Aufsichtsbehörde des Bundes.**

(3) [1]**Betreiber Kritischer Infrastrukturen haben die Erfüllung der Anforderungen nach den Absätzen 1 und 1 a spätestens zwei Jahre nach dem in Absatz 1 genannten Zeitpunkt und anschließend alle zwei Jahre dem Bundesamt nachzuweisen.** [2]**Der Nachweis kann durch Sicherheitsaudits, Prüfungen oder Zertifizierungen erfolgen.** [3]**Die Betreiber übermitteln dem Bundesamt die Ergebnisse der durchgeführten Audits, Prüfungen oder Zertifizierungen einschließlich der dabei aufgedeckten Sicherheitsmängel.** [4]**Das Bundesamt kann die Vorlage der Dokumentation, die der Überprüfung zugrunde gelegt wurde, verlangen.** [5]**Es kann bei Sicherheitsmängeln im Einvernehmen mit der zuständigen Aufsichtsbehörde des Bundes oder im Benehmen mit der sonst zuständigen Aufsichtsbehörde die Beseitigung der Sicherheitsmängel verlangen.**

(4) [1]**Das Bundesamt kann beim Betreiber Kritischer Infrastrukturen die Einhaltung der Anforderungen nach den Absätzen 1 und 1 a überprüfen; es**

kann sich bei der Durchführung der Überprüfung eines qualifizierten unabhängigen Dritten bedienen. [2]Der Betreiber Kritischer Infrastrukturen hat dem Bundesamt und den in dessen Auftrag handelnden Personen zum Zweck der Überprüfung das Betreten der Geschäfts- und Betriebsräume während der üblichen Betriebszeiten zu gestatten und auf Verlangen die in Betracht kommenden Aufzeichnungen, Schriftstücke und sonstigen Unterlagen in geeigneter Weise vorzulegen, Auskunft zu erteilen und die erforderliche Unterstützung zu gewähren. [3]Für die Überprüfung erhebt das Bundesamt Gebühren und Auslagen bei dem jeweiligen Betreiber Kritischer Infrastrukturen nur, sofern das Bundesamt auf Grund von Anhaltspunkten tätig geworden ist, die berechtigte Zweifel an der Einhaltung der Anforderungen nach den Absätzen 1 und 1a begründeten.

(5) **Das Bundesamt kann zur Ausgestaltung des Verfahrens der Sicherheitsaudits, Prüfungen und Zertifizierungen nach Absatz 3 Anforderungen an die Art und Weise der Durchführung, an die hierüber auszustellenden Nachweise sowie fachliche und organisatorische Anforderungen an die prüfende Stelle nach Anhörung von Vertretern der betroffenen Betreiber und der betroffenen Wirtschaftsverbände festlegen.**

Literatur: *Bundesamt für Sicherheit in der Informationstechnik (BSI),* IT-Grundschutz-Kompendium, Stand Februar 2021; *Gabel/Heinrich/Kiefner* (Hrsg.), Rechtshandbuch Cyber-Security, 2019; *Gehrmann/Klett,* IT-Sicherheit in Unternehmen – Weiterhin viel Unsicherheit bei der Umsetzung des IT-Sicherheitsgesetzes, K&R 2017, 372; *Gitter/Meißner/Spauschus,* Das IT-Sicherheitsgesetz, DuD 2016, 7; *Häublein,* Ist der Sonnabend ein Werktag? – Das kommt auf den Zweck der Regelung an, NZM 2010, 651; *Hornung/Schallbruch* (Hrsg.), IT-Sicherheitsrecht, 2021; *Ritter,* „Corona-Ferien" für Kritische Infrastrukturen?, RDV 2020, 237; *Ritter/Schulte,* Rechtliche Anforderungen an Anbieter digitaler Dienste, die zugleich kritische Infrastrukturen sind, CR 2019, 617; *Roos,* Der Entwurf eines IT-Sicherheitsgesetzes: Regelungsinhalte und ihre Übereinstimmung mit dem Richtlinienvorschlag der Kommission, K&R 2013, 769; *Roos,* Der neue Entwurf eines IT-Sicherheitsgesetzes – Bewegung oder Stillstand, MMR 2014, 723; *Schallbruch,* Die EU-Richtlinie über Netz- und Informationssicherheit: Anforderungen an digitale Dienste, CR 2016, 663; *Schallbruch,* IT-Sicherheitsrecht – Schutz kritischer Infrastrukturen und staatlicher IT-Systeme, CR 2017, 648; *Scharf,* Schwachstelle Mensch, IT-Sicherheit 4/2018, 48; *Schenke/Graulich/Ruthig* (Hrsg.), Sicherheitsrecht des Bundes, 2. Aufl. 2019; *Schreibauer/Spittka,* IT-Sicherheitsgesetz: neue Anforderungen für Unternehmen, ITRB 2015, 240; *Schwartmann/Jaspers/Thüsing/Kugelmann* (Hrsg.), Heidelberger Kommentar DS-GVO/BDSG, 2. Aufl. 2020; *Teletrust,* Handreichung zum Stand der Technik, 2020; *Voigt,* IT-Sicherheitsrecht, 2. Aufl. 2022; *Weber* (Hrsg.), Rechtswörterbuch, 27. Ed. 2021.

Inhaltsübersicht

A. Allgemeines

I. Historie

Die Norm wurde mit dem IT-SiG von 2015 eingeführt und mit dem Gesetz zur Umsetzung der NIS-RL im Jahre 2017 nur wenig verändert. Die Vorschrift setzt die Vorgaben aus Art. 14 Abs. 1 und 2 NIS-RL sowie Art. 15 Abs. 1–3 NIS-RL in deutsches Recht um. Die Abs. 1 und 2 existierten mit gleichem Inhalt bereits vor der Umsetzung der NIS-RL. Abs. 3 wurde mit dem Gesetz zur Umsetzung der NIS-RL[1] leicht überarbeitet. Der heutige Abs. 4 wurde 2017 neu eingefügt und der damalige Abs. 4 zum neuen Abs. 5.[2] 1

II. Zweck der Norm

Sowohl hinter § 8a als auch Art. 14f. NIS-RL steht der Gedanke, dass die Prozesse zur Versorgung der Bevölkerung mit lebensnotwendigen (Dienst-)Leistungen zunehmend von der Funktionsfähigkeit der Informationstechnik abhängen und diese daher abgesichert werden muss.[3] 2

III. Verhältnis zu anderen Regelungen

1. Vorrang von sektorspezifischen Spezialregelungen, § 8d. Wie § 8d Abs. 2 klarstellt, gilt § 8a nicht für alle Betreiber Kritischer Infrastrukturen. Vielmehr stellt die Norm die **Generalklausel für die Absicherung Kritischer Infrastrukturen** dar, die jedoch durch vergleichbare Regelungen in anderen Gesetzen verdrängt werden kann (→ § 8d Rn. 6ff.).[4] 3

2. Pflichten für Anbieter digitaler Dienste aus § 8c. Neben § 8a für Betreiber Kritischer Infrastrukturen gibt es in § 8c ähnliche Absicherungspflichten für 4

---

[1] Gesetz zur Umsetzung der Richtlinie (EU) 2016/1148 des Europäischen Parlaments und des Rates vom 6.7.2016 über Maßnahmen zur Gewährleistung eines hohen gemeinsamen Sicherheitsniveaus von Netz- und Informationssystemen in der Union vom 23.6.2017 (BGBl. I S. 1885).

[2] BT-Drs. 18/11242, 11f.

[3] Vgl. BT-Drs. 18/4096, 26.

[4] Vgl. Voigt IT-SicherheitsR, Kap. F Rn. 266.

Anbieter digitaler Dienste. In manchen Bereichen können Betreiber Kritischer Infrastrukturen gleichzeitig Anbieter digitaler Dienste sein. So stellen zB Cloud-Computing-Dienste einen digitalen Dienst im Sinne des § 8c dar und die dafür betriebenen Rechenzentren können bei Überschreiten der Schwellenwerte Kritische Infrastruktur im Sinne des § 8a sein.[5] Sie unterliegen in diesen Fällen sowohl den Anforderungen des § 8a als auch denen des § 8c.[6]

5 **3. Pflichten für Unternehmen im besonderen öffentlichen Interesse aus § 8f.** § 8f statuiert Absicherungs- bzw. Nachweispflichten für Unternehmen im besonderen öffentlichen Interesse. Nach der Legaldefinition des § 2 Abs. 14 S. 1 sind dies Unternehmen, die „nicht Betreiber kritischer Infrastrukturen" sind. Soweit ein Unternehmen also Kritische Infrastrukturen iSd § 2 Abs. 10 betreibt, kann es kein Unternehmen im besonderen öffentlichen Interesse mehr sein. Für sie gilt dann nur § 8a und nicht § 8f.

6 **4. Absicherungspflichten für Krankenhäuser aus § 75c SGB V.** § 75c SGB V sieht für Krankenhäuser die Verpflichtung vor, angemessene organisatorische und technische Vorkehrungen zur Vermeidung von Störungen der Verfügbarkeit, Integrität und Vertraulichkeit der IT zu treffen, die für die Funktionsfähigkeit des Krankenhauses und die Sicherheit der Patienteninformationen maßgeblich sind. Diese Verpflichtung betrifft nach § 75c Abs. 3 SGB V jedoch nur die Krankenhäuser, die formal gerade keine Kritischen Infrastrukturen betreiben, weil sie die Schwellenwerte aus der BSI-KritisV nicht überschreiten. Für Krankenhäuser, die KRITIS sind, gilt daher § 8a und nicht § 75c SGB V. Bei Krankenhäusern, die nicht KRITIS sind, gilt demgegenüber § 8a nicht, sondern nur die Pflicht aus § 75c SGB V.

7 **5. Art. 32 DS-GVO.** Nach Art. 32 DS-GVO müssen die Verantwortlichen bei der Verarbeitung personenbezogener Daten auch Maßnahmen ergreifen, die die Sicherheit der Verarbeitung gewährleisten.[7] Auch bei dem Betrieb der IT für KRITIS können personenbezogene Daten verarbeitet werden. Da § 8a der Umsetzung von Art. 14 NIS-RL dient und Art. 2 NIS-RL für den Schutz der personenbezogenen Daten auf die Regelungen des Datenschutzrechtes verweist, findet Art. 32 DS-GVO neben § 8a Anwendung.[8] Im Hinblick darauf, dass die nach beiden Regelungen zu ergreifenden Schutzmaßnahmen oft gleichlaufend sein werden, sollten sich daraus keine Probleme, sondern bestenfalls sogar Synergieeffekte ergeben.[9]

B. Einzelerläuterungen

I. Absicherungspflichten (Abs. 1)

8 **1. Adressaten. Adressaten** der Absicherungspflicht des Abs. 1 sind die Betreiber von Kritischen Infrastrukturen im Sinne des § 2 Abs. 10. Der Betreiberbegriff selbst wird in § 1 Nr. 2 BSI-KritisV näher definiert. Danach ist „Betreiber eine natürliche oder juristische Person, die unter Berücksichtigung der rechtlichen, wirt-

---

[5] *Ritter/Schulte,* CR 2019, 617 (618).
[6] *Ritter/Schulte,* CR 2019, 617 (624); *Schallbruch,* CR 2016, 663 (664).
[7] Schwartmann/Jaspers/Thüsing/Kugelmann/*Ritter,* DS-GVO Art. 32 Rn. 17.
[8] Schwartmann/Jaspers/Thüsing/Kugelmann/*Ritter,* DS-GVO Art. 32 Rn. 11.
[9] Vgl. Schwartmann/Jaspers/Thüsing/Kugelmann/*Ritter,* DS-GVO Art. 32 Rn. 12.

schaftlichen und tatsächlichen Umstände bestimmenden Einfluss auf die Beschaffenheit und den Betrieb einer Anlage oder Teilen davon ausübt". Sofern die IT ausgelagert wurde, sind die IT-Dienstleister der Betreiber nicht selbst Adressaten des Abs. 1. Vielmehr bleibt die Absicherungspflicht auch in diesem Fall bei den Betreibern.[10] Auch die Hersteller der zum Betrieb der Kritischen Infrastrukturen notwendigen IT sind nicht selbst Adressaten der Norm.

2. Gegenstand der Absicherungspflicht. Gegenstand der Absicherungs- 9 pflicht sind die informationstechnischen **Systeme, Komponenten und Prozesse,** die für die Funktionsfähigkeit der Kritischen Infrastruktur relevant sind. Die Pflicht bezieht sich also nicht auf jegliche IT, die von dem Betreiber genutzt wird. So unterfällt zB reine Büro-IT nicht dem Abs. 1, wenn sie aufgrund von entsprechenden Abschottungsmaßnahmen keinerlei Auswirkung auf die Erbringung der kritischen Dienstleistungen haben kann. Betreiber müssen daher im Rahmen einer Bestandsaufnahme prüfen, welche IT unmittelbare Auswirkungen auf die Funktionsfähigkeit der betriebenen Anlage haben könnte.[11] Dabei bezieht sich die Pflicht nicht nur auf informationstechnische Systeme, sondern auch auf die darin oder in anderen Systemen eingesetzten Komponenten oder Prozesse. Nach der Gesetzesbegründung soll dies verdeutlichen, dass überall dort Sicherheitsmaßnahmen ergriffen werden müssen, wo IT in irgendeiner Form Einfluss auf die Erbringung der kritischen Dienstleistung hat.[12] Gleichwohl indiziert diese Begründung eine sehr weitgehende Absicherungspflicht, die so vom Wortlaut des Abs. 1 nicht mehr gedeckt ist. Denn nach dem Wortlaut kommt es auf die „Funktionsfähigkeit der [...] kritischen Infrastruktur" – also die Funktionsfähigkeit einer konkreten Anlage – an und nicht auf schlechthin jede IT, die Einfluss auf die Erbringung der kritischen Dienstleistung hat. Relevant kann diese Unterscheidung zB bei bloßen Abrechnungssystemen sein, mit denen Betreiber ihre erbrachte kritische Dienstleistung in Rechnung stellen. Diese werden oft nicht für die Funktionsfähigkeit der Anlage und für die technische Erbringung der kritischen Dienstleistung relevant sein, sondern eben nur für die nachgelagerte Kostenrechnung – so wichtig diese für die Betreiber auch sein mag. Die Absicherungspflicht gilt jedoch auch für Systeme, die zwar nicht für den Betrieb der KRITIS-Anlage notwendig sind, die deren Betrieb aber beeinflussen könnten. Diese Einflussmöglichkeit muss nicht beabsichtigt sein, es reicht, dass sie faktisch besteht. Das ist etwa der Fall, wenn gegenseitige Abhängigkeiten zwischen Systemen bestehen, Verbindungen das „Überspringen" auf steuerungsrelevante Systeme ermöglichen oÄ. Wenn es keine steuerungsrelevanten Systeme geben sollte, etwa weil die kritische Dienstleistung vollständig ohne den Einsatz von IT erbracht werden kann, sind auch keine dahingehenden Absicherungsmaßnahmen notwendig.

Die Absicherungspflicht bezieht sich nicht nur auf IT, die die Betreiber selbst be- 10 treiben. Vielmehr wird jegliche IT erfasst, die für die Funktionsfähigkeit der Anlagen maßgeblich ist, auch sofern diese im Rahmen von **Outsourcing** ausgelagert wurde. Daher trifft die Pflicht zur Absicherung der bei einem Dienstleister betriebenen IT auch den Betreiber. Er hat die Erfüllung der Absicherungspflicht im Rahmen der organisatorischen Maßnahmen, zB durch vertragliche Vereinbarungen mit dem Dienstleister, sicherzustellen.

---

[10] BT-Drs. 18/4096, 26.

[11] Voigt IT-SicherheitsR, Kap. F Rn. 262.

[12] BT-Drs. 18/4096, 26.

11 **3. Inhalt der Absicherungspflicht. Inhalt der Absicherungspflicht** sind technische und organisatorische Maßnahmen zum Schutz gegen Störungen der Verfügbarkeit, Integrität, Authentizität und Vertraulichkeit der IT. Abs. 1 zielt also weitgehend auf die klassischen Grundwerte der Informationssicherheit ab. So sind Verfügbarkeit, Unversehrtheit (=Integrität) und Vertraulichkeit (näher dazu → § 7c Rn. 18) als Grundwerte der Informationssicherheit[13] auch in § 2 Abs. 2 als Ziele der Sicherheit in der Informationstechnik festgelegt. Der Begriff der „Authentizität" passt nicht ganz in diese Reihe, da es sich dabei nicht um einen hergebrachten Grundwert der Informationssicherheit handelt. Vielmehr dient die „Authentizität" lediglich den Grundwerten der Integrität und Vertraulichkeit.[14] Eine Begründung dafür, warum der Gesetzgeber den Begriff gerade hier neben die klassischen Grundwerte stellt, ist nicht ersichtlich. Gleichwohl sollte die Operationalisierung des Begriffes keine praktischen Probleme bereiten, da die Authentizitätssicherung zB im BSI-Grundschutzkompendium thematisiert wird[15] und die Frage nach dem Grund der Nennung in der Aufzählung daher eher akademischer Natur sein dürfte. Die Absicherungspflicht erstreckt sich nicht nur auf die Abwehr von bewussten Angriffen Dritter, sondern folgt einem Allgefahren-Ansatz. Es müssen also Maßnahmen gegen jede mögliche Gefährdung der genannten Schutzziele in Betracht gezogen werden. Diese können zB aus technischen Fehlern, Verschleiß, menschlichem Versagen, Unfällen (zB Brände) oder auch Naturkatastrophen (zB Hochwasser, die die Systeme überfluten) herrühren.

12 Die **Verfügbarkeit** von Systemen, Komponenten und Prozessen ist gegeben, wenn diese wie vorgesehen genutzt werden können.[16] Um dies zu gewährleisten, müssen sie insbesondere gegen Zerstörung, Blockade, Verlust oder Ausfall geschützt werden.[17] Denkbar sind hier insbesondere die Einrichtung von Backup- bzw. Fallbacksystemen, die den Ausfall wichtiger Funktionen kompensieren können, zB Netzersatzanlagen, die die Stromversorgung und damit den Betrieb der Systeme auch bei Ausfall des Netz-Stroms sicherstellen.

13 Die **Integrität** bezeichnet die Sicherstellung der Richtigkeit von Daten und die korrekte Funktionsweise von Systemen.[18] Sie wird gewahrt, wenn die Systeme, Komponenten und Prozesse gegen jegliche – vom Berechtigten ungewollte – Veränderungen geschützt sind.[19] Die dafür nötigen Maßnahmen müssen zwei Aspekte adressieren, nämlich die Berechtigung zur Vornahme von Veränderungen und die Richtigkeit der vorgenommenen Veränderung. Notwendig ist ein System zur Erkennung von erfolgten Veränderungen, um prüfen zu können, ob diese von Berechtigten oder Unberechtigten vorgenommen wurden und die Veränderungen inhaltlich korrekt vorgenommen wurden. Neben der Erkennung sind aber auch Schutzmaßnahmen notwendig, die von vorneherein sicherstellen, dass nur Berechtigte Zugriff haben, zB durch ein Rechtemanagement im System, physische Zugangssicherungen oÄ. Zu den Maßnahmen, die den Aspekt der Richtigkeit der Veränderung adressieren, gehört zB die Prüfung von Software-Updates auf ihre Funktionsfähigkeit, bevor sie in den Produktivbetrieb übernommen werden.

---

[13] Vgl. *BSI,* IT-Grundschutz-Kompendium, Glossar S. 3.
[14] Vgl. *BSI,* IT-Grundschutz-Kompendium, Glossar S. 1.
[15] Vgl. zB *BSI,* IT-Grundschutz-Kompendium, Elementare Gefährdungen G 0.43 S. 43.
[16] Vgl. *BSI,* IT-Grundschutz-Kompendium, Glossar S. 8.
[17] Vgl. Voigt IT-SicherheitsR, Kap. F Rn. 265.
[18] *BSI,* IT-Grundschutz-Kompendium, Glossar S. 4.
[19] Vgl. Voigt IT-SicherheitsR, Kap. F Rn. 265.

Wenn Sensor-Informationen verarbeitet werden, kann es auch notwendig sein, die von den Sensoren gelieferten Informationen zunächst einer Plausibilitätsprüfung zu unterziehen, bevor auf Basis dieser Informationen weitere Handlungen (zB durch Steuerungssysteme) vorgenommen werden.

Vertraulichkeit bedeutet den Schutz von Informationen vor unbefugter Preisgabe. Vertrauliche Daten und Informationen dürfen ausschließlich Befugten zugänglich sein.[20] **14**

Authentizität bedeutet die Gewährleistung, dass die vorgebliche Identität von Kommunikationspartnern oder die Herkunft von Informationen mit der tatsächlichen übereinstimmt. Sie gewährleistet, dass ein menschlicher oder technischer Kommunikationspartner tatsächlich derjenige ist, der er vorgibt zu sein. Bei Informationen stellt die Authentizität sicher, dass sie von der angegebenen Stelle stammen.[21] Die Maßnahmen zur Sicherung der Authentizität werden oft mit denen zur Wahrung der Integrität und Vertraulichkeit übereinstimmen. Denn letztlich sichert die Authentizität vor allem die Rollen- und Rechtemodelle ab, die der Sicherung von Integrität und Vertraulichkeit der Informationsverarbeitung zum Betrieb der KRITIS dienen. Dafür ist es zB notwendig, dass Maßnahmen ergriffen werden, um sicherzustellen, dass Nutzende, Systeme oder auch Anwendungen die Authentizität ihrer (technischen oder menschlichen) Kommunikationspartner verifizieren können (zB durch elektr. Zertifikate). Diese Maßnahmen sollen verhindern, dass unberechtigte Dritte Einfluss auf die Steuerung der KRITIS erlangen können (zB durch fehlerhafte Daten) und die Anlagen dadurch zerstören können. Dass solche Angriffe möglich sind, hat der Fall Stuxnet gezeigt. Hier wurden Zentrifugen für die Urananreicherung von Angreifern so fehlgesteuert, dass sie schließlich ausfielen.[22] **15**

Zur Sicherung der Schutzziele müssen **organisatorische Maßnahmen** ergriffen werden. Dazu gehört zB die vertragliche Verpflichtung von Dienstleistern zum Ergreifen notwendiger Schutzmaßnahmen, wenn die für die Aufrechterhaltung der kritischen Dienstleistung nötige IT von diesen und nicht vom Betreiber selbst betrieben wird. Dazu kann aber auch die vertragliche Verpflichtung von Zulieferern gehören, entsprechend abgesicherte Systeme oder Komponenten zu liefern.[23] Aufgrund der Wichtigkeit des Faktors Mensch für die Herstellung von IT-Sicherheit zählt zu den organisatorischen IT-Sicherheitsmaßnahmen auch die regelmäßige Sensibilisierung und Schulung des Personals.[24] Zudem müssen die Betreiber ein Informationssicherheits-Managementsystem (ISMS) etablieren, das die regelmäßige Überprüfung und Evaluierung der ergriffenen Maßnahmen auf ihre Wirksamkeit hin vorsieht. Hierfür können sich Betreiber zB am BSI-Standard 200-1 oder der ISO 27001 orientieren. **16**

Neben den organisatorischen sind auch **technische Maßnahmen** zu ergreifen. Abs. 1 gibt hier keine speziellen Maßnahmen vor. Vielmehr lassen sich die zu ergreifenden Maßnahmen aus einer Schutzbedarfsanalyse der konkreten Anlagen ableiten.[25] Zu den möglichen Maßnahmen können zB Maßnahmen zur Detektion **17**

---

[20] *BSI,* IT-Grundschutz-Kompendium, Glossar S. 9.

[21] Vgl. *BSI,* IT-Grundschutz-Kompendium, Glossar S. 1.

[22] *Krüger,* https://www.sueddeutsche.de/politik/virus-stuxnet-und-irans-atomprogramm-zentrifugen-die-sich-zu-schnell-drehen-1.1047249.

[23] In diese Richtung auch *Schreibauer/Spittka,* ITRB 2015, 240 (241).

[24] *Scharf,* IT-Sicherheit 4/2018, 48 (50); Schwartmann/Jaspers/Thüsing/Kugelmann/*Ritter,* DS-GVO Art. 32 Rn. 26.

[25] *Teletrust,* Handreichung zum Stand der Technik, S. 16.

von Angriffen oder Fehlern gehören. Auch die Abschottung der betriebswichtigen IT von anderen Systemen oder gar dem Netz selbst kann geboten sein, wenn der Schutz anders nicht sicherzustellen ist.[26] Einen Überblick über weitere mögliche Maßnahmen zum Schutz der IT bieten das BSI IT-Grundschutz-Kompendium oder die Handreichung des Teletrust zum Stand der Technik[27].

18 Die zu ergreifenden Maßnahmen sollen nach S. 2 den **Stand der Technik** einhalten. Das „soll" verdeutlicht, dass die Betreiber in begründeten Ausnahmefällen vom Stand der Technik abweichen dürfen, etwa dann, wenn bestimmte Maßnahmen zwar dem Stand der Technik entsprechen, sich im konkreten Einzelfall aber nachteilig auf den sicheren Betrieb der IT auswirken könnten.[28] Als Beispiele nennt die Gesetzesbegründung das zeitnahe Einspielen von Sicherheitsupdates. Dieser Vorgang kann den sicheren Betrieb der IT und damit die Aufrechterhaltung der kritischen Dienstleistung gefährden, wenn die Auswirkungen des Updates auf den Anlagenbetrieb nicht absehbar sind.[29] Daher kann es geboten sein, diese Updates zunächst zu testen, bevor sie in den Produktbetrieb übernommen werden. Den Betreibern steht es jedoch auch frei, auch Maßnahmen zu ergreifen, die zwar nicht dem Stand der Technik entsprechen, aber einen vergleichbaren oder besseren Schutz bieten.[30]

19 Eine Definition des Standes der Technik enthält das Gesetz selbst nicht mehr. Die in einem frühen Entwurf enthaltene Definition[31] findet sich aber zumindest in der Gesetzesbegründung wieder: „Stand der Technik in diesem Sinne ist der Entwicklungsstand fortschrittlicher Verfahren, Einrichtungen oder Betriebsweisen, der die praktische Eignung einer Maßnahme zum Schutz der Funktionsfähigkeit von informationstechnischen Systemen, Komponenten oder Prozessen gegen Beeinträchtigungen der Verfügbarkeit, Integrität, Authentizität und Vertraulichkeit gesichert erscheinen lässt."[32] Bei dieser Definition handelt es sich um eine Abwandlung der in Gesetzen zu verwendenden Generalklausel des Standes der Technik aus dem Handbuch der Rechtsförmlichkeit.[33] Durch die leichte Abwandlung wurde die eher allgemeine Generalklausel spezifischer auf die konkreten Schutzziele des § 8a zugeschnitten. Der Stand der Technik ist auch in dieser Form von den beiden anderen typischerweise in Gesetzen verwendeten Entwicklungsständen abzugrenzen, nach oben zum „Stand von Wissenschaft und Forschung" und nach unten zu den „Allgemein anerkannten Regeln der Technik".[34] Notwendig ist, dass die Maßnahmen bereits in der Praxis erfolgreich erprobt worden sind. Das unterscheidet dieses Sicherheitsniveau wesentlich vom Stand der Wissenschaft und Forschung,

---

26 BT-Drs. 18/4096, 26.

27 *Teletrust,* Handreichung zum Stand der Technik, S. 19ff.

28 Vgl. Hornung/Schallbruch IT-SicherheitsR/*Fischer,* § 13 Rn. 69; Gabel/Heinrich/Kiefner Cyber-Security-HdB/*Wimmer/Mechler,* Kap. 5 Rn. 16; Schenke/Graulich/Ruthig/*Buchberger,* Rn. 3; *Gitter/Meißner/Spauschus,* DuD 2016, 7 (8).

29 BT-Drs. 18/5121, 15.

30 BT-Drs. 18/4096, 26.

31 S. dazu § 8a Abs. 2 aus dem Referentenentwurf des BMI v. 5.3.2013, https://www.rainer-gerling.de/PDF/Entwurf_IT-Sicherheitsgesetz_2013_03_05.pdf.

32 BT-Drs. 18/4096, 26.

33 Vgl. *Gehrmann/Klett,* K&R 2017, 372 (375); s. zur Generalklausel: Handbuch der Rechtsförmlichkeit, BAnz 2008 Nr. 160a 85.

34 *Roos,* K&R 2013, 769 (772); *Teletrust,* Handreichung zum Stand der Technik, S. 11; Handbuch der Rechtsförmlichkeit, BAnz 2008 Nr. 160a, 84f.

der selbst unerprobte Maßnahmen erfasst. Anders als bei den anerkannten Regeln der Technik ist es jedoch nicht erforderlich, dass diese Maßnahmen bereits von der Mehrheit der beteiligten Kreise als richtig und bewährt anerkannt werden.[35] Vielmehr müssen sie an der Front der technischen Entwicklung liegen.[36] Damit soll verhindert werden, dass durch die Verwendung von Schutzvorkehrungen, die durch die technische Entwicklung veraltet sind, Sicherheitslücken entstehen.[37] Da der Stand der Technik sich mit der Technik selbst dynamisch weiterentwickelt, müssen die Betreiber kontinuierlich prüfen, ob die ergriffenen Maßnahmen noch immer dem Stand der Technik entsprechen.[38] Die Ermittlung des konkreten Standes der Technik im Bereich der IT-Sicherheit kann in der Praxis durchaus schwierig sein. Die Betreiber können sich dafür jedoch an nationalen, europäischen und internationalen Normen[39], Fachveröffentlichungen, dem BSI IT-Grundschutz und Empfehlungen des BSI sowie der Handreichung des Teletrust orientieren.[40]

Die zu ergreifenden Maßnahmen müssen dem Risiko **angemessen** sein. Erforderlich ist daher vor allem eine sorgfältige Analyse der für die Systeme, Komponenten und Prozesse bestehenden Risiken. Aus der Analyse können dann die entsprechenden Maßnahmen zur Risikovermeidung oder -verminderung abgeleitet werden. Daher zählt zu primär umzusetzenden Maßnahmen die Einrichtung eines Informationssicherheitsmanagementsystems (ISMS), zB nach ISO 27001 oder BSI IT-Grundschutz. Nach S. 3 ergibt sich die Angemessenheit auch aus einem Vergleich des Absicherungsaufwandes mit den möglichen Folgen eines Ausfalls oder einer Beeinträchtigung der Kritischen Infrastruktur. Dies verdeutlicht bereits, dass der Vergleichsmaßstab hier die Versorgungssicherheit und nicht die rein wirtschaftlichen Folgen einer Risikorealisierung sein sollen. Während also zB der Abschluss einer Versicherung ansonsten eine adäquate Maßnahme zur Abwehr der aus IT-Bedrohungen resultierenden wirtschaftlichen Risiken sein kann, ist dies im Rahmen des S. 3 als untaugliche Maßnahme anzusehen. Vielmehr müssen die Maßnahmen geeignet sein, Ausfälle oder Beeinträchtigungen für den Betrieb der Kritischen Infrastruktur tatsächlich zu reduzieren und nicht nur deren wirtschaftliche Folgen abfangen. Das in S. 3 einfachgesetzlich aktualisierte, aber schon verfassungsrechtlich gebotene, Verhältnismäßigkeitsprinzip bedeutet jedoch auch, dass Betreiber nicht jede denkbare Maßnahme ergreifen müssen. Da hundertprozentige Sicherheit nicht möglich ist, müssten sie ansonsten uU sehr teure Maßnahmen ergreifen, denen jedoch kein signifikanter IT-Sicherheitsgewinn gegenüberstehen würde. Daher ist eine Abwägung zwischen den Kosten auf der einen Seite und dem Gewinn an IT-Sicherheit sowie den Ausfallrisiken für die Kritische Infrastruktur auf der anderen Seite grds. zulässig.[41] Zu beachten ist dabei jedoch, dass der mögliche Ausfall einer Kritischen Infrastruktur aufgrund der Auswirkungen auf eine Vielzahl von Personen bei der Abwägung regelmäßig ein sehr hohes Gewicht haben wird. **20**

4. Umsetzungsfrist. Die Absicherungspflicht aus Abs. 1 ist seit dem IT-SiG 2.0 **21**
bis zum ersten Werktag, nachdem ein Betreiber erstmals oder erneut KRITIS-Be-

---

[35] Vgl. Schwartmann/Jaspers/Thüsing/Kugelmann/*Ritter*, DS-GVO Art. 32 Rn. 83.
[36] Vgl. *Roos*, K&R 2013, 769 (772); *Roos*, MMR 2014, 723 (725).
[37] Schenke/Graulich/Ruthig/*Buchberger*, Rn. 3.
[38] Voigt IT-SicherheitsR, Kap. F Rn. 269.
[39] BT-Drs. 18/4096, 26.
[40] Hornung/Schallbruch IT-SicherheitsR/*Fischer*, § 13 Rn. 70.
[41] BT-Drs. 18/4096, 26; *Gehrmann/Klett*, K&R 2017, 372 (376).

treiber wurde, zu erfüllen. Wird eine Anlage also zum 1.4. eines Jahres KRITIS, muss die Absicherungspflicht aus Abs. 1 bereits am 2.4. vollständig erfüllt werden, sofern dieser ein Werktag ist. Eindeutig keine Werktage sind Sonntage sowie gesetzliche Feiertage nach dem Recht des Bundes oder des Landes, in dem die jeweilige KRITIS angesiedelt ist, wie sich aus einem vergleichenden Blick auf § 3 Abs. 2 BUrlG ergibt. Komplizierter ist es bei der Einstufung des Samstags, die auch in anderen Rechtsgebieten Anlass zur Diskussion bietet. So wird er zB in § 3 Abs. 2 BUrlG als Werktag behandelt. Andere Gesetze wie zB § 46 S. 2, Hs. 2 SGB V wollen den Samstag explizit nicht als Werktag verstanden wissen. Im Bereich des Mietrechts hat der BGH den Samstag mal als Werktag angesehen und mal nicht.[42] Für den Bereich des TVöD hat das BAG den Samstag zwar in einem Fall als Werktag angesehen, jedoch auch darauf hingewiesen, dass dieses Verständnis nicht in jedem Fall zwingend sei.[43] Entscheidend muss daher vor allem sein, welchem Zweck das Abstellen auf den Werktag dient. Als Werktag werden üblicherweise die Tage bezeichnet, an denen im Unterschied zu Sonn- und Feiertagen gearbeitet wird.[44] Für die Mehrheit der Arbeitnehmer in Deutschland ist das am Samstag nicht mehr der Fall.[45] Auch wenn viele KRITIS-Leistungen rund um die Uhr betrieben werden, dürfte der Samstag in der Regel nicht als Werktag anzusehen sein, denn gerade dann macht die Unterscheidung von Werk- und Feiertagen keinen Sinn. Sie macht vor allem dann Sinn, wenn man sie so versteht, dass Werktage die Tage der Woche sind, an denen praktisch alle – auch externen – Dienstleister arbeiten und neue Maßnahmen im Unternehmen umgesetzt werden können. Das wird idR montags bis freitags der Fall sein, so dass Samstag nicht als Werktag iSd S. 1 BSIG anzusehen ist.

22 Der S. 1 sah in der Ursprungsfassung eine **Umsetzungsfrist** von zwei Jahren nach Inkrafttreten der Rechtsverordnung nach § 10 Abs. 1 vor. Das bedeutet, dass die jeweils durch Änderungen der Rechtsverordnung erstmals verpflichteten Betreiber zwei Jahre Zeit hatten, die Verpflichtungen zu erfüllen. Diese Umsetzungsfrist war insbesondere deshalb relevant, da die BSI-KritisV nicht von Anfang an alle Betreiber nannte, sondern in zwei Körben erlassen wurde. Nach der Änderung der BSI-KritisV im Jahre 2017 war die Umsetzungsfrist für die genannten Sektoren bereits abgelaufen. Für Anlagen aus den damals erstmals enthaltenen Sektoren, die erst nach Ablauf der Umsetzungsfrist zu KRITIS wurden, weil sie erstmals oder erneut die entsprechenden Schwellenwerte überschritten, entfaltete diese gesetzliche Umsetzungsfrist schon keine Wirkung mehr. Die Pflichten des Abs. 1 galten für sie unmittelbar, sobald sie KRITIS wurden.[46] Mit dem IT-SiG 2.0 hat der Gesetzgeber auf den ohnehin fehlenden Anwendungsbereich reagiert und die Übergangsfrist in S. 1 gestrichen.[47] Diese Streichung erscheint auch nicht unverhältnismäßig, da das Überschreiten der entsprechenden Schwellenwerte für die Betreiber gut planbar sein dürfte und sie in der Regel ausreichend Zeit haben, die entsprechenden Maßnahmen zu ergreifen. Dort wo dies nicht der Fall ist, kann und muss dies hinrei-

---

42 Vgl. die Nachweise bei *Häublein,* NZM 2010, 651 f.

43 Vgl. *BAG,* Urt. v. 20.9.2017 – 6 AZR 143/16, NZA 2018, 110 (113).

44 So zu Recht schon *Häublein,* NZM 2010, 651 (652).

45 Vgl. https://www.destatis.de/DE/Themen/Arbeit/Arbeitsmarkt/Qualitaet-Arbeit/Dimension-3/wochenendarbeitl.html, wonach nur noch 21,8% der Arbeitnehmer am Samstag arbeiten.

46 *Ritter,* RDV 2020, 237 (239).

47 BT-Drs. 19/26106, 79.

chend bei den entsprechenden Aufsichtsmaßnahmen berücksichtigt werden. Das BSI wird den Betreibern neuer KRITIS also mehr Zeit zugestehen müssen, bevor es zB Bußgeldverfahren wegen der Verletzung des Abs. 1 einleitet. Der zuzugestehende Zeitraum wird von den Umständen des Einzelfalles abhängen. Bei Anlagen, die bereits früher einmal KRITIS waren, die aber wegen vorübergehender Unterschreitung der Schwellenwerte kurzzeitig ihre KRITIS-Eigenschaft verloren haben, kann diese Frist durchaus kurz bemessen werden.[48] Umgekehrt wird es sich bei Änderungen der BSI-KritisV selbst, mit denen Anlagen erstmals neu als KRITIS festgelegt und die entsprechenden Absicherungspflichten ausgelöst werden, darstellen. Da die Anlagen der Betreiber hier weniger planbar zu KRITIS werden können, wird man ihnen ggf. eine längere „Schonfrist" zugestehen müssen.

II. Systeme zur Angriffserkennung (Abs. 1a)

Mit dem IT-SiG 2.0 wurde der Abs. 1a neu eingefügt, nach dem zu den angemessenen organisatorischen und technischen Maßnahmen aus Abs. 1 auch der Betrieb von **Angriffserkennungssystemen** gehört. Dies ist insofern bemerkenswert, da dies auch bisher schon der Fall war. Bereits die Gesetzesbegründung zu Abs. 1 erklärte, dass zu den organisatorischen und technischen Maßnahmen auch Detektionsmaßnahmen gehören.[49] Zudem wurde im Rahmen der Sachverständigenanhörung zu Recht kritisiert, dass die explizite Nennung einzelner zu ergreifender Maßnahmen wenig sinnvoll ist, da diesen dadurch Priorität vor uU wichtigeren anderen Maßnahmen eingeräumt werde. Welche Maßnahmen im Einzelfall tatsächlich geboten seien, sollte vielmehr im Rahmen einer Risikoanalyse ermittelt werden.[50] Auch wenn die pauschale gesetzliche Pflicht zum Betrieb von Angriffserkennungssystemen fachlich fragwürdig ist, lässt sie sich doch halbwegs sinnvoll operationalisieren. Denn S. 4 verweist auf die Abs. 1 S. 2 und 3, also die Orientierung am Stand der Technik und den Angemessenheitsvorbehalt. Diese geben die Möglichkeit für einen eher begrenzten Betrieb von Angriffserkennungssystemen, sofern andere Maßnahmen im Rahmen der Risikoanalyse als deutlich wichtiger anzusehen wären. Einen vollständigen Verzicht wird man im Hinblick auf die explizite Verpflichtung aber nur in den seltensten Fällen begründen können – etwa dann, wenn der Betrieb von Angriffserkennungssystemen schon keine geeignete Maßnahme iSd Abs. 1 ist. 23

S. 2 gibt vor, wie die Systeme arbeiten sollen. So sollen sie „geeignete Parameter und Merkmale aus dem laufenden Betrieb kontinuierlich und automatisch erfassen und auswerten". Welche Parameter oder Merkmale dies sind, soll sich nach dem jeweiligen Einsatzszenario richten. Nach der Gesetzesbegründung sind verschiedenste Detektionsverfahren oder Angriffserkennungsmethoden denkbar. Die Gesetzesbegründung nennt hier etwa statische Mustererkennung bei Software und Kommunikation,[51] wie sie oft von Antiviren-Software verwendet wird. Aber auch Heuristik, **künstliche Intelligenz** oder **Anomalieerkennung** sollen für die Angriffserkennung eingesetzt werden können. Da die Angriffserkennungssysteme auf Indikatoren zur Erkennung eines Angriffes angewiesen sind, soll das BSI entsprechende Daten im Rahmen des § 8b Abs. 2 über eine **Malware Information Shar-** 24

---

[48] *Ritter,* RDV 2020, 237 (239).
[49] BT-Drs. 18/4096, 25.
[50] *Atug,* Ausschuss-Drs. 19(4)741 C, 20.
[51] BT-Drs. 19/26106, 79.

ing Plattform (MISP) an die Betreiber übermitteln.[52] So können Betreiber ihre Systeme aktuell halten.[53] Mit der Möglichkeit des Abrufs entsprechender Informationen dürfte auch eine entsprechende Pflicht der Betreiber korrespondieren, diese aus dem MISP abzurufen und mit den aus anderen Quellen stammenden Informationen abzugleichen.

25 Angriffserkennungssysteme sollen nach S. 3 nicht nur in der Lage sein, Bedrohungen zu identifizieren. Vielmehr gehört dazu auch, die Bedrohungen zu vermeiden und geeignete Beseitigungsmaßnahmen vorzusehen. Letztlich geht die Pflicht des Abs. 1a an der Stelle über den Rahmen reiner Angriffserkennung hinaus und in den Bereich der sonstigen organisatorischen und technischen IT-Sicherheitsmaßnahmen. Denn in der Aufteilung der Maßnahmen in die Rubriken Prävention, Detektion und Reaktion dienen Angriffserkennungssysteme eigentlich erst einmal nur der Detektion. S. 3 schreibt ihnen aber auch die Aufgabe der Reaktion zu. Dies ist insoweit unschädlich, da Reaktionsmaßnahmen bei verständiger Würdigung auch bisher schon durch Abs. 1 vorgeschrieben waren. In regelungssystematischer Sicht führt es aber erneut die Schwächen des neuen Abs. 1a vor Augen. Zu den Vermeidungsmaßnahmen dürfte zB gehören, dass Schadsoftware nach der Detektion gelöscht oder in ein Quarantänesystem verschoben, aber nicht weiter versandt oder ausgeführt wird. Als Beseitigungsmaßnahme wird man entsprechende Reaktionspläne ansehen können, wie im Fall eines Angriffes vorzugehen ist.

26 Die Verpflichtung zum Einsatz von Angriffserkennungssystemen gilt erst ab dem 1.5.2023. Damit soll den Betreibern die notwendige **Umsetzungsfrist** gewährt werden.[54] Dies ist insofern wichtig, als der Gesetzgeber selbst erkannt hat, dass es eine Vielzahl verschiedenster Systeme gibt und diese uU auch Schäden durch falsche Warnmeldungen erzeugen können. Die Einführung bedarf also einer Abwägung der Schutzinteressen mit den möglichen Risiken.[55] Aus der Formulierung in S. 1 „Die Verpflichtung nach Absatz 1 Satz 1 […] umfasst ab dem 1. Mai 2023“ ließe sich bis dahin sogar herleiten, dass dies bis zu diesem Datum nicht der Fall wäre. Anderenfalls hätte der Gesetzgeber des IT-SiG 2.0 die Formulierung „spätestens ab dem 1. Mai 2023“ verwenden können. Jedoch dürfte es sich eher um einen redaktionellen Lapsus handeln. Denn bereits mit der Einführung des Abs. 1 wurden Angriffserkennungssysteme als mögliche Vorkehrung iSd Abs. 1 deklariert.[56] Gleichwohl ließe sich durch die Betreiber mit Verweis auf die Wortlautgrenze durchaus argumentieren, dass der Gesetzgeber nunmehr eine neue und vorrangige Regelung für Angriffserkennungssysteme eingeführt habe, die eben erst ab einem bestimmten Datum gelte. Da die meisten Betreiber ohnehin bereits Angriffserkennungssysteme betreiben, wird diese Frage aber vermutlich weitgehend akademischer Natur bleiben.

III. Branchenspezifische Sicherheitsstandards (Abs. 2)

27 Nach Abs. 2 können die Betreiber oder ihre Branchenverbände sog. **Branchenspezifische Sicherheitsstandards** (abgekürzt „B3S“) erarbeiten, um für ihre Branche zu konkretisieren, mit welchen Maßnahmen die Anforderungen des

[52] BT-Drs. 19/26106, 79.
[53] Voigt IT-SicherheitsR, Kap. F Rn. 290.
[54] BT-Drs. 19/26106, 80.
[55] BT-Drs. 19/26106, 79.
[56] Vgl. BT-Drs. 18/4096, 25.

Abs. 1 erfüllt werden können. Da die Ermittlung des Standes der Technik im Einzelfall für Betreiber schwierig sein kann,[57] stellen anerkannte B3S einen Weg dar, mehr Rechtssicherheit hinsichtlich der notwendigen Maßnahmen für die Betreiber zu erreichen.[58] Das BSI stellt auf seiner Webseite eine Orientierungshilfe zur Erstellung von B3S zur Verfügung.[59] Mittlerweile sind mehr als 10 B3S verschiedener Branchen erarbeitet und deren Eignung vom BSI festgestellt worden. Das BSI veröffentlicht auf seinen Webseiten, für welche B3S es die Eignung festgestellt hat und welche gerade erarbeitet bzw. geprüft werden.[60] Das ermöglicht es Betreibern, sich an existierenden B3S zu orientieren, statt selbst den Stand der Technik ermitteln zu müssen.

Das BSI stellt die **Eignung** der B3S auf Antrag fest. Es handelt sich dabei um ein formelles Verwaltungsverfahren. Die Entscheidung des BSI, ob der B3S geeignet ist, die Anforderungen des Abs. 1 zu erfüllen, stellt einen gebundenen Verwaltungsakt dar,[61] der gerichtlich überprüft werden kann. Dabei stellt der Begriff „geeignet" einen unbestimmten Rechtsbegriff dar, der dem BSI einen **Beurteilungsspielraum** einräumt,[62] der gerichtlich nur begrenzt überprüfbar ist. Die Frage der Geeignetheit enthält nämlich eine wertende und prognostische Betrachtung, ob die Maßnahmen des B3S den Zweck der IT-Sicherheit auch in einer sich schnell weiterentwickelnden Welt erfüllen können.[63] Wegen der schnellen Weiterentwicklung der Technik und der Gefährdungslage stellt das BSI die Eignung im Allgemeinen für die Dauer von zwei Jahren fest. Danach ist ein neuer Antrag auf Eignungsfeststellung nötig.[64] 28

Bei der Feststellung der Eignung muss das BSI das Benehmen mit dem Bundesamt für Bevölkerungsschutz und Katastrophenhilfe (BBK) und das **Einvernehmen** mit den zuständigen Aufsichtsbehörden des Bundes herstellen. Dies soll die Vereinbarkeit des B3S mit anderen fachlichen (Aufsichts-)Belangen und der übrigen Koordinierung in der Katastrophenvorsorge sicherstellen. Dabei bedeutet Einvernehmen, dass Einigkeit zwischen dem BSI und den Aufsichtsbehörden des Bundes hergestellt werden muss. Das Benehmen mit dem BBK bedeutet, dass das BSI diesem die Gelegenheit zur Stellungnahme geben und dessen Rückmeldung in seiner Entscheidung berücksichtigen muss, nach eigener Abwägung aber durchaus davon abweichen darf.[65] 29

Bis zum IT-SiG 2.0 musste zudem mit den sonstigen Aufsichtsbehörden das Benehmen hergestellt werden. Die unterschiedliche Behandlung gegenüber den Auf- 30

---

[57] Vgl. *Gehrmann/Klett,* K&R 2017, 372 (376).

[58] Hornung/Schallbruch IT-SicherheitsR/*Fischer,* § 13 Rn. 73; Voigt IT-SicherheitsR, Kap. F Rn. 270.

[59] https://www.bsi.bund.de/DE/Themen/KRITIS-und-regulierte-Unternehmen/Kritische-Infrastrukturen/Allgemeine-Infos-zu-KRITIS/Stand-der-Technik-umsetzen/Orientierungshilfe-zu-B3S/orientierungshilfe-zu-b3s_node.html.

[60] *BSI,* Orientierungshilfe zu Inhalten und Anforderungen an branchenspezifische Sicherheitsstandards (B3S) gemäß § 8a Absatz 2 BSIG (abrufbar auf den Webseiten des BSI: www.bsi.bund.de).

[61] Schenke/Graulich/Ruthig/*Buchberger,* Rn. 5.

[62] Schenke/Graulich/Ruthig/*Buchberger,* Rn. 5; *Roos,* MMR 2014, 723 (726).

[63] Schenke/Graulich/Ruthig/*Buchberger,* Rn. 5.

[64] Hornung/Schallbruch IT-SicherheitsR/*Fischer,* § 13 Rn. 74.

[65] Zu den Begriffen Einvernehmen und Benehmen: Weber/*Weber,* Rechtswörterbuch, Einvernehmen.

sichtsbehörden des Bundes sollte sicherstellen, dass innerhalb des Bundes zwar einheitlich agiert, andererseits aber eine verfassungsrechtlich unzulässige Mischverwaltung von Bund und Ländern verhindert wird.[66] Neben den Aufsichtsbehörden auf Landesebene zählten freilich auch EU-Aufsichtsbehörden (zB die Europäische Bankenaufsicht) zu den sonstigen Aufsichtsbehörden. Mit dem IT-SiG 2.0 ist dieses Benehmenserfordernis jedoch entfallen. Dieser Wegfall geht auf eine Bitte des Bundesrates im Rahmen des Gesetzgebungsvorhabens zurück. Der Bundesrat sah bei der Herstellung des Benehmens mit den Landesbehörden das Problem, dass zu viele Landesbehörden beteiligt werden müssten und dies schlicht nicht praktikabel sei.[67] Mit der Streichung ist jedoch nicht nur die Pflicht zur Beteiligung der Landesbehörden entfallen, sondern auch die zur Beteiligung von evtl. Aufsichtsbehörden auf EU-Ebene. Eine Begründung dafür, warum der Gesetzgeber auch die Beteiligung der EU-Behörden gestrichen hat, sind nicht ersichtlich.

31 Können Betreiber nachweisen, dass sie einen vom BSI anerkannten B3S tatsächlich richtig umgesetzt haben, begründet das die widerlegliche Vermutung, dass damit den Anforderungen des Abs. 1 Genüge getan ist. Die Tatsache, dass ein anerkannter B3S für eine Branche existiert, hindert andere Betreiber oder Branchenverbände nicht daran, für dieselbe Branche weitere B3S zu erarbeiten und zur Anerkennung beim BSI vorzulegen. Es können daher theoretisch für eine Branche mehrere B3S existieren. Die Betreiber müssen die anerkannten B3S nicht umsetzen, sondern können auch völlig abweichende Maßnahmen ergreifen, solange diese dem Stand der Technik entsprechen oder diesen übertreffen.[68]

IV. Nachweise und Abstellung von Mängeln (Abs. 3)

32 S. 1 verpflichtet die Betreiber dazu, die Einhaltung der Anforderungen nach Abs. 1 alle zwei Jahre auf geeignete Art gegenüber dem BSI nachzuweisen. Es gibt zwei Zeitpunkte, die diese **Zweijahresfrist** auslösen. Die initiale Nachweisfrist läuft ab dem Zeitpunkt, ab dem für die Anlage die Absicherungspflichten nach Abs. 1 S. 1 gelten. Der Nachweis ist in diesem Fall „spätestens" nach zwei Jahren zu erbringen. Aufgrund des Wortes „spätestens" können sich aber auch kürzere Zeiträume ergeben. Dies gilt etwa bei Anlagen, die vorübergehend die Schwellenwerte aus der BSI-KritisV unterschritten und daher den KRITIS-Status verloren haben. Wenn diese erneut KRITIS werden und der letzte Nachweis länger als zwei Jahre her ist, besteht die Nachweispflicht nicht erst nach weiteren zwei Jahren, sondern das BSI kann bereits vorher die Erbringung entsprechender Nachweise nach Abs. 3 verlangen. Dabei muss es den Betreibern jedoch zumindest angemessene Zeit lassen, um die formalen Nachweise erstellen lassen zu können.[69] Der zweite fristauslösende Zeitpunkt ist der, zu dem die Betreiber den letzten Nachweis beim BSI eingereicht haben. Die von ihm ausgelöste Frist ist fest auf zwei Jahre festgelegt. Das BSI kann daher keine frühere Erbringung von Nachweisen verlangen.

33 Für Anlagen, die unmittelbar seit dem Inkrafttreten der BSI-KritisV als KRITIS eingestuft sind, sind die Fristen für die ersten Nachweise bereits seit 2019 abgelaufen.

---

[66] BT-Drs. 18/4096, 26.

[67] BT-Drs. 19/26921, 7.

[68] BT-Drs. 18/4096, 26; Hornung/Schallbruch IT-SicherheitsR/*Fischer,* § 13 Rn. 75; *Roos,* MMR 2014, 723 (726); uneindeutig Schenke/Graulich/Ruthig/*Buchberger,* Rn. 5, wenn sie schreibt „dass diese für die Branche allgemein gültig sind".

[69] Vgl. *Ritter,* RDV 2020, 237 (239).

Die Nachweisfrist schloss sich auch vor dem IT-SiG 2.0 nicht an die zwei Jahre der initialen Umsetzungsfrist für die Maßnahmen aus Abs. 1 an, sondern lief parallel zu dieser, da für den bloßen Nachweis keine zwei Jahre benötigt werden. Während es bei der alten Formulierung „mindestens alle zwei Jahre“ denkbar war, dass die Betreiber neue Nachweise auch bei wesentlichen Änderungen zu erbringen hatten, die Auswirkungen auf die Absicherung der kritischen Dienstleistung haben können,[70] dürfte dies nach der geltenden Rechtslage nicht der Fall sein, da das Gesetz einen festen Nachweis-Rhythmus von zwei Jahren ab dem ersten Nachweis vorgibt. Es bleibt dem BSI in diesen Fällen jedoch unbenommen, die Erfüllung der Anforderungen der Abs. 1 und 1 a durch eigene Kontrollen gem. Abs. 4 zu überprüfen.

Die Nachweise müssen **auf geeignete Weise** erbracht werden. Die Formulie- **34**
rung „auf geeignete Weise“ ist zwar im Rahmen des IT-SiG 2.0 aus dem Wortlaut des S. 1 gestrichen worden, gab insoweit aber ohnehin nur eine Selbstverständlichkeit wieder. S. 2 führt auf, welche Nachweisformen der Gesetzgeber dabei im Sinn hatte: Sicherheitsaudits, Prüfungen und Zertifizierungen. Dabei hat er die Ausgestaltung dieser Nachweisformen nicht weiter geregelt, da diese sich je nach Branche und ggf. Ausgestaltung der B3S unterscheiden können. Dahinter steht die Idee, dass zunächst keine zusätzlichen § 8a-spezifischen Nachweise vorgeschrieben werden sollen, wenn es für Branchen oder Anlagen bereits geeignete, fachspezifische Nachweise der Absicherungen gibt. Entscheidend ist, ob die Nachweise inhaltlich sicher belegen können, dass die nach Abs. 1 notwendigen Maßnahmen ergriffen wurden.[71] Daher kann bei der Erbringung der Nachweise teilweise zB auf bestehende Zertifizierungssysteme nach existierenden Standards, wie zB aus der ISO 27000-Standardreihe, oder ohnehin bestehende Prüfungen und Nachweise zurückgegriffen werden.[72] Die Prüfungen müssen von nachweislich qualifizierten Prüfern bzw. Zertifizierern durchgeführt werden. Das Gesetz nennt hier keine konkreten Anforderungen, die diese Prüfer einhalten müssen, verweist aber ebenfalls auf bestehende Prüf- und Zertifizierungssysteme, wie etwa nach internationalen Standards oder im Bereich der Wirtschaftsprüfung für IT-Sicherheitsrisiken.[73] Entscheidend ist, ob die Prüfer aufgrund ihrer Qualifikation die Gewähr dafür bieten, dass die Nachweise ein zutreffendes Bild der Sicherheit vermitteln können. Es kann sich dabei grds. sowohl um externe als auch interne Prüfer handeln.[74] Bei internen Prüfungen wird es jedoch regelmäßig erforderlich sein, dass die Unabhängigkeit der Prüfungen plausibel dargelegt wird, damit die Prüfungsergebnisse die Gewähr bieten, ein zutreffendes Bild der Absicherung zu zeichnen.[75] Daran wird es etwa dann regelmäßig fehlen, wenn die für die Absicherung zuständigen Stellen selbst die Prüfungen durchführen. Die entsprechenden Prüfergebnisse und die bei den Prüfungen entdeckten Mängel müssen seit dem Gesetz zur Umsetzung der NIS-RL[76] von 2017

---

[70] Vgl. *Roos,* K&R 2013, 769 (772).

[71] BT-Drs. 18/4096, 26f.

[72] Vgl. Voigt IT-SicherheitsR, Kap. F Rn. 276.

[73] BT-Drs. 18/4096, 27, Voigt IT-SicherheitsR, Kap. F Rn. 275.

[74] Voigt IT-SicherheitsR, Kap. F Rn. 275 mwN.

[75] Als geeignete interne Stelle wird etwa die Innenrevision angenommen, vgl. Voigt IT-SicherheitsR, Rn. 381.

[76] Gesetz zur Umsetzung der Richtlinie (EU) 2016/1148 des Europäischen Parlaments und des Rates vom 6.7.2016 über Maßnahmen zur Gewährleistung eines hohen gemeinsamen Sicherheitsniveaus von Netz- und Informationssystemen in der Union vom 23.6.2017 (BGBl. I S. 1885).

dem BSI übermittelt werden. Davor sah Abs. 3 nur die Übermittlung einer Aufstellung der durchgeführten Prüfungen und der dabei aufgedeckten Mängel vor. Die Änderung war durch die strengeren Vorgaben des Art. 15 NIS-RL nötig geworden.[77]

35 Das BSI kann von den Betreibern nach S. 3 auch die Herausgabe der Dokumentation verlangen, die der Überprüfung zugrunde gelegt wurde. Diese Befugnis dient der Umsetzung von Art. 15 Abs. 2 lit. b NIS-RL[78] und stellt sicher, dass das BSI sich durch eigene Analysen davon überzeugen kann, dass die Aussagen und Schlüsse in den Nachweisen zutreffend sind. Zu diesen Dokumenten können Risikoanalysen, Sicherheits- und Notfallkonzepte oÄ gehören.[79] Liegen Mängel vor, kann das BSI im Einvernehmen mit der zuständigen Behörde des Bundes oder im Benehmen mit der sonst zuständigen Aufsichtsbehörde die Beseitigung dieser Mängel anordnen. Die Einbindung der Aufsichtsbehörden soll sicherstellen, dass die Anforderungen des BSI aus KRITIS-Sicht und die der fachlich zuständigen Aufsichtsbehörden aus Fachsicht nicht widersprüchlich sind und die Betreiber in eine Pflichtenkollision drängen. Anders als bei der Feststellung der Eignung eines B3S hat sich hier an der Einbindung von Aufsichtsbehörden der Länder und der EU nichts geändert. Dies ist insoweit bemerkenswert, als die Anordnung der Mängelbeseitigung im Zweifel noch zeitkritischer ist als die Frage, ob ein Standard fachlich geeignet ist. Wenn letzteres aus Sicht der Länder und des Bundesgesetzgebers schon nicht praktikabel mit den Landesbehörden umgesetzt werden kann (→ Rn. 30), stellt sich die Frage, warum dieses Prozedere bei zeitlich drängenderen Vorgängen beibehalten wurde.

V. Überprüfungsrechte (Abs. 4)

36 Da Art. 15 Abs. 1 NIS-RL von den Mitgliedstaaten eine robuste Befugnis-Ausstattung der zuständigen Behörden verlangt, wurden dem BSI bei der Umsetzung der NIS-RL im Jahr 2017 in Abs. 4 umfassende Prüf- bzw. Untersuchungsbefugnisse eingeräumt.[80] Das BSI kann diese Befugnisse grds. anlasslos ausüben.[81] Das BSI kann sie mit eigenem Personal wahrnehmen oder dafür auch qualifizierte und unabhängige Dritte als Erfüllungsgehilfen einbinden. An der Unabhängigkeit eines qualifizierten Dritten kann es fehlen, wenn dieser zB für Konkurrenzunternehmen des Betreibers arbeitet oder aber selbst von dem Betreiber wirtschaftlich abhängig ist – etwa, weil er als Wirtschaftsprüfer Aufträge des Betreibers erhält. Dazu, wann ein Dritter qualifiziert ist, sagt der Gesetzestext selbst nichts. In Frage kommen aber anerkannte Stellen nach § 9, zertifizierte IT-Sicherheitsdienstleister und Auditoren.[82]

37 Die Betreiber müssen dem BSI oder den für das BSI handelnden Personen Zugang zu den Geschäftsräumen zu den üblichen Betriebszeiten gewähren. Zudem müssen die entsprechenden Unterlagen zur Verfügung gestellt, Auskünfte erteilt und Unterstützung gewährt werden. Mit dieser Befugnis kann das BSI sich selbst und unabhängig von den Nachweisen ein Bild von der Erfüllung der Anforderungen nach Abs. 1 machen.[83] Der Pflicht zur Gewährung von Unterstützung kommt dabei besondere Bedeutung zu, da die Durchdringung der Technik vor Ort ohne

---

[77] Schenke/Graulich/Ruthig/*Buchberger,* Rn. 7.
[78] BT-Drs. 18/11242, 45.
[79] BT-Drs. 18/11242, 45.
[80] Schenke/Graulich/Ruthig/*Buchberger,* Rn. 8; *Dürig/Fischer,* DuD 2018, 209 (213).
[81] *Schallbruch,* CR 2017, 648 (652).
[82] Vgl. BT-Drs. 18/11242, 46f.; Schenke/Graulich/Ruthig/*Buchberger,* Rn. 8.
[83] Schenke/Graulich/Ruthig/*Buchberger,* Rn. 8.

Mitwirkung des jeweiligen Betreibers kaum in einem Maß gelingen kann, das für eine wirksame Kontrolle nötig ist.[84]

In S. 3 wird klargestellt, dass das BSI die Erstattung von **Auslagen und Gebühren** für entsprechende Überprüfungen dann vom Betreiber verlangen kann, wenn es Anhaltspunkte gab, die berechtigte Zweifel an der Einhaltung der Anforderungen aus Abs. 1 und 1a zuließen. Solche berechtigten Zweifel können sich zB aufgrund von Hinweisen Dritter, öffentlicher Berichterstattung oder eigener Kommunikation des BSI mit den Betreibern (zB zur Nichteinhaltung der Nachweispflicht) ergeben. Liegen solche Zweifel nicht vor, darf das BSI zwar tätig werden, kann dem Betreiber jedoch keine Auslagen und Gebühren auferlegen, selbst wenn die Überprüfung ergibt, dass die Anforderungen aus Abs. 1 und 1a nicht eingehalten werden. Zu den Auslagen gehören zB Reisekosten, Kosten für die Beauftragung der qualifizierten Dritten uÄ. **38**

VI. Vorgaben für Prüfungen und Nachweis (Abs. 5)

Grundsätzlich gibt es keine konkreten Vorgaben für die Prüfung der Einhaltung des Abs. 1 und die Erbringung der entsprechenden Nachweise nach Abs. 3. Der Gesetzgeber wollte möglichst viele Wege der Nachweiserbringung ermöglichen, um Doppelprüfungen nach verschiedenen gesetzlichen Anforderungen zu vermeiden. Für den Fall, dass sich dieser Weg in der Praxis als unzureichend erweist, wurde dem BSI im parlamentarischen Verfahren die Befugnis eingeräumt, konkrete Anforderungen an die Prüfungen, die Nachweise und die zu prüfenden Dritten festzulegen.[85] Diese Befugnis kann das BSI auch partiell nutzen, also zB nur für bestimmte Branchen. Vor Festlegung entsprechender Anforderungen muss das BSI jedoch die Vertreter betroffener Betreiber und betroffener Wirtschaftsverbände anhören. Da die so formulierten Anforderungen festlegen, dass die Nachweise nur in einer bestimmten Art und Form erbracht werden können, dürfte es sich bei der Festlegung um einen Verwaltungsakt in Form der Allgemeinverfügung handeln. **39**

C. Durchsetzung, Sanktionen und Rechtsmittel

Zur Durchsetzung der verschiedenen Verpflichtungen der Betreiber (zB die Pflicht zur Vorlage von Nachweisen) kann das BSI entsprechende Anordnungen erlassen und diese mit den Mitteln des Verwaltungszwangs durchsetzen. Hierfür gelten die allgemeinen Regelungen des VwVG, etwa § 11 VwVG für die Verhängung von Zwangsgeldern. Gegen die entsprechenden Anordnungen und gegen die Festsetzung von Zwangsmitteln kann beim BSI Widerspruch eingelegt werden. Wird der Widerspruch abgelehnt, ist dagegen die Anfechtungsklage vor dem VG Köln statthaft. **40**

Sofern die gesetzlichen Verpflichtungen aus § 8a nicht eingehalten oder vom BSI erlassene Anordnungen nicht befolgt werden, sieht § 14 eine Reihe von Bußgeldtatbeständen als Sanktion vor. Dazu zählen etwa die Nichteinhaltung der Absicherungspflicht (→ § 14 Rn. 15), die Nichteinhaltung der Nachweispflichten (→ § 14 Rn. 16ff. und Rn. 37), die fehlende Mitwirkung bei der Überprüfung (→ § 14 Rn. 20ff.) und die Zuwiderhandlung gegen eine vollziehbare Anordnung zur Beseitigung von Sicherheitsmängeln (→ § 14 Rn. 11ff.). **41**

---

84 Vgl. Schenke/Graulich/Ruthig/*Buchberger*, Rn. 8; *Schallbruch*, CR 2017, 648 (652).

85 Vgl. BT-Drs. 18/5121, 15; Schenke/Graulich/Ruthig/*Buchberger*, Rn. 9.

§ 8b Zentrale Stelle für die Sicherheit in der Informationstechnik Kritischer Infrastrukturen

(1) **Das Bundesamt ist die zentrale Meldestelle für Betreiber Kritischer Infrastrukturen in Angelegenheiten der Sicherheit in der Informationstechnik.**

(2) **Das Bundesamt hat zur Wahrnehmung dieser Aufgabe**

1. **die für die Abwehr von Gefahren für die Sicherheit in der Informationstechnik wesentlichen Informationen zu sammeln und auszuwerten, insbesondere Informationen zu Sicherheitslücken, zu Schadprogrammen, zu erfolgten oder versuchten Angriffen auf die Sicherheit in der Informationstechnik und zu der dabei beobachteten Vorgehensweise,**
2. **deren potentielle Auswirkungen auf die Verfügbarkeit der Kritischen Infrastrukturen in Zusammenarbeit mit den zuständigen Aufsichtsbehörden und dem Bundesamt für Bevölkerungsschutz und Katastrophenhilfe zu analysieren,**
3. **das Lagebild bezüglich der Sicherheit in der Informationstechnik der Kritischen Infrastrukturen oder der Unternehmen im besonderen öffentlichen Interesse kontinuierlich zu aktualisieren und**
4. **unverzüglich**
   a) **die Betreiber Kritischer Infrastrukturen und die Unternehmen im besonderen öffentlichen Interesse über sie betreffende Informationen nach den Nummern 1 bis 3,**
   b) **die zuständigen Aufsichtsbehörden und die sonst zuständigen Behörden des Bundes über die zur Erfüllung ihrer Aufgaben erforderlichen Informationen nach den Nummern 1 bis 3,**
   c) **die zuständigen Aufsichtsbehörden der Länder oder die zu diesem Zweck dem Bundesamt von den Ländern als zentrale Kontaktstellen benannten Behörden über die zur Erfüllung ihrer Aufgaben erforderlichen Informationen nach den Nummern 1 bis 3 sowie**
   d) **die zuständigen Behörden eines anderen Mitgliedstaats der Europäischen Union über nach Absatz 4 oder nach vergleichbaren Regelungen gemeldete erhebliche Störungen, die Auswirkungen in diesem Mitgliedstaat haben,**

zu unterrichten.

(3) **[1]Betreiber Kritischer Infrastrukturen sind verpflichtet, spätestens bis zum ersten Werktag, der darauf folgt, dass diese erstmalig oder erneut als Betreiber einer Kritischen Infrastruktur nach der Rechtsverordnung nach § 10 Absatz 1 gelten, die von ihnen betriebenen Kritischen Infrastrukturen beim Bundesamt zu registrieren und eine Kontaktstelle zu benennen. [2]Die Registrierung eines Betreibers einer Kritischen Infrastruktur kann das Bundesamt auch selbst vornehmen, wenn der Betreiber seine Pflicht zur Registrierung nicht erfüllt. [3]Nimmt das Bundesamt eine solche Registrierung selbst vor, informiert es die zuständige Aufsichtsbehörde des Bundes darüber. [4]Die Betreiber haben sicherzustellen, dass sie über die benannte oder durch das Bundesamt festgelegte Kontaktstelle jederzeit erreichbar sind. [5]Die Übermittlung von Informationen durch das Bundesamt nach Absatz 2 Nummer 4 erfolgt an diese Kontaktstelle.**

(3a) **Rechtfertigen Tatsachen die Annahme, dass ein Betreiber seine Pflicht zur Registrierung nach Absatz 3 nicht erfüllt, so hat der Betreiber dem Bundesamt auf Verlangen die für die Bewertung aus Sicht des Bundesamtes erforderlichen Aufzeichnungen, Schriftstücke und sonstigen Unterlagen in geeigneter Weise vorzulegen und Auskunft zu erteilen, soweit nicht Geheimschutzinteressen oder überwiegende Sicherheitsinteressen entgegenstehen.**

(4) **[1]Betreiber Kritischer Infrastrukturen haben die folgenden Störungen unverzüglich über die Kontaktstelle an das Bundesamt zu melden:**
1. **Störungen der Verfügbarkeit, Integrität, Authentizität und Vertraulichkeit ihrer informationstechnischen Systeme, Komponenten oder Prozesse, die zu einem Ausfall oder zu einer erheblichen Beeinträchtigung der Funktionsfähigkeit der von ihnen betriebenen Kritischen Infrastrukturen geführt haben,**
2. **erhebliche Störungen der Verfügbarkeit, Integrität, Authentizität und Vertraulichkeit ihrer informationstechnischen Systeme, Komponenten oder Prozesse, die zu einem Ausfall oder zu einer erheblichen Beeinträchtigung der Funktionsfähigkeit der von ihnen betriebenen Kritischen Infrastrukturen führen können.**

[2]Die Meldung muss Angaben zu der Störung, zu möglichen grenzübergreifenden Auswirkungen sowie zu den technischen Rahmenbedingungen, insbesondere der vermuteten oder tatsächlichen Ursache, der betroffenen Informationstechnik, der Art der betroffenen Einrichtung oder Anlage sowie zur erbrachten kritischen Dienstleistung und zu den Auswirkungen der Störung auf diese Dienstleistung enthalten. [3]Die Nennung des Betreibers ist nur dann erforderlich, wenn die Störung tatsächlich zu einem Ausfall oder einer Beeinträchtigung der Funktionsfähigkeit der Kritischen Infrastruktur geführt hat.

(4a) **[1]Während einer erheblichen Störung gemäß Absatz 4 Satz 1 Nummer 2, § 8f Absatz 7 Satz 1 Nummer 2 oder Absatz 8 Satz 1 Nummer 2 kann das Bundesamt im Einvernehmen mit der jeweils zuständigen Aufsichtsbehörde des Bundes von den betroffenen Betreibern Kritischer Infrastrukturen oder den Unternehmen im besonderen öffentlichen Interesse die Herausgabe der zur Bewältigung der Störung notwendigen Informationen einschließlich personenbezogener Daten verlangen. [2]Betreiber Kritischer Infrastrukturen und Unternehmen im besonderen öffentlichen Interesse sind befugt, dem Bundesamt auf Verlangen die zur Bewältigung der Störung notwendigen Informationen einschließlich personenbezogener Daten zu übermitteln, soweit dies zur Bewältigung einer erheblichen Störung gemäß Absatz 4 Satz 1 Nummer 2, § 8f Absatz 7 Satz 1 Nummer 2 oder Absatz 8 Satz 1 Nummer 2 erforderlich ist.**

(5) **[1]Zusätzlich zu ihrer Kontaktstelle nach Absatz 3 können Betreiber Kritischer Infrastrukturen, die dem gleichen Sektor angehören, eine gemeinsame übergeordnete Ansprechstelle benennen. [2]Wurde eine solche benannt, erfolgt der Informationsaustausch zwischen den Kontaktstellen und dem Bundesamt in der Regel über die gemeinsame Ansprechstelle.**

(6) [1]**Soweit erforderlich kann das Bundesamt vom Hersteller der betroffenen informationstechnischen Produkte und Systeme die Mitwirkung an der Beseitigung oder Vermeidung einer Störung nach Absatz 4, oder § 8f Absatz 7 oder 8 verlangen.** [2]**Satz 1 gilt für Störungen bei Betreibern und Genehmigungsinhabern im Sinne von § 8d Absatz 3 entsprechend.**

(7) [1]**Soweit im Rahmen dieser Vorschrift personenbezogene Daten verarbeitet werden, ist eine über die vorstehenden Absätze hinausgehende Verarbeitung zu anderen Zwecken unzulässig.** [2]**§ 5 Absatz 7 Satz 3 bis 8 ist entsprechend anzuwenden.**

Literatur: *Geppert/Schütz* (Hrsg.), Beck'scher TKG-Kommentar, 4. Aufl. 2013; *Bräutigam/Wilmer,* Big brother is watching you? – Meldepflichten im geplanten IT-Sicherheitsgesetz, ZRP 2015, 38; *Dittrich/Ippach,* IT-Sicherheit betrifft nicht nur Großkrankenhäuser, GesR 2021, 285; *Dochow,* Cybersicherheitsrecht im Gesundheitswesen, MedR 2022, 100; *Heinrichs/Neumeier,* Ransomware-Angriff – und jetzt? – Teil 1, CB 2022, 14, *Heinrichs/Neumeier,* Ransomware-Angriff – und jetzt? – Teil 2, CB 2022, 55; *Hornung,* Neue Pflichten für Betreiber kritischer Infrastrukturen: Das IT-Sicherheitsgesetz des Bundes, NJW 2015, 3334; *Hornung/Schallbruch* (Hrsg.), IT-Sicherheitsrecht, 2021; *Leupold/Wiebe/Glossner* (Hrsg.), IT-Recht, 4. Aufl. 2021; *Müllmann/Volkamer,* Meldepflicht von Mitarbeitenden bei IT-Sicherheits- und Datenschutzvorfällen, ZD 2021, 8; *Niemann/Karniyevich,* Das IT-Sicherheitsgesetz 2.0, K&R 2021, 441; *Paal/Pauly* (Hrsg.), DS-GVO BDSG, 3. Aufl. 2021; *Ritter,* „Corona-Ferien" für Kritische Infrastrukturen, RDV 2020, 237; *Ritter/Schulte,* Rechtliche Anforderungen an Anbieter digitaler Dienste, die zugleich kritische Infrastrukturen sind, CR 2019, 617; *Schenke/Graulich/Ruthig* (Hrsg.), Sicherheitsrecht des Bundes, 2. Aufl. 2019; *Sydow* (Hrsg.), Bundesdatenschutzgesetz, 2020; *Winter,* Meldepflichten bei Cyberangriffen, CR 2020, 576.

Inhaltsübersicht

A. Allgemeines

I. Zweck und Verhältnis zu anderen Vorschriften

§ 8b dient zusammen mit §§ 8a ff. dem Schutz Kritischer Infrastrukturen.[1] **Zentrale Meldestelle** für **KRITIS-Betreiber** (Betreiber Kritischer Infrastrukturen) ist das **Bundesamt für Sicherheit in der Informationstechnik** (BSI). Insbesondere, die in Abs. 4 verankerte Meldepflicht dient – vergleichbar mit Art. 33 Abs. 1 S. 1 DS-GVO – dazu, die Informationslage des BSI zu verbessern.[2] Die Meldungen sind Voraussetzung für die nationale Handlungsfähigkeit und Grundlage für bundesweit abgestimmte Reaktionen.[3] 1

Die Meldepflicht nach § 8b erfasst, anders als § 44b AtG, nicht Kernkraftwerke und sonstige Energieanlagen (§ 8c Abs. 3 Nr. 2, 3). Energieanlagen, die durch die BSI-KritisVO als kritische Infrastruktur bestimmt worden sind, unterfallen zusätzlich der Meldepflicht nach § 11 Abs. 1c.[4] Die §§ 8a ff. gelten auch für Kernkraftwerke bei denen eine Störung der IT zu einer Beeinträchtigung der Funktionsfähigkeit der Anlage geführt hat oder hätte führen können. Zu trennen ist die Meldepflicht nach § 8b außerdem von der Meldepflicht für Datenschutzverletzungen nach Art. 33 DS-GVO und den Meldepflichten für Telekommunikationsdienstleister nach § 169 TKG. 2

II. Änderungen durch das IT-SiG 2.0

Durch das IT-SiG 2.0 wurde die bereits vorher bestehende Vorschrift des § 8b ergänzt. Die Meldepflicht nach der neuen Fassung des Abs. 4a gilt nunmehr auch für **Unternehmen im besonderen öffentlichen Interesse.** Diese wurden aufgrund des neu eingeführten § 2 Abs. 14 in den Anwendungsbereich der Vorschrift aufgenommen. 3

B. Einzelerläuterungen

I. BSI als Zentrale Meldestelle (Abs. 1)

Gem. Abs. 1 ist das BSI die zentrale Meldestelle für KRITIS-Betreiber und Unternehmen im besonderen öffentlichen Interesse. Die auf der Grundlage des § 8b erfolgten Meldungen sind entscheidend für die nationale Handlungsfähigkeit und die aus den Meldungen resultierenden Reaktionen auf der Ebene des Bundes.[5] 4

KRITIS-Betreiber sind nach der Begriffsbestimmung des § 2 Abs. 10 Einrichtungen, Anlagen oder Teile davon, die den Sektoren Energie, Informationstechnik und Telekommunikation, Transport und Verkehr, Gesundheit, Wasser, Ernährung, Finanz- und Versicherungswesen sowie Siedlungsabfallentsorgung angehören und von hoher Bedeutung für das Funktionieren des Gemeinwesens sind, weil durch ihren Ausfall oder ihre Beeinträchtigung erhebliche Versorgungsengpässe oder Ge- 5

---

[1] Hornung/Schallbruch IT-SicherheitsR/*Spindler,* § 10 Rn. 36.
[2] *Müllmann/Volkamer,* ZD 2021, 8 (9); Paal/Pauly/*Martini,* DS-GVO Art. 33 Rn. 10.
[3] BT-DRs. 18/4096, 27.
[4] BT-Drs. 18/11620, 4.
[5] Schenke/Graulich/Ruthig/*Buchberger,* Rn. 2.

fährdungen für die öffentliche Sicherheit eintreten würden. Die Kritischen Infrastrukturen im Sinne des BSIG werden durch die BSI-KritisV nach § 10 Abs. 1 näher bestimmt. Für Kleinstunternehmen findet nach § 8d Abs. 1 eine Begrenzung der Verpflichtungen statt.[6]

6 Neben KRITIS-Betreibern werden durch Abs. 2 Nr. 3, Nr. 4 lit. a, Abs. 4a auch **Unternehmen im besonderen öffentlichen Interesse** in den Anwendungsbereich der Norm aufgenommen. Nach § 2 Abs. 14 S. 1 sind Unternehmen im besonderen öffentlichen Interesse Unternehmen, die nicht KRITIS-Betreiber nach § 2 Abs. 10 sind und die Güter nach § 60 Abs. 1 Nr. 1 und 3 AWV in der jeweils geltenden Fassung herstellen oder entwickeln (§ 2 Abs. 14 S. 1 Nr. 1), die nach ihrer inländischen Wertschöpfung zu den größten Unternehmen in Deutschland gehören und daher von erheblicher volkswirtschaftlicher Bedeutung für die Bundesrepublik Deutschland sind oder die für solche Unternehmen als Zulieferer wegen ihrer Alleinstellungsmerkmale von wesentlicher Bedeutung sind (§ 2 Abs. 14 S. 1 Nr. 2) oder die Betreiber eines Betriebsbereichs der oberen Klasse im Sinne der Störfall-Verordnung in der jeweils geltenden Fassung sind oder nach § 1 Abs. 2 Störfall-Verordnung diesen gleichgestellt sind (§ 2 Abs. 14 S. 1 Nr. 3). Die Unternehmen im besonderen öffentlichen Interesse nach § 2 Abs. 14 S. 1 Nr. 2 werden gemäß § 2 Abs. 14 S. 2 durch die Rechtsverordnung nach § 10 Abs. 5 bestimmt, in der festgelegt wird, welche wirtschaftlichen Kennzahlen maßgeblich dafür sind, dass ein Unternehmen zu den größten Unternehmen in Deutschland im Sinne von § 2 Abs. 14 S. 1 Nr. 2 gehört und welche Alleinstellungsmerkmale maßgeblich dafür sind, dass Zulieferer für solche Unternehmen von wesentlicher Bedeutung sind.

II. Aufgaben des BSI und Zugang zu einen einheitlichen Krisenkommunikationssystem (Abs. 2)

7 Abs. 2 regelt die Aufgaben, des BSI als zentrale Meldestelle. Nach der Gesetzesbegründung sammelt das BSI „alle eingehenden Meldungen und erstellt und aktualisiert – unter Einbeziehung seiner sonstigen Erkenntnisse – ein Lagebild"[7]. Des Weiteren findet zugunsten der KRITIS-Betreiber eine Datenaufbereitung durch das BSI statt. Die Vorschrift beschreibt den Umfang, der dem BSI zukommenden Aufgaben. Diese sind ausgestaltet als Unterrichtungspflicht gegenüber den in Abs. 2 Nr. 4 genannten Stellen.

8 Durch ihre Meldung leisten die KRITIS-Betreiber und Unternehmen im besonderen öffentlichen Interesse einen eigenen Beitrag, damit sie von den Meldungen anderer Betreiber sowie den hierzu vorgenommenen Bewertungen durch das BSI profitieren können.[8] Eine Benachrichtigung der Öffentlichkeit durch das BSI ist nach der Gesetzesbegründung vorgesehen, soweit dies durch das öffentliche Interesse erforderlich wird und schutzwürdige Interessen der KRITIS-Betreiber nicht entgegenstehen.[9] Ein öffentliches Interesse kann etwa vorliegen, wenn die Art der Beeinträchtigung ein Handeln der Bevölkerung erfordert oder unter anderen Gesichtspunkten eine Benachrichtigung geboten scheint.

---

[6] *Ritter/Schulte,* CR 2019, 617 (620).
[7] BT-Drs. 18/4096, 27.
[8] BT-Drs. 18/4096, 27.
[9] BT-Drs. 18/4096, 27.

III. Registrierung und Benennung einer Kontaktstelle (Abs. 3)

Nach dem durch das IT-SiG 2.0 teilweise neugefassten S. 1 sind KRITIS-Betreiber verpflichtet, die von ihnen betriebenen Kritischen Infrastrukturen beim BSI zu **registrieren** und eine Kontaktstelle zu **benennen.** Neu eingeführt wurde dabei lediglich die Registrierung der Kritischen Infrastruktur selbst, eine Pflicht zur Benennung einer Kontaktstelle für KRITIS-Betreiber bestand bereits seit der Einführung des IT-SiG im Jahre 2015. Die Registrierung und Benennung der Kontaktstelle soll bei Auftreten einer meldepflichtigen Störung einen schnellen Informationsfluss gewährleisten.[10] Ziel der Regelung ist eine bessere Erfassung der Kritischen Infrastrukturen in Deutschland und die Sicherstellung von Zugriffsmöglichkeiten auf diese durch das BSI. 9

Die KRITIS-Betreiber haben nach S. 2 sicherzustellen, dass sie über die benannte Kontaktstelle oder durch das BSI festgelegte Kontaktstelle **jederzeit erreichbar** sind. Die Übermittlung von Informationen durch das BSI nach Abs. 2 Nr. 4 erfolgt an die benannte Kontaktstelle. Die Angabe eines Funktionspostfachs – dh keine persönliche E-Mail-Adresse eines einzelnen Mitarbeiters – wird in diesem Zusammenhang empfohlen, um die jederzeitige Erreichbarkeit zu gewährleisten. Die Anforderungen an die Erreichbarkeit werden durch das BSI konkretisiert. Unter der Formulierung „jederzeit erreichbar" versteht das BSI eine **Erreichbarkeit rund um die Uhr (24/7).**[11] BSI-Produkte, beispielsweise Cyber-Sicherheitswarnungen oder Lageinformationen, sind in diesem Zeitraum entgegenzunehmen, unverzüglich zu sichten und zu bewerten.[12] Zwar werden BSI-Produkte nach Angaben des BSI während der üblichen Geschäftszeiten versendet, dies schließt jedoch die Möglichkeit von dringenden Warnungen außerhalb der üblichen Geschäftszeiten, wie zB an Feiertagen, Wochenenden oder nachts, durch das BSI nicht aus.[13] 10

IV. Vorlage und Auskunft (Abs. 3 a)

Der neu eingeführte Abs. 3a regelt die Befugnis des BSI die für eine Bewertung erforderlichen Unterlagen vom KRITIS-Betreiber heraus zu verlangen,[14] soweit Tatsachen die Annahme rechtfertigen, dass dieser seine Registrierungspflicht nach Abs. 3 nicht erfüllt. Der KRITIS-Betreiber ist in diesem Fall verpflichtet dem BSI auf Verlangen die für die Bewertung erforderlichen Aufzeichnungen, Schriftstücke und sonstigen Unterlagen in geeigneter Weise, dh so dass eine Bewertung durch das BSI möglich ist, vorzulegen und die notwendigen Auskünfte zu erteilen. Auch nach dem IT-SiG 2.0 sieht das BSIG keine eigenständige Rechtsgrundlage vor, um Auskünfte zu Kennzahlen bezüglich der jeweiligen Schwellwerte von KRITIS-Betrei- 11

---

10 Schenke/Graulich/Ruthig/*Buchberger,* Rn. 3.

11 *BSI,* Kontaktstelle benennen, https://www.bsi.bund.de/DE/Themen/KRITIS-und-regulierte-Unternehmen/Kritische-Infrastrukturen/Allgemeine-Infos-zu-KRITIS/Kontaktstelle-benennen/kontaktstelle-benennen_node.html.

12 *BSI,* Kontaktstelle benennen, https://www.bsi.bund.de/DE/Themen/KRITIS-und-regulierte-Unternehmen/Kritische-Infrastrukturen/Allgemeine-Infos-zu-KRITIS/Kontaktstelle-benennen/kontaktstelle-benennen_node.html.

13 *BSI,* Kontaktstelle benennen, https://www.bsi.bund.de/DE/Themen/KRITIS-und-regulierte-Unternehmen/Kritische-Infrastrukturen/Allgemeine-Infos-zu-KRITIS/Kontaktstelle-benennen/kontaktstelle-benennen_node.html.

14 BT-Drs. 19/26106, 80.

bern zu verlangen.[15] Das BSI ist weiterhin auf die Mitwirkung der KRITIS-Betreiber angewiesen und muss deren Bewertungsergebnisse akzeptieren.[16]

12 Auslöser für die Verpflichtungen nach Abs. 3a ist, dass Tatsachen die Annahme rechtfertigen, dass ein Anbieter digitaler Dienste gegen Abs. 3 verstößt. Tatsachen in diesem Sinne sind tatsächliche Gegebenheiten, welche die Annahme rechtfertigen, dass der KRITIS-Betreiber seiner Registrierungspflicht nicht ordnungsgemäß nachkommt.[17] Ein Vollbeweis ist nicht erforderlich. Der Verdacht muss aber über bloße Vermutungen hinausgehen. KRITIS-Betreiber werden verpflichtet, dem Auskunftsersuchen unverzüglich nachzukommen, soweit dem nicht im Einzelfall Geheimschutzinteressen oder überwiegende Sicherheitsinteressen der Herausgabe bestimmter Informationen entgegenstehen.[18]

V. Meldepflichtige Störungen (Abs. 4)

13 Auf Grundlage von Abs. 4 werden die KRITIS-Betreiber zur Meldung von Störungen verpflichtet. Die Meldepflicht wurde bereits im Jahr 2015 durch das IT-SiG eingeführt. Teilweise wird in ihr ein erheblicher Eingriff in die internen Abläufe der KRITIS-Betreiber gesehen,[19] insbesondere da die Kosten von den betroffenen KRITIS-Betreibern getragen werden müssen.[20] Die Meldeschwelle für KRITIS-Betreiber ist dabei jedoch eher als gering anzusehen.[21]

14 Die Meldungen an das BSI dienen einer „umfassenden und frühzeitigen Warnung betroffener Betreiber Kritischer Infrastrukturen“[22]. Das BSI analysiert dazu die „IT-Störung, korreliert sie mit weiteren vorliegenden Erkenntnissen und erarbeitet ggf. Vorschläge für Maßnahmen“[23]. Bei Erforderlichkeit erstellt das BSI eine Warn- oder Informationsmeldung für andere betroffene KRITIS-Betreiber.[24] Auf diese Weise können auch „fundierte Aussagen zur IT-Sicherheitslage in Deutschland“[25] getroffen werden, sowie die Informationen zur Erstellung eines Gesamtbildes herangezogen werden[26].

---

[15] BT-Drs. 19/26106, 80.

[16] BT-Drs. 19/26106, 80.

[17] Zu der Formulierung „Tatsachen, die die Annahme rechtfertigen“: Geppert/Schütz/*Berger-Kögler,* TKG § 39 Rn. 32.

[18] BT-Drs. 19/26106, 80.

[19] *Bräutigam/Wilmer,* ZRP 2015, 38 (39).

[20] Schenke/Graulich/Ruthig/*Buchberger,* Rn. 4.

[21] *Ritter/Schulte,* CR 2019, 617 (619).

[22] BT-Drs. 18/4096, 28.

[23] *BSI,* Fragen und Antworten für Betreiber Kritischer Infrastrukturen zur Meldepflicht nach dem IT-Sicherheitsgesetz – Was macht das BSI mit meinen Meldungen?, https://www.bsi.bund.de/DE/Themen/KRITIS-und-regulierte-Unternehmen/Kritische-Infrastrukturen/KRITIS-FAQ/FAQ-zur-Meldepflicht/faq-zur-meldepflicht_node.html.

[24] *BSI,* Fragen und Antworten für Betreiber Kritischer Infrastrukturen zur Meldepflicht nach dem IT-Sicherheitsgesetz – Was macht das BSI mit meinen Meldungen?, https://www.bsi.bund.de/DE/Themen/KRITIS-und-regulierte-Unternehmen/Kritische-Infrastrukturen/KRITIS-FAQ/FAQ-zur-Meldepflicht/faq-zur-meldepflicht_node.html.

[25] BT-Drs. 18/4096, 28.

[26] *BSI,* Fragen und Antworten für Betreiber Kritischer Infrastrukturen zur Meldepflicht nach dem IT-Sicherheitsgesetz – Was macht das BSI mit meinen Meldungen?, https://www.bsi.bund.de/DE/Themen/KRITIS-und-regulierte-Unternehmen/Kritische-Infrastrukturen/KRITIS-FAQ/FAQ-zur-Meldepflicht/faq-zur-meldepflicht_node.html.

Neben der Verpflichtung der KRITIS-Betreiber enthält Abs. 4 auch einen **Katalog** der meldepflichtigen Störungen. Darüber hinaus hat eine Meldung in zeitlicher Hinsicht **unverzüglich** zu erfolgen. Dies erfordert, dass die Meldung ohne schuldhaftes Zögern erfolgen muss.[27] Formulierungen wie diese sind dem deutschen Recht – im Hinblick auf § 121 Abs. 1 S. 1 BGB – nicht fremd, sodass im Sinne einer einheitlichen Rechtsauslegung entsprechende Annahmen auch im gegebenen Kontext hilfsweise herangezogen werden können. Aus praktischen Gesichtspunkten gilt es eine Störung möglichst frühzeitig zu melden und gegeben falls neue Erkenntnisse nachzuliefern.[28] **15**

Die Meldepflicht der KRITIS-Betreiber wird durch das Auftreten einer **Störung** ausgelöst.[29] Diese ist – entsprechend der Rechtsprechung zu § 100 Abs. 1 TKG aF – funktional zu verstehen.[30] Eine Störung liegt nach der Gesetzesbegründung vor, „wenn die eingesetzte Technik die ihr zugedachte Funktion nicht mehr richtig oder nicht mehr vollständig erfüllen kann oder versucht wurde, entsprechend auf sie einzuwirken“[31]. Beispielhaft genannt werden in diesem Zusammenhang „Fälle von Sicherheitslücken, Schadprogrammen und erfolgten, versuchten oder erfolgreich abgewehrten Angriffen auf die Sicherheit in der Informationstechnik sowie außergewöhnliche und unerwartete technische Defekte mit IT-Bezug“[32]. Der Wortlaut, der eindeutig an den IT-Bezug der Störung anknüpft, macht daher deutlich, dass Störungen, die ebendiesen nicht aufweisen, auch nicht nach Abs. 4 meldepflichtig sind. Abs. 4 unterscheidet in S. 1 Nr. 1 und S. 1 Nr. 2 zwischen dem Eintritt einer Störung, die zu einem Ausfall oder zu einer erheblichen Beeinträchtigung der Funktionsfähigkeit geführt hat sowie einer drohenden erheblichen Störung. Damit eine erhebliche Störung vorliegt muss die Störung eine gewisse Schwere aufweisen, denn nur in diesen Fällen wird eine Meldepflicht ausgelöst.[33] Dies erfordert eine Bedrohung der Funktionsfähigkeit der erbrachten Kritischen Infrastruktur.[34] Nach dem Willen des Gesetzgebers sind „insbesondere solche IT-Störungen, die nicht bereits automatisiert oder mit wenig Aufwand mithilfe der nach § 8a als Stand der Technik beschriebenen Maßnahmen abgewehrt werden können“[35] erheblich. Beispielhaft genannt werden neuartige oder außergewöhnliche IT-Vorfälle, gezielte Angriffe, neue Modi Operandi sowie unerwartete Vorkommnisse.[36] Anknüpfungs- **16**

---

27 Schenke/Graulich/Ruthig/*Buchberger,* Rn. 6.

28 *Winter,* CR 2020, 576 (582).

29 *Winter,* CR 2020, 576 (578); entfällt hingegen die KRITIS-Eigenschaft, so entfällt auch die Meldepflicht nach dem BSIG, vgl. dazu *Ritter,* RDV 2020, 237 (238).

30 BT-Drs. 18/4096, 27.

31 BT-Drs. 18/4096, 27.

32 BT-Drs. 18/4096, 27 f.

33 BT-Drs. 18/4096, 28; dies hängt unter anderem auch mit der Definition der KRITIS zusammen, zu deren Qualifikation die Erreichung bestimmter Schwellenwerte nach der BSI-KritisV notwendig ist, vgl. zum Schwellenwert bei Krankenhäusern: *Ritter,* RDV 2020, 237.

34 BT-Drs. 18/4096, 28; § 8b Abs. 4 wurde an die Vorgaben der NIS-RL angepasst, im Vergleich zur aF kommt es nicht mehr auf den Grad der Störung an, sondern auf die Erheblichkeit der Beeinträchtigung der Funktionsfähigkeit der Systeme, vgl. *Winter,* CR 2020, 576 (578).

35 BT-Drs. 18/4096, 28.

36 BT-Drs. 18/4096, 28; zu diesen gezielten Angriffen zählen unter anderem Ransomware-Angriffe, vgl. zum Umgang mit Ransomware-Angriffen: *Heinrichs/Neumeier,* CB 2022, 14 ff. sowie *Heinrichs/Neumeier,* CB 2022, 55 ff.

punkt für die Bewertung der Erheblichkeit kann ein „deutlich erhöhter Ressourcenaufwand"[37] zur Bewältigung der Störung sein. Das Merkmal der Erheblichkeit knüpft nicht an die Art oder Schwere des IT-Vorfalls, sondern an die Beeinträchtigung der Funktionsfähigkeit durch den Vorfall, an.[38] Entscheidend soll der Ressourcenaufwand zur Bewältigung der Störung sein.[39] Dieser erfasst neben der Koordination auch die für die Zuhilfenahme von Experten sowie die Einberufung eines Krisenstabs aufgewendeten Ressourcen.[40] Können Ereignisse mit dem Stand der Technik (§ 8a) entsprechenden Maßnahmen bewältigt werden, sind sie nicht erheblich.[41] Dies erfasst beispielsweise täglich vorkommende Ereignisse wie Spams, durch Virenscanner abgefangene Schadsoftware oder Hardwareausfälle.[42]

17 Die Meldung nach Abs. 4 ist stufenweise ausgestaltet.[43] Nach Meldung des Vorfalls an das BSI sollen potenziell betroffene Kreise durch das BSI schnell informiert und gewarnt werden können.[44] Auf der ersten Stufe sind durch den KRITIS-Betreiber schnellstmöglich, die ihm zur Verfügung stehenden Informationen zu melden.[45] Nachträglich soll der KRITIS-Betreiber die Meldung, durch hinzukommende Informationen im Rahmen der Bewältigung des Vorfalls, ergänzen.[46] Die Meldung erfolgt grundsätzlich pseudonymisiert um wirtschaftliche Auswirkungen, zum Beispiel durch negative Presseberichterstattung, zu vermeiden.[47] Auf die Nennung des KRITIS-Betreibers im Rahmen der Warnung durch das BSI ist zu verzichten, wenn die Meldung Zwecken der Information ebenfalls betroffener KRITIS-Betreiber dient.[48] Die Gesetzesbegründung zu Abs. 4 sieht vor, dass die

---

[37] BT-Drs. 18/4096, 28; vgl. zur Cyberbedrohungslage im Gesundheitswesen: *Dochow,* MedR 2022, 100ff.

[38] Schenke/Graulich/Ruthig/*Buchberger,* Rn. 5.

[39] BT-Drs. 18/4095, 28; der Ressourcenaufwand kann dabei abhängig sein von den branchenspezifischen Sicherheitsstandards, vgl. zu den Anforderungen an das Krankenhauswesen: *Dittrich/Ippach,* GesR 2021, 285 (286f.).

[40] BT-Drs. 18/4096, 28.

[41] BT-Drs. 18/4096, 28.

[42] BT-Drs. 18/4096, 28.

[43] BT-Drs. 18/4096, 28.

[44] BT-Drs. 18/4096, 28; das BSI erstellt zudem aus den erhaltenen Informationen ein umfassendes Lagebild über die Cybersicherheit im Bereich Kritischer Infrastrukturen: Hornung/Schallbruch IT-SicherheitsR/*Fischer,* § 13 Rn. 88.

[45] BT-Drs. 18/4096, 28; vgl. zur Meldepflicht bei Ransomware-Angriffen: *Heinrichs/Neumeier,* CB 2022, 55 (56); das BSI stellt KRITIS-Betreibern im Rahmen seines FAQ Antworten zu der Frage wann an das BSI gemeldet werden muss zur Verfügung: *BSI,* FAQ zur Meldepflicht, https://www.bsi.bund.de/DE/Themen/KRITIS-und-regulierte-Unternehmen/Kritische-Infrastrukturen/KRITIS-FAQ/FAQ-zur-Meldepflicht/faq-zur-meldepflicht_node.html.

[46] BT-Drs. 18/4096, 28; nach Auffassung des BSI gilt Schnelligkeit vor Vollständigkeit: *BSI,* FAQ zur Meldepflicht, https://www.bsi.bund.de/DE/Themen/KRITIS-und-regulierte-Unternehmen/Kritische-Infrastrukturen/KRITIS-FAQ/FAQ-zur-Meldepflicht/faq-zur-meldepflicht_node.html.

[47] BT-Drs. 18/4096, 28; Aussagen des BSI zum Schutz der Informationen finden sich unter: *BSI,* FAQ zur Meldepflicht, https://www.bsi.bund.de/DE/Themen/KRITIS-und-regulierte-Unternehmen/Kritische-Infrastrukturen/KRITIS-FAQ/FAQ-zur-Meldepflicht/faq-zur-meldepflicht_node.html.

[48] BT-Drs. 18/4096, 28.

Meldungen an das BSI pseudonymisiert erfolgen.[49] Dies soll dem BSI ermöglichen – im Gegensatz zur Anonymisierung – im weiteren Verfahren mit dem meldenden KRITIS-Betreiber, ohne Verwendung des Klarnamens in Kontakt zu treten.[50]

Eine **namentliche Nennung** des KRITIS-Betreibers ist nur für die Fälle vor- **18**
gesehen, in denen aufgrund der Störung eine tatsächliche Beeinträchtigung oder ein Ausfall der Kritischen Infrastruktur eingetreten ist.[51] Dies erfasst nach S. 1 Nr. 1 Störungen der Verfügbarkeit, Integrität, Authentizität und Vertraulichkeit ihrer informationstechnischen Systeme, Komponenten oder Prozesse. Darüber hinaus müssen diese zu einem Ausfall oder zu einer erheblichen Beeinträchtigung der Funktionsfähigkeit der von ihnen betriebenen Kritischen Infrastrukturen geführt haben. S. 1 Nr. 2 ergänzt dies noch durch das Merkmal der Erheblichkeit. Meldungen nach S. 1 Nr. 2 müssen des Weiteren Angaben zu der Störung, zu möglichen grenzübergreifenden Auswirkungen sowie zu den technischen Rahmenbedingungen, insbesondere der vermuteten oder tatsächlichen Ursache, der betroffenen Informationstechnik, der Art der betroffenen Einrichtung oder Anlage sowie zur erbrachten kritischen Dienstleistung und zu den Auswirkungen der Störung auf diese Dienstleistung enthalten. Die namentliche Nennung stellt einen schwereren Eingriff in das Recht am ausgeübten und eingerichteten Gewerbebetrieb dar. Dieses wird als sonstiges Recht iSv § 823 Abs. 1 BGB geschützt, ein Schutz durch Art. 14 GG ist jedoch umstritten.[52] Der Eingriff in das Recht am ausgeübten und eingerichteten Gewerbebetrieb kann jedoch vor dem Hintergrund der schnellen und effizienten Informationsbeschaffung des BSI gerechtfertigt sein. Das Interesse des KRITIS-Betreibers an einer anonymen Meldung kann insoweit nicht berücksichtigt werden.[53] Eine weitere Konkretisierung der Anforderungen an die Meldepflicht wird durch die Gesetzesbegründung ausdrücklich dem BSI überlassen.[54] Das BSI stellt KRITIS-Betreibern dazu ein Melde- und Informationsportal zur Verfügung.[55]

Wesentliche Voraussetzung der Meldepflicht ist darüber hinaus – wenn auch **19**
nicht im Gesetz verankert – der Umstand, dass die meldepflichtige Störung durch einen **Mitarbeiter** erkannt werden muss.[56] Das Erkennen einer Störung erfordert entsprechende technische Kenntnisse des KRITIS-Betreibers und dessen Mitarbeitern. In der Praxis können aber insbesondere persönliche Motive – wie die Unfähigkeit eigene Fehler einzugestehen – dazu führen, dass auf eine erforderliche Meldung verzichtet wird.[57] KRITIS-Betreiber müssen daher mit geeigneten technischen und organisatorischen Maßnahmen sicherstellen, dass Prozesse zur Erken-

---

[49] BT-Drs. 18/4096, 28.

[50] BT-Drs. 18/4096, 28; weitere inhaltliche Anforderungen an eine Meldung ergeben sich aufgrund des Meldeformulars des BSI: *BSI,* Meldeformular gemäß § 8b Absatz 4 BSIG, https://www.bsi.bund.de/SharedDocs/Downloads/DE/BSI/KRITIS/Meldeformular_BSIG8b_Muster.pdf.

[51] BT-Drs. 18/4096, 28; dazu auch: *Winter,* CR 2020, 576 (580).

[52] Epping/Hillgruber/*Axer,* BeckOK GG, Art. 15 Rn. 51.

[53] BT-Drs. 18/4096, 28.

[54] BT-Drs. 18/4096, 28.

[55] *BSI,* Melde- und Informationsportal, https://mip.bsi.bund.de/.

[56] *Müllmann/Volkamer,* ZD 2021, 8 (9).

[57] Vgl. zudem zur Meldepflicht bei Mitarbeiten bei IT-Sicherheits- und Datenschutzvorfällen: *Müllmann/Volkamer,* ZD 2021, 8 (9).

nung von Störung, zur Beurteilung von Meldepflichten sowie zur Durchführung von etwaig erforderlichen Meldungen vorhanden sind.

20 Gemäß § 8d Abs. 3 sind vom Anwendungsbereich des Abs. 4 KRITIS-Betreiber ausgenommen, soweit sie ein öffentliches Telekommunikationsnetz betreiben oder öffentlich zugängliche Telekommunikationsdienste erbringen (§ 8d Abs. 3 Nr. 1), Betreiber von Energieversorgungsnetzen oder Energieanlagen, soweit sie den Regelungen des § 11 des Energiewirtschaftsgesetzes unterliegen (§ 8d Abs. 3 Nr. 2), die Gesellschaft für Telematik nach § 306 Abs. 1 S. 3 SGB V, Betreiber von Diensten der Telematikinfrastruktur im Hinblick auf die nach §§ 311 Abs. 6, 325 SGB V zugelassenen Dienste und Betreiber von Diensten, soweit sie die Telematikinfrastruktur für nach 327 Abs. 2–5 SGB V bestätigte Anwendungen nutzen (§ 8d Abs. 3 Nr. 3), Genehmigungsinhaber nach § 7 Abs. 1 AtG für den Geltungsbereich der Genehmigung (§ 8d Abs. 3 Nr. 4) sowie sonstige KRITIS-Betreiber, die auf Grund von Rechtsvorschriften Anforderungen erfüllen müssen, die mit den Anforderungen nach Abs. 4 vergleichbar oder weitergehend sind (§ 8d Abs. 3 Nr. 5).

VI. Erhebliche Störung (Abs. 4a)

21 Der neu eingeführte Abs. 4a regelt die Befugnisse des BSI in Bezug auf Störungen, die noch keine Beeinträchtigung der Funktionsfähigkeit hervorgerufen haben. Durch Abs. 4a soll das BSI in die Lage versetzt werden, gerade eine Beeinträchtigung der Funktionsfähigkeit in diesen Fällen zu vermeiden. Im Falle einer erheblichen Störung kann das BSI im Einvernehmen mit der jeweils zuständigen Aufsichtsbehörde des Bundes die Herausgabe der zur Bewältigung der Störung notwendigen Informationen einschließlich personenbezogener Daten verlangen. Die Maßnahmen nach Abs. 4a können sich sowohl gegen KRITIS-Betreiber als auch gegen Unternehmen im besonderen öffentlichen Interesse richten.

VII. Übergeordnete Ansprechstelle (Abs. 5)

22 Zusätzlich zu der Kontaktstelle nach Abs. 3 S. 1 können KRITIS-Betreiber, die dem gleichen Sektor angehören, nach Abs. 5 S. 1, eine gemeinsame übergeordnete Ansprechstelle benennen. In diesen Fällen erfolgt der Informationsaustausch zwischen den Kontaktstellen und dem Bundesamt gemäß Abs. 5 S. 2 in der Regel über die gemeinsame Ansprechstelle. Die Gesetzesbegründung sieht vor, dass bestehende Strukturen, „beispielsweise über die ansonsten im Bereich der Sicherheitsvorsorge zuständigen Aufsichtsbehörden oder die eingerichteten Single Points of Contact (SPOCs) des UP KRITIS, genutzt und erweitert werden“[58]. Die gemeinsame übergeordnete Ansprechstelle kann sich über ein gesondertes Formular im Melde- und Informationsportal des BSI registrieren.[59]

Eine ergänzende Angabe der Ansprechstelle neben der Kontaktstelle ist möglich.[60]

---

[58] BT-Drs. 18/4096, 28.

[59] *BSI,* Für meldepflichtige Betreiber nach IT-Sicherheitsgesetz (IT-SiG), https://mip.bsi.bund.de/.

[60] Schenke/Graulich/Ruthig/*Buchberger,* Rn. 7.

VIII. Mitwirkungspflicht der Hersteller (Abs. 6)

23 Nach S. 1 kann das BSI vom Hersteller der betroffenen informationstechnischen Produkte und Systeme die Mitwirkung an der Beseitigung oder Vermeidung einer Störung nach Abs. 4 sowie nach § 8f Abs. 7 oder Abs. 8 verlangen. Eine Mitwirkungspflicht besteht nach Abs. 6 S. 2 entsprechend auch für Störungen bei Betreibern und Genehmigungsinhabern im Sinne von § 8d Abs. 3. Dabei ist die Mitwirkungspflicht in ihrem Umfang auf das Zumutbare beschränkt.[61] Zu beachten ist, dass die Beschränkung auf das Zumutbare nicht durch den Gesetzeswortlaut selbst, sondern lediglich durch die Gesetzesbegründung aufgeführt wird.[62] Insgesamt handelt es sich jedoch um eine weitreichende Befugnis des BSI gegenüber den Herstellern.[63] Denn insbesondere die Mitwirkung bei der Vermeidung von Störungen kann unter Umständen auch präventive Maßnahmen erfassen.[64] Die Notwendigkeit der Mitwirkungspflicht ergibt sich daraus, dass es zuvor in der Praxis, insbesondere in Bezug auf die kurzfristige Behebung von Sicherheitslücken, an der Mitwirkung von KRITIS-Betreibern fehlte.[65]

24 Aus praktischer Sicht stellt sich zudem die Frage nach einer effektiven Durchsetzbarkeit der Mitwirkungspflicht durch das BSI. Durchsetzungsschwierigkeiten können sich daraus ergeben, dass einige Hersteller ihren Sitz außerhalb der Europäischen Union haben und damit die Einflussmöglichkeiten auf diese beschränkt sind. Ein Zugriff könnte durch zwischenstaatliche Verträge gewährleistet werden, solche liegen bislang jedoch noch nicht vor.

IX. Verarbeitung personenbezogener Daten (Abs. 7)

25 Ausweislich der Gesetzesbegründung sind die im Rahmen von § 8b übermittelten Daten üblicherweise rein technischer Natur und damit **sachbezogen.** Sofern doch ein Personenbezug gegeben ist, gestattet Abs. 7 dem BSI eine Verarbeitung zu den in § 8b vorgesehenen Zwecken.[66] Die Regeln des allgemeinen Datenschutzrechts finden insoweit Anwendung.[67] Teil des Datenschutzrechts ist nach der Gesetzesbegründung insbesondere der Grundsatz der **Datensparsamkeit** (§ 3a BDSG aF), der inhaltlich dem Grundsatz nach § 71 Abs. 1 S. 3 BDSG entspricht.[68] Sofern, personenbezogene Daten verarbeitet werden, bestimmt Abs. 7, dass eine Verarbeitung, die über die zuvor bestimmten Zwecke hinaus geht, unzulässig ist. Es besteht eine strikte Zweckbindung.[69] § 5 Abs. 7 S. 3–8 findet entsprechende Anwendung und schützt den Kernbereich privater Lebensgestaltung.

---

61 Schenke/Graulich/Ruthig/*Buchberger,* Rn. 8.
62 *Hornung,* NJW 2015, 3334 (3337).
63 *Hornung,* NJW 2015, 3334 (3337).
64 *Hornung,* NJW 2015, 3334 (3337); vgl. zu präventiven Ansätzen des BSI: *BSI,* Schutz Kritischer Infrastrukturen durch IT-Sicherheitsgesetz und UP KRITIS, 2017, S. 24.
65 Schenke/Graulich/Ruthig/*Buchberger,* Rn. 8.
66 BT-Drs. 18/4096, 28.
67 BT-Drs. 18/4096, 28f.
68 BT-Drs. 18/4096, 29; Sydow BDSG/*Johannes/Weinhold,* § 71 Rn. 32.
69 Schenke/Graulich/Ruthig/*Buchberger,* Rn. 9.

C. Haftung und Sanktionen

26 Die Bußgeldvorschrift des § 14 erfasst nach § 14 Abs. 2 Nr. 1 lit. c Zuwiderhandlungen gegen vollziehbare Anordnungen nach Abs. 6 S. 1, die die Mitwirkungspflicht des KRITIS-Betreibers betreffen. Erfasst werden auch Verstöße durch die in Abs. 6 S. 2 genannten Betreiber und Genehmigungsinhabern im Sinne von § 8d Abs. 3 BSIG. Darüber hinaus zählen zu den bußgeldbewährten Handlungen die Verletzung der Meldepflicht bei Vorliegen einer Störung, die zum Ausfall oder einer erheblichen Beeinträchtigung der Funktionsfähigkeit der Kritischen Infrastruktur geführt hat Abs. 4 S. 1 Nr. 1) sowie bei Vorliegen einer erheblichen Störung, durch die ein Ausfall oder eine Beeinträchtigung der Funktionsfähigkeit droht (Abs. 4 S. 1 Nr. 2).

27 Daneben erfasst § 14 Abs. 2 Nr. 6 denjenigen, der vorsätzlich oder fahrlässig entgegen § 8b Abs. 3 S. 4 nicht sichergestellt hat, dass er erreichbar ist. Erfasst wird nach § 14 Abs. 2 Nr. 4 auch derjenige, der einer vollziehbaren Anordnung nach § 8b Abs. 3a S. 1 zuwiderhandelt, dh diejenigen Fälle, in denen Tatsachen die Annahme rechtfertigen, dass der KRITIS-Betreiber der Registrierungspflicht nach § 8b Abs. 3 nicht nachkommt und das BSI daher verlangt, dass die für die Bewertung erforderlichen Aufzeichnungen, Schriftstücke und sonstigen Unterlagen in geeigneter Weise vorgelegt werden und Auskunft erteilt wird. Gemäß § 14 Abs. 2 Nr. 7 wird auch derjenige der entgegen Abs. 4 S. 1 Nr. 1 oder 2 oder § 8c Abs. 3 S. 1 eine Meldung nicht, nicht richtig, nicht vollständig oder nicht rechtzeitig macht erfasst.

28 Die Ordnungswidrigkeit kann in den Fällen des § 14 Abs. 2 Nr. 1 lit. a mit einer Geldbuße bis zu zwei Mio. EUR geahndet werden. und in den Fällen des § 14 Abs. 2 Nr. 2 und Nr. 3 mit einer Geldbuße bis zu einer Mio. EUR. In den Fällen des § 14 Abs. 2 Nr. 1 lit. b BSIG sieht § 14 Abs. 5 S. 3 eine Geldbuße bis zu 100.000 EUR vor. Ausweislich der Gesetzesbegründung soll durch die Sanktionierung einer Zuwiderhandlung gegen eine vollziehbare Anordnung nach Abs. 6 S. 1 die fehlende Mitwirkung bei der Bekämpfung einer IT-Bedrohungslage mit einem Bußgeld bewehrt werden.[70] Die Höhe der Bußgelder soll die KRITIS-Betreiber dazu anhalten, in Krisenfällen das Erforderliche zu unternehmen, um die Gefahrenlage zu beenden.

29 Unter Praxisgesichtspunkten ist der vorgegebene Bußgeldrahmen, insbesondere im Vergleich zur **DS-GVO,** als gering anzusehen,[71] sodass im Bereich der haftungsrechtlichen Fragen vermehrt zivilrechtliche Ansprüche im Vordergrund stehen werden.[72] Die zivilrechtliche Inanspruchnahme aus den §§ 280ff. BGB und §§ 823ff. BGB kann dabei durch Endnutzer oder andere KRITIS-Betreiber drohen.[73]

30 Für eine Haftung nach § 823 Abs. 2 BGB ist hinsichtlich der Frage, ob § 8b ein **Schutzgesetz** im Sinne der Norm darstellt, zwischen den möglichen Anspruchstellern zu differenzieren.[74] Entsteht durch die Verletzung von § 8b ein Schaden

---

70 BT-Drs. 19/26106, 81.

71 Leupold/Wiebe/Glossner IT-R/*von dem Bussche/Schelinski,* Teil 7.1 Rn. 35; vgl. zu den einzelnen Bußgeldstufen des BSIG auch: *Niemann/Karniyevich,* K&R 2021, 441 (447); die Meldepflichten nach der DS-GVO und dem BSIG können jedoch, da sie verschiedene Zwecke verfolgen nebeneinander auftreten: vgl. *Winter,* CR 2020, 576 (580).

72 Leupold/Wiebe/Glossner IT-R/*von dem Bussche/Schelinski,* Teil 7.1 Rn. 35.

73 Leupold/Wiebe/Glossner IT-R/*von dem Bussche/Schelinski,* Teil 7.1 Rn. 35.

74 Leupold/Wiebe/Glossner IT-R/*von dem Bussche/Schelinski,* Teil 7.1 Rn. 36.

beim Endnutzer, liegt keine Schutzgesetzverletzung vor, da § 8b dem Funktionieren des Gemeinwesens und nicht unmittelbar dem Schutz der Endnutzer dient.[75] Einem Haftungsanspruch anderer KRITIS-Betreiber wegen Verletzung der Meldepflicht steht Art. 14 Abs. 3 S. 3 NIS-RL entgegen.[76] Zwar dient die Meldung der frühzeitigen Warnung und damit dem Schutz anderer KRITIS-Betreiber, jedoch verbietet Art. 14 Abs. 3 S. 3 NIS-RL ausdrücklich eine weitergehende Haftung der Verpflichteten. Demzufolge wäre eine die Auslegung des § 8b als Schutzgesetz im Sinne des § 823 Abs. 2 BGB unionsrechtswidrig.[77]

§ 8c Besondere Anforderungen an Anbieter digitaler Dienste

(1) [1]Anbieter digitaler Dienste haben geeignete und verhältnismäßige technische und organisatorische Maßnahmen zu treffen, um Risiken für die Sicherheit der Netz- und Informationssysteme, die sie zur Bereitstellung der digitalen Dienste innerhalb der Europäischen Union nutzen, zu bewältigen. [2]Sie haben Maßnahmen zu treffen, um den Auswirkungen von Sicherheitsvorfällen auf innerhalb der Europäischen Union erbrachte digitale Dienste vorzubeugen oder die Auswirkungen so gering wie möglich zu halten.

(2) [1]Maßnahmen zur Bewältigung von Risiken für die Sicherheit der Netz- und Informationssysteme nach Absatz 1 Satz 1 müssen unter Berücksichtigung des Stands der Technik ein Sicherheitsniveau der Netz- und Informationssysteme gewährleisten, das dem bestehenden Risiko angemessen ist. [2]Dabei ist folgenden Aspekten Rechnung zu tragen:

1. der Sicherheit der Systeme und Anlagen,
2. der Erkennung, Analyse und Eindämmung von Sicherheitsvorfällen,
3. dem Betriebskontinuitätsmanagement
4. der Überwachung, Überprüfung und Erprobung,
5. der Einhaltung internationaler Normen.

[3]Die notwendigen Maßnahmen werden durch Durchführungsrechtsakte der Kommission nach Artikel 16 Absatz 8 der Richtlinie (EU) 2016/1148 näher bestimmt.

(3) [1]Anbieter digitaler Dienste haben jeden Sicherheitsvorfall, der erhebliche Auswirkungen auf die Bereitstellung eines von ihnen innerhalb der Europäischen Union erbrachten digitalen Dienstes hat, unverzüglich dem Bundesamt zu melden. [2]Die Voraussetzungen, nach denen Auswirkungen eines Sicherheitsvorfalls erheblich sind, werden durch Durchführungsakte der Kommission nach Artikel 16 Absatz 8 der Richtlinie (EU) 2016/1148 unter Berücksichtigung insbesondere der folgenden Parameter näher bestimmt:

1. die Zahl der von dem Sicherheitsvorfall betroffenen Nutzer, insbesondere der Nutzer, die den Dienst für die Bereitstellung ihrer eigenen Dienste benötigen,

---

[75] Leupold/Wiebe/Glossner IT-R/*von dem Bussche/Schelinski,* Teil 7.1 Rn. 37.
[76] Leupold/Wiebe/Glossner IT-R/*von dem Bussche/Schelinski,* Teil 7.1 Rn. 38.
[77] Leupold/Wiebe/Glossner IT-R/*von dem Bussche/Schelinski,* Teil 7.1 Rn. 38.

2. die Dauer des Sicherheitsvorfalls,
3. das von dem Sicherheitsvorfall betroffene geographische Gebiet,
4. das Ausmaß der Unterbrechung der Bereitstellung des Dienstes,
5. das Ausmaß der Auswirkungen auf wirtschaftliche und gesellschaftliche Tätigkeiten.

[3]Die Pflicht zur Meldung eines Sicherheitsvorfalls entfällt, wenn der Anbieter keinen ausreichenden Zugang zu den Informationen hat, die erforderlich sind, um die Auswirkung eines Sicherheitsvorfalls gemessen an den Parametern nach Satz 2 zu bewerten. [4]Für den Inhalt der Meldungen gilt § 8b Absatz 4 entsprechend, soweit nicht Durchführungsakte der Kommission nach Artikel 16 Absatz 9 der Richtlinie (EU) 2016/1148 etwas anderes bestimmen. [5]Über nach Satz 1 gemeldete Sicherheitsvorfälle, die Auswirkungen in einem anderen Mitgliedstaat der Europäischen Union haben, hat das Bundesamt die zuständige Behörde dieses Mitgliedstaats zu unterrichten.

(4) **[1]Liegen Anhaltspunkte dafür vor, dass ein Anbieter digitaler Dienste die Anforderungen des Absatzes 1 in Verbindung mit den Durchführungsrechtsakten der Kommission nach Artikel 16 Absatz 8 der Richtlinie (EU) 2016/1148 und des Absatzes 2 in Verbindung mit den Durchführungsrechtsakten der Kommission nach Artikel 16 Absatz 9 der Richtlinie (EU) 2016/1148 nicht erfüllt, kann das Bundesamt von dem Anbieter digitaler Dienste folgende Maßnahmen verlangen:**
1. die Übermittlung der zur Beurteilung der Sicherheit seiner Netz- und Informationssysteme erforderlichen Informationen, einschließlich Nachweisen über ergriffene Sicherheitsmaßnahmen,
2. die Beseitigung von Mängeln bei der Erfüllung der in den Absätzen 1 und 2 bestimmten Anforderungen.

[2]Die Anhaltspunkte können sich auch aus Feststellungen ergeben, die dem Bundesamt von den zuständigen Behörden eines anderen Mitgliedstaats der Europäischen Union vorgelegt werden.

(5) **[1]Hat ein Anbieter digitaler Dienste seine Hauptniederlassung, einen Vertreter oder Netz- und Informationssysteme in einem anderen Mitgliedstaat der Europäischen Union, so arbeitet das Bundesamt bei der Erfüllung der Aufgaben nach Absatz 4 mit der zuständigen Behörde dieses Mitgliedstaats zusammen. [2]Diese Zusammenarbeit kann das Ersuchen umfassen, die Maßnahmen in Absatz 4 Satz 1 Nummer 1 und 2 zu ergreifen.**

Literatur: *Leupold/Wiebe/Glossner* (Hrsg.), IT-Recht, 4. Aufl. 2021; *Kipker,* Umsetzungsgesetz zur NIS-RL mit nur geringen Anpassungen gegenüber der bisherigen Rechtslage beschlossen, MMR-Aktuell 2017, 389121; *Ritter,* Die (Nicht-)Umsetzung der Pflicht für Anbieter digitaler Dienste, einen Vertreter in der EU zu benennen, ICLR 2020, 13; *Ritter/Schulte,* Rechtliche Anforderungen an Anbieter digitaler Dienste, die zugleich kritische Infrastrukturen sind, CR 2019, 617; *Sassenberg/Faber,* Rechtshandbuch Industrie 4.0 und Internet of Things, 2. Aufl. 2020; *Schallbruch,* Die EU-Richtlinie über Netz- und Informationssicherheit: Anforderungen an digitale Dienste, CR 2016, 663; *Schenke/Graulich/Ruthig* (Hrsg.), Sicherheitsrecht des Bundes, 2. Aufl. 2019; *von dem Bussche/Voigt* (Hrsg.), Konzerndatenschutz, 2. Aufl. 2019; *Winter,* Meldepflichten bei Cyberangriffen, CR 2020, 576.

A. Allgemeines

I. Sinn und Zweck

1 § 8c enthält die Anforderungen des BSIG an **Anbieter digitaler Dienste** und verpflichtet diese unter anderem geeignete und verhältnismäßige technische und organisatorische Maßnahmen für die Sicherheit ihrer Netz- und Informationssysteme zu treffen (Abs. 1 S. 1). § 8c ist insoweit mit § 19 Abs. 4 TTDSG vergleichbar, der in weiten Teilen der Regelung des § 13 Abs. 7 TMG aF entspricht.[1] Die Vorschrift spiegelt den **risikobasierten Sicherheitsansatz des BSIG** wider.[2] Anbietern digitaler Dienste wird dabei im Gegensatz zu KRITIS-Betreibern die eigenverantwortliche Einhaltung der Sicherheitsziele überlassen.[3] Die Vorschrift wurde erst nachträglich durch das Gesetz zur Umsetzung der RL (EU) 2016/1148[4] in das BSIG eingefügt und setzt deren Vorgaben für Anbieter digitaler Dienste um. Inhaltliche Änderungen durch das IT-SiG 2.0 werden nicht vorgenommen. Eine redaktionelle Anpassung des § 8c durch das IT-SiG 2.0 erfolgt lediglich hinsichtlich des Verweises des Abs. 5 auf § 8b Abs. 4.

II. Verhältnis zu anderen Vorschriften

2 Eine mit § 8c vergleichbare Regelung findet sich nach der Gesetzesbegründung in § 13 Abs. 7 TMG aF, dessen Regelungsgehalt sich nun in weiten Teilen in § 19 Abs. 4 TTDSG findet. Die Regelung des § 19 Abs. 4 TTDSG gilt jedoch nur für Anbieter von Telemedien. Nach § 2 Abs. 2 Nr. 1 TTDSG ist dies jede natürliche oder juristische Person, die eigene oder fremde Telemedien erbringt, an der Erbringung mitwirkt oder den Zugang zur Nutzung von eigenen oder fremden Telemedien vermittelt. Da es sich bei digitalen Diensten im Sinne von § 8c in der Regel um Telemedien handelt, müssen diese auch § 19 Abs. 4 TTDSG beachten. Umgekehrt gilt dies jedoch nicht. Anbieter von Telemediendiensten unterfallen dem § 8c nur, wenn das Telemedium ein digitaler Dienst im Sinne von § 2 Abs. 11 ist.[5]

3 Abs. 1 ist neben Art. 32 Abs. 1 DS-GVO anwendbar.[6] Verarbeitet der Anbieter eines digitalen Dienstes personenbezogene Daten, so überschneiden sich die Anwendungsbereiche der beiden Vorschriften.[7] Art. 32 Abs. 1 DS-GVO dient vorrangig dem Schutz der Grundrechte und Grundfreiheiten natürlicher Personen, wohingegen Abs. 1 der Wahrung der Sicherheit von Netz- und Informationssystemen dient.[8]

---

1 BT-Drs. 18/11620, 2f.

2 Leupold/Wiebe/Glossner IT-R/*von dem Bussche/Schelinski,* Teil 7.1 Rn. 42.

3 Leupold/Wiebe/Glossner IT-R/*von dem Bussche/Schelinski,* Teil 7.1 Rn. 42.

4 Gesetz zur Umsetzung der Richtlinie (EU) 2016/1148 des Europäischen Parlaments und des Rates vom 6.7.2016 über Maßnahmen zur Gewährleistung eines hohen gemeinsamen Sicherheitsniveaus von Netz- und Informationssystemen in der Union vom 23.6.2017 (BGBl. I S. 1885).

5 *Winter,* CR 2020, 576 (577).

6 von dem Bussche/Voigt Konzerndatenschutz/*Voigt,* Teil 5 Kap. 3 Rn. 38.

7 von dem Bussche/Voigt Konzerndatenschutz/*Voigt,* Teil 5 Kap. 3 Rn. 38.

8 von dem Bussche/Voigt Konzerndatenschutz/*Voigt,* Teil 5 Kap. 3 Rn. 38.

B. Einzelerläuterungen

I. Anwendungsbereich

4 **1. Anbieter digitaler Dienste (Adressat).** Während die §§ 8a und 8b die Anforderungen an KRITIS-Betreiber sowie – seit dem IT-SiG 2.0 – an Unternehmen im besonderen öffentlichen Interesse regeln, finden sich in § 8c die für Anbieter digitaler Dienste geltenden Bestimmungen. Diese sind gemäß § 8c zur Meldung von Sicherheitsvorfällen verpflichtet und damit Adressaten der Norm.

5 **Anbieter digitaler Dienste** sind nach der Begriffsbestimmung des § 2 Abs. 12 juristische Personen, die einen digitalen Dienst anbieten. Digitale Dienste werden in § 2 Abs. 11 Nr. 1–3 definiert. Die Vorschrift verweist für den Begriff des „Dienstes" in Art. 1 Abs. 1 lit. b Info-RL. Ein **Dienst** ist danach eine Dienstleistung der Informationsgesellschaft, dh jede in der Regel gegen Entgelt elektronisch im Fernabsatz und auf individuellen Abruf eines Empfängers erbrachte Dienstleistung. Zur Qualifizierung als **digitaler** Dienst ist darüber hinaus erforderlich, dass dieser es Verbrauchern oder Unternehmern im Sinne des Art. 4 Abs. 1 lit. a bzw. lit. b ADR-RL ermöglicht, Kaufverträge oder Dienstleistungsverträge mit Unternehmern entweder auf der Webseite dieser Dienste oder auf der Webseite eines Unternehmers, die von diesen Diensten bereitgestellte Rechendienste verwendet, abzuschließen (Online-Marktplätze) (§ 2 Abs. 11 Nr. 1). Ein **Verbraucher** ist nach Art. 4 Abs. 1 lit a ADR-RL jede natürliche Person, die zu Zwecken handelt, die nicht ihrer gewerblichen, geschäftlichen, handwerklichen oder beruflichen Tätigkeit zugerechnet werden können. Nach Art. 4 Abs. 1 lit. b ADR-RL ist ein **Unternehmer** jede natürliche oder juristische Person – unabhängig davon, ob sie in privatem oder öffentlichem Eigentum steht –, die zu Zwecken handelt, die ihrer gewerblichen, geschäftlichen, handwerklichen oder beruflichen Tätigkeit zugerechnet werden können, wobei sie dies auch durch eine in ihrem Namen oder Auftrag handelnde Person tun kann. Voraussetzung für einen digitalen Dienst ist, dass er eine der in § 2 Abs. 11 Nr. 1–3 genannten Funktionen erfüllt. Dies ist nach § 2 Abs. 11 Nr. 1 der Fall, wenn ein Dienst es Verbrauchern oder Unternehmern ermöglicht Kauf- oder Dienstleistungsverträge auf Online-Marktplätzen abzuschließen. Ein Online-Marktplatz kann dabei sowohl vorliegen, wenn der Vertrag direkt auf einer Webseite des digitalen Dienstes abgeschlossen wird, als auch wenn Vertrag über die Webseite eines Unternehmers zustande kommt, hierfür jedoch Rechenleistung des digitalen Diensts verwendet wird. Darüber hinaus sind unter den Voraussetzungen von § 2 Abs. 11 Nr. 2 auch Suchmaschinen als digitale Dienste zu qualifizieren. Unter den Voraussetzungen von § 2 Abs. 11 Nr. 3 gilt das auch für Cloud-Computing-Dienste (zu den Begrifflichkeiten im Einzelnen → § 2 Rn. 32ff.).

6 Die unterschiedlichen rechtlichen Anforderungen an KRITIS-Betreiber und Unternehmen im besonderen öffentlichen Interesse auf der einen Seite und an Anbieter digitaler Dienste auf der anderen Seite werfen die Frage auf, wie das Verhältnis der beiden Normen untereinander ausgestaltet ist. Wäre der § 8c beispielsweise lex specialis für die Anbieter digitaler Dienste, würden für diese generell deutlich niedrige Anforderungen gelten. Ein derartiges Exklusivitätsverhältnis ist jedoch nicht anzunehmen. Vielmehr stehen beide Normen grundsätzlich nebeneinander. Dass ein Anbieter eines digitalen Dienstes gleichzeitig auch ein KRITIS-Betreiber sein kann, wird deutlich am Beispiel von Cloud-Computing-

Diensten.[9] Nach § 5 Abs. 4 BSI-KritisV sind Kritische Infrastrukturen im Sektor Informationstechnik und Telekommunikation solche Anlagen oder Teile davon, die den in Anh. 4 Teil 3 Sp. B BSI-KritisV genannten Kategorien zuzuordnen sind (§ 5 Abs. 4 Nr. 1 BSI-KritisV), und den Schwellenwert nach Anh. 4 Teil 3 Sp. D erreichen oder überschreiten (§ 5 Abs. 4 Nr. 2 BSI-KritisV). Der Anh. 4 Teil 3 Sp. B BSI-KritisV erfasst unter anderem den Betrieb von Serverfarmen. Erforderlich ist jedoch, dass die Anzahl der Instanzen jährlich einen Schwellenwert von mindestens 25.000 Instanzen aufweist. Insoweit weicht die BSI-KritisV von dem Anh. II Nr. 7 NIS-RL ab. Denn zum Sektor der digitalen Infrastruktur zählen nach Anh. II Nr. 7 NIS-RL lediglich Internetknotenbetreiber, DNS-Diensteanbieter und TLS-Name-Registrare. Im Gegensatz zur BSI-KritisV werden Serverfarmen im Rahmen der NIS-RL nicht genannt. Serverfarmen im Sinne der BSI-KritisV dienen jedoch als technische Grundlage für Cloud-Computing-Dienste.[10] So dass ab Erreichen des Schwellwertes jeder Cloud-Computing-Dienst eine Serverfarm im Sinne der BSI-KritisV darstellt, solange der Dienst nicht ausnahmsweise auf einem einzelnen Computer betrieben wird.[11] Problematisch ist vor diesem Hintergrund, dass durch die BSI-KritisV strengere Vorgaben gemacht werden als durch die NIS-RL. Dies könnte einen Verstoß gegen Art. 16 Abs. 10 NIS-RL darstellen.[12] Danach dürfen die Mitgliedstaaten unbeschadet des Art. 1 Abs. 6 NIS-RL den Anbietern digitaler Dienste keine weiteren Sicherheits- oder Meldepflichten auferlegen. Die durch die NIS-RL gewählte Definition darf jedoch nicht dazu führen, dass strengere Regelungen für Kritische Infrastrukturen entgegengewirkt wird und dadurch der Schutz Kritischer Infrastrukturen auf europäischer Ebene eingeschränkt wird.[13]

2. Einschränkung durch § 8d Abs. 4. Nach § 8d Abs. 4 findet eine Einschränkung der Verpflichtungen des § 8c Abs. 1–3 in Bezug aus Kleinstunternehmen und kleine Unternehmen im Sinne der Empf. 2003/361/EG statt. Diese Regelung fand sich zunächst in § 8c aF und findet sich seit der Einführung des § 8c nF nun in § 8d. Nach Art. 2 Abs. 2 Empf. 2003/361/EG werden Kleinstunternehmen definiert als Unternehmen, die weniger als zehn Personen beschäftigen und deren Jahresumsatz bzw. Jahresbilanz zwei Mio. EUR nicht überschreiten. Als kleines Unternehmen weist Art. 2 Abs. 2 Empf. 2003/361/EG Unternehmen aus, die weniger als 50 Personen beschäftigen und deren Jahresumsatz bzw. Jahresbilanz zehn Mio. EUR nicht übersteigen. Die Ausnahme gilt auch für Unternehmen, die von der Empfehlung des Gesetzgebers ausgenommen wurden, weil sie 25 Prozent oder mehr ihres Kapitals oder ihrer Stimmrechte direkt oder indirekt von einem oder mehreren öffentlichen Stellen oder Körperschaften des öffentlichen Rechts einzeln oder gemeinsam kontrolliert werden.[14] 7

Darüber hinaus ist Abs. 3 nicht auf Anbieter anwendbar, die ihren Hauptsitz in einem anderen Mitgliedstaat der Europäischen Union haben oder die, soweit sie nicht in einem Mitgliedstaat der Europäischen Union niedergelassen sind, einen Vertreter in einem anderen Mitgliedstaat der Europäischen Union benannt haben, in dem die digitalen Dienste ebenfalls angeboten werden. Die Verpflichtungen des 8

[9] Im Einzelnen zur Abgrenzung *Ritter/Schulte,* CR 2019, 617 (618).
[10] *Ritter/Schulte,* CR 2019, 617 (618).
[11] *Ritter/Schulte,* CR 2019, 617 (618).
[12] Vgl. dazu *Schallbruch,* CR 2016, 663 (666).
[13] *Schallbruch,* CR 2016, 663 (667).
[14] BT-Drs. 18/4096, 29.

§ 8c Abs. 4 greifen nach § 8d Abs. 4 S. 3 nur, soweit der Anbieter in der Bundesrepublik Deutschland Netz- und Informationssysteme betreibt, die er zur Bereitstellung der digitalen Dienste innerhalb der Europäischen Union nutzt.

II. Maßnahmen nach Abs. 1 und Abs. 2

9 Abs. 1 dient der Umsetzung des Art. 16 Abs. 1 und Abs. 2 NIS-RL. Anbieter digitaler Dienste haben gemäß Abs. 1 S. 1 geeignete und verhältnismäßige technische und organisatorische Maßnahmen zu treffen. Abs. 1 S. 1 konkretisierend führt Abs. 1 S. 2 aus, dass Anbieter digitaler Dienste Maßnahmen zu treffen haben, um den Auswirkungen von Sicherheitsvorfällen auf innerhalb der Europäischen Union erbrachte digitale Dienste vorzubeugen oder deren Auswirkungen so gering wie möglich zu halten.

10 Durch Abs. 2 werden die Vorgaben des Art. 16 Abs. 3 und Abs. 4 NIS-RL umgesetzt. Anbieter digitaler Dienste müssen angemessene Maßnahmen zur Bewältigung von Risiken für die Sicherheit der Netz- und Informationssysteme gewährleisten. Dabei ist der Stand der Technik zu berücksichtigen. Abs. 2 knüpft damit geringere Anforderungen an den Umgang mit dem Stand der Technik als § 8a Abs. 1, der eine Einhaltung und nicht nur eine Berücksichtigung des Standes der Technik fordert. Abs. 2 S. 2 stellt einen Katalog mit Aspekten zur Verfügung, die in die Abwägung des Anbieters einfließen sollen. Anbieter haben bei der Abwägung die Sicherheit der Systeme und Anlagen (Abs. 2 S. 2 Nr. 1), die Erkennung, Analyse und Eindämmung von Sicherheitsvorfällen (Abs. 2 S. 2 Nr. 2), das Betriebskontinuitätsmanagement (Abs. 2 S. 2 Nr. 3), die Überwachung, Überprüfung und Erprobung (Abs. 2 S. 2 Nr. 4) sowie die Einhaltung internationaler Normen zu berücksichtigen.

11 Die notwendigen Maßnahmen werden durch Durchführungsrechtsakte der Kommission nach Art. 16 Abs. 8 NIS-RL näher bestimmt. Eine Konkretisierung der Maßnahmen ist durch Art. 2 Durchführungsverordnung (EU) 2018/151 erfolgt. Anbieter digitaler Dienste haben nach Art. 2 Abs. 1 Durchführungsverordnung (EU) 2018/151 für die Sicherheit der Systeme und Anlagen die Sicherheit von Netz- und Informationssystemen sowie ihrer physischen Umgebung zu beachten. Davon erfasst sind das systematische Management von Netz- und Informationssystemen, die physische Sicherheit und die Sicherheit der Umgebung, die Versorgungssicherheit, dh die Einführung und Aufrechterhaltung geeigneter Maßnahmen zur Gewährleistung der Zugänglichkeit sowie die Kontrolle des Zugangs zu Netz- und Informationssystemen, dh das Vorhandensein von Vorkehrungen, die gewährleisten, dass der physische und logische Zugang zu Netz- und Informationssystemen eingeschränkt wird. Darüber hinaus haben Anbieter digitaler Dienste nach Art. 2 Abs. 2 Durchführungsverordnung (EU) 2018/151 Maßnahmen zur Bewältigung von Sicherheitsvorfällen zu treffen. Zu diesen Maßnahmen zählen die Aufrechterhaltung und Erprobung von Erkennungsprozessen und -verfahren zur Gewährleistung einer rechtzeitigen und angemessenen Lageerfassung bei ungewöhnlichen Ereignissen, Etablierung von Prozesse und Umsetzung von Vorgaben für die Meldung von Vorfällen und die Feststellung von Schwachstellen und Anfälligkeiten in ihren Informationssystemen, Reaktionen nach den festgelegten Verfahren und Berichterstattung über die Ergebnisse der ergriffenen Maßnahmen sowie die Bewertung der Schwere des Sicherheitsvorfalls mit einer Dokumentierung der Erkenntnisse aus der Vorfallanalyse und einer Sammlung relevanter Informationen, die als Nachweis dienen können und einen kontinuierlichen Verbesserungsprozess fördern. Des Weiteren sieht Art. 2 Abs. 3 Durchführungsverordnung (EU) 2018/151 die Einrichtung eines Betriebskontinuitätsmanagements („Business continuity management") vor. Dieses dient zur Aufrechterhaltung bzw. Wiederherstellung der Erbringung von Diensten nach Auftreten einer Störung. Dabei soll ein zuvor festgelegtes Niveau eingehalten werden. Maßnahmen in diesem Sinne sind die Erstellung und Anwendung von Notfallplänen, die Berücksichtigung sowie die Bewertung und Erprobung von Wiederherstellungskapazitäten. Art. 2 Abs. 4 lit. a Durchführungsverordnung (EU) 2018/151 sieht die Einführung und Aufrechterhaltung von Maßnahmen zur Durchführung von regelmäßigen Kontrollen oder Messungen vor, die dazu dienen sollen, die bestimmungsgemäße Funktionsfähigkeit der Netz- und Informationssysteme zu kontrollieren. Nach Art. 2 Abs. 4 lit. b Durchführungsverordnung (EU) 2018/151 sollen außerdem Kontrollen und Überprüfungen zum Einsatz kommen, um zu ermitteln, ob Normen oder ein Leitlinienkataloge befolgt werden, Aufzeichnungen korrekt sind und die Effizienz- und Wirksamkeitsvorgaben erfüllt werden Darüber hinaus sieht Art. 2 Abs. 4 lit. c Durchführungsverordnung (EU) 2018/151 auch Prozesse zur Feststellung von Mängeln in den Sicherheitsmechanismen eines Netz- und Informationssystems, die Daten schützen und Funktionen aufrechterhalten sollen, vor, die sich auch auf technische Verfahren und eingebundenes Personal erstrecken. Auch haben die Anbieter digitaler Dienste nach Art. 2 Abs. 6 Durchführungsverordnung (EU) 2018/151 sicherzustellen, dass sie über eine angemessene Dokumentation hinsichtlich der Einhaltung der in den Art. 2 Abs. 1–5 Durchführungsverordnung (EU) 2018/151 genannten Sicherheitselemente verfügen.

III. Meldepflicht (Abs. 3)

Abs. 3 sieht eine Meldepflicht für Anbieter digitaler Dienste vor. Nach Abs. 3 S. 1 haben Anbieter digitaler Dienste jeden Sicherheitsvorfall, der erhebliche Auswirkungen auf die Bereitstellung eines innerhalb der Europäischen Union erbrachten Dienstes hat, unverzüglich dem BSI zu melden. **12**

Die **Auswirkungen auf die Bereitstellung** werden nicht legal definiert. Darunter zu verstehen sind nicht nur unwesentliche Einschränkung der Verfügbarkeit, Vertraulichkeit, Authentizität und Integrität des digitalen Dienstes oder die Verursachung nicht unerheblicher Schäden am Menschen oder finanzieller Natur. Erfasst werden auch der Ausfall eines Dienstes, wie beispielsweise bei dem Diebstahl von Nutzerdaten, dem Einbau von Hintertüren oder die Manipulation von Transaktionen eines digitalen Dienstes verstanden.[15] § 8c Abs. 3 trennt nicht wie die Durchführungsverordnung (EU) 2018/151 zwischen Parametern und erheblichen Auswirkungen. Während beide in § 8c Abs. 3 BSIG gemischt dargestellt werden, findet sich in Art. 3 und Art. 4 Durchführungsverordnung (EU) 2018/151 eine separate Darstellung. Nach Art. 3 Durchführungsverordnung (EU) 2018/151 liegt eine **erhebliche Auswirkung** vor, wenn ein Dienst mehr als 5.000.000 Nutzerstunden lang nicht verfügbar war. Auch der Verlust der Integrität, Authentizität oder Vertraulichkeit gespeicherter oder übermittelter oder verarbeiteter Daten oder der entsprechenden Dienste, die über ein Netz- und Informationssystem des Anbieters digitaler Dienste angeboten werden, beziehungsweise zugänglich sind, von dem mehr als 100.000 Nutzer in der Union betroffen sind, stellen erhebliche Auswirkungen eines Sicherheitsvorfalles dar. Erhebliche Auswirkungen liegen auch vor, soweit durch den Sicherheitsvorfall eine öffentliche Gefahr oder ein Ri- **13**

[15] Schenke/Graulich/Ruthig/*Buchberger*, Rn. 4.

siko für die öffentliche Sicherheit entstanden ist oder Menschen ums Leben gekommen sind. Ausreichend soll auch ein Sicherheitsvorfall sein, der für mindestens einen Nutzer in der Union zu einem Sachschaden von mehr als einer Mio. EUR geführt hat. Die Parameter für die Erheblichkeit eines Sicherheitsvorfalles ergeben sich aus dem zuvor beschriebenen Inhalt des Art. 4 Durchführungsverordnung (EU) 2018/151 in Verbindung mit § 8c Abs. 3 S. 2 Nr. 1–5. Zu den Parametern nach Abs. 3 zählen die Zahl, der von dem Sicherheitsvorfall betroffenen Nutzer, insbesondere der Nutzer, die den Dienst für die Bereitstellung ihrer eigenen Dienste benötigen (Abs. 3 S. 2 Nr. 1), die Dauer des Sicherheitsvorfalls (Abs. 3 S. 2 Nr. 2), das von dem Sicherheitsvorfall betroffene geographische Gebiet (Abs. 3 S. 2 Nr. 3), das Ausmaß der Unterbrechung der Bereitstellung des Dienstes (Abs. 3 S. 2 Nr. 4) sowie das Ausmaß der Auswirkungen auf wirtschaftliche und gesellschaftliche Tätigkeiten (Abs. 3 S. 2 Nr. 5).

14 Die Meldepflicht **entfällt,** wenn eine Bewertung durch den Anbieter mangels Zugangs zu den erforderlichen Informationen unmöglich ist. Für den Inhalt der Meldung gilt nach Abs. 3 S. 3 – soweit nicht die Durchführungsakte der Kommission nach Art. 16 Abs. 9 NIS-RL etwas anderes bestimmen – § 8b Abs. 4. Das BSI unterrichtet die zuständige Behörde eines anderen Mitgliedstaates über nach Abs. 3 gemeldete Sicherheitsvorfälle, soweit diese Auswirkungen in dem anderen Mitgliedstaat haben.

IV. Maßnahmenkatalog des BSI (Abs. 4)

15 Abs. 4 sieht eine **anlassbezogene Überprüfung** vor.[16] Dazu müssen aus Sicht des BSI Anhaltspunkte dafür vorliegen, dass ein Anbieter digitaler Dienste die Anforderungen des Abs. 1 nicht erfüllt. In diesen Fällen stehen dem BSI die Maßnahmen nach Abs. 4 Nr. 1–2 zur Verfügung. Anhaltspunkte für ein Tätigwerden erfordern keine konkreten Nachweise über IT-Sicherheitsdefizite.[17] Da das Tätigwerden keine konkreten Anhaltspunkte erfordert, kann das BSI bereits frühzeitig in Verdachtsfällen einschreiten.[18] Nach Abs. 4 kann das BSI gegenüber dem Anbieter digitaler Dienste die Übermittlung der zur Beurteilung der Sicherheit seiner Netz- und Informationssysteme erforderlichen Informationen, einschließlich der Nachweise über ergriffene Sicherheitsmaßnahmen verlangen sowie die Beseitigung von Mängeln bei der Erfüllung der Verpflichtungen aus Abs. 1 und Abs. 2 anordnen.

V. Zusammenarbeit mit Behörden eines anderen Mitgliedstaates (Abs. 5)

16 Das BSI arbeitet gemäß Abs. 5 S. 1 mit ausländischen Behörden zusammen, soweit ein Anbieter digitaler Dienste seine Niederlassung, einen Vertreter oder Netz- und Informationssysteme in einem anderen Mitgliedstaat hat. Nach Abs. 5 S. 2 kann das BSI ausländische Behörden auch ersuchen, die Maßnahmen nach Abs. 4 S. 1 Nr. 1 und 2 zu ergreifen. Die Norm soll eine Kooperation des BSI mit anderen europäischen Cybersicherheitsbehörden ermöglichen und dadurch insgesamt zur Verbesserung der innereuropäischen Zusammenarbeit bei der Cybersicherheit Rechnung tragen.

---

[16] Schenke/Graulich/Ruthig/*Buchberger,* Rn. 6.
[17] *Kipker,* MMR-Aktuell 2017, 389121.
[18] *Kipker,* MMR-Aktuell 2017, 389121.

VI. Benennung eines Vertreters

Richtlinien haben nach Art. 288 Abs. 3 AEUV keine unmittelbare Geltung. So dass die NIS-RL zunächst umzusetzen ist. Dies ist in Teilen auch geschehen.[19] Eine Umsetzung von Art. 18 NIS-RL ins deutsche Recht liegt jedoch bislang noch nicht vor.[20] Die NIS-RL folgt dem Niederlassungsprinzip.[21] Nach Art. 18 Abs. 2 und Abs. 3 NIS-RL sind Anbieter digitaler Dienste, die ihren Sitz nicht in der Europäischen Union haben, verpflichtet einen Vertreter zu benennen. Eine vergleichbare Pflicht zur Benennung eines Vertreters findet sich ebenfalls im Datenschutzrecht (Art. 27 DS-GVO). Die Benennung eines Vertreters hat keinen Einfluss auf die Pflichten des Anbieters nach § 8c. Der Anbieter eines digitalen Dienstes bleibt folglich unabhängig von der Bestellung eines Vertreters Adressat von § 8c und muss die darin enthaltenen Verpflichtungen erfüllen. Der Vertreter hat nach Erwgr. 65 NIS-RL vielmehr die Rolle eines Ansprechpartners für die zuständigen Behörden oder Computer Security Incident Response Teams (CSIRT) Darüber hinaus kann der Vertreter aber vom Anbieter digitaler Dienste auch mit der Erfüllung rechtlicher Verpflichtungen, zum Beispiel der Meldung von Sicherheitsvorfällen, beauftragt werden. Dies soll nach Erwgr. 65 NIS-RL schriftlich erfolgen. Kommt der Vertreter den ihm auferlegten Verpflichtungen nicht nach und entsteht dem Anbieter digitaler Dienste hierdurch ein Schaden (zum Beispiel in Form eines Bußgelds) kann der Vertreter in Regress genommen werden. **17**

C. Haftung und Sanktionen

Das vorsätzliche oder fahrlässige Zuwiderhandeln gegen § 8c Abs. 1 S. 1, Abs. 3 S. 1 sowie gegen § 8c Abs. 4 Nr. 1 und Nr. 2 wird durch die Bußgeldvorschrift des § 14 Abs. 2 Nr. 1 lit. c, 7, 8 erfasst. Das Bußgeld kann nach § 14 Abs. 5 S. 2 bis zu 500.000 EUR betragen. **18**

§ 8d Anwendungsbereich

(1) **[1]Die §§ 8a und 8b sind nicht anzuwenden auf Kleinstunternehmen im Sinne der Empfehlung 2003/361/EG der Kommission vom 6. Mai 2003 betreffend die Definition der Kleinstunternehmen sowie der kleinen und mittleren Unternehmen (ABl. L 124 vom 20.5.2003, S. 36). [2]Artikel 3 Absatz 4 des Anhangs der Empfehlung ist nicht anzuwenden.**

(1 a) **[1]§ 8f ist nicht anzuwenden auf Kleinstunternehmen und kleine Unternehmen im Sinne der Empfehlung 2003/361/EG. [2]Artikel 3 Absatz 4 des Anhangs zu der Empfehlung ist nicht anzuwenden.**

(2) **§ 8a ist nicht anzuwenden auf**

1. **Betreiber Kritischer Infrastrukturen, soweit sie ein öffentliches Telekommunikationsnetz betreiben oder öffentlich zugängliche Telekommunikationsdienste erbringen,**

[19] Vgl. Art. 16 NIS-RL.

[20] Vgl. dazu und zur Umsetzung in anderen Staaten *Ritter,* ICLR 2020, 13 (14).

[21] Sassenberg/Faber Industrie 4.0 und Internet-HdB/*Mantz/Spittka,* § 6 Rn. 159.

2. Betreiber von Energieversorgungsnetzen oder Energieanlagen im Sinne des Energiewirtschaftsgesetzes vom 7. Juli 2005 (BGBl. I S. 1970, 3621), das zuletzt durch Artikel 3 des Gesetzes vom 17. Juli 2015 (BGBl. I S. 1324) geändert worden ist, in der jeweils geltenden Fassung, soweit sie den Regelungen des § 11 des Energiewirtschaftsgesetzes unterliegen,
3. die Gesellschaft für Telematik nach § 306 Absatz 1 Satz 3 des Fünften Buches Sozialgesetzbuch, Betreiber von Diensten der Telematikinfrastruktur im Hinblick auf die nach § 311 Absatz 6 und § 325 des Fünften Buches Sozialgesetzbuch zugelassenen Dienste und Betreiber von Diensten, soweit sie die Telematikinfrastruktur für nach § 327 Absatz 2 bis 5 des Fünften Buches Sozialgesetzbuch bestätigte Anwendungen nutzen,
4. Genehmigungsinhaber nach § 7 Absatz 1 des Atomgesetzes in der Fassung der Bekanntmachung vom 15. Juli 1985 (BGBl. I S. 1565), das zuletzt durch Artikel 2 des Gesetzes vom 17. Juli 2015 (BGBl. I S. 1324) geändert worden ist, in der jeweils geltenden Fassung für den Geltungsbereich der Genehmigung sowie
5. sonstige Betreiber Kritischer Infrastrukturen, soweit sie auf Grund von Rechtsvorschriften Anforderungen erfüllen müssen, die mit den Anforderungen nach § 8a vergleichbar oder weitergehend sind.

(3) § 8b Absatz 4 und 4a ist nicht anzuwenden auf

1. Betreiber Kritischer Infrastrukturen, soweit sie ein öffentliches Telekommunikationsnetz betreiben oder öffentlich zugängliche Telekommunikationsdienste erbringen,
2. Betreiber von Energieversorgungsnetzen oder Energieanlagen, soweit sie den Regelungen des § 11 des Energiewirtschaftsgesetzes unterliegen,
3. die Gesellschaft für Telematik nach § 306 Absatz 1 Satz 3 des Fünften Buches Sozialgesetzbuch, Betreiber von Diensten der Telematikinfrastruktur im Hinblick auf die nach § 311 Absatz 6 und § 325 des Fünften Buches Sozialgesetzbuch zugelassenen Dienste und Betreiber von Diensten, soweit sie die Telematikinfrastruktur für nach § 327 Absatz 2 bis 5 des Fünften Buches Sozialgesetzbuch bestätigte Anwendungen nutzen,
4. Genehmigungsinhaber nach § 7 Absatz 1 des Atomgesetzes für den Geltungsbereich der Genehmigung sowie
5. sonstige Betreiber Kritischer Infrastrukturen, die auf Grund von Rechtsvorschriften Anforderungen erfüllen müssen, die mit den Anforderungen nach § 8b Absatz 4 vergleichbar oder weitergehend sind.

(4) [1]§ 8c Absatz 1 bis 3 gilt nicht für Kleinstunternehmen und kleine Unternehmen im Sinne der Empfehlung 2003/361/EG. [2]§ 8c Absatz 3 gilt nicht für Anbieter,

1. die ihren Hauptsitz in einem anderen Mitgliedstaat der Europäischen Union haben oder
2. die, soweit sie nicht in einem Mitgliedstaat der Europäischen Union niedergelassen sind, einen Vertreter in einem anderen Mitgliedstaat der Europäischen Union benannt haben, in dem die digitalen Dienste ebenfalls angeboten werden.

[3]Für Anbieter nach Satz 2 gilt § 8c Absatz 4 nur, soweit sie in der Bundesrepublik Deutschland Netz- und Informationssysteme betreiben, die sie zur Bereitstellung der digitalen Dienste innerhalb der Europäischen Union nutzen.

Literatur: *Gabel/Heinrich/Kiefner* (Hrsg.), Rechtshandbuch Cyber-Security, 2019; *Hornung/Schallbruch* (Hrsg.), IT-Sicherheitsrecht, 2021; *Kipker* (Hrsg.), Cybersecurity, 2020; *Ritter,* Die (Nicht-)Umsetzung der Pflicht für Anbieter digitaler Dienste, einen Vertreter in der EU zu benennen, ICLR 2020, 13; *Schenke/Graulich/Ruthig* (Hrsg.), Sicherheitsrecht des Bundes, 2. Aufl. 2019; *Terhaag,* IT-Sicherheitsgesetz, 2015; *Voigt,* IT-Sicherheitsrecht, 2018.

A. Allgemeines

§ 8d wurde mit dem IT-SiG von 2015 in das BSIG eingefügt – damals noch als § 8c. Mit dem Gesetz zur Umsetzung der NIS-RL[1] von 2017 wurde die Regelung in § 8d verlagert. Die Norm regelt die Ausnahmen von verschiedenen Verpflichtungen für Betreiber Kritischer Infrastrukturen oder Anbieter digitaler Dienste. Diese Ausnahmen rühren teilweise daher, dass entsprechende Pflichten in anderen Fachgesetzen bereits geregelt waren oder mit bzw. zeitnah zum IT-SiG dort eingeführt wurden. Eine Doppelregulierung der Betreiber durch verschiedene Gesetze sollte vermieden werden.[2] Einige Ausnahmen gehen auch auf die NIS-RL zurück, die zB Unternehmen bestimmter Größen gar nicht erst erfassen sollte (vgl. Art. 16 Abs. 11 NIS-RL). 1

B. Einzelerläuterungen

I. Ausnahme für Kleinstunternehmen im Bereich KRITIS (Abs. 1)

Mit der Ausnahme in Abs. 1 werden Kleinstunternehmen von den Verpflichtungen für KRITIS-Betreiber nach §§ 8a und 8b ausgenommen. Für die Definition der Kleinstunternehmen wird auf die Empf. 2003/361/EG der Kommission vom 6.5.2003 verwiesen. In der bis zum 27.5.2021 geltenden Fassung des § 8d wurde noch die englische Bezeichnung „2003/361/**EC**" statt „2003/361/**EG**" für die Kommissionsempfehlung verwendet. Erstes ist die englische Fassung und zweites die deutsche. Sowohl in der Gesetzesbegründung[3] als auch in Abs. 4 wurde auch damals schon korrekt die zweite Bezeichnung verwendet. Mit dem IT-SiG 2.0 hat der Gesetzgeber dieses redaktionelle Versehen korrigiert. Nach Anh. Art. 2 Abs. 3 Empf. 2003/361/EG sind Unternehmen Kleinstunternehmen, wenn sie zum einen **weniger als 10 Personen** beschäftigen **und** zum anderen **weder der Jahresumsatz noch die Bilanzsumme zwei Mio. EUR** überschreiten.[4] 2

Nicht angewendet werden soll nach Abs. 1 S. 2 die Ausnahmeregelung aus Anh. Art. 3 Abs. 4 Empf. 2003/361/EG. Diese besagt, dass Unternehmen niemals als 3

---

[1] Gesetz zur Umsetzung der Richtlinie (EU) 2016/1148 des Europäischen Parlaments und des Rates vom 6.7.2016 über Maßnahmen zur Gewährleistung eines hohen gemeinsamen Sicherheitsniveaus von Netz- und Informationssystemen in der Union vom 23.6.2017 (BGBl. I S. 1885).

[2] Hornung/Schallbruch IT-SicherheitsR/*Fischer,* § 13 Rn. 77.

[3] BT-Drs. 18/4096, 29.

[4] Vgl. Terhaag, IT-Sicherheitsgesetz, S. 54; Schenke/Graulich/Ruthig/*Buchberger,* Rn. 2 weist seltsamerweise die deutlich höheren Werte für die Gesamtkategorie von Kleinst-, Klein- und mittleren Unternehmen nach Anh. Art. 2 Abs. 1 Empf. 2003/361/EG aus. Diese spielen hier jedoch keine Rolle.

Kleinstunternehmen gelten, wenn 25 Prozent des Kapitals oder der Stimmrechte direkt oder mittelbar von öffentlichen Stellen oder Körperschaften kontrolliert werden. Durch die Nichtanwendbarkeitserklärung können sich auch KRITIS-Betreiber mit entsprechendem Einfluss öffentlicher Stellen oder Körperschaften auf die Ausnahmeregel des Abs. 1 S. 1 berufen.

4 Diese Ausnahme für Kleinstunternehmen im Bereich KRITIS ist nicht in der NIS-RL angelegt, sondern eine nationale Regelung zur Wahrung der Verhältnismäßigkeit.[5] Die Verpflichtungen für KRITIS-Betreiber können sehr aufwändig und kostspielig und damit für Kleinstunternehmen wirtschaftlich kaum umsetzbar sein. Da entsprechende Wirtschaftlichkeitserwägungen ansonsten nur im Rahmen des § 8a Abs. 1, nicht aber bei den übrigen Verpflichtungen, vorgesehen sind, ist diese Ausnahme nach Größe durchaus sinnvoll. Offen bleibt freilich, welche praktische Relevanz die Ausnahme jemals entfalten wird, da KRITIS-Betreiber, deren Anlagen die in der BSI-KritisV ausgeführten Schwellenwerte überschreiten, ohnehin in aller Regel mehr Mitarbeiter und mehr Umsatz haben werden.

II. Ausnahme für Klein- und Kleinstunternehmen im Bereich der Unternehmen von besonderem öffentlichem Interesse (Abs. 1a)

5 Die Pflichten für Unternehmen von besonderem öffentlichem Interesse aus § 8f sind nach Abs. 1a nicht für Kleinstunternehmen und kleine Unternehmen iSd Empf. 2003/361/EG anwendbar. Nach Anh. Art. 2 Abs. 3 Empf. 2003/361/EG sind Unternehmen **Kleinstunternehmen,** wenn sie zum einen **weniger als 10 Personen** beschäftigen **und** bei ihnen zum anderen **weder der Jahresumsatz noch die Bilanzsumme zwei Mio. EUR** überschreiten. Als **Kleinunternehmen** sind nach Anh. Art. 2 Abs. 2 Empf. 2003/361/EG Unternehmen definiert, wenn sie **weniger als 50 Personen** beschäftigen und **weder ihr Jahresumsatz noch die Jahresbilanz 10 Mio. EUR** überschreiten. Nach S. 2 soll Anh. Art. 3 Abs. 4 Empf. 2003/361/EG keine Anwendung finden. Denn danach würden Unternehmen niemals als Klein- oder Kleinstunternehmen gelten, wenn 25 Prozent des Kapitals oder der Stimmrechte direkt oder mittelbar von öffentlichen Stellen oder Körperschaften kontrolliert werden. Durch die Nichtanwendbarkeitserklärung in S. 2 können sich auch Unternehmen mit entsprechendem Einfluss öffentlicher Stellen oder Körperschaften auf die Ausnahmeregel des S. 1 berufen. Da sich der Bund u.a. an Unternehmen iSd § 2 Abs. 14 S. 1 Nr. 1 beteiligt, die zugelassene IT-Produkte herstellen, könnte diese Ausnahme durchaus praktische Relevanz erlangen.

III. Ausnahmen von § 8a (Abs. 2)

6 Durch Abs. 2 werden KRITIS-Betreiber von der Einhaltung der Verpflichtung aus § 8a ausgenommen, wenn sie aufgrund spezialgesetzlicher Regelungen bereits ähnlichen Verpflichtungen unterliegen.

7 Ausgenommen sind nach **Nr. 1** KRITIS-Betreiber, soweit sie ein **öffentliches Telekommunikationsnetz** betreiben oder **öffentlich zugängliche Telekommunikationsdienste** erbringen. Für solche Telekommunikationsanbieter gelten

[5] BT-Drs. 18/4096, 29.

die spezialgesetzlichen Absicherungspflichten nach den §§ 165ff. TKG.[6] Die Ausnahme der Nr. 1 reicht jedoch nur „soweit“, wie die TKG-Regelungen Anwendung finden. Betreibt dasselbe Unternehmen auch KRITIS, die nicht von den entsprechenden Verpflichtungen aus dem TKG erfasst sind, gilt die Ausnahme nicht für diese. Erwähnenswert ist, dass die §§ 165ff. TKG einen etwas weiteren persönlichen Anwendungsbereich haben als § 8a. Während letzter nur Betreiber erfasst, die die Schwellenwerte aus der BSI-KritisV überschreiten, erfassen die TKG-Regelungen sämtliche Betreiber von öffentlichen Telekommunikationsnetzen und -diensten, unabhängig vom Versorgungsgrad.[7]

Die **Nr. 2** nimmt Betreiber von **Energieversorgungsnetzen oder Energieanlagen** im Sinne des EnWG von den Pflichten des § 8a aus, soweit sie den Regelungen des § 11 EnWG unterliegen. In § 11 Abs. 1a EnWG sind für Betreiber von Energieversorgungsnetzen und in § 11 Abs. 1b EnWG für Betreiber von Energieanlagen ähnliche Absicherungspflichten festgelegt, wie sie § 8a enthält. Auch hier ist der personelle Anwendungsbereich des § 11 Abs. 1a EnWG für Netzbetreiber weiter als der des § 8a, da es für die Verpflichtung nicht auf die Überschreitung von Schwellenwerten beim Versorgungsgrad ankommt.[8] Zu beachten ist, dass die Ausnahmeregelung der Nr. 2 nur so weit gilt, wie der § 11 EnWG reicht. Betreibt das Unternehmen weitere, nicht von § 11 EnWG erfasste KRITIS, kann es für diese nicht die Ausnahme der Nr. 2 beanspruchen. 8

Nach **Nr. 3** sind auch bestimmte Akteure im elektronischen Gesundheitswesen von den Absicherungsanforderungen des § 8a ausgenommen. Dazu zählt die **Gesellschaft für Telematik (Gematik).** Die früheren enthaltenen Verweise auf deren Rolle in § 291a Abs. 7 und § 291b SGB V wurden durch das PDSG obsolet, da die entsprechenden Regelungen durch dieses in § 306 Abs. 1 S. 3 bzw. § 311 SGB V verschoben wurden. Eine Anpassung der Verweisung in Nr. 3 wurde dabei zunächst vergessen und erst mit Art. 19c DVPMG nachgeholt. § 330 SGB V erlegt der Gematik die Pflicht zu Vorkehrungen gegen Störungen der Funktionsfähigkeit oder Sicherheit der Telematikinfrastruktur, sowie zum entsprechenden Nachweis auf. Damit finden sich wesentliche Aspekte des § 8a im SGB V als Spezialgesetz wieder. 9

Ebenfalls nach Nr. 3 ausgenommen sind **Betreiber von Diensten der Telematikinfrastruktur** im Hinblick auf die nach dem SGB V zugelassenen Dienste. Diese Betreiber sind Unternehmen, deren Dienste von der Gematik für den Betrieb der Telematikinfrastruktur nach § 325 Abs. 2 SGB V zugelassen wurden.[9] Eine dem § 8a vergleichbare Pflicht zu technisch-organisatorischen Absicherungsmaßnahmen findet sich für die Betreiber der Dienste in § 330 Abs. 1 SGB V. 10

Auch **Anbieter von Diensten, die die Telematikinfrastruktur für bestätigte Anwendungen** nutzen, sind von § 8a ausgenommen, da sich entsprechende Sicherheitsvorgaben für sie aus § 327 SGB V ergeben. Die (Sicherheits-)Anforderungen an die Anwendungen werden von der Gematik im Einvernehmen mit dem BSI festgelegt und deren Einhaltung im Bestätigungsverfahren durch einen Nachweis des Anbieters geprüft. 11

---

[6] Kipker Cybersecurity/*Beucher/Fromageau,* Kap. 12 Rn. 107; Terhaag, IT-Sicherheitsgesetz, S. 55.

[7] Gabel/Heinrich/Kiefner Cyber-Security-HdB/*Wimmer/Mechler,* Kap. 5 Rn. 36; Hornung/Schallbruch IT-SicherheitsR/*Fischer,* § 13 Rn. 81.

[8] Gabel/Heinrich/Kiefner Cyber-Security-HdB/*Wimmer/Mechler,* Kap. 5 Rn. 32; Hornung/Schallbruch IT-SicherheitsR/*Fischer,* § 13 Rn. 81.

[9] Vgl. Voigt IT-SicherheitsR, Rn. 467.

12 Die **Nr. 4** regelt eine Ausnahme für **Inhaber von Genehmigungen nach § 7 Abs. 1 AtG.** Diese Ausnahme reicht so weit wie der Geltungsbereich der erteilten Genehmigung. Hintergrund ist, dass diese Anlagen in der Regel ohnehin deutlich strengeren Anforderungen an die Sicherheit unterliegen. So ist ein Betrieb entsprechender Anlagen ohne vorherige Genehmigung schon gar nicht zulässig und eine Aufsicht über die Anlagen in § 19 AtG vorgesehen. Im Hinblick auf mögliche Kollisionen im Fall der Doppelregulierung war es unter dem Gesichtspunkt der kerntechnischen Sicherheit sinnvoll, allein das Regime des AtG anzuwenden, das der nuklearen Sicherheit auch Vorrang vor der Versorgungssicherheit einräumt.[10]

13 In **Nr. 5** findet sich eine allgemeine Auffangregelung, die insbesondere für spezialgesetzliche Regelungen vorgesehen wurde, die erst nach Erlass des § 8d eingeführt werden.[11] Danach sollen die Verpflichtungen des § 8a dann nicht anwendbar sein, wenn KRITIS-Betreiber schon **aufgrund anderer Rechtsvorschriften vergleichbare oder sogar weitergehende Anforderungen** erfüllen müssen. Und in der Tat gibt es Anwendungsfälle, in denen die Nr. 5 einschlägig ist. So gehören zum KRITIS-Sektor Informationstechnik und Telekommunikation nach § 5 Abs. 3 BSI-KritisV zB **Vertrauensdienste,** die die Anforderungen des § 8a erfüllen müssten. Diese Anbieter unterliegen jedoch bereits den Regelungen aus Art. 19 eIDAS-VO. Dessen Abs. 1 verpflichtet zu „geeignete[n] technischen und organisatorischen Maßnahmen zur Beherrschung der Sicherheitsrisiken im Zusammenhang mit den von ihnen erbrachten Vertrauensdiensten". Nach Art. 20 Abs. 1 eIDAS-VO müssen sich qualifizierte Anbieter zudem mindestens alle 24 Monate einer Prüfung unterziehen, deren Bewertung der Aufsichtsstelle vorzulegen ist. In Verbindung mit den Befugnissen der Aufsicht, nach Art. 20 Abs. 2 eIDAS-VO eigene Überprüfungen vorzunehmen und bei Nichteinhaltung der Anforderungen nach Art. 20 Abs. 3 eIDAS-VO Abhilfe anzuordnen, entsprechen die Anforderungen für Vertrauensdiensteanbieter weitgehend denen aus § 8a. Dass die eIDAS zumindest auf europarechtlicher Ebene als vorrangig angesehen werden soll, ergibt sich auch aus Art. 1 Abs. 3 NIS-RL, der Vertrauensdiensteanbieter von den Verpflichtungen der NIS-RL ausnimmt.[12] Wer die zuständige Aufsichtsbehörde nach der eIDAS-VO für die Vertrauensdiensteanbieter ist, hängt von der Art des Vertrauensdienstes ab und ist in § 2 VDG geregelt. Es können entweder die BNetzA oder das BSI zuständig sein.

14 Nicht als vergleichbare Regelung werden die § 25a Abs. 1 Nr. 3 und 5 KWG angesehen, in denen IT-Sicherheitspflichten für Kredit- und Finanzdienstleistungsinstitute angelegt sind.[13] Dies ist systematisch auch konsequent, da die IT-Sicherheitspflichten unterschiedliche Zielrichtungen haben. Während § 25a KWG in erster Linie auf die Vermeidung wirtschaftlicher Risiken ausgerichtet ist, dient § 8a

---

[10] Vgl. BT-Drs. 18/4096, 29.

[11] Vgl. BT-Drs. 18/4096, 29.

[12] Vgl. auch Gabel/Heinrich/Kiefner Cyber-Security-HdB/*Wimmer/Mechler,* Kap. 5 Rn. 20, deren Schluss von Art. 1 Abs. 3 NIS-RL auf die Nichtanwendbarkeit des BSIG fehlgehen dürfte, da die Mitgliedstaaten auch über die NIS-RL hinaus Regelungen – also auch im Bereich der Vertrauensdienste – treffen dürfen. Aus der NIS-RL selbst ergibt sich aber explizit keine Pflicht, dies für Vertrauensdienste zu tun. Die Nichtanwendbarkeit der nationalen Regelungen des § 8a ergibt sich also erst aus § 8d Abs. 2 Nr. 5.

[13] Kipker Cybersecurity/*Beucher/Fromageau,* Kap. 12 Rn. 125; vgl. insoweit auch die Aussagen der BaFin im Kapitel 12 des Rundschreibens 10/2017 (BA) idF v. 16.8.2021.

der Sicherstellung der Versorgung. Die zu ergreifenden Maßnahmen für beide Zielrichtungen können sich sehr unterscheiden. So könnten wirtschaftliche Risiken theoretisch durch Versicherungen abgedeckt werden, die jedoch für das Ziel der Verfügbarkeit der kritischen Dienstleistung nicht ausreichen werden.

IV. Ausnahmen von § 8b Abs. 4 (Abs. 3)

Abs. 3 nimmt die genannten Betreiber von den Pflichten zur Meldung von Vor- 15
fällen nach § 8b Abs. 4 und zur Befolgung von Informationsverlangen des BSI bei Vorfällen nach § 8b Abs. 4a aus. In der ursprünglichen Fassung von 2015 umfasste die Ausnahme noch § 8b Abs. 3–5. Auch die Regelungen zur Benennung einer Kontaktstelle (§ 8 Abs. 3) oder zur Nutzung einer gemeinsamen übergeordneten Ansprechstelle (§ 8b Abs. 5 BSIG) fanden demnach keine Anwendung. Mit dem Gesetz zur Umsetzung der NIS-RL[14] wurde die Ausnahme auf § 8b Abs. 4 beschränkt.[15] Damit sollte zum einen die Erfüllung des Art. 5 Abs. 5 der NIS-RL ermöglicht werden, nach dem die Mitgliedstaaten die Liste der Betreiber wesentlicher Dienste (= KRITIS) regelmäßig überprüfen.[16] Dies setzt voraus, dass alle entsprechenden Betreiber auch bekannt sind, was mit der ausnahmslosen Pflicht zur Benennung einer Kontaktstelle nun ermöglicht wird. Zum anderen sollte dadurch die Weitergabe von Informationen und Warnungen durch das Computer Security Incident Response Team (CSIRT) der national zuständigen Behörde nach Art. 9 Abs. 1 iVm Anh. I Nr. 2 lit. a NIS-RL an die Betreiber ermöglicht werden.[17] Eine entsprechende Weitergabepflicht fand sich bereits in § 8b Abs. 2. Faktisch war eine Weitergabe jedoch nur an die Betreiber möglich, die aufgrund der Kontaktstellenbenennung als solche auch bekannt waren. Die Neuaufnahme von § 8b Abs. 4a in die Ausnahmeregelung geht darauf zurück, dass dieser mit dem IT-SiG 2.0 neu eingefügt wurde, aber von vorneherein nicht für die genannten Unternehmen gelten soll. Jedoch begrenzt der Verweis auf § 8b Abs. 4a nicht nur die Pflichten der Betreiber, sondern auch deren Recht, dem BSI die nötigen Informationen einschließlich personenbezogener Daten zu übermitteln. Sofern sie dem BSI also Informationen übermitteln wollen, die Personenbezug aufweisen – was schon bei einer IP-Adresse der Fall sein kann[18] – müssten sie sich auf eine andere Übermittlungsgrundlage als § 8b Abs. 4a iVm Art. 6 Abs. 1 S. 1 lit. c DS-GVO stützen.

Die ausgenommenen Betreiber entsprechen praktisch denen aus Abs. 2 16
(→ Rn. 7 ff.). So nimmt die **Nr. 1** die **Betreiber von öffentlichen Telekommunikationsnetzen** oder **Erbringer von öffentlich zugänglichen Telekommunikationsdiensten** aus, da bzw. soweit für diese schon die Meldeverpflichtungen aus § 168 TKG gelten. Durch **Nr. 2** werden die **Betreiber von Energieversorgungsnetzen** und **Energieanlagen** ausgenommen, soweit diese bereits der Meldepflicht aus § 11 Abs. 1c EnWG unterliegen. Die Betreiber aus dem Gesundheitsbereich werden durch **Nr. 3** ausgenommen, da sie entsprechen-

[14] Gesetz zur Umsetzung der Richtlinie (EU) 2016/1148 des Europäischen Parlaments und des Rates vom 6.7.2016 über Maßnahmen zur Gewährleistung eines hohen gemeinsamen Sicherheitsniveaus von Netz- und Informationssystemen in der Union vom 23.6.2017 (BGBl. I S. 1885).

[15] Schenke/Graulich/Ruthig/*Buchberger*, Rn. 4.

[16] BT-Drs. 18/11242, 49.

[17] Vgl. BT-Drs. 18/11242, 49; Schenke/Graulich/Ruthig/*Buchberger*, Rn. 4.

[18] *EuGH*, Urt. v. 19.10.2016 – C-582/14, NJW 2016, 3579 Rn. 49 – Breyer/Deutschland.

den Verpflichtungen aus § 329 SGB V unterliegen. So müssen Anbieter von zugelassenen Komponenten und Diensten, sowie Anbieter von bestätigten Anwendungen der Telematikinfrastruktur erhebliche Störungen bereits nach § 329 Abs. 2 SGB V an die Gematik melden. Die Gematik wiederum muss nach § 329 Abs. 4 SGB V die ihr gemeldeten Störungen sowie darüber hinausgehende bedeutende Störungen, die zu beträchtlichen Auswirkungen auf Sicherheit oder Funktionsfähigkeit der Telematikinfrastruktur geführt haben oder führen könnten, an das BSI melden. Mit **Nr. 4** werden die Genehmigungsinhaber nach dem AtG von der Meldepflicht ausgenommen, da diese für sie bereits spezialgesetzlich in § 44b AtG geregelt ist. Die **Nr. 5** stellt, wie schon in Abs. 2 (→ Rn. 13), eine allgemeine Auffangregelung dar. Zu den darauf gestützten Ausnahmen gehören zB Vertrauensdiensteanbieter, die bereits nach Art. 19 Abs. 2 eIDAS-VO einer entsprechenden Meldepflicht gegenüber den Aufsichtsbehörden unterliegen. Die für die Meldungen zuständige Stelle ist für Deutschland nach § 2 Abs. 3 VDG ebenfalls das BSI.

V. Ausnahmen von § 8c Abs. 1–3 (Abs. 4)

17 Mit Abs. 4 wird die Reichweite der Regelungen für Anbieter digitaler Dienste nach § 8c näher bestimmt. Durch S. 1 werden die **Kleinstunternehmen und kleine Unternehmen** im Sinne der Empf. 2003/361/EG von den Verpflichtungen des § 8c vollständig ausgenommen. Mit der Einbeziehung der Kleinunternehmen reicht diese Ausnahme weiter als die aus Abs. 1 S. 1 für KRITIS, die dort nur Kleinstunternehmen ausnimmt. Damit gelten die § 8c Abs. 1–3 gem. Anh. Art. 2 Abs. 2 Empf. 2003/361/EG nicht für Anbieter digitaler Dienste, wenn diese weniger als 50 Personen beschäftigen *und* ihr Jahresumsatz bzw. ihre Bilanzsumme 10 Mio. EUR nicht übersteigen.[19] Die Ausnahme des S. 1 setzt insoweit im Rahmen der Vollharmonisierung den Art. 16 Abs. 11 NIS-RL um. Aufgrund der in Art. 16 Abs. 10 NIS-RL vorgesehenen Vollharmonisierung der Regelungen über die Sicherheits- und Meldepflichten für Anbieter digitaler Dienste hatte der deutsche Gesetzgeber im Rahmen der RL-Umsetzung auch keinen Spielraum für Abweichungen.

18 Für Anbieter digitaler Dienste regelt S. 2 zwei Fallgruppen, in denen es eine **Ausnahme von der Meldepflicht** nach § 8c Abs. 3 gibt. Die erste Fallgruppe (S. 2 Nr. 1) betrifft den Fall, dass Anbieter ihren **Hauptsitz in einem anderen Mitgliedstaat der EU** haben. In diesem Fall unterliegt der Anbieter bereits der Meldepflicht in diesem Staat. Nach Erwgr. 64 und Art. 18 Abs. 1 NIS-RL sollen Anbieter der gerichtlichen Zuständigkeit des Mitgliedstaates unterliegen, in dem sie ihren Hauptsitz haben. Es macht daher Sinn, auch die Verteilung der Meldepflichten auf die Behörden der Mitgliedstaaten daran zu orientieren. Die zweite Fallgruppe der Ausnahme des S. 2 betrifft die Konstellation, dass ein Anbieter digitaler Dienste gar keinen Hauptsitz in der EU besitzt, aber einen nach Art. 18 Abs. 2 NIS-RL vorgesehenen **Vertreter in einem anderen Mitgliedstaat benannt** hat, in dem er die digitalen Dienste ebenfalls erbringt. Auch dann besteht eine entsprechende Meldepflicht gegenüber den Behörden des entsprechenden Mitgliedstaates, in dem der Vertreter benannt wurde. Interessanterweise wurde die Pflicht zur Benennung nicht in dt. Recht umgesetzt und kann auch nicht unmittelbar auf

[19] Vgl. Hornung/Schallbruch IT-SicherheitsR/*Fischer,* § 13 Rn. 100; Kipker Cybersecurity/*Beucher/Ehlen,* Kap. 12 Rn. 135.

Art. 18 Abs. 2 NIS-RL gestützt werden.[20] Da auch andere Mitgliedstaaten die Benennungspflicht nicht umgesetzt haben,[21] bleibt jedoch abzuwarten, inwiefern diese zweite Fallgruppe überhaupt praktische Relevanz entfaltet. Voraussetzung dafür ist in jedem Fall, dass der digitale Dienst in dem Land angeboten wird, in dem der Vertreter benannt wurde. Ein Forum-Shopping dergestalt, dass ein Anbieter seinen Vertreter in einem für ihn besonders wohlgesonnenen Staat benennt, obwohl der digitale Dienst dort gar nicht angeboten wird, ist daher ausgeschlossen.

Offensichtliche Unklarheiten bestehen hinsichtlich des Regelungsgehaltes der **Ausnahme in S. 3.** Dazu trägt auch die Gesetzesbegründung[22] bei, die vom Schrifttum[23] scheinbar ohne Prüfung übernommen wurde. Dort findet sich die Auffassung, dass Abs. 4 – offenbar S. 3, der wortgleich ist – regele, dass die Meldepflicht aus § 8c Abs. 3 nur gelte, soweit die Anbieter „[…] in der Bundesrepublik Deutschland Netz- und Informationssysteme betreiben, die sie zur Bereitstellung der digitalen Dienste innerhalb der Europäischen Union nutzen." Dies ist ausweislich des eindeutigen Wortlautes jedoch evident unzutreffend, da sich S. 3 auf den Anwendungsbereich des § 8c Abs. 4 – also die **Anordnungsbefugnisse des BSI** – bezieht und gerade nicht auf die Meldepflicht des § 8c Abs. 3. Der S. 3 betrifft Anbieter nach § 8d Abs. 3 S. 2, also solche, die von der Meldepflicht ausgenommen sind, weil sie ihren Hauptsitz oder ihren benannten Vertreter in einem anderen Mitgliedstaat haben. Regulatorisch können diese von der Regulierung in Deutschland nur noch insoweit betroffen sein, dass sie die für die Erbringung der digitalen Dienste genutzte Technik in Deutschland betreiben. Die für sie primär zuständigen Behörden in den anderen Mitgliedsstaaten haben auf der Basis des ausländischen Rechts jedoch keine Befugnis, hoheitliche Maßnahmen bezüglich der in Deutschland betriebenen Technik zu erlassen und durchzusetzen. Daher gelten bezüglich dieser Netz- und Informationssysteme die Regelungen des § 8c Abs. 4. Die Ausnahme in S. 3 stellt aber auch klar, dass diese Befugnisse des BSI nur so weit gelten, wie diese Systeme in Deutschland betrieben werden und der Erbringung digitaler Dienste in der EU dienen. S. 3 enthält daher zwei Begrenzungen. Die Befugnisse aus § 8c Abs. 4 erfassen keine Systeme, die nicht in Deutschland betrieben werden, sondern zB im Ausland stehen – eigentlich eine Selbstverständlichkeit, die sich aus dem Territorialitätsprinzip ergibt. Zudem gelten die Befugnisse nur für Systeme, die der Erbringung digitaler Dienste in der EU dienen. Auf weitere Systeme, die ggf. im selben Rechenzentrum stehen, die aber ausschließlich für Dienste außerhalb der EU betrieben werden, erstrecken sich die Befugnisse aus § 8c Abs. 4 demnach nicht. **19**

[20] *Ritter,* ICLR 2020, 13 (15).
[21] Vgl. *Ritter,* ICLR 2020, 13 (14).
[22] S. BT-Drs. 18/242, 50.
[23] S. Schenke/Graulich/Ruthig/*Buchberger,* Rn. 6.

§ 8e Auskunftsverlangen

(1) [1]**Das Bundesamt kann Dritten auf Antrag Auskunft zu den im Rahmen von § 8a Absatz 2 und 3, § 8c Absatz 4 und § 8f erhaltenen Informationen sowie zu den Meldungen nach § 8b Absatz 4, 4a und 4b sowie § 8c Absatz 4 nur erteilen, wenn**

1. **schutzwürdige Interessen des betroffenen Betreibers einer Kritischen Infrastruktur, des Unternehmens im besonderen öffentlichen Interesse oder des Anbieters digitaler Dienste dem nicht entgegenstehen und**
2. **durch die Auskunft keine Beeinträchtigung von Sicherheitsinteressen eintreten kann.**

[2]**Zugang zu personenbezogenen Daten wird nicht gewährt.**

(2) **Zugang zu den Akten des Bundesamtes in Angelegenheiten nach den §§ 8a bis 8c und 8f wird bei Vorliegen der Voraussetzungen des § 29 des Verwaltungsverfahrensgesetzes nur gewährt, wenn**

1. **schutzwürdige Interessen des betroffenen Betreibers einer Kritischen Infrastruktur, des Unternehmens im besonderen öffentlichen Interesse oder des Anbieters digitaler Dienste dem nicht entgegenstehen und**
2. **durch den Zugang zu den Akten keine Beeinträchtigung von Sicherheitsinteressen eintreten kann.**

(3) **Für Betreiber nach § 8d Absatz 2 und 3 gelten die Absätze 1 und 2 entsprechend.**

(4) **Informationsansprüche nach dem Umweltinformationsgesetz bleiben von dieser Vorschrift unberührt.**

Literatur: *Bader/Ronellenfitsch* (Hrsg.), BeckOK VwVfG, 49. Ed. 2020; *Hornung,* Neue Pflichten für Betreiber kritischer Infrastrukturen: Das IT-Sicherheitsgesetz des Bundes, NJW 2015, 3334; *Roßnagel,* Das IT-Sicherheitsgesetz, DVBl 2015, 1206; *Schenke/Graulich/Ruthig* (Hrsg.), Sicherheitsrecht des Bundes, 2. Aufl. 2019; *Terhaag,* IT-Sicherheitsgesetz, 2015.

A. Allgemeines

1 Die Regelung, wie mit Verlangen nach Auskunft und Aktenzugang zu den KRITIS-Informationen umzugehen ist, wurde mit dem IT-SiG von 2015 – damals noch in § 8d – eingeführt. Als Spezialregelung über den Informationszugang verdrängt sie gem. § 1 Abs. 3 IFG die allgemeinen Regelungen des IFG.[1] Mit dem Gesetz zur Umsetzung der NIS-RL wurde die Regelung 2015 in § 8e BSIG verschoben und der Anwendungsbereich auf Informationen von Anbietern Digitaler Dienste erweitert.[2] Im Rahmen des IT-SiG 2.0 wurde die Ausnahme auf Informationen zu Unternehmen im besonderen öffentlichen Interesse erstreckt.

2 Dem liegen zwei Gedanken zugrunde. Zum einen handelt es sich um sicherheitsrelevante Informationen, deren Bekanntwerden es Angreifern erleichtern kann, ihre Ziele erfolgreich anzugreifen (zB über Sicherheitskonzepte und Ab-

---

[1] BT-Drs. 18/4096, 30.

[2] Schenke/Graulich/Ruthig/*Buchberger,* Rn. 1.

wehrmaßnahmen[3]). In Anbetracht der Tatsache, dass die betroffenen Unternehmen gerade deswegen reguliert werden, da sie für die Gesamtgesellschaft von hoher Bedeutung sind, ist das nicht akzeptabel. Zum anderen steht dahinter auch der Gedanke, dass sicherheitsrelevante Informationen von Unternehmen umso eher vollständig und schnell an das BSI weitergegeben werden, je geringer die Gefahr ist, dass diese anschließend an die Öffentlichkeit und die Konkurrenz gelangen können[4]. Dieser Gedanke hat sich auch in den Gesetzgebungsideen anderer Staaten niedergeschlagen, wie etwa in entsprechenden Regelungen des Entwurfes eines Cyber Intelligence Sharing und Protection Act (CISPA),[5] den das Abgeordnetenhaus des US-Senates am 26.4.2012 verabschiedete, der aber mangels Senatszustimmung dem Diskontinuitätsgrundsatz zum Opfer fiel.[6] Sec. 2 des CISPA sah eine Ausnahmeregelung für Cybersicherheitsinformationen vor, die Behörden von privaten Stellen erhalten. Nach Sec. 1104 (b) (3) (C) und (D) des durch den CISPA ergänzten US Code sollten diese Informationen weitgehend von den Auskunfts- und Offenlegungspflichten der Behörden ausgenommen werden. In der NIS-RL war keine derart weitgehende Ausnahme vorgesehen. Zumindest für die Vorfallsmeldungen sieht aber Art 14 Abs. 5 S. 2 NIS-RL für KRITIS-Betreiber und Art. 16 Abs. 6 S. 2 NIS-RL für die Anbieter digitaler Dienste eine Pflicht der Behörden zur Wahrung der Vertraulichkeit vor, die mit § 8e umgesetzt wurde.[7]

B. Einzelerläuterungen

I. Auskünfte (Abs. 1)

Auch wenn der Wortlaut des Abs. 1 negativ klingt („kann […] Auskunft […] nur erteilen, wenn […]"), ist Abs. 1 doch eine Informationszugangsregelung und nicht bloß Ausschluss oder Begrenzung existierender Regelungen (zB aus dem IFG). Demnach „kann" das BSI gegenüber **Personen, die am Meldeverfahren nicht beteiligt** sind, oder an **nichtöffentliche Institutionen** Auskunft zu Informationen geben, die es im Rahmen der § 8a Abs. 2 und 3, § 8b Abs. 4–4b und § 8c Abs. 4 erhalten hat. Voraussetzung ist gem. S. 1 Nr. 1 jedoch, dass **keine schutzwürdigen Belange** des KRITIS-Betreibers, des Unternehmens im besonderen öffentlichen Interesse oder des Anbieters digitaler Dienste entgegenstehen. Zu den schutzwürdigen Interessen zählen neben Sicherheitsbelangen insbesondere auch wirtschaftliche Interessen ganzer Branchen oder einzelner Betreiber, Unternehmen bzw. Anbieter.[8] Die Auskunft darf gem. S. 1 Nr. 2 auch nur erteilt werden, wenn durch sie **keine Beeinträchtigung von Sicherheitsinteressen** eintreten **kann.** Diese Einschränkung ist sehr weitgehend und legt den Antragstellern letztlich die Argumentationslast auf. Denn für eine positive Entscheidung muss der Eintritt einer 3

---

[3] *Terhaag,* IT-Sicherheitsgesetz, S. 58.
[4] S. insoweit auch BT-Drs. 18/4096, 30.
[5] Entwurfes eines Cyber Intelligence Sharing und Protection Act auf der Webseite des US-Kongresses, https://www.congress.gov/bill/112th-congress/house-bill/3523/text.
[6] Vgl. die Informationsseite zu US-Bundesgesetzgebungsvorhaben: https://www.govtrack.us/congress/bills/112/hr3523.
[7] Schenke/Graulich/Ruthig/*Buchberger,* Rn. 1; die Gesetzesbegründung in BT-Drs. 18/11242, 50 nennt bei beiden Art. der NIS-RL den falschen Abs.
[8] Vgl. die Gesetzesbegründung in BT-Drs. 18/4096, 30, die das für KRITIS-Betreiber klarstellt.

solchen Beeinträchtigung praktisch ausgeschlossen sein. Bis zum Gesetz zur Umsetzung der NIS-RL[9] war das Verhältnis noch umgekehrt. Nach § 8d Abs. 1 aF durfte die Auskunft erteilt werden, wenn „keine Beeinträchtigung wesentlicher Sicherheitsinteressen zu erwarten ist". Für die Verweigerung der Auskunft musste also zumindest begründet werden, dass eine Beeinträchtigung zu erwarten ist. Eine solche Prognose ist schon schwerer zu begründen als die bloße Möglichkeit der Beeinträchtigung. Zudem musste es sich bis 2017 um „wesentliche Sicherheitsinteressen" handeln, während inzwischen jegliche Sicherheitsinteressen genügen. Wenn das BSI einen Auskunftsantrag positiv bescheiden möchte, muss es nun auch seinerseits begründen können, dass weder schutzwürdige Interessen der Betreiber, Unternehmen bzw. Anbieter entgegenstehen, noch Sicherheitsinteressen durch die Auskunft beeinträchtigt werden können.

4 Auch wenn die Gesetzesbegründung grundsätzlich von einem Vorrang des öffentlichen Interesses am Schutz der Verfügbarkeit von KRITIS spricht,[10] räumt die Norm dem BSI grds. **Ermessen** bei der Entscheidung über die Auskunftserteilung ein. Der Ermessensspielraum ist jedoch erst eröffnet, wenn die o. g. Belange nicht entgegenstehen und Sicherheitsinteressen nicht beeinträchtigt werden können.[11] Teilweise wird in der Literatur mit Verweis auf die grundrechtlichen Schutzpflichten auch schon eine Abwägung zwischen den Interessen der Antragsteller und den schutzwürdigen Belangen der Betreiber gefordert.[12] Diese abzulehnende Ansicht verkennt jedoch, dass dem Gesetzgeber bei der Erfüllung seiner Schutzpflichten ein weiter Einschätzungsspielraum zusteht. Er ist in der Wahl seiner Mittel frei, solange er nicht das Untermaßverbot verletzt.[13] Für den Fall von Gefährdungen, über die die Öffentlichkeit informiert werden muss, um sich selbst schützen zu können, hat der Gesetzgeber § 7 eingeführt.[14] Angesichts der Einführung dieser Norm ist nicht ersichtlich, inwiefern der Gesetzgeber das Untermaßverbot verletzt hätte, indem er den Anspruch auf konkrete Auskunft zu den nach § 8a, § 8b und § 8c übermittelten Informationen an enge Voraussetzungen geknüpft hat. Sofern das BSI anhand der übermittelten Informationen erkennt, dass elementare Risiken für Dritte bestehen, wird es die staatliche Schutzpflicht dadurch wahrnehmen können (und müssen), dass es die notwendigen technischen Informationen über die Gefahr aufbereitet und nach § 7 warnt. Ein Rückgriff auf Abs. 1 ist insoweit nicht nötig.

---

[9] Gesetz zur Umsetzung der Richtlinie (EU) 2016/1148 des Europäischen Parlaments und des Rates vom 6.7.2016 über Maßnahmen zur Gewährleistung eines hohen gemeinsamen Sicherheitsniveaus von Netz- und Informationssystemen in der Union vom 23.6.2017 (BGBl. I S. 1885).

[10] BT-Drs. 18/4096, 30.

[11] Vgl. Schenke/Graulich/Ruthig/*Buchberger,* Rn. 2; aA wohl *Roßnagel,* DVBl 2015, 1206 (1210), der eine Abwägung der Interessen des Antragstellers und der des Betreibers scheinbar auch dann fordert, wenn die als harte Grenze genannten schutzwürdigen Interessen des Betreibers vorliegen.

[12] *Roßnagel,* DVBl 2015, 1206 (1210); *Hornung,* NJW 2015, 3334 (3338) kritisiert zumindest rechtspolitisch, dass in der Norm als ermessenslenkende Maßstäbe nur die Ausschlussgründe genannt werden.

[13] *BVerfG,* Urt. v. 28.5.1993 – 2 BvF 2/90, 2 BvF 4/92, 2 BvF 5/92, NJW 1993, 1751 (1754).

[14] Vgl. auch Schenke/Graulich/Ruthig/*Buchberger,* Rn. 2; dies scheint *Hornung,* NJW 2015, 3334 (3338) zu übersehen, wenn er kritisiert, dass eine proaktive Tätigkeit des BSI nicht einmal vorgesehen ist.

Soweit dem BSI gesetzlich Ermessensspielraum eingeräumt ist, muss es das Ermessen auch ausüben und darf Auskünfte zu entsprechenden Informationen nicht pauschal verweigern. Eine solche Nichtausübung des Ermessens würde einen Ermessensnichtgebrauch und damit einen Ermessensfehler darstellen,[15] der zur Rechtswidrigkeit der Entscheidung führt.[16] In seine Ermessenserwägungen hat das BSI neben dem konkreten Interesse der Antragsteller an der Auskunft auch die sonstigen Interessen der betroffenen Betreiber, Unternehmen, Anbieter oder das Interesse der Öffentlichkeit an der Sicherheit der IT, die von KRITIS, Unternehmen im besonderen öffentlichen Interesse und digitalen Diensten betriebenen wird, einzustellen. **5**

S. 2 stellt klar, dass Zugang zu personenbezogenen Daten nicht gewährt wird. Im Bereich der Informationstechnik ist diese Einschränkung von besonderer Bedeutung, weil damit auch eine Auskunft zu IP-Adressen von Schadsoftware-Servern unzulässig sein dürfte, da IP-Adressen regelmäßig personenbezogene Daten darstellen.[17] **6**

II. Aktenzugang (Abs. 2)

In der früheren Fassung von 2015 – als § 8d Abs. 2 aF – sah der Wortlaut noch explizit vor, dass nur Verfahrensbeteiligten Zugang zu den Akten des BSI gewährt wird.[18] Jedoch wurde diese Beschränkung 2017 mit dem Gesetz zur Umsetzung der NIS-RL[19] aus dem Wortlaut gestrichen. Da Abs. 2 ohnehin auf § 29 VwVfG verweist, war sie überflüssig, da dieser ohnehin nur die Einsicht durch Verfahrensbeteiligte regelt. Nicht-Verfahrensbeteiligte dürfen also auch weiterhin keine Einsicht in die entsprechenden Akten nehmen. Dies ist auch sinnvoll, da die Akten idR hochsensible, sicherheitskritische Informationen enthalten, die ein besonders hohes Schutzbedürfnis haben.[20] **7**

III. Anwendbarkeit für spezialgesetzlich geregelte KRITIS (Abs. 3)

Für die Unternehmen, die durch § 8d Abs. 2 und 3 vom Anwendungsbereich von § 8a und § 8b ausgenommen werden, weil für sie entsprechende spezialgesetzliche Regelungen gelten, werden die Regelungen der Abs. 1 und 2 für entsprechend anwendbar erklärt.[21] Dies ist sinnvoll und notwendig, da es im Hinblick auf den Regelungszweck der Abs. 1 und 2 unerheblich ist, ob das BSI sicherheitsrelevante Informationen von KRITIS-Betreibern auf Basis von § 8a und § 8b oder aufgrund spezialgesetzlicher Regelungen, wie zB § 11 Abs. 1c EnWG, erhält. Entscheidend ist, dass eine Gefährdung der Sicherheit oder der wirtschaftlichen Inter- **8**

---

[15] BeckOK VwVfG/*Aschke,* § 40 Rn. 81f.

[16] BeckOK VwVfG/*Aschke,* § 40 Rn. 78.

[17] Vgl. *EuGH,* Urt. v. 19.10.2016 – C-582/14, NJW 2016, 3579 Rn. 49 – Breyer.

[18] Vgl. *Terhaag,* IT-Sicherheitsgesetz, S. 58.

[19] Gesetz zur Umsetzung der Richtlinie (EU) 2016/1148 des Europäischen Parlaments und des Rates vom 6.7.2016 über Maßnahmen zur Gewährleistung eines hohen gemeinsamen Sicherheitsniveaus von Netz- und Informationssystemen in der Union vom 23.6.2017 (BGBl. I S. 1885).

[20] BT-Drs. 18/4096, 30; *Terhaag,* IT-Sicherheitsgesetz, S. 58; Schenke/Graulich/Ruthig/*Buchberger,* Rn. 3.

[21] BT-Drs. 18/11242, 51.

essen der Betreiber ausgeschlossen und die Vertraulichkeit weitgehend gewahrt werden soll.

IV. Informationen nach dem Umweltinformationsgesetz (Abs. 4)

9 Nach Abs. 4 gelten die Ausnahmen der Abs. 1–3 nicht für die Informationsansprüche nach dem UIG. Hintergrund für diese Ausnahme von der Ausnahme soll nach dem Willen des Gesetzgebers sein, dass mit dem UIG zwingendes EU- und Völkerrecht umgesetzt wird, das 1:1 umgesetzt werden muss.[22] Namentlich sind dies die Aarhus-Konvention und die Umweltinformations-RL. Zwar trifft es zu, dass die in der Umweltinformations-RL und der Aarhus-Konvention vorgesehenen Informationsrechte nicht eingeschränkt werden dürfen. Allerdings dürften auch die in den Abs. 1–2 vorgesehenen Einschränkungen durchaus im Einklang mit diesem höherrangigen Recht stehen. Denn wie die Gesetzesbegründung bereits festhält, sieht auch das UIG eine Abwägung des Informationsanspruches mit entgegenstehenden Interessen vor. Zu diesen gehören in § 8 UIG sowohl behördliche Anliegen wie zB der Schutz der öffentlichen Sicherheit, von internen Informationen oder das Beratungsgeheimnis. Aber auch Anliegen Dritter, wie der Schutz personenbezogener Daten oder von Betriebs- und Geschäftsgeheimnissen, zählen nach § 9 UIG dazu. Solange die Einschränkung durch die Abs. 1–3 also nicht weiterging als die im UIG festgelegten Ausnahmen, dürfte sie mit dem höherrangigen Recht in Einklang gestanden haben. Die Ergänzung des Abs. 4 dürfte insoweit unnötig gewesen sein. Da das UIG die Ausnahmetatbestände für entsprechende Anträge auf Informationszugang aber auch kennt, ändert sich im Ergebnis nichts. Der Rahmen für die Verweigerung des Informationszugangs richtet sich dann formal jedoch nach den entsprechenden Regelungen des UIG.

§ 8f Sicherheit in der Informationstechnik bei Unternehmen im besonderen öffentlichen Interesse

(1) **Unternehmen im besonderen öffentlichen Interesse nach § 2 Absatz 14 Satz 1 Nummer 1 und 2 sind verpflichtet, spätestens bis zum ersten Werktag, der darauf folgt, dass diese erstmalig oder erneut als Unternehmen im besonderen öffentlichen Interesse nach § 2 Absatz 14 Satz 1 Nummer 1 oder 2 gelten, und danach mindestens alle zwei Jahre eine Selbsterklärung zur IT-Sicherheit beim Bundesamt vorzulegen, aus der hervorgeht,**

1. **welche Zertifizierungen im Bereich der IT-Sicherheit in den letzten zwei Jahren durchgeführt, welche Prüfgrundlage und welcher Geltungsbereich hierfür festgelegt wurden,**
2. **welche sonstigen Sicherheitsaudits oder Prüfungen im Bereich der IT-Sicherheit in den letzten zwei Jahren durchgeführt, welche Prüfgrundlage und welcher Geltungsbereich hierfür festgelegt wurden oder**
3. **wie sichergestellt wird, dass die für das Unternehmen besonders schützenswerten informationstechnischen Systeme, Komponenten und Prozesse angemessen geschützt werden, und ob dabei der Stand der Technik eingehalten wird.**

[22] BT-Drs. 19/26106, 81.

(2) **Das Bundesamt kann für die Selbsterklärung nach Absatz 1 zu verwendende Formulare einführen.**

(3) **Das Bundesamt kann auf Grundlage der Selbsterklärung nach Absatz 1 Hinweise zu angemessenen organisatorischen und technischen Vorkehrungen nach Absatz 1 Nummer 3 zur Einhaltung des Stands der Technik geben.**

(4) **[1]Für Unternehmen im besonderen öffentlichen Interesse nach § 2 Absatz 14 Satz 1 Nummer 1 gilt die Pflicht nach Absatz 1 nicht vor dem 1. Mai 2023. [2]Für Unternehmen im besonderen öffentlichen Interesse nach § 2 Absatz 14 Nummer 2 gilt diese Pflicht frühestens zwei Jahre nach Inkrafttreten der Rechtsverordnung nach § 10 Absatz 5.**

(5) **[1]Unternehmen im besonderen öffentlichen Interesse nach § 2 Absatz 14 Satz 1 Nummer 1 und 2 sind verpflichtet, sich gleichzeitig mit der Vorlage der ersten Selbsterklärung zur IT-Sicherheit nach Absatz 1 beim Bundesamt zu registrieren und eine zu den üblichen Geschäftszeiten erreichbare Stelle zu benennen. [2]Die Übermittlung von Informationen durch das Bundesamt nach § 8b Absatz 2 Nummer 4 erfolgt an diese Stelle.**

(6) **[1]Unternehmen im besonderen öffentlichen Interesse nach § 2 Absatz 14 Satz 1 Nummer 3 können eine freiwillige Registrierung beim Bundesamt und die Benennung einer zu den üblichen Geschäftszeiten erreichbaren Stelle vornehmen. [2]Die Übermittlung von Informationen durch das Bundesamt nach § 8b Absatz 2 Nummer 4 erfolgt an diese Stelle.**

(7) **[1]Unternehmen im besonderen öffentlichen Interesse nach § 2 Absatz 14 Satz 1 Nummer 1 und 2 haben ab dem Zeitpunkt, zu dem eine Pflicht zur Vorlage der Selbsterklärung zur IT-Sicherheit nach Absatz 1 besteht, die folgenden Störungen unverzüglich über die nach Absatz 5 benannte Stelle an das Bundesamt zu melden:**

1. **Störungen der Verfügbarkeit, der Integrität, der Authentizität und der Vertraulichkeit ihrer informationstechnischen Systeme, Komponenten oder Prozesse, die zu einem Ausfall oder zu einer erheblichen Beeinträchtigung der Erbringung der Wertschöpfung geführt haben,**
2. **erhebliche Störungen der Verfügbarkeit, der Integrität, der Authentizität und der Vertraulichkeit ihrer informationstechnischen Systeme, Komponenten oder Prozesse, die zu einem Ausfall oder zu einer erheblichen Beeinträchtigung der Erbringung der Wertschöpfung führen können.**

[2]Die Meldung muss Angaben zu der Störung, zu den technischen Rahmenbedingungen, insbesondere zu der vermuteten oder tatsächlichen Ursache, der betroffenen Informationstechnik und der Art der betroffenen Einrichtung oder Anlage enthalten.

(8) **[1]Unternehmen im besonderen öffentlichen Interesse nach § 2 Absatz 14 Satz 1 Nummer 3 haben spätestens ab dem 1. November 2021 die folgenden Störungen unverzüglich an das Bundesamt zu melden:**

1. **Störungen der Verfügbarkeit, der Integrität, der Authentizität und der Vertraulichkeit ihrer informationstechnischen Systeme, Komponenten oder Prozesse, die zu einem Störfall nach der Störfall-Verordnung in der jeweils geltenden Fassung geführt haben,**

2. **erhebliche Störungen der Verfügbarkeit, der Integrität, der Authentizität und der Vertraulichkeit ihrer informationstechnischen Systeme, Komponenten oder Prozesse, die zu einem Störfall nach der Störfall-Verordnung in der jeweils geltenden Fassung führen können.**

[2]Die Meldung muss Angaben zu der Störung, zu den technischen Rahmenbedingungen, insbesondere zu der vermuteten oder tatsächlichen Ursache, der betroffenen Informationstechnik und der Art der betroffenen Einrichtung oder Anlage enthalten.

(9) **Rechtfertigen Tatsachen die Annahme, dass ein Unternehmen ein Unternehmen im besonderen öffentlichen Interesse nach § 2 Absatz 14 Satz 1 Nummer 2 ist, aber seine Pflichten nach Absatz 5 nicht erfüllt, so kann das Bundesamt verlangen:**

1. **eine rechnerische Darlegung, wie hoch die vom Unternehmen erbrachte inländische Wertschöpfung nach der in der Rechtsverordnung nach § 10 Absatz 5 festgelegten Berechnungsmethode ist, oder**
2. **eine Bestätigung einer anerkannten Wirtschaftsprüfungsgesellschaft, dass das Unternehmen nach der in der Rechtsverordnung nach § 10 Absatz 5 festgelegten Berechnungsmethode kein Unternehmen im besonderen öffentlichen Interesse nach § 2 Absatz 14 Satz 1 Nummer 2 ist.**

Literatur: *Hornung,* Neue Pflichten für Betreiber Kritischer Infrastrukturen: Das IT-Sicherheitsgesetzes des Bundes, NJW 2015, 3334; *Hornung/Schallbruch* (Hrsg.), IT-Sicherheitsrecht, 2021; *Kipker* (Hrsg.), Cybersecurity, 2020; *Müllmann/Ebert/Reissner,* IT-Sicherheitsgesetz 2.0 und das Vorbild USA, CR 2020, 584; *Schenke/Graulich/Ruthig* (Hrsg.), Sicherheitsrecht des Bundes, 2. Aufl. 2019; *Schmidt-Versteyl,* Cyber-Risks – neuer Brennpunkt Managerhaftung?, NJW 2019, 1637.

Inhaltsübersicht

A. Allgemeines

Für die mit dem IT-SiG 2.0 eingeführte **Unternehmenskategorie der Unternehmen im besonderen öffentlichen Interesse** stellt § 8f die **zentrale Vorschrift** dar, die **Pflichten** gegenüber dem BSI aufstellt. Mit der Erweiterung des BSIG und der Ausdehnung des Regelungsbereiches auf Unternehmen über die Kritischen Infrastrukturen hinaus folgt der Gesetzgeber ein Stück weit internationalen Vorbildern[1] und antizipiert die geplante Erweiterung des Anwendungsbereichs der NIS-2-RL auf **europäischer Ebene.**[2] Auch wenn auf europäischer Ebene ein abweichender systematischer Ansatz verfolgt wird, sollen zukünftig auch Teilsektoren wie Maschinenbau, Fahrzeugbau oder Unternehmen der Chemieindustrie erfasst werden.[3] 1

Unternehmen im besonderen öffentlichen Interesse kommen als Verpflichtete zugleich in den Kreis besonders **vom BSI geschützter** Unternehmen. Sie können nach § 5b Abs. 1 das BSI in **herausgehobenen Fällen wie Angriffen um Hilfe ersuchen,** wobei für erste Maßnahmen zur Schadensbegrenzung oder Sicherstellung des Notbetriebes vor Ort keine Gebühren oder Auslagen erhoben werden. Im Falle erheblicher **Störungen** kann das BSI zur **Bewältigung** tätig werden (vgl. § 8b Abs. 4a). Das BSI darf von Telekommunikationsdienste-Anbietern nach § 5c Abs. 1 S. 2 Nr. 2, Abs. 4 eine **Bestandsdatenauskunft** verlangen, um im Einzelfall eine **drohende Gefahr** für die Versorgungssicherheit durch eine Beeinträchtigung der IT-Sicherheit eines Unternehmens im besonderen öffentlichen Interesse **abzuwehren** und dieses auf die ihm drohende Beeinträchtigung **hinzuweisen.** Zur **Detektion von Sicherheitslücken und anderen Sicherheitsrisiken** in IT-System der Unternehmen im besonderen öffentlichen Interesse und um diese darüber zu informieren, kann das BSI Maßnahmen nach § 7b durchführen. Zur Abwehr konkreter erheblicher Gefahren für die Informationssicherheit in Unternehmen im besonderen öffentlichen Interesse kann das BSI ferner nach Maßgabe des § 7c Abs. 1, Abs. 2 **Maßnahmen** gegenüber Telekommunikationsdienste-Anbietern **anordnen.** Die Unternehmen im besonderen öffentlichen Interesse werden vom BSI gem. § 8b Abs. 2 Nr. 4 lit. a unverzüglich über sie betreffende **Informationen zur Abwehr von Gefahren** für die Informationssicherheit sowie das **Lagebild** unterrichtet. 2

Binnensystematisch unterscheidet die Vorschrift Unternehmen aus **drei Kategorien** in **zwei Gruppen,** nach § 2 Abs. 14 S. 1 **Nr. 1 und 2** auf der einen Seite und solche nach § 2 Abs. 14 S. 1 **Nr. 3** auf der anderen Seite. Für letztere gilt das Prinzip der **Freiwilligkeit** (Abs. 6) bzw. eine Meldepflicht, die nicht an die **Erbringung der Wertschöpfung,** sondern an einen Störfall nach der **Störfall-Verordnung** anknüpft. 3

---

1 Mit Blick auf die USA *Müllmann/Ebert/Reissner,* CR 2020, 584 (590).

2 Vorschlag für eine Richtlinie des Europäischen Parlaments und des Rates über Maßnahmen für ein hohes gemeinsames Cybersicherheitsniveau in der Union und zur Aufhebung der Richtlinie (EU) 2016/1148, COM(2020) 823 final.

3 Vorschlag für eine Richtlinie des Europäischen Parlaments und des Rates über Maßnahmen für ein hohes gemeinsames Cybersicherheitsniveau in der Union und zur Aufhebung der Richtlinie (EU) 2016/1148, COM(2020) 823 final, Anh. I und II.

B. Einzelerläuterungen

I. Selbsterklärung zur IT-Sicherheit (Abs. 1)

4 Unternehmen im besonderen öffentlichen Interesse der **ersten Gruppe** (→ Rn. 3) (§ 2 Abs. 14 S. 1 Nr. 1 und 2) sind nach Abs. 1 verpflichtet, gegenüber dem BSI regelmäßig eine **Selbsterklärung** zur IT-Sicherheit abzugeben. **Ausgenommen** von dieser Pflicht sind Unternehmen nach § 2 Abs. 14 S. 1 Nr. 3, dh die Betreiber von Betriebsbereichen der oberen Klasse im Sinne der Zwölften Verordnung zur Durchführung des Bundes-Immissionsschutzgesetzes **(Störfall-Verordnung)** oder diesen gleichgestellte. Diese Betreiber sind bereits gem. §§ 8, 9 Störfall-Verordnung zur Erstellung und Vorlage eines Störfallkonzeptes verpflichtet.

5 **Nicht** anzuwenden ist § 8f gem. **§ 8d Abs. 1a** auf **Kleinstunternehmen und kleine Unternehmen** im Sine der Empf. 2003/361/EG. Als **Kleinstunternehmen** wird nach Anh. Art. 2 Abs. 3 Empf. 2003/361/EG ein Unternehmen definiert, das weniger als 10 Personen beschäftigt und dessen Jahresumsatz bzw. Jahresbilanz 2 Mio. EUR nicht überschreitet. Als **kleines Unternehmen** gilt nach Anh. Art. 2 Abs. 2 Empf. 2003/361/EG ein Unternehmen, das weniger als 50 Personen beschäftigt und dessen Jahresumsatz bzw. Jahresbilanz 10 Mio. EUR nicht übersteigt. Da gem. § 8d Abs. 1a S. 2 der Anh. Art. 3 Abs. 4 Empf. 2003/361/EG nicht anzuwenden ist, sind auch solche Unternehmen von § 8f erfasst, in denen 25 Prozent des Kapitals oder mehr von der öffentlichen Hand kontrolliert werden.

6 Mit der Selbsterklärung (zur Form: Abs. 2) müssen die Unternehmen **darlegen, welche Maßnahmen** zur Gewährleistung der IT-Sicherheit **in den letzten zwei Jahren** durchgeführt wurden. Auf Basis der Selbsterklärung findet **keine Auditierung des Unternehmens** statt. Aus Basis der Prüfung der Selbsterklärung **kann das BSI aber Hinweise** auf technisch-organisatorische Schutzmaßnahmen geben. Der Begriff der **IT-Sicherheit** entspricht inhaltlich dem Begriff der Sicherheit in der Informationstechnik mit den darin formulierten Schutzzielen (§ 2 Abs. 2). Eine materiell-rechtliche Vorgabe im Sinne einer Kardinalspflicht zur Einhaltung bestimmter IT-Sicherheitsanforderungen, wie sie für Betreiber Kritischer Infrastrukturen gem. § 8a Abs. 1 gilt, ist in Abs. 1 nicht zu erkennen.[4] Im Vergleich zu Kritischen Infrastrukturen (vgl. § 8a Abs. 3) ist das Nachweisregime aufgrund des geringeren staatlichen Schutzinteresses und -anspruchs bei Unternehmen im besonderen öffentlichen Interesse weniger strikt und abgestuft.

7 In Betracht kommen nach den Nr. 1–3 mit Rücksicht auf die heterogene Zusammensetzung dieser Unternehmen beispielsweise („sonstige", „oder") **Zertifizierungen, Audits oder Prüfungen nach nationalen oder internationalen Standards** wie dem BSI-Grundschutz, der ISO/IEC 27001 oder nach anderen **branchenspezifischen** Normen und Standards.[5] Aus Zertifizierungen, Audits

---

[4] Sofern diese nicht aus fachspezifischem IT-Sicherheits- oder Datenschutzrecht folgen, können (compliance-)rechtliche Anforderungen an die IT-Sicherheit etwa aus dem Gesellschaftsrecht folgen (zB § 43 GmbHG, § 93 AktG). In der Regel entscheidet die Geschäftsführung, ggf. mit Unterstützung der IT-Sicherheitsbeauftragten, IT-Risikobeauftragten und IT-Verantwortlichen, ob und an welchen IT-Sicherheitsstand sich das Unternehmen ausrichtet. S. dazu *Bitkom,* Kompass der IT-Sicherheitsstandards – Leitfaden und Nachschlagewerk, https://kompass-sicherheitsstandards.de (Stand: 19.8.2021).

[5] BT-Drs. 19/26106, 81; vgl. auch *BSI,* Orientierungshilfe zu Nachweisen gemäß § 8a Absatz 3 BSIG, Version 1.1. vom 21.8.2020.

oder Prüfungen nach Nr. 1 und 2 müssen sich auch die Prüfgrundlage und der festgelegte Geltungsbereich ergeben.

Zertifizierung im Sinne von **Nr. 1** ist das Ergebnis einer Konformitätsbewertung.[6] Nach **§ 2 Abs. Abs. 7** ist eine **Zertifizierung** im Sinne des BSIG die Feststellung durch eine Zertifizierungsstelle, dass ein Produkt, ein Prozess, ein System, ein Schutzprofil (Sicherheitszertifizierung), eine Person (Personenzertifizierung) oder ein IT-Sicherheitsdienstleister bestimmte Anforderungen erfüllt. Das BSI hat gem. § 3 Abs. 1 S. 2 Nr. 5 die Aufgabe der Erteilung von Sicherheitszertifikaten. Ein Sicherheitszertifikat wird unter den in **§ 9 Abs. 4** genannten Voraussetzungen und nach der auf Grund von § 10 Abs. 2 erlassenen **BSIZertV** erteilt. **8**

Prüfungen und **Audits** im Sinne von **Nr. 2** sind Untersuchungsverfahren, die meist im Rahmen eines Qualitätsmanagements erfolgen.[7] Die Prüfung und Bewertung können durch das BSI selbst oder gem. § 9 Abs. 3 durch vom BSI **anerkannte sachverständige Stellen** (§ 9 Abs. 6) erfolgen. **9**

Alternativ zu Zertifizierungen, Sicherheitsaudits und Prüfungen kann eine Darstellung vorgelegt werden, aus der die Sicherstellung des in **Nr. 3** genannten angemessenen Schutzes hervorgeht. **10**

Aus **Nr. 3** ergibt sich für die Selbsterklärung insgesamt, dass es darauf ankommt, den angemessenen Schutz der besonders schützenswerten IT-Systeme, Komponenten und Prozesse darzulegen. Nicht näher bestimmt ist, was unter **besonders schützenswerten Systemen** zu verstehen ist. Die Rechtsverordnungsermächtigung in § 10 Abs. 5 erstreckt sich auf die wirtschaftlichen Kriterien zur Bestimmung des öffentlichen Interesses der Unternehmen, nicht jedoch auf die Informationstechnik der Unternehmen selbst. Aus dem Bezugspunkt der Meldepflicht in Abs. 7, die auf (erhebliche) Störungen abstellt, welche die **Erbringung der Wertschöpfung** erheblich beeinträchtigen können, ergibt sich, dass solche Informationstechnik erfasst ist, die funktionskritisch in Bezug auf die Wertschöpfung ist (zB Produktionsanlagen). Unternehmen müssen hier eine **je eigene Perspektive** entwickeln und bewerten, welche besonders schützenswerte Systeme, Komponenten und Prozesse sind. Hinsichtlich des **Stands der Technik** kommt es auf die Information an, **ob** dieser eingehalten wird. Der Begriff **„Stand der Technik"** wird in Bezug auf Unternehmen im besonderen öffentlichen Interesse im BSIG nicht weitergehend bestimmt. Das Anforderungsniveau bei diesem unbestimmten Rechtsbegriff liegt zwischen dem Anforderungsniveau der Generalklausel „allgemein anerkannte Regeln der Technik" und dem Anforderungsniveau der Generalklausel „Stand von Wissenschaft und Technik".[8] Um im Sinne des Standes der Technik angemessen technische und organisatorische Vorkehrungen zur Vermeidung von Störungen der IT-Sicherheit treffen zu können, ist die Implementierung eines **Informationssicherheitsmanagementsystems (ISMS)** erforderlich, deren Umsetzung durch eine akkreditierte Stelle etwa nach DIN EN ISO/IEC 27001 auf Basis des IT-Grundschutzes vom BSI auditiert bzw. zertifiziert werden kann.[9] In Bezug auf IT-Produkte (§ 2 Abs. 9a) kann das BSI einen Stand der Technik beschreiben und veröffentlichen. **11**

---

6 Hornung/Schallbruch IT-SicherheitsR/*Skierka*, § 8 Nr. 14ff.; *Bitkom*, Kompass der IT-Sicherheitsstandards – Leitfaden und Nachschlagewerk.
7 Hornung/Schallbruch IT-SicherheitsR/*Skierka*, § 8 Nr. 19.
8 Kipker Cybersecurity/*Ekrot/Fischer/Müller*, Kap. 3 Rn. 5.
9 Kipker Cybersecurity/*Ekrot/Fischer/Müller*, Kap. 3 Rn. 32.

12 Die Pflicht knüpft **in zeitlicher Hinsicht** daran an, dass Unternehmen im besonderen öffentlichen Interesse begrifflich als solche gelten. Eine **Übergangsfrist,** vor der die Pflicht nach Abs. 1 nicht greift, ergibt sich aus **Abs. 4.** Zur Vorlage der ersten Selbsterklärung greift zugleich die **Registrierungs- und Benennungspflicht** nach Abs. 5. Die Selbsterklärung ist mindestens **alle zwei Jahre** gegenüber dem BSI abzugeben.

13 Die Informationen, die das BSI auf Grundlage von Abs. 1 erhält, können grds. **Gegenstand von Auskunftsverlangen** nach § 8e Abs. 1 und 2 sein. § 8e stellt eine Spezialregelung im Sinne von § 1 Abs. 3 IFG dar (→ § 8e).[10] Nach § 8e Abs. 1 kann das BSI Dritten auf Antrag unter bestimmten Voraussetzungen Auskunft zu erhaltenen Informationen erteilen, wobei dem BSI ein Ermessen zusteht, und wenn **schutzwürdige Interessen** des Unternehmens im besonderen öffentlichen Interesse nicht entgegenstehen und durch die Auskunft **keine Beeinträchtigung von Sicherheitsinteressen** eintreten kann. **Akteneinsicht** „in Angelegenheiten nach […] § 8f" wird gem. § 8e Abs. 2 nur Verfahrensbeteiligten (§ 13 VwVfG) unter den Voraussetzungen des § 29 VwVfG gewährt.

II. Zu verwendende Formulare (Abs. 2)

14 Es steht nach Abs. 2 im **Ermessen** des BSI, die **Form der Selbsterklärung** nach Abs. 1 durch Formularmuster festzulegen. Solange zu verwendende Formulare nicht eingeführt sind, gelten keine besonderen Anforderungen an die Form der Selbsterklärung.

III. Hinweise des BSI zu organisatorischen und technischen Vorkehrungen (Abs. 3)

15 Als Gegenleistung für die einzureichenden Selbsterklärungen kann das BSI auf Grund von Abs. 3 den Unternehmen **Hinweise und Empfehlungen zur weiteren Verbesserung ihrer IT-Sicherheit** geben. Diese müssen **angemessen** sein, dh dem jeweiligen Anforderungsprofil entsprechen. Dies unterstreicht den **sicherheitsfördernden Ansatz der Regulierung** und erhöht in praktischer Hinsicht die Bereitschaft und Akzeptanz der durch § 8f eingeführten Pflichten. Eine Pflicht des BSI zur Prüfung und Übermittlung von Hinweisen oder Empfehlungen stellt Abs. 3 ebenso wenig auf wie eine unmittelbare Rechtspflicht zur Befolgung der Hinweise. Gleichwohl kommt in Betracht, einen behördlichen Hinweis bei der **Konkretisierung der zivilrechtlichen Obliegenheiten und Pflichten,** einschließlich die der Unternehmensleitung, heranzuziehen.[11]

IV. Zeitpunkt der Pflicht zur Vorlage der Selbsterklärung (Abs. 4)

16 Der Zeitpunkt, vor dem die Pflicht zur Vorlage der Selbsterklärung noch nicht besteht, unterscheidet sich nach dem **Typ** des Unternehmens im besonderen öffentlichen Interesse. Solche nach § 2 Abs. 14 S. 1 **Nr. 1** haben die Selbsterklärung **nicht vor dem 1.5.2023** vorzulegen. Für solche nach § 2 Abs. 14 S. 1 **Nr. 2** kommt es auf das **Inkrafttreten der Rechtsverordnung nach § 10 Abs. 5** an

[10] Schenke/Graulich/Ruthig/*Buchberger,* § 8e Rn. 1.

[11] Vgl. dazu *Schmidt-Versteyl,* NJW 2019, 1637 (1640ff.); Hornung/Schallbruch IT-SicherheitsR/*Pour Rafsendjani/Bomhard,* § 9 Rn. 91ff.

Dort ist kein bestimmter Zeitpunkt dafür festgelegt, bis wann der Verordnungsgeber tätig werden muss. Aufgrund der Differenzierung in § 10 Abs. 5 kommt es für **Zulieferer** der größten Unternehmen darauf an, ob durch Rechtsverordnung bestimmt wurde, welche Alleinstellungsmerkmale maßgeblich dafür sind, dass diese Unternehmen von wesentlicher Bedeutung iSv § 2 Abs. 14 S. 1 Nr. 2 sind (§ 10 Abs. 5 **S. 2**). Diesbezüglich steht es im Ermessen des Verordnungsgebers, eine nähere Bestimmung durch Rechtsverordnung vorzunehmen (§ 10 Abs. 5 S. 2: „kann").

V. Pflicht zur Registrierung und Benennung einer erreichbaren Stelle für BSI-Unterrichtungen (Abs. 5)

17 Ebenso wie die Betreiber Kritischer Infrastrukturen (§ 8b Abs. 3) trifft die Unternehmen im besonderen öffentlichen Interesse nach § 2 Abs. 14 S. 1 Nr. 1 und 2 die **Pflicht zur Registrierung und Benennung einer Kontaktstelle.** Diese Pflicht ist für Betreiber nach der Störfall-Verordnung im Sinne von § 2 Abs. 14 S. 1 Nr. 3 gem. Abs. 6 freiwillig. Mit der Registrierung wird dem BSI ermöglicht, seinen Aufgaben nach § 3, insb. der Aufgabe als zentrale Stelle (§ 3 Abs. 1 S. 2 Nr. 17), nachzukommen sowie die Befugnisse zur Bestandsdatenauskunft und Benachrichtigung der Unternehmen bei drohenden Gefahren (§ 5c Abs. 1 S. 2 Nr. 2, Abs. 4), zur Detektion von Sicherheitsrisiken (§ 7b Abs. 1 S. 2 Nr. 2) sowie zum Schutz der IT-Sicherheit Maßnahmen gegenüber Anbietern von Telekommunikationsdienten anzuordnen (§ 7c Abs. 1, Abs. 2) (→ Rn. 2).

18 Die Benennung einer zu üblichen Geschäftszeiten (dh gerade keine 24/7-Stunden-Besetzung) erreichbaren **Kontaktstelle** nach S. 2 dient neben der allgemeinen Kontaktaufnahme dazu, den Unternehmen im Gegenzug zur **Meldepflicht nach Abs. 7** Informationen gem. **§ 8b Abs. 2 Nr. 4 lit. a,** dh insb. solche zur Abwehr von Gefahren wie Sicherheitslücken, Schadprogrammen oder zu Angriffen sowie zum Lagebild, bereitzustellen. Darüber hinaus kann das BSI über die Kontaktstellen Unternehmen Informationen mitteilen, die es aus anderen Quellen erlangt (vgl. § 3 Abs. 1 S. 2 Nr. 2, zB über Schwachstellen in bestimmten Produkten (vgl. § 7c) oder neue Methoden oder Angriffsvektoren über Cyber-Angriffe (vgl. § 8b Abs. 2 Nr. 4a).

19 Liegt der auf Tatsachen basierende **Verdacht** vor, dass ein **Unternehmen seiner Pflicht nach Abs. 5 nicht nachkommt,** hat das BSI unter den Voraussetzungen von **Abs. 9** die Befugnis, entsprechende verifizierende oder falsifizierende Unterlagen zu verlangen.

VI. Freiwillige Registrierung für Unternehmen nach § 2 Abs. 14 S. 1 Nr. 3 (Abs. 6)

20 Für Unternehmen im besonderen öffentlichen Interesse nach § 2 Abs. 14 S. 1 Nr. 3, also für Betreiber eines Betriebsbereiches der oberen Klasse im Sinne der Störfall-Verordnung oder nach § 1 Abs. 2 der **Störfall-Verordnung** diesen gleichgestellten, sind die Pflichten gem. Abs. 5 zur Registrierung und Benennung einer Kontaktstelle **freiwillig.** Sofern solche Unternehmen sich für die freiwillige Registrierung entscheiden, können sie von einem **Informationsaustausch** mit dem BSI nach S. 2 profitieren.

VII. Meldepflicht bei Störungen für Unternehmen nach § 2 Abs. 14 S. 1 Nr. 1 und 2 (Abs. 7)

21 Abs. 7 statuiert eine **Meldepflicht** für Unternehmen im besonderen öffentlichen Interesse nach § 2 Abs. 14 S. 2 Nr. 1 und 2. Für Unternehmen nach § 2 Abs. 14 S. 1 Nr. 3 gilt die Meldepflicht nach Abs. 8. Die Meldepflicht ist **in zeitlicher Hinsicht** an die Verpflichtung zur Abgabe der Selbsterklärung nach Abs. 1 geknüpft (→ Rn. 12). **Abs. 4 konkretisiert den Zeitpunkt der Geltung und differenziert** dabei nach Unternehmen im besonderen öffentlichen Interesse nach § 2 Abs. 14 S. 1 Nr. 1 (Abs. 4 S. 1) und solchen nach § 2 Abs. 14 S. 1 Nr. 2 (Abs. 4 S. 2).

22 Die **Meldedaten** dienen dazu, Erkenntnisse über die IT-Sicherheitslage und entsprechende Handlungsschritte zur Erkennung, Detektion und Beseitigung von Störungen ableiten zu können. Gerade entsprechende Meldungen im Vorfeld konkretisierter Schadenseintritte dienen der **Frühwarnung.** Gleichfalls betroffene andere Unternehmen im besonderen öffentlichen Interesse oder auch Betreiber Kritischer Infrastrukturen können frühzeitig informiert werden, was diesen erlaubt, angepasste Vorkehrungen treffen zu können. Das meldende Unternehmen selbst muss nicht an die Öffentlichkeit gehen, um andere Unternehmen zu warnen oder zu informieren.[12] Der Gesetzgeber strebt an, einen **vertrauensvollen Informationsaustausch** zwischen den meldepflichtigen Unternehmen und dem BSI – ähnlich wie bei Kritischen Infrastrukturen – aufzubauen.[13] Anders als § 8b Abs. 4 S. 3 eröffnet Abs. 7 **nicht** die Möglichkeit, **anonym** zu melden. Die **Nennung des Unternehmens** ist damit auch bei nur möglichen Störungen und möglichen erheblichen Beeinträchtigungen erforderlich. Nicht gänzlich fernliegend ist daher die Überlegung, § 8f Abs. 7 BSIG als Schutzgesetz gem. § 823 Abs. 2 BGB und damit zugleich als **deliktsrechtliche Sicherheitspflicht** zu betrachten.[14] Dagegen spricht aber, dass es dem Gesetzgeber gerade auf dem anreizbasierten vertrauensvollen Informationsaustausch ankommt, der in der Funktion des BSI als zentrale Stelle (§ 3 Abs. 1 S. 2 Nr. 17) über die benannten Stellen nach § 8b Abs. 2 Nr. 4 realisiert wird.

23 Der Wortlaut, die **Struktur** und die **Voraussetzungen hinsichtlich des Zeitpunktes und des Inhalts** entsprechen im Wesentlichen der Meldepflicht der Betreiber Kritischer Infrastrukturen nach § 8b Abs. 4 (→ § 8b Rn. 16 ff.).[15] Hier wie dort ist Anknüpfungspunkt der Meldepflicht nicht allein ein Cyberangriff, sondern allgemein eine **Störung.** Die Pflicht stellt ab auf (erhebliche) Störungen, die die Verfügbarkeit, Integrität, Authentizität und Vertraulichkeit der informationstechnischen Systeme, Komponenten oder Prozesse betreffen, wobei der Begriff ent-

---

[12] BT-Drs. 19/26106, 82.

[13] BT-Drs. 19/26106, 82.

[14] Ablehnend im Zusammenhang mit § 8b Abs. 4 Hornung/Schallbruch IT-SicherheitsR/*Spindler,* § 10 Rn. 38.

[15] BT-Drs. 19/26106, 82; ferner Schenke/Graulich/Ruthig/*Buchberger,* § 8b Rn. 4 ff.; Kipker Cybersecurity/*Beucher/Fromageau,* Kap. 12 Rn. 84 ff.; Hornung/Schallbruch IT-SicherheitsR/*Fischer,* § 13 Rn. 88 f.; *BSI,* Fragen und Antworten für Betreiber Kritischer Infrastrukturen zur Meldepflicht nach dem IT-Sicherheitsgesetz, https://www.bsi.bund.de/DE/Themen/KRITIS-und-regulierte-Unternehmen/Kritische-Infrastrukturen/KRITIS-FAQ/kritis-faq_node.html.

sprechend der höchstrichterlichen Rspr. zu § 100 Abs. 1 TKG aF[16] funktional zu verstehen ist.[17]

24 Bezugspunkt der Meldepflicht ist anders als dort aber nach S. 1 Nr. 1 und 2 ein (möglicher) **Ausfall** oder die (mögliche) erhebliche **Beeinträchtigung der Erbringung der Wertschöpfung.** Während die Bestimmung der Meldepflicht bei einem **Ausfall** der Erbringung der Wertschöpfung vergleichsweise unproblematisch ist (etwa durch die Stilllegung der Produktion), ist es eine Frage der **Einzelfallbetrachtung,** ob eine **erhebliche Beeinträchtigung** vorliegt. Das hängt maßgeblich von den **Umständen des betroffenen Unternehmens** selbst ab. Ein Teilausfall kann etwa dann die Meldepflicht nicht auslösen, wenn dieser durch redundante Lagerkapazität oder alternative Produktionsstrecken so kompensiert wird, dass die Erbringung der Wertschöpfung nicht erheblich beeinträchtigt wird.[18]

25 Während einer erheblichen Störung gem. S. 1 Nr. 2 kann das BSI von der besonderen **Informationsherausgabebefugnis** nach § 8b Abs. 4a Gebrauch machen. Danach kann das BSI im Einvernehmen mit der jeweils zuständigen Aufsichtsbehörde die Herausgabe der zur Bewältigung der Störung notwendigen Informationen verlangen. Das Einvernehmenserfordernis entfällt, wenn eine zuständige Aufsichtsbehörde nicht gegeben ist. Das Herausgabeverlangen kann personenbezogene Daten einschließen. § 8b Abs. 4a S. 2 setzt die entsprechende Befugnis der Unternehmen, personenbezogene Daten dem BSI zu übermitteln. **Personenbezogene Daten** können IP-Adressen sein, die das BSI benötigt, um eine Störung zu lokalisieren, oder auch E-Mails, die ein Schadprogramm enthalten und deren Auswertung durch das BSI zur Bewertung der Störung erforderlich ist.[19] Zwar kann das BSI vom betroffenen Unternehmen selbst **keine konkreten Maßnahmen verlangen.** Eine Anordnungs- und Weisungsbefugnis gegenüber Unternehmen im besonderen öffentlichen Interesse wäre wegen der Grundrechtsbetroffenheit und möglicher Haftungsfolgen auch rechtfertigungsbedürftig. Unter den Voraussetzungen des § 5c kann das BSI aber anhand einer IP-Adresse von Telekommunikationsdiensteanbietern eine **Bestandsdatenauskunft** verlangen und das Unternehmen nach § 5c Abs. 4 **auf technische Mittel hinweisen,** mittels derer die festgestellte Beeinträchtigung **durch das Unternehmen selbst beseitigt** werden kann. In Betracht kommt auch die **Anordnung von mitigierenden Maßnahmen** gegenüber Telekommunikationsdiensteanbietern unter den Voraussetzungen des § 7c. Anhand der herausverlangten Informationen kann das BSI auch, soweit erforderlich, gem. § 8b Abs. 6 **vom Hersteller** betroffener IT-Produkte und Systeme die **Mitwirkung** an der Beseitigung oder Vermeidung der Störung **verlangen.** Soweit personenbezogene Daten iRv § 8b Abs. 4a und 6 zur Bewältigung bzw. zur Vermeidung einer Störung verarbeitet werden, ist die **darüber hinausgehende Verarbeitung** nach § 8b Abs. 7 S. 1 **unzulässig.** Gem. § 8b Abs. 7 S. 2 ist § 5 Abs. 7 S. 3–8, der Lösch- und Dokumentationspflichten zum Schutz des Kernbereichs privater Lebensgestaltung vorsieht, entsprechend anzuwenden.

26 Soweit die Verarbeitung der Meldedaten zugleich die **Verarbeitung personenbezogener Daten** erfordert, besteht die allgemeine Rechtsgrundlage für das **BSI** in § 8f Abs. 7 iVm **§ 3a.** Das BSI kann gem. § 3a Abs. 1 personenbezogene Daten

---

[16] § 12 TTDSG hat seit dem 1.12.2021 die bisher in § 100 TKG enthaltene Regelung übernommen, vgl. BT-Drs. 19/27441, 35f.

[17] BT-Drs. 19/26106, 82.

[18] BT-Drs. 19/26106, 82.

[19] BT-Drs. 19/26106, 80.

verarbeiten, wenn sie zur Erfüllung der im öffentlichen Interesse liegenden Aufgaben erforderlich sind. **Unternehmen** können personenbezogene Daten auf Grundlage von **Art. 6 Abs. 1 lit. c DS-GVO** iVm § 8f Abs. 7 an das BSI übermitteln. Eine Zweckbindung, wie sie mit § 8b Abs. 7 für die Meldedaten von Betreibern Kritischer Infrastrukturen besteht, besteht für § 8f außerhalb der Anwendung von § 8b Abs. 4a und 6 nicht. Grundsätzlich kann der allgemeine Zweckbindungsgrundsatz daher durch § 3a Abs. 2 eingeschränkt werden. So ist eine Datenverarbeitung durch das BSI **zu anderen Zwecken als dem ursprünglichen zulässig,** wenn die für die Sammlung, Auswertung oder Untersuchung von Informationen über Sicherheitsrisiken oder Sicherheitsvorkehrungen für die Informationstechnik oder zur Unterstützung, Beratung und Warnung in Fragen der Sicherheit in der Informationstechnik erforderlich ist und kein Grund zur Annahme besteht, dass das schutzwürdige Interesse einer betroffenen Person an dem Ausschluss der Verarbeitung überwiegt. Die Verarbeitung besonderer Kategorien von besonderen personenbezogenen Daten durch das BSI über Art. 9 Abs. 1 DS-GVO hinaus ist unter den Voraussetzungen von § 3a Abs. 3 zulässig.

27 Informationen, die das BSI iRd der Meldung erhält, können Gegenstand von **Auskunftsverlangen iSv § 8e** sein. § 8e Abs. 1 bezieht sich insofern auf die iRv § 8f „erhaltenen Informationen". Schutzwürdige Interessen des Unternehmens im besonderen öffentlichen Interesse dürfen nicht entgegenstehen und eine Beeinträchtigung von Sicherheitsinteressen darf nicht eintreten (→ Rn. 13). Ein besonderes Interesse des Antragstellers verlangt § 8e Abs. 1 nicht.[20] Das Ermessen ist allerdings erst eröffnet, wenn die Voraussetzungen von § 8e Abs. 1 Nr. 1 und 2 gegeben sind, sodass weitere ermessenslenkende Umstände vom BSI berücksichtigt werden können. Zugang zu **personenbezogenen Daten** wird nach § 8e Abs. 1 S. 2 **nicht** gewährt.

VIII. Meldepflicht für Unternehmen im Sinne von § 2 Abs. 14 S. 1 Nr. 3 (Abs. 8)

28 Obgleich Unternehmen im besonderen öffentlichen Interesse nach § 2 Abs. 14 S. 1 **Nr. 3** keine Selbsterklärung zur IT-Sicherheit (Abs. 1) abgeben müssen und die Registrierung und Benennung einer Kontaktstelle freiwillig ist (Abs. 6), **gilt für sie** seit dem 1.11.2021 unbeschadet weiterer Meldepflichten nach der Störfall-Verordnung **die Meldepflicht** nach Abs. 8. Sie entspricht im Wesentlichen dem Wortlaut von Abs. 7. Bezugspunkt der (erheblichen) Störung ist ein tatsächlicher oder möglicher **Störfall** nach der Störfall-Verordnung. Störfall im Sinne von **§ 2 Nr. 7 Störfall-Verordnung** ist ein Ereignis, das unmittelbar oder später innerhalb oder außerhalb des Betriebsbereichs zu einer **ernsten Gefahr** oder zu **Sachschäden** nach Anh. VI Teil 1 Ziff. I Nr. 4 Störfall-Verordnung führt. Der Begriff der ernsten Gefahr wird in § 2 Nr. 8 Störfall-Verordnung näher bestimmt. Dazu gehören lebensbedrohende Gefahren oder solche, bei denen die Gesundheit einer großen Zahl von Menschen beeinträchtigt werden kann.

29 Wie bei erheblichen Störungen iSv Abs. 7 S. 1 Nr. 2 kann das BSI gem. § 8b Abs. 4a S. 1 vom betroffenen Unternehmen die **Herausgabe der zur Bewältigung der Störung notwendigen Informationen,** einschließlich personenbezogener Daten **verlangen.** Unternehmen sind gem. § 8b Abs. 4a S. 2 zur **datenschutzrechtlichen Übermittlung** an das BSI befugt, soweit dies zur Bewältigung

[20] Krit. *Hornung,* NJW 2015, 3334 (3338).

einer erheblichen Störung erforderlich ist (→ Rn. 25). Wie bei Störungen nach Abs. 7 kann das BSI gem. § 8b Abs. 6 S. 1 **von Herstellern die Mitwirkung an der Beseitigung oder Vermeidung** einer Störung verlangen.

Für **Auskunftsverlangen** von Dritten gegenüber dem BSI nach § 8e Abs. 1 S. 1 30
zu den nach Abs. 8 erhaltenen Informationen gelten die Ausführungen zu Abs. 7 entsprechend (→ Rn. 27).

IX. Verlangen des BSI bei Verstoß gegen Registrierungs- und Vorlagepflicht (Abs. 9)

Auf Abs. 9 kann das BSI **Herausgabeverlangen** stützen, um zu bestimmen, ob 31
ein Unternehmen ein solches nach § 2 Abs. 14 S. 1 **Nr. 2** ist, dh zu den volkswirtschaftlich bedeutendsten Unternehmen oder ihren Zulieferern mit wesentlicher Bedeutung gehört. Voraussetzungen sind Tatsachen, die die Annahme rechtfertigen, dass ein Unternehmen im besonderen öffentlichen Interesse nach § 2 Abs. 14 S. 1 Nr. 2 seiner **Registrierungs- und Benennungspflicht nicht nachkommt.** Als Tatsache soll gelten, wenn Unternehmen laut dem letzten **Hauptgutachten der Monopolkommission** der Bundesregierung (§ 44 Abs. 1 S. 1 GWB) im Betrachtungszeitraum eine inländische Wertschöpfung erbracht haben, aufgrund derer sie gem. der **RVO** nach **§ 10 Abs. 5** als Unternehmen im besonderen öffentlichen Interesse gelten.[21] Das in diesem Fall herangezogene Gutachten soll nicht älter als zwei Jahre sein.[22] Sofern das BSI eine **rechnerische Darlegung** verlangt, hat es selbst nach der in § 10 Abs. 5 festgelegten Berechnungsmethode die Unternehmensqualität zu bestimmen. Die **Bestätigung** einer anerkannten Wirtschaftsprüfungsgesellschaft (§§ 27 ff. WPO) umfasst die Prüfung nach den in § 10 Abs. 5 festgelegten Kriterien.

Das Herausgabeverlangen ist Ergebnis eines Verwaltungsverfahrens. Für den **Zu-** 32
gang zu den Akten des BSI gilt **§ 8e Abs. 2.** Zunächst müssen daher die Voraussetzungen des § 29 VwVfG erfüllt sein, der Akteneinsicht den Beteiligten (§ 13 VwVfG) des Verfahrens gestattet. § 29 Abs. 1 S. 1 VwVfG verlangt, dass die Kenntnis der betreffenden Akten zur Geltendmachung oder Verteidigung der rechtlichen Interessen erforderlich ist. Darüber hinaus gelten die Voraussetzungen des § 8e Abs. 2 Nr. 1, dh der Aktenzugang kann verwehrt werden, wenn schutzwürdige Interessen des betroffenen Unternehmens im besonderen öffentlichen Interesse entgegenstehen und durch den Aktenzugang eine Beeinträchtigung von Sicherheitsinteressen eintreten kann.

C. Haftung und Sanktion

Die Nicht-, fehlerhafte oder verspätete Vorlage der **Selbsterklärung** nach 33
Abs. 1 stellt nach § 14 Abs. 2 Nr. 9 eine **Ordnungswidrigkeit** dar, die nach § 14 Abs. 5 S. 2 mit einer Geldbuße bis zu 500.000 EUR geahndet werden kann.

Ebenfalls **sanktionsbewehrt** ist die **fehlerhafte Meldung.** Wer vorsätzlich 34
oder fahrlässig die Meldung nach Abs. 7 S. 1 oder Abs. 8 S. 1 nicht, nicht richtig, nicht vollständig oder nicht rechtzeitig macht, handelt gem. § 14 Abs. 2 Nr. 7 ordnungswidrig.

---

[21] BT-Drs. 19/26106, 83.

[22] BT-Drs. 19/26106, 83.

§ 9 Zertifizierung

(1) Das Bundesamt ist nationale Zertifizierungsstelle der Bundesverwaltung für IT-Sicherheit.

(2) [1]Für bestimmte Produkte oder Leistungen kann beim Bundesamt eine Sicherheits- oder Personenzertifizierung oder eine Zertifizierung als IT-Sicherheitsdienstleister beantragt werden. [2]Die Anträge werden in der zeitlichen Reihenfolge ihres Eingangs bearbeitet; hiervon kann abgewichen werden, wenn das Bundesamt wegen der Zahl und des Umfangs anhängiger Prüfungsverfahren eine Prüfung in angemessener Zeit nicht durchführen kann und an der Erteilung eines Zertifikats ein öffentliches Interesse besteht. [3]Der Antragsteller hat dem Bundesamt die Unterlagen vorzulegen und die Auskünfte zu erteilen, deren Kenntnis für die Prüfung und Bewertung des Systems oder der Komponente oder der Eignung der Person sowie für die Erteilung des Zertifikats erforderlich ist.

(3) Die Prüfung und Bewertung kann durch vom Bundesamt anerkannte sachverständige Stellen erfolgen.

(4) [1]Das Sicherheitszertifikat wird erteilt, wenn
1. informationstechnische Systeme, Komponenten, Produkte oder Schutzprofile den vom Bundesamt festgelegten Kriterien entsprechen und
2. das Bundesministerium des Innern, für Bau und Heimat die Erteilung des Zertifikats nicht nach Absatz 4a untersagt hat.

[2]Vor Erteilung des Sicherheitszertifikats legt das Bundesamt den Vorgang dem Bundesministerium des Innern, für Bau und Heimat zur Prüfung nach Absatz 4a vor.

(4a) Das Bundesministerium des Innern, für Bau und Heimat kann eine Zertifikatserteilung nach Absatz 4 im Einzelfall untersagen, wenn überwiegende öffentliche Interessen, insbesondere sicherheitspolitische Belange der Bundesrepublik Deutschland, der Erteilung entgegenstehen.

(5) Für die Zertifizierung von Personen und IT-Sicherheitsdienstleistern gilt Absatz 4 entsprechend.

(6) [1]Eine Anerkennung nach Absatz 3 wird erteilt, wenn
1. die sachliche und personelle Ausstattung sowie die fachliche Qualifikation und Zuverlässigkeit der Konformitätsbewertungsstelle den vom Bundesamt festgelegten Kriterien entspricht und
2. das Bundesministerium des Innern, für Bau und Heimat festgestellt hat, dass überwiegende öffentliche Interessen, insbesondere sicherheitspolitische Belange der Bundesrepublik Deutschland, der Erteilung nicht entgegenstehen.

[2]Das Bundesamt stellt durch die notwendigen Maßnahmen sicher, dass das Fortbestehen der Voraussetzungen nach Satz 1 regelmäßig überprüft wird.

(7) Sicherheitszertifikate anderer anerkannter Zertifizierungsstellen aus dem Bereich der Europäischen Union werden vom Bundesamt anerkannt, soweit sie eine den Sicherheitszertifikaten des Bundesamtes gleichwertige Sicherheit ausweisen und die Gleichwertigkeit vom Bundesamt festgestellt worden ist.

Literatur: *Auer-Reinsdorff/Conrad* (Hrsg.), Handbuch IT- und Datenschutzrecht, 3. Aufl. 2019; *Bader/Ronellenfitsch* (Hrsg.), BeckOK VwVfG, 49. Ed. 2020; *Barczak,* Typologie des Verwaltungsakts, JuS 2018, 238 ff.; *BMI,* Referentenentwurf zur BSI-Zertifizierungs- und -Anerkennungsverordnung (RefE BSIZertV), 5. 12. 2014, ec.europa.eu/growth/tools-databases/tris/en/index.cfm/search/?trisaction=search.detail&year=2014&num=370&dLang=DE; *BSI,* Verzeichnisse als Nachschlagewerk für Interessenten und Beteiligte an Zertifizierungs- und Anerkennungsverfahren, Version 2.11 v. 6. 4. 2020; *ENISA,* 2020 Report on CSIRT-LE Cooperations, 26. 1. 2021; *Epping/Hillgruber* (Hrsg.), BeckOK Grundgesetz, 47. Ed. 2021; Feik/von Lewinski, Der Markt für Datenschutz-Zertifizierungen – Eine Übersicht, ZD 2014, 59 ff.; *Forgó/Helfrich/Schneider* (Hrsg.), Betrieblicher Datenschutz, 3. Aufl. 2019; *Hauschka/Moosmayer/Lösler* (Hrsg.), Corporate Compliance, 3. Aufl. 2016; *Hoeren/Sieber/Holznagel* (Hrsg.), Handbuch Multimedia-Recht, 56. EL 2021; *Hornung/Schallbruch* (Hrsg.), IT-Sicherheitsrecht, 2021; *Kopp/Ramsauer* (Hrsg.), Verwaltungsverfahrensgesetz, 21. Aufl. 2020; *Beckmann/Durner/Mann/Röckinghausen* (Hrsg.), Landmann/Rohmer, Umweltrecht, 94. EL 2020; *Herzog/Scholz/Herdegen/Klein* (Hrsg), Maunz/Dürig, Grundgesetz-Kommentar, 92. Aufl. 2020; *Säcker/Rixecker/Oetker/Limperg* (Hrsg), Münchener Kommentar zum Bürgerlichen Gesetzbuch: BGB, Band 7: Schuldrecht Besonderer Teil IV, 8. Aufl. 2020; *Rolfs/Giesen/Kreikebohm/Meßling/Udsching* (Hrsg.), BeckOK Sozialrecht, 61. Ed. 2021; *Schenke/Graulich/Ruthig* (Hrsg.), Sicherheitsrecht des Bundes, 2. Aufl. 2019; *Schoch/Schneider* (Hrsg.), Verwaltungsrecht, Verwaltungsverfahrensgesetz: VwVfG, 2021; *Taeger/Pohle* (Hrsg.), Computerrechts-Handbuch, 36. EL 2021; *Voßkuhle,* Grundwissen – Öffentliches Recht: Der Verwaltungsakt, JuS 2011, 34; *Weber* (Hrsg.), Creifelds, Rechtswörterbuch, 26. Aufl. 2021; *Wiss. Dienste des BT,* Zu den Aufgaben des Bundesamts für Sicherheit in der Informationstechnik, WD 8-3000–014/19, 2019

Inhaltsübersicht

A. Allgemeines

1 Bereits zu den ersten Aufgaben des Bundesamtes für Sicherheit in der Informationstechnik gehörte im BSI-Errichtungsgesetz 1990 die unter „Zertifizierung"[1] gefasste Erteilung eigener und die Anerkennung europäischer Sicherheitszertifikate für informationstechnische Produkte.[2] Während sich das für die **Erteilung** einschlägige Zertifizierungsverfahren heute maßgeblich auf die konkretisierende, nach § 10 Abs. 2 durch das BMI erlassene BSIZertV stützt, basiert die an Bedeutung gewinnende **Anerkennung** ausländischer Zertifikate auf einigen internationalen Abkommen.[3] Neben dieser Anerkennung von Zertifikaten erkennt das BSI zudem auch sachverständige (Prüf-) Stellen als geeignet an, um für das BSI Teile der Prüfung und Bewertung vor der Zertifizierung zu übernehmen.[4] Die ursprüngliche Sicherheitszertifizierung von Produkten wurde um die Zertifizierung von Personen und IT-Sicherheitsdienstleistern ergänzt und schließlich die Rolle des **BSI als die nationale Zertifizierungsstelle** im Gesetz festgeschrieben.[5] Das BSI wurde als solche in der Folge auch zu der deutschen Nationalen Behörde für Cybersicherheitszertifizierung und Verbindungsstelle zur europäischen ENISA im Rahmen des CSA.[6]

2 Bei der Zertifizierung wird die Konformität des Prüfgegenstandes gegen einen Katalog dafür festgelegter Anforderungen geprüft und bewertet. Hinsichtlich der notwendigen unterschiedlichen fachlichen Anforderungen hat der Gesetzgeber zugunsten höherer Flexibilität und Anpassbarkeit von einer umständlichen Aufnahme konkreter Voraussetzungen in das Gesetz abgesehen und stattdessen die Heranziehung und Entwicklung anerkannter **Standards und Vorgaben** dem BSI überlassen (→ Rn. 9 ff.).[7] Diese Aufgabe der **Erstellung** von Kriterien bildet bis heute eine der vier Ebenen der Dienstleistungstätigkeit des BSI gegenüber Staat, Wirtschaft und Verbrauchern und schafft als notwendige Vorstufe die Basis für das spätere Verfahren.[8] Im zweiten Schritt erfolgt dann auf Antrag die eigentliche **Konformitäts-**

---

[1] Die Begriffe „Zertifizierung", „IT-Zertifizierung", „IT-Zertifikatsanerkennung" sind nicht auf das BSI begrenzt oder geschützt, zur besseren Differenzierung deshalb auch BSI-Zertifizierung; vgl. bspw. Auer-Reinsdorff/Conrad IT- und DatenschutzR-HdB/*Conrad/Licht/Strittmatter,* § 22 Rn. 198; Creifelds Rechtswörterbuch/*Hakenberg,* Zertifizierung.

[2] zur Erteilung vgl. § 3 Abs. 1 S. 2 Nr. 2, 3 iVm § 4 Abs. 1 BSI-Errichtungsgesetz 1990; zur Anerkennung vgl. § 4 Abs. 4 BSI-Errichtungsgesetz 1990.

[3] Zu SOGIS-MRA, CCRA → Rn. 47 f.

[4] Bereits in § 4 Abs. 2 BSI-Errichtungsgesetz 1990 wurde die eventuelle Notwendigkeit der Zuhilfenahme Dritter bei der Prüfung gesehen, vgl. BT-Drs. 11/7029, 11; erst 2015 wurden auch die Voraussetzungen zur „Anerkennung als sachverständige Stelle" in Abs. 6 aufgenommen.

[5] So Abs. 1 und 2 S. 1, dazu BT-Drs. 16/11967, 16; zur Rolle als alleinige Zertifizierungsstelle auch BT-Drs. 16/11967, 10: „Internationale Abkommen zur gegenseitigen Anerkennung von IT-Sicherheitszertifikaten setzen voraus, dass in jedem Staat nur eine einzige hoheitliche Zertifizierungsstelle existiert".

[6] Dazu Art. 46 ff. CSA; zur Rolle als nationale Behörde für die Cybersicherheitszertifizierung insb. Art. 56, 58 CSA.

[7] Zur Übersicht der angebotenen Zertifizierungen s. *BSI,* Produktzertifizierung: Programm IT-Sicherheitszertifizierung Common Critieria (CC), Version 3.5 v. 19.3.2020, S. 8.

[8] *Wiss. Dienste des BT,* WD 8-3000–014/19 v. 7.2.2019, 4.

prüfung im Zertifizierungsverfahren gegen die so erstellten einschlägigen Kriterien. Die Zertifizierung durch das BSI steht dabei bewusst neben anderen IT-Zertifizierungsdienstleistungen zur Risikoprävention aus der Wirtschaft oder aus spezialgesetzlichen Befugnissen anderer Behörden.[9] Sie wird als Voraussetzung für den Einsatz in besonders sicherheitskritischen oder hoheitlichen Bereichen der Bundesrepublik Deutschland vorausgesetzt.[10]

B. Einzelerläuterungen

I. BSI als Nationale Zertifizierungsstelle (Abs. 1)

Das BSI ist die nationale Zertifizierungsstelle der Bundesverwaltung für IT-Si- 3 cherheit, was seit dem Gesetz zur Stärkung der Sicherheit in der Informationstechnik des Bundes auch ausdrücklich im BSIG verankert ist.[11] Bereits seit 1991 waren dem BSI zuvor die entsprechenden Aufgaben für eine nationale Zertifizierung weitestgehend übertragen worden. So sollte nicht nur die Zulassung von sicheren IT-Produkten in der Bundesverwaltung vereinheitlicht werden, sondern auch die Wettbewerbsposition der auf dem deutschen Markt vertretenen Hersteller gegenüber ausländischen Herstellern durch Sicherheitszertifikaten international gestärkt werden.[12] Die gesetzliche Verankerung der Aufgabe als nationale Zertifizierungsstelle diente 2009 vorrangig der **Klarstellung** der Rolle des BSI als Ansprechpartner auch „nach außen" für Wirtschaft und Gesellschaft.[13] Während es ursprünglich innerhalb seines engeren Aufgabenbereiches als ZSI[14] vor allem unterstützend für den Staat im Bereich des Geheimschutzes tätig gewesen war, übernimmt das BSI so heute auch die Rolle des Ansprechpartners und „unparteiischen Dritten" in der Zertifizierung für die Wirtschaft, zB zur Feststellung der Übereinstimmung mit den Zertifizierungsanforderungen.[15]

---

[9] BT-Drs. 16/11867, 16, so zB Zertifikate für die qualifizierte elektronische Signatur der BNetzA nach § 3, 5 SigG; Hauschka/Moosmayer/Lösler Corporate Compliance/*Schmidl,* § 28 Rn. 116ff.

[10] Vgl. Hornung/Schallbruch IT-SicherheitsR/*Skierka,* § 8 Rn. 3, 56, 88ff.; § 17 DeMailG (De-Mail-Anbieter); §§ 3, 19 Abs. 2 PAuswV (Ausweise); §§ 22, 25 MsbG (Smart-Meter-Gateway); § 291b SGB V (Telematik Gesundheitskarte); Art. 30 eIDAS-VO (eIDAS Identifizierungssysteme).

[11] Gesetz zur Stärkung der Sicherheit in der Informationstechnik des Bundes vom 14.8.2009 (BGBl. I S. 2821); vgl. Hoeren/Sieber/Holznagel MultimediaR-HdB/*Kuner,* Teil 17 Rn. 55 mit Verweis auf Kilian/Heussen ComputerR-HdB/*Herchenbach-Canarius/Sommer,* Kap. 151.

[12] BT-Drs. 11/7089, 2 mit Beispiel USA.

[13] BT-Drs. 16/11967, 16, das BSI erteilt in dieser Position das deutsche IT-Sicherheitszertifikat.

[14] Als Zentralstelle für die Sicherheit in der Informationstechnik (ZSI) noch unter dem BND (ihrerseits hervorgegangen aus der dortigen Zentralstelle für das Chiffrierwesen); zur Ausweitung der Tätigkeitsbereiche aufgrund der bestehenden Vorerfahrungen, Kenntnisse und Fachpersonals s. BT-Drs. 11/7089, 1f.

[15] Vgl. Taeger/Pohle ComputerR-HdB/*Illies/Lochter/Stein,* Abschn. 1 Teil 15.2 Rn. 91; DIN EN ISO/IEC 17000:2004-Definition Zertifizierung: „Maßnahme durch einen unparteiischen Dritten, die aufzeigt, dass ein angemessenes Vertrauen besteht, dass ein ordnungsgemäß bezeichnetes Erzeugnis, Verfahren oder eine ordnungsgemäß bezeichnete Dienstleistung in Übereinstimmung mit einer bestimmten Norm oder einem bestimmten anderen normativen Dokument ist."

4 Die **Zertifizierungsaufgaben** des BSI sind im Einzelnen in seinen Aufgaben in § 3 Abs. 1 beschrieben: Es entwickelt u.a. die Kriterien für die Prüfung und Bewertung der Sicherheit von informationstechnischen Systemen und Komponenten (§ 3 Abs. 1 S. 2 Nr. 4), unternimmt deren Prüfung und Bewertung zur Erteilung von Sicherheitszertifikaten (§ 3 Abs. 1 S. 2 Nr. 5) und zur Bestätigung der Konformität im mit seinen technischen Richtlinien (§ 3 Abs. 1 S. 2 Nr. 6).[16] Nicht ausdrücklich umfasst sind hingegen die Entwicklung oder Bewertung von Maßnahmen des Datenschutzes, wiewohl solche wegen Überschneidungen mit den IT-Sicherheitsanforderungen häufig mittelbar mitumfasst sind.[17]

5 An die bestehende Rolle als zentrale nationale Zertifizierungsstelle knüpfen heute **weitere Aufgaben,** insbesondere im Ausfluss aus der neueren europäischen Gesetzgebung, an. So ist das BSI auch die nationale Behörde für die Cybersicherheitszertifizierung in Deutschland **(NCCA)**[18] und mit der BSI-Zertifizierungsstelle deutsche Konformitätsbewertungsstelle iSd Art. 58, 60 CSA von 2019 sowie deutsche öffentliche Stelle zur Zertifizierung iSd Art. 30 eIDAS-VO von 2014. Abzugrenzen sind die Aufgaben des BSI insoweit national von der DAkkS und auf europäischer Ebene von der ENISA.

6 Die Deutsche Akkreditierungsstelle **(DAkkS)** nimmt als gemeinschaftliche GmbH von Bund, Ländern und Wirtschaft[19] hoheitliche Aufgaben der öffentlichen Verwaltung wahr. Sie ist als vom Bund beliehene Dienstleisterin nationale Akkreditierungsstelle iSd AkkStelleG.[20] Im Bereich der Informationssicherheit akkreditiert sie nach den Vorgaben der Technischen Richtlinien des BSI, welches ihr insoweit übersteht. Das BSI ist befugniserteilende Behörde iSd AkkStelleG und damit auch dafür zuständig, anderen Stellen die Befugnis zur Konformitätsbewertungsstelle zu erteilen.[21] Darunter fallen die Notifizierungen von Konformitätsbewertungsstellen im Rahmen der nationalen Umsetzung europäischer Richtlinien oder Verordnungen sowie die Anerkennungen und Befugniserteilungen von Stellen auf der Grundlage deutscher Gesetzgebung.

7 Die Agentur der Europäischen Union für Cybersicherheit **(ENISA)**[22] unterstützt die EU zur Netz- und Informationssicherheit und bereitet so auch die Erstellung und Harmonisierung der europäischen Rechtsakte in diesem Bereich vor.[23] Sie erarbeitet unter anderem die Zertifizierungsschemata, die langfristig auf europäischer Ebene harmonisierte Anforderungen an IT-Produkte und -dienste stellen sollen.[24] Das BSI wirkt hieran als die fachliche Vertretung Deutschlands mit.[25]

---

16 Vgl. § 4 SÜG iVm **SÜG-Ausführungsvorschrift v. 15.2.2018 (SÜG-AVV).**

17 Hornung/Schallbruch IT-SicherheitsR/*Skierka,* § 8, Rn. 57; insb. bzgl. technischer und organisatorischer Maßnahmen nach Art. 32 DS-GVO (TOMs); getrennt davon steht die Unterstützung des BSI an den BfDI (§ 3 Abs. 1 S. 2 Nr. 12).

18 National Cybersecurity Certification Authority, Art. 58 Abs. 1 CSA.

19 Als privatrechtliche Stelle anteilig je zu einem Drittel, die Wirtschaft vertreten durch den BDI e.V., die Länder mit Bayern, Hamburg und Nordrhein-Westfalen, www.dakks.de/de/gesetzlicher-auftrag-der-akkreditierung.html.

20 Vgl. § 1, 8 AkkStelleG; beliehen durch § 1 Abs. 1 AkkStelleGBV.

21 § 1 Abs. 2 S. 1 AkkStelleG iVm § 1 S. 2, 9 Abs. 1BSIG; die Zuständigkeit des BSI wird weiter durch nationales Recht, zB im § 11 Abs. 1a EnWG, konkretisiert.

22 European Network and Information Security Agency, so erstmals in VO (EG) 460/2004.

23 Art. 3–12 CSA.

24 Art. 46ff. CSA, diese ersetzen dann nationale Vorgaben im selben Bereich, Art. 57 CSA.

25 Vgl. *ENISA,* 2020 Report on CSIRT-LE Cooperations, 26.1.2021, 31.

II. Grundsätze des Zertifizierungsverfahrens (Abs. 2)

1. Zertifizierbare Antragsgegenstände (S. 1). Die abschließende, aber inhaltlich weit gefasste Aufzählung des ersten Satzes bestimmt den Gegenstand des Zertifizierungsantrags: Neben der Sicherheitszertifizierung von bestimmten Produkten und Leistungen können seit der Änderung des BSIG im Jahr 2009 (→ Rn. 3) nun auch Personen und IT-Sicherheitsdienstleister zertifiziert werden. Das BSIG unterteilt die BSI-eigene Zertifizierung mittels Legaldefinition in die **Sicherheitszertifizierung** für Produkte, Komponenten und Prozesse, Systeme und Schutzprofile, die **Personenzertifizierung** für natürliche Personen, sowie die **Zertifizierung von IT-Sicherheitsdienstleistern.**[26] Eine eindeutig konsistent differenzierende Terminologie lässt das Gesetz dabei vermissen: Dass die Aufzählung des § 2 Abs. 7 die Sicherheitszertifizierung der „Komponente" durch „Prozess" ersetzt, dürfte einem redaktionellen Versehen geschuldet sein.[27] Eine klare Differenzierung wird auch durch die historisch gewachsene unterschiedliche Verwendung des Produktbegriffs nicht vereinfacht, so werden die in S. 1 „bestimmten Produkte" als Überbegriff über die (Einzel-) Produkte aus § 2 Abs. 7 und der BSI-ZertV[28] gebraucht. 8

Was zur Zertifizierung **„bestimmt"** ist, überließ der Gesetzgeber der Konkretisierung durch eine Rechtsverordnung.[29] Unstreitig ist, dass es sich aus § 2 Abs. 7 nur um informationstechnische, also „IT-"Produkte[30] und -Leistungen handeln kann, auch wenn der Zusatz ausdrücklich nur bei IT-Sicherheitsdienstleistern aufgenommen wurde.[31] Andernfalls ist der Zuständigkeits- und Kompetenzbereich des BSI nicht gegeben.[32] Die Rechtsverordnung konkretisiert in den Abschn. 2–4 BSI-ZertV die legaldefinierten Kategorien. Sie gibt aber die Konkretisierung der Prüfung in den einzelnen Kategorien wiederum selbst weitestgehend an das BSI weiter, indem sie diesem im allgemeinen ersten Teil die Bestimmung der technischen Geltungsbereiche und bedarfsgerechten Prüfkriterien – zB durch Sicherheitskriterien, Schutzprofile, Technische Richtlinien (TR) und BSI-Standards – vollständig überträgt.[33] 9

---

26 § 2 Abs. 7.

27 Anders § 9 Abs. 2 S. 3 BSIG, § 8 BSIZertV.

28 Dort steht das Produkt als „Unterkategorie" und Gegenstand der Sicherheitszertifizierung gleichrangig neben den Begriffen der Komponente bzw. des Prozesses, Systems oder Schutzprofils.

29 § 10 Abs. 2 aE sieht deshalb vor, dass die zu erlassende Rechtsverordnung nicht nur das Verfahren der Erteilung von Sicherheitszertifikaten und Anerkennungen nach § 9 bestimmt, sondern auch deren Inhalt; dem ist das BMI in § 4 Abs. 1 BSIZertV auch nachgekommen.

30 Hier als Überbegriff verwendet für „IT-Produkte, -Komponenten, -Systeme und -Schutzprofile".

31 Vgl. § 4 Abs. 1 Nr. 1, 2 BSIZertV.

32 So dann auch in der BSIZertV Abschn. 2 – warum der Gesetzgeber 2009 mit der Aufnahme der Personen und IT-Sicherheitsdienstleister auf die im § 4 Abs. 1 S. 1 aF noch bestehende Einschränkung „informationstechnischer Systeme und Komponenten" verzichtet, und diese auf „bestimmte Produkte, Komponenten und Systeme" erweitert hat, lässt sich nur aus der damaligen Absicht erklären, dem Verordnungsgesetzgeber möglichst viel Regelungsfreiraum für eine differenziertere Bestimmung durch das neue materielle Gesetz zu überlassen.

33 Vgl. § 4 Abs. 1 Nr. 1, 2 BSIZertV.

10 Das BSI stellt zu deren Ausgestaltung regelmäßig entsprechende Veröffentlichungen zu den technischen Geltungsbereichen und Anforderungen auf seiner Internetseite ein.[34] Die Zertifizierungen, welche auf diesen Veröffentlichungen basieren, können für ein fertiges Produkt gelten, daneben aber auch durch **entwicklungsbegleitende Zertifizierung** erfolgen oder als **Re-Zertifizierung** für bereits zertifizierte Produkte durchgeführt werden.[35] Dabei werden die nachfolgenden Kategorien tauglicher Antragsgegenstände durch das BSI unterschieden:

11 a) Informationstechnische **Produkte und Komponenten** (§ 8 BSIZertV) sollen, auch unter Berücksichtigung der wechselnden Heranziehung der Begriffe in § 2 Abs. 2 und 7, eine möglichst weite Erfassung aller funktionalen Hard- und Softwareteile, für die das BSI ein Zertifizierungsverfahren abbilden kann, ermöglichen. Im Vordergrund der Abgrenzung zu den anderen Kategorien steht hier die eigenständige dingliche Eigenschaft des informationstechnischen Zertifizierungsgegenstandes.[36] Prüfungstauglich sind insbesondere auch kritische Komponenten iSd § 9b, deren Zertifizierung den technischen BSI-Teil der Komponentenprüfung gegenüber den dort geregelten Prüf- und Untersagungsbefugnissen des BMI darstellt (→ § 9b Rn. 5ff.). Antragssteller ist grundsätzlich der Hersteller des zu zertifizierenden Produktes oder der Komponente oder des Teiles davon. Um ansonsten Anträge von Dritten – damit wird der vorherigen Antragsmöglichkeit des Verkäufers Rechnung getragen[37] – ohne die Kenntnis und Unterstützung des Herstellers zu unterbinden, wird klargestellt, dass zwingend jedenfalls eine Einverständniserklärung des Herstellers benötigt wird.[38]

12 b) Informationstechnische **Systeme** (§ 9 BSIZertV) können auch in ihrer Gesamtheit der Produkte und Komponenten im Rahmen ihrer Gesamtfunktion zertifiziert werden.[39] Der Antrag auf Zertifizierung von informationstechnischen Systemen kann dann nur von dem Betreiber des zu zertifizierenden Systems gestellt werden.

13 c) Informationstechnische **Schutzprofile** (§ 10 BSIZertV) sind eine Zusammenstellung generischer Anforderungen an eine Produktkategorie, in denen die Anforderungen an die Funktionalität sowie an die Vertrauenswürdigkeit zusammengefasst werden.[40] Schutzprofile haben standardisierende Wirkung und sollen daher auch nur zu diesem Zweck zertifiziert werden. Um die dafür notwendige Breitenwirkung eines Schutzprofils sicherzustellen, ist der Antrag durch die auf-

---

[34] § 4 BSIZertV, vgl. zur Übersicht *BSI,* Verzeichnisse als Nachschlagewerk für Interessenten und Beteiligte an Zertifizierungs- und Anerkennungsverfahren, 6.4.2020.

[35] Hornung/Schallbruch IT-SicherheitsR/*Skierka,* § 8 Rn. 77.

[36] Auf die teils streitige Sacheigenschaft von Software nach § 90 BGB kommt es hier nicht an; die Begrifflichkeiten richten sich nach DIN EN ISO/IEC 17000; Software ist „herstellbar" und umfasst, BT-Drs. 16/11967, 12.

[37] BT-Drs. 11/7029, 10: „Hersteller und Vertreiber können für informationstechnische Systeme oder Komponenten […] beantragen".

[38] RefE BSIZertV, Begründung S. 25, ec.europa.eu/growth/tools-databases/tris/en/index.cfm/search/?trisaction=search.detail&year=2014&num=370&dLang=DE.

[39] Auch hierzu verweist die Gesetzesbegründung auf DIN EN ISO/IEC 17000, BT-Drs. 16/11967, 12.

[40] Produktzertifizierungsinformationen des BSI, www.bsi.bund.de/DE/Themen/ZertifizierungundAnerkennung/Produktzertifizierung/ZertifizierungnachCC/SchutzprofileProtectionProfiles/schutzprofileprotectionprofiles_node.html.

geführten Bedarfsträger, nämlich Vereinigungen von Anwendern oder Herstellern, Standardisierungsorganisationen sowie Behörden, zu stellen.[41]

d) **Personen** (§ 14 BSIZertV) werden aufgrund ihrer Kompetenz im Bereich der IT-Sicherheit zertifiziert. Der Gesetzgeber führte dazu beispielhaft aus, dass auch einzelne Auditoren, Evaluatoren und Prüfer zertifizierbar sein sollten.[42] Nach der Evaluierung und Kompetenzfeststellung der Person wird innerhalb der regelmäßig dreijährigen Zertifizierungsphase die Kompetenz der Person überwacht und bei Verstoß der Person gegen Verfahrensbeschreibungen und Richtlinien oder erkennbaren sonstigen Kompetenzmängeln die Zertifizierung ausgesetzt.[43] Ein Antrag auf Zertifizierung einer Person kann nur von der Person gestellt werden, die die Zertifizierung erhalten möchte. 14

e) **IT-Sicherheitsdienstleister** (§ 16 BSIZertV) sollten laut der Gesetzesbegründung zum ersten IT-SiG neben den unter „Personen" bereits benannten Auditoren, Evaluatoren und Prüfern zertifizierbar sein, zB Lauschabwehr- und Abstrahlprüfstellen.[44] Ein Antrag auf Zertifizierung als IT-Sicherheitsdienstleister kann nur vom Dienstleister gestellt werden, der die Zertifizierung erhalten möchte. Die Kompetenzfeststellung des Dienstleisters umfasst den Nachweis der Fachkompetenz von Mitarbeitern, ohne dass für diese eine eigenständige Personenzertifizierung erforderlich ist.[45] 15

2. Bearbeitungsreihenfolge der eingehenden Anträge (S. 2). Die grundsätzliche Bearbeitungsreihenfolge der Anträge, die beim BSI auf Zertifizierung gestellt werden, richtet sich nach dem im allgemeinen Verwaltungsrecht üblichen **Prioritätsprinzip,**[46] also der Reihenfolge ihres Zugangs. Das Bundesamt kann jedoch einzelne Anträge vorziehen bzw. andere zurückstellen, wenn kumulativ an der Erteilung eines Zertifikats ein **öffentliches Interesse** besteht und das Bundesamt wegen der Zahl und des Umfangs anhängiger Prüfungsverfahren eine Prüfung in angemessener Zeit nicht durchführen kann. Der Begriff des öffentlichen Interesses orientiert sich hier an allgemeinen öffentlichen Sicherheitserwägungen, insbesondere soweit es um die Funktion der Zertifizierung als Zulassungsvoraussetzung geht.[47] Hinsichtlich der erforderlichen Interessenshöhe ist systematisch im Vergleich zum „überwiegenden öffentlichen Interesse" in Abs. 4 Nr. 2, Abs. 6 Nr. 2 ein niedrigerer Maßstab anzusetzen – das deckt sich auch mit der in der Regel vergleichs- 16

---

[41] RefE BSIZertV, Begründung S. 25, ec.europa.eu/growth/tools-databases/tris/en/index.cfm/search/?trisaction=search.detail&year=2014&num=370&dLang=DE.

[42] BT-Drs. 16/11967, 16; zB Wirtschaftsprüfer für C5, Auer-Reinsdorff/Conrad IT- und DatenschutzR-HdB/*Strittmatter,* § 22 Rn. 71.

[43] Personenzertifizierungsinformationen des BSI, www.bsi.bund.de/DE/Themen/Zertifizie rungundAnerkennung/Personenzertifizierung/personen_node.html.

[44] Vgl. BT-Drs. 16/11967, 16.

[45] Vgl. zur Diff. bei Kassenärztlichen Bundesvereinigungen BeckOK SozR/*Wendtland,* SGB V § 75b Rn. 7.

[46] Zeitliches Prioritätsprinzip, auch „Windhundprinzip" (first come, first served) als Ausprägung des staatlichen Gleichbehandlungsgrundsatzes aus Art. 3 Abs. 1, 12, 14, 20 Abs. 3 GG), vgl. bspw. *OVG Weimar,* Beschl. v. 8.3.2021 – 1 EO 439/20, ZUR 2021, 434; *VG Hamburg,* Urt. v. 19.6.2009 – 19 K 1782/08, BeckRS 2010, 47473, Rn. 37; BeckOK GG/*Kischel,* Art. 3 Rn. 90.

[47] Vgl. Maunz/Dürig/*Depenheuer,* GG Art. 8 Rn. 154: „Unverletzlichkeit der objektiven Rechtsordnung, der subjektiven Rechte und Rechtsgüter des Einzelnen, […] sowie der Einrichtungen und Veranstaltungen des Staates und sonstiger Träger der Hoheitsgewalt".

weise geringen Beeinträchtigung des Interesses der benachteiligten Antragssteller an der zeitnahen marktwirksamen Erteilung ihres beantragten Zertifikats durch die entstehende Verzögerung.[48]

17 **3. Erforderliche Unterlagen des Antragsstellers (S. 3).** Der Antragsteller hat dem Bundesamt alle entscheidungserheblichen Unterlagen vorzulegen und Auskünfte zu erteilen. Der Umfang dieser Auskunftspflicht ist hier abseits der Zweckbindung an das Antragsverfahren[49] bewusst weit gehalten, da das BSI einerseits nicht in eine Entscheidung auf unklarer Sachlage gedrängt werden soll, dem Antragssteller andererseits freie Hand gelassen wird, ihr nachzukommen, indem ihm aus der Nichterfüllung dieser Pflicht kein Nachteil abseits der Verwehrung des Zertifikats droht.[50] Die **Mitwirkungspflicht** gilt dabei auch gleichermaßen für die Zertifizierung von Produkten und IT-Sicherheitsdienstleistern, deren fehlende Aufzählung wird durch die systematische Stellung des S. 3 und die ausreichende Erforderlichkeit für die Erteilung des Zertifikates aufgefangen.[51]

18 Entsprechende Mitwirkungspflichten des Antragsstellers, insbesondere das Zurverfügungstellen des Zertifizierungsgegenstandes und der erforderlichen Unterlagen, fanden sich bereits in den ersten Regelungen zum Zertifizierungsverfahren.[52] Die **Überlassung der Unterlagen** erfolgt seitdem regelmäßig nicht nur zeitweise, sondern die Unterlagen werden zum Nachweis und der Überprüfbarkeit der Zertifizierungsentscheidung durch das Bundesamt aufbewahrt – nur in Ausnahmefällen kann auf eine solche Überlassung zugunsten besonderer Interessen des Antragsstellers verzichtet werden.[53] Die für die Unterlagen grundsätzlich bestehende Aktenführungspflicht des BSI ergibt sich mittelbar aus dem allgemeinen Verwaltungsrecht.[54]

19 Berechtigter **Antragssteller** kann nur sein, wer in der BSIZertV als solcher auch benannt ist.[55] Damit hat der Gesetzgeber die Beschränkung des Kreises der berechtigten Antragssteller aus dem BSIG von 2009 endgültig in die BSIZertV gezogen.[56] Die für die Produkt- oder Komponentenzertifizierung ausdrücklich getroffene Regelung, dass auch juristische Personen Antragssteller sein können, ist nur bei der Personenzertifizierung ausgeschlossen und muss, insoweit steht das BSIG weiterhin nicht entgegen, analog für Systeme, Schutzprofile und IT-Sicherheitsdienstleister

---

[48] Anders bei direkten Konkurrenten um eine Zulassung, dort wird das Vorziehen des einen auf dem Hintergrund des Gleichbehandlungsgrundsatzes ausführlich zu begründen sein.

[49] „sowie für die Erteilung des Zertifikats erforderlich".

[50] Dagegen spricht auch nicht die Belastung durch potenziell anfallende Gebühren, soweit diese vom Antragsteller vorhergesehen werden konnten, spiegelbildlich findet das Auskunftsrecht des BSI seine Grenze in anlasslosen oder rechtsmissbräuchlichen Auskunftsverlangen (Erforderlichkeitsvoraussetzung, Art. 20 Abs. 3 GG).

[51] Folgerichtig auch entsprechend § 11 Abs. 1, § 17 BSIZertV.

[52] Vgl. § 4 S. 3 BSI-Errichtungsgesetz 1990; entsprechend § 2 der (der heutigen BSIZertV 2014 vorangegangenen) BSI-ZertV 1992.

[53] Grundsatz in § 3 Abs. 1 BSIZertV, bei Ausnahme nach § 3 Abs. 2 BSIZertV hat der Antragssteller bis mindestens drei Jahre nach Ablauf des Gültigkeitszeitraums die Unterlagen aufzubewahren und jederzeit auf Anfrage kostenfrei zur Verfügung zu stellen.

[54] Vgl. BT-Drs. 19/1008419, 2 ff.; BeckOK VwVfG/*Herrmann,* § 29 Rn. 7.

[55] Für die Kategorien im Einzelnen → Rn. 11 ff.

[56] Vgl. § 4 Abs. 1 S. 1 BSI-Errichtungsgesetz 1990, welches nur „Hersteller oder Vertreiber" vorsah.

angewendet werden.[57] Die Antragssteller, die nach erfolgreichem Antrag regelmäßig auch die Zertifikatsinhaber[58] sind, müssen die von der Zertifizierung tatsächlich direkt Betroffenen sein oder jedenfalls deren Einverständnis einholen, da sich neben der begünstigenden Wirkung der Zertifizierung auch Nebenbestimmungen und Mitwirkungspflichten ergeben können, die nur durch sie erfüllbar sind.[59]

IT-Sicherheitszertifikate werden durch das BSI befristet und gelten regelmäßig für eine **Zertifizierungsdauer** von fünf Jahren. Danach muss eine – kostenvergünstigte[60] – **Rezertifizierung** durchgeführt werden, was gleichermaßen auch bei erheblichen sicherheitsrelevanten Änderungen am Zertifizierungsgegenstand gefordert wird.[61] Dieses Erfordernis reagiert auf die stetige Entwicklung, der einerseits die Anforderungen an den **Stand der Technik**[62], andererseits die Zertifizierungsgegenstände im IT-Bereich regelmäßig durch technischen Wandel unterworfen sind. Die Befristung muss deshalb je nach Geschwindigkeit der im Einzelfall erwarteten Veränderung weiter verkürzt werden, um im Spannungsverhältnis zwischen Herstellerinteresse und Weiterentwicklung eine angemessene Aussagekraft auch zum Ende der Laufzeit hin garantieren zu können. Das setzt eine nur annähernde Prognoseentscheidung voraus, weshalb gefordert wird, dass es der Entwicklung neuer dynamischerer Zertifizierungsansätze bedarf, um eine Aussagekraft von Zertifikaten über ihre gesamte Produktlebensdauer zu erhalten.[63] **20**

III. Prüfung durch anerkannte sachverständige Stellen (Abs. 3)

Das mit dem Zertifizierungsantrag verbundene Prüfungs- und Bewertungsverfahren kann vom BSI auf sogenannte „Anerkannte sachverständige (Prüf-)Stellen"[64] übertragen werden. Bereits im BSI-Errichtungsgesetz 1990 wurde schon die eventuelle Notwendigkeit der Zuhilfenahme Dritter bei der Prüfung für die nachfragebedingte Skalierbarkeit des Zertifizierungsverfahrens gesehen.[65] Solche privaten Prüfstellen werden von BSI aufgrund ihrer fachlichen Kompetenz anerkannt **21**

---

[57] § 8 Abs. 1 S. 1 BSIZertV, denklogisch gerade für die zB in § 10 Abs. 1 immer juristischen Personen als Antragssteller.

[58] Zu Konstellationen gemeinsamer Inhaberschaft vgl. BKartA, Beschl. v. 30.10.2014 – B 7–31/14, BeckRS 2016, 14436, Rn. 156.

[59] So für Produkte und Komponenten in § 8 Abs. 1 S. 2 BSIZertV; das BSI entscheidet bei Auseinanderfallen über die Zulässigkeit des Antrags und eine eventuelle Hinzuziehung weiterer Betroffener.

[60] BMIBGebV Anl. zu § 2 Abs. 1 Abschnitt 7 Nr. 1.1.2, 1.1.4 bemessen Kosten dafür nach Zeitaufwand, nicht mehr nach Pauschale.

[61] Hornung/Schallbruch IT-SicherheitsR/*Skierka,* § 8 Rn. 78 spricht von sog. „major changes" ggü. „minor changes" mit Änderungen im „überschaubaren Umfang" mit weiteren Verweisen auf BSI Verfahrensbeschreibung Produkte.

[62] Vgl. auch SdT-Umsetzungshinweise des BSI für KRITIS, https://www.bsi.bund.de/DE/Themen/KRITIS-und-regulierte-Unternehmen/Kritische-Infrastrukturen/Allgemeine-Infos-zu-KRITIS/Stand-der-Technik-umsetzen/stand-der-technik-umsetzen_node.html.

[63] Hornung/Schallbruch IT-SicherheitsR/*Skierka,* § 8 Rn. 108 mit Verweis auf *Hofmann,* Dynamische Zertifizierung, 2019 und *Krcmar/Eckert/Roßnagel/Sunyaev/Wiesche,* Management sicherer Cloud-Entwicklung, 2018.

[64] Teilw. auch unscharf bezeichnet als „BSI-Stelle oder „vom BSI zugelassene Prüfstelle", vgl. *BKartA,* Beschl. v. 30.10.2014 – B 7–31/14, BeckRS 2016, 14436, Rn. 156, auch „akkreditierte Prüfstelle", nicht aber „Akkreditierungsstelle".

[65] Vgl. § 4 Abs. 2 und Begründung in BT-Drs. 11/7029, 11.

und stehen unter dessen Aufsicht (→ Rn. 43). Sie übernehmen Teile der Prüfung und fassen ihre Prüfergebnisse zur Konformität des Antragsgegenstandes in Prüfberichten oder **Audits** für das BSI zusammen. Die Prüfstellen werden als **Verwaltungshelfer** ohne unmittelbare Rechtsbeziehungen zu den Antragstellern tätig[66] und übernehmen als solche die Prüfung und Bewertung der eingehenden Anträge, was das BSI entlastet und so der Beschleunigung der Antragsbearbeitung durch Synergien zwischen Staat und Privatwirtschaft mit Erfahrungen und technischen Spartenkompetenzen dient.[67]

22 Durch die Schaffung der Rechtsgrundlage für die Auslagerung der Verfahren kann das BSI zwar den Verwaltungsvorgang auf eine unabhängige nicht-behördliche Prüfstelle übertragen, die **Letztentscheidungskompetenz** über die Erteilung der Zertifizierung muss jedoch bei der Zertifizierungsstelle im BSI als behördliche Stelle verbleiben.[68] Das BSI soll so „am Anfang und am Ende jedes Prüfverfahrens" stehen: einerseits wirkt es planerisch auf national und international standardisierte Kriterien, Verfahren und Werkzeuge für die Prüfung und Bewertung von IT-Sicherheit hin und stellt andererseits abschließend deren ordnungsgemäße Umsetzung durch die deutschen Prüfstellen sicher.[69]

23 Das BSI ist gleichermaßen **verantwortlich** für die ihm zuarbeitenden Stellen und hat deren Kompetenz, Zuverlässigkeit und Unabhängigkeit selbstständig zu prüfen[70] sowie bei der Übermittlung von Betriebs- und Geschäftsgeheimnissen durch festgelegte Vertraulichkeitsanforderungen an die Stelle dafür zu sorgen, dass die vom Antragsteller im Einvernehmen mitgeteilten Betriebs- und Geschäftsgeheimnisse entsprechend § 30 VwVfG gewahrt bleiben.[71] Sichergestellt wird das durch die die Zertifizierungsstelle im BSI, welche die Prüfungen durch die anerkannten Stellen begleitet. Die Pflicht zur regelmäßigen Überprüfung und das Verfahren über die Anerkennung als sachverständige Stelle regelt im Weiteren **Abs. 6** iVm der BSIZertV.[72]

IV. Voraussetzungen der Zertifikatserteilung für die Sicherheitszertifizierung (Abs. 4, 4a)

24 **1. Erfüllung der Kriterien des BSI (Abs. 4 S. 1 Nr. 1).** Auch wenn das Zertifikat in der Regel in Verbindung mit Nebenbestimmungen ergeht, ist die Erteilung bei Vorliegen der gesetzlichen Voraussetzungen eine **gebundene Entschei-**

---

66 Schenke/Graulich/Ruthig/*Buchberger,* Rn. 6; allgemein: Maunz/Dürig/*Herdegen,* GG Art. 1 Rn. 115; BeckOK VwVfG/*Ronellenfitsch,* § 1 Rn. 74; MüKo BGB/*Papier,* § 839 Rn. 187, 189.

67 BT-Drs. 11/7029, 11.

68 Vgl. *VG Weimar,* Urt. v. 8.5.2009 – 3 K 971/07, BeckRS 2011, 55500; Schoch/Schneider/*Schoch,* VwVfG § 1 Rn. 171 ff.

69 BT-Drs. 11/7029, 9.

70 Es entscheidet dabei „nach pflichtgemäßem Ermessen, inwieweit es andere Stellen mit der Prüfung und Bewertung […] beauftragt und in welchem Umfange es deren Ergebnisse nachprüft", BT-Drs. 11/7029, 11.

71 Qualifizierte Dritte, die im Auftrag des BSI tätig werden, unterliegen bereits nach den geltenden Vorschriften denselben Vertraulichkeits- und Unabhängigkeitsanforderungen, eine explizite Regelung zum Geheimnisschutz wurde indes bewusst nicht aufgenommen, vgl. BT-Drs. 18/11620, 5.

72 Zu Abs. 6 S. 2 → Rn. 43 ff.; §§ 19–21 BSIZertV, Überprüfungspflicht in § 21 Abs. 4 BSIZertV.

dung.[73] Die erste Voraussetzung der Zertifikatserteilung ist die positive Übereinstimmung des Zertifizierungsgegenstandes mit den fachlichen, vom BSI festgelegten Anforderungen. Die Bestätigung der Konformität mit den Anforderungen ist dabei nicht gleichzusetzen mit absoluter Sicherheit eines Produktes, sie bescheinigt aber relative Sicherheit entsprechend des Sicherheitsniveaus für die Prüfkriterien zur zugrunde gelegten Anforderungsstufe.[74] Hier zeigt sich die ursprüngliche und gemeinsame Natur der Zertifikate – sie sind im Kern eine **Konformitätsbestätigung** mit den einschlägigen festgelegten Fachkriterien.[75] Das BSI prüft im Zertifizierungsverfahren, insoweit sehr schlicht, nur das faktische Vorliegen oder Nicht-Vorliegen.

Die Gesamtheit der festgelegten Kriterien bildet dabei die gemeinsame **Bewer- 25 tungsgrundlage.**[76] Welche dieser Kriterien für welche (Unter-) Kategorien von Systemen im Einzelnen bestehen oder vom Bundesamt erstellt werden sollen, legt das Gesetz nicht fest. Die Konkretisierung der unterschiedlichen Anforderungen ist sowohl auf Ebene des formellen als auch des materiellen Gesetzes kaum umsetzbar und – da es sich nicht mehr um eigenständige gesetzliche Regulierung, sondern nur noch ausfüllende, zertifizierungsgegenstandsspezifische Anforderungen als Bestandteil der technischen Evaluation handelt – auch gar nicht notwendig. Da die technischen Prüfmaßstäbe und Geltungsbereiche einem ständigen Wandel unterworfen sind, ist eine flexible **Festlegung der Kriterien** durch das BSI erforderlich, was § 9 Abs. 4 BSIG iVm § 4 Abs. 1 BSIZertV auch explizit ermöglicht.[77] Dass der Gesetzgeber bewusst diese Flexibilität bezweckt, und nicht nur die Festschreibung von Kriterien im § 9 übersehen hat, zeigt sich auch systematisch mit der Aufnahme konkreterer Voraussetzungen in Abs. 6. Da hier der Umfang der Anerkennungsgegenstände eindeutig umgrenzt ist, war es zweckdienlich, auch im Gesetz schon Kriterien aufzunehmen; umgekehrt musste hinsichtlich der Zertifizierung diese Aufgabe jedoch an das BSI übertragen werden (→ Rn. 39).

Um diese Aufgabe zu erfüllen, nutzt, erstellt und veröffentlicht das BSI Sicher- 26 heitskriterien in Anforderungen, Zertifizierungsprogrammen und Technischen Richtlinien.[78] Es kann dabei auf zahlreiche bestehende internationale **Standards** zu IT-Sicherheitsanforderungen für Produkte, Systeme, Entwicklungsprozesse,

---

[73] Das gilt im Umkehrschluss respektive, zu Nebenbestimmungen vgl. § 22 BSIZertV iVm § 36 VwVfG.

[74] Eine Zertifizierung auf „absolute Sicherheit" kann es nicht geben, vgl. auch Hornung/Schallbruch IT-SicherheitsR/*Skierka,* § 8 Rn. 22.

[75] So auch DIN ISO/IEC 17000:2004.

[76] BSI-Informationen zu IT-Sicherheitskriterien, www.bsi.bund.de/DE/Themen/Unternehmen-und-Organisationen/Standards-und-Zertifizierung/Zertifizierung-und-Anerkennung/Zertifizierung-von-Produkten/Zertifizierung-nach-CC/IT-Sicherheiskriterien/it-sicherheiskriterien_dvl.html.

[77] RefE BSIZertV, Begründung S. 22, so auch bereits in § 5 Abs. 1 BSI-Errichtungsgesetz 1990.

[78] Vorrangig haben sich etabliert: BSI-TR, Common Criteria (CC), DIN ISO/IEC 27000er-Reihe (ISMS) und auf 27001 basierend der BSI-IT-Grundschutz, der IT-Sicherheitskatalog gemäß § 11 Abs. 1a EnWG (BNetzA) v. 16.11.2017 in den Sparten Stromnetzbetreiber und Gasnetzbetreiber, ETSI ESI-Standards aus dem Bereich elektronischer Signaturen und Infrastrukturen, DIN EN 62443 (= IT-Sicherheit für industrielle Automatisierungssysteme, KRITIS), 5G-Standards (NESAS), Beschleunigte Sicherheitszertifizierung (BSZ des BSI bzw. international vergleichbare Verfahren); vgl. https://www.bsi.bund.de/DE/Themen/ZertifizierungundAnerkennung/Produktzertifizierung/Produktzertifizierung_node.html; auch *Feik/von Lewinski,* ZD 2014, 59.

Organisationen und Sicherheitsmanagement zurückgreifen.[79] Mittels **Zertifizierungsprogrammen** werden die bedarfsgerechten Prüfkriterien für die einschlägigen Geltungsbereiche, sowie die Anforderungen und Nachweise an den Antragssteller, das Verfahren sowie das Management zur Durchführung der Zertifizierung festgelegt und beschrieben, die maßgeblich für die technische Evaluierung und Prüfung sind.[80] Die **Technischen Richtlinien** (TR) erweitern und ergänzen funktional die technischen Prüfvorschriften des BSI und andere anerkannte bestehende IT-Sicherheitsstandards zur Erfüllung bestimmter Sicherheitseigenschaften, Schutzprofile oder Interoperabilitätsstandards. Die grundsätzliche Pflicht zur Veröffentlichung der Kriterien auf der Internetseite des BSI stellt dabei ein transparentes und vorbereitbares Zertifizierungsverfahren sicher. Ausnahmen von der Veröffentlichung wegen potenzieller Gefährdung der öffentlichen Sicherheit, der Sicherheit der Antragsgegenstände oder anderer öffentlicher Interessen sind durch Rechtsverordnung geregelt.[81]

27 Die Zertifizierung aufgrund internationaler Standards erfolgt heute überwiegend auf der Grundlage der **Common Criteria** (CC).[82] Die CC wurden 1999 durch die Internationale Standardisierungsorganisation als ISO/IEC 15408 veröffentlicht und seitdem regelmäßig weiterentwickelt.[83] Die CC-Zertifizierung erfordert regelmäßig im ersten Schritt die Prüfung durch eine akkreditierte Prüfstelle auf ein vom BSI anerkanntes oder zertifiziertes Schutzprofil, im zweiten Schritt erfolgt auf Grundlage der Evaluierung die Zertifizierung durch die nationale Zertifizierungsstelle im BSI. Die Prüfung erfolgt nach sieben „Evaluation Assurance Leveln" **(EAL),** welche mit aufsteigender Prüftiefe, -aufwand und -kosten entsprechend höhere IT-Sicherheit und Vertrauenswürdigkeit des Prüfgegenstandes belegen. Das entspricht der langfristig entwickelten Systematik von **abgestuften Anforderungsniveaus** in Funktionalität und Vertrauenswürdigkeit aus der europäischen ITSEC-Zertifizierung, welche den CC voranging und weitestgehend von diesen abgelöst worden ist.[84]

28 Nach den festgelegten Sicherheitsstufen richten sich auch die für die Zertifizierung anfallenden **Gebühren,** die vom Antragssteller nach der BMIBGebV für die

---

[79] Beispielhafte weitere Übersicht der DIN-Standards in *Bitkom/DIN,* Kompass der IT-Sicherheitsstandards 2014, https://www.bitkom.org/sites/default/files/file/import/140311-Kompass-der-IT-Sicherheitsstandards.pdf; darauf verweisend Hornung/Schallbruch IT-SicherheitsR/*Skierka,* S. 157 Rn. 11, mit Überblick über die ISOI/IEC auf S. 160 Rn. 25 ff.

[80] Informationen über die Anerkennung des BSI, https://www.bsi.bund.de/DE/Themen/Unternehmen-und-Organisationen/Standards-und-Zertifizierung/Zertifizierung-und-Anerkennung/Anerkennung-von-Stellen-und-Zertifizierung-IT-Sicherheitsdienstleister/anerkennung-von-stellen-und-zertifizierung-it-sicherheitsdienstleister_node.html.

[81] § 4 Abs. 3 BSIZertV.

[82] Taeger/Pohle ComputerR-HdB/*Illies/Lochter/Stein,* Abschn. 1 Teil 15.2 Rn. 92.

[83] Aktueller Stand: CC 3.1-R5 (5. Revision 2017), in drei Teilen: (15408-1) Einführung und allgemeines Modell, (15408-2) Funktionale Sicherheitsanforderungen, (15408-3) Anforderungen an die Vertrauenswürdigkeit; vgl. https://www.commoncriteriaportal.org/cc/; in Version 3.1 seit 2009; erstmals erarbeitet 1996 in Version 1.0 durch das Common Criteria Editorial Board als internationale Harmonisierung europäischer und nordamerikanischer Standards.

[84] Information Technology Security Evaluation Criteria (1991), diese wiederum basierten auf den Qualitätsstufen Q0-Q7 in den Deutschen IT-Sicherheitskriterien des ZSI (1989), ihrerseits abgeleitet aus dem Trusted Computer Security Evaluation Criteria Orange Book (1983); vgl. Hoeren/Sieber/Holznagel MultimediaR-HdB/*Kuner,* Teil 17 Rn. 55.

Zertifizierung zu entrichten sind. Bei Produktprüfungen nach EAL 1–7 bemessen sich diese nach festgelegten Pauschalen, sonst regelmäßig nach Zeitaufwand.[85] Die Gebührenpflichtigkeit entsteht mit Antragsstellung, sie besteht demnach auch bei (teilweise) negativem Bescheid oder Rücknahme des Antrags. Die Prüfung und Bewertung durch die anerkannten Prüfstellen und Erbringung der erforderlichen Unterlagen fallen als zusätzliche Kosten an.

2. Keine Untersagung wegen Feststellung entgegenstehender Interessen durch das BMI (Abs. 4 S. 1 Nr. 2, S. 2, Abs. 4a). Die **zweite Voraussetzung** der Zertifikatserteilung ist systematisch eine Ausnahme, nämlich die Verwehrung des Zertifikates durch Untersagung – auch trotz Erfüllung der fachlichen Voraussetzungen – bei Entgegenstehen überwiegender öffentlicher Interessen gemäß der Feststellung durch das BMI nach dem neu eingefügten **Abs. 4a.** 29

Die mit dem IT-SiG 2.0 erfolgte Aufteilung der bis 2021 sinnvoll im ursprünglichen Abs. 4S. 1 Nr. 2 zusammengefassten Voraussetzungen ist systematisch unglücklich. Die Voraussetzungen des Abs. 4 S. 1 haben sich trotz der Aufteilung in zwei Absätze inhaltlich und selbst im Wortlaut nahezu unverändert erhalten, es verweisen nur Abs. 4 S. 1 Nr. 2 und S. 2 jetzt auf den eigenständig nachfolgenden, eingefügten Abs. 4a. Dieser neue Abs. 4a enthält den Hinweis auf die eigene Untersagungsbefugnis des BMI unabhängig vom fachlichen Prüfresultat des BSI – im Ergebnis ist das jedoch inhaltlich **keine Veränderung** zur vorherigen Rechtslage. Auch der Hinweis auf die Vorlage des Vorgangs vor Erteilung des Zertifikats führt praktisch zu keiner Veränderung. Aus der Gesetzesbegründung ergibt sich dementsprechend, dass die Änderung rein deklaratorischen Charakters sein sollte: Erklärt wird die dennoch gesehene Notwendigkeit der neuen Aufteilung apodiktisch mit dem einzelnen Satz, die Änderung sei vorgenommen worden, um klarzustellen, dass es sich bei der Untersagung eines Zertifikats nach Abs. 4a um eine eigenständige Ermessensvorschrift des BMI handelt.[86] Das war zuvor weitestgehend unumstritten – die deklaratorische Aufteilung, welche in Abs. 6 nicht konsequent weiterverfolgt wurde,[87] führt indes zur Auflösung der ursprünglich im Gesetz angelegten Parallelität dieser beiden Abs. 4 und 6 (→ Rn. 42). 30

Umstrittener als der Umstand, dass es sich um eine Ermessensentscheidung handelt, ist der sehr weite Ermessensspielraum, den das Gesetz an dieser Stelle dem BMI mit den möglichen **Untersagungsgründen** unverändert einräumt.[88] So gehören neben dem klassischen Schutz der Unverletzlichkeit von Rechtsordnung, Rechtsgütern des Einzelnen sowie der Einrichtungen und Veranstaltungen des Staates dazu ausdrücklich auch „**sicherheitspolitische** Belange".[89] Wann Letztere berührt sind, lässt sich aus dem Gesetz nicht entnehmen – der Rechtsbegriff und somit auch der ganze Ausnahmetatbestand bleibt unbestimmt. 31

Aufgrund der **Unbestimmtheit** muss davon ausgegangen werden, dass der Gesetzgeber nur sicherheitspolitisch **eklatant relevante Belange** zum Anlass für eine derartige Feststellung und Versagung machen wollte. Denn die Unbestimmtheit des Rechtsbegriffes „sicherheitspolitisch" kann hier regelmäßig nicht zulasten des durch die Vorschrift ohnehin belasteten Antragsstellers gehen, indem sie für eine 32

---

85 In BMIBGebV, Anl. zu § 2, Abschnitt 7 Nr. 1ff. Produktklassen I-III.
86 BT-Drs. 19/26106, 82.
87 Hier wurde die alte Systematik der beiden Absätze aF unverändert beibehalten, → Rn. 39.
88 Schenke/Graulich/Ruthig/*Buchberger,* Rn. 9f.
89 Vgl. Hornung/Schallbruch IT-SicherheitsR/*Skierka,* § 8 Rn. 79.

möglichst weite Interpretation der Versagungsbefugnis herangezogen wird.[90] Im Gegensatz zu Abs. 3, bei dem sich das Vorziehen eines Antrags nur verzögernd auf die Zertifikatserteilung auswirkt, ist auch die Beeinträchtigung erheblicher, da dem Antragssteller hier, ohne Ausnahme von den für ihn anfallenden Gebühren, das Zertifikat abschließend und dauerhaft verwehrt wird. Indem sich das technisch prüfende BSI damit bei einer Ablehnung trotz Erfüllung aller Kriterien infolge Untersagung zwingend auf die Feststellung des BMI zurückziehen muss, ohne dass dafür eine Kostenbefreiung vorgesehen ist, belastet eine solche Ablehnung auch nicht unerheblich das Vertrauensverhältnis von BSI gegenüber der Prüfstelle und Antragssteller. Somit ist das „überwiegende" notwendige Interesse gleichermaßen begrenzend hinsichtlich der Schwere der sicherheitspolitischen Belange zu verstehen und unterstreicht den Ausnahmecharakter der Vorlagefälle.

33 Liegen die fachlichen Voraussetzungen schon nicht vor, soll nämlich auf eine **Vorlage** und damit eine abwägungs- und begründungsaufwändige **Entscheidung des BMI** über das Entgegenstehen überwiegender Interessen verzichtet werden. Auch wenn die Voraussetzungen von Abs. 4 S. 1 Nr. 1 und 2 also gleichwertig nebeneinander stehen, muss die Prüfung des entgegenstehenden öffentlichen Interesses deshalb nach gesetzgeberischer Intention im Verfahren zweckmäßigerweise am Schluss der Prüfung erfolgen, um zwischenzeitlich auftretende fachliche Bedenken zu berücksichtigen.[91] Das BSI muss dem BMI Zertifizierungsanträge, bei denen ein Entgegenstehen überwiegender öffentlicher Interessen naheliegend erscheint, nach Abs. 4 S. 2 noch im laufenden Prüfungsverfahren vorlegen. Teilt das BMI die Bedenken, prüft es zeitnah deren Begründetheit und spricht eine entsprechende Feststellung entgegenstehender öffentlicher Interessen aus.

34 Ob diese Feststellung **selbstständig angreifbar** ist, wurde bislang nicht gerichtlich entschieden. Während die abschließende Zertifikatserteilung des BSI durch Bescheid ergeht und Verwaltungsaktqualität gemäß § 35 S. 1 VwVfG hat,[92] könnte es der Entscheidung des BMI am eigenständigen Regelungscharakter mit unmittelbarer Außenwirkung fehlen, da es sich dabei nur um eine Mitwirkungshandlung zu einem mehrstufigen Verwaltungsakt in Form eines reinen Zustimmungsaktes zur selben sachlichen Bewertung handelt.[93] Dem ist im Ergebnis jedoch entgegenzutreten, denn das BMI befindet hier selbstständig über einen Umstand, der dem BSI als letztentscheidender Behörde selbst entzogen ist und die es dennoch unbedingt bindet.[94] Es handelt sich mithin nicht um eine typische interne Mitwirkung zur Feststellung des BSI, sondern die Entscheidung ist wegen inkongruenter Prüfungskompetenz selbstständig angreifbar.[95] Auf diese Wertung weist auch der Gesetzgeber klarstellend durch die Gesetzesänderung in Abs. 4a hin, mit der er den

---

[90] Bestimmtheitsgebot aus Art. 20 Abs. 2, Art. 28 Abs. 1, Art. 3 Abs. 1 GG, es muss jedenfalls soweit Normklarheit bestehen, dass die staatliche Reaktion absehbar ist und der Normadressat sein Verhalten darauf ausrichten kann, *BVerfG,* Beschl. v. 7.7.1971 – 1 BvR 775/66, GRUR 1972, 488, 490.

[91] Vgl. RefE BSIZertV, Begründung S. 27, 32, ec.europa.eu/growth/tools-databases/tris/en/index.cfm/search/?trisaction=search.detail&year=2014&num=370&dLang=DE.

[92] Entsprechend sind in § 5 BSIZertV Form- und Verfahrensvorschriften aufgenommen und die Entscheidung verwaltungsgerichtlich überprüfbar.

[93] Zu mehrstufigen Verwaltungsakten Kopp/Ramsauer/*Ramsauer,* § 35 Rn. 129; vgl. auch *Voßkuhle,* JuS 2011, 34; Creifelds Rechtswörterbuch/*Weber,* Mitwirkungsverwaltung.

[94] *Barczak,* JuS 2018, 238 (241).

[95] BeckOK VwVfG/*v. Alemann/Scheffczyk,* § 35 Rn. 185.

Charakter der Untersagung als eigenständige Ermessensentscheidung des BMI nochmals herausstellt und unterstreicht. Gerade in Fällen, in denen das BSI technisch die vollständige Erfüllung der Kriterien feststellt und die fachlich positive Zertifizierung durch das BMI untersagt wird, ist es wenig sachgerecht, über diese Untersagung inzident Antragssteller und BSI streiten zu lassen.[96]

V. Voraussetzungen der Zertifikatserteilung für Personen und Dienstleister (Abs. 5)

Für die Evaluierungen und Prüfungen bei der Zertifizierung und zur Unterstützung des BSI im Bereich IT-Sicherheitsdienstleistungen werden qualifizierte Personen und IT-Sicherheitsdienstleister benötigt, welche durch die Zertifizierung ihre Kompetenz im jeweiligen Geltungsbereich nachweisen können.[97] Bei der **Personenzertifizierung** wird für die antragstellende, natürliche Person festgestellt, dass diese in dem durch Antrag bestimmten Geltungsbereich die erforderliche Fachkompetenz besitzt, indem das BSI diese initial evaluiert und dann die Person während einer regelmäßig dreijährigen Zertifizierungsphase begleitet. Stellt das BSI währenddessen einen Verstoß gegen Verfahrensbeschreibungen und Richtlinien fest oder weist die Person erhebliche Kompetenzmängel auf, kann das BSI die Aussetzung der Zertifizierung aussprechen.[98] Auch die Personenzertifizierung kann sich neben den Vorgaben des BSI auch nach denen der CC richten. 35

Abzugrenzen davon ist das Verfahren zur Kompetenzfeststellung von Mitarbeitern, die bei anerkannten Prüfstellen und zertifizierten IT-Sicherheitsdienstleistern beschäftigt sind, zum Nachweis der Fachkompetenz im Rahmen ihrer Tätigkeit bei ihrem Arbeitgeber. Diese Kompetenzfeststellung bildet einen Teil des Verfahrens zur Anerkennung von Prüfstellen oder der Zertifizierung von IT-Sicherheitsdienstleistern und stellt keine eigenständige, unabhängige Personenzertifizierung dar. Eine Anerkennung als Prüfstelle oder Zertifizierung als **IT-Sicherheitsdienstleister** wird auf Antrag des Betreibers der Stelle durchgeführt. Grundvoraussetzung für eine Anerkennung als Prüfstelle oder Zertifizierung als IT-Sicherheitsdienstleister ist die Erfüllung der Anforderungen der IEC/ISO 17025 in der jeweils gültigen Fassung. 36

Die Bestimmungen der Abs. 4 S. 1 Nr. 2, S. 2, Abs. 4a zur **Untersagung** bei Entgegenstehen überwiegender öffentlicher Interessen gelten für die Personenzertifizierung und die Zertifizierung von Dienstleistern entsprechend (→ Rn. 29ff.). 37

Auch wenn die **regelmäßige Überprüfung** der zertifizierten Personen oder IT-Sicherheitsdienstleister nicht wie in Abs. 6 S. 2 angeordnet wird, hat der Verordnungsgesetzgeber eine entsprechende Überprüfungspflicht durch das BSI in der BSIZertV vorgesehen.[99] Diese Entsprechung ist auch unproblematisch von § 10 Abs. 2 gedeckt. Die gesonderte Aufnahme der regelmäßigen Überprüfungspflicht in Abs. 6 S. 2 erklärt sich historisch mit der besonderen Verantwortlichkeit des BSI 38

---

[96] Vgl. § 44a S. 1 VwGO; so hat der Antragssteller berechtigtes Interesse am isolierten Aufrechterhalten der positiven fachlichen Entscheidung, das BSI ist hingegen zu den evtl. im Antragssteller, nicht im Zertifizierungsgegenstand begründeten Untersagungsgründen nicht aussagefähig.

[97] Vgl. Forgó/Helfrich/Schneider Betr. Datenschutz-HdB/*Schneider,* Teil II Kap. 6 Rn. 66ff.

[98] Informationen zur Personenzertifizierung des BSI, https://www.bsi.bund.de/SharedDocs/Downloads/DE/BSI/Zertifizierung/VB-Personen.html.

[99] §§ 15 Abs. 4, 18 Abs. 4 BSIZertV, insoweit gleichlautend zum § 21 Abs. 4 BSIZertV.

für die von ihm anerkannten Stellen, welche dadurch deklaratorisch verdeutlicht werden sollte. Teil der Sicherstellung der fortwährenden Erfüllung der Kriterien durch die zertifizierten Personen ist neben der insoweit anlasslosen oder anlassbezogenen Überprüfung auch die **Befristung** der Zertifikate, welche in ihrer Dauer spezifisch für den Geltungsbereich je nach Dynamik der technischen, strukturellen und organisatorischen Veränderungen vom BSI festgelegt und veröffentlicht wird (→ Rn. 44).

VI. Anerkennung sachverständiger Stellen (Abs. 6)

39 **1. Erfüllung der Kriterien und keine entgegenstehenden Interessen (S. 1).** Seit 2009 regelt das BSIG die Anerkennung der privaten sachverständigen Stellen, die nach Abs. 3 für das Prüfungsverfahren herangezogen werden können. Teil des Anerkennungsverfahrens ist die Zustimmung zur Veröffentlichung der erfolgreichen Anerkennung durch das BSI. So soll dem Zertifizierungsinteressenten die Möglichkeit gegeben werden, einen Überblick und eine Auswahlmöglichkeit über die anerkannten Stellen zu bekommen.[100] Abs. 6 S. 1 bestimmt für die positive Anerkennungsentscheidung die Voraussetzungen für die jeweilige Stelle und wurde systematisch **parallel aufgebaut zu Abs. 4f.** und den dortigen Voraussetzungen der Zertifizierung (→ Rn. 24). Auch nach der Aufteilung in Abs. 4 und 4a ergeben sich im Wesentlichen gleichlaufende Voraussetzungen:

40 a) **Erfüllung der Kriterien** des BSI (Nr. 1): Unterschiede zum Abs. 4 S. 1 Nr. 1 finden sich in den konkreteren grundsätzlichen Voraussetzungen an die Konformitätsbewertungsstelle, welche bereits nach dem Gesetzeswortlaut gefordert werden. Da der Gesetzgeber in Abs. 6 keine dynamischen Unterkategorien erwartete und zudem die Betrauung Dritter mit hoheitlichen Prüfungsaufgaben einen besonders hohen Stellenwert einnimmt, wurden die grundlegenden Anforderungen bereits im BSIG und nicht erst in nachfolgenden Rechtsakten bestimmt.

41 b) Die Voraussetzung der **Zuverlässigkeit** ist aus anderen Gesetzen bekannt (vgl. § 35 GewO, § 36 KrWG, § 55 BImSchG, § 10 5. BimSchV); im Bereich der Anerkennung fällt darunter insbesondere auch die zwingende Notwendigkeit vollständiger **Unabhängigkeit** der Prüfstellen von den Antragsstellern.[101] Ausreichend ist insoweit bereits ein auf Tatsachen gestützter Zweifel an dieser Zuverlässigkeit.[102] Denn zentrale Voraussetzung für die Übertragung von hoheitlichen Prüfungsschritten an Private ist, dass diese verlässlich als unabhängige Drittinstanz für das BSI tätig werden und die Bewertungen ohne wirtschaftliche Verbindungen oder weitergehende Interessen zu den Geprüften stattfinden. Dadurch entsteht ein immanentes **Spannungsfeld** immer dann, wenn die Antragssteller die Prüfstellen frei wählen dürfen – eine Prüfstelle hat nämlich dann, in Hoffnung auf erneute Beauftragungen, ein direktes eigenes Interesse an der engen Zusammenarbeit und positiven Abschlussbewertung der Prüfsache. Während eine Unterrichtung der geprüften Antragssteller über die festgestellten Si-

[100] RefE BSIZertV, Begründung S. 31, ec.europa.eu/growth/tools-databases/tris/en/index.cfm/search/?trisaction=search.detail&year=2014&num=370&dLang=DE.

[101] Vgl. ebenso ISO 27001 und BSI-Grundschutz, https://www.bsi.bund.de/SharedDocs/Downloads/DE/BSI/Grundschutz/Zertifikat/ISO27001/Zertifizierungsschema.pdf?__blob=publicationFile&v=1.

[102] Landmann/Rohmer UmweltR/*Beckmann,* KrWG § 36 Rn. 29.

cherheitsmängel wünschenswert ist, um diese möglichst zeitnah beseitigen zu können, ist eine Verbindung der Prüfung mit geldwerten Beratungsleistungen oder das Abhängigmachen der Weiterleitung an das BSI von einer vorherigen Kenntnisnahme oder gar Genehmigung durch den Antragssteller ein eindeutiges Indiz für einen Verstoß gegen das Unabhängigkeitsgebot. Während durch die freie Prüfstellenwahl der Markt möglichst wenig eingeschränkt werden soll, verbietet sich seitens der Prüfstelle als unabhängige Dritte jede Art der Einflussnahme auf das an sie ausgelagerte Prüfverfahren.

c) **Keine Untersagung** wegen Feststellung entgegenstehender öffentlicher Inter- **42**
essen durch das BMI (Nr. 2): Während die Nr. 2 bis zum Jahr 2021 nicht nur strukturell gleich aufgebaut, sondern sogar gänzlich gleichlautend zum damaligen Abs. 4 Nr. 2 war, hat der Gesetzgeber diese vormalige Parallelität der Vorschriften mit dem IT-SiG 2.0 im Jahr 2021 aufgehoben (→ Rn. 30). Eine Änderung der Rechtslage oder der Auslegung der Untersagungsvorschriften in den Abs. 4, 4a und 6 war indes nicht beabsichtigt. Die klarstellende Wirkung der Gesetzesänderung sollte sich, wenngleich das der Wortlaut nun nahelegt, auf beide Normen ohne Wertungsunterschied beziehen.[103] Auf die Erläuterungen zur Zertifikatserteilung (→ Rn. 31 ff.) wird insoweit verwiesen. Ist eine Vorlage angezeigt, muss diese auch hier zweckmäßigerweise am Schluss der Kriterienprüfung aus Nr. 1 erfolgen, um zwischenzeitlich auftretende fachliche Bedenken zu berücksichtigen.[104]

2. Überprüfung des Fortbestehens der Voraussetzungen (S. 2). Zur Si- **43**
cherstellung der kontinuierlichen Befähigung der anerkannten Stellen fordert das Gesetz **notwendige Maßnahmen** zur regelmäßigen Überprüfung durch das BSI, ohne auszuführen, wann und wie diese genau durchzuführen sind.[105]

Zu diesen Maßnahmen zählt, dass zwar bei Vorliegen der Voraussetzungen ein **44**
Anspruch auf die Aussprache der Anerkennung besteht, die Anerkennung jedoch immer nur zeitlich befristet ergeht, sodass zu regelmäßigen Zeitpunkten zwingende Nachprüfungen erfolgen müssen.[106] Die zeitliche **Befristung** ist notwendig, da die Anerkennung außenwirksam die Befähigung der anerkannten Stelle zur Prüfung und Bewertung aufgrund ihrer Fachkenntnis der aktuellen Entwicklungen und des Standes der Technik im jeweiligen Geltungsbereich feststellt. Da sowohl dieser Stand der Technik als auch die Stellen personell und organisatorisch einer kontinuierlichen und dynamischen Veränderung unterliegen, kann die Richtigkeit der durch das BSI getroffenen Feststellung ab einem bestimmten Zeitpunkt nach der Zertifizierung auch trotz Nachüberprüfungen regelmäßig nicht mehr gewährleistet werden. Die Feststellung der Zertifizierbarkeit bezieht sich auf den Stand der Technik im Zeitpunkt der Anerkennung. Die für die jeweiligen Geltungsbereiche angemessenen Fristdauern werden durch das BSI festgelegt und mitgeteilt.[107]

---

103 Sie wurde nur, wohl gerade weil nur deklaratorisch, in Abs. 6 redaktionell übersehen.

104 RefE BSIZertV, Begründung S. 32, ec.europa.eu/growth/tools-databases/tris/en/index.cfm/search/?trisaction=search.detail&year=2014&num=370&dLang=DE.

105 Insoweit wohl durch das BSI selbst auszufüllen.

106 § 21 Abs. 3 BSIZertV, zu den weiteren möglichen Nebenbestimmungen vgl. § 22 BSIZertV iVm § 36 Abs. 2 VwVfG.

107 RefE BSIZertV, Begründung S. 35, ec.europa.eu/growth/tools-databases/tris/en/index.cfm/search/?trisaction=search.detail&year=2014&num=370&dLang=DE.

45 Die **Überprüfungen** selbst sollen der Situation vorbeugen, dass bei erheblichem späterem Abweichen von den Voraussetzungen des S. 1 die Anerkennung widerrufen werden muss. Sie sollen es dafür ermöglichen, beginnende Abweichungen bereits frühzeitig zu erkennen und abzustellen. Die Überprüfungen sollen deshalb im Rahmen des Gleichbehandlungsgrundsatzes sowohl anlassunabhängig als auch anlassbezogen durchgeführt werden. Letzteres kann zB aus öffentlichem Interesse oder bei einer geänderten Bedrohungslage angezeigt sein, wenn sich aufgrund des technischen Fortschritts Angriffsszenarien ändern, auf welche die Prüfstelle reagieren können muss. Das Gleiche gilt, wenn das BSI durch Dritte in glaubhafter Art und Weise über Missstände informiert wird.[108]

VII. Anerkennung ausländischer Zertifikate (Abs. 7)

46 Neben der Anerkennung sachverständiger Stellen ist die historisch ältere Anerkennung des BSI europäischer und ausländischer Zertifikate diejenige, welche weitestgehend unverändert seit 1991 besteht.[109] Das BSI stellt dafür im ersten Schritt fachlich fest, dass das **europäische Zertifikat** gleichwertige Sicherheit zum deutschen Pendant der BSI-Sicherheitsanforderungen ausweist, aus dieser Feststellung folgt im zweiten Schritt die formelle Anerkennung. Zweck der Norm ist die Förderung und Vereinfachung des europäischen Binnenmarktes. Sie vermeidet so Mehrfachaufwand sowohl für Hersteller, da diese für die verschiedenen Mitgliedstaaten nicht jeweils gesonderte Sicherheitszertifikate erwerben müssen, als auch für Prüfstellen, indem einheitliche oder vergleichbare Kriterien, Verfahren und Werkzeuge für die Prüfung entwickelt und angewandt werden.[110]

47 Für die gegenseitige Anerkennung von IT-Sicherheitszertifikaten schließen die Mitgliedsstaaten internationale Anerkennungsabkommen, welche die Vertrauenswürdigkeitsstufen und technischen Bereiche der Anerkennung festlegen, die gegenseitige Überwachung von nationalen Zertifizierungsstellen (Shadowing) regeln, und die Einschränkungen bei der Anerkennung durch nationales oder internationales Recht bestimmen. Zentral ist dabei zur europäischen Anerkennung von IT-Sicherheitszertifikaten nach CC das **SOGIS-MRA**[111] von 2010. Die teilnehmenden Mitgliedsstaaten vereinbaren darin die gegenseitige Anerkennung bis zur Stufe „EAL 4" von maximal 7 Stufen (→ Rn. 27 f.) und koordinieren die Standardisierung von Zertifizierungsrichtlinien und Schutzprofilen, die auch als „empfohlene Schutzprofile" von der EU vorgeschrieben werden können.[112] Auch im Bereich des beschleunigten Zertifizierungsverfahrens wird die zeitnahe gegenseitige Anerkennung von Zertifikaten mit anderen europäischen Zertifizierungsstellen avisiert.[113]

---

108 RefE BSIZertV, Begründung S. 35.

109 Vgl. § 4 Abs. 4 BSI-Errichtungsgesetz 1990 in BT-Drs. 11/7029, 5 (11).

110 Vgl. BT-Drs. 11/702911/7029, 11.

111 SOGIS-MRA (Senior Officials Group on Information Systems Security, Mutual Recognition Agreement of Information Technology Security Evaluation Certificates Vers. 3.0), v. 8.1.2010 mit Deutschland, Finnland, Frankreich, Niederlande, Schweden, Spanien (EU) sowie Großbritannien und Norwegen.

112 Hornung/Schallbruch IT-SicherheitsR/*Skierka,* § 8 Rn. 83.

113 Zunächst mit Frankreich (beschleunigtes CSPN-Verfahren der ANSSI); www.bsi.bund.de/DE/Themen/Unternehmen-und-Organisationen/Standards-und-Zertifizierung/Zertifizierung-und-Anerkennung/Zertifizierung-von-Produkten/Beschleunigte-Sicherheitszertifizierung/beschleunigte-sicherheitszertifizierung_node.html.

Während die Anerkennung von **internationalen** Zertifikaten außerhalb der EU in Abs. 7 nicht eigens adressiert wird, hat der Gesetzgeber bereits bei der initialen Aufnahme der Anerkennungsregelung auch die Bedeutung entsprechender Vereinbarungen auf bilateraler Ebene oder im Rahmen der Europäischen Gemeinschaft betont.[114] Daraus entwickelt hat sich heute für die internationale Anerkennung von CC-Schutzprofilen[115] und Zertifizierungen das **CCRA**[116] von 2014, in welchem die Parteien die gegenseitige Anerkennung bis zur Stufe EAL 2 vereinbart haben. **48**

Auf die Zertifizierungsanerkennung wird Abs. 4 S. 1 Nr. 2, S. 2, Abs. 4a entsprechend angewandt – die Verpflichtung des BSI zur Anerkennung ausländischer Zertifikate darf nicht zu einer Umgehung des Untersagungsvorbehaltes des BMI aus überwiegenden **öffentliche Interessen** führen, wenn es sich um nationale Interessen handelt und ein anderer Staat diese nicht als entgegenstehende eigene nationale überwiegende Interessen identifiziert.[117] **49**

C. Rechtsschutz

Bei den Entscheidungen des BSI über die Zertifizierung und Anerkennung handelt es sich um Verwaltungsakte, gegen die Rechtsschutz im üblichen Verfahren mit beim BSI zu erhebendem Widerspruch, § 68ff. VwGO und Anfechtungsklage gem. § 42 Abs. 1 Alt. 1 VwGO möglich sind. Zum Rechtsschutz gegen die Untersagung der Zertifikatserteilung durch das BMI (→ Rn. 34). **50**

§ 9a Nationale Behörde für die Cybersicherheitszertifizierung

(1) **Das Bundesamt ist die nationale Behörde für die Cybersicherheitszertifizierung im Sinne des Artikels 58 Absatz 1 der Verordnung (EU) 2019/881.**

(2) **[1]Das Bundesamt kann auf Antrag Konformitätsbewertungsstellen, die im Anwendungsbereich der Verordnung (EU) 2019/881 sowie des § 9 dieses Gesetzes tätig werden, eine Befugnis erteilen, als solche tätig zu werden, wenn die Voraussetzungen des maßgeblichen europäischen Schemas für die Cybersicherheitszertifizierung nach Artikel 54 der Verordnung (EU) 2019/881 oder des § 9 dieses Gesetzes erfüllt sind. [2]Ohne eine Befugniserteilung durch das Bundesamt dürfen Konformitätsbewertungsstellen im Anwendungsbereich der Verordnung (EU) 2019/881 nicht tätig werden.**

(3) **[1]Soweit dies zur Erfüllung seiner Aufgaben nach Artikel 58 Absatz 7 der Verordnung (EU) 2019/881 und nach § 9 dieses Gesetzes erforderlich**

---

[114] Vgl. BT-Drs. 11/7029, 11.

[115] Sog. cPP/SD (Collaborative Protection Profiles and Supporting Documents).

[116] CCRA (Arrangement on the Recognition of Common Criteria Certificates In the field of Information Technology Security) v. 2.6.2014 (erstmals 2000) mit Australien, Österreich, Kanada, Tschechien, Dänemark, Finnland, Frankreich, Deutschland, Griechenland, Ungarn, Indien, Israel, Italien, Japan, Malaysia, Großbritannien, Niederlande, Neuseeland, Norwegen, Pakistan, Südkorea, Singapur, Spanien, Schweden, Türkei, und den USA.

[117] Schenke/Graulich/Ruthig/*Buchberger,* Rn. 17 verweist daneben auch auf eine Herleitung der analogen Anwendung aus den Anerkennungs-Verträgen.

ist, kann das Bundesamt von Konformitätsbewertungsstellen, denen eine Befugnis nach Absatz 2 erteilt wurde, von Inhabern europäischer Cybersicherheitszertifikate und von Ausstellern von EU-Konformitätserklärungen im Sinne von Artikel 56 Absatz 8 der Verordnung (EU) 2019/881 die erforderlichen Auskünfte und sonstige Unterstützung, insbesondere die Vorlage von Unterlagen oder Mustern, verlangen. [2]§ 3 Absatz 1 Satz 1 und 3 des Akkreditierungsstellengesetzes gilt entsprechend.

(4) **[1]Das Bundesamt kann Untersuchungen in Form von Auditierungen nach Artikel 58 Absatz 8 Buchstabe b der Verordnung (EU) 2019/881 bei Konformitätsbewertungsstellen, denen eine Befugnis nach Absatz 2 erteilt wurde, bei Inhabern europäischer Cybersicherheitszertifikate und bei Ausstellern von EU-Konformitätserklärungen im Sinne von Artikel 56 Absatz 8 der Verordnung (EU) 2019/881 durchführen, um die Einhaltung der Bestimmungen des Titels III der Verordnung (EU) 2019/881 zu überprüfen. [2]§ 3 Absatz 1 Satz 1 bis 3 des Akkreditierungsstellengesetzes gilt entsprechend.**

(5) **[1]Das Bundesamt ist befugt, Betriebsstätten, Geschäfts- und Betriebsräume von Konformitätsbewertungsstellen, denen eine Befugnis nach Absatz 2 erteilt wurde, und von Inhabern europäischer Cybersicherheitszertifikate im Sinne von Artikel 56 Absatz 8 der Verordnung (EU) 2019/881 in den Zeiten, zu denen die Räume normalerweise für die jeweilige geschäftliche oder betriebliche Nutzung zur Verfügung stehen, zu betreten, zu besichtigen und zu prüfen, soweit dies zur Erfüllung seiner Aufgaben nach Artikel 58 Absatz 7 der Verordnung (EU) 2019/881 sowie nach § 9 dieses Gesetzes erforderlich ist. [2]§ 3 Absatz 1 Satz 1 bis 3 des Akkreditierungsstellengesetzes gilt entsprechend.**

(6) **Das Bundesamt kann von ihm ausgestellte Cybersicherheitszertifikate oder durch eine Konformitätsbewertungsstelle, der eine Befugnis nach Absatz 2 erteilt wurde, nach Artikel 56 Absatz 6 der Verordnung (EU) 2019/881 ausgestellte Cybersicherheitszertifikate widerrufen oder EU-Konformitätserklärungen im Sinne der Verordnung (EU) 2019/881 für ungültig erklären,**
1. **sofern diese Zertifikate oder EU-Konformitätserklärungen die Anforderungen nach der Verordnung (EU) 2019/881 oder eines europäischen Schemas für die Cybersicherheitszertifizierung nach Artikel 54 der Verordnung (EU) 2019/881 nicht erfüllen oder**
2. **wenn das Bundesamt die Erfüllung nach Nummer 1 nicht feststellen kann, weil der Inhaber des europäischen Cybersicherheitszertifikats oder der Aussteller der EU-Konformitätserklärung seinen Mitwirkungspflichten nach Absatz 3 nicht nachgekommen ist oder weil dieser das Bundesamt bei der Wahrnehmung seiner Befugnisse nach Absatz 4 oder im Falle eines Inhabers eines europäischen Cybersicherheitszertifikats auch nach Absatz 5 behindert hat.**

(7) **Das Bundesamt kann von ihm erteilte Befugnisse nach Absatz 2 widerrufen,**
1. **sofern die Voraussetzungen des maßgeblichen europäischen Schemas für die Cybersicherheitszertifizierung nach Artikel 54 Verordnung (EU) 2019/881 oder des § 9 dieses Gesetzes nicht erfüllt sind oder**

2. wenn das Bundesamt die Erfüllung dieser Voraussetzungen nicht feststellen kann, weil die Konformitätsbewertungsstelle ihren Mitwirkungspflichten nach Absatz 3 nicht nachgekommen ist oder weil diese das Bundesamt bei der Wahrnehmung seiner Befugnisse nach den Absätzen 4 und 5 behindert hat.

Literatur: *Brandenburg/Lammeyer,* Steht der Kommission für Jugendmedienschutz ein Beurteilungsspielraum zu?, ZUM 2010, 655; *Bloehs/Frank* (Hrsg.), Akkreditierungsrecht, 2015; *Pünder,* Grundlagen des Verwaltungsverfahrensrechts, JuS 2011, 289; *Schoch/Schneider* (Hrsg.), Verwaltungsrecht, 41. EL 2021; *Stelkens/Bonk/Sachs* (Hrsg.), VwVfG: Verwaltungsverfahrensgesetz, 9. Aufl. 2018; *Wahl,* Risikobewertung der Exekutive und richterliche Kontrolldichte – Auswirkungen auf das Verwaltungs- und gerichtliche Verfahren, NVwZ 1991, 409.

A. Allgemeines

§ 9a wurde 2021 mit dem IT-SiG 2.0 eingeführt. Mit der Regelung wird die Umsetzung des an sich unmittelbar geltenden CSA („Rechtsakt zur Cybersicherheit" oder englisch „Cyber Security Act") flankiert.[1] Der CSA gilt zwar unmittelbar, verweist hinsichtlich der Befugnisse der nationalen Behörden jedoch teilweise auf das nationale Recht („kann im Einklang mit dem nationalen Recht" oder „im Einklang mit den Verfahrensvorschriften der […] eines Mitgliedstaates"), so zB in § 58 Abs. 8 lit. c, d, e und f CSA. Diese Anwendung nationalen Rechts im Rahmen des Unionsrechts ist insbesondere im Hinblick auf das Verfahrensrecht nicht ungewöhnlich. Die Mitgliedstaaten vollziehen das Unionsrecht auch ohne solche expliziten Verweise in der Regel nach ihrem nationalen Verfahrensrecht, soweit das Unionsrecht nicht selbst unmittelbar geltende Verfahrensvorgaben macht.[2] 1

Während sich in § 9 die Befugnisse des BSI als Zertifizierungsstelle finden, werden durch § 9a die Aufgaben und Befugnisse des BSI als Aufsichtsbehörde im Bereich der europäischen Cybersicherheitszertifizierung geregelt. Das BSI hat hier also zum einen eine andere Rolle. Zum anderen ist die europäische Cybersicherheitszertifizierung ein Zertifizierungssystem unter vielen. Wird das BSI als Zertifizierungsstelle im Rahmen der europäischen Cybersicherheitszertifizierung tätig, so richtet sich diese Tätigkeit nach § 9. 2

B. Einzelerläuterungen

I. Das BSI als nationale EU-Cybersicherheitszertifizierungsbehörde (Abs. 1)

Mit Abs. 1 erfüllt der deutsche Gesetzgeber die Vorgabe aus Art. 58 Abs. 1 CSA, dass die Mitgliedstaaten eine (oder mehrere) nationale Behörde(n) für die Cybersicherheitszertifizierung benennen müssen.[3] Deutschland hat sich dafür entschieden, das BSI als einzige Behörde mit dieser Aufgabe zu betrauen. Vor dem Hintergrund, dass es sich speziell um Cybersicherheitszertifizierungen handelt und das BSI 3

[1] BT-Drs. 19/26106, 83.
[2] *Pünder,* JuS 2011, 289 (293); Stelkens/Bonk/Sachs/*Stelkens,* Europäisches Verwaltungsrecht, Europäisierung des Verwaltungsrechts und Internationales Verwaltungsrecht Rn. 125.
[3] BT-Drs. 19/26106, 83.

in diesem Themenfeld mit der Zertifizierung nach § 9 bereits seit sehr vielen Jahren tätig ist, war diese Entscheidung durchaus konsequent. Als Behörde für die Cybersicherheitszertifizierung hat das BSI die in Art. 58 Abs. 7 CSA aufgeführten Aufgaben zu erfüllen und kann dazu unmittelbar auf die in Art. 58 Abs. 8 CSA aufgeführten Befugnisse zurückgreifen.

II. Befugnis erteilende Stelle (Abs. 2)

4 S. 1 weist dem BSI die Aufgabe als Befugnis erteilende Stelle für Konformitätsbewertungsstellen im Bereich der Zertifizierung nach § 9 oder dem CSA zu. Unter der **Befugniserteilung** versteht man im Akkreditierungsrecht die Tätigkeit von Behörden, den Konformitätsbewertungsstellen bestimmte, unter Erlaubnisvorbehalt stehende Tätigkeiten zu gestatten.[4] Der Erlaubnisvorbehalt für die Tätigkeit als Konformitätsbewertungsstelle im Bereich der europäischen Cybersicherheitszertifizierung ergibt sich aus S. 2. Die Formulierung des Abs. 2 ist jedoch missverständlich, da der Wortlaut den Eindruck erweckt, ohne Befugniserteilung durch das BSI dürften Konformitätsbewertungsstellen grds. keine Cybersicherheitszertifizierungen nach dem CSA durchführen. Notwendig ist für die Tätigkeit der Konformitätsbewertungsstellen nach Art. 60 Abs. 1 CSA jedoch zunächst einmal nur, dass diese von der dafür zuständigen Akkreditierungsstelle akkreditiert werden, sofern die entsprechenden Anforderungen aus dem Anhang des CSA erfüllt sind. Die dafür zuständige Akkreditierungsstelle ist für Deutschland nach § 1 Abs. 1 iVm § 8 Abs. 1 AkkStelleG iVm § 1 Abs. 1 AkkStelleGBV die Deutsche Akkreditierungsstelle GmbH. Die Befugniserteilung des BSI nach Abs. 2 steht als besonders geregelte Zuständigkeit zur Befugniserteilung iSd § 3 Abs. 2 AkkStelleG neben der Akkreditierung. Eine solche neben der Akkreditierung erforderliche Befugniserteilung durch die nationale Behörde für die Cybersicherheitszertifizierung sieht der CSA jedoch nicht für alle Fälle vor. Vielmehr sieht Art. 60 Abs. 3 CSA die Befugniserteilung durch die nationalen Behörden für die Cybersicherheitszertifizierung nur für die Fälle vor, in denen ein europäisches Schema für die Cybersicherheitszertifizierung spezifische oder zusätzliche Anforderungen gem. Art. 54 Abs. 1 lit. f CSA festlegt. Dafür, dass dies die einzigen und nicht etwa nur besondere Fälle einer Befugniserteilung durch die nationalen Behörden sein sollen, spricht auch Erwgr. 102 des CSA. Danach sollten die nationalen Behörden „[…] Konformitätsbewertungsstellen ermächtigen, ihre Aufgaben wahrzunehmen, wenn diese in einem europäischen Schema für die Cybersicherheitszertifizierung festgelegte zusätzliche Anforderungen erfüllen […]". Da die Regelungen des CSA als unmittelbar geltendes europäisches Recht Vorrang vor der nationalen Regelung in Abs. 2 genießen, muss letzterer europarechtskonform dahingehend gelesen werden, dass sich die Notwendigkeit einer Befugnis nur auf die in Art. 60 Abs. 3 und Art. 54 Abs. 1 lit. f CSA genannten Fälle bezieht.

5 Das BSI entscheidet nur auf **Antrag** über die Befugniserteilung. Die Befugnis ist zu erteilen, wenn die Konformitätsbewertungsstelle die Anforderungen, die sich gem. Art. 54 Abs. 1 lit f CSA aus einem europäischen Schema für die Cybersicherheitszertifizierung ergeben, erfüllt. Das ergibt sich nicht nur aus Abs. 2, sondern auch aus Art. 60 Abs. 3 CSA. Anders als der Wortlaut nahelegt, kann es nicht auf die Erfüllung der Voraussetzungen des § 9 ankommen, da dieser die Befugniserteilung schlicht nicht regelt. Die Entscheidung über die Befugniserteilung stellt einen

[4] Bloehs/Frank/*Frank*, AkkStelleG § 1 Rn. 8.

Verwaltungsakt dar, der gerichtlich überprüfbar ist. Eine gesetzlich festgelegte **Höchstdauer** für die Befugniserteilung gibt es nicht. Für die Akkreditierung ergibt sie sich unmittelbar aus Art. 60 Abs. 4 CSA und beträgt fünf Jahre. Im Sinne eines Gleichlaufes sollte die Befugniserteilung idR nicht für längere Zeiträume erfolgen.

Wenn das BSI selbst ein europäisches Cybersicherheitszertifikat nach Art. 56 Abs. 5 lit. a und Abs. 6 CSA ausstellt, muss es nach Art. 60 Abs. 2 CSA selbst als Konformitätsbewertungsstelle akkreditiert werden. Da das BSI in diesem Fall in zweierlei Funktionen tätig wird, müssen die jeweiligen Aufgaben organisatorisch gem. Art. 58 Abs. 4 CSA so getrennt werden, dass eine Einflussnahme durch die zertifizierenden Teile des BSI auf die die Befugnis erteilende Stelle im BSI ausgeschlossen ist und beide Tätigkeiten unabhängig voneinander wahrgenommen werden. Dafür ist es zB erforderlich, dass die jeweiligen Teile des BSI räumlich, personell und organisatorisch getrennt sind. Die Tätigkeiten sind mindestens in verschiedenen Organisationseinheiten (dh verschiedenen Referaten) wahrzunehmen. Diese Referate dürfen keine personellen Überschneidungen aufweisen und dürfen sich keine Büroräume teilen. 6

III. Auskunftsrechte (Abs. 3)

Damit das BSI die Aufgabe als zuständige nationale Behörde für die Cybersicherheitszertifizierung wahrnehmen kann, räumt S. 1 dem BSI das Recht ein, **Auskünfte** oder **sonstige Unterstützung** zu verlangen. Entsprechende Verlangen des BSI stellen einen Verwaltungsakt dar, der gerichtlich überprüfbar ist. Die Regelung des S. 1 wiederholt Art. 58 Abs. 8 lit. a CSA fast identisch, geht hinsichtlich der sonstigen Unterstützung aber über diesen hinaus. Da Art. 58 Abs. 8 lit. a CSA Geltungsvorrang beansprucht, stellt sich die Frage, inwieweit für S. 1 überhaupt Raum bleibt. Die Regelung sieht keinen Verweis auf das Recht der Mitgliedstaaten vor. Es spricht daher einiges dafür, dass S. 1 jedenfalls hinsichtlich der Auskunft von der gleichlautenden Regelung des CSA verdrängt wird. Im Rahmen der Auskunft kann das BSI nach Art. 58 Abs. 8 lit. a CSA die Herausgabe solcher Informationen verlangen, die es benötigt, um die Arbeit von Konformitätsbewertungsstellen oder die Konformität von zertifizierten Produkten bewerten zu können. 7

Hinsichtlich der sonstigen Unterstützung dürfte S. 1 anwendbar sein, da es in Art. 58 Abs. 8 CSA heißt: „Jede nationale Behörde für die Cybersicherheitszertifizierung hat mindestens die folgenden Befugnisse". Durch das Wort mindestens hat der europäische Gesetzgeber also Raum für die Mitgliedstaaten gelassen, weitere Befugnisse zu ergänzen. Das hat der deutsche Gesetzgeber mit der „sonstigen Befugnis" getan. Als Beispiel für die sonstige Unterstützung weist der Gesetzestext die Vorlage von Unterlagen oder Mustern aus. Inwiefern die Vorlage von Unterlagen sich von der Auskunftserteilung unterscheiden soll, ist unklar. Die Abgrenzung dürfte jedoch auch kaum praktische Relevanz haben. Der Gesetzestext lässt offen, ob die Muster von den Adressaten der Tätigkeit des BSI kostenlos zur Verfügung gestellt werden müssen. Dies ist vor allem in den Fällen relevant, bei denen die Untersuchung der Produkte nicht zerstörungsfrei möglich und eine Rückgabe später ausgeschlossen ist. Für die Pflicht zur kostenfreien Zurverfügungstellung spricht, dass das Gesetz gerade keine Kostenerstattungsregelung vorsieht. Die Muster dienen der Überwachung der Cybersicherheitszertifizierung oder Konformitätsbewertung, deren Kosten ohnehin von den betreffenden Stellen zu tragen sind. 8

Verpflichtet werden durch die Regelung die Konformitätsbewertungsstellen, die Inhaber europäischer Cybersicherheitszertifikate und die Aussteller von EU-Kon- 9 formitätserklärungen iSv Art. 56 Abs. 8 CSA. Da das BSI als nationale Behörde nach Art. 58 Abs. 7 lit. b CSA die Aufsicht über die in Deutschland niedergelassenen Hersteller ausübt, gilt die Verpflichtung aus Abs. 3 für alle entsprechenden Adressaten in Deutschland, unabhängig davon, in welchem Land sie die Konformitätserklärung nach Art. 56 Abs. 8 CSA abgegeben haben. Da Art. 58 Abs. 7 lit. a CSA den nationalen Behörden nur die Überwachung der in ihrem Hoheitsgebiet ausgestellten Cybersicherheitszertifikate zuweist, werden auch nur Inhaber solcher europäischer Cybersicherheitszertifikate verpflichtet, die in Deutschland erteilt wurden.

10 Mit der in S. 2 vorgesehenen entsprechenden Anwendung von § 3 Abs. 1 S. 1 und 3 AkkStelleG werden die Befugnisse aus S. 1 in weiten Teilen wiederholt. So räumt § 3 Abs. 1 S. 1 AkkStelleG die Befugnis ein, Auskünfte und sonstige Unterstützung per Anordnung verlangen zu können. Entsprechende Anordnungen von Auskünften oder sonstigen Unterstützungen müssen in diesem Fall dem Ziel dienen, die fachliche Kompetenz und Eignung der Konformitätsbewertungsstelle festzustellen oder zu überwachen. Adressaten dieser Anordnungen können sowohl die Konformitätsbewertungsstelle selbst als auch deren Leitung oder Fachpersonal sein.[5] Anders ist dies bei der Mitwirkungspflicht des § 3 Abs. 1 S. 3 AkkStelleG, die nur für die Konformitätsbewertungsstelle selbst gilt und die von ihren jeweiligen Organen erfüllt werden muss.[6]

IV. Untersuchungsrechte (Abs. 4)

11 Neben den Auskunftsrechten aus Abs. 3 kann das BSI auch auf **Untersuchungsrechte** zurückgreifen, die im Art. 58 Abs. 8 lit. b CSA vorgesehen sind. Es ist nicht ersichtlich, wie sich diese genau gegenüber dem Anspruch auf Auskunft aus Abs. 3 abgrenzen. Da S. 1 den Begriff der Auditierungen verwendet, dürfte Abs. 4 umfassende Untersuchungen meinen, während Abs. 3 eher vereinzelte Auskünfte und sonstige Unterstützungen erfasst. Zur Durchführung der Untersuchungen kann das BSI auch auf Vor-Ort-Kontrollen nach Abs. 5 zurückgreifen, sofern dessen Anwendungsbereich eröffnet ist. Die Untersuchungen dürfen bei Konformitätsbewertungsstellen durchgeführt werden, denen das BSI eine entsprechende Befugnis erteilt hat. Sie dürfen zudem bei Inhabern europäischer Cybersicherheitszertifikate sowie Ausstellern von Konformitätserklärungen nach Art. 56 Abs. 8 CSA durchgeführt werden. Das BSI darf die Befugnis nutzen, um die Einhaltung der Bestimmungen des Titel III (Art. 46–65) des CSA zu prüfen. Dabei handelt es sich allgemein um die Regelungen zum Zertifizierungsrahmen für die Cybersicherheit. S. 2 verweist wieder auf die Befugnisse aus § 3 Abs. 1 S. 1 und 3 AkkStelleG (→ Rn. 10).

V. Betretensrechte (Abs. 5)

12 Die Betretensrechte aus Art. 58 Abs. 8 lit. d CSA werden, da dieser auf nationalstaatliche Regelungen verweist, durch Abs. 5 geregelt. Das BSI darf Betriebsstätten, Geschäfts- und Betriebsräume von Konformitätsbewertungsstellen und Inhabern europäischer Cybersicherheitszertifikate betreten, besichtigen und prüfen. Im Rahmen dieser Vor-Ort-Kontrollen kann das BSI auch seine Rechte aus Abs. 3 nutzen,

[5] Bloehs/Frank/*Bloehs,* AkkStelleG § 3 Rn. 17.
[6] Bloehs/Frank/*Bloehs,* AkkStelleG § 3 Rn. 16.

also die Vorlage von Unterlagen oder sonstige Unterstützung verlangen. Die Befugnisse aus Abs. 5 kann das BSI nutzen, um Untersuchungen nach Abs. 4 durchzuführen. Das BSI darf seine Befugnis nur nutzen, soweit dies erforderlich ist, um die Aufgaben aus Art. 58 Abs. 7 CSA oder § 9 zu erfüllen. Die Frage, was erforderlich ist, ist gerichtlich überprüfbar. Einschränkungen der richterlichen Überprüfbarkeit durch die Annahme von behördlichen Ermessens- und Beurteilungsspielräumen sind nur in Ausnahmefällen anzunehmen,[7] da die Rechtsschutzgarantie grds. eine richterliche Überprüfbarkeit der rechtlichen Voraussetzungen gebietet[8]. Ausnahmen werden zB für Fallgestaltungen diskutiert, in denen das Verwaltungsorgan aufgrund seiner Fachkunde und Zusammensetzung besonders qualifiziert ist und wertende oder prognostische Entscheidungen treffen soll.[9] Dahinter steht die Überlegung, dass die Gerichte im Technikrecht oft mit Prognoseunsicherheiten konfrontiert sind, die jenseits der Alltagserfahrungen liegen und in Gänze nur durch Sachverständige beurteilt werden können.[10] Bei der Betrachtung, ob eine Maßnahme nach Abs. 5 für die Wahrnehmung der Aufgaben der Art. 58 Abs. 7 CSA erforderlich ist, kommt es jedoch idR gerade nicht auf technisch-prognostische Wertungen an, sondern um die Überwachung der Einhaltung der gesetzlichen Vorschriften (vgl. zB Art 58 Abs. 7 lit. a CSA). Dies zu kontrollieren ist auch einem Gericht fachlich möglich – ggf. unter vereinzeltem Rückgriff auf sachverständige Expertise. Mit S. 2 wird wieder auf die Befugnisse aus § 3 Abs. 1 S. 1 und 3 AkkStelleG verwiesen (→ Rn. 10).

VI. Widerruf und Ungültigerklärung (Abs. 6)

1. Gegenstand von Widerruf oder Ungültigerklärung. Das BSI kann nach 13
Abs. 6 verschiedene europäische Cybersicherheitszertifikate widerrufen. Dabei handelt es sich zum einen um die Zertifikate, die das BSI selbst erteilt hat. Zum anderen sind das die Zertifikate, die von Konformitätsbewertungsstellen ausgestellt wurden, denen das BSI die Befugnis nach Abs. 2 erteilt hat. Die Widerrufsbefugnis erstreckt sich nach dem Wortlaut in diesen Fällen nur auf Zertifikate, die die Konformitätsbewertungsstelle nach Art. 56 Abs. 6 CSA, also mit der Vertrauenswürdigkeitsstufe „hoch", ausgestellt hat. Mit dieser Befugnis setzt Abs. 6 die Regelung aus Art 58 Abs. 8 lit. e CSA um, der den nationalen Behörden den Widerruf von Zertifikaten im gleichen Umfang und „im Einklang mit dem nationalen Recht" gestattet. Auch in anderen Fällen sieht der CSA nur eine beschränkte Befugnis der nationalen Behörden für die Cybersicherheitszertifizierung vor. So sind die nationalen Behörden nach Art. 58 Abs. 7 lit f CSA auch nur für Beschwerden in Bezug auf Zertifikate zuständig, die nach Art. 56 Abs. 6 CSA ausgestellt wurden. Bei Verstößen gegen die Anforderungen des CSA oder eines europäischen Cybersicherheitszertifizierungsschemas im Zusammenhang mit den nach Art. 56 Abs. 4 CSA durch Konformitätsbewertungsstellen ausgestellten Zertifikaten bleibt den nationalen Behörden die Befugnis unmittelbar aus Art. 58 Abs. 8 lit. c CSA, die „geeigneten Maßnahmen" zu ergreifen, „um sicherzustellen, dass die Konformitätsbewertungsstellen […] den Anforderungen dieser Verordnung oder eines europäischen Schemas für die Cybersicherheitszertifizierung genügen".

---

[7] *Brandenburg/Lammeyer,* ZUM 2010, 655 (658).
[8] Vgl. *VG Düsseldorf,* Urt. v. 20.3.2012 – 27 K 603/11, BeckRS 2013, 56993.
[9] Schoch/Schneider/*Geis,* VwVfG § 40 Rn. 134.
[10] Vgl. *Wahl,* NVwZ 1991, 409 (410).

14 Über die Zertifikatswiderrufe hinaus hat das BSI die Befugnis, Konformitätserklärungen, die nach Art. 53 CSA abgegeben wurden, für ungültig zu erklären. Diese Befugnis sieht Art. 58 Abs. 8 CSA nicht explizit vor. Sie bewegt sich aber im Rahmen des Art. 58 Abs. 8 CSA, da dieser nur die Mindestbefugnisse regelt (→ Rn. 8) und es damit dem nationalen Recht überlässt, den nationalen Behörden mehr Befugnisse einzuräumen. Die Befugnis des BSI erstreckt sich jedoch nur auf solche Konformitätserklärungen, die von Ausstellern im Geltungsbereich des BSIG – also solchen mit Sitz in Deutschland – ausgestellt wurden. Diese Begrenzung ergibt sich nicht schon aus dem Wortlaut, aber aus Art. 58 Abs. 1 CSA, der für die Ausübung der Aufsichtsbefugnisse weitgehend an das jeweilige Hoheitsgebiet abstellt.

15 **2. Voraussetzungen von Widerruf oder Ungültigerklärung.** Der Widerruf bzw. die Ungültigerklärung ist nach **Nr. 1** möglich, wenn die Zertifikate oder Konformitätserklärungen die Anforderungen des CSA oder eines Schemas für die Cybersicherheitszertifizierung nach Art. 54 CSA nicht erfüllen. Dabei geht es nicht nur um formelle Anforderungen an die Zertifikate selbst. Erfasst werden davon auch die Fälle, in denen ein Zertifizierungsgegenstand die materiellen Anforderungen aus einem europäischen Schema für die Cybersicherheitszertifizierung nicht erfüllt.

16 Der Widerruf und die Ungültigerklärung sind nach **Nr. 2** nicht nur möglich, wenn die Anforderungen objektiv nicht erfüllt werden. Vielmehr kann das BSI davon in den Fällen Gebrauch machen, in denen das BSI die Voraussetzungen der Nr. 1 nicht feststellen kann und dies seine Ursache im Verhalten des Zertifikatsinhabers oder Ausstellers der Konformitätserklärung hat.

17 Bei **Inhabern europäischer Cybersicherheitszertifikate** gehört zu diesem Verhalten die fehlende Mitwirkung bei Auskunftsersuchen nach Abs. 3 oder die Behinderung des BSI bei der Wahrnehmung seiner Befugnisse nach Abs. 4 und 5. Werden dem BSI also auf ein Auskunftsersuchen hin nicht die nötigen Informationen erteilt, um die Erfüllung der Anforderungen der Anforderungen an das Zertifikat aus dem CSA oder dem Schema zu überprüfen, so kann es bereits deswegen das Zertifikat widerrufen. Inhaber von Zertifikaten sollten daher die ersuchten Auskünfte oder sonstigen Unterstützungen zur Verfügung stellen. Von einer fehlenden Mitwirkung wird erst dann auszugehen sein, wenn die Zertifikatsinhaber entweder gar nicht reagieren oder nicht die richtigen Auskünfte oder sonstigen Unterstützungen erbringen. Wenn Unklarheit darüber herrscht, welche Leistungen von den Zertifikatsinhabern erwartet werden bzw. welche notwendig sind, dürfte zunächst keine fehlende Mitwirkung vorliegen, solange dazu klärende Gespräche zwischen BSI und den Verpflichteten stattfinden. Seine Grenze findet diese Annahme jedoch in den Fällen, in denen Erfüllung des Verlangens – zB durch „bewusstes Dummstellen" – hinausgezögert wird. Ähnliches gilt für die Behinderung des BSI bei der Ausübung des Untersuchungsrechtes nach Abs. 4 oder der Betretensrechte nach Abs. 5. Da diese Befugnisse auf § 3 Abs. 1 S. 3 AkkStelleG verweisen, in dem eine aktive Mitwirkungspflicht geregelt ist, kann eine Behinderung auch hier schon in der fehlenden Mitwirkung liegen. Sie liegt in jedem Fall vor, wenn Zertifikatsinhaber aktiv die Untersuchung „torpedieren", zB durch bewusstes Verschleppen des Zugangs zu nötigen Unterlagen, Räumlichkeiten oder internen Ansprechpartnern.

18 Im Fall der **Aussteller von EU-Konformitätserklärungen** gehört zu dem die Ungültigkeit eines Zertifikats begründenden Verhalten die fehlende Mitwirkung bei Auskunftsersuchen nach Abs. 3 oder die Behinderung des BSI bei der Ausübung

seiner Befugnisse nach Abs. 4. Es gelten in diesen Fällen die gleichen Maßstäbe wie bei den Inhabern von europäischen Cybersicherheitszertifikaten (→ Rn. 17).

3. Form und Rechtsbehelfe. Sowohl der Widerruf von Zertifikaten als auch die Ungültigerklärung von Konformitätserklärungen stellen einen Verwaltungsakt dar, gegen den Widerspruch erhoben werden kann. Die Entscheidung des BSI kann vollumfänglich verwaltungsgerichtlich überprüft werden. **19**

VII. Widerruf von Befugniserteilungen (Abs. 7)

Das BSI kann nicht nur Zertifikate widerrufen, sondern auch die nach Abs. 2 erteilte Befugnis, als Konformitätsbewertungsstelle tätig zu werden. Dies gilt jedoch nur gegenüber Konformitätsbewertungsstellen, denen das BSI die Befugnis nach Abs. 2 erteilt hat, nicht aber für Befugnisse, die von anderen Stellen und auf Basis anderer Regelungen erteilt wurden.[11] Der Widerruf ist nach **Nr. 1** zulässig, wenn die Konformitätsbewertungsstelle die Voraussetzungen des maßgeblichen Schemas für die europäische Cybersicherheitszertifizierung nicht erfüllt. Auch die Nichterfüllung der Anforderungen des § 9 durch die jeweilige Konformitätsbewertungsstelle berechtigt das BSI zum Widerruf. Mit dieser Befugnis soll sichergestellt werden, dass nur solche Stellen Konformitätsbewertungen durchführen, die dazu in der Lage sind und die der Aufgabe sorgfältig nachkommen. Der Widerruf der Befugniserteilung ist nicht nur dann möglich, wenn das BSI positive Kenntnis von der Nichterfüllung der Anforderungen nach Nr. 1 hat. Es reicht nach **Nr. 2** auch aus, dass das BSI die Erfüllung der Anforderungen aus Gründen nicht feststellen kann, die im Verhalten der Konformitätsbewertungstelle liegen. Das kann der Fall sein, wenn die Konformitätsbewertungsstelle bei Auskunftsanfragen nach Abs. 3 ihre Mitwirkungspflichten nicht erfüllt oder das BSI bei der Ausübung seiner Befugnisse nach Abs. 4 und 5 behindert. Insoweit gelten die gleichen Maßstäbe wie beim Widerruf von europäischen Cybersicherheitszertifikaten (→ Rn. 17). Der Widerruf der Befugniserteilung stellt einen Verwaltungsakt dar, der im Widerspruchsverfahren und verwaltungsgerichtlich überprüft werden kann. **20**

§ 9b Untersagung des Einsatzes kritischer Komponenten

(1) **[1]Der Betreiber einer Kritischen Infrastruktur hat den geplanten erstmaligen Einsatz einer kritischen Komponente gemäß § 2 Absatz 13 dem Bundesministerium des Innern, für Bau und Heimat vor ihrem Einsatz anzuzeigen. [2]In der Anzeige sind die kritische Komponente und die geplante Art ihres Einsatzes anzugeben. [3]Satz 1 gilt für einen Betreiber einer Kritischen Infrastruktur nicht, wenn dieser den Einsatz einer anderen kritischen Komponente desselben Typs für dieselbe Art des Einsatzes bereits nach Satz 1 angezeigt hat und ihm dieser nicht untersagt wurde.**

(2) **[1]Das Bundesministerium des Innern, für Bau und Heimat kann den geplanten erstmaligen Einsatz einer kritischen Komponente gegenüber dem Betreiber der Kritischen Infrastruktur im Benehmen mit den in § 10 Absatz 1 aufgeführten jeweils betroffenen Ressorts sowie dem Auswärtigen Amt bis zum Ablauf von zwei Monaten nach Eingang der Anzeige nach Absatz 1 untersagen oder Anordnungen erlassen, wenn der Einsatz**

[11] ZB auf Basis von § 1 AkkStelleG.

die öffentliche Ordnung oder Sicherheit der Bundesrepublik Deutschland voraussichtlich beeinträchtigt. [2]Bei der Prüfung einer voraussichtlichen Beeinträchtigung der öffentlichen Ordnung oder Sicherheit kann insbesondere berücksichtigt werden, ob

1. **der Hersteller unmittelbar oder mittelbar von der Regierung, einschließlich sonstiger staatlicher Stellen oder Streitkräfte, eines Drittstaates kontrolliert wird,**
2. **der Hersteller bereits an Aktivitäten beteiligt war oder ist, die nachteilige Auswirkungen auf die öffentliche Ordnung oder Sicherheit der Bundesrepublik Deutschland oder eines anderen Mitgliedstaates der Europäischen Union, der Europäischen Freihandelsassoziation oder des Nordatlantikvertrages oder auf deren Einrichtungen hatten, oder**
3. **der Einsatz der kritischen Komponente im Einklang mit den sicherheitspolitischen Zielen der Bundesrepublik Deutschland, der Europäischen Union oder des Nordatlantikvertrages steht.**

[3]Vor Ablauf der Frist von zwei Monaten nach Anzeige nach Absatz 1 ist der Einsatz nicht gestattet. [4]Das Bundesministerium des Innern, für Bau und Heimat kann die Frist gegenüber dem Betreiber um weitere zwei Monate verlängern, wenn die Prüfung besondere Schwierigkeiten tatsächlicher oder rechtlicher Art aufweist.

(3) **[1]Kritische Komponenten gemäß § 2 Absatz 13 dürfen nur eingesetzt werden, wenn der Hersteller eine Erklärung über seine Vertrauenswürdigkeit (Garantieerklärung) gegenüber dem Betreiber der Kritischen Infrastruktur abgeben hat. [2]Die Garantieerklärung ist der Anzeige nach Absatz 1 beizufügen. [3]Aus der Garantieerklärung muss hervorgehen, wie der Hersteller sicherstellt, dass die kritische Komponente nicht über technische Eigenschaften verfügt, die spezifisch geeignet sind, missbräuchlich, insbesondere zum Zwecke von Sabotage, Spionage oder Terrorismus auf die Sicherheit, Vertraulichkeit, Integrität, Verfügbarkeit oder Funktionsfähigkeit der Kritischen Infrastruktur einwirken zu können. [4]Das Bundesministerium des Innern, für Bau und Heimat legt die Einzelheiten der Mindestanforderungen an die Garantieerklärung im Einvernehmen mit den in § 10 Absatz 1 aufgeführten jeweils betroffenen Ressorts sowie dem Auswärtigen Amt durch Allgemeinverfügung fest, die im Bundesanzeiger bekannt zu machen ist. [5]Die Einzelheiten der Mindestanforderungen an die Garantieerklärung müssen aus den Schutzzielen der Sicherheit, Vertraulichkeit, Integrität, Verfügbarkeit oder Funktionsfähigkeit der Kritischen Infrastruktur folgen und die Vermeidung von Gefahren für die öffentliche Sicherheit und Ordnung, insbesondere im Sinne von Absatz 2 Satz 2, adressieren, die aus der Sphäre des Herstellers der kritischen Komponente, insbesondere dessen Organisationsstruktur, stammen. [6]Die Sätze 1 und 2 gelten erst ab der Bekanntmachung der Allgemeinverfügung nach Satz 5 und nicht für bereits vor diesem Zeitpunkt eingesetzte kritische Komponenten. [7]Soweit Änderungen der Allgemeinverfügung erfolgen, sind diese für bereits nach diesem Absatz abgegebene Garantieerklärungen unbeachtlich.**

(4) **[1]Das Bundesministerium des Innern, für Bau und Heimat kann den weiteren Einsatz einer kritischen Komponente gegenüber dem Betreiber der Kritischen Infrastruktur im Einvernehmen mit den in § 10 Absatz 1**

aufgeführten jeweils betroffenen Ressorts sowie dem Auswärtigen Amt untersagen oder Anordnungen erlassen, wenn der weitere Einsatz die öffentliche Ordnung oder Sicherheit der Bundesrepublik Deutschland voraussichtlich beeinträchtigt, insbesondere, wenn der Hersteller der kritischen Komponente nicht vertrauenswürdig ist. [2]Absatz 2 Satz 2 gilt entsprechend.

(5) **Ein Hersteller einer kritischen Komponente kann insbesondere dann nicht vertrauenswürdig sein, wenn hinreichende Anhaltspunkte dafür bestehen, dass**
1. er gegen die in der Garantieerklärung eingegangen Verpflichtungen verstoßen hat,
2. in der Garantieerklärung angegebene Tatsachenbehauptungen unwahr sind,
3. er Sicherheitsüberprüfungen und Penetrationsanalysen an seinem Produkt und in der Produktionsumgebung nicht im erforderlichen Umfang in angemessener Weise unterstützt,
4. Schwachstellen oder Manipulationen nicht unverzüglich, nachdem er davon Kenntnis erlangt, beseitigt und dem Betreiber der Kritischen Infrastruktur meldet,
5. die kritische Komponente auf Grund von Mängeln ein erhöhtes Gefährdungspotenzial aufweist oder aufgewiesen hat, missbräuchlich auf die Sicherheit, Vertraulichkeit, Integrität, Verfügbarkeit oder Funktionsfähigkeit der Kritischen Infrastruktur einwirken zu können oder
6. die kritische Komponente über technische Eigenschaften verfügt oder verfügt hat, die spezifisch geeignet sind oder waren, missbräuchlich auf die Sicherheit, Vertraulichkeit, Integrität, Verfügbarkeit oder Funktionsfähigkeit der Kritischen Infrastruktur einwirken zu können.

(6) **Wurde nach Absatz 4 der weitere Einsatz einer kritischen Komponente untersagt, kann das Bundesministerium des Innern, für Bau und Heimat im Einvernehmen mit den in § 10 Absatz 1 aufgeführten jeweils betroffenen Ressorts sowie dem Auswärtigen Amt**
1. den geplanten Einsatz weiterer kritischer Komponenten desselben Typs und desselben Herstellers untersagen und
2. den weiteren Einsatz kritischer Komponenten desselben Typs und desselben Herstellers unter Einräumung einer angemessenen Frist untersagen.

(7) **Bei schwerwiegenden Fällen nicht vorliegender Vertrauenswürdigkeit nach Absatz 5 kann das Bundesministerium des Innern, für Bau und Heimat den Einsatz aller kritischen Komponenten des Herstellers im Einvernehmen mit den in § 10 Absatz 1 aufgeführten jeweils betroffenen Ressorts sowie dem Auswärtigen Amt untersagen.**

Literatur: *Eckert/Megedanz/Hauswirth/Schell/Heuberger/Niemann/Shulman/Waidner,* 5G – Netze und Sicherheit, Positionspapier der Fraunhofer-Gesellschaft, 2020; *Gärditz,* Stellungnahme zum Entwurf eines Zweiten Gesetzes zur Erhöhung der Sicherheit informations-technischer Systeme, 2021, Ausschuss-Drs. 19(4)741 E; *Herpig,* Sachverständigenstellungnahme für den Bundestagsausschuss für Inneres und Heimat am 1.3.2021, Ausschuss-Drs. 19(4)741 B; *Hornung/Schallbruch (Hrsg.),* IT-Sicherheitsrecht, 2021; *Hornung,* Das IT-Sicherheitsgesetz 2.0: Kompetenzaufwuchs des BSI und neue Pflichten für Unternehmen, NJW 2021, 1985; *Kipker,*

Der steinige Weg hin zum IT-SiG 2.0, MMR 2020, 433; *Leisterer,* Internetsicherheit in Europa – Zur Gewährleistung der Netz- und Informationssicherheit durch Informationsverwaltungsrecht, 2018; *Neumann,* Stellungnahme zum Entwurf eines Zweiten Gesetzes zur Erhöhung der Sicherheit informations-technischer Systeme, 2021, Ausschuss-Drs. 19(4)741 F; *Rüsken* (Hrsg.), Dorsch, Zollrecht – Recht des grenzüberschreitenden Warenverkehrs, 199. EL 2020; *Schallbruch,* Das IT-Sicherheitsgesetz 2.0 – neue Regeln für Unternehmen und IT-Produkte, CR 2021, 450; *Schenke/Graulich/Ruthig* (Hrsg.), Sicherheitsrecht des Bundes, 2. Aufl. 2019; *Voelsen,* 5G, Huawei und die Sicherheit unserer Kommunikationsnetze, SWP-Aktuell 2019/A 05.

Inhaltsübersicht

A. Allgemeines

I. Entstehung und Systematik

1 Der § 9b regelt den Einsatz kritischer Komponenten gem. § 2 Abs. 13 in Kritischen Infrastrukturen. Regelungsadressaten der Norm sind zwar Betreiber Kritischer Infrastrukturen. Die Vorschrift knüpft aber inhaltlich an die Hersteller kritischer Komponenten an. Das Bundesministerium des Innern, für Bau und Heimat (BMI) kann den Einsatz einer kritischen Komponente insb. aus sicherheitspolitischen Gründen (Abs. 2) oder aus Gründen der (fehlenden) Vertrauenswürdigkeit des Herstellers (Abs. 4, 6 und 7) durch Anordnungen einschränken oder als Ultima Ratio untersagen.

2 Aufgrund des immanenten Zusammenhangs mit dem **Aufbau des 5G-Mobilfunks** und der damit verbundenen steigenden Kritikalität der Netze war die Norm vor Entstehung im besonderen Maße Gegenstand der politischen Diskussion.[1] Die dabei aufgekommene Bezeichnung einer „Lex Huawei" ist allerdings irreführend, da die Vorschrift in ihren Voraussetzungen weder auf die Eigenschaften eines bestimmten Unternehmens noch auf einen bestimmten wirtschaftlichen Sektor abstellt.[2] Die Norm wurde im Verhältnis zum Kabinettsbeschluss des Gesetzesent-

---

[1] Dazu etwa *Voelsen,* SWP-Aktuell 2019/A 05; *Kipker,* MMR 2020, 433.

[2] *Schallbruch,* CR 2021, 450 (455); *Hornung,* NJW 2021, 1985 (1986).

wurfs der Bundesregierung nach der durchaus kritischen Sachverständigenanhörung im parlamentarischen Verfahren erheblich geändert.[3] Die Regelung ist im Kontext der – auch im Ausland – kontrovers geführten Diskussion um die **„digitale Souveränität"** und der Frage zu sehen, ob es im Sinne der nationalen Sicherheit und mit dem für die digitalen Transformation erforderlichen Ausbau der Telekommunikationsnetze in neuester Generation vereinbar ist, dass „kritische Komponenten" von Anbietern eingesetzt werden, die möglicherweise unter dem Einfluss fremder Staaten stehen, die bewusst oder unbewusst implementierte Sicherheitslücken zu eigenen Zwecken, etwa Sabotage oder Spionage, ausnutzen.[4] Die (geo-)politische Bedeutung der Intervention bei der Verwendung bedenklicher Komponenten ergibt sich zudem aus der wirtschafts- und technologiepolitischen Dimension, die außenpolitisches Eskalationspotential bergen kann.

Die Norm ist in ihrem sachlichen Anwendungsbereich aber nicht auf die Untersagung kritischer Komponenten in öffentlichen Telekommunikationsnetzen beschränkt. § 9b stellt eine **sektorunabhängige Befugnis zur Kontrolle** definierter kritischer Komponenten in den **Lieferketten** kritischer Infrastrukturen dar. Vielmehr kann die BSIG-Vorschrift immer dann zu Anwendung kommen, wenn kritische Komponenten gesetzlich **für die in § 2 Abs. 10 S. 1 Nr. 1 genannten Sektoren** als solche bestimmt werden **(§ 2 Abs. 13).** **3**

In **verfassungsrechtlicher** Hinsicht ist die Norm Ausdruck des in Art. 87f Abs. 1 GG niedergelegten Infrastrukturgewährleistungsauftrags.[5] Dieser umfasst die objektiv-rechtliche Schutzverantwortung, Telekommunikationsnetze auch gegen Angriffe, Spionage, Überwachung und Missbrauch durch fremdstaatlich kontrollierte Akteure zu schützen.[6] **4**

In **systematischer Hinsicht** ist der Regelungsstandort der Norm im BSI-Gesetz insofern besonders, als dass die Regelung, anders als der überwiegende Teil der Bestimmungen, das BSI selbst nicht ermächtigt.[7] Vielmehr ist das fachaufsichtsführende BMI Subjekt der Eingriffsermächtigung. Die Verortung der Untersagungsbefugnis im BSIG rechtfertigt sich aus dem Beziehungszusammenhang der kritischen Komponenten zu Kritischen Infrastrukturen, da diese begrifflich in ihnen eingesetzt sein müssen (§ 2 Abs. 13 S. 1 Nr. 1). Für die Sicherheit dieser Infrastrukturen in den in § 2 Abs. 10 Nr. 1 genannten Sektoren, von denen Informationstechnik und Telekommunikation nur einer ist, ist das BSI nach Maßgabe von § 3 Abs. 1 S. 2 Nr. 17 die grds. zuständige Behörde. Ausnahmen dazu ergeben sich aus § 8d. Die Zuständigkeit des BMI ist insofern Ausdruck des vorrangig sicherheitspolitischen Charakters der Norm.[8] **5**

---

[3] Vgl. Gesetzentwurf der Bundesregierung vom 16.12.2020, BT-Drs. 19/26106, 21f. sowie die Ausschussempfehlungen in BT-Drs. 19/28844, 15; *Gärditz*, Ausschuss-Drs. 19(4)741 E, 2ff.

[4] *Kleinhans*, Whom to trust in a 5G world?, S. 4f.; kritisch zur Debatte *Neumann*, Ausschuss-Drs. 19(4)741 F, 33ff.

[5] Vgl. *BVerfG*, Beschl. v. 7.10.2003 – 1 BvR 1712/01, NVwZ 2004, 329 (331).

[6] *Gärditz*, Ausschuss-Drs. 19(4)741 E, 9f.; vgl. dazu auch *Leisterer*, Internetsicherheit, S. 39ff.

[7] Vgl. aber § 9 Abs. 4a, 10 und § 13 Abs. 3.

[8] Vgl. § 9 Abs. 4a im Rahmen der technisch geprägten Zertifizierung.

II. Besondere Bedeutung für öffentliche Telekommunikationsnetze

6 Der § 9b ist Teil der auf nationaler Ebene im Wesentlichen aus **zwei Säulen** bestehenden Regulierung des Einsatzes kritischer Komponenten im Bereich öffentlicher Telekommunikationsnetze. Die eine – technische – Säule ist die technische Prüfung und Zertifizierung kritischer Komponenten. Die andere – nicht-technische – Säule ist der Regulierungsrahmen, der durch § 9b gebildet wird.

7 Mit der Untersagungsmöglichkeit auf Grundlage von § 9b wird mit Blick auf die **europäische Ebene** eine Kernempfehlung der sog. *EU Toolbox (Cybersecurity of 5G networks – EU Toolbox of risk mitigating measures)*[9] umgesetzt. Darin empfiehlt die NIS-Kooperationsgruppe, ein Gremium auf Grundlage der NIS-Richtlinie, das sich aus Vertretern der Mitgliedstaaten, der Kommission und der ENISA zusammensetzt,[10] den Mitgliedstaaten Maßnahmen zur Erhöhung der Netzwerksicherheit: erstens durch die Erhöhung der Sicherheitsanforderungen für Netzbetreiber, zweitens durch Beschränkungen für Hochrisikozulieferer von 5G-Netzwerktechnologie in sicherheitsrelevanten Bereichen und drittens durch den Aufbau redundanter und diverser 5G-Netze. Der § 9b dient insb. der Umsetzung dieser herstelleragnostischen Empfehlungen der Toolbox.[11]

8 Mit dem IT-SiG 2.0 von 2021 wurde die Grundlage für die Festlegung kritischer Komponenten für den **Sektor der öffentlichen Telekommunikationsnetze** geschaffen. Die BNetzA legt dafür zunächst im Einvernehmen mit dem BSI und der oder dem BfDI nach **§ 167 Abs. 1 S. 1 TKG**[12] einen **Katalog von Sicherheitsanforderungen** für das Betreiben von Telekommunikations- und Datenverarbeitungssystemen sowie für die Verarbeitung von personenbezogenen Daten fest, in dem nach § 167 Abs. 1 S. 1 Nr. 2 TKG auch definiert wird, welche Funktionen **kritische Funktionen** nach § 2 Abs. 13 S. 1 Nr. 3 lit. b sind, die von kritischen Komponenten iSv § 2 Abs. 13 realisiert werden. Die eigentliche **Zertifizierungspflicht** ergibt sich aus § 165 Abs. 4 TKG.[13] Danach dürfen Betreiber öffentlicher Telekommunikationsnetze und Anbieter öffentlich zugänglicher Telekommunikationsdienste kritische Komponenten iSv § 2 Abs. 13 nur einsetzen, wenn sie von einer anerkannten Prüfstelle überprüft und von einer anerkannten Zertifizierungsstelle zertifiziert wurden. Das **Zertifizierungsverfahren** richtet sich nach **§ 9** und der BSIZertV auf Grundlage von § 10 Abs. 2.[14] Unter den Voraussetzungen des § 9 Abs. 7 werden Sicherheitszertifikate anderer anerkannter Zertifizierungsstellen aus dem Bereich der EU vom BSI anerkannt. Die **Anerkennung eines Zertifikats** kann das BSI verwehren, wenn das – als fachaufsichtsführende Behörde weisungsberechtigte – BMI nach § 9 Abs. 4a feststellt, dass überwiegende öffentliche Interessen, insbesondere sicherheitspolitische Belange der Bundesrepublik Deutschland, dem entgegenstehen (→ § 9 Rn. 29ff.).[15]

---

[9] *NIS Cooperation Group,* Cybersecurity of 5G networks – EU Toolbox of risk mitigating measures, 01/2020, S. 10ff.; vgl. auch das vorangegangene Papier *NIS Cooperation Group,* EU coordinated risk assessment of the cybersecurity of 5G networks, 9.10.2019.

[10] Art. 11 Abs. 2 NIS-RL.

[11] BT-Drs. 19/28844, 44.

[12] § 109 Abs. 6 S. 1 TKG 2004.

[13] § 109 Abs. 2 S. 3 TKG 2004.

[14] BT-Drs. 19/26106, 96.

[15] Vgl. Hornung/Schallbruch IT-SicherheitsR/*Skierka,* § 8 Nr. 79.

Die Erarbeitung von Zertifizierungsschemata für 5G-Netzwerktechnik und -Software ist zukünftig auf Grundlage des Rechtsakts zur Cybersicherheit der Europäischen Union **(CSA)** möglich.[16] Nationale Schemata für die IT-Sicherheitszertifizierung und die zugehörigen Verfahren für IKT-Produkte, -Dienste und -Prozesse, die unter ein **europäisches Schema** für die Cybersicherheitszertifizierung fallen, werden nach Erlass eines entsprechenden Durchführungsrechtsaktes für das europäische Schema nach Art. 57 Abs. 1 CSA **unwirksam.** 9

III. Aufbau der Norm

In **binnensystematischer** Hinsicht unterscheidet § 9b grds. zwei Verfahren der Prüfung des Einsatzes einer kritischen Komponente. **Abs. 2** regelt das Verfahren für eine Komponente vor ihrem Einsatz **(Ex-ante-Verfahren), Abs. 4** das Verfahren für den Fall, dass die Komponente bereits im Einsatz ist **(Ex-post-Verfahren).** So muss der Betreiber einer Kritischer Infrastruktur grds. bereits ex-ante den Einsatz einer Komponente für eine bestimmte Einsatzart dem BMI **anzeigen (Abs. 1).** Der Anzeige ist eine **Garantieerklärung** des Herstellers der Komponente beizufügen **(Abs. 3).** Aus ihr muss hervorgehen, wie der Hersteller die Sicherheit der Komponente gewährleistet. Das Ex-post-Verfahren knüpft an die **Vertrauenswürdigkeit** des Herstellers an. Die Voraussetzungen bzw. die Anforderungen an die Vertrauenswürdigkeit werden in **Abs. 5** näher konkretisiert. Möglich ist auch die Untersagung des Einsatzes **weiterer** oder des Einsatzes von Komponenten desselben Typs **(Abs. 6)** oder **aller (Abs. 7)** Komponenten eines Herstellers. 10

B. Einzelerläuterungen

I. Anzeige des Einsatzes kritischer Komponenten (Abs. 1)

Der Abs. 1 statuiert eine **Anzeigepflicht** für den geplanten Einsatz einer kritischen Komponente iSv § 2 Abs. 13 (→ § 2 Rn. 38) gegenüber dem BMI. Die Anzeige ist nach Abs. 2 S. 3 **verbindliche Einsatzvoraussetzung.** Die Anzeigepflicht gilt grundsätzlich ab dem Zeitpunkt des Inkrafttretens der Norm am 28.5.2021,[17] faktisch jedoch erst ab dem Zeitpunkt, an dem eine Bestimmung der kritischen Komponenten auch insb. gemäß § 2 Abs. 13 S. 1 Nr. 3 möglich ist. Eine **Rückwirkung oder gesetzliche Rückanknüpfung** besteht gem. § 9b **nicht.** Die Untersagung des „weiteren Einsatzes" oder des Erlasses von Anordnungen von kritischen Komponenten, die bereits **vor Inkrafttreten der Anzeigepflicht eingebaut** waren, ist allerdings grds. nach Abs. 4, Abs. 5, Abs. 6 Nr. 2 und Abs. 7 möglich. 11

An die Anzeige knüpft die Befugnis des BMI nach Abs. 2 an, den geplanten Einsatz zu untersagen oder Anordnungen zu erlassen. Vor Fristablauf der in Abs. 2 S. 1 genannten zwei Monate nach Eingang der Anzeige kann der Einsatz untersagt werden.[18] Dementsprechend ist der Einsatz regelmäßig mindestens **zwei Monate vor dem geplanten Einsatz** beim BMI anzuzeigen, da während dieser Zeit die Nichtuntersagung abgewartet werden muss. Eine vorzeitige Freigabe durch das BMI ist, 12

---

[16] *NIS Cooperation Group,* Cybersecurity of 5G networks – EU Toolbox of risk mitigating measures, 01/2020, S. 7.

[17] Art. 7 IT-SiG 2.0.

[18] Zur Sanktionierung → Rn. 55.

jedenfalls ausdrücklich, durch das Gesetz nicht vorgesehen. Die Pflicht zur Anzeige des geplanten Einsatzes kritischer Komponenten **setzt keine Zertifizierung** voraus. Die Zertifizierung der Komponenten kann zwar im Einzelfall in der sektoralen Gesetzgebung (zB § 165 Abs. 4 TKG[19]) vorausgesetzt sein. Sie ist aber unabhängig von den Pflichten und Befugnissen nach § 9b, dessen Anwendungsbereich sich aus der Begriffsbestimmung nach § 2 Abs. 13 ergibt.

13 **Inhalt der Anzeige** nach S. 2 ist die Angabe der kritischen Komponente und die Angabe der geplanten Art des Einsatzes in Kritischen Infrastrukturen nach § 2 Abs. 13 S. 1 Nr. 1. In Anlehnung an § 1 Abs. 1, Abs. 2 S. 1, 2 BSI-KritisV kann ein anzeigepflichtiger Einsatz verstanden werden als jede geplante Nutzung einer einzelnen kritischen Komponente, die zum Betrieb und „für die Erbringung einer kritischen Dienstleistung notwendig" ist. Aus § 2 Abs. 13 S. 1 Nr. 2 ergibt sich, dass dies spätestens dann der Fall ist, wenn Störungen der Verfügbarkeit, Integrität, Authentizität und Vertraulichkeit zu einem Ausfall oder zu einer erheblichen Beeinträchtigung der Funktionsfähigkeit der Kritischen Infrastruktur oder zu Gefährdungen für die öffentliche Sicherheit führen können. Ausweislich der Gesetzesbegründung ist unter **Art des Einsatzes** die Funktion und Verortung der Komponente in der Kritischen Infrastruktur zu verstehen. Genannt wird die Lokalisierung, Sicherheitsrelevanz, insb. Auswirkungen auf die Sicherheit der Kritischen Infrastrukturen, Funktionalität und Quantität des Einsatzes.[20] Aus der Anzeige muss sich also neben der Modellbezeichnung die Beschreibung der – geplanten – konkreten Lokalisierung und der Rolle bzw. Funktion in der Einsatzumgebung sowie die Sicherheitsrelevanz ergeben. Für das BMI muss damit überprüfbar sein, welche Einflussmöglichkeit über die Komponente auf die Erbringung der kritischen Dienstleistung ausgeht. **Beizufügen** ist der Anzeige gem. Abs. 3 S. 2 die Garantieerklärung nach Abs. 3 (→ Rn. 28).

14 Die Anzeigepflicht bezieht sich auf **konkrete Komponenten,** deren Einsatz durch einen bestimmten Betreiber geplant ist, nicht allgemein auf einen bestimmten Komponententyp.[21] Die Anzeigepflicht besteht auch dann, wenn der Betreiber eine weitere Komponente desselben Typs für eine andere Art Einsatz vorsieht und der Einsatz der Komponente desselben Typs nicht untersagt wurde.[22] Dies gilt auch in den Fällen, in denen der Einsatz desselben Typs bei einem anderen Betreiber bereits angezeigt und nicht untersagt wurde.[23] Nach S. 3 besteht jedoch dann eine **Anzeigebefreiung,** wenn der anzeigepflichtige Betreiber bereits den Einsatz einer anderen kritischen Komponente **desselben Typs für dieselbe Art des Einsatzes** bereits angezeigt hat und ihm dieser nicht innerhalb der Frist gem. Abs. 2 untersagt wurde. Die Anzeigebefreiung ist insofern eine Vorverlagerung der „Genehmigungsfiktion" von Abs. 2 S. 3, wenn derselbe Betreiber mehrere Komponenten desselben Typs für denselben Einsatz vorsieht. Durch die Anzeigebefreiung soll „unnötiger bürokratischer Aufwand verhindert" werden.[24] Bei zweckentsprechender Auslegung wäre damit der reparaturbedingte **Austausch** mit einer kritischen Komponente desselben Typs nicht anzeigepflichtig, sofern es um dieselbe Art des Einsatzes handelt. Zweifelhaft ist jedoch die daraus entstehende Anreizwirkung gegenüber dem Betreiber, für den es dann planungssicherer sein kann, eine alte Komponente

---

[19] § 109 Abs. 2 S. 4 TKG aF(2021).
[20] BT-Drs. 19/28844, 42.
[21] BT-Drs. 19/28844, 42.
[22] BT-Drs. 19/28844, 42.
[23] BT-Drs. 19/28844, 42.
[24] BT-Drs. 19/28844, 42.

mit einem alten, baugleichen Ersatz auszutauschen, anstatt sich dem Risiko der potenziellen Untersagung einer aktuelleren Komponentenversion zu stellen. Eine unterschiedliche Bewertung aktualisierter Versionen gegenüber bereits nicht-untersagten Vorgängermodellen desselben Betreibers dürfte in der Praxis aber selten sein und nur zB bei erweiterten Zugriffs- oder Verwendungsmöglichkeiten eine Rolle spielen, nicht bei einer reinen Weiterentwicklung oder Absicherung der bisherigen.

Was eine Komponente **„desselben Typs"** iSv S. 3 ist, muss durch Auslegung näher bestimmt werden. Eine Anlehnung an den Bereich der Identifikation von Kritischen Infrastrukturen ist insofern ungeeignet, als dass hier der Begriff des „Anlagentyps" im Sinne einer vergleichsweise breiten Untergruppe einer (Anlagen-)Kategorie verstanden wird (→ BSI-KritisV § 1 Rn. 39). Erfasst wäre bei einem dazu analogem Begriffsverständnis jede Komponente in einer selben Untergruppe, die letztlich zur Erbringung derselben Kritischen Dienstleistung notwendig wäre. Ein Begriffsverständnis nach dieser dienstleistungsbezogenen Gruppierung würde dazu führen, dass häufig nur eine Komponente für die gesamte Anlage anzuzeigen wäre. Das widerspricht aber dem Zweck der Anzeigepflicht, die dem BMI die Prüfung einer möglichen Beeinträchtigung der öffentlichen Ordnung oder Sicherheit der Bundesrepublik Deutschland gemäß Abs. 2 ermöglichen soll. Denn gleichermaßen, wie eine Anlage aus mehreren (kritischen) Komponenten für ihre unterschiedlichen Prozesse besteht, muss es auch eine Mehrzahl verschiedener Komponententypen für die einzelnen Einsatzzwecke geben. Das wäre bei nur funktionsähnlichen Komponenten nicht gewährleistet. Daher ist ein **enger Typenbegriff** zugrunde zu legen, sodass von der Anzeigepflicht nur solche Komponenten derselben Komponentenbauweise, mit gleichen Funktionen, gleichen technischen Eigenschaften und gleicher Herstellerherkunft befreit sind. **15**

Auch der Begriff **„dieselbe Art des Einsatzes"** ist eng als Verwendung der Komponente im selben Prozess oder Verfahrensschritt der kritischen Dienstleitungserbringung zu verstehen. Dies entspricht auch der Intention des Gesetzgebers, wonach sich aus dem Inhalt der Anzeige die Funktion und Verortung der Komponente mit Blick auf mögliche Auswirkungen auf die Sicherheit Kritischer Infrastrukturen ergeben muss (→ Rn. 13). **16**

II. Untersagung des Einsatzes kritischer Komponenten (Abs. 2)

Abs. 2 erlaubt dem BMI die Untersagung des Einsatzes einer kritischen Komponente oder den Erlass von Anordnungen **vor dem Einsatz (Ex-ante-Untersagung).** Die entsprechende Befugnis für den Zeitpunkt nach dem Einbau folgt aus Abs. 4. **Berechtigt** durch die Befugnis wird das BMI. Das BMI ist eine Behörde des Bundes iSv § 1 Abs. 1 Nr. 1 Alt. 1 VwVfG. **17**

Tatbestandlich vorausgesetzt ist die voraussichtliche Beeinträchtigung der Schutzgüter der öffentlichen Ordnung oder Sicherheit der Bundesrepublik Deutschland. Dieser Maßstab orientiert sich an § 5 Abs. 2 AWG.[25] Dort wird der Maßstab bei der Prüfung von Erwerben inländischer Unternehmen durch unionsfremde Erwerber angewendet. Der Verordnungsgeber hat von der Ermächtigungsgrundlage nach § 5 Abs. 2 AWG iVm § 4 Abs. 1 Nr. 4 und 4a AWG Gebrauch gemacht und in §§ 55–59 AWV eine sog. sektorübergreifende Prüfung festgeschrieben. Inhaltlich wird mit § 4 Abs. 1 Nr. 4 AWG die Screening-VO umgesetzt.[26] Die Termini der öf- **18**

---

[25] BT-Drs. 19/28844, 43.

[26] Dorsch/*Thoms*, AWG § 4 Rn. 9.

fentlichen Sicherheit und Ordnung sollen dort daher unionsrechtlich zu verstehen sein.[27] Da § 9b jedoch kein Unionsrecht umsetzt, sind die tatbestandlichen Voraussetzungen **autonom auszulegen.** Die Orientierung an § 5 Abs. 2 AWG und der dort gewählte Begriff „Beeinträchtigung" machen gleichwohl deutlich, dass hinsichtlich der Schwere ein geringerer Gefährdungsgrad genügt, um einschränkende Maßnahmen anzuordnen. Statt einer tatsächlichen Gefährdung genügt eine voraussichtliche Beeinträchtigung der öffentlichen Ordnung oder Sicherheit. Es soll nicht erst eine eingetretene Beeinträchtigung, sondern eine künftig mögliche Beeinträchtigung verhindert werden.[28] In die Prüfung ist die grundrechtssichernde Funktion sicherer Kritischer Infrastrukturen einzustellen, für deren Schutz auch grundrechtliche Schutzpflichten streiten. Relevant ist zudem der Sektor der betroffenen Kritischen Infrastruktur. Insbesondere mit Blick auf das Schutzziel der Verfügbarkeit von Informationen (vgl. Art. 2 Abs. 2) berühren Kritische Infrastrukturen vitale Grundrechte (Art. 2 Abs. 2 S. 1 GG) und die sozialstaatliche Sicherheit (Art. 20 Abs. 1 GG). Risiken für die Vertraulichkeit von Informationen berühren das Allgemeine Persönlichkeitsrecht (Art. 2 Abs. 1 iVm Art. 1 Abs. 1 GG). In Fällen von möglicher Wirtschaftsspionage kann die Berufsfreiheit und das geschützte Eigentum berührt sein (Art. 12 Abs. 1, Art. 14 Abs. 1 GG). Im Telekommunikationsbereich sind bei individueller Kommunikation die Kommunikationsgrundrechte berührt (Art. 5 Abs. 1, Abs. 3, Art. 10 Abs. 1 GG). Sofern die demokratische Willensbildung oder die Sicherheit von geheimschutzrechtlich eingestuften Verschlusssachen betroffen ist, ist die Funktionstüchtigkeit demokratisch legitimierter und rechtsstaatlicher Institutionen berührt (Art. 20 Abs. 2, 3 GG).

19 Rechtstechnisch vergleichbar mit § 55a AWV werden durch S. 2 **konkretisierende Fallkonstellationen** aufgestellt, die bei der Prüfung der voraussichtlichen Beeinträchtigung der Schutzgüter berücksichtigt werden können. Die Aufzahlung ist nicht abschließend („insbesondere"). Letztlich können im Rahmen der sicherheitspolitischen Bewertung **alle** für die öffentliche Ordnung und Sicherheit **relevanten Aspekte** berücksichtigt werden.[29]

20 S. 2 **Nr. 1** ist angelehnt an § 55a Abs. 3 S. 1 Nr. 1 AWV. Dieser wiederum folgt den europäischen Anforderungen an die Investitionskontrolle in Art. 4 Abs. 2 lit. a Screening-VO. Dort soll dem prüfenden Mitgliedstaat ermöglicht werden, „alle einschlägigen Faktoren berücksichtigen [zu] können", die möglicherweise die öffentliche Ordnung oder Sicherheit beeinträchtigen. Die indirekte staatliche Lenkung eines Unternehmens kann berücksichtigt werden.[30] Auch für S. 2 Nr. 1 soll dies gelten. Die Formulierung „mittelbar" macht dabei klar, dass **nicht nur gesellschaftsrechtliche oder finanzielle Kontrolle** gemeint ist, sondern auch **sonstige Möglichkeiten wesentlicher Einflussnahme** erfasst sein sollen.[31]

21 Die Konkretisierung des S. 2 **Nr. 2** ist angelehnt an § 55a Abs. 3 S. 1 Nr. 2 AWV bzw. Art. 4 Abs. 2 lit. b Screening-VO. Zu den Aktivitäten des Herstellers mit nachteiligen Auswirkungen kann zB die Mitwirkung an einem Cyber-Angriff auf Privatpersonen, Unternehmen oder Behörden in Deutschland oder einem der Mitgliedsstaaten der Europäischen Union, der Europäischen Freihandelsassoziation

---

[27] BT-Drs. 16/10730, 10.
[28] Vgl. Begründung zu § 5 Abs. 2 AWG, BT-Drs. 19/18700, 18.
[29] BT-Drs. 19/28844, 43.
[30] Erwgr. 13 Screening-VO.
[31] BT-Drs. 19/28844, 43.

oder des Nordatlantikvertrages, einschließlich deren Einrichtungen, gehören.[32] Die Schutzgüter der Europäischen Freihandelsassoziation sowie des Nordatlantikvertrages und jeweils ihrer Einrichtungen finden sich nicht in der AWV oder der Screening-VO, sondern im BNDG. Beispielsweise knüpft die Zulässigkeit Strategischer Ausland-Fernmeldeaufklärung an die Sicherheit der Einrichtungen dieser Organisationen an, § 19 Abs. 4 Nr. 2 lit. c BNDG. Der Schutz der Einrichtungen stellt gleichermaßen wie der Schutz der nationalen Einrichtungen ein gewichtiges Interesse der Bundesrepublik Deutschland dar. Funktionierende Kommunikationsströme sind für die Stabilität dieser Organisationen und Einrichtungen unerlässlich.[33]

Der Abs. 2 S. 2 **Nr. 3** knüpft an die sicherheitspolitischen Ziele nicht nur der Bundesrepublik Deutschland, sondern auch der EU und des Nordatlantikvertrages an. Die sicherheitspolitischen Belange finden auch im Rahmen der Zertifikatserteilung auf Grundlage von § 9 Abs. 4 S. 1 Nr. 2 Berücksichtigung. Der Begriff zeigt dort ein weites Verständnis, denn es genügen die jeweiligen Belange bzw. Ziele der Sicherheitspolitik der jeweiligen Bundesregierung. Das Benehmen des Auswärtigen Amtes ist daher bei der Entscheidung des BMI nach S. 1 stets einzuholen. Der Versagensgrund wird dort wie hier in ein Stadium verlagert, in dem noch kein Gefahrenverdacht besteht.[34] Die sicherheitspolitischen Ziele der Europäischen Union werden vor allem auf Grundlage der Bestimmungen über die gemeinsame Außen- und Sicherheitspolitik (GASP) formuliert (Art. 21–46 AEUV). Die Ziele der NATO sind in der Präambel und in Art. 1 NATO-Vertrag selbst angelegt. Die Anpassung an veränderte sicherheitspolitische Gegebenheiten erfolgt insb. im Rahmen der jeweiligen strategischen Konzeption auf politischer Ebene. Höchstes Entscheidungsgremium ist der in Art. 9 NATO-Vertrag ausdrücklich erwähnte Nordatlantikrat (North Atlantic Council, NAC), der die Fragen prüft, welche die Durchführung des NATO-Vertrages betreffen. Der NAC formuliert auch sicherheitspolitische Ziele.[35] 22

Berücksichtigung bei der Prüfung der voraussichtlichen Beeinträchtigung findet auch die gem. **Abs. 3 S. 1** vorzulegende **Garantieerklärung** des Herstellers (→ Rn. 28). Die Einzelheiten der Garantieerklärung zielen gerade auf die Vermeidung von Gefahren für die öffentliche Sicherheit und Ordnung ab und konkretisieren damit den Prüfungsmaßstab.[36] 23

Die Entscheidung kann auf Basis einer **Prognose** getroffen werden. In der Sache wird sich diese Entscheidung auch auf **nachrichtendienstliche Erkenntnisse** stützen müssen. Es ist Aufgabe insbesondere des Bundesnachrichtendienstes nach § 1 Abs. 2 BNDG, Erkenntnisse über das Ausland, die von außen- und sicherheitspolitischer Bedeutung für die Bundesrepublik Deutschland sind, zu gewinnen und auszuwerten. Die Verwertung dieser Erkenntnisse im verwaltungsgerichtlichen Verfahren sowie die Vorlage- und Auskunftspflicht richtet sich nach den allgemeinen Vorschriften (vgl. §§ 96 ff. VwGO). 24

[32] BT-Drs. 19/28844, 43; vgl. für eine Konstellation mit einem möglichen Angriff auf eine internationale Organisation (dort: Sitz der Afrikanischen Union) *The Economist,* Huawei is at the centre of political controversy, 27.4.2019.

[33] Vgl. Begründung zu § 19 Abs. 4 Nr. 2c BNDG, BT-Drs. 19/26103, 63.

[34] Vgl. Schenke/Graulich/Ruthig/*Buchberger,* § 9 Rn. 9.

[35] Vgl. zur Sicherheit von 5G-Netzen die London Declaration v. 4.12.2019, Issued by the Heads of State and Government participating in the meeting of the North Atlantic Council in London 3–4 December 2019, Abs. 6.

[36] BT-Drs. 19/28844, 43.

25 Mögliche **Rechtsfolgen** nach Abs. 2 sind die **Untersagung** des angezeigten Einsatzes oder der Erlass von **Anordnungen.** Jedenfalls begrifflich ähnelt Abs. 2, auch hinsichtlich der tatbestandlichen Voraussetzungen, der Untersagungs- und Anordnungsbefugnis im Außenwirtschaftsrecht (§ 59 AWV). Aus Gründen der Verhältnismäßigkeit kann vorrangig eine beschränkende Anordnung in Betracht kommen, da die Untersagung die Ultima Ratio darstellt.[37] Ausgehend vom Wortlaut von S. 1 kann das BMI den Einsatz einer kritischen Komponente untersagen. Für kritische Komponenten desselben Typs einer bereits angezeigten Komponente gilt Abs. 1 S. 3, wonach diese schon nicht anzuzeigen sind, wenn dieselbe Art des Einsatzes geplant ist. Die Befugnis steht im **Ermessen** des BMI. Trifft das BMI keine Entscheidung, ist der angezeigte Einsatz der kritischen Komponente gestattet. In verfahrensrechtlicher Hinsicht gilt für die Anhörung Beteiligter § 28 VwVfG. Der **Hersteller** der kritischen Komponenten kann von Amts wegen oder auf Antrag als **Beteiligter** gem. § 13 Abs. 2 VwVfG hinzugezogen werden.

26 Das BMI trifft die Entscheidung im **Benehmen** mit den in § 10 Abs. 1 aufgeführten jeweils betroffenen Ressorts sowie dem Auswärtigen Amt. Für die Entscheidung auf Grundlage von Abs. 4 (Ex-post-Untersagung) ist dagegen das Einvernehmen erforderlich. Die betroffenen Ressorts wirken damit an der Entscheidung des BMI mit, das Einverständnis ist aber nicht erforderlich, sodass von der Äußerung eines betroffenen Ressorts aus sachlichen Gründen abgewichen werden kann. Die Betroffenheit eines Ressorts richtet sich u.a. nach dem Sektor der Kritischen Infrastruktur (§ 2 Abs. 10 S. 1 Nr. 1) und den daraus folgenden Ressortzuständigkeiten (bspw. ist das Bundesministerium für Wirtschaft und Energie im Sektor Telekommunikation betroffen). Das Auswärtige Amt ist nach S. 1 stets zu beteiligen. Diese Beteiligung ermöglicht die Einbeziehung der außen- und sicherheitspolitischen Belange, die insbes. bei der Konkretisierung der sicherheitspolitischen Ziele iSv S. 2 Nr. 3 relevant sind.

27 Der Einsatz einer kritischen Komponente steht nach der Anzeige des geplanten erstmaligen Einsatzes gem. Abs. 1 unter **Untersagungsvorbehalt.** Der Einsatz ist gem. S. 3 vor Ablauf der **Frist** von zwei Monaten nach Anzeige nicht gestattet. Der Einbau vor Ablauf der Entscheidungsfrist ist allerdings nicht durch § 14 sanktionsbewährt (→ Rn. 55). Die Hauptprüffrist kann durch das BMI gegenüber dem anzeigenden Betreiber gem. S. 4 um weitere zwei Monate **verlängert** werden. Voraussetzung dafür ist, dass die Prüfung besondere Schwierigkeiten tatsächlicher oder rechtlicher Art aufweist. Sie ist damit angelehnt an § 6 Abs. 1 S. 1 VwGO[38] und entspricht ebenso § 14a Abs. 4 S. 1 AWG.[39] In Betracht kommen insbesondere sachverhaltsbezogene Schwierigkeiten oder sicherheitspolitischer Abstimmungsbedarf. Ob im Einzelfall eine tatbestandsmäßige rechtliche oder sachverhaltsbezogene Komplexität vorliegt, muss das BMI in Abwägung aller sachlichen Gesichtspunkte prüfen. Die Fristverlängerung stellt für den anzeigenden Betreiber eine selbstständige Beschwer dar, sodass diese selbstständig verwaltungsrechtlich angreifbar ist. Nach Ablauf der jeweiligen Frist ist der Einsatz der kritischen Komponenten automatisch gestattet.[40]

---

37 BT-Drs. 19/28844, 26.
38 BT-Drs. 19/20144, 26.
39 BT-Drs. 19/28844, 43.
40 BT-Drs. 19/28844, 43.

III. Garantieerklärung (Abs. 3)

Abs. 3 definiert die Garantieerklärung des Herstellers und regelt Grundlagen zu deren inhaltlicher Ausgestaltung. Die Garantieerklärung des Herstellers findet Berücksichtigung **bei der Prüfung einer Ex-ante-Untersagung** nach Abs. 2 (→ Rn. 23). Verstöße gegen die in der Garantieerklärung eingegangenen Verpflichtungen oder unwahre Tatsachenbehauptungen können gem. Abs. 5 Nr. 1 und Nr. 2 Anhaltspunkte für die fehlende Vertrauenswürdigkeit eines Herstellers einer kritischen Komponente sein (→ Rn. 41). 28

S. 1 macht die Abgabe einer Garantieerklärung **des Herstellers** über seine **Vertrauenswürdigkeit** gegenüber dem Betreiber einer Kritischen Infrastruktur zur verbindlichen („dürfen nur") Voraussetzung. Damit tritt neben die Pflicht des Betreibers einer Kritischen Infrastruktur nach § 8a Abs. 1 zur Implementierung technischer und organisatorischer Maßnahmen zur Gewährleistung der IT-Sicherheit die **Pflicht zur Einholung der Erklärung** des Herstellers einer kritischen Komponente – sofern er den Einsatz einer kritischen Komponente plant und diesen gem. Abs. 1 anzeigt. Die Garantieerklärung ist gem. S. 2 **der Anzeige** des Einsatzes einer kritischen Komponente durch den Betreiber gegenüber dem BMI **beizufügen.** Es **obliegt damit dem Betreiber,** die Garantieerklärung des Herstellers der kritischen Komponenten einzuholen. Da der Untersagungsbescheid oder die Anordnung ihm gegenüber auf Grundlage von § 9b ergeht, trägt er das **wirtschaftliche Risiko der fehlenden Vertrauenswürdigkeit des Herstellers.** Das Risiko einer Vertrauensunwürdigkeit in der **Lieferkette,** das für den Betreiber für die gesamte Lieferkette grds. nicht beherrschbar ist, ist im **privatrechtlichen Binnenverhältnis** zwischen Betreiber und Hersteller zu kompensieren. 29

Mit der Garantieerklärung erklärt der Hersteller, **wie** er sicherstellt, dass die von ihm hergestellten Komponenten über bestimmte sicherheitsrelevante Eigenschaften verfügen. Wie genau die Erklärung dabei aussehen soll, hat das Gesetz offengelassen und muss durch das BMI bestimmt werden.[41] S. 3 stellt damit die grundlegenden **Erklärungsinhalte** auf. Hierbei dürfen vor allem keine Eigenschaften vorliegen, die eine **spezifische Eignung zur missbräuchlichen Einwirkung** auf die Schutzziele der Sicherheit, Vertraulichkeit, Integrität, Verfügbarkeit oder Funktionsfähigkeit der Kritischen Infrastruktur aufweisen (→ § 2 Rn. 38). Die Aussage in der Garantieerklärung muss sich sowohl auf die Komponente selbst als auch auf ihr Zusammenwirken mit anderen Komponenten beziehen.[42] Da sich die Erklärung auf die Komponente als Endprodukt bezieht, sichert der Hersteller damit regelmäßig Eigenschaften aus der Sphäre seiner Lieferkette zu. Die Einzelheiten der Mindestanforderungen an die Garantieerklärung legt das BMI gem. S. 4 iVm S. 6 durch **Allgemeinverfügung** iSv § 35 S. 2 VwVfG, die im **Bundesanzeiger** bekanntgemacht wird, fest. 30

Die weiteren Details der **Mindestanforderungen** an die Garantieerklärung legt gem. S. 4 das BMI im Einvernehmen mit den in § 10 Abs. 1 aufgeführten jeweils betroffenen Ressorts (abhängig vom jeweils betroffenen Sektor) sowie, aufgrund der außen- und sicherheitspolitischen Bedeutung, dem Auswärtigen Amt fest. S. 5 stellt Anforderungen an die Einzelheiten der Mindestanforderungen an die Garantieerklärung auf. So müssen zum einen die Schutzziele der Sicherheit, Vertraulichkeit, Integrität, Verfügbarkeit oder Funktionsfähigkeit der Kritischen Infrastruktur 31

---

[41] Krit. insoweit *Kipker,* MMR 2020, 433 (434).

[42] BT-Drs. 19/28844, 44.

(vgl. § 2 Abs. 2 S. 4, § 8a Abs. 1 S. 1) adressieren. Zum anderen müssen sie Anforderungen zur Vermeidung von Gefahren für die öffentliche Sicherheit und Ordnung, die aus der Sphäre des Herstellers der kritischen Komponente, insbesondere dessen Organisationsstruktur, stammen, beinhalten. Da S. 5 insb. auf Abs. 2 S. 2 Bezug nimmt, ist eine Konkretisierung des Kriteriums der Unternehmenskontrolle iSv Abs. 2 S. 2 Nr. 1 (dh Erklärung zur Gesellschafterstruktur und der Beteiligungsverhältnisse) zu erwarten.

32 Die **Bekanntgabe** der Allgemeinverfügung **im Bundesanzeiger** ist gem. S. 6 der maßgebliche Zeitpunkt, ab dem S. 1 und 2 gelten. Die Allgemeinverfügung wird nach § 41 Abs. 3 S. 1 VwVfG öffentlich bekannt gemacht. Für kritische Komponenten, die zu diesem Zeitpunkt bereits eingesetzt waren, gelten die Pflichten aus S. 1 und 2 nicht. Da sich die Allgemeinverfügung zukünftig auf die verschiedenen Arten Kritischer Sektoren (vgl. § 2 Abs. 10 S. 1 Nr. 1) beziehen kann, können je spezifische, zu aktualisierende Anforderungen Inhalt der Garantieerklärung sein. S. 7 stellt klar, dass eine Rückwirkung oder Rückanknüpfung nicht besteht. Änderungen der Allgemeinverfügung sind für bereits abgegebene Garantieerklärungen unbeachtlich.

IV. Untersagung des weiteren Einsatzes kritischer Komponenten (Abs. 4)

33 Abs. 4 ist die Rechtsgrundlage für die Untersagung des **weiteren Einsatzes** einer kritischen Komponente oder den Erlass von Anordnungen **(Ex-post-Untersagung).** Die entsprechende Befugnis für den Zeitpunkt vor Einsatz der kritischen Komponente setzt Abs. 2.

34 Das **Erfordernis einer Befugnis** zur Ex-post-Untersagung ergibt sich vor allem aus dem Umstand, dass mit der zunehmenden informationstechnischen Komplexität der eingesetzten kritischen Komponenten ein wesentlicher Teil der Beherrschbarkeit der Technologie beim Hersteller selbst oder in der Lieferkette verbleibt. Diese Beherrschbarkeit besteht etwa im Rahmen der weiteren Produktpflege durch Software- und Firmware-Updates oder durch das Schließen von Sicherheitslücken.[43] Anschaulich sind insofern die 5G-Mobilfunknetze. Charakteristisch für 5G ist eine deutlich stärkere Software-Orientierung sowie der Einsatz von Virtualisierungstechnologien.[44] Die meisten Kernfunktionen des 5G-Mobilfunkstandards werden über Software abgewickelt. Die weitere Loslösung von Hardware und Software macht Netzwerke agiler, modularer und skalierbarer, erhöht aber dabei auch die Komplexität. Die Loslösung wiederum vereinfacht dem Hersteller die Implementierung missbräuchlicher Zugriffsmöglichkeiten oder sonstiger Schwachstellen, was ein erhöhtes Vertrauen in die Lieferkette und die Produktpflege voraussetzt. Gerade Sachverhalte mit Unternehmenstransaktionen, etwa bei Unternehmenskäufen und Übernahmen, können Anlass für eine Vertrauenswürdigkeitsprüfung des Herstellers geben. Auch wenn sich die statische Hardware durch die gesellschaftsrechtliche Änderung nicht ändert, kann sich bei Gründen des veränderten Managements eine andere Bewertung hinsichtlich der dynamischen softwarebasierenden Funktionen ergeben. Daher können höhere Sicherheitsstandards und rein technische Zertifizierungen Sicherheitsrisiken nur minimieren – die Abwesenheit von „Hinter-

---

[43] BT-Drs. 19/28844, 43 f.

[44] *Eckert/Megedanz/Hauswirth/Schell/Heuberger/Niemann/Shulman/Waidner,* S. 6; *Herpig,* Ausschuss-Drs. 19(4)741 B, 10.

türen" lässt sich jedoch nicht positiv verifizieren.[45] Abs. 4 erweitert daher die sicherheitspolitische Befugnis in Abs. 2 um eine **Vertrauenswürdigkeitsprüfung des Herstellers.**[46]

35 Wie Abs. 2 knüpft Abs. 4 **tatbestandlich** an die voraussichtliche Beeinträchtigung der öffentlichen Ordnung oder Sicherheit der Bundesrepublik Deutschland durch den (weiteren) Einsatz der betreffenden kritischen Komponente an. Abs. 2 S. 2 gilt dabei gem. Abs. 4 S. 2 entsprechend, sodass die konkretisierenden sicherheitspolitischen Fallkonstellationen bei der Prüfung herangezogen werden können und der Prüfungsmaßstab prinzipiell derselbe ist. Die Beeinträchtigung der öffentlichen Ordnung und Sicherheit durch den weiteren Einsatz der kritischen Komponenten kann sich – hier über Abs. 2 hinausgehend – aus der **fehlenden Vertrauenswürdigkeit** des Herstellers der kritischen Komponente ergeben. Der Begriff selbst wird in Abs. 4 nicht näher bestimmt. Die fehlende Vertrauenswürdigkeit kann sich aber aus den in **Abs. 5** näher aufgelisteten Voraussetzungen ergeben. Dazu gehören nach Abs. 5 Nr. 1 und Nr. 2 auch Verstöße gegen die mit Abgabe der **Garantieerklärung** (Abs. 3) eingegangenen **fortlaufenden** Verpflichtungen oder darin angegebene unwahre Tatsachenbehauptungen.

36 Nicht vorausgesetzt von Abs. 4 ist die Anzeige des Einsatzes einer kritischen Komponente nach Abs. 1. Es besteht nach § 9b auch keine Pflicht, die Anzeige oder die Vorlage der Garantieerklärung nach Abs. 3 nachzuholen. Sind die Komponenten bereits **bei Inkrafttreten** von § 9b **eingesetzt,** ist die Anwendung von Abs. 4 jedoch **möglich.**

37 Im Gegensatz zur Ex-ante-Entscheidung auf Grund von Abs. 2 ist für die Entscheidung nach Abs. 4 das **Einvernehmen** der in § 10 Abs. 1 aufgeführten jeweils betroffenen Ressorts erforderlich. Damit können sämtliche Ressortinteressen Berücksichtigung finden und sich ggf. im Ergebnis durchsetzen. Ob die Zustimmung ohne Sachgründe verweigert werden kann und ob der parlamentarische Informationsanspruch beschränkt ist, weil der Kernbereich exekutiver Eigenverantwortung betroffen ist, bedarf der Würdigung im Einzelfall.[47] Die Nichtbeteiligung oder Nicht-Berücksichtigung der Versagung einer erforderlichen Zustimmung machen in der Regel einen Verwaltungsakt nicht nichtig (§ 44 Abs. 3 Nr. 4 VwVfG), sondern nur sonst fehlerhaft und rechtswidrig, mit der Möglichkeit einer Heilung nach § 45 Abs. 1 Nr. 5 VwVfG.

38 Die möglichen **Rechtsfolgen** des Erlasses von Anordnungen oder der Untersagung entsprechen grds. denen in Abs. 2. Die Entscheidung ergeht gegenüber dem Betreiber der Kritischen Infrastruktur. Bei positiv festgestellten Verstößen oder voraussichtlichen Beeinträchtigungen bedeutet Untersagung im Ergebnis den **Rückbau** dieser Komponente.[48]

39 Die Befugnis steht im **Ermessen** des BMI. Vor einer Untersagungsverfügung wird abzuwägen sein, ob ein etwaiger Rückbau und damit die Einwirkung auf den Betrieb der Kritischen Infrastruktur Auswirkungen auf das Funktionieren des Gemeinwesens hat, weil durch einen betriebsbedingten Ausfall oder durch die dadurch entstehende Beeinträchtigung der Betriebskontinuität Versorgungsengpässe oder selbst Gefährdungen für die öffentliche Sicherheit eintreten (vgl. § 2 Abs. 10 Nr. 2). Berücksichtigt werden sollen auch volkswirtschaftliche und gesellschaftliche

[45] *Kleinhans,* 5G vs. National Security – A European Perspective, S. 5.
[46] BT-Drs. 19/28844, 44.
[47] Vgl. *BVerfG,* Beschl. v. 1.7.2009 – 2 BvE 5/06, BVerfGE 124, 161 (189).
[48] BT-Drs. 19/28844, 44.

Folgewirkungen, die etwa durch die Verzögerung der Ausbauziele im Mobilfunk der neuesten Generation und bei der Entwicklung von digitalen Innovationen entstehen können.[49] Die schutzwürdigen Interessen des Betreibers sind ebenfalls abzuwägen. Dieser geht ein Investitionsrisiko ein, da Verstöße gegen die Verpflichtungen aus der Garantieerklärung in tatsächlicher Hinsicht nicht gänzlich in seinem Herrschaftsbereich liegen. Der Hersteller kann als Beteiligter nach § 13 Abs. 2 VwVfG zum Verfahren hinzugezogen werden.

40 Verfügungen auf Grundlage von Abs. 4 sind grds. ausgleichslos hinzunehmen. Der Gesetzgeber hat sich **gegen eine Entschädigungsregelung** entscheiden. § 9b stelle eine die Eigentümerbefugnisse begrenzende Inhalts- und Schrankenbestimmung iSv Art. 14 Abs. 1 S. 2 GG dar.[50] Die Rechtsprechung des BVerfG verlangt für Fälle jenseits der Güterbeschaffung, eigentumsbelastende Regelungen ohne kompensatorische Ausgleichszahlung verhältnismäßig auszugestalten. Bei der vom Gesetzgeber vorzunehmenden Zumutbarkeitsprüfung ist von Bedeutung, inwieweit der Eigentümer die den Entzug des Eigentums legitimierenden Gründe zu verantworten hat oder sie ihm jedenfalls zuzurechnen sind.[51] Der Gesetzgeber hat diesbezüglich berücksichtigt, dass die Betreiber Kritischer Infrastrukturen jeweils die Gesamtverantwortung für den sicheren Betrieb innehaben.[52] Die Betreiber sind dazu verpflichtet, angemessene organisatorische Vorkehrungen zur Vermeidung von Störungen der Verfügbarkeit, Integrität, Authentizität und Vertraulichkeit ihrer informationstechnischen Systeme, Komponenten und Prozesse zu treffen.[53] Die Pflicht strahle auf die Auswahl der Zulieferer der eingesetzten Komponenten aus.[54] Für den Telekommunikationssektor ist diese Pflicht im Katalog von Sicherheitsanforderungen nach § 167 Abs. 1 TKG konkretisiert. Im Rahmen des Lieferantenmanagements muss das pflichtige Unternehmen eine Bewertung der Zuverlässigkeit, Vertrauenswürdigkeit und Qualität des Erfüllungsgehilfen oder Lieferanten vornehmen. Dritte sind zur Gewährleistung der Sicherheitsanforderungen vertraglich zu binden.[55] Die Verhältnismäßigkeit der Verfügung auf Grund von Abs. 4 ist damit auf Anwendungsebene herzustellen. Zu berücksichtigen ist dabei, dass neben der Untersagung auch sonstige Anordnungen erlassen werden können. Die Bundesregierung wurde im Gesetzgebungsverfahren ausdrücklich aufgefordert, ihrer Gesetzesbeobachtungspflicht in Bezug auf die Anwendung von § 9b auch mit der Prüfung ggf. erforderlicher Entschädigungsregelungen nachzukommen.[56]

V. Gründe mangelnder Vertrauenswürdigkeit (Abs. 5)

41 Abs. 5 **konkretisiert** die Gründe, aus denen sich die mangelnde Vertrauenswürdigkeit eines Herstellers ergeben kann, die eine Untersagung oder Anordnung auf Grund von Abs. 4 rechtfertigen kann. Die Formulierung „kann insbesondere"

---

[49] BT-Drs. 19/28844, 27.

[50] BT-Drs. 19/28844, 26.

[51] *BVerfG,* Urt. v. 6.12.2016 – 1 BvR 2821/11, BVerfGE 143, 246 Rn. 261.

[52] BT-Drs. 19/2844, 26.

[53] § 8a Abs. 1; § 165 Abs. 2 TKG.

[54] BT-Drs. 19/2844, 26.

[55] *BNetzA,* Katalog von Sicherheitsanforderungen für das Betreiben von Telekommunikations- und Datenverarbeitungssystemen sowie für die Verarbeitung personenbezogener Daten nach § 109 Telekommunikationsgesetz (TKG), Version 2.0, Punkt 3.1.3.

[56] BT-Drs. 19/28844, 27.

macht zum einen deutlich, dass bei Vorliegen von Anhaltspunkten zu den in Nr. 1–6 genannten Voraussetzungen nicht zwingend von der fehlenden Vertrauenswürdigkeit des Herstellers auszugehen ist, und zum anderen, dass die Liste der vertrauensbrechenden Gründe nicht abschließend ist. Die Prüfung der Vertrauenswürdigkeit hat unter Abwägung aller sicherheitsrelevanten Aspekte zu erfolgen.[57]

Es genügen **hinreichende Anhaltspunkte** zur Begründung der Vertrauensunwürdigkeit. Die vertrauensnegierenden Umstände müssen nicht positiv festgestellt werden. Das berücksichtigt, dass der Vollbeweis, insb. für das Vorliegen politischer Missbrauchsrisiken, nicht durch nachrichtendienstliche Aufklärung erbracht werden kann, zumal Nachrichtendienste ganz überwiegend Wahrscheinlichkeitsurteile treffen. Die Norm erlaubt demnach eine effektive sicherheitspolitische Risikoabwägung. **42**

Nr. 1 und **2** beziehen sich auf den Verstoß gegen die Verpflichtungen und Angaben in der Garantieerklärung nach Abs. 3 durch Nichterfüllung der daraus erwachsenden Pflichten oder Angabe unwahrer Tatsachen. Letzteres kann sich auch daraus ergeben, dass sich **Tatsachen** mit Kenntnis des Herstellers nachträglich als **unwahr** herausstellen, ohne dass er dies gegenüber dem BMI anzeigt und richtigstellt. **43**

Die **Mitwirkungspflicht,** die **Nr. 3** voraussetzt, wird nicht näher dahingehend spezifiziert, wem diese gegenüber bestehen muss. Insofern kommen (vertragliche) Pflichten gegenüber dem Betreiber in Betracht, aber auch gegenüber der bestehende Sicherheitsanforderungen überprüfenden Behörde (zB im Rahmen der Überprüfung durch das BSI oder dessen Erfüllungsgehilfen nach § 8a Abs. 4 oder § 165 Abs. 7 und 9 TKG[58]). **44**

Nr. 4 schafft mittelbar die Pflicht zum Management und zum **Melden von Schwachstellen** bzw. setzt diese voraus. Erste Anhaltspunkte zum Schwachstellenmanagement eines Herstellers könnten sich hier auch aus offiziellen Aufsichtsgremien ergeben.[59] Da Angreifer wegen der Offensichtlichkeit von „Hintertüren" vor allem auf Schwachstellen angewiesen wären („Bugdoors" statt „Backdoors"), kommt es insbesondere in der Darlegung darauf an, ob der Hersteller von der Schwachstelle Kenntnis hatte, damit diese nicht als unbeabsichtigte Sicherheitslücke behandelt werden kann. Anomalien in der Netzwerkdatenverarbeitung, die auf Schwachstellen, Mängel oder Manipulationen hinweisen können, sollten Betreiber Kritischer Infrastrukturen teilweise selbst detektieren können, da sie auch verpflichtet sind, Angriffserkennungssysteme einzusetzen (vgl. § 8a Abs. 1a, § 165 Abs. 3 TKG, § 11 Abs. 1d EnWG). **45**

Das auf Grund von **Mängeln oder Sicherheitslücken** erhöhte Gefährdungspotential in **Nr. 5** muss objektiv gegeben sein, um missbräuchlich auf die genannten Schutzziele der Informationssicherheit einwirken zu können. Anforderungen subjektiver Art stellt die Norm an dieser Stelle nicht auf – diese müssen in der Ermessensausübung berücksichtigt werden. Aus der Konkretisierung des Begriffs „missbräuchlich" in Abs. 3 ergibt sich, dass damit insbesondere Angriffe zum Zwecke der Sabotage, Spionage oder Terrorismus gemeint sind. Das Schutzziel der Vertraulichkeit, deren Kompromittierung Angreifern zum Zwecke der Spionage langfristige Vorteile bei zugleich geringer Entdeckungswahrscheinlichkeit bietet, ist er- **46**

---

[57] BT-Drs. 19/28844, 45.

[58] § 109 Abs. 7 und 9 TKG aF(2021).

[59] Vgl. *Huawei Cyber Security Evaluation Oversight Board,* A report to the National Security Adviser of the United Kingdom, Annual Report 2020, Section III(c).

fasst.[60] Eine **Exkulpationsmöglichkeit** für Hersteller für potenzielle Einwirkungsmöglichkeiten, etwa durch Nachweis der Nichtverantwortlichkeit und ordnungsgemäße Beseitigung, ist **nicht** vorgesehen.

47 **Nr. 6** knüpft an technische Eigenschaften an, die spezifisch zum Missbrauch hinsichtlich der Informationssicherheit geeignet sein müssen oder dazu geeignet waren. Maßnahmen, die auf die Schutzziele der Informationssicherheit einwirken, sind dann nicht als missbräuchlich anzusehen, wenn sie gesetzliche Maßnahmen („lawful interception") ermöglichen (vgl. etwa § 170 TKG[61]). Problematisch sind technische Eigenschaften, welche die Fernwartung, das Monitoring oder ähnliche Remote-Funktionen ermöglichen. Diese könnten auch unberechtigten Dritten einen missbräuchlichen Zugang ermöglichen. Diese Wartungsfunktionen stellen oftmals erst den Mehrwert digitalisierter Infrastrukturkomponenten her. Vor diesem Hintergrund kommt in Betracht, das Merkmal der Missbräuchlichkeit daran zu messen, ob die Eigenschaften ohne ausreichende Sicherheitsmaßnahmen bei bestimmungswidrigem Gebrauch geeignet sind oder waren, auf die Kritische Infrastruktur einzuwirken, bzw. daran, ob der Hersteller die technische Eigenschaft ordnungsgemäß und nach dem Stand der Technik abgesichert hat.

48 Auf die **Anzahl der Verstöße** kommt es bei Abs. 5 nicht an. Dem Wortlaut nach reicht es, wenn tatbestandlich die Voraussetzungen einer Nummer gegeben sind. Bei schwerwiegenden oder wiederholten Verstößen greift **Abs. 7.**

VI. Erleichterte Untersagung durch das BMI (Abs. 6)

49 Untersagt das BMI den weiteren Einsatz einer kritischen Komponente nach Abs. 4, kann es gem. Abs. 6 **ohne weitere Voraussetzungen** den geplanten oder weiteren Einsatz kritischer Komponenten untersagen. Der Abs. 6 erweitert die bestehenden Untersagungsbefugnisse des BMI aus Abs. 2 und 4 dadurch von der Untersagung betriebsspezifisch-individueller Einsätze kritischer Komponenten auf **generelle Untersagungen.** Die Nummern folgen dabei der Reihenfolge der betriebsspezifischen Befugnisse in den Absätzen. So beginnt **Nr. 1** mit der **generellen Ex-ante-Untersagung** des „geplanten Einsatzes" weiterer kritischer Komponenten desselben Typs und desselben Herstellers. Das BMI kann also einem Betreiber den Einsatz der gegenständlichen Komponente auch für die Zukunft untersagen, ohne dass deren geplanter Einsatz bereits angezeigt wurde.

50 Zu einer **generellen Ex-post-Untersagung** befugt Nr. 2. Mit angemessener Frist ist auch der Einsatz der anderen Komponenten des Herstellers, die der Betreiber noch einsetzt, untersagbar. Die generelle ex-post-Untersagungsmöglichkeit fängt so die Anzeigebefreiung für solche Komponenten auf, von denen das BMI womöglich erst in der Folge keine Kenntnis erlangt hat, die aber trotzdem nicht weiter genutzt werden sollen. Der Zusatz „und desselben Herstellers" macht dabei klar, dass sich die Entscheidung des BMI nicht generalisierend auf eine allgemeine Modellkategorie beziehen darf, sondern sich auch die generelle Untersagung spiegelbildlich zur genauen Bestimmung bei Anzeige und Anzeigebefreiung nur auf ein bestimmtes Modell bezieht. Das ergibt sich aber auch aus der Anbindung an die Entscheidung nach Abs. 4, die an den Einsatz einer konkreten kritischen Kompo-

---

[60] Im Gesetzentwurf der Bundesregierung, BT-Drs. 19/26106, war das Schutzziel nicht ausdrücklich genannt, aber über das Tatbestandsmerkmal „Sicherheit" erfasst. S. dazu *Neumann,* Ausschuss-Drs. 19(4)741 F, 35 f.

[61] § 110 TKG aF (2021).

nente anknüpft. Das Verständnis des Komponententyps scheint auf den ersten Blick von dem in Abs. 2 Vorausgesetzten abzuweichen (→ Rn. 14ff.). Folgt man dem engen Typen-Begriff aus Abs. 2, wäre zur Bestimmung der Komponente **desselben Typs** der Zusatz **„und desselben Herstellers"** überflüssig. Der Normzweck sieht hier aber keine Erweiterung oder Teilung des „Komponententyps" vor, sondern ist deklaratorisch zu verstehen, sodass ein systematisch gleiches Verständnis von Abs. 2 der gesetzgeberischen Intention entsprechen dürfte.

Wie bei den Entscheidungen nach Abs. 4 und 7 sind Beteiligte gem. § 28 VwVfG anzuhören. Der Hersteller der kritischen Komponenten kann nach Maßgabe des § 13 Abs. 2 VwVfG als Beteiligter hinzugezogen werden. **51**

VII. Schwerwiegende Fälle nicht vorliegender Vertrauenswürdigkeit (Abs. 7)

Abs. 7 stellt eine Qualifikation der Untersagungsbefugnis nach Abs. 4 dar. In schwerwiegenden Fällen nicht vorliegender Vertrauenswürdigkeit nach Abs. 5 kann das BMI gegenüber dem Betreiber einer Kritischer Infrastruktur den Einsatz **aller** kritischen Komponenten **untersagen.** Erforderlich ist dafür, wie für die Ausübung der Befugnis nach Abs. 4, das Einvernehmen der auch an der BSI-KritisV beteiligten Ressorts nach § 10 Abs. 1, sofern diese betroffen sind. **52**

Das Merkmal der **Gravität** knüpft an Abs. 5 an. Während Abs. 5 hinreichende Anhaltspunkte genügen lässt, weist Abs. 7 sprachlich darauf hin, dass das Nicht-Vorliegen der Vertrauenswürdigkeit Voraussetzung ist („nicht vorliegender Vertrauenswürdigkeit"). Für diese Lesart spricht auch die Schwere der auf Grundlage von Abs. 7 möglichen Rechtsfolge. In Betracht kommen Fälle nach Abs. 5, die in quantitativer oder qualitativer Hinsicht schwerwiegend sind. So können wiederholte oder gehäufte Vorstöße einen schwerwiegenden Fall nicht vorliegender Vertrauenswürdigkeit begründen.[62] In Betracht kommen auch schwere Verstöße objektiver oder subjektiver Art, etwa vorsätzliche Verstöße gegen wesentliche Verpflichtungen aus der Garantieerklärung (vgl. Abs. 5 Nr. 1) oder das vorsätzliche Implementieren von Schwachstellen, die ein erhebliches Gefährdungspotenzial für die Schutzziele der Informationssicherheit aufweisen (vgl. Abs. 5 Nr. 5 und 6). **53**

Die **Anhörung** der Beteiligten richtet sich nach § 28 VwVfG. Der Hersteller der kritischen Komponenten kann nach den Vorgaben des § 13 Abs. 2 VwVfG als **Beteiligter** hinzugezogen werden. **54**

C. Sanktion und Durchsetzung

Verstöße gegen die Pflichten aus § 9b sind nach dem BSIG **nicht bußgeldbewehrt,** § 14 listet etwaige Zuwiderhandlungen nicht auf. Das BSI verfolgt dementsprechend – anders als in der sonstigen KRITIS-Betreuung, für welche es abseits der kritischen Komponenten die Aufsicht führt – weder die Nicht-, nicht richtige, nicht vollständige noch die nicht rechtzeitige Anzeige des geplanten Einsatzes einer kritischen Komponente. Die Durchsetzung der verwaltungsrechtlichen Pflichtet richtet sich stattdessen nach dem Recht der **Verwaltungsvollstreckung durch das BMI.** Ein Auskunftsanspruch des BMI darüber, welche kritischen Komponenten ein Betreiber einsetzt, ist zwar dafür jedenfalls nicht ausdrücklich im Gesetz vor- **55**

---

62 Vgl. BT-Drs. 19/28844, 45.

gesehen. De facto hat das BMI über zertifizierte kritische Komponenten aber insoweit Kenntnis, als dass ihm das BSI vor Erteilung eines Sicherheitszertifikats gem. § 9 Abs. 4 S. 2 den Vorgang zur Prüfung nach § 9 Abs. 4a vorlegt.

§ 9c Freiwilliges IT-Sicherheitskennzeichen

(1) [1]Das Bundesamt führt zur Information von Verbrauchern über die IT-Sicherheit von Produkten bestimmter vom Bundesamt festgelegter Produktkategorien ein einheitliches IT-Sicherheitskennzeichen ein. [2]Das IT-Sicherheitskennzeichen trifft keine Aussage über die den Datenschutz betreffenden Eigenschaften eines Produktes.

(2) Das IT-Sicherheitskennzeichen besteht aus

1. **einer Zusicherung des Herstellers oder Diensteanbieters, dass das Produkt für eine festgelegte Dauer bestimmte IT-Sicherheitsanforderungen erfüllt (Herstellererklärung), und**
2. **einer Information des Bundesamtes über sicherheitsrelevante IT-Eigenschaften des Produktes (Sicherheitsinformation).**

(3) [1]Die IT-Sicherheitsanforderungen, auf die sich die Herstellererklärung bezieht, ergeben sich aus einer Norm oder einem Standard oder aus einer branchenabgestimmten IT-Sicherheitsvorgabe, die die jeweilige Produktkategorie umfasst, sofern das Bundesamt in einem Verfahren, das durch Rechtsverordnung nach § 10 Absatz 3 geregelt wird, festgestellt hat, dass die Norm oder der Standard oder die branchenabgestimmte IT-Sicherheitsvorgabe geeignet ist, ausreichende IT-Sicherheitsanforderungen für die Produktkategorie abzubilden. [2]Ein Anspruch auf diese Feststellung besteht nicht. [3]Liegt keine Feststellung nach Satz 1 vor, ergeben sich die IT-Sicherheitsvorgaben aus einer vom Bundesamt veröffentlichten Technischen Richtlinie, die die jeweilige Produktkategorie umfasst, sofern das Bundesamt eine solche Richtlinie bereits veröffentlicht hat. [4]Wird ein Produkt von mehr als einer oder einem bestehenden, als geeignet festgestellten Norm, Standard, branchenabgestimmten IT-Sicherheitsvorgabe oder Technischen Richtlinie umfasst, richten sich die Anforderungen nach der oder dem jeweils spezielleren bestehenden, als geeignet festgestellten Norm, Standard, branchenabgestimmten IT-Sicherheitsvorgabe oder Technischen Richtlinie.

(4) [1]Das IT-Sicherheitskennzeichen darf nur dann für ein Produkt verwendet werden, wenn das Bundesamt das IT-Sicherheitskennzeichen für dieses Produkt freigegeben hat. [2]Das Bundesamt prüft die Freigabe des IT-Sicherheitskennzeichens für ein Produkt auf Antrag des Herstellers oder Diensteanbieters. [3]Dem Antrag sind die Herstellererklärung zu dem Produkt sowie alle Unterlagen beizufügen, die die Angaben in der Herstellererklärung belegen. [4]Das Bundesamt bestätigt den Eingang des Antrags und prüft die Plausibilität der Herstellererklärung anhand der beigefügten Unterlagen. [5]Die Plausibilitätsprüfung kann auch durch einen vom Bundesamt beauftragten qualifizierten Dritten erfolgen. [6]Für die Antragsbearbeitung kann das Bundesamt eine Verwaltungsgebühr erheben.

(5) [1]Das Bundesamt erteilt die Freigabe des IT-Sicherheitskennzeichens für das jeweilige Produkt, wenn

1. das Produkt zu einer der Produktkategorien gehört, die das Bundesamt durch im Bundesanzeiger veröffentlichte Allgemeinverfügung bekannt gegeben hat,
2. die Herstellererklärung plausibel und durch die beigefügten Unterlagen ausreichend belegt ist und
3. die gegebenenfalls erhobene Verwaltungsgebühr beglichen wurde.

[2]Die Erteilung der Freigabe erfolgt schriftlich und innerhalb einer angemessenen Frist, die in der Rechtsverordnung nach § 10 Absatz 3 bestimmt wird. [3]Den genauen Ablauf des Antragsverfahrens und die beizufügenden Unterlagen regelt die Rechtsverordnung nach § 10 Absatz 3.

(6) **[1]Hat das Bundesamt die Freigabe erteilt, ist das Etikett des IT-Sicherheitskennzeichens auf dem jeweiligen Produkt oder auf dessen Umverpackung anzubringen, sofern dies nach der Beschaffenheit des Produktes möglich ist. [2]Das IT-Sicherheitskennzeichen kann auch elektronisch veröffentlicht werden. [3]Wenn nach der Beschaffenheit des Produktes das Anbringen nicht möglich ist, muss die Veröffentlichung des IT-Sicherheitskennzeichens elektronisch erfolgen. [4]Das Etikett des IT-Sicherheitskennzeichens verweist auf eine Internetseite des Bundesamtes, auf der die Herstellererklärung und die Sicherheitsinformationen abrufbar sind. [5]Das genaue Verfahren und die Gestaltung des Verweises sind in der Rechtsverordnung nach § 10 Absatz 3 festzulegen.**

(7) **[1]Nach Ablauf der festgelegten Dauer nach Absatz 3 Satz 5 oder 6 oder nach Rücknahmeerklärung des Herstellers oder Diensteanbieters gegenüber dem Bundesamt erlischt die Freigabe. [2]Das Bundesamt nimmt einen Hinweis auf das Erlöschen der Freigabe in die Sicherheitsinformation auf.**

(8) **[1]Das Bundesamt kann prüfen, ob die Anforderungen an die Freigabe des IT-Sicherheitskennzeichens für ein Produkt eingehalten werden. [2]Werden bei der Prüfung Abweichungen von der abgegebenen Herstellererklärung oder Sicherheitslücken festgestellt, kann das Bundesamt die geeigneten Maßnahmen zum Schutz des Vertrauens der Verbraucher in das IT-Sicherheitskennzeichen treffen, insbesondere**
1. Informationen über die Abweichungen oder Sicherheitslücken in geeigneter Weise in der Sicherheitsinformation veröffentlichen oder
2. die Freigabe des IT-Sicherheitskennzeichens widerrufen.

[3]Absatz 7 Satz 2 gilt entsprechend.

(9) **[1]Bevor das Bundesamt eine Maßnahme nach Absatz 8 trifft, räumt es dem Hersteller oder Diensteanbieter Gelegenheit ein, die festgestellten Abweichungen oder Sicherheitslücken innerhalb eines angemessenen Zeitraumes zu beseitigen, es sei denn, gewichtige Gründe der Sicherheit der Produkte erfordern eine sofortige Maßnahme. [2]Die Befugnis des Bundesamtes zur Warnung nach § 7 bleibt davon unberührt.**

Literatur: *Hau/Poseck* (Hrsg.), BeckOK BGB, 58. Ed. 2021; *Borges/Hilber* (Hrsg.), BeckOK IT-Recht, 3. Ed. 2021; *Ebke/Schmidt* (Hrsg.), Münchener Kommentar zum Handelsgesetzbuch, Band 4: Drittes Buch. Handelsbücher §§ 238–342 e HGB, 4. Aufl. 2020; *Eiben/Boesenberg,* Plausibilitätsprüfungspflicht von Anlagevermittler und Anlageberater, NJW 2013, 1398; *Ellenberger/Götz/Grüneberg/Herrler/von Pückler/Retzlaff/Siede/Sprau/Thorn/Weidenkaff/Weid-*

lich/Wicke (Hrsg.), Grüneberg, BGB, 81. Aufl. 2022; *Herpig/Kleinhans,* Stellungnahme zum Referentenentwurf IT-SiG 2.0 v. 3.12.2020, BT-Ausschuss-Drs. 19(4)662; *Hornung,* Das IT-Sicherheitsgesetz 2.0: Kompetenzaufwuchs des BSI und neue Pflichten für Unternehmen, NJW 2021, 1985; *Kipker,* Der BMI-Referentenentwurf zur Umsetzung der NIS-RL, MMR 2017, 143; *Kipker,* IT-Sicherheitsgesetz 2.0 vom Bundestag beschlossen: Mehr Schatten als Licht, MMR-Aktuell 2021, 438414; *Köhler/Bornkamm/Feddersen/Alexander* (Hrsg.), UWG, 39. Aufl. 2021; *Schach/Schultz/Schüller* (Hrsg.), BeckOK Mietrecht, 24. Ed. 2021; *Säcker/Rixecker/Oetker/Limperg* (Hrsg.), Münchener Kommentar zum Bürgerlichen Gesetzbuch, Band 8: Sachenrecht, 8. Aufl. 2020; *Spickhoff* (Hrsg.), Medizinrecht, 3. Aufl. 2018; *Vranes,* Lex Superior, Lex Specialis, Lex Posterior – Zur Rechtsnatur der „Konfliktlösungsregeln", ZaöRV 2005, 391.

Inhaltsübersicht

A. Allgemeines

1 Mit dem IT-Sicherheitskennzeichen (**IT-SiK**[1]) bewegt sich das BSI einen weiteren Schritt hin zu seiner jüngeren Ausrichtung auch als **Verbraucherschutz-** und Informationsstelle im Bereich der Informationssicherheit, indem es eine Dienstleistung für die Sichtbarmachung von IT-Sicherheit in Verbraucherprodukten anbietet. Die Norm korrespondiert insoweit unmittelbar mit den Aufgaben aus § 3 Abs. 1 S. 2 Nr. 14, 14a.[2] Gleichzeitig schafft das Kennzeichen eine Möglichkeit für Wirtschaftsunternehmen, die IT-Sicherheit des eigenen Produktes unkompliziert sichtbar zu machen und wurde damit als Vorstoß für eine europaweite IT-Sicherheitskennzeichnung konzipiert.

2 Das IT-Sicherheitskennzeichen ist eine **freiwillige Selbsterklärung** des Herstellers. Das BSI bildet dafür nur den Rahmen, inhaltlich durch die Veröffentlichung einheitlicher Kriterien, organisatorisch durch die Freigabeverwaltung und die Verwaltung der Produkt-Internetseite mit Sicherheitsinformation. Der Kern

[1] Teils auch abgk. als ITSiK, IT-SichKz, BSI-SiK, vgl. BSI-ITSiKV des BMI, → Rn. 4.

[2] BT-Drs. 19/26106, 85.

des IT-Sicherheitskennzeichens, das „Herstellerversprechen“, ist eine **Konformitätserklärung mit den Kriterien des BSI** und begründet die Kennzeichnung grundsätzlich auf der Eigenverantwortung des Herstellers. Das unterscheidet die Kennzeichnung maßgeblich von der klassischen Zertifizierung,[3] in welcher das BSI immer einen primären eigenen, teilweise durch anerkannte Prüfstellen unterstützten, Prüfungsauftrag und -anteil hat. Das IT-Sicherheitskennzeichen folgt damit vorangegangenen Initiativen in anderen Bereichen, welche vorrangig freiwillig sind (Blauer Engel) und auf einer Herstellererklärung fußen, wie zum Beispiel im Bereich der Recycling-Kennzeichen (Drei-Pfeile-Möbiusband) oder der Nährwertkennzeichnung (NutriScore[4]).

Das **Ziel** des IT-Sicherheitskennzeichens ist dabei nicht die wohl kaum leistbare staatliche Zertifizierung aller in Deutschland vertriebenen IT-Produkte. Stattdessen soll der Rahmen für eine **dynamische, neutrale Plattform** für ein standardisiertes Herstellerversprechen zur Beachtung von grundlegenden IT-Sicherheitseigenschaften ihrer IT-Produkte etabliert werden. So sollen einerseits Investitionen des Herstellers in die IT-Sicherheit ausgewiesen werden und für den Verbraucher die IT-Sicherheit zu einem belastbaren Kaufargument und Anreiz für oder gegen den Erwerb eines Produktes werden **(Lenkungsfunktion).** Andererseits soll der Verbraucher einen unkomplizierten, dynamischen Zugang zu aktuellen Sicherheitsinformationen bekommen, indem er neben dem Versprechen von einheitlichen Kriterien auch einen zusätzlichen Informationskanal für aktuelle Informationen, Sicherheitsupdates oder Hersteller-Patches erhält **(Transparenzfunktion).** Zielgruppe des IT-Sicherheitskennzeichens sind dabei technisch durchschnittlich affine Verbraucher. Das Kennzeichen soll **„in die Breite“** wirken und möglichst vielen interessierten Adressaten mit möglichst geringem Aufwand einen schnellen Überblick zum Kauf-Faktor „IT-Sicherheit“ bieten. Es richtet sich damit bewusst weniger an bereits technisch überdurchschnittlich oder hochaffine Nutzer, bei denen die Information und Auseinandersetzung mit IT-Sicherheitsaspekten bereits ohne Kennzeichnung einen wichtigen Stellenwert bei der Kaufentscheidung einnimmt.[5] 3

Die weitere **Konkretisierung** der Gestaltung, des Inhalts und der Verwendung des Sicherheitskennzeichens sowie seines Freigabeprozesses ergibt sich, entlang der BSIZertV für den Zertifizierungsprozess, durch eine nach § 10 Abs. 3 im Einvernehmen mit dem Bundesministerium für Wirtschaft und Energie und dem Bundesministerium der Justiz und für Verbraucherschutz erlassene **Rechtsverordnung (BSI-ITSiKV).** Diese sieht wiederum vor, dass das BSI die Einzelheiten des Freigabeverfahrens durch **Verfahrensbeschreibungen** und weitere Veröffentlichungen transparent darlegt. 4

Das IT-Sicherheitskennzeichen ist keine Zertifizierung, so ausdrücklich BT-Drs. 19/26106, 86 (zu Abs. 2), insbesondere auch kein beschleunigtes Zertifizierungsverfahren (BSZ), vgl. BSI-Informationen zum BSZ,https://www.bsi.bund.de/DE/Themen/Unternehmen-und-Organisationen/Standards-und-Zertifizierung/Zertifizierung-und-Anerkennung/Zertifizierung-von-Produkten/Beschleunigte-Sicherheitszertifizierung/beschleunigte-sicherheitszertifizierung_node.html.

Vgl. Hilfestellung des BMEL für Unternehmen zum Nutri-Score, https://www.bmel.de/DE/themen/ernaehrung/lebensmittel-kennzeichnung/freiwillige-angaben-und-label/nutri-score/nutri-score_node.html.

Vgl. BSI IT-SiK Verbraucher-FAQ, https://www.bsi.bund.de/DE/Themen/Verbraucherinnen-und-Verbraucher/IT-SiK-fuer-Verbraucher/FAQ-IT-SiK-fuer-Verbraucher_node.html.

5 Die **Freiwilligkeit** des Kennzeichens traf bereits im Rahmen seiner Genese auf Kritik, welche auf einen verbindlicheren, auch marktausschließenden Charakter zielte. Die Mindeststandards für IT-Produkte sollten, so die Kritik, nicht als Werbemaßnahme für Unternehmen, sondern als verpflichtende Maßgaben für den gesamten deutschen Markt gelten.[6] Der Ruf nach langfristig verbindlichen IT-Sicherheits-Grundvoraussetzungen als eine derartige **Marktzugangsvoraussetzung** ist aus Sicht des Verbraucherschutzes und der IT-Sicherheit durchaus nachvollziehbar, ist jedoch im nationalen Recht nicht umsetzbar. Denn die Freiwilligkeit des Kennzeichens muss vor dem **europarechtlichen Hintergrund** gesehen werden: Nicht nur sollte das Kennzeichen die nationale Vorbereitung auf die – ebenfalls freiwillige – Konformitätserklärung nach bereits bestehender europäischer Rechtssetzung[7] sein, ein national verpflichtendes, marktausschließendes Kennzeichen wäre auch als ungerechtfertigter Binnenmarkteingriff europarechtswidrig.[8] Das IT-Sicherheitskennzeichen schöpfte die Möglichkeiten des dt. Gesetzgebers also vollständig aus. Für die Überführung in ein **gesamteuropäisches Kennzeichen** soll das deutsche IT-Sicherheitskennzeichen als Grundlage und „Blaupause" dienen und so auch die „Vorreiter"-Rolle Deutschlands in der IT-Sicherheitsrechtsentwicklung bekräftigen.[9]

6 Im Vergleich zum IT-Sicherheitskennzeichen sieht die europäische IT-Sicherheits-**Konformitätserklärung** nach dem Cyber Security Act (CSA) noch niedrigere Anforderungen vor, da der Hersteller oder Anbieter von IKT-Produkten, -Diensten und -Prozessen **sich selbst** eine EU-Konformitätserklärung ausstellen kann, die bestätigt, dass die Erfüllung der im Schema festgelegten Anforderungen nachgewiesen wurde. Durch die Ausstellung einer solchen Erklärung übernimmt der Hersteller oder Anbieter der IKT-Produkte, -Dienste und -Prozesse die Verantwortung dafür, dass das IKT-Produkt, der IKT-Dienst oder der IKT-Prozess den in diesem europäischen Schema festgelegten Anforderungen entspricht.[10]

B. Einzelerläuterungen

I. Einführung eines nationalen IT-Sicherheitskennzeichens (Abs. 1)

7 Das seit 2021 im BSIG verankerte IT-Sicherheitskennzeichen ist als deutsche Initiative geplant, welche das BSI zur Verbraucherinformation über die IT-Sicherheit von Produkten bestimmter vom Bundesamt festgelegter Produktkategorien in Deutschland **„einführt".** Damit setzt Deutschland erstmals ein umfassendes Konzept für eine standardisierte, freiwillige Hersteller-Selbsterklärung in diesem Bereich um. Dieser Vorstoß soll als **nationales Pilotprojekt** den Rechts- und operativen Prozessrahmen gestalten und evaluieren, den es für verbraucher- und wirtschaftsfreundliche IT-Sicherheitsvorgaben braucht. Während langfristig eine europaweite Lösung bereits bei Einführung des deutschen Kennzeichens vom nationalen Gesetzgeber befürwortet wurde, um einer Fragmentierung der Kriterien

---

[6] *Herpig/Kleinhans,* BT-Ausschuss-Drs. 19(4)662, 4.
[7] Vgl. schon ZD-Aktuell 2019, 06534.
[8] *Hornung,* NJW 2021, 1985 Rn. 34.
[9] Vgl. Kipker, MMR 2017, 143 (147).
[10] Art. 53 Abs. 1, 2 CSA.

zwischen den Mitgliedsstaaten vorzubeugen, soll so eine Vorlage für den rechtlichen Rahmen und inhaltliche Anforderungen in Kategorien geschaffen und erprobt werden. So kann das deutsche IT-Sicherheitskennzeichen die Grundlage für **europäische Kennzeichnungen** ähnlicher Art sein, wie sie bereits in Art. 53 CSA angelegt ist.

Das BSI erprobt die Einführung nacheinander für einzelne **Produktkategorien,** für die es zunächst die Sicherheitsvorgaben, also die spezifischen technischen Kriterien, veröffentlicht. Das BSI legt also zunächst eine Produktkategorie fest, bestimmt dann die Sicherheitsanforderungen, welche spezifisch für diese Kategorie gelten sollen,[11] und ermöglicht dann durch die Veröffentlichung die Antragsstellung für Produkte dieser Kategorie (ähnlich den Kategorienveröffentlichungen beim sog. Blauen Engel). Welche Kategorien dabei angeboten werden und in welcher Reihenfolge neue hinzukommen, überlässt der Gesetzgeber dabei, entsprechend dem Rechtsgedanken des § 9 als autonome Fachkompetenz- und zentrale Zertifizierungsstelle (→ § 9 Rn. 3 ff.), dem BSI. Dieser Freiraum soll ermöglichen, dass die Markteinführung des Sicherheitskennzeichens mit möglichst geringem, gleichbleibendem Ressourcenaufwand geschehen kann. 8

Die früheren Bezeichnungen des Kennzeichens als **„IT-Gütesiegel"** oder „BSI-Siegel" sind aufgegeben worden und haben keinen Eingang in das Gesetz gefunden. Dem liegt die immanente **Abgrenzungsproblematik** des Kennzeichens zugrunde: Da das BSI als staatliche Stelle die Kennzeichennutzung freigibt, erscheinen gekennzeichnete Produkte für die adressierten Verbraucher schnell als „staatlich geprüft", das Vertrauen in die Unabhängigkeit wird zum Vertrauen in die Verantwortlichkeit und Sicherheit. Das Kennzeichen garantiert indes weder die vollständige Sicherheit des Produktes noch eine dafür übernommene staatliche Verantwortung. Der Schwerpunkt der Tätigkeit des BSI liegt in der Erstellung der Kriterien, seine Prüftätigkeit hingegen ist auf ein Minimum beschränkt. Ein zertifizierungsartiges „Gütesiegel" ist das IT-SiK deshalb explizit nicht: das würde laut Gesetzesbegründung voraussetzen, dass eine **unabhängige Stelle** die objektiven Kriterien einer Aussage – hier der IT-Sicherheitseigenschaften – vorab prüft und darauf basierend ein „Siegel" vergibt.[12] Eine **Selbstauskunft** und eine Herstellererklärung – wie jetzt gesetzlich vorgesehen – genügen der Erwartung der angesprochenen Verkehrskreise an die objektive Prüfung der für die Vergabe erforderlichen Kriterien bei einem Gütesiegel nicht.[13] Um hier der Entstehung eines schutzwürdigen Vertrauens bei den Bürgern gerade im Zuge der Einführung des noch unbekannten Kennzeichens entgegenzuwirken, war der Gesetzgeber deshalb aufgefordert, stattdessen auf den Charakter „nur als Kennzeichen" und somit die primäre Verantwortlichkeit des Herstellers hinzuweisen. Während der Verstoß gegen das Herstellerversprechen so zu privatrechtlichen **Regressansprüchen** gegen den erklärenden und somit für deren Einhaltung verantwortlichen Hersteller führen kann, bleibt das BSI bis zur Grenze des Vorsatzes nur Rahmengeber und verantwortliche Stelle für den Vergabeprozess. Ein Siegel oder Zertifikat wie bei der Zertifizierung kann deshalb hier nicht vergeben werden. Die Freigabe eines IT-Sicherheitskennzeichens für ein Produkt ist ausdrücklich **keine Zertifizierung** im Sinne des § 9.[14] Als „kleine Zertifi- 9

11 Bspw. über eine Technische Richtlinie oder einen Kriterienkatalog.

12 Vgl. ausf. Köhler/Bornkamm/Feddersen/*Bornkamm/Feddersen,* UWG § 5 Rn. 1.167 f.

13 BT-Drs. 19/26106, 86 mit Verweis auf *OLG Köln,* Beschl. v. 5.3.2018 – 6 U 151/17, GRUR-RS 2018, 4892.

14 BT-Drs. 19/26106, 87.

zierung“ im Sinne eines schnelleren Erhalts eines Zertifikates sieht das BSI in Abgrenzung dazu die sog. **Beschleunigte Sicherheitszertifizierung (BSZ)** vor.[15]

10 Das IT-Sicherheitskennzeichen steht damit in seiner **Rolle** unter der Zertifizierung und über einer reinen Selbstausfertigung durch den Hersteller in einem inhärenten Spagat zwischen den nationalgesetzlichen Möglichkeiten und den Erwartungen, die an seine Verbraucherschutzwirkung gestellt werden, zB seitens des Verbraucherschutzes oder europäischer Antragssteller. Bereits bei der Entstehung des Regulierungsrahmens wurden deshalb Zweifel am tatsächlichen **Mehrwert** des IT-Sicherheitskennzeichens gegenüber anderen, privatwirtschaftlich vergebenen IT-Sicherheits-Siegeln laut. Das Vertrauen in die Herstellerversprechen sei nicht ausreichend und ein auf einer Konformitätserklärung basierendes Kennzeichen für den Verbraucher ohne Nutzen (→ Rn. 5).

11 Die gekennzeichneten Produkte bieten jedoch relativ zu Vergleichsprodukten in ihrer Produktgruppe ein Mindestniveau an Sicherheit, was zudem **einheitlich,** also leicht und ohne technische Vorkenntnisse vergleichbar ist. Zudem verkürzt eine solche Sicht auf das Kennzeichen dessen Mehrwert nur auf die Garantiefunktion, verkennt aber, dass das Kennzeichen auch **dynamischer** Informationsweg zwischen Verbraucher und Hersteller über die Plattform der BSI-Sicherheitsinformation ist, auf dem der Verbraucher auch über den Erklärungszeitpunkt hinaus aktuelle Hinweise zum Status des Produktes abrufen kann. Das wiederum nimmt auch den Hersteller stärker in die Pflicht, auf Sicherheitslücken zu reagieren und bekannt gewordene, dort abrufbare Lücken zu beheben oder auf vorübergehende Lösungen hinzuweisen. So kann wechselseitig für den Verbraucher ein erhebliches Maß an Vergleichbarkeit und Sicherheit geschaffen werden, der Einsatz des Herstellers dafür aber auch honoriert werden. Der Ansatz der eigenverantwortlichen Konformitätserklärung setzt dabei einen klaren Fokus auf die zügige Verbreitung des Kennzeichens auf dem Verbrauchermarkt, da gerade hinsichtlich dieser Vorteile ein unkomplizierter Zugang von Vorteil ist.

12 Die vom BSI aufgestellten IT-Sicherheitsanforderungen umfassen ausschließlich Aspekte der IT-Sicherheit und enthalten neben Maßnahmen, die überschneidend auch einen Mitnutzen für den **Datenschutz** haben, keine expliziten Vorgaben an die Einhaltung des Datenschutzes.[16] Wenngleich ein gekennzeichnetes Produkt somit als Nebeneffekt auch datenschutzsicherer sein kann, ist das IT-Sicherheitskennzeichen, auch aufgrund der Zuständigkeitsverteilung zwischen BSI und BfDI, kein Datenschutzkennzeichen.

II. Bestandteile des IT-Sicherheitskennzeichens (Abs. 2)

13 Der Verbraucher wird vorrangig den Aufkleber auf einzelnen Produktverpackungen, also das Etikett, als IT-Sicherheitskennzeichen wahrnehmen. Dahinter hat das IT-Sicherheitskennzeichen vor allem zwei im Gesetz verankerte Kernbestandteile, die sie als freiwillige dynamische Selbsterklärung ausmachen: die Herstellererklärung, mit der der Hersteller die Konformität mit den Produktkategorie-Kriterien des BSI verspricht, und die verlinkte Internetseite mit der Sicherheits-

---

[15] Vgl. BSI-Informationen zum BSZ, https://www.bsi.bund.de/DE/Themen/Unternehmen-und-Organisationen/Standards-und-Zertifizierung/Zertifizierung-und-Anerkennung/Zertifizierung-von-Produkten/Beschleunigte-Sicherheitszertifizierung/beschleunigte-sicherheitszertifizierung_node.html.

[16] BT-Drs. 19/26106, 86.

information, den gebündelten öffentlichen Informationen über die IT-Sicherheit des Produktes.

14 **1. Herstellererklärung (Nr. 1).** Die Herstellererklärung (Herstellerversprechen) wird in Nr. 1 legaldefiniert als „Zusicherung des Herstellers oder Diensteanbieters, dass das Produkt für eine festgelegte Dauer IT-Sicherheitsanforderungen erfüllt". Diese Definition ist für sich genommen aus dem umliegenden Gesetzeskontext ergänzungsbedürftig:

15 **Hersteller** ist grundsätzlich derjenige, der das Endprodukt durch die abschließende Verarbeitung oder Umbildung anfertigt, sodass es von seinen Kunden im Wesentlichen in der von ihm selbst gewählten Gestalt verwendet wird, ohne noch weiterverarbeitet zu werden – der Herstellerbegriff folgt insoweit den bekannten Begriffen aus dem allgemeinen Zivil- und Produkthaftungsrecht.[17] Hersteller können natürliche sowie juristische Personen sein. Das Gesetz spricht an dieser Stelle erstmals nicht nur von Produkten und Herstellern, sondern auch von Anbietern und Diensten. Damit soll hier nicht eine neue Kategorie von Normadressaten eröffnet, sondern klargestellt werden, dass auch Dienste als nicht-physische Produkte erfasst sein können – der Diensteanbieter gilt also analog als zB digitaler Produkthersteller, er gibt ebenso eine Herstellererklärung ab.[18]

16 Entsprechend gilt für das **Produkt,** dass nicht zwingend an den körperlichen Sachbegriff des § 90 BGB gebunden ist. Produkt kann auch ein Dienst, insbesondere zB eine Softwareanwendung, sein. Zentral ist für die Herstellererklärung vielmehr, dass es sich unter einen der Produktbegriffe in den vom BSI veröffentlichten Produktkategorien subsumieren lässt. Nur dann ist es taugliches Produkt für eine entsprechende Herstellererklärung.

17 Aus der Produktkategorie leiten sich auch die hier einschlägigen und umfassten **IT-Sicherheitsanforderungen** ab. Während deren Erstellung und Zusammensetzung im folgenden Absatz geregelt wird, ist der Bezug auf die Kriterien des BSI zwingend – die Gesetzesbegründung spricht insoweit von den hier für die Erklärung zum IT-Sicherheitskennzeichen „maßgeblichen" Anforderungen und verweist auf den folgenden Gesetzeswortlaut.[19] Nicht ausreichend ist damit die Zusicherung – auch anerkannter – anderer Sicherheitsanforderungen, auch wenn diese von vergleichbarer Qualität und Höhe sein mögen. Für die Anerkennung bereits erfüllter Anforderungen kann die Feststellung der Gleichwertigkeit für ein beschleunigtes IT-Sicherheitskennzeichenverfahren beim BSI beantragt werden.[20]

18 **Festgelegte Dauer** ist der Zeitraum, für den die Herstellererklärung abgegeben wird, also die Laufzeit der Zusage, für die sich der Hersteller bindet (→ Rn. 25, 45). Diese Laufzeit wird üblicherweise mindestens zwei Jahre betragen, kann aber je nach Produktkategorie auch anderweitig vom BSI festgelegt werden (→ Rn. 25).[21] Eine Laufzeitverlängerung wird durch entsprechenden Verlängerungsantrag vor dem Ablauf der initialen Laufzeit erwirkt.

---

17 BeckOK BGB/*Förster,* ProdHaftG § 4 Rn. 8 mVa Staudinger/*Oechsler,* ProdHaftG § 4 Rn. 13; *Grüneberg/Sprau,* ProdHaftG § 4 Rn. 3; BeckOK IT-Recht/*Borges,* ProdHaftG § 4 Rn. 21 f.; MüKoBGB/*Füller,* § 950 Rn. 4 ff.

18 Vgl. auch § 2 Nr. 1 BSI-ITSiKV; eine „Diensteanbietererklärung" oÄ gibt es nicht.

19 BT-Drs. 19/26106, 86.

20 § 6 BSI-ITSiKV.

21 § 8 BSI-ITSiKV.

19 Die eigentliche **Zusicherung** ist ein „Versprechen" des Herstellers und liegt damit freiwillig allein in dessen Sphäre, nur dieser ist also für deren Wahrheitsgehalt und die Einhaltung verantwortlich. In dieser Erklärung drückt der Hersteller aus, dass er dafür einsteht, dass das jeweilige Produkt – im vom BSI gegebenen Rahmen – die festgelegten Vorgaben erfüllt und für die jeweils maßgebliche Dauer der Herstellererklärung auch weiterhin erfüllen wird.[22]

20 **2. Sicherheitsinformation (Nr. 2).** Die Sicherheitsinformation ist eigentlich eine Bündelung und insoweit eine Sammlung von Informationen, die zu den „IT-sicherheitsrelevanten Eigenschaften" des Produktes öffentlich vorliegen. **IT-sicherheitsrelevante Eigenschaften** sind dabei – bewusst weit – alle Merkmale des Produktes, welche Einfluss auf die Vertraulichkeit, Integrität oder Verfügbarkeit des Produktes haben oder mit der Herstellererklärung und den damit verbundenen Herstellerpflichten zusammenhängen. Das gilt nicht nur für Informationen, die bei Antragsstellung vorlagen, sondern auch darüber hinaus für solche, die während der Laufzeit des Sicherheitskennzeichens öffentlich bekannt werden. Hier zeigt sich die **dynamisch-hybride** Ausgestaltung des IT-Sicherheitskennzeichens, die der Gesetzgeber auch so explizit in der Gesetzesbegründung zum Kernbestandteil des Kennzeichens gemacht hat: Die hybride Ausgestaltung bedeutet, dass neben der reinen Erklärung gegenüber Prüfungskriterien auch eine weiterführende, immer aktuell abrufbare Information für den Verbraucher über einen Verweis (QR-Code, Link) erfolgt, welchen dieser bei Kauf unmittelbar zur schnellen, **gebündelten Information** aufrufen kann. Über diesen Verweis werden auf der Produktinformationsseite die weiterführenden Sicherheitsinformationen dargestellt (sog. **„elektronischer Beipackzettel"**[23]), welche den Verbraucher ohne Rechercheaufwand gebündelt mit den grundlegenden aktualisierten Informationen über das Produkt versorgen.[24] Die Sicherheitsinformation nimmt dabei dem Verbraucher die erste händische Suche nach aktuellen Sicherheitslücken ab und gibt dem Hersteller die Möglichkeit, bereits erfolgte Nachbesserungen durch Updates oder Patches direkt an den Kunden zu kommunizieren.

21 Der Hersteller hat dafür gegenüber dem BSI die Pflicht, ihm bekannte **IT-sicherheitsrelevante Informationen** für die Sicherheitsinformation sowie den Stand der Nachbesserung auf der Produktinformationsseite **anzuzeigen.**[25] Weiterhin darf das BSI auf eigene Quellen zurückgreifen, soweit dabei keine Informationen bekannt gegeben werden, die besonderem Schutz als zB Verschlusssache unterliegen. Zu diesen Informationen gehören zB auch eventuelle Ergebnisse aus der Überprüfung des Herstellers im Rahmen des Abs. 8. Die Information soll hierbei gerade auch dem Hersteller dazu dienen, den Stand der Nachbesserung anzuzeigen und danach die Behebung gegenüber veralteten Informationen an den Kunden kommunizieren zu können – Ziel ist die **Behebung** etwaiger Sicherheitslücken, nicht eine Prangerwirkung gegenüber dem Hersteller. Die durch das Bundesamt auf der Produktinformationsseite zu veröffentlichenden Informationen werden deshalb in geeigneter Weise, angelehnt an das „Responsible Disclosure-Verfahren" dem Hersteller vorher mit der Gelegenheit zur Stellungnahme und Behebung zu

[22] BT-Drs. 19/26106, 86.
[23] *Hornung,* NJW 2021, 1985 Rn. 37.
[24] BT-Drs. 19/26106, 85.
[25] Vgl. auch § 7 Abs. 1 BSI-ITSiKV.

Kenntnis gegeben.[26] Nur in Ausnahmefällen, wenn gewichtige Gründe zum Schutz der Verbraucherinnen und Verbraucher eine sofortige Maßnahme erfordern, handelt das BSI sofort, der Hersteller wird dann zeitgleich informiert.[27]

III. IT-Sicherheitsanforderungen (Abs. 3)

Die **Hauptaufgabe des BSI** für das IT-Sicherheitskennzeichens liegt **im Vorfeld** seiner Freigabe in der Erarbeitung der allgemeinen Sicherheitsanforderungen in Form eines gemeinsamen Kriterienkatalogs für alle Hersteller in einer Produktkategorie.[28] Die IT-Sicherheitsanforderungen umfassen grundsätzlich ausschließlich Aspekte der IT-Sicherheit (→ Rn. 12). Es legt damit die Grundlage für die Herstellererklärungen, die durch den Bezug auf dieselben Anforderungen **vergleichbar** werden. Das Bundesamt bestimmt dazu zunächst die Produktkategorie, für welche es die Freigabe des IT-Sicherheitskennzeichens öffnen möchte, und veröffentlicht dann die für diese Produktkategorie einschlägigen IT-Sicherheitsanforderungen.[29] 22

Solche Sicherheitsanforderungen ergaben sich bereits in der Vergangenheit für bestimmte Produktbereiche aus **Technischen Richtlinien** des Bundesamtes **(BSI-TR),** weshalb auch § 9c darauf verweist. Der Gesetzgeber hat jedoch nicht ausschließlich auf BSI-TR abgestellt. Sofern bereits eine Norm, ein Standard oder eine **branchenabgestimmte IT-Sicherheitsvorgabe (BSV)** zu derselben Produktkategorie etabliert sind, soll diesen grds. Vorrang gegeben werden. Dafür soll das BSI in einem Verfahren feststellen, ob nicht schon diese ausreichend geeignete Anforderungen für die Kategorie aufstellen. Die Technischen Richtlinien oder branchenabgestimmten Sicherheitsvorgaben sollen internationale und europäische Normen und Standards berücksichtigen und zur Anwendung bringen.[30] Die Änderung sollte damit die **Berücksichtigung bestehender Normen und Standards** als Grundlage für die IT-Sicherheitsanforderungen ermöglichen und einen potenziellen Konflikt zwischen verschiedenen bestehenden Normen, Standards, branchenabgestimmten IT-Sicherheitsvorgaben und den Sicherheitsvorgaben aus den Technischen Richtlinien auflösen.[31] Sie enthält somit den Auftrag an das BSI, vor Erstellung einer neuen Technischen Richtlinie anderweitig bestehende einschlägige Kriterien zu sichten und miteinzubeziehen, sodass Hersteller, die mit ihren Produkten bereits anderen Regelungen entsprechen, nicht unnötig vor divergierende Anforderungen gestellt werden. Einen zwingenden Vorrang oder einen verpflichtenden **Anspruch** auf die Feststellung, seitens der Hersteller oder anderer Dritter gegenüber dem BSI, begründet sie hingegen nach ausdrücklichem Gesetzeswortlaut nicht. Anders als bei Feststellungsantragsverfahren für branchenspezifische Sicherheitsstandards nach § 8a Abs. 2 (B3S), besteht hier aufgrund der abweichenden Formulierung auch kein Anspruch auf eine ablehnende Feststellung. Das Bundesamt kann – und sollte – entsprechend von Amts wegen die Geeignetheit prüfen.[32] 23

---

26 BT-Drs. 19/26106, 86.
27 BT-Drs. 19/26106, 88.
28 BT-Drs. 19/26106, 86.
29 § 11 Abs. 1 BSI-ITSiKV.
30 BT-Drs. 19/26106, 86, entspr. § 11 Abs. 2 BSI-ITSiKV.
31 BT-Drs. 19/28844, 45.
32 § 10 Abs. 1 BSI-ITSiKV.

24 Sofern keine positive Feststellung der Geeignetheit vorliegt, sind die vom BSI zur Produktkategorie veröffentlichten Technischen Richtlinien maßgeblich. In S. 2 sieht das Gesetz den Fall vor, dass eine Feststellung der Geeignetheit anderer Anforderungen nicht erfolgreich getroffen werden konnte, aber auch noch keine Richtlinie für die Produktkategorie vorliegt. Da das BSI regelmäßig gefordert sein wird, die Feststellung und Erarbeitung der einschlägigen BSI-TR bereits im Vorfeld der Veröffentlichung der Produktkategorie vorzunehmen, dürfte dieser Fall jedoch in der Praxis kaum vorkommen. Hat das BSI noch keine BSI-TR veröffentlicht, ist die Freigabeerteilung schlicht noch nicht möglich. Erheblicher ist die Rangfolge, welche bei Erfassung eines **Produkts unter mehreren Anforderungen** bestimmt wird: Vorrangig einschlägig ist die speziellere, in der Regel auch höhere Anforderung nach dem allgemeinen Grundsatz lex specialis derogat legi generali, wobei es dem BSI obliegen dürfte, im Zweifelsfall zwischen vollständig und nur teilweise überlappenden technischen Anforderungen die speziellere Vorschrift zu identifizieren.[33] Erstaunlich erscheint die mögliche Durchbrechung dieses Prinzips gemäß der Gesetzesbegründung, wenn ein branchenspezifischer Standard spezieller sein sollte als eine BSI-TR: Wird ein Produkt sowohl von einer Technischen Richtlinie als auch von branchenabgestimmten Sicherheitsvorgaben erfasst, ist nur die Technische Richtlinie maßgeblich.[34]

25 Das Gesetz lässt die **Dauer (Laufzeit),** für welche die Antragssteller die Konformität mit den IT-Sicherheitsanforderungen erklären, bewusst offen: Der dafür maßgebliche Zeitraum soll für unterschiedliche Produktkategorien vom BSI unterschiedlich festgelegt werden können, da auch der gewöhnliche Lebenszyklus der Produkte verschiedener Kategorien **unterschiedlich** ausfällt. Deshalb werden die Dauer der Herstellererklärung und der maßgebliche Zeitpunkt für den Beginn nicht pauschal im Gesetz festgelegt, sondern der Rechtsverordnung, bzw. den Technischen Richtlinien oder branchenabgestimmten IT-Sicherheitsvorgaben überlassen.[35] Die Rechtsverordnung konkretisiert die grundsätzliche Laufzeit auf **regelmäßig zwei Jahre,** überlässt aber wiederum dem BSI die Festlegung einer kategoriespezifischen abweichenden Laufzeit.[36]

IV. Freigabeverfahren (Abs. 4)

26 Die zweite, vorrangig **prozessuale Aufgabe** des BSI findet **bei Vergabe** des Kennzeichens statt, genauer in der Durchführung des Freigabeverfahrens und der Verwaltung des IT-Sicherheitskennzeichens.

27 **1. Freigabevoraussetzung (S. 1).** Die Freigabe durch das Bundesamt ist **zwingende Voraussetzung** für die Verwendung des IT-Sicherheitskennzeichens. Wird das Sicherheitskennzeichen anderweitig verwendet, unabhängig von der Form seiner Verwendung, Vorsatz oder Fahrlässigkeit, knüpft hieran der **Bußgeldtatbestand** nach § 14 Abs. 2 Nr. 11 an. Die Arten der Verwendung, die in § 9 BSI-ITSiKV aufgeführt werden, haben für den im BSIG verwendeten Begriff Indizwirkung, indem sie ihn ausfüllen, sind jedoch nicht abschließend. Zweck der Freigabevoraussetzung ist die Kenntnis und jedenfalls so weit gehende Kontrolle, wie sie im Gesetz vorgesehen ist, über die Verwendung und den Rahmen der Verwendung des

[33] *Vranes,* ZaöRV 2005, 391 ff.
[34] BT-Drs. 19/26106, 87.
[35] BT-Drs. 19/26106, 87.
[36] § 8 Abs. 1 BSI-ITSiKV.

nationalen Sicherheitskennzeichens. Damit soll, neben der Prüfung der Voraussetzungen nach Abs. 5, vor allem der Informationskanal zum Verbraucher durch die Produktseite sichergestellt werden als Grundlage der besonderen Dynamik des nationalen Kennzeichens und des damit einhergehenden Verbrauchervertrauens. Alle Produkte, für die das IT-Sicherheitskennzeichen verwendet wird oder wurde, müssen durch das BSI mit einer aktuellen und zutreffenden Produktseite gelistet sein – und das ist nur sichergestellt, wenn das BSI diese Seite mit der Freigabeerteilung erstellt hat.

2. Antragsbearbeitung und Kosten (S. 2, 3, 6). Auch wenn das IT-Sicher- 28
heitskennzeichen im Kern eine Herstellererklärung ist, bedarf es für die Ausgestaltung des prozessualen Rahmens eines grundsätzlichen **Antragsverfahrens,** über welches das BSI verfügt. Das BSI ist darin die Annahmestelle für den Antrag, bestätigt den vollständigen Eingang der Antragsunterlagen und prüft ihn grundlegend auf Plausibilität. Die Plausibilitätsprüfung erfolgt dabei primär auf Grundlage der beigefügten Unterlagen.

Für den Antrag stellt das Bundesamt entsprechende **Antragsformulare** und 29
weiterführende Hinweise auf seiner Internetseite zur Verfügung.[37] Der Umfang der dem Antrag beizufügenden **Unterlagen** ergibt sich aus den **Verfahrensbeschreibungen** des Bundesamtes, welches darin festlegt, welche Unterlagen es grundsätzlich für die Plausibilitätsprüfung benötigt und welche zusätzlichen Unterlagen zum weiteren Beleg der Erklärung beigefügt werden können. Das Bundesamt ist nicht verpflichtet, alle darüber hinaus von Antragssteller eingereichten Unterlagen zu sichten und in die Bewertung miteinzubeziehen, wenn sich dafür nicht eine besondere Notwendigkeit ergibt. Das dient auch der Begrenzung des Zeitaufwandes und der daraus entstehenden Kosten für den Antragssteller.

Die **Verwaltungsgebühr** für die Antragsbearbeitung hat das BSIG der optiona- 30
len Ausgestaltung durch Verordnung oder das BSI überlassen. Diese Ausgestaltung ist verbindlich in der Anlage zu § 2 Abs. 1, Abschn. 7 Nr. 6 BMIBGebV getroffen worden. Das BSI erhebt danach **grundsätzlich immer** Verwaltungsgebühren als Zeitgebühr iSd § 11 Nr. 2 BGebG. Es kann nur dann von der Erhebung einer Verwaltungsgebühr komplett absehen, wenn es sich bei dem Antrag um einen offensichtlichen Fehlantrag handelt, der ohne nennenswerten Zeitaufwand sofort weiterverwiesen wird – dies wird insbesondere bei Anträgen der Fall sein, die ein tatsächliches Zertifizierungs- und damit Prüfungsbegehren zum Gegenstand haben. Ähnlich dürfte der Fall gelagert sein, wenn das Produkt augenscheinlich keiner veröffentlichten Produktkategorie unterfällt. Andernfalls ist das Ermessen des BSI durch die Regelung in der BMIGebV eingeschränkt. Dennoch sollte es dazu angehalten sein, bei anderen in der Prüfung auftretenden Gründen, die eindeutig gegen die Freigabe sprechen, die weitere Prüfung und damit Entstehung von weiteren Kosten möglichst gering zu halten.

Die Verwaltungsgebühr fällt **erfolgsunabhängig,** also bei jedem Ausgang des 31
Antragsverfahrens, gleichermaßen vollständig an, insbesondere auch bei negativer Freigabeentscheidung am Ende einer umfassenden Prüfung. In der Regel dürften für eine einfache vollständige Antragsprüfung die gesamten **Antragskosten** pro Antrag regelmäßig unter 600 EUR, für eine umfassende Prüfung bei unter

[37] BSI-Hinweise zum IT-Sicherheitskennzeichen für Unternehmen, https://www.bsi.bund.de/DE/Themen/Unternehmen-und-Organisationen/IT-Sicherheitskennzeichen/it-sicherheitskennzeichen_node.html.

2.500 EUR liegen. Auf die in etwa zu erwartenden Kosten des Verfahrens weist das BSI ansonsten nach den Erfahrungen der bisher vergleichbar erfolgten Anträge auf Anfrage hin.

32 **3. Plausibilitätsprüfung (S. 4, 5).** Die unterschiedlichen Erwartungshaltungen, denen sich das IT-Sicherheitskennzeichen seit seiner Genese gegenübersieht, spiegeln sich in der Vorstellung von der **Prüftiefe** bei der „Plausibilitätsprüfung" nach Abs. 4 wider[38]. Im Vorfeld des IT-SiG 2.0 wurde wiederholt diskutiert, ob eine **vollständige technische Prüfung** durch das BSI nicht der Erwartungshaltung des Verbrauchers, der das Sicherheitskennzeichen mit Verweis auf das BSI sieht, näherkäme als eine einfache Plausibilitätsprüfung. Auch nach der klarstellenden Umbenennung des Vorhabens in ein „freiwilliges Kennzeichen" weg vom „BSI-IT-Gütesiegel" (→ Rn. 9) wurde – durchaus nachvollziehbar – die Möglichkeit gesehen, dass bei flüchtiger Betrachtung der private Käufer die Beteiligung der staatlichen Institution als inhaltliche Überprüfung des Produktes vermuten würde. Das traf auf Befürchtungen, dass das Ansehen der staatlichen Kennzeichnung allgemein Schaden nehmen könne, wenn der Verbraucher nachträglich feststellt, dass das BSI nur den Rahmen des Kennzeichens gestaltet und eine Unsicherheit des Produktes nicht ausgeschlossen werden kann.

33 Der Gesetzgeber hat sich jedoch eindeutig **gegen eine solche inhaltliche Prüfung** in der Hand des BSI entschieden.[39] Das wird einerseits mit der klaren Abgrenzung des IT-Sicherheitskennzeichens zur klassischen Zertifizierung begründet, zu der es bewusst nicht in Konkurrenz stehen sollte.[40] Andererseits ergibt sich das aus der – mit dem Fehlen einer inhaltlichen Prüfung einhergehenden – potenziell völligen Entfernung des Kennzeichens von der CSA-Konformitätserklärung, zu deren Vorbereitung es eigentlich dienen soll. Die Überführung in das europäische Kennzeichen stellte dann einen Bruch zum bisherigen, national etablierten zertifizierungsgleichen System dar. Dem politisch gewünschten zügigen Rollout des IT-Sicherheitskennzeichens stünde eine zusätzliche „kleine Zertifizierung" entlang der bereits bestehenden, teils langandauernden Zertifizierungsverfahren auch entgegen. Zuletzt ist es nicht Aufgabe des Gesetzes, der möglicherweise aus mangelnder Information entstehenden Erwartungshaltung einzelner Adressaten zu folgen, sondern der umsetzenden Behörde, umfassend über den tatsächlichen Gesetzesinhalt aufzuklären und so falsche Erwartungshaltungen zu zerstreuen.

34 Stattdessen hat der Gesetzgeber sich für eine, dem europäischen Gedanken der Selbstverpflichtung und -regulierung folgende, relativ **niederschwellige Plausibilitätsprüfung** bei Beantragung des Kennzeichens entschieden, die durch die Möglichkeiten der Marktbeobachtung und dynamischen Warnung komplementiert wird. Bei der Prüfung „nur" der Plausibilität wird die Stimmigkeit der Herstellerangaben geprüft.[41] Die Prüfung findet nach S. 4 vorrangig **„anhand der beigefügten Unterlagen"** statt, welche das BSI sichtet. Wenngleich diese Sichtung einen Anhaltspunkt für den vom Gesetzgeber vorgesehenen Prüfumfang gibt, muss sich die Prüfung nicht abschließend auf die Unterlagen stützen – aus Abs. 5 S. 1 Nr. 2 ergibt sich, dass das BSI auch zuerst die allgemeine Plausibilität der Her-

---

[38] *Kipker,* MMR-Aktuell 2021, 438414.

[39] *Hornung,* NJW 2021, 1985 Rn. 40.

[40] § 3 Abs. 1 S. 2 Nr. 5 BSIG sieht genau diese „Prüfung und Bewertung der Sicherheit von informationstechnischen Systemen oder Komponenten" vor.

[41] BeckOK MietR/*Pfeifer,* HeizkostenV § 6 Rn. 27.

stellererklärung feststellen und dann im Besonderen prüfen kann, ob die Unterlagen diese in sich plausiblen Angaben ausreichend belegen. Eine Plausibilitätsprüfung findet entsprechend grundsätzlich dann statt, wenn aufgrund von Aufgreifkriterien der **Verdacht der Implausibilität** besteht.[42] Die BSI-ITSiKV definiert letztlich die Plausibilitätsprüfung als „Sichtung der Herstellererklärung, der Angaben des Herstellers im Antrag und eventueller Unterlagen zur Ermittlung, ob die Konformität mit den vom Bundesamt festgelegten Sicherheitsanforderungen plausibel und nachvollziehbar zugesichert wird".[43] Das entspricht dem Begriffsverständnis in der Literatur, nach dem sich ein Prüfer **hinreichende Gewissheit** darüber verschaffen muss, ob die grundlegenden **Annahmen nachvollziehbar,** kohärent, realistisch und in sich widerspruchsfrei, sowie die der Darstellung zugrundeliegenden Erwartungen realitätsnah sind – für die Wahrheit und Vollständigkeit der Darstellung trägt dabei weiterhin der Antragssteller die Verantwortung.[44] Erreicht werden soll damit nicht eine technisch-inhaltliche Abschlussbewertung des Produktes, sondern der Ausschluss offensichtlich ungeeigneter oder falscher Freigabeanträge.

Die Plausibilitätsprüfung kann das BSI nach S. 5 durch qualifizierte **Dritte** vornehmen lassen. **35** Damit soll die Skalierbarkeit eines zügigen Antragsverfahrens auch bei eventueller großer Menge der Anträge – zB nach Veröffentlichung einer neuen Produktkategorie – gefördert werden. Während eine weitere Erläuterung der notwendigen Qualifikation im Gesetz nicht erfolgt, lässt der Wortlaut vermuten, dass hier eine Parallelität zu § 8a Abs. 4 S. 1 Hs. 2 beabsichtigt war. Die Anforderungen an die Qualifikation legt das BSI mithin selbst nach der Ausgestaltung der Prüfungskriterien fest. Die Hoheit über das Prüfungsverfahren verbleibt hingegen insbesondere hinsichtlich der Abschlussentscheidung beim BSI.

V. Voraussetzungen der Freigabeerteilung (Abs. 5)

Das BSI erteilt die Freigabe bei Vorliegen der Voraussetzungen – das BSI ist so- **36** mit gebunden und hat kein Ermessen. Die aufgelisteten Voraussetzungen der Freigabeerteilung spiegeln im Wesentlichen die in den vorherigen Absätzen geregelten Maßnahmen.

Der Antrag muss sich nach **S. 1 Nr. 1** auf ein Produkt beziehen, das nicht nur zu **37** einer Technischen Richtlinie passt, sondern auch einer vom BSI **aktuell veröffentlichten Produktkategorie** nach Abs. 1 unterfällt (→ Rn. 8). Diese Einschränkung ist erforderlich, da Technische Richtlinien auch abstrakt verschiedenste Produktkategorien erfassen können und daher zur Begrenzung der Produktkategorien, für die das IT-Sicherheitskennzeichen verfügbar sein soll, nicht geeignet sind.[45] Entsprechend ergibt sich in Verbindung mit der folgenden Nummer auch die Voraussetzung, dass **prüftaugliche Sicherheitsanforderungen** für die Produktkategorie bestehen. Nicht mehr unterstützte Produktkategorien, für welche das BSI keine Anforderungen mehr bereitstellt, sind daher gleichermaßen ausgeschlossen. Das BSI ist gehalten, den Hersteller bei Anträgen für Produkte, die unmittelbar erkennbar einer Produktkategorie unterfallen, jedoch diese nicht oder falsch benennen, auf die Änderung des Antrags zur Abwendung der Ablehnung hinzuweisen.

---

42 Vgl. *SG München,* Urt. v. 25.3.2021 – S 38 KA 262/19, BeckRS 2021, 9539 Rn. 23.
43 § 2 Nr. 6 BSI-ITSiKV.
44 Vgl. MüKoHGB/*Ebke,* § 317 Rn. 81; auch *Eiben/Boesenberg,* NJW 2013, 1398 ff.; Spickhoff/*Clemens/Palsherm,* SGB V § 106d Rn. 9.
45 BT-Drs. 19/26106, 87.

Anträge, die sich auf erst zukünftig festgelegte Produktkategorien beziehen, können vorgehalten werden, soweit die Veröffentlichung unmittelbar bevorsteht.

38 Gemäß **S. 1 Nr. 2** muss eine ordnungsgemäße Herstellererklärung zusammen mit den erforderlichen Unterlagen vorliegen (→ Rn. 14, 29) und die diesbezügliche Plausibilitätsprüfung (→ Rn. 32) des gesamten Antrags durch das BSI erfolgreich sein. Diese inhaltlich **weiteste Voraussetzung** umfasst gleichermaßen sämtliche **Bestimmungen zur Herstellererklärung** aus der BSI-ITSiKV. Die Plausibilität erfordert ebenso, dass keine bekannten oder anderweitig offensichtlichen Gründe nach Abs. 8 vorliegen, die zu einer unmittelbaren entsprechenden Maßnahme des BSI führen müssten.

39 Nach **S. 1 Nr. 3** muss die **Verwaltungsgebühr** (→ Rn. 30 f.) beglichen worden sein. Da diese sich als **Zeitgebühr** erst abschließend erheben lässt, wenn die Prüfung vollständig abgeschlossen worden ist, liegt damit der Zeitpunkt der Freigabeerteilung hinter dem Zeitpunkt des positiven Prüfungsabschlusses. Um der gewünschten Schnelligkeit des Antragsverfahrens Genüge zu tun, kann es hier in Eilfällen sinnvoll sein, die erwartete Gebühr als Vorabzahlung zu erbringen, wodurch das BSI unmittelbar nach der Prüfung die Freigabe mit der Rückzahlung des Überschusses an den Antragsteller veranlassen kann.

Die S. 2 und 3 regeln abseits der vorangegangenen Voraussetzungen das weitere Antrags- und Erteilungsverfahren, wozu umfänglich auf die BSI-ITSiKV verwiesen wird.[46] So erfolgt gemäß § 5 Abs. 1, 6 iVm § 11 Abs. 1 S. 2, 3 BSI-ITSiKV eine Entscheidung über die Erteilung des IT-Sicherheitskennzeichens schriftlich und regelmäßig binnen 6 Wochen, wenn das BSI keine besondere Prüfungsfrist für die Produktkategorie veröffentlicht hat.

VI. Verwendung des IT-Sicherheitskennzeichens (Abs. 6)

40 Die Sichtbarkeit für die Verbraucherinnen und Verbraucher ist wesentliche Voraussetzung für deren informierte Kaufentscheidung.[47] Danach richtet sich grundlegend die in Abs. 6 geregelte zulässige Verwendung des IT-Sicherheitskennzeichens:

41 Die zulässige Verwendung besteht in der Praxis aus der Nutzung des produktspezifischen IT-SiK-**Etiketts**[48], welches für jedes Produkt mit einem **individuellen QR-Code** und Link auf die zugehörige vom BSI betriebene **Produktseite** (auch Produktinformationsseite, zugehörige Website, Produkt-Landingpage[49]) ausgestellt wird. Das Bundesamt legt zunächst die grundsätzliche grafische Gestaltung des Sicherheitskennzeichens sowie des Etiketts fest und veröffentlicht diese auf seiner Internetseite. Es erstellt daraus das produktspezifische Etikett und stellt dieses dem Antragsteller mit der Freigabeerteilung zur Verfügung, welcher ein für die Dauer der Freigabe befristetes Nutzungsrecht daran erhält. Die Freigabe umfasst ausschließlich diese, keine von diesen Vorgaben **abweichende Gestaltung,** zB mit zu kleinem Aufdruck, grafischen Anpassungen, Zusätzen oder modifizierten Links.[50]

---

[46] Insb. §§ 4, 5, 6, 10, 11 BSI-ITSiKV.

[47] BT-Drs. 19/26016, 87.

[48] Vgl. Definition in § 2 Nr. 9, § 3.

[49] In Abs. 6 S. 4 „Internetseite des Bundesamtes", in § 2 Nr. 8 BSI-ITSiKV „zugehörige Website", gemeint ist trotz uneinheitlichen Begriffs immer dieselbe jeweils produktspezifische Unterseite des BSI.

[50] § 9 Abs. 1 BSI-ITSiKV.

Das Etikett ist **physisch** am Produkt anzubringen, regelmäßig auf der Umverpackung – als zusätzlicher Aufkleber oder schon im Druck der Verpackung. Möglich ist theoretisch auch die Anbringung direkt auf dem Produkt selbst, wenn das Produkt ohne Umverpackung vertrieben werden soll. Relevant ist, dass der Käufer das Sicherheitskennzeichen **vor dem Kauf wahrnehmen** und dem Link folgen kann. Denn das IT-Sicherheitskennzeichen kann nur dann die gewünschte Wirkung im Rahmen der Kaufentscheidung entfalten, wenn dieses mit dem Produkt oder dessen Umverpackung verbunden wird – wichtig ist dafür die sofortige Sichtbarkeit für den Verbraucher.[51] Das Kennzeichen ist somit zwingend **vollständig sichtbar** und gut lesbar abzudrucken, sodass über die Verweise auf die Produktseite zugegriffen werden kann, weil sonst ähnlich der Umgestaltung der Informationszweck unterlaufen würde. Eine Verwendung außerhalb der Freigabe erfüllt den Tatbestand nach § 14 Abs. 2 Nr. 11. 42

Die physische Anbringung des Etiketts ist nach S. 1 Hs. 1 verbindlich. Da ein Großteil der Käufe auch über Fernabsatzmodelle erfolgt, ist das IT-Sicherheitskennzeichen daneben auch **zusätzlich elektronisch** nutzbar und muss durch das BSI dem Antragssteller entsprechend zur Verfügung gestellt werden.[52] Da im Regelfall gerade für den weniger technikaffinen Verbraucher die physische Sichtbarkeit von hoher Bedeutung ist, kann das Kennzeichen „auch elektronisch", nicht alternativ elektronisch, veröffentlicht werden. Nur in begründeten Ausnahmefällen, in denen eine physische Anbringung unmöglich ist, kann das BSI die **ausschließlich elektronische Verwendung** gestatten, die dann zwingend ist.[53] Für die elektronische Nutzung gelten die Regelungen zur physischen Nutzung entsprechend. Der Link ist als anklickbarer Link auszugestalten, der unmittelbar auf die zugehörige Produktseite des BSI weiterleitet. 43

Die Nutzung des IT-Sicherheitskennzeichens zu **Werbezwecke**n ist erlaubt und im Sinne der beabsichtigten Verwendung explizit erwünscht.[54] Die BSI-ITSiKV differenziert insoweit – anders als Abs. 6 – zwischen Herstellern und Verkäufern: Während § 9 Abs. 1 und 2 BSI-ITSiKV reine Herstellerverwendungsrechte regelt, bestimmt § 9 Abs. 3 BSI-ITSiKV für die Laufzeit der Freigabe auch ein originäres Verwendungsrecht auch des **Verkäufer**s[55] für das produktspezifische Etikett. Das Verwendungsrecht gilt ausschließlich **gegenüber dem BSI** zu Werbezwecken für das Produkt und berührt insbesondere die Rechtsbeziehungen zwischen Hersteller und Verkäufer nicht. Für den Verkäufer gelten die Vorschriften der § 9c Abs. 4 S. 1 und Abs. 6 genauso wie für den Hersteller, da diese Regelungen nicht zwischen Herstellern und Verkäufern differenzieren; er ist für die Richtigkeit und Zulässigkeit der von ihm vorgenommenen Nutzung verantwortlich und kann, wie jeder Dritte, selbst Adressat der Bußgeldvorschriften aus dem BSIG sein. 44

VII. Erlöschen der Freigabe (Abs. 7)

Die Freigabe erlischt regelmäßig nach Ablauf der festgelegten **Laufzeit.** Zudem kann der Antragssteller schon zuvor seine Verwendung durch „Rücknahmeerklärung" mit gleicher Wirkung zurücknehmen. Terminologisch wird hierfür die 45

---

[51] BT-Drs. 19/26016, 87.
[52] BT-Drs. 19/26016, 87, § 9 Abs. 1 BSI-ITSiKV.
[53] Abs. 6 S. 1 aE iVm S. 3.
[54] BT-Drs. 19/26016, 87.
[55] Definiert nach § 2 Nr. 3 BSI-ITSiKV.

Rücknahmeerklärung etwas missverständlich in der Gesetzesbegründung erklärt, wenn diese davon spricht, dass der Antragssteller damit „seinen Antrag zurücknimmt".[56] Während die Antragsrücknahme im noch laufenden Antragsverfahren vor Erteilung der Freigabe ohnehin möglich ist, wird hier die Rücknahme des Sicherheitskennzeichens auch nach erfolgter Freigabe adressiert und ausdrücklich erwähnt. Damit soll dem Antragssteller die Option eingeräumt werden, bei Unmöglichkeit oder Unwirtschaftlichkeit der Aufrechterhaltung des Herstellerversprechens einen selbstgewählten Ausstieg aus der Kennzeichnung zu haben. Diese Einräumung erfolgt spiegelbildlich zur Freiwilligkeit des Antrags. Zurückgenommen wird also nicht der schon abschließend positiv beschiedene Antrag, sondern die Verwendung des IT-Sicherheitskennzeichens.

46 Die Auflistung der Erlöschensgründe in Abs. 7 ist **nicht abschließend.** Zum Erlöschen der Freigabe führen gleichermaßen die allgemeinen Unwirksamkeitsgründe sowie insbesondere der Widerruf der Freigabe durch das BSI gemäß dem nachfolgenden Abs. 8 Nr. 2.

47 In jedem Fall nimmt das BSI zeitnah einen Hinweis auf das **Erlöschen auf der Produktseite** in der **Sicherheitsinformation** mit auf – diese Aufnahme ist keine Ermessensvorschrift, sondern zwingend. Auffällig ist hier, dass das Gesetz ein sehr **weites Verständnis** der Sicherheitsinformation zugrunde legt: Mit Aufnahme des Erlöschens durch Laufzeitende sind nach dem Verständnis des Gesetzgebers auch solche Informationen Sicherheitsinformationen, die keine bekannte Sicherheitslücke oÄ, sondern „nur" den Zustand der Freigabe oder des Verfahrens beim BSI betreffen. Denn nur die Tatsache, dass für ein Produkt die Freigabe abgelaufen ist, ist eigentlich – gerade bei „natürlichem" Zeitablauf – keine Information über eine sicherheitsrelevante IT-Eigenschaft des Produktes, also eine Sicherheitsinformation nur im weiteren Sinne. Die tatsächlichen IT-Eigenschaften des Produktes ändern sich durch die Meldung, die hiernach als Sicherheitsinformation verstanden wird, nicht. Als **Hinweis** sind sie trotzdem Teil der Sicherheitsinformation im weiteren Sinne, die auf der Produktseite zu veröffentlichen ist.

48 Inwieweit dabei auf die Gründe und Erwägungen im Hintergrund des Erlöschens eingegangen wird, ist nicht vorgegeben. Das Erlöschen auch durch Laufzeitablauf soll dem Wortlaut nach in die Sicherheitsinformation aufgenommen werden – gerade unter Berücksichtigung des weiten Sicherheitsinformationsbegriffs ist es dort indes eigentlich nur dann richtig und dem Hersteller gegenüber fair verortet, wenn zu den **Erlöschensgründen** auch inhaltlich etwas ausgeführt wird. Das spricht dafür, in dem Hinweis diese jedenfalls grob anzugeben. Sowohl aus Verbraucher-, als auch aus Herstellersicht ist es von erheblicher Relevanz, ob die Freigabe für ein Produkt wegen zB gravierender Sicherheitslücken, die zu einem Widerruf in der Laufzeit geführt haben, oder nur „natürlich" durch Laufzeitende erloschen ist. Dabei ist auch zu beachten, dass der Hersteller eines abgelaufenen gekennzeichneten Produktes nach dem Zweck des Gesetzes nicht schlechter gestellt werden sollte als der eines nie gekennzeichneten.

VIII. Überprüfung der Einhaltung und Aufsicht (Abs. 8, 9)

49 Abschließend geregelt wird die letzte Aufgabe des BSI in der „Nachfolge" der Freigabe: die mindestens stichprobenartige Prüfung der **Einhaltung der Freigabevoraussetzungen** und Aufsicht über die Laufzeit der Herstellererklärung hin-

[56] BT-Drs. 19/26016, 87.

weg. Da der Erhalt des Sicherheitskennzeichens für eine zügige breite Marktwirkung mit nur geringem Prüfaufwand möglich sein soll, gleicht diese **nachträgliche Überprüfungsmöglichkeit**[57] etwaige Veränderungen zum oder nach dem Antragsverfahren aus.

50 **1. Marktaufsicht (Abs. 8 S. 1).** Die hiermit durch das Gesetz festgelegte **Marktaufsicht** über die gekennzeichneten Produkte ist auf den ersten Blick als Ermessensvorschrift ausgestaltet, das BSI „kann" prüfen. Ein zweiter Blick auf den Erfüllungsaufwand, der „für die erforderlichen Arbeiten inklusive der im Sinne einer Marktaufsicht anstehenden Prüfungen und Kontrollen" 25 zusätzliche Planstellen/Stellen vorsieht,[58] zeigt jedoch, dass es dem Gesetzgeber hier nicht um eine Ermessensentscheidung grundsätzlich für oder gegen eine Aufsicht geht, sondern um die Einräumung des Ermessens für das BSI, im Einzelfall prüfend tätig zu werden oder nicht. Ebenso freigestellt ist die Art und Weise der Prüfung, wobei die Gesetzesbegründung ausdrücklich **anlassbezogen und anlasslos** Prüfungen in Bezug auf „die Herstellererklärung sowie die sonstigen möglichen Sicherheitslücken in regelmäßigen Abständen oder auch anlassbezogen" vorsieht.[59] Anlass zur Prüfung können demnach zB bekanntgewordene Schwachstellen zum betreffenden Gerät, der verwendeten Technologie oder sogar ähnliche Geräte des gleichen Herstellers sein, die noch kein IT-Sicherheitskennzeichen tragen.[60] Dabei sind sowohl veröffentlichte, als auch dem BSI unveröffentlicht erklärte Schwachstellenmeldungen zu berücksichtigen, soweit sie nach Form und Begründung erst zu nehmen sind. Vordringliches Ziel ist jedoch auch hier immer die zügige **Behebung** und Kommunikation der Behebung festgestellter Sicherheitsmängel, nicht eine Pranger-Wirkung gegen den Hersteller.

51 Für die Ausgestaltung der Marktaufsicht wird in Abgrenzung zu den vorangehenden Absätzen nicht auf eine Rechtsverordnung nach § 10 Abs. 3 verwiesen. So finden sich in der BSI-ITSiKV dazu nur grundlegende Vorgaben.[61] Entsprechende grundlegende Festlegungen zu den diesbezüglichen **Rahmenbedingungen** wird das BSI dennoch, soweit sie nicht trotzdem in der BSI-ITSiKV aufgenommen werden, in Form von eigenen Veröffentlichungen treffen müssen, um ein transparentes und gleiches Aufsichtsverfahren für alle Verwender des Sicherheitskennzeichens zu gewährleisten.

52 **2. Maßnahmen zum Vertrauensschutz (Abs. 8 S. 2).** Stellt das BSI fest, dass Abweichungen von der abgegebenen Herstellererklärung oder Sicherheitslücken vorliegen, kann das Bundesamt nach S. 2 die „**geeigneten Maßnahmen** zum Schutz des Vertrauens der Verbraucher in das IT-Sicherheitskennzeichen" treffen.

53 Die wohl effektivste, jedenfalls aber schnellste Maßnahme ist nach **Nr. 1** die **Veröffentlichung** von Informationen über die Abweichungen oder Sicherheitslücken in der Sicherheitsinformation, also **auf der BSI-Produktseite,** auf welche das produktspezifische Etikett verweist. Wenn und soweit bei dieser Prüfung Abweichungen oder Sicherheitslücken auffallen, kann das Bundesamt diese auch im Rahmen der Sicherheitsinformationen zum Produkt aufführen.[62] Das BSI kann

---

[57] *Hornung,* NJW 2021, 1985 Rn. 40.
[58] BT-Drs. 19/26016, 37.
[59] BT-Drs. 19/26016, 87.
[60] BT-Drs. 19/26016, 87.
[61] § 8 Abs. 4; § 12 BSI-ITSiKV.
[62] BT-Drs. 19/26016, 88.

entsprechend dem weiten Sicherheitsinformationsbegriff (→ Rn. 57) hierüber auch kurzfristig Informationen über laufende Prüf- und Widerrufsverfahren oder Ergebnisse veröffentlichen. Die Information ist mangels Regelungswirkung kein eigenständiger Verwaltungsakt gemäß § 35 Abs. 1 VwVfG, da sie nur im Rahmen der bereits getroffenen Freigabeentscheidung die Besucher der Produktseite informiert.

54 Daneben ist gemäß **Nr. 2** ein gesetzlicher **Widerrufsvorbehalt** für jede Freigabeerteilung vorgegeben. Diese findet sich entsprechend in § 8 Abs. 4 BSI-ITSiKV konkretisiert. Die Gesetzesbegründung führt dazu aus, in Ausübung des pflichtgemäßen Ermessens könne das Bundesamt alternativ auch die Freigabe des IT-Sicherheitskennzeichens widerrufen und damit die weitere Verwendung untersagen.[63] Diese, zunächst überraschende, Alternativität zwischen Information oder Widerrufsverfahren sieht auch der Gesetzeswortlaut vor. Eine Rücknahme der Sicherheitsinformation oder Nicht-Information bei so schweren festgestellten Abweichungen, dass sogar ein Widerruf gerechtfertigt ist, scheint wenig eingängig. Die Alternativität dient aber der Entscheidung, die das BSI bewusst für die Notwendigkeit eines Widerrufs treffen muss. Denn auch wenn das Gesetz keine Rangfolge zwischen den Nummern vorsieht, ist aufgrund der höheren Eingriffsintensität der Widerruf der Freigabe grundsätzlich eskalierend nach Nr. 1 zu wählen. Die **Information** über den Widerruf und die entsprechenden Gründe sieht das Gesetz dann, kumulativ bzw. weiterhin parallel über S. 3 vor:

55 Nach **S. 3** wird die Veröffentlichung über die Sicherheitsinformation im Sinne des Nr. 1 zusätzlich **erweitert** – und zwar durch den Verweis auf Abs. 7 S. 2, im Gegensatz zu Nr. 1, ohne Ermessen: Das Bundesamt nimmt entsprechend bei einem Widerruf zwingend bereits einen **Hinweis** auf das Widerrufsverfahren in die Sicherheitsinformation auf. Da S. 3 aber auch für Nr. 1 gilt, nach der ohnehin schon eine Information über die Abweichungen oder Sicherheitslücken in geeigneter Weise in der Sicherheitsinformation veröffentlicht wird, muss er sehr weit ausgelegt werden, da er sonst hier ohne Anwendungsbereich bliebe. Hinweise, die – noch – keine vollständigen, entsprechenden oder abschließenden Informationen sind, können durch das BSI also wohl bereits zuvor in die Sicherheitsinformation aufgenommen werden, solange sie als Hinweis gekennzeichnet werden.

56 **3. Verfahrensvoraussetzungen und Warnung (Abs. 9).** Der S. 1 stellt nur eine **Verfahrensvoraussetzung zur Ergreifung der Maßnahmen** nach Abs. 8 dar und ist insoweit unmittelbar in diesen hineinzulesen: Dem Verwender des Sicherheitskennzeichens soll eine angemessene Frist zur Beseitigung der festgestellten Abweichungen gegeben werden.[64] Das wird häufig zweckmäßigerweise mit einer sehr kurzfristigen anhörungsähnlichen Möglichkeit zur Stellungnahme einhergehen, auch wenn diese im Gesetz nicht genannt wird. Ausnahmsweise nicht gilt dies nur bei besonderer Schutzwürdigkeit der Verbraucherinnen und Verbraucher, wenn gewichtige Gründe der Sicherheit der Produkte eine sofortige Maßnahme erfordern.[65] Zentral ist, dass ein **ordnungsgemäßer Ausgleich** einerseits zugunsten des Informationsinteresses und Vertrauens der Verbraucher in das Kennzeichen hergestellt wird, ohne andererseits den Hersteller mit den Maßnahmen aus Abs. 8 zu „überrumpeln". Dieser Ausgleich kann auch darin bestehen, dass zwar auf eine Abweichung hingewiesen wird, allerdings das BSI gleichzeitig darauf hinweist,

---

[63] BT-Drs. 19/26016, 88.
[64] BT-Drs. 19/26016, 87.
[65] BT-Drs. 19/26016, 88.

dass der Hersteller sich dazu bereits in der Behebung befindet und möglicherweise Patches oder Workarounds anbietet.

In S. 2 wird deklaratorisch darauf hingewiesen, dass das IT-Sicherheitskennzeichen **unabhängig von den Warnmöglichkeiten** des BSI für IT-Produkte steht und diese insbesondere für gekennzeichnete Produkte nicht zB durch Abs. 8 Nr. 1 ersetzt. Liegen die Voraussetzungen des § 7 vor, kann eine BSI-Warnung gleichermaßen für gekennzeichnete wie nicht-gekennzeichnete Produkte ausgesprochen werden. **57**

C. Rechtsschutz

Bei den Entscheidungen des BSI, insbesondere über die Freigabe und über den Widerruf des Sicherheitskennzeichens, handelt es sich um Verwaltungsakte iSd § 35 S. 1 VwVfG, gegen die Widerspruch und Anfechtungs- bzw. Verpflichtungsklage möglich sind. Die „Erteilung" oder „Vergabe" des IT-Sicherheitskennzeichens ist dementsprechend regelmäßig kein reiner Realakt, auf den gerichtet eine allgemeine Leistungsklage statthaft wäre. Letztere kann statthaft sein, wenn die Erteilungsentscheidung bereits vorliegt, aber beispielweise die Behörde die Übergabe des individualisierten Kennzeichens mit QR-Code verweigert oder unterlässt. **58**

§ 10 Ermächtigung zum Erlass von Rechtsverordnungen

(1) [1]**Das Bundesministerium des Innern, für Bau und Heimat bestimmt durch Rechtsverordnung, die nicht der Zustimmung des Bundesrates bedarf, nach Anhörung von Vertretern der Wissenschaft, der betroffenen Betreiber und der betroffenen Wirtschaftsverbände im Einvernehmen mit dem Bundesministerium für Wirtschaft und Energie, dem Bundesministerium der Justiz und für Verbraucherschutz, dem Bundesministerium der Finanzen, dem Bundesministerium für Arbeit und Soziales, dem Bundesministerium für Ernährung und Landwirtschaft, dem Bundesministerium für Gesundheit, dem Bundesministerium für Verkehr und digitale Infrastruktur, dem Bundesministerium der Verteidigung und dem Bundesministerium für Umwelt, Naturschutz und nukleare Sicherheit unter Festlegung der in den jeweiligen Sektoren im Hinblick auf § 2 Absatz 10 Satz 1 Nummer 2 wegen ihrer Bedeutung als kritisch anzusehenden Dienstleistungen und deren als bedeutend anzusehenden Versorgungsgrads, welche Einrichtungen, Anlagen oder Teile davon als Kritische Infrastrukturen im Sinne dieses Gesetzes gelten.** [2]**Der nach Satz 1 als bedeutend anzusehende Versorgungsgrad ist anhand von branchenspezifischen Schwellenwerten für jede wegen ihrer Bedeutung als kritisch anzusehende Dienstleistung im jeweiligen Sektor zu bestimmen.** [3]**Zugang zu Akten, die die Erstellung oder Änderung dieser Verordnung betreffen, wird nicht gewährt.**

(2) **Das Bundesministerium des Innern, für Bau und Heimat bestimmt nach Anhörung der betroffenen Wirtschaftsverbände und im Einvernehmen mit dem Bundesministerium für Wirtschaft und Energie durch Rechtsverordnung, die nicht der Zustimmung des Bundesrates bedarf, das Nähere über das Verfahren der Erteilung von Sicherheitszertifikaten und Anerkennungen nach § 9 und deren Inhalt.**

(3) **Das Bundesministerium des Innern, für Bau und Heimat bestimmt durch Rechtsverordnung, die nicht der Zustimmung des Bundesrates bedarf, nach Anhörung der betroffenen Wirtschaftsverbände im Einvernehmen mit dem Bundesministerium für Wirtschaft und Energie und dem Bundesministerium der Justiz und für Verbraucherschutz die Einzelheiten der Gestaltung, des Inhalts und der Verwendung des IT-Sicherheitskennzeichens nach § 9c, um eine einheitliche Gestaltung des Kennzeichens und eine eindeutige Erkennbarkeit der gekennzeichneten informationstechnischen Produkte zu gewährleisten, sowie die Einzelheiten des Verfahrens zur Feststellung der Eignung branchenabgestimmter IT-Sicherheitsvorgaben und des Antragsverfahrens auf Freigabe einschließlich der diesbezüglichen Fristen und der beizufügenden Unterlagen sowie das Verfahren und die Gestaltung des Verweises auf Sicherheitsinformationen.**

(4) **Soweit die Durchführungsrechtsakte der Kommission nach Artikel 16 Absatz 8 und 9 der Richtlinie (EU) 2016/1148 keine abschließenden Bestimmungen über die von Anbietern digitaler Dienste nach § 8c Absatz 2 zu treffenden Maßnahmen oder über die Parameter zur Beurteilung der Erheblichkeit der Auswirkungen von Sicherheitsvorfällen nach § 8c Absatz 3 Satz 2 oder über Form und Verfahren der Meldungen nach § 8c Absatz 3 Satz 4 enthalten, werden diese Bestimmungen vom Bundesministerium des Innern, für Bau und Heimat im Einvernehmen mit den jeweils betroffenen Ressorts durch Rechtsverordnung, die nicht der Zustimmung des Bundesrates bedarf, getroffen.**

(5) **[1]Das Bundesministerium des Innern, für Bau und Heimat bestimmt durch Rechtsverordnung, die nicht der Zustimmung des Bundesrates bedarf, nach Anhörung von Vertretern der Wissenschaft, der betroffenen Unternehmen und der betroffenen Wirtschaftsverbände im Einvernehmen mit dem Bundesministerium für Wirtschaft und Energie, dem Bundesministerium der Justiz und für Verbraucherschutz, dem Bundesministerium für Gesundheit, dem Bundesministerium für Verkehr und digitale Infrastruktur, dem Bundesministerium der Verteidigung und dem Bundesministerium für Umwelt, Naturschutz und nukleare Sicherheit, welche wirtschaftlichen Kennzahlen bei der Berechnung der inländischen Wertschöpfung heranzuziehen sind, wie die Berechnung mit Hilfe der Methodik der direkten Wertschöpfungsstaffel zu erfolgen hat und welche Schwellenwerte maßgeblich dafür sind, dass ein Unternehmen zu den größten Unternehmen in Deutschland im Sinne des § 2 Absatz 14 Satz 1 Nummer 2 gehört. [2]Unter den Voraussetzungen nach Satz 1 kann das Bundesministerium des Innern, für Bau und Heimat durch Rechtsverordnung bestimmen, welche Alleinstellungsmerkmale maßgeblich dafür sind, dass Zulieferer für Unternehmen, die nach ihrer inländischen Wertschöpfung zu den größten Unternehmen in Deutschland gehören, von wesentlicher Bedeutung im Sinne des § 2 Absatz 14 Satz 1 Nummer 2 sind.**

Literatur: *Ludwigs* (Hrsg.), Dauses/Ludwigs, Handbuch des EU-Wirtschaftsrechts, 51. EL 2020; *Grudzien,* IT-Sicherheitsgesetz – Gedanke zur Implementierung, DuD 2016, 29; *Hornung/Schallbruch* (Hrsg.), IT-Sicherheitsrecht, 2021; *Schallbruch,* IT-Sicherheitsrecht – Schutz kritischer Infrastrukturen und staatlicher IT-Systeme – Zur Entwicklung des IT-Sicherheitsrechts in der 18. Wahlperiode (Teil 1), CR 2017, 648; *Schallbruch,* IT-Sicherheitsrecht – Schutz digitaler Dienste, Datenschutz und Datensicherheit – Zur Entwicklung des IT-Sicherheitsrechts in der 18. Wahlperiode (Folge 2), CR 2017, 798.

Inhaltsübersicht

A. Allgemeines

Die Vorschrift ist die Rechtsgrundlage für den Erlass der BSI-KritisV zur Bestimmung der Kritischen Infrastrukturen in den in § 2 Abs. 10 S. 1 Nr. 2 genannten Sektoren (Abs. 1), der BSIZertV zur näheren Bestimmung des Verfahrens der Erteilung und Anerkennung von Sicherheitszertifikaten nach § 9 (Abs. 2), der BSI-IT-SiKV zur formellen und inhaltlichen Ausgestaltung des IT-Sicherheitskennzeichens nach § 9c (Abs. 3), einer Rechtsverordnung zur näheren Bestimmung der Verpflichtungen von Anbietern digitaler Dienste nach § 8c (Abs. 4) sowie der Rechtsverordnung zur Bestimmung der Unternehmen im besonderen öffentlichen Interesse nach § 2 Abs. 14 S. 1 Nr. 2 und S. 2 (Abs. 5). **1**

B. Einzelerläuterungen

I. Ermächtigung zum Erlass der BSI-Kritisverordnung (BSI-KritisV) (Abs. 1)

Gem. § 2 Abs. 10 S. 2 werden die **Kritischen Infrastrukturen** im Sinne des BSIG durch Rechtsverordnung nach Abs. 1 **näher bestimmt.** Aus § 2 Abs. 10 S. 1 ergibt sich, dass Einrichtungen, Anlagen oder Teile davon der in § 2 Abs. 10 S. 1 Nr. 1 genannten Sektoren mit hoher Bedeutung für das Funktionieren des Gemeinwesens (§ 2 Abs. 10 S. 1 Nr. 2) näher zu bestimmen sind. Die **Kritikalität** der Infrastrukturen nach § 2 Abs. 10 S.1 Nr. 2 setzt voraus, dass sie von hoher Bedeutung für das Funktionieren des Gemeinwesens sind, weil durch ihren Ausfall oder ihre Beeinträchtigung erhebliche Versorgungsengpässe oder Gefährdungen für die öffentlicher Sicherheit eintreten würden. Diesen **definitorischen Rahmen spezifiziert Abs. 1.** In **methodischer Hinsicht** hat der Verordnungsgeber die Kritikalität der Infrastrukturen nach den Kategorien Qualität und Quantität vorzunehmen.[1] **2**

---

[1] BT-Drs. 18/4096, 30.

3 Die **zweistufige Begriffsbestimmung** spiegelt sich in der Ermächtigung nach Abs. 1 zur Festlegung der Kriterien wider: zum einen die Festlegung, welche Dienstleistungen wegen ihrer Bedeutung als kritisch anzusehen sind **(Qualität),** und zum anderen, ob eine Infrastruktur bei der Erbringung dieser kritischen Dienstleistung einen als bedeutend anzusehenden Versorgungsgrad erreicht **(Quantität).**

4 Das **quantitative Kriterium** wird **durch S. 2 konkretisiert.** Die entsprechende kritische Dienstleistung ist anhand eines **branchenspezifischen Schwellenwertes** zu bestimmen. Der Verordnungsgeber hat zu untersuchen, ob die Auswirkungen eines Ausfalls bzw. einer Beeinträchtigung der jeweiligen Einrichtungen, Anlagen oder Teile davon für die Versorgung einer entsprechend großen Zahl an Personen (Schwellenwert) mit einer kritischen Dienstleistung unmittelbar oder wesentlich sind und somit aus gesamtgesellschaftlicher Sicht eine starke schädliche Wirkung hätten.[2] Unter Einbeziehung von Verwaltung, Wirtschaft und Wissenschaft sollen möglichst spezifische, passgenaue Schwellenwerte gebildet werden.[3]

5 Mit der **BSI-KritisV** vom 22.4.2016 ist eine erste Verordnung in Kraft getreten, allerdings noch unvollständig, nämlich nur für die Sektoren Energie, Wasser, Ernährung sowie Informationstechnik und Telekommunikation. Ausgefüllt wurde die Verordnungsermächtigung **erstmals vollständig** mit allen Sektoren mit der **1. KritisÄndVO** durch die Ergänzung der Sektoren Gesundheit, Finanz- und Versicherungswesen und Transport und Verkehr. Der jeweilige **Zeitpunkt** des Inkrafttretens ist maßgeblich für die Verpflichtung der Betreiber Kritischer Infrastrukturen nach **§ 8a Abs. 1 S. 1.** Danach sind sie verpflichtet, spätestens zwei Jahre nach Inkrafttreten der Rechtsverordnung die in der Norm näher bestimmten **angemessenen organisatorischen und technischen Vorkehrungen** zur Gewährleistung der Funktionsfähigkeit zu treffen. Die unterlassene, fehlerhafte oder **nicht rechtzeitige** Implementierung der Vorkehrungen ist nach § 14 Abs. 2 Nr. 2 **bußgeldbewehrt.**

6 Aus der Wahl der Handlungsform zur Bestimmung der Kritikalität, einer **Rechtsverordnung** mit einem gesetzlich verbindlich aufgestellten Kriterium folgt, dass der Betreiber die **Bestimmung der Kritikalität** der von ihm betriebenen Infrastruktur **selbst vornehmen muss.**[4] Die Bestimmung folgt gerade nicht durch behördliche Entscheidung mittels Verwaltungsaktes, was dem BSI einen potenziell erheblichen Verwaltungsaufwand erspart. Die Selbstbestimmung ist vielmehr **vorverlagerter Bestandteil der Registrierungs- und Benennungspflicht** einer Kontaktstelle für die von dem Betreiber betriebene Kritische Infrastruktur. Nach **§ 8b Abs. 3 S. 1** haben sich Betreiber Kritischer Infrastrukturen spätestens bis zum ersten Werktag, der darauf folgt, dass diese erstmalig oder erneut als Betreiber einer Kritischen Infrastruktur aufgrund der BSI-KritisV gelten, zu registrieren und eine Kontaktstelle zu benennen. Kommt das Unternehmen der Verpflichtung nicht selbstständig nach, kann das BSI gem. § 8b Abs. 3 S. 2 die Registrierung auch selbst vornehmen oder auch gem. § 8b Abs. 3a die Herausgabe von Unterlagen verlangen, aus denen hervorgeht, ob das Unternehmen in den Anwendungsbereich des Gesetzes und der BSI-KritisV fällt.

7 Die **Identifizierung** der erfassten kritischen Infrastruktur-Dienstleistungen folgt einer **dreistufigen Systematik.**[5] Zum einen werden in den **Sektoren** die

---

[2] BT-Drs. 18/4096, 32.
[3] BT-Drs. 18/4096, 32.
[4] *Grudzien,* DuD 2016, 29 (31); Hornung/Schallbruch IT-SicherheitsR/*Fischer,* § 13 Rn. 34.
[5] *Schallbruch,* CR 2017, 648 (650).

kritischen Dienstleistungen, zum zweiten die **Anlagenkategorien und Bemessungskriterien** und zum dritten die jeweiligen **Schwellenwerte,** bei dessen Erreichen oder dessen Überschreitung eine Anlage unter S. 1 fällt, festgelegt. Die Rechtsverordnung ist nach § 6 BSI-KritisV vier Jahre nach Inkrafttreten zu **evaluieren.**

Aktenzugang wird nach S. 3 nicht gewährt, wenn diese Akten die Erstellung 8
oder Änderung der KritisV betreffen. Dabei handelt es sich um eine Rechtsvorschrift im Sinne von § 3 Nr. 4 IFG, die den Anspruch auf Informationszugang nach § 1 IFG ausschließt.[6]

Das BSI berichtet der **Kommission** regelmäßig gem. § 13 Abs. 4 über die natio- 9
nalen Maßnahmen zur Ermittlung der Betreiber Kritischer Infrastrukturen und der kritischen Dienstleistungen, soweit damit die NIS-RL umgesetzt wird.

II. Ermächtigung zum Erlass der BSI-Zertifizierungs- und Anerkennungsverordnung (BSIZertV) (Abs. 2)

Zur näheren Bestimmung des Verfahrens der **Erteilung von Sicherheitszerti-** 10
fikaten und **Anerkennungen** nach § 9 und deren Inhalt wird eine Rechtsverordnung auf Grundlage von Abs. 2 erlassen. Die derzeit geltende BSIZertV, ist noch auf Grundlage des Abs. 1 aF[7] verordnet worden.

Das **BSI** bestimmt, soweit erforderlich, nach § 4 Abs. 1 BSIZertV für Zertifizie- 11
rungs- und Anerkennungsverfahren nach der BSIZertV **technische Geltungsbereiche, bedarfsgerechte Prüfkriterien** (Sicherheitskriterien, Schutzprofile, Technische Richtlinien und BSI-Standards), **Anforderungen an die Fachkunde, Ausstattung** und **Zuverlässigkeit** sowie notwendige Nachweise. Diese Maßgaben werden auf der Internetseite des BSI veröffentlicht. Das BSI bestimmt ferner gem. § 4 Abs. 2 BSIZertV das **Verfahren zur Erteilung von Zertifikaten** und **Anerkennungen** nach der Verordnung und veröffentlicht vorbehaltlich § 4 Abs. 3 BSIZertV die Verfahrensbeschreibungen auf seiner Internetseite.

Die BSIZertV regelt, neben den Allgemeinen, Neben- und Schlussbestimmun- 12
gen, die Zertifizierung von informationstechnischen **Produkten und Komponenten,** informationstechnischen **Systemen** sowie **Schutzprofilen** (§§ 8–13 BSIZertV), die Zertifizierung von **Personen** (§§ 14f. BSIZertV), die Zertifizierung von **IT-Sicherheitsdienstleistern** (§§ 16–18 BSIZertV) sowie die Anerkennung von **sachverständigen Stellen** (§§ 19–21 BSIZertV).

III. Ermächtigung zum Erlass einer IT-Sicherheitskennzeichen-Verordnung (BSI-ITSiKV) (Abs. 3)

Abs. 3 ist die Verordnungsermächtigung zur näheren Bestimmung der formellen 13
und materiellen Anforderungen an das einheitliche **IT-Sicherheitskennzeichen** nach **§ 9c.** Der Erlass der Verordnung liegt nicht im prinzipiellen Ermessen des Verordnungsgebers („bestimmt"). Da die Freigabe eines IT-Sicherheitskennzeichens für ein Produkt keine Zertifizierung iSd § 9 ist, kann auf die Verordnung nach Abs. 2 gerade nicht verwiesen werden. Die erste vom BMI erlassene Verordnung zum IT-Sicherheitskennzeichen des BSI (BSI-ITSiKV) ist gem. § 15 BSI-ITSiKV am 7.12.2021 in Kraft getreten.

---

[6] S. iÜ § 8e für Auskunftsverlangen betreffend Kritische Infrastrukturen.
[7] BSIG idF v. 14.8.2009 (BGBl. I S. 2821).

14 Mangels kompetenzieller Betroffenheit der Länder bedarf die Verordnung nicht der Zustimmung des Bundesrates. **Anzuhören** sind nur die betroffenen Wirtschaftsverbände. Da das IT-Sicherheitskennzeichen freiwillig ist (§ 9c Abs. 4 S. 2) gibt es – anders als iRv Abs. 1 – keine anzuhörenden „betroffenen" Unternehmen. Das BMI hat vor Erlass der RVO insb. wegen der Berührungspunkte zum Wettbewerbsrecht und wegen des Verbraucherschutzcharakters des IT-Sicherheitskennzeichens das **Einvernehmen** mit **zwei Ressorts** herzustellen, dem Bundesministerium für Wirtschaft und Klimaschutz und dem Bundesministerium der Justiz (BMJ).

15 Abs. 3 gibt dem Verordnungsgeber auf, die **Einzelheiten des IT-Sicherheitskennzeichen** und des diesbezüglichen **Verwaltungsverfahrens** zu bestimmen. Nähere Anforderungen an den Inhalt der Rechtsverordnung ergeben sich neben Abs. 3 unmittelbar aus § 9c.

16 Die **Erklärung des Herstellers oder Diensteanbieters,** aus der das IT-Sicherheitskennzeichen zum einen Teil besteht, bezieht sich auf bestimmte IT-**Sicherheitsanforderungen** (§ 9c Abs. 3 S. 1). Diese Anforderungen ergeben sich aus einer Norm oder einem Standard oder aus branchenabgestimmten Sicherheitsvorgaben (§ 9c Abs. 3 S. 1) bzw. bei Nichtvorliegen einer Eignungsfeststellung des BSI aus Technischen Richtlinien, die das BSI veröffentlicht (§ 9c Abs. 3 S. 3). Die RVO hat näher das Verfahren zu regeln, mit dem das BSI feststellen kann, dass branchenabgestimmte Sicherheitsvorgaben geeignet sind, ausreichende IT-Sicherheitsanforderungen iSv § 9c Abs. 2 Nr. 1 abzubilden (§ 9c Abs. 3 S. 3). Auch die **Dauer,** für die die **Erklärung** über die IT-Sicherheit des Produkts **zugesichert** wird (§ 9c Abs. 5), ist näher zu regeln. Die Rechtsverordnung kann vorsehen, dass eine maßgebliche Technische Richtlinie oder branchenabgestimmte IT-Sicherheitsvorgabe **eine abweichende Dauer** festlegen können (§ 9c Abs. 3 S. 3). Der Zeitraum kann nicht gesetzlich festgelegt werden, da er von der jeweiligen Produktkategorie abhängt. Die Konkretisierung durch die RVO ermöglicht die Bestimmung jeweils angemessener Zeiträume.[8]

17 Das BSI prüft die **Freigabe** des IT-Sicherheitskennzeichens auf Antrag hin (§ 9c Abs. 4 S. 2). Die RVO regelt nach Abs. 3 iVm § 9c Abs. 5 S. 6 dieses **Antragsverfahren** einschließlich der dem Antrag beizufügenden Unterlagen und der Fristen der schriftlichen Freigabe. Gem. § 9c Abs. 4 S. 6 kann das BSI für die Antragsbearbeitung eine **Verwaltungsgebühr** erheben. Die **Gebührentatbestände** sollen nicht in der RVO nach Abs. 3, sondern in der **BMIBGebV** aufgenommen werden.[9]

18 Schließlich sind gem. Abs. 3 die Einzelheiten der **Gestaltung, des Inhalts und der Verwendung** des IT-Sicherheitskennzeichens zu regeln. Dieses Erfordernis betrifft gem. § 9c Abs. 6 S. 5 auch das Verfahren zum **Anbringen** oder zur **elektronischen Veröffentlichung** des **Etiketts** sowie des Verweises auf die **Internetseite des BSI,** auf der die Erklärung des Herstellers bzw. des Diensteanbieters und die IT-Sicherheitsanforderungen abrufbar sind. Die Ausgestaltung betrifft die **grafische Darstellung** und den Aufbau des „elektronischen Beipackzettels".[10] Zweck der Bestimmung der Einzelheiten ist die Gewährleistung der **einheitlichen Gestaltung** (vgl. § 9c Abs. 1 S. 1) sowie der eindeutigen Erkennbarkeit der gekennzeichneten informationstechnischen Produkte. Da das IT-Sicherheitskennzeichen dem **Verbraucherschutz** dient, kommt es daher auf eine nachvollziehbare, möglichst

---

[8] BT-Drs. 19/26106, 87.

[9] BT-Drs. 19/28844, 45.

[10] BT-Drs. 19/26106, 88.

auf verhaltenswissenschaftlichen Erkenntnissen beruhende Informationsdarstellung an.

IV. Ermächtigung zum Erlass einer Verordnung bei fehlenden abschließenden Bestimmungen in den Durchführungsrechtsakten nach der NIS-RL (Abs. 4)

Abs. 4 ist die Ermächtigung zum Erlass einer RVO, soweit dies für die Umsetzung der **Durchführungsrechtsakte der Kommission** nach Art. 16 Abs. 8 und 9 NIS-RL erforderlich ist. Diese Rechtsgrundlage kann aber nur zum Tragen kommen, wenn und soweit es **ergänzender nationaler Bestimmungen** bedarf. 19

Die Kommission „erlässt" nach Art. 16 Abs. 8 NIS-RL Durchführungsrechtsakte, um die **geeigneten und verhältnismäßigen technischen und organisatorischen Maßnahmen,** die Anbieter digitaler Dienste nach Art. 16 Abs. 1 NIS-RL bzw. § 8c Abs. 2 zu ergreifen haben, sowie die Parameter zur Feststellung, ob die Auswirkungen eines Sicherheitsvorfalls im Sinne von Art. 16 Abs. 4 NIS-RL bzw. § 8c Abs. 3 S. 1 und 2 erheblich sind, genauer zu bestimmen.

Nach Art. 16 Abs. 9 NIS-RL „kann" die Kommission Durchführungsrechtsakte zur **Festlegung der Form und des Verfahrens für Meldungen von Sicherheitsvorfällen** nach Art. 16 Abs. 3 NIS-RL bzw. § 8c Abs. 3 erlassen.

Die Durchführungsrechtsakte werden gem. Art. 16 Abs. 8 S. 2 und Abs. 9 S. 2 iVm Art. 22 Abs. 2 NIS-RL im Prüfverfahren *(examination procedure)* erlassen. Dabei handelt es sich um eines der in der **Komitologie-VO** vorgesehenen Verfahren zur mitgliedstaatlichen Kontrolle der Wahrnehmung der Durchführungsbefugnisse durch die Kommission. Die Kommission kann sich grundsätzlich nicht über eine Ablehnung des aus Vertretern der Mitgliedstaaten zusammengesetzten Ausschusses für die Sicherheit von Netz- und Informationssystemen (Art. 22 Abs. 1 NIS-RL) hinwegsetzen (Art. 5 Abs. 4 UAbs. 2 lit. c Komitologie-VO).

Mit **Durchführungsverordnung** (EU) 2018/151 vom 30.1.2018 hat die Kommission den Durchführungsrechtsakt nach Art. 16 Abs. 8 NIS-RL erlassen und die **Sicherheitsanforderungen** sowie die **Parameter für die Feststellung eines Sicherheitsvorfalls** für die Anbieter digitaler Dienste konkretisiert. Bei dem Durchführungsrechtsakt handelt es sich um einen Rechtsakt ohne Gesetzescharakter. Als Verordnung hat der Rechtsakt gleichwohl allgemeine Geltung und gilt in den Mitgliedstaaten unmittelbar (Art. 291 Abs. 2 und 4 iVm Art. 288 Abs. 2 AEUV).[11] Die in der NIS-RL und in § 8c Abs. 2 unscharf eingeführten **Sicherheitsanforderungen** an die **Anbieter digitaler Dienste** werden **in der Durchführungsverordnung (EU) 2018/151** weitgehend **konkretisiert.** Allerdings erinnern die Regelungen in Art. 2 Durchführungsverordnung (EU) 2018/151 stark an IT-Sicherheitsmanagementstandards wie ISO 27001.[12] In der Sache trifft den Anbieter eine umfassende Compliance-Verpflichtung und im Zweifel gegenüber der Aufsichtsbehörde eine Begründungspflicht dahingehend, warum seine jeweilige Risikoabwägung zu den jeweils getroffenen Maßnahmen geführt hat.[13] Art. 4 Durchführungsverordnung (EU) 2018/151 enthält auch konkrete **quantitative Kriterien** dafür (zB Anzahl nicht verfügbarer Nutzerstunden, Höhe des verursachten Sachschadens), wann ein **Sicherheitsvorfall als mit erheblichen Auswir-** 20

---

[11] Vgl. Dauses/Ludwigs EU-WirtschaftsR-HdB/*Wischmeyer,* Rn. 308.

[12] Hornung/Schallbruch IT-SicherheitsR/*Fischer,* § 13 Rn. 106.

[13] *Schallbruch,* CR 2017, 798 (801).

kungen verbunden gilt. Diese Kriterien sind für die Bestimmung, wann die **Meldepflicht** nach Art. 16 Abs. 3 S. 1 NIS-RL ausgelöst wird, maßgeblich.

21 Die entsprechenden Bestimmungen werden im Einvernehmen mit den jeweils betroffenen Ressorts in einer Rechtsverordnung ohne Zustimmung des Bundesrates (Art. 80 Abs. 1 GG) getroffen. Die **Betroffenheit der Ressorts** richtet sich danach, ob die Angelegenheit den Geschäftsbereich des jeweiligen Bundesministeriums berührt.[14]

V. Ermächtigung zum Erlass einer Verordnung zur näheren Bestimmung der Unternehmen im besonderen öffentlichen Interesse iSv § 2 Abs. 14 S. 1 Nr. 2 (Abs. 5)

22 Unternehmen im besonderen öffentlichen Interesse iSv § 2 Abs. 14 S. 1 **Nr. 2** werden gem. § 2 Abs. 14 S. 3 durch Rechtsverordnung bestimmt. Abs. 5 ist die Verordnungsermächtigung zur näheren Bestimmung dieser Unternehmen. Die Unternehmen im besonderen öffentlichen Interesse nach § 2 Abs. 14 S. 1 **Nr. 1** und **3** sind durch Verweise auf die **AWV** bzw. die **Störfall-Verordnung** bestimmt. Das BMI als Verordnungsgeber hat vor Erlass **Einvernehmen** mit den in Abs. 5 genannten Ressorts herzustellen. Der Ressortkreis entspricht nicht dem in Abs. 1 zum Erlass der BSI-KritisV.

23 Mangels Betroffenheit der Länderkompetenzen ist die RVO **nicht im Bundesrat zustimmungspflichtig.** Vertreter von Wissenschaft, betroffene Unternehmen und betroffene Wirtschaftsverbände sind vor Erlass der Verordnung **anzuhören.**

24 § 2 Abs. 14 S. 1 Nr. 2 umfasst **zwei bestimmungsbedürftige Unternehmenskategorien:** zum einen die nach ihrer inländischen Wertschöpfung **größten Unternehmen** und zum anderen die **Zulieferer** von wesentlicher Bedeutung. Erste werden nach Abs. 5 **S. 1 bestimmt,** letzte **kann** das BMI gem. Abs. 5 **S. 2** unter den Voraussetzungen nach Abs. 5 S. 1 durch Rechtsverordnung bestimmen. Sofern der Verordnungsgeber von der Ermächtigung keinen Gebrauch macht, gelten für die entsprechenden Unternehmen nicht die Pflichten nach § 8f.

25 Da sich das öffentliche Interesse an den Unternehmen nach § 2 Abs. 14 S. 1 Nr. 2 aus der volkswirtschaftlichen Bedeutung ergibt, sind in der konkretisierenden Rechtsverordnung **ökonomische Voraussetzungen** zu regeln. Festzulegen in der Verordnung sind gem. § 2 Abs. 14 S. 2 zur Bestimmung der größten Unternehmen die **maßgeblichen wirtschaftlichen Kennzahlen** und zur Bestimmung der Zulieferer von wesentlicher Bedeutung die **maßgeblichen Alleinstellungsmerkmale.** Abs. 5 S. 1 konkretisiert die in der RVO festzulegenden abstrakt-generellen Kriterien für die größten Unternehmen darum, wie die Berechnung mit Hilfe der Methodik der **direkten Wertschöpfungsstaffel** zu erfolgen hat und welche **Schwellenwerte** maßgeblich sind. Insofern entspricht dies der Systematik zur Bestimmung Kritischer Infrastrukturen nach Abs. 1 iVm der BSI-KritisV, wonach diese anhand qualitativer und quantitativer Kriterien zu bestimmen sind.

26 Aus der Gesetzesbegründung ergibt sich, dass sich die Berechnungsmethodik und auch die erfassten Unternehmen an dem **Gutachten der Monopolkommission nach § 44 Abs. 1 GWB** orientieren sollen.[15] Die Monopolkommission ist ein

---

[14] Vgl. § 19 Gemeinsame Geschäftsordnung der Bundesministerien (GGO), Stand: 1.9.2011. Die Begründung verweist auf die in § 13 Abs. 3 S. 3 genannten Ressorts, BT-Drs. 18/11242, 51.

[15] BT-Drs. 19/26106, 58.

unabhängiges Beratungsgremium, das u.a. die Bundesregierung und gesetzgebende Körperschaften berät (vgl. § 44 Abs. 3 GWB). In dem biennalen Gutachten, das die Monopolkommission nach § 44 Abs. 1 S. 1 GWB zu erstellen hat, hat sie u.a. die Unternehmenskonzentration in Deutschland zu beurteilen. Zu diesem Zweck ermittelt die Monopolkommission seit Beginn der Berichterstattung 1976 die **hundert größten Unternehmen in Deutschland.** Seit dem IV. Hauptgutachten verwendet die Monopolkommission zur Abgrenzung des Kreises der „100 Größten" die Wertschöpfung.[16] In den Gutachten wird die **konkrete Berechnung** der Wertschöpfung auf Grundlage von Jahresabschlussdaten beschrieben.[17] Dort wird die in Abs. 5 S. 1 genannte **Methodik der direkten Wertschöpfungsstaffel,** auf welche die Gesetzesbegründung verweist,[18] beschrieben.[19] Bei der **Berechnung** der Wertschöpfung wird **nach Branchen unterschieden.** Dabei werden verschiedene Ertragsgrößen und Faktorkosten in Anschlag gebracht. Sofern die für die Berechnung erforderlichen Daten nicht vorliegen, wird die Wertschöpfung eines inländischen Konzernes anhand von Größenrelationen **geschätzt.**[20]

Der **Begriff „Unternehmen"** wird von der Monopolkommission nicht als rechtlich selbstständige Einheit aufgefasst. Vielmehr werden **wirtschaftliche Einheiten** als rechtlich selbstständige Unternehmen betrachtet, die zu einer **Unternehmensgruppe** gehören. Der von Mutterunternehmen mit Sitz in Deutschland gem. § 290 HGB aufzustellende Konzernabschluss bezieht grds. Tochterunternehmen mit Sitz im Ausland ein. Mit Blick auf die Beschränkung nach § 44 Abs. 1 S. 1 GWB auf die Beurteilung der Unternehmenskonzentration in Deutschland, werden nur inländische Konzerne von der Monopolkommission betrachtet, dh im Ausland ansässige Tochterunternehmen nicht berücksichtigt.[21] **27**

Der Schwellenwert bzw. die Anzahl der größten Unternehmen ist gesetzlich nicht durch § 44 GWB determiniert. Abs. 5 S. 1 gibt dem **Verordnungsgeber** aber auf, zu bestimmen, „welche **Schwellenwerte** maßgeblich dafür sind, dass ein Unternehmen zu den größten Unternehmen in Deutschland" gehört. **28**

Wie die Betreiber Kritischer Infrastrukturen im Sinne der BSI-KritisV nach Abs. 1 müssen sich die Unternehmen im besonderen öffentlichen Interesse iSv § 2 Abs. 14 S. 1 Nr. 2 **selbst** auf Grundlage der Verordnung gem. Abs. 5 **bestimmen.**[22] Die Bestimmung aufgrund einer Verwaltungsentscheidung durch das BSI ist im BSIG nicht vorgesehen und wäre aufgrund der wirtschaftlichen Dynamik und der Veränderungen der jeweiligen Beiträge von Unternehmen an der inländischen Wertschöpfung nicht zweckmäßig. Im Zweifel kann **das BSI zur Feststellung** gem. § 8f Abs. 9 die **Vorlage entsprechender wirtschaftlicher Daten** verlangen. **29**

---

[16] *Monopolkommission,* Wettbewerb 2020, XXIII. Hauptgutachten der Monopolkommission gemäß § 44 Abs. 1 Satz 1 GWB, 2020, S. 72 u. 76.

[17] *Monopolkommission,* Wettbewerb 2020, XXIII. Hauptgutachten der Monopolkommission gemäß § 44 Abs. 1 Satz 1 GWB, 2020, S. 378.

[18] BT-Drs. 19/26109, 58.

[19] *Monopolkommission,* Wettbewerb 2018, XXII. Hauptgutachten der Monopolkommission gemäß § 44 Abs. 1 Satz 1 GWB, 2018, S. 407ff.

[20] *Monopolkommission,* Wettbewerb 2018, XXII. Hauptgutachten der Monopolkommission gemäß § 44 Abs. 1 Satz 1 GWB, 2018, S. 409.

[21] *Monopolkommission,* Wettbewerb 2020, XXIII. Hauptgutachten der Monopolkommission gemäß § 44 Abs. 1 Satz 1 GWB, 2020, S. 76.

[22] BT-Drs. 19/26106, 58.

Insofern ist die Selbstbestimmung auch hier ein vorgelagerter Bestandteil der **Benennungspflicht einer Kontaktstelle** nach § 8f Abs. 5.

§ 11 Einschränkung von Grundrechten

Das Fernmeldegeheimnis (Artikel 10 des Grundgesetzes) wird durch die §§ 4a, 5 bis 5c, 7b und 7c eingeschränkt.

Literatur: *Epping/Hillgruber* (Hrsg.), BeckOK Grundgesetz, 45. Ed. 2020; *Herzog/Scholz/Herdegen/Klein* (Hrsg.), Maunz/Dürig, Grundgesetz-Kommentar, 91. EL 2020.

A. Allgemeines

1 Die Norm dient der Einhaltung des Zitiergebotes aus Art. 19 Abs. 1 S. 2 GG im Hinblick auf die Einschränkung des Fernmeldegeheimnisses aus Art. 10 GG. Die zitierten Befugnisse lassen sich grob danach unterscheiden, wie zielgerichtet der Eingriff in das Fernmeldegeheimnis erfolgt.

B. Einzelerläuterungen

I. Zielgerichtete Beschränkungen

2 Die Überwachung und Analyse des Datenverkehrs zur **Erkennung und Abwehr von Angriffen nach § 5** oder zur **Wiederherstellung von Systemen nach einem Angriff gem. § 5b Abs. 3** kann und soll je nach konkretem Datenstrom auch solche Daten erfassen, die dem Fernmeldegeheimnis unterliegen. Das Fernmeldegeheimnis des Art. 10 GG erfasst nicht nur den Schutz der Kommunikationsinhalte gegen Abhören, Kenntnisnahme oder Aufzeichnung, sondern auch gegen die Erfassung der Umstände der Kommunikation.[1] Zu diesen gehört auch, wer wann, wie oder wie lange mit anderen Personen oder technischen Einrichtungen kommuniziert oder dies versucht hat.[2] Daher wird auch bei der bloßen Analyse von Protokolldaten idR ein rechtfertigungsbedürftiger Eingriff in das Fernmeldegeheimnis vorliegen, da diese Protokolldaten auf die Umstände der Kommunikation von Grundrechtsträgern schließen lassen (zB IP-Adressen, Zeitstempel, Zielpunkte der Kommunikation).

3 Bei der **Bestandsdatenauskunft nach § 5c** ist es gerade das Ziel, die Teilnehmer von Kommunikation zu identifizieren. Es geht bei ihr also gerade darum, diesen spezifischen Umstand der Kommunikation zu ermöglichen, so dass in jedem Fall ein zielgerichteter Eingriff in das Fernmeldegeheimnis vorliegt.

4 Wenn das BSI die Befugnis aus § 7c nutzt, die Telekommunikationsanbieter zur **Umleitung von Datenverkehr** anzuweisen, nimmt es Einfluss auf laufende Kommunikationsvorgänge. Sofern es die Daten auf einen eigenen Sinkhole-Server umleitet, um den Datenverkehr analysieren zu können, kann es sowohl den Inhalt als auch Umstände der Kommunikation der Betroffenen zur Kenntnis nehmen. Das ist auch gerade eines der Ziele der Befugnis, da das BSI damit in die Lage versetzt

---

[1] BeckOK GG/*Ogorek*, Art. 10 Rn. 38; Maunz/Dürig/*Durner*, GG Art. 10 Rn. 106.

[2] BeckOK GG/*Ogorek*, Art. 10 Rn. 38.

werden soll, seine Aufgabe zur Warnung und Information der Betreiber von mit Schadsoftware befallenen Systemen wahrzunehmen.

II. Mögliche aber nicht intendierte Beschränkungen

Bei der **Kontrolle der Sicherheit der Kommunikationstechnik des Bundes nach § 4a** oder der **Analyse von Protokollierungsdaten nach § 5a** geht es in erster Linie um die Untersuchung von Informationen, die nicht aus Telekommunikationsvorgängen stammen. Es ist aber nicht mit Sicherheit ausgeschlossen, dass das BSI dabei auch Kenntnis von entsprechenden Telekommunikationsumständen erlangt (zB wer hat sich laut Logdaten auf einer bestimmten Webseite eingeloggt). Ähnliches gilt für die Nutzung der **Scan-Befugnis aus § 7b** durch das BSI. Dabei wird idR kein Eingriff in das Fernmeldegeheimnis vorliegen, da das BSI selbst als Kommunikationsteilnehmer der anderen Systeme agiert und nicht als Dritter in diesen Vorgang eingreift. Da es jedoch nicht ausgeschlossen ist, dass die angesprochenen Systeme fehlerhaft arbeiten und dabei weitere dem Fernmeldegeheimnis unterliegende Informationen (zB Logdaten zur Kommunikation mit anderen Systemen) offenbaren, hat der Gesetzgeber das BSI insoweit auch zu einem Eingriff in das Fernmeldegeheimnis ermächtigt, damit es diese Daten zum Schutz der betroffenen Systembetreiber verarbeiten darf.[3] 5

§ 12 Rat der IT-Beauftragten der Bundesregierung

[1]Wird der Rat der IT-Beauftragten der Bundesregierung aufgelöst, tritt an dessen Stelle die von der Bundesregierung bestimmte Nachfolgeorganisation. [2]Die Zustimmung des Rats der IT-Beauftragten kann durch Einvernehmen aller Bundesministerien ersetzt werden. [3]Wird der Rat der IT-Beauftragten ersatzlos aufgelöst, tritt an Stelle seiner Zustimmung das Einvernehmen aller Bundesministerien.

Literatur: *Hornung/Schallbruch* (Hrsg.), IT-Sicherheitsrecht, 2021; *Schenke/Graulich/Ruthig* (Hrsg.), Sicherheitsrecht des Bundes, 2. Aufl. 2019.

A. Allgemeines

Nachdem der Rat der IT-Beauftragten (oder kurz IT-Rat) im Jahre 2007 durch Beschluss des Bundeskabinetts eingerichtet wurde, wies man diesem im Rahmen der Neufassung des BSIG im Jahr 2009 erstmals gesetzlich bestimmte Rollen (zB in § 4 Abs. 6 und § 8) zu.[1] Der IT-Rat ist eines von mehreren IT-Gremien, das der bzw. dem Beauftragten der Bundesregierung für Informationstechnik angegliedert ist. Er darf daher zB nicht mit dem IT-Planungsrat verwechselt werden, der auf Basis des Art. 91 c GG durch den IT-Staatsvertrag zwischen Bund und Ländern[2] eingerichtet wurde.[3] Anders als dieser besteht der IT-Rat aus 22 Vertretern aller Ressorts und der übrigen obersten Behörden des Bundes (mit Ausnahme der Bundesgerichte und 1

---

[3] BT-Drs. 19/26106, 89.

[1] BT-Drs. 16/11967, 16f.

[2] S. BGBl. 2010 I S. 663ff.

[3] S. Schenke/Graulich/Ruthig/*Buchberger,* Rn. 2.

der Bundesbank, die teilweise auch als Behörde tätig werden). Er soll die Zusammenarbeit der Beteiligten im Bereich der IT koordinieren und verbessern und gleichzeitig durch seine Besetzung dem Ressortprinzip aus Art. 65 GG Rechnung tragen.[4]

B. Einzelerläuterungen

2 In § 12 hat der Gesetzgeber Vorsorge für den Fall getroffen, dass der IT-Rat aufgelöst wird oder nicht agieren kann. Im Fall der Auflösung des IT-Rates kann die Bundesregierung gem. S. 1 durch Kabinettsbeschluss eine Nachfolgeorganisation bestimmen, die die dem IT-Rat zugewiesenen Aufgaben und Befugnisse wahrnimmt. S. 2 regelt demgegenüber den Fall, dass der IT-Rat zwar existiert, aber nicht entscheidet. Dies kann etwa der Fall sein, weil er erst gar nicht für eine Entscheidung zusammentritt oder weil sich die Beteiligten auf dieser Ebene inhaltlich nicht auf eine Entscheidung einigen können.[5] In diesen Fällen kann die Entscheidung des IT-Rates durch das Einvernehmen aller Bundesministerien ersetzt werden. Damit findet faktisch eine Eskalation auf die Kabinettsebene statt. Dies ist insoweit bedeutsam, weil einige der im IT-Rat Beteiligten zwar oberste Bundesbehörden sind, aber keine Bundesministerien. Demnach erlaubt es S. 2 den Ressorts faktisch, den inhaltlichen Widerstand der übrigen obersten Bundesbehörden (zB der oder des BfDI) zu überwinden, indem sie lediglich unter sich das nötige Einvernehmen herstellen. Mit S. 3 wird der Fall geregelt, dass der IT-Rat ersatzlos aufgelöst wird. Seine gesetzlich vorgesehene Zustimmung kann dann ebenfalls durch das Einvernehmen der Bundesministerien ersetzt werden.

§ 13 Berichtspflichten

(1) **Das Bundesamt unterrichtet das Bundesministerium des Innern, für Bau und Heimat über seine Tätigkeit.**

(2) **[1]Die Unterrichtung nach Absatz 1 dient auch der Aufklärung der Öffentlichkeit durch das Bundesministerium des Innern, für Bau und Heimat über Gefahren für die Sicherheit in der Informationstechnik, die mindestens einmal jährlich in einem zusammenfassenden Bericht erfolgt. [2]§ 7 Absatz 1a ist entsprechend anzuwenden.**

(3) **[1]Das Bundesministerium des Innern, für Bau und Heimat unterrichtet kalenderjährlich jeweils bis zum 30. Juni des dem Berichtsjahr folgenden Jahres den Ausschuss für Inneres und Heimat des Deutschen Bundestages über die Anwendung dieses Gesetzes. [2]Es geht dabei auch auf die Fortentwicklung des maßgeblichen Unionsrechts ein.**

(4) **[1]Das Bundesamt übermittelt bis zum 9. November 2018 und danach alle zwei Jahre die folgenden Informationen an die Kommission:**

1. **die nationalen Maßnahmen zur Ermittlung der Betreiber Kritischer Infrastrukturen;**
2. **eine Aufstellung der im in Anhang II der Richtlinie (EU) 2016/1148 genannten Sektoren, die nach § 2 Absatz 10 Satz 1 Nummer 2 wegen ihrer**

---

[4] Vgl. Hornung/Schallbruch IT-SicherheitsR/*Schardt*, § 25 Rn. 23f.

[5] BT-Drs. 16/11967, 17.

Bedeutung als kritisch anzusehenden Dienstleistungen und deren als bedeutend anzusehenden Versorgungsgrad;

3. eine zahlenmäßige Aufstellung der Betreiber der in Nummer 2 genannten Sektoren, die in den in Anhang II der Richtlinie (EU) 2016/1148 genannten Sektoren ermittelt werden, einschließlich eines Hinweises auf ihre Bedeutung für den jeweiligen Sektor.

[2]Die Übermittlung darf keine Informationen enthalten, die zu einer Identifizierung einzelner Betreiber führen können. [3]Das Bundesamt übermittelt die nach Satz 1 übermittelten Informationen unverzüglich dem Bundesministerium des Innern, für Bau und Heimat, dem Bundeskanzleramt, dem Bundesministerium für Wirtschaft und Energie, dem Bundesministerium der Justiz und für Verbraucherschutz, dem Bundesministerium der Finanzen, dem Bundesministerium für Arbeit und Soziales, dem Bundesministerium für Ernährung und Landwirtschaft, dem Bundesministerium für Gesundheit, dem Bundesministerium für Verkehr und digitale Infrastruktur, dem Bundesministerium der Verteidigung und dem Bundesministerium für Umwelt, Naturschutz und nukleare Sicherheit.

(5) **Sobald bekannt wird, dass eine Einrichtung oder Anlage nach § 2 Absatz 10 oder Teile einer Einrichtung oder Anlage eine wegen ihrer Bedeutung als kritisch anzusehenden Dienstleistung in einem der in Anhang II der Richtlinie (EU) 2016/1148 genannten Sektoren in einem anderen Mitgliedstaat der Europäischen Union bereitstellt, nimmt das Bundesamt zum Zweck der gemeinsamen Ermittlung der Betreiber, die kritische Dienstleistungen in den in Anhang II der Richtlinie (EU) 2016/1148 genannten Teilsektoren erbringen, mit der zuständigen Behörde dieses Mitgliedstaats Konsultationen auf.**

(6) **[1]Das Bundesamt übermittelt bis zum 9. August 2018 und danach jährlich an die Kooperationsgruppe nach Artikel 11 der Richtlinie (EU) 2016/1148 einen zusammenfassenden Bericht zu den Meldungen, die die in Anhang II der Richtlinie (EU) 2016/1148 genannten Sektoren oder digitale Dienste betreffen. [2]Der Bericht enthält auch die Zahl der Meldungen und die Art der gemeldeten Sicherheitsvorfälle sowie die ergriffenen Maßnahmen. [3]Der Bericht darf keine Informationen enthalten, die zu einer Identifizierung einzelner Meldungen oder einzelner Betreiber oder Anbieter führen können.**

Literatur: *Bräutigam/Wilmer,* Big brother is watching you? – Meldepflichten im geplanten IT-Sicherheitsgesetz, ZRP 2015, 38; *BSI,* Die Lage der IT-Sicherheit in Deutschland 2020; *BMI,* Cyber-Sicherheitsstrategie für Deutschland, 2016; *BRH,* Abschließende Mitteilung an das Bundesministerium des Innern, für Bau und Heimat über die Prüfung Fachaufsicht der Bundesministerien über ihre nachgeordneten Geschäftsbereiche (Kontrollprüfung), 2019; *Leisterer,* Internetsicherheit in Europa – Zur Gewährleistung der Netz- und Informationssicherheit durch Informationsverwaltungsrecht, 2018; *Leisterer/Schneider,* Staatliches Informationshandeln im Bereich der IT-Sicherheit, K&R 2015, 681.

A. Allgemeines

1 Der § 13 sieht neben **Unterrichtungs- und Berichtspflichten** des **BSI** gegenüber dem fachaufsichtsführenden Bundesministerium des Innern und für Heimat (Abs. 1 und 2), der EU-Kommission (Abs. 4) und der NIS-Kooperationsgruppe (Abs. 6) für bestimmte Fälle eine Pflicht zu Konsultation mit Behörden anderer EU-Mitgliedstaaten vor (Abs. 5). Das Bundesministerium des Innern und für Heimat **(BMI)** ist zur regelmäßigen **Unterrichtung** des **Ausschusses für Inneres und Heimat des Deutschen Bundestages** zur Berichterstattung verpflichtet (Abs. 3).

B. Einzelerläuterungen

I. Berichtspflicht des BSI gegenüber dem BMI (Abs. 1)

2 Über die Berichtspflicht nach Abs. 1 soll allgemein sichergestellt werden, dass das **BMI** als zuständige Aufsichtsbehörde des BSI über dessen Tätigkeit unterrichtet wird.[1] Einen Anlass setzt die Berichtspflicht nicht voraus, es handelt sich damit um einen (periodischen) Tätigkeitsbericht. Solche Berichte gehören zu den **Hauptinstrumenten der Fachaufsicht,** für deren Vorlage es an sich keiner gesetzlichen Verpflichtung bedarf, wenn – wie hier – mit der Berichtspflicht nicht (erneut) in Grundrechte eingegriffen wird.[2] Die Berichtspflicht folgt im Grundsatz schon aus dem hierarchischem Behördenzug der bundeseigenen Verwaltung (Art. 86ff. GG), der aus **Fachministerien** und den ihnen **nachgeordneten** Behörden, dh den Bundesoberbehörden und, soweit gegeben, den Bundesmittel- und Bundesunterbehörden besteht.

3 Bestimmte Kriterien für die Etablierung eines Prozesscontrollings zur organisationsweiten Steuerung und Verbesserung beinhaltet die Vorgabe nicht. Die Unterrichtung ist daher **mindestens** ein **ergebnisorientierter Rechenschaftsbericht und Tätigkeitsnachweis.** Relevante Informationen sollen jedenfalls in die **Sitzungen des Nationalen Cyber-Sicherheitsrates** einfließen.[3] Diesem Gremium kommt nach der Cyber-Sicherheitsstrategie von 2016 die maßgebliche Rolle im zukunftsoffenen, ständigen Strategieprozess zu, insbesondere als strategischem Berater der Bundesregierung bei der Identifikation von langfristigen Handlungsnotwendigkeiten und Trends.[4]

4 Die allgemeine Berichtspflicht **unterscheidet** sich auch insofern von den **Berichtspflichten des BSI gem. § 5 Abs. 9 und 10.** Danach unterrichtet das BSI die bzw. den Bundesbeauftragten für den Datenschutz und die Informationsfreiheit (BfDI) über die konkrete Anzahl bestimmter Vorgänge und personenbezogener Auswertungen bzw. den Innenausschuss des Deutsches Bundestages über die An-

---

[1] BT-Drs. 18/4096, 32.

[2] Vgl. *BVerfG,* Urt. v. 14.7.1999 – 1 BvR 2226/94, BVerfGE 100, 313 (367); s. zu den Instrumenten der Fachaufsicht *BRH,* Abschließende Mitteilung an das Bundesministerium des Innern, für Bau und Heimat über die Prüfung Fachaufsicht der Bundesministerien über ihre nachgeordneten Geschäftsbereiche (Kontrollprüfung), S. 18.

[3] BT-Drs. 18/4096, 32; *Leisterer/Schneider,* K&R 2015, 681 (685).

[4] *BMI,* Cyber-Sicherheitsstrategie für Deutschland, S. 45.

wendung der Befugnis zur mit Grundrechtseingriffen verbundenen Verarbeitung von Protokoll- und Schnittstellendaten.

II. Zweck der Berichtspflicht nach Abs. 1 (Abs. 2)

Abs. 2 nennt einen **Zweck der Berichtspflicht** nach Abs. 1 und präzisiert sie um die Pflicht zur Veröffentlichung eines Jahresberichts. Die Unterrichtung durch die Berichtspflicht dient **auch,** aber nicht nur, der Aufklärung der Öffentlichkeit über Gefahren für die Sicherheit in der Informationstechnik. Sie ergänzt die bestehenden (fachlichen) Informationsmöglichkeiten des BSI und soll der Sensibilisierung der Öffentlichkeit für das Thema IT-Sicherheit dienen und einen Beitrag der Bundesregierung in der Diskussion im öffentlichen Raum darstellen.[5] 5

Die Information der Öffentlichkeit, insb. der privaten Nutzerinnen und Nutzer, kann ein **Beitrag zur allgemeinen Gewährleistung der Cyber-Sicherheit** sein.[6] Durch Aufklärung kann vor allem für zu ergreifende Basismaßnahmen der IT-Sicherheit sensibilisiert werden.[7] Standardsicherungsmaßnahmen können bereits einen Großteil von Cyber-Angriffen abwehren und damit erhebliche Wirkung erzielen. 6

Der Bericht ist mindestens einmal jährlich in einem zusammenfassenden Bericht vorzulegen. In praktischer Hinsicht erfolgt die Unterrichtung durch den **jährlichen Bericht des BSI zur Lage der IT-Sicherheit in Deutschland.**[8] Die Berichte erhalten aggregierte Informationen über die jeweils aktuelle Gefährdungslage und zielgruppenspezifische Erkenntnisse und Lösungen mit Blick auf Gesellschaft, Wirtschaft bzw. Kritische Infrastrukturen sowie Staat bzw. Verwaltung. Die Berichte nehmen dabei auch internationale und sonstige (Trend-)Entwicklungen in den Blick. 7

Ausweislich des Wortlauts dient die Unterrichtung der Aufklärung der Öffentlichkeit **„durch das" BMI.** Die informationsverwaltungsrechtliche Aufgabe der Aufklärung wird damit der Aufsichtsbehörde zugewiesen. Auch wenn in der Praxis der Lagebericht als Bericht des BSI präsentiert wird, ist durch die Regelung gesichert, dass die **Sortierung und Filterung von Information** letztlich vom BMI, das zugleich die Fachaufsicht über andere Sicherheitsbehörden ausübt und die **Interessen der öffentlichen Sicherheit** wahrnimmt, verantwortet wird. 8

Die Veröffentlichung von Informationen über die IT-Sicherheit, Sicherheitsvorfälle, Risiken, Gefahren oder Sicherheitslücken ist prinzipiell mit der Gefahr verbunden, dass **sensible Informationen** preisgegeben werden, die bei betroffenen Unternehmen mit Imageschäden und wirtschaftlichen Nachteilen verbunden sein können.[9] Durch den **Rechtsfolgenverweis in S. 2** ist für die Veröffentlichung des Berichts das gestufte Verfahren der Warn- und Informationsbefugnis des § 7 Abs. 1 a entsprechend anwendbar. Betreffen Informationen im Bericht bestimmte Produkte, sind die Hersteller dieser Produkte rechtzeitig vor Veröffentlichung zu informieren, sofern hierdurch die Erreichung des mit der Maßnahme verfolgten Zweckes – also der grundsätzlich grundrechtsschonenden Aufklärung und Sensibilisierung – nicht gefährdet wird. Die betroffenen Hersteller müssen mithin vor der 9

5 BT-Drs. 18/4096, 32.
6 *Leisterer,* Internetsicherheit, S. 319 f.
7 BT-Drs. 18/4096, 32.
8 S. zuletzt *BSI,* Die Lage der IT-Sicherheit in Deutschland 2020.
9 *Bräutigam/Wilmer,* ZRP 2015, 38 (40).

Veröffentlichung grds. die Gelegenheit haben, Stellung zu nehmen. Das BSI muss die Abwägung vornehmen und die Entscheidung zur Vorabinformation treffen. Durch die entsprechende Anwendung von § 7 Abs. 1a kann die Veröffentlichung bestimmter Informationen zur Verhinderung ihrer schädlichen Weiterverbreitung oder rechtswidrigen Ausnutzung eingeschränkt werden. Da bei einer allgemeinen Veröffentlichung die Einschränkung des Adressatenkreises untunlich ist, kann im Zweifel eine entsprechende Information gänzlich zurückgehalten werden.

III. Berichtspflicht des BMI gegenüber dem Innenausschuss des Deutschen Bundestages (Abs. 3)

10 Die Berichtspflicht nach Abs. 3 wurde mit dem IT-SiG 2.0 eingeführt. Das **BMI unterrichtet jährlich** den Ausschuss für Inneres und Heimat des Deutschen Bundestages über die Anwendung des BSIG. Der Rhythmus und die Frist der Unterrichtungspflicht entsprechen § 5 Abs. 10, der aber das BSI verpflichtet.

11 Das BMI unterrichtet den Innenausschuss über die Anwendung des **BSIG.** Die Pflicht ist eine Formalisierung der Beobachtungs- und Nachbesserungspflicht des Gesetzgebers.[10] Daraus folgt, dass die Unterrichtungspflicht auch dazu dient, den mit den jeweiligen Vorschriften verfolgten Zweck auf Tauglichkeit und Angemessenheit zu beobachten.[11] Allerdings kann mit der Unterrichtungspflicht **keine umfangreiche Evaluierung des Gesetzes** gemeint sein. Diese ist im IT-SiG 2.0 selbst verankert. Nach Art. 6 Abs. 1 IT-SiG 2.0 berichtet das BMI bereits dem Deutschen Bundestag unter Einbeziehung von wissenschaftlichem Sachverstand über die Wirksamkeit der im IT-SiG 2.0 enthaltenen Maßnahmen für die Erreichung der mit dem IT-SiG 2.0 verfolgten Ziele. Hinsichtlich der Vorschriften mit Bezug zu Kritischen Infrastrukturen ist der Bericht bereits nach zwei Jahren, im Übrigen nach vier Jahren, vorzulegen. Die Berichtspflicht nach Abs. 3 dürfte daher nicht zu einer unnötigen und unwirtschaftlichen Doppelevaluierung führen. Auch eine Doppelberichterstattung, etwa zur Anwendung von § 5, dürfte nicht vom Zweck der Unterrichtungspflicht erfasst sein. Vielmehr dürfte es dem Gesetzgeber um die Berichterstattung durch das BMI über die Erfahrungen aus der Verwaltungspraxis spezifischer Vorschriften wie § 9b gehen, auf dessen Grundlage das BMI konkrete grundrechtsbezogene Verfügungen erlassen kann. Die Bundesregierung wurde bei Verabschiedung des IT-SiG 2.0 aufgefordert, die Anwendung der Vorschrift fortlaufend zu überwachen und zu prüfen, ob die Erfahrungen aus der Verwaltungspraxis Anlass zu einer Anpassung der gesetzlichen Rahmenbedingungen geben und ob dabei Anpassungen wie eine Entschädigungsregelung geboten sind und ggf. wie solche umgesetzt werden können.[12]

12 Maßgebliches Unionsrecht iSv S. 2 sind insbesondere die NIS-RL, die mit dem BSIG in Deutschland umgesetzt wird, und die **NIS-2-RL,** die erstere ablösen soll.[13] Darüber hinaus kommt unionsrechtliches Sekundärrecht wie der CSA in Betracht,

---

[10] BT-Drs. 19/28844, 45.

[11] Zur gesetzgeberischen Beobachtungs- und Nachbesserungspflicht *BVerfG,* Urt. v. 28.5.1993 – 2 BvF 2/90, BVerfGE 88, 203 (269, 309ff.); *BVerfG,* Urt. v. 9.6.2004 – 1 BvR 636/02, BVerfGE 111, 10 (42).

[12] BT-Drs. 19/28844, 27.

[13] S. Vorschlag für eine Richtlinie des Europäischen Parlaments und des Rates über Maßnahmen für ein hohes gemeinsames Cybersicherheitsniveau in der Union und zur Aufhebung der Richtlinie (EU) 2016/1148, COM(2020) 823 final.

das Bestimmungen zur Gewährleistung der Netz- und Informationssicherheit enthält.[14]

IV. Berichtspflicht des BSI gegenüber der Kommission (Abs. 4)

13 Abs. 4 setzt die in Art. 5 Abs. 7 NIS-RL vorgesehene Berichtspflicht der nationalen Behörden der Mitgliedstaaten für das BSI in nationales Recht um. Danach sind der Kommission bis zum 9.11.2018 und danach alle zwei Jahre die in Abs. 4 Nr. 1–3 genannten Informationen zu übermitteln. Die Informationen dienen der **Evaluation** der Richtlinie gem. Art. 23 NIS-RL und der **Bewertung der Umsetzung** der Richtlinie. Die Kommission soll bewerten können, ob die Mitgliedstaaten bei der Ermittlung der Betreiber wesentlicher bzw. Kritischer Infrastrukturen einen einheitlichen Ansatz verfolgen (Art. 5 Abs. 7 S. 1 NIS-RL). Inhaltlich umfassen die nach den Nr. 1 und 2 zu übermittelnden Informationen die in der KritisV nach **§ 2 Abs. 10 S. 1 Nr. 2 und § 10 Abs. 1 festgelegten Sektoren, Dienstleitungen und Schwellenwerte.** Nach Nr. 3 ist eine zahlenmäßige Zusammenfassung der Betreiber für jeden der in Anhang II zur NIS-RL genannten Sektoren zu übermitteln.

14 Nach Art. 5 Abs. 7 S. 2 lit. b NIS-RL muss die Übermittlung an die Kommission eine „Liste der [wesentlichen] Dienste" umfassen. Nach § 13 Abs. 3 S. 2 dürfen aber Informationen, die zur **Identifizierung** einzelner Betreiber Kritischer Infrastrukturen führen können, **nicht** an die Kommission **übermittelt** werden. Gleichwohl wird darin kein Umsetzungsdefizit zu sehen sein. Nach Art. 1 Abs. 6 NIS-RL berührt die Richtlinie nicht Maßnahmen der Mitgliedstaaten zum Schutz von Informationen, deren Preisgabe nach Erachten der Mitgliedstaaten ihren wesentlichen Sicherheitsinteressen widerspricht.

15 Die Kommission kann zur Gewährleistung einer harmonisierten Informationsbereitstellung durch die Mitgliedstaaten nach Art. 5 Abs. 7 S. 3 NIS-RL **geeignete technische Leitlinien zu den Parametern** für die zu übermittelnden Informationen festlegen. Diese Leitlinien sind bei der Anwendung von § 13 Abs. 4 zu berücksichtigen. Dabei sind die **Einschränkungen aus Art. 1 Abs. 5 und 6 NIS-RL** unmittelbar zu beachten.[15] Das BSI hat daher zu prüfen, ob die Übermittlung von Informationen für die Anwendung der NIS-RL erforderlich ist. Maßnahmen zum Schutz der nationalen Sicherheit einschließlich der Zurückhaltung entsprechender Informationen ist zulässig. Darüber hinaus bleibt die Berufung auf die primärrechtliche Schutzklausel des Art. 346 AEUV möglich.

16 Das BSI hat gem. S. 3 die an die Kommission übermittelten Informationen neben dem BMI als fachaufsichtsführendem Ressort auch dem Bundeskanzleramt und den neun genannten **Bundesministerien** zu übermitteln. Dies sichert die **Informationssymmetrie** von Kommission und Bundesregierung.

V. Konsultationspflicht des BSI (Abs. 5)

17 Abs. 5 setzt **Art. 5 Abs. 4 NIS-RL** um. Danach nehmen die **Mitgliedstaaten** zum Zwecke der Ermittlung der Betreiber wesentlicher Dienste Konsultationen miteinander auf, wenn eine Einrichtung eines Betreibers wesentlicher Dienste

---

14 Vgl. auch Art. 2 und das in den Erwgr. referenzierte Sekundärrecht im Entwurf der NIS-2-RL, COM(2020) 823 final.

15 Vgl. BT-Drs. 18/11242, 52.

einen Dienst bereitstellt, der für die Aufrechterhaltung und/oder wirtschaftliche Tätigkeit unerlässlich ist und diese Einrichtung diesen kritischen Dienst in zwei oder mehr Mitgliedstaaten bereitstellt. Die Mitgliedstaaten sollen sich also frühestmöglich bilateral oder multilateral **informieren und abstimmen,** um die kritische Rolle des Betreibers im Hinblick auf **grenzüberschreitende Auswirkungen** zu beurteilen. Jeder Mitgliedstaat soll sich zu den Risiken äußern können, die seiner Ansicht nach mit den angebotenen Diensten verbunden sind.[16] Die Konsultationen sind frühestmöglich aufzunehmen („sobald bekannt wird"). Aus Art. 5 Abs. 4 S. 2 NIS-RL ergibt sich ergänzend, dass die Konsultation erfolgt, bevor eine Entscheidung über die Ermittlung getroffen ist.

VI. Jährlicher Bericht an die NIS-Kooperationsgruppe (Abs. 6)

18 Abs. 6 setzt Art. 10 Abs. 3 S. 2 NIS-RL um. Danach legt die zentrale Anlaufstelle der Mitgliedstaaten (für Deutschland das BSI) der **Kooperationsgruppe** einen **zusammenfassenden** Bericht über die eingegangenen Meldungen vor. Die Kooperationsgruppe ist im Bereich der Netz- und Informationssicherheit das Gremium zur strategischen Zusammenarbeit der Mitgliedstaaten, das sich aus Vertretern der Mitgliedstaaten, der Kommission und der ENISA zusammensetzt (Art. 11 Abs. 1 und 2 NIS-RL).[17] **Meldungen** sind solche nach § 8b Abs. 4 von Betreibern Kritischer Infrastrukturen und § 8c Abs. 3 von Anbietern digitaler Dienste, soweit sie Art. 14 Abs. 3 bzw. Art. 16 Abs. 2 NIS-RL umsetzen. Der Bericht darf gem. S. 3 keine Rückschlüsse auf einzelne Meldungen oder die Identität einzelner Betreiber oder Anbieter zulassen. Die **Vertraulichkeit** ist zu wahren. Im Zweifel ist die Übermittlung entsprechend einzuschränken.[18] Zum **Schutz der nationalen Sicherheit** ist die Einschränkung auch von Art. 1 Abs. 2 NIS-RL sekundärrechtlich gedeckt. Über den Wortlaut der Bestimmung hinaus soll wegen der möglichen grundsätzlichen Bedeutung der in dem Bericht enthaltenen Informationen für die Cyber- und IT-Sicherheit Deutschlands in verfahrensrechtlicher Hinsicht vor Einreichung des Berichts durch das BSI eine Ressortabstimmung stattfinden.[19]

§ 14 Bußgeldvorschriften

(1) **Ordnungswidrig handelt, wer entgegen § 8a Absatz 3 Satz 1 in Verbindung mit einer Rechtsverordnung nach § 10 Absatz 1 Satz 1 einen Nachweis nicht richtig oder nicht vollständig erbringt.**

(2) **Ordnungswidrig handelt, wer vorsätzlich oder fahrlässig**
1. **einer vollziehbaren Anordnung nach**
   a) **§ 5b Absatz 6, § 7c Absatz 1 Satz 1, auch in Verbindung mit § 7c Absatz 3, § 7d, oder § 8a Absatz 3 Satz 5,**
   b) **§ 7a Absatz 2 Satz 1 oder**
   c) **§ 8b Absatz 6 Satz 1, auch in Verbindung mit Satz 2, oder § 8c Absatz 4 Satz 1**

   zuwiderhandelt,

[16] Erwgr. 24 NIS-RL.
[17] Dazu *Leisterer,* Internetsicherheit, S. 214ff.
[18] Vgl. BT-Drs. 18/11242, 52.
[19] Vgl. BT-Drs. 18/11242, 52.

2. **entgegen § 8a Absatz 1 Satz 1 in Verbindung mit einer Rechtsverordnung nach § 10 Absatz 1 Satz 1 eine dort genannte Vorkehrung nicht, nicht richtig, nicht vollständig oder nicht rechtzeitig trifft,**
3. **entgegen § 8a Absatz 3 Satz 1 in Verbindung mit einer Rechtsverordnung nach § 10 Absatz 1 Satz 1 einen Nachweis nicht oder nicht rechtzeitig erbringt,**
4. **entgegen § 8a Absatz 4 Satz 2 oder § 8b Absatz 3a das Betreten eines dort genannten Raums nicht gestattet, eine dort genannte Unterlage nicht oder nicht rechtzeitig vorlegt, eine Auskunft nicht, nicht richtig, nicht vollständig oder nicht rechtzeitig erteilt oder Unterstützung nicht oder nicht rechtzeitig gewährt,**
5. **entgegen § 8b Absatz 3 Satz 1 in Verbindung mit einer Rechtsverordnung nach § 10 Absatz 1 Satz 1 oder entgegen § 8f Absatz 5 Satz 1 eine Registrierung nicht oder nicht rechtzeitig vornimmt oder eine dort genannte Stelle nicht oder nicht rechtzeitig benennt,**
6. **entgegen § 8b Absatz 3 Satz 4 nicht sicherstellt, dass er erreichbar ist,**
7. **entgegen § 8b Absatz 4 Satz 1, § 8c Absatz 3 Satz 1 oder § 8f Absatz 7 Satz 1 oder Absatz 8 Satz 1 eine Meldung nicht, nicht richtig, nicht vollständig oder nicht rechtzeitig macht,**
8. **entgegen § 8c Absatz 1 Satz 1 eine dort genannte Maßnahme nicht trifft,**
9. **entgegen § 8f Absatz 1 eine Selbsterklärung nicht, nicht richtig, nicht vollständig oder nicht rechtzeitig vorlegt,**
10. **entgegen § 9a Absatz 2 Satz 2 als Konformitätsbewertungsstelle tätig wird oder**
11. **entgegen § 9c Absatz 4 Satz 1 das IT-Sicherheitskennzeichen verwendet.**

(3) **Ordnungswidrig handelt, wer eine in Absatz 1 bezeichnete Handlung fahrlässig begeht.**

(4) **Ordnungswidrig handelt, wer gegen die Verordnung (EU) 2019/881 des Europäischen Parlaments und des Rates vom 17. April 2019 über die ENISA (Agentur der Europäischen Union für Cybersicherheit) und über die Zertifizierung der Cybersicherheit von Informations- und Kommunikationstechnik und zur Aufhebung der Verordnung (EU) Nr. 526/2013 (Rechtsakt zur Cybersicherheit) (ABl. L 151 vom 7.6.2019, S. 15) verstößt, indem er vorsätzlich oder fahrlässig**
1. **entgegen Artikel 55 Absatz 1 eine dort genannte Angabe nicht, nicht richtig, nicht vollständig oder nicht binnen eines Monats nach Ausstellung zugänglich macht oder**
2. **entgegen Artikel 56 Absatz 8 Satz 1 eine Information nicht, nicht richtig, nicht vollständig oder nicht unverzüglich nach Feststellung einer Sicherheitslücke oder Unregelmäßigkeit gibt.**

(5) [1]**Die Ordnungswidrigkeit kann in den Fällen des Absatzes 2 Nummer 1 Buchstabe a mit einer Geldbuße bis zu zwei Millionen Euro sowie in den Fällen der Absätze 1, 2 Nummer 2 und 3 mit einer Geldbuße bis zu einer Million Euro geahndet werden.** [2]**Die Ordnungswidrigkeit kann in den Fällen des Absatzes 2 Nummer 1 Buchstabe c, Nummer 5 und 7 bis 11 und des Absatzes 4 mit einer Geldbuße bis zu fünfhunderttausend Euro sowie in den Fällen des Absatzes 2 Nummer 1 Buchstabe b, Nummer 4 und 6**

und des Absatzes 3 mit einer Geldbuße bis zu einhunderttausend Euro geahndet werden. [3]In den Fällen des Satzes 1 ist § 30 Absatz 2 Satz 3 des Gesetzes über Ordnungswidrigkeiten anzuwenden.

(6) **Verwaltungsbehörde im Sinne des § 36 Absatz 1 Nummer 1 des Gesetzes über Ordnungswidrigkeiten ist das Bundesamt.**

Literatur: *Gassner/Seith* (Hrsg), Ordnungswidrigkeitengesetz, 2. Aufl. 2020; *Gersdorf/Paal* (Hrsg.), BeckOK Informations- und Medienrecht, 13. Ed. 2016; *Graf* (Hrsg.), BeckOK OWiG, 31. Ed. 2021; *Graf/Jäger/Wittig* (Hrsg.), Wirtschafts- und Steuerstrafrecht, 2. Aufl. 2017; *Habbe/Gergen,* Compliance vor und bei Cyberangriffen – Pflichten der Geschäftsleitung und deren konkrete Umsetzung in der Praxis, CCZ 2020, 281; *Hornung,* Das IT-Sicherheitsgesetz 2.0: Kompetenzaufwuchs des BSI und neue Pflichten für Unternehmen, NJW 2021, 1985; *Kipker* (Hrsg.), Cybersecurity, 2020; *Kipker/Scholz,* Das IT-Sicherheitsgesetz 2.0, MMR 2019, 431; *Kipker,* Der steinige Weg hin zum IT-SiG 2.0, MMR 2020, 433; *Kipker,* Erste Analyse des neuen Entwurfs zum IT-SiG 2.0 (Mai 2020): Wenig Neues, wenig Überraschendes, MMR-Aktuell 2020, 429348; *Riehm/Meier,* Rechtliche Durchsetzung von Anforderungen an die IT-Sicherheit, MMR 2020, 571; *Mitsch* (Hrsg), Karlsruher Kommentar zum Gesetz über Ordnungswidrigkeiten: OWiG, 5. Aufl. 2018; *Schmidt-Versteyl,* Cyber Risks – neuer Brennpunkt Managerhaftung?, NJW 2019, 1637.

Inhaltsübersicht

A. Allgemeines

Die Dualität der dem BSI übertragenen Aufgaben – zwischen Unterstützung einerseits und Aufsicht andererseits – zeigt sich in ihrer Konsequenz im **Bußgeldkatalog,** welcher das BSIG konsequent mit den Durchsetzungsmitteln für die wichtigsten Aufsichtsaufgaben abschließt. Die erst **2015** für die Aufsichtsaufgaben aufgenommenen Sanktionsvorschriften[1] stehen so zwar im Kontrast zu den Kooperationsaufgaben am Beginn des Gesetzes,[2] aber dazu nicht im Widerspruch.[3] Die Bußgelder sind als Mittel zur nachdrücklichen Pflichtenmahnung für die gesetzlich vorausgesetzte Zusammenarbeit, allerdings ohne unverhältnismäßige Beeinträchtigung des Ansehens des Betroffenen, anzusehen.[4] Die Sanktionsmöglichkeiten hat das BSI als **ultima ratio** auszuschöpfen, wenn Kooperationsbemühungen oder die für alle Pflichten ebenfalls bestehende Anordnungsmöglichkeit nicht gleichermaßen erfolgsversprechend sind.[5] 1

Der Katalog der Bußgeldvorschriften wurde 2021 mit dem **IT-SiG 2.0** extensiv überarbeitet.[6] Die Überarbeitung umfasste eine neue Systematisierung und Ergänzung der Bußgeldtatbestände sowie die teils ganz erhebliche Erhöhung der Bußgeldrahmen. Als Begründung wurde angeführt, die bisherigen Sanktionen deckten nur einen Teil der Pflichten aus dem BSIG ab und entsprächen in ihrer Höhe nicht den **europarechtlichen und tatsächlichen Anforderungen** an die notwendige Sanktionswirkung.[7] 2

Der Schwerpunkt der neuen Bußgeldtatbestände liegt im Bereich der Durchsetzung des **Informationsanspruchs** des BSI als Grundlage für sein weiteres Handeln. Da viele der Aufsichts- und Unterstützungsaufgaben des BSI erst darauf aufbauen, dass es Kenntnis von der Sicherheitslage in Deutschland hat, ist es zentral, dass die Betreiber selbsttätig, gewissenhaft und zuverlässig die von ihnen geforderten **Mitwirkungspflichten** erfüllen. Die Gesetzesbegründung führt an dieser Stelle umfassend zu den Gründen für die Ergänzung aus, dass der tagesaktuelle Überblick 3

---

1 IT-SiG; die Übertragung der Aufgaben als Aufsichtsbehörde ist dem BSI relativ neu und wurde erst mit der NIS-RL im Jahr 2016 nachhaltig zementiert.

2 §3 Abs. 1 S. 2 Nr. 9, 11, 12, 13, 13a, 14, 18, Abs. 2, 3.

3 §3 Abs. 1 S. 2 Nr. 1, 2, 3, 5, 15, 16, 17 iVm §§8a, 8b, 8c, 8f; nachdem das BSI seit 1991 die Kompetenzen als alleinige nationale Stelle für IT-Sicherheit aufgebaut hatte, wurde entschieden, dass auch die Aufsicht hier angesiedelt werden solle.

4 *BVerfG,* Beschl. v. 16.7.1969 – 2 BvL 2/69, NJW 1969, 1619.

5 Gleichzeitig dürfen die Anforderungen dafür nicht zu hoch angesetzt werden – regelmäßig ist schon die erheblich niedrigere Zwangsgeldhöhe bei größeren Unternehmen so unterschwellig, dass eine Beugewirkung kaum erreicht werden kann, vgl. §11 Abs. 3 VwVG; zudem ist bspw. für Abs. 2 Nr. 4, 6, 7, 10 eine nachträgliche Erfüllung auf Anordnung nicht zielführend.

6 BT-Drs. 19/26106, 23f., 89; entspr. schon Kipker Cybersecurity/*Beucher/Ehlen,* Kap. 12 Rn. 168ff.

7 BT-Drs. 19/26106, 89.

über den Stand des deutschlandweiten IT-Sicherheitsniveaus einerseits und über die Entwicklung der laufenden IT-Vorfälle andererseits zu den Kernaufgaben des BSI gehören und gerade bei Kritischen Infrastrukturen von höchstem öffentlichen Interesse für die Prävention, Detektion, und Angriffsbewältigung sind.[8] Die Erfassung dieses Sicherheitsniveaus als Grundlage ist gemeinsame gesetzliche Aufgabe von BSI und Wirtschaft, für die sich daraus langfristig ein hoher Nutzen für den Wirtschaftsstandort Deutschland ergibt. Das BSI allein kann diese Erfassung nicht und könnte sie nur mit kaum erbringbarem Aufwand leisten, wenn es gezwungen wäre, die Informationen über alle Anlagen selbsttätig zu erheben.[9]

4 Bei Einführung der Aufsichtsaufgaben des BSI war – aus den vorangegangenen rein kooperativen Erfahrungen – deshalb davon ausgegangen worden, dass eine Verweigerung der zu beaufsichtigenden Pflichten kaum im Interesse eines der Unternehmen liegen könne und daher Durchsetzungsmittel praktisch kaum notwendig sein würden. Dabei wurde ausgeblendet, dass die niedrigen Bußgeldhöhen bis 2021 es für viele Unternehmen jedenfalls rein wirtschaftlich günstiger machten, Sanktionen in Kauf zu nehmen, als die – teureren – Sicherungs- und Nachweispflichten umzusetzen.[10] Zudem ergab sich durch die sehr unterschiedlichen Bußgeldhöhen ein erhebliches Missverhältnis in der **gesetzgeberischen Priorisierung** von IT-Sicherheit nach dem BSIG und von Datenschutz nach der mittlerweile in Kraft getretenen DS-GVO.[11] Es war daher erforderlich, den Katalog der Tatbestände zur Wahrnehmung der übertragenen Aufgaben insbesondere im Bereich Kritischer Infrastrukturen zu präzisieren und zu erweitern. Nach wie vor sind die **Adressaten** der Bußgeldtatbestände entsprechend der Verteilung der Pflichten im BSIG nach Umsetzung der NIS-RL vor allem **KRITIS-Betreiber** (Abs. 1, Abs. 2 Nr. 1 lit. a, c, Nr. 2–7 und Abs. 3), daneben vorrangig **Anbieter Digitaler Dienste** (DSP[12], Abs. 2 Nr. 7 und 8) und seit 2021 **Unternehmen im besonderen öffentlichen Interesse** (UBI, Abs. 2 Nr. 5, 7, 9). Bei diesen Adressaten sieht der Gesetzgeber eine so hohe Bedeutung für die Funktionsfähigkeit des Allgemeinwesens, dass unternehmerische Entscheidungen gegen eine ausreichende IT-Grundabsicherung als sanktionsfähig bewertet werden.[13] Die weiteren Tatbestände sanktionieren die Umgehung von erforderlichen Befugnissen oder Freigaben, die das BSI erteilt, oder den Vorschriften des CSA. Zur klareren Differenzierung zwischen den neuen Tatbeständen wurden nun **Bußgeldrahmen in vier Stufen** (→ Rn. 20) von stark unterschiedlicher Höhe vorgesehen.

B. Einzelerläuterungen

I. Vorsätzlich fehlerhafte Erbringung von Nachweisen (Abs. 1)

5 Als erster Tatbestand im Bußgeldkatalog vorgezogen wurde der Fall der **vorsätzlichen Nachweisnichterbringung** durch KRITIS-Betreiber gem. § 8a Abs. 3 S. 1. Einschlägig ist der **Bußgeldrahmen in Stufe 2** (1 Mio. EUR) nach Abs. 5 der

---

[8] BT-Drs. 19/26106, 89.

[9] Vgl. BR-Drs. 16/21, 102.

[10] Bis 2021 sah § 14 aF nur Bußgelder iHv höchstens 50.000 bzw. 100.000 EUR vor.

[11] → Rn. 48; Art. 83 Abs. 5 DS-GVO sah 200-fach höhere Bußgelder vor als das BSIG.

[12] Abgeleitet aus Art. 16 ff. NIS-RL: Digital Service Provider.

[13] Für die grds. Notwendigkeit einerseits und Effektivität im begrenzten Adressatenkreis andererseits vgl. *Riehm/Meier,* MMR 2020, 571 f.

Norm. Durch die Norm werden Fälle sanktioniert, in denen die von den Betreibern zu erbringenden Nachweise, Nachforderungen, Auskünfte und Kennzahlen **vorsätzlich nicht richtig oder nicht vollständig** erbracht werden.[14]

Mit dem Voranstellen der 2021 ergänzten Nachweisnichterbringung als Bußgeldtatbestand hat der Gesetzgeber zum Ausdruck gebracht, dass mit der Gesetzesänderung ganz vorrangig eine **Sanktionslücke** geschlossen werden sollte, die bis zum IT-SiG 2.0 hier für die KRITIS-Aufsicht bestand.[15] Denn unter den zwei Säulen der Wächterfunktion des BSI – der Beobachtung der IT-Sicherheitsvorfälle und der Beobachtung des IT-Sicherheitsschutzniveaus in Deutschland – war bislang nur erstere bei fehlender Kooperation der Kritischen Infrastrukturbetreiber mit einem Sanktionstatbestand hinterlegt.[16] 6

Unklar erscheint indes auf den ersten Blick das Verhältnis von Abs. 1 und Abs. 3 zum Abs. 2 Nr. 3 der Norm. Die **Dreifachregelung** der nachweisbezogenen Sanktionen ist systematisch ungewöhnlich[17] und wirkt zunächst redundant.[18] Der sauberen Differenzierung der Tatbestände kommt deshalb hier besondere Bedeutung zu: Während Abs. 2 Nr. 3 als Grundtatbestand die vorsätzliche und fahrlässige **„Nichterbringung"** im engeren Sinne (→ Rn. 16) sowie die „nicht rechtzeitige" Erbringung (→ Rn. 19) adressiert, regelt Abs. 1 die vorsätzliche „nicht richtige" oder „nicht vollständige" Nachweiserbringung (→ Rn. 18). Abs. 3 regelt zuletzt die fahrlässige unrichtige oder unvollständige Nachweiserbringung (→ Rn. 37). 7

Abs. 2 Nr. 3 ist einschlägig, wenn die Nachweise gar nicht bzw. nicht fristgerecht beim BSI eingereicht werden. Die Nachweise müssen wenigstens in einer solchen Form vorgelegt werden, dass dem BSI eine dem Normzweck entsprechende grundlegende Überprüfung möglich ist (→ Rn. 17). Demgegenüber sind im Sinne der Abs. 1 und 3 Nachweise **„unrichtig"**, wenn die Angaben und Unterlagen zu den ergriffenen Absicherungsmaßnahmen objektiv unzutreffend sind. Das ist zB der Fall, wenn Geltungsbereiche oder vorliegende und festgestellte Sicherheitsmängel nicht aufgeführt sind und dadurch aus objektiv erwartbarer Sicht vor dem BSI der Eindruck erweckt wird, sie hätten nicht existiert. Die Nachweise sind **„unvollständig"** iSd Abs. 1 und 3, wenn notwendige Angaben oder Unterlagen fehlen, etwa Berichte zu durchgeführten Prüfungen oder Zertifizierungen. 8

Der besondere **Unrechtsgehalt** des Abs. 1 ergibt sich aus dem **Vorsatz.** Damit gemeint ist das Zurückhalten oder Nicht-Berichtigen von Angaben, obwohl der Betreiber, beispielsweise durch Missachtung klarer Vorgaben zum Erklärungsumfang oder Hinweis oder Mahnung durch das BSI, in Kenntnis seiner Pflicht handelt.[19] Ein bewusstes oder in Kauf genommenes Umgehen der ordnungsgemäßen Pflichterfüllung, zB aus Wirtschaftlichkeitserwägungen oder zur Vermeidung von Folgemaßnahmen, stellt eine besondere Missbilligung des öffentlichen Interesses gegenüber den Individualinteressen des Betreibers dar.[20] Nicht umfasst werden soll 9

---

14 BT-Drs. 19/26106, 89.

15 Die Nichtaufnahme beruhte auf einem gesetzgeberischen Versehen beim IT-SiG aufgrund des späteren Ergänzens der Bußgeldvorschriften, es sollte schon damals eigentlich eine Sanktionsmöglichkeit für alle in §§ 8a, 8b festgelegten Betreiberpflichten aufgenommen werden; vgl. auch BT-Drs. 18/5121 16 aE.

16 Vgl. Abs. 1 aF 2017.

17 Einzig Abs. 2 Nr. 5, 6 knüpfen noch an das Vorhalten der funktionsfähigen Kontaktstelle an.

18 Insb. sind auch die Gesetzesbegründungen wortgleich, vgl. BT-Drs. 19/26106, 89ff.

19 BT-Drs. 19/26106, 89.

20 BT-Drs. 19/26106, 89f.

von Abs. 1 stattdessen die nachweislich nur fahrlässige Erbringung fehlerhaft ausgefüllter oder nachträglich noch notwendiger, aber nicht offensichtlich erforderlicher Nachweisunterlagen. Diese wird in Abs. 3 geregelt. Denn Hintergrund für die Differenzierung war das Interesse des Gesetzgebers, einerseits dem hohen Stellenwert der ordnungsgemäßen Nachweise durch die Einordnung in einer hohen Sanktionsstufe gerecht zu werden, aber andererseits die Betreiber davon zu schützen, wegen versehentlichen Fehlern „bei der Erbringung" der Nachweise mit den Bußgeldern für inhaltlich unzureichende Nachweise konfrontiert zu werden.

10 Die Aufteilung dient daher insgesamt der Schaffung einer **Ausnahme für fahrlässige Fehler** in der Erbringung, also für solche Betreiber, die zwar inhaltlich grds. geeignet und rechtzeitig ihren Nachweis erbringen wollen, aber etwa fahrlässig Fehler bei den Formalien gemacht haben oder für einzelne Teile des Nachweises in den Formularen Nachforderungen erhalten. So spricht auch der Gesetzgeber in der Sanktionsrahmenbegründung von „Verstößen gegen die rein formalen Voraussetzungen".[21] Der Unrechtsgehalt von zB versehentlichen Formfehlern bei inhaltlich grundsätzlich verwertbaren Nachweisen liegt erheblich unter bewusst in Kauf genommen inhaltlich fehlerhaften, unvollständigen oder ungeeigneten Nachweisen (→ Rn. 17).[22] Darauf gibt auch die unterschiedliche Sanktionshöhe Aufschluss, die an die drei Tatbestände anknüpft: Da sich Abs. 1 und Abs. 2 Nr. 3 in ihrer Bußgeldbewehrung nicht unterscheiden, dient die Dreifachregelung nur der Ausnahme des Falles des Abs. 3, also der fahrlässigen unrichtigen oder unvollständigen Nachweiserbringung, welche gleich **zwei Bußgeldstufen unter den anderen** beiden liegt und damit potenziell nur ein Fünfzigstel so schwer geahndet werden soll.[23] Bei der Parallelvorschrift für Unternehmen im besonderen öffentlichen Interesse in Abs. 2 Nr. 9 wurde auf eine ähnliche Dreiteilung vollständig verzichtet.

II. Grundsätzliche Bußgeldtatbestände nach dem BSIG (Abs. 2)

11 **1. Zuwiderhandlungen gegen vollziehbare Anordnungen (Nr. 1).** Der erste Bußgeldtatbestand des Abs. 2 zählt die grundlegenden vollziehbaren Anordnungen auf, die nach dem BSIG gegenüber KRITIS-Betreibern, Dienstanbietern und Herstellern von IT-Produkten möglich sind. Die jeweiligen Verweise „auch in Verbindung mit" sind nur iVm der unmittelbar folgenden Norm zu lesen. Der Gruppierung in die lit. a–c liegt keine inhaltliche Gemeinsamkeit zugrunde, sondern dient der Zuordnung zu den unterschiedlichen **Bußgeldrahmen**-Stufen nach Abs. 5 (→ Rn. 42). Die Buchstaben folgen dabei lose der Aufzählung der Normen im Gesetz und legen **für lit. a Stufe 1** (bis zu 2 Mio. EUR), **für lit. b Stufe 4** (bis zu 100.000 EUR) und **für lit. c Stufe 3** (bis zu 500.000 EUR) fest.

12 In der sanktionsschwersten **Gruppe lit. a (Stufe 1)** werden Anordnungen aufgeführt, welche auf die unmittelbare **Wiederherstellung der Sicherheit oder Funktionsfähigkeit** des informationstechnischen Systems gerichtet sind. Diese Fälle erfassen damit auch solche Situationen, in denen bereits eine konkrete Angriffs- oder Störungsentwicklung erfasst worden ist, die das Bundesamt mit der Anordnung durch Mithilfe oder Umsetzung durch den Anordnungsadressaten abzustellen versucht. Die Betroffenen haben gemein, dass sie sich einem erhöhten

---

[21] BT-Drs. 19/26106, 95.

[22] Vgl. BT-Drs. 19/26106, 93 zu Abs. 3 aE.

[23] Dazu → Rn. 42f., denn für die unterste Stufe gilt der Verweis auf § 30 Abs. 2 S. 3 OWiG nicht.

Bedrohungspotential ausgesetzt sehen, dem ein herausragendes öffentliches Interesse an der Sicherheit eben dieser erfassten Betroffenen gegenübersteht.[24] Dabei kann auch die Mitwirkung der Hersteller in vielen Fällen bei Störungen und Ausfall von komplexen IT-Systemen von Kritischen Infrastrukturen von erheblicher Bedeutung für eine schnelle Wiederherstellung der Sicherheit oder Funktionsfähigkeit des betroffenen Systems sein, da in der Regel nur bei den Herstellern der vollständige Zugang zur Dokumentation von Hard- und Softwarekomponenten vorhanden ist. Die hier notwendigen Maßnahmen sind von besonderer Eilbedürftigkeit geprägt, um Maßnahmen zur **Schadensbegrenzung** zu treffen, einen Notbetrieb sicherzustellen und möglichst zügig wieder einen Normalbetrieb zu ermöglichen. Die Weigerung zur Beseitigung des Sicherheitsmangels auch nach einer erfolgten Anordnung stellt potenziell auch nicht nur eine Gefahr für die von dem Betreiber versorgten Adressaten im In- und Ausland dar, sondern auch für die weiteren Betreiber in der Branche. Da sich aus der Ausnutzung des nicht rechtzeitig wiederhergestellten Sicherheitsmangels weitere Kenntnisse und Angriffsvektoren in dem Sektor ergeben, dienen die Maßnahmen auch dem Schutz vor einer **Ausweitung des Angriffs.**[25]

Unter die folgende **Gruppe lit. b (Stufe 4)** wird bislang allein die Mitwirkungspflicht der **Hersteller bei IT-Produkt- und Systemuntersuchungen** auf ein Auskunftsverlangen des BSI gem. dem 2021 eingeführten § 7a Abs. 2 S. 1 gefasst. Anordnungen auf Auskunft infolge der dortigen Untersuchungsbefugnis werden selten die Bedeutung der anderen Gruppen für die unmittelbare IT-Sicherheit in Deutschland haben, sind aber für das BSI zur Erfüllung seiner Aufgaben, zB im Verbraucherschutz, bedeutsam. Um sicherzustellen, dass das BSI seine gesetzlichen Aufgaben erfüllen und bspw. mögliche Sicherheitsrisiken bewerten kann, bedarf es der aktiven Mitarbeit der IT-Hersteller durch Bereitstellung von Informationen zu dem zu prüfenden Produkt.[26] Da das Bundesamt zur erfolgreichen und vor allem zügigen Untersuchung regelmäßig auf Auskünfte der Hersteller angewiesen ist, ist zur Durchsetzung der Auskunftsanordnungen eine – abgestufte – Sanktionsmöglichkeit ebenfalls erforderlich.[27] 13

In der letzte **Gruppe lit. c (Stufe 3)** wird der Fall einer Zuwiderhandlung gegen eine vollziehbare Anordnung nach § 8b Abs. 6 S. 1, auch in Verbindung mit S. 2, sanktioniert. Dadurch wird die fehlende Herstellermitwirkung zB bei eiligem Auskunftsverlangen zur Bekämpfung einer IT-Bedrohungslage mit einem Bußgeld bewehrt. Das Bundesamt ist auf die **Mitwirkung des Herstellers** der betroffenen informationstechnischen Produkte und Systeme an der Beseitigung oder Vermeidung einer Störung angewiesen, da nur dieser das entsprechende betriebsinterne Knowhow besitzt und gegebenenfalls eine besondere Eilbedürftigkeit hinzutreten kann. Die Zuwiderhandlung gegen eine vollziehbare Anordnung auf Schließung einer bereits bekannten Sicherheitslücke wird davon ebenfalls erfasst. Ebenso verhält es sich für die in § 8c Abs. 4 genannten **Anbieter digitaler Dienste,** von denen das BSI nach § 8c Abs. 4 S. 1 Nr. 2 die entsprechende Beseitigung von Mängeln verlangen kann. § 8c Abs. 4 S. 1 Nr. 1 sieht nicht nur die Übermittlung der zur Beurteilung der Sicherheit seiner Netz- und Informationssysteme erforderlichen Informationen vor, sondern nennt auch eine ausdrückliche – wenngleich nicht wie 14

[24] BT-Drs. 19/26106, 90.
[25] Vgl. so insg. Begründung d. BReg. in BR-Drs. 16/21, 102f.
[26] BT-Drs. 19/26106, 67.
[27] BR-Drs. 16/21, 103.

bei KRITIS proaktive – Nachweispflicht über ergriffene Sicherheitsmaßnahmen auf Verlangen.

15 **2. Nicht- bzw fehlerhafte Umsetzung von IT-Sicherungsvorkehrungen für KRITIS (Nr. 2).** Die ursprünglich erste Sanktionsmöglichkeit im Bereich der KRITIS-Regulierung wurde dafür geschaffen, dass nach der BSI-KritisV identifizierte Betreiber Kritischer Infrastruktur eine **Vorkehrung nach § 8a Abs. 1** S. 1 zur IT-Absicherung nicht, nicht richtig, nicht vollständig oder nicht rechtzeitig treffen (→ § 8a Rn. 9ff.). Einschlägig ist der Bußgeldrahmen in Stufe 2 (bis zu 1 Mio. EUR) nach Abs. 5 der Norm. Die **Mindestabsicherung** der eigenen IT-Strukturen in den betriebenen Anlagen nach den hierfür geltenden Mindestvorgaben ist die erste Kardinalpflicht der KRITIS-Betreiber nach dem BSIG und im direkten Eigeninteresse der Betreiber. Die Nichtabsicherung oder Absicherung unter diesem Niveau ist bei Kritischen Infrastrukturen nach gesetzgeberischer Wertung angesichts der steigenden Bedrohungslage nicht nur eine schwer nachvollziehbare unternehmerische Entscheidung, sondern aufgrund der besonderen Versorgungsverantwortung für die Leistungsempfänger unverantwortlich und muss von vorneherein vermieden werden.[28] Für Anbieter digitaler Dienste gilt parallel der Bußgeldtatbestand aus Nr. 8.

16 **3. Nicht- bzw. verspätete Nachweiserbringung für KRITIS (Nr. 3).** Der 2021 ergänzte Tatbestand (Alt. 1) erfasst den **Grundtatbestand der Nachweisnichterbringung,** also des Verstoßes gegen § 8a Abs. 3 S. 1: die Nicht- oder nicht rechtzeitige Erbringung des alle zwei Jahre erforderlichen geeigneten Nachweises über die Erbringung der geforderten angemessenen organisatorischen und technischen Vorkehrungen. Neben dem offensichtlichen Fall der **Nachweisverweigerung** kann auch die inhaltlich evident nicht ordnungsgemäße Erbringung unter die Nichterbringung fallen. Sowohl der vorsätzliche als auch der fahrlässige Verstoß sind sanktioniert. Der Tatbestand reiht sich damit ein hinter den Tatbeständen des Abs. 1 und Abs. 3, welche die fehlerhafte, nämlich unvollständige oder unrichtige Erbringung des Nachweises enthalten (→ Rn. 7ff.). Einschlägig ist der **Bußgeldrahmen in Stufe 2** (bis zu 1 Mio. EUR) nach Abs. 5 der Norm.

17 Da viele der weiteren Aufsichts- und Unterstützungsaufgaben des BSI auf der Dokumentenprüfung der Nachweise aufbauen, ist es für die Wahrnehmung dieser Aufgaben unverzichtbar, dass das BSI von den Betreibern die Nachweise **ordnungsgemäß** erhält.[29] Eine ordnungsgemäße Übermittlung ist gegeben, wenn der Nachweis fristgerecht eingeht und grds. zur Prüfung durch das BSI geeignet ist.[30] Die Prüfung kann durchgeführt werden, wenn die eingereichten Dokumente insgesamt eine abschließende fachliche Bewertung der aktuellen Sicherheitsvorkehrungen im vollständigen Bereich der betriebenen Anlagen möglich machen. Nur so sind die Aufgaben des BSI über die Nachweisprüfung anstelle einer jedes Mal erforderlichen Vor-Ort-Prüfung umsetzbar. Ansonsten müsste eine regelmäßige Nachweiserhebung in allen KRITIS-Anlagen durch das Bundesamt oder

---

[28] Vgl. BR-Drs. 16/21, 103.

[29] BT-Drs. 19/26106, 89f.

[30] Bis 2021 noch im Gesetzeswortlaut, hat der Gesetzgeber die Geeignetheit des Nachweises mit dem IT-SiG 2.0 (BT-Drs. 19/26106, 15) in den Nachweisbegriff integriert und nennt sie nicht mehr explizit; Betreiber „haben [die Erfüllung] nachzuweisen"; vgl. § 8a Abs. 3 S. 1 aF.

von ihm beauftragte Dritte im Rahmen einer verstetigten Kontrolle im Sinne des 8a Abs. 4 durchgeführt werden.

Die Regelung wird in der Gesetzbegründung, bezogen auf die Vorversion, noch als zum Abs. 1 nachrangige Auffangvorschrift beschrieben. Mit der kompletten Ausgliederung der unrichtigen und unvollständigen Nachweiserbringung aus dem Grundtatbestand der Nr. 3 im Rahmen der IT-SiG 2.0-Genese gibt es hier jedoch praktisch kaum noch tatbestandliche Überschneidungen. Aufgefangen wird jetzt nur noch der unrichtige oder unvollständige Nachweis, der so evident ungeeignet ist, dass er gar keinen ordnungsgemäßen Nachweis darstellt. Liegt dazu Vorsatz vor, ist aufgrund des wohl höheren Unwertgehalts vorrangig Abs. 1 zu bejahen, andernfalls Nr. 3. Darüber hinaus kann Nr. 3 nichts mehr auffangen, was überschneidend geregelt würde, sondern steht in seinem Anwendungsbereich alternativ und damit **praktisch meist gleichrangig** neben Abs. 1. Die Rechtsfolgen sind hinsichtlich des Bußgeldrahmens bei beiden gleich. 18

Der Nachweis muss auch **rechtzeitig** erbracht werden (Alt. 2). Dafür gelten grundsätzlich die in § 8a Abs. 3 definierten Fristen, also der Grundsatz der Nachweiserbringung mindestens alle zwei Jahre ab erstmaligem Überschreiten der KRITIS-Schwellenwerte und Erreichen der KRITIS-Eigenschaft (→ § 8a Rn. 32). Maßgeblicher Zeitpunkt ist der Zugang der gesamten Nachweisdokumentation beim BSI; dieses hat zur Rechtssicherheit der Betreiber dafür regelmäßig eine Bestätigung zu versenden. Das Gesetz sieht **keine Ausnahmen,** Schonzeiten oder Übergangszeiträume vor, sodass eine Ordnungswidrigkeit schon dann vorliegt, wenn die Nachweisfrist um nur einen Tag überschritten wird. Im Lichte des Gesetzeszwecks, eine kontinuierliche – aber auch nur alle zwei Jahre aktualisierte – Übersicht über die getroffenen Vorkehrungen zu garantieren, wird hier das BSI jedoch regelmäßig im Rahmen seines Entschließungsermessens gehalten sein, kurzzeitige Überschreitungen nicht zu ahnden. 19

4. Verstoß gegen Mitwirkungspflichten bei der Überprüfung von KRITIS (Nr. 4). Um die Einhaltung der geforderten Maßnahmen nach § 8a Abs. 1 oder die Richtigkeit der Nachweise zu überprüfen, ist das BSI gehalten, regelmäßig anlasslos oder -bezogen die Umsetzung bei Betreibern zu überprüfen. Indem die Betreiber eigenverantwortlich Prüfer einsetzen und die Nachweisprüfungen im Rahmen der geltenden Vorgaben gestalten können, ist die gesetzliche Rolle des BSI bei der regelmäßigen Nachweisprüfung überwiegend auf eine Überprüfung in „zweiter Hand" zurückgezogen. Die Mitwirkungspflichten zur effizienten Überprüfung vor Ort sind deshalb Voraussetzung für die **einzige direkte Überprüfung** aus erster Hand durch das BSI oder von ihm eingesetzte Dritte. Durch Verwaltungszwang mittels Anordnung und Zwangsgeldandrohung kann diese **Mitwirkung,** insbesondere auch die Duldung des Betretens der eigenen Geschäftsräume, kaum sinnvoll durchgesetzt werden, denn die Effektivität der Kontrolle vor Ort lebt von der kurzfristigen Überprüfungsmöglichkeit. Auch der Gesetzgeber hat hier gesehen, dass Auskunftsverlangen bei **Vor-Ort-Kontrollen** nach **§ 8a Abs. 4 S. 2** effektiver umgesetzt werden können.[31] Gleichermaßen ist die Verweigerung des Zurverfügungstellens der erforderlichen Unterlagen und des Betretens der Geschäftsräume durch Anordnungen nicht ausreichend sanktionierbar. Der Betreiber kann sich nach anfänglicher Verweigerung darauf berufen, dass er – erlangt das Bundesamt nachträglich doch Kenntnis von den erforderlichen Do- 20

[31] BT-Drs. 19/26106, 91.

kumenten – jetzt zur angeordneten Handlung nicht mehr gezwungen werden kann, die Beugungswirkung des Zwangsmittels also nicht erforderlich sei. Die Begehung und Prüfung der Anlagen vor Ort ist mit entsprechenden personellen Aufwänden verbunden, die im Vorhinein durch das BSI oder einen beauftragten Dritten geleistet werden müssen. Ohne eine auch nachträgliche Sanktionierungsmöglichkeit ist bei Verweigerung nur eine unzureichende **Durchsetzung** gewährleistet. Auch kann so andernfalls dem Bundesamt die Kontrolle über den Zustand der IT-Sicherung erheblich erschwert oder dieser sogar zeitweise verhindert werden.[32]

21 Gleichermaßen wie bei der Überprüfung der Maßnahmen ist die Mitwirkung des Betreibers durch Vorlage entsprechender Unterlagen gefordert, wenn das BSI bei unklarem Sachverhalt bei der Aufklärung des Bestehens der **Registrierungspflicht** eines Betreibers ein **Auskunftsverlangen nach § 8b Abs. 3a S. 1** stellt. Das Auskunftsverlangen ähnelt hier dem Auskunftsverlangen aus § 8a Abs. 4 S. 2, da in beiden Fällen das Bundesamt die Möglichkeit bekommt, zur für das Bundesamt weniger aufwändigen wie für den Betreiber weniger eingriffsintensiven Vorprüfung eine Entscheidung nach Lage der Akten zu treffen, die aber nicht dadurch umgangen werden soll, dass der Betreiber die für eine solche Identifizierung relevanten Unterlagen, Informationen und Kennzahlen zurückhält und so einer unabhängigen Überprüfung durch das Bundesamt entzieht.[33] Stattdessen soll die Bußgeldbewehrung den Betreiber dazu anhalten, sich bei Zweifeln über die eigene Anlagen-Registrierungspflicht von sich aus rechtzeitig zu melden und aktiv eine Klärung durch das Bundesamt voranzutreiben.

22 Die fehlende Mitwirkung wird in der Praxis häufig mit der Nichterfüllung weiterer sanktionsbewehrter Pflichten zusammenfallen. Da die grundlegende Information des BSI durch die Nachweis- und Meldepflichten erfolgt und hier regelmäßig der Schwerpunkt des Verstoßes liegt, ist die mangelnde Mitwirkung vor diesem Hintergrund nur mit dem niedrigsten **Bußgeldrahmen in Stufe 4** (bis zu 100.000 EUR) nach Abs. 5 der Norm belegt.

23 **5. Nicht- bzw. fehlerhafte Registrierung von KRITIS-Anlagen oder UBI (Nr. 5).** Gleichermaßen von einer Registrierungs- und Kontaktstellenbenennungspflicht betroffen sind KRITIS und UBI. Einschlägig ist hier bei einem Verstoß grundsätzlich der **Bußgeldrahmen in Stufe 3** (bis zu 500.000 EUR) nach Abs. 5 der Norm.

24 Die Bußgeldvorschrift bildet die **Zweistufigkeit** der tatbestandlichen Pflichten ab: Erstens müssen sich die Normadressaten selbstständig über das dafür vorgesehene **Registrierungsportal** (MIP)[34] als solche anmelden, damit beim BSI eine vollständige Übersicht über alle entsprechend wichtigen Einrichtungen in Deutschland erreicht werden kann, ohne dass das BSI selbst Nachforschungen anstellen muss. Die Registrierung dient also der Information des BSI über die grundlegenden Informationen wie Standort, Einrichtungsart und erstmaliges Erreichen der Eigenschaft als KRITIS oder UBI. Zweitens muss mit der Kontaktstelle ein dauerhafter **Kommunikationskanal** eingerichtet werden, über den insbesondere im Notfall ein sofortiger, bereits etablierter Informationsaustausch stattfinden kann. Hierüber kann der Betreiber zusätzlich unverzüglich das Lagezentrum des Bundesamtes im Rah-

[32] BT-Drs. 19/26106, 91.
[33] BR-Drs. 16/21, 104.
[34] Sog. „Melde- und Informationsportal" des BSI, https://mip.bsi.bund.de/registermain.

men der bestehenden Meldepflichten bei Störungen und IT-Sicherheitsvorfällen informieren, ohne sich erst bei Vorfalleintritt mit dem Meldeweg auseinandersetzen zu müssen. Die Kontaktstellenbenennung ist also einfache, aber wichtige Präventionsaufgabe für die unmittelbare Kommunikationsaufnahme im zeitkritischen Vorfallszenario. Die Kontaktstelle ist dabei Anknüpfungspunkt für Meldungen an das Bundesamt einerseits und für unabhängige, adressatenspezifische Informationen und Warnungen an die Unternehmen andererseits. Die Sanktionierung ist erforderlich, um zu gewährleisten, dass im Fall eines übergreifenden Störfalls unmittelbar alle potenziell betroffenen Kritischen Infrastrukturen vorbereitet und etwaige notwendige Schutzmaßnahmen unverzüglich in Gang gesetzt werden können.[35]

Eine Pflichtigkeit der Unternehmen im besonderen öffentlichen Interesse wurde ebenfalls für erforderlich gehalten, um auch hier bei Angriffen, die KRITIS wie UBI gleichermaßen betreffen können, die unverzügliche Weiterleitung wichtiger Sicherheitsinformationen an eventuell betroffene Unternehmen sicherzustellen.[36] Erst mit der Gleichstellung von KRITIS und UBI in § 14 wird für letzte im BSIG eine gesetzgeberische Festlegung dazu getroffen, dass im Rahmen der UBI-Bestimmung nach § 2 Abs. 14 und der Rechtsverordnung nach § 10 Abs. 5 ein paralleles System der **Selbstidentifikation für UBI** gelten soll, wie es bereits für KRITIS gilt. Denn beide haben von sich aus aktiv zu werden und sich zu registrieren, ohne dass es einer entsprechenden Anordnung oder sonstigen Aufforderung bedarf. 25

Nicht ausdrücklich geregelt ist, ob unter die „Nicht-Registrierung" auch die unrichtige Registrierung, insbesondere durch **Falschangabe** bei der Registrierung, fällt. Das gilt zum einen bei der Angabe zu weniger oder falscher Anlagen. Diese Frage ist gerade auch mit Blick auf die Möglichkeit der **Deregistrierung** von besonderer Bedeutung, mittels derer sich ein KRITIS-Unternehmen oder ein UBI, das beispielsweise durch Unterschreitung der Schwellenwerte tatsächlich nicht mehr unter die Vorschriften fällt, beim BSI abmelden kann (→ BSI-KritisV § 1 Rn. 48). Gibt ein Unternehmen nun beispielsweise Zahlen für das vergangene Jahr an, die wahrheitswidrig unter den Schwellenwerten liegen, wird das BSI im Regelfall zunächst den Wegfall der Eigenschaft und damit der Pflichtigkeit des Unternehmens feststellen. Hier ist dennoch hinsichtlich der entsprechenden **Einschlägigkeit des Bußgeldtatbestandes** bei Falschangaben aufgrund des auch im Ordnungswidrigkeitenrecht geltenden Analogieverbots und Bestimmtheitsgebots[37] ein grundsätzlich strenger Maßstab anzulegen. So fehlt im systematischen Vergleich zu den anderen Bußgeldtatbeständen hier gerade das „nicht richtig, nicht vollständig" in der Aufzählung der Nr. 5. Auch die Voraussetzung der Registrierung in „geeigneter" Form entsprechend § 8a Abs. 3 fehlt. Formalfehler, die keine inhaltlichen Fehler erzeugen, sind damit wohl bereits ganz auszuschließen. Erwachsen aus den – auch inhaltlich falschen – Angaben weiter keine anderen Rechtsfolgen, als wenn sie wahrheitsgemäß gemacht worden wären, wird bei geringen Abweichungen und nachträglicher Korrektur ebenfalls im Regelfall kein Bußgeld angezeigt sein. Anders muss der Fall aber sein, wenn aufgrund einer Falschangabe eine Registrierung einzelner Anlagen oder Unternehmensteile nicht vorgenommen oder aufgehoben wird, die tatsächlich gesetzlich notwendig wäre. Denn dann kommt es durch die Falschangabe nicht nur zu einer inhaltlich fehlerhaften Registrierung, sondern zu einer **Nicht-Registrierung.** Es kann nicht sein, dass ein Un- 26

[35] BR-Drs. 16/21, 104.
[36] BT-Drs. 19/26106, 92f.
[37] Art. 103 GG; *BVerfG,* Beschl. v. 17.11.2009 – BvR 2717/08, NJW 2010, 754.

ternehmen, das eine Einrichtung nicht registriert, dem Bußgeldtatbestand unterfällt, während ein Unternehmen, das eine Einrichtung durch falsche Angaben der Registrierung entzieht, den Tatbestand nicht erfüllt. Das gilt auch für durch falsche Angaben erwirkte Deregistrierungen. Es braucht dafür keine Analogie zum Grundtatbestand, sondern es tritt genau dieser Grundtatbestand ein – durch die Abmeldung ist eine zB gesetzlich registrierungspflichtige Anlage nicht registriert und die beim BSI gelöschte Kontaktstelle nicht mehr benannt.[38] Die Deregistrierung durch Falschangaben ist eine Nichtregistrierung. Die Pflicht wird somit nicht erfüllt. Daneben zu beachten bleiben zudem die in diesen Fällen regelmäßig ebenfalls erfüllten weiteren Bußgeldtatbestände, insbesondere nach Nr. 3, 6 und 7.

27 **6. Nichterreichbarkeit der KRITIS-Kontaktstelle (Nr. 6).** Die Nichterreichbarkeit ist bußgeldbewehrt, um nach erfolgreicher Registrierung dafür Sorge zu tragen, dass die registrierte Kontaktstelle auch dauerhaft funktionsfähig bleibt. Denn ist Zweck der Registrierung einerseits die Meldung der eigenen Anlage beim BSI, so ist er andererseits auch die Schaffung eines regelmäßigen unverzüglichen Kommunikationskanals zwischen BSI und Betreiber. Mit seiner Wächterfunktion im Bereich der KRITIS-Aufsicht und des Lagezentrums fungiert das BSI als „Blitzableiter" für den seltenen Fall eines branchenübergreifenden Angriffs oder IT-Störfalls, indem es schneller als neutrale Stelle Unternehmen in der Branche warnen und informieren soll, als sich der Störfall fortsetzen kann. Diese Rückkanalfunktion für Ausnahmefälle kann aber nur funktionieren, wenn der Rückkanal – auch bei längerer Nichtnutzung – immer offengehalten wird. Die Kontaktstelle ist deshalb **„jederzeit erreichbar"** im Sinne des § 8b Abs. 3 S. 4 zu halten. Das trifft dann zu, wenn der Betreiber Kritischer Infrastruktur über die registrierte Kontaktstelle in der Lage ist, Informationen des BSI, also beispielsweise Cyber-, Sicherheitswarnungen oder Lageinformationen unmittelbar entgegenzunehmen und diese unverzüglich auszuwerten.[39]

28 Für die Art des Informationskanals macht das Gesetz keine konkreten Vorschriften, sondern überlässt die Ausgestaltung der Praxis, wofür das BSI eine Einrichtung eines **E-Mail**-Funktionspostfachs – dh keine persönliche E-Mail-Adresse eines einzelnen Mitarbeiters – empfiehlt. Während dies auch aus Datenschutzgesichtspunkten sinnvoll erscheint, wird eine auch telefonische Erreichbarkeit überraschenderweise in der Empfehlung des BSI nicht gefordert, was anhand der möglichen Zeitkritikalität eigentlich zu erwarten wäre.[40] Für ein **unverzügliches Auswerten** scheint demnach ein Rahmen von einigen Stunden für ausreichend gehalten zu werden, was im Notfall aber erheblich zu verkürzen sein dürfte. Dass dabei eine konkrete Information des BSI tatsächlich nicht oder nicht rechtzeitig entgegengenommen wurde, ist nach dem Wortlaut der Norm nicht gefordert – praktisch wird es aber in der Regel sonst nie zu einer Sanktion kommen. Unerheblich ist aber folglich der Inhalt der Mitteilung, also ob die Information beispielsweise für

[38] Die Löschung durch das BSI bei Deregistrierung erfolgt aus dem Spiegelbildprinzip, dass der Betreiber bei Wegfall der bspw. KRITIS-Eigenschaft so zu stellen ist, wie er es vor Eintritt der Eigenschaft war, BT-Drs. 19/26106, 92; zudem datenschutzrechtlicher Zweckbindungsgrundsatz, vgl. Art. 5 Abs. 1 lit. b, c, e DS-GVO.

[39] „Bearbeitung der Informationen auf Zuruf", also unverzüglich ieS, BT-Drs. 19/26106, 92.

[40] *BSI,* Hinweise zur Kontaktstellenbenennung, abrufbar unter www.bsi.bund.de/DE/Themen/KRITIS-und-regulierte-Unternehmen/Kritische-Infrastrukturen/Allgemeine-Infos-zu-KRITIS/Kontaktstelle-benennen/kontaktstelle-benennen_node.html.

den Betreiber eine direkte Empfehlung trifft und Umsetzung erfordert oder nur allgemein zugeht. Üblicherweise werden Informationen dabei während der üblichen Geschäftszeiten versendet, es ist jedoch nicht auszuschließen, dass in Ausnahmefällen dringende Warnungen auch außerhalb der üblichen Geschäftszeiten, an Feiertagen, Wochenenden oder nachts versendet werden. Für diese Fälle können bereits existierende dauerhaft erreichbare Stellen in der Organisation wie die Pforte, der Werkschutz oder sonstige Bereitschaftsdienste genutzt werden, um akuten Handlungsbedarf erkennen und eine Alarmierung bzw. Weiterleitung vornehmen, um die Erreichbarkeit zu gewährleisten.[41] Einschlägig ist wegen des relativ geringen Unwertgehalts des Verstoßes hier nur der **Bußgeldrahmen in Stufe 4** (bis zu 100.000 EUR) nach Abs. 5 der Norm.

7. Nicht- bzw. fehlerhafte Meldung von Stör- oder Sicherheitsvorfällen 29
(Nr. 7). Ein funktionierendes Meldewesen ist die zweite Säule, die notwendig ist, um betreiberübergreifende Störfälle oder Angriffsrisiken zu erkennen und Informationen oder Maßnahmenempfehlungen unabhängig über das BSI zu vermitteln. Die **unverzüglich**e ordnungsgemäße Meldung aktueller Störfälle ist neben den Nachweisen über den Stand der IT-Sicherungsmaßnahmen in den einzelnen Kritischen Infrastrukturen die zweite kritische Voraussetzung für den Überblick über die IT-Sicherheitslage in Deutschland.[42] Die Meldung muss über die dafür etablierten Wege konkret an das BSI erfolgen, eine allgemeine Veröffentlichung ist nicht tatbestandsausschließend. Eine unterschiedliche Bewertung von fahrlässigen Formalfehlern wurde nicht, anders als bei der Nachweiserbringung (→Rn. 7ff., 37), gesetzlich verankert. Grundsätzlich wird der Vorwurf des fahrlässigen oder vorsätzlichen Verstoßes vom Einzelfall abhängen, spätestens bei Nichtmeldung nach Hinweis bzw. Nachfrage oder eigener öffentlicher Mitteilung durch das Unternehmen wird aber Vorsatz anzunehmen sein.

Die Sanktionsmöglichkeit über Bußgelder – und nicht nur Anordnungen und 30
Verwaltungszwang – ist hier insbesondere erforderlich, um zu verhindern, dass die Meldungen von Betreibern nicht erst verspätet dann erfolgen, wenn das BSI ohnehin davon weiß, sondern die Meldung an das BSI als einer der **ersten Schritte in den Unternehmensprozessen** verankert wird. Das Bundesamt soll erste unabhängige Anlauf- und Meldestelle für IT-Störungen und -Angriffe sein und stellt durch deren Vernetzung Bedrohungen für ganze Branchen oder Bereiche in Deutschland fest, um unmittelbar reagieren und bedrohte Betreiber zeitnah warnen zu können. Die Sanktionierung von nicht ordnungsgemäßem, insbesondere fehlendem oder verspäteten Meldeverhaltens ist deshalb grundlegend für die schnelle und umfassende Reaktionsmöglichkeit auf bundesweite Angriffe oder Störfälle.[43] Nur so kann sichergestellt werden, dass wichtige Meldungen nicht aus wirtschaftlichen oder außenwirkungsbezogenen Erwägungen zurückgehalten werden. Über die auch nachträgliche Sanktionierbarkeit der verspäteten Meldungen entsteht die notwendige Meldemotivation der Betreiber, der Verwaltungszwang allein liefe hier aufgrund der zentralen Bedeutung der Aktualität der Informationen leer.[44]

---

[41] BT-Drs. 19/26106, 92.
[42] BT-Drs. 19/26106, 92.
[43] BT-Drs. 19/26106, 93.
[44] Anknüpfungspunkt des Verwaltungszwangs ist nicht der vergangene unterlassene Verstoß, sondern die Willensbeugung – bei Nachmeldung erledigt es sich deshalb; insg. so schon BR-Drs. 16/21, 106.

31 Einschlägig ist der **Bußgeldrahmen in Stufe 3** (bis zu 500.000 EUR) nach Abs. 5 der Norm. Der Bußgeldkatalog erfasst dabei zwar nunmehr die Meldepflichtigkeit sowohl von „Störungen" und „erheblichen Störungen"[45], sieht aber im Wortlaut **keine Differenzierung** der Bußgeldhöhen vor. Das ist ausdrücklicher gesetzgeberischer Wille[46] und erklärt sich damit, dass erhebliche Störungen schon gemeldet werden müssen, wenn sie zu mindestens einer erheblichen Beeinträchtigung führen können, einfache Störungen erst dann, wenn sie bereits dazu geführt haben.[47] Die unterschiedliche Schwere des Vorfalls wird also hinsichtlich des Unrechtsgehalts der Nichtmeldung dadurch ausgeglichen, dass eine konkrete Beeinträchtigung oder ein Ausfallereignis im Raum steht, das nicht gemeldet wird.

32 Bei der ebenfalls im Gesetzeswortlaut der Nr. 7 fehlenden Differenzierung zwischen KRITIS, UBI und DSP könnte hingegen eine Unterscheidung anzunehmen sein: Denn eine solche zieht sich sonst systematisch durch die anderen Bußgeldtatbestände der Norm, indem vergleichbare Pflichten für UBI und DSP gegenüber KRITIS jeweils niedrigeren Bußgeldrahmen zugeordnet werden.[48] Daraus kann man ableiten, dass der Unwertgehalt für Verstöße bei KRITIS-Anlagen schon deshalb höher sein soll, weil KRITIS grundsätzlich als wichtigste Gruppe und damit Verstöße auch als am potenziell schädlichsten für die deutsche Bevölkerung bewertet werden. Eine ausdrückliche Begründung, warum der Gesetzgeber in Nr. 7 beim Meldewesen diese Unterscheidung aufgegeben hat, findet sich nicht.[49] In der Praxis dürfte das BSI jedoch deshalb bei der Bemessung regelmäßig für DSP und UBI den grundsätzlichen Unwertgehalt und damit das Bußgeld auch bei Nr. 7 etwas unter dem Höchstrahmen für KRITIS ansetzen.

33 **8. Nichtumsetzung von IT-Sicherungsvorkehrungen für DSP (Nr. 8).** Die Bußgeldbewehrung der Nichtvornahme notwendiger Maßnahmen für Anbieter digitaler Dienste (DSP) (→ Rn. 4) gilt parallel zur Umsetzungspflicht für die KRITIS-Betreiber nach Nr. 3. Einschlägig ist aufgrund der als geringer eingeschätzten Kritikalität von DSP gegenüber KRITIS hier aber nur der Bußgeldhöchstrahmen in Stufe 3 (bis zu 500.000 EUR) nach Abs. 5 der Norm.

34 **9. Nicht- bzw. fehlerhafte Vorlage einer Selbsterklärung für UBI (Nr. 9).** Für Unternehmen im besonderen öffentlichen Interesse (UBI) gilt, parallel zur Nachweiserbringungspflicht für die KRITIS-Betreiber, die Vorlagepflicht einer Selbsterklärung. Damit trifft diese abgestuft eine Anzeige und Vorlagepflicht wie die KRITIS-Betreiber, die entsprechend sanktioniert werden kann.[50] Eine Differenzierung zur Ausnahme der fahrlässig formell fehlerhaften Erbringung entsprechend Abs. 3 ist bei UBI unterblieben. Insbesondere bei Erstverstößen wird aber regelmäßig auch im Rahmen des § 17 Abs. 2 OWiG nach ordnungsgemäßer Ermessensausübung ohnehin eine deutlich niedrigere Bußgeldhöhe anzusetzen sein. Einschlägig ist hier der Bußgeldhöchstrahmen in Stufe 3 (bis zu 500.000 EUR) nach Abs. 5 der Norm.

---

45 Bis zur Anpassung im IT-SiG 2.0 im Jahr 2021 wurden einfache Störungen nach § 8b Abs. 4 Nr. 1 in den Bußgeldvorschriften nicht erfasst.

46 BR-Drs. 16/21, 106.

47 Vgl. § 8b Abs. 3.

48 Vgl. Abs. 2 Nr. 2 ggü. Nr. 8, Nr. 3 ggü. Nr. 9 (jeweils in einer Stufe niedriger).

49 Vgl. KabF IT-SiG 2.0 2021, Begründung S. 110.

50 BT-Drs. 19/26106, 93.

10. Tätigkeit als Konformitätsbewertungsstelle ohne Befugnis (Nr. 10). 35
Die Tätigkeit als „Konformitätsbewertungsstelle" nach Art. 60, Art. 2 Nr. 18 CSA setzt eine Befugnis voraus, welche das BSI als die deutsche nationale Behörde für die Cybersicherheitszertifizierung auf Antrag und bei Vorliegen der Voraussetzungen erteilt.[51] Gibt eine Stelle das Vorliegen einer solchen Befugnis vor oder wird anderweitig entsprechend ohne Befugniserteilung tätig, ist das bußgeldbewehrt. Die Vorschrift dient so der Umsetzung der europäischen Vorgaben zu Konformitätsbewertungsstellen, die im Anwendungsbereich des Cyber Security Acts (CSA), sowie des § 9 tätig werden. Die Sanktionierung gilt sowohl für nicht erteilte als auch durch das BSI widerrufene Befugniserteilungen und ist erforderlich nach Art. 65 CSA.[52] Einschlägig ist der Bußgeldhöchstrahmen in Stufe 3 (bis zu 500.000 EUR) nach Abs. 5 der Norm.

11. Nutzung des IT-Sicherheitskennzeichens ohne Freigabe (Nr. 11). 36
Die Vorschrift sanktioniert die Verwendung des IT-Sicherheitskennzeichens ohne die hier referenzierte und gesetzlich geforderte Freigabe des BSI. Grundsätzlich werden damit Inhaber des Sicherheitskennzeichens nicht belastet, sondern vorrangig der Missbrauch durch unbefugte Dritte unterbunden und dem BSI ein Durchsetzbarkeitsinstrument für den Widerruf der Freigabe nach § 9c Abs. 8 gegeben. Damit sind Inhaber erst dann betroffen, wenn sie den Pflichten, zu deren Einhaltung sie sich freiwillig verpflichtet haben, nicht mehr gerecht werden. Das IT-Sicherheitskennzeichen ist freiwillig, weshalb von einer weitergehenden unmittelbaren Sanktionierung durch den nationalen Gesetzgeber abgesehen wurde.[53] Der grundsätzlichen Freiwilligkeit der Kennzeichennutzung steht der Tatbestand auch nicht entgegen. Stattdessen werden Kennzeichen-Inhaber, die den Voraussetzungen des § 9c genügen, durch den Sanktionstatbestand mit ihrem Alleinstellungsmerkmal der Kennzeichnung vor Nachahmern geschützt. Die Verhinderung der Nutzung des Kennzeichens ohne Durchlaufen des notwendigen Antragsprozesses beim BSI oder nach Ablauf der Freigabedauer ist zudem Voraussetzung für eine Akzeptanz und Vertrauensbildung der Verbraucher für das Sicherheitskennzeichen am Markt.[54] Einschlägig ist der Bußgeldrahmen in Stufe 3 (bis zu 500.000 EUR) nach Abs. 5 der Norm.

III. Fahrlässige fehlerhafte Erbringung von Nachweisen (Abs. 3)

Abs. 3 regelt ergänzend zu Abs. 1 die Sanktionierung der dort geregelten – rein 37
vorsätzlichen – Handlungen betreffend die Erbringung von Nachweisen bei deren fahrlässiger Begehung. Gleichzeitig steht er neben den Fällen des Abs. 2 Nr. 3, der bereits die vorsätzliche und fahrlässige Nicht- oder Zuspäterbringung von Nachweisen regelt.[55] Hintergrund ist das gesetzgeberisch gesehene Bedürfnis, für diese Fälle einen klar niedrigeren Bußgeldrahmen im Gesetz festzuschreiben, als er für die übrigen, gleichbewerteten Nachweistatbestände gilt (→ Rn. 10). Einschlägig ist der niedrigste **Bußgeldrahmen in Stufe 4** (bis zu 100.000 EUR) nach Abs. 5

[51] Art. 58 Abs. 7 lit. e CSA.
[52] BT-Drs. 19/26106, 92.
[53] Anders bei der europäischen Cybersicherheits-Konformitätserklärung nach CSA, vgl. Rn. 39f.
[54] BT-Drs. 19/26106, 93.
[55] Für das Verhältnis der Sanktionstatbestände zur Nachweiserbringung untereinander s. Rn. 7.

der Norm. Denn der Unrechtsgehalt von versehentlichen Fehlern bei Nachweisen liegt erheblich unter vorsätzlich in Kauf genommen fehlerhaften, fehlenden oder ungeeigneten Nachweisen.

IV. Grundsätzliche Bußgeldtatbestände nach dem CSA (Abs. 4)

38 Neben den Bußgeldtatbeständen aus den BSIG wurden in § 14 nachträglich auch solche Tatbestände aufgenommen, die in den Artikeln des seit 2019 unmittelbar anwendbaren europäischen **Cyber Security Acts (CSA)** begründet sind. Die dort unter anderem geregelten Grundlagen für eine einheitliche Cybersicherheitszertifizierung bilden einen homogenen Rahmen für die Einstufung der Vertrauenswürdigkeit und Sicherheit von IKT-Produkten, -Diensten und -Prozessen in den Stufen „hoch", „mittel" und „niedrig". Nach Art. 65 CSA sind die Mitgliedstaaten verpflichtet, Sanktionsnormen für Verstöße gegen die Vorschriften des CSA und die europäischen Schemata für die Cybersicherheitszertifizierung zu erlassen, die wirksam, verhältnismäßig und abschreckend sind. Die Gesetzesbegründung des Abs. 4 ist missverständlich und definiert das Ziel der neuen Bußgeldtatbestände als die „Verhinderung, dass EU-Konformitätserklärungen nur entsprechend den Vorgaben der Verordnung (EU) 2019/881 [= CSA] abgegeben und verwendet werden".[56] Hier liegt ein redaktionelles Versehen vor, gemeint ist das Gegenteil, nämlich – unter anderem – die Gewährleistung der **Entsprechung mit den Vorgaben** des CSA.

39 **1. Fehlende oder fehlerhafte Information zur Konformitätsbewertung (Nr. 1).** Bis zur Stufe „niedrig" kann ein europäisches Schema für die Cybersicherheitszertifizierung zulassen, dass der Hersteller oder Anbieter von IKT-Produkten, -Diensten und -Prozessen die Konformität in alleiniger Eigenverantwortung selbst bewertet und erklärt.[57] Er stellt dann selbst eine EU-Konformitätserklärung aus, die bestätigt, dass die Erfüllung der im entsprechenden Cybersicherheits-Schema festgelegten Anforderungen nachgewiesen wurde. Die Konformitätsbewertung sollte also treffender als **Konformitätsselbsterklärung** verstanden werden. Um ein Mindestniveau an Überprüfbarkeit zu gewährleisten, müssen dafür verpflichtend die in Art. 55 CSA aufgeführte Zusatz-Informationen wie Kontaktangaben, der Zeitraum der Sicherheitsunterstützung, bekannte Sicherheitslücken und Sicherheitsempfehlungen veröffentlicht, aktualisiert und verfügbar gehalten werden. An die – inhaltlich oder formell[58] – unvollständige, unrichtige, nicht oder nicht rechtzeitige Veröffentlichung dieser Informationen zur grundlegenden Transparenz knüpft der Bußgeldtatbestand. Das gilt nach dem Gesetzeszweck gleichermaßen auch für solche Informationen, die bei Veränderungen nicht zeitgerecht binnen eines Monats aktualisiert oder nicht mehr verfügbar gehalten werden. Einschlägig ist hier der **Bußgeldrahmen in Stufe 3** (bis zu 500.000 EUR) nach Abs. 5 der Norm.

40 **2. Nicht- bzw. fehlerhafte Meldung von Sicherheitslücken oder Unregelmäßigkeiten (Nr. 2).** Die Cybersicherheitszertifizierung nach dem CSA

---

[56] BT-Drs. 19/26106, 94.

[57] Art. 53 Abs. 1, 2 CSA.

[58] Die nachträglich eingefügte Differenzierung wie für § 8a Abs. 3 in Abs. 1, 3 wird hier nicht durchgehalten – aufgrund der Freiwilligkeit wurde auf einen besonderen Schutz für nur versehentlich formell fehlerhafte Veröffentlichungen verzichtet.

schafft die Möglichkeit der regelmäßig freiwilligen Zertifizierung für IKT-Produkte, -Dienste, und -Prozesse, sobald die ENISA für diese Zertifizierungsgegenstandskategorie ein entsprechendes Schema erarbeitet und vorgelegt hat.[59] Die damit grundsätzlich dem IT-Sicherheitskennzeichen aus § 9c sehr ähnliche Regelung erfährt in den Sanktionsvorschriften im Vergleich zu Abs. 2 Nr. 11 jedoch eine erheblich unterschiedliche Behandlung. Während beim nationalen IT-Sicherheitskennzeichen die nicht **unverzügliche Meldung** einer Sicherheitslücke durch den Inhaber zunächst zu einem Austausch mit dem BSI und erst dann eventuell zum Widerruf der Freigabe führt, ist sie bei der Cybersicherheitszertifizierung unmittelbarer Sanktionstatbestand. Zwar führt auch die Weiternutzung des IT-Sicherheitskennzeichens nach Widerruf zur Sanktionierung, aber diese knüpft nachgelagert an den Entzug der Freigabe an.

Zudem erweitert der Tatbestand zur Meldepflicht nach CSA-Cybersicherheits- 41
zertifizierung[60] für IT-Sicherheitsvorfälle das meldepflichtige Ereignis auf **„Unregelmäßigkeiten“.** Gemeint sind in Anlehnung an Art. 56 Abs. 8 S. 1 CSA solche „hinsichtlich der Sicherheit des zertifizierten IKT-Produkts, -Dienstes oder -Prozesses, die sich auf die mit der Zertifizierung verbundenen Anforderungen auswirken könnten“. Dennoch bleibt unklar, inwieweit die Grenze zur bußgeldbewährten Meldepflicht hier in der Praxis gezogen werden muss – die gerade für eine Sanktionsvorschrift an der Grenze des Bestimmtheitsgebots gelegene Regelung kann nicht dazu führen, dass dem Unternehmen bei jeder potenziell sicherheitsrelevanten Begebenheit ein Bußgeld droht. Das würde auch die Attraktivität der freiwilligen Cybersicherheitszertifizierung unvorteilhaft verkürzen. Einschlägig ist ebenfalls wie bei Nr. 1 der **Bußgeldrahmen in Stufe 3** (bis zu 500.000 EUR) nach Abs. 5 der Norm.

V. Stufen der Bußgeldrahmen (Abs. 5)

1. Vier Stufen zur Differenzierung der Tatbestandskategorien. Die An- 42
passung der Bußgeldhöchstrahmen in Abs. 5 war die augenscheinlichste Änderung innerhalb der Norm durch das IT-SiG 2.0. Die ehemals sehr niedrigen Grenzen von 100.000 und 50.000 EUR wurden auf insgesamt **vier Stufen** aufgeteilt und überwiegend stark angehoben:

1. Stufe 1: 2 oder 20 Mio. EUR,
2. Stufe 2: 1 oder 10 Mio. EUR,
3. Stufe 3: 500.000 EUR,
4. Stufe 4: 100.000 EUR.

Die alternativen Höchstgrenzen in Stufe 1 und 2 gem. S. 1 ergeben sich dabei 43
aus **S. 3,** mittels dessen der Gesetzgeber durch die entsprechende Anwendung des **§ 30 Abs. 2 S. 3 OWiG** eine **Verzehnfachung für juristische Personen** oder Personenvereinigungen vorgesehen hat. Da sich die meisten der im Gesetz festgelegten Pflichten vorrangig an Unternehmen richten, ist das bei den Bußgeldtatbeständen des BSIG überwiegend der Fall. Der Gesetzgeber wollte die Abschreckungswirkung infolge der stark angehobenen Bußgeldhöchstrahmen hier bewusst erhöhen, um die vorherige Gefahr und Praxis abzustellen, dass einzelne Unternehmen sich wegen einer nur geringen Bußgeldhöhe gegen die Erfüllung ihrer gesetz-

---

[59] Art. 56 iVm 47 – 49 CSA.

[60] Die Gesetzesbegründung spricht hier weiter von „Informationspflicht“, faktisch ist aber eine Meldepflicht ähnlich der §§ 8b Abs. 3, 4ff. gemeint.

lichen Pflicht entscheiden, weil die Zahlung eines Bußgeldes nach Abwägung der möglichen Aufwände für das Unternehmen für sie finanziell attraktiver ist.[61] Da sich die Verpflichtungen ganz überwiegend auf die KRITIS-Betreiber und Anbieter digitaler Dienste von entsprechend Schwellenwert-überschreitender Größe oder deren Hersteller beziehen, erwiesen sich die bisherigen Bußgelder verglichen zur Wirtschaftskraft zu gering, um eine lenkende Wirkung erzielen zu können.[62] Damit die neuen Höchstrahmen **nicht private Betroffene** in gleicher Höhe treffen, denen diese Überlegungen nicht galten, wurde dem durch die verhältnismäßige Differenzierung des Rahmens mittels des Verweises auf § 30 Abs. 2 S. 3 OWiG Rechnung getragen. Das folgt dem Gedanken, dass sich die spätere Bußgeldbemessung neben der Schwere des Verstoßes auch an der Wirtschaftskraft der Adressaten orientiert.[63]

44 Der Bußgeldrahmen in **Stufe 1** in Höhe von bis zu 2 oder 20 Mio. EUR gilt für Verstöße mit **unmittelbarer Beeinträchtigung der IT-Sicherheit** in Deutschland. Sie soll auch dem erhöhten Unwertgehalt einer Missachtung behördlich angeordneter Maßnahmen gerecht werden. Etwas missverständlich ist in diesem Zusammenhang die Aussage in der Gesetzesbegründung, die Androhung des Bußgeldrahmens in Höhe von bis zu 2 Mio. EUR gelte darüber hinaus auch für Sanktionen gegen gewisse Verstöße gegen den CSA und diesen begleitende Vorschriften. Nicht gemeint sind hierbei die Bußgeldtatbestände aus Abs. 4, welche ebenfalls ausdrücklich den CSA referenzieren, aber nur nach Stufe 3 mit bis zu 500.000 EUR bußgeldbewehrt sind.[64]

45 Der Bußgeldrahmen in **Stufe 2** in Höhe von bis zu 1 oder 10 Mio. EUR gilt nur für Pflichten, deren Missachtung zu **schwerwiegender Beeinträchtigung** der IT-Sicherheit **im KRITIS-Bereich** führt und die Aufgaben des BSI maßgeblich erschwert oder unmöglich macht. KRITIS-Betreiber, die ihre Anlagen unzureichend gegen Angriffe sichern, stellen als Schwachpunkt ein Einfallstor für Angriffe auf diese Branche dar. Die fehlende Umsetzung der in § 8a Abs. 1 geforderten Maßnahmen führt zu einer Durchbrechung des **homogenen IT-Sicherheitsniveaus** in der Branche und in Deutschland, welches sicherzustellen und zu überwachen die grundlegende Aufgabe des BSI ist. Daran knüpft der Nachweis über die Umsetzung gegenüber des BSI an, durch welches dieses in die Lage versetzt wird, sich im Falle eines Angriffs nicht nur auf ein bestehendes Grundniveau an IT-Sicherheit verlassen zu können, sondern auch unmittelbar zu erfassen, ob der Angriff aufgrund einer unzureichenden Sicherung bei dem betroffenen Betreiber erfolgt ist oder eine Gefahr für die gesamte Branche oder noch weitere Teil der KRITIS in Deutschland darstellt. Es ist unabdingbar, dass sich das BSI aufgrund der zwingenden Erforderlichkeit einer schnellen und präzisen Reaktion auf derartige Angriffsszenarien darauf verlassen kann, dass Betreiber die erforderlichen Maßnahmen im Vorhinein getroffen und dem BSI gegenüber nachgewiesen haben, um in dem Moment des Angriffs dessen Schadenspotential richtig einschätzen und sofort auf besonders gefährdete Betreiber zugehen zu können. Die Adressaten dieser Pflichten sind dieselben wie auf der ersten Bußgeldstufe, nämlich ausschließliche KRITIS-Betreiber.[65]

---

[61] Positiv insoweit *Kipker,* MMR 2020, 433 (434).
[62] BT-Drs. 19/26106, 94.
[63] BT-Drs. 19/26106, 94.
[64] So insg. BT-Drs. 19/26106, 94.
[65] So insg. BT-Drs. 19/26106, 94.

46 Innerhalb des Bußgeldrahmens in **Stufe 3** in Höhe von bis zu 500.000 EUR werden vorwiegend solche Fälle geahndet, von denen eine **erhebliche mittelbare Beeinträchtigung der IT-Sicherheit** ausgeht. Auf den Verweis auf § 30 Abs. 2 S. 3 OWiG wird hier verzichtet, da hier zum einen auch solche Anlagen und Unternehmen umfasst sind, bei denen es sich nicht um KRITIS handelt. Das Gefahrenpotential ist somit gegenüber den grundlegenden Pflichten zur Überwachung und Sicherung der KRITIS in den beiden ersten Bußgeldstufen für ausschließlich KRITIS niedriger und es sind Unternehmen unabhängig von den im KRITIS-Bereich konstituierenden Schwellenwerten erfasst. Daneben sind die hier umfassten Bußgeldnormen grundsätzlich solche, denen zum anderen nicht ein direkter Verstoß gegen die Pflichten zur Sicherung der Informationstechnischen Systeme und deren Nachweis zugrunde liegt und die damit unmittelbar die Gewährleistung des homogenen Sicherheitsniveaus betreffen, sondern die mittelbar zu dieser Gewährleistung notwendig sind. Dennoch sind die betroffenen Pflichten solche, die für die Wahrnehmung der Aufgaben des Bundesamtes von erheblicher Bedeutung sind.[66]

47 Der Bußgeldrahmen in **Stufe 4** in Höhe von bis zu 100.000 EUR umfasst Verstöße gegen die rein formalen Voraussetzungen zur Durchführung der dem BSI übertragenen Aufgaben.[67] Wiewohl auch hier eine Sanktion notwendig ist und u. a. KRITIS-Betreiber betroffen sind, soll durch die Einführung sichergestellt werden, dass eine erhebliche Abstufung der Bußgeldtatbestände für weniger sicherheitsbedrohliche Verstöße vorgegeben und transparent ist. Formale Verstöße sollen so beispielsweise einen erheblich niedrigeren Bußgeldrahmen erhalten, um dem Umstand Rechnung zu tragen, dass dadurch zwar eine gesetzliche Pflicht verletzt und die **Tätigkeit** des BSI **erschwert,** jedoch die **nationale IT-Sicherheit** regelmäßig **nicht erheblich gefährdet** wird. Dem trägt weiter Rechnung, dass auch hier auf den Verweis auf § 30 Abs. 2 S. 3 OWiG verzichtet wurde.[68]

48 **2. Angleichung zur europäischen Sanktionshöhe.** Die seit 2021 festgelegten Rahmen zur Bußgeldbemessung folgen damit in ihrer Höhe einem vereinheitlicht verstandenen, intendierten **europäischen Sanktionsrahmen,** der mit ihnen national umgesetzt wird.[69] Die Mitgliedsstaaten haben zum einen nach Art. 21 der NIS-RL die Pflicht, Sanktionsvorschriften für Verstöße gegen die daraus abgeleiteten nationalen Bestimmungen, also insbesondere BSIG und BSI-KritisV, zu erlassen und alle erforderlichen Maßnahmen zu treffen, um deren Anwendung sicherzustellen. Die „vorgesehenen Sanktionen müssen wirksam, angemessen und abschreckend“[70] sein. Zum anderen ist auch für die Durchsetzung der Vorschriften aus dem CSA festgelegt, dass die Mitgliedstaaten Vorschriften über Sanktionen erlassen müssen, die für Verstöße gegen die dortigen Normen und die europäischen Schemata für die Cybersicherheitszertifizierung „wirksam, verhältnismäßig und abschreckend“[71] sind.

49 Der Wortlaut dieses doppelten Umsetzungsauftrages aus NIS-RL und CSA entspricht nahezu wortgleich dem Auftrag der DS-GVO. Diese spricht davon, dass „die verhängten Geldbußen **wirksam, verhältnismäßig und abschreckend**

[66] So insg. BT-Drs. 19/26106, 94f.
[67] BT-Drs. 19/26106, 95.
[68] BT-Drs. 19/26106, 95.
[69] Hornung, NJW 2021, 1985 (1991); *Kipker,* MMR-Aktuell 2020, 429348.
[70] So im Wortlaut Art. 21 S. 2 NIS-RL.
[71] Art. 65 CSA.

sein"[72] müssen. Die im Bußgeldkatalog des § 14 erfassten Adressaten unterscheiden sich dabei von den durch die DS-GVO erfassten nicht wesentlich, sondern bilden gerade im Bereich der KRITIS-Unternehmen die größten und wichtigsten Unternehmen in Deutschland ab. Die Bußgeldrahmen des ersten IT-SiG waren spät in den Gesetzesabstimmungen hinzugefügt worden, ohne dass von einer wirklichen Verweigerung der Pflichterfüllung ausgegangen wurde und unterschritten so erheblich das europarechtlich vorgegebene Mandat – sie waren, gerade im Bereich der KRITIS, gegenüber den angesichts der Schwellenwertidentifikation ganz überwiegend wirtschaftsstarken Unternehmen ungeeignet, eine erforderliche Präventions- und Mitwirkungsmotivation zu erzeugen.[73] Nur indem die Bußgelder sich neben der Schwere des Verstoßes auch an der Wirtschaftskraft der Adressaten orientieren, kann einer rein wirtschaftsbasierten Abwägung der Unternehmen für die Inkaufnahme des Bußgeldes und gegen die Erfüllung ihrer gesetzlichen Pflicht, weil die Zahlung eines Bußgeldes nach Abwägung der möglichen Aufwände für das Unternehmen für sie finanziell attraktiver ist, entgegengewirkt werden.[74]

50 In der DS-GVO wurden dagegen die Bußgeldrahmen, die der europäische Gesetzgeber als geeignet erachtete, bereits im der europäischen Verordnung festgeschrieben und so die Formulierung in konkrete Zahlen „übersetzt" – mit bis zu 20 Mio. EUR oder, für viele Unternehmen noch einmal deutlich höher, mit bis zu 4 Prozent des Jahresumsatzes.[75] Während die prozentuale Anknüpfung an den Jahresumsatz der deutschen Systematik der Bußgeldbemessung fremd ist, da sie die – im Rahmen des Ermessens zu beachtende – Bedeutung der wirtschaftlichen Umstände eines Unternehmens nicht mehr nur bemessungsrelevant, sondern konstituierend für die Bußgeldrahmen werden lässt, ist die absolute Höchstgrenze der DS-GVO so für die schwersten Verstöße jedenfalls mit Einschränkungen übernommen worden. Damit wird in der nationalen Umsetzung des Sanktionswesens, mit welcher der Gesetzgeber auch seine grundsätzliche Gewichtung der Pflichten belegt, eine Gleichrangigkeit zwischen den **Schwesterdisziplinen Datenschutz und Datensicherheit** hergestellt.[76] Indem erste beispielsweise auch zentrale technisch-organisatorische Schutzmaßnahmen umfasst, ist die Erfüllung der hier tatbestandlichen Pflichten auch Teil des präventiven Datenschutzes, gerade gegen besonders sensible Angriffe auf die Datenbestände von außen.

51 **3. Allgemeines Ordnungswidrigkeitsrecht.** Es gelten die allgemeinen Grundsätze des Ordnungswidrigkeitsrechts. Das BSI entscheidet über die Verfolgung einer Ordnungswidrigkeit nach pflichtgemäßem Ermessen.[77] Grundlage für die Verfolgung und **konkrete Bußgeldbemessung**[78] sind nach **§ 17 Abs. 3 OWiG** die **Bedeutung der Ordnungswidrigkeit** und der **Vorwurf,** der den Bußgeldadressaten trifft, sowie auch dessen **wirtschaftliche Verhältnisse.**[79] Während die ausdifferenzierten Stufen der einschlägigen Bußgeldrahmen grundlegend

---

[72] Art. 83 Abs. 1 S. 1, Abs. 9 S. 2 u. EG Nr. 152 DS-GVO.
[73] BR-Drs. 16/21, 107.
[74] BR-Drs. 16/21, 108.
[75] Art. 83 Abs. 4, 6 DS-GVO.
[76] Vgl. *Kipker/Scholz,* MMR 2019, 431 (435); BeckOK OWiG/*Sackreuther,* § 17 Rn. 25.
[77] Vgl. → Rn. 57.
[78] Vgl. BeckOK OWiG/*Sackreuther,* § 17 Rn. 34ff., 83ff.
[79] BeckOK InfoMedienR/*Bornemann,* TMG § 16 Rn. 20ff., auch zur Abgrenzung zum wirtschaftlichen Vorteil, Rn. 52 aE; Graf/Jäger/Wittig/*Bär,* OWiG § 17 Rn. 6ff.

richtungsweisend für die Einschätzung der Bedeutung des Verstoßes als Gefährdung der Versorgung der Allgemeinheit sind, ergibt sich der Vorwurf weiter aus dem **Umfang** oder der **Dauer,** in welchen er vorliegt. Zur Bewertung des **Unwertgehalts** des Pflichtverstoßes[80] wird weiterhin Bedeutung haben, ob es sich um einen wiederholten oder besonders beharrlichen Verstoß oder einen **Erstverstoß** handelt – auch wenn eine ausdrückliche gesetzliche Regelung hierzu im Anwendungsbereich des BSIG fehlt.[81] Weiterhin ist die **Kooperationswilligkeit** von Belang, mit der dem BSI im fachlichen Austausch und der Abhilfe des Pflichtverstoßes bis hin zum eventuellen Ermittlungsverfahren begegnet wird. Die faktische Zügigkeit und das damit erkennbare **ernsthafte Bemühen** um die Beseitigung des Verstoßes ist hier offensichtliches Kriterium. Daneben kann ebenfalls besonders mildernd ins Gewicht fallen, wenn der Verstoß durch **Selbstanzeige des Betroffenen** und abgestellt wurde.

Praktisch relevant für die Bemessung der Bußgeldhöhe nach dem BSIG sind dabei **§§ 10, 17 Abs. 2 OWiG,** die im Falle von **fahrlässigem Handeln** bei einem Bußgeldtatbestand, der dazu im Höchstmaß nicht unterscheidet, den angedrohten Bußgeldhöchstrahmen auf die **Hälfte** reduzieren.[82] Denn diese potenzielle Reduzierung trifft bei § 14 auf den gesamten Bußgeldkatalog der Abs. 2 und Abs. 4 zu. Nur für die in dieser Hinsicht besonders geregelten Abs. 1 und 3, welche neben Abs. 2 Nr. 3 stehen, ist die Reduzierung nicht einschlägig. Nach § 17 Abs. 4 OWiG soll jedenfalls mindestens der **wirtschaftliche Vorteil,** den der Täter aus der Ordnungswidrigkeit gezogen hat, überstiegen werden; reicht dazu das gesetzliche Höchstmaß nicht aus, so kann es überschritten werden.[83] Im Anwendungsbereich des § 14 wird der abschöpfbare gezogene wirtschaftliche Vorteil in der Regel aber nur schwer oberhalb des Bußgeldrahmens bezifferbar sein. 52

Regelmäßig **nicht fahrlässig** ist indes die Nichterfüllung der Pflicht nur aus **Zweifel über die eigene Pflichtigkeit** wegen Unsicherheit beim Verständnis des Gesetzes. Gerade das in der BSI-KritisV gewählte System der **Selbstidentifikation** und -registrierung der Betreiber lässt derartige Situationen zu, zum Beispiel bei einer durch den Betreiber vorzunehmenden Selbstidentifikation als KRITIS bei einem unklaren Anlagenbegriff oder Bemessungskriterium: Eine dahingehende Unsicherheit bedingt das aktive Zugehen auf das BSI mit der Bitte um Einschätzung, eine fehlerhafte Einschätzung der eigenen Pflichtigkeit begründet einen **Rechtsirrtum.** Dieser führt jedoch nach **§ 11 Abs. 2 OWiG** nur dann zu Fahrlässigkeit, wenn der Irrtum für den Pflichtigen **unvermeidbar** war, was bei den juristischen Personen, welche durch den § 14 adressiert werden, fast nie der Fall sein dürfte. 53

Ebenfalls praktisch relevant für die Verfolgung nach dem BSIG sind die Vorschriften zum Handeln für und die Geldbuße gegen eine **juristische Person** nach §§ 9, 30 Abs. 1 OWiG, da in der Praxis in den meisten Fällen Pflichtverstöße verfolgt werden, die Unternehmen und anderen juristische Personen betreffen. Handelt eine natürliche Person bei Begehung einer Ordnungswidrigkeit als vertretungsberechtigtes Organ, als Mitglied des Vorstands oder als sonstiger Repräsentant einer juristischen Person, eines nicht rechtsfähigen Vereins oder einer Personengesellschaft, so kann gem. § 30 Abs. 1 OWiG eine Geldbuße nicht nur gegen die 54

---

[80] BT-Drs. 19/26106, 93 aE.
[81] Vgl. für Straßenverkehrsverstöße § 4 Abs. 2 BKatV.
[82] Vgl. Graf/Jäger/Wittig/*Bär,* OWiG § 17 Rn. 5.
[83] Vgl. Gassner/Seith/*Gassner/Seith,* § 17 Rn. 27 ff.

natürliche Person, sondern auch gegen die von ihr vertretene juristische Person oder Personenvereinigung verhängt werden. Die juristische Person oder Personenvereinigung wird so behandelt, als habe sie selbst – nämlich durch ihre Repräsentanten – die Straftat oder Ordnungswidrigkeit begangen.[84] Aus dem Verweis auf **§ 30 Abs. 2 S. 3 OWiG** ergibt sich schließlich die **Verzehnfachung der Bußgeldrahmen** in den Stufen 1 und 2 gegenüber juristischen Personen. Das Bußgeldverfahren kann sich daneben aber auch direkt gegen die verletzende natürliche Person richten, beispielsweise gem. § 9 Abs. 2 S. 3 OWiG gegen die Vertreter öffentlicher Stellen, soweit sie beispielsweise für den sicheren Betrieb von Anlagen verantwortlich sind.[85]

55 Weiterhin praktisch relevant für die Verfolgung nach dem BSIG sind **§§ 6, 8 OWiG,** da ein erheblicher Teil der Bußgeldtatbestände des § 14 an Pflicht-Nichterfüllungen anknüpft – die Verstöße sind also **Dauerdelikte durch Unterlassen,** weswegen auch der Beginn der dreijährigen Bußgeld-Verjährung erst nach Beendigung des Verstoßes, also mit Erfüllung der gesetzlichen Pflicht eintritt, § 31 Abs. 2 Nr. 1, Abs. 3 S. 1 OWiG. Das ist auch sinnvoll, weil sonst beispielsweise ein Abwarten in der Hoffnung, dass das BSI nicht auf die Anlage aufmerksam wird, bei Nichtregistrierung theoretisch zu Sanktionsfreiheit führen könnte.

56 Zudem praktisch relevant ist im Falle eines bereits laufenden **Anordnung**sverfahrens, im Laufe dessen sich das BSI zur Einleitung eines Bußgeldverfahrens als ultima ratio entscheidet, **§ 13 Abs. 6 VwVG,** der den parallelen Lauf der beiden Verfahren zulässt.

VI. Zuständige Behörde (Abs. 6)

57 Das BSI ist die sachlich und örtlich zuständige Verwaltungsbehörde.[86] Sie ist damit nach dem **Opportunitätsgrundsatz** nach pflichtgemäßem Ermessen zur Verfolgung von Ordnungswidrigkeiten nach dem BSIG **verpflichtet** und kann nicht grundsätzlich auf die Verfolgung verzichten.[87] Sie ist gleichermaßen im Rahmen ihres pflichtgemäßen Ermessens und im Spannungsverhältnis zwischen Kooperations- und Aufsichtsbehörde gehalten, bei ihren Entscheidungen die Erfüllung der gesetzlichen Pflichten und damit die effektive Gewährleistung oder Wiederherstellung der IT-Sicherheit in Deutschland als oberstes Ziel zu verfolgen. Für dieses dient das Bußgeldverfahren nicht als Selbstzweck, sondern nur als **Durchsetzungsmittel** bei nicht freiwilliger Befolgung des Gesetzes[88].

58 Das BSI ist ebenfalls zuständig für den **Einspruch** gegen den Bußgeldbescheid nach § 69 Abs. 2 OWiG. Bei Aufrechterhaltung des Bußgeldbescheides ist die regelmäßig zuständige Stelle für die Abgabe die Staatsanwaltschaft Bonn und zur Entscheidung in erster Instanz das Amtsgericht Bonn.[89]

---

[84] Vgl. KK-OWiG/*Rogall,* § 30 Rn. 2ff.; *BMJV,* Ordnungswidrigkeitenrecht, 13.

[85] Zu allg. Compliance-Pflichten der Geschäftsleitung vor und bei Angriffen vgl. *Habbe/Gergen,* CCZ 2020, 281 (282ff.), zu allg. pers. Haftung schon *Schmidt-Versteyl,* NJW 2019, 1637 (1638ff.).

[86] §§ 36 Abs. 1 Nr. 1, 37 OWiG.

[87] § 47 Abs. 1 iVm 46 Abs. 2 OWiG.

[88] Vgl. *Riehm/Meier,* MMR 2020, 571 (572).

[89] §§ 68, 69 Abs. 3 OWiG; mit dem Eingang der Akten bei der Staatsanwaltschaft gehen die Aufgaben der Verfolgungsbehörde auf sie über, § 69 Abs. 4 S. 1 OWiG.

C. Rechtsschutz

Gegen den Bußgeldbescheid des BSI zur Verfolgung einer Ordnungswidrigkeit nach § 14 kann der Betroffene nach § 67 Abs. 1 S. 1 OWiG innerhalb von zwei Wochen nach Zustellung beim BSI Einspruch einlegen. Gegen das üblicherweise zuvor ergehende Anhörungsschreiben besteht diese Möglichkeit nicht; der Betroffene muss sich aber zu dem Sachverhalt nicht äußern, es eröffnet lediglich eine Stellungnahmemöglichkeit. **59**

§ 14a Institutionen der Sozialen Sicherung

[1]Bei Zuwiderhandlungen gegen eine in § 14 Absatz 1 bis 4 genannte Vorschrift, die von Körperschaften gemäß § 29 des Vierten Buches Sozialgesetzbuch, Arbeitsgemeinschaften gemäß § 94 des Zehnten Buches Sozialgesetzbuch sowie der Deutschen Post AG, soweit sie mit der Berechnung oder Auszahlung von Sozialleistungen betraut ist (Institutionen der Sozialen Sicherung), begangen werden, finden die Sätze 2 bis 4 Anwendung. [2]Bei einer in Satz 1 genannten Zuwiderhandlung von Institutionen der Sozialen Sicherung in Trägerschaft des Bundes stellt das Bundesamt das Einvernehmen über die zu ergreifenden Maßnahmen mit der für die Institution der Sozialen Sicherung zuständigen Aufsichtsbehörde her. [3]Bei einer in Satz 1 genannten Zuwiderhandlung von Institutionen der Sozialen Sicherung in Trägerschaft der Länder informiert das Bundesamt die zuständige Aufsichtsbehörde und schlägt geeignete Maßnahmen vor. [4]Die jeweils zuständige Aufsichtsbehörde informiert das Bundesamt über die Einleitung und Umsetzung von Aufsichtsmitteln und sorgt für deren Durchsetzung.

Literatur: *Franck,* Verwaltungszwang gegenüber öffentlichen Stellen im Anwendungsbereich der DS-GVO, ZD 2021, 247; *Kring,* Die Zwangsvollstreckung von Gerichtsurteilen gegenüber der öffentlichen Hand – Zwangshaft für Behördenleiter?, NVwZ 2019, 23.

A. Allgemeines

Mit § 14a wurde durch das IT-SiG 2.0 eine Sonderregelung für Institutionen der Sozialen Sicherung eingeführt, nach der Verstöße gegen die bußgeldbewehrten Pflichten des BSIG gerade nicht mit Bußgeldern sanktioniert werden sollen. Begründet wurde dies vor allem damit, dass die Befolgung der entsprechenden Pflichten durch Maßnahmen der für die jeweiligen Institutionen zuständigen Aufsichtsbehörden sichergestellt werden könne.[1] Dieser Logik folgend hätten dann auch sämtliche KRITIS-Betreiber, die im Besitz der öffentlichen Hand sind, von den Bußgeldern ausgenommen werden können. Jedoch hat sich das Einschalten der jeweiligen Aufsichtsbehörden gerade im KRITIS-Bereich nicht als erfolgreicher Weg erwiesen, um die Pflichtenerfüllung schnell zu erreichen, wie der Fall der Berliner Verkehrsgesellschaft (BVG) gezeigt hat. Die BVG ist eine Anstalt des öffentlichen **1**

[1] BT-Drs. 19/26106, 96.

Rechts, die Dienstleistungen im Sektor Transport und Verkehr erbringt und nach eigenen Aussagen zu den größten Nahverkehrsbetrieben Europas zählt.[2]. Gleichwohl weigerte sich die BVG zunächst, die Verpflichtungen für Betreiber Kritischer Infrastrukturen nach den §§ 8a f. zu erfüllen. Auch Versuche des BSI, die BVG über deren Aufsichtsbehörde, die Berliner Senatorin für Wirtschaft, Energie und Betriebe, zu einem gesetzeskonformen Verhalten zu bewegen, waren lange Zeit erfolglos. Die einzige Durchsetzungsmöglichkeit des BSI war die formelle Anordnung zur Vorlage von Nachweisen nach § 8a Abs. 3. Gegen diese legte die BVG jedoch Widerspruch und nach dessen Ablehnung Klage ein.[3] Aufgrund der aufschiebenden Wirkung der Rechtsmittel konnte sich die BVG der Umsetzung der Pflichten aus §§ 8a f. zunächst weiter entziehen. Erst nach massiver Kritik aus dem Berliner Landesparlament lenkte die BVG ein.[4] Gerade bei juristischen Personen öffentlichen Rechts ist auch der Einsatz von Verwaltungszwang wegen § 17 VwVG rechtlich nicht möglich und ein Bußgeld das einzige Mittel für das BSI, die Rechtsbefolgung selbst zu erzwingen.[5] Zudem stellt sich die rechtspolitisch die Frage, wieso gerade auf wichtige öffentlich-rechtliche Einrichtungen, wie die Institutionen der Sozialen Sicherung, weniger Druck ausgeübt werden können soll als auf private Organisationen. Die Annahme jedenfalls, dass sich öffentlich-rechtlich verfasste oder kontrollierte Organisationen aufgrund der Bindung an Recht und Gesetz stets rechtmäßig verhalten würden, ist zwar nicht neu, aber wohl auch eher eine kaum zu belegende Fiktion.[6]

B. Einzelerläuterungen

2 Der **persönliche Anwendungsbereich** des § 14a erstreckt sich ausweislich des S. 1 auf Träger der Sozialversicherung nach § 29 SGB IV, Arbeitsgemeinschaften nach § 94 SGB X sowie die Deutsche Post. Zu den Trägern der Sozialversicherung gem. § 29 Abs. 1 SGB IV zählen nach § 1 Abs. 1 SGB IV die gesetzlichen Pflege-, Kranken-, Unfall- und Rentenversicherungen einschließlich der Alterssicherung der Landwirte. Zu den Arbeitsgemeinschaften iSd § 94 Abs. 1 SGB X gehören u.a. die Arbeitsgemeinschaft für Krebsbekämpfung der Träger der gesetzlichen Kranken- und Rentenversicherung im Lande Nordrhein-Westfalen, die Rheinische Arbeitsgemeinschaft zur Rehabilitation Suchtkranker, die Westfälische Arbeitsgemeinschaft zur Rehabilitation Suchtkranker, die Arbeitsgemeinschaft zur Rehabilitation Suchtkranker im Lande Hessen sowie die Arbeitsgemeinschaft für Heimdialyse im Lande Hessen. Nach § 94 Abs. 1a SGB X können durch die Träger der

[2] Eigenerklärung der BVG auf der Compliance-Seite der Unternehmenswebseite, https://unternehmen.bvg.de/compliance/.

[3] Tagesspiegel vom 19.1.2021, BVG eskaliert im Konflikt mit Bonner Bundesamt, https://www.tagesspiegel.de/berlin/pruefung-von-cyberabwehr-bvg-eskaliert-im-konflikt-mit-bonner-bundesamt/26831542.html.

[4] IT-Sicherheit: Berliner Verkehrsbetriebe ziehen Klage gegen BSI zurück, https://www.heise.de/news/IT-Sicherheit-Berliner-Verkehrsbetriebe-ziehen-Klage-gegen-BSI-zurueck-6005170.html.

[5] *Franck*, ZD 2021, 247.

[6] Vgl. dazu die Diskussion um die Zwangsvollstreckung von Gerichtsurteilen oder die Ausübung von Verwaltungszwang gegenüber der öffentlichen Hand bei *Kring*, NVwZ 2019, 23 (24) und *Franck*, ZD 2021, 247.

Sozialversicherung, deren Verbände und die Bundesagentur für Arbeit aber auch weitere Arbeitsgemeinschaften gegründet werden. Der **sachliche Anwendungsbereich** der Ausnahme des S. 1 gilt für diese Einrichtungen jedoch nur, soweit sie mit der Auszahlung von Sozialleistungen betraut sind. Nehmen sie Aufgaben wahr, wegen denen sie ebenfalls den Verpflichtungen des BSIG unterliegen, gilt die Ausnahme des § 14a bei diesbezüglichen Verstößen nicht. Zudem gilt § 14a BSIG nur für Verstöße gegen bußgeldbewehrte Pflichten. Bei Verstößen gegen Pflichten, die nicht mit Bußgeldern versehen sind, kann das BSI die Einrichtungen genauso behandeln wie andere Verpflichtete auch.

Nach S. 2 und 3 kann das BSI bei Verstößen gegen die in § 14 Abs. 1–4 genannten Vorschriften nicht ohne weiteres selbst gegen die Institutionen der sozialen Sicherung vorgehen. Vielmehr muss es bei Institutionen, die **vom Bund getragen** werden, nach S. 2 das **Einvernehmen über die zu ergreifenden Maßnahmen** mit den für diese Institution zuständigen Aufsichtsbehörden herstellen. Auch wenn der Wortlaut diesbezüglich nicht eindeutig ist, soll das Einvernehmen nicht etwa über Maßnahmen des BSI hergestellt werden, sondern bzgl. des „Ob" einer von der jeweiligen Aufsichtsbehörde durchzusetzenden Maßnahme. Dies wird aus der Begründung deutlich, die die Wahl des Aufsichtsmittels (des „Wie") der Aufsichtsbehörde überlassen wissen will.[7] Das BSI kann also nur an der Willensbildung mitwirken, zu welchen Maßnahmen die Betreiber durch die Aufsichtsbehörden veranlasst werden sollen. Bei Institutionen in **Trägerschaft der Länder** soll das BSI nach S. 3 die zuständige Aufsichtsbehörde sogar nur informieren und ihr geeignete Maßnahmen vorschlagen. Das BSI hat also weder bei der Festlegung des „Ob" noch des „Wie" des aufsichtsbehördlichen Einschreitens eine starke Position. Es ist vielmehr auf die Rolle eines Ratgebers beschränkt. Die Gesetzesbegründung spricht diesbezüglich von einer Benehmensherstellung, obwohl der Begriff des Benehmens im Gesetzestext des § 14a nicht vorkommt. 3

Nach S. 4 sollen die jeweiligen Aufsichtsbehörden von Bund oder Land das BSI über die Einleitung und Umsetzung von Aufsichtsmitteln informieren und für deren Durchsetzung sorgen. Ziel der Regelung soll die Gewährleistung einer effektiven Sanktionierung sein. Daraus lässt sich ableiten, dass die S. 2 und 3 **keine Sperrwirkung** gegenüber Anordnungen des BSI selbst entfalten. Denn eine bloße Information des BSI durch die Aufsichtsbehörden über nicht ergriffene oder nicht erfolgreiche Aufsichtsmittel würde für sich genommen gerade keinen Beitrag zur effektiven Sanktionierung leisten. Diesen könnten sie vielmehr nur dann leisten, wenn das BSI im Falle unzureichender oder erfolgloser Maßnahmen der Aufsichtsbehörden auch noch die ihm selbst zukommenden Aufsichtsmittel, wie die Anordnung bestimmter Maßnahmen, ergreifen kann. Dem stehen auch weder der Gesetzeswortlaut noch die Gesetzesbegründung entgegen. Denn § 14a enthält gerade kein explizites Verbot des BSI, selbst tätig zu werden, sondern nur die Einbindung der jeweils zuständigen Aufsichtsbehörden. Einzig zu den Geldbußen enthält die Gesetzesbegründung eine Aussage: *„Gegen die für das BSI-Gesetz legaldefinierten Institutionen der Sozialen Sicherung werden keine Geldbußen verhängt. [...] Für die Institutionen der Sozialen Sicherung stehen mit unmittelbaren Aufsichtsmaßnahmen der Aufsichtsbehörde geeignete Durchsetzungsmittel zur Verfügung (vgl. § 89 Viertes Buch Sozialgesetzbuch)"*[8]. Da es für den Verzicht auf Bußgelder durch das BSI keinen klaren Anknüpfungspunkt 4

---

[7] BT-Drs. 19/26106, 96.
[8] BT-Drs. 19/26106, 96.

im Wortlaut des § 14a gibt, könnte auch ein „Wiederaufleben“ der Befugnis des BSI zur Verhängung von Bußgeldern diskutiert werden.

§ 15 Anwendbarkeit der Vorschriften für Anbieter digitaler Dienste

Die Vorschriften, die Anbieter digitaler Dienste betreffen, sind ab dem 10. Mai 2018 anwendbar.

A. Allgemeines

1 Die Regelung wurde mit dem Gesetz zur Umsetzung der NIS-RL eingeführt. Sie hat durch Zeitablauf praktisch keine Relevanz mehr.

Verordnung zur Bestimmung Kritischer Infrastrukturen nach dem BSI-Gesetz (BSI-Kritisverordnung – BSI-KritisV)

vom 22. April 2016 (BGBl. I S. 958)

FNA 206-2-2

zuletzt geändert durch Art. 1 Zweite ÄndVO vom 6.9.2021 (BGBl. I S. 4163)

§ 1 Begriffsbestimmungen

(1) **Im Sinne dieser Verordnung ist oder sind**

1. Anlagen
a) Betriebsstätten und sonstige ortsfeste Einrichtungen,
b) Maschinen, Geräte und sonstige ortsveränderliche Einrichtungen oder
c) Software und IT-Dienste,
die für die Erbringung einer kritischen Dienstleistung notwendig sind,

2. Betreiber
eine natürliche oder juristische Person, die unter Berücksichtigung der rechtlichen, wirtschaftlichen und tatsächlichen Umstände bestimmenden Einfluss auf die Beschaffenheit und den Betrieb einer Anlage oder Teilen davon ausübt,

3. kritische Dienstleistung
eine Dienstleistung zur Versorgung der Allgemeinheit in den Sektoren nach den §§ 2 bis 8, deren Ausfall oder Beeinträchtigung zu erheblichen Versorgungsengpässen oder zu Gefährdungen der öffentlichen Sicherheit führen würde,

4. Versorgungsgrad
ein Wert, mittels dessen der Beitrag einer Anlage oder Teilen davon im jeweiligen Sektor zur Versorgung der Allgemeinheit mit einer kritischen Dienstleistung bestimmt wird,

5. Schwellenwert
ein Wert, bei dessen Erreichen oder dessen Überschreitung der Versorgungsgrad einer Anlage oder Teilen davon als bedeutend im Sinne von § 10 Absatz 1 Satz 1 des BSI-Gesetzes anzusehen ist.

(2) **[1]Einer Anlage sind alle vorgesehenen Anlagenteile und Verfahrensschritte zuzurechnen, die zum Betrieb notwendig sind, sowie Nebeneinrichtungen, die mit den Anlagenteilen und Verfahrensschritten in einem betriebstechnischen Zusammenhang stehen und die für die Erbringung einer kritischen Dienstleistung notwendig sind. [2]Mehrere Anlagen derselben Kategorie, die durch einen betriebstechnischen Zusammenhang verbunden sind, gelten als gemeinsame Anlage, wenn sie gemeinsam zur Erbringung derselben kritischen Dienstleistung notwendig sind. [3]Betreiben**

zwei oder mehr Personen gemeinsam eine Anlage, so ist jeder für die Erfüllung der Pflichten als Betreiber verantwortlich.

Literatur: *Battis/Krautzberger/Löhr* (Hrsg.), Baugesetzbuch: BauGB, 14. Aufl. 2019; *BBK,* 10 Jahre KRITIS-Strategie – Einblicke in die Umsetzung der Nationalen Strategie zum Schutz Kritischer Infrastrukturen, Februar 2020; *BBK,* Covid–19: Übersicht Kritischer Dienstleistungen – Sektorspezifische Hinweise und Informationen mit KRITIS-Relevanz, 14.4.2021; *BBK/BSI,* Sektoren und Branchen Kritischer Infrastrukturen, Juli 2021; *Blum,* Rechtsauskünfte von Bekannten und Fremden in sozialen Netzwerken, AnwBl Online 2018, 901; *BMI,* Kabinettsfassung zur BSI-Kritisverordnung 2016, www.bmi.bund.de/SharedDocs/downloads/DE/veroeffentlichungen/2016/kritis-vo.pdf?__blob=publicationFile&v=1; *BMI,* Nationale Strategie zum Schutz Kritischer Infrastrukturen (KRITIS-Strategie), 17.6.2009; *Krautzberger* (Hrsg.), Ernst/Zinkahn/Bielenberg/Krautzberger, Baugesetzbuch: BauGB, 139. EL 2020; *Gehrmann/Klett,* IT-Sicherheit in Unternehmen – Weiterhin viel Unsicherheit bei der Umsetzung des IT-Sicherheitsgesetzes, K&R 2017, 372; *Giesberts/Reinhardt* (Hrsg.), BeckOK Umweltrecht, 56. Ed. 2020; *Hagerott,* Stuxnet and the vital role of critical infrastructure operators and engineers, IJCIP 7, 2014, 244; *Hau/Poseck* (Hrsg.), BeckOK BGB, 58. Ed. 2021; *Hoeren/Sieber/Holznagel* (Hrsg.), Handbuch Multimedia-Recht, 56. EL 2021; *Hornung,* Das IT-Sicherheitsgesetz 2.0: Kompetenzaufwuchs des BSI und neue Pflichten für Unternehmen, NJW 2021, 1985; *Jarass,* Bundes-Immissionsschutzgesetz: BImSchG, 13. Aufl. 2020; *Erb/Schäfer* (Hrsg.), Münchener Kommentar zum Strafgesetzbuch, Band 4: §§ 185–262, 4. Aufl. 2021; *Kindhäuser/Neumann/Paeffgen* (Hrsg.), Strafgesetzbuch, 5. Aufl. 2017; *Kipker/Scholz,* Das IT-Sicherheitsgesetz 2.0, MMR 2019, 431; *Klindt,* Rechtsberatung durch Behörden, NJW-aktuell 51/2018, 3; *Körner/Leitherer/Mutschler/Rolfs* (Hrsg.), Kasseler Kommentar Sozialversicherungsrecht, 114. EL 2021; *Landesregierung Hessen,* Bereiche Kritischer Infrastrukturen (KRITIS) Hessen, 19.10.2020; *Beckmann/Durner/Mann/Röckinghausen* (Hrsg.), Landmann/Rohmer, Umweltrecht, 93. EL 2020; *Leupold/Glossner* (Hrsg.), Münchener Anwaltshandbuch IT-Recht, 3. Aufl. 2013; *Martinez,* Corona – Die Land- und Ernährungswirtschaft als systemrelevante Infrastruktur, beck-community v. 23.3.2020; *Musielak/Voit* (Hrsg.), Zivilprozessordnung: ZPO, 18. Aufl. 2021; Peifer, Das Territorialitätsprinzip im Europäischen Gemeinschaftsrecht vor dem Hintergrund der technischen Entwicklungen, ZUM 2006, 1; *Petersen/Fallou/Reilly/Serafinelli,* Public expectations of critical infrastructure operators in times of crisis, Sustainable and Resilient Infrastructure 5, 2020, 62; *Ritter,* Corona-Ferien für Kritische Infrastrukturen?, RDV 2020, 237; *Säcker/Rixecker/Oetker/Limperg* (Hrsg.), Münchener Kommentar zum Bürgerlichen Gesetzbuch, Band 13: Internationales Privatrecht II, IntWR, Art. 50-253 EGBGB, 8. Aufl. 2018; *Schoch/Schneider* (Hrsg.), Verwaltungsrecht VwVfG 2021; *Knopp* (Hrsg.), Sieder/Zeitler/Dahme/Knopp, Wasserhaushaltsgesetz, Abwasserabgabengesetz: WHG, 53. EL 2019; *Stelkens/Bonk/Sachs* (Hrsg.), Verwaltungsverfahrensgesetz: VwVfG, 9. Aufl. 2018; *StMAS Bayern,* Erklärung zur Berechtigung zu einer Kinderbetreuung im Ausnahmefall (Notbetreuung) – kritische Infrastruktur, Mai 2020; *Wiss. Dienste des BT,* Medien und Journalisten im Kontext von Kritischer Infrastruktur und Systemrelevanz, WD 10 – 3000 – 016/20, 21.4.2020.

Inhaltsübersicht

A. Allgemeines

I. Begriffsbestimmung

1 Im Jahr 1997 wurde in Deutschland erstmals mit der „AG KRITIS“ vom BMI eine ressortübergreifende Arbeitsgruppe zum Schutz der Kritischen Infrastrukturen eingeführt, welche die Bestimmung aller für Deutschland kritischen Infrastrukturen erarbeiten sollte.[1] Mit der BSI-KritisV erfüllt das BMI seit dem 22.4.2016 den in der NIS-RL begründeten und in § 10 Abs. 1 BSIG erteilten Auftrag zur näheren Bestimmung der deutschen Kritischen Infrastrukturen. Für den gesamten Bereich der Kritischen Infrastrukturen hat sich die Abkürzung **KRITIS** durchgesetzt.[2] Die Definition von „Kritische Infrastrukturen“ in BSIG und BSI-KritisV (auch „BSI-Kritis“) ist die einzige einheitliche Regelung auf Bundesebene.[3] Auch andere Regelungen knüpfen daran an.[4] Die BSI-KritisV konkretisiert dafür die KRITIS-Definition des BSIG durch Regelungen zur Identifikation der KRITIS-Unternehmen, Betreiber und Anlagen. Sie ist notwendiger ausfüllender Rechtsakt und zur Bestimmung der Kritischen Infrastruktur iSd BSIG zwingend heranzuziehen.[5] Kritische Infrastruktur „nach BSIG“ bezeichnet demnach verkürzt solche „nach dem BSIG in Verbindung mit der BSI-KritisV“.[6]

2 Der BSI-KritisV ist aber die Kritische Infrastruktur als **Begriff nicht exklusiv** zugeordnet, was zuweilen zu Irritationen führt.[7] Denn gelegentlich werden in anderen Bereichen auch vom BSIG abweichende, landesrechtlich – oder auch gar nicht – geregelte Begriffe verwendet, zB allgemeine kritische Infrastrukturen (im

---

[1] Die AG entstand in Reaktion auf die amerikanische President's Commission on Critical Infrastructure Protection (PCCIP), es gibt keine Kongruenz zur AG KRITIS 2018; vgl. dazu ausführlicher *BBK,* 10 Jahre KRITIS-Strategie, S. 16.

[2] KRITIS, auch „Kritis“, jedenfalls immer beginnend in Großschreibung; wohl urspr. aus KRitische (IT)-InfraStruktur; heute auch adjektivisch gebräuchlich, vgl. *BMI,* KRITIS-Strategie, S. 1 ff., 14.

[3] In rudimentärer Form auch im allg. Katastrophenschutzrecht, vgl. § 17 Abs. 1 Nr. 3 ZSKG; zu „europäischen kritischen Infrastrukturen“ s. EU-InfrastrukturschutzRL, § 2 ÜNSchVO, § 12g Abs. 1 EnWG.

[4] Vgl. auch gesetzliche Verweise in § 11 Abs. 1b EnWG und § 55 Abs. 1 Nr. 2, 4 AWV.

[5] § 10 Abs. 1 BSIG iVm Art. 80 Abs. 1 S. 1 GG.

[6] Eine isolierte Berufung auf nur eines der Gesetze verkennt, dass der Gesetzgeber bewusst beide Gesetze mit dem Wissen um und in Bezug auf das jeweils andere erließ und anpasste, BT-Drs. 19/2606, 29, 79ff.; unberührt bleibt die grds. Überprüfbarkeit der BSI-KritisV mit höherrangigem Recht.

[7] Vgl. *Wiss. Dienste des BT,* WD 10 – 3000 – 016/20, 21.4.2020, 11.

weiteren Sinne)[8], Kritische Infrastrukturen nach Landesrecht[9], Kritische Anlagen und Institutionen, Einrichtungen von kritischer Bedeutung oder „systemrelevante" Infrastrukturen und Dienste.[10] Das Bundesamt für Bevölkerungsschutz und Katastrophenhilfe erfasst in seiner Begriffsbestimmung zusätzlich zu den vom BSIG genannten Sektoren auch die Sektoren „Medien und Kultur" sowie „Staat und Verwaltung".[11] Die Aufzählung der in § 2 Abs. 10 BSIG genannten Sektoren ist für die Regelungen dieses Gesetzes jedoch abschließend und kann weder durch die Verlautbarungen anderer Stellen, noch durch die BSI-KritisV als niederrangigem materiellem Gesetz um weitere Kategorien erweitert werden.[12] Der Aufnahme dieser Bereiche standen in der Vergangenheit Bedenken sowohl hinsichtlich der Kritikalität der Versorgung als auch hinsichtlich ihrer Verfassungsmäßigkeit entgegen.[13] Vor dem Hintergrund der fehlenden Begriffsexklusivität ist eine (Selbst-)Bezeichnung als KRITIS durch private Dritte grundsätzlich nicht untersagt, kann jedoch bei fehlender Klarstellung ein Anknüpfungspunkt für die Aufnahme von Registrierungs- und Sanktionsverfahren des BSI werden.

II. Entstehung und Inkrafttreten

3 Der erste Entwurf der BSI-KritisV wurde am 13.1.2016 durch das BMI veröffentlicht, am 13.4.2016 durch das Bundeskabinett verabschiedet und von der Bundesregierung am 22.4.2016 ausgefertigt. Nach Verkündung im Bundesgesetzblatt am 2.5.2015 trat die Verordnung in ihrer Ursprungsversion zum 3.5.2016 in Kraft.[14] Die am 21.6.2017 ausgefertigte Erste Verordnung zur Änderung der BSI-Kritisverordnung wurde am 29.6.2017 verkündet und trat am 30.6.2017 in Kraft.[15] Zum 1.1.2022 trat die Zweite Verordnung zur Änderung der BSI-Kritisverordnung in Kraft, die dritte Änderungsverordnung dürfte 2022 folgen.[16]

4 Zur Vorbereitung der BSI-KritisV wurden für alle Sektoren Studien durchgeführt – zur Erfassung der Versorgungsgüter, der dafür erbrachten Dienstleistungen, der dafür notwendigen Anlagen und schließlich der dafür möglichen Bemessungskriterien und Schwellenwerte.[17] Mit der **Zielsetzung,** ein regulatorisch schlankes, definitorisch sehr weitreichendes Gesetz zu schaffen, entstand eine Verordnung, die primär als eine Art **„erweiterter Definitionsteil"** zu § 2 Abs. 10 BSIG bestimmt, was in Deutschland KRITIS sind und wer sie betreibt, also die ein-

---

[8] So zB im Katastrophenschutz durch das *BBK,* Covid–19: Übersicht Kritischer Dienstleistungen, S. 1, 4.

[9] So zB Art. 10 Abs. 2 BayEGovG; *LReg Hessen,* Bereiche Kritischer Infrastrukturen Hessen, S. 1.

[10] So zB § 13b Abs. 2ff. EnWG, § 10f ff. KWG; *Martinez,* beck-community v. 23.3.2020; *Wiss. Dienst,* WD 10 – 3000 – 016/20.

[11] *BBK/BSI,* Sektoren und Branchen Kritischer Infrastrukturen.

[12] Die Einteilung der Sektoren leitet sich wiederum direkt aus dem Anhang II NIS-RL ab, vgl. Art. 5 Abs. 1 NIS-RL.

[13] → Rn. 37, bei IT-Überprüfung der Länderverwaltung durch das BSI insb. Föderalismusprinzip, Art. 20 Abs. 1, 28 GG; Art. 91 c GG reicht für eine derartige Überwindung nicht aus.

[14] BGBl. 2016 S. 958ff., § 7 2016.

[15] BGBl. 2017 S. 1903ff., § 7 2017.

[16] Infolge der Evaluation nach § 9, zur Aufnahme der Sektor-Ergänzung aus dem IT-SiG 2.0, vgl. BT-Drs. 19/26106, 6, 32.

[17] Aktuelle Veröffentlichungen unter https://www.kritis.bund.de/SubSites/Kritis/DE/Publikationen/Sektorstudien/Sektorstudien_node.html.

schlägigen Pflichten aus den §§ 8a ff. BSIG und weiteren Gesetzen zu erfüllen hat. So steht, auch wenn es nur über § 1 ausdrücklich geschrieben ist, die ganze BSI-KritisV in gewisser Hinsicht unter der Überschrift „Begriffsbestimmungen" – im § 1 für die allgemeinen, in den §§ 2–8 für die sektorspezifischen.

In der **Weiterentwicklung** der Verordnung wurde der allgemein-definitorische 5 § 1 kaum verändert. Die Anpassungen in der BSI-KritisV ergaben sich ganz überwiegend aus der Ergänzung weiterer Sektoren und Veränderungen der Schwellenwerte in den Anlagen. Die im Übrigen **gestaffelte Ergänzung** neuer KRITIS-Sektoren wurde dabei bewusst in Gruppen zur stufenweisen Erprobung der neuen Regelungsbereiche vorgenommen – der Gesetzgeber sprach insoweit von „Körben" aus neu regulierten KRITIS-Sektoren. Der ursprüngliche **1. Korb** trat am **3.5.2016** mit den Sektoren Energie, Wasser, Ernährung, Informations- und Telekommunikationstechnik (ITK) in Kraft, der **2. Korb** (als **1. Änderung** der BSI-KritisV) folgte am **30.6.2017** mit den Sektoren Gesundheit, Finanz- und Versicherungswesen sowie Transport und Verkehr. An diese Stichtage wurde auch im BSIG für die jeweils regulierten Sektoren der Beginn der Umsetzungsfrist für die neu entstehenden Pflichten geknüpft.[18] Die **2. Änderung** der BSI-KritisV sah 2021 eine eher allgemeinere Überarbeitung ohne tiefgreifende systematische Veränderungen oder einem Korb neuer Sektoren vor, mit Inkrafttreten zum **1.1.2022.** Die letzte geplante Sektor-Erweiterung soll 2022 mit dem Sektor Siedlungsabfälle folgen.[19]

III. Systematik

Der BSI-KritisV liegt iVm dem BSIG systematisch das Prinzip der **KRITIS-Selbstidentifikation** zugrunde. Statt einer regelmäßigen Suche nach noch nicht erfassten KRITIS-Unternehmen und deren Registrierung per Verwaltungsakt durch den Staat sollte die **Eigenverantwortung** und Legalitätspflicht der Unternehmen diese zur eigenständigen Registrierung ihrer Anlagen und Befolgung der KRITIS-Pflichten bringen. Die Bestimmung als KRITIS ist **keine Ermessensentscheidung** des BSI, sondern ein „gesetzlicher Automatismus" – qualitativ anhand der Art der Dienstleistungserbringung, quantitativ anhand der Schwellenwertüberschreitung im Rückblick auf das letzte Jahr. Die Betreiber möglicher Kritischer Infrastrukturen sollten sich dafür ausdrücklich mittels der BSI-KritisV „auf einen Blick" eindeutig und ohne juristischen Aufwand selbst identifizieren können.[20] In den Anhängen der BSI-KritisV sind dafür immer die Anlagenkategorien und die zugehörigen Schwellenwerte als **qualitativ**es **und quantitativ**es Identifikations-Merkmal im Paar aufgeführt.[21] 6

Gleichermaßen trifft aber die Betreiber damit auch eine **Selbstinformationspflicht** und ein Risiko, sich nicht oder falsch einzuordnen. Es wurde davon aus- 7

---

[18] §§ 8a Abs. 1 S. 1, 8b Abs. 3 S. 1 BSIG 2015.

[19] → Rn. 3; *Hornung,* NJW 2021, 1985 Rn. 15; schon *Kipker/Scholz,* MMR 2019, 431 (434).

[20] BT-Drs. 18/4096, 32: „Mögliche Adressaten können so [selbst] anhand der Rechtsverordnung feststellen, ob sie […] eine kritische Dienstleistung mit einem Versorgungsgrad über dem entsprechenden Schwellenwert erbringen und ob sie damit den Verpflichtungen nach den §§ 8a, 8b BSIG unterliegen".

[21] MAH IT-R/*V.d. Bussche/Schelinski,* Teil 7.1, Rn. 21f. schlagen einen Identifikations-Dreischritt vor und differenzieren dafür nochmals zwischen kritischer Dienstleistung und „erforderlicher Anlage", letztlich sind aber beide (unterschiedlich konkretisierter) Teil des qualitativen Bestimmungsmerkmals.

gegangen, dass die KRITIS-Unternehmen ein hohes Eigeninteresse an der eigenen und branchenübergreifenden IT-Absicherung sowie dem gemeinsamen Aufbau einer marktunabhängigen Vermittlungs- und Meldestelle hätten, sich also informieren und registrieren würden. Das traf auf den ganz überwiegenden Teil der KRITIS-Betreiber auch zu, einzelne Betreiber versäumten aber eine Registrierung in der vorgesehenen Frist, auch weil Unklarheit über die eigene Zuordnung bestand.

8 Mit der bewussten Entscheidung gegen eine Feststellung der KRITIS-Eigenschaft durch behördliche Einzelfallentscheidung gegenüber dem Betreiber hat der Gesetzgeber bewusst in Kauf genommen, dass sich einzelne Unternehmen entweder nicht als KRITIS registrieren dürfen oder sich registrieren müssen, bei denen eine Ermessenentscheidung im Einzelfall zu einer anderen Einordnung gekommen wäre. Daher gibt es auch keine kurzfristigen Ausnahmemöglichkeiten zB wegen pandemiebedingter Schwellenwertüber- oder -unterschreitungen. Solche systematisch bedingten **KRITIS-Grenzfälle** sind relativ betrachtet aber bislang selten geblieben. Sie stehen zudem den erheblichen Vorteilen der Selbstidentifikation gegenüber, die eine stark vereinfachte, ressourcenschonende, eigenverantwortliche, schnellere und im Ergebnis auch vollständigere Erfassung bietet. Eine Umstellung des Systems wurde daher bislang national nicht ernsthaft diskutiert.

B. Einzelerläuterungen

I. Anlagen (Abs. 1 Nr. 1)

9 **1. Anlagenbegriffskategorien.** Ausgangspunkt der Bestimmung ist das Vorliegen einer Anlage. Der **Anlagenbegriff der BSI-KritisV**[22] wird dafür dreigeteilt bestimmt, nach lit. a für „ortsfeste" und lit. b für „ortsveränderliche Einrichtungen", sowie nach lit. c in der seit 2021 neuen Anlagenbegriffskategorie der „Software und Dienste". Die so vorgenommene Differenzierung ermöglicht zwar eine präzise Zuordnung der Infrastrukturteile zur jeweiligen Begriffskategorie, hat jedoch vorrangig akademische Bedeutung. Denn das Gesetz knüpft an die Anlagen aller Begriffskategorien regelmäßig dieselben Regelungen – allein die Bestimmung als Anlage oder Anlagenteil, gleich welchen Typs, ist ausschlaggebend.[23] So wird auf diese Differenzierung bei Nebeneinrichtungen dann auch völlig verzichtet.[24] Stattdessen dient die Aufzählung vorrangig der Abbildung des dadurch **kumulativ sehr weiten** Anlagenbegriffs – in Abgrenzung zu seinen Ausnahmen, also den „Nicht-Anlagen" im Sinne von BSIG und BSI-KritisV, welche komplex sein kann und ihrerseits von hoher, auch praktischer, Bedeutung ist.[25]

10 Der Anlagenbegriff der BSI-KritisV wurde dem weiten immissionsschutzrechtlichen Begriffsverständnis nachempfunden, die dort entwickelten Grundsätze gel-

[22] Zum aus anderen Gesetzen ebenfalls bekannten Anlagenbegriff vgl. im Umweltrecht BeckOK UmweltR/*Schulte/Michalk,* BImSchG § 3 Rn. 71 ff.; BT-Drs. 7/179, 29; im Baurecht s. Battis/Krautzberger/Löhr/*Reidt,* BauGB § 29 Rn. 9; Ernst/Zinkahn/Bielenberg/Krautzberger/*Blechschmidt,* BauNVO § 23 Rn. 49.

[23] Auch laut Gesetzgeber gedacht als ortsfester sowie -veränderlicher „Sammelbegriff", vgl. KabF BSI-KritisV 2016, Begründung S. 6, www.bmi.bund.de/SharedDocs/downloads/DE/veroeffentlichungen/2016/kritis-vo.pdf?__blob=publicationFile&v=1.

[24] Vgl. Abs. 2.

[25] Für die Grenzfälle direkt s. → Rn. 22 ff.

ten also regelmäßig hier entsprechend.[26] **Ortsfeste Einrichtungen** sind demnach solche, die auf Grund ihrer Art oder Konstruktion an ihren Standort gebunden sind und bestimmungsgemäß im Normalfall nicht bewegt werden sollen.[27] Die Errichtung eines festen Bauwerks oder eine tatsächliche Mindeststand- oder Betriebsdauer wird nicht vorausgesetzt.[28] Betriebsstätten unterfallen als Unterbegriff den ortsfesten Einrichtungen, soweit diese aus mehreren Komplexen in räumlicher Zusammenfassung bestehen und zur gemeinsamen Ausübung eines stehenden Betriebs dienen.[29] Damit knüpft die BSI-KritisV grundsätzlich an den rein technisch-betriebsbezogenen Anlagenbegriff.[30]

Auch bei den **ortsveränderlichen Einrichtungen** zeigt sich die starke Anlehnung an das Immissionsschutzrecht. So werden wortgleich „Maschinen, Geräte und sonstige […] ortsveränderliche Einrichtungen" dafür als vorrangige Beispiele aufgeführt.[31] Prägnant beschreibt den inklusiven Gedanken des Einrichtungsbegriffs die Definition „Ortsveränderlich sind Einrichtungen, die nicht ortsfest sind".[32] Mindestens wird wohl auch hier aus der Stellung zu S. 2 ein Betriebsbezug als zusätzliches Eingrenzungsmerkmal zur Erbringungsnotwendigkeit gefordert werden müssen – womit jedenfalls eine gewisse bestimmungsgemäße Dauerhaftigkeit verbunden sein sollte und nicht jeder zufällig oder vorübergehend genutzte Gegenstand zur ortsveränderlichen Einrichtung zählt. Auffällig ist jedoch, dass in der BSI-KritisV das im BImSchG noch ausdrücklich aufgeführte Attribut „technisch" in Bezug auf ortsveränderliche Einrichtungen nicht mehr genannt wird.[33] 11

Schließlich erweitert den Anlagenbegriff die 2021 hinzugefügte Ergänzung der **Software und Dienste,** welche auch solche Anlagen zu erfassen versucht, denen gar keine feste physische Gestalt oder Örtlichkeit zugeordnet werden kann. In der Praxis vergleichsweise selten, begegnet die Anpassung dadurch Zuordnungsschwierigkeiten von Anlagen, zB bei als KRITIS definierten Systemen im Bereich Finanz- und Versicherungswesen in der Cloud. Damit löst der in der BSI-KritisV genutzte Anlagenbegriff den für sich genommen bereits weiten, aber ursprünglich jedenfalls immer noch an der örtlichen, physischen Zuordnungsmöglichkeit festgemachten immissionsrechtlichen Anlagenbegriff endgültig ab.[34] Damit eine Software oder ein IT-Dienst als Anlage eine Kritische Infrastruktur im Sinne dieser Verordnung darstellen kann, muss die Software oder der IT-Dienst aber zwingend einer in einem der Anhänge beschriebene Anlagenkategorie zugehören und die dort genannten Schwellenwerte erreichen oder überschreiten – nur in Anlagen oder deren Verwaltung genutzte Standardsoftware ist regelmäßig nicht erfasst.[35] 12

---

[26] KabF BSI-KritisV 2016, Begründung S. 6, www.bmi.bund.de/SharedDocs/downloads/DE/veroeffentlichungen/2016/kritis-vo.pdf?__blob=publicationFile&v=1.

[27] *Jarass,* BImSchG § 3 Rn. 75 mwN.

[28] *Jarass,* BImSchG § 3 Rn. 75 mwN; vgl. auch hins. des sehr weiten Begriffs Fallbeispiele in Jarass, BImSchG § 22 Rn. 14ff.

[29] *BVerwG,* Urt. v. 22.11.2018 – 7 C 7/17, NVwZ-RR 2019, 260, Rn. 14.

[30] BeckOK UmweltR/*Schulte/Michalk,* BImSchG § 3 Rn. 71.

[31] Ebenso § 3 Abs. 5 Nr. 2 BImSchG.

[32] Jarass, BImSchG § 3 Rn. 75 mwN, vgl. auch Fallbeispiele in Jarass, BImSchG § 22 Rn. 19ff.

[33] Vgl. § 3 Abs. 5 Nr. 1, 2 BImSchG.

[34] BT-Drs. 7/179, 29f.

[35] Vgl. KabF 2. KritisÄndVO, Begründung S. 40, www.bmi.bund.de/SharedDocs/downloads/DE/veroeffentlichungen/2016/kritis-vo.pdf?__blob=publicationFile&v=1.

13 Die zentrale übereinstimmende Voraussetzung des damit denkbar weiten und faktisch **ortsunabhängigen kumulierten Anlagenbegriffs** sowie etwaiger Anlagenbestandteile ist, dass sie jedenfalls **„für die Erbringung einer kritischen Dienstleistung notwendig"** sein müssen. Das heißt, dass der bestimmungsgemäße Betrieb zur Versorgung der Allgemeinheit mit einer kritischen Dienstleistung notwendig, somit **für die Versorgung kausal** sein muss. Damit wird die Abgrenzung zu weiteren, zum Beispiel auf demselben Betriebsgelände belegenen, aber nicht in die Erbringung eingebundenen Prozessen getroffen. Unerheblich ist hier, ob ein Anlagenteil theoretisch hinweggedacht werden könnte, da beispielsweise auf Redundanzen oder das auf Dritte ausgewichen werden könnte (theoretische Notwendigkeit). Es zählt als notwendig, was tatsächlich notwendig ist oder war; wird die Dienstleistung mithilfe des Anlagenbestandteils erbracht, ist er erfasst **(faktische Notwendigkeit).** Da BSIG und BSI-KritisV mit dieser versorgungsfunktionalen Bestimmung zentral auf die Tatsache abstellen, ob die bestehende Versorgungskette bis zum betroffenen Bürger bedroht ist oder durch einen potenziellen IT-Angriff beeinträchtigt werden kann, sind sonstige Einrichtungen, auch wenn sie am selben Standort stehen, nicht als Anlage erfasst, sofern sie nicht in die Erbringung der Dienstleistung eingebunden sind. Damit wird insbesondere die interne **Selbstversorgung** vom Anlagenbegriff ausgeschlossen, also das, was nur zur Versorgung ausschließlich betriebsinterner Prozesse zum Beispiel innerhalb eines Konzernverbundes dient.[36] Werden Betriebsteile sowohl für die Erbringung von Dienstleistungen sowie für die Selbstversorgung parallel genutzt, sind sie hingegen erfasst, selbst wenn der Nutzungsanteil für die Erbringung einer nicht-kritischen Dienstleistung überwiegt. Ebenfalls ausgeschlossen sind damit **Notversorgungsanlagen** zur ersatzweisen Versorgung der Allgemeinheit,[37] welche zwar im Wortsinne bei Bedarf eine kritische Dienstleistung erbringen, für die regelmäßige Erbringung dieser Dienstleistung aber nicht notwendig sind, sondern ausschließlich nur für deren Substitution im Ausfall- oder Katastrophenszenario eingesetzt werden. Der präventive Ansatz der KRITIS-Regelungen soll eine Inanspruchnahme der Notversorgung von vorneherein verhindern und erfasst solche bestehenden Notfallkapazitäten deshalb nicht.[38]

14 **2. Zuzurechnende Anlagenbestandteile (Abs. 2 S. 1).** Einer Anlage sind weiterhin bestimmte Bestandteile zuzurechnen. Das betrifft zunächst „vorgesehene" **Anlagenteile:** selbstständig beurteilbare und abgrenzbare Teile einer Anlage, die auch für sich genommen Anlagen nach S. 1 darstellen können, aber für den Betrieb in einer übergeordneten Anlage vorgesehen und eingebunden sind.[39] Der Begriff des Anlagenteils wird innerhalb der BSI-KritisV noch mehrfach, teils überschneidend, verwendet.[40] Diese Verwendungen sind aber deklaratorische Verweise auf die hier getroffene Begriffsbestimmung. „Vorgesehen" meint dabei: in-

---

[36] KabF BSI-KritisV 2016, Begründung S. 6, www.bmi.bund.de/SharedDocs/downloads/DE/veroeffentlichungen/2016/kritis-vo.pdf?__blob=publicationFile&v=1.

[37] Zur Versorgung der Allgemeinheit dienen zB Notstromaggregate, Wasserwägen (THW).

[38] KabF BSI-KritisV 2016, Begründung S. 6, www.bmi.bund.de/SharedDocs/downloads/DE/veroeffentlichungen/2016/kritis-vo.pdf?__blob=publicationFile&v=1; vgl. auch KatSG, ZSKG, Ländergesetze wie BayKSG.

[39] Vgl. *VG Würzburg,* Urt. v. 1.7.2003 – W 4 K 02.607, juris Rn. 99ff.; *LAG Hessen,* Urt. v 3.5.2018 – 9 Sa 581/16, BeckRS 2018, 30803 Rn. 26ff.; Landmann/Rohmer UmweltR/*Dietlein,* BImSchG § 8 Rn. 46; Sieder/Zeitler/Dahme/Knopp/*Gößl,* WHG § 63 Rn. 41.

[40] Vgl. insb. in § 2 Abs. 5, § 3 Abs. 4, § 4 Abs. 3, § 5 Abs. 4, § 6 Abs. 6, § 7 Abs. 7.

tendiert zur Verwendung innerhalb der übergeordneten Anlage. Eine Hinzurechnung von noch in Planung oder **im Bau** befindlichen, also „zukünftig vorgesehenen", Anlagen schreibt das Gesetz hingegen nicht vor.[41]

Gleiches gilt für **zuzurechnende Verfahrensschritte,** welche als Auffangvorschrift auch Zwischen-Bestandteile und Prozesse erfassen, die nicht für sich alleine Anlagen bilden, aber bei der kritischen Diensterbringung den zusammengesetzten Betrieb der Anlagenteile verbinden und ermöglichen. Vor dem Hintergrund des ohnehin schon weiten Anlagenbegriffs sollen hier vor allem nicht-physische, aber erforderliche Prozesse wie verfestigte Organisations- und Managementsysteme, in der Anlage eingesetzte Arbeits- oder Betriebssoftware und festgelegte Ablaufparameter erfasst und der Anlage hinzugezählt werden. 15

Die Anlagenteile und Verfahrensschritte müssen **zum Betrieb notwendig** sein. 16
Hierbei weicht der Gesetzgeber nicht etwa von der sonst in der Norm durchgehend konsequent verwendeten Voraussetzung „für die Erbringung einer kritischen Dienstleistung notwendig" ab. Die entsprechende Formulierung findet sich in S. 2 am Ende und ist für Nebeneinrichtungen, Anlagenteile und Verfahrensschritte gleichermaßen einschlägig. Stattdessen konkretisiert die Voraussetzung die sonst kaum abgrenzbaren Begriffe Nebeneinrichtungen, Anlagenteile und Verfahrensschritte über die Art ihrer Funktionalität. So wie die Einrichtung über ihre Notwendigkeit für die Erbringung einer kritischen Dienstleistung zur Anlage wird, werden Anlagenbestandteile über ihre Notwendigkeit für den Ablauf des dafür erforderlichen ordnungsgemäßen Regelbetriebes der Anlage zurechenbar.

Eine nochmals leicht abgewandelte funktionelle Bestimmung findet sich für 17
Nebeneinrichtungen. Hier bestimmt sich nach dem **„betriebstechnischen Zusammenhang"** mit den Anlagenteilen und Verfahrensschritten, ob eine Einrichtung, die nicht Anlage ist, dem Anlagenbestandteil und damit mittelbar der Anlage zuzurechnen ist. Dieser Zusammenhang liegt vor, wenn die Einrichtung in einem unmittelbaren funktionalen Zusammenhang zu einem Anlagenbestandteil, insbesondere zu einem gemeinsamen betriebstechnischen Zweck ihm untergeordnet oder integriert, betrieben wird. Es sind auch ortsveränderliche Einrichtungen zurechenbar – dafür reichen Einrichtungen, die für den technischen Anlagenbetrieb nicht nötig, aber dienlich sind, anders als im Umweltrecht nicht aus.[42] Denn wie für auch hier gilt die Voraussetzung zusätzlich und nicht ersetzend zu „für die Erbringung einer kritischen Dienstleistung notwendig" (→ Rn. 13).

Zweck der gesetzlichen Zurechnungsnorm ist, auch wenn sie auf den ersten 18
Blick eine noch weitere Ausweitung des Begriffes vermuten lässt, eine **Vereinfachung** für die Betreiber. Einerseits betont die Regelung nochmals, dass lückenlos alle Schritte bis zur Diensterbringung aufgeführt werden sollen. Andererseits soll der Betreiber, in Reaktion auf den sehr weiten Anlagenbegriff, nach dem diese Schritte im Regelfall ohnehin bereits erfasst sind, bei der Identifikation seiner KRITIS-Anlagen dadurch entlastet werden, dass er nicht jede Einzelanlage für sich identifizieren und registrieren muss[43] – sondern stattdessen alle Anlagen, die im Erbringungsprozess für eine Dienstleistung eingebunden sind, als Anlagenteile unter einer übergeordneten Anlage zusammenfassen kann.

---

41 Die Bestimmung der Kritischen Infrastrukturen nach BSI-KritisV erfolgt immer zurückblickend auf das vergangene Jahr, nicht prognostisch, auch → Rn. 48.

42 Vgl. abweichend Landmann/Rohmer UmweltR/*Rehbinder,* UmweltHG § 3 Rn. 26, 28.

43 Das könnte sonst insb. für ortsveränderliche Anlagen nach Abs. 1 Nr. 1 lit. b aufwändig sein.

19 **3. Gemeinsame Anlagen und Grenzfälle (Abs. 2 S. 2).** Unter den Oberbegriff der **Gemeinsamen Anlage**[44] fallen Anlagenkomplexe, die sich aus mehreren Anlagen derselben Anlagenart zusammensetzen und den relevanten Schwellenwert kumuliert überschreiten. Die einzelnen Anlagen werden qualitativ erfasst, zählen aber quantitativ, für sich genommen, nicht als Kritische Infrastrukturen. Das Gesetz fasst dann, wenn ein erkennbar enger betriebstechnischer Zusammenhang zwischen den Anlagen besteht, die – uU schwellenwert-unterschreitenden – Anlagen zusammen und bildet einen gemeinsamen Wert, der am Schwellenwert gemessen wird. Die **Zusammenfassung der Schwellenwerte** darf jedoch selbstverständlich nur unter engen Voraussetzungen geschehen, welche dann auch in der – systematisch neben der allgemeinen Definition etwas ungewöhnlich verorteten[45] – Legaldefinition genannt werden: Die Anlagen müssen grundsätzlich derselben Anlagenkategorie angehören, also im selben KRITIS-Sektor sein, und in einem engen räumlichen und betrieblichen Zusammenhang stehen. **Dieselbe Anlagenkategorie** ist gegeben, wenn die Anlagen den Nummern unter derselben Ordnungsnummer in den Anhängen der BSI-KritisV unterfallen.[46] Von einem relevanten **betriebstechnischen Zusammenhang** ist laut der Gesetzesbegründung allgemein dann auszugehen, wenn eine Störung der Verfügbarkeit oder der Integrität einer Anlage zu einer Störung der anderen Anlagen führen könnte – zum Beispiel durch die missbräuchliche Steuerung einer Anlage, die sich auf andere Anlagen auswirkt.[47] Er ist regelmäßig gegeben, wenn die Anlagen auf demselben oder einem eng verbundenen Betriebsgelände liegen, mit gemeinsamen Betriebseinrichtungen verbunden sind, einem vergleichbaren technischen Zweck dienen und unter gemeinsamer Leitung stehen.[48] Eng verbunden ist das Betriebsgelände zB, wenn die Dienstleistung, bzw. einzelne Erbringungsschritte, so zügig im Erbringungsprozess zwischen den Anlagen hin und her bewegt werden können, dass sich die Erbringung dabei relativ zur Gesamterbringungsdauer nicht wesentlich verzögert, der Betrieb also insgesamt damit aufrechterhalten werden kann. Der Zusammenhang ist insbesondere gegeben, wenn der (gemeinsame) Betreiber derselbe ist, sowie Prozesse regelmäßig zwischen den Anlagen im üblichen Betrieb verschoben und ausgetauscht werden können. Weitere Regelungen zu gemeinsamen Anlagen finden sich in den §§ 2–8. In welchem Verhältnis diese Regelungen zu § 1 Abs. 2 S. 2 stehen, hat der Gesetzgeber offengelassen. Sollen die Regelungen in den sektorspezifischen §§ 2–8 nicht überflüssig sein, dürften sie als Konkretisierung der allgemeinen Regelung des Abs. 2 S. 2 zu verstehen sein.

20 Wird der kumulierte Schwellenwertin Summe überschritten, gelten die einzelnen Einrichtungen als Anlagenteile der Gemeinsamen Anlage, sie sind damit insgesamt Kritische Infrastruktur. Damit soll vermieden werden, dass Anlagen(komplexe) infolge einer zufälligen oder bewussten Unterteilung und Um-

---

[44] Auch: Verbundene Anlage; nicht: „Gemeinsam betriebene Anlage", die von mehreren Betreibern gemeinsam betrieben wird, → Rn. 34.

[45] Jeweils in Teil 1 Anhang 1 Nr. 7, Anhang 2, Anhang 4 u. Anhang 6 Nr. 6, Anhang 3 Nr. 5 Anhang 5 u. Anhang 7 Nr. 4.

[46] Gemeint ist hier wohl die Zugehörigkeit jedenfalls zum selben Bereich der Anlagenkategorien; → Rn. 39.

[47] KabF 2. KritisÄndVO, Begründung S. 40f., www.bmi.bund.de/SharedDocs/downloads/DE/veroeffentlichungen/2016/kritis-vo.pdf?__blob=publicationFile&v=1.

[48] Eine einzelne, nicht weiter begründete Ausnahme findet sich in Anhang 5 Teil 1 Nr. 5, welche Krankenhäuser explizit als klassische Gemeinsame Anlagen ausnimmt.

strukturierung aus rein organisatorischen Erwägungen nicht als Kritische Infrastrukturen erfasst werden. So soll auch einer **„Zerstückelung"** in viele kleine, den Schwellenwert nicht überschreitende, Anlagen vorgebeugt werden.

Je nach Umfang einer gebündelten zentralen Steuerung, Überwachung oder Wartung mehrerer kleiner Anlagen, die für sich genommen nicht, aber kumuliert den Schwellenwert überschreiten, kann auch außerhalb eines gemeinsamen Betriebsgeländes eine **Zusammenfassende Anlage** vorliegen. Ausschlaggebend dafür ist der Einfluss, der von der zentralen Einrichtung aus auf die Anlagen ausgeübt werden kann. Führt ein Ausfall oder eine Manipulation einer Einrichtung zur Komplikation bei den durch sie gebündelten Anlagen, kommt damit ihre Beeinträchtigung der Beeinträchtigung einer KRITIS-Anlage gleich – auch wenn die zusammenfassende Anlage nicht eigens eine kritische Dienstleistung erbringt.[49] Ein entsprechender Trend ist grundsätzlich in allen Bereichen als Folge von zunehmender Zentralverwaltung und Outsourcing sichtbar.[50] Dennoch wurden zusammenfassende Anlagen bislang gesetzlich nur in sektorspezifischen Einzelfällen explizit adressiert, in denen sie als KRITIS gelten.[51] **21**

Besondere Abgrenzungsschwierigkeiten ergeben sich bei Anlagen außerhalb des deutschen Hoheitsgebiets. Denn eine freiwillige Registrierung ausländischer KRITIS-Betreiber, die von den deutschen Regelungen[52] profitieren wollen, ist grundsätzlich bislang nicht vorgesehen.[53] Bei nach Deutschland **exportierenden Anlagen im Ausland,** die Dienstleistungen in Deutschland erbringen, wird eine Anwendbarkeit der KRITIS-Vorschriften nach dem Telos des Gesetzes teilweise daran festgemacht, ob eine hinreichend relevante Versorgung an deutsche Adressaten erfolgt. Denn wenn eine Anlage kritische Dienstleistungen in schwellenwertüberschreitender Höhe nach Deutschland exportiert, habe sie dieselbe Bedeutung für die hiesige Versorgungssicherheit, wie es eine in Deutschland gelegene Anlage täte. Das ist aber im Ergebnis abzulehnen, diese Anlagen sind **nicht erfasst.** Betreibt das Unternehmen keine Anlagen innerhalb des deutschen Hoheitsgebietes, hilft die grundsätzliche Nachvollziehbarkeit dieser Überlegung nicht darüber hinweg, dass es für die nationale KRITIS-Regulierung an jeglichem – notwendigen – Anknüpfungspunkt für BSIG und BSI-KritisV außerhalb des deutschen Staatsgebietes fehlt. Das Territorialitätsprinzip gibt vor, dass staatliche Hoheitsgewalt nur innerhalb der räumlichen Grenzen des eigenen Hoheitsbereichs, also insbesondere auf dem Staatsgebiet, ausgeübt werden darf.[54] Außerhalb des Festlandes erstreckt sich der Geltungsbereich der BSI-KritisV und des BSIG daher auch auf das Gebiet in der 12-Meilenzone vor der deutschen Küste.[55] Das Recht, dem die Anlage un- **22**

---

[49] Hier liegen die Unterschiede zwischen Wartungs- und Steuerungsanlagen – während die Kontrolle über die Wartungsanlage übernommen werden muss, um die Abschaltung aktiv vorzunehmen, reicht es für den Folgeausfall bei Steuerungsanlagen aus, diese nur zu beeinträchtigen oder funktionsunfähig zu machen.

[50] Zu Outsourcing bei Anlagen, die bereits für sich genommen den Schwellenwert überschreiten, → Rn. 33.

[51] Vgl. bspw. Anhang 1 Teil 1 Nr. 2 lit e, Anhang 6 Teil 1 Nr. 1 lit. e.

[52] Bspw. durch Erhalt der Informationen des BSI nach § 8b Abs. 2 Nr. 4 lit a) BSIG.

[53] Eine Teilnahme in UP KRITIS ist jedoch nicht grds. ausgeschlossen.

[54] KassKomm/*Zieglmeier,* SGB IV § 3 Rn. 2; MüKoBGB/*Junker,* Rom II-VO Art. 7 Rn. 34; Hoeren/Sieber/Holznagel MMR-HdB/*Paul,* Teil 7.4 Rn. 201.

[55] Vgl. Art. 2 Abs. 1, Art. 3 SRÜ, das kann etwa im Sektor Energie für Off-Shore-Windparks oder Einrichtungen der Öl- und Gas-Industrie relevant sein.

terfällt, richtet sich **rein standortbezogen** nach dem Ort, an dem sie belegen ist, nicht nach dem Ort, an den sie liefert. Auch die Durchsetzung von Aufsichtsmaßnahmen nach deutschem Recht wäre im Ausland ohne völkerrechtliche Verträge kaum vorstellbar.

23 Dementsprechend anders gelagert ist der Fall bei **exportierenden Anlagen im Inland,** die so wesentliche Teile ihrer kritischen Dienstleistung im Ausland erbringen, dass sie mit den in Deutschland verbleibenden Diensten den Schwellenwert zwar unterschreiten, aber insgesamt den Schwellenwert überschreiten. Diese sind gemäß den obigen Grundsätzen spiegelbildlich **erfasst,** denn insbesondere innerhalb Europas soll im Rahmen der NIS-RL sichergestellt werden, dass jede „kritische" Anlage zumindest von einem Mitgliedstaat der EU erfasst wird. Der Ort der eigentlichen Dienstleistungserbringung ist in der BSI-KritisV idR nicht relevant. BSI-KritisV und BSIG betreffen daher die **in Deutschland belegenen Anlagen,** die den Schwellenwert überschreiten – unabhängig davon, ob sie ihre Dienstleistung im Ergebnis in bzw. für Deutschland erbringen.

24 Die Identifikationsmethodik Kritischer Infrastrukturen nach BSIG und BSI-KritisV prägt historisch schon seit ihrem Beginn ein **anlagenbezogener** – und damit **standortspezifischer** – KRITIS-Begriff.[56] Das begründet sich zum einen im Territorialitätsprinzip und der Notwendigkeit einer transparenten Verteilung der Regulierung zwischen den europäischen Mitgliedsstaaten.[57] Die Anknüpfung nur an den Anlagenstandort ermöglicht eine eindeutige Zuordnung und **verhindert** Doppel- bis hohe **Mehrfachregulierung** von Anlagen, die schwellenwertüberschreitend Dienstleistungen in viele Mitgliedsstaaten erbringen. Zum anderen stellt die Durchsetzung der gesetzlichen Pflichten, die dem BSI auch übertragen wurde, vor erhebliche bis nahezu unmögliche Herausforderungen. Mag es im europäischen Ausland noch möglich sein, eine effektive Durchsetzung zu koordinieren, ist das bei weltweiten Importen mit den Befugnissen des BSI unmöglich. Dem steht nicht entgegen, dass internationale Unternehmen, die Anlagen in mehreren Ländern betreiben, auch unter eine mehrfache – eventuell unterschiedliche – Regulierung nach dem jeweiligen Landesrecht fallen. Der **Hauptsitz** des KRITIS-Unternehmens oder Konzerns ist für die Anwendung einschlägigen Rechts nicht relevant, sondern der Standort der einzelnen Anlagen.

25 Stellt eine Einrichtung im Ausland eine kritische Dienstleistung **auch in anderen europäischen Mitgliedstaaten** bereit, sieht die NIS-RL ein nicht weiter beschriebenes **Konsultationsverfahren** vor, innerhalb dessen sich die Mitgliedsstaaten darüber einigen, nach wessen Recht die Anlage als KRITIS gilt.[58] Zuletzt kann es auch vorkommen, dass sich die Anlage unmittelbar auf der Grenze und damit in mehreren Hoheitsgebieten gleichzeitig befindet. Für solche **Anlagen im Grenzgebiet** gelten die oben genannten Grundsätze, die Einrichtung ist grundsätzlich als aus Deutschland exportierende Anlage und damit als – auch – deutsche Kritische Infrastruktur zu erfassen. Denn die Ausnahme von der KRITIS-Eigenschaft durch Belegenheit der Anlage im Territorium eines anderen Landes unter anderem Recht greift hier nicht – dass die Anlage auch auf der Grenze zu und teilweisen in einem anderen Land liegt, ist unschädlich. Da die Anlage damit regelmäßig eine Kritische Infrastruktur im Sinne des Rechts beider Länder sein wird, unterliegt sie einer Doppelregulierung, mit Ausnahme der Schweiz gelten damit immer die Konsultations-

---

[56] Vgl. Anlagenbegriff im IT-SiG, heute § 2 Abs. 10 BSIG und § 1 Abs. Nr. 1 BSI-KritisV.

[57] Peifer, ZUM 2006, 1; BeckOK BGB/*Spickhoff,* Rom I-VO Art. 9 Rn. 33.

[58] Erwgr. 24 u. Art. 5 Abs. 4 NIS-RL.

regelungen der NIS-RL. Die Einstufung einer Anlage nach ausländischem Recht hat auf die Bewertung nach deutschem Recht keinen Einfluss, selbst wenn die Anlage im Grenzgebiet liegt. Die NIS-RL hat insoweit den Mitgliedsstaaten Freiraum im Umfang der Aufnahme und Regulierung Kritischer Infrastrukturen gelassen, eine **verbindliche homogene europäische Regulierung** gibt es nicht.

Freiwillige Redundanzanlagen zählen dann nicht als zusätzliche Anlage, wenn sie ausschließlich der freiwilligen, nicht gesetzlich geforderten oder anderweitig notwendigen Ausfallabsicherung dienen. Dies gilt nicht für Redundanzen, insbesondere Anlagenteile, die nach anerkannten Standards oder best practices üblicherweise vorgesehen werden sollten, wie zB Georedundanzen oder branchenübliche Ausfallsysteme. Eine nur freiwillige zusätzliche, gesetzlich oder verkehrsüblich **nicht geforderte,** Absicherung verringert die Versorgungsausfallwahrscheinlichkeit der kritischen Dienstleistung über das verkehrsübliche Maß und erzeugt durch ihre bloß alternative Nutzung keine höhere Versorgungsmenge. Die BSI-KritisV knüpft an das Versorgungsausfallrisiko an – wenn ein Anbieter also zB hinter den tatsächlich genutzten Instanzen Backup-Instanzen vorhält, die aber nachweislich nur im Notfall zum Einsatz kommen, erhöht das nicht die Auswirkungen eines Ausfalls auf die Bevölkerung, sondern verringert sie. Redundanzen zur Sicherung ausschließlich betriebsinterner Prozesse sind bereits als Teil der Selbstversorgung nicht KRITIS. 26

Restrukturierungen, Umfirmierungen oder Veräußerungen der Betriebe führen nur dann zu einer Neubewertung hinsichtlich der für die Anlage geltenden gesetzlichen Pflichten, wenn durch die Restrukturierung die Anlagen geteilt und die erheblichen Schwellenwerte unterschritten werden. Andernfalls gelten die schon bestehenden Pflichten für die Anlage auch für den Rechtsnachfolger unverändert fort – ebenso wie etwaige Bescheide zur Pflichterfüllung.[59] Jede Form der Neubewertung und des Neubeginns der gesetzlichen Melde, Umsetzungs- oder Nachweispflicht findet ihre Grenze in der missbräuchlichen Umgestaltung. 27

II. Betreiber (Abs. 1 Nr. 2)

1. Betreibereigenschaft (Abs. 1 Nr. 2). Betreiber einer Anlage kann jede **juristische oder natürliche Person** sein, solange sie **bestimmenden Einfluss** darauf ausübt.[60] Dieser bestimmende Einfluss wird unter Berücksichtigung der **rechtlichen, wirtschaftlichen und tatsächlichen** Umstände auf die Beschaffenheit und den Betrieb einer Anlage oder Teilen davon festgestellt. Eine Ausnahme hiervon bildet § 7 Abs. 8, nach dem bestimmenden Einfluss auf eine Anlage derjenige hat, der die tatsächliche Sachherrschaft ausübt, unabhängig von den rechtlichen und wirtschaftlichen Umständen. Diese Merkmale müssen nicht in nur einem Betreiber vereint sein, auch ein gemeinsamer Betrieb und eine entsprechend gemeinsame Verantwortlichkeit ist möglich.[61] 28

Die Nähe zum Merkmal der **tatsächlichen Sachherrschaft** – und damit dem zivilrechtlichen (unmittelbaren) Besitz- wie dem strafrechtlichen Gewahrsams- 29

59 Stelkens/Bonk/Sachs/*Stelkens,* VwVfG § 41 Rn. 24ff. mwN?, Schoch/Schneider/*Baer,* VwVfG § 41 Rn. 43.

60 Der Begriff deckt sich damit in etwa mit dem im englischsprachigen Recht gebräuchlichen Begriff des „critical infrastructure operator", vgl. *Petersen/Fallou/Reilly/Serafinelli,* Sustainable and Resilient Infrastructure 5/2020, 62ff.; *Hagerott,* IJCIP 7/2014, 244ff.

61 → Rn. 34.

begriff – liegt auf der Hand.[62] Der Betreiberbegriff der BSI-KritisV ist jedoch nicht primär aus diesen, sondern in Übernahme des Begriffsverständnisses aus dem **Immissionsschutzrecht** entstanden. Gleichermaßen wie der Anlagenbegriff ist auch er dementsprechend weit auszulegen. Betreiber ist danach, wer „weisungsfrei und selbstständig über die Anlage oder Teile davon" verfügen kann.[63] Praktisch ist diese Bestimmung, wie schon im Immissionsschutzrecht, Ausgangspunkt für eine Reihe auslegungsbedürftiger Konstellationen:

30 „**Weisungsfrei** Verfügen" erfasst vorrangig die Unabhängigkeit hinsichtlich der rechtlichen Umstände. Es erfordert, dass der Betreiber nicht nur rein ausführendes Element ist, das bei notwendigen Maßnahmen erst auf ausdrückliche Weisung tätig werden darf, sondern grundsätzlich eine eigene Befugnis zur Aufrechterhaltung des Betriebes hat. Es zeigt sich hier der Leitgedanke des Gesetzgebers, denjenigen zu adressieren, der im Bedarfsfall tatsächlich am effektivsten die erforderlichen Maßnahmen anordnen kann, ohne für diese Maßnahme noch von der Zustimmung Dritter abhängig zu sein. Dies wird auf den Eigentümer der Anlage häufig zutreffen. Dennoch hat die Eigentümerstellung für die Betreibereigenschaft nur Indizwirkung. So führt die geforderte Weisungsfreiheit insbesondere nicht zu einem Ausschluss **öffentlich-rechtlicher Betreiber,** nur weil diese dem Weisungsrecht ihrer jeweiligen Aufsichtsbehörde unterliegen. Sie kommen gleichermaßen als Betreiber in Betracht wie private Unternehmen. Weisungsfrei soll auch der öffentlich-rechtliche Betreiber vielmehr hinsichtlich der konkreten Umsetzung des ihm übertragenen Anlagenbetriebs sein, also nicht für jede Betriebstätigkeit eine eigene Freigabe oder Direktion erfordern. Dabei ist es weiterhin bei Anstalten öffentlichen Rechts unerheblich, ob dies in Trägerschaft des Bundes, der Länder oder als kommunale teil- oder vollrechtsfähige Anstalt erfolgt.

31 Der Betreiber handelt **selbstständig,** wenn er auch hinsichtlich der tatsächlichen und wirtschaftlichen Umstände unabhängig handeln kann. Die begriffliche Parallelität zum Handelsrecht[64] legt nahe, dass es dabei wirtschaftlich um die unternehmerisch freie Entscheidungsmöglichkeit geht, innerhalb derer der Betreiber eigenmächtig das „Wie" der Umsetzung gestalten darf. Nicht erfasst sind Dritte, die indirekt wirtschaftlichen Druck auf den Anlagenbetrieb ausüben können. Das exkludiert auch **Zulieferer oder Abnehmer** der Anlagen und ihrer Dienstleistungen, soweit sie damit nicht selbst als Betreiber eine kritische Dienstleistung erbringen (→ Rn. 42).

32 Der bestimmende Einfluss muss über **Beschaffenheit und Betrieb** einer Anlage oder Teilen davon ausgeübt werden. Während die „Beschaffenheit" dabei auf die physische Einflussnahme auf die Gegenstände, welche zur Anlage gehören, abstellt, bezeichnet der „Betrieb" die Aufrechterhaltung des organisatorisch-technischen Funktionsfähigkeit. Üblicherweise werden die beiden Einflussgegenstände zusammenfallen. So ist eine exklusive Einflussnahme des Betreibers nur auf den Betrieb, zB durch Fernsteuerung, wohl nicht ausreichend.

33 **2. Gemeinsame Betreiber (Abs. 2 S. 3).** Der Einfluss auf die Beschaffenheit und Betrieb kann auch in der Hand mehrerer **Gemeinsamer Betreiber** liegen.

---

[62] Musielak/Voit/*Stadler,* ZPO § 142 Rn. 3; MüKoStGB/*Schmitz,* § 242 Rn. 6ff.; Kindhäuser/Neumann/Paeffgen/*Kindhäuser,* StGB § 242 Rn. 29ff.

[63] KabF BSI-KritisV 2016, Begründung S. 6, www.bmi.bund.de/SharedDocs/downloads/DE/veroeffentlichungen/2016/kritis-vo.pdf?__blob=publicationFile&v=1.

[64] Vgl. § 84 Abs. 1 S. 2 HGB.

Teilen sich diese gleichrangig „auf Augenhöhe" – eine unterschiedliche Aufgabenverteilung und Zuständigkeitszuordnung wird der Regelfall sein – die Erbringung der Kritischen Dienstleistung auf, ist jeder für die Erfüllung der Pflichten als Betreiber verantwortlich. Mit dieser Regelung wird laut Gesetzesbegründung klargestellt, dass im Falle eines gemeinsamen Betriebs einer Anlage durch mehrere Personen die Erfüllung der Pflichten als Betreiber diesen Personen gemeinsam obliegt. Wie bei einer gesamtschuldnerischen Haftung hat dabei jede Person die gesetzlichen Pflichten in der Gesamtheit zu erfüllen, eine Aufteilung der Pflichterfüllung können die Betreiber untereinander vertraglich regeln. Wurde eine bestehende Teilpflicht durch eine der Personen erfüllt, gilt sie gleichermaßen im Außenverhältnis gegenüber dem BSI für alle Personen als erfüllt.[65] Die mitunter nicht ganz einfache Abgrenzung gemeinsamer Betreiber erfolgt zum Betreiber, der sich ihm unterstehenden Subunternehmen zum Betrieb der Anlage bedient, ohne dass diese selbst – häufig mangels selbstständiger weisungsfreier Verfügungsbefugnis – Betreiber sind. In beiden Fällen soll ausgeschlossen werden, dass ein Betreiber, der sich eines oder mehrerer **Dritter** bedient, seine Betreibereigenschaft und damit einhergehende Verantwortlichkeit durch das aus der Hand-Geben des tatsächlichen operativen Tagesgeschäftes ausschließen kann. Der Unterauftragnehmer ist häufig schon weisungsabhängig von dem Auftraggeber und entsprechend dessen Anweisungen ein rein operativ ausführendes Organ. Bei **Outsourcing** hat der Betreiber vielmehr in dem vertraglich geregelten Über-/Unterordnungsverhältnis sicherzustellen, dass die ihm gegenüber geltenden gesetzlichen Anforderungen auch durch den von ihm eingesetzten Auftragnehmer umgesetzt werden. Ebenso sind die ausgelagerten Anlagenteile und Prozesse weiterhin Gegenstand der Nachweispflicht und müssen somit im Geltungsbereich des gesetzlich verantwortlichen Auftraggebers umfasst sein.

Übergeordnete Organisationseinheiten in **Mutterkonzern**en, Joint Ventures **34** oder anderen Organisationsformen sind in der Regel dann Betreiber, wenn sie gegenüber den ihnen unterstehenden Organisationseinheiten verbindliche Vorgaben zu IT-Sicherheit, diesbezüglicher Strukturierung oder sogar direkt zu der Umsetzung der gesetzlichen Vorgaben machen. Das kann zum Beispiel über eine zentrale IT-, oder Compliance-Abteilung geschehen; anders hingegen ist der Fall, wenn eine Grundsatzabteilung fakultative Empfehlungen oder Leitlinien herausgibt, die eigenverantwortlich umgesetzt oder auch nicht umgesetzt werden können. Zentral ist auch hier der bestimmende Einfluss auf die Anlage und damit die Erbringung oder Nichterbringung der kritischen Dienstleistung.

Der **Betreiberübergang** von einem Betreiber auf den nächsten führt zu keiner **35** Aussetzung der einschlägigen Betreiberpflichten. Indem der neue Betreiber in die Rechtspositionen des vorangegangenen Betreibers eintritt, übernimmt er ebenso dessen gesetzliche Pflichten aus dem BSIG. Zu einer gemeinsamen Betreibereigenschaft kommt es bei vollständiger Aufgabe durch den Altbetreiber und zeitgleicher Übernahme durch den Neubetreiber nicht. Ein Neubeginn der im Gesetz festgelegten Übergangsfristen wegen fehlender Kenntnis von der bestehenden Verpflichtung oder fehlender Vorarbeit durch den vorherigen Betreiber kommt nach dem Gesetz ebenso wenig in Betracht, wie die Umgehung der Fristen durch Neustrukturierung des Unternehmens (→ Rn. 27, → BSIG § 14 Rn. 53).

---

[65] KabF 2. KritisÄndVO, Begründung S. 41 f., www.bmi.bund.de/SharedDocs/downloads/DE/veroeffentlichungen/2016/kritis-vo.pdf?__blob=publicationFile&v=1.

III. Kritische Dienstleistungen (Abs. 1 Nr. 3)

36 Die Legaldefinition der kritischen Dienstleistung dient der Erfüllung des § 10 Abs. 1 S. 2 BSIG. Während die vorangehenden Anlagen- und Betreiber-Definitionen primär die Frage der Pflichtigkeit in den Blick nehmen, greift erst Nr. 3 die in § 2 Abs. 10 S. 1 Nr. 1 BSIG adressierte Frage, welche Teile der Wirtschaft überhaupt von der KRITIS-Regulierung erfasst sind, auf. Dabei birgt diese erhebliche, grundsätzliche **Abgrenzungsschwierigkeiten:** Welche Dienste „kritisch" für die deutsche Bevölkerung sind und demnach eine besonders schützenswerte Versorgungsleistung darstellen, ist keineswegs offensichtlich. So gibt es unterschiedliche Anforderungen der Einzelnen daran, was für das Alltags(über)leben als unverzichtbar empfunden wird. Auch bei den Dienstleistern gibt es stark divergierende Interessen KRITIS zu sein – etwa um im Corona-Lockdown Vorteile zu haben – oder es nicht zu sein, um bei fehlenden Investitionen in die IT-Sicherheit den gesetzlichen KRITIS-Anforderungen zu entgehen. Ähnlich divergiert je nach Blickwinkel innerhalb der Staatsverwaltung das Verständnis davon, was kritisch,[66] oder zumindest vergleichbar ist.[67]

37 Weitestgehend unumstritten und mittlerweile europarechtlich vorgegeben[68] ist die Tatsache, dass eine Bestimmung methodisch jedenfalls nach den Kategorien Qualität und Quantität vorzunehmen ist.[69] In Nr. 3 definiert die BSI-KritisV deshalb den Begriff der kritischen Dienstleistung zunächst im **ersten qualitativen Schritt,** bestimmt daher, „was", also welche Dienstleistungskategorien, als grundsätzlich kritisch gelten können. Die Kategorie Qualität soll sich hierbei insbesondere auf die Sicherheit von Leib, Leben, Gesundheit und Eigentum der Teile der Bevölkerung beziehen, die von einem Ausfall unmittelbar oder mittelbar beeinträchtigt wären.[70] Die sich im zweiten Schritt[71] stellende Frage, „ab wieviel", also ab welcher erbrachten Menge, eine Dienstleistung dann tatsächlich die kritische Schwelle für die Versorgung einer relevanten Anzahl an Bürgern überschreitet, adressiert Abs. 1 Nr. 4 und 5.

38 Erfasst werden die kritischen Dienstleistungen einzeln in den §§ 2–7. Sie werden dafür eingeordnet in sogenannte KRITIS-**Sektoren** – die zentralen Teile der Wirtschaft, welche schon in § 2 BSIG aufgeführt sind: Energie, Informationstechnik und Telekommunikation, Transport und Verkehr, Gesundheit, Wasser, Ernährung, Finanz- und Versicherungswesen sowie kommend die Siedlungsabfallentsorgung.

---

66 Zu den Begriffsunterschieden → Rn. 1 f.

67 → Rn. 2, in welcher *BBK/BSI* die gesetzliche Definition des BSIG um „andere dramatische Folgen" erweitern und Staat und Verwaltung, Medien und Kultur aufführen; noch weiter zB *StMAS Bayern,* Erklärung zur Notbetreuung – kritische Infrastruktur, S. 1.

68 Zur Umsetzung BT-Drs. 18/4096, 23, 30 f.

69 BT-Drs. 18/4096, 31: „Bei der Festlegung der betroffenen Kritischen Infrastrukturen wird die Frage zu beantworten sein, ob erstens […] eine für die Gesellschaft kritische Dienstleistung erbracht wird (Qualität) und zweitens ein Ausfall oder eine Beeinträchtigung wesentliche Folgen für wichtige Schutzgüter und die Funktionsfähigkeit des Gemeinwesens hätte (Quantität) […]".

70 BT-Drs. 18/4096, 31.

71 Die Gesetzesbegründung spricht teilweise vom quantitativen „dritten" Schritt, da sie die qualitative Bestimmung unterteilt in die Erfassung der kritischen Dienstleistungen und die Erfassung der Anlagenkategorien, vgl. KabF BSI-KritisV 2016, Begründung S. 3, www.bmi.bund.de/SharedDocs/downloads/DE/veroeffentlichungen/2016/kritis-vo.pdf?__blob=publicationFile&v=1; auch → Rn. 6.

Diese unterteilen sich in der Aufteilung der Anlagenkategorien[72] wiederum in **Branchen,** also Sektorenunterbereiche (zB 1.). Die Branchen werden zuletzt in Untergruppen, die das Gesetz auch **Bereiche** nennt[73], aufgeteilt (zB 1.1.). In der untersten Kategorie bilden die Bezeichnungen der Einrichtungen, welche die Dienstleistungen erbringen, mit jeweiligem Schwellenwert aufgeführt, die „**Anlagenkategorie** im engeren Sinne“, die teils auch **Anlagentyp** genannt werden (zB 1.1.2.).[74] Die BSI-KritisV führt so in den Anhängen die Zweistufigkeit der Identifikation aus Qualität und Quantität konsequent fort: Sie weist qualitativ jedem Sektor einen eigenen Anhang mit den erfassten Dienstleistungskategorien zu und nennt in den Anhängen Teil 1 und Teil 3 jeweils in Spalte B die zugehörigen Anlagenkategorien. Quantitativ nennt sie dann in den Anhängen Teil 2 und Teil 3 jeweils in Spalte C und D die Schwellenwert-Bemessungskriterien und Schwellenwerthöhen.

Wichtigstes qualitatives Kriterium für die typologische Bestimmung ist der Schutz vor einem **Versorgungsausfall der Allgemeinheit;** die Erforderlichkeit für diesen ist notwendiges konstituierendes Merkmal für alle Kritischen Dienstleistungen. Damit macht der Gesetzgeber die qualitative Versorgungsnotwendigkeit zur Entscheidungsgrundlage dafür, welche Dienste mindestens für die existenziell-funktionale, kurzfristige Erhaltung der Bevölkerung gebraucht werden. Das Merkmal zieht dafür insbesondere die Sicherheit von Leib, Leben, Gesundheit und Eigentum der Teile der Bevölkerung in Betracht, die von einem Wegfall der Dienstleistung unmittelbar oder mittelbar beeinträchtigt wären.[75] Im Umkehrschluss ausgeschlossen werden Dienste, die zB „nur“ wirtschaftlich, militärisch oder kulturell von hoher Bedeutung sind. Gleiches gilt, wenn Anlagen zwar keine unmittelbar wichtige Versorgung erbringen, eine ganz erhebliche Gefahr aber von ihnen bei Ausfall oder Sabotage ausgeht, wie bei der Arbeit mit Gefahrstoffen. Hier zeigt sich exemplarisch die Schwierigkeit dieser Abgrenzung – während für die kurzfristige Versorgung die besondere Stellung eines Lebensmittelherstellers offensichtlich erscheint, kann langfristig, gerade wenn andere Hersteller oder Vorräte vorhanden sind, der Ausfall eines Großunternehmens für die Arbeitsplätze in der Region kritischer, die Manipulation eines Chemiewerkes bedrohlicher, oder die Sabotage eines Kulturerbes schwerwiegender sein. Hierfür wurde deshalb, jedenfalls zum Teil, die abgestufte Regulierung für Unternehmen im besonderen öffentlichen Interesse (UBI) gemäß §§ 2 Abs. 14, 8f BSIG geschaffen. **39**

Bemerkenswert ist, dass die BSI-KritisV auch die Lesart des § 2 Abs. 10 BSIG insoweit konkretisierend beschränkt. Lässt sich dieser hinsichtlich Versorgung und Gefahrenpotential noch vollständig alternativ lesen („von hoher Bedeutung […], weil durch ihren Ausfall […] erhebliche Versorgungsengpässe **oder** Gefährdungen für die öffentliche Sicherheit eintreten würden“[76]), stellt die ausfüllende Definition **40**

---

[72] Die BSI-KritisV verwendet Anlagenkategorie in den Anhängen auch als allgemeinen Begriff für Branchen, Bereiche und Anlagentypen; vgl. jeweils Teil 3 Überschrift und Spalte B der BSI-KritisV.

[73] Vgl. zB §§ 2–7, Abs. 2ff.; 1. KritisÄndVO 2017, S. 58, www.bmi.bund.de/SharedDocs/downloads/DE/gesetzestexte/gesetzesentwuerfe/referentenentwurf-zur-aenderung-kritis-vo.pdf?__blob=publicationFile&v=2.

[74] Vgl. insg. alle Anhänge jeweils Teil 3 Spalte B der BSI-KritisV.

[75] Vgl. BT-Drs. 18/4096, 30.

[76] § 2 Abs. 10 BSIG: „Kritische Infrastrukturen im Sinne dieses Gesetzes sind Einrichtungen, Anlagen oder Teile davon, die den Sektoren […] angehören und von hoher Bedeutung für das Funktionieren des Gemeinwesens sind, weil durch ihren Ausfall oder ihre Beeinträchti-

hier klar, dass jedenfalls eine Versorgungsleistung erbracht werden muss („Dienstleistung zur Versorgung der Allgemeinheit […]"[77]). Eine hohe Bedeutung, weil durch den Ausfall „nur" Gefährdungen für die öffentliche Sicherheit eintreten würden, ist also allein für die Bestimmung als „kritisch" nicht ausreichend.

41 Aufgefangen werden solche Schutzlücken zumindest teilweise durch **spezialgesetzliche Regelungen** des Bundes- und Landesrechts. Das hat im Hinblick auf lokale Unterschiede in der Bedeutung der Betriebe für die Region auch damit zu tun, dass der Gesetzgeber teilweise keine Gesetzgebungskompetenz besitzt. Nicht zu den vom BSI-Gesetz adressierten Kritischen Infrastrukturen gehören damit weiterhin die Verwaltung von Regierung und Parlament sowie die öffentliche Bundesverwaltung und die von ihr eingesetzte Technik (einschließlich der Technik, die im Auftrag der Bundesverwaltung betrieben wird).[78] Entsprechendes gilt für die Verwaltungen der Länder und Kommunen, für die der Bund keine Gesetzgebungskompetenz besitzt. Das Gleiche gilt für den Sektor Kultur und Medien, da auch hier die Gesetzgebungskompetenz primär bei den Ländern liegt.[79]

42 Eine weitere erhebliche qualitative Einschränkung ist die grundsätzliche Nichtaufnahme von **Zulieferer**-Dienstleistungen, also den zur Kritischen Diensterbringung genutzten **Produktionsketten.** Hier zeigt sich, dass der Gesetzgeber in dem Bestreben, möglichst wenig zu regulieren, teilweise Adressaten aus der Regulierung ausgenommen hat, welche jedenfalls für die übliche Form der langfristigen Versorgung eigentlich kaum wegzudenken sind.[80] Bei der Abwägung zwischen Versorgungssicherheit und möglichst schmaler Regulierung der Wirtschaft wurde entschieden, dass der Kreis der Zulieferer den Kreis der BSIG- und BSI-KritisV-Adressaten so sehr erweitern würde, dass damit ein zu großer und zu unklar bestimmbarer Teil der Wirtschaft als „kritisch oder zulieferungskritisch" reguliert werden müsste. Die Dienstleistung muss deshalb also nicht nur mittelbar zur Versorgung mit dem Endprodukt beitragen, sie muss auch hier abgrenzend **unmittelbar kausal für die Versorgung** sein, sonst gilt sie nicht als kritisch. Einen Versuch, wenigstens die Zulieferer aufzunehmen, welche Teile für die Anlagen bereitstellen, bietet § 9b BSIG (→ BSIG § 9b Rn. 7).

43 Ob eine Dienstleistung **aus dem Ausland** importiert wird, ist zwar für ihre Einordnung als „kritisch" nach den in BSIG und BSI-KritisV aufgeführten Kriterien nicht von Belang, dennoch kommt eine Regulierung der erbringenden Anlage grundsätzlich nur in Betracht, wenn die Anlage in Deutschland steht (→ Rn. 20, 22). Für eine Dienstleistungserbringung außerhalb Deutschlands durch einen **Export ins Ausland** macht der Wortlaut des Gesetzes ebenfalls keinen Unterschied und führt keine Ausnahme für solche Fälle auf. Der Zweck oder die Schwellenwert-Berechnungen des Gesetzes machen hier keine teleologische Reduktion des

---

gung erhebliche Versorgungsengpässe oder Gefährdungen für die öffentliche Sicherheit eintreten würden.".

[77] Abs. 1 Nr. 3: „Dienstleistung zur Versorgung der Allgemeinheit in den Sektoren nach den §§ 2 bis 8, deren Ausfall oder Beeinträchtigung zu erheblichen Versorgungsengpässen oder zu Gefährdungen der öffentlichen Sicherheit führen würde".

[78] Als Spezialregelung gelten hier u.a. §§ 4, 5, 8 BSIG.

[79] BT-Drs. 18/4096, 24; Art. 30, 70 GG.

[80] Vgl. zB Sektor Ernährung (Anhang 3 Teil 3 Nr. 1.1 ff.), der Anlagen zur Herstellung, Behandlung und Distribution von Getränken aufführt, nicht aber Verpackungshersteller, auch wenn die längerfristige Distribution ohne Zulieferung von Flaschen und PET-Kartons nahezu unmöglich ausfällt.

Begriffs notwendig, die zur Ausnahme exportierter Dienstleistungen aus dem konkreten Schwellenwert einer Anlage vor Überschreitung führt. Dafür wird teils angeführt, der Schutz der – jedenfalls deutschen – Bevölkerung vor Versorgungsausfällen würde durch überwiegend exportierende Unternehmen ohnehin kaum im Sinne des BSIG geleistet.[81] Die quantitative KRITIS-Identifikation über die in der BSI-KritisV festgelegten Schwellenwerte ist jedoch, in ihrer festgelegten Höhe, direkt durch die Bestimmungen des BSIG gewollt und legitimiert. Da die BSI-KritisV somit nur eine gesetzgeberische Ausformung der generellen Definition im BSIG darstellt, ist ein Zurückfallen auf die generellere Definition bei Vorliegen einer speziellen Bestimmbarkeit durch die hier vorliegende Anlagenkategorie und Schwellenwert nicht angezeigt. Eine **Ausnahme für Exportmengen** liegt also bei der Ermittlung des individuellen Versorgungsgrades einer Anlage nur dann vor, wenn diese Mengen nachweislich bei der Ermittlung des Schwellenwerts ebenfalls keine Berücksichtigung gefunden haben. Das ist im Regelfall, wenn die Anlage qualitativ KRITIS ist und in Deutschland liegt, nicht der Fall.

IV. Versorgungsgrad (Abs. 1 Nr. 4)

Auf den ersten Blick scheint der Versorgungsgrad wenig eigenständige Bedeutung zu haben, steht doch im Mittelpunkt des **zweiten quantitativen Schrittes** der KRITIS-Identifikation meist der nachfolgende Schwellenwert (→ Rn. 54 ff.). Dieser Schwellenwert kann aber nicht für alle Anlagentypen gleich bestimmt werden: So unterschiedlich die kritischen Dienstleistungen sind, so unterschiedlich müssen in der Folge auch die Kriterien sein, nach denen diese Schwellenwerte gemessen werden. Die Bemessung des Versorgungsgrades setzt sich deshalb zusammen aus zwei Komponenten: dem Schwellenwert als Zahl und einem Bemessungskriterium als Einheit. Während die Legaldefinition, in Abgrenzung zum Schwellenwert etwas missverständlich, vom „Wert" spricht, mittels dessen „der Beitrag zur Versorgung der Allgemeinheit bestimmt wird", beinhaltet der Versorgungsgrad damit vor allem die **Maßeinheit,** in welcher die kritische Dienstleistung bemessen und der Schwellenwert später angegeben wird. So sprechen dann auch die Anhänge der BSI-KritisV[82] zwischen Anlagenkategorie und Schwellenwert nicht mehr von Versorgungsgrad oder -wert, sondern vom „Bemessungskriterium". 44

Diese **Bemessungskriteri**en sollten nach dem Auftrag des BSIG-Gesetzgebers unter Einbeziehung von Verwaltung, Wirtschaft und Wissenschaft möglichst spezifisch gebildet werden und pro Sektor, Branche, bzw. Dienstleistung variieren.[83] Zweck des Gesetzes sollte sein, den Betreibern in jeder Branche eine denkbar einfache quantitative Selbstidentifikation ermöglichen. Deshalb richten die Bemessungskriterien sich in den ganz überwiegenden Fällen nach den ohnehin in der Branche üblicherweise erfassten Geschäftszahlen des Betreibers, um eine Identifikation mit minimalem Aufwand auf Grundlage des schon bestehenden Datenmaterials möglich zu machen.[84] Aus dem gleichen Grund bestehen die meisten Bemes- 45

---

[81] Angeführt wird dafür vor allem die Berechnungsformel aus Anhang 4 Teil 2 BSI-KritisV, die als Divisor „80 Mio." aufführt und als Hinweis auf eine Begrenzung der Versorgung allein auf die deutschen Bürger verstanden wird.

[82] Vgl. jeweils Anhang Teil 3 Spalte C BSI-KritisV.

[83] Vgl. BT-Drs. 18/4096, 31 f., dort auch bzgl. Schwellenwert.

[84] Auch wenn deren Erhebung nicht anderweitig gesetzlich verpflichtend ist, ist sie häufig Teil der Erstellung des Lageberichtes iSd § 289 Abs. 1, 2 HGB.

sungskriterien aus dem **kumuliertem Wert pro Jahr** der insgesamt erbrachten Dienstleistungen.[85]

46 Damit gibt der Versorgungsgrad auch den maßgeblichen **Zeitrahmen** vor, in dem eine Anlage regelmäßig als Kritische Infrastruktur identifiziert werden kann: es müssen die entsprechenden Kennzahlen über den Lauf eines Jahres vorliegen. Die Bemessungskriterien nehmen dabei grundsätzlich auf zurückliegende Zahlen des letzten Jahres Bezug, die quantitative Bestimmung als Kritische Infrastruktur über den Schwellenwert erfolgt also immer **retrospektiv.** Bei den jeweiligen Anhängen ist dann zu finden, dass nach Sichtung der ausschlaggebenden Jahreszahlen bis zum 31.3. die Anlage ab dem **1.4.** des Folgejahres als Kritische Infrastruktur gilt.[86] Mit diesen Daten folgt die BSI-KritisV im Gleichlauf den Vorschriften zum regelmäßigen Geschäftsabschluss nach dem HGB, sodass auch hier für den Betreiber nur ein gemeinsamer Stichtag besteht.[87] Gleiches gilt spiegelbildlich für die Identifikation als nicht oder nicht mehr kritische Infrastruktur, eine „Deregistrierung" kann hier ab dem 1.4. des Folgejahres erfolgen. Das gilt auch dann, wenn das Unternehmen bereits im Laufe des Jahres absehen kann, dass der Schwellenwert künftig nicht mehr erreicht wird.[88] Die sofortige qualitativ begründete Deregistrierung einer Anlage durch ihren endgültigen Wegfall und Aufgabe des Betriebes, zB bei Stilllegung oder Zerstörung, bleibt unberührt. Das gilt analog, wenn durch Änderung der Rechtslage die Anlage nicht mehr als versorgungserheblich gilt und unter keine Anlagenkategorie mehr fällt. Bei **Übergang der Anlage** auf einen anderen Betreiber, zB durch Verkauf, Auslagerung oder Umfirmierung ändert sich nichts, sondern tritt der Erwerber unmittelbar in die Rechte und Pflichten des vorherigen Betreibers ein.[89]

47 Spiegelbildlich sieht das Gesetz eine **Vorab-Registrierung,** auf Grundlage einer positiv getroffenen **KRITIS-Prognose** oder sogar bereits während des Jahresverlaufes überschrittener Schwellenwerte, nicht vor. Die Systematik der Verordnung gibt hier keinen Spielraum, Anlagen vorzeitig auf- oder auszunehmen. Das BSI versucht daher, Betreibern, welche aller Wahrscheinlichkeit nach KRITIS-Betreiber sein werden, in der Übergangszeit über freiwillige Kooperationen bereits allgemeine Meldungen anzubieten.[90] Umgekehrt ist bei Pflichtversäumnissen eines Betreibers, der nachweislich künftig keine Kritische Infrastruktur mehr betreiben wird, dennoch aber bis zum 1.4. des Folgejahres noch als KRITIS-Betreiber gilt, unter besonderen Umständen eine teleologische Reduktion der Pflichten angebracht – denn jedenfalls bei der Sanktionsbemessung und Verfolgung im Bußgeldverfahren ist der Behörde hier Ermessen eingeräumt.[91]

48 Im Regelfall wird bei der Ermittlung des Schwellenwertes die in Summe **tatsächlich erbrachte** Dienstleistung gezählt. Davon macht die Verordnung nur we-

---

[85] ZB Anhang 1 Teil 3 Anlagenkategorie 3ff., Anhang 2 Teil 3 Anlagenkategorie 2ff., Anhang 1 Teil 3.

[86] Zeitpunkt in BSI-KritisV in Anhang 1–4, jeweils Teil 1 Nr. 3 S. 1; Anhang 5ff., jeweils Teil 1 Nr. 2 S. 1.

[87] Vgl. § 264 Abs. 1 S. 3 HGB bei üblichem Geschäftsjahr gleich dem Kalenderjahr, anders dort für kleine und Kleinst-Kapitalgesellschaften.

[88] Vgl. Anhang 1 Teil 1 Nr. 3 S. 2, Anhang 2 Teil 1 Nr. 2 S. 2 u.a. BSI-KritisV.

[89] Das gilt auch hins. laufender Fristen; iÜ vgl. → Rn. 28.

[90] Aufnahme in UP KRITIS, Meldeverteiler, Kontaktmöglichkeiten vor Einrichtung einer Meldestelle.

[91] § 47 Abs. 1 OWiG.

nige Ausnahmen, wenn diese nicht oder nur schwer absolut messbar ist.[92] Denn damit einher geht einerseits für den Betreiber immer eine gewisse Unschärfe, sofern die tatsächliche Leistung später der angenommenen nicht entspricht, andererseits für den Staat ein in Kauf genommenes Beweisproblem. Denn in seiner aufsichtsbehördlichen Praxis trägt das BSI, wenn es wegen Nichterfüllung der gesetzlichen Pflichten ein Bußgeldverfahren einleiten muss, die grundsätzliche Beweislast dafür, dass eine Kritische Infrastruktur vorlag, also die Pflicht des Betreibers bestand.[93]

Inhaltliche **Definitionen** der einzelnen Bemessungskriterien finden sich in der Gesetzesbegründung der BSI-KritisV vereinzelt, sie werden insgesamt gegenüber den – schon für sich jeweils kurz gefassten – Anlagentyp-Beschreibungen aber nur fragmentarisch definiert. Ein wünschenswerter umfassender Definitionskatalog findet sich im Gesetz nicht. Der Gesetzgeber hat auch hier die Einschätzungsprärogative des BSI einer solchen umfangreichen eigenen Bestimmung vorgezogen, was zwar mit Hinblick auf die häufig technische Natur der Bemessungskriterien verständlich erscheint, jedoch in Kombination mit dem System der Selbstidentifikation zu erhöhter Belastung für Betreiber und Behörde führt. Darin liegt nicht schon ein Verstoß gegen den Bestimmtheitsgrundsatz[94], da für nahezu alle Begriffe auf branchenübliche Verwendungen abgestellt werden kann. Dennoch ergibt sich hieraus wohl, da letztlich nur dessen Auslegung ausschlaggebend ist, eine allgemeine **Klarstellungspflicht** für das BSI, wenn Begriffe innerhalb einer Branche unterschiedlich verwendet werden. Es besteht grundsätzlich kein Anspruch gegenüber der Behörde auf individuelle Rechtsberatung.[95] Eine entsprechende Aufgabe lässt sich aus dem BSIG nicht ableiten.[96] Jedoch ist das BSI im Rahmen seines Kooperations- und Beratungsauftrages gehalten, jedenfalls dann grundsätzlich fachliche Anfragen zur Auslegung der Bemessungskriterien zu beantworten, wenn damit allgemeiner Rechtsunsicherheit vorgebeugt wird. Denn es trifft als gesetzgeberisch eingesetzte Entscheidungsinstanz eine allgemeine Verantwortung, branchenweite Auslegungsunsicherheiten von vorneherein aufzuklären und diesbezüglichen Verfahren vorzubeugen. **49**

Daraus entstehen Folgeprobleme beim Umgang mit Rechtsunsicherheiten einzelner Betreiber: Ist ein Betreiber wegen **Auslegungsschwierigkeiten** beim Versorgungsgrad (→ BSIG § 14 Rn. 53) seiner Anlage unsicher, ob er eine KRITIS-Anlage betreibt oder nicht, ist er gezwungen, innerhalb der Erfüllungsfrist aktiv auf das BSI zuzugehen, um von diesem eine Einschätzung zur KRITIS-Eigenschaft seiner Anlage zu erhalten. Bei Auslegungsunsicherheit des Betreibers wird so von der **50**

---

92 Vgl. zB zugunsten vereinbarter, nicht tatsächlich erbrachter Leistung: Anhang 4 Teil 3 2.1.1 „vertraglich vereinbarte Leistung in MW", Anhang 5 Teil 3 4.1.1, 4.1.2 „Anzahl Aufträge/Jahr".

93 Hier gelten über § 46 Abs. 1 OWiG strenge Beweislastanforderungen des Strafrechtsverfahrens, vgl. *OLG Hamm,* Beschl. v. 18.9.2003 – 2 Ss OWi 595/03, BeckRS 2003, 30328491; anders als im Anordnungsverfahren innerhalb des allgemeinen Verwaltungszwangs, wo der Adressat eines Bescheides auf die Feststellung der Behörde, er sei KRITIS, regelmäßig selbst darlegen muss, warum das nicht der Fall ist, § 108 Abs. 1 VwGO.

94 Art. 20 Abs. 3 GG, für den Verordnungsgesetzgeber insb. iVm Art. 80 Abs. 1 GG.

95 Vgl. Rechtsdienstleistungsgesetz, § 8 Abs. 1 Nr. 2 RDG; auch *Klindt,* NJW-aktuell 51/2018, 3; *Blum,* AnwBl Online 2018, 901 ff.

96 Vgl. aber bei dennoch geleisteter unrichtiger Auskunft *OLG Hamm,* Urt. v. 24.3.2010 – 11 U 65/09, MDR 2010, 991; *OLG Zweibrücken,* Urt. v. 24.6.1999 – 6 U 24/98, NVwZ-RR 2001, 79.

Anfrage an das BSI bis zu dessen Entscheidung seine Zeit zur Erfüllung der gesetzlichen Pflichten verkürzt. Andererseits darf die Auslegungsunsicherheit einzelner Betreiber nicht zu einer Umgehung des Systems der Selbstidentifikation führen. Aus diesem folgt gleichermaßen für alle auslegungssicheren wie -unsicheren Betreiber, dass der Betreiber selbst ermitteln muss, ob er KRITIS-Betreiber ist oder nicht, und dann bis zum gesetzlich festgesetzten – für alle gleich geltenden, unflexiblen – Zeitpunkt die Anforderungen zu erfüllen hat.[97] Hier kann also unmöglich durch eine tatsächliche oder vorgebrachte Rechtsunsicherheit die gesetzlich intendierte Selbstidentifikation ausgehebelt und zu einer Einzelfallentscheidung des BSI auf Antrag zurückgeformt werden. Der Antragssteller muss demnach in eigener Verantwortung in der gesetzlich bestimmten Frist ermitteln, welche Pflichten ihn treffen und Rechtsunsicherheiten eigenständig beseitigen, ohne dass er Anspruch auf eine Einzelfallentscheidung des BSI oder eine Aussetzung der für ihn geltenden Fristen hätte – bestehende **Rechtszweifel** schützen regelmäßig vor dem Bestehen der Rechtspflicht nicht.[98]

V. Schwellenwert (Abs. 1 Nr. 5)

51 Die letzte Nummer der Norm erfüllt in Verbindung mit den Anlagen der KritisV den Auftrag aus § 10 Abs. 1 S. 2 BSIG, für jeden Anlagentyp anhand eindeutig festgelegter Schwellenwertzahlen zu bestimmen, ab wann der Versorgungsgrad „bedeutend" – und damit die qualitativ erfasste Infrastruktur auch quantitativ kritisch – ist. Mit der **Schwellenwertüberschreitung,** und nur dann, zurückblickend auf das vergangene Jahr, gilt die Anlage ab dem 1.4. des Folgejahres als Kritische Infrastruktur (→ Rn. 48). Das BSIG lässt insoweit hinsichtlich des Bemessungssystems oder sektorspezifischer Toleranzen keinen Ermessensspielraum, es muss für jeden Anlagentyp eine konkrete Zahl im jeweiligen Bemessungskriterium als Schwelle für die KRITIS-Eigenschaft geben. Die damit bei allen Anlagentypen **starre Grenze** stellt systematisch wiederum die Klarheit bei der KRITIS-Identifikation über sachverhaltsspezifische Einzelfallabwägungen her.

52 Dieser Ansatz ist mit Hinblick auf die erwartete Selbstidentifikation konsequent, bietet aber keinerlei Toleranzrahmen für Unternehmen, deren Zahlen sehr nahe über oder unter den Schwellenwerten liegen. **Schwellenwertunterschreitungen** waren bis 2021 nicht explizit gesetzlich geregelt, die gesetzliche Fiktion der KRITIS-Eigenschaft galt also theoretisch unbegrenzt weiter. Spätestens die pandemiebedingten Rückgänge in einigen betroffenen Unternehmen machten eine Aufnahme aber dringend erforderlich.

53 Die Bestimmung nach festen Schwellenwertgrenzen kann zu **„Schwellenwert-Sprüngen"** bei Unternehmen führen, die sehr nah an dem Schwellenwert und damit mehr oder weniger im Jahreswechsel mit ihrer Dienstleistungserbringung darüber oder darunterliegen. Hier zeigt sich die zugunsten der Selbstidentifikation in Kauf genommene Inflexibilität besonders eindrücklich – werden die Anlagen doch gerade zufällig Teil der deutschen Kritischen Infrastruktur, mit allen damit einhergehenden Rechten und Pflichten, und dann im Folgejahr wieder „gewöhnliche" Einrichtungen. Fällt die Unterschreitung in die Frist zur Erbringung einer gesetzlichen Pflicht, zeigt sich eine zusätzliche Lücke: denn mit Wegfall der KRITIS-Eigenschaft wird auch die Pflicht hinfällig und etwaige Anordnungen und Über-

[97] Damit auch Ausdruck aus Art. 3 Abs. 1 GG.

[98] § 11 Abs. 2, Abs. 1 S. 2 OWiG.

prüfungen des BSI im Rahmen seiner gesetzlichen Aufsichtstätigkeit[99] erledigen sich. Eine nachträgliche Bußgeldbewehrung ist zwar möglich, kann aber nur noch sanktionieren – und damit die Erfüllung der Pflicht auch nicht herbeiführen. Spätestens bei Wiedererreichen des Schwellenwertes und **Re-Registrierung** muss hier jedoch ein anderer Maßstab angelegt werden als bei Unternehmen, die erstmals Betreiber Kritischer Infrastruktur werden. Denn die bereits in der Vergangenheit als Betreiber tätigen Unternehmen kennen die gesetzlichen Bestimmungen und bedürfen keiner gleich langen Umsetzungs- und Nachweisfrist wie Unternehmen, die erstmals Betreiber werden.[100]

Die **Schwellenwertberechnung** hat der Gesetzgeber – systematisch etwas ungewöhnlich – nicht im Begründungsteil erläutert, sondern in die BSI-KritisV im jeweiligen Teil 2 ihrer Anhänge inkorporiert. Als Grundlage herangezogen wurde dabei sektorübergreifend eine Versorgung von mindestens „500.000 versorgten Personen".[101] Diese Bezugsmenge von einer halben Mio. Dienstleistungsadressaten, ab der ein „bedeutender" Versorgungsgrad gegeben sein soll, mag arbiträr wirken; sie ist so dargestelltes Ergebnis der umfassenden Beratung und Beteiligung von Experten und Vertretern der betroffenen Ressorts sowie der einzelnen Branchen in den Arbeitskreisen des UP KRITIS und darüber hinaus.[102] Dabei wurde auch hier darauf verzichtet, nur auf deutsche Bundesbürger oder in Deutschland lebende Personen abzustellen. Auch wenn die Berechnungsgrundlagen den Verbrauch und die Produktion in Deutschland zugrunde legen, sind in die Berechnungen kritische Dienstleistungen, die **ins Ausland**[103] exportiert oder erbracht werden, bereits miteinbezogen.[104] **54**

VI. Ergänzende Bestimmungen (Abs. 2)

Die Begriffsbestimmungen des § 1 beziehen sich auf die Nummern des Abs. 1, der bis 2021 der einzige Absatz der Norm war und denen die obige Aufzählung folgt. Die Nummern werden durch die ergänzenden Bestimmungen des Abs. 2 teilweise konkretisiert, vgl. zu Anlagenteilen (→ Rn. 15), zu Gemeinsamen Anlagen (→ Rn. 20), zu Gemeinsamen Betreibern (→ Rn. 34). **55**

---

99 Vgl. Rechtsgrundlagen aus § 8a Abs. 1, 3, 4 und § 8b Abs. 3, 4, 6 BSIG.

100 In der Lit. vertreten wird deshalb eine „kleine Nachweisfrist" von nur 3 Monaten, vgl. *Ritter,* RDV 2020, 237 ff.; mit Änderung des § 8a Abs. 1 S. 1 BSIG dürfte diese Diskussion nur hoch hins. der Nachweisfrist gelten, da die Maßnahmen mit der Stellung als KRITIS-Betreiber (1.4.) unmittelbar umzusetzen sind.

101 Vgl. Multiplikator in den Berechnungsformeln in allen Anhängen der BSI-KritisV, jeweils Teil 2; *Gehrmann/Klett,* K&R 2017, 372 (373).

102 Vgl. KabF BSI-KritisV 2016, Begründung S. 1, www.bmi.bund.de/SharedDocs/downloads/DE/veroeffentlichungen/2016/kritis-vo.pdf?__blob=publicationFile&v=1.

103 Zur Erfassung kritischer Dienstleistungen auch bei Erbringung ins Ausland ausführlich → Rn. 22, 44.

104 Vgl. bspw. ausdrücklich KabF BSI-KritisV 2016, Begründung S. 20: „Die Menge der pro Jahr in Deutschland produzierten Speisen einschließlich der für den Export bestimmten Mengen", www.bmi.bund.de/SharedDocs/downloads/DE/veroeffentlichungen/2016/kritis-vo.pdf?__blob=publicationFile&v=1.

§ 2 Sektor Energie

(1) **Wegen ihrer besonderen Bedeutung für das Funktionieren des Gemeinwesens sind im Sektor Energie kritische Dienstleistungen im Sinne des § 10 Absatz 1 Satz 1 des BSI-Gesetzes:**
1. **die Versorgung der Allgemeinheit mit Elektrizität (Stromversorgung);**
2. **die Versorgung der Allgemeinheit mit Gas (Gasversorgung);**
3. **die Versorgung der Allgemeinheit mit Kraftstoff und Heizöl (Kraftstoff- und Heizölversorgung);**
4. **die Versorgung der Allgemeinheit mit Fernwärme (Fernwärmeversorgung).**

(2) **Die Stromversorgung wird in den Bereichen Stromerzeugung, Stromhandel, Stromübertragung und Stromverteilung erbracht.**

(3) **Die Gasversorgung wird in den Bereichen Gasförderung, Gashandel, Gastransport und Gasverteilung erbracht.**

(4) **Die Kraftstoff- und Heizölversorgung wird in den Bereichen Erdölförderung, Produktenherstellung, Mineralölhandel, Öltransport und -lagerung sowie Kraftstoff- und Heizölverteilung erbracht.**

(5) **Die Fernwärmeversorgung wird in den Bereichen Erzeugung von Fernwärme, Steuerung und Überwachung von Fernwärme sowie Verteilung von Fernwärme erbracht.**

(6) **Im Sektor Energie sind Kritische Infrastrukturen solche Anlagen oder Teile davon, die**
1. **den in Anhang 1 Teil 3 Spalte B genannten Kategorien zuzuordnen sind und**
2. **den Schwellenwert nach Anhang 1 Teil 3 Spalte D erreichen oder überschreiten.**

Literatur: *Kipker* (Hrsg.), Cybersecurity, 2020.

A. Allgemeines

1 Der Sektor Energie gehörte zum „ersten Korb" der BSI-KritisV, also den ersten vier Sektoren, für die schon im Jahr 2016 die Kritischen Infrastrukturen festgelegt wurden.

B. Einzelerläuterungen

I. Kritische Dienstleistungen (Abs. 1)

2 In Abs. 1 werden zunächst in einem ersten Schritt zur Bestimmung von KRITIS die Dienstleistungen im Sektor Energie festgelegt, die aufgrund ihrer besonderen Bedeutung als kritisch gelten. Damit wird die sehr abstrakte Definition Kritischer Infrastrukturen aus § 2 Abs. 10 BSIG etwas weiter konkretisiert. Dabei legt Abs. 1 jedoch zunächst weiterhin recht abstrakt fest, dass Dienstleistungen der Stromversorgung (Nr. 1), der Gasversorgung (Nr. 2), der Kraftstoff- und Heizölversorgung

(Nr. 3) und der Fernwärmeversorgung (Nr. 4) der Allgemeinheit für das Funktionieren des Gemeinwesens besondere Bedeutung haben. Die weitere Konkretisierung von Bereichen, in die sich die jeweiligen Dienstleistungen aufteilen, erfolgt dann in den Abs. 2–4.

II. Bereiche der Stromversorgung (Abs. 2)

Der Abs. 2 konkretisiert, in welchen Bereichen die Dienstleistungen der Stromversorgung (Abs. 1 Nr. 1) und der Gasversorgung (Abs. 1 Nr. 2) erbracht werden. Mit der kritischen Dienstleistung der **Stromversorgung** nach Abs. 1 Nr. 1 ist die fortdauernde und im gesamten Verteilungsgebiet gesicherte Versorgung der Allgemeinheit mit elektrischer Energie gemeint. Umfasst ist davon sowohl die Stromproduktion als auch dessen Verteilung über das Stromversorgungsnetz.[1] Dementsprechend werden die **Erzeugung, Übertragung** und **Verteilung** von Strom als regelungsrelevante Bereiche der Stromversorgung in Abs. 2 aufgeführt. Dabei spiegelt die Unterteilung nach Übertragung und Verteilung die aus dem § 3 EnWG bekannte Trennung nach Übertragungsnetzen für den Transport über Höchst- und Hochspannungsnetze einerseits und die Verteilung über Hoch-, Mittel- und Niedrigspannungsnetze andererseits wider. Zum Betrieb der Übertragungs- und Verteilnetze gehört neben der reinen Transportleistung jedoch auch die Beschaffung von Energie zu Ausgleichsleistungen nach § 22 EnWG.[2] Daneben gehört auch der Bereich **Stromhandel** zur kritischen Dienstleistung, da diesem inzwischen für die Versorgung mit Strom aber auch für die Stabilität der Stromnetze eine wesentliche Rolle zukommt. 3

III. Bereiche der Gasversorgung (Abs. 3)

Die kritische Dienstleistung der **Gasversorgung** dient der Gewährleistung einer unterbrechungsfreien Versorgung der Allgemeinheit mit Gas und erfasst ebenfalls den gesamten Prozess von der **Gasförderung bzw. -produktion** über den **Handel** und **Transport** bis zur **Verteilung** über das Gasversorgungsnetz bis zu den Endverbrauchern.[3] Unter den „Transport" fallen dabei vor allem die Fernleitungsnetze in Deutschland. Demgegenüber erfasst die „Verteilung" die Gasverteilernetze, über die das Gas an die Anschlüsse der Verbraucher weiterverteilt wird.[4] Der Begriff „Gashandel" ist erst mit der 2. KritisÄndVO eingeführt worden. Zuvor waren die Bereiche der Strom- und Gasversorgungen einheitlich und in einem gemeinsamen Absatz geregelt. Laut Begründung der 2. KritisÄndVO diente die Trennung und damit auch die Ergänzung des Handels nur der sprachlichen Straffung und Vereinheitlichung. Eine inhaltliche Änderung sollte damit nicht verbunden sein.[5] Da der Bereich des Gashandels sich jedoch vorher weder unter Gasförderung/-produktion noch unter Transport oder Verteilung fassen ließ, wurde hier entgegen der Verordnungsbegründung zu Art. 1 Nr. 2 2. KritisÄndVO ein neuer Bereich der Gasversorgung ergänzt. Diese Erweiterung ist auch gut begründbar und eine entsprechende Begründung findet sich dann auch in der Kabinettsfassung 4

---

[1] RefE BSI-KritisV, S. 29.
[2] RefE BSI-KritisV, S. 29 f.; Kipker Cybersecurity/*Beucher/Fromageau,* Kap. 12 Rn. 15.
[3] RefE BSI-KritisV, S. 29; Kipker Cybersecurity/*Beucher/Fromageau,* Kap. 12 Rn. 16.
[4] RefE BSI-KritisV, S. 30.
[5] RefE 2. KritisÄndVO v. 22.4.2021, S. 38, https://www.bmi.bund.de/SharedDocs/gesetzgebungsverfahren/DE/Downloads/referentenentwuerfe/zweite-verordnung-aenderung-bsi-kritis-vo-refe.pdf.

der 2. KritisÄndVO. Denn die damit erfassten Gashandelssysteme sind für eine unterbrechungsfreie Versorgung der Bevölkerung durchaus notwendig, da nur solche Gasmengen transportiert und verteilt werden können, über die die Versorger auch tatsächlich wirtschaftlich verfügen können. Diese wirtschaftliche Verfügungsgewalt erlangen sie über die Gashandelssysteme.[6]

IV. Bereiche der Kraftstoff- und Heizölversorgung (Abs. 4)

5 Die kritische Dienstleistung der **Kraftstoff- und Heizölversorgung** dient der Versorgung der Allgemeinheit mit Kraftstoffen und Heizöl. Da für beide Stoffe die gleichen Anlagenkategorien zum Einsatz kommen, hat der Verordnungsgeber sie in einer einzigen Dienstleistung zusammengefasst.[7] Der Verweis auf die Allgemeinheit stellt bereits klar, dass es nicht nur um die Versorgung von privaten Verbrauchern geht, sondern die Versorgung jeglicher Abnehmer sichergestellt werden soll. In Abs. 4 wird die Dienstleistung in die Bereiche **Erdölförderung und Produktherstellung, Mineralölhandel, Öltransport und -lagerung** und **Kraftstoff- und Heizölverteilung** aufgeteilt.

6 Mit der 2. KritisÄndVO wurde der Begriff der **Ölproduktion** durch den der Produktenherstellung ersetzt. Er erfasst jedoch unverändert die Weiterverarbeitung des Rohöls.[8] Die 2. KritisÄndVO hat den Bereich des **Mineralölhandels** neu eingeführt. Ähnlich wie bei der Ergänzung des Gashandels (→ Rn. 4), wurde diese Änderung nicht begründet, sondern – unzutreffend – als bloß sprachliche Änderung dargestellt.[9] Tatsächlich werden damit neue Tätigkeiten im Bereich der Kraftstoff- und Heizölversorgungen neu erfasst. Was unter den Begriff des Mineralölhandels fallen soll, bleibt mangels Gesetzesbegründung zu Abs. 4 oder einer gesetzlichen Begriffsdefinition unklar. Erst auf Ebene der Anlagenkategorien in Anhang 1 Teil 3 Nr. 3.4 wird deutlich, dass damit sowohl der Handel mit Rohöl, als auch der mit bestimmten Ölprodukten (Kraftstoffe und Heizöl) fallen soll. Unter **Öltransport** werden sowohl der Transport von Rohöl, als auch der von daraus hergestellten (Öl-)Produkten gefasst. Dabei ist unerheblich, ob der Transport zum Verbraucher oder in (Zwischen-)Lager erfolgt.[10] Neben dem Transport wird auch die Lagerung erfasst. Dem Bereich der **Kraftstoff- und Heizölverteilung** werden die Tankkraftwagen, Kesselwagen, Binnenschiffe und Tankstellennetze zugeordnet, über die der Kraftstoff und das Heizöl an den Endverbraucher verteilt werden.[11]

V. Bereiche der Fernwärmeversorgung (Abs. 5)

7 Die kritische Dienstleistung der Fernwärmeversorgung erfasst die unterbrechungsfreie Belieferung der Allgemeinheit mit thermischer Energie zur Versorgung von Gebäuden mit Heizwärme und Warmwasser.[12] Sie wird in die Bereiche der **Er-**

---

[6] KabF 2. KritisÄndVO, Begründung S. 41, https://intrapol.org/wp-content/uploads/2022/11/KabV_2.-AendV-BSI-KritisV.pdf.

[7] RefE BSI-KritisV, S. 29f.

[8] Vgl. zum Ursprung die Verordnungsbegründung im RefE BSI-KritisV, S. 30.

[9] RefE 2. KritisÄndVO v. 22.4.2021, S. 38, https://www.bmi.bund.de/SharedDocs/gesetzgebungsverfahren/DE/Downloads/referentenentwuerfe/zweite-verordnung-aenderung-bsi-kritis-vo-refe.pdf.

[10] RefE BSI-KritisV, S. 30, Kipker Cybersecurity/*Beucher/Fromageau*, Kap. 12 Rn. 17.

[11] RefE BSI-KritisV, S. 30.

[12] RefE BSI-KritisV, S. 29.

zeugung von Fernwärme, Steuerung und Überwachung von Fernwärme sowie **Verteilung von Fernwärme** unterteilt. Die Erzeugung von Fernwärme kann sowohl durch dafür geschaffene Heizwerke, Heizkraftwerke[13] als auch Nebenprodukt von sonstigen Prozessen (Prozessabwärme) erfolgen.[14] Die Verteilung von Fernwärme erfolgt über ein Fernwärmenetz aus gedämmten Rohren, die meist unterirdisch aber gelegentlich auch oberirdisch verlegt sind.[15] Der Bereich der Steuerung und Überwachung von Fernwärme wurde erst mit der 2. KritisÄndVO neu eingeführt, ohne dies näher zu begründen oder zu erläutern.[16] Dadurch sollte die Möglichkeit geschaffen werden, auch reine Steuerungssysteme zu erfassen, mit denen die Fernwärme überwacht und gesteuert wird. Damit trägt der Verordnungsgeber der Tatsache Rechnung, dass die Steuerung der Erzeugung- und Verteilung teilweise nicht mehr nur durch die Erzeugungs- und Verteilungsanlagen selbst erfolgt, sondern durch davon getrennte zentrale Steuerungsanlagen. Da somit auch über diese Einfluss auf die Versorgung mit Fernwärme genommen werden kann, sind auch solche reinen Steuerungsanlagen als versorgungsrelevant und damit als KRITIS anzusehen.

VI. Kritische Infrastrukturen im Sektor Energie (Abs. 6)

Die konkrete Festlegung, welche Anlagen oder Teile davon als Kritische Infrastrukturen gelten, erfolgt in Abs. 6. Die hierbei verwendete Regelung wiederholt sich in nur leicht angepasster Form in den §§ 2–5 für alle Sektoren. Demnach müssen mehrere Voraussetzungen erfüllt sein, damit eine Anlage (oder Teile davon) als KRITIS gelten. 8

Nach Nr. 1 müssen die Anlage oder Teile davon einer der im Anhang 1 Teil 3 Spalte B aufgeführten Kategorien zuzuordnen sein. In Anhang 1 Teil 3 sind die Kategorien nach den Bereichen sortiert aufgeführt, die bereits in § 2 Abs. 2–5 für die jeweiligen Sektoren festgelegt wurden (zB 1.1 „Stromerzeugung" für die kritische Dienstleistung „Stromversorgung"). 9

Zudem müssen die Anlagen oder Teile gem. Nr. 2 den jeweiligen branchenspezifischen Schwellenwert nach Anhang 1 Teil 3 Spalte D erreichen oder überschreiten. Dort werden die für jede Anlagenkategorie geltenden spezifischen Schwellenwerte festgelegt. In welchen Zeiträumen bzw. zu welchem Zeitpunkt die jeweiligen Schwellenwerte erreicht oder überschritten werden müssen, ist unglücklicherweise nicht in Abs. 6 selbst geregelt. Die entsprechenden Regelungen finden sich stattdessen in Anhang 1 Teil 1 Nr. 3–5, ohne dass dafür ein Grund ersichtlich wäre. Aus regelungssystematischer Sicht wäre es vermutlich sinnvoller gewesen, in Abs. 6 abschließend zu regeln, was als KRITIS gilt, und lediglich für die Anlagentypen, deren Definitionen und die Schwellenwerte auf die Anlage zu verweisen. 10

[13] Heizwerke und Heizkraftwerke unterscheiden sich dadurch, dass Heizwerke nur Wärme und Heizkraftwerke zusätzlich Strom erzeugen.

[14] RefE BSI-KritisV, S. 30.

[15] RefE BSI-KritisV, S. 29 f.

[16] Laut der Verordnungsbegründung soll damit gar keine inhaltliche Änderung einhergehen, vgl. Begründung im RefE 2. KritisÄndVO v. 22.4.2021, S. 38, https://www.bmi.bund.de/SharedDocs/gesetzgebungsverfahren/DE/Downloads/referentenentwuerfe/zweite-verordnung-aenderung-bsi-kritis-vo-refe.pdf.

§ 3 Sektor Wasser

(1) **Wegen ihrer besonderen Bedeutung für das Funktionieren des Gemeinwesens sind im Sektor Wasser kritische Dienstleistungen im Sinne des § 10 Absatz 1 Satz 1 des BSI-Gesetzes:**
1. **die Versorgung der Allgemeinheit mit Trinkwasser (Trinkwasserversorgung);**
2. **die Beseitigung von Abwasser der Allgemeinheit (Abwasserbeseitigung).**

(2) **Die Trinkwasserversorgung wird in den Bereichen Gewinnung, Aufbereitung, Verteilung sowie Steuerung und Überwachung von Trinkwasser erbracht.**

(3) **Die Abwasserbeseitigung wird in den Bereichen Siedlungsentwässerung, Abwasserbehandlung und Gewässereinleitung sowie Steuerung und Überwachung erbracht.**

(4) **Im Sektor Wasser sind Kritische Infrastrukturen solche Anlagen oder Teile davon, die**
1. **den in Anhang 2 Teil 3 Spalte B genannten Kategorien zuzuordnen sind und**
2. **den Schwellenwert nach Anhang 2 Teil 3 Spalte D erreichen oder überschreiten.**

A. Allgemeines

1 Der Sektor Wasser gehörte zum „ersten Korb" der BSI-KritisV, also den ersten vier Sektoren, für die schon im Jahr 2016 die Kritischen Infrastrukturen festgelegt wurden.

B. Einzelerläuterungen

I. Kritische Dienstleistungen (Abs. 1)

2 In Abs. 1 werden in einem ersten Schritt zur Bestimmung von KRITIS die Dienstleistungen im Sektor Wasser festgelegt, die aufgrund ihrer besonderen Bedeutung als kritisch gelten. Die sehr abstrakte Definition Kritischer Infrastrukturen aus § 2 Abs. 10 BSIG wird damit etwas weiter konkretisiert. Auch diese Konkretisierung legt – immer noch recht abstrakt – fest, dass die Versorgung der Allgemeinheit mit Trinkwasser (Nr. 1 – **Trinkwasserversorgung**) und die Beseitigung von Abwasser der Allgemeinheit (Nr. 2 – **Abwasserentsorgung**) für das Funktionieren des Gemeinwesens eine besondere Bedeutung haben. Die weitere Konkretisierung von Bereichen, in die sich die jeweiligen Dienstleistungen aufteilen, erfolgt in den Abs. 2 und 3.

II. Bereiche der Trinkwasserversorgung (Abs. 2)

3 Unter Trinkwasserversorgung iSd BSI-KritisV ist die „gesicherte Versorgung der Bevölkerung und anderer Nutzer mit Trinkwasser in einwandfreier Beschaffenheit,

in ausreichender Menge und unter ausreichendem Druck" zu verstehen.[1] Es geht also nicht nur darum, dass überhaupt Wasser zur Verfügung steht, sondern auch darum, dass die Versorgung bestimmten qualitativen und quantitativen Kriterien entspricht. Die Verwendung des Begriffs der Allgemeinheit in Abs. 1 Nr. 1 sowie die Formulierung „und anderer Nutzer" in der Verordnungsbegründung machen deutlich, dass nicht nur die Versorgung der Bürger mit lebensnotwendigem Trinkwasser gemeint ist. Vielmehr erfasst die Trinkwasserversorgung nach der BSI-KritisV zB auch die Deckung des Wasserbedarfs von Unternehmen.

Zur weiteren Konkretisierung der noch recht abstrakten Beschreibung des Abs. 1 Nr. 1 wird in Abs. 2 festgelegt, dass die Dienstleistungen der Trinkwasserversorgung sich in die vier Bereiche **Trinkwassergewinnung, Trinkwasseraufbereitung, Trinkwasserverteilung** sowie **Steuerung und Überwachung** von Trinkwasser aufteilen. 4

Die **Trinkwassergewinnung** ist die erste Stufe im Prozess der Wasserversorgung und umfasst die Gewinnung von Rohwasser aus dem Boden (zB durch Brunnen) oder von der Oberfläche.[2] Bei der **Trinkwasseraufbereitung** wird das Rohwasser zu Trinkwasser aufbereitet[3], also die Wasserqualität auf das notwendige Niveau erhöht. Das Wasser darf danach keine Krankheitserreger oder Stoffe in gesundheitsschädigenden Konzentrationen mehr enthalten. Zur **Trinkwasserverteilung** gehören sowohl der Betrieb von Trinkwasserversorgungsnetzen (also Trinkwasserleitungen) als auch der von Wasserspeichern, die notwendig sind, um die jederzeitige Verteilung ausreichender Mengen von Trinkwasser an die Verbrauchsorte sicherzustellen. Auch die Verteilung mit Tanktransporten kann dazugehören, etwa wenn die leitungsgebundene Trinkwasserversorgung nicht mehr aufrechterhalten werden kann. 5

Der Bereich der **Steuerung und Überwachung** umfasst die Überwachung der Wasserqualität und -mengen sowie die Steuerung der Prozesse zur Trinkwassergewinnung, -aufbereitung und -verteilung. Es werden damit vor allem Leitzentralen erfasst, die auf viele Bereiche der Trinkwasserversorgung Einfluss nehmen können. Sie sind oft in den Aufbereitungsanlagen oder Wasserwerken angesiedelt.[4] Sie können aber auch als übergreifender zentraler Bereich betrieben werden.

III. Bereiche der Abwasserbeseitigung (Abs. 3)

Nach Abs. 3 werden die Dienstleistungen der Abwasserbeseitigung in den Bereichen Siedlungsentwässerung, Abwasserbehandlung und Gewässereinleitung sowie Steuerung und Überwachung erbracht. Nach der Verordnungsbegründung soll die Steuerung und Überwachung wohl kein eigener Bereich sein, denn dort wird nur nach den Bereichen Siedlungsentwässerung, Abwasserbehandlung und Gewässerleitung untergliedert.[5] Das hat insofern eine gewisse Konsequenz, als die Steuerung und Überwachung streng genommen keine eigene (Versorgungs-)Dienstleistung ist, sondern lediglich der Aufrechterhaltung der „echten" kritischen Dienstleistungen bei der Abwasserbeseitigung dient. Der eindeutige Wortlaut bezieht diesen „dienenden" Bereich gleichwohl in den Kreis der KRITIS ein. Die Verordnungs- 6

[1] RefE BSI-KritisV, S. 35.
[2] Vgl. RefE BSI-KritisV, S. 35.
[3] Vgl. RefE BSI-KritisV, S. 35.
[4] RefE BSI-KritisV, S. 35.
[5] RefE BSI-KritisV, S. 35.

begründung führt als Nebenbereich die Klärschlammbehandlung und -entsorgung auf, die jedoch nicht zwingend für die Dienstleistung der Abwasserbeseitigung sei.[6]

7 Die **Siedlungsentwässerung** umfasst zwei Teilaspekte: 1. Die Sammlung des Abwassers über die Kanalisationsnetze und 2. den Transport des Abwassers zur weiteren Behandlung oder Beseitigung. Der Bereich umfasst also vor allem den Betrieb von entsprechenden Abwassersystemen. Dazu können auch Pumpstationen gehören, wenn das Abwasser auf andere Höhen gehoben werden muss (zB im Bergbau). Sonderbauwerke, wie zB Regenüberlaufbecken, Regenrückhaltebecken uÄ, zählen ebenfalls zum Entwässerungssystem und damit grundsätzlich zur Siedlungsentwässerung.

8 Die **Abwasserbehandlung** und **Gewässereinleitung** sind der Siedlungsentwässerung grds. nachgelagert. Der Abwasserbehandlung umfasst vor allem den Betrieb von Kläranlagen. Je nach Kanalisationssystem wird jedoch nicht das gesamte Wasser durch Kläranlagen behandelt. Bei sog. Trennsystemen werden Schmutz- und Niederschlagswasser getrennt transportiert. Nur das Schmutzwasser wird dann der Abwasserbehandlung zugeleitet. Das saubere Niederschlagswasser wird dann direkt in ein Gewässer eingeleitet.[7] Auch bei sog. Mischsystemen kann es im Fall großer Niederschlagsmengen dazu kommen, dass Teile des zusätzlichen Abwassers nicht mehr vollständig den Kläranlagen zugeleitet werden. Diese überschüssigen Mengen werden dann nur grob gefiltert und dann in die Gewässer eingeleitet. Die grobe Filterung wird man vermutlich eher als Teil der Abwasserbehandlung ansehen können denn als Teil der Gewässereinleitung. Zur Gewässereinleitung können insbesondere auch Hochwasserpumpwerke zählen, mit denen Abwasser auch in Hochwasser führende Gewässer eingeleitet werden können.[8]

9 Der Bereich der Steuerung und Überwachung bei der Abwasserbeseitigung umfasst vor allem die Leitzentralen, mit denen die Siedlungsentwässerung, Abwasserbehandlung und Gewässereinleitung gesteuert und überwacht werden (→ Rn. 6).

IV. Kritische Infrastrukturen im Sektor Wasser (Abs. 4)

10 Die konkrete Festlegung, welche Anlagen oder Teile davon im Sektor Wasser als Kritische Infrastrukturen gelten, erfolgt in Abs. 4. Die hierbei verwendete Regelung findet sich praktisch identisch in den Regelungen für die anderen Sektoren. Es müssen mehrere Voraussetzungen erfüllt sein, damit eine Anlage oder Teile davon als KRITIS gelten.

Nach Nr. 1 müssen die Anlage oder Teile davon einer der im Anhang 2 Teil 3 Spalte B aufgeführten Kategorien zuzuordnen sein. In Anhang 2 Teil 3 sind die Kategorien nach den Bereichen sortiert aufgeführt, die bereits in Abs. 2–3 für den Sektor festgelegt wurden (zB 1.1 „Gewinnungsanlagen (Wasserwerk)" für die kritische Dienstleistung „Trinkwasserversorgung").

Zudem müssen die Anlagen oder Teile gem. Nr. 2 den jeweiligen branchenspezifischen Schwellenwert nach Anhang 2 Teil 3 Spalte D erreichen oder überschreiten. Dort werden die für jede Anlagenkategorie geltenden spezifischen Schwellenwerte festgelegt. Auch im Sektor Wasser wurde nicht in Abs. 4 selbst festgelegt, welche Zeitpunkte für die Feststellung der KRITIS-Eigenschaft maßgeblich sind,

---

6 RefE BSI-KritisV, S. 35.

7 Vgl. RefE BSI-KritisV, S. 35 f.

8 Vgl. RefE BSI-KritisV, S. 36.

wann also die jeweiligen Schwellenwerte erreicht oder überschritten werden müssen. Diese Festlegungen finden sich stattdessen in Anhang 2 Teil 1 Nr. 2–4.

§ 4 Sektor Ernährung

(1) **Wegen ihrer besonderen Bedeutung für das Funktionieren des Gemeinwesens ist im Sektor Ernährung die Versorgung der Allgemeinheit mit Lebensmitteln (Lebensmittelversorgung) kritische Dienstleistung im Sinne des § 10 Absatz 1 Satz 1 des BSI-Gesetzes.**

(2) **Die Lebensmittelversorgung wird in den Bereichen Lebensmittelherstellung und -behandlung sowie Lebensmittelhandel erbracht.**

(3) **Im Sektor Ernährung sind Kritische Infrastrukturen solche Anlagen oder Teile davon, die**
1. **den in Anhang 3 Teil 3 Spalte B genannten Kategorien zuzuordnen sind und**
2. **den Schwellenwert nach Anhang 3 Teil 3 Spalte D erreichen oder überschreiten.**

Literatur: *Boch,* Lebensmittel und Futtermittelgesetzbuch, 8. Aufl. 2019; *Meisterernst/Sosnitza* (Hrsg.), Zipfel/Rathke, Lebensmittelrecht, 178. EL 2020.

A. Allgemeines

Der Sektor Ernährung gehörte zum „ersten Korb" der BSI-KritisV, also den ersten vier Sektoren, für die schon im Jahr 2016 die Kritischen Infrastrukturen festgelegt wurden. 1

B. Einzelerläuterungen

I. Kritische Dienstleistungen (Abs. 1)

In Abs. 1 werden die Dienstleistungen im Sektor Ernährung festgelegt, die aufgrund ihrer besonderen Bedeutung als kritisch gelten. Dadurch soll die abstrakte Definition Kritischer Infrastrukturen aus § 2 Abs. 10 BSIG etwas weiter konkretisiert werden. Für den Ernährungssektor erschöpft sich diese Konkretisierung jedoch darin, dass die **Lebensmittelversorgung** als kritische Dienstleistung angesehen wird. Auch wenn dies zunächst keinen zusätzlichen Erkenntnisgewinn zu bringen scheint, lässt sich daraus eine negative Abgrenzung herleiten. Im Lebensmittelrecht wird zB in § 2 LFGB nach Lebensmitteln einerseits und Futtermitteln andererseits unterschieden. Für die Ernährung spielen unmittelbar die Lebensmittel eine Rolle. Mittelbar wäre es aber auch denkbar gewesen, die Futtermittelversorgung ebenfalls als kritische Dienstleistung des Sektors Ernährung zu erfassen, da diese für die Erzeugung von Lebensmitteln tierischen Ursprungs eine notwendige Voraussetzung ist. Mit der Festlegung auf lediglich die Lebensmittelversorgung hat sich der Verordnungsgeber jedoch dagegen entschieden. 2

II. Bereiche der Lebensmittelversorgung (Abs. 2)

3 In Abs. 2 wird konkretisiert, in welchen drei Bereichen die kritische Dienstleistung der Lebensmittelversorgung erbracht wird. Diese Bereiche sind die Lebensmittelherstellung, die Lebensmittelbehandlung und der Lebensmittelhandel. Allen gemeinsam ist der Bezug auf **Lebensmittel.** Eine Bestimmung des Begriffes findet sich in § 2 Abs. 2 LFGB, der wiederum auf Art. 2 Lebensmittel-Basis-VO verweist. Auch wenn die BSI-KritisV in Anhang 3 Teil 1 Nr. 1 und Nr. 2 nur auf die Begriffsbestimmungen des § 3 LFGB verweist und nicht auf die des § 2 LFGB, wird man auf das dort niedergelegte Begriffsverständnis schon im Sinne der Einheitlichkeit der Rechtsordnung zurückgreifen können. Nach dem von § 2 Abs. 2 LFGB in Bezug genommenen Art. 2 Lebensmittel-Basis-VO sind Lebensmittel alle Stoffe oder Erzeugnisse, die dazu bestimmt sind oder von denen nach vernünftigem Ermessen erwartet werden kann, dass sie von Menschen aufgenommen werden. Erfasst werden die Stoffe, egal ob sie für die Aufnahme verarbeitetet oder teilweise verarbeitet werden müssen oder unverarbeitet bleiben können. Vereinfacht gesagt wird auf jeden Fall alles erfasst, was vom Menschen als Essen bezeichnet oder zu Essen verarbeitet wird. Daher zählen die für die Lebensmittelproduktion notwendigen Rohstoffe auch als Lebensmittel, unabhängig davon, ob sie aus der inländischen Urproduktion stammen oder es sich um Importrohstoffe handelt.[1] Sofern neben der Bestimmung zum Verzehr noch ein weiterer Verwendungszweck möglich ist, entfällt deswegen noch nicht die Einordnung als Lebensmittel. Dies ist erst dann der Fall, wenn ein anderer Verwendungszweck eindeutig feststeht und erkennbar ist, wofür eine bloß abweichende (Produkt-)Bezeichnung nicht ausreicht.[2] Nach Art. 2 S. 2 Lebensmittel-Basis-VO zählen daneben aber auch Getränke, Kaugummi sowie alle Stoffe, die dem Lebensmittel bei seiner Herstellung oder Ver- oder Bearbeitung **absichtlich zugesetzt** werden. Erfasst werden damit sowohl Flüssigkeiten (zB Wasser, Milch oä) als auch Gewürze oder sonstige Zutaten (Salz, Pfeffer, Kräuter oä). Sind diese Stoffe nicht absichtlich zugesetzt worden, sondern lediglich als Rückstand oder gar Kontaminanten enthalten, zählen sie nach Art. 2 S. 3 lit. h Lebensmittel-Basis-VO nicht als Lebensmittel. Während zu den als Lebensmittel geltenden Getränken nach Art. 2 Lebensmittel-Basis-VO auch alkoholische Getränke gehören, hat der Verordnungsgeber der BSI-KritisV diese grds. nicht zu den Lebensmitteln zählen wollen[3] und lediglich solche mit bis zu 1,2 Prozent Alkohol erfasst. Die Ausnahmen in Art. 2 S. 3 Lebensmittel-Basis-VO sind überschaubar: Futtermittel, lebende Tiere, Pflanzen vor der Ernte, Arznei- und Betäubungsmittel sowie Tabak und Tabakerzeugnisse.

4 Zur **Lebensmittelherstellung** zählen sowohl die Rohstoffgewinnung in der Agrar-Produktion als auch die Bearbeitung, Verarbeitung und Produktion sowie die Lagerung und Distribution. Eine nähere Konkretisierung des Begriffes der Herstellung liefert § 3 Nr. 2 LFGB. Danach zählen das Gewinnen, das Herstellen, das Zubereiten, das Be- und Verarbeiten sowie das Mischen. Zur **Gewinnung** zählt die Urproduktion landwirtschaftlicher pflanzlicher Erzeugnisse wie Getreide, Gemüse, Obst oder Trauben durch deren Ernte. Wie § 3 Nr. 2 LFGB explizit hervorhebt, zählt dazu („einschließlich“) auch das Schlachten oder Erlegen von lebenden

[1] RefE BSI-KritisV, S. 38.

[2] *VG Würzburg,* Beschl. v. 10.2.2021 – W 8 S 21.117, LMuR 2021, 311 (313).

[3] RefE BSI-KritisV, S. 38.

Tieren, deren Fleisch als Lebensmittel dienen soll.[4] Das **Herstellen** selbst erfasst „jedes Einwirken auf die Substanz eines Erzeugnisses, mit der eine stoffliche Veränderung verbunden ist".[5] Dazu kann etwa das Auspressen von Pflanzenkernen zur Gewinnung von Pflanzenöl, das Mahlen von Getreide oder das Verarbeiten von Milch zu Butter zählen.[6] Unter **Zubereiten** wird die Bearbeitung von Lebensmitteln verstanden, mit denen sie geeignet gemacht werden, um zu ihrem bestimmungsgemäßen Zweck verwendet zu werden.[7] Das erfasst sowohl Bearbeitungen, die dazu dienen, das Produkt genussfertig zu machen (zB das Schälen, Zerkleinern, Kochen, Rösten, Backen oder Braten uÄ), wie auch die Haltbarmachung (zB Sterilisierung oder Pasteurisierung).[8] Während **Bearbeiten** jede Behandlung von Erzeugnissen meint, um deren Beschaffenheit zu beeinflussen (zB Haltbarmachung, Trocknung oä)[9], wird unter der **Verarbeitung** die Herstellung eines neuen Erzeugnisses unter Verwendung mehrerer Stoffe verstanden.[10] Mit dem **Mischen** ist wiederum die Herstellung eines neuen Erzeugnisses unter Verwendung mindestens zweier Erzeugnisse derselben oder unterschiedlicher Arten gemeint.[11]

Der Begriff der **Lebensmittelbehandlung** wird in § 3 Nr. 3 LFGG näher kon- 5
kretisiert. Danach zählen explizit dazu „das Wiegen, Messen, Um- und Abfüllen, Stempeln, Bedrucken, Verpacken, Kühlen, Gefrieren, Tiefgefrieren, Auftauen, Lagern, Aufbewahren, Befördern". Zudem zählen als Auffangtatbestand auch alle sonstigen Tätigkeiten zur Behandlung, die nicht als Herstellen oder Inverkehrbringen anzusehen sind.[12] Er umfasst insoweit jeglichen Umgang mit Lebensmitteln bis zu deren endgültiger Abgabe.[13]

Der **Lebensmittelhandel** umfasst den der Produktion oder Verarbeitung nach- 6
gelagerten Schritt der Weitergabe an den Endverbraucher.[14] Er erfasst jedoch nicht nur den unmittelbaren Verkauf an die Verbraucher, sondern auch die gesamte dafür notwendige Logistik. Dazu zählen zB die Bestellung, die Lagerung, die Distribution (inkl. Fahrzeugen) und der Verkauf sowie die Abwicklung von Zahlungen.[15]

III. Kritische Infrastrukturen im Sektor Ernährung (Abs. 3)

Die konkrete Festlegung, welche Anlagen oder Teile davon als Kritische Infra- 7
strukturen gelten, erfolgt in Abs. 3. Die hierbei verwendete Regelung findet sich in nur leicht angepasster Form in den Paragrafen für die anderen Sektoren. Demnach

---

[4] Nomos-BR/Boch LFGB § 3 Rn. 4; Zipfel/Rathke LebensmittelR/*Rathke,* LFGB § 3 Rn. 10.
[5] Nomos-BR/Boch LFGB § 3 Rn. 4.
[6] Zipfel/Rathke LebensmittelR/*Rathke,* LFGB § 3 Rn. 11.
[7] Nomos-BR/Boch LFGB § 3 Rn. 4.
[8] Zipfel/Rathke LebensmittelR/*Rathke,* LFGB § 3 Rn. 13.
[9] Nomos-BR/Boch LFGB § 3 Rn. 4; Zipfel/Rathke LebensmittelR/*Rathke,* LFGB § 3 Rn. 14.
[10] Nomos-BR/Boch LFGB § 3 Rn. 4; Zipfel/Rathke LebensmittelR/*Rathke,* LFGB § 3 Rn. 15.
[11] Nomos-BR/Boch LFGB § 3 Rn. 4.
[12] Nomos-BR/Boch LFGB § 3 Rn. 5; Zipfel/Rathke LebensmittelR/*Rathke,* LFGB § 3 Rn. 15.
[13] Zipfel/Rathke LebensmittelR/*Rathke,* LFGB § 3 Rn. 16.
[14] RefE BSI-KritisV, S. 38.
[15] RefE BSI-KritisV, S. 38.

müssen mehrere Voraussetzungen erfüllt sein, damit eine Anlage oder Teile davon als KRITIS gelten.

8 Nach Nr. 1 müssen die Anlage oder Teile davon einer der im Anhang 3 Teil 3 Spalte B aufgeführten Kategorien zuzuordnen sein. In Anhang 3 Teil 3 sind die Kategorien nach den Bereichen sortiert aufgeführt, die bereits in Abs. 2 für die jeweiligen Sektoren festgelegt wurden (zB „1.1 Lebensmittelherstellung und -behandlung" oder „1.2. Lebensmittelhandel" für die kritische Dienstleistung „Lebensmittelversorgung").

9 Zudem müssen die Anlagen oder Teile gem. Nr. 2 den jeweiligen branchenspezifischen Schwellenwert nach Anhang 3 Teil 3 Spalte D erreichen oder überschreiten. Dort werden die für jede Anlagenkategorie geltenden spezifischen Schwellenwerte festgelegt. In welchen Zeiträumen bzw. zu welchem Zeitpunkt die jeweiligen Schwellenwerte erreicht oder überschritten werden müssen, ist unglücklicherweise nicht in Abs. 3 selbst geregelt. Die entsprechenden Regelungen finden sich stattdessen in Anhang 3 Teil 1 Nr. 3 und 4, ohne dass dafür ein Grund ersichtlich wäre. Aus regelungssystematischer Sicht wäre es vermutlich sinnvoller gewesen, in Abs. 3 abschließend zu regeln, was als KRITIS gilt und lediglich für die Anlagentypen, deren Definitionen und die Schwellenwerte auf den Anhang zu verweisen.

§ 5 Sektor Informationstechnik und Telekommunikation

(1) **Wegen ihrer besonderen Bedeutung für das Funktionieren des Gemeinwesens sind im Sektor Informationstechnik und Telekommunikation kritische Dienstleistungen im Sinne des § 10 Absatz 1 Satz 1 des BSI-Gesetzes:**
1. die Sprach- und Datenübertragung;
2. die Datenspeicherung und -verarbeitung.

(2) **Die Sprach- und Datenübertragung wird in den Bereichen Zugang, Übertragung, Vermittlung und Steuerung erbracht.**

(3) **Die Datenspeicherung und -verarbeitung wird in den Bereichen Housing, IT-Hosting und Vertrauensdienste erbracht.**

(4) **Im Sektor Informationstechnik und Telekommunikation sind Kritische Infrastrukturen solche Anlagen oder Teile davon, die**
1. den in Anhang 4 Teil 3 Spalte B genannten Kategorien zuzuordnen sind und
2. den Schwellenwert nach Anhang 4 Teil 3 Spalte D erreichen oder überschreiten.

A. Allgemeines

1 Der Sektor Informationstechnik und Telekommunikation gehörte zum „ersten Korb" der BSI-KritisV, also den ersten vier Sektoren, für die schon im Jahr 2016 die Kritischen Infrastrukturen festgelegt wurden.

B. Einzelerläuterungen

I. Kritische Dienstleistungen (Abs. 1)

In Abs. 1 werden die Dienstleistungen im Sektor **Informationstechnik und Telekommunikation** festgelegt, die aufgrund ihrer besonderen Bedeutung als kritisch gelten. Dadurch soll die abstrakte Definition Kritischer Infrastrukturen aus § 2 Abs. 10 BSIG etwas weiter konkretisiert werden. Als kritische Dienstleistung gelten demnach die Sprach- und Datenübertragung (Nr. 1), sowie die Datenspeicherung und -verarbeitung (Nr. 2). Die Inhalte beider Bereiche werden sodann in den Abs. 2 und 3 näher beschrieben. 2

II. Bereiche der Sprach- und Datenübertragung (Abs. 2)

Die Sprach- und Datenübertragung ist die technische Infrastruktur, die als Basis für den Austausch von Sprache oder Daten dient. Sie ist die Grundlage der Kommunikation. Anwendungen, die auf dieser technischen Basisinfrastruktur lediglich aufsetzen, um Sprach- oder Datenübertragungsdienste anzubieten (zB Apps oder sonstige IP-basierte Sprach- oder Textdienste), sollen daher nicht zur kritischen Dienstleistung Sprach- und Datenübertragung gehören.[1] Nach Abs. 2 wird die Dienstleistung in den Bereichen Zugang, Übertragung, Vermittlung und Steuerung erbracht. Eine Störung oder ein Ausfall in jedem dieser Teilbereiche kann die Erbringung der Dienstleistung erheblich beeinträchtigen.[2] 3

Zum Bereich des **Zugangs** gehört die unmittelbare und ortsgebundene Anbindung an die übergreifenden Netze. 4

Mit der **Übertragung** sind alle denkbaren Arten der Informationsübertragung für Sprache und Daten gemeint. Neben dem Zurverfügungstellen von Übertragungsbandbreite wird so auch das bloße Zurverfügungstellen von physikalischen Übertragungskanälen erfasst. Daher zählen auch zB Dark-Fiber, also das Vermieten von Glasfaser-„Kabeln"[3], die der Kunde selbst erst in Betrieb nehmen muss, zum Bereich Übertragung.[4] 5

Was unter dem Begriff der **Vermittlung** zu verstehen ist, hat der Verordnungsgeber nicht näher erläutert. Begrifflich wird man darunter die Verbindungspunkte bzw. Netzknoten verstehen können, an denen verschiedene Zugänge oder Übertragungswege miteinander verbunden werden. 6

Eine Definition des Begriffs der **Steuerung** bleibt der Verordnungsgeber schuldig. Er fasst darunter jedoch solche Einrichtungen zusammen, die letztlich der Lenkung des Sprach- und Datenverkehrs dienen. Allerdings beschränken sich die in Anhang 4 Teil 3 Nr. 1.4 genannten Einrichtungen bisher ausschließlich auf die Lenkung durch die Nutzung von Domain-Namen, da lediglich DNS-Resolver, Autoritative DNS-Server und Top-Level-Domain-Registries aufgeführt werden. 7

---

[1] RefE BSI-KritisV, S. 40.

[2] Vgl. RefE BSI-KritisV, S. 41.

[3] IdR werden nicht ganze Kabel vermietet, sondern einzelne Glasfasern (daher „fiber" für „Faser").

[4] Vgl. RefE BSI-KritisV, S. 40.

III. Bereiche der Datenspeicherung und -verarbeitung (Abs. 3)

8 Mit der kritischen Dienstleistung Datenspeicherung und -verarbeitung ist das Zurverfügungstellen einer entsprechenden technischen Basisinfrastruktur für Dritte gemeint. Dazu gehören die Bereitstellung von Speicherplatz und Rechenleistung oder der Rahmenbedingungen für deren Betrieb.[5]

9 **Housing** bedeutet die Bereitstellung von Räumen, Elektrizität, Kommunikationsverbindungen und Kühlung.[6] Der Betrieb der IT-Systeme selbst wird dabei nicht vom Housing-Anbieter erbracht, sondern von Dritten bzw. dem Kunden selbst.

10 Demgegenüber werden beim **IT-Hosting** unterschiedliche Dienste vom Anbieter als Service für den Kunden erbracht. Dazu gehören Infrastructure-as-a-Service (IaaS), Plattform-as-a-Service (PaaS) und Software-as-a-Service (SaaS) (→ BSIG § 2 Rn. 34).[7]

11 Der Begriff der **Vertrauensdienste** ist europarechtlich durch die eIDAS-VO und im deutschen Recht durch das Vertrauensdienstegesetz (VDG) vorgeprägt. Dabei handelt es sich nach Art. 3 Nr. 16 eIDAS-VO um elektronische Dienste, die folgenden Inhalt haben:

- *a) Erstellung, Überprüfung und Validierung von elektronischen Signaturen, elektronischen Siegeln oder elektronischen Zeitstempeln, und Diensten für die Zustellung elektronischer Einschreiben sowie von diese Dienste betreffenden Zertifikaten oder*
- *b) Erstellung, Überprüfung und Validierung von Zertifikaten für die Website-Authentifizierung oder*
- *c) Bewahrung von diese Dienste betreffenden elektronischen Signaturen, Siegeln oder Zertifikaten*

Im Kontext der BSI-KritisV relevant ist insbesondere die Aufgabe, Zertifikate bereitzustellen oder zu überprüfen.[8]

IV. Kritische Infrastrukturen im Sektor Informationstechnik und Telekommunikation (Abs. 4)

12 Die konkrete Festlegung, welche Anlagen oder Teile davon im Sektor Informationstechnik und Telekommunikation als Kritische Infrastrukturen gelten, erfolgt in Abs. 4. Die hierbei verwendete Regelung findet sich praktisch identisch in den Regelungen für die anderen Sektoren. Es müssen mehrere Voraussetzungen erfüllt sein, damit eine Anlage (oder Teile davon) als KRITIS gelten.

13 Nach Nr. 1 müssen die Anlage oder Teile davon einer der im Anhang 4 Teil 3 Spalte B aufgeführten Kategorien zuzuordnen sein. In Anhang 4 Teil 3 sind die Kategorien nach den Bereichen sortiert aufgeführt, die bereits in § 5 Abs. 2 und 3 für den Sektor festgelegt wurden (zB „1.1 Zugang" für die kritische Dienstleistung „Sprach- und Datenübertragung" oder „2.1 Housing" für den Bereich „Datenspeicherung und -verarbeitung".

[5] RefE BSI-KritisV, S. 40.
[6] RefE BSI-KritisV, S. 41.
[7] RefE BSI-KritisV, S. 41.
[8] RefE BSI-KritisV, S. 41.

Zudem müssen die Anlagen oder Teile gem. Nr. 2 den jeweiligen branchenspezifischen Schwellenwert nach Anhang 4 Teil 3 Spalte D erreichen oder überschreiten. Dort werden die für jede Anlagenkategorie geltenden spezifischen Schwellenwerte festgelegt. Auch im Sektor Informationstechnik und Telekommunikation wurde nicht in Abs. 4 selbst festgelegt, welche Zeitpunkte für die Feststellung der KRITIS-Eigenschaft maßgeblich sind, wann also die jeweiligen Schwellenwerte erreicht oder überschritten werden müssen. Diese Festlegungen finden sich stattdessen in Anhang 4 Teil 1 Nr. 3–5. **14**

§ 6 Sektor Gesundheit

(1) **Wegen ihrer besonderen Bedeutung für das Funktionieren des Gemeinwesens sind im Sektor Gesundheit kritische Dienstleistungen im Sinne des § 10 Absatz 1 Satz 1 des BSI-Gesetzes:**
1. **die stationäre medizinische Versorgung;**
2. **die Versorgung mit unmittelbar lebenserhaltenden Medizinprodukten, die Verbrauchsgüter sind;**
3. **die Versorgung mit verschreibungspflichtigen Arzneimitteln und Blut- und Plasmakonzentraten zur Anwendung im oder am menschlichen Körper;**
4. **die Laboratoriumsdiagnostik.**

(2) **Die Versorgung mit unmittelbar lebenserhaltenden Medizinprodukten, die Verbrauchsgüter sind, wird in den Bereichen Herstellung und Abgabe erbracht.**

(3) **Die Versorgung mit verschreibungspflichtigen Arzneimitteln und Blut- und Plasmakonzentraten zur Anwendung im oder am menschlichen Körper wird in den Bereichen Herstellung, Vertrieb und Abgabe erbracht.**

(4) **Im Sektor Gesundheit sind Kritische Infrastrukturen solche Anlagen oder Teile davon, die**
1. **den in Anhang 5 Teil 3 Spalte B genannten Kategorien zuzuordnen sind und**
2. **den Schwellenwert nach Anhang 5 Teil 3 Spalte D erreichen oder überschreiten.**

Literatur: *Säcker/Rixecker/Oetker/Limperg* (Hrsg.), Münchener Kommentar zum Bürgerlichen Gesetzbuch, Band 5: Schuldrecht – Besonderer Teil III, 8. Aufl. 2020; *v. Czettritz,* Die Abgrenzung von Arzneimitteln und Medizinprodukten auf der Zielgeraden, PharmR 2021, 389.

A. Allgemeines

Der Sektor Gesundheit gehörte zum „zweiten Korb" der BSI-KritisV, also den drei Sektoren, für die erst mit der ersten Verordnung zur Änderung der BSI-Kritisverordnung (1. KritisÄndVO) im Jahr 2017 die Kritischen Infrastrukturen festgelegt wurden. **1**

B. Einzelerläuterungen

I. Kritische Dienstleistungen (Abs. 1)

2 **1. Allgemein.** In Abs. 1 werden die Dienstleistungen im Sektor **Gesundheit** festgelegt, die aufgrund ihrer besonderen Bedeutung als kritisch gelten. Dadurch soll die abstrakte Definition Kritischer Infrastrukturen aus § 2 Abs. 10 BSIG etwas weiter konkretisiert werden. Als kritische gelten demnach vier verschiedene Dienstleistungen: Die stationäre medizinische Versorgung (Nr. 1), die Versorgung mit unmittelbar lebenserhaltenden und zu verbrauchenden Medizinprodukten (Nr. 2), die Versorgung mit verschreibungspflichtigen Arzneimitteln und Blut- und Plasmakonzentraten (Nr. 3) sowie die Laboratoriumsdiagnostik (Nr. 4). Damit soll der sog. „erste Gesundheitsmarkt" mit den Leistungserbringern in der stationären Versorgung und den vor- und nachgelagerten unterstützenden Branchen abgedeckt werden, die den Kernbereich der Gesundheitsversorgung darstellen.[1] Die weitere Konkretisierung der kritischen Dienstleistungen der Nr. 2 und 3 erfolgt dann in Abs. 2 und 3. Die früher enthaltenen Konkretisierungen der kritischen Dienstleistungen „stationäre medizinische Versorgung" in Abs. 2 aF und „Laboratoriumsdiagnostik" in Abs. 5 aF wurden mit der 2. KritisÄndVO gestrichen. Sie können jedoch noch immer hilfreich sein, um ein Bild von den jeweiligen kritischen Dienstleistungen zu bekommen.

3 **2. Stationäre medizinische Versorgung (Nr. 1).** Für die **stationäre medizinische Versorgung** waren in Abs. 2 aF fünf Bereiche festgelegt: Die Aufnahme, Diagnose, Therapie, Unterbringung/Pflege und Entlassung. Die medizinische Versorgung umfasst grds. das gesamte Spektrum der medizinischen Dienstleistungen von routinemäßigen Vorsorgeuntersuchungen bis hin zu Krankenhausaufenthalten.[2] Als kritische Dienstleistung gilt jedoch nur die stationäre Versorgung. Diese erfasst sowohl die vollstationäre als auch die teilstationäre Versorgung. Als vollstationär gilt die Versorgung, wenn jemand für mindestens einen Tag und Nacht in ein Krankenhaus aufgenommen wird. Dagegen gilt sie als teilstationär, wenn zwar eine Aufnahme erfolgt, die Verweildauer aber noch vor Ablauf eines Tag/Nacht-Zyklus unterbrochen wird.[3] **Aufnahme** und **Entlassung** sind spiegelbildliche Bereiche. Die Aufnahme stellt die Eingliederung von Patienten „in das spezifische Versorgungssystem des Krankenhauses (zB Krankenpflege, **Unterbringung und Verpflegung**)"[4] dar. Die Entlassung ist die Ausgliederung aus diesem Versorgungssystem. Der Bereich der **Diagnose** erfasst die Tätigkeiten, mit denen der Zustand der Patienten zunächst erfasst bzw. kontrolliert wird. Dazu gehören also Untersuchung der Patienten, Erhebung von Befunden und Krankheitssymptomen, sowie deren Interpretation.[5] Dem nachgelagert ist die **Therapie,** also die Behandlung (inkl. Nachsorge) der Patienten. Diese kann Operationen, Medikamentengabe oder sonstige Behandlungsansätze (zB Physiotherapie) umfassen.

---

[1] Vgl. RefE 1. KritisÄndVO, S. 43f.
[2] Begründung im RefE 1. KritisÄndVO, S. 44.
[3] Vgl. RefE 1. KritisÄndVO, S. 44.
[4] Vgl. RefE 1. KritisÄndVO, S. 44.
[5] Vgl. MüKoBGB/*Wagner,* § 630a Rn. 145.

3. Laboratoriumsdiagnostik. Nach Abs. 5 aF wurde die kritische Dienstleistung der **Laboratoriumsdiagnostik** in den Bereichen Transport und Analytik erbracht. Zwar wird in der Begründung zur 1. KritisÄndVO zum Prozess der Diagnostik auch die ärztliche Indikationsentscheidung und die Probenentnahme dargestellt, diese dürften gleichwohl nicht zur Laboratoriumsdiagnostik im Sinne des Abs. 5 gezählt worden sein, da sie weder als Teil des Transports noch der Analytik anzusehen sind. Daher waren die entsprechenden Ausführungen in der Verordnungsbegründung lediglich darstellender Natur, um den Prozess der Diagnostik verständlich zu machen. Hätte der Verordnungsgeber dies anders regeln wollen, hätte er die Indikation und Probenentnahme als eigene Bereiche festlegen können und müssen. Mit dem Entfall der Festlegung einzelner Bereiche für die kritische Dienstleistung der Laboratoriumsdiagnostik dürfte sich diese Frage jedoch erledigt haben. Der Bereich **Transport** erfasste in erster Linie den Transport der Proben zum Labor. Auch der Transport des Laborauftrages (als Papierformular oder elektronischer Auftrag) dürfte als wichtiger Teil der Diagnostik zum Bereich Transport gehören. Die **Analytik** umfasst die eigentliche Analyse der Proben im Labor. Es spielt dabei grds. keine Rolle, welche Analysemethoden (zB optische, chemische oder immunologische) genutzt werden. 4

II. Bereiche der Versorgung mit unmittelbar lebenserhaltenden Medizinprodukten, die Verbrauchsgüter sind (Abs. 2)

Die nähere Bestimmung der Bereiche der Versorgung mit zu verbrauchenden und unmittelbar lebenserhaltenden Medizinprodukten fällt im Abs. 2 relativ kurz aus. Demnach wird diese Versorgung in den zwei Bereichen Herstellung und Abgabe erbracht. Der Begriff der **Medizinprodukte** selbst ist allgemein recht weit und lässt sich nicht immer sauber von dem der Arzneimittel abgrenzen, da beide die gleiche Zweckbestimmung haben.[6] Oft wird zur Abgrenzung darauf abgestellt, ob das jeweilige Produkt eine physikalische Wirkung entfaltet (dann Medizinprodukt) oder eine pharmakologische (dann Arzneimittel).[7] Medizinprodukte sind nach Art. 2 Nr. 1 Medizinprodukte-VO Instrumente, Apparate, Geräte, Software, Implantate, Reagenzien, Materialien oder andere Gegenstände, die dem Hersteller zufolge für den Menschen bestimmt sind und spezifische medizinische Zwecke erfüllen sollen. Dazu gehören u.a. die Diagnose, Verhütung, Überwachung, Behandlung oder Linderung von Krankheiten oder Verletzungen. Auch die Untersuchung oder Veränderung physiologischer oder pathologischer Vorgänge oder Zustände gehören zu diesen spezifischen medizinischen Zwecken iSd Art. 2 Nr. 1 Medizinprodukte-VO. Für die BSI-KritisV sind davon jedoch nur die relevant, die zum einen unmittelbar lebenserhaltend sind und die zum anderen Verbrauchsgüter sind, also zB Kanülen zur Verabreichung lebenswichtiger Infusionen. 5

Der Bereich der **Herstellung** umfasst die Fertigung der jeweiligen medizinischen Verbrauchsgüter.[8] Mit der **Abgabe** ist nur die Abgabe zur direkten Verwendung oder Anwendung am Patienten gemeint. Erfasst wird daher die Abgabe an Krankenversorgungsinfrastrukturen wie Krankenhäuser oder Arztpraxen. Ebenso erfasst wird die Abgabe an den Patienten durch Sanitätshäuser, Fachhandel oder 6

---

[6] *v. Czettritz,* PharmR 2021, 389.

[7] Vgl. *v. Czettritz,* PharmR 2021, 389 (390) mit einer umfassenden Darstellung des Problems und des Streitstandes.

[8] RefE 1. KritisÄndVO, S. 45.

Heimpflegeanbieter. Teilweise können auch die Hersteller eines Produkts gleichzeitig die abgebende Stelle sein, wenn sie zB als Gesundheitshandwerker ein Produkt unmittelbar zur Verwendung bzw. Anwendung aushändigen.[9]

III. Bereiche der Versorgung mit verschreibungspflichtigen Arzneimitteln und Blut- und Plasmakonzentraten zur Anwendung im oder am menschlichen Körper (Abs. 3)

7 Die kritische Dienstleistung der Versorgung mit verschreibungspflichtigen Arzneimitteln und Blut- und Plasmakonzentraten wird in Abs. 3 näher beschrieben und in die drei Bereiche Herstellung, Vertrieb und Abgabe aufgeteilt. Der Begriff der **Arzneimittel** wird in § 2 Arzneimittelgesetzes (AMG) gesetzlich definiert. Relevant für den Bereich der BSI-KritisV sind nicht alle Arzneimittel, sondern nur solche, die zum einen verschreibungspflichtig und zum anderen zur Anwendung im oder am menschlichen Körper bestimmt sind. § 2 Abs. 1 AMG erfasst demgegenüber zB auch Arzneimittel, die zur Anwendung im oder am tierischen Körper bestimmt sind. Arzneimittel sind im Einzelfall nicht immer einfach von den Medizinprodukten abgrenzbar (→ Rn. 5).

8 Mit der **Herstellung** von Arzneimitteln ist zunächst die Zusammenführung von Wirk-, Hilfs- und Füllstoffen zu einer bestimmten Darreichungsform, wie etwa Tabletten, Salben, Pulver oder Flüssigkeiten, gemeint. Ebenfalls dazu zählen aber auch die nachgelagerten Prozessschritte wie die Verpackung (zB der Einzeleinheiten) und die Qualitätskontrolle. Zur Herstellung von Blut- und Plasmakonzentraten zählt auch die Gewinnung von Blut- und Plasmaderivaten. Erfasst werden hier also sowohl das Sammeln und Verpacken von Blut im Rahmen von Blutspenden als auch die weitere Untersuchung und Behandlung der „Konserven".

9 Was zum **Vertrieb** von Arzneimitteln gehört, beschreibt § 47 AMG sehr umfassend und soll auch für die Bestimmung im Rahmen der BSI-KritisV maßgeblich sein.[10] Unter **Abgabe** wird die Aushändigung an Patienten oder Ärzte verstanden.[11]

IV. Kritische Infrastrukturen im Sektor Gesundheit (Abs. 4)

10 Die konkrete Festlegung, welche Anlagen oder Teile davon im Sektor Gesundheit als Kritische Infrastrukturen gelten, erfolgt in Abs. 4. Die hierbei verwendete Regelung findet sich praktisch identisch in den Regelungen für die anderen Sektoren. Es müssen mehrere Voraussetzungen erfüllt sein, damit eine Anlage (oder Teile davon) als KRITIS gelten.

11 Nach Nr. 1 müssen die Anlage oder Teile davon einer der im Anhang 5 Teil 3 Spalte B aufgeführten Kategorien zuzuordnen sein. In Anhang 5 Teil 3 sind die Kategorien nach den Bereichen sortiert aufgeführt, die bereits in Abs. 1 für den Sektor festgelegt wurden (zB „1.1 Krankenhaus" für den Bereich „stationäre medizinische Versorgung" oder „4.1 Labor" für den Bereich „Laboratoriumsdiagnostik").

12 Zudem müssen die Anlagen oder Teile gem. Nr. 2 den jeweiligen branchenspezifischen Schwellenwert nach Anhang 5 Teil 3 Spalte D erreichen oder überschreiten. Dort werden die für jede Anlagenkategorie geltenden spezifischen Schwellen-

---

[9] Vgl. RefE 1. KritisÄndVO, S. 45.
[10] Vgl. RefE 1. KritisÄndVO, S. 45.
[11] RefE 1. KritisÄndVO, S. 45.

werte festgelegt. Auch im Sektor Gesundheit wurde nicht in Abs. 4 selbst festgelegt, welche Zeitpunkte für die Feststellung der KRITIS-Eigenschaft maßgeblich sind, wann also die jeweiligen Schwellenwerte erreicht oder überschritten werden müssen. Diese Festlegungen finden sich stattdessen in Anhang 5 Teil 1 Nr. 2 und 3.

§ 7 Sektor Finanz- und Versicherungswesen

(1) **Wegen ihrer besonderen Bedeutung für das Funktionieren des Gemeinwesens sind im Sektor Finanz- und Versicherungswesen kritische Dienstleistungen im Sinne des § 10 Absatz 1 Satz 1 des BSI-Gesetzes:**

1. die Bargeldversorgung;
2. der kartengestützte Zahlungsverkehr;
3. der konventionelle Zahlungsverkehr;
4. der Handel mit Wertpapieren und Derivaten sowie die Verrechnung und die Abwicklung von Wertpapier- und Derivatgeschäften;
5. Versicherungsdienstleistungen und Leistungen der Sozialversicherung sowie der Grundsicherung für Arbeitsuchende.

(2) **Die Bargeldversorgung wird in den Bereichen Autorisierung einer Abhebung, Einbringen in den Zahlungsverkehr, Belastung Kundenkonto und Bargeldlogistik erbracht.**

(3) **Der kartengestützte Zahlungsverkehr wird bei kartengebundenen Zahlungsvorgängen im Sinne der Verordnung (EU) 2015/751 des Europäischen Parlaments und des Rates vom 29. April 2015 über Interbankenentgelte für kartengebundene Zahlungsvorgänge (ABl. L 123 vom 19.5.2015, S. 1) in den Bereichen Autorisierung, Einbringen in den Zahlungsverkehr sowie Belastung auf dem Konto des Zahlers und Gutschrift auf dem Konto des Zahlungsempfängers erbracht.**

(4) **Der konventionelle Zahlungsverkehr wird bei Zahlungsvorgängen mittels Überweisung und Lastschrift im Sinne der Verordnung (EU) Nr. 260/2012 des Europäischen Parlaments und des Rates vom 14. März 2012 zur Festlegung der technischen Vorschriften und der Geschäftsanforderungen für Überweisungen und Lastschriften in Euro (ABl. L 94 vom 30.3.2012, S. 22) in den Bereichen Annahme einer Überweisung oder Lastschrift, Einbringen in den Zahlungsverkehr sowie Belastung und Gutschrift auf Kundenkonten erbracht.**

(5) **Der Handel mit Wertpapieren und Derivaten sowie die Verrechnung und die Abwicklung von Wertpapier- und Derivatgeschäften wird in den Bereichen Einbringen von Aufträgen in den Handel, Ausführung des Handels und Bestandsführung für den Kunden sowie Verrechnung von Wertpapier- und Derivatgeschäften, Verbuchung Wertpapiere und Verbuchung Geld erbracht.**

(6) **[1]Versicherungsdienstleistungen werden im Bereich Inanspruchnahme von Versicherungsleistungen erbracht. [2]Leistungen der Sozialversicherung werden im Bereich Inanspruchnahme von Sozialversicherungsleistungen erbracht. [3]Leistungen der Grundsicherung für Arbeitsuchende werden im Bereich der Inanspruchnahme von Leistungen, die der Sicherung des Lebensunterhalts dienen, mithilfe von IT-Systemen der Bundesagentur für Arbeit erbracht.**

(7) **Im Sektor Finanz- und Versicherungswesen sind Kritische Infrastrukturen solche Anlagen oder Teile davon, die**

1. den in Anhang 6 Teil 3 Spalte B genannten Kategorien zuzuordnen sind und
2. den Schwellenwert nach Anhang 6 Teil 3 Spalte D erreichen oder überschreiten.

(8) **[1]Abweichend von § 1 Nummer 2 hat im Sektor Finanz- und Versicherungswesen bestimmenden Einfluss auf eine Anlage, die den in Anhang 6 Teil 3 Spalte A Nummer 1 bis 4 genannten Anlagenkategorien zuzuordnen ist, wer die tatsächliche Sachherrschaft ausübt. [2]Die rechtlichen und wirtschaftlichen Umstände bleiben insoweit unberücksichtigt.**

A. Allgemeines

1 Der Sektor Finanz- und Versicherungswesen gehörte zum „zweiten Korb" der BSI-KritisV, also den drei Sektoren, für die erst mit der ersten Verordnung zur Änderung der BSI-Kritisverordnung (1. KritisÄndVO) im Jahr 2017 die Kritischen Infrastrukturen festgelegt wurden.

B. Einzelerläuterungen

I. Kritische Dienstleistungen (Abs. 1)

2 In Abs. 1 werden in einem ersten Schritt zur Bestimmung von KRITIS die Dienstleistungen im Sektor Finanz- und Versicherungswesen festgelegt, die aufgrund ihrer besonderen Bedeutung als kritisch gelten. Die abstrakte Definition Kritischer Infrastrukturen aus § 2 Abs. 10 BSIG wird damit etwas weiter konkretisiert. Es werden fünf kritische Dienstleistungen im Sektor festgelegt: Die Bargeldversorgung (Nr. 1), der kartengestützte Zahlungsverkehr (Nr. 2), der konventionelle Zahlungsverkehr (Nr. 3), der Handel mit Wertpapieren und Derivaten sowie die Verrechnung und Abwicklung entsprechender Geschäfte (Nr. 4), sowie Versicherungsdienstleistungen und Leistungen der Sozialversicherung sowie der Grundsicherung für Arbeitsuchende (Nr. 5). In den folgenden Absätzen werden diese kritischen Dienstleistungen noch weiter konkretisiert.

II. Bereiche der Bargeldversorgung (Abs. 2)

3 In Abs. 2 wird die kritische Dienstleistung der Bargeldversorgung näher konkretisiert. Bargeldversorgung in diesem Sinne meint die Versorgung der (Bank-)Kunden mit Bargeld. Dabei ist es grundsätzlich unerheblich, ob die Kunden das Bargeld unmittelbar bei der Bank, bei einem Geldautomaten oder über die Kassen von Einzelhändlern von ihrem Konto abheben.[1] Nach Abs. 2 wird die kritische Dienstleistung **Bargeldversorgung** in den vier Bereichen Autorisierung einer Abhebung,

[1] Vgl. RefE 1. KritisÄndVO, S. 50.

Einbringen in den Zahlungsverkehr, Belastung Kundenkonto und Bargeldlogistik erbracht.

Autorisierung einer Abhebung ist gleichbedeutend mit der Genehmigung 4
der Ausgabe des Bargelds an die Kunden. Das Abheben setzt u.a. die Echtheit der eingesetzten Debit- oder Kreditkarte, die Korrektheit der Sicherungsmittel (zB PIN) und eine Deckung in Höhe des auszuzahlenden Bargeldbetrages auf dem Kundenkonto (idR durch Einlagen oder Dispositionsrahmen) voraus, die mit der Autorisierung ebenso bestätigt werden. Das **Einbringen in den Zahlungsverkehr** meint die anschließende Verrechnung der autorisierten Auszahlung im System des Zahlungsverkehrs mit allen dafür notwendigen Prozessschritten (zB dem Clearing). Die **Belastung Kundenkonto** bedeutet den Abzug des abgehobenen Betrages vom Konto der jeweiligen Kunden im Kontoführungssystem der Bank der Kunden. Zur **Bargeldlogistik** gehören grds. alle Prozessschritte zur Verteilung und Verarbeitung von Bargeld zwischen bzw. durch die einzelnen Akteure der Bargeldversorgung. Dazu zählen zB die Ein- und Ausgangsbearbeitung von Bargeldlieferungen, deren Disposition oder der Bargeldtransport.

III. Bereiche des kartengestützten Zahlungsverkehrs (Abs. 3)

Die kritische Dienstleistung des **kartengestützten Zahlungsverkehrs** erfasst 5
die Bezahlung von Waren oder Dienstleistungen am Point of Sale (PoS). Abs. 3 verweist für die Definition der kartengebundenen Zahlungsvorgänge auf die MIF-VO. Nach Art. 2 Nr. 7 MIF-VO sind kartengebundene Zahlungsvorgänge Dienstleistungen, die auf der Infrastruktur und den Geschäftsregeln eines Kartenzahlverfahrens beruhen, um mit Hilfe einer Karte oder eines Telekommunikations-, Digital- oder IT-Geräts oder einer entsprechenden Software eine Zahlung auszuführen, wenn sich daraus eine Debit- oder eine Kreditkartentransaktion ergibt. Erfasst werden also Zahlungen mit Debit- oder Kreditkarten.[2] Dabei ist es unerheblich, ob es sich um physische oder lediglich in Software hinterlegte Debit- oder Kreditkarten handelt.

Die Dienstleistung wird in den drei Bereichen Autorisierung, Einbringen in den 6
Zahlungsverkehr sowie Belastung auf dem Konto des Zahlers und Gutschrift auf dem Konto des Zahlungsempfängers erbracht. **Autorisierung** bedeutet in dem Zusammenhang die Genehmigung zur Verwendung der jeweiligen Karte für die konkrete Transaktion. Dafür werden die Zahlungs- und Kartendaten am PoS ausgelesen und in einem Rechenzentrum auf Richtigkeit und das (Kreditkarten-) Konto auf Deckung geprüft. Als Ergebnis wird entweder eine Genehmigung oder eine Ablehnung der Zahlung an den PoS übermittelt. Das **Einbringen in den Zahlungsverkehr** meint die anschließende Verrechnung der autorisierten Auszahlung im System des Zahlungsverkehrs mit allen dafür notwendigen Prozessschritten (zB dem Clearing). Bei der **Belastung auf dem Konto des Zahlers und** der **Gutschrift auf dem Konto des Zahlungsempfängers** wird der Transaktionsbetrag im Kontoführungssystem der Bank des Zahlers vom entsprechenden Kundenkonto abgezogen und im Kontoführungssystem der Bank des Zahlungsempfängers dem Konto des Zahlungsempfängers gutgeschrieben.

---

[2] Vgl. RefE 1. KritisÄndVO, S. 50.

IV. Bereiche des konventionellen Zahlungsverkehrs (Abs. 4)

7 Mit dem **konventionellen Zahlungsverkehr** sind Überweisungen und Lastschriften gemeint. Diese Dienstleistung wird nach Abs. 4 in den drei Bereichen Annahme einer Überweisung oder Lastschrift, Einbringen in den Zahlungsverkehr sowie Belastung und Gutschrift auf Kundenkonten erbracht. Die **Annahme einer Überweisung oder Lastschrift** umfasst dabei sämtliche Formen, also sowohl die Annahme physischer Überweisungs- oder Lastschriftformulare als auch die Annahme entsprechender elektronischer Anweisungen (zB im Online-Banking). Das **Einbringen in den Zahlungsverkehr** meint die anschließende Verrechnung der Überweisung oder Lastschriftbeträge im System des Zahlungsverkehrs mit allen dafür notwendigen Prozessschritten (zB dem Clearing). Bei der **Belastung und Gutschrift auf Kundenkonten** wird der Transaktionsbetrag im Kontoführungssystem der Bank der Überweisenden bzw. Lastschrifterteilenden vom entsprechenden Kundenkonto abgezogen und im Kontoführungssystem der Bank des Überweisungs- bzw. Lastschriftempfängers dem Konto des Zahlungsempfängers gutgeschrieben.

V. Bereiche des Handels mit Wertpapieren und Derivaten sowie der Ver- und Abrechnung (Abs. 5)

8 Die kritische Dienstleistung des Handels mit Wertpapieren und Derivaten sowie deren Ver- und Abrechnung wird durch Abs. 5 in sechs verschiedene Bereiche aufgeteilt: 1. Einbringen von Aufträgen in den Handel, 2. die Ausführung des Handels, 3. die Bestandsführung für den Kunden, 4. die Verrechnung von Wertpapier- und Derivatgeschäften, 5. die Verbuchung der Wertpapiere und 6. die Verbuchung des Geldes. Damit bildet der Verordnungsgeber den kompletten Prozess von der Beauftragung über die Ausführung und Abrechnung von Wertpapier- und Derivatgeschäften ab. Aufgrund der hohen Volumina solcher Geschäfte könnten Ausfälle einzelner Prozessschritte die Abwicklung stören und damit Auswirkungen auf die wirtschaftliche Leistungsfähigkeit der Bundesrepublik haben und in letzter Konsequenz Gefährdungen von Rechtsgütern wie dem Eigentum herbeiführen.[3] Dies erscheint freilich vor allem im Derivatebereich, in dem Positionen oftmals Ablauf- bzw. Verfallsdaten haben können, nach denen sie uU wertlos verfallen, durchaus plausibel.

9 Mit dem **Einbringen von Aufträgen in den Handel** sind solche Systeme gemeint, mit denen Aufträge zum Handel mit Wertpapieren oder Derivaten erstellt werden und an einen Handelsplatz weitergeleitet werden können. Dazu zählen sowohl Systeme, mit denen Kunden solche Aufträge selbst erstellen können, als auch solche, bei denen dies durch Mitarbeiter von Dienstleistern (Banken, Broker uÄ) erfolgt. Zu diesen Systemen zählen auch die Teile, mit denen diese Aufträge an den Handelsplatz übertragen werden. Die **Ausführung des Handels** ist dagegen ein eigener Bereich. Er erfasst die Handelsplätze, an denen Angebot und Nachfrage zusammengeführt und die Wertpapier- bzw. Derivate-Geschäfte abgeschlossen werden.

10 Beim Bereich der **Bestandsführung für den Kunden** handelt es sich um die Depotführungssysteme, in denen die Wertpapier- oder Derivatebestände für die Kunden nachgehalten bzw. ausgewiesen werden.

---

[3] Vgl. RefE 1. KritisÄndVO, S. 51.

Die **Verrechnung von Wertpapier- und Derivatgeschäften** ist der Bereich, der sich an die Ausführung des Handels anschließt und auch als **Clearing** bezeichnet wird. Hierbei werden die Handelsabschlüsse übermittelt, abgestimmt und in manchen Fällen auch bestätigt. Zudem werden die zur Abwicklung der Geschäfte notwendigen Informationen (Beträge, Zahlungswege und -daten, Ort und Zeit der Lieferung der Wertpapiere oder Derivate uÄ) ermittelt und ausgetauscht. Sofern zwei Stellen sich teilweise gegenseitig dieselben Leistungen aus verschiedenen Handelsgeschäften „schulden" (Zahlung von Geld, Lieferung von bestimmten Wertpapieren uÄ), können die jeweiligen Ansprüche im Rahmen des Clearings aufgerechnet bzw. saldiert werden (netting).[4] 11

Nach der Verrechnung der Wertpapiergeschäfte müssen diese auch verbucht werden. Bei der **Verbuchung der Wertpapiere** handelt es sich um die Lieferung der Wertpapiere. Diese erfolgt heutzutage in aller Regel nicht mehr durch physische Lieferung effektiver Stücke von Verkäufern an die Käufer. Stattdessen verarbeitet eine Verwahrstelle die Geschäfte bzw. Buchungsaufträge.[5] Die jeweiligen Zu- bzw. Abgänge der Wertpapiere werden dann in den Depotkonten der Banken verbucht – beim Käufer als Zugang und beim Verkäufer als Abgang. Bei der **Verbuchung des Geldes** handelt es sich um die Verbuchung des Kaufpreises für Wertpapiere oder Derivate über die Zahlungsverkehrssysteme. Der Kaufpreis (zzgl. möglicher Gebühren) wird vom Konto des Käufers abgezogen und dem Konto des Verkäufers (abzüglich möglicher Gebühren) gutgeschrieben. 12

VI. Bereiche der Versicherungsdienstleistungen und Leistungen der Sozialversicherung sowie der Grundsicherung für Arbeitsuchende (Abs. 6)

Gemäß S. 1 wird die kritische Dienstleistung der **Versicherungsdienstleistungen** im Bereich der Inanspruchnahme derselben erbracht. Die Leistungen der Sozialversicherungen wurden erst mit der 2. KritisÄndVO im Jahr 2021 ergänzt und werden im Bereich von deren Inanspruchnahme erbracht. Für die ebenfalls mit der 2. KritisÄndVO neu eingefügten Leistungen der Grundsicherung für Arbeitsuchende legt S. 3 fest, dass diese im Bereich der Inanspruchnahme von Leistungen zur Sicherung des Lebensunterhalts dienen und mithilfe von IT-Systemen der Bundesagentur für Arbeit erbracht werden.[6] 13

Bei der **Inanspruchnahme der Versicherungsleistung** geht es um die Prüfung der von den Kunden vorgebrachten Sachverhalte, die Entscheidung über die Auszahlung der Versicherungsleistung und die Auszahlung durch die Versicherung. Es ist grds. unerheblich, ob es sich bei der vereinbarten Versicherungsleistung um einmalige, mehrfache oder auch regelmäßige Zahlungen durch die Versicherungen handelt.[7] Zum Bereich der Inanspruchnahme der Versicherungsleistungen zählen all die Prozessschritte, die für die Prüfung, Entscheidung und Auszahlung notwendig sind. Zur Prüfung zählt u.a. die Einreichung von leistungsbegründenden Unterlagen (zB Arztrechnungen bei Krankenversicherungen). Ebenso verhält es sich bei der **Inanspruchnahme von Sozialleistungen,** nur dass diese Leistungen nicht 14

---

[4] RefE 1. KritisÄndVO, S. 51.

[5] RefE 1. KritisÄndVO, S. 53.

[6] Vgl. KabF 2. KritisÄndVO, Begründung S. 46, https://intrapol.org/wp-content/uploads/2022/11/KabV_2.-AendV-BSI-KritisV.pdf.

[7] Vgl. RefE 1. KritisÄndVO, S. 53.

von privaten Versicherungsunternehmen erbracht werden, sondern von den gesetzlich vorgesehenen Sozialversicherungsträgern (zB gesetzliche Unfall-, Arbeitslosen-, Renten- oder Sozialversicherung).

15 Für die **Inanspruchnahme von Leistungen der Grundsicherung** für Arbeitssuchende hat der Verordnungsgeber bereits festgelegt, dass es sich um solche Leistungen handelt, die der Sicherung des Lebensunterhaltes dienen. Erfasst werden also alle Leistungen nach dem SGB II. Zudem hat der Gesetzgeber klargestellt, dass es sich um Leistungen handelt, die mithilfe von IT-Systemen der Bundesagentur für Arbeit erbracht werden.[8] Soweit also Optionskommunen nach § 6a SGB II (als alleinige Träger) für die Erbringung der Grundsicherungsleistungen auch nicht auf die IT der Bundesagentur zurückgreifen, stellt diese Leistungserbringung im Rahmen der Grundsicherung nach dem SGB II auch keine kritische Dienstleistung nach Abs. 1 Nr. 5 iVm Abs. 6 dar.

VII. Kritische Infrastrukturen im Sektor Finanz- und Versicherungswesen (Abs. 7)

16 Die konkrete Festlegung, welche Anlagen oder Teile davon im Sektor Finanz- und Versicherungswesen als Kritische Infrastrukturen gelten, erfolgt in Abs. 7. Die hierbei verwendete Regelung findet sich praktisch identisch in den Regelungen für die anderen Sektoren. Es müssen mehrere Voraussetzungen erfüllt sein, damit eine Anlage (oder Teile davon) als KRITIS gelten.

17 Nach Nr. 1 müssen die Anlage oder Teile davon einer der im Anhang 6 Teil 3 Spalte B aufgeführten Kategorien zuzuordnen sein. In Anhang 6 Teil 3 sind die Kategorien nach den Bereichen sortiert aufgeführt, die bereits in Abs. 2–6 für den Sektor festgelegt wurden.

18 Zudem müssen die Anlagen oder Teile gem. Nr. 2 den jeweiligen branchenspezifischen Schwellenwert nach Anhang 6 Teil 3 Spalte D erreichen oder überschreiten. Dort werden die für jede Anlagenkategorie geltenden spezifischen Schwellenwerte festgelegt. Auch im Sektor Finanz- und Versicherungswesen wurde nicht in Abs. 7 selbst festgelegt, welche Zeitpunkte für die Feststellung der KRITIS-Eigenschaft maßgeblich sind, wann also die jeweiligen Schwellenwerte erreicht oder überschritten werden müssen. Diese Festlegungen finden sich stattdessen in Anhang 6 Teil 1 Nr. 2 und 3.

VIII. Bestimmender Einfluss (Abs. 8)

19 Als Besonderheit gegenüber den übrigen Sektoren regelt Abs. 8 die Frage besonders, wer bestimmenden Einfluss auf eine Anlage hat und damit als deren Betreiber gilt. Nach § 1 Abs. 1 Nr. 2 sind für die Frage des bestimmenden Einflusses die rechtlichen, wirtschaftlichen und tatsächlichen Umstände zu berücksichtigen (→ § 1 Rn. 29). Für die in Anhang 6 Teil 3 Spalte A Nr. 1–4 genannten Anlagenkategorien, also die Anlagen für die kritischen Dienstleistungen Bargeldversorgung (Abs. 2), kartengestützter Zahlungsverkehr (Abs. 3), konventioneller Zahlungsverkehr (Abs. 4) und Handel mit Wertpapieren und Derivaten sowie die Verrechnung und die Abwicklung von Wertpapier- und Derivategeschäften (Abs. 5), sollen allein die tatsächlichen Umstände maßgeblich sein. Dahinter steht die Erkenntnis, dass die genannten Bereiche von so umfangreichen Auslagerungskonstellationen geprägt

[8] KabF 2. KritisÄndVO, Begründung S. 46.

sind. Teilweise wurde nicht nur der Betrieb der technischen Infrastruktur bzw. Informationstechnik ausgelagert, sondern der Betrieb der kritischen Dienstleistung (zB die Abwicklung des Zahlungsverkehrs) an sich. Die Unternehmen, an die ausgelagert wurde (Auslagerungsunternehmen), sind diejenigen, die als einzige tatsächlich unmittelbar Einfluss auf die Erbringung der kritischen Dienstleistung und die Sicherheit der dafür benötigten Informationstechnik haben. Oftmals betreiben diese die Dienstleistung auch für mehrere Kunden (zB Banken). Daher sollen nur die Auslagerungsunternehmen als Betreiber den KRITIS-Pflichten unterworfen werden, nicht aber deren Kunden. Würde jedoch der Grundsatz des § 1 Abs. 1 Nr. 2 Anwendung finden, müssten auch die wirtschaftlichen und rechtlichen Umstände berücksichtigt werden. Rechtlich haben die Kunden der Auslagerungsunternehmen (zB Banken) oft Weisungsrechte, da diese teilweise schon aus regulatorischen Gründen zwingend vorgesehen sind (vgl. § 25b KWG). Als Betreiber kämen dann aus rechtlicher Sicht die Kunden der Auslagerungsunternehmen und aus tatsächlicher Sicht die Auslagerungsunternehmen in Betracht. Dies würde es schwer machen, die verpflichteten Betreiber zu bestimmen und damit zu einer Verantwortungsdiffusion führen, die angesichts der Bedeutung der kritischen Dienstleistungen für die Allgemeinheit vom Verordnungsgeber – zu Recht – als nicht hinnehmbar angesehen wurde.[9]

§ 8 Sektor Transport und Verkehr

(1) **Wegen ihrer besonderen Bedeutung für das Funktionieren des Gemeinwesens ist im Sektor Transport und Verkehr die Versorgung der Allgemeinheit mit Leistungen zum Transport von Personen und Gütern (Personen- und Güterverkehr) kritische Dienstleistung im Sinne des § 10 Absatz 1 Satz 1 des BSI-Gesetzes.**

(2) **Der Personen- und Güterverkehr wird in den Bereichen Luftverkehr, Eisenbahnverkehr, See- und Binnenschifffahrt, Straßenverkehr, öffentlicher Personennahverkehr (ÖPNV) und Logistik sowie verkehrsträgerübergreifend erbracht.**

(3) **Im Sektor Transport und Verkehr sind Kritische Infrastrukturen solche Anlagen oder Teile davon, die**
1. **den in Anhang 7 Teil 3 Spalte B genannten Kategorien zuzuordnen sind und**
2. **den Schwellenwert nach Anhang 7 Teil 3 Spalte D erreichen oder überschreiten.**

A. Allgemeines

Der Sektor Transport und Verkehr gehörte zum „zweiten Korb" der BSI-Kri- 1
tisV, also den drei Sektoren, für die erst mit der ersten Verordnung zur Änderung der BSI-Kritisverordnung (1. KritisÄndVO) im Jahr 2017 die Kritischen Infrastrukturen festgelegt wurden.

[9] Vgl. RefE 1. KritisÄndVO, S. 61.

B. Einzelerläuterungen

I. Kritische Dienstleistungen (Abs. 1)

2 In Abs. 1 werden in einem ersten Schritt zur Bestimmung von KRITIS die Dienstleistungen im Sektor Transport und Verkehr festgelegt, die aufgrund ihrer besonderen Bedeutung als kritisch gelten. Die abstrakte Definition Kritischer Infrastrukturen aus § 2 Abs. 10 BSIG wird damit zumindest etwas weiter konkretisiert. Die Versorgung der Allgemeinheit mit Leistungen zum Transport von Personen und Gütern (Personen- und Güterverkehr) wird als einzige kritische Dienstleistung festgelegt. Eine tiefgreifende Konkretisierung geht damit noch nicht einher. Interessant ist, dass hier nicht zwei kritische Dienstleistungen festgelegt wurden, einerseits der Personenverkehr und andererseits der Güterverkehr. Jedenfalls in der Verordnungsbegründung lässt der Verordnungsgeber durchscheinen, dass er beides als zwei unterschiedliche Dienstleistungen ansieht („die beiden Kernleistungen").[1] Gleichwohl nennt der Verordnungsgeber den Personenverkehr und den Güterverkehr „Segmente" derselben kritischen Dienstleistung.[2] Regelungssystematisch sind diese Segmente unerheblich. Relevante Kategorien des § 8 sind nur der „Sektor", die „kritische Dienstleistung" und die „Bereiche".

3 Als kritische Dienstleistungen in diesem Sektor sollen nur solche Transportleistungen erfasst werden, die der Allgemeinheit bzw. Dritten zur Verfügung gestellt werden. Individualverkehr und Werksverkehr sollen daher vollumfänglich unberücksichtigt bleiben.[3] Abgrenzungsfragen zwischen Werksverkehr und Transportleistungen für Dritte können sich dann stellen, wenn die Transportleistungen im Konzern von einer Konzerngesellschaft (Transportgesellschaft) für andere Konzerngesellschaften erbracht werden. Diese anderen rechtlich getrennten Konzerngesellschaften könnten dann als Dritte bzw. Teil der Allgemeinheit angesehen werden. Im Hinblick auf die Intention des Gesetzgebers dürfte die Transportleistung jedoch weiterhin als normaler Werksverkehr angesehen werden, soweit die Transportleistung auch rein intern vergeben wurde. Etwas anderes dürfte jedoch gelten, wenn die Transportgesellschaft sich auch konzernintern bei der Vergabe der Transportaufträge im Wettbewerb mit konzernfremden Anbietern befindet und gegen deren Angebote durchsetzen muss. Denn dann gibt es keinen Grund, die von ihr erbrachte Transportleistung gegenüber der der anderen Transportdienstleister als reines Internum zu privilegieren.

II. Bereiche des Personen- und Güterverkehrs (Abs. 2)

4 Nach Abs. 2 wird die Dienstleistung des Personen- und Güterverkehrs in den sechs Bereichen Luftverkehr, Eisenbahnverkehr, See- und Binnenschifffahrt, Straßenverkehr, Öffentlicher Personennahverkehr (ÖPNV) und Logistik erbracht. Diese Bereiche weisen einige Überschneidungen auf. So kann der öffentliche Personennahverkehr auch mit Bussen erbracht werden, die eigentlich dem Straßenverkehr zuzuordnen sind, oder auch durch Eisenbahnverkehr (etwa Regionalbahnen). Systematisch lassen sich die Bereiche jedoch unterscheiden, da Luftverkehr, Eisen-

[1] Vgl. RefE 1. KritisÄndVO, S. 62.
[2] RefE 1. KritisÄndVO, S. 62.
[3] RefE 1. KritisÄndVO, S. 62.

bahnverkehr, See- und Binnenschifffahrt und Straßenverkehr die verschiedenen **Verkehrsträger** und ihre Infrastrukturen erfassen.[4] Demgegenüber handelt es sich beim ÖPNV und der Logistik um Branchenklassifizierungen. Diese Branchen setzen idR bei ihrer Leistung für den Transport von Personen oder Gütern auf einen oder mehrere dieser Verkehrsträger.[5] Durch die Verwendung des Begriffs „verkehrsträgerübergreifend" in Abs. 2 macht der Verordnungsgeber deutlich, dass die Transportdienstleistung sich nicht auf einen Verkehrsträger beschränken muss, sondern die Gesamtleistung „Transport" auch im Einzelfall durch Nutzung mehrerer Verkehrsträger erbracht wird (zB Transport von Waren mit dem Schiff aus dem Ausland in einen Importhafen, Weitertransport per Bahn bis zu einem lokalen Verteilzentrum, von wo aus die Zustellung an den Bestimmungsort per Nutzfahrzeug über die Straßen erfolgt).

Der Bereich **Luftverkehr** ist einer der vier Verkehrsträger und umfasst den Trans- 5
port von Personen und von Gütern. Zu dem Bereich zählt grds. alles, was zur Erbringung der Transportleistung benötigt wird. Dazu gehören zB Anlagen und Systeme zur Abfertigung von Passagieren oder Fracht sowie auch die Infrastruktur der Flughäfen (zB Tankanlagen, Vorrichtungen zur Enteisung der Flugzeuge im Winter).

Der Bereich **Eisenbahnverkehr** umfasst alles rund um den Verkehrsträger 6
Schienenverkehr, soweit es um den Transport von Personen und den Transport von Gütern geht. Zu diesem Bereich gehören daher u.a. die Bahnhöfe (für Passagiere, Güter oder die Zugbildung), die Schienennetze und Leit- oder Steuerungssysteme. Auch wenn die eigentlichen Transportmittel wie Triebwagen und Waggons im Anhang nicht als Anlagen bestimmt werden, so gehören auch sie zunächst zum Bereich Eisenbahnverkehr.

Mit dem Bereich der **See- und Binnenschifffahrt** werden die Tätigkeiten 7
rund um die Transportleistungen auf dem Verkehrsträger Schifffahrt erfasst – insbesondere dessen Steuerung sowie die Be- und Entladung. Der Verordnungsgeber meint mit dem Bereich vor allem den Gütertransport. Den Transport von Personen wollte er wegen seiner untergeordneten Bedeutung nicht erfassen. Das gleiche gilt für Roll-on-Roll-off-Schiffsverkehre für den Transport von Passagieren, PKW, LKW und Zügen bzw. Zugteilen.[6] Streng genommen spiegelt sich diese Begrenzung jedoch nicht in der Bereichsbestimmung des Abs. 2 wider. Der Wortlaut „See- und Binnenschifffahrt" würde auch diese Teilbereiche erfassen. Daher muss diese Intention des Gesetzgebers im Rahmen der Auslegung der Anlagenbegriffe im Anhang 7 Teil 1 und 3 berücksichtigt werden.

Ein besonders umfangreicher Bereich ist der **Straßenverkehr.** Hier sah der Ver- 8
ordnungsgeber den Güterverkehr als maßgeblich an.[7] Da weder der Wortlaut „Straßenverkehr" noch die kritische Dienstleistung „Personen- und Güterverkehr" diese enge Betrachtung tragen, wird man auch den Transport von Personen auf der Straße (zB durch Fernbusse) diesem Bereich zunächst einmal zurechnen können. Seinem engeren Begriffsverständnis bzw. seinem Regelungsziel kann und muss der Verordnungsgeber durch eine entsprechende Bestimmung der relevanten Anlagen im Anhang 7 Rechtswirkung verleihen.

Anders als die bisher genannten Bereiche, die zu einem konkreten Verkehrsträger 9
gehören, ist der **öffentliche Personennahverkehr (ÖPNV)** ein Bereich, der ver-

---

4 RefE 1. KritisÄndVO, S. 62.
5 Vgl. RefE 1. KritisÄndVO, S. 63.
6 RefE 1. KritisÄndVO, S. 63.
7 RefE 1. KritisÄndVO, S. 63.

kehrsträgerübergreifend ist. Der ÖPNV lässt sich noch einmal unterteilen in den öffentlichen Straßenpersonennahverkehr (ÖSPV) und den Schienenpersonennahverkehr (SPNV), die auf bestimmte Verkehrsträger setzen. Beiden gemeinsam ist das Merkmal „öffentlich", mit dem zum Ausdruck gebracht wird, dass die Personenbeförderungsleistungen der Allgemeinheit zur Verfügung stehen müssen.[8] Transportleistungen, die nur bestimmten Personen offenstehen (zB firmeninterne Shuttle-Services) zählen also von vorneherein nicht dazu. Ebenso fällt darunter nicht der motorisierte Individualverkehr der Nutzer mit ihren eigenen Fahrzeugen.[9]

10 Auch der Bereich **Logistik** betrifft nicht einen bestimmten Verkehrsträger, sondern ist ein Querschnittsbereich, der für die Sicherstellung von Transport, Lagerung, Bereitstellung, Beschaffung und Verteilung von Gütern und Personen verantwortlich ist.[10] Im Kern geht es dabei um die Steuerung und Verwaltung der jeweiligen Personen- oder Güterströme.

III. Kritische Infrastrukturen im Sektor Transport und Verkehr (Abs. 3)

11 Die konkrete Festlegung, welche Anlagen oder Teile davon im Sektor Transport und Verkehr als Kritische Infrastrukturen gelten, erfolgt in Abs. 3. Die hierbei verwendete Regelung findet sich praktisch identisch in den Regelungen für die anderen Sektoren. Es müssen mehrere Voraussetzungen erfüllt sein, damit eine Anlage (oder Teile davon) als KRITIS gelten.

12 Nach Nr. 1 müssen die Anlage oder Teile davon einer der im Anhang 7 Teil 3 Spalte B aufgeführten Kategorien zuzuordnen sein. Zudem müssen die Anlagen oder Teile gem. Nr. 2 den jeweiligen branchenspezifischen Schwellenwert nach Anhang 7 Teil 3 Spalte D erreichen oder überschreiten. Dort werden die für jede Anlagenkategorie geltenden spezifischen Schwellenwerte festgelegt. Auch im Sektor Transport und Verkehr wurde nicht in Abs. 3 selbst festgelegt, welche Zeitpunkte für die Feststellung der KRITIS-Eigenschaft maßgeblich sind, wann also die jeweiligen Schwellenwerte erreicht oder überschritten werden müssen. Diese Festlegungen finden sich stattdessen in Anhang 7 Teil 1 Nr. 2 und 3.

§ 9 Evaluierung

Zwei Jahre nach Inkrafttreten dieser Rechtsverordnung und danach alle zwei Jahre sind unter Beteiligung der in § 10 Absatz 1 Satz 1 des BSI-Gesetzes genannten Ressorts und unter Berücksichtigung von Erkenntnissen der Betreiber Kritischer Infrastrukturen, von deren Verbänden sowie von Vertretern der Wissenschaft zu evaluieren

1. **die Festlegung der kritischen Dienstleistungen und Bereiche,**
2. **die Festlegung der Anlagenkategorien, die für die Erbringung der kritischen Dienstleistungen erforderlich sind, und**
3. **die Bestimmung der Schwellenwerte.**

---

[8] Vgl. RefE 1. KritisÄndVO, S. 64.

[9] RefE 1. KritisÄndVO, S. 63.

[10] Angelehnt an die Erläuterung der Bundesvereinigung Logistik (BVL), https://www.bvl.de/service/zahlen-daten-fakten/logistikbereiche/logistik.

A. Allgemeines

Die Evaluierungsklausel war schon in der ersten Fassung der BSI-KritisV vom 22.4.2016 enthalten, dort jedoch noch in § 6 aF. Die damalige Fassung sah nur eine Evaluierung vier Jahre nach Inkrafttreten der KritisV vor. Regelmäßige Folgeevaluierungen waren dagegen nicht vorgesehen.[1] Diese wurden erst mit der 1. KritisÄndVO vom 21.6.2017 eingeführt. Dafür wurden die Worte „und danach alle zwei Jahre" eingefügt. Leider erfolgte die Einfügung vor dem Wort „Rechtsverordnung" statt danach, so dass der Satz grammatikalisch etwas verunglückt war. Dies wurde mit der 2. KritisÄndVO jedoch korrigiert. 1

B. Einzelerläuterungen

§ 9 gibt dem Verordnungsgeber auf, die Rechtsverordnung erstmals zwei Jahre nach Inkrafttreten und danach alle zwei Jahre zu evaluieren. Damit wird die Vorgabe des Art. 5 Abs. 5 NIS-RL umgesetzt, der den Mitgliedstaaten eine regelmäßige Evaluierung – mindestens alle zwei Jahre ab dem 9.5.2018 – vorschreibt. Das soll gewährleisten, dass die Liste der Kritischen Infrastrukturen regelmäßig an Veränderungen der Markt-, Versorgungs- und Bedrohungslage angepasst wird.[2] Die in § 10 Abs. 1 S. 1 BSIG genannten Ressorts sind vom BMI an der Evaluierung zu beteiligen. Eine bestimmte Form der Beteiligung, zB Herstellung des Einvernehmens, sieht § 9 nicht vor. Es genügt also jede Form der Beteiligung der genannten Ressorts. Erst die Änderung der BSI-KritisV als Ergebnis der Evaluierung erfordert das in § 10 Abs. 1 S. 1 BSIG vorgeschriebene Einvernehmen. Mit der 2. KritisÄndVO wurde der Kreis derjenigen erweitert, auf deren Erkenntnisse bei der Evaluierung zurückgegriffen werden soll. So müssen nunmehr auch die Erkenntnisse der KRITIS-Betreiber und ihrer Verbände bei der Evaluierung berücksichtigt werden. Vor dem Hintergrund, dass vor allem dort das notwendige Wissen um die jeweiligen Prozesse und Abhängigkeiten in den Sektoren vorhanden ist, scheint diese Ergänzung sehr sinnvoll. Da die Wissenschaft als Erkenntnisquelle in der Regel neutraler sein wird als möglicherweise interessensgeleitete Aussagen von Betreibern, ist auch deren Aufnahme sehr zu begrüßen. 2

Die Evaluierungsunterlagen unterliegen nicht dem **Informationszugang,** da § 10 Abs. 1 S. 3 BSIG keinen Zugang zu den Akten gestattet, die die Erstellung oder Änderung dieser Verordnung betreffen. Das erfasst auch die Evaluierungsunterlagen als vorbereitende Maßnahme. 3

§ 7[1] Inkrafttreten

Diese Verordnung tritt am Tag nach der Verkündung in Kraft.

---

[1] BGBl. 2016 I S. 959.
[2] Vgl. Erwgr. 19 der NIS-RL.
[1] Paragraphenzählung amtlich.

Anhang 1

(zu § 1 Nummer 4 und 5, § 2 Absatz 5 Nummer 1 und 2)

Anlagenkategorien und Schwellenwerte im Sektor Energie

Teil 1 Grundsätze und Fristen

1. Für die in Teil 3 Spalte B genannten Anlagenkategorien gelten vorrangig die Begriffsbestimmungen nach § 3 des Energiewirtschaftsgesetzes und nach § 2 des Kraft-Wärme-Kopplungsgesetzes in der jeweils geltenden Fassung.
2. Im Sinne von Anhang 1 ist oder sind
   - 2.1 Erzeugungsanlage
     eine Anlage im Sinne des § 3 Nummer 18c des Energiewirtschaftsgesetzes. Diese Kategorie umfasst auch Anlagen zur Speicherung von elektrischer Energie sowie dezentrale Energieerzeugungsanlagen im Sinne des § 3 Nummer 11 des Energiewirtschaftsgesetzes.
   - 2.2 Anlage oder System zur Bündelung und Steuerung elektrischer Leistung
     eine Anlage oder ein System zur Bündelung elektrischer Leistung und Steuerung von Erzeugungsanlagen oder dezentraler Energieerzeugungsanlagen, insbesondere zur Anwendung bei Direktvermarktungsunternehmen im Sinne des § 3 Nummer 17 des Erneuerbare-Energien-Gesetzes. Unter den Begriff der Steuerung fallen auch die die Anlagen betreffenden Schalthandlungen.
   - 2.3 Übertragungsnetz
     ein Netz zur Übertragung im Sinne des § 3 Nummer 32 des Energiewirtschaftsgesetzes.
   - 2.4 Zentrale Anlage oder System für den Stromhandel
     eine Anlage oder ein elektronisches Handelssystem, das den physischen, kurzfristigen Spothandel sowie den Terminhandel mit Energie für das deutsche Marktgebiet betrifft.
   - 2.5 Stromverteilernetz
     ein Netz zur Verteilung von Elektrizität im Sinne des § 3 Nummer 37 des Energiewirtschaftsgesetzes.
   - 2.6 Gasförderanlage
     eine Anlage zur Förderung von Erdgas aus einer Bohrung.
   - 2.7 Anlage zur zentralen standortübergreifenden Steuerung
     eine Anlage oder ein IT-System, durch das eine oder mehrere Anlagen standortübergreifend gesteuert oder überwacht werden.
   - 2.8 Fernleitungsnetz
     ein Netz zur Fernleitung im Sinne des § 3 Nummer 19 des Energiewirtschaftsgesetzes.
   - 2.9 Gasgrenzübergabestelle
     eine Netzkoppelstelle, die in der Regel zwischen einem deutschen Fernleitungsnetz und dem eines anderen Staates besteht, soweit diese nicht von einem deutschen Fernleitungsnetzbetreiber als Bestandteil dessen Fernleitungsnetzes betrieben wird.
   - 2.10 Gasspeicher
     eine Speicheranlage im Sinne des § 3 Nummer 31 des Energiewirtschaftsgesetzes.

2.11 Gasverteilernetz
ein Netz zur Verteilung von Gas im Sinne des § 3 Nummer 37 des Energiewirtschaftsgesetzes.

2.12 Gashandelssystem
eine Anlage oder ein elektronisches Handelssystem für den Handel von Gasmengen oder -kapazitäten.

2.13 Ölförderanlage
eine Anlage zur Förderung von Erdöl aus einer Bohrung.

2.14 Raffinerie
eine Anlage zur Destillation oder Raffination oder sonstigen Weiterverarbeitung von Erdöl in Mineralölraffinerien im Sinne der Nummer 4.3 der Anlage 1 des Gesetzes über die Umweltverträglichkeitsprüfung.

2.15 Mineralölfernleitung
eine Rohrfernleitung im Sinne der Rohrfernleitungsverordnung zum Transport von Erdöl oder Erdölprodukten.

2.16 Erdöl- und Erdölproduktenlager
eine Anlage zur Lagerung von Erdöl oder Mineralölprodukten.

2.17 Anlage oder System von Aggregatoren zum Vertrieb von Kraftstoff und Heizöl
eine Anlage oder ein IT-System, das zur Disposition insbesondere von Tankkraftwagen, Kesselwagen oder Binnenschiffen verwendet wird, mit dem Ziel, den Vertrieb von Kraftstoff oder Heizöl abzuwickeln, zu koordinieren oder zu optimieren, unabhängig davon, ob durch die Anlage oder das IT-System Verbraucher beliefert werden.

2.18 Tankstellennetz
eine Anlage oder ein System zur Verbindung voneinander unabhängiger Tankstellen oder Flugfeldbetankungsanlagen mittels zentraler Komponenten (beispielsweise physischer oder datentechnischer Verbindungen). Eine zentrale Komponente dient der zentralen Erbringung wichtiger Aufgaben für den Betrieb der Tankstellen oder Flugfeldbetankungsanlagen eines Tankstellennetzes zur Versorgung mit Kraftstoff.

2.19 Anlage oder System zur zentralen kommerziellen Steuerung
eine Anlage oder ein System zur zentralen Steuerung oder Koordinierung der Betriebsplanung einer oder mehrerer Anlagen oder zur kommerziellen Abwicklung für eine oder mehrere Anlagen, soweit diese zum Betrieb notwendig sind. Dazu zählen auch Clearing-Instanzen oder Kollaborationslösungen, die als Cloud-Lösung betrieben werden.

2.20 Heizwerk
eine Anlage zur Erzeugung von Wärme zur Belieferung von Endkunden im Sinne der Verordnung über Allgemeine Bedingungen für die Versorgung mit Fernwärme.

2.21 Heizkraftwerk
eine KWK-Anlage im Sinne des § 2 Nummer 14 des Kraft-Wärme-Kopplungsgesetzes.

2.22 Fernwärmenetz
ein Netz zur Versorgung der Allgemeinheit mit Wärme.

3. Eine Anlage, die einer in Teil 3 Spalte B genannten Anlagenkategorie zuzuordnen ist, gilt ab dem 1. April des Kalenderjahres, das auf das Kalenderjahr folgt, in dem ihr Versorgungsgrad den in Teil 3 Spalte D genannten Schwellenwert erstmals erreicht oder überschreitet, als Kritische Infrastruktur. Nicht mehr als

Kritische Infrastruktur gilt eine solche Anlage ab dem 1. April des Kalenderjahres, das auf das Kalenderjahr folgt, in dem ihr Versorgungsgrad den genannten Schwellenwert unterschreitet.

4. Der Betreiber hat den Versorgungsgrad seiner Anlage für das zurückliegende Kalenderjahr jeweils bis zum 31. März des Folgejahres zu ermitteln.
5. Ist der Versorgungsgrad anhand der Anzahl angeschlossener Haushalte zu ermitteln, ist der Versorgungsgrad zum 30. Juni des zurückliegenden Kalenderjahres maßgeblich.
6. Ist der Versorgungsgrad anhand der Kapazität (installierte Netto-Nennleistung) einer Anlage zu ermitteln, ist auf den rechtlich und tatsächlich möglichen Betriebsumfang der durch denselben Betreiber betriebenen Anlage abzustellen.
7. Stehen mehrere Anlagen derselben Art in einem engen räumlichen und betrieblichen Zusammenhang (gemeinsame Anlage) und erreichen oder überschreiten die in Teil 3 Spalte D genannten Schwellenwerte zusammen, gilt die gemeinsame Anlage als Kritische Infrastruktur. Ein enger räumlicher und betrieblicher Zusammenhang ist gegeben, wenn die Anlagen
   a) auf demselben Betriebsgelände liegen,
   b) mit gemeinsamen Betriebseinrichtungen verbunden sind,
   c) einem vergleichbaren technischen Zweck dienen und
   d) unter gemeinsamer Leitung stehen.

Teil 2 Berechnungsformeln zur Ermittlung der Schwellenwerte

8. Der für die Anlagenkategorien des Teils 3 Nummer 1.1.1 und 1.1.2 genannte Schwellenwert von 104 MW ist unter Annahme eines Durchschnittsverbrauchs von 1815 kWh pro versorgter Person pro Jahr und eines Regelschwellenwertes von 500 000 versorgten Personen wie folgt berechnet:
   900 GWh/Jahr ≈ 908 GWh/Jahr = 1815 kWh/Jahr × 500 000
   Die durchschnittliche elektrische Arbeit zur Versorgung von 500 000 Personen im Jahr entspricht im Falle der Nummern 1.1.1 und 1.1.2 einer installierten Nettonennleistung von:
   104 MW ≈ (908 GWh/Jahr)/(8760 h/Jahr)
   Der Schwellenwert von 36 MW für zur Erbringung von Primärregelleistung präqualifizierter Anlagen ergibt sich aus Artikel 5 Absatz 3 der Verordnung (EU) 2016/631 der Kommission vom 14. April 2016 zur Festlegung eines Netzkodex mit Netzanschlussbestimmungen für Stromerzeuger.
9. Der für die Anlagenkategorien des Teils 3 Nummer 1.4.1 genannte Schwellenwert ist unter Annahme eines Gesamthandelsvolumens von rund 600 000 GWh und eines Durchschnittshandelsvolumens pro Person pro Jahr von 7,46 MWh und eines Regelschwellenwertes von 500 000 versorgten Personen wie folgt berechnet:
   3,7 TWh ≈ 7,46 MWh/Jahr × 500 000
10. Der für die Anlagenkategorien des Teils 3 Nummer 2 genannte Schwellenwert ist unter Annahme eines Durchschnittsverbrauchs von 10 380 kWh pro versorgter Person pro Jahr und eines Regelschwellenwertes von 500 000 versorgten Personen wie folgt berechnet:
    5190 GWh/Jahr = 10 380 kWh/Jahr × 500 000
11. Der für die Anlagenkategorien des Teils 3 Nummer 3.1.2, 3.1.3, 3.2.2, 3.2.3, 3.3.1 und 3.3.3 genannte Schwellenwert ist unter Annahme einer durchschnittlichen Produktionsmenge von 0,84 Tonnen Kraftstoff zur Versorgung

einer Person pro Jahr und eines Regelschwellenwertes von 500 000 versorgten Personen wie folgt berechnet:
420 000 t/Jahr = 0,84 t/Jahr × 500 000

12. Der für Erdöl in den Anlagenkategorien des Teils 3 Nummer 3.1.1, 3.1.3, 3.2.1, 3.2.2, 3.2.3 und 3.4.1 genannte Schwellenwert ist unter Annahme einer durchschnittlichen Produktionsmenge von 1,24 Tonnen leichtem Heizöl zur Versorgung einer Person pro Jahr und damit einer durchschnittlichen Gesamtproduktionsmenge von 620 000 Tonnen leichtem Heizöl für 500 000 versorgte Personen sowie unter der Annahme, dass aus einer Tonne Rohöl etwa 0,14 Tonnen leichtes Heizöl hergestellt werden, wie folgt berechnet:
4 400 000 t/Jahr = 620 000 t/Jahr/0,14
13. Der für Kraftstoff in den Anlagenkategorien des Teils 3 Nummer 3.1.2, 3.1.3, 3.2.1, 3.2.2, 3.2.3, 3.3.1, 3.3.2, 3.3.3 und 3.4.1 genannte Schwellenwert ist unter Annahme einer durchschnittlichen Produktionsmenge von 0,84 Tonnen Kraftstoff zur Versorgung einer Person pro Jahr und eines Regelschwellenwertes von 500 000 versorgten Personen wie folgt berechnet:
420 000 t/Jahr = 0,84 t/Jahr × 500 000
14. Der für Flugkraftstoff in den Anlagenkategorien des Teils 3 Nummer 3.1.2, 3.1.3, 3.2.1., 3.2.2, 3.2.3, 3.3.1, 3.3.2, 3.3.3 und 3.4.1 genannte Schwellenwert ist unter Annahme eines Durchschnittsverbrauchs einer Person pro Jahr von 0,1275 Tonnen Flugkraftstoff und eines Regelschwellenwertes von 500 000 versorgten Personen wie folgt berechnet:
63 750 t/Jahr = 0,1275 t/Jahr × 500 000
15. Der für Heizöl in den Anlagenkategorien des Teils 3 Nummer 3.1.2, 3.1.3, 3.2.1, 3.2.2, 3.2.3, 3.3.1, 3.3.3 und 3.4.1 genannte Schwellenwert ist unter Annahme einer durchschnittlichen Produktionsmenge von 1,24 Tonnen leichtem Heizöl zur Versorgung einer Person pro Jahr und eines Regelschwellenwertes von 500 000 versorgten Personen wie folgt berechnet:
620 000 t/Jahr = 1,24 t/Jahr × 500 000

Teil 3 Anlagenkategorien und Schwellenwerte

Spalte A	**Spalte B**	**Spalte C**	**Spalte D**
Nr.	**Anlagenkategorie**	**Bemessungskriterium**	**Schwellen-wert**
1	**Stromversorgung**		
1.1	Stromerzeugung		
1.1.1	Erzeugungsanlage	Installierte Nettonennleistung (elektrisch oder direkt mit Wärmeauskopplung verbundene elektrische Wirkleistung bei Wärmenennleistung ohne Kondensationsanteil) in MW oder	104
		installierte Nettonennleistung in MW, wenn die Anlage als Schwarzstartanlage nach § 3 Absatz 2 des Beschlusses der	0

Spalte A Nr.	Spalte B Anlagenkategorie	Spalte C Bemessungskriterium	Spalte D Schwellenwert
		Bundesnetzagentur vom 20. Mai 2020, Aktenzeichen BK6-18-249 kontrahiert ist, oder	
		installierte Nettonennleistung in MW, wenn die Anlage zur Erbringung von Primärregelleistung nach § 2 Nummer 8 StromNZV präqualifiziert ist	36
1.1.2	Anlage oder System zur Steuerung/Bündelung elektrischer Leistung	Installierte Nettonennleistung (elektrisch) in MW oder	104
		installierte Nettonennleistung in MW, wenn die Anlage als Schwarzstartanlage nach § 3 Absatz 2 des Beschlusses BK6-18-249 kontrahiert ist, oder	0
		installierte Nettonennleistung in MW, wenn die Anlage zur Erbringung von Primärregelleistung nach § 2 Nummer 8 StromNZV präqualifiziert ist	36
1.2	Stromübertragung		
1.2.1	Übertragungsnetz	Durch Letztverbraucher und Weiterverteiler entnommene Jahresarbeit in GWh/Jahr	3 700
1.3	Stromverteilung		
1.3.1	Stromverteilernetz	Durch Letztverbraucher und Weiterverteiler entnommene Jahresarbeit in GWh/Jahr	3 700
1.4	Stromhandel		
1.4.1	Zentrale Anlage oder System für den Stromhandel	Abgewickeltes Handelsvolumen in TWh/Jahr	3,7
2	**Gasversorgung**		
2.1	Gasförderung		
2.1.1	Gasförderanlage	Energie des geförderten Gases in GWh/Jahr	5 190

Spalte A	**Spalte B**	**Spalte C**	**Spalte D**
Nr.	**Anlagenkategorie**	**Bemessungskriterium**	**Schwellenwert**
2.1.2	Anlage zur zentralen standortübergreifenden Steuerung	Energie des geförderten Gases in GWh/Jahr	5 190
2.2	Gastransport und -speicherung		
2.2.1	Fernleitungsnetz	Durch Letztverbraucher und Weiterverteiler entnommene Jahresarbeit in GWh/Jahr	5 190
2.2.2	Gasgrenzübergabestelle	Durchgeleitete Arbeit in GWh/Jahr	5 190
2.2.3	Gasspeicher	Entnommene Arbeit in GWh/Jahr	5 190
2.3	Gasverteilung		
	Gasverteilernetz	Entnommene Arbeit in GWh/Jahr	5 190
2.4	Gashandel		
2.4.1	Gashandelssystem	Energie der gehandelten Gasmengen oder -kapazitäten in GWh/Jahr	5 190
3	**Kraftstoff- und Heizölversorgung**		
3.1	Erdölförderung und Produktenherstellung		
3.1.1	Ölförderanlage	Gefördertes Erdöl in Tonnen/Jahr	4 400 000
3.1.2	Raffinerie	Erzeugter Kraftstoff in Tonnen/Jahr oder	420 000 (≈ 420 Millionen Liter)
		erzeugter Flugkraftstoff in Tonnen/Jahr oder	63 750
		erzeugtes Heizöl in Tonnen/Jahr	620 000
3.1.3	Anlage zur zentralen standortübergreifenden Steuerung	Gefördertes Rohöl in Tonnen/Jahr oder	4 400 000
		erzeugter Kraftstoff in Tonnen/Jahr oder	420 000
		erzeugter Flugkraftstoff in Tonnen/Jahr oder	63 750
		erzeugtes Heizöl in Tonnen/Jahr	620 000

Spalte A	Spalte B	Spalte C	Spalte D
Nr.	**Anlagenkategorie**	**Bemessungskriterium**	**Schwellen-wert**
3.2	Erdöltransport und -lagerung		
3.2.1	Mineralölfernleitung	Transportierte entnommene Rohölmenge in Tonnen/Jahr oder	4 400 000
		transportierte Kraftstoffmenge in Tonnen/Jahr oder	420 000
		transportierte Flugkraftstoff-menge in Tonnen/Jahr oder	63 750
		transportierte Heizölmenge in Tonnen/Jahr	620 000
3.2.2	Erdöl- und Erdöl-produktenlager	Umgeschlagenes Rohöl in Tonnen/Jahr oder	4 400 000
		umgeschlagener Kraftstoff in Tonnen/Jahr oder	420 000
		umgeschlagener Flugkraftstoff in Tonnen/Jahr oder	63 750
		umgeschlagenes Heizöl in Tonnen/Jahr	620 000
3.2.3	Anlage zur zentralen standortübergreifen-den Steuerung	Gesamtmenge des transpor-tierten Rohöls und der trans-portierten Ölprodukte in Tonnen/Jahr oder	4 400 000
		umgeschlagenes Rohöl in Tonnen/Jahr oder	4 400 000
		umgeschlagener Kraftstoff in Tonnen/Jahr oder	420 000
		umgeschlagener Flugkraftstoff in Tonnen/Jahr oder	63 750
		umgeschlagenes Heizöl in Tonnen/Jahr	620 000
3.3	Kraftstoff- und Heizölverteilung		
3.3.1	Anlage oder System von Aggregatoren zum Vertrieb von Kraftstoff und Heizöl	Verteilter Kraftstoff in Tonnen/Jahr oder	420 000
		verteilter Flugkraftstoff in Tonnen/Jahr oder	63 750
		verteiltes Heizöl in Tonnen/Jahr	620 000

Spalte A	**Spalte B**	**Spalte C**	**Spalte D**
Nr.	**Anlagenkategorie**	**Bemessungskriterium**	**Schwellenwert**
3.3.2	Tankstellennetz	Verteilter Kraftstoff in Tonnen/Jahr oder	420 000
		verteilter Flugkraftstoff in Tonnen/Jahr	63 750
3.3.3	Anlage zur zentralen standortübergreifenden Steuerung	Verteilter Kraftstoff in Tonnen/Jahr oder	420 000
		verteilter Flugkraftstoff in Tonnen/Jahr oder	63 750
		verteiltes Heizöl in Tonnen/Jahr	620 000
3.4	Mineralölhandel		
3.4.1	Anlagen oder Systeme zur zentralen kommerziellen Steuerung	Abgewickeltes Erdöl in Tonnen/Jahr oder	4 400 000
		abgewickelter Kraftstoff in Tonnen/Jahr oder	420 000
		abgewickelter Flugkraftstoff in Tonnen/Jahr oder	63 750
		abgewickeltes Heizöl in Tonnen/Jahr	620 000
4	**Fernwärmeversorgung**		
4.1	Erzeugung von Fernwärme		
4.1.1	Heizwerk	Ausgeleitete Wärmeenergie in GWh/Jahr	2 300
4.1.2	Heizkraftwerk	Ausgeleitete Wärmeenergie in GWh/Jahr	2 300
4.2	Verteilung von Fernwärme		
4.2.1	Fernwärmenetz	Angeschlossene Haushalte	250 000
4.3	Steuerung und Überwachung		
4.3.1	Anlage zur zentralen standortübergreifenden Steuerung	Angeschlossene Haushalte oder	250 000
		ausgeleitete Wärmeenergie in GWh/Jahr	2 300

Literatur: *Hornung/Schallbruch* (Hrsg.), IT-Sicherheitsrecht, 2021, *Kipker* (Hrsg.), Cybersecurity, 2020; *Ritter,* „Corona-Ferien" für Kritische Infrastrukturen?, RDV 2020, 237; *Säcker* (Hrsg.), Berliner Kommentar zum Energierecht, Band 1: Energiewirtschaftsrecht – Energieplanungsrecht – Energiesicherungsgesetz, 4. Aufl. 2019.

Inhaltsübersicht

A. Allgemeines

I. Systematik

1 Die Anhänge der BSI-KritisV sind in ihrem Aufbau weitestgehend deckungsgleich und untergliedern sich jeweils in **drei Teile.** Im ersten Teil findet sich zunächst unter Nr. 2 eine **Auflistung** aller grundlegenden, für den Sektor einschlägigen **Anlagenkategorie-Begriffe.** Im Rahmen der Anpassung der BSI-KritisV wurden hier zunehmend ausführlichere Definitionen der Kategorienbegriffe auf Grundlage der vorigen Gesetzesbegründung und -evaluation ergänzt, weshalb im Rahmen der folgenden Kommentierung vorwiegend auf einzelne Fälle eingegangen und sonst auf die gesetzlichen Bestimmungen verwiesen werden soll. Die folgenden Nummern des ersten Teils konkretisieren auch grundlegende Regelungen für den Sektor: Sie bestimmen die maßgeblichen Zeitpunkte **(Stichtage)**, bis zu denen die Betreiber die Identifikation einer Anlage als Kritische Infrastruktur vornehmen müssen und die Anlage dann als Kritische Infrastruktur gilt – oder entsprechend spiegelbildlich nicht (mehr) gilt. Zudem finden sich konkretisierende Kriterien dazu, wann sektorspezifisch ein enger räumlicher und betrieblicher Zusammenhang zwischen einzelnen Anlagen vorliegt und diese somit jedenfalls als eine gemeinsame Anlage anzusehen sind. Der zweite Teil dient der Darlegung der **Berechnungsgrundlagen,** mittels derer der Verordnungsgeber die spezifischen Schwellenwerte in Teil 3 Spalte D für den Sektor auf dem Hintergrund der grundsätzlichen Versorgungsgröße von 500.000 Versorgten kalkuliert hat. In Teil 3 werden dann tabellarisch die Anlagenkategorien (Spalte A) für die in § 2 Abs. 1 festgelegten kritischen Dienstleistungen, verbunden mit dem jeweils zugehörigen, anlagenspezifischen Bemessungskriterium (Spalte C) und dem konkreten Schwellenwert (Spalte D), aufgelistet. Hier realisiert sich die vom Gesetzgeber beabsichtigte Möglichkeit der „Bestimmung auf einen Blick" (→ § 1 Rn. 6ff.) am eindrücklichsten. Daher ist vor allem **Teil 3** als unterste und damit **konkreteste Stufe** von praktischer Bedeutung für das System der Selbstidentifikation, das der Gesetzgeber für die nationale KRITIS-Regulierung gewählt hat.

B. Einzelerläuterungen

I. Grundsätze und Fristen (Teil 1)

1. Begriffsbestimmungen (Nr. 1 und 2). In den ersten beiden Nummern des Teils 1 finden sich die Begriffsbestimmungen für die in Anhang 1 verwendeten Begriffe. Nr. 1 verweist dazu auf die Begriffsbestimmungen des § 3 EnWG und des § 2 Kraft-Wärme-Kopplungsgesetzes (KWKG 2020), in Nr. 2 werden dann eine Reihe von Begriffen legaldefiniert (→ Rn. 18ff.). Dabei statuiert Nr. 1 einen Vorrang der Definitionen aus EnWG und KWKG 2020 gegenüber denen in Nr. 2. 2

2. Zeitpunkte und Zeiträume für die Ermittlung des Versorgungsgrades (Nr. 3–5). Nach Nr. 3 S. 1 ist für die Bestimmung der Eigenschaft als KRITIS idR der Versorgungsgrad im zurückliegenden Kalenderjahr maßgeblich. Wenn der in Teil 3 Spalte D zugeordnete Schwellenwert im zurückliegenden Kalenderjahr mit der Anlage erreicht oder überschritten wurde, gilt diese ab dem 1.4. des laufenden Jahres als KRITIS. Quantitativ betrachtet werden also regelmäßig die Zahlen für das zurückliegende Jahr. Seit der 2. KritisÄndVO regelt Nr. 3 S. 2 explizit, ab wann eine Anlage nicht mehr als KRITIS gilt. Das war zuvor nur im Wege der Auslegung zu ermitteln, da nur das Erlangen der KRITIS-Eigenschaft geregelt war, aber nicht deren Verlust.[1] Mit der neuen expliziten Regelung stehen die Betreiber schlechter da als zuvor. Denn nach Nr. 3 S. 2 ist jetzt Voraussetzung für den Verlust der KRITIS-Eigenschaft, dass die Anlage im vorangegangenen Kalenderjahr die Schwellenwerte aus Teil 3 Spalte D **unterschritten** hat. Die gesetzliche Klarstellung legt den Betreibern damit praktisch eine Deregistrierungspflicht beim BSI auf, die – anders als die Registrierungspflicht – gesetzlich nicht in den § 8b BSIG geregelt ist und zuvor nicht galt. Bei Vorliegen dieser Voraussetzung gilt die Anlage ab dem 1.4. des aktuellen Jahres nicht mehr als KRITIS. Vor Einführung der Regelung der Nr. 3 S. 2 galt die Anlage bereits mit Ablauf des Kalenderjahres nicht mehr als KRITIS, in dem der Schwellenwert unterschritten wurde.[2] 3

Nach Nr. 4 hat der Betreiber den **Versorgungsgrad für das zurückliegende Kalenderjahr** in der Regel **bis zum 31.3. des laufenden Jahres** zu ermitteln. Eine Sonderregelung gilt mit **Nr. 5** für solche Anlagen, bei denen der Versorgungsgrad anhand der Anzahl angeschlossener Haushalte zu ermitteln ist. Während ansonsten das Kalenderjahr maßgeblich ist, kommt es hier darauf an, ob die Anlage am 30.6. des zurückliegenden Kalenderjahres den Schwellenwert erreicht oder überschritten hat. Warum hier nicht der 31.12. eines Jahres – also das Ende des ansonsten relevanten Bemessungszeitraums – maßgeblich sein soll, ist nicht erkennbar. 4

3. Ermittlung des Versorgungsgrades in besonderen Fallgestaltungen (Nr. 6 und 7). In den Nr. 6 und 7 werden besondere Fallgestaltungen für die Ermittlung des Versorgungsgrades geregelt. Dabei geht es anders als bei Nr. 5 nicht um den Zeitpunkt der Ermittlung, sondern darum, welche Versorgungsleistungen bei der Ermittlung des Versorgungsgrades relevant sind. Sofern der Versorgungsgrad 5

[1] Vgl. *Ritter,* RDV 2020, 237f.
[2] *Ritter,* RDV 2020, 237 (238).

anhand der Kapazität einer Anlage zu ermitteln ist, soll nach Nr. 6 auf den **rechtlich** und **tatsächlich möglichen Betriebsumfang** der **durch denselben Betreiber** betriebenen Anlage abgestellt werden. Wie in vielen Bereichen der KRITIS-Regelungen hat sich der Verordnungsgeber hier an Regelungen des Immissionsschutzrechts – hier konkret an § 1 Abs. 1 S. 4 4. BImSchV – orientiert. Die relevante Kapazität muss also sowohl rechtlich zulässig als auch technisch möglich sein. Weichen rechtliche Zulässigkeit und technische Möglichkeit voneinander ab, ist der geringere Wert für die Ermittlung des Versorgungsgrades maßgeblich.

Beispiel: Eine Anlage hat technisch eine bestimmte Kapazität, der Betrieb wurde jedoch nur in geringerem Umfang genehmigt. In diesem Fall ist für die Ermittlung des Versorgungsgrades die geringere, rechtlich zulässige Kapazität maßgeblich.

6 Mit Nr. 7 findet sich die Sonderregelung der **sektorspezifischen gemeinsamen Anlage** für den Sektor Energie. Die grundsätzliche Definition der gemeinsamen Anlage ist im allgemeinen Bestimmungsteil festgelegt (→ § 1 Rn. 19). Damit sind Anlagen gemeint, die zwar einzeln für sich genommen nicht die Schwellenwerte aus Teil 3 Spalte D erreichen, jedoch selbst zu einem größeren Gesamtsystem entsprechender Anlagen gehören. Die Versorgungskennzahlen solcher Anlagen können grds. nach § 1 Abs. 2 S. 2 dann zusammengerechnet werden und gemeinsam die Schwellenwerte überschreiten, wenn sie **derselben Kategorie** angehören, durch einen **„betriebstechnischen Zusammenhang verbunden"** sind und gemeinsam zur Erbringung derselben kritischen Dienstleistung notwendig sind. Die sektorspezifische Regelung der gemeinsamen Anlage in den jeweiligen Anhängen bestand bereits vor Aufnahme der übergeordneten Regelung in § 1 Abs. 2 S. 2. Da die Neuaufnahme in § 1 Abs. 2 nur der Klarstellung halber erfolgte[3] und die sektorspezifischen Regelungen erhalten geblieben sind, dürften diese der Konkretisierung des „betriebstechnischen Zusammenhangs" dienen. Der liegt nach Nr. 7 S. 1 vor, wenn ein **enger räumlicher und betrieblicher** Zusammenhang besteht. Nr. 7 S. 2 regelt wiederum, wann dieser enge räumliche und betriebliche Zusammenhang vorliegt. Die Anlagen müssen dafür **auf demselben Betriebsgelände** liegen, **mit gemeinsamen Betriebseinrichtungen verbunden** sein, **einem vergleichbaren Zweck dienen** und **unter gemeinsamer Leitung** stehen. Damit wird – wie schon mit dem Begriff der Anlage – an das Immissionsschutzrecht angeknüpft, das zB in § 1 Abs. 3 4. BImSchV ebenfalls gemeinsame Anlagen kennt.[4]

7 Vom selben **Betriebsgelände** ist nicht nur dann auszugehen, wenn eine Anlage sich auf einem einzigen zusammenhängenden (Betriebs-)Grundstück befindet. Es reicht aus, dass die Anlagen in einem räumlichen Zusammenhang zueinanderstehen.[5] Der liegt jedenfalls auch dann noch vor, wenn die Anlagen auf unterschiedlichen Grundstücken stehen, die aber zB durch Straßen oder Bahngleise voneinander getrennt sind. Auch bei Off-Shore-Windparks wird man ein gemeinsames Betriebsgelände annehmen können, obwohl zwischen den einzelnen Anlagen teilweise größere Abstände liegen und es sich beim Meer nicht um ein klassisches Betriebsgelände handelt. Eine feste Grenze, wann kein räumlicher Zusammenhang mehr besteht, gibt es nicht. Daher kommt es auf die konkreten Umstände des Ein-

---

[3] KabF 2. KritisÄndVO, S. 40, https://intrapol.org/wp-content/uploads/2022/11/KabV_2.-AendV-BSI-KritisV.pdf.

[4] Hornung/Schallbruch IT-SicherheitsR/*Fischer,* § 13 Rn. 59.

[5] Kipker Cybersecurity/*Beucher/Fromageau,* Kap. 12 Rn. 63.

zelfalls an, ob bei einer konkreten Anlage noch eine gemeinsame Anlage vorliegt oder nicht.

Für einen engen betrieblichen Zusammenhang müssen die Anlagen **mit gemeinsamen Betriebseinrichtungen verbunden** sein. Als Betriebseinrichtungen gelten nur solche Einrichtungen, die für den technischen Betrieb der Anlagen notwendig sind. Einrichtungen, die lediglich wirtschaftlichen Zwecken der Anlage dienen (zB Verwaltungsgebäude oder Kantinen), sollen nicht dazu zählen.[6] Die gemeinsame Betriebseinrichtung kann, muss aber keine eigene Anlage oder Nebeneinrichtung einer solchen Anlage iSd BSI-KritisV sein.[7] Teilweise wird in der Literatur sehr scharf zwischen der Verbindung der Anlagen *mit* diesen gemeinsamen Betriebseinrichtungen und der Verbindung *durch* diese gemeinsame Betriebseinrichtungen differenziert. Diese Differenzierung hat ihren Ursprung im Immissionsschutzrecht, an dem sich die KRITIS-Regelungen orientieren. Eine Verbindung lediglich *durch* gemeinsame Betriebseinrichtungen wird zB angenommen, wenn zwei Anlagen durch Stromleitungen miteinander verbunden sind.[8] **8**

Die Anlagen müssen zudem einem **vergleichbaren technischen Zweck** dienen. Damit wird der Tatsache Rechnung getragen, dass mehrere eigentlich eigenständige in Teil 3 genannte Anlagen durch das Konstrukt der gemeinsamen Anlage regulatorisch zu einer größeren Anlage zusammengefasst werden. Dies ist schon denknotwendig nur bei Anlagen möglich, die einem vergleichbaren technischen Zweck dienen. Für die technische Vergleichbarkeit kommt es vor allem auf das mit dem Betrieb der Anlage verfolgte technische Ziel (zB die Erzeugung elektrischer Energie) an.[9] **9**

Nach Nr. 7 lit. d müssen die Anlagen auch unter **gemeinsamer Leitung** stehen. Damit ist iErg die Leitung des Betriebs durch denselben Betreiber gemeint und nicht der rein technische Prozess der Leitung durch Steuer- bzw. Leitstände.[10] In Konzernverbünden liegt eine gemeinsame Leitung nur bei Anlagen innerhalb derselben Konzerngesellschaft vor. Die Konzernleitung ist also nicht die gemeinsame Leitung für Anlagen verschiedener Konzerngesellschaften. **10**

II. Berechnungsformeln zur Ermittlung der Schwellenwerte (Teil 2)

In der Dienstleistung **Stromversorgung** wurde aus der in Deutschland insgesamt verbrauchten elektrischen Energiemenge zunächst grundsätzlich errechnet, dass der jährliche Durchschnittsverbrauch zur Versorgung einer Person 7.375 kWh beträgt.[11] Der Schwellenwert wurde dann von der verbrauchten elektrischen Energie auf die hierfür benötigte (installierte) **Nennleistung** abgeleitet, welche die maximale Versorgungskapazität einer Anlage angibt. Denn die Nennleistung unterliegt als fester Wert keinen Verbrauchsschwankungen und eignet sich somit zur abstrahierten Ermittlung der Auswirkung einer Anlage auf die Netzstabilität deut- **11**

[6] Kipker Cybersecurity/*Beucher/Fromageau,* Kap. 12 Rn. 63.
[7] Vgl. Kipker Cybersecurity/*Beucher/Fromageau,* Kap. 12 Rn. 63.
[8] Kipker Cybersecurity/*Beucher/Fromageau,* Kap. 12 Rn. 63.
[9] Vgl. Kipker Cybersecurity/*Beucher/Fromageau,* Kap. 12 Rn. 63.
[10] Vgl. Kipker Cybersecurity/*Beucher/Fromageau,* Kap. 12 Rn. 63.
[11] Zugrunde gelegt wurde die verbrauchte elektrischen Energie von 2014 mit etwa 590 TWh, vgl. KabF BSI-KritisV 2016, Begründung S. 13, https://intrapol.org/wp-content/uploads/2016/04/BSI-KRITIS-VO-Kabinettsfassung.pdf.

lich besser als die erzeugte elektrische Energie.[12] Der Schwellenwert wurde dann für die Sicherstellung der Versorgung von 500.000 Personen erzeugt, welche als Nenngröße der Versorgungsgruppe für eine quantitativ kritische Infrastruktur als ausschlaggebend bestimmt wurde.

12 Diese regelmäßige **Referenzgruppengröße von 500.000 versorgten Personen**[13] für die Schwellenwertberechnung hat der Gesetzgeber wie folgt dargelegt:

Die Ausfälle Kritischer Infrastrukturen können bis zu einer gewissen Größenordnung über Notfallkapazitäten in eingeschränkter Form aufgefangen werden. Übersteigen solche Ausfälle die Kompensationsfähigkeit der Notfallvorsorge, kommt es zu Engpässen bei der Versorgung der Allgemeinheit. Daraus resultiert eine besondere Bedeutung für Kritische Infrastrukturen, die hinsichtlich ihres Versorgungsgrads die Ersatzkapazitäten der Notfallvorsorge übersteigen. Da in der Notfallvorsorge bislang nur punktuell konkrete Schutzziele festgelegt wurden, ist ein Schwellenwert an Erfahrungswerten festzumachen. Eine exemplarische Analyse von Notfallplanungen bzw. Notfallkapazitäten aus Bundessicht zeigte 2016, dass die Kapazitätsgrenze für die damals untersuchten Beispiele in einem Korridor um 500.000 betroffene Personen liegt. Ausfälle, die darüber liegen, konnten mit den vorhandenen Notfallkapazitäten nicht mehr ausreichend kompensiert werden. Dies betrifft insbesondere die Stromversorgung, gilt aber entsprechend auch für andere kritische Dienstleistungen.[14]

13 Mit der Gesetzesänderung 2021 wurde zwar an der Referenzgruppe festgehalten, der Schwellenwert für Energieanlagen sowie für **Anlagen zur Steuerung/Bündelung** elektrischer Leistung mittels einer neuen Berechnungsgrundlage gegenüber 2014 aber erheblich angepasst: Eine Präzisierung des Stromverbrauchs nach Sektoren erlaubte laut Gesetzgeber den Bezug auf den tatsächlichen Anteil der Haushalte am Stromverbrauch, wodurch der Regelschwellenwert für Verteilnetzbetreiber aus Teil 2 der BSI-KritisV von ca. 3.700 GWh/Jahr auf ca. 900 GWh/Jahr sank. Gemäß der Berechnungsformel aus Teil 2 der BSI-KritisV führte dies gleichfalls zu einer Reduktion auf 104 MW für Energieanlagen. Diese Reduktion spiegelte auch die grundsätzliche Entwicklung im nationalen Erzeugungspark wieder, da insgesamt durch den Atomausstieg, die Dezentralisierung und zunehmende Dekarbonisierung die durchschnittliche Leistungsgröße von Erzeugungsanlagen gesunken ist.[15] Unter dem Aspekt der Gewährleistung der Netzstabilität und -funktionalität sollen **Erzeugungsanlagen** jedoch **unabhängig von ihrer Größe** unter die BSI-KritisV fallen, sofern sie als Schwarzstartanlagen im Sinne von B. II. 2. § 3 Abs. 2 BK6-18-249 kontrahiert sind. Dies begründet sich darin, dass jede einzelne kontrahierte Schwarzstartanlage aufgrund ihrer Schwarzstartfähigkeit lokal unentbehrlich für den Netzwiederaufbau ist. Darüber hinaus fallen seitdem Erzeugungsanlagen, die zur Erbringung von Primärregelleistung nach § 2 Nr. 8 StromNZV präqualifiziert sind, ab einer Größe von 36 MW unter die BSI-KritisV. Anlagen, die zur Erbringung von Primärregelleistung präqualifiziert sind, leisten ebenfalls einen

---

[12] Vgl. KabF BSI-KritisV 2016, Begründung S. 13, https://intrapol.org/wp-content/uploads/2016/04/BSI-KRITIS-VO-Kabinettsfassung.pdf.

[13] Im Gesetz, terminologisch etwas verwirrend, auch als „Regelschwellenwert" bezeichnet, vgl. KabF BSI-KritisV 2016, Begründung S. 18, https://intrapol.org/wp-content/uploads/2016/04/BSI-KRITIS-VO-Kabinettsfassung.pdf.

[14] KabF BSI-KritisV 2016, Begründung S. 10f., https://intrapol.org/wp-content/uploads/2016/04/BSI-KRITIS-VO-Kabinettsfassung.pdf, mit Beispielen.

[15] KabF 2. KritisÄndVO 2021, Begründung S. 42.

erheblichen Beitrag zur Systemstabilität. Jedoch sollte – anders als bei kontrahierten Schwarzstartanlagen – das Ausfallen kleinerer Anlagen aktuell keine Auswirkungen auf die Systemstabilität haben. Daher findet der Schwellenwert in Höhe von 36 MW nach Art. 5 VO (EU) 2016/631 bzw. dem dazugehörigen Beschluss BK6-16-166 hier Anwendung.[16]

In den Bereichen **Übertragung und Verteilung** wurde als Bemessungskriterium die entnommene elektrische Energie pro Jahr ohne Abstellen auf die Nennleistung herangezogen, weil diese ohnehin nach § 27 Abs. 2 Nr. 3 StromNEV als Teil der zu veröffentlichenden Netzdaten ermittelt wird. Für die Anlagenkategorie Zentrale Anlagen und Systeme für den **Stromhandel** wurde als Bemessungskriterium auf das Handelsvolumen abgestellt, sodass nur Börsen mit erheblicher Bedeutung für den deutschen Strom- bzw. Gasmarkt erfasst werden.[17]

Für die Ermittlung der Schwellenwerte der Dienstleistung **Gasversorgung** ist 14
der durchschnittliche Erdgasverbrauch einer Person im Jahr maßgeblich, der sich aus der gesamten Menge des in der Bundesrepublik Deutschland pro Jahr verbrauchten Gases in Höhe von 85 Mrd. m^3 auf 1.062,5 m^3 pro Jahr und Person ableiten ließ. Den durchschnittlichen Verbrauch einer Person in kWh unter Berücksichtigung eines durchschnittlichen Energiegehalts von Erdgas in Höhe von 9,7682 kWh/m^3 bemaß man 2016 mit 1.062,5 m^3 x 9,7682 kWh/m^3 = 10 380 kWh pro Jahr und Person.[18]

In den Bereichen **Transport und Verteilung** wird vergleichbar zu Strom eine Veröffentlichungspflicht der Netzdaten bereits aus § 27 GasNEV begründet, weshalb auch hier als Bemessungskriterium die entnommene elektrische Energie pro Jahr ohne Abstellen auf die Nennleistung herangezogen wurde.[19]

Für die Ermittlung der Schwellenwerte der kritischen Dienstleistung **Kraft-** 15
stoff- und Heizölversorgung waren laut Gesetzgeber drei Kennzahlen maßgeblich: Die durchschnittliche Produktionsmenge zur Versorgung mit Kraftstoff pro Person und Jahr, die durchschnittliche Produktionsmenge zur Versorgung mit leichtem Heizöl pro Person und Jahr und die durchschnittliche Produktionsmenge zur Versorgung mit Rohöl pro Person und Jahr. Die Menge des pro Jahr in Deutschland produzierten Kraftstoffs einschließlich der für den Export bestimmten Mengen lag nach Informationen des BAFA für 2015 bei 67,3 Mio. Tonnen. Daraus wurde eine durchschnittliche Produktionsmenge pro Person und Jahr von 0,84 Tonnen Kraftstoff pro Jahr und Person geschätzt. Die Menge des pro Jahr in Deutschland produzierten leichten Heizöls lag nach Informationen des Fachverbands MWV bei 19,8 Mio. Tonnen. Daraus wurde unter der Annahme, dass leichtes Heizöl von rund 20 Prozent der Allgemeinheit zum Heizen verwendet wird, für die Versorgung von 500.000 Personen mit leichtem Heizöl ein Bedarf von 620.000 Tonnen leichtes Heizöl pro Jahr abgeleitet.[20]

Für die Ermittlung der durchschnittlichen **Rohölmenge** wurden dann bei einer 16
Umwandlung von einer Tonne Rohöl in etwa 0,37 Tonnen Kraftstoff (Benzine und

---

[16] KabF 2. KritisÄndVO 2021, Begründung S. 42.

[17] KabF BSI-KritisV 2016, Begründung S. 13, https://intrapol.org/wp-content/uploads/2016/04/BSI-KRITIS-VO-Kabinettsfassung.pdf.

[18] KabF BSI-KritisV 2016, Begründung S. 14, https://intrapol.org/wp-content/uploads/2016/04/BSI-KRITIS-VO-Kabinettsfassung.pdf.

[19] KabF BSI-KritisV 2016, Begründung S. 14, https://intrapol.org/wp-content/uploads/2016/04/BSI-KRITIS-VO-Kabinettsfassung.pdf.

[20] KabF BSI-KritisV 2016, Begründung S. 14 f., https://intrapol.org/wp-content/uploads/2016/04/BSI-KRITIS-VO-Kabinettsfassung.pdf.

Dieselkraftstoffe) bzw. 0,14 Tonnen leichtes Heizöl für die Erzeugung der Kraftstoffmenge zur Deckung der Versorgung von 500.000 Personen pro Jahr insgesamt 905.000 Tonnen Rohöl pro Jahr veranschlagt. Für die Erzeugung der leichten Heizölmenge, die zur Deckung der Versorgung von 500.000 Personen erforderlich ist, wurden 4,4 Mio. Tonnen Rohöl pro Jahr veranschlagt, wobei dieser (höhere) Wert dann herangezogen wurde.[21]

17 Für die **Fernwärmeversorgung** wurde die durchschnittliche Wärmeenergie zur Versorgung einer Person als Schwellenwertgrundlage herangezogen. Die verbrauchte Wärmemenge von 4.528 kWh pro Jahr und Person wurde aus einer Gesamtmenge von betroffenen deutschen Haushalten von 5,3 Mio. bzw. etwa 10,6 Mio. Personen und in einem Gesamtverbrauch von 48 TWh errechnet.[22]

III. Anlagenkategorien und Schwellenwerte (Teil 3)

18 **1. Stromversorgung (Nr. 1.).** Im Bereich der Stromversorgung wurden die Anlagenkategorien in die Bereiche Stromerzeugung, Stromübertragung, Stromverteilung und Stromhandel aufgeteilt. Insgesamt gibt es 5 verschiedene Anlagenkategorien.

19 Für den Begriff der **Erzeugungsanlage** (1.1.1) verweist Teil 1 Nr. 2.1 S. 1 auf die entsprechende Definition in § 3 Nr. 18c EnWG. Seit dem WaStNUG[23] definiert § 3 Nr. 18c EnWG jedoch den Begriff „erneuerbare Energien", der Begriff der Erzeugungsanlage findet sich inzwischen in § 3 Nr. 18d EnWG. Dieses offensichtliche Redaktionsversehen beeinträchtigt die Definition freilich nicht, so dass die Definition in § 3 Nr. 18d EnWG herangezogen werden kann. Eine Erzeugungsanlage ist demnach schlicht eine Anlage zur Erzeugung von elektrischer Energie. Bemerkenswerter ist Teil 1 Nr. 2.1 S. 2, nach dem die Erzeugungsanlagen auch Anlagen zur Speicherung von elektrischer Energie erfassen sollen. Größere Stromspeicher gelten daher auch als Erzeugungsanlagen. Zudem sollen auch sog. dezentrale Erzeugungsanlagen dazu zählen, wobei auf die Legaldefinition des § 3 Nr. 11 EnWG verwiesen wird. Demnach handelt es sich um „eine an das Verteilernetz angeschlossene verbrauchs- und lastnahe Erzeugungsanlage". Das sind Anlagen, die sich in unmittelbarer Nähe zum Ort des Verbrauchs befinden, etwa Kraft-Wärme-Kopplungsanlagen usw.[24] Solche KWK-Anlagen sind Erzeugungsanlagen, mit Wärmeauskopplung iSd § 2 Nr. 14 Kraft-Wärme-Kopplungsgesetzes (KWKG 2020), bei denen neben Strom auch Wärme erzeugt wird.

20 Was eine **Anlage oder System zur Bündelung und Steuerung elektrischer Leistung** (Nr. 1.1.2) ist, definiert Teil 1 Nr. 2.2 näher. Dabei handelt es sich um eine Anlage oder System zur Bündelung elektrischer Leistung, die sowohl von Erzeugungsanlagen als auch Verbrauchseinrichtungen bereitgestellt werden kann und zur Steuerung von Erzeugungsanlagen oder dezentraler Energieerzeugungsanlagen dient. Hierin liegt wohl ein spezialgesetzlich geregelter Fall der **Gemeinsamen bzw. Zusammenfassenden Anlage** (→ § 1 Rn. 19f.) vor. Ausdrücklich

---

[21] KabF BSI-KritisV 2016, Begründung S. 15, https://intrapol.org/wp-content/uploads/2016/04/BSI-KRITIS-VO-Kabinettsfassung.pdf.

[22] KabF BSI-KritisV 2016, Begründung S. 15, https://intrapol.org/wp-content/uploads/2016/04/BSI-KRITIS-VO-Kabinettsfassung.pdf.

[23] Gesetz zur Umsetzung unionsrechtlicher Vorgaben und zur Regelung reiner Wasserstoffnetze im Energiewirtschaftsrecht vom 16.7.2021 (BGBl. I S. 3026).

[24] Säcker EnergieR/*Boesche,* EnWG § 3 Rn. 36.

geht die Gesetzesbegründung jedoch noch nicht auf die hier neu entstehenden Sonderkonstellationen wie Wartungs- und Bündelungsanlagen für eine Vielzahl privater Photovoltaikanlagen in einem Wohngebiet oä ein. Sie nennt jedoch Direktvermarktungsunternehmer iSv § 5 Nr. 10 EEG als Beispiele solcher Anlagen.[25]

Als **Übertragungsnetz** (1.2.1) definiert Teil 1 Nr. 2.3 ein Netz zur Übertragung iSd § 3 Nr. 32 EnWG. Gemeint sind damit also Netze zum „Transport von Elektrizität über ein Höchstspannungs- und Hochspannungsverbundnetz einschließlich grenzüberschreitender Verbindungsleitungen zum Zwecke der Belieferung von Letztverbrauchern oder Verteilern, jedoch nicht die Belieferung der Kunden selbst". Zur Einordnung als Verbindungsnetz genügt schon eine Verbindungsleitung.[26] Eine ausgefeilte Netzstruktur ist dafür nicht nötig. 21

Der Begriff **„Stromverteilernetz"** (1.3.1) wird durch Teil 1 Nr. 2.5 als Netz zur Verteilung von Elektrizität iSd § 3 Nr. 37 EnWG konkretisiert. In Abgrenzung zum Übertragungsnetz geht es dabei um den Transport von Elektrizität mit hoher, mittlerer oder niederer Spannung, um die Versorgung der Kunden zu ermöglichen. Es geht also nicht darum, dass die Versorgung der Kunden durch diesen Transport über Stromverteilnetze erbracht wird. Zu beachten ist dabei, dass der Begriff der Versorgung in § 3 Nr. 36 EnWG denkbar weit, und nach Meinungen in der Lit. auch unglücklich, legaldefiniert ist.[27] Die Definition erfasst grds. die gesamte Kette von der Erzeugung bis zur Belieferung der Endkunden. Die Stromverteilnetze dienen jedoch gerade nicht der Belieferung der Endkunden selbst.[28] 22

Für den Bereich des Stromhandels wird die **zentrale Anlage und System für den Stromhandel** (1.4.1) durch Teil 1 Nr. 2.4 beschrieben als „Anlage und elektronisches Handelssystem, das den physischen, kurzfristigen Spothandel sowie den Terminhandel mit Energie für das deutsche Marktgebiet betrifft". Damit sind die Handelssysteme an der Strombörse gemeint. Über diese können aktuell vorhandene Strommengen ge- und verkauft werden (Spothandel). Die Parteien können darüber aber auch die Belieferung mit Energie für bestimmte Zeitpunkte oder -räume für die Zukunft vereinbaren (Terminhandel). Diese Anlagen bzw. Systeme umfassen solche Anlagen oder Systeme, mit denen Handelsangebote (Kauf/Verkauf) in den Markt eingestellt, sowie Angebot und Nachfrage zusammengeführt werden. Auch die Systeme zur Preisfeststellung und Abwicklung der geschlossenen Handelsgeschäfte dürften dazu gehören. 23

2. Gasversorgung (Nr. 2). In den Bereichen „Gasförderung, Gastransport und -verteilung" wurden sieben Anlagenkategorien identifiziert. Im Bereich Gasförderung wird die **Gasförderanlage** (2.1.1) durch Teil 1 Nr. 2.6 als Anlage zur Förderung von Erdgas aus einer Bohrung legaldefiniert. Ähnlich wiederholend ist die Definition der ebenfalls der Gasförderung zugeordneten **Anlage zur zentralen standortübergreifenden Steuerung** (2.1.2), die lt. Nr. 2.7 lediglich als „eine Anlage oder ein IT-System, durch das eine oder mehrere Anlagen standortübergreifend gesteuert oder überwacht werden" beschrieben wird. Damit sind also jegliche Systeme gemeint, mit denen der Fördervorgang überwacht und gesteuert wird. Die Sensorik gehört dazu also ebenso wie die Ventilsteuerung. 24

---

[25] KabF KritisV 2016, S. 11.

[26] Säcker EnergieR/*Boesche,* EnWG § 3 Rn. 201.

[27] Säcker EnergieR/*Boesche,* EnWG § 3 Rn. 213.

[28] Säcker EnergieR/*Boesche,* EnWG § 3 Rn. 215.

25 Im Bereich des Gastransportes gibt es drei Anlagenkategorien: das Fernleitungsnetz, die Gasgrenzübergabestellen und die Gasspeicher. Für die Definition des **Fernleitungsnetzes** (2.2.1) verweist Teil 1 Nr. 2.8 auf den Fernleitungsbegriff aus § 3 Nr. 19 EnWG. Gemeint sind also Netze zum „Transport von Erdgas durch ein Hochdruckfernleitungsnetz, mit Ausnahme von vorgelagerten Rohrleitungsnetzen, um die Versorgung der Kunden zu ermöglichen". Auch hier ist die Versorgung der Kunden selbst jedoch nicht gemeint, da diese über die Verteilungsnetze erfolgt.[29] Durch den Verweis auf § 3 Nr. 19 EnWG findet eine Einschränkung auf Erdgas statt. Sofern über das Leitungsnetz ausschließlich andere Gasarten, zB Biogas, transportiert werden, unterfallen sie nicht der Anlagenkategorie.

26 **Gasgrenzübergabestellen** (2.2.2) werden in Teil 1 Nr. 2.9 als Netzkoppelstellen beschrieben, die zwischen einem deutschen und einem ausländischen Fernleitungsnetz bestehen und die nicht von einem deutschen Fernleitungsnetzbetreiber als Bestandteil seines Fernleitungsnetzes betrieben werden. Liegen diese Voraussetzungen vor, sind diese Netzkoppelstellen an der Grenze nicht wie andere Netzkoppelstellen als Bestandteil eines Fernleitungsnetzes anzusehen. Da das Gas ohne diese Netzkoppelstellen an den Grenzen jedoch nicht weitertransportiert werden kann, wurde für sie deshalb mit der 2. KritisÄndVO 2021 eine eigene Kategorie geschaffen.[30]

27 Für die Konkretisierung der Anlagenkategorie **Gasspeicher** (2.2.3) verweist die Legaldefinition in Teil 1 Nr. 2.10 auf den Begriff der Speicheranlage iSd § 3 Nr. 31 EnWG. Dort findet sich die Definition jedoch seit dem WaStNUG[31] nicht mehr, was dem Verordnungsgeber zwischen Entwurf und Verabschiedung wohl entgangen ist. Die Definition findet sich – inhaltlich unverändert – nunmehr in § 3 Nr. 19c EnWG als „eine einem Gasversorgungsunternehmen gehörende oder von ihm betriebene Anlage zur Speicherung von Gas, einschließlich des zu Speicherzwecken genutzten Teils von LNG-Anlagen, jedoch mit Ausnahme des Teils, der für eine Gewinnungstätigkeit genutzt wird, ausgenommen sind auch Einrichtungen, die ausschließlich Betreibern von Leitungsnetzen bei der Wahrnehmung ihrer Aufgaben vorbehalten sind". Erfasst werden Gasspeicher in jeder Form, also sowohl Kavernen als auch nicht mehr für Transportzwecke genutzte Leitungen oder überirdische Speicheranlagen.[32]

28 Das **Gasverteilernetz** (2.3) wird durch Teil 1 Nr. 2.11 mit Verweis auf die Begriffsbestimmung in § 3 Nr. 37 EnWG definiert, die neben der Verteilung von Strom auch die von Gas erfasst. Wie beim Strom geht es nur um die Ermöglichung der Versorgung von Kunden, aber nicht um die Belieferung selbst. Die Gasverteilernetze sind örtliche oder regionale Leitungsnetze mit niedriger, mittlerer oder hoher Druckstufe.[33] Zudem zählen auch solche Netze als Verteilnetze, „die über Grenzkopplungspunkte verfügen, über die ausschließlich ein anderes, nachgelagertes Netz aufgespeist wird". Die Grenzkopplungspunkte zeichnen normalerweise Fernleitungsnetze aus. Wenn ein Verteilnetzbetreiber jedoch sein Gas unmittelbar

---

[29] Säcker EnergieR/*Boesche,* EnWG § 3 Rn. 100.

[30] KabF 2. KritisÄndVO, S. 42.

[31] Gesetz zur Umsetzung unionsrechtlicher Vorgaben und zur Regelung reiner Wasserstoffnetze im Energiewirtschaftsrecht vom 16.7.2021 (BGBl. I S. 3026).

[32] Säcker EnergieR/*Barbknecht,* EnWG § 3 Rn. 196.

[33] Vgl. Säcker EnergieR/*Boesche,* EnWG § 3 Rn. 215.

aus dem Ausland über einen solchen Grenzkopplungspunkt bezieht („aufspeist"), soll sein Netz trotzdem als Verteilnetz gelten.[34]

Die Anlagenkategorie **Gashandelssystem** (2.4.1) definiert Teil 1 Nr. 2.12 als „Anlage oder ein elektronisches Handelssystem für den Handel von Gasmengen oder -kapazitäten". Erfasst werden also die Anlagen oder Systeme, mit denen Handelsaufträge eingestellt und abgewickelt werden können. Mit den Gas-Kapazitäten sind die Transportkapazitäten zB in den Gasnetzen gemeint. 29

3. Kraftstoff- und Heizölversorgung (Nr. 3). In den Bereichen „Rohölförderung- und Produktenherstellung, Öltransport sowie Kraftstoff- und Heizölverteilung" gibt es eine Reihe verschiedener Anlagenkategorien. Die **Ölförderanlage** (3.1.1) beschreibt Teil 1 Nr. 2.13 einfach als Anlage zur Förderung von Erdöl aus einer Bohrung. 30

Die Anlagenkategorie **Raffinerie** (3.1.2) wird durch Teil 1 Nr. 2.14 als „Anlage zur Destillation oder Raffination oder sonstigen Weiterverarbeitung von Erdöl in Mineralölraffinerien" definiert und im Weiteren auf Anlage 1 Nr. 4.3 UVPG verwiesen. Diese enthält aber praktisch den identischen Wortlaut, so dass zumindest die Definition leicht zirkelschlüssig wird. 31

Für die **Anlage zur zentralen standortübergreifenden Steuerung** im Bereich der Erdölförderung und Produktenherstellung (3.1.3) greift die Definition aus Teil 1 Nr. 2.7 (→ Rn. 24). Relevant sind also alle Systeme, mit denen die Anlagen zur Erdölförderung überwacht und gesteuert werden (→ vgl. Rn. 24). 32

Als **Mineralölfernleitung** (3.2.1) gilt nach Teil 1 Nr. 2.15 eine Rohrfernleitung gemäß der Rohrfernleitungsverordnung (RohrFLtgV) zum Transport von Erdöl oder Erdölprodukten. Letztere sind teleologisch eingegrenzt vor allem auf abgeleitete Energieträger zu verstehen, aber auch von Flüssigkeiten oder Gasen aus der Verarbeitung von Öl. Wird Erdgas als direkter Energieträger durch eine (Flüssig-) Gasleitung transportiert, liegt stattdessen ein entsprechendes Fernleitungsnetz vor.[35] Im Bereich Öltransport wurde in der Evaluierung der BSI-KritisV festgestellt, dass der Begriff „Kraftstoff" zuweilen nicht hinreichend genau gewählt wurde, da beispielsweise Unklarheiten bestanden, ob hier auch Kerosin bzw. Flugkraftstoff einbezogen ist. Es wird daher ein neues Bemessungskriterium und auch ein neuer Schwellenwert für Flugkraftstoff aufgenommen.[36] 33

Erdöl- und Erdölproduktenlager (3.2.2) werden durch Teil 1 Nr. 2.16 als „Anlage zur Lagerung von Erdöl oder Mineralölprodukten" definiert. Dazu zählen zB Tanklager oder Kavernen. 34

Für die **Anlagen zur zentralen standortübergreifenden Steuerung** des Erdöltransports und der -lagerung (3.2.3) gelten die Ausführungen zum Bereich Erdölförderung entsprechend (→ Rn. 32). 35

Im Bereich der Kraftstoff- und Heizölverteilung wird die **Anlage oder das System von Aggregatoren zum Vertrieb von Kraftstoff und Heizöl** (3.3.1) durch Teil 1 Nr. 2.17 näher beschrieben. Es handelt sich demnach um eine Anlage oder ein IT-System in der Disposition von Tankkraftwagen, Kesselwagen oder (Binnen-) Schiffen zur mengenmäßigen Einteilung von Aufträgen mit aktuellen Leistungsanforderungen und der terminierten Zuweisung zu den verfügbaren Ressour- 36

[34] Vgl. Säcker EnergieR/*Boesche,* EnWG § 3 Rn. 215.
[35] KabF KritisV 2016, S. 11.
[36] KabF 2. KritisÄndVO 2021, Begründung S. 43.

cen. Ausschlaggebend ist die übergreifende Koordination des Vertriebes und damit das Ausfallrisiko in der zentralen Belieferung. Es ist unerheblich, ob die Anlage und das System tatsächlich direkt der Belieferung von Endkunden bzw. Verbraucher dient.[37]

37 Die Anlagenkategorie **„Tankstellennetz"** war in der ursprünglichen BSI-KritisV noch definiert als: „Anlage, durch die voneinander unabhängige Tankstellen mittels zentraler Komponenten verbunden werden."[38] Inzwischen wird der Begriff in Teil 1 Nr. 2.18 deutlich wortreicher beschrieben. Die gesetzliche Definition stellt zum einen klar, dass neben klassischen Tankstellen auch Flugfeldbetankungsanlagen in den Begriff miteinbezogen werden. Zum anderen macht sie deutlich, dass es nur um Kraftstoffe geht. Zudem wird deutlicher herausgestellt, was den „Netz"-Teil in der Begriffsbestimmung ausmacht. Entscheidend ist zunächst die Verbindung mehrerer Tankstellen untereinander. Auch wenn der Begriff „Netz" eine gewisse Größe suggeriert, dürfte bereits die Verbindung zweier unabhängiger Tankstellen (oder Flugfeldbetankungsanlagen) ausreichen. Diese Verbindung muss durch zentrale Komponenten erfolgen, die physischer oder datentechnischer Natur sind. Diese zentralen Komponenten sollen nach Teil 1 Nr. 2.18 S. 2 der zentralen Erbringung wichtiger Aufgaben für den Betrieb der Tankstellen und Flugfeldbetankungsanlagen dienen. Dazu dürften insbesondere Steuerungseinrichtungen zählen, ohne die der Betrieb der eigentlichen Tankanlagen nicht oder kaum möglich ist.

38 Auch für die **Anlagen zur zentralen standortübergreifenden Steuerung** (3.3.3) der Kraftstoff- und Heizölverteilung gelten die Ausführungen zum Bereich Erdölförderung entsprechend (→ Rn. 32).

39 Im Bereich **Mineralölhandel** gibt es nur die Anlagenkategorie der **Anlagen oder Systeme zur zentralen kommerziellen Steuerung** (3.4.1). Diese wird in Teil 1 Nr. 2.19 definiert.

40 **4. Fernwärmeversorgung (Nr. 4).** Für die Erbringung der kritischen Dienstleistung Fernwärmeversorgung wurden die Heizwerke und Heizkraftwerke, das Fernwärmenetz und die Anlagen zur zentralen standortübergreifenden Steuerung als Anlagenkategorien festgelegt.

41 Bei den **Heizwerken** (4.1.1) handelt es sich nach der Legaldefinition in Teil 1 Nr. 2.20 um Anlagen zur Erzeugung von Wärme zur Belieferung von Endkunden nach der AVBFernwärmeV. Es handelt sich also um Anlagen, die zentral Wärme für die Beheizung und ggf. Warmwasserversorgung anderer Gebäude erzeugen. Mit welcher Technik die Wärme erzeugt wird (zB Verbrennung von Brennstoffen, Solarthermie oÄ), ist dabei unerheblich. Zu den Heizwerken zählen alle betriebsnotwendigen Einrichtungen, also zB Heizkessel, Brennstofflager, Einrichtungen zur Brennstoffzufuhr und ggf. Pufferspeicher.[39]

42 Für die Definition der Anlagenkategorie **Heizkraftwerk** (4.1.2) verweist Teil 1 Nr. 2.21 auf die Begriffsbestimmung für Kraft-Wärme-Kopplungsanlagen in § 2 Nr. 14 Kraft-Wärme-Kopplungsgesetzes (KWKG 2020). Dabei bedeutet der Begriff der Kraft-Wärme-Kopplung (KWK) nach § 2 Nr. 13 KWKG 2020 zunächst, dass ortsfeste Anlagen die eingesetzte Energie (zB aus Brennstoffen) sowohl in elek-

[37] KabF KritisV 2016, S. 11.

[38] KabF BSI-KritisV, Begründung S. 13, https://intrapol.org/wp-content/uploads/2016/04/BSI-KRITIS-VO-Kabinettsfassung.pdf.

[39] Vgl. https://www.energie-lexikon.info/heizwerk.html.

trische Energie als auch in Nutzwärme umwandeln. Nach der Legaldefinition des § 2 Nr. 14 KWKG 2020 gehören dazu:

a) Feuerungsanlagen mit Dampfturbinen-Anlagen, beispielsweise Gegendruckanlagen, Entnahme- oder Anzapfkondensationsanlagen,
b) Feuerungsanlagen mit Dampfmotoren,
c) Gasturbinen-Anlagen mit Abhitzekessel,
d) Gasturbinen-Anlagen mit Abhitzekessel und Dampfturbinen-Anlage,
e) Verbrennungsmotoren-Anlagen,
f) Stirling-Motoren,
g) Organic-Rankine-Cycle-Anlagen und
h) Brennstoffzellen-Anlagen.

Die Anlagenkategorie **Fernwärmenetz** (4.2.1) wird in Teil 1 Nr. 2.22 legaldefiniert. Es handelt sich dabei um ein Netz zur Versorgung vorrangig von Gebäuden mit Wärme durch den Transport von wärmespeichernden und -transportierenden Flüssigkeiten durch zu diesem Zweck verlegte isolierte Rohsysteme. **43**

Für die **Anlage zur zentralen standortübergreifenden Steuerung** (4.3.1) in der Fernwärmeversorgung gelten die Ausführungen zum Bereich Erdölförderung entsprechend (→ Rn. 32). **44**

Anhang 2

(zu § 1 Nummer 4 und 5, § 3 Absatz 4 Nummer 1 und 2)

Anlagenkategorien und Schwellenwerte im Sektor Wasser

Teil 1 Grundsätze und Fristen

1. Im Sinne von Anhang 2 ist oder sind
   1.1 Gewinnungsanlage
   ein Brunnen oder eine Brunnenreihe, eine Sickerleitung, ein Sickerstollen, eine Zisterne, ein Entnahmebauwerk oder eine Stauanlage zur Gewinnung, Bevorratung oder Bewirtschaftung von Oberflächenwasser oder andere Wasserfassung zur Gewinnung von Rohwasser.
   1.2 Aufbereitungsanlage (Wasserwerk)
   die Gesamtheit aller technischen Einrichtungen zur Trinkwasseraufbereitung einschließlich der zugehörigen Nebenanlagen sowie der Mess-, Steuerungs- und Regelungstechnik.
   1.3 Wasserverteilungssystem
   ein Teil eines Wasserversorgungssystems mit Rohrleitungen, Trinkwasserbehältern, Förderanlagen und sonstigen Einrichtungen zum Zweck der Verteilung von Wasser an die Verbraucher. Dieses System beginnt nach der Wasseraufbereitungsanlage oder, wenn keine Aufbereitung erfolgt, nach der Wassergewinnung oder bei Weiterverteilern an der Übergabestelle des Vorlieferanten und endet an der Übergabestelle zum Verbraucher.
   1.4 Leitzentrale
   eine Anlage, insbesondere eine Leitwarte, Leitstelle oder Prozessleitwarte, in der ein oder mehrere Prozessschritte auch räumlich verteilter Anlagen zentral überwacht und/oder gesteuert werden können.

1.5 Kanalisation
ein Netz von Rohrleitungen und Zusatzbauten (zum Beispiel Regenüberlaufbecken, Regenrückhaltebecken, Regenklärbecken und Pumpstationen), das Abwasser von Anschlusskanälen zu Kläranlagen oder zu anderen Entsorgungsstellen ableitet.

1.6 Kläranlage
eine Anlage, in der Abwasser physikalisch, biologisch oder chemisch behandelt wird. Die Anlagen zur Gewässereinleitung (zum Beispiel Hochwasserpumpwerke und Ableitungskanäle) werden als Bestandteil der Kläranlage angesehen.

2. Eine Anlage, die einer in Teil 3 Spalte B genannten Anlagenkategorie zuzuordnen ist, gilt ab dem 1. April des Kalenderjahres, das auf das Kalenderjahr folgt, in dem ihr Versorgungsgrad den in Teil 3 Spalte D genannten Schwellenwert erstmals erreicht oder überschreitet, als Kritische Infrastruktur. Nicht mehr als Kritische Infrastruktur gilt eine solche Anlage ab dem 1. April des Kalenderjahres, das auf das Kalenderjahr folgt, in dem ihr Versorgungsgrad den genannten Schwellenwert unterschreitet.
3. Der Betreiber hat den Versorgungsgrad seiner Anlage für das zurückliegende Kalenderjahr jeweils bis zum 31. März des Folgejahres zu ermitteln.
4. Für die Anlagenkategorien des Teils 3 Nummer 1.1.1 bis 1.3.1 ist der Versorgungsgrad zum 30. Juni des zurückliegenden Kalenderjahres maßgeblich.
5. Stehen mehrere Anlagen derselben Art in einem engen räumlichen und betrieblichen Zusammenhang (gemeinsame Anlage) und erreichen oder überschreiten die in Teil 3 Spalte D genannten Schwellenwerte zusammen, gilt die gemeinsame Anlage als Kritische Infrastruktur. Ein enger räumlicher und betrieblicher Zusammenhang ist gegeben, wenn die Anlagen
   a) auf demselben Betriebsgelände liegen,
   b) mit gemeinsamen Betriebseinrichtungen verbunden sind,
   c) einem vergleichbaren technischen Zweck dienen und
   d) unter gemeinsamer Leitung stehen.

Teil 2 Berechnungsformeln zur Ermittlung der Schwellenwerte

6. Der für die Anlagenkategorien des Teils 3 Nummer 1.1.1 bis 1.4.1 genannte Schwellenwert ist unter Annahme eines Durchschnittsverbrauchs von 44 m^3 pro versorgter Person pro Jahr und eines Regelschwellenwertes von 500 000 versorgten Personen wie folgt berechnet:
   22 Millionen m^3/Jahr = 44 m^3/Jahr × 500 000

Teil 3 Anlagenkategorien und Schwellenwerte

Spalte A	**Spalte B**	**Spalte C**	**Spalte D**
Nr.	**Anlagenkategorie**	**Bemessungskriterium**	**Schwellenwert**
1	**Trinkwasserversorgung**		
1.1	Gewinnung		
1.1.1	Gewinnungsanlage	Gewonnene Wassermenge in Millionen m^3/Jahr	22

Spalte A	**Spalte B**	**Spalte C**	**Spalte D**
Nr.	**Anlagenkategorie**	**Bemessungskriterium**	**Schwellenwert**
1.2	Aufbereitung		
1.2.1	Aufbereitungsanlage (Wasserwerk)	Aufbereitete Trinkwassermenge in Millionen m^3/Jahr	22
1.3	Verteilung		
1.3.1	Wasserverteilungssystem	Verteilte Wassermenge in Millionen m^3/Jahr	22
1.4	Steuerung und Überwachung		
1.4.1	Leitzentrale	Von den gesteuerten/überwachten Anlagen gewonnene, transportierte oder aufbereitete Wassermenge in Millionen m^3/Jahr	22
2	**Abwasserbeseitigung**		
2.1	Siedlungsentwässerung		
2.1.1	Kanalisation	Angeschlossene Einwohner	500 000
2.2	Abwasserbehandlung und Gewässereinleitung		
2.2.1	Kläranlage	Ausbaugröße in Einwohnerwerten	500 000
2.3	Steuerung und Überwachung		
2.3.1	Leitzentrale	Ausbaugrößen der Anlagen in Einwohnerwerten oder angeschlossene Einwohner der gesteuerten oder überwachten Anlagen	500 000

Literatur: *Meyer-Ladewig/Nettesheim/von Raumer* (Hrsg.), EMRK, 4. Aufl. 2017.

A. Allgemeines

Anhang 2 gliedert sich in drei Teile. Im ersten Teil finden sich die grundlegenden Begriffsbestimmungen, die Regelungen zu den maßgeblichen Zeitpunkten für die Bestimmung des Versorgungsgrades sowie Regelungen dazu, wann einzelne Anlagen bei der Bestimmung des Versorgungsgrades als eine gemeinsame Anlage anzusehen sind. Der zweite Teil dient der Darlegung, wie der Verordnungsgeber die Schwellenwerte in Teil 3 Spalte D für den Sektor Wasser ermittelt hat. In Teil 3 werden dann die Anlagenkategorien für die in § 3 Abs. 1 festgelegten kritischen Dienstleistungen bzw. deren Bereiche mit einem konkreten, anlagenspezifischen Bemessungskriterium und einem konkreten Schwellenwert aufgelistet. Daher ist vor allem Teil 3 für die KRITIS-Identifikation von praktischer Bedeutung. 1

B. Einzelerläuterungen

I. Grundsätze und Fristen (Teil 1)

2 **1. Begriffsbestimmungen (Nr. 1).** In Nr. 1 werden die in Teil 3 verwendeten Anlagen durch Legaldefinitionen der Anlagen(-kategorien) aus dem Sektor Wasser näher bestimmt (→ Rn. 8ff.).

3 **2. Zeitpunkte und Zeiträume für die Ermittlung des Versorgungsgrades (Nr. 2–4).** Nach Nr. 2 S. 1 ist im Sektor Wasser für die Bestimmung der Eigenschaft als KRITIS der Versorgungsgrad im zurückliegenden Kalenderjahr maßgeblich. Wenn der in Teil 3 Spalte D zugeordnete Schwellenwert im zurückliegenden Kalenderjahr bei einer Anlage erreicht oder überschritten wurde, gilt diese ab dem 1.4. des laufenden Jahres als KRITIS. Mit der 2. KritisÄndVO wurde im Jahr 2021 in Nr. 2 S. 2 eine explizite Regelung eingeführt, ab wann eine Anlage nicht mehr als KRITIS gilt (→ dazu allg. § 1 BSI-KritisV Rn. 46 und zur damit verbundenen Rechtsänderung Anhang 1 BSI-KritisV Rn. 3). Nach S. 2 gilt eine Anlage ab dem 1.4. eines Jahres dann nicht mehr als KRITIS, wenn sie im vorangegangenen Jahr die Schwellenwerte aus Teil 3 Spalte D nicht mehr erreicht hat. Betreiber sollten die Schwellenwertunterschreitung im vorangegangenen Kalenderjahr daher umgehend dem BSI melden.

4 Nach Nr. 3 haben die Betreiber den **Versorgungsgrad für das zurückliegende Kalenderjahr** idR **bis zum 31.3. des laufenden Jahres** zu ermitteln. Den Betreibern wird damit Zeit eingeräumt, um die entsprechenden Werte für ihre jeweiligen Anlagen zu ermitteln, da diese den Betreibern nicht immer direkt zum Jahresende vorliegen.

5 Für Anlagen aus Teil 3 Spalte B Nr. 1.1.1–1.3.1 (den Bereichen Trinkwassergewinnung, -aufbereitung und Wasserverteilung) sind gem. **Nr. 4** die jeweiligen Schwellenwerte zum 30.6. des Vorjahres entscheidend. Für die Ermittlung dieser Werte haben die Betreiber ebenfalls bis zum 31.3 des laufenden Jahres Zeit. Hinsichtlich des Geltungsbereichs der Sonderregelung dürfte ein redaktionelles Versehen des Verordnungsgebers vorliegen. Denn in der ursprünglichen Fassung der BSI-KritisV von 2016 galt diese Sonderregelung in der damaligen Nr. 3 nur für Anlagenkategorien, bei denen der Versorgungsgrad unmittelbar anhand der „Anzahl versorgter Personen" zu ermitteln war – also die Anlagenkategorien des Bereiches der Abwasserbeseitigung nach Teil 3 Nr. 1.1.1–1.2.2. Für Anlagen aus dem Bereich der Trinkwasserversorgung, für die die Wassermengen maßgeblich sind, galt er daher nicht. Auch der Wortlaut der Sonderregelung verwies explizit auf dieses Bemessungskriterium („Ist der Versorgungsgrad […] unmittelbar anhand der Anzahl versorgter Personen zu ermitteln,[…]"). Mit der 1. KritisÄndVO wurde diese Sonderregelung zunächst zur Nr. 5 und vom Wortlaut so gefasst, wie sie heute ist. Zu den Anlagen der Nr. 1.1.1–1.3.1 gehörten gem. dem damals gültigen Teil 3 weiterhin nur Anlagen der Abwasserbeseitigung. Mit der 2. KritisÄndVO wurden dann jedoch die Anlagenkategorien im Teil 3 umsortiert. Unter den Nr. 1.1.1–1.31 finden sich nun Anlagen der Trinkwassergewinnung, -aufbereitung und Wasserverteilung. Für die Anlagen aus den Bereichen der Abwasserbeseitigung, für die sie bisher galt, soll sie nicht mehr gelten. Im Hinblick darauf, dass hier ein evidenter Redaktionsfehler des Verordnungsgebers vorliegt, dürfte sich für die Betreiber aus den Bereichen Trinkwassergewinnung, -aufbereitung und Wasserverteilung nichts ändern.

Unklar ist, wie sich der Fehler auf Betreiber von Anlagen aus dem Bereich Trinkwasserversorgung auswirkt. Denkbar wäre, dass auch diese sich auf den Stichtag 30.6. für die Ermittlung des Versorgungsgrades im vorangegangenen Jahr berufen können, da das der Zeitpunkt ist, der nach Nr. 4 für maßgeblich erklärt wird. Sie müssten dann faktisch nur den Wert für jeweils ein halbes Jahr ermitteln und würden dadurch eher die Schwellenwerte unterschreiten. Dagegen spricht allerdings, dass es sich ganz offensichtlich um ein Redaktionsversehen des Verordnungsgebers handelt und klar erkennbar ist, dass dieser an seinem bisherigen Regelungswillen festhalten wollte. Anderenfalls hätte er diese Änderung begründet. Durch diesen Fehlverweis wird die Regelung auch nicht etwa unvorhersehbar. Selbst bei strafrechtlichen Regelungen wird angenommen, dass bloße Redaktionsfehler des Gesetzgebers nicht automatisch zur Unvorhersehbarkeit führen.[1] Bei Nutzung der Gesetzesmaterialien ist es – jedenfalls den Betreibern, deren Anlagen schon vor der 2. KritisÄndVO unter die BSI-KritisV fielen – sehr klar möglich, den unveränderten Willen des Verordnungsgebers eindeutig zu erkennen. Für Betreiber, die bisher keine KRITIS im Bereich Wasser betrieben haben, wird dies bei bloßer Lektüre des Wortlautes etwas schwieriger. Auch für sie ist der echte Wille des Verordnungsgebers jedoch recht klar zu ermitteln. Sie werden jedoch oft keinen Anlass dazu haben, da der Wortlaut für sie idR keinen Anlass zur tiefergehenden Auslegung geben wird. Das ändert nichts am Regelungsgehalt der Norm, wird jedoch auf Ebene der Rechtsfolgen für neue Betreiber dahingehend zu berücksichtigen sein, dass etwa verspätete Registrierungen, die auf dieses redaktionelle Versehen zurückgehen, nicht ohne Weiteres mit Bußgeldern geahndet werden können. Denn den Anlass für diese Versäumnisse hat schließlich der Verordnungsgeber gesetzt.

3. Ermittlung des Versorgungsgrades bei gemeinsamen Anlagen (Nr. 5). 6
In Nr. 5 wird der Sonderfall der **gemeinsamen Anlage** geregelt (s. auch → § 1 Rn. 19f.; zum Verhältnis von § 1 und den sektorspezifischen Regelungen → Anhang 1 Rn. 6). Damit sind Anlagen gemeint, die für sich genommen nicht die Schwellenwerte aus Teil 3 Spalte D erreichen, die jedoch selbst nur Teil eines größeren Gesamtsystems entsprechender Anlagen sind und mit diesen gemeinsam die Schwellenwerte überschreiten. Solche Anlagen werden als gemeinsame Anlage zusammengerechnet. Voraussetzung für die Annahme einer gemeinsamen Anlage ist jedoch, dass es Anlagen derselben Art sind, die in einem engen räumlichen und betrieblichen Zusammenhang stehen. S. 2 regelt, wann dieser enge räumliche und betriebliche Zusammenhang vorliegt. Die Anlagen müssen dafür **auf demselben Betriebsgelände** liegen (→ Anhang 1 Rn. 7), **mit gemeinsamen Betriebseinrichtungen verbunden** sein (→ Anhang 1 Rn. 8), **einem vergleichbaren technischen Zweck dienen** (→ Anhang 1 Rn. 9) und **unter gemeinsamer Leitung** stehen (→ Anhang 1 Rn. 10).

II. Berechnungsformeln zur Ermittlung der Schwellenwerte (Teil 2)

Bei der Berechnung der Schwellenwerte für die Anlagen der **Trinkwasserversorgung** geht der Verordnungsgeber von einem Durchschnittsverbrauch von 44 m^3 pro Person aus. Das sind 0,2 m^3 mehr als noch bei Erlass der ursprünglichen BSI-Kri- 7

[1] Vgl. Meyer-Ladewig/Nettesheim/v. Raumer/*Daiber,* EMRK Art. 11 Rn. 27.

tisV 2016 (= 43,8 m^3) aber fast 0,9 m^3 weniger, als auf Basis der Angaben des Bundesumweltamtes für den durchschnittlichen Wasserverbrauch (= 123 Liter pro Tag[2]) zu erwarten wäre (= 123 Liter × 365 Tage = 44.895 l = 44,895 m^3). Für die **Abwasserbeseitigung** wurde ohne weitere Umrechnung auf die Anschlüsse abgestellt.

III. Anlagenkategorien und Schwellenwerte (Teil 3)

8 **1. Trinkwasserversorgung (Nr. 1).** Im Bereich der Trinkwasserversorgung wird für die Bereiche Gewinnung, Aufbereitung und Verteilung von Trinkwasser sowie den Bereich Steuerung und Überwachung jeweils nur eine Anlagenkategorie festgelegt. Diese finden sich seit der 2. KritisÄndVO unter den Nr. 1.1.1–1.4.1. Bis dahin waren die Anlagenkategorien der Trinkwasserversorgung unter den Nr. 2.1.1–2.3.2 aufgelistet. Gründe für die Umsortierung hat der Verordnungsgeber nicht angegeben. Vermutlich sollen Kategorien der Trinkwasserversorgung am Anfang der Auflistung stehen, da sie auch im Wasserverbrauchszyklus vor der Abwasserbeseitigung stehen.

9 Die **Gewinnungsanlage** (1.1.1) wird in Teil 1 Nr. 1.1 legaldefiniert. Die Definition entspricht weitgehend derjenigen, die bei Erlass der BSI-KritisV in der Begründung angegeben war.[3] Jedoch wurden mit den Stauanlagen zusätzlich Anlagen zur Bevorratung und Bewirtschaftung von Oberflächenwasser aufgenommen, da diese bei der Trinkwasserversorgung einen wichtigen Beitrag erbringen.[4]

10 Die **Aufbereitungsanlage (Wasserwerk)** (1.2.1) wird in Teil 1 Nr. 1.2 definiert. Dabei handelt es sich um die Gesamtheit aller technischen Einrichtungen zur Trinkwasseraufbereitung einschließlich der zugehörigen Nebenanlagen (zB Arbeitsschutz- und Entsorgungsanlagen) sowie der Mess-, Steuerungs- und Regelungstechnik.[5] Es ist dabei unerheblich, mit welchen Verfahren die Aufbereitung erfolgt. Denkbar sind etwa chemische Verfahren, physikalische oder auch mechanische (zB Filter und Siebe).

11 Was unter einem **Wasserverteilungssystem** (1.3.1) zu verstehen ist, beschreibt Teil 1 Nr. 1.3. Im Kern gehört dazu alles, was dem Transport des Wassers von der Gewinnung oder Aufbereitung bis zum Verbraucher dient. Es gehören jedoch nicht nur Leitungen dazu, sondern auch Behälter und Förderanlagen. Das Wasserverteilungssystem eines Betreibers endet auf der Aufnahmeseite bei den Übergabestellen zu den Vorlieferanten und auf der Abgabeseite bei den Übergabestellen zu den Verbrauchern. Letztere sind die Hausanschlusspunkte der Wasserversorgung. Bei Mehrfamilienhäusern zählen also die einzelnen Wohnungsanschlüsse bereits nicht mehr zum Wasserverteilnetz.

12 Die **Leitzentralen** (1.4.1) im Bereich der Trinkwasserversorgung sind nach der Definition des Teil 1 Nr. 1.4 Anlagen, „in denen Prozessschritte auch räumlich verteilter Anlagen zentral überwacht und/oder gesteuert werden können". Die Leitzentralen können sowohl in den Anlagen der vorgenannten Kategorien integriert

---

[2] https://www.umweltbundesamt.de/daten/wasser/wasserwirtschaft/oeffentliche-wasserversorgung#grundwasser-ist-wichtigste-trinkwasserressource.

[3] KabF BSI-KritisV, Begründung S. 17, https://intrapol.org/wp-content/uploads/2016/04/BSI-KRITIS-VO-Kabinettsfassung.pdf.

[4] KabF 2. KritisÄndVO, S. 43, https://intrapol.org/wp-content/uploads/2022/11/KabV_2.-AendV-BSI-KritisV.pdf.

[5] KabF BSI-KritisV, Begründung S.17, https://intrapol.org/wp-content/uploads/2016/04/BSI-KRITIS-VO-Kabinettsfassung.pdf.

sein oder als reine Leitzentrale ausgebaut sein. Entscheidendes Bemessungskriterium für diese Kategorie ist hier die Jahres-Wassermenge, die die von der Leitzentrale gesteuerten oder überwachten Anlagen gewinnen, transportieren oder aufbereiten. Das macht die Bestimmung der Versorgungskennzahlen auch dann besonders einfach, wenn eine Leitzentrale für mehrere Anlagen aus verschiedenen Anlagenkategorien der Nr. 1.1.1.–1.3.1 verantwortlich ist.

2. Abwasserbeseitigung (Nr. 2). In den Bereichen Siedlungsentwässerung sowie Abwasserbehandlung gelten gemäß Anhang 2 Spalte B die Kanalisation, Kläranlagen und die entsprechenden Leitzentralen als Anlagen, die für die Erbringung der kritischen Dienstleistung Abwasserbeseitigung maßgeblich sind. **13**

Bei der **Kanalisation** (2.1.1) handelt es sich nach der Legaldefiniton in Teil 1 Nr. 1.5 um „ein Netz von Rohrleitungen und Zusatzbauten (zum Beispiel Regenüberlaufbecken, Regenrückhaltebecken, Regenklärbecken und Pumpstationen), das Abwasser von Anschlusskanälen zu Kläranlagen oder zu anderen Entsorgungsstellen ableitet." Erfasst werden sowohl sog. Trennsysteme, bei denen Schmutzwasser und Regenwasser in getrennten Systemen abgeleitet werden, als auch Mischsysteme, bei denen beides über dasselbe System abgeleitet wird.[6] Als Bemessungskriterium gilt die Zahl der angeschlossenen Einwohner. Da als Berechnungsgrundlage für die Abwassergebühren teilweise nicht die Zahl der Bewohner eines Haushalts dient, sondern die von Kunden (also Haushalten) abgenommene Frischwassermenge zzgl. Zuschlägen für Niederschlagswasser auf Basis der versiegelten Grundstücksfläche, lässt die bloße Kundenzahl der Betreiber nicht auf den Versorgungsgrad schließen. Stattdessen werden die Betreiber auf die Einwohnerzahl im Gebiet abstellen müssen, in dem die Kanalisation betrieben wird. **14**

Eine **Kläranlage** (2.2.1) ist nach Teil 1 Nr. 1.6, eine Anlage, in der Abwasser physikalisch, biologisch und/oder chemisch behandelt wird. Die Begründung der BSI-KritisV verwies insoweit zusätzlich auf die DIN EN 16323.[7] Zudem legt die Begriffsbestimmung fest, dass die Anlagen zur Gewässereinleitung (zB HW-Pumpwerke und Ableitungskanäle) als Bestandteil der Kläranlage angesehen werden. Maßgebliches Bemessungskriterium ist die Ausbaugröße in Einwohnerwerten. Es kommt also nicht auf die tatsächlich versorgten Einwohner an, sondern auf die maximale Zahl an Einwohnern, die von der Anlage versorgt werden können. **15**

Leitzentralen (2.3.1) sind nach der Definition des Teil 1 Nr. 1.4 Anlagen, „in denen Prozessschritte auch räumlich verteilter Anlagen zentral überwacht und/oder gesteuert werden können". In Nr. 2.3.1 Spalte C sind zwei Bemessungsgrößen angegeben. Die eine ist die **„Ausbaugröße der Anlagen in Einwohnerwerten"**, die zweite sind **„angeschlossene Einwohner der gesteuerten oder überwachten Anlagen".** Die erste Bemessungsgröße gilt dabei für die Leitzentralen von Kläranlagen, da auch bei diesen die Ausbaugröße das maßgebliche Kriterium ist. Die zweite Bemessungsgröße gilt für die Leitzentralen der Kanalisation. Bei beiden sind die Einwohnerwerte bzw. angeschlossenen Einwohner der gesteuerten und überwachten Anlagen maßgeblich. **16**

---

[6] Vgl. KabF BSI-KritisV, Begründung S. 16, https://intrapol.org/wp-content/uploads/2016/04/BSI-KRITIS-VO-Kabinettsfassung.pdf.

[7] KabF BSI-KritisV, Begründung S. 18, https://intrapol.org/wp-content/uploads/2016/04/BSI-KRITIS-VO-Kabinettsfassung.pdf.

Anhang 3

(zu § 1 Nummer 4 und 5, § 4 Absatz 3 Nummer 1 und 2)

Anlagenkategorien und Schwellenwerte im Sektor Ernährung

Teil 1 Grundsätze und Fristen

1. Für die in Teil 3 Spalte B Nummer 1 genannten Anlagenkategorien gelten grundsätzlich die Begriffsbestimmungen des § 3 Nummer 1 bis 3 des Lebensmittel-, Bedarfsgegenstände- und Futtermittelgesetzbuches in der jeweils geltenden Fassung.
2. Im Sinne von Anhang 3 ist oder sind
   2.1 Anlage oder System zur Herstellung von Lebensmitteln
   eine Anlage zum Herstellen von Lebensmitteln im Sinne des § 3 Absatz 1 Nummer 1 des Lebensmittel- und Futtermittelgesetzbuches.
   2.2 Anlage oder System zur Behandlung von Lebensmitteln
   eine Anlage zum Behandeln von Lebensmitteln im Sinne des § 3 Absatz 1 Nummer 2 des Lebensmittel- und Futtermittelgesetzbuches.
   2.3 Anlage oder System zur Distribution von Lebensmitteln
   eine Anlage oder ein System zur Planung, Steuerung, Bereitstellung und Verteilung von Produktionsmitteln oder Lebensmitteln, zum Beispiel Fuhrpark-, Hof- oder Flottenmanagementsysteme.
   2.4 Anlage oder System zur zentralen Steuerung oder Überwachung
   eine Anlage oder ein System, durch die oder das eine oder mehrere andere Anlagen oder Systeme gesteuert oder überwacht werden, zum Beispiel ERP-, Warenwirtschafts- oder Lagerverwaltungssysteme.
   2.5 Anlage oder System zur Bestellung von Lebensmitteln
   eine Anlage oder ein System zur Aufgabe oder Entgegennahme von Lebensmittelbestellungen, zum Beispiel EDI-Dispositionssysteme, Lieferanten- und Kundenstammdatensysteme.
   2.6 Anlage oder System zum Inverkehrbringen von Lebensmitteln
   eine Anlage oder ein System zum Inverkehrbringen von Lebensmitteln im Sinne des Artikels 3 Nummer 8 der Verordnung (EG) Nr. 178/2002 des Europäischen Parlaments und des Rates vom 28. Januar 2002 zur Festlegung der allgemeinen Grundsätze und Anforderungen des Lebensmittelrechts, zur Errichtung der Europäischen Behörde für Lebensmittelsicherheit und zur Festlegung von Verfahren zur Lebensmittelsicherheit (ABl. L 31 vom 1.2.2002, S. 1), die zuletzt durch die Verordnung (EU) 2019/1381 (ABl. L 231 vom 6.9.2019, S. 1) geändert worden ist, zum Beispiel eine Verkaufsstelle des Einzel- oder Großhandels.
3. Eine Anlage, die einer in Teil 3 Spalte B genannten Anlagenkategorie zuzuordnen ist, gilt ab dem 1. April des Kalenderjahres, das auf das Kalenderjahr folgt, in dem ihr Versorgungsgrad den in Teil 3 Spalte D genannten Schwellenwert erstmalig erreicht oder überschreitet, als Kritische Infrastruktur. Nicht mehr als Kritische Infrastruktur gilt eine solche Anlage ab dem 1. April des Kalenderjahres, das auf das Kalenderjahr folgt, in dem ihr Versorgungsgrad den genannten Schwellenwert unterschreitet.

4. Der Betreiber hat den Versorgungsgrad seiner Anlage für das zurückliegende Kalenderjahr jeweils bis zum 31. März des Folgejahres zu ermitteln.
5. Stehen mehrere Anlagen derselben Art in einem engen räumlichen und betrieblichen Zusammenhang (gemeinsame Anlage) und erreichen oder überschreiten die in Teil 3 Spalte D genannten Schwellenwerte zusammen, gilt die gemeinsame Anlage als Kritische Infrastruktur. Ein enger räumlicher und betrieblicher Zusammenhang ist gegeben, wenn die Anlagen
   a) auf demselben Betriebsgelände liegen,
   b) mit gemeinsamen Betriebseinrichtungen verbunden sind,
   c) einem vergleichbaren technischen Zweck dienen und
   d) unter gemeinsamer Leitung stehen.
6. Die Ermittlung des Versorgungsgrads kann, bei einer Anlage, die den Anlagenkategorien des Teils 3 Spalte A Nummer 1.2 zuzuordnen ist, mittels einer pauschalierten Umrechnung der in Teil 3 Spalte D genannten Schwellenwerte auf den in einem Kalenderjahr erzielten Bruttoumsatz in einem Verhältnis von 3,90 Euro pro kg oder l erfolgen.

Teil 2 Berechnungsformeln zur Ermittlung der Schwellenwerte

7. Der für die Anlagenkategorien des Teils 3 genannte Schwellenwert (Lebensmittel außer Getränke) ist unter Annahme einer durchschnittlichen Produktionsmenge zur Versorgung einer Person mit Lebensmitteln aller Produktgruppen außer Getränken von 0,869 Tonnen/Jahr sowie eines Regelschwellenwertes von 500 000 versorgten Personen wie folgt berechnet:
   434 500 t/Jahr = 0,869 t/Jahr × 500 000
8. Der für die Anlagenkategorien des Teils 3 genannte Schwellenwert (Getränke) ist unter Annahme eines Durchschnittsverbrauchs von 700 l/Jahr von Getränken mit Ausnahme von Getränken mit einem Alkoholgehalt von mehr als 1,2 Volumenprozent sowie eines Regelschwellenwertes von 500 000 versorgten Personen wie folgt berechnet:
   350 Millionen l/Jahr = 700 l/Jahr × 500 000

Teil 3 Anlagenkategorien und Schwellenwerte

Spalte A	Spalte B	Spalte C	Spalte D
Nr.	**Anlagenkategorie**	**Bemessungskriterium**	**Schwellenwert**
1	**Lebensmittelversorgung**		
1.1	Lebensmittelherstellung und -behandlung		
1.1.1	Anlage oder System zur Herstellung von Lebensmitteln	Hergestellte Lebensmittel außer Getränke in Tonnen/Jahr oder	434 500
		hergestellte Getränke außer Getränke mit einem Alkoholgehalt von mehr als 1,2 Volumenprozent in Liter/Jahr	350 000 000

Spalte A	Spalte B	Spalte C	Spalte D
Nr.	**Anlagenkategorie**	**Bemessungskriterium**	**Schwellenwert**
1.1.2	Anlage oder System zur Behandlung von Lebensmitteln	Behandelte Lebensmittel außer Getränke in Tonnen/Jahr oder	434 500
		behandelte Getränke außer Getränke mit einem Alkoholgehalt von mehr als 1,2 Volumenprozent in Liter/Jahr	350 000 000
1.1.3	Anlage oder System zur Distribution von Lebensmitteln	Umgeschlagene Lebensmittel außer Getränke in Tonnen/Jahr oder	434 500
		umgeschlagene Getränke außer Getränke mit einem Alkoholgehalt von mehr als 1,2 Volumenprozent in Liter/Jahr	350 000 000
1.1.4	Anlage oder System zur zentralen Steuerung oder Überwachung	Hergestellte, behandelte, umgeschlagene, bestellte oder in Verkehr gebrachte Lebensmittel außer Getränke aller durch die Anlage oder das System gesteuerten oder überwachten Anlagen in Tonnen/Jahr oder	434 500
		hergestellte, behandelte, umgeschlagene, bestellte oder in Verkehr gebrachte Getränke außer Getränke mit einem Alkoholgehalt von mehr als 1,2 Volumenprozent aller durch die Anlage oder das System gesteuerten oder überwachten Anlagen in Liter/Jahr	350 000 000
1.2	Lebensmittelhandel		
1.2.1	Anlage oder System zur Behandlung von Lebensmitteln	Behandelte Lebensmittel außer Getränke in Tonnen/Jahr oder	434 500
		behandelte Getränke außer Getränke mit einem Alkoholgehalt von mehr als 1,2 Volumenprozent in Liter/Jahr	350 000 000
1.2.2	Anlage oder System zur Distribution von Lebensmitteln	Umgeschlagene Lebensmittel außer Getränke in Tonnen/Jahr oder	434 500
		umgeschlagene Getränke außer Getränke mit einem	350 000 000

Spalte A	**Spalte B**	**Spalte C**	**Spalte D**
Nr.	**Anlagenkategorie**	**Bemessungskriterium**	**Schwellenwert**
		Alkoholgehalt von mehr als 1,2 Volumenprozent in Liter/Jahr	
1.2.3	Anlage oder System zur Bestellung von Lebensmitteln	Bestellte Lebensmittel außer Getränke in Tonnen/Jahr oder	434 500
		bestellte Getränke außer Getränke mit einem Alkoholgehalt von mehr als 1,2 Volumenprozent in Liter/Jahr	350 000 000
1.2.4	Anlage oder System zum Inverkehrbringen von Lebensmitteln	In Verkehr gebrachte Lebensmittel außer Getränke in Tonnen/Jahr oder	434 500
		in Verkehr gebrachte Getränke außer Getränke mit einem Alkoholgehalt von mehr als 1,2 Volumenprozent in Liter/Jahr	350 000 000
1.2.5	Anlage oder System zur zentralen Steuerung oder Überwachung	Behandelte, umgeschlagene, bestellte oder in Verkehr gebrachte Lebensmittel außer Getränke aller durch die Anlage oder das System gesteuerten oder überwachten Anlagen in Tonnen/Jahr oder	434 500
		behandelte, umgeschlagene, bestellte oder in Verkehr gebrachte Getränke außer Getränke mit einem Alkoholgehalt von mehr als 1,2 Volumenprozent aller durch die Anlage oder das System gesteuerten oder überwachten Anlagen in Liter/Jahr	350 000 000

Literatur: *Ritter,* „Corona-Ferien" für Kritische Infrastrukturen?, RDV 2020, 237.

A. Allgemeines

Der Anhang gliedert sich in drei Teile. Im ersten Teil finden sich die grundlegenden Begriffsbestimmungen, die Regelungen zu den maßgeblichen Zeitpunkten für die Bestimmung des Versorgungsgrades im Sektor Ernährung sowie Regelungen 1 dazu, wann einzelne Anlagen bei der Bestimmung des Versorgungsgrades als eine gemeinsame Anlage anzusehen sind. Der zweite Teil dient der Darlegung, wie der Verordnungsgeber die Schwellenwerte in Teil 3 Spalte D für den Sektor Ernährung ermittelt hat. In Teil 3 werden dann die Anlagenkategorien für die in § 4 Abs. 1 festgelegten kritischen Dienstleistungen bzw. deren Bereiche mit einem konkreten, anlagenspezifischen Bemessungskriterium und einem konkreten Schwellenwert aufgelistet.

B. Einzelerläuterungen

I. Grundsätze und Fristen (Teil 1)

2 **1. Begriffsbestimmungen (Nr. 1 und 2).** In den ersten beiden Nummern des Teil 1 finden sich die Begriffsbestimmungen für die in Anhang 1 verwendeten Begriffe. Nr. 1 verweist dazu auf die Begriffsbestimmungen in § 3 des LFGB und in Nr. 2 werden dann eine Reihe von Begriffen legaldefiniert (→ Rn. 8).

3 **2. Zeitpunkte und Zeiträume für die Ermittlung des Versorgungsgrades (Nr. 3 und 4).** Nach Nr. 3 S. 1 ist für die Bestimmung der Eigenschaft als KRITIS im Sektor Ernährung stets der Versorgungsgrad im zurückliegenden Kalenderjahr maßgeblich. Wenn der in Teil 3 Spalte D zugeordnete Schwellenwert im zurückliegenden Kalenderjahr bei einer Anlage erreicht oder überschritten wurde, gilt diese ab dem 1.4. des laufenden Jahres als KRITIS. Mit der 2. KritisÄndVO wurde in Nr. 3 S. 2 eine explizite Regelung eingeführt, ab wann eine Anlage nicht mehr als KRITIS gilt (dazu allg. → § 1 Rn. 46 und zur damit verbundenen Rechtsänderung → Anhang 1 Rn. 3). Nach S. 2 gilt eine Anlage ab dem 1.4. eines Jahres dann nicht mehr als KRITIS, wenn sie im vorangegangenen Jahr die Schwellenwerte aus Teil 3 Spalte D nicht mehr erreicht hat.

4 Nach Nr. 4 hat der Betreiber den **Versorgungsgrad für das zurückliegende Kalenderjahr** in der Regel **bis zum 31.3. des laufenden Jahres** zu ermitteln. Damit wird den Betreibern iE ein Zeitfenster eingeräumt, um die entsprechenden Werte für ihre jeweiligen Anlagen zu ermitteln. Gerade bei Jahreswerten können diese auch den Betreibern nicht immer direkt zum Ablauf des Jahres am 31.12. vorliegen. Die Einräumung einer Ermittlungsfrist von drei Monaten erfolgt daher aus Verhältnismäßigkeitsgründen, um den Betreibern in jedem Fall die nötige Zeit einzuräumen.[1]

5 **3. Ermittlung des Versorgungsgrades bei gemeinsamen Anlagen und bei Anlagen des Lebensmittelhandels (Nr. 5 und 6).** In Nr. 5 wird der Sonderfall der **gemeinsamen Anlage** geregelt (s. auch → § 1 Rn. 19f.; zum Verhältnis von § 1 und den sektorspezifischen Regelungen → Anhang 1 Rn. 6). Damit sind Anlagen gemeint, die für sich genommen nicht die Schwellenwerte aus Teil 3 Spalte D erreichen, die jedoch selbst nur Teil eines größeren Gesamtsystems entsprechender Anlagen sind und mit diesen gemeinsam die Schwellenwerte überschreiten. Solche Anlagen werden als gemeinsame Anlage zusammengerechnet. Voraussetzung für die Annahme einer gemeinsamen Anlage ist jedoch, dass es Anlagen derselben Art sind, die in einem engen räumlichen und betrieblichen Zusammenhang stehen. Nr. 5 S. 2 regelt, wann dieser enge räumliche und betriebliche

[1] Vgl. *Ritter*, RDV 2020, 237 (238).

Zusammenhang vorliegt. Die Anlagen müssen dafür **auf demselben Betriebsgelände** liegen (→ Anhang 1 Rn. 7), **mit gemeinsamen Betriebseinrichtungen verbunden** sein (→ Anhang 1 Rn. 8), **einem vergleichbaren Zweck dienen** (→ Anhang 1 Rn. 9) und **unter gemeinsamer Leitung** stehen (→ Anhang 1 Rn. 10).

Nr. 6 regelt eine **Besonderheit für die Ermittlung des Schwellenwertes** für Anlagen aus dem Bereich des Lebensmittelhandels nach den Anlagenkategorien aus Teil 3 Spalte A Nr. 1.2. Für diese werden in Spalte D bestimmte Zahlen als Schwellenwerte angegeben. In Spalte C werden für die jeweiligen Anlagenkategorien die korrespondierenden Maßeinheiten in der Regel als Tonnen/Jahr oder Liter/Jahr angegeben. Im Handel werden jedoch uU gar nicht die Mengen der Lebensmittel oder Getränke erfasst, da für die jeweiligen Betreiber als Handelsware einfach nur die Stückzahl einer Ware oder Verpackungseinheit relevant ist. Jedoch muss auch in diesen Fällen ermittelbar sein, ob der Versorgungsgrad überschritten wurde. Daher hat der Verordnungsgeber auf den Bruttoumsatz als Hilfskriterium abgestellt. Dieser ist im Handel schon aus kaufmännischen Gründen immer ermittelbar. Aus Gründen der Vereinfachung hat der Verordnungsgeber festgelegt, dass 3,90 EUR Bruttoumsatz einem Kilogramm Lebensmittel bzw. einem Liter Getränke entspricht. Gerade in Inflationsphasen führt diese Methode jedoch zu Nachteilen für die Anlagenbetreiber, da bei gleicher Menge an Lebensmitteln oder Getränken der Bruttoumsatz steigt. Jedoch handelt es sich bei Nr. 6 um eine Kann-Bestimmung, so dass die Anlagenbetreiber sich in diesen Fällen entscheiden können, den Versorgungsgrad doch anhand der echten Mengen zu ermitteln. Nr. 6 gibt den Betreibern jedoch **kein echtes Wahlrecht.** Die Regelung stellt lediglich ein Hilfskriterium zur Ermittlung zur Verfügung, wenn die echten Mengen nicht ohne zusätzlichen Aufwand durch die Betreiber ermittelt werden können. Wenn die Erfassung der Mengen jedoch bereits möglich ist, können die Betreiber sich nicht etwa dadurch einen Vorteil verschaffen, dass sie – zB in Phasen starker Deflation – auf die Mengenerfassung wieder verzichten und allein auf den dann niedrigeren Bruttoumsatz abstellen. 6

II. Berechnungsformeln zur Ermittlung der Schwellenwerte (Teil 2)

Für die Ermittlung des Schwellenwerts im Sektor Ernährung hat der Gesetzgeber 2016 der Berechnung zunächst die durchschnittliche Produktionsmenge zur Versorgung einer Person pro Jahr mit Lebensmitteln zugrunde gelegt. Nach den Angaben des Statistischen Bundesamts lag die Menge der pro Jahr in Deutschland hergestellten Lebensmittel einschließlich der für den Export bestimmten Mengen bei etwa 69.554.272 Tonnen. Geteilt durch 80.000.000 ergab sich eine Menge von 0,869 Tonnen Lebensmittel pro Jahr und Person, zur Berücksichtigung von Exportmengen wurde dies mit einem Faktor von 1,27 verrechnet. Die Gesamtproduktionsmenge für Getränke wurde geschätzt.[2] 7

---

2 KabF BSI-KritisV, Begründung S.20, https://intrapol.org/wp-content/uploads/2016/04/BSI-KRITIS-VO-Kabinettsfassung.pdf.

III. Anlagenkategorien und Schwellenwerte (Teil 3)

8 **1. Lebensmittelherstellung und -behandlung (Nr. 1.1).** Die Schwellenwerte sind jeweils alternativ für **Lebensmittel in Tonnen** und **Getränke in Litern** angegeben.[3] Der früher verwendete Begriff „Speisen" wurde mit der 2. KritisÄndVO durch „Lebensmittel außer Getränke" und „nichtalkoholische Getränke" durch „Getränken mit Ausnahme von Getränken mit einem Alkoholgehalt von mehr als 1,2 Volumenprozent" ersetzt.[4] Dadurch wollte der Gesetzgeber klarstellen, „dass die kritischen Dienstleistungen in diesem Sektor auch die Urproduktion und den Handel der aufnehmenden Hand bzw. der ersten Verarbeitungsstufe (zB Zuckerfabriken, Schlachthöfe, Getreidehändler bzw. -genossenschaften oder Molkereien)" umfassen.[5] Im Bereich der Lebensmittelherstellung und -behandlung werden als Anlagenkategorien Anlagen oder Systeme zur Herstellung, Behandlung, und Distribution von Lebensmitteln sowie Anlagen und Systeme zur Steuerung und Überwachung festgelegt. Neben der eigentlichen Herstellung sind Anlagen zur Bewältigung logistischer Prozesse (Distribution) und zur Lagerung sowohl im Bereich der Produktion und -verarbeitung als auch im Bereich Lebensmittelhandel unverzichtbar.

9 Die Definition der **Anlage oder System zur Herstellung von Lebensmitteln** (1.1.1) erfolgt in Teil 1 Nr. 2.1 und verweist für den Begriff des Herstellens auf § 3 Nr. 2 LFGB. Danach ist Herstellen „das Gewinnen, einschließlich des Schlachtens oder Erlegens lebender Tiere, deren Fleisch als Lebensmittel zu dienen bestimmt ist, das Herstellen, das Zubereiten, das Be- und Verarbeiten und das Mischen". Der Verordnungsgeber wollte zB Anlagen eines landwirtschaftlichen Betriebs und eines Fischereibetriebs inklusive der dort eingesetzten technischen Geräte zur Rohstoffgewinnung (zB Melkanlagen, Mähdrescher, Fischtrawler, Tierställe und vergleichbare Anlagen) erfassen.[6]

10 Was als **Anlage oder System zur Behandlung von Lebensmitteln** (1.1.2) gilt, legt Teil 1 Nr. 2.2 fest und verweist für den Begriff „Behandeln" auf § 3 Nr. 3 LFGB. Behandeln ist danach „das Wiegen, Messen, Um- und Abfüllen, Stempeln, Bedrucken, Verpacken, Kühlen, Gefrieren, Tiefgefrieren, Auftauen, Lagern, Aufbewahren, Befördern sowie jede sonstige Tätigkeit, die nicht als Herstellen oder Inverkehrbringen anzusehen ist,". Die in der Begründung zur BSI-KritisV ursprünglich für die Bearbeitung und Verarbeitung von Lebensmitteln genannten Anlagen zur Sortierung, Trocknung oder Verpackung von Nahrungsmitteln[7] dürften auch unter die neue Definition zu fassen sein. Neben Kühl- und Gefrieranlagen, die der Absenkung der Temperatur von Lebensmitteln oder deren Rohstoffen dienen (zB Schockfrostung) werden auch Kühl- und Gefrierhäuser erfasst. Diese erfüllen die unter das „Behandeln" fallenden Aufgaben Kühlen, Gefrieren und Lagern bzw.

---

[3] Vgl. Anhang 3 Teil 3 Spalte D, ausschlaggebend für die Einordnung ist also die verkehrsübliche Messeinheit, so bspw. für Milch in Litern (Getränk), Joghurt in Tonnen (Lebensmittel).

[4] KabF 2. KritisÄndVO, S. 16, https://intrapol.org/wp-content/uploads/2022/11/KabV_2.-AendV-BSI-KritisV.pdf.

[5] KabF BSI-KritisV, Begründung S. 20. https://intrapol.org/wp-content/uploads/2016/04/BSI-KRITIS-VO-Kabinettsfassung.pdf.

[6] KabF BSI-KritisV, Begründung S.19, https://intrapol.org/wp-content/uploads/2016/04/BSI-KRITIS-VO-Kabinettsfassung.pdf.

[7] KabF BSI-KritisV, Begründung S. 19, https://intrapol.org/wp-content/uploads/2016/04/BSI-KRITIS-VO-Kabinettsfassung.pdf.

Aufbewahren. In den Bereich der Beförderung fallen etwa Förderstrecken auf Betriebsgeländen, mit denen (Roh-)Waren von der Anlieferung oder Lagerung zur Weiterverarbeitung auf dem Gelände verbracht werden. Auch Transportroboter, die diesen Zweck erfüllen, werden damit erfasst.

Die Anlagenkategorie **„Anlage oder System zur Distribution von Lebensmitteln"** (1.1.3) definiert Teil 1 Nr. 2.3 näher. Erfasst werden davon Anlagen oder Systeme zur Planung, Steuerung, Bereitstellung und Verteilung von Produktionsmitteln oder Lebensmitteln. Als Beispiele nennt die Definition Fuhrpark-, Hof- oder Flottenmanagementsysteme. Erfasst werden könnten davon auch Dispositionssysteme. Lagerverwaltungssysteme könnten begrifflich auch darunter gefasst werden. Da sie jedoch nach Teil 1 Nr. 2.4 explizit zur Kategorie aus Teil 1 Nr. 1.1.4 gezählt werden, ist das auszuschließen. 11

Die Anlagenkategorie „Anlage oder System zur zentralen standortübergreifenden Steuerung" wurde mit der 2. KritisÄndVO 2021 umbenannt in **„Anlage oder System zur zentralen Steuerung oder Überwachung"**, um klarzustellen, dass hier auch diejenigen Systeme einzubeziehen sind, die am gemeinsamen Standort liegen.[8] Was sich hinter dieser Anlagenkategorie aus Nr. 1.1.4 verbirgt, beschreibt Teil 1 Nr. 4. Demnach sollen Anlagen oder Systeme erfasst werden, die eine oder mehrere Anlagen steuern oder überwachen. Als Beispiele werden ERP-Systeme[9], Warenwirtschafts- und Lagerverwaltungssysteme explizit genannt. Bei den ERP-Systemen dürften vor allem die Systeme erfasst sein, bei denen es um Materialwirtschaft (Beschaffung, Lagerhaltung und Disposition), die Bedarfsermittlung sowie die Produktionsplanung und -steuerung geht. 12

2. Lebensmittelhandel (Nr. 1.2). Für einige Anlagenkategorien aus dem Bereich des Lebensmittelhandels kann auf die Ausführungen zu denselben Begriffen im Bereich Lebensmittelherstellung und -behandlung verwiesen werden. Das gilt für den Begriff **„Anlage oder System zur Behandlung von Lebensmitteln"** (1.2.1) (→ Rn. 10), den Begriff **„Anlage oder System zur Distribution von Lebensmitteln"** (1.2.2) (→ Rn. 11) sowie für den Begriff der **„Anlage oder System zur zentralen Steuerung und Überwachung"** (1.2.5) (→ Rn. 12). 13

Die Anlagenkategorie **„Anlage oder System zur Bestellung von Lebensmitteln"** (1.2.3) ist dagegen ein Spezifikum des Bereiches Lebensmittelhandel. Was darunter zu verstehen ist, wird in Teil 1 Nr. 2.5 beschrieben. Demnach handelt es sich dabei um Anlagen oder Systeme zur Aufgabe oder Entgegennahme von Lebensmittelbestellungen. Beispielhaft werden dafür EDI-Systeme[10] sowie Lieferanten- und Kundenstammdatensysteme angeführt. Sowohl bei den EDI-Systemen als auch bei den Stammdatensystemen kann es sich auch um ERP-Systeme handeln, die bei der Definition der Steuerungs- und Überwachungssysteme in Teil 1 Nr. 2.4 explizit genannt werden. Verschiedene Funktionsbereiche des ERP-Systems können damit im Ergebnis verschiedenen Anlagenkategorien zuzuordnen sein. EDI-Systeme ersetzen letztlich die klassische Bestellabwicklung über Papierformulare durch eine elektronische Abwicklung. 14

Die Definition der **„Anlage oder System zum Inverkehrbringen von Lebensmitteln"** (1.2.4) erfolgt in Teil 1 Nr. 2.6. Für den Begriff des „Inverkehrbrin- 15

---

[8] KabF 2. KritisÄndVO, Begründung S. 44.

[9] Enterprise-Resource-Planning-Systeme.

[10] Der Begriff steht für electronic data interchange-Systeme, also elektronische Datenaustausch-Systeme.

gens“ wurde in früheren Fassungen der BSI-KritisV auf die Legaldefinition des § 3 Nr. 1 LFBG verwiesen.[11] Diese wiederum verwies auf Art. 3 Nr. 8 Lebensmittel-Basis-VO. In der aktuellen Fassung wird ohne Umwege auf Art. 3 Nr. 8 Lebensmittel-Basis-VO verwiesen. Demnach bedeutet das Inverkehrbringen „das Bereithalten von Lebensmitteln oder Futtermitteln für Verkaufszwecke einschließlich des Anbietens zum Verkauf oder jeder anderen Form der Weitergabe, gleichgültig, ob unentgeltlich oder nicht, sowie den Verkauf, den Vertrieb oder andere Formen der Weitergabe selbst“. Dazu zählen zum Beispiel lokale Verkaufsstandorte, Großhandel, Web-Shops, Filialkassen und vergleichbare Anlagen, insbesondere auch filialübergreifende Anlagen und Systeme.[12]

Anhang 4

(zu § 1 Nummer 4 und 5, § 5 Absatz 4 Nummer 1 und 2)

Anlagenkategorien und Schwellenwerte im Sektor Informationstechnik und Telekommunikation

Teil 1 Grundsätze und Fristen

1. Für die in Teil 3 Spalte B genannten Anlagenkategorien gelten vorrangig die Begriffsbestimmungen nach § 3 des Telekommunikationsgesetzes in der jeweils geltenden Fassung.
2. Im Sinne von Anhang 4 ist oder sind
   2.1 Zugangsnetz
   eine Anlage, über die der Zugang zu einem Sprachkommunikationsdienst, zu einem öffentlich zugänglichen Datenübertragungsdienst oder zu einem Internetzugangsdienst erfolgt, zum Beispiel Glasfaseranschlüsse und Mobilfunkzugangsnetze.
   2.2 Übertragungsnetz
   eine Anlage zur Übertragung von Sprache und Daten für Sprachkommunikationsdienste und öffentlich zugängliche Datenübertragungsdienste oder für Internetzugangsdienste, zum Beispiel Backbone- und Core-Netze.
   2.3 IXP
   eine von den angeschlossenen autonomen Systemen unabhängige Netzeinrichtung, die die Zusammenschaltung von mehr als zwei unabhängigen autonomen Systemen für den Zweck des Austausches von Internetdatenverkehr ermöglicht. Eine Anlage ist auch dann ein IXP, wenn der Internetdatenverkehr zwischen zwei beliebigen teilnehmenden autonomen Systemen nicht über ein intermediäres autonomes System läuft.
   2.4 DNS-Resolver
   eine Anlage oder ein System im Zugangsnetz eines Anbieters von Internetzugangsdiensten zur Beantwortung von Anfragen zur Namensauflösung, die oder das bei Unkenntnis der Antwort die Anfragen an übergeordnete

[11] Interessanterweise wurde das LFGB in der früheren Fassung von Teil 1 mal als „Lebensmittel-, Bedarfsgegenstände und Futtermittelgesetzbuch“ bezeichnet (Nr. 2.1 und 2.2) und mal nur als „Lebensmittel- und Futtermittelgesetzbuch“ (Nr. 2.6).

[12] KabF BSI-KritisV, Begründung S.20, https://intrapol.org/wp-content/uploads/2016/04/BSI-KRITIS-VO-Kabinettsfassung.pdf.

DNS-Instanzen weiterreicht, wenn die Anlage oder das System zur Nutzung von Sprachkommunikationsdiensten, öffentlich zugänglichen Datenübertragungsdiensten oder Internetzugangsdiensten angeboten wird.

2.5 Autoritativer DNS-Server
eine Anlage oder ein System zur Beantwortung von Anfragen zur Namensauflösung gemäß Kapitel 5 des RFC 7719, in der oder in dem durch lokal vorliegende Informationen über den Inhalt einer DNS-Zone Anfragen über diese DNS-Zone beantwortet werden oder die Anfragen an andere Server delegiert werden.

2.6 Top-Level-Domain-Name-Registry
eine Anlage, welche die Registrierung von Internet-Domain-Namen innerhalb einer spezifischen Top-Level-Domain (TLD) verwaltet und betreibt.

2.7 Rechenzentrum (Housing)
ein oder mehrere Gebäude, zumindest aber ein geschlossener Raum mit dem vorrangigen Zweck, eine geeignete Umgebung für die Unterbringung und den Betrieb von zentralen IT-Komponenten, zum Beispiel Server oder Netzwerktechnik, in mindestens zehn Racks bereitzustellen.

2.8 Serverfarm (Hosting)
zwei oder mehrere physische oder virtuelle Instanzen, die im IT-Netzwerk Dienste bereitstellen. Dabei gelten virtuelle Maschinen, die mit einem eigenen Betriebssystem auf einer physischen Instanz betrieben werden, als virtuelle Instanzen.

2.9 Content Delivery Network
ein Netz regional verteilter und über das Internet verbundener Server, mit dem Inhalte ausgeliefert und zwischengespeichert werden, um insbesondere die Verfügbarkeit und Performanz zu erhöhen.

2.10 Anlage zur Erbringung von Vertrauensdiensten
eine vertrauenswürdige dritte Instanz (Trusted Third Party), die in elektronischen Kommunikationsprozessen die jeweilige Identität des Kommunikationspartners bescheinigt.

3. Eine Anlage, die einer in Teil 3 Spalte B genannten Anlagenkategorie zuzuordnen ist, gilt ab dem 1. April des Kalenderjahres, das auf das Kalenderjahr folgt, in dem ihr Versorgungsgrad den in Teil 3 Spalte D genannten Schwellenwert erstmals erreicht oder überschreitet, als Kritische Infrastruktur. Nicht mehr als Kritische Infrastruktur gilt eine solche Anlage ab dem 1. April des Kalenderjahres, das auf das Kalenderjahr folgt, in dem ihr Versorgungsgrad den genannten Schwellenwert unterschreitet.
4. Der Betreiber hat den Versorgungsgrad seiner Anlage für das zurückliegende Kalenderjahr bis zum 31. März des Folgejahres zu ermitteln.
5. Für die Anlagenkategorien des Teils 3 Nummer 1.1.1 bis 1.2.1 und 2.1.1 ist der Versorgungsgrad zum 30. Juni des zurückliegenden Kalenderjahres jeweils maßgeblich.
6. Stehen mehrere Anlagen derselben Art in einem engen betrieblichen Zusammenhang (gemeinsame Anlage) und erreichen oder überschreiten die in Teil 3 Spalte D genannten Schwellenwerte zusammen, gilt die gemeinsame Anlage als Kritische Infrastruktur. Ein enger betrieblicher Zusammenhang ist unabhängig von der räumlichen Distanz der Anlagen gegeben, wenn die Anlagen
   a) mit gemeinsamen Betriebseinrichtungen oder untereinander verbunden sind,

b) einem vergleichbaren technischen Zweck dienen und
c) unter gemeinsamer Leitung oder Steuerung stehen.

Teil 2 Berechnungsformeln zur Ermittlung der Schwellenwerte

7. Der für die Anlagenkategorien des Teils 3 Nummer 1.1 und 1.2 genannte Schwellenwert ergibt sich aus § 185 Absatz 1 Satz 1 des Telekommunikationsgesetzes in der jeweils geltenden Fassung.
8. Der für die Anlagenkategorie des Teils 3 Nummer 1.3.1 genannte Schwellenwert von 100 autonomen Systemen basiert auf der wirtschaftlichen und regionalen Relevanz der betroffenen IXPs.
9. Der für die Anlagenkategorie des Teils 3 Nummer 1.4.2 und 1.4.3 genannte Schwellenwert ist unter Annahme von 40 Millionen in der Bundesrepublik Deutschland verwalteten Domains und einer Bedarfsabdeckung von 500 000 versorgten Personen bei einer Gesamtbevölkerung von 80 Millionen Personen wie folgt berechnet:
   250 000 ≈ (500 000/80 000 000) × 40 000 000
10. Die für die Anlagenkategorie des Teils 3 Nummer 2.2.1 genannten Schwellenwerte sind unter Annahme von 1,6 Millionen physischen und 2,4 Millionen virtuellen in der Bundesrepublik Deutschland verwalteten Serverinstanzen und einer Bedarfsabdeckung von 500 000 versorgten Personen bei einer Gesamtbevölkerung von 80 Millionen Personen wie folgt berechnet:
    Physische Instanzen: 1 600 000 × 500 000/80 000 000 = 10 000
    Virtuelle Instanzen: 2 400 000 × 500 000/80 000 000 = 15 000
11. Der für die Anlagenkategorie des Teils 3 Nummer 2.2.2 genannte Schwellenwert ist unter Annahme eines Transportvolumens von 11 826 000 Terabyte/Jahr und einer Bedarfsabdeckung von 500 000 versorgten Personen bei 80 Millionen Personen Gesamtbevölkerung wie folgt berechnet:
    75 000 TByte/Jahr ≈ (500 000/80 000 000) × 11 826 000 TByte/Jahr

Teil 3 Anlagenkategorien und Schwellenwerte

Spalte A	**Spalte B**	**Spalte C**	**Spalte D**
Nr.	**Anlagenkategorie**	**Bemessungskriterium**	**Schwellen-wert**
1.	**Sprach- und Datenübertragung**		
1.1	Zugang		
1.1.1	Zugangsnetz	Teilnehmeranschlüsse des Zugangsnetzes nach § 3 Nummer 58 TKG	100 000
1.2	Übertragung		
1.2.1	Übertragungsnetz	Vertragspartner des jeweiligen Dienstes	100 000
1.3	Vermittlung		
1.3.1	IXP	Anzahl angeschlossener autonomer Systeme (Jahresdurchschnitt)	100

Spalte A	Spalte B	Spalte C	Spalte D
Nr.	**Anlagenkategorie**	**Bemessungskriterium**	**Schwellenwert**
1.4	Steuerung		
1.4.1	DNS-Resolver	Anzahl der Vertragspartner des Zugangsnetzes, in dem der DNS-Resolver betrieben wird	100 000
1.4.2	Autoritativer DNS-Server	Anzahl der Domains, für die der Server autoritativ ist oder die aus der Zone delegiert werden	250 000
1.4.3	Top-Level-Domain-Name-Registry	Anzahl der Domains, die verwaltet oder betrieben werden	250 000
2.	**Datenspeicherung und -Verarbeitung**		
2.1	Housing		
2.1.1	Rechenzentrum (Housing)	Vertraglich vereinbarte Leistung in MW	3,5
2.2	IT-Hosting		
2.2.1	Serverfarm (Hosting)	Anzahl der für Nutzer betriebenen physischen Instanzen (Jahresdurchschnitt)	10 000
		Anzahl der für Nutzer betriebenen virtuellen Instanzen (Jahresdurchschnitt)	15 000
2.2.2	Content Delivery Network	Ausgeliefertes Datenvolumen (in TByte/Jahr)	75 000
2.3	Vertrauensdienste		
2.3.1	Anlage zur Erbringung von Vertrauensdiensten	Anzahl der ausgegebenen qualifizierten Zertifikate oder	500 000
		Anzahl der Zertifikate zur Authentifizierung öffentlich zugänglicher Server (Serverzertifikate, z. B. für Webserver, E-Mailserver, Cloudserver (z. B. TLS/SSL-Zertifikate))	10 000

Literatur: *Kipker* (Hrsg.), Cybersecurity, 2020; *Schallbruch,* IT-Sicherheitsrecht – Schutz digitaler Dienste, Datenschutz und Datensicherheit, CR 2017, 798.

Inhaltsübersicht

A. Allgemeines

1 Der Anhang gliedert sich in drei Teile. Im ersten Teil finden sich die grundlegenden Begriffsbestimmungen, die Regelungen zu den maßgeblichen Zeitpunkten für die Bestimmung des Versorgungsgrades sowie Regelungen dazu, wann einzelne Anlagen bei der Bestimmung des Versorgungsgrades als eine gemeinsame Anlage anzusehen sind. Der zweite Teil dient der Darlegung, wie der Verordnungsgeber die Schwellenwerte in Teil 3 Spalte D für den Sektor Informationstechnik und Telekommunikation ermittelt hat. In Teil 3 werden danach die Anlagenkategorien für die in § 5 Abs. 1 festgelegten kritischen Dienstleistungen bzw. deren Bereiche mit einem konkreten, anlagenspezifischen Bemessungskriterium und einem konkreten Schwellenwert aufgelistet.

B. Einzelerläuterungen

I. Grundsätze und Fristen (Teil 1)

2 **1. Begriffsbestimmungen (Nr. 1 und 2).** Nach Nr. 1 sollen für die Bestimmung der in Teil 3 Spalte B genannten Anlagenkategorien in erster Linie die Legaldefinitionen aus § 3 TKG in der jeweils geltenden Fassung maßgeblich sein. In Nr. 2 werden dann aber viele der in Teil 3 verwendeten Anlagen durch eigene Legaldefinitionen näher bestimmt (→ Rn. 11 ff.). Im Ergebnis definiert das TKG die in Teil 3 Spalte B genannten Begrifflichkeiten bislang kaum. Der in § 3 Nr. 74 TKG definierte „Zugang“ bildet keine eigenständige Anlagenkategorie und hätte wohl auch in der BSI-KritisV selbst mit Verweis auf die nähere Bestimmung im TKG aufgenommen werden können. So regelt die Nr. 1 („vorrangig“) derzeit vor allem als Vorsichtsmaßnahme für etwaige zukünftige Kollisions- und Zweifelsfälle in der Auslegung das Rangverhältnis zwischen den beiden Gesetzen.

3 **2. Zeitpunkte und Zeiträume für die Ermittlung des Versorgungsgrades (Nr. 3–5).** Nach Nr. 3 S. 1 ist für die Bestimmung der Eigenschaft als KRITIS der Versorgungsgrad im zurückliegenden Kalenderjahr maßgeblich. Wenn der in Teil 3 Spalte D zugeordnete Schwellenwert im zurückliegenden Kalenderjahr bei einer Anlage erreicht oder überschritten wurde, gilt diese ab dem 1.4. des laufenden Jahres als KRITIS. Mit der 2. KritisÄndVO wurde in Nr. 3 S. 2 eine explizite Rege-

lung eingeführt, ab wann eine Anlage nicht mehr als KRITIS gilt (→ dazu allg. § 1 Rn. 46 und zur damit verbundenen Rechtsänderung Anhang 1 Rn. 3). Nach S. 2 gilt eine Anlage ab dem 1.4. eines Jahres dann nicht mehr als KRITIS, wenn sie im vorangegangenen Jahr die Schwellenwerte aus Teil 3 Spalte D nicht mehr erreicht hat. Betreiber sollten die Schwellenwertunterschreitung im vorangegangenen Kalenderjahr daher umgehend dem BSI melden.

Nach Nr. 4 hat der Betreiber den **Versorgungsgrad für das zurückliegende Kalenderjahr** idR **bis zum 31.3. des laufenden Jahres** zu ermitteln. Damit wird den Betreibern Zeit eingeräumt, um die entsprechenden Werte für ihre jeweiligen Anlagen zu ermitteln. Gerade bei Jahreswerten können diese auch den Betreibern nicht immer direkt zum Ablauf des Jahres am 31.12. vorliegen. Mit Nr. 5 finden sich für bestimmte Anlagen, nämlich für Zugangsnetze (1.1.1), Übertragungsnetze (1.2.1) und Rechenzentren (Housing) (2.1.1) **abweichende Bemessungszeitpunkte** für die Bestimmung des Versorgungsgrades. Für sie ist maßgeblich, ob die Anlagen **zum 30.6. des vorangegangenen Jahres** die entsprechenden Schwellenwerte erreicht haben. Für die Ermittlung haben die Betreiber dieser Anlagen jedoch auch wie in allen anderen Kategorien **bis zum 31.3. des laufenden Jahres** Zeit. Warum damit hier Betreibern, die potenziell im Juli bereits ermittelt haben, dass sie fortan KRITIS-Betreiber sein werden, zugemutet wird, noch fast ein Dreivierteljahr bis zum 1.4. des Folgejahres abzuwarten, bis sie als kritisch gelten und zB an das Meldewesen des BSI angeschlossen werden, ist nicht ersichtlich. 4

3. Ermittlung des Versorgungsgrades bei gemeinsamen Anlagen (Nr. 6). 5 In Nr. 6 wird der Sonderfall der **gemeinsamen Anlage** geregelt (s. auch → § 1 Rn. 19f.; zum Verhältnis von § 1 und den sektorspezifischen Regelungen → Anhang 1 Rn. 6). Damit sind Anlagen gemeint, die für sich genommen nicht die Schwellenwerte aus Teil 3 Spalte D erreichen, die jedoch selbst nur Teil eines größeren Gesamtsystems entsprechender Anlagen sind und mit diesen gemeinsam die Schwellenwerte überschreiten. Solche Anlagen werden unter den in Nr. 6 genannten Voraussetzungen als gemeinsame Anlage „zusammengerechnet". Voraussetzung für die Annahme einer gemeinsamen Anlage ist jedoch, dass es Anlagen derselben Art sind, die in einem engen betrieblichen Zusammenhang stehen. Anders als in anderen Sektoren ist ein enger räumlicher Zusammenhang der Anlagen explizit nicht erforderlich („unabhängig von der räumlichen Distanz der Anlagen"). S. 2 regelt, wann dieser enge betriebliche Zusammenhang vorliegt. Die Anlagen müssen dafür **mit gemeinsamen Betriebseinrichtungen oder untereinander verbunden** sein, **einem vergleichbaren technischen Zweck dienen** (→ Anhang 1 Rn. 9) und **unter gemeinsamer Leitung oder Steuerung** stehen. Anders als in anderen Sektoren müssen die Anlagen demnach nicht zwingend *mit* gemeinsamen Betriebseinrichtungen verbunden sein (→ Anhang 1 Rn. 8). Im Sektor Informationstechnik und Telekommunikation reicht es ausnahmsweise auch aus, wenn die Anlagen untereinander, also *durch* entsprechende Einrichtungen, verbunden sind. Eine solche Verbindung kann zB durch jegliche Form von Leitungen etwa zur Übertragung von Strom, Daten, oÄ erfolgen.[1] Eine weitere Abweichung findet sich in der **gemeinsamen Leitung oder Steuerung.** Während in anderen Sektoren eine gemeinsame Leitung vorliegen muss (→ Anhang 1 Rn. 10), genügt in diesem Sektor eine gemeinsame Steuerung der Anlagen. Da die gemeinsamen An-

---

[1] Vgl. Kipker Cybersecurity/*Beucher/Fromageau,* Kap. 12 Rn. 65.

lagen im öffentlichen Entwurf für BSI-KritisV noch nicht enthalten waren, gibt es insoweit keine ergiebige Verordnungsbegründung. Jedoch lässt sich die Notwendigkeit einer solchen Abweichung aus den Spezifika des Sektors gut begründen. Da regelmäßig mehrere Betreiber einen technischen Zugriff auf Systeme (zB Netze) haben, kann es nicht nur auf deren betrieblich-organisatorische Leitung ankommen, sondern es muss auch der gemeinsamen technischen Steuerung verschiedener vernetzter Anlagen Rechnung getragen werden. Das soll etwa bei Mobilfunknetzen der Fall sein, „wenn ein Anbieter (auch) Netzbetreiber ist und andere Anbieter Dienste über dasselbe Netz anbieten".[2]

II. Berechnungsformeln zur Ermittlung der Schwellenwerte (Teil 2)

6 Die Berechnung der Schwellenwerte wurde 2016 insoweit vereinheitlicht, als dass auf Anlagen, die dem Telekommunikationsgesetz und dem ehemaligen Post- und Telekommunikationssicherstellungsgesetz (PTSG, inzwischen PSG und nicht mehr referenziert) unterfielen, und die dortigen Vorgaben Bezug genommen wurde. Die entsprechenden Schwellenwerte wurden auch für Anlagen die dem Anwendungsbereich des TKG und des PTSG unterfallen herangezogen. Für die nicht dem Anwendungsbereich des TKG und des PTSG unterfallenden Anlagen wurden die Schwellenwerte auf Basis von Erfahrungswerten abgeschätzt, da die Relevanz für die Versorgung der Bevölkerung durch eine Umrechnung von technischen Kennzahlen kaum erreicht werden konnte.[3]

7 Für **Content Delivery Netzwerke** (CDN) wurde von dem Durchsatz des Internetknotenpunkts DECiX abgeleitet, wie groß die Menge der pro Jahr übertragenen Daten sein muss, die dann entsprechend durch das CDN zur Verfügung gestellt und ausgeliefert werden muss. Bei etwa 3 Gbit/s wurde ein Gesamtdatenvolumen von 11.826.000 TByte/Jahr errechnet.[4]

8 Bei der Anlagenkategorie **IXP** wurde auf die jeweilig angeschlossenen autonomen Systeme abgestellt. Da die Dienstleistung der globalen Verknüpfung von Netzen ein internationales Geschäft ist, wurde bei der Bildung der Grundgesamtheit der autonomen Systeme auf alle Netze abgestellt.[5] In der Evaluierung zur Änderung 2021 wurde festgestellt, dass der vorherige Schwellenwert einige Anlagen, die für das Funktionieren des Internets von zentraler Bedeutung sind, ausließ und somit nur eine sehr bruchstückhafte Abdeckung ermöglichte. Der Schwellenwert wurde daher von 300 auf 100 angeschlossene autonome Systeme im Jahresdurchschnitt gesenkt und somit auch kleinere IXP gesetzlich erfasst.[6]

9 Für **DNS-Resolver** bemisst sich die durchschnittliche Anzahl der abgefragten IP-Adressen pro Tag im Jahresdurchschnitt an den Anfragen, die darüber pro Tag aufgelöst werden. Da nach der Erfassung des Statistischen Bundesamts eine Person im Schnitt 5 Endgeräte nutzt, wurde die Referenzgröße von 500.000 (→ Anhang 1

[2] Vgl. Kipker Cybersecurity/*Beucher/Fromageau*, Kap. 12 Rn. 64.

[3] KabF BSI-KritisV, Begründung S. 23, https://intrapol.org/wp-content/uploads/2016/04/BSI-KRITIS-VO-Kabinettsfassung.pdf.

[4] KabF BSI-KritisV, Begründung S. 24, https://intrapol.org/wp-content/uploads/2016/04/BSI-KRITIS-VO-Kabinettsfassung.pdf.

[5] KabF BSI-KritisV, Begründung S. 24, https://intrapol.org/wp-content/uploads/2016/04/BSI-KRITIS-VO-Kabinettsfassung.pdf.

[6] KabF 2. KritisÄndVO, Begründung S. 44.

Rn. 12) mit dieser Anzahl multipliziert und damit bei einer Nutzung über 2.500.000 IP-Endgeräten bzw. IP-Adressen eine entsprechende Versorgung angenommen.[7]

Für die Anlagenkategorie **Rechenzentrum** wird als Bemessungskriterium auf die kontrahierte Rechenleistung in MW abgestellt. Das Kriterium ist eine eher hilfsweise Näherung, da eine anderweitige Quantifizierung der Versorgungsleistung nicht möglich war. Der Schwellenwert war zunächst aus den Einschätzungen der Branchen auf 5 MW festgelegt worden,[8] in der Evaluation zur 2. KritisÄndVO 2021 wurde er aber auf 3,5 MW gesenkt, da die technologische Entwicklung zu energieeffizienteren Systemen dazu geführt hatte, dass zu wenige Anlagen erfasst wurden und alte Anlagen bei gleicher Versorgung den Schwellenwert unterschritten.[9] 10

III. Anlagenkategorien und Schwellenwerte (Teil 3)

Die Anlagenkategorien sind in Teil 3 nach den Bereichen Sprach- und Datenübertragung (Nr. 1) sowie Datenspeicherung und -verarbeitung (Nr. 2) kategorisiert. 11

1. Sprach- und Datenübertragung (Nr. 1). Im Bereich der Sprach- und Datenübertragung werden als Anlagen, deren Funktionsfähigkeit für die Erbringung der kritischen Dienstleistung Sprach- und Datenerbringung jeweils zwingend erforderlich ist, festgelegt: Das Zugangsnetz (1.1.1), das Übertragungsnetz (1.2.1), IXP (1.3.1), DNS-Resolver (1.4.1), Autoritative DNS-Server (1.4.2) sowie die Top-Level-Domain-Name-Registry (1.4.2). 12

Was ein **Zugangsnetz** (1.1.1) ist, definiert Teil 1 Nr. 2.1. Dabei handelt es sich um „eine Anlage, über die der Zugang zu einem Sprachkommunikationsdienst, zu einem öffentlich zugänglichen Datenübertragungsdienst oder zu einem Internetzugangsdienst erfolgt". Als Beispiele nennt die Definition Glasfaseranschlüsse und Mobilfunkzugangsnetze. Aber auch ältere Anschlüsse an Datenübertragungsdienste, wie etwa über alte Kupferkabel werden davon erfasst. 13

Die Anlagenkategorie **„Übertragungsnetz"** (1.2.1) beschreibt Teil 1 Nr. 2.2 näher als „eine Anlage zur Übertragung von Sprache und Daten für Sprachkommunikationsdienste und öffentlich zugängliche Datenübertragungsdienste oder für Internetzugangsdienste, zum Beispiel Backbone- und Core-Netze". 14

Internet Exchange Points (IXP) gem. Nr. 1.3.1 sind Vermittlungsstellen bzw. sog. Netzknoten im Internet. Die vorher kurze Begriffsbestimmung[10] für IXP wurde 2021 um eine breite Definition in Teil 1 Nr. 2.3 erweitert, um die Begriffsdefinition näher an Anhang II NIS-RL anzugleichen.[11] Es muss sich bei eine IXP um eine Netzeinrichtung handeln, die von den angeschlossenen autonomen Systemen unabhängig ist, aber deren Zusammenschaltung für den Austausch von Datenverkehr ermöglicht. Damit eine Einrichtung als IXP gilt, muss sie die Zusammen- 15

[7] KabF BSI-KritisV, Begründung S. 24, https://intrapol.org/wp-content/uploads/2016/04/BSI-KRITIS-VO-Kabinettsfassung.pdf.

[8] KabF BSI-KritisV, Begründung S. 24, https://intrapol.org/wp-content/uploads/2016/04/BSI-KRITIS-VO-Kabinettsfassung.pdf.

[9] KabF 2. KritisÄndVO, S. 44, https://intrapol.org/wp-content/uploads/2022/11/KabV_2.-AendV-BSI-KritisV.pdf.

[10] S. RefE 1. KritisÄndVO, S. 15.

[11] KabF 2. KritisÄndVO, Begründung S. 44.

schaltung von mehr als zwei autonomen Systemen ermöglichen. Nach dieser Definition ist eine Anlage, die eine direkte Verbindung von zwei autonomen Systemen über virtuelle oder physikalische Verbindungen (zB Private Network Interconnect – PNI oder Glasfaseranbieter) realisiert, kein IXP.[12] Gleichwohl soll eine Anlage nach Teil 1 Nr. 2.3 S. 2 auch dann als IXP gelten, wenn der Datenverkehr zwischen zwei beliebigen autonomen Systemen nicht über ein intermediäres autonomes System läuft, also beide Systeme direkt über den IXP miteinander kommunizieren.

16 Den Begriff **„DNS-Resolver"** (1.4.1) definiert Teil 1 Nr. 2.4. DNS-Resolver zeichnen sich dadurch aus, dass sie Systemen, die eine Domain (zB www.google.de) erreichen wollen, die zugehörige IP-Adresse mitteilen – also den Domain-Namen auflösen. Sofern den DNS-Resolvern die IP-Adresse nicht bekannt ist, leiten sie die Anfrage an eine übergeordnete DNS-Instanz weiter. Am Ende diese Fragekette stehen die Autoritativen DNS-Server (→ Rn. 17). DNS-Resolver im Sinne von Teil 1 Nr. 2.4 bzw. Teil 3 Nr. 1.4.1 sind nur solche, die zur Nutzung von Sprachkommunikationsdiensten, öffentlich zugänglichen Datenübertragungsdiensten oder Internetzugangsdiensten angeboten werden. Werden diese Systeme etwa in abgeschotteten Firmennetzen ausschließlich für den betriebsinternen Datenaustausch betrieben, unterfallen sie daher nicht der Anlagenkategorie.

17 Als **Autoritativer DNS-Server** (Nr. 1.4.2) gilt nach der Definition aus Teil 1 Nr. 2.5 „eine Anlage oder ein System zur Beantwortung von Anfragen zur Namensauflösung gemäß Kapitel 5 des RFC 7719, in der oder in dem durch lokal vorliegende Informationen über den Inhalt einer DNS-Zone Anfragen über diese DNS-Zone beantwortet werden oder die Anfragen an andere Server delegiert werden". Diese Autoritativen DNS-Server sind also die letzte Instanz bei der Beantwortung von Anfragen zur Auflösung von DNS-Adressen für ihre jeweilige Zone.

18 Eine **TLD-Name-Registry** (1.4.3) ist gem. Teil 1 Nr. 2.6 „eine Anlage, welche die Registrierung von Internet-Domain-Namen innerhalb einer spezifischen First- bzw. Top-Level-Domain (TLD) verwaltet und betreibt". Während sowohl generische (gTLD) als auch länderspezifische (ccTLD) erfasst sind, gibt es keine Entsprechung für oder Anwendung auf Second-Level-Domains, da gegenüber dem damit deutlich steigenden Anwendungsbereich keine ausreichend hohe Bedeutung für die Erbringung der kritischen Dienstleistung im Sektor Informationstechnik und Telekommunikation gesehen wurde.[13]

19 **2. Datenspeicherung und -verarbeitung (Nr. 2).** In den Bereichen Housing, IT-Hosting und Vertrauensdienste wurden zur Erbringung von Vertrauensdiensten als Anlagekategorien identifiziert: Rechenzentrum (Housing) (Nr. 2.1.1.), Serverfarm (Hosting) (Nr. 2.2.1), Content Delivery Networks (2.2.2) und Anlagen zur Erbringung von Vertrauensdiensten (2.3.1).

20 Die Anlagenkategorie **„Rechenzentrum (Housing)"** (2.1.1) wird in Teil 1 Nr. 2.7 definiert. Erfasst werden sollen mindestens ein geschlossener Raum in einem oder mehreren Gebäuden, welcher mit dem vorrangigen Zweck vorgehalten wird, „eine geeignete Umgebung für die Unterbringung und den Betrieb von zentralen IT-Komponenten zum Beispiel Server oder Netzwerktechnik), in mindestens zehn Racks bereitzustellen". Nicht erfasst werden Rechenzentren, die nicht dem Housing dienen, sondern in denen die Betreiber ausschließlich eigene IT-Komponenten unterbringen, die sie ggf. Dritten zur Nutzung überlassen. Teilen

[12] KabF 2. KritisÄndVO, Begründung S. 44.
[13] KabF 2. KritisÄndVO, Begründung S. 44.

sich Rechenzentren auf einem Campus zentrale Infrastrukturen, so werden sie als eine einzelne Anlage betrachtet. Die quantitative Bemessung der KRITIS-Eigenschaft über die verbrauchte Energiemenge birgt ein gewisses Ungenauigkeitspotential. Mit der Änderung 2021 wurde deshalb bereits eine Absenkung des Schwellenwerts von 5 MW auf 3,5 MW – in der Begründung etwas grob gerundet als Faktor 0,3 beschrieben – für erforderlich erachtet. Die Evaluierung der BSI-KritisV hatte ergeben, dass der vorherige Schwellenwert auch aufgrund der technologischen Entwicklung hin zu energieeffizienteren Systemen zu hoch angesetzt war.[14]

Als **Serverfarm (Hosting)** (2.2.1) gelten nach der Definition in Teil 1 Nr. 2.8 S. 1 mindestens zwei physische oder virtuelle Instanzen, die im IT-Netzwerk Dienste bereitstellen. Virtuelle Maschinen, die mit einem eigenen Betriebssystem auf einer physischen Instanz betrieben werden, sollen dabei nach Teil 1 Nr. 2.8 S. 1 als virtuelle Instanzen gelten. Virtuelle Maschinen sind virtuelle Einzelinstanzen, die auf einem (gemeinsamen) physischen System laufen und jeweils im Zugriff wie ein eigenständiger Computer agieren.[15] Mit dem Bemessungskriterium der „im Jahr durchschnittlich laufenden Instanzen" sind vor dem Hintergrund des Versorgungsausfallrisikos die **durchschnittlich tatsächlich genutzten** Instanzen gemeint. Wenn ein Anbieter hinter jeder virtuellen Maschine zur Absicherung der Verfügbarkeit freiwillig über das verkehrsübliche Maß zusätzliche hot-standby-Instanzen als Redundanz laufen lässt, erhöht das die Auswirkungen eines Ausfalls nicht, sondern senkt die Ausfallwahrscheinlichkeit der Kritischen Dienstleistung faktisch ab (→ § 1 Rn. 26). Für die Anlagenkategorie wurde daher das Bemessungskriterium angepasst, um klarzustellen, dass nur solche Instanzen zu zählen sind, die tatsächlich für die Nutzung durch Dritte vorgesehen sind. Zudem wurde für die Bemessungskriterien und Schwellenwerte eine Differenzierung zwischen physischen und virtuellen Instanzen eingeführt.[16] 21

Als **Content Delivery Networks** (2.2.2) oder auch CDN definiert Teil 1 Nr. 2.9 ein „ein Netz regional verteilter und über das Internet verbundener Server, mit dem Inhalte ausgeliefert und zwischengespeichert werden, um insbesondere die Verfügbarkeit und Performanz zu erhöhen". Das sind Dienste, die bestimmte Daten im Auftrag von Inhalteanbietern an vielen verteilten Standorten zwischenspeichern, um sie von dort aus möglichst schnell und zuverlässig an deren Kunden in einer bestimmten Region weiterleiten zu können.[17] Alle Server des Netzes eines Anbieters im Geltungsbereich der BSI-KritisV sind hierbei gemeinsam als CDN anzusehen. Hat der Betreiber eines CDN also mehrere Standorte in Deutschland, so sind diese einzelnen lokalen Serverstandorte nicht jeweils für sich zu betrachten, sondern in ihrer Gesamtheit. Das relevante Bemessungskriterium ist das ausgelieferte Datenvolumen in TByte pro Jahr. Der Datenverkehr in das Netzwerk hinein ist bei der Ermittlung des Versorgungsgrades nicht mitzuerfassen. 22

Anlagen zur Erbringung von Vertrauensdiensten (2.3.1) sind gem. Teil 1 Nr. 2.10 „eine vertrauenswürdige dritte Instanz (Trusted Third Party), die in elektronischen Kommunikationsprozessen die jeweilige Identität des Kommunikationspartners bescheinigt". Die Identität wird in der Regel anhand von elektronischen Zertifikaten bescheinigt, die es in qualifizierter und einfacher Form gibt. Dementsprechend unterscheidet Nr. 2.3.1 auch zwischen der Anzahl der „ausgegebenen 23

---

[14] KabF 2. KritisÄndVO, Begründung S. 44.

[15] RefE 1. KritisÄndVO, S. 15.

[16] KabF 2. KritisÄndVO, Begründung S. 44.

[17] *Schallbruch,* CR 2017, 798 (800).

qualifizierten Zertifikate" und der Anzahl der Zertifikate zur Authentifizierung öffentlich zugänglicher Server. Zu beachten ist in diesem Zusammenhang, dass die Regelungen der eIDAS-VO die KRITIS-Pflichten verdrängen. Auch wenn ein entsprechender Vertrauensdiensteanbieter also eine KRITIS betreibt, bedeutet das nicht automatisch, dass er auch die Pflichten für KRITIS erfüllen muss. Unterfällt er den Regelungen der eIDAS-VO, muss er dann stattdessen deren Pflichten erfüllen (→ BSIG § 8d Rn. 13 und 16).

Anhang 5

(zu § 1 Nummer 4 und 5, § 6 Absatz 6 Nummer 1 und 2)

Anlagenkategorien und Schwellenwerte im Sektor Gesundheit

Teil 1 Grundsätze und Fristen

1. Im Sinne von Anhang 5 ist oder sind
   1.1 Krankenhaus
   ein zugelassenes Krankenhaus im Sinne des § 108 des Fünften Buches Sozialgesetzbuch.
   1.2 Produktionsstätte für unmittelbar lebenserhaltende Medizinprodukte, die Verbrauchsgüter sind
   eine Betriebsstätte, in der Medizinprodukte für Beatmung/Tracheostomie, parenterale Ernährung, enterale Ernährung, ableitende Inkontinenz, Dialyse und Diabetes – Typ 1 hergestellt werden.
   1.3 Abgabestelle
   eine Einrichtung, in der Medizinprodukte für Beatmung/Tracheostomie, parenterale Ernährung, enterale Ernährung, ableitende Inkontinenz und Diabetes – Typ 1 abgegeben werden.
   1.4 Produktionsstätte für verschreibungspflichtige Arzneimittel zur Anwendung im oder am menschlichen Körper
   eine Betriebsstätte, die auf der Grundlage einer Herstellungserlaubnis nach § 13 des Arzneimittelgesetzes Hilfsstoffe und Hilfsmaterialien sowie Wirkstoffe zu verschreibungspflichtigen Arzneimitteln zur Anwendung im oder am menschlichen Körper nach § 48 Absatz 1 des Arzneimittelgesetzes verarbeitet.
   1.5 Blut- oder Plasmaspendensteuerungssystem
   ein zentrales IT-System in Blutspendeeinrichtungen oder Herstellungseinheiten zur Steuerung und Verwaltung von Entnahme und Weiterverarbeitung von Blut- oder Plasmaspenden zur Anwendung im oder am menschlichen Körper.
   1.6 *(nicht belegt)*
   1.7 Betriebs- und Lagerraum
   eine Einrichtung zur kurzzeitigen Lagerung von verschreibungspflichtigen Arzneimitteln, von Blutspenden und Blut- und Plasmaderivaten sowie zur Weiterverarbeitung oder Aufbereitung von Blutspenden und Blut- und Plasmaderivaten zur Anwendung im oder am menschlichen Körper; Teil der Einrichtung sind Anlagen und Systeme für den Wareneingang, die Lagerung und den Warenausgang.

1.8 Anlage oder System zum Vertrieb von verschreibungspflichtigen Arzneimitteln
ein zentrales Logistikmanagementsystem für den Vertrieb und die Disposition von verschreibungspflichtigen Arzneimitteln zur Anwendung im oder am menschlichen Körper.

1.9 Apotheke
eine Einrichtung im Sinne des ersten Abschnitts des Apothekengesetzes zur Bereitstellung verschreibungspflichtiger Arzneimittel für Patienten.

1.10 Labor
eine Einrichtung, in der medizinische labordiagnostische Verfahren für Diagnose und Therapiekontrolle in der Humanmedizin durchgeführt und deren Ergebnisse fachärztlich befundet werden.

1.11 Laborinformationsverbund
ein Verbund von Anlagen oder Systemen, die IT-Dienstleistungen für Diagnose und Therapiekontrolle in der Humanmedizin für mindestens ein Labor zur Verfügung stellen; zu den IT-Dienstleistungen zählen insbesondere die Steuerung des Probentransports, die Kommunikation zum Auftragseingang und zur Befundübermittlung sowie der Betrieb eines Laborinformationssystems.

2. Eine Anlage, die einer in Teil 3 Spalte B genannten Anlagenkategorie zuzuordnen ist, gilt ab dem 1. April des Kalenderjahres, das auf das Kalenderjahr folgt, in dem ihr Versorgungsgrad den in Teil 3 Spalte D genannten Schwellenwert erstmals erreicht oder überschreitet, als Kritische Infrastruktur. Nicht mehr als Kritische Infrastruktur gilt eine solche Anlage ab dem 1. April des Kalenderjahres, das auf das Kalenderjahr folgt, in dem ihr Versorgungsgrad den genannten Schwellenwert unterschreitet.
3. Der Betreiber hat den Versorgungsgrad seiner Anlage für das zurückliegende Kalenderjahr jeweils bis zum 31. März des Folgejahres zu ermitteln.
4. Stehen mehrere Anlagen derselben Art in einem engen räumlichen und betrieblichen Zusammenhang (gemeinsame Anlage) und erreichen oder überschreiten die in Teil 3 Spalte D genannten Schwellenwerte zusammen, gilt die gemeinsame Anlage als Kritische Infrastruktur. Ein enger räumlicher und betrieblicher Zusammenhang ist gegeben, wenn die Anlagen
   a) auf demselben Betriebsgelände liegen,
   b) mit gemeinsamen Betriebseinrichtungen verbunden sind,
   c) einem vergleichbaren technischen Zweck dienen und
   d) unter gemeinsamer Leitung stehen.
5. Nummer 4 findet keine Anwendung auf Anlagen, die der in Teil 3 Nummer 1.1 genannten Anlagenkategorie zuzuordnen sind.

Teil 2 Berechnungsformeln zur Ermittlung der Schwellenwerte

6. Der für die Anlagenkategorien des Teils 3 Nummer 2.1.1 und 2.2.1 genannte Schwellenwert ist unter Annahme von durchschnittlichen Ausgaben für Medizinprodukte, die Verbrauchsgüter sind, von 181,36 Euro pro versorgter Person pro Jahr und eines Regelschwellenwertes von 500 000 versorgten Personen wie folgt berechnet:
   90 680 000 Euro Umsatz/Jahr = 181,36 Euro Umsatz/Jahr × 500 000
7. Der für die Anlagenkategorien des Teils 3 Nummer 3.1.1 sowie 3.2.1 bis 3.3.1 genannte Schwellenwert ist unter Annahme eines Durchschnittsverbrauchs von

9,3 Packungen verschreibungspflichtiger Arzneimittel pro versorgter Person pro Jahr und eines Regelschwellenwertes von 500 000 versorgten Personen wie folgt berechnet:
4 650 000 Packungen/Jahr = 9,3 Packungen/Jahr × 500 000

8. Der für die Anlagenkategorie des Teils 3 Nummer 3.1.2 genannte Schwellenwert ist unter Annahme eines Durchschnittswerts von 0,068 Einheiten hergestellten Erythrozytenkonzentrats, Thrombozytenkonzentrats und Plasmas zur Transfusion pro versorgter Person pro Jahr und eines Regelschwellenwertes von 500 000 versorgten Personen wie folgt berechnet:
34 000 Einheiten/Jahr = 0,068 Einheiten/Jahr × 500 000
9. Der für die Anlagenkategorien des Teils 3 Nummer 4 genannte Schwellenwert ist unter Annahme eines Durchschnittswerts von 3 Aufträgen für eine labormedizinische Untersuchung pro versorgter Person pro Jahr und eines Regelschwellenwertes von 500 000 versorgten Personen wie folgt berechnet:
1 500 000 Aufträge/Jahr = 3 Aufträge/Jahr × 500 000

Teil 3 Anlagenkategorien und Schwellenwerte

Spalte A	**Spalte B**	**Spalte C**	**Spalte D**
Nr.	**Anlagenkategorie**	**Bemessungskriterium**	**Schwellenwert**
1	**Stationäre medizinische Versorgung**		
1.1	Krankenhaus	Vollstationäre Fallzahl/Jahr	30 000
2	**Versorgung mit unmittelbar lebenserhaltenden Medizinprodukten, die Verbrauchsgüter sind**		
2.1	Herstellung		
2.1.1	Produktionsstätte	Umsatz in Euro/Jahr	90 680 000
2.2	Abgabe		
2.2.1	Abgabestelle	Umsatz in Euro/Jahr	90 680 000
3	**Versorgung mit verschreibungspflichtigen Arzneimitteln und Blut- und Plasmakonzentraten zur Anwendung im oder am menschlichen Körper**		
3.1	Herstellung		
3.1.1	Produktionsstätte	In Verkehr gebrachte Packungen/Jahr	4 650 000
3.1.2	Blut- oder Plasmaspendensteuerungssystem	Hergestellte oder in Verkehr gebrachte Produkte/Jahr	34 000
3.2	Vertrieb		
3.2.1	Betriebs- und Lagerraum	Umgeschlagene Packungen/Jahr	4 650 000
3.2.2	Anlage oder System zum Vertrieb verschreibungspflichtiger Arzneimittel	Transportierte Packungen/Jahr	4 650 000

Spalte A	**Spalte B**	**Spalte C**	**Spalte D**
Nr.	**Anlagenkategorie**	**Bemessungskriterium**	**Schwellenwert**
3.3	Abgabe		
3.3.1	Apotheke	Abgegebene Packungen/Jahr	4 650 000
4	**Laboratoriumsdiagnostik**		
4.1	Labor	Anzahl der Aufträge/Jahr oder	1 500 000
4.2	Laborinformationsverbund	kumulierte Anzahl der Aufträge im Verbund/Jahr	1 500 000

Inhaltsübersicht

A. Allgemeines

Der Anhang gliedert sich in drei Teile. Im ersten Teil finden sich die grundlegenden Begriffsbestimmungen, die Regelungen zu den maßgeblichen Zeitpunkten für die Bestimmung des Versorgungsgrades sowie Regelungen dazu, wann einzelne Anlagen bei der Bestimmung des Versorgungsgrades als eine gemeinsame Anlage anzusehen sind. Der zweite Teil dient der Darlegung, wie der Verordnungsgeber die Schwellenwerte in Teil 3 Spalte D für den Sektor Gesundheit ermittelt hat. In Teil 3 werden dann die Anlagenkategorien für die in § 6 Abs. 1 festgelegten kritischen Dienstleistungen bzw. deren Bereiche mit einem konkreten, anlagenspezifischen Bemessungskriterium und einem konkreten Schwellenwert aufgelistet. Daher ist vor allem Teil 3 als unterste und damit konkreteste Stufe der KRITIS-Identifikation von praktischer Bedeutung. **1**

B. Einzelerläuterungen

I. Grundsätze und Fristen (Teil 1)

2 **1. Begriffsbestimmungen (Nr. 1).** In Nr. 1 werden die in Teil 3 verwendeten Anlagen durch Legaldefinitionen näher bestimmt (→ Rn. 11 ff.)

3 **2. Zeitpunkte und Zeiträume für die Ermittlung des Versorgungsgrades (Nr. 2 und 3).** Nach Nr. 2 S. 1 ist im Sektor Gesundheit für die Bestimmung der Eigenschaft als KRITIS der Versorgungsgrad im zurückliegenden Kalenderjahr maßgeblich. Wenn der in Teil 3 Spalte D zugeordnete Schwellenwert im zurückliegenden Kalenderjahr bei einer Anlage erreicht oder überschritten wurde, gilt diese ab dem 1.4. des laufenden Jahres als KRITIS. Mit der 2. KritisÄndVO wurde in Nr. 2 S. 2 eine explizite Regelung eingeführt, ab wann eine Anlage nicht mehr als KRITIS gilt (dazu allg. → § 1 Rn. 46 und zur damit verbundenen Rechtsänderung → Anhang 1 Rn. 3). Nach Nr. 2 S. 2 gilt eine Anlage ab dem 1.4. eines Jahres dann nicht mehr als KRITIS, wenn sie im vorangegangenen Jahr die Schwellenwerte aus Teil 3 Spalte D nicht mehr erreicht hat.

4 Nach Nr. 3 hat der Betreiber den **Versorgungsgrad für das zurückliegende Kalenderjahr bis zum 31.3. des laufenden Jahres** zu ermitteln. Damit wird den Betreibern Zeit eingeräumt, um die entsprechenden Werte für ihre jeweiligen Anlagen zu ermitteln. Gerade bei Jahreswerten liegen diese den Betreibern nicht immer direkt zum Jahresende vor.

5 **3. Ermittlung des Versorgungsgrades bei gemeinsamen Anlagen (Nr. 4 und 5).** In Nr. 4 wird der Sonderfall der **gemeinsamen Anlage** geregelt (s. auch → § 1 Rn. 19 f.; zum Verhältnis von § 1 und den sektorspezifischen Regelungen → Anhang 1 Rn. 6). Damit sind Anlagen gemeint, die für sich genommen nicht die Schwellenwerte aus Teil 3 Spalte D erreichen, die jedoch selbst nur Teil eines größeren Gesamtsystems entsprechender Anlagen sind und mit diesen gemeinsam die Schwellenwerte überschreiten. Solche Anlagen werden als gemeinsame Anlage zusammengerechnet. Voraussetzung für die Annahme einer gemeinsamen Anlage ist jedoch, dass es Anlagen derselben Art sind, die in einem engen räumlichen und betrieblichen Zusammenhang stehen. S. 2 regelt, wann dieser enge räumliche und betriebliche Zusammenhang vorliegt. Die Anlagen müssen dafür **auf demselben Betriebsgelände** liegen (→ Anhang 1 Rn. 7), **mit gemeinsamen Betriebseinrichtungen verbunden** sein (→ Anhang 1 Rn. 8), **einem vergleichbaren Zweck dienen** (→ Anhang 1 Rn. 9) und **unter gemeinsamer Leitung** stehen (→ Anhang 1 Rn. 10).

6 Eine Besonderheit bildet Nr. 5, welche Krankenhäuser, und zwar ausschließlich diese, von den Kriterien zur Bestimmung eines **betrieblichen Zusammenhangs** pauschal ausschließt. Die Hintergründe dieser Einzelausnahme werden in der Gesetzesbegründung nicht genannt. Dieser Ausschluss hat indessen mit der Einführung der allgemeinen Begriffsbestimmung zur Gemeinsamen Anlage in § 1 deutlich an Bedeutung verloren. Denn dass der betriebstechnische Zusammenhang nunmehr nicht mehr nach Nr. 4 vorliegt, heißt nicht, dass er grundsätzlich nicht vorliegen kann – Nr. 4 legt keine zwingenden Voraussetzungen fest. Vielmehr gelten die allgemeinen Bestimmungen nach § 1 Abs. 2 S. 2, die sich wiederum zur Bestimmung des Zusammenhangs an ähnlichen Indizien orientieren (→ Rn. 8).

II. Berechnungsformeln zur Ermittlung der Schwellenwerte (Teil 2)

Für **Krankenhäuser** richtet sich der Schwellenwert nach der Anzahl der **vollstationären Fälle** im Jahr und wurde auf 30.000 Fälle pro Jahr festgelegt. Diese Schwellenwerthöhe beruht auf Erfahrungswerten aus der Abstimmung mit den Branchenverbänden, nach denen in der Regel davon ausgegangen werden kann, dass einem Krankenhaus mit einer entsprechenden Anzahl Fälle aufgrund seiner Größe und des angebotenen Leistungsspektrums eine hinreichende Bedeutung für die vollstationäre medizinische Versorgung der Allgemeinheit in der Bundesrepublik Deutschland zukommt.[1] Die Anzahl wird zudem jährlich im Gemeinsamen Bundesausschuss (G-BA) veröffentlicht, was eine Anknüpfung vereinfacht. 7

Für die Berechnung der Schwellenwerte der Dienstleistung „**Versorgung mit Medizinprodukten,** die Verbrauchsgüter sind" werden die Jahresausgaben pro versorgte Person herangezogen. Von den addierten Ausgaben aller Ausgabenträger für entsprechende Hilfsmittel (18,136 Mrd. EUR in 2014)[2] wurden 20 Prozent für Margen/Händlerstruktur und GKV-Ausgaben für im Zusammenhang mit Versorgung stehenden (Dienst-)Leistungen abgezogen, um ausgehend vom Erstattungs- oder Produktpreis den Unternehmensumsatz herleiten zu können. Die so korrigierten Gesamtausgaben ergaben einen durchschnittlichen Jahresumsatz pro versorgter Person von 181,36 EUR.[3] Für die Kritikalität einer Produktionsstätte ist es laut dem Gesetzgeber ausreichend, wenn dort jeweils ein Verbrauchsgut zur Beatmung/Tracheostomie, zur parenteralen Ernährung, zur enteralen Ernährung (Sondennahrung), zur ableitenden Inkontinenz oder zur Behandlung von Diabetes Typ 1 hergestellt wird und der Umsatz in der jeweiligen Produktionsstätte den Schwellenwert erreicht oder überschreitet. Dabei ist es unerheblich, welchen Anteil das jeweilige Verbrauchsgut am Gesamtumsatz der Produktionsstätte umfasst.[4] 8

Für die Berechnung der Schwellenwerte für die **Versorgung mit verschreibungspflichtigen Arzneimitteln** hat der Gesetzgeber 2017 die im Jahr verbrauchte Anzahl an Packungen verschreibungspflichtiger Arzneimittel pro versorgter Person und die im Jahr verbrauchte Anzahl Einheiten Erythrozytenkonzentrat, Thrombozytenkonzentrat und Plasma zur Transfusion pro versorgter Person als maßgeblich angesehen.[5] Die Anzahl der Packungen wurde bereits von der Branche erhoben; bei Blutspenden wurden die hergestellten Einheiten herangezogen, da diese Produkte direkt für die Abgabe an den Patienten hergestellt werden und ebenfalls durch die Blutspendedienste bereits vorher ständig erhoben und dem Paul-Ehrlich-Institut gemeldet wurden.[6] 9

Die Anzahl der verbrauchten Packungen pro Person pro Jahr ließ sich aus der Gesamtmenge der über die Apotheken verkauften Packungen verschreibungspflichtiger Arzneimittel im Jahr 2015 ableiten: Ausgehend von 742 Mio. verkauften Packungen verschreibungspflichtiger Arzneimittel im Jahr 2015 ergab sich danach 10

---

1 RefE 1. KritisÄndVO, S. 48.

2 Vgl. Statistisches Bundesamt 2016, Gesundheit Ausgaben, Fachserie 12 Reihe 7.1.2, S. 39.

3 RefE 1. KritisÄndVO, S. 48.

4 RefE 1. KritisÄndVO, S. 48 f.

5 RefE 1. KritisÄndVO, S. 48 f.

6 RefE 1. KritisÄndVO, S. 49.

die im Jahr verbrauchte Anzahl an Packungen verschreibungspflichtiger Arzneimittel pro versorgter Person mit 9,3. Die Anzahl der verbrauchten Einheiten Erythrozytenkonzentrat, Thrombozytenkonzentrat und Plasma zur Transfusion pro Person pro Jahr ließ sich aus der Gesamtmenge der über die Blutspendedienste hergestellten Einheiten im Jahr 2015 ableiten, bei 5.449.183 Einheiten für das Jahr 2015 insgesamt bei pro versorgter Person 0,068 Einheiten.[7]

11 In der **Laboratoriumsdiagnostik** wurde von einer geschätzten jährlichen Auftragsmenge von 240 Mio. ausgegangen und daraus pro Jahr drei erteilte Aufträge für eine labormedizinische Untersuchung pro versorgte Person abgeleitet. Die Aufträge für eine labormedizinische Untersuchung wurden bereits unabhängig von der KRITIS-Identifikation erhoben und als Kennzahl genutzt.[8]

III. Anlagenkategorien und Schwellenwerte (Teil 3)

12 **1. Stationäre medizinische Versorgung (Nr. 1).** Aufgrund der überwiegend regionalen und dezentralen Struktur der ambulanten Versorgung ging der Gesetzgeber bereits bei der Einführung des Sektors 2017 davon aus, dass die vielzähligen einzelnen ambulanten Einrichtungen in Deutschland jeweils keinen gesamtgesellschaftlich hinreichend bedeutsamen Versorgungsgrad erreichen. In der BSI-KritisV wird daher ausschließlich die stationäre medizinische Versorgung betrachtet.[9] Im Bereich „Stationäre medizinische Versorgung" wird das Krankenhaus in Nr. 1.1 als einzige Anlagenkategorie aufgeführt. Die Begriffsbestimmung in Teil 1 Nr. 1.1 verweist für die Definition auf § 108 SGB V, der die zugelassenen Krankenhäuser regelt. Erfasst werden demnach Krankenhäuser, die entweder nach landesrechtlichen Vorschriften als Hochschulklinik anerkannt sind, oder die einen Versorgungsvertrag mit den Verbänden der Krankenkassen und Ersatzkassen abgeschlossen haben oder die in den Krankenhausplan eines Landes aufgenommen sind. Diese **Landeskrankenhauspläne** weisen die zugelassenen Krankenhäuser, teilweise differenziert nach Betriebsstätten oder Standorten, aus. Dabei sind räumlich getrennte Standorte oder Betriebsstätten eines Krankenhauses als eine Anlage anzusehen, wenn sie aus planungsrechtlicher Sicht, etwa aus organisatorischen, technischen, medizinischen oder sicherheitsbezogenen Aspekten, als Einheit betrachtet werden. Krankenhausapotheken und Krankenhauslabore sind als Nebeneinrichtungen dem Krankenhaus zuzuordnen.[10] Die Zuhilfenahme der **„planungsrechtlichen Sicht"** mag dabei logische Konsequenz aus der Ausnahme in Teil 1 Nr. 5 gewesen sein, nach der die üblichen Indizien für die Annahme einer gemeinsamen Anlage nicht einschlägig sind. Rechtlich und praktisch führt diese Ausnahme allerdings zu erheblichen Problemen. So führt die Bestimmung über das Planungsrecht dazu, dass der Betreiber und das BSI als Aufsichtsbehörde auf die Bewertung von Landesbehörden abstellen, um das Vorliegen einer Kritischen Infrastruktur zu bejahen oder zu verneinen. Das überträgt nicht nur die Konkretisierung der BSI-Kritis-Bestimmung maßgeblich auf Landesbehörden, sondern kann auch zu einer uneinheitlichen Regelung je nach Bundesland führen, was im gesamten Bereich der KRITIS-Regulierung sonst durch die vereinheitlichte Bundesgesetzgebung verhindert werden soll. Da die Bestimmung der gemeinsamen Anlage seit

[7] RefE 1. KritisÄndVO, S. 49.
[8] RefE 1. KritisÄndVO, S. 49 f.
[9] RefE 1. KritisÄndVO, S. 44.
[10] RefE 1. KritisÄndVO, S. 48 f.

der 2. KritisÄndVO 2021 gemäß § 1 Abs. 2 S. 2 erfolgt, hat die Regelung aber seitdem ohnehin kaum noch eigenständige Bedeutung. Denn die Regelungen zur Bestimmung des betriebstechnischen Zusammenhangs in Teil 1 Nr. 4 sind nicht exklusiv. Die dortigen Kriterien stellen nur fest, wann ein Zusammenhang im Sinne des § 1 Abs. 2 zu bejahen ist. Sie schließen aber damit den Rückgriff auf die allgemeine Regelung in § 1 Abs. 2 nicht für die Fälle aus, in denen die Konkretisierung der Nr. 4 nicht zur Anwendung kommen soll. Die Landeskrankenhauspläne regeln insofern über § 108 SGB V, ob eine Einrichtung als ein Krankenhaus iSd Nr. 1.1.1 gilt und den Regelungen der BSI-KritisV unterfällt. Sie regeln jedoch nicht, inwiefern einzelne Anlagen, die Teil eines Krankenhauses sind, als gemeinsame Anlage – also ein Krankenhaus – anzusehen sind, wenn es um die Bestimmung des Versorgungsgrades geht.

2. Versorgung mit unmittelbar lebenserhaltenden Medizinprodukten, die Verbrauchsgüter sind (Nr. 2). Für die Versorgung mit unmittelbar lebenserhaltenden Medizinprodukten, die Verbrauchsgüter sind, wurden Produktionsstätten und Abgabestellen als für die Erbringung der Dienstleistung zwingend erforderlich identifiziert. Dabei ist unter **Produktionsstätten** (2.1.1) gem. Teil 1 Nr. 1.2 eine Betriebsstätte zu verstehen, die Medizinprodukte für Beatmung, parentale Ernährung, enterale Ernährung ableitende Inkontinenz, Dialyse und Diabetes Typ 1 herstellt. Unter Parentaler Ernährung wird die Ernährung von Patienten durch Gabe von Infusionen in den Blutkreislauf verstanden. Demgegenüber erfasst die enterale Ernährung die Ernährung von Patienten über Sonden, die in den Körper eingebracht werden. 13

Die **Abgabestelle** (2.2.1) ist in Teil 1 Nr. 1.3 definiert als „Einrichtung in der „Medizinprodukte für Beatmung/Tracheostomie, parenterale Ernährung, enterale Ernährung, ableitende Inkontinenz und Diabetes – Typ 1 abgegeben werden". Dabei ist mit der Abgabe nur die zur direkten Verwendung oder Anwendung am Patienten gemeint (→ § 6 Rn. 6). 14

3. Versorgung mit verschreibungspflichtigen Arzneimitteln und Blut- und Plasmakonzentraten zur Anwendung im oder am menschlichen Körper (Nr. 3). Im Bereich der Versorgung mit verschreibungspflichtigen Arzneimitteln und Blut- und Plasmakonzentraten zur Anwendung im oder am menschlichen Körper werden als Anlagenkategorien festgelegt: Die Produktionsstätte (3.1.1), Blut- oder Plasmaspendensteuerungssysteme (3.1.2), Betriebs- und Lagerräume (3.2.1) Anlagen oder Systeme zum Vertrieb verschreibungspflichtiger Arzneimittel (3.2.2) sowie Apotheken (3.3.1). 15

Der Begriff der **Produktionsstätte** (3.1.1) in diesem Zusammenhang wird in Teil 1 Nr. 1.4 definiert. Danach handelt es sich um eine Betriebsstätte, die Hilfsstoffe und Hilfsmaterialien sowie Wirkstoffe zu verschreibungspflichtigen Arzneimitteln zur Anwendung im oder am menschlichen Körper verarbeitet. Welche Arzneimittel verschreibungspflichtig sind, regelt § 48 Abs. 1 AMG. Es fallen jedoch nur solche Betriebsstätten darunter, die einer Herstellererlaubnis nach § 13 AMG bedürfen.[11] 16

Als **Blut- oder Plasmaspendensteuerungssysteme** (3.1.2) gelten gem. Teil 1 Nr. 1.5 IT-Systeme in Blutspendeeinrichtungen oder Herstellungseinheiten. Diese Systeme müssen der Steuerung und Verwaltung entweder der Entnahme von Blut- und Plasmaspenden oder der Weiterverarbeitung derselben zur Anwendung im 17

[11] RefE 1. KritisÄndVO, S. 47.

oder am menschlichen Körper dienen. Soweit also etwa Blutspenden lediglich über Papierakten verwaltet werden, gilt dies nicht als System iSd Nr. 3.1.2. Erfasst würden dagegen Systeme, mit denen Termine, Spenderdaten und Daten zu den entnommenen Spenden verwaltet werden.

18 Der Begriff der **Betriebs- und Lagerräume** (3.2.1) wird in Teil 1 Nr. 1.7 näher beschrieben. Darunter sind die Einrichtungen zu fassen, die der kurzzeitigen Lagerung und Weiterverarbeitung der verschreibungspflichtigen Arzneimittel sowie Blut- und Plasmakonserven dienen. Insbesondere die Aufnahme der „kurzzeitigen Lagerung" ist interessant, da frühere Gesetzesbegründungen Anlagen zur lediglich kurzzeitigen Zwischenlagerung gerade nicht vom Begriff erfasst haben wollten.[12] Was der Gesetzgeber als lediglich kurzzeitige Lagerung ansieht und wann die Kurzfristigkeit überschritten ist, bleibt leider unklar. Ebenfalls erfasst werden sollen auch Anlagen und Systeme für den Wareneingang, die Lagerung und den Warenausgang. Dazu dürften etwa Lagerverwaltungs- und Warenwirtschaftssysteme zählen.

19 **Anlagen oder Systeme zum Vertrieb verschreibungspflichtiger Arzneimittel** (3.2.2) werden in Teil 1 Nr. 1.8 definiert. Es handelt sich dabei um zentrale Logistikmanagementsysteme für den Vertrieb und die Logistik der Arzneimittel, die für die Anwendung im oder am Menschen gedacht sind. Dazu dürften Systeme zur Verpackung, Disposition und dem Versand der entsprechenden Arzneimittel zählen. Auch Systeme zur Nachverfolgung der Arzneimittel dürften dazu zählen.

20 Die **Apotheke** (3.3.1) wird in Teil 1 Nr. 1.9 unter Verweis auf den ersten Abschnitt des Apothekengesetzes (ApoG) definiert. Es handelt sich grds. um Einrichtungen zur Bereitstellung verschreibungspflichtiger Arzneimittel für die Bevölkerung. Nicht erfasst werden sollen Krankenhausapotheken, da diese als Nebeneinrichtungen den Krankenhäusern zuzuordnen sind.[13] Auch die Bundeswehrapotheken nach § 15 ApoG dürften der Regelung nicht unterfallen, da diesen nach § 15 Abs. 1 ApoG lediglich die Arzneimittelversorgung im Geschäftsbereich des BMVg obliegt. Soweit jedoch Bundeswehrkrankenhäuser auch die Allgemeinheit versorgen, werden deren Apotheken als normale Krankenhausapotheken erfasst.

21 **4. Laboratoriumsdiagnostik (Nr. 4).** Für die Laboratoriumsdiagnostik werden in Teil 3 die Anlagenkategorien Labor (4.1) und Laborinformationsverbund (4.2) festgelegt. Dabei sind Labore entsprechend der Legaldefinition in Teil 1 Nr. 1.10 „Einrichtung[en], in denen medizinische labordiagnostische Verfahren für Diagnose und Therapiekontrolle in der Humanmedizin durchgeführt werden". Soweit Labore auch tiermedizinische Untersuchungen durchführen, sind diese bei der Anzahl der Aufträge als Bemessungskriterium außen vor zu lassen. Es werden auch nur solche Untersuchungen erfasst, deren Ergebnisse fachärztlich befundet werden. Untersuchungen, die von Patienten direkt und ohne Einschaltung von Fachärzten beauftragt werden, sind daher auch nicht mitzuzählen. Krankenhauslaboratorien sind als Nebeneinrichtungen von Krankenhäusern Teil der kritischen Dienstleistung stationäre medizinische Versorgung.[14]

[12] RefE 1. KritisÄndVO, S. 47.
[13] RefE 1. KritisÄndVO, S. 47.
[14] RefE 1. KritisÄndVO, S. 48.

Die Anlagenkategorie **Laborinformationsverbund** (4.2) wurde mit der 2. KritisÄndVO 2021 neu aufgenommen. Sie umfasst im Laborbereich diejenigen Labore oder anderen Einrichtungen, welche für andere Labore aus dem gleichen Verbund IT-Dienstleistungen zur Verfügung stellen. In diesem Teilbereich des Gesundheitssektors schließen sich häufig kleinere Labore zu einem Verbund zusammen. Befinden sich mehrere Labore in einem Verbund, so stellt eines dieser Labore die IT-Dienstleistung für alle Labore bereit. Dieser Laborinformationsverbund gilt sodann als Kritische Infrastruktur im Sinne der Verordnung, wenn die kumulierte Anzahl der Aufträge des Laborverbundes über dem dazugehörigen Schwellenwert liegt, auch wenn das einzelne Labor diesen Schwellenwert nicht erreicht. Der Laborinformationsverbund stellt damit eine spezialgesetzlich geregelte Form der **Gemeinsamen bzw. Zusammenfassenden Anlage** (→ § 1 Rn. 19 ff.) dar.[15] Auch hinsichtlich des potenziellen Outsourcings trifft die Gesetzesbegründung eine ausdrückliche Sonderregelung: Sofern Teile der relevanten IT-Dienstleistungen von einem externen Dienstleister erbracht werden, gilt dennoch dasjenige Labor als Betreiber der kritischen Infrastruktur, welches den Laborinformationsverbund betreibt. Bei Auslagerungen von Teilen der relevanten IT-Dienstleistungen sind daher durch den jeweiligen Betreiber entsprechende Anforderungen an die Dienstleister zu stellen, damit der Betreiber seine Pflichten nach dem BSIG erfüllen kann.[16] Unklar bleibt hierbei, ob der Gesetzgeber eine gemeinsame Betreiberschaft iSd § 1 Abs. 2 ausschließen oder mindestens die Vermutung, dass jedenfalls das betreibende Labor auch Betreiber ist, aufstellen wollte. 22

Anhang 6

(zu § 1 Nummer 4 und 5, § 7 Absatz 7 Nummer 1 und 2)

Anlagenkategorien und Schwellenwerte im Sektor Finanz- und Versicherungswesen

Teil 1 Grundsätze und Fristen

1. Im Sinne von Anhang 6 ist oder sind
   - 1.1 Autorisierungssystem
     ein System, mit dem ein angefragter Transaktionsbetrag bei Transaktionen aus Geldautomatensystemen oder aus dem kartengestützten Zahlungsverkehr nach Prüfung der Kartendaten durch das kontoführende Institut oder den Zahlungsdienstleister genehmigt oder abgelehnt wird.
   - 1.2 System zur Anbindung an ein Autorisierungssystem aus Sicht des Geldautomatenbetreibers
     ein System, das der Anbindung des Geldautomatenbetreibers an ein Autorisierungssystem des kontoführenden Instituts dient.
   - 1.3 System zur Aufbereitung durch den Geldautomatenbetreiber
     ein System eines Geldautomatenbetreibers, welches Nachrichten oder Transaktionen aus Geldautomatensystemen verarbeitet, um die Transaktion in den Zahlungsverkehr einzubringen.

[15] KabF 2. KritisÄndVO, S. 44 f., https://intrapol.org/wp-content/uploads/2022/11/KabV_2.-AendV-BSI-KritisV.pdf.

[16] KabF 2. KritisÄndVO, Begründung S. 45.

1.4 System zur Anbindung an ein Interbanken-Zahlungsverkehrssystem
ein System, das den Zahlungsdienstleister an die Interbanken-Zahlungsverkehrssysteme anbindet.

1.5 Clearing-System
ein System, das im Interbankenverkehr die Transaktionsdaten (Clearing-Daten) an das kontoführende Institut weiterleitet.

1.6 Settlement-System
ein System zur Verrechnung von Beträgen zwischen den partizipierenden Instituten.

1.7 Kontoführungssystem
ein System des Zahlungsdienstleisters des Zahlers oder des Zahlungsdienstleisters des Zahlungsempfängers zur elektronischen Führung und Verwaltung der Konten.

1.8 Cash Center
Einrichtungen von Wertdienstleistern, in denen Bargeld geprüft, gezählt, sortiert, gelagert oder wieder ausgegeben wird.

1.9 IT-System für das Cash Management
ein System des Wertdienstleisters zur Berichterstattung, zur Bestellung von Bargeld und zum Cash Management des Wertdienstleisters.

1.10 System zur Anbindung an ein Autorisierungssystem aus Sicht des Terminalbetreibers
ein System, das der Anbindung des Terminalbetreibers (zum Beispiel des Netzbetreibers) an ein Autorisierungssystem dient oder Transaktionen zum zuständigen Autorisierungssystem weiterleitet.

1.11 System zur Aufbereitung durch den POS-Terminalbetreiber
ein System eines Netzbetreibers oder POS-Terminalbetreibers, welches Nachrichten oder Transaktionen von POS-Terminals verarbeitet, um Transaktionen in den Zahlungsverkehr einzubringen.

1.12 System zur Annahme der POS-Transaktionsdaten beim Zahlungsdienstleister des Zahlungsempfängers
ein System, das Transaktionen von einem Acquirer annimmt.

1.13 System zur Annahme einer Überweisung oder Lastschrift
ein System, mit dem Überweisungsaufträge oder Aufträge zum Einzug von Lastschriften durch den Zahlungsdienstleister des Zahlers oder des Zahlungsempfängers als kontoführendes Institut angenommen und verarbeitet werden. Hiervon umfasst sind auch Überweisungsaufträge, die über einen Zahlungsauslösedienstleister im Sinne von Artikel 4 Nummer 18 der Richtlinie (EU) 2015/2366 des Europäischen Parlaments und des Rates vom 25. November 2015 eingereicht werden.

1.14 System einer Clearingstelle oder einer zentralen Gegenpartei zur Verrechnung von Wertpapier- und Derivatgeschäften
ein System der Clearingstelle oder einer zentralen Gegenpartei gemäß § 1 Absatz 31 des Kreditwesengesetzes.

1.15 System zur Anbindung für die Verrechnung und Verbuchung von Wertpapier- und Derivatgeschäften
ein System, das der Anbindung eines Teilnehmers oder einer Handelsplattform zu einer Clearingstelle oder zentralen Gegenpartei sowie von einer Clearingstelle oder zentralen Gegenpartei zu einer Verbuchungsstelle dient.

1.16 Wertpapier-Settlement-System
ein Wertpapierliefer- und -abrechnungssystem gemäß Artikel 2 Absatz 1 Nummer 10 der Verordnung (EU) Nr. 909/2014.

1.17 Depotführungssystem eines Finanzmarktinfrastrukturbetreibers
ein System eines Finanzmarktinfrastrukturbetreibers, das zur Prüfung des Depotbestands und für Transaktionen von Depots genutzt wird.

1.18 System eines Zentralverwahrers
ein System eines Zentralverwahrers gemäß Artikel 2 Absatz 1 Nummer 1 der Verordnung (EU) Nr. 909/2014.

1.19 System zur Aufbereitung von Zahlungsanweisungen
ein System eines Finanzmarktbetreibers, welches Wertpapier- oder Derivattransaktionen mittelbar oder unmittelbar verarbeitet, um die Transaktionen in den Zahlungsverkehr einzubringen.

1.20 System für das Erzeugen und Weiterleiten von Aufträgen zum Handel von Wertpapieren und Derivaten an einen Handelsplatz
ein System, in dem Kundenaufträge zum Handel von Wertpapieren und Derivaten entgegengenommen, aufbereitet und an Handelsplätze weitergeleitet werden.

1.21 System eines Handelsplatzes
System eines Handelsplatzes im Sinne des Artikels 4 Nummer 24 der Richtlinie 2014/65/EU des Europäischen Parlaments und des Rates vom 15. Mai 2014.

1.22 Sonstiges Depotführungssystem
ein System, das zur Prüfung des Depotbestands und für Transaktionen von Depots genutzt wird und nicht zur unmittelbaren Infrastruktur eines Zentralverwahrers in der Rolle eines Finanzmarktinfrastrukturbetreibers gehört.

1.23 Vertragsverwaltungssystem
ein System zur Speicherung und Verarbeitung von Informationen zum Versicherungsvertragsverhältnis eines Lebensversicherers, einer privaten Krankenversicherung oder einer Kompositversicherung.

1.24 Leistungssystem
ein System zur Bearbeitung von Leistungen im Bereich Lebensversicherung und privater Krankenversicherung oder ein integriertes Anwendungssystem zur Erfassung, Prüfung und Berechnung von sozialversicherungsrechtlichen Entgeltersatzleistungen der gesetzliche Unfall- und Arbeitslosenversicherung, der gesetzlichen Rentenversicherung oder ein IT-System der Bundesagentur für Arbeit zur Erfassung, Speicherung, Berechnung und Bewilligung von Leistungen der Grundsicherung für Arbeitsuchende zur Sicherung des Lebensunterhalts nach dem Zweiten Buch Sozialgesetzbuch.

1.25 Schadensystem (Komposit)
ein System zur Bearbeitung von Schäden im Bereich der Schaden- und Unfallversicherungen.

1.26 Auszahlungssystem
ein System zur Auszahlung der Entschädigung, Versicherungsleistung oder Leistungen der Sozialversicherung oder ein IT-System der Bundesagentur für Arbeit zur Auszahlung von Leistungen der Grundsicherung für Arbeitsuchende zur Sicherung des Lebensunterhaltes nach dem Zweiten Buch Sozialgesetzbuch an den Zahlungsempfänger.

1.27 Verwaltungs- und Zahlungssystem der gesetzlichen Kranken- und Pflegeversicherung
ein integriertes Anwendungssystem im Bereich der gesetzlichen Kranken- und Pflegeversicherung.

2. Eine Anlage, die einer in Teil 3 Spalte B genannten Anlagenkategorie zuzuordnen ist, gilt ab dem 1. April des Kalenderjahres, das auf das Kalenderjahr folgt, in dem ihr Versorgungsgrad den in Teil 3 Spalte D genannten Schwellenwert erstmals erreicht oder überschreitet, als Kritische Infrastruktur. Nicht mehr als Kritische Infrastruktur gilt eine solche Anlage ab dem 1. April des Kalenderjahres, das auf das Kalenderjahr folgt, in dem ihr Versorgungsgrad den genannten Schwellenwert unterschreitet.
3. Abweichend von Nummer 1 gilt eine Anlage, die den Anlagenkategorien des Teils 3 Spalte A Nummer 5.1.3, 5.1.7 oder 5.1.11 zuzuordnen ist, ab dem 1. April des Kalenderjahres, das auf die drei Kalenderjahre folgt, deren durchschnittlicher Versorgungsgrad den in Teil 3 Spalte D genannten Schwellenwert erstmals erreicht oder überschreitet, als Kritische Infrastruktur.
4. Der Betreiber hat den Versorgungsgrad seiner Anlage für das zurückliegende Kalenderjahr jeweils bis zum 31. März des Folgejahres zu ermitteln.
5. Bei der Ermittlung des Versorgungsgrades einer Anlage, die den Anlagenkategorien des Teils 3 Spalte A Nummer 5.1.1, 5.1.4 oder 5.1.8 zuzuordnen ist, sind nur ablaufende Verträge mit Auszahlung der Versicherungsleistung zu berücksichtigen. Ungeachtet der Auszahlungsweise ist jeder Leistungsfall nur einmalig, bei wiederkehrenden Auszahlungen nur bei der erstmaligen Leistungsbearbeitung zu berücksichtigen.
6. Stehen mehrere Anlagen derselben Art in einem engen betrieblichen Zusammenhang (gemeinsame Anlage) und erreichen oder überschreiten die in Teil 3 Spalte D genannten Schwellenwerte zusammen, gilt die gemeinsame Anlage als Kritische Infrastruktur. Ein enger betrieblicher Zusammenhang ist gegeben, wenn die Anlagen
   a) mit gemeinsamen Betriebseinrichtungen verbunden sind,
   b) einem identischen technischen Zweck dienen und
   c) unter gemeinsamer Leitung stehen.

Teil 2 Berechnungsformeln zur Ermittlung der Schwellenwerte

7. Der für die Anlagenkategorien des Teils 3 Nummer 1.1.1 bis 1.2.1 und 1.3.1 genannte Schwellenwert ist unter Annahme von 30 Transaktionen mit im Inland ausgegebenen Karten an Terminals (Geldautomaten) in- und ausländischer Zahlungsdienstleister pro versorgter Person pro Jahr und eines Regelschwellenwertes von 500 000 versorgten Personen wie folgt berechnet:
   15 000 000 Transaktionen/Jahr = 30 Transaktionen/Jahr × 500 000
8. Der für die Anlagenkategorie des Teils 3 Nummer 1.4 genannte Schwellenwert ist unter der Annahme von 187 im Cash-Center bearbeiteten Banknoten zur Versorgung einer Person pro Jahr und eines Regelschwellenwertes von 500 000 versorgten Personen wie folgt berechnet:
   93 500 000 Banknoten/Jahr = 187 Banknoten/Jahr × 500 000
9. Der für die Anlagenkategorien des Teils 3 Nummer 1.2.2 bis 1.2.4 und 2.2.3 bis 2.2.5 genannte Schwellenwert ist unter Annahme von 36 Transaktionen als Mittelwert mit im Inland ausgegebenen Karten an POS-Terminals und Geldautomaten in- und ausländischer Zahlungsdienstleister pro versorgter Person

pro Jahr und eines Regelschwellenwertes von 500 000 versorgten Personen wie folgt berechnet:
18 000 000 Transaktionen/Jahr = 36 Transaktionen/Jahr × 500 000

10. Der für die Anlagenkategorien des Teils 3 Nummer 2.1.1 bis 2.2.2 und 2.3.1 genannte Schwellenwert ist unter Annahme von 43 Transaktionen mit im Inland ausgegebenen Karten an Terminals (POS) in- und ausländischer Zahlungsdienstleister und eines Regelschwellenwertes von 500 000 versorgten Personen wie folgt berechnet:
21 500 000 Transaktionen/Jahr = 43 Transaktionen/Jahr × 500 000
11. Der für die Anlagenkategorien des Teils 3 Nummer 3 genannte Schwellenwert ist unter Annahme von 200 Transaktionen bei Überweisungen und Lastschriften pro versorgter Person und pro Jahr und eines Regelschwellenwertes von 500 000 versorgten Personen wie folgt berechnet:
100 000 000 Transaktionen/Jahr = 200 Transaktionen/Jahr × 500 000
12. Der für die Anlagenkategorien des Teils 3 Nummer 4.1.1, 4.1.2, 4.2.1, 4.2.2, 4.2.3, 4.3.1 und 4.5.1 genannte Schwellenwert ist unter Annahme von 1,7 Abwicklungstransaktionen im In- und Ausland pro versorgter Person pro Jahr und eines Regelschwellenwertes von 500 000 versorgten Personen wie folgt berechnet:
850 000 Transaktionen/Jahr = 1,7 Transaktionen/Jahr × 500 000.
13. Der für die Anlagenkategorien des Teils 3 Nummer 4.4.1 und 4.6.1 genannte Schwellenwert ist unter Annahme von 13,5 Transaktionen pro versorgter Person pro Jahr und eines Regelschwellenwertes von 500 000 Personen wie folgt berechnet:
6 750 000 Transaktionen/Jahr = 13,5 Transaktionen/Jahr × 500 000
14. Der für die Anlagenkategorien des Teils 3 Nummer 5.1.1, 5.1.2 und 5.1.4 genannte Schwellenwert für die private Krankenversicherung ist unter Annahme von vier Leistungsfällen pro versorgter Person pro Jahr und eines Regelschwellenwertes von 500 000 versorgten Personen wie folgt berechnet:
2 000 000 Leistungsfälle/Jahr = 4 Leistungsfälle/Jahr × 500 000

Teil 3 Anlagenkategorien und Schwellenwerte

Spalte A	**Spalte B**	**Spalte C**	**Spalte D**
Nr.	**Anlagenkategorie**	**Bemessungskriterium**	**Schwellenwert**
1	**Bargeldversorgung**		
1.1	Autorisierung einer Abhebung		
1.1.1	Autorisierungssystem	Anzahl der Transaktionen/Jahr	15 000 000
1.1.2	System zur Anbindung an ein Autorisierungssystem aus Sicht des Geldautomatenbetreibers	Anzahl der Transaktionen/Jahr	15 000 000

Spalte A	**Spalte B**	**Spalte C**	**Spalte D**
Nr.	**Anlagenkategorie**	**Bemessungskriterium**	**Schwellenwert**
1.2	Einbringen in den Zahlungsverkehr		
1.2.1	System zur Aufbereitung durch den Geldautomatenbetreiber	Anzahl der Transaktionen/Jahr	15 000 000
1.2.2	System zur Anbindung an ein Interbanken-Zahlungsverkehrssystem (Clearing und Settlement)	Anzahl der Transaktionen/Jahr	18 000 000
1.2.3	Clearing-System	Anzahl der Transaktionen/Jahr	18 000 000
1.2.4	Settlement-System	Anzahl der Transaktionen des zugehörigen Clearing-Systems/Jahr	18 000 000
1.3	Belastung Kundenkonto		
1.3.1	Kontoführungssystem	Anzahl der in diesem System bei der Erbringung einer kritischen Dienstleistung verbuchten Transaktionen	15 000 000
1.4	Bargeldlogistik		
1.4.1	Cash Center	Anzahl bearbeiteter Banknoten/Jahr	93 500 000
1.4.2	IT-System für das Cash Management	Anzahl bearbeiteter Banknoten/Jahr	93 500 000
2	**Kartengestützter Zahlungsverkehr**		
2.1	Autorisierung		
2.1.1	Autorisierungssystem	Anzahl der in diesem System bei der Erbringung einer kritischen Dienstleistung autorisierten Transaktionen	21 500 000
2.1.2	System zur Anbindung an ein Autorisierungssystem aus Sicht des Terminalbetreibers	Anzahl der in diesem System bei der Erbringung einer kritischen Dienstleistung autorisierten Transaktionen	21 500 000

Spalte A	**Spalte B**	**Spalte C**	**Spalte D**
Nr.	**Anlagenkategorie**	**Bemessungskriterium**	**Schwellen-wert**
2.2	Einbringen in den Zahlungsverkehr		
2.2.1	System zur Aufbereitung durch den POS-Terminal-betreiber	Anzahl der Transaktionen/Jahr	21 500 000
2.2.2	System zur Annahme der POS-Transaktionsdaten beim Zahlungsdienstleister des Zahlungsempfängers	Anzahl der Transaktionen/Jahr	21 500 000
2.2.3	System zur Anbindung an ein Interbanken-Zahlungsverkehrssystem (Clearing und Settlement)	Anzahl der Transaktionen/Jahr	18 000 000
2.2.4	Clearing-System	Anzahl der Transaktionen/Jahr	18 000 000
2.2.5	Settlement-System	Anzahl der Transaktionen des zugehörigen Clearing-Systems/Jahr	18 000 000
2.3	Belastung auf dem Konto des Zahlers und Gutschrift auf dem Konto des Zahlungsempfängers		
2.3.1	Kontoführungssystem	Anzahl der in diesem System bei der Erbringung der jeweiligen kritischen Dienstleistung verbuchten Transaktionen	21 500 000
3	**Konventioneller Zahlungsverkehr**		
3.1	Annahme einer Überweisung oder Lastschrift		
3.1.1	System zur Annahme einer Überweisung oder Lastschrift	Anzahl der Transaktionen/Jahr	100 000 000
3.2	Einbringen in den Zahlungsverkehr		
3.2.1	System zur Anbindung an ein Interbanken-Zahlungsverkehrssystem (Clearing und Settlement)	Anzahl der Transaktionen/Jahr	100 000 000

Spalte A	**Spalte B**	**Spalte C**	**Spalte D**
Nr.	**Anlagenkategorie**	**Bemessungskriterium**	**Schwellen-wert**
3.2.2	Clearing-System	Anzahl der Transaktionen/Jahr	100 000 000
3.2.3	Settlement-System	Anzahl der Transaktionen des zugehörigen Clearing-Systems/Jahr	100 000 000
3.3	Belastung und Gutschrift auf Kundenkonten		
3.3.1	Kontoführungs-system	Anzahl der Transaktionen/Jahr	100 000 000
4	**Handel, Verrechnung und Abwicklung von Wertpapier- und Derivatgeschäften**		
4.1	Verrechnung von Wertpapier- und Derivatgeschäften		
4.1.1	System einer Clearingstelle oder zentralen Gegenpartei zur Verrechnung von Wertpapier- und Derivatgeschäften	Anzahl der Transaktionen/Jahr	850 000
4.1.2	System zur Anbindung für die Verrechnung und Verbuchung von Wertpapier- und Derivatgeschäften	Anzahl der Transaktionen/Jahr	850 000
4.2	Verbuchung Wertpapiere		
4.2.1	Wertpapier-Settlement-System	Anzahl der Transaktionen/Jahr	850 000
4.2.2	Depotführungssystem eines Finanzmarktinfrastrukturbetreibers	Anzahl der Transaktionen/Jahr	850 000
4.2.3	System eines Zentralverwahrers	Anzahl der Transaktionen/Jahr	850 000
4.3	Verbuchung Geld		
4.3.1	System zur Aufbereitung der Zahlungsanweisung	Anzahl der Transaktionen/Jahr	850 000

Spalte A	Spalte B	Spalte C	Spalte D
Nr.	**Anlagenkategorie**	**Bemessungskriterium**	**Schwellenwert**
4.4	Einbringen von Aufträgen in den Handel		
4.4.1	System für das Erzeugen von Aufträgen zum Handel von Wertpapieren und Derivaten und Weiterleiten an einen Handelsplatz	Anzahl der Transaktionen/Jahr	6 750 000
4.5	Ausführung des Handels		
4.5.1	System eines Handelsplatzes	Anzahl der Transaktionen/Jahr	850 000
4.6	Bestandsführung für den Kunden		
4.6.1	Sonstiges Depotführungssystem	Anzahl der Transaktionen/Jahr	6 750 000
5	**Versicherungsdienstleistungen und Leistungen der Sozialversicherung sowie der Grundsicherung für Arbeitsuchende**		
5.1	Versicherungsdienstleistungen		
5.1.1	Vertragsverwaltungssystem	Leistungsfälle Lebensversicherung/Jahr oder	500 000
		Leistungsfälle private Krankenversicherung/Jahr oder	2 000 000
		Schadensfälle Kompositversicherung/Jahr	500 000
5.1.2	Leistungssystem	Leistungsfälle Lebensversicherung/Jahr oder	500 000
		Leistungsfälle private Krankenversicherung/Jahr oder	2 000 000
5.1.3	Schadensystem (Komposit)	Schadensfälle Kompositversicherung/Jahr	500 000
5.1.4	Auszahlungssystem	Leistungsfälle Lebensversicherung/Jahr oder	500 000
		Leistungsfälle private Krankenversicherung/Jahr oder	2 000 000
		Schadensfälle Kompositversicherung/Jahr	500 000

Spalte A	Spalte B	Spalte C	Spalte D
Nr.	**Anlagenkategorie**	**Bemessungskriterium**	**Schwellenwert**
5.2	Leistungen der Sozialversicherung sowie der Grundsicherung für Arbeitsuchende		
5.2.1	Verwaltungs- und Zahlungssystem der gesetzlichen Kranken- und Pflegeversicherung	Anzahl der Versicherten	3 000 000
5.2.2	Leistungssystem	Leistungsfälle Sozialversicherungsträger der gesetzlichen Unfall- und Arbeitslosenversicherung/Jahr oder	500 000
		Anzahl der Versicherungskonten des Sozialversicherungsträgers der gesetzlichen Rentenversicherung oder	500 000
		Leistungsfälle zur Sicherung des Lebensunterhalts in der Grundsicherung für Arbeitsuchende nach dem Zweiten Buch Sozialgesetzbuch	500 000
5.2.3	Auszahlungssystem	Leistungsfälle Sozialversicherungsträger der gesetzlichen Unfall- und Arbeitslosenversicherung/Jahr oder	500 000
		Anzahl der Versicherungskonten des Sozialversicherungsträgers der gesetzlichen Rentenversicherung oder	500 000
		Leistungsfälle zur Sicherung des Lebensunterhalts in der Grundsicherung für Arbeitsuchende nach dem Zweiten Buch Sozialgesetzbuch	500 000

Literatur: *Kipker* (Hrsg.), Cybersecurity, 2020, *Schimansky/Bunte/Lwowski* (Hrsg.), Bankrechts-Handbuch, 5. Aufl. 2017.

Inhaltsübersicht

A. Allgemeines

Der Anhang gliedert sich in drei Teile. Im ersten Teil finden sich die grundlegen- 1 den Begriffsbestimmungen, die Regelungen zu den maßgeblichen Zeitpunkten für die Bestimmung des Versorgungsgrades sowie Regelungen dazu, wann einzelne Anlagen bei der Bestimmung des Versorgungsgrades als eine gemeinsame Anlage anzusehen sind. Der zweite Teil dient der Darlegung, wie der Verordnungsgeber die Schwellenwerte in Teil 3 Spalte D für den Sektor Finanz- und Versicherungswesen ermittelt hat. In Teil 3 werden dann die Anlagenkategorien für die in § 7 Abs. 1 festgelegten kritischen Dienstleistungen bzw. deren Bereiche mit einem konkreten, anlagenspezifischen Bemessungskriterium und einem konkreten Schwellenwert aufgelistet.

B. Einzelerläuterungen

I. Grundsätze und Fristen (Teil 1)

1. Begriffsbestimmungen (Nr. 1). In Nr. 1 werden die in Teil 3 verwendeten 2 Anlagen durch Legaldefinitionen näher bestimmt (→ Rn. 15 ff.).

2. Zeitpunkte und Zeiträume für die Ermittlung des Versorgungsgra- 3 des (Nr. 2–4). Nach **Nr. 2** S. 1 ist für die Bestimmung der Eigenschaft als KRITIS im Sektor Finanz- und Versicherungswesen idR der Versorgungsgrad im zurückliegenden Kalenderjahr maßgeblich. Wenn der in Teil 3 Spalte D zugeordnete Schwellenwert im zurückliegenden Kalenderjahr bei Anlagen erreicht oder überschritten wurde, gelten diese ab dem 1.4. des laufenden Jahres als KRITIS. Mit der 2. KritisÄndVO wurde in Nr. 2 S. 2 auch für diesen Sektor eine explizite Regelung eingeführt, ab wann eine Anlage nicht mehr als KRITIS gilt (dazu allg. → § 1 Rn. 46 und zur damit verbundenen Rechtsänderung → Anhang 1 Rn. 3). Nach

Nr. 2 S. 2 gilt eine Anlage ab dem 1.4. eines Jahres dann nicht mehr als KRITIS, wenn sie im vorangegangenen Jahr die Schwellenwerte aus Teil 3 Spalte D nicht mehr erreicht hat. Betreiber sollten das BSI daher über die Schwellenwertunterschreitung im vorangegangenen Kalenderjahr umgehend unterrichten.

4 In Teil 1 **Nr. 3** finden sich für bestimmte Anlagen (→ Rn. 5) abweichende Regelungen für den Zeitraum, für den der Versorgungsgrad bestimmt werden muss. Soweit der Wortlaut eine Abweichung von Nr. 1 reklamiert, dürfte es sich dabei um ein Redaktionsversehen handeln. Inhaltlich wird eine Abweichung von Nr. 2 geregelt. Der maßgebliche Bemessungszeitraum soll hier nicht nur das vorangegangene Kalenderjahr sein, sondern die drei vorangegangenen Kalenderjahre. Die Schwellenwerte müssen nicht in jedem dieser Jahre erreicht oder überschritten werden, es genügt, wenn der Schwellenwert im Durchschnitt der letzten drei Jahre überschritten wird. Durch einzelne Jahre mit außergewöhnlich hohen Werten können solche Anlagen daher zu KRITIS werden, auch wenn sie sonst knapp unter dem Durchschnitt liegen. Anders als bei Nr. 2 hat der Verordnungsgeber hier keine explizite Regelung vorgesehen, ab wann eine der in Nr. 3 aufgezählten Anlagen nicht mehr als KRITIS gelten soll. Es ist unklar, ob es sich dabei um ein redaktionelles Versehen handelt oder eine bewusste Entscheidung. Letztlich stellt sich hier auch die Frage, ob der Verordnungsgeber den Bemessungszeitraum für die Ermittlung des Versorgungsgrades generell auf die drei vorangegangenen Jahre erstrecken wollte oder nur für die Überschreitung des Schwellenwertes. Erstes hätte eine gewisse Konsequenz, da dann ein einheitlicher Bemessungszeitraum für die Bestimmung des Versorgungsgrades für die entsprechenden Anlagen zur Anwendung käme. Es ist kein Grund ersichtlich, warum für den Weg in die KRITIS-Eigenschaft ein längerer Bemessungszeitraum gelten soll als für den Weg aus der KRITIS-Eigenschaft. Gleichwohl spricht die Regelungssystematik eher gegen eine entsprechende Interpretation, denn Nr. 2 regelt den Normalfall und Nr. 3 eine Abweichung von diesem Normalfall. Diese Abweichung in Nr. 3 betrifft aber nur den Regelungsinhalt von Nr. 2 S. 1 (das Erlangen der KRITIS-Eigenschaft), so dass es für die Regelungen zum Wegfall der KRITIS-Eigenschaft nach Nr. 2 S. 2 keinen Spezialfall gibt und er auch für Anlagen im Geltungsbereich der Nr. 3 weiterhin Anwendung findet. Es dauert also länger, bis eine Anlage nach Erreichen oder Überschreitung der Schwellenwerte KRITIS wird, als es dauert, bis dieselbe Anlage nach Unterschreiten der Schwellenwerte nicht mehr KRITIS ist.

5 Doch damit hören die Ungereimtheiten in Nr. 3 nicht auf. Durch die 2. KritisÄndVO ist es zu mehreren **Fehlverweisen** in Nr. 3 und 5 gekommen. Die Nummern verweisen auf die alten Anlagentypen im Bereich 5.1. Diese Nicht-Anpassung würde, insbesondere soweit die Verweise nun leerlaufen, dem strengen Wortlaut nach zu einer Behandlung der Anlagentypen gem. der allgemeinen Nr. 2 führen. Es ist jedoch wohl von einem evidenten redaktionellen Versehen auszugehen. Der eigentliche Regelungsgehalt ist bei verständiger Würdigung klar zu ermitteln. Die Norm ist daher so zu verstehen, dass nach Nr. 3 abweichend von Nr. 2 eine Anlage, die den Anlagenkategorien des Teils 3 Spalte A Nr.

- 5.1.1 Var. 3 Vertragsverwaltungssystem (Komposit),
- 5.1.3 Schadensystem (Komposit) oder
- 5.1.4 Var. 3 Auszahlungssystem (Komposit)

zuzuordnen ist, ab dem 1.4. des Kalenderjahres, das auf die **drei** Kalenderjahre folgt, deren durchschnittlicher Versorgungsgrad den in Teil 3 Spalte D genannten Schwellenwert erstmals erreicht oder überschreitet, als Kritische Infrastruktur gilt.

Nach Nr. 4 hat der Betreiber den **Versorgungsgrad für das zurückliegende Kalenderjahr bis zum 31.3. des laufenden Jahres** zu ermitteln. Damit wird den Betreibern iE ein Zeitfenster eingeräumt, um die entsprechenden Werte für ihre jeweiligen Anlagen zu ermitteln. Gerade bei Jahreswerten liegen diese auch den Betreibern nicht immer zum Ablauf des Jahres am 31.12. vor. 6

In Nr. 5 wird geregelt, wie **Auszahlungen von Versicherungsleistungen** bei der Ermittlung des Versorgungsgrades bestimmter Anlagen zu berücksichtigen sind. Auch hier finden sich im Verordnungstext seit der 2. KritisÄndVO redaktionell bedingte Fehlverweise (→ Rn. 5). Bei verständiger Würdigung ist der Text so zu lesen, dass bei der Ermittlung des Versorgungsgrades einer Anlage, die den Anlagenkategorien des Teils 3 Spalte A Nr. 7

- 5.1.1 Var. 1 Vertragsverwaltungssystem (Lebensversicherung),
- 5.1.2 Var. 1 Leistungssystem (Lebensversicherung) oder
- 5.1.4 Var. 1 Auszahlungssystem (Lebensversicherung)

zuzuordnen ist, nur ablaufende Verträge mit Auszahlung der Versicherungsleistung zu berücksichtigen sind. Ungeachtet der Auszahlungsweise ist jeder Leistungsfall nur einmalig, damit bei wiederkehrenden Auszahlungen nur bei der erstmaligen Leistungsbearbeitung, zu berücksichtigen.

3. Ermittlung des Versorgungsgrades bei gemeinsamen Anlagen (Nr. 6). 8
In Nr. 6 wird der Sonderfall der **gemeinsamen Anlage** geregelt (s. auch → § 1 KritisV Rn. 19f.; zum Verhältnis von § 1 und den sektorspezifischen Regelungen → Anhang 1 Rn. 6). Damit sind Anlagen gemeint, die für sich genommen nicht die Schwellenwerte aus Teil 3 Spalte D erreichen, die jedoch selbst nur Teil eines größeren Gesamtsystems entsprechender Anlagen sind und mit diesen gemeinsam die Schwellenwerte überschreiten. Solche Anlagen werden als gemeinsame Anlage zusammengerechnet. Voraussetzung für die Annahme einer gemeinsamen Anlage ist jedoch, dass es Anlagen derselben Art sind, die in einem engen betrieblichen Zusammenhang stehen. Bei den Voraussetzungen der kumulierten Erfassung von mehreren Anlagen derselben Art als gemeinsame Anlage liegt im Sektor Finanz- und Versicherungswesen ein **enger betrieblicher Zusammenhang** auch dann vor, wenn diese nicht auf demselben Betriebsgelände liegen. Das Auslassen der Voraussetzung eines „räumlichen" Zusammenhangs zeigt, dass der Gesetzgeber für diesen Sektor davon ausgeht, dass gemeinsame Anlagen auf verteilten Betriebsgeländen den Regelfall darstellen. Im Übrigen regelt S. 2, wann dieser enge betriebliche Zusammenhang vorliegt. Die Anlagen müssen dafür **mit gemeinsamen Betriebseinrichtungen verbunden** sein (→ Anhang 1 Rn. 8), **einem identischen technischen Zweck dienen** und **unter gemeinsamer Leitung** stehen (→ Anhang 1 Rn. 10). Das Erfordernis eines identischen technischen Zwecks unterscheidet den Sektor Finanz- und Versicherungswesen von den anderen Sektoren, bei denen ein vergleichbarer technischer Zweck ausreicht. Eine bloße Vergleichbarkeit wird etwa angenommen bei SB-Überweisungsgeräten, Online-Banking-Systemen und Beleglesern, die alle der Annahme von Überweisungen dienen.[1] Ein Zweck ist jedoch nur dann technisch identisch, wenn exakt das gleiche technische Ziel erreicht wird – also zB die Digitalisierung von Überweisungsbelegen, um sie weiterverarbeiten zu können.

[1] Kipker Cybersecurity/*Beucher/Fromageau*, Kap. 12 Rn. 65.

II. Berechnungsformeln zur Ermittlung der Schwellenwerte (Teil 2)

9 Für die Berechnung der Schwellenwerte der Dienstleistung **Bargeldversorgung** wurde die durchschnittliche Anzahl von Transaktionen pro versorgte Person und Jahr als Grundlage bestimmt und aus den „Zahlungsverkehrs- und Wertpapierabwicklungs-Statistiken in Deutschland“[2] der Deutschen Bundesbank herangezogen. Die dort angegebenen Transaktionen an Geldautomaten im Inland von inländischen (2,36 Milliarden Transaktionen) und ausländischen (51,8 Millionen Transaktionen) Zahlungsdienstleistern im Jahr 2015 konnte in der Summe durch 80.000.000 auf **30 Transaktionen/Jahr** pro versorgte Person zurückgerechnet werden.[3]

10 Für die **Bargeldlogistik** wurde die Anzahl der von der Deutschen Bundesbank jährlich ausgegebenen Banknoten (15 Mrd. Banknoten) herangezogen. Cash-Recycling durch Bargeldlogistiker findet in Deutschland nicht statt. Die durchschnittliche Anzahl von im Cash-Center bearbeiteten Banknoten pro versorgte Person und Jahr konnte auf **187 Banknoten/Jahr** pro versorgte Person beziffert werden.[4]

11 Ebenfalls aus den „Zahlungsverkehrs- und Wertpapierabwicklungs-Statistiken in Deutschland“ wurde für die Dienstleistung kartengestützter Zahlungsverkehr **(POS)** die durchschnittliche Anzahl von Transaktionen pro versorgter Person und Jahr abgeleitet: Die Summe der in den von der Deutschen Bundesbank angegebenen Transaktionen mit im Inland ausgegebenen Karten an Terminals (POS) inländischer (3,138 Milliarden Transaktionen) und ausländischer (301 Millionen Transaktionen) Zahlungsdienstleister im Jahr 2015 durch 80.000.000 ergab etwa **43 Transaktionen/Jahr.** Für die Anlagenkategorien **Systeme zur Anbindung an ein Interbanken-Zahlungsverkehrssystem, Clearing-System** und **Settlement-System** wurde das Mittel aus den Transaktionen der Dienstleistung Bargeldversorgung und kartengestützter Zahlungsverkehr herangezogen, da in diesen Systemen die Herkunft der Transaktionen nicht zuzuordnen ist – abgeleitet wurden daraus **36 Transaktionen/Jahr.**[5]

12 Im **konventionellen Zahlungsverkehr** wurde die durchschnittliche Anzahl von Transaktionen pro versorgte Person und Jahr von etwa **200 Transaktionen/Jahr** herangezogen. Diese ließ sich aus der Summe der Transaktionen bei Überweisungen (6 Mrd. Transaktionen) und Lastschriften (9,9 Mrd. Transaktionen) im Jahr 2015 ableiten, die wiederum durch 80.000.000 geteilt wurde. Die Zahlen beruhten auch hier auf den „Zahlungsverkehrs- und Wertpapierabwicklungs-Statistiken in Deutschland“ von der Deutschen Bundesbank.[6]

13 Die durchschnittliche Anzahl von Transaktionen pro versorgte Person im Jahr beträgt bei der Anbindung für die **Verrechnung und Abwicklung von Wertpapier- und Derivatgeschäften** nur **1,7 Transaktionen/Jahr.** Dafür wurde die Summe der in den Geschäftszahlen von Clearstream für Dezember und das Jahr

[2] Vgl. auch aktuell https://www.bundesbank.de/resource/blob/804046/c4aae1494291ef750 0adf0c7c9baa8a8/mL/0-zahlungsverkehrs-und-wertpapierabwicklungsstatistiken-data.pdf.
[3] RefE 1. KritisÄndVO, S. 59.
[4] RefE 1. KritisÄndVO, S. 59.
[5] RefE 1. KritisÄndVO, S. 60.
[6] RefE 1. KritisÄndVO, S. 60.

2015 angegebenen Abwicklungstransaktionen international (44,08 Mio. Transaktionen) und im Inland (93,95 Mi. Transaktionen) herangezogen.[7]

Für die Berechnung der Schwellenwerte für **Versicherungsdienstleistungen** 14
wurde im Grundsatz im Sinne der Referenzgröße (→ Anhang 1 Rn. 12) auf 500.000 Leistungsfälle abgestellt. Da die Versicherungen zahlen, wenn ein Schaden- bzw. Leistungsfall vorliegt, konnten die Auszahlungsfälle repräsentativ für alle Schadens- oder Leistungsfälle herangezogen werden. Ebenso korreliert der Zugriff auf die Vertragsverwaltungssysteme mit den Schadens- bzw. Leistungsfällen. Dauerauszahlungen (monatlich, mindestens 6 aufeinander folgende Monate) gelten als ein Leistungsfall.[8] Bei privaten Krankenversicherungen ermittelte der Gesetzgeber den Schwellenwert aus der von den Fachverbänden vertretenen Schätzung von durchschnittlich **4 Leistungsfällen** pro Versicherungsnehmer und Jahr. Für die Berechnung des Schwellenwerts für die Verwaltungs- und Zahlungssysteme der gesetzlichen Kranken- und Pflegeversicherungen wurde wegen der differenzierten Leistungssystematik auf die Zahl der Versicherten abgestellt und die Höhe so gewählt, dass die erfassten Systeme bei den Kranken- und Pflegekassen eine Mehrheit der Versicherten repräsentieren.[9]

III. Anlagenkategorien und Schwellenwerte (Teil 3)

1. Bargeldversorgung (Nr. 1). Für den Bereich der Bargeldversorgung sieht 15
Nr. 1 folgende Kategorien von Anlagen für die Erbringung der kritischen Dienstleistungen nach § 7 als zwingend erforderlich an: Autorisierungssysteme (1.1.1), Systeme zur Anbindung an ein Autorisierungssystem aus Sicht des Geldautomatenbetreibers (1.1.2), Systeme zur Aufbereitung durch den Geldautomatenbetreiber (1.2.1), Systeme zur Anbindung an ein Interbanken-Zahlungsverkehrssystem (Clearing und Settlement) (1.2.2), Clearing-Systeme (1.2.3), Settlement-Systeme (1.2.4), Kontoführungssysteme (1.3.1), Cash-Center (1.4.1) und IT-Systeme für das Cash Management (1.4.2).

Der Begriff **Autorisierungssystem** (1.1.1) wird in Teil 1 Nr. 1.1 definiert. Die 16
Vorschrift erfasst Systeme zur Autorisierung von Transaktionen zur Bargeldversorgung und im kartengestützten Zahlungsverkehr, zB das Autorisierungssystem/Dispositionssystem eines Zahlungsdienstleisters oder des kontoführenden Instituts. In Abgrenzung zur Autorisierung des Zahlers nach § 675j Abs. 1 BGB ist unter Autorisierung im Sinne dieser Anlagenkategorie somit nicht die Zustimmung des Zahlers zu einer Transaktion, sondern der maschinelle oder manuelle Vorgang zu verstehen, mittels dessen das kontoführende Institut oder der Zahlungsdienstleister einen angefragten Transaktionsbetrag nach Prüfung der Kartendaten genehmigt oder ablehnt. Eine Ablehnung kommt zum Beispiel im Falle nicht ausreichender Kontodeckung in Betracht.[10]

Die Definition für das **System zur Anbindung an ein Autorisierungssys-** 17
tem aus Sicht des Geldautomatenbetreibers (1.1.2) findet in Teil 1 Nr. 1.2 statt und ist wenig erhellend, da sie praktisch nur wiederholt, was im Namen der Anlagenkategorie bereits enthalten ist. Die Vorschrift erfasst Systeme, über die die Anbindung an das Autorisierungssystem aus Sicht des Geldautomatenbetreibers er-

---

[7] RefE 1. KritisÄndVO, S. 60.
[8] RefE 1. KritisÄndVO, S. 60.
[9] RefE 1. KritisÄndVO, S. 60.
[10] RefE 1. KritisÄndVO, S. 55.

folgt. Die Anbindung erfolgt insbesondere über das bankeigene Autorisierungssystem selbst, das System eines Autorisierungs-Dienstleisters, das System einer Kopfstelle, die zur zuständigen Autorisierungsstelle weiterleitet, sowie das System des Nationalen Online Verbund (NOV).[11]

18 Das **System zur Aufbereitung durch den Geldautomatenbetreiber** (1.2.1) wird in Teil 1 Nr. 1.3 beschrieben. Es handelt sich demnach um Systeme der Geldautomatenbetreiber selbst. Sie dienen dazu, Nachrichten oder Transaktionen aus den Geldautomatensystemen zu verarbeiten und sie in den Zahlungsverkehr einzubringen. Die Systeme erhalten also zB die Transaktionsdaten einer Bargeldabhebung, bereiten sie auf und stoßen die entsprechenden Buchungen im Zahlungssystem an (zB Belastung des Bankkontos der Geldabhebenden).

19 In Teil 1 Nr. 1.4 wird das **System zur Anbindung an ein Interbanken-Zahlungsverkehrssystem** (1.2.2) definiert. Die Vorschrift erfasst Systeme zur Anbindung an eine Interbanken-Zahlungsverkehrsinfrastruktur, zB ein SWIFT-Terminal, welches den Betreiber an das SWIFT Netzwerk anbindet, oder eine Kommunikationsinfrastruktur zu einem System wie TARGET2. Nicht erfasst sind insoweit das SWIFT-Netzwerk oder das TARGET2-System selbst.[12]

20 Als **Clearing-System** (1.2.3) wird gem. Teil 1 Nr. 1.5 ein System bezeichnet, das Transaktionsdaten im Interbankenverkehr an das kontoführende Institut weiterleitet. Im Bereich Bargeldversorgung sind das etwa die Daten zur Belastung des Kundenkontos in Höhe der getätigten Bargeldabhebung (vgl. auch → § 7 Rn. 4). Im Rahmen von Clearing-Systemen kann auch eine Saldierung der verschiedenen Transaktionen zwischen den Instituten stattfinden (Netting).

21 Mit dem **Settlement-System** (1.2.4) ist nach Teil 1 Nr. 1.6 „ein System zur Verrechnung von Beträgen zwischen den partizipierenden Instituten" gemeint. Während es beim Clearing um die Geltendmachung der Ansprüche geht, handelt es sich beim Settlement um die Abwicklung dieser (ggf. saldierten) Ansprüche zwischen den jeweiligen Instituten.

22 Als **Kontoführungssystem** (1.3.1) gelten nach Teil 1 Nr. 1.7 die Systeme der Zahlungsdienstleister von Zahlern oder Zahlungsempfängern, mit denen deren Konten elektronisch geführt und verwaltet werden. Im Kontoführungssystem werden zB die Transaktionen zu Gunsten oder zu Lasten der Kunden verbucht (→ § 7 Rn. 4).

23 Ein **Cash Center** (1.4.2) ist gem. Teil 1 Nr. 1.8 eine Einrichtung von Wertdienstleistern, in denen Bargeld geprüft, gezählt, sortiert, gelagert oder wieder ausgegeben wird. Diese Einrichtungen sind wichtige Teile der Bargeldlogistik, da die genannten Prozessschritte (zB das Zählen oder Prüfen von Bargeld) teilweise von Händlern und Banken an die Cash Center ausgelagert wurden. Da die Prozesse in den Cash Centern inzwischen auch stark automatisiert sind, müssen auch dort entsprechende Anforderungen an die Sicherheit der eingesetzten IT gestellt werden.

24 Was ein **IT-System für das Cash Management** (1.4.2) ist, beschreibt Teil 1 Nr. 1.9. Es handelt sich um „ein System des Wertdienstleisters zur Berichterstattung, zur Bestellung von Bargeld und zum Cash Management des Wertdienstleisters". Die Vorschrift erfasst Systeme zum Cash Management, zB Track&Trace-Systeme, CashEDI, ALVARA Logistic App oder ALVARA ICC.[13]

---

[11] RefE 1. KritisÄndVO, S. 55.
[12] RefE 1. KritisÄndVO, S. 55.
[13] RefE 1. KritisÄndVO, S. 56.

2. Kartengestützter Zahlungsverkehr (Nr. 2). Im Bereich des kartengestützten Zahlungsverkehrs wurden als relevante Anlagenkategorien festgelegt: Autorisierungssystem (2.1.1), System zur Anbindung an ein Autorisierungssystem aus Sicht des Terminalbetreibers (2.1.2), System zur Aufbereitung durch den POS-Terminalbetreiber (2.2.1), System zur Annahme der POS-Transaktionsdaten beim Zahlungsdienstleister des Zahlungsempfängers (2.2.2), System zur Anbindung an ein Interbanken-Zahlungsverkehrssystem (Clearing und Settlement) (2.2.3), Clearing-System (2.2.4), Settlement-System (2.2.5) und Kontoführungssystem (2.3.1). Damit werden praktisch alle technischen Schritte der Kartenzahlung über Point of Sale-Terminals erfasst. Dies ist auch konsequent, da schon der Ausfall fast jedes einzelnen Teilschrittes die gesamte Dienstleistung zum Erliegen brächte. 25

Autorisierungssystem (2.1.1) (→ Rn. 16). 26

Das **System zur Anbindung an ein Autorisierungssystem aus Sicht des Terminalbetreibers** (2.1.2) wird in Teil 1 Nr. 1.10 definiert als „ein System, das der Anbindung des Terminalbetreibers (zum Beispiel des Netzbetreibers) an ein Autorisierungssystem dient oder Transaktionen zum zuständigen Autorisierungssystem weiterleitet". Die Vorschrift erfasst zB eigene Autorisierungssysteme des Terminalbetreibers (etwa zur Lastschriftautorisierung), das System eines Autorisierungsdienstleisters, das System einer Kopfstelle, die die Online-Transaktion zur zuständigen Autorisierungsstelle weiterleitet, sowie das Kreditkartensystem, das die Online-Transaktion autorisiert.[14] 27

Beim **System zur Aufbereitung durch den POS-Terminalbetreiber** (2.2.1) handelt es sich nach der Definition aus Teil 1 Nr. 1.11 um „ein System eines Netzbetreibers oder POS-Terminalbetreibers, welches Nachrichten oder Transaktionen von POS-Terminals verarbeitet, um Transaktionen in den Zahlungsverkehr einzubringen". Die Systeme erhalten also zB die Transaktionsdaten einer Zahlung am Point of Sale, bereiten sie auf und geben die entsprechenden Transaktionsdaten in das Zahlungssystem weiter, damit das Bankkonto des Kunden belastet werden kann. 28

Nachdem die Zahlungsdaten durch den Terminalbetreiber aufbereitet wurden, müssen sie an dessen Zahlungsdienstleister übertragen werden, damit dieser die Zahlungen auslösen kann. Dafür dient das **System zur Annahme der POS-Transaktionsdaten beim Zahlungsdienstleister des Zahlungsempfängers** (2.2.2). In Teil 1 Nr. 1.12 wird es als System zur Annahme von Transaktionsdaten von einem Acquirer legaldefiniert. Der Begriff des Acquirer wird durch Art. 2 Nr. 1 MIF-VO beschrieben als „Zahlungsdienstleister, der mit einem Zahlungsempfänger eine vertragliche Vereinbarung über die Annahme und die Verarbeitung kartengebundener Zahlungsvorgänge schließt, was den Transfer von Geldbeträgen zum Zahlungsempfänger bewirkt". Bei den beschriebenen Systemen handelt es sich etwa um solche zur Annahme von SEPA-Daten.[15] 29

Zu den Anlagenkategorien **System zur Anbindung an ein Interbanken-Zahlungsverkehrssystem** (Clearing und Settlement) (2.2.3), **Clearing-System** (2.2.4), **Settlement-System** (2.2.5) und **Kontoführungssystem** (2.3.1) gelten die Ausführungen zu den entsprechenden Anlagenkategorien im Bereich Bargeldversorgung entsprechend (→ Rn. 19ff.). 30

---

14 RefE 1. KritisÄndVO, S. 56.

15 RefE 1. KritisÄndVO, S. 56.

31 **3. Konventioneller Zahlungsverkehr (Nr. 3).** Bemessungskriterium beim konventionellen Zahlungsverkehr ist die Zahl der Transaktionen pro Jahr. Buchung und Gegenbuchung gelten bei der Bestimmung des Versorgungsgrades als eine einzige Buchung. Überweisungen von einem Konto (dort als Abbuchung) auf ein anderes (dort als Gutschrift) werden also als eine einzige Transaktion gezählt. Das wird unter dem Begriff der „dienstleistungsbezogenen Transaktion" zusammengefasst.[16]

32 Das **System zur Annahme einer Überweisung oder Lastschrift** (3.1.1) wird in Teil 1 Nr. 1.13 legaldefiniert. Darunter fallen Systeme für elektronische Überweisungen, zur Erfassung von Überweisungen und Lastschriften über ein Callcenter, zum Einlesen oder Erfassen von Belegen und Online-Banking-Systeme.[17] Diese werden in der Regel durch die Banken oder deren Dienstleister betrieben. Daneben erfasst die Legaldefinition aber auch die Systeme von sog. „Zahlungsauslösedienstleister[n] im Sinne von Art. 4 Nummer 18" Zweite Zahlungsdienste-RL. Besagte Regelung definiert aber nicht etwa den Zahlungsauslösedienst, das macht Art. 4 Nr. 15 Zweite Zahlungsdienste-RL, sondern den Begriff des Zahlungsauslösedienstleisters. Demnach ist Zahlungsauslösedienstleister ein Zahlungsdienstleister, der eine gewerbliche Tätigkeit nach Anhang I Nr. 7 Zweite Zahlungsdienste-RL ausübt – also Zahlungsauslösedienste erbringt. Diese werden in Art. 4 Nr. 15 Zweite Zahlungsdienste-RL als „Dienst, der auf Antrag des Zahlungsdienstnutzers einen Zahlungsauftrag in Bezug auf ein bei einem anderen Zahlungsdienstleister geführtes Zahlungskonto auslöst" definiert. Auch deren Systeme zu Annahme einer Zahlungsanweisung (zB Sofortüberweisung) werden erfasst.

33 Zu den Anlagenkategorien **System zur Anbindung an ein Interbanken-Zahlungsverkehrssystem** (Clearing und Settlement) (3.2.1), **Clearing-System** (3.2.2), **Settlement-System** (3.2.3) und **Kontoführungssystem** (3.3.1) gelten die Ausführungen zu den entsprechenden Anlagenkategorien im Bereich Bargeldversorgung entsprechend (→ Rn. 19ff.).

34 **4. Handel, Verrechnung und Abwicklung von Wertpapier- und Derivatgeschäften (Nr. 4).** Im Bereich des Wertpapierhandels ist das Bemessungskriterium die Zahl der Paarungen zu Ein- bzw. Ausbuchungen, wenn in der Depotführung nach erfolgtem Wertpapierhandel die Einbuchung einer Wertpapierposition gepaart mit einer Ausbuchung von Wertpapierpositionen bei mehreren Verkäufern erfolgt oder umgekehrt. Das soll der Tatsache Rechnung tragen, dass etwa Wertpapierkaufaufträge eines Käufers nicht nur durch einen Verkauf in derselben Höhe bedient werden, sondern durch mehrere Verkäufer, die jeweils kleinere Stückzahlen verkaufen. Nach der Verordnungsbegründung werden Zahlungsaufträge für die Zählung in diesem Zusammenhang nicht betrachtet, sondern nur die Transaktionen im Depotführungssystem zu den Positionen in Bezug auf die Wertpapiere.[18]

35 Als **System einer Clearingstelle oder zentralen Gegenpartei zur Verrechnung von Wertpapier- und Derivatgeschäften** (4.1.1) gilt nach Teil 1 Nr. 1.14 „ein System der Clearingstelle oder einer zentralen Gegenpartei gemäß § 1 Absatz 31 des Kreditwesengesetzes". Als zentrale Gegenpartei gilt nach § 1 Abs. 31 KWG iVm Art. 2 Nr. 1 OTC-Derivate-VO eine „juristische Person, die zwischen die Gegenparteien der auf einem oder mehreren Märkten gehandelten Kontrakte

---

[16] Vgl. KabF 2. KritisÄndVO, S. 45, https://intrapol.org/wp-content/uploads/2022/11/KabV_2.-AendV-BSI-KritisV.pdf.

[17] RefE 1. KritisÄndVO, S. 57.

[18] Vgl. KabF 2. KritisÄndVO, S. 45.

tritt und somit als Käufer für jeden Verkäufer bzw. als Verkäufer für jeden Käufer fungiert".

Das **System zur Anbindung für die Verrechnung und Verbuchung von Wertpapier- und Derivatgeschäften** (4.1.2) beschreibt Teil 1 Nr. 1.15 näher. Erfasst werden Systeme, mit denen Teilnehmer oder Handelsplattformen auf der einen Seite an eine Clearingstelle oder eine zentrale Gegenpartei (zum Begriff → Rn. 35) auf der anderen Seite angebunden werden. Ebenfalls erfasst werden die Systeme zur Anbindung einer Clearingstelle oder einer zentralen Gegenpartei an eine Verbuchungsstelle. Der Begriff der Verbuchungsstelle wird nicht gesetzlich definiert. Der Handel mit Wertpapieren und Derivaten wurde erst 2021 in die BSI-KritisV als kritische Dienstleistung aufgenommen, weil die gesamtgesellschaftliche Bedeutung des Wertpapierhandels zwischenzeitlich deutlich zugenommen und an Bedeutung gewonnen hatte. Daher wurde die kritische Dienstleistung entsprechend erweitert und neue Anlagenkategorien aufgenommen. Depotführungssysteme sind seitdem in dem Bereich **„Verbuchung Wertpapiere"** und im Bereich „Bestandsführung für den Kunden" abgebildet. Um Verwechslungen zwischen den beiden Anlagenkategorien zu vermeiden, werden die unterschiedlichen Anlagenbezeichnungen „4.2.2 Depotführungssystem eines Finanzmarktinfrastrukturbetreibers" und „4.6.1 Sonstiges Depotführungssystem" eingeführt. Schwellenwert und Bemessungsgröße blieben unverändert.[19] Als Verbuchungsstellen dürften damit die Stellen für das Wertpapier-Settlement und die Depotführung im Bereich der Finanzmarktinfrastruktur gemeint sein. 36

Als **Wertpapier-Settlement-System** (4.2.1) gilt gem. Teil 1 Nr. 1.16 ein Wertpapierliefer- und -abrechnungssystem iSd Art. 2 Ans. 1 Nr. 10 Zentralverwahrer-VO iVm Art. 2 lit. b erster Gedankenstrich – dritter Gedankenstrich Finalitäts-RL. Es handelt sich dabei um ein System, das Zahlungs- und Übertragungssysteme ausführt, also die „Lieferung" von Geld und Wertpapieren nach dem erfolgreichen Abschluss von Wertpapiergeschäften abwickelt. 37

Das **Depotführungssystem eines Finanzmarktinfrastrukturbetreibers** (4.2.2) ist nach Teil 1 Nr. 1.17 ein System zur Prüfung des Depotbestands und für Transaktionen von Depots. Letztlich ist es ein Bestands- und Transaktionsverwaltungssystem für Wertpapierkonten. Das Depotführungssystem für **Finanzmarktinfrastrukturbetreiber** nach Nr. 4.2.2 ist abzugrenzen von dem „sonstigen Depotführungssystem" der Nr. 4.6.1. Als Finanzmarktinfrastrukturen gelten etwa Clearing- und Abwicklungssysteme, Transaktionsregister und Zahlungssysteme.[20] 38

Für das **System eines Zentralverwahrers** (4.2.3) verweist die Definition des Teil 1 Nr. 1.18 auf die Begriffsbestimmungen der Zentralverwahrer-VO. Zentralverwahrer ist nach Art. 2 Abs. 1 Nr. 1 Zentralverwahrer-VO „eine juristische Person, die ein Wertpapierliefer- und -abrechnungssystem […] betreibt und die wenigstens eine weitere Kerndienstleistung […] erbringt" – also etwa die erstmalige Verbuchung von Wertpapieren im Effektengiro oder die Bereitstellung und Führung von Depotkonten auf oberster Ebene. Erfasst werden sollen damit Systeme mit einer Anbindung an den deutschen CSD-Clearstream Banking Frankfurt (CBF) oder solche, die mit den anderen nationalen Zentralverwahrern (CSDs) oder international an ICSDs, zB Euroclear Bank (Brüssel), Clearstream Banking (Luxemburg) und SIX SIS (Zürich), vernetzt sind.[21] 39

---

19 KabF 2. KritisÄndVO, Begründung S. 45.

20 Schimansky/Bunte/Lwowski BankR-HdB/*Papathanassiou,* § 134 Rn. 114.

21 RefE 1. KritisÄndVO, S. 58.

40 Als **System zur Aufbereitung der Zahlungsanweisung** (4.3.1) gelten nach Teil 1 Nr. 1.19 Systeme von Finanzmarktbetreibern, die Wertpapier- oder Devisentransaktionen verarbeiten, um sie in den Zahlungsverkehr einzubringen.

41 Die Anlagenkategorie **System für das Erzeugen von Aufträgen zum Handel von Wertpapieren und Derivaten und Weiterleiten an einen Handelsplatz** (4.4.1) ist eigentlich aus sich heraus verständlich, wird in Teil 1 Nr. 1.20 dennoch legaldefiniert. Erfasst werden Systeme, die der Entgegennahme von Kundenaufträgen für den Handel mit Wertpapieren oder Derivaten sowie deren Aufbereitung und Weiterleitung an einen Handelsplatz dienen. Dazu können etwa die Order-Systeme im Online-Brokerage zählen, über die Kunden Kauf- und Verkaufsaufträge an der Börse aufgeben können.

42 Für die Definition des **Systems eines Handelsplatzes** (4.5.1) verweist Teil 1 Nr. 1.21 auf die Handelsplatzdefinition aus Art. 4 Nr. 23 MiFID II. Als Handelsplatz gilt demnach jeder geregelte Markt, multilaterales Handelssystem (MTF) oder organisiertes Handelssystem (OTF). Diesen dreien ist gemeinsam, dass es sich um Systeme zur Zusammenführung der Interessen Dritter am Kauf und Verkauf von Wertpapieren iwS handelt. Erfasst werden also praktisch die Börsensysteme.

43 Als **Sonstiges Depotführungssystem** (4.6.1) gilt nach Teil 1 Nr. 1.22 ein System zur Prüfung des Depotbestands und für Transaktionen (→ Rn. 39), das nicht zur unmittelbaren Infrastruktur eines Zentralverwahrers in der Rolle eines Finanzmarktinfrastrukturbetreibers gehört. Dazu gehören etwa die Depotverwaltungssysteme der Banken für die Endkunden. Maßgebliches Bemessungskriterium ist die Zahl der Transaktionen pro Jahr. Im Hinblick darauf, dass auch es bei der Depotführung nicht nur um Transaktionen geht, sondern auch den Schutz des Depotbestandes, hätte der Verordnungsgeber auch auf den Wert des Depotbestandes abstellen können. Durch die Wahl der Transaktionen als Kriterium zeigt er noch einmal, dass es gerade um die kritische Dienstleistung Handel und Abwicklung geht und nicht den reinen Bestandsschutz.

44 **5. Versicherungsdienstleistungen und Leistungen der Sozialversicherungen sowie der Grundsicherung für Arbeitssuchende (Nr. 5).** Die Anlagenkategorien in diesem Bereich unterteilen sich in zwei größere Teilbereiche: die privaten Versicherungsleistungen (Nr. 5.1) einerseits und die Leistungen der gesetzlichen Sozialversicherungen sowie der gesetzlichen Grundsicherung nach dem SGB II (Nr. 5.2) andererseits. Die Abtrennung des Sozialversicherungszweiges von den sonstigen Versicherungen ist darauf zurückzuführen, dass dessen Verwaltungsvorgänge und Leistungsbereiche sehr ausdifferenziert sind. Als Beispiel nennt der Verordnungsgeber Entgeltersatzleistungen in Form von Krankengeld und Kostenerstattungen gegenüber Versicherten selbst, die in entsprechenden Wahltarifen erfolgen und nur einen kleinen Teil der Leistungserbringung in der Sozialversicherung darstellen.[22] Im Bereich der (privaten) Versicherungsdienstleistungen gibt es die vier Anlagenkategorien Vertragsverwaltungssystem (5.1.1), Leistungssystem (5.1.2), Schadensystem (Komposit) (5.1.3) und Auszahlungssystem (5.1.4).

45 Das **Vertragsverwaltungssystem** (5.1.1) wird in Teil 1 Nr. 1.23 definiert. Es handelt sich demnach um die Systeme, in denen die Kunden- und Vertragsdaten zu Lebens-, privater Kranken- oder Kompositversicherung gespeichert und verarbeitet werden. Vorwiegend wird es sich also um solche Systeme der Versicherer handeln, die die Bestandsdaten aus dem Versicherungsverhältnis enthalten. Der

[22] RefE 1. KritisÄndVO, S. 59.

Wortlaut spricht nicht von einem System der Versicherungen, sondern von einem „System […] zum Versicherungsvertragsverhältnis eines Lebensversicherers […]", so dass nicht nur Systeme der Versicherer selbst erfasst werden. Entscheidend ist nicht die Zuordnung des Systems, sondern vielmehr seine Funktion. Das Bemessungskriterium wird nach Lebensversicherung, Krankenversicherung und Kompositversicherung differenziert. Bei der Lebensversicherung und bei der privaten Krankenversicherung wird auf die Leistungsfälle pro Jahr abgestellt. Für die Kompositversicherung ist die Zahl der Schadensfälle pro Jahr maßgeblich. Die unterschiedlichen Schwellenwerte sind auf die unterschiedlichen Ansätze zur Schwellenwertermittlung zurückzuführen (→ Rn. 14).

Was unter dem **Leistungssystem** (5.1.2) zu verstehen ist, findet sich in der Definition aus Teil 1 Nr. 1.24. Es handelt sich dabei um Systeme zur Leistungsbearbeitung im Bereich der Lebensversicherung oder der privaten Krankenversicherung. Zur Leistungsbearbeitung zählen etwa die Aufnahme des Schadens, der leistungsbegründenden Dokumente, die Anspruchsprüfung (inkl. eventuell notwendiger Begutachtung), die Abrechnung usw. Ein Leistungssystem kann daher nach der Vorstellung des Verordnungsgebers folgende Komponenten enthalten: Inputmanagementsystem (Dokumente), Leistungsprüfung sowie Leistungsberechnung, Rechnungseingabesystem, Rechnungsprüfungssystem einschließlich Betrugserkennung sowie Leistungsberechnung.[23] 46

Als **Schadensystem/Komposit** (5.1.3) gilt nach Teil 1 Nr. 1.25 ein System zur Bearbeitung von Fällen im Bereich der Schaden- und Unfallversicherung. Es ist das Pendant zum Leistungssystem bei der Lebens- und privaten Krankenversicherung (→ Rn. 47). Dazu gehören daher etwa Teilkomponenten für die Schadensmeldung, Schadenserfassung, Prüfung der Deckung im Vertrags-, Schadenssteuerungs- und Schadensmanagement sowie Auszahlungsvorbereitung (Berechnung der Schadenhöhe).[24] 47

Das **Auszahlungssystem** (5.1.4) wird in Teil 1 Nr. 1.26 definiert. Bezogen auf die Versicherungsdienstleistungen handelt es sich demnach um Systeme zur Auszahlung von Entschädigungen und Versicherungsleistungen an die jeweiligen Zahlungsempfänger. Die Auszahlung schließt sich dabei an die Prüfung der Leistungspflicht (→ Rn. 47) an und kann auf verschiedenen Wegen erfolgen. Nach den Erfahrungen des Verordnungsgebers wird dabei in der Regel Standardsoftware eingesetzt, da dieser Prozessschritt selbst einem hoch standardisierten Prozess folgt. Dazu gehören die Plausibilitätsprüfung des Auszahlungswunsches, die Sammlung der Auszahlungen sowie die Zuführung zu bestimmten Auszahlungswegen (zB EBICS[25] oder das Erstellen von Schecks).[26] 48

Im Bereich der Leistungen der **gesetzlichen Sozialversicherungen** sowie der **Grundsicherung für Arbeitsuchende** gibt es nur die drei Anlagenkategorien Verwaltungs- und Zahlungssystem der gesetzlichen Kranken- und Pflegeversicherung (5.2.1), Leistungssystem (5.2.2) und Auszahlungssystem (5.2.3). 49

Das **Verwaltungs- und Zahlungssystem der gesetzlichen Kranken- und Pflegeversicherung** (5.2.1) wird in Teil 1 Nr. 1.27 definiert und beinhaltet ins- 50

---

[23] RefE 1. KritisÄndVO, S. 57.

[24] RefE 1. KritisÄndVO, S. 59.

[25] Electronic Banking Internet Communication Standard. Mit diesem Standard können die Versicherungen etwa ihre Überweisungen aus dem Auszahlungssystem direkt elektronisch an ihr Kreditinstitut weiterleiten.

[26] RefE 1. KritisÄndVO, S. 59.

besondere die Verwaltung der Versichertendaten sowie die Bearbeitung und Zahlung von Leistungen im Bereich der gesetzlichen Kranken- und Pflegeversicherung.[27]

51 Auch für das **Leistungssystem** (5.2.2) im Bereich der Sozialversicherung und der Grundsicherung für Arbeitssuchende gilt die Definition in Teil 1 Nr. 1.24. In Bezug auf die Sozialversicherung ist darunter ein integriertes Anwendungssystem zur Erfassung, Prüfung und Berechnung von Entgeltersatzleistungen der gesetzlichen Unfall- und Arbeitslosenversicherung oder der Rentenversicherung zu verstehen. Als Ersatzleistungen der Arbeitslosenversicherung ist etwa das sog. Arbeitslosengeld I nach dem SGB III gemeint, das nicht mit der Grundsicherung für Arbeitssuchende nach dem SGB II zu verwechseln ist. Die IT-Systeme der Bundesagentur für Arbeit zur Erfassung, Speicherung, Berechnung und Bewilligung von Leistungen der Grundsicherung für Arbeitssuchende nach dem SGB II werden als eigene Fallgruppe des Leistungssystems erfasst. Diese wurden erst mit der 2. KritisÄndVO 2021 als Anlagenkategorie ergänzt und bringen für die Bundesagentur für Arbeit damit neue Aufgaben mit sich.[28] Zu der Anlagenkategorie dürfen etwa Systeme wie Allegro oder VerBIS für die Erfassung und Speicherung der Daten zählen.

52 Für die Bestimmung der Anlagenkategorie **Auszahlungssystem** (5.2.3) im Bereich der Sozialversicherung und der Grundsicherung für Arbeitssuchende findet sich eine Definition in Teil 1 Nr. 1.26. Bezogen auf die Sozialversicherung handelt es sich demnach um ein System zur Auszahlung von Leistungen der Sozialversicherung. Im Bereich der Grundsicherung für Arbeitssuchende ist das ein System zur Auszahlung von Leistungen für diese Grundsicherung nach dem SGB II. Zu dieser Anlagenkategorie dürften etwa ERP-Systeme zählen, die Auszahlungsdaten generieren, auf deren Basis die Zahlungen etwa auf die Bankkonten der Leistungsbezieher angestoßen werden.

Anhang 7

(zu § 1 Nummer 4 und 5, § 8 Absatz 3 Nummer 1 und 2)

Anlagenkategorien und Schwellenwerte im Sektor Transport und Verkehr

Teil 1 Grundsätze und Fristen

1. Im Sinne von Anhang 7 ist oder sind
   1.1 Anlage oder System zur Passagierabfertigung an Flugplätzen
   eine Anlage oder ein System für die Passagier- oder Gepäckabfertigung im Sinne von § 2 Nummer 4 in Verbindung mit Anlage 1 Nummer 2 oder 3 der Bodenabfertigungsdienst-Verordnung.
   1.2 Anlage oder System zur Frachtabfertigung an Flugplätzen
   eine Anlage oder ein System zur Abfertigung von Fracht im Luftverkehr im Sinne von § 2 Nummer 4 in Verbindung mit Anlage 1 Nummer 4 der Bodenabfertigungsdienst-Verordnung.

[27] RefE 1. KritisÄndVO, S. 59.
[28] KabF 2. KritisÄndVO, S. 46.

1.3 Infrastrukturbetrieb eines Flugplatzes
die Gesamtheit aller Anlagen oder Systeme zur Erbringung von sonstigen Bodenabfertigungsdiensten nach § 2 Nummer 4 in Verbindung mit Anlage 1 Nummer 5, 7, 9 oder 10 der Bodenabfertigungsdienst-Verordnung.

1.4 Anlage zur Erbringung von Flugsicherungsdiensten
eine Anlage oder ein System der Flugsicherungsdienste nach der Durchführungsverordnung (EU) 2017/373 der Kommission vom 1. März 2017 zur Festlegung gemeinsamer Anforderungen an Flugverkehrsmanagementanbieter und Anbieter von Flugsicherungsdiensten sowie sonstiger Funktionen des Flugverkehrsmanagementnetzes und die Aufsicht hierüber sowie zur Aufhebung der Verordnung (EG) Nr. 482/2008, der Durchführungsverordnungen (EU) Nr. 1034/2011, (EU) Nr. 1035/2011 und (EU) 2016/1377 und zur Änderung der Verordnung (EU) Nr. 677/2011 (ABl. L 62 vom 8.3.2017, S. 1; L 15 vom 20.1.2020, S. 9), die durch die Durchführungsverordnung (EU) 2020/469 (ABl. L 104 vom 3.4.2020, S. 1) geändert worden ist.

1.5 Verkehrszentrale einer Fluggesellschaft
eine Anlage oder ein System einer Fluggesellschaft zur Planung, Steuerung oder Überwachung des Flugbetriebs, zur Disposition von Personal oder zur Disposition des Wartungsbetriebs.

1.6 Flughafenleitungsorgan
eine Anlage oder ein System zur Verwaltung oder zum Betrieb der Einrichtungen eines Flughafens oder Flughafennetzes oder zur Koordinierung oder Überwachung der Tätigkeiten der verschiedenen Akteure auf einem Flughafen oder in einem Flughafennetz.

1.7 Personenbahnhof der Eisenbahn
ein Bahnhof zur Abwicklung des Reiseverkehrs gemäß § 4 Absatz 1 und 2 der Eisenbahn-Bau- und Betriebsordnung.

1.8 Güterbahnhof
ein Bahnhof zur Abwicklung des Güterverkehrs gemäß § 4 Absatz 1 und 2 der Eisenbahn-Bau- und Betriebsordnung.

1.9 Zugbildungsbahnhof
ein Bahnhof zur Bildung von Zügen (Einzelwagen, Ganzzüge sowie kombinierter Verkehr).

1.10 Schienennetz und Stellwerke der Eisenbahn
ein Schienennetz gemäß § 4 Absatz 3 bis 7 und 10 bis 11 der Eisenbahn-Bau- und Betriebsordnung einschließlich der zugehörigen Stellwerke.

1.11 Verkehrssteuerungs- und Leitsystem der Eisenbahn
die zentrale Einrichtung des Eisenbahninfrastrukturbetreibers, die den Zugbetrieb vorausschauend und bei unerwartet eintretenden Ereignissen disponiert.

1.12 Leitzentrale der Eisenbahn
eine regionale oder überregionale zentrale Einrichtung des Eisenbahnverkehrsunternehmens zur Überwachung des betrieblichen Ist-Zustandes, zur Einleitung von Maßnahmen bei Verspätungen oder Störungsfällen oder zur Disposition der unternehmenseigenen Züge, des Personals oder der Instandhaltung der Fahrzeuge.

1.13 Anlage oder System zum Betrieb von Bundeswasserstraßen
eine Anlage oder ein System zum sicheren Betrieb einer Wasserstraße nach § 1 Absatz 4 Nummer 1 des Bundeswasserstraßengesetzes.

1.14 Verkehrssteuerungs- und Leitsystem der See- und Binnenschifffahrt
Revier- und Verkehrszentralen der Wasserstraßen- und Schifffahrtsverwaltung des Bundes.

1.15 Leitzentrale von Betreibern und Verkehrsunternehmen der Seeschifffahrt
eine Anlage oder ein System zur operativen Steuerung oder zur Disposition des Schiffsraums von Seeschiffen.

1.16 Leitzentrale von Betreibern und Verkehrsunternehmen der Binnenschifffahrt (nur Güterverkehr)
eine Anlage oder ein System zur operativen Steuerung oder zur Disposition des Schiffsraums der Binnenschifffahrtsflotte.

1.17 Umschlaganlage in See- und Binnenhäfen
eine Umschlaganlage in einem See- oder Binnenhafen, in der Container oder lose, unverpackte Güter zwischen Verkehrsträgern (auch den gleichen) be- und entladen, umgeschlagen, sortiert oder zwischenabgestellt werden.

1.18 Hafenleitungsorgan (nur Güterverkehr)
eine Anlage oder ein System zur Koordinierung des Hafenverkehrs, zur Verwaltung des Hafenverkehrs oder zur Koordinierung oder zur Überwachung der Tätigkeiten der Akteure in dem betreffenden Hafen.

1.19 Hafeninformationssystem
eine Anlage oder ein System einer übergreifenden IT-Plattform, welches als Port Community System (PCS), Cargo Community System (CCS) oder Single Submission Portal (SSP) oder der Erfüllung der gesetzlichen Anforderungen an die Hafenanmeldungen nach Artikel 4 der Richtlinie 2010/65/EU des Europäischen Parlaments und des Rates vom 20. Oktober 2010 über Meldeformalitäten für Schiffe beim Einlaufen in und/oder Auslaufen aus Häfen der Mitgliedstaaten und zur Aufhebung der Richtlinie 2002/6/EG (ABl. L 283 vom 29.10.2010, S. 1), die zuletzt durch die Richtlinie (EU) 2019/883 (ABl. L 151 vom 7.6.2019, S. 116) geändert worden ist, dient.

1.20 Verkehrssteuerungs- und Leitsystem
eine Anlage oder ein System zur Verkehrsbeeinflussung im Straßenverkehr einschließlich der in § 1 Absatz 4 Nummer 1, 3 und 4 des Bundesfernstraßengesetzes genannten Einrichtungen, zum Beispiel Verkehrs-, Betriebs- und Tunnelleitzentralen, Entwässerungsanlagen, intelligente Verkehrssysteme und Fachstellen für Informationstechnik und -sicherheit im Straßenbau, sowie der Telekommunikationsnetze der Bundesautobahnen.

1.21 Verkehrssteuerungs- und Leitsystem im kommunalen Straßenverkehr
ein System für die kommunale Steuerung und Überwachung von Lichtsignalanlagen, von Verkehrsbeeinflussungsanlagen sowie von Verkehrswarn- und Informationssystemen.

1.22 Intelligentes Verkehrssystem
ein intelligentes Verkehrssystem im Sinne des § 2 Nummer 1 des Intelligente Verkehrssysteme Gesetz.

1.23 Schienennetz und Stellwerke des öffentlichen Straßenpersonenverkehrs (ÖSPV)
das schienengebundene Netz des ÖSPV im Sinne des § 4 Absatz 1 bis 3 des Personenbeförderungsgesetzes einschließlich der zu diesen Strecken und Haltestellen gehörenden Stellwerke und Beeinflussungsanlagen sowie der Fahrstromversorgung.

1.24 Leitzentrale des ÖSPV
eine Anlage oder ein System zur betreiberseitigen Überwachung und Steuerung des Verkehrs einschließlich Systeme für die Fahrgastsicherheit und Fahrgastinformation, zur Personaldisposition und Fahrzeugdisposition, auch zur Fahrzeugbereitstellung im Betriebshof, sowie der Flottentelematik. Systeme für die Fahrgastsicherheit und Fahrgastinformation sowie zur Personaldisposition und Fahrzeugdisposition sind nur insoweit erfasst, als deren Störung das Potenzial aufweist, die kritische Dienstleistung erheblich kapazitiv zu beeinträchtigen, oder sie zur Evakuierung im Notfall kritisch sind, insbesondere in unterirdischen Verkehrsanlagen.

1.25 Anlage oder System zur Erbringung operativer Logistikleistungen
eine Anlage oder ein System zur Bereitstellung, Verteilung, Lagerung, Bearbeitung oder zum Transport oder Umschlag von Gütern in den Segmenten Massengut, Ladungsverkehr, Stückgut, Kontraktlogistik sowie See- und Luftfracht.

1.26 IT-System zur Logistiksteuerung oder -verwaltung
ein betreiberseitiges, zentrales IT-System zur Gesamtkoordinierung und -steuerung von Logistikdienstleistungen in den Segmenten Massengut, Ladungsverkehr, Stückgut, Kontraktlogistik sowie See- und Luftfracht.

1.27 Anlage zur Wettervorhersage, zur Gezeitenvorhersage oder zur Wasserstandsmeldung
eine Anlage oder ein System zur Erbringung von Wettervorhersagen, insbesondere im Kürzestfristbereich (bis zu 12 Stunden), sowie zur Messung von Gezeiten- und Wasserstand (Pegelstation).

1.28 Bodenstation eines europäischen Satellitennavigationssystems
eine Bodenstation im Sinne des Artikels 28 der Verordnung (EU) Nr. 1285/2013[1] des Europäischen Parlaments und des Rates vom 11. Dezember 2013 betreffend den Aufbau und den Betrieb der europäischen Satellitennavigationssysteme und zur Aufhebung der Verordnung (EG) Nr. 876/2002 des Rates und der Verordnung (EG) Nr. 683/2008 des Europäischen Parlaments und des Rates (ABl. L 347 vom 20.12.2013, S. 1).

2. Eine Anlage, die einer in Teil 3 Spalte B genannten Anlagenkategorie zuzuordnen ist, gilt ab dem 1. April des Kalenderjahres, das auf das Kalenderjahr folgt, in dem ihr Versorgungsgrad den in Teil 3 Spalte D genannten Schwellenwert erstmals erreicht oder überschreitet, als Kritische Infrastruktur. Nicht mehr als Kritische Infrastruktur gilt eine solche Anlage ab dem 1. April des Kalenderjahres, das auf das Kalenderjahr folgt, in dem ihr Versorgungsgrad den genannten Schwellenwert unterschreitet.
3. Der Betreiber hat den Versorgungsgrad seiner Anlage für das zurückliegende Kalenderjahr jeweils bis zum 31. März des Folgejahres zu ermitteln.

---

[1] Siehe jetzt VO (EU) 2021/696.

4. Stehen mehrere Anlagen derselben Art in einem engen räumlichen und betrieblichen Zusammenhang (gemeinsame Anlage) und erreichen oder überschreiten die in Teil 3 Spalte D genannten Schwellenwerte zusammen, gilt die gemeinsame Anlage als Kritische Infrastruktur. Ein enger räumlicher und betrieblicher Zusammenhang ist gegeben, wenn die Anlagen
   a) auf demselben Betriebsgelände liegen,
   b) mit gemeinsamen Betriebseinrichtungen verbunden sind,
   c) einem vergleichbaren technischen Zweck dienen und
   d) unter gemeinsamer Leitung stehen.

Teil 2 Berechnungsformeln zur Ermittlung der Schwellenwerte

5. Der für die Anlagenkategorie des Teils 3 Nummer 1.1.4 genannte Schwellenwert ist unter Annahme von durchschnittlich 0,035 Flugbewegungen zur Versorgung einer Person pro Jahr und eines Regelschwellenwertes von 500 000 versorgten Personen wie folgt berechnet:
   17 500 Flugbewegungen/Jahr = 0,035 Flugbewegungen/Jahr × 500 000
6. Der für die Anlagenkategorien des Teils 3 Nummer 1.2.2 und 1.2.3 genannte Schwellenwert ist unter Annahme einer durchschnittlichen disponierten Transportleistung im Schienengüterverkehr von 1 460 Tonnenkilometern zur Versorgung einer Person, eines Regelschwellenwertes von 500 000 versorgten Personen sowie einer durchschnittlichen Transportleistung von 32 000 Tonnenkilometern pro Güterzug pro Jahr wie folgt berechnet:
   23 000 Züge/Jahr ≈ (1 460 tkm/Jahr × 500 000)/(32 000 tkm/Zug)
7. Der für die Anlagenkategorie des Teils 3 Nummer 1.2.6 genannte Schwellenwert ist unter Annahme einer durchschnittlichen disponierten Transportleistung im Güterschienenverkehr von 1 460 Tonnenkilometern zur Versorgung einer Person pro Jahr und eines Regelschwellenwertes von 500 000 versorgten Personen wie folgt berechnet:
   730 000 000 tkm/Jahr = 1 460 tkm/Jahr × 500 000
8. Der für die Anlagenkategorie des Teils 3 Nummer 1.3.5 genannte Schwellenwert ist unter Annahme einer durchschnittlichen Gesamttransportmenge der Binnenschifffahrt von 223 000 000 Tonnen und einer durchschnittlichen Güterumschlagsmenge in deutschen Seehäfen von 300 000 000 Tonnen für einen Regelschwellenwert von 500 000 versorgten Personen bei einer Gesamtbevölkerung von 80 000 000 wie folgt berechnet:
   3 270 000 t/Jahr ≈ (223 000 000 t/Jahr + 300 000 000 t/Jahr) / (80 000 000/500 000)
9. Der für die Anlagenkategorie des Teils 3 Nummer 1.3.6 genannte Schwellenwert ist unter Annahme einer durchschnittlichen Frachtmenge der Seeschifffahrtsflotte von 3,75 Tonnen zur Versorgung einer Person pro Jahr und eines Regelschwellenwertes von 500 000 versorgten Personen wie folgt berechnet:
   1 875 000 t/Jahr = 3,75 t/Jahr × 500 000
10. Der für die Anlagenkategorie des Teils 3 Nummer 1.3.7 genannte Schwellenwert ist unter Annahme einer durchschnittlichen Transportleistung der durch die Binnenschifffahrtsflotte transportierten Fracht von 691 Tonnenkilometern zur Versorgung einer Person pro Jahr und eines Regelschwellenwertes von 500 000 versorgten Personen wie folgt berechnet:
    345 500 000 tkm/Jahr = 691 tkm/Jahr × 500 000

11. Der für die Anlagenkategorien des Teils 3 Nummer 1.6.1 und 1.6.2 genannte Schwellenwert ist unter Annahme einer durchschnittlichen Gütermenge im Straßenverkehr von 35,1 Tonnen pro Jahr zur Versorgung einer Person und eines Regelschwellenwertes von 500 000 versorgten Personen wie folgt berechnet:
17 550 000 t/Jahr = 35,1 t/Jahr × 500 000
Das ermittelte Gewicht von 17 550 000 Tonnen pro Jahr entspricht unter Annahme eines durchschnittlichen Gewichts einer Stückgutsendung von 330 Kilogramm der Anzahl von 53 200 000 Sendungen pro Jahr:
53 200 000 Sendungen/Jahr ≈ (17 550 000 t/Jahr)/(0,33 t/Sendung)

Teil 3 Anlagenkategorien und Schwellenwerte

Spalte A	**Spalte B**	**Spalte C**	**Spalte D**
Nr.	**Anlagenkategorie**	**Bemessungskriterium**	**Schwellenwert**
1	**Personen- und Güterverkehr**		
1.1	Luftverkehr		
1.1.1	Anlage oder System zur Passagierabfertigung an Flugplätzen	Anzahl der Passagiere/Jahr	20 000 000
1.1.2	Anlage oder System zur Frachtabfertigung an Flugplätzen	Gütermenge in Tonnen/Jahr	750 000
1.1.3	Infrastrukturbetrieb eines Flugplatzes	Anzahl der Passagiere/Jahr oder	20 000 000
		Gütermenge in Tonnen/Jahr	750 000
1.1.4	Anlage zur Erbringung von Flugsicherungsdiensten	Anzahl der Flugbewegungen/Jahr	17 500
1.1.5	Verkehrszentrale einer Fluggesellschaft	Anzahl der Passagiere/Jahr oder	20 000 000
		Gütermenge in Tonnen/Jahr	750 000
1.1.6	Flughafenleitungsorgan	Anzahl der Passagiere/Jahr oder	20 000 000
		Gütermenge in Tonnen/Jahr	750 000
1.2	Eisenbahnverkehr		
1.2.1	Personenbahnhof der Eisenbahn	Bahnhofskategorie	jeweils höchste Kategorie
1.2.2	Güterbahnhof	Anzahl ausgehender Züge/Jahr	23 000
1.2.3	Zugbildungsbahnhof	Anzahl gebildete Züge/Jahr	23 000

Spalte A	Spalte B	Spalte C	Spalte D
Nr.	**Anlagenkategorie**	**Bemessungskriterium**	**Schwellenwert**
1.2.4	Schienennetz und Stellwerke der Eisenbahn	Einordnung des Schienennetzes nach der Verordnung (EU) Nr. 1315/2013 des Europäischen Parlaments und des Rats vom 11. Dezember 2013 über Leitlinien der Union für den Aufbau eines transeuropäischen Verkehrsnetzes und zur Aufhebung des Beschlusses Nr. 661/2010/EU (ABl. L 348 vom 20.12.2013, S. 1), die zuletzt durch die Delegierte Verordnung (EU) 2019/254 (ABl. L 43 vom 14.2.2019, S. 1) geändert worden ist	Deutscher Teil des Kernnetzes
1.2.5	Verkehrssteuerungs- und Leitsystem der Eisenbahn	Einordnung des zu dem System gehörenden Schienennetzes nach der Verordnung (EU) Nr. 1315/2013	Deutscher Teil des Kernnetzes
1.2.6	Leitzentrale der Eisenbahn	Disponierte Transportleistung (Personenverkehr) in Zugkilometer/Jahr pro Netz/Teilnetz oder	8 200 000
		disponierte Transportleistung (Güterverkehr) in Tonnenkilometer/Jahr	730 000 000
1.3	See- und Binnenschifffahrt		
1.3.1	Anlage oder System zum Betrieb von Bundeswasserstraßen	Güterverkehrsdichte in Tonnen	17 000 000
1.3.2	Verkehrssteuerungs- und Leitsystem der See- und Binnenschifffahrt	Güterverkehrsdichte in Tonnen	17 000 000
1.3.3	Hafenleitungsorgan (nur Güterverkehr)	Gesamtmenge der bereitgestellten, verteilten, gelagerten oder umgeschlagenen Güter im Zuständigkeitsbereich des Hafens in Tonnen/Jahr	50 000 000

Spalte A	**Spalte B**	**Spalte C**	**Spalte D**
Nr.	**Anlagenkategorie**	**Bemessungskriterium**	**Schwellenwert**
1.3.4	Hafeninformationssystem	Gesamtmenge der bereitgestellten, verteilten, gelagerten oder umgeschlagenen Güter im Zuständigkeitsbereich des Hafens, in dem die Anlage oder das System eingesetzt wird, in Tonnen/Jahr	50 000 000
1.3.5	Umschlaganlage in See- und Binnenhäfen	Abgefertigte Fracht in Tonnen/Jahr	3 270 000
1.3.6	Leitzentrale von Betreibern und Verkehrsunternehmen der Seeschifffahrt	Disponierte Frachtmenge der Seeschiffe des Betreibers einschließlich gecharterter Schiffe in Tonnen/Jahr	1 875 000
1.3.7	Leitzentrale von Betreibern und Verkehrsunternehmen der Binnenschifffahrt (nur Güterverkehr)	Disponierte Transportleistung der Binnenschiffe des Betreibers einschließlich gecharterter Schiffe in Tonnenkilometer/Jahr	345 500 000
1.4	Straßenverkehr		
1.4.1	Verkehrssteuerungs- und Leitsystem	Art der zu dem Verkehrssteuerungs- und Leitsystem gehörenden Bundesfernstraßen	Bundesautobahn
1.4.2	Verkehrssteuerungs- und Leitsystem im kommunalen Straßenverkehr	Anzahl Einwohner der versorgten Stadt	500 000
1.4.3	Intelligentes Verkehrssystem	Anzahl angeschlossener Nutzer oder durchschnittlich im Versorgungsgebiet versorgter Nutzer	500 000
1.5	ÖPNV		
1.5.1	Schienennetz und Stellwerke des öffentlichen Straßenpersonenverkehrs (ÖSPV)	Anzahl unternehmensbezogene Fahrgastfahrten/Jahr	125 000 000
1.5.2	Leitzentrale des ÖSPV	Anzahl unternehmensbezogene Fahrgastfahrten/Jahr	125 000 000

Spalte A	**Spalte B**	**Spalte C**	**Spalte D**
Nr.	**Anlagenkategorie**	**Bemessungskriterium**	**Schwellenwert**
1.6	Logistik		
1.6.1	Anlage oder System zum Betrieb eines Logistikzentrums in den Segmenten Massengut-, Ladungs-, Stückgut-, Kontrakt-, See- oder Luftfrachtlogistik	Transportmengen im Im- und Export, sowie im Binnenverkehr in Tonnen/Jahr, soweit diese im Unternehmen erfasst werden, im Übrigen	17 550 000
		Anzahl der Sendungen pro Jahr	53 200 000
1.6.2	Anlage oder IT-System zur Logistiksteuerung oder -verwaltung in den Segmenten Massengut, Ladungsverkehr, Stückgut, Kontraktlogistik sowie See- und Luftfracht	Gesamtmenge bereitgestellte, verteilte, gelagerte, bearbeitete oder umgeschlagene Transporte im Im- und Export, sowie im Binnenverkehr in Tonnen/Jahr, soweit diese im Unternehmen erfasst werden, im Übrigen	17 550 000
		Anzahl der Sendungen pro Jahr	53 200 000
1.7	Verkehrsträgerübergreifende Anlagen		
1.7.1	Anlage zur Wettervorhersage, zur Gezeitenvorhersage oder zur Wasserstandsvorhersage	Einsatz der Anlage zur Erbringung von Wettervorhersagen insbesondere im Kürzestfristbereich (bis zu 12 Stunden) zur Erfüllung der gesetzlichen Aufgaben nach § 4 Absatz 1 des Gesetzes über den Deutschen Wetterdienst oder	zur Aufgabenerfüllung eingesetzte Anlage
		Einsatz der Anlage zur Erfüllung der gesetzlichen Aufgaben nach § 1 Nummer 9 des Seeaufgabengesetzes	zur Aufgabenerfüllung eingesetzte Anlage
1.7.2	Bodenstation eines Satellitennavigationssystems	Einordnung der Anlage nach der Verordnung (EU) Nr. 1285/2013[2]	Bodenstationen

Literatur: *Ritter,* „Corona-Ferien“ für Kritische Infrastrukturen?, RDV 2020, 237.

[2] Siehe jetzt VO (EU) 2021/696.

Inhaltsübersicht

A. Allgemeines

Der Anhang gliedert sich in drei Teile. Im ersten Teil finden sich die grundlegenden Begriffsbestimmungen, die Regelungen zu den maßgeblichen Zeitpunkten für die Bestimmung des Versorgungsgrades sowie Regelungen dazu, wann einzelne Anlagen bei der Bestimmung des Versorgungsgrades als eine gemeinsame Anlage anzusehen sind. Der zweite Teil dient der Darlegung, wie der Verordnungsgeber die Schwellenwerte in Teil 3 Spalte D für den Sektor Transport und Verkehr ermittelt hat. In Teil 3 werden dann die Anlagenkategorien für die in § 8 Abs. 1 festgelegten kritischen Dienstleistungen bzw. deren Bereiche mit einem konkreten, anlagenspezifischen Bemessungskriterium und einem konkreten Schwellenwert aufgelistet. Daher ist vor allem Teil 3 als unterste und damit konkreteste Stufe der KRITIS-Identifikation von praktischer Bedeutung. **1**

B. Einzelerläuterungen

I. Grundsätze und Fristen (Teil 1)

1. Begriffsbestimmungen (Nr. 1). In Nr. 1 werden die in Teil 3 verwendeten Anlagen durch Legaldefinitionen näher bestimmt (→ Rn. 15 ff.) **2**

2. Zeitpunkte und Zeiträume für die Ermittlung des Versorgungsgrades (Nr. 2 und 3). Nach Nr. 2 S. 1 ist für die Bestimmung der Eigenschaft als KRITIS der Versorgungsgrad im zurückliegenden Kalenderjahr maßgeblich. Wenn der in Teil 3 Spalte D zugeordnete Schwellenwert im zurückliegenden Kalenderjahr bei einer Anlage erreicht oder überschritten wurde, gilt diese ab dem 1.4. des laufenden Jahres als KRITIS. Mit der 2. KritisÄndVO wurde in Nr. 2 S. 2 eine explizite Regelung eingeführt, ab wann eine Anlage nicht mehr als KRITIS gilt (dazu allg. → § 1 Rn. 46 und zur damit verbundenen Rechtsänderung → Anhang 1 Rn. 3). Nach Nr. 2 S. 2 gilt eine Anlage ab dem 1.4. eines Jahres dann **3**

nicht mehr als KRITIS, wenn sie im vorangegangenen Jahr die Schwellenwerte aus Teil 3 Spalte D nicht mehr erreicht hat.

4 Nach Nr. 3 hat der Betreiber den **Versorgungsgrad für das zurückliegende Kalenderjahr bis zum 31.3. des laufenden Jahres** zu ermitteln. Damit wird den Betreibern iE ein Zeitfenster eingeräumt, um die entsprechenden Werte für ihre jeweiligen Anlagen zu ermitteln. Gerade bei Jahreswerten können diese auch den Betreibern nicht immer direkt zum Ablauf des Jahres am 31.12. vorliegen. Die Einräumung einer Ermittlungsfrist von drei Monaten erfolgt daher aus Verhältnismäßigkeitsgründen, um den Betreibern in jedem Fall die nötige Zeit einzuräumen.[2]

5 **3. Ermittlung des Versorgungsgrades bei gemeinsamen Anlagen (Nr. 4).** In Nr. 4 wird der Sonderfall der **gemeinsamen Anlage** geregelt (s. auch → § 1 Rn. 19f.; zum Verhältnis von § 1 und den sektorspezifischen Regelungen → Anhang 1 Rn. 6). Damit sind Anlagen gemeint, die für sich genommen nicht die Schwellenwerte aus Teil 3 Spalte D erreichen, die jedoch selbst nur Teil eines größeren Gesamtsystems entsprechender Anlagen sind und mit diesen gemeinsam die Schwellenwerte überschreiten. Solche Anlagen werden als gemeinsame Anlage zusammengerechnet. Voraussetzung für die Annahme einer gemeinsamen Anlage ist jedoch, dass es Anlagen derselben Art sind, die in einem engen räumlichen und betrieblichen Zusammenhang stehen. S. 2 regelt, wann dieser enge räumliche und betriebliche Zweck vorliegt. Die Anlagen müssen dafür **auf demselben Betriebsgelände** liegen (→ Anhang 1 Rn. 7), **mit gemeinsamen Betriebseinrichtungen verbunden** sein (→ Anhang 1 Rn. 8), **einem vergleichbaren Zweck dienen** (→ Anhang 1 Rn. 9) und **unter gemeinsamer Leitung** stehen (→ Anhang 1 Rn. 10).

II. Berechnungsformeln zur Ermittlung der Schwellenwerte (Teil 2)

6 Die Schwellenwerte für den Personen- und Güterverkehr im **Luftverkehr** wurden durch den Gesetzgeber für die Passagierförderung auf 20.000.000 Passagiere und für den Gütertransport auf eine Menge von 750.000 Tonnen pro Jahr festgelegt, sodass nur Anlagen solcher Flughäfen als kritisch gelten, denen aufgrund ihrer Größe eine hinreichende Bedeutung bei der bundesweiten Versorgung mit Transportleistungen zur Passagier- und Güterbeförderung im Luftverkehr zukommt. Für die jährliche Gesamtsumme an Flugbewegungen pro Person zog er „Verkehr in Zahlen" heran, danach gab es im Jahr 2015 etwa 2,8 Millionen Flugbewegungen. Die durchschnittliche Anzahl von Flugbewegungen zur Versorgung betrug damit **0,035 Flugbewegungen** pro Person und Jahr.[3]

7 Der Versorgungsgrad für die Anlagenkategorie Leitzentrale der **Eisenbahn** (Personenverkehr) ist anhand des Bemessungskriteriums **disponierte Transportleistung** auf dem Verkehrsnetz/Teilnetz zu ermitteln. Der festgelegte Schwellenwert beruhte laut der Gesetzesbegründung auf Experteneinschätzungen und berücksichtigt jene Netze/Teilnetze, die an Städten mit mehr als 500.000 versorgten Personen (Einwohnern) liegen. Berücksichtigt wurden weiter sowohl die räum-

[2] Vgl. *Ritter,* RDV 2020, 237 (238).

[3] RefE 1. KritisÄndVO, S. 69ff., https://www.bmi.bund.de/SharedDocs/downloads/DE/gesetzestexte/gesetzesentwuerfe/referentenentwurf-zur-aenderung-kritis-vo.pdf.

liche Größe (Abdeckung eines geographischen Raumes) eines Verkehrsnetzes als auch die zeitliche Taktung der Verkehre (Zugfolge) auf diesem Netz/Teilnetz.[4]

Für die Ermittlung des Schwellenwertes für die Anlagenkategorie **Leitzentrale** 8
der Eisenbahn (Güterverkehr), Zugbildungsbahnhof wurden die disponierte Transportleistung im Güterschienenverkehr zur Versorgung einer Person pro Jahr und die durchschnittliche Transportleistung eines Güterzuges ermittelt: Die Transportleistung des Güterschienenverkehrs lag laut „Verkehr in Zahlen" im Jahr 2015 bei rund 116 Mrd. Tonnenkilometern, also durchschnittlich zur Versorgung einer Person pro Jahr bei **1.460 Tonnenkilometer/Jahr.** Die Ermittlung des Schwellenwertes für die Anlagenkategorien **Zugbildungsbahnhof und Güterbahnhof** erfolgte laut Gesetzgeber unter Annahme der in einem Jahr transportierten Menge an Gütern im Schienenverkehr zur Versorgung von 500.000 Personen und einer durchschnittlichen Transportleistung von 32.000 Tonnenkilometer pro Güterzug pro Jahr. Das Bemessungskriterium für die Ermittlung umfasst sogenannte „Ganzzüge", Züge des Einzelwagenverkehrs sowie Züge des kombinierten Verkehrs.[5]

Für die Ermittlung des Schwellenwertes der Anlagenkategorie **Anlage zum** 9
Betrieb von Bundeswasserstraßen sowie **Verkehrssteuerungs- und Leitsystem der See- und Binnenschifffahrt** wurde auf eine Güterverkehrsdichte von 17.000.000 Tonnen pro Jahr abgestellt, da ab dieser Güterverkehrsdichte von einer hinreichenden Versorgungsrelevanz der Wasserstraßen und mithin der entsprechenden Anlagen zu deren Betrieb und Steuerung auszugehen sei.[6]

Für die Anlagenkategorie **Leitzentrale von Betreibern und Verkehrsunter-** 10
nehmen der Seeschifffahrt lag die transportierte Fracht pro Jahr nach Informationen des Statistischen Bundesamtes für 2015 bei ca. 300.000.000 Tonnen insgesamt, also pro Person **3,75 Tonnen/Jahr.** Es wurde auf das Gesamttransportaufkommen der Seeschifffahrt abgestellt, einschließlich der Exportmengen, da eine Reederei den ihr aufgetragenen Dienst des Warentransportes unabhängig davon erfüllt, ob eine Ware für den Im- oder Export vorgesehen ist. Oftmals kann der Status der Güter auch erst nach dem Löschen der Ladung festgestellt werden, da diese etwa auf der Reise oder erst während der Zwischenlagerung im Hafen weiter veräußert wurde.[7]

Für die Ermittlung des Schwellenwertes der Anlagenkategorie **Anlage oder** 11
System zur Disposition von Binnenschiffen lag die disponierte Transportleistung der in der Binnenschifffahrt transportierten Fracht pro Jahr nach Informationen des Statistischen Bundesamtes für 2015 bei ca. 55,3 Mrd. Tonnenkilometern. Daraus ermittelte der Gesetzgeber weiterhin eine für 80.000.000 Personen durchschnittliche Transportleistung für die in der Binnenschifffahrt transportierte Fracht zur Versorgung einer Person pro Jahr von **691 Tonnenkilometer/Jahr.**[8]

Die **Verkehrssteuerungs- und Leitsysteme** zur Steuerung und Überwachung 12
des Netzes der **Bundesautobahnen** haben keine eigens bemessenen Schwellenwerte, sondern gelten als kritisch, wenn sie gemäß § 1 Abs. 2 Nr. 1 Bundesfernstraßengesetz (FStrG) erforderlich sind. Der Gesetzgeber hat hier – systematisch ungewöhnlich – die quantitative Schwellenwertangabe **durch eine erneute qua-**

---

[4] RefE 1. KritisÄndVO, S. 69f.
[5] RefE 1. KritisÄndVO, S. 69f.
[6] RefE 1. KritisÄndVO, S. 70f.
[7] RefE 1. KritisÄndVO, S. 70f.
[8] RefE 1. KritisÄndVO, S. 71.

litative Spezifikation ersetzt, da sich die Nutzung nicht auf einen Personenkreis herunterrechnen ließ: Das BAB-Netz werde sowohl für transportierte Personen als auch für transportierte Güter benötigt. Für eine Betrachtung von zu versorgenden Personen und den Transport von Gütern seien Bundesautobahnen unerlässlich und in einer Reichweite von mehr als 50 km nicht durch andere Verkehrsträger zu ersetzen.[9]

13 Der Schwellenwert für den Personenverkehr im **ÖPNV** wurde auf eine Anzahl von **125.000.000 Fahrgästen/Jahr** festgelegt. Damit sollten nur Anlagen solcher ÖPNV-Betreiber erfasst werden, die aufgrund ihrer Größe eine hinreichende Bedeutung bei der bundesweiten Versorgung mit Transportleistungen zur Fahrgastbeförderung, zB in Großstädten, innehaben.[10] Zur Klarstellung und Verwendung des Bemessungskriteriums (→ Rn. 39).

14 Für die Ermittlung der Schwellenwerte in der **Logistik** wurde die im Straßenverkehr transportierte Gütermenge zur Versorgung einer Person pro Jahr mittels der Anzahl der transportierten Menge an Gütern im Straßenverkehr (im Jahr 2014 etwa 3,5 Mrd. Tonnen) ohne Werksverkehr von ca. 790 Mio. Tonnen ermittelt. Daraus ergibt sich eine zur Versorgung einer Person transportierte **Gütermenge von 34 Tonnen/Jahr.** Die Heranziehung der Gesamttonnage des Straßengüterverkehrs schien dem Gesetzgeber als Kennzahl für die Schwellenwertermittlung in der Logistik geeignet, weil der Straßengütertransport als verbindendes Element in der Logistik gilt und in der multimodalen Lieferkette jedes transportiere Gut in aller Regel auf der ersten und letzten Meile über die Straße bewegt wird.[11]

III. Anlagenkategorien und Schwellenwerte (Teil 3)

15 Teil 3 teilt die Anlagenkategorien in Bereiche ein: den Luftverkehr (1.1), den Eisenbahnverkehr (1.2), die See- und Binnenschifffahrt (1.3), den Straßenverkehr (1.4), den ÖPNV (1.5), die Logistik (1.6) und die Verkehrsträgerübergreifenden Anlagen (1.7). Durch die 2. KritisÄndVO wurde im Jahr 2021 klargestellt, dass für die Bereiche Luftverkehr, Schienenverkehr und ÖPNV Prozesse zur Disposition von Personal und zur Disposition des Wartungsbetriebs von der BSI-KritisV erfasst sind. Beide sind von hoher Bedeutung für den Sektor, zudem ist die Zuweisung von Personal und von Wartungsaufgaben ein zeitkritischer Prozess, der den Einsatz von IT-gestützten Dispositionssystemen erfordert. Regulatorische Vorgaben geben weiterhin Wartungszyklen vor. Werden diese nicht eingehalten, erlischt die Betriebserlaubnis der entsprechenden Transportmittel und die kritische Dienstleistung kann nicht mehr im ausreichenden Maße erbracht werden. Die Definitionen der entsprechenden Anlagenkategorien wurden entsprechend zur Klarstellung angepasst.[12]

16 **1. Luftverkehr (Nr. 1.1).** Für den Bereich des Luftverkehrs sind in Teil 3 sechs verschiedene Anlagenkategorien festgelegt. Dabei handelt es sich um Anlagen oder Systeme zur Passagierabfertigung (1.1.1) bzw. zur Frachtabfertigung (1.1.2) an Flughäfen, um den Infrastrukturbetrieb eines Flugplatzes (1.1.3), Anlagen zur Erbrin-

---

[9] RefE 1. KritisÄndVO, S. 71.

[10] RefE 1. KritisÄndVO, S. 71.

[11] RefE 1. KritisÄndVO, S. 71.

[12] KabF 2. KritisÄndVO, S. 46, https://intrapol.org/wp-content/uploads/2022/11/KabV_2.-AendV-BSI-KritisV.pdf.

gung von Flugsicherungsdiensten (1.1.4), Verkehrszentralen einer Fluggesellschaft (1.1.5) sowie Flughafenleitungsorgane (1.1.6).

Was unter **„Anlage oder System zur Passagierabfertigung an Flugplätzen“** (1.1.1) zu verstehen ist, wird in Teil 1 Nr. 1.1 legaldefiniert. Die Vorschrift verweist auf § 2 Nr. 4 iVm Anlage 1 Nr. 3 Bodenabfertigungsdienst-Verordnung (BADV). Erfasst sind Anlagen und Systeme zur Behandlung des Gepäcks im Sortierraum, zur Sortierung des Gepäcks und dessen Vorbereitung für den Abflug, zum Be- und Entladen der Fahrzeuge sowie Anlagen oder Systeme, mit denen das Gepäck zwischen Flugzeug und Sortierraum befördert wird, sowie zur Gepäckbeförderung zwischen Sortierraum und Ausgaberaum.[13] 17

Der Begriff der **„Anlage oder System zur Frachtabfertigung an Flugplätzen“** (1.1.2) wird in Teil 1 Nr. 1.2 definiert. Von der Vorschrift sind Anlagen oder Systeme zur Frachtabfertigung nach § 2 Nr. 4 iVm Anlage 1 Nr. 4 Bodenabfertigungsdienst-Verordnung (BADV) bei der Ein- und Ausfuhr von Fracht, sowie während des Transits die Behandlung der Fracht, die Bearbeitung der entsprechenden Unterlagen, die Zollformalitäten und alle zwischen den Parteien vereinbarten oder umständehalber erforderlichen Sicherungsmaßnahmen erfasst.[14] 18

Vom Begriff **„Infrastrukturbetrieb eines Flugplatzes“** (1.1.3) sind nach der Legaldefinition in Teil 1 Nr. 1.3 alle Anlagen und Systeme zur Erbringung von Bodenabfertigungsdiensten nach § 2 Nr. 4 iVm Anlage 1 Nr. 5, 7, 9 oder 10 Bodenabfertigungsdienst-Verordnung (BADV) erfasst. Dabei handelt es sich also um Anlagen und Systeme der Vorfelddienste (zB die Unterstützung beim Parken des Flugzeuges), der Betankungsdienste, der Flugbetriebs- und Besatzungsdienste (zB Hilfe während des Fluges bei notwendigen Änderungen des Flugablaufs) sowie für die Transportdienste am Boden (zB die Beförderung von Passagieren, Gepäck oder Fracht zwischen verschiedenen Abfertigungsgebäuden des Flugplatzes). Dazu gehören auch die notwendigen Netzinfrastrukturen, Rechenzentren und Kommunikationseinrichtungen.[15] Das maßgebliche Bemessungskriterium für die Ermittlung des Versorgungsgrades sind wahlweise die Anzahl der Passagiere pro Jahr oder die Gütermenge in Tonnen pro Jahr. 19

Die **„Anlage zur Erbringung von Flugsicherungsdiensten“** (1.1.4) wird in Teil 1 Nr. 1.4 als Anlage oder Systeme der Flugsicherungsdienste definiert und im Weiteren auf die Durchführungsverordnung (EU) 2017/373 über Anforderungen an Flugmanagementanbieter und Anbieter von Flugsicherungsdiensten verweisen. Interessanterweise wird der Begriff der Flugsicherungsdienste in der Durchführungsverordnung nicht näher definiert. Gleichwohl kann man zur Auslegung, welche Anlagen unter den Begriff fallen, auf die Durchführungsverordnung zurückgreifen, da zumindest wichtige technische Systeme für die Flugsicherungsdienste aufgeführt werden. Dazu gehören nach Anhang VIII Teilabschnitt B Abschnitt 1 Durchführungsverordnung (EU) 2017/373 etwa Radionavigationshilfen, Kommunikationssysteme, Radar und Kollisionsvermeidungssysteme usw. 20

Als **Verkehrszentrale einer Fluggesellschaft** (1.1.5) gelten nach der Definition in Teil 1 Nr. 1.5 Anlagen oder Systeme der Fluggesellschaften zur Planung, Steuerung oder Überwachung des Flugbetriebs, zur Disposition des Personals oder des Wartungsbetriebs. Die Verkehrszentrale soll den reibungslosen Ablauf des Flug- 21

[13] RefE 1. KritisÄndVO, S. 65.

[14] RefE 1. KritisÄndVO, S. 65.

[15] RefE 1. KritisÄndVO, S. 65.

betriebs sicherstellen. Dabei besteht die Verkehrszentrale in der Regel aus fünf Gruppen: der Verkehrsleitung, der Flugzeugeinsatzplanung und -wartung, der Creweinsatzplanung, der Flugwegeplanung (Dispatch) und dem Stationsmanagement inkl. Passagiersteuerung.[16]

22 Als **Flughafenleitungsorgan** (1.1.6) gilt nicht etwa ein Organ im Sinne des Gesellschaftsrechts, sondern nach Teil 1 Nr. 1.6 technische Anlagen oder Systeme für die Verwaltung oder den Betrieb eines Flughafens oder gar Flughafennetzes. Auch Anlagen oder Systeme zur Koordinierung oder Überwachung verschiedener Akteure auf einem Flughafen oder in einem Flughafennetz gehören dazu. Dazu zählen etwa Koordinierungssysteme, mit denen die zuständige Flughafenleitung die Zusammenarbeit der Bodenabfertigungsdienste steuert. Aber auch Systeme zur Kontrolle der Qualität der Bodenabfertigungsdienste zählen dazu. Beides ist für die zuverlässige Erbringung der Transportdienstleistung notwendig.[17]

23 **2. Schienenverkehr (Nr. 1.2).** Die Legaldefinition der Anlage **Personenbahnhof der Eisenbahn** (1.2.1) erfolgt in Teil 1 Nr. 1.7. Die Vorschrift nimmt Bezug auf § 4 Abs. 1 und 2 Eisenbahn-Bau- und Betriebsordnung (EBO) in der jeweils geltenden Fassung. Haltestellen und Haltepunkte nach § 4 Abs. 8 und 9 Eisenbahn-Bau- und Betriebsordnung finden keine Berücksichtigung.[18]

24 Die Anlagenkategorie **Güterbahnhof** aus Nr. 1.2.2 Spalte B wird in Teil 1 Nr. 1.8 näher beschrieben. Die Vorschrift nimmt Bezug auf § 4 Abs. 1 und 2 Eisenbahn-Bau- und Betriebsordnung (EBO) in der jeweils geltenden Fassung. Haltestellen und Haltepunkte nach § 4 Abs. 8 und 9 Eisenbahn-Bau- und Betriebsordnung finden keine Berücksichtigung.[19]

25 Demgegenüber wird die Anlagenkategorie des **Zugbildungsbahnhof**s (1.2.3) ohne jeden Verweis auf die Eisenbahn-Bau- und Betriebsordnung in Teil 1 Nr. 1.9 definiert. Es handelt sich dabei um solche Bahnhöfe, in denen die Züge zB aus Einzelwagen oder mehreren Zügen zusammengestellt werden. Sie werden auch Rangierbahnhöfe oder Verschiebebahnhöfe genannt.

26 Mit der in Teil 1 Nr. 1.10 definierten Anlagenkategorie **„Schienennetz und Stellwerke der Eisenbahn"** (1.2.4) wird das Schienennetz nach § 4 Abs. 3–7 und 10–11 der Eisenbahn-Bau- und Betriebsordnung (EBO) einschließlich der zugehörigen Stellwerke erfasst. Ein Stellwerk ist eine ortsfeste Bahnanlage der Eisenbahn zur Steuerung des Bahnbetriebs, dient der Stellung von Fahrwegelementen wie Weichen und Gleissperren, stellt Abhängigkeiten zwischen den Fahrwegelementen und Signalen über Fahrstraßen her und bindet Bahnübergangssicherungsanlagen in die Sicherungslogistik ein.[20]

27 Das **Verkehrssteuerungs- und Leitsystem der Eisenbahn** (1.2.5) wird in Teil 1 Nr. 11 definiert. Die Vorschrift erfasst das Verkehrssteuerungssystem des Eisenbahninfrastrukturbetreibers, das netzbezogene Dispositions- und Steuerungs-

---

[16] Heger, Predictive Analytics in der Verkehrszentrale einer Fluggesellschaft, S. 109f., https://www.aviation.tu-darmstadt.de/media/arbeitskreis_luftverkehr/downloads_6/kolloquien/23__kolloquium/23Kollo_6_heger.pdf.

[17] Vgl. die Begründung zum Vorschlag für die Verordnung über die Bodenabfertigungsdienste auf Flughäfen, https://eur-lex.europa.eu/legal-content/DE/TXT/?uri=CELEX%3A52011PC0824.

[18] RefE 1. KritisÄndVO, S. 65.

[19] RefE 1. KritisÄndVO, S. 65.

[20] RefE 1. KritisÄndVO, S. 66.

aufgaben mit dem Ziel verrichtet, den Fahrplan einzuhalten. Die eisenbahnbetriebliche Sicherheit und wirtschaftliche Zielstellungen sind zu berücksichtigen.[21]

Was sich hinter der Anlagenkategorie **„Leitzentrale der Eisenbahn"** aus Nr. 1.2.6 Spalte B verbirgt, wird in Teil 1 Nr. 1.12 definiert. Diese Definition erfasst vor allem die klassische zentrale Überwachungs- und Steuerzentrale für den Verkehr der Eisenbahnen. 28

3. See- und Binnenschifffahrt (Nr. 1.3). Die **Anlage oder System zum Betrieb von Bundeswasserstraßen** (1.3.1) wird in Teil 1 Nr. 1.13 näher beschrieben. Erfasst werden alle Anlagen oder Systeme zum sicheren Betrieb einer Wasserstraße. Die Definition in Teil 1 Nr. 1.13 verweist insoweit auf § 1 Abs. 4 Nr. 1 Bundeswasserstraßengesetz (WaStrG). Dieser Verweis war früher auch richtig. Jedoch wurde das WaStrG zwischenzeitlich geändert. Mit Art. 3 Gesetz über den wasserwirtschaftlichen Ausbau an Bundeswasserstraßen zur Erreichung der Bewirtschaftungsziele der Wasserrahmenrichtlinie vom 2.6.2021 (BGBl. I S. 1295) wurde daher auch der Verweis in der BSI-KritisV zunächst auf § 1 Abs. 6 Nr. 1 WaStrG geändert. Mit der 2. KritisÄndVO machte der Verordnungsgeber diese völlig richtige Änderung jedoch wieder rückgängig, vermutlich weil er die vorgenommene gesetzliche Anpassung übersehen und mit der alten Fassung des Anhangs 7 als Grundlage weitergearbeitet hat. Dieser Fehler ist jedoch derart offensichtlich, dass klar ist, dass der Verweis auf § 1 Abs. 6 Nr. 1 WaStrG sicherlich beibehalten werden sollte. Erfasst werden daher „die bundeseigenen Schifffahrtsanlagen, besonders Schleusen, Schiffshebewerke, Wehre, Schutz-, Liege- und Bauhäfen sowie bundeseigene Talsperren, Speicherbecken und andere Speisungs- und Entlastungsanlagen". 29

Was mit **Verkehrssteuerungs- und Leitsystem der See- und Binnenschifffahrt** (1.3.2) gemeint ist, hat der Verordnungsgeber in Teil 1 Nr. 1.14 dargelegt. Die Vorschrift erfasst Anlagen zur Steuerung des Verkehrsflusses der Wasserschifffahrt-Verwaltung. Hierzu zählen zum Beispiel Sperranlagen, Lichtsignalanlagen, Anlagen zur Steuerung von Wechselverkehrszeichen sowie Radarstationen.[22] 30

Die Anlagenkategorie **Hafenleitungsorgan** (1.3.3.) wird in Teil 1 Nr. 1.18 näher beschrieben. Dabei handelt es sich nicht um ein gesellschaftsrechtliches Organ, sondern um technische Anlagen oder Systeme zur Steuerung bzw. Koordinierung des Hafenverkehrs und der im Hafen tätigen Akteure. 31

Das **Hafeninformationssystem** (1.3.4) wird in Teil 1 Nr. 19 gesetzlich definiert. 32

Die in Teil 1 Nr. 1.17 definierte **Umschlaganlage in See- und Binnenhäfen** (1.3.5) erfasst alle Anlagen zur Be- und Entladung von Transportmitteln, zur Umladung zwischen Transportmitteln sowie zur Sortierung und zum Zwischenabstellen. Das Be- und Entladen sowie das Umschlagen bezieht sich auf alle Verkehrsträger in einem Hafen – also nicht nur Schiffe. Die Regelung erfasst nicht nur das Umschlagen zwischen unterschiedlichen Verkehrsträgern, sondern auch zwischen den gleichen Verkehrsträgern (zB von LKW zu LKW). Zu den Umschlaganlagen können zB Krananlagen gehören. 33

Die **Leitzentrale von Betreibern und Verkehrsunternehmen der Seeschifffahrt** (1.3.6) wird in Teil 1 Nr. 1.15 legaldefiniert. Die Vorschrift erfasst die Steuerungssysteme von Reedereien, die eigene oder gecharterte Schiffe im Liniendienst nach festem Fahrplan betreiben und befrachten. Aufgrund des diesen Reede- 34

[21] RefE 1. KritisÄndVO, S. 66.

[22] RefE 1. KritisÄndVO, S. 66.

reien zuzurechnenden Transportaufkommens kommt ihnen eine besondere Bedeutung für den deutschen Außenhandel zu. Der Reederei ist entsprechend das Gesamttransportaufkommen eines Jahres der von ihr kontrollierten Schiffe zuzurechnen, sofern die Ladung in deutschen Häfen gelöscht wird.[23] Für die Anlagenkategorie wurde eine Ergänzung des Bemessungskriteriums eingefügt, um klarzustellen, dass hier auch die Frachtmenge von Schiffen zu berücksichtigen ist, die sich nicht im Eigentum des Betreibers befinden.[24]

35 Die **Leitzentrale zur Disposition von Binnenschiffen im Güterverkehr** (1.3.7) wird in Teil 1 Nr. 1.16 definiert. Die Vorschrift erfasst IT-Anwendungen zum Schiffsraummanagement einschließlich der Flotten-Telematik sowie Anlagen und Systeme zum Datenaustausch über EDI.[25]

36 **4. Straßenverkehr (Nr. 1.4). Verkehrssteuerungs- und Leitsystem auf Bundesautobahnen** (1.4.1) werden in Teil 1 Nr. 1.20 näher beschrieben. Die Vorschrift verweist auf § 1 Abs. 4 Nr. 1, 3, und 4 Bundesfernstraßengesetz (FStrG) und erfasst Anlagen und Systeme zur Verkehrsbeeinflussung sowie die Betriebstechnik auf Bundesautobahnen, zB Verkehrs-, Betriebs- und Tunnelleitzentralen, Entwässerungsanlagen, intelligente Verkehrssysteme und Fachstellen für Informationstechnik und -sicherheit im Straßenbau. Erfasst sind auch die Telekommunikationsnetze an Bundesautobahnen mit Ausnahme deren passiver Netzinfrastruktur iSd § 3 Nr. 45 Telekommunikationsgesetz (TKG), soweit diese nicht nachweislich besonders schutzbedürftig ist.[26] Da der Anlagentyp anstelle des sonst üblichen Schwellenwertes „quantitativ" nur die Voraussetzung aufstellt, dass die Systeme auf deutschen Bundesautobahnen eingesetzt werden – sie also durch eine weitere qualitative Voraussetzung ersetzt – sind dem Wortlaut nach damit alle passenden Systeme unmittelbar erfasst. Das begründet sich aus dem sehr speziellen Einsatzgebiet der Anlage, ist rein nach dem Wortlaut aber nicht immer adressatengerecht. Nicht erfasst sind so etwa nur **vorübergehende Leitsysteme,** die zB zur temporären Umleitung eines Unfalls durch Private oder beauftragte Dritte aufgestellt werden. Ähnliches dürfte je nach Einsatzgebiet und -dauer für Reparatur-, Schäden- und Baustellensperrungen gelten. Die Vorschrift muss insoweit teleologisch reduziert werden, als dass nur Systeme, die für eine nicht unerhebliche Dauer und anlassunabhängig eingesetzt werden, im Regelfall erfasst sind.

37 Das **Verkehrssteuerungs- und Leitsystem im kommunalen Straßenverkehr** (1.4.2) beschreibt Teil 1 Nr. 1.21 näher. Die Vorschrift erfasst Anlagen oder Systeme für die quantitativ erhebliche kommunale Verkehrssteuerung und -überwachung im Straßenverkehr. Das gewählte Bemessungskriterium ist unglücklich gewählt. Denn grds. sollte es sich auf die Zahl der Einwohner beziehen, welche durch die Steuerung betroffen sind. Nr. 1.4.2 Spalte C knüpft aber an die Einwohner „der versorgten Stadt" an und nicht an das insgesamt versorgte Gebiet. Betrifft dabei die Steuerung also nicht nur eine Stadt, sondern stadtgrenzenübergreifend mehr als 500.000 Einwohner, ohne dass eine der versorgten Städte für sich genommen diese Einwohneranzahl überschreiten würde, ist das Bemessungskriterium auf den ersten Blick nicht erfüllt. Es wäre es aus Versorgungssicht jedoch sinnvoll, von einer **Zusammenfassenden Anlage** auszugehen, da die Anlage insgesamt nach

---

[23] RefE 1. KritisÄndVO, S. 66f.

[24] KabF 2. KritisÄndVO, S. 46.

[25] RefE 1. KritisÄndVO, S. 67.

[26] RefE 1. KritisÄndVO, S. 67.

Bedeutung und potenziellen Angriffsauswirkungen gleichbedeutend mit einer Kritischen Infrastruktur für eine Stadt mit derselben Einwohnerzahl wäre. Bei der Ermittlung des Versorgungsgrades sollten daher die Einwohnerzahlen aller „mitgesteuerten" Städte einbezogen werden. Dem steht der Wortlaut von 1.4.2 Spalte C auch nur scheinbar im Weg. Denn das Kriterium ist die Anzahl der Einwohner der versorgten Stadt. Dabei ging der Gesetzgeber vermutlich noch davon aus, dass jede Stadt von einem System gesteuert wird. Er wollte als Kriterium auf das von diesen Anlagen versorgte Stadtgebiet abstellen. Wenn mehrere Städte im Sinne einer Metropolregion vom gleichen System versorgt werden, erscheint es vertretbar, auf die Einwohnerzahl dieser Metropolregion und damit die Einwohnerzahl aller versorgten Städte (in der Mehrzahl) abzustellen. Die Ausführungen zu vorübergehenden Verkehrssteuerungs- und Leitsystemen auf Bundesautobahnen gelten entsprechend.

Als **„Intelligentes Verkehrssystem"** (1.4.3) gelten nach Teil 1 Nr. 1.22 die in- **38** telligenten Verkehrssysteme iSd § 2 Nr. 1 Intelligente Verkehrssysteme Gesetz (IVSG). Das sind „Systeme, bei denen Informations- und Kommunikationstechnologien im Straßenverkehr und an Schnittstellen zu anderen Verkehrsträgern eingesetzt werden". Diese Definition geht auf Art. 4 Nr. 1 ITS-Richtlinie zum Rahmen für die Einführung intelligenter Verkehrssysteme zurück. Erfasst werden sollen hochentwickelte Anwendungen, die innovative Dienste im Bereich verschiedener Verkehrsträger und des Verkehrsmanagements anbieten und die Nutzer mit umfassenden Informationen zur „klugen" Nutzung der Verkehrssysteme versorgen. Dabei müssen die intelligenten Verkehrssysteme selbst keine eigene Intelligenz beinhalten.[27]

5. Öffentlicher Personennahverkehr (Nr. 1.5). Im Bereich des ÖPNV sieht **39** Teil 3 nur zwei Anlagenkategorien vor: das Schienennetz und Stellwerke des öffentlichen Straßenpersonenverkehrs (ÖSPV) und die Leitzentrale des ÖSPV. Was unter **Schienennetz und Stellwerke des ÖSPV** (1.5.1) zu verstehen ist, wird in Teil 1 Nr. 1.23 festgelegt. Die Begriffsdefinition verweist auf § 4 Abs. 1–3 Personenbeförderungsgesetz (PBefG) und erfasst das gesamte schienengebundene Netz des ÖSPV, mithin der U-Bahn, der Straßenbahn sowie der Obusse. Bei Obussen handelt es sich nach § 4 Abs. 3 PBefG um „nicht an Schienen gebundene Straßenfahrzeuge, die ihre Antriebsenergie einer Fahrleitung entnehmen". Das ist insofern interessant, weil Teil 1 Nr. 1.23 auf das schienengebundene Netz abstellt, dann aber gerade auf § 4 Abs. 3 PBefG verweist, der gerade keine Bindung an Schienen vorsieht. Das einschlägige Bemessungskriterium für Anlagen nach Teil 3 Nr. 1.5.1 Spalte C wurde 2021 für alle ÖPNV-Anlagenkategorien zur **Anzahl unternehmensbezogener Fahrgastfahrten pro Jahr** konkretisiert. Zuvor hatte es vereinzelt Zweifel an der Bestimmung des bis dahin verwendeten Begriffes des „Fahrgasts" gegeben.[28] Die Anpassung diente der Klarstellung, dass hiermit unternehmensbezogene Fahrgastfahrten gemeint sind und nicht zB Fahrgäste im Sinne von natürlichen Personen oder Jahresticket-Inhabern. Bei der Angabe „Anzahl unternehmensbezogener Fahrgastfahrten" handelt es sich grundsätzlich um Beförderungsfälle von Personen je Unternehmen (Unternehmensbeförderungsfall). Als

---

27 Erwgr. 3 ITS-Richtlinie.

28 Vgl. https://ag.kritis.info/2021/01/21/bvg-interpretation-der-bsi-kritisverordnung-schlicht-falsch/und https://www.golem.de/news/bvg-lieber-ungeschuetzt-im-nahverkehr-2101-153611.html.

Beförderungsfall bzw. beförderte Person oder Fahrgast gilt damit jede entgeltliche oder unentgeltliche (zB als Freifahrer) nicht unterbrochene Fahrt eines Fahrgastes mit den Verkehrsmitteln eines einzelnen Unternehmens. Das gilt unabhängig davon, ob ein oder mehrere von diesem Unternehmen betriebene Verkehrsmittel benutzt werden, solange keine Unterbrechung durch Nutzung eines anderen Verkehrsmittels oder freiwillige zeitliche Zäsur vorliegt. Diese Definition entspricht dem üblichen europäischen und nationalen Fahrgast- und Beförderungsfallbegriff und den im Bereich Verkehr erhobenen Daten durch das statistische Bundesamt.[29] Der Verordnungsgeber hat damit aufgezeigt, dass in der Regel die Definition ausschlaggebend ist, welche branchenüblich verwendet wird. Liegt eine solche überwiegend verwendete Definition vor, bindet diese wenigstens mit Indizwirkung auch die **grundsätzliche Auslegung** durch das BSI. Will es davon abweichen, muss es dies begründen.

40 Die **Leitzentrale des ÖSPV** (1.5.2) wird in Teil 1 Nr. 1.24 definiert. Die Vorschrift erfasst die betreiberseitige Überwachung und Steuerung des Verkehrs in Kontrollzentralen und Kommunikationsanlagen, Verkehrsleitzentralen zur betrieblichen Steuerung, durch Systeme der Fahrgastinformation, des Fahrgastservice und der Fahrgastsicherheit, durch Systeme zur Reaktion auf Störungen und Unterbrechungen der Dienstleistung sowie Systeme zur Optimierung von Betriebsabläufen.[30] Die hier in der Norm verwendete Abkürzung für den Öffentlichen Straßenpersonennahverkehr hat in der Praxis keine Bedeutung gegenüber dem ÖPNV-Begriff, insbesondere sind auch U-Bahnen mit umfasst. Aufgegangen in die Anlagenkategorie sind die bis 2021 eigens aufgeführten „Verkehrssteuerungs- und Leitsysteme des ÖPNV". Der Begriff erfasst Anlagen oder Systeme der verkehrsübergreifenden Überwachung und Steuerung des ÖPNV, zB Verkehrsmanagementzentralen.[31] Ebenso erfasst sind klarstellend Prozesse zur Disposition von Personal und Wartung. Die Zuweisung von Personal zu den Transportmitteln ist ein zeitkritischer Prozess, der den Einsatz von IT-gestützten Dispositionssystemen erfordert. Diese Systeme müssen für die Sicherheit der Fahrgäste und die Qualität der kritischen Dienstleistung mitberücksichtigt werden, da die entsprechenden Telematiksysteme zur Erbringung der kritischen Dienstleistung beitragen. Zudem kann eine Beeinträchtigung dieser Systeme die Sicherheit der Fahrgäste beeinträchtigen, die Erbringung der kritischen Dienstleitung negativ beeinflussen oder verhindern. Erfasst sind weiterhin **unterstützende Systeme,** zB zur Fahrgastinformation und -sicherheit, welche es dem Fahrgast ermöglichen, sein angestrebtes Reiseziel mit der entsprechenden Transportverbindung in der im Regelbetrieb veranschlagten Zeit zu erreichen. Der Gesetzgeber fasst hier die erbrachte Kritische Dienstleistung mit Verweis auf den Gleichlauf zu aktualisierbaren Verkehrsleitsystemen im Straßenverkehr sehr weit, wenn er die dynamische Fahrgastinformation (zB per digitalen Bahnsteiganzeigen oder App) als KRITIS-Bestandteil erfasst und statische Informationsmittel (zB Fahrplanaushänge am Bahnsteig) aufgrund der häufig ereignisbezogenen Änderungen nicht als ausreichende Kompensation ansieht.[32]

41 **6. Logistik (Nr. 1.6).** Zur Bestimmung der Anlagenkategorie **Anlage oder System zum Betrieb eines Logistikzentrums in den Segmenten Massen-**

[29] KabF 2. KritisÄndVO, S. 47.
[30] RefE 1. KritisÄndVO, S. 68.
[31] KabF 2. KritisÄndVO, S. 47.
[32] KabF 2. KritisÄndVO, S. 47.

gut-, Ladungs-, Stückgut-, Kontrakt-, See- oder Luftfrachtlogistik (1.6.1) findet sich in Teil 1 Nr. 1.25 eine Definition der Anlagen oder Systeme zur Erbringung operativer Logistikleistungen. Die Anlagenkategorie erfasst alle betriebsnotwendigen Anlagen zum Umschlag und zur Lagerung von Fracht sowie Anlagen zur Verteilung und Bearbeitung von Stück- und Massengut, zB Fracht- und Sortierzentren für Pakete. Die Vorschrift erfasst insbesondere auch Anlagen des kombinierten Verkehrs, für den Umschlag und die Zwischenlagerung von Containern, Wechselbrücken und Aufliegern für Lastzüge sowie Anlagen in Häfen zum Umschlag von Gütern zwischen den Verkehrsträgern Straße, Schiene und Wasserstraßen. Anlagen in historischen Häfen und Marinas finden hierbei keine Berücksichtigung.[33] Im Logistikbereich wurde 2021 das **alternative Bemessungskriterium** „Anzahl der Sendungen pro Jahr" mitsamt Schwellenwert eingeführt, da Rückmeldungen der Betreiber ergeben hatten, dass das vorherige Bemessungskriterium „Gütermenge in Tonnen pro Jahr" mitunter schwierig zu erheben ist. Die Anzahl der Sendungen pro Jahr ist nur dann zu ermitteln, wenn bei dem betroffenen Unternehmen die Gütermenge in Tonnen pro Jahr nicht erhoben wird.[34]

Für die Anlagenkategorie **„Anlage oder IT-System zur Logistiksteuerung oder -verwaltung in den Segmenten Massengut, Ladungsverkehr, Stückgut, Kontraktlogistik sowie See- und Luftfracht"** (1.6.2) wird in Teil 1 Nr. 1.26 der Begriff des IT-Systems zur Logistiksteuerung oder -verwaltung definiert. Die Vorschrift erfasst IT-Systeme des Betreibers zur zentralen Steuerung und Koordination von Logistikdienstleistungen in der Massengut-, Ladungs-, Stückgut-, Kontrakt-, See- oder Luftfrachtlogistik. Dies umfasst insbesondere die Rechenzentrumsinfrastruktur für die Steuerung der Logistikzentren, die Flottentelematik (Systeme zum Verkehrsmanagement, Fahrzeugmanagement, Transportmanagement, Routenplanung) sowie zum Datenaustausch über EDI (strukturierter Datenaustausch zwischen Sender, Empfänger und Zoll).[35] Zum alternativen Bemessungskriterium gelten die obigen Ausführungen. 42

7. Verkehrsträgerübergreifende Anlagen (Nr. 1.7). Unter Nr. 1.7 finden sich Anlagenkategorien, die – anders als die übrigen Anlagenkategorien – idR eine verkehrsträgerübergreifende Bedeutung haben. Dazu gehören etwa die **Anlagen zur Wettervorhersage, zur Gezeitenvorhersage oder zur Wasserstandsvorhersage** (1.7.1). Wetter, Gezeiten und Wasserstände können für die Erbringung verschiedenster Transportleistungen eine bedeutende Rolle spielen. So können etwa Stürme sowohl den Flug- als auch den Bahnverkehr zum Erliegen bringen. Was unter dieser Anlagenkategorie zu verstehen ist, klärt die Definition in Teil 1 Nr. 1.27. 43

Die Anlagenkategorie **Bodenstation eines Satellitennavigationssystems** (1.7.2.) wird in Teil 1 Nr. 1.28 durch einen Verweis auf Art. 28 EU-SatellitennavigationssystemeVO näher bestimmt. Art. 28 EU-SatellitennavigationssystemeVO erfasst Bodenstationen der Programme Galileo und EGNOS und legt fest, dass die Mitgliedstaaten Maßnahmen für deren Schutz ergreifen müssen, die „mindestens den Maßnahmen entsprechen müssen, die zum Schutz europäischer kritischer Infrastrukturen im Sinne der Richtlinie 2008/114 EG" vorgeschrieben sind. Die Regelung des Art. 28 EU-SatellitennavigationssystemeVO ist durch die VO (EU) 44

[33] RefE 1. KritisÄndVO, S. 68.
[34] KabF 2. KritisÄndVO, S. 47.
[35] RefE 1. KritisÄndVO, S. 68.

2021/696 (Weltraumprogramm-VO) mit Wirkung zum 1.1.2021 aufgehoben und durch Art. 34 Abs. 6 Weltraumprogramm-VO ersetzt worden. Die Anwendungsbereiche von Art. 28 EU-SatellitennavigationssystemeVO und Art. 34 Abs. 6 Weltraumprogramm-VO sind jedoch nicht deckungsgleich. Mit Art. 34 Abs. 6 Weltraumprogramm-VO werden die Mitgliedstaaten nicht mehr nur zum Schutz der Bodenstationen der europäischen Satellitennavigationssysteme verpflichtet, sondern zum Schutz der Bodenstationen weiterer EU-Weltraumprogramm-Komponenten wie etwa Copernicus, SSA und GOVSATCOM (vgl. Art. 3 Weltraumprogramm-VO). Diese Programmkomponenten werden schon vom Wortlaut des Teil 1.28 („Bodenstationen eines europäischen Satellitennavigationssystems“) nicht mehr erfasst. Es bleibt abzuwarten, ob der nationale Verordnungsgeber Art. 34 Abs. 6 Weltraumprogramm-VO dergestalt umsetzen wird, dass alle Bodenstationen von Programmkomponenten nach der Weltraumprogramm-VO als KRITIS in die BSI-KritisV aufgenommen werden, oder ob die Bodenstationen der übrigen Programmkomponenten an anderer Stelle reguliert werden.

Gesetz über die friedliche Verwendung der Kernenergie und den Schutz gegen ihre Gefahren (Atomgesetz)

in der Fassung der Bekanntmachung vom 15. Juli 1985 (BGBl. I S. 1565)

FNA 751-1

zuletzt geändert durch Art. 1 18. AtGÄndG vom 10.8.2021 (BGBl. I S. 3530)

– Auszug –

§ 7 Genehmigung von Anlagen

(1) [1]**Wer eine ortsfeste Anlage zur Erzeugung oder zur Bearbeitung oder Verarbeitung oder zur Spaltung von Kernbrennstoffen oder zur Aufarbeitung bestrahlter Kernbrennstoffe errichtet, betreibt oder sonst innehat oder die Anlage oder ihren Betrieb wesentlich verändert, bedarf der Genehmigung. [2]Für die Errichtung und den Betrieb von Anlagen zur Spaltung von Kernbrennstoffen zur gewerblichen Erzeugung von Elektrizität und von Anlagen zur Aufarbeitung bestrahlter Kernbrennstoffe werden keine Genehmigungen erteilt. [3]Dies gilt nicht für wesentliche Veränderungen von Anlagen oder ihres Betriebs.**

(1a) [1]**Die Berechtigung zum Leistungsbetrieb einer Anlage zur Spaltung von Kernbrennstoffen zur gewerblichen Erzeugung von Elektrizität erlischt, wenn die in Anlage 3 Spalte 2 für die Anlage aufgeführte Elektrizitätsmenge oder die sich auf Grund von Übertragungen nach Absatz 1b ergebende Elektrizitätsmenge erzeugt ist, jedoch spätestens**

1. **mit Ablauf des 6. August 2011 für die Kernkraftwerke Biblis A, Neckarwestheim 1, Biblis B, Brunsbüttel, Isar 1, Unterweser, Philippsburg 1 und Krümmel,**
2. **mit Ablauf des 31. Dezember 2015 für das Kernkraftwerk Grafenrheinfeld,**
3. **mit Ablauf des 31. Dezember 2017 für das Kernkraftwerk Gundremmingen B,**
4. **mit Ablauf des 31. Dezember 2019 für das Kernkraftwerk Philippsburg 2,**
5. **mit Ablauf des 31. Dezember 2021 für die Kernkraftwerke Grohnde, Gundremmingen C und Brokdorf,**
6. **mit Ablauf des 31. Dezember 2022 für die Kernkraftwerke Isar 2, Emsland und Neckarwestheim 2.**

[2]**Die Erzeugung der in Anlage 3 Spalte 2 aufgeführten Elektrizitätsmengen ist durch ein Messgerät zu messen. [3]Das Messgerät nach Satz 2 muss den Vorschriften des Mess- und Eichgesetzes und den auf Grund des Mess- und Eichgesetzes erlassenen Rechtsverordnungen entsprechen. [4]Ein Messgerät nach Satz 2 darf erst in Betrieb genommen werden, nachdem eine**

Behörde nach § 54 Absatz 1 des Mess- und Eichgesetzes dessen Eignung und ordnungsgemäßes Verwenden festgestellt hat. [5]Wer ein Messgerät nach Satz 2 verwendet, muss das Messgerät unverzüglich so aufstellen und anschließen sowie so handhaben und warten, dass die Richtigkeit der Messung und die zuverlässige Ablesung der Anzeige gewährleistet sind. [6]Die Vorschriften des Mess- und Eichgesetzes und der auf Grund dieses Gesetzes erlassenen Rechtsverordnung finden Anwendung. [7]Der Genehmigungsinhaber hat den bestimmungsgemäßen Zustand des Messgerätes in jedem Kalenderjahr durch eine Sachverständigenorganisation und die in jedem Kalenderjahr erzeugte Elektrizitätsmenge binnen eines Monats durch einen Wirtschaftsprüfer oder eine Wirtschaftsprüfungsgesellschaft überprüfen und bescheinigen zu lassen.

(1b) **[1]Elektrizitätsmengen nach Anlage 3 Spalte 2 können ganz oder teilweise von einer Anlage auf eine andere Anlage übertragen werden, wenn die empfangende Anlage den kommerziellen Leistungsbetrieb später als die abgebende Anlage begonnen hat. [2]Elektrizitätsmengen können abweichend von Satz 1 auch von einer Anlage übertragen werden, die den kommerziellen Leistungsbetrieb später begonnen hat, wenn das Bundesministerium für Umwelt, Naturschutz und nukleare Sicherheit im Einvernehmen mit dem Bundeskanzleramt und dem Bundesministerium für Wirtschaft und Energie der Übertragung zugestimmt hat. [3]Die Zustimmung nach Satz 2 ist nicht erforderlich, wenn die abgebende Anlage den Leistungsbetrieb dauerhaft einstellt und ein Antrag nach Absatz 3 Satz 1 zur Stilllegung der Anlage gestellt worden ist. [4]Elektrizitätsmengen nach Anlage 3 Spalte 2 können vorbehaltlich des Satzes 5 von Anlagen nach Absatz 1a Satz 1 Nummer 1 bis 6 auch nach Erlöschen der Berechtigung zum Leistungsbetrieb nach den Sätzen 1 bis 3 übertragen werden. [5]Aus den Elektrizitätsmengenkontingenten der Kernkraftwerke Brunsbüttel und Krümmel gemäß Anlage 3 Spalte 2 sind von einer Übertragung nach den Sätzen 1 bis 4 ausgenommen**

1. **für das Kernkraftwerk Brunsbüttel Elektrizitätsmengen von 7333,113 Gigawattstunden und**
2. **für das Kernkraftwerk Krümmel Elektrizitätsmengen von 26 022,555 Gigawattstunden.**

(1c) **[1]Der Genehmigungsinhaber hat der zuständigen Behörde**

1. **monatlich die im Sinne des Absatzes 1a in Verbindung mit der Anlage 3 Spalte 2 im Vormonat erzeugten Elektrizitätsmengen mitzuteilen,**
2. **die Ergebnisse der Überprüfungen und die Bescheinigungen nach Absatz 1a Satz 7 binnen eines Monats nach deren Vorliegen vorzulegen,**
3. **die zwischen Anlagen vorgenommenen Übertragungen nach Absatz 1b binnen einer Woche nach Festlegung der Übertragung mitzuteilen.**

[2]Der Genehmigungsinhaber hat in der ersten monatlichen Mitteilung über die erzeugte Elektrizitätsmenge nach Satz 1 Nr. 1 eine Mitteilung über die seit dem 1. Januar 2000 bis zum letzten Tag des April 2002 erzeugte Elektrizitätsmenge zu übermitteln, die von einem Wirtschaftsprüfer oder einer Wirtschaftsprüfungsgesellschaft überprüft und bescheinigt worden ist. [3]Der Zeitraum der ersten monatlichen Mitteilung beginnt ab dem 1. Mai 2002. [4]Die übermittelten Informationen nach Satz 1 Nummer 1 bis 3 sowie die Angabe der jeweils noch verbleibenden Elektrizitätsmenge werden

durch die zuständige Behörde im Bundesanzeiger bekannt gemacht; hierbei werden die erzeugten Elektrizitätsmengen im Sinne des Satzes 1 Nummer 1 jährlich zusammengerechnet für ein Kalenderjahr im Bundesanzeiger bekannt gemacht, jedoch bei einer voraussichtlichen Restlaufzeit von weniger als sechs Monaten monatlich.

(1d) **[1]Für das Kernkraftwerk Mülheim-Kärlich gelten Absatz 1a Satz 1, Absatz 1b Satz 1 bis 3 und Absatz 1c Satz 1 Nr. 3 mit der Maßgabe, dass vorbehaltlich des Satzes 2 die in Anlage 3 Spalte 2 aufgeführte Elektrizitätsmenge nur nach Übertragung auf die dort aufgeführten Kernkraftwerke in diesen produziert werden darf. [2]Aus dem Elektrizitätsmengenkontingent des Kernkraftwerks Mülheim-Kärlich gemäß Anlage 3 Spalte 2 sind von einer Übertragung nach Absatz 1b Satz 1 bis 3 ausgenommen Elektrizitätsmengen von 25 900,00 Gigawattstunden.**

(2) **Die Genehmigung darf nur erteilt werden, wenn**

1. **keine Tatsachen vorliegen, aus denen sich Bedenken gegen die Zuverlässigkeit des Antragstellers und der für die Errichtung, Leitung und Beaufsichtigung des Betriebs der Anlage verantwortlichen Personen ergeben, und die für die Errichtung, Leitung und Beaufsichtigung des Betriebs der Anlage verantwortlichen Personen die hierfür erforderliche Fachkunde besitzen,**
2. **gewährleistet ist, daß die bei dem Betrieb der Anlage sonst tätigen Personen die notwendigen Kenntnisse über einen sicheren Betrieb der Anlage, die möglichen Gefahren und die anzuwendenden Schutzmaßnahmen besitzen,**
3. **die nach dem Stand von Wissenschaft und Technik erforderliche Vorsorge gegen Schäden durch die Errichtung und den Betrieb der Anlage getroffen ist,**
4. **die erforderliche Vorsorge für die Erfüllung gesetzlicher Schadensersatzverpflichtungen getroffen ist,**
5. **der erforderliche Schutz gegen Störmaßnahmen oder sonstige Einwirkungen Dritter gewährleistet ist,**
6. **überwiegende öffentliche Interessen, insbesondere im Hinblick auf die Umweltauswirkungen, der Wahl des Standorts der Anlage nicht entgegenstehen.**

(3) **[1]Die Stillegung einer Anlage nach Absatz 1 Satz 1 sowie der sichere Einschluß der endgültig stillgelegten Anlage oder der Abbau der Anlage oder von Anlagenteilen bedürfen der Genehmigung. [2]Absatz 2 gilt sinngemäß. [3]Eine Genehmigung nach Satz 1 ist nicht erforderlich, soweit die geplanten Maßnahmen bereits Gegenstand einer Genehmigung nach Absatz 1 Satz 1 oder Anordnung nach § 19 Abs. 3 gewesen sind. [4]Anlagen nach Absatz 1 Satz 1, deren Berechtigung zum Leistungsbetrieb nach Absatz 1a erloschen ist oder deren Leistungsbetrieb endgültig beendet ist und deren Betreiber Einzahlende nach § 2 Absatz 1 Satz 1 des Entsorgungsfondsgesetzes sind, sind unverzüglich stillzulegen und abzubauen. [5]Die zuständige Behörde kann im Einzelfall für Anlagenteile vorübergehende Ausnahmen von Satz 4 zulassen, soweit und solange dies aus Gründen des Strahlenschutzes erforderlich ist.**

(4) **[1]Im Genehmigungsverfahren sind alle Behörden des Bundes, der Länder, der Gemeinden und der sonstigen Gebietskörperschaften zu betei-**

ligen, deren Zuständigkeitsbereich berührt wird. [2]Bestehen zwischen der Genehmigungsbehörde und einer beteiligten Bundesbehörde Meinungsverschiedenheiten, so hat die Genehmigungsbehörde die Weisung des für die kerntechnische Sicherheit und den Strahlenschutz zuständigen Bundesministeriums einzuholen. [3]Im übrigen wird das Genehmigungsverfahren nach den Grundsätzen der §§ 8, 10 Abs. 1 bis 4, 6 bis 8, 10 Satz 2 und des § 18 des Bundes-Immissionsschutzgesetzes durch Rechtsverordnung geregelt; dabei kann vorgesehen werden, dass bei der Prüfung der Umweltverträglichkeit der insgesamt zur Stilllegung, zum sicheren Einschluss oder zum Abbau von Anlagen zur Spaltung von Kernbrennstoffen oder von Anlagenteilen geplanten Maßnahmen von einem Erörterungstermin abgesehen werden kann.

(5) **[1]Für ortsveränderliche Anlagen gelten die Absätze 1, 2 und 4 entsprechend. [2]Jedoch kann die in Absatz 4 Satz 3 genannte Rechtsverordnung vorsehen, daß von einer Bekanntmachung des Vorhabens und einer Auslegung der Unterlagen abgesehen werden kann und daß insoweit eine Erörterung von Einwendungen unterbleibt.**

(6) **§ 14 des Bundes-Immissionsschutzgesetzes gilt sinngemäß für Einwirkungen, die von einer genehmigten Anlage auf ein anderes Grundstück ausgehen.**

Literatur: *Ennuschat/Wank/Winkler* (Hrsg.), Gewerbeordnung, 9. Aufl. 2020; *Frenz* (Hrsg.), Atomrecht, 2019; *Hornung/Schallbruch* (Hrsg.), IT-Sicherheitsrecht, 2021; *Kipker* (Hrsg.), Cybersecurity, 2020; *Kloepfer,* Umweltrecht, 4. Aufl. 2016; *Kment* (Hrsg.), Energiewirtschaftsgesetz, 2. Aufl. 2019; *Koch/Hofmann/Reese* (Hrsg.), Handbuch Umweltrecht, 5. Aufl. 2018; *Schoch/Schneider* (Hrsg.), Verwaltungsrecht VwGO, 42. EL 2022; *Theobald/Kühling* (Hrsg.), Energierecht, 116. EL 2022; *Voigt,* IT-Sicherheitsrecht, 2. Aufl. 2021.

Inhaltsübersicht

A. Allgemeines

1 Abs. 1 S. 1 und Abs. 3 statuieren eine **Genehmigungspflicht** für die Errichtung, den Betrieb, die Stilllegung und die wesentliche Veränderung ortsfester, **kerntechnischer Anlagen.** Abs. 2 beschreibt die einzelnen Genehmigungsvoraussetzungen. Die Genehmigungspflicht ist Ausdruck des explizit normierten

Zwecks, **Schutz vor den von der Verwendung von Kernbrennstoffen ausgehenden Gefahren** zu gewährleisten (vgl. § 1 Nr. 2 und 3).[1]

Die Abs. 1a–1c treffen zentrale Regelungen zum sogenannten **Atomausstieg,** der 2
mit dem „13. Gesetz zur Änderung des Atomgesetzes" vom 31.7.2011 (BGBl. I S. 1704) beschlossen wurde. Nach Abs. 1 S. 2 werden keine atomrechtlichen Genehmigungen zur gewerblichen Erzeugung von Elektrizität und von Anlagen zur Aufbereitung bestrahlter Kernbrennstoffe mehr erteilt. Abs. 1a bestimmt die jeweiligen Restlaufzeiten der momentan betriebenen Kernkraftwerke. Hieraus ergibt sich, dass mit dem 31.12.2022 die Genehmigungen zum Betrieb der letzten Kernkraftwerke (Isar 2, Emsland und Neckarwestheim 2) auslaufen. Regelungen zu den verbleibenden, produzierbaren Reststrommengen, ihrer Übertragbarkeit auf andere Kernkraftwerke und den Informations- und Mitteilungspflichten der Betreiber finden sich in den Abs. 1b und 1c.[2] In der politischen Diskussion wurden insbesondere beginnend mit dem Jahr 2021 Stimmen lauter, die einen „Ausstieg vom Atomausstieg" forderten.

Nach dem völkerrechtswidrigen Angriff Russlands auf die Ukraine verschärfte 3
sich die bereits vor Kriegsbeginn bestehende angespannte Lage auf den Energiemärkten. Vor diesem Hintergrund brachte die Bundesregierung am 20.10.2022 den Entwurf eines Neunzehnten Gesetzes zur Änderung des Atomgesetzes (19. AtGÄndG) ein, wonach der Weiterbetrieb der Kernkraftwerke Emsland, Isar 2 und Neckarwestheim 2 nunmehr bis zum 15.4.2023 zur Aufrechterhaltung der Netzsicherheit, Stabilisierung der Leistungsbilanz sowie zur Gewährleistung der Energieversorgung befristet sein soll.[3]

Das **Genehmigungsverfahren** ist in Abs. 4 geregelt. Dieser enthält unter ande- 4
rem Vorgaben zur Beteiligung von Behörden, zum Erlass von Rechtsverordnungen und zum Vorgehen bei behördlichen Meinungsverschiedenheiten. Abs. 5 sieht eine entsprechende Anwendbarkeit der Abs. 1, 2 und 4 auf ortsveränderliche Anlagen vor. Nach Abs. 7 gilt § 14 BImSchG, der den Ausschluss privatrechtlicher Abwehransprüche gegen den Anlagenbetrieb normiert, auch für Einwirkungen, die von kerntechnischen Anlagen iSd § 7 auf andere Grundstücke ausgehen.[4]

Einen spezifischen Bezug zur IT-Sicherheit weisen insbesondere die Genehmi- 5
gungsvoraussetzungen des Abs. 2 auf. Die Genehmigungserteilung ist an die **Einhaltung umfassender Sicherheitsstandards** geknüpft. Dies betrifft auch die Sicherheit der im Rahmen kerntechnischer Anlagen und Tätigkeiten eingesetzten **informationstechnischen Systeme.**[5]

B. Einzelerläuterungen

I. Anwendungsbereich

Nach Abs. 1 S. 1 bedürfen die Errichtung und der Betrieb von ortsfesten An- 6
lagen zur Erzeugung, zur Bearbeitung, zur Verarbeitung oder zur Spaltung von Kernbrennstoffen oder zur Aufarbeitung bestrahlter Kernbrennstoffe der Geneh-

---

1 Zu den Risiken der Atomkraft eingehend Koch/Hofmann/Reese UmweltR-HdB/*John,* § 10 Rn. 3–7.

2 Koch/Hofmann/Reese UmweltR-HdB/*John,* § 10 Rn. 102–104.

3 BT-Drs. 20/4217, 7.

4 Frenz/*Leidinger,* Rn. 3–7.

5 Hornung/Schallbruch IT-SicherheitsR/*Guckelberger,* § 23 Rn. 27.

migung. Auch wer eine solche Anlage „sonst innehat" oder die Anlage oder ihren Betrieb wesentlich verändert bzw. eine solche Anlage gem. Abs. 3 stilllegt, unterfällt der **Genehmigungspflicht.** Die Genehmigungspflicht in Abs. 1 S. 1 ist damit sowohl gegenstands- als auch tätigkeitsbezogen ausgestaltet.[6] Abs. 5 stellt klar, dass die Genehmigungspflicht auch für ortsveränderliche Anlagen gilt.

7 Genehmigungsgegenstand sind **„kerntechnische Anlagen"**, die in § 2 Abs. 3a Nr. 1 lit. a als ortsfeste Anlagen zur Erzeugung oder zur Bearbeitung oder Verarbeitung oder zur Spaltung von Kernbrennstoffen oder zur Aufarbeitung bestrahlter Kernbrennstoffe legaldefiniert werden. Gem. § 2 Abs. 1 S. 2 sind **Kernbrennstoffe** besonders spaltbare Stoffe, die Plutonium 239, Plutonium 241 oder mit den Isotopen 235 und 233 angereichertes Uran enthalten. Ebenfalls als Kernbrennstoffe zu qualifizieren sind andere radioaktive Stoffe, mit deren Hilfe in einer geeigneten Anlage eine sich selbst tragende Kettenreaktion aufrechterhalten werden kann. Zu beachten ist, dass weder der individuelle Betriebszweck des Reaktors für die Genehmigungspflicht von Belang ist noch die technische Ausgestaltung des Reaktors (etwa als Druck- oder Siedewasserreaktor)[7] einen Einfluss auf das Bestehen der Genehmigungspflicht hat.

8 Unter den Begriff der **kerntechnischen Anlagen** fallen somit insbesondere **Kernreaktoren.** Auf Grund der Neutralität hinsichtlich des Betriebszwecks fallen neben Kraftwerken zur Energieerzeugung auch ausschließlich zu Zwecken der Forschung betriebene und genutzte Reaktoren in den Anwendungsbereich **(Forschungsreaktoren).** Neben Reaktoren umfasst der sachliche Anwendungsbereich des § 7 auch Uranerzaufbereitungsanlagen, Isotopentrennanlagen, Urananreicherungsanlagen, Brennelementfabriken und Konversionsanlagen sowie Wiederaufbereitungsanlagen für bestrahlte Kernbrennstoffe.

9 Als technisch umsetzbare, ortsveränderliche Anlagen iSd Abs. 5 sind mobile Kraftwerke – etwa in Form von Kleinreaktoren an Bord von Schiffen oder Satelliten – zu verstehen.[8]

10 Aus dem umfassenden gefahrenabwehrrechtlichen Schutzzweck des AtG[9] ergibt sich, dass all diejenigen Teile der kerntechnischen Anlage von der Genehmigungspflicht und damit auch von den sich aus den Genehmigungsvoraussetzungen ergebenden technischen Anforderungen umfasst sind, deren Funktionsfähigkeit **Auswirkungen auf die Nuklearsicherheit** haben kann. Damit fallen nicht nur der Anlagenkern, sondern auch Nebeneinrichtungen, die der Gewährleistung eines sicheren Betriebs dienen, in den Anwendungsbereich des § 7.[10]

11 **Genehmigungspflichtige Tätigkeiten** sind nach Abs. 1 S. 1 die Errichtung, der Betrieb, das wesentliche Verändern und nach Abs. 3 die Stilllegung bzw. der sichere Einschluss der oben genannten Anlagen. Auch das „sonstige Innehaben" einer Anlage wird von Abs. 1 erfasst.

12 Unter dem **Betrieb einer Anlage** ist jegliche Form ihrer Nutzung bis zum formalen Akt der Stilllegung iSd Abs. 3 zu verstehen. Auch wenn die Energieproduktion eines Kernkraftwerks – etwa wegen des Erreichens der nach Abs. 1a zugeteilten Reststrommenge – gestoppt ist, wird sie im rechtlichen Sinne weiterhin „betrieben". Erst mit Erteilung der Stilllegungsgenehmigung nach Abs. 3 endet ihr

---

[6] Frenz/*Leidinger,* Rn. 6.

[7] Frenz/*Leidinger,* Rn. 6–9; Kloepfer UmweltR, § 16 Rn. 91, 94.

[8] Frenz/*Leidinger,* Rn. 330, 333.

[9] Frenz/*Leidinger,* § 1 Rn. 9.

[10] Frenz/*Leidinger,* Rn. 12–16.

Betrieb. Zu beachten ist, dass seit der Einführung des Abs. 1 S. 2 im Jahre 2002 durch das „Gesetz zur geordneten Beendigung der Kernenergienutzung zur gewerblichen Erzeugung von Elektrizität" (BGBl. I S. 1351) die Erteilung von Genehmigungen zur Errichtung oder zum Betrieb von Kernkraftwerken bzw. Anlagen zur Aufarbeitung bestrahlter Kernbrennstoffe ausgeschlossen ist.[11] Bereits erteilte Genehmigungen gelten bis zu ihrem Auslaufen fort, sind dabei jedoch nach Abs. 1a–1c zum einen an Reststrommengen und zum anderen an feste Ausstiegsdaten geknüpft.[12] Genehmigungen zur Errichtung und zum Betrieb der übrigen von § 7 erfassten kerntechnischen Anlagen, etwa von Forschungsreaktoren, können weiterhin erteilt werden.[13]

Auch die **wesentliche Änderung** einer kerntechnischen Anlage oder ihres Be- **13** triebs bedarf jeweils der Genehmigung. Wegen des **Verbots der Neuerteilung einer Kernkraftwerksgenehmigung seit dem Jahr 2002** kommt der Änderungsgenehmigung eine enorme praktische Bedeutung zu.[14] Unter einer Änderung ist das Abweichen von dem genehmigten Anlagenbestand bzw. -betrieb zu verstehen. Solche Abweichungen können sich insbesondere durch bauliche Maßnahmen, Reorganisation der Betriebsabläufe aber auch durch Anpassungen der eingesetzten Informationstechnik, etwa hinsichtlich der den Betrieb (mit)steuernden Software, ergeben. Eine Änderung ist „wesentlich" iSd Norm, wenn sie mehr als nur offensichtlich unerhebliche Auswirkungen auf das Sicherheitsniveau der Anlage haben kann und daher Anlass zu einer erneuten Prüfung gibt.[15]

Der Begriff des „sonstigen Innehabens" fungiert als **Auffangtatbestand** gegen- **14** über den anderen Tätigkeiten. Zweck ist eine umfassende Kontrollmöglichkeit kerntechnischer Anlagen auch in einem Zeitraum, innerhalb dessen diese nicht mehr errichtet oder betrieben werden.

II. Genehmigungsvoraussetzungen nach Abs. 2

Abs. 2 enthält einen **Katalog anlagenbezogener und personenbezogener** **15** **Genehmigungsvoraussetzungen.**[16] Nach dem Wortlaut des Abs. 2 steht der zuständigen Genehmigungsbehörde ein **Versagungsermessen** zu. Hiernach „darf" eine Genehmigung bei Vorliegen der Voraussetzungen erteilt werden. Laut der Rechtsprechung des BVerfG unterliegt die Ermessensausübung im Rahmen des Abs. 2 jedoch engen durch das Verfassungsrecht vorgegebenen Grenzen. Eine Genehmigung darf bei Vorliegen der Voraussetzungen nur in Ausnahmefällen auf Grund besonderer und unvorhergesehener Umstände versagt werden.[17]

Anforderungen an die **IT-Sicherheit** ergeben sich insbesondere aus Abs. 2 **16** Nr. 1–3 und 5. Nr. 4 hingegen verlangt eine ausreichende Vorsorge für die Erfüllung gesetzlicher Schadensersatzverpflichtungen, die insbesondere durch den Ab-

---

[11] Koch/Hofmann/Reese UmweltR-HdB/*John,* § 10 Rn. 74.

[12] Koch/Hofmann/Reese UmweltR-HdB/*John,* § 10 Rn. 68.

[13] Frenz/*Leidinger,* Rn. 19.

[14] Frenz/*Leidinger,* Rn. 26.

[15] Vgl. *BVerwG,* Urt. v. 21.8.1996 – 11 C 9/95, NVwZ 1997, 161 (162); Koch/Hofmann/Reese UmweltR-HdB/*John,* § 10 Rn. 99f.

[16] Frenz/*Leidinger,* Rn. 19.

[17] *BVerfG,* Beschl. v. 8.8.1978 – 2 BvL 8/77, BVerfGE 49, 89 (145ff.); zum Versagungsermessen im Rahmen des § 7 AtG siehe Frenz/*Leidinger,* Rn. 224–238; Kloepfer UmweltR, § 16 Rn. 105–109; Koch/Hofmann/Reese UmweltR-HdB/*John,* § 10 Rn. 73.

schluss von Haftpflichtversicherungen oder Solidarvereinbarungen getroffen werden kann.[18] Nr. 6 sieht eine Umweltverträglichkeitskontrolle vor, wonach der Wahl des Standortes keine überwiegenden öffentlichen Interessen, insbesondere im Hinblick auf die Umweltauswirkungen, entgegenstehen dürfen.[19]

17 **1. Zuverlässigkeit und Fachkunde (Abs. 2 Nr. 1).** Nach Abs. 2 Nr. 1 darf die Genehmigung nur erteilt werden, wenn keine Tatsachen vorliegen, aus denen sich Bedenken gegen die **Zuverlässigkeit** des Antragstellers und der für die Errichtung, Leitung und Beaufsichtigung des Betriebs der Anlage verantwortlichen Personen ergeben. Ferner müssen die für die Errichtung, Leitung und Beaufsichtigung des Betriebs der Anlage verantwortlichen Personen die hierfür erforderliche Fachkunde besitzen. Subjekt dieser **personenbezogenen Genehmigungsvoraussetzungen** sind folglich zum einen der **Antragsteller** und zum anderen die für die Errichtung, Leitung und Beaufsichtigung des Betriebs der Anlage **verantwortlichen Personen.** Der betroffene Personenkreis ist bei jeder kerntechnischen Anlage **individuell zu bestimmen.** Handelt es sich bei dem Antragsteller um eine juristische Person oder nicht rechtsfähige Personenvereinigung, muss auf die Zuverlässigkeit der nach Gesetz, Satzung oder Gesellschaftsvertrag zur Vertretung oder Geschäftsführung Berechtigten abgestellt werden.[20]

18 **Unzuverlässig** iSd Atomrechts ist, „wer keine Gewähr dafür bietet, dass er die genehmigte Tätigkeit in Zukunft ordnungsgemäß ausüben wird".[21] Die Genehmigungsbehörde hat insoweit eine **Prognoseentscheidung** bzgl. der zukünftigen Zuverlässigkeit des Antragstellers durchzuführen. Aus dem Wortlaut des Abs. 2 Nr. 1 geht dabei hervor, dass sich die Behörde im Rahmen ihrer Entscheidung nur auf Tatsachen stützen darf.

19 Von erhöhter Relevanz für die Prognoseentscheidungen sind insbesondere Verstöße gegen Vorschriften, die dem Schutz vor den Gefahren der Kerntechnik dienen.[22] Damit sind sowohl Verstöße gegen das in § 44b normierte Meldeverfahren als auch gegen die sich aus den §§ 7 Abs. 2 Nr. 3, 5 und 7c bzw. 7d ergebenden Anforderungen an die **Sicherheit der informationstechnischen Systeme kerntechnischer Anlagen** bei der Prognoseentscheidung zu beachten und insoweit als genehmigungsrelevant zu qualifizieren, da diese Pflichten jeweils der Gewährleistung der nuklearen Sicherheit dienen. Nicht jeder Verstoß oder Störfall führt jedoch zu einer „Unzuverlässigkeit" iSd Abs. 2 Nr. 1. Im Rahmen der Prognoseentscheidung ist eine potenzielle, etwa durch Sanktionen bewirkte Verhaltensänderungen ebenfalls mitzuberücksichtigen.[23] Die Einzelheiten des Verfahrens sind in der AtZüV geregelt.[24]

20 Die für die Errichtung, Leitung und Beaufsichtigung des Betriebs der Anlage verantwortlichen Personen haben ferner über die **„erforderliche Fachkunde"** zu verfügen. Art und Ausmaß dieser „erforderlichen Fachkunde" richten sich nach der jeweils durch die konkrete Person ausgeübten Tätigkeit. Nähere Regelungen hierzu finden sich in Verwaltungsvorschriften wie der ministerialen „Richtlinie für

[18] Koch/Hofmann/Reese UmweltR-HdB/*John,* § 10 Rn. 92.
[19] Koch/Hofmann/Reese UmweltR-HdB/*John,* § 10 Rn. 98.
[20] Vgl. § 3 AuZüV.
[21] Ennuschat/Wank/Winkler/*Ennuschat,* GewO § 35 Rn. 27; Frenz/*Leidinger,* Rn. 139 und 141.
[22] Vgl. Frenz/*Leidinger,* Rn. 141.
[23] Frenz/*Leidinger,* Rn. 142; Kloepfer UmweltR, § 16 Rn. 120.
[24] Koch/Hofmann/Reese UmweltR-HdB/*John,* § 10 Rn. 81.

den Fachkundenachweis von Kernkraftwerkspersonal". Betrifft die Tätigkeit des erfassten Personenkreises den Umgang mit informationstechnischen Systemen, Komponenten oder Prozessen, so sind entsprechende Fähigkeiten und Kenntnisse aus dem Bereich der Informations- und/oder Elektrotechnik vorzuweisen. Hierbei sind sowohl erfolgreich abgeschlossene Bildungsgänge, insbesondere Studienabschlüsse, als auch der Nachweis praktischer Erfahrungen von Relevanz.

2. Notwendige Kenntnisse (Abs. 2 Nr. 2). Nach Abs. 2 Nr. 2 müssen die bei dem Betrieb der Anlage sonst tätigen Personen die **notwendigen Kenntnisse** hinsichtlich des sicheren Betriebs der Anlage, der möglichen Gefahren und der aufzuwendenden Schutzmaßnahmen besitzen. Unter diesen Personenkreis fällt das gesamte Betriebspersonal, soweit es nicht bereits von Abs. 2 Nr. 1 erfasst ist. Detailregelungen finden sich auch hier in den einschlägigen ministerialen Richtlinien. 21

Der Umfang der „notwendigen Kenntnisse" ist – ähnlich der „erforderlichen Fachkunde" in Abs. 2 Nr. 1 – mit Blick auf die Umstände des Einzelfalls zu bestimmen.[25] Der Sachverstand muss einen „sicheren" Betrieb der Anlage, also die Abwehr und Vermeidung von Gefahren für die nukleare Sicherheit, gewährleisten. Insofern muss das Betriebspersonal auch in der Lage sein, die relevanten **informationstechnischen Systeme** sachgerecht und ohne die Herbeiführung entsprechender Gefahren einsetzen zu können. Dazu zählt auch, im Falle auftretender IT-Störungen umgehend erforderliche **Notfallmaßnahmen** zum Schutz der nuklearen Sicherheit einzuleiten. 22

3. Schadensvorsorge nach dem Stand von Wissenschaft und Technik (Abs. 2 Nr. 3). Nach Abs. 2 Nr. 3 muss die nach dem **Stand von Wissenschaft und Technik** erforderliche Vorsorge gegen Schäden durch die Errichtung und den Betrieb der Anlage getroffen worden sein. Die von unbestimmten Rechtsbegriffen geprägten Tatbestandsvoraussetzungen des Abs. 2 Nr. 3 haben durch die Rechtsprechung eine maßgebliche Konkretisierung erfahren. Nach der Rechtsprechung des BVerfG muss diejenige Vorsorge gegen Schäden getroffen werden, die **nach den neuesten wissenschaftlichen Erkenntnissen für erforderlich** gehalten wird. Die erforderlichen Maßnahmen sind dabei nicht zwingend durch das gegenwärtig technisch Machbare begrenzt. Eine Genehmigung ist somit zu versagen, wenn die nach aktuellem Stand der Wissenschaft und Technik für erforderlich gehaltene Vorsorge technisch nicht umsetzbar ist.[26] 23

Der Umstand, dass die Regelung wegen der Offenheit ihres Wortlauts ausfüllungsbedürftig ist, ist laut dem sog. **Kalkar-Beschluss des BVerfG** aus dem Jahre 1978 verfassungsrechtlich nicht nur unbedenklich, sondern gerade geboten, um dem grundrechtsschützenden Zweck des atomrechtlichen Genehmigungsverfahrens Rechnung zu tragen. Der auslegungsfähige und -bedürftige Begriff „Stand von Wissenschaft und Technik" ermögliche es dem Gesetzesanwender, dynamisch auf die neuesten wissenschaftlichen Erkenntnisse zu reagieren und einen dem atomrechtlichen Schutzzweck nach § 1 Nr. 2 bestmöglich entsprechenden Grundrechtsschutz umzusetzen.[27] 24

Die nach Abs. 2 Nr. 3 erforderliche Vorsorge gegen Schäden wird nach der Rechtsprechung durch den sog. **Grundsatz der bestmöglichen Gefahren-** 25

---

25 Frenz/*Leidinger*, Rn. 145 f.

26 *BVerfG*, Beschl. v. 8.8.1978 – 2 BvL 8/77, BVerfGE 49, 89 (136); Frenz/*Leidinger*, Rn. 157 f.; Kloepfer UmweltR, § 16 Rn. 120.

27 *BVerfG*, Beschl. v. 8.8.1978 – 2 BvL 8/77, BVerfGE 49, 89 (137); Frenz/*Leidinger*, Rn. 148; Kloepfer UmweltR, § 16 Rn. 119.

abwehr und Risikovorsorge bestimmt.[28] Neben der klassischen Gefahrenabwehr sind Anlagenbetreiber auch zur Risikovorsorge verpflichtet, die bereits im Vorfeld der Gefahrenabwehr ansetzt. Anknüpfungspunkt der Risikovorsorge ist folgerichtig der **Gefahrenverdacht** oder das **Besorgnispotenzial.**[29] Die Risikovorsorge umfasst zum einen Maßnahmen gegen solche Auswirkungen, die auf Grund ihrer Qualität unterhalb der rechtlichen Gefahrenschwelle liegen. Zum anderen erfordert die Risikovorsorge auch Maßnahmen gegen solche Schadensereignisse, die eine äußerst geringe Eintrittswahrscheinlichkeit aufweisen.[30] Ein absoluter Risikoschutz soll dennoch nicht gefordert sein.[31] Ist ein Schadenseintritt nach dem Maßstab praktischer Vernunft ausgeschlossen, so liegt er im Bereich des – rechtlich unbeachtlichen – **Restrisikos,** das als „sozial-adäquat" hinzunehmen ist und dessen Eintritt nicht durch Vorsorgemaßnahmen nach Abs. 2 Nr. 3 ausgeschlossen werden muss.[32]

26 Eine Abgrenzung zwischen der von der Schadensvorsorge nach Abs. 2 Nr. 3 erfassten Risikovorsorge und dem nicht erfassten Restrisikobereich findet unter Berücksichtigung der konkreten **Umstände des Einzelfalls** anhand von **Eintrittswahrscheinlichkeiten** statt.[33] Die diesbezügliche Einschätzungsprärogative steht der Exekutive zu.[34] Der gesamte Bereich der nach Abs. 2 Nr. 3 erforderlichen Vorsorge hat drittschützenden Charakter.[35]

27 Die **erforderliche Schadensvorsorge** hat sich am jeweiligen **Stand der Technik** zu orientieren und muss damit die neuesten wissenschaftlichen Erkenntnisse einbeziehen.[36] Zur Konkretisierung des aktuellen Stands der Technik können die Bekanntmachungen des Bundesministeriums für Umwelt, Naturschutz, nukleare Sicherheit und Verbraucherschutz (BMUV) sowie die Leitlinien und Empfehlungen der Reaktorsicherheitskommission, der Strahlenschutzkommission und des kerntechnischen Ausschusses herangezogen werden.[37] Da es sich um untergesetzliche Regelungswerke handelt, entfalten diese keine unmittelbare Bindungswirkung gegenüber den Gerichten, können jedoch zur Auslegung der Tatbestandsmerkmale herangezogen werden.[38]

28 Von größter Praxisrelevanz sind die vom BMUV in Übereinkunft mit den für die atomrechtliche Aufsicht zuständigen Landesbehörden beschlossenen „**Sicherheitsanforderungen an Kernkraftwerke** in der Neufassung vom 3. März 2015".[39] Neben der Konkretisierung der Tatbestandsmerkmale des Abs. 2 Nr. 3 dienen sie auch

---

[28] *BVerfG,* Beschl. v. 8.8.1978 – 2 BvL 8/77, BVerfGE 49, 89 (137ff.); BT-Drs. 17/3052, 13.
[29] So die Terminologie des Bundesverwaltungsgerichts, *BVerwG,* Urt. v. 19.12.1985 – 7 C 65/82, NVwZ 1986, 208 (211); zum Begriff des Risikos siehe auch in Schoch/Schneider/*Wahl/Schütz,* VwGO § 42 Abs. 2 Rn. 153f.
[30] Siehe BT-Drs. 17/3052, 13; Kloepfer UmweltR, § 16 Rn. 124ff.
[31] *BVerwG,* Urt. v. 19.12.1985, BVerwGE 72, 300 (316); Kloepfer UmweltR, § 16 Rn. 127.
[32] *BVerfG,* Beschl. v. 8.8.1978 – 2 BvL 8/77, BVerfGE 49, 89 (143); BT-Drs. 17/3052, 13; Koch/Hofmann/Reese UmweltR-HdB/*John,* § 10 Rn. 83 und 86.
[33] Frenz/*Leidinger,* Rn. 152f.
[34] *BVerwG,* Urt. v. 19.12.1985, BVerwGE 72, 300 (316f.); Frenz/*Leidinger,* Rn. 155; Koch/Hofmann/Reese UmweltR-HdB/*John,* § 10 Rn. 85.
[35] Vgl. Kloepfer UmweltR, § 16 Rn. 129.
[36] Kloepfer UmweltR, § 16 Rn. 120.
[37] Frenz/*Leidinger,* Rn. 147f., 159 und 174; Kloepfer UmweltR, § 16 Rn. 120f. und 167f.
[38] Frenz/*Leidinger,* Rn. 168.
[39] Sicherheitsanforderungen an Kernkraftwerke (BAnz AT 30.3.2015 B2); Koch/Hofmann/Reese UmweltR-HdB/*John,* § 10 Rn. 64 und 90.

der Konkretisierung der Anforderungen des § 7 d.[40] Sie enthalten umfassende Vorgaben technischer, organisatorischer und personeller Natur und werden in regelmäßigen Abständen unter Beachtung aktueller technisch-wissenschaftlicher Erkenntnisse aktualisiert. Nach einem einleitenden Gesamtsicherheitskonzept definieren sie spezifische Anforderungen an einzelne Anlagenteile. Komplementiert werden sie durch die ebenfalls vom BMUV veröffentlichten „Interpretationen zu den Sicherheitsanforderungen an Kernkraftwerke"[41], sowie die übrigen technischen Regelwerke der Reaktorsicherheitskommission, der Strahlenschutzkommission und des kerntechnischen Ausschusses.[42]

Da zahlreiche Prozesse kerntechnischer Anlagen auf informationstechnische 29 Systeme gestützt sind, finden sich im untergesetzlichen Regelungswerk umfangreiche Vorgaben mit Bezug zur **IT-Sicherheit.** Die in Kernkraftwerken zum Einsatz kommende **Informationstechnik** unterliegt dabei nach den Bekanntmachungen des BMUV einem gestuften Sicherheitskonzept: Je bedeutender die durch Informationstechnik gestützten Abläufe und Funktionen für die nukleare Sicherheit sind, desto strengeren Sicherheitsanforderungen unterliegen die jeweils eingesetzte Hard- und Software. Abhängig von der sicherheitstechnischen Bedeutung enthalten die „Sicherheitsanforderungen an Kernkraftwerke" dabei Vorgaben bzgl. der Entwicklung, dem Qualitätsmanagement, dem Einsatz und der Konfiguration von Software sowie der **Errichtung und dem Betrieb von Hardware.**[43] In den „Interpretationen zu den Sicherheitsanforderungen an Kernkraftwerke" finden sich konkrete **Anforderungen an die Softwarearchitektur** und die Organisation in den einzelnen Schritten des Entwicklungsverfahrens.[44]

4. Schutz gegen Störmaßnahmen und sonstige Einwirkungen Dritter (Abs. 2 Nr. 5). Gem. Abs. 2 Nr. 5 ist der erforderliche Schutz gegen **Störmaßnahmen** oder sonstige Einwirkungen Dritter zu gewährleisten. In Abgrenzung zu Abs. 2 Nr. 3 betrifft Abs. 2 Nr. 5 den Schutz gegen Einwirkungen von außen auf die Anlage und nicht etwa den Schutz gegen von der Anlage ausgehende Gefahren.[45] 30

Der „erforderliche Schutz" ist parallel zur erforderlichen Vorsorge aus Abs. 2 31 Nr. 3 auf eine bestmögliche Gefahrenabwehr und Risikovorsorge gerichtet. Auf Grund des vergleichbaren Gefahrenpotenzials entspricht das geforderte Schutzniveau demjenigen des Abs. 2 Nr. 3, sodass sich der erforderliche Schutz jeweils am Stand von Wissenschaft und Technik zu orientieren hat. Gefahren durch Störmaßnahmen und sonstige Einwirkungen Dritter sind nach dem **Maßstab „praktischer Vernunft"** auszuschließen. Das verbleibende Risiko ist als sog. „Restrisiko" als sozial-adäquat hinzunehmen.[46]

---

[40] Sicherheitsanforderungen an Kernkraftwerke (BAnz AT 30.3.2015 B2), S. 3. Im Rahmen der Anlagensicherung iSd § 7 Abs. 2 Nr. 5 AtG sind die „Sicherheitsanforderungen an KKW" hingegen nicht heranzuziehen.

[41] Interpretationen zu den Sicherheitsanforderungen an Kernkraftwerke (BAnz AT 30.3.2015 B3).

[42] Kloepfer UmweltR, § 16 Rn. 121; Theobald/Kühling/*Näser,* AtG § 6 Rn. 113.

[43] Sicherheitsanforderungen an Kernkraftwerke (BAnz AT 30.3.2015 B2), S. 16; Interpretationen zu den Sicherheitsanforderungen an Kernkraftwerke (BAnz AT 30.3.2015 B3), S. 28.

[44] Siehe etwa Interpretationen zu den Sicherheitsanforderungen an Kernkraftwerke (BAnz AT 30.3.2015 B3), S. 34, 35.

[45] Frenz/*Leidinger,* Rn. 198.

[46] Frenz/*Leidinger,* Rn. 201 f.; vgl. auch Koch/Hofmann/Reese UmweltR-HdB/*John,* § 10 Rn. 97.

32 Eine **Störmaßnahme** iSd AtG ist jegliches Verhalten, das zu einer Störung des Anlagenbetriebs führen soll, also eine zielgerichtete, vorsätzlich auf die Anlage gerichtete Verhaltensweise. Dies umfasst alle Maßnahmen und Verhaltensweisen, die unmittelbare oder mittelbare Auswirkungen auf den Funktionsablauf der Anlage bewirken oder bewirken sollen.[47] Unter „sonstigen Einwirkungen Dritter" sind unvorsätzliche Handlungen, wie etwa Flugzeugunglücke, zu verstehen.

33 Auf Grund des weiten Anwendungsbereichs fallen auch **Störungen der IT-Sicherheit,** also der Verfügbarkeit, Integrität, Authentizität und Vertraulichkeit der zum Betrieb der Anlage eingesetzten Informationstechnik (vgl. § 8b Abs. 4 Nr. 1 und 2 BSIG), die durch vorsätzliche Handlungen Dritter hervorgerufen werden, unter den Begriff der Störmaßnahme. Eine physische Einwirkung auf die kerntechnische Anlage ist nicht erforderlich. Die konkrete Vorgehensweise spielt hierbei ebenso wenig eine Rolle. Daher sind sämtliche typischen Formen sog. **Cyber-Angriffe** wie die Ausnutzung von Software-Schwachstellen, Konfigurationsschwachstellen oder menschlichem Fehlverhalten erfasst. Dies gilt auch für Cyber-Angriffe mittels sog. Botnetze. Unvorsätzliche Einwirkungen dritter, anlagenexterner Personen auf die informationstechnischen Systeme, Komponenten und Prozesse kerntechnischer Anlagen sind in der Praxis nur schwer vorstellbar. Nicht zuletzt die Manipulation der Urananreicherungsanlage im iranischen Natanz durch die Schadsoftware „Stuxnet" hat gezeigt, dass Cyber-Angriffe auf kerntechnische Anlagen in Zeiten fortschreitender Digitalisierung nicht auszuschließen und dementsprechend nicht nur dem unbeachtlichen Restrisiko zuzuordnen sind.[48]

34 Ob **Kriegsereignisse und Terrorangriffe** als Störmaßnahmen iSd Abs. 2 Nr. 5 zu qualifizieren sind, ist zwischen Rechtsprechung und Literatur **umstritten.** Auch Cyber-Angriffe können grds. einen terroristischen oder militärischen Hintergrund haben und werden von der NATO grds. als **Bündnisfall** iSv Art. 5 des NATO-Vertrages bewertet. Eine Einstufung von Kriegsereignissen und Terrorangriffen als Störmaßnahmen wird von der Literatur überwiegend mit dem Argument abgelehnt, die Vorsorge gegen solche Gefahren sei primär eine Aufgabe des Staates. Sie könne daher nicht über Abs. 2 Nr. 5 dem Anlagenbetreiber aufgebürdet werden, da das primäre Angriffsziel der Staat bzw. die Gemeinschaft, aber eben nicht der individuelle Anlagenbetreiber sei. Folgerichtig obliege auch die Vorsorge in diesem Bereich ausschließlich dem Staat.[49] Das BVerwG hingegen differenziert in einem Urteil betreffend des wortgleichen § 6 Abs. 2 Nr. 4 zwischen terroristischen Angriffen und Kriegsereignissen. Zwar sei auch die Vorsorge gegen terroristische Angriffe primär Aufgabe des Staates, dies schließe jedoch eine etwaige Vorsorgepflicht des Anlagenbetreibers nicht aus. Dem Wortlaut des Abs. 2 Nr. 5 sei kein solcher Ausschluss terroristischer Anschläge zu entnehmen. Vielmehr stellten Terroranschläge einen besonders gewichtigen Fall von Störmaßnahmen dar.[50]

35 Eine Konkretisierung erfährt die Vorsorgepflicht nach Abs. 2 Nr. 5 durch die **SEWD-Richtlinien.** Diese beinhalten sowohl Vorkehrungen auf Seiten der Anla-

---

[47] Frenz/*Leidinger,* Rn. 199.

[48] https://www.deutschlandfunk.de/hacker-angriffe-kernkraftwerke-sind-besonders-bedroht.676.de.html?dram:article_id=377648; https://www.faz.net/aktuell/feuilleton/debatten/digitales-denken/trojaner-stuxnet-der-digitale-erstschlag-ist-erfolgt-1578889.html.

[49] Zum Streitstand siehe Frenz/*Leidinger,* Rn. 200; Kloepfer Umweltrecht, § 16 Rn. 144f.

[50] *BVerwG,* Urt. v. 10.4.2008 – 7 C 39/07, NVwZ 2008, 1012 (1013ff.); Frenz/*Leidinger,* Rn. 200.

genbetreiber als auch staatliche Maßnahmen, um die durch Störmaßnahmen und sonstige Einwirkungen Dritter drohenden Gefahren nach dem Maßstab praktischer Vernunft auszuschließen.[51] Sämtliche SEWD-Richtlinien sind – um die Effektivität der Schutzmaßnahmen nicht zu gefährden – als Verschlusssachen eingestuft.[52] Für den Bereich der IT-Sicherheit ist die Richtlinie für den Schutz von IT-Systemen in kerntechnischen Anlagen und Einrichtungen der Sicherungskategorien I und II gegen Störmaßnahmen oder sonstige Einwirkungen Dritter (SEWD-Richtlinie IT) heranzuziehen. Nach der SEWD-Richtlinie IT ist zunächst eine Schutzbedarfsfeststellung vorzunehmen. Anwendungen, Systeme und Komponenten sind in Abhängigkeit von ihrer Bedeutung für die nukleare Sicherheit IT-Schutzbedarfsklassen zuzuordnen. Die erforderlichen Schutzvorkehrungen richten sich nach der jeweiligen Schutzbedarfsklasse.[53]

III. Verhältnis zu den Sicherheitspflichten des IT-SiG

Das **Gesetz zur Erhöhung der Sicherheit informationstechnischer Systeme (IT-SiG)** vom 17.7.2015 verlangt von den **Betreibern Kritischer Infrastrukturen** (hierzu → § 2 Abs. 10 BSIG) die Einhaltung bestimmter Mindestanforderungen an die **Sicherheit ihrer informationstechnischen Systeme.** Neben einer allgemeinen Sicherheitspflicht für die Betreiber Kritischer Infrastrukturen in § 8a BSIG enthält das IT-SiG als Mantelgesetz auch spezialgesetzliche Sicherheitspflichten für einzelne Sektoren. Bestehen derartige spezialgesetzliche Sicherheitspflichten, wie etwa in den Sektoren Energie (§ 11 Abs. 1a und 1b EnWG) und Telekommunikation (§ 165 Abs. 1 TKG), findet § 8a BSIG gemäß § 8d Abs. 2 BSIG keine Anwendung.[54] Anlagen iSd § 7 können dabei als dem Sektor Energie zugehörig auch Kritische Infrastrukturen darstellen (Kernenergie) und ihre Betreiber von der weiteren Regulierung erfasst sein. 36

Durch das IT-SiG wurde mit der Einfügung des § 44b zwar eine **Meldepflicht für Inhaber atomrechtlicher Genehmigungen** bei Gefährdungen oder Störungen der nuklearen Sicherheit durch die von ihnen betriebenen Anlagen oder Tätigkeiten in das AtG aufgenommen. Auf die Normierung einer sektorspezifischen Vorschrift zur Einhaltung bestimmter Mindestanforderungen an die Sicherheit der informationstechnischen Systeme für atomrechtliche Genehmigungsinhaber wurde hingegen verzichtet. Dies ist darauf zurückzuführen, dass die im Rahmen kerntechnischer Anlagen und Tätigkeiten eingesetzten IT-Systeme bereits auf Grund der Genehmigungstatbestände des AtG (§§ 6, 7 und 9) umfassenden Sicherheitsanforderungen unterliegen und aus Sicht des Gesetzgebers offensichtlich somit kein Bedarf für eine spezifische und ergänzende Neuregelung bestand.[55] Vielmehr dürften die Regelungstatbestände des AtG Vorbild für die mit dem IT-SiG neu eingeführten, vergleichbaren Vorschriften gewesen sein. 37

Kernkraftwerksbetreiber haben als Inhaber einer atomrechtlichen Genehmigung die in Abs. 2 festgelegten Sicherheitsanforderungen zu beachten. Als Betreiber Kritischer Infrastruktur im Energiesektor unterfallen sie ferner den Sicherheitspflichten 38

---

[51] Frenz/*Leidinger,* Rn. 210f.

[52] Frenz/*Leidinger,* Rn. 209f.

[53] Vgl. S. 20 des IT-Sicherheitskatalogs gemäß § 11 Abs. 1b EnWG, Dezember 2018.

[54] Kipker Cybersecurity/*Beucher/Fromageau,* Kapitel 14 Rn. 144ff.; *Voigt* IT-SicherheitsR, Rn. 251, 361.

[55] Vgl. BT-Drs. 18/4096, 29.

für Energieanlagen aus § 11 Abs. 1b S. 1 EnWG.[56] Nach § 11 Abs. 1b S. 1 EnWG haben **Betreiber von Energieanlagen** einen angemessenen Schutz gegen Bedrohungen für **Telekommunikations- und elektronische Datenverarbeitungssysteme** zu gewährleisten, die für einen sicheren Anlagenbetrieb notwendig sind. Konkretisiert wird diese Pflicht gemäß § 11 Abs. 1b S. 2 EnWG durch einen vom Bundesamt für Sicherheit in der Informationstechnik (BSI) und der Bundesnetzagentur (BNetzA) verabschiedeten Sicherheitskatalog.[57]

39 Soweit die Pflichten des AtG und des EnWG miteinander in Konflikt stehen, ordnet § 11 Abs. 1b S. 3 EnWG den **Vorrang der atomgesetzlichen Vorgaben** an.[58] Dies ist auf die unterschiedlichen Schutzzwecke der Gesetze zurückzuführen. Die durch das EnWG vorgegebenen Sicherheitsstandards dienen der Sicherstellung der Energieversorgung, während das AtG den Schutz vor den spezifischen Gefahren der Kerntechnik (§ 1 Nr. 2 und 3) bezweckt. Das atomgesetzliche Sicherheitsniveau soll mit Blick auf das Gefahrenpotenzial der Kerntechnik durch die Geltung des EnWG nicht herabgesenkt werden.[59]

40 Um den Vorrang des AtG zu wahren, stellt der von BSI und BNetzA nach § 11 Abs. 1b S. 2 EnWG erlassene Sicherheitskatalog für den Bereich der Kernkraftwerksbetreiber keine eigenen Sicherheitsanforderungen auf, sondern verweist auf die SEWD-Richtline IT, welche als untergesetzliches Regelwerk der Konkretisierung der atomgesetzlichen Sicherheitspflichten aus Abs. 2 Nr. 5 dient. Im Rahmen der auf Grund der SEWD-Richtlinie IT anzustellenden Schutzbedarfsfeststellung soll sodann neben dem Aspekt der **nuklearen Sicherheit** nachrangig auch das Schutzziel der **Versorgungssicherheit** Beachtung finden. Auf diese Weise sollen auch solche Anwendungen, Systeme und Komponenten, die zwar nicht für die nukleare Sicherheit, wohl aber für die Gewährleistung der Versorgungssicherheit relevant sind, vom hohen atomrechtlichen Sicherheitsstandard der SEWD-Richtlinie IT profitieren, ohne dass hierbei das atomrechtliche Sicherheitsniveau abgesenkt wird.[60] Sofern also Kernkraftwerksbetreiber im Rahmen der Schutzbedarfsfeststellung nach der SEWD-Richtlinie auch die im Sicherheitskatalog des BSI und der BNetzA festgelegten Schutzziele der Versorgungssicherheit beachten, erfüllen sie auch die Sicherheitspflichten nach § 11 Abs. 1b EnWG.[61]

§ 7c Pflichten des Genehmigungsinhabers

(1) **[1]Die Verantwortung für die nukleare Sicherheit obliegt dem Inhaber der Genehmigung für die kerntechnische Anlage. [2]Diese Verantwortung kann nicht delegiert werden und erstreckt sich auch auf die Tätigkeiten der Auftragnehmer und Unterauftragnehmer, deren Tätigkeiten die nukleare Sicherheit einer kerntechnischen Anlage beeinträchtigen könnten.**

---

56 Die aktiven Kernkraftwerke erfüllen den gem. § 2 Abs. 5 Nr. 2 BSI-KritisV erforderlichen Schwellenwert von 400 Megawatt Nettonennleistung.

57 IT-Sicherheitskatalog gemäß § 11 Abs. 1b EnWG, Dezember 2018.

58 BT-Drs. 18/4096, 33; Kment/*Tüngler,* EnWG § 11 Rn. 73.

59 Vgl. BT-Drs. 18/4096, 49f.; vgl. Hornung/Schallbruch IT-SicherheitsR/*Guckelberger,* § 23 Rn. 27.

60 IT-Sicherheitskatalog gemäß § 11 Abs. 1b EnWG, Dezember 2018 S. 20.

61 IT-Sicherheitskatalog gemäß § 11 Abs. 1b EnWG, Dezember 2018 S. 21.

(2) **Der Genehmigungsinhaber nach Absatz 1 ist verpflichtet,**

1. **ein Managementsystem einzurichten und anzuwenden, das der nuklearen Sicherheit gebührenden Vorrang einräumt,**
2. **dauerhaft angemessene finanzielle und personelle Mittel zur Erfüllung seiner Pflichten in Bezug auf die nukleare Sicherheit der jeweiligen kerntechnischen Anlage vorzusehen und bereitzuhalten und sicherzustellen, dass seine Auftragnehmer und Unterauftragnehmer, deren Tätigkeiten die nukleare Sicherheit einer kerntechnischen Anlage beeinträchtigen könnten, personelle Mittel mit angemessenen Kenntnissen und Fähigkeiten zur Erfüllung ihrer Pflichten in Bezug auf die nukleare Sicherheit der jeweiligen kerntechnischen Anlage vorsehen und einsetzen,**
3. **für die Aus- und Fortbildung seines Personals zu sorgen, das mit Aufgaben im Bereich der nuklearen Sicherheit kerntechnischer Anlagen betraut ist, um dessen Kenntnisse und Fähigkeiten auf dem Gebiet der nuklearen Sicherheit aufrechtzuerhalten und auszubauen,**
4. **im Rahmen seiner Kommunikationspolitik und unter Wahrung seiner Rechte und Pflichten die Öffentlichkeit über den bestimmungsgemäßen Betrieb der kerntechnischen Anlage, über meldepflichtige Ereignisse und Unfälle zu informieren und dabei die lokale Bevölkerung und die Interessenträger in der Umgebung der kerntechnischen Anlage besonders zu berücksichtigen.**

(3) [1]**Der Genehmigungsinhaber ist verpflichtet, angemessene Verfahren und Vorkehrungen für den anlageninternen Notfallschutz vorzusehen.** [2]**Dabei hat der Genehmigungsinhaber präventive und mitigative Maßnahmen des anlageninternen Notfallschutzes vorzusehen,**

1. **die weder den bestimmungsgemäßen Betrieb noch den auslegungsgemäßen Einsatz von Sicherheits- und Notstandseinrichtungen beeinträchtigen und deren Verträglichkeit mit dem Sicherheitskonzept gewährleistet ist,**
2. **die bei Unfällen anwendbar sind, die gleichzeitig mehrere Blöcke betreffen oder beeinträchtigen,**
3. **deren Funktionsfähigkeit durch Wartung und wiederkehrende Prüfungen der vorgesehenen Einrichtungen sicherzustellen ist,**
4. **die regelmäßig in Übungen angewandt und geprüft werden und**
5. **die unter Berücksichtigung der aus Übungen und aus Unfällen gewonnenen Erkenntnisse regelmäßig überprüft und aktualisiert werden.**

[3]**Die organisatorischen Vorkehrungen des anlageninternen Notfallschutzes müssen die eindeutige Zuweisung von Zuständigkeiten, die Koordinierung mit den zuständigen Behörden sowie Vorkehrungen zur Annahme externer Unterstützung beinhalten.** [4]**Bei den Verfahren und Vorkehrungen für den anlageninternen Notfallschutz hat der Genehmigungsinhaber Planungen und Maßnahmen des anlagenexternen Notfallschutzes zu berücksichtigen.**

Literatur: *Frenz* (Hrsg.), Atomrecht, 2019.

A. Allgemeines

1 Abs. 1 weist dem Inhaber einer Genehmigung für den Betrieb einer kerntechnischen Anlage die **Verantwortung für deren nukleare Sicherheit** zu. Konkretisiert wird diese Sicherheitsverantwortung in Abs. 2 und 3, die jeweils **verpflichtende Schutzmaßnahmen** enthalten. Die in Abs. 2 geregelten organisatorischen Anforderungen und Transparenzpflichten gehen auf die RL 2009/71/EURATOM[1] zurück. Abs. 3 enthält Vorgaben, die den anlageninternen Notfallschutz betreffen und der Umsetzung der RL 2014/87/EURATOM[2] und RL 2013/59/EURATOM[3] dienen.[4] Auch Störungen der zum Betrieb der kerntechnischen Anlagen verwendeten **Informationstechnologie** können nuklearspezifische Gefahren und Risiken begründen. Die Aufrechterhaltung der Sicherheit dieser informationstechnischen Systeme, Komponenten und Prozesse fällt daher in den Verantwortungsbereich der Genehmigungsinhaber.

B. Einzelerläuterungen

I. Adressaten

2 Adressaten des § 7c sind die **Inhaber einer Genehmigung für den Betrieb einer kerntechnischen Anlage.** Maßgeblich ist daher die Legaldefinition für den Begriff der „kerntechnischen Anlagen" in § 2 Abs. 3a Nr. 1, die neben Genehmigungsinhabern von Anlagen nach § 7 Abs. 1 auch Aufbewahrungsstätten nach § 6 Abs. 1 und 3 sowie Zwischenlagerungen für radioaktive Abfälle auf dem Gelände von Anlagen nach den §§ 6 Abs. 1 und 3, 7 Abs. 1 erfasst.[5]

II. Grundsatz der Verantwortlichkeit (Abs. 1)

3 Gem. Abs. 1 S. 1 ist der Genehmigungsinhaber für den sicheren Betrieb der kerntechnischen Anlage verantwortlich. Bereits vor der ausdrücklichen Normierung in Abs. 1 S. 1 ergab sich dieser **Grundsatz der Sicherheitsverantwortung** aus einer Gesamtschau sämtlicher im AtG normierten Verpflichtungen des Genehmigungsinhabers mit Bezug zur nuklearen Sicherheit. Konkrete Ausprägungen dieses Grundsatzes sind etwa die Genehmigungsanforderungen für Kernanlagen (§ 7 Abs. 2 Nr. 1–6), Haftungsregelungen bei nuklearen Ereignissen (§ 25) und die von Genehmigungsinhabern zu beachtenden Meldepflichten (wie bspw. § 44b).[6] Abs. 1 S. 1 hat

[1] Richtlinie 2009/71/Euratom des Rates vom 25.6.2009 über einen Gemeinschaftsrahmen für die nukleare Sicherheit kerntechnischer Anlagen.

[2] Richtlinie des Rates 2014/87/Euratom vom 8.7.2014 zur Änderung der Richtlinie 2009/71/Euratom über einen Gemeinschaftsrahmen für die nukleare Sicherheit kerntechnischer Anlagen.

[3] Richtlinie 2013/59/Euratom des Rates vom 5.12.2013 zur Festlegung grundlegender Sicherheitsnormen für den Schutz vor den Gefahren einer Exposition gegenüber ionisierender Strahlung und zur Aufhebung der Richtlinien 89/618/Euratom, 90/641/Euratom, 96/29/Euratom, 97/43/Euratom und 2003/122/Euratom.

[4] Vgl. BT-Drs. 17/3052, 11; BT-Drs. 18/11276, 12; Frenz/*Leidinger,* Rn. 1, 17 und 19.

[5] Vgl. BT-Drs. 18/5865, 20.

[6] Vgl. BT-Drs. 17/3052, 12.

ausweislich der Gesetzesbegründung eine rein klarstellende Funktion und dient einer transparenten Umsetzung des Art. 6 Abs. 1 RL 2009/71/EURATOM. Änderungen der bestehenden Verpflichtungen des Genehmigungsinhabers oder die Etablierung neuer Sicherheitspflichten sind mit der Einführung des Abs. 1 S. 1 nicht verbunden.[7]

Nach Abs. 1 S. 2 kann der Genehmigungsinhaber seine **Verantwortung nicht** 4 **delegieren.** Der Gesetzeswortlaut stellt insoweit klar, dass sich die Verantwortlichkeit auch auf Handlungen von Auftragnehmern und Unterauftragnehmern bezieht. Dies gilt jedoch nur für solche Auftragnehmer und Unterauftragnehmer, deren Tätigkeiten die nukleare Sicherheit einer kerntechnischen Anlage auch tatsächlich beeinträchtigen können.[8] Ebenfalls folgt bereits aus dem Gesetzeswortlaut, dass Genehmigungsinhaber nicht daran gehindert sind, externe Dienstleister zu beauftragen.

III. Pflichtenkatalog des Genehmigungsinhabers (Abs. 2)

Abs. 2 Nr. 1–3 verpflichtet den Genehmigungsinhaber zu gewissen **Schutz-** 5 **maßnahmen organisatorischer Natur,** die auf die Gewährleistung der nuklearen Sicherheit abzielen. Abs. 2 Nr. 4 enthält hingegen **Informationspflichten gegenüber der Öffentlichkeit.**

Der Genehmigungsinhaber ist nach Abs. 2 Nr. 1 verpflichtet, ein **Management-** 6 **system** einzurichten und anzuwenden, das der nuklearen Sicherheit gebührenden Vorrang einräumt. Dieses Managementsystem soll dem sicheren Ablauf des Betriebs, der Stilllegung und des Abbaus der kerntechnischen Anlage einen geordneten Rahmen geben. Insbesondere sicherheitsrelevante Prozesse sind von dem System zu erfassen.[9] Je nachdem, ob sich die kerntechnische Anlage im Betriebsstadium oder bereits in der Phase der Stilllegung oder des Abbaus befindet, sind auf Grund des sich ändernden Gefahrenpotenzials **unterschiedliche Anforderungen** an das System zu stellen. Das Gefahrenpotenzial ist dabei auch von der Menge und Aktivität der radioaktiven Stoffe abhängig.[10] Von Bedeutung für die nukleare Sicherheit sind ferner die Zuverlässigkeit und Sicherheit der informationstechnischen Prozesse, die somit in das Managementsystem zu integrieren sind. Zu beachten ist im Bereich der **automatisierten Entscheidungsfindung** durch informationstechnische Prozesse, dass automatisierte Entscheidungen mit Einfluss auf die nukleare Sicherheit stets Sicherheitsaspekten Vorrang einräumen müssen. Dies ist daher bei der Programmierung zu beachten **(„Safety by Default“).** Sofern Zweifel daran bestehen, dass eine informationstechnische Anwendung diesen Grundsatz nicht gewährleisten kann, ist die jeweilige Entscheidung stets durch verantwortliches Personal zu treffen.

Abs. 2 Nr. 2 verpflichtet den Genehmigungsinhaber, **dauerhaft angemessene** 7 **finanzielle und personelle Mittel zur Erfüllung seiner Pflichten in Bezug auf die nukleare Sicherheit** der jeweiligen kerntechnischen Anlage vorzusehen und bereitzuhalten.

„Angemessen“ sind die eingesetzten finanziellen und personellen Mittel, wenn 8 sie sicherstellen, dass die erforderlichen Maßnahmen im Interesse der nuklearen Sicherheit getroffen werden können.[11] Auch dies umfasst Maßnahmen zur Sicherstel-

---

[7] BT-Drs. 17/3052, 12.

[8] BT-Drs. 18/11276, 13.

[9] BT-Drs. 17/3052, 12.

[10] BT-Drs. 17/3052, 12.

[11] Vgl. BT-Drs. 17/3052, 12; Frenz/*Leidinger,* Rn. 10.

lung und Aufrechterhaltung der Sicherheit der Informationstechnik im Zusammenhang mit nuklearspezifischen Vorgängen. Der Begriff der „finanziellen Mittel" ist unter Beachtung des Zwecks der RL 2009/71/EUATOM auszulegen. Die bereitzuhaltenden Mittel dienen nicht nur der Finanzierung der Stilllegungsmaßnahmen, sondern sollen die Erhaltung des Sicherheitsstandards während des gesamten Betriebs sicherstellen.[12]

9 Beim Rückgriff auf Auftragnehmer oder Unterauftragnehmer hat der Genehmigungsinhaber sicherzustellen, dass diese, soweit ihre Tätigkeiten die nukleare Sicherheit beeinträchtigen könnten, personelle Mittel mit angemessenen Kenntnissen und Fähigkeiten zur Erfüllung ihrer Pflichten in Bezug auf die nukleare Sicherheit der jeweiligen kerntechnischen Anlage vorsehen und einsetzen. Damit muss der Genehmigungsinhaber sowohl vereinbaren („vorsehen") als auch in der Praxis sicherstellen, dass die relevanten Tätigkeiten von entsprechend **qualifiziertem Personal** durchgeführt werden („einsetzen"). Bezugspunkt der Angemessenheit sind die Pflichten zur Gewährleistung der nuklearen Sicherheit.[13] Genehmigungsinhaber dürfen sich insofern nicht allein auf die Angaben des Auftragnehmers und seiner Unterauftragnehmer verlassen, sondern sind angehalten, sich durch die Einsichtnahme in relevante Unterlagen (bspw. Teilnehmerlisten von Schulungen oder Bildungsabschlüssen der handelnden Personen) von der Angemessenheit der Kenntnisse und Fähigkeiten des Personals der Auftragnehmer und Unterauftragnehmer selbst zu überzeugen. Auch hinsichtlich des tatsächlichen Umfangs der zur Verfügung gestellten personellen Mittel sollte sich der Genehmigungsinhaber nicht ausschließlich auf die Angaben des Auftragnehmers bzw. Unterauftragnehmers verlassen, sondern muss den **angegebenen und tatsächlichen Einsatz prüfen,** um seinen Pflichten hinreichend nachzukommen. Dasselbe gilt für die Qualität der von dem Personal der Auftragnehmer und Unterauftragnehmer durchgeführten Tätigkeiten.

10 Nach Abs. 2 Nr. 3 hat der Genehmigungsinhaber für die Aus- und Fortbildung seines Personals zu sorgen, das mit Aufgaben im Bereich der nuklearen Sicherheit kerntechnischer Anlagen betraut ist, um dessen Kenntnisse und Fähigkeiten auf dem Gebiet der nuklearen Sicherheit aufrechtzuerhalten und auszubauen. Die Aus- und Fortbildungspflicht betrifft nur Tätigkeiten im Rahmen der Errichtung, des Betriebs und der Stilllegung kerntechnischer Anlagen. Der Bereich der Entsorgung radioaktiver Abfälle ist hingegen nicht von Abs. 2 Nr. 3 erfasst.[14] Sicherheitsrelevante Prozesse in kerntechnischen Anlagen basieren in vielfältiger Weise auf **Informationstechnik,** sodass die **Aus- und Fortbildungsmaßnahmen** – je nach Position des einzelnen Mitarbeiters – auch Kenntnisse und Fähigkeiten mit Bezug zur relevanten Informationstechnik vermitteln müssen. Auf Grund des Umstands, dass menschliches Verhalten weiterhin als eine der maßgeblichen Gefahrenquellen für die IT-Sicherheit zu bewerten ist,[15] ist besonderes Augenmerk auf die Fortbildung des Personals hinsichtlich der eingesetzten Informationstechnik und etwaiger mit ihr in Verbindung stehender Gefahren zu legen.

11 Nach Abs. 2 Nr. 4 ist der Genehmigungsinhaber grds. verpflichtet, die **Öffentlichkeit** über den bestimmungsgemäßen Betrieb der kerntechnischen Anlage, über meldepflichtige Ereignisse und Unfälle zu **informieren.** Bei der Bestimmung des

---

[12] BT-Drs. 17/3052, 13.

[13] Vgl. Frenz/*Leidinger,* Rn. 13.

[14] Frenz/*Leidinger,* Rn. 14.

[15] „Cyber-Sicherheit: Der Mensch als Schlüsselfaktor", Pressemitteilung des Bundesamtes für Sicherheit in der Informationstechnik.

Umfangs und der Grenzen dieser Informationspflicht gegenüber der lokalen Bevölkerung und sonstiger relevanter Interessensträger in der Umgebung der kerntechnischen Anlage sind die Rechte und Pflichten des Genehmigungsinhabers zu berücksichtigen, wobei der konkrete Umfang der Informationspflicht stets unter **Abwägung der verschiedenen Interessen im Einzelfall** bestimmt werden muss. Als **Grenze der Informationspflicht** sind dabei zum einen die grundrechtlich geschützten Interessen des Genehmigungsinhabers, insbesondere mit Blick auf dessen Betriebs- und Geschäftsgeheimnisse, zu qualifizieren. Auch Rechte Dritter, zum Beispiel des Personals, können bei der genauen Bestimmung des Umfangs und der Grenzen der Informationspflicht eine Rolle spielen. Zum anderen ist die Informationspflicht durch öffentliche Belange begrenzt, z. B. aufgrund der Verfolgung des Schutzziels, die Sicherheit der kerntechnischen Anlage aufrechtzuerhalten. Bei Zweifeln über die Reichweite der Mitteilungspflicht hat sich der Genehmigungsinhaber an die zuständige Aufsichtsbehörde zu wenden.[16] Auch im Falle von Unfällen und meldepflichtigen Ereignissen hat die Bereitstellung von Informationen gegenüber der Öffentlichkeit in enger Abstimmung mit den zuständigen Aufsichtsbehörden zu erfolgen.[17] Behördliche Meldepflichten iSd §7c ergeben sich für Genehmigungsinhaber aus §6 AtSMV sowie aus §44b. Der Begriff des „meldepflichtigen Ereignisses", wie im Wortlaut des Abs. 2 Nr. 4 vorgesehen, findet sich hingegen nur in §6 Abs. 1 AtSMV. Dennoch bezieht sich die Informationspflicht des Abs. 2 Nr. 4 auch auf Sachverhalte, die von der Meldepflicht nach §44b erfasst werden. Der Sinn und Zweck des Abs. 2 Nr. 4 besteht darin, die Öffentlichkeit möglichst umfassend über die Belange der nuklearen Sicherheit zu informieren. Dem würde eine restriktive Auslegung unter Ausklammerung des §44b entgegenstehen. Da Störungen der IT-Systeme kerntechnischer Anlagen sowohl Meldepflichten nach §6 AtSMV als auch nach §44b auslösen können, handelt es sich hierbei auch um Umstände, über die die Öffentlichkeit im Rahmen des Abs. 2 Nr. 4 zu informieren ist.

IV. Verfahren und Vorkehrungen für den anlageninternen Notfallschutz (Abs. 3)

Nach Abs. 3 S. 1 hat der Genehmigungsinhaber angemessene **Verfahren und Vorkehrungen für den anlageninternen Notfallschutz** vorzusehen.[18] Nach Abs. 3 S. 2 hat er hierzu auf „präventive und mitigative Maßnahmen" zurückzugreifen, die in den Sätzen 2–4 konkretisiert werden. Abs. 3 wurde durch die 15. AtG-Novelle zur Umsetzung der RL 2014/87/EURATOM in das AtG aufgenommen.[19] 12

Unter „präventiven und mitigativen Maßnahmen" ist ein **abgestuftes Schutzkonzept zur Vorbeugung, Abmilderung und Reaktion auf Unfälle** zu verstehen.[20] Nach Erwägungsgrund 17 der RL 2014/87/EURATOM ist der Sicherheitsstatus der kerntechnischen Anlage in verschiedene Ebenen zu unterteilen, die vom Normalzustand bis zu einem bereits erfolgen Unfall mit nuklearspezifischem Gefahrenpotenzial reichen. Für jede dieser Ebenen hat der Genehmigungsinhaber einen abgestimmten Maßnahmenkatalog bereitzuhalten. 13

---

16 BT-Drs. 18/11276, 14.
17 BT-Drs. 18/11276, 13.
18 BT-Drs. 18/11276, 14; Frenz/*Leidinger*, Rn. 17.
19 BT-Drs. 18/11276, 14.
20 BT-Drs. 18/11276, 14.

14 Störungen der in kerntechnischen Anlagen eingesetzten informationstechnischen Systeme und Prozesse können Gefahren für die nukleare Sicherheit auslösen. Ein anlageninterner Notfallschutz, der angemessene Verfahren und Vorkehrungen zur Abwehr nuklearspezifischer Gefahren vorsieht, muss daher auch Gefahrenquellen im Bereich der Informationstechnik adressieren. Neben **Maßnahmen zur Vorbeugung von Störungen der Informationstechnik** sind auch **Maßnahmen für Fälle bereits eingetretener Störungen** erforderlich. Dies gilt insbesondere für die Übernahme der Systeme durch Dritte infolge gezielter Attacken auf die IT.

15 Die in dem Schutzkonzept enthaltenen Maßnahmen müssen dabei den Anforderungen des Abs. 3 S. 2–4 entsprechen. Diese enthalten inhaltliche Vorgaben sowie Vorgaben an die Organisation und Aktualisierung des anlageninternen Notfallschutzkonzeptes.

16 So dürfen die Maßnahmen zum anlageninternen Notfallschutz nach Abs. 3 S. 2 den Betrieb der Anlage nicht beeinträchtigen, müssen mit dem Sicherheitskonzept in Einklang stehen und auch bei Unfällen anwendbar sein, die gleichzeitig mehrere Blöcke der Anlage betreffen. Die Funktionsfähigkeit des Notfallschutzes ist durch Wartung und Prüfungen der vorgesehenen Einrichtungen sicherzustellen. Die Maßnahmen müssen regelmäßig in Übungen angewandt und geprüft werden und unter Berücksichtigung der aus Übungen und Unfällen gewonnenen Erkenntnisse aktualisiert werden. Insoweit müssen Angriffe auf die Informationssicherheit der kerntechnischen Anlage simuliert und die hieraus gewonnenen Erkenntnisse berücksichtigt werden.

17 Nach Abs. 3 S. 3 ist im Rahmen der Organisation des Notfallschutzes eine eindeutige Zuweisung von Zuständigkeiten vorzunehmen. Das Schutzkonzept muss die Koordinierung mit den zuständigen Behörden sowie Vorkehrungen zur Annahme externer Unterstützung enthalten. Bei der Ausgestaltung der Maßnahmen zum anlageninternen Notfallschutz sind nach Abs. 3 S. 4 insbesondere auch Planungen und Maßnahmen des **anlagenexternen Notfallschutzes** zu berücksichtigen. Die Vorschrift dient der Umsetzung des Art. 8d Abs. 2 RL 2014/87/EURATOM sowie des Art. 69 RL 2013/59/EURATOM.[21]

§ 7d Weitere Vorsorge gegen Risiken

Der Inhaber einer Genehmigung zum Betrieb einer Anlage zur Spaltung von Kernbrennstoffen zur gewerblichen Erzeugung von Elektrizität hat entsprechend dem fortschreitenden Stand von Wissenschaft und Technik dafür zu sorgen, dass die Sicherheitsvorkehrungen verwirklicht werden, die jeweils entwickelt, geeignet und angemessen sind, um zusätzlich zu den Anforderungen des § 7 Absatz 2 Nummer 3 einen nicht nur geringfügigen Beitrag zur weiteren Vorsorge gegen Risiken für die Allgemeinheit zu leisten.

Literatur: *Fehling/Kastner/Störmer,* Verwaltungsrecht 5. Aufl. 2021; *Fetzer,* Schutzniveau und Drittschutz im Atomrecht, NVwZ 2013, 1373; *Frenz* (Hrsg.), Atomrecht, 2019; *Koch/Hofmann/Reese* (Hrsg.), Handbuch Umweltrecht, 5. Aufl., 2018; *Roller,* Die „weitere Schadensvorsorge" im Atomrecht – ein neuer Schutzmaßstab?, NVwZ 2011, 1431; *Schoch/Schneider*

[21] BT-Drs. 18/11276, 14.

(Hrsg.), Verwaltungsrecht VwGO, 42. EL 2022; *Theobald/Kühling* (Hrsg.), Energierecht, 116. EL 2022; *Ziehm,* Das neue Schutzniveau des Atomgesetzes, ZUR 2011, 3.

A. Allgemeines

§ 7d verpflichtet den **Inhaber einer Genehmigung,** die den Betrieb einer Anlage zur Spaltung von Kernbrennstoffen zur gewerblichen Erzeugung von Elektrizität erlaubt, **Sicherheitsvorkehrungen zum Schutz der Allgemeinheit** umzusetzen, die über die bereits nach § 7 Abs. 2 Nr. 3 erforderliche **Schadensvorsorge** hinausgehen. Zweck des § 7d ist die Gewährleistung eines möglichst effektiven Schutzes der Allgemeinheit im Hinblick auf die mit der Nukleartechnik verbundenen Risiken.[1] Ob die Norm dem postulierten Zweck jedoch gerecht wird, ist seit ihrer Einführung im Rahmen der 12. Atomgesetznovelle im Jahre 2010 umstritten.[2] 1

B. Einzelerläuterungen

I. Adressaten

Adressaten der in § 7d normierten Pflicht sind ausschließlich **Inhaber einer Genehmigung zum Betrieb einer Anlage zur Spaltung von Kernbrennstoffen zur gewerblichen Erzeugung von Elektrizität** (Kernkraftwerksbetreiber). Für die übrigen Inhaber einer Genehmigung nach § 7 verbleibt es hingegen bei den allgemeinen Pflichten des AtG. 2

Zu beachten ist, dass die Genehmigungen zum Betrieb von Kernkraftwerken nach § 7 Abs. 1a festen Enddaten unterliegen und an produzierbare Reststrommengen gebunden sind. Sie erlöschen mit Erreichen der zugewiesenen Stromproduktionsmenge jedoch spätestens mit Ablauf des jeweiligen Enddatums, das ursprünglich für das Ende des Jahres 2022 vorgesehen war. Der Entwurf des 19. AtGÄndG sieht hingegen nun einen Weiterbetrieb der Kernkraftwerke Isar 2, Emsland und Neckarwestheim 2 bis zum Ablauf des 15.4.2023 vor.[3] Die Erteilung von Neugenehmigungen ist bereits seit dem **„Gesetz zur geordneten Beendigung der Kernenergienutzung zur gewerblichen Erzeugung von Elektrizität"** aus dem Jahre 2002 nach § 7 Abs. 1 S. 2 ausgeschlossen.[4] 3

II. Regelungsgehalt

Nach § 7d sind Kernkraftwerksbetreiber verpflichtet, entsprechend dem **fortschreitenden Stand von Wissenschaft und Technik** dafür zu sorgen, dass die bereits entwickelten Sicherheitsvorkehrungen verwirklicht werden, die geeignet und angemessen sind, um zusätzlich zu den Anforderungen des § 7 Abs. 2 Nr. 3 einen nicht nur geringfügigen Beitrag zur weiteren **Vorsorge gegen Risiken** für die Allgemeinheit zu leisten. 4

---

[1] BT-Drs. 17/3052, 13.
[2] Frenz/*Leidinger,* Rn. 2; Koch/Hofmann/Reese UmweltR-HdB/*John,* § 10 Rn. 91.
[3] → § 7 Rn. 3.
[4] BGBl. 2002 I S. 1351 ff.

5 **1. Weitere Vorsorge.** Auch wenn § 7d seinem Wortlaut nach eine weitere, neben § 7 Abs. 2 Nr. 3 tretende **Vorsorgepflicht** statuiert, ist der materielle Regelungsgehalt des § 7d und damit das Verhältnis zwischen den beiden Normen umstritten.

6 Mit der **Kalkar I-Entscheidung** etablierte das BVerfG eine atomrechtliche Unterscheidung zwischen der nach § 7 Abs. 2 Nr. 3 erforderlichen Schadensvorsorge und dem sog. Restrisiko.[5] Kernkraftwerksbetreiber sind im Rahmen der **Schadensvorsorge** nach § 7 Abs. 2 Nr. 3 zur bestmöglichen Gefahrenabwehr und Risikovorsorge verpflichtet.[6] Praktisch hat dies zur Konsequenz, dass neben der klassischen Gefahrenabwehr Vorkehrungen gegen **unterhalb der Gefahrenschwelle** liegende Risiken zu ergreifen sind und somit auch Schäden mit äußert geringer Eintrittswahrscheinlichkeit mit entsprechenden Maßnahmen zu begegnen ist.[7] Gefahren und Risiken sind nach dem **Maßstab „praktischer Vernunft"**[8] auszuschließen. Praktisch ausgeschlossene Risiken gehören dem sog. **Restrisiko** an und sind als sozialadäquat hinzunehmen.[9] Der nach § 7 Abs. 2 Nr. 3 erforderlichen Schadensvorsorge kommt dabei eine **drittschützende Wirkung** zu. Der Drittschutz endet jedoch im Bereich des hinzunehmenden Restrisikos.[10]

7 Bereits während des Gesetzgebungsverfahrens erfuhr § 7d deutliche **Kritik.** So wurde vorgebracht, dass die Vorschrift nicht zu einer Verbesserung des Schutzes der Allgemeinheit vor nuklearspezifischen Gefahren, sondern zu einer Absenkung des atomrechtlichen Schutzniveaus führe.[11] Diese Kritik basiert auf der rechtlichen Annahme, dass sich auch § 7d auf den Bereich der erforderlichen Schadensvorsorge beziehe. Einige der zuvor vom drittschützenden Bereich des § 7 Abs. 2 Nr. 3 erfassten Schutzvorkehrungen würden damit der Vorsorgepflicht des § 7d zugeordnet und auf diese Weise im Ergebnis **dem Drittschutz entzogen.**[12]

8 Ein solches Verständnis erscheint mit Wortlaut, Zweck und Systematik der Norm jedoch nicht vereinbar. Vielmehr verpflichtet § 7d zur Vornahme von **Vorkehrungen im Bereich des grds. hinzunehmenden Restrisikos** und folgerichtig zu Maßnahmen, die der Minimierung dieses Restrisikos dienen. An der nach § 7 Abs. 2 Nr. 3 erforderlichen Schadensvorsorge hat die Einführung des § 7d nichts geändert.[13]

9 So spricht § 7d ausdrücklich von **„zusätzlichen" Sicherheitsvorkehrungen.** Ausweislich der Gesetzesbegründung sind hierunter Maßnahmen zu verstehen, die über die „erforderliche Vorsorge gegen Schäden" nach § 7 Abs. 2 Nr. 3 hinausgehen.[14] § 7d bezieht sich somit bereits nach seinem Wortlaut gerade nicht auf den Bereich der „erforderlichen Vorsorge".

---

[5] *BVerfG,* Urt. v. 8.8.1978 – 2 BvL 8/77, BVerfGE 49, 89; Frenz/*Leidinger,* Rn. 2; Theobald/Kühling/*Näser,* § 6 Rn. 118 und 123f.

[6] *BVerfG,* Urt. v. 8.8.1978 – 2 BvL 8/77, BVerfGE 49, 89 (139); Zur Abgrenzung von Gefahrenabwehr und Risikovorsorge siehe Theobald/Kühling/*Näser,* § 6 Rn. 118ff.; Schoch/Schneider/*Wahl/Schütz,* VwGO § 42 Abs. 2 Rn. 151ff.

[7] Zum Genehmigungstatbestand des § 6 Theobald/Kühling/*Näser,* § 6 Rn. 118–122.

[8] *BVerfG,* Urt. v. 8.8.1978 – 2 BvL 8/77, BVerfGE 49, 89 (143); Frenz/*Leidinger,* § 7 Rn. 150.

[9] *BVerfG,* Urt. v. 8.8.1978 – 2 BvL 8/77, BVerfGE 49, 89 (143); *BVerwG,* Urt. v. 19.12.1985, BVerwGE 72, 300 (315); BT-Drs. 17/3052, 13; Theobald/Kühling/*Näser,* § 6 Rn. 123.

[10] Frenz/*Leidinger,* Rn. 19; Fehling/Kastner/Störmer/*Sennekamp,* VwGO § 42 Rn. 165ff.

[11] BT-Drs. 17/3052, 13; Vgl. *Ziehm,* ZUR 2011, 3.

[12] *Ziehm,* ZUR 2011, 3 (6); Koch/Hofmann/Reese UmweltR-HdB/*John,* § 10 Rn. 91.

[13] Umfassend dazu *Fetzer,* NVwZ 2013, 1373 (1376); Frenz/*Leidinger,* § 7 Rn. 154.

[14] BT-Drs. 17/3052, 13.

Neben dem Wortlaut sprechen für dieses Verständnis aber auch **systematische Erwägungen.** § 7d ist nicht etwa notwendig, um einen erforderlichen, also dynamischen und stets nach neuesten wissenschaftlichen Erkenntnissen ausgerichteten, Grundrechtsschutz zu gewährleisten. Bereits nach § 7 Abs. 2 Nr. 3 bleiben die Genehmigungsinhaber auch nach erfolgter Genehmigungserteilung verpflichtet, eine nach dem jeweiligen Stand von Wissenschaft und Technik erforderliche Schadensvorsorge zu treffen. Im Falle einer Veränderung des Standes von Wissenschaft und Technik nach Genehmigungserteilung können die Aufsichtsbehörden nach § 17 Abs. 1 S. 3 nachträgliche Auflagen erlassen oder unter Umständen eine Genehmigung nach § 17 Abs. 3 Nr. 2 widerrufen.[15] Da § 7 Abs. 2 Nr. 3 bereits den Bereich der erforderlichen Gefahrenvorsorge abdeckt, verbleiben für § 7d ausschließlich Vorkehrungen im Bereich des Restrisikos.[16] 10

Den **Gesetzgebungsmaterialien** ist zwar zu entnehmen, dass § 7d keine drittschützende Wirkung zukommen soll.[17] Jedoch ist der gesamte Bereich der erforderlichen Schadensvorsorge nach § 7 Abs. 2 Nr. 3 drittschützend ausgestaltet; der Bereich des Restrisikos ist hiervon ausgenommen.[18] Wenn § 7d Vorkehrungen zur Minimierung des verbleibenden Restrisikos erfordert, bedeutet der Ausschluss der drittschützenden Wirkung keine Reduzierung des Schutzniveaus, sondern ist insofern folgerichtig. Hinzu kommt, dass der Genehmigungsinhaber „dafür zu sorgen" hat, dass die geeigneten und angemessenen Restrisikominimierungsmaßnahmen tatsächlich umgesetzt werden – es besteht insoweit eine **„Realisierungspflicht".**[19] 11

Auswirkungen auf die erforderliche Schadensvorsorge nach § 7 Abs. 2 Nr. 3 hat § 7d hingegen nicht.[20] Der Gesetzgeber unterscheidet vielmehr eindeutig zwischen den beiden Vorsorgepflichten. Nach § 7 Abs. 2 Nr. 3 ist die „erforderliche Vorsorge" zu treffen. § 7d hingegen betrifft ausweislich seines Titels die „weitere Vorsorge".[21] Nur ein solches Verständnis deckt sich mit dem Gesetzeszweck, das hohe Schutzniveau des Atomrechts zu halten und weiter auszubauen.[22] 12

Teilweise wird davon ausgegangen, im **Restrisikobereich sei kein Raum für weitere Schutzvorkehrungen.** Gegen die dem Restrisikobereich zuzuordnenden Risiken könnten, so die Kritik, keine Vorkehrungen getroffen werden – ein „Mehr an Sicherheit" sei nicht zu erwarten.[23] Ein Risiko fällt in den Bereich des Restrisikos, wenn die Eintrittswahrscheinlichkeit so gering ist, dass der Schadenseintritt praktisch ausgeschlossen ist.[24] Dies bedeutet im Umkehrschluss jedoch nicht, dass keine Maßnahmen zu einer weiteren, auch nicht nur geringfügigen Minimierung des Risikos beitragen können.[25] 13

Die **zusätzlichen Pflichten aus § 7d** betreffen, entsprechend den Pflichten aus § 7 Abs. 2 Nr. 3, auch den Bereich der **IT-Sicherheit** und damit Maßnahmen zum 14

---

[15] Vgl. *Fetzer,* NVwZ 2013, 1373 (1374); Frenz/*Leidinger,* Rn. 14.

[16] Frenz/*Leidinger,* Rn. 14.

[17] BT-Drs. 17/3052, 13; Frenz/*Leidinger,* Rn. 2.

[18] *Fetzer,* NVwZ 2013, 1373 (1374).

[19] Frenz/*Leidinger,* Rn. 15.

[20] *Fetzer,* NVwZ 2013, 1373 (1374); Frenz/*Leidinger,* Rn. 10.

[21] Frenz/*Leidinger,* Rn. 10.

[22] Vgl. BT-Drs. 17/3052, 13.

[23] So *Roller,* NVwZ 2011, 1431 (1434), der dem § 7d einen nur geringen Anwendungsbereich zubilligt.

[24] Theobald/Kühling/*Näser,* § 6 Rn. 123f.

[25] Frenz/*Leidinger,* Rn. 10.

Schutz der in kerntechnischen Anlagen eingesetzten Informationstechnik. Von Kernkraftwerksbetreibern sind daher weitere Anstrengungen zu verlangen, um etwaigen Restrisiken in dem von § 7d verlangten Umfang effektiv entgegenzuwirken. Die Grenzen zwischen den informationstechnischen Risiken aus § 7 Abs. 2 Nr. 3 und § 7d dürften hierbei fließend sein. Gerade deshalb erscheint es sinnvoll, dass Kernkraftwerksbetreiber zumindest dokumentieren, welche Risiken sie dem Anwendungsbereich des § 7 Abs. 2 Nr. 3 zuordnen und welche Maßnahmen sie zur Risikominimierung getroffen haben. So kann im Zweifel gegenüber Dritten unproblematisch nachgewiesen werden, dass gesetzeskonform gehandelt wurde. Ferner dient eine solche Dokumentation auch der Selbstkontrolle.

15 **2. Stand von Wissenschaft und Technik.** Maßstab der Vorsorgepflicht des § 7d ist wie im Rahmen des § 7 Abs. 2 Nr. 3 und Nr. 5 der **Stand von Wissenschaft und Technik.** Die zu treffenden Maßnahmen sind somit nicht von vornherein festgelegt, sondern verändern sich dynamisch mit dem Fortschritt der Wissenschaft.[26] Es sind die jeweils neuesten Erkenntnisse zu beachten.[27] Eine eigene Forschungspflicht statuiert § 7d hingegen nicht.[28] Zur Konkretisierung des Standes von Wissenschaft und Technik lässt sich parallel zu § 7 Abs. 2 Nr. 3 auf **untergesetzliches Regelwerk** wie die vom BMUV und den für die atomrechtliche Aufsicht zuständigen Landesbehörden beschlossenen **„Sicherheitsanforderungen an Kernkraftwerke"** zurückgreifen.[29] Auch wenn die Risikominimierungsmaßnahmen des § 7d nicht auf einen Schutz vor Störmaßnahmen oder sonstigen Einwirkungen Dritter abzielen, können sie dennoch im Ergebnis zu einem verbesserten Schutz vor Dritteinwirkungen führen.[30]

16 **3. Umfang der Vorsorgepflicht nach § 7d.** Unter **Berücksichtigung des Verhältnismäßigkeitsgrundsatzes**[31] muss der Genehmigungsinhaber nur solche Maßnahmen treffen, die „jeweils entwickelt, geeignet und angemessen" sind, um einen „nicht nur geringfügigen Beitrag zur weiteren Vorsorge" zu leisten. Insofern ist die Vorsorgepflicht des § 7d begrenzt.

17 Es sind nur solche Sicherheitsvorkehrungen zu treffen, die bereits existieren. Im Gegensatz zur Schadensvorsorge nach § 7 Abs. 2 Nr. 3 ist die Vorsorgepflicht nach § 7d auf das **jeweils technisch Machbare** begrenzt. **Geeignet** sind Maßnahmen, wenn sie die Restrisikominimierung **objektiv fördern.**[32] **Angemessen** sind die Sicherheitsvorkehrungen, wenn die aufzuwendenden Mittel **nicht außer Verhältnis zu der konkret bezweckten Risikominderung** stehen. Dabei sind sämtliche Belastungen des Genehmigungsinhabers zu beachten. Dies schließt personelle, zeitliche und finanzielle Ressourcen ein. Auf Seiten der Risikominderung sind die Schwere des drohenden Schadens, die Eintrittswahrscheinlichkeit sowie die erreichbare Risikominderung in die Abwägung einzubeziehen.[33]

---

[26] Frenz/*Leidinger,* Rn. 15.

[27] Koch/Hofmann/Reese UmweltR-HdB/*John,* § 10 Rn. 82.

[28] BT-Drs. 17/3052, 13.

[29] Vgl. BT-Drs. 17/3052, 13; Sicherheitsanforderungen an Kernkraftwerke (BAnz AT 30.3.2015 B2) s. https://www.base.bund.de/SharedDocs/Downloads/BASE/DE/rsh/3-bmub/3_0_1.pdf?__blob=publicationFile&v=1, S. 3.

[30] BT-Drs. 17/3052, 13; vgl. *Roller,* NVwZ 2011, 1431 (1432).

[31] *Fetzer,* NVwZ 2013, 1373 (1375); Frenz/*Leidinger,* Rn. 5.

[32] Frenz/*Leidinger,* Rn. 7.

[33] Vgl. Frenz/*Leidinger,* Rn. 7.

§ 44b[1] Meldewesen für die Sicherheit in der Informationstechnik

[1]Genehmigungsinhaber nach den §§ 6, 7 und 9 haben Beeinträchtigungen ihrer informationstechnischen Systeme, Komponenten oder Prozesse, die zu einer Gefährdung oder Störung der nuklearen Sicherheit der betroffenen kerntechnischen Anlage oder Tätigkeit führen können oder bereits geführt haben, unverzüglich an das Bundesamt für Sicherheit in der Informationstechnik als zentrale Meldestelle zu melden. [2]§ 8b Absatz 1, 2 Nummer 1 bis 3, Nummer 4 Buchstabe a bis c und Absatz 7 des BSI-Gesetzes sind entsprechend anzuwenden. [3]Die Meldung muss Angaben zu der Störung sowie zu den technischen Rahmenbedingungen, insbesondere der vermuteten oder tatsächlichen Ursache, und der betroffenen Informationstechnik enthalten. [4]Das Bundesamt für Sicherheit in der Informationstechnik leitet diese Meldungen unverzüglich an die für die nukleare Sicherheit und Sicherung zuständigen Genehmigungs- und Aufsichtsbehörden des Bundes und der Länder und an die von diesen bestimmten Sachverständigen nach § 20 weiter.

Literatur: *Epping/Hillgruber* (Hrsg.), BeckOK Grundgesetz, 52. Ed. 2022; *Erbs/Kohlhaas* (Hrsg.), Strafrechtliche Nebengesetze, 241. EL 2022; *Frenz* (Hrsg.), Atomrecht, 2019; *Hennenhöfer/Mann/Pelzer/Sellner* (Hrsg.), Atomgesetz/PÜ, 2021; *Hornung/Schallbruch* (Hrsg.), IT-Sicherheitsrecht, 2021; *Hornung,* Neue Pflichten für Betreiber kritischer Infrastrukturen: Das IT-Sicherheitsgesetz des Bundes, NJW 2015, 3334; *Kipker* (Hrsg.), Cybersecurity, 2020; *Kloepfer,* Umweltrecht, 4. Aufl. 2016; *Koch/Hofmann/Reese* (Hrsg.), Handbuch Umweltrecht, 5. Aufl. 2018; *Landmann/Rohmer* (Hrsg.), Umweltrecht, 98. EL 2022; *Dürig/Herzog/Scholz* (Hrsg.), Grundgesetz-Kommentar, 98. EL 2022; *Reese,* Leitbilder des Umweltrechts – Zur Zukunftsfähigkeit leitender Schutzkonzepte, ZUR 2010, 339; *Roos,* Das IT-Sicherheitsgesetz – Wegbereiter oder Tropfen auf den heißen Stein?, MMR 2015, 636; *Schenke/Graulich/Ruthig* (Hrsg.), Sicherheitsrecht des Bundes, 2. Aufl. 2019; *Säcker* (Hrsg.), Berliner Kommentar zum Energierecht, 4. Aufl. 2019; *Theobald/Kühling* (Hrsg.), Energierecht, 116. EL 2022; *Voigt,* IT-Sicherheitsrecht, 2. Aufl. 2021.

Inhaltsübersicht

[1] Paragraphenzählung amtlich.

A. Allgemeines

1 S. 1 verpflichtet Inhaber atomrechtlicher Genehmigungen, **Beeinträchtigungen ihrer informationstechnischen Systeme** an das Bundesamt für Sicherheit in der Informationstechnik (BSI) in seiner Rolle als zentrale Meldestelle zu melden. S. 3 definiert die Mindestanforderungen an den Inhalt einer **Meldung nach dem AtG.** Aus S. 2, den entsprechenden Verweisen auf § 8b BSIG und S. 4 ergeben sich die Aufgaben und Befugnisse des BSI im Zusammenhang mit seiner Funktion als zentraler Meldestelle. Die Vorschrift des § 8b BSIG ist europarechtlich geprägt und wurde durch das Umsetzungsgesetz zur RL (EU) 2016/1148[2] vom 23.6.2017 an die entsprechenden europarechtlichen Vorgaben angepasst.[3]

2 Eingeführt wurde § 44b durch das **Gesetz zur Erhöhung der Sicherheit informationstechnischer Systeme (IT-SiG)** vom 17.7.2015. Das am 28.5.2021 in Kraft getretene **Zweite Gesetz zur Erhöhung der Sicherheit informationstechnischer Systeme (IT-SiG 2.0)** sah keine Änderungen des § 44b vor.

3 Zweck des § 44b ist die Gewährleistung der **nuklearen Sicherheit** kerntechnischer Anlagen und Tätigkeiten.[4] Im Bereich der Kerntechnik bringen IT-Zwischenfälle gesteigerte Risiken für das Gemeinwesen und den Schutz gewichtiger Rechtsgüter mit sich. Die auf Grundlage der Meldepflicht des § 44b gewonnenen Informationen sollen zur Verbesserung der Sicherheit der verwendeten **Informationstechnik** beitragen, indem das BSI in die Lage versetzt wird, etwaige weitere potenziell betroffene Genehmigungsinhaber zu warnen. Entsprechend dem Prinzip der Gefahrenvorsorge des Technik- bzw. Umweltrechts sollen die mit der Nutzung von Kernbrennstoffen einhergehenden Risiken gemindert und die Entstehung von Gefahren bereits im Vorfeld verhindert werden.[5] Vergleichbare Meldepflichten sieht das IT-SiG für Betreiber Kritischer Infrastrukturen iSd § 2 Abs. 10 BSIG vor.[6]

B. Einzelerläuterungen

I. Adressaten

4 Adressaten der Meldepflicht des S. 1 sind **Inhaber von Genehmigungen nach den §§ 6, 7 und 9.** Eine Genehmigungspflicht sieht das AtG grds. für alle Tätigkei-

[2] Richtlinie (EU) 2016/1148 des Europäischen Parlaments und des Rates vom 6.7.2016 über Maßnahmen zur Gewährleistung eines hohen gemeinsamen Sicherheitsniveaus von Netz- und Informationssystemen in der Union (sog. NIS-Richtlinie).

[3] BT-Drs. 64/17, 39f.

[4] Vgl. BT-Drs. 18/4096, 49; zum Begriff der nuklearen Sicherheit siehe die Legaldefinition in § 2 Abs. 3a Nr. 2.

[5] Zur Abgrenzung von Gefahrenabwehr und Gefahrenvorsorge im Umweltrecht siehe Kloepfer UmweltR, § 4 Rn. 33–38; Dürig/Herzog/Scholz/*Calliess,* GG Art. 20a Rn. 110ff.; zu den Auswirkungen von IT-Zwischenfällen siehe die Sektor-Studie Energie des BSI vom 5.2.2015.

[6] Für eine Übersicht siehe Kipker Cybersecurity/*Beucher/Fromageau,* Kapitel 14 Rn. 126.

ten vor, die den Umgang mit Kernbrennstoffen voraussetzen.[7] Kernbrennstoffe sind nach § 2 Abs. 1 S. 2 besonders spaltbare Stoffe, die Plutonium 239, Plutonium 241 oder mit den Isotopen 235 und 233 angereichertes Uran enthalten. Auch weitere radioaktive Stoffe, mit deren Hilfe in einer geeigneten Anlage eine sich selbst tragende Kettenreaktion aufrechterhalten werden kann, sind als Kernbrennstoffe zu qualifizieren. Zuständig für die Genehmigungserteilung sind nach § 24 Abs. 1 S. 1, Abs. 2 S. 1 und 2 die durch die Landesregierungen bestimmten obersten Landesbehörden und damit in der Regel die jeweiligen Umweltministerien.[8]

Nach § 6 bedarf die **Aufbewahrung von Kernbrennstoffen** der Genehmigung. Unter einer solchen „Aufbewahrung" ist die befristete Lagerung von Kernbrennstoffen in Zwischenlagern zu verstehen, wobei gem. § 6 Abs. 5 ein Zeitraum von 40 Jahren ab der ersten Einlagerung nicht überschritten werden soll.[9] Umfasst sind zentrale Zwischenlager nach § 6 Abs. 1 S. 1, in denen Kernbrennstoffe aus verschiedenen Kernkraftwerken gelagert werden, sowie Standortzwischenlager nach § 6 Abs. 3, die in räumlicher Nähe zu einem Kernkraftwerk betrieben werden.[10] Endlagerstätten fallen jedoch nicht unter die Genehmigungspflicht des § 6. 5

Nach § 7 Abs. 1 S. 1 ist das **Errichten, Betreiben oder sonstige Innehaben einer ortsfesten Anlage** zur Erzeugung oder zur Bearbeitung oder Verarbeitung oder zur Spaltung von Kernbrennstoffen oder zur Aufarbeitung bestrahlter Kernbrennstoffe ebenfalls genehmigungsbedürftig. Der Genehmigung bedarf auch, wer die **Anlage oder ihren Betrieb wesentlich ändert.** Nach § 7 Abs. 5 S. 1 gilt die Genehmigungspflicht für ortsveränderliche Anlagen entsprechend. Unter § 7 fällt insbesondere der Betrieb von Kernreaktoren, unabhängig von der individuellen Zweckrichtung ihres Betriebs und ihrer technischen Ausgestaltung. Neben Leistungsreaktoren zur Stromerzeugung (Kernkraftwerke) sind somit auch Forschungsreaktoren erfasst. Nach § 7 Abs. 5 S. 1 erstreckt sich die Genehmigungspflicht ebenfalls auf mobile Reaktoren wie etwa auf Schiffen oder an Bord von Satelliten befindliche Reaktoren.[11] Weitere kerntechnische Anlagen iSd des § 7 sind Uranerzaufbereitungsanlagen, Isotopentrennanlagen, Urananreicherungsanlagen, Brennelementfabriken, Konversionsanlagen sowie Wiederaufbereitungsanlagen.[12] 6

Seit dem Jahre 2002 werden gem. § 7 Abs. 1 S. 2 keine neuen Genehmigungen zum Betrieb von Kernkraftwerken mehr erteilt.[13] Bestehende Kernkraftwerksgenehmigungen erlöschen gem. § 7 Abs. 1 a, sobald die jeweils für das Kraftwerk vorgesehene Reststrommenge erzeugt worden ist. Zusätzlich sieht § 7 Abs. 1 a S. 1 Nr. 1–6 für die einzelnen Kernkraftwerke zeitlich gestaffelte Ablaufdaten vor, sodass mit dem Ende des Jahres 2022 die letzten Genehmigungen auslaufen sollten.[14] Nach dem Entwurf des 19. AtGÄndG[15] sollen die letzten Genehmigungen für die Kernkraftwerke Isar 2, Emsland und Neckarwestheim 2 nun jedoch erst mit Ablauf des 15. 4. 2023 erlöschen. 7

[7] Frenz/*John/Raetzke,* § 2 Rn. 7.
[8] Säcker EnergieR/*Lang/Ochtendung,* § 7 Rn. 27.
[9] Theobald/Kühling/*Näser,* § 6 Rn. 40.
[10] Theobald/Kühling/*Näser* § 6 Rn. 40–44.
[11] Erbs/Kohlhaas/*Steindorf/Häberle,* § 7 Rn. 2 c.
[12] Frenz/*Leidinger,* § 7 Rn. 6–9.
[13] BT-Drs. 14/6890, 5; BT-Drs. 14/7261, 7.
[14] Kloepfer UmweltR, § 16 Rn. 183.
[15] → § 7 Rn. 3.

8 Als **Auffangtatbestand** erfasst schließlich § 9 Abs. 1 jede Verwendung von Kernbrennstoffen, die nicht unter die übrigen Genehmigungstatbestände des AtG fällt. Anwendungsbereich des § 9 ist damit primär die Verwendung von Kernbrennstoffen im Rahmen der Forschung außerhalb von Forschungsreaktoren nach § 7 sowie die betrieblich bedingte Lagerung von Kernbrennstoffen, die nicht bereits durch § 6 erfasst ist.[16]

II. Umfang der Meldepflicht

9 Atomrechtliche Genehmigungsinhaber haben nach S. 1 **Beeinträchtigungen ihrer informationstechnischen Systeme, Komponenten oder Prozesse,** die zu einer Gefährdung oder Störung der nuklearen Sicherheit der betroffenen kerntechnischen Anlage oder Tätigkeit führen können oder bereits geführt haben, **an das BSI zu melden.** Weitergehende Konkretisierungen der verwendeten Begriffe „Beeinträchtigung", „Störung" und „Gefährdung" enthält der Gesetzestext nicht.

10 **1. Beeinträchtigung der Informationstechnik.** Bei einem Vergleich mit den übrigen im Zuge des IT-SiG eingeführten Meldepflichten fällt die Wahl des Begriffs der **„Beeinträchtigung"** der informationstechnischen Systeme als Anknüpfungspunkt für die atomgesetzliche Meldepflicht auf. In § 8b Abs. 4 BISG und § 11 Abs. 1c EnWG knüpfen Meldepflichten an **„Störungen"** der Informationstechnik an.[17] Eine sachliche Erklärung für diese terminologischen Unterschiede ist nicht ersichtlich. Vielmehr ist davon auszugehen, dass der Gesetzgeber den Begriffen den gleichen Bedeutungsgehalt zumessen wollte. Darauf deutet auch der Wortlaut des S. 3 hin, in dem Mindestanforderungen an den Inhalt der Meldung festgelegt sind, die von den atomrechtlichen Genehmigungsinhabern abzugeben ist. Danach muss die Meldung Angaben zu der „Störung" sowie zu den technischen Rahmenbedingungen, insbesondere der vermuteten oder tatsächlichen Ursache und der betroffenen Informationstechnik enthalten. Insofern ist der Begriff der „Beeinträchtigung" **inhaltlich übereinstimmend** mit dem in den übrigen IT-sicherheitsrechtlichen Meldepflichten verwendeten Begriff der „Störung" zu verstehen.

11 Den Gesetzgebungsmaterialien zu § 8b Abs. 4 BSIG lässt sich entnehmen, dass eine **Störung der Informationstechnik** vorliegt, „wenn die eingesetzte Technik die ihr zugedachte Funktion nicht oder nicht mehr vollständig erfüllen kann oder versucht wurde, entsprechend auf sie einzuwirken". Hiervon sollen Szenarien wie Sicherheitslücken und die Einwirkung von Schadprogrammen, erfolgte oder versuchte Cyberangriffe sowie unerwartete Defekte mit IT-Bezug erfasst sein.[18]

12 Während § 11 Abs. 1c EnWG und § 8b Abs. 4 BSIG jeweils Meldepflichten für eine „erhebliche" Störung der IT-Systeme vorsehen, hat der Gesetzgeber, für § 44b **keine Wesentlichkeitsschwelle** normiert.[19] IT-Störfälle im Bereich Kritischer Infrastrukturen können zwar weitreichende Folgen für die Gesellschaft mit sich bringen, bspw. im Hinblick auf die Versorgungssicherheit in dem von § 11 Abs. 1c EnWG erfassten Energiesektor.[20] Jedoch geht von kerntechnischen Anlagen und Tätigkeiten ein ungleich höheres Gefahrenpotenzial aus, sodass der Umfang der

---

[16] Frenz/*John*, § 9 Rn. 4.
[17] Diesen Gegensatz aufzeigend *Hornung*, NJW 2015, 3334 (3337).
[18] BT-Drs. 18/4096, 27.
[19] BT-Drs. 18/4096, 28.; Voigt IT-SicherheitsR, Rn. 447; Zur „Erheblichkeit" von Störungen siehe *Roos*, MMR 2015, 636 (639).
[20] Vgl. Voigt IT-SicherheitsR, Rn. 324 und 427.

Meldepflicht im Rahmen kerntechnischer Sachverhalte bewusst weitreichender ausgestaltet worden sein dürfte als für sonstige Kritische Infrastrukturen.[21]

2. Gefährdung oder Störung der nuklearen Sicherheit. Die Beeinträchtigung der IT-Systeme des atomrechtlichen Genehmigungsinhabers muss zu einer **„Gefährdung" oder „Störung" der nuklearen Sicherheit** geführt haben oder führen können. Erforderlich ist eine tatsächliche oder potenzielle Kausalbeziehung zwischen der Beeinträchtigung der Informationstechnik einerseits und der Gefährdung bzw. Störung der nuklearen Sicherheit andererseits.[22] Eine Meldepflicht nach S. 1 setzt dabei nicht zwingend voraus, dass die Beeinträchtigung der Informationstechnik zu einer „Gefährdung" oder „Störung" der nuklearen Sicherheit geführt hat. Meldepflichtig ist die Beeinträchtigung der IT-Systeme bereits dann, wenn sie zu einer solchen „Gefährdung" bzw. „Störung" führen kann. Verglichen mit der Meldepflicht nach § 8b Abs. 4 BSIG (erhebliche Störungen, die zu einem Ausfall oder erheblichen Beschränkung der Funktionsfähigkeit der kritischen Infrastruktur führen können)[23] liegt die Schwelle für eine Meldung nach S. 1 niedriger. Orientiert an den öffentlich-rechtlichen Gefahrenbegriffen greift die Meldepflicht demnach nicht erst bei Eintritt einer konkreten Gefahrenlage, also bei hinreichender Wahrscheinlichkeit eines Schadenseintritts,[24] ein, sondern es genügt die bloße Möglichkeit eines Schadenseintritts und somit eine geringere Eintrittswahrscheinlichkeit.[25] Damit ist die Situation des – der Gefahr vorgelagerten – Risikos umschrieben.[26] 13

Ausgenommen sind danach jedenfalls solche Beeinträchtigungen von IT-Systemen, Komponenten und Prozessen, die bereits aus technischen Gründen unter keinen Umständen einen Einfluss auf die Nuklearsicherheit haben können, etwa weil keinerlei nuklearspezifische Vorgänge betroffen sind. 14

III. Meldefrist

Die Meldung an das BSI hat **„unverzüglich"** zu erfolgen. Nach der übertragbaren Legaldefinition des § 121 Abs. 1 S. 1 BGB bedeutet dies, dass die Meldung „ohne schuldhaftes Zögern" erfolgen muss.[27] Eine Pflicht zu einer raschen Information des BSI entspricht dem mit der Vorschrift verfolgten Zweck, nukleare Sicherheit zu gewährleisten. Zur Erfüllung dieses Zwecks ist es erforderlich, dass eine Bewertung der Sicherheitslage durch das BSI möglichst zeitnah auf Basis der relevanten Umstände der Beeinträchtigung ermöglicht wird – dies nicht zuletzt auch, 15

---

21 *Roos,* MMR 2015, 636 (643).

22 Hennenhöfer/Mann/Pelzer/Sellner/*Mann,* Rn. 3.

23 Kipker Cybersecurity/*Beucher/Fromageau,* Kap. 12 Rn. 92.

24 S. zum Gefahrenbegriff im Umweltrecht Koch/Hofmann/Reese UmweltR-HdB/*Ramsauer,* § 3 Rn. 35; *Reese,* ZUR 2010, 339 (341); Landmann/Rohmer/*Thiel,* BImSchG § 3 Rn. 33 und 36.

25 Vgl. Kloepfer UmweltR, § 16 Rn. 124–126.

26 Kloepfer UmweltR, § 4 Rn. 33 ff.; Dürig/Herzog/Scholz/*Calliess,* GG Art. 20a Rn. 115.

27 Hennenhöfer/Mann/Pelzer/Sellner/*Mann,* Rn. 4; *Roos,* MMR 2015, 636 (640); auch das BSI hat offensichtlich ein solches Verständnis, KRITIS-FAQ auf der Webseite des BSI s. https://www.bsi.bund.de/DE/Themen/KRITIS-und-regulierte-Unternehmen/Kritische-Infrastrukturen/KRITIS-FAQ/FAQ-zur-Meldepflicht/faq-zur-meldepflicht_node.html.

um potenziell ebenfalls betroffene Genehmigungsinhaber frühzeitig warnen zu können.[28]

IV. Inhalt und Form der Meldung

16 S. 3 legt die Mindestanforderungen an den Inhalt der Meldung fest: Diese muss **Angaben zu der Störung sowie zu den technischen Rahmenbedingungen,** insbesondere der vermuteten oder tatsächlichen Ursache, und der betroffenen Informationstechnik enthalten.[29] Der verwendete Begriff der „Störung" ist offensichtlich mit einer Beeinträchtigung der Informationstechnik iSv S. 1 übereinstimmend zu verstehen. Die Einhaltung einer bestimmten Form ist gesetzlich nicht vorgegeben.

17 Der Wortlaut des S. 3 ist weitgehend identisch mit den **Meldepflichten aus § 8b Abs. 4 BSIG und § 11 Abs. 1c EnWG.** Der notwendige Inhalt einer Meldung ist unter Berücksichtigung des Zwecks der Meldepflicht zu bestimmen, der in einer effektiven Gefahrenvorsorge zu sehen ist. Hierfür ist nach § 44b S. 2 AtG iVm § 8b Abs. 2 BISG insbesondere die zeitnahe Warnung potenziell betroffener weiterer Kreise sowie die Erstellung eines fundierten Lagebildes zur IT-Sicherheit durch das BSI vorgesehen.[30] Mit Blick auf die offene Wortwahl sind dabei keine allzu hohen Anforderungen an den Inhalt der Meldung zu stellen.

18 Die Gesetzgebungsmaterialien zum Meldetatbestand des § 8b Abs. 4 BSIG gehen von **einem gestuften Verfahren** aus: Unmittelbar nach Kenntniserlangung von dem Störfall hat der Betreiber die ihm zur Verfügung stehenden Informationen an das BSI zu melden. Im Rahmen dieser Erstmeldung trifft den Betreiber keine gesteigerte Pflicht zur Meldung näherer Details. Eine sich anschließende Zweitmeldung muss sodann jedoch weiterführende Informationen enthalten. Mit Blick auf den aus § 1 Nr. 2 folgenden Schutzzweck des AtG ist davon auszugehen, dass nach dem gesetzgeberischen Willen ein solches, auf eine effiziente Gefahrenvorsorge gerichtetes, gestuftes Meldeverfahren auch im Rahmen des § 44b Anwendung findet.[31]

19 Aufgrund des gesteigerten Gefahrenpotenzials der Kerntechnik sind **pseudonyme Meldungen** im Rahmen des § 44b unzulässig. Dies ist darauf zurückzuführen, dass die Identifizierbarkeit des jeweils von dem meldepflichtigen IT-Zwischenfall betroffenen, kerntechnischen Genehmigungsinhabers sichergestellt sein muss.[32] Dadurch unterscheidet sich § 44b etwa gegenüber § 8b Abs. 4 S. 3 BSIG, der die Möglichkeit einer pseudonymisierten Meldung hingegen ausdrücklich vorsieht.

V. Sanktionen bei Verstößen

20 Im Gegensatz zu der allgemeinen Meldepflicht für Betreiber Kritischer Infrastrukturen (§ 8b Abs. 4 BSIG), welche von der Bußgeldvorschrift des § 14 Abs. 1 Nr. 7 BSIG erfasst ist, ist die atomrechtliche Meldepflicht aus § 44b nach derzeitiger Gesetzeslage **nicht sanktionsbewehrt.** Auch eine analoge Anwendung des § 14

---

28 Vgl. BT-Drs. 18/4096, 28.

29 Für ein ausgefülltes Mustermeldeformular für KRITIS-Betreiber s. https://www.bsi.bund.de/SharedDocs/Downloads/DE/BSI/KRITIS/Meldeformular_BSIG8b_Muster.pdf.

30 BT-Drs. 18/4096, 28.

31 *Roos,* MMR 2015, 636 (643).

32 Hennenhöfer/Mann/Pelzer/Sellner/*Mann,* Rn. 8.

BSIG ist aufgrund des strafrechtlichen Analogieverbotes (Art. 103 Abs. 2 GG) ausgeschlossen. Sofern ein Verstoß gegen § 44b jedoch zugleich einen Verstoß gegen die in § 6 AtSMV normierte Meldepflicht darstellt, ist eine Sanktionierung nach § 46 Abs. 1 Nr. 4 AtG iVm § 11 Nr. 1 AtSMV denkbar.[33] Eine sachliche Rechtfertigung für diese Ungleichbehandlung ist nicht ersichtlich. Es liegt insofern nahe, dass es sich bei der Nichtaufnahme einer Bußgeldvorschrift um ein gesetzgeberisches Versehen handelt.[34]

Entgegen teilweise vertretener Ansicht[35] begegnet das Fehlen einer Sanktion jedoch **keinen europarechtlichen Bedenken.** Art. 14 Abs. 3 der NIS-Richtlinie verpflichtet die Mitgliedstaaten, Meldepflichten für sog. „Betreiber wesentlicher Dienste" bei Sicherheitsvorfällen vorzusehen, zu deren Durchsetzung nach Art. 21 NIS-Richtlinie wirksame, angemessene und abschreckende Sanktionen zu erlassen sind. Gemäß der Begriffsbestimmung in Art. 4 Nr. 4 NIS-Richtlinie kommen als „Betreiber wesentlicher Dienste" nur öffentliche oder private Einrichtungen in Betracht, die einer der in Anhang II der NIS-Richtlinie gelisteten Kategorien angehören. Soweit es sich bei den Inhabern atomrechtlicher Genehmigungen um Kernkraftwerksbetreiber handelt, sind diese grds. als Elektrizitätsunternehmen iSd Anhangs II Nr. 1 lit. a der NIS-Richtlinie und damit als „Betreiber wesentlicher Dienste" zu qualifizieren und unterfallen der Meldepflicht für Betreiber von Energieanlagen (§ 11 Abs. 1c EnWG), welche gem. § 95 Abs. 1 Nr. 2b EnWG bußgeldbewehrt ist. Die übrigen atomrechtlichen Genehmigungsinhaber entsprechen hingegen keiner der in Anhang II normierten Kategorien und sind folglich keine „Betreiber wesentlicher Dienste" iSd NIS-Richtlinie.[36] 21

VI. Aufgaben und Befugnisse des BSI im Sektor Kerntechnik

S. 2 und S. 4 konkretisieren die Aufgaben und Befugnisse des BSI gegenüber den Inhabern atomrechtlicher Genehmigungen nach den §§ 6, 7 und 9, indem u.a. die § 8b Abs. 1, Abs. 2 Nr. 1–3 und Nr. 4a–4c BSIG für entsprechend anwendbar erklärt werden. 22

Der Verweis auf § 8b Abs. 1 BSIG stellt klar, dass das **BSI als zentrale Meldestelle** für Betreiber Kritischer Infrastrukturen und atomrechtliche Genehmigungsinhaber in Angelegenheiten der Sicherheit der Informationstechnik fungiert. Die Einrichtung einer zentralen Meldestelle soll die zügige Erfassung der bundesweiten Gefährdungslage für die IT-Sicherheit Kritischer Infrastrukturen und atomrechtlicher Genehmigungsinhaber sicherstellen.[37] 23

Nach § 8b Abs. 2 Nr. 1 BSIG erfasst das BSI die für die Abwehr von Gefahren für die Sicherheit in der Informationstechnik wesentlichen Informationen. Auch die Erteilung von Informationen zur IT-Sicherheit kerntechnischer Genehmigungsinhaber nach §§ 6, 7 und 9 fällt durch die Verweisung in S. 2 in den Aufgabenbereich des BSI. Umfasst sind insbesondere Informationen zu **Sicherheitslücken** sowie **Schadprogrammen** und zu **erfolgten oder versuchten Angriffen** auf 24

---

33 Hornung/Schallbruch IT-SicherheitsR/*Guckelberger,* § 23 Rn. 34.

34 *Roos,* MMR 2015, 636 (643).

35 Hennenhöfer/Mann/Pelzer/Sellner/*Mann,* Rn. 11; Voigt IT-SicherheitsR, Rn. 448.

36 Auch der deutsche Gesetzgeber geht davon aus, dass atomrechtliche Genehmigungsinhaber nicht per se als „Betreiber wesentlicher Dienste" iSd NIS-Richtlinie zu qualifizieren sind, siehe hierzu BT-Drs. 18/11242, 53.

37 BT-Drs. 18/4096, 49.

die Sicherheit der Informationstechnik. Die in S. 1 normierte Meldepflicht dient dabei der Informationsgewinnung des BSI.[38]

25 Nach § 8b Abs. 2 Nr. 2 BSIG analysiert das BSI die potenziellen Auswirkungen auf die **Verfügbarkeit der Kritischen Infrastrukturen** in Zusammenarbeit mit den zuständigen Aufsichtsbehörden und dem Bundesamt für Bevölkerungsschutz und Katastrophenhilfe (BBK). Die atomrechtliche Aufsicht obliegt nach § 24 Abs. 1 S. 1 AtG iVm Art. 87c, 73 Abs. 1 Nr. 14 GG den Ländern im Rahmen der Bundesauftragsverwaltung.[39] Zuständig für die atomrechtliche Genehmigung und Aufsicht sind nach § 24 Abs. 2 S. 1 und 2 die durch die Landesregierungen bestimmten obersten Landesbehörden und damit die Ministerien der Länder.[40] Von der in § 24 Abs. 2 S. 3 vorgesehenen Möglichkeit, Aufgaben im Einzelfall an nachgeordnete Behörden zu delegieren, haben die Landesministerien bisweilen nur in geringem Umfang Gebrauch gemacht.[41] Recht- und Zweckmäßigkeit des Verwaltungshandelns stehen gem. Art. 85 Abs. 4 S. 1 GG unter Aufsicht des Bundes.[42] Die Bundesaufsicht übt das Bundesministerium für Umwelt, Naturschutz, nukleare Sicherheit und Verbraucherschutz (BMUV) aus, dem zu diesem Zweck ein Weisungsrecht zusteht.[43]

26 Ferner ist es nach § 8b Abs. 2 Nr. 3 BSIG Aufgabe des BSI, das **Lagebild** bezüglich der Sicherheit in der Informationstechnik der Kritischen Infrastrukturen kontinuierlich zu aktualisieren. In dieses Lagebild wird die Gefährdungslage für Genehmigungsinhaber kerntechnischer Anlagen und Tätigkeiten miteinbezogen.

27 Die nach § 8b Abs. 2 Nr. 1–3 BSIG gesammelten und ausgewerteten Informationen, einschließlich der gemeldeten IT-Störfälle, hat das BSI nach § 8b Nr. 4 BSIG bestimmten **öffentlichen und privaten Stellen unverzüglich zugänglich** zu machen. S. 2 erklärt dabei § 8b Abs. 2 Nr. 4 lit. a–c BSIG für entsprechend anwendbar, verweist jedoch nicht auf den in Umsetzung des Art. 14 Abs. 5 der NIS-Richtlinie in das BSIG aufgenommenen § 8b Abs. 2 Nr. 4 lit. d BSIG.[44] Dies erfolgte bewusst, da nach Art. 14 Abs. 5 NIS-Richtlinie die zuständigen Behörden eines anderen Mitgliedstaates der Europäischen Union über gemeldete IT-Störungen „wesentlicher Dienste" zu unterrichten sind, sofern die Störung erhebliche Auswirkungen auf die Verfügbarkeit wesentlicher Dienste in dem jeweiligen Mitgliedstaat hat. Atomrechtliche Genehmigungsinhaber sind allerdings nicht als Betreiber wesentlicher Dienste iSd NIS-Richtlinie zu qualifizieren und folgerichtig nicht von der in Art. 14 Abs. 5 NIS-Richtlinie normierten Unterrichtungspflicht erfasst.[45]

28 Nach § 8b Abs. 2 Nr. 4 lit. a–c BSIG hat das BSI die **Betreiber Kritischer Infrastrukturen,** die zuständigen **Aufsichtsbehörden** und die sonst zuständigen Behörden des Bundes sowie die zuständigen Aufsichtsbehörden der Länder und die zu diesem Zweck dem Bundesamt von den Ländern als zentrale **Kontaktstelle** benannten Behörden über die sie betreffenden bzw. die zur Erfüllung ihrer Aufgaben

---

[38] BT-Drs. 18/4096, 27; Hennenhöfer/Mann/Pelzer/Sellner/*Mann,* Rn. 4.

[39] BT-Drs. 19/11455, 50; zu den atomrechtlichen Genehmigungs- und Aufsichtsbehörden der Länder im Einzelnen siehe BT-Drs. 19/11455, 51 und Koch/Hofmann/Reese UmweltR-HdB/*John,* § 10 Rn. 35.

[40] BT-Drs. 19/11455, 49 und 51.

[41] BT-Drs. 19/11455, 53.

[42] BeckOK GG/*Suerbaum,* GG Art. 85 Rn 26.

[43] BT-Drs. 19/11455, 50.

[44] BT-Drs. 18/11242, 12 und 47.

[45] BT-Drs. 18/11242, 53.

erforderlichen Informationen in Kenntnis zu setzen. Durch die Verweisung in S. 2 müssen neben den Betreibern Kritischer Infrastrukturen auch **kerntechnische Genehmigungsinhaber** nach §§ 6, 7 und 9 sowie die jeweils zuständigen atomrechtlichen Aufsichtsbehörden der Länder bzw. sonstige atomrechtliche Behörden des Bundes grds. durch das BSI informiert werden.[46]

Die Pflicht des BSI zur Weitergabe nach § 8 Abs. 2 Nr. 1–3 BSIG gewonnener Informationen hängt davon ab, ob die jeweilige Information für den individuellen Betreiber oder Genehmigungsinhaber relevant ist bzw. ob die staatliche Stelle sie zu ihrer Aufgabenerfüllung benötigt. Der Kreis der zu informierenden Stellen ist stets mit Blick auf die Umstände des Einzelfalls zu bestimmen. 29

Genehmigungsinhaber nach §§ 6, 7 und 9 haben IT-Störfälle **direkt an das BSI** zu melden. Eine vorausgehende sicherheitstechnische Bewertung durch die zuständige atomrechtliche Aufsichtsbehörde des Landes ist nicht vorgesehen.[47] Informationen zu meldepflichtigen Ereignissen erhält die jeweils zuständige Aufsichtsbehörde demnach vom BSI.[48] 30

Nach S. 4 ist das BSI verpflichtet, die **Meldungen** der atomrechtlichen Genehmigungsinhaber unverzüglich an die für die nukleare Sicherheit und Sicherung zuständigen Genehmigungs- und Aufsichtsbehörden des Bundes und der Länder und an die von diesen bestimmten Sachverständigen nach § 20 **weiterzuleiten.** Diese Pflicht deckt sich weitestgehend mit den nach § 44b S. 2 AtG iVm § 8b Abs. 2 Nr. 1b und 1c BSIG vorgesehenen, oben dargestellten Unterrichtungspflichten und hat insofern klarstellenden Charakter. 31

Einen weitergehenden Regelungsgehalt besitzt S. 4 im Hinblick auf die durch das Umsetzungsgesetz zur NIS-Richtlinie[49] eingeführte Pflicht zur **Weiterleitung der eingegangenen Meldungen** an die von den Genehmigungs- und Aufsichtsbehörden nach § 20 bestimmten Sachverständigen.[50] Gem. § 20 können die zuständigen Behörden im Genehmigungs- und Aufsichtsverfahren Sachverständige hinzuziehen, um in komplexen atomrechtlichen Sachverhalten auf deren technische Kenntnisse und Fähigkeiten zurückzugreifen.[51] Durch eine direkte Benachrichtigung der Sachverständigen sollen die entsprechenden Verfahren insgesamt beschleunigt und so eine schnellere Auswertung der eingegangenen Meldungen erreicht werden.[52] 32

VII. Datenschutzrechtliche Aspekte des Meldeverfahrens

Gem. § 44b S. 2 ist § 8b Abs. 7 BSIG, der den Umgang mit **personenbezogenen Daten** durch das BSI regelt, entsprechend anzuwenden. Auf Grundlage der in § 8b Abs. 2 BSIG normierten **Befugnisse** ist das BSI grds. berechtigt, personenbezogene Daten zu verarbeiten.[53] Die personenbezogenen Daten unterliegen dabei gem. § 8b Abs. 7 S. 1 BSIG einer **strengen Zweckbindung** und dürfen nur zur Erfüllung der in § 8b BSIG festgelegten Aufgaben verarbeitet werden.[54] 33

---

46 BT-Drs. 18/4096, 32.
47 BT-Drs. 18/4096, 49.
48 Hennenhöfer/Mann/Pelzer/Sellner/*Mann*, Rn. 9.
49 BT-Drs. 64/17, 13.
50 AA Frenz/*Leidinger*, Rn. 7.
51 Frenz/*Leidinger*, § 20 Rn. 1.
52 BT-Drs. 18/11242, 54.
53 BT-Drs. 19/4674, 214.
54 Schenke/Graulich/Ruthig/*Buchberger*, BSIG § 8b Rn. 9.

34 § 8b Abs. 7 S. 2 BSIG verweist auf § 5 Abs. 7 S. 3–8 BSIG, der Verarbeitungsverbote und Anforderungen an das Datenverarbeitungsverfahren enthält. Die speziellen Verfahrensregelungen im Umgang mit **kernbereichsrelevanten Informationen** und **personenbezogenen Daten iSd Art. 9 DS-GVO** zielen auf den Schutz des Rechts auf informationelle Selbstbestimmung aus Art. 2 Abs. 1 iVm Art. 1 Abs. 1 GG und Art. 8 GRCh ab.[55] Dass das BSI im Rahmen seiner Tätigkeit Informationen erlangt, die den Kernbereich privater Lebensgestaltung berühren, erscheint zwar unwahrscheinlich, ist jedoch auch nicht ausgeschlossen.[56]

35 Aus § 5 Abs. 7 S. 3–8 BSIG folgt, dass dem BSI im Zuge seiner Tätigkeit bekannt gewordene Daten iSd Art. 9 DS-GVO („besondere Kategorien personenbezogener Daten") nicht verwendet werden dürfen, womit dem grds. **Verarbeitungsverbot für besondere Kategorien personenbezogener Daten** aus Art. 9 Abs. 1 DS-GVO Rechnung getragen wird.[57] Sog. „kernbereichsrelevante Informationen", also Informationen über Sachverhalte, die ausschließlich die private Persönlichkeitsentfaltung betreffen und nur einen äußerst geringen Bezug zur Sphäre anderer oder der Gesellschaft aufweisen,[58] unterliegen ebenfalls einem Verarbeitungsverbot und sind unverzüglich zu löschen.

36 Die Erlangung dieser Daten sowie ihre Löschung hat das BSI festzuhalten. Diese **Lösch- und Dokumentationspflicht** gilt auch in Bezug auf Daten, bei denen Zweifel im Hinblick auf ihre Zuordnung zum Kernbereich privater Lebensführung bestehen. Das erstellte Verzeichnis darf nur zum Zwecke der Datenschutzkontrolle genutzt werden und ist zu löschen, sobald es zum Zweck der Datenschutzkontrolle nicht mehr erforderlich ist. Spätestens ist die Dokumentation jedoch mit Abschluss des Jahres zu löschen, das auf das Jahr der Erstellung folgt.

VIII. Verhältnis zu weiteren Meldepflichten nach AtSMV, EnWG und BSIG

37 Eine Pflicht zur Meldung von IT-Störungen im Rahmen kerntechnischer Anlagen und Tätigkeiten kann sich – abgesehen von § 44b – auch aus § 6 AtSMV sowie aus § 11 Abs. 1c EnWG ergeben.

38 **1. Meldepflicht nach der AtSMV.** § 6 AtSMV sieht eine **Meldepflicht** u.a. für **Genehmigungsinhaber nach § 7 Abs. 1** vor. Über § 1 Abs. 1, Abs. 2 Nr. 1, 2 und 4 AtSMV findet die **Meldepflicht auch auf Genehmigungsinhaber nach §§ 6, 7 Abs. 3** und einen **Teil der Genehmigungsinhaber nach § 9** Anwendung.

39 Genehmigungsinhaber haben nach § 6 Abs. 1 AtSMV **Unfälle, Störfälle oder sonstige für die kerntechnische Sicherheit bedeutsame Ereignisse** (meldepflichtige Ereignisse) der Aufsichtsbehörde zu melden. Zuständig für die atomrechtliche Aufsicht sind die von den Landesregierungen bestimmten obersten Landesbehörden (§ 24 Abs. 1 S. 1, Abs. 2 S. 1 und 2).[59] Nach § 6 Abs. 3 AtSMV sind neben den landesrechtlichen Aufsichtsbehörden auch die für die öffentliche Sicherheit und Ordnung zuständige Behörde, die für den Katastrophenschutz zuständige

---

[55] Hennenhöfer/Mann/Pelzer/Sellner/*Mann*, Rn. 6; Schenke/Graulich/Ruthig/*Buchberger*, BSIG § 5 Rn. 44.

[56] BT-Drs. 16/13259, 7.

[57] Vgl. BT-Drs. 19/4674, 214f.

[58] *BVerfG*, Urt. v. 3.3.2004 – 1 BvR 2378/98, BVerfGE 109, 279 (313ff., 319); BeckOK GG/*Epping/Hillgruber*, GG Art. 1 Rn. 27.

[59] BT-Drs. 19/11455, 49 und 51.

Behörde sowie das radiologische Lagezentrum des Bundes unverzüglich zu informieren, soweit dies zum Schutz der Bevölkerung vor Lebens- und Gesundheitsgefahren erforderlich ist.

Eine nähere Spezifikation der von der Meldepflicht umfassten Ereignisse ergibt sich über den Verweis in § 6 Abs. 2 S. 1 AtSMV aus den in den Anlagen 1–7 der AtSMV festgelegten Kriterien. Genehmigungsinhaber nach § 7 haben die Meldekriterien der Anlagen 1–4 zu beachten. Zu den meldepflichtigen Ereignissen gehören neben Unfällen mit radioaktiven Auswirkungen auch Funktionsstörungen, Schäden oder Ausfälle im Sicherheitssystem oder in den sonstigen sicherheitstechnisch wichtigen Systemen oder Anlagenteilen. Dies umfasst auch Beeinträchtigungen von informationstechnischen Systemen, Komponenten und Prozessen. **40**

Bei Vorliegen der jeweiligen Tatbestandsvoraussetzungen kann eine Beeinträchtigung der informationstechnischen Systeme der atomrechtlichen Genehmigungsinhaber sowohl Meldepflichten nach § 6 AtSMV als auch nach § 44b auslösen. **41**

2. Meldepflichten nach dem IT-Sicherheitsgesetz. Neben den atomrechtlichen Genehmigungsinhabern verpflichtet das IT-SiG auch **Betreiber Kritischer Infrastrukturen** iSd § 2 Abs. 10 S. 1 BSIG, Störfälle ihrer IT-Systeme an das BSI zu melden (§ 8b Abs. 4 BSIG). Eine spezielle Meldepflicht für den Energiesektor sieht § 11 Abs. 1c EnWG vor. § 11 Abs. 1c EnWG adressiert Betreiber von Energieanlagen, die durch die gem. § 10 Abs. 1 BSIG erlassene Verordnung zur Bestimmung Kritischer Infrastrukturen nach dem BSI-Gesetz (BSI-KritisV) als Kritische Infrastruktur qualifiziert wurden. **42**

Als Kritische Infrastrukturen im **Energiesektor** sind nach § 2 Abs. 5 Nr. 1 und Nr. 2 iVm Anlage 1 Teil 3 BSI-KritisV insbesondere Energieerzeugungsanlagen zu qualifizieren, die eine Netto-Nennleistung von 420 Megawatt (MW) erreichen. Auch kerntechnische Anlagen dienen der Energieversorgung. Bis zum Vollzug des voraussichtlichen (vollständigen) Atomausstiegs mit Ablauf des 15.4.2023[60] bleibt die Stromerzeugung durch Kernkraftwerke sogar ein Hauptanwendungsfall der Kerntechnik.[61] Den erforderlichen Schwellenwert überschreiten sämtliche im Jahre 2021 aktiven Kernkraftwerke. **43**

Als **Betreiber Kritischer Infrastruktur** unterliegen die Kernkraftwerksbetreiber dem § 11 Abs. 1c EnWG.[62] Der Betrieb von Kernkraftwerken ist nach § 7 Abs. 1 genehmigungspflichtig, sodass insoweit auch der Anwendungsbereich des § 44b eröffnet ist. Zwar sind nach beiden Vorschriften IT-Zwischenfälle in Kernkraftwerken an das BSI zu melden, § 44b und § 11 Abs. 1c EnWG unterscheiden sich jedoch in ihren Tatbestandsvoraussetzungen und dem verfolgten Schutzzweck. **44**

Berührt der IT-Zwischenfall die nukleare Sicherheit, ist § 44b einschlägig. § 11 Abs. 1c EnWG beabsichtigt hingegen die Gewährleistung der **Sicherheit der Stromversorgung.** Besteht ein Risiko für die Funktionsfähigkeit der Anlage, erfolgt eine Meldung nach § 11 Abs. 1c EnWG. Eine Bündelung der Schutzzwecke, etwa in einer einheitlichen Regelung im AtG, hat der Gesetzgeber bewusst vermieden.[63] **45**

---

[60] → § 7 Rn. 3.

[61] Zur Kernenergienutzung und dem sog. Atomausstieg siehe Kloepfer UmweltR, Rn. 39–59.

[62] → EnWG § 11 Rn. 130ff.

[63] BT-Drs. 18/4096, 49f.

46 Die allgemeine Meldepflicht für Betreiber Kritischer Infrastrukturen aus § 8b Abs. 4 BSIG tritt als **Auffangtatbestand** gem. § 8d Abs. 3 Nr. 2 und 4 BSIG hinter die Meldepflichten aus § 44b und § 11 Abs. 1c EnWG zurück.

Gesetz über die Elektrizitäts- und Gasversorgung (Energiewirtschaftsgesetz – EnWG)

vom 7. Juli 2005 (BGBl. I S. 1970, ber. S. 3621)

FNA 752-6

zuletzt geändert durch Art. 3 G zur Änd. des EnergiesicherungsG und anderer energiewirtschaftlicher Vorschriften vom 8. 10. 2022 (BGBl. I S. 1726)

– Auszug –

§ 11 Betrieb von Energieversorgungsnetzen

(1) [1]Betreiber von Energieversorgungsnetzen sind verpflichtet, ein sicheres, zuverlässiges und leistungsfähiges Energieversorgungsnetz diskriminierungsfrei zu betreiben, zu warten und bedarfsgerecht zu optimieren, zu verstärken und auszubauen, soweit es wirtschaftlich zumutbar ist. [2]Sie haben insbesondere die Aufgaben nach den §§ 12 bis 16a zu erfüllen. [3]Sie nehmen diese Aufgaben für ihr Energieversorgungsnetz in eigener Verantwortung wahr. [4]Sie kooperieren und unterstützen sich bei der Wahrnehmung dieser Aufgaben; dies ist insbesondere für Maßnahmen anzuwenden, die sich auf das Netz eines anderen Betreibers von Energieversorgungsnetzen auswirken können. [5]Die Verpflichtungen sind auch anzuwenden im Rahmen der Wahrnehmung der wirtschaftlichen Befugnisse der Leitung des vertikal integrierten Unternehmens und seiner Aufsichtsrechte nach § 7a Absatz 4 Satz 3. [6]Der Ausbau eines L-Gasversorgungsnetzes ist nicht bedarfsgerecht im Sinne von Satz 1, wenn er auf Grund von Netzanschlüssen erfolgen muss, zu deren Einräumung der Betreiber des L-Gasversorgungsnetzes nicht nach den §§ 17 und 18 verpflichtet war.

(1a) [1]Der Betrieb eines sicheren Energieversorgungsnetzes umfasst insbesondere auch einen angemessenen Schutz gegen Bedrohungen für Telekommunikations- und elektronische Datenverarbeitungssysteme, die für einen sicheren Netzbetrieb notwendig sind. [2]Die Regulierungsbehörde erstellt hierzu im Benehmen mit dem Bundesamt für Sicherheit in der Informationstechnik einen Katalog von Sicherheitsanforderungen und veröffentlicht diesen. [3]Der Katalog der Sicherheitsanforderungen enthält auch Regelungen zur regelmäßigen Überprüfung der Erfüllung der Sicherheitsanforderungen. [4]Ein angemessener Schutz des Betriebs eines Energieversorgungsnetzes liegt vor, wenn dieser Katalog der Sicherheitsanforderungen eingehalten und dies vom Betreiber dokumentiert worden ist. [5]Die Einhaltung kann von der Regulierungsbehörde überprüft werden. [6]Zu diesem Zwecke kann die Regulierungsbehörde nähere Bestimmungen zu Format, Inhalt und Gestaltung der Dokumentation nach Satz 4 treffen.

(1b) [1]Betreiber von Energieanlagen, die durch Inkrafttreten der Rechtsverordnung gemäß § 10 Absatz 1 des BSI-Gesetzes vom 14. August 2009 (BGBl. I S. 2821), das zuletzt durch Artikel 8 des Gesetzes vom 17. Juli

2015 (BGBl. I S. 1324) geändert worden ist, in der jeweils geltenden Fassung als Kritische Infrastruktur bestimmt wurden und an ein Energieversorgungsnetz angeschlossen sind, haben innerhalb einer von der Regulierungsbehörde festzulegenden Frist einen angemessenen Schutz gegen Bedrohungen für Telekommunikations- und elektronische Datenverarbeitungssysteme zu gewährleisten, die für einen sicheren Anlagenbetrieb notwendig sind. [2]Die Regulierungsbehörde erstellt hierzu im Benehmen mit dem Bundesamt für Sicherheit in der Informationstechnik einen Katalog von Sicherheitsanforderungen, in den auch die Bestimmung der Frist nach Satz 1 aufzunehmen ist, und veröffentlicht diesen. [3]Für Telekommunikations- und elektronische Datenverarbeitungssysteme von Anlagen nach § 7 Absatz 1 des Atomgesetzes haben Vorgaben auf Grund des Atomgesetzes Vorrang. [4]Die für die nukleare Sicherheit zuständigen Genehmigungs- und Aufsichtsbehörden des Bundes und der Länder sind bei der Erarbeitung des Katalogs von Sicherheitsanforderungen zu beteiligen. [5]Der Katalog von Sicherheitsanforderungen enthält auch Regelungen zur regelmäßigen Überprüfung der Erfüllung der Sicherheitsanforderungen. [6]Ein angemessener Schutz des Betriebs von Energieanlagen im Sinne von Satz 1 liegt vor, wenn dieser Katalog eingehalten und dies vom Betreiber dokumentiert worden ist. [7]Die Einhaltung kann von der Bundesnetzagentur überprüft werden. [8]Zu diesem Zwecke kann die Regulierungsbehörde nähere Bestimmungen zu Format, Inhalt und Gestaltung der Dokumentation nach Satz 6 treffen.

(1c) **[1]Betreiber von Energieversorgungsnetzen und von solchen Energieanlagen, die durch Inkrafttreten der Rechtsverordnung gemäß § 10 Absatz 1 des BSI-Gesetzes als Kritische Infrastruktur bestimmt wurden, haben**

1. **Störungen der Verfügbarkeit, Integrität, Authentizität und Vertraulichkeit ihrer informationstechnischen Systeme, Komponenten oder Prozesse, die zu einem Ausfall oder einer erheblichen Beeinträchtigung der Funktionsfähigkeit des Energieversorgungsnetzes oder der betreffenden Energieanlage geführt haben,**
2. **erhebliche Störungen der Verfügbarkeit, Integrität, Authentizität und Vertraulichkeit ihrer informationstechnischen Systeme, Komponenten oder Prozesse, die zu einem Ausfall oder einer erheblichen Beeinträchtigung der Funktionsfähigkeit des Energieversorgungsnetzes oder der betreffenden Energieanlage führen können,**

über die Kontaktstelle unverzüglich an das Bundesamt für Sicherheit in der Informationstechnik zu melden.

[2]Die Meldung muss Angaben zu der Störung, zu möglichen grenzübergreifenden Auswirkungen sowie zu den technischen Rahmenbedingungen, insbesondere der vermuteten oder tatsächlichen Ursache und der betroffenen Informationstechnik, enthalten. [3]Die Nennung des Betreibers ist nur dann erforderlich, wenn die Störung tatsächlich zu einem Ausfall oder einer Beeinträchtigung der Funktionsfähigkeit der Kritischen Infrastruktur geführt hat. [4]Das Bundesamt für Sicherheit in der Informationstechnik hat die Meldungen unverzüglich an die Bundesnetzagentur weiterzuleiten. [5]Das Bundesamt für Sicherheit in der Informationstechnik und die Bundesnetzagentur haben sicherzustellen, dass die unbefugte Offenbarung der ihnen nach Satz 1 zur Kenntnis gelangten Angaben ausgeschlossen wird. [6]Zugang zu

den Akten des Bundesamtes für Sicherheit in der Informationstechnik sowie zu den Akten der Bundesnetzagentur in Angelegenheiten nach § 11 Absatz 1a bis Absatz 1c wird nicht gewährt. [7]§ 29 des Verwaltungsverfahrensgesetzes bleibt unberührt. [8]§ 8e Absatz 1 des BSI-Gesetzes ist entsprechend anzuwenden.

(1d) **[1]Betreiber von Energieversorgungsnetzen und von solchen Energieanlagen, die durch Inkrafttreten der Rechtsverordnung gemäß § 10 Absatz 1 des BSI-Gesetzes als Kritische Infrastruktur bestimmt wurden, sind verpflichtet, spätestens bis zum 1. April jeden Jahres, die von ihnen betriebene Anlage beim Bundesamt für Sicherheit in der Informationstechnik zu registrieren und eine Kontaktstelle zu benennen. [2]Das Bundesamt für Sicherheit in der Informationstechnik übermittelt die Registrierungen einschließlich der damit verbundenen Kontaktdaten an die Bundesnetzagentur. [3]Die Registrierung eines Betreibers eines Energieversorgungsnetzes oder von solchen Energieanlagen, die durch Inkrafttreten der Rechtsverordnung gemäß § 10 Absatz 1 des BSI-Gesetzes als Kritische Infrastruktur bestimmt wurden, kann das Bundesamt für Sicherheit in der Informationstechnik auch selbst vornehmen, wenn der Betreiber seine Pflicht zur Registrierung nicht erfüllt. [4]Nimmt das Bundesamt für Sicherheit in der Informationstechnik eine solche Registrierung selbst vor, informiert es die Bundesnetzagentur darüber und übermittelt die damit verbundenen Kontaktdaten. [5]Die Betreiber haben sicherzustellen, dass sie über die benannte oder durch das Bundesamt für Sicherheit in der Informationstechnik festgelegte Kontaktstelle jederzeit erreichbar sind. [6]Die Übermittlung von Informationen durch das Bundesamt für Sicherheit in der Informationstechnik nach § 8b Absatz 2 Nummer 4 Buchstabe a des BSI-Gesetzes erfolgt an diese Kontaktstelle.**

(1e) **[1]Betreiber von Energieversorgungsnetzen und von solchen Energieanlagen, die durch Inkrafttreten der Rechtsverordnung gemäß § 10 Absatz 1 des BSI-Gesetzes als Kritische Infrastruktur bestimmt wurden, haben spätestens ab dem 1. Mai 2023 in ihren informationstechnischen Systemen, Komponenten oder Prozessen, die für die Funktionsfähigkeit der von ihnen betriebenen Energieversorgungsnetze oder Energieanlagen maßgeblich sind, in angemessener Weise Systeme zur Angriffserkennung einzusetzen. [2]Die eingesetzten Systeme zur Angriffserkennung müssen geeignete Parameter und Merkmale aus dem laufenden Betrieb kontinuierlich und automatisch erfassen und auswerten. [3]Sie sollten dazu in der Lage sein, fortwährend Bedrohungen zu identifizieren und zu vermeiden sowie für eingetretene Störungen geeignete Beseitigungsmaßnahmen vorsehen. [4]Dabei soll der Stand der Technik eingehalten werden. [5]Der Einsatz von Systemen zur Angriffserkennung ist angemessen, wenn der dafür erforderliche Aufwand nicht außer Verhältnis zu den möglichen Folgen eines Ausfalls oder einer Beeinträchtigung des betroffenen Energieversorgungsnetzes oder der betroffenen Energieanlage steht.**

(1f) **[1]Betreiber von Energieversorgungsnetzen und von solchen Energieanlagen, die nach der Rechtsverordnung gemäß § 10 Absatz 1 des BSI-Gesetzes als Kritische Infrastruktur gelten, haben dem Bundesamt für Sicherheit in der Informationstechnik erstmalig am 1. Mai 2023 und danach alle zwei Jahre die Erfüllung der Anforderungen nach Absatz 1d nachzuweisen.**

[2]Das Bundesamt für Sicherheit in der Informationstechnik hat die hierfür eingereichten Nachweisdokumente unverzüglich an die Bundesnetzagentur weiterzuleiten. [3]Das Bundesamt für Sicherheit in der Informationstechnik und die Bundesnetzagentur haben sicherzustellen, dass die unbefugte Offenbarung der ihnen nach Satz 1 zur Kenntnis gelangten Angaben ausgeschlossen wird. [4]Das Bundesamt für Sicherheit in der Informationstechnik kann bei Mängeln in der Umsetzung der Anforderungen nach Absatz 1d oder in den Nachweisdokumenten nach Satz 1 im Einvernehmen mit der Bundesnetzagentur die Beseitigung der Mängel verlangen.

(1g) **[1]Die Bundesnetzagentur legt bis zum 22. Mai 2023 im Einvernehmen mit dem Bundesamt für Sicherheit in der Informationstechnik durch Allgemeinverfügung im Wege einer Festlegung nach § 29 Absatz 1 in einem Katalog von Sicherheitsanforderungen für das Betreiben von Energieversorgungsnetzen und Energieanlagen fest,**

1. **welche Komponenten kritische Komponenten im Sinne des § 2 Absatz 13 Satz 1 Nummer 3 Buchstabe a des BSI-Gesetzes sind oder**
2. **welche Funktionen kritisch bestimmte Funktionen im Sinne des § 2 Absatz 13 Satz 1 Nummer 3 Buchstabe b des BSI-Gesetzes sind.**

[2]Die Betreiber von Energieversorgungsnetzen und Energieanlagen, die durch Rechtsverordnung gemäß § 10 Absatz 1 Satz 1 des BSI-Gesetzes als Kritische Infrastruktur bestimmt wurden, haben die Vorgaben des Katalogs spätestens sechs Monate nach dessen Inkrafttreten zu erfüllen, es sei denn, in dem Katalog ist eine davon abweichende Umsetzungsfrist festgelegt worden. [3]Der Katalog wird mit den Katalogen der Sicherheitsanforderungen nach § 11 Absatz 1a und 1b verbunden.

(2) **[1]Für einen bedarfsgerechten, wirtschaftlich zumutbaren Ausbau der Elektrizitätsversorgungsnetze nach Absatz 1 Satz 1 können Betreiber von Elektrizitätsversorgungsnetzen den Berechnungen für ihre Netzplanung die Annahme zugrunde legen, dass die prognostizierte jährliche Stromerzeugung je unmittelbar an ihr Netz angeschlossener Anlage zur Erzeugung von elektrischer Energie aus Windenergie an Land oder solarer Strahlungsenergie um bis zu 3 Prozent reduziert werden darf (Spitzenkappung). [2]Betreiber von Elektrizitätsversorgungsnetzen, die für ihre Netzplanung eine Spitzenkappung zugrunde gelegt haben, müssen dies**

1. **auf ihrer Internetseite veröffentlichen,**
2. **dem Betreiber des vorgelagerten Elektrizitätsversorgungsnetzes, dem Betreiber des Übertragungsnetzes, der Bundesnetzagentur sowie der zuständigen Landesregulierungsbehörde unverzüglich mitteilen und**
3. **im Rahmen der Netzplanung für einen sachkundigen Dritten nachvollziehbar dokumentieren.**

[3]Die Dokumentation nach Satz 2 Nummer 3 muss der Bundesnetzagentur, der zuständigen Landesregulierungsbehörde, dem Betreiber des vorgelagerten Elektrizitätsversorgungsnetzes, dem Betreiber des Übertragungsnetzes, einem Einspeisewilligen sowie einem an das Netz angeschlossenen Anlagenbetreiber auf Verlangen unverzüglich vorgelegt werden. [4]Die §§ 13 und 14 und § 11 des Erneuerbare-Energien-Gesetzes bleiben unberührt. [5]Ein Betreiber des Elektrizitätsversorgungsnetzes, der Kosten für die Reduzierung der Einspeisung von mehr als 3 Prozent der jährlichen Stromerzeugung einer Anlage zur Erzeugung von Strom aus erneuerbaren Energien,

Grubengas oder Kraft-Wärme-Kopplung bei der Ermittlung seiner Netzentgelte in Ansatz bringt, muss der Bundesnetzagentur sowie der zuständigen Landesregulierungsbehörde den Umfang der und die Ursachen für die Reduzierung der Einspeisung mitteilen und im Fall einer Spitzenkappung die Dokumentation nach Satz 2 Nummer 3 vorlegen.

(3) [1]**In Rechtsverordnungen über die Regelung von Vertrags- und sonstigen Rechtsverhältnissen können auch Regelungen zur Haftung der Betreiber von Energieversorgungsnetzen aus Vertrag und unerlaubter Handlung für Sach- und Vermögensschäden, die ein Kunde durch Unterbrechung der Energieversorgung oder durch Unregelmäßigkeiten in der Energieversorgung erleidet, getroffen werden.** [2]**Dabei kann die Haftung auf vorsätzliche oder grob fahrlässige Verursachung beschränkt und der Höhe nach begrenzt werden.** [3]**Soweit es zur Vermeidung unzumutbarer wirtschaftlicher Risiken des Netzbetriebs im Zusammenhang mit Verpflichtungen nach § 13 Absatz 2, § 13b Absatz 5 und § 13f Absatz 1, auch in Verbindung mit § 14, und § 16 Absatz 2 und 2a, auch in Verbindung mit § 16a, erforderlich ist, kann die Haftung darüber hinaus vollständig ausgeschlossen werden.**

Literatur: *Assmann/Peiffer* (Hrsg.), BeckOK EnWG, 4. Ed. 1.9.2022; *Bräutigam/Wilmer,* Big brother is watching you? – Meldepflichten im geplanten IT-Sicherheitsgesetz, ZRP 2015, 38; *Britz/Hellermann/Hermes* (Hrsg.), EnWG – Energiewirtschaftsgesetz, 3. Aufl. 2015; *de Wyl/Weise/Bartsch,* BSIG, EnWG, BSI-Kritisverordnung und IT-Sicherheitskatalog – Neue Anforderungen an die IT-Sicherheit bei Netzbetreibern und Versorgern, VersorgW 2016, 133; *de Wyl/Weise/Bartsch,* Das Energieversorgungsnetz als kritische Infrastruktur, VersorgW 2014, 180; *Elspas/Graßmann/Rasbach,* Berliner Kommentar EnWG – Energiewirtschaftsgesetz, 2018; *Gabel/Heinrich/Kiefner* (Hrsg.), Rechtshandbuch Cyber-Security, 2019; *Gehrmann/Voigt,* IT-Sicherheit – Kein Thema nur für Betreiber Kritischer Infrastrukturen, CR 2017, 93; *Giebichenstein/Schirp,* Neues IT-Sicherheitsgesetz (IT-SiG) und Sicherheitskatalog gem. § 11 Abs. 1a EnWG – Umsetzungserfordernisse und Herausforderungen für Unternehmen, CB 2015, 66; Giebichenstein/Schirp, Step-by-Step: Vorgehensweise und praktische Umsetzung der ISO 27001 für Unternehmen – IT-Sicherheitsgesetz (IT-SiG) und Sicherheitskatalog gem. § 11 Abs. 1a Energiewirtschaftsgesetz (EnWG), CB 2015, 108; *Hornung,* Neue Pflichten für Betreiber kritischer Infrastrukturen: Das IT-Sicherheitsgesetz des Bundes, NJW 2015, 3334; *Hutterer,* Cybersecurity – Fundament für die Digitalisierung der Netze, ET 2019, Nr. 1/2, 32; *Kipker* (Hrsg.), Cybersecurity, 2020; *Kment* (Hrsg.), Energiewirtschaftsgesetz, 2. Aufl. 2019; *Köhler,* IT-Sicherheit in der vernetzten Energiewirtschaft, EnWZ 2015, 407; *Lied/Brühl/vom Wege/Weise,* Der IT-Sicherheitskatalog der Bundesnetzagentur: Auswirkungen auf die Verteilernetzbetreiber, ET 2014, Heft 8, 67; *Möstl/Wolff* (Hrsg.), IT-Sicherheit als Herausforderung für Wirtschaft und Staat, 2017; *Säcker,* Berliner Kommentar zum Energierecht, 4. Aufl. 2019; *Schreiber/Salmen,* Die allgemeine gesetzliche Haftung von Netzbetreiber und -eigentümer, RdE 2017, 62; *Spindler,* IT-Sicherheit und Produkthaftung – Sicherheitslücken, Pflichten der Hersteller und der Softwarenutzer, NJW 2004, 3145; *Spindler,* IT-Sicherheitsgesetz und zivilrechtliche Haftung, CR 2016, 297; *Terhaag,* IT-Sicherheitsgesetz, Auswirkungen, Entwicklungen und Materialien für die Praxis, 2015; *Voigt,* IT-Sicherheitsrecht, 2. Aufl. 2022; *Weise/Brühl,* Auswirkungen eines künftigen IT-Sicherheitsgesetzes auf Betreiber Kritischer Infrastrukturen – Herausforderungen für Strom- und Gasnetzbetreiber bei der verpflichtenden Implementierung eines ISMS nach ISO 27001 ff., CR 2015, 290.

Inhaltsübersicht

A. Allgemeines

I. Normzweck

1 Eine funktionierende Energieversorgung ist für unsere heutige Gesellschaft unabdingbar. Da es sich beim Netzbetrieb um eine Monopoltätigkeit handelt, normiert § 11 konkrete Anforderungen an die Betreiber von Energieversorgungsnetzen, um sicherzustellen, dass diese ihrer Aufgabe der Daseinsvorsorge verlässlich nachkommen. Hierbei ist zu berücksichtigen, dass der Betrieb von Energieversorgungsnetzen vor gewaltigen Herausforderungen steht – insbesondere im Strombereich durch eine beständig zunehmende Anzahl von dezentralen Einspeisern (zB Anlagen nach dem Erneuerbare-Energien-Gesetz (EEG)). Durch die Energiewende nimmt die Komplexität beständig zu und die gesamte Infrastruktur muss kontinuierlich angepasst werden. Infolgedessen knüpft § 11 an die allgemeinen gesetzlichen Verpflichtungen aus §§ 2 Abs. 1, 1 Abs. 1 an, die eine möglichst sichere, preisgünstige, verbraucherfreundliche, effiziente und umweltverträgliche leitungsgebundene Versorgung der Allgemeinheit mit Elektrizität und Gas, die zunehmend auf erneuerbaren Energien beruht, **(Versorgungssicherheit)** als Ziel aufstellen.

2 Innerhalb des dritten Teils des EnWG regeln die §§ 11 ff. die Aufgaben der Netzbetreiber (→ Rn. 28 ff.). § 11 Abs. 1 statuiert die Grundpflicht, ein sicheres, zuverlässiges und leistungsfähiges Energieversorgungsnetz diskriminierungsfrei zu betreiben, zu warten und bedarfsgerecht zu optimieren, zu verstärken und auszubauen, soweit es wirtschaftlich zumutbar ist.

3 Die Versorgungssicherheit hängt auch davon ab, dass Informations- und Kommunikationssysteme einwandfrei funktionieren.[1] Abs. 1 a, 1 b und 1 c enthalten daher Vorgaben zum Schutz von Telekommunikations- und elektronischen Datenverarbeitungssystemen (im Folgenden „IT-Systeme“) gegen Bedrohungen.[2] Dabei werden in Abs. 1 b und 1 c über den Anwendungsbereich von Abs. 1 hinaus auch Betreiber von Energieanlagen (§ 3 Nr. 15) in Anspruch genommen. Statuiert wird insbesondere die Pflicht, IT-Sicherheitskataloge umzusetzen, die von der BNetzA aufgestellt werden (Abs. 1 a und 1 b) (vgl. zu den Sicherheitskatalogen → Rn. 66 ff., 109 ff.) sowie bestimmte IT-Sicherheitsvorfälle an das Bundesamt für die Sicherheit in der Informationstechnik (BSI) zu melden (Abs. 1 c) (→ Rn. 130 ff.).

4 Bedrohungslagen können zum einen durch vorsätzliche Handlungen Dritter entstehen. Das zeigen nicht zuletzt zahlreiche Hackerangriffe auf Einrichtungen der Energieversorgung in der Vergangenheit. Beispielsweise ist ein Hackerangriff auf ein Kraftwerk in der Ukraine zu nennen, aufgrund dessen im Dezember 2015

---

[1] *BNetzA,* IT-Sicherheitskatalog gem. § 11 Abs. 1 a EnWG, S. 3.
[2] Britz/Hellermann/Hermes/*Sötebier,* Rn. 100.

ca. 700.000 Haushalte für Stunden ohne Stromversorgung waren.[3] Als Beispiel kann auch der Hackerangriff in den USA auf die größte Pipeline des Landes im Mai 2021 angeführt werden, durch den der Betrieb der Pipeline zeitweise komplett eingestellt wurde und es in Teilen des Landes zu Versorgungsengpässen kam.[4] Entsprechend gibt es von den deutschen Behörden beständige Warnungen, dass Hackerangriffe auch in Deutschland zu einer Unterbrechung der Energieversorgung führen könnten.[5] Abseits der vorsätzlichen Angriffe können Bedrohungen auch durch unvorsätzliches Verhalten entstehen. So können Mitarbeiter ungewollt Fehler machen oder es können sonst Systemfehler auftreten.

5 All diesen Bedrohungslagen soll im Energiebereich vorgebeugt werden. Für die Energiewirtschaft werden die IT-Sicherheitspflichten dabei in § 11 gebündelt, sodass die Betreiber von Energieversorgungsnetzen und Energieanlagen gem. § 8d Abs. 2 Nr. 2 BSIG von den IT-Sicherheitsanforderungen des § 8a BSIG ausgenommen sind, soweit § 11 reicht (→ Rn. 23).[6]

6 Das hängt auch damit zusammen, dass gerade die Absicherung eines Energieversorgungsnetzes (Definition → Rn. 28) besonders komplex ist, weil die einzelnen Komponenten nicht räumlich gebündelt, sondern im gesamten Netzbetrieb verteilt sind.[7] Ein Beispiel für die außergewöhnliche Komplexität liefert ein Störfall in Österreich aus dem Jahr 2013.[8] Hier wurden Anomalien im Datenstrom bei verschiedenen Leittechniknetzwerken festgestellt, wodurch es bei mehreren Verteilernetz- und Kraftwerksbetreibern zu Einschränkungen und Ausfällen in der Datenübertragung kam.[9] Die Netzstabilität konnte nur unter hohem Aufwand sichergestellt werden. Die Ursache ließ sich nicht abschließend analysieren, weil zu viele Logdaten erzeugt wurden.[10] Vermutlich wurde von einem Gasnetzbetreiber im Süden Deutschlands ein Steuerungsbefehl abgesetzt, der bei Komponenten anderer Betreiber nicht verarbeitet werden konnte, sodass es zu einer Endlosschleife kam, die erhebliche Störungen in der Leittechnik auslöste.[11] Letztlich zeigt dieses Beispiel, wie wichtig die Integrität der übersendeten Informationen ist (vgl. zum Schutzziel der Integrität nach dem IT-Sicherheitskatalog gem. Abs. 1a vom 12.8.2015 → Rn. 72 ff.).[12]

7 Neben Abs. 1–1g ist für die IT-Sicherheit noch Abs. 3 von Bedeutung. Abs. 3 enthält eine unselbständige Verordnungsermächtigung, um die Haftung der Betreiber von Energieversorgungsnetzen zu beschränken. Abs. 3 vermittelt zwischen den beiden Zielvorstellungen eines einerseits sicheren, aber andererseits auch preisgünstigen Netzbetriebs (vgl. § 1 Abs. 1). Ohne eine Haftungsbeschränkung würden die

---

[3] *FAZ,* Die Hackerdämmerung, 11.1.2016, https://www.faz.net/aktuell/wissen/physik-mehr/ukrainischer-stromausfall-war-ein-hacker-angriff-14005472.html.

[4] *FAZ,* US-Regierung ruft nach Hackerangriff auf Pipeline regionalen Notstand aus, 10.5.2021, https://www.faz.net/aktuell/wirtschaft/usa-regionaler-notstand-nach-hacker angriff-auf-pipeline-17333026.html.

[5] Vgl. zB *BSI,* „Cyber-Angriffe auf deutsche Energieversorger“, Pressemitteilung vom 13.6.2018.

[6] Vgl. dazu auch *Weise/Brühl,* CR 2015, 290.

[7] *Weise/Brühl,* CR 2015, 290, 292.

[8] *Weise/Brühl,* CR 2015, 290, 292.

[9] *BSI,* Die Lage der IT-Sicherheit in Deutschland 2014, S. 34.

[10] *BSI,* Die Lage der IT-Sicherheit in Deutschland 2014, S. 34.

[11] *BSI,* Die Lage der IT-Sicherheit in Deutschland 2014, S. 34.

[12] *Weise/Brühl,* CR 2015, 290, 292.

finanziellen Haftungsrisiken den Netzbetrieb erheblich verteuern. Zum Teil kann die Haftung daher gem. Abs. 3 S. 3 auch vollständig ausgeschlossen werden, soweit es zur Vermeidung unzumutbarer wirtschaftlicher Risiken des Netzbetriebs erforderlich ist, die sich aus den in §§ 13 Abs. 2, 13b Abs. 5, 13f Abs. 1, 14, 16 Abs. 2 und 2a, 16a normierten Verpflichtungen ergeben. Hierbei geht es um Maßnahmen, die ein Netzbetreiber treffen muss, um die Funktionsfähigkeit des Übertragungsnetzes zu gewährleisten, etwa die Stromeinspeisungen, Stromtransite oder Stromabnahmen anpassen (§ 13 Abs. 1).

II. Normgeschichte

Abs. 1a wurde durch Art. 1 Nr. 8 des Gesetzes zur Neuregelung energiewirtschaftsrechtlicher Vorschriften vom 26.7.2011 (BGBl. I 1554, 1569) in das EnWG eingefügt. Im Kern verpflichtet die Vorschrift Betreiber von Energieversorgungsnetzen zur IT-Sicherheit, wobei die BNetzA in einem IT-Sicherheitskatalog vorgibt, welche Maßnahmen umzusetzen sind (→ Rn. 66ff.). Ursprünglich erfasste Abs. 1a S. 1 IT-Systeme, „die der Netzsteuerung dienen" (nunmehr heißt es „die für einen sicheren Netzbetrieb notwendig sind"). Der jetzige S. 3 (Regelungen zur regelmäßigen Überprüfung der Erfüllung der Sicherheitsanforderungen) fehlte vollständig. Nach der Ursprungsfassung bewirkte die Erfüllung des IT-Sicherheitskatalogs zudem nur, dass ein angemessener Schutz des Betriebs eines Energieversorgungsnetzes vermutet wird. Der Gesetzgeber wollte ausweislich der Gesetzesbegründung damit sicherstellen, dass auch höhere Anforderungen gestellt werden können, wenn dies im Einzelfall gerechtfertigt ist.[13] Die IT-Sicherheitspflichten konnten nach der Ursprungsfassung aber auch durch andere Maßnahmen als im IT-Sicherheitskatalog vorgesehen erfüllt werden. 8

Seine **jetzige Fassung** erhielt **Abs. 1a** durch Art. 3 Nr. 1 des Gesetzes zur Erhöhung der Sicherheit informationstechnischer Systeme **(IT-Sicherheitsgesetz)** vom 17.7.2015 (BGBl. I 1324, 1328).[14] Seitdem gilt die Vorschrift für alle IT-Systeme, die für einen sicheren Netzbetrieb notwendig sind. Dies sollte Unsicherheiten beim Anwendungsbereich der Vorschrift beseitigen.[15] Zudem darf die BNetzA nunmehr auch Regelungen zur regelmäßigen Überprüfung der Erfüllung der Sicherheitsanforderungen in den IT-Sicherheitskatalog (→ Rn. 70f.) aufnehmen (S. 3). Das soll dem in § 8a Abs. 3 BSIG etablierten Schutzniveau Rechnung tragen,[16] wonach die Betreiber Kritischer Infrastrukturen alle zwei Jahre die Erfüllung der IT-Sicherheitspflichten des BSIG nachweisen müssen (vgl. zum Verhältnis zum BSIG → Rn. 21ff.). S. 3 soll dafür sorgen, dass der IT-Sicherheitskatalog der BNetzA nicht hinter dieses Schutzniveau zurückfällt.[17] 9

Seit der Änderung wird ein **angemessener Schutz bei Umsetzung des IT-Sicherheitskatalogs** nicht mehr nur vermutet, sondern liegt ausdrücklich vor. Das soll die Bedeutung des Sicherheitskatalogs erhöhen, denn die Betreiber können die Sicherheitsanforderungen nur noch durch Umsetzung des Katalogs erfüllen, nicht mehr aber durch andere Maßnahmen.[18] Zudem wurde S. 6 eingefügt, um 10

[13] BT-Drs. 17/6072, 66.
[14] Einen Überblick zum IT-Sicherheitsgesetz liefert *Hornung,* NJW 2015, 3334.
[15] BT-Drs. 18/4096, 32.
[16] *BT-Drs. 18/4096, 32f.*
[17] *BT-Drs. 18/4096, 32f.*
[18] *BT-Drs. 18/4096, 33; Terhaag, IT-Sicherheitsgesetz 2015, S. 74.*

der BNetzA zum Zwecke der Konzentration[19] auch die Befugnis einzuräumen, die Dokumentation der Sicherheitsmaßnahmen zu regeln.

11 Mit dem IT-Sicherheitsgesetz wurden zugleich **Abs. 1b** und **Abs. 1c** eingefügt. **Abs. 1b** betrifft **Betreiber von Energieanlagen,** die nach § 10 Abs. 1 BSIG als Kritische Infrastruktur eingestuft werden. Abs. 1b bildet im Wesentlichen Abs. 1a nach, sodass auch nach Abs. 1b ein IT-Sicherheitskatalog für die Betreiber von Energieanlagen zu erstellen ist, der die IT-Sicherheitspflichten konkretisiert. Die Vorschrift wurde als notwendige Ergänzung für den wirksamen Schutz der Versorgungsnetze angesehen.[20] Um die Abstimmung der Sicherheitsstandards für Netze und Energieanlagen zu gewährleisten, wurde die Kompetenz für die Erstellung des IT-Sicherheitskatalogs ebenfalls der BNetzA übertragen.[21]

12 **Abs. 1c** verpflichtet Betreiber von Energieversorgungsnetzen und Energieanlagen, die als Kritische Infrastruktur nach § 10 Abs. 1 BSIG eingestuft werden, zur **Meldung bestimmter Störfälle** gegenüber dem BSI, welches durch das IT-Sicherheitsgesetz zur zentralen Meldestelle für Betreiber von Kritischer Infrastruktur bestimmt wurde (vgl. nunmehr § 8b Abs. 1 BSIG). Der Gesetzgeber wollte damit beim BSI ein Kompetenzzentrum schaffen, in das auch die Erfahrungen aus dem Energiesektor einfließen.[22]

13 **Abs. 1b** wurde geändert durch Art. 1 Nr. 5 des Gesetzes zur Weiterentwicklung des Strommarktes **(Strommarktgesetz)** vom 26.7.2016 (BGBl. I 1786, 1787). Die Änderungen, die durch den Ausschuss für Wirtschaft und Energie des Bundestags eingefügt wurden,[23] beziehen sich nur auf eine Anpassung der Fristen für die Umsetzung der Sicherheitsanforderungen. Die bis dahin geltende starre Frist von zwei Jahren wurde gestrichen. Stattdessen wurde es der BNetzA als Regulierungsbehörde übertragen, eine Frist für die Umsetzung der Sicherheitsanforderungen festzusetzen. Damit sollte ein Gleichlauf zu Abs. 1a hergestellt werden.[24]

14 Am 8.2016 ist die NIS-RL vom 6.7.2016 über Maßnahmen zur Gewährleistung eines hohen gemeinsamen Sicherheitsniveaus von Netz- und Informationssystemen in der Union **(NIS-RL)** in Kraft getreten. Insbesondere sehen Art. 14 Abs. 3 und 4 NIS-RL vor, dass Betreiber wesentlicher Dienste bestimmte Sicherheitsvorfälle melden müssen.

15 Der Umsetzung dieser Vorgabe dient nunmehr **Abs. 1c,** der durch Art. 3 Nr. 1 **NIS-RL UmsetzungsG**[25] neugefasst wurde. Im gleichen Rahmen wurden auch die **Bußgeldvorschriften** gem. **§ 95 Abs. 1 Nr. 2a und 2b** eingefügt, mit deren Hilfe Verstöße gegen die Einhaltung der IT-Sicherheitspflichten (Abs. 1a und 1b) und die Meldepflicht (Abs. 1c) geahndet werden können (→ Rn. 169 ff.).

16 Das zweite Gesetz zur Erhöhung der Sicherheit informationstechnischer Systeme vom 18.5.2021 führte zu weiteren Änderungen des § 11. So wurden die **Absätze 1d und 1e** eingefügt. Der **Abs. 1d** begründet für Betreiber von Energie-

---

[19] *BT-Drs. 18/4096, 33.*

[20] *BT-Drs. 18/4096, 33.*

[21] *BT-Drs. 18/4096, 33.*

[22] *BT-Drs. 18/4096, 33.*

[23] *S. hierzu BT-Drs. 18/7317, 13 und 18/8915, 7.*

[24] *BT-Drs. 18/8915, 31.*

[25] Gesetz zur Umsetzung der Richtlinie (EU) 2016/1148 des Europäischen Parlaments und des Rates vom 6.7.2016 über Maßnahmen zur Gewährleistung eines hohen gemeinsamen Sicherheitsniveaus von Netz- und Informationssystemen in der Union vom 23.6.2017 (BGBl. I 1885, 1890).

versorgungsnetzen und von solchen Energieanlagen, die durch Inkrafttreten der Rechtsverordnung gem. § 10 Abs. 1 BSIG als Kritische Infrastruktur bestimmt wurden, die Pflicht, in angemessener Weise Systeme zur Angriffserkennung einzusetzen. Zudem müssen die Betreiber Nachweise zur Erfüllung der Anforderungen an die Angriffserkennungssysteme erbringen, **Abs. 1e.**

Weiter geändert wurde § 11 durch Art. 1 Nr. 19a des Gesetzes zur Umsetzung 17
unionsrechtlicher Vorgaben und zur Regelung reiner Wasserstoffnetze im Energiewirtschaftsrecht vom 16.7.2021 (BGBl. I 3026, 3031), in Kraft getreten am 27.7.2021. Der Abs. 3 wurde aufgehoben und der bisherige Abs. 4 wurde zu Abs. 3.

Auch durch Art. 1 Nr. 3 des Gesetzes zur Beschleunigung des Energieleitungs- 18
ausbaus vom 13.5.2019 (BGBl. I 706), in Kraft getreten am 1.10.2021, erfuhr § 11 eine Änderung. Insbesondere wurden in Abs. 1 Angaben dazu eingefügt, dass Betreiber von Energieversorgungsnetzen die in Abs. 1 genannten Aufgaben für ihr Energieversorgungsnetz in eigener Verantwortung wahrzunehmen sowie, insbesondere bei Maßnahmen, die sich auf das Netz eines anderen Betreibers von Energieversorgungsnetzen auswirken können, zu kooperieren haben.

Mit dem Gesetz zur Änderung des Energiesicherungsgesetzes 1975 und anderer 19
energiewirtschaftlicher Vorschriften vom 20.5.2022 (BGBl. I 730), in Kraft getreten am 22.5.2022, wurde § 11 erneut geändert. Eingefügt wurde Abs. 1g, welcher Regelungen hinsichtlich kritischer Komponenten und als kritisch bestimmter Funktionen enthält (→ Rn. 162 ff.).

Seine letzte Änderung erfuhr § 11 durch Art. 1 des Gesetzes zur Änderung des 20
Energiewirtschaftsrechts im Zusammenhang mit dem Klimaschutz-Sofortprogramm und zu Anpassungen im Recht der Endkundenbelieferung vom 19.7.2022 (BGBl. I 1214), in Kraft getreten am 29.7.2022. Neben der Anpassung des Begriffs des „vertikal integrierten Energieversorgungsunternehmens" in den des „vertikal integrierten Unternehmens", welche im gesamten EnWG als Reaktion auf die Entscheidung des EuGH[26] zur ungenügenden deutschen Umsetzung der Entflechtungsregeln vorgenommen wurde,[27] wurde insbesondere ein neuer Abs. 1d eingeführt, welcher Regelungen zur Registrierung von Anlagen beim BSI und zur Benennung einer Kontaktstelle enthält (→ Rn. 152 ff.). Infolge der Einführung des neuen Abs. 1d wurden die alten Absätze 1d und 1e zu den Absätzen 1e und 1f.[28]

III. Verhältnis zum BSIG; BSI-KritisV

Abs. 1a, 1b, 1c, 1d, 1e, 1f und 1g sind Teil des deutschen IT-Sicherheitsrechts, 21
das maßgeblich im BSIG geregelt ist. Abs. 1a, 1b, 1c, 1d, 1e, 1f und 1g sind daher **stellenweise mit dem BSIG verwoben.**

§ 8a Abs. 1 BSIG verpflichtet Betreiber Kritischer Infrastrukturen dazu, Maß- 22
nahmen zu ergreifen, um die **IT-Sicherheit** zu gewährleisten. Das muss alle zwei Jahre nachgewiesen werden (§ 8a Abs. 3 BSIG). Nach **§ 8b Abs. 1 BSIG** ist das BSI zudem zentrale **Meldestelle** für Betreiber Kritischer Infrastrukturen in Angelegenheiten der Sicherheit in der Informationstechnik. Gem. **§ 8b Abs. 4 BSIG** müssen die Betreiber Kritischer Infrastrukturen bestimmte **Störungen** der IT-Systeme an das BSI **melden.** Dafür muss außerdem eine **Kontaktstelle** nach **§ 8b Abs. 3 BSIG** benannt und eine Registrierung beim BSI vorgenommen werden.

---

[26] *EuGH,* Urt. v. 2.9.2021 – C-718/18, EuZW 2021, 893.
[27] BeckOK EnWG/*Knauff,* Rn. 13d.
[28] BT-Drs. 20/1599, 10.

23 Nach § 2 Abs. 10 Nr. 1 BSIG gehören insbesondere auch Einrichtungen und Anlagen des Sektors Energie sowie Teile davon zu den Kritischen Infrastrukturen. Dennoch gelten die IT-Sicherheitspflichten des § 8a BSIG sowie die Meldepflicht nach § 8b Abs. 4 BSIG nicht für Betreiber von Energieversorgungsnetzen (zur Definition → Rn. 28 ff.) und Energieanlagen (zur Definition → Rn. 35) im Sinne des EnWG, soweit sie den Regeln des § 11 EnWG unterliegen (§ 8d Abs. 2 Nr. 2, Abs. 3 Nr. 2 BSIG).

24 Stattdessen statuieren **Abs. 1a, 1b, 1c, 1d, 1e, 1f und 1g** eigenständige IT-Sicherheits- und Meldepflichten für Betreiber von Energieversorgungsnetzen und Energieanlagen. Die dortigen Anforderungen sind jedoch **im Kontext des BSIG zu verstehen,** denn Abs. 1a, 1b, 1c, 1e und 1f sind als **lex specialis** zu §§ 8a, 8b BSIG anzusehen: Sie normieren im Wesentlichen die gleichen Pflichten wie §§ 8a, 8b BSIG, was auch darauf zurückzuführen ist, dass Abs. 1a, 1b, 1c, 1e und 1f wie das BSIG maßgeblich durch die IT-Sicherheitsgesetze eingeführt oder angepasst wurden. Auch der später neugefasste und eingefügte Abs. 1d (→ Rn. 14) orientiert sich an § 8b Abs. 3 BSIG, weist aber dennoch erwähnenswerte Unterschiede zur Regelung im BSIG auf (dazu und näher zum Verhältnis von § 11 Abs. 1d und § 8b Abs. 3 S. 1 BSIG → Rn. 154 ff.). Der ebenfalls eingefügte Abs. 1g weist Bezug zu § 2 Abs. 13 Nr. 3 BSIG auf (→ Rn. 162 ff.). Die besondere Verknüpfung zwischen dem EnWG und dem BSIG zeigt sich zudem in den Voraussetzungen der Abs. 1b, 1c, 1d, 1e, 1f und 1g. Denn Betreiber von Energieanlagen sind danach nur verpflichtet, wenn die Energieanlage Kritische Infrastruktur ist, was mit Hilfe der aufgrund von § 10 BSIG erlassenen **BSI-KritisV** ermittelt wird (→ Rn. 36).

25 Wesentlicher Unterschied zwischen BSIG und EnWG sind die IT-Sicherheitskataloge, die die BNetzA nach Abs. 1a bzw. 1b im Benehmen mit dem BSI aufstellt (für Betreiber von Energieversorgungsnetzen → Rn. 28 ff.; für Betreiber von Energieanlagen → Rn. 35). Die jeweiligen Kataloge konkretisieren die IT-Sicherheitspflichten für die Energieunternehmen, soweit sie mit ihrer jeweiligen Infrastruktur dem Abs. 1a oder 1b unterfallen. Verbunden mit diesen beiden Katalogen ist zudem der Katalog zur Bestimmung der kritischen Komponenten und als kritisch bestimmten Funktionen nach Abs. 1g S. 1 (→ Rn. 162 ff.).

26 Soweit ein Energieunternehmen mit seiner Infrastruktur nicht dem Anwendungsbereich des Abs. 1a, 1b und 1c unterfällt, so gelten auch die IT-Sicherheitskataloge nicht, sondern es müssen die Anforderungen des BSIG erfüllt werden, wenn der dortige Anwendungsbereich eröffnet ist. Das betrifft Unternehmen, die weder ein Energieversorgungsnetz noch eine Energieanlage im Sinne des EnWG betreiben, aber trotzdem nach der BSI-KritisV zur Kritischen Infrastruktur bestimmt wurden. Aus dem Sektor Energie geraten insbesondere Unternehmen in den Blick, die Dienstleistungen zur Versorgung der Allgemeinheit mit Kraftstoff, Heizöl oder Fernwärme erbringen (vgl. § 2 Abs. 1 Nr. 3 und 4 BSI-KritisV).

IV. Betreiber von Energieversorgungsnetzen und Energieanlagen; Kritische Infrastruktur; Regulierungsbehörde

27 § 11 knüpft an Legaldefinitionen des EnWG und des BSIG an, die im Folgenden kurz erläutert werden.

28 **Betreiber von Energieversorgungsnetzen** sind nach § 3 Nr. 4 die Betreiber von Elektrizitätsversorgungsnetzen (§ 3 Nr. 2) und von Gasversorgungsnetzen (§ 3 Nr. 7).

29 Nach § 3 Nr. 2 und 7 meint der Begriff des **Betreibers** dabei natürliche oder juristische Personen oder rechtlich unselbständige Organisationseinheiten eines Ener-

gieversorgungsunternehmens, die das Energieversorgungsnetz betreiben. Unselbstständige Organisationseinheiten sind zum Beispiel Netzbetriebsabteilungen.[29] Betreiber ist grundsätzlich derjenige, der die tatsächliche Sachherrschaft über das Energieversorgungsnetz ausübt,[30] dh wer es auf eigene Rechnung nutzt,[31] das Netz unterhält und die bestimmungsmäßige Nutzung organisiert.[32] Auf das Eigentum an den einzelnen Teilen der Netzinfrastruktur kommt es demgegenüber nicht an; eine sonstige dingliche oder obligatorische Berechtigung genügt.[33] Betreiber ist daher auch der in der Praxis häufig vorkommende Pächter der Betriebsmittel.[34]

Energieversorgungsnetze sind gem. § 3 Nr. 16 Elektrizitäts- und Gasversorgungsnetze über eine oder mehrere Spannungsebenen oder Druckstufen mit Ausnahme der Kundenanlagen im Sinne des § 3 Nr. 24a und 24b sowie im Rahmen von Teil 5 des EnWG Wasserstoffnetze. Ein Netz ist dabei die Gesamtheit der miteinander verbundenen Anlagenteile für die Übertragung und Verteilung von Energie.[35] Die Anforderungen an ein Netz sind gering, sodass kein verzweigtes Netz erforderlich ist.[36] Vielmehr genügt auch ein „Strahlennetz", bei dem mehrere Endpunkte über eine eigene Leitung mit einem zentralen Versorgungspunkt verbunden sind, auch wenn es keine Verbindung zwischen den Endpunkten gibt.[37] Außer Betracht bleiben sollen jedoch einzelne Stich- oder Direktleitungen im Sinne des § 3 Nr. 12, die nur einen Produktionsstandort mit einem Kunden verbinden.[38] 30

Der Begriff des **Elektrizitätsversorgungsnetzes** ist im EnWG nicht definiert, aus § 3 Nr. 2 folgt aber, dass es sich dabei um Übertragungs- (vgl. § 3 Nr. 10) und Verteilernetze (vgl. § 3 Nr. 3) im Strombereich handelt.[39] 31

Gasversorgungsnetze sind gem. § 3 Nr. 20 alle Fernleitungsnetze (vgl. § 3 Nr. 5), Gasverteilernetze (§ 3 Nr. 8), LNG-Anlagen (§ 3 Nr. 9, 26) oder Gasspeicheranlagen (§ 3 Nr. 6, 19c), die für den Zugang zur Fernleitung, zur Verteilung und zu LNG-Anlagen erforderlich sind und die einem oder mehreren Energieversorgungsunternehmen (§ 3 Nr. 18) gehören oder von ihm oder von ihnen betrieben werden, einschließlich Netzpufferung und der Anlagen, die zu Hilfsdiensten genutzt werden, sowie der Anlagen verbundener Unternehmen. Ausgenommen sind solche Netzteile oder Teile von Einrichtungen, die für örtliche Produktionstätigkeiten verwendet werden. 32

Das **Wasserstoffnetz** ist in § 3 Nr. 39a definiert als ein Netz zur Versorgung von Kunden ausschließlich mit Wasserstoff, das von der Dimensionierung nicht von vornherein nur auf die Versorgung bestimmter, schon bei der Netzerrichtung feststehender oder bestimmbarer Kunden ausgelegt ist, sondern grundsätzlich für die Versorgung jedes Kunden offensteht (siehe zum Betreiber von Wasserstoffnetzen § 3 33

---

29 BerlKommEnergieR/*Boesche,* § 3 Rn. 4; Britz/Hellermann/Hermes/*Hellermann,* § 3 Rn. 12; NK-EnWG/*Schex,* § 3 Rn. 6.
30 BerlKommEnergieR/*Boesche,* § 3 Rn. 4; Elspas/Graßmann/Rasbach/*Schreiner,* § 3 Rn. 7.
31 BerlKommEnergieR/*Boesche,* § 3 Rn. 4; NK-EnWG/*Schex,* § 3 Rn. 6.
32 Elspas/Graßmann/Rasbach/*Schreiner,* § 3 Rn. 7; Britz/Hellermann/Hermes/*Hellermann,* § 3 Rn. 12.
33 BerlKommEnergieR/*Boesche,* § 3 Rn. 4; Elspas/Graßmann/Rasbach/*Schreiner,* § 3 Rn. 7.
34 Elspas/Graßmann/Rasbach/*Schreiner,* § 3 Rn. 7.
35 BerlKommEnergieR/*Boesche,* § 3 Rn. 58; NK-EnWG/*Schex,* § 3 Rn. 34.
36 NK-EnWG/*Schex,* § 3 Rn. 34.
37 NK-EnWG/*Schex,* § 3 Rn. 34.
38 BerlKommEnergieR/*Boesche,* § 3 Rn. 58; NK-EnWG/*Schex,* § 3 Rn. 35.
39 NK-EnWG/*Schex,* § 3 Rn. 34.

Nr. 10b). Dabei umfasst es unabhängig vom Durchmesser Wasserstoffleitungen zum Transport von Wasserstoff nebst allen dem Leitungsbetrieb dienenden Einrichtungen, insbesondere Entspannungs-, Regel- und Messanlagen sowie Leitungen oder Leitungssysteme zur Optimierung des Wasserstoffbezugs und der Wasserstoffdarbietung.

34 Wer **Betreiber einer Energieanlage** ist, ist nicht legal definiert. Ausgehend von der Definition des Betreibers von LNG-Anlagen (§ 3 Nr. 9 und Nr. 26), des Betreibers von Gasspeicheranlagen (§ 3 Nr. 6 und Nr. 19c) und des Betreibers von Energieversorgungsnetzen (§ 3 Nr. 4 und Nr. 16) (→ Rn. 28ff.) dürften unter dem Betreiber von Energieanlagen natürliche oder juristische Personen oder rechtlich unselbständige Organisationseinheiten eines Energieversorgungsunternehmens zu verstehen sein, die die tatsächliche Sachherrschaft über eine Energieanlage ausüben und für den Betrieb der Energieanlage verantwortlich sind.[40] Auf das Eigentum dürfte es demgegenüber nicht entscheidend ankommen.

35 Nach § 3 Nr. 15 sind **Energieanlagen** alle Anlagen zur Erzeugung, Speicherung, Fortleitung oder Abgabe von Energie, soweit sie nicht lediglich der Übertragung von Signalen dienen. Dies schließt die Verteileranlagen der Letztverbraucher sowie bei der Gasversorgung auch die letzte Sperreinrichtung vor der Verbrauchsanlage ein. Der Begriff ist weit zu fassen,[41] wie sich nicht zuletzt daran zeigt, dass auch die Verteileranlagen der Letztverbraucher ausdrücklich als Energieanlage nach § 3 Nr. 15 erwähnt sind.

36 Die Definition der **Kritischen Infrastruktur im Sektor Energie** ergibt sich aus § 2 BSI-KritisV iVm Anhang 1 Teil 3 Spalte B und D. Danach ist eine Anlage Kritische Infrastruktur, wenn sie einer bestimmten Anlagenkategorie zuzuordnen ist und ein je nach Anlagenkategorie spezifischer Schwellenwert überschritten wird. So sind Stromerzeugungsanlagen zum Beispiel dann Kritische Infrastruktur, wenn sie eine installierte Netto-Nennleistung (elektrisch) von 420 MW oder mehr aufweisen (§ 2 BSI-KritisV iVm Anhang 1 Teil 3 Nr. 1.1.1).

37 Ob eine Anlage nach der BSI-KritisV Kritische Infrastruktur ist, wird nicht durch Verwaltungsakt verbindlich festgestellt, sondern muss von jedem Betreiber eigenständig ermittelt werden. Das führt zu erheblicher Rechtsunsicherheit.[42]

38 **Regulierungsbehörde** für die Zwecke des § 11 ist gem. § 54 Abs. 1 die Bundesnetzagentur (BNetzA).

B. Einzelerläuterungen

I. Allgemeine Netzbetreiberpflichten (Abs. 1)

39 **1. Anwendungsbereich.** Abs. 1 adressiert Betreiber – nicht Eigentümer – von Energieversorgungsnetzen (→ Rn. 28ff.).

40 **2. Sicheres, zuverlässiges und leistungsfähiges Energieversorgungsnetz (S. 1).** Das Merkmal der Sicherheit wird überwiegend dahingehend verstanden, dass zumindest eine technische Anlagensicherheit erforderlich ist.[43] Technische Mindeststandards in Form der allgemein anerkannten Regeln der Technik (vgl. § 49 Abs. 1 S. 2) müssen mithin zum Schutz der Allgemeinheit eingehalten wer-

[40] Vgl. auch Theobald/Kühling/*van Rienen/Wasser*, § 49 Rn. 96.
[41] NK-EnWGSchex, § 3 Rn. 29.
[42] *Köhler*, EnWZ 2015, 407, 409.
[43] BerlKommEnergieR/*König*, Rn. 21; NK-EnWG/*Tüngler*, Rn. 37.

den.[44] Demgegenüber verlangt der IT-Sicherheitskatalog nach Abs. 1a vom August 2015 hinsichtlich der IT-Sicherheit von Energieversorgungsnetzen den höheren Standard des jeweils aktuellen Standes der Technik (→ Rn. 94).[45] Darüber hinaus erfasst der Begriff der Sicherheit auch die Versorgungssicherheit in Form des im Netzbetrieb üblichen (n-1)-Kriteriums.[46] Das (n-1)-Kriterium bedeutet, dass bei dem Ausfall einer Komponente der Ausfall des Gesamtsystems durch vorhandene Redundanzen verhindert wird.[47] Trotz Ausfall eines Betriebsmittels ist das Netz daher bei Anwendung dieses n-1 Kriteriums weiterhin betriebsbereit bzw. der Betriebsmittelausfall kann entsprechend kompensiert werden.

Der Begriff der Zuverlässigkeit kann unter Rückgriff auf § 19 Abs. 3 S. 1 ARegV definiert werden.[48] Die Anreizregulierungsverordnung ist eine dem EnWG nachgelagerte Verordnung, welche die Funktionsweise der Anreizregulierung und die Bestimmung von Netzzugangsentgelten näher ausgestaltet. Ihre Rechtsgrundlage findet sich in § 21a Abs. 1 und Abs. 6 S. 1. Hiernach beschreibt die Netzzuverlässigkeit die Fähigkeit des Energieversorgungsnetzes, Energie möglichst unterbrechungsfrei und unter Einhaltung der Produktqualität zu transportieren. Die Netzzuverlässigkeit lässt sich dabei gem. § 20 ARegV anhand der dort genannten Maßstäbe beurteilen. Hierzu gehören gem. § 20 Abs. 1 S. 1 ARegV insbesondere die Dauer der Unterbrechung der Energieversorgung, die Häufigkeit der Unterbrechung der Energieversorgung, die Menge der nicht gelieferten Energie und die Höhe der nicht gedeckten Last. **41**

Auch bezüglich des Begriffs der Leistungsfähigkeit kann auf § 19 Abs. 3 S. 2 ARegV zurückgegriffen werden (zum Rückgriff auf die ARegV → Rn. 41).[49] Hiernach beschreibt die Netzleistungsfähigkeit die Fähigkeit des Energieversorgungsnetzes, die Nachfrage nach Übertragung von Energie zu befriedigen. Gem. § 20 Abs. 5 S. 1 ARegV können auch für die Bewertung der Netzleistungsfähigkeit Kennzahlen herangezogen werden. Durch den Rückgriff auf diese Kennzahlen verdeutlicht der Verordnungsgeber, dass er sich bei den Regelungen von international anerkannten und verwendeten Größen hat leiten lassen.[50] Als Regelbeispiele für Kennzahlen nennt § 20 Abs. 5 S. 3 ARegV etwa insbesondere die Häufigkeit und Dauer von Maßnahmen zur Bewirtschaftung von Engpässen und die Häufigkeit und Dauer des Einspeisemanagements nach dem EEG (dh Abregelungsmaßnah- **42**

---

[44] BerlKommEnergieR/*König,* Rn. 21; NK-EnWG/*Tüngler,* Rn. 37; vgl. BT-Drs. 13/7274, 22.

[45] BerlKommEnergieR/König, Rn. 91.

[46] NK-EnWG/*Tüngler,* § 11 Rn. 36.

[47] S. *VDN,* TransmissionCode 2007, Anhang C: Anwendung des (n-1)-Kriteriums.

[48] BerlKommEnergieR/*König,* Rn. 23; NK-EnWG/*Tüngler,* Rn. 38.

[49] BerlKommEnergieR/*König,* Rn. 25; NK-EnWG/*Tüngler,* Rn. 39.

[50] Holznagel/Schütz/*Herrmann/Stracke/Westermann,* ARegV § 20 Rn. 16. Es lässt sich andenken, ob eine Bewertung der Netzleistungsfähigkeit ohne Hinzunahme von Kennzahlen rechtlich zulässig wäre, da § 20 Abs. 5 S. 1 ARegV den Anschein einer lediglich fakultativen Verwendung von Kennzahlen erweckt. Demgegenüber spricht § 20 Abs. 1 S. 1 ARegV von den zulässigen Kennzahlen für die Bewertung der Netzzuverlässigkeit. Im Ergebnis wird die Verwendung von Kennzahlen in beiden Fällen wohl vom Verordnungsgeber vorgegeben. Hierfür spricht insbesondere der Wortlaut des § 19 Abs. 1 S. 1 ARegV, wonach Zu- oder Abschläge auf die Erlösobergrenze sowohl hinsichtlich der Zuverlässigkeit als auch der Leistungsfähigkeit nur bei einer Abweichung von den Kennzahlenvorgaben vorgenommen werden. So auch im Ergebnis Holznagel/Schütz/*Herrmann/Stracke/Westermann,* ARegV § 20 Rn. 54.

men von Erneuerbare-Energie-Anlagen). Für die Bewertung sowohl der Zuverlässigkeit als auch der Leistungsfähigkeit sind nur Kennzahlen heranzuziehen; diesbezüglich macht der Verordnungsgeber keine alternativen Vorgaben.

43 Die vorstehend genannten Begriffe lassen sich häufig nicht strikt voneinander trennen.[51] Aus Perspektive eines Netzkunden kommt es darauf auch nicht an, denn für diesen ist es gleichgültig, ob die Energieversorgung durch mangelnde Netzzuverlässigkeit oder mangelnde Netzleistungsfähigkeit beeinträchtigt wird. Sofern es zu Unterbrechungen oder Unregelmäßigkeiten der Energieversorgung kommen sollte, kann dies für den Betreiber sanktions- und haftungsrechtliche Folgen nach sich ziehen, die sich aufgrund einhergehender Vergütungseinbußen auch kostentechnisch auswirken können (zum Sanktionsregime und zur Haftung → Rn. 168 ff.).

44 **3. Diskriminierungsfreier Betrieb (S. 1).** Gem. Abs. 1 S. 1 müssen Energieversorgungsnetze diskriminierungsfrei betrieben werden (dh Gleichbehandlung aller Netzkunden), sodass eine unterschiedliche Behandlung ohne sachlichen Grund ausgeschlossen ist. Hierfür bedarf es im Einzelfall regelmäßig einer umfassenden Interessenabwägung unter Würdigung sämtlicher Aspekte.[52] Im Übrigen wird die allgemeine Pflicht zum diskriminierungsfreien Betrieb durch die spezifischen Diskriminierungsverbote bei Netzanschluss und Netzzugang nach § 17 Abs. 1 und § 20 Abs. 1 S. 1 konkretisiert.

45 Der Begriff des Betriebs ist gesetzlich nicht definiert. Typischerweise fallen hierunter alle erforderlichen Tätigkeiten, um die technisch und rechtlich notwendigen Leistungen und Funktionen eines Strom- bzw. Gasnetzbetreibers zu erfüllen.[53] Dies umfasst die Bereitstellung der Infrastruktur, die Grundsatz- und Betriebsplanung (vgl. dazu Ziffern 5.2 sowie 5.3 im Distribution Code 2007[54]) sowie die Betriebsführung (vgl. Ziffer 5.4 im Distribution Code 2007). Da die Wartung, Optimierung, Verstärkung und der Ausbau in Abs. 1 S. 1 gesondert genannt sind, fallen diese Tätigkeiten nicht in den eigentlichen Kernbereich des Betriebs.

46 Im Übrigen wird überwiegend davon ausgegangen, dass aus Abs. 1 S. 1 im Interesse der Allgemeinheit auch eine entsprechende Betriebspflicht resultiert,[55] dh der Betrieb kann nicht ohne Weiteres eingestellt werden. Eine Entbindung von dieser Pflicht ist daher nur denkbar, wenn der Betrieb – zB bei einer Neuvergabe eines Konzessionsvertrags – von einem Unternehmen auf ein anderes Unternehmen wechselt.[56]

47 **4. Wartung, Optimierung, Verstärkung, Ausbau (S. 1).** Der Begriff der Wartung wird klarstellend neben dem des Betriebs genannt, um die Bedeutung für den Erhalt eines funktionstüchtigen Netzes zu betonen. Wartung ist dabei weit zu verstehen und umfasst die Prüfung der Betriebsbereitschaft und Betriebssicherheit sowie die Instandhaltung und Instandsetzung von Betriebsmitteln.[57] Da das Gesetz keine weiteren Vorgaben an die Wartung normiert, obliegt deren konkrete Umsetzung dem jeweiligen Netzbetreiber, der sich wiederum gem. § 49 Abs. 1 an den allgemein

---

[51] Britz/Hellermann/Hermes/*Sötebier*, Rn. 30.
[52] NK-EnWG/*Tüngler*, Rn. 55.
[53] Britz/Hellermann/Hermes/*Sötebier*, Rn. 38.
[54] Es handelt sich hierbei um „technische" Regeln des Verbands der Netzbetreiber, die dazu dienen, gemeinsam ein Netz verlässlich zu betreiben. Es handelt sich dabei um Mindestanforderungen für den Netzzugang.
[55] Britz/Hellermann/Hermes/*Sötebier*, Rn. 45.
[56] BerlKommEnergieR/*König*, Rn. 18; NK-EnWG/*Tüngler*, Rn. 43.
[57] Britz/Hellermann/Hermes/*Sötebier*, Rn. 53.

anerkannten Regeln der Technik zu orientieren hat.[58] Zu beachten ist aber, dass im Rahmen der IT-Sicherheit der Stand der Technik gilt (→ Rn. 94; im Übrigen → Rn. 40).

Darüber hinaus besteht eine Verpflichtung zur bedarfsgerechten Optimierung, Verstärkung und zum Ausbau des Energieversorgungsnetzes, wobei die jeweiligen Pflichten ineinander übergehen und sich üblicherweise nicht strikt voneinander trennen lassen. Eine Optimierung führt im Ergebnis zu einer effektiveren Nutzung des Netzes oder zu einem Effizienzgewinn zB durch eine verbesserte Netzsteuerung, wobei die Infrastruktur selbst im Wesentlichen unberührt bleibt.[59] Geht die Optimierung mit einer Investition in ein Betriebsmittel und somit einem Substanzeingriff einher, der allerdings noch unter der Maßnahme eines Netzausbaus liegt, so handelt es sich um eine Verstärkung.[60] Eine Verstärkung kann beispielsweise vorliegen, wenn bestehende Leitungen gegen leistungsfähigere Kabel ausgetauscht werden. Ein Netzausbau liegt hingegen vor, wenn neue Netzkapazitäten in Form einer physischen Erweiterung der Infrastruktur, zB ein komplett neuer Trafo oder eine komplett neue Leitung, geschaffen werden.[61] Da diese Investitionspflicht ggf. auch gem. § 65 von der BNetzA durchgesetzt werden kann, wird hiermit am stärksten in die unternehmerische Entscheidungsfreiheit der Betreiber von Energieversorgungsnetzen eingegriffen, wobei ausschließlich im Übertragungsnetzbereich – nicht im Verteilernetzbereich – privilegierte Refinanzierungsmöglichkeiten hinsichtlich der Kapitalkosten über sogenannte Investitionsmaßnahmen nach § 23 ARegV bestehen. Dies gilt für Erweiterungs- und Umstrukturierungsinvestitionen, soweit diese Investitionen zur Stabilität des Gesamtsystems, für die Einbindung in das nationale oder internationale Verbundnetz oder für einen bedarfsgerechten Netzausbau notwendig sind, vgl. die Regelbeispiele in § 23 Abs. 1 S. 2 ARegV. Im Übrigen besteht die Netzausbaupflicht nur im allgemeinen Interesse, sodass kein subjektives Recht auf Durchführung eines Netzausbaus besteht.[62] 48

5. Grenze wirtschaftlicher Zumutbarkeit (S. 1). Betreiber von Energieversorgungsnetzen sind zu den in Abs. 1 S. 1 genannten Maßnahmen nur verpflichtet, soweit sie wirtschaftlich zumutbar sind. Unverhältnismäßige Maßnahmen müssen daher nicht durch die Betreiber von Energieversorgungsnetzen durchgeführt werden. Insofern kommt es auf eine Kosten-Nutzen-Analyse unter Heranziehung sämtlicher Aspekte des Einzelfalls an. Da Investitionen in das Netz durch Netzentgelte refinanziert werden, dürfte die Schwelle für eine wirtschaftliche Unzumutbarkeit regelmäßig hoch liegen und sich auf Ausnahmefälle beschränken, die seitens des Betreibers darzulegen sind.[63] Im Übrigen dürften die verschiedenen Maßnahmen des Abs. 1 S. 1 unter Berücksichtigung der wirtschaftlichen Zumutbarkeit in einem Rangverhältnis zueinanderstehen. Hierbei wird eine Netzoptimierung vorrangig vor einer Netzverstärkung und diese wiederum vorrangig vor einem Netzausbau in Betracht zu ziehen sein. 49

---

[58] Britz/Hellermann/Hermes/*Sötebier,* Rn. 54.
[59] BerlKommEnergueR/*König,* Rn. 58; Britz/Hellermann/Hermes/*Sötebier,* Rn. 57.
[60] Britz/Hellermann/Hermes/*Sötebier,* Rn. 58; NK-EnWG/*Tüngler,* Rn. 48.
[61] NK-EnWG/*Tüngler,* Rn. 49.
[62] Britz/Hellermann/Hermes/*Sötebier,*. 65.
[63] Zum Beispiel die Errichtung einer außerordentlich langen Anbindungsleitung zum Anschluss nur eines einzigen Kunden.

50 **6. Aufgaben nach §§ 12–16a (S. 2).** Nach S. 2 haben die Betreiber von Energieversorgungsnetzen insbesondere die Aufgaben nach den §§ 12 bis 16a zu erfüllen, die die allgemeinen Vorgaben des § 11 weiter konkretisieren. Im Kern geregelt wird die Systemverantwortung, die Erstellung von Netzentwicklungsplänen und weitere Anforderungen an das sichere Zusammenspiel zwischen Netzen und (Erzeugungs-)Anlagen.

51 **7. Eigenverantwortlichkeit der Aufgabenwahrnehmung, Kooperation und Unterstützung (S. 3, 4).** S. 3 stellt klar, dass die Betreiber ihre Aufgaben in eigener Verantwortung wahrnehmen. Nach S. 4 kooperieren die Betreiber und unterstützen sich bei der Wahrnehmung ihrer Aufgaben. Dies soll insbesondere für Maßnahmen gelten, die sich auf das Netz eines anderen Betreibers von Energieversorgungsnetzen auswirken können.

52 Damit kodifiziert der Gesetzgeber nach eigener Aussage die bereits in der Praxis geltenden Grundsätze.[64] Den genannten Prinzipien kommt in Anbetracht der bevorstehenden Aufgaben der Netzbetreiber eine besondere Bedeutung zu.[65] Denn im Strombereich ist insbesondere für das einheitliche System des Netzengpassmanagements eine enge Kooperation zwischen den Netzbetreibern notwendig, um netzübergreifend die optimale Gesamtlösung zu identifizieren und den Einspeisevorrang so umzusetzen, wie er europarechtlich geboten ist.[66] Insbesondere müssen die Netzbetreiber den jeweiligen Redispatch-Abruf, dh den Abruf zur Abstimmung der Einspeisung mit dem Ziel der Vermeidung oder Beseitigung von Engpässen,[67] koordinieren; dies erfordert u.a. einen entsprechenden Informationsaustausch zwischen den Netzbetreibern.[68] Gerade durch diesen Informationsaustausch können auch etwaige Konflikte hinsichtlich des Einsatzes von Redispatch-Maßnahmen identifiziert und aufgelöst werden.[69] Dabei sind in der Regel die Redispatch-Maßnahmen der jeweils nachgelagerten Netzebene vorrangig, da auf den vorgelagerten Netzebenen in der Regel mehr Alternativen zur Verfügung stehen.[70]

53 Auszugestalten ist der notwendige Datenaustausch nach den hierfür bereits bestehenden Regelungen, insbesondere Art. 40ff. der Verordnung (EU) 2017/1485 der Kommission vom 2.8.2017, § 12 Abs. 4 (für die Verteilnetzbetreiber in Verbindung mit § 14 Abs. 1) sowie den auf diesen Grundlagen ergangenen Genehmigungen und Festlegungen und der Marktstammdatenregisterverordnung.[71] Der Datenaustausch, der sich nach der Verordnung (EU) 2017/1485 der Kommission vom 2.8.2017 richtet, ist auf Grundlage des Beschlusses BK6-18-071 der Bundesnetzagentur auch für die Verteilnetzbetreiber vorgesehen.[72] Die Bundesnetzagentur kann gegebenenfalls zusätzlich notwendige Festlegungen treffen gem. § 12 Abs. 6.[73] Hinsichtlich der Wahrnehmung der Aufgaben und der gebotenen Kooperation der

---

[64] BT-Drs. 19/9027, 9.

[65] BT-Drs. 19/9027, 9.

[66] BT-Drs. 19/9027, 9.

[67] S. zur Definition von Redispatch auf der Website der BNetzA: https://www.bundesnetzagentur.de/DE/Sachgebiete/ElektrizitaetundGas/Unternehmen_Institutionen/Versorgungssicherheit/Engpassmanagement/Redispatch/start.html.

[68] BT-Drs. 19/9027, 9.

[69] BT-Drs. 19/9027, 9.

[70] BT-Drs. 19/9027, 9.

[71] BT-Drs. 19/9027, 9.

[72] BT-Drs. 19/9027, 9.

[73] BT-Drs. 19/9027, 9.

Netzbetreiber sind u.a. die spezifischen Vorgaben der §§ 12, 13, 13a und 14 zu beachten.[74]

54 Insgesamt arbeiten die in S. 3 und 4 verankerten Prinzipien dem gesetzgeberischen Ziel einer weiteren Beschleunigung der Optimierung der Stromnetze zu.[75] Gerade für die Zwecke des Netzengpassmanagement – das die Netzbetreiber gesetzlich ermächtigt und verpflichtet, bestimmte Maßnahmen zur Aufrechterhaltung der Sicherheit und Zuverlässigkeit des Elektrizitätsversorgungssystems zu ergreifen – ist es dienlich, wenn eine Koordination und Zusammenarbeit der Betreiber gesetzlich festgeschrieben wird.[76] Die verschiedenen Maßnahmen, wie etwa Redispatch, Einspeisemanagement und Anpassungsmaßnahmen, können vollständig nur durch eine effektive Kooperation durchgeführt werden.

55 Obgleich die Prinzipien bereits in der Praxis Beachtung fanden, verdeutlicht die Aufnahme ins Gesetz, wie wichtig sie sind, um ein leistungsfähiges Stromnetz gewährleisten zu können.

56 **8. Besonderheiten (S. 5, 6).** S. 5 adressiert vertikal integrierte Unternehmen. Dabei handelt es sich um Unternehmen, die Aufgaben mehrerer Wertschöpfungsstufen (zB Erzeugung, Vertrieb und Verteilung/Übertragung) wahrnehmen (§ 3 Nr. 38). Gem. S. 5 ist die Verpflichtung zur Erfüllung der Aufgaben nach Abs. 1 S. 1 sowie §§ 12–16a auch im Rahmen der Wahrnehmung der wirtschaftlichen Befugnisse der Leitung des vertikal integrierten Unternehmens und seiner Aufsichtsrechte nach § 7a Abs. 4 S. 3 anzuwenden. Die Nutzung gesellschaftsrechtlicher Instrumente der Einflussnahme und Kontrolle, unter anderem der Weisung, der Festlegung allgemeiner Verschuldungsobergrenzen und der Genehmigung jährlicher Finanzpläne oder gleichwertiger Instrumente muss somit derart ausgestaltet sein, dass die Verpflichtungen nach Abs. 1 S. 1 erfüllt werden können. So sind insbesondere Weisungen der Leitung des Unternehmens zum laufenden Netzbetrieb nicht zulässig. Hinsichtlich von Netzausbaumaßnahmen sind Weisungen nicht erlaubt, wenn sich der Netzbetreiber an die Vorgaben des Finanzplans des vertikal integrierten Unternehmens hält, § 7a Abs. 4.[77] Finanzpläne und ähnliche Instrumente müssen dem Netzbetreiber insbesondere ermöglichen, dass dieser die erforderlichen Investitionen in das Netz in tatsächlicher Hinsicht vornehmen kann.[78]

57 S. 6 geht mit den mit Wirkung vom 21.12.2018 angefügten § 17 Abs. 1 S. 2 und § 18 Abs. 1 S. 2 Nr. 2 einher. Danach soll der Betreiber eines L-Gasversorgungsnetzes (eine spezifische Gasqualität (low) im Unterschied zu H-Gas (high)) künftig nur noch eingeschränkt zum Anschluss von Letztverbrauchern an sein L-Gasversorgungsnetz verpflichtet sein. Ein Ausbaubedarf im L-Gasversorgungsnetz ergibt sich daher in der Regel nur noch daraus, dass Netzanschlüsse auch ohne eine entsprechende gesetzliche Verpflichtung erstellt werden.[79] Mit Blick auf die knapper werdenden L-Gas-Ressourcen hätte dies nachteilige Auswirkungen für die Versorgungssicherheit der Bestandskunden, die die Ausbaumaßnahmen zugleich noch

---

[74] BT-Drs. 19/9027, 9.

[75] Vgl. BT-Drs. 19/7375, 35.

[76] S. ausf. zum Netzengpassmanagement auf der Website der BNetzA: https://www.bundesnetzagentur.de/DE/Sachgebiete/ElektrizitaetundGas/Unternehmen_Institutionen/Versorgungssicherheit/Netzengpassmanagement/start.html.

[77] Britz/Hellermann/Hermes/*Sötebier,* Rn. 96.

[78] Britz/Hellermann/Hermes/*Sötebier,* Rn. 97.

[79] BT-Drs. 19/5523, 106.

über Netzentgelte mitfinanzieren müssten.[80] Um die damit verbundenen Fehlanreize zu beseitigen, stellt S. 6 im Interesse der Bestandskunden im L-Gasversorgungsnetz klar, dass Ausbaumaßnahmen zur Integration von Netzanschlüssen, die ohne gesetzliche Verpflichtung eingeräumt wurden, nicht bedarfsgerecht im Sinne von S. 1 sind und regulatorisch für solche Ausbaumaßnahmen auch keine Kostenanerkennung erfolgen kann.[81]

II. IT-Sicherheitspflichten

58 **1. Betreiber von Energieversorgungsnetzen (Abs. 1a). a) Anwendungsbereich.** Ebenso wie Abs. 1 **richtet sich Abs. 1a an Betreiber von Energieversorgungsnetzen** im Sinne des § 3 Nr. 4 und 16 (→ Rn. 28 ff.), also Unternehmen, die Elektrizitäts-, Gas- oder Übertragungsnetze betreiben.[82] Die entsprechenden Unternehmen unterfallen als KRITIS-Betreiber (vgl. § 2 Abs. 1, 5 KritisV) grundsätzlich auch den Pflichten des BSIG, die wegen der Spezialität des EnWG aber zurücktreten (§ 8d Abs. 2 Nr. 2 BSIG; siehe auch → Rn. 23).[83] Anders als nach Abs. 1b (Betreiber von Energieanlagen, → Rn. 34) kommt es bei den Betreibern von Versorgungsnetzen jedoch nicht darauf an, ob diese nach der BSI-KritisV als Kritische Infrastruktur eingestuft wurden.[84] Abs. 1a gilt unterschiedslos für alle Betreiber von Energieversorgungsnetzen, unabhängig von Art und Größe.[85]

59 Abs. 1a ist auch auf **Betreiber von geschlossenen Verteilernetzen** anwendbar, denn § 110 Abs. 1 nimmt diese nicht vom Anwendungsbereich des Abs. 1a aus.[86] Ein geschlossenes Verteilernetz ist ein Energieversorgungsnetz, mit dem Energie verteilt wird, um Kunden in einem geografisch begrenzten Industrie- oder Gewerbegebiet oder einem Gebiet, in dem Leistungen gemeinsam genutzt werden, zu versorgen (§ 110 Abs. 2). Die Tätigkeiten oder Produktionsverfahren der Anschlussnutzer des Netzes müssen dabei verknüpft sein oder das Netz muss in erster Linie der Versorgung des Netzeigentümers oder -betreibers dienen. Zudem dürfen darüber hinaus keine oder nur wenige Letztverbraucher versorgt werden. Der Gesetzgeber wollte mit dem Begriff des geschlossenen Verteilernetzes insbesondere Infrastruktureinrichtungen wie Flughäfen, Pflegeheime, Häfen, Bahnhöfe oder Einkaufszentren in den Blick nehmen, bei denen die Endabnehmer die Anschlussbedingungen und die Energielieferung auf Grund einer umfassenden Interessenlage im Rahmen eines vertraglichen Gesamtpakets akzeptieren.[87] Die Einstufung als geschlossenes Verteilernetz erfolgt durch die Landesregulierungsbehörde (vgl. § 54 Abs. 2 Nr. 9).

60 In **sachlicher Hinsicht** umfasst Abs. 1a Telekommunikations- und elektronische Datenverarbeitungssysteme, die für einen sicheren Netzbetrieb notwendig sind. Welche Systeme das sind, ist nach dem IT-Sicherheitskatalog gem. Abs. 1a

---

[80] BT-Drs. 19/5523, 106.

[81] BT-Drs. 19/5523, 106.

[82] Voigt IT-SicherheitsR/*Voigt,* Rn. 428.

[83] Voigt IT-SicherheitsR/*Voigt,* Rn. 428; *Weise/Brühl,* CR 2015, 290; Gabel/Heinrich/Kiefner Cyber-Security-HdB/*Wimmer/Mechler,* Kapitel 5 Rn. 30.

[84] *OLG Düsseldorf,* Beschl. v. 19.7.2017 – VI-3 Kart 109/16 (V), BeckRS 2017, 132865 Rn. 29f.

[85] Vgl. *Weise/Brühl,* CR 2015, 290 (291).

[86] Vgl. auch de *Wyl/Weise/Bartsch,* VersorgW 2016, 133.

[87] *OLG Düsseldorf,* Beschl. v. 28.11.2007 – VI-3 Kart 200/07 (V), BeckRS 2007, 141486 Rn. 45.

EnWG vom 12.8.2015 anhand der Schutzziele dieses Katalogs zu ermitteln (dazu im Einzelnen → Rn. 82).[88]

b) IT-Sicherheitspflichten (S. 1). Die Betreiber von Energieversorgungsnetzen müssen ihre IT-Systeme angemessen schützen, um so den Betrieb eines sicheren Energieversorgungsnetzes zu gewährleisten. Die Sicherheit betrifft unter Berücksichtigung des § 1 Abs. 1 dabei sowohl die Anlagensicherheit als auch die allgemeine Versorgungssicherheit.[89] **61**

Die (Mindest-)Anforderungen ergeben sich aus einem Katalog von Sicherheitsanforderungen (→ Rn. 66 ff.). Für die betroffenen Unternehmen ist der Katalog ein erheblicher Vorteil, denn – anders als zum Beispiel nach BSIG, TTDSG oder TKG – ist definiert, wie die betroffenen Unternehmen den erforderlichen Schutzstandard erreichen können.[90] Die Unternehmen müssen jedoch über den Sicherheitskatalog hinaus weitere individuelle Maßnahmen ergreifen, wenn die Situation dies erfordert.[91] **62**

Begrenzt wird der Umfang der IT-Sicherheitspflichten durch die Unzumutbarkeit iSd Abs. 1 S. 1 (→ Rn. 53). Das folgt aus der Formulierung des S. 1, wo es heißt, dass der Betrieb eines sicheren Energieversorgungsnetzes den angemessenen Schutz der IT-Systeme umfasst. Abs. 1a konkretisiert daher nur die Pflichten nach Abs. 1. **63**

Zudem ist nur ein angemessener Schutz geschuldet, sodass die Pflichten auch dadurch begrenzt werden. Der Begriff der Angemessenheit wird auch in § 8a Abs. 1 S. 3 BSIG verwendet, wonach Schutzmaßnahmen angemessen sind, wenn der dafür erforderliche Aufwand nicht außer Verhältnis zu den Folgen eines Ausfalls oder einer Beeinträchtigung der betroffenen Kritischen Infrastruktur steht. Nachdem Abs. 1a lex specialis zu § 8a BSIG ist (→ Rn. 23), kann auf die Legaldefinition der Angemessenheit aus dem BSIG zurückgegriffen werden. **64**

Im Vergleich zum ähnlichen § 8a Abs. 1 BSIG ist S. 1 sehr knapp formuliert, denn anders als in § 8a Abs. 1 BSIG werden weder konkrete Schutzziele im Gesetz ausgewiesen, noch wird auf den Stand der Technik abgestellt. Die Vorgaben sind aber dennoch zu beachten: Die Pflicht, den Stand der Technik einzuhalten, ergibt sich schon aus der Anforderung, die IT-Systeme angemessen zu schützen.[92] Zudem werden die Schutzziele und der Stand der Technik über den IT-Sicherheitskatalog gem. Abs. 1a vom 12.8.2015 zur verbindlichen Pflicht (→ Rn. 94). **65**

c) IT-Sicherheitskatalog (S. 2 u. 3). Nach S. 2 erstellt die BNetzA im Benehmen mit dem BSI einen Katalog von Sicherheitsanforderungen, um die Sicherheitspflichten nach S. 1 zu konkretisieren. Innerhalb der BNetzA sind für die Erstellung des Katalogs nicht die Beschlusskammern zuständig (§ 59 Abs. 1 S. 2 Nr. 1), sondern der Präsident der BNetzA, in dessen Auftrag die nach Maßgabe der Geschäftsordnung (vgl. § 3 Abs. 1 S. 2 BNAG) zuständigen Mitarbeiter den Katalog erstellen.[93] Anders als nach § 8a Abs. 2 BSIG sieht das EnWG kein Mitwirkungsrecht für die betroffenen Unternehmen vor.[94] **66**

88 *BNetzA,* IT-Sicherheitskatalog gem. § 11 Abs. 1a EnWG, S. 6.
89 *BNetzA,* IT-Sicherheitskatalog gem. § 11 Abs. 1a EnWG, S. 4.
90 Vgl. Voigt IT-SicherheitsR/*Voigt,* Rn. 429.
91 *Terhaag,* IT-Sicherheitsgesetz 2015, S. 74 unter Bezugnahme auf BT-Drs. 17/6072, 66.
92 Möstl/Wolff/*Freimuth,* IT-Sicherheit als Herausforderung für Wirtschaft und Staat, S. 29.
93 Vgl. HK-EnWG/*Wahlhäuser,* § 59 Rn. 19.
94 Gabel/Heinrich/Kiefner Cyber-Security-HdB/Wimmer/Mechler, Kapitel 5 Rn. 32; vgl. auch *Hornung,* NJW 2015, 3334 (3336).

67 Der Katalog soll zudem Vorgaben zur regelmäßigen Überprüfung der Erfüllung der Sicherheitsanforderungen enthalten (S. 3) (zu den Vorgaben des gegenwärtig geltenden IT-Sicherheitskatalogs vom August 2015 → Rn. 82 ff.).

68 Der IT-Sicherheitskatalog ist eine Allgemeinverfügung iSd § 35 S. 2 VwVfG, gegen den innerhalb der Frist des entsprechend anzuwendenden § 58 Abs. 2 S. 1 VwGO Beschwerde nach § 75 eingelegt werden kann.[95] Beschwerdebefugt sind alle Betreiber von Energieversorgungsnetzen im Sinne des Katalogs, denn sie sind potentielle Adressaten der Allgemeinverfügung.[96] Die Beschwerdefrist für den derzeit geltenden IT-Sicherheitskatalog vom August 2015 ist damit abgelaufen.

69 Nach anderer Ansicht ist der Katalog eine Festlegung im Sinne des § 29 Abs. 1, die aber ebenfalls Allgemeinverfügung sei.[97] Die Beschwerdebefugnis hänge zudem von der formalen Beteiligtenstellung des Beschwerdeführers im Verwaltungsverfahren, zB als Beigeladener, ab.[98]

70 **d) Erfüllung der IT-Sicherheitspflichten durch Umsetzung des IT-Sicherheitskatalogs, Dokumentation, Prüfung durch die BNetzA (S. 4, 5, 6).** Nach S. 4 erfüllen die Betreiber von Energieversorgungsnetzen die IT-Sicherheitspflichten aus S. 1 nur, wenn sie die Sicherheitsanforderungen einhalten, die sich aus dem von der BNetzA aufgestellten IT-Sicherheitskatalog ergeben (zum gegenwärtig geltenden IT-Sicherheitskatalog vom August 2015 → Rn. 72 ff.).[99] Damit ist der Gesetzgeber davon abgerückt, dass die Einhaltung der IT-Sicherheitspflichten bei Umsetzung des IT-Sicherheitskatalogs nur vermutet wird, wie es Abs. 1 a bis zum 24.7.2015 vorsah (vgl. IT-Sicherheitsgesetz, BGBl. I 1324, 1328; zur Normgeschichte → Rn. 8 ff.). Es ist nunmehr **gesetzliche Pflicht** mindestens die **Anforderungen des IT-Sicherheitskatalogs** nach Abs. 1 a umzusetzen,[100] wobei im Einzelfall auch weitergehende Maßnahmen realisiert werden müssen, wenn dies nach der Situation erforderlich ist.[101] In der Literatur wird es daher für unzulässig gehalten, ein Energieversorgungsnetz ohne zertifiziertes Informationssicherheitsmanagementsystem (ISMS) zu betreiben, wie es der gegenwärtig geltende IT-Sicherheitskatalog vom August 2015 vorgibt (→ Rn. 86 f.).[102]

71 Die BNetzA kann die Einhaltung der Anforderungen des IT-Sicherheitskatalogs überprüfen (S. 5) und zu diesem Zweck nähere Bestimmungen zu Format, Inhalt und Gestaltung der Dokumentation nach S. 4 treffen (S. 6) (vgl. zur Umsetzung dieser Kompetenzen im gegenwärtig geltenden IT-Sicherheitskatalog vom August 2015 → Rn. 97).

72 **e) Der IT-Sicherheitskatalog vom 12.8.2015.** Die BNetzA hat erstmals am 12.8.2015 einen IT-Sicherheitskatalog aufgrund des Abs. 1 a unter der Bezeichnung

---

[95] *OLG Düsseldorf,* Beschl. v. 19.7.2017 – VI-3 Kart 109/16 (V), BeckRS 2017, 132865 Rn. 21.
[96] *OLG Düsseldorf,* Beschl. v. 19.7.2017 – VI-3 Kart 109/16 (V), BeckRS 2017, 132865 Rn. 22.
[97] *Köhler,* EnWZ 2015, 407 (410).
[98] *Köhler,* EnWZ 2015, 407 (410).
[99] BT-Drs. 18/4096, 33.
[100] Vgl. BT-Drs. 18/4096, 33; *Terhaag,* IT-Sicherheitsgesetz 2015, S. 74.
[101] BT-Drs. 18/4096, 33; das wird auch von der BNetzA im gegenwärtig geltenden IT-Sicherheitskatalog aufgegriffen: *BNetzA,* IT-Sicherheitskatalog gem. § 11 Abs. 1 a EnWG, S. 4.
[102] *Weise/Brühl,* CR 2015, 290 (291).

„IT-Sicherheitskatalog gemäß § 11 Abs. 1a Energiewirtschaftsgesetz“ (im Folgenden „IT-Sicherheitskatalog 1a (2015)“) veröffentlicht,[103] der nach wie vor gilt.

aa) Rechtmäßigkeit. Das OLG Düsseldorf hat entschieden, dass der IT-Sicherheitskatalog 1a (2015) rechtmäßig erlassen worden ist.[104] Insbesondere umfasse er in zulässiger Weise alle Betreiber von Energieversorgungsnetzen, die in den Anwendungsbereich des Abs. 1a S. 1 (→ Rn. 58ff.) fallen, ohne dass es einer Differenzierung nach der Größe des Betreibers oder des Verteilernetzes bedürfe.[105] Ein entsprechender Ermessensspielraum zur Differenzierung zwischen den einzelnen Betreibern komme der BNetzA nach dem Gesetzeswortlaut gar nicht zu.[106] 73

Eine Differenzierung sei auch nicht aufgrund des Art. 3 Abs. 1 GG geboten, denn weder würden die Betreiber von Energieversorgungsnetzen ungerechtfertigt gleich behandelt mit den Betreibern Kritischer Infrastrukturen, noch würden die Betreiber von Energieversorgungsnetzen ungerechtfertigt ungleich behandelt gegenüber Betreibern von Energieanlagen, die nicht zur Kritischen Infrastruktur bestimmt sind.[107] Eine etwaige Gleich- oder Ungleichbehandlung komme schon deshalb nicht in Betracht, weil die Energieversorgungsnetze eine Sonderstellung einnehmen würden, aufgrund derer Betreiber von Energieversorgungsnetzen als eigenständige Gruppe anzusehen seien, die weder mit Energieanlagen noch mit sonstigen Kritischen Infrastrukturen vergleichbar seien.[108] Das ergebe sich aus der Sonderstellung, die die Energieversorgungsnetze bei der Versorgung einnähmen.[109] Das zeige nicht zuletzt der Umstand, dass der Gesetzgeber Abs. 1a deutlich vor Erlass des IT-Sicherheitsgesetzes in das EnWG eingefügt hat (zur Normgeschichte → Rn. 8ff.).[110] Damit habe der Gesetzgeber die IT-Sicherheit bei Energieversorgungsnetzen schon deutlich früher in den Blick genommen, als bei anderen wichtigen Infrastrukturen.[111] Zudem träfen die Betreiber von Energieversorgungsnetzen auch andere Pflichten, die insbesondere die Betreiber von Energieanlagen nicht träfen, wie etwa die Netzanschlusspflichten gegenüber Dritten (§§ 17, 18).[112] Im Übrigen ergebe sich aus dem Vorstehenden, dass eine etwaige Gleich- oder Ungleichbehandlung jedenfalls gerechtfertigt sei.[113] 74

Der IT-Sicherheitskatalog ist nach Auffassung des OLG Düsseldorf zudem verhältnismäßig, auch insoweit, dass der Katalog unterschiedslos Mindestanforderungen für Energieversorgungsnetzbetreiber jeder Größe aufstellt.[114] Einerseits sei hier 75

---

[103] https://www.bundesnetzagentur.de/SharedDocs/Downloads/DE/Sachgebiete/Energie/Unternehmen_Institutionen/Versorgungssicherheit/IT_Sicherheit/IT_Sicherheitskatalog_08-2015.pdf.

[104] *OLG Düsseldorf,* Beschl. v. 19.7.2017 – VI-3 Kart 109/16 (V), BeckRS 2017, 132865 Rn. 23.

[105] *OLG Düsseldorf,* Beschl. v. 19.7.2017 – VI-3 Kart 109/16 (V), BeckRS 2017, 132865 Ls. 1.

[106] *OLG Düsseldorf,* Beschl. v. 19.7.2017 – VI-3 Kart 109/16 (V), BeckRS 2017, 132865 Rn. 41.

[107] *OLG Düsseldorf,* Beschl. v. 19.7.2017 – VI-3 Kart 109/16 (V), BeckRS 2017, 132865 Ls. 2, Rn. 46.

[108] *OLG Düsseldorf,* Beschl. v. 19.7.2017 – VI-3 Kart 109/16 (V), BeckRS 2017, 132865 Rn. 52, 53.

[109] *OLG Düsseldorf,* Beschl. v. 19.7.2017 – VI-3 Kart 109/16 (V), BeckRS 2017, 132865 Rn. 50.

[110] *OLG Düsseldorf,* Beschl. v. 19.7.2017 – VI-3 Kart 109/16 (V), BeckRS 2017, 132865 Rn. 50.

[111] *OLG Düsseldorf,* Beschl. v. 19.7.2017 – VI-3 Kart 109/16 (V), BeckRS 2017, 132865 Rn. 50.

[112] *OLG Düsseldorf,* Beschl. v. 19.7.2017 – VI-3 Kart 109/16 (V), BeckRS 2017, 132865 Rn. 50.

[113] *OLG Düsseldorf,* Beschl. v. 19.7.2017 – VI-3 Kart 109/16 (V), BeckRS 2017, 132865 Rn. 54.

[114] *OLG Düsseldorf,* Beschl. v. 19.7.2017 – VI-3 Kart 109/16 (V), BeckRS 2017, 132865 Rn. 58ff.

die hohe Bedeutung der Energieversorgungsnetze für die Versorgungssicherheit zu berücksichtigten, andererseits sei die Umsetzung des IT-Sicherheitskatalogs 1a (2015) bei kleineren Betreibern ohnehin günstiger (vgl. zu den Anforderungen des Katalogs → Rn. 82 ff.), weil die Netzinfrastruktur hier kleiner sei.[115]

76 **bb) Geltungsbereich.** Der Sicherheitskatalog gilt für alle Betreiber von Energieversorgungsnetzen nach Maßgabe des S. 1 (→ Rn. 58 ff.).

77 Sachlich erfasst der IT-Sicherheitskatalog 1a (2015) IT-Systeme, die für einen sicheren Netzbetrieb notwendig sind. Diese sind anhand der Schutzziele (→ Rn. 82) des IT-Sicherheitskatalogs 1a (2015) zu ermitteln.[116] Die BNetzA versteht danach unter IT-Systemen alle zentralen und dezentralen Anwendungen, Systeme und Komponenten, die für einen sicheren Netzbetrieb notwendig sind.[117] Zu diesen Anwendungen, Systemen und Komponenten zählen jedenfalls alle IT-Systeme des Netzbetreibers, welche direkt Teil der Netzsteuerung sind, dh unmittelbar Einfluss auf die Netzfahrweise nehmen.[118] Daneben sind auch IT-Systeme erfasst, die selbst zwar nicht direkt Teil der Netzsteuerung sind, deren Ausfall jedoch die Sicherheit des Netzbetriebs gefährden könnte, zB Messeinrichtungen an Trafo- oder Netzkoppelstationen.[119]

78 Solange und soweit Messsysteme nach § 21 d aF (mittlerweile aufgegangen im Messstellenbetriebsgesetz vom 29.8.2016) zu netzbetrieblichen Zwecken (zB Ermittlung von Netzzustandsinformationen, Ermöglichung von Last- und Erzeugungsmanagement) eingesetzt werden, hat der Netzbetreiber ausweislich des IT-Sicherheitskatalogs 1a (2015) sicherzustellen, dass hinsichtlich dieses Teilbereichs Sicherheitsstandards eingehalten werden, die dem IT-Sicherheitskatalog 1a (2015) zumindest gleichwertig sind.[120] Ausgenommen seien Messsysteme in allen Fällen, in denen sie nicht zu netzbetrieblichen Zwecken eingesetzt werden, zB zur Ermittlung des Energieverbrauchs.

79 Unklar bleibt dabei, worauf die BNetzA die Kompetenz für die Unterscheidung gründet. Denn die Kompetenz zur Aufstellung des Katalogs bezieht sich ausdrücklich nur auf IT-Systeme, die für den sicheren Netzbetrieb notwendig sind. Für Messsysteme muss daher gelten: Soweit sie für den sicheren Netzbetrieb notwendig sind, gelten die Sicherheitsanforderungen des Katalogs uneingeschränkt. Sind sie für den sicheren Netzbetrieb nicht notwendig, gelten die Sicherheitsanforderungen des Katalogs nicht. Ein dazwischenliegendes „vergleichbares Schutzniveau" kann es hingegen nicht geben.

80 Welche Systeme eines Energieversorgungsnetzbetreibers konkret erfasst sind, muss der Betreiber unter Berücksichtigung der Kriterien des Katalogs selbst ermitteln.[121] Die Anforderungen des Katalogs gelten dabei auch für Anwendungen, Systeme und Komponenten, die von Dritten betrieben werden. Die Anwendung und Umsetzung des IT-Sicherheitskatalogs 1a (2015) müssen dann durch geeignete Vereinbarungen sichergestellt werden.[122]

---

115 *OLG Düsseldorf,* Beschl. v. 19.7.2017 – VI-3 Kart 109/16 (V), BeckRS 2017, 132865 Rn. 60.
116 *BNetzA,* IT-Sicherheitskatalog gem. § 11 Abs. 1a EnWG, S. 6.
117 *BNetzA,* IT-Sicherheitskatalog gem. § 11 Abs. 1a EnWG, S. 6.
118 *BNetzA,* IT-Sicherheitskatalog gem. § 11 Abs. 1a EnWG, S. 6.
119 *BNetzA,* IT-Sicherheitskatalog gem. § 11 Abs. 1a EnWG, S. 6.
120 *BNetzA,* IT-Sicherheitskatalog gem. § 11 Abs. 1a EnWG, S. 6.
121 *BNetzA,* IT-Sicherheitskatalog gem. § 11 Abs. 1a EnWG, S. 6.
122 *BNetzA,* IT-Sicherheitskatalog gem. § 11 Abs. 1a EnWG, S. 5 u. 6.

Sollte der Betreiber eines Energieversorgungsnetzes zum Ergebnis gelangen, dass er keine IT-Systeme im Einsatz hat, auf die der IT-Sicherheitskatalog 1a (2015) anwendbar ist, so kann er dies gegenüber der BNetzA mittels eines bereitgestellten Formulars erklären.[123] Die Erklärung muss alle zwei Jahre erneut eingereicht werden, um zu bestätigen, dass weiterhin keine IT-Systeme vorhanden sind, die dem IT-Sicherheitskatalog 1a (2015) unterfallen. 81

cc) Sicherheitsanforderungen. Betreiber von Energieversorgungsnetzen müssen geeignete, angemessene und dem allgemein anerkannten Stand der Technik entsprechende Maßnahmen auswählen, um die **drei Schutzziele** des Katalogs zu erreichen.[124] Diese Schutzziele sind:[125] Sicherstellung der **Verfügbarkeit** der Systeme und Daten, Sicherstellung der **Integrität** der verarbeiteten Informationen und Systeme sowie die Gewährleistung der **Vertraulichkeit** der mit den betrachteten Systemen verarbeiteten Informationen. 82

Verfügbarkeit bedeutet dabei, dass die Systeme und Daten auf Verlangen einer berechtigten Einheit zugänglich und nutzbar sind.[126] Unter **Integrität** werden die Richtigkeit und Vollständigkeit der verarbeiteten Daten sowie die korrekte Funktionsweise der Systeme verstanden.[127] **Vertraulichkeit** meint den Schutz der Systeme und Daten vor unberechtigtem Zugriff durch Personen und Prozesse.[128] 83

Dabei ist es vom individuellen Schutzbedarf des einzelnen Netzbetreibers abhängig, ob die jeweiligen Maßnahmen angemessen sind.[129] Einzustellen sind sowohl Risiken für den eigenen Netzbetrieb als auch Risiken bzgl. der Sicherheit verbundener Energieversorgungsnetze.[130] 84

Kernforderungen des IT-Sicherheitskatalogs 1a (2015) sind:[131] 85
- Einführung eines Informationssicherheits-Managementsystems („ISMS“) gem. DIN ISO/IEC 27001 in der jeweils geltenden Fassung, wobei auch DIN ISO/IEC 27002 und DIN ISO/IEC TR 27019 (DIN SPEC 27019) in der jeweils geltenden Fassung zu berücksichtigen sind;[132]
- Zertifizierung des ISMS durch eine unabhängige und hierfür zugelassene Stelle;[133]
- Sicherstellung eines ordnungsgemäßen Betriebs des IT-Systems;[134]

---

[123] https://www.bundesnetzagentur.de/DE/Sachgebiete/ElektrizitaetundGas/Unternehmen_Institutionen/Versorgungssicherheit/IT_Sicherheit/Netzbetreiber/IT_Netzbetreiber_node.html, dort unter „Verbindliche Erklärung zur Nicht-Anwendbarkeit des IT-Sicherheitskatalogs“.
[124] *BNetzA,* IT-Sicherheitskatalog gem. § 11 Abs. 1a EnWG, S. 5.
[125] *BNetzA,* IT-Sicherheitskatalog gem. § 11 Abs. 1a EnWG, S. 5.
[126] *BNetzA,* IT-Sicherheitskatalog gem. § 11 Abs. 1a EnWG, S. 5.
[127] *BNetzA,* IT-Sicherheitskatalog gem. § 11 Abs. 1a EnWG, S. 5.
[128] *BNetzA,* IT-Sicherheitskatalog gem. § 11 Abs. 1a EnWG, S. 5.
[129] *BNetzA,* IT-Sicherheitskatalog gem. § 11 Abs. 1a EnWG, S. 5.
[130] *BNetzA,* IT-Sicherheitskatalog gem. § 11 Abs. 1a EnWG, S. 5.
[131] Vgl. *BNetzA,* IT-Sicherheitskatalog gem. § 11 Abs. 1a EnWG, S. 3.
[132] *BNetzA,* IT-Sicherheitskatalog gem. § 11 Abs. 1a EnWG, S. 8ff.; eine Step-by-Step-Kurzanleitung zur Implementierung der Standards findet sich bei *Giebichenstein/Schirp,* CB 2015, 108.
[133] *BNetzA,* IT-Sicherheitskatalog gem. § 11 Abs. 1a EnWG, S. 15.
[134] *BNetzA,* IT-Sicherheitskatalog gem. § 11 Abs. 1a EnWG, S. 10.

– Aufstellung eines Netzstrukturplans als Übersicht über die vom IT-Sicherheitskatalog 1a (2015) betroffenen Anwendungen, Systeme und Komponenten mit den anzutreffenden Haupttechnologien und deren Verbindungen;[135]
– Festlegung eines Prozesses zur Einschätzung des Risikos für die Informationssicherheit;[136]
– Auswahl geeigneter und angemessener Maßnahmen zur Risikobehandlung in Anknüpfung an die Risikoeinschätzung;[137]
– Benennung eines IT-Sicherheitsbeauftragen als Ansprechpartner für die BNetzA.[138]

86 Das **ISMS** ist Kernbestandteil der Sicherheitsanforderungen.[139] Zur Definition des ISMS beruft sich der IT-Sicherheitskatalog 1a (2015) auf den BSI-Standard 100-1: Managementsystem für Informationssicherheit (ISMS), Version 1.5,[140] wonach ein Managementsystem alle Regelungen umfasst, die für die Steuerung und Lenkung zur Zielerreichung der Institution sorgen.[141] Ein ISMS als Teil des Managementsystems legt dabei fest, mit welchen Instrumenten und Methoden das Management die auf Informationssicherheit ausgerichteten Aufgaben und Aktivitäten nachvollziehbar lenkt (plant, einsetzt, durchführt, überwacht und verbessert).[142]

87 Das ISMS muss den Anforderungen der **DIN ISO/IEC 27001** in der jeweils geltenden Fassung genügen und mindestens die IT-Systeme im Geltungsbereich des IT-Sicherheitskatalogs 1a (2015) (→ Rn. 76ff.) umfassen.[143] Wesentliche Anforderung ist es, dass die IT-Sicherheit nicht als einmaliges Projekt verstanden wird, sondern ein kontinuierlicher Prozess ist.[144] Der IT-Sicherheitskatalog 1a (2015) gibt dafür das sogenannte „**Plan-Do-Check-Act**"(PDCA)-Modell vor, welches auch in der DIN ISO/IEC 27001 angelegt ist.[145] Nach dem PDCA-Modell wird das ISMS geplant (plan), die Maßnahmen werden umgesetzt (do), überwacht (check) und sodann verbessert (act), was zu einem neuen Kreislauf beginnend mit der Planung verbesserter Maßnahmen führt. Zu beachten ist, dass die Anforderungen der gesamten ISO 27000-Familie recht allgemein gehalten sind, da sie losgelöst von konkreten Technologien Handlungsanweisungen für die Umsetzung von ISMS aufstellen sollen.[146]

---

[135] *BNetzA,* IT-Sicherheitskatalog gem. § 11 Abs. 1a EnWG, S. 11.
[136] *BNetzA,* IT-Sicherheitskatalog gem. § 11 Abs. 1a EnWG, S. 12.
[137] *BNetzA,* IT-Sicherheitskatalog gem. § 11 Abs. 1a EnWG, S. 14.
[138] *BNetzA,* IT-Sicherheitskatalog gem. § 11 Abs. 1a EnWG, S. 14.
[139] Einen Einblick in die praktische Umsetzung eines ISMS (allerdings nicht bezogen auf die Energiebranche) findet sich bei: Möstl/Wolff/*Bartels,* IT-Sicherheit als Herausforderung für Wirtschaft und Staat 2017, S. 35ff.
[140] https://www.bsi.bund.de/SharedDocs/Downloads/DE/BSI/Publikationen/ITGrundschutzstandards/BSI-Standard_1001.pdf; der BSI-Standard stellt im Wesentlichen die ISO-Standards der ISO-2700x-Familie dar, beschreibt einige Inhalte aber ausführlicher und versucht den Inhalt insgesamt leichter verständlich für den ersten Zugang aufzubereiten; vgl. dazu auch die Ausführungen von Kipker Cybersecurity/*Ekrot/Fischer/Müller,* Kapitel 3 Rn. 34.
[141] *BNetzA,* IT-Sicherheitskatalog gem. § 11 Abs. 1a EnWG, S. 8.
[142] *BNetzA,* IT-Sicherheitskatalog gem. § 11 Abs. 1a EnWG, S. 8.
[143] *BNetzA,* IT-Sicherheitskatalog gem. § 11 Abs. 1a EnWG, S. 8.
[144] *BNetzA,* IT-Sicherheitskatalog gem. § 11 Abs. 1a EnWG, S. 8.
[145] *BNetzA,* IT-Sicherheitskatalog gem. § 11 Abs. 1a EnWG, S. 8f.; vgl. zum PDCA-Modell auch Kipker Cybersecurity/*Sohr/Kemmerich,* Kapitel 2 Rn. 198ff.
[146] Kipker Cybersecurtiy/*Sohr/Kemmerich,* Kapitel 2 Rn. 203.

Bei der Umsetzung sind die Vorgaben der **DIN ISO/IEC 27002** und der **DIN ISO/IEC TR 27019 (DIN SPEC 27019)** in der jeweils geltenden Fassung zu berücksichtigen.[147] Diese ISO-Normen enthalten spezifische Maßnahmen, die zum Schutz der IT-Systeme im Rahmen des ISMS umgesetzt werden können. Die Maßnahmen sind allerdings nicht ungeprüft umzusetzen, sondern in Abhängigkeit von den konkret zu schützenden Anwendungen, Systemen und Komponenten unter Berücksichtigung der Ergebnisse der erforderlichen Risikoeinschätzung.[148] **88**

Es ist nachhaltig sicherzustellen, dass der **Betrieb der IT-Systeme ordnungsgemäß** erfolgt.[149] Es müssen daher sämtliche IT-Systeme sowie IT-gestützte Verfahren und Prozesse zu jedem Zeitpunkt beherrscht werden, technische Störungen erkannt und behoben werden können oder anderweitig deren Behebung sichergestellt sein.[150] Dabei müssen auch IT-basierte Angriffe adressiert werden. **89**

Darüber hinaus ist ein **Netzstrukturplan** zu erstellen, der eine Übersicht über die eingesetzten Anwendungen, Systeme und Komponenten sowie Schnittstellen zu Teilsystemen bereitstellt, die nicht der Kontrolle des Betreibers des Energieversorgungsnetzes unterliegen.[151] Bei großen Netzen kann der Netzstrukturplan in geeigneter Form aufgeteilt werden.[152] Der Netzstrukturplan ist der Eigenart von Energieversorgungsnetzen geschuldet, da die Komponenten des IT-Systems im Netzgebiet verteilt sind, was zu erhöhter Komplexität führt.[153] Die Berechtigung für die Formvorgaben zum Netzstrukturplan kann die BNetzA aus S. 5 ableiten.[154] **90**

Ferner ist eine **Risikoeinschätzung** (Ermittlung des Schutzbedarfs)[155] vorzunehmen, die an Kapitel 6.1.2 DIN ISO/IEC 27001 ausgerichtet ist.[156] Danach muss ein Prozess zur „Informationssicherheitsrisikobeurteilung" festgelegt und angewendet werden, der „Informationssicherheitskriterien" festlegt und aufrechterhält, sicherstellt, dass wiederholte Risikobeurteilungen zu konsistenten, gültigen und vergleichbaren Ergebnissen führen, sowie Sicherheitsrisiken identifiziert und analysiert. **91**

Für die **Bewertung** gibt der IT-Sicherheitskatalog aus August 2015 vor, dass die **Risikoeinschätzung** an den Kategorien „kritisch", „hoch" und „mäßig" ausgerichtet werden muss.[157] Dabei ist hinsichtlich der Komponenten, Systeme und Anwendungen, die für einen sicheren Netzbetrieb notwendig sind, grundsätzlich von einer Einstufung als „hoch" auszugehen. Eine Einstufung als „kritisch" ist im Einzelfall zu prüfen, eine Einstufung als „mäßig" ist demgegenüber ausführlich zu begründen und zu dokumentieren.[158] Bei der Risikobewertung sind verschiedene **92**

---

[147] *BNetzA,* IT-Sicherheitskatalog gem. § 11 Abs. 1a EnWG, S. 10.

[148] *BNetzA,* IT-Sicherheitskatalog gem. § 11 Abs. 1a EnWG, S. 10; vgl. auch *Weise/Brühl,* CR 2015, 290 (293).

[149] *BNetzA,* IT-Sicherheitskatalog gem. § 11 Abs. 1a EnWG, S. 10.

[150] *BNetzA,* IT-Sicherheitskatalog gem. § 11 Abs. 1a EnWG, S. 10.

[151] *BNetzA,* IT-Sicherheitskatalog gem. § 11 Abs. 1a EnWG, S. 10.

[152] *BNetzA,* IT-Sicherheitskatalog gem. § 11 Abs. 1a EnWG, S. 10.

[153] *Weise/Brühl;* CR 2015, 290 (292).

[154] *de Wyl/Weise/Bartsch,* VersorgW 2016, 133 (134).

[155] Vgl. *Lied/Brühl/vom Wege/Weise,* ET 2014, 67 (68).

[156] *BNetzA,* IT-Sicherheitskatalog gem. § 11 Abs. 1a EnWG, S. 12; Anm.: der IT-Sicherheitskatalog verweist noch auf die Version 2015-3, die mittlerweile durch die Version 2017 vom Juni 2017 ersetzt wurde. Das Kapitel 6.1.2. enthält aber weiterhin die Anforderungen an die Risikobeurteilung.

[157] *BNetzA,* IT-Sicherheitskatalog gem. § 11 Abs. 1a EnWG, S. 13.

[158] *BNetzA,* IT-Sicherheitskatalog gem. § 11 Abs. 1a EnWG, S. 13.

Auswirkungen, etwa die Beeinträchtigung der Versorgungssicherheit oder eine Gefährdung für Leib und Leben, zu berücksichtigen.[159]

93 Die Ermittlung der Sicherheitsrisiken muss sowohl vorsätzliche Handlungen, etwa gezielte IT-Angriffe oder Diebstähle von Rechnern, als auch unvorsätzliche Ereignisse, etwa menschliche Fehlleistungen oder technisches Versagen, berücksichtigen.[160]

94 Ausgehend von der Risikobewertung sind entsprechende **Maßnahmen zur Risikobehandlung** zu ergreifen, die in der Regel dem Stand der Technik entsprechen müssen.[161] Zu berücksichtigen ist zudem der technische und wirtschaftliche Aufwand, der nicht außer Verhältnis zu den Folgen eines Ausfalls einer Beeinträchtigung des sicheren Netzbetriebs stehen sollte.[162]

95 Für die Koordination und Kommunikation mit der BNetzA muss ein **Ansprechpartner** benannt werden, dessen Kontaktdaten der BNetzA mitzuteilen sind.[163] Die Benennung kann per Email an IT-Sicherheitskatalog@bnetza.de erfolgen und musste bis zum 30. November 2015 stattfinden.[164] Die BNetzA stellt zudem ein Formular bereit, das für die Meldung verwendet werden kann.[165] Der Ansprechpartner muss in der Lage sein, unverzüglich zum Umsetzungsstand der Anforderungen des IT-Sicherheitskatalogs 1a (2015) sowie zu Sicherheitsvorfällen Auskunft zu geben.[166] Zudem soll der Ansprechpartner sicherstellen, dass der Betreiber des Energieversorgungsnetzes an relevante Kommunikationsinfrastrukturen für Lageberichte und Warnmeldungen sowie zur Bewältigung großflächiger Krisen der IT-Systeme angebunden ist.[167] In der Literatur wird vorgeschlagen, zu diesem Zwecke an UP KRITIS[168] teilzunehmen.[169] Auch wenn der IT-Sicherheitskatalog 1a (2015) keine formalen Anforderungen an den Ansprechpartner stellt, sollte eine Person ausgewählt werden, die über hinreichend detaillierte Kenntnisse verfügt, um bewerten zu können, ob Störungen der IT-Systeme zu einem Ausfall oder einer Beeinträchtigung der Funktionsfähigkeit des Energieversorgungsnetzes führen können (vgl. dazu die Meldepflicht nach Abs. 1c → Rn. 130 ff.).[170] Soweit einschlägig, sind bei der Bestimmung des Ansprechpartners zudem die Vorschriften des Sicherheitsüberprüfungsgesetzes (SÜG) und der Sicherheitsüberprüfungsfeststellungsverordnung (SÜFV) zu beachten.[171]

96 Der Netzbetreiber muss mittels **Zertifikats** einer unabhängigen Stelle belegen, dass das ISMS dem IT-Sicherheitskatalog 1a (2015) entspricht.[172] Die BNetzA hat

---

[159] *BNetzA*, IT-Sicherheitskatalog gem. § 11 Abs. 1a EnWG, S. 13.
[160] *BNetzA*, IT-Sicherheitskatalog gem. § 11 Abs. 1a EnWG, S. 13f.
[161] *BNetzA*, IT-Sicherheitskatalog gem. § 11 Abs. 1a EnWG, S. 14.
[162] *BNetzA*, IT-Sicherheitskatalog gem. § 11 Abs. 1a EnWG, S. 14.
[163] *BNetzA*, IT-Sicherheitskatalog gem. § 11 Abs. 1a EnWG, S. 14/15.
[164] *BNetzA*, IT-Sicherheitskatalog gem. § 11 Abs. 1a EnWG, S. 15.
[165] https://www.bundesnetzagentur.de/DE/Sachgebiete/ElektrizitaetundGas/Unternehmen_Institutionen/Versorgungssicherheit/IT_Sicherheit/Netzbetreiber/IT_Netzbetreiber_node.html.
[166] *BNetzA*, IT-Sicherheitskatalog gem. § 11 Abs. 1a EnWG, S. 14f.
[167] *BNetzA*, IT-Sicherheitskatalog gem. § 11 Abs. 1a EnWG, S. 15.
[168] www.upkritis.de.
[169] *de Wyl/Weise/Bartsch*, VersorgW 2016, 133 (135).
[170] *de Wyl/Weise/Bartsch*, VersorgW 2016, 133 1(35).
[171] *BNetzA*, IT-Sicherheitskatalog gem. § 11 Abs. 1a EnWG, S. 15.
[172] *BNetzA*, IT-Sicherheitskatalog gem. § 11 Abs. 1a EnWG, S. 15.

dazu gemeinsam mit der Deutschen Akkreditierungsstelle ein Konformitätsbewertungsprogramm erarbeitet, das zuletzt im November 2017 aktualisiert wurde.[173] Eine Liste geeigneter Akkreditierungsstellen kann auf der Website der Deutschen Akkreditierungsstelle abgerufen werden.[174]

dd) Vorgaben zur Dokumentation der Einhaltung der Sicherheitsanforderungen. Nach S. 3 hat der IT-Sicherheitskatalog auch Vorgaben zur regelmäßigen Überprüfung der Erfüllung der Sicherheitsanforderungen zu enthalten (→ Rn. 70f.). Davon hat die BNetzA im IT-Sicherheitskatalog 1a (2105) insoweit Gebrauch gemacht, als dass ein ISMS (→ Rn. 86) einzuführen ist, um fortwährend Sicherheitsrisiken zu identifizieren und zu adressieren. Die Überprüfung der Erfüllung der Sicherheitsanforderungen erfolgt daher durch den Betreiber des Energieversorgungsnetzes selbst. **97**

Nach S. 4 ist die Einhaltung des IT-Sicherheitskatalogs zu dokumentieren. Dazu darf die BNetzA nach S. 6 Vorgaben zu Format, Inhalt und Gestaltung der Dokumentation machen (→ Rn. 71). Davon hat die BNetzA in zweierlei Hinsicht Gebrauch gemacht: Zum einen ist ein Netzstrukturplan zu erstellen (→ Rn. 90).[175] Zum anderen ist die Einhaltung der Anforderungen des IT-Sicherheitskatalogs 1a (2015) gegenüber der BNetzA durch Vorlage des Zertifikats einer akkreditierten Zertifizierungsstelle nachzuweisen (→ Rn. 96). **98**

Das Zertifikat ist damit gleichzeitig Ausfluss der Prüfkompetenz der BNetzA nach S. 5 (→ Rn. 70f.), denn dieses dient der BNetzA zur Überprüfung, dass der IT-Sicherheitskatalog umgesetzt wurde. **99**

Der IT-Sicherheitskatalog 1a (2015) enthält allerdings keine Vorgaben zur regelmäßigen Überprüfung des ISMS durch die BNetzA. Insbesondere sind keine Regelungen zur Erneuerung des Zertifikats vorgesehen. Solche Vorgaben finden sich auch nicht im Konformitätsbewertungsprogramm (→ Rn. 96).[176] Dem Konformitätsbewertungsprogramm ist jedoch ein Muster eines Zertifikats beigefügt, auf dem auch ein Feld für eine Gültigkeitsdauer eingetragen ist, sodass die BNetzA wohl davon ausgeht, dass das Zertifikat in bestimmten Abständen erneuert werden muss. **100**

ee) Bewertung. In der Literatur wird der IT-Sicherheitskatalog 1a (2015) als „unreif" kritisiert.[177] Insbesondere seien der BNetzA nur „bürokratielastige Ansätze" eingefallen, zB die Benennung eines Ansprechpartners.[178] Zudem sei der Verweis auf die DIN ISO/IEC 27001 und die DIN ISO/IEC 27002 für die Ausgestaltung des ISMS wenig hilfreich, da die dortigen Anforderungen ebenfalls zu allgemein gehalten seien, um auf alle Organisationen ungeachtet der Größe und **101**

---

173 Das Konformitätsbewertungsprogramm kann hier abgerufen werden: https://www.bundesnetzagentur.de/SharedDocs/Downloads/DE/Sachgebiete/Energie/Unternehmen_Institutionen/Versorgungssicherheit/IT_Sicherheit/Konformitaetsbewertungsprogramm.pdf.

174 https://www.dakks.de/content/akkreditierte-stellen-dakks.

175 Vgl. zum Netzstrukturplan als Ausfluss der Kompetenz der BNetzA Form, Inhalt und Gestaltung der Dokumentation vorzugeben auch *de Wyl/Weise/Bartsch,* VersorgW 2016, 133 (134).

176 Das Konformitätsbewertungsprogramm kann hier abgerufen werden: https://www.bundesnetzagentur.de/SharedDocs/Downloads/DE/Sachgebiete/Energie/Unternehmen_Institutionen/Versorgungssicherheit/IT_Sicherheit/Konformitaetsbewertungsprogramm.pdf.

177 *Köhler,* EnWZ 2015, 407 (408).

178 *Köhler,* EnWZ 2015, 407 (408).

Branche zu passen.[179] Die spezifischere DIN SPEC 27009 (Anm.: nunmehr durch DIN SPEC 27019 ersetzt) mit spezifischen Anforderungen für den „Sicheren Systembetrieb in der Energiewirtschaft" sei hingegen lediglich zu berücksichtigen.[180]

102 Demgegenüber wird es als positiv angesehen, dass der Katalog nicht nur auf die DIN ISO/IEC 27001, sondern auch zur Ergänzung und Ausgestaltung der erforderlichen Maßnahmen auf die ISO 27001 sowie die branchenspezifische DIN SPEC 27009 (Anm.: nunmehr durch DIN SPEC 27019 ersetzt) abstellt.[181] Dies erleichtere den Energieversorgungsunternehmen die Planung und Konkretisierung entsprechender Schritte zur Umsetzung der Vorgaben zur IT-Sicherheit.[182] Dass die DIN SPEC 27019 nur zu berücksichtigen ist, erkläre sich auch daraus, dass eine Zertifizierung nur anhand der DIN ISO/IEC 27001 – als Grundstein der ISO 27000-Familie – möglich ist, nicht aber anhand der spezifischeren DIN SPEC 27019.[183]

103 Weiterer Kritik unterliegt der IT-Sicherheitskatalog 1a (2015) insbesondere in Hinblick auf die Risikoeinschätzung.[184] Indem die BNetzA die Schadenskategorien „kritisch", „hoch" und „mäßig" für die Risikobewertung vorgebe (→ Rn. 92f.), treffe sie eine „Vorfestlegung" auf eine qualitative Methodik der Beschreibung und Bewertung der Risiken, die ohne nähere Begründung Rationalitätsvorteile messbarer Sicherheit von vornherein ausschließe.[185] Dadurch werde per se impliziert, dass die grundlegenden Rationalitätsvorteile „messbarer Sicherheit" gegenüber qualitativen Ansätzen im Sektor Energie grundsätzlich nicht genutzt werden könnten.[186] Dies sei insofern kritisch, als eine rein qualitativ schätzende Bewertung maßgeblich auch von der individuellen Risikoaffinität und kognitiven Faktoren des Bewertenden abhänge.[187] Zwar gebe es anfangs noch keine Datenbasis für eine quantitative Bewertung.[188] Bei sinnvoller Ausgestaltung der Meldepflicht nach Abs. 1c (→ Rn. 130ff.) könne diese aber geschaffen werden.[189]

104 **2. Betreiber von Energieanlagen (Abs. 1b). a) Anwendungsbereich, Abgrenzung zu § 7 Abs. 1 AtG (S. 1, 3).** Abs. 1b richtet sich in **persönlicher Hinsicht** an Betreiber von Energieanlagen (→ Rn. 34), die nach der BSI-KritisV als Kritische Infrastruktur bestimmt wurden (vgl. → Rn. 36) und an ein Energieversorgungsnetz (→ Rn. 28ff.) angeschlossen sind (S. 1).

105 Anders als nach Abs. 1a, der alle Betreiber von Energieversorgungsnetzen umfasst (→ Rn. 58), werden daher nicht alle Energieanlagen den IT-Sicherheitspflichten des Abs. 1b unterworfen, sondern nur diejenigen, die durch die BSI-KritisV als Kritische Infrastruktur bestimmt worden sind.

---

179 *Köhler,* EnWZ 2015, 407 (408).
180 *Köhler,* EnWZ 2015, 407 (408).
181 *Giebichenstein/Schirp,* CB 2015, 66 (68) (Anm.: Der Text stellt noch auf DIN SPEC 27009 ab, die mittlerweile durch die DIN SPEC 27019 ersetzt wurden, die auch vom IT-Sicherheitskatalog in Bezug genommen werden.).
182 *Giebichenstein/Schirp,* CB 2015, 66 (68).
183 *Giebichenstein/Schirp,* CB 2015, 66 (69).
184 *Raabe/Schallbruch/Steinbrück,* CR 2018, 706 (711) Rn. 25.
185 *Raabe/Schallbruch/Steinbrück,* CR 2018, 706 (711) Rn. 24f.
186 *Raabe/Schallbruch/Steinbrück,* CR 2018, 706 (711) Rn. 25.
187 *Raabe/Schallbruch/Steinbrück,* CR 2018, 706 (711) Rn. 25.
188 *Raabe/Schallbruch/Steinbrück,* CR 2018, 706 (711) Rn. 25.
189 *Raabe/Schallbruch/Steinbrück,* CR 2018, 706 (711) Rn. 25.

S. 3 legt zudem fest, dass die Vorgaben zur IT-Sicherheit aufgrund des AtG Vorrang vor dem EnWG haben, wenn das IT-System für eine Anlage nach § 7 Abs. 1 AtG eingesetzt wird. Es handelt sich hierbei um ortsfeste Anlagen zur Erzeugung, Be- oder Verarbeitung, Spaltung oder Aufarbeitung von (bestrahlten) Kernbrennstoffen. Vorrang bedeutet nicht alleiniger Geltungsanspruch, sondern erfordert stets eine Prüfung, ob es im konkreten Fall Regelungen nach dem AtG gibt, die einer Anwendung des Abs. 1b und des IT-Sicherheitskatalogs Abs. 1b entgegenstehen. Im Gesetzgebungsverfahren hat die Bundesregierung insoweit von einer „materiellen Kollisionsnorm" gesprochen für den Fall, dass das Schutzziel des AtG (nukleare Sicherheit) dem Schutzziel des EnWG (Versorgungssicherheit) zuwiderläuft.[190] Kritisch zu hinterfragen ist daher eine Ansicht in der Literatur, wonach Betreiber von Anlagen nach § 7 Abs. 1 AtG den Verpflichtungen zum Schutz der IT-Systeme uneingeschränkt nachkommen, wenn sie Anforderungen erfüllen, die sich aus dem AtG ergeben.[191] 106

Der Bundesrat hatte die Anwendung des Abs. 1b auf Kernenergieanlagen in seiner Stellungnahme im Gesetzgebungsverfahren zum IT-Sicherheitsgesetz kritisiert.[192] Stattdessen hatte er eine eigenständige Regelung der IT-Sicherheit von Kernenergieanlagen vorgeschlagen.[193] Die Bundesregierung war dem jedoch entgegengetreten, weil die Schutzziele von AtG (nukleare Sicherheit) und EnWG (Versorgungssicherheit) nicht vermischt werden sollten.[194] Eine solche Vermischung sei auch deshalb nicht zweckmäßig, weil die Versorgungssicherheit der Aufsicht durch die BNetzA unterfällt, während die nukleare Sicherheit der Aufsicht der Länder im Rahmen der Bundesauftragsverwaltung unterliegt.[195] Der Vorschlag des Bundesrates ist nicht Gesetz geworden. 107

b) IT-Sicherheitspflichten (S. 1). Abs. 1b entspricht im Kern Abs. 1a.[196] Das dort Gesagte (→ Rn. 61 ff.) gilt daher für die IT-Sicherheitspflichten nach Abs. 1a entsprechend, wenn nicht der aufgrund von Abs. 1b veröffentlichte IT-Sicherheitskatalog (→ Rn. 112 ff.) etwas anderes vorsieht. 108

c) IT-Sicherheitskatalog, Einhaltung, Überprüfung (S. 2–8). Kernstück des Abs. 1b ist wie nach Abs. 1a ein IT-Sicherheitskatalog, den die BNetzA im Benehmen mit dem BSI erstellt und veröffentlicht (Abs. 1b S. 2) (zum Inhalt des gegenwärtig geltenden IT-Sicherheitskatalogs vom Dezember 2018 → Rn. 112 ff.). 109

Anders als nach Abs. 1a sind gem. S. 4 außerdem die **Bundes- und Landesbehörden der Atomaufsicht** zu beteiligen, denn Abs. 1b erfasst auch Kernenergieanlagen. Dadurch soll sichergestellt werden, dass es keinen Konflikt zwischen den Anforderungen und Maßnahmen auf Grundlage des IT-Sicherheitskatalogs und den Maßnahmen auf Grundlage des AtG geben wird.[197] Nach Vorstellung der Bundesregierung sind insbesondere die Landesbehörden der Bundesländer mit Atomkraftwerken zu beteiligen sowie das – damals noch so bezeichnete – Bundesministerium für Umwelt, Naturschutz, Bau und Reaktorsicherheit als oberste Bundesbehörde 110

190 BT-Drs. 18/4096, 50.
191 HK-EnWG/*Tüngler,*, Rn. 73.
192 BT-Drs. 18/4096, 45.
193 BT-Drs. 18/4096, 44 f.
194 BT-Drs. 18/4096, 49.
195 BT-Drs. 18/4096, 49.
196 Vgl. auch BT-Drs. 18/4096, 33.
197 Vgl. auch BT-Drs. 18/4096, 50.

mit Zuständigkeit für nukleare Sicherheit. Daneben dürfte nach heutigem Stand auch das Bundesamt für die Sicherheit der nuklearen Entsorgung als eigenständige Bundesoberbehörde zu beteiligen sein (vgl. §§ 1, 2 Abs. 1 des Gesetzes über die Errichtung eines Bundesamtes für die Sicherheit der nuklearen Entsorgung).

111 S. 5 entspricht Abs. 1a S. 3, sodass auch der IT-Sicherheitskatalog nach Abs. 1b Regelungen zur regelmäßigen Überprüfung der Erfüllung der Sicherheitsanforderungen zu enthalten hat (→ Rn. 70 f.). S. 6 entspricht Abs. 1a S. 4, der die Erfüllung des Sicherheitskatalogs und entsprechende Dokumentation zur gesetzlichen Pflicht erhebt (→ Rn. 70). Gem. S. 7 und 8 kann die BNetzA die Erfüllung überprüfen und zu diesem Zweck Bestimmungen zu Format, Inhalt und Gestaltung der Dokumentation treffen. Das entspricht Abs. 1a S. 5 und 6 (→ Rn. 70 ff.).

112 **d) Der IT-Sicherheitskatalog vom 12.2018.** Die BNetzA hat im Dezember 2018 einen IT-Sicherheitskatalog auf Grundlage des Abs. 1b unter dem Titel „IT-Sicherheitskatalog gemäß § 11 Abs. 1b Energiewirtschaftsgesetz" (im Folgenden „IT-Sicherheitskatalog 1b (2018)")[198] veröffentlicht.

113 **aa) Geltungsbereich.** Vom Geltungsbereich sind zunächst all jene Betreiber von Energieanlagen umfasst, die in den Anwendungsbereich des Abs. 1b (→ Rn. 104 ff.) fallen.[199] Sachlich bezogen ist der Katalog auf alle zentralen und dezentralen Anwendungen, Systeme und Komponenten, die für einen sicheren Anlagenbetrieb notwendig sind.[200] Die jeweiligen Systeme muss der Betreiber der Energieanlage selbst ermitteln. Erfasst sein können sowohl Systeme, die für die Prozessführung und im Leitstand eingesetzt werden, als auch Büro- und Verwaltungsinformationssysteme.[201] Betreibt ein Dritter die entsprechenden Systeme, ist die Anwendung und Umsetzung des IT-Sicherheitskatalogs vom Dezember 2018 durch geeignete Vereinbarungen sicherzustellen.[202]

114 Noch unter dem Gliederungspunkt „Geltungsbereich" fordert der IT-Sicherheitskatalog 1b (2018) zudem eine **Einteilung aller eingesetzten IT-Systeme in sechs sogenannte Zonen.**[203] Eine Zone ist dabei keine „physische" Zone, innerhalb derer ein IT-System eingesetzt wird, sondern es geht um eine Klassifizierung der IT-Systeme hinsichtlich ihrer Bedeutung für den sicheren Anlagenbetrieb.[204] Die Zonen fassen dabei die folgenden IT-Systeme zusammen:[205]
– Zone 1: **zwingend** notwendig für den **sicheren** Betrieb der Energieanlage
– Zone 2: **dauerhaft** notwendig für den Betrieb der Energieanlage
– Zone 3: notwendig für den Betrieb der Energieanlage
– Zone 4: **bedingt** notwendig für den **kontinuierlichen** Betrieb der Energieanlage
– Zone 5: notwendig für die **organisatorischen Prozesse** der Energieanlage

---

[198] https://www.bundesnetzagentur.de/SharedDocs/Downloads/DE/Sachgebiete/Energie/Unternehmen_Institutionen/Versorgungssicherheit/IT_Sicherheit/IT_Sicherheitskatalog_2018.pdf.
[199] Vgl. auch *BNetzA*, IT-Sicherheitskatalog gem. § 11 Abs. 1b EnWG, S. 8, wo in Abs. 1 im Wesentlichen der Gesetzeswortlaut wiederholt wird.
[200] *BNetzA*, IT-Sicherheitskatalog gem. § 11 Abs. 1b EnWG, S. 8.
[201] *BNetzA*, IT-Sicherheitskatalog gem. § 11 Abs. 1b EnWG, S. 8.
[202] *BNetzA*, IT-Sicherheitskatalog gem. § 11 Abs. 1b EnWG, S. 8.
[203] *BNetzA*, IT-Sicherheitskatalog gem. § 11 Abs. 1b EnWG, S. 8 f.
[204] *BNetzA*, IT-Sicherheitskatalog gem. § 11 Abs. 1b EnWG, S. 8, Fn. 3.
[205] *BNetzA*, IT-Sicherheitskatalog gem. § 11 Abs. 1b EnWG, S. 9 f.

– Zone 6: **bedingt** notwendig für **die organisatorischen Prozesse** der Energieanlage

115 Der IT-Sicherheitskatalog 1b (2018) nennt zudem Kriterien, nach denen sich bemisst, ob ein IT-System zu einer bestimmten Anlage gehört. So lautet zum Beispiel eines der drei Kriterien für Zone 1: „[Die IT-Systeme] besitzen keine Ausfalltoleranz – Anlage bzw. Anlagenteile schalten sich bei Fehlfunktionen umgehend ab."[206] Ein Kriterium für Zone 6 lautet demgegenüber zB: „[Die] Ausfalltoleranz liegt bei einer Woche – sicherer Anlagenbetrieb ist bei Ausfall weiterhin möglich."[207]

116 Unterfällt ein IT-System mehreren Zonen, so ist es der Zone mit der höheren Bedeutung für den sicheren Anlagenbetrieb zuzuordnen – also der Zone mit der geringeren Nummer.[208]

117 **bb) Sicherheitsanforderungen.** Die Anforderungen des IT-Sicherheitskatalogs 1b (2018) ähneln den Anforderungen des IT-Sicherheitskatalogs 1a (2015), der aufgrund des Abs. 1a für Betreiber von Energieversorgungsnetzen erlassen wurde. Hier wie dort (→ Rn. 82) werden die Schutzziele Verfügbarkeit, Integrität und Vertraulichkeit verfolgt.[209]

118 Darüber hinaus werden im IT-Sicherheitskatalog 1b (2018) besondere Schutzziele je nach Anlagenkategorie formuliert.[210] Insbesondere sind Energieanlagen jederzeit so zu betreiben, dass von ihnen keine Gefährdung für den sicheren Netzbetrieb ausgeht.[211] Darüber hinaus werden besondere Anforderungen für Erzeugungs- und Speicheranlagen einerseits sowie Gasförderanlagen und Gasspeicher andererseits aufgestellt.[212]

119 Um die genannten Schutzziele zu erreichen, müssen Betreiber von Energieanlagen die folgenden Sicherheitsanforderungen erfüllen:

– Implementierung eines **Informationssicherheits-Managementsystems (ISMS)** nach Maßgabe der **DIN EN ISO/IEC 27001**[213] und unter Berücksichtigung der **DIN EN ISO/IEC 27002** und **DIN EN ISO/IEC 27019** (Sicherheitskategorien und Maßnahmen).[214] Das ISMS muss mindestens IT-Systeme der Zonen 1–3 umfassen.[215]
– Die IT-Systeme müssen jederzeit **ordnungsgemäß betrieben** werden.[216]
– Es muss ein Prozess zur **Risikoeinschätzung** der Informationssicherheit festgelegt werden.[217]
– Aufgrund der Risikoeinschätzung sind entsprechende Maßnahmen zu ergreifen **(Risikobehandlung).**[218]
– Zu benennen ist ein **Ansprechpartner** IT-Sicherheit.[219]

---

206 *BNetzA*, IT-Sicherheitskatalog gem. § 11 Abs. 1b EnWG, S. 9.
207 *BNetzA*, IT-Sicherheitskatalog gem. § 11 Abs. 1b EnWG, S. 10.
208 *BNetzA*, IT-Sicherheitskatalog gem. § 11 Abs. 1b EnWG, S. 11.
209 *BNetzA*, IT-Sicherheitskatalog gem. § 11 Abs. 1b EnWG, S. 5.
210 *BNetzA*, IT-Sicherheitskatalog gem. § 11 Abs. 1b EnWG, S. 6f.
211 *BNetzA*, IT-Sicherheitskatalog gem. § 11 Abs. 1b EnWG, S. 6.
212 *BNetzA*, IT-Sicherheitskatalog gem. § 11 Abs. 1b EnWG, S. 6f.
213 *BNetzA*, IT-Sicherheitskatalog gem. § 11 Abs. 1b EnWG, S. 12.
214 *BNetzA*, IT-Sicherheitskatalog gem. § 11 Abs. 1b EnWG, S. 14.
215 *BNetzA*, IT-Sicherheitskatalog gem. § 11 Abs. 1b EnWG, S. 12.
216 *BNetzA*, IT-Sicherheitskatalog gem. § 11 Abs. 1b EnWG, S. 14f.
217 *BNetzA*, IT-Sicherheitskatalog gem. § 11 Abs. 1b EnWG, S. 15f.
218 *BNetzA*, IT-Sicherheitskatalog gem. § 11 Abs. 1b EnWG, S. 16f.
219 *BNetzA*, IT-Sicherheitskatalog gem. § 11 Abs. 1b EnWG, S. 17f.

– **Zertifizierung** der Konformität des ISMS mit den Anforderungen des IT-Sicherheitskatalogs vom Dezember 2018.[220]

120 Zum **ISMS** kann auf die Ausführungen zum IT-Sicherheitskatalog 1a (2015) verwiesen werden (→ Rn. 86f.). Gleiches gilt im Wesentlichen für die **Sicherheitskategorien** und **Maßnahmen** nach DIN EN ISO/IEC 27002 und DIN EN ISO/IEC 27019 (→ Rn. 88). Anders als bei Energieversorgungsnetzen können aber für bestimmte Energieanlagen noch der VGB-Standard „IT-Sicherheit für Erzeugungsanlagen" (VGB-S-175) und das BDEW-Whitepaper „Anforderungen an sichere Steuerungs- und Telekommunikationssysteme" herangezogen werden.[221]

121 Der **ordnungsgemäße Betrieb** erfordert es, dass die IT-Systeme jederzeit beherrscht, technische Störungen als solche erkannt und behoben werden oder deren anderweitige Behebung sichergestellt wird[222] (vgl. dazu IT-Sicherheitskatalog 1a (2015) → Rn. 89).

122 Die **Risikoeinschätzung** (Schutzbedarfsfeststellung) entspricht im Wesentlichen dem IT-Sicherheitskatalog 1a (2015) (→ Rn. 91).[223] Abweichend davon kann nach dem IT-Sicherheitskatalog 1b (2018) für Energieanlagen jedoch auch die Schadenskategorie „gering" vergeben werden.[224] Zudem sind die Kriterien für die Einstufung in eine Schadenskategorie im Vergleich zum IT-Sicherheitskatalog 1a (2015) leicht abgewandelt.[225]

123 Die Vorgaben zur **Risikobehandlung** sind im IT-Sicherheitskatalog 1b (2018) differenzierter als im IT-Sicherheitskatalog 1a (2015), der nur auf den Stand der Technik abstellt (vgl. dazu → Rn. 94). Der IT-Sicherheitskatalog 1b (2018) macht darüber hinaus die folgenden Vorgaben: Die Pflicht, angemessene und geeignete Maßnahmen zur Risikobehandlung zu treffen, erstreckt sich zunächst nur auf die IT-Systeme der Zonen 1–3.[226] Für IT-Systeme der Zone 1 „dürfen die im Rahmen der Risikoeinschätzung ermittelten Risiken nicht akzeptiert [werden]. Maßnahmen zur Risikobehandlung sind zumindest insoweit umzusetzen, dass für den sicheren Anlagenbetrieb nur noch ein mittleres akzeptiertes Risikoniveau verbleibt",[227] wobei sich das Risikoniveau jeweils aus der Schadenskategorie und der Eintrittswahrscheinlichkeit zusammensetzt.[228] Tauschen IT-Systeme der Zonen 1–3 mit solchen der Zonen 4 bis 6 Informationen aus, die für den sicheren Anlagenbetrieb benötigt werden, muss die Verfügbarkeit, Integrität und Vertraulichkeit der Informationen durchgehend gewahrt bleiben.[229] Der Schutzbedarf richtet sich dabei nach dem Schutzbedarf des IT-Systems mit der jeweils höheren Bedeutung für den sicheren Anlagenbetrieb.[230]

124 Der BNetzA muss zudem ein **Ansprechpartner für die IT-Sicherheit** benannt werden,[231] wie dies auch nach dem IT-Sicherheitskatalog 1a (2015) erforderlich ist (→ Rn. 95). Die erstmalige Meldung musste bis zum 28.2.2019 erfol-

---

220 *BNetzA*, IT-Sicherheitskatalog gem. § 11 Abs. 1b EnWG, S. 19.
221 *BNetzA*, IT-Sicherheitskatalog gem. § 11 Abs. 1b EnWG, S. 14.
222 *BNetzA*, IT-Sicherheitskatalog gem. § 11 Abs. 1b EnWG, S. 14f.
223 *BNetzA*, IT-Sicherheitskatalog gem. § 11 Abs. 1b EnWG, S. 15f.
224 *BNetzA*, IT-Sicherheitskatalog gem. § 11 Abs. 1b EnWG, S. 15.
225 *BNetzA*, IT-Sicherheitskatalog gem. § 11 Abs. 1b EnWG, S. 15.
226 *BNetzA*, IT-Sicherheitskatalog gem. § 11 Abs. 1b EnWG, S. 17.
227 *BNetzA*, IT-Sicherheitskatalog gem. § 11 Abs. 1b EnWG, S. 17.
228 *BNetzA*, IT-Sicherheitskatalog gem. § 11 Abs. 1b EnWG, S. 17.
229 *BNetzA*, IT-Sicherheitskatalog gem. § 11 Abs. 1b EnWG, S. 17.
230 *BNetzA*, IT-Sicherheitskatalog gem. § 11 Abs. 1b EnWG, S. 17.
231 *BNetzA*, IT-Sicherheitskatalog gem. § 11 Abs. 1b EnWG, S. 17f.

gen.[232] Die Meldung ist zu richten an IT-Sicherheitskatalog@bnetza.de.[233] Die BNetzA stellt für die Meldung ein Formular auf ihrer Website bereit.[234] Die Benennung des Ansprechpartners entbindet nicht von der Pflicht zur Registrierung einer Kontaktstelle gem. § 8b Abs. 3 BSIG.[235]

cc) Vorgaben zur Dokumentation und Überprüfung der Einhaltung der Sicherheitsanforderungen. Die Kompetenzen zu Vorgaben für die Dokumentation und Überprüfung der Erfüllung der Sicherheitsanforderungen nach S. 5–8 hat die BNetzA im IT-Sicherheitskatalog 1b (2018) in ähnlicher Weise wie im IT-Sicherheitskatalog 1a (2015) genutzt (→ Rn. 97 ff.). 125

Insbesondere ist die Einhaltung der Sicherheitsanforderungen des IT-Sicherheitskatalogs 1b (2018) bis zum **31.3.2021** durch die Vorlage eines **Zertifikats** nachzuweisen.[236] Das Zertifikat muss von einer unabhängigen Zertifizierungsstelle ausgestellt werden, die bei der Deutschen Akkreditierungsstelle (DAkkS) akkreditiert ist.[237] Die Zertifizierung richtet sich nach einem Konformitätsbewertungsprogramm, das auf der Website der BNetzA einsehbar ist.[238] 126

dd) Abweichende Regelungen für Betreiber von Kernenergieanlagen (§ 7 Abs. 1 AtG). Für Betreiber von Kernenergieanlagen iSd § 7 Abs. 1 AtG gelten nach dem IT-Sicherheitskatalog 1b (2018) abweichende Regelungen, mit Ausnahme des Ansprechpartners für IT-Sicherheit, der auch von diesen Betreibern zu benennen ist.[239] 127

Betreiber von Kernenergieanlagen müssen sich an die „Richtlinie für den Schutz von IT-Systemen in kerntechnischen Anlagen und Einrichtungen der Sicherungskategorien I und II gegen Störmaßnahmen oder sonstige Einwirkungen Dritter (SEWD-Richtlinie IT)" halten. Diese Richtlinie zielt jedoch nur auf die Gewährleistung der nuklearen Sicherheit ab, nicht hingegen auf die Versorgungssicherheit, die vom EnWG bezweckt wird. Betreiber von Kernenergieanlagen müssen daher im Rahmen der Schutzbedarfsfeststellung nach der SEWD-Richtlinie IT auch die besonderen Schutzziele für Erzeugungsanlagen nach dem IT-Sicherheitskatalog 1b (2018) berücksichtigen.[240] Besondere Schutzziele sind insbesondere die Bereitstellung elektrischer Leistung entsprechend der kommunizierten Fahrpläne (Aufstellung der beabsichtigten Energieliefermenge), der vertraglichen Verpflichtungen, der Anforderungen der Netzbetreiber und zur Deckung des lebenswichtigen Bedarfs an Elektrizität sowie die Gewährleistung der Schwarzstartfähigkeit (Fähigkeit einer Energieanlage, von selbst, dh ohne Stromzufuhr aus einem Stromnetz, anzufahren).[241] Diese 128

---

232 *BNetzA,* IT-Sicherheitskatalog gem. § 11 Abs. 1b EnWG, S. 19.

233 *BNetzA,* IT-Sicherheitskatalog gem. § 11 Abs. 1b EnWG, S. 19.

234 https://www.bundesnetzagentur.de/DE/Sachgebiete/ElektrizitaetundGas/Unternehmen_Institutionen/Versorgungssicherheit/IT_Sicherheit/Anlagenbetreiber/IT_Anlagenbetreiber_node.html.

235 *BNetzA,* IT-Sicherheitskatalog gem. § 11 Abs. 1b EnWG, S. 18.

236 *BNetzA,* IT-Sicherheitskatalog gem. § 11 Abs. 1b EnWG, S. 19.

237 *BNetzA,* IT-Sicherheitskatalog gem. § 11 Abs. 1b EnWG, S. 19.

238 https://www.bundesnetzagentur.de/SharedDocs/Downloads/DE/Sachgebiete/Energie/Unternehmen_Institutionen/Versorgungssicherheit/IT_Sicherheit/Konformitaetsbewertungsprogramm_Anlagen.pdf.

239 *BNetzA,* IT-Sicherheitskatalog gem. § 11 Abs. 1b EnWG, S. 20.

240 *BNetzA,* IT-Sicherheitskatalog gem. § 11 Abs. 1b EnWG, S. 20.

241 *BNetzA,* IT-Sicherheitskatalog gem. § 11 Abs. 1b EnWG, S. 6.

besonderen Schutzziele sind dabei nachrangig zum Schutzziel der nuklearen Sicherheit.[242] Werden die besonderen Schutzziele für Erzeugungsanlagen berücksichtigt, so gilt das durch Anwendung der SEWD-Richtlinie IT erreichte Schutzniveau als vergleichbar mit dem Schutzniveau nach Abs. 1 b.[243]

129 Die Betreiber von Kernenergieanlagen hatten erstmalig bis zum 30.6.2019 nachzuweisen, dass die Schutzziele der SEWD-Richtlinie IT eingehalten und dabei die besonderen Schutzziele für Erzeugungsanlagen bei der Schutzbedarfsfeststellung berücksichtigt wurden.[244]

III. Meldepflichten in Bezug auf IT-Sicherheitsvorfälle (Abs. 1 c)

130 Abs. 1 c verpflichtet Betreiber von Energieversorgungsnetzen und Betreiber von Energieanlagen, die durch die KritisV zu Kritischer Infrastruktur bestimmt wurden, bestimmte IT-Störfälle an das BSI zu melden. Abs. 1 c ist weitgehend identisch mit § 8b Abs. 4 BSIG,[245] der gem. § 8d Abs. 3 Nr. 2 BSIG auf Betreiber von Energieversorgungsnetzen und Energieanlagen keine Anwendung findet (siehe zum Verhältnis der Abs. 1 a, 1 b und 1 c zum BSIG auch → Rn. 130 ff.).

131 Abs. 1 c dient auch der Umsetzung des Art. 14 Abs. 3 und 4 NIS-RL,[246] denn Abs. 1 c wurde durch das NIS-RL UmsetzungsG[247] geändert (→ Rn. 14 ff.). Abs. 1 c soll die IT-Sicherheit im für die Funktionsfähigkeit der Energieversorgung kritischen Bereich erhöhen,[248] denn die Meldung soll helfen, ebenfalls betroffene Betreiber Kritischer Infrastrukturen umfassend und frühzeitig zu warnen, sowie gewährleisten, dass fundierte Aussagen zur IT-Sicherheitslage in Deutschland getroffen werden können.[249] Die Meldepflicht wird in der Literatur als Verrechtlichung der IT-Sicherheit begrüßt.[250]

132 **1. Anwendungsbereich (S. 1).** In **persönlicher Hinsicht** erfasst Abs. 1 c Betreiber von Energieversorgungsnetzen (→ Rn. 28 ff.) sowie Betreiber von Energieanlagen, die durch die KritisV zu Kritischer Infrastruktur bestimmt wurden (→ Rn. 34 ff.). Abs. 1 c richtet sich daher gleichermaßen an die nach Abs. 1 a wie nach Abs. 1 b zur IT-Sicherheit Verpflichteten.

133 Die Neufassung durch das NIS-RL UmsetzungsG[251] (→ Rn. 14 ff.) hat dabei klargestellt, dass die Meldepflicht alle Betreiber von Energieversorgungsnetzen trifft, aber Betreiber von Energieanlagen nur dann, wenn diese nach der KritisV als

---

[242] *BNetzA,* IT-Sicherheitskatalog gem. § 11 Abs. 1 b EnWG, S. 20.

[243] *BNetzA,* IT-Sicherheitskatalog gem. § 11 Abs. 1 b EnWG, S. 20.

[244] *BNetzA,* IT-Sicherheitskatalog gem. § 11 Abs. 1 b EnWG, S. 21.

[245] *Schneider,* Meldepflichten im IT-Sicherheitsrecht, S. 501; Gabel/Heinrich/Kiefner Cyber-Security-HdB/*Wimmer/Mechler,* Kapitel 5 Rn. 62.

[246] BT-Drs. 18/11242, 55.

[247] Gesetz zur Umsetzung der Richtlinie (EU) 2016/1148 des Europäischen Parlaments und des Rates vom 6.7.2016 über Maßnahmen zur Gewährleistung eines hohen gemeinsamen Sicherheitsniveaus von Netz- und Informationssystemen in der Union vom 23.6.2017 (BGBl. I 1885, 1890).

[248] *Schneider,* Meldepflichten im IT-Sicherheitsrecht, S. 501.

[249] BT-Drs. 18/4096, 33; vgl. auch *Bräutigam/Wilmer,* ZRP 2015, 38 (40); *Terhaag,* IT-Sicherheitsgesetz 2015, S. 74.

[250] *Hornung,* NJW 2015, 3334.

[251] Gesetz zur Umsetzung der Richtlinie (EU) 2016/1148 des Europäischen Parlaments und des Rates vom 6.7.2016 über Maßnahmen zur Gewährleistung eines hohen gemeinsamen

Kritische Infrastruktur eingestuft wurden.[252] Der zuvor geführte Streit über den Anwendungsbereich der Meldepflicht ist damit obsolet.[253]

In **räumlicher Hinsicht** soll es wohl auf die Belegenheit des betroffenen Netzes **134** bzw. der betroffenen Energieanlage ankommen, nicht aber auf die Belegenheit des betroffenen IT-Systems.[254] Danach wäre eine Meldung auch dann erforderlich, wenn sich die IT-Anlage – zum Beispiel ein Server – zwar im Ausland befindet, darauf aber Software läuft, die ein Energienetz oder eine Energieanlage im Inland steuert. Hat ein IT-Vorfall bei einem ausländischen Netz auch Auswirkungen auf ein inländisches Netz, dürfte dies wohl aber keine Meldepflicht des inländischen Netzbetreibers auslösen, denn Betreiber sind nur verpflichtet, Störungen an **ihren** informationstechnischen Systemen, Komponenten und Prozessen zu melden.[255]

Hingewiesen sei zudem auf **§ 44b AtG,** der eine gesonderte Meldepflicht **135** gegenüber dem BSI für Betreiber von Kernenergieanlagen statuiert, wenn die Beeinträchtigung ihrer informationstechnischen Systeme, Komponenten oder Prozesse zu einer Gefährdung oder Störung der nuklearen Sicherheit der betroffenen kerntechnischen Anlage oder Tätigkeit führen können oder bereits geführt haben.

2. Meldestelle und Kontaktstelle (S. 1). Meldestelle ist das BSI, vgl. § 8b **136** Abs. 1 BSIG. Die Benennung des BSI als Meldestelle soll bezwecken, dass Sicherheitsprobleme aus dem Energiesektor ebenfalls in dieses „Kompetenzzentrum" einfließen.[256] Die Meldung hat über die nach § 11 Abs. 1d S. 1 bzw. § 8b Abs. 3 S. 1 (zum Verhältnis der Vorschriften zueinander → Rn. 155) zu benennende **Kontaktstelle** zu erfolgen.

3. Umfang der Meldepflicht (S. 1). Gemeldet werden müssen **alle Störungen** **137** der Verfügbarkeit, Integrität, Authentizität und Vertraulichkeit der informationstechnischen Systeme, Komponenten oder Prozesse, **die zu einem Ausfall** oder **einer erheblichen Beeinträchtigung** der Funktionsfähigkeit des Energieversorgungsnetzes oder der betreffenden Energieanlage **geführt haben,** sowie entsprechende **erhebliche Störungen,** die zu einem Ausfall oder einer erheblichen Beeinträchtigung **führen können.**

Im Rahmen des § 8b Abs. 4 BSIG versteht der Gesetzgeber den **Begriff der** **138** **Störung** funktional.[257] Das ist auf Abs. 1c zu übertragen, denn die Vorschriften sind inhaltsgleich und wurden mit denselben Gesetzen eingeführt und geändert. Eine Störung liegt danach vor, wenn die eingesetzte Technik die ihr zugedachte Funktion nicht mehr richtig oder nicht mehr vollständig erfüllen kann oder versucht wurde, entsprechend auf sie einzuwirken.[258] Hierhin gehören insbesondere Fälle von Sicherheitslücken, Schadprogrammen und erfolgten, versuchten oder erfolgreich abgewehrten Angriffen auf die Sicherheit in der Informationstechnik so-

Sicherheitsniveaus von Netz- und Informationssystemen in der Union vom 23.6.2017 (BGBl. I 1885, 1890).

[252] BT-Drs. 18/11242, 55.

[253] Vgl. dazu *OLG Düsseldorf,* Beschl. v. 19.7.2017 – VI-3 Kart 109/16 (V), BeckRS 2017, 132865 Rn. 37ff.

[254] *Schneider,* Meldepflichten im IT-Sicherheitsrecht, S. 502.

[255] Vgl. auch *Schneider,* Meldepflichten im IT-Sicherheitsrecht, S. 502.

[256] BT-Drs. 18/4096, 33.

[257] BT-Drs. 18/4096, 27.

[258] BT-Drs. 18/4096, 27.

wie außergewöhnliche und unerwartete technische Defekte mit IT-Bezug (zB nach Softwareupdates oder beim Ausfall der Serverkühlung).[259]

139 Nach der Gesetzesbegründung zu § 8b Abs. 4 BSIG, der mit dem Abs. 1c vergleichbar ist, ist eine **Störung erheblich,** wenn durch sie die Funktionsfähigkeit der erbrachten kritischen Dienstleistung bedroht ist.[260] Das seien insbesondere solche IT-Störungen, die nicht bereits automatisiert oder mit wenig Aufwand mit Hilfe der dem Stand der Technik entsprechenden Maßnahmen abgewehrt werden können.[261] Beispielhaft werden genannt: neuartige oder außergewöhnliche IT-Vorfälle, gezielte Angriffe, neue Modi Operandi sowie unerwartete Vorkommnisse.[262]

140 Nicht erheblich seien Störungen demgegenüber, wenn es sich um tagtäglich vorkommende Ereignisse wie Spam, übliche Schadsoftware, die standardmäßig im Virenscanner abgefangen wird, oder Hardwareausfälle im üblichen Rahmen handelt, die mit Maßnahmen nach dem Stand der Technik ohne nennenswerte Probleme bewältigt werden.[263]

141 In der Gesetzesbegründung wird nicht weiter erläutert, was unter **Ausfall** und **erheblicher Beeinträchtigung** des Energieversorgungsnetzes oder der Energieanlage zu verstehen ist. Es ist insbesondere nicht selbsterklärend, was eine erhebliche Beeinträchtigung ist. Nach der ursprünglichen Fassung des Abs. 1c musste noch jede erhebliche Störung gemeldet werden, die zu einem Ausfall oder einer Beeinträchtigung führen kann. Der Zusatz „erheblich" vor Beeinträchtigung wurde erst durch das NIS-RL UmsetzungsG[264] (→ Rn. 14ff.) eingefügt.[265] In der Begründung heißt es nur, dass dies der Umsetzung von Art. 14 Abs. 3 und 4 NIS-RL diene.[266] Zudem beziehe sich das Erheblichkeitskriterium nicht auf den Grad des IT-Vorfalls, sondern auf den Grad der Beeinträchtigung der Funktionsfähigkeit der Kritischen Infrastruktur.[267]

142 Anhaltspunkte für die Ermittlung der Erheblichkeit bietet danach jedenfalls Art. 14 Abs. 4 NIS-RL. Dort heißt es, für die Feststellung des Ausmaßes der Auswirkungen eines Sicherheitsvorfalls werden insbesondere folgende Parameter berücksichtigt: a) Zahl der von der Unterbrechung der Erbringung des wesentlichen Dienstes betroffenen Nutzer; b) Dauer des Sicherheitsvorfalls; c) geografische Ausbreitung in Bezug auf das von dem Sicherheitsvorfall betroffene Gebiet.

143 Der Begriff „Auswirkung" ist dabei für die hiesigen Zwecke mit der Beeinträchtigung iSd Abs. 1c gleichzusetzen, der Begriff „wesentlicher Dienst" ist für die hiesigen Zwecke durch Energieversorgungsnetz bzw. Energieanlage im Anwendungsbereich des Abs. 1c zu ersetzen.

---

[259] BT-Drs. 18/4096, 27.

[260] BT-Drs. 18/4096, 27.

[261] BT-Drs. 18/4096, 27.

[262] BT-Drs. 18/4096, 27.

[263] BT-Drs. 18/4096, 27.

[264] Gesetz zur Umsetzung der Richtlinie (EU) 2016/1148 des Europäischen Parlaments und des Rates vom 6.7.2016 über Maßnahmen zur Gewährleistung eines hohen gemeinsamen Sicherheitsniveaus von Netz- und Informationssystemen in der Union vom 23.6.2017 (BGBl. I 1885, 1890).

[265] Vgl. BT-Drs. 18/11242, 19. f, 55.

[266] BT-Drs. 18/11242, 55.

[267] BT-Drs. 18/11242, 55.

4. Inhalt der Meldung (S. 2, 3). Die Meldung muss **Angaben zur Störung,** zu möglichen **grenzüberschreitenden Auswirkungen** sowie zu den **technischen Rahmenbedingungen,** insbesondere der vermuteten oder tatsächlichen Ursache und der betroffenen Informationstechnik enthalten. Das entspricht im Wesentlichen den Anforderungen des § 8b Abs. 4 BSIG,[268] wobei die Angaben zur Art der betroffenen Einrichtung und Anlage sowie zur erbrachten kritischen Dienstleistung und zu den Auswirkungen der Störung auf diese Dienstleistung nicht erwähnt sind. 144

Hat die Störung **nicht zu einem Ausfall oder einer Beeinträchtigung** geführt, muss der Betreiber in der Meldung nicht genannt werden (S. 3). Das soll der besonderen Sensibilität der Meldungen im Hinblick auf die wirtschaftlichen Auswirkungen eines möglichen Bekanntwerdens entsprechender Vorfälle Rechnung tragen[269] und wurde bereits im Gesetzgebungsverfahren zum IT-Sicherheitsgesetz von der Wirtschaft gefordert.[270] In der Literatur wird kritisiert, dass das Gesetz die gleiche Rechtsfolge – Nennung des Betreibers – anordnet, unabhängig davon, ob es zu einem Ausfall oder lediglich einer Beeinträchtigung der Kritischen Infrastruktur gekommen ist.[271] Das kann insbesondere deshalb problematisch werden, weil jedenfalls nach dem Gesetzeswortlaut bereits eine geringe Beeinträchtigung dazu verpflichten kann, den Namen des Betreibers anzugeben. 145

Die Gesetzesbegründung zum gleichlautenden § 8b Abs. 4 BSIG geht davon aus, dass ein Pseudonym mitgeteilt wird, sodass das BSI auch ohne Nennung des Klarnamens Rückfragen stellen kann.[272] Der Gesetzestext bietet für die Interpretation der Gesetzesbegründung aber kaum eine Grundlage, denn wenn eine Nennung des Betreibers nicht erforderlich ist, impliziert das nicht automatisch, dass ein Pseudonym genannt werden muss. Unabhängig davon ist jedoch zu berücksichtigen, dass unter Umständen aufgrund der anderen – zwingend mitzuteilenden – Informationen der Betreiber identifiziert werden kann, auch wenn er nicht ausdrücklich genannt ist.[273] 146

S. 3 trifft mit Störungen nach S. 1 Nr. 2 zusammen, wonach erhebliche Störungen gemeldet werden müssen, die zu einem Ausfall oder einer erheblichen Beeinträchtigung führen können, ohne bereits eingetreten sein zu müssen. Meldungen nach S. 1 Nr. 1 erfordern hingegen immer die Nennung des Betreibers, denn hier ist gerade Voraussetzung, dass die Störung zu einem Ausfall oder einer erheblichen Beeinträchtigung geführt hat. 147

5. Verfahrensrechtliches, Pflichten von BSI und BNetzA (S. 4, 5, 6, 7). Das BSI hat die Meldung über den IT-Sicherheitsvorfall unverzüglich an die BNetzA weiterzuleiten. Das soll die BNetzA in die Lage versetzen, bei Sicherheitsdefiziten entsprechende Maßnahmen gegenüber den Betreibern zu ergreifen.[274] 148

BSI und BNetzA müssen zudem sicherstellen, dass die Angaben aus den Meldungen nicht unbefugt offenbart werden. Die Behörden werden also ihrerseits angehalten, entsprechende Sicherheitsvorkehrungen zu treffen. Entsprechend wird 149

[268] Vgl. dazu auch BT-Drs. 18/4096, 33.
[269] Vgl. BT-Drs. 17/4096, 28.
[270] *Spindler,* CR 2016, 297 (300).
[271] *Bräutigam/Wilmer,* ZRP 2015, 38 (41).
[272] Vgl. BT-Drs. 18/4096, 28, vgl. auch *Hornung,* NJW 2015, 3334 (3337).
[273] *Bräutigam/Wilmer,* ZRP 2015, 38 (40).
[274] *Schneider,* Meldepflichten im IT-Sicherheitsrecht, S. 501.

Dritten die Akteneinsicht verwehrt (S. 6). Die Akteneinsicht durch Beteiligte des Verwaltungsverfahrens gem. § 29 VwVfG bleibt aber unberührt, wie S. 7 klarstellt.

150 S. 8 verweist auf § 8e Abs. 1 BSIG. Die Vorschrift regelt, inwiefern das BSI Dritten Auskunft über Meldungen nach Abs. 1c erteilen darf. Das ist nur zulässig, wenn schutzwürdige Interessen des betroffenen Betreibers des Energieversorgungsnetzes oder der Energieanlage nicht entgegenstehen und durch die Auskunft keine Beeinträchtigung von Sicherheitsinteressen eintreten kann.

151 Kritisiert wird an der Meldepflicht, dass keine klaren Regelungen zum Datenschutz enthalten sind.[275] Fragen des Datenschutzes könnten aufkommen, wenn in der Meldung zum Beispiel Angaben zu Mitarbeitern oder Kunden enthalten sind.[276] Aus der Zweckbindung der Datennutzung in § 8b Abs. 7 BSIG (früher Abs. 6) ließe sich aber ablesen, dass personenbezogene Daten auch nach Ansicht des Gesetzgebers in der Meldung enthalten sein können.[277]

IV. Registrierung und Kontaktstelle (Abs. 1d)

152 Der durch Art. 1 des Gesetzes zur Änderung des Energiewirtschaftsrechts im Zusammenhang mit dem Klimaschutz-Sofortprogramm und zu Anpassungen im Recht der Endkundenbelieferung vom 19.7.2022 neugefasste Abs. 1d stellt eine Verpflichtung für Betreiber von Energieversorgungsnetzen und von Energieanlagen, die durch BSI-KritisV als Kritische Infrastruktur bestimmt wurden, zur Registrierung ihrer Anlage beim BSI und zur Benennung einer Kontaktstelle auf. Die Vorschrift enthält außerdem Regelungen zu Modalitäten der Registrierung und genauere Anforderungen an die zu benennende Kontaktstelle. Die Ergänzung hielt der Gesetzgeber für erforderlich, um eine Registrierungspflicht für alle Betreiber von Energieversorgungsnetzen und von Energieanlagen, die als kritische Infrastruktur gelten, sicherzustellen.[278]

153 **1. Anwendungsbereich und Verhältnis zum BSIG.** Abs. 1d erfasst Betreiber von Energieversorgungsnetzen und Betreiber von Energieanlagen, die als Kritische Infrastruktur einzuordnen sind. In der Folge ergibt sich eine Überschneidung der Vorschrift mit § 8b Abs. 3 BSIG für Betreiber von Energieanlagen und Energieversorgungsnetzen, die – bezogen auf beide Alternativen – als Kritische Infrastruktur einzuordnen sind. Einzig Betreiber von Energieversorgungsnetzen, die nicht als Kritische Infrastruktur qualifizieren, haben sich allein an Abs. 1d zu orientieren. Erstgenannte Betreiber hingegen haben sowohl § 8b Abs. 3 BSIG als auch § 11 Abs. 1d EnWG zu beachten.[279] Anderes ergibt sich auch nicht aus § 8d BSIG (Anwendungsbereich), welcher für gewisse Konstellation zwar einen Vorrang der Vorschriften des § 11 als lex specialis festlegt (→ Rn. 21 ff.), allerdings das in Frage stehende Verhältnis nicht adressiert.

154 **2. Pflicht zur Registrierung und Benennung einer Kontaktstelle (S. 1).** Die betroffenen Unternehmen haben die von ihnen betriebene Anlage beim BSI zu registrieren und eine Kontaktstelle zu benennen. Die Vorschrift ist im Wesent-

---

[275] *Hornung,* NJW 2015, 3334 (3337 f).

[276] *Hornung,* NJW 2015, 3334 (3337 f).

[277] *Hornung,* NJW 2015, 3334 (3337 f).

[278] BT-Drs. 20/1599, 51.

[279] S.a. BeckOK EnWG/*Knauff,* § 11 Rn. 100c unter Bezugnahme auf Kipker Cybersecurity/*Beucher/Fromageau,* Kapitel 12 Rn. 106.

lichen § 8b Abs. 3 S. 1 BSIG entnommen, sodass auf betreffende Ausführungen verwiesen werden kann (→ BSIG § 8b Rn. 8ff.). Neu ist insoweit nur die Pflicht zur Registrierung und zur Benennung einer Kontaktstelle auch für Betreiber von Energieversorgungsnetzen, die nicht als Kritische Infrastruktur qualifizieren.

Divergierend von § 8b Abs. 3 S. 1 BSIG hat die Registrierung der Anlagen und die Benennung der Kontaktstelle ausweislich des Wortlautes außerdem nicht spätestens bis zum ersten Werktag folgend auf die erstmalige oder erneute Einordnung als Betreiber kritischer Infrastruktur, sondern (spätestens) zum 1. April „jeden Jahres" zu erfolgen. Normativen Mehrwert hat die Regelung damit nur im Hinblick auf Betreiber von Energieversorgungsnetzen, die nicht als Kritische Infrastruktur zu qualifizieren sind. Sie unterfallen nicht den strengeren Registrierungsvorgaben des § 8b Abs. 3 S. 1 BSIG. Die Registrierung sowie die Benennung der Kontaktstelle der ohnehin von § 8b Abs. 3 S. 1 BSIG erfassten Unternehmen hat von diesen weiter spätestens bis zum ersten Werktag, der darauf folgt, dass diese erstmalig oder erneut als Betreiber einer Kritischen Infrastruktur gelten, zu erfolgen. 155

Fraglich bleibt angesichts der Gesetzesbegründung, weshalb Betreiber von Energieversorgungsnetzen, die nicht als Kritische Infrastruktur einzuordnen sind, uU bis zu 364 Tage Zeit haben sollen,[280] um eine Registrierung vorzunehmen und eine Kontaktstelle zu benennen. Der Gesetzgeber geht nämlich davon aus, „dass nur solche Betreiber, die tatsächlich registriert sind, im Falle eines Sicherheitsvorfalls in der Lage sind diesen Sicherheitsvorfall auch gegenüber dem BSI zu melden."[281] Diese Annahme spiegelt sich in der Vorschrift nicht wider. In Anbetracht des Zweckes der Vorschrift, eine umfassende Fähigkeit der adressierten Unternehmen zur Meldung von Sicherheitsvorfällen zu gewährleisten, wäre ein Gleichlauf mit (oder zumindest eine engere Orientierung an) § 8b Abs. 3 S. 1 BSIG wohl sinnvoller gewesen. So hätten auch Betreiber von Energieversorgungsnetzen, die nicht als Kritische Infrastruktur einzuordnen sind, spätestens bis zum ersten Werktag folgend auf die erstmalige oder erneute Einordnung als Kritische Infrastruktur eine Registrierung vorzunehmen und eine Kontaktstelle zu benennen. 156

Abs. 1d S. 1 sollte nicht so verstanden werden, als dass er eine wiederkehrende Verpflichtung statuiert.[282] Zuzugeben ist, dass der Gesetzeswortlaut („jeden Jahres") eine solche Interpretation zulässt. Dagegen spricht aber insbesondere das Telos der Vorschrift.[283] Die Registrierungspflicht dient nach der Gesetzesbegründung der Sicherstellung unter anderem dazu, dass das BSI seinen Aufgaben zur Warnung und Information der Unternehmen nachkommen kann.[284] Das kann es nach der Gesetzesbegründung zu § 8b Abs. 3 BSIG allerdings wohl schon durch die initiative Registrierung.[285] Weshalb gerade bei den hier adressierten Unternehmen eine wiederkehrende Verpflichtung notwendig sein sollte, um dem BSI die Aufgabenwahrnehmung zu ermöglichen erschließt sich nicht. Auch die Annahme des Gesetzgebers, „dass nur solche Betreiber, die tatsächlich registriert sind, im Falle eines 157

---

280 Bei Aufnahme des Betriebes eines Energieversorgungsnetzes, welches nicht als Kritische Infrastruktur einzuordnen ist am 2. April eines Jahres hätte der Betreiber nach § 11 Abs. 1d 364 Tage – nämlich bis zum 1. April des Folgejahres – Zeit, um eine Registrierung vorzunehmen und eine Kontaktstelle zu benennen.

281 BT-Drs. 20/1599, 51.

282 So allerdings BeckOK EnWG/*Knauff*, § 11 Rn. 100d.

283 Eingehend zu verfassungsrechtlichen Bedenken BeckOK EnWG/*Knauff*, § 11 Rn. 100d ff.

284 BT-Drs. 20/1599, 51.

285 Vgl. BT-Drs. 19/26106, 80.

Sicherheitsvorfalls in der Lage sind diesen Sicherheitsvorfall auch gegenüber dem BSI zu melden" spricht dafür, dass keine Aktualisierungspflicht statuiert werden soll. Denn eine jährliche Aktualisierung hätte wohl keinen Einfluss auf die Fähigkeit zur einfachen Meldung von Sicherheitsvorfällen. Letztlich ist auch anzunehmen, dass der Gesetzgeber, hätte er eine wiederkehrende Verpflichtung statuieren wollen, nicht den Begriff der Registrierung, sondern der Aktualisierung gewählt hätte.

158 **3. Übermittlung der Registrierungen (S. 2).** Ausweislich Abs. 1d S. 2 übermittelt das Bundesamt für Sicherheit in der Informationstechnik die Registrierungen und damit verbundenen Kontaktdaten an die Bundesnetzagentur.

159 **4. Vornahme der Registrierung durch das BSI (S. 3, 4).** Das BSI kann die Registrierung selbst vornehmen, wenn ein Betreiber seiner Registrierungspflicht nicht nachkommt, Abs. 1d S. 3. In diesen Fällen hat das BSI die BNetzA über die Vornahme der Registrierung zu informieren und ihr die mit der Registrierung verbundenen Kontaktdaten zu übermitteln, Abs. 1d S. 4.

160 **5. (Anforderungen an die) Kontaktstelle (S. 5, 6).** Abs. 1d S. 5 und 6 sind inhaltlich identisch mit § 8b Abs. 3 S. 4, 5 BSIG, sodass auf die Ausführungen hierzu verwiesen wird (→ BSIG § 8b Rn. 9).

V. Systeme zur Angriffserkennung (Abs. 1e, 1f)

161 Zusätzlich zu den vorgenannten IT-Sicherheitspflichten werden Betreiber von Energieversorgungsnetzen und Energieanlagen, die durch Inkrafttreten der Rechtsverordnung gem. § 10 Abs. 1 BSIG als Kritische Infrastruktur bestimmt wurden, nun ausdrücklich dazu verpflichtet, bis spätestens 1.5.2023 in angemessener Weise Systeme zur Angriffserkennung einzusetzen, Abs. 1e. Die Pflicht wurde analog zu der Pflicht aus § 8a Abs. 1a BSIG eingeführt und ist inhaltlich weitgehend mit letzterer identisch. Die Betreiber sind verpflichtet, die Erfüllung der Anforderungen nach Abs. 1e gegenüber dem BSI nachzuweisen, Abs. 1f. Zwar verweist Abs. 1f dem Wortlaut nach auf die Pflichten des Abs. 1d, welcher nach der letzten Änderung des § 11 gerade nicht mehr die Regelungen zum Einsatz von Angriffserkennungssystemen enthält. Hierbei dürfte es sich allerdings um einen redaktionellen Fehler handeln.[286] Auch die Verpflichtung aus Abs. 1f deckt sich weitestgehend mit dem Wortlaut des § 8a Abs. 3 BSIG, wobei das BSI die zur Verfügung gestellten Informationen – anders als unter dem BSIG – an die Bundesnetzagentur weiterzuleiten hat, Abs. 1f S. 2. Für detaillierte Ausführungen zu den Verpflichtungen bezüglich der Systeme zur Angriffserkennung wird daher auf die Kommentierung zu § 8a BSIG verwiesen.

VI. Kritische Komponenten und als kritisch bestimmte Funktionen (Abs. 1g)

162 Abs. 1g enthält Regelungen zu sog. kritischen Komponenten und als kritisch bestimmten Funktionen iSv § 2 Abs. 13 S. 1 Nr. 3 BSIG (→ BSIG § 2 Rn. 39).

163 **1. Festlegung durch die BNetzA (S. 1).** Abs. 1g S. 1 verpflichtet[287] die BNetzA, bis zum 22.5.2023 Sicherheitsanforderungen für das Betreiben von Ener-

[286] So wohl auch BeckOK EnWG/*Knauff*, Rn. 112.
[287] So auch BeckOK EnWG/*Knauff*, Rn. 118d.

gieversorgungsnetzen und Energieanlagen durch Allgemeinverfügung im Wege einer Festlegung nach § 29 Abs. 1 festzulegen, (Nr. 1) welche Komponenten kritische Komponenten im Sinne des § 2 Abs. 13 S. 1 Nr. 3 lit. a BSIG oder (Nr. 2) welche Funktionen kritisch bestimmte Funktionen im Sinne des § 2 Abs. 13 S. 1 Nr. 3 lit. b BSIG sind. Diese Festlegung hat ausweislich des Gesetzeswortlautes im Einvernehmen mit dem BSI stattzufinden.[288]

§ 2 Abs. 13 S. 1 BSIG definiert die kritischen Komponenten. Danach handelt es sich bei ihnen um IT-Produkte,[289] die (1.) in Kritischen Infrastrukturen eingesetzt werden, (2.) bei denen Störungen der Verfügbarkeit, Integrität, Authentizität und Vertraulichkeit zu einem Ausfall oder zu einer erheblichen Beeinträchtigung der Funktionsfähigkeit Kritischer Infrastrukturen oder zu Gefährdungen für die öffentliche Sicherheit führen können und (3.) die auf Grund eines Gesetzes unter Verweis auf § 2 Abs. 13 BSIG als kritische Komponente bestimmt werden oder eine auf Grund eines Gesetzes als kritisch bestimmte Funktion realisieren. Nach Festlegung durch die BNetzA wird es damit erstmals kritische Komponenten iSv § 2 Abs. 13 BSIG im Energiesektor geben.[290] **164**

2. Umsetzung (S. 2). Die Betreiber von Energieversorgungsnetzen und solchen Energieanlagen, die als Kritische Infrastruktur einzuordnen sind, haben höchstens sechs Monate Zeit, um die Vorgaben des Katalogs zu erfüllen. Anderes gilt nur, sofern im Katalog selbst eine abweichende Umsetzungsfrist festgelegt wird. Insbesondere haben die adressierten Unternehmen damit die Anforderungen des § 9b BSIG (eingehend → BSIG § 9b Rn. 11 ff.) zu beachten. Das umfasst vor allem das Anzeigen des erstmaligen Einsatzes einer (nun nach Ende der Umsetzungsfrist des Katalogs) kritischen Komponente nach § 9b Abs. 1 S. 1 BSIG.[291] **165**

3. Verbindung mit Katalogen nach Abs. 1a und 1b (S. 3). Der nach Abs. 1g S. 1 festzulegende Katalog ist nach Abs. 1g S. 3 mit den nach Abs. 1a und Abs. 1b erlassenen Katalogen zu verbinden. **166**

VII. Anforderungen an Netzplanung (Abs. 2)

Abs. 2 ist mit Blick auf die IT-Sicherheit nicht von Bedeutung, daher wurde auf eine Kommentierung verzichtet. **167**

VIII. Sanktionsregime und Haftung (Abs. 3)

1. Verwaltungsrechtliche Inanspruchnahme. Verwaltungsrechtlich können die Betreiber von Energieversorgungsnetzen bzw. Energieanlagen gem. § 65 Abs. 1 und 2 von der BNetzA auf Erfüllung ihrer Pflichten nach Abs. 1a, 1b und 1c in Anspruch genommen werden. Insbesondere § 65 Abs. 2 räumt der BNetzA die Befugnis ein, Maßnahmen zur Einhaltung der Verpflichtungen anzuordnen, wenn ein Unternehmen oder eine Vereinigung von Unternehmen den Verpflichtungen nach dem EnWG nicht nachkommt. Das gilt auch, wenn ein Unternehmen die Pflichten aus einem Verwaltungsakt aufgrund des EnWG nicht erfüllt.[292] Mithin können **168**

---

[288] Näher zum Verfahren BeckOK EnWG/*Knauff,* Rn. 118c.
[289] Definiert in § 2 Abs. 9a BSIG.
[290] BT-Drs. 20/1501, 39.
[291] Vgl. BT-Drs. 20/1501, 39.
[292] Britz/Hellermann/Hermes/*Hanebeck,* § 65 Rn. 4.

auch konkrete Maßnahmen zur Umsetzung der IT-Sicherheitskataloge nach Abs. 1a und Abs. 1b angeordnet werden, denn diese sind Allgemeinverfügungen iSd § 35 S. 2 VwVfG (→ Rn. 68f.).[293]

169 **2. Bußgeld.** Mit dem NIS-RL UmsetzungsG[294] wurden auch Bußgeldtatbestände eingeführt, nach denen ein Bußgeld erlassen werden kann, wenn die IT-Sicherheitspflichten nach Abs. 1a und 1b nicht eingehalten oder gegen die Meldepflicht nach Abs. 1c verstoßen wird.[295]

170 Wer die Vorgaben der IT-Sicherheitskataloge nach Abs. 1a oder Abs. 1b nicht, nicht richtig, nicht vollständig oder nicht rechtzeitig einhält, begeht eine mit Bußgeld zu ahndende Ordnungswidrigkeit (§ 95 Abs. 1 Nr. 2a). Gleiches gilt, wenn eine Meldung nach Abs. 1c nicht, nicht richtig, nicht vollständig oder nicht rechtzeitig erfolgt (§ 95 Abs. 1 Nr. 2b). Die Geldbuße kann bis zu 100.000 € betragen (§ 95 Abs. 2 S. 1 aE).

171 **Zuständige Behörde** für das Verfahren zur Ahndung der Ordnungswidrigkeit ist bei Verstößen gegen die Meldepflicht nach Abs. 1c das **BSI,** § 95 Abs. 5 iVm Abs. 1 Nr. 2b. Im Übrigen ist die **BNetzA** zuständig, § 95 Abs. 5 iVm. § 54 Abs. 1.

172 **3. Zivilrechtliche Haftung (Abs. 3). a) Unselbständige Verordnungsermächtigung.** Abs. 3 enthält eine unselbständige Verordnungsermächtigung, wonach in Rechtsverordnungen über die Regelung von Vertrags- und sonstigen Rechtsverhältnissen auch Regelungen zur Haftung der Betreiber von Energieversorgungsnetzen aus Vertrag und unerlaubter Handlung für Sach- und Vermögensschäden, die ein Kunde durch Unterbrechung der Energieversorgung oder durch Unregelmäßigkeiten in der Energieversorgung erleidet, getroffen werden können. Abs. 3 kann nicht als alleinige Rechtsgrundlage für den Erlass einer Rechtsverordnung herangezogen werden, sondern erweitert eine anderweitig bestehende Verordnungsermächtigung, wie sie zum Beispiel in §§ 17 Abs. 3, 18 Abs. 3 zu finden ist.

173 Genutzt wurde die Verordnungsermächtigung im Niederspannungs- bzw. Niederdruckbereich im Rahmen von § 18 NAV bzw. NDAV, die verschiedene Haftungshöchstgrenzen und Haftungsausschlüsse enthalten. Gleiches gilt qua Verweisung auf § 18 NAV/NDAV bei der Einspeisung von elektrischer Energie (§ 25a StromNZV) bzw. bei der Einspeisung von Gas, einschließlich Biogas (§ 5 GasNZV).

174 Für höhere Spannungs- bzw. Druckstufen gibt es keine vergleichbaren gesetzlichen Haftungsbeschränkungen. Allerdings beschränken die Netzbetreiber mit ihren Kunden in höheren Spannungs- bzw. Druckstufen regelmäßig vertraglich die Haftung entsprechend § 18 NAV/NDAV. Unter Berücksichtigung von § 6 AVBEltV bzw. AVBGasV – den Vorgängerregelungen zu § 18 NAV bzw. NDAV – hat es der BGH für zulässig erachtet, eine solche Haftungsbeschränkung in AGB aufzunehmen, denn die gesetzliche Haftungsbeschränkung hat eine Leitbildfunktion auch für höhere Spannungs- und Druckstufen.[296]

---

[293] *OLG Düsseldorf,* Beschl. v. 19.7.2017 – VI-3 Kart 109/16 (V), BeckRS 2017, 132865 Rn. 21.

[294] Gesetz zur Umsetzung der Richtlinie (EU) 2016/1148 des Europäischen Parlaments und des Rates vom 6.7.2016 über Maßnahmen zur Gewährleistung eines hohen gemeinsamen Sicherheitsniveaus von Netz- und Informationssystemen in der Union vom 23.6.2017 (BGBl. I 1885, 1890).

[295] Vgl. auch *Gehrmann/Voigt,* CR 2017, 93 (96).

[296] BGH, Urt. v. 25.2.1998 – VIII ZR 276–96, BGHZ 138, 118 (123ff.).

Nach § 18 NAV bzw. NDAV haften Netzbetreiber für Vermögensschäden überhaupt nicht, wenn diese weder vorsätzlich noch grob fahrlässig verursacht wurden (§ 18 Abs. 1 S. 2 NAV/NDAV). Wurde ein Vermögensschaden grob fahrlässig verursacht, so ist die Haftung gegenüber den Anschlussnutzern auf jeweils 5.000 EUR begrenzt (§ 18 Abs. 4 NAV/NDAV). Zudem greift eine Haftungshöchstgrenze je Schadensereignis – je nach Anzahl der Anschlussnutzer – von insgesamt 500.000 bis 8 Mio. EUR. **175**

Ähnliches gilt bei Sachschäden. Wurde ein Sachschaden weder vorsätzlich noch grob fahrlässig verursacht, so ist die Haftung gegenüber den Anschlussnutzern ebenfalls auf 5.000 EUR begrenzt (§ 18 Abs. 2 S. 1 NAV/NDAV). Für nicht vorsätzlich verursachte Sachschäden gilt zudem eine Haftungshöchstgrenze je Schadensereignis von 2,5 Mio. bis 40 Mio. EUR je nach Anzahl der Anschlussnutzer (§ 18 Abs. 2 S. 2 NAV/NDAV). Einen Haftungsausschluss gibt es bei Sachschäden nicht (§ 18 Abs. 1 NAV/NDAV). **176**

b) Haftungsgrundlagen in Bezug auf die Verletzung von IT-Sicherheitspflichten. Unter Berücksichtigung der Haftungsausschlüsse und -beschränkungen aufgrund der NAV bzw. NDAV (→ Rn. 173ff.) können Betreiber von Energieversorgungsnetzten bzw. Energieanlagen bei Verletzung der IT-Sicherheits- oder Meldepflichten grundsätzlich aus Vertrag oder aus Gesetz haften. **177**

Hinsichtlich der IT-Sicherheitspflichten nach Abs. 1a und 1b ist zu erwägen, ob es Teil der vertraglichen Nebenpflichten ist, diese einzuhalten.[297] Eine Verletzung der IT-Sicherheitspflichten könnte damit eine Haftung nach § 280 Abs. 1 BGB gegenüber Vertragspartnern begründen. Denkbar wäre ein Verschulden selbst dann, wenn die IT-Systeme von einem Dritten vorsätzlich angegriffen werden, weil hier für ausreichenden Schutz zu sorgen ist.[298] Eine Umsetzung des jeweils anwendbaren IT-Sicherheitskatalogs kann demgegenüber das Argument untermauern, dass entweder keine Pflichtverletzung vorliegt oder diese jedenfalls nicht zu vertreten ist.[299] **178**

Außerhalb von Verträgen können bei Verstößen gegen die IT-Sicherheitspflichten (Abs. 1a und 1b) Vorschriften der Gefährdungshaftung als auch des allgemeinen Deliktsrechts als Haftungsgrundlage herangezogen werden.[300] **179**

Im Bereich der Gefährdungshaftung kann eine Verantwortlichkeit über § 2 HaftPflG[301] oder § 1 ProdHaftG[302] in Betracht kommen. In Hinblick auf § 2 HaftPflG würde den IT-Sicherheitspflichten und dem jeweiligen IT-Sicherheitskatalog Bedeutung zukommen für die Bewertung, ob sich die Anlage im ordnungsgemäßen Zustand befunden hat (§ 2 Abs. 1 S. 2 Hs. 2, S. 3 HaftPflG) oder ob ein Fall höherer Gewalt vorliegt (§ 2 Abs. 3 Nr. 3 HaftPflG). **180**

Nach § 1 ProdHaftG haftet der Hersteller eines Produktes, § 4 Abs. 1 S. 1 ProdHaftG. In der Literatur wird vertreten, dass Hersteller auch der Netzbetreiber sein kann, wenn dieser Einfluss auf die Zusammensetzung des gelieferten Produkts nimmt, etwa durch das Mischen von Gasen oder auch die Transformation von Strom **181**

---

[297] Vgl. allgemein zur Haftung bei IT-Sicherheitsvorfällen Gabel/Heinrich/Kiefner Cyber-Security-HdB/*Langen/Stier,* Kapitel 10 Rn. 22; Voigt IT-SicherheitsR/*Voigt,* Rn. 544ff.

[298] Gabel/Heinrich/Kiefner Cyber-Security-HdB/*Langen/Stier,* Kapitel 10 Rn. 23; *Spindler,* NJW 2004, 3145 (3146).

[299] Vgl. Voigt IT-SicherheitsR/*Voigt,* Rn. 552.

[300] Vgl. dazu *Schreiber/Salmen,* RdE 2017, 62.

[301] *Schreiber/Salmen,* RdE 2017, 62 (63).

[302] *Schreiber/Salmen,* RdE 2017, 62 (64).

auf eine andere Spannungsebene.[303] Hält man einen Anspruch nach dem ProdHaftG grds. für denkbar, kann den IT-Sicherheitspflichten Bedeutung zukommen bei der Beantwortung der Frage, ob die Haftung ausgeschlossen ist, weil der Fehler des Produktes nach dem Stand von Wissenschaft und Technik in dem Zeitpunkt, in dem der Hersteller das Produkt in den Verkehr brachte, nicht erkannt werden konnte (§ 1 Abs. 2 Nr. 5 ProdHaftG).

182 Im Rahmen der verschuldensabhängigen Haftung ist ein Anspruch aus § 823 Abs. 1 BGB denkbar, wenn ein geschütztes Recht oder Rechtsgut verletzt wurde, zB weil ein Stromausfall zu einem Sach- oder Gesundheitsschaden führt.[304] Bewirkt der Ausfall der IT den Ausfall der Energieversorgung, kann es im Einzelfall zu erörtern sein, ob ein Eingriff in den eingerichteten und ausgeübten Gewerbebetrieb vorliegt, was eine Haftung nach § 823 Abs. 1 BGB begründen könnte.

183 Schon losgelöst von gesetzlich normierten IT-Sicherheitspflichten wird angenommen, dass es zu den Verkehrssicherungspflichten eines Unternehmens gehört, für ausreichende IT-Sicherheit zu sorgen.[305] Es besteht damit die Möglichkeit, dies auch für die IT-Sicherheitspflichten nach Abs. 1 a und Abs. 1 b anzunehmen, da Energieversorgungsanlagen und Energieversorgungsnetze in Teilen der Literatur als gefährliche Anlagen angesehen werden, was die allgemeine Pflicht nach sich ziehen würde, Schäden für Dritte möglichst zu verhindern.[306]

184 Soweit der Netzbetreiber aus unerlaubter Haftung für Schäden haftet, die ein Anschlussnutzer durch Unterbrechung oder Unregelmäßigkeiten in der Anschlussnutzung erleidet, wird bei Vermögensschäden widerleglich vermutet, dass Vorsatz oder grobe Fahrlässigkeit vorliegen, bei Sachschäden werden Vorsatz oder Fahrlässigkeit vermutet (§ 18 Abs. 1 NAV/NDAV).

185 Unklar ist, ob Abs. 1 a und 1 b ein Schutzgesetz iSd § 823 Abs. 2 BGB darstellen. Teilweise wird dies in Hinblick auf die vergleichbare Vorschrift des § 8 a Abs. 1 S. 1 BSIG abgelehnt, da die Vorschrift nur dem Schutz der Kritischen Infrastruktur diene, nicht aber dem Schutz der Nutzer oder anderer Betreiber.[307]

186 Zur Meldepflicht nach Abs. 1 c wird vertreten, dass dieses kein Schutzgesetz sei.[308] Die Meldepflicht diene zwar auch dem Zweck, die Sicherheit der Infrastruktur zu gewährleisten. Auch das erfolge aber zunächst nur im Allgemeininteresse, nicht aber zum Schutze Einzelner.[309]

---

303 *Schreiber/Salmen,* RdE 2017, 62 (64).
304 *de Wyl/Weise/Bartsch,* VersorgW 2014, 180 (182).
305 *Koch,* CR 2009, 485 (486); Voigt IT-SicherheitsR/*Voigt,* Rn. 578.
306 *Schreiber/Salmen,* RdE 2017, 62 (66), s. auch *Hornung,* NJW 2015, 3334 (3339); Gabel/Heinrich/Kiefner Cyber-Security-HdB/*Wimmer/Mechler,* Kapitel 5 Rn. 78.
307 *Spindler,* CR 2016, 297 (306).
308 *Hornung,* NJW 2015, 3334 (3339).
309 *Spindler,* CR 2016, 297 (306).

Telekommunikationsgesetz (TKG)

vom 23. Juni 2021 (BGBl. I S. 1858)

FNA 900-17

zuletzt geändert durch Art. 9 G zur Einführung virtueller Hauptversammlungen von Aktiengesellschaften und Änderung genossenschafts- sowie insolvenz- und restrukturierungsrechtlicher Vorschriften vom 20.7.2022 (BGBl. I S. 1166)

– Auszug –

§ 165 Technische und organisatorische Schutzmaßnahmen

(1) [1]Wer Telekommunikationsdienste erbringt oder daran mitwirkt, hat angemessene technische Vorkehrungen und sonstige Maßnahmen zu treffen

1. zum Schutz des Fernmeldegeheimnisses und

2. gegen die Verletzung des Schutzes personenbezogener Daten.

[2]Dabei ist der Stand der Technik zu berücksichtigen.

(2) [1]Wer ein öffentliches Telekommunikationsnetz betreibt oder öffentlich zugängliche Telekommunikationsdienste erbringt, hat bei den hierfür betriebenen Telekommunikations- und Datenverarbeitungssystemen angemessene technische und organisatorische Vorkehrungen und sonstige Maßnahmen zu treffen

1. zum Schutz gegen Störungen, die zu erheblichen Beeinträchtigungen von Telekommunikationsnetzen und -diensten führen, auch, sofern diese Störungen durch äußere Angriffe und Einwirkungen von Katastrophen bedingt sein können, und

2. zur Beherrschung der Risiken für die Sicherheit von Telekommunikationsnetzen und -diensten.

[2]Insbesondere sind Maßnahmen, einschließlich gegebenenfalls Maßnahmen in Form von Verschlüsselung, zu treffen, um Telekommunikations- und Datenverarbeitungssysteme gegen unerlaubte Zugriffe zu sichern und Auswirkungen von Sicherheitsverletzungen für Nutzer, andere Telekommunikationsnetze und Dienste so gering wie möglich zu halten. [3]Bei diesen Maßnahmen ist der Stand der Technik zu berücksichtigen.

(3) [1]Als eine angemessene Maßnahme im Sinne des Absatzes 2 können Betreiber öffentlicher Telekommunikationsnetze und Anbieter öffentlich zugänglicher Telekommunikationsdienste Systeme zur Angriffserkennung im Sinne des § 2 Absatz 9b des BSI-Gesetzes einsetzen. [2]Betreiber öffentlicher Telekommunikationsnetze und Anbieter öffentlich zugänglicher Telekommunikationsdienste mit erhöhtem Gefährdungspotenzial haben entsprechende Systeme zur Angriffserkennung einzusetzen. [3]Die eingesetzten Systeme zur Angriffserkennung müssen in der Lage sein, durch kontinuierliche und automatische Erfassung und Auswertung Gefahren oder Bedrohungen zu erkennen. [4]Sie sollen zudem in der Lage

sein, erkannte Gefahren oder Bedrohungen abzuwenden und für eingetretene Störungen geeignete Beseitigungsmaßnahmen vorsehen. [5]Weitere Einzelheiten kann die Bundesnetzagentur im Katalog von Sicherheitsanforderungen nach § 167 festlegen.

(4) **Kritische Komponenten im Sinne von § 2 Absatz 13 des BSI-Gesetzes dürfen von einem Betreiber öffentlicher Telekommunikationsnetze mit erhöhtem Gefährdungspotenzial nur eingesetzt werden, wenn sie vor dem erstmaligen Einsatz von einer anerkannten Zertifizierungsstelle überprüft und zertifiziert wurden.**

(5) **Wer ein öffentliches Telekommunikationsnetz betreibt, hat Maßnahmen zu treffen, um den ordnungsgemäßen Betrieb seiner Netze zu gewährleisten und dadurch die fortlaufende Verfügbarkeit der über diese Netze erbrachten Dienste sicherzustellen.**

(6) **[1]Technische Vorkehrungen und sonstige Schutzmaßnahmen sind angemessen, wenn der dafür erforderliche technische und wirtschaftliche Aufwand nicht außer Verhältnis zur Bedeutung der zu schützenden Telekommunikationsnetze oder -dienste steht. [2]§ 62 Absatz 1 des Bundesdatenschutzgesetzes gilt entsprechend.**

(7) **Bei gemeinsamer Nutzung eines Standortes oder technischer Einrichtungen hat jeder Beteiligte die Verpflichtungen nach den Absätzen 1 bis 5 zu erfüllen, soweit bestimmte Verpflichtungen nicht einem bestimmten Beteiligten zugeordnet werden können.**

(8) **Im Falle des Eintritts eines Sicherheitsvorfalls oder der Feststellung einer erheblichen Gefahr kann die Bundesnetzagentur Maßnahmen zur Behebung des Sicherheitsvorfalls oder zur Abwendung der Gefahr und deren Umsetzungsfristen anordnen.**

(9) **[1]Die Bundesnetzagentur kann anordnen, dass sich die Betreiber öffentlicher Telekommunikationsnetze oder die Anbieter öffentlich zugänglicher Telekommunikationsdienste einer Überprüfung durch eine qualifizierte unabhängige Stelle oder eine zuständige nationale Behörde unterziehen, in der festgestellt wird, ob die Anforderungen nach den Absätzen 1 bis 7 erfüllt sind. [2]Unbeschadet von Satz 1 haben sich Betreiber öffentlicher Telekommunikationsnetze mit erhöhtem Gefährdungspotenzial alle zwei Jahre einer Überprüfung durch eine qualifizierte unabhängige Stelle oder eine zuständige nationale Behörde zu unterziehen, in der festgestellt wird, ob die Anforderungen nach den Absätzen 1 bis 7 erfüllt sind. [3]Die Bundesnetzagentur legt den Zeitpunkt der erstmaligen Überprüfung fest. [4]Der nach den Sätzen 1 und 2 Verpflichtete hat eine Kopie des Überprüfungsberichts unverzüglich an die Bundesnetzagentur und an das Bundesamt für Sicherheit in der Informationstechnik, sofern dieses die Überprüfung nicht vorgenommen hat, zu übermitteln. [5]Er trägt die Kosten dieser Überprüfung. [6]Die Bewertung der Überprüfung sowie eine diesbezügliche Feststellung von Sicherheitsmängeln im Sicherheitskonzept nach § 166 erfolgt durch die Bundesnetzagentur im Einvernehmen mit dem Bundesamt für Sicherheit in der Informationstechnik.**

(10) **Über aufgedeckte Mängel bei der Erfüllung der Sicherheitsanforderungen in der Informationstechnik sowie die in diesem Zusammenhang von der Bundesnetzagentur geforderten Abhilfemaßnahmen unterrichtet**

die Bundesnetzagentur unverzüglich das Bundesamt für Sicherheit in der Informationstechnik.

(11) [1]**Die Bundesnetzagentur kann zur Unterstützung ein Computer-Notfallteam gemäß Artikel 9 der Richtlinie (EU) 2016/1148 des Europäischen Parlaments und des Rates vom 6. Juli 2016 über Maßnahmen zur Gewährleistung eines hohen gemeinsamen Sicherheitsniveaus von Netz- und Informationssystemen in der Union (ABl. L 194 vom 19.7.2016, S. 1; L 33 vom 7.2.2018, S. 5) im Rahmen der zugewiesenen Aufgaben in Anspruch nehmen.** [2]**Die Bundesnetzagentur kann ferner das Bundesamt für Sicherheit in der Informationstechnik, die zuständigen nationalen Strafverfolgungsbehörden und die Bundesbeauftragte oder den Bundesbeauftragten für den Datenschutz und die Informationsfreiheit konsultieren.**

Literatur: *Aufhauser,* Das Fernmeldegeheimnis für Arbeitgeber unter dem TTDSG, PinG 2021, 224; *Borges/Hilber* (Hrsg.), BeckOK IT-Recht, 4. Ed. 1.9.2020; *Fetzer/Scherer/Graulich* (Hrsg.), Telekommunikationsgesetz, 3. Aufl. 2021; *Geppert/Schütz* (Hrsg.), Beck'scher TKG-Kommentar, 4. Aufl. 2013; *Graf* (Hrsg.), BeckOK StPO mit RiStBV und MiStra, 38. Ed. 1.10.2020; *Grützner/Jakob* (Hrsg.), Compliance von A-Z, 2. Aufl. 2015; *Hornung/Schallbruch* (Hrsg.), IT-Sicherheitsrecht, 2021; *Kühling/Buchner* (Hrsg.), DS-GVO BDSG, 3. Aufl. 2020; *Moench,* Neue Begriffsbestimmung für regulierte Telekommunikationsdienste, NVwZ 2021, 1652; *Roßnagel,* Das IT-Sicherheitsgesetz, DVBl. 2015, 1206; *Scheurle/Mayen* (Hrsg.), Telekommunikationsgesetz, 3. Aufl. 2018; *Schönke/Schröder,* Strafgesetzbuch, 30. Aufl. 2019; *Schulte/Kloos* (Hrsg.), Handbuch Öffentliches Wirtschaftsrecht, 2016; *Spindler/Schuster* (Hrsg.), Recht der elektronischen Medien, 4. Aufl. 2019; *Wybitul,* Neue Spielregeln bei E-Mail-Kontrollen durch den Arbeitgeber, ZD 2011, 69.

Inhaltsübersicht

A. Allgemeines

1 Ihren Ursprung hat die Regelung des § 165 in § 87 des Telekommunikationsgesetzes vom 25.7.1996[1] (TKG 1996), der sowohl dem hohen Rang von Fernmeldegeheimnis und Datenschutz, als auch der „großen infrastrukturellen Bedeutung der Telekommunikation" Rechnung tragen und „störende Einwirkungen" verhindern sollte.[2] Wesentliche Änderungen erfuhr die Regelung des § 87 1996 durch das Telekommunikationsgesetz vom 22.6.2004[3] (TKG 2004) und die Einführung des § 109 2004. Letzterer differenzierte zwischen der grundlegenden Verpflichtung zum Schutz des Fernmeldegeheimnisses und des Datenschutzes, die nach § 109 Abs. 1 2004 jeder geschäftsmäßige Erbringer von Telekommunikationsdiensten umsetzen sollte, und weitergehenden Verpflichtungen für Betreiber von Telekommunikationsdiensten für die Öffentlichkeit nach § 109 Abs. 2 und Abs. 3 2004. Durch die Anpassung wollte der Gesetzgeber in Anbetracht der unterschiedlichen Schutzziele der Regelung eine „übermäßige Anforderung" für Betreiber nichtöffentlicher Telekommunikationsdienste zurücknehmen.[4] Im Jahr 2012 erfuhr die Regelung des § 109 durch das Gesetz zur Änderung telekommunikationsrechtlicher Regelungen vom 3.5.2012[5] (TKG 2012) erneute Änderungen. Diese dienten zur Konkretisierung der erforderlichen technischen Vorkehrungen und sonstigen Maßnahmen sowie der Umsetzung von Art. 13a und 13b Kommunikation-Rahmen-RL und von Art. 4 der ePrivacy-RL.[6] Mit dem IT-SiG wurde die Regelung des § 109 im Jahr 2015 abermals erweitert und die Betreiber von öffentlichen Telekommunikationsnetzen und Anbieter von öffentlichen Telekommunikationsdiensten auch außerhalb des Fernmeldegeheimnisses und des Schutzes personenbezogener Daten zu Sicherheitsmaßnahmen nach dem Stand der Technik verpflichtet.[7] Zu diesem Zweck wurden auch die Vorschriften zur Überprüfung der Sicherheitskonzepte und die Meldepflichten verschärft.[8] Erneut geändert wurde der Inhalt von § 109 durch das Gesetz zur Umsetzung der NIS-RL vom 23.6.2017.[9] Im Rahmen der Änderungen wurden jedoch nur einige Sätze in § 109 Abs. 5 geändert, die der Anpassung der Verweise auf geänderte Vorschriften des BSIG dienten.[10] Durch das IT-SiG 2.0 wurde eine Reihe von Änderungen an der Regelung des § 109 vorgenommen, die teilweise einer sprachlichen Klarstellung dienen, teilweise jedoch auch inhaltliche Änderungen herbeiführen. Letztere sollen der zunehmenden Bedrohung durch Cyberangriffe Rechnung tragen und eine sichere Infrastruktur gewährleisten.[11]

---

1 Telekommunikationsgesetz (TKG) vom 25.7.1996 (BGBl. I S. 1143).
2 BR-Drs. 80/96, 54.
3 Telekommunikationsgesetz (TKG) vom 22.6.2004 (BGBl. I S. 1190).
4 BR-Drs. 15/2316, 92.
5 Gesetz zur Änderung telekommunikationsrechtlicher Regelungen vom 3.0.2012 (BGBl. I S. 958).
6 BR-Drs. 129/11, 145–147.
7 BR-Drs. 18/4096, 35.
8 BR-Drs. 18/4096, 35f.
9 Gesetz zur Umsetzung der Richtlinie (EU) 2016/1148 des Europäischen Parlaments und des Rates vom 6.7.2016 über Maßnahmen zur Gewährleistung eines hohen gemeinsamen Sicherheitsniveaus von Netz- und Informationssystemen in der Union (BGBl. I S. 1885).
10 BR-Drs. 18/11242, 58.
11 BT-Drs. 19/26106, 1.

Durch das Telekommunikationsmodernisierungsgesetz (TKModG), das zum 1.12.2021 in Kraft getreten ist, wurden die Regelungen des § 109 auf die §§ 165–168 aufgeteilt. Teilweise wurden sie wörtlich übernommen, teilweise leicht abgeändert oder ergänzt. Die Verpflichtung zur Vornahme von technischen und organisatorischen Schutzmaßnahmen sowie die darauf bezogenen Kontroll- und Durchsetzungsbefugnisse der Bundesnetzagentur wurden in dem neuen § 165 verankert.[12] 2

Aus dem Wortlaut von Abs. 1 S. 1 Nr. 1 und Nr. 2 kann als Regelungszweck von § 165 zunächst der Schutz des Fernmeldegeheimnisses sowie personenbezogener Daten durch technische Schutzmaßnahmen abgeleitet werden.[13] Dieser bereits seit 1996 in § 87 Abs. 1 aF angelegte Zweck ist insbesondere durch die Novelle des TKG im Jahr 2012 und durch das IT-SiG immer stärker zu einer allgemeinen IT-Sicherheitsanforderung erweitert worden. Die Vorschrift dient daher über die in Abs. 1 S. 1 Nr. 1 und Nr. 2 genannten Zwecke hinaus auch dem Schutz des öffentlichen Interesses an der Funktionsfähigkeit der Telekommunikationsinfrastruktur.[14] 3

B. Einzelerläuterungen

I. Erbringerpflichten (Abs. 1)

Nach S. 1 hat jeder Erbringer von Telekommunikationsdiensten zum Schutz des Fernmeldegeheimnisses und gegen die Verletzung des Schutzes personenbezogener Daten erforderliche technische Vorkehrungen und sonstige Maßnahmen zu treffen. Bei der Beurteilung der Angemessenheit muss der Diensteanbieter gemäß S. 2 den Stand der Technik berücksichtigen. Durch das IT-SiG 2.0 fand, damals noch in § 109 Abs. 1 aF, eine sprachliche Anpassung statt, die in Abs. 1 nF übernommen wurde. Mit der Anpassung wurde klargestellt, dass, neben technischen Maßnahmen, auch organisatorische Maßnahmen zu treffen sind. Eine materielle Pflicht hierzu bestand jedoch bereits. 4

1. Adressaten. Adressaten des Abs. 1 sind alle Erbringer von Telekommunikationsdiensten sowie an der Erbringung Mitwirkende. Nach § 3 Nr. 61 sind Telekommunikationsdienste in der Regel gegen Entgelt über Telekommunikationsnetze erbrachte Dienste. Diese umfassen Internetzugangsdienste, interpersonelle Kommunikationsdienste und Dienste, die ganz oder überwiegend in der Übertragung von Signalen bestehen. Interpersonelle Kommunikationsdienste sind wiederum in § 3 Nr. 24 legal definiert. Durch diese wird ein direkter interpersoneller und interaktiver Informationsaustausch über Telekommunikationsnetze zwischen einer endlichen Zahl von Personen ermöglicht, wobei die Empfänger von den Personen bestimmt werden, welche die Telekommunikation veranlassen oder daran beteiligt sind. Hieraus folgt ein weiter Adressatenkreis der Vorschrift. Gegenüber der alten Regelung des § 109 aF sind nun insbesondere OTT-Kommunikationsdienste wie 5

---

[12] BT-Drs. 19/26108, 360.

[13] Scheurle/Mayen/*Schommertz/Gerhardus*, § 109 Rn. 1; Hornung/Schallbruch IT-SicherheitsR/*Gerrit/Schindler*, § 21 Rn. 50; Geppert/Schütz/*Eckhardt*, § 109 Rn. 6; Schulte/Kloos ÖffWirtschaftsR-HdB/*Fetzer*, § 8 Rn. 197; BeckOK StPO/*Graf*, § 109 Rn. 1; Fetzer/Scherer/Graulich/*Graulich*, § 109 Rn. 4.

[14] Hornung/Schallbruch IT-SicherheitsR/*Gerrit/Schindler*, § 21 Rn. 50; Geppert/Schütz/*Eckhardt*, § 109 Rn. 6; BeckOK StPO/*Graf*, § 109 Rn. 1; Fetzer/Scherer/Graulich/*Graulich*, § 109 Rn. 4.

VoIP-, Messaging oder E-Mail-Dienste umfasst.[15] Grund dafür ist ausweislich der Gesetzesbegründung die gestiegene Bedeutung dieser Dienste.[16] Trotz Ausweitung des Anwendungsbereichs sollen Kommentarspalten oder Mikroblogging weiterhin nicht umfasst sein, da es dabei an einer endlichen Zahl an Personen fehlen soll. Nicht notwendig ist, dass sich der Telekommunikationsdienst an die Allgemeinheit richtet. Somit sind auch geschlossene Benutzergruppen erfasst.[17]

6 Das unter der alten Rechtslage diskutierte Problem der Drittbezogenheit dürfte sich durch die Neufassung der Definitionen in § 3 erledigt haben. Zuvor war das geschäftsmäßige Anbieten von Telekommunikationsdiensten in § 3 Nr. 10 aF als nachhaltiges Angebot von Telekommunikation für Dritte mit oder ohne Gewinnerzielungsabsicht definiert. Damit war der Drittbezug eine klare Voraussetzung.[18] Umstritten war das Verhältnis zu § 3 Nr. 24 aF, in dem Telekommunikationsdienste denkbar weit definiert wurden. Dort reichte das Erbringen „in der Regel gegen Entgelt" aus und ein Drittbezug wurde nicht gefordert.[19] Da in der neuen Fassung die Definition für das geschäftsmäßige Anbieten von Telekommunikationsdiensten nicht mehr enthalten ist, das Erbringen „gewöhnlich gegen Entgelt" jedoch weiterhin in § 3 Nr. 61 normiert ist, dürfte sich der Gesetzgeber gegen das Erfordernis der Drittbezogenheit entschieden haben und der Streit keine Relevanz mehr besitzen.

7 Anderes gilt für die Frage, ob ein Arbeitgeber, der dem Arbeitnehmer beispielsweise die E-Mail-Infrastruktur zur Verfügung stellt, Telekommunikationsdienste erbringt. Es wurde sowohl unter der alten als auch unter der neuen Rechtslage vertreten, dass das Merkmal „gewöhnlich gegen Entgelt" dem entgegenstünde. Der Arbeitnehmer zahle dem Arbeitgeber schließlich kein Entgelt dafür, dass er dessen Infrastruktur benutzen dürfe.[20] Es erscheint jedoch fraglich, ob das Merkmal tatsächlich so eng versanden werden kann. Die Formulierung „gewöhnlich gegen Entgelt" geht auf Art. 2 Nr. 4 Elektronische Kommunikationskodex-RL zurück. Dieses wird teilweise bereits als erfüllt angesehen, „[…] wenn eine andere wirtschaftliche Gegenleistung durch den Nutzer oder Dritte erfolgt, die den Dienst indirekt (mit-)finanziert".[21] Ausgehend davon ist es zumindest nicht von vorneherein ausgeschlossen, eine Entgeltlichkeit im Verhältnis zwischen Arbeitgeber und Arbeitnehmer anzunehmen. Ersterer stellt den Dienst zur Verfügung und Letzterer erbringt mit seiner Arbeitskraft eine wirtschaftliche Gegenleistung. Zwar erbringt der Arbeitnehmer die Gegenleistung nicht gerade deswegen, um Zugriff auf die Dienste zu erhalten, sondern zum Erhalt des Arbeitslohns. Nichtsdestotrotz ist die Erbringung der Arbeitskraft mit dem Bereitstellen der Infrastruktur verknüpft. Auch wenn der Wortlaut des § 3 Nr. 61 gegen eine derart weite Auslegung spricht, ist also keine Rechtssicherheit hergestellt.

8 Dadurch, dass eine Mitwirkung an der Erbringung der Dienste ausreichend ist, können auch externe Hilfspersonen, wie zB Subunternehmer, und sogar unternehmenseigene Erfüllungsgehilfen Diensteanbieter sein.[22]

---

[15] *Moench*, NVwZ 2021, 1652 (1653).

[16] BT-Drs. 19/26108, 360.

[17] Scheurle/Mayen/*Lünenbürger/Stamm*, § 3 Rn. 27; Geppert/Schütz/*Schütz*, § 3 Rn. 15.

[18] Scheurle/Mayen/*Lünenbürger/Stamm*, § 3 Rn. 27.

[19] Spindler/Schuster/*Eckhardt*, § 88 Rn. 29–31.

[20] *Aufhauser*, PinG 2021, 224 (226f.); *Wybitul*, ZD 2011, 69 (71).

[21] BeckOK IT-Recht/*Herrmann/Heilmann*, § 3 Rn. 13.

[22] Wenn auch für die alte Fassung, aber wohl übertragbar: Geppert/Schütz/*Schütz*, § 3 Rn. 15; Spindler/Schuster/*Ricke*, § 3 Rn. 10.

2. Schutzziele. Die Regelung des Abs. 1 soll das Fernmeldegeheimnis schützen und Verletzungen des Schutzes personenbezogener Daten verhindern. Es liegen somit zwei Schutzziele vor, die einer getrennten Betrachtung bedürfen. **9**

Das Fernmeldegeheimnis umfasst nach § 3 Abs. 1 S. 1 TTDSG den Inhalt und die näheren Umstände der Kommunikation. Zuvor fand sich die Regelung wortgleich in § 88, sodass auf Literatur und Rechtsprechung zu dieser Vorschrift zurückgegriffen werden kann. Eine inhaltliche Änderung sollte mit der Ausgliederung in das neue TTDSG ausweislich der Gesetzesbegründung nicht herbeigeführt werden.[23] Dem Fernmeldegeheimnis unterfällt auch, ob jemand an einem Telekommunikationsvorgang beteiligt ist oder war. Nach § 3 Abs. 1 S. 2 TTDSG erstreckt sich das Fernmeldegeheimnis darüber hinaus auf erfolglose Verbindungsversuche bzw. deren nähere Umstände. § 3 Abs. 1 TTDSG kann als einfachgesetzliche Ausprägung des verfassungsrechtlichen Fernmeldegeheimnisschutzes nach Art. 10 GG begriffen werden.[24] Abs. 1 statuiert eine aktive Schutzpflicht für das Fernmeldegeheimnis.[25] Der Diensteanbieter muss daher nicht nur das Fernmeldegeheimnis beachten, sondern des Weiteren sicherstellen, dass unberechtigte Eingriffe, das heißt Eingriffe, für die keine gesetzliche Grundlage besteht, unterbleiben.[26] Grundsätzlich ist Abs. 1 daher als Rechtspflicht geeignet, eine Garantenpflicht für den Schutz des Telekommunikationsgeheimnisses zu begründen.[27] Bei Verletzung des Abs. 1 kommt deswegen eine Strafbarkeit wegen Unterlassens nach §§ 206, 13 StGB in Betracht, soweit der Diensteanbieter pflichtwidrig nicht verhindert, dass sich ein Dritter Kenntnis von Tatsachen im Sinne des § 206 Abs. 1 StGB verschafft. **10**

Die Verletzung des Schutzes personenbezogener Daten ist in § 3 Nr. 71 legal definiert. Danach liegt eine Verletzung des Schutzes personenbezogener Daten vor, wenn die Datensicherheit verletzt wird und die Verletzung zum Verlust, zur unrechtmäßigen Löschung, Veränderung, Speicherung, Weitergabe oder sonstigen unrechtmäßigen Verwendung personenbezogener Daten führt. Die personenbezogenen Daten müssen im Zusammenhang mit der Bereitstellung öffentlich zugänglicher Telekommunikationsdienste übertragen, gespeichert oder anderweitig verarbeitet werden. Darüber hinaus stellt auch der unberechtigte Zugang zu den entsprechenden personenbezogenen Daten eine Datenschutzverletzung im Sinne des TKG dar. § 3 Nr. 71 wurde mit dem TKModG eingeführt und der vorherige § 3 Nr. 30a mit geänderter Nummerierung übernommen.[28] Letzterer wurde mit dem TKG 2012 eingeführt und diente, wie der zugehörige Gesetzesentwurf klarstellt,[29] der Umsetzung der ePrivacy-RL. Die Definition einer Verletzung des Schutzes personenbezogener Daten nach Art. 4 Nr. 2 DS-GVO ist wegen Art. 95 DS-GVO bei der inhaltlichen Bestimmung einer Datenschutzverletzung im Sinne des TKG nicht zu berücksichtigen, soweit sich daraus zusätzliche Pflichten für den Diensteanbieter ergeben. Es bedarf vielmehr einer eigenständigen Auslegung des § 3 Nr. 71. Dass die Bezugnahme auf die Bereitstellung öffentlich zugänglicher Telekommunikationsdienste zum Ausdruck bringen soll, dass S. 1 Nr. 2 nur für Anbieter öffentlich zugänglicher Dienste gilt, wird mit Blick auf Systematik und Wortlaut **11**

---

[23] BT-Drs. 19/27441, 34.

[24] Gepert/Schütz/*Bock,* § 88 Rn. 1; Geppert/Schütz/*Eckhardt,* § 109 Rn. 21.

[25] Geppert/Schütz/*Eckhardt,* 109 Rn. 21.

[26] Geppert/Schütz/*Eckhardt,* § 109 Rn. 21.

[27] Geppert/Schütz/*Eckhardt,* § 109 Rn. 23; Schönke/Schröder/*Bosch,* StGB § 13 Rn. 8.

[28] BT-Drs. 29/21, 275.

[29] BT-Drs. 19/26108, 238.

zu Recht bezweifelt.[30] Die Bezugnahme auf öffentlich zugängliche Telekommunikationsdienste dürfte vielmehr auf die wörtliche Übernahme der Formulierung in der ePrivacy-RL zurückgehen.

12 **3. Angemessene Maßnahmen.** Um eine Verletzung der Schutzziele zu verhindern, muss der Verpflichtete nach Abs. 1 angemessene technische Vorkehrungen und sonstige Maßnahmen treffen. In der Vorgängerversion der Vorschrift in § 109 Abs. 1 aF war von erforderlichen und nicht von angemessenen Vorkehrungen die Rede. Die Umformulierung macht nun auch auf den ersten Blick deutlich, dass keineswegs ein absolutes Maß an Sicherheit garantiert werden muss. Bei den zu ergreifenden Maßnahmen ist der Stand der Technik zu berücksichtigen. Dem Wortlaut nach besteht eine gewisse Nähe zu Art. 32 Abs. 1 DS-GVO, der dem Verantwortlichen und dem Auftragsverarbeiter das Treffen von geeigneten technischen und organisatorischen Maßnahmen abverlangt. Der Begriff der technischen Vorkehrungen im Sinne des Abs. 1 dürfte jedoch enger zu verstehen sein und nur solche Maßnahmen erfassen, die sich auf die Funktionsweise der für die Telekommunikationsdienste genutzten technischen Einrichtungen beziehen.[31] Als sonstige Maßnahmen kommen insbesondere organisatorische und prozedurale Maßnahmen in Betracht.[32]

13 Eine Legaldefinition, wann technische Vorkehrungen und sonstige Schutzmaßnahmen angemessen sind, findet sich in Abs. 6 S. 1. Danach ist dies der Fall, wenn der für die Maßnahmen erforderliche technische und wirtschaftliche Aufwand nicht außer Verhältnis zur Bedeutung der zu schützenden Telekommunikationsnetze oder -dienste steht.

14 Dabei ist eine Gefahrenprognose zu erstellen, die sowohl innere als auch äußere Bedrohungen sowie deren Eintrittswahrscheinlichkeit einbezieht.[33] Ausgehend von den prognostizierten Gefahren sind mögliche Schutzmaßnahmen zu bestimmen. Bei der Auswahl geeigneter Maßnahmen ist, wie auch bei Art. 32 DS-GVO und einer Reihe weiterer spezialgesetzlicher Regelungen zur IT-Sicherheit,[34] der technologieneutrale Stand der Technik zu Grunde zu legen.[35] Der Stand der Technik selbst bezeichnet technische Verfahren, deren praktische Eignung insgesamt als gesichert anzusehen ist.[36] Der Diensteanbieter muss daher nur „solche Technologie, die in hinreichendem Maße zur Verfügung" steht und die „auf gesicherten Erkenntnissen von Wissenschaft und Technik" beruht, berücksichtigen.[37] Ob mögliche Maßnahmen als erforderlich zu beurteilen sind, ist nicht nur anhand ihrer Wirksamkeit, sondern auch anhand anderer Faktoren, etwa der Intensität der Maßnahmen gegenüber den Nutzern, mit einer Verhältnismäßigkeitsprüfung zu entscheiden.[38]

---

30 *Pokutnev/Schmid,* CR 2012, 361 (363); Scheurle/Mayen/*Schommertz/Gerhardus,* § 109 Rn. 4.

31 *Gaycken/Karger,* MMR 2011, 3 (6); Geppert/Schütz/*Eckhardt,* § 109 Rn. 27.

32 Geppert/Schütz/*Eckhardt,* § 109 Rn. 28.

33 Geppert/Schütz/*Eckhardt,* § 109 Rn. 27; Hornung/Schallbruch IT-SicherheitsR/*Hornung/Schindler,* § 21 Rn. 55.

34 Hornung/Schallbruch IT-SicherheitsR/*Rafsendjani/Bomhard,* § 9 Rn. 34–38.

35 Fetzer/Scherer/Graulich/*Graulich,* § 109 Rn. 5.

36 Spindler/Schuster/*Hoffmann/Volkmann,* TMG § 9 Rn. 24.

37 Hornung/Schallbruch IT-SicherheitsR/*Rafsendjani/Bomhard,* § 9 Rn. 39.

38 Scheurle/Mayen/*Schommertz/Gerhardus,* § 109 Rn. 9; Geppert/Schütz/*Eckhardt,* § 109 Rn. 30; Fetzer/Scherer/Graulich/*Graulich,* § 109 Rn. 16.

4. Verantwortlichkeit für Dritte. In Abs. 6 S. 2 ist ein Verweis auf die Regelungen zur Auftragsdatenverarbeitung nach § 62 Abs. 1 BDSG enthalten. Ziel des Verweises ist, wie sich aus der Gesetzesbegründung ergibt, eine Klarstellung der Verantwortlichkeit.[39] Wer nach Abs. 2 verpflichtet ist, soll sich von seiner Verpflichtung nicht dadurch befreien können, dass er sich bei seiner Tätigkeit eines Dritten bedient.[40] 15

II. Erweiterte Pflichten (Abs. 2)

Abs. 2 verpflichtet die Betreiber von öffentlichen Telekommunikationsnetzen und die Erbringer von öffentlich zugänglichen Telekommunikationsdiensten. S. 2 enthält wortgleich die zunächst durch das IT-SiG 2.0 in § 109 aF eingeführte Verpflichtung, die Auswirkungen von Sicherheitsverletzungen auch für Dienste so gering wie möglich zu halten. Es handelt sich um eine Klarstellung, die der Umsetzung von Art. 40 Elektronische Kommunikationskodex–RL.[41] 16

Betreiber von öffentlichen Telekommunikationsnetzen und die Erbringer von öffentlich zugänglichen Telekommunikationsdiensten müssen nach S. 1 Nr. 1 die zum Zweck ihrer Tätigkeit betriebenen Telekommunikations- und Datenverarbeitungssysteme mit technischen Vorkehrungen und sonstigen Maßnahmen vor kritischen Störungen (S. 1 Nr. 1) schützen und Sicherheitsrisiken (S. 1 Nr. 2) beherrschen. In Abs. 1 S. 2, 3 werden die Maßnahmen und ihre Auswahl näher konkretisiert. 17

1. Adressaten. Im Gegensatz zu Abs. 1 gilt Abs. 2 grundsätzlich nur für die Betreiber öffentlicher Telekommunikationsnetze oder die Erbringer öffentlich zugänglicher Telekommunikationsdienste. 18

Der Begriff des öffentlichen Telekommunikationsnetzes ist in § 3 Nr. 42 definiert als Telekommunikationsnetz, das ganz oder überwiegend der Bereitstellung öffentlich zugänglicher Telekommunikationsdienste dient, welche die Übertragung von Informationen zwischen Netzabschlusspunkten ermöglichen. Ein Telekommunikationsnetz ist gemäß Art. 3 Nr. 65 die Gesamtheit von Übertragungssystemen und gegebenenfalls Vermittlungs- und Leitwegeinrichtungen sowie anderweitigen Ressourcen, welche die Übertragung von Signalen über Kabel, Funk, optische und andere elektromagnetische Einrichtungen ermöglichen, unabhängig von der Art der übertragenen Information. Ein Telekommunikationsnetz liegt folglich vor, wenn ein Übertragungssystem vorliegt, das die Möglichkeit der Signalübertragung gibt.[42] Der Inhalt und die Art der übertragenen Informationen sind nicht von Belang.[43] 19

Die Legaldefinition eines öffentlich zugänglichen Telekommunikationsdienstes findet sich in § 3 Nr. 44. Dabei handelt es sich um einem unbestimmten Personenkreis zur Verfügung stehende Telekommunikationsdienste. Für den Begriff des Telekommunikationsdienstes kann auf die obigen Ausführungen zu Abs. 1 verwiesen werden. 20

Abs. 2 setzt voraus, dass der Verpflichtete Betreiber des öffentlichen Telekommunikationsnetzes ist. Für den Begriff des Betreibers findet sich nun in § 3 Nr. 7 21

[39] BR-Drs. 129/11, 146.
[40] Geppert/Schütz/*Eckhardt,* § 109 Rn. 47.
[41] BT-Drs. 19/26106, 96.
[42] Spindler/Schuster/*Ricke,* § 3 Rn. 53.
[43] Geppert/Schütz/*Schütz,* § 3 Rn. 87.

eine Definition. Betreiber ist danach ein Unternehmen, das ein öffentliches Telekommunikationsnetz oder eine zugehörige Einrichtung bereitstellt oder zur Bereitstellung hiervon befugt ist.

22 Über die Betreiber öffentlicher Telekommunikationsnetze hinaus verpflichtet Abs. 2 Erbringer öffentlich zugänglicher Telekommunikationsdienste. Für die Definition des Erbringens kann auf die alte Definition des geschäftsmäßigen Erbringens von Telekommunikationsdiensten nach § 3 Nr. 10 aF zurückgegriffen werden. In der aktuellen Fassung des TKG ist diese Definition nicht mehr enthalten. Es ist jedoch nicht ersichtlich, dass der Gesetzgeber durch das Streichen der Definition etwas zu ändern beabsichtigte. Ein Erbringen öffentlich zugänglicher Telekommunikationsdienste liegt demnach vor, wenn Telekommunikationsdienste für die Allgemeinheit bzw. die Öffentlichkeit angeboten werden.

23 **2. Schutzziele.** Die Adressaten des S. 1 sollen die bei ihrer Tätigkeit eingesetzten betriebenen Telekommunikations- und Datenverarbeitungssysteme vor den in S. 1 Nr. 1 und Nr. 2 genannten Bedrohungen schützen. Im Mittelpunkt steht dabei der Schutz von öffentlichen Interessen, nicht der in Abs. 1 geregelte Schutz des Fernmeldegeheimnisses oder personenbezogener Daten.[44] Zu unterscheiden ist zwischen Störungen, die zu erheblichen Beeinträchtigungen führen (S. 1 Nr. 1) und einer allgemeinen Risikobeherrschung (S. 1 Nr. 2).

24 Die Verpflichtung des S. 1 Nr. 1 bezieht sich nur auf Störungen, die zu erheblichen Beeinträchtigungen von Telekommunikationsnetzen und -diensten führen. Zur Definition der Störung kann auf die zu § 100 aF ergangene BGH-Rechtsprechung zurückgegriffen werden. Die Norm wurde weitestgehend wortgetreu in § 12 TTDSG übertragen.[45] Nach dieser ist eine Störung jede vom Diensteanbieter nicht gewollte Veränderung der von ihm für sein Telekommunikationsangebot genutzten technischen Einrichtungen.[46] Die Störung muss erheblich sein. Dies ist der Fall, wenn das Telekommunikationsnetz oder der Telekommunikationsdienst nicht mehr oder nur noch fehlerhaft funktioniert.[47] Störungen können auch durch äußere Angriffe, zB Cyberangriffe, sowie durch Katastrophen, das heißt nicht beherrschbare Schadensereignisse, verursacht werden.[48]

25 Darüber hinaus zielt S. 1 Nr. 2 auf eine Beherrschung der Risiken für die Sicherheit von Telekommunikationsnetzen und -diensten. Einen Hinweis darauf, dass es dabei um die präventive Abwehr möglicher Bedrohungen geht, liefert der Bezug zu „Vorsorgemaßnahmen" in der Gesetzesbegründung zu § 109 Abs. 2 S. 1 Nr. 2 aF.[49] Da der Gesetzgeber die Formulierung dieser Norm in S. 1 Nr. 2 wörtlich übernommen hat, kann auf die Überlegungen der Gesetzesbegründung weiterhin zurückgegriffen werden. Art. 13a Abs. 1 S. 1 Kommunikation-Rahmen-RL, der mit § 109 Abs. 2 S. 1 Nr. 2 umgesetzt werden sollte,[50] spricht von der angemessenen Beherrschung der Risiken für die Sicherheit von Netzen und Diensten. Hieraus lässt sich allerdings keine nähere Präzisierung des Begriffs ableiten, sodass die Vorschrift

[44] BeckOK StPO/*Graf*, § 109 Rn. 1.
[45] BT-Drs. 19/27441, 35.
[46] *BGH*, Urt. v.13.1.2011 – III ZR 146/10, NJW 2011, 1509 (1511).
[47] Geppert/Schütz/*Eckhardt*, § 109 Rn. 42; Scheurle/Mayen/*Schommertz/Gerhardus*, § 109 Rn. 5.
[48] Geppert/Schütz/*Eckhardt*, § 109 Rn. 42.
[49] BR-Drs. 129/11, 146.
[50] BR-Drs. 129/11, 146.

als allgemeine Verpflichtung zur Verhütung von allgemeinen Sicherheitsrisiken zu interpretieren ist. Erforderlich ist die Etablierung eines Risikomanagementsystems für die Sicherheit von Telekommunikationsnetzen und -diensten.[51]

3. Angemessene Maßnahmen (Abs. 2, 3, 6). Abs. 2 S. 1 verlangt von den Verpflichteten, dass sie angemessene technische Vorkehrungen und sonstige Maßnahmen treffen, um die Schutzziele zu gewährleisten. Die Definition der technischen Vorkehrungen und sonstigen Maßnahmen entspricht der des Abs. 1 S. 1. Allerdings enthält Abs. 2 weitere Ausführungen zu möglichen Maßnahmen und ihrer Auswahl. Gemäß Abs. 2 S. 2 müssen Verpflichtete insbesondere Maßnahmen zum Schutz vor unerlaubten Zugriffen auf Telekommunikations- und Datenverarbeitungssysteme sowie Maßnahmen, um Auswirkungen von Sicherheitsverletzungen für Nutzer oder für zusammengeschaltete Netze so gering wie möglich zu halten, treffen. Es handelt sich nicht um zusätzliche Verpflichtungen, sondern lediglich um Konkretisierungen.[52] **26**

Bei der Auswahl der Maßnahmen ist nach Abs. 2 S. 3 der bereits im Zusammenhang mit Abs. 1 S. 2 erläuterte Stand der Technik zu berücksichtigen. Hierzu wird vertreten, dass aus der Formulierung „berücksichtigen" eine Absenkung gegenüber den Anforderungen bei kritischen Infrastrukturen erfolge, da § 8a Abs. 1 S. 2 BSIG verlange, dass der Stand der Technik „eingehalten" werde.[53] In der Gesetzesbegründung findet sich kein Hinweis darauf, dass der Gesetzgeber die Verpflichteten von einer Einhaltung des Stands der Technik befreien wollte.[54] Art. 13a Abs. 1 S. 2 Kommunikation-Rahmen-RL zeigt vielmehr, dass der Gesetzgeber lediglich die Formulierung der Richtlinie übernommen hat. Diese verlangt, dass die Maßnahmen unter Berücksichtigung des Standes der Technik ein Sicherheitsniveau gewährleisten, das angesichts des bestehenden Risikos angemessen ist. Gegen eine Absenkung der Anforderungen spricht ferner die identische Formulierung in Abs. 1 S. 2 durch die der Gesetzgeber dem hohen Rang der dort geschützten Rechtsgüter Rechnung tragen wollte.[55] **27**

Als angemessen gilt eine Maßnahme nach Abs. 6, wenn der dafür erforderliche technische und wirtschaftliche Aufwand nicht außer Verhältnis zur Bedeutung der zu schützenden Telekommunikationsnetze oder -dienste steht. Wie bei Abs. 1 ist auf Basis der prognostizierten Gefahren eine Abwägung vorzunehmen.[56] In die Abwägung darf dabei ausdrücklich auch der technische und wirtschaftliche Aufwand einbezogen werden. **28**

Eine weitere explizit genannte Maßnahme iSd Abs. 2 ist in Abs. 3 normiert worden. Demnach kann eine angemessene Maßnahme für Betreiber öffentlicher Telekommunikationsnetze und Anbieter öffentlich zugänglicher Telekommunikations- **29**

---

[51] Fetzer/Scherer/Graulich/*Graulich*, § 109 Rn. 25f.

[52] BR-Drs. 129/11, 146; da durch die Normierung von Abs. 2 S. 1 keine inhaltliche Änderung über die Ausweitung des Adressatenkreises hinaus bezweckt wurde, kann auch hier für die Auslegung auf die alte Gesetzesbegründung zurückgegriffen werden, vgl. BT-Drs. 19/26108, 361.

[53] Hornung/Schallbruch IT-SicherheitsR/*Hornung/Schindler*, § 21 Rn. 58; *Roßnagel*, DVBl. 2015, 1206 (1208f.).

[54] BR-Drs. 129/11, 146; zur Anwendbarkeit der Gesetzesbegründung auf die neue Norm in § 165 gilt das oben Gesagte.

[55] BR-Drs. 129/11, 145; Begründung bezieht sich auf § 109 Abs. 1 S. 2 wurde jedoch in § 165 Abs. 1 S. 2 übernommen.

[56] Geppert/Schütz/*Eckhardt*, § 109 Rn. 46.

dienste auch der Einsatz von Systemen zur Angriffserkennung sein. Dabei verweist das Gesetz ausdrücklich auf die Definition in § 2 Abs. 9b BSIG. Dabei handelt es sich um durch technische Werkzeuge und organisatorische Einbindung unterstützte Prozesse zur Erkennung von Angriffen auf informationstechnische Systeme. Die Angriffserkennung erfolgt dabei durch Abgleich der in einem informationstechnischen System verarbeiteten Daten mit Informationen und technischen Mustern, die auf Angriffe hindeuten. Der Einsatz solcher Systeme muss angemessen sein. Insbesondere sind die Risiken durch falsche Warnmeldungen vorher zu prognostizieren und mit dem Interesse an einem umfassenden Schutz abzuwägen.[57]

30 Während der Einsatz solcher Systeme für Betreiber öffentlicher Telekommunikationsnetze und Anbieter öffentlich zugänglicher Telekommunikationsdienste eine angemessene Maßnahme darstellen kann und somit grundsätzlich optional ist, sind nach Abs. 3 S. 3 Betreiber und Anbieter von öffentlichen Telekommunikationsnetzen und öffentlich zugänglichen Telekommunikationsdiensten mit erhöhtem Gefährdungspotenzial zum Einsatz solcher Systeme verpflichtet. Nach Abs. 3 S. 5 kann die Bundesnetzagentur im Katalog von Sicherheitsanforderungen nach § 167 weitere Einzelheiten festlegen. Nach § 167 Abs. 1 S. 1 Nr. 3 kann die BNetzA in diesem Katalog auch festlegen, wann das Kriterium des erhöhten Gefährdungspotenzials erfüllt ist. Der aktuelle, noch unter der alten Rechtslage veröffentlichte, Katalog der Bundesnetzagentur sieht zusätzliche Sicherheitsanforderungen für öffentliche Telekommunikationsnetze und -dienste mit erhöhtem Gefährdungspotenzial vor. Diese werden bei Netzen mit erhöhter Kritikalität für anwendbar erklärt.[58] Entscheidend soll dafür die Bedeutung des öffentlichen Telekommunikationsnetzes oder -dienstes sein. Für eine erhöhte Kritikalität müssen diese Netze oder Dienste eine für das Gemeinwohl herausragende Bedeutung haben.[59]

31 **4. Verantwortlichkeit für Dritte.** Da auch im Rahmen des Abs. 2 der Abs. 6 S. 2 heranzuziehen ist, kann sich der Verpflichtete nach den Kriterien des § 62 Abs. 1 BDSG nicht der Verantwortlichkeit durch den Einsatz von Dritten entziehen.

32 **5. Kritische Komponenten (Abs. 4).** Nach Abs. 4 unterliegen Netz- und Systemkomponenten einer Zertifizierungsverpflichtung, die sich an den Vorgaben für kritische Infrastrukturen orientieren. Das Zertifizierungsverfahren selbst ist weiterhin im BSIG geregelt.[60]

---

[57] BT-Drs. 19/26108, 361.

[58] *BNetzA,* Katalog von Sicherheitsanforderungen für das Betreiben von Telekommunikations- und Datenverarbeitungssystemen sowie für die Verarbeitung personenbezogener Daten, https://www.bundesnetzagentur.de/SharedDocs/Downloads/DE/Sachgebiete/Telekommunikation/Unternehmen_Institutionen/Anbieterpflichten/OeffentlicheSicherheit/KatalogSicherheitsanforderungen/KatalogSicherheitsanforderungen.pdf?__blob=publicationFile&v=11, S. 40.

[59] *BNetzA,* Katalog von Sicherheitsanforderungen für das Betreiben von Telekommunikations- und Datenverarbeitungssystemen sowie für die Verarbeitung personenbezogener Daten, S. 36.

[60] BT-Drs. 19/26106, 96.

III. Zusätzliche Betreiberpflicht für öffentliche Telekommunikationsnetze (Abs. 5)

Abs. 5 enthält für die Betreiber von öffentlichen Telekommunikationsnetzen die zusätzliche Verpflichtung zu Maßnahmen, welche einen ordnungsgemäßen Betrieb und damit die fortlaufende Verfügbarkeit des Netzes gewährleisten. Die Regelung geht auf Art. 13a Abs. 2 Kommunikation-Rahmen-RL zurück und soll einen Schutz der Netze vor Überlastung und anderer Ausfallszenarien gewährleisten. Vor dem Inkrafttreten des TKModG fand sich eine wortgleiche Vorschrift in §109 Abs. 2 S. 5. Diese wurde nun in einen eigenen Absatz überführt. Dass sich die Vorschrift nur an Betreiber von öffentlichen Telekommunikationsnetzen und nicht an Erbringer von öffentlich zugänglichen Telekommunikationsdiensten richtet, lässt sich dadurch erklären, dass die Verfügbarkeit der Netze als kritischer bewertet wurde. Vor dem Hintergrund, dass die Erbringer von Telekommunikationsdiensten von den Betreibern der Telekommunikationsnetze hinsichtlich der Verfügbarkeit abhängig sind, erscheint dies durchaus überzeugend. 33

IV. Gemeinsame Standortnutzung (Abs. 7)

Nutzen mehrere Verpflichtete gemeinsam einen Standort oder technische Einrichtungen, hat nach Abs. 7 jeder von ihnen die Verpflichtungen des Abs. 1 und Abs. 2 zu erfüllen, soweit einzelne Verpflichtungen nicht einem der Beteiligten zugeordnet werden können. Eine entsprechende Regelung wurde bereits mit dem TKG 2004 eingeführt und sollte dem Umstand Rechnung tragen, dass moderne Telekommunikationsanlagen aus „einem Gemenge eigener Einrichtungen und mitbenutzter Einrichtungen anderer Bewerber bestehen können“.[61] Um in diesen Fällen einer Verantwortungsdiffusion entgegen zu wirken und sicherzustellen, dass auch in Fällen, „in denen zwar die einzelne Anlage für die Allgemeinheit nicht so bedeutsam ist, wohl aber die Gesamtheit der Anlagen aller Betreiber“, eine Einhaltung der Vorgaben des Abs. 1 und Abs. 2 gewährleistet ist, muss im Zweifelsfall jeder der Beteiligten die Vorschriften umsetzen.[62] Bei einer gemeinsamen Nutzung eines Standortes oder einer technischen Einrichtung ist es für die Beteiligten daher vorteilhaft, eine klare Verantwortungszuteilung vorzunehmen und diese zu dokumentieren. 34

V. Abhilfemaßnahmen (Abs. 8)

Der Absatz ermächtigt die Bundesnetzagentur dazu bei Eintritt eines Sicherheitsvorfalls oder der Feststellung einer erheblichen Gefahr Maßnahmen zur Behebung des Sicherheitsvorfalls oder zur Abwendung der Gefahr anzuordnen. Damit wird Art. 41 Abs. 1 Elektronische Kommunikationskodex-RL im Wesentlichen wortgleich in nationales Recht umgesetzt.[63] 35

---

[61] BR-Drs. 15/2316, 92.
[62] BR-Drs. 15/2316, 92.
[63] BT-Drs. 19/26108, 362.

VI. Kontrolle und Durchsetzung (Abs. 9 und 10)

36 Der BNetzA stehen umfangreiche Befugnisse zur Kontrolle und Durchsetzung der Verpflichtungen aus § 165 zur Verfügung. Insbesondere kann sie nach Abs. 9 S. 1 anordnen, dass sich Verpflichtete nach Abs. 2 auf eigene Kosten einem Audit durch das BSI oder durch eine vom BSI oder einer vergleichbaren EU-Behörde anerkannte qualifizierte Stelle unterziehen. Es handelt sich hierbei nicht um eine eigene Untersuchungsbefugnis der BNetzA, sondern um eine Ermächtigung eine Überprüfung durch einen Dritten herbeizuführen.[64] Gleichwohl hat der Verpflichtete nach Abs. 9 S. 4 eine Kopie des Überprüfungsberichts unverzüglich an die BNetzA zu übermitteln, damit diese bei Bedarf weitere Maßnahmen treffen kann. Über aufgedeckte Mängel bei der Erfüllung der Sicherheitsanforderungen und geforderte Abhilfemaßnahmen informiert die BNetzA nach Abs. 10 unverzüglich das BSI. Durch das IT-SiG 2.0 wird in Abs. 9 S. 2 die Verpflichtung zu Audits im zwei Jahresturnus für die Betreiber öffentlicher Telekommunikationsnetze mit erhöhtem Gefährdungspotenzial aufgenommen. Diese Pflicht soll dem steigenden Gefährdungspotenzial für Telekommunikationsnetze Rechnung tragen.[65] Durch Abs. 9 S. 6 soll die Zusammenarbeit zwischen BNetzA und BSI gestärkt werden.[66] Die Befugnis zur Anordnung von Abhilfemaßnahmen bleibt jedoch bei der BNetzA.

37 Darüber hinaus kann die BNetzA die Verpflichtungen nach § 165 gemäß § 183 Abs. 1 mit Hilfe von Anordnungen oder anderen Maßnahmen durchsetzen und nach § 183 Abs. 5 zur Durchsetzung der Verpflichtungen Zwangsgelder bis zu einer Million Euro festsetzen.

C. Weitere Befugnisse der Bundesnetzagentur (Abs. 11)

38 Die Bundesnetzagentur wird nach S. 1 dazu berechtigt, die in Art. 9 NIS-RL zum Sicherheitsniveau von Netz- und Informationssystemen vorgesehenen Computer-Notfallteams, von denen jeder Mitgliedsstaat der Europäischen Union mindestens eines benennen muss, anzufordern. Des Weiteren kann die Bundesnetzagentur nach S. 2 das Bundesamt für Sicherheit in der Informationstechnik, die zuständigen nationalen Strafverfolgungsbehörden und die Bundesbeauftragte oder den Bundesbeauftragten für den Datenschutz und die Informationsfreiheit konsultieren. Beide Regelungen dienen der Umsetzung von Art. 41 Abs. 4 und 5 Elektronische Kommunikationskodex-RL.[67]

§ 166 Sicherheitsbeauftragter und Sicherheitskonzept

(1) **Wer ein öffentliches Telekommunikationsnetz betreibt oder öffentlich zugängliche Telekommunikationsdienste erbringt, hat**

1. einen Sicherheitsbeauftragten zu bestimmen,

2. einen in der Europäischen Union ansässigen Ansprechpartner zu benennen und

---

64 Geppert/Schütz/*Eckhardt*, § 109 Rn. 95.

65 BT-Drs. 19/26106, 97f.

66 BT-Drs. 19/26106, 98.

67 BT-Drs. 19/26108, 362.

3. ein Sicherheitskonzept zu erstellen, aus dem hervorgeht,
a) welches öffentliche Telekommunikationsnetz betrieben wird und welche öffentlich zugänglichen Telekommunikationsdienste erbracht werden,
b) von welchen Gefährdungen auszugehen ist und
c) welche technischen Vorkehrungen oder sonstigen Schutzmaßnahmen zur Erfüllung der durch die Vorgaben des Katalogs von Sicherheitsanforderungen nach § 167 konkretisierten Verpflichtungen aus § 165 Absatz 1 bis 7 getroffen oder geplant sind; sofern der Katalog lediglich Sicherheitsziele vorgibt, ist darzulegen, dass mit den ergriffenen Maßnahmen das jeweilige Sicherheitsziel vollumfänglich erreicht wird.

(2) **[1]Wer ein öffentliches Telekommunikationsnetz betreibt, hat der Bundesnetzagentur das Sicherheitskonzept unverzüglich nach der Aufnahme des Netzbetriebs vorzulegen. [2]Wer öffentlich zugängliche Telekommunikationsdienste erbringt, kann von der Bundesnetzagentur verpflichtet werden, das Sicherheitskonzept vorzulegen.**

(3) **Mit dem Sicherheitskonzept ist eine Erklärung vorzulegen, dass die in dem Sicherheitskonzept aufgezeigten technischen Vorkehrungen und sonstigen Schutzmaßnahmen umgesetzt sind oder unverzüglich umgesetzt werden.**

(4) **[1]Stellt die Bundesnetzagentur im Sicherheitskonzept oder bei dessen Umsetzung Sicherheitsmängel fest, so kann sie die unverzügliche Beseitigung dieser Mängel verlangen. [2]Sofern sich die dem Sicherheitskonzept zugrunde liegenden Gegebenheiten ändern, hat der nach Absatz 2 Verpflichtete das Sicherheitskonzept unverzüglich nach der Änderung anzupassen und der Bundesnetzagentur unverzüglich nach erfolgter Anpassung unter Hinweis auf die Änderungen erneut vorzulegen.**

(5) **[1]Die Bundesnetzagentur überprüft regelmäßig die Umsetzung des Sicherheitskonzepts. [2]Die Überprüfung soll mindestens alle zwei Jahre erfolgen.**

Literatur: Ehmann/Selmayr (Hrsg.), Datenschutz-Grundverordnung, 2. Aufl. 2018; Fetzer/Scherer/Graulich (Hrsg.), Telekommunikationsgesetz, 3. Aufl. 2020; Geppert/Schütz (Hrsg.), Beck'scher TKG-Kommentar, 4. Aufl. 2013; Grützner/Jakob (Hrsg.), Compliance von A-Z, 2. Aufl. 2015; Kühling/Buchner (Hrsg.), DS-GVO BDSG, 3. Aufl. 2020; Scheurle/Mayen (Hrsg.), Telekommunikationsgesetz, 3. Aufl. 2018.

A. Allgemeines

Der § 166 wurde mit dem Telekommunikationsmodernisierungsgesetz (TKModG) geschaffen und übernimmt inhaltlich die vorher geltenden Regelungen des § 109 Abs. 4 aF überwiegend wortgleich. Er normiert weiterhin die Pflicht für Betreiber öffentlicher Telekommunikationsnetze und Erbringer öffentlich zugänglicher Telekommunikationsdienste einen Sicherheitsbeauftragten zu ernennen, einen Ansprechpartner zu benennen und ein Sicherheitskonzept zu erstellen. Darüber hinaus verleiht er der Bundesnetzagentur entsprechende Kontrollbefugnisse. Zum Zwecke der Übersichtlichkeit wurden einzelne Sätze in eigene Absätze über- 1 führt. Eine inhaltliche Änderung gegenüber der alten Rechtslage besteht in der Erleichterung, einen Sicherheitsbeauftragten zu ernennen. Begründung für die Erleichterung war der erweiterte Adressatenkreis der Vorschrift.[1] Des Weiteren ist nun ein in der Europäischen Union ansässiger Ansprechpartner zu benennen.

B. Einzelerläuterungen

I. Sicherheitsbeauftragter, Ansprechpartner und Sicherheitskonzept (Abs. 1)

2 Durch Abs. 1 wird eine Pflicht begründet, einen Sicherheitsbeauftragen zu bestimmen, einen in der Europäischen Union ansässigen Ansprechpartner zu benennen und ein Sicherheitskonzept zu erstellen. Verpflichtet sind nach Abs. 1 Betreiber von öffentlichen Telekommunikationsnetzen und Erbringer öffentlich zugänglicher Telekommunikationsdienste. Es handelt sich folglich um dieselben Adressaten, die nach § 165 Abs. 2 im öffentlichen Interesse dazu verpflichtet sind, zum Schutz vor Störungen und Sicherheitsrisiken bestimmte technische und organisatorische Maßnahmen zu ergreifen. Zum Adressatenkreis kann insoweit auf die dortige Kommentierung verwiesen werden.

3 Ihren Ursprung hat die Verpflichtung in § 87 Abs. 2 TKG 1996, der bei Erstellung und Umsetzung des Sicherheitskonzepts auf die Eigenverantwortung der Verpflichteten setzte.[2] Mit § 109 Abs. 3 S. 1 TKG 2004 wurde die Verpflichtung zur Bestellung eines Sicherheitsbeauftragten und zur Vorlage eines Sicherheitskonzepts auf die Betreiber von Telekommunikationsnetzen beschränkt, die dem Erbringen von Telekommunikationsdiensten für die Öffentlichkeit dienen. Die Betreiber nichtöffentlicher Telekommunikationsanlagen sollten dadurch aus der Verpflichtung entlassen werden.[3] Gleichzeitig wurde mit § 109 Abs. 3 S. 2–6 TKG 2004 das Verfahren zur Vorlage des Sicherheitskonzepts, das bis zu diesem Zeitpunkt in der entfallenen Lizenzerteilung enthalten war, in das TKG aufgenommen.[4] Mit dem TKG 2012 wurde die Verpflichtung zur Umsetzung der TK-Rahmenrichtlinie und der ePrivacy-Richtlinie auf Anbieter öffentlich zugänglicher Telekommunikationsdienste erweitert.

4 Die Anpassung des § 109 Abs. 4 Nr. 3 durch das IT-SiG 2.0 konkretisiert die inhaltlichen Vorgaben zum Sicherheitskonzept.[5] Relevant wird dabei vor allem sein, dass die Neuregelung neben einzelnen Maßnahmen auf die im Katalog von Sicherheitsanforderungen enthaltenen Schutzziele der IT-Sicherheit abstellt, die bisher im Rahmen der gesetzlichen Regelung keine unmittelbare Rolle spielten.

5 Durch das TKModG wurde die Ernennung eines Sicherheitsbeauftragten erleichtert. Dafür wurde die Verpflichtung neu eingeführt, einen in der Europäischen Union ansässigen Ansprechpartner zu benennen.

6 **1. Sicherheitsbeauftragter (Nr. 1).** Abs. 1 macht, ebenso wie die Vorgängerregelungen, keine Vorgaben zur fachlichen Eignung und Qualifikation des Sicherheitsbeauftragten. Aus dem Sinn und Zweck der Regelung wird geschlussfolgert, dass der Sicherheitsbeauftragte als Element der Selbstkontrolle ein Mindestmaß an

---

[1] BT-Drs. 19/26108, 362.
[2] BR-Drs. 80/96, 54.
[3] BR-Drs. 15/2316, 92.
[4] BR-Drs. 15/2316, 62.
[5] BT-Drs. 19/26106, 97.

fachlicher Eignung haben muss.[6] Die Anforderungen an einen Datenschutzbeauftragen nach Art. 35 Abs. 5, 39 DS-GVO können auf den Sicherheitsbeauftragten nicht übertragen werden, da die Regelungen des Abs. 1 das öffentliche Interesse an der Funktionsfähigkeit der Kommunikation und nicht die personenbezogenen Daten des Einzelnen schützen. Die weitgehende Unbestimmtheit der Rolle des Sicherheitsbeauftragten zeigt sich auch bei seinen Aufgaben. Ob ein Sicherheitsbeauftragter in die Erstellung des Sicherheitskonzepts einzubeziehen ist oder dieses gar zu erstellen hat, bleibt ebenso einer internen Regelung des Verpflichteten vorbehalten, wie die Einräumung von Weisungsbefugnissen oder Kontrollrechten.[7] Ob ein Datenschutzbeauftragter zugleich Sicherheitsbeauftragter sein kann, ist mit Blick auf mögliche Pflichtenkollisionen umstritten.[8] Kritisch dürfte die gleichzeitige Aufgabenzuweisung dabei insbesondere aus datenschutzrechtlicher Sicht sein, da der Datenschutzbeauftragte nach Art. 38 Abs. 6 DS-GVO zwar andere Aufgaben wahrnehmen kann, jedoch dabei keine Interessenkonflikte auftreten dürfen.[9] Die Thüringer Datenschutzaufsicht geht in ihrem Tätigkeitsbericht für das Jahr 2019 beispielsweise davon aus, dass eine gleichzeitige Tätigkeit als IT-Sicherheitsbeauftragter und Datenschutzbeauftragter nach der DS-GVO unzulässig ist.[10]

In der Vorgängerregelung des § 109 Abs. 4 S. 1 aF lautete die Formulierung ein Sicherheitsbeauftragter sei zu „benennen“, während es nach der neuen Fassung ausreichend ist, wenn ein Sicherheitsbeauftragter „bestimmt“ wird. Diese Umformulierung stellt eine bewusste Entscheidung dar. Dies verdeutlicht gerade der Vergleich mit dem Wortlaut des Abs. 1 Nr. 2, wonach ein Ansprechpartner „benannt“ werden muss. Demnach muss ein Sicherheitsbeauftragter nur intern im Unternehmen bestimmt und nicht mehr gegenüber der Bundesnetzagentur benannt werden. Diese Erleichterung wurde aufgrund des erweiterten Adressatenkreises der Vorschrift eingeführt,[11] der sich insbesondere aus der seit dem TKModG erweiterten Definition des Begriffs des Telekommunikationsdienstes ergibt. 7

2. Ansprechpartner (Nr. 2). Eine durch das TKModG eingeführte Neuerung besteht in der Verpflichtung, einen in der Europäischen Union ansässigen Ansprechpartner zu benennen. Dies dient vor allem dazu, den Behörden bei Anbietern mit Hauptsitz außerhalb der Europäischen Union einen greifbaren Ansprechpartner zu verschaffen. Die Regelung hat insoweit Ähnlichkeiten mit Art. 27 Abs. 1 DS-GVO, der sicherstellen soll, dass für die Behörden Verantwortliche und Auftragsverarbeiter auch dann greifbar bleiben, wenn diese außerhalb der Europäischen Union ansässig sind. Auffällig ist, dass die DS-GVO in diesem Zusammenhang von Vertreter spricht, Abs. 1 Nr. 2 demgegenüber nur von Ansprechpartner. Bei Letzterem handelt es sich um eine schwächere Formulierung. Daher ist davon auszugehen, 8

---

[6] Geppert/Schütz/*Eckhardt,* § 109 Rn. 52; Scheurle/Mayen/*Schommertz/Gerhardus,* § 109 Rn. 11; Fetzer/Scherer/Graulich/*Graulich,* § 109 Rn. 39.

[7] Geppert/Schütz/*Eckhardt,* § 109 Rn. 52; aA Fetzer/Scherer/Graulich/*Graulich,* § 109 Rn. 39.

[8] Dafür: Scheurle/Mayen/*Schommertz/Gerhardus,* § 109 Rn. 11; kritisch: Geppert/Schütz/*Eckhardt,* § 109 Rn. 52; dagegen: Grützner/Jakob Compliance/*Grützner/Jakob,* IT-Sicherheitsbeauftragter.

[9] Kühling/Buchner/*Bergt,* DS-GVO Art. 38 Rn. 42.

[10] *TLfDI,* 2. Tätigkeitsbericht zum Datenschutz nach der DS-GVO (Berichtszeitraum: 1.1.2019–31.12.2019), 2020, 285 (135).

[11] BT-Drs. 19/26108, 362.

dass der Ansprechpartner, anders als der Vertreter,[12] nicht direkt Durchsetzungsmaßnahmen unterworfen werden darf.

9 **3. Sicherheitskonzept (Nr. 3).** Über die Bestellung eines Sicherheitsbeauftragten und die Benennung eines Ansprechpartners hinaus beinhaltet Abs. 1 Nr. 3 die Verpflichtung zur Erstellung eines Sicherheitskonzepts. Die Mindestinhalte des Sicherheitskonzepts sind in Abs. 1 Nr. 3 lit. a, b, c festgelegt. Nach lit. a muss das Konzept eine Beschreibung der betriebenen Telekommunikationsnetze beziehungsweise der erbrachten Telekommunikationsdienste enthalten. Hierbei sind die eingesetzten Systeme zu beschreiben.[13] Lit. b verlangt eine Aufstellung der möglichen Gefährdungen und lit. c eine Darstellung der getroffenen und geplanten Maßnahmen nach § 165 Abs. 1–Abs. 7.

II. Vorlage- und Aktualisierungsverpflichtung (Abs. 2, 3, 4)

10 Nach Abs. 2 S. 1 müssen Betreiber öffentlicher Telekommunikationsnetze das erstellte Sicherheitskonzept unverzüglich nach der Aufnahme des Netzbetriebs der BNetzA vorlegen. Um kleinere Anbieter von Telekommunikationsdiensten zu entlasten und eine effektive Aufgabenerfüllung durch die BNetzA zu gewährleisten,[14] sind Anbieter öffentlich zugänglicher Telekommunikationsdienste nach Abs. 2 S. 2 nur zu einer Vorlage ihres Sicherheitskonzepts bei Aufforderung durch die Behörde verpflichtet. Die Erleichterung bezieht sich jedoch nur auf die Vorlage, nicht auf die Erstellung eines Sicherheitskonzepts.[15] Soweit eine Vorlagepflicht besteht, ist nach Abs. 3 mit dem Sicherheitskonzept ebenfalls eine Erklärung darüber vorzulegen, dass die darin aufgezeigten technischen Vorkehrungen und sonstigen Schutzmaßnahmen umgesetzt sind oder unverzüglich umgesetzt werden. Eine unverzügliche Umsetzung verlangt nach dem ausdrücklichen Willen des Gesetzgebers eine zeitnahe Umsetzung ohne schuldhaftes Zögern.[16] Abs. 4 S. 2 sieht eine Pflicht zur Aktualisierung und erneuten Vorlage des Sicherheitskonzepts vor, wenn sich die zugrunde liegenden Gegebenheiten ändern. Die Pflicht besteht jedoch nur, soweit die Veränderung der Gegebenheiten Auswirkungen auf die Gefährdungslage hat und dadurch eine Anpassung der Maßnahmen erforderlich wird.[17]

III. Kontrollbefugnisse der BNetzA (Abs. 4, 5)

11 Im Gegensatz zur Benennung des Sicherheitsbeauftragten bei der die BNetzA keine Befugnisse hat, kann sie nach Abs. 4 S. 1 bei Mängeln im Sicherheitskonzept oder dessen Umsetzung deren unverzügliche Beseitigung verlangen. Darüber hinaus soll die BNetzA nach Abs. 5 S. 1 und S. 2 die Umsetzung von vorgelegten Sicherheitskonzepten mindestens alle zwei Jahre überprüfen. Durch die Formulierung „soll" wird die Amtspflicht abgemildert.[18]

---

[12] Ehmann/Selmayr/*Klabunde*, DS-GVO Art. 4 Rn. 74.
[13] Geppert/Schütz/*Eckhardt*, § 109 Rn. 56.
[14] BR-Drs. 129/11, 146.
[15] Geppert/Schütz/*Eckhardt*, § 109 Rn. 59.
[16] BR-Drs. 15/2316, 92.
[17] Geppert/Schütz/*Eckhardt*, § 109 Rn. 61; Scheurle/Mayen/*Schommertz/Gerhardus*, § 109 Rn. 12.
[18] Fetzer/Scherer/Graulich/*Graulich*, § 109 Rn. 49.

§ 167 Katalog von Sicherheitsanforderungen

(1) [1]Die Bundesnetzagentur legt im Einvernehmen mit dem Bundesamt für Sicherheit in der Informationstechnik und der oder dem Bundesbeauftragten für den Datenschutz und die Informationsfreiheit durch Allgemeinverfügung in einem Katalog von Sicherheitsanforderungen für das Betreiben von Telekommunikations- und Datenverarbeitungssystemen sowie für die Verarbeitung personenbezogener Daten fest:

1. Einzelheiten der nach § 165 Absatz 1 bis 7 zu treffenden technischen Vorkehrungen und sonstigen Maßnahmen unter Beachtung der verschiedenen Gefährdungspotenziale der öffentlichen Telekommunikationsnetze und öffentlich zugänglichen Telekommunikationsdienste,
2. welche Funktionen kritische Funktionen im Sinne von § 2 Absatz 13 Satz 1 Nummer 3 Buchstabe b des BSI-Gesetzes sind, die von kritischen Komponenten im Sinne von § 2 Absatz 13 des BSI-Gesetzes realisiert werden, und
3. wer als Betreiber öffentlicher Telekommunikationsnetze und als Anbieter öffentlich zugänglicher Telekommunikationsdienste mit erhöhtem Gefährdungspotenzial einzustufen ist.

[2]Der Katalog von Sicherheitsanforderungen nach Satz 1 kann auch Anforderungen zur Offenlegung und Interoperabilität von Schnittstellen von Netzkomponenten einschließlich einzuhaltender technischer Standards enthalten. [3]Die Bundesnetzagentur gibt den Herstellern, den Verbänden der Betreiber öffentlicher Telekommunikationsnetze und den Verbänden der Anbieter öffentlich zugänglicher Telekommunikationsdienste Gelegenheit zur Stellungnahme.

(2) Die Verpflichteten haben die Vorgaben des Katalogs spätestens ein Jahr nach dessen Inkrafttreten zu erfüllen, es sei denn, in dem Katalog ist eine davon abweichende Umsetzungsfrist festgelegt worden.

A. Allgemeines

Ihren Ursprung hat die Regelung des § 167 im Wesentlichen in § 109 Abs. 6 aF. 1
Die Norm weist der Bundesnetzagentur (BNetzA) die Aufgabe zu, einen Katalog von Sicherheitsanforderungen für das Betreiben von Telekommunikations- und Datenverarbeitungssystemen festzulegen. Dieser Katalog soll die Grundlage, für die von den Verpflichteten zu ergreifenden Sicherheitsmaßnahmen und Vorkehrungen, bilden.[1]

B. Einzelerläuterungen

I. Katalog von Sicherheitsanforderungen (Abs. 1)

In Abs. 1 ist die Erstellung des Katalogs von Sicherheitsanforderungen für das 2
Betreiben von Telekommunikations- und Datenverarbeitungssystemen geregelt. Dieser wird nach S. 1 von der BNetzA im Einvernehmen mit dem BSI sowie dem

---

[1] BT-Drs. 19/26108, 362.

BfDI erstellt. S. 1 Nr. 1 legt seit Einführung der Regelung durch das IT-SiG 2.0 zuvor in § 109 Abs. 6 aF fest, was die zuständigen Behörden in den Katalog aufzunehmen haben. S. 1 Nr. 2 und Nr. 3 enthält darüber hinaus die erforderlichen Regelungen zur Verschränkung der Vorgaben für kritische Infrastrukturen und den Vorgaben des § 165.

3 Der Katalog soll als Grundlage für das Sicherheitskonzept nach § 166 Abs. 1 S. 1 Nr. 3 sowie Maßnahmen nach § 165 Abs. 1 und Abs. 2 dienen. Gemäß Abs. 1 S. 3 hat die BNetzA Herstellern sowie einschlägigen Betreiberverbänden Gelegenheit zur Stellungnahme zu geben. Dies bedeutet auch, dass Herstellern und Verbänden die wesentlichen Kontextinformationen zur Verfügung gestellt werden müssen und ihnen eine angemessene Frist eingeräumt wird, da nur dann eine echte Gelegenheit zur Stellungnahme besteht. Anders als noch in § 109 Abs. 6 S. 3 aF enthält § 167 keine explizite Pflicht der BNetzA, den Katalog zu veröffentlichen. Nach der Gesetzesbegründung liegt dies daran, dass der Katalog als Allgemeinverfügung ohnehin nach § 210 öffentlich bekannt zu geben ist.[2] § 210 sieht vor, dass Allgemeinverfügungen der Bundesnetzagentur sowohl auf der Internetseite der als auch im Amtsblatt der Bundesnetzagentur bekannt zu machen sind. Der aktuell geltende Katalog von Sicherheitsanforderungen (Version 2.0) stammt vom 29.4.2020 und ist auf der Webseite der BNetzA abrufbar.[3]

4 Des Weiteren wird die Bundesnetzagentur nach S. 1 Nr. 3 ermächtigt, in dem Katalog festzulegen, wer als Betreiber öffentlicher Telekommunikationsnetze und als Anbieter öffentlich zugänglicher Telekommunikationsdienste mit erhöhtem Gefährdungspotenzial einzustufen ist. Die entsprechende Einstufung löst etwa die Pflicht nach § 165 Abs. 3 S. 2 aus, Systeme zur Angriffserkennung einzusetzen.

5 Eine durch das TKModG zum 1.12.2021 eingeführte Neuerung stellt die Regelung des § 167 Abs. 1 S. 2 dar. Danach kann der Katalog auch Anforderungen zur Offenlegung und Interoperabilität von Schnittstellen von Netzkomponenten einschließlich einzuhaltender technischer Standards enthalten. Damit soll die BNetzA für die Anforderungen innovativer Zukunftstechnologien wie Open-RAN in Mobilfunknetzwerken gerüstet werden.[4]

II. Umsetzungsfrist (Abs. 2)

6 Nach Abs. 2 wird der Katalog nach seiner Verabschiedung von den Verpflichteten innerhalb eines Jahres umgesetzt, soweit im Katalog keine abweichende Regelung enthalten ist. Hierdurch wird die Verbindlichkeit des Katalogs von Sicherheitsanforderungen gestärkt.

[2] BT-Drs. 19/26108, 362.

[3] *BNetzA,* Katalog von Sicherheitsanforderungen für das Betreiben von Telekommunikations- und Datenverarbeitungssystemen sowie für die Verarbeitung personenbezogener Daten nach § 109 TKG vom 29.4.2020, https://www.bundesnetzagentur.de/SharedDocs/Downloads/DE/Sachgebiete/Telekommunikation/Unternehmen_Institutionen/Anbieterpflichten/OeffentlicheSicherheit/KatalogSicherheitsanforderungen/KatalogSicherheitsanforderungen.pdf?__blob=publicationFile&v=11.

[4] BT-Drs. 19/26108, 362.

§ 168 Mitteilung eines Sicherheitsvorfalls

(1) [1]Wer ein öffentliches Telekommunikationsnetz betreibt oder öffentlich zugängliche Telekommunikationsdienste erbringt, hat der Bundesnetzagentur und dem Bundesamt für Sicherheit in der Informationstechnik einen Sicherheitsvorfall mit beträchtlichen Auswirkungen auf den Betrieb der Netze oder die Erbringung der Dienste unverzüglich mitzuteilen. [2]§ 42 Absatz 4 und § 43 Absatz 4 des Bundesdatenschutzgesetzes gelten entsprechend.

(2) Das Ausmaß der Auswirkungen eines Sicherheitsvorfalls ist – sofern verfügbar – insbesondere anhand folgender Kriterien zu bewerten:
1. die Zahl der von dem Sicherheitsvorfall betroffenen Nutzer,
2. die Dauer des Sicherheitsvorfalls,
3. die geographische Ausdehnung des von dem Sicherheitsvorfall betroffenen Gebiets,
4. das Ausmaß der Beeinträchtigung des Telekommunikationsnetzes oder des Dienstes,
5. das Ausmaß der Auswirkungen auf wirtschaftliche und gesellschaftliche Tätigkeiten.

(3) Die Mitteilung nach Absatz 1 Satz 1 muss die folgenden Angaben enthalten:
1. Angaben zu dem Sicherheitsvorfall,
2. Angaben zu den Kriterien nach Absatz 2,
3. Angaben zu den betroffenen Systemen sowie
4. Angaben zu der vermuteten oder tatsächlichen Ursache.

(4) [1]Die Bundesnetzagentur legt Einzelheiten des Mitteilungsverfahrens fest. [2]Die Bundesnetzagentur kann einen detaillierten Bericht über den Sicherheitsvorfall und die ergriffenen Abhilfemaßnahmen verlangen.

(5) [1]Erforderlichenfalls unterrichtet die Bundesnetzagentur die nationalen Regulierungsbehörden der anderen Mitgliedstaaten der Europäischen Union und die Agentur der Europäischen Union für Cybersicherheit über den Sicherheitsvorfall. [2]Die Bundesnetzagentur kann die Öffentlichkeit unterrichten oder die nach Absatz 1 Satz 1 Verpflichteten zu dieser Unterrichtung verpflichten, wenn sie zu dem Schluss gelangt, dass die Bekanntgabe des Sicherheitsvorfalls im öffentlichen Interesse liegt.

(6) [1]Im Falle einer besonderen und erheblichen Gefahr eines Sicherheitsvorfalls informieren die nach Absatz 1 Satz 1 Verpflichteten die von dieser Gefahr potenziell betroffenen Nutzer über alle möglichen Schutz- oder Abhilfemaßnahmen, die von den Nutzern ergriffen werden können sowie gegebenenfalls auch über die Gefahr selbst. [2]§ 8e des BSI-Gesetzes gilt entsprechend.

(7) Die Bundesnetzagentur legt der Kommission, der Agentur der Europäischen Union für Cybersicherheit und dem Bundesamt für Sicherheit in der Informationstechnik einmal pro Jahr einen zusammenfassenden Bericht über die eingegangenen Meldungen und die ergriffenen Abhilfemaßnahmen vor.

Literatur: *Fetzer/Scherer/Graulich* (Hrsg.), Telekommunikationsgesetz Kommentar, 3. Aufl. 2020; *Geppert/Schütz* (Hrsg.), Beck'scher TKG-Kommentar, 4. Aufl. 2013; *Hornung/Schallbruch* (Hrsg.), IT-Sicherheitsrecht, 2021; *Kühling/Buchner* (Hrsg.), DS-GVO BDSG, 3. Aufl. 2020; *Scheurle/Mayen* (Hrsg.), Telekommunikationsgesetz, 3. Aufl. 2018; *Taeger/Pohle,* Computerrechts-Handbuch, 36. Aufl. 2021; *Wolff/Brink,* BeckOK Datenschutzrecht, 38. Ed. 1.11.2021.

A. Allgemeines

Die Regelung des § 168 wurde mit dem Telekommunikationsmodernisierungsgesetz (TKModG) mit Wirkung zum 1.12.2021 geschaffen. Sie basiert im Wesentlichen auf der Vorgängerregelung des § 109 Abs. 5 aF. Die vorgenommenen Änderungen dienen vorwiegend der Umsetzung von Art. 40 Abs. 2 und 3 Elektronische Kommunikationskodex-RL.[1] Inhaltlich regelt die Norm Meldepflichten von Betreibern öffentlicher Telekommunikationsnetzen sowie von Erbringern öffentlich zugänglicher Telekommunikationsdienste. Darüber hinaus gibt sie der Bundesnetzagentur (BNetzA) Möglichkeiten, auf die Meldung zu reagieren. Als bedeutende Neuerung gegenüber der Rechtslage vor dem TKModG ist insbesondere der neu eingeführte Begriff des Sicherheitsvorfalls als Anknüpfungspunkt für die Mitteilungspflicht hervorzuheben.

B. Einzelerläuterungen

I. Mitteilungspflicht (Abs. 1, 2)

1 **1. Meldepflichtiger Sicherheitsvorfall.** Verpflichtet werden durch Abs. 1 S. 1 Betreiber öffentlicher Telekommunikationsnetze und Erbringer öffentlich zugänglicher Telekommunikationsdienste. Dabei handelt es sich um dieselben Adressaten wie auch im Rahmen von § 165 Abs. 2 und § 166 Abs. 1.

2 Auslöser der Meldepflicht ist ein Sicherheitsvorfall mit beträchtlichen Auswirkungen auf den Betrieb der Netze oder die Erbringung der Dienste. Für den Sicherheitsvorfall findet sich eine Definition in § 3 Nr. 53. Danach liegt ein solcher bei einem Ereignis mit nachteiliger Wirkung auf die Sicherheit von Telekommunikationsnetzen oder -diensten vor. Die Sicherheit von Netzen und Diensten ist in § 3 Nr. 51 als die Fähigkeit von Telekommunikationsnetzen und -diensten definiert, auf einem bestimmten Vertrauensniveau alle Angriffe abzuwehren, die die Verfügbarkeit, Authentizität, Integrität oder Vertraulichkeit dieser Netze und Dienste, der gespeicherten, übermittelten oder verarbeiteten Daten oder der damit zusammenhängenden Dienste, die über diese Telekommunikationsnetze oder -dienste angeboten werden oder zugänglich sind, beeinträchtigen.

3 Damit hat sich der Gesetzgeber dazu entschieden, die Sicherheit anhand der drei Schutzziele der IT-Sicherheit Verfügbarkeit, Integrität und Vertraulichkeit zu bestimmen. Zusätzlich dazu wurde der Begriff der Authentizität verankert. Die Bestimmung ist insoweit technikneutraler als zuvor, da sie über abstrakte Zielbestimmungen hinaus keine konkreten technischen Szenarien beschreibt.

4 Die Integrität ist geschützt, wenn ein System gegen Manipulationen geschützt ist. Das größte Sicherheitsrisiko für die Integrität von IT-Systemen sind Schadpro-

[1] BT-Drs. 19/26108, 362.

gramme. Vertraulichkeit richtet sich primär gegen den Zugriff Unberechtigter auf Daten und Informationen, allerdings wird diese bereits im Vorfeld als beeinträchtigt anzusehen sein, wenn Unberechtigte auf ein System zugreifen können. Die Verfügbarkeit eines Systems ist gegeben, wenn die jederzeitige Nutzungsmöglichkeit besteht.[2] Während die Integrität gewährleistet, dass Daten nicht verändert werden, ist die Authentizität gewahrt, wenn eine Nachricht oder Information eindeutig einem Absender zugeordnet werden kann.[3]

Die Schutzziele der IT-Sicherheit, die § 3 Nr. 51 nennt, finden sich in ähnlicher Form in Art. 32 Abs. 1 lit. b DS-GVO. Die DS-GVO erwähnt statt Authentizität den Begriff der Belastbarkeit. Die identischen Schutzziele finden sich hingegen in § 2 Abs. 13 Nr. 2 BISG für die kritische Infrastruktur. 5

Fraglich ist, was die Einschränkung „auf einem bestimmten Vertrauensniveau" in diesem Zusammenhang für Auswirkungen hat. Vertrauensniveau ist ein Begriff, der in der juristischen Literatur im Zusammenhang mit der eIDAS-VO teils als Synonym für Sicherheitsniveau verwendet wird. Es ist jedoch zweifelhaft, ob die Erwägungen zu dieser Verordnung bei der Auslegung von § 168 heranzuziehen sind. Dagegen spricht, dass die eIDAS-VO an keiner Stelle den Begriff Vertrauensniveau erwähnt.[4] In der englischen Sprachfassung wird in der Verordnung von level of assurances gesprochen, in der deutschen Sprachfassung von Sicherheitsniveau. In § 3 Nr. 51 wird jedoch, wie in der deutschen Fassung von Art. 2 Nr. 21 Elektronische Kommunikationskodex–RL, explizit der Begriff Vertrauensniveau verwendet. Auch in der englischen Sprachfassung ist von level of confidence und nicht von level of assurances die Rede. Daher sind die Erwägungen der Literatur zur eIDAS-VO, trotz teils gleichlautender Begrifflichkeiten, nicht heranzuziehen. 6

Vielmehr ist die Einschränkung dahingehend zu verstehen, dass ein Netz oder Dienst nach der Definition nicht nur dann als sicher gilt, wenn alle Angriffe, die die Schutzziele der IT-Sicherheit beeinträchtigen, mit an Sicherheit grenzender Wahrscheinlichkeit abgewehrt werden können. Es ist vielmehr ausreichend, wenn dies bis zu einem gewissen Grad der Fall ist. Welche Anforderungen man im Einzelnen daran zu stellen hat, folgt aus dem Sicherheitskatalog der Bundesnetzagentur nach § 167 und einer konkreten Risikoanalyse. 7

Ein Sicherheitsvorfall, der die Meldepflicht des Abs. 1 auslöst, ist also bei einem Ereignis gegeben, das sich negativ auf die Fähigkeit auswirkt, Angriffe abzuwehren, die die Verfügbarkeit, Integrität, Vertraulichkeit und Authentizität beeinträchtigen. Dies zeigt, dass nicht erst ein Ereignis, das tatsächlich die Schutzziele beeinträchtigt, eine Meldepflicht auslöst, sondern bereits Ereignisse im Vorfeld, welche die bloße Fähigkeit Angriffe abzuwehren unter das erforderliche Vertrauensniveau absinken lassen. 8

Allerdings gilt zu beachten, dass eine Meldepflicht nur besteht, wenn der Sicherheitsvorfall beträchtliche Auswirkungen auf den Betrieb der Netze oder die Erbringung der Dienste hat. Anders als die Vorgängervorschrift des § 109 Abs. 5 aF gibt Abs. 2 Kriterien vor, anhand dessen die Auswirkungen des Sicherheitsvorfalls zu bewerten sind. Die in die Regelung aufgenommenen Kriterien zur Bewertung des Ausmaßes der Auswirkungen eines Sicherheitsvorfalls entsprechen denen des Art. 40 Abs. 2 Elektronische Kommunikationskodex–RL.[5] Dazu gehört die Zahl 9

[2] Kühling/Buchner/*Jandt,* DS-GVO Art. 32 Rn. 23–25.
[3] Taeger/Pohle ComputerR-HdB/*Deusch/Eggendorfer,* IT-Sicherheit Rn. 20.
[4] BeckOK IT-Recht/*Drews,* eIDAS-VO Art. 8 Rn. 3.
[5] BT-Drs. 19/26108, 362.

der betroffenen Nutzer (Nr. 1), die Dauer des Sicherheitsvorfalls (Nr. 2), die geographische Ausdehnung des von dem Sicherheitsvorfall betroffenen Gebiets (Nr. 3), das Ausmaß der Beeinträchtigung des Telekommunikationsnetzes oder des Dienstes (Nr. 4) und schließlich das Ausmaß der Auswirkungen auf wirtschaftliche und gesellschaftliche Tätigkeiten (Nr. 5).

10 **2. Beweisverwendungsverbot.** Nach Abs. 1 S. 2 finden § 42 Abs. 4, § 43 Abs. 4 BDSG entsprechende Anwendung auf die Meldung nach § 168. § 42 Abs. 4 BDSG ordnet ein persönliches, absolutes Beweisverwendungsverbot für Meldungen nach Art. 33 DS-GVO an. Dies ist Ausfluss des nemo tenetur se ipsum accusare-Grundsatzes. Wer verpflichtet ist, einen Vorfall zu melden, soll dem Staat damit nicht zugleich die Grundlage für ein Strafverfahren gegen ihn liefern müssen. Da es sich nicht nur um ein Verwertungsverbot, sondern um ein Verwendungsverbot handelt, darf der Inhalt der Meldung dem Staat auch nicht als Grundlage für strafrechtliche Ermittlungen dienen.[6] Dass entsprechendes auch für Meldepflichten nach dem TKG gelten muss, ist folgerichtig. In § 43 Abs. 4 BDSG wird ein Beweisverwendungsverbot auch für Bußgeldverfahren statuiert.

II. Inhalt und Zeitpunkt der Mitteilung (Abs. 1, 3, 4)

11 Die Inhalte der Mitteilung werden durch Abs. 3 vorgegeben. Sie sollen der BNetzA und dem BSI die notwendigen Informationen für Aufsichtsaufgaben oder regulatorische Maßnahmen verschaffen.[7] Demnach muss der Verpflichtete in seine Mitteilung Angaben zum Sicherheitsvorfall, den Kriterien nach Abs. 2, den betroffenen Systemen und zu den vermuteten oder tatsächlichen Ursachen machen. Reichen die Angaben in der Mitteilung der BNetzA nicht aus, kann diese, nicht jedoch das BSI, nach Abs. 4 S. 2 einen detaillierten Bericht verlangen. Aus der Gesetzesbegründung zur Vorgängervorschrift ergibt sich, dass der Bericht alle relevanten Informationen über „Art, Ausmaß und Dauer des Störfalls sowie aller ergriffenen Gegenmaßnahmen“[8] enthalten soll.

12 Die Mitteilung hat nach Abs. 1 S. 1 unverzüglich zu erfolgen. Dies entspricht ebenfalls der Vorgängerregelung in § 109 Abs. 5 aF, so dass zur Auslegung auf die Literatur zur alten Rechtslage zurückgegriffen werden kann. Der Verpflichtete darf, trotz des Erfordernisses der Unverzüglichkeit, vor der Mitteilung Nachforschungsmaßnahmen anstellen, solange diese kein schuldhaftes Zögern darstellen.[9] Abhängig von Umfang und Schwere kann, wie der Gesetzesbegründung zu entnehmen ist,[10] auch eine Mitteilung am Wochenende oder zur Nachtzeit erforderlich sein.[11]

13 **1. Praxishinweis.** Die BNetzA stellt für die Durchführung der Mitteilung auf ihrer Webseite ein Formular zur Verfügung.[12] Allerdings bezieht sich dies nach wie vor auf die alte Rechtslage. Es steht jedoch zu erwarten, dass die BNetzA zukünftig

[6] BeckOK DatenschutzR/*Brodowski/Nowak*, BDSG § 42 Rn. 75–79.
[7] BR-Drs. 129/11, 146.
[8] BR-Drs. 129/11, 146.
[9] Geppert/Schütz/*Eckhardt*, § 109 Rn. 75.
[10] BR-Drs. 129/11, 146.
[11] Geppert/Schütz/*Eckhardt*, § 109 Rn. 75.
[12] *BNetzA*, Mitteilung nach § 109 Abs. 5, https://www.bundesnetzagentur.de/SharedDocs/Downloads/DE/Sachgebiete/Telekommunikation/Unternehmen_Institutionen/Anbieter

ein auf die neue Vorschrift angepasstes Meldeformular auf ihrer Internetseite zur Verfügung stellen wird.

III. Umgang mit Mitteilungen bei der BNetzA (Abs. 5, 7)

In Abs. 5 sind Vorschriften über den weiteren Umgang mit Mitteilungen nach ihrem Eingang bei der BNetzA enthalten. Gemäß Abs. 5 S. 1 kann die BNetzA die nationalen Regulierungsbehörden anderer EU-Mitgliedsstaaten oder die ENISA über die Sicherheitsverletzung informieren. Hierdurch soll der BNetzA, insbesondere bei grenzüberschreitenden Sachverhalten, eine Zusammenarbeit auf europäischer Ebene ermöglicht werden.[13] Einen ähnlichen Gedanken verfolgt die Berichtspflicht des Abs. 8 wonach die BNetzA der EU-Kommission, der ENISA und dem BSI einmal pro Jahr einen Bericht über die eingegangenen Meldungen und die ergriffenen Abhilfemaßnahmen vorzulegen hat. Hierdurch soll die politische Weiterentwicklung der IT-Sicherheitsregulierung von Telekommunikation sowie die Ergreifung von technischen und sonstigen Schutzmaßnahmen auf europäischer Ebene gewährleistet werden.[14] 14

Darüber hinaus kann die BNetzA nach Abs. 5 S. 2 die Öffentlichkeit über den Sicherheitsvorfall informieren oder den Verpflichteten dazu auffordern, wenn ein öffentliches Interesse an der Bekanntgabe besteht. Hierbei hat die Behörde eine Verhältnismäßigkeitsprüfung vorzunehmen und muss berücksichtigen, dass staatliches Informationshandeln wegen der gravierenden Wirkung von staatlichen Warnungen für Unternehmen engen Grenzen unterliegt.[15] 15

IV. Informationspflicht des Betreibers und Erbringers (Abs. 6)

Eine weitere Neuerung gegenüber der Rechtslage vor Inkrafttreten des TKModG enthält Abs. 6 S. 1. Danach müssen die Verpflichteten, dh die Betreiber öffentlicher Telekommunikationsnetze oder die Erbringer öffentlich zugänglicher Telekommunikationsdienste, im Falle einer besonderen und erheblichen Gefahr eines Sicherheitsvorfalls die Nutzer selbst über alle möglichen Schutz- oder Abhilfemaßnahmen, die von den Nutzern ergriffen werden können, sowie gegebenenfalls über die Gefahr selbst informieren. Diese Regelung setzt Art. 40 Abs. 3 Elektronische Kommunikationskodex–RL fast wortgleich um. 16

Ob die Schwelle einer besonderen und erheblichen Gefahr erreicht ist, wird man wohl vor allem nach den Kriterien des Abs. 2 zu beurteilen haben. Dabei wird man von einer erheblichen Gefahr sprechen müssen, wenn gravierende Konsequenzen für die Nutzer der Netze drohen und von einer besonderen Gefahr, wenn der Grad der Wahrscheinlichkeit des tatsächlich eintretenden Schadens als sehr hoch und unmittelbar bevorstehend eingeschätzt werden kann. 17

In diesem Fall müssen die Verpflichteten alle auch nur potenziell betroffenen Nutzer über alle möglichen Schutz- oder Abhilfemaßnahmen informieren. Mit dem Wort „alle“ wird klargestellt, dass die Erbringer und Betreiber sich nicht damit begnügen dürfen, besonders leicht implementierbare Maßnahmen zu nennen, 18

---

pflichten/OeffentlicheSicherheit/mitteilungeinersicherheitsverletzung/Mitteilungsformular_%C2%A7_109_(5)_TKG.pdf.

13 BR-Drs. 129/11, 146f.

14 BR-Drs. 129/11, 147.

15 Geppert/Schütz/*Eckhardt*, § 109 Rn. 83.

wenn auch weitere in Betracht kommen. In dem Erwgr. 96 der Elektronische Kommunikationskodex-RL wird beispielhaft der Einsatz von spezieller Software oder von Verschlüsselungsverfahren genannt. Darüber hinaus wird dort festgehalten, dass die Bereitstellung dieser Informationen kostenlos sein sollte. Letzteres findet sich zwar nicht explizit im Gesetzeswortlaut wieder. Wenn eine solche gesetzliche Pflicht jedoch besteht, ergibt sich implizit daraus, dass deren Erfüllung nicht einfach von der Zahlung eines Entgelts abhängig gemacht werden darf.

19 Wie schon unter der Geltung von § 109 Abs. 5 S. 7 aF ordnet Abs. 6 S. 2 für Mitteilungen nach dem TKG die Geltung des § 8e BSIG an, wenn Dritte Auskunft über den Inhalt einer Mitteilung begehren. § 8e BSIG geht dem IFG bei Auskunftsbegehren zu Mitteilungen nach § 168 als lex specialis vor.[16] Warum diese Regelung in Abs. 6 verankert wurde, der die Pflicht der Betreiber und Erbringer zur Information von Nutzern verankert und nicht in Abs. 5 S. 2 BISG, wo die Information der Öffentlichkeit durch die Bundesnetzagentur geregelt wird, erschließt sich unter systematischen Gesichtspunkten nicht.

§ 169 Daten- und Informationssicherheit

(1) [1]**Wer öffentlich zugängliche Telekommunikationsdienste erbringt, hat im Falle einer Verletzung des Schutzes personenbezogener Daten unverzüglich die Bundesnetzagentur und die Bundesbeauftragte oder den Bundesbeauftragten für den Datenschutz und die Informationsfreiheit von der Verletzung zu benachrichtigen.** [2]**Ist anzunehmen, dass durch die Verletzung des Schutzes personenbezogener Daten Endnutzer oder andere Personen schwerwiegend in ihren Rechten oder schutzwürdigen Interessen beeinträchtigt werden, hat der Anbieter des Telekommunikationsdienstes zusätzlich die Betroffenen unverzüglich von dieser Verletzung zu benachrichtigen.** [3]**In Fällen, in denen in dem Sicherheitskonzept nachgewiesen wurde, dass die von der Verletzung betroffenen personenbezogenen Daten durch geeignete technische Vorkehrungen gesichert, insbesondere unter Anwendung eines als sicher anerkannten Verschlüsselungsverfahrens gespeichert wurden, ist eine Benachrichtigung nicht erforderlich.** [4]**Unabhängig von Satz 3 kann die Bundesnetzagentur den Anbieter des Telekommunikationsdienstes unter Berücksichtigung der wahrscheinlichen nachteiligen Auswirkungen der Verletzung des Schutzes personenbezogener Daten zu einer Benachrichtigung der Betroffenen verpflichten.** [5]**Im Übrigen gelten § 42 Absatz 4 und § 43 Absatz 4 des Bundesdatenschutzgesetzes entsprechend.**

(2) [1]**Die Benachrichtigung nach Absatz 1 Satz 1 und 2 muss mindestens enthalten:**
1. **die Art der Verletzung des Schutzes personenbezogener Daten,**
2. **Angaben zu den Kontaktstellen, bei denen weitere Informationen erhältlich sind, und**
3. **Empfehlungen zu Maßnahmen, die mögliche nachteilige Auswirkungen der Verletzung des Schutzes personenbezogener Daten begrenzen.**

---

[16] Scheurle/Mayen/*Schommertz/Gerhardus*, § 109 Rn. 15; Fetzer/Scherer/Graulich/*Graulich*, § 109 Rn. 59ff.

[2]In der Benachrichtigung an die Bundesnetzagentur und die Bundesbeauftragte oder den Bundesbeauftragten für den Datenschutz und die Informationsfreiheit hat der Anbieter des Telekommunikationsdienstes zusätzlich die Folgen der Verletzung des Schutzes personenbezogener Daten und die beabsichtigten oder ergriffenen Maßnahmen darzulegen.

(3) [1]Die Anbieter der Telekommunikationsdienste haben ein Verzeichnis der Verletzungen des Schutzes personenbezogener Daten zu führen, das Angaben zu Folgendem enthält:
1. den Umständen der Verletzungen,
2. den Auswirkungen der Verletzungen und
3. den ergriffenen Abhilfemaßnahmen.

[2]Diese Angaben müssen ausreichend sein, um der Bundesnetzagentur und der oder dem Bundesbeauftragten für den Datenschutz und die Informationsfreiheit die Prüfung zu ermöglichen, ob die Absätze 1 und 2 eingehalten wurden. [3]Das Verzeichnis enthält nur die zu diesem Zweck erforderlichen Informationen und muss nicht Verletzungen berücksichtigen, die mehr als fünf Jahre zurückliegen.

(4) [1]Werden dem Anbieter des Telekommunikationsdienstes nach Absatz 1 Satz 1 Störungen bekannt, die von Datenverarbeitungssystemen der Nutzer ausgehen, so hat er die Nutzer, soweit ihm diese bereits bekannt sind, unverzüglich darüber zu benachrichtigen. [2]Soweit technisch möglich und zumutbar, hat er die Nutzer auf angemessene, wirksame und zugängliche technische Mittel hinzuweisen, mit denen sie diese Störungen erkennen und beseitigen können. [3]Der Anbieter des Telekommunikationsdienstes darf die Teile des Datenverkehrs von und zu einem Nutzer, von denen eine Störung ausgeht, umleiten, soweit dies erforderlich ist, um den Nutzer über die Störungen benachrichtigen zu können.

(5) [1]Wird der Anbieter des Telekommunikationsdienstes nach Absatz 1 Satz 1 vom Bundesamt für Sicherheit in der Informationstechnik über konkrete erhebliche Gefahren informiert, die von Datenverarbeitungssystemen der Nutzer ausgehen oder diese betreffen, so hat er die betroffenen Nutzer, soweit ihm diese bekannt sind, unverzüglich darüber zu benachrichtigen. [2]Soweit technisch möglich und zumutbar, hat er die Nutzer auf angemessene, wirksame und zugängliche technische Mittel hinzuweisen, mit denen sie diese Gefahren erkennen und ihnen vorbeugen können. [3]Werden dem Anbieter des Telekommunikationsdienstes nach Absatz 1 Satz 1 Gefahren bekannt, die von Datenverarbeitungssystemen der Nutzer ausgehen oder diese betreffen, so kann er die Nutzer, soweit ihm diese bekannt sind, darüber benachrichtigen. [4]Soweit technisch möglich und zumutbar, kann er die Nutzer auf angemessene, wirksame und zugängliche technische Mittel hinweisen, mit denen sie diese Gefahren erkennen und ihnen vorbeugen können.

(6) Der Anbieter des Telekommunikationsdienstes darf im Falle einer Störung die Nutzung des Telekommunikationsdienstes bis zur Beendigung der Störung einschränken, umleiten oder unterbinden, soweit dies erforderlich ist, um die Beeinträchtigung der Telekommunikations- und Datenverarbeitungssysteme des Anbieters des Telekommunikationsdiens-

tes, eines Nutzers im Sinne des Absatzes 4 oder anderer Nutzer zu beseitigen oder zu verhindern und der Nutzer die Störung nicht unverzüglich selbst beseitigt oder zu erwarten ist, dass der Nutzer die Störung selbst nicht unverzüglich beseitigt.

(7) **Der Anbieter des Telekommunikationsdienstes darf den Datenverkehr von und zu Störungsquellen einschränken, umleiten oder unterbinden, soweit dies zur Vermeidung von Störungen in den Telekommunikations- und Datenverarbeitungssystemen der Nutzer erforderlich ist.**

(8) **Vorbehaltlich technischer Durchführungsmaßnahmen der Kommission nach Artikel 4 Absatz 5 der Richtlinie 2002/58/EG des Europäischen Parlaments und des Rates vom 12. Juli 2002 über die Verarbeitung personenbezogener Daten und den Schutz der Privatsphäre in der elektronischen Kommunikation (Datenschutzrichtlinie für elektronische Kommunikation) (ABl. L 201 vom 31. 7. 2002, S. 37; L 241 vom 10. 9. 2013, S. 9; L 162 vom 23. 6. 2017, S. 56), die zuletzt durch die Richtlinie 2009/136/EG (ABl. L 337 vom 18. 12. 2009, S. 11) geändert worden ist, kann die Bundesnetzagentur Leitlinien vorgeben bezüglich des Formats, der Verfahrensweise und der Umstände, unter denen eine Benachrichtigung über eine Verletzung des Schutzes personenbezogener Daten erforderlich ist.**

Literatur: *Fetzner/Scherer/Graulich* (Hrsg.), Telekommunikationsgesetz, 3. Aufl. 2020; *Geppert/Schütz* (Hrsg.), Beck'scher TKG-Kommentar, 4. Aufl. 2013; *Scheurle/Mayen* (Hrsg.), Telekommunikationsgesetz, 3. Aufl. 2018; *Spindler/Schuster* (Hrsg.), Recht der elektronischen Medien, 4. Aufl. 2019; *Wolff/Brink* (Hrsg.), BeckOK Datenschutzrecht, 38. Ed. 1. 11. 2021.

A. Allgemeines

1 § 169 wurde mit dem Telekommunikationsmodernisierungsgesetz (TKModG), das zum 1. 12. 2021 in Kraft trat, geschaffen und basiert im Wesentlichen auf § 109 a aF.[1] Letzterer wurde mit dem Gesetz zur Änderung telekommunikationsrechtlicher Regelungen vom 3. 5. 2012[2] (TKG 2012) zur Umsetzung der ePrivacy-RL eingeführt. Eine deutlich kürzere Vorgängerregelung war jedoch bereits 2009 mit dem Gesetz zur Änderung datenschutzrechtlicher Vorschriften[3] (TKG 2009) in § 93 Abs. 3 TKG 2009 aufgenommen worden. Durch das IT-SiG wurde im Jahr 2015 eine Regelung zum Umgang mit Störungen, die von Datenverarbeitungssystemen der Nutzer ausgehen, aufgenommen. Mit dem Gesetz zur Umsetzung der NIS-RL wurde diese Regelung noch einmal erweitert und darüber hinaus Vorschriften zur Reaktion auf Störungen durch Diensteanbieter aufgenommen.

2 Zweck des § 169 ist der Schutz personenbezogener Daten.[4] Deutlich wird dies bereits in den Gesetzesbegründungen zu den Vorgängerregelungen. Etwa in der

[1] BT-Drs. 19/26108, 362.

[2] Gesetz zur Änderung telekommunikationsrechtlicher Regelungen vom 3. 5. 2012 (BGBl. I S. 958).

[3] Gesetz zur Änderung datenschutzrechtlicher Vorschriften vom 14. 8. 2009 (BGBl. I S. 2814).

[4] BeckOK StPO/*Graf,* § 109 a Rn. 1; Spindler/Schuster/*Eckhardt,* § 109 a Rn. 1; Geppert/Schütz/*Eckhardt,* § 109 a Rn. 7; Fetzer/Scherer/Graulich/*Graulich,* § 109 a Rn. 7.

Begründung zu § 93 Abs. 3 TKG 2009, die eine Erweiterung der datenschutzrechtlichen Verpflichtungen aus § 42 a BDSG aF auf Bestands- und Verkehrsdaten als Regelungsziel angibt.[5] Auch die Gesetzesbegründung zu § 109 a TKG 2012 stellte eindeutig klar, dass der Schutz personenbezogener Daten der Zweck der Regelung ist.[6] Mit den Erweiterungen durch das IT-SiG und das Gesetz zur Umsetzung der NIS-RL und die damit eingeführten Regelungen zum Umgang mit Störungen rückt das öffentliche Interesse an der Sicherheit der Telekommunikation stärker in den Vordergrund. Letztlich werden somit zwei Schutzziele verfolgt.

Die Änderungen bei der Umwandlung von § 109 a aF in § 169 waren vor allem 3 sprachlicher Natur.[7] Eine Neuheit stellt die Regelung des Abs. 5 dar, die Benachrichtigungsmöglichkeiten und -pflichten gegenüber den Nutzern vorsieht.

B. Einzelerläuterungen

I. Benachrichtigung bei Datenschutzverletzungen (Abs. 1)

Abs. 1 regelt die Benachrichtigungspflichten bei Verletzungen des Schutzes per- 4 sonenbezogener Daten. Es kann dabei zwischen einer allgemeinen Benachrichtigungspflicht nach S. 1 und einer erweiterten Benachrichtigungspflicht nach S. 2 unterschieden werden. Darüber hinaus enthält S. 3 und S. 4 eine Regelung zur Entbehrlichkeit von Benachrichtigungen und S. 5 einen Verweis auf die Beweisverwendungsverbote der § 42 Abs. 4, § 43 Abs. 4 BDSG.

1. Allgemeine Benachrichtigungspflicht. Adressat der allgemeinen Be- 5 nachrichtigungspflicht des § 165 Abs. 1 S. 1 sind die Erbringer öffentlich zugänglicher Telekommunikationsdienste.[8] Öffentlich zugängliche Telekommunikationsdienste sind in § 3 Nr. 44 legal definiert (siehe dazu die Kommentierung zu § 165 Abs. 1). Erforderlich ist eine unverzügliche Meldung an die BNetzA und den BfDI, wenn eine Verletzung des Schutzes personenbezogener Daten eingetreten ist. Unverzüglich bedeutet nach Art. 2 Abs. 2 VO (EU) 611/2013 „binnen 24 Stunden nach Feststellung der Verletzung, soweit dies möglich ist". Die Verletzung des Schutzes personenbezogener Daten ist in § 3 Nr. 71 legaldefiniert (→ § 165 Rn. 11). Die Meldepflicht nach § 169 st abzugrenzen von der Meldepflicht nach Art. 33 DS-GVO.[9] Bei Überschneidungen geht die Meldung nach § 169 vor.[10]

2. Praxishinweis. Die BNetzA stellt für die Durchführung der Benachrich- 6 tigung nach S. 1 auf ihrer Webseite ein Formular zur Verfügung.[11] Das Formular selbst bezieht sich noch auf die Vorgängervorschrift des § 109 a aF Da die Anforderungen an die Mitteilung auch nach dem TKModG unverändert geblieben sind,

[5] BR-Drs. 4/09, 55.

[6] BR-Drs. 129/11, 147.

[7] BT-Drs. 19/26108, 362.

[8] Fetzer/Scherer/Graulich/*Graulich,* § 109 a Rn. 13.

[9] Fetzer/Scherer/Graulich/*Graulich,* § 109 a Rn. 17 a.

[10] Fetzer/Scherer/Graulich/*Graulich,* § 109 a Rn. 17 a.

[11] *BNetzA,* Formular für Meldungen nach § 109 a Abs. 1 S. 1 TKG vom 25.11.2015, https://www.bundesnetzagentur.de/SharedDocs/Downloads/DE/Sachgebiete/Telekommunikation/Unternehmen_Institutionen/Anbieterpflichten/Datenschutz/Meldeformular.pdf.

kann es für die Zwischenzeit weitergenutzt werden. Für die Zukunft ist zu erwarten, dass die BNetzA ein auf die neue Rechtslage angepasstes Formular veröffentlichen wird. Das Formular kann vom Verpflichteten ausgefüllt und per E-Mail oder Fax an die BNetzA und den BfDI übermittelt werden. Es enthält einige Auswahlmöglichkeiten für benachrichtigungspflichtige Tatsachen und ist daher auch zur schnellen Prüfung von Mitteilungspflichten geeignet. Von der Möglichkeit des Abs. 8 zur praktischen Ausgestaltung der Benachrichtigung Leitlinien vorzugeben hat die BNetzA Gebrauch gemacht und auf ihrer Webseite in Abstimmung mit dem BfDI „Leitlinien zur Melde- bzw. Benachrichtigungspflicht nach § 109a TKG" veröffentlicht.[12] Auch diese Leitlinien beziehen sich dem Wortlaut nach noch auf den § 109, sind allerdings weiterhin gültig.

7 **3. Erweiterte Benachrichtigungspflicht.** Nach S. 2 kann auch eine Pflicht bestehen, Teilnehmer oder andere Personen unverzüglich zu benachrichtigen. Diese erweiterte Benachrichtigungspflicht des S. 2 richtet sich dem Wortlaut nach an den „Anbieter des Telekommunikationsdienstes". Hierbei handelt es sich um eine sprachliche Ungenauigkeit, die den Kreis der Verpflichteten nicht erweitern soll.[13] Als Argument kann sowohl die Gesetzesbegründung angeführt werden, die keine Unterscheidung zwischen den Verpflichteten erkennen lässt,[14] als auch der Wortlaut, der an S. 1 anknüpft.[15] Die gegen diese Auslegung erhobenen Einwände, die insbesondere auf den Verweis in § 93 Abs. 3 aF abstellten,[16] können vor dem Hintergrund einer fehlenden gesetzgeberischen Klarstellung nicht überzeugen. Der Kreis der Verpflichteten aus S.1 und S. 2 ist daher identisch. Ausgelöst wird die erweiterte Benachrichtigungspflicht, wenn anzunehmen ist, dass eine Verletzung des Schutzes personenbezogener Daten nach S. 1 Teilnehmer oder andere Personen schwerwiegend in ihren Rechten oder schutzwürdigen Interessen beeinträchtigt. Dies ist der Fall, wenn eine Datenschutzverletzung nachteilige Auswirkungen auf den Teilnehmer[17] oder andere natürliche Personen hat und die dadurch verursachte Beeinträchtigung über das durchschnittliche Maß hinaus geht.[18] Ausschlaggebende Kriterien können die Art der betroffenen Daten, aber auch mögliche Folgen für den Betroffenen, wie zB Identitätsdiebstahl oder Betrug, sein.[19]

8 **4. Entbehrlichkeit der Benachrichtigung.** In S. 3 ist eine Ausnahmeregelung zur Benachrichtigung des Betroffenen enthalten. Danach ist eine Benachrichtigung nicht erforderlich, wenn das Sicherheitskonzept des Verpflichteten (s. § 166 Abs. 1) nachweist, dass „die von der Verletzung betroffenen personenbezogenen Daten durch geeignete technische Vorkehrungen gesichert" wurden. Als

---

[12] *BNetzA,* Leitlinien zur Melde- bzw. Benachrichtigungspflicht nach § 109a TKG vom 8.4.2014, https://www.bundesnetzagentur.de/SharedDocs/Downloads/DE/Sachgebiete/Telekommunikation/Unternehmen_Institutionen/Anbieterpflichten/Datenschutz/Leitlinien.pdf.

[13] Geppert/Schütz/*Eckhardt,* § 109a Rn. 12; *Beine,* ZD 2013, 8 (12); *Eckhardt/Schmitz,* CR 2011, 436 (441); Spindler/Schuster/*Eckhardt,* § 109a Rn. 4.

[14] BR-Drs. 129/11, 147.

[15] Geppert/Schütz/*Eckhardt,* § 109a Rn. 12.

[16] *Pokutnev/Schmid,* CR 2012, 361 (364).

[17] Geppert/Schütz/*Eckhardt,* § 109a Rn. 26.

[18] Geppert/Schütz/*Eckhardt,* § 109a Rn. 26; Spindler/Schuster/*Eckhardt,* § 109a Rn. 7; Scheurle/Mayen/*Gerhardus,* § 109a Rn. 8.

[19] Scheurle/Mayen/*Gerhardus,* § 109a Rn. 8; Geppert/Schütz/*Eckhardt,* § 109a Rn. 26.

mögliches Beispiel für eine entsprechende Schutzmaßnahme nennt S. 3 eine Verschlüsselung der Daten mit einem als sicher anerkannten Verfahren. Der Nachweis einer ausreichenden Sicherung muss dabei vor der Datenschutzverletzung erfolgen.[20] Nach S. 4 kann die BNetzA den Verpflichteten gleichwohl zu einer Benachrichtigung des Betroffenen verpflichten. Hierbei hat sie die wahrscheinlichen nachteiligen Auswirkungen der Datenschutzverletzung zu Grunde zulegen. Die Ausnahme des S. 3 TKG berührt folglich nicht die Benachrichtigungspflicht gegenüber der BNetzA, da diese von ihrem Recht nach S. 4 anderenfalls keinen Gebrauch machen könnte.[21]

5. Beweisverwendungsverbot. S. 5 verweist auf die Verwendungsverbote des § 42 Abs. 4, § 43 Abs. 4 BDSG und trägt der Selbstbelastungsfreiheit Rechnung.[22] 9
§ 42 Abs. 4 BDSG ordnet ein persönliches, absolutes Beweisverwendungsverbot für Meldungen nach Art. 33 DS-GVO an. Dies ist Ausfluss des nemo tenetur se ipsum accusare-Grundsatzes. Wer verpflichtet ist, einen Vorfall zu melden, soll dem Staat damit nicht zugleich die Grundlage für ein Strafverfahren gegen ihn liefern müssen. Da es sich nicht nur um ein Verwertungsverbot, sondern um ein Verwendungsverbot handelt, darf der Inhalt der Meldung dem Staat auch nicht als Grundlage für strafrechtliche Ermittlungen dienen.[23] In § 43 Abs. 4 BDSG wird ein Beweisverwendungsverbot auch für Bußgeldverfahren statuiert. Mit Blick darauf, dass die Benachrichtigungspflichten des Abs. 1 in der Regel Unternehmen verpflichten, ist es erforderlich und verfassungsrechtlich geboten das Beweisverwertungsverbot auf die Unternehmensvertreter, das heißt die handelnden natürlichen Personen, zu erweitern.[24]

II. Inhalt der Benachrichtigung (Abs. 2)

In Abs. 2 wird aufgelistet, welchen Inhalt die Benachrichtigung an den Betrof- 10
fenen enthalten muss (S. 1) und welche Informationen darüber hinaus in die Benachrichtigung der BNetzA und des BfDI aufzunehmen sind (S. 2). Während die Benachrichtigung an den Betroffenen das Ziel verfolgt, diesem einen Selbstschutz zu ermöglichen,[25] soll die Benachrichtigung die Behörden in die Lage versetzen, ihre Aufsicht auszuüben. Die Benachrichtigung darf nicht zur Absatzförderung oder zu Werbezwecken genutzt werden.[26] Sind einzelne Betroffene nicht zu identifizieren oder ist eine direkte Benachrichtigung der Betroffenen aus anderen Gründen nicht möglich, kommt auch eine öffentliche Benachrichtigung in Betracht.[27]

---

[20] Scheurle/Mayen/*Gerhardus,* § 109a Rn. 10; Spindler/Schuster/*Eckhardt,* § 109a Rn. 8; Geppert/Schütz/*Eckhardt,* § 109a Rn. 29.
[21] Geppert/Schütz/*Eckhardt,* § 109a Rn. 31.
[22] Fetzer/Scherer/Graulich/*Graulich,* § 109a Rn. 21.
[23] BeckOK DatenschutzR/*Brodowski/Nowak,* BDSG § 42 Rn. 75–79.
[24] Scheurle/Mayen/*Gerhardus,* § 109a Rn. 12; Geppert/Schütz/*Eckhardt,* § 109a Rn. 46; BeckOK DatenschutzR/*Brodowski/Nowak,* BDSG § 42 Rn. 77.
[25] Geppert/Schütz/*Eckhardt,* § 109a Rn. 37.
[26] Scheurle/Mayen/*Gerhardus,* § 109a Rn. 9.
[27] Scheurle/Mayen/*Gerhardus,* § 109a Rn. 9.

III. Verzeichnis von Datenschutzverletzungen (Abs. 3)

11 Nach Abs. 3 müssen die Verpflichteten des Abs. 1 ein Verzeichnis der Verletzungen des Schutzes personenbezogener Daten führen. Ziel dieser Dokumentationspflicht ist eine effiziente Kontrolle der Benachrichtigungspflicht durch die BNetzA und den BfDI.[28] Hierzu muss die Dokumentation, die für einen Zeitraum von fünf Jahren aufzubewahren ist, gemäß S. 2 ausreichend detailliert sein.

IV. Reaktionsmöglichkeiten bei Störungen (Abs. 4, 6, 7)

12 Mit dem IT-SiG und dem Gesetz zur Umsetzung der NIS-RL wurden in § 109a aF Regelungen zur Reaktion auf Störungen (siehe § 109 Abs. 2 aF) durch den Verpflichteten des § 109a Abs. 1 aF aufgenommen. Ziel der Regelungen ist, wie sich aus dem Gesetzesentwurf zum IT-SiG ergibt, nicht der Datenschutz, sondern die Gewährleistung von IT-Sicherheit.[29] Die Ergänzungen im Rahmen des IT-SiG sollen dieses Ziel erreichen, indem Nutzer durch die Benachrichtigung des Verpflichteten in die Lage versetzt werden, bestehende Sicherheitsprobleme selbst zu lösen.[30] Mit dem Gesetz zur Umsetzung des NIS-RL wurden auch dem Verpflichteten Möglichkeiten zur Reaktion eingeräumt.[31] Diese Änderungen wurden auch nach dem TKModG in § 169 beibehalten.

13 **1. Störungen durch Datenverarbeitungssysteme der Nutzer.** Gemäß Abs. 4 S. 1 muss der Verpflichtete Nutzer unverzüglich benachrichtigen, wenn Störungen von ihren Datenverarbeitungssystemen ausgehen. Die Pflicht besteht jedoch nur, soweit diese dem Verpflichteten bekannt sind. Eine Datenerhebung ausschließlich zum Zweck der Durchführung einer Benachrichtigung ist nach dem Willen des Gesetzgebers nicht zulässig.[32] Der Begriff des Nutzers ist in § 3 Nr. 41 legal definiert und sehr weit gefasst. Folglich kann auch eine Benachrichtigung von natürlichen oder juristischen Personen erforderlich sein, die nicht Vertragspartner des Verpflichteten sind.[33] Nach Abs. 4 S. 2 soll der Verpflichtete den Nutzer bei der Benachrichtigung auch auf „angemessene, wirksame und zugängliche technische Mittel" hinweisen, die den Nutzer befähigen, seine Datenverarbeitungssysteme zu bereinigen. Diese Pflicht besteht jedoch nur, soweit ein Hinweis technisch möglich und zumutbar ist. Eine individuelle Untersuchung oder Beratung ist nicht erforderlich.[34] Soweit dies zur Benachrichtigung erforderlich ist, darf der Verpflichtete darüber hinaus nach Abs. 4 S. 3 Teile des Datenverkehrs von und zu einem Nutzer umleiten, sofern von diesem eine Störung ausgeht. Davon erfasst sind nicht nur die Umleitung von Nutzern, beispielsweise auf Warnseiten, sondern auch Maßnahmen zur Identifikation betroffener Nutzer, etwa durch die Nutzung eines Sinkhole.[35]

14 **2. Weitere Abwendungsbefugnisse bei Störungen.** Mit dem Gesetz zur Umsetzung der NIS-RL wurden neben § 109a Abs. 4 S. 3 aF in § 109a Abs. 5 und

---

[28] Spindler/Schuster/*Eckhardt,* 109a Rn. 16; Fetzer/Scherer/Graulich/*Graulich,* § 109a Rn. 25ff.

[29] BR-Drs. 18/4096, 36.

[30] BR-Drs. 18/4096, 36.

[31] BR-Drs. 18/11808, 10.

[32] BR-Drs. 18/4096, 37.

[33] Scheurle/Mayen/*Gerhardus,* § 109a Rn. 15.

[34] BR-Drs. 18/4096, 36.

[35] BR-Drs. 18/11808, 10.

Abs. 6 aF weitere Abwendungsbefugnisse zu Gunsten des Diensteanbieters geschaffen. Diese sind seit in Kraft treten des TKModG, jeweils um einen Absatz nach hinten verschoben, in Abs. 6, 7 zu finden. § 169 Abs. 6 erlaubt es dem Verpflichteten, die Nutzung eines Telekommunikationsdienstes bis zur Beendigung einer Störung einzuschränken, umzuleiten oder zu unterbinden, soweit dies erforderlich ist, um eine eigene Beeinträchtigung oder eine Beeinträchtigung des Nutzers beziehungsweise anderer Nutzer zu beseitigen oder zu verhindern. Dies gilt jedoch nur, wenn der Nutzer die Störung nicht unverzüglich selbst beseitigt oder eine unverzügliche Beseitigung nicht zu erwarten ist, etwa weil eine Benachrichtigung des Nutzers nicht möglich ist. Beide Voraussetzungen müssen kumulativ vorliegen.[36] Der Gesetzgeber wollte die Verpflichteten mit der Regelung insbesondere dazu befähigen, effizient gegen Botnetze aus IoT-Geräten vorzugehen.[37] Für eine Einschränkung, Umleitung oder Sperrung des Telekommunikationsdienstes ist es schon ausreichend, dass diese erforderlich ist.[38] Eine zwingende Notwendigkeit ist keine Voraussetzung.[39] Auf Basis der Vorschriften dürften Verpflichtete auch Filtersysteme zur Abwehr von Distributed Denial of Service (DDoS)-Angriffen und anderen Bedrohungen für die Verfügbarkeit von Telekommunikationsdiensten einsetzen.[40]

Es besteht ein enger Regelungszusammenhang mit Abs. 7. Dieser erlaubt dem **15** Verpflichteten allgemein Einschränkungen oder Unterbrechungen des Datenverkehrs, wenn dies zu Vermeidung von Störungen auf Nutzersystemen erforderlich ist. Auf der Grundlage von Abs. 7 kann der Verpflichtete beispielsweise das Nachladen von Schadsoftware verhindern oder die Verbindungsversuche zu C&C-Servern unterbinden.[41] Die Maßstäbe für die Erforderlichkeit entsprechen denen des Abs. 6. Seit dem TKModG kann nicht nur der eingehende Verkehr zu Störungsquellen eingeschränkt oder unterbunden werden, sondern auch der ausgehende Verkehr von Störungsquellen. Zusätzlich ist neben der Einschränkung und Unterbindung nun auch die Umleitung des Verkehrs zulässig.

3. Benachrichtigungsmöglichkeit- und Benachrichtigungspflicht (Abs. 5). **16** Eine durch das TKModG eingeführte Neuerung stellt die Regelung des Abs. 5 dar. Diese Norm enthält in S. 1 und 2 die eine Benachrichtigungspflicht und in S. 3 und 4 eine Benachrichtigungsmöglichkeit gegenüber den Nutzern.

In S. 1 wird festgelegt, dass die Anbieter von Telekommunikationsdiensten Nut- **17** zer unverzüglich darüber benachrichtigen müssen, wenn das Bundesamt für Sicherheit (BSI) in der Informationstechnik sie über eine konkrete erhebliche Gefahr informiert, die von den Datenverarbeitungssystemen der Nutzer ausgehen oder diese betreffen. Die Gesetzesbegründung stellt insoweit klar, dass die Bewertung der Gefahr als erheblich ausschließlich vom BSI vorgenommen wird. Des Weiteren ist dort festgehalten, dass es sich bei Gefahren nach Abs. 5 aus Sicht des Anbieters nicht zwingend um ein negatives Abweichen vom Betriebszustand des Anbieters handeln muss. Zu diesen Gefahren zählen insbesondere der Betrieb von sog. Botnetzen, die in besonderem Maß auch eine Gefahr für Netze des Bundes und Kritische Infrastrukturen darstellen. Explizit wird auf die Zunahme von DDoS-Angriffen Bezug

[36] BR-Drs. 18/11808, 10.
[37] BR-Drs. 18/11808, 10.
[38] Scheurle/Mayen/*Gerhardus,* § 109a Rn. 16.
[39] Scheurle/Mayen/*Gerhardus,* § 109a Rn. 16.
[40] BR-Drs. 18/11808, 10.
[41] BR-Drs. 18/11808, 11.

genommen, durch die durch eine gezielte Überlastung versucht wird, die Verfügbarkeit eines Internetdienstes oder Zielsystems zu stören.[42] Da diese Attacken in der Regel durch unbemerkt installierte Schadsoftware auf Dateisystemen der Nutzer vorgenommen werden, stellt deren Benachrichtigung eine Möglichkeit zu deren Bekämpfung dar. Nach der Gesetzesbegründung wird dies für ein milderes Mittel als die Bestandsdatenauskunft gegenüber den Sicherheitsbehörden gehalten.[43] Wenn es technisch möglich und zumutbar ist, hat der Anbieter gemäß S. 2 die Information der Nutzer mit Hinweisen auf angemessene, wirksame und zugängliche technische Mittel, mit denen sie diese Gefahren erkennen und ihnen vorbeugen können, zu versehen.

18 Nach S. 3, 4 kann der Anbieter die Nutzer benachrichtigen und diese Nachricht mit entsprechenden Hinweisen zum Erkennen und Vorbeugen der Gefahr versehen, wenn er selbst auf Gefahren nach Abs. 1 S. 1 aufmerksam wird. Während die Benachrichtigung nach einer Information durch das BSI zwingend erforderlich ist, soll sie bei Entdeckung einer Gefahr durch den Verpflichteten in dessen Ermessen liegen.[44]

19 **4. Kontrolle und Durchsetzung.** Über die Regelungen des § 169 hinaus kann die BNetzA die aus der Norm erwachsenden Verpflichtungen gemäß § 183 Abs. 1 mit Hilfe von Anordnungen oder anderen Maßnahmen durchsetzen und nach § 183 Abs. 5 zur Durchsetzung der Verpflichtungen Zwangsgelder bis zu einer Mio. Euro festsetzen. Wer vorsätzlich oder fahrlässig entgegen Abs. 1 S. 1 oder S. 2 oder Abs. 5die BNetzA, den BfDI oder einen Betroffenen nicht, nicht richtig, nicht vollständig oder nicht rechtzeitig benachrichtigt, handelt nach § 228 Abs. 2 Nr. 40 ordnungswidrig. Gleiches gilt nach § 228 Abs. 2 Nr. 41, wenn entgegen Abs. 3 S. 1 das Verzeichnis von Datenschutzverletzungen nicht, nicht richtig oder nicht vollständig geführt wird.

§ 178 Gewährleistung der Sicherheit der Daten

[1]Der nach § 175 Absatz 1 Verpflichtete hat sicherzustellen, dass die aufgrund der Speicherpflicht nach § 176 Absatz 1 gespeicherten Daten durch technische und organisatorische Maßnahmen nach dem Stand der Technik gegen unbefugte Kenntnisnahme und Verwendung geschützt werden. [2]Die Maßnahmen umfassen insbesondere

1. **den Einsatz eines besonders sicheren Verschlüsselungsverfahrens,**
2. **die Speicherung in gesonderten, von den für die üblichen betrieblichen Aufgaben getrennten Speichereinrichtungen,**
3. **die Speicherung mit einem hohen Schutz vor dem Zugriff aus dem Internet auf vom Internet entkoppelten Datenverarbeitungssystemen,**
4. **die Beschränkung des Zutritts zu den Datenverarbeitungsanlagen auf Personen, die durch den Verpflichteten besonders ermächtigt sind, und**
5. **die notwendige Mitwirkung von mindestens zwei Personen beim Zugriff auf die Daten, die dazu durch den Verpflichteten besonders ermächtigt worden sind.**

[42] BT-Drs. 19/26108, 363.
[43] BT-Drs. 19/26108, 363.
[44] BT-Drs. 19/26108, 363.

Literatur: *Eckhardt,* Ein kritischer Überblick über die geplanten Änderungen im TKG zur Umsetzung der Cybercrime Convention und Vorratsdatenspeicherungs-Richtlinie, CR 2007, 405; *Fetzer/Scherer/Graulich* (Hrsg.), Berliner Kommentar TKG – Telekommunikationsgesetz, 3. Aufl. 2020; *Geppert/Schütz* (Hrsg.), Beck'scher TKG-Kommentar, 4. Aufl. 2013; *Graf* (Hrsg.), BeckOK StPO mit RiStBV und MiStra, 45. Ed. 1.10.2020; *Kipker/Harner/Müller,* Der Mensch an der Schnittstelle zur Technik – Praxishilfe in der Umsetzung von Datensicherheit durch den IT-Security Navigator, InTeR 2018, 24; *Knopp,* Stand der Technik – Ein alter Hut oder neue Größe?, DuD 2017, 663; *Michaelis,* Der „Stand der Technik" im Kontext regulatorischer Anforderungen, DuD 2016, 458; *Michaelis,* Cybersecurity: Technische Voraussetzungen der „Maßnahme" nach § 13 Abs. 7 TMG – Herausforderung „Stand der Technik", ITRB 2016, 118; *Paal/Pauly* (Hrsg.), Datenschutz-Grundverordnung, Bundesdatenschutzgesetz, 2021; *Scheurle/Mayen* (Hrsg.), Telekommunikationsgesetz, 3. Aufl. 2018; *Spindler/Schuster* (Hrsg.), Recht der elektronischen Medien, 4. Aufl. 2019.

Inhaltsübersicht

A. Allgemeines

Gem. § 175 Abs. 1 haben Erbringer öffentlich zugänglicher Telekommunikationsdienste für Endnutzer, so genannte Verpflichtete, die in § 176 Abs. 2 und 3 genannten Verkehrsdaten anlasslos zu speichern. Während § 177 TKG festlegt, für welche Zwecke diese Verkehrsdaten verwendet werden dürfen, enthält § 178 Vorgaben zur Gewährleistung der Sicherheit der Verkehrsdaten während der Aufbewahrung. **1**

Der Bundesgesetzgeber erweiterte im Jahr 2015 das TKG um § 113d, nachdem das BVerfG in seinem Urteil vom 2.3.2010[1] feststellte,[2] dass das TKG weder für die Aufbewahrung noch für die Übermittlung anlasslos gespeicherter Verkehrsdaten hinreichend anspruchsvolle und normenklare Regelungen zur Datensicherheit, Datenverwendung, Transparenz und zum Rechtsschutz enthielt. Dies sah das BVerfG jedoch als erforderlich an, damit eine derartige anlasslose Speicherpflicht **2**

---

[1] *BVerfG,* Urt. v. 2.3.2010 – 1 BvR 256/08 u.a., NJW 2010, 833.
[2] BT-Drs. 18/5088, 41.

dem Grundsatz der Verhältnismäßigkeit genügt. Es forderte den Bundesgesetzgeber deshalb auf, im Rahmen seiner Zuständigkeit gem. Art. 73 Abs. 1 Nr. 7 GG eine hinreichende gesetzliche Grundlage zu schaffen. Im Hinblick auf die Datensicherheit gab das BVerfG vor, per Gesetz einen besonders hohen Sicherheitsstandard zu gewährleisten, der sich am Entwicklungsstand der Fachdiskussion orientiert. Die Sicherheitsanforderungen dürfen nicht unter dem Vorbehalt einer freien Abwägung mit allgemeinen wirtschaftlichen Gesichtspunkten stehen und sollen neue Erkenntnisse und Einsichten fortlaufend aufnehmen.[3] Der erforderliche Sicherheitsstandard kann sich nach Aussage des BVerfG beispielsweise unter Bezugnahme auf den Stand der Technik (→ Rn. 11 ff.) bestimmen lassen.[4]

3 Diesen Vorgaben des BVerfG kam der Bundesgesetzgeber 2015 mit der Neuregelung in § 113d iVm § 113f nach.[5] Hierbei nannte § 113d bereits einzelne konkrete Maßnahmen („umfassen insbesondere"), die zu implementieren waren, wohingegen § 113f vorsah, dass weitere Konkretisierungen – technischer und sonstiger Art – über einen durch die BNetzA im Benehmen mit dem BSI und der oder dem BfDI zu erstellenden Anforderungskatalog erfolgten.[6]

4 Anschließend wurde im Zuge der Umsetzung der Elektronische Kommunikationskodex–RL[7] das TKG weiter angepasst. Dies betraf insbesondere den Umgang mit Störungen und Fehlern in Telekommunikationsanlagen (ehemals § 100, nun § 12 TTDSG[8]) sowie die Anforderungen an technische Schutzmaßnahmen, welche zum Schutz des Fernmeldegeheimnisses und der personenbezogenen Daten getroffen werden müssen (ehemals § 109, § 109a, nun § 165[9] und § 169[10]). § 113d wurde durch dieses Gesetz nicht geändert. Allerdings konnte durch die erste Anpassung des TKG die EU-Richtlinie nicht gänzlich umgesetzt werden. Deshalb verabschiedete das Bundeskabinett am 16.12.2020 den vom Bundesminister für Wirtschaft und Energie und vom Bundesminister für Verkehr und digitale Infrastruktur vorgelegten Gesetzesentwurf (Telekommunikationsmodernisierungsgesetz), welcher am 22.4.2021 vom Bundestag nach drei Lesungen mit einigen Änderungen angenommen wurde.[11] Ziel des Gesetzes ist es, die übrigen, noch nicht umgesetzten Regelungen der EU-Richtlinie in nationales Recht zu transformieren. § 113d bleibt seinem Inhalt nach unverändert, findet sich nun aber in § 178 TKG wieder.[12]

---

3 Vgl. *BVerfG*, Urt. v. 2.3.2010 – 1 BvR 256/08 u.a., NJW 2010, 833 Rn. 224.

4 *BVerfG*, Urt. v. 2.3.2010 – 1 BvR 256/08 u.a., NJW 2010, 833 Rn. 224.

5 Art. 2 des Gesetzes zur Einführung einer Speicherpflicht und einer Höchstspeicherpflicht für Verkehrsdaten vom 10.12.2015 (BGBl. I S. 2218).

6 Vgl. BeckOK StPO/*Bär*, § 113d Rn. 2.

7 Gesetz zur Umsetzung der Richtlinie (EU) 2016/1148 des Europäischen Parlaments und des Rates vom 6.7.2016 über Maßnahmen zur Gewährleistung eines hohen gemeinsamen Sicherheitsniveaus von Netz- und Informationssystemen in der Union vom 23.7.2017 (BGBl. I S. 1891).

8 → § 12 TTDSG Rn. 7.

9 → § 165 Rn. 1.

10 → § 169 Rn. 2.

11 Entwurf eines Gesetzes zur Umsetzung der Richtlinie (EU) 2018/1972 des Europäischen Parlaments und des Rates vom 11.12.2018 über den europäischen Kodex für die elektronische Kommunikation (Neufassung) und zur Modernisierung des Telekommunikationsrechts (Telekommunikationsmodernisierungsgesetz) (BT-Drs. 19/26108).

12 Entwurf eines Gesetzes zur Umsetzung der Richtlinie (EU) 2018/1972 des Europäischen Parlaments und des Rates vom 11.12.2018 über den europäischen Kodex für die elektronische Kommunikation (Neufassung) und zur Modernisierung des Telekommunikations-

Doch auch bei Einhaltung der in § 113d vorgegebenen Sicherheitsmaßnahmen während der Speicherung von Verkehrsdaten wurde seitens des EuGH klargestellt, dass eine Erhebung und Speicherung nicht verdachtsunabhängig, also ohne konkreten Straftatenverdacht, erfolgen darf. So entschied der EuGH in seinem Urteil vom 20.09.2022[13], dass die deutsche Regelung zur anlasslosen Vorratsdatenspeicherung in §§ 176–179 nicht mit dem Unionsrecht vereinbar ist. Es wird beanstandet, dass der gespeicherte Datensatz sehr genaue Rückschlüsse auf das Privatleben der Personen ermögliche. In den vergangenen Jahren hatte der EuGH häufig über die Zulässigkeit von Vorratsdatenspeicherung entschieden. Das Bundesverwaltungsgericht wandte sich 2019 erneut an den EuGH, weil es im Vergleich zu früheren Urteilen gesetzliche Anpassungen gab. Die Einwände aus Deutschland, dass die Vorratsdatenspeicherung zulässig sei, weil das TKG eine Speicherpflicht für vergleichsweise weniger Daten vorsehe, die zudem für eine kürzere Dauer aufbewahrt würden und gewisse Gewährleistungen wie § 178 (§ 113d a.F.) implementiert seien, die den Missbrauch der gespeicherten Daten verhindern sollten, wurden vom EuGH zurückgewiesen. Das Unionsrecht steht insoweit nationalen Rechtsvorschriften entgegen, die präventiv zur Bekämpfung schwerer Kriminalität und zur Verhütung schwerer Bedrohungen der öffentlichen Sicherheit eine allgemeine und unterschiedslose Vorratsspeicherung von Verkehrs- und Standortdaten vorsehen. Damit bestätigt der EuGH seine bisherige Rechtsprechung. Dennoch räumt er in seinem Urteil einen gesetzgeberischen Spielraum für die Mitgliedstaaten ein. Angesichts von Bedrohungen der nationalen Sicherheit und zur Bekämpfung schwerer Kriminalität könne eine Vorratsdatenspeicherung unter bestimmten Voraussetzungen mit dem EU-Recht vereinbar sein. Eine Neuregelung in Deutschland im Rahmen dieser Grundsätze bleibt abzuwarten. Die Thematik ist weiterhin politisch hoch umstritten. 5

B. Einzelerläuterungen

I. Schutz während Aufbewahrung (S. 1)

S. 1 bestimmt den Normzweck. Der nach § 175 Abs. 1 Verpflichtete hat während der Aufbewahrung[14] die anlasslos gespeicherten Verkehrsdaten gegen die unbefugte Kenntnisnahme und Verwendung zu schützen. Eine unbefugte Kenntnisnahme liegt dann vor, wenn die Kenntnisnahme oder die Verwendung weder gesetzlich erlaubt ist, noch eine Zustimmung des Betroffenen vorliegt.[15] Zur Erfüllung dieser Vorgabe sind von Verpflichteten technische und organisatorische Maßnahmen nach dem Stand der Technik (→ Rn. 11 ff.) zu implementieren. 6

1. Anwendungsbereich. Anders als der Wortlaut zunächst vermuten lässt, gilt S. 1 nur für die nach § 176 Abs. 2–4 gespeicherten **Verkehrsdaten** und nicht für so genannte Standortdaten gem. § 176 Abs. 4 S. 3. Zwar heißt es in S. 1, dass die Vorschrift für alle *„auf Grund der Speicherpflicht nach § 176 Absatz 1 gespeicherten Daten“* gelte, gemäß der Gesetzesbegründung ist bei Standortdaten die Einhaltung des 7

---

rechts (Telekommunikationsmodernisierungsgesetz) (BT-Drs. 19/28865, 312 sowie BT-Drs. 19/26108, S. 370).

[13] *EuGH,* Urt. v. 20.9.2022 – C-793/19 u. C-794/19, ZD 2022, 666.

[14] Scheurle/Mayen/*Mayen,* § 113d Rn. 3.

[15] Scheurle/Mayen//*Mayen,* § 113d Rn. 4.

besonders hohen Schutzes jedoch nicht erforderlich. Standortdaten sind keine Verkehrsdaten, sondern fallen unabhängig von den schützenswerten konkreten Telekommunikationsvorgängen an,[16] ähnlich wie die gem. § 172 zu erhebenden Bestandsdaten.[17] Mithin sind auch die Anforderungen an die Datensicherheit geringer.

8 Vom Anwendungsbereich des S. 1 nicht erfasst ist die Sicherheit während der Übermittlung von Verkehrsdaten. Die einzuhaltenden Anforderungen an die Übermittlung normiert § 177.

9 **2. Technische und organisatorische Maßnahmen.** Die zu implementierenden Maßnahmen zur Gewährleistung der Sicherheit der Verkehrsdaten sollen sowohl technischer als auch organisatorischer Natur sein. Dies ergibt sich neben S. 1 auch aus der Auflistung technischer und organisatorischer Maßnahmen in S. 2 Nr. 1–5.

10 § 180 Abs. 1 besagt, dass bei der Umsetzung der Verpflichtungen gem. § 176–179 ein besonders hoher Standard der Datensicherheit zu gewährleisten ist, wobei die Einhaltung dieses Standards vermutet wird, wenn alle Anforderungen des Anforderungskatalogs gem. § 180 erfüllt werden. Somit kann bei der Umsetzung der Voraussetzungen des § 178 ebenfalls auf den Anforderungskatalog der BNetzA zurückgegriffen werden. Gemäß diesem Anforderungskatalog ist es bereits Grundvoraussetzung, dass nicht nur das gesamte Verkehrsdatenspeichersystem, sondern alle Komponenten des IT-Systems die Anforderungen nach BSI IT-Grundschutz mit der Bedarfsklasse „hoch" erfüllen. Bezüglich der kryptografischen Absicherung des IT-Systems müssen die Empfehlungen aus den technischen Richtlinien „Kryptographische Verfahren: Empfehlungen und Schlüssellängen" des BSI berücksichtigt werden.[18] Ferner ist dem Anforderungskatalog zu entnehmen, dass sich ein sicheres Verkehrsdatenspeichersystem nur durch die Kombination aus einer sicheren Ablage der Verkehrsdaten, einer physischen und organisatorischen Absicherung der Systemkomponenten, einer wirksamen Kontrolle der Kommunikation nach außen und einer Absicherung des Datenflusses zwischen den Systemkomponenten realisieren lässt. Die Gesamtsicherheit des Verkehrsdatenspeichersystems kann nur so hoch sein wie das Schutzniveau der schwächsten aller eingesetzten Sicherheitsmaßnahmen.[19]

11 **3. Stand der Technik.** Die zu implementierenden technischen und organisatorischen Maßnahmen müssen dem Stand der Technik entsprechen. Der Begriff „Stand der Technik" ist im TKG – anders als beispielsweise in § 3 Abs. 6 BImSchG, § 3 Nr. 11 WHG oder § 3 Abs. 28 KrWG – nicht legal definiert.

12 Mit dem Erlass des ersten IT-Sicherheitsgesetzes[20] wurde die im BSIG geführte Diskussion um die Bestimmung des Begriffs „Stand der Technik" auch auf das TKG übertragen. Für den § 178 wurde der Begriff in den Tatbestand aufgenom-

---

[16] Vgl. BT-Drs. 18/5088, 41.

[17] Vgl. BeckOK StPO/*Bär*, § 113d Rn. 3.

[18] *BNetzA*, Anforderungskatalog nach § 113f TKG, 15.6.2018, S. 13.

[19] *BNetzA*, Anforderungskatalog nach § 113f TKG, 15.6.2018, S. 13.

[20] Gesetz zur Erhöhung der Sicherheit informationstechnischer Systeme (IT-Sicherheitsgesetz) vom 17.7.2015 (BGBl. I S. 1329). Für die Definition des Begriffs „Stand der Technik" vgl. auch → BSIG § 3 Rn. 27; → BSIG § 8a Rn. 19; → BSIG § 8f Rn. 11; → § AtG 7 Rn. 21; → § 165 Rn. 14; → TTDSG § 19 Abs. 4 Rn. 21; → CSA Art. 51 Rn. 60; → DS-GVO Art. 32 Rn. 14 ff.

men, da das BVerfG eine Orientierung am Entwicklungsstand der Fachdiskussionen forderte.[21] Die Definition des Stands der Technik im TKG orientiert sich an den Definitionen des Umweltrechts, da der Begriff dort seit vielen Jahren etabliert ist und auf Basis einer umfassenden Diskussion entwickelt wurde. Zwar sind die Festlegungen aus dem Umweltrecht nicht ohne Weiteres auf das TKG übertragbar, da sie sich auf spezifische umweltrechtliche Komponenten beziehen. Dennoch können sie als Vorbild für eine Definition des Begriffes im TKG dienen, sodass sich durchaus sinnvolle Anhaltspunkte für eine allgemeine Begriffsbestimmung ergeben.[22] Im Konkreten beinhalten die umweltrechtlichen Definitionen des Stands der Technik die folgenden Kernkomponenten: (i) Eine Orientierung an dem Entwicklungsstand fortschrittlicher Verfahren, Einrichtungen oder Betriebsweisen, (ii) die Eignung der Maßnahme für die Praxis und (iii) die Erreichung eines allgemein hohen Schutzniveaus als Ziel.

Der Stand der Technik ist insbesondere vom „Stand der Wissenschaft und Technik" sowie von den „allgemein anerkannten Regeln der Technik" abzugrenzen. **13**
Der Stand der Wissenschaft und Technik legt das höchste Anforderungsniveau zugrunde. Unter dem Stand der Wissenschaft und Technik ist ein Maß an Vorsorge zu verstehen, welches getroffen werden muss und nach den neuesten wissenschaftlichen Erkenntnissen für erforderlich gehalten wird.[23] Somit genügt eine Maßnahme nur dann dem Stand der Wissenschaft und Technik, wenn sie nach der Auffassung führender Fachleute auf Grundlage neuester wissenschaftlich vertretbarer Erkenntnisse und im Hinblick auf das gesetzlich vorgegebene Ziel für erforderlich gehalten wird.[24] Es kommt dabei gerade nicht auf ihre Umsetzbarkeit in der Praxis an.[25] Sofern eine Maßnahme folglich wissenschaftlich und technisch erforderlich, aber praktisch nicht umsetzbar ist, kann der Stand der Wissenschaft und Technik nicht erfüllt werden.[26] Der Begriff der allgemein anerkannten Regeln der Technik bezieht sich darauf, was sich in der Praxis als herrschend durchgesetzt hat.[27] Er setzt mithin ein geringes Anforderungsniveau voraus und orientiert sich daher nicht an wissenschaftlichen Erkenntnissen, sondern legt ausschließlich die praktische Eignung einer Maßnahme zugrunde.

Der Stand der Technik bildet einen Kompromiss zwischen den beiden anderen **14**
vorgenannten Termini. Bereits in der „Kalkar"-Entscheidung des BVerfG befasste sich das Gericht mit der Abgrenzung der Begriffe.[28] Das Gericht sprach für den Stand der Technik von einer Verlagerung des rechtlichen Maßstabes für das Erlaubte und das Gebotene an die Front der technischen Entwicklung.[29] Damit bezog das Gericht den Aspekt der Aktualität in die Begriffsbestimmung ein.[30] Eine weitreichendere Konkretisierung des Begriffs nahm das Gericht nicht vor und eine solche hat sich bis zum jetzigen Zeitpunkt auch nicht rechtsgebietsübergreifend etabliert.

[21] *BVerfG,* Urt. v. 2.3.2010 – 1 BvR 256/08 u.a., NJW 2010, 833 Rn. 224.
[22] Scheurle/Mayen/*Mayen,* § 113d Rn. 6.
[23] *BVerfG,* Beschl. v. 8.8.1978 – 2 BvL 8/77, NJW 1979, 359 (362); BMJV Rechtsförmlichkeit-HdB, Rn. 257.
[24] BMJV Rechtsförmlichkeit HdB, Rn. 257.
[25] *BVerfG,* Beschl. v. 8.8.1978 – 2 BvL 8/77, NJW 1979, 359 (362).
[26] *BVerfG,* Beschl. v. 8.8.1978 – 2 BvL 8/77, NJW 1979, 359 (362).
[27] *BVerfG,* Beschl. v. 8.8.1978 – 2 BvL 8/77, NJW 1979, 359 (362).
[28] *BVerfG,* Beschl. v. 8.8.1978 – 2 BvL 8/77, NJW 1978, 359 (362).
[29] *BVerfG,* Beschl. v. 8.8.1978 – 2 BvL 8/77, NJW 1978, 359 (362).
[30] *Knopp,* DuD 2017, 663 (664).

Sofern Konkretisierungen vorgenommen wurden, sind sie oft auf einzelne Vorschriften und ihre Besonderheiten beschränkt.[31] Nichtsdestotrotz kann der Stand der Technik aufgrund der vorgenannten Orientierungshilfen der Rechtsprechung und Praxis als eine Umsetzung von Maßnahmen verstanden werden, die auf gesicherten Erkenntnissen von Wissenschaft und Technik basieren und praktisch dazu geeignet sind, das vorgegebene Ziel (im Falle des TKG: Datensicherheit) gemeinsam mit dem Ziel der Erreichung eines allgemein hohen Schutzniveaus realisieren zu können.[32] Somit ist der Stand der Technik enger gefasst als der Stand der Wissenschaft und Technik, aber weiter als die allgemein anerkannten Regeln der Technik.[33] Bei der Umsetzung der Maßnahmen muss mithin nicht nur Bezug auf die Wissenschaft genommen, sondern auch die praktische Umsetzbarkeit berücksichtigt werden. Es ist demnach ein Zusammenspiel zwischen wissenschaftlicher Aktualität und Geeignetheit für die Praxis gefordert.[34] Der Begriff „Stand der Technik" ist mithin dynamisch und unterliegt ständigen Anpassungen, da diese für den sich immer wandelnden technischen Fortschritt notwendig sind.[35]

15 Zur Bestimmung des Standes der Technik bedarf es somit zum einen der Abwägung verschiedener möglicher Maßnahmen, welche auf ihre Eignung zur Zielerreichung zu prüfen sind. Zum anderen ist ebenfalls die wirtschaftliche Zumutbarkeit zu berücksichtigen.[36] Soweit die Prüfung einer Maßnahme zu dem Ergebnis führt, dass diese sowohl dazu geeignet ist, die Datensicherheit zu gewährleisten und praxistauglich, d.h. insbesondere auch wirtschaftlich zumutbar ist, entspricht sie dem Stand der Technik. Die Verpflichteten können für die Bewertung der Maßnahmen den Anforderungskatalog gem. § 180 der BNetzA[37] heranziehen. Die Behörde zählt dort Maßnahmen für die Umsetzung der Anforderungen der § 176–179 auf, welche dem Stand der Technik genügen.

16 **4. Pflicht zur Auswertung der Verkehrsdaten.** Es wird diskutiert, ob sich unmittelbar aus § 178 neben der Pflicht zur Gewährleistung von Sicherheit für die gespeicherten Verkehrsdaten auch eine Pflicht zur Auswertung dieser Daten ergibt. Nach Ansicht einiger müsse sich eine Auswertungspflicht unmittelbar aus § 178 ergeben.[38] Grund dafür seien die Speicherpflicht nach § 175 und die Auskunftserteilungspflicht nach § 100g StPO,[39] da dem Auskunftsanspruch nur dann nachgekommen werden könne, wenn zuvor eine Auswertung der Verkehrsdaten erfolgt sei.[40] § 178 wird als Rechtsgrundlage für die Auswertungspflicht der Verpflichteten herangezogen, da sich diese unmittelbar aus den Anforderungen der Datensicherheit ergebe.[41]

17 Das Bestehen einer Auswertungspflicht ist im Ergebnis zutreffend, da einer Auskunftserteilung naturgemäß nicht nachgekommen werden kann, sofern die gespei-

---

31 *Kipker/Harner/Müller,* InTeR 2018, 24 (26).

32 *Michaelis,* DuD 2016, 458 (459); Scheurle/*Mayen,* § 113d Rn. 6; Paal/Pauly/*Martini,* DS-GVO Art. 25 Rn. 39a.

33 Vgl. *Kipker/Harner/Müller,* InTeR 2018, 24 (26).

34 Vgl. Paal/Pauly/*Martini,* DS-GVO Art. 25 Rn. 39d.

35 Vgl. *Michaelis,* DuD 2016, 458 (459ff.).

36 *Michaelis,* ITRB 2016, 118 (119).

37 *BNetzA,* Anforderungskatalog nach § 113f TKG, 15.6.2018.

38 Fetzer/Scherer/*Graulich,* § 113d Rn. 4.

39 Fetzer/Scherer/*Graulich,* § 113d Rn. 4.

40 Fetzer/Scherer/*Graulich,* § 113d Rn. 4.

41 *Eckhardt,* CR 2007, 405 (409).

cherten Verkehrsdaten nicht vorher ausgewertet wurden. Dies entspricht dem Willen des Gesetzgebers, da § 176 Abs. 7 von der unverzüglichen Beantwortung eines Auskunftsersuchens spricht.[42] Hiergegen ließe sich jedoch anführen, dass bei einer Auskunftspflicht – anders als bei einer Informationspflicht – eine Beantwortung auch dann als unverzüglich angesehen werden kann, sofern eine Analyse erst nach Vorliegen eines konkreten Auskunftsersuchens erfolgt. Dies wäre zudem auch datensparsamer und damit weniger eingriffsintensiv als eine generelle Auswertung. Allerdings kann § 178 schon nicht als Rechtsgrundlage für eine Auswertungspflicht des Verantwortlichen herangezogen werden. Schon der Wortlaut des § 178 nimmt keinerlei Bezug auf eine Auswertung der zu sichernden Daten. Auch in der Gesetzesbegründung finden sich keine Anhaltspunkte für eine etwaige Pflicht, die sich unmittelbar aus § 178 ergeben würde. Deshalb kann der Pflichtenkatalog der Norm nicht über den Wortlaut hinaus ausgelegt werden. Somit besteht zumindest nach § 178 keine Pflicht zur Auswertung der Verkehrsdaten, lediglich zur Gewährleistung der Sicherheit der Daten (→ Rn 20 ff.).

II. Regelbeispiele (S. 2)

In S. 2 werden fünf technische und organisatorische Maßnahmen aufgezählt, bei denen es sich um Regelbeispiele handelt, was sich aus dem Wortlaut („umfassen insbesondere") ergibt. Aufzählungen von Regelbeispielen sind grundsätzlich nicht abschließend. Sie haben indizielle Wirkung und von ihnen kann nur bei Vorliegen gewichtiger Gründe abgewichen werden.[43] Der Ansicht, dass es sich bei der Aufzählung nicht um Regelbeispiele, sondern um Mindeststandards handle,[44] kann nicht gefolgt werden. Das Vorliegen eines Mindeststandards würde bedeuten, dass eine Abweichung von den vorgegebenen technischen und organisatorischen Maßnahmen nicht möglich wäre. Jedoch gibt es keine Anhaltspunkte für einen solchen Willen des Gesetzgebers. Ganz im Gegenteil muss die nur umrisshafte Darstellung der Maßnahmen dahingehend gedeutet werden, dass es sich bei der Aufzählung in S. 2 nicht um bindende Mindeststandards handeln soll, sondern lediglich um Regelbeispiele, von denen im begründeten Einzelfall – auch negativ – abgewichen werden kann. 18

Der Gesetzgeber hat sich bei den Regelbeispielen wesentlich an den vom BVerfG aufgezählten Maßnahmen orientiert, ohne diese weiter zu spezifizieren. Das BVerfG holte in seinem Urteil zur Verfassungswidrigkeit der Vorratsdatenspeicherung von Telekommunikationsverkehrsdaten ein Sachverständigengutachten ein, das diverse Instrumente zur Erhöhung der Datensicherheit aufzeigte.[45] Abschließende Anforderungen enthielt das Urteil jedoch nicht. Die Empfehlungen im Hinblick auf die konkrete Umsetzung der Datensicherheit können dem Anforderungskatalog gem. § 180 entnommen werden, auf dessen Spezifika im Folgenden auszugsweise eingegangen wird.[46] 19

1. Besonders sichere Verschlüsselungsverfahren (Nr. 1). Nr. 1 nennt als hinreichende technische und organisatorische Maßnahme den Einsatz eines besonders sicheren Verschlüsselungsverfahrens. Ein Verschlüsselungsverfahren ist dann 20

[42] Fetzer/Scherer/*Graulich,* § 113d Rn. 4.
[43] *BVerwG,* Urt. v. 24.11.2010 – 6 C 16/09, NVwZ-RR 2011, 279 Rn. 44.
[44] So etwa BeckOK StPO/*Bär,* § 113d Rn. 4.
[45] *BVerfG,* Urt. v. 2.3.2010 – 1 BvR 256/08 u.a., NJW 2010, 833 Rn. 223.
[46] Scheurle/Mayen/*Mayen,* § 113d Rn. 10.

besonders sicher, wenn die Überwindung der Verschlüsselung einen unverhältnismäßig großen Aufwand erfordert.[47] Dennoch müssen eine effiziente Speicherung sowie Suche und Abfrage der Verkehrsdaten weiterhin möglich bleiben, um einem Auskunftsersuchen berechtigter Stellen (vgl. § 177) unverzüglich nachkommen zu können.[48]

21 Das Schlüsselmanagement und die gespeicherten Verkehrsdaten sollten gemäß dem Anforderungskatalog separat voneinander verwaltet und aufbewahrt werden. Die benötigten Schlüssel müssen durch das Schlüsselmanagement erzeugt, gespeichert, gelöscht und an die Ver- und Entschlüsselungseinheit verteilt werden. Zugang zum Schlüsselmanagement dürfen nach persönlicher Freischaltung nur gemäß ihrer Rolle dazu berechtigte Mitarbeiter haben, die durch den Verpflichteten gem. S. 2 Nr. 4 besonders ermächtigt wurden.[49] Bei der Entschlüsselung hat der Verpflichtete zu beachten, dass die Verkehrsdaten ausschließlich zur Bearbeitung von Auskunftsersuchen der berechtigten Stellen (§ 177) zu verwenden sind, weshalb diese im Zugriffssystem lokalisiert sein sollten, vorzugsweise in einer eigenen Komponente.[50]

22 Neben den Verkehrsdaten sind zur Einhaltung der Löschfrist gem. § 176 Abs. 8 auch die zugehörigen Schlüssel irreversibel zu vernichten.[51] Da es bei einer Löschung von Verkehrsdaten aus persistenten Speichern nicht immer zu zuverlässigen Ergebnissen kommt, kann eine zureichende Löschung dadurch gewährleistet werden, dass die Daten verschlüsselt werden und anschließend eine Löschung der kryptografischen Schlüssel erfolgt.[52]

23 **2. Speicherung in gesonderten, von den für die üblichen betrieblichen Aufgaben getrennten Speichervorrichtungen (Nr. 2).** Gem. S. 2 Nr. 2 soll die Speicherung der Verkehrsdaten auf physisch gesonderten,[53] von den für die üblichen betrieblichen Aufgaben getrennten Speichereinrichtungen stattfinden. Daraus ergibt sich, dass die gem. § 176 Abs. 2 und 3 gespeicherten Verkehrsdaten getrennt von anderen aufzubewahren sind – zum Beispiel denen, die gem. § 9 und § 12 TTDSG[54] erhoben wurden.[55]

24 Zusätzlich müssen auf den zur Speicherung der Verkehrsdaten eingesetzten Verkehrsdatenspeicherungssystemen Härtungsmaßnahmen nach dem Stand der Technik umgesetzt werden. Eine solche Maßnahme ist die Einführung eines so genannten „Minimalsystems".[56] Dabei dürfen nur die zur Speicherung und Verarbeitung unbedingt notwendigen Programme auf dem Verkehrsdatenspeicherungssystem installiert sein. Auch sind Sicherheitsupdates zu implementieren und eine sichere Konfiguration ist zu gewährleisten.[57]

---

[47] *BNetzA,* Anforderungskatalog nach § 113f TKG, 15.6.2018, S. 15.

[48] *BNetzA,* Anforderungskatalog nach § 113f TKG, 15.6.2018, S. 15, mit weiteren Hinweisen zur Umsetzung der technischen und organisatorischen Maßnahmen.

[49] *BNetzA,* Anforderungskatalog nach § 113f TKG, 15.6.2018, S. 15.

[50] *BNetzA,* Anforderungskatalog nach § 113f TKG, 15.6.2018, S. 16.

[51] *BNetzA,* Anforderungskatalog nach § 113f TKG, 15.6.2018, S. 15f.

[52] *BNetzA,* Anforderungskatalog nach § 113f TKG, 15.6.2018, S. 18f.

[53] *BNetzA,* Anforderungskatalog nach § 113f TKG, 15.6.2018, S. 16.

[54] → § 12 TTDSG Rn. 17, 22f., 51.

[55] Vgl. BeckOK StPO/*Bär,* § 113d Rn. 5.

[56] *BNetzA,* Anforderungskatalog nach § 113f TKG, 15.6.2018, S. 17.

[57] *BNetzA,* Anforderungskatalog nach § 113f TKG, 15.6.2018, S. 17.

3. Speicherung mit einem hohen Schutz vor dem Zugriff aus dem Internet (Nr. 3). Nr. 3 verlangt, dass die Speicherung mit hohem Schutz vor dem Zugriff aus dem Internet auf einen vom Internet entkoppelten Datenspeicher stattzufinden hat. Grund dafür ist, dass die Koppelung mit dem Internet eine Vielzahl von Angriffsmöglichkeiten auf die Verkehrsdatenspeichersysteme bietet.[58] Mit dieser Vorschrift nimmt der Bundesgesetzgeber eine weitere Anforderung auf, die das BVerfG in seinem Urteil zur Verfassungswidrigkeit der Vorratsdatenspeicherung von Telekommunikationsverkehrsdaten[59] als Maßnahmen zur Verbesserung der Datensicherheit ausgesprochen hat. 25

Eine Entkopplung könnte dadurch erreicht werden, dass die Verkehrsdatenspeicher physisch von den mit dem Internet verbundenen IT-Systemen getrennt werden.[60] Allerdings erscheint dies aus den folgenden Gründen wenig praktikabel: So fallen die Verkehrsdaten insbesondere in den IT-Systemen an, die Teil der öffentlichen Telekommunikationsnetze und damit auch des Internets sind, oder diese IT-Systeme stehen mit dem Internet direkt oder indirekt in Verbindung. Mithin müssten die zu speichernden Verkehrsdaten bei einer Entkoppelung, also einer physischen Trennung, manuell in den Verkehrsdatenspeicher übertragen werden, was aufgrund der zu erwartenden Datenmenge kaum umsetzbar sein dürfte und weitere Sicherheitsfragen aufwirft. Demzufolge scheint eine physische Trennung eine wenig geeignete Maßnahme zu sein. 26

Stattdessen, so der Anforderungskatalog,[61] soll eine Firewall-Infrastruktur implementiert werden, die dafür Sorge trägt, dass die Verkehrsdaten zwar durch berechtigte IT-Systeme in den geschützten Bereich eingespeist werden, ihn aber nicht mehr verlassen könnten. Als sicherste Lösung empfiehlt der Anforderungskatalog eine Daten-Diode. Bei alternativen Firewall-Szenarien ist darauf zu achten, dass der Verbindungsaufbau immer nur aus dem zu schützenden Bereich heraus erfolgt. Eine Verbindung von außerhalb des Verkehrsdatenspeichersystems darf hingegen nicht erfolgen. Es müssen zudem ausreichende Firewall-Logs für drei Monate vorgehalten werden. Diese müssen so detailliert sein, dass mögliche Vorfälle im genauen zeitlichen Verlauf nachvollziehbar sind. Außerdem sollen die Log-Daten regelmäßig auf Auffälligkeiten hin untersucht werden, um etwaige Sicherheitslücken rechtzeitig zu erkennen oder zu verhindern.[62] 27

Sofern ein Anfrageersuchen einer berechtigten Stellen gem. § 177 vorliegt, muss ein Zugriff auf das Verkehrsdatenspeichersystem nach dem Vier-Augen-Prinzip erfolgen (vgl. Nr. 5, → Rn. 36 ff.). Falls ein Abfragesystem auch für andere Auskunftserteilungen verwendet wird, für die die Telekommunikationsüberwachungsverordnung (TKÜV) ein gemeinsames Übermittlungsverfahren zulässt, muss die Anbindung an die weiteren Systeme über eine Firewall gesichert werden. Auch hier gelten die vorgestellten Anforderungen zu den Log-Daten und dem Prinzip des Minimalsystems.[63] 28

Generelle Anforderungen an die Firewalls zum Schutz vor dem Zugriff aus dem Internet sind in den BSI IT-Grundschutz-Katalogen (seit 2018 IT-Grundschutz- 29

---

58 Vgl. auch BeckOK StPO/*Bär,* § 113 d Rn. 5.

59 *BVerfG,* Urt. v. 2.3.2010 – 1 BvR 256/08 u.a., NJW 2010, 833 Rn. 223.

60 *BNetzA,* Anforderungskatalog nach § 113 f TKG, 15.6.2018, S. 17.

61 *BNetzA,* Anforderungskatalog nach § 113 f TKG, 15.6.2018, S. 17.

62 *BNetzA,* Anforderungskatalog nach § 113 f TKG, 15.6.2018, S. 17.

63 *BNetzA,* Anforderungskatalog nach § 113 f TKG, 15.6.2018, S. 18.

Kompendium) und der Studie „Sichere Anbindung von lokalen Netzen an das Internet (ISi-LANA)“ beschrieben.[64]

30 **4. Beschränkung des Zutritts zu den Datenverarbeitungsanlagen auf besonders ermächtigte Personen (Nr. 4).** Nr. 4 nennt Maßnahmen personeller, organisatorischer und technischer Art, die der Verpflichtete im Hinblick auf die Beschränkung des Zutritts zu den Datenverarbeitungsanlagen ergreifen soll.[65] Insbesondere dürfen nur vom Verpflichteten ermächtigte Personen Zutritt erhalten.

31 Die Beschränkung der Zutrittsmöglichkeit soll dem Schutz des Fernmeldegeheimnisses nach Art. 10 GG gerecht werden. Zwar bindet dieses Grundrecht grundsätzlich nur Staatsorgane und entfaltet deshalb lediglich mittelbar Wirkung unter Privaten.[66] Durch die einfachgesetzliche Ausprägung in § 3 TTDSG[67] und § 178 S. 2 Nr. 4 TKG[68] müssen aber auch Erbringer öffentlich zugänglicher Telekommunikationsdienste unmittelbar den Schutz des Fernmeldegeheimnisses für Endnutzer wahren.

32 Wie die Koppelung der Verkehrsdatenspeichersysteme an das Internet, stellt auch die Speicherung als solche eine potenzielle Gefahr dar, wenn Dritte ungehindert Zugang zu den Verkehrsdaten erhalten können. Deshalb sieht die Vorschrift vor, dass nur bestimmte, besonders ermächtigte Personen Zugriff auf die gespeicherten Verkehrsdaten erhalten dürfen. Die ermächtigten Personen sind in zwei Kategorien einzuteilen: Zum einen die Personen, die Auskunftsersuchen bearbeiten. Sie können grds. nur nach dem Vier-Augen-Prinzip[69] handeln. Zum anderen können Personen, die hardware- und softwaretechnische Wartungen vornehmen, auf die Verkehrsdatenspeichersysteme zugreifen. Um einen Missbrauch zu vermeiden, sind für diesen Fall jeder Zugang und jedes Arbeiten lückenlos und revisionssicher zu dokumentieren.[70]

33 Wenn ein Verpflichteter einen Dritten mit dem Aufbau und Betrieb des Verkehrsdatenspeichersystems beauftragt, muss vertraglich festgelegt werden, dass nur solche Personen Zugang zu dem Verkehrsdatenspeichersystem haben, die vom Verpflichteten besonders ermächtigt wurden. Der Verpflichtete hat dies regelmäßig zu überprüfen. Er hat aber zu gewährleisten, dass Kontrollen durch die BNetzA und den BfDI nicht behindert werden.[71]

34 Neben den Sicherheitsmaßnahmen auf personeller Ebene müssen auch technische Maßnahmen getroffen werden, um den Zugang zu Verkehrsdatenspeichersystemen auf berechtigte Personen zu beschränken. Dazu gehört die physische Sicherung der Verkehrsdatenspeichersysteme. Der Teil des Rechenzentrums, in dem die Hardware-Komponenten des Verkehrsdatenspeichersystems untergebracht sind, muss als geschlossener Sicherheitsbereich konzipiert sein. Als Alternative können separate Schutzschränke dienen. Insgesamt sind jedoch die Komponenten der Verkehrsdatenspeichersysteme durch Zutrittskontrollmechanismen zu schützen. Solche Zutrittskontrollmechanismen können technische Mittel – wie beispielsweise

---

[64] *BNetzA,* Anforderungskatalog nach § 113f TKG, 15.6.2018, S. 18.
[65] *BNetzA,* Anforderungskatalog nach § 113f TKG, 15.6.2018, S. 19.
[66] Vgl. Fetzer/Scherer/*Graulich,* § 88 Rn. 4.
[67] Spindler/Schuster/*Eckhardt,* § 88 Rn. 1; Geppert/Schütz/*Bock,* § 88 Rn. 1.
[68] Vgl. Fetzer/Scherer/*Graulich,* § 113d Rn. 23.
[69] → Rn. 36ff.
[70] *BNetzA,* Anforderungskatalog nach § 113f TKG, 15.6.2018, S. 20.
[71] *BNetzA,* Anforderungskatalog nach § 113f TKG, 15.6.2018, S. 20.

Ausweisleser, Iris- oder Finderabdruckscanner oder Sicherheitsschlösser–[72] oder Personen, beispielsweise ein Pförtner,[73] sein. Auch das Abfragesystem ist in einer physisch gesicherten Umgebung aufzustellen und soll besonders zugriffsgeschützt sein.[74] Falls ein unberechtigter Zutritt vorliegt, muss ein Alarm ausgelöst werden.[75] Der physische Schutz muss sich auch auf alle eingesetzten Clients erstrecken.[76]

Nicht nur der Zugang zu den Verkehrsdatenspeichersystemen ist zu dokumentieren, sondern auch die Vergabe und Rücknahme von Zutrittsberechtigungen und -mitteln. Ein Zutritt zum Verkehrsdatenspeichersystem zu Wartungszwecken darf erst nach einer Identifikation und einer Zwei-Faktor-Authentisierung unter Anwendung des Vier-Augen-Prinzips erfolgen. Alle Authentisierungsvorgänge und sonstige Systemeingaben sind revisionssicher zu protokollieren.[77] 35

5. Vier-Augen-Prinzip (Nr. 5). Nr. 5 bestimmt, dass beim Zugriff auf Verkehrsdaten mindestens zwei besonders ermächtigte Personen mitwirken müssen. Damit nimmt der Gesetzgeber das vom BVerfG geforderte Vier-Augen-Prinzip auf.[78] Es soll gewährleistet werden, dass immer nur zwei besonders ermächtigte Personen gemeinsam Zugriff auf die Verkehrsdaten haben, sodass ein unberechtigter Zugriff weitestgehend ausgeschlossen werden kann. 36

Der Anforderungskatalog unterscheidet zwei Zugriffsszenarien auf die gespeicherten Verkehrsdaten, bei denen das Vier-Augen-Prinzip zu berücksichtigen ist: Einerseits kann auf die Verkehrsdatenspeichersysteme zugegriffen werden, um einem Auskunftsersuchen nachzukommen. Andererseits kann ein Zugriff aus betrieblichen Gründen erfolgen. 37

Bei der Beantwortung eines Auskunftsersuchens muss die Übereinstimmung der Abfrageparameter mit den Verkehrsdaten, die in das Zugriffssystem eingegeben sind, geprüft werden. Die Abfrageparameter ergeben sich aus der richterlichen Anordnung oder dem behördlichen Auskunftsersuchen. Diese Prüfung der Übereinstimmung muss durch zwei vom Verpflichteten besonders ermächtigte Personen vorgenommen werden. Hierbei muss die erste ermächtigte Person das Auskunftsersuchen mit den abgefragten Verkehrsdaten abgleichen. Weichen die angefragten Verkehrsdaten vom korrespondierenden Gerichtsbeschluss oder dem behördlichen Ersuchen ab, ist die Anfrage zur Korrektur an die berechtigte Stelle zurückzuweisen. Nach dem ersten Abgleich des Auskunftsersuchens mit den abgefragten Verkehrsdaten hat die zweite Person eine für den Sachverhalt getrennte und unabhängige Prüfung vorzunehmen. Liegt keine Übereinstimmung im Prüfergebnis vor, muss die erste Person hierüber informiert und die Abfrage der Verkehrsdaten von dieser erneut initiiert werden. In jedem Fall ist sicherzustellen, dass die technischen Abfrageparameter nicht von den besonders ermächtigten Personen des Verpflichteten geändert werden.[79] Außerdem sind regelmäßig technische Tests zur Vermeidung einer fehlerhaften Ausleitung der Verkehrsdaten vorzunehmen.[80] 38

---

72 *BNetzA*, Anforderungskatalog nach § 113f TKG, 15.6.2018, S. 20.
73 *BNetzA*, Anforderungskatalog nach § 113f TKG, 15.6.2018, S. 20.
74 *BNetzA*, Anforderungskatalog nach § 113f TKG, 15.6.2018, S. 20.
75 *BNetzA*, Anforderungskatalog nach § 113f TKG, 15.6.2018, S. 20.
76 *BNetzA*, Anforderungskatalog nach § 113f TKG, 15.6.2018, S. 20.
77 *BNetzA*, Anforderungskatalog nach § 113f TKG, 15.6.2018, S. 21.
78 *BVerfG*, Urt. v. 2.3.2010 – 1 BvR 256/08 u.a., NJW 2010, 833 Rn. 223, 275.
79 *BNetzA*, Anforderungskatalog nach § 113f TKG, 15.6.2018, S. 21f.
80 *BNetzA*, Anforderungskatalog nach § 113f TKG, 15.6.2018, S. 22.

39 Für den Fall eines betrieblichen Zugriffs gilt Folgendes: Grundsätzlich dürfen betriebliche Zugriffe auf die speicherpflichtigen Verkehrsdaten oder die kryptografischen Schlüssel, beispielsweise zu Wartungszwecken, nur nach dem Vier-Augen-Prinzip durchgeführt werden und müssen durch zwei besonders ermächtigte Personen erfolgen. Allerdings nennt der Anforderungskatalog Ausnahmen von diesem Grundsatz. So können Wartungsarbeiten auch durch eine einzelne Person wahrgenommen werden, wenn (i) das für den Zugriff vorgesehene IT-System keinen Zugriff auf die Verkehrsdaten oder Schlüssel zulässt, (ii) durch die Wartungsarbeiten auch kein nachträglicher Zugang zu den Verkehrsdaten und Schlüsseln ermöglicht wird und (iii) die Person keinen Root-Zugang erhält und sie die erteilten Zugangsrechte auch nicht verändern kann.[81]

40 Daneben legt der Anforderungskatalog fest, unter welchen Voraussetzungen ein Wartungszugang von unterschiedlichen Standorten oder ein Fernzugriff durch Dritte erfolgen darf.[82] Bei der Nutzung eines Wartungszugangs von unterschiedlichen Standorten ist unter anderem sicherzustellen, dass beide ermächtigte Personen gleichzeitig zugreifen müssen, damit keine Umgehungsmöglichkeit der Zugangs- und Überwachungskontrolle besteht. Ebenso ist sicherzustellen, dass für derartige Wartungszugänge nur dedizierte Clientsysteme genutzt werden, die sich gegenüber dem Zugriffssystem authentisieren müssen. Die Verbindung ist immer durch eine Transportsicherung zu schützen.[83] Der Fernzugriff Dritter darf ausschließlich auf eine Management-Konsole erfolgen, von der aus die anderen Komponenten des Verkehrsdatenspeichersystems betrieben werden. Dabei ist lediglich ein lesender und kein schreibender Zugriff Dritter erlaubt. Außerdem sind die Fernwartungszugänge über öffentliche Telekommunikationsnetze durch eine Transportsicherung und das lokale Netz sowie der Client nach IT-Grundschutz abzusichern. Unverschlüsselte Verkehrsdaten und kryptografische Schlüssel dürfen nicht eingesehen werden können und der Fernwartungszugang ist vom Internet über eine Firewall zu entkoppeln.[84]

C. Bußgeld, Durchsetzung

41 Stellt der gem. § 175 Abs. 1 Verpflichtete nicht sicher, dass die gem. § 176 Abs. 1 gespeicherten Verkehrsdaten gegen unbefugte Kenntnisnahme und Verwendung geschützt werden, handelt er gem. § 228 Abs. 2 Nr. 59 ordnungswidrig. Der Verstoß kann mit einem Bußgeld von bis zu 500.000 EUR geahndet werden, § 228 Abs. 7 Nr. 2. Ferner hat die BNetzA gem. § 202 die Befugnis, die Erfüllung der Vorgaben verwaltungsrechtlich durchzusetzen.

[81] *BNetzA*, Anforderungskatalog nach § 113f TKG, 15.6.2018, S. 22.
[82] *BNetzA*, Anforderungskatalog nach § 113f TKG, 15.6.2018, S. 22f.
[83] *BNetzA*, Anforderungskatalog nach § 113f TKG, 15.6.2018, S. 22f.
[84] *BNetzA*, Anforderungskatalog nach § 113f TKG, 15.6.2018, S. 23.

Gesetz über den Datenschutz und den Schutz der Privatsphäre in der Telekommunikation und bei Telemedien (Telekommunikation-Telemedien-Datenschutz-Gesetz – TTDSG)

vom 23. Juni 2021 (BGBl. I S. 1982, ber. 2022 S. 1045)

FNA 204-5

zuletzt geändert durch Art. 4 G zur Änd. des Strafgesetzbuches – Strafbarkeit des Betreibens krimineller Handelsplattformen im Internet vom 12. 8. 2021 (BGBl. I S. 3544)

– Auszug –

§ 12 Störungen von Telekommunikationsanlagen und Missbrauch von Telekommunikationsdiensten

(1) [1]Soweit erforderlich, dürfen Verpflichtete nach § 3 Absatz 2 Satz 1 Verkehrsdaten der Endnutzer sowie die Steuerdaten eines informationstechnischen Protokolls zur Datenübertragung, die unabhängig vom Inhalt eines Kommunikationsvorgangs übertragen oder auf den am Kommunikationsvorgang beteiligten Servern gespeichert werden und zur Gewährleistung der Kommunikation zwischen Empfänger und Sender notwendig sind, verarbeiten, um Störungen oder Fehler an Telekommunikationsanlagen zu erkennen, einzugrenzen oder zu beseitigen. [2]Dies gilt auch für Störungen, die zu einer Einschränkung der Verfügbarkeit von Informations- und Telekommunikationsdiensten oder zu einem unerlaubten Zugriff auf Telekommunikations- und Datenverarbeitungssysteme der Nutzer führen können. [3]Eine Verarbeitung der Verkehrsdaten und Steuerdaten zu anderen Zwecken ist unzulässig. [4]Soweit die Verkehrsdaten nicht automatisiert erhoben und verwendet werden, muss der Datenschutzbeauftragte des Verpflichteten nach § 3 Absatz 2 Satz 1 unverzüglich über die Verfahren und Umstände der Maßnahme informiert werden. [5]Betroffene Endnutzer sind von dem nach § 3 Absatz 2 Satz 1 Verpflichteten zu benachrichtigen, sofern sie ermittelt werden können.

(2) Die Verkehrsdaten und Steuerdaten sind unverzüglich zu löschen, sobald sie für die Beseitigung der Störung nicht mehr erforderlich sind.

(3) [1]Zur Durchführung von Umschaltungen sowie zum Erkennen und Eingrenzen von Störungen im Netz ist dem Betreiber von Telekommunikationsnetzen oder seinem Beauftragten das Aufschalten auf bestehende Verbindungen erlaubt, soweit dies betrieblich erforderlich ist. [2]Eventuelle bei der Aufschaltung erstellte Aufzeichnungen sind unverzüglich zu löschen. [3]Das Aufschalten muss den betroffenen Kommunikationsteilnehmern durch ein akustisches oder sonstiges Signal zeitgleich angezeigt und ausdrücklich mitgeteilt werden. [4]Sofern dies technisch nicht möglich ist, muss der betriebliche Datenschutzbeauftragte des Betreibers des Tele-

kommunikationsnetzes unverzüglich detailliert über die Verfahren und Umstände der Maßnahme informiert werden. [5]Diese Informationen hat der betriebliche Datenschutzbeauftragte für zwei Jahre aufzubewahren.

(4) **[1]Wenn tatsächliche Anhaltspunkte für die rechtswidrige Inanspruchnahme eines Telekommunikationsnetzes oder Telekommunikationsdienstes vorliegen, insbesondere für eine Leistungserschleichung oder einen Betrug oder eine unzumutbare Belästigung nach § 7 des Gesetzes gegen den unlauteren Wettbewerb, darf der Verpflichtete nach § 3 Absatz 2 Satz 1 zur Sicherung seines Entgeltanspruchs sowie zum Schutz der Endnutzer vor der rechtswidrigen Inanspruchnahme des Telekommunikationsdienstes oder des Telekommunikationsnetzes Verkehrsdaten verarbeiten, die erforderlich sind, um die rechtswidrige Inanspruchnahme des Telekommunikationsnetzes oder Telekommunikationsdienstes aufzudecken und zu unterbinden. [2]Die Anhaltspunkte für die rechtwidrige Inanspruchnahme des Telekommunikationsnetzes oder Telekommunikationsdienstes hat der nach § 3 Absatz 2 Satz 1 Verpflichtete zu dokumentieren. [3]Der nach § 3 Absatz 2 Satz 1 Verpflichtete darf aus den Verkehrsdaten nach Satz 1 einen pseudonymisierten Gesamtdatenbestand bilden, der Aufschluss über die von einzelnen Endnutzern erzielten Umsätze gibt und unter Zugrundelegung geeigneter Kriterien das Auffinden solcher Verbindungen des Netzes ermöglicht, bei denen der Verdacht einer rechtswidrigen Inanspruchnahme besteht. [4]Die Verkehrsdaten anderer Verbindungen sind unverzüglich zu löschen. [5]Die Aufsichtsbehörde ist über Einführung und Änderung eines Verfahrens nach Satz 1 unverzüglich in Kenntnis zu setzen.**

Literatur: *Bergmann/Schumacher,* Ein Abgesang auf den Routerzwang? Plädoyer für eine funktional differenzierende Auslegung der einschlägigen Regelungen, MMR 2015, 13; *Breyer,* (Un-)Zulässigkeit einer anlasslosen, siebentägigen Vorratsdatenspeicherung – Grenzen des Rechts auf Anonymität, MMR 2011, 573; *Eckhardt,* BGH: Kein Anspruch auf sofortige Löschung von IP-Adressen, ZD 2014, 461; *Eckhardt/Schmitz,* Datenschutz in der TKG-Novelle, CR 2011, 436; *Eßer/Kramer/v. Lewinski* (Hrsg.), Auernhammer, Datenschutz-Grundverordnung/Bundesdatenschutzgesetz und Nebengesetze, 7. Aufl. 2020; *Fetzer/Scherer/Graulich* (Hrsg.), Telekommunikationsgesetz, 3. Aufl. 2020; *Geppert/Schütz* (Hrsg.), Beck'scher TKG-Kommentar, 4. Aufl. 2013; *Gitter/Meißner/Spauschus,* Das neue IT-Sicherheitsgesetz – IT-Sicherheit zwischen Digitalisierung und digitaler Abhängigkeit, ZD 2015, 512; *Gola* (Hrsg.), DS-GVO, 2. Aufl. 2018; *Hannich* (Hrsg.), Karlsruher Kommentar zur Strafprozessordnung, 8. Aufl. 2019; *Hornung/Schallbruch* (Hrsg.), IT-Sicherheitsrecht, 2021; *Karg,* BGH: Speicherung dynamischer IP-Adressen, MMR 2011, 341; *Kiparski,* Die Telekommunikations-Datenschutzregelungen im neuen TTDSG, CR 2021, 482; *Kiparski/Sassenberg,* DSGVO und TK-Datenschutz – Ein komplexes europarechtliches Geflecht, CR 2018, 324; *Ohlenburg,* Der neue Telekommunikationsdatenschutz – Eine Darstellung von Teil 7 Abschnitt 2 TKG, MMR 2004, 431; *Plath* (Hrsg.), DSGVO/BDSG, 3. Aufl. 2018; *Säcker,* Die Freiheit der Wahl der Telekommunikationsendgeräte Ein Plädoyer gegen den Routerzwang, MMR 2015, 374; *Scheurle/Mayen* (Hrsg.), Telekommunikationsgesetz, 3. Aufl. 2018; *Specht/Mantz* (Hrsg.), Handbuch Europäisches und deutsches Datenschutzrecht, 2019; *Spindler/Schuster* (Hrsg.), Recht der elektronischen Medien, 4. Aufl. 2019; *Taeger/Gabel* (Hrsg.), DSGVO – BDSG – TTDSG, 4. Aufl. 2022.

Inhaltsübersicht

A. Allgemeines

§ 12 legt fest, unter welchen engen Voraussetzungen ein Verpflichteter iSd § 3 Abs. 2 S. 1 ausnahmsweise berechtigt ist, die Verkehrsdaten der Endnutzer sowie Steuerdaten eines informationstechnischen Protokolls zur Datenübertragung zu verarbeiten, um Störungen oder Fehler an Telekommunikationsanlagen zu erkennen, einzugrenzen oder zu beseitigen (Abs. 1–3 → Rn. 17 ff.) oder um die rechtswidrige Inanspruchnahme von Telekommunikationsnetzen und -diensten (Abs. 4 → Rn. 51 ff.) aufzudecken oder zu unterbinden. Mittels dieser Norm soll dem Bedürfnis der Verpflichteten iSd § 3 Abs. 2 S. 1 nachgekommen werden, Störungen und Missbräuche verhindern zu können.[1] Die Befugnis ist jedoch eng mit dem Fernmeldegeheimnis gem. Art. 10 GG iVm § 3 TTDSG[2] verknüpft, da sie zum Teil schwerwiegend in dieses eingreifen kann. 1

Ziel des Gesetzgebers war es im TTDSG das Verhältnis der Datenschutzbestimmungen, welche in § 91 ff. TKG aF (Fassung vom 30.6.2017 bis 30.11.2021) und § 11 ff. TMG aF (Fassung vom 26.2.2007–30.11.2021) verankert waren, zu denen der DS-GVO eindeutig zu regeln. Hierdurch sollte die Abgrenzung der Anwendungsbereiche beider Gesetze vereinfacht (vgl. Art. 95 DS-GVO) werden. Einige der Datenschutzbestimmungen im TKG aF und im TMG aF waren mit Wirksamwerden der DS-GVO am 25.5.2018 nämlich von dieser verdrängt worden. Sie wurden im Zuge der Zusammenführung gestrichen. Zugleich sollte eine (weiter- 2

---

1 Vgl. Scheurle/Mayen/*Kannenberg/Müller*, TKG § 100 Rn. 1.
2 Gesetz über den Datenschutz und den Schutz der Privatsphäre in der Telekommunikation und bei Telemedien vom 23.6.2021 (BGBl. I S. 1982, ber. 2022 S. 1045).

gehende) Umsetzung[3] der ePrivacy-RL erfolgen, welche durch die RL 2009/136/EG angepasst worden war.

3 Der § 100 TKG aF geht fast wortgleich in der Vorschrift des § 12 auf. Ein Großteil der Meinungsstände zu § 100 TKG aF lässt sich daher auch auf § 12 übertragen.

B. Entstehungsgeschichte

4 Im TTDSG werden die datenschutzrechtlichen Vorschriften der Bereiche der Telekommunikation und Telemedien gebündelt. Dafür wurden die einschlägigen Normen aus dem TKG aF und dem TMG aF gelöst.

5 § 100 TKG aF war bereits mehrmals vom Gesetzgeber angepasst worden. Zunächst regelte § 9 Telekommunikations-Datenschutzverordnung (TDSV) die Erhebung und Verwendung von Bestands- und Verkehrsdaten zur Erkennung, Eingrenzung und Beseitigung von Störungen und zur Aufdeckung und Unterbindung von Missbrauch. Parallel sahen auch die Regelungen in § 89 Abs. 3, 4 und 5 TKG 1996 einige Anforderungen vor.[4] Im Jahr 2004 wurden wesentliche Regelungen der TDSV in das Telekommunikationsgesetz vom 22.6.2004 (TKG 2004) überführt. Die TDSV trat gem. § 152 Abs. 2 TKG 2004 am 26.6.2004 außer Kraft.[5]

6 In den darauffolgenden Jahren erfuhr § 100 TKG aF insbesondere durch die TKG-Novelle im Jahr 2012[6] und das Gesetz zur Erhöhung der Sicherheit informationstechnischer Systeme (IT-SiG) von 2015 weitere Änderungen. Besondere Aufmerksamkeit erhielten 2012 § 100 Abs. 2 und 3 TKG aF, welche um datenschutzrechtliche Aspekte ergänzt wurden, sowie § 100 Abs. 1 TKG aF, in den der Gesetzgeber im Jahr 2015 folgenden S. 3 einfügte: „Dies gilt auch für Störungen, die zu einer Einschränkung der Verfügbarkeit von Informations- und Kommunikationsdiensten oder zu einem unerlaubten Zugriff auf Telekommunikations- und Datenverarbeitungssysteme der Nutzer führen können."

7 Durch das Gesetz zur Umsetzung der NIS-RL[7] wurde § 100 Abs. 1 TKG aF erneut grundlegend umstrukturiert. So wurden „Steuerdaten eines informationstechnischen Protokolls zur Datenübertragung" in den Tatbestand unter Abs. 1 aufgenommen, wobei festgelegt wurde, dass Kommunikationsinhalte nicht Bestandteil der Steuerdaten waren (§ 100 Abs. 1 S. 2 TKG aF). Ferner wurden auf Grund eines Änderungsantrags der Koalitionsfraktion im Innenausschuss des Deutschen Bundestages in Abs. 1 S. 4–10 aufgenommen, um die IT- und Telekommunikationssicherheit zu verbessern.[8]

---

[3] Zur Problematik der ungenauen Umsetzung der ePrivacy-RL durch den deutschen Gesetzgeber s. Spindler/Schuster/*Eckhardt*, TKG § 91 Rn. 16; Fetzer/Scherer/Graulich/*Lutz*, TKG Vorb. § 91 Rn. 1c; differenzierter zur erweiterten und überschießenden Umsetzung *Kiparski/Sassenberg*, CR 2018, 324 (325f.).

[4] Scheurle/Mayen/*Kannenberg/Müller*, TKG § 100 Rn. 2.

[5] Telekommunikationsgesetz vom 22.6.2004 (BGBl. I S. 1242).

[6] Gesetz zur Änderung telekommunikationsrechtlicher Regelungen vom 3.5.2012 (BGBl. I S. 958).

[7] Gesetz zur Umsetzung der Richtlinie (EU) 2016/1148 des Europäischen Parlaments und des Rates vom 6.7.2016 über Maßnahmen zur Gewährleistung eines hohen gemeinsamen Sicherheitsniveaus von Netz- und Informationssystemen in der Union vom 23.7.2017 (BGBl. I S. 1891).

[8] BT-Drs. 11/11808, 5.

§ 100 TKG aF war nicht direkt von der ePrivacy-RL vorgegeben. Jedoch sah Art. 6 Abs. 5 der ePrivacy-RL im Zusammenhang mit deren Erwgr. 29 vor, dass eine Verarbeitung von Verkehrsdaten durch Diensteanbieter im Rahmen von nationalen Gesetzen wie dem § 100 TKG aF ermöglicht werden musste.[9] Erwgr. 29 besagt zudem, dass in Einzelfällen eine Verarbeitung von Verkehrsdaten durch den Diensteanbieter in Bezug auf Teilnehmer und Nutzer zulässig sei, um technische Versehen oder Fehler bei der Übertragung von Nachrichten zu ermitteln. In Deutschland ging der Gesetzgeber bei der Umsetzung dieser Vorgabe über das Regelungsmaß der ePrivacy-RL hinaus und ermöglichte auch eine Verarbeitung von Bestandsdaten. **8**

Eine erneute Änderung von § 100 TKG aF wurde im Rahmen der Modernisierung des Telekommunikationsgesetzes durch das TKModG vorgesehen. Die Inhalte des § 100 TKG aF sollten in einem vom TKG losgelösten Gesetz, dem TTDSG, aufgenommen werden. Sie finden sich nunmehr in § 12 wieder. Das TTDSG und das TKModG traten am 1. 12. 2021 in Kraft. **9**

C. Verhältnis zur Datenschutzgrundverordnung

Der Gesetzgeber bezweckte mit dem TTDSG vor allem das Verhältnis datenschutzrechtlicher Regelungen im Bereich der Telekommunikation und der Telemedien in Abgrenzung zur DS-GVO eindeutig und klarstellend iSd Art. 95 DS-GVO zu regeln. Dies ist dem Gesetzgeber wiederum nur zum Teil gelungen. **10**

Grds. gilt, dass die DS-GVO als Verordnung gegenüber dem nationalen Recht im Hinblick auf die Verarbeitung personenbezogener Daten Anwendungsvorrang genießt. Ein wesentliches Ziel der DS-GVO ist die Vollharmonisierung des Datenschutzes in allen Mitgliedstaaten und somit die Sicherstellung eines einheitlichen und hohen Datenschutzniveaus innerhalb der Europäischen Union (EU).[10] Auch ist sie gem. Erwgr. 15 DS-GVO als technikneutral und erfasst sowohl die automatisierte als auch die manuelle Verarbeitung personenbezogener Daten. Gem. Art. 95 DS-GVO erlegt die DS-GVO natürlichen oder juristischen Personen in Bezug auf die Verarbeitung personenbezogener Daten in Verbindung mit der Bereitstellung öffentlich zugänglicher elektronischer Kommunikationsdienste in öffentlichen Kommunikationsnetzen in der EU keine zusätzlichen Pflichten auf, soweit sie besonderen, in der ePrivacy-RL festgelegten Pflichten unterliegen, welche dasselbe Ziel verfolgen. Mithin gehen die Regelungen des TTDSG der DS-GVO vor, soweit die Anforderungen von Art. 95 DS-GVO erfüllt werden.[11] **11**

Art. 95 DS-GVO findet Anwendung, wenn die zu beurteilende Vorschrift der Umsetzung der ePrivacy-RL dient. Explizit gem. Art. 95 DS-GVO ausgenommen sind „natürliche und juristische Personen in Bezug auf die Verarbeitung in Verbindung mit der Bereitstellung öffentlich zugänglicher elektronischer Kommunikationsdienste in öffentlichen Kommunikationsnetzen der Union". Genau dies ist der Anknüpfungspunkt der ePrivacy-RL (vgl. Art. 3 Abs. 1 ePrivacy-RL). Mit der Einführung des § 12 hat sich der Gesetzgeber im Vergleich zum § 100 TKG aF mehr den Vorgaben der ePrivacy-RL angenähert. Er geht jedoch weiterhin teilweise über deren Anforderungen hinaus. Vor allem eröffnet der Gesetzgeber den Anwen- **12**

---

[9] Plath/*Jenny,* TKG § 100 Rn. 1.

[10] Gola/*Pötters,* DS-GVO Art. 1 Rn. 24.

[11] Spindler/Schuster/*Eckhardt,*, TKG § 91 Rn. 8f.

dungsbereich des § 12 nicht nur für Anbieter von öffentlich zugänglichen Telekommunikationsdiensten und Betreiber öffentlicher Telekommunikationsnetze (§ 3 Abs. 2 S. 1 Nr. 1 und 3), sondern auch für Anbieter von ganz oder teilweise geschäftsmäßig angebotenen Telekommunikationsdiensten und Betreiber von Telekommunikationsanlagen (§ 3 Abs. 2 S. 1 Nr. 2 und 4), die sich an geschlossene Benutzergruppen richten. Deswegen ist bezüglich der Anwendbarkeit von § 12 im Verhältnis zur DS-GVO eine Differenzierung vorzunehmen. Grundsätzlich ist das TTDSG anwendbar, wenn es sich bei den Verpflichteten gemäß § 3 Abs. 2 S. 1 Nr. 1 und 3 um Unternehmen handelt, die ihre Leistungen der Öffentlichkeit anbieten. Bei Anbietern von Telekommunikationsdiensten und Betreibern von Telekommunikationsanlagen, die sich an geschlossene Benutzergruppen richten, dürfte das TTDSG von der vorrangigen DS-GVO verdrängt werden. Allerdings ist noch nicht abschließend geklärt, welche Auswirkung der Umstand hat, dass § 3 zugleich die privatrechtliche Umsetzung von Art. 10 Abs. 1 GG darstellt. Insoweit muss das Verhältnis von § 3 zum europäischen Datenschutz noch höchstrichterlich geklärt werden.[12]

13 Das Verhältnis zur DS-GVO wurde bereits unter § 100 TKG aF diskutiert und zwar nicht nur im Hinblick auf Datenkategorien (→ Rn. 8). Dabei wurde richtigerweise angeführt, dass § 100 TKG aF weiterhin neben der DS-GVO gilt, da § 100 TKG aF den ebenfalls in der ePrivacy-RL verankerten Schutz des Fernmeldegeheimnisses umsetzte.[13] Da es zum Schutz des Fernmeldegeheimnisses noch keine Vollharmonisierung durch den europäischen Gesetzgeber gab, konnte der nationale Gesetzgeber durchaus Abweichungen vorsehen. Dieser Gedanke ergab sich auch aus dem Erwgr. 29 der ePrivacy-RL, welcher davon spricht, dass Diensteanbieter Verkehrsdaten zur Behebung von Störungen und Betrugsbekämpfung verwenden dürfen. Dementsprechend war es dem nationalen Gesetzgeber überlassen, Regelungen bezüglich des Fernmeldegeheimnisses zu treffen. Diesbezüglich wurde § 100 TKG aF nicht von der DS-GVO verdrängt, anders als im Hinblick auf die Verarbeitung der Bestandsdaten, deren Verarbeitung seit dem 25.5.2018 der DS-GVO unterlag, da der Gesetzgeber hierbei über das Regelungsmaß der ePrivacy-RL hinausgegangen war (→ Rn. 8).

D. Anwendbarkeit bei Maßnahmen an Endgeräten

14 Zunehmend erwarten Kunden, die einen Internetzugang von Verpflichteten iSd § 3 Abs. 2 S. 1 beziehen, dass diese neben Störungen im Telekommunikationsnetz auch Störungen im Heimnetz (beispielsweise im Heim-WLAN des Kunden) beheben. Um dies umzusetzen, sind Verpflichtete auf die Verarbeitung der auf dem Router, auch CPE genannt, gespeicherten Daten angewiesen. Hierbei handelt es sich vor allem um Parameter, die im Heimnetz durch dessen Nutzung entstehen, auf ihm gespeichert werden und welche der Verpflichtete im Rahmen der Störungsbehebung ablesen können muss, um den Grund für die Störung zu verifizieren, beispielsweise, ob der Router für das zu versorgende Heimnetz leistungsstark genug ist. Es stellt sich die Frage, ob ein solcher Zugriff noch dem Anwendungsbereich von § 12 unterfällt oder vielmehr § 25, welcher den Zugriff auf gespeicherte Informationen auf Endgeräten schützt.

[12] Taeger/Gabel/*Munz*, TTDSG § 3 Rn. 18.

[13] Plath/*Jenny*, DS-GVO Art. 95 Rn. 7; Auernhammer/*Heun*, TKG § 100 Rn. 3.

Mit dem am 1.8.2016 in Kraft getretenen Gesetz zur Auswahl und zum Anschluss von Telekommunikationsendgeräten wollte der Gesetzgeber gewährleisten, dass der Endkunde die Freiheit hat, ein Telekommunikationsendgerät (zB Router oder Kabelmodem) seiner Wahl benutzen zu können und nicht an das vom Telekommunikationsanbieter bereitgestellte Telekommunikationsendgerät gebunden ist. Zuvor wurde von manchen Anbietern ein Routerzwang mit der Ansicht begründet, dass das öffentliche Telekommunikationsnetz erst an einem Punkt ende, der hinter einer Schnittstelle zum Anschluss von Telekommunikationsendgerät liege und das anbietereigene Telekommunikationsendgerät aus funktionalen Gründen zum Netz zu zählen sei.[14] Durch eine Änderung des Gesetzes über Funkanlagen und Telekommunikationsendeinrichtungen (FTEG) und des TKG wurden die Netzzugangsschnittstelle (§ 73 Abs. 1 TKG) sowie die TK-Endeinrichtung (§ 2 Nr. 2 FTEG, nun fast wortgleich in § 3 Nr. 62 TKG) konkretisiert. Zudem wurde die Regelung zum Anschluss von Telekommunikationsendeinrichtungen an das öffentliche Telekommunikationsnetz präzisiert (§ 11 Abs. 3 FTEG). Der Router als Telekommunikationsendeinrichtung ist seitdem nicht mehr Teil des Telekommunikationsnetzes, sodass ein Zugriff auf den Router nicht nach § 12 gerechtfertigt werden kann. Vielmehr können Datenverarbeitungen im Rahmen dieser „zusätzlichen Supportleistung" nur auf Basis von § 25 erfolgen. 15

Ebenfalls dürfte § 12 nicht auf Reparatur- und Wartungsmaßnahmen bezüglich der Hardware der Telekommunikationsendgeräte der Nutzer Anwendung finden.[15] 16

E. Einzelerläuterungen

I. Verarbeiten von Verkehrs- und Steuerdaten bei Störungen und Fehlern (Abs. 1)

S. 1 ermächtigt Verpflichtete iSd § 3 Abs. 2 S. 1, Verkehrs- und Steuerdaten der Endnutzer zu verarbeiten, um Störungen oder Fehler an Telekommunikationsanlagen zu erkennen, einzugrenzen oder zu beseitigen. 17

1. Anbieter und Betreiber, Datenarten, Endnutzer. Verpflichtete iSd § 3 Abs. 2 S. 1 sind Anbieter von öffentlich zugänglichen Telekommunikationsdiensten sowie natürliche und juristische Personen, die an der Erbringung solcher Dienste mitwirken (§ 3 Abs. 2 S. 1 Nr. 1), Anbieter von ganz oder teilweise geschäftsmäßig angebotenen Telekommunikationsdiensten sowie natürliche und juristische Personen, die an der Erbringung solcher Dienste mitwirken (§ 3 Abs. 2 S. 1 Nr. 2), Betreiber öffentlicher Telekommunikationsnetze (§ 3 Abs. 2 S. 1 Nr. 3) und Betreiber von Telekommunikationsanlagen, mit denen geschäftsmäßig Telekommunikationsdienste erbracht werden (§ 3 Abs. 2 S. 1 Nr. 4). Der Adressatenkreis ist mithin deutlich größer als noch in § 100 Abs. 1 TKG aF, der von „Diensteanbietern" (sofern der Begriff in der Folge aufgrund des Verweises auf die alte Rechtslage verwendet wird, ist damit nunmehr der Verpflichtete iSd § 3 Abs. 2 S. 1 gemeint) sprach. Diensteanbieter war jeder, der ganz oder teilweise geschäftsmäßig Telekommunikationsdienste erbrachte oder an der Erbringung solcher mitwirkte. Im Gegensatz zum Diensteanbieter (§ 3 Nr. 6 TKG aF, nicht im neuen TKG enthalten) kommt 18

[14] BT-Drs. 18/6280, 1.

[15] So auch Scheurle/Mayen/*Kannenberg/Müller,* TKG § 100 Rn. 5.

es für den Verpflichteten iSd § 3 Abs. 2 S. 1 nicht mehr zwingend darauf an, dass eine geschäftsmäßige Erbringung von Telekommunikationsdiensten vorliegt. So ist die Geschäftsmäßigkeit keine Voraussetzungen für den Verpflichteten iSd § 3 Abs. 2 S. 1 Nr. 1 und 3, wobei Anbieter von öffentlich zugänglichen Telekommunikationsdienste und öffentlichen Telekommunikationsnetzen diese Tätigkeit wohl in den meisten Fällen auch geschäftsmäßig ausüben.

19 Der weite Begriff ist insbesondere hinsichtlich der potenziellen Erstreckung auf Telekommunikationsdienste gegenüber einer geschlossenen Benutzergruppe (§ 3 Abs. 2 S. 1 Nr. 2 und 4) kritisch zu betrachten. Insbesondere könnten dadurch auch Unternehmen erfasst sein, die ihren Arbeitnehmern die private Nutzung des Internets oder private Kommunikation via E-Mail erlauben, aber auch Hotels oder Cafés, die ihren Gästen einen Internetzugang bereitstellen.[16] Zwar war es bereits unter dem TKG aF streitig, ob solche Unternehmen als Diensteanbieter (§ 3 Nr. 6 TKG aF) einzustufen waren und damit vor allem dem Fernmeldegeheimnis gemäß § 88 Abs. 2 S. 1 TKG aF unterfielen.[17] Indem der Gesetzgeber nun nur in Nr. 1 und Nr. 3 die Öffentlichkeit des Zugangs voraussetzt, lässt sich schließen, dass in den Fällen von Nr. 2 und Nr. 4 dies nicht verlangt wird. Zwar heißt es in der Gesetzesbegründung zum TTDSG, dass eine Änderung der Rechtslage nicht gewünscht war.[18] Dies darf aber im Hinblick auf den eindeutigen Wortlaut in Frage gestellt werden. Mithin spricht einiges dafür, dass auch diese Unternehmen dem Anwendungsbereich von § 12 unterliegen. Dies steht allerdings bis zur abschließenden Klärung hinsichtlich des Verhältnisses des § 3 Abs. 2 S. 1 Nr. 2, 4 zur DS-GVO unter Vorbehalt (→ Rn. 12).

20 Gem. § 2 Abs. 1 finden die Begriffsbestimmungen des TKG entsprechend Anwendung. In § 3 TKG finden sich die Legaldefinitionen für Telekommunikationsdienste (§ 3 Nr. 61), Telekommunikationsnetze (§ 3 Nr. 65) und Betreiber (§ 3 Nr. 7).

21 Es fällt auf, dass der Gesetzgeber die Befugnisse, die der § 100 Abs. 1 TKG aF vermittelte und die nunmehr in Abs. 1 zu finden sind, in ihrem Umfang eingeschränkt hat. So dürfen nur noch Verkehrsdaten und die Steuerdaten eines informationstechnischen Protokolls verarbeitet werden.

22 Der Begriff der Verkehrsdaten ist nicht im TTDSG definiert. Ein Rückgriff auf das TKG ist deshalb notwendig. Gem. § 2 Abs. 1 iVm § 3 Nr. 70 TKG sind Verkehrsdaten die Daten, deren Erhebung, Verarbeitung oder Nutzung bei der Erbringung eines Telekommunikationsdienstes erforderlich ist. Der Gesetzgeber spricht zudem nicht mehr von den Verkehrsdaten der Teilnehmer und Nutzer, sondern von den Verkehrsdaten der Endnutzer. Auch dieser Begriff ergibt sich aus dem TKG. Gem. § 3 Nr. 13 TKG (§ 3 Nr. 8 TKG aF) ist ein Endnutzer „ein Nutzer, der weder öffentliche Telekommunikationsnetze betreibt noch öffentlich zugängliche Telekommunikationsdienste erbringt“. Der Begriff ist somit weiter als der des Teilnehmers, da ein Teilnehmer grds. eine vertragliche Verbindung zum Anbieter

---

[16] Taeger/Gabel/*Munz*, § 3 Rn. 17.

[17] Befürwortend: u.a. *DSK*, Orientierungshilfe der Datenschutzaufsichtsbehörden zur datenschutzgerechten Nutzung von E-Mail und anderen Internetdiensten am Arbeitsplatz vom Januar 2016; ablehnend: u.a. *LAG Berlin-Brandenburg*, Urt. v. 14.1.2016 – 5 Sa 657/15, BB 2016, 891.

[18] Regierungsentwurf eines Gesetzes zur Regelung des Datenschutzes und des Schutzes der Privatsphäre in der Telekommunikation und bei Telemedien (BT-Drs. 19/27441, 35 f.).

der Telekommunikationsdienste haben muss (vgl. § 3 Nr. 20 TKG aF; nicht mehr im neuen TKG definiert). Allerdings baut er auf dem des Nutzers auf. Aufgrund der Definition und der Zusammensetzung des Wortes „Endnutzer" wird klar, dass ein Endnutzer zwingend auch ein Nutzer sein muss.

Die Ermächtigung zur Verarbeitung der Daten erstreckt sich neben den Verkehrsdaten auch auf Steuerdaten. Steuerdaten waren bereits Gegenstand des § 100 TKG aF, auch wenn sie dort erst nachträglich durch die Umsetzung der NIS-RL aufgenommen wurden. Der Begriff wird weder im TTDSG, noch im TKG legaldefiniert. Der Gesetzgeber versteht darunter Steuerdaten eines informationstechnischen Protokolls zur Datenübertragung, die unabhängig vom Inhalt eines Kommunikationsvorgangs übertragen oder auf den am Kommunikationsvorgang beteiligten Servern gespeichert werden und zur Gewährleistung der Kommunikation zwischen Empfänger und Sender notwendig sind.[19] Gemeint sind damit Informationen zu technischen Übertragungsprotokollen.[20] Die Kommunikationsinhalte sind nicht Bestandteil der Steuerdaten,[21] wobei sich eine explizite Ausnahme vom Anwendungsbereich anders als noch im § 100 TKG aF im § 12 nicht mehr wiederfindet. **23**

Nicht mehr von § 12 umfasst sind die Bestandsdaten. Bestandsdaten sind die Daten eines Teilnehmers, die für die Begründung, inhaltliche Ausgestaltung, Änderung oder Beendigung des Vertragsverhältnisses über Telekommunikationsdienste erhoben wurden (legaldefiniert in § 3 Nr. 3 TKG aF). Die Streichung der Bestandsdaten aus dem Anwendungsbereich von § 12 basiert darauf, dass der Gesetzgeber diese Datenkategorie zusätzlich bei Umsetzung der ePrivacy-RLaufgenommen hatte, weshalb dieser Teil des § 100 TKG aF von der DS-GVO mangels Anwendbarkeit von Art. 95 DS-GVO verdrängt worden war (→ Rn. 8).[22] **24**

2. Störungen und Fehler. Eine Verarbeitung darf erfolgen, um Störungen und Fehler an Telekommunikationsanlagen zu erkennen, einzugrenzen oder zu beseitigen. „Störung" und „Fehler" werden im TTDSG nicht näher definiert, jedoch kann durch die Beibehaltung der Termini darauf geschlossen werden, dass die Definitionen, welche in der umfassenden Rechtsprechung zu § 100 Abs. 1 S. 1 TKG aF entwickelt wurden, herangezogen werden können. **25**

a) Störung. Der Begriff der Störung war lange Zeit nicht einheitlich definiert worden. Dies änderte sich durch ein Urteil des BGH vom 13.1.2011[23]. Hier definierte der BGH eine Störung als „jede vom Diensteanbieter nicht gewollte Veränderung der von ihm für sein Telekommunikationsangebot genutzten technischen Einrichtungen"[24]. In dem Zusammenhang lag laut BGH auch dann eine Störung iSd § 100 Abs. 1 S. 1 TKG aF vor, wenn ein Diensteanbieter IP-Adressen eines anderen Netzbetreibers blockierte, weil von ihnen Schadprogramme, Spam-Mails oder sog. „Denial-of-Service-Attacken" ausgingen. Der BGH begründete dies da- **26**

---

[19] BT-Drs. 19/27441, 35f.

[20] Scheurle/Mayen/*Kannenberg/Müller,* TKG § 100 Rn. 6.

[21] BT-Drs. 19/27441, 35f.

[22] Dazu *Assion,* Stellungnahme als Sachverständiger zum Entwurf eines Gesetzes zur Regelung des Datenschutzes und des Schutzes der Privatsphäre in der Telekommunikation und bei Telemedien (TTDSG), BT-Drs. 19/27441, 1f.

[23] *BGH,* Urt. v. 13.1.2011 – III ZR 146/10, NJW 2011, 1509.

[24] *BGH,* Urt. v. 13.1.2011 – III ZR 146/10, NJW 2011, 1509 Rn. 24.

mit, dass die Sperrung der IP-Adressen eine Veränderung der Telekommunikationsanlage darstellte, da diese nicht mehr benutzbar sei.[25]

27 Dieses weite Verständnis wurde von einigen Stimmen kritisch hinterfragt,[26] jedoch hielt der BGH auch in einer weiteren Entscheidung im Jahr 2014 an dieser Aussage fest und erweiterte sie sogar. Zum einen läge eine Störung nicht nur dann vor, wenn die für die Telekommunikation verwendeten Gerätschaften physikalisch beeinträchtigt würden, sondern auch, wenn die eingesetzte Technik ihre Funktion nicht mehr richtig oder vollständig erfüllen könne.[27] Dabei läge die Erfüllung der Aufgaben durch die technischen Systeme darin, den Teilnehmern und Nutzern uneingeschränkten Zugang zu sämtlichen öffentlichen Angeboten im Internet zu verschaffen.[28] Dadurch könnten auch mittelbare Auswirkungen eine Störung darstellen.[29] Zum anderen käme es für die Handlungsbefugnis des Diensteanbieters nicht auf das Vorliegen tatsächlicher Anhaltspunkte an, sondern es genüge, dass die Datenerhebung und -verwendung geeignet, erforderlich und im engeren Sinne verhältnismäßig wäre, um abstrakten Gefahren für die Funktionstüchtigkeit des Diensteanbieters entgegenzuwirken.[30] Daraus war zu folgern, dass Diensteanbieter nicht erst dann Verkehrs- und Bestandsdaten (nun Verkehrs- und Steuerdaten) erheben und verwenden (nun verarbeiten) durften, wenn bereits positiv eine Störung festgestellt wurde. Stattdessen war die Verhältnismäßigkeit der Maßnahme tragendes Kriterium für ein Einschreiten des Diensteanbieters.

28 Das Urteil erschien zunächst verwunderlich, da nur einige Monate zuvor die Entscheidung des EuGH darüber erging, dass eine anlasslose Vorratsdatenspeicherung zur Strafverfolgung unzulässig sei.[31] Jedoch war nach Ansicht des BGH der dortige Sachverhalt nicht auf den dem BGH vorliegenden Fall übertragbar, da es sich bei § 100 Abs. 1 S. 1 TKG aF nicht um eine Ermächtigung für die Strafverfolgungsbehörden handelte, sondern um eine Befugnis der Diensteanbieter im Rahmen der Störungsbehebung.[32]

29 Insbesondere die Aussagen des BGH im Zusammenhang mit der Speicherung von IP-Adressen boten Anlass für umfassende Diskussionen. Von einigen Stimmen wurden sie als eine Art „kleine Vorratsdatenspeicherung"[33] verstanden. Es wurde angebracht, dass der Erwgr. 29 ePrivacy-RL – insbesondere in seiner englischen oder französischen Fassung – klarstellt, dass die Datenerhebung und -verwendung nur zum Ermitteln von technischen Störungen erlaubt werden sollte.[34] Außerdem finde sich in der Gesetzesbegründung keine Stütze dafür, dass der Gesetzgeber auch eine Speicherung von IP-Adressen als Maßnahme gem. § 100 Abs. 1 S. 1 TKG aF habe gestatten wollen. Vor allem könne aber nicht auf einen Gesetzesentwurf der Bundesregierung Bezug genommen werden, der sich im

---

[25] *BGH,* Urt. v. 13.1.2011 – III ZR 146/10, NJW 2011, 1509 Rn. 24.

[26] Vgl. *Breyer,* MMR 2011, 573 (575); Plath/*Jenny,* TKG § 100 Rn. 3a.

[27] Vgl. *BGH,* Urt. v. 3.7.2014 – III ZR 391/13, NJW 2014, 2500 Rn. 15.

[28] *BGH,* Urt. v. 3.7.2014 – III ZR 391/13, NJW 2014, 2500 Rn. 15.

[29] Vgl. *Eckhardt,* ZD 2014, 461 (465).

[30] *BGH,* Urt. v. 13.1.2011 – III ZR 146/10, NJW 2011, 1509 Rn. 25; *Gitter/Meißner/Spauschus,* ZD 2015, 512 (515).

[31] *EuGH,* Urt. v. 8.4.2014 – C-293/12 u. C-594/12, ZD 2014, 296.

[32] Vgl. *BGH,* Urt. v. 3.7.2014 – III ZR 391/13, NJW 2014, 2500 Rn. 23.

[33] *Karg,* MMR 2011, 341 (346).

[34] Geppert/Schütz/*Braun,* TKG § 100 Rn. 8; *Breyer,* MMR 2011, 573 (575).

Bundestag nicht durchgesetzt habe.[35] Gegen diese Kritik sprach jedoch Folgendes: Der BGH hatte durch die Erweiterung des Störungsbegriffs nicht die Tür für eine „kleine Vorratsdatenspeicherung" öffnen wollen. Zwar eröffnete er die Möglichkeit einer anlasslosen Speicherung der IP-Adressen, aber gleichzeitig stellte er in seinem Urteil vom 13.1.2011 fest, dass IP-Adressen anlasslos maximal sieben Kalendertage lang gespeichert werden durften.[36] Zur Begründung berief er sich auf einen Brief des damaligen Bundesbeauftragten für den Datenschutz und die Informationsfreiheit (BfDI)[37], der bis zu dem Zeitpunkt eine Speicherung von bis zu 80 Tagen genehmigte. Heute hält der BfDI nur eine Speicherung von sieben Kalendertagen für zulässig.[38] Die Reduzierung war mithin ein bedeutender Schritt in Richtung des Datenschutzes und der Datensparsamkeit.[39] Schließlich berief sich der BGH auch darauf, dass der Erwgr. 29 ePrivacy-RL nicht zu einer abweichenden Wertung führe, da er von einer anlassbezogenen Speicherung ausging. Die anlasslose Speicherung war hingegen nicht davon umfasst.[40]

Das weite Begriffsverständnis des BGH konnte auch durch die Gesetzesbegründung der durch das IT-SiG geänderten Vorschrift untermauert werden. Hier nahm der Gesetzgeber eine weitere Ausgestaltung des Störungsbegriffs vor. Demnach durfte der Diensteanbieter auch Daten zum Erkennen und Beseitigen von Schadprogrammen verwenden durfte. Beispiele dafür waren Honeypots (Fallen für Schadprogramme im Netz) oder Spamtraps (Blockieren der Versendung von Schadprogrammen).[41] **30**

§ 12 Abs. 1 S. 2 fasst den Gedanken des § 100 Abs. 1 S. 3 TKG aF auf. Die Vorschrift wurde wortgleich übernommen. Die Befugnis zur Verarbeitung von Verkehrsdaten und Steuerdaten wird auch auf solche Störungen ausgeweitet, die zu einer Einschränkung der Verfügbarkeit von Informations- und Telekommunikationsdiensten oder zu einem unerlaubten Zugriff auf Telekommunikations- und Datenverarbeitungssysteme der Nutzer führen können. Gem. § 3 Nr. 24, 61 TKG sind nun auch „Over-the-Top-Dienste" (OTT-Dienste) der Kategorie O und I als Telekommunikationsdienste einzustufen. Damit fallen diese auch in den Anwendungsbereich des S. 2. Im Rahmen des Gesetzgebungsverfahrens hat Assion[42] eine Stellungnahme als Sachverständiger abgegeben und darauf hingewiesen, dass die Kommunikationsinhalte bei OTT-Diensten häufig nicht auf Endgeräten, sondern auf web-basierten Accounts des Nutzers gespeichert werden. Diese Accounts seien jedoch nicht unter den Begriff der „Telekommunikations- und Datenverarbeitungssysteme der Nutzer" zu subsumieren. Das bedeute, dass diese web-basierten Accounts nicht gleichwertig vom Schutzbereich des S. 2 erfasst seien. Er forderte daher eine Umformulierung des S. 2, welcher den An- **31**

---

35 Vgl. Geppert/Schütz/*Braun,* TKG § 100, Rn. 8; *Breyer,* MMR 2011, 573 (575).

36 *BGH,* Urt. v. 13.1.2011 – III ZR 146/10, NJW 2011, 1509 Rn. 33.

37 Offener Brief des Bundesbeauftragten vom 16.3.2007, www.vorratsdatenspeicherung.de/content/view/89/79/.

38 BfDI, Info 5, 36.

39 So auch Scheurle/Mayen/*Kannenberg/Müller,* TKG § 100 Rn. 10.

40 S. *BGH,* Urt. v. 3.7.2014 – III ZR 391/13, NJW 2014, 2500 Rn. 18.

41 Vgl. BT-Drs. 18/4096, 35.

42 *Assion,* Stellungnahme als Sachverständiger zum Entwurf eines Gesetzes zur Regelung des Datenschutzes und des Schutzes der Privatsphäre in der Telekommunikation und bei Telemedien (TTDSG), BT-Drs. 19/27441, 16f.

wendungsbereich erweitern sollte, die vom Gesetzgeber aber nicht umgesetzt wurde.

32 **b) Fehler.** Was unter dem Begriff des „Fehlers" zu verstehen ist, war lange Zeit umstritten. Einige Stimmen legten den Fehlerbegriff eng aus und nahmen ihn nur bei der Übertragung von Nachrichten an.[43] Sie begründeten ihre Rechtsauffassung mit der richtlinienkonformen Auslegung von Erwgr. 29 S. 1 ePrivacy-RL, welcher von „Fehler(n) bei der Übertragung von Nachrichten" sprach.[44] Andere Stimmen hingegen plädierten für eine weite Auslegung. So sollte bereits jede nicht ordnungsgemäße Funktion einer Telekommunikationsanlage einen Fehler iSd § 100 Abs. 1 S. 1 TKG aF darstellen.[45] Nach diesem Verständnis fielen Fehler jeglicher Art, also auch Geräte-, Programmierungs- und Bedienungsfehler unter den Anwendungsbereich des § 100 Abs. 1 S. 1 TKG aF, unabhängig davon, ob sich der Fehler auf die Übertragung von Nachrichten auswirkte oder nicht.[46] Der BGH führte in seinem Urteil für die Definition des Fehlerbegriffs als ein wesentliches Argument an, dass sich der Erwgr. 29 ePrivacy-RL nur mit der Verarbeitung von Verkehrsdaten in bestimmten Einzelfällen befasse, um technische Versehen oder Fehler bei der Übertragung von Nachrichten zu ermitteln.[47] Gegenstand von § 100 Abs. 1 S. 1 TKG aF sei auch die anlasslose Verarbeitung und Speicherung von bestimmten Daten. Somit wäre der Erwgr. 29 ePrivacy-RL nicht zur Auslegung heranzuziehen und eine weite Auslegung des Begriffs geboten.[48]

33 **3. Verarbeiten, Erkennen, Eingrenzen, Beseitigen.** S. 1 ermächtigt ähnlich wie § 100 Abs. 1 S. 1 TKG aF die Verpflichteten nach § 3 Abs. 2 S. 1 dazu, Verkehrsdaten zu verarbeiten, um Störungen oder Fehler zu erkennen, einzugrenzen oder zu beseitigen. Dabei weicht S. 1 an dieser Stelle vom ursprünglichen Wortlaut der Vorgängernorm, der nur das Erheben und Verwenden gestattete, ab. Mit der Aufnahme des Begriffs „Verarbeiten" in den Gesetzestext orientiert sich der Gesetzgeber am Wortlaut des Art. 6 Abs. 5 ePrivacy-RL und dem korrespondierenden Erwgr. 29. Die ePrivacy-RL selbst definiert den Begriff der Verarbeitung nicht. Zur Gewährleistung eines einheitlichen europäischen Verständnisses des Begriffs kann hier jedoch auf die Legaldefinition innerhalb der Datenschutz-RL zurückgegriffen werden, die zum Zeitpunkt des Erlasses der ePrivacy-RL galt und sich nun nach Außerkrafttreten fast wortgleich in Art. 4 Nr. 2 DS-GVO wiederfindet. Demnach ist eine Verarbeitung „jeder mit oder ohne Hilfe automatisierter Verfahren ausgeführte Vorgang oder jede solche Vorgangsreihe im Zusammenhang mit personenbezogenen Daten wie das Erheben, das Erfassen, die Organisation, das Ordnen, die Speicherung, die Anpassung oder Veränderung, das Auslesen, das Abfragen, die Verwendung, die Offenlegung durch Übermittlung, Verbreitung oder eine andere Form der Bereitstellung, der Abgleich oder die Verknüpfung, die Einschränkung, das Löschen oder die Vernichtung". Somit enthält die Norm durch die

---

[43] Vgl. Geppert/Schütz/*Braun,* TKG § 100 Rn. 8; *Breyer,* MMR 2011, 573 (575); Hornung/Schallbruch IT-SicherheitsR/*Hornung/Schindler,* § 21 Rn. 63.

[44] Vgl. Geppert/Schütz/*Braun,* TKG § 100 Rn. 8; *Breyer,* MMR 2011, 573 (575).

[45] Vgl. Scheurle/Mayen/*Kannenberg/Müller,* TKG § 100 Rn. 7; Fetzer/Scherer/Graulich/*Lutz,* TKG § 100 Rn. 5; Plath/*Jenny,* TKG § 100 Rn. 3a.

[46] Scheurle/Mayen/*Kannenberg/Müller,* TKG § 100 Rn. 7.

[47] *BGH,* Urt. v. 3.7.2014 – III ZR 391/13, NJW 2014, 2500 Rn. 19.

[48] Vgl. *BGH,* Urt. v. 3.7.2014 – III ZR 391/13, NJW 2014, 2500 Rn. 18.

Verwendung des Begriffs des Verarbeitens von Verkehrsdaten eine umfassende Befugnis für die Verpflichteten gemäß § 3 Abs. 2 S. 1.

Die Verarbeitung der Verkehrs- und Steuerdaten darf zur Erkennung, Eingrenzung oder Beseitigung einer Störung oder eines Fehlers erfolgen. Gem. S. 3 ist eine Verarbeitung zu anderen Zwecken unzulässig. Ein Erkennen liegt vor, wenn geprüft wird, ob ein Fehler oder eine Störung bestehen.[49] Dabei müssen nicht bereits konkrete Anhaltspunkte für das Vorliegen eines Fehlers oder einer Störung vorhanden sein, was sich insbesondere auch daraus ergibt, dass Abs. 3 S. 1 – anders als S. 1 – explizit das Vorliegen tatsächlicher Anhaltspunkte verlangt. Sofern jedoch eine Maßnahme ergriffen wird, bevor konkrete Anhaltspunkte vorliegen, muss sie im Einzelfall geeignet, erforderlich und im engeren Sinne verhältnismäßig sein, um den abstrakten Gefahren für die Funktionstüchtigkeit des Betriebs zu begegnen.[50] **34**

Ziel der Eingrenzung einer Störung oder eines Fehlers ist es, diese oder diesen nach Art und Umfang sowie Auswirkungen geringzuhalten.[51] Schließlich gehört zum Beseitigen einer Störung oder eines Fehlers jede Maßnahme, die der Ursache oder Wirkung einer Störung oder eines Fehlers entgegenwirkt.[52] **35**

Die Befugnis zur Verarbeitung von Verkehrsdaten, um Fehler oder Störungen zu erkennen, einzugrenzen oder zu beseitigen, ist an die Erforderlichkeit geknüpft. Somit ist eine Maßnahme grds. nur zulässig, wenn sie erforderlich ist – das heißt, es darf keine mildere gleichwirksame Maßnahme geben. **36**

Bzgl. der Problematik um einen Zugriff auf die Endgeräte Dritter ist auf die vorangegangenen Ausführungen zu verweisen (→ Rn. 14 ff.). **37**

4. Datenschutzrechtliche Bestimmungen. § 100 Abs. 1 S. 4–10 TKG aF enthielten Regelungen zum Datenschutz. Sie wurden nicht in Gänze in die Abs. 1 und Abs. 2 aufgenommen. In Abs. 1 S. 4 wurde lediglich der ursprüngliche § 100 Abs. 1 S. 6 TKG aF überführt. Sofern die Verkehrsdaten nicht automatisiert erhoben und verwendet werden, muss daher der betriebliche Datenschutzbeauftragte des nach § 3 Abs. 2 S. 1 Verpflichteten unverzüglich über die Verfahren und Umstände der Maßnahme informiert werden. Auffällig ist, dass sich der Wortlaut hier nur noch auf Verkehrsdaten und nicht auch auf die Steuerdaten bezieht. Damit ist die Informationspflicht enger als im § 100 Abs. 1 S. 6 TKG aF, der sich dieser auf alle Daten bezog. Das könnte auf die strenge Orientierung des Gesetzgebers an der ePrivacy-RL zurückzuführen sein, da durch sie eine klare Abgrenzung zwischen TTDSG, TKG und DS-GVO ermöglicht werden soll (→ Rn. 2) und die ePrivacy-RL sich nur auf Verkehrsdaten bezieht. Dem Inhalt nach bleibt die Vorschrift jedoch gleich, da sie für jede nicht automatisierte Erhebung und Verwendung von Verkehrsdaten eine Informationspflicht der Anbieter und Betreiber an den Datenschutzbeauftragten statuiert. Lediglich der Anwendungsbereich der Vorschrift wurde auf Verkehrsdaten begrenzt. **38**

Deswegen erscheint es ebenso fragwürdig, weshalb der Gesetzgeber ausgerechnet hier von einer Erhebung und Verwendung spricht und nicht von einer Verarbeitung. Dies könnte darauf zurückzuführen sein, dass es lediglich um die beiden Unterpunkte der Verarbeitung gehen sollte. Andererseits könnte auch hier von Nachlässigkeit gesprochen werden. Aus den Erwägungsgründen zum **39**

---

[49] Scheurle/Mayen/*Kannenberg/Müller,* TKG § 100 Rn. 13.
[50] *BGH,* Urt. v. 13.1.2011 – III ZR 146/10, NJW 2011, 1509 Rn. 25.
[51] Vgl. Scheurle/Mayen/*Kannenberg/Müller,* TKG § 100 Rn. 13.
[52] Scheurle/Mayen/*Kannenberg/Müller,* TKG § 100 Rn. 13.

TTDSG ergibt sich jedenfalls keine Intention des Gesetzgebers für die Formulierung.

40 Der § 100 Abs. 1 S. 9 TKG aF wurde in den S. 5 überführt. Demnach ist der betroffene Endnutzer von dem iSd § 3 Abs. 2 S. 1 Verpflichteten zu benachrichtigen, sofern er ermittelt werden kann.

II. Lösch- und Informationspflicht (Abs. 2)

41 Abs. 2 TTDSG befasst sich mit der Löschpflicht bezüglich der verarbeiteten Verkehrs- und Steuerdaten. Eine ähnliche Regelung fand sich in § 100 Abs. 1 S. 4 TKG aF. Sie sieht vor, dass die Daten unverzüglich zu löschen sind, sobald sie nicht mehr zur Beseitigung der Störung oder des Fehlers erforderlich sind. Daten sind dem Abs. 1 folgend Verkehrsdaten und die Steuerdaten eines informationstechnischen Protokolls. Sie sind unverzüglich, also ohne schuldhaftes Zögern iSd § 121 BGB, zu löschen. Die Datenspeicherung ist auf ein Minimum zu reduzieren.[53]

III. Aufschaltungen (Abs. 3)

42 Das TTDSG nimmt in Abs. 3 die Vorgaben des § 100 Abs. 2 TKG aF zur Aufschaltung wortgleich auf. Der Wortlaut spricht nur von den Betreibern von Telekommunikationsnetzen oder ihren Beauftragten als Ermächtigten und nicht von den Verpflichteten gem. § 3 Abs. 2 S. 1. Mithin ist der Ermächtigtenkreis deutlich kleiner als in Abs. 1 oder 2. Dies ist jedoch nachvollziehbar, da der Betreiber des Telekommunikationsnetzes die Herrschaft über das Netz hat und eine Auf- sowie Umschaltung am ehesten vornehmen kann.

43 Abs. 3 erlaubt es Betreibern von Telekommunikationsanlagen oder ihren Beauftragten, zur Durchführung von Umschaltungen und zur Erkennung und Eingrenzung von Störungen sog. „Aufschaltungen" durchzuführen. Beauftragter idS ist nur die Person, die unmittelbar mit der Durchführung der Aufschaltung oder Umschaltung vom Verpflichteten iSd § 3 Abs. 2 S. 1 beauftragt wird.[54]

44 Ein Aufschalten liegt vor, wenn ein Dritter in eine bestehende Kommunikationsverbindung zugeschaltet wird.[55] Tatbestandlich darf eine solche Aufschaltung nur erfolgen, um eine Umschaltung durchzuführen oder um eine Störung zu erkennen und einzugrenzen. Eine Umschaltung ist die Umleitung eines eingerichteten Verbindungswegs und wird regelmäßig dann durch eine Aufschaltung vorgenommen, wenn festgestellt werden soll, ob die Telekommunikationsanlage oder ihre Komponenten noch Daten übermitteln.[56] Adressat der Norm ist der Betreiber der Telekommunikationsanlage oder sein Beauftragter und nicht jeder Verpflichtete iSd § 3 Abs. 2 S. 1, wie sich aus dem Wortlaut ergibt.[57]

45 Dem Wortlaut nach orientierte sich Abs. 3 S. 1 an Abs. 1 S. 1 und verlangt eine Störung. Ein Fehler genügt hingegen nicht.[58] Allerdings muss die Störung im Netz und nicht in der Telekommunikationsanlage selbst liegen. Telekommunikations-

---

53 Scheurle/Mayen/*Kannenberg/Müller,* TKG § 100 Rn. 17.
54 Scheurle/Mayen/*Kannenberg/Müller,* TKG § 100 Rn. 24.
55 Vgl. Scheurle/Mayen/*Kannenberg/Müller,* TKG § 100 Rn. 19.
56 Scheurle/Mayen/*Kannenberg/Müller,* TKG § 100 Rn. 20.
57 Fetzer/Scherer/Graulich/*Lutz,* TKG § 100 Rn. 13.
58 Scheurle/Mayen/*Kannenberg/Müller,* TKG § 100 Rn. 21.

netz ist iSd § 3 Nr. 65 TKG (§ 3 Nr. 27 TKG aF) zu verstehen, sodass damit das Telekommunikationsnetz gemeint sind. Erst durch die TKG-Novelle im Jahr 2012 war der Anwendungsbereich der Norm von den Telefonnetzen auf alle anderen Telekommunikationsnetze ausgeweitet worden, indem der Wortlaut von „Gesprächsteilnehmer" und „akustisches Signal" zu „Kommunikationsteilnehmer" und „sonstiges Signal" geändert wurde.[59]

Die Befugnis zum Aufschalten wird durch die Erforderlichkeit begrenzt. Dies ist **46** auch geboten, da bei einem Aufschalten grds. Kommunikationsinhalte abgehört werden können, wodurch in das von Art. 10 GG garantierte Fernmeldegeheimnis eingegriffen wird.[60] Erforderlichkeit meint eine „betriebliche Erforderlichkeit" des Aufschaltens. Konkret darf eine Aufschaltung nur dann stattfinden, wenn sie unbedingt notwendig ist.[61] Bevor aufgeschaltet werden darf, muss eine umfassende Abwägung anderer technischer Alternativen erfolgen. Dabei sind auch das Ausmaß der Störung und etwaige Kosten einzubeziehen, welche der Betreiber der Telekommunikationsanlage für eine alternative Methode aufwenden muss.[62] Ebenfalls aus dem Wortlaut („soweit") ergibt sich, dass der Eingriff zu wählen ist, der die geringste Intensität aufweist.[63] Schließlich bedeutet betriebliche Erforderlichkeit auch, dass das Aufschalten zum Betrieb einer Telekommunikationsanlage gehören muss. Die Aufschaltung aus anderen Gründen bedarf anderer Ermächtigungsgrundlagen und ist deshalb nicht von S. 1 umfasst.[64]

Neben der Erforderlichkeit sieht Abs. 3 noch weitere Schutzvorkehrungen für **47** den Betroffenen vor. Gem. S. 2 müssen alle Aufzeichnungen des Gesprächs unverzüglich – das heißt ohne schuldhaftes Zögern iSd § 121 BGB – gelöscht werden. Sobald die Aufschaltung ausgewertet ist, dürfen die Aufzeichnungen mithin nicht mehr gespeichert werden.[65]

Außerdem muss das Aufschalten gem. S. 3 durch ein akustisches oder sonstiges **48** Signal angezeigt und ausdrücklich mitgeteilt werden. Die Mitteilung muss zeitgleich erfolgen, damit die Kommunikationsteilnehmer entscheiden können, ob sie weiterhin teilnehmen wollen und was sie von dem Zeitpunkt an kommunizieren wollen.[66] Aus dem Erfordernis der ausdrücklichen Mitteilung geht hervor, dass die Norm grds. auf die Sprachtelefonie zugeschnitten ist. Mit der Erweiterung des Wortlauts im Rahmen der TKG-Novelle im Jahr 2012 auf „andere Signale" nahm der Gesetzgeber aber auch andere Telekommunikationsnetze in den Blick. Als Beispiel dafür nennen Eckhardt und Schmitz Voice over IP (VoIP).[67] Bezüglich der Art der Mitteilung gilt, dass sie auf verständliche Art und Weise und in einer angemessenen Lautstärke ausgegeben wird.[68] Das bedeutet allerdings nicht, dass die Mittei-

---

[59] BT-Drs. 17/5707, 80; s. auch Fetzer/Scherer/Graulich/*Lutz,* TKG § 100 Rn. 8.

[60] Vgl. Fetzer/Scherer/Graulich/*Lutz,* TKG § 100 Rn. 9; Geppert/Schütz/*Braun,* TKG § 100 Rn. 18.

[61] Vgl. BT-Drs. 17/5707, 80.

[62] Vgl. Scheurle/Mayen/*Kannenberg/Müller,* TKG § 100 Rn. 22.

[63] Scheurle/Mayen/*Kannenberg/Müller,* TKG § 100 Rn. 23.

[64] Scheurle/Mayen/*Kannenberg/Müller,* TKG § 100 Rn. 23.

[65] Vgl. Scheurle/Mayen/*Kannenberg/Müller,* TKG § 100 Rn. 25.

[66] Vgl. Scheurle/Mayen/*Kannenberg/Müller,* TKG § 100 Rn. 29.

[67] *Eckhardt/Schmitz,* CR 2011, 436 (439).

[68] Vgl. Scheurle/Mayen/*Kannenberg/Müller,* TKG § 100 Rn. 30; Fetzer/Scherer/Graulich/*Lutz,* TKG § 100 Rn. 9.

lung durch einen Menschen erfolgen muss. Sie kann auch durch eine technische Vorrichtung eingespeist werden.[69]

49 Für den Fall, dass eine Mitteilung aus technischen Gründen nicht erfolgen kann,[70] muss laut S. 4 der betriebliche Datenschutzbeauftragte des Betreibers des Telekommunikationsnetzes unverzüglich detailliert über die Maßnahme informiert werden. Hierdurch erhofft sich der Gesetzgeber eine breitere Überprüfung der Maßnahme und einen flächendeckenderen Datenschutz für die Betroffenen.[71] Der Datenschutzbeauftragte ist unverzüglich zu informieren. Unverzüglich ist in diesem Kontext ebenfalls als „ohne schuldhaftes Zögern“ iSd § 121 BGB zu definieren.[72] Laut Gesetzesbegründung gilt die Frist nicht uneingeschränkt für jede Information, die der Datenschutzbeauftragte erhalten muss. Es wird vielmehr differenziert: Informationen über das Verfahren sind vorab und Informationen über die Umstände der einzelnen Maßnahme im Anschluss zu übermitteln.[73] Somit weichen Gesetzesbegründung und -wortlaut voneinander ab. Insgesamt geht es darum, dass der Datenschutzbeauftragte Auskunft über den Zweck, die Verarbeitung der Daten, die betroffenen Systeme und Leitungen, die beteiligten Mitarbeiter und die Vernichtung von Aufzeichnungen erhält.[74]

50 Die Informationen müssen von dem betrieblichen Datenschutzbeauftragten für zwei Jahre gespeichert werden. S. 5 vermittelt nicht nur eine Pflicht, sondern auch ein Recht auf die Speicherung für den Betreiber des Telekommunikationsnetzes.[75] Wann die Speicherungspflicht beginnt, ist wegen der Diskrepanz zwischen Wortlaut und Begründung unklar. Sie beginnt jedoch spätestens mit der unverzüglichen Benachrichtigung des Datenschutzbeauftragten über die Umstände der einzelnen Maßnahme.[76]

IV. Verarbeitung von Verkehrsdaten zur Missbrauchsabwehr (Abs. 4)

51 **1. Verarbeitung von Verkehrsdaten im Verdachtsfall (S. 1).** S. 1 gestattet es den Verpflichteten iSd § 3 Abs. 2 S. 1 Verkehrsdaten zu verarbeiten, sofern tatsächliche Anhaltspunkte dafür bestehen, dass eine rechtswidrige Inanspruchnahme des Telekommunikationsdienstes und -netzes vorliegt. Diese Verarbeitung darf nur zur Sicherung des Entgeltanspruchs oder zum Schutz der Endnutzer vor rechtswidriger Inanspruchnahme des Telekommunikationsdienstes oder -netzes erfolgen. Letztlich muss die Verarbeitung erforderlich sein, um die rechtswidrige Inanspruchnahme aufzudecken oder zu unterbinden. S. 1 ist in Anlehnung an § 100 Abs. 3 S. 1 TKG aF aufgenommen worden. Adressat der Norm sind hier wieder die Verpflichteten iSd § 3 Abs. 2 S. 1. Damit steht Abs. 4 in enger Verbindung zu § 9, welcher den § 96 TKG übernimmt und sich mit der Verarbeitung von Verkehrsdaten, vor allem mit präventiven Sicherheitsmaßnahmen befasst, die der Verpflichtete iSd § 3 Abs. 2 S. 1 ergreifen kann.

---

69 Vgl. Scheurle/Mayen/*Kannenberg/Müller,* TKG § 100 Rn. 30.
70 BT-Drs. 17/5707, 80.
71 BT-Drs. 17/5707, 80.
72 Vgl. BT-Drs. 17/5707, 80.
73 Vgl. BT-Drs. 17/5707, 80.
74 Vgl. BT-Drs. 17/5707, 80.
75 Vgl. Fetzer/Scherer/Graulich/*Lutz,* TKG § 100 Rn. 11.
76 S. auch *Eckhardt/Schmitz,* CR 2011, 436 (439).

S. 1 gestattet es den Verpflichteten, Verkehrsdaten zu verarbeiten. Der Gesetzgeber spricht hier ausschließlich von Verkehrsdaten. Die Bestandsdaten, die zuvor noch in § 100 Abs. 3 S. 1 TKG aF erwähnt wurden, sind nicht mehr im Wortlaut der Norm aufgeführt und deshalb auch ausdrücklich nicht von der Ermächtigung umfasst (→ Rn. 24). **52**

Der Zweck der Datenverarbeitung muss darin liegen, den Entgeltanspruch des Verpflichteten iSd § 3 Abs. 2 S. 1 sicherzustellen oder den Endnutzer vor der rechtswidrigen Inanspruchnahme des Telekommunikationsdienstes oder des -netzes zu schützen. Indem der Gesetzgeber erneut nur von der Sicherstellung des Entgeltanspruchs spricht, kann die in Bezug auf § 100 Abs. 3 S. 1 TKG aF von Schmitz und Eckhardt vertretene Ansicht, dass der Verpflichtete (unter § 100 Abs. 3 S. 1 TKG aF noch „Diensteanbieter") umfassend vor Schädigungen jeglicher Art geschützt werden solle,[77] nicht aufrecht erhalten werden. Der Gesetzgeber zeigt so deutlich den Willen, dass der Verpflichtete gem. § 3 Abs. 2 S. 1 selbst ausschließlich vor dem Verlust seines Entgeltanspruchs geschützt werden soll. **53**

Der Verpflichtete iSd § 3 Abs. 2 S. 1 kann auch dann Verkehrsdaten verarbeiten, wenn dies dem Schutze des Endnutzers vor der rechtswidrigen Inanspruchnahme des Telekommunikationsdienstes oder des -netzes dient. Nach der Gesetzesbegründung[78] dient die Aufnahme des neuen Schutzzwecks der Umsetzung des Art. 4 ePrivacy-RL. Durch ihn soll der Verpflichtete dazu angehalten werden, die Sicherheit seiner Dienste zu gewährleisten. Was unter rechtswidriger Kommunikation zu verstehen ist, ist nicht legaldefiniert. Auch aus der ePrivacy-RL ergibt sich kein Hinweis. **54**

Nach dem Wortlaut des Gesetzes müssen „tatsächliche Anhaltspunkte für eine rechtswidrige Inanspruchnahme" vorliegen. Wie bereits beim § 100 TKG aF kann der Begriff dahingehend ausgelegt werden, dass ein dringender Tatverdacht iSd StPO gefordert wird. In dem Fall darf der Verpflichtete iSd § 3 Abs. 2 S. 1 nur dann Verkehrsdaten verwenden, wenn insgesamt der Eindruck entsteht, dass der Beschuldigte mit großer Wahrscheinlichkeit als Täter oder Teilnehmer an der Tat mitgewirkt hätte.[79] Diese Auslegung würde jedoch zu weit gehen, da der Wortlaut der Norm nicht andeutet, dass eine große Wahrscheinlichkeit der Tatbeteiligung vorliegen muss. Naheliegender ist es, eine Parallele zum Anfangsverdacht gem. § 152 StPO zu ziehen. Es genügt somit, dass Tatsachen vorliegen, die eine rechtswidrige Inanspruchnahme als möglich erscheinen lassen.[80] Bloße Vermutungen genügen jedoch nicht.[81] **55**

Um genauer bestimmen zu können, wann eine rechtswidrige Inanspruchnahme vorliegt, hat der Gesetzgeber auch die Regelbeispiele des § 100 Abs. 3 S. 1 TKG aF in das TTDSG übernommen und sie sogar ergänzt. Demnach liegt eine rechtswidrige Inanspruchnahme vor, wenn tatsächliche Anhaltspunkte für einen Betrug iSd § 263 StGB oder eine Leistungserschleichung nach § 265 a StGB vorliegen. Neu **56**

[77] *Eckhardt/Schmitz,* CR 2011, 436 (439).

[78] Regierungsentwurf zum Entwurf eines Gesetzes über den Datenschutz und den Schutz der Privatsphäre in der Telekommunikation und bei Telemedien, 10.2.2021, S. 38.

[79] Vgl. KK-StPO/*Graf,* § 112 Rn. 3.

[80] Scheurle/Mayen/*Kannenberg/Müller,* TKG § 100 Rn. 38; Fetzer/Scherer/Graulich/*Lutz,* TKG § 100 Rn. 15; *Breyer,* MMR 2011, 573 (574); Geppert/Schütz/*Braun,* TKG § 100 Rn. 23. Zum Begriff des Anfangsverdachts s. KK- StPO/*Diemer,* § 152 Rn. 7.

[81] Fetzer/Scherer/Graulich/*Lutz,* TKG § 100 Rn. 15; *Breyer,* MMR 2011, 573 (574).

hinzugefügt wurde die unzumutbare Belästigung gem. § 7 UWG. Dadurch soll der Verpflichtete vor belästigenden Störungen iSd UWG durch andere Marktteilnehmer geschützt werden. Der Gesetzgeber verfolgt mit der Einfügung des neuen Regelbeispiels die Absicht, den Art. 4 ePrivacy-RL umzusetzen.[82] Allerdings lässt sich weder der Norm selbst noch dem Erwgr. 20 ePrivacy-RL entnehmen, dass sie auch den Schutz des Endnutzers vor unzumutbaren Belästigungen iSd § 7 UWG bezweckt. Es liegt somit nahe, dass Abs. 4 über die ePrivacy-RL hinausgeht und durch die Regelungen der DS-GVO verdrängt wird.[83] Bei der Nennung der Regelbeispiele handelt es sich nicht um eine abschließende Aufzählung, was aus der Formulierung „insbesondere" hervorgeht. Allerdings müssen die rechtswidrigen Inanspruchnahmen einen ähnlichen Unrechtsgehalt aufweisen wie die Regelbeispiele.[84]

57 Grds. steht die Befugnis zur Datenverarbeitung unter einem Erforderlichkeitsvorbehalt. Verpflichtete iSd § 3 Abs. 2 S. 1 dürfen nur die Verkehrsdaten verarbeiten, die im konkreten Einzelfall zur Zweckerreichung – zur Aufdeckung und Unterbindung rechtswidriger Inanspruchnahmen – notwendig sind. Aufdecken bedeutet, dass der Verpflichtete eine technische und eine rechtliche Prüfung durchführt. Er muss zum einen prüfen, ob eine Inanspruchnahme vorliegt und zum anderen, ob diese auch rechtswidrig ist.[85] Unterbinden meint, dass eine technische Maßnahme ergriffen wird, welche die rechtswidrige Inanspruchnahme beendet oder verhindert.[86] S. 1 gestattet somit nur das repressive Handeln. Verpflichtete iSd § 3 Abs. 2 S. 1 können nicht präventiv Verkehrsdaten verarbeiten, um rechtswidrige Inanspruchnahmen aufzudecken und zu unterbinden.[87] Für den Fall, dass Verkehrsdaten an Dritte übermittelt werden sollen, müssen die Anforderungen an die Erforderlichkeit besonders hoch angesetzt werden, da neben dem Recht auf informationelle Selbstbestimmung auch das Fernmeldegeheimnis betroffen ist.[88]

58 **2. Dokumentationspflicht (S. 2).** Gem. S. 2 muss der Verpflichtete iSd § 3 Abs. 2 S. 1 die Anhaltspunkte für die rechtswidrige Inanspruchnahme des Telekommunikationsnetzes oder -dienstes dokumentieren. Damit greift der Gesetzgeber einen Grundsatz aus § 100 Abs. 3 S. 1 TKG aF auf und fasst ihn im neu geschaffenen S. 2 zusammen. Die Dokumentation muss nicht schriftlich erfolgen, sondern kann auch elektronisch aufgezeichnet werden.[89]

59 **3. Bildung eines Gesamtdatenbestandes (S. 3).** Der ursprüngliche § 100 Abs. 3 S. 2 TKG aF wurde im TTDSG ersatzlos gestrichen. Das bedeutet, dass der Gesetzgeber dem Verpflichteten iSd § 3 Abs. 2 S. 1 nicht mehr erlaubt, aufgrund anderer Rechtsgrundlagen erhobene Verkehrsdaten so zu verwenden, dass er aus dem Gesamtbestand der Verkehrsdaten diejenigen Verbindungen ermitteln kann, für die tatsächliche Anhaltspunkte den Verdacht der rechtswidrigen Inanspruchnahme von

---

82 BT-Drucks. 19/27441, 34.

83 *Kiparski,* CR 2021, 482 (489).

84 Vgl. Geppert/Schütz/*Braun,* TKG § 100 Rn. 25; Scheurle/Mayen/*Kannenberg/Müller,* TKG § 100 Rn. 35.

85 Vgl. Scheurle/Mayen/*Kannenberg/Müller,* TKG § 100 Rn. 36.

86 Vgl. Scheurle/Mayen/*Kannenberg/Müller,* TKG § 100 Rn. 37.

87 Geppert/Schütz/*Braun,* TKG § 100 Rn. 26.

88 Vgl. Fetzer/Scherer/Graulich/*Lutz,* TKG § 100 Rn. 16.

89 Fetzer/Scherer/Graulich/*Lutz,* TKG § 100 Rn. 17.

Telekommunikationsnetzen und -diensten begründen. Dadurch werden etwaige Fristenproblematiken und die Frage der Zulässigkeit der Speicherung der Verkehrsdaten[90] obsolet.

Stattdessen greift der S. 3 den Inhalt des § 100 Abs. 3 S. 3 TKG aF auf. Gem. S. 3 dürfen Verpflichtete aus den Verkehrsdaten nach Abs. 1 einen pseudonymisierten Gesamtdatenbestand bilden, der Aufschluss über die von einzelnen Endnutzern erzielten Umsätze gibt und unter Zugrundelegung geeigneter Kriterien das Auffinden solcher Verbindungen des Netzes ermöglicht, bei denen der Verdacht auf rechtswidrige Inanspruchnahme besteht. Die Vorschrift ermöglicht keine Erhebung weiterer Daten, sondern erlaubt die Verarbeitung bereits rechtmäßig erhobener Verkehrsdaten. Inhaltlich greift sie alle Regelungen des § 100 Abs. 3 S. 3 TKG aF auf und passt sie nur dem Wortlaut nach an („Endnutzer" statt „Teilnehmer"). **60**

Ein Datenbestand ist pseudonymisiert, wenn die personenbezogenen Daten ohne Hinzuziehung zusätzlicher Informationen nicht mehr einer spezifischen betroffenen Person zugeordnet werden können (Art. 4 Nr. 5 DS-GVO). Grund für die Pseudonymisierung ist, dass ein Missbrauch der Verkehrsdaten durch eine unzutreffende Zuordnung von Verbindungen und einzelnen Personen verhindert werden soll.[91] **61**

Der pseudonymisierte Gesamtdatenbestand kann Aufschluss über die von den Endnutzern erzielten Umsätze liefern. Unter dem Umsatz der einzelnen Endnutzer versteht man den Preis der in Anspruch genommenen Leistungen.[92] Es kommt nicht auf die geleisteten Zahlungen oder etwaige Zahlungsrückstände an, da sie für die Missbrauchsaufklärung nicht notwendig sind. Somit können keine Inkassodaten verwendet werden.[93] **62**

4. Löschpflicht und amtliche Beobachtung eingeführter Verfahren (S. 4 und 5). S. 4 sieht eine Löschpflicht für alle Verkehrsdaten anderer Verbindungen vor. Somit wird die bisherige Regelung aus § 100 Abs. 3 S. 4 TKG aF aufgenommen. Diese Verkehrsdaten sind unverzüglich – das heißt ohne schuldhaftes Zögern iSd § 121 BGB[94] – zu löschen. Gemeint sind alle Verbindungen, bei denen keine Anhaltspunkte einer rechtswidrigen Inanspruchnahme bestanden. Umgekehrt beinhaltet § 12 gerade keine Löschfristen für Verkehrsdaten, falls ein Missbrauchsverdacht besteht.[95] Diese müssen nach dem allgemeinen Erforderlichkeitsgrundsatz gelöscht werden, wenn sie zur Missbrauchsaufklärung nicht mehr benötigt werden.[96] **63**

Die zuständige Behörde ist über die Einführung und Änderungen des Verfahrens nach S. 1 unverzüglich – also ohne schuldhaftes Zögern iSd § 121 BGB[97] – in Kenntnis zu setzen (S. 5). Zuständige Behörde ist in dem Fall regelmäßig der BfDI (vgl. § 29 Abs. 1) und subsidiär die BNetzA (§ 30 Abs. 1). Der die Zuständigkeit der **64**

---

[90] Hierzu Scheurle/Mayen/*Kannenberg/Müller,* TKG § 100 Rn. 42.
[91] Vgl. Scheurle/Mayen/*Kannenberg/Müller,* TKG § 100 Rn. 44.
[92] Vgl. Scheurle/Mayen/*Kannenberg/Müller,* TKG § 100 Rn. 45.
[93] Vgl. Scheurle/Mayen/*Kannenberg/Müller,* TKG § 100 Rn. 45.
[94] Vgl. Fetzer/Scherer/Graulich/*Lutz,* TKG § 100 Rn. 21.
[95] Vgl. Fetzer/Scherer/Graulich/*Lutz,* TKG § 100 Rn. 21.
[96] Vgl. *Ohlenburg,* MMR 2004, 431 (437).
[97] Fetzer/Scherer/Graulich/*Lutz,* TKG § 100 Rn. 21.

BNetzA begründende § 30 Abs. 1 verweist hinsichtlich der vorrangigen Zuständigkeit des BfDI fälschlicherweise auf § 27 und nicht auf den § 29.[98]

65 Eine Information an die Behörde gem. S. 5 ist geboten, da das Verfahren einen Eingriff in die Rechte Dritter bedeutet, der andernfalls ohne behördliche oder gerichtliche Kontrolle erfolgen könnte.[99] Gefordert wird lediglich ein Informieren der vorgenannten Behörde. Eine behördliche Eingriffskompetenz wird hierdurch jedoch nicht begründet.[100] Es bestehen keine formellen Anforderungen an das Informieren. Grds. wird die zuständige Behörde von dem Verfahren informiert, wenn dieses in Ablauf und den telekommunikationstechnischen sowie datenschutzspezifischen Punkten hinreichend umschrieben ist.[101]

66 Verfahren iSv S. 5 sind typischerweise auf wiederholte Anwendungen angesetzte Systeme.[102] Die Informationspflicht begründet sich daraus, dass eine Vielzahl von Einzelmaßnahmen davon umfasst ist. Deshalb muss auch keine Information bzgl. jeder Einzelmaßnahme erfolgen.[103]

V. Bußgeld, Durchsetzung

67 Gem. § 28 Abs. 1 Nr. 4–7 stellen vorsätzliche oder fahrlässige Verstöße gegen die Vorgaben des § 12 eine Ordnungswidrigkeit dar. Dabei kann ein Verstoß gegen die Zweckgebundenheit der Verarbeitung nach Abs. 1 S. 3 oder ein Verstoß gegen die Löschpflicht nach Abs. 2 mit einem Bußgeld von bis zu 100.000 EUR sanktioniert werden (§ 28 Abs. 2 Hs. 2). Sofern der Verpflichtete seiner Löschpflicht aus Abs. 3 S. 2 oder seiner Informationspflicht nach S. 5 nicht nachkommt, kann ein Bußgeld von bis zu 10.000 EUR verhängt werden (§ 28 Abs. 2).

68 Für die Verhängung des Bußgeldes zuständige Behörde ist der BfDI (§ 28 Abs. 3 Nr. 2). Gemäß § 28 Abs. 4 werden gegen Behörden und sonstige öffentliche Stellen iSd § 2 Abs. 1, 2 BDSG keine Geldbußen verhängt.

69 Eine Verletzung von § 12 kann auch die Voraussetzungen von § 206 StGB (Verletzung des Post- und Fernmeldegeheimnisses) erfüllen, wenn über Informationen, die dem Fernmeldegeheimnis unterliegen, Kenntnis erlangt wird und keine Rechtfertigung nach § 12 vorliegt.[104] Unter der Annahme, dass das TTDSG im Fall des Anbietens von Telekommunikationsdiensten gegenüber einer geschlossenen Benutzergruppe von der DS-GVO verdrängt wird, wären folglich auch die Sanktionsvorschriften der DS-GVO anwendbar. Dies bedarf wie beschrieben aber noch einer abschließenden Klärung (→ Rn. 12).

---

[98] Taeger/Gabel/*Ufer*, § 30 Rn. 2.
[99] Vgl. Geppert/Schütz/*Braun*, § 100 Rn. 28; Plath/*Jenny*, TKG § 100 Rn. 10.
[100] Vgl. Scheurle/Mayen/*Kannenberg/Müller*, TKG § 100 Rn. 48.
[101] Scheurle/Mayen/*Kannenberg/Müller*, TKG § 100 Rn. 51.
[102] Scheurle/Mayen/*Kannenberg/Müller*, TKG § 100 Rn. 50.
[103] Scheurle/Mayen/*Kannenberg/Müller*, TKG § 100 Rn. 50.
[104] Vgl. Fetzer/Scherer/Graulich/*Lutz*, TKG § 100 Rn. 26.

§ 19 Abs. 4 Technische und organisatorische Vorkehrungen

(4) [1]Anbieter von Telemedien haben, soweit dies technisch möglich und wirtschaftlich zumutbar ist, im Rahmen ihrer jeweiligen Verantwortlichkeit für geschäftsmäßig angebotene Telemedien durch technische und organisatorische Vorkehrungen sicherzustellen, dass
1. kein unerlaubter Zugriff auf die für ihre Telemedienangebote genutzten technischen Einrichtungen möglich ist und
2. diese gesichert sind gegen Störungen, auch soweit sie durch äußere Angriffe bedingt sind.

[2]Vorkehrungen nach Satz 1 müssen den Stand der Technik berücksichtigen. [3]Eine Vorkehrung nach Satz 1 ist insbesondere die Anwendung eines als sicher anerkannten Verschlüsselungsverfahrens. [4]Anordnungen des Bundesamtes für Sicherheit in der Informationstechnik nach § 7d Satz 1 BSI-Gesetz bleiben unberührt.

Literatur: *Bartels/Backer,* ITSiG-konforme Telemedien – Technische und organisatorische Vorkehrungen nach § 13 Abs. 7 Telemediengesetz, DuD 2016, 22; *Baumgärtel/Scholz* (Hrsg.), DGRI Jahrbuch 2015 – Stellungnahme der DGRI zum Entwurf eines Gesetzes zur Erhöhung der Sicherheit informationstechnischer Systeme (IT-Sicherheitsgesetz), 2016; *BSI,* Absicherung von Telemediendiensten nach Stand der Technik, 2016; *TeleTrusT,* IT-Sicherheitsgesetz und Datenschutz-Grundverordnung – Handreichung zum „Stand der Technik" – Technische und organisatorische Maßnahmen, 2021; *Deusch/Eggendorfer,* Penetrationstest bei Auftragsverarbeitung, K&R 2018, 223; *Djeffal,* Neue Sicherungspflicht für Telemediendiensteanbieter Webseitensicherheit jetzt Pflicht nach dem IT-Sicherheitsgesetz, MMR 2015, 716; *Eßer/Kramer/v. Lewinski* (Hrsg.), Auernhammer, DSGVO/BDSG – Datenschutz-Grundverordnung Bundesdatenschutzgesetz und Nebengesetze, 7. Aufl. 2020; *Gabel/Heinrich/Kiefner* (Hrsg.), Rechtshandbuch Cyber-Security, 2019; *Gehrmann/Klett,* K&R 2017, 372; IT-Sicherheit in Unternehmen – Weiterhin viel Unsicherheit bei der Umsetzung des IT-Sicherheitsgesetzes; *Gehrmann/Voigt,* IT-Sicherheit – Kein Thema nur für Betreiber Kritischer Infrastrukturen, CR 2017, 93; *Gerlach,* Sicherheitsanforderungen für Telemediendienste – der neue § 13 Abs. 7 TMG, CR 2015, 581; *Hornung/Schallbruch* (Hrsg.), IT-Sicherheitsrecht, 2021; *Knopp,* Stand der Technik – Ein alter Hut oder eine neue Größe?, DuD 2017, 663; *Leisterer,* Die neuen Pflichten zur Netz- und Informationssicherheit und die Verarbeitung personenbezogener Daten zur Gefahrenabwehr, CR 2015, 665; *Lepperhoff/Papendorf,* Bedeutung der jüngsten Änderungen des § 13 Abs. 7 TMG, DuD 2016, 107; *Michaelis,* Cybersecurity: Technische Voraussetzungen der „Maßnahme" nach § 13 Abs. 7 TMG – Herausforderung „Stand der Technik", ITRB 2016, 118; *Paal/Pauly* (Hrsg.), DSGVO BDSG, 3. Aufl. 2021; *Piltz,* Kaum beachtet – Auswirkungen des IT-Sicherheitsgesetzes für Webseiten & Apps, K&R 2016, 49; *Plath* (Hrsg.), DSGVO/BDSG, 3. Aufl. 2018; *Redeker* (Hrsg.), IT-Recht, 7. Aufl. 2020; Roos, Das IT-Sicherheitsgesetz Wegbereiter oder Tropfen auf den heißen Stein?, MMR 2015, 636; *Ruhmannseder/Lehner/Beukelmann* (Hrsg.), Compliance aktuell, 16. Aktualisierung 2021; *Schallbruch,* IT-Sicherheitsrecht – Schutz digitaler Dienste, Datenschutz und Datensicherheit, CR 2017, 798; *Schmidt,* Cybersecurity: Technische Voraussetzungen der „Maßnahme" nach § 13 Abs. 7 TMG – rechtlicher Hintergrund, ITRB 2016, 116; *Schreibauer/Spittka,* IT-Sicherheitsgesetz: neue Anforderungen für Unternehmen, ITRB 2015, 240; *Schwartmann/Jaspers/Thüsing/Kugelmann* (Hrsg.), Heidelberger Kommentar DS-GVO/BDSG, 2. Aufl. 2020; *Spindler,* IT-Sicherheitsgesetz und zivilrechtliche Haftung, CR 2016, 297; *Spindler/Schmitz* (Hrsg.), TMG, 2. Aufl. 2018; *Sydow,* Europäische Datenschutzgrundverordnung, 2. Aufl. 2018; *Üge,* Der Einsatz der 3D-Druck-Technologie in der Medizin – Aus der Perspektive des IT-Sicherheitsrechts, InTeR 2020, 6; *Voigt,* IT-Sicherheitsrecht, 2018; *Voigt/Gehrmann,* Die europäische NIS-Richtlinie – Neue Vorgaben zur Netz- und IT-Sicherheit, ZD 2016, 355; *Weinhold,* EuGH: Dynamische IP-Adresse ist personenbezogenes Datum – Folgen der Entscheidung für die Rechtsanwendung, ZD-Aktuell 2016, 05366.

Inhaltsübersicht

A. Allgemeines

I. Entstehungsgeschichte der Norm

1 Der zwischenzeitlich aufgehobene § 13 Abs. 7 TMG aF findet sich fast wortgleich im seit dem 1.12.2021 in Kraft getretenen TTDSG in § 19 Abs. 4 TTDSG wieder,[1] weshalb sich die Ausführungen vor allem auf die Literatur zu § 13 Abs. 7 TMG aF beziehen.[2]

2 Die Vorläufernorm, § 13 Abs. 7 TMG aF, wurde in der Form, die sie jetzt auch in Abs. 4 aufweist, durch das IT-SiG 1.0 im Jahr 2015 neu in das TMG aufgenommen. § 13 Abs. 7 TMG aF wurde durch das IT-SiG zudem vor Erlass der sog. NIS-RL verabschiedet, die seitdem (parallel) auf europäischer Ebene erstmals IT-Sicherheitsstandards für „Anbieter digitaler Dienste" regelt.[3] Mit dem IT-SiG 2.0 hat das Bundesamt für Sicherheit in der Informationstechnik (BSI) nach § 7d BSIG die Be-

[1] Gesetz über den Datenschutz und den Schutz der Privatsphäre in der Telekommunikation und bei Telemedien (Telekommunikation-Telemedien-Datenschutz-Gesetz – TTDSG) vom 23.6.2021 (BGBl. I S. 1982).

[2] BT-Drs. 19/27441, 37.

[3] Zu den Vorgaben der NIS-RL mit Blick auf § 13 Abs. 7 TMG aF: *Voigt/Gehrmann,* ZD 2016, 355.

fugnis erhalten, gegenüber Telemediendiensteanbietern in begründeten Einzelfällen zur Abwehr konkreter, erheblicher Gefahren für informationstechnische Systeme einer Vielzahl von Nutzern anordnen zu können, dass Letzterer die zur Herstellung eines ordnungsgemäßen Zustands erforderlichen technischen und organisatorischen Maßnahmen ergreift.[4] Bemerkenswert ist, dass § 7d BSIG also teilweise den Begriff der Maßnahmen verwendet, während Abs. 4 durchgehend von Vorkehrungen spricht. § 7d BSIG soll das BSI dazu ermächtigen, präventiv die Gefahr, die von nicht ordnungsgemäß abgesicherten Telemedien ausgeht, abzustellen.[5] Zwar war auch nach der zuvor geltenden Rechtslage ein Verstoß gegen § 13 Abs. 7 TMG aF bußgeldbewehrt. Gleichwohl setzte dies einen bereits eingetretenen Verletzungserfolg voraus, weshalb nach der Gesetzesbegründung mit der Anordnungsbefugnis aus § 7d BSIG mehr Prävention zum Schutz von Telemedien erreicht werden soll.[6]

II. Zweck und Natur der Norm

Zweck der Regelung ist es ausweislich der Gesetzesbegründung zu § 13 Abs. 7 TMG aF, die Hauptverbreitungswege von Schadsoftware einzudämmen.[7] Die Gesetzesbegründung hebt insbesondere den Schutz vor sog. Drive-by-Downloads hervor, also den Schutz gegen das unbemerkte Herunterladen allein durch das Aufrufen bzw. Nutzen einer dafür von Angreifern präparierten Website. Dabei soll der Normzweck nach Ansicht der Rechtsprechung auch dem Nutzerschutz dienen.[8] 3

Der Zweck der Norm umfasst nach einer Ansicht in der Literatur unter Verweis auf den Gesetzgebungsprozess hingegen nicht die Verarbeitung personenbezogener Daten zur Sicherstellung der von Abs. 4 geforderten Maßnahmen zur Erhöhung der IT-Sicherheit.[9] Umstritten ist in Literatur und Rechtsprechung auch die Natur des Abs. 4. Eine Ansicht der Literatur vertritt, dass die Norm eine Umsetzung der ePrivacy-RL darstelle,[10] was zu einer vorrangigen Anwendung von Abs. 4 u.a. gegenüber der DS-GVO führen würde. Andere Stimmen der Literatur sind unter Verweis auf das Fehlen entsprechender Aussagen zur ePrivacy-RL in der Gesetzesbegründung (zu § 13 Abs. 7 TMG aF) der Ansicht, Abs. 4 sei eine datenschutzrechtliche Norm.[11] Vorzugswürdig ist die zuletzt genannte Ansicht.[12] Denn Abs. 4 befin- 4

---

[4] Gesetzentwurf der Bundesregierung, Entwurf eines Zweiten Gesetzes zur Erhöhung der Sicherheit informationstechnischer Systeme, BT-Drs. 19/26106, 15.

[5] Gesetzentwurf der Bundesregierung, Entwurf eines Zweiten Gesetzes zur Erhöhung der Sicherheit informationstechnischer Systeme, BT-Drs. 19/26106, 89.

[6] Gesetzentwurf der Bundesregierung, Entwurf eines Zweiten Gesetzes zur Erhöhung der Sicherheit informationstechnischer Systeme, BT-Drs. 19/26106, 89.

[7] BT-Drs. 18/4096, 34.

[8] *OLG Hamburg,* Urt. v. 18.6.2020 – 5 U 33/19, GRUR-RR 2020, 422, Ls. 2 der Redaktion.

[9] *Weinhold,* ZD-Aktuell 2016, 05366 mwN; Spindler/Schmitz/*Schmitz,* TMG § 13 Rn. 78 und 91ff.; offen: *Schreibauer/Spittka,* ITRB 2015, 240 (243) mwN.

[10] Paal/Pauly/*Martini,* DS-GVO Art. 32 Rn. 78; wohl Sydow DS-GVO/*Mantz,* Art. 32 Rn. 34.

[11] Hornung/Schallbruch IT-SicherheitsR/*Spindler,* § 10 Rn. 39ff.; aA *OLG Hamburg,* Urt. v. 28.11.2019 – 15 U 29/19, GRUR-RS 2019, 39901, Rn. 60; implizit auch: Entwurf eines Gesetzes zur Regelung des Datenschutzes und des Schutzes der Privatsphäre in der Telekommunikation und bei Telemedien vom 10.2.2021, BT-Drs. 19/27441, 1.

[12] So auch Schwartmann/Jaspers/Thüsing/Kugelmann/*Ritter,* DS-GVO Art. 32 Rn. 6.

det sich im Teil 3 des TTDSG mit dem Titel „Telemediendatenschutz, Endeinrichtungen".[13] Verarbeitet der Diensteanbieter mittels eines Telemediums keine personenbezogenen Daten, so bleibt (nunmehr) Abs. 4 S. 1 anwendbar. Denn grundlegender Schutzzweck des Abs. 4 ist die Erhöhung der allgemeinen IT-Sicherheit.[14] Abs. 4 stellt für Telemediendiensteanbieter daher eine Art Mindestanforderung für die IT-Sicherheit dar, insbesondere in Bezug auf die Verarbeitung nichtpersonenbezogener Daten.[15]

5 Ob Abs. 4 aber auch die (präventive) Verarbeitung nichtpersonenbezogener Daten zur Sicherstellung der tatbestandlichen Vorkehrungen verbietet, bleibt offen.

6 Außerhalb des Anwendungsbereichs der DS-GVO handelt es sich bei Abs. 4 nach Ansicht der Literatur zudem um ein Schutzgesetz iSd. § 823 Abs. 2 BGB, was eine zivilrechtliche Inanspruchnahme des Telemediendiensteanbieters durch den Nutzer im Fall der Verletzung von Abs. 4 ermöglicht.[16] Schließlich wird es sich nach zutreffender Ansicht bei Abs. 4 auch um eine Marktverhaltensregel iSv. §§ 3 und 3a UWG handeln, sofern das Telemedium selbst das vom Diensteanbieter angebotene „Produkt" darstellt.[17]

III. Verhältnis zu anderen Normen

7 **1. § 8c BSIG.** Ungeklärt ist nach wie vor das Verhältnis zwischen Abs. 4 und § 8c Abs. 1 S. 1 BSIG.[18] Nach letzterer Norm haben Anbieter digitaler Dienste geeignete und verhältnismäßige technische und organisatorische Maßnahmen zu treffen, um Risiken für die Sicherheit der Netz- und Informationssysteme, die sie zur Bereitstellung der digitalen Dienste innerhalb der Europäischen Union nutzen, zu bewältigen. Der Terminus „Anbieter digitaler Dienste" aus § 2 Abs. 12 BSIG kann sich im Einzelfall mit dem Begriff des Telemediendiensteanbieters nach § 2 S. 1 Nr. 1 TMG decken. Denkbar ist, dass die Regelung in § 8c Abs. 1 S. 1 BSIG im Verhältnis zu Abs. 4 ein „Mehr" oder ein „Aliud" darstellt.[19] Die Bundesregierung ging noch im Gesetzgebungsverfahren zu § 8c BSIG davon aus, dass Abs. 4 nur die Integrität und Vertraulichkeit des Telemediums schütze, während § 8c BSIG die Verfügbarkeit digitaler Dienste betreffe.[20] Diese Auslegung wird in der Literatur aber zu Recht abgelehnt.[21] Wegen des Anwendungsvorrangs der durch § 8c BSIG umgesetzten NIS-RL wird Abs. 4 zurücktreten, sofern ein Telemedienanbieter zugleich Anbieter digitaler Dienste iSv § 2 Abs. 12 BSIG sein sollte.[22]

---

[13] AA. tlw. Hornung/Schallbruch IT-SicherheitsR/*Hornung/Schindler*, § 21 Rn. 89.

[14] Plath/*Hullen/Roggenkamp*, TMG § 13 Rn. 43b; Ruhmannseder/Lehner/Beukelmann Compliance aktuell/*Reuter/Wuhrmann*, TMG § 13 Abs. 7 Rn. 99.

[15] Gabel/Heinrich/Kiefner Cyber-Security-HdB/*Wimmer/Mechler*, Kapitel 5 II. Rn. 38.

[16] *Djeffal*, MMR 2015, 716 (719); Hornung/Schallbruch IT-Sicherheitsrecht/*Spindler*, § 10 Rn. 43; Redeker IT-R, D. Rn. 1087 und 1089; *Roos*, MMR 2015, 636 (643); *Gerlach*, CR 2015, 581 (589).

[17] *Gerlach*, CR 2015, 581 (589) mwN; Spindler/Schmitz/*Schmitz*, TMG § 13 Rn. 128f.; aA *OLG Hamburg*, Urt. v. 28.11.2019 – 15 U 29/19, GRUR-RS 2019, 39901, Rn. 59ff.

[18] *Gehrmann/Klett*, K&R 2017, 372 (377f.).

[19] *Gehrmann/Voigt*, CR 2017, 93 (94).

[20] BT-Drs. 18/11620, 5.

[21] *Schallbruch*, CR 2017, 798 (800) mwN.

[22] *Voigt*, Rn. 418; *Üge*, InTeR 2020, 6 (11f.).

2. Art. 32 DS-GVO. Zum Verhältnis zwischen § 19 Abs. 4 TTDSG und Art. 32 DS-GVO → Art. 32 Rn. 88. 8

B. Einzelerläuterungen

I. Anwendungsbereich

1. Persönlich. Vom persönlichen Anwendungsbereich der Norm sind **Diensteanbieter** erfasst, die in § 2 Nr. 1 TMG legaldefiniert werden. Diensteanbieter sind allerdings nach dem Gesetzeswortlaut nur im Rahmen ihrer jeweiligen **Verantwortlichkeit** zur Ergreifung der in Abs. 4 geregelten Schutzmaßnahmen verpflichtet. Weder in der Gesetzesbegründung noch im TMG selbst findet sich eine Definition hierzu. In der Literatur und der Rechtsprechung wird die Verantwortlichkeit in unterschiedlicher Weise definiert. Während eine Ansicht zur Auslegung die Verantwortlichkeitsregelungen der §§ 7 ff. TMG heranzieht,[23] legt eine andere Ansicht in der Literatur sowie das Bundesverwaltungsgericht den datenschutzrechtlichen Verantwortlichkeitsbegriff (nunmehr aus Art. 4 Nr. 7 DS-GVO) zugrunde.[24] Wieder andere stellen auf die an § 109 Abs. 2 TKG aF (nunmehr § 165 Abs. 2 TKG) orientierte Funktionsherrschaft des Diensteanbieters ab.[25] Vorzugswürdig erscheint die zuletzt genannte Ansicht. Denn die §§ 7 ff. TMG orientieren sich für die Bestimmung der Verantwortlichkeit bereits ausweislich des Wortlauts an Informationen und Inhalten. Der Schutzgegenstand des Abs. 4 ist aber primär der Schutz der IT-Sicherheit des Telemediendienstes selbst. Auch die bereits weitgehend im Diensteanbieter-Begriff in § 2 Nr. 1 TMG geregelte Festlegung der Verantwortlichkeit spricht dafür, dass die Verantwortlichkeit im Rahmen des Abs. 4 anders zu verstehen ist.[26] Unabhängig von dem Vorstehenden sollen Diensteanbieter laut der Gesetzesbegründung auch bei der Einbindung von externen Inhalten von Fremdanbietern, die nicht mehr der Verantwortlichkeit des Diensteanbieters unterliegen, vertragliche Schutzmaßnahmen zur Erhöhung der IT-Sicherheit vereinbaren.[27] 9

2. Sachlich. Laut der Gesetzesbegründung gilt ein angebotenes Telemedium dann als **geschäftsmäßig,** wenn es auf einer nachhaltigen Tätigkeit beruht, es sich also um eine planmäßige und dauerhafte Tätigkeit handelt.[28] Bei einem entgeltlichen Dienst soll die Geschäftsmäßigkeit regelmäßig zB bei werbefinanzierten Websites vorliegen. Beim nicht-kommerziellen Angebot von Telemedien durch Private und Idealvereine soll hingegen laut der Gesetzesbegründung keine Geschäftsmäßigkeit anzunehmen sein. In der Literatur wurde zu Recht kritisiert, dass es für die Frage 10

---

[23] Plath/*Hullen/Roggenkamp,* TMG § 13 Rn. 43c; Spindler/Schmitz/*Schmitz,* TMG § 13 Rn. 83; Auernhammer/*Schreibauer,* TMG § 13 Rn. 61 mwN; *Bartels/Backer,* DuD 2016, 22 (23).

[24] Baumgärtel/Scholz/*Selk/Gierschmann,* DGRI Jahrbuch 2015, Stellungnahme der DGRI zum Entwurf eines Gesetzes zur Erhöhung der Sicherheit informationstechnischer Systeme (IT-Sicherheitsgesetz) Rn. 23 ff.; *BVerwG,* Beschl. v. 25.2.2016 – 1 C 28.14, ZD 2016, 393 Rn. 23.

[25] *Gerlach,* CR 2015, 581 (587 f.); *Piltz,* K&R 2016, 49 (51) mwN; *OVG Berlin-Brandenburg,* Urt. v. 15.3.2021 – OVG 5 B 9.18, BeckRS 2021, 6832 Rn. 33.

[26] *Piltz,* K&R 2016, 49 (51).

[27] BT-Drs. 18/4096, 34.

[28] BT-Drs. 18/4096, 34.

der IT-Sicherheit nicht darauf ankommen kann, ob ein Diensteanbieter geschäftsmäßig handelt oder nicht.[29] Nach der Definition der herrschenden Meinung ist schon dann von einer Geschäftsmäßigkeit des angebotenen Telemediums iSv § 5 Abs. 1 TMG auszugehen, wenn diese planmäßig und von einer gewissen Dauer ist, auch wenn keine Gewinnerzielungsabsicht besteht.[30] Dass der Geschäftsmäßigkeitsbegriff aus Abs. 4 nicht mit dem in § 5 Abs. 1 TMG harmonisiert wurde, stellt nach zutreffender Ansicht dagegen ein Redaktionsversehen dar.[31] Die Folge daraus ist, dass regelmäßig auch nicht-kommerzielle Telemedienangebote entgegen der Gesetzesbegründung als geschäftsmäßig iSv Abs. 4 anzusehen sind.[32] Dies kann also zB Privatpersonen und Angebote der öffentlichen Hand[33] betreffen, aber auch Cloud-Dienste[34], soziale Netzwerke und Blogs[35] oder sog. Smart Devices[36].

II. Tatbestandsvoraussetzungen

11 **1. Schutzziele des Abs. 4.** Ziel des Abs. 4 ist die Sicherstellung der in S. 1 Nr. 1 und 2 genannten Ziele.

a) Kein unerlaubter Zugriff auf für Telemedienangebote genutzte technische Einrichtungen (S. 1 Hs. 2 Nr. 1). Technische Einrichtungen iSv S. 1 Hs. 2 Nr. 1 meint die vom Diensteanbieter genutzten Systeme zur Erbringung des Telemedienangebots, also zB Server oder Webapplikationen.[37] Der Normadressat muss des Weiteren sicherstellen, dass **kein unerlaubter Zugriff** auf die tatbestandlichen Einrichtungen möglich ist. Dies umfasst sowohl den Zugriff durch interne und externe Unbefugte.[38] Der Begriff des „Zugriffs" ist dabei weit auszulegen.[39] Dafür spricht auch, dass der Diensteanbieter nach dem Wortlaut zu technischen und organisatorischen Vorkehrungen verpflichtet ist, sodass ein tatbestandlicher Zugriff auf die technischen Einrichtungen nicht „möglich ist", was auf eine umfassende Schutzverpflichtung hinweist. Der tatbestandliche unerlaubte Zugriff kann bspw. dadurch unterbunden werden, dass eine Transportverschlüsselung im Rahmen der Kommunikation verwendet wird.[40] Darüber hinaus sind in Abhängigkeit von der konkreten Ausgestaltung des Telemediums mannigfaltige weitere Schutzvorkehrungen denkbar.[41]

12 **b) Sicherung gegen Störungen (Abs. 4 S. 1 Hs. 2 Nr. 2).** Der Begriff der **Störung** findet sich weder im TTDSG noch an anderer Stelle im IT-SiG 1.0, mit

---

[29] Baumgärtel/Scholz/*Selk/Gierschmann,* DGRI Jahrbuch 2015, Stellungnahme der DGRI zum Entwurf eines Gesetzes zur Erhöhung der Sicherheit informationstechnischer Systeme (IT-Sicherheitsgesetz) Rn. 28 ff.

[30] *Gerlach,* CR 2015, 581 mwN.

[31] *Spindler,* CR 2016, 297 (302) mwN; Plath/*Hullen/Roggenkamp,* TMG § 13 Rn. 43 c.

[32] *Voigt/Gehrmann,* ZD 2016, 355 (357); aA wohl *Djeffal,* MMR 2015, 716 (717).

[33] *Gerlach,* CR 2015, 581.

[34] *Leisterer,* CR 2015, 665.

[35] *Spindler,* CR 2016, 297 (302).

[36] *Piltz,* K&R 2016, 49 (50).

[37] *Djeffal,* MMR 2015, 716 (717); *Schreibauer/Spittka,* ITRB 2015, 240 (243); *Bartels/Backer,* DuD 2016, 22 (23).

[38] Plath/*Hullen/Roggenkamp,* TMG § 13 Rn. 43 d; *Gerlach,* CR 2015, 581 f.

[39] *Gerlach,* CR 2015, 581 f.; *Bartels/Backer,* DuD 2016, 22 (23).

[40] *Schreibauer/Spittka,* ITRB 2015, 240 (243).

[41] Mit Beispielen: *Gerlach,* CR 2015, 581 (582 ff).

dem die Regelung ursprünglich eingeführt wurde. Teilweise wird hierzu auf eine Definition aus einem früheren Referentenentwurf des IT-SiG 1.0 in § 15 Abs. 9 TMG-E verwiesen, die allerdings nicht in die finale Fassung der Änderung des vormals geltenden TMG aufgenommen wurde.[42] Andere ziehen für eine Definition wegen des Verweises in der Gesetzesbegründung zu § 8b Abs. 4 BSIG wiederum § 100 TKG aF teleologisch reduziert heran.[43] In der Gesamtschau der verschiedenen Ansichten wird unter Störung eine Einschränkung bzw. Einwirkung auf die Verfügbarkeit, Integrität, Authentizität und Vertraulichkeit informationstechnischer Systeme und Komponenten zu verstehen sein.[44]

Die Formulierung **„auch soweit sie durch äußere Angriffe bedingt sind"** 13
findet sich in § 109 Abs. 2 S. 1 Nr. 1 TKG aF (nunmehr § 165 Abs. 2 S. 1 Nr. 1 TKG) wieder. Sie impliziert mit „auch", dass nicht nur Vorkehrungen gegen äußere, sondern auch innere Angriffe, also Angriffe aus der Organisation des Diensteanbieters heraus zu berücksichtigen sind.[45]

2. Allgemeine Tatbestandsvoraussetzungen (Abs. 4 S. 1 Hs. 1). a) Tech- 14
nische und organisatorische Vorkehrungen. Der Diensteanbieter hat nach S. 1 **technische und organisatorische Vorkehrungen** zu ergreifen, um die Schutzziele des S. 1 Nr. 1 und 2 sicherzustellen. Der Terminus „Vorkehrungen" wird im gesamten § 19 verwendet. Gleichwohl ist die Terminologie in anderen artverwandten Regelungen unterschiedlich. Während § 8a Abs. 1 S. 1 BSIG ebenfalls von technischen und organisatorischen Vorkehrungen spricht, ist in § 8c Abs. 1 S. 1 BSIG sowie in Art. 32 Abs. 1 DS-GVO von technischen und organisatorischen Maßnahmen die Rede. Dem Grunde nach ist mit Vorkehrungen und Maßnahmen das Gleiche gemeint.[46] Denn der Normadressat soll stets die Schutzgüter der jeweiligen Norm gegen alle in Betracht kommenden Formen von Beeinträchtigung schützen. Da Abs. 4 und Art. 32 Abs. 1 DS-GVO teilweise den gleichen Anwendungsbereich haben,[47] spricht dies zunächst dafür, dass der Begriff der technischen und organisatorischen Vorkehrungen iSv Abs. 4 ebenso wie in Art. 32 Abs. 1 DS-GVO weit auszulegen ist.[48] Als **technische Vorkehrungen** in diesem Sinn sind vor allem Maßnahmen zu verstehen, die dem Schutz der technischen Einrichtungen des Telemediums[49] sowie den dadurch verarbeiteten personenbezogenen Daten dienen. Eine tatbestandliche technische Vorkehrung ist die in Abs. 4 S. 3 genannte Anwendung eines als sicher anerkannten Verschlüsselungsverfahrens.[50] Daneben

---

42 Referentenentwurf des IT-Sicherheitsgesetzes vom 6.11.2014, S. 15 f., https://www.bmi.bund.de/SharedDocs/gesetzgebungsverfahren/DE/Downloads/referentenentwuerfe/it-sicherheitsgesetz-refe.pdf; *Bartels/Backer,* DuD 2016, 22 (24).

43 *Spindler,* CR 2016, 297 (304); wohl auch *Gerlach,* CR 2015, 581 (585).

44 *Piltz,* K&R 2016, 49 (53) mwN.

45 *Piltz,* K&R 2016, 49 (53); *Lepperhoff/Papendorf,* DuD 2016, 107 (108); aA. wohl *Bartels/Backer,* DuD 2016, 22 (24).

46 In Bezug auf die Vorgängernorm von Art. 32 DS-GVO, § 9 BDSG aF: Piltz, K&R 2016, 49 (51) mwN; Baumgärtel/Scholz/*Selk/Gierschmann,* DGRI Jahrbuch 2015, Stellungnahme der DGRI zum Entwurf eines Gesetzes zur Erhöhung der Sicherheit informationstechnischer Systeme (IT-Sicherheitsgesetz) Rn. 34 f.

47 Implizit: Redeker IT-R, D Rn. 1076.

48 Mit Blick auf § 9 BDSG aF: *Bartels/Backer,* DuD 2016, 22 (25); Spindler/Schmitz/*Schmitz,* TMG § 13 Rn. 88.

49 *Bartels/Backer,* DuD 2016, 22 (25).

50 BT-Drs. 18/4096, 34.

sind unterschiedlichste Vorkehrungen denkbar, die im Einzelnen aber von der konkreten Ausgestaltung des Telemediums abhängen.[51] Dazu kann zB das regelmäßige Einspielen von Sicherheitspatches für die verwendete Software,[52] der Einsatz einer Firewall, eines Anti-Malware-Schutzes sowie eines angemessenen Authentifizierungsverfahrens[53] zählen. Unter **organisatorischen Vorkehrungen** sind sowohl interne als auch externe Maßnahmen hinsichtlich des Betriebs des Telemediums[54] sowie den damit verarbeiteten personenbezogenen Daten zu verstehen. In Betracht kommen insoweit zB die Entwicklung eines IT-Sicherheitskonzeptes, das Management von IT-Sicherheitssystemen, die Bestellung eines IT-Sicherheitsbeauftragten, Qualifikationsmaßnahmen, Rechtsberatung,[55] vertragliche Abreden mit Geschäftspartnern und die vertragliche Auslagerung von Sicherheitsmaßnahmen an spezialisierte Dienstleister.[56] Außerdem die Entwicklung von Zugangs-, Zutritts-, Rechte- und Rollenkonzepten sowie die Schulung der Mitarbeiter in Fragen der IT-Sicherheit.[57]

15 Dem Normadressaten obliegt es, die vorgenannten Vorkehrungen zu ergreifen, um die in S. 1 genannten Ziele **sicherzustellen.** Diesbezüglich wird ein verschuldensabhängiger Haftungsmaßstab anzulegen sein.[58] Denn die Herstellung absoluter Sicherheit des angebotenen Telemediums wird vom Diensteanbieter nicht verlangt werden können.[59]

16 **b) Anwendung eines als sicher anerkannten Verschlüsselungsverfahrens (Abs. 4 S. 3).** Unter **einem als sicher anerkannten Verschlüsselungsverfahren** soll laut der Gesetzesbegründung zu § 13 Abs. 7 TMG aF auch ein angemessenes Authentifizierungsverfahren zu verstehen sein.[60] Das BSI verweist in seinem Leitfaden zur Erfüllung der Vorgaben auf eine ganze Reihe von Referenzen, mit denen sich näher bestimmen lässt, wann ein Verschlüsselungsverfahren in der Praxis als sicher anerkannt iSv § 13 Abs. 7 S. 3 TMG aF zu bezeichnen ist.[61] Grundsätzlich wird ein Verschlüsselungsverfahren dann tatbestandlich als sicher anerkannt sein, wenn es dem Stand der Technik entspricht.[62] Gleichwohl ist zu beachten, dass die Regelung lediglich beispielhaften Charakter hat und in Abhängigkeit von der konkreten Ausgestaltung des Telemediums und den damit verarbeiteten (personenbezogenen) Daten darüber hinaus weitere technische und organisatorische Vorkehrungen durch den Diensteanbieter erforderlich sind.[63]

---

[51] Redeker IT-R, D. Rn. 1089.

[52] BT-Drs. 18/4096, 34.

[53] *Schreibauer/Spittka,* ITRB 2015, 240 (243).

[54] *Bartels/Backer,* DuD 2016, 22 (25).

[55] *Bartels/Backer,* DuD 2016, 22 (25).

[56] *Djeffal,* MMR 2015, 716.

[57] Spindler/Schmitz/*Schmitz,* TMG § 13 Rn. 89.

[58] *Gerlach,* CR 2015, 581 (586); so wohl auch Baumgärtel/Scholz/*Selk/Gierschmann,* DGRI Jahrbuch 2015, Stellungnahme der DGRI zum Entwurf eines Gesetzes zur Erhöhung der Sicherheit informationstechnischer Systeme (IT-Sicherheitsgesetz) Rn. 27.

[59] *Gerlach,* CR 2015, 581 (586).

[60] BT-Drucks. 18/4096, 34.

[61] *BSI,* Absicherung von Telemediendiensten nach Stand der Technik, S. 8 f.

[62] *Gerlach,* CR 2015, 581 (583).

[63] *Schreibauer/Spittka,* ITRB 2015, 240 (243); Plath/*Hullen/Roggenkamp,* TMG § 13 TMG Rn. 43 e.

c) technisch möglich und wirtschaftlich zumutbar. Technische und organisatorische Vorkehrungen gelten dann als **technisch möglich,** wenn sie vom Diensteanbieter selbst oder von einem Dritten im konkreten Fall realisierbar sind.[64] Technisch möglich in diesem Sinne meint also weder für den Diensteanbieter objektiv unmögliche Maßnahmen, noch ein streng subjektives Verständnis, das sich nur an den konkret beim Diensteanbieter technisch vorhandenen Möglichkeiten orientiert.[65] Da es sich um eine offensichtliche zwingende Voraussetzung handelt, wird dem Kriterium der technischen Möglichkeit nur selten eine praktische Bedeutung zukommen.[66] 17

Die vom Diensteanbieter sicherzustellenden technischen und organisatorischen Vorkehrungen gelten laut der Gesetzesbegründung zudem dann als **wirtschaftlich zumutbar,** wenn deren Kosten in einem angemessenen Verhältnis zu dem angestrebten Schutzzweck stehen.[67] Die wirtschaftliche Zumutbarkeit wird dabei anhand der subjektiven, individuellen wirtschaftlichen Verhältnisse des konkreten Normadressaten geprüft.[68] 18

Die Prüfung der wirtschaftlichen Zumutbarkeit sollte im Einzelfall nach anerkannten betriebswirtschaftlichen Maßstäben und Erkenntnissen erfolgen[69], auch, um im Rahmen gerichtlicher und/oder behördlicher Auseinandersetzungen die Prüfung der wirtschaftlichen (Un-)Zumutbarkeit hinreichend nachweisen zu können. Dabei können ua folgende Kriterien zur Bestimmung der Zumutbarkeit herangezogen werden:[70] 19

– die Maßnahmenkosten;
– die Effektivität der Maßnahme;
– die Folgen der ergriffenen Maßnahmen für die Umsatz- und Gewinnspanne sowie die sonstigen verkehrswerten Vorteile, die aus dem Betrieb des Telemediums resultieren;
– die Gefahren einer Unterlassung der Maßnahme;
– die Möglichkeit der Nutzer, sich selbst zu schützen;
– alternative Maßnahmen zur Verhinderung der Gefahren.

Sowohl die technische Möglichkeit als auch die wirtschaftliche Zumutbarkeit sind im Rahmen der Verhältnismäßigkeit möglicher technischer und organisatorischer Vorkehrungen mit zu berücksichtigen.[71] 20

d) Stand der Technik (Abs. 4 S. 2). Im Rahmen der zu ergreifenden technischen und organisatorischen Vorkehrungen hat der Normadressat gemäß S. 2 auch den **Stand der Technik** mit zu berücksichtigen. Was unter dem Stand der Technik zu verstehen ist, ergibt sich aus dem TTDSG nicht. Eine Ansicht in der Literatur folgert unter Bezugnahme auf die Definition von Stand der Technik in der Gesetzesbegründung des IT-SiG 1.0 im Abschnitt zu § 8a BSIG, diese Definition 21

---

64 *Djeffal,* MMR 2015, 716 (718).
65 *Gerlach,* CR 2015, 581 (588) mwN; *Bartels/Backer,* DuD 2016, 22 (27).
66 *Schmidt,* ITRB 2016, 116 (117).
67 BT-Drs. 18/4096, 34.
68 *Gerlach,* CR 2015, 581 (586).
69 *Bartels/Backer,* DuD 2016, 22 (27).
70 *Djeffal,* MMR 2015, 716 (718); aA *Schmidt,* ITRB 2016, 116 (117), der sich hinsichtlich der Kriterien zur Bestimmung der Zumutbarkeit vor allem an den Abwägungskriterien aus Art. 32 Abs. 1 DS-GVO orientiert.
71 *Djeffal,* MMR 2015, 716 (718); Plath/*Hullen/Roggenkamp,* TMG § 13 Rn. 43f.

gelte auch für S. 2.[72] Dieses Begriffsverständnis orientiert sich weitgehend an der Legaldefinition aus dem Umweltrecht, insbesondere an § 3 Abs. 6 BImSchG.[73] Teilweise wird in diesem Zusammenhang auch auf die Begriffsdefinition aus der Kalkar-Entscheidung[74] des Bundesverfassungsgerichts verwiesen, die ebenfalls einen umwelt- und technikrechtlichen Kontext hat.[75] Allerdings ist die Entlehnung dieses Begriffsverständnisses durchaus problematisch, da im Umwelt- und Technikrecht der Stand der Technik in rechtlich bindender Weise durch eine Anlage zum Gesetz mit konkreten Werten definiert wird. Zwar existieren zur Konkretisierung des Stands der Technik von § 13 Abs. 7 S. 2 TMG aF und damit auch für Abs. 4 verschiedene Handreichungen.[76] Gleichwohl haben diese Empfehlungen nach zutreffender Ansicht gerade keinen rechtlich bindenden Charakter. Weiterhin spricht gegen die vollständige Verwendung des vorstehenden Begriffsverständnisses im IT-Sicherheitsrecht das Problem der Messbarkeit.[77] Denn während im Umwelt- und Technikrecht die Einhaltung des Stands der Technik durch die Messung von festgeschriebenen Grenzwerten überprüft werden kann, ist eine solche Überprüfung im IT-Sicherheitsrecht gerade nicht möglich. Eine andere Ansicht orientiert sich bei der Bestimmung des Stands der Technik am datenschutzrechtlichen Begriffsverständnis von § 9 BDSG aF, dessen Regelungsgehalt sich nunmehr in Art. 32 DS-GVO wiederfindet.[78] Aber auch Art. 32 Abs. 1 DS-GVO orientiert sich grundsätzlich an der Definition des Bundesverfassungsgerichts aus der Kalkar-Entscheidung, womit dasselbe vorstehende Problem besteht. Schließlich wird außerdem eine Begriffsbestimmung des Stands der Technik gemäß Abs. 4 im Lichte der NIS-RL vorgeschlagen.[79] Allen bisherigen Definitionsversuchen ist gemein, dass es um einen Entwicklungsstand fortschrittlicher Verfahren, Einrichtungen oder Betriebsweisen geht, der die „praktische Eignung einer Maßnahme" zur Erreichung eines hohen Schutzniveaus „als gesichert erscheinen lässt".[80] Noch allgemeiner kann der Stand der Technik als „Aufforderung verstanden werden, die Eignung der getroffenen Maßnahmen angesichts der fortschreitenden technischen Entwicklung regelmäßig zu überprüfen."[81] Die vorstehenden allgemeinen Koordinaten sollten daher mindestens bei der Bestimmung des Stands der Technik im konkreten Einzelfall beachtet werden. Als Maßstab zur praktischen Bestimmung des Stands der Technik gemäß Abs. 4 können der BSI-Grundschutz, das Standarddatenschutzmodell der Datenschutzkonferenz sowie die Industrienorm ISO 27001 herangezogen werden.[82] Der Begriff

---

[72] Auernhammer/*Schreibauer,* TMG § 13 Rn. 63.

[73] *Gerlach,* CR 2015, 581 (588).

[74] *BVerfG,* Urt. v. 8.8.1978 – 2 BvL 8/77, BVerfGE 49, 89 (96ff.).

[75] *Spindler,* CR 2016, 297(299).

[76] *BSI,* Absicherung von Telemediendiensten nach Stand der Technik; *TeleTrusT,* Handreichung zum „Stand der Technik", die sich laut Punkt 1.1 ausdrücklich auch auf § 13 Abs. 7 TMG aF bezieht.

[77] *Knopp,* DuD 2017, 663 (664).

[78] Sowohl Baumgärtel/Scholz/*Selk/Gierschmann,* DGRI Jahrbuch 2015, Stellungnahme der DGRI zum Entwurf eines Gesetzes zur Erhöhung der Sicherheit informationstechnischer Systeme (IT-Sicherheitsgesetz) Rn. 46.

[79] Wohl: *Deusch/Eggendorfer,* K&R 2018, 223 (227).

[80] *Piltz,* K&R 2016, 49 (52) mwN.

[81] *Knopp,* DuD 2017, 663 (666).

[82] *Lepperhoff/Papendorf,* DuD 2016, 107 (110).

Stand der Technik ist zudem gerichtlich voll überprüfbar.[83] Es empfiehlt sich daher unbedingt, eine gerichtlich und behördlich nachvollziehbare Methodik zur Bestimmung des Stands der Technik zu verwenden.[84]

Ausweislich des Wortlauts von S. 2 ist der Stand der Technik zu **berücksichtigen.** Die Formulierung verdeutlicht, dass als Stand der Technik einmal getroffene technische und organisatorische Vorkehrungen nicht als endgültig betrachtet werden können, sondern dass diese Vorkehrungen kontinuierlich auf das Entfallen ihrer Eignung als Stand der Technik überprüft werden müssen.[85] Gleichwohl wird nach überwiegender Ansicht in der Literatur der Begriff „berücksichtigen" dahingehend verstanden, dass der Stand der Technik lediglich in die Bewertung der technischen und organisatorischen Vorkehrungen einzubeziehen ist. Eine tatsächliche Umsetzung von Vorkehrungen nach Stand der Technik ist nach der überwiegenden Ansicht in der Literatur nicht verlangt.[86] Gleichwohl darf diese Auslegung des Terminus „berücksichtigen" nicht missverstanden werden: Werden technische und organisatorische Vorkehrungen getroffen, so können diese vom Stand der Technik abweichen, sofern dies angemessen ist.[87] Diesem Verständnis folgend meint „berücksichtigen" nach hier vertretener Ansicht, dass der Telemedienanbieter grundsätzlich dennoch gehalten ist, den Stand der Technik im Rahmen der von ihm getroffenen Vorkehrungen nach Möglichkeit zu berücksichtigen. Nur dann, wenn eine Abweichung aus Gründen der fehlenden Zumutbarkeit zwingend angemessen ist, sollte der Diensteanbieter hiervon abweichen. Für dieses eher einschränkende Verständnis des Begriffs „berücksichtigen" spricht vor allem, dass es sich mit Abs. 4 um die allgemeine Mindestanforderung im Bereich der IT-Sicherheit für alle Anbieter von Telemedien handelt. Der eigentliche Zweck des IT-SiG, nämlich die Erhöhung der allgemeinen IT-Sicherheit, würde andernfalls konterkariert. Dafür spricht außerdem, dass laut der Gesetzesbegründung technische und organisatorische Vorkehrungen, die nicht den Stand der Technik berücksichtigen, bußgeldbewehrt sind.[88] Schließlich folgt aus dem Begriff „berücksichtigen" eine Nachweispflicht des Normadressaten, damit dieser nachweisen kann, dass der Stand der Technik tatsächlich auch berücksichtigt wurde.[89] 22

e) Anordnungen des BSI (Abs. 4 S.). Unabhängig von der Verpflichtung zur Einhaltung des Abs. 4 kann das BSI in begründeten Einzelfällen Anordnungen nach § 7d BSIG[90] treffen. Ausweislich der Gesetzesbegründung zu § 7d BSIG soll damit ein bundeseinheitliches Niveau an IT-Sicherheit gewährleistet werden.[91] Da nach Cyber-Angriffen des Öfteren Störungen von Telemedienangeboten ausgehen und diese für den einzelnen Telemedienanbieter jedoch kein Problem darstellen, hat der 23

[83] *Djeffal,* MMR 2015, 716 (718); *Bartels/Backer,* DuD 2016, 22 (25).
[84] Jeweils mit einem Vorschlag für einen methodischen Ansatz: *Bartels/Backer,* DuD 2016, 22 (25); *Michaelis,* ITRB 2016, 118f.
[85] *Knopp,* DuD 2017, 663 (666).
[86] *Bartels/Backer,* DuD 2016, 22 (26f.); *Gerlach,* CR 2015, 581 (588); *Djeffal,* MMR 2015, 716 (718).
[87] Spindler/Schmitz/*Schmitz,* TMG § 13 Rn. 90.
[88] BT-Drs. 18/4096, 34.
[89] *Michaelis,* ITRB 2016, 118; aA insgesamt auf § 13 TMG bezogen: *Bartels/Backer,* DuD 2016, 22.
[90] → Rn. 2.
[91] BT-Drs. 19/26106, 71f.

Gesetzgeber mit § 7d BSIG eine Anordnungsbefugnis geschaffen, mit der der Telemedienanbieter zur Beseitigung der Störung verpflichtet werden kann.[92]

III. Bußgeldvorschriften

24 Ausweislich des **§ 28 Abs. 1 Nr. 10** ist nur ein Verstoß gegen Abs. 1, nicht aber gegen Abs. 4 bußgeldbewehrt. Diese Regelung ist bemerkenswert, da ein Verstoß gegen die Vorgängervorschrift, § 13 Abs. 7 TMG aF, gemäß § 16 Abs. 2 Nr. 4 TMG aF größtenteils bußgeldbewehrt war. Diese Änderung mutet auf den ersten Blick wie eine Entwertung de Abs. 4 an, da es scheint, als ob Verstöße hiergegen nun nicht mehr mit einem Bußgeld geahndet werden (könnten). Die Gesetzesbegründung schweigt zu den Gründen für dieses Vorgehen. Eine mögliche Erklärung für diese Entscheidung des Gesetzgebers ergibt sich erst durch einen näheren Blick auf S. 4, wonach Anordnungen des BSI gemäß § 7d BSIG[93] unberührt bleiben. Nach § 14 Abs. 2 Nr. 1 lit. a BSIG sind Zuwiderhandlungen gegen eine vollziehbare Anordnung des BSI nach § 7d BSIG bußgeldbewehrt. Gemäß § 14 Abs. 5 S. 1 BSIG kann das BSI in einem solchen Fall ein Bußgeld von bis zu 2 Mio. EUR verhängen. Im Ergebnis können also Verstöße gegen Abs. 4 bei Vorliegen der Voraussetzungen des § 7d BSIG bußgeldbewehrt sein. Da § 7d S. 1 BSIG aber u.a. den begründeten Einzelfall zur Abwehr konkreter, erheblicher Gefahren für informationstechnische Systeme einer Vielzahl von Nutzern voraussetzt, bleibt auch mit Blick auf die personellen Ressourcen des BSI abzuwarten, welche Auswirkungen diese Änderungen des Gesetzgebers auf die Umsetzung des Abs. 4 haben werden. Dass im Rahmen der vormals geltenden Rechtslage ein Bußgeldverfahren nach § 13 Abs. 7 TMG aF iVm § 16 Abs. 2 Nr. 4 TMG aF eingeleitet worden wäre, ist jedenfalls nicht bekannt.[94] Da Telemedienanbieter regelmäßig mit ihren Telemedien gleichzeitig auch personenbezogene Daten verarbeiten werden, besteht unabhängig von dem zuvor Gesagten vor allem für nichtöffentliche Stellen ein erhöhtes Interesse am Schutz ihrer Telemedien. Denn der Bußgeldrahmen für einen Verstoß gegen Art. 32 Abs. 1 DS-GVO beträgt gemäß Art. 83 Abs. 4 lit. a DS-GVO bis zu 10 Mio. EUR oder im Fall eines Unternehmens bis zu 2 Prozent seines gesamten weltweit erzielten Jahresumsatzes des vorangegangenen Geschäftsjahrs.

§ 29 Zuständigkeit, Aufgaben und Befugnisse der oder des Bundesbeauftragten für den Datenschutz und die Informationsfreiheit

(1) **Soweit für die geschäftsmäßige Erbringung von Telekommunikationsdiensten Daten von natürlichen oder juristischen Personen verarbeitet werden, ist der oder die Bundesbeauftragte für den Datenschutz und die Informationsfreiheit die zuständige Aufsichtsbehörde.**

(2) **Erfolgt die Speicherung von Informationen in der Endeinrichtung des Endnutzers oder der Zugriff auf Informationen, die bereits in der Endeinrichtung gespeichert sind, durch Anbieter von Telekommunikations-**

[92] BT-Drs. 19/26106, 76.

[93] → Rn. 2.

[94] *Schallbruch*, CR 2017, 798 (799).

diensten oder durch öffentliche Stellen des Bundes, ist der oder die Bundesbeauftragte für den Datenschutz und die Informationsfreiheit zuständige Aufsichtsbehörde für die Einhaltung des § 25.

(3) **Im Hinblick auf die Befugnisse des oder der Bundesbeauftragten für den Datenschutz und die Informationsfreiheit im Rahmen seiner oder ihrer Aufsichtstätigkeit über die Einhaltung der Bestimmungen nach diesem Gesetz findet Artikel 58 der Verordnung (EU) 2016/679 entsprechende Anwendung.**

(4) **Das Fernmeldegeheimnis des Artikels 10 des Grundgesetzes wird eingeschränkt, soweit die Wahrnehmung der Befugnisse nach Absatz 3 dies erfordert.**

Literatur: *Ambrock,* Mitarbeiterexzess im Datenschutzrecht, ZD 2020, 492; *Benedikt,* Stellungnahme im Rahmen der öffentlichen Anhörung des Ausschusses für Wirtschaft und Energie zum Entwurf eines Gesetzes zur Regelung des Datenschutzes und des Schutzes der Privatsphäre in der Telekommunikation und bei Telemedien v. 21.4.2021, Ausschuss-Drs. 19(9) 1042; *BfDI,* Stellungnahme zur öffentlichen Anhörung des Ausschusses für Wirtschaft und Energie am 21.4.2021 zum Entwurf eines Gesetzes zur Regelung des Datenschutzes und des Schutzes der Privatsphäre in der Telekommunikation und bei Telemedien, Ausschuss-Drs. 19(9)1037; *BfDI,* 28. Tätigkeitsbericht, 2019; *Brink/Wolff,* BeckOK Datenschutzrecht, 41. Ed. 1.8.2022; *DSK,* Unternehmen haften für Datenschutzverstöße ihrer Beschäftigten!, Entschließung vom 3.4.2019; *EDSA,* Stellungnahme 5/2019 zum Zusammenspiel zwischen der e-Datenschutz-Richtlinie und der DSGVO, insbesondere in Bezug auf die Zuständigkeiten, Aufgaben und Befugnisse von Datenschutzbehörden, 12.3.2019; *Geppert/Schütz* (Hrsg.), Beck'scher TKG-Kommentar, 4. Aufl. 2013; *Kiparski/Sassenberg,* DSGVO und TK-Datenschutz, CR 2018, 324; *Kühling/Buchner* (Hrsg.), DS-GVO BDSG, 3. Aufl. 2020; *Petri,* EUGH: Unabhängigkeit der Datenschutz-Kontrollstellen, MMR 2010, 352; *Reimer,* Verwaltungsdatenschutzrecht, 2019; *Scheurle/Mayen* (Hrsg.), Telekommunikationsgesetz, 3. Aufl. 2018; *Schramm/Shvets,* Umgang mit TK-Kundendaten nach Inkrafttreten der DS-GVO, MMR 2019, 228; *Sydow/Marsch* (Hrsg.), DS-GVO/BDSG, 3. Aufl. 2022; *Thomé,* Die Unabhängigkeit der Datenschutzaufsicht, VuR 2015, 130; *Trute/Spoerr/Bosch* (Hrsg.), Telekommunikationsgesetz mit FTEG, 2001.

Inhaltsübersicht

A. Allgemeines

1 Die Norm regelt die Zuständigkeit, Aufgaben und Befugnisse des BfDI im Bereich der Telekommunikation und bei Telemedien.

I. Primär- und verfassungsrechtlicher Hintergrund

2 Die allgemeinen Aufgaben und Befugnisse des BfDI sind in Art. 57–58 DS-GVO sowie in §§ 14, 16 BDSG geregelt. Hinsichtlich der Aufgaben und Befugnisse im Hinblick auf die Durchsetzung der auf der ePrivacy-RL beruhenden Vorschriften sind eigenständige Regelungen im nationalen Recht erforderlich.[1] Bei der Festlegung der zuständigen Behörden bzw. Stellen, bei der Ausgestaltung ihrer Befugnisse und der Sanktionen zur Durchsetzung der ePrivacy-RL verfügen die Mitgliedstaaten über einen Ermessensspielraum (vgl. Art. 15a Abs. 1 S. 1–2, Abs. 2–3 ePrivacy-RL).[2] Freilich ist dieses Ermessen im Einklang mit den Vorgaben des höherrangigen Rechts auszuüben.[3] Insofern schreibt das EU-Primärrecht vor, dass die Einhaltung von Datenschutzvorschriften durch unabhängige Stellen überwacht wird (vgl. Art. 8 Abs. 3 GRCh; Art. 16 Abs. 2 S. 2 AEUV).[4] Auch das deutsche Verfassungsrecht gebietet die **Unabhängigkeit der Datenschutzaufsicht.**[5] Zu den unabhängigen Datenschutzbehörden zählen in Deutschland der BfDI und die Datenschutzbehörden der Länder. Die BNetzA als eine der Fachaufsicht unterliegende Behörde genügt dem Unabhängigkeitserfordernis hingegen nicht.[6]

II. Sonderzuständigkeit des BfDI

3 Vor der Privatisierung und Liberalisierung im Post- und Telekommunikationssektor beschränkte sich die Zuständigkeit des BfDI – damals noch BfD – in diesem Bereich auf die datenschutzrechtliche Kontrolle der Deutschen Bundespost in ihrer Eigenschaft als eine öffentliche Stelle des Bundes.[7] Mit dem TKG 1996 wurde dem BfDI die Datenschutzkontrolle für alle Unternehmen übertragen, die für die geschäftsmäßige Erbringung von Telekommunikationsdiensten Daten von natürlichen oder juristischen Personen erheben, verarbeiten oder nutzen.[8]

4 Die Abweichung von der im BDSG angelegten grds. Zuständigkeit der Datenschutzbehörden der Länder für den nicht-öffentlichen Bereich wurde mit der

[1] EDSA-Stellungnahme 5/2019 v. 12.3.2019 Rn. 66; vgl. BT-Drs. 19/27441, 38.
[2] Vgl. EDSA-Stellungnahme 5/2019 v. 12.3.2019 Rn. 64f.
[3] Vgl. EDSA-Stellungnahme 5/2019 v. 12.3.2019 Rn. 67.
[4] Vgl. auch *Petri*, MMR 2010, 352 (355).
[5] *Thomé*, VuR 2015, 130 (131ff.); vgl. schon *BVerfG*, Urt. v. 15.12.1983 – 1 BvR 209/83, NJW 1984, 419 (422f.).
[6] *BfDI*, 28. Tätigkeitsbericht, S. 40.
[7] Geppert/Schütz/*Eckhardt*, TKG § 115 Rn. 14.
[8] Vgl. BGBl. 1996 I S. 1120 (1146f.) (§ 91 Abs. 4).

Rechtssicherheit begründet.[9] Wegen des länderübergreifenden Charakters der Telekommunikation wurde eine **zentrale, bundesweit und unabhängig tätige Kontrollinstitution** aus Gründen der Effektivität der Aufgabenwahrnehmung und in Anbetracht des hohen Schutzgutes des Fernmeldegeheimnisses als zwingend geboten erachtet.[10]

Der Umstand, dass der tk-datenschutzrechtliche Sachverstand angesichts der Kontrollerfahrungen des BfDI – schon aus Zeiten des alleinigen Fernmeldemonopols der Deutschen Bundespost – beim BfDI gebündelt ist, lässt die Sonderzuständigkeit des BfDI als opportun erscheinen.[11] 5

III. Zweck und Entstehung der Vorschrift

Bis zum Inkrafttreten des TTDSG war die Aufgabe der Kontrolle der Einhaltung und Durchsetzung der tk-datenschutzrechtlichen Vorschriften der BNetzA – vormals RegTP – zugewiesen. Die Aufgabe der Datenschutz*kontrolle* oblag auch dem BfDI, soweit für die geschäftsmäßige Erbringung von Telekommunikationsdiensten Daten von natürlichen oder juristischen Personen erhoben, verarbeitet oder genutzt wurden.[12] Über **eigene Durchsetzungsbefugnisse** verfügte der BfDI nicht. Vielmehr war der BfDI gehalten, seine Beanstandungen an die BNetzA – unter der Geltung des TKG 1996 an das Bundesministerium für Post und Telekommunikation – zu richten und ihr nach pflichtgemäßem Ermessen weitere Ergebnisse seiner Kontrolle zu übermitteln.[13] Das Fehlen wirksamer Sanktionsbefugnisse entsprach nicht den europa- und verfassungsrechtlichen Vorgaben.[14] Mit dem TTDSG wurden die Datenschutzbestimmungen des TKG (§§ 88–107 TKG aF) und des TMG (§§ 11–15a TMG aF) aus diesen Gesetzen herausgelöst und in ein neues **Stammgesetz** überführt.[15] Die Aufsicht sollte nun im Hinblick auf die Verarbeitung personenbezogener Daten in die alleinige und umfassende Zuständigkeit des BfDI übergehen.[16] Neben den Befugnissen des Abs. 3 ergeben sich weitere Sanktionsmöglichkeiten aus den Bußgeldvorschriften des § 28, soweit § 28 Abs. 3 Nr. 2 den BfDI zur Verwaltungsbehörde iSd § 36 Abs. 1 Nr. 1 OWiG erklärt. 6

B. Einzelerläuterungen

I. Aufgaben und Zuständigkeit des BfDI (Abs. 1)

Die Zuständigkeit des BfDI besteht, soweit für die geschäftsmäßige Erbringung von Telekommunikationsdiensten Daten von natürlichen oder juristischen Personen verarbeitet werden. Laut Gesetzesbegründung orientiert sich § 29 an den Regelungen der § 9 Abs. 1 S. 1 BDSG, § 115 Abs. 4 S. 1 TKG 2004.[17] 7

---

[9] Vgl. BT-Drs. 13/4438, 41 (Gegenäußerung der BReg zu Nr. 107).
[10] BT-Drs. 13/4438, 41 (Gegenäußerung der BReg zu Nr. 107).
[11] Scheurle/Mayen/*Büttgen,* TKG § 115 Rn. 19.
[12] BGBl. 1996 I S. 1120 (1146 f.) (§ 91 Abs. 4); BGBl. 2004 I S. 1190 (1232) (§ 115 Abs. 4).
[13] *BfDI,* 28. Tätigkeitsbericht, S. 40.
[14] *Thomé,* VuR 2015, 130 (133); *BfDI,* 28. Tätigkeitsbericht, S. 40.
[15] BT-Drs. 19/27441, 31.
[16] BT-Drs. 19/27441, 1 f., 30, 39.
[17] Vgl. BT-Drs. 19/27441, 39 (zu § 37 TTDSG-E).

8 **1. Begrenzung auf den Telekommunikationsbereich.** Die Formulierung „soweit" bringt eine Einschränkung des Zuständigkeitsbereichs des BfDI auf den Telekommunikationsbereich zum Ausdruck. Außerhalb der Telekommunikation, zB hinsichtlich der Verarbeitung von Beschäftigtendaten, unterliegen die Telekommunikationsunternehmen der Aufsicht der Länder.[18]

9 **2. Über den Anwendungsbereich der ePrivacy-RL hinaus.** Die mit § 29 bezweckte umfassende Zuständigkeit[19] des BfDI geht über den Anwendungsbereich der ePrivacy-RL hinaus und umfasst auch Datenverarbeitungen im Anwendungsbereich der DS-GVO.[20] Dies betrifft zB die Verarbeitung von **Bestandsdaten**[21] iSd § 3 Nr. 6 TKG und die Kommunikation in **geschlossenen Benutzergruppen.**[22]

10 **3. Erbringung von Telekommunikationsdiensten.** Die Erbringung von Telekommunikationsdiensten zeichnet den Anbieter von Telekommunikationsdiensten iSd § 3 Nr. 1 TKG aus. Telekommunikationsdienste sind nach der Legaldefinition des § 3 Nr. 61 TKG „in der Regel gegen Entgelt über Telekommunikationsnetze erbrachte Dienste, die – mit der Ausnahme von Diensten, die Inhalte über Telekommunikationsnetze und -dienste anbieten oder eine redaktionelle Kontrolle über sie ausüben – folgende Dienste umfassen: a) Internetzugangsdienste, b) interpersonelle Telekommunikationsdienste und c) Dienste, die ganz oder überwiegend in der Übertragung von Signalen bestehen, wie Übertragungsdienste, die für Maschine-Maschine-Kommunikation und für den Rundfunk genutzt werden".

11 Eine wesentliche Erweiterung der Zuständigkeit des BfDI bringt die mit dem TKModG vollzogene Einführung des Begriffs der interpersonellen Telekommunikationsdienste gem. § 3 Nr. 24 TKG mit sich, der auch **Internettelefonie, Web-Mail-** und **Messenger-Dienste** umfasst.[23]

12 Die Zuständigkeit des BfDI beschränkt sich indes nicht auf die Anbieter von Telekommunikationsdiensten. Dies hätte der Gesetzgeber – wie in anderen Vorschriften[24] – durch die Verwendung des Begriffs des Anbieters von Telekommunikationsdiensten im Wortlaut des Abs. 1 klargestellt. Stattdessen verzichtet Abs. 1 auf die Nennung des Subjekts der Datenverarbeitung. Die Zielsetzung des TTDSG, einheitliche und umfassende Aufsicht durch den BfDI sicherzustellen[25], legt ein weites Verständnis nahe.

13 Die Tätigkeit der Betreiber von öffentlichen Telekommunikationsnetzen und der Betreiber von Telekommunikationsanlagen ist **integraler Bestandteil der Erbringung von Telekommunikationsdiensten.** Während ein öffentliches Telekommunikationsnetz gem. § 3 Nr. 42 TKG ganz oder überwiegend „der Erbringung öffentlich zugänglicher Telekommunikationsdienste dient", werden Telekommunikationsanlagen in § 3 Nr. 60 TKG als technische Einrichtungen, Systeme

[18] Vgl. Scheurle/Mayen/*Büttgen*, TKG § 115 Rn. 21; BT-Drs. 13/4438, 26, 41 (zu § 88 Abs. 4 TKG 1996).
[19] Vgl. BT-Drs. 19/27441, 2f., 39.
[20] BT-Drs. 19/27441, 39 (zu § 27 Abs. 1 TTDSG); BT-Drs. 19/4674, 210 (zu § 9 BDSG).
[21] Vgl. *Schramm/Shvets*, MMR 2019, 228 (229ff.).
[22] BeckOK DatenschutzR/*Holländer*, DSGVO Art. 95 Rn. 4ff.; Sydow/Marsch DS-GVO/BDSG/*Sydow*, DS-GVO Art. 95 Rn. 12.
[23] Vgl. BT-Drs. 19/27441, 2f.; BT-Drs. 19/26108, 231.
[24] Vgl. zB §§ 9 Abs. 2; 10 Abs. 1, 3; 14 Abs. 1.
[25] BT-Drs. 19/27441, 2f., 39.

oder Server definiert, die als Nachrichten identifizierbare elektromagnetische oder optische Signale oder Daten iRd „Erbringung eines Telekommunikationsdienstes" senden, übertragen, vermitteln, empfangen, steuern oder kontrollieren können. In der Diktion des Gesetzgebers werden Telekommunikationsdienste über[26] Telekommunikationsnetze und mittels[27] bzw. mit[28] Telekommunikationsanlagen erbracht.

Personen, die an der Erbringung von Telekommunikationsdiensten mitwirken, sind grds. keine Adressaten der Aufsicht durch den BfDI. Es handelt sich um Personen, die zum Funktions- und Herrschaftsbereich des Anbieters von Telekommunikationsdiensten gehören.[29] Als Beispiele für **Mitwirkende** nennt die Begründung zum TKModG Mitarbeiter und Erfüllungsgehilfen.[30] Datenschutzrechtliches Fehlverhalten von Mitarbeitern wird – von Fällen des Mitarbeiterexzesses abgesehen – dem Unternehmen zugerechnet.[31] Für Maßnahmen gegen Mitarbeiter im Exzess sind die Datenschutzbehörden der Länder zuständig. 14

Beim Einsatz von „Erfüllungsgehilfen" dürfte idR eine Datenverarbeitung im Auftrag des Anbieters von Telekommunikationsdiensten vorliegen,[32] sodass die datenschutzrechtliche Verantwortlichkeit in diesen Fällen ebenfalls beim Anbieter liegt (vgl. Art. 28 Abs. 10 DS-GVO). Die Zuständigkeit des BfDI für Auftragsverarbeiter ist gem. § 9 Abs. 1 S. 2 BDSG eingeschränkt. Stellen, die personenbezogene Daten im Auftrag eines nicht-öffentlichen Telekommunikationsunternehmens verarbeiten, unterliegen der Zuständigkeit der Datenschutzbehörden der Länder.[33] 15

4. Geschäftsmäßigkeit der Erbringung. Der Begriff des *geschäftsmäßigen* Erbringens von Telekommunikationsdiensten wird weder im TTDSG noch im TKG legaldefiniert. Nach § 3 Nr. 10 TKG 2004 handelte es sich dabei um „das nachhaltige Angebot von Telekommunikation für Dritte mit oder ohne Gewinnerzielungsabsicht". Das Kriterium der Geschäftsmäßigkeit stellte klar, dass es beim Angebot von Telekommunikation nicht auf den gewerblichen Charakter der Tätigkeit ankommt.[34] Die Gesetzesmaterialien enthalten keine Anhaltspunkte dafür, dass der Gesetzgeber den Begriff der geschäftsmäßigen Erbringung in § 29 Abs. 1 zukünftig anders verstanden wissen wollte, sodass die Definition des § 3 Nr. 10 TKG 2004 bei der Auslegung heranzuziehen ist. Nachhaltig ist das Angebot von Telekommunikation dann, wenn es eine gewisse Häufigkeit aufweist und auf eine gewisse Dauer angelegt ist.[35] 16

5. Telekommunikationsnetze und -anlagen der öffentlichen Stellen der Länder. Im Hinblick auf Telekommunikationsnetze und -anlagen, die durch öffentliche Stellen der Länder betrieben werden, wurde die Zuständigkeit der Datenschutzbehörden der Länder vor dem TTDSG damit begründet, dass sich die Zu- 17

---

26 § 3 Nr. 24, 61 TKG; § 10 Abs. 1 S. 2.

27 Vgl. § 3 Nr. 59 TKG.

28 Vgl. § 170 Abs. 1, Abs. 5 Nr. 2 lit. c TKG; § 3 Abs. 2 S. 1 Nr. 4.

29 Trute/Spoerr/Bosch/*Trute,* TKG § 85 Rn. 13 (in Bezug auf TKG 1996).

30 BT-Drs. 19/26108, 360; vgl. auch Geppert/Schütz/*Braun,* TKG § 91 Rn. 14.

31 DSK-Entschl. v. 3.4.2019; *Ambrock,* ZD 2020, 492 (492 ff.); *VG Mainz,* Urt. v. 17.12.2020 – 1 K 778/19.MZ, BeckRS 2020, 41220, Rn. 43 ff.

32 Generell in Bezug auf Mitwirkende vgl. *Kiparski/Sassenberg,* CR 2018, 324 (326).

33 Vgl. BeckOK DatenschutzR/*Meltzian,* BDSG § 9 Rn. 2.

34 Vgl. BT-Drs. 13/4864, 82 (zu § 82 Abs. 3 TKG 1996).

35 BT-Drs. 15/2316, 58; Geppert/Schütz/*Schütz,* TKG § 3 Rn. 33.

ständigkeit des BfDI nach dem Wortlaut der entsprechenden Zuständigkeitsnormen auf „Unternehmen" beschränkte.[36] Nach § 91 Abs. 2 TKG 2004 galten außerdem für geschlossene Benutzergruppen öffentlicher Stellen der Länder die datenschutzrechtlichen Vorschriften des TKG mit der Maßgabe, dass an Stelle des BDSG die jeweiligen Landesdatenschutzgesetze treten. Aus dieser Regelung wurde in der Literatur auf die Zuständigkeit der Aufsichtsbehörden der Länder geschlossen.[37]

18 Beide Argumente finden im TTDSG keine Stütze. Gleichwohl unterfallen die von öffentlichen Stellen der Länder betriebenen Telekommunikationsnetze und -anlagen nach wie vor nicht der Zuständigkeit des BfDI. Aus verfassungsrechtlicher Perspektive fehlt es an einem für etwaige Aufsichtsbefugnisse des Bundes über Behörden und Einrichtungen der Länder erforderlichen grundgesetzlichen Kompetenztitel.[38] Insbesondere greift Art. 84 GG nicht ein, da die Zuständigkeit und Befugnisse des BfDI nach § 29 nicht im Kontext mit den allgemeinen Ingerenzrechten des Bundes beim Vollzug der Bundesgesetze in Landeseigenverwaltung stehen.[39] Aus einfachgesetzlicher Sicht ist zu berücksichtigen, dass sich die Zuständigkeit des BfDI nach § 9 Abs. 1 S. 1 BDSG und § 115 Abs. 4 S. 1 TKG 2004, an denen sich § 29 orientiert,[40] auf Unternehmen bezieht.

II. Aufgaben und Zuständigkeit des BfDI (Abs. 2)

19 Abs. 2 ordnet die Zuständigkeit des BfDI für die Aufsicht über die Einhaltung des § 25 an, wenn Anbieter von Telekommunikationsdiensten oder öffentliche Stellen des Bundes Informationen in der Endeinrichtung des Endnutzers speichern oder auf dort gespeicherte Informationen zugreifen.

20 Die Vorschrift ist vor dem Hintergrund zu sehen, dass Art. 5 Abs. 3 ePrivacy-RL, dessen Umsetzung § 25 dient, den Schutz der Privatsphäre des Endnutzers vor unbefugter Speicherung oder Auslesen von Informationen auf seinen Endeinrichtungen unabhängig vom Bestehen eines Personenbezugs bezweckt.[41] Die auf die Speicherung von und den Zugriff auf Informationen in der Endeinrichtung des Endnutzers folgende Datenverarbeitung richtet sich nach der DS-GVO, deren Einhaltung im Telekommunikationsbereich gem. Abs. 1 durch den BfDI beaufsichtigt wird.[42] Mit Abs. 2 soll sichergestellt werden, dass der Zugriff auf Endeinrichtungen und die Verarbeitung von personenbezogenen Daten als **einheitlicher Lebenssachverhalt** einheitlich beaufsichtigt werden.[43]

21 Insofern knüpft Abs. 2 an Abs. 1 an. Die Zuständigkeit des BfDI für die Einhaltung des § 25 ist mit Blick auf öffentliche Stellen des Bundes umfassend aus-

[36] Vgl. Scheurle/Mayen/*Büttgen,* TKG § 115 Rn. 33; Trute/Spoerr/Bosch/*Trute,* TKG § 91 Rn. 10.

[37] Vgl. Scheurle/Mayen/*Büttgen,* TKG § 91 Rn. 22, § 115 Rn. 33; Geppert/Schütz/*Braun,* TKG § 91 Rn. 22.

[38] Zur Erforderlichkeit eines Kompetenztitels vgl. *BVerfG,* Urt. v. 7.10.2014 – 2 BvR 1641/11, NVwZ 2015, 136 Rn. 95; Beschl. v. 7.9.2010 – 2 BvF 1/09, NVwZ 2010, 1549 Rn. 79f.

[39] Vgl. *BVerfG,* Beschl. v. 7.9.2010 – 2 BvF 1/09, NVwZ 2010, 1549 Rn 108f. (zur externen Finanzkontrolle durch den Bundesrechnungshof).

[40] BT-Drs. 19/27441, 39 (zu § 27 TTDSG-E).

[41] *EuGH,* Urt. v. 1.10.2019 – C-673/17, NJW 2019, 3433 Rn. 68ff.

[42] Vgl. EDSA-Stellungnahme 5/2019 v. 12.3.2019 Rn. 41, 75; BT-Drs. 19/27441, 38 (zu § 24 TTDSG-E).

[43] BT-Drs. 19/27441, 39 (zu § 27 TTDSG-E).

gestaltet.[44] Hinsichtlich der Anbieter von Telekommunikationsdiensten besteht sie nur *soweit* das Setzen von und der Zugriff auf Informationen in der Endeinrichtung des Endnutzers im Kontext mit der Erbringung von Telekommunikationsdiensten stehen.[45] Bei einer **Gemengelage** ist auf den Schwerpunkt des mit der Speicherung von oder mit dem Zugriff auf Informationen verfolgten Zwecks abzustellen.[46]

III. Befugnisse des BfDI (Abs. 3)

Abs. 3 ordnet im Hinblick auf die Befugnisse des BfDI im Rahmen seiner Aufsichtstätigkeit über die Einhaltung der Bestimmungen nach dem TTDSG die entsprechende Anwendung des Art. 58 DS-GVO an. Damit verfügt der BfDI bei der Aufsicht über die Einhaltung der Bestimmungen des TTDSG prinzipiell über dieselben Befugnisse wie im sachlichen Anwendungsbereich der DS-GVO. 22

Bei der Anwendung des Art. 58 DS-GVO iVm Abs. 3 sind jedoch **Besonderheiten** zu beachten. 23

1. Sonderregelungen für öffentliche Stellen. Abs. 3 schränkt die entsprechende Anwendung des Art. 58 DS-GVO im Telekommunikationsbereich nicht auf den nicht-öffentlichen Bereich ein. Mit Blick auf öffentliche Stellen des Bundes, die der Aufsicht des BfDI nach dem TTDSG unterliegen, sind Sonderregelungen – insbesondere § 16 Abs. 1 S. 2–4, Abs. 3, Abs. 4 Nr. 1 BDSG, § 28 Abs. 4 – zu beachten. 24

2. Vorschriften über die Zusammenarbeit und Kohärenz. Bei der entsprechenden Anwendung des Art. 58 DS-GVO ist zu berücksichtigen, dass die Bestimmungen über die Zusammenarbeit und Kohärenz (Kap. VII der DS-GVO) außerhalb des Anwendungsbereichs der DS-GVO nicht anwendbar sind[47] und vom nationalen Gesetzgeber auch nicht für entsprechend anwendbar erklärt werden können. Dies wirkt sich auf die Genehmigungs- und Beratungsbefugnisse nach Art. 58 Abs. 3 lit. d, f, g, h, j DS-GVO aus.[48] 25

3. Zuständigkeit für die Verhängung von Geldbußen. Die Zuständigkeit für die Verhängung von Geldbußen gem. Art. 58 Abs. 2 lit. i DS-GVO richtet sich nach § 28 Abs. 3. Gegen Behörden und sonstige öffentliche Stellen iSd § 2 Abs. 1 oder Abs. 2 BDSG werden gem. § 28 Abs. 4 keine Geldbußen verhängt. 26

4. Bestimmung des maßgeblichen höherrangigen Rechts. Abs. 3 iVm Art. 58 DS-GVO stellt kein EU-, sondern **nationales (Umsetzungs-)Recht** dar.[49] Während die direkte Anwendung des Art. 58 DS-GVO allein am Maßstab der EU-Grundrechte zu prüfen ist, sind bei der Auslegung des Art. 58 DS-GVO in entsprechender Anwendung – angesichts der dem Gesetzgeber in Art. 15a ePri- 27

---

[44] Vgl. Kühling/Buchner/*Bange*, BDSG § 9 Rn. 5.

[45] Nach der Gesetzesbegründung regelt Abs. 2 die Zuständigkeit des BfDI auch für § 25, „soweit es sich um Tätigkeiten von Telekommunikationsunternehmen […] handelt", BT-Drs. 19/27441, 39 (zu § 27 Abs. 2 und § 24 TTDSG-E).

[46] Vgl. *Benedikt*, Stellungnahme v. 21.4.2021, Ausschuss-Drs. 19(9) 1042, S. 9; kritisch *BfDI*, Stellungnahme v. 21.4.2021, Ausschuss-Drs. 19(9)1037, S. 4f.

[47] Vgl. EDSA-Stellungnahme 5/2019 v. 12.3.2019 Rn. 80ff.

[48] Vgl. Art. 64 Abs. 1 S. 2 lit. b–f DS-GVO.

[49] Vgl. *Reimer*, Verwaltungsdatenschutzrecht, Rn. 52.

vacy-RL eingeräumten Spielräume – auch die Grundrechte des Grundgesetzes zu beachten.[50]

28 **5. Auslegungskompetenz des EuGH.** Bei der Auslegung des Abs. 3 iVm Art. 58 DS-GVO ist die Rechtsprechung des EuGH zu Art. 58 DS-GVO zu berücksichtigen.[51] Der EuGH entscheidet über Vorabentscheidungsersuchen, die Vorschriften des EU-Rechts in Fällen betreffen, in denen der Sachverhalt des Ausgangsverfahrens nicht in den Geltungsbereich des EU-Rechts fällt, aber die genannten Vorschriften durch das nationale Recht aufgrund eines darin enthaltenen Verweises auf ihren Inhalt unmittelbar und unbedingt für anwendbar erklären.[52] Angesichts dieser Rechtsprechung ist von einer **Auslegungskompetenz des EuGH** gem. Art. 267 AEUV auszugehen.

IV. Einschränkung des Fernmeldegeheimnisses (Abs. 4)

29 Abs. 4 dient der Einhaltung des **Zitiergebotes** (Art. 19 Abs. 1 S. 2 GG). Während § 115 Abs. 5 TKG 2004 klarstellte, dass es iRd Kontrolle der Verpflichtungen, nicht jedoch bei deren Durchsetzung dazu kommen kann, dass das Fernmeldegeheimnis eingeschränkt wird,[53] bezieht sich Abs. 4 allgemein auf die Wahrnehmung der Befugnisse des BfDI.

§ 30 Zuständigkeit, Aufgaben und Befugnisse der Bundesnetzagentur

(1) **Die Bundesnetzagentur ist zuständige Aufsichtsbehörde für die Einhaltung der Vorschriften in Teil 2, soweit nicht gemäß § 29 die Zuständigkeit des oder der Bundesbeauftragten für den Datenschutz und die Informationsfreiheit gegeben ist.**

(2) [1]**Die Bundesnetzagentur kann Anordnungen und andere Maßnahmen treffen, um die Einhaltung der Vorschriften des Teils 2 sicherzustellen.** [2]**Der nach den Vorschriften des Teils 2 Verpflichtete muss auf Anforderung der Bundesnetzagentur die hierzu erforderlichen Auskünfte erteilen.** [3]**Die Bundesnetzagentur ist zur Überprüfung der Einhaltung der Verpflichtungen befugt, die Geschäfts- und Betriebsräume während der üblichen Betriebs- oder Geschäftszeiten zu betreten und zu besichtigen.**

(3) **Über die Befugnis zu Anordnungen nach Absatz 2 hinaus kann die Bundesnetzagentur bei Nichterfüllung von Verpflichtungen des Teils 2 den Betrieb von betroffenen Telekommunikationsanlagen oder das Erbringen des betreffenden Telekommunikationsdienstes ganz oder teilweise**

---

[50] Vgl. *EuGH,* Urt. v. 26.2.2013 – C-617/10, NJW 2013, 1415 Rn. 19ff.; *BVerfG,* Beschl. v. 6.11.2019 – 1 BvR 16/13, NJW 2020, 300 Rn. 42ff; Beschl. v. 19.7.2011 – 1 BvR 1916/09, NJW 2011, 3428 Rn. 53.

[51] Vgl. aber bei *Reimer,* Verwaltungsdatenschutzrecht, Rn. 52.

[52] *EuGH,* Urt. v. 20.1.2020 – C-307/18, BeckRS 2020, 490 Rn. 26f.; Urt. v. 11.6.2020 – C-634/18, BeckRS 2020, 11912 Rn. 24ff.; Urt. v. 21.12.2011 – C-482/10, BeckRS 2012, 80089 Rn. 17; Urt. v. 18.10.2012 – C-583/10, BeckRS 2012, 82058 Rn. 46f.

[53] BT-Drs. 15/2316, 98.

untersagen, wenn mildere Eingriffe zur Durchsetzung rechtmäßigen Verhaltens nicht ausreichen.

(4) **Zur Durchsetzung von Maßnahmen und Anordnungen nach den Absätzen 2 und 3 kann nach Maßgabe des Verwaltungsvollstreckungsgesetzes ein Zwangsgeld bis zu 1 Million Euro festgesetzt werden.**

(5) **Das Fernmeldegeheimnis des Artikels 10 des Grundgesetzes wird eingeschränkt, soweit die Wahrnehmung der Befugnisse nach Absatz 2 Satz 1 und 3 dies erfordert.**

Literatur: *Eßer/Kramer/von Lewinski* (Hrsg.), Auernhammer, DSGVO/BDSG – Datenschutz-Grundverordnung/Bundesdatenschutzgesetz und Nebengesetze, 7. Aufl. 2020; *Scheurle/Mayen,* Telekommunikationsgesetz, 3. Aufl. 2018.

A. Allgemeines

Regelungsgegenstand des § 30 sind im Wesentlichen die sachliche Zuständigkeit, Aufgaben und Befugnisse der BNetzA im Hinblick auf die Vorschriften in Teil 2 des TTDSG. 1

B. Einzelerläuterungen

I. Zuständigkeit der BNetzA (Abs. 1)

Abs. 1 regelt die **Auffangzuständigkeit** der BNetzA. Diese besteht, soweit es sich *nicht* um Anforderungen handelt, die auf die Verarbeitung personenbezogener Daten von natürlichen oder juristischen Personen gerichtet sind.[1] Damit ist die BNetzA insbesondere zuständig für die Einhaltung der §§ 5, 8, 11 Abs. 6 S. 2–4, 13 Abs. 3, 14 Abs. 1 S. 1, Abs. 3, Abs. 5, 15 Abs. 1–2, 16 und 18. 2

II. Befugnisse der BNetzA (Abs. 2)

Nach Art. 15a Abs. 2 ePrivacy-RL stellen die Mitgliedstaaten sicher, dass die zuständige nationale Behörde und ggf. andere nationale Stellen befugt sind, die Einstellung der in Abs. 1 genannten Verstöße anzuordnen. 3

1. Allgemeine Aufsichtsbefugnisse (S. 1). Die BNetzA kann nach S. 1 Anordnungen und andere Maßnahmen treffen, um die Einhaltung der Vorschriften des Teil 2 sicherzustellen. Der Begriff „Anordnungen" macht mit Blick auf den Gesetzesvorbehalt deutlich, dass die BNetzA befugt ist, Verwaltungsakte iSd § 35 VwVfG zu erlassen **(„Verwaltungsaktsbefugnis").** Damit kann sich die BNetzA – bis auf Rechtsverordnungen und Satzungen – grds. **aller administrativen Handlungsformen** bedienen. Hinsichtlich der im Einzelfall zu wählenden Handlungsform steht der BNetzA **Auswahlermessen** zu.[2] 4

Die Befugnis der BNetzA beschränkt sich auf die Sicherstellung der Einhaltung der Vorschriften des Teil 2 im Rahmen ihrer Zuständigkeit nach Abs. 1. Erforder- 5

---

[1] Vgl. auch BT-Drs. 19/27441, 39.
[2] Vgl. Scheurle/Mayen/*Büttgen,* TKG § 115 Rn. 6.

lich ist ein **Verstoß gegen relevante Vorschriften.** Präventive Maßnahmen können nicht auf S. 1 gestützt werden.[3]

6 **2. Untersuchungsbefugnisse (S. 2 und 3).** Nach Art. 15a Abs. 3 ePrivacy-RL stellen die Mitgliedstaaten sicher, dass die zuständigen nationalen Regulierungsbehörden und ggf. andere nationale Stellen über die erforderlichen Untersuchungsbefugnisse und Mittel verfügen, einschließlich der Befugnis, sämtliche zweckdienliche Informationen zu erlangen, die sie benötigen, um die Einhaltung der gemäß dieser Richtlinie erlassenen innerstaatlichen Rechtsvorschriften zu überwachen und durchzusetzen.

7 S. 2–3 knüpfen an die Voraussetzungen des S. 1 an und konkretisieren die Befugnisse der BNetzA hinsichtlich möglicher Ermittlungsmaßnahmen und Mitwirkungspflichten der Verpflichteten.

8 Die Untersuchungsmaßnahmen der BNetzA müssen zur **Gewinnung relevanter Erkenntnisse** über die Einhaltung der Verpflichtungen des Teil 2 erforderlich sein.

9 **a) Auskunftspflicht (S. 2).** S. 2 regelt die Pflicht des Verpflichteten, auf Anforderung der BNetzA die hierfür erforderlichen Auskünfte zu erteilen. Der Adressatenkreis von S. 2 deckt sich mit dem Adressatenkreis der Normen, deren Einhaltung von der BNetzA kontrolliert wird. „Auf Anforderung" bedeutet, dass die Verpflichteten nicht eigeninitiativ tätig werden müssen.

10 **b) Befugnis zum Betreten und Besichtigen von Geschäfts- und Betriebsräumen (S. 3).** S. 3 befugt die BNetzA zum Betreten und Besichtigen von Geschäfts- und Betriebsräumen. Die Einschränkung auf die „üblichen Betriebs- oder Geschäftszeiten" trägt den verfassungsrechtlichen Anforderungen an das Betreten und Besichtigen von Geschäfts- und Betriebsräumen ohne den Willen des Verpflichteten Rechnung.[4] Wegen der Schrankensystematik des Art. 13 GG ist S. 3 weiter wie folgt **verfassungskonform auszulegen:**

11 Die Befugnis erstreckt sich auf Räume, die **ausschließlich geschäftlichen oder betrieblichen Zwecken** dienen. Wohnräume oder gemischt genutzte Räume dürfen nicht auf Grundlage des S. 3 betreten und besichtigt werden.[5]

12 S. 3 enthält **keine Befugnis zur Durchsuchung.**[6] Durchsuchung ist „das ziel- und zweckgerichtete Suchen staatlicher Organe nach Personen oder Sachen oder zur Ermittlung eines Sachverhalts, um etwas aufzuspüren, was der Inhaber der Wohnung von sich aus nicht offenlegen oder herausgeben will".[7] Bei Betretungs- und Besichtigungsrechten von Aufsichtsbehörden liegt grds. keine Durchsuchung vor.[8] Eine unzulässige Durchsuchung kann indes vorliegen, wenn bei Besichtigung

---

[3] Zu § 115 Abs. 1 S. 1 TKG 2004 *OVG NRW,* Urt. v. 10.11.2015 – 13 A 1973/13, MMR 2015, 209 (210); *VG Köln,* Urt. v. 13.11.2020 – 9 K 573/18, BeckRS 2020, 33124 Rn. 74ff.

[4] Vgl. *BVerfG,* Beschl. v. 13.10.1971 – 1 BvR 280/66, BVerfGE 32, 54 (76) = NJW 1971, 2299 (2301).

[5] Vgl. *BVerfG,* Beschl. v. 13.10.1971 – 1 BvR 280/66, BVerfGE 32, 54 (75f.) = NJW 1971, 2299 (2300f.).

[6] Auernhammer/*Heun,* TKG § 115 Rn. 6.

[7] *BVerfG,* Beschl. v. 16.6.1987 – 1 BvR 1202/84, BVerfGE 76, 83 (89) = NJW 1987, 2499 (2499).

[8] Vgl. *BVerfG,* Beschl. v. 13.10.1971 – 1 BvR 280/66, BVerfGE 32, 54 (73ff.); *OVG Schleswig,* Urt. v. 7.7.1999 – 2 L 34/98, BeckRS 1999, 22930 Rn. 23; *OVG Hamburg,* Urt. v. 18.8.2020 – 4 Bf 160/19, BeckRS 2020, 20766 Rn. 29.

der Geschäfts- und Betriebsräume Sachverhalte festgestellt werden sollen, die nicht „offen zu Tage liegen".[9]

III. Untersagungsbefugnis (Abs. 3)

Abs. 3 ermächtigt die BNetzA zur Untersagung des Betriebs der betreffenden Telekommunikationsanlage oder des Erbringens des betreffenden Telekommunikationsdienstes. Die Vorschrift entspricht § 115 Abs. 3 TKG 2004 und § 91 Abs. 3 TKG 1996.[10] Die Untersagung ist als **ultima ratio** zulässig,[11] „wenn mildere Eingriffe zur Durchsetzung rechtmäßigen Verhaltens nicht ausreichen" (Abs. 3 aE). 13

Vorbehaltlich besonderer Umstände des Einzelfalls ist eine Untersagung grds. unbefristet auszusprechen. Es kann sich anbieten, die Untersagungsverfügung mit einer auflösenden Bedingung zu erlassen. Ansonsten besteht ein Anspruch des Verpflichteten auf die **Aufhebung der Untersagungsverfügung** mit Wirkung ex nunc ab dem Zeitpunkt, zu dem diese nicht mehr hätte erlassen werden dürfen.[12] 14

IV. Befugnis zur Festsetzung von Zwangsgeldern (Abs. 4)

Zur Durchsetzung von Maßnahmen und Anordnungen nach Abs. 2–3 kann die BNetzA nach Maßgabe des VwVG ein Zwangsgeld bis zu einer Mio. EUR festsetzen. Abs. 4 stellt eine spezialgesetzliche Regelung über den Höchstbetrag des Zwangsgelds dar, die § 11 Abs. 3 VwVG verdrängt. Gegenüber der Vorgängerregelung des § 115 Abs. 2 S. 1 TKG aF (bis zum 30.11.2021 geltend) wurde die Höchstgrenze des Zwangsgelds verdoppelt. 15

Das Zwangsgeld stellt ein **Beugemittel** dar, das dazu dient, die Einhaltung der gesetzlichen Verpflichtungen **mit Wirkung für die Zukunft** zu erzwingen.[13] Das Verfahren der Vollstreckung richtet sich nach den Vorgaben des VwVG. Insbesondere muss das Zwangsgeld in einem angemessenen Verhältnis zu seinem Zweck stehen (§ 9 Abs. 2 S. 1 VwVG) und geeignet sein, den Verpflichteten zur Befolgung der jeweiligen Maßnahme anzuhalten. Die zu erzwingende Handlung muss vom Willen des Verpflichteten abhängen (§ 11 Abs. 1 S. 1 VwVG). Vor Festsetzung ist ein Zwangsgeld schriftlich anzudrohen (vgl. § 13 VwVG). 16

V. Einschränkung des Fernmeldegeheimnisses (Abs. 5)

Die Vorschrift dient der Einhaltung des Zitiergebotes (Art. 19 Abs. 1 S. 2 GG) (→ § 29 Rn. 29). 17

---

[9] Vgl. *BVerwG,* Beschl. v. 7.6.2006 – 4 B 36/06, NJW 2006, 2504 Rn. 4.
[10] Vgl. BGBl. 2004 I S. 1190 (1231); BGBl. 1996 I S. 1120 (1146).
[11] Geppert/Schütz/*Eckhardt,* TKG § 115 Rn. 11.
[12] Vgl. *BVerwG,* Urt. v. 15.11.1967 – I C 43/67, VerwRspr 1968, 366, (366ff.).
[13] *BVerwG,* Urt. v. 21.1.2003 – 1 C 5/02, NVwZ 2003, 1271 (1272f.).

Verordnung (EU) 2019/881 des Europäischen Parlaments und des Rates vom 17. April 2019 über die ENISA (Agentur der Europäischen Union für Cybersicherheit) und über die Zertifizierung der Cybersicherheit von Informations- und Kommunikationstechnik und zur Aufhebung der Verordnung (EU) Nr. 526/2013 (Rechtsakt zur Cybersicherheit)

(Text von Bedeutung für den EWR)

(ABl. L 151 S. 15)

CELEX 3 2019 R 0881

DAS EUROPÄISCHE PARLAMENT UND DER RAT DER EUROPÄISCHEN UNION –

gestützt auf den Vertrag über die Arbeitsweise der Europäischen Union, insbesondere auf Artikel 114,

auf Vorschlag der Europäischen Kommission,

nach Zuleitung des Entwurfs des Gesetzgebungsakts an die nationalen Parlamente,

nach Stellungnahme des Europäischen Wirtschafts- und Sozialausschusses[1],

nach Stellungnahme des Ausschusses der Regionen[2],

gemäß dem ordentlichen Gesetzgebungsverfahren[3],

in Erwägung nachstehender Gründe:

(1) Netz- und Informationssysteme sowie elektronische Kommunikationsnetze und -dienste spielen eine lebenswichtige Rolle in der Gesellschaft und sind mittlerweile zum Hauptmotor des Wirtschaftswachstums geworden. Die Informations- und Kommunikationstechnologien (IKT) bilden das Rückgrat der komplexen Systeme, die alltägliche gesellschaftliche Tätigkeiten unterstützen und unsere Volkswirtschaften in Schlüsselsektoren wie Gesundheit, Energie, Finanzen und Verkehr aufrechterhalten und die insbesondere dafür sorgen, dass der Binnenmarkt reibungslos funktioniert.

(2) Die Nutzung von Netz- und Informationssystemen durch Bürger, Organisationen und Unternehmen ist mittlerweile in der Union allgegenwärtig. Digitalisierung und Konnektivität entwickeln sich zu Kernmerkmalen einer ständig steigenden Zahl von Produkten und Dienstleistungen; mit dem Aufkommen des Internets der Dinge dürften in den nächsten Jahrzehnten eine extrem hohe Zahl vernetzte digitale Geräte unionsweit Verbreitung finden. Zwar sind immer mehr Geräte mit dem Internet vernetzt, doch verfügen sie über eine nur unzureichende Cybersicherheit, da die Sicherheit und Abwehrfähigkeit dieser Geräte schon bei der Konzeption nicht ausreichend berücksichtigt wurden. In diesem Zusammenhang führt das geringe Maß an Zertifizierung dazu, dass Personen, Organisationen und Unternehmen die IKT-Produkte, -Dienste und -prozesse nutzen, nur unzureichend über deren Cybersicherheitsmerkmale informiert werden, wodurch das Vertrauen in digitale Lösungen untergraben wird. Netz- und Informationssysteme können uns das Leben in jeder Hinsicht erleichtern und das Wirt-

---

1 **Amtl. Anm.:** ABl. C 227 vom 28.6.2018, S. 86.

2 **Amtl. Anm.:** ABl. C 176 vom 23.5.2018, S. 29.

3 **Amtl. Anm.:** Stellungnahme des Europäischen Parlaments vom 12. März 2019 (noch nicht im Amtsblatt veröffentlicht) und Beschluss des Rates vom 9. April 2019.

schaftswachstum der Union anzukurbeln. Sie spielen eine tragende Rolle bei der Verwirklichung des digitalen Binnenmarkts.

(3) Mit der zunehmenden Digitalisierung und Vernetzung steigen auch die Cybersicherheitsrisiken, wodurch die Gesellschaft insgesamt anfälliger für Cyberbedrohungen wird und die Gefahren zunehmen, denen Privatpersonen und insbesondere schutzbedürftige Personen wie Kinder ausgesetzt sind. Um diesen Gefahren zu begegnen, gilt es, alle für die Erhöhung der Cybersicherheit in der Union notwendigen Maßnahmen zu ergreifen, damit die Netz- und Informationssysteme, die Kommunikationsnetze und die digitalen Produkte, Dienste und Geräte, die von Bürgern, Organisationen und Unternehmen – von kleinen und mittleren Unternehmen (KMU) im Sinne der Empfehlung 2003/361/EG der Kommission[4] bis zu Betreibern kritischer Infrastrukturen – genutzt werden, besser vor Cyberbedrohungen geschützt sind.

(4) Durch das Zurverfügungstellung einschlägiger Informationen für die Öffentlichkeit trägt die mit der Verordnung (EU) Nr. 526/2013 des Europäischen Parlaments und des Rates[5] errichtete Agentur der Europäischen Union für Netz- und Informationssicherheit (im Folgenden „ENISA") zur Entwicklung der Cybersicherheitsbranche in der Union, insbesondere von KMU und Start-ups, bei. Die ENISA sollte sich um eine engere Zusammenarbeit mit Universitäten und Forschungseinrichtungen bemühen, um einen Beitrag zur Verringerung der Abhängigkeit von Cybersicherheitsprodukten und -diensten von außerhalb der Union zu leisten und die Lieferketten innerhalb der Union zu stärken.

(5) Cyberangriffe nehmen zu und eine Wirtschaft und Gesellschaft, die durch ihre Vernetzung anfälliger für Cyberbedrohungen und -angriffe ist, benötigt daher einen stärkeren Schutz. Obwohl jedoch die Cyberangriffe häufig grenzüberschreitend sind, sind die Zuständigkeiten und Reaktionen der für die Cybersicherheit und für die Strafverfolgung zuständigen Behörden vor allem national. Sicherheitsvorfälle großen Ausmaßes könnten die Bereitstellung wesentlicher Dienste in der gesamten Union empfindlich stören. Notwendig sind daher effektive und koordinierte Maßnahmen sowie ein Krisenmanagement auf Unionsebene, gestützt auf gezielte Strategien, sowie ein breiter angelegtes Instrumentarium für europäische Solidarität und gegenseitige Hilfe. Zudem sind daher eine auf zuverlässigen Daten der Union basierende regelmäßige Überprüfung des Stands der Cybersicherheit und der Abwehrfähigkeit in der Union sowie eine systematische Prognose künftiger Entwicklungen, Herausforderungen und Bedrohungen – auf Unionsebene und auf globaler Ebene – für die Entscheidungsträger, die Branche und die Nutzer gleichermaßen wichtig.

(6) Angesichts immer größerer Herausforderungen, die sich der Union im Bereich der Cybersicherheit stellen, bedarf es eines umfassenden Maßnahmenpakets, das auf den bisherigen Maßnahmen der Union aufbauen und sich wechselseitig verstärkende Ziele unterstützen würde. Diese Ziele beinhalten eine weitere Stärkung der Fähigkeiten und der Abwehrbereitschaft der Mitgliedstaaten und Unternehmen sowie eine bessere Zusammenarbeit, einen besseren Informationsaustausch und Koordinierung zwischen den Mitgliedstaaten und den Organen, Einrichtungen und sonstigen Stellen der Union. Da Cyberbedrohungen an keinen Grenzen Halt machen, gilt es zudem, die Fähigkeiten auf Unionsebene zu stärken, die Maßnahmen der Mitgliedstaaten vor allem dann ergänzen könnten, wenn es zu grenzüberschreitenden Sicherheitsvorfällen und -krisen von großem Ausmaß kommt, unter Berücksichtigung der Bedeutung der Bewahrung und Verbesserung der nationalen Fähigkeiten zur Reaktion auf Cyberbedrohungen jeglichen Umfangs.

(7) Darüber hinaus sind weitere Anstrengungen notwendig, um die Bürger, Organisationen und Unternehmen für Fragen der Cybersicherheit zu sensibilisieren. Da Sicherheitsvorfälle das

---

[4] **Amtl. Anm.:** Empfehlung der Kommission vom 6. Mai 2003 betreffend die Definition der Kleinstunternehmen sowie der kleinen und mittleren Unternehmen (ABl. L 124 vom 20.5.2003, S. 36).

[5] **Amtl. Anm.:** Verordnung (EU) Nr. 526/2013 des Europäischen Parlaments und des Rates vom 21. Mai 2013 über die Agentur der Europäischen Union für Netz- und Informationssicherheit (ENISA) und zur Aufhebung der Verordnung (EG) Nr. 460/2004 (ABl. L 165 vom 18.6.2013, S. 41).

Vertrauen in Anbieter digitaler Dienste und in den digitalen Binnenmarkt als solchen insbesondere unter den Verbrauchern untergraben, sollte dieses Vertrauen dadurch gestärkt werden, dass auf transparente Art und Weise Informationen über das Niveau der Sicherheit von IKT-Produkten, -Diensten und -Prozessen bereitgestellt werden, wobei betont wird, dass auch eine Cybersicherheitszertifizierung auf hohem Niveau nicht garantieren kann, dass ein IKT-Produkt, -Dienst oder -Prozess völlig sicher ist. Eine Stärkung des Vertrauens kann durch eine unionsweite Zertifizierung erleichtert werden, für die über nationale Märkte und Sektoren hinaus unionsweit einheitliche Anforderungen und Bewertungskriterien für die Cybersicherheit festgelegt werden.

(8) Cybersicherheit ist nicht nur eine Frage der Technologie, sondern eine, bei der das menschliche Verhalten ebenso wichtig ist. Daher sollte die „Cyberhygiene", also einfache Routinemaßnahmen, durch die, wenn sie von Bürgern, Organisationen und Unternehmen regelmäßig umgesetzt und durchgeführt werden, die Risiken von Cyberbedrohungen so gering wie möglich gehalten werden, nachdrücklich gefördert werden.

(9) Um die Cybersicherheitsstrukturen der Union zu stärken, müssen die Fähigkeiten der Mitgliedstaaten, umfassend auf Cyberbedrohungen – einschließlich grenzüberschreitender Sicherheitsvorfälle – zu reagieren, erhalten und ausgebaut werden.

(10) Die Unternehmen und die einzelnen Verbraucher sollten über präzise Informationen darüber verfügen, auf welcher Vertrauenswürdigkeitsstufe die Sicherheit ihrer IKT-Produkte, -Dienste und -Prozesse zertifiziert wurde. Allerdings bietet kein IKT-Produkt oder -dienst hundertprozentige Cybersicherheit weshalb grundlegenden Prinzipien der Cyberhygiene verbreitet werden sollten und ihnen Vorrang eingeräumt werden sollte. Angesichts der zunehmenden Verbreitung von Geräten des Internets der Dinge kann die Privatwirtschaft zahlreiche freiwillige Maßnahmen treffen, um das Vertrauen in die Sicherheit von IKT-Produkten, -Diensten und -Prozessen zu stärken.

(11) Moderne IKT-Produkte und -Systeme weisen oft einen oder mehrere von Dritten entwickelte Technologien und Bestandteile wie Software-Module, Bibliotheken oder Programmierschnittstellen auf und sind von diesen abhängig. Diese „Abhängigkeit" könnte zusätzliche Risiken im Bereich der Cybersicherheit bergen, da sich Sicherheitslücken in Bestandteilen Dritter auch auf die Sicherheit von IKT-Produkten, -Diensten, und -Prozessen auswirken könnten. In vielen Fällen ermöglicht die Aufdeckung und Dokumentierung solcher „Abhängigkeiten" den Endnutzern von IKT-Produkten, -Diensten und -Prozessen die Verbesserung ihres Risikomanagements im Bereich der Cybersicherheit, indem beispielsweise die Behandlung von Sicherheitslücken im Bereich der Cybersicherheit durch die Nutzer und deren Abhilfeverfahren verbessert werden.

(12) Organisationen, Hersteller oder Diensteanbieter, die an der Konzeption und Entwicklung von IKT-Produkten, -Diensten und -Prozessen beteiligt sind, sollten dazu angehalten werden, in den ersten Phasen der Konzeption und Entwicklung Maßnahmen durchzuführen, um die Sicherheit dieser Produkte, Dienste und Prozesse möglichst weitgehend zu schützen, in dem sie davon ausgehen, dass Cyberangriffe vorliegen, und deren Folgen vorwegzunehmen und so gering wie möglich zu halten (konzeptionsintegrierte Sicherheit – security by design). Die Sicherheit sollte während der gesamten Lebensdauer des IKT-Produkts, -Dienstes oder -Prozesses berücksichtigt werden, wobei die Konzeptions- und Entwicklungsprozesse ständig weiterentwickelt werden sollten, um das Risiko von Schäden durch eine böswillige Nutzung zu verringern.

(13) Unternehmen, Organisationen und der öffentliche Sektor sollten die von ihnen konzipierten IKT-Produkte, -Dienste oder -Prozesse so konfigurieren, dass ein höheres Maß an Sicherheit gewährleistet ist, das es dem ersten Nutzer ermöglicht, eine Standardkonfiguration mit den sichersten möglichen Einstellungen („security by default") zu erhalten; somit wären die Nutzer in geringerem Maße der Belastung ausgesetzt, ein IKT-Produkt, -einen IKT-Dienst oder einen IKT-Prozess angemessen konfigurieren zu müssen. Die Sicherheit durch Voreinstellungen („security by default") sollte weder eine umfangreiche Konfiguration erfordern, noch spezifische technische Kenntnisse oder ein nicht offensichtliches Verhalten seitens des Nutzers, und sie sollte dort, wo sie implementiert wurde, einfach und zuverlässig funktionieren. Wenn im Einzelfall eine Risiko- und Nutzbarkeitsanalyse zu dem Ergebnis führt, dass eine solche vor-

definierte Einstellung nicht machbar ist, sollten die Nutzer aufgefordert werden, die sicherste Einstellung zu wählen.

(14) Mit der Verordnung (EG) Nr. 460/2004 des Europäischen Parlaments und des Rates[6] wurde die ENISA als Beitrag zu den Zielen errichtet, innerhalb der Union eine hohe und effektive Netz- und Informationssicherheit zu gewährleisten und eine Kultur der Netz- und Informationssicherheit zu entwickeln, die Bürgern, Verbrauchern, Unternehmen und öffentlicher Verwaltung zugute kommt. Mit der Verordnung (EG) Nr. 1007/2008 des Europäischen Parlaments und des Rates[7] wurde das Mandat der ENISA bis März 2012 verlängert. Durch die Verordnung (EU) Nr. 580/2011 des Europäischen Parlaments und des Rates[8] wurde das Mandat der ENISA nochmals bis zum 13. September 2013 verlängert. Mit der Verordnung (EU) Nr. 526/2013 des Europäischen Parlaments und des Rates wurde das Mandat der ENISA bis zum 19. Juni 2020 verlängert.

(15) Die Union hat bereits wichtige Maßnahmen ergriffen, um die Cybersicherheit zu gewährleisten und das Vertrauen in die digitale Technik zu stärken. Im Jahr 2013 wurde die EU-Cybersicherheitsstrategie der Europäischen Union verabschiedet, die der Union als Orientierung für strategische Reaktionen auf Cybersicherheitsbedrohungen und -risiken dient. Im Zuge ihrer Bemühung, den Online-Schutz der Bürger zu verbessern, hat die Union im Jahr 2016 mit der Richtlinie (EU) 2016/1148 des Europäischen Parlaments und des Rates[9] den ersten Rechtsakt auf dem Gebiet der Cybersicherheit erlassen. Mit der Richtlinie (EU) 2016/1148 wurden Anforderungen an die nationalen Fähigkeiten im Bereich der Cybersicherheit sowie erstmals Mechanismen zur Stärkung der strategischen und operativen Zusammenarbeit zwischen den Mitgliedstaaten festgelegt und ferner Verpflichtungen in Bezug auf die Sicherheitsmaßnahmen und die Meldung von Sicherheitsvorfällen für die Sektoren, die für die Wirtschaft und Gesellschaft lebenswichtig sind, wie Energie, Verkehr, Trinkwasserlieferung und -versorgung, Bankwesen, Finanzmarktinfrastrukturen, Gesundheitswesen, digitale Infrastruktur sowie für Anbieter zentraler digitaler Dienste (Suchmaschinen, Cloud-Computing-Dienste und Online-Marktplätze) eingeführt.

Eine zentrale Aufgabe bei der Umsetzung dieser Richtlinie wurde dabei der ENISA zugewiesen. Darüber hinaus ist die wirksame Bekämpfung der Cyberkriminalität als ein Aspekt bei der Verfolgung des übergeordneten Ziels einer hohen Cybersicherheit ein wichtiger Schwerpunkt der Europäischen Sicherheitsagenda. Andere Rechtsakte wie die Verordnung (EU) 2016/679 des Europäischen Parlaments und des Rates[10] und die Richtlinie 2002/58/

---

[6] **Amtl. Anm.:** Verordnung (EG) Nr. 460/2004 des Europäischen Parlaments und des Rates vom 10. März 2004 zur Errichtung der Europäischen Agentur für Netz- und Informationssicherheit (ABl. L 77 vom 13.3.2004, S. 1).

[7] **Amtl. Anm.:** Verordnung (EG) Nr. 1007/2008 des Europäischen Parlaments und des Rates vom 24. September 2008 zur Änderung der Verordnung (EG) Nr. 460/2004 zur Errichtung der Europäischen Agentur für Netz- und Informationssicherheit bezüglich deren Bestehensdauer (ABl. L 293 vom 31.10.2008, S. 1).

[8] **Amtl. Anm.:** Verordnung (EU) Nr. 580/2011 des Europäischen Parlaments und des Rates vom 8. Juni 2011 zur Änderung der Verordnung (EG) Nr. 460/2004 zur Errichtung der Europäischen Agentur für Netz- und Informationssicherheit bezüglich deren Bestehensdauer (ABl. L 165 vom 24.6.2011, S. 3).

[9] **Amtl. Anm.:** Richtlinie (EU) 2016/1148 des Europäischen Parlaments und des Rates vom 6. Juli 2016 über Maßnahmen zur Gewährleistung eines hohen gemeinsamen Sicherheitsniveaus von Netz- und Informationssystemen in der Union (ABl. L 194 vom 19.7.2016, S. 1).

[10] **Amtl. Anm.:** Verordnung (EU) 2016/679 des Europäischen Parlaments und des Rates vom 27. April 2016 zum Schutz natürlicher Personen bei der Verarbeitung personenbezogener Daten, zum freien Datenverkehr und zur Aufhebung der Richtlinie 95/46/EG (Datenschutz-Grundverordnung) (ABl. L 119 vom 4.5.2016, S. 1).

EG[11] sowie die Richtlinie (EU) 2018/1972 des Europäischen Parlaments und des Rates[12] tragen auch zu einem hohen Maß an Cybersicherheit im digitalen Binnenmarkt bei.

(16) Seit der Verabschiedung der Cybersicherheitsstrategie der Europäischen Union im Jahr 2013 und der letzten Überarbeitung des Mandats der ENISA hat sich der gesamtpolitische Rahmen deutlich verändert, da das globale Umfeld nun von größeren Unwägbarkeiten und geringerer Sicherheit geprägt ist. Vor diesem Hintergrund und im Kontext der positiven Entwicklung der Rolle der ENISA als ein Bezugspunkt für Beratung und Sachkenntnis und als Vermittlerin in Bezug auf Zusammenarbeit und den Aufbau von Fähigkeiten sowie angesichts der neuen Unionspolitik im Bereich der Cybersicherheit muss das Mandat der ENISA im Hinblick auf ihre neue Rolle im veränderten Cybersicherheitsökosystem überarbeitet werden, damit sie die Union wirksam dabei unterstützen kann, auf die Herausforderungen im Bereich der Cybersicherheit zu reagieren, die sich aus der grundlegend veränderten Cyberbedrohungslandschaft ergeben und für die – wie in der Bewertung der ENISA bestätigt – das laufende Mandat nicht ausreicht.

(17) Die mit dieser Verordnung errichtete ENISA sollte Rechtsnachfolgerin der durch die Verordnung (EU) Nr. 526/2013 errichteten ENISA sein. Die ENISA sollte die Aufgaben wahrnehmen, die ihr mit dieser Verordnung und anderen Rechtsakten der Union im Bereich der Cybersicherheit übertragen werden, indem sie unter anderem Beratung bietet und Sachkenntnis bereitstellt indem sie die Rolle eines Informations- und Wissenszentrums der Union übernimmt. Sie sollte den Austausch bewährter Verfahren zwischen den Mitgliedstaaten und privaten Interessenträgern fördern, der Kommission und den Mitgliedstaaten strategische Vorschläge unterbreiten, als Bezugspunkt für sektorspezifische politische Initiativen der Union im Bereich der Cybersicherheit dienen und die operative Zusammenarbeit sowohl zwischen den Mitgliedstaaten als auch zwischen den Mitgliedstaaten und den Organen, Einrichtungen und sonstigen Stellen der Union fördern.

(18) Mit dem Einvernehmlichen Beschluss 2004/97/EG, Euratom der auf Ebene der Staats- und Regierungschefs vereinigten Vertreter der Mitgliedstaaten[13], legten die Vertreter der Mitgliedstaaten fest, dass die ENISA ihren Sitz in Griechenland in einer von der griechischen Regierung zu benennenden Stadt haben soll. Der Sitzmitgliedstaat der ENISA sollte die bestmöglichen Voraussetzungen für eine reibungslose und effiziente Tätigkeit der ENISA gewährleisten. Damit die ENISA ihre Aufgaben ordnungsgemäß und effizient erfüllen, Personal einstellen und binden und die Effizienz der Vernetzungsmaßnahmen steigern kann, ist es unbedingt erforderlich, sie an einem geeigneten Standort anzusiedeln, der unter anderem eine angemessene Verkehrsanbindung sowie Einrichtungen für die Ehepartner und Kinder des Personals der ENISA bietet. Die erforderlichen Modalitäten sollten in einem Abkommen zwischen der ENISA und dem Sitzmitgliedstaat festgelegt werden, das nach Billigung durch den Verwaltungsrat der ENISA geschlossen wird.

(19) Angesichts der zunehmenden Bedrohungen und Herausforderungen, mit denen die Union im Bereich der Cybersicherheit konfrontiert ist, sollten die Mittelzuweisungen für die ENISA erhöht werden, damit ihre finanzielle und personelle Ausstattung ihrer größeren Rolle und ihren umfangreicheren Aufgaben sowie ihrer wichtigen Stellung im Ökosystem der Orga-

---

[11] **Amtl. Anm.:** Richtlinie 2002/58/EG des Europäischen Parlaments und des Rates vom 12. Juli 2002 über die Verarbeitung personenbezogener Daten und den Schutz der Privatsphäre in der elektronischen Kommunikation (Datenschutzrichtlinie für elektronische Kommunikation) (ABl. L 201 vom 31.7.2002, S. 37).

[12] **Amtl. Anm.:** Richtlinie (EU) 2018/1972 des Europäischen Parlaments und des Rates vom 11. Dezember 2018 über den europäischen Kodex für die elektronische Kommunikation (Neufassung) (ABl. L 321 vom 17.12.2018, S. 36).

[13] **Amtl. Anm.:** Einvernehmlicher Beschluss 2004/97/EG, Euratom der auf Ebene der Staats- und Regierungschefs vereinigten Vertreter der Mitgliedstaaten vom 13. Dezember 2003 über die Festlegung der Sitze bestimmter Ämter, Behörden und Agenturen der Europäischen Union (ABl. L 29 vom 3.2.2004, S. 15).

nisationen gerecht werden kann, die das digitale Ökosystem der Union verteidigen, so dass die ENISA die ihr mit dieser Verordnung übertragenen Aufgaben wirksam erfüllen kann.

(20) Die ENISA sollte ein hohes Niveau an Sachkenntnis entwickeln und pflegen und als Bezugspunkt fungieren, wobei sie durch ihre Unabhängigkeit, die Qualität ihrer Beratung und der von ihr verbreiteten Informationen, die Transparenz ihrer Verfahren, die Transparenz ihrer Arbeitsmethoden sowie die Sorgfalt, mit der sie ihre Aufgaben erfüllt, Vertrauen in den Binnenmarkt schafft. Die ENISA sollte die Bemühungen der Mitgliedstaaten aktiv unterstützen und vorausgreifend zu den Bemühungen der Union beitragen und ihre Aufgaben in uneingeschränkter Zusammenarbeit mit den Organen, Einrichtungen und sonstigen Stellen der Union und den Mitgliedstaaten wahrnehmen, wobei Doppelarbeiten vermieden und Synergien gefördert werden sollten. Außerdem sollte sich die ENISA auf die Beiträge des Privatsektors und anderer einschlägiger Interessenträger sowie auf die Zusammenarbeit mit ihnen stützen. Mit einer Reihe von Aufgaben sollte bei gleichzeitiger Wahrung der Flexibilität in ihrer Tätigkeit vorgegeben werden, wie die ENISA ihre Ziele erreichen soll.

(21) Damit sie die operative Zusammenarbeit zwischen den Mitgliedstaaten angemessen unterstützen kann, sollte die ENISA ihre technischen und menschlichen Fähigkeiten und Fertigkeiten weiter ausbauen. Die ENISA sollte ihr Know-how und ihre Fähigkeiten vergrößern. Die ENISA und die Mitgliedstaaten könnten auf freiwilliger Basis Programme für die Entsendung von nationalen Sachverständigen an die ENISA, die Bildung von Pools von Sachverständigen und den Austausch von Personal entwickeln.

(22) Die ENISA sollte die Kommission mit Beratung, Stellungnahmen und Analysen zu allen Angelegenheiten der Union, die mit der Ausarbeitung, Aktualisierung und Überprüfung von Strategien und Rechtsvorschriften im Bereich der Cybersicherheit und den diesbezüglichen sektorenspezifischen Aspekten zusammenhängen, unterstützen, damit die Strategien und Rechtsvorschriften der Union mit einer Cybersicherheitsdimension zweckdienlicher gestaltet werden und die kohärente Umsetzung dieser Strategien und Rechtsvorschriften auf nationaler Ebene ermöglicht wird. Für sektorspezifische Strategien und Rechtsetzungsinitiativen der Union im Zusammenhang mit der Cybersicherheit sollte die ENISA als Bezugspunkt für Beratung und Sachkenntnis dienen. Die ENISA sollte dem Europäischen Parlament regelmäßig über ihre Tätigkeiten Bericht erstatten.

(23) Der öffentliche Kern des offenen Internets, d. h. seine wichtigsten Protokolle und Infrastrukturen, die ein globales öffentliches Gut sind, stellt die wesentlichen Funktionen des Internets als Ganzes bereit und bildet die Grundlage für dessen normalen Betrieb. Die ENISA sollte die Sicherheit und Stabilität dieses öffentlichen Kerns des offenen Internets unterstützen, unter anderem – aber nicht beschränkt auf – die wichtigsten Protokolle (insbesondere DNS, BGP und IPv6), den Betrieb des „Domain Name System“ (DNS) (wie den Betrieb aller Domänen der obersten Ebene) und den Betrieb der Root-Zone.

(24) Die ENISA hat grundsätzlich die Aufgabe, die einheitliche Umsetzung des einschlägigen Rechtsrahmens, vor allem die wirksame Umsetzung der Richtlinie (EU) 2016/1148 und anderer maßgeblicher Rechtsakte zu Aspekten der Cybersicherheit, zu unterstützen, was für die Stärkung der Abwehrfähigkeit gegen Cyberangriffe unerlässlich ist. Angesichts der sich rasch weiterentwickelnden Bedrohungen für die Cybersicherheit ist klar, dass die Mitgliedstaaten beim Aufbau der Abwehrfähigkeit gegen Cyberangriffe durch ein umfassenderes und ressortübergreifendes Konzept unterstützt werden müssen.

(25) Die ENISA sollte die Mitgliedstaaten und die Organe, Einrichtungen und sonstigen Stellen der Union in ihrem Bemühen um den Auf- und Ausbau der Fähigkeiten und der Bereitschaft zur Verhütung, Erkennung und Bewältigung von Cyberbedrohungen und von Sicherheitsvorfällen im Zusammenhang mit der Netz- und Informationssicherheit unterstützen. So sollte die ENISA den Auf- und Ausbau der in der Richtlinie (EU) 2016/1148 vorgesehenen Reaktionsteams für Computersicherheitsverletzungen (im Folgenden „CSIRTs“) der Mitgliedstaaten und der Union unterstützen, damit sie ein unionsweit hohes Maß an Ausgereiftheit erreichen. Die Tätigkeiten der ENISA im Zusammenhang mit den operativen Kapazitäten der Mitgliedstaaten sollten die Maßnahmen der Mitgliedstaaten zur Erfüllung ihrer Verpflichtungen aus der Richtlinie (EU) 2016/1148 aktiv unterstützen und diese daher nicht ersetzen.

(26) Zudem sollte die ENISA auf Ersuchen die Ausarbeitung und Aktualisierung von Strategien im Bereich der Netz- und Informationssysteme auf Unionsebene und, auf Anfrage, auf Ebene der Mitgliedstaaten, insbesondere der Cybersicherheit, unterstützen und sollte die Verbreitung solcher Strategien fördern und die Fortschritte bei deren Umsetzung verfolgen. Die ENISA sollte auch dazu beitragen, den Bedarf an Ausbildungsmaßnahmen und Ausbildungsmaterial, auch in Bezug auf öffentliche Stellen, zu decken, und gegebenenfalls in großem Umfang auf der Grundlage des Referenzrahmens für digitale Kompetenzen der Bürger Ausbilder weiterbilden, um die Mitgliedstaaten und die Organe, Einrichtungen und sonstigen Stellen der Union darin zu unterstützen, eigene Ausbildungskapazitäten aufzubauen.

(27) Die ENISA sollte die Mitgliedstaaten im Bereich der Sensibilisierung und Ausbildung in Bezug auf die Cybersicherheit unterstützen, indem sie eine engere Koordinierung und den Austausch von bewährten Verfahren zwischen den Mitgliedstaaten fördert. Diese Unterstützung könnte darin bestehen, dass sie ein Netz von nationalen Bildungskontaktstellen und eine Ausbildungsplattform zur Cybersicherheit entwickelt. Das Netz der nationalen Bildungskontaktstellen könnte im Rahmen des Netzes der nationalen Verbindungsbeamten betrieben werden und einen Ausgangspunkt für die zukünftige Koordinierung innerhalb der Mitgliedstaaten bilden.

(28) Die ENISA sollte die durch die Richtlinie (EU) 2016/1148 eingesetzte Kooperationsgruppe bei der Wahrnehmung ihrer Aufgaben unterstützen, indem sie vor allem ihre Sachkenntnis und Beratung zur Verfügung stellt und den Austausch bewährter Verfahren erleichtert, unter anderem was die Ermittlung von Betreibern wesentlicher Dienste durch die Mitgliedstaaten in Bezug auf Risiken und Sicherheitsvorfälle anbelangt, auch mit Blick auf grenzüberschreitende Abhängigkeiten.

(29) Die ENISA sollte als Anreiz für die Zusammenarbeit zwischen dem öffentlichen und privaten Sektor, vor allem als Beitrag zum Schutz kritischer Infrastrukturen, den Informationsaustausch in und zwischen Sektoren, vor allem in den in Anhang II der Richtlinie (EU) 2016/1148 genannten Sektoren, unterstützen, indem sie bewährte Verfahren und Leitfäden zu den verfügbaren Instrumenten und Verfahren bereitstellt und aufzeigt, wie regulatorische Fragen im Zusammenhang mit der Informationsweitergabe geklärt werden können, wobei dies beispielsweise durch die Erleichterung des Aufbaus sektorbezogener Informationsaustausch- und -analysezentren (Information Sharing and Analysis Centres) erreicht werden soll.

(30) In Anbetracht der Tatsache, dass die möglichen negativen Auswirkungen von Sicherheitslücken bei IKT-Produkten, -Diensten und -Prozessen stetig zunehmen, spielen die Aufdeckung und die Behebung solcher Sicherheitslücken eine wichtige Rolle bei der Verringerung der Gesamtrisiken im Bereich der Cybersicherheit. Es hat sich gezeigt, dass die Zusammenarbeit zwischen Organisationen, Herstellern oder Anbietern besonders gefährdeter IKT-Produkte, -Dienste oder -Prozesse sowie Mitgliedern der Forschungsgemeinschaft im Bereich der Cybersicherheit und Regierungen, die diese Sicherheitslücken aufspüren, sowohl die Aufdeckung als auch die Behebung von Sicherheitslücken bei IKT-Produkten, -Diensten oder -Prozessen erheblich verbessert. Die koordinierte Offenlegung von Sicherheitslücken erfolgt in einem strukturierten Prozess der Zusammenarbeit, in dem Sicherheitslücken dem Eigentümer des Informationssystems gemeldet werden, wodurch die Organisation Gelegenheit zur Diagnose und Behebung der Sicherheitslücke erhält, bevor detaillierte Informationen über die Sicherheitslücke an Dritte oder die Öffentlichkeit weitergegeben werden. Das Verfahren sieht ferner eine Koordinierung zwischen demjenigen, der die Sicherheitslücke aufgespürt hat, und der Organisation im Hinblick auf die Veröffentlichung jener Sicherheitslücke vor. Grundsätze für die koordinierte Offenlegung von Sicherheitslücken könnten eine wichtige Rolle bei den Bemühungen der Mitgliedstaaten um die Verbesserung der Cybersicherheit spielen.

(31) Die ENISA sollte die freiwillig bereitgestellten nationalen Berichte der CSIRTs und des interinstitutionellen IT-Notfallteams für die Organe, Einrichtungen und sonstigen Stellen der Union („CERT-EU"), welche mit der zwischen dem Europäischen Parlament, dem Europäischen Rat, dem Rat der Europäischen Union, der Europäischen Kommission, dem Gerichtshof der Europäischen Union, der Europäischen Zentralbank, dem Europäischen Rechnungshof, dem Europäischen Auswärtigen Dienst, dem Europäischen Wirtschafts- und Sozialausschuss, dem Europäischen Ausschuss der Regionen und der Europäischen Investiti-

onsbank geschlossenen Vereinbarung über die Organisation und die Funktionsweise eines IT-Notfallteams für die Organe, Einrichtungen und sonstigen Stellen der Union (CERT-EU)[14] errichtet wurde, zusammenstellen und auswerten, um einen Beitrag zur Aufstellung gemeinsamer Verfahren für den Informationsaustausch, zur Festlegung der Sprache und zu terminologischen Vereinbarungen zu leisten. In diesem Zusammenhang sollte die ENISA im Rahmen der Richtlinie (EU) 2016/1148, die die Grundlage für den freiwilligen Austausch technischer Informationen auf operativer Ebene innerhalb des Netzwerks von Computer-Notfallteams (im Folgenden „CSIRTs-Netz") gemäß der genannten Richtlinie geschaffen hat, auch den Privatsektor einbeziehen.

(32) Die ENISA sollte dazu beitragen, dass bei massiven grenzüberschreitenden Vorfällen und -krisen in Bezug auf Cybersicherheit eine Reaktion auf Unionsebene erfolgt. Diese Aufgabe sollte ENISA entsprechend ihrem Mandat gemäß dieser Verordnung und einem Ansatz ausführen, der von den Mitgliedstaaten im Zusammenhang mit der Empfehlung (EU) 2017/1584[15] der Kommission und den Schlussfolgerungen des Rates vom 26. Juni 2018 zu einer koordinierten Reaktion auf große Cybersicherheitsvorfälle und -krisen festzulegen ist. Zu dieser Aufgabe könnte auch gehören, dass sie relevante Informationen zusammenstellt und den Kontakt zwischen dem CSIRTs-Netz und den Fachkreisen sowie den für das Krisenmanagement zuständigen Entscheidungsträgern erleichtert. Zudem sollte die ENISA die operative Zusammenarbeit zwischen den Mitgliedstaaten auf Ersuchen eines oder mehrerer Mitgliedstaaten unterstützen, indem sie die Bewältigung der Sicherheitsvorfälle aus technischer Sicht übernimmt, indem sie den Austausch entsprechender technischer Lösungen zwischen den Mitgliedstaaten erleichtert und Beiträge für die Öffentlichkeitsarbeit liefert. Die ENISA sollte die operative Zusammenarbeit unterstützen, indem sie die Modalitäten einer solchen Zusammenarbeit im Rahmen regelmäßig stattfindender Cybersicherheitsübungen testet.

(33) Zur Unterstützung der operativen Zusammenarbeit sollte die ENISA im Wege einer strukturierten Zusammenarbeit auf den bei der CERT-EU vorhandenen technischen und operativen Sachverstand zurückgreifen. Eine solche strukturierte Zusammenarbeit könnte auf der Sachkenntnis der ENISA aufbauen. Für die Festlegung der praktischen Aspekte einer solchen Kooperation und zur Vermeidung von Doppelarbeit sollten gegebenenfalls zwischen den beiden Stellen die hierfür notwendigen Modalitäten festgelegt werden.

(34) Entsprechend ihrer Aufgabe, die operative Zusammenarbeit im Rahmen des CSIRTs-Netzes zu unterstützen, sollte die ENISA in der Lage sein, die Mitgliedstaaten auf deren Ersuchen hin zu unterstützen, indem sie diese beispielsweise berät, wie sie ihre Fähigkeiten zur Verhütung, Erkennung und Bewältigung von Sicherheitsvorfällen verbessern können, die technische Bewältigung von Sicherheitsvorfällen mit beträchtlichen oder erheblichen Auswirkungen erleichtert oder sicherstellt, dass Cyberbedrohungen und Sicherheitsvorfälle analysiert werden. Die ENISA sollte die technische Bewältigung von Sicherheitsvorfällen mit beträchtlichen oder erheblichen Auswirkungen insbesondere dadurch erleichtern, dass sie den freiwilligen Austausch technischer Lösungen zwischen den Mitgliedstaaten unterstützt oder kombinierte technische Informationen – etwa über technische Lösungen, die von den Mitgliedstaaten freiwillig bereitgestellt werden – erstellt. Der Empfehlung (EU) 2017/1584 zufolge sollten die Mitgliedstaaten in gutem Glauben untereinander sowie mit der ENISA Informationen über massive Vorfälle und -krisen in Bezug auf Cybersicherheit unverzüglich austauschen. Diese Informationen würden zudem der ENISA helfen, ihre Aufgabe wahrzunehmen, die operative Zusammenarbeit zu unterstützen.

(35) Als Teil der regulären Zusammenarbeit auf technischer Ebene zur Unterstützung der EU-Lageeinschätzung sollte die ENISA auf der Grundlage öffentlich verfügbarer Informationen, ihrer eigenen Analysen und anhand von Berichten, die sie von den CSIRTs der Mitgliedstaaten oder den nationalen Anlaufstellen für die Sicherheit von Netz- und Informationssystemen gemäß der Richtlinie (EU) 2016/1148, in beiden Fällen auf freiwilliger Basis, dem

---

[14] **Amtl. Anm.:** ABl. C 12 vom 13.1.2018, S. 1.

[15] **Amtl. Anm.:** Empfehlung (EU) 2017/1584 der Kommission vom 13. September 2017 für eine koordinierte Reaktion auf große Cybersicherheitsvorfälle und -krisen (ABl. L 239 vom 19.9.2017, S. 36).

Europäischen Zentrum zur Bekämpfung der Cyberkriminalität (EC3) bei Europol und dem CERT-EU sowie gegebenenfalls dem EU-Zentrum für Informationsgewinnung und -analyse (EU INTCEN) des Europäischen Auswärtigen Dienstes erhalten hat, regelmäßig und in enger Zusammenarbeit mit den Mitgliedstaaten eingehende EU-Cybersicherheitslageberichte über Sicherheitsvorfälle und Bedrohungen erstellen. Dieser Bericht sollte dem Rat, der Kommission, der Hohen Vertreterin der Union für die Gemeinsame Außen- und Sicherheitspolitik und dem CSIRTs-Netz zur Verfügung gestellt werden.

(36) Die ENISA sollte sich bei der Unterstützung von nachträglichen technischen Untersuchungen von Sicherheitsvorfällen mit beträchtlichen oder erheblichen Auswirkungen, die sie auf Ersuchen der betreffenden Mitgliedstaaten leistet, auf die Verhütung künftiger Sicherheitsvorfälle konzentrieren. Die betreffenden Mitgliedstaaten sollten die notwendigen Informationen und die erforderliche Hilfe bereitstellen, damit die ENISA die nachträgliche technische Untersuchung wirksam unterstützen kann.

(37) Die Mitgliedstaaten können die von dem Sicherheitsvorfall betroffenen Unternehmen auffordern, mit der ENISA zusammenzuarbeiten und dieser – unbeschadet ihres Rechts, sensible Geschäftsinformationen und Informationen, die für die öffentliche Sicherheit von Bedeutung sind, zu schützen – die notwendigen Informationen und Hilfen zur Verfügung stellen.

(38) Um die Herausforderungen im Bereich der Cybersicherheit besser verstehen und den Mitgliedstaaten und den Organen, Einrichtungen und sonstigen Stellen der Union langfristige strategische Beratung anbieten zu können, muss die ENISA aktuelle und neu auftretende Cybersicherheitsrisiken analysieren. Hierzu sollte die ENISA in Zusammenarbeit mit den Mitgliedstaaten und gegebenenfalls Statistikämtern und anderen Stellen einschlägige öffentlich zugängliche oder freiwillig bereitgestellte Informationen sammeln und Analysen neu entstehender Technik sowie themenspezifische Bewertungen dazu durchführen, welche gesellschaftlichen, rechtlichen, wirtschaftlichen und regulatorischen Folgen technische Innovationen für die Netz- und Informationssicherheit, insbesondere die Cybersicherheit, haben. Die ENISA sollte die Mitgliedstaaten sowie die Organe, Einrichtungen und sonstigen Stellen der Union darüber hinaus bei der Ermittlung sich abzeichnender Cybersicherheitsrisiken und bei der Vermeidung von Vorfällen unterstützen, indem sie Analysen der Cyberbedrohungen, Sicherheitslücken und Sicherheitsvorfälle durchführt.

(39) Um die Abwehrfähigkeit der Union zu stärken, sollte die ENISA Fachwissen im Bereich der Cybersicherheit der Infrastrukturen, insbesondere zur Unterstützung der in Anhang II der Richtlinie (EU) 2016/1148 aufgeführten Sektoren und der Infrastrukturen, die von den in Anhang III jener Richtlinie aufgeführten Anbietern digitaler Dienste genutzt werden, aufbauen, indem Beratung, Leitlinien zur Verfügung gestellt und bewährte Verfahren ausgetauscht werden. Um den Zugang zu besser strukturierten Informationen über Cybersicherheitsrisiken und mögliche Abhilfemaßnahmen zu erleichtern, sollte die ENISA das Informationsportal der Union aufbauen und pflegen, über das der Öffentlichkeit Informationen der Organe, Einrichtungen und sonstigen Stellen der Union und der Mitgliedstaaten zur Cybersicherheit bereitgestellt werden. Ein leichterer Zugang zu besser strukturierten Informationen über Cybersicherheitsrisiken und mögliche Abhilfemaßnahmen könnte den Mitgliedstaaten auch dabei helfen, ihre Kapazitäten auszubauen und ihre Verfahren aufeinander abzustimmen, so dass die Abwehrfähigkeit gegenüber Cyberangriffen insgesamt gestärkt wird.

(40) Die ENISA sollte dabei mitwirken, die Öffentlichkeit für Cybersicherheitsrisiken zu sensibilisieren, unter anderem durch eine unionsweite Sensibilisierungskampagne, die Förderung von Schulungen, und Leitlinien für bewährte Verfahren, die sich an Bürger, Organisationen und Unternehmen richten. Darüber hinaus sollte die ENISA einen Beitrag dazu leisten, bewährte Verfahren und Lösungen, einschließlich Cyberhygiene und Cyberkompetenz, auf der Ebene von Bürgern, Organisationen und Unternehmen zu fördern, indem sie öffentlich verfügbare Informationen über erhebliche Sicherheitsvorfälle sammelt und analysiert und Berichte und Leitlinien hierüber erstellt und veröffentlicht, die das Niveau der Abwehrbereitschaft und Abwehrfähigkeit von Bürgern, Organisationen und Unternehmen insgesamt erhöhen. Die ENISA sollte sich außerdem bemühen, Verbrauchern relevante Informationen über anwendbare Zertifizierungsschemata an die Hand zu geben, indem sie beispielsweise Leitlinien und Empfehlungen bereitstellt. Ferner sollte die ENISA gemäß dem mit der Mitteilung

der Kommission vom 17. Januar 2018 aufgestellten Aktionsplan für digitale Bildung in Zusammenarbeit mit den Mitgliedstaaten und den Organen, Einrichtungen und sonstigen Stellen der Union regelmäßige öffentliche Aufklärungskampagnen durchführen, die sich an die Endnutzer richten, um sicherere Verhaltensweisen der Nutzer im Internet und digitale Kompetenz zu fördern, die Nutzer stärker für potenzielle Bedrohungen im Internet – auch für die Internetkriminalität wie das Abgreifen von Daten (Phishing), Botnets, Finanz- und Bankenbetrug sowie Datenbetrug – zu sensibilisieren und einfache Empfehlungen in Bezug auf mehrstufige Authentifizierung, Patching, Verschlüsselung, Anonymisierung und Datenschutz zu geben.

(41) Die ENISA sollte eine zentrale Rolle dabei spielen, die Sensibilisierung der Endnutzer für die Sicherheit von Geräten und die sichere Nutzung von Diensten zu forcieren und auf Unionsebene konzeptionsintegrierte Sicherheit und konzeptionsintegrierten Schutz der Privatsphäre (privacy by design) zu fördern. Dabei sollte die ENISA die verfügbaren bewährten Verfahren und die vorhandene Erfahrung insbesondere von Forschungseinrichtungen und Wissenschaftlern im Bereich IT-Sicherheit optimal nutzen.

(42) Um die im Cybersicherheitssektor tätigen Unternehmen und die Nutzer von Cybersicherheitslösungen zu unterstützen, sollte die ENISA eine „Marktbeobachtungsstelle" aufbauen und pflegen, die die wichtigsten Nachfrage- und Angebotstrends auf dem Cybersicherheitsmarkt regelmäßig analysiert und bekannt macht.

(43) Die ENISA sollte einen Beitrag zu den Bemühungen der Union um eine Zusammenarbeit mit internationalen Organisationen sowie innerhalb der einschlägigen internationalen Gremien für die Zusammenarbeit im Bereich der Cybersicherheit leisten. Insbesondere sollte die ENISA gegebenenfalls an der Zusammenarbeit mit Organisationen wie der OECD, der OSZE und der NATO mitwirken. Diese Zusammenarbeit könnte gemeinsame Cybersicherheitsübungen und eine gemeinsame Koordinierung der Reaktion auf Sicherheitsvorfälle umfassen. Diese Aktivitäten müssen unter uneingeschränkter Achtung der Grundsätze der Inklusivität, der Gegenseitigkeit und der Beschlussfassungsautonomie der Union – unbeschadet der spezifischen Merkmale der Sicherheits- und Verteidigungspolitik der einzelnen Mitgliedstaaten – erfolgen.

(44) Damit die ENISA ihre Ziele in vollem Umfang verwirklichen kann, sollte sie zu den einschlägigen Aufsichtsbehörden und anderen zuständigen Behörden in der Union und anderen zuständigen Behörden, Einrichtungen und sonstigen Stellen der Union Kontakt halten – etwa zum CERT-EU, EC3, zur Europäischen Verteidigungsagentur (EDA), zur Agentur für das Europäische zivile Satellitennavigationssystem (Europäische GNSS Agentur – GSA), zum Gremium Europäischer Regulierungsstellen für elektronische Kommunikation (GEREK), zur Europäischen Agentur für das Betriebsmanagement von IT-Großsystemen im Raum der Freiheit, der Sicherheit und des Rechts (eu-LISA), zur Europäischen Zentralbank (EZB), zur Europäischen Bankenaufsichtsbehörde (EBA), zum Europäischen Datenschutzausschuss, zur Agentur für die Zusammenarbeit der Energieregulierungsbehörden (ACER), zur Europäischen Agentur für Flugsicherheit (EASA) und zu sonstigen Agenturen der Union, die sich mit Fragen der Cybersicherheit beschäftigen. Für den Austausch von Know-how und bewährten Verfahren und für die Beratung zu Fragen der Cybersicherheit, die sich auf die Arbeit von Datenschutzbehörden auswirken können, sollte die ENISA auch mit diesen in Verbindung stehen. Vertreter der Strafverfolgungs- und der Datenschutzbehörden auf nationaler Ebene und auf Unionsebene sollten als Vertreter für eine Mitwirkung in der ENISA-Beratungsgruppe in Frage kommen. Bei ihren Kontakten mit Strafverfolgungsbehörden in Bezug auf Netz- und Informationssicherheitsfragen, die sich möglicherweise auf deren Arbeit auswirken, sollte die ENISA vorhandene Informationskanäle und bestehende Netze beachten.

(45) Es könnten Partnerschaften mit Hochschulen eingerichtet werden, die in den einschlägigen Bereichen Forschungsinitiativen betreiben, und es sollten geeignete Kanäle für Beiträge von Verbraucherschutzverbänden und anderen Organisationen, die berücksichtigt werden sollten, zur Verfügung stehen.

(46) Die ENISA sollte in ihrer Rolle als Sekretariat des CSIRTs-Netzes bezüglich der in der Richtlinie (EU) 2016/1148 festgelegten einschlägigen Aufgaben des CSIRTs-Netzes die CSIRTs der Mitgliedstaaten und das CERT-EU bei der operativen Zusammenarbeit unterstützen. Zudem sollte die ENISA unter gebührender Berücksichtigung der Standardbetriebsver-

fahren des CSIRTs-Netzes die Zusammenarbeit zwischen den jeweiligen CSIRTs bei Sicherheitsvorfällen, Angriffen oder Störungen der von den CSIRTs verwalteten oder geschützten Netze oder Infrastrukturen, die mindestens zwei CSIRTs betreffen oder betreffen können, fördern und unterstützen.

(47) Zur Erhöhung der Abwehrbereitschaft der Union bei Cybersicherheitsvorfällen sollte die ENISA auf Unionsebene regelmäßige Cybersicherheitsübungen organisieren und die Mitgliedstaaten sowie die Organe, Einrichtungen und sonstigen Stellen der Union auf deren Ersuchen hin bei der Organisation solcher Übungen unterstützen. Eine Großübung sollte alle zwei Jahre veranstaltet werden, die technische, operative und strategische Elemente umfasst. Darüber hinaus sollte die ENISA regelmäßig weniger umfassende Übungen organisieren können, mit denen dasselbe Ziel verfolgt wird, nämlich die Abwehrbereitschaft der Union bei Sicherheitsvorfällen zu stärken.

(48) Die ENISA sollte ihre Sachkenntnis im Bereich der Cybersicherheitszertifizierung weiter ausbauen und pflegen, damit sie die Unionspolitik auf diesem Gebiet unterstützen kann. Die ENISA sollte auf bestehenden bewährten Verfahren aufbauen und die Nutzung der Cybersicherheitszertifizierung in der Union fördern, auch indem sie zum Aufbau und zur Pflege eines Rahmens für die Cybersicherheitszertifizierung auf Unionsebene (europäischer Rahmen für die Cybersicherheitszertifizierung) beiträgt, um so die Transparenz der Vertrauenswürdigkeit der Cybersicherheit von IKT-Produkten, -Diensten und -Prozessen zu erhöhen und damit das Vertrauen in den digitalen Binnenmarkt und in seine Wettbewerbsfähigkeit zu stärken.

(49) Effiziente Cybersicherheitsstrategien sollten sowohl im öffentlichen als auch im privaten Sektor auf sorgfältig entwickelten Risikobewertungsmethoden beruhen. Risikobewertungsmethoden werden auf verschiedenen Ebenen angewandt, ohne dass es eine einheitliche Vorgehensweise für deren effiziente Anwendung gibt. Durch die Förderung und Entwicklung bewährter Verfahren für die Risikobewertung und interoperabler Lösungen für das Risikomanagement innerhalb von Organisationen des öffentlichen und des privaten Sektors wird das Niveau der Cybersicherheit in der Union erhöht. Zu diesem Zweck sollte die ENISA die Zusammenarbeit zwischen Interessenträgern auf Unionsebene unterstützen und Hilfestellung bei deren Bemühungen um die Festlegung und Einführung von europäischen und internationalen Normen für das Risikomanagement und eine messbare Sicherheit in Bezug auf elektronische Produkte, Systeme, Netze und Dienste leisten, die im Zusammenwirken mit Software die Netz- und Informationssysteme bilden.

(50) Die ENISA sollte die Mitgliedstaaten, die Hersteller oder die Anbieter von IKT-Produkten, -Diensten oder -Prozessen dazu anspornen, ihre allgemeinen Sicherheitsstandards zu heben, damit alle Internetnutzer die erforderlichen Vorkehrungen für ihre persönliche Cybersicherheit treffen können und sie sollte Anreize dazu geben. So sollten Hersteller und Anbieter von IKT-Produkten, -Diensten oder -Prozessen jegliche notwendigen Aktualisierungen bereitstellen und diese IKT-Produkte, -Dienste und -Prozesse zurückrufen, vom Markt nehmen oder umrüsten, wenn sie den Cybersicherheitsstandards nicht genügen, während Einführer und Händler sicherstellen sollten, dass IKT-Produkte, -Dienste und -Prozesse, die sie in der Union vermarkten, den geltenden Anforderungen genügen und kein Risiko für die Verbraucher in der Union darstellen.

(51) In Zusammenarbeit mit den zuständigen Behörden sollte die ENISA Informationen über das Niveau der Cybersicherheit von IKT-Produkten, -Diensten oder -Prozessen verbreiten, die auf dem Binnenmarkt angeboten werden, und sollte Hersteller oder Anbieter von IKT-Produkten, -Diensten oder -Prozessen verwarnen und sie auffordern, die Sicherheit, auch die Cybersicherheit, ihrer IKT-Produkte, -Dienste oder -Prozesse zu verbessern.

(52) Die ENISA sollte die laufenden Tätigkeiten auf den Gebieten der Forschung, Entwicklung und technologischen Bewertung – insbesondere die im Rahmen der vielfältigen Forschungsinitiativen der Union durchgeführten Tätigkeiten – umfassend berücksichtigen, um die Organe, Einrichtungen und sonstigen Stellen der Union sowie gegebenenfalls die Mitgliedstaaten – auf deren Ersuchen – in Bezug auf den Forschungsbedarf und die Prioritäten im Bereich der Cybersicherheit zu beraten. Um den Bedarf und die Prioritäten im Forschungsbereich zu ermitteln, sollte die ENISA auch die einschlägigen Nutzergruppen konsultieren. Insbesondere

könnte eine Zusammenarbeit mit dem Europäischen Forschungsrat und dem Europäischen Innovations- und Technologieinstitut sowie mit dem Institut der Europäischen Union für Sicherheitsstudien eingerichtet werden.

(53) Die ENISA sollte die Normungsgremien, insbesondere die europäischen Normungsgremien, bei der Ausarbeitung von europäischen Schemata für die Cybersicherheitszertifizierung regelmäßig konsultieren.

(54) Cyberbedrohungen bestehen weltweit. Um die Cybersicherheitsstandards, einschließlich der Notwendigkeit der Festlegung gemeinsamer Verhaltensnormen und der Annahme von Verhaltenskodizes, der Verwendung internationaler Normen und des Informationsaustauschs zu verbessern sowie eine zügigere internationale Zusammenarbeit bei der Abwehr und einen weltweiten gemeinsamen Ansatz für Probleme der Netz- und Informationssicherheit zu fördern, bedarf es einer engeren internationalen Zusammenarbeit. In dieser Hinsicht sollte die ENISA ein stärkeres Engagement der Union und die Zusammenarbeit mit Drittländern und internationalen Organisationen unterstützen, indem sie den einschlägigen Organen, Einrichtungen und sonstigen Stellen der Union gegebenenfalls die erforderlichen Sachkenntnisse und Analysen zur Verfügung stellt.

(55) Die ENISA sollte in der Lage sein, auf Ersuchen der Mitgliedstaaten und der Organe, Einrichtungen und sonstigen Stellen der Union um Rat und Hilfestellung zu Angelegenheiten, die durch das Mandat der ENISA abgedeckt sind, ad hoc zu reagieren.

(56) In Bezug auf die Führung der ENISA ist es vernünftig und wird empfohlen bestimmte Prinzipien umzusetzen, um der Gemeinsamen Erklärung und dem Gemeinsamen Konzept zu entsprechen, die von der Interinstitutionellen Arbeitsgruppe zu den dezentralen Einrichtungen der EU im Juli 2012 vereinbart wurden und deren Zweck darin besteht, die Aktivitäten der dezentralen Agenturen dynamischer zu gestalten und ihre Leistung zu verbessern. Die in der Gemeinsamen Erklärung und dem Gemeinsamen Konzept enthaltenen Empfehlungen sollten gegebenenfalls auch in den Arbeitsprogrammen, den Bewertungen und den Berichterstattungs- und Verwaltungsverfahren der ENISA zur Geltung kommen.

(57) Der Verwaltungsrat, der sich aus Vertretern der Mitgliedstaaten und der Kommission zusammensetzt, sollte die allgemeine Ausrichtung der Tätigkeit der ENISA festlegen und dafür sorgen, dass sie ihre Aufgaben im Einklang mit dieser Verordnung wahrnimmt. Der Verwaltungsrat sollte über die erforderlichen Befugnisse verfügen, um den Haushaltsplan zu erstellen und die Ausführung des Haushaltsplans zu überprüfen, angemessene Finanzvorschriften und transparente Verfahren für die Entscheidungsfindung der ENISA festzulegen, das einheitliche Programmplanungsdokument der ENISA anzunehmen, sich eine Geschäftsordnung zu geben, den Exekutivdirektor zu ernennen und über die Verlängerung sowie die Beendigung der Amtszeit des Exekutivdirektors zu beschließen.

(58) Damit die ENISA ihre Aufgaben ordnungsgemäß und effizient wahrnehmen kann, sollten die Kommission und die Mitgliedstaaten sicherstellen, dass die Personen, die als Mitglieder des Verwaltungsrats ernannt werden, über angemessenes Fachwissen und geeignete Erfahrung verfügen. Die Kommission und die Mitgliedstaaten sollten sich auch darum bemühen, die Fluktuation bei ihren jeweiligen Vertretern im Verwaltungsrat zu verringern, um die Kontinuität seiner Arbeit sicherzustellen.

(59) Damit die ENISA reibungslos funktioniert, ist es erforderlich, dass ihr Exekutivdirektor aufgrund seiner Verdienste und nachgewiesenen Verwaltungs- und Managementfähigkeiten ernannt wird und über einschlägige Sachkenntnis und Erfahrungen auf dem Gebiet der Cybersicherheit verfügt. Die Aufgaben des Exekutivdirektors sollten in völliger Unabhängigkeit wahrgenommen werden. Der Exekutivdirektor sollte nach Anhörung der Kommission einen Vorschlag für das jährliche Arbeitsprogramm der ENISA ausarbeiten und alle erforderlichen Maßnahmen zu dessen ordnungsgemäßer Durchführung ergreifen. Der Exekutivdirektor sollte einen dem Verwaltungsrat vorzulegenden Jahresbericht, in dem auch die Umsetzung des jährlichen Arbeitsprogramms der ENISA behandelt wird, ausarbeiten, einen Entwurf eines Voranschlags für die Einnahmen und Ausgaben der ENISA erstellen und den Haushaltsplan ausführen. Der Exekutivdirektor sollte zudem die Möglichkeit haben, Ad-hoc-Arbeitsgruppen einzusetzen, die sich mit wissenschaftlichen, technischen, rechtlichen oder sozioökonomischen

Einzelfragen befassen. Insbesondere im Zusammenhang mit der Ausarbeitung eines möglichen europäischen Schemas für die Cybersicherheitszertifizierung (im Folgenden „mögliches Schema") wird die Einrichtung einer Ad-hoc-Arbeitsgruppe für notwendig erachtet. Der Exekutivdirektor sollte dafür sorgen, dass die Mitglieder der Ad-hoc-Arbeitsgruppen höchsten fachlichen Ansprüchen genügen, ein ausgewogenes Verhältnis von Frauen und Männern besteht und dass je nach behandelter Einzelfrage gegebenenfalls ein angemessenes Gleichgewicht zwischen öffentlichen Verwaltungen der Mitgliedstaaten, den Organen, Einrichtungen und sonstigen Stellen der Union und dem Privatsektor einschließlich der Wirtschaft, der Nutzer und wissenschaftlicher Sachverständiger für Netz- und Informationssicherheit gewahrt wird.

(60) Der Exekutivrat sollte dazu beitragen, dass der Verwaltungsrat effektiv arbeiten kann. Im Rahmen seiner vorbereitenden Arbeiten für die Beschlüsse des Verwaltungsrats sollte der Exekutivrat die einschlägigen Informationen im Detail prüfen und die sich bietenden Optionen sondieren; zudem sollte er die einschlägigen Beschlüsse des Verwaltungsrats vorbereiten, indem er Beratung und Lösungen anbietet.

(61) Die ENISA sollte über eine ENISA-Beratungsgruppe als Beratungsgremium verfügen, um einen regelmäßigen Dialog mit dem Privatsektor, den Verbraucherorganisationen und sonstigen relevanten Interessenträgern sicherzustellen. Die vom Verwaltungsrat auf Vorschlag des Exekutivdirektors eingesetzte ENISA-Beratungsgruppe sollte hauptsächlich Fragen behandeln, die die Beteiligten betreffen, und diese der ENISA zur Kenntnis bringen. Die ENISA-Beratungsgruppe sollte vor allem im Hinblick auf den Entwurf des jährlichen Arbeitsprogramms der ENISA hinzugezogen werden. Die Zusammensetzung der ENISA-Beratungsgruppe und die dieser Gruppe übertragenen Aufgaben, sollten gewährleisten, dass die Interessenträger bei der Tätigkeit der ENISA ausreichend vertreten sind.

(62) Die Gruppe der Interessenträger für die Cybersicherheitszertifizierung sollte eingesetzt werden, um der ENISA und der Kommission die Konsultation der maßgeblichen Interessenträger zu erleichtern. Die Gruppe der Interessenträger für die Cybersicherheitszertifizierung sollte sich in ausgewogenem Verhältnis aus Branchenvertretern sowohl der Nachfrage- als auch der Angebotsseite in Bezug auf IKT-Produkte und -Dienste zusammensetzen; insbesondere sollten KMU, Anbieter digitaler Dienste, europäische und internationale Normungsgremien, nationale Akkreditierungsstellen, Datenschutz-Aufsichtsbehörden, Konformitätsbewertungsstellen gemäß der Verordnung (EG) Nr. 765/2008 des Europäischen Parlaments und des Rates[16] und die Wissenschaft sowie Verbraucherorganisationen vertreten sein.

(63) Die ENISA sollte über Vorschriften zur Vermeidung und Handhabung von Interessenkonflikten verfügen. Die ENISA sollte die einschlägigen Bestimmungen der Union in Bezug auf den Zugang der Öffentlichkeit zu Dokumenten gemäß der Verordnung (EG) Nr. 1049/2001 des Europäischen Parlaments und des Rates[17] anwenden. Die Verarbeitung personenbezogener Daten durch die ENISA sollte nach der Verordnung (EU) 2018/1725 des Europäischen Parlaments und des Rates[18] erfolgen. Die ENISA sollte die für die Organe, Einrichtungen und sonstigen Stellen der Union geltenden Bestimmungen über den Umgang mit Informationen, insbesondere mit sensiblen Informationen und Verschlusssachen der Europäischen Union (EUCI), sowie die entsprechenden nationalen Rechtsvorschriften befolgen.

---

[16] **Amtl. Anm.:** Verordnung (EG) Nr. 765/2008 des Europäischen Parlaments und des Rates vom 9. Juli 2008 über die Vorschriften für die Akkreditierung und Marktüberwachung im Zusammenhang mit der Vermarktung von Produkten und zur Aufhebung der Verordnung (EWG) Nr. 339/93 des Rates (ABl. L 218 vom 13.8.2008, S. 30).

[17] **Amtl. Anm.:** Verordnung (EG) Nr. 1049/2001 des Europäischen Parlaments und des Rates vom 30. Mai 2001 über den Zugang der Öffentlichkeit zu Dokumenten des Europäischen Parlaments, des Rates und der Kommission (ABl. L 145 vom 31.5.2001, S. 43).

[18] **Amtl. Anm.:** Verordnung (EU) 2018/1725 des Europäischen Parlaments und des Rates vom 23. Oktober 2018 zum Schutz natürlicher Personen bei der Verarbeitung personenbezogener Daten durch die Organe, Einrichtungen und sonstigen Stellen der Union, zum freien Datenverkehr und zur Aufhebung der Verordnung (EG) Nr. 45/2001 und des Beschlusses Nr. 1247/2002/EG ABl. L 295 vom 21.11.2018, S. 39).

(64) Damit die volle Autonomie und Unabhängigkeit der ENISA gewährleistet ist und sie zusätzliche Aufgaben – auch nicht vorhergesehene Aufgaben in Notfällen – erfüllen kann, sollte die ENISA über einen ausreichenden und eigenständigen Haushalt verfügen, der hauptsächlich durch einen Beitrag der Union und durch Beiträge von Drittländern, die sich an der Arbeit der ENISA beteiligen, finanziert werden sollte. Ein angemessen ausgestatteter Haushaltsplan ist von entscheidender Bedeutung dafür, dass die ENISA ausreichende Kapazitäten hat, um ihren wachsenden Aufgaben zu erfüllen und ihre Ziele zu erreichen. Die Mehrheit der Agenturbediensteten sollte unmittelbar mit der operativen Umsetzung des Mandats der ENISA befasst sein. Dem Sitzmitgliedstaat und anderen Mitgliedstaaten sollte es erlaubt sein, freiwillige Beiträge zum Haushaltsplan der ENISA zu leisten. Sämtliche Zuschüsse aus dem Gesamthaushaltsplan der Europäischen Union sollten dem Haushaltsverfahren der Union unterliegen. Ferner sollte die Rechnungsführung der ENISA durch den Rechnungshof geprüft werden, um Transparenz und Rechenschaftspflicht sicherzustellen.

(65) Die Cybersicherheitszertifizierung spielt eine große Rolle, wenn es darum geht, das Vertrauen in IKT-Produkte, -Dienste und -Prozesse zu stärken und deren Sicherheit zu erhöhen. Die Entwicklung des digitalen Binnenmarkts und insbesondere der Datenwirtschaft und des Internets der Dinge kommt nur voran, wenn in der breiten Öffentlichkeit das Vertrauen vorhanden ist, dass diese Produkte, Dienste und Prozesse ein gewisses Maß an Cybersicherheit gewährleisten. Vernetzte und automatisierte Fahrzeuge, elektronische medizinische Geräte, die automatischen Steuerungssysteme der Industrie und intelligente Netze sind, sind nur einige Beispiele von Sektoren, in denen die Zertifizierung bereits breiten Einsatz findet oder in naher Zukunft eingesetzt werden soll. Die unter die Richtlinie (EU) 2016/1148 fallenden Sektoren sind zudem Sektoren, in denen die Cybersicherheitszertifizierung ein maßgeblicher Faktor ist.

(66) In ihrer Mitteilung aus dem Jahr 2016 mit dem Titel „Stärkung der Abwehrfähigkeit Europas im Bereich der Cybersicherheit und Förderung einer wettbewerbsfähigen und innovativen Cybersicherheitsbranche" unterstrich die Kommission die Notwendigkeit hochwertiger, erschwinglicher und interoperabler Produkte und Lösungen für die Cybersicherheit. Allerdings ist das Angebot an IKT-Produkten, -Diensten und -Prozessen im Binnenmarkt nach wie vor geografisch stark zersplittert. Das liegt daran, dass sich die Cybersicherheitsbranche in Europa überwiegend aufgrund der Nachfrage der nationalen Regierungen entwickelt hat. Zudem gehört der Mangel an interoperablen Lösungen (technischen Normen), Verfahrensweisen und unionsweiten Zertifizierungsmechanismen zu den Defiziten, die den Binnenmarkt im Bereich der Cybersicherheit beeinträchtigen. Dies macht es für europäische Unternehmen schwerer, im nationalen, unionsweiten und weltweiten Wettbewerb zu bestehen. Es verringert sich dadurch auch das Angebot an tragfähiger und einsetzbarer Cybersicherheitstechnik, auf die Privatpersonen und Unternehmen zugreifen können. Auch in der Mitteilung des Jahres 2017 zur Halbzeitbewertung der Umsetzung der Strategie für den digitalen Binnenmarkt – Ein vernetzter digitaler Binnenmarkt für alle – unterstrich die Kommission die Bedeutung sicherer vernetzter Produkte und Systeme und verwies darauf, dass die Schaffung eines europäischen Rahmens für die IKT-Sicherheit, auf dessen Grundlage Vorschriften für die Organisation der IKT-Sicherheitszertifizierung in der Union festgelegt werden, dafür sorgen kann, dass das Vertrauen in den Binnenmarkt erhalten bleibt und die derzeitige Fragmentierung des Binnenmarkts eingedämmt wird.

(67) Derzeit werden IKT-Produkte, -Dienste und -Prozesse, im Hinblick auf ihre Cybersicherheit kaum zertifiziert. Wenn dies doch der Fall ist, geschieht es meist auf Ebene der Mitgliedstaaten oder im Rahmen brancheneigener Programme. So wird ein von einer nationalen Behörde für die Cybersicherheitszertifizierung ausgestelltes Zertifikat nicht grundsätzlich auch in anderen Mitgliedstaaten anerkannt. Unternehmen müssen somit ihre IKT-Produkte, -Dienste und -Prozesse möglicherweise in mehreren Mitgliedstaaten, in denen sie tätig sind, zertifizieren lassen, um beispielsweise an einer nationalen Ausschreibung teilzunehmen, was ihre Kosten erhöht. Auch wenn immer neue Systeme entstehen, scheint es kein kohärentes und ganzheitliches Konzept zu geben, das sich mit horizontalen Fragen der Cybersicherheit, etwa im Bereich des Internets der Dinge, befasst. Die vorhandenen Systeme weisen im Hinblick auf Produkterfassung, Vertrauenswürdigkeitsstufen, wesentliche Kriterien und tatsächliche

Nutzung erhebliche Mängel und Unterschiede auf, was die Verfahren zur gegenseitigen Anerkennung in der Union behindert.

(68) Einige Anstrengungen wurden bereits unternommen, um eine gegenseitige Anerkennung der Zertifikate in der Union zu gewährleisten. Diese waren jedoch nur zum Teil erfolgreich. Das in dieser Hinsicht wichtigste Beispiel ist die in der Gruppe hoher Beamter für die Sicherheit der Informationssysteme (SOG-IS) getroffene Vereinbarung über die gegenseitige Anerkennung (MRA). Auch wenn diese Vereinbarung das wichtigste Vorbild für die Zusammenarbeit und gegenseitige Anerkennung auf dem Gebiet der Sicherheitszertifizierung ist, umfasst die SOG-IS nur einige der Mitgliedstaaten. Dies hat aus Binnenmarktsicht zur Folge, dass die Vereinbarungen der Gruppe nur begrenzt wirksam sind.

(69) Daher ist es notwendig, einen gemeinsamen Ansatz zu verfolgen und einen europäischen Rahmen für die Cybersicherheitszertifizierung aufzubauen, auf dessen Grundlage die Anforderungen an die zu entwickelnden europäischen Schemata für die Cybersicherheitszertifizierung festgelegt werden, damit die europäischen Cybersicherheitszertifikate und EU-Konformitätserklärungen für IKT-Produkte, -Dienste oder -Prozesse in allen Mitgliedstaaten anerkannt und verwendet werden können. Dabei ist es wichtig, auf vorhandenen nationalen und internationalen Schemata sowie auf Systemen der gegenseitigen Anerkennung, insbesondere der SOG-IS, aufzubauen und einen reibungslosen Übergang von vorhandenen Schemata im Rahmen solcher Systeme zu Schemata auf der Grundlage des neuen europäischen Rahmens für die Cybersicherheitszertifizierung zu ermöglichen. Mit einem europäischen Rahmen für die Cybersicherheitszertifizierung sollten zwei Ziele verfolgt werden: erstens sollte er dazu beitragen, das Vertrauen in IKT-Produkte, -Dienste und -Prozesse zu erhöhen, die nach Schemata für die europäische Cybersicherheitszertifizierung zertifiziert wurden. Zweitens sollte er dazu beitragen, dass sich vielfältige, sich widersprechende oder überlappende nationale Schemata für die Cybersicherheitszertifizierung vermeiden lassen, und so die Kosten für auf dem digitalen Binnenmarkt tätige Unternehmen senken. Die europäischen Schemata für die Cybersicherheitszertifizierung sollten nichtdiskriminierend sein und sich auf europäische oder internationale Normen stützen, sofern diese Normen nicht unwirksam oder unangemessen im Hinblick auf die Erreichung der legitimen Ziele der Union in diesem Bereich sind.

(70) Der europäische Rahmen für die Cybersicherheitszertifizierung sollte in einheitlicher Weise in allen Mitgliedstaaten eingeführt werden, damit es nicht aufgrund unterschiedlicher Anforderungsniveaus zwischen den Mitgliedstaaten zu einem „Zertifizierungsshopping" kommt.

(71) Europäische Schemata für die Cybersicherheitszertifizierung sollten auf dem auf internationaler und nationaler Ebene bereits Vorhandenen und erforderlichenfalls auf den von Gremien und Konsortien erstellten technischen Spezifikationen aufbauen, wobei die derzeitigen Stärken genutzt und Schwachstellen bewertet und behoben werden sollten.

(72) Es bedarf flexibler Cybersicherheitslösungen, damit die Branche den Cyberbedrohungen immer einen Schritt voraus ist und daher sollte jedes Zertifizierungsschema so gestaltet werden, dass das Risiko eines schnellen Veraltens vermieden wird.

(73) Die Kommission sollte befugt sein, für bestimmte Gruppen von IKT-Produkten, -Diensten und -Prozessen europäische Schemata für die Cybersicherheitszertifizierung anzunehmen. Diese Schemata sollten von nationalen Behörden für die Cybersicherheitszertifizierung umgesetzt und überwacht werden, und die im Rahmen dieser Schemata erteilten Zertifikate sollten unionsweit gültig sein und anerkannt werden. Die von der Industrie oder sonstigen privaten Organisationen betriebenen Zertifizierungsschemata sollten nicht in den Anwendungsbereich dieser Verordnung fallen. Die Stellen, die solche Schemata betreiben, sollten der Kommission jedoch vorschlagen können, ihre Systeme als Grundlage für ein europäisches Schema für die Cybersicherheitszertifizierung in Betracht zu ziehen und sie als ein solches zu genehmigen.

(74) Die Rechtsvorschriften der Union, in denen bestimmte Vorschriften zur Zertifizierung von IKT-Produkten, -Diensten und -Prozessen festgelegt sind, bleiben von den Bestimmungen dieser Verordnung unberührt. Insbesondere enthält die Verordnung (EU) 2016/679 Bestimmungen zur Einführung von Zertifizierungsverfahren sowie von Datenschutzsiegeln und

-prüfzeichen, die dem Nachweis dienen, dass die für die Datenverarbeitung Verantwortlichen und die Auftragsverarbeiter bei der Verarbeitung von Daten die Bestimmungen der genannten Verordnung einhalten. Solche Zertifizierungsverfahren sowie Datenschutzsiegel und -prüfzeichen sollten den betroffenen Personen einen raschen Überblick über das Datenschutzniveau einschlägiger IKT-Produkte, -Dienste und -Prozesse ermöglichen. Die Zertifizierung von Datenverarbeitungsvorgängen, die unter die Verordnung (EU) 2016/679 fallen, auch wenn solche Vorgänge in IKT-Produkte, -Dienste und -Prozesse eingebettet sind, bleibt von der vorliegenden Verordnung unberührt.

(75) Mit den europäischen Schemata für die Cybersicherheitszertifizierung sollte gewährleistet werden, dass die nach solchen Systemen zertifizierten IKT-Produkte, -Dienste und -Prozesse bestimmten Anforderungen genügen, deren Ziel es ist, die Verfügbarkeit, Authentizität, Integrität oder Vertraulichkeit gespeicherter, übermittelter oder verarbeiteter Daten, Funktionen oder Dienste, die von diesen Produkten, Diensten und Prozessen angeboten oder über diese zugänglich gemacht werden, während deren gesamten Lebenszyklus zu schützen. In dieser Verordnung können nicht alle Anforderungen an die Cybersicherheit sämtlicher IKT-Produkte, -Dienste und -Prozesse im Einzelnen festgelegt werden. Die Vielfalt der IKT-Produkte, -Dienste und -Prozesse und der damit zusammenhängenden Anforderungen an die Cybersicherheit ist so groß, dass es sehr schwierig ist, allgemeine Anforderungen an die Cybersicherheit zu entwickeln, die unter allen Umständen gültig sind. Es gilt daher, ein breit gefasstes und allgemeines Konzept der Cybersicherheit für die Zwecke der Zertifizierung zu verabschieden, das durch besondere Cybersicherheitsziele ergänzt werden sollte, die bei der Konzeption der europäischen Schemata für die Cybersicherheitszertifizierung berücksichtigt werden müssen. Die Modalitäten, wie diese Ziele für bestimmte IKT-Produkte, -Dienste und -Prozesse erreicht werden sollen, sollten dann weiter im Einzelnen auf der Grundlage des jeweiligen von der Kommission angenommenen Zertifizierungsschemas festgelegt werden, etwa durch Verweise auf Normen oder technische Spezifikationen, wenn keine angemessenen Normen verfügbar sind.

(76) Die in europäischen Schemata für die Cybersicherheitszertifizierung zu verwendenden technischen Spezifikationen sollten unter Beachtung der in Anhang II der Verordnung (EU) Nr. 1025/2012 des Europäischen Parlaments und des Rates[19] festgelegten Anforderungen bestimmt werden. Gewisse Abweichungen von diesen Anforderungen könnten jedoch in hinreichend begründeten Fällen als notwendig erachtet werden, wenn diese technischen Spezifikationen in einem europäischen Schema für die Cybersicherheitszertifizierung in der Vertrauenswürdigkeitsstufe „hoch" verwendet werden sollen. Die Gründe für solche Abweichungen sollten öffentlich zugänglich gemacht werden.

(77) Eine Konformitätsbewertung ist ein Verfahren, mit dem bewertet wird, ob bestimmte Anforderungen an ein IKT-Produkt, einen IKT-Dienst oder einen IKT-Prozess erfüllt werden. Dieses Verfahren wird von einem unabhängigen Dritten, bei dem es sich nicht um den Hersteller oder den Anbieter der IKT-Produkte, -Dienste oder -Prozesse, welche bewertet werden, handelt, durchgeführt. Ein europäisches Cybersicherheitszertifikat sollte nach der erfolgreichen Bewertung eines IKT-Produkts, -Dienstes oder -Prozesses ausgestellt werden. Ein europäisches Cybersicherheitszertifikat sollte als Bestätigung gelten, dass die Bewertung ordnungsgemäß durchgeführt wurde. Je nach Vertrauenswürdigkeitsstufe sollte im europäischen Schema für die Cybersicherheitszertifizierung angegeben werden, ob ein europäisches Cybersicherheitszertifikat von einer privaten oder einer öffentlichen Stelle auszustellen ist. Die Konformitätsbewertung und die Zertifizierung an sich können nicht garantieren, dass die zertifizierten IKT-Produkte, -Dienste und -Prozesse cybersicher sind. Es handelt sich vielmehr um Verfahren und technische Methoden, um zu bescheinigen, dass die IKT-Produkte, -Dienste und -Prozesse ge-

---

[19] **Amtl. Anm.:** Verordnung (EU) Nr. 1025/2012 des Europäischen Parlaments und des Rates vom 25. Oktober 2012 zur europäischen Normung, zur Änderung der Richtlinien 89/686/EWG und 93/15/EWG des Rates sowie der Richtlinien 94/9/EG, 94/25/EG, 95/16/EG, 97/23/EG, 98/34/EG, 2004/22/EG, 2007/23/EG, 2009/23/EG und 2009/105/EG des Europäischen Parlaments und des Rates und zur Aufhebung des Beschlusses 87/95/EWG des Rates und des Beschlusses Nr. 1673/2006/EG des Europäischen Parlaments und des Rates (ABl. L 316 vom 14.11.2012, S. 12).

prüft wurden und bestimmte Anforderungen an die Cybersicherheit erfüllen, wie sie anderweitig, beispielsweise in technischen Normen, festgelegt sind.

(78) Die Auswahl der angemessenen Zertifizierung und der dazugehörigen Sicherheitsanforderungen durch die Nutzer der europäischen Cybersicherheitszertifizierung sollte auf der Grundlage einer Risikoanalyse der Verwendung des IKT-Produkts, -Dienstes oder -Prozesses erfolgen. Dementsprechend sollte die Vertrauenswürdigkeitsstufe das mit der beabsichtigten Verwendung eines IKT-Produkts, -Dienstes oder -Prozesses verbundene Risiko widerspiegeln.

(79) Europäische Schemata für die Cybersicherheitszertifizierung könnten eine Konformitätsbewertung vorsehen, die unter der alleinigen Verantwortung des Herstellers oder Anbieters von IKT-Produkten, -Diensten und -Prozessen durchzuführen wäre (im Folgenden „Selbstbewertung der Konformität"). In diesen Fällen sollte es ausreichen, dass der Hersteller oder Anbieter von IKT-Produkten, -Diensten oder -Prozessen selbst alle Überprüfungen vornimmt, um sicherzustellen, dass die IKT-Produkte, -Dienste oder -Prozesse mit dem europäischen Schema für die Cybersicherheitszertifizierung konform sind. Die Selbstbewertung der Konformität sollte für IKT-Produkte, -Dienste oder -Prozesse von geringer Komplexität, die ein geringes Risiko für die Öffentlichkeit darstellen, wie bei einfacher Konzeption und einfachem Herstellungsmechanismus, als angemessen angesehen werden. Zudem sollte die Selbstbewertung der Konformität nur dann für IKT-Produkte, IKT-Dienste oder IKT-Prozesse erlaubt sein, wenn sie der Vertrauenswürdigkeitsstufe „niedrig" entsprechen.

(80) Europäische Schemata für die Cybersicherheitszertifizierung könnten sowohl die Selbstbewertung der Konformität als auch die Zertifizierung von IKT-Produkten, -Diensten oder -Prozessen zulassen. In einem solchen Fall sollten im System klare und verständliche Instrumente für Verbraucher oder andere Nutzer vorgesehen werden, mit denen sie zwischen IKT-Produkten, -Diensten oder -Prozessen, die unter der Verantwortung des Herstellers oder Anbieters von IKT-Produkten, -Diensten oder -Prozessen bewertet werden, und IKT-Produkten, -Diensten oder -Prozessen, die von einem Dritten zertifiziert werden, unterscheiden können.

(81) Ein Hersteller oder Anbieter von IKT-Produkten, -Diensten oder -Prozessen, der eine Selbstbewertung der Konformität durchführt, sollte die EU-Konformitätserklärung im Rahmen des Konformitätsbewertungsverfahrens abfassen und unterzeichnen können. Eine EU-Konformitätserklärung ist ein Dokument, welches bestätigt, dass das betreffende IKT-Produkt, der betreffende IKT-Dienst oder der betreffende IKT-Prozess die Anforderungen des Schemas erfüllt. Durch die Abfassung und Unterzeichnung der EU-Konformitätserklärung übernimmt der Hersteller oder Anbieter die Verantwortung dafür, dass das IKT-Produkt, der IKT-Dienst oder der IKT-Prozess die rechtlichen Anforderungen des europäischen Schemas für die Cybersicherheitszertifizierung erfüllt. Eine Kopie der EU-Konformitätserklärung sollte der nationalen Behörde für die Cybersicherheitszertifizierung und der ENISA vorgelegt werden.

(82) Hersteller oder Anbieter von IKT-Produkten, -Diensten und -Prozessen sollten die EU-Konformitätserklärung, die technische Dokumentation und alle weiteren einschlägigen Informationen in Bezug auf die Konformität der IKT-Produkte, -Dienste oder -Prozesse mit einem System während eines Zeitraums, der im einschlägigen europäischen Schema für die Cybersicherheitszertifizierung festgelegt ist, für die zuständige nationale Behörde für die Cybersicherheitszertifizierung bereithalten. In der technischen Dokumentation sollten die in diesem System geltenden Anforderungen aufgeführt werden und die Konzeption, Herstellung und Funktionsweise des IKT-Produkts, -Dienstes oder -Prozesses erfasst werden. Die technische Dokumentation sollte so erstellt werden, dass es möglich ist, die Konformität eines IKT-Produkts oder -Dienstes mit den in diesem System geltenden Anforderungen zu bewerten.

(83) Bei der Gestaltung des Rahmens des europäischen Schemas für die Cybersicherheitszertifizierung sollte die Einbeziehung der Mitgliedstaaten sowie eine angemessene Einbeziehung der Interessenträger berücksichtigt werden; ferner sollte die Rolle der Kommission während der Planung und Vorlage eines europäischen Schemas für die Cybersicherheitszertifizierung, der Erteilung des entsprechenden Auftrags sowie der Ausarbeitung, der Annahme und der Überprüfung eines europäischen Schemas für die Cybersicherheitszertifizierung festgelegt werden.

(84) Die Kommission sollte mit Unterstützung der Europäischen Gruppe für die Cybersicherheitszertifizierung und der Gruppe der Interessenträger für die Cybersicherheitszertifizie-

rung im Anschluss an eine offene und umfassende Konsultation ein fortlaufendes Arbeitsprogramm der Union für europäische Schemata für die Cybersicherheitszertifizierung ausarbeiten und in Form eines nicht verbindlichen Instruments veröffentlichen. Das fortlaufende Arbeitsprogramm der Union sollte ein strategisches Dokument sein und insbesondere der Branche, den nationalen Behörden und den Normungsgremien ermöglichen, sich auf die künftigen Europäischen Schemata für die Cybersicherheitszertifizierung vorzubereiten. Das fortlaufende Arbeitsprogramm der Union sollte eine mehrjährige Übersicht über die Aufträge für die Ausarbeitung möglicher Systeme umfassen, die die Kommission der ENISA aus bestimmten Gründen zu erteilen beabsichtigt. Die Kommission sollte dieses fortlaufende Arbeitsprogramm der Union im Rahmen des fortlaufenden Plans für die IKT-Normung und bei der Erstellung ihrer Normungsaufträge an die europäischen Normungsorganisationen berücksichtigen. Wegen der raschen Einführung und Übernahme neuer Technologien sowie die Entstehung bislang unbekannter Cybersicherheitsrisiken und Gesetzgebungs- und Marktentwicklungen sollte die Kommission oder die Europäische Gruppe für die Cybersicherheitszertifizierung befugt sein, die ENISA mit der Ausarbeitung möglicher Zertifizierungsschemata, die nicht im fortlaufenden Arbeitsprogramm der Union enthalten waren, zu beauftragen. In solchen Fällen sollten die Kommission und die Europäische Gruppe für die Cybersicherheitszertifizierung auch die Notwendigkeit eines solchen Auftrags bewerten, wobei die allgemeinen Zielsetzungen und Vorgaben dieser Verordnung und die Notwendigkeit der Kontinuität bei der Planung der ENISA und der Nutzung der Ressourcen durch die ENISA zu berücksichtigen sind.

Im Anschluss an einen solchen Auftrag sollte die ENISA ohne ungebührliche Verzögerung mögliche Zertifizierungsschemata für bestimmte IKT- Produkte -Dienste und -Prozesse, ausarbeiten. Die Kommission sollte die positiven und negativen Auswirkungen ihres Auftrags auf den spezifischen Markt und insbesondere auf KMU, Innovation, die Schranken für den Eintritt in diesen Markt und die Kosten für die Endverbraucher bewerten. Die Kommission sollte befugt sein, auf der Grundlage des von der ENISA vorbereiteten möglichen Schemas das europäische Schema für die Cybersicherheitszertifizierung mittels eines Durchführungsrechtsakts anzunehmen. Unter Berücksichtigung des allgemeinen Zwecks dieser Verordnung und der in ihr festgelegten Sicherheitsziele sollten in den von der Kommission angenommenen europäischen Schemata für die Cybersicherheitszertifizierung Mindestbestimmungen in Bezug auf den Gegenstand, den Anwendungsbereich und die Funktionsweise des einzelnen Schemas festgelegt werden. Unter diese Bestimmungen sollte unter anderem Folgendes fallen: Anwendungsbereich und Ziel der Cybersicherheitszertifizierung, darunter auch die Kategorien von IKT-Produkten, -Diensten und -Prozessen, detaillierte Spezifikationen der Anforderungen an die Cybersicherheit, etwa durch Verweise auf Normen oder technische Spezifikationen, die jeweiligen Bewertungskriterien und -verfahren sowie die beabsichtigte Vertrauenswürdigkeitsstufe („niedrig", „mittel" oder „hoch") sowie gegebenenfalls die Bewertungsniveaus. Die ENISA sollte einen Auftrag der Europäischen Gruppe für die Cybersicherheitszertifizierung ablehnen können. Solche Entscheidungen sollten gebührend begründet und vom Verwaltungsrat getroffen werden.

(85) Die ENISA sollte eine eigene Website unterhalten, auf der sie über die europäischen Schemata für die Cybersicherheitszertifizierung informiert und für diese wirbt und auf der unter anderem die Aufträge für die Ausarbeitung eines möglichen Schemas und die Rückmeldungen im Rahmen des Konsultationsverfahrens, das von der ENISA in der Ausarbeitungsphase durchgeführt wird, zur Verfügung stehen. Auf der Website sollten auch Informationen über die europäischen Cybersicherheitszertifikate und die nach dieser Verordnung ausgestellten EU-Konformitätserklärungen einschließlich Informationen zum Widerruf und Ablauf solcher europäischen Cybersicherheitszertifikate und EU-Konformitätserklärungen bereitgestellt werden. Auf der Website sollten auch diejenigen nationalen Schemata für die Cybersicherheitszertifizierung angegeben werden, die durch ein europäisches Schema für die Cybersicherheitszertifizierung ersetzt wurden.

(86) Die Vertrauenswürdigkeit eines europäischen Zertifizierungsschemas ist die Grundlage für das Vertrauen, dass ein IKT-Produkt, -Dienst oder -Prozess den Sicherheitsanforderungen eines spezifischen europäischen Schemas für die Cybersicherheitszertifizierung genügt. Um die Kohärenz des Rahmens für ein europäisches Schema für die Cybersicherheitszertifizierung zu gewährleisten, sollte ein europäisches Schema für die Cybersicherheitszertifizierung die Ver-

trauenswürdigkeitsstufen für europäische Cybersicherheitszertifikate und EU-Konformitätserklärungen, die im Rahmen dieses Schemas ausgestellt werden, angeben können. Jedes europäische Cybersicherheitszertifikat könnte sich auf eine der Vertrauenswürdigkeitsstufen „niedrig", „mittel" oder „hoch" beziehen, wohingegen sich die EU-Konformitätserklärung nur auf die Vertrauenswürdigkeitsstufe „niedrig" beziehen könnte. Die Vertrauenswürdigkeitsstufen würden die entsprechende Strenge und Gründlichkeit für die Bewertung des IKT-Produkts, -Dienstes oder -Prozesses vorgeben und durch Bezugnahme auf die diesbezüglichen technischen Spezifikationen, Normen und Verfahren einschließlich technischer Prüfungen, deren Zweck in der Minderung oder Prävention der Gefahr von Vorfällen besteht, gekennzeichnet sein. Jede Vertrauenswürdigkeitsstufe sollte in den verschiedenen Bereichen der Sektoren, in denen die Zertifizierung angewandt wird, einheitlich sein.

(87) In einem europäischen Schema für die Cybersicherheitszertifizierung können je nach Strenge und Gründlichkeit der verwendeten Evaluierungsmethode mehrere Bewertungsniveaus angegeben werden. Die Evaluierungsstufen sollten jeweils einer der Vertrauenswürdigkeitsstufen entsprechen und mit einer entsprechenden Kombination von Vertrauenswürdigkeitskomponenten verknüpft sein sollten. Für alle Vertrauenswürdigkeitsstufen sollte das IKT-Produkt, der IKT-Dienst oder der IKT-Prozess eine Reihe sicherer Funktionen enthalten, die im jeweiligen System festgelegt sind, so unter anderem eine voreingestellte sichere Konfiguration, einen signierten Code, ein sicheres Aktualisierungsverfahren und die Reduzierung von Exploits sowie eine vollständige Absicherung von Stapelspeicher (Stack) oder dynamischem Speicher (Heap). Diese Funktionen sollten weiterentwickelt und gepflegt werden, wobei sicherheitsorientierte Entwicklungskonzepte und dazugehörige Instrumente zu verwenden sind, um sicherzustellen, dass wirksame Software- und Hardware-Mechanismen zuverlässig integriert werden.

(88) Bei der Vertrauenswürdigkeitsstufe „niedrig" sollte sich die Bewertung mindestens auf die folgenden Vertrauenswürdigkeitskomponenten stützen: Die Bewertung sollte mindestens eine Überprüfung der technischen Dokumentation des IKT-Produkts -Dienstes oder -Prozesses durch die Konformitätsbewertungsstelle umfassen. Schließt die Zertifizierung IKT-Prozesse ein, sollte auch das Verfahren zur Konzipierung, Entwicklung und Pflege eines IKT-Produkts oder -Dienstes einer technischen Überprüfung unterzogen werden. Ist in einem europäischen Schema für die Cybersicherheitszertifizierung eine Selbstbewertung der Konformität vorgesehen, so sollte es genügen, wenn der Hersteller oder Anbieter von IKT- Produkten, Diensten oder Prozessen eine Selbstbewertung der Konformität des IKT-Produkts, -Dienstes oder -Prozesses, mit dem Zertifizierungsschema vornimmt.

(89) Bei der Vertrauenswürdigkeitsstufe „mittel" sollte sich die Bewertung – zusätzlich zu den Anforderungen bei der Vertrauenswürdigkeitsstufe „niedrig" – mindestens auf eine Überprüfung der Konformität der Sicherheitsfunktionen des IKT-Produkts, -Dienstes oder -Prozesses mit seiner technischen Dokumentation stützen.

(90) Bei der Vertrauenswürdigkeitsstufe „hoch" sollte sich die Bewertung – zusätzlich zu den Anforderungen bei der Vertrauenswürdigkeitsstufe „mittel" – mindestens auf einen Wirksamkeitstest stützen, bei dem die Widerstandsfähigkeit der Sicherheitsfunktionen des IKT-Produkts, -Dienstes oder -Prozesses gegen gründlich vorbereitete Cyberattacken bewertet wird, die von Akteuren mit umfangreichen Fähigkeiten und Ressourcen durchgeführt wird.

(91) Der Rückgriff auf eine europäische Cybersicherheitszertifizierung und eine EU-Konformitätserklärung sollte freiwillig bleiben, sofern im Unionsrecht oder in entsprechend dem Unionsrecht erlassenen Rechtsvorschriften der Mitgliedstaaten nichts anderes festgelegt ist. Falls es keine harmonisierten Unionsrechtsvorschriften gibt, können die Mitgliedstaaten nationale technische Vorschriften gemäß der Richtlinie (EU) 2015/1535 des Europäischen Parlaments und des Rates[20] erlassen. Die Mitgliedstaaten können auch im Zusammenhang mit öf-

20 **Amtl. Anm.:** Richtlinie (EU) 2015/1535 des Europäischen Parlaments und des Rates vom 9. September 2015 über ein Informationsverfahren auf dem Gebiet der technischen Vorschriften und der Vorschriften für die Dienste der Informationsgesellschaft (ABl. L 241 vom 17.9.2015, S. 1.).

fentlichen Ausschreibungen und der Richtlinie 2014/24/EU des Europäischen Parlaments und des Rates[21] auf eine europäische Cybersicherheitszertifizierung zurückgreifen.

(92) In einigen Bereichen könnte es künftig notwendig werden, bestimmte Anforderungen an die Cybersicherheit und die entsprechende Zertifizierung für bestimmte IKT-Produkte, -Dienste oder -Prozesse verbindlich vorzuschreiben, um das Niveau der Cybersicherheit in der Union zu erhöhen. Die Kommission sollte die Auswirkungen der angenommenen europäischen Schemata für die Cybersicherheitszertifizierung auf die Verfügbarkeit sicherer IKT-Produkte, -Dienste und -Prozesse im Binnenmarkt regelmäßig überwachen und sollte regelmäßig bewerten, inwieweit die Zertifizierungsschemata durch die Hersteller oder Anbieter von IKT-Produkten, -Diensten oder -Prozessen in der Union genutzt werden. Die Effizienz der europäischen Schemata für die Cybersicherheitszertifizierung und die Frage, ob bestimmte Systeme verbindlich vorgeschrieben werden sollten, sollte anhand der Rechtsvorschriften der Union im Bereich der Cybersicherheit, insbesondere der Richtlinie (EU) 2016/1148, unter Berücksichtigung der Sicherheit der von Betreibern wesentlicher Dienste genutzten Netz- und Informationssysteme bewertet werden.

(93) Die europäischen Cybersicherheitszertifikate und die EU-Konformitätserklärung sollten den Endnutzern dabei helfen, kundige Entscheidungen zu treffen. Daher sollten IKT-Produkte, -Dienste und -Prozesse, die zertifiziert wurden oder für die eine EU-Konformitätserklärung ausgestellt wurde, strukturierte Informationen beigegeben werden, die an das erwartete technische Niveau des vorgesehenen Endnutzers angepasst sind. Alle diese Informationen sollten online verfügbar sein, und gegebenenfalls physisch bereitgestellt werden. Der Endnutzer sollte Zugang zu Informationen über die Kennnummer des Zertifizierungsschemas, die Vertrauenswürdigkeitsstufe, die Beschreibung der Cybersicherheitsrisiken in Verbindung mit dem IKT-Produkt, -Dienst oder -Prozess sowie die ausstellende Stelle haben oder eine Kopie des europäischen Cybersicherheitszertifikats erhalten können. Darüber hinaus sollten die Endnutzer über die Politik des Herstellers oder Anbieters von IKT-Produkten, -Diensten oder -Prozessen zur Förderung der Cybersicherheit, d. h. darüber, wie lange ein Endnutzer Aktualisierungen oder Patches im Bereich der Cybersicherheit erwarten kann, informiert sein. Gegebenenfalls sollten Leitlinien über Maßnahmen oder Einstellungen, die der Endnutzer von IKT-Produkten oder -Diensten zur Aufrechterhaltung oder Verbesserung der Cybersicherheit vornehmen kann, und Kontaktinformationen einer zentralen Anlaufstelle zur Meldung von Cyberangriffen und zur Unterstützung im Fall von Cyberangriffen (neben der automatischen Berichterstattung) zur Verfügung gestellt werden. Diese Informationen sollten regelmäßig auf den neuesten Stand gebracht werden und auf einer Website, die Informationen über das europäische Schema für die Cybersicherheitszertifizierung bereitstellt, zur Verfügung stehen.

(94) Mit Blick auf die Ziele dieser Verordnung und zur Vermeidung einer Fragmentierung des Binnenmarkts sollten nationale Schemata oder Verfahren für die Cybersicherheitszertifizierung für die IKT-Produkte, -Dienste oder -Prozesse, die unter ein europäisches Schema für die Cybersicherheitszertifizierung fallen, ab einem Zeitpunkt unwirksam werden, den die Kommission in Durchführungsrechtsakten festlegt. Zudem sollten die Mitgliedstaaten keine neuen nationalen Schemata für die Cybersicherheitszertifizierung der IKT-Produkte, -Dienste oder -Prozesse einführen, die bereits unter ein geltendes europäisches Schema für die Cybersicherheitszertifizierung fallen. Allerdings sollte es den Mitgliedstaaten freistehen, aus Gründen der nationalen Cybersicherheit nationale Cyberzertifizierungsschemata einzuführen oder beizubehalten. Die Mitgliedstaaten sollten die Kommission und die Europäische Gruppe für die Cybersicherheitszertifizierung über ihre Absicht unterrichten, neue nationale Schemata für die Cybersicherheitszertifizierung auszuarbeiten. Die Kommission und die Europäische Gruppe für die Cybersicherheitszertifizierung sollten die Auswirkungen des neuen nationalen Schemas für die Cybersicherheitszertifizierung auf das ordnungsgemäße Funktionieren des Binnenmarkts und im Hinblick auf das strategische Interesse bewerten, stattdessen einen Auftrag für ein europäisches Schema für die Cybersicherheitszertifizierung zu erteilen.

---

[21] **Amtl. Anm.:** Richtlinie 2014/24/EU des Europäischen Parlaments und des Rates vom 26. Februar 2014 über die öffentliche Auftragsvergabe und zur Aufhebung der Richtlinie 2004/18/EG (ABl. L 94 vom 28.3.2014, S. 65).

(95) Die europäischen Schemata für die Cybersicherheitszertifizierung sollen dabei helfen, die Cybersicherheitsverfahren in der Union zu harmonisieren. Sie müssen dazu beitragen, das Niveau der Cybersicherheit in der Union zu erhöhen. Das Design der europäischen Schemata für die Cybersicherheitszertifizierung sollte weitere Innovationen im Bereich der Cybersicherheit berücksichtigen und ermöglichen werden.

(96) Die europäischen Schemata für die Cybersicherheitszertifizierung sollten die derzeitigen Methoden der Software- und Hardware-Entwicklung und insbesondere die Auswirkungen häufiger Software- oder Firmware-Aktualisierungen zu einzelnen europäischen Cybersicherheitszertifikaten berücksichtigen. Bei den europäischen Schemata für die Cybersicherheitszertifizierung sollten die Bedingungen angegeben werden, unter denen eine Aktualisierung erfordern kann, dass ein IKT-Produkt, ein IKT-Dienst oder ein IKT-Prozess neu zertifiziert werden muss oder dass der Umfang des spezifischen europäische Cybersicherheitszertifikats eingeschränkt werden muss, wobei die möglichen nachteiligen Auswirkungen der Aktualisierung auf die Einhaltung der Sicherheitsanforderungen des Zertifikats zu berücksichtigen sind.

(97) Sobald ein europäisches Schema für die Cybersicherheitszertifizierung eingeführt worden ist, sollten die Hersteller oder die Anbieter von IKT-Produkten, -Diensten oder -Prozessen die Zertifizierung ihrer IKT-Produkte, -Dienste oder -Prozesse bei einer nationalen Konformitätsbewertungsstelle ihrer Wahl an einem beliebigen Ort in der Union beantragen können. Die Konformitätsbewertungsstellen sollten, sofern sie bestimmten in dieser Verordnung festgelegten Anforderungen genügen, von einer nationalen Akkreditierungsstelle akkreditiert werden. Die Akkreditierung sollte für eine Höchstdauer von fünf Jahren erfolgen und unter denselben Bedingungen verlängert werden können, sofern die Konformitätsbewertungsstelle die Anforderungen weiterhin erfüllt. Die nationalen Akkreditierungsstellen sollten die einer Konformitätsbewertungsstelle erteilte Akkreditierung beschränken, aussetzen oder widerrufen, wenn die Voraussetzungen für die Akkreditierung nicht erfüllt wurden oder nicht mehr erfüllt werden oder wenn die Konformitätsbewertungsstelle gegen diese Verordnung verstößt.

(98) Verweise im nationalen Recht, die sich auf nationale Normen beziehen, die aufgrund des Inkrafttretens eines europäischen Schemas für die Cybersicherheitszertifizierung keine Rechtswirkung mehr haben, können zu Verwirrung führen. Daher sollten die Mitgliedstaaten der Annahme eines europäischen Schemas für die Cybersicherheitszertifizierung in ihren nationalen Rechtsvorschriften Rechnung zu tragen.

(99) Zur Erreichung gleichwertiger Standards in der gesamten Union, zur Erleichterung der gegenseitigen Anerkennung und zur Förderung der allgemeinen Akzeptanz der Europäischen Cybersicherheitszertifikate und EU-Konformitätserklärungen bedarf es eines Systems der gegenseitigen Begutachtung der nationalen Behörden für die Cybersicherheitszertifizierung. Die gegenseitige Begutachtung sollte Verfahren für Folgendes umfassen: Überwachung der Übereinstimmung der IKT-Produkte, -Dienste und -Prozesse mit den europäischen Cybersicherheitszertifikaten, Überwachung der Verpflichtungen der Hersteller oder Anbieter von IKT-Produkten, -Diensten und -Prozessen, die eine Selbstbewertung der Konformität vornehmen, Überwachung der Konformitätsbewertungsstellen sowie Angemessenheit des Fachwissens des Personals der Einrichtungen, die Zertifikate für die Vertrauenswürdigkeitsstufe „hoch" ausstellen. Die Kommission sollte im Wege von Durchführungsrechtsakten mindestens einen Fünfjahresplan für gegenseitige Begutachtungen sowie Kriterien und Methoden für die Abwicklung der gegenseitigen Begutachtungen festlegen können.

(100) Unbeschadet des allgemeinen Systems der gegenseitigen Begutachtung, das zwischen allen nationalen Behörden für die Cybersicherheitszertifizierung im Rahmen der europäischen Cybersicherheitszertifizierung eingerichtet werden soll, können bestimmte Schemata für die europäische Cybersicherheit ein Verfahren zur gegenseitigen Begutachtung der Stellen für die Ausstellung europäischer Cybersicherheitszertifikate für IKT-Produkte, -Dienste und -Prozesse auf der Vertrauenswürdigkeitsstufe „hoch" im Rahmen solcher Schemata umfassen. Die Gruppe für die Cybersicherheitszertifizierung sollte die Umsetzung der Verfahren der gegenseitigen Begutachtung unterstützen. Bei solchen gegenseitigen Begutachtungen sollte insbesondere bewertet werden, ob die betreffenden Stellen ihre Aufgaben einheitlich ausführen; zudem können sie Einspruchsmöglichkeiten umfassen. Die Ergebnisse der gegenseitigen Be-

gutachtungen sollten veröffentlicht werden. Die betreffenden Stellen können entsprechend geeignete Maßnahmen ergreifen, um ihre Verfahren und Sachkenntnisse anzupassen.

(101) Die Mitgliedstaaten sollten eine oder mehrere nationale Behörden für die Cybersicherheitszertifizierung benennen, die die Einhaltung der sich aus dieser Verordnung ergebenden Verpflichtungen beaufsichtigen. Eine nationale Behörde für die Cybersicherheitszertifizierung kann eine bereits bestehende oder eine neue Behörde sein. Ein Mitgliedstaat sollte im gegenseitigen Einvernehmen mit einem anderen Mitgliedstaat auch eine oder mehrere nationale Behörden für die Cybersicherheitszertifizierung im Hoheitsgebiet dieses anderen Mitgliedstaats benennen können.

(102) Die nationalen Behörden für die Cybersicherheitszertifizierung sollten insbesondere die Verpflichtungen der in ihrem jeweiligen Hoheitsgebiet niedergelassenen Hersteller oder Anbieter von IKT-Produkten, -Diensten oder -Prozessen in Bezug auf die EU-Konformitätserklärung überwachen und durchsetzen, die nationalen Akkreditierungsstellen bei der Überwachung und Beaufsichtigung der Tätigkeiten der Konformitätsbewertungsstellen durch Bereitstellung von Sachkenntnis und einschlägigen Informationen unterstützen, Konformitätsbewertungsstellen ermächtigen, ihre Aufgaben wahrzunehmen, wenn diese in einem europäischen Schema für die Cybersicherheitszertifizierung festgelegte zusätzliche Anforderungen erfüllen, und einschlägige Entwicklungen auf dem Gebiet der Cybersicherheitszertifizierung verfolgen. Die nationalen Behörden für die Cybersicherheitszertifizierung sollten auch Beschwerden bearbeiten, die von natürlichen oder juristischen Personen in Bezug auf die von diesen Behörden ausgestellten europäischen Cybersicherheitszertifikate oder die in Verbindung mit den europäischen Cybersicherheitszertifikaten von Konformitätsbewertungsstellen ausgestellten Zertifikate für die Vertrauenswürdigkeitsstufe „hoch“ eingereicht werden, den Beschwerdegegenstand, soweit angemessen, untersuchen und den Beschwerdeführer über die Fortschritte und das Ergebnis der Untersuchung innerhalb einer angemessenen Frist unterrichten. Darüber hinaus sollten die nationalen Behörden für die Cybersicherheitszertifizierung mit anderen nationalen Behörden für die Cybersicherheitszertifizierung und anderen öffentlichen Stellen zusammenarbeiten, auch indem sie Informationen über die etwaige Nichtkonformität von IKT-Produkten, -Diensten und -Prozessen mit den Anforderungen dieser Verordnung oder bestimmten europäischen Schemata für die Cybersicherheitszertifizierung austauschen. Die Kommission sollte diesen Informationsaustausch erleichtern, indem sie ein allgemeines elektronisches Informationssystem zur Unterstützung bereitstellt, zum Beispiel das internetgestützte Informations- und Kommunikationssystem zur europaweiten Marktüberwachung (Information and Communication System on Market Surveillance – ICSMS) und das gemeinschaftliche System zum raschen Austausch von Informationen über die Gefahren bei der Verwendung von Konsumgütern (Community system for the rapid exchange of information on dangers arising from the use of consumer products – RAPEX), die in Übereinstimmung mit der Verordnung (EG) Nr. 765/2008 bereits von Marktüberwachungsbehörden genutzt werden.

(103) Für eine einheitliche Anwendung des europäischen Rahmens für die Cybersicherheitszertifizierung sollte eine europäische Gruppe für die Cybersicherheitszertifizierung eingesetzt werden, die sich aus Vertretern der nationalen Behörden für die Cybersicherheitszertifizierung oder anderer zuständiger nationaler Behörden zusammensetzt. Die Gruppe für die Cybersicherheitszertifizierung sollte vor allem die Kommission bei ihren Tätigkeiten zur Gewährleistung einer einheitlichen Umsetzung und Anwendung des europäischen Rahmens für die Cybersicherheitszertifizierung beraten und unterstützen, die ENISA bei der Ausarbeitung der möglichen Cybersicherheitszertifizierungsschemata unterstützen und mit ihr eng zusammenarbeiten, in entsprechend begründeten Fällen die ENISA mit der Ausarbeitung eines möglichen Schemas beauftragen, an die ENISA gerichtete Stellungnahmen zu möglichen Schemata annehmen, und an die Kommission gerichtete Stellungnahmen zur Pflege und Überprüfung vorhandener europäischer Schemata für die Cybersicherheitszertifizierung annehmen. Die Gruppe für die Cybersicherheitszertifizierung sollte den Austausch von bewährten Verfahren und Sachkenntnissen zwischen den verschiedenen nationalen Behörden für die Cybersicherheitszertifizierung, die für die Ermächtigung der Konformitätsbewertungsstellen und die Ausstellung von Europäischen Cybersicherheitszertifikaten zuständig sind, erleichtern.

(104) Zur Sensibilisierung und um die Akzeptanz künftiger europäischer Schemata für die Cybersicherheitssicherheit zu erhöhen, kann die Kommission allgemeine und sektorspezifische Cybersicherheitsleitlinien herausgeben, die sich beispielsweise auf bewährte Verfahren oder verantwortungsvolles Verhalten im Bereich der Cybersicherheit beziehen, und dabei die Vorteile der Verwendung zertifizierter IKT-Produkte, -Dienste und -Prozesse hervorheben.

(105) Da die IKT-Lieferketten weltumspannend sind, kann die Union zur weiteren Erleichterung des Handels gemäß Artikel 218 des Vertrags über die Arbeitsweise der Europäischen Union (AEUV) Abkommen über die gegenseitige Anerkennung von europäischen Cybersicherheitszertifikaten schließen. Die Kommission kann unter Berücksichtigung der Ratschläge der ENISA und der europäischen Gruppe für die Cybersicherheitszertifizierung die Aufnahme entsprechender Verhandlungen empfehlen. In jedem europäischen Schema für die Cybersicherheitszertifizierung sollten spezifische Bedingungen für diese Abkommen über die gegenseitige Anerkennung bei Drittländern vorgesehen werden.

(106) Zur Gewährleistung einheitlicher Bedingungen für die Durchführung dieser Verordnung sollten der Kommission Durchführungsbefugnisse übertragen werden. Diese Befugnisse sollten nach Maßgabe der Verordnung (EU) Nr. 182/2011 des Europäischen Parlaments und des Rates[22] ausgeübt werden.

(107) Das Prüfverfahren sollte für die Annahme der Durchführungsrechtsakte über die europäischen Schemata für die Cybersicherheitszertifizierung von IKT-Produkten, -Diensten oder -Prozessen, für die Annahme von Durchführungsrechtsakten über die Modalitäten für die Durchführung von Umfragen durch die ENISA, für die Annahme von Durchführungsrechtsakten über einen Plan für die gegenseitige Begutachtung der nationalen Behörden für die Cybersicherheitszertifizierung sowie für die Annahme von Durchführungsrechtsakten über die Umstände, Formate und Verfahren der Notifikation akkreditierter Konformitätsbewertungsstellen durch die nationalen Behörden für die Cybersicherheitszertifizierung bei der Kommission verwendet werden.

(108) Die Tätigkeit der ENISA sollte regelmäßig und unabhängig bewertet werden. Diese Bewertung sollte sich darauf beziehen, inwieweit die ENISA ihre Ziele erreicht, wie sie arbeitet und inwieweit ihre Aufgaben relevant sind, insbesondere ihre Aufgaben bezüglich der operativen Zusammenarbeit auf Unionsebene. Zudem sollten Wirkung, Wirksamkeit und Effizienz des europäischen Rahmens für Cybersicherheitszertifizierung bewertet werden. Im Falle einer Überprüfung sollte die Kommission bewerten, wie die Rolle der ENISA als Bezugspunkt für Beratung und Sachkenntnis verstärkt werden kann und sollte ebenfalls die Möglichkeit einer Rolle der ENISA bei der Unterstützung der Bewertung von IKT-Produkten, -Diensten und -Prozessen aus Drittländern, die auf den Unionsmarkt gelangen und gegen die Unionsvorschriften verstoßen, bewerten.

(109) Da die Ziele dieser Verordnung von den Mitgliedstaaten nicht ausreichend verwirklicht werden können, sondern vielmehr wegen ihres Umfangs und ihrer Wirkungen auf Unionsebene besser zu verwirklichen sind, kann die Union im Einklang mit dem in Artikel 5 des Vertrags über die Europäische Union (EUV) verankerten Subsidiaritätsprinzip tätig werden. Entsprechend dem in demselben Artikel genannten Grundsatz der Verhältnismäßigkeit geht diese Verordnung nicht über das für die Verwirklichung dieser Ziele erforderliche Maß hinaus.

(110) Die Verordnung (EU) Nr. 526/2013 sollte aufgehoben werden –

HABEN FOLGENDE VERORDNUNG ERLASSEN:

---

22 **Amtl. Anm.:** Verordnung (EU) Nr. 182/2011 des Europäischen Parlaments und des Rates vom 16. Februar 2011 zur Festlegung der allgemeinen Regeln und Grundsätze, nach denen die Mitgliedstaaten die Wahrnehmung der Durchführungsbefugnisse durch die Kommission kontrollieren (ABl. L 55 vom 28.2.2011, S. 13).

Titel I Allgemeine Bestimmungen

Art. 1 Gegenstand und Geltungsbereich

(1) **[1] Um das ordnungsgemäße Funktionieren des Binnenmarkts zu gewährleisten und um gleichzeitig in der Union ein hohes Niveau in der Cybersicherheit, bei der Fähigkeit zur Abwehr gegen Cyberangriffe und beim Vertrauen in die Cybersicherheit zu erreichen, wird in dieser Verordnung Folgendes festgelegt:**

a) die Ziele, Aufgaben und organisatorischen Aspekte der ENISA (Agentur der Europäischen Union für Cybersicherheit) und

b) ein Rahmen für die Festlegung europäischer Schemata für die Cybersicherheitszertifizierung, mit dem Ziel, für IKT- Produkte und -Dienste und -Prozesse in der Union ein angemessenes Maß an Cybersicherheit zu gewährleisten und mit dem Ziel, eine Fragmentierung des Binnenmarkts bei Zertifizierungsschemata, in der Union zu verhindern.

[2] Der Rahmen nach Unterabsatz 1 Buchstabe b gilt unbeschadet der in anderen Rechtsakten der Union festgelegten Bestimmungen in Bezug auf eine freiwillige oder verbindliche Zertifizierung.

(2) **Von dieser Verordnung unberührt bleiben die Zuständigkeiten der Mitgliedstaaten für Tätigkeiten in Bezug auf die öffentliche Sicherheit, die Landesverteidigung, die nationale Sicherheit und das staatliche Handeln im strafrechtlichen Bereich.**

Literatur: *DuD Report,* EU-Agentur für Cybersicherheit ENISA erhält weitere Aufgaben, DuD 2013, 608; *Attström/Ludden/Lessmann/Weström/Conrads,*Evaluation of ENISA: public consultation on the evaluation and review of the European Union Agency for Network and Information Security (ENISA), 2017, DOI https://doi.org/10.2759/964204; *Mallinder,* Enisa – an agency fighting for its survival, POLITICO 14.5.2008, https://www.politico.eu/article/enisa-an-agency-fighting-for-its-survival/; *Pfeiffer/Neußl-Wallinger,* NIS-Gesetz in der Praxis, 2020; *Wong,* Data Security Breaches and Privacy in Europe, 2013.

A. Allgemeines

1 Durch die Kommunikation-Rahmen-RL[1] wurde in Abs. 1 ein harmonisierter Rechtsrahmen für elektronische Kommunikationsnetze als Ziel formuliert. Die Rahmenrichtlinie fordert den europäischen Gesetzgeber auf, nicht nur einen Binnenmarkt hinsichtlich elektronischer Kommunikationsdienste zu schaffen, sondern auch die dazugehörigen Dienste. Die Sicherheit der Kommunikationsnetze und -dienste ist ein zentraler Aspekt, der zu einer Initiative zur Schaffung einer dezentralen Agentur für Sicherheit führte. Rein rechtlich gesehen gibt es nicht eine ENISA, sondern drei. Die erste wurde mit der VO (EG) 460/2004 für fünf Jahre gegründet. Deren Mandat wurde zweimal, 2008 und 2011, verlängert.

2 Die zweite ENISA wurde 2013 errichtet und ersetzte die erste ENISA. Die zweite ENISA war auf sieben Jahre begrenzt. Die hier kommentierte dritte ENISA

[1] Ersetzt durch die Elektronische Kommunikationskodex-RL.

ist nun auf unbestimmte Zeit errichtet. Die Fassungen von Art. 1 der jeweiligen Verordnungen der ENISA in 2004, 2013 und 2019 spiegeln vor allem den Zeitgeist und die politischen Zielsetzungen wieder, unter denen die jeweilige Agentur gegründet wurde. Ein Vergleich erlaubt also die Betrachtung der Evolution der Politik zur Cybersicherheit in Brüssel.

Aufgrund der Vorgänge vom 11.9.2001 wurde eine Bedrohung der Infrastruktur für möglich und wahrscheinlich gehalten. Fälle von Hacking und Identitätsdiebstahl häuften sich schon zu dieser Zeit. Mit der Mitteilung 2001/298/COM[2] wurde ein neuer Politikansatz ins Leben gerufen, der die Sicherheitsbestrebungen in den Bereichen Netz- und Informationssicherheit, Cyberkriminalität, Datenschutz und Telekommunikation zusammenführen sollte. Die Mitgliedsstaaten sollen ihre CERTs[3] verstärken. Es wird unter anderem ein europäisches Warn- und Informationssystem angemahnt. Auch von Zertifizierung wurde schon gesprochen. **3**

Gleichzeitig wird mit der Mitteilung 2002/718/COM[4] ein Fahrplan für europäisches Regieren vorgestellt und neue Rahmenbedingungen für europäische Regulierungsagenturen festgelegt. Erste Agenturen existierten schon durch die EURATOM-Verträge. Die Mitteilung führt eine interessante Typologie ein. Danach gibt es drei Typen von Agenturen: **4**

1. Die Agenturen, die hauptsächlich damit beauftragt sind, in Form von Stellungnahmen und Empfehlungen Unterstützung zu leisten, die ihrerseits als fachliche und wissenschaftliche Grundlage für die Beschlussfassung durch die Kommission herangezogen werden.
2. Die Agenturen, deren wesentliche Aufgabe es ist, Unterstützung in Form von Inspektionsberichten zu leisten, damit die Kommission ihre Aufgabe als „Hüterin" des Gemeinschaftsrechts wahrnehmen kann.
3. Die Agenturen, die befugt sind, Einzelfallentscheidungen zu treffen, die ihrerseits gegenüber Dritten rechtlich bindend sind.

Die Typen kommen allerdings in der Praxis nicht in Reinform vor. ENISA kommt 2004 als Agentur hinzu, deren Hauptaufgaben eher im Bereich des Typs 1 liegen. Die Mitteilung 2002/718/COM fordert eine vom Gemeinschaftsgesetzgeber geschaffene Rechtsgrundlage für jede zu schaffende Regulierungsagentur. Diese muss auf einer Ermächtigung durch die EU-Verträge beruhen. Die Regulierungsagentur muss eine eigene Rechtspersönlichkeit haben. Das Gesetz muss Ziele und Aufgaben der Regulierungsagentur möglichst genau beschreiben. Der Aufbau der ENISA entspricht den Vorgaben der Mitteilung 2002/718/COM. Es gibt einen Direktor für die operativen Aufgaben und einen Verwaltungsrat, der die allgemeinen Leitlinien innerhalb des vom Gesetzgeber vorgegebenen Rahmens festlegt. Dazu gehören insbesondere das Arbeitsprogramm und die Geschäftsordnung. Die in der Mitteilung ebenfalls angeregten Beschwerdestellen wurden in der ENISA nicht geschaffen. Der im Titel III normierte Zertifizierungsrahmen verweist auf nationale Behörden und die Gerichte (siehe dort), wobei damit auch die Beschwerden dorthin verlagert sind. **5**

---

[2] KOM(2001) 298 endg., https://eur-lex.europa.eu/legal-content/EN/TXT/?uri=CELEX:52001DC0298.

[3] Computer Emergency Response Team (CERT).

[4] KOM(2002) 718 endg., https://eur-lex.europa.eu/legal-content/EN/TXT/?uri=CELEX:52002DC0718.

6 Mit der Mitteilung 2003/63/COM[5] machte die europäische Kommission dann im Rahmen des eEurope 2005 Plans[6] einen konkreten Vorschlag zur Errichtung einer Europäischen Agentur für Netz- und Informationssicherheit. Darin waren initiale Pläne und hochstehende Erwartungen an ENISA formuliert. In diesem Entwurf war die Interoperabilität der Sicherheitsfunktionen noch als Ziel formuliert. Eine Trennung von Aufgaben und Zielen fehlte noch. Gegründet wurde die European Network and Information Security Agency (ENISA) durch die VO (EG) 460/2004. Dieser Akt stützte sich auf den Art. 95 des Amsterdamer Vertrags,[7] der ebenfalls auf die Herstellung des Binnenmarktes abzielt. In dieser ersten Verordnung wird die Interoperabilität schon nicht mehr erwähnt und die restlichen Ziele sind gesondert aufgeführt.

7 Bei der Gründung der ersten ENISA gab es politischen Streit zwischen dem Vereinigten Königreich und den anderen Mitgliedsstaaten über die Rechtsgrundlage zur Errichtung der ENISA, die erst von einem Urteil der Großen Kammer des EuGH[8] in der Nichtigkeitsklage des Vereinigten Königreichs gegen die VO (EG) 460/2004 aufgelöst werden konnte.[9] Das Vereinigte Königreich hatte argumentiert, dass keine der Bestimmungen in dieser ersten ENISA-Verordnung auf eine Angleichung des nationalen Rechts ausgerichtet sei. Dem hält der EuGH entgegen, dass die Aufgaben der ENISA im Bereich der Netz- und Informationssicherheit auf die Zusammenarbeit zwischen den verschiedenen Akteuren ausgerichtet sind. Dies stehe im Zusammenhang mit der Kommunikation-Rahmen-RL[10] und anderen Einzelrichtlinien in diesem Bereich. Der Gemeinschaftsgesetzgeber könne der aufgrund der Komplexität der Systeme einer wahrscheinlich heterogenen Umsetzung der Richtlinien entgegenwirken. Dies sei ein ausreichender Grund für die Anwendung von Art. 95 EG sei.

8 Die Errichtung der ersten ENISA in 2004 war auf fünf Jahre begrenzt. Also begann 2008 die Diskussion über Erhalt und Gestaltung der künftigen ENISA. Dies wurde heftig diskutiert als Viviane Reding vorschlug, die Agentur in einer großen zentralen Agentur für Telekommunikation aufgehen zu lassen. Doch die Telekommunikationsminister der Mitgliedsstaaten waren dagegen.[11] Das Mandat von ENISA wurde daraufhin ohne Änderung bis 2011 verlängert. 2009 wurde dann auch der erste Direktor Dr. Andrea Pirotti[12] von Dr. Udo Helmbrecht[13] abgelöst, der vorher Direktor des deutschen Bundesamts für Sicherheit in der Informations-

---

[5] KOM(2003) 63 endg., https://eur-lex.europa.eu/legal-content/EN/TXT/?uri=CELEX:52003PC0063.

[6] KOM(2002) 263.

[7] ELI: http://data.europa.eu/eli/treaty/tec_2006/oj.

[8] *EuGH,* Urt. v. 2.5.2006 – C-217/04, BeckRS 2006, 70353.

[9] Vor dem Hintergrund der inzwischen bekannten umfassenden Erfassung aller Internetkommunikation durch den britischen Geheimdienst GCHQ kann die Motivation auch in einer Verzögerung der Einrichtung einer Agentur gesehen werden, die durch die Erhöhung von Sicherheitsstandards dem generellen Abhören aller elektronischen Kommunikation entgegen gerichtet ist.

[10] Ersetzt durch die Elektronische Kommunikationskodex-RL.

[11] *Mallinder,* POLITICO 2008.

[12] *ENISA,* ENISA's 5th anniversary, an interview with the Executive Director, Mr. Andrea Pirotti, https://www.enisa.europa.eu/media/news-items/interviews/interviews/Interview%20Mr.%20Pirotti.pdf.

[13] *Wikipedia,* Udo Helmbrecht, https://de.wikipedia.org/wiki/Udo_Helmbrecht.

technologie (BSI) war. Doch auch 2011 waren die Arbeiten an der nächsten Rechtsgrundlage für die ENISA noch nicht beendet und so wurde das Mandat von 2004 um weitere Jahre verlängert.

Doch die Diskussionen um eine Erneuerung der ENISA kamen voran. Am 18.6.2013 wurde eine neue Agentur mit gleichem Namen durch die VO (EU) 526/2013 gegründet. Diese zweite ENISA der VO (EU) 526/2013 wurde für sieben Jahre errichtet. 2014 wurde das Mandat von Dr. Udo Helmbrecht für weitere fünf Jahre verlängert. Die neue Verordnung war kein radikaler Bruch mit der Verordnung von 2004. Anhand beider Versionen kann die Evolution der Stile bei der Abfassung von Verordnungen gut verfolgt werden. In Art. 1 kommt ein „Gegenstand“ zu den Zuständigkeitsbereichen hinzu, die in Art. 1 Abs. 3 definierte Netz- und Informationssicherheit. Die erste Verordnung enthält noch Begriffsbestimmungen. Diese verschwinden in VO (EU) 526/2013 völlig und gehen in Aufgaben und Zielen auf. Sie tauchen im CSA als Legaldefinitionen wieder auf. Die ENISA von 2013 soll vor allem „beitragen“, „unterstützen“ und „entwickeln“. Nach dem es in der ersten ENISA Schwierigkeiten mit dem Personal[14] und wohl auch enttäuschte Erwartungen hinsichtlich dem Sachverständnis der Behörde gab, verbesserte sich die Entwicklung unter der Verordnung von 2013. Die Aufgabendefinition hatte an Volumen zugenommen. Interessant ist, dass die Annahme in 2004, die Errichtung der ENISA würde schon zu einer hohen Sachkenntnis führen, einer realistischen Betrachtung gewichen war. Die zweite ENISA-Verordnung spricht vom Aufbau von Fähigkeiten, von Forschung, Entwicklung und Normung. Von einer Art europäischem CERT entwickelte sich ENISA zu einer in die politischen Prozesse der Union integrierten Instanz der Cybersicherheit. Die zweite ENISA setzte durch, dass sie nicht nur ein Hauptquartier in Heraklion auf Kreta betrieben wird, sondern auch eine Niederlassung in Athen eröffnet werden durfte. Das sollte die Anwerbung von Fachkräften aus der Union erleichtern und der besseren Anbindung an Brüssel dienen.[15] **9**

Bevor das Mandat der zweiten ENISA-Verordnung auslaufen konnte, wurde mit dem CSA eine neue Grundlage für die Existenz der ENISA geschaffen. Diese ist nicht mehr begrenzt. Bemerkenswert ist, dass Art. 68 eine Gesamtrechtsnachfolgeklausel enthält, die alle Entscheidungen, aber auch Eigentum und Abkommen auf die neue ENISA überträgt. Die dritte neue ENISA wird nun für unbegrenzte Zeit errichtet und heißt Agentur der Europäischen Union für Cybersicherheit. Da der Name ENISA Eingang in den Sprachgebrauch gefunden hatte, wurde das Akronym trotz geändertem Namen erhalten. **10**

B. Einzelerläuterungen

Art. 1 CSA definiert das Feld in dem die „Agentur der Europäischen Union für Cybersicherheit“ tätig wird. Die Abkürzung *ENISA* passt dazu nicht. Sie entstammt der ersten Verordnung zur Errichtung einer Agentur für Netz- und Informationssicherheit mit der VO (EG) 460/2004. Art. 1 enthält zunächst ein Hinweis auf die Ermächtigungsgrundlage. Die ENISA-Verordnung dient dem ordnungsgemäßen Funktionieren des Binnenmarktes. Die Verordnung nimmt dabei Bezug auf Art. 26 AEUV. **11**

---

[14] EUR-LEX findet 63 Akte des Europäischen Gerichts für den öffentlichen Dienst.

[15] S. Art. 44.

12 Dabei geht es um die Verhinderung von Beeinträchtigungen des Binnenmarktes durch Cyberangriffe. Es geht also nicht um ein positives Herstellen eines Zustandes oder um den Abbau von Handelshemmnissen. Der Verordnungsgeber ist sich allerdings bewusst, dass es eine absolute Sicherheit nicht gibt. Also wird ein möglichst hohes Sicherheitsniveau für die Informationstechnik angestrebt, um die Beeinträchtigungen so gering wie möglich zu halten. Der Gegenstand ist wegen dieser generellen Aufgabe sehr weit gefasst: Das Funktionieren des Binnenmarktes wird gewährleistet durch:

1. Durch die Herstellung eines hohen Niveaus in der Cybersicherheit
2. Die Fähigkeit der Abwehr von Cyberangriffen
3. Die Schaffung von Vertrauen in die Cybersicherheit.

13 Man könnte dies jeweils der Prävention, der Reaktionsfähigkeit und der Öffentlichkeitsarbeit im Bereich Cybersicherheit, also in der IT-Sicherheit generell, zuordnen. Schon in der Begründung zur VO (EG) 460/2004 stellt die Europäische Kommission fest, dass die Netzwerktechnologie inzwischen zur kritischen Infrastruktur geworden ist. Die späteren Vorgänge zu WannaCry[16] und der Ransomware Attacke 2020 auf ein Krankenhaus in Düsseldorf[17] bestätigen diese frühe Annahme der Kommission und damit auch die Relevanz für den Binnenmarkt im Sinne von Art. 26 AEUV.

14 Art. 1 war auch in allen früheren Verordnungen zu ENISA der Ort für die formale Gründung der Organisation. Der erste Halbsatz von Art. 1 VO (EU) 526/2013 lautete noch: „Durch diese Verordnung wird eine Agentur der Europäischen Union für Netz- und Informationssicherheit (ENISA, nachstehend ‚die Agentur') errichtet". In dem vorliegenden CSA gibt es allerdings keinen expliziten Wortlaut mehr zur Gründung. Man wird in Art. 68 Abs. 2 fündig, der von der Errichtung der ENISA durch „diese Verordnung" spricht. Darüber hinaus setzt Art. 68 Abs. 1 die jetzige ENISA qua Verordnung als Gesamtrechtsnachfolgerin der mit der VO (EU) 526/2013 errichteten ENISA ein. Es entstehen Kohärenzprobleme mit dem unglücklichen Wortlaut im Erwgr. 4. Durch die Wahl des Präsens geht der Erwgr. 4 davon aus, dass die ENISA der VO (EU) 526/2013 weiterbesteht, indem „die mit der Verordnung (EU) Nr. 526/2013 des Europäischen Parlaments und des Rates errichtete Agentur" einschlägige Information bereitstellt. Dann bräuchte man aber keine Gesamtrechtsnachfolge in Art. 68. Die Annahme des Weiterbestehens der ENISA zieht sich durch alle überprüften Sprachfassungen. Das Kohärenzproblem besteht auch in der englischen und französischen Fassung. Zudem wird in Art. 68 Abs. 1 die VO (EU) 526/2013 EU aufgehoben. Der Erwgr. 4 kann sich also nur auf die jetzige ENISA von 2019 beziehen. Die ENISA ist in Erwgr. 4 auch mit ihrem alten Namen bezeichnet und nicht mit „Agentur der Europäischen Union für Cybersicherheit". Man kann also von einem redaktionellen Versehen in Erwgr. 4 ausgehen.

15 In Abs. 1 S. 1 werden dann mit der Abwehr von Angriffen, die Herstellung eines hohen allgemeinen Sicherheitsniveaus und beim Vertrauen in die Sicherheit schon abstrakte Ziele formuliert, die später in Art. 3 und 4 weiter präzisiert werden. Es folgt eine in lit. a und b aufgeteilte Ankündigung des Inhalts in die Teile „Organisation" und „Zertifizierung", die dort als „Gegenstand" bezeichnet sind. Das Zertifizierungsmandat wird nicht exklusiv vergeben, soll aber auch nicht durch andere

[16] *Wikipedia,* WannaCry, https://de.wikipedia.org/wiki/WannaCry.

[17] *DsiN,* Cyber-Angriff mit Todesfolge an der Uniklinik Düsseldorf, https://www.dsin-blog.de/2020/10/14/cyber-angriff-mit-todesfolge-an-der-uniklinik-duesseldorf/.

Rechtsakte eingeschränkt werden. Angesichts der Flut an Zertifizierungsregeln[18] in rechtlichen Texten, aber auch indirekt durch die Einbeziehung von Standards zB der ISO 27000 Serie ist dies eine bemerkenswerte Freizeichnung durch den Gesetzgeber.

Abs. 2 ist eine Klarstellung, dass ENISA für die dritte Säule keine Zuständigkei- **16**
ten hat und aus Art. 26 AEUV diese auch nicht erwachsen können. Damit entfällt eine Zuständigkeit für Geheimdienste, Militär und die Kooperation von Strafverfolgungsorganen.

Mandat und Aufgaben erschließen sich aus der Rede Jean-Claude Junckers zur **17**
Lage der Union 2017.[19] Vor dem Hintergrund sich wiederholender Cyberattacken wollte sich die Kommission die Instrumente geben, um die Abwehr der Attacken und die Verfolgung der Täter zu organisieren. Juncker spricht 2017 von 4000 Ransomware-Attacken täglich. 80 Prozent der europäischen Unternehmen waren mit einem Zwischenfall zur IT-Sicherheit konfrontiert. Institutionell ist die Initiative nicht nur auf die Kommission zurückzuführen. Auch die damalige Hohe Vertreterin der Europäischen Union für Außen- und Sicherheitspolitik, Federica Mogherini, unterstützte die Initiative. Ziel sei es, eine internationale Politik zu verfolgen, die einen offenen, freien und sicheren Cyberspace fördert. Es sollten Initiativen zur Entwicklung von Normen verantwortlichen staatlichen Handelns, zur Anwendung des internationalen Rechts und von vertrauensbildenden Maßnahmen im Bereich der Cybersicherheit unterstützt werden. Es geht also um eine koordinierte Antwort der EU auf die Bedrohungen durch Cyberattacken. Die ENISA und ihre Verfassung in dem CSA sind nicht die einzige Maßnahme, wohl aber ein wichtiger institutioneller Anker für die vielfältigen Initiativen. Mit der Initiative wurde die ENISA von 84 Stellen auf 125 Stellen ausgebaut. Der Haushalt wuchs von 11 Mio. EUR auf 23 Mio. EUR.

Art. 2 Begriffsbestimmungen

Für die Zwecke dieser Verordnung gelten folgende Begriffsbestimmungen:

1. **„Cybersicherheit“ bezeichnet alle Tätigkeiten, die notwendig sind, um Netz- und Informationssysteme, die Nutzer solcher Systeme und andere von Cyberbedrohungen betroffene Personen zu schützen;**
2. **„Netz- und Informationssystem“ bezeichnet ein Netz- und Informationssystem im Sinne des Artikels 4 Nummer 1 der Richtlinie (EU) 2016/1148;**
3. **„nationale Strategie für die Sicherheit von Netz- und Informationssystemen“ bezeichnet eine nationale Strategie für die Sicherheit von Netz- und Informationssystemen im Sinne des Artikels 4 Nummer 3 der Richtlinie (EU) 2016/1148;**

---

[18] Allein ISO/IEC JTC 1/SC 27 hat bisher 198 Spezifikationen veröffentlicht. Gegen einen Großteil dieser Spezifikationen kann ebenfalls zertifiziert werden.

[19] *Europäische Kommission,* Lage der Union 2017 – Cybersicherheit: Kommission will Reaktionsfähigkeit der EU auf Cyberangriffe verbessern, https://ec.europa.eu/commission/presscorner/detail/en/IP_17_3193.

4. „Betreiber wesentlicher Dienste“ bezeichnet einen Betreiber wesentlicher Dienste im Sinne des Artikels 4 Nummer 4 der Richtlinie (EU) 2016/1148;
5. „Anbieter digitaler Dienste“ bezeichnet einen Anbieter digitaler Dienste im Sinne des Artikels 4 Nummer 6 der Richtlinie (EU) 2016/1148;
6. „Sicherheitsvorfall“ bezeichnet einen Sicherheitsvorfall im Sinne des Artikels 4 Nummer 7 der Richtlinie (EU) 2016/1148;
7. „Bewältigung von Sicherheitsvorfällen“ bezeichnet die Bewältigung von Sicherheitsvorfällen im Sinne des Artikels 4 Nummer 8 der Richtlinie (EU) 2016/1148;
8. „Cyberbedrohung“ bezeichnet einen möglichen Umstand, ein mögliches Ereignis oder eine mögliche Handlung, der/das/die Netz- und Informationssysteme, die Nutzer dieser Systeme und andere Personen schädigen, stören oder anderweitig beeinträchtigen könnte;
9. „europäisches Schema für die Cybersicherheitszertifizierung“ bezeichnet ein umfassendes Paket von Vorschriften, technischen Anforderungen, Normen und Verfahren, die auf Unionsebene festgelegt werden und für die Zertifizierung oder Konformitätsbewertung von bestimmten IKT-Produkten, -Diensten und -Prozessen gelten;
10. „nationales Schema für die Cybersicherheitszertifizierung“ bezeichnet ein umfassendes, von einer nationalen Behörde ausgearbeitetes und erlassenes Paket von Vorschriften, technischen Anforderungen, Normen und Verfahren, die für die Zertifizierung oder Konformitätsbewertung von IKT-Produkten, -Diensten und -Prozessen gelten, die von diesem Schema erfasst werden;
11. „europäisches Cybersicherheitszertifikat“ bezeichnet ein von der maßgeblichen Stelle ausgestelltes Dokument, in dem bescheinigt wird, dass ein bestimmtes IKT-Produkt, ein bestimmter IKT-Dienst oder ein bestimmter IKT-Prozess im Hinblick auf die Erfüllung besonderer Sicherheitsanforderungen, die in einem europäischen Schema für die Cybersicherheitszertifizierung festgelegt sind, bewertet wurde;
12. „IKT-Produkt“ bezeichnet ein Element oder eine Gruppe von Elementen eines Netz- oder Informationssystems;
13. „IKT-Dienst“ bezeichnet einen Dienst, der vollständig oder überwiegend aus der Übertragung, Speicherung, Abfrage oder Verarbeitung von Informationen mittels Netz- und Informationssystemen besteht;
14. „IKT-Prozess“ bezeichnet jegliche Tätigkeiten, mit denen ein ITK-Produkt oder -Dienst konzipiert, entwickelt, bereitgestellt oder gepflegt werden soll;
15. „Akkreditierung“ bezeichnet die Akkreditierung im Sinne des Artikels 2 Nummer 10 der Verordnung (EG) Nr. 765/2008;
16. „nationale Akkreditierungsstelle“ bezeichnet eine nationale Akkreditierungsstelle im Sinne des Artikels 2 Nummer 11 der Verordnung (EG) Nr. 765/2008;
17. „Konformitätsbewertung“ bezeichnet eine Konformitätsbewertung im Sinne des Artikels 2 Nummer 12 der Verordnung (EG) Nr. 765/2008;

18. „Konformitätsbewertungsstelle“ bezeichnet eine Konformitätsbewertungsstelle im Sinne des Artikels 2 Nummer 13 der Verordnung (EG) Nr. 765/2008;

19. „Norm“ bezeichnet eine Norm im Sinne des Artikels 2 Nummer 1 der Verordnung (EU) Nr. 1025/2012;

20. „technische Spezifikation“ bezeichnet ein Dokument, in dem die technischen Anforderungen, denen ein IKT-Prozess, -Produkt oder -Dienst genügen muss oder ein diesbezügliches Konformitätsbewertungsverfahren vorgeschrieben sind;

21. „Vertrauenswürdigkeitsstufe“ bezeichnet die Grundlage für das Vertrauen darin, dass ein IKT-Produkt, -Dienst oder -Prozess den Sicherheitsanforderungen eines spezifischen europäischen Schemas für die Cybersicherheitszertifizierung genügt, gibt an, auf welchem Niveau das IKT-Produkt, der IKT-Dienst oder der IKT-Prozess, bei der Bewertung eingestuft wurde, misst jedoch als solche nicht die Sicherheit des IKT-Produkts, -Dienstes oder -Prozesses;

22. „Selbstbewertung der Konformität“ bezeichnet eine Maßnahme eines Herstellers oder Anbieters von IKT-Produkten, -Diensten oder -Prozessen zur Bewertung, ob diese IKT- Produkte, -Dienste oder -Prozesse die Anforderungen, die in einem spezifischen europäischen Schema für die Cybersicherheitszertifizierung festgelegt sind, erfüllen.

Literatur: *Herzog/Scholz/Herdegen/Klein* (Hrsg.), Maunz/Dürig Grundgesetz-Kommentar, 94. EL 2021; *Van Goethem/Piessens/Joosen/Nikiforakis,* Clubbing Seals: Exploring the Ecosystem of Third-party Security Seals, CCS 2014, 918, http://dx.doi.org/10.1145/2660267.2660279.

Inhaltsübersicht

A. Allgemeines

1 Die Normierung von Legaldefinitionen oder „Begriffsbestimmungen" war schon in der ersten ENISA-Verordnung von 2004 vorhanden, verschwand in der zweiten Verordnung von 2013 zugunsten genauerer Aufgabenbeschreibungen und ist nun in der Verordnung wieder eingeführt worden. In der ersten Verordnung wurden vor allem Begriffe wie „Netz", „Informationssystem", „Verfügbarkeit", „Datenintegrität" und „Risiko" definiert. Diese Begriffe spielen in der Verordnung von 2019 immer noch eine Rolle. Bei den Definitionen wird aber auf Art. 4 der NIS-RL verwiesen. Dort finden sich dann viele Definitionen aus der ersten ENISA-Verordnung 2004 wieder. Die Definitionen zeigen, dass es zu einer Trennung gekommen ist. Die inhaltliche Cybersicherheit ist nunmehr in der NIS-RL fortgeschrieben, während die institutionelle Begleitung dieser Maßnahmen bis hin zur Zertifizierung der ENISA in der Verordnung von 2019 aufgetragen wird. Dementsprechend sind die Definitionen nunmehr vor allem auf die Kompetenzen der ENISA und auf die Zertifizierung ausgerichtet.

B. Einzelerläuterungen

I. Cybersicherheit (Nr. 1)

2 Die „Cybersicherheit" ist in Nr. 1 sehr weit definiert. Adressaten der Schutzwirkung von Maßnahmen der Cybersicherheit sind nicht nur die Systeme, sondern auch die Nutzer solcher Systeme und „andere" Betroffene. Die Tätigkeiten umfassen „all activities" in der englischen Fassung.

3 Allerdings ergibt sich, wie schon in Art. 1 und Art. 68 ein logischer Bruch. Denn die Definition beschreibt „Cybersicherheit" als ein Tun. Erfasst sind alle Tätigkeiten. Demnach ist „Cybersicherheit" das Streben nach Schutz der Adressaten. Dem steht jedoch die Definition des Mandats der ENISA entgegen. In Art. 3 Abs. 1 wird als Mandat angegeben, die ENISA solle ein hohes Maß an „Cybersicherheit" in der Union erreichen. Hier wird von einem Zustand gesprochen, der jedenfalls nicht zur Definition von „Cybersicherheit" als Tätigkeit passt. Nimmt man die Logik des Gesetzes, dann ist „Cybersicherheit" mehr ein zu erstrebender Zustand als eine Tätigkeit. Zudem wäre die Zertifizierung einer Tätigkeit mit massiven Hindernissen behaftet. Man kann annehmen, dass weniger Tätigkeit als mehr ein Ergebnis im Sinne sicherer IT angestrebt wird. Vieles spricht also für die Annahme, dass „Cybersicherheit" ein Zustand ist. Damit ist die Legaldefinition der „Cybersicherheit" in Nr. 1. eigentlich weder hilfreich noch zu weiterer Interpretation fruchtbar zu machen. Sie dient also nur als Indiz dafür, dass der europäische Gesetzgeber ein möglichst breites Anwendungsfeld für die ENISA normieren wollte.

II. „Netz- und Informationssystem“ (Nr. 2)

Die erste VO (EG) 460/2004 enthielt getrennte Definitionen von „Netz“ und „Informationssystem“. Die Vernetzung der Gesellschaft und die Verschmelzung von lokalen und entfernten Ressourcen der IT hat zu einer Zusammenfassung beider Begriffe geführt. In der VO (EU) 526/2013 ist die Definition der Netz- und Informationssicherheit in den Erwgr. 33 gewandert und wird als „elektronische Produkte, Systeme, Netze und Dienste leisten, die im Zusammenwirken mit Software die Netz- und Informationssysteme bilden.“ **4**

Nunmehr verweist die Legaldefinition des Netz- und Informationssystems auf Art. 4 Abs. 1 Nr. 1 NIS-RL. Die Richtlinie gibt 3 Definitionen des Netz- und Informationssystems: **5**

a) Zuerst wird das Netz- und Informationssystem definiert als „ein elektronisches Kommunikationsnetz im Sinne des Artikels 2 Buchstabe a der Richtlinie 2002/21/EG.“ Dies ist die Richtlinie über einen gemeinsamen Rechtsrahmen für elektronische Kommunikationsnetze und –dienste (Rahmenrichtlinie). Die Richtlinie führt einen harmonisierten Rahmen für die Regulierung elektronischer Kommunikationsdienste und Kommunikationsnetze sowie zugehöriger Einrichtungen und Dienste ein. Die Richtlinie liefert in Art. 2 insgesamt 16 weitere Definitionen. Der Verweis geht aber nur auf lit. a, der das elektronische Kommunikationsnetz als „Übertragungssysteme und gegebenenfalls Vermittlungs- und Leitwegeinrichtungen sowie anderweitige Ressourcen, die die Übertragung von Signalen über Kabel, Funk, optische oder andere elektromagnetische Einrichtungen ermöglichen, einschließlich Satellitennetze, feste (leitungs- und paketvermittelte, einschließlich Internet) und mobile terrestrische Netze, Stromleitungssysteme, soweit sie zur Signalübertragung genutzt werden, Netze für Hör- und Fernsehfunk sowie Kabelfernsehnetze, unabhängig von der Art der übertragenen Informationen“ definiert.
Die bisherigen Aktivitäten der ENISA waren durch die Definitionen der Verordnungen von 2004 und 2013 geprägt. Es bleibt abzuwarten, ob ENISA diese mit der Verordnung 2019 durch Verweise doch sehr stark erweiterte Definition nutzen wird, um auch im Bereich Kabelfernsehen, Satelliten oder Hör- und Fernsehfunk aktiv zu werden.

b) Netz- und Informationssystem kann auch „eine Vorrichtung oder eine Gruppe miteinander verbundener oder zusammenhängender Vorrichtungen [sein], die einzeln oder zu mehreren auf der Grundlage eines Programms die automatische Verarbeitung digitaler Daten durchführen,“
Das ist eine lange und stark juristisch formulierte Definition von Computer, elektronischer Datenverarbeitung und vernetzten Computern.

c) Netz- und Informationssystem bezeichnet auch digitale Daten. Aber nur unter bestimmten Bedingungen. Die Daten sind nur dann ein Netz- und Informationssystem, wenn sie von den in b) erwähnten Computern verarbeitet werden oder von den vielen, in a) genannten Vorrichtungen, verarbeitet werden. Dh digitale Daten sind nur dann ein Netz- und Informationssystem, wenn sie gespeichert, verarbeitet, abgerufen oder übertragen werden. Allerdings erschließt sich aus der Übersetzung nicht, wie digitale Daten „zum Zwecke ihres Betriebes“ verarbeitet werden. Der Bezug läuft in der Übersetzung daneben. Vielmehr kann aus „data […] processed […] by elements […] for the purpose of their operation“ gefolgert werden, dass es sich um Daten zum Betrieb einer Anlage handelt, also z. B. Daten des Betriebssystems. Warum die NIS-RL Daten als Netz-

und Informationssystem definiert bleibt ein Geheimnis. Man hätte Daten auch einfach als Daten definieren und im Gesetzestext ansprechen können. Oder man geht davon aus, dass der Gesetzgeber das Netz- und Informationssystem durch eine lose Zusammenstellung von das System konstituierenden Elementen verdeutlichen wollte. Insofern schafft der Verweis auf die NIS-RL mehr Unsicherheit als die noch in den Vorgängerverordnungen bestehenden eigenen Definitionen.

6 Das „oder" am Ende von b) lässt die drei Definitionen der NIS-RL nebeneinanderstehen. Allerdings nimmt c) Bezug auf die in b) definierten Vorrichtungen. In Anbetracht der Tatsache, dass die in Bezug genommene Kommunikation-Rahmen-RL den Begriff des elektronischen Kommunikationsnetzes so weit definiert, wird durch die Punkte b) und c) kaum eine Erweiterung des Begriffs „Netz- und Informationssystem" erreicht.

III. Nationale Strategie (Nr. 3)

7 Für die „nationale Strategie für die Sicherheit von Netz- und Informationssystemen" wird ebenfalls Bezug genommen auf die NIS-RL. Dort ist sie als ein Rahmen mit strategischen Zielen und Prioritäten für die Sicherheit von Netz- und Informationssystemen auf nationaler Ebene definiert.

8 In Deutschland ist die nationale Strategie vom Bundesministerium des Innern angesiedelt.[1] Die derzeitig gültige Cyber-Sicherheitsstrategie für Deutschland stammt aus dem Jahr 2016.[2] Diese Strategie wird derzeit überarbeitet. Ziel ist eine Aktualisierung der bestehenden Strategie bis 2021. Die französische Strategie wird von der französischen Entsprechung des Bundesamtes für die Sicherheit in der Informationstechnik, BSI, betreut, der Agence nationale de la sécurité des systèmes d'information, kurz ANSSI. Die französische Strategie ist auch in englischer Sprache verfügbar.[3] Der transnationale Charakter der Cyberbedrohung macht eine Vernetzung der eine Einbettung in europäische Prozesse notwendig. Diese Vernetzung gehört zu den Kernaufgaben der ENISA.

9 Die nationale Cyber-Sicherheitsstrategie beschreibt vier Handlungsfelder:

1. **Sicheres und selbstbestimmtes Handeln**
   Dahinter verbirgt sich die Förderung des Aufbaus von Kompetenzen in der IT-Sicherheit bei Anwendern und in der Forschung. Man ist besorgt über die „digitale Sorglosigkeit". Das wichtige Thema der sicheren Identitäten wird schon 2016 aufgegriffen, aber auch die Zertifizierung, die ja nun von dem CSA geregelt ist, wird bereits angesprochen. Die angestrebte Verbesserung im Bereich der Webangebote ergibt sich schon aus der eIDAS-VO. Der Auftrag wurde durch die NIS-RL ergänzt.
2. **Gemeinsamer Auftrag von Staat und Wirtschaft**
   Dies betrifft insbesondere die kritischen Infrastrukturen, egal ob sie vom Staat oder der Wirtschaft bereitgestellt werden. Allerdings ist die angestrebte Zusam-

[1] *BMI,* Cybersicherheitsstrategie für Deutschland 2021, https://www.bmi.bund.de/DE/themen/it-und-digitalpolitik/it-und-cybersicherheit/cyber-sicherheitsstrategie/cyber-sicherheitsstrategie-node.html.

[2] *BMI,* Cyber-Sicherheitsstrategie für Deutschland 2016, http://www.bmi.bund.de/cybersicherheitsstrategie/.

[3] *ANSSI,* French National Digital Security Strategy, https://www.ssi.gouv.fr/uploads/2015/10/strategie_nationale_securite_numerique_en.pdf.

menarbeit mit den Providern und die Plattform für vertrauensvollen Informationsaustausch immer noch nicht auf einem befriedigenden Stand.

3. **Eine national Cyber-Sicherheitsarchitektur**
   Die Schaffung eines nationalen Cyber-Abwehrzentrums ist inzwischen realisiert[4]. Dies ist am BSI[5] angesiedelt. Es hat sich von einer Plattform für den Austausch von Informationen zu einer Kooperationsplattform entwickelt. Mit der neuen Geschäftsordnung vom 1.9.2019 sind alle beteiligten Behörden verpflichtet, Verbindungspersonen zu benennen. Die Leitung des Abwehrzentrums wurde durch eine Koordination ersetzt, die derzeit vom BKA als Aufgabe wahrgenommen wird. In dieses Strategiefeld gehört allerdings nicht nur Gefahrenabwehr, sondern auch die Verbesserung der Rechtsdurchsetzung in einer vernetzten Gesellschaft.
4. **Internationales Handeln**
   „Ein hohes Niveau an Cyber-Sicherheit ist angesichts der transnationalen Vernetzung in einer digitalisierten Welt nur durch Einbettung und Verstärkung der nationalen Maßnahmen in die entsprechenden europäischen, regionalen und internationalen Prozesse erreichbar.", schreibt die Regierung. Doch von ENISA spricht die Strategie nicht, leider.

Darüber hinaus hat die Bundesregierung einen nationalen Cyber-Sicherheitsrat 10 ins Leben gerufen. Der Nationale Cyber-Sicherheitsrat organisiert unter dem Vorsitz des Beauftragten der Bundesregierung für Informationstechnik (BfIT/CIO) die Zusammenarbeit innerhalb der Bundesregierung. Der Rat hat seit 2017 einen Fachbeirat. Denn schon die Strategie 2016 beschreibt sich selbst eher als Prozess.[6] Dieser Prozess liegt in der Kompetenz des BfIT/CIO.

Die französische Strategie listet fünf Ziele. Diese fünf Handlungsfelder sehen an- 11 ders aus als die deutschen. Es ergeben sich aber Überschneidungen. So geht es zB auch um die kritische Infrastruktur, Vertrauen in die Systeme, Sensibilisierung, Ausbildung, Wirtschaft. Während aber die deutsche Strategie nach innen gerichtet ist, enthält die französische Strategie auch die Wahrung der grundlegenden Interessen Frankreichs, was nach außen gerichtet ist. Deswegen braucht es auch einen Punkt 5, der die Souveränität in der IT als eine europäische definiert und diese von internationalem Handeln unterscheidet. Die französische Strategie hat schon 2015 die Möglichkeit der Destabilisierung durch soziale Netzwerke angesprochen, was rückblickend als sehr vorausschauend bewertet werden kann. Anders als in der deutschen Strategie ist die Unterstützung der ENISA in der französischen Strategie erwähnt.

IV. Betreiber wesentlicher Dienste (Nr. 4)

Auch hier wird wieder auf die NIS-RL verwiesen, was, wie schon bei Nr. 2, zu 12 einer Kaskade von weiteren Verweisen führt. Von Nr. 4 geht es zu Art. 4 Nr. 4 der NIS-RL. Diese wiederum verweist auf die in Anhang II gelisteten Dienste, die außerdem die Kriterien des Art. 5 Abs. 2 der NIS-RL erfüllen müssen.

---

[4] *BKA*, Das Nationale Cyber-Abwehrzentrum, https://www.bka.de/DE/UnsereAufgaben/Kooperationen/NCAZ/ncaz.html.

[5] Bundesamt für Sicherheit in der Informationstechnik, https://www.bsi.bund.de/.

[6] *BMI*, Cyber-Sicherheitsstrategie, S. 45ff., http://www.bmi.bund.de/cybersicherheitsstrategie/.

13 Anhang II listet insgesamt 7 Sektoren, die jeweils weiter präzisiert werden: 1. Energie, 2. Verkehr, 3. Bankwesen, 4. Finanzmarktinfrastrukturen, 5. Gesundheitswesen, 6. Trinkwasserversorgung und 7. Digitale Infrastruktur. Bei 7. Digitale Infrastruktur hatte sich ein Fehler eingeschlichen. In der ursprünglichen Fassung waren „TLS-Name-Registries" gelistet. Diese gibt es natürlich nicht, vielmehr soll es „DNS-Name-Registries" heißen. In einem Corrigendum von 2018 wurde das richtig gestellt.[7]

14 Art. 5 Abs. 2 der NIS-RL listet 3 Kriterien, um die Einordnung als wesentlicher Dienst zu ermitteln:

a) Eine Einrichtung stellt einen Dienst bereit, der für die Aufrechterhaltung kritischer gesellschaftlicher und/oder wirtschaftlicher Tätigkeiten unerlässlich ist;
b) die Bereitstellung dieses Dienstes ist abhängig von Netz- und Informationssystemen; und
c) ein Sicherheitsvorfall würde eine erhebliche Störung bei der Bereitstellung dieses Dienstes bewirken.

15 In der englischen Fassung der NIS-RL sind diese Kriterien aufgebaut wie eine Anspruchssubsumtion oder vielmehr ein angloamerikanischer „Test". Dh die Kriterien werden in der oben gegebenen Reihenfolge geprüft. Damit ist die erste Frage, ob es sich um einen Dienst handelt, dessen Aufrechterhaltung unerlässlich für eine gesellschaftliche oder wirtschaftliche Tätigkeit ist. Damit sind reine Privatvergnügen, aber auch untergeordnete Tätigkeiten, wie zB Vergnügungsparks, nicht relevant, obwohl sie auch der wirtschaftlichen Tätigkeit unterfallen. Ein Wasserwerk fällt jedenfalls unter die Definition eines solch essenziellen Dienstes. Dieses Wasserwerk muss nun abhängen von einem Netz- und Informationssystem. Nehmen wir an, die Filteranlage und Qualitätsprüfung des Wasserwerks sei computergesteuert. Als drittes Kriterium muss nun die Störung des Computersystems zur Störung des Dienstes führen. Es muss also einen kausalen Zusammenhang zwischen der Störung des digitalen Dienstes und der Störung der Erbringung der unerlässlichen Tätigkeiten geben. Führt also die Störung des Computersystems nur dazu, dass der Ingenieur in der Warte das Wasserwerk von Hand weiterfahren muss, ist die Störung nicht erheblich. Durch die allgemeine Digitalisierung und Elektrifizierung der Ventile wird dies aber immer seltener der Fall sein.

16 Die Einordnung wurde aber unter Umständen schon vom Staat vorgenommen. Denn die NIS Richtlinie schreibt vor, dass alle Mitgliedstaaten bis zum 9.11.2018 für jeden in Anhang II genannten Sektor und Teilsektor ermitteln, wer die Betreiber der wesentlichen Dienste auf ihrem Hoheitsgebiet sind. Diese Aufgabe wird in Deutschland von KRITIS[8] wahrgenommen. KRITIS ist eine gemeinsame Initiative des Bundesamtes für Bevölkerungsschutz und Katastrophenhilfe (BBK) und des BSI. Bei KRITIS wird allerdings nur auf weitere Gesetze verwiesen. Eine konkrete Liste von Betreibern ist nicht öffentlich verfügbar. Es gibt vielmehr KRITIS Listen auf Bundesebene, aber auch auf Länderebene. Die öffentlich verfügbaren Listen verweisen allerdings nur auf das jeweils zuständige Landes- oder Bundesministerium. Dh der normale Rechtsanwender hat keinen Überblick über kritische Infrastruktur und muss weiterhin die Kriterien des Gesetzes anwenden, um sich dem anzunähern. Das die NIS-RL nicht von einer öffentlichen Liste spricht, ist nicht

[7] ABl. 2018 L 33, 5, http://data.europa.eu/eli/dir/2016/1148/corrigendum/2018-02-07/oj.
[8] *BBK,* Was sind Kritische Infrastrukturen und warum sind sie so wichtig?, https://www.kritis.bund.de/.

klar, ob Deutschland seiner Verpflichtung nach Art. 5 Abs. 1 der NIS-RL nachgekommen ist und eine Liste der Betreiber kritischer Infrastruktur erstellt hat.

V. Anbieter digitaler Dienste (Nr. 5)

Nr. 5 verweist auf Art. 4 Nr. 6 der NIS-RL. Ein Anbieter nach dieser Vorschrift **17** ist „eine juristische Person, die einen digitalen Dienst anbietet". Das muss zunächst dahingehend betrachtet werden, ob die NIS-RL und die Verordnung sich nur an solche Anbieter digitaler Dienste wenden, die als gesellschaftsrechtliches Konstrukt oder als öffentlich-rechtliches Konstrukt eine juristische Person bilden.

Zunächst ist klarzustellen, dass diese Definition in dem CSA nur ein einziges **18** Mal, nämlich in Art. 8 Abs. 6 benutzt wird: […] „und erstellt Leitlinien für die technischen Bereiche, die sich auf die Sicherheitsanforderungen für Betreiber wesentlicher Dienste und Anbieter digitaler Dienste beziehen" […]. Die tatsächlichen Auswirkungen der Definition sind also gering, weil sie lediglich eine Zuständigkeit der ENISA begründen. Für diese Zuständigkeit ist es unerheblich, ob sich die Leitlinien nur an juristische Personen im engeren Sinne wenden. Auch der Verweis auf Art. 19 der NIS-RL ergibt nichts Anderes, da dort die Zuständigkeit der ENISA für Normung kodifiziert ist. Die Normung richtet sich naturgemäß an alle Wirtschaftsakteure, unabhängig von der jeweiligen Rechtsform.

Es ist interessant, die Entstehung der Definition zu verfolgen. Im Entwurf der **19** Kommission war noch die Rede von „market operators".[9] Im Laufe der Verhandlungen im EU-Parlament wurden „market" gestrichen. Um auch die öffentliche Verwaltung in der Definition zu erfassen, wurde im Institutional Dialog dann die juristische Person als amendment (11da) eingeführt. Gleichzeitig sollten aber alle Anbieter, der in Annex III genannten Dienste erfasst werden.[10] Sollten also Dienste nicht erfasst werden, weil sie nicht von einer juristischen Person im engeren Sinne erfasst werden? Die Verhandlungen erfolgten stets in der englischen Version der Dokumente. Die englische Version der NIS-RL nützt den Begriff „legal person". Der Oxford Dictionary, aber auch Wikipedia fassen darunter natürliche und juristische Personen zusammen. Dem würde auch eine weitere europäische Auslegung des Begriffes entsprechen, wie man sie auch in Art. 19 GG findet.[11]

VI. Sicherheitsvorfall (Nr. 6)

Nr. 6 enthält einen Verweis auf Art. 4 Nr. 7 der NIS-RL. Danach umfasst ein **20** „Sicherheitsvorfall" alle Ereignisse, die tatsächlich nachteilige Auswirkungen auf die Sicherheit von Netz- und Informationssystemen haben. Dieser Begriff ist so weit, dass er kaum zur Eingrenzung taugt. Der Begriff kommt drei Mal in dem CSA vor. In Erwgr. 37 werden die Mitgliedsstaaten ermutigt bei einem Sicherheitsvorfall die Unternehmen aufzufordern mit der ENISA zusammen zu arbeiten und Daten zur Verfügung zu stellen. Da aber ENISA eher die Aktionen der nationalen

---

[9] COM/2013/048 final, https://eur-lex.europa.eu/legal-content/EN/TXT/?uri=COM:2013:0048:FIN.

[10] *Rat der Europäischen Union,* 5581/1/16 REV 1 ADD 1, https://eur-lex.europa.eu/legal-content/EN/TXT/?uri=consil:ST_5581_2016_REV_1_ADD_1.

[11] Maunz/Dürig/*Remmert,* GG Art. 19 Abs. 3 Rn. 37 definiert „juristische Person" ähnlich weit als „Organisationseinheiten, deren Handeln und Entscheiden rechtlich keiner anderen, übergeordneten Stelle mehr zugerechnet werden kann".

Sicherheitsbehörden wie der ANSSI oder dem BSI koordiniert wird ENISA kaum eigene Aktionen bei Sicherheitsvorfällen vornehmen. Was bleibt sind unmaßgebliche Erwähnungen betreffend die Zertifizierung. In Art. 51 soll ein Sicherheitsvorfall schnell abgestellt werden und in Art. 52 Abs. 1 beschreibt der Sicherheitsvorfall das Risiko, dem die Vertrauenswürdigkeitsstufen gegenübergestellt werden. Damit kann der Sicherheitsvorfall jede Veränderung eines Netz- und Informationssystem sein, die den Ablauf beeinflusst und nicht neutral oder lediglich positiv ist. Das kann letztlich alles sein, auch ein Fehler im Router, der zur Verlängerung der Auflösung für die Berechnung von Routen ist. Unter Sicherheitsexperten würde man das als Konfigurationsfehler bezeichnen, nicht aber als „Sicherheitsvorfall". Man kann allerdings aus der Nutzung der Definition in Art. 51 schlussfolgern, dass unerhebliche Vorfälle nicht erfasst sein sollen. Denn Art. 51 Abs. 1 lit. h kann aus der Nutzung des Begriffs wiederherstellen gefolgert werden, dass die Verfügbarkeit von Dienst oder Daten nicht nur vorübergehend beeinträchtigt wurde. Als engere Auslegung kann dies einer Flut von deklarierten Sicherheitsvorfällen entgegenwirken. Denn eine solche Flut wäre letztlich kontraproduktiv.

VII. Bewältigung von Sicherheitsvorfällen (Nr. 7)

21 Der letzte Verweis auf die NIS-RL in dem CSA. Verwiesen wird auf Art. 4 Nr. 8. Danach schließt die Bewältigung alle Verfahren zur Unterstützung der Erkennung, Analyse und Eindämmung von Sicherheitsvorfällen ein, sowie die Reaktion darauf. Es besteht allerdings eine sprachliche Schwäche, weil der Bezug von Reaktion sich auch auf „Eindämmung" beziehen kann. Die Übersetzung von „response" mit „Reaktion" ist unglücklich, denn es geht gerade um die Antwort auf die Ermittlung von Sicherheitsvorfällen. Aber auch in der englischen Fassung ist der Bezug in „thereto" unklar. Es geht aber immer um die Antwort auf einen Sicherheitsvorfall.

22 Erwgr. 32 gibt der ENISA eine Aufgabe hinsichtlich der grenzüberschreitenden Vorfälle. So kann ein Mitgliedsstaat die ENISA um Hilfe bei der Bewältigung in technischer Hinsicht ersuchen. Die Bewältigung soll außerdem durch den Austausch von Lösungen und Sicherheitsübungen erleichtert werden. In Erwgr. 34 wird gleichzeitig eine Zusammenarbeit der CSIRTs[12] unter der Führung der ENISA angeregt. Diese Erwägungen sind in Art. 6 Abs. 1 lit. a aufgegriffen und münden in eine Kompetenz der ENISA bei der Unterstützung der Bewältigung von Cyberbedrohungen.

VIII. Cyberbedrohung (Nr. 8)

23 Eine Bedrohung setzt begrifflich eine Gefahr voraus, deren Realisierung bevorsteht. Damit die Gefahren entdeckt werden, bedarf es, insbesondere in der komplexen Informationstechnik, einer Risikoanalyse. Die Cyberbedrohung ist also ein strategischer Zustand nach einer Risikoanalyse. Die Definition im CSA spricht dementsprechend von möglichen Umständen, Ereignissen und Handlungen, die negative, dh störende, Auswirkungen auf Netz- und Informationssysteme haben können. Eine dem strafrechtlichen Versuch oder dem zivilrechtlichen Handlungsbegriff analoge direkt bevorstehende Beeinträchtigung ist dabei nicht erforderlich.

[12] Früher CERT: Computer Emergency Response Team, jetzt CSIRT: Computer Security Incident Response Team.

Vielmehr ist in es in der Sicherheitsforschung üblich, die „Assets", also die werthaltigen Positionen in einem Informationssystem zu betrachten. Das können bestimmte Systemfunktionen sein, aber auch bestimmte Rechte in einem System. Davon ausgehend soll eine Risikoanalyse die Chancen eines Angriffs auf die Funktion oder Position evaluiert werden. Bei der Suche nach der Definition von „Risiko" wird man wiederum in Art. 4 Nr. 9 der NIS-RL fündig. „Risiko" sind danach alle mit vernünftigem Aufwand feststellbaren Umstände oder Ereignisse, die potenziell nachteilige Auswirkungen auf die Sicherheit von Netz- und Informationssystemen haben. Eine Interessenbetrachtung erhellt die Wertstellung einer Position für den Angreifer. Gleichzeitig wird evaluiert, ob ein Angriff schwierig ist. Das Ergebnis der Evaluation ergibt den Begriff der Bedrohung. Allerdings gibt es in der politischen Dimension der Diskussion zur Cybersicherheit auch abstrakte Bedrohungen, die natürlich möglich sind, deswegen der Definition entsprechen, aber einer tatsächlichen Risikoanalyse nicht standhalten würden.

IX. Europäisches Schema für die Cybersicherheitszertifizierung (Nr. 9)

Nr. 9 enthält keine Definition im engeren Sinne. Denn „ein umfassendes Paket von Vorschriften, technischen Anforderungen, Normen und Verfahren" fassen die Werkzeuge zusammen. Demgegenüber ist die „Zertifizierung oder Konformitätsbewertung von bestimmten IKT-Produkten, -Diensten und -Prozessen" eine Beschreibung der Ziele, die mit den vorher genannten Mitteln erreicht werden sollen. Bis zum 2.2021 hat ENISA dazu eine Befragung[13] durchgeführt. Dies betrifft den Vorschlag „EUCS" vom 22.12.2020 zur Errichtung eines europäischen Zertifizierungsschemas für Cloud – Dienste.[14] Des Weiteren arbeitet ENISA seit dem Juli 2020 an einem auf ISO Common Criteria basierendem Zertifikationsschema.[15] Dies soll laut Erwgr. 99 auch dazu dienen, dass die jeweiligen nationalen Schemata auf ein gleichwertiges Anforderungsniveau überprüft werden können. Eine Zertifizierung der Zertifizierer soll Standards etablieren. Die ENISA wird hier eine zentrale Rolle spielen. **24**

X. Nationales Schema für die Cybersicherheitszertifizierung (Nr. 10)

Die nationalen Schemata für die Cybersicherheitszertifizierung werden von ENISA in einer interaktiven Karte erfasst.[16] Diese verweist für Deutschland auf die Cyber-Sicherheitsstrategie 2016. Die Strategie sieht die Einführung eines Güte- **25**

---

13 *ENISA,* Public Consultation on Cybersecurity Schemes, Consultation on Cybersecurity Schemes, ation on Cybersecurity Schemes.

14 *ENISA,* EUCS – Cloud Services Scheme, https://www.enisa.europa.eu/publications/eucs-cloud-service-scheme.

15 *ENISA,* Cybersecurity Certification, https://www.enisa.europa.eu/publications/cybersecurity-certification-eucc-candidate-scheme/. Der genutzte Common Criteria Ansatz beruht auf ISO/IEC 15408 und 18045.

16 *ENISA,* National Cyber Security Strategies – Interactive Map, https://www.enisa.europa.eu/topics/national-cyber-security-strategies/ncss-map/national-cyber-security-strategies-interactive-map.

siegels für IT-Sicherheit vor. Die Zertifizierung wurde vom Gesetzgeber dem BSI überantwortet.[17]

XI. Europäisches Cybersicherheitszertifikat (Nr. 11)

26 Zertifizierung hat nicht nur die Funktion, ein gewisses Sicherheitsniveau herzustellen. Im Auge des Gesetzgebers soll eine Zertifizierung auch zu einem Zertifikat führen. Und dieses Zertifikat ist letztlich ein Instrument der Kommunikation. Dazu passt, dass in Erwgr. 85 gefordert wird, das Zertifikat auch auf Websites angezeigt werden sollte, inklusive weiterer Information. Dieses Paradigma findet sich in vielen weiteren Erwägungsgründen, zB auch in Nr. 93. Es wird in der Definition klargestellt, dass der europäische Gesetzgeber nicht nur die Kriterien für die Zertifizierung harmonisieren und europäisieren will. Vielmehr soll dem einheitlichen Binnenmarkt eine einheitliche Sicherheitskommunikation für den Privatsektor zur Seite gestellt werden. Das hat auch den Vorteil, dass es keine Äquivalenzentscheidungen hinsichtlich nationaler Zertifikate geben muss, oder dass ein Unternehmen 27 Zertifizierungen über sich ergehen lassen muss. Wieder handelt es sich nicht um eine Definition im engeren Sinne, sondern um eine Zielvorgabe, die eigentlich besser in einem Erwägungsgrund aufgehoben gewesen wäre. Im Erwgr. 77 findet man die Bewertung solcher Zertifikate mit erstaunlicher Klarheit. Denn dort heißt es: „Die Konformitätsbewertung und die Zertifizierung an sich können nicht garantieren, dass die zertifizierten IKT-Produkte, -Dienste und -Prozesse cybersicher sind. Es handelt sich vielmehr um Verfahren und technische Methoden zur Bescheinigung, dass die IKT-Produkte, -Dienste und -Prozesse geprüft wurden und bestimmte Anforderungen an die Cybersicherheit erfüllen, [...]“. Es geht nur um das Vorhandensein bestimmter Eigenschaften und nicht darum, dass ein IKT-Produkt oder IKT-Dienst tatsächlich sicher ist. Die Kommunikationsfunktion des Zertifikats ist demgegenüber auf die Sicherheit ausgerichtet. Das Produkt wird nun als sicher beworben, obwohl nur das Vorhandensein einer Eigenschaft geprüft wird, deren Erfüllung nicht notwendig andere Probleme ausschließt. Ausgestellt wird also zB ein Zertifikat über das Vorhandensein eines kontrollierten Patchverfahrens, die Nachricht ist aber, dass das Produkt die Anforderungen nach ENISA erfüllt und sicher ist. Und darin liegt die zentrale Schwäche der Sicherheitszertifizierung und der Zertifizierung im Sicherheitsbereich generell.[18] Denn das Zertifikat selbst garantiert einem Nutzer nicht, dass die geprüften und daher nachweislich vorhandenen Kriterien in einer Risikoanalyse als ausreichen sicher zu bewerten sind. Die Zertifizierung entbindet also nicht von der Analyse zur Notwendigkeit weiterer Eigenschaften, um die Sicherheit eines IT-Systems herzustellen. Weitere Informationen zu Zertifizierung und Zertifikaten finden sich in der Kommentierung unter den Artikeln.

XII. IKT-Produkt (Nr. 12)

27 Nach der Definition ist ein IKT-Produkt ein Element oder eine Gruppe von Elementen in einem Informationssystem. Die Definition sieht ein Informationssystem also als ein System aus IKT-Produkten. Einsichtig wird diese Konstruktion so-

[17] *BSI,* Der Wert der Informationssicherheit: Zertifizierung und Anerkennung durch das BSI, https://www.bsi.bund.de/DE/Themen/ZertifizierungundAnerkennung/zertifizierungundanerkennung_node.html.

[18] *Van Goethem/Piessens/Joosen/Nikiforakis,* CCS 2014, 918.

fort am Fallbeispiel eines Routers. Alle ein System konstituierenden Elemente können also einzeln als IKT-Produkt angesprochen werden. Der IMCO Ausschuss hatte eine Änderung vorgeschlagen, diese war allerdings nur sprachlicher Natur.[19] Allerdings waren zu diesem Zeitpunkt Produkte und Dienste noch in einer Definition. Die Definition ist sehr weit, denn „Element" ist sprachlich nahe an „elementar". Zieht man Parallelen zur Physik, so erscheinen nach dieser Definition IKT-Produkte als Elementarteilchen eines Informationssystems. Das ist eine sehr philosophische Definition für ein Feld der Informatik, das zutiefst technisch und sehr durchdrungen ist. Die Definition ist so weit, dass eine Abgrenzung wohl nur dort erfolgen kann, wo kein „Informationssystem" mehr vorliegt. Die Grenze eines Informationssystems ist dann erreicht, wenn keine Datenverarbeitung mehr vorliegt. Parallelen zum Datenschutz sind erkennbar.

XIII. IKT-Dienst (Nr. 13)

Das oben (→ Rn. 27) Gesagte gilt auch für die Definition der IKT-Dienste. Die **28**
Definition eines Dienstes als Übertragung, Speicherung, Abfrage oder Verarbeitung erinnert sehr an die Definition der Verarbeitung im Datenschutz. Sie ist damit wohl bei jedweder Datenverarbeitung erfüllt. Mit der Formulierung: „IKT-Dienst bezeichnet einen Dienst" ist keine weitere Abgrenzung innerhalb der Regulierung möglich. Der Dienst beschreibt eine Datenverarbeitung. Allerdings findet in allen Elementen in einem Informationssystem auch Datenverarbeitung statt. Alle Produkte sind also auch Dienste. Eine Abgrenzung nach Hardware und Software wäre wahrscheinlich sinnvoller gewesen. Dies hätte aber die ganze Architektur der Verordnung verändert. Eine Änderung hätte damit also weitgehende Auswirkungen auf andere Teile der Verordnung gehabt. Mit den allumfassenden Definitionen hat man die Unterscheidungskriterien zur Hardware, Software und Prozess-Zertifizierung einfach den Zertifizierungs-Schemata überlassen. Eine Unterscheidung kann also nicht ohne einen Blick in die Maßnahmen nach Art. 50 ff. der Verordnung getroffen werden.

XIV. IKT-Prozess (Nr. 14)

Im offiziellen deutschen Text fällt zuerst ein Tippfehler auf. Es muss IKT-Pro- **29**
dukt heißen und nicht „ITK-Produkt.[20] Umfasst sind alle Tätigkeiten, mit denen ein IKT-Produkt oder – Dienst konzipiert, entwickelt, bereitgestellt oder gepflegt werden soll. Dh der Prozess bezeichnet hier die Arbeit der Software- und Hardwareentwickler, aber auch die Wartungsprozesse und die Administrationsarbeit des Operators. Es verwundert ein wenig, dass man in der Verordnung nicht die Begriffe aus der Informatik, nämlich „die Entwicklung" nimmt, sondern einen Begriff aus der Zertifizierung von Industrieprozessen, nämlich den „Prozess". Prozess ist aber in der Informatik vollkommen anders besetzt. Es bezeichnet einen logischen Ablauf von Schritten eines Algorithmus oder einer Software. Es entsteht eine semantische

[19] *Danti,* Stellungnahme des Ausschusses für Binnenmarkt und Verbraucherschutz für den Ausschuss für Industrie, Forschung und Energie zu dem Vorschlag für eine Verordnung des Europäischen Parlaments und des Rates über die „EU-Cybersicherheitsagentur" (ENISA) und zur Aufhebung der Verordnung (EU) Nr. 526/2013 sowie über die Zertifizierung der Cybersicherheit von Informations- und Kommunikationstechnik („Rechtsakt zur Cybersicherheit"), COM(2017)0477 – C8-0310-2017 – 2017/0225(COD).

[20] In der englischen Fassung heißt es korrekt „ICT product".

Falle für Informatiker, denn es geht rein um die Erfassung von menschlichen Prozessen im Hinblick auf eine Zertifizierung nach ISO/IEC Common Criteria. Hier kann man sehr gut sehen, dass die Erschaffung ENISA Verordnung von der Zertifizierungswelt dominiert wurde und deswegen nur einen begrenzten Nutzen für die inhaltliche IT-Sicherheitsarbeit leisten können wird.

XV. Akkreditierung (Nr. 15)

30 Die Definition ist ein reiner Verweis auf Art. 2 Nr. 10 Akkreditierungs-VO über die Vorschriften für die Akkreditierung und Marktüberwachung im Zusammenhang mit der Vermarktung von Produkten. Dieser enthält ebenfalls Definitionen. Nr. 10 lautet:

> *„Akkreditierung": Bestätigung durch eine nationale Akkreditierungsstelle, dass eine Konformitätsbewertungsstelle die in harmonisierten Normen festgelegten Anforderungen und, gegebenenfalls, zusätzliche Anforderungen, einschließlich solcher in relevanten sektoralen Akkreditierungssystemen, erfüllt, um eine spezielle Konformitätsbewertungstätigkeit durchzuführen;*

31 Wenn aber eine Akkreditierung eine Bestätigung durch eine nationale Akkreditierungsstelle ist, müssen auch die europäischen Zertifizierungsstellen immer national akkreditiert werden. Die ENISA selbst, obwohl eine Rechtsperson ist durch die Definition von der Erteilung von Akkreditierungen ausgeschlossen. In Deutschland erfolgt die Akkreditierung durch die Deutsche Akkreditierungsstelle DAkks,[21] in Frankreich durch das Comité français d'accréditation.[22] Weitere Akkreditierungsstellen können beim International Accreditation Forum gefunden werden.[23]

XVI. nationale Akkreditierungsstelle (Nr. 16)

32 Dies ist ebenfalls ein Verweis auf die Akkreditierungs-VO. Art. 2 Nr. 11 der Verordnung lautet:

> *„Nationale Akkreditierungsstelle": die einzige Stelle in einem Mitgliedstaat, die im Auftrag dieses Staates Akkreditierungen durchführt;*

33 Da es sich um die „einzige Stelle" handelt, kann es nicht mehrere nationale Akkreditierungsstellen pro Mitgliedsstaat geben. Die Akkreditierung wird im Auftrage des Staates durchgeführt, obwohl der Normgeber supranational ist. So gibt die EU einem Mitgliedsstaat auf in eigenem Namen aufgrund der direkt anwendbaren Regeln Akkreditierungen für europaweite Zertifizierungen durchzuführen. Der Verweis als Wiederverwendung einer 12 Jahre alten Definition wird dem heutigen Rahmen nicht gerecht. Zu den einzelnen nationalen Akkreditierungsstellen siehe oben 15.

---

[21] https://www.dakks.de/.

[22] https://www.cofrac.fr.

[23] https://www.iaf.nu/articles/Accreditation_Body_Members_by_Name/52.

XVII. Konformitätsbewertung (Nr. 17)

Die Konformitätsbewertung ist ebenfalls ein Verweis auf die Akkreditierungs-VO. Art. 2 Nr. 12 der Verordnung lautet: **34**

„Konformitätsbewertung" [ist] das Verfahren zur Bewertung, ob spezifische Anforderungen an ein Produkt, ein Verfahren, eine Dienstleistung, ein System, eine Person oder eine Stelle erfüllt sind;

Eine Zertifizierung setzt ein Zertifizierungsschema voraus, dass Anforderungen definiert, die erfüllt sein müssen, damit die Zertifizierung erfolgreich ist. Man könnte also sagen, dass am Ende einer Konformitätsbewertung die Erteilung eines Zertifikats oder dessen Ablehnung steht. Dies weist auf Nr. 9, wo das europäische Schema für Cybersicherheitszertifizierung beschrieben ist. Es geht also darum, inwieweit der zu prüfende Lebenssachverhalt den „Vorschriften, technischen Anforderungen, Normen und Verfahren" entspricht. Konformitätsbewertung geht weit über die Zertifizierung hinaus, ohne Konformitätsbewertung ist eine Zertifizierung allerdings wertlos. **35**

XVIII. Konformitätsbewertungsstelle (Nr. 18)

Um die Konformität im Sinne der Nr. 17 bewerten zu können, braucht es natürlich eine Konformitätsbewertungsstelle. Diese ist in Art. 2 Nr. 13 der Akkreditierungs-VO definiert als: **36**

„eine Stelle, die Konformitätsbewertungstätigkeiten einschließlich Kalibrierungen, Prüfungen, Zertifizierungen und Inspektionen durchführt."

Damit ist einzige Voraussetzung die Tätigkeit der Bewertung. Bewertung ist das Messen einer Tatsache an einem Maßstab. Bewertungen sind oft monetäre Zuordnungen eines Preises zu einer beweglichen oder unbeweglichen Sache. Im Sinne der ENISA-Verordnung ist die Bewertung allerdings auf Zertifizierung ausgerichtet. Und damit ist der Maßstab das Zertifizierungsschema, sei es ein Gesetz, eine Norm oder eine technische Spezifikation. Die Bewertung ist also darauf ausgerichtet, ob die einzelnen Prüfpunkte des Zertifizierungsschemas erfüllt sind, oder nicht. **37**

XIX. Norm (Nr. 19)

Das europäische Standardisierungssystem ist in der VO (EU) 1025/2012 geregelt. Normen und technische Spezifikationen werden häufig als Grundlage für eine Zertifizierung genommen, nicht nur im Bereich der IT-Sicherheit. Die VO (EU) 1025/2012 unterscheidet zwischen „Normen" einerseits und sonstigen technischen Spezifikationen. Die ENISA-Verordnung verweist auf die Eingangsdefinition in Art. 2 Nr. 1 VO (EU) 1025/2012. Danach bedeutet: **38**

„Norm" eine von einer anerkannten Normungsorganisation angenommene technische Spezifikation zur wiederholten oder ständigen Anwendung, deren Einhaltung nicht zwingend ist und die unter eine der nachstehenden Kategorien fällt:

a) „internationale Norm": eine Norm, die von einer internationalen Normungsorganisation angenommen wurde;

b) „europäische Norm": eine Norm, die von einer europäischen Normungsorganisation angenommen wurde;

c) „harmonisierte Norm": eine europäische Norm, die auf der Grundlage eines Auftrags der Kommission zur Durchführung von Harmonisierungsrechtsvorschriften der Union angenommen wurde;

d) „nationale Norm": eine Norm, die von einer nationalen Normungsorganisation angenommen wurde;

39 Aus den Definitionen wird klar, dass die VO (EU) 1025/2012 unter Norm nur solche technischen Spezifikationen versteht, den Prozess einer de-jure Standardisierungsorganisation durchlaufen haben. Diese sind durch Gesetz oder durch eine internationale Vereinbarung gegründete Organisationen, deswegen de-jure Organisationen. In Europa sind dies die nationalen Standardisierungsorganisationen, wie zB das DIN. Auf der Ebene der EU sind das die im Anhang I der VO (EU) 1025/2012 aufgeführten Organisationen:

- CEN (**C**omité **E**uropéeen de **N**ormalisation oder Europäisches Komitee für Normung)
- CENELEC (**C**omité **E**uropéen de **N**ormalisation **élec**trotechnique oder Europäisches Komitee für elektrotechnische Normung)
- ETSI (**E**uropean **T**elecommunications **S**tandards **I**nstitute oder Europäisches Institut für Telekommunikationsnormen)

40 Im de-jure Bereich gibt es eine Hierarchisierung von Normen und Spezifikationen. So ist die VO (EU) 1025/2012 vor allem gegen die Fragmentierung in der europäischen Standardisierung gerichtet. Deswegen gab es früher einen Vorrang der europäischen Organisationen in Art. 7 (1) Info-RL 1998 gegenüber den nationalen Standardisierungsorganisationen. Allerdings wurde die Info-RL 1998 durch die Info-RL über ein Informationsverfahren auf dem Gebiet der technischen Vorschriften und der Vorschriften für die Dienste der Informationsgesellschaft ersetzt. Die Info-RL ersetzt den reinen Vorrang durch ein von der Kommission kontrolliertes Koordinationssystem zwischen allen nationalen und den europäischen Standardisierungsorganisationen.

41 Es bleibt festzuhalten, dass „Normen" vor allem solche technischen Spezifikationen sind, die von einer de-jure Organisation angenommen wurden und vor allem auf eine Unterstützung der europäischen Gesetzgebung ausgerichtet sind.[24] So erwähnt zB die eIDAS-VO im Erwgr. 72 diese Co-Normierung. Auch die von der ENISA in den Normierungsgremien geförderten Normen zur Cybersicherheit dienen letztlich dieser Verordnung oder der NIS-RL.

XX. Technische Spezifikation (Nr. 20)

42 Angesichts der komplexen Lage zwischen „Norm" und „technischer Spezifikation" erstaunt die autonome Definition in der ENISA-Verordnung. Definiert wird der Terminus als ein Dokument mit technischen Anforderungen. Das kann eine E-Mail sein. Hier wird man mit einem Verweis auf Art. 13 und 14 VO (EU) 1025/2012 behelfen müssen. Dort werden IKT-Spezifikationen als „gemeinsame technische Spezifikationen[25]" definiert und auf die Sektoren-RL 2004 und Ver-

[24] S. auch *Europäische Kommission,* Leitfaden für die Umsetzung der nach dem neuen Konzept und dem Gesamtkonzept verfaßten Richtlinien, https://op.europa.eu/de/publication-detail/-/publication/4f6721ee-8008-4fd7-acf7-9d03448d49e5.

[25] Der Terminus technicus ist „common technical specification", was bei einer eventuellen Suche hilfreich ist.

gabe-RL Verteidigung und Sicherheit verwiesen. In der Sektoren-RL 2004 sind diese in Annex XXI definiert. Dort ist von Merkmalen für ein Erzeugnis oder eine Dienstleistung die Rede, wie „Qualitätsstufen, Umweltleistungsstufen, Konzeption für alle Anforderungen (einschließlich des Zugangs von Behinderten) und Konformitätsbewertungsstufen, Leistung, Vorgaben für Gebrauchstauglichkeit, Sicherheit oder Abmessungen des Erzeugnisses, einschließlich der Vorschriften über Verkaufsbezeichnung, Terminologie, Symbole, Prüfungen und Prüfverfahren, Verpackung, Kennzeichnung und Beschriftung, Gebrauchsanleitungen, Produktionsprozesse und -methoden sowie über Konformitätsbewertungsverfahren". „Gemeinsame technische Spezifikationen" sind dann technische Spezifikationen, die nach einem von den Mitgliedstaaten anerkannten Verfahren festgelegt und im Amtsblatt der Europäischen Union veröffentlicht wurden. Die Sektoren-RL ersetzt die Sektoren-RL 2004 und verweist nunmehr direkt zurück auf das Anerkennungsverfahren in Art. 13 und 14 VO (EU) 1025/2012. Die Kriterien für die Anerkennung einer „gemeinsamen technischen Spezifikation" sind dort in Anhang II normiert und stellen insbesondere Anforderungen zum Prozess bei der Erstellung der Spezifikation. Auf Antrag einer Verwaltung kann diese Spezifikation dann von der Kommission nach Anhörung der Multistakeholder Platform for Standardisation als gemeinsame technische Spezifikation anerkannt und im Amtsblatt veröffentlicht werden.

XXI. Vertrauenswürdigkeitsstufe (Nr. 21)

Die Definition der Vertrauenswürdigkeit ist als Glaubensbekenntnis formuliert. **43**
Ein Zertifizierungsschema formuliert bekanntlich ein umfassendes Paket von Vorschriften, technischen Anforderungen, Normen und Verfahren.[26] Nun soll die Vertrauenswürdigkeitsstufe das Vertrauen darin ausdrücken, dass die spezifischen Anforderungen des oben genannten Pakets erfüllt sind. Die Natur einer Zertifizierung ist aber, dass die Anforderungen nicht geglaubt, sondern überprüft werden. Eine Zertifizierung auf Glaubens- oder Vertrauensbasis erscheint jedenfalls die gängige Praxis der Zertifizierung nicht zu repräsentieren, sieht man einmal von den üblichen Werbebotschaften ab. Die Definition soll nur für ein spezifisches europäisches Schema gelten. Auch als Binnendefinition scheint das nicht ausreichend, definiert und verwendet die Verordnung doch auch den Terminus des nationalen Schemas für die Cybersicherheitszertifizierung.[27] Eine weite Auslegung nimmt daher hier keinen Rückgriff auf die Definition in Nr. 11, sondern interpretiert „europäisch" hier als eine Gesamtheit von Initiativen auf Unionsebene und der nationalstaatlichen Ebene eines EU-Mitgliedsstaates.

Laut der Definition erlaubt die Vertrauenswürdigkeitsstufe keinerlei Messung **44**
der Sicherheit eines IKT-Produkts. Das ist erstaunlich, ist doch Ziel einer Sicherheitszertifizierung, dass Kriterien nachgewiesen werden, die Schlüsse auf die Sicherheit einer IT-Komponente erlauben.

Semantisch zielführender ist wohl, die Vertrauenswürdigkeitsstufe als Maßein- **45**
heit zu sehen, deren Stufen durch das Zertifizierungsschema vorgegeben sind. Sie lässt daher Rückschlüsse auf die Anzahl und wohl auch die Härte der zu erfüllenden Anforderungen zu.

---

[26] → Rn. 24.
[27] → Rn. 25.

XXII. Selbstbewertung der Konformität (Nr. 22)

46 Die Selbstevaluation wird von der IT-Industrie immer wieder als Lösung angeboten. Der Hersteller oder Anbieter testet das Produkt oder den Dienst selbst gegen die Anforderungen einer technischen Spezifikation und gibt eine Aussage zum Vorhandensein von bestimmten Merkmalen ab. Die Gegner der Selbstevaluation merken an, dass der Hersteller ja einfach alles behaupten könne, es sei nicht von vertrauenswürdiger Seite geprüft. Allerdings unterschätzt diese Meinung die Selbstbindung des Herstellers durch die Aussage. Trifft er eine Konformitätsbewertung, muss er sich daran festhalten lassen und setzt sich unter Umständen Schadensersatzansprüchen oder wettbewerblichem Streit aus.

47 Die Definition erlaubt dem Hersteller bei der Selbstbewertung nicht beliebige Aussagen. Vielmehr muss als Maßstab ein europäisches Schema der Cybersicherheitszertifizierung dienen, gegen das die Selbstbewertung das Produkt oder den Dienst evaluiert. Das zu oben Nr. 21 hinsichtlich nationaler Schemata gesagte gilt her natürlich genauso.

Titel II ENISA (Agentur der Europäischen Union für Cybersicherheit)

Kapitel I Mandat und Ziele

Art. 3 Mandat

(1) **[1] [1]Die ENISA nimmt die ihr mit dieser Verordnung zugewiesenen Aufgaben mit dem Ziel wahr, ein hohes gemeinsames Maß an Cybersicherheit in der gesamten Union zu erreichen, unter anderem indem sie die Mitgliedstaaten und die Organe, Einrichtungen und sonstigen Stellen der Union bei der Verbesserung der Cybersicherheit unterstützt. [2]Die ENISA dient den Organen, Einrichtungen und sonstigen Stellen der Union sowie anderen maßgeblichen Interessenträgern der Union als Bezugspunkt für Beratung und Sachkenntnis im Bereich Cybersicherheit. [2] Die ENISA trägt durch die Wahrnehmung der ihr mit dieser Verordnung zugewiesenen Aufgaben zur Verringerung der Fragmentierung im Binnenmarkt bei.**

(2) **Die ENISA nimmt die ihr durch Rechtsakte der Union zugewiesenen Aufgaben wahr, mit denen die Rechts- und Verwaltungsvorschriften der Mitgliedstaaten auf dem Gebiet der Cybersicherheit angeglichen werden sollen.**

(3) **Die ENISA handelt bei der Wahrnehmung ihrer Aufgaben unabhängig, vermeidet Überschneidungen mit den Tätigkeiten der Mitgliedstaaten und berücksichtigt die bereits vorhandene Sachkenntnis der Mitgliedstaaten.**

(4) **Die ENISA entwickelt ihre eigenen Ressourcen, einschließlich technischer und menschlicher Fähigkeiten und Fertigkeiten, die erforderlich sind, um die ihr mit dieser Verordnung zugewiesenen Aufgaben wahrzunehmen.**

Literatur: *DuD Report,* EU-Agentur für Cybersicherheit ENISA erhält weitere Aufgaben, DuD 2013, 608; *Markopoulou/Papakonstantinou/de Hert,* The New EU Cybersecurity Framework: The NIS Directive, ENISA's role and the General Data Protection Regulation, Computer Law & Security Report 35,6 (2019); *Perlroth,* How the United States Lost to Hackers, New York Times 2021, https://www.nytimes.com/2021/02/06/technology/cyber-hackers-usa.html

A. Allgemeines

Art. 3 legt den Rahmen für die Tätigkeiten der ENISA fest. Dieser Rahmen ist aus dem ordnungsgemäßen Funktionieren des Binnenmarktes nach Art. 26 AEUV abgeleitet. Alle Handlungen der ENISA müssen also daran gemessen werden, ob sie von den Ermächtigungen in Art. 3 gedeckt sind. Art. 3 gibt also den Handlungsrahmen für die ENISA vor. Wie oben zu Art. 1 dargestellt, waren Aufgaben und Ziele in den ersten Anläufen nicht getrennt. Auch in der Fassung von 2019 ist die Trennung zwischen Art. 3, Aufgaben, und Art. 4, Ziele, nicht stringent durchgehalten. 1

B. Einzelerläuterungen

Absatz 1 enthält zuerst zwei Ziele: 2

- Die ENISA soll ein hohes gemeinsames Maß an Cybersicherheit in der gesamten Union erreichen
- Die ENISA soll nach Art. 3 Abs. 1 S. 3 zur Verringerung der Fragmentierung im Binnenmarkt beitragen.

Beide Ziele sind aus der Entstehungsgeschichte zu sehen, denn Pate standen sowohl die Kommission als auch die Hohe Vertreterin der Europäischen Union für Außen- und Sicherheitspolitik, Federica Mogherini. Art. 26 AEUV gibt der EU Kompetenz für das Funktionieren des Binnenmarktes. Die Rechtsgrundlage für Maßnahmen zum Funktionieren des Binnenmarktes werden von Art. 114 AEUV genauer bestimmt. Art. 114 Nr. 1 AEVU enthält die Rechtsgrundlage für den Erlass der Verordnung. Nr. 3 verpflichtet die Kommission zu einem hohen Sicherheitsniveau bei allen Maßnahmen. Die in Abs. 1 formulierten Ziele stehen also im Einklang mit der Grundlage, die im Vertrag über die Arbeitsweise der Europäischen Union formuliert wurde. Die Zielangaben sind eine Wiederholung aus Art. 1 der Verordnung. 3

Abs. 1 beschreibt die Ziele, die erreicht werden sollen. Die ENISA soll die Mitgliedsstaaten und die Organe, Einrichtungen und sonstigen Stellen der Union bei der Verbesserung der Cybersicherheit unterstützen. 4

In den Materialien, auch früherer Verordnungen zur ENISA, wird immer wieder die Rolle der ENISA als Kompetenzzentrum zur Cybersicherheit erwähnt. Diese Kompetenz den Stellen der EU und der Mitgliedsstaaten zur Verfügung zu stellen, ist von Abs. 1 umfasst. Damit ergibt sich ein direktes Mandat zur Beratung von öffentlichen Stellen in der EU in Fragen der Cybersicherheit. Persönliche und sachliche Ressourcen können aufgewendet werden, um direkt zu beraten, aber auch Richtlinien und Praxisleitlinien zu erarbeiten, die diesen öffentlichen Stellen direkt dienen. 5

In S. 2 wird der ENISA aufgetragen, „Bezugspunkt" für Beratung und Sachkenntnis zu sein. Dies kann nur als Auftrag verstanden werden, ein Experten-Netzwerk und Kommunikationsstrukturen im Bereich Cybersicherheit auf EU-Ebene 6 aufzubauen. Damit wird die Kompetenz für die Organisation von wissenschaftlichen und informativen Veranstaltungen gegeben, soweit in Bezug zur Cybersicherheit besteht. Die ENISA hat dies aber in der Vergangenheit auch so verstanden, dass Studien für besonders häufige und dringende Sicherheitsprobleme in Auftrag gegeben und allen zur Verfügung gestellt wurden. Die Veröffentlichung ist insoweit von der Kompetenz zur Beratung der „anderen maßgeblichen Interessenträgern[1]" gedeckt.

7 **Abs. 2** enthält eine Öffnungsklausel, nach der auch andere Rechtsakte der EU eine Kompetenz der ENISA begründen können. Eine solche Zuordnung ergibt sich zB aus den Art. 5, 7, 9, 11, 12 und 19 der NIS-RL. Dies betreffen Hilfestellungen für Mitgliedsstaaten, die schon durch Abs. 1 erfasst wären, aber auch neue Kompetenzen. So stellt die ENISA nach Art. 12 das Sekretariat für das Netzwerk der Computer Incident Response Teams (CSIRTs) EU weit. Interessant ist auch die Kompetenz zur Entwicklung technischer Spezifikationen in Art. 11 EU-Bürgerinitiative-Verordnung 2020 über die Europäische Bürgerinitiative. Die Elektronische Kommunikationskodex-RL gibt der ENISA eine Kompetenz zur Koordination der Mitgliedsstaaten bei der Netzwerksicherheit. Die eIDAS-VO verpflichtet Anbieter von Vertrauensdiensten bei Sicherheitsverletzungen oder Integritätsverlusten zur Meldung an die Aufsichtsstelle. Einmal im Jahr melden alle Aufsichtsstellen die Zwischenfälle nach Art. 19 an die ENISA. Die Öffnungsklausel wirkt bis in die dritte Säule. Die RL 2013/40/EU bezweckt eine Harmonisierung im Bereich der auf Cyberattacken anwendbaren Regeln. Der ENISA kommt nach Art. 14 eine Rolle beim Monitoring und der Statistik zu.

8 **Abs. 3** enthält das Prinzip der Subsidiarität[2]: Die ENISA soll die Kompetenzen der Behörden wie BSI[3] in Deutschland oder ANSSI[4] in Frankreich nutzen und keine konkurrierenden Kapazitäten aufbauen. Abs. 3 deklariert aber auch die Unabhängigkeit der ENISA. Die ENISA beschreibt diese Unabhängigkeit als eines ihrer Grundwerte.[5] Deswegen muss das Management auch eventuell bestehende Interessenkonflikte deklarieren. Aufgrund der Kompetenz aus Art. 5 Abs. 6 VO (EU) 526/2013 hat der Verwaltungsrat eine Leitlinie zu Interessenkonflikten erlassen. Diese Kompetenz steht nunmehr im Art. 15 Abs. 1 lit. i CSA. Mit der Entscheidung MB/2013/7 hat der Verwaltungsrat eine entsprechende Richtlinie erlassen.[6]

9 **Abs. 4** enthält die Grundlage für den Aufbau eigener Kompetenzen zur Cybersicherheit innerhalb der ENISA. Die ENISA ist damit nicht als reine Koordinationsbehörde ausgelegt, wie das in der EU oft der Fall ist. Vielmehr hat sie eigene Angestellte und eigene technische Fähigkeiten. Das ist nur konsequent, denn seit 2004 hat die ENISA einen Stab von IT-Sicherheitsexperten aufgebaut. Die Entscheidung für Kreta als Niederlassungsort hat hier zu erheblichen Anfangsschwierigkeiten geführt, sowohl bei der Anwerbung von Experten also auch beim Kontakt

---

[1] Hier findet sich der in Brüssel bekannte „Stakeholderism".
[2] Art 5 Abs. 3 EUV.
[3] https://www.bsi.bund.de/.
[4] https://www.ssi.gouv.fr/.
[5] *ENISA,* Declaration of interests, https://www.enisa.europa.eu/about-enisa/procedures-and-policies/conflicts-of-interest.
[6] *ENISA,* Decision MB/2013/7, https://www.enisa.europa.eu/about-enisa/structure-organization/management-board/management-board-decisions/decision-no-mb20137-signed.pdf.

nach Brüssel. Inzwischen gibt es eine Niederlassung in Athen und in Brüssel und die anfänglichen Probleme wurden nach der Verordnungsnovelle von 2013 schrittweise gelöst.

Art. 4 Ziele

(1) **Die ENISA dient aufgrund ihrer Unabhängigkeit, der wissenschaftlichen und technischen Qualität der von ihr geleisteten Beratung und Unterstützung, der von ihr bereitgestellten Informationen, ihrer operativen Verfahren, ihrer Arbeitsmethoden sowie der Sorgfalt bei der Wahrnehmung ihrer Aufgaben als Kompetenzzentrum in Fragen der Cybersicherheit.**

(2) **Die ENISA unterstützt die Organe, Einrichtungen und sonstigen Stellen der Union sowie die Mitgliedstaaten bei der Ausarbeitung und Umsetzung von Strategien der Union im Zusammenhang mit der Cybersicherheit, wozu auch sektorbezogene Strategien zur Cybersicherheit gehören.**

(3) **Die ENISA fördert unionsweit den Kapazitätsaufbau und die Abwehrbereitschaft, indem sie die Organe, Einrichtungen und sonstigen Stellen der Union, die Mitgliedstaaten sowie öffentliche und private Interessenträger dabei unterstützt, den Schutz ihrer Netz- und Informationssysteme zu verbessern, Fähigkeiten zur Abwehr von Cyberangriffen und Reaktionskapazitäten aufzubauen und zu verbessern und Fähigkeiten und Kompetenzen auf dem Gebiet der Cybersicherheit aufzubauen.**

(4) **Die ENISA fördert auf Unionsebene die Zusammenarbeit einschließlich des Informationsaustauschs und die Koordinierung zwischen den Mitgliedstaaten, den Organen, Einrichtungen und sonstigen Stellen der Union sowie den einschlägigen privaten und öffentlichen Interessenträgern in Fragen, die im Zusammenhang mit der Cybersicherheit stehen.**

(5) **Die ENISA trägt zum Ausbau der Cybersicherheitskapazitäten auf Unionsebene bei, um – insbesondere bei grenzüberschreitenden Sicherheitsvorfällen – die Maßnahmen zu unterstützen, die die Mitgliedstaaten zur Vermeidung von Cyberbedrohungen oder als Reaktion darauf ergreifen.**

(6) **[1]Die ENISA fördert die Nutzung der europäischen Cybersicherheits-Zertifizierung, um der Fragmentierung des Binnenmarkts vorzubeugen. [2]Die ENISA trägt zum Aufbau und zur Pflege eines Cybersicherheitszertifizierungsrahmens im Sinne des Titels III dieser Verordnung bei, um die auf mehr Transparenz gestützte Vertrauenswürdigkeit der Cybersicherheit von IKT-Produkten, -Diensten und -Prozessen zu erhöhen und damit das Vertrauen in den digitalen Binnenmarkt sowie dessen Wettbewerbsfähigkeit zu stärken.**

(7) **Die ENISA fördert ein hohes Maß der Sensibilisierung für die Cybersicherheit, einschließlich der Cyberhygiene und der Cyberkompetenz von Bürgern, Organisationen und Unternehmen.**

A. Allgemeines

1 Art. 4 setzt die eigentlichen Politikfelder, in denen die ENISA aktiv ist. Dies wird aus den Mehrjahresplänen sichtbar, die die ENISA veröffentlicht[1]. Diesen Zielen sind die Mittel gewidmet, die durch Art. 1 und 3 mobilisiert werden. Es ist auffallend, dass die Reihenfolge der verschiedenen Felder öfter gemischt wird. Dann werden die Ziele in Art. 4 Abs. 1 erst an dritter Stelle genannt. Die vorliegende Betrachtung orientiert sich am Mehrjahresplan der ENISA. Dabei können einzelne Vorhaben gleich aus mehreren Absätzen oder Rechtsquellen hergeleitet werden. Es gibt viele Überschneidungen und kohärente Initiativen, die mehreren Zielen dienen. Die einzelnen Bereiche sind im Kapitel II dann noch einmal detailliert aufgeführt.

B. Einzelerläuterungen

2 Aus den sieben Absätzen des Art. 4 hat der Verwaltungsrat der ENISA insgesamt sechs Politikfelder abgeleitet:

I. Kompetenzzentrum (Abs. 1)

3 Die ENISA soll das Wissen zur Herausforderungen der Cybersicherheit in Europa bewerten und verbessern. Insbesondere sollen aufkommende neue Herausforderungen adressiert werden. Dies umfasst nicht nur den Aufbau eigenen Wissens bei der ENISA, sondern hilft auch nationalen Behörden beim Aufbau nationaler Expertise. Im Plan 2022 sind der Aufbau der nationalen Kapazitäten im Bereich der Reaktivität[2] und die Strukturen zur Überwachung der Cybersicherheitsgesetzgebung.

4 ENISA will auch zu besserer Kommunikation beitragen. Dazu sollen Information Sharing and Analysis Centers (ISACS) für verschiedene Sektoren etabliert werden. Da es sich oft um sensible Information handelt, sollen Richtlinien und Prozeduren für diese ISACs erstellt werden. Da mit Berichtspflichten über Sicherheitsvorfälle auch ein regulatorischer Rahmen besteht, soll dieser mit in den Richtlinien berücksichtigt werden. Aber auch generell soll nach Abs. 7 die Sensibilisierung der Unternehmen, Organisationen und Bürger im Sinne einer „Cyberhygiene" erfolgen. Der Begriff vermittelt eine Vorstellung von seiner Bedeutung, ist aber sehr abstrakt gewählt. Gemeint sein dürfte, dass die angesprochenen Akteure sich an die Leitfaden halten und ihre Systeme auf dem neuesten Stand halten.

5 Ziel ist der ENISA ist es zur zentralen Anlaufstelle für Informationen zu Cybersicherheit zu werden. Dazu werden Leitlinien gefördert und veröffentlicht indem Informationen von EU und Mitgliedsstaaten gesammelt werden. Dies betrifft auch Leitlinien für kritische Infrastrukturen, also zB eine Koordination mit der deutschen KRITIS.[3] Die ENISA hat es sich auch zur Aufgabe gemacht, regelmäßig Veranstal-

---

[1] ZB der Plan 2020–2022: *ENISA,* ENISA Programming Document 2020–2022 with Amendments, https://www.enisa.europa.eu/publications/corporate-documents/enisa-programming-document-2020-2022-with-amendments.

[2] Engl.: Incident response reaction.

[3] *BBK,* Kritische Infrastrukturen, https://www.kritis.bund.de/SubSites/Kritis/DE/Home/home_node.html.

tungen und Aktion zur Sensibilisierung in Koordination mit den Behörden der Mitgliedsstaaten durchzuführen.

II. Unterstützung der öffentlichen Stellen in Union und Mitgliedsstaaten (Abs. 2)

Dieses Aufgabenfeld umfasst die Unterstützung der Politik bei der Erstellung und Umsetzung von Regelungen im Bereich Cybersicherheit. Dazu wird aktiv zur Entwicklung von Regelungen im Feld der Netzsicherheit und der NIS-RL beigetragen. ENISA sieht vor allem Handlungsbedarf im Bereich der Entwicklungen in den Mitgliedsstaaten und will dazu beitragen, dass diese kohärent zueinander bleiben. Dies betrifft nicht nur den IT-Sektor, sondern auch die Sicherheit der Systeme im Bereich Transport, Energie, Finanz etc. Die ENISA soll insbesondere unabhängige Gutachten liefern und sich an gesetzesvorbereitenden Arbeiten beteiligen. **6**

Ein wichtiger Aspekt ist auch die Begleitung der Initiativen der EU im Bereich der digitalen Kommunikation, des Identitätsmanagements und der Vertrauensdienste, um den Sicherheitslevel zu haben. **7**

Die Mitarbeit im Bereich der öffentlichen Hand erlaubt der ENISA einen guten Überblick über die verschiedensten Initiativen in der EU auf allen Ebenen. Ein regelmäßiger Bericht über den Stand der Dinge soll dies auch den Institutionen zugänglich machen und politische Entscheidungen informieren. **8**

III. Aufbau von Fähigkeiten in der Cybersicherheit (Abs. 3)

Es gibt eine Reihe von Initiativen im Bereich des Aufbaus der Kapazitäten. Diese sind begleiten die politischen Initiativen auf EU-Ebene und in den Mitgliedsstaaten. Die Mitgliedsstaaten sind durch die NIS-RL aufgefordert, eigene Kapazitäten zur Abwehr von Angriffen und zum Aufbau eigener Kapazitäten zu leisten. Diese Initiativen werden unter dem Kürzel NCSS[4] zusammengefasst. Die ENISA hilft beim Informationsaustausch mit einer eigenen Website[5] und jährlichen Workshops.[6] Ein Leitfaden für Innovationen im Bereich der nationalen Cybersicherheitsstrategien wurde erst kürzlich veröffentlicht.[7] Der Leitfaden gibt einen exzellenten Überblick über die derzeitigen Initiativen auf nationaler und europäischer Ebene. Für Deutschland berichten die Experten vor allem von einer Unterfinanzierung und einer mangelnden Angleichung von Innovation und Markt im Bereich der innovativen Produkte und Dienstleistungen.[8] **9**

Um die Nationalen Initiativen besser erfassen und bewerten zu können, hat die ENISA im Dezember einen Rahmenwerk zur Erfassung nationaler Cybersicherheitsfähigkeiten[9] veröffentlicht. Der Rahmen soll Mitgliedsstaaten helfen, eine **10**

---

[4] National Cybersecurity Strategies – NCSS.

[5] *ENISA,* National Cybersecurity Strategies, https://www.enisa.europa.eu/topics/national-cyber-security-strategies.

[6] In 2020 fand der 8. Workshop zu Nationalen Initiativen statt: https://www.enisa.europa.eu/events/workshop-on-the-topic-of-national-cybersecurity-strategies-ncsss.

[7] *ENISA,* Good Practices in Innovation under NCSS, https://www.enisa.europa.eu/publications/good-practices-in-innovation-on-cybersecurity-under-the-ncss.

[8] *ENISA,* National Cybersecurity Strategies, S. 27, https://www.enisa.europa.eu/topics/national-cyber-security-strategies.

[9] *ENISA,* National Capabilities Assessment Framework, https://www.enisa.europa.eu/publications/national-capabilities-assessment-framework.

Selbstbewertung vorzunehmen, wo sie im Hinblick auf die Erfüllung der NCSS-Ziele stehen. Dieser Rahmen dient dazu:

- Nützliche Information für langfristige Strategien zur Verfügung zu stellen
- Fehlende Elemente der Strategie zu identifizieren
- Weitere Fähigkeiten im Bereich der Cybersicherheit zu entwickeln
- Die Transparenz und Nachvollziehbarkeit politischer Vorhaben zu stärken
- Glaubwürdigkeit gegenüber der Öffentlichkeit und internationalen Partnern aufzubauen
- Öffentlichkeitsarbeit zu verbessern und Transparenz zu fördern
- Hilfestellung bei der Problemerkennung zu geben und Probleme vorweg zu nehmen
- Hilfestellung bei Schlussfolgerungen und Leitfäden zu leisten
- Einen Mindeststandard für Fähigkeiten in der EU zu setzen und Diskussionen zu erleichtern
- Die Evaluation von nationalen Fähigkeiten im Bereich Cybersicherheit zu erleichtern.

11 Der Aufbau der Fähigkeiten wird in 4 Cluster geteilt, die wiederum einigen der Ziele in Art. 4 entsprechen, nämlich:

1. Richtlinien der Cybersicherheit und Standards
2. Aufbau von Fähigkeiten und Sensibilisierung
3. Der gesetzliche Rahmen
4. Kooperation

12 Insbesondere Punkt 4 entspricht dem Abs. 3, denn es soll, EU-typisch, ein PPP,[10] also ein öffentlich-privates Gemeinschaftsprojekt im Bereich Cybersicherheit gegründet werden. Dies dient dann als Plattform für weitere Zusammenarbeit, Workshops und anderen Informationsaustausch. Das erste PPP, genannt EP3R war 2013 ausgelaufen. Ein Leitfaden zu PPPs im Sicherheitsbereich hat nicht zur Gründung neuer großer PPPs geführt.[11] Nach diesem Modell wurde 2016 das Cybersecurity PPP (cPPP) gegründet. Privater Teil ist ein Zusammenschluss privater Akteure unter dem Namen European Cyber Security Organisation (ECSO).[12]

13 Abs. 5 betrifft dann den Aufbau unionseigener Fähigkeiten, wird aber in den oben genannten Maßnahmen integriert. Dabei geht es auch um das Potential der untereinander vernetzten CSIRTs.

IV. Zusammenarbeit und Koordinierung (Abs. 4, 5)

14 Zu Koordinierung und Zusammenarbeit zählt sicher der oben schon erwähnte Aufbau der Fähigkeiten in der Cybersicherheit auf nationaler Ebene, die koordiniert werden muss. Allerdings ist damit auch die Zusammenarbeit und Koordinierung im operativen Geschäft gemeint. Diese Tätigkeit wird von den Zielen in Art. 4 mehrfach erfasst. Abs. 4 betrifft den Informationsaustausch zwischen den einzelnen CSIRT und der ENISA. Die Koordination und Kohärenz der Maßnahmen können auch hierunter fallen.

15 Abs. 5 ergibt auch eine Kompetenz der ENISA zur operativen Kooperation und zum Krisenmanagement. Hier gibt es wieder eine Verbindung zum Aufbau der Fä-

---

[10] Public Private Partnership.

[11] *ENISA,* Public Private Partnerships, https://www.enisa.europa.eu/publications/public-private-partnerships-ppp-cooperative-models.

[12] *ECS,* About the cPPP, https://www.ecs-org.eu/cppp.

higkeiten zur präventiven Abwehr von Angriffen. Dazu hat ENISA geplant paneuropäische Cybersicherheitsübungen durchzuführen. Durch die Einrichtung eines Sekretariats für das Netzwerk der nationalen CSIRTs wird die Kooperation bei der ENISA institutionalisiert. Allerdings kann man diese Aufgabe auch aus Art. 12 NIS-RL herleiten.

V. Zertifizierung (Abs. 6)

Abs. 6 beauftragt die ENISA eine europäische Zertifizierung[13] aufzubauen. **16**
Hier steht wieder der Auftrag aus Art. 114 AVEU im Vordergrund. Die normalerweise unvermeidliche Fragmentierung des Binnenmarktes soll vermieden werden. Von den elektronischen Signaturen wissen wir, wie schwierig es sein kann, dass ein System in einem Mitgliedsstaat von einem anderen Mitgliedsstaat anerkannt wird. Man setzt nun auf Europäisierung von Anfang an. Die ENISA soll einen Rahmen schaffen, in dem sich die nationalen Cybersicherheitszertifizierungen bewegen sollen. Da alle diesem übergeordneten Rahmen entsprechen, ist eine gegenseitige Anerkennung nicht mehr notwendig, die Fragmentierung wird vermieden.

Kapitel II Aufgaben

Art. 5 Entwicklung und Umsetzung der Unionspolitik und des Unionsrechts

Die ENISA trägt zur Entwicklung und Umsetzung der Unionspolitik und des Unionsrechts bei, indem sie

1. **insbesondere durch unabhängige Stellungnahmen und Analysen sowie durch vorbereitende Arbeiten zur Ausarbeitung und Überprüfung der Unionspolitik und des Unionsrechts auf dem Gebiet der Cybersicherheit Beratung und Unterstützung gewährt und indem sie sektorspezifische Strategien und Rechtsetzungsinitiativen im Bereich der Cybersicherheit vorlegt;**
2. **die Mitgliedstaaten darin unterstützt, die Unionspolitik und das Unionsrecht auf dem Gebiet der Cybersicherheit, vor allem im Zusammenhang mit der Richtlinie (EU) 2016/1148, kohärent umzusetzen, auch durch die Abgabe von Stellungnahmen, Herausgabe von Leitlinien, Anbieten von Beratung und bewährten Verfahren zu Themen wie Risikomanagement, Meldung von Sicherheitsvorfällen und Informationsaustausch, und indem sie den Austausch bewährter Verfahren in diesem Bereich zwischen den zuständigen Behörden erleichtert;**
3. **die Mitgliedstaaten und die Organe, Einrichtungen und sonstigen Stellen der Union bei der Entwicklung und Förderung von Strategien im Zusammenhang mit der Cybersicherheit unterstützt, die die allgemeine Verfügbarkeit oder Integrität des öffentlichen Kerns des offenen Internets bewahren;**

[13] S. auch Art. 46ff.

4. ihre Sachkenntnis und Unterstützung in die Arbeit der nach Artikel 11 der Richtlinie (EU) 2016/1148 eingesetzten Kooperationsgruppe einbringt;

5. Folgendes unterstützt:

a) die Entwicklung und Umsetzung der Unionspolitik im Bereich der elektronischen Identität und Vertrauensdienste, vor allem durch Beratung und die Herausgabe technische Leitlinien sowie durch die Erleichterung des Austauschs bewährter Verfahren zwischen den zuständigen Behörden;

b) die Förderung eines höheren Sicherheitsniveaus in der elektronischen Kommunikation, auch indem sie Beratung und Sachkenntnis anbietet und den Austausch bewährter Verfahren zwischen den zuständigen Behörden erleichtert;

c) die Mitgliedstaaten bei der Umsetzung bestimmter auf die Cybersicherheit bezogener Aspekte der Politik und des Rechts der Union im Bereich des Datenschutzes und des Schutzes der Privatsphäre, was – auf dessen Ersuchen die Beratung des Europäischen Datenschutzausschusses einschließt;

6. die regelmäßige Überprüfung der Unionspolitik unterstützt und dazu einen Jahresbericht über den Stand der Umsetzung des jeweiligen Rechtsrahmens in Bezug auf Folgendes erstellt:

a) Informationen über Meldungen von Sicherheitsvorfällen durch die Mitgliedstaaten über die zentrale Anlaufstelle der Kooperationsgruppe nach Artikel 10 Absatz 3 der Richtlinie (EU) 2016/1148;

b) Zusammenfassungen von Meldungen von Sicherheitsverletzungen oder Integritätsverlusten von Vertrauensdiensteanbietern, die der ENISA auf der Grundlage des Artikels 19 Absatz 3 der Verordnung (EU) Nr. 910/2014 des Europäischen Parlaments und des Rates[1] von den Aufsichtsstellen übermittelt werden;

c) die Meldungen von Sicherheitsvorfällen durch Anbieter öffentlicher elektronischer Kommunikationsnetze oder öffentlich zugängliche elektronische Kommunikationsdienste, die der ENISA von den zuständigen Behörden auf der Grundlage des Artikels 40 der Richtlinie (EU) 2018/1972 übermittelt werden.

A. Allgemeines

1 Art. 5 führt konkrete Aufgaben der ENISA im Dienste der EU und ihrer Institutionen ein. Der Artikel liest sich wie ein Lastenheft der Dinge, die Rat, Kommission oder Parlament von der ENISA erwarten. Dies sind konkrete Anweisungen des Gesetzgebers zur Erfüllung der Vorgaben und zur Erreichung der Ziele, die in Art. 4 Abs. 2 und 4 formuliert sind.

2 Die Begründung zum Vorschlag für den CSA verrät, dass der Verordnungsentwurf und auch die Verordnung die gängige Praxis der ENISA aufnehmen und nor-

[1] **Amtl. Anm.:** Verordnung (EU) Nr. 910/2014 des Europäischen Parlaments und des Rates vom 23. Juli 2014 über elektronische Identifizierung und Vertrauensdienste für elektronische Transaktionen im Binnenmarkt) gefördert werden und zur Aufhebung der Richtlinie 1999/93/EG (ABl. L 257 vom 28.8.2014, S. 73).

mieren. Im Entwurf wurden dabei folgende Felder der Strategie der ENISA benannt:
- Fachkompetenz: Bereitstellung von Informationen und Fachwissen zu zentralen Fragen der Netz- und Informationssicherheit
- Politik: Unterstützung der Politikgestaltung und -umsetzung in der Union
- Kapazitäten: Unterstützung des Aufbaus von Kapazitäten in der Union (zB durch Fortbildungen, Empfehlungen, Sensibilisierungsmaßnahmen)
- Fachkreise: Förderung der Fachkreise im Bereich der Netz- und Informationssicherheit (zB Unterstützung der Computer-Notfallteams (Computer Emergency Response Teams, CERTs), Koordinierung europaweiter Cyberübungen)
- Schaffung von Möglichkeiten (zB Zusammenarbeit mit den Interessenträgern, internationale Beziehungen).

B. Einzelerläuterungen

I. Stellungnahmen und Analysen (Nr. 1)

In Brüssel gibt es großen Bedarf an Experten, insbesondere ist es durchaus üblich, die Meinungen von industriefinanzierten Experten mit Hilfe einer neutralen Instanz zu überprüfen. Die ENISA trägt also nicht alleine zur Vorbereitung der Gesetzesvorhaben bei, leistet aber mit ihrer in Art. 3 normierten Unabhängigkeit einen wichtigen Beitrag zur Bewertung der Eingaben von maßgeblichen Interessenträgern.[2] Allerdings ist es bemerkenswert, dass die ENISA in ihrem Report 2020 vor allem die Beratung zum CSA, also der hier beschriebenen Verordnung, als Erfolg verzeichnet.[3] Die ENISA hat also die Politik aufgrund der Vorgänger-Verordnung[4] in eigener Sache beraten. Daneben hat die ENISA vor allem zur Implementierung der eIDAS-VO und der Umsetzung des Programms der NIS Coordination Group beraten. 3

II. Unterstützung der kohärenten Umsetzung der Unionspolitik im Bereich Cybersicherheit (Nr. 2)

Die Abgabe von Stellungnahmen, Herausgabe von Leitlinien und Meldung von Sicherheitsvorfällen ist schon lange gängige Praxis der ENISA.[5] Diese Praxis soll in den Dienst der Umsetzung der NIS-RL gestellt werden. Hinzu kommen jetzt die Beschreibung von Verfahren in der Verwaltung, insbesondere im Risikomanagement, aber auch in der Berichterstattung zu Sicherheitsvorfällen und generell Verfahren zum Informationsaustausch. Dh die ENISA organisiert den Informationsaustausch nicht selbst, sondern berät nur zu Verfahren, die einen solchen Austausch ermöglichen. Die Erfahrung hatte gezeigt, dass die Behörden der Mitgliedsstaaten nur unzureichend vernetzt sind. Dennoch findet sich im Programmplanungsdokument 2021–2023 kein Hinweis darauf, dass ENISA plant solche Verfahren für Be- 4

---

[2] Die offizielle Übersetzung von „Stakeholder", einem zentralen Begriff auf EU-Ebene.

[3] *ENISA,* Annual Activity Report 2019, https://op.europa.eu/en/publication-detail/-/publication/c85d94fb-3b5f-11eb-b27b-01aa75ed71a1.

[4] VO (EU) 526/2013.

[5] https://www.enisa.europa.eu/publications mit weiteren Links zu insgesamt 426 Veröffentlichungen.

hörden zugänglich zu machen. Dort ist vielmehr dargelegt, dass sich ENISA selbst einer Analyse unterzieht und entsprechende Verfahren im Haus einführt.[6]

5 Die Unterstützung der Mitgliedstaaten dient dabei der Kohärenz. Dh ENISA wird zu einem zentralen Ansprechpartner für die Etablierung von Verfahren der Cybersicherheit im Sinne der NISRL für die Mitgliedsstaaten. ENISA funktioniert hier erneut also Quelle von Wissen im Bereich Verfahren und Umsetzung der Forderungen aus der NIS-RL.

III. Die Bewahrung des offenen Internet (Nr. 3)

6 Nr. 3 führt ein bemerkenswertes Ziel ein: Die ENISA unterstützt die öffentlichen Stellen von Union und Mitgliedsstaaten, die die allgemeine Verfügbarkeit und Integrität des öffentlichen Kerns des offenen Internets bewahren. Dazu findet man weniger Information als erwartet. Bisher hat sich die ENISA vor allem mit dem Internet der Dinge und mit Netzneutralität beschäftigt, also mit Dingen, die gerade politisch aktuell sind. Dennoch findet man einen guten Sicherheitsleitfaden für das Internet unter der Flagge der Netzneutralität.[7] Im Sicherheitsleitfaden findet sich dann unter anderem der Verweis auf die VO (EU) 2015/2120 über Maßnahmen zum Zugang zum offenen Internet, den Universaldienst, Nutzerrechte und Roaming. Art. 3 der Verordnung präzisiert, wie der Zugang zum offenen Internet zu gewährleisten ist. Daraus geht auch hervor, dass hier nicht das Internet zwischen den Behörden gemeint ist, sondern das Internet als Dienst an der Öffentlichkeit. Diese sehr spezielle Aufgabe findet sich in den bisherigen Plänen und Berichten der ENISA kaum. Insofern kann wird es interessant, wie diese Aufgabe zukünftig in den nächsten einheitlichen Programmplanungsdokumenten integriert wird.[8]

IV. Die Kooperationsgruppe (Nr. 4)

7 Wie auch in der Zertifizierung, soll eine Fragmentierung der NIS bezogenen Systeme vermieden werden. Dazu wurde von der NIS-RL die NIS Kooperationsgruppe ins Leben gerufen. Diese wurde von der Kommission mit der Entscheidung vom 1.2.2017 eingerichtet.[9] Die ENISA gehört dieser Kooperationsgruppe qua Gesetz an. Eigentlich ist Nr. 4 ein expliziter Unterfall der Aufforderung in Nr. 2, der Gesetzgeber wollte aber scheinbar den Platz der ENISA in der NIS Kooperationsgruppe gesetzlich absichern. Nr. 4 richtet sich also nicht nur an die ENISA selbst, sondern auch an die Kommission bei der Einrichtung der Gruppe ENISA imperativ zu berücksichtigen.

V. Der Katalog (Nr. 5)

8 In lit. a geht es vor allem um das Identitätsmanagement in der eIDAS-VO. Dies sieht auch Vertrauensdienste vor die als wichtige Voraussetzung für die Realisierung der digitalen Binnenmarkts gesehen werden. Deswegen enthält das Einheitspro-

[6] *ENISA,* ENISA Programmplanungsdokument 2021–2023, https://doi.org/10.2824/668201.

[7] *ENISA,* Guideline on assessing security measures in the context of Article 3(3) of the Open Internet regulation, https://www.enisa.europa.eu/publications/guideline-on-assessing-security-measures-in-the-context-of-article-3-3-of-the-open-internet-regulation.

[8] S. auch Art. 24.

[9] Durchführungsbeschl. (EU) 2017/179, http://data.europa.eu/eli/dec_impl/2017/179/oj.

grammdokument 2022–2024[10] einen Auftrag an ENISA, die Kommission und die Mitgliedsstaaten bei der Evaluation der existierenden Verordnung und der Formulierung einer reformierten Verordnung zu unterstützen. Darüber hinaus werden Analysen und Richtlinien in diesem Bereich geliefert.

Lit. b fordert die ENISA auf, auf ein „höheres" Sicherheitsniveau in der elektro- **9**
nischen Kommunikation hinzuwirken. Da dies teilweise mit den Bedürfnissen der Sicherheitsbehörden zum Abhören dieser Kommunikation in Widerspruch steht, ist mit „höheres" wohl nicht unbedingt ein sehr hohes Niveau gemeint. Die ENISA hat hier auch keine entscheidende Rolle, denn sie bietet nur inhaltliche und verfahrenstechnische Sachkenntnis an. Auch soll der Austausch zwischen entsprechenden Behörden erleichtert werden, was aber wohl auch ein Ziel der NIS-RL ist. Insofern könnte man von einer Duplizierung der Aufträge an die ENISA reden.

Lit. c erkennt an, dass Cybersicherheit und die Forderung der DS-GVO nach IT- **10**
Sicherheit in einem Zusammenhang stehen. Die ENISA erhält hier den Auftrag die Bereiche Datenschutz und Datensicherheit aus der Perspektive der Cybersicherheit abzudecken. So wurde zB 2019 Empfehlungen zum Technologiedesign nach den Regeln der DS-GVO veröffentlicht, um die Figur der Datenschutzgrundeinstellungen zu erkunden.[11]

VI. Der Jahresbericht zum Stand der Implementierung des rechtlichen Rahmens (Nr. 6)

Die ENISA erstellt einen allgemeinen Jahresbericht, der vom Exekutivdirektor **11**
zu verfassen ist.[12] Dieser Jahresbericht ist insbesondere in Art. 15 Abs. 1 lit. f in Erwägungsgrund 59 erwähnt. Dieser Jahresbericht enthält alle Aktivitäten der ENISA für den angegebenen Zeitraum. Demgegenüber verlangt Nr. 6 einen Bericht über den Stand der Implementierung der NIS-RL, der eIDAS-VO und des Kodex für die elektronische Kommunikation.[13]

Der Bericht zur NIS-RL fällt anders als erwartet aus. Anstatt eines langen Be- **12**
richts in Pdf hat die ENISA einen Online-Service[14] gestaltet, der den Stand der Implementierung nach den Mitgliedsstaaten genau aufschlüsselt. Dazu wird insbesondere die nationale Cyber-Sicherheitsstrategie verlinkt und Ansprechpartner genannt.[15]

Für die eIDAS-VO wurde dagegen lediglich 2017 ein Bericht zur Implementie- **13**
rung von Vertrauensdiensten veröffentlicht.[16] Hinzu kommt ein Bericht zu den

---

[10] *ENISA,* Decision MB/2021/1, https://www.enisa.europa.eu/about-enisa/structure-organization/management-board/management-board-decisions/mb-decision-2021_1-on-programming-document-2022-24_budget2022_establishment-plan2022.

[11] *ENISA,* Recommendations on shaping technology according to GDPR provisions, https://doi.org/10.2824/518496.

[12] S. dazu Art. 15.

[13] Elektronische Kommunikationskodex-RL.

[14] https://digital-strategy.ec.europa.eu/en/policies/nis-transposition.

[15] Für Deutschland zB ein Verweis auf die Cyber-Sicherheitsstrategie 2016 des Bundesministerium des Innern, für Bau und Heimat, https://www.bmi.bund.de/cybersicherheitsstrategie/.

[16] eIDAS: Overview on the implementation and uptake of Trust Services, https://web.archive.org/web/20220522150059/https://op.europa.eu/en/publication-detail/-/publication/a678254f-baec-11e8-99ee-01aa75ed71a1/language-en.

Zwischenfällen im Bereich der Vertrauensdienste für den Zeitraum 2020, der 2021 veröffentlicht wurde.[17] Ein neuerer Bericht zum Stand der Implementierung wurde jedoch bisher nicht veröffentlicht.

14 Der Bereich des europäischen Kodex für die elektronische Kommunikation (EECC)[18] wurde wiederum im allgemeinen Jahresbericht 2020 abgedeckt.[19] Danach hatte die ENISA eine Sicherheitsanalyse zu den sogenannten Overt-The-Top Services erstellt. Eine Suche auf der Seite der ENISA ergibt jedoch ein sehr viel umfassenderes Bild zu EECC mit vielen Berichten und Analysen.[20] Nach der neuen Cybersicherheitsverordnung hat es eine Zeit gebraucht, bis alle Leitlinien geschrieben und alle notwendigen Informationsflüsse organisiert waren. Inzwischen erscheint der von Art. 5 geforderte Berichtszyklus etabliert.

15 Allerdings orientiert sich die Berichterstattung der ENISA in der Sache und nicht nach der gesetzlichen Grundlage für die Erstellung der Jahresberichte. „Einen" Jahresbericht, wie in Nr. 6 gibt es allerdings in der Praxis nicht. Die Berichterstattung ist über viele Dokumente verteilt, die einer Taxonomie der Cybersicherheit folgen. Es bleibt offen, ob die Praxis an den Wortlaut angepasst wird oder ob sich die Praxis der sachlich orientierten Analysen und Berichte durchsetzt. Es kann jedoch gesagt werden, dass beide Herangehensweisen dem Geiste des Art. 5 gerecht werden.

Art. 6 Kapazitätsaufbau

(1) **Die ENISA unterstützt**

a) die Mitgliedstaaten bei ihren Bemühungen zur Verhütung, Erkennung und Analyse und zur Stärkung ihrer Fähigkeiten bei der Bewältigung von Cyberbedrohungen und Cybersicherheitsvorfällen, indem sie ihnen Wissen und Sachkenntnisse zur Verfügung stellt;

b) die Mitgliedstaaten und die Organe, Einrichtungen und sonstigen Stellen der Union bei der Aufstellung und Umsetzung von Strategien für eine Offenlegung von Sicherheitslücken auf freiwilliger Basis;

c) die Organe, Einrichtungen und sonstigen Stellen der Union bei ihren Bemühungen zur Verhütung, Erkennung und Analyse von Cyberbedrohungen und Cybersicherheitsvorfällen und zur Verbesserung ihrer Fähigkeiten bei der Bewältigung derartiger Cyberbedrohungen und Cybersicherheitsvorfällen, indem sie insbesondere das CERT-EU angemessen unterstützt;

d) die Mitgliedstaaten auf deren Ersuchen beim Aufbau nationaler CSIRTs nach Artikel 9 Absatz 5 der Richtlinie (EU) 2016/1148;

---

[17] *ENISA,* Trust Services Security Incidents 2020, https://www.enisa.europa.eu/publications/trust-services-security-incident-2020-annual-report.

[18] European Electronic Communications Code EECC.

[19] *ENISA,* Consolidated Annual Activity Report 2020, S. 28, https://op.europa.eu/en/publication-detail/-/publication/eb8fac9a-03b8-11ec-8f47-01aa75ed71a1.

[20] ZB *ENISA,* Technical Guideline on Incident Reporting under the EECC, 3.2021, https://doi.org/10.2824/633879; *ENISA,* Telecom Security Incidents 2021, https://doi.org/10.2824/528645.

e) die Mitgliedstaaten auf Ersuchen bei der Ausarbeitung nationaler Strategien für die Sicherheit von Netz- und Informationssystemen nach Artikel 7 Absatz 2 der Richtlinie (EU) 2016/1148 und fördert die unionsweite Verbreitung dieser Strategien und stellt die Fortschritte bei deren Umsetzung fest, um bewährte Verfahren bekannt zu machen;
f) die Organe der Union bei der Ausarbeitung und Überprüfung von Unionsstrategien zur Cybersicherheit, fördert deren Verbreitung und verfolgt die Fortschritte bei deren Umsetzung;
g) die CSIRTs der Mitgliedstaaten und der Union bei der Anhebung des Niveaus ihrer Fähigkeiten, auch durch die Förderung des Dialogs und Informationsaustauschs, damit jedes CSIRT entsprechend dem Stand der Technik einen gemeinsamen Bestand an Minimalfähigkeiten hat und entsprechend der bewährten Praxis arbeitet;
h) die Mitgliedstaaten durch die regelmäßige Veranstaltung der mindestens alle zwei Jahre stattfindenden Cybersicherheitsübungen auf Unionsebene nach Artikel 7 Absatz 5 und durch die Abgabe von Empfehlungen, die sie aus der Auswertung der Übungen und der bei diesen gemachten Erfahrungen ableitet;
i) einschlägige öffentliche Stellen, indem sie diesen, gegebenenfalls in Zusammenarbeit mit Interessenträgern, Fortbildungen zur Cybersicherheit anbietet;
j) die Kooperationsgruppe beim Austausch bewährter Verfahren, vor allem zur Ermittlung der Betreiber wesentlicher Dienste durch die Mitgliedstaaten nach Artikel 11 Absatz 3 Buchstabe l der Richtlinie (EU) 2016/1148, auch im Zusammenhang mit grenzüberschreitenden Abhängigkeiten, im Hinblick auf Risiken und Sicherheitsvorfälle.

(2) **Die ENISA unterstützt den Informationsaustausch in und zwischen den Sektoren, vor allem in den in Anhang II der Richtlinie (EU) 2016/1148 genannten Sektoren, indem sie bewährte Verfahren und Leitlinien zu den verfügbaren Instrumenten und Verfahren sowie zur Bewältigung rechtlicher Fragen im Zusammenhang mit dem Informationsaustausch bereitstellt.**

Literatur: *Brun,* The role of the European Union Agency for Network and Information Security (ENISA) in the governance strategies of European cybersecurity, 2018, http://hdl.handle.net/2078.1/thesis:16234

A. Allgemeines

Art. 6 stellt eine Konkretisierung der in Art. 4 genannten Ziele dar. Nach Art. 4 fördert die ENISA den Kapazitätsaufbau in der Union. Dabei ist mit Kapazitätsaufbau immer gemeint, dass die Akteure auf der Ebene der Mitgliedsstaaten sowie auf EU-Ebene in der Lage sind, auf schwere Sicherheitsvorfälle und Cyberattacken zu reagieren.[1] Es handelt sich hier um eine kompetenzbegründende Verwaltungsvorschrift, die eine Reihe von Aufgaben zuteilt. 1

[1] *Brun,* The role of ENISA, S.8.

B. Einzelerläuterungen

I. Verhütung, Erkennung, Analyse und Bewältigung (Abs. 1 lit. a)

2 In 2004 spricht die VO (EG) 460/2004 noch von der Erhebung geeigneter Information zur Analyse von Risiken. Die Attacke auf die IT-Infrastruktur in Estland in 2007, vermutlich aus Russland, und die Attacke auf EU-Institutionen 2011, vermutlich von Seiten der GCHQ und der NSA[2] haben die Notwendigkeit besserer Verteidigungslinien deutlich gemacht. Allerdings wird die ENISA hier nicht selbst tätig, sondern sie unterstützt nur die Mitgliedsstaaten. Da es dabei vor allem um die dritte Säule geht ist eine direkte Kompetenz der ENISA vermieden worden. Das heißt es gibt eine primäre Zuständigkeit der Mitgliedsstaaten, denen die ENISA dann Wissen und Sachkenntnis zur Verfügung stellt.

3 Für die Erkennung und Analyse zeigt der Report aus 2020, dass die Diskussion um Verschlüsselung und Überwachung auch in der ENISA angekommen ist. ENISA konstatiert, dass 80 Prozent des Internetverkehrs nunmehr mit TLS verschlüsselt ist.[3] Die Bestrebung zu einer möglichst flächendeckenden Verschlüsselung war von der IETF im STRINT Workshop angekündigt worden.[4] ENISA konstatiert den Konflikt zwischen Prävention und legitimer Verschlüsselung. Gleichzeitig wird die Sachkenntnis gefördert um den Widerspruch zwischen Früherkennung von Attacken, Malware-Traffic einerseits und legitimem Online-Banking andererseits aufzulösen. Eine von der ENISA initiierte Studie[5] greift das Problem auf und untersucht die Möglichkeit *machine-learning* auf verschlüsselte Inhalte anzuwenden, um auch im verschlüsselten Datenströme auffällige Muster zu erkennen. Dies fördert direkt den Zweck, dass die im Rat unter der deutschen Präsidentschaft 2020 losgetretene Verschlüsselungsdiskussion informierter geführt werden kann.

4 Hier baut die ENISA also keine eigenen Kapazitäten auf, sondern unterstützt durch Wissen das Vorgehen der Mitgliedsstaaten.

II. Strategien für eine Offenlegung von Sicherheitslücken (Abs. 1 lit. b)

5 Im Zuge der parlamentarischen Diskussion zum CSA hatte schon die Abgeordnete Marietje Schaake auf die Notwendigkeit eines koordinierten Vorgehens bei

---

[2] Spiegel, Schadcode auf Rechnern der EU-Kommission identifiziert -Spur in die USA und nach Großbritannien, 28.12.2014, https://www.spiegel.de/spiegel/vorab/schadcode-auf-rechnern-der-eu-kommission-identifiziert-a-1010415.html; s. auch *ENISA,* General Report 2007, S. 26.

[3] Transport Layer Security, für TLS 1.3 siehe RFC 8446 https://www.rfc-editor.org/info/rfc8446 mit Verweisen auf die historischen Versionen. Dazu auch die ENISA Studie aus dem Jahr 2014: *ENISA,* Study on cryptographic protocols, https://op.europa.eu/s/oJVY.

[4] IAB, RFC 7687, https://tools.ietf.org/html/rfc7687 und https://www.w3.org/2014/strint/.

[5] *ENISA,* Encrypted Traffic Analysis, https://www.enisa.europa.eu/publications/encrypted-traffic-analysis.

der Offenlegung von Schwachstellen der IT[6] gefordert. Sie bezog sich dabei auf eine Studie Centre for European Policy Studies.[7] Das Thema bezieht seine Brisanz nicht zuletzt aus der Tatsache, dass Geheimdienste, insbesondere der Five-Eyes[8]-Staaten, bisher unbekannte Schwachstellen für Attacken genutzt hatten. Gleichzeitig sind einige der den Geheimdiensten bekannten, aber nicht offen gelegten Schwachstellen von Kriminellen ebenfalls entdeckt und für Attacken genutzt worden.[9] Die explizite Aufnahme dieser Zuständigkeit kann als direkte Folge der Diskussionen um den staatlichen Missbrauch von Schwachstellen gesehen werden. Diese Aufgabe war weder in der ENISA Regulierung 2004 noch in der aus 2013 vorhanden.

Obwohl bisher auch nicht in den zitierten Studien erwähnt, sollte der Querver- **6** weis zu Art. 32 der DS-GVO hier nicht fehlen. Denn wenn entsprechende Schwachstellen schon veröffentlicht waren und nicht behoben wurden, dann könnte das auch in der Bewertung der Sanktionen nach der DS-GVO eine Rolle spielen.

Die ENISA selbst war in diesem Bereich mit Studien sehr aktiv: 2014 gab es ein **7** Handbuch[10] und 2015 wurde ein Leitfaden für die Offenlegung von Schwachstellen veröffentlicht.[11] Im Dezember 2018 folgte dann eine Studie zur Ökonomie der Offenlegung von Schwachstellen.[12] Dabei wird insbesondere auf den rechtlichen Rahmen als entscheidenden Faktor für die Offenlegung verwiesen. Deutschland nimmt insofern eine Sonderrolle ein, weil das Hacking per se nicht strafbar ist, sondern nur die durch Hacking ermöglichten negativen Handlungen wie zB das Ausspähen von Daten nach § 202a StGB, Datenveränderung nach § 303a StGB und Computersabotage nach § 303b StGB.[13] Eine staatliche Strategie zur Offenlegung von Schwachstellen fehlt in Deutschland. Es gibt jedoch mit dem CERT-Bund eine zentrale Anlaufstelle für entsprechende Meldungen und Warnungen.[14]

III. CERT-EU (Abs. 1 lit. c)

Natürlich geht es wieder um den Ausbau von Analysefähigkeiten und Unter- **8** stützung der Mitgliedsstaaten. Insofern handelt es sich um eine Wiederholung. Allerdings ist das CERT-EU ausdrücklich erwähnt. Es bedarf insofern keine Argu-

---

[6] *Kantas/Dekker,* Coordinated Vulnerability Disclosure Policies in the EU, https://doi.org/10.2824/983447.

[7] *CEPS,* Software Vulnerability Disclosure in Europe, https://www.ceps.eu/ceps-publications/software-vulnerability-disclosure-europe-technology-policies-and-legal-challenges/.

[8] USA, Kanada, Großbritannien, Australien, Neuseeland.

[9] Dazu insbesondere *Schneier,* The NSA Is Hoarding Vulnerabilities, https://www.schneier.com/blog/archives/2016/08/the_nsa_is_hoar.html.

[10] *ENISA,* Vulnerability Handling, https://www.enisa.europa.eu/topics/trainings-for-cybersecurity-specialists/online-training-material/documents/vulnerability-handling-handbook.

[11] *ENISA,* Good Practice Guide on Vulnerability Disclosure, https://www.enisa.europa.eu/publications/vulnerability-disclosure.

[12] *ENISA,* Economics of vulnerability Disclosure, https://www.enisa.europa.eu/publications/economics-of-vulnerability-disclosure.

[13] *Herpig,* Governmental Vulnerability Assessment and Management, https://www.stiftung-nv.de/sites/default/files/vulnerability_management.pdf.

[14] *BSI,* Die Lage der IT-Sicherheit in Deutschland 2020, https://www.bmi.bund.de/SharedDocs/downloads/DE/veroeffentlichungen/2020/bsi-lagebericht-cybersicherheit-2020.pdf.

mentation mehr von Seiten der ENISA, dass ein CERT-EU betrieben werden muss und dass dieses eine unionsübergreifende Aufgabe hat. Das CERT-EU ist allerdings bisher allein als CERT der EU-Institutionen[15] tätig und hat ein Profil nach RFC 2350 veröffentlicht, dass alle wichtigen Informationen enthält.[16]

IV. Aufbau nationaler CSIRTs (Abs. 1 lit. d & g)

9 Hier ist im Arbeitsplan bis 2021 vorgesehen, dass die bestehenden operativen Fähigkeiten weiter ausgebaut werden sollen. Dazu sollen paneuropäische Übungen zur Cybersicherheit durchgeführt werden. Dem Auftrag in d) entspricht die Aufforderung an die Mitgliedsstaaten in Art. 12 NIS-RL. Danach werden die Mitgliedsstaaten aufgefordert ein Netzwerk von nationalen CSIRTs zu errichten, um die operative Zusammenarbeit zu fördern. Der ENISA wird in Abs. 2 das Sekretariat des Netzwerks zugewiesen. Um diese Aufgabe erfüllen zu können, wird also in lit. d eine entsprechende Aufgabe der ENISA normiert und finanziell ausgestattet. Insofern erschöpft sich der Auftrag der ENISA gerade nicht in der logistischen Hilfe gegenüber den Mitgliedsstaaten beim Aufbau nationaler CSIRTs nach Art. 9 Abs. 5 NIS-RL. In lit. g wird darüber hinaus eine weitere Angleichung der Minimalfähigkeiten der CSIRTs angestrebt. Die ENISA soll für Austausch und Dialog sorgen, damit sich ein gemeinsames hohes Niveau der Fähigkeiten entwickelt. Diese verzahnt sich mit der Evaluierung von Fähigkeiten, wie sie in der NCAF erfasst werden (unten → Rn. 10f.).

V. Ausarbeitung nationaler Strategien für die Sicherheit von Netz- und Informationssystemen (Abs. 1 lit. e & f)

10 Die ENISA wird laut Verordnung nur auf Ersuchen eines Mitgliedsstaates tätig, um bei der nationalen Strategie zur Cybersicherheit zu helfen. Da Mitgliedsstaaten die Tendenz haben, den Entscheidungsraum hinsichtlich der möglichen Optionen der Normalverteilung anzugleichen, ist das zunächst ein Schwachpunkt. Die ENISA hat allerdings im Rahmen des Kapazitätsaufbaus einen Rahmen für die Evaluation von nationalen Sicherheitsstrategien entwickelt.[17] Die nationalen Cybersicherheitsstrategien[18] können nun auf den Grad ihrer Entwicklung überprüft werden. Das kann als Selbstevaluation erfolgen oder durch Dritte. Der Rahmen umfasst Prüfungen hinsichtlich strategischer aber auch hinsichtlich operativer Fähigkeiten. Zur Verbesserung können sich die Mitgliedsstaaten an den Leitlinien für nationale Cybersicherheitsstrategien orientieren.[19] Obwohl also der Gesetzestext so klingt, als käme der ENISA eine passive Rolle zu, hat man proaktiv einen Rahmen geschaffen, um die Vielfalt im Interesse einer besseren Kooperation im Zaum zu halten. Bleibt die Bekanntmachung der verschiedenen Strategien. Dazu hat die ENISA eine interaktive Website geschaffen.[20] Auf einer Landkarte können die Mit-

[15] CERT-EU, About Us, https://cert.europa.eu/cert/plainedition/en/cert_about.html.

[16] CERT-EU, RFC 2350, https://media.cert.europa.eu/static/RFC2350/RFC2350.pdf.

[17] *ENISA,* National Capabilities Assessment Framework, https://www.enisa.europa.eu/publications/national-capabilities-assessment-framework.

[18] Engl.: National Cybersecurity Strategies (NCSS).

[19] *ENISA,* Good Practices in Innovation under NCSS, https://www.enisa.europa.eu/publications/good-practices-in-innovation-on-cybersecurity-under-the-ncss-1.

[20] *ENISA,* National Cyber Security Strategies – Interactive Map, https://www.enisa.europa.eu/topics/national-cyber-security-strategies/ncss-map/national-cyber-security-strategies-interactive-map.

gliedsstaaten der Union angeklickt werden. Man erhält eine Seite mit einem Überblick zum Stand der nationalen Dinge hinsichtlich NCSS. Für Deutschland und Frankreich ist der Status „complete“ und eine englische Version der jeweiligen nationalen Cybersicherheitsstrategie wird als PDF zum Download angeboten. Für Deutschland wird auf die Strategie von 2016 hingewiesen.

In lit. f wird dann eine gleichartige Aufgabe zum Kapazitätsaufbau bei den Institutionen der EU etabliert. Es fällt auf, dass hier das „Ersuchen“ fehlt. Die ENISA kann also mehr Druck auf die Institutionen als auf die Mitgliedsstaaten ausüben. Im Arbeitsprogramm 2020–2022 werden dazu eine ganze Reihe von Tätigkeiten vorgestellt.[21] Weitere Leitlinien werden sich aus der Kooperation der ENISA mit den Institutionen ergeben. **11**

VI. Veranstaltungen und Informationsaustausch (Abs. 1 lit. h–j)

Lit. h–j geben der ENISA eine Rolle als Plattform für den Austausch von Informationen. So trägt Art. 7 Abs. 5 trägt der ENISA auf, regelmäßig Übungen mit den CSIRTs und den CERTs durchzuführen. Dabei sollen die aufgebauten Fähigkeiten getestet werden. (siehe dort). Nach lit. h soll die ENISA nach den Übungen Veranstaltungen organisieren, bei denen die Ergebnisse dieser Übungen diskutiert werden. Der Austausch und die Funktion als Informations- und Koordinationsplattform findet man auch in lit. i wieder, wo der Adressatenkreis für die Erkenntnisse der ENISA stark erweitert wird und ein Auftrag zur Schulung hinzukommt. **12**

VII. Informationsaustausch (Abs. 2)

Abs. 2 ist ein impliziter Bezug enthalten. Denn die ENISA fördert nicht jeglichen Informationsaustausch zwischen den in Annex II der NIS-Richtlinie genannten und in Art. 4 Nr. 4 definierten „Betreibern wesentlicher Dienste“. Ein solcher, unlimitierter Austausch hätte sicherlich kartellrechtliche Relevanz. In Abs. 2 geht es jedoch lediglich darum, die ENISA als Informations-Hub auch in den Dienst der Betreiber wesentlicher Dienste zu stellen. Es ist interessant, dass das Gesetz eine Anerkennung der rechtlichen Probleme beim Informationsaustausch enthält. Dabei geht es nicht um Rechtsfragen im engeren Sinn, also „legal questions“, sondern um „regulatory issues“, was eher mit Fragen der Gesetzgebung zu übersetzen wäre. Auch hier ist die ENISA Plattform für den Austausch der einzelnen als kritisch angesehenen Branchen hinsichtlich der Cybersicherheit. Da es eine europäische Vernetzung im Bereich der Elektrizitätsnetze gibt, muss auch die Kommunikation zur Cybersicherheit auf diese Ebene gebracht und organisiert werden. Dazu ist im Arbeitsplan 2020–2022[22] die Errichtung von sektorspezifischen ISACs vorgesehen, den „Information Sharing and Analysis Centres“. **13**

---

[21] *ENISA,* ENISA Programming Document 2020–2022 with Amendments, https://www.enisa.europa.eu/publications/corporate-documents/enisa-programming-document-2020-2022-with-amendments.

[22] *ENISA,* ENISA Programming Document 2020–2022 with Amendments, https://www.enisa.europa.eu/publications/corporate-documents/enisa-programming-document-2020-2022-with-amendments.

Art. 7 Operative Zusammenarbeit auf Unionsebene

(1) **Die ENISA unterstützt die operative Zusammenarbeit zwischen den Mitgliedstaaten und Organen, Einrichtungen und sonstigen Stellen der Union untereinander und zwischen den Interessenträgern.**

(2) **Die ENISA arbeitet auf operativer Ebene mit den Organen, Einrichtungen und sonstigen Stellen der Union zusammen und entwickelt Synergien mit diesen Stellen, zu denen auch das CERT-EU sowie die für Cyberkriminalität und die Aufsicht über den Datenschutz zuständigen Stellen zählen, um Fragen von gemeinsamem Interesse anzugehen, unter anderem durch**
a) den Austausch von Know-how und bewährten Verfahren;
b) die Bereitstellung von Beratung und die Veröffentlichung von Leitlinien zu einschlägigen Fragen im Zusammenhang mit der Cybersicherheit;
c) die Festlegung praktischer Modalitäten für die Wahrnehmung besonderer Aufgaben nach Konsultation der Kommission.

(3) **Die ENISA führt die Sekretariatsgeschäfte des CSIRTs-Netzes nach Artikel 12 Absatz 2 der Richtlinie (EU) 2016/1148 und unterstützt in dieser Eigenschaft aktiv den Informationsaustausch und die Zusammenarbeit zwischen den Mitgliedern des CSIRTs-Netzes.**

(4) **[1] Die ENISA unterstützt die Mitgliedstaaten bei der operativen Zusammenarbeit innerhalb des CSIRTs-Netzes, indem sie**
a) diese berät, wie sie ihre Fähigkeiten zur Verhütung, Erkennung und Bewältigung von Sicherheitsvorfällen verbessern können, und auf Ersuchen eines oder mehrerer Mitgliedstaaten Beratung in Bezug auf eine spezifische Cyberbedrohung leistet;
b) auf Ersuchen eines oder mehrerer Mitgliedstaaten bei der Bewertung von Sicherheitsvorfällen mit beträchtlichen oder erheblichen Auswirkungen Hilfe leistet, indem sie Sachkenntnisse bereitstellt und die technische Bewältigung solcher Vorfälle erleichtert, insbesondere auch durch die Unterstützung der freiwilligen Weitergabe maßgeblicher Informationen und technischer Lösungen zwischen den Mitgliedstaaten;
c) Sicherheitslücken und Sicherheitsvorfälle auf der Grundlage von öffentlich verfügbaren Informationen oder freiwillig von den Mitgliedstaaten zu diesem Zweck bereitgestellten Informationen analysiert und
d) auf Ersuchen eines oder mehrerer Mitgliedstaaten die nachträglichen technischen Untersuchungen von Sicherheitsvorfällen mit beträchtlichen oder erheblichen Auswirkungen im Sinne der Richtlinie (EU) 2016/1148 unterstützt.

[2] Bei der Wahrnehmung dieser Aufgaben arbeiten die ENISA und das CERT-EU in strukturierter Weise zusammen, um Synergien nutzen zu können und Doppelarbeit zu vermeiden.

(5) **[1] [1]Die ENISA veranstaltet auf Unionsebene regelmäßig Cybersicherheitsübungen und unterstützt die Mitgliedstaaten und die Organe, Einrichtungen und sonstigen Stellen der Union auf deren Ersuchen hin bei der Organisation solcher Cybersicherheitsübungen. [2]Diese Cyber-**

sicherheitsübungen auf Unionsebene können technische, operative oder strategische Elemente umfassen. [3]Alle zwei Jahre veranstaltet die ENISA eine umfassende Großübung. [2] Die ENISA unterstützt gemeinsam mit den betreffenden Organisationen gegebenenfalls auch die Organisation sektorspezifischer Cybersicherheitsübungen, zu denen sie beiträgt, wobei diese Organisationen an den Cybersicherheitsübungen auf Unionsebene teilnehmen können.

(6) **Die ENISA erstellt in enger Zusammenarbeit mit den Mitgliedstaaten regelmäßig einen eingehenden technischen EU-Cybersicherheitslagebericht über Sicherheitsvorfälle und Bedrohungen auf der Grundlage von öffentlich zugänglichen Informationen, eigenen Analysen und Berichten, die ihr unter anderem von den CSIRTs der Mitgliedstaaten oder den zentralen Anlaufstellen im Sinne der Richtlinie (EU) 2016/1148 (in beiden Fällen auf freiwilliger Basis) sowie dem EC3 und dem CERT-EU übermittelt werden.**

(7) **Die ENISA trägt zur Entwicklung gemeinsamer Maßnahmen bei, mit denen auf Ebene der Union und der Mitgliedstaaten auf massive, grenzüberschreitende Cybersicherheitsvorfälle oder Cyberkrisen reagiert werden kann, indem sie insbesondere:**

a) öffentlich verfügbare oder auf freiwilliger Grundlage bereitgestellte Berichte aus nationalen Quellen als Beitrag zu einer gemeinsamen Lageerfassung zusammenstellt und analysiert;

b) für einen effizienten Informationsfluss und Mechanismen sorgt, die zwischen dem CSIRTs-Netz und den fachlichen und politischen Entscheidungsträgern auf EU-Ebene eine abgestufte Vorgehensweise ermöglichen;

c) auf Ersuchen die technische Bewältigung dieser Sicherheitsvorfälle oder Krisen erleichtert, insbesondere auch durch die Unterstützung der freiwilligen Weitergabe technischer Lösungen zwischen den Mitgliedstaaten;

d) die Organe, Einrichtungen und sonstigen Stellen der Union und auf deren Ersuchen die Mitgliedstaaten bei der öffentlichen Kommunikation im Umfeld solcher Sicherheitsvorfälle oder der Krisen unterstützt;

e) die Kooperationspläne für die Reaktion auf solche Sicherheitsvorfälle oder Krisen auf Ebene der Union testet und auf deren Ersuchen die Mitgliedstaaten bei der Erprobung solcher Pläne auf nationaler Ebene unterstützt.

A. Allgemeines

Art. 7 ist geprägt von Wiederholungen der schon in Art. 6 erwähnten Aufgaben mit einem operativen Vorzeichen. Insofern sei weitestgehend auf das in Art. 6 gesagte verwiesen. 1

Auch auf operativer Ebene soll die ENISA als Plattform für den Austausch von Information und Knowhow etabliert werden. Dabei werden zB die Aufgaben hinsichtlich des Netzwerks der CSIRT weiter konkretisiert. Das liest sich dann wie ein Wunschzettel der Politik, wäre aber juristisch schon mit Art. 12 der Regulierung abgedeckt, der der ENISA das Sekretariat und damit die Koordination des Netz- 2 werks der CSIRTs zuweist. Ganz in die kaum noch abgrenzbare Beliebigkeit der Zuständigkeit bringt uns die Unterstützung der operativen Zusammenarbeit auch mit den „Interessenträgern", einer eleganten Übersetzung des Brüssel-Jargon Wortes „Stakeholder", welches in keinem Dokument fehlen darf. Aber „Stakeholder" kann eigentlich jeder sein, dessen Interesse betroffen ist. Von daher ist allein von der juristischen Frage der positiven Kompetenzdefinition mit Abs. 1 eigentlich schon alles gesagt. Vielleicht sollte man daher den Rest des Art. 7 eher wie ein Lastenheft lesen, bei dem die ENISA sich nicht vor der Erfüllung der Aufgaben drücken kann. Politisch kann das so gemeint sein. Allein es fehlt eine mögliche Sanktion.

3 Nimmt man zB an, dass der Austausch von Informationen zu Vorfällen und deren technischer Bewältigung zwischen den Mitgliedsstaaten angestrebt wird, so wird sofort klar, dass dies durch den Austausch entsprechender Information zwischen den CSIRTs in ihrem Netzwerk erfolgt und erfolgen muss. Denn Angriffe und deren Abwehr sind von solcher Komplexität, dass eine Antwort und Bewältigung immer die Intervention von Experten verlangt, die typischerweise am CSIRT angesiedelt sind.

B. Einzelerläuterungen

4 Neben der Wiederholung der notwendigen Aufgaben einer Plattform für den Austausch von Informationen und Knowhow in Abs. 1–3 ergeben sich neue Aspekte in Abs. 4. In lit. c wird die ENISA beauftragt Analysen zu Sicherheitsvorfällen und zu Schwachstellen zu analysieren. Da diese Analysen üblicherweise von Forschern und Herstellern stammen, erfordert der Einstieg in dieses Geschäft eine erhebliche Investition in personelle und strukturelle Ressourcen. Diese werden auch gebraucht, wenn man, wie in Abs. 4 lit. d die nachträgliche Forensik eines Vorfalles abdecken will. Das sind eigentlich die Kernaufgaben eines CSIRT. Dementsprechend verlangt Abs. 4 S. 2 auch eine Koordination zwischen CERT-EU und ENISA, um Duplizierung zu vermeiden. Des Weiteren werden in Abs. 5 die schon in Art. 6 angesprochenen Cybersicherheitsübungen beauftragt und ein Zweijahresrhythmus festgeschrieben. Man sollte also Art. 6 Abs. 1 lit. h und Art. 7 Abs. 5 zusammenlesen, um einen Überblick über die gesamten zwingenden Aspekte einer solchen Großübung zu bekommen. In Art. 6 Abs. 1 lit. h wird eine Veranstaltung für die Mitgliedsstaaten mit Lehren aus der Übung verlangt, während Art. 7 Abs. 6 einen regelmäßigen Lagebericht zur Cybersicherheit verlangt. Hier enden die Privilegien, denn ENISA ist auf öffentliche Informationen und das Wohlwollen der CSIRTs der Mitgliedsstaaten und der sonstigen Interessenträger angewiesen, um den Lagebericht zu fertigen. In der Cybersicherheit werden aber weit weniger Fälle freiwillig gemeldet, als tatsächlich passieren. Damit muss der Lagebericht der ENISA ein Flickenteppich bleiben. Die in Art. 6 Abs. 1 lit. b als Kapazitätsaufbau verstandene Umsetzung von Strategien zur Offenlegung von Sicherheitslücken soll das wohl abmildern.

5 Abs. 7 schließlich kann als Lastenheft zur Reaktion auf grenzüberschreitende Cybersicherheitsvorfälle gesehen werden. Die Idee dahinter ist der Aufbau einer paneuropäischen Response-Architektur, bei der eine schnelle Abstimmung der Gegenmaßnahmen erfolgen kann. Die ENISA soll dieses Netzwerk unterstützen, indem eine gemeinsame Lageerfassung ermöglicht wird. Auch hier ist wieder die Idee der Plattform für den Austausch von Wissen und Information entscheidend. Das ist ein

sehr kleiner gemeinsamer Nenner. Denn so kann zB ein Mitgliedsstaat mit guten Abwehrfähigkeiten nicht dazu verpflichtet werden, seine Fähigkeiten und sein Wissen an andere weiterzugeben. In lit. d erkennt die Regulierung zu Recht, wie wichtig die Kommunikation in der Krise werden kann. Die ENISA soll auch hier Know-how ausbilden, damit sie den Organen und Einrichtungen der EU helfen kann. Es soll also erst einmal die Kooperation ermöglicht werden. Aus lit. e ergibt sich, dass die Regulierung zur Erstellung von Kooperationsplänen führen soll. Deren Erprobung auf Ebene der EU-Institutionen muss ENISA ebenso unterstützen wie die Kommunikation zwischen der Ebene der EU und den Mitgliedsstaaten.

Insgesamt lässt sich sagen, dass der ENISA vor allem dienende und unterstüt- **6**
zende Aufgaben zugewiesen werden. Entscheidungen und ein normatives Gestaltungsrecht sucht man dagegen vergebens.

Art. 8 Markt, Cybersicherheitszertifizierung und Normung

(1) **Die ENISA unterstützt und fördert die Entwicklung und Umsetzung der Unionspolitik auf dem Gebiet der Cybersicherheitszertifizierung von IKT-Produkten, -Diensten und -Prozessen, wie in Titel III dieser Verordnung festgelegt, indem sie**

a) die Entwicklungen in damit zusammenhängenden Normungsbereichen fortlaufend überwacht und in Fällen, in denen keine Normen zur Verfügung stehen, geeignete technische Spezifikationen für die Entwicklung europäischer Schemata für die Cybersicherheitszertifizierung nach Artikel 54 Absatz 1 Buchstabe c empfiehlt;

b) mögliche europäische Schemata für die Cybersicherheitszertifizierung (im Folgenden „mögliche Schemata“) von IKT-Produkten, -Diensten und -Prozessen nach Artikel 49 ausarbeitet;

c) angenommene europäische Schemata für die Cybersicherheitszertifizierung nach Artikel 49 Absatz 8 evaluiert;

d) sich an gegenseitigen Begutachtungen nach Artikel 59 Absatz 4 beteiligt;

e) die Kommission bei der Wahrnehmung der Sekretariatsgeschäfte der nach Artikel 62 Absatz 5 eingesetzten Europäischen Gruppe für die Cybersicherheitszertifizierung unterstützt.

(2) **Die ENISA nimmt die Sekretariatsgeschäfte der nach Artikel 22 Absatz 4 eingesetzten Gruppe der Interessenträger für die Cybersicherheitszertifizierung wahr.**

(3) **Die ENISA stellt in Zusammenarbeit mit den nationalen Behörden für die Cybersicherheitszertifizierung und der Branche auf formelle, strukturierte und transparente Art und Weise Leitlinien zusammen und veröffentlicht diese und entwickelt bewährte Verfahren im Zusammenhang mit den Anforderungen an die Cybersicherheit von IKT-Produkten, -Diensten und -Prozessen.**

(4) **Die ENISA trägt zu einem hinreichenden Kapazitätsaufbau im Zusammenhang mit den Bewertungs- und Zertifizierungsverfahren bei, indem sie Leitlinien erstellt und veröffentlicht und die Mitgliedstaaten auf deren Ersuchen hin unterstützt.**

(5) **Die ENISA erleichtert die Ausarbeitung und Übernahme europäischer und internationaler Normen für das Risikomanagement und die Sicherheit von IKT-Produkten, -Diensten und -Prozessen.**

(6) **Die ENISA bietet nach Artikel 19 Absatz 2 der Richtlinie (EU) 2016/1148 in Zusammenarbeit mit den Mitgliedstaaten und der Branche Beratung an und erstellt Leitlinien für die technischen Bereiche, die sich auf die Sicherheitsanforderungen für Betreiber wesentlicher Dienste und Anbieter digitaler Dienste beziehen, sowie für bereits vorhandene Normen, auch nationale Normen der Mitgliedstaaten.**

(7) **Die ENISA führt regelmäßig Analysen der wichtigsten Angebots- und Nachfragetrends auf dem Cybersicherheitsmarkt durch, um den Cybersicherheitsmarkt in der Union zu fördern.**

A. Allgemeines

1 Der CSA definiert im Titel III einen eigenen Rahmen für die Zertifizierung im Bereich der Cybersicherheit. Art. 8 definiert die Rolle der ENISA in diesem Bereich. Wieder wird die dienende Rolle der ENISA sichtbar, denn sie unterstützt Akteure und Entscheider und ist nicht selbst Akteur. Sie liefert Information, empfiehlt technische Spezifikationen, führt Sekretariate oder unterstützt die Kommission dabei. Die ENISA beeinflusst durch ihr Wissen, die Kompetenz und die daraus erwachsenden Leitlinien. Wie schon Art. 6 und 7, ist Art. 8 ein Lastenheft, das sehr detaillierte Aufträge erteilt. Ein solch detaillierter legislativer Text hat den Nachteil, dass er mit den Entwicklungen der Zeit sehr schlecht dynamisch angepasst werden kann. Vielmehr wird bei einer Veränderung der Bedrohung oder des Umfeldes eine neue Tätigkeit des Gesetzgebers unabdingbar.

B. Einzelerläuterungen

2 Für die Zertifizierung braucht es immer ein Lastenheft oder Zertifizierungsschema, gegen das evaluiert wird. Viele dieser Regelwerke und Spezifikationen, gegen die evaluiert wird, werden von SDOs[1] in Standardisierungsprozessen erstellt. Oftmals harmonisiert der Standardisierungsprozess in diesem Fall nicht konkurrierende Lösungen, sondern dient von Anfang an der Entwicklung einer gemeinsamen Idee. In diesem Fall wird der Rechtsrahmen der SDO als Plattform für ein offenes Joint Venture genutzt. Die daraus entstehende Spezifikation ist dann neu auch in dem Sinne, dass sie selbst technische Neuerungen erfindet und einführt.

3 Die ENISA soll hier alle Entwicklungen fortlaufend verfolgen. Das sind jedoch weltweit sehr viele Entwicklungen in fast allen großen weltweiten Organisationen, wie ISO/IEC JTC 1, ITU, IETF, aber auch in den zahlreichen nationalen SDOs. Der Überblick über die verschiedenen Initiativen im Bereich Cybersicherheit wird dann nach Abs. 6 genutzt, um Wissen und Überblick an die Mitgliedsstaaten und die Industrie weiterzugeben und dient damit der direkten Umsetzung von Art. 19 der NIS-RL. Ergänzt wird der Überblick durch die von der ENISA durchzufüh-

[1] Specification Developing Organisations oder Standards Developing Organisations. Ersteres ist bevorzugt.

rende Marktanalyse im Bereich Cybersicherheit nach Abs. 7. Dies ist als Output 5.1.2 im Arbeitsprogramm der ENISA für 2020–2022 vermerkt[2].

Abs. 1a fordert die ENISA zur auf, eine Auswahl zu treffen: Sie soll dort, wo „keine Normen zur Verfügung stehen, geeignete technische Spezifikationen" […] empfehlen. Die Vermischung der Begriffe „Norm" und „technische Spezifikation" ist dabei ein Ergebnis der Übersetzung. In der Übersetzung des CSA wird das Wort „Standard" durchgängig mit „Norm" übersetzt ohne der Unterscheidung der verschiedenen Typen von Standards und Normen in der VO (EU) 1025/2012 Rechnung zu tragen. So auch hier. Insofern geht es in Abs. 1 lit. a bei der Beobachtung der Standardisierung gerade nicht nur um Normen im Sinne des Art. 2 Nr. 19, sondern eher um „Technische Spezifikationen" im Sinne von Art. 2 Nr. 20 (siehe dort). **4**

Abs. 1 lit. b erklärt die Erstellung von Prüfschemata für die Zertifizierung nach Art. 49 zur Aufgabe der ENISA.[3] Der Bezug zum einleitenden Absatz stellt klar, dass es sich um die Förderung einer Politik der Union handelt und mithin von der Begründung der Zuständigkeit nach Art. 26 AEUV erfasst wird.[4] Eine Beauftragung nach Art. 49 ist nunmehr durch Thierry Breton erfolgt, um ein europäisches Zertifizierungsschema für die Sicherheit im Bereich von 5G zu erstellen.[5] Da es sich um eine Form der Standardisierung handelt und einen Durchführungsakt der Kommission vorbereitet, muss ein solcher Auftrag normalerweise vom Union Rolling Work Programme umfasst sein, es sei denn eine Ausnahme kann begründet werden.[6] Auch die SDOs sind auf dem Weg, weitere Schemata in die Standardisierung zu führen.[7] Kandidaten lassen sich auf der Konferenz schon erkennen: TC Cyber in CEN/Cenelec, ETSI mit den Arbeitsgruppen zur Hochfrequenztechnik,[8] GSMA sowie ISO/IEC JTC1/SC27. Die ENISA kann solche Arbeiten in ihre Zertifizierungsschemata nach Art. 49 einbauen. Doch die ENISA ist nicht nur passiver Nutzer solcher Standards. Abs. 5 erlaubt der ENISA solche Arbeit an Spezifikationen zu initiieren, zu begleiten, daran mitzuwirken und sich sonst zu beteiligen. Die Übersetzung ist hier zu wörtlich geraten. „Facilitate" ist nicht nur das Erleichtern einer Aufgabe. Vielmehr hat „Facilitator" in der Standardisierung eine eigene Semantik und wird durchaus auf der gleichen Ebene genutzt wie „Convener" im Umfeld von ISO/IEC JTC1 oder „Chair" im Umfeld von IETF und W3C. Insofern ist die englische Definition wesentlich weiter angelegt, also ihre deutsche Übersetzung. ENISA soll solche Aufgaben also nicht nur erleichtern, sondern auch initiieren und ermöglichen. **5**

---

[2] *ENISA,* ENISA Programming Document 2020–2022 with Amendments, https://doi.org/10.2824/878558.

[3] Siehe auch Art. 49.

[4] Siehe Art. 1.

[5] Pressemitteilung der Kommission vom 3.2.2021, https://digital-strategy.ec.europa.eu/en/news/cybersecurity-5g-networks-commission-requests-eu-cybersecurity-agency-develop-certification-schemehttps://digital-strategy.ec.europa.eu/en/news/cybersecurity-5g-networks-commission-requests-eu-cybersecurity-agency-develop-certification-scheme.

[6] Pressemitteilung der ENISA zum Zertifizierungsschema für 5G, https://www.enisa.europa.eu/news/enisa-news/securing_eu_vision_on_5g_cybersecurity_certification.

[7] S. die Cybersecurity Conference im Februar 2021, https://www.enisa.europa.eu/events/cybersecurity_standardisation_2021/std-2021-agenda.

[8] Engl.: Radio equipment.

6 Die normative Kraft erhalten die Zertifizierungsschemata nicht daraus, dass die ENISA sie produziert oder daraus, dass ein SDO sie durch den Prozess schleust und als Standard verabschiedet. Die Rechtskraft erwächst erst aus dem Durchführungsakt der Kommission. Bei den Standards kann zwar direkt gegen diese Spezifikationen zertifiziert werden. Die Standards haben allerdings nicht die gleiche normative Bedeutung, wie ein Durchführungsakt. Das Verhältnis zwischen Standard und Durchführungsakt ist von dem CSA nicht geregelt. Der Prozess in Abs. 1 lit. a und b sieht jedoch eine Empfehlung technischer Spezifikationen vor. Diese können dann als Zertifizierungsschema der Kommission zur Annahme durch einen Durchführungsakt zugeleitet werden. Dies ist eine ähnliche Herangehensweise, wie der „New Approach",[9] der sich einer Co-Regulierung zwischen Standards und der Konformitätsstelle bedient. Inwiefern Regelungen aus der Akkreditierungs-VO oder Marktüberwachungs-VO hier fruchtbar gemacht werden, muss sich noch zeigen.

7 Es erscheint auf einer ersten Ebene kurios, wenn Abs. 1 lit. c die ENISA ihre eigene Arbeit, die sie nach Abs. 1 und Art. 49 erstellt hat, nun evaluieren soll. Es geht dabei aber wohl auch um eine Evaluation der Implementierung und der Auswirkungen eines Zertifizierungsschemas. Immerhin verlangt Art. 49 Abs. 8 ja die regelmäßige Überprüfung der Schemata. Wenn dann schon ein Knowhow zur Begutachtung der Schemata aufgebaut ist, ist es nur konsequent diese auch bei der gegenseitigen Begutachtung nach Art. 59 einzusetzen.

8 Der Plattform-Gedanke wird auch in Abs. 1 lit. e durchgehalten, der die ENISA beauftragt, die Kommission bei den Sekretariatsaufgaben für die europäische Cybersicherheitszertifizierungsgruppe zu unterstützen. Da solche Sekretariatsaufgaben sehr vielfältig sein können und vielfach Hintergrundwissen im Bereich der Cybersicherheit erforderlich ist, ist eine solche Unterstützung zielführend und profitiert vom institutionellen Wissen der ENISA. Hinzu kommt das Sekretariat für die Gruppe der Interessenträger (Stakeholder). Nach Abs. 4

9 Die in Abs. 3 genannten Leitlinien produziert die ENISA seit den Anfängen in großer Zahl. Insofern bildet der Abs. 3 die schon seit Jahren gängige Praxis ab. Abs. 4 ist damit nur eine weitere Klarstellung, dass diese Leitlinien auch die Zertifizierungsverfahren selbst betreffen.

Art. 9 Wissen und Informationen

Die ENISA

a) führt Analysen neu entstehender Technik durch und bietet themenspezifische Bewertungen der von den technischen Innovationen zu erwartenden gesellschaftlichen, rechtlichen, wirtschaftlichen und regulatorischen Auswirkungen auf die Cybersicherheit;

b) führt langfristige strategische Analysen der Cyberbedrohungen und Sicherheitsvorfälle durch, um neu auftretende Trends erkennen und dazu beitragen zu können, Sicherheitsvorfälle zu vermeiden;

c) stellt in Zusammenarbeit mit den Sachverständigen der Behörden der Mitgliedstaaten und den maßgeblichen Interessenträgern Beratung, Leitlinien und bewährte Verfahren für die Sicherheit der Netz- und Informationssysteme zur Verfügung, vor allem für die Sicherheit der

[9] Akkreditierungs-VO zuletzt geändert durch die Marktüberwachungs-VO, s. auch Art. 2.

Infrastrukturen, die die in Anhang II der Richtlinie (EU) 2016/1148 aufgeführten Sektoren unterstützen, und der Infrastrukturen, die von den Anbietern der in Anhang III der genannten Richtlinie aufgeführten digitaler Dienste genutzt werden;

d) bündelt die von den Organen, Einrichtungen und sonstigen Stellen der Union bereitgestellten Informationen zur Cybersicherheit und die auf freiwilliger Grundlage von den Mitgliedstaaten und privaten und öffentlichen Interessenträgern bereitgestellten Informationen zur Cybersicherheit, ordnet diese Informationen und stellt sie über ein eigenes Portal der Öffentlichkeit zur Verfügung;

e) erhebt und analysiert öffentlich verfügbare Informationen über signifikante Sicherheitsvorfälle und stellt Berichte mit dem Ziel zusammen, den Bürgern, Organisationen und Unternehmen unionsweite Leitlinien bereitzustellen.

A. Allgemeines

Wie schon die Art. 6–8 wird hier die ENISA als zentrales Portal für Wissen im Bereich Cybersicherheit aufgebaut. Diese Vorschriften lesen sich wie ein Lastenheft und sind eigentlich zu detailliert, um gut zu altern. Vielfach kommt es deswegen auch zu Wiederholungen zwischen den Paragrafen, die sich vor allem durch die Überschrift als Kapitelzuweisung unterscheiden. Dann wird der gleiche Aspekt unter verschiedenen Blickwinkeln betrachtet. Die Überschneidung der Kompetenzen ist jedoch nicht schädlich, sondern addiert sich einfach auf. Sie braucht einen ausfüllenden Akt, durch eine von der ENISA durchgeführte Arbeit oder Initiative. Dennoch sind nicht alle diese Artikel deckungsgleich. Es ergibt sich ein Puzzle aus Kompetenzscheibchen, die letztlich das Board und der Executive Director zusammenfügen müssen, um ihr zweijähriges Arbeitsprogramm zusammen zu stellen. 1

B. Einzelerläuterungen

Ein neuer Aspekt der Zuständigkeit findet sich in lit. a. Waren in Art. 6–8 vor allem bestehende Risiken und Richtlinien zu aktuell eingesetzter Technologie angesprochen, so ergibt sich aus lit. a eine neue Aufgabe: Die Analyse „entstehender", also aufstrebender Technologie. Das ist eine sehr wichtige Aufgabe im Vorfeld. So hatte sich das BSI jahrelang an den Arbeiten der Trusted Computing Group beteiligt, um diese neue Technologie zu analysieren und dann auch entscheidend im Sinne deutscher Interessen zu beeinflussen. Es wird oft verkannt, dass gerade im frühen Stadium einer technischen Entwicklung die Weichen für die Architektur und damit möglich features, Risiken und Nebenwirkungen gestellt werden. Zu diesem Zeitpunkt ist es noch sehr leicht, Fehlentwicklungen entgegenzuwirken. Es ist also ein großer Vorteil für alle Interessengruppen, dass die ENISA jetzt Analysen zu diesen neuen Technologien liefern soll. Denn eine frühe Sicherheits- und Risikoanalyse hilft nicht nur Behörden und Nutzern. Auch die Akteure der Innovation selbst profitieren, denn sie bekommen eine frühe Sicherheitsanalyse, die es ihnen erlaubt entsprechende Änderungen vorzunehmen. Das hilft insbesondere bei der Standardisierung neuer Technologien enorm. Insofern ist das nicht nur ein einfacher Innovationsradar, sondern eine wesentlich anspruchsvollere Aufgabe. Die 2

ENISA ist dem schon in der Vergangenheit nachgekommen, indem sie Analysen an die besten Sicherheitsinstitute Europas ausgegeben hat, zB die Studie von Distrinet 2011 zu HTML5.[1] Aufgrund dieser Studie wurde die Arbeit im W3C zu Content Security Policy beschleunigt.[2] Seit 2006 veröffentlicht die ENISA regelmäßig einen Bedrohungsreport, der auch auf neue und entstehende Technologien eingeht.[3]

3 Die in lit. b angesprochene strategische Analyse findet man bisher kaum vor. Sie ist im Arbeitsprogramm 2020–2022 auch nicht erwähnt. Allerdings folgt aus einem Report aus dem Jahre 2016,[4] dass die ENISA hier auf eine Zusammenarbeit mit dem European Cybercrime Centre (EC3) baut.[5] Die im Lastenheft des lit. c aufgeführten Leitlinien, insbesondere für Betreiber wesentlicher Dienste im Sinne von Art. 4 Nr. 4 NIS-RL, sind derweil bei mehr als einer Wiederholung angelangt. Die in lit. d aufgeführte Bündelung und Ordnung der Informationen beschreibt eine seit langem bestehende Praxis der ENISA zu jährlichen Bedrohungsanalysen.[6] Nach lit. e soll die ENISA nun auch öffentliche Information für die Analysen nutzen und diese in die schon so oft erwähnten Leitlinien einfließen lassen.

Art. 10 Sensibilisierung und Ausbildung

Die ENISA

a) sensibilisiert die Öffentlichkeit für Cybersicherheitsrisiken und stellt Leitlinien für bewährte Verfahren für einzelne Nutzer zur Verfügung, die sich an Bürger, Organisationen und Unternehmen richten und auch Cyberhygiene und Cyberkompetenz umfassen;

b) organisiert in Zusammenarbeit mit den Mitgliedstaaten, den Organen, Einrichtungen und sonstigen Stellen der Union und der Branche regelmäßige Aufklärungskampagnen, um die Cybersicherheit und ihre Sichtbarkeit in der Union zu erhöhen und eine umfassende öffentliche Debatte anzuregen;

c) unterstützt die Mitgliedstaaten bei ihren Anstrengungen zur Sensibilisierung in Bezug auf Cybersicherheit und zur Förderung der Ausbildung im Bereich Cybersicherheit;

d) unterstützt die engere Koordinierung und den Austausch bewährter Verfahren zwischen den Mitgliedstaaten in Bezug auf Sensibilisierung und Ausbildung im Bereich Cybersicherheit.

---

1 *ENISA,* A Security Analysis of Next Generation Web Standards, 2011.

2 S. https://www.w3.org/2011/webappsec/für einen Überblick.

3 Die Liste der Reports ist auf der Seite der ENISA verfügbar, https://www.enisa.europa.eu/topics/threat-risk-management/threats-and-trends/enisa-threat-landscape.

4 *ENISA,* Annual Activity Report 2016, https://doi.org/10.2824/558297.

5 *Europol,* EC3 Programme Board, https://www.europol.europa.eu/about-europol/european-cybercrime-centre-ec3/ec3-programme-board.

6 Die Liste der Reports ist auf der Seite der ENISA verfügbar, https://www.enisa.europa.eu/topics/threat-risk-management/threats-and-trends/enisa-threat-landscape.

A. Allgemeines

1 Art. 10 enthält den Auftrag der ENISA die Öffentlichkeit zu informieren, zu sensibilisieren und für ein höheres Niveau an Wissen und Sicherheitsbewusstsein in Unternehmen und bei Bürgern zu erreichen. Damit ist eine allgemeine Öffentlichkeitsarbeit zur Cybersicherheit als Kompetenz der ENISA in der Regulierung verankert. Dazu erhält die ENISA die Aufgabe, selbst Informationen zur Verfügung zu stellen, soll aber auch für den Austausch der Informationen zwischen den Mitgliedsstaaten sorgen. Diese Aufgaben sind gegenüber der VO (EU) 526/2013 sehr viel präziser formuliert worden.

B. Einzelerläuterungen

2 Die Leitlinie als ein Hauptinstrument der Förderung und Herstellung von Cybersicherheit steht auch bei Art. 10 im Mittelpunkt. Lit. a fächert die Ebenen dieser Leitlinien auf, je nach dem, an welche Kategorie von Nutzer sich die Leitlinie richtet. Die Verordnung unterscheidet hier Unternehmen, also die Privatwirtschaft, Organisationen, also die öffentliche Hand und andere Verwaltungseinheiten oder Zusammenschlüsse sowie die Bürger. Dabei sind einerseits die Sicherungsinteressen nicht gleich, andererseits ist das Niveau des Verständnisses auch sehr unterschiedlich. Kaum ein Unternehmen wird sich heute noch Naivität hinsichtlich Cybersicherheit leisten können. Dementsprechend müssen die Leitlinien von einem bestehenden Knowhow ausgehen. Bei der Verwaltung müssen sich die Leitlinien innerhalb der gesetzlichen Möglichkeiten einer solchen Verwaltung bewegen. Hier können Einschränkungen des Verwaltungsrechts oder des Vereinsrechts für besondere Anforderungen sorgen. Beim Bürger wiederum ist es angezeigt, die Leitlinie auf dem Niveau der Konsumenten von IKT zu halten.

3 Die in lit. b erwähnten Aufklärungskampagnen organisiert die ENISA nicht schon seit der Verordnung von 2019. Vielmehr ist dafür ein eigener Rahmen geschaffen worden: Der „European Cybersecurity Month (ECSM)“.[1] Auf Initiative der ENISA wird dieser europäische Monat der Cybersicherheit jedes Jahr im Oktober veranstaltet. Gleichzeitig unterstützen die Sicherheitsbehörden der Mitgliedsstaaten die Initiative mit eigenen Beiträgen. In Frankreich veranstaltet die ANSSI den *„Cybermoi/s“*[2]. In Deutschland publiziert das BSI einen Aktionsleitfaden zum European Cyber Security Month-ECSM.[3] In Frankreich wurde das in 2020 vor allem an Bürger gerichtet, mit Veranstaltungen insbesondere zur Sicherung im Bereich Homeoffice. Aber auch eine besondere Sensibilisierung gegenüber Ransom-

---

[1] *ENISA,* What is ECSM?, https://www.enisa.europa.eu/topics/cybersecurity-education/european-cyber-security-month.

[2] Kampagne der französischen Regierung zur Sensibilisierung im Bereich Cybersicherheit, https://www.ssi.gouv.fr/agence/cybersecurite/le-cybermois.

[3] *BSI,* Aktionsleitfaden zum European Cyber Security Month – ECSM, https://www.bsi.bund.de/SharedDocs/Downloads/DE/BSI/Veranstaltungen/ECSM/Aktionsleitfaden.html.

ware war im Programm. In Deutschland veröffentlicht das BSI jedes Jahr einen Abschlussbericht zum ECSM.[4]

4 Lit. c und d beziehen sich auf den schon in Art. 6 erwähnten Kompetenzaufbau. Training und Ausbildung ist eine der zentralen Empfehlungen aus dem Leitfaden der ENISA für die nationalen Strategien.[5] Die Studie verarbeitet Antworten von 14 der 27 Mitgliedsstaaten. Alle haben Ausbildung in ihrer nationalen Strategie enthalten. Die Förderung der Ausbildung betrifft vor allem die Universitäten, die in diesem Rahmen Konferenzen, Workshops und Ausbildungen organisieren. Ausbildung und Sensibilisierung sind nicht nur Aufgabe der ENISA. Vielmehr hat die Kommission mit dem Vorschlag für eine Regulierung zur Einrichtung des Europäischen Kompetenzzentrums für Cybersicherheit in Industrie, Technologie und Forschung und des Netzes nationaler Koordinierungszentren[6] eine weitere Initiative gestartet, um die Vernetzung von Ausbildung zu fördern. Allerdings geht die Kommission nicht von einer Überlappung der Arbeiten aus, denn die Arbeiten der ENISA und der Kompetenzzentren ergänzten sich. Die ENISA übe vor allem eine beratende Funktion im Bereich der Cybersicherheit aus, während die Kompetenzzentren andere Tätigkeiten ausübten, insbesondere die Entwicklung von neuen Technologien der Cybersicherheit. Erwgr. 21 fordert dementsprechend die ENISA und das Joint Research Center (JRC) der Kommission auf, sich am Netzwerk der Kompetenzzentren zu beteiligen. Während also die CERTs und CSIRTs eher dem operativen Bereich zugeordnet werden, wird das Kompetenzzentrum vor allem die technologischen Grundlagen für die operativen Kapazitäten legen. In der neuesten Version des Rates,[7] zudem das Parlament Zustimmung signalisiert hat,[8] wird dem Kompetenzzentrum deshalb eine wesentliche Rolle bei der Umsetzung des Digital Europe Programms[9] zugeschrieben.

Art. 11 Forschung und Innovation

Die ENISA, in Zusammenhang mit der Forschung und Innovation,

a) berät die Organe, Einrichtungen und sonstigen Stellen der Union und die Mitgliedstaaten zum Forschungsbedarf und zu den Forschungsprioritäten im Bereich Cybersicherheit, damit die Voraussetzung für wirksame Reaktionen auf die gegenwärtigen oder sich abzeichnenden Risiken und Cyberbedrohungen, auch in Bezug auf neue und aufkommende Informations- und Kommunikationstechnologien (IKT), geschaffen und die Techniken zur Risikovermeidung genutzt werden können;

---

4 *BSI,* Der European Cyber Security Month, 2020 https://www.bsi.bund.de/SharedDocs/Downloads/DE/BSI/Veranstaltungen/ECSM/Abschlussbericht_2020.pdf?__blob=publicationFile&v=1.

5 *ENISA,* Good Practices in Innovation under NCSS, https://www.doi.org/10.2824/01007.

6 COM/2018/630 final.

7 ST 5361 2021 INIT, https://eur-lex.europa.eu/legal-content/EN/TXT/?uri=consil:ST_5361_2021_INIT.

8 ST 5361 2021 INIT, https://eur-lex.europa.eu/legal-content/EN/TXT/?uri=consil:ST_5361_2021_INIT.

9 S. Infografik der Europäischen Kommission vom 10.11.2021, https://digital-strategy.ec.europa.eu/en/library/digital-europe-programme-eu75-billion-funding-2021-2027.

b) beteiligt sich dort, wo die Kommission ihr die einschlägigen Befugnisse übertragen hat, an der Durchführungsphase von Förderprogrammen für Forschung und Innovation oder als Begünstige;

c) trägt im Bereich der Cybersicherheit zur strategischen Forschungs- und Innovationsagenda auf Unionsebene bei.

A. Allgemeines

Forschung und Innovation waren schon sehr früh ein wichtiges Thema der ENISA. Die ENISA hat nach Art. 11 eine Brückenfunktion. Denn einerseits wird die Forschung im Rahmen der Forschungsprogramme Horizon Europe oder des Digital Europe Programms[1] gesteuert, andererseits müssen diese Programme auch so aufgestellt werden, dass sie die dringenden Probleme der Cybersicherheit lösen. Aufgrund der ausgedehnten Analysetätigkeit der ENISA aufgrund der Aufgaben in Art. 5 ff. hat die ENISA einen guten Überblick über den Stand der Bedrohungen und kann diese, wenn auch erst mit einem gewissen Nachlauf, in die Erstellung der Forschungsprogramme einbinden. 1

B. Einzelerläuterungen

Forschung ist wichtig, aber für sich allein nicht ausreichend. Technologietransfer versucht die Forschungsergebnisse in der Praxis umzusetzen und den versprochenen Mehrwert zu erzielen. Dazu gibt es viele Gremien, die entsprechende Vorschläge für Forschungsprogramme durchlaufen müssen. Art. 11 gibt der ENISA die Kompetenz in diesen Gremien an der Forschung mitzuwirken. Schon in der derzeitigen, langjährigen Praxis der ENISA gibt es vertiefte Verbindungen zu den Europäischen Forschungsinstituten im Bereich Cybersicherheit. Die ENISA vergibt Aufträge zur Erstellung von Analysen an die Institute, nimmt regelmäßig an wissenschaftlichen Veranstaltungen im Bereich Cybersicherheit teil und hat so einen guten Überblick über die Tendenzen in der Forschung. Weil die ENISA gleichzeitig auch die CSIRTs und CERTs vernetzt, hat sie von dort Rückmeldungen zur aktuellen Bedrohungslage und zum aktuellen Geschehen im Bereich der Cyberangriffe. Damit ist die ENISA ideal positioniert, die Lehren aus der Praxis in die Forschungsprogramme zu transportieren, also genau das, was lit. a und c intendieren. Im Lagebericht zu Cyberbedrohungen 2020 wird die Forschung prominent erwähnt. Die Top 15 Bedrohungen werden dabei gleichzeitig als Hinweis für die Forschung gesehen, wo sich eine weitere Intensivierung besonders lohnt.[2] 2

Immer wieder problematisch war in der Vergangenheit die Teilnahme von Institutionen der EU an den Forschungs-Konsortien, die von den Programmen H2020 oder deren Vorgängern gefördert wurden. Lit. b trifft hier eine klare Aussage und erlaubt der ENISA eine Teilnahme an solchen Forschungsprogrammen. Dabei entsteht aber eine Doppelrolle. Denn einerseits kann die ENISA nun an den Forschungsarbeiten zur Cybersicherheit teilnehmen, andererseits soll sie aber zur strate- 3

---

[1] S. Pressemitteilung der Kommission vom 14.12.2020, https://ec.europa.eu/digital-single-market/en/news/digital-europe-programme-proposed-eu75-billion-funding-2021-2027.

[2] *ENISA,* Threat and Risk Management, https://www.enisa.europa.eu/topics/threat-risk-management/threats-and-trends.

gischen Forschungs- und Innovationsagenda auf Unionsebene beitragen. Diese Doppelrolle hat ein großes Potential die richtigen Forschungsthemen in kurzer Zeit auf die strategische Agenda zu bringen. Allerdings können so auch Partikularinteressen einzelner Institute durch die Nähe der gemeinsamen Arbeit in die strategischen Überlegungen der Kommission einfließen und zu einer falschen Ausrichtung der Cybersicherheits-Agenda führen. Die Gefahr scheint allerdings durch die Vielfalt der beteiligten Akteure gemildert. Wie gesetzlich festgelegt sieht das Programm der ENISA 2020–2022 vor, die Mitgliedsstaaten und die Kommission bei der Festlegung der Forschungsziele zu unterstützen. Dazu gehört auch die Teilnahme an den Aktivitäten des Europäischen Kompetenzzentrums für Cybersicherheit in Industrie, Technologie und Forschung und des Netzes nationaler Koordinierungszentren.[3] Diese wiederum haben auch einen eigenen Zugang zur strategischen Diskussion auf der EU-Ebene.

4 Die Kommission hat am 16.12.2020 ihre neue Strategie zur Cybersicherheit vorgestellt.[4] Die Arbeit der ENISA wird in diesem Dokument sehr deutlich, zB in der Unterstützung bei den Überlegungen zur Cybersicherheit im Bereich 5G. Auch Beiträge zur Reform der NIS-2-RL fallen in diesen Bereich. Diese soll durch Änderungen an Struktur und System der alten NIS-RL weitere Teile der europäischen Industrie erfassen und zu einer größeren Harmonisierung der auf den Unternehmen lastenden Sicherheitsverpflichtungen führen. Dies soll für die ENISA insbesondere dazu führen, dass sie im von Art. 7 Abs. 6 geforderten Lagebericht einen sehr viel genaueren Überblick über die Cybersicherheitslage geben kann.

Art. 12 Internationale Zusammenarbeit

Die ENISA unterstützt die Bemühungen der Union um Zusammenarbeit mit Drittländern und internationalen Organisationen sowie innerhalb der einschlägigen Rahmen für internationale Zusammenarbeit, um die internationale Zusammenarbeit in Angelegenheiten der Cybersicherheit zu fördern, indem sie

a) soweit zweckmäßig – bei der Organisation von internationalen Übungen als Beobachterin mitwirkt, die Ergebnisse solcher Übungen analysiert und sie dem Verwaltungsrat vorlegt;

b) auf Ersuchen der Kommission den Austausch bewährter Verfahren erleichtert;

c) der Kommission auf deren Ersuchen mit Sachkenntnis zur Seite steht;

d) die Kommission in Zusammenarbeit mit der nach Artikel 62 eingesetzten Europäischen Gruppe für die Cybersicherheitszertifizierung bei Fragen zu Abkommen über die gegenseitige Anerkennung von Cybersicherheitszertifikaten mit Drittländern berät und unterstützt.

Literatur: *Brun,* The role of the European Union Agency for Network and Information Security (ENISA) in the governance strategies of European cybersecurity, 2018, http://hdl.handle.net/2078.1/thesis:16234

[3] COM/2018/630 final; s. auch Art. 10.

[4] JOIN/2020/18 final.

A. Allgemeines

1 Die schon in Art. 8 angesprochene Standardisierung ist eine Form der internationalen Zusammenarbeit. Hier geht es jedoch vor allem um die operative Arbeit mit Akteuren außerhalb der EU. Sicherheitsvorfälle, besonders im Bereich des Internet, sind sehr oft weltumspannend. Es ist eine bekannte Methode von Angreifern ihre Spuren dadurch zu verwischen, dass sie erfolgreich übernommene Host-computer als Sprungbrett für weitere Attacken nutzen. Da die Justiz bekanntlich bei grenzüberschreitenden Verfahren in der Union schon gewisse Schwierigkeiten hat, mit der Geschwindigkeit Angreifer mitzuhalten, ist dies bei Einwirkungen von außerhalb der Union nach viel dramatischer. Insofern muss die operative Zusammenarbeit außerhalb der justiziellen Wege verbessert werden. Der sich immer weiter verstärkende Angriffsdruck auf die Infrastrukturen fast aller Länder zwingen also zu größerer internationaler Zusammenarbeit. Dabei gibt es eine Zusammenarbeit der CERTs auf internationaler Ebene schon sehr lange. Ohne diese wäre das Internet sicherlich schon mehrfach zusammengebrochen. Erinnert sei hier noch einmal an den Fall des Morris Worm, der eine Kommunikation der Administratoren untereinander unterbrach und zur Gründung des ersten CERT führte.[1] Wenn also die ENISA nach Art. 7 die CSIRTs koordiniert, und Art. 12 der NIS-RL das Sekretariat des europäischen CSIRT-Netzes stellt, ist die internationale Verbindung dieses Netzes der CSIRTs nach außen eine notwendige Ergänzung.

2 Der eigentliche Streit darum, ob der ENISA eine autonome internationale Zusammenarbeit ermöglicht werden soll, fand 2012 in der Vorbereitung der Regulierung VO (EU) 526/2013 statt. Hier hatte insbesondere der Rat Bedenken.[2] Aus der Erfahrung mit der internationalen Zusammenarbeit der ENISA ergaben sich keine Schwierigkeiten, so dass das Thema bei der Neuauflage der ENISA 2019, also in der Cybersicherheitsverordnung, keine Rolle mehr gespielt hat und einfach von 2013 übernommen und um die Zertifizierung ergänzt wurde.

B. Einzelerläuterungen

3 Das einheitliche Programmdokument von 2021[3] erfasst diese Aufgabe in Activity 9: Outreach and education. Ziel ist es in Kooperation mit den Mitgliedsstaaten, den Institutionen der EU und gerade auch mit den internationalen Partnern der EU eine internationale Gemeinschaft zu bilden, die den Risiken in der Cybersicherheit begegnen kann. Dazu gehöre auch ein Beitrag zur Bemühung der EU mit Drittstaaten und internationalen Organisationen im Bereich Cybersicherheit zu kooperieren. Konkrete Maßnahmen, speziell im Hinblick auf die Kooperation mit Drittstaaten sind im Programmdokument allerdings nicht aufgeführt. Die Zielgruppe für die Maßnahmen zum besseren Verständnis der Cybersicherheitsrisiken nach innen, also in Richtung der Mitgliedsstaaten und der Institutionen, werden einfach auf „internationale Partner" ausgedehnt.

---

[1] https://de.wikipedia.org/wiki/Morris_(Computerwurm).
[2] *Brun,* The role of ENISA, S. 56.
[3] *ENISA,* ENISA Single Programming Document 2021–2023.

4 In der Finanzplanung wird deutlich, dass bisher allein die EFTA – Staaten über diese Drittstaaten-Integration zur Finanzierung der ENISA beitragen.[4] Nicht einmal die Schweiz trägt bei.

5 Die ENISA ist Teil einer größeren Strategie der Union. Im Dezember 2020 erfolgte die gemeinsame Mitteilung der Europäischen Kommission an das Europäische Parlament und den Rat zur Cybersicherheitsstrategie der EU für die digitale Dekade.[5] Dort wird eine Vertiefung der Zusammenarbeit in der Multi-Stakeholder-Gemeinschaft gefordert. Die ENISA ist hier ein wichtiges Instrument zur Kooperation auf der operativen Ebene.

6 Eine Intensivierung der Kooperation mit Drittländern ist zu erwarten, wenn die Zertifizierung anhand der europäischen Cybersicherheitszertifizierungsschemata angelaufen ist. International operierende Unternehmen werden versuchen den signifikanten Aufwand einer zweiten Zertifizierung zu vermeiden, indem sie die Anerkennung einer bereits erfolgten Zertifizierung betreiben.

Kapitel III Organisation der ENISA

Art. 13 Struktur der ENISA

Die Verwaltungs- und Leitungsstruktur der ENISA besteht aus

a) einem Verwaltungsrat;
b) einem Exekutivrat;
c) einem Exekutivdirektor;
d) einer EINSA-Beratungsgruppe; und
e) einem Netz der nationalen Verbindungsbeamten.

A. Allgemeines

1 Durch Art. 13 entsteht das Grundgerüst einer Agentur der Europäischen Union. Der Aufbau der ENISA entspricht den Vorgaben der Mitteilung KOM(2002)718.[1] Es gibt einen Direktor für die operativen Aufgaben und einen Verwaltungsrat, der die allgemeinen Leitlinien innerhalb des vom Gesetzgeber vorgegebenen Rahmens festlegt. Die Mitteilung KOM(2002)718 nennt insgesamt mehr als 15 dezentrale Einrichtungen, die als europäische Agenturen bezeichnet werden. Gemeinsam ist ihnen, dass sie durch eine Verordnung eingerichtet wurden, in dem jeweiligen Gründungsakte ihre Aufgabe präzisiert wurde, sie eine eigene Rechtspersönlichkeit besitzen und sie über eine gewisse organisatorische und finanzielle Autonomie verfügen. Mit der Mitteilung KOM(2002)718 wurde ein einheitliches Rahmenwerk für die Einrichtung solcher Agenturen angeregt. Die Mitteilung KOM(2008)135 zeigte neue Perspektiven auf und es kam wieder Bewegung in die Betrachtung der Agenturen. Interessant ist, dass hier zwischen Agenturen mit regulatorischen Auf-

---

[4] *Brun,* The role of the European Union Agency for Network and Information Security (ENISA) in the governance strategies of European cybersecurity, UCL Leuven 2018, S. 56, http://hdl.handle.net/2078.1/thesis:16234.

[5] JOIN(2020) 18 final.

[1] COM/2002/0718 final, https://eur-lex.europa.eu/legal-content/EN/TXT/?uri=CELEX:52002DC0718.

gaben und gewöhnlichen Agenturen unterschieden wurde. Mit dem Annex wurde die in Planung befindliche zweite Iteration der ENISA dem regulatorischen Umfeld der 3. Säule zugeordnet.[2] Auch dort wurde beklagt, dass es in der EU zu immer weiteren Gründungen dieser „dezentralen Agenturen", komme, aber ein einheitliches Vorgehen bisher fehle. Vielmehr hätten viele ein eigenes, den Umständen ihrer Gründung geschuldetes System. Deswegen initiierten Kommission, Parlament und Rat im März 2009 eine interinstitutionelle Arbeitsgruppe (IIWG) zu den dezentralen Agenturen, die 2012 ihren Bericht in insgesamt 34 sogenannten Analytic Fiches veröffentlichte.[3] Diese Fiches enthielten vertiefte Überlegungen zu Errichtung, Betrieb und Schließung der Agenturen. Danach sind zB die Agenturen mit regulatorischen Aufgaben dadurch definiert, dass ihre Aufgabe durch europäisches Recht bestimmt sind.[4] Damit ist die ENISA in der gemeinsamen Klassifizierung eine Agentur mit regulatorischen Aufgaben. Diese liegen, wie in Art. 4–11 genauer ausgeführt, vor allem in der Begleitung der Cybersicherheit und weniger in einer Kontrollfunktion, wie es zum Beispiel von der EMA im Rahmen der Zulassung von Medikamenten durchgeführt wird[5].

Die einzelnen Überlegungen der IIWG werden bei der Beschreibung der weiteren Gremien der ENISA genauer betrachtet. Nach dem die IIWG ihren Bericht 2012 abgeliefert hatte, wurde der politische Prozess einer Einigung weitergeführt. Am 12.6.2012 konnten sich dann Kommission, Parlament und Rat auf eine gemeinsame Erklärung zu den dezentralen Agenturen einigen.[6] In der Erklärung wird ein gemeinsamer Ansatz bei der Errichtung von dezentralen Agenturen vereinbart. Diese Blaupause enthält viele Vorgaben zur Errichtung der Agenturen, aber auch zu ihrem inneren Aufbau. Der gemeinsame Ansatz sieht einen Verwaltungsrat, einen Direktor und andere Gremien vor. Die Cybersicherheitsverordnung sieht beide Institutionen vor, geht aber viel weiter, indem Wissenschaft und Interessenträger[7] eingebunden werden. **2**

Wie zu Art. 1 schon ausgeführt, ist die ENISA eine Mischform der in KOM (2002)718 ausgeführten Agenturtypen. Ihre Hauptaufgabe liegt in der Unterstützung und Beratung. Im Bereich der Cybersicherheit ist das eine wichtige Aufgabe, deren Wahrnehmung und operationeller Betrieb eine gewisse Autonomie für die interne Organisation und die erbrachten Leistungen erfordert. Insbesondere wegen der Erstellung von Leitlinien, technischen und wissenschaftlichen Gutachten muss die ENISA besonders glaubwürdig sein, um ihre Aufgabe zu erfüllen. Dies wird durch die in Art. 13 etablierte Struktur erreicht. **3**

---

[2] SEC(2008) 323, https://eur-lex.europa.eu/legal-content/EN/TXT/?uri=CELEX:52008 SC0323.

[3] https://web.archive.org/web/20160923082255/http://europa.eu/european-union/about-eu/agencies/overhaul_en.

[4] Ein Überblick über die verschiedenen Analysen findet sich im Bericht von 2012 zu den Agenturen, https://web.archive.org/web/20210109231751/https://europa.eu/european-union/about-eu/agencies/overhaul_en; *Korver,* EU agencies, common approach and parliamentary scrutiny, https://doi.org/10.2861/656418.

[5] VO (EG) 726/2004, ELI: http://data.europa.eu/eli/reg/2004/726/2019-03-30.

[6] Presseerklärung der Kommission vom 13.6.2012; Joint Statement of the European Parliament, the Council of the EU and the European Commission on decentralised agencies, https://europa.eu/european-union/sites/europaeu/files/docs/body/joint_statement_and_common_approach_2012_en.pdf.

[7] Engl.: Stakeholder.

4 Der Verwaltungsrat ist das zentrale Kontroll- und Steuerungsorgan der ENISA. Hier werden die Pläne verfasst und die strategischen Entscheidungen erarbeitet. Weil der Verwaltungsrat repräsentativ aufgestellt ist und Vertreter aller Mitgliedsstaaten teilnehmen ist eine Tagung des Verwaltungsrats langwierig. Sie findet deswegen nur zweimal im Jahr statt. Der Gesetzgeber hat dazu die Lehren aus der IIWG gezogen und einen Exekutivrat eingeführt, der sich aus dem Verwaltungsrat bildet, aber vielfach nur vorläufige Maßnahmen treffen kann.

5 Dem Verwaltungsrat werden in insgesamt fünf weiteren Artikeln weitere Regeln gegeben, die die Zusammensetzung, die Aufgaben, den Vorsitz und die Regeln für die Sitzungen, inklusive der Abstimmungen, festlegen. Diese sind inzwischen durch einen internen Prozess des ENISA Verwaltungsrates

6 Die deutsche Übersetzung als „Beratergruppe" gibt die Zielrichtung des Gremiums nur unzureichend wieder. In deutschen Institutionen nennt man diese Gruppe üblicherweise „Beirat". Sie dient dem in Brüssel wichtigen „stakeholderism", also der Beteiligung der Betroffenen. Es wird aber nicht jeder irgendwie Betroffene akzeptiert. Die Zusammenstellung eines solchen Beirats kann erheblichen Einfluss auf den Erfolg einer Institution haben. Deswegen wird diese Zusammensetzung auch vom Verwaltungsrat kontrolliert.

7 Strukturell wird mit dem Netz der Verbindungsbeamten ein zusätzliches Element eingeführt. Bedenkt man, dass der Verwaltungsrat einen Vertreter aus jedem Mitgliedsstaat hat, dann entsteht eine weitere nationale Verankerung. Anders als die Vertreter im Verwaltungsrat, geht es hierbei nicht um die Strategie, sondern eine bessere Vernetzung der ENISA im operativen Teil ihrer Aufgaben. Dies ist eine Besonderheit in der Brüsseler Komitologie. Um der ENISA auch strukturell bei der Aufgabenerfüllung operativ und ohne formale Treffen des Verwaltungsrates zu helfen, wurde daher eine zweite Ebene der mitgliedsstaatlichen Verankerung eingezogen. Diese Ebene ist eine Fachebene. Nichts hindert einen Mitgliedsstaat daran, denselben Vertreter in den Verwaltungsrat und in die Netzwerkgruppe der Verbindungsbeamten zu entsenden. Allerdings kann so auch die politische von der operativen Verwaltungshierarchie entkoppelt werden. Das dient der operativen Schlagkraft mit überzeugenden Verbindungen in die nationalen Cybersicherheitsstrukturen und erlaubt so eine in der Cybersicherheit oftmals notwendige sehr schnelle und konzertierte Reaktion. Die Grundstruktur der ENISA in Art. 13 kann insofern als gelungen bezeichnet werden. Dieses Gelingen ist allerdings nicht das Werk einer besonderen gestalterischen Fähigkeit des europäischen Gesetzgebers. Vielmehr erkennt schon der Regulierungsvorschlag der Kommission an, dass es sich um eine Normierung von seit 2004 gewachsenen Strukturen handelt. Dh die ENISA selbst hat bei ihrer eigenen Verordnung Pate gestanden.

Abschnitt 1 Verwaltungsrat

Art. 14 Zusammensetzung des Verwaltungsrats

(1) [1]**Dem Verwaltungsrat gehören je ein von jedem Mitgliedstaat ernanntes Mitglied und zwei von der Kommission ernannte Mitglieder an.** [2]**Alle Mitglieder haben Stimmrecht.**

(2) [1]**Jedes Mitglied des Verwaltungsrats hat einen Stellvertreter.** [2]**Dieser Stellvertreter vertritt das Mitglied im Fall seiner Abwesenheit.**

(3) [1]**Die Mitglieder des Verwaltungsrats und ihre Stellvertreter werden aufgrund ihrer Kenntnisse auf dem Gebiet der Cybersicherheit ernannt, wobei ihren einschlägigen Management-, Verwaltungs- und Haushaltsführungskompetenzen Rechnung zu tragen ist. [2]Die Kommission und die Mitgliedstaaten bemühen sich, die Fluktuation bei ihren Vertretern im Verwaltungsrat gering zu halten, um die Kontinuität der Arbeit des Verwaltungsrats sicherzustellen. [3]Die Kommission und die Mitgliedstaaten setzen sich für ein ausgewogenes Geschlechterverhältnis im Verwaltungsrat ein.**

(4) [1]**Die Amtszeit der Mitglieder des Verwaltungsrats und ihrer Stellvertreter beträgt vier Jahre. [2]Sie kann verlängert werden.**

A. Allgemeines

1 Die Interinstitutional Working Group (IIWG)[1] hatte bis 2016 existierende dezentrale Agenturen und ihre Verwaltungsräte untersucht.[2] Bis 2012 herrschte weitgehend Wildwuchs bei der Einrichtung von Verwaltungsräten von sogenannten dezentralen Agenturen der EU. Es gab unterschiedlichste Besetzungen[3] und Räte mit sehr unterschiedlicher Größe. Viele dieser Agenturen haben völlig anders zusammengesetzte Verwaltungsräte als die ENISA. Insbesondere bei Agenturen mit sehr großem Verwaltungsrat wurde befürchtet, dass die Trägheit des Rates dazu führen könne, dass der Rat den Direktor der Agentur nur unzureichend kontrolliert. Nach der Betrachtung von Alternativen, aber auch der Repräsentation von Interessengruppen und der Frage der Bezahlung der Verwaltungsratsmitglieder stellte die IIWG weitere Schwachpunkte fest. Um die Konstruktion der dezentralen Agenturen zu vereinheitlichen, einigten sich Parlament, Rat und Kommission nach langer Diskussion im Juli 2012 auf ein einheitliches Vorgehen,[4] den „Common Approach". Dieser sieht im Annex der Erklärung eine ganze Reihe von Regeln für die Konstruktion dezentraler Agenturen vor. Für den Verwaltungsrat werden insgesamt 4 Regeln aufgestellt, die in Unterpunkten weiter detailliert sind.

2 Nach Regel Nr. 10 sollte der Verwaltungsrat:

- einen Vertreter aus jedem Mitgliedsstaat haben
- zwei Vertreter der Kommission
- wo angemessen, einen vom Europäischen Parlament bestellten Vertreter
- wo angemessen, eine beschränkte Anzahl von Interessenträgern.

3 Die Mitglieder sollten dabei relevantes Wissen im Bereich der Agentur, also hier der Cybersicherheit, mitbringen und sie sollten auf vier Jahre ernannt werden. Die

---

1 Ein Überblick über die verschiedenen Analysen finden sich im Bericht von 2012 zu den Agenturen, https://web.archive.org/web/20210109231751/https://europa.eu/european-union/about-eu/agencies/overhaul_en; Korver, EU agencies, common approach and parlia mentary scrutiny, https://doi.org/10.2861/656418.

2 Analytical Fiche Nr° 5, Composition and designation of the Management Board, https://web.archive.org/web/20210109231751/https://europa.eu/european-union/sites/europaeu/files/docs/body/fiche_5_sent_to_ep_cons_2010-12-15_en.pdf.

3 Eine Liste mit den verschiedenen Räten kann dem Annex zu 2008/135/COM entnommen werden, https://eur-lex.europa.eu/legal-content/EN/TXT/?uri=CELEX:52008SC0323.

4 Joint Statement of the European Parliament, the Council of the EU and the European Commission on decentralised agencies, https://europa.eu/european-union/sites/europaeu/files/docs/body/joint_statement_and_common_approach_2012_en.pdf.

Erneuerung des Mandats ist nach der gemeinsamen Erklärung möglich. Auch kann eine Zweistufenarchitektur zur Effizienzsteigerung eingesetzt werden. Weitere Regeln betreffen Interessenkonflikte, das Personalmanagement und Grundregeln für die internen Verfahrensregeln. Die Regeln des Joint Statement vom Juli 2012 werden von dem CSA weitgehend eingehalten und dem Auftrag der ENISA entsprechend angepasst.

B. Einzelerläuterungen

4 Der Verwaltungsrat besteht aus jeweils einem Vertreter eines Mitgliedsstaates und zwei von der Kommission ernannten Mitgliedern. Diese könnten also theoretisch auch von außerhalb der Kommission kommen. Die Kommission hat jedoch (Stand 2021) zwei sehr hochrangige Beamte der Brüsseler Verwaltung mit einschlägigem Aufgabengebiet benannt. Die Vertreter sind die Fachbeamten aus den entsprechenden Units der Generaldirektion CNECT und DGIT.[5]

5 Abs. 1 S. 2 nimmt eine Anregung des Europäischen Wirtschafts- und Sozialausschusses aus der Stellungnahme 2003[6] auf. Im ursprünglichen Entwurf waren nicht alle Mitglieder des Verwaltungsrats stimmberechtigt. Dem widersprach der Ausschuss und setzte sich damit auch durch. Nun haben zwar alle Mitglieder des Verwaltungsrats Stimmrecht, die Interessenträger oder „stakeholder" wurden allerdings aus dem Verwaltungsrat verbannt; Regierungen und Kommission bleiben unter sich. Die Teilnahme der Interessenträger ist in eine eigene Gruppe verlegt worden.

6 Abs. 3 enthält eine Orientierung für die Benennung der Mitglieder des Verwaltungsrates durch die Mitgliedsstaaten. Danach sollen vor allem Fachbeamte aus dem Bereich der Cybersicherheit entsandt werden. Dem sind die Mitgliedsstaaten weitgehend nachgekommen. Während Österreich seinen CIO schickt, sind die Vertreter der großen Staaten weder aus der ersten noch der zweiten Ebene der Cybersicherheitsverwaltung. Insofern wird dem Erfordernis der Managementerfahrung weniger entsprochen. Allerdings kommen die Vertreter alle aus einschlägigen Bereichen der Verwaltung, was auf Sachkenntnis schließen lässt. Der Vorsitz des Verwaltungsrats liegt derzeit bei Jean-Baptiste Demaison von der ANSSI.[7]

7 Im Abs. 4 hat sich der europäische Gesetzgeber für Kontinuität ausgesprochen, was auf europäischer Ebene nicht die Norm ist. Viele Beamte der EU bleiben nur 5 Jahre auf einer Stelle und werden dann versetzt. Dies dient vor allem dazu, Interessenkonflikte zu minimieren und die Ausbildung von Seilschaften zu verhindern. In der Cybersicherheit wird jedoch der Vorteil durch Effizienz und Erfahrung höher bewertet als das Risiko durch Seilschaften. Denn gerade die europäische Vernetzung der Akteure der Cybersicherheit ist eine der Hauptaufgaben der ENISA. Da sind langjährige Beziehungen über Ländergrenzen hinweg ein bewährtes, aber juristisch wenig fassbares Mittel. Die Forderung nach Kontinuität und die Möglichkeit der Wiederwahl kommt dem jedoch nahe. Die dennoch benötigte Transparenz wird dann durch den Entscheidungsprozess im Verwaltungsrat gewährleistet.

---

[5] *ENISA*, List of ENISA Management Board Representatives and Alternates, https://www.enisa.europa.eu/about-enisa/structure-organization/management-board/MBMemberAlternate.pdf.

[6] COM(2003) 63 final — 2003/0032 (COD), https://eur-lex.europa.eu/legal-content/DE/TXT/HTML/?uri=CELEX:52003AE0747.

[7] 2021 von der Agence nationale de la sécurité des systèmes d'information.

Zwar wird in der Regulierung für ein ausgewogenes Verhältnis der Geschlechter im Verwaltungsrat geworben. Dies wird auch von der Kommission umgesetzt, die einen hochrangigen Vertreter und eine ebenso hochrangige Vertreterin benannt hat. Die Vertreter der Mitgliedsstaaten sind aber im Jahr der Gründung weitgehend männlich. 8

Art. 15 Aufgaben des Verwaltungsrats

(1) **Der Verwaltungsrat**

a) legt die allgemeine Ausrichtung der Tätigkeit der ENISA fest und sorgt auch dafür, dass die ENISA ihre Geschäfte gemäß der in dieser Verordnung festgelegten Vorschriften und Grundsätze führt. Er sorgt zudem für die Abstimmung der Arbeit der ENISA mit den Tätigkeiten, die von den Mitgliedstaaten und auf Unionsebene durchgeführt werden;

b) nimmt den Entwurf des in Artikel 24 genannten einheitlichen Programmplanungsdokuments der ENISA an, bevor dieser der Kommission zur Stellungnahme vorgelegt wird;

c) nimmt – unter Berücksichtigung der Stellungnahme der Kommission – das einheitliche Programmplanungsdokument der ENISA an;

d) überwacht die Umsetzung der im einheitlichen Programmplanungsdokument enthaltenen mehrjährigen und jährlichen Programmplanung;

e) stellt den jährlichen Haushaltsplan der Agentur fest und übt andere Funktionen in Bezug auf den Haushalt der ENISA gemäß Kapitel IV aus;

f) bewertet und genehmigt den konsolidierten Jahresbericht über die Tätigkeiten der ENISA einschließlich des Jahresabschlusses und der Ausführungen darüber, inwiefern die ENISA die vorgegebenen Leistungsindikatoren erfüllt hat, und übermittelt den Bericht zusammen mit seiner Bewertung bis zum 1. Juli des folgenden Jahres dem Europäischen Parlament, dem Rat, der Kommission und dem Rechnungshof, und macht ihn der Öffentlichkeit zugänglich;

g) erlässt nach Artikel 32 die für die ENISA geltende Finanzregelung;

h) nimmt eine Betrugsbekämpfungsstrategie an, die den diesbezüglichen Risiken entspricht und an einer Kosten-Nutzen-Analyse der durchzuführenden Maßnahmen orientiert ist;

i) erlässt Vorschriften zur Unterbindung und Bewältigung von Interessenkonflikten bei seinen Mitgliedern;

j) sorgt ausgehend von den Erkenntnissen und Empfehlungen, die sich aus den Untersuchungen des Europäischen Amtes für Betrugsbekämpfung (OLAF) und den verschiedenen internen und externen Prüfberichten und Bewertungen ergeben haben, für angemessene Folgemaßnahmen;

k) gibt sich eine Geschäftsordnung einschließlich Regelungen zu den vorläufigen Beschlüssen zur Übertragung bestimmter Aufgaben gemäß Artikel 19 Absatz 7;

l) nimmt gemäß Absatz 2 des vorliegenden Artikels in Bezug auf das Personal der ENISA die Befugnisse wahr, die der Anstellungsbehörde

durch das Statut der Beamten der Europäischen Union (im Folgenden „Statut der Beamten“) bzw. der Stelle, die zum Abschluss der Dienstverträge ermächtigt ist, durch die Beschäftigungsbedingungen für die sonstigen Bediensteten der Europäischen Union (im Folgenden „Beschäftigungsbedingungen für die sonstigen Bediensteten der Europäischen Union“) nach der Verordnung (EWG, Euratom, EGKS) Nr. 259/68 des Rates[1] übertragen wurden (im Folgenden „Befugnisse der Anstellungsbehörde“);

m) **erlässt gemäß dem Verfahren des Artikels 110 des Statuts der Beamten Durchführungsbestimmungen zum Statut der Beamten und zu den Beschäftigungsbedingungen für die sonstigen Bediensteten;**
n) **ernennt den Exekutivdirektor und verlängert gegebenenfalls dessen Amtszeit oder enthebt ihn nach Artikel 36 seines Amtes;**
o) **ernennt einen Rechnungsführer, bei dem es sich um den Rechnungsführer der Kommission handeln kann, der in der Wahrnehmung seiner Aufgaben völlig unabhängig ist;**
p) **fasst unter Berücksichtigung der Tätigkeitserfordernisse der ENISA und unter Beachtung der Grundsätze einer wirtschaftlichen Haushaltsführung alle Beschlüsse über die Schaffung und, falls notwendig, Änderung der Organisationsstruktur der Agentur;**
q) **genehmigt das Treffen von Arbeitsvereinbarungen bezüglich Artikel 7;**
r) **genehmigt das Treffen oder den Abschluss von Arbeitsvereinbarungen nach Artikel 42.**

(2) **[1]Der Verwaltungsrat fasst gemäß nach Artikel 110 des Statuts der Beamten, einen Beschluss auf der Grundlage von Artikel 2 Absatz 1 des Statuts der Beamten und von Artikel 6 der Beschäftigungsbedingungen für die sonstigen Bediensteten, mit dem er die einschlägigen Befugnisse der Anstellungsbehörde dem Exekutivdirektor überträgt und die Bedingungen festlegt, unter denen die Befugnisübertragung ausgesetzt werden kann. [2]Der Exekutivdirektor kann diese Befugnisse einer nachgeordneten Ebene übertragen.**

(3) **Wenn außergewöhnliche Umstände dies erfordern, kann der Verwaltungsrat durch Beschluss die Übertragung der Befugnisse der Anstellungsbehörde auf den Exekutivdirektor sowie jegliche von diesem vorgenommene Weiterübertragung von Befugnissen der Anstellungsbehörde vorübergehend aussetzen und die Befugnisse selbst ausüben oder sie stattdessen einem seiner Mitglieder oder einem anderen Bediensteten als dem Exekutivdirektor übertragen.**

Literatur: *Brun,* The role of the European Union Agency for Network and Information Security (ENISA) in the governance strategies of European cybersecurity, 2018, http://hdl.handle.net/2078.1/thesis:16234

---

[1] **Amtl. Anm.:** Verordnung (EWG, Euratom, EGKS) Nr. 259/68 des Rates vom 29. Februar 1968 zur Festlegung des Statuts der Beamten der Europäischen Gemeinschaften und der Beschäftigungsbedingungen für die sonstigen Bediensteten dieser Gemeinschaften sowie zur Einführung von Sondermaßnahmen, die vorübergehend auf die Beamten der Kommission anwendbar sind (ABl. L 56 vom 4.3.1968, S. 1).

Inhaltsübersicht

A. Allgemeines

1 Art. 15 legt die Aufgaben und Kompetenzen des Verwaltungsrats fest. Aus den Aufgabestellungen und Zuständigkeiten ergibt sich, dass der Verwaltungsrat das zentrale Organ zur Ausrichtung und Kontrolle der ENISA ist. Ein Element der Autonomie ist laut der Analyse der IIWG begründet durch die gemeinsame Verantwortung des Verwaltungsrates. Deswegen ist es wichtig die Autonomie einer Agentur wie der ENISA auf eine klare Regelung dieser Leitungs- und Verantwortungsfunktionen zu stützen. Diese sollten klar definiert sein und auch in der Praxis wahrgenommen werden.[2]

2 Die Aufgabe es Verwaltungsrats ist die Verteidigung einer regierungsübergreifenden Agenda. Dh der Verwaltungsrat der ENISA ist ein Ort, an dem Regierungen ihre Planung in Bezug auf die Cybersicherheit abstimmen und eine gemeinsame Agenda erstellen. Geschaffen von Kommission, Parlament und Rat, hat der Verwaltungsrat nur Vertreter aus Kommission und Mitgliedsstaaten. Brun unterscheidet zwischen den supranationalen Interessen des EU-Parlaments und den zwischenstaatlichen Interessen des Rates. Mit der Reform 2019 wird den zwischenstaatlichen Interessen eindeutig Vorrang gegeben, denn auch die Zahl der Mitglieder der Kommission im Verwaltungsrat wurde reduziert. Gleichzeitig wird ein Minimum von 2 Sitzungen pro Jahr in Art. 17 normiert. So hatte sich der Verwaltungsrat 2018 nur einmal getroffen, aber in vielen Jahren gab es auch 3 Sitzungen, zuletzt 2013, im Jahr der vorherigen Reform der ENISA.[3]

3 Nach innen ist der Verwaltungsrat der Zentralpunkt der Macht. Er kann Teile dieser Macht mittels Delegation weitergeben und diese Delegation auch wieder entziehen.

4 Die Vorarbeiten zu den dezentralen Agenturen[4] verlangen eine klare Trennung der Aufgaben und Zuständigkeiten von Verwaltungsrat und Exekutivdirektor. Festgestellt wurde dabei, dass es Probleme in der Praxis generell vor allem im Bereich der Überwachung der Exekutive gibt. Viele Mitglieder des Verwaltungsrats seien zwar fachlich aus dem Aufgabengebiet der Agentur, hätten aber nicht genügend Er-

---

2 Analytical Fiche Nr° 12, Agencies' administrative autonomy, S. 3, https://web.archive.org/web/20210109231751/https://europa.eu/european-union/sites/europaeu/files/docs/body/fiche_12_sent_to_ep_cons_2010-08-25_en.pdf.

3 *ENISA*, Management Board Minutes, https://www.enisa.europa.eu/about-enisa/structure-organization/management-board/mb-minutes/mb-minutes.

4 *European Union*, Decentralised agencies: 2012 Overhaul, https://web.archive.org/web/20210109231751/https://europa.eu/european-union/about-eu/agencies/overhaul_en.

fahrung in Verwaltungs- und Finanzfragen. Darüber hinaus wurden Defizite bei mangelnder Umsetzung der Aktivitätsprogramme von einigen Verwaltungsräten nicht ausreichend überprüft. Bei der ENISA sind alle diese Defizite bisher nicht aufgetreten.

5 Vergleicht man die Aufgaben des Exekutivdirektors in Art. 20, dann sieht man, dass dem Gesetzgeber das Risiko der überlappenden Zuständigkeiten bewusst war. Art. 20 liest sich als komplementäre Aufgabenzuteilung und lässt eine klare Über-Unterordnung zugunsten des Verwaltungsrats erkennen. Der Verwaltungsrat gibt die Linien vor und trifft die großen Entscheidungen. Der Exekutivdirektor setzt diese Linien um.

6 Der Verwaltungsrat der ENISA ist relativ groß, weil jeder Mitgliedsstaat einen Vertreter stellt. Der Verwaltungsrat trifft sich nach Art. 17 Abs. 2 mindestens zweimal pro Jahr. Da in der Cybersicherheit Notfälle auftreten können, die ein schnelles Handeln auch im Bereich der Zuständigkeiten des Verwaltungsrats erfordern, hat man in Art. 19 einen kleinen Exekutivrat mit 5 Mitgliedern aus der Mitte des Verwaltungsrates geschaffen, der auch im Tagesgeschäft den Exekutivdirektor unterstützen kann und die Sitzungen des Verwaltungsrats vorbereiten kann.

7 Der Verwaltungsrat ist also das zentrale Organ der ENISA und hat viele Aufgaben. Diese sind nicht auf die reine Kontrolle limitiert. Vielmehr ist es der Verwaltungsrat, der auch interne Prozeduren festlegt und die Jahrespläne macht. Da die ENISA vielfach im Bereich der dritten Säule tätig wird, ist ein großer Einfluss der Mitgliedsstaaten über den Verwaltungsrat ein Ausdruck der Souveränität in diesem Bereich, der aber von der Notwendigkeit und vom Willen zur Kooperation überlagert wird. Dem entspricht, dass die zwischenstaatlichen Diskussionen auch im Verwaltungsrat ausgetragen werden. Die Berichte des Verwaltungsrates geben dies wieder.[5] Damit hat der Verwaltungsrat auch eine politische Dimension innerhalb der Komitologie der EU.[6] Brun beschreibt,[7] wie sich die ENISA durch die NIS-RL verändert hat. Nunmehr müssen bestimmte nationale Vorgehensweisen mit der ENISA koordiniert werden, um eine Fragmentierung des Binnenmarktes zu verhindern. Das bedeutet, die ENISA hat tatsächliche operative Macht erlangt.[8] Insofern wird die Macht der ENISA und damit des Verwaltungsrats nicht allein durch Art. 15 bestimmt, sondern auch durch die Koordination der Strategien nach der NIS-RL.

B. Einzelerläuterungen

I. Die Transparenz der Entscheidungen

8 Der EU wird bekanntlich regelmäßig ein Demokratiedefizit vorgeworfen. Der aus diesem Dauervorwurf resultierenden Druck hat dazu geführt, dass die Institutionen der EU erhöhten Anforderungen an Transparenz unterliegen. Man braucht hier nicht auf die Regeln der Transparenz einzugehen, denn was die ENISA an Transparenz zeigt, geht über die Regeln hinaus. Alle Entscheidungen des Verwaltungs-

---

[5] *ENISA,* Protokolle des Verwaltungsrates der ENISA, https://www.enisa.europa.eu/about-enisa/structure-organization/management-board/mb-minutes.

[6] *ENISA,* Protokoll der 10. Sitzung des Verwaltungsrates, Heraklion 2007.

[7] *Brun,* The role of ENISA, S. 33.

[8] *Brun,* The role of ENISA, S. 33.

rats,[9] aber auch alle Protokolle der Sitzungen des Verwaltungsrats[10] sind auf der Website der ENISA veröffentlicht. Dies gibt einen tiefen Einblick in die Arbeit des Verwaltungsrats, der seine Grenze aber darin hat, dass die Kommunikation der Verwaltungsräte untereinander nicht veröffentlicht wird. Diese Form der Transparenz fördert die Nachvollziehbarkeit der Entscheidungen, ohne die Diskussionsfreude des einzelnen Verwaltungsrats durch Hierarchie und Öffentlichkeit zu dämpfen.

II. Ein Kontrollorgan

Art. 15 enthält einen Katalog mit Aufgaben und Zuständigkeiten des Verwaltungsrates. Zuerst ist der Verwaltungsrat ein Kontrollorgan. Dabei sind die Aufgaben in der Verordnung eher also positive Handlungsaufforderung formuliert. Doch ein Vergleich mit den Art. 19 und 20 ergibt, dass der Exekutivdirektor die eigentlichen Arbeiten ausführen lässt und dann dem Verwaltungsrat zum Beschluss vorlegt. Auch der Exekutivrat nach Art. 19 hat viele Aufgaben, die in einer Vorlage an den Verwaltungsrat enden. Die dazu notwendige Macht erhält der Verwaltungsrat dadurch, dass nur er die vorgelegten Dokumente, wie Haushaltsplan, Durchführungsbestimmungen, Programmplanung validieren kann. Aus den Protokollen der Verwaltungsratssitzungen ist ersichtlich, dass der Verwaltungsrat hier nicht nur in einer passiven Rolle ist, sondern aktiv an der Erarbeitung der Pläne und Dokumente teilnimmt.[11] **9**

Das System der ENISA ist teilweise den Strukturen der EU nachempfunden. So kann der Verwaltungsrat zwar den Exekutivdirektor nach Art. 36 ernennen und entlassen. Der Verwaltungsrat selbst hat allerdings kein Vorschlagsrecht. Vielmehr entscheidet der Verwaltungsrat auf Vorschlag der Kommission und hat kein Initiativrecht. Der Exekutivdirektor, einmal ernannt, kann sich also entweder mit der Kommission oder dem Verwaltungsrat überwerfen, nicht aber mit beiden. Diese Form des Vieraugenprinzips bringt eine hohe Stabilität in die Verwaltungsspitze der ENISA. Dennoch kann gesagt werden, dass der Verwaltungsrat den Exekutivdirektor kontrolliert, auch weil er die Implementierung des Jahres- und Mehrjahresplans abnimmt. **10**

Explizit wird die Kontrollfunktion in Abs. 1 lit. q und r wo Arbeitsvereinbarungen nach Art. 7 und Art. 42 vorzulegen sind. Dabei handelt es sich um Kooperationen mit anderen Akteuren im Bereich der Cybersicherheit, insbesondere den in Art. 7 explizit erwähnten Institutionen.[12] **11**

Eine besondere Bedeutung hat Abs. 1 lit. f, wonach der Verwaltungsrat den Jahresbericht[13] bewertet und genehmigt. Die ENISA hat einen konkreten Jahresplan[14] **12**

---

9 *ENISA,* Entscheidungen des Verwaltungsrats der ENISA, https://www.enisa.europa.eu/about-enisa/structure-organization/management-board/management-board-decisions#b_start=0.

10 *ENISA,* Entscheidungen des Verwaltungsrats der ENISA, https://www.enisa.europa.eu/about-enisa/structure-organization/management-board/mb-minutes/mb-minutes.

11 ZB *ENISA,* 31. Sitzung des Verwaltungsrats https://www.enisa.europa.eu/about-enisa/structure-organization/management-board/mb-minutes/minutes-of-the-mb-meeting-held-on-25-26-june-2020.

12 S. dort. Das betrifft insbesondere das CERT-EU und Europol sowie das Netz der CSIRTs in der EU.

13 ZB *ENISA,* Consolidated annual activity report 2020, https://doi.org/10.2824/2917.

14 Auch als Arbeitsprogramm bezeichnet.

und einen strategischen Mehrjahresplan.[15] Die Umsetzung des detaillierten Jahresplans oder ist Aufgabe des Exekutivdirektors. Nicht zu verwechseln ist dieser Jahresbericht mit dem Jahresbericht nach Art. 5. Der Exekutivdirektor legt einen Jahresbericht zur Umsetzung des vergangenen Arbeitsprogramms vor. Wenn auch der Verwaltungsrat das Organ zur Autonomie der dezentralen Agentur ist, so ist der Verwaltungsrat dennoch eingebunden in die europäischen Institutionen. Denn die Bewertung des Jahresberichts muss dem Europäischen Parlament, dem Rat, der Kommission und dem Rechnungshof übermittelt werden. Im Rahmen der generellen Transparenzinitiative in der EU ist auch eine Veröffentlichung der Bewertung vorgesehen.[16]

13 In der Praxis hat sich eingebürgert, dass der Verwaltungsrat eine Evaluierung des Jahresberichts der ENISA beschließt. Die Erstellung des Jahresberichts ist in Erwägungsgrund 59 und Art. 20 Abs. 3 lit. e dem Exekutivdirektor aufgetragen. Der Verwaltungsrat verfasst eine Stellungnahme, die als Beschluss veröffentlicht und auch in der veröffentlichten Version des Jahresberichts wiedergegeben wird. Der Beschluss des Verwaltungsrats dient gleichzeitig der Entlastung des Exekutivdirektors und ist eine Freigabe zur Weiterleitung des Jahresberichts an Kommission, Rat, ständige Vertretung der Mitgliedsstaaten und den Rechnungshof. Der Jahresbericht folgt dabei mehreren Grundlagen. Zuerst ist der Exekutivdirektor zur Aufstellung eines solchen Jahresberichts nach Art. 20 Abs. 3 lit. e verpflichtet. Der Verwaltungsrat gibt dann nach Abs. 1 lit. f eine Stellungnahme ab. Dies ergibt sich auch aus Art. 32 VO (EU) 2019/715. Der CSA verweist in Art. 24 Abs. 2 noch auf die Rahmenfinanzregelung VO (EU) 1271/2013, die jedoch zwischenzeitlich aufgehoben und durch die VO (EU) 2019/715 ersetzt wurde.

III. Strategie und Planung

14 Eine der Hauptaufgaben des Verwaltungsrates liegt in Strategie und Planung. Diese sollte mit den Initiativen der Kommission und der Mitgliedsstaaten koordiniert werden. Im Hinblick auf die wichtige Rolle der ENISA bei der Erstellung nationaler Cybersicherheitsstrategien nach Art. 7 NIS-RL wird die Struktur der Institutionen in der Praxis eher zu einer Koordinierung innerhalb des Verwaltungsrats führen, damit die einzelnen nationalen Initiativen kompatibel bleiben und eine Fragmentierung der Cybersicherheitsarchitektur zwischen der Unionsebene und verschiedenen nationalen Ebenen vermieden werden kann. Versucht wird, dies durch eine Vernetzung auf der Expertenebene zu erreichen, um politischen Vormachtkämpfen zu entkommen. Die Tätigkeit der ENISA von 2013–2019 spricht dafür, dass dies gelungen ist und weiter gelingen könnte.

15 Um die Strategie und Planung mit der Unionsebene und den Mitgliedsstaaten koordinieren zu können, erstellt die ENISA einen Programmplan. Der Verwaltungsrat hat die Hoheit über diese Programmplanung, muss diese aber mit der Kommission koordinieren. Art. 15 enthält nur die Feststellung der Planungshoheit durch den Verwaltungsrat. Erstellung und Inhalt der Programmplanungsdokumente sind in Art. 24 detailliert geregelt. Wie schon oben gesehen[17] ist die Erstel-

[15] → Rn. 14ff.

[16] ZB *ENISA*, Decision MB/2020/12, https://www.enisa.europa.eu/about-enisa/structure-organization/management-board/management-board-decisions/mb-decision-2020_12_on-assessment-of-aar2019.

[17] *ENISA*, 31. Sitzung des Verwaltungsrats.

lung des Programmplanes die Aufgabe des Exekutivdirektors. In der Praxis ist es jedoch ein koordiniertes Vorgehen zwischen den Vertretern der Mitgliedsstaaten, dem Exekutivdirektor und der Kommission, um einen realistischen Plan innerhalb des finanziellen Rahmens zu ermöglichen. Dieser Plan wird dann weiter koordiniert und verfeinert. Hierzu werden insbesondere der Vorsitzende des Verwaltungsrats und die Mitglieder des Exekutivrates hinzugezogen, bevor es eine Abstimmung im Verwaltungsrat und mit der Kommission gibt.

Beim Jahresplan und beim Programmplan[18] sind die Bereiche immer in sechs Felder unterteilt, die auch so in der Verordnung normiert sind[19]: **16**

1. **Fachwissen:** Vorausschauender Aufbau und Pflege eines europäischen Wissensstands zu zukünftigen Herausforderungen der Cybersicherheit.
2. **Strategie:** Förderung von Netz- und Informationssicherheit als vorrangige Ziele der EU
3. **Kapazitäten:** Unterstützung Europas bei der Vorhaltung von Kapazitäten der Informations- und Netzsicherheit nach dem Stand der Technik.
4. **Kooperation:** Förderung der operativen Zusammenarbeit im Bereich der europäischen Cybersicherheit und ihrer Akteure.
5. **Zertifizierung:** Entwicklung von Zertifizierungsschemata der Cybersicherheit für digitale Produkte, Dienstleistungen und Prozesse.[20]
6. **Organisationsaufbau:** Verstärkung der Wirkkraft der ENISA

Der Jahresbericht folgt dem gleichen Aufbau. Da die Verordnung erst im Juni 2019 in Kraft getreten war, ist ein Bericht zu Arbeiten an der Zertifizierung im Jahresbericht 2019[21] noch nicht enthalten. Die Zertifizierung findet sich demgegenüber im Zweijahresplan 2020–2022 wieder. **17**

Demgegenüber fordert Art. 32 VO (EU) 2019/715 wesentlich mehr: **18**

a) ein mehrjähriges Arbeitsprogramm;
b) ein Jahresarbeitsprogramm;
c) einen Voranschlag der Einnahmen und Ausgaben der Unionseinrichtung;
d) ein Ressourcenplanungsdokument;
e) Angaben zur Gebäudepolitik;
f) eine Strategie für die Zusammenarbeit mit Drittländern und/oder internationalen Organisationen;
g) eine Strategie für Effizienzgewinne und Synergieeffekte;
h) eine Strategie für die Systeme des Organisationsmanagements und der internen Kontrolle einschließlich der Betrugsbekämpfungsstrategie

Alle Anforderungen aus Art. 32 der Rahmenfinanzregelung finden sich im Zweijahresplan wieder. Die Umsetzung zB der Gebäudepolitik sucht man im Jahresbericht vergebens. Einzig die Kosten der Beherbergung der ENISA sind aufgeführt.[22] Weitere Felder aus Art. 32 sind in einen oder mehrere Anhänge verbannt, damit der Bericht selbst auf die Cybersicherheit konzentriert werden kann. **19**

Der Jahresbericht wiederum enthält nur die tatsächlich durchgeführten Punkte, weist aber im Haushaltsbericht die relevanten Kosten zB für Gebäude aus. Die doppelte Normierung von Gebieten wie Betrugsbekämpfung, Zusammenarbeit mit **20**

---

[18] ZB *ENISA,* ENISA Programming Document 2020–2022, https://doi.org/10.2824/878558.
[19] → Art. 5 Rn. 1 ff.
[20] Art. 46 ff.
[21] *ENISA,* Annual Activity Report 2019, https://doi.org/10.2824/653387.
[22] Diese werden teilweise durch den Beherbergungsvertrag, niedergelegt im griechischen Gesetz Nr. 4627/2019, abgefangen, was aber in der Abrechnung nicht erwähnt wird.

Drittländern oder internationalen Organisationen, zB Standardisierer wie ISO, IETF, ETSI, OASIS, W3C etc, führt letztlich zur Einengung der Möglichkeiten des Normgebers. Da es sich um zwei Verordnungen handelt, ist die Auflösung von Konflikten zusätzlich erschwert. Denn während die Cybersicherheitsverordnung das speziellere Gesetz ist, ist die Rahmenfinanzregelung aufgrund der Reform 2019 das neuere Gesetz. In der Praxis ist ein echter Konflikt bisher nicht aufgetreten, aber man könnte zB einen Jahresbericht im Detail durchaus anzweifeln, wenn er nicht strikt den Vorgaben des Art. 32 VO (EU) 2019/715 entspricht.

21 Das Dokument mit der Mehrjahresplanung 2020–2022 umfasst auch den Jahresplan für 2020, der immer im Juni erscheint. Inhaltlich ist der Plan sehr ambitioniert und umfasst Sicherheitsaspekte aller aufkommenden Technologien im Bereich Netzwerke und Informationsverarbeitung. Die Sicherheit des Internet of Things gehört dazu genauso, wie Sicherheitsaspekte in der künstlichen Intelligenz. Dies zeigt, dass die ENISA nach 16 Jahren hinreichendes Know-how aufgebaut hat, um auch schwierige Themen zu besetzen. Seit 2021 sind jedoch alle Pläne im einheitlichen Programmplanungsdokument integriert.[23]

22 In den Bereich Planung fällt auch der in Erwgr. 84 genauer detaillierte Mechanismus zur Beauftragung der ENISA mit der Erstellung von Zertifizierungsschemata für IKT-Produkte, -Dienste und -Prozesse. Hier folgt das Setup der auch in der Standardisierung üblichen Erteilung von Aufträgen[24] an eine Institution der Europäischen Union. Wie auch bei den Aufträgen an die Europäischen Standardisierungsorganisationen,[25] kann die Institution, hier die ENISA, den Auftrag ablehnen. Das passiert in der Praxis häufiger, als man denkt, weil der politisch opportune Auftrag nicht immer in die Finanz- und Arbeitsplanung der beauftragten Institution passt. Die begründete Ablehnung des Auftrags erfolgt durch den Verwaltungsrat, und gerade nicht durch den Exekutivdirektor.

23 Der Verwaltungsrat ist Architekt der inneren Organisation und ausgestattet mit der Hoheit über die Planung. Insofern ist es konsequent, dass die Berichte und Analysen aus Organisation und Teilnahme an internationalen Übungen zur Cybersicherheit dem Verwaltungsrat nach Art 12 vorgelegt werden müssen. Denn daraus kann der Verwaltungsrat wichtige Schlüsse für sein eigenes Handeln ziehen. Daraus ergeben sich dann neue Erkenntnisse, die die Planung und Organisation der ENISA beeinflussen können.

IV. Finanzplanung und Überwachung

24 Seit Inkrafttreten des CSA hat sich das Budget der ENISA weiter erhöht. Mit den zusätzlichen Aufgaben für die ENISA wurde auch die Ausstattung angepasst. So war das Budget der ENISA 2004 noch 3,5 Mio. EUR[26] und ist 2020 auf runde 20 Mio. EUR angewachsen.[27] Teil der Jahresplanung und des Mehrjahresplans ist auch die Finanzierung der ENISA. Diese wird vom Exekutivdirektor erstellt und

---

[23] *ENISA,* ENISA Single Programming Document 2021–2023, https://doi.org/10.2824/668201.

[24] „Mandate" im englischen.

[25] CEN, CENELEC, ETSI nach VO (EU) Nr. 1025/2012, ELI: http://data.europa.eu/eli/reg/2012/1025/oj.

[26] *Brun,* The role of ENISA, S. 42.

[27] ENISA, Decision MB/2020/18, https://www.enisa.europa.eu/about-enisa/structure-organization/management-board/management-board-decisions/mb-decision-2020_18-on-amending-budget-2020-with-annex.

vom Verwaltungsrat überwacht. Das Budget findet sich in den Entscheidungen des Verwaltungsrats veröffentlicht.

Nachdem der Verwaltungsrat den Bericht über die Finanzen nach Art. 24 abgesegnet hat, wird das Dokument dem Parlament, dem Rat und der Kommission übermittelt. Diese wiederum treffen einen Beschluss zur Entlastung der ENISA.[28] Dieser Beschluss enthält eine lange Liste der verschiedenen Rechtsgrundlagen für die finanziellen Zuwendungen und Ausgaben der ENISA. Entscheidend sind jedoch die Regulierungen von der VO (EU) 2019/715 und des CSA. Die Sorge vor falscher Verwendung von Mitteln ist groß. Entsprechend sind die Maßnahmen. **25**

V. Normgeber nach innen

Der Verwaltungsrat ist Herr über mehrere interne Regeln der ENISA, die er zuerst erstellt und dann weiter anpasst. **26**

Zuerst hat sich der Verwaltungsrat eine Geschäftsordnung[29] (GO) gegeben. Die GO regelt wichtige Regeln zur Organisation der ENISA, die weit über den Ablauf der Entscheidungsfindung und die Organisation der Sitzungen hinausgeht. In Art. 1 wird Art. 14 der Verordnung wiederholt und die Amtszeit der Mitglieder des Verwaltungsrates auf vier Jahre festgelegt. Zwar ist in Art. 16 die Amtszeit des Vorsitzenden des Verwaltungsrats genau geregelt. Allerdings organisiert die GO den Prozess zur Wahl des Vorsitzenden. Der Vorsitzende muss nach Art. 2 der GO zwingend aus der Mitte der Mitglieder des Verwaltungsrats kommen. Es gibt einen Wahlleiter. Da es nach Art. 16 eine Zweidrittelmehrheit braucht, sind drei Wahlgänge vorgesehen, falls die notwendige Mehrheit nicht erreicht wird. Die Verordnung lässt der GO keinen Spielraum für eine geringere Mehrheit nach mehreren Wahlgängen, also ist vorgesehen, dass der Verwaltungsrat im Falle eines Scheiterns das weitere Vorgehen beschließt. Hier gibt es ein offenes Ende, denn eine Blockade von etwas mehr als einem Drittel der Mitglieder kann den Verwaltungsrat in der Arbeit so stark behindern. Die Einberufung von ordentlichen und außerordentlichen Sitzungen folgt wiederum genau den Vorgaben des Art. 17 der Verordnung. Zwar sollen Dokumente sechs Wochen vor der Sitzung eingereicht werden, aber wie auch sonst in den Gremien üblich, wird die Tagesordnung am Beginn der Sitzung beschlossen und kann sich dabei über diese Regel hinwegsetzen. Das führt de facto recht oft zu einer Verletzung der sechs Wochen Frist. Die Beschlussfähigkeit des Verwaltungsrats setzt die Anwesenheit von einem Zweidrittel der Mitglieder voraus. Bei 29 Mitgliedern ist das Quorum bei Anwesenheit von 19 Mitgliedern des Verwaltungsrats erreicht. Während die Verordnung in Art. 26, 27 und 28 detaillierte Regeln zum Prinzip der Transparenz erlässt, macht der Verwaltungsrat in Art. 12 GO die Geheimhaltung zum Grundsatz. Denn eine Veröffentlichung nach Geheimhaltung ist möglich, aber nach einer Veröffentlichung ist ein Zurück nicht mehr möglich. Obwohl man auf der Website der ENISA alle Entscheidungen des Verwaltungsrats und andere wichtige Dokumente veröffentlicht findet, kann weder aus der Verordnung noch aus der GO eine Verpflichtung zu dieser weitgehenden Transparenz herausgelesen werden. Die praktizierte Transparenz ist also den in der **27**

---

[28] ZB *EP,* Beschluss 2020/2164/DEC, https://www.europarl.europa.eu/doceo/document/CONT-PR-657207_EN.pdf.

[29] *ENISA,* Decision MB/2019/15, https://www.enisa.europa.eu/about-enisa/structure-organization/management-board/management-board-decisions/MB%20Rules%20of%20Procedure_consolidated%20version.pdf.

Cybersicherheit üblichen Standards der Offenheit und Nachvollziehbarkeit geschuldet, nicht aber einer harten Verpflichtung.[30]

28 In der GO wird auch die Delegation der Aufgaben an den Exekutivrat festgelegt. Art. 17 Abs. 2.a und 2.b der GO geben eine sehr weitgehende Delegation, sofern Eilbedürftigkeit gegeben ist. Trifft der Exekutivrat eine Entscheidung, so muss er sie bei der nächstmöglichen Sitzung des Verwaltungsrats zur Genehmigung vorlegen. Diese Genehmigung kann durch ein schriftliches Verfahren innerhalb des Verwaltungsrats ersetzt werden. Die Genehmigung muss jedoch innerhalb drei Monaten erfolgen. Die Delegation gilt nicht, soweit Entscheidungen des Verwaltungsrats nur mit Zweidrittelmehrheit getroffen werden können. Dies betrifft wohl insbesondere die Ernennung und Absetzung des Exekutivdirektors, die Ernennung eines Vorsitzenden und eines stellvertretenden Vorsitzenden des Verwaltungsrates.

29 Der Verwaltungsrat erlässt darüber hinaus eine Finanzregelung nach Art. 32. Auch in Art. 32, wie schon Art. 24 Abs. 2 wird auf die VO (EU) 1271/2013 verwiesen, die jedoch inzwischen durch die VO (EU) 2019/715 ersetzt wurde. Da durch die neue Verordnung auch die alte Finanzregelung der ENISA angepasst werden musste hat der Verwaltungsrat mit Entscheidung MB/2019/8[31] die alte Finanzregelung aus 2014 ersetzt. Die Finanzregelung selbst legt in insgesamt 113 Artikeln genau Regelungen für die Delegation von Finanzverantwortung und viele weitere Details fest. Nach Art. 9 der Finanzregelung läuft das Fiskaljahr der ENISA vom 1.1. bis zum 31.12., entspricht also dem Kalenderjahr. Die Finanzregelung kann man als Anleitung lesen, denn vielfach wird auf die entsprechenden Vorschriften der EU verwiesen, insbesondere auf die EU-Haushaltsordnung 2018. Der Verwaltungsrat ist insbesondere berufen, einen Rechnungsführer nach Abs. 1 lit. o zu berufen, was in Art. 50 der Finanzregelung genauer ausgeführt wird. Der Rechnungsführer ist strikt getrennt von der Genehmigung eines finanziellen Engagements, was in Art. 44 der Finanzregelung dem Genehmigungsbeamten aufgetragen ist. Dieser wird nicht vom Verwaltungsrat direkt ernannt. Vielmehr ergibt sich dessen Legitimierung aus einer Delegation durch den Exekutivdirektor nach Art. 41. Die Artikel zur Aufstellung des Budgets in der Finanzregelung sind eine Kopie der Regelungen der Rahmenfinanzregelung VO (EU) 2019/715.[32]

30 Der Verwaltungsrat ist auch Herr der Dienstvorschriften und agiert als oberster Dienstherr. Die Dienstvorschriften sind nicht veröffentlicht und beziehen sich weitgehend auf die Verordnung Nr. 31 (EWG) 11 (EAG) über das Statut der Beamten und über die Beschäftigungsbedingungen für die sonstigen Bediensteten der Europäischen Wirtschaftsgemeinschaft und der Europäischen Atomgemeinschaft.[33] Es sind einzelne Entscheidungen des Verwaltungsrats zur Anpassung der Regelungen veröffentlicht, wie zB die Anpassung der Arbeitszeit.[34] Nach Abs. 2 kann der Ver-

---

[30] Dazu auch Art. 26ff.

[31] *ENISA,* Decision MB/2019/8, https://www.enisa.europa.eu/about-enisa/structure-organization/management-board/management-board-decisions/mb-decision-2019_8-financial-rules.

[32] *ENISA,* Decision MB/2020/12.

[33] VO No 31 (EEC), 11 (EAEC), laying down the Staff Regulations of Officials and the Conditions of Employment of Other Servants of the European Economic Community and the European Atomic Energy Community, ELI: http://data.europa.eu/eli/reg/1962/31(1)/2021-01-01.

[34] ENISA, Decision MB/2015/1, https://www.enisa.europa.eu/about-enisa/structure-organization/management-board/management-board-decisions/decision-no-mb-2015-1-adopting-rules-implementing-staff-regulations.

waltungsrat Teile seiner Hoheit über die Dienstvorschriften an den Exekutivdirektor delegieren, der diese weiter delegieren kann. In Abs. 3 kann die Delegation in außergewöhnlichen Fällen für eine gewisse Zeit ausgesetzt werden. Diese Option kann gesehen werden als Reaktion auf die lange Liste der Arbeitsprozesse,[35] die von der ENISA geführt wurden und immer noch geführt werden. Der Verwaltungsrat hat allerdings die Kompetenz zur Einstellung von Mitarbeitern mit der Entscheidung vom 21.11.2019 an den Exekutivdirektor delegiert. Ausgenommen ist nur die Anstellung des Exekutivdirektors selbst und des Rechnungsprüfers nach Abs. 1 lit. o.[36]

In die Rolle des Verwaltungsrats als Normgeber fügt sich auch die Zuständigkeit für den Aufbau einer ENISA-Beratergruppe ein. Waren die Interessenvertreter noch 2004 im Verwaltungsrat vertreten, so hat der Aufbau der Agenturen sich geändert. Mit zunehmender Autonomie wurde die Governance gestrafft. Und diese liegt eindeutig bei den Mitgliedsstaaten und der Kommission. Die genaueren Umstände des Aufbaus und der Funktionen der Beratergruppe sind in Art. 21 normiert. **31**

VI. Betrugsbekämpfung

In Abs. 1 nimmt die Betrugsbekämpfung einen breiten Raum ein. Gefordert wird eine Betrugsbekämpfungsstrategie, Regeln zur Bewältigung von Interessenkonflikten und eine Kooperation mit dem Europäischen Amt zur Betrugsbekämpfung OLAF. Die Zusammenarbeit mit OLAF ist in Art. 33 der Verordnung näher ausgeführt.[37] Die Betrugsbekämpfungsstrategie und ein Aktionsplan wurden 2014[38] eingeführt und haben gute Ergebnisse erbracht.[39] Zwar wurde für 2020 eine Überarbeitung der Strategie erwartet, diese ist aber bis 2021 nicht erfolgt. Die derzeitige Strategie fußt auf der CAFS-Strategie der Kommission.[40] Die Strategie erfasst die Betrugsrisiken im Bereich der ENISA und stellt dann 8 Ziele auf: **32**

Ziel 1: Bewusstsein für Betrugsrisiken durch gezielte Kommunikation herstellen **33**
Ziel 2: Know-How im Bereich der Betrugsabwehr aufbauen, Hilfen und Leitlinien entwickeln
Ziel 3: Ein hohes ethisches Niveau innerhalb der ENISA etablieren und erhalten
Ziel 4: Betrugserkennung in Dokumenten, die ENISA und seine Partner rechtlich binden
Ziel 5: Identifizierung von Risiken aus potentiellen Interessenkonflikten bei Mitarbeitern, Interessenvertretern oder Auftragnehmern
Ziel 6: Prävention und Erkennung von Bevorzugung im Beschaffungswesen

---

35 Eine Suche in EUR-LEX ergibt 29 Treffer. Das betrifft Konkurrentenklagen, aber auch normale arbeitsrechtliche Streitigkeiten, mit denen die ENISA sehr lange zu kämpfen hatte.

36 *ENISA,* Decision MB/2019/13, https://www.enisa.europa.eu/about-enisa/structure-organization/management-board/management-board-decisions/MB%20Decision%202019_13delegation%20of%20AIPN%20powers_CSA%20final.pdf.

37 Für Details → Art. 33 Rn. 1 ff.

38 *ENISA,* Decision MB/2014/14, https://www.enisa.europa.eu/about-enisa/structure-organization/management-board/management-board-decisions/decision-no-mb-2014-14-anti-fraud-strategy.

39 *ENISA,* Annual Activity Report, 2019, S. 62.

40 Mitteilung 2011/376/COM, https://eur-lex.europa.eu/legal-content/EN/TXT/?uri=CELEX:52011DC0376.

Ziel 7: Erkennung und Prävention von Bevorzugung im Bereich von Arbeitsverträgen
Ziel 8: Pflichtgemäße Anwendung der Regeln zu Sanktionen und Rückerstattung

34 Diese werden dann anschließend in operative Ziele dekliniert und ihre Umsetzung in einer Matrix überwacht. Interessant ist insbesondere, dass die ENISA „Unregelmäßigkeit", „Betrug" und viele weitere Begriffe definiert. Diese sind inspiriert von den Definitionen aus der VO (EG, Euratom) 2988/95 und ergeben einen guten Überblick über die möglichen Methoden, darunter zB auch die vorsätzliche Zerstörung von Akten.

Art. 16 Vorsitz des Verwaltungsrats

[1]Der Verwaltungsrat wählt aus dem Kreis seiner Mitglieder mit der Zweidrittelmehrheit seiner Mitglieder einen Vorsitzenden und einen stellvertretenden Vorsitzenden. [2]Ihre Amtszeit beträgt vier Jahre, wobei eine einmalige Wiederwahl zulässig ist. [3]Endet jedoch ihre Mitgliedschaft im Verwaltungsrat während ihrer Amtszeit, so endet auch ihre Amtszeit automatisch am selben Tag. [4]Der stellvertretende Vorsitzende tritt im Fall der Verhinderung des Vorsitzenden von Amts wegen an dessen Stelle.

1 Art. 2 der Geschäftsordnung des Verwaltungsrats[1] (GO) übernimmt die Regeln aus Art. 16 und gestaltet sie aus. Es gibt keine Erleichterung der Zweidrittelmehrheit, wie zB im System von Präsidentenwahlen oder im Mehrheitswahlrecht, wo nach drei Wahlgängen eine einfache Mehrheit ausreichend sein kann. Eine solche Ausnahme ist von Art. 16 nicht vorgesehen und kann daher in der GO auch nicht normiert werden. Zwar sind in Art. 2 GO auch drei Wahlgänge vorgesehen, aber nach dem Scheitern des dritten Wahlgangs wird das Problem einfach auf den Verwaltungsrat zurückgespielt. Dieser soll über das weitere Vorgehen, insbesondere über eine neue Ausschreibung, beschließen. Damit lässt Art. 16 und seine Umsetzung eine Blockade des Verwaltungsrates bei der Wahl des Vorsitzenden durch eine Sperrminorität von 10 Mitgliedern zu. Weil diese Möglichkeit dem Normgeber wohl nicht so bewusst war, wie dem Geschäftsordnungsgeber, hat letzterer entschieden, einen dreimonatigen Puffer einzurichten. Die Wahl muss also nach Art. 2 Nr. 3 mindestens drei Monate vor dem Ablauf des Mandats des aktuellen Vorsitzes einberufen und terminiert werden.

2 Von Art. 16 wird auch klargestellt, dass der Vorsitz des Verwaltungsrates zwingend eine Mitgliedschaft im Verwaltungsrat voraussetzt. Auch hier kann eine schwierige politische Situation entstehen. Denn 27 der 29 Mitglieder des Verwaltungsrates werden von den Mitgliedsstaaten nach deren nationalen Kriterien und Entscheidungen bestimmt. Wenn sich aber die Mehrheit im Mitgliedsstaat ändert, der den aktuellen Vorsitzenden entsendet, dann kann dieser aus politischen Gründen abberufen werden. Hier hat Art. 16 eine klare Entscheidung getroffen. Wird der Vorsitzende vom Verwaltungsrat abberufen, dann kann er den Vorsitz nicht fortführen. Dagegen hilft auch die Dreimonatsregelung in Art. 2 GO nicht und es kann zu schwierigen Verhältnissen kommen.

3 Man kann spekulieren, dass diese Blockade dann durch einen politischen Prozess zwischen den Mitgliedsstaaten, dem Rat und der Kommission aufgelöst werden.

[1] → Art. 15 Rn. 1 ff.; *ENISA,* Decision MB/2019/15.

Bisher ist ein solcher Fall aber nicht aufgetreten. Vielmehr war die Wahl der Vorsitzenden bisher nicht sichtbar kontrovers.

4 Eine Parallele besteht zur Wahl des Exekutivdirektors in Art. 36, dessen Wahl in Art. 10 GO organisiert ist. Auch dort gibt es keine Änderung der Mehrheitsanforderung nach gescheiterter Wahl.

Art. 17 Sitzungen des Verwaltungsrats

(1) **Der Verwaltungsrat wird von seinem Vorsitzenden einberufen.**

(2) **[1]Der Verwaltungsrat tritt mindestens zweimal jährlich zu einer ordentlichen Sitzung zusammen. [2]Auf Antrag des Vorsitzenden, der Kommission oder mindestens eines Drittels seiner Mitglieder tritt er darüber hinaus zu außerordentlichen Sitzungen zusammen.**

(3) **Der Exekutivdirektor nimmt an den Sitzungen des Verwaltungsrats teil, hat jedoch kein Stimmrecht.**

(4) **Die Mitglieder der ENISA-Beratungsgruppe können auf Einladung des Vorsitzes an den Sitzungen des Verwaltungsrats teilnehmen, haben jedoch kein Stimmrecht.**

(5) **Die Mitglieder des Verwaltungsrats und ihre Stellvertreter können sich nach Maßgabe der Geschäftsordnung des Verwaltungsrats von Beratern oder Sachverständigen bei den Sitzungen des Verwaltungsrats unterstützen lassen.**

(6) **Die Sekretariatsgeschäfte des Verwaltungsrats werden von der ENISA wahrgenommen.**

A. Einladung, Tagesordnung und Fristen

1 Die Sitzungen des Verwaltungsrates werden einerseits von den Art. 15, 16, 17 und 18 bestimmt. Die genaue Ausgestaltung wird dann von der Geschäftsordnung[1] des Verwaltungsrats (GO) vorgenommen. Wurden von Art. 8 VO (EU) 526/2013 noch mindestens eine Sitzung verlangt. So fand 2018 nur ein Treffen des Verwaltungsrats statt.[2] Nunmehr ist die Zahl von Abs. 2 auf zwei ordentliche Sitzungen pro Jahr erhöht worden. Außerdem wurden die Einladungen zu außerordentlichen Sitzungen nunmehr in Abs. 2 S. 2 normiert.

2 Die GO enthält in Art. 3 und 4 weitere Detailregelungen. Danach muss eine ordentliche Sitzung mindestens zwei Wochen vorher eingeladen werden. Nur wenn die Sitzung auf Antrag der Kommission oder einem Drittel der Mitglieder des Verwaltungsrats eingeladen wird, muss die Sitzung innerhalb von sechs Wochen nach

[1] *ENISA,* Decision No MB/2019/15 of the Management Board of the European Union Agency for Cybersecurity (ENISA) Amending the Decision No MB/2013/6 on Internal Rules of Procedure for the ENISA Management Board and for the ENISA Executive Board, consolidated version with amendments introduced on 21 November 2019 with the MB Decision No MB/2019/15, on 1 February 2016 with the MB Decision No 2016/2 and on 28 October 2014 at the MB Meeting for Amendment of Article 18.

[2] Twenty – ninth meeting https://www.enisa.europa.eu/about-enisa/structure-organization/management-board/mb-minutes/mb-minutes_29.

dem Antrag durchgeführt werden. Diese Frist kann auf in dringenden Fällen auf zwei Wochen verkürzt werden. Mit der Einladung wird üblicherweise auch die Tagesordnung verschickt. Eine spätere Änderung erfordert dann einen Beschluss des Verwaltungsrats am Eingang der Sitzung. Wichtig ist Art. 5 GO, der Beschlüsse dann für regelmäßig fehlerhaft erklärt, wenn die Dokumente zur Tagesordnung nicht innerhalb der Zweiwochenfrist gesendet wurden. Für besonders dringende Fälle wird eine Frist von einer Woche gesetzt. Der Verwaltungsrat kann sich jedoch mit einem Beschluss über diese Fristen hinwegsetzen. Letzteres geschieht in der Praxis eher häufig. Eine Verweigerung der Genehmigung wird oft als prozedurale Provokation gesehen. Einladung, Vorbereitung und Protokolle werden von Beamten der ENISA durchgeführt, die nach Abs. 6 das Sekretariat führt.

3 Die Sitzungen des Verwaltungsrats finden in Athen oder in Heraklion statt. Zwar kann in der Geschäftsordnung vom Sitzungsort abgewichen werden, der ausrichtende Mitgliedsstaat hat allerdings der ENISA die dadurch entstehenden Mehrkosten zu erstatten. Da nicht zu erwarten ist, dass Belgien der ENISA ständig die Mehrkosten erstattet, wird so ein de facto Umzug des Verwaltungsrats nach Brüssel verhindert. Die Protokolle der Sitzungen zeigen aber auch einen regen Gebrauch von Videokonferenzen.

4 Die Tagesordnung wird nach der GO vom Vorsitzenden des Verwaltungsrats in Zusammenarbeit mit dem Exekutivdirektor erstellt. Art. 5 GO normiert ein Recht des Exekutivdirektors, die Aufnahme von einzelnen Punkten in die Tagungsordnung zu verlangen. Dieses Recht ergibt sich nicht aus der Verordnung, sondern ausschließlich aus der GO.

B. Teilnahme

5 Natürlich sind alle Mitglieder des Verwaltungsrats zur Teilnahme aufgefordert. Da die Mitgliedsstaaten auch einen Vertreter bestimmt haben, soll dieser teilnehmen, wenn der Hauptvertreter verhindert ist. Der Exekutivdirektor nimmt nach Abs. 3 verpflichtend an den Sitzungen teil, hat aber kein Stimmrecht. Das ist eine direkte Folge der Komitologie, die eine Kontrolle des Exekutivdirektors durch den Verwaltungsrat erreichen will. In der GO ist zudem normiert, dass der Exekutivdirektor weitere Beamte der ENISA zu den Sitzungen. Dies dient der fachlichen Qualität der Diskussionen, denn der Dialog kann ohne Umweg über den Exekutivdirektor direkt mit dem Fachbeamten geführt werden. Aber a maiore ad minus führt die GO aus, dass wenn schon der Exekutivdirektor kein Stimmrecht hat, dann der Fachbeamte ebenfalls nicht abstimmen darf. Die GO sieht jedoch vor, dass der Verwaltungsrat den Fachbeamten gegen den Willen des Exekutivdirektors wieder ausladen kann. Der Vorsitzende kann nach Abs. 4 darüber hinaus Mitglieder der Beratergruppe oder externe Fachleute als Beobachter zur Sitzung einladen. Diese haben dann ebenfalls kein Stimmrecht.

6 Aus den Sitzungsprotokollen des Verwaltungsrates[3] ergibt sich ein reger Gebrauch von den Ausnahmen. So nehmen regelmäßig Vertreter des europäischen Wirtschaftsraums als Beobachter teil. Auch die entsprechenden Fachbeamten der Kommission sind häufig auf der Liste der Beobachter zu finden. Insgesamt kann also gesagt werden, dass zwar das normative Modell der Verwaltungsratssitzungen

[3] https://www.enisa.europa.eu/about-enisa/structure-organization/management-board/mb-minutes.

sehr geschlossen wirkt, die Protokolle aber eine andere Sprache sprechen, indem ein breiter Austausch mit Fachleuten durch den Verwaltungsrat organisiert wird.

Art. 18 Vorschriften für die Abstimmung im Verwaltungsrat

(1) **Der Verwaltungsrat fasst seine Beschlüsse mit der Mehrheit seiner Mitglieder.**

(2) **Für die Annahme des einheitlichen Programmplanungsdokuments und des jährlichen Haushaltsplans sowie für die Ernennung, die Verlängerung der Amtszeit oder die Abberufung des Exekutivdirektors ist eine Mehrheit von zwei Dritteln der Mitglieder des Verwaltungsrats erforderlich.**

(3) **[1]Jedes Mitglied hat eine Stimme. [2]In Abwesenheit eines Mitglieds kann sein Stellvertreter das Stimmrecht des Mitglieds ausüben.**

(4) **Der Vorsitzende des Verwaltungsrats nimmt an den Abstimmungen teil.**

(5) **Der Exekutivdirektor nimmt nicht an den Abstimmungen teil.**

(6) **Die näheren Einzelheiten der Abstimmungsregeln, insbesondere die Voraussetzungen, unter denen ein Mitglied im Namen eines anderen Mitglieds handeln kann, werden in der Geschäftsordnung des Verwaltungsrats festgelegt.**

A. Normale und qualifizierte Abstimmungen

Die Regelungen zur Abstimmungen im Art. 18 finden ihre Ausgestaltung in den Art. 7 ff. der Geschäftsordnung des Verwaltungsrats[1] (GO) präzisiert. In Art. 14 Abs. 2 ist die Frage der Stellvertreter geregelt. Diese vertreten das Mitglied des Verwaltungsrats in dessen Abwesenheit. Art. 18 stellt klar, dass jedes Mitglied eine Stimme hat. Mitglied und Stellvertreter können also ihr Abstimmungsrecht nicht kumulieren. Daraus könnte geschlossen werden, dass nur Mitglieder das Stimmrecht ausüben können. So steht es dann auch in Abs. 3. Jedes Mitglied hat eine Stimme und die kann auch vom Stellvertreter ausgeübt werden. Allerdings erweitert Abs. 6 diesen Kreis erheblich. Denn ähnlich wie bei der Aktionärsversammlung kann sich ein Mitglied von einem anderen vertreten lassen. Abs. 6 gibt der GO sehr viel Freiraum, denn es sind keine gesetzlichen Limitierungen für diese Öffnung eingezogen. Dh ein Drittel der Mitglieder kann die eigene Abstimmung (Proxy vote) an ein anderes Mitglied des Verwaltungsrats delegieren, der nicht sein Stellvertreter ist. Theoretisch könnten also alle dem Exekutivrat ein Mandat zur Abstimmung erteilen und müsste damit an keiner Sitzung mehr teilnehmen. Obwohl von der Verordnung her möglich, wurde dem in der GO ein Riegel vorgeschoben, indem ein von der Verordnung nicht gefordertes Quorum der Mitglieder anwesend sein muss. Denn laut Art. 7 der 1

[1] → Art. 17 Rn. 1 ff. und *ENISA*, Decision MB/2019/15 of the Management Board of the European Union Agency for Cybersecurity, (ENISA) Amending the Decision No MB/2013/6 on Internal Rules of Procedure for the ENISA Management Board and for the ENISA Executive Board, consolidated version with amendments introduced on 21 November 2019 with the MB Decision No MB/2019/15, on 1 February 2016 with the MB Decision No 2016/2 and on 28 October 2014 at the MB Meeting for Amendment of Article 18.

GO müssen zwei Drittel der Mitglieder anwesend sein, damit der Verwaltungsrat beschlussfähig ist. Denn Art. 8 GO bestimmt auch, dass nur anwesende Mitglieder ihre Stimmen und die der Vertretenen abgeben können, also braucht es mindestens 19 anwesende Mitglieder, um eine Sitzung durchführen zu können.

2 Art. 8 der GO enthält eine Aufzählung aller Themen, bei denen eine Zweidrittelmehrheit erforderlich ist. Dies sind:

Der Beschluss zum einheitlichen Planungsdokument, das den Jahresplan und den Mehrjahresplan enthält.

Die Ernennung und Entlassung des Exekutivdirektors sowie die Verlängerung seines Mandats

Die Wahl des Vorsitzenden und des stellvertretenden Vorsitzenden des Verwaltungsrats

3 Bei den Abstimmungen wird normalerweise per Hand abgestimmt, es sei denn ein Drittel der Mitglieder stimmt für eine geheime Wahl. Dieser Standard wird in Art 8 Abs. 5 für die Personalwahlen umgekehrt, also für Ratsvorsitz und Exekutivdirektor.

B. Abstimmungen im schriftlichen Verfahren

4 Der Vorsitzende kann nach Art 9 GO ein schriftliches Abstimmungsverfahren durchführen, wenn dem nicht ein Drittel der Mitglieder widersprechen. Er muss die Nutzung des schriftlichen Verfahrens begründen. Dies wird als gegeben angesehen, wenn es dringende Anliegen zwischen den Sitzungen gibt und eine Deadline nicht bis zur nächsten Sitzung verlängert werden kann. Die schriftliche Abstimmung wird durch den Vorsitzenden in Koordination mit dem Exekutivdirektor initiiert. Es werden nach der Genehmigung durch den Vorsitzenden Entscheidungsentwürfe an die Mitglieder und Beobachter verschickt. Im schriftlichen Verfahren sind Änderungsanträge nicht möglich. Die Abstimmung kann also immer nur über den gesamten Entwurf erfolgen, wie er vom Vorsitzenden versandt wurde. Eine Änderung wird also logischerweise ein neues schriftliches Verfahren nach sich ziehen. Dies drückt die Vereinbarung über eine Entscheidung in die informelle Vorbereitung, denn selbstverständlich werden die Mitglieder sich außerhalb des Rats entsprechend abstimmen.

5 Eine Praxis, die Online und in Standardisierungsorganisationen sehr häufig anzutreffen ist, aber im rechtlichen Bereich mit sehr vielen Bedenken verbunden ist, ist Schweigen als Zustimmung zu werten. Genau das tut die GO im schriftlichen Verfahren nach Art. 9 Abs. 4: Keine Rückmeldung an den Vorsitzenden gilt als Zustimmung für den versendeten Entwurf. Die Sicherheit der Abstimmung ist nicht gewährleistet, wenn die Abstimmung durch eine höchstwahrscheinlich unverschlüsselte E-Mail an den Vorsitzenden erfolgt, wie in Art. 9 Abs. 4 GO vorgesehen. Es gibt keinerlei Limitierung, weder in Art. 18, noch in Art 9 GO, die eine Abstimmung über den Exekutivdirektor im schriftlichen Entscheidungsverfahren verbieten würde. Allerdings sagt die GO nicht, wie der von Art 8 Abs. 1e und f iVm Abs. 5 geforderte geheime Wahlgang im schriftlichen Abstimmungsprozess ausgeführt werden soll. Dabei spielten technische Schwierigkeiten der Mitglieder dem Vorsitzenden in die Hände, denn Schweigen wird, aus welchem Grund auch immer, ja als zustimmende Stimme gewertet. Auf diese Weise ließe sich auch in einer kontroversen Situation eine Zweidrittelmehrheit organisieren. Diese Auslassung dürfte aber sehr schnell in der GO korrigiert werden. Es handelt sich somit um eine eher theoretische Betrachtung.

Abschnitt 2 Exekutivrat

Art. 19 Exekutivrat

(1) **Der Verwaltungsrat wird von einem Exekutivrat unterstützt.**

(2) **Der Exekutivrat**

a) bereitet die Beschlussvorlagen für den Verwaltungsrat vor;

b) stellt zusammen mit dem Verwaltungsrat sicher, dass ausgehend von den Ergebnissen und Empfehlungen im Rahmen der Untersuchungen des OLAF und der externen oder internen Prüfberichte und Bewertungen angemessene Folgemaßnahmen getroffen werden;

c) unterstützt und berät unbeschadet der Aufgaben des Exekutivdirektors nach Artikel 20 den Exekutivdirektor bei der Umsetzung der verwaltungs- und haushaltsbezogenen Beschlüsse des Verwaltungsrats nach Artikel 20.

(3) **[1]Der Exekutivrat besteht aus fünf Mitgliedern. [2]Die Mitglieder des Exekutivrats werden aus den Reihen der Mitglieder des Verwaltungsrats ernannt. [3]Eines der Mitglieder ist der Vorsitzende des Verwaltungsrats, der zugleich auch Vorsitzender des Exekutivrats sein kann, und ein weiteres ist einer der Vertreter der Kommission. [4]Bei den Ernennungen der Mitglieder des Exekutivrats wird die Sicherstellung eines ausgewogenen Geschlechterverhältnisses im Exekutivrat angestrebt. [5]Der Exekutivdirektor nimmt an den Sitzungen des Exekutivrats, hat jedoch kein Stimmrecht.**

(4) **[1]Die Amtszeit der Mitglieder des Exekutivrats beträgt vier Jahre. [2]Sie kann verlängert werden.**

(5) **[1]Der Exekutivrat tritt mindestens einmal alle drei Monate zusammen. [2]Der Vorsitzende des Exekutivrats beruft auf Antrag der Mitglieder zusätzliche Sitzungen ein.**

(6) **Der Verwaltungsrat legt die Geschäftsordnung des Exekutivrats fest.**

(7) **[1]Ist dies aufgrund der Dringlichkeit notwendig, so kann der Exekutivrat im Namen des Verwaltungsrats bestimmte vorläufige Beschlüsse fassen, vor allem in Verwaltungsangelegenheiten, einschließlich der Aussetzung der Übertragung der Befugnisse der Anstellungsbehörde, und in Haushaltsangelegenheiten. [2]Diese vorläufigen Beschlüsse werden dem Verwaltungsrat unverzüglich mitgeteilt. [3]Der Verwaltungsrat entscheidet sodann spätestens drei Monate, nachdem der Beschluss gefasst wurde, ob er den vorläufigen Beschluss genehmigt oder ob er ihn nicht genehmigt. [4]Der Exekutivrat fasst keine Beschlüsse im Namen des Verwaltungsrats, die mit einer Mehrheit von zwei Dritteln der Mitglieder des Verwaltungsrats angenommen werden müssen.**

A. Allgemeines

1 In der parlamentarischen Diskussion rund um den Gesetzgebungsprozess zur VO (EU) 526/2013 gab es eine Auseinandersetzung zwischen dem ITRE Komitee und dem Rat der EU. Dies ergab sich aus den Schwierigkeiten der Verwaltung mit

den inneren Abläufen der Agentur, die sich von 2004–2012 gezeigt hatten.[1] Während das ITRE Komitee einen Beirat mit Interessenträgern bevorzugte, der dann als Exekutivrat den Verwaltungsrat und den Exekutivdirektor beraten hätte, wollte der Rat eine sehr viel geringere Rolle des Exekutivrates. Durch die Einführung des einheitlichen Aufbaus dezentraler Agenturen 2012[2] wurde die Kontroverse aber gelöst. So ist der Exekutivrat erstmals 2013 als Hilfe für das Tagesgeschäft der ENISA eingeführt worden. Der Inhalt von Art. 19 hat sich gegenüber Art. 10 VO (EU) 526/2013 bis auf einen Punkt nicht wesentlich verändert, obwohl die Nummerierung der Einzelpunkte umgestellt wurde. Neu ist hingegen, dass der Exekutivrat nach Abs. 7 vorläufige Entscheidungen im Namen des Verwaltungsrats treffen kann. Dies betrifft insbesondere Verwaltungs- und Personalangelegenheiten, die gerade das Gros der Schwierigkeiten seit 2004 ausgemacht hatten.[3]

B. Einzelerläuterungen

2 Der Exekutivrat besteht, wie in Abs. 3 vorgesehen, aus fünf Mitgliedern:[4] Einem Vertreter der Kommission, dem Vorsitzenden des Verwaltungsrats und drei weiteren Mitgliedern des Verwaltungsrats. Es sind weitere zwei Vertreter gewählt, die allerdings gerade nicht die Vertreter der Mitglieder aus demselben Mitgliedsstaat sind, sondern Vertreter aus einem weiteren Mitgliedsstaat. Daraus kann man ersehen, dass nicht der Mitgliedsstaat im Exekutivrat vertreten ist, sondern der Fokus auf der Person und deren Fähigkeiten liegt. Außer bei den Vertretern der Kommission. Hier geht es nur um die Kommission und nicht die Vertreter. Denn es ist derzeit nicht bestimmt, wer eigentlich Mitglied des Exekutivrates ist, Frau Boix-Alonso oder Herr Ducatel. Ob das eine andere Auffassung hinsichtlich der Bildung des Exekutivrates ist, ob die Kommission der Meinung ist, im Exekutivrat gelte auch vornehmlich die Interessenvertretung der Institution oder des Mitgliedsstaates, kann nicht abschließend beurteilt werden, auch wenn diese Form der Besetzung auffällig ist. Die Geschäftsordnung des Verwaltungsrates[5] (GO) sieht vor, dass drei Mitglieder und zwei Vertreter aus der Mitte des Verwaltungsrats gewählt werden. Insofern steht den Mitgliedern ein Vorschlagsrecht zu. Die Position des Vorsitzenden und die der Kommission sind gesetzt. Die Amtszeit der Mitglieder beträgt vier Jahre, sofern sie Mitglied im Verwaltungsrat bleiben. Die Notwendigkeit gleichzeitig noch Mitglied des Verwaltungsrats zu sein ergibt sich nicht aus der Verordnung, sondern aus Art. 18 GO. Der Exekutivrat ist nach Art. 20 GO bei Anwesenheit von

---

[1] Brun, Louis. The role of the European Union Agency for Network and Information Security (ENISA) in the governance strategies of European cybersecurity. Faculté des sciences économiques, sociales, politiques et de communication, Université catholique de Louvain, 2018. Prom: Bellanova, Rocco. http://hdl.handle.net/2078.1/thesis:16234 S. 49ff.

[2] → Art. 14 Rn. 1ff.

[3] Eur-Lex findet 29 Entscheidungen in diesem Bereich. Dies betrifft sowohl Konkurrentenklagen als auch Streitigkeiten zwischen Beamten und dem Dienstherren. Statt vieler: https://eur-lex.europa.eu/legal-content/EN/TXT/?uri=CELEX:62013FA0063.

[4] Besetzung des Exekutivrates am 3.2.2021: https://www.enisa.europa.eu/about-enisa/structure-organization/executive-board/enisa-executive-board-members Ken Ducatel oder Lorena Boix-Alonso für die Kommission, Jean Baptiste Demaison als Vorsitzender des Verwaltungsrates, H.L. de Vries (NL), Reinhard Posch (A) und Krzysztof Silicki (PL) mit Vertretern Rastislav Janota (SK) und Sanita Zogota (LV).

[5] → Art. 17 Rn. ff., 18ff.

drei Mitgliedern beschlussfähig. Auch Online-Sitzungen sind von der GO als formale Sitzungen anerkannt.

Als Politbüro bereitet der Exekutivrat die Entscheidungen des Verwaltungsrates vor. In Art. 10 VO (EU) 526/2013 war noch geregelt, dass der Exekutivrat nur verwaltungs- und haushaltsbezogene Beschlüsse vorbereitet. Diese Beschränkung wurde in der nun vorliegenden Cybersicherheitsverordnung aufgehoben. Aus den Protokollen ergibt sich, dass die Mitglieder des Verwaltungsrats an der Erstellung der Vorlagen für eine Entscheidung mitarbeiten. Es ergibt sich ein Vorfilter durch den Exekutivrat. Dies wird auch immer wieder in den Protokollen der Sitzungen des Verwaltungsrats erwähnt. In den neueren Protokollen wird auch erwähnt, dass der Exekutivrat Entscheidungen vorbereitet, die dann durch die schriftliche Entscheidungsfindung nach der GO vom Verwaltungsrat beschlossen werden. Weil, wie in Art. 17 und 18 dargestellt, eine Änderung der Vorlage im schriftlichen Verfahren nicht möglich ist, sondern nur positiv oder negativ abgestimmt werden kann, hat diese Prozedur das Potential den Verwaltungsrat gegenüber dem Exekutivrat zu marginalisieren. Um dies alles auch zu organisieren und seiner Rolle gerecht zu werden, sieht die Verordnung vor, dass sich der Exekutivrat mindestens alle drei Monate trifft. Anders als beim Verwaltungsrat werden die Protokolle der Sitzungen des Exekutivrats nicht veröffentlicht. 3

Der Verwaltungsrat hat von Abs. 6 Gebrauch gemacht und die Geschäftsordnung des Exekutivrates zusammen in einer einheitlichen GO des Verwaltungsrates niedergelegt. Danach wird festgelegt, dass der Vorsitzende des Verwaltungsrats auch automatisch der Vorsitzende des Exekutivrats wird. Wegen der Zuständigkeit in dringenden Fällen gibt es eine abgestufte Zuständigkeit in Art. 17 GO bei der Leitung des Rats. So können auch Sitzungen stattfinden, auch wenn der Vorsitzende und sein Stellvertreter verhindert sind. 4

Der Exekutivrat hat eine besondere Zuständigkeit in der Betrugsbekämpfung,[6] die ja eng mit der unveränderten Aufgabe zur Vorbereitung der verwaltungs- und haushaltsbezogenen Beschlüsse zusammenhängen. Die internen und externen Audits sollen evaluiert und die Kooperation mit OLAF organisiert werden. Bei der Unterstützung des Exekutivdirektors kopiert die GO dann weitgehend die Verordnung. 5

Neu gegenüber 2013 ist insbesondere Abs. 7. Danach kann der Exekutivrat vorläufig Entscheidungen treffen und sich diese später vom Verwaltungsrat absegnen lassen. Eine Limitierung hat die Verordnung dennoch eingebaut, um allzu einfache Umgehungen des Verwaltungsrats zu erschweren: Sachen, deren Entscheidung eine Zweidrittelmehrheit erfordert kann der Exekutivrat nicht vorab entscheiden, was auch in der GO wiederholt wird. Diese Entscheidungen erfolgen ausschließlich durch den gesamten Verwaltungsrat. Trifft der Exekutivrat eine Entscheidung, dann muss diese vom Verwaltungsrat innerhalb von drei Monaten validiert werden. Dies kann auch durch im schriftlichen Verfahren erfolgen, was, wie oben gesehen, weiter zur Verlagerung von Macht vom Verwaltungsrat in die Hände von Kommission und Vorsitzendem beitragen kann. 6

Bei der formalen Organisation der Sitzungen ergeben sich wesentliche Unterschiede zu den Sitzungen des Verwaltungsrats. Zwar gibt es Ähnlichkeiten, so koordiniert der Vorsitzende die Tagesordnung mit dem Exekutivdirektor und auch das Sekretariat wird von der ENISA gestellt. Aber die Sitzungen sind nicht öffentlich. 7

---

[6] → Art. 15 Rn. ff.

Nach Art. 19 Abs. 3 GO kann ein Mitglied des Exekutivrates sogar eine geschlossene Sitzung beantragen. Alle anderen müssen daraufhin die Sitzung verlassen. Der Wortlaut der GO ist unklar über den Verbleib des Exekutivdirektors. Nach Art. 19 Abs. 2 GO kann er ohne Wahlrecht teilnehmen. Die der GO vorgehende Verordnung ist jedoch in Art. 19 Abs. 3 S. 5 ganz klar und apodiktisch: Der Exekutivdirektor nimmt teil. In den normalen Sitzungen kann der Exekutivrat sich Experten zu den Sitzungen einladen und diese zu einem bestimmten Tagesordnungspunkt hören. Das Sekretariat muss die Sitzungsprotokolle innerhalb drei Wochen an die Teilnehmer verschicken. Wie allgemein üblich, werden diese Protokolle bei der nächsten Sitzung genehmigt.

Abschnitt 3 Exekutivdirektor

Art. 20 Pflichten des Exekutivdirektors

(1) [1]**Die ENISA wird von ihrem Exekutivdirektor geleitet, der bei der Wahrnehmung seiner Aufgaben unabhängig ist. [2]Der Exekutivdirektor ist gegenüber dem Verwaltungsrat rechenschaftspflichtig.**

(2) [1]**Der Exekutivdirektor erstattet dem Europäischen Parlament über die Erfüllung seiner Aufgaben Bericht, wenn er dazu aufgefordert wird. [2]Der Rat kann den Exekutivdirektor auffordern, über die Erfüllung seiner Aufgaben Bericht zu erstatten.**

(3) **Der Exekutivdirektor ist dafür verantwortlich,**

a) **die laufenden Geschäfte der ENISA zu führen;**
b) **die vom Verwaltungsrat gefassten Beschlüsse umzusetzen;**
c) **den Entwurf des einheitlichen Programmplanungsdokuments auszuarbeiten und dem Verwaltungsrat vor der Übermittlung an die Kommission vorzulegen;**
d) **das einheitliche Programmplanungsdokument umzusetzen und dem Verwaltungsrat hierüber Bericht zu erstatten;**
e) **den konsolidierten Jahresbericht über die Tätigkeit der ENISA, einschließlich der Umsetzung des jährlichen Arbeitsprogramms der ENISA, auszuarbeiten und dem Verwaltungsrat zur Bewertung und Annahme vorzulegen;**
f) **einen Aktionsplan mit Folgemaßnahmen zu den Schlussfolgerungen der nachträglichen Bewertungen auszuarbeiten und alle zwei Jahre der Kommission über die erzielten Fortschritte Bericht zu erstatten;**
g) **einen Aktionsplan mit Folgemaßnahmen zu den Schlussfolgerungen interner oder externer Prüfberichte sowie der Untersuchungen des OLAF auszuarbeiten und der Kommission zweimal jährlich und dem Verwaltungsrat regelmäßig über die erzielten Fortschritte Bericht zu erstatten;**
h) **den Entwurf der für die ENISA geltenden Finanzregelung nach Artikel 32 auszuarbeiten;**
i) **den Entwurf des Voranschlags der Einnahmen und Ausgaben der ENISA auszuarbeiten und ihren Haushaltsplan auszuführen;**
j) **die finanziellen Interessen der Union durch vorbeugende Maßnahmen gegen Betrug, Korruption und sonstige rechtswidrige Handlungen, durch wirksame Kontrollen und, falls Unregelmäßigkeiten festgestellt**

werden, durch Einziehung zu Unrecht gezahlter Beträge sowie gegebenenfalls durch Verhängung wirksamer, verhältnismäßiger und abschreckender verwaltungsrechtlicher und finanzieller Sanktionen zu schützen;

k) eine Betrugsbekämpfungsstrategie für die ENISA auszuarbeiten und dem Verwaltungsrat zur Genehmigung vorzulegen;

l) Kontakte zur Wirtschaft und zu Verbraucherorganisationen im Hinblick auf einen regelmäßigen Dialog mit den einschlägigen Interessenträgern aufzubauen und zu pflegen;

m) einen regelmäßigen Gedanken- und Informationsaustausch mit den Organen, Einrichtungen und sonstigen Stellen der Union über deren Tätigkeiten im Bereich Cybersicherheit zu führen, um die Kohärenz bei der Weiterentwicklung und Umsetzung der Unionspolitik sicherzustellen;

n) sonstige dem Exekutivdirektor durch diese Verordnung übertragene Aufgaben wahrzunehmen.

(4) **[1]Soweit erforderlich sowie entsprechend den Zielen und Aufgaben der ENISA kann der Exekutivdirektor der ENISA Ad-hoc-Arbeitsgruppen aus Sachverständigen – auch von den zuständigen Behörden der Mitgliedstaaten – einsetzen. [2]Der Exekutivdirektor unterrichtet den Verwaltungsrat hiervon vorab. [3]Die Verfahren, die insbesondere die Zusammensetzung dieser Arbeitsgruppen, die Bestellung der Sachverständigen der Arbeitsgruppen durch den Exekutivdirektor und die Arbeitsweise der Arbeitsgruppen betreffen, werden in den internen Verfahrensvorschriften der ENISA festgelegt.**

(5) **[1] [1]Der Exekutivdirektor kann auf der Grundlage einer angemessenen Kosten-Nutzen-Analyse erforderlichenfalls beschließen, eine oder mehrere Außenstellen in einem oder mehreren Mitgliedstaaten einzurichten, damit die ENISA ihre Aufgaben effizient und wirksam wahrnehmen kann. [2]Bevor er über die Einrichtung einer Außenstelle beschließt, ersucht der Exekutivdirektor den/die betreffenden Mitgliedstaat(en), einschließlich des Mitgliedstaats, in dem die ENISA ihren Sitz hat, um eine Stellungnahme, und er holt die vorherige Zustimmung der Kommission und des Verwaltungsrats ein. [3]Im Falle von Meinungsverschiedenheiten bei der Konsultation zwischen dem Exekutivdirektor und den betreffenden Mitgliedstaaten werden die strittigen Fragen dem Rat zur Erörterung vorgelegt. [4]Die Gesamtzahl der Mitarbeiter in allen Außenstellen ist möglichst gering zu halten und darf insgesamt nicht 40% der Gesamtzahl der Mitarbeiter der ENISA ii dem Mitgliedstaat, in dem die ENISA ihren Sitz hat, überschreiten. [5]Die Anzahl der Mitarbeiter in jeder Außenstelle darf nicht 10% der Gesamtzahl der Mitarbeiter der Agentur im Mitgliedstaat, in dem die ENISA ihren Sitz hat, überschreiten. [2] In dem Beschluss zur Einrichtung einer Außenstelle wird der Umfang der in der Außenstelle auszuübenden Tätigkeiten so festgelegt, dass unnötige Kosten und eine Überschneidung der Verwaltungsfunktionen mit denen der ENISA vermieden werden.**

A. Allgemeines

1 Obwohl es die ENISA schon seit 2004 gibt, hatte sie bisher nur drei Exekutivdirektoren. Der Italiener Andrea Pirotti war der erste Direktor der ENISA.[1] Vor seiner Ernennung war er Vizepräsident von Marconi Communications, einem Telekommunikationsunternehmen. Pirotti wurde 2009 von Dr. Udo Helmbrecht abgelöst. Helmbrecht war vorher als Präsident des Bundesamtes für Sicherheit in der Informationstechnik tätig. Er blieb Exekutivdirektor bis 2019 und hatte einen großen Einfluss auf die Ausgestaltung der die ENISA bestimmenden Cybersicherheitsverordnung. Am 16.7.2019 wählte der Verwaltungsrat einen neuen Exekutivdirektor, Juhan Lepassaar.[2] Während Pirotti und Helmbrecht eine naturwissenschaftliche Ausbildung und eine Karriere auch im sicherheitstechnischen Bereich absolviert hatten, kommt Lepassaar aus der Kommission und hat einen politikwissenschaftlichen Hintergrund. Er war insbesondere Direktor des Kabinetts von Kommissar Andrus Ansip, dem Digitalkommissar in der Juncker-Kommission. Die Cybersicherheit hat eine politische Dimension erreicht, die sich auch in der ENISA widerspiegelt. Diese politische Dimension zeigt sich vor allem in den Bereichen, in denen die ENISA die Koordination von politischen Initiativen der Mitgliedsstaaten im Bereich Sicherheit koordinieren soll. Denn der Schritt in die von Art 26 AEUV[3] nicht mehr umfasste dritte Säule ist sehr klein. Insofern ist der Fokus auf das Verfahren nachvollziehbar.

2 Die Kernregeln des Abs. 3 wurden seit im Vergleich zu Art. 11 Abs. 2 VO (EU) 526/2013 kaum geändert, wohl aber umformuliert. Angepasst wurden insbesondere die Regeln zu Betrug und Korruption. Neu ist Abs. 2, der den Exekutivdirektor zur Berichterstattung auf Anfrage gegenüber dem Europäischen Parlament und dem Rat verpflichtet. Neu ist auch Abs. 5, der dem Exekutivdirektor die Möglichkeit gibt eine oder mehrere Außenstellen zu errichten. Dies war nach den großen Schwierigkeiten mit der Führung der ENISA als politischer Kompromiss erreicht worden. Einerseits bleibt die ENISA in Griechenland und hat ihren Sitz nach wie vor in Heraklion. Andererseits wurde die Außenstelle in Athen legitimiert. Weitere Außenstellen gibt es bisher nicht.

B. Einzelerläuterungen

3 Der Exekutivdirektor ist nicht weisungsabhängig, aber rechenschaftspflichtig, er ist nach Art. 38 Abs. 3 der gesetzliche Vertreter der ENISA, die eine eigenständige juristische Person ist. Das entspricht der Rolle für Exekutivdirektoren im gemeinsamen Ansatz zu dezentralen Agenturen der EU.[4] Laut Art 15 und Art. 36 wird der Exekutivdirektor vom Verwaltungsrat nach Ausschreibung[5] bestimmt. Die Einstu-

---

[1] https://ec.europa.eu/digital-single-market/en/news/european-network-and-information-security-agency-and-running.1.

[2] https://www.enisa.europa.eu/about-enisa/structure-organization/management-board/management-board-decisions#b_start=0.

[3] → Art. 1 Rn. 1 ff.

[4] Fiche Nr. 12 https://europa.eu/european-union/sites/europaeu/files/docs/body/fiche_12_sent_to_ep_cons_2010-08-25_en.pdf.

[5] Ausschreibung der Stelle des Exekutivdirektors vom 26.10.2018 COM/2018/20032 https://eur-lex.europa.eu/legal-content/EN/TXT/PDF/?uri=CELEX:C2018/388A/01.

fung in die Gehaltsstufe AD14 resultiert aus den entsprechenden Richtlinien der Kommission.[6] Der Exekutivdirektor ist verantwortlich für die Arbeiten, die seine Mitarbeiter in den verschiedenen Aufgabengebieten erstellen.

4 Abs. 2 enthält eine neue Verpflichtung für den Exekutivdirektor, die mit der neuen Verordnung eingeführt wurde. Sie entspringt direkt der neuen politischen Dimension der ENISA und der Tatsache, dass Fakten und Studien zur Cybersicherheit im politischen Dialog immer wichtiger werden. Dies betrifft alle EU-Institutionen. Während die Kommission durch ihre Präsenz im Verwaltungsrat direkt am Tisch sitzt, können Parlament und Rat nun den Exekutivdirektor verpflichten, Bericht zu erstatten.

5 Abs. 3 enthält eine Aufzählung von Aufgaben, die mit den Aufgaben des Verwaltungsrats korrespondiert. Wo immer der Verwaltungsrat eine Entscheidungsbefugnis hat, gibt es eine entsprechende Aufgabe zur Erstellung von Dokumenten oder zur Umsetzung des Jahres- und Mehrjahresplans. Man findet die Aufgabe zur Erstellung einer Finanzregelung nach Art. 32 ebenso wie die Ausarbeitung eines Plans zur Betrugsbekämpfung. Es wird klargestellt, dass der Exekutivdirektor die laufenden Geschäfte führt und die Beschlüsse des Verwaltungsrats umsetzt. Ein wichtiger Aspekt für das Funktionieren der gesamten Management-Architektur der ENISA ist das einheitliche Programmplanungsdokument. Denn dies wird dem Verwaltungsrat zur weiteren Bearbeitung und zum Beschluss vorgelegt. Durch die Jahresberichte erfolgt dann eine Erfolgskontrolle durch den Verwaltungsrat. Aktionsplan und Jahresberichte waren bisher nicht getrennt. Der Bericht kann also auch im Rahmen der Berichterstattung nach Abs. 2 erfolgen. Hier besteht eine gewisse Redundanz, denn die Kommission ist ja durch ihre Mitgliedschaft im Verwaltungsrat schon bis ins Detail über die Aktivitäten der ENISA informiert. Maßnahmen zur Betrugsabwehr wurden in 2014 vorgelegt und vom Verwaltungsrat verabschiedet.[7] An einem Update des derzeitigen Plans wird gearbeitet. Der Entwurf zur Finanzregelung nach Art. 32 wurde inzwischen vom nach Art. 15 zuständigen Verwaltungsrat beschlossen. Die Haushaltspläne der ENISA sind vor allem in den Jahresberichten und den Protokollen des Verwaltungsrates zu finden.

6 In den Abschnitten l, m und n werden dem Exekutivdirektor Aufgaben übertragen, die keine Entsprechung in Art. 15 haben. Bei den Kontakten zur Wirtschaft und zu den Verbraucherorganisationen ist der Exekutivdirektor aus nachvollziehbaren Gründen nicht verpflichtet, dem Verwaltungsrat über alle Kontakte Bericht zu erstatten. Der Hinweis auf die Interessenträger ist allerdings als Verweis auf Art. 22 zu verstehen, der die Errichtung einer Gruppe der Interessenträger verpflichtend vorsieht. Abschnitt m fordert den Exekutivdirektor auf, sich nicht nach Heraklion zurückzuziehen, sondern offensiv mit den Cybersicherheitsbehörden der Europäischen Union zu kommunizieren. Da der Exekutivdirektor dies nicht allein bewerkstelligen kann, ist diese Ermächtigung als Grundlage für die Delegation an die Mitarbeiter der ENISA zum gegenseitigen Austausch mit den Mitgliedstaaten zu verstehen.

7 Unter die sonstigen Befugnisse in Abschnitt n fallen wichtige Aufgaben wie die vom Verwaltungsrat nach Art. 15 Abs. 2 delegierte Hoheit über die Dienstvorschriften, die der Exekutivdirektor weiter delegieren kann. Darunter kann man auch das Vorschlagsrecht nach Art. 23 zum Netz der nationalen Verbindungsbeamten fassen.

---

[6] 2009/27/SEC vom 12.1.2009 https://ec.europa.eu/transparency/regdoc/rep/2/2009/FR/SEC-2009-27-2-FR-MAIN-PART-2.PDF.

[7] → Art. 15 Rn. 1 ff. für alle Beschlüsse zu den Entwürfen nach Art. 20 Abs. 3.

8 Abs. 4 ermöglicht der ENISA eine flexible Antwort auf erkannte Bedrohungen. Wenn die ENISA keine eigene Expertise in einem bestimmten Gebiet der Cybersicherheit hat, oder diese Expertise als unzureichend angesehen wird, kann der Exekutivdirektor ad-hoc Arbeitsgruppen einrichten und Sachverständige zur Teilnahme an der Gruppe einladen. Dabei werden Experten von den Behörden explizit erwähnt. Dies ist insofern von Bedeutung, dass die ENISA für die Cybersicherheit und deren Felder Arbeitsgruppen mit Beteiligung aller Interessenträger also Wirtschaft, Verwaltung und Wissenschaft einsetzen kann. Diese können dann dem Exekutivdirektor bei der Erstellung der Entwürfe helfen oder der Kommunikation in die Mitgliedsstaaten dienen. Die internen Verfahrensvorschriften der ad-hoc Gruppen sind nicht veröffentlicht.

9 Abs. 5 ist ein für europäische Institutionen typischer Kompromiss. So hatten mehrere Analysen ergeben, dass die Einsatzbereitschaft der ENISA, die Attraktivität für hoch qualifizierte Experten und die Beteiligung am politischen Prozess in Brüssel sehr darunter gelitten habe, dass der Sitz der ENISA nur schwer erreichbar sei. Eine Verlagerung der ENISA nach Brüssel wurde aber von Griechenland nicht akzeptiert. Der Standort Heraklion war von Griechenland gewählt worden, weil auch das FORTH ICS, eine Forschungseinrichtung für Cybersicherheit, in Heraklion angesiedelt ist. Als Exekutivdirektor setzte Dr. Udo Helmbrecht aber durch, dass eine Außenstelle in Athen eingerichtet werden konnte und somit Brüssel innerhalb eines Tages erreicht werden kann.

Abschnitt 4 ENISA-Beratungsgruppe, Gruppe der Interessenträger für die Cybersicherheitszertifizierung und Netz der nationalen Verbindungsbeamten

Art. 21 ENISA-Beratungsgruppe

(1) [1]**Der Verwaltungsrat setzt auf Vorschlag des Exekutivdirektors auf transparente Art und Weise eine ENISA-Beratungsgruppe ein, die sich aus anerkannten Sachverständigen als Vertreter der einschlägigen Interessenträger zusammensetzt, darunter die IKT-Branche, Anbieter öffentlich zugänglicher elektronischer Kommunikationsnetze oder -dienste, KMU, Betreiber wesentlicher Dienste, Verbrauchergruppen, wissenschaftliche Sachverständige aus dem Bereich der Cybersicherheit sowie Vertreter der zuständigen Behörden, die nach der Richtlinie (EU) 2018/1972 notifiziert wurden, europäische Normungsorganisationen sowie Strafverfolgungsbehörden und Datenschutz-Aufsichtsbehörden.** [2]**Der Verwaltungsrat strebt ein angemessenes Gleichgewicht zwischen den Geschlechtern, ein angemessenes geographisches Gleichgewicht und ein angemessenes Gleichgewicht zwischen den verschiedenen Interessengruppen an.**

(2) **Die Verfahren für die ENISA-Beratungsgruppe, die insbesondere ihre Zusammensetzung, den Vorschlag des in Absatz 1 genannten Exekutivdirektors, die Anzahl und die Ernennung der Mitglieder und die Arbeitsweise der ENISA-Beratungsgruppe betreffen, werden in den internen Verfahrensvorschriften der ENISA festgelegt und öffentlich bekannt gemacht.**

(3) **Den Vorsitz der ENISA-Beratungsgruppe führt der Exekutivdirektor oder eine jeweils vom Exekutivdirektor ernannte Person.**

(4) [1]Die Amtszeit der Mitglieder der ENISA-Beratungsgruppe beträgt zweieinhalb Jahre. [2]Mitglieder des Verwaltungsrats dürfen nicht Mitglieder der ENISA-Beratungsgruppe sein. [3]Sachverständige der Kommission und aus den Mitgliedstaaten können an den Sitzungen der ENISA-Beratungsgruppe teilnehmen und an ihrer Arbeit mitwirken. [4]Vertreter anderer Stellen, die vom Exekutivdirektor für relevant erachtet werden und die der ENISA-Beratungsgruppe nicht angehören, können zur Teilnahme an den Sitzungen der ENISA-Beratungsgruppe und zur Mitarbeit an ihrer Arbeit eingeladen werden.

(5) [1]Die ENISA-Beratungsgruppe berät die ENISA bei der Durchführung ihrer Aufgaben, ausgenommen der Anwendung der Bestimmungen des Titels III dieser Verordnung. [2]Sie berät insbesondere den Exekutivdirektor bei der Ausarbeitung eines Vorschlags für das Jahresarbeitsprogramms der ENISA und bei der Sicherstellung der Kommunikation mit den einschlägigen Interessenträgern bezüglich Fragen im Zusammenhang mit dem Jahresarbeitsprogramm.

(6) Die ENISA-Beratungsgruppe unterrichtet den Verwaltungsrat regelmäßig über ihre Tätigkeiten.

A. Allgemeines

1 Der Erwgr. 47 VO (EU) 526/2013 hatte eine einheitliche Sichtweise zu Beratungsgruppe und Interessenvertretern. Danach war die Ständige Gruppe der Interessenträger als Beratungsgremium gedacht, um einen regelmäßigen Dialog mit dem Privatsektor, Verbraucherorganisationen und anderen interessierten Kreisen sicherzustellen. Nunmehr sind Beratungsgruppe und Gruppe der Interessenvertreter getrennt. Laut Erwgr. 61 dient die Beratungsgruppe dem regelmäßigen Dialog mit dem Privatsektor, den Verbraucherorganisationen und sonstigen relevanten Interessenträgern. Dh die ENISA-Beratungsgruppe in Art. 21 der Verordnung ersetzt die ständige Gruppe der Interessenträger nach Art. 12 VO (EU) 526/2013. Die Gruppe der Interessenträger nach Art. 22 dagegen ist neu und reduziert sich auf das Interesse für die Cybersicherheitszertifizierung. Dementsprechend sieht Erwgr. 62 vor, dass die Gruppe Interessenträger nach Art. 22 vornehmlich der Erleichterung der Konsultation von Branchenvertretern verschiedener Zweige der IKT-Industrie und der Nachfrageseite dient. Dazu zählen laut Verordnung die Zertifizierung selbst, aber auch die Anbieter digitaler Dienste, Normungsgremien, Akkreditierungsstellen, Datenschutz-Aufsichtsbehörden, Konformitätsbewertungsstellen, die Wissenschaft und Verbraucherorganisationen. Man hat also die Sicherheit von der Zertifizierung der Sicherheit getrennt. Ob Sicherheitszertifizierung getrennt von der Diskussion zur Cybersicherheit nur ein kommerzieller Erfolg oder auch ein Gewinn an Sicherheit werden kann, muss die Zeit zeigen.

B. Einzelerläuterungen

2 Die Beratergruppe ist eine typische Ausformung des „stakeholderism“, also dem Versuch, den Interessenausgleich in einer Gruppe mit Vertretern verschiedener Interessen zu finden. Es kommt dabei auch auf die Zusammensetzung der Gruppe an. Abs. 1 gibt dazu eine Generalklausel und eine Aufzählung. In der Generalklausel ist

von den „einschlägigen" Interessenvertretern die Rede. Die englische Version spricht von „relevant", fordert also zumindest eine gewisse Bedeutung der vertretenen Gruppe im Bereich Cybersicherheit. Die Aufzählung hilft dann zu ergründen, welche Gruppen einschlägig sind und lässt von diesen auf weitere Gruppen von Relevanz schließen. Die Aufzählung erwähnt:

1. Anbieter der öffentlich zugänglichen Kommunikationsnetze, also Telekommunikationsunternehmen und Internetprovider
2. Anbieter öffentlich zugänglicher Kommunikationsdienste wie zB Hosting-Provider
3. die in fast jeder EU-Komitologie unabdingbaren kleinen und mittleren Unternehmen (KMU) des IKT-Bereichs
4. Die Betreiber wesentlicher Dienste im Sinne der NIS-RL
5. Verbrauchergruppen
6. Wissenschaftliche Sachverständige der Cybersicherheit
7. Vertreter der zuständigen Behörden nach der Elektronische Kommunikationskodex-RL[1], insbesondere der BEREC[2]
8. Die ESOs, die nach der VO (EU) 1025/2012 definiert sind[3]
9. Strafverfolgungsbehörden
10. Datenschutz-Aufsichtsbehörden.

3 Nach Abs. 2 muss eine interne Satzung für die Arbeitsweise der Beratungsgruppe erstellt werden, die auch die Auswahlkriterien enthält. Die Hoheit über interne Richtlinien und Anleitungen hat der Verwaltungsrat. Dieser hat mit der Entscheidung vom 3.2.2020[4] auf Vorschlag des Exekutivdirektors eine solche Satzung für die Beratungsgruppe verabschiedet. Danach werden die Vertreter in Art 1 der Satzung in zwei Kategorien aufgeteilt: Die Kategorie „ad personam" und die Kategorie „ernannte Vertreter".[5] Es bleibt in der Satzung unklar, ob jedoch mindestens die in der Verordnung genannten Kategorien von Vertretern Eingang in die Beratungsgruppe finden müssen. Erst ein Beschwerdeverfahren wird hier Klarheit erzeugen. Alle Mitglieder der Beratungsgruppe müssen mindestens einen Vertreter haben. Bei der BEREC wird der Vorsitzende dieses Gremiums als Mitglied der Beratungsgruppe gesetzt. Weil solche Gremien von Interessenvertretern sehr schnell sehr groß werden können, hat der Verwaltungsrat die Zahl der Mitglieder der Beratungsgruppe auf 33 begrenzt. Nach Abs. 4 beträgt die Dauer der Amtszeit in der Beratungsgruppe zweieinhalb Jahre. Die Übergangsregeln in Art. 9 der Satzung regeln den Übergang. Durch die Mitgliedschaft des alten Gremiums der Interessenvertreter in der Beratungsgruppe wurde ein fließender Übergang erreicht.

4 Mit der Entscheidung des Verwaltungsrats vom 3.2.2020 wurde der Aufruf zur Kandidatur vom Verwaltungsrat genehmigt.[6] Bewerber waren aufgerufen einen Le-

---

[1] Es handelt sich um die jeweiligen Netzagenturen der Mitgliedstaaten.

[2] Body of European Regulators for Electronic Communications.

[3] Die Europäischen Normierungsorganisationen sind in Annex 1 der VO (EU) 1025/2012 definiert.

[4] *ENISA,* Decision MB/2020/2 https://www.enisa.europa.eu/about-enisa/structure-organization/management-board/management-board-decisions/MB%20Decision%20No%202020_2_on%20the%20ENISA%20AG%20ToR.pdf.

[5] Nominated representatives.

[6] *EINSA,* Decision MB/2020/03, https://www.enisa.europa.eu/about-enisa/structure-organization/management-board/management-board-decisions/MB%20Decision%20No%202020_3_on%20call%20for%20expression%20of%20interest%20for%20AG.pdf.

benslauf mit einem Motivationsbrief einzureichen. Gefordert wurden relevante Kenntnisse im Bereich des Mandats der Beratungsgruppe, die Fähigkeit zu Themen des CSA beizutragen, IKT-Erfahrung und Erfahrung mit der Anwendung von Sicherheitskonzepten. In der Sitzung des Verwaltungsrats vom 25.6.2020[7] wurden die Vorschläge des Exekutivdirektors zur Besetzung der Beratungsgruppe angenommen und die Namen der Mitglieder veröffentlicht. Auf der Liste finden sich bekannte Namen mit großem Renommee, aber auch weniger bekannte Personen. Einige sehr bekannte Namen haben es nur auf die Liste der Nachrücker geschafft. Die Entscheidung für und gegen Personen ist nicht transparent.

Die Veröffentlichung der Namen betrifft nicht die ernannten Vertreter aus den **5**
relevanten Behörden. Diese erschließen sich nur aus den schwer zugänglichen Ernennungsakten der Mitgliedsstaaten nach der Elektronische Kommunikationskodex-RL. Insofern ist öffentlich nur schwer ersichtlich, wer tatsächlich in der Beratungsgruppe sitzt und die von allen Texten geforderte Transparenz ist gerade nur für die Kategorie „ad personam" gewährleistet. Allerdings sind einige Namen aus der Liste der Mitglieder der alten Gruppe der Interessenträger zu ersehen.[8] Dazu gehört insbesondere Gwendal Le Grand vom Europäischen Datenschutzausschuss und Ola Bergström vom BEREC.

Mitglieder des Verwaltungsrates dürfen nicht gleichzeitig Mitglied der Be- **6**
ratungsgruppe sein. Allerdings können externe Sachverständige der Kommission und der Mitgliedsstaaten teilnehmen. Andere Experten sind nur dann zugelassen, wenn der Exekutivdirektor sie für relevant erachtet.

Die Beratungsgruppe mit den Verbraucherorganisationen und den KMU darf **7**
über alles beraten, außer über Zertifizierung. Dies ist der Gruppe der Interessenträger nach Art 22 vorbehalten. Es handelt sich also um eine vollständige Entkoppelung der Beratungen der IT-Sicherheit von den Beratungen zur Zertifizierung. Damit braucht es auch keine Hierarchie zwischen beiden Gremien.

Art. 22 Gruppe der Interessenträger für die Cybersicherheitszertifizierung

(1) **Es wird eine Gruppe der Interessenträger für die Cybersicherheitszertifizierung eingesetzt.**

(2) **[1]Die Mitglieder der Gruppe der Interessenträger für die Cybersicherheitszertifizierung werden unter anerkannten Sachverständigen als Vertreter der einschlägigen Interessenträger ausgewählt. [2]Die Kommission wählt die Mitglieder der Gruppe der Interessenträger für die Cybersicherheitszertifizierung auf Vorschlag der ENISA im Wege eines transparenten und offenen Auswahlverfahrens aus, durch das ein Gleichgewicht zwischen den verschiedenen Interessengruppen sowie ein angemessenes Gleichgewicht zwischen den Geschlechtern und ein angemessenes geographisches Gleichgewicht sichergestellt wird.**

---

[7] *ENISA*, Decision MB/2020/14, https://www.enisa.europa.eu/about-enisa/structure-organization/advisory-group/members/mb-decision-2020_14_on-setting-up-the-ag-2020-2022.

[8] https://www.enisa.europa.eu/about-enisa/structure-organization/advisory-group/members/ag-composition-2017-2020/at_download/file.

(3) **Die Gruppe der Interessenträger für die Cybersicherheitszertifizierung:**

a) **berät die Kommission in strategischen Fragen im Zusammenhang mit dem europäischen Rahmen für die Cybersicherheitszertifizierung;**
b) **berät auf Ersuchen die ENISA in allgemeinen und strategischen Fragen im Zusammenhang mit den Aufgaben der ENISA in Bezug auf den Markt, die Cybersicherheitszertifizierung und die Normung;**
c) **unterstützt die Kommission bei der Ausarbeitung des in Artikel 47 genannten fortlaufenden Arbeitsprogramms der Union;**
d) **nimmt zum fortlaufenden Arbeitsprogramm der Union gemäß Artikel 47 Absatz 4 Stellung und**
e) **berät in dringenden Fällen die Kommission und die Europäische Gruppe für die Cybersicherheitszertifizierung in Bezug auf die Notwendigkeit zusätzlicher Zertifizierungsschemata, die nicht Teil des fortlaufenden Arbeitsprogramms der Union sind, wie in Artikel 47 und 48 beschrieben.**

(4) **Den Vorsitz der Gruppe der Interessenträger für die Cybersicherheitszertifizierung führen die Vertreter der Kommission und der ENISA gemeinsam, und die Sekretariatsgeschäfte werden von der ENISA wahrgenommen.**

A. Allgemeines

1 Die Vorgängerverordnung VO (EU) 526/2013 zur Cybersicherheit und zur Errichtung der ENISA enthielt keinerlei Bestimmungen oder Bemerkungen zur **Zertifizierung.** Erst die Cybersicherheitsverordnung hat die Zertifizierung in dritten Titel der Verordnung eingeführt. Wie in der Kommentierung zu Art. 21 erläutert, findet eine vollständige **Trennung der Komitologie** zwischen materieller IT-Sicherheit und Zertifizierung statt. Art 22 bleibt ein Fremdkörper in der Cybersicherheitsverordnung, denn er durchbricht das Konzert von Exekutivdirektor, Verwaltungsrat und Exekutivrat. Denn die Gruppe der Interessenträger für die Cybersicherheitszertifizierung (SCCG)[1] berät nicht nur die ENISA, sondern hat Aufgaben weit über die ENISA hinaus. Denn die SCCG berät auch die Kommission direkt bei der Erstellung des fortlaufenden Arbeitsprogramms der Zertifizierung[2] (URWP). Dieser Plan wird von der Kommission direkt herausgegeben und nicht erst von der ENISA erlassen und dann von der Kommission in ihren Dokumenten genutzt. Die Kommission hat sich hier ein Expertengremium errichtet und die Cybersicherheitsverordnung dazu missbraucht, sich eine Ermächtigung für die Errichtung des ihr dienenden Fachgremiums zu schaffen. Die SCCG verhält sich also eher wie ein Verwaltungsrat einer Cyberzertifizierungesagentur denn als Teil der ENISA. Dementsprechend wird die Website der SCCG auch von der Kommission betrieben.[3]

---

[1] Stakeholder Cybersecurity Certification Group's (SCCG), https://ec.europa.eu/digital-single-market/en/stakeholder-cybersecurity-certification-group.
[2] Union Rolling Work Programme (URWP) for Cybersecurity Certification.
[3] Cybersecurity Technology & Capacity Building (Unit H.1) https://ec.europa.eu/digital-single-market/en/content/cybersecurity-technology-capacity-building-unit-h1.

Die SCCG ist eingebunden in das EU cybersecurity certification framework.[4] 2
Ein anderes wichtiges Gremium in diesem Rahmen ist die European Cybersecurity Certification Group (ECCG). Die ECCG ist ein Expertengremium, dass die Kommission ebenfalls in der Umsetzung und Anwendung der Cybersicherheitsverordnung unterstützen soll. Auch die ECCG trägt zum rollierenden Zertifizierungsplan bei. Ihre Mitglieder rekrutieren sich aus den nationalen Cybersicherheitszertifizierungsbehörden oder aus anderen einschlägigen Behörden. Die ECCG hatte ihr erstes Meeting am 18.9.2019.

B. Einzelerläuterungen

Die SCCG hat den Zweck, die Kommission und die ENISA zu **strategischen** 3
Belangen der Cybersicherheitszertifizierung zu beraten und bei der Erstellung des rollierenden Arbeitsprogramms der Union zu Zertifizierung zu helfen. Nach Abs. 2 werden die Mitglieder unter anerkannten Sachverständigen als Vertreter der Interessenträger ausgewählt. Die Liste der derzeit 50 Mitglieder umfasst viele Standardisierungsorganisationen und viele Lobbyverbände, die auch in vielen anderen Expertengremien der Kommission vertreten sind. Aber es sind auch einzelne Unternehmen vertreten. Da die veröffentlichte Liste nur die Namen der Organisationen aufführt, kann das von Abs. 2 geforderte Gleichgewicht hinsichtlich Geschlecht und Geografie nicht überprüft werden.

Die nach Abs. 1 gegründete SCCG traf sich zum ersten Mal am 24.6.2020. Ge- 4
mäß Abs. 4 der Verordnung wird der Vorsitz gemeinsam von Kommission und ENISA geführt. Derzeit sind Khalil Rouhana, Deputy Director General at DG CNECT, European Commission and Mr Juhan Lepassaar, der Exekutivdirektor der ENISA. Vorsitzende der SCCG. Es wurde ein von der ENISA verfasster Entwurf eines URWP vorgestellt.

Die Zuständigkeiten der SCCG ergeben sich aus den Unterpunkten a–e des 5
Abs. 3 Danach berät die SCCG die Kommission zu Fragen der Cybersicherheitszertifizierung. Interessant ist, dass zwar die Beratungsgruppe nach Art. 21 keine Zuständigkeit für die Cybersicherheitszertifizierung hat, die SCCG sich aber nach Abs. 3 lit. b auf Ersuchen der ENISA mit Fragen im Zusammenhang mit den Aufgaben der ENISA in Bezug auf den Markt, die Cybersicherheitszertifizierung und die Normung. Damit ist zwar die Beratungsgruppe nicht ermächtigt im Bereich Cybersicherheitszertifizierung Stellung zu nehmen, die SCCG kann allerdings im Terrain der Beratergruppe tätig werden und Konflikte auslösen. Die Unterpunkte c–e normieren dann die Zuständigkeit für das fortlaufende Arbeitsprogramm, inklusive einer Ausnahme für dringende Fälle. Wie dringende Fälle in der Cybersicherheitszertifizierung entstehen sollen, bleibt fraglich, denn die Zertifizierung an sich ist ein langfristiges Unterfangen.

Für den Inhalt des URWP wird auf die Kommentierung zu Art. 47 verwiesen. 6

[4] → Art. 47 und https://www.enisa.europa.eu/topics/standards/certification.

Art. 23 Netz der nationalen Verbindungsbeamten

(1) [1]**Der Verwaltungsrat richtet auf Vorschlag des Exekutivdirektors ein Netz der nationalen Verbindungsbeamten ein, das sich aus Vertretern der Mitgliedstaaten zusammensetzt (im Folgenden „nationale Verbindungsbeamten"). [2]Jeder Mitgliedstaat ernennt einen Vertreter im Netz der nationalen Verbindungsbeamten. [3]Die Sitzungen des Netzes der nationalen Verbindungsbeamten können in verschiedenen Sachverständigenzusammensetzungen abgehalten werden.**

(2) **Das Netz der nationalen Verbindungsbeamten erleichtert vor allem den Informationsaustausch zwischen der ENISA und den Mitgliedstaaten und unterstützt die ENISA dabei, ihre Tätigkeiten, Erkenntnisse und Empfehlungen bei den einschlägigen Interessenträgern in der gesamten Union bekannt zu machen.**

(3) **Die nationalen Verbindungsbeamten dienen als Kontaktstelle auf nationaler Ebene, um die Zusammenarbeit zwischen der ENISA und den nationalen Sachverständigen im Rahmen der Durchführung des Jahresarbeitsprogramms der ENISA zu erleichtern.**

(4) **Während die nationalen Verbindungsbeamten eng mit den Vertretern ihres jeweiligen Mitgliedstaats im Verwaltungsrat zusammenarbeiten, darf das Netz der nationalen Verbindungsbeamten selbst nicht dieselbe Arbeit leisten wie der Verwaltungsrat oder andere Gremien der Union.**

(5) **Die Funktionen und Verfahren des Netzes der nationalen Verbindungsbeamten werden in den internen Verfahrensvorschriften der ENISA festgelegt und der Öffentlichkeit zugänglich gemacht.**

A. Allgemeines

1 Schon mit der ersten Gründung der ENISA 2004 wurde ein **Netz der nationalen Verbindungsbeamten** (NLO)[1] eingerichtet.[2] Allerdings gibt es weder in den Erwägungsgründen noch im Normtext der ersten ENISA Verordnungen[3] irgendeinen Hinweis auf das NLO. Erst durch das CSA wird das NLO zum offiziellen Gremium. Obwohl informell, diente das NLO der ENISA schon sehr früh als wichtiger Kontakt in die Mitgliedstaaten. Gleichzeitig diente das NLO schon zu diesem Zeitpunkt dem **zwischenstaatlichen Informationsaustausch.** Wie so oft in der Entwicklung von europäischer Zusammenarbeit war die Herstellung persönlicher Kontakte ein erster Schritt. Dies ging einher mit der Bildung einer Kommunikationsinfrastruktur für die Gruppe. Ein erster Beitrag der NLO war es, NIS-Informationen für die jeweiligen Landesseiten der Mitgliedstaaten beizusteuern. Durch das NLO kann die ENISA auch bilaterale Initiativen fördern, zB die Hilfe beim Aufbau von CERTs. Die Informationen aus den Mitgliedstaaten via

[1] Im Folgenden wird Netz der nationalen Verbindungsbeamten oder National Liaison Officers network (NLO) abgekürzt; s. Activity Report 2005, https://www.enisa.europa.eu/publications/corporate/general_report_2005.pdf.

[2] https://www.enisa.europa.eu/about-enisa/structure-organization/national-liaison-office.

[3] VO (EG) 460/2004 und VO (EU) 526/2013.

der NLO wurde außerdem in eine interne Informationsbörse eingespeist. Im Prinzip normiert Art. 23 eine bestehende Praxis. Operativ ist die Unterstützung der NLO beim Core Operations Department eingegliedert, die auch die Beratungsgruppe betreut.[4]

B. Einzelerläuterungen

Der ENISA Jahresbericht 2018 bezeichnet die Arbeit des NLO als essenziell für die tägliche Arbeit der ENISA. Die **Vertreter der Mitgliedstaaten** im NLO sorgen als Botschafter und Mittler für den Austausch von Informationen zwischen ENISA und Mitgliedsstaaten, aber auch zwischen den Mitgliedstaaten untereinander. Mit Art. 23 Abs. 1 wird das NLO von einer informellen Gruppe zu einem gesetzlichen Gremium der ENISA. 2

Erwgr. 27 gibt dem NLO zusätzlich Aufgaben im Bereich der **Koordinierung von Bildung** und Sensibilisierung hinsichtlich der Cybersicherheit. Dazu werden Bildungskontaktstellen vorgeschlagen, die mit dem NLO vernetzt sind und unter dessen Dach angesiedelt sein können. Es soll eine gemeinsame Ausbildungsplattform entwickelt werden. Diese Aufgabe ist allerdings weder im Arbeitsprogramm, noch in den Jahresberichten erwähnt. Im letzten Meeting des NLO hat die ENISA ihr Trainingsprogramm vorgestellt. 3

Da das NLO durch die Verordnung eine neue Qualität erhielt, musste die Gründungsakte des NLO erneut vom Verwaltungsrat durchgeführt werden.[5] Diese wurde durch eine Entscheidung des Exekutivdirektors komplettiert, die die eigentliche Geschäftsordnung enthält.[6] Die Ermächtigung dazu ergibt sich aus Abs. 5. 4

Die Abs. 2–4 fassen die bisherige Praxis des NLO zusammen und formulieren die Aufgaben aus. Dazu zählt insbesondere der Informationsaustausch. Das NLO soll die Informationen und Erkenntnisse der ENISA in die Mitgliedsstaaten tragen und dort bekannt machen. Durch das NLO kann die ENISA versuchen, Durchgriff auf nationale Experten zu erhalten, um diese bei der Durchführung des Programmplans einzusetzen. Abs. 4 lässt die Befürchtung des Normgebers erkennen, die Mitgliedsstaaten könnten via dem NLO die Leitung und Kontrolle der ENISA übernehmen. In der Realität hat sich das nicht bewahrheitet. Vielmehr zeigen die Statistiken aus älteren Sitzungen des NLO, dass es nur ein maßvolles bis limitiertes Interesse der Mitgliedsstaaten an einer Teilnahme im NLO gibt.[7] 5

Die Entscheidung MB/2020/04 des Verwaltungsrats vom 3.2.2020 zur Konstituierung des NLO erwähnt die Existenz des NLO seit 2004 und stellt klar, dass das NLO Netzwerk sich auf die Implementierung der Aktivitäten der ENISA konzentrieren sollen. Der Verwaltungsrat hat also eher eine Vision, in der das NLO dem 6

---

4 → Art. 21.

5 *ENISA,* Decision MB/2020/04, https://www.enisa.europa.eu/about-enisa/structure-organization/management-board/management-board-decisions/MB%20Decision%20No%202020_4%20setting%20up%20NLO%20Network.pdf.

6 https://www.enisa.europa.eu/about-enisa/structure-organization/national-liaison-office/NLOTermsofReference.pdf.

7 *Christaki,* NLO Network: Status Update and Future Role, 29.1.2019, https://www.enisa.europa.eu/about-enisa/structure-organization/national-liaison-office/meetings/january-2019/2019-29-01%20NLO%20status%20update%20Jan%202019%20Katerina%20Christaki.pdf.

Informationsfluss von der ENISA in die Mitgliedsstaaten dient. In Art. 1 des konstitutiven Beschlusses ist festgelegt, dass der Vertreter des Mitgliedsstaates im NLO den Vertreter des gleichen Mitgliedsstaates im Verwaltungsrat unterstützen soll. Die Kommission kann Beobachter in das NLO entsenden. Die Sitzungen des NLO werden vom Exekutivdirektor einberufen. Wichtig ist auch, dass die Kosten der Vertreter der Mitgliedsstaaten im Zusammenhang mit dem NLO von der ENISA erstattet werden.

7 Die Entscheidung Nr. ED/143/2020 hat eine Geschäftsordnung (GO-NLO) für das NLO erlassen. Die Ermächtigung sieht der Exekutivdirektor in der Entscheidung MB/2020/04 einerseits und in Art. 23 Abs. 5 andererseits. Die Geschäftsordnung wiederholt zunächst Aussagen aus Art. 23 in den Erwägungsgründen und trifft inhaltliche Vorgaben in insgesamt 16 Artikeln. Art. 1 GO-NLO wiederholt die Bestimmung der Mitglieder des NLO und der Beobachter der Kommission. Art. 2 GO-NLO wiederholt die oben schon beschriebenen inhaltlichen Aufgaben des NLO. Die Geschäftsordnung bestimmt, dass die ENISA das Sekretariat des Netzwerks stellt und damit für die Kommunikationsinfrastruktur verantwortlich ist. Es gibt im NLO, genau wie beim Verwaltungsrat, eine Beschlussfassung im schriftlichen Verfahren.

8 Anders als beim Verwaltungsrat gibt es aber keine Mitgliedschaft im eigentlichen Sinne. Denn nach Art 23 Abs. 1 S. 3 kann das NLO auch als Gremium von Sachverständigen zusammentreten. In diesem Fall sendet das Sekretariat eine vorläufige Tagesordnung mit der Aufforderung einen relevanten Sachverständigen zu entsenden. Diese haben dann das Recht an den Sitzungen in Sachverständigenbesetzung teilzunehmen.

9 Das NLO tritt nach Art. 3 der Entscheidung MB/2020/04 auf Einladung des Exekutivdirektors zusammen, oder wenn eine Mehrheit der Mitglieder des NLO dies fordert. Es sind die üblichen Fristen für die Einreichung von Dokumenten in Art. 4 GO-NLO normiert, wonach die Tagesordnung und die notwendigen Dokumente mindestens 14 Tage vor der Sitzung verfügbar sein müssen. Das Sekretariat hat die Aufgabe ein Protokoll der Sitzung anzufertigen und an die Mitglieder zur Bestätigung zu senden. Wie schon in anderen Expertengruppen der Kommission gibt es nach Art. 10 GO-NLO ein internes Kommunikationswerkzeug, dass alle diese Dokumente enthält. Dieses Werkzeug und die darin enthaltene Information sind nicht öffentlich. Das NLO hat seit Januar 2019 keine Sitzungsprotokolle mehr veröffentlicht. Ein Mitglied des NLO kann nach Art 11 Nr. 7 verlangen, dass spezifischer Text ins Protokoll der Sitzung aufgenommen wird.

10 Normalerweise soll das NLO ohne Wahl auskommen und die Entscheidungen per Konsens treffen. Art. 11 GO-NLO gibt das vor. Allerdings kann der Vorsitzende eine Wahl anordnen, wenn ein Konsens nach vertiefter Diskussion nicht möglich erscheint. Jeder Mitgliedsstaat hat eine Stimme, kann aber einen anderen, abwesenden Mitgliedsstaat vertreten.

11 Komplettiert wird die Geschäftsordnung von einer umfassenden Regelung von Interessenkonflikten in Art. 15 GO-NLO. Das ist erstaunlich, vertreten doch die Personen im NLO den Mitgliedsstaat und dessen Interessen. Ein Konflikt ist auch in diesem Verhältnis möglich, wird aber nicht erwähnt.

Abschnitt 5 Arbeitsweise

Art. 24 Einheitliches Programmplanungsdokument

(1) **Die ENISA führt ihre Geschäfte in Übereinstimmung mit einem einheitlichen Programmplanungsdokument, das ihre jährliche und mehrjährige Programmplanung mit allen ihren geplanten Tätigkeiten enthält.**

(2) **Jedes Jahr erstellt der Exekutivdirektor einen Entwurf des einheitlichen Programmplanungsdokuments mit der jährlichen und mehrjährigen Programmplanung und der entsprechenden Finanz- und Personalplanung nach Artikel 32 der Delegierten Verordnung (EU) Nr. 1271/2013 der Kommission[1] und unter Berücksichtigung der von der Kommission festgelegten Leitlinien.**

(3) **Bis zum 30. November eines jeden Jahres nimmt der Verwaltungsrat das in Absatz 1 genannte einheitliche Programmplanungsdokument an und übermittelt es bis zum 31. Januar des Folgejahres dem Europäischen Parlament, dem Rat und der Kommission, sowie jede spätere Aktualisierung dieses Dokuments.**

(4) **Das einheitliche Programmplanungsdokument wird nach der endgültigen Feststellung des Gesamthaushaltsplans der Union endgültig und ist erforderlichenfalls entsprechend anzupassen.**

(5) **[1]Das Jahresarbeitsprogramm enthält detaillierte Ziele und Angaben zu den erwarteten Ergebnissen, einschließlich Erfolgsindikatoren. [2]Es enthält zudem eine Beschreibung der zu finanzierenden Maßnahmen sowie Angaben zur Höhe der für die einzelnen Maßnahmen vorgesehenen finanziellen und personellen Ressourcen gemäß den Grundsätzen der maßnahmenbezogenen Aufstellung des Haushaltsplans und des maßnahmenbezogenen Managements. [3]Das Jahresarbeitsprogramm muss mit dem mehrjährigen Arbeitsprogramm nach Absatz 7 im Einklang stehen. [4]Es ist klar darin anzugeben, welche Aufgaben im Vergleich zum vorangegangenen Haushaltsjahr hinzugefügt, verändert oder gestrichen wurden.**

(6) **[1]Der Verwaltungsrat ändert das angenommene Jahresarbeitsprogramm, wenn der ENISA eine neue Aufgabe übertragen wird. [2]Wesentliche Änderungen des jährlichen Arbeitsprogramms werden nach demselben Verfahren angenommen wie das ursprüngliche jährliche Arbeitsprogramm. [3]Der Verwaltungsrat kann dem Exekutivdirektor die Befugnis übertragen, nicht wesentliche Änderungen am Jahresarbeitsprogramm vorzunehmen.**

(7) **[1]Im mehrjährigen Arbeitsprogramm der Agentur wird die strategische Gesamtplanung einschließlich der Ziele, erwarteten Ergebnisse und Leistungsindikatoren festgelegt. [2]Es umfasst auch die Ressourcenplanung mit einem mehrjährigen Finanz- und Personalplan.**

---

[1] **Amtl. Anm.:** Delegierte Verordnung (EU) Nr. 1271/2013 der Kommission vom 30. September 2013 über die Rahmenfinanzregelung für Einrichtungen gemäß Artikel 208 der Verordnung (EU, Euratom) Nr. 966/2012 des Europäischen Parlaments und des Rates (ABl. L 328 vom 7.12.2013, S. 42).

(8) [1]**Die Ressourcenplanung wird jährlich aktualisiert.** [2]**Die strategische Programmplanung ist zu aktualisieren, wann immer dies geboten erscheint und insbesondere, wenn dies notwendig ist, um dem Ergebnis der in Artikel 67 genannten Bewertung Rechnung zu tragen.**

A. Allgemeines

1 Die Programmplanung ist ein wichtiges Element in der Management Strategie der Kommission. Bei der ENISA handelt es sich um **„Activity Based Management"** (ABM).[2] Der Plan dient dazu die kohärente Integration von Planung, Budget und Berichtswesen zu ermöglichen. In Art. 9 VO (EG) 460/2004 herrscht noch große Flexibilität. Grundlage der Arbeit ist danach das vom Verwaltungsrat genehmigte Arbeitsprogramm. Aber Art. 9 dieser Verordnung erlaubt auch unvorhergesehene Tätigkeiten im Rahmen der Haushaltsmittel vorzunehmen, wenn es der Zuständigkeit und den Zielen entspricht. Mit der VO (EU) 526/2013 wurde der Art. zum Arbeitsprogramm von einem Abs. auf 6 Absätze erweitert. Die unvorhergesehenen Tätigkeiten wurden gestrichen. Das Arbeitsprogramm fußte nunmehr auf einem Jahresplan und einem Mehrjahresplan, der in Art. 13 VO (EU) 526/2013 als „mehrjährige Vorausschau" bezeichnet wird, von der ENISA aber als **Mehrjahresplan.** Dies folgte aus der Einigung von Kommission, Parlament und Rat nach der Arbeit der Interinstitutionellen Arbeitsgruppe (IIWG) zu den dezentralen Agenturen,[3] die dann auch das ABM-Modell vorschreibt. Von der IIWG wurde insbesondere bemängelt, dass zwar die ABM Grundsätze befolgt würden, eine Leistungsmessung aber wegen mangelnder Indikatoren kaum durchführbar sei.[4] Dementsprechend werden in Art. 13 Abs. 2 VO (EU) 526/2013 auch noch Leistungsindikatoren gefordert. Diese direkte Formulierung fehlt in der Cybersicherheitsverordnung von 2019, findet sich aber in Abs. 5 wieder. Die Verantwortung des Exekutivdirektors für die Planung ist von Art. 13 (Arbeitsprogramm) nach Art. 20 Abs. 3 lit. c verschoben worden. Die Frist des 15.3. eines jeden Jahres für die Fertigstellung des Entwurfs wurde nicht übernommen. Vielmehr wurde der Tatsache Rechnung getragen, dass Exekutivdirektor und Verwaltungsrat gemeinsam das **Programmplanungsdokument** erstellen. Eine Frist für die Entscheidung des Verwaltungsrats war daher ausreichend. Das Arbeitsprogramm wird auch nicht mehr wie vorher dem Rat, der Kommission und dem Parlament vorgestellt. Die Kommission ist im Verwaltungsrat beteiligt und hat daher Informationen aus erster Hand. Rat und Kommission haben nunmehr ein Recht aus Art. 20 Abs. 2, den Exekutivdirektor zum Bericht zu laden. Es gibt also keinen systematischen Bericht mehr wie im alten Art. 13 VO (EU) 526/2013, sondern nur noch anlassbezogene Berichte.

2 Die Forderung nach einem einheitlichen Programmplanungsdokument (SPD)[5] entspringt der EU-Haushaltsordnung 2018. Dieser regelt die gemäß AEUV und

---

[2] Analytical Fiche Nr° 13, Agencies' administrative autonomy, S. 3, https://europa.eu/european-union/sites/europaeu/files/docs/body/fiche_13_sent_to_ep_cons_2010-12-15_en.pdf.

[3] Presseerklärung der Kommission vom 13.6.2012 Joint Statement vom 12.6.2012, https://europa.eu/european-union/sites/europaeu/files/docs/body/joint_statement_and_common_approach_2012_en.pdf.

[4] Analytical Fiche Nr° 13, Agencies' administrative autonomy, S. 2 mwN.

[5] Single Programming Document.

Eurotomvertrag geschaffenen Einrichtungen. Dies ist die Ermächtigungsgrundlage für die Rahmenfinanzregelung[6] und andere Rechtsakte der Kommission. Nach Art. 70 Abs. 4 erteilt das Europäische Parlament Empfehlung des Rates den in dezentralen Agenturen Entlastung für die Ausführung ihrer Haushaltspläne. Die dezentralen Agenturen arbeiten mit den Unionsorganen zusammen und liefern die erforderlichen Zusatzinformationen vor. Dies wird ausgestaltet durch Kommunikation der Kommission vom 20.4.2020,[7] die Richtlinien für die Erstellung von Progammplanungsdokumenten erlässt und damit gleichzeitig die Anforderungen nach Art. 32 der Rahmenfinanzregelung ausfüllen.

B. Einzelerläuterungen

In Abs. 1 wird festgelegt, dass die Jahresplanung und die Mehrjahresplanung 3
nunmehr in einem einzigen Dokument zu führen sind, dem **einheitlichen Programmplanungsdokument** (SPD). Dies vollzieht, wie oben gesehen, die Vorgaben aus den entsprechenden finanziellen Rahmenregelungen. Dennoch spricht der Art. 24 noch von Jahresprogramm und mehrjährigem Arbeitsprogramm. Insofern ist die einzige Neuerung gegenüber 2013 die Zusammenfassung der gesamten Pläne im SPD.

Abs. 2 ist eine Wiederholung der Zuständigkeiten aus Art. 20 Abs. 3 lit. c. Aller- 4
dings gibt es keine Fristsetzung mehr zum 15.3. Die Personalplanung folgt aus Art. 32 VO (EU) 2019/715. Die CSA verweist in Abs. 2 noch auf die Rahmenfinanzregelung VO (EU) 1271/2013, die jedoch zwischenzeitlich aufgehoben und durch die VO (EU) 2019/715 ersetzt wurde. Weil die Cybersicherheitsverordnung nach der Rahmenfinanzregelung erlassen wurde, ist es erstaunlich, dass die entsprechenden Verweise nicht angepasst wurden.

Abs. 3 setzt Fristen für den Ablauf der Erstellung des SPD. Der Exekutivdirektor 5
hat die Aufgabe einen Entwurf zu erstellen, der dann vom Verwaltungsrat am 30.11. eines jeden Jahres verabschiedet wird. Anders als in den vorhergehenden Verordnungen geht die Cybersicherheitsverordnung von 2019 davon aus, dass **Exekutivdirektor** und **Verwaltungsrat gemeinsam** an der Erstellung des SPD arbeiten. So wurde das SPD 2021–2023 in der Verwaltungsratssitzung vom 25–26.6.2020 vorgestellt und besprochen.[8] Obwohl die Kommunikation der Kommission eine Versendung bis zum 31.1. des Folgejahres an die Kommission verlangt, sieht Art. 24 vor, dass das SPD wegen der Finanzhoheit an das Europäische Parlament zu senden ist. Die Anforderungen aus der Kommunikation der Kommission vom 20.4.2020[9] sind ebenfalls erfüllt, denn die Kommission ist Teil des Verwaltungsrates und erhält das SPD damit schon wesentlich früher. Zwar ist das Netz der nationalen Verbindungsbeamten (NLO)[10] nicht explizit erwähnt. Dennoch ist in der vom Exekutivdirektor erlassenen Geschäftsordnung des NLO festgelegt, dass im laufenden Geschäftsjahr das NLO das SPD spätestens 10 Tage nach der Annahme durch den

---

[6] VO (EU) 2019/715.

[7] *European Commission,* C(2020) 2297 final.

[8] 31. MB Meeting https://www.enisa.europa.eu/about-enisa/structure-organization/management-board/mb-minutes/minutes-of-the-mb-meeting-held-on-25-26-june-2020.

[9] *European Commission,* C(2020) 2297 final.

[10] National Liaison Officer Network; s. Art. 23.

Verwaltungsrat erhalten soll. Zuständig dafür ist das von der ENISA betriebene Sekretariat des NLO.[11]

6 In den Abs. 4, 5, 6 und 8 ist eine Änderung des SPD gefordert, wann immer sich die äußeren Umstände ändern, zB wenn die ENISA neue Aufgaben zu erfüllen hat. Es erfolgt also eine laufende Aktualisierung des SPD. Das Verfahren für diese Änderungen ist nicht angesprochen, aber es gibt Hinweise in der Verordnung. So muss nach Abs. 3 jede Aktualisierung des SPD an Rat und Parlament gemeldet werden. Nach Abs. 5 muss die Veränderung der Planung im Vergleich zum vergangenen Haushaltsjahr angegeben werden. Dh es kann nicht nur eine Veränderung oder Anpassung vorgenommen werden, diese muss auch genau dokumentiert werden. Abs. 4 formuliert eine Evidenz aus, wenn er die Anpassung des SPD an den Gesamthaushaltsplan fordert.

7 Abs. 5 macht relativ generelle Aussagen zur Ausgestaltung des SPD, die allerdings von der Vorlage der Kommission in der Kommunikation vom 20.4.2020 stark präzisiert werden. In Annex 1 dieser Kommunikation wird eine Vorlage für die Erstellung eines SPD gegeben, inklusive einer vollen Gliederung der abzuarbeitenden Punkte und einer Tabelle, welche Inhalte in den jeweiligen Punkten zu integrieren sind. So wird ein genereller Kontext verlangt, der dem regulatorischen Umfeld Rechnung trägt. Das Jahresprogramm soll dagegen nach Aktivitäten sortiert werden. Beschreibungen sollen **Ziel und Mehrwert** der einzelnen Aktivität enthalten. Der Programmplan muss auch die Finanzregelungen der ENISA beachten, die vom Verwaltungsrat am 15.10.2019 beschlossen wurden.[12] Dies verlangt zB, dass das SPD mit der Budgetplanung koordiniert werden muss, um Kohärenz und Effektivität der Planung zu steigern. Art 7 der ENISA Finanzregeln macht bestimmte inhaltliche Vorgaben im Hinblick auf Förderungsvereinbarungen und Rahmenverträge.[13] Art. 28 verlangt dann auch klar definierte **Leistungsindikatoren.** All das wird in Art. 32 der Finanzregeln noch einmal wiederholt, der wiederum eine identische Kopie des Art. 32 der Rahmenfinanzregelung ist.[14]

8 Die Bürokratisierung der Planung ist so weit fortgeschritten, dass der Verwaltungsrat in seiner Sitzung vom 25–26.6.2020 eine Reduzierung der KPIs gefordert hat, um die Verwaltung dieser Indikatoren erträglich zu halten. Demgegenüber verlangte der Verwaltungsrat eine stärke Berücksichtigung der Risiko- und Folgenabschätzung.

9 Das SPD 2021–2023 folgt den Vorgaben der Gliederung aus der Kommunikation der Kommission vom 20.4.2020. Die Planung begann im 1.2020 und der Beschluss des Programms erfolgte verordnungsgemäß im November. Es enthält einen Mehrjahresplan und ein Arbeitsprogramm für das laufende Jahr. In Tabellen werden detaillierte Vorhaben und KPIs zu deren Messung dargestellt.

10 Der Mehrjahresplan sieht eine weitere Steigerung des Budgets vor, dass von 16,5 Mio. EUR 2019 auf über 24 Mio. EUR in 2022 steigt. Die insgesamt 11 Bereiche des Arbeitsprogramms werden tabellarisch dargestellt. Die ENISA verspricht sich im Mehrjahresplan eine Effizienzsteigerung durch die Hebelung der Verbin-

[11] ED Decision No 143/2020 Terms of Reference for the National Liaison Officers Network (NLO).

[12] MB Decision No MB/2019/8 on the Financial Rules applicable to ENISA, https://www.enisa.europa.eu/about-enisa/structure-organization/management-board/management-board-decisions/mb-decision-2019_8-financial-rules.

[13] EU-Haushaltsordnung 2018, S. 5.

[14] VO (EU) 2019/715.

dungs- und sonstigen Gremien der Agentur. Das NLO, die Beratungsgruppe, andere Ad-hoc Gruppen und die CERTs sollen zur Erreichung der Ziele beitragen.

Der Jahresplan enthält dann eine detaillierte Aufstellung nach denselben 11 Bereichen, die schon im Mehrjahresplan aufgelistet sind: **11**

Aktivität 1: Hilfestellung bei der Entwicklung von Strategien
Aktivität 2: Unterstützung bei der Umsetzung von Unionsstrategien und -gesetzen
Aktivität 3: Kapazitätsaufbau
Aktivität 4: Kooperationsförderung im operativen Bereich
Aktivität 5: Gemeinsame Reaktionen auf der Ebene der Union und der Mitgliedsstaaten
Aktivität 6: Entwicklung und Update des EU Cybersicherheitszertifizierungsrahmens
Aktivität 7: Unterstützung des europäischen von Cybersicherheitsmarkt und -industrie
Aktivität 8: Wissensaufbau zu zukünftigen Chancen und Herausforderungen in der Cybersicherheit
Aktivität 9: Öffentlichkeitsarbeit, Beratung und Ausbildung
Aktivität 10: Risikomanagement und Performance
Aktivität 11: Personalentwicklung

Die Berichte zu den Aktivitäten erfolgen tabellarisch nach einem festgelegten Muster, das mit einer allgemeinen Beschreibung beginnt, die Ziele listet und dann Ergebnisse und KPIs listet. Es folgen die Validierung und die Listung der Zielgruppen. **12**

In den Anhängen werden dann die Daten im Einzelnen dokumentiert, und zwar für den Jahresplan, als auch für den Mehrjahresplan. **13**

Zu den früheren Jahres- und Mehrjahresplänen korrespondieren jährliche Arbeitsberichte.[15] Diese werden jedes Jahr im Juli für das vorhergehende Jahr veröffentlicht. **14**

Art. 25 Interessenerklärung

(1) [1]Die Mitglieder des Verwaltungsrats, der Exekutivdirektor und die von den Mitgliedstaaten auf Zeit abgeordneten Beamten geben eine Verpflichtungserklärung und eine Interessenerklärung ab, aus der hervorgeht, ob direkte oder indirekte Interessen bestehen, die ihre Unabhängigkeit beeinträchtigen könnten. [2]Die Erklärungen müssen der Wahrheit entsprechen und vollständig sein; sie werden jedes Jahr schriftlich abgegeben und, wann immer erforderlich, aktualisiert.

(2) Die Mitglieder des Verwaltungsrats, der Exekutivdirektor und externe Sachverständige, die in den Ad-hoc-Arbeitsgruppen mitwirken, geben spätestens zu Beginn jeder Sitzung eine wahrheitsgetreue und vollständige Erklärung über alle Interessen ab, die ihre Unabhängigkeit in Bezug auf die Tagesordnungspunkte beeinträchtigen könnten, und beteiligen sich nicht an den Diskussionen und den Abstimmungen über solche Punkte.

[15] ZB Annual Activity Report 2019, https://doi.org/10.2824/653387.

(3) **Die ENISA legt in ihren internen Verfahrensvorschriften die praktischen Einzelheiten der Vorschriften über Interessenerklärungen nach den Absätzen 1 und 2 fest.**

A. Allgemeines

1 Der ungeliebte Art. 15 VO (EU) 526/2013 ist nunmehr unverändert in den Art. 25 überführt worden. Allgemein wird die Vorschrift intern als Vorschrift zur Beilegung von Interessenkonflikten kategorisiert und in die entsprechenden Regeln hierzu eingegliedert.

B. Einzelerläuterungen

2 Nach Art. 26 müssen **Interessenerklärungen** veröffentlicht werden. Die ENISA hat auf ihrer Website eine Rubrik eingerichtet, um diese Anforderungen umzusetzen.[1] Die Interessenerklärung sind fast alle entweder leer oder **aussagelos.** Denn entweder wird das Formular gar nicht ausgefüllt oder maximal mit der beruflichen Position gekennzeichnet. Dabei ist eine Einheitlichkeit nicht erkennbar. Denn während die einen ihre Position in der Cybersicherheitsverwaltung eines Mitgliedstaats oder der Union erwähnt, gibt es andere Verwaltungsmitglieder, die einen ähnliche Position haben, diese aber in der Interessenerklärung nicht erwähnen. Auch die Verpflichtungserklärung ist lediglich ein gelungener Akt formaler Bürokratie, bei der gleichlautende Erklärungen von einem Paragrafen unterschrieben und als Scan auf die Website der ENISA gestellt werden. Bemerkenswert ist jedoch, dass Lebensläufe veröffentlicht werden. Diese sind jedoch eher Kurzbiographien und erzählen von relevanten Positionen im Bereich der Cybersicherheit.

3 In Abs. 3 wird die ENISA aufgefordert, Verfahrensvorschriften zu erlassen. Dies hat die ENISA getan, in dem die Verpflichtung zur Abgabe der Erklärungen in die interne Finanzregelung übernommen wurde. Auch die Finanzregelung verweist nur weiter auf eine interne Regelung zu Interessenkonflikten. Die einzige Regelung, die sich dazu finden lässt, ist die Entscheidung des Verwaltungsrats MB/2014/14, die eine Strategie zur Betrugsbekämpfung beschlossen hat.[2]

Art. 26 Transparenz

(1) **Die ENISA übt ihre Tätigkeiten mit einem hohen Maß an Transparenz und im Einklang mit Artikel 28 aus.**

(2) [1]**Die ENISA stellt sicher, dass die Öffentlichkeit sowie interessierte Kreise angemessene, objektive, zuverlässige und leicht zugängliche Informationen, insbesondere zu ihren eigenen Arbeitsergebnissen, erhalten.** [2]**Ferner veröffentlicht sie die nach Artikel 25 abgegebenen Interessenerklärungen.**

[1] https://www.enisa.europa.eu/about-enisa/structure-organization/management-board/mb 2019.

[2] https://www.enisa.europa.eu/about-enisa/structure-organization/management-board/management-board-decisions/decision-no-mb-2014-14-anti-fraud-strategy.

(3) **Der Verwaltungsrat kann auf Vorschlag des Exekutivdirektors gestatten, dass interessierte Kreise als Beobachter an bestimmten Tätigkeiten der ENISA teilnehmen.**

(4) **Die ENISA legt in ihren internen Verfahrensvorschriften die praktischen Einzelheiten für die Anwendung der in den Absätzen 1 und 2 genannten Transparenzregelungen fest.**

A. Allgemeines

Gegenüber Art. 16 VO (EU) 526/2013 wurden in Art. 26 vor allem sprachliche Anpassungen vorgenommen und die Nummerierung der Art. angepasst, auf die verwiesen wird. 1

B. Einzelerläuterungen

Im Bereich der Cybersicherheit ist ein hohes Maß an **Transparenz** Teil der notwendigen Vertrauenskultur. Abs. 1 ist insoweit eine Erinnerung an dieses wichtige Prinzip. Der Verweis auf Art. 28 und den **Zugang** zu Dokumenten ist eigentlich **redundant.** Art 26 sollte auch nicht so verstanden werden, dass allein der Zugang zu den internen Dokumenten nach der Transparenz-VO, auf die Art. 28 verweist, schon Transparenz herstellt. 2

In Abs. 2 wird dann die materielle Transparenz normiert. Die dort gemachten Vorgaben fordern natürlich, dass Information überhaupt veröffentlicht wird und dass sie objektiv und verlässlich ist. Die Forderung nach Verlässlichkeit schließt eine Weitergabe von ungeprüften reinen Sicherheitsgerüchten aus. Da aber gerade in der IT-Sicherheit oft die Schnelligkeit der eigenen Reaktion über die Höhe des Schadens entscheidet, entsteht hier Konfliktpotential zwischen einer schnellen und einer verlässlichen Information. Denn wenn mit der Information gewartet wird, bis die Prüfung erfolgt ist, kann die Cyberattacke schon alles erreicht haben, was sie sollte. 3

Für die Frage, wann eine Information objektiv ist, kann auf den philosophischen Streit über die Frage verwiesen werden, was denn Wahrheit sei und ob es sie tatsächlich gibt. Zur Schwierigkeit der Beurteilung der Frage wann eine Information objektiv und geboten ist, kann auf das Urteil des BGH im Fall Kirch verwiesen werden.[1] Denn auch Informationen zur Cybersicherheit können für die Betroffenen erheblichen Vertrauensverlust und entsprechende wirtschaftliche Folgen nach sich ziehen. 4

Die Information soll leicht zugänglich sein. Auch hier gibt es mehrere Ebenen. Einerseits ist damit sicherlich gemeint, dass auch die ENISA sich an die RL (EU) 2016/2102 halten muss und die Information barrierefrei zugänglich machen muss. Dies betrifft auch den Punkt 12.1.2 der EN 301 549[2] eine kognitive Zugänglichkeit der Information fordert. An der Einhaltung beider Punkte kann gezweifelt werden, weil die Website der ENISA entscheidende Informationen zu großen Teilen als PDF in wenig zugänglicher Form zur Verfügung stellt.[3] 5

---

[1] *BGH,* Urt. v. 24.1.2006 – XI ZR 384/03, NJW 2006, 830.

[2] V2.1.2 https://www.etsi.org/deliver/etsi_EN/301500_301599/301549/02.01.02_60/en_301549v020102p.pdf.

[3] https://www.w3.org/TR/WCAG20-TECHS/pdf.

6 Es besteht in der deutschen Version der Verordnung in Abs. 2 eine Unsicherheit hinsichtlich des Bezugs von „insbesondere zu ihren eigenen Arbeitsergebnissen". Das kann sich auf die ENISA selbst beziehen, aber auch die interessierten Kreise können erfasst sein. In der englischen Version besteht diese Unsicherheit nicht. ENISA muss insbesondere Informationen zu den eigenen Arbeiten veröffentlichen.

7 Die Veröffentlichung der Interessenerklärungen in Abs. 2 S. 2 betrifft die Veröffentlichungen der Erklärungen nach Art. 25.[4]

8 Die ENISA macht von der Möglichkeit nach Abs. 3, **Beobachter** einzuladen, regen Gebrauch. Dies ist auch in den Protokollen der Sitzungen des Verwaltungsrats zu erkennen. Es sind dort nicht nur die üblichen Beobachter aus den EFTA-Ländern erwähnt, sondern auch Experten. Sowohl der Verfahrensordnung des Verwaltungsrates also auch die der Beratungsgruppe legen die Entscheidung über Beobachter in die Hände des Vorsitzenden.[5]

9 Die Verfahrensordnung nach Abs. 4 wurde schon 2013 erlassen.[6] Sie betont in Art. 1 die Bedeutung der Transparenz im Bereich der Cybersicherheit. In Art. 2 wird dann die Veröffentlichung für alle Ergebnisse angeordnet, soweit ein Vertraulichkeitsanspruch dem nicht entgegensteht.

Art. 27 Vertraulichkeit

(1) **Unbeschadet des Artikels 28 gibt die Agentur Informationen, die bei ihr eingehen oder von ihr verarbeitet werden und die auf begründetes Ersuchen vertraulich behandelt werden sollen, nicht an Dritte weiter.**

(2) **Die Mitglieder des Verwaltungsrats, der Exekutivdirektor, die Mitglieder der ENISA-Beratungsgruppe, die externen Sachverständigen der Ad-hoc-Arbeitsgruppen sowie das Personal der ENISA, einschließlich der von den Mitgliedstaaten auf Zeit abgeordneten Beamten, unterliegen auch nach Beendigung ihrer Tätigkeit den Vertraulichkeitsbestimmungen des Artikels 339 AEUV.**

(3) **Die ENISA legt in ihren internen Verfahrensvorschriften die praktischen Einzelheiten für die Anwendung der in den Absätzen 1 und 2 genannten Vertraulichkeitsregelungen fest.**

(4) **[1]Soweit es zur Erfüllung der Aufgaben der ENISA erforderlich ist, beschließt der Verwaltungsrat, die ENISA zum Umgang mit Verschlusssachen zu ermächtigen. [2]In diesem Fall nimmt die ENISA im Einvernehmen mit den Dienststellen der Kommission Sicherheitsvorschriften zur Anwendung der Sicherheitsgrundsätze an, die in den Beschlüssen (EU,**

---

[4] https://www.enisa.europa.eu/about-enisa/structure-organization/management-board/mb 2019; auch → Art. 25.

[5] ZB Art. 6 der Verfahrensordnung des Verwaltungsrats Decision MB/2013/6 konsolidiert mit der den Entscheidungen MB/2019/15, MB/2016/2 und den Beschlüssen des Verwaltungsrats vom 28. 10. 2014, https://www.enisa.europa.eu/about-enisa/structure-organization/management-board/management-board-decisions/MB%20Rules%20of%20Procedure_consolidated%20version.pdf.

[6] *ENISA,* Decision No MB/2013/13 on Transparency and Confidentiality Rules, https://www.enisa.europa.eu/about-enisa/structure-organization/management-board/management-board-decisions/decision-no-mb201313-signed.pdf.

Euratom) 2015/443[1] und (EU, Euratom) 2015/444[2] der Kommission festgelegt sind. [3]Diese Sicherheitsvorschriften betreffen unter anderem die Bestimmungen über den Austausch, die Verarbeitung und die Speicherung von Verschlusssachen.

A. Allgemeines

1 Die Vorschrift zur Vertraulichkeit war schon in der Verordnung von 2004 vorhanden.[3] Sie wurde mit der Verordnung von 2013 erweitert.[4] Die ersten drei Absätze waren schon 2004 vorhanden und wurden nur an das geänderte Organigramm angepasst. Eine Änderung in Abs. 2 in diesem Sinne erfolgte auch von 2013 nach 2019, um die jeweiligen Bezeichnungen anzupassen. 2013 kommt dann Abs. 4 hinzu, der sich mit der Behandlung von Verschlusssachen beschäftigt, weil die ENISA inzwischen Relevanz über die Privatwirtschaft und öffentliches Verwaltungshandeln hinaus entfaltet hatte. Die Bestimmungen zur Vertraulichkeit von 2013 und 2019 unterscheiden sich lediglich hinsichtlich der benannten Gremien. Außerdem wird auf die inzwischen ergangenen Entscheidungen der Kommission zu Sicherheit und Vertraulichkeit hingewiesen.[5]

B. Einzelerläuterungen

2 Abs. 1 macht die **Vertraulichkeit der Dokumente** zur Regel. Dies wird auch in Art. 12 der internen Verfahrensordnung für den Verwaltungsrat und den Exekutivrat bestätigt.[6] Da die ENISA vor allem die Vorgaben der NIS-RL umsetzt, gilt der Erwgr. 41 der NIS-RL: Gelten die betreffenden Informationen nach Vorschriften der Union und der Mitgliedstaaten über das Geschäftsgeheimnis als vertraulich, sollte deren Vertraulichkeit bei den in dieser Richtlinie vorgesehenen Tätigkeiten und bei der Erreichung der darin gesetzten Ziele sichergestellt werden. Auch die Vertraulichkeit der Sicherheitsmeldungen ist betroffen, wie Erwgr. 33 der NIS-RL in Erinnerung ruft. Dies wird durch Art. 27 sichergestellt.

3 Sieht man aber, dass die ENISA sehr viele ihrer Ergebnisse und Entscheidungen veröffentlicht, dann gibt es sehr viele gewollte Ausnahmen.[7] Art. 27 ist also auch im Kontext mit dem Transparenzgebot aus Art. 25 und Art. 26 zu sehen. Durch den Verweis auf Art. 28 wird die gesamte **Informationsfreiheitsverordnung** als Gegenpol und Ausnahmegrund importiert.

---

1 **Amtl. Anm.:** Beschluss (EU, Euratom) 2015/443 der Kommission vom 13. März 2015 über Sicherheit in der Kommission (ABl. L 72 vom 17.3.2015, S. 41).

2 **Amtl. Anm.:** Beschluss (EU, Euratom) 2015/444 der Kommission vom 13. März 2015 über die Sicherheitsvorschriften für den Schutz von EU-Verschlusssachen (ABl. L 72 vom 17.3.2015, S. 53).

3 Art. 13 VO (EG) 460/2004.

4 Art. 17 VO (EU) 526/2013.

5 S. Beschl. (EU, Euratom) 2015/443 und Beschl. (EU, Euratom) 2015/444.

6 *ENISA,* Decision MB/2013/6 konsolidiert mit der den Entscheidungen MB/2019/15, MB/2016/2 und den Beschlüssen des Verwaltungsrats vom 28.10.2014, https://www.enisa.europa.eu/about-enisa/structure-organization/management-board/management-board-decisions/MB%20Rules%20of%20Procedure_consolidated%20version.pdf.

7 S. NIS-RL.

4 Abs. 2 ist eine normale Bestimmung, die so auch in vielen Arbeitsverträgen der Privatwirtschaft steht. Nach der Beendigung des Dienstverhältnisses bleiben die Geheimhaltungsverpflichtungen für eine gewisse Zeit erhalten. Verwiesen wird auf Art. 339 AEUV.[8] Danach sind Mitglieder der Organe der Union, die Mitglieder der Ausschüsse sowie die Beamten und sonstigen Bediensteten der Union verpflichtet, auch nach Beendigung ihrer Amtstätigkeit Auskünfte, die ihrem Wesen nach unter das Berufsgeheimnis fallen, nicht preiszugeben; dies gilt insbesondere für Auskünfte über Unternehmen sowie deren Geschäftsbeziehungen oder Kostenelemente.

5 Abs. 3 gibt dem Verwaltungsrat eine Ermächtigung, weitere Einzelheiten in internen Vorschriften festzulegen. Dies ist zB mit der Entscheidung MB/2013/6 im Hinblick auf die Verfahrensordnung des Verwaltungsrats geschehen.[9] Eine generelle **Richtlinie zu Transparenz und Vertraulichkeit** wurde vom Verwaltungsrat schon im Oktober 2013 erlassen.[10] Dieser kehrt in Art. 2 den sich aus Art. 27 Abs. 1 ergebenden Regelfall um. Danach sollen Arbeitsergebnisse, wenn nichts anderes entschieden wurde, veröffentlicht werden. Publikationsplattform der Wahl ist die Website der ENISA. Auch die Vertraulichkeit in Art. 4 der internen Verfahrensordnung sieht eine Geheimhaltung nur dann vor, wenn diese explizit von der Quelle des Dokuments verlangt wird.

6 Die ENISA will sich also die Möglichkeit eines vertraulichen Umgangs mit sensiblen Dokumenten bewahren, sieht aber gleichzeitig den Imperativ der vertrauensbildenden Transparenz, und erreicht ein gut ausbalanciertes System.

7 Die Einführung eines neuen Systems der Geheimhaltung in Abs. 4 wurde durch die Entscheidung der Kommission und des Rates zur Einführung von EU-Verschlusssachen[11] notwendig. Da die ENISA als dezentrale Agentur organisatorisch an die Kommission angebunden ist, findet der Beschluss (EU, Euratom) 2015/444 über die Sicherheitsvorschriften für den Schutz von EU-Verschlusssachen Anwendung. Der Rat hat gleichlautende Vorschriften in einem eigenen Beschluss gefasst.[12] Dies erlaubt der ENISA im wichtigen Bereich der Sicherheit mit Verschlusssachen zu arbeiten. Eine Regelung durch den Verwaltungsrat zur internen Vorgehensweise ist mit der Entscheidung des Verwaltungsrats vom 30.11.2020 erfolgt.[13] Die Verwaltungsratsentscheidung verweist allerdings als Grundlage auf Art. 43, der den Umgang mit Verschlusssachen redundant normiert und beauftragt die ENISA eine Lösung zu erarbeiten.

---

[8] AEUV, ELI: http://data.europa.eu/eli/treaty/tfeu_2016/oj.

[9] S. Beschl. (EU, Euratom) 2015/443 und Beschl. (EU, Euratom) 2015/444.

[10] *ENISA,* Decision MB/2013/13 on Transparency and Confidentiality Rules, https://www.enisa.europa.eu/about-enisa/structure-organization/management-board/management-board-decisions/decision-no-mb201313-signed.pdf.

[11] Verschlusssachen oder euci, european classified information kennen 4 stufen: TRES SECRET UE/EU TOP SECRET, SECRET UE/EU SECRET, CONFIDENTIEL UE/EU CONFIDENTIAL, RESTREINT UE/EU RESTRICTED.

[12] *Rat,* Beschluss 2013/488/EU, ELI: http://data.europa.eu/eli/dec/2013/488/oj.

[13] *ENISA,* Decision MB/2020/21 on drawing up security rules and on handling sensitive non-classified and EU classified information up to the level SECRET UE/EU SECRET, https://www.enisa.europa.eu/about-enisa/structure-organization/management-board/management-board-decisions/mb-decision-2020_21_-on-handling-classified-information.

Art. 28 Zugang zu Dokumenten

(1) **Die Verordnung (EG) Nr. 1049/2001 findet Anwendung auf die Dokumente der ENISA.**

(2) **Der Verwaltungsrat legt bis zum 28. Dezember 2019 Maßnahmen zur Durchführung der Verordnung (EG) Nr. 1049/2001 fest.**

(3) **Gegen Entscheidungen der ENISA gemäß Artikel 8 der Verordnung (EG) Nr. 1049/2001 kann nach Maßgabe des Artikels 228 AEUV bzw. 263 AEUV Beschwerde beim Europäischen Bürgerbeauftragten eingelegt oder Klage beim Gerichtshof der Europäischen Union erhoben werden.**

A. Allgemeines

1 Art. 28 ist seit 2004 vom Regelungsgehalt her unverändert.[1] Anpassungen gab es nur insoweit, als das Umfeld der Regelung sich verändert hat. Dies betrifft die Fristen in Abs. 2 ebenso die Änderung der Verweise in Abs. 3 auf die jeweils geltenden Unionsverträge.

B. Einzelerläuterungen

2 Die Transparenz-VO über den **Zugang der Öffentlichkeit** zu Dokumenten des Europäischen Parlaments, des Rates und der Kommission setzt eine Forderung des Art. 255 EG-Vertrag um, der größtmöglichen Zugang zu Dokumenten verlangt. Anders als die Transparenz in Art. 26 ist der Anspruch auf den Zugang zu Dokumenten ein individueller Anspruch und kein allgemeiner Auftrag an die ENISA. Dieser Anspruch steht nach Art. 2 Transparenz-VO jedem Unionsbürger zu. Inzwischen ist dieser Anspruch in den Art. 15 AEUV[2] gewandert.

3 Den Auftrag nach Abs. 2 hat der Verwaltungsrat mit der Entscheidung MB/2019/17 erfüllt.[3] Darin hat der Verwaltungsrat beschlossen, dass Zugangsrechte nicht nur an Unionsbürger gewährt werden, sondern dieses Recht, wie in Art. 2 Abs. 2 Transparenz-VO vorgesehen, auch auf Personen ausgedehnt wird, die keinen Wohnsitz oder Sitz in einem Mitgliedstaat haben.

4 Auf der Website der ENISA findet man überall den Hinweis, dass **Anfragen** wegen Zugangs zu Dokumenten an access-documents@enisa.europa.eu gerichtet werden können. Aber auch eine klassische Anfrage per Brief bleibt möglich.[4]

5 Ist eine Anfrage nicht präzise genug gestellt, soll die ENISA nicht einfach ablehnen, sondern weitere Information anfordern. Das kann in ein endloses Hin- und

---

[1] Art. 18 VO (EU) 526/2013 bzw. Art. 14 VO (EG) 460/2004.

[2] ELI: http://data.europa.eu/eli/treaty/tfeu_2016/oj.

[3] *ENISA,* Decision No MB/2019/17, On Public Access To Enisa Documents, https://www.enisa.europa.eu/about-enisa/structure-organization/management-board/management-board-decisions/MB Decision%202019_17%20on%20public%20access%20to%20ENISA%20documents.pdf.

[4] Zu richten an: ENISA Head of Resources – Access to Document Request, Vasilissis Sofias Street 1 – Maroussi – 15124 – Attiki – Greece.

Her führen, denn die **Fristen für die Beantwortung** der Anfrage fangen erst zu laufen an, wenn das Dokument hinreichend identifiziert wird. Da man die Dokumente teilweise gar nicht kennen kann, ergibt sich hier viel Spielraum für Intransparenz. Bisher jedoch gibt es keine Anzeichen, dass ein solcher Spielraum in der Praxis genutzt würde. Grundsätzlich müssen Anfragen innerhalb von 15 Tagen beantwortet werden.

6 Erstanträge werden nach Art. 3 der internen Verfahrensordnung für Informationszugangsanfragen. Danach wird zuerst eine Nachricht über den Erhalt der Anfrage versandt. Fällt die Antwort, wenn auch nur zum Teil, negativ aus, dann muss in der Antwort auf die nun möglichen Verfahren hingewiesen werden, insbesondere den Widerspruch oder Zweitantrag.[5] Dieser Zweitantrag, der einem deutschen Widerspruch entspricht, muss innerhalb von 15 Tagen nach Ablehnung gestellt werden. Das Verfahren geht nun zur Entscheidung an den Exekutivdirektor. Lehnt er ab muss er den Verwaltungsrat informieren. Eine weitere Rechtsmittelbelehrung weist auf die Möglichkeit der Klage hin.

7 Es werden detaillierte Vorgaben gemacht, wie **Dokumente, die von Dritten** stammen, behandelt werden sollen und wann dieser Dritte kontaktiert werden muss, bevor die Dokumente herausgegeben werden. Muss der Dritte kontaktiert werden, so müssen ihm mindestens fünf Tage für eine Antwort gegeben werden.

8 Interessant ist, dass die Richtlinie vorsieht, dass in den Fällen, in denen die Dokumente schon veröffentlicht sind, lediglich der Link übersandt wird. Der Zugang zu digitalen Dokumenten ist kostenlos. Dies gilt für Papier nur bis zu einem Limit von 20 Seiten. Allerdings dürfen auf dem Wege des Informationszugangs erhaltene Dokumente nicht kommerziell genutzt werden, ohne dass die ENISA dem zugestimmt hat. Damit der Anfragende überhaupt wissen kann, was er denn anfragen kann, führt die ENISA eine dem Bürger zugängliches Register von Dokumenten. Das Register enthält den Titel und eine Seriennummer. Falls das Dokument im Web veröffentlicht ist, soll ein Link im Register aufgenommen werden.

9 Die folgenden Dokumente sind in Art. 8 der Zugangsrichtlinie ohne weiteres auszuhändigen:

a. Dokumente, die der Exekutivdirektor zur Publikation im Amtsblatt bestimmt hat.
b. Dokumente von Dritten, die durch ihren Autor mit seiner Zustimmung schon sonst veröffentlicht wurden.
c. Dokumente, die schon aufgrund einer vorher positiv beschiedenen Anfrage ausgegeben wurden.

10 Abs. 3 gibt einen Hinweis, dass gegen negative Entscheidungen nach 228 AEUV[6] bzw. 263 AEUV Beschwerde beim Europäischen Bürgerbeauftragten eingelegt oder Klage beim Gerichtshof der Europäischen Union erhoben werden kann. Dieser Hinweis ist im ablehnenden Beschluss zu geben. Nähere Ausführen dazu finden sich unter Art. 45.

---

[5] Confirmatory Application.

[6] ELI: http://data.europa.eu/eli/treaty/tfeu_2016/oj.

Kapitel IV Aufstellung und Gliederung des Haushaltsplans der ENISA

Art. 29 Aufstellung des Haushaltsplans der ENISA

(1) [1]Der Exekutivdirektor erstellt jedes Jahr den Entwurf des Voranschlags der Einnahmen und Ausgaben der ENISA für das folgende Haushaltsjahr und übermittelt ihn dem Verwaltungsrat zusammen mit dem Entwurf des Stellenplans vor. [2]Einnahmen und Ausgaben müssen ausgeglichen sein.

(2) Der Verwaltungsrat erstellt jedes Jahr auf der Grundlage des Entwurfs des Voranschlags einen Voranschlag der Einnahmen und Ausgaben der ENISA für das folgende Haushaltsjahr.

(3) Der Verwaltungsrat übermittelt jedes Jahr bis zum 31. Januar der Kommission und den Drittländern, mit denen die Union Abkommen nach Artikel 42 Absatz 2 geschlossen hat, den Voranschlag, der Teil des Entwurfs des einheitlichen Programmplanungsdokuments ist.

(4) Die Kommission setzt aufgrund dieses Voranschlags die von ihr für erforderlich erachteten Mittelansätze für den Stellenplan und den Betrag des Zuschusses aus dem Gesamthaushaltsplan der Union in den Haushaltsplanentwurf der Union ein, den sie nach Artikel 314 AEUV dem Europäischen Parlament und dem Rat vorlegt.

(5) Das Europäische Parlament und der Rat bewilligen die Mittel für den Beitrag der Union für die ENISA.

(6) Das Europäische Parlament und der Rat legen den Stellenplan der ENISA fest.

(7) [1]Der Haushaltsplan der ENISA wird zusammen mit dem einheitlichen Programmplanungsdokument vom Verwaltungsrat angenommen. [2]Der Haushaltsplan der ENISA wird endgültig, sobald der Gesamthaushaltsplan der Union endgültig festgestellt ist. [3]Erforderlichenfalls nimmt der Verwaltungsrat eine Anpassung des Haushaltsplans der ENISA und des einheitlichen Programmplanungsdokuments entsprechend dem Gesamthaushaltsplan der Union vor.

A. Allgemeines

Die Finanzierung und die Aufstellung des **Haushalts** haben sich über die Jahre stark verändert. In Art. 15 VO (EG) 460/2004 wurde der Haushalt von der EU und **Beiträgen** von Drittländern bestritten. In Art. 19 VO (EU) 526/2013 bestanden die Einnahmen aus einem Beitrag der Union, den bekannten Beiträgen von Drittländern und freiwilligen Zahlungen oder Sachleistungen der Mitgliedstaaten. Dabei wurde klargestellt, dass ein Mitgliedstaat keine besonderen Rechte aus dem zusätzlichen Beitrag herleiten kann. Was folgt, ist eine detaillierte Beschreibung der Vorgehensweise nach dem 2013 geltenden Art. 314 AEUV, eine Art Anleitung für den Exekutivdirektor. All diese Regelungen sind auch in der Verordnung von 2019 vorhanden. Die einzelnen Bestimmungen wurden allerdings entzerrt, was zu einer 1 stark verbesserten Klarheit der Regeln führt. Die Zahl der Artikel zum Haushalt stieg von drei auf fünf.

B. Einzelerläuterungen

2 Der Exekutivdirektor setzt die Beschlüsse des Verwaltungsrats um. Insofern ist die Zuständigkeit für die Erstellung des Budgets in Abs. 1 eine Fortschreibung des Prinzips. Dass **Einnahmen und Ausgaben** ausgeglichen sein müssen, betrifft nur den Haushaltsplan. In den Protokollen des Verwaltungsrats finden sich insbesondere im Jahr 2020 den Umständen geschuldete Überschüsse[1]. Der Exekutivdirektor, bzw. die Finanzabteilung der ENISA unter Verantwortung des Exekutivdirektors, erstellen einen Haushalt. Dieser ist nunmehr Teil des einheitlichen Programmplanungsdokument (SPD)[2]. Der Haushalt 2022 wurde zusammen mit dem SPD für 2022–2024 am 1.2.2021 vom Verwaltungsrat angenommen[3], also eigentlich einen Tag zu spät.

3 Nach Art 9 VO (EU) 2019/715 entspricht das **Haushaltsjahr** der Agenturen der EU dem **Kalenderjahr.** Dieser Haushalt wird an den Verwaltungsrat übermittelt. Da die Stellen bei der ENISA Teil der Verwaltung der Kommission sind ist es nicht ausreichend allein die Haushaltsmittel zu bewilligen. Vielmehr wird vom Haushalt getrennt ein Stellenplan erarbeitet, der natürlich mit dem Haushaltsplan kohärent sein muss. Beides wird vom Verwaltungsrat angepasst und dann von diesem an die Kommission geleitet. Der Entwurf des Exekutivdirektors, aber auch die vom Verwaltungsrat verabschiedete Fassung müssen den vom Verwaltungsrat nach Art. 32 erlassenen Finanzregelung der ENISA entsprechen[4].

4 Abs. 3 verpflichtet den Verwaltungsrat zu einem bestimmten zeitlichen Ablauf, der sich aus Art. 314 AEUV erklärt, der unter Abs. 4 erläutert wird. Danach wird der Entwurf für einen Haushalt im Jahr N-2 vom Exekutivdirektor vorgeschlagen und vom Verwaltungsrat mit diesem zusammen vor dem 31.1. des Jahres N-1 fertiggestellt. Der Verwaltungsrat wird zusammen mit dem einheitlichen Programmplanungsdokument vom Verwaltungsrat nach Abs. 7 verabschiedet. Am 31.1. des Jahres N-1 wird der Haushaltsplan und der Stellenplan der Kommission zugeleitet. Es versteht sich von selbst, dass etwaige Beiträge von Drittländern nach Art 42 im Haushalt enthalten sind. Dies ist eine Wiederholung der Bestimmungen aus der Art 40 EU-Haushaltsordnung 2018.

5 Die Kommission muss nun den **Haushaltsentwurf** der ENISA in ihren eigenen Haushalt integrieren, den sie nach Art. 314 AEUV[5] dem Europäischen Parlament und dem Rat zur Entscheidung vorlegen muss. Art. 314 AEUV sieht hierfür einen

---

[1] Diese betrugen laut Nachtragshaushalt 2,97 Mio. EUR https://www.enisa.europa.eu/about-enisa/structure-organization/management-board/mb-minutes/minutes-of-the-mb-meeting-held-on-25-26-june-2020.

[2] → Art. 24 Rn. 1 ff.

[3] Decision No MB/2021/1 endorsing the draft Programming Document 2022–2024, the draft Statement of estimates 2022 and the draft Establishment plan 2022, https://www.enisa.europa.eu/about-enisa/structure-organization/management-board/management-board-decisions/mb-decision-2021_1-on-programming-document-2022-24_budget2022_establishment-plan2022.

[4] → Art. 32 Rn. 1 ff.

[5] ELI: http://data.europa.eu/eli/treaty/tfeu_2016/oj.

zeitlich festgelegten Ablauf vor. Obwohl die Cybersicherheitsverordnung den Haushaltsentwurf schon zum 31.1. finalisiert, sieht Art. 314 AEUV erst eine Pflicht zur Einreichung zum 1.7. des Jahres N-1 vor. Die Kommission selbst muss dann dem Europäischen Parlament und dem Rat einen integrierenden Gesamthaushaltsentwurf bis spätestens zum 1.9. vorlegen. Gleiches gilt für den Stellenplan des Jahres N. Der pragmatische Zeitablauf geht allerdings von einer Vorlage schon im April oder Mai aus.[6] Der Rat erarbeitet eine Position zum Haushaltsentwurf der Kommission und schickt ihn an das Europäische Parlament. Dieses hat nun 42 Tage für die **Abstimmung.** In einem parlamentarischen Prozess, aber auch im Recht generell ist Schweigen als Zustimmung immer bemerkenswert. Art. 314 AEUV enthält eine solche Ausnahme. Kann sich das Parlament nicht innerhalb von 42 Tagen auf eine Ablehnung einigen, dann gilt der Haushalt als angenommen. Ändert das Parlament Positionen des Entwurfs des Rates, dann muss der Vermittlungsausschuss angerufen werden, der wiederum 21 Tage Zeit hat, eine Lösung zu finden. Kann keine Lösung gefunden werden, muss die Kommission einen neuen Entwurf im Parlament einreichen und der Prozess fängt von vorne an. Ziel ist es, einen validen Haushaltsentwurf für das Jahr N im Dezember des Jahres N-1 zu verabschieden.

Kommt es zu einem Kompromiss, der auch den Haushalt der ENISA betrifft, so **6**
muss der Verwaltungsrat nach Abs. 7 S. 3 den Haushaltsplan der ENISA entsprechend anpassen, bevor er endgültig wirksam werden kann. Dazu muss der Verwaltungsrat gegebenenfalls sehr kurzfristig reagieren. Notfalls muss ein Nachtragshaushalt beschlossen werden, wie in der Sitzung des Verwaltungsrats vom 25.–26.6.2020 wegen der Änderungen durch die COVID Pandemie geschehen.[7]

Art. 30 Gliederung des Haushaltsplans der ENISA

(1) **[1] Unbeschadet sonstiger Ressourcen gliedern sich die Einnahmen der ENISA wie folgt:**

a) **ein Beitrag aus dem Gesamthaushalt der Union;**
b) **Einnahmen, die konkreten Ausgabenpositionen im Einklang mit der in Artikel 32 genannten Finanzregelung zugewiesen werden;**
c) **Unionsmittel in Form von Übertragungsvereinbarungen oder Ad-hoc-Finanzhilfen im Einklang mit der in Artikel 32 genannten Finanzregelung der Agentur und den Bestimmungen der einschlägigen Instrumente zur Unterstützung der Unionspolitik;**
d) **Beiträge von Drittländern, die sich nach Artikel 42 an der Arbeit der ENISA beteiligen;**
e) **freiwillige Zahlungen oder Sachleistungen von Mitgliedstaaten.**

[2] Mitgliedstaaten, die einen freiwilligen Beitrag nach Unterabsatz 1 Buchstabe e leisten, können aufgrund dessen keine bestimmten Rechte oder Dienstleistungen beanspruchen.

(2) **Die Ausgaben der ENISA umfassen Aufwendungen für Personal, Verwaltung, technische Unterstützung, Infrastruktur, Betriebskosten und Ausgaben, die sich aus Verträgen mit Dritten ergeben.**

---

[6] https://www.europarl.europa.eu/factsheets/en/sheet/10/the-budgetary-procedure.

[7] https://www.enisa.europa.eu/about-enisa/structure-organization/management-board/mb-minutes/minutes-of-the-mb-meeting-held-on-25-26-june-2020.

A. Allgemeines

1 Die Regelungen des Art. 30 waren in den Verordnungen von 2004 und 2013 noch Teil eines einheitlichen Artikels zum Haushalt.[1] Bis 2019 war der Haushalt Teil der Jahresplanung, ist aber nunmehr im einheitlichen Programmplanungsdokument (SPD) niedergelegt.[2]

B. Einzelerläuterungen

2 Die Haushaltsplanung ist zwar in verschiedenen Artikeln des CSA geregelt, wird aber in der Praxis einheitlich im SPD integriert.[3] Die Einnahmen der ENISA sind in Art. 30 detailliert aufgelistet. Die Einnahmen aus dem Gesamthaushalt der Union beliefen sich 2020 auf 20,6 Mio. EUR Die Planung 2021 sieht 22,2 Mio. EUR vor und ab 2022 wird ein stabiler Beitrag von 23 Mio. EUR für die weiteren Jahre veranschlagt. Eine genaue Detaillierung der einzelnen Einnahme- und Ausgabepositionen findet sich am Ende des SPD[4]

3 Die Finanzregelung nach Art 32[5] sind weder im Planungsdokument 2020, noch in der Planung für die Folgejahre erwähnt. Allerdings sind im berichtigten Nachtragshaushalt 2020 entsprechende nach Abs. 1 lit. b und e erwähnt. Die EFTA-Staaten tragen ebenfalls bei und fallen unter die Drittstaatenregelung des Art. 42, die von Abs. 1 lit. d erwähnt wird.

4 Im SPD 2022–2024 finden sich dann auch die einzelnen Ausgabekriterien wieder[6]. Die Betriebskosten betreffen insbesondere die Umsetzung des Jahresplans. Eine weitere Detaillierung der Kostenstruktur ist im SPD 2022–2024 nicht gegeben, so dass eine einzelne Zuordnung der Kategorie des Programmplans zu einem bestimmten Teil des Haushalts aus den öffentlich zugänglichen Dokumenten nicht ersichtlich ist.

Art. 31 Ausführung des Haushaltsplans der ENISA

(1) **Der Exekutivdirektor trägt die Verantwortung für die Ausführung des Haushaltsplans der ENISA.**

(2) **Der interne Rechnungsprüfer der Kommission übt gegenüber der ENISA dieselben Befugnisse wie gegenüber den Kommissionsdienststellen aus.**

---

[1] Art. 15 VO (EG) 460/2004; Art. 19 VO (EU) 526/2013.

[2] → Art. 24 Rn. 1 ff.

[3] → Art. 15 Rn. 1 ff., 24 Rn. 1 ff. und 29 Rn. 1 ff.

[4] Ab S. 56 der Decision No MB/2021/1 endorsing the draft Programming Document 2022–2024, the draft Statement of estimates 2022 and the draft Establishment plan 2022, https://www.enisa.europa.eu/about-enisa/structure-organization/management-board/management-board-decisions/mb-decision-2021_1-on-programming-document-2022-24_budget2022_establishment-plan2022.

[5] Zu weiteren Details → Art. 32 Rn. 1 ff.

[6] Decision No MB/2021/1 endorsing the draft Programming Document 2022–2024, the draft Statement of estimates 2022 and the draft Establishment plan 2022, S. 56 ff.

(3) **Bis zum 1. März des jeweils folgenden Haushaltsjahres (1. März des Jahres n+1) übermittelt der Rechnungsführer der Agentur dem Rechnungsführer der Kommission und dem Rechnungshof den vorläufigen Jahresabschluss für das Haushaltsjahr (Jahr n).**

(4) **Nach Eingang der Bemerkungen des Rechnungshofes zum vorläufigen Jahresabschluss der ENISA gemäß Artikel 246 der Verordnung (EU, Euratom) 2018/1046 des Europäischen Parlaments und des Rates[1], erstellt der Rechnungsführer in eigener Verantwortung den endgültigen Jahresabschluss der ENISA und legt ihn dem Verwaltungsrat zur Stellungnahme vor.**

(5) **Der Verwaltungsrat gibt eine Stellungnahme zu den endgültigen Jahresabschlüssen der ENISA ab.**

(6) **Bis zum 31. März des Jahres n+1 übermittelt der Exekutivdirektor den Bericht über die Haushaltsführung und das Finanzmanagement dem Europäischen Parlament, dem Rat, der Kommission und dem Rechnungshof.**

(7) **Bis zum 1. Juli des Jahres n+1 übermittelt der Rechnungsführer der ENISA den endgültigen Jahresabschluss zusammen mit der Stellungnahme des Verwaltungsrats dem Europäischen Parlament, dem Rat, dem Rechnungsführer der Kommission und dem Rechnungshof.**

(8) **Gleichzeitig mit der Übermittlung des endgültigen Jahresabschlusses der ENISA leitet der Rechnungsführer der ENISA auch dem Rechnungshof eine Erklärung über die Vollständigkeit dieses endgültigen Jahresabschlusses mit Kopie an den Rechnungsführer der Kommission zu.**

(9) **Bis zum 15. November des Jahres n+1 veröffentlicht der Exekutivdirektor den endgültigen Jahresabschluss im *Amtsblatt der Europäischen Union*.**

(10) **Bis zum 30. September des Jahres n+1 übermittelt der Exekutivdirektor dem Rechnungshof eine Antwort auf dessen Bemerkungen und leitet eine Kopie dieser Antwort auch dem Verwaltungsrat und der Kommission zu.**

(11) **Der Exekutivdirektor unterbreitet dem Europäischen Parlament auf dessen Ersuchen nach Artikel 261 Absatz 3 der Verordnung (EU, Euratom) 2018/1046 alle für ein reibungsloses Entlastungsverfahren für das betreffende Haushaltsjahr notwendigen Informationen.**

(12) **Auf Empfehlung des Rates erteilt das Europäische Parlament dem Direktor vor dem 15. Mai des Jahres n+2 Entlastung zur Ausführung des Haushaltsplans für das Jahr n.**

---

[1] **Amtl. Anm.:** Verordnung (EU, Euratom) 2018/1046 des Europäischen Parlaments und des Rates vom 18. Juli 2018 über die Haushaltsordnung für den Gesamthaushaltsplan der Union, zur Änderung der Verordnungen (EU) Nr. 1296/2013, (EU) Nr. 1301/2013, (EU) Nr. 1303/2013, (EU) Nr. 1304/2013, (EU) Nr. 1309/2013, (EU) Nr. 1316/2013, (EU) Nr. 223/2014, (EU) Nr. 283/2014 und des Beschlusses Nr. 541/2014/EU sowie zur Aufhebung der Verordnung (EU, Euratom) Nr. 966/2012 (ABl. L 193 vom 30.7.2018, S. 1).

A. Allgemeines

1 Die Ausführung des Haushaltsplans ist in ähnlicher Form schon seit der VO (EG) 460/2004 vorhanden. Die Bestimmungen zur Ausführung wurden in den Jahren an die Veränderungen der Rahmenfinanzregelungen angepasst. Das betrifft nicht nur die Verweise, sondern auch Teilformulierungen. In der Verordnung von 2004 wurde, wie auch in der Cybersicherheitsverordnung von 2019, mit Formulierungen mit der Variablen N zu Haushaltsjahren operiert. Das Berichtsjahr ist zwei Jahre nach dem Haushalsjahr N, also N+2. Diese Art der Formulierung verschwindet im Jahr 2013 und taucht in der neuen Regelung aus 2019 wieder auf. Dies wird jedoch nicht zur so möglich gewordenen Verkürzung des Textes eingesetzt, sondern als Klarstellung einer langen Formulierung in Klammern angefügt. Die Abs. 1 und 2 sind seit 2004 unverändert.

B. Einzelerläuterungen

2 Durch Abs. 1 wird dem Exekutivdirektor die direkte **Durchführung und Kontrolle des Haushalts** übertragen. Etwaige Änderungen kann er allerdings nicht einfach vornehmen. Vielmehr handelt es sich dabei um eine Planänderung, die der Hoheit des Verwaltungsrats unterliegt. Dieser muss nach Art. 15, 24 und 29 dann einen Änderungsplan für den Haushalt vorlegen.

3 Die Durchführung des Haushaltsplans und eventuelle Unregelmäßigkeiten werden vom internen Rechnungsprüfer überwacht und in einem Bericht festgestellt. Dessen Tätigkeit bestimmt sich nach Titel IV, Kapitel 8 EU-Haushaltsordnung 2018[2]. Dies wird durch den Internal Audit Service (IAS) der Kommission durchgeführt.[3] Der IAS führt circa 150 Audits im Jahr durch und gibt Empfehlungen ab, wie das Management im Hinblick auf **Risiken, Kontrolle und Governance** verbessert werden kann. Die ENISA ist eine der wenigen dezentralen Agenturen, die schon sehr früh explizit den internen Rechnungsprüfer erwähnt.[4] Dabei prüft der Rechnungsprüfer im Bereich sämtlicher Tätigkeitsfelder und Dienststellen. Bei den gegebenen Empfehlungen wird im Jahr N+1 überprüft, ob die daraufhin getroffenen Maßnahmen zum Erfolg geführt haben. Der Interne Prüfer führt nach Art. 120 EU-Haushaltsordnung 2018 die Prüfungen in völliger Unabhängigkeit durch. Die Arbeit des internen Rechnungsprüfers ist in für die ENISA speziell in Kap. 7 der Finanzregelung geregelt, die nach Art. 32 erlassen wurden.[5] Danach wird eine interne Rechnungsprüfung eingeführt. Diese wird nach Art. 78 der Finanzregelung von der IAS durchgeführt. Der Prüfer darf weder Buchhalter der

---

[2] Art. 117 ff. EU-Haushaltsordnung 2018.

[3] https://ec.europa.eu/info/departments/internal-audit-service_en; Die deutsche Version hat lediglich deutsche Titel, während die Information in der Seite weiter in englischer Sprache ist. Deswegen wurde nur die englische Version verlinkt.

[4] Analytical Fiche Nr° 12, Agencies' administrative autonomy, S. 3 https://europa.eu/european-union/sites/europaeu/files/docs/body/fiche_26_sent_to_ep_cons_2011-07-20_en.pdf.

[5] → Art. 32 Rn. 1 ff. und DECISION No MB/2019/8 on the Financial Rules applicable to ENISA in conformity with the Commission Delegated Regulation 2019/715/EU ELI: http://data.europa.eu/eli/reg_del/2019/715/oj.

Kommission noch der ENISA sein. Geprüft wird der Jahresbericht. Der Prüfbericht geht an den Exekutivdirektor und den Verwaltungsrat. Er enthält insbesondere kritische Risiken, die noch nicht adressiert wurden, sowie einen erheblichen Verzug bei der Umsetzung von Empfehlungen aus vergangenen Prüfberichten. Das angesprochene Monitoring verweist auf Art. 48 Abs. 1. lit. a der Finanzregelung, der Benchmarks nach Kriterien und Aufbau des einheitlichen Programmplanungsdokuments enthält. Nach Art. 80 der Finanzregelung hat die ENISA auch die Möglichkeit, zur höheren Effizienz eine gemeinsame Rechnungsprüfung mit anderen dezentralen Agenturen einzuführen. Zur Vorbereitung des Audits werden nach Art. 80 interne Revisionskapazitäten aufgebaut. Die Überwachung der ENISA-eigenen internen Audits ist dann Sache des Exekutivdirektors, des Exekutivrates und des Verwaltungsrates. Art. 79 der Finanzregelung wiederholt Art. 120 EU-Haushaltsordnung 2018.

Die Abs. 4–12 beschreiben dann den Prozess, der zur Entlastung des Exekutiv- 4
direktors durch das Europäische Parlament führt. Dies folgt einem festen Kalender. Zum 1.3. des Jahres N+1[6] wird der **Jahresabschlussbericht** dem Rechnungsführer der Kommission und dem Rechnungshof übermittelt. Nach Stellungnahme der beiden wird ein endgültiger Jahresabschluss erstellt und zur Stellungnahme an den Verwaltungsrat gegeben. Parallel dazu erstellt der Exekutivdirektor einen Bericht über das Finanzmanagement und die Haushaltsführung und sendet diesen bis zum 31.3. an Parlament, Rat, Kommission und Rechnungshof. Dem Bericht folgt am 1.7. des Jahres N+1 der endgültige Jahresabschluss, der durch den Rechnungsführer an die gleichen Institutionen gesandt wird. Eine Erklärung über die Vollständigkeit des Jahresabschlusses wird gleichzeitig an den Rechnungshof und den Rechnungsführer der Kommission gegeben. Bis zum 30.9. kann der Exekutivdirektor dann zu den Anmerkungen des Rechnungshofs Stellung nehmen, muss die Stellungnahme aber auch an den Verwaltungsrat und die Kommission schicken. Bis zum 15.11. muss der Jahresabschluss dann im Amtsblatt veröffentlicht werden. Der Exekutivdirektor vertritt die ENISA im **Entlastungsverfahren** nach Art. 261 EU-Haushaltsordnung 2018. Die Berichtspflicht ist nach Art. 261 Abs. 3 EU-Haushaltsordnung 2018 der Kommission aufgetragen. Art. 31 Abs. 11 der Cybersicherheitsverordnung weist diese Aufgabe jedoch dem Exekutivdirektor zu. Man kann davon ausgehen, dass aus Art. 261 Abs. 3 EU-Haushaltsordnung 2018 eine subsidiäre Berichtspflicht der Kommission gefolgert werden kann, zumal die Kommission auch im Verwaltungsrat der ENISA sitzt.

Bis zum 15.5. des Jahres N+2 kann das Europäische Parlament die Entlastung er- 5
teilen. Dies ist zB am 14.5.2020 für das Haushaltsjahr 2018 der ENISA geschehen.[7] Darin erteilt die Vollversammlung des Parlaments Entlastung in zwei Entscheidungen. Die erste Entscheidung betrifft die Entlastung hinsichtlich der Umsetzung des Haushaltsplans. Die zweite Entscheidung betrifft den Jahresabschluss 2018. Das Parlament beschränkte sich allerdings nicht auf die Entlastung, sondern verfasste darüber hinaus eine Resolution. In dieser Resolution werden dann inhaltliche Aussagen gemacht. So wird die ENISA für große Budgettreue gelobt, aber eine Studie zu 5G angemahnt. Die insgesamt 18 Kommentare sind von wohlwollender Kritik geprägt.

[6] N ist das in Frage stehende Haushaltsjahr.

[7] https://www.europarl.europa.eu/doceo/document/TA-9-2020-0091_EN.html.

Art. 32 Finanzregelung

[1]Der Verwaltungsrat erlässt nach Konsultation der Kommission die für die ENISA geltende Finanzregelung. [2]Die Finanzregelung darf von der Delegierten Verordnung (EU) Nr. 1271/2013 nur abweichen, wenn dies für den Betrieb der ENISA eigens erforderlich ist und die Kommission vorher ihre Zustimmung erteilt hat.

A. Allgemeines

1 Die Finanzregelung wird in Art. 15, 24 und 32 erwähnt. Die **Ermächtigung** zum Erlass einer Finanzregelung ergibt sich schon aus Art. 15 Abs. 1 lit. f. Die Aufforderung zum Erlass einer Finanzregelung war mit sehr ähnlichem Wortlaut schon in Art. 6 Abs. 10 VO (EG) 460/2004 enthalten. Art. 6 Abs. 10 wurde dann 2013 fast wörtlich von Art. 5 Abs. 12 VO (EU) 526/2013 übernommen. In der Cybersicherheitsverordnung von 2019 wurde dieser Text aufgespalten in eine Ermächtigung in Art. 15 Abs. 1 lit. g und inhaltliche Anforderungen nach Art. 32. Der CSA verweist hier noch auf die Rahmenfinanzregelung VO (EU) 1271/2013, die jedoch zwischenzeitlich aufgehoben und durch die VO (EU) 2019/715 ersetzt wurde. Weil die Cybersicherheitsverordnung nach der Rahmenfinanzregelung erlassen wurde, ist es erstaunlich, dass die entsprechenden Verweise nicht angepasst wurden.

B. Einzelerläuterungen

2 Die derzeitige **Finanzregelung** der ENISA wurde durch die Entscheidung des Verwaltungsrats vom 15.10.2019 erlassen.[1] Diese basiert explizit auf der VO (EU) 2019/715 und nicht auf der außer Kraft gesetzten VO (EU) 1271/2013. Teilweise wird der Text der VO (EU) 2019/715 **ohne Anpassung** in den Text der Finanzregelung **kopiert.**

3 Art. 1 Abs. 2 der Finanzregelung der ENISA stellt von vorneherein klar, dass ein Unterschied zur VO (EU) 2019/715 nicht gewollt ist.[2] Insofern handelt es sich bei der Finanzregelung nach Art. 32 um eine personalisierte Fassung der VO (EU) 2019/715. Vergleicht man beide Dokumente, dann kann man feststellen, dass die Finanzregelung eine editierte Version der VO (EU) 2019/715 ist. Die **Wortwahl** wurde auf die ENISA **personalisiert.** Die Änderungen betreffen aber eher den Import in die Textverarbeitung, der zu einigen Änderungen in der Interpunktion geführt hat.

---

[1] MB Decision No MB/2019/8 on the Financial Rules applicable to ENISA, https://www.enisa.europa.eu/about-enisa/structure-organization/management-board/management-board-decisions/mb-decision-2019_8-financial-rules.

[2] Wörtlich: „It is based on the Commission Delegated Regulation (EU) no 2019/715 of 18 December 2018 on the framework financial regulation for the Agency from which it does not depart."

Art. 33 Betrugsbekämpfung

(1) [1]Zur Erleichterung der Bekämpfung von Betrug, Korruption und sonstigen rechtswidrigen Handlungen gemäß der Verordnung (EU, Euratom) Nr. 883/2013 des Europäischen Parlaments und des Rates[1] tritt die ENISA bis zum 28. Dezember 2019 der Interinstitutionellen Vereinbarung vom 25. Mai 1999 zwischen dem Europäischen Parlament, dem Rat der Europäischen Union und der Kommission der Europäischen Gemeinschaften über die internen Untersuchungen des Europäischen Amtes für Betrugsbekämpfung (OLAF)[2] bei. [2]Die ENISA erlässt die einschlägigen Vorschriften, die für sämtliche Mitarbeiter der ENISA gelten, nach dem Muster im Anhang der genannten Vereinbarung.

(2) Der Rechnungshof ist befugt, bei allen Empfängern von Finanzhilfen sowie bei Auftragnehmern und Unterauftragnehmern, die Unionsmittel von der ENISA erhalten haben, Rechnungsprüfungen anhand von Belegkontrollen und Kontrollen vor Ort durchzuführen.

(3) Das OLAF kann gemäß den Bestimmungen und Verfahren der Verordnung (EU, Euratom) Nr. 883/2013 und der Verordnung (Euratom, EG) Nr. 2185/96 des Rates[3] Untersuchungen, einschließlich Kontrollen und Überprüfungen vor Ort, durchführen, um festzustellen, ob im Zusammenhang mit von der ENISA gewährten Finanzhilfen oder von ihr finanzierten Aufträgen ein Betrugs- oder Korruptionsdelikt oder eine sonstige rechtswidrige Handlung zum Nachteil der finanziellen Interessen der Union vorliegt.

(4) Unbeschadet der Absätze 1, 2 und 3 müssen Kooperationsvereinbarungen mit Drittländern oder internationalen Organisationen, Verträge, Finanzhilfevereinbarungen und Finanzhilfebeschlüsse der ENISA Bestimmungen enthalten, die den Rechnungshof und das OLAF ausdrücklich ermächtigen, derartige Rechnungsprüfungen und Untersuchungen im Rahmen ihrer jeweiligen Zuständigkeiten durchzuführen.

A. Allgemeines

Die **Betrugsbekämpfung** in der EU hat sich seit 2004 stark weiterentwickelt. 1
Die Regulierung Betrugsbekämpfung OLAF wurde inzwischen durch OLAF-VO ersetzt und letztere wurde durch die Regulierungen VO (EU) 2016/2030 und VO

[1] **Amtl. Anm.:** Verordnung (EU, Euratom) Nr. 883/2013 des Europäischen Parlaments und des Rates vom 11. September 2013 über die Untersuchungen des Europäischen Amtes für Betrugsbekämpfung (OLAF) und zur Aufhebung der Verordnung (EG) Nr. 1073/1999 des Europäischen Parlaments und des Rates und der Verordnung (Euratom) Nr. 1074/1999 des Rates (ABl. L 248 vom 18.9.2013, S. 1).

[2] **Amtl. Anm.:** ABl. L 136 vom 31.5.1999, S. 15.

[3] **Amtl. Anm.:** Verordnung (Euratom, EG) Nr. 2185/96 des Rates vom 11. November 1996 betreffend die Kontrollen und Überprüfungen vor Ort durch die Kommission zum Schutz der finanziellen Interessen der Europäischen Gemeinschaften vor Betrug und anderen Unregelmäßigkeiten (ABl. L 292 vom 15.11.1996, S. 2).

(EU) 2020/2223 weiter reformiert.[4] Wird in Art. 16 VO (EG) 460/2004 ein Bekenntnis zur Betrugsbekämpfung abgegeben und die in einem, auch supranationalen, Rechtsstaat eigentlich selbstverständliche Anwendbarkeit der Betrugsbekämpfung OLAF bekräftigt, so wird die Bestimmung in der in Art. 20 VO (EU) 526/2013 sehr viel konkreter auf die ENISA angepasst und erweitert. Die Betrugsbekämpfung wurde darüber hinaus dem nach Art. 5 dem Verwaltungsrat und nach Art. 10 **dem Exekutivrat auferlegt.** In der Cybersicherheitsverordnung von 2019 wurde zwar der Art. 20 aus 2013 wortgleich übernommen, die Erweiterungen finden sich aber über die Art. zu den jeweiligen Organen verteilt wieder und wurden an die neue Governance-Struktur angepasst. Der Exekutivdirektor hat nunmehr die Aufgabe Folgemaßnahmen und Aktionspläne auszuarbeiten, während Exekutivrat und Verwaltungsrat lediglich sicherstellen, dass er das auch tut.

B. Einzelerläuterungen

2 In Abs. 1 wird per Verordnung der **Beitritt der ENISA zur Interinstitutionellen Vereinbarung vom 25. 5. 1999**[5] zwischen dem Europäischen Parlament, dem Rat der Europäischen Union und der Kommission der Europäischen Gemeinschaften über die internen Untersuchungen des Europäischen Amtes für Betrugsbekämpfung (OLAF) erzwungen. Es ist bemerkenswert, dass der Beitritt zur Erklärung nicht direkt vom Gesetzgeber erfolgt, sondern lediglich ein Befehl zur Umsetzung in die Verordnung geschrieben wird. Juristisch deutet das darauf hin, dass die Kommission der rechtlichen Auffassung ist, dass der Gesetzgeber keine Erklärung dieser Art abgeben kann. Doch der Beitritt der ENISA zur Interinstitutionellen Vereinbarung wurde schon am 17. 10. 2013 erklärt.[6] Diese betrifft aber die ENISA von 2013[7] während die ENISA, die durch die vorliegende Verordnung errichtet wurde eine neue juristische Person ist. Dh die ENISA von 2019 müsste erneut der Vereinbarung beitreten. Das hat sie aber nicht getan. Retten könnte man sich durch eine Anwendung des Art. 68 Abs. 3 S. 3, wonach alle vom Verwaltungsrat und vom Exekutivrat gemäß VO (EU) 526/2013 getroffenen Entscheidungen gültig bleiben. Die Interinstitutionelle Vereinbarung fordert gemeinsame Regeln der Betrugsbekämpfung und eine Kooperation mit dem Europäischen Amt zur Betrugsbekämpfung OLAF. Die Betrugsbekämpfungsstrategie und ein Aktionsplan wurden 2014[8] eingeführt und

[4] Konsolidierte Fassung der OLAF-VO, ELI: http://data.europa.eu/eli/reg/2013/883/2021-01-17.

[5] Interinstitutional Agreement of 25 May 1999 between the European Parliament, the Council of the European Union and the Commission of the European Communities concerning internal investigations by the European Anti-fraud Office (OLAF), ELI: http://data.europa.eu/eli/agree_interinstit/1999/531/oj.

[6] Decision No MB/2013/17 of 17.10.2013 concerning the accession of the ENISA ot the inter-institutional agreement of 255.1999, https://www.enisa.europa.eu/about-enisa/structure-organization/management-board/management-board-decisions/decision-no-mb2013 17-signed.pdf.

[7] Dazu → Art. 1 Rn. 1 ff.

[8] https://www.enisa.europa.eu/about-enisa/structure-organization/management-board/management-board-decisions/decision-no-mb-2014-14-anti-fraud-strategy.

haben gute Ergebnisse erbracht.[9] Die Erstellung des Plans obliegt dem Verwaltungsrat.[10]

Der **Rechnungshof** kann in Stichproben, aber auch im Zuge der regelmäßigen Audits Kontrollen vor Ort durchführen. Der Rechnungshof veröffentlicht seinen Bericht zu den dezentralen Agenturen dann im Amtsblatt der EU.[11] Wie in Verträgen mit der EU-Kommission üblich, behält sich die Kommission ein Audit auch der Vertragspartner vor. Abs. 3 ermächtigt OLAF dann zu weiteren tiefgehenden Kontrollen. Analog zum Audit der Vertragspartner wird die Prüfungsermächtigung von OLAF nach Abs. 4 auch auf die Verträge mit Drittstaaten ausgedehnt. Die Prärogativen ergeben sich dabei aus der OLAF-VO aber auch der Kontrollverordnung. Letztere gibt der Kommission Rechte für Überprüfungen vor Ort. 3

Kapitel V Personal

Art. 34 Allgemeine Bestimmungen

Für das Personal der ENISA gelten das Statut der Beamten, die Beschäftigungsbedingungen für die sonstigen Bediensteten sowie die im gegenseitigen Einvernehmen der Organe der Union erlassenen Regelungen zur Durchführung der Bestimmungen des Statuts der Beamten und der Beschäftigungsbedingungen für die sonstigen Bediensteten.

A. Allgemeines

Art. 34 ist ein Hinweis darauf, die Verordnung 31 (EEC) 11 (EAEC)[1] auch für die ENISA gilt. Dieser Hinweis war ursprünglich in Art. 19 VO (EG) 460/2004 enthalten. Da die ENISA von 2004–2013 in viele arbeitsrechtliche Streitigkeiten[2] verwickelt war, wurden in der Verordnung von 2013 Anpassungen vorgenommen, die eine genauere und bessere **Personalverwaltung** ermöglichen sollten. Im CSA von 2019 wurden die in 2013 verfolgten Ansätze weiter verfeinert. In der Verordnung von 2004 war der Exekutivdirektor noch Teil der Beamten. Deren Art. 19 ist der einzige Ort der Arbeitsbedingungen und **Anstellungsverträge** erwähnt. Verwiesen wird auf die Verordnung 31 EEC, 11 (EAEC). Die Ermächtigung zur Anstellung der von den Mitgliedstaaten auf Zeit abgeordneten Beamten ist explizit erwähnt. Im Jahr 2013 kommen in Art. 5 explizite Ermächtigungen für den Verwaltungsrat zum Erlass interner arbeitsrechtlicher Regelungen hinzu.[3] Die aktuelle Verordnung von 2019 beschränkt sich dagegen auf Wortänderungen ohne inhaltliche Änderung gegenüber 2013. 1

[9] ENISA Annual Activity Report 2019, S. 62 Fn. 15.
[10] → Art. 15.
[11] ZB Den Bericht zum Haushalt der ENISA 2017, https://eur-lex.europa.eu/legal-content/EN/TXT/?uri=OJ:C:2018:434:TOC.
[1] ELI: http://data.europa.eu/eli/reg/1962/31(1)/2021-01-01.
[2] Statt vieler: *EUGöD,* Urt. v. 2.10.2012 – F-118/10, ECLI:EU:F:2012:138.
[3] → Art. 15 Rn. 1ff.

B. Einzelerläuterungen

2 Der Verwaltungsrat ist nach Art. 15 Abs. 1 auch Herr der Dienstvorschriften und agiert als oberster Dienstherr. Die **Dienstvorschriften** sind **nicht veröffentlicht** und beziehen sich weitgehend auf die Verordnung Nr. 31 (EWG) 11 (EAG) über das Statut der Beamten und über die Beschäftigungsbedingungen für die sonstigen Bediensteten der Europäischen Wirtschaftsgemeinschaft und der Europäischen Atomgemeinschaft.[4] Art. 34 erklärt die Verordnung 31/EWG 11/EAG für anwendbar auf das gesamte Personal der ENISA. Hier kann nur eine Pauschalverweisung gemeint sein, denn die Verordnung 31/EWG ist geteilt in ein Statut der Beamten und in einen weiteren Teil, der die Beschäftigungsbedingungen für die sonstigen Bediensteten regelt.

3 Die ENISA hatte schon sehr früh mit einer erheblichen Anzahl von Rechtsstreitigkeiten im Bereich des Arbeitsrechts zu kämpfen. Dies betraf in mehreren Fällen die Nichtübernahme nach abgeleisteter Probezeit nach Art. 9 für Beamte und nach Art. 14 für die sonstigen Bediensteten.[5]

4 Die ENISA ist hier nicht spezifisch, so dass an dieser Stelle auf die generellen Regeln zu Beschäftigungsverhältnissen in dezentralen Organisationen verwiesen werden kann, die von der Verordnung 31/EWG aufgestellt werden.

Art. 35 Vorrechte und Befreiungen

Das dem EUV und dem AEUV beigefügte Protokoll Nr. 7 über die Vorrechte und Befreiungen der Europäischen Union findet auf die ENISA und ihr Personal Anwendung.

A. Allgemeines

1 Der vorliegende Text war so schon in Art. 23 VO (EU) 526/2013 enthalten. Art. 20 VO (EG) 460/2004 hatte das genaue Protokoll für die Befreiungen noch nicht benannt.

B. Einzelerläuterungen

2 Für den Sicherheitsbereich ist interessant, dass nach Art. 1 des Protokolls Nr. 7[1] die Räumlichkeiten der ENISA unverletzlich sind, also ohne Genehmigung des EuGH **nicht durchsucht** werden dürfen. Auch Beschlagnahmen sind nicht möglich. Die Kommunikation der ENISA hat danach den gleichen Status wie die von diplomatischen Vertretungen.

3 Den hier interessierenden Beamten gibt Art. 11 des Protokolls weitgehende Privilegien. So sind sie von Einwanderungsbeschränkungen befreit, was angesichts des Vertrages von Schengen aber nur eine untergeordnete Rolle spielt. Die zollfreie

[4] ELI: http://data.europa.eu/eli/reg/1962/31(1)/2016-01-01.

[5] ZB *EUGöD,* Urt. v. 24.2.2010 – F-2/09, ECLI:EU:F:2010:12.

[1] AEUV, ELI: http://data.europa.eu/eli/treaty/tfeu_2012/oj.

Einführung des Haushalts ist ebenfalls ein wichtiges Privileg für Beamte, die ihren Hausstand zur ENISA nach Heraklion oder Athen mitbringen. Die Bediensteten der ENISA sind von der Steuerpflicht des beherbergenden Staates befreit, müssen aber eine Unionssteuer zahlen. Beim steuerlichen Wohnsitz verbleiben die Beamten in dem Rechtsgebiet, in dem sie vor der Anstellung ansässig waren.

Insgesamt gab es jedoch bisher keine Fälle, die diese Privilegien zum Gegenstand hatten.

Art. 36 Exekutivdirektor

(1) **Der Exekutivdirektor wird als Zeitbediensteter der ENISA nach Artikel 2 Buchstabe a der Beschäftigungsbedingungen für die sonstigen Bediensteten eingestellt.**

(2) **Der Exekutivdirektor wird vom Verwaltungsrat aus einer Liste von Kandidaten, die die Kommission im Anschluss an ein offenes und transparentes Auswahlverfahren vorgeschlagen hat, ernannt.**

(3) **Beim Abschluss des Arbeitsvertrags des Exekutivdirektors wird die ENISA durch den Vorsitzenden des Verwaltungsrats vertreten.**

(4) **Vor der Ernennung wird der vom Verwaltungsrat ausgewählte Kandidat aufgefordert, eine Erklärung vor dem zuständigen Ausschuss des Europäischen Parlaments abzugeben und Fragen der Mitglieder zu beantworten.**

(5) **[1]Die Amtszeit des Exekutivdirektors beträgt fünf Jahre. [2]Zum Ende dieses Zeitraums nimmt die Kommission eine Bewertung der Leistung des Exekutivdirektors und der künftigen Aufgaben und Herausforderungen der ENISA vor.**

(6) **Der Verwaltungsrat beschließt über die Ernennung, die Verlängerung der Amtszeit oder die Abberufung des Exekutivdirektors gemäß Artikel 18 Absatz 2.**

(7) **Der Verwaltungsrat kann auf Vorschlag der Kommission unter Berücksichtigung der Bewertung nach Absatz 5 die Amtszeit des Exekutivdirektors einmal um fünf Jahre verlängern.**

(8) **[1]Der Verwaltungsrat unterrichtet das Europäische Parlament über seine Absicht, die Amtszeit des Exekutivdirektors zu verlängern. [2]Innerhalb von drei Monaten vor der Verlängerung der Amtszeit gibt der Exekutivdirektor, sofern er dazu aufgefordert wird, vor dem zuständigen Ausschuss des Europäischen Parlaments eine Erklärung ab und beantwortet Fragen der Mitglieder.**

(9) **Ein Exekutivdirektor, dessen Amtszeit verlängert wurde, nimmt nicht an einem anderen Auswahlverfahren für dieselbe Stelle teil.**

(10) **Der Exekutivdirektor kann nur durch einen Beschluss des Verwaltungsrats auf Vorschlag der Kommission seines Amtes enthoben werden.**

A. Allgemeines

1 Während in Art. 7 VO (EG) 460/2004 noch Ernennung und Aufgaben in einem Artikel zusammengefasst sind, hatte die Verordnung von 2013 schon Aufgaben und Ernennung räumlich getrennt. Die aktuelle Verordnung von 2019 ist demgegenüber nur eine leichte Änderung, die insbesondere den geänderten Berichtspflichten Rechnung trägt. Die Anzahl der Absätze wurde den textlichen Begebenheiten angepasst und somit von 7 auf 10 erhöht, ohne eine wesentliche inhaltliche Änderung herbeizuführen. Eine Klarstellung erfolgte lediglich hinsichtlich des Anhörungsrechts des Europäischen Parlaments vor einer Verlängerung des Mandats des Exekutivdirektors.

B. Einzelerläuterungen

2 Der **Exekutivdirektor** ist kein Beamter iSd VO (EWG) Nr. 31/62, sondern ein sonstiger Bediensteter. Art. 2 lit. a der vorgenannten Beschäftigungsbedingungen definiert den **Bediensteten auf Zeit,** legt aber die Zeit selbst nicht fest. Dies erfolgt im vorliegenden Artikel, nach dem das Mandat des Exekutivdirektors maximal zwei Mal fünf Jahre betragen kann. Die Erneuerung nach fünf Jahren ist nicht automatisch, sondern bedarf einer Evaluation durch die Kommission und einer Entscheidung des Verwaltungsrats. Das Parlament muss bei der Verlängerung des Mandats nur angehört werden. Die letztliche Entscheidung liegt beim Verwaltungsrat.

3 Das **Auswahlverfahren** wird von der Kommission durchgeführt. Geeignete Kandidaten werden auf einer Liste geführt und dem Verwaltungsrat zur Entscheidung übergeben. Da der Exekutivdirektor die ENISA juristisch vertritt, kann er sich nicht selbst einstellen. In diesem Fall vertritt der Vorsitzende des Verwaltungsrats die Organisation juristisch und unterzeichnet den Arbeitsvertrag.

4 Die Zuständigkeit des Verwaltungsrats für die Ernennung und Entlassung des Exekutivdirektors ergibt sich schon aus Art. 15 Abs. 1 lit. n. Diese Zuständigkeit wird hier näher ausgeformt. Abs. 6 ist insoweit eine reine Wiederholung, die auf die auch an die von Art. 18 Abs. 2 geforderte qualifizierte Mehrheit von Zweidritteln für Ernennung und Entlassung des Exekutivdirektors erinnert.

5 Nach Abs. 9 sind zwei Amtszeiten ein absolutes Maximum. Ein Exekutivdirektor kann also nicht zwei Mandate in Folge führen, dann ein oder zwei Perioden aussetzen und sich erneut bewerben. Ist das Mandat also einmal erneuert, dann ist eine weitere Verlängerung nicht möglich.

6 Der Exekutivdirektor kann nach Abs. 10 vom Verwaltungsrat seines Amtes enthoben werden. Eine entsprechende Kompetenz wurde auch in Art. 15 Abs. 1 lit. n normiert.[1] Das System der ENISA ist teilweise den Strukturen der EU nachempfunden. So kann der Verwaltungsrat zwar den Exekutivdirektor nach ernennen und entlassen. Der Verwaltungsrat selbst hat allerdings kein Vorschlagsrecht. Vielmehr entscheidet der Verwaltungsrat auf Vorschlag der Kommission und hat kein Initiativrecht. Der Exekutivdirektor, einmal ernannt, kann sich also entweder mit der Kommission oder dem Verwaltungsrat überwerfen, nicht aber mit beiden.

[1] → Art. 15.

Art. 37 Abgeordnete nationale Sachverständige und sonstiges Personal

(1) [1]**Die ENISA kann auf abgeordnete nationale Sachverständige oder sonstiges Personal zurückgreifen, das nicht von der ENISA selbst beschäftigt wird.** [2]**Für dieses Personal gelten das Statut der Beamten und die Beschäftigungsbedingungen für die sonstigen Bediensteten nicht.**

(2) **Der Verwaltungsrat beschließt eine Regelung über zur ENISA abgeordnete nationale Sachverständige.**

A. Allgemeines

1 Art. 37 nimmt das in der Kommission etablierte System auf, das eine **Abordnung** von nationalen Beamten an die supranationale Ebene erlaubt. Was also für eine Abordnung zur Kommission möglich ist, soll auch für die ENISA möglich sein. Der Artikel wurde als Art. 25 durch die VO (EU) 526/2013 eingeführt.

B. Einzelerläuterungen

2 Abs. 1 normiert das Prinzip der Delegation nationaler Beamter. Inwiefern diese Regel allerdings mit den Regeln zur Leiharbeit kollidiert, ist fraglich. Gemeint ist wohl eher eine öffentlich-rechtliche Abordnung von Beamten der Mitgliedsstaaten. Denn würde man S. 1 als Erlaubnis zu unbegrenzter Leiharbeit sehen, könnte die ENISA nach S. 2 die Verordnung Nr. 31 (EWG) 11 (EAG) über das Statut der Beamten und über die Beschäftigungsbedingungen für die sonstigen Bediensteten sehr leicht umgehen. S. 2 stellt vielmehr klar, dass die **Überlassung** von **Sachverständigen** und anderen Beamten nicht dazu führt, dass diese aus dem nationalen sozialen Sicherungssystemen ausscheiden müssen und diese Zeit in den Systemen der Kommission verbringen. Dadurch wird die Abordnung wesentlich erleichtert, denn die nationalen Beamten werden nach dem ihnen bekannten Recht behandelt, obwohl sie für die ENISA tätig sind. Das kann offenkundig zu einer gewissen Komplexität hinsichtlich der nationalen Regeln führen, weil zB deutsches Beamtenrecht auf einen Beamten angewandt wird, der seinen Dienst in Griechenland tut.

3 Abs. 2 ermächtigt den Verwaltungsrat besondere Regeln für abgeordnete nationale Sachverständige zu erlassen. Davon hat der Verwaltungsrat mit der Entscheidung MB/2013/15 Gebrauch gemacht.[1] Die Regeln für nationale Experten (SNEs, **Supported National Experts**)[2] wurden am 17.10.2013 im Vilnius-Meeting beschlossen und gelten via der Gesamtrechtsnachfolge nach Art. 68 der Verordnung auch für die aktuelle ENISA. Die Regeln wurden in einer weiteren Entschei-

---

[1] *ENISA*, Decision MB/2013/7, https://www.enisa.europa.eu/about-enisa/structure-organization/management-board/management-board-decisions/decision-no-mb201315-signed.pdf.

[2] Seconded National Experts (SNEs).

dung 2015 marginal angepasst.[3] Diese Regeln geben dem Exekutivdirektor eine weitgehende Entscheidungskompetenz zu SNEs.

4 SNEs kommen normalerweise aus der Verwaltung der Mitgliedsstaaten. Verwaltung meint hier nationale, regionale oder sogar lokale Gliederungen. In besonderen Einzelfällen kann der Exekutivdirektor nach Art. 1 der Regeln auch andere Experten hinzuziehen, wenn dies für die Kapazitäten der Agentur notwendig ist. Allerdings ist auch hier die Auswahl auf den öffentlichen Sektor begrenzt. Denn SNEs dürfen in solchen Ausnahmen nur von **unabhängigen Forschungsinstitutionen** oder anderen öffentlichen Arbeitgebern beschäftigt sein. Eine genaue Definition in Art. 1 Abs. 2 schränkt noch einmal weiter ein, wann von einem öffentlichen Arbeitgeber gesprochen werden kann. SNEs müssen Staatsangehörige eines Mitgliedsstaates oder eines EFTA-Staates sein. Nur der Exekutivdirektor kann eine Ausnahmegenehmigung erteilen, falls dies nicht der Fall ist. Aus Art. 2 kann man jedoch folgern, dass auch Drittländer, die eine Vereinbarung mit der ENISA nach Art. 42[4] haben, SNEs entsenden können. Diese können ebenfalls SNEs entsenden, die allerdings normalerweise keine Kompensation erhalten. Generell unterscheiden die Regeln zwischen Experten, die eine weitere Zuwendung nach Kapitel III der Regeln erhalten und solchen, die für die Agentur kostenlos sind.

5 Bevor ein SNE angefordert werden kann, muss die entsprechende Abteilung der ENISA die Erlaubnis zur Integration der Experten erhalten haben. Es folgt ein transparentes Auswahlverfahren. In dieses Auswahlverfahren ist der Exekutivdirektor und die ständigen Vertreter der Mitgliedsstaaten involviert. Ein Kandidat muss mindestens drei Jahre Erfahrung haben und mindestens zwei Sprachen sprechen. Davon muss eine Sprache, meistens Englisch, für die Erfüllung der Aufgaben in der Agentur notwendig sein. Bei SNEs aus Drittstaaten genügt die Beherrschung einer zur Arbeit notwendigen europäischen Sprache.

6 Die Zeit der Abordnung darf nicht weniger als sechs Monate und nicht mehr als vier Jahre betragen. Es gibt eine hochkomplexe Ausnahme. SNEs dürfen keine Management-Funktion in der ENISA ausüben. Es gelten die Regeln der ENISA zu Nebenbeschäftigungen und Interessenkonflikten. Weiterhin sind Sozialversicherung und Urlaub geregelt.

7 Für normale SNEs aus den Mitgliedsstaaten, also gerade nicht kostenlose im Sinne von Art. 3, wird eine monatliche Auslöse je nach Entfernung zum Heimatort gezahlt. Darüber hinaus zahlt die ENISA die Reisekosten, die mit der Tätigkeit verbunden sind.

---

[3] *ENISA,* Decision MB/2015/11, https://www.enisa.europa.eu/about-enisa/structure-organization/management-board/management-board-decisions/decision-no-mb-2015-11-amending-rules-on-secondment-of-national-experts-to-the-agency.

[4] Die Regeln zu SNEs sprechen noch von Art. 30 VO (EU) 526/2013, dessen Materie jetzt in Art. 42 CSA geregelt ist.

Kapitel VI Allgemeine Bestimmungen für die ENISA

Art. 38 Rechtsform der ENISA

(1) **Die ENISA ist eine Einrichtung der Union und besitzt Rechtspersönlichkeit.**

(2) **[1]Die ENISA besitzt in jedem Mitgliedstaat die weitestgehende Rechts- und Geschäftsfähigkeit, die juristischen Personen nach nationalem Recht zuerkannt ist. [2]Sie kann insbesondere bewegliches und unbewegliches Vermögen erwerben oder veräußern und ist vor Gericht parteifähig.**

(3) **Die ENISA wird vom Exekutivdirektor vertreten.**

A. Allgemeines

1 Der Text in Art. 38 gibt wortgleich den Text von Art. 26 Abs. 1–3 VO (EU) 526/2013 und den Text von Art. 18 Abs. 1–3 VO (EG) 460/2004 wieder. Art. 26 Abs. 4 betraf die Einrichtung einer Außenstelle in Athen. Die Einrichtung von Außenstellen ist nunmehr ein Privileg des Exekutivdirektors und in Art. 20 Abs. 5 der aktuellen Verordnung geregelt. In der Verordnung von 2019 findet sich also der angepasste Wortlaut der Verordnung von 2004 wieder.

B. Einzelerläuterungen

2 Durch den Vertrag von Lissabon hat die EU eine eigene **Rechtspersönlichkeit** erhalten, was derzeit im Art. 47 EUV normiert ist. Während die EZB und andere Agenturen ihre Rechtspersönlichkeit noch direkt aus dem AEUV erhalten wird die Rechtspersönlichkeit der ENISA in der Verordnung selbst normiert. Vertreten wird die ENISA nicht durch den Verwaltungsrat, sondern durch den Exekutivdirektor. Dadurch ergibt sich die Möglichkeit, dass der Verwaltungsrat Dinge beschließen kann, der Exekutivdirektor aber seine Unterschrift verweigern kann. Ist das der Fall, kann sich die ENISA nicht wirksam vertraglich binden. Dies gibt dem Exekutivdirektor ein echtes Gegengewicht gegen den Verwaltungsrat, der ihn ansonsten kontrolliert. Da der Exekutivdirektor nur auf Vorschlag der Kommission entlassen werden kann,[1] kann der Exekutivdirektor also auch dann eine Handlung der juristischen Person ENISA verweigern, wenn die Kommission auf seiner Seite ist. Der Verwaltungsrat kann dann höchstens bei der nächsten Erneuerung des Mandats durch die Verweigerung der Zustimmung einen Austausch des Exekutivdirektors herbeiführen.

Abs. 2 stellt klar, dass die Rechtspersönlichkeit nicht nur für das Unionsrecht gilt, sondern auch von den nationalen Rechtsordnungen zu respektieren ist.

---

[1] → Art. 36 Rn. 1 ff.

Art. 39 Haftung der ENISA

(1) **Die vertragliche Haftung der ENISA bestimmt sich nach dem für den betreffenden Vertrag geltenden Recht.**

(2) **Für Entscheidungen aufgrund einer Schiedsklausel in einem von der ENISA geschlossenen Vertrag ist der Gerichtshof der Europäischen Union zuständig.**

(3) **Im Bereich der außervertraglichen Haftung ersetzt die ENISA den durch sie selbst oder ihre Bediensteten in Ausübung ihrer Tätigkeit verursachten Schaden nach den allgemeinen Grundsätzen, die den Rechten der Mitgliedstaaten gemeinsam sind.**

(4) **In Streitsachen über den Schadensersatz gemäß Absatz 3 ist der Gerichtshof der Europäischen Union zuständig.**

(5) **Die persönliche Haftung der Bediensteten der ENISA gegenüber der ENISA bestimmt sich nach den für die Bediensteten der ENISA geltenden Beschäftigungsbedingungen.**

Literatur: *Kropholler/von Hein,* Europäisches Zivilprozessrecht, 10. Aufl., 2022; *Mayr,* Europäisches Zivilprozessrecht, 2. Aufl., 2020; *Hay/Rösler,* Internationales Privat- und Zivilverfahrensrecht. 5. Aufl., 2016; *Schack,* Internationales Zivilverfahrensrecht. 7. Aufl., 2017.

A. Allgemeines

1 Die Regelung des Art. 39 gab es fast im Wortlaut schon in Art. 21 der Verordnung von 2004. Die Regelung wurde unverändert in Art. 27 der Verordnung von 2013 übernommen. Hatte Art. 21 noch mehre Absätze unter einer Absatznummer wurde der Stil angepasst und überall „ENISA“ explizit erwähnt. So verteilt sich sinngleiche der Text jetzt über fünf Absätze.

B. Einzelerläuterungen

2 Der Art. gibt im Wesentlichen Art. 340 AEUV wieder. Abs. 1 gibt die Rechtslage für den Fall wieder, dass Organe der Europäischen Union Verträge abschließen. Er verweist auf das allgemeine internationale Privatrecht und auf die Brüssel Ia-VO und das dann anwendbare Recht. Insofern handelt es sich bei Abs. 1 nicht um eine konkrete Rechtsverweisung, sondern lediglich um einen Hinweis auf das einschlägige Recht. Für die im Bereich internationaler Vereinbarung sehr beliebten Schiedsgerichtsverfahren stellt die Verordnung die Zuständigkeit des EuGH fest. Dies ist nachvollziehbar. Schiedsgerichtsverfahren werden wegen ihrer Geschwindigkeit, aber vor allem wegen ihrer Diskretion gewählt. Diese sollen in einem Bereich, der mit öffentlichen Geldern umgeht, einer gewissen Transparenz und Kontrolle unterworfen werden, was sich aus Art. 272 AEUV ergibt.

3 Abs. 3 und Abs. 4 gehören logisch zusammen. Für deliktische Ansprüche und Ansprüche außerhalb der rein vertraglichen Haftung ist danach der EuGH zuständig. Nach Art. 46 EUV **verjähren** diese Ansprüche in fünf Jahren. Die außerver-

tragliche Haftung der Institutionen ergibt sich aus dem Richterrecht des EuGH.[1] Insofern wird hier nur der Wortlaut des Art. 340 AEUV wiederholt.

Abs. 5 verweist auf die generellen, schon in Art. 34 abgehandelten, Regeln. 4

Art. 40 Sprachenregelung

(1) [1]**Für die ENISA gilt die Verordnung Nr. 1 des Rates**[1]. [2]**Die Mitgliedstaaten und die anderen von den Mitgliedstaaten benannten Einrichtungen können sich in einer der Amtssprachen der Organe der Union ihrer Wahl an die ENISA wenden und erhalten eine Antwort in dieser Sprache.**

(2) **Die für die Arbeit der ENISA erforderlichen Übersetzungsdienste werden vom Übersetzungszentrum für die Einrichtungen der Europäischen Union erbracht.**

A. Allgemeines

1 Dieser Art. war schon wortgleich als Art. 22 VO (EG) 460/2004 und als Art. 28 VO (EU) 526/2013 vorhanden. In Art. 22 der ersten Verordnung wurde allerdings für den Übersetzungsdienst noch auf die EU-ÜbersetzungszentrumVO verwiesen. Eine gleichlautende Bestimmung findet sich in fast allen Rechtsakten, die die Errichtung einer dezentralen Agentur zum Gegenstand haben.[2] Die Fußnote verschwand 2013, ohne dass sich ihre Bedeutung geändert hätte. Es scheint, die Änderung war einzig dem Geschmack der Autoren der Verordnung von 2013 geschuldet.

B. Einzelerläuterungen

2 Das **Übersetzungszentrum**[3] wurde 1994 durch die EU-ÜbersetzungszentrumVO gegründet und übersetzt derzeit circa 700.000 Seiten pro Jahr für insgesamt 65 Institutionen. Dabei werden **24 EU-Amtssprachen** bedient. Die Möglichkeit sich in einer der Sprachen der Verträge, also in einer Amtssprache, an ein Organ oder eine Einrichtung der Union zu wenden und eine Antwort in derselben Sprache zu erhalten ist in Art. 20 AEUV normiert. Dieser gilt für Unionsbürger, aber gerade nicht für Mitgliedsstaaten. Art. 40 ist also eine Erweiterung dieses Prinzips aus Art. 20 AEUV auf die Verwaltungen der Mitgliedsstaaten denen ja gerade

---

[1] Statt vieler: *EuGH,* Urt. v. 25.5.1978 – C-83/76, C-94/76, C-4/77, C-15/77, C-40/77, BeckRS 2004, 73796 und *EuGH-Generalanwalt Francesco Capotorti,* Schlussanträge v. 1.3.1978 https://eur-lex.europa.eu/legal-content/DE/TXT/HTML/?uri=CELEX:61976CC0083(01)&qid=1619967906375&from=EN mwN.

[1] **Amtl. Anm.:** Verordnung Nr. 1 zur Regelung der Sprachenfrage für die Europäische Wirtschaftsgemeinschaft (ABl. 17 vom 6.10.1958, S. 385/58).

[2] Statt vieler: Verordnung 294/2008/EU zur Errichtung des Europäischen Innovations- und Technologieinstituts, ELI: http://data.europa.eu/eli/reg/2008/294/oj oder Verordnung 2018/1727/EU betreffend die Agentur der Europäischen Union für justizielle Zusammenarbeit in Strafsachen (Eurojust) und zur Ersetzung und Aufhebung des Beschlusses 2002/187/JI des Rates, ELI: http://data.europa.eu/eli/reg/2018/1727/oj.

[3] *Übersetzungszentrum für die Einrichtungen der Europäischen Union,* Startseite, https://www.cdt.europa.eu/.

kein Recht nach Art. 20 AEUV zusteht. Das dient vor allem der Erleichterung der Kommunikation, denn oftmals werden die nationalen Behörden keinen eigenen Übersetzungsdienst vorhalten. In der Praxis findet der wohl allergrößte Teil der Kommunikation in englischer Sprache statt. Art. 40 sorgt also nur dafür, dass die Fälle erfasst werden, wo das nicht möglich ist. In diesem Fall liegt die Verantwortung für die Übersetzung bei der ENISA.

Art. 41 Schutz personenbezogener Daten

(1) **Die Verarbeitung personenbezogener Daten durch die ENISA unterliegt der Verordnung (EU) 2018/1725.**

(2) [1]**Der Verwaltungsrat beschließt die Durchführungsvorschriften gemäß Artikel 45 Absatz 3 der Verordnung (EU) 2018/1725.** [2]**Der Verwaltungsrat kann zusätzliche Maßnahmen, die für die Anwendung der Verordnung (EU) 2018/1725 durch die ENISA erforderlich sind, festlegen.**

A. Allgemeines

1 Der Schutz personenbezogener Daten war in der VO (EG) 460/2004 als reiner Verweis auf die EG-Datenschutz-Verordnung angelegt. In der VO (EU) 526/2013 kam ein zweiter Absatz hinzu, der dem Verwaltungsrat eine Ermächtigung zum Erlass zusätzlicher Maßnahmen gab. In der Zwischenzeit wurde die EG-Datenschutz-Verordnung durch die VO (EU) 2018/1725 abgelöst. Der erste Absatz findet die Einfachheit aus 2004 wieder. Abs. 2 enthält neben sprachlicher Anpassung ohne semantische Änderung auch eine Anpassung der Verweise in die neue Verordnung. Die Verweise betreffen hauptsächlich die Anforderungen und Regelungen an die Position des internen Datenschutzbeauftragten. In der VO (EU) 2018/1725 ergeben sich vor allem strukturelle Änderungen, weil bestimmte Aufgaben nun Teil des Normtextes sind, während sie vorher in einem Annex untergebracht waren.

B. Einzelerläuterungen

2 Die ENISA ist eine dezentrale Organisation der Europäischen Union. Nach Art. 2 Abs. 1 VO (EU) 2018/1725 gilt diese für die Verarbeitung personenbezogener Daten durch alle Organe und Einrichtungen der Union. Damit ist Abs. 1 eine reine Wiederholung ohne eigenen Regelungsgehalt und dient lediglich als Hinweis auf die Datenschutzverordnung betreffend die Organe und Einrichtungen der Union. Der eigentliche Regelungsgehalt des Artikels findet sich in Abs. 2. Dieser enthält zwei Regelungsgegenstände: Eine Regelung zu Art. 45 Abs. 3 VO (EU) 2018/1725 und eine Ermächtigung für zusätzliche Maßnahmen. Beide Regelungsgegenstände sind gemeinsam in der Entscheidung MB/2019/2 des Verwaltungsrates umgesetzt worden.[1]

[1] *ENISA*, Decision MB/2019/2, https://www.enisa.europa.eu/about-enisa/structure-organization/management-board/management-board-decisions/MB%20Decision%20MB_2019_2_implementing%20data%20protection%20regulation.pdf.

Der Art. 45 Abs. 3 betrifft die Durchführungsvorschriften für den internen Datenschutzbeauftragten, insbesondere dessen Aufgaben, Pflichten und Befugnisse. Die Definitionen in Art. 1 der Entscheidung stellen klar, dass ENISA der Verantwortliche ist, dass der verantwortliche Mitarbeiter derjenige ist, der in der Praxis für die Datenverarbeitung laut Auftrag der ENISA verantwortlich ist und eine Wiederholung der Definition des Betroffenen. Art. 2 betrifft den Anwendungsbereich entsprechend den Ermächtigungen. Art. 3 enthält Regeln für die Ernennung des Datenschutzbeauftragten der ENISA. So wird auch Art. 44 Abs. 8 wiederholt, der eine Enthebung des Datenschutzbeauftragten von seinem Amt nur mit Zustimmung des Europäischen Datenschutzbeauftragten zulässt. In Art. 3 Nr. 5 wird dann festgelegt, dass Datenschutzbeauftragter nur ein Mitarbeiter der ENISA werden kann. Dieser muss, wie in der Verordnung festgelegt, die notwendigen Qualifikationen vorweisen können. Nr. 6 sichert Unabhängigkeit in Datenschutzfragen zu und Nr. 7 formuliert das schöne Ziel, dass keiner einen Nachteil erleiden solle, nur weil er dem Datenschutzbeauftragten etwas zugetragen hat. Der Datenschutzbeauftragte selbst bleibt zur Verschwiegenheit verpflichtet, ist allerdings auch dem Zugang durch Informationsfreiheitsanfragen unterworfen.[2] In der Hierarchie ist der Datenschutzbeauftragte dem Exekutivdirektor direkt unterstellt. 3

Dem Datenschutzbeauftragten werden in Art. 4 vor allem beratende **Aufgaben** aufgetragen. Er ist zudem die Kontaktperson für den Europäischen Datenschutzbeauftragten (EDPS).[3] Eine Verpflichtung besteht in der Führung des zentralen Verarbeitungsregisters nach Art. 31 VO (EU) 2018/1725. Es soll auch für ein datenschutzfreundliches Klima gesorgt werden. Der Datenschutzbeauftragte soll sich mit den Kollegen in anderen Institutionen **vernetzen.** Schließlich muss er im ersten Quartal eines jeden Jahres den **Datenschutzbericht** verfassen und dem Exekutivdirektor übergeben. 4

Dem Datenschutzbeauftragten werden durch die Entscheidung des Verwaltungsrates auch bestimmte Befugnisse eingeräumt. Er kann aus eigener Initiative Empfehlungen aussprechen oder Stellungnahmen zur **Konformität** bestimmter Aktivitäten abgeben. Hier wird Art. 45 Abs. 2 wiederholt, der bestimmte investigative Befugnisse normiert. Er kann dem Exekutivdirektor etwas mitteilen und die Unterstützung von Mitarbeitern einfordern. Diesen Befugnissen stehen Verpflichtungen der Mitarbeiter in Art. 6 der Entscheidung gegenüber, die zur Auskunft und Unterstützung verpflichtet werden. Schließlich enthält Art. 8 eine weitere Ermächtigung des Verwaltungsrates, die dem Exekutivdirektor erlaubt Umsetzungsentscheidungen zu treffen. Dies betrifft insbesondere solche, die Empfehlungen des EDPS umsetzen. 5

Art. 42 Zusammenarbeit mit Drittländern und internationalen Organisationen

(1) [1]**Die ENISA kann mit den zuständigen Behörden von Drittländern und mit internationalen Organisationen zusammenarbeiten, soweit dies zur Verwirklichung der Ziele dieser Verordnung erforderlich ist.** [2]**Zu diesem Zweck kann die ENISA, nach vorheriger Genehmigung durch die Kommission, Arbeitsvereinbarungen mit den Behörden von Drittländern**

---

[2] → Art. 26 Rn. 1 ff. und → Art. 27 Rn 1 ff.

[3] *EDSB,* Startseite, https://edps.europa.eu/.

und internationalen Organisationen treffen. [3]Diese Arbeitsvereinbarungen begründen keine rechtlichen Verpflichtungen für die Union und ihre Mitgliedstaaten.

(2) **[1]Die ENISA steht der Beteiligung von Drittländern offen, die entsprechende Übereinkünfte mit der Europäischen Union geschlossen haben. [2]Gemäß den einschlägigen Bestimmungen dieser Übereinkünfte werden Arbeitsvereinbarungen getroffen, die insbesondere Art, Umfang und Form einer Beteiligung dieser Drittländer an der Tätigkeit der ENISA festlegen; hierzu zählen auch Bestimmungen über die Beteiligung an den von der ENISA durchgeführten Initiativen, finanzielle Beiträge und Personal. [3]In Personalfragen müssen derartige Arbeitsvereinbarungen in jedem Fall mit dem Statut der Beamten und den Beschäftigungsbedingungen für die sonstigen Bediensteten vereinbar sein.**

(3) **[1]Der Verwaltungsrat verabschiedet eine Strategie für die Beziehungen zu Drittländern und internationalen Organisationen in Bezug auf Angelegenheiten, für die die ENISA zuständig ist. [2]Die Kommission stellt durch den Abschluss einer entsprechenden Arbeitsvereinbarung mit dem Exekutivdirektor sicher, dass die ENISA im Rahmen ihres Mandats und des bestehenden institutionellen Rahmens handelt.**

Literatur: *Brun,* The role of the European Union Agency for Network and Information Security (ENISA) in the governance strategies of European cybersecurity, 2018, http://hdl.handle.net/2078.1/thesis:16234

A. Allgemeines

1 Die Förderung der Kooperation mit **Drittländern** ist im Erwgr. 54 angesprochen. In der VO (EU) 526/2013 ist dieser Erwägungsgrund fast gleichlautend in Nr. 36 wiedergegeben. Auch bei der Co-Finanzierung in Erwgr. 64 wurden nur marginale sprachliche Änderungen gegenüber Nr. 51 VO (EU) 526/2013 vorgenommen. Das Konzept der Zusammenarbeit mit Drittstaaten ist also nicht erst durch die Cybersicherheitsverordnung eingeführt worden. Neu ist dagegen, dass nun auch die internationalen Lieferketten im Bereich IKT angesprochen werden. Denn wenn eine Cybersicherheitszertifizierung Sinn machen soll, dann muss sie auch die internationalen **Lieferketten** erfassen. Deswegen fordert Ergr. Nr. 105 dazu auf, dass in jedem Schema für die Cybersicherheitszertifizierung spezifische Bedingungen über die gegenseitige Anerkennung bei Drittländern vorgesehen werden. Erwgr. 108 geht noch einen Schritt weiter und verlangt eine Evaluierung der Rolle der ENISA bei der Unterstützung der Bewertung von IKT-Produkten, -Diensten und -Prozessen aus Drittländern, die auf den **Unionsmarkt** gelangen und gegen die Unionsvorschriften verstoßen. Die Zusammenarbeit mit Drittstaaten und internationalen Organisationen ist nichts Außergewöhnliches für eine der dezentralen Agenturen der Union. So hat die Untersuchung der dezentralen Agenturen 2011[1] ergeben, dass in 21 der Agenturen die Möglichkeit der Beteiligung von

[1] Analytical Fiche Nr° 18, International relations, http://web.archive.org/web/20160927064904/https://europa.eu/european-union/sites/europaeu/files/docs/body/fiche_18_sent_to_ep_cons_2011-03-16_en.pdf.

Drittstaaten besteht und 15 der Agenturen auch mit internationalen Organisationen kooperieren dürfen.

B. Einzelerläuterungen

Die Zusammenarbeit mit Drittstaaten wurde schon in Art. 12 der Verordnung als Aufgabe formuliert. In Art. 42 wird die Ausformung dieser Aufgabe konkretisiert. Die einzelnen Absätze betreffen drei verschiedene Ebenen der internationalen Zusammenarbeit. In Abs. 1 wird der ENISA erlaubt, mit Behörden von Drittstaaten und mit internationalen Organisationen auf Behördenebene zusammen zu arbeiten. Dabei soll aber keine Verpflichtung der Europäischen Union entstehen. Es handelt sich also um eine Zusammenarbeit ohne bindende Wirkung für Union und Mitgliedsstaaten. ENISA agiert hier vergleichbar einer privaten Organisation, die aufgrund ihrer Verfassung als juristische Person Verträge schließen kann. Auch diese nicht bindenden Vereinbarungen muss sich die ENISA von der Kommission genehmigen lassen. Die Vorbehalte in der Diskussion des ITRE-Komitees in 2013[2] haben wohl zu dieser doppelten Einschränkung geführt. 2

Abs. 2 ermöglicht es beteiligten Drittländern Personal zur ENISA zu entsenden und sich damit konkret an der Ausarbeitung von Studien zu beteiligen. Bisher wird dies ausschließlich von den EEA/EFTA Staaten genutzt. Das einheitliche Programmdokument von 2022–2024[3] enthält hier einen Beitrag von 503.120 EUR zum Haushalt. Die EEA/EFTA haben per Definition entsprechende Vereinbarungen mit der Europäischen Union geschlossen. Insofern bestehen keine Hindernisse sich an der ENISA zu beteiligen. Allerdings enthält die Personalplanung keinerlei Hinweis auf eine Beteiligung der EFTA-Staaten durch die Entsendung von Personal in die ENISA. Damit bleibt ein wesentlicher Teil von Abs. 2 eher theoretischer Natur. 3

Abs. 3 erlaubt es der ENISA, eine Strategie zum Umgang mit Drittstaaten zu erstellen. Dies ist in der Planung 2022–2024 für das Jahr 2021 angekündigt[4] und eine reine Übernahme aus vergangenen Planungsdokumenten. Auch hier scheinen die Bedenken des Parlaments durch, die dezentralen Agenturen könnten eine eigene Außenpolitik der Union begründen. Denn die Strategie muss eingebettet werden in eine Arbeitsvereinbarung zwischen Kommission und Exekutivdirektor, die sicherstellen soll, dass die ENISA die internationalen Beziehungen nur im Sinne der ihr gestellten Aufgabe entwickelt und den Rahmen der gemeinsamen EU-**Außenpolitik** respektiert. Angesichts dieses Misstrauens und der dadurch entstehenden Hürden für die internationale Strategie, ist die Verzögerung des Erlasses der Strategie nachvollziehbar. 4

---

[2] Brun, The role of ENISA, S. 56 mwN.

[3] *ENISA,* Decision MB/2021/1, https://www.enisa.europa.eu/about-enisa/structure-organization/management-board/management-board-decisions/mb-decision-2021_1-on-programming-document-2022-24_budget2022_establishment-plan2022.

[4] *ENISA,* Decision MB/2021/1, S. 51.

Art. 43 Sicherheitsvorschriften für den Schutz von vertraulichen Informationen, die nicht zu den Verschlusssachen zählen und von Verschlusssachen

[1]Nach Konsultation der Kommission legt die ENISA die Sicherheitsvorschriften fest, mit denen die in den Sicherheitsvorschriften der Kommission für den Schutz von vertraulichen Informationen, die nicht zu den Verschlusssachen zählen und von Verschlusssachen der Europäischen Union enthaltenen Sicherheitsgrundsätze angewandt werden, die in den Beschlüssen (EU, Euratom) 2015/443 und 2015/444 festgelegt sind. [2]Die Sicherheitsvorschriften der ENISA enthalten Bestimmungen über den Austausch, die Verarbeitung und die Speicherung derartiger Informationen.

A. Allgemeines

1 In der VO (EU) 526/2013 war die Forderung nach Sicherheitsvorschriften in Art. 31 geregelt. Der Wortlaut ähnelt zwar dem der jetzigen Cybersicherheitsverordnung, der Inhalt hat sich jedoch stark verändert. Dies ist nicht zuletzt der Änderung der unterliegenden Rechtsgrundlagen geschuldet. Denn die Kommission hatte 2015 mit dem Erlass von Beschluss (EU, Euratom) 2015/443 und Beschluss (EU, Euratom) 2015/444 eine neue Grundlage für die Vertraulichkeit und Sicherheit in der Kommission erlassen. Es geht um „EU classified information“ (EUCI) oder EU-Verschlusssachen (EU-VS). Diese sind in Art. 9 des Beschlusses 2015/443/EU definiert als „alle mit einem EU-Geheimhaltungsgrad gekennzeichneten Informationen oder Materialien, deren unbefugte Weitergabe den Interessen der Europäischen Union oder eines oder mehrerer ihrer Mitgliedstaaten in unterschiedlichem Maße schaden könnte“. Darüber hinaus gibt es „vertrauliche Informationen, die nicht zu den Verschlusssachen zählen“. Art. 9 gibt hier eine beispielhafte Aufzählung solcher Dokumente. Darunter fallen insbesondere Materialien oder Informationen:

- die unter das Berufsgeheimnis gemäß Artikel 339 AEUV fallen
- die zu den nach Art. 4 Transparenz-VO geschützten Interessen zu zählen sind
- die zu solchen personenbezogenen Daten zählen, die unter die EG-Datenschutz-Verordnung fallen.

2 Der Beschluss (EU, Euratom) 2015/444 regelt dann die Behandlung von Verschlusssachen im Detail und legt Grundsätze und Mindeststandards für die Sicherheit in Bezug auf den Schutz von EU-VS fest. So werden zB in Art. 3 die Stufen der Geheimhaltung festgelegt.

B. Einzelerläuterungen

3 Art. 27 der Cybersicherheitsverordnung macht der ENISA Vorgaben zur Behandlung von Informationen, zu denen ein Vertraulichkeitsversprechen abgegeben wurde. Auch Art. 27 enthält schon den Verweis auf die Sicherheitsbeschlüsse der Kommission.[1] Art. 43 ermächtigt die ENISA eigene Sicherheitsregeln im Rahmen

[1] Beschluss (EU, Euratom) 2015/443 und Beschluss (EU, Euratom) 2015/44.

der Sicherheitsbeschlüsse der Kommission zu erlassen. Diese Aufgabe wurde bisher vom Verwaltungsrat wahrgenommen. Art. 43 enthält hier keine Zuweisung und spricht nur von der ENISA. Allerdings lässt sich die derzeitige Praxis einer Zuständigkeit des Verwaltungsrats aus Art. 1 UAbs. 1 lit. a und p ableiten, wonach der Verwaltungsrat Herr der internen Strukturen ist.

Aufgrund Art. 31 VO (EU) 526/2013 wurden 2016 erste Sicherheitsregeln erlassen.[2] Da die Rechtsgrundlage sich jedoch stark verändert hat, hat der Verwaltungsrat die ENISA mit der Entscheidung vom 30.11.2020[3] beauftragt, die 2016 eingeführten Sicherheitsregeln zu überprüfen. Das Ergebnis der Überprüfung steht aus. Bisher hatten Kommission und Rat nur Verschlusssachen bis zur Stufe RESTREINT UE/EU RESTRICTED mit der ENISA geteilt. Insofern waren die Sicherheitsvorschriften aus 2016 nur bis zu dieser Stufe definiert. Die Cybersicherheitsverordnung enthält jedoch Aufgaben, die eine Behandlung von Information der Stufe SECRET UE/EU SECRET erfordern. Regeln für diese Stufe der Geheimhaltung fehlen aber in der Verwaltungsratsentscheidung von 2016. **4**

Die **Sicherheitsvorschriften** selbst sind **nicht veröffentlicht.**

Art. 44 Sitzabkommen und Arbeitsbedingungen

(1) **Die notwendigen Regelungen über die Unterbringung der ENISA in dem Mitgliedstaat, in dem sie ihren Sitz hat, und über die Einrichtungen, die von diesem Mitgliedstaat zur Verfügung zu stellen sind, sowie die besonderen Vorschriften, die im Sitzmitgliedstaat der ENISA für den Exekutivdirektor, die Mitglieder des Verwaltungsrats, das Personal der ENISA und für Familienangehörige dieser Personen gelten, werden in einem Sitzabkommen festgelegt, das nach Billigung durch den Verwaltungsrat zwischen der ENISA und dem Sitzmitgliedstaat geschlossen wird.**

(2) **Der Sitzmitgliedstaat der ENISA gewährleistet die bestmöglichen Voraussetzungen für das reibungslose Funktionieren der ENISA, unter Berücksichtigung der Erreichbarkeit des Standortes, des Vorhandenseins adäquater Bildungseinrichtungen für die Kinder der Mitglieder des Personals und eines angemessenen Zugangs zu Arbeitsmarkt, Sozialversicherung und medizinischer Versorgung für Kinder und Ehegatten der Mitglieder des Personals.**

Literatur: *Brun,* The role of the European Union Agency for Network and Information Security (ENISA) in the governance strategies of European cybersecurity, 2018, http://hdl.handle.net/2078.1/thesis:16234

[2] *ENISA,* Decision MB/2016/1, https://www.enisa.europa.eu/about-enisa/structure-organization/management-board/management-board-decisions/decision-no-mb-2016-1-on-handling-classified-information.

[3] *ENISA,* Decision MB2020/21, https://www.enisa.europa.eu/about-enisa/structure-organization/management-board/management-board-decisions/mb-decision-2020_21_-on-handling-classified-information.

A. Allgemeines

1 Die ausführliche Behandlung des Sitzabkommens erfolgt zum ersten Mal in der VO (EU) 526/2013von 2013. Dies rechtfertigt sich auch daraus, dass in den neun Jahren zwischen der ersten und zweiten Verordnung die Anfangsschwierigkeiten der ENISA immer wieder mit dem isolierten Sitz in Heraklion in Verbindung gebracht worden waren.[1] Dazu wurde ein Teil des Erwgr. 6 in den Art. 31 der Verordnung von 2013 aufgenommen. Art. 44 der Cybersicherheitsverordnung von 2019 geht weiter auf diesem Weg und verfeinert in Abs. 2 die sprachliche Ausgestaltung des ursprünglichen Art. 31. In Abs. 1 wird das Sitzabkommen erstmals explizit erwähnt und eine Ermächtigung zum Abschluss eines solchen Abkommens erteilt. Wegen der Schwierigkeiten in der Infrastruktur von **Kreta** wurde inzwischen ein Büro der ENISA in **Athen** eröffnet. Die Möglichkeit solche Außenstellen zu eröffnen, wurde in der Cybersicherheitsverordnung weiter ausgedehnt. Schließlich wurde der Sitz nach Athen **verlegt.**[2]

2 Das Sitzabkommen folgt dabei einer Vorgabe aus dem einheitlichen Vorgehen im Bereich der dezentralen Agenturen. Diese sind in einem Bericht der Kommission aus 2015 erwähnt.[3] Berichtet wird vom Erlass von Leitlinien zu Standardvorschriften für Abkommen über den Sitz dezentraler Agenturen der EU.

B. Einzelerläuterungen

3 Art. 44 regelt die Beziehungen der dezentralen Agentur ENISA zum Mitgliedstaat, indem sie ihren Hauptsitz hat. Mit dem Beschluss B 2004/97/EG, der auf der Tagung des Europäischen Rates vom 13.12.2003 angenommen wurde, beschlossen die Vertreter der Mitgliedstaaten, dass der Sitz der ENISA in Griechenland, in einer von der griechischen Regierung zu bestimmenden Stadt errichtet werden sollte. Aufgrund dieses Beschlusses bestimmte die griechische Regierung, dass die ENISA ihren Sitz in Heraklion auf Kreta haben sollte. Am 1.4.2005 wurde dann ein erstes Sitzabkommen zwischen der ENISA und dem Sitzmitgliedstaat abgeschlossen. Der Vertrag sollte die bestmöglichen Voraussetzungen für eine reibungslose und effiziente Tätigkeit der Agentur gewährleisten.

4 Die Diskussion um den Standort der ENISA war von langer Dauer. Weil die Flug-Verbindungen nach Heraklion auf Kreta im Winter sehr spärlich waren, konnten die Bediensteten der ENISA nur schwer an Sitzungen politischer Gremien in Brüssel teilnehmen. Die am Anfang beklagte Langsamkeit der ENISA wurde auch darauf zurückgeführt. Für Griechenland wiederum war Heraklion eine logische Wahl für den Standort, denn das Foundation for Research and Technology-Hellas (FORTH) Institute of Computer Science[4] befindet sich dort und konnte die entsprechende Infrastruktur sofort zur Verfügung stellen. Diese inhaltliche Positionierung entsprach dem Zeitgeist 2004. Doch die ENISA ist inzwischen sehr stark in Verwaltungsvorgänge einbezogen. Diese wiederum finden ihr Zentrum in Brüssel. 2013 wurde

---

[1] *Brun,* The role of ENISA, S. 54f.

[2] Für die Einzelheiten → Rn. 3ff.

[3] 2015/179/COM final, https://eur-lex.europa.eu/legal-content/EN/TXT/?uri=CELEX:52015DC0179.

[4] *FORTH,* Contact Info, https://www.ics.forth.gr/contactInfo.

dann ein Kompromiss gefunden und die vorwiegend politisch tätigen Mitarbeiter wurden in einem Büro der ENISA in Athen untergebracht. So konnten sie mit Tagesrandverbindungen bei Bedarf nach Brüssel reisen. Aber auch andere Mitarbeiter wollten nach Athen, denn in Heraklion war keine internationalen Schulen verfügbar. Nach Verabschiedung der Cybersicherheitsverordnung wurde ein neuer Anlauf gemacht. Am 13.11.2018 wurde ein neues Sitzabkommen mit Griechenland geschlossen.[5] Dort wurde vereinbart, dass die Standorte nun vertauscht werden. Der Sitz der ENISA wird in den Stadtbezirk Athen verlegt und das IT-Zentrum FORTH in Heraklion wird als Niederlassung weiter betrieben. Griechenland verspricht ein angemessenes staatliches Gebäude zur Verfügung zu stellen. Die Unterstützung für die internationalen Mitarbeiter der ENISA solle verbessert werden. Vom Abkommen bis zur Umsetzung hat es jedoch gedauert. Im einheitlichen Programmdokument 2022–2024[6] verkündete Exekutivdirektor Juhan Lepassaar, dass die ENISA in dieser Zeit in ein neues größeres Gebäude in Athen umziehen wird.

Das **Sitzabkommen** der ENISA ist, anders als bei anderen dezentralen Agentu- **5**
ren, **nicht offiziell veröffentlicht.** Es gab deswegen eine Beschwerde zur europäischen Ombudsstelle.[7] Darin vertrat ENISA die Ansicht, dass das Abkommen deswegen nicht zu veröffentlichen sei, weil es personenbezogene Daten enthalte. In der Entscheidung widersprach die Ombudsstelle und es wurde Zugang gegeben. Inzwischen ist das Sitzabkommen auf der Website des griechischen Parlaments als Scan veröffentlicht.[8] Auf der Seite der ENISA erfolgt dieser Zugang nur auf Anfrage.

Im Sitzabkommen sind kuriose und weniger kuriose Dinge geregelt. Zu den ku- **6**
riosen Dingen zählt zweifellos, dass die ENISA sowohl die griechische als auch die europäische Flagge hissen darf. Art. 4 des Sitzabkommens gibt der ENISA Immunität gegenüber Durchsuchungen und Beschlagnahmen durch die griechischen Behörden. Ausnahmen davon enthalten Unfälle und zivilrechtliche Streitigkeiten außerhalb des Arbeitsverhältnisses mit den Mitarbeitern. Art. 6 sichert der ENISA einen diplomatischen Status zu. Gleichzeitig haftet Griechenland nicht für Akte der ENISA. Art. 8 enthält die generelle Steuerbefreiung der ENISA, die sich auf lokale Steuern, aber auch die Mehrwertsteuer erstreckt. Eine Gebührenbefreiung besteht nicht. Die Mitarbeiter der ENISA sind im europäischen System. Das Sitzabkommen befreit daher von Steuer und Sozialversicherung. Für Streitigkeiten wird der EuGH als Forum gewählt.

Art. 45 Verwaltungskontrolle

Die Tätigkeit der ENISA unterliegt der Aufsicht des Europäischen Bürgerbeauftragten nach Artikel 228 AEUV.

---

5 *ENISA,* Signing of the seat agreement between ENISA, Minister Pappas and Secretary General Maglaras on behalf of the Hellenic Authorities, https://www.enisa.europa.eu/news/enisa-news/signing-of-the-seat-agreement-between-enisa-and-hellenic-authorities.

6 *ENISA,* Decision MB/2021/1, https://www.enisa.europa.eu/about-enisa/structure-organization/management-board/management-board-decisions/mb-decision-2021_1-on-programming-document-2022-24_budget2022_establishment-plan2022.

7 *Europäische Ombudsstelle,* Entsch. v. 18.12.2019 – 630/2019/MOM, https://www.ombudsman.europa.eu/en/case/en/54522.

8 https://www.hellenicparliament.gr/UserFiles/c8827c35-4399-4fbb-8ea6-aebdc768f4f7/11009858.pdf.

A. Allgemeines

1 Art. 26 VO (EG) 460/2004 verwies noch auf Art. 195 des Maastricht-Vertrages. In Art. 34 VO (EU) 526/2013 wurde der Text nur insoweit angepasst, als der Bürgerbeauftragte nunmehr in Art. 228 AEUV geregelt ist. Der Text aus 2013 wurde ohne Veränderung in die Cybersicherheitsverordnung von 2019 übernommen.

B. Einzelerläuterungen

2 Die Kontrolle durch den Bürgerbeauftragten[1] betrifft insbesondere den Zugang zu Dokumenten nach Art. 28. Ein entsprechendes Verfahren wurde kürzlich um das Sitzabkommen der ENISA mit dem griechischen Staat geführt. Insgesamt gab es mehr als 25 Verfahren vor dem Bürgerbeauftragten mit der ENISA als Gegenpartei. Dies betraf eine breite Palette von Fällen. Ein sehr relevanter Fall ist der unter Art. 44 abgehandelte Fall des öffentlichen Zugangs zum Sitzabkommen der ENISA mit dem griechischen Staat.[2] Viele Fälle betreffen auch Beschwerden von Mitarbeitern gegen den Dienstherren[3]. Andere wiederum handeln von **Beschaffungswesen.** So hatte die ENISA bei der Vergabe einer Veranstaltungsorganisation einem spanischen Unternehmen Fragen nicht oder nicht rechtzeitig beantwortet. Die Bürgerbeauftragte konnte erreichen, dass dem spanischen Unternehmen der Aufwand der Bewerbung um den Auftrag ersetzt wurde. Die Fallsammlung ist auf der Website der Bürgerbeauftragten via der Suche abrufbar.

Titel III Zertifizierungsrahmen für die Cybersicherheit

Art. 46 Europäischer Zertifizierungsrahmen für die Cybersicherheit

(1) **Der europäische Zertifizierungsrahmen für die Cybersicherheit wird geschaffen, um die Voraussetzungen für einen funktionierenden Binnenmarkt zu verbessern, indem die Cybersicherheit in der Union erhöht wird und indem im Hinblick auf die Schaffung eines digitalen Binnenmarkts für IKT-Produkte, -Dienste und -Prozesse ein harmonisierter Ansatz auf Unionsebene für europäische Schemata für die Cybersicherheitszertifizierung ermöglicht wird.**

(2) **Der europäische Zertifizierungsrahmen für die Cybersicherheit legt einen Mechanismus fest, mit dem europäische Schemata für die Cybersicherheitszertifizierung geschaffen werden und mit dem bescheinigt wird, dass die nach einem solchen Schema bewerteten IKT-Produkte, -Dienste und -Prozesse den festgelegten Sicherheitsanforderungen genügen, um die Verfügbarkeit, Authentizität, Integrität oder Vertraulichkeit**

---

1 *Europäische Ombudsstelle,* Startseite, https://www.ombudsman.europa.eu/de/home.

2 *Europäische Ombudsstelle,* Entsch. v. 18.12.2019 – 630/2019/MOM, https://www.ombudsman.europa.eu/en/case/en/54522.

3 Statt vieler: *Europäische Ombudsstelle,* Empf. v. 3.9.2014 – 1125/2011/ANA, https://www.ombudsman.europa.eu/en/decision/en/54683.

von gespeicherten, übermittelten oder verarbeiteten Daten, Funktionen oder Diensten, die von diesen Produkten, Diensten und Prozessen angeboten oder über diese zugänglich gemacht werden, während deren gesamten Lebenszyklus zu schützen.

A. Allgemeines

Mit Art. 46 beginnt der Titel III „Zertifizierungsrahmen für die Cybersicherheit" (Art. 46–65) der Cybersicherheits-Verordnung. Abs. 1 definiert die Zielstellung und Mittel des Europäischen Zertifizierungsrahmens, Abs. 2 setzt den Rahmen für die zu schaffenden europäischen Schemata für die Cybersicherheitszertifizierung. 1

B. Einzelerläuterungen

Abs. 1 definiert als Ziele des Zertifizierungsrahmens die Verbesserung der Voraussetzungen für einen funktionierenden Binnenmarkt. Dies soll durch Erhöhung der Cybersicherheit in der Union und Schaffung eines EU-weiten Ansatzes für die europäischen Schemata zur Cybersicherheitszertifizierung zur Schaffung eines digitalen Binnenmarkts für IKT-Produkte, -Dienste und -Prozesse erreicht werden. Damit greift die Regelung auch die Bestimmung aus Art. 1 Abs. 1 auf, die das ordnungsgemäße Funktionieren des Binnenmarkts und die Erreichung eines hohen Niveaus in der Cybersicherheit in der Union als Ziele der Cybersicherheits-Verordnung definiert. 2

Die Gewährleistung gewisser Cybersicherheitsstandards ist dabei, wie Erwgr. 65 beschreibt, entscheidend für die Entwicklung des Binnenmarkts, der Datenwirtschaft und des Internets der Dinge. Insbesondere Netz- und Informationssysteme werden als Kernbestandteile des digitalen Binnenmarkts angesehen,[1] deren Sicherheit daher gestärkt werden muss. Ohne Vertrauen in die Cybersicherheit kann eben diese Entwicklung nicht nachhaltig verwirklicht werden. Durch einen harmonisierten Zertifizierungsrahmen soll das Vertrauen in digitale Produkte und Services gestärkt, die Transparenz über die Cybersicherheit erhöht,[2] sowie die Verbesserung des Sicherheitsstandards selbst vorangetrieben werden.[3] Cybersicherheitszertifizierungen und gemeinsame Standards haben sich zur Erreichung dieser Ziele bereits in einigen Sektoren bewährt bzw. werden als notwendiges Mittel zur Stärkung der Resilienz angesehen.[4] IKT-Produkte, -Dienste und -Prozesse werden bisher jedoch noch nicht in ausreichendem Maße zertifiziert.[5] 3

Die bisherigen Entwicklungen im Binnenmarkt sind eher von geografischer Zersplitterung als von unionsweitem, harmonisiertem Fortschritt im Bereich der Cybersicherheit geprägt.[6] Die Fragmentierung behindert dabei nicht nur die Entwicklung des Binnenmarkts selbst und die Produktvielfalt; sie hemmt auch das Ver- 4

---

[1] Erwgr. Nr. 2.
[2] Hierzu unter anderem Erwgr. Nr. 2, 7 und 10.
[3] Erwgr. Nr. 65.
[4] Erwgr. Nr. 65, Art. 1 NIS-RL.
[5] Erwgr. Nr. 67.
[6] Erwgr. Nr. 66.

trauen in den Binnenmarkt und erschwert es europäischen Unternehmen im Wettbewerb, auch auf globaler Ebene, zu bestehen.[7] Erwgr. 67 zeigt auf, wie sich dieser Wettbewerbsnachteil konkret manifestiert und die Zielerreichung bisher hindert: Sofern bereits Zertifizierungen angeboten werden, sind diese bisher eher auf nationalstaatlicher Ebene verankert oder sektorspezifischer Natur. Insbesondere Zertifizierung auf Ebene der Mitgliedstaaten hemmt die Weiterentwicklung des Binnenmarkt sowie die Wettbewerbsfähigkeit, da die Zertifikate nicht automatisch auch von anderen Mitgliedstaaten anerkannt werden, was bei Anbietern zu erhöhten Aufwänden durch Mehrfachzertifizierungen führt. Überlappende, sich zum Teil auch widersprechende nationale Standards führen zu weiteren Mehraufwänden[8] und damit Nachteilen im Wettbewerb. Insbesondere horizontale Rahmenbedingungen und Zertifizierungsmechanismen fehlen noch vollständig, gegenseitige Anerkennung innerhalb der Union ist aufgrund der unterschiedlichen Kriterien sowohl auf Produkt- als auch auf Ebene der Vertrauenswürdigkeitsstufen bisher nur vereinzelt möglich. Die gegenseitige Anerkennung von Zertifikaten innerhalb der Union wurde zum Beispiel durch die Vereinbarung über die gegenseitige Anerkennung in der Gruppe hoher Beamter für die Sicherheit der Informationssysteme (SOG-IS) eingeführt. Erwgr. 68 greift dieses Beispiel auf, stuft diese Vereinbarung als wohl wichtigstes Vorbild für die Zusammenarbeit auf dem Gebiet der Sicherheitszertifizierung ein, betont jedoch zugleich den Mangel der Vereinbarung, da die SOG-IS nur einige Mitgliedstaaten umfasst und daher keine umfassende Wirkung im Binnenmarkt entfalten konnte.

5 Die Herausforderungen im Markt und fehlende Wettbewerbsförderung beschreibt auch Abs. 1. Hohe und EU-weit einheitliche Cybersicherheitsstandards sollen den Wettbewerb fördern und einen Wettbewerbsvorteil europäischer Unternehmen schaffen. Art. 46 setzt damit die bereits seit einem halben Jahrzehnt kommunizierte Linie der EU-Kommission fort. Bereits 2016 adressierte die EU-Kommission dies in ihrer Mitteilung zur „Stärkung der Abwehrfähigkeit Europas im Bereich der Cybersicherheit und Förderung einer wettbewerbsfähigen und innovativen Cybersicherheitsbranche“[9] und erkannte in ihrer Mitteilung 2017[10] die Fragmentierung des Binnenmarkts als dringend zu lösendes Problem und den einheitlichen Zertifizierungsrahmen als probates Lösungsmittel an. Auf existierende Systeme gegenseitiger Anerkennung (wie das SOG-IS) soll dabei mit dem europäischen Rahmen für die Cybersicherheitszertifizierung aufgesetzt werden. Erwgr. 69 sieht die bisherigen Systeme und Schemata als Fundament und daher als notwendig an, um ohne Brüche zwischen bisherigen Systemen und Schemata und den neu zu schaffenden Schemata den europäischen Rahmen und die gegenseitige Anerkennung zu verwirklichen. Die Zielerreichung hängt dabei auch davon ab, dass die europäischen Zertifizierungen in gleicher Weise in den Mitgliedstaaten eingeführt werden, um erneute Fragmentierungen oder sogar ein „Zertifizierungshopping“ zu vermeiden.[11]

6 Abs. 2 setzt an der Zielstellung des Abs. 1 an und legt den Rahmen für die Schaffung europäischer Schemata für die Cybersicherheitszertifizierung fest, ohne jedoch selbst operationalisierbare Schemata zu regeln. Diese sollen auf Grundlage der Art. 46ff. entwickelt werden. Der Zertifizierungsrahmen in Abs. 2 legt hierfür den

---

[7] Erwgr. Nr. 66.
[8] Erwgr. Nr. 69.
[9] COM 2016/0410 final.
[10] COM/2017/0228 final.
[11] Erwgr. Nr. 70.

Mechanismus zur Schaffung der Schemata fest, die dann wiederum inhaltlich die konkreten Sicherheitsanforderungen für IKT Produkte, -Dienste oder -Prozesse regeln.

Art. 47 Das fortlaufende Arbeitsprogramm der Union für die europäische Cybersicherheitszertifizierung

(1) **Die Kommission veröffentlicht ein fortlaufendes Arbeitsprogramm der Union für die europäische Cybersicherheitszertifizierung (im Folgenden „fortlaufendes Arbeitsprogramm der Union"), in dessen Rahmen die strategischen Prioritäten für künftige europäische Schemata für die Cybersicherheitszertifizierung festgelegt werden sollen.**

(2) **Das fortlaufende Arbeitsprogramm der Union umfasst insbesondere eine Liste der IKT-Produkte, -Dienste und -Prozesse oder Kategorien davon, die von der Aufnahme in ein europäisches Schema für die Cybersicherheitszertifizierung profitieren können.**

(3) **Die Aufnahme bestimmter IKT-Produkte, -Dienste und -Prozesse oder bestimmter Kategorien davon in das fortlaufende Arbeitsprogramm der Union muss aus einem oder mehreren der folgenden Gründe gerechtfertigt sein:**

a) Verfügbarkeit und Entwicklung nationaler Schemata für die Cybersicherheitszertifizierung für bestimmte Kategorien von IKT-Produkten, -Diensten oder -Prozessen, insbesondere im Hinblick auf das Risiko der Fragmentierung;

b) einschlägige Politik oder einschlägiges Recht der Union oder der Mitgliedstaaten;

c) Nachfrage auf dem Markt;

d) Entwicklungen in der Cyberbedrohungslandschaft;

e) Beauftragung mit der Ausarbeitung eines bestimmten möglichen Schemas durch die Europäische Gruppe für die Cybersicherheitszertifizierung.

(4) **Die Kommission trägt den Stellungnahmen der Europäischen Gruppe für die Cybersicherheitszertifizierung und der Gruppe der Interessenträger für die Cybersicherheitszertifizierung zum Entwurf des fortlaufenden Arbeitsprogramm der Union gebührend Rechnung.**

(5) **[1]Das erste fortlaufende Arbeitsprogramm der Union wird spätestens am 28. Juni 2020 vorgelegt. [2]Das fortlaufende Arbeitsprogramm der Union mindestens alle drei Jahre, und bei Bedarf öfter aktualisiert.**

A. Allgemeines

Art. 48 regelt die Details des fortlaufenden Arbeitsprogramms der Union für die europäische Cybersicherheitszertifizierung. Entgegen der Regelung in Abs. 5 wurde das erste Arbeitsprogramm jedoch nicht bis zum 28. 6. 2020 vorgelegt (Stand 7.2021). Es ist zu vermuten, dass sich insbesondere durch die globale Corona-Pandemie die Ausarbeitung aufgrund der notwendigerweise veränderten Ressourcenallokation verzögerte. 1

B. Einzelerläuterungen

2 Art. 48 legt der EU-Kommission die Verpflichtung auf, gemeinsam mit der Europäischen Gruppe für die Cybersicherheitszertifizierung und der Gruppe der Interessenträger für die Cybersicherheitszertifizierung das fortlaufende Arbeitsprogramm zu erarbeiten und zu veröffentlichen.[1] Der Erarbeitung hat eine offene und umfassende Konsultation vorauszugehen. Die Konsultation für das erste Arbeitsprogramm wurde mit der öffentlichen Konsultation am 13.11.2020 gestartet und am 23.11. abgeschlossen.[2] Das Arbeitsprogramm ist als nicht verbindliches, strategisches Dokument angelegt, das vor allem der Vorbereitung und Priorisierung für Cybersicherheitszertifizierungen und der Übersicht über die angedachten Aufträge an die ENISA hinsichtlich der Ausarbeitungen der Schemata dienen soll.[3] Auch außerhalb des Arbeitsprogramms sollen jedoch Aufträge an die ENISA möglich sein, insbesondere um dynamischen Entwicklungen und neuen Bedrohungsszenarien zu begegnen. Das zeigt sich auch in der Regelung des Art. 48 Abs. 2, der eben diese Beauftragung der ENISA außerhalb der angedachten und vorgeplanten Zertifizierungen vorsieht.

3 Das Arbeitsprogramm unterliegt trotz des nicht verbindlichen Charakters bestimmten Anforderungen. Art. 47 Abs. 3 lit. a–e zeigen, dass insbesondere Marktfragmentierung, Marktnachfrage und neuen Entwicklungen Rechnung getragen werden soll und die Aufnahme von Zertifizierungsvorhaben nach den Kriterien zu begründen ist.

Art. 48 Auftrag für ein europäisches Schema für die Cybersicherheitszertifizierung

(1) **Die Kommission kann die ENISA damit beauftragen, ein mögliches Schema auszuarbeiten oder ein bestehendes europäisches Schema für die Cybersicherheitszertifizierung auf der Grundlage des fortlaufenden Arbeitsprogramm der Union zu überarbeiten.**

(2) **[1]In entsprechend begründeten Fällen kann die Kommission oder die Europäische Gruppe für die Cybersicherheitszertifizierung die ENISA damit beauftragen, ein mögliches Schema auszuarbeiten oder ein bestehendes europäisches Schema für die Cybersicherheitszertifizierung, das nicht im fortlaufenden Arbeitsprogramm der Union enthalten ist, zu überarbeiten. [2]Das fortlaufende Arbeitsprogramm der Union wird entsprechend aktualisiert.**

A. Allgemeines

1 Art. 48 ist die zentrale Regelung für die Zertifizierungsarbeit nach dem Cyber Security Act. Abs. 1 regelt die Beauftragung der ENISA durch die Kommission zur Neuschaffung von Zertifizierungsschemata und zur Überarbeitung auf Basis des

[1] Erwgr. Nr. 84.
[2] https://digital-strategy.ec.europa.eu/en/library/stakeholder-cybersecurity-certification-group-union-rolling-work-programme-stakeholders-view.
[3] Erwgr. Nr. 84.

fortlaufenden Arbeitsprogramms der Union (Stand 7.2021: noch nicht veröffentlicht).

2 Abs. 2 regelt als Ausnahme und für besonders zu begründende Fälle die Beauftragung der ENISA durch die Kommission oder die Europäische Gruppe für Cybersicherheitszertifizierung zur Neuschaffung oder Überarbeitung von Zertifizierungsschemata, auch wenn diese nicht im fortlaufenden Arbeitsprogramm der Union enthalten sind.

B. Einzelerläuterungen

3 Abs. 1 dient der europaweiten, strategischen Weiterentwicklung des Zertifizierungsrahmens. Die möglichst breite Harmonisierung durch einheitliche, europäische Standards soll Zertifizierungsshopping verhindern.[1] Durch die Beauftragung durch die EU Kommission auf der Basis des fortlaufenden Arbeitsprogramms der Union („Rolling Work Programme“) wird sichergestellt, dass neue Cybersicherheitsvorgaben in strategisch wichtigen Bereichen erfolgt. Dies zeigt sich bereits in den beiden in Arbeit befindlichen Schemata, die zur Ausarbeitung an die ENISA verwiesen wurden: Cloud und 5G. Die Einbeziehung des Arbeitsprogramms sichert daneben die Einbeziehung eines umfassenden Stakeholder-Konsultationsprozesses ab, der für Cybersicherheit unerlässlich ist.

4 Am 22.12.2020 hat die ENISA den auf diesem Mechanismus beruhenden Entwurf für den „EUCS“, den Cloud Services Scheme,[2] veröffentlicht, der die Grundlagen für eine Zertifizierung von cloudbasierten Produkten und Dienstleistungen beschreibt.[3]

5 Die EU-Kommission oder die Europäische Gruppe für Cybersicherheitszertifizierung (Art. 22) können nach Abs. 2 auch außerhalb des Arbeitsprogramms die Ausarbeitung von Schemata bzw. die Überarbeitung bestehender Schemata bei der ENISA anstoßen.

6 Die ENISA kann die Entwicklung eines Schemas nach einem Auftrag der Europäischen Gruppe für die Cybersicherheitszertifizierung nach Art. 49 Abs. 2 auch ablehnen, nicht jedoch nach Aufträgen durch die EU-Kommission.[4] Die ablehnenden Entscheidungen sollen durch den Verwaltungsrat getroffen und auch begründet werden.[5]

7 Abs. 2 kann auch herangezogen werden, solange es noch kein fortlaufendes Arbeitsprogramm gibt. Aber auch nach Veröffentlichung des fortlaufenden Arbeitsprogramms, soll über Abs. 2 die notwendige Flexibilität erhalten bleiben, wenn neue Entwicklungen eine einheitliche Zertifizierungsarbeit und die Einbeziehung der entsprechenden Stakeholder erfordern.

---

[1] Erwgr. Nr. 70.

[2] *ENISA,* EUCS – Cloud Services Scheme, https://www.enisa.europa.eu/publications/eucs-cloud-service-scheme.

[3] *ENISA,* Securing EU's Vision on 5G: Cybersecurity Certification, https://www.enisa.europa.eu/news/enisa-news/securing_eu_vision_on_5g_cybersecurity_certification.

[4] Erwgr. Nr. 84 referenziert hier ausdrücklich lediglich auf Aufträge der Europäischen Gruppe für die Cybersicherheitszertifizierung und lässt insoweit Aufträge der EU-Kommission aus.

[5] Art. 49 Abs. 2 und Erwgr. Nr. 84.

Art. 49 Ausarbeitung, Annahme und Überarbeitung der europäischen Schemata für die Cybersicherheitszertifizierung

(1) **Auf Auftrag der Kommission arbeitet die ENISA gemäß Artikel 48 ein mögliches Schema aus, das den in den Artikeln 51, 52 und 54 festgelegten Anforderungen genügt.**

(2) [1]**Nach einem Auftrag der Europäischen Gruppe für die Cybersicherheitszertifizierung gemäß Artikel 48 Absatz 2 kann die ENISA ein mögliches Schema ausarbeiten, das den in den Artikeln 51, 52 und 54 festgelegten Anforderungen genügt.** [2]**Lehnt die ENISA einen solchen Auftrag ab, so muss sie dies begründen.** [3]**Jede Entscheidung, einen Auftrag abzulehnen, wird vom Verwaltungsrat getroffen.**

(3) **Bei der Ausarbeitung der möglichen Schemata konsultiert die ENISA alle in Frage kommenden Interessenträger im Wege eines förmlichen, offenen, transparenten und inklusiven Konsultationsprozesses.**

(4) **Für jedes mögliche Schema setzt die ENISA eine Ad-hoc-Arbeitsgruppe nach Artikel 20 Absatz 4 ein, damit sie der ENISA spezifische Beratung und Sachkenntnis bereitstellt.**

(5) [1]**Die ENISA arbeitet eng mit der Europäischen Gruppe für die Cybersicherheitszertifizierung zusammen.** [2]**Die Europäische Gruppe für die Cybersicherheitszertifizierung leistet der ENISA Unterstützung und fachliche Beratung bei der Ausarbeitung des möglichen Schemas und gibt eine Stellungnahme zu dem möglichen Schema ab.**

(6) [1]**Die ENISA berücksichtigt die Stellungnahme der Europäischen Gruppe für die Cybersicherheitszertifizierung weitestgehend, bevor sie der Kommission das nach den Absätzen 3, 4 und 5 ausgearbeitete mögliche Schema vorlegt.** [2]**Diese Stellungnahme der Europäischen Gruppe für die Cybersicherheitszertifizierung ist weder bindend, noch hindert das Fehlen einer solchen Stellungnahme die ENISA daran, das mögliche Schema der Kommission vorzulegen.**

(7) [1]**Auf der Grundlage des von der ENISA ausgearbeiteten möglichen Schemas kann die Kommission Durchführungsrechtsakte erlassen, in denen für IKT-Produkte, -Dienste und -Prozesse, die die Anforderungen der Artikel 51, 52 und 54 erfüllen, ein europäisches Schema für die Cybersicherheitszertifizierung festgelegt wird.** [2]**Diese Durchführungsrechtsakte werden gemäß dem in Artikel 66 Absatz 2 genannten Prüfverfahren erlassen.**

(8) [1]**Die ENISA bewertet mindestens alle fünf Jahre jedes angenommene europäische Schema für die Cybersicherheitszertifizierung, wobei sie die Rückmeldungen seitens der Interessenträger berücksichtigt.** [2]**Erforderlichenfalls kann die Kommission oder die Europäische Gruppe für die Cybersicherheitszertifizierung die ENISA damit beauftragen, den Prozess der Ausarbeitung eines überarbeiteten möglichen Schemas nach Artikel 48 und nach dem vorliegenden Artikel einzuleiten.**

A. Allgemeines

1 Mit Art. 49 werden die Abläufe und Anforderungen an die Ausarbeitung der Schemata für die Cybersicherheitszertifizierung durch die ENISA sowie die Zusammenwirkung zwischen EU-Kommission, ENISA und der Europäischen Gruppe für die Cybersicherheitszertifizierung ausgestaltet.

B. Einzelerläuterungen

2 Mit Abs. 1 und 2 wird klargestellt, dass die nach dem Auftrag der EU-Kommission (Abs. 1) oder nach Auftrag der Europäischen Gruppe für die Cybersicherheitszertifizierung (Abs. 2) ausgearbeiteten Schemata den Anforderungen der Art. 51, 52 und 54 genügen müssen.[1] Durch Abs. 2 wird deutlich, dass die ENISA die Ausarbeitung eines Schema ablehnen darf, wenn die Beauftragung durch die Europäische Gruppe für die Cybersicherheitszertifizierung erfolgte. Da eine gleichlautende Möglichkeit in Abs. 1 fehlt, kann eine Ablehnung von seitens der EU-Kommission beauftragten Schemata nicht erfolgen.

3 Aufgrund der Komplexität und häufig dynamischen, von spezifischen Anwendungsfällen und Kontexten abhängigen Entwicklungen im Bereich der Cybersicherheit war die Einbeziehung von Stakeholdergruppen und Experten stets wichtiger Teil der Beratungen bei der Erarbeitung der Verordnung. Diese Einbeziehung wird über verschiedene Maßnahmen erreicht und umfasst sowohl dauerhafte als auch zeitweise Beratungsprozesse. Auf die verschiedenen Pflichten der ENISA, die Stakeholdergruppen bei der Ausarbeitung von Schemata zu beteiligen gehen die Abs. 3–6 ein.

4 Die Bedeutung der Einbeziehung von externen Experten und Stakeholdergruppen für die spezifischen Schemata, die sich in der Ausarbeitung befinden wird in Abs. 3 explizit niedergelegt, indem stets ein umfassenden Konsultationsprozess durchgeführt werden muss. Austausch, Reflexion und Transparenz über den eingegangenen Input soll unter anderem auch dadurch sichergestellt werden, dass sowohl Konsultationsprozess als auch die eingegangenen Rückmeldungen auf der Webseite der ENISA veröffentlicht werden.[2]

5 Die Einbeziehung von Sachkenntnis und Beratung zur Ausarbeitung der Schemata soll neben den Konsultationsprozessen, die aber üblicherweise erst nach Erarbeitung des ersten Drafts durchgeführt werden, insbesondere durch den Einsatz von Ad-hoc-Arbeitsgruppen während des gesamten Ausarbeitungsprozesses sichergestellt werden. Der Einsatz der Ad-hoc-Arbeitsgruppen richtet sich nach Art. 20 Abs. 4. Die ENISA macht die entsprechenden Aufrufe ebenfalls über Ihre Webseite bekannt[3] und listet auch die ausgewählten Experten.[4]

---

[1] Art. 53 behandelt die Selberbewertung der Konformität unter Verantwortung der Hersteller und beinhaltet daher keine Anforderung an die Schemata.

[2] Erwgr. Nr. 85 zu Art. 50.

[3] Die Webseite listet beispielsweise noch den 2019 durchgeführten Aufruf zur Bewerbung von Experten für die ad-hoc-Arbeitsgruppe zur Ausarbeitung des Cloud Certification Schemes: https://www.enisa.europa.eu/topics/standards/adhoc_wg_calls.

[4] *ENISA,* Ad-hoc Working Group 02 – on Cloud Services, https://www.enisa.europa.eu/topics/standards/adhoc_wg_calls/ahWG02/ahwg02_members.

6 Neben Konsultationsprozessen und Ad-hoc-Arbeitsgruppen, die jeweils für spezifische Zertifizierungsschemata eingesetzt bzw. durchgeführt werden, dient die Einbeziehung der Europäischen Gruppe für die Cybersicherheitszertifizierung[5] (Abs. 5) vor allem der dauerhaften Unterstützung, da die Europäische Gruppe sowohl während der Ausarbeitung unterstützt als auch Stellungnahmen zu den möglichen Schemata abgibt. Durch die enge Begleitung der Aktivitäten der ENISA durch die Europäische Gruppe sollen außerdem die nationalen Regelungen und zB vorhandene Zertifizierungen bereits in der Erarbeitungsphase Beachtung finden, da über die Einbeziehung der in der Europäischen Gruppe vertretenen nationalen Behörden (Art. 62 Abs. 2) eben dieses Wissen und die nationalen Expertise auf europäischer Ebene Eingang finden sollen. Die besondere Bedeutung der Stellungnahme der Europäischen Gruppe für die Cybersicherheitszertifizierung für die Ausarbeitung wird durch Abs. 6 deutlich, wobei ebenfalls klargestellt wird, dass die ENISA weder alle Anmerkungen umsetzen muss, noch die Stellungnahme verbindlich wäre.

7 Die Festlegung der ausgearbeiteten Schemata erfolgt durch Durchführungsrechtsakte seitens der EU-Kommission (Abs. 7).

8 Um die ausgearbeiteten Schemata vor zu schneller Veraltung zu schützen,[6] sieht Abs. 8 einen festen Überprüfungsmechanismus vor, sodass mindesten alle fünf Jahre die ausgearbeiteten und angenommenen Schemata einer Überprüfung unter erneuter Stakeholderbeteiligung stattfinden soll, um eine mögliche Überarbeitung zu prüfen.

Art. 50 Website zu europäischen Schemata für die Cybersicherheitszertifizierung

(1) **Die ENISA unterhält eine eigene Website, auf der sie über die europäischen Schemata für die Cybersicherheitszertifizierung, die europäischen Cybersicherheitszertifikate und EU-Konformitätserklärungen – was Information in Bezug auf nicht mehr gültige Schemata für die Cybersicherheitszertifizierung und widerrufene und abgelaufene europäische Cybersicherheitszertifikate und EU-Konformitätserklärungen einschließt – und die Ablage für Links zu den Informationen zur Cybersicherheit gemäß Artikel 55 informiert und für diese wirbt.**

(2) **Gegebenenfalls sollten auf der Website gemäß Absatz 1 auch die nationalen Cybersicherheitszertifizierungsschemata angegeben werden, die durch ein europäisches Schema für die Cybersicherheitszertifizierung ersetzt wurden.**

A. Allgemeines

1 Art. 50 dient der Transparenz und Übersicht der neuen Zertifizierungsschemata und der Stakeholderbeteiligung über Konsultationen und verpflichtet die ENISA, diese auf einer einheitlichen Seite bereitzustellen.[1]

---

[5] Art. 62 regelt die Einzelheiten zur Europäischen Gruppe für die Cybersicherheitszertifizierung.
[6] Erwgr. Nr. 72.
[1] *ENISA*, EU Cybersecurity Certification Framework, https://www.enisa.europa.eu/topics/standards/certification.

B. Einzelerläuterungen

Im Sinne einheitlicher Information, Übersicht über laufende und bestehende Zertifizierungsschemata bzw. deren Erarbeitung und zur Ermöglichung der europaweiten Stakeholderbeteiligung wird die ENISA angewiesen, eine eigene Website unterhalten.[2] Informationen werden auf diese Weise einheitlich und über einen einheitlichen, vertrauenswürdigen Kanal europaweit bereitgestellt. Die Webseite[3] informiert über die europäischen Schemata für die Cybersicherheitszertifizierung sowie Aufträge für die Ausarbeitung neuer Schemata und listet Rückmeldungen im Rahmen erfolgter Konsultationsverfahrens. 2

Die Webseite soll unter anderem zukünftig auch Informationen über europäische Cybersicherheitszertifikate und entsprechende Konformitätserklärungen enthalten.[4] Sofern nationale Schemata durch europäische Schemata zur Cybersicherheitszertifizierung ersetzt werden, soll auch hierüber informiert werden.[5] 3

Art. 51 Sicherheitsziele der europäischen Schemata für die Cybersicherheitszertifizierung

Es wird ein europäisches Schema für die Cybersicherheitszertifizierung konzipiert, um – soweit zutreffend – mindestens die folgenden Sicherheitsziele zu verwirklichen:

a) Gespeicherte, übermittelte oder anderweitig verarbeitete Daten werden während des gesamten Lebenszyklus des IKT-Produkts, -Dienstes oder -Prozesses gegen eine zufällige oder unbefugte Speicherung, Verarbeitung oder Preisgabe sowie gegen einen zufälligen oder unbefugten Zugriff geschützt.

b) Gespeicherte, übermittelte oder anderweitig verarbeitete Daten werden während des gesamten Lebenszyklus des IKT-Produkts, -Dienstes oder -Prozesses vor Zerstörung, Verlust, Änderung oder Nichtverfügbarkeit – gleich, ob sie zufällig oder unbefugt erfolgt sind – geschützt.

c) Befugte Personen, Programme oder Maschinen haben nur Zugriff auf die Daten, Dienste oder Funktionen, zu denen sie zugangsberechtigt sind.

d) Bekannte Abhängigkeiten und Sicherheitslücken werden ermittelt und dokumentiert.

e) Es wird protokolliert, auf welche Daten, Dienste oder Funktionen zu welchem Zeitpunkt von wem zugegriffen wurde und welche Daten, Funktionen oder Dienste zu welchem Zeitpunkt von wem genutzt oder anderweitig verarbeitet worden sind.

---

[2] Erwgr. Nr. 85.

[3] *ENISA*, EU Cybersecurity Certification Framework, https://www.enisa.europa.eu/topics/standards/certification.

[4] *ENISA*, EU Cybersecurity Certification Framework, https://www.enisa.europa.eu/topics/standards/certification.

[5] *ENISA*, EU Cybersecurity Certification Framework, https://www.enisa.europa.eu/topics/standards/certification.

f) Es kann überprüft werden, auf welche Daten, Dienste oder Funktionen zu welchem Zeitpunkt und von wem zugegriffen wurde oder wer zu welchem Zeitpunkt Daten, Dienste oder Funktionen genutzt oder anderweitig verarbeitet hat.

g) Es wird nachgeprüft, dass IKT-Produkte, -Dienste und -Prozesse keine bekannten Sicherheitslücken aufweisen.

h) Bei einem physischen oder technischen Sicherheitsvorfall werden die Daten, Dienste und Funktionen zeitnah wieder verfügbar gemacht und der Zugang zu ihnen zeitnah wieder hergestellt.

i) Es wird nachgeprüft, dass IKT-Produkte, -Dienste und -Prozesse sind durch Voreinstellungen und Technikgestaltung sicher sind.

j) IKT-Produkte, -Dienste und -Prozesse werden mit aktueller Software und Hardware, die keine allgemein bekannten Sicherheitslücken aufweisen, bereitgestellt und mit Mechanismen für sichere Updates ausgestattet.

Literatur: *v. Heintschel-Heinegg* (Hrsg.), BeckOK StGB, 49. Ed. 2021; *Fischer* (Hrsg.), Strafgesetzbuch: StGB, 68. Aufl. 2021; *Kochheim* (Hrsg.), Cybercrime und Strafrecht in der Informations- und Kommunikationstechnik, 2. Aufl., 2018; *Krüger/Rauscher* (Hrsg.), Münchener Kommentar zur ZPO, 6. Aufl. 2020; *Piltz,* Die neuen Protokollierungspflichten nach der Richtlinie 2016/680/EU für öffentliche Stellen, NVwZ 2018, 696; *Rengeling/Middeke/Gellermann* (Hrsg.), Handbuch des Rechtsschutzes der Europäischen Union, 3. Aufl. 2014; *Spindler,* IT-Sicherheit und Produkthaftung – Sicherheitslücken, Pflichten der Hersteller und der Softwarenutzer, NJW 2004, 3145; *Streinz* (Hrsg.), EUV/AEUV, 3. Aufl. 2018; *Taeger/Gabel* (Hrsg.), DSGVO BDSG, 3. Aufl. 2019; *Wolff/Brink* (Hrsg.), BeckOK Datenschutzrecht, 33. Ed. 2019.

Inhaltsübersicht

A. Allgemeines

Art. 51 formuliert die **Sicherheitsziele** der europäischen Schemata für die Cybersicherheitszertifizierung und dient damit der Umsetzung des in Art. 1 Abs. 1 lit. b genannten Ziels der Schaffung eines Rahmens für die Festlegung europäischer Schemata für die Cybersicherheitszertifizierung. IKT-Produkte, -Dienste und -Prozesse in der Union sollen ein angemessenes Maß an Cybersicherheit gewährleisten. Zudem soll eine Fragmentierung des Binnenmarktes bei Zertifizierungsschemata in der Union verhindert werden. Mit dem Aufkommen des **Internets** ist in Zukunft unionsweit mit immer **mehr vernetzten digitalen Geräten** zu rechnen. Diese verfügen jedoch zumeist nur über eine unzureichende **Cybersicherheit,** obwohl sie eine tragende Rolle bei der Verwirklichung des digitalen Binnenmarktes spielen.[1] Die Cybersicherheitszertifizierung hat daher, nach Auffassung des Verordnungsgebers[2], eine entscheidende Bedeutung bei der Stärkung des Vertrauens in IKT-Produkte, -Dienste und -Prozesse sowie bei der Erhöhung ihrer Sicherheit. Nach Erwgr. 62 ist eine Gruppe von Interessenträgern für die Cybersicherheitszertifizierung einzusetzen, die der ENISA und der Kommission die Konsultation mit den maßgeblichen Interessensträgern erleichtert. Die Gruppe sollte sich in ausgewogenem Verhältnis aus Branchenvertretern zusammensetzen, insbesondere sollten KMU, Anbieter digitaler Dienste, europäische und internationale Normungsgremien, nationale Akkreditierungsstellen, Datenschutz-Aufsichtsbehörden, Konformitätsbewegungen gemäß der Akkreditierungs-VO des Europäischen Parlaments und des Rates und der Wissenschaft sowie Verbraucherorganisationen zusammensetzen. 1

B. Bedürfnis nach einem einheitlichen europäischen Schema

Bislang fand kaum eine Zertifizierung von IKT-Produkten, -Diensten und -Prozessen im Hinblick auf Cybersicherheit statt.[3] Sofern Zertifizierungen vorgenommen wurden, geschah dies in der Vergangenheit zumeist lediglich auf Ebene der Mitgliedstaaten oder im Rahmen brancheneigener Programme. Diese Verfahrens- 2

[1] Erwgr. Nr. 2.
[2] Vgl. Erwgr. Nr. 65.
[3] Vgl. Erwgr. Nr. 67.

weise barg und birgt jedoch das Risiko, dass ein durch einen einzelnen Mitgliedstaat ausgestelltes Zertifikat in anderen Mitgliedstaaten nicht anerkannt wird mit der Folge, dass Unternehmen Zertifizierungsverfahren in mehreren Mitgliedstaaten anstreben und durchlaufen müssen. Der sich daraus ergebende Mehraufwand ist für diese jedoch mit zusätzlichen Kosten verbunden, zudem ist regelmäßig von einer technischen Unmöglichkeit der Erfüllung divergierender Anforderungen mittels eines Produktes auszugehen.

3 Dieses Defizit macht einen gemeinsamen europäischen Ansatz notwendig.[4] Damit die europäischen Cybersicherheitszertifikate und EU-Konformitätserklärungen in allen Mitgliedstaaten anerkannt und verwendet werden können, gilt es, einen Rahmen für die Cybersicherheitszertifizierung zu schaffen, auf dessen Grundlage die Anforderungen an die zu entwickelnden europäischen Schemata festgelegt werden. Zur Vermeidung eines „Zertifizierungsshoppings" – bedingt durch unterschiedliche hohe Anforderungen – besteht das **Bedürfnis nach einem einheitlichen Anforderungsniveau** in allen Mitgliedstaaten.[5]

4 Auf Ersuchen der Europäischen Kommission gemäß Art. 48.2 hat die ENISA eine Ad-hoc-Arbeitsgruppe (AHWG) eingerichtet, um die Vorbereitung eines EU-Cybersicherheits-Zertifizierungssystems zu unterstützen, das als Nachfolger für die bestehenden Systeme im Rahmen des SOG-IS MRA (Senior Officials Group Information Systems Security Mutual Recognition Agreement) dienen soll.

5 Basierend auf den Ergebnissen dieser AHWG, die am 27.11.2019 ins Leben gerufen wurde und sich aus 32 Mitgliedern aus Industrie und Akkreditierungsstellen sowie EU-Mitgliedstaaten zusammensetzt, hat die ENISA am 25.5.2021 den Entwurf eines EU EUCC-Schema (Common Criteria based European candidate cybersecurity certification scheme) veröffentlicht. Auf Basis der bereits seit zwei Jahrzehnten genutzten und anerkannten Common Criteria befasst sich der Entwurf mit der Zertifizierung der Cybersicherheit von IKT-Produkten.

C. Einzelerläuterungen

6 Art. 51 knüpft an die Begriffsbestimmung des Art. 2 Nr. 9 an. Danach bezeichnet das europäische Schema für die Cybersicherheitszertifizierung ein umfassendes Paket von Vorschriften, technischen Anforderungen, Normen und Verfahren, die auf Unionsebene festgelegt werden und für die Zertifizierung oder Konformitätsbewegung von bestimmten IKT-Produkten, -Diensten und -Prozessen gelten. Auf europäischer Ebene sollen demnach zumindest die in Art. 51 aufgenommen Mindeststandards gewährleistet werden.

I. Lit. a

7 Nach lit. a ist das erste Sicherheitsziel zur Erreichung eines Mindeststandards gespeicherte, übermittelte oder anderweitig verarbeitete Daten während des gesamten Lebenszyklus des IKT-Produkts, -Dienstes oder -Prozesses gegen eine zufällige oder unbefugte Speicherung, Verarbeitung oder Preisgabe sowie gegen einen zufälligen oder unbefugten Zugriff zu schützen.

[4] Vgl. Erwgr. Nr. 69.
[5] Vgl. Erwgr. Nr. 70.

1. Gespeicherte, übermittelte oder anderweitig verarbeitete Daten. Für den Begriff der **Daten** existiert **keine Begriffsbestimmung und auch keine Legaldefinition im Verordnungstext.** Eine solche Begriffsbestimmung für den Datenbegriff findet sich allerdings in Art. 3 Nr. 1 Datenverkehrs-VO. Danach sind Daten solche Daten, die keine personenbezogenen Daten im Sinne des Art. 4 Nr. 1 DS-GVO sind. Die Datenverkehrs-VO soll den freien Verkehr von Daten, die keine personenbezogenen Daten sind, innerhalb der Union gewährleisten, indem sie Vorschriften über Datenlokalisierungsauflagen, die Verfügbarkeit von Daten für zuständige Behörden und die Übertragung von Daten für berufliche Nutzer festlegt. An dieser Zielsetzung ist jedoch zu erkennen, dass die dortige Begriffsbestimmung für den hiesigen Datenbegriff nicht ergiebig ist, da diese Bestimmung lediglich zur Abgrenzung vom Anwendungsbereich der Datenschutz-Grundverordnung dient. Denn der Anwendungsbereich der Datenschutz-Grundverordnung bezieht sich gerade auf personenbezogene Daten. 8

Bei den Sicherheitszielen des Art. 51 geht es um einen weiten Datenbegriff, der sowohl Daten mit als auch ohne Personenbezug erfassen kann. 9

Eine Vorschrift zum Datenbegriff findet sich im deutschen Recht in § 202a Abs. 2 StGB. Danach sind Daten nur solche, die elektronisch, magnetisch oder sonst nicht unmittelbar wahrnehmbar gespeichert sind oder übermittelt werden. Eine Begriffsbestimmung des deutschen Gesetzgebers für das Strafrecht kann jedoch nicht als Definition für den Datenbegriff auf europäischer Ebene herangezogen werden. Es erscheint systemfremd, dass Begriffe des Unionsrechts durch nationale Rechtsnormen definiert werden. Eine unmittelbare Bezugnahme auf § 202a Abs. 2 StGB ist daher abzulehnen. 10

Bei der Definition des Datenbegriffs ist ein technisches Verständnis zugrunde zu legen. Entscheidend muss sein, ob Daten im technischen Sinne vorliegen. Dabei kommt es vor allem auf den Stand der Technik an. Inhaltlich muss die Definition von Daten daher über die Normierung in § 202a Abs. 2 StGB hinausgehen. 11

Weiterhin müssen die Daten gespeichert, übermittelt oder anderweitig verarbeitet sein. Denknotwendig sind diese Begriffe nicht trennscharf voneinander abzugrenzen. Sinn und Zweck muss dabei allerdings sein, einen möglichst lückenlosen Schutzbereich zu kreieren. Denn die Zertifizierung soll eine einheitliche Erhöhung der Cybersicherheit in der Union ermöglichen.[6] 12

Ein Verarbeitungsbegriff findet sich sowohl in der DS-GVO als auch in der Datenverkehrs-VO. Sowohl diese Verordnungen als auch die Vorliegende entstammen der Feder desselben Verordnungsgebers. Die Datenschutz-Grundverordnung ist dabei die zeitlich erste Verordnung die sich umfassend mit Daten innerhalb der Union befasst. Da die Datenschutz-Grundverordnung zur Vereinheitlichung von Begriffen innerhalb der Union gedacht ist, erscheint es naheliegend, weitere Gesetzeswerke aus der Feder des Unionsgesetzgebers an deren Begriffsbestimmungen anzulehnen. Dies ist bei dem Verarbeitungsbegriff der Datenverkehrs-VO in deren Art. 3 Nr. 2 auch insofern geschehen, dass lediglich der Personenbezug aus der Begriffsbestimmung entnommen wurde. Wie oben bereits dargestellt, befasst sich der CSA mit einem weiten Datenbegriff. Dies wirkt sich aufgrund der fehlenden Erforderlichkeit des Personenbezugs mithin auch auf den Verarbeitungsbegriff aus. Daher kann auf den weiten Verarbeitungsbegriff aus der Datenverkehrs-VO zurückgegriffen werden. 13

---

[6] Vgl. Erwgr. Nr. 3ff.

14 Eine **Verarbeitung** bezeichnet somit jeden mit oder ohne Hilfe automatisierter Verfahren ausgeführten Vorgang oder jede solche Vorgangsreihe im Zusammenhang mit Daten in elektronischer Form wie das Erheben, das Erfassen, die Organisation, das Ordnen, die Speicherung, die Anpassung oder Veränderung, das Auslesen, das Abfragen, die Verwendung, die Offenlegung durch Übermittlung, Verbreitung oder eine andere Form der Bereitstellung, den Abgleich oder die Verknüpfung, die Einschränkung, das Löschen oder die Vernichtung.

15 Weiter können die Daten auch gespeichert oder übermittelt sein. Diesen Alternativen wird mit Blick auf den Verarbeitungsbegriff allerdings **keine eigenständige praktische Bedeutung** zukommen. **Denn der Begriff der Verarbeitung beinhaltet bereits die Speicherung und die Übermittlung.**

16 **2. Speicherung, Verarbeitung, Preisgabe, Zugriff.** Die zuvor beschriebenen Daten sollen gegen zufällige oder unbefugte Speicherung, Verarbeitung, Preisgabe oder Zugriff geschützt werden. Für den Begriff der Speicherung kann eine Orientierung an § 269 Abs. 1 StGB erfolgen. Danach werden Daten **gespeichert,** wenn sie zum Zwecke ihrer weiteren Verwendung erfasst, kopiert, aufgenommen oder aufbewahrt werden.[7] Damit soll jegliche Form der elektronischen Fixierung von Daten geschützt werden. Dies ist im Sinne des Regelungszweckes dieser Verordnung und kann daher inhaltlich herangezogen werden.

17 Der Begriff der **Verarbeitung** meint hier eine Handlungsbeschreibung, während oben eine Zustandsbeschreibung (bereits verarbeitete Daten) gemeint ist. Dennoch kann für das Begriffsverständnis nichts anderes gelten. Es spricht zudem nichts dagegen, bereits verarbeitete Daten erneut einem Verarbeitungsvorgang zu unterziehen.

18 Das zugrunde gelegte Verständnis des Verarbeitungsbegriffs umfasst bereits die Offenlegung von Daten. Aufgrund der fehlenden Trennschärfe muss eine solche Offenlegung ebenfalls im Zusammenhang mit der Preisgabe von Daten berücksichtigt werden. Insgesamt kann man daher unter **Preisgabe** jegliche Weitergabe, Offenlegung oder Ermöglichung der Kenntnisnahme durch Dritte fassen. Dieses Verständnis ergibt sich aus einer Zusammenschau des oben dargestellten Verarbeitungsbegriffes und aus der anerkannten Auslegung des Begriffes der Preisgabe in Art. 339 AEUV.[8] Ein **Zugriff** auf Daten besteht bereits bei jeder sich eröffnenden Einwirkungsmöglichkeit. Dies ist zunächst unabhängig von einer etwaigen Befugnis zum Zugriff auf die Daten.

19 **3. Zufällig oder unbefugt.** Die Speicherung, Verarbeitung, Preisgabe oder Zugriff auf die Daten muss zudem zufällig oder unbefugt erfolgen. Die Merkmale zufällig und unbefugt werden den genannten Begehungsweisen vorangestellt und gelten damit für alle Alternativen. Ihr Vorliegen ist im Einzelfall festzustellen.

20 **Zufällig** erfolgen die verschiedenen Handlungsweisen dann, wenn diese ohne eine besondere Intention der jeweils handelnden Person erfolgen. Dies kann somit auch auf einem Versehen beruhen oder gar ohne menschliche Handlung – beispielsweise ein Programmierfehler. Die Zufälligkeit sagt dabei etwas über die Art der Datenerlangung aus, während das Merkmal der Unbefugtheit sich nach der Berechtigung der handelnden Person richtet. Die Handlungsweise ist nämlich dann **unbefugt,** wenn die Daten nicht für die handelnde Person bestimmt sind.

---

[7] Fischer/*Fischer,* StGB § 269 Rn. 6.

[8] Streinz/*Steinle,* AEUV Art. 339 Rn. 8.

4. Zeitliches Moment. In zeitlicher Hinsicht müssen die Daten vor den dargestellten Begehungsweisen während des gesamten Lebenszyklus des IKT-Produkts, -Dienstes oder Prozesses geschützt werden. Daher muss ein dauerhafter Nachweis der Cybersicherheit des Produktes erfolgen. 21

5. Lit. b. Lit. b schützt gespeicherte, übermittelte oder anderweitig verarbeitete Daten während des gesamten Lebenszyklus des IKT-Produkts, -Dienstes oder -Prozesses vor Zerstörung, Verlust, Änderung oder Nichtverfügbarkeit — gleich, ob der Zugriff zufällig oder unbefugt erfolgt ist. 22

6. Gespeicherte, übermittelte oder anderweitig verarbeitete Daten. Für den Begriff der gespeicherten, übermittelten oder anderweitig verarbeiten Daten ist auf die Begriffsermittlung im Rahmen von lit. a zu verweisen. 23

7. Zerstörung, Verlust, Änderung oder Nichtverfügbarkeit. Die Daten sollen während des gesamten Lebenszyklus des IKT-Produkts, -Dienstes oder -Prozesses vor Zerstörung, Verlust, Änderung oder Nichtverfügbarkeit geschützt werden. Die Alternativen sind dabei ähnlich wie bei lit. a in einem umfassenden Sinne zu verstehen. Die Begrifflichkeiten lassen sich **nicht trennscharf voneinander abgrenzen.** Im Sinne eines besonders hohen Schutzumfanges ist dies auch nicht gewollt. Vielmehr ist nach dem Willen des Gesetzgebers eine Überschneidung in Kauf genommen worden, um eine umfassende Produktsicherheit zu gewährleisten. 24

Die Variante der **Zerstörung** stellt dabei den wohl schwersten Eingriff dar. In Bezug auf Daten liegt eine Zerstörung zumindest dann vor, wenn die Daten unwiederbringlich unkenntlich gemacht werden. Im Sinne eines umfassenden Schutzes kann es dabei nicht darauf ankommen, ob eine Zerstörung der Daten durch eine Beschädigung eines Datenträgers eintritt oder eine Einwirkung auf die Daten zum Beispiel durch Überschreiben stattfindet. Der Zerstörung liegt ein **finales Element** zugrunde. Voraussetzung der Zerstörung ist daher, dass eine Rekonstruktion ausgeschlossen ist. Diese Argumentation lässt auch eine Anonymisierung etwa bei personenbezogenen Daten zumindest insoweit und insbesondere so lange als Zerstörung ansehen, wie aufgrund fehlender technischer Möglichkeiten eine Rekonstruktion nicht möglich ist. 25

Während die Zerstörung zu einer Inexistenz der Daten führt, knüpft die Variante des **Verlusts** von Daten lediglich an eine **fehlende Verfügbarkeit** dieser für den jeweils Berechtigten an. Ein Verlust von Daten liegt demnach immer dann vor, wenn die Daten weiterhin existieren, jedoch keine konkrete Speicherung mehr beim Berechtigten vorliegt. Dritten ist unter Umständen ein Zugriff auf die Daten dennoch möglich. 26

Insoweit liegt eine Überschneidung mit der Variante der **Nichtverfügbarkeit** vor. Die fraglichen Daten sind dabei noch existent, dem Berechtigten fehlt es jedoch an einer konkreten Zugriffsmöglichkeit. Diese Nichtverfügbarkeit kann auch nur vorübergehender Natur sein. Entscheidend ist, dass der Berechtigte die Daten nicht wie gewollt verwenden kann. Eine Nichtverfügbarkeit kann dabei durch Zugangshindernisse verschiedenster Art eintreten. Zu denken ist insbesondere auch an Fallkonstellationen wie zum Beispiel die sogenannte Ransomware. Ransomware in diesem Sinne meint Schadprogramme, die den Zugriff auf Daten und Systeme einschränken oder verhindern.[9] Der Zugang zu den Daten kann zum Beispiel durch 27

[9] Kochheim Cybercrime/*Kochheim,* Rn. 441.

Verschlüsselung verhindert werden und soll erst nach Vornahme eines abgenötigten Verhaltens wieder ermöglicht werden.[10]

28 Daneben gibt es noch die Variante der **Änderung** von Daten. Diese Variante verfolgt eine andere Schutzrichtung. Während die anderen Handlungsmodalitäten auf die Verfügbarkeit und Existenz der Daten gerichtet sind, ist Schutzgut dieser Variante die inhaltliche Richtigkeit der Daten. Eine Änderung kann daher durch jede inhaltliche Umgestaltung des bisherigen Inhalts eintreten. Dabei ist unerheblich, ob zusätzliche Inhalte eingefügt oder bereits bestehende Inhalte entfernt oder verändert werden.

29 **8. Zufällig oder unbefugt.** Unerheblich ist im Rahmen des lit. b, ob Zerstörung, Verlust, Änderung oder Nichtverfügbarkeit zufällig oder unbefugt erfolgt sind. Inhaltlich sind diese Begriffe deckungsgleich zu den Begriffsbestimmungen des lit. a.

II. Lit. c

30 Nach lit. c haben nur befugte Personen, Programme oder Maschinen Zugriff auf die Daten, Dienste oder Funktionen, zu denen sie zugangsberechtigt sind. Lit. c schützt damit Daten, Dienste und Funktionen vor unberechtigten Zugriffen, dh vor Kenntnisnahme und Nutzung durch Dritte, die durch einen Berechtigten bewusst ausgeschlossen werden sollten. Besonders voneinander abzugrenzen sind hier der Begriff der befugten Akteure – welche eine Person, ein Programm oder eine Maschine sein kann – und der Zugangsberechtigung. Bereits auf den ersten Blick zeigt sich, dass die Befugnis einer Person zum Zugriff auf Daten im Sinne von lit. a nicht notwendig auch die Zugangsberechtigung inkludiert. Die Befugnis muss folglich ein Minus im Verhältnis zur Zugangsberechtigung darstellen.

31 **1. Personen, Programme oder Maschinen.** Die Aufzählung von Personen, Programmen und Maschinen listet die möglichen Akteure auf. Durch die Auswahl der Akteure wird deutlich, dass sowohl natürliche Verhaltensweisen als auch maschinelle oder automatische Aktionen von lit. c erfasst werden sollen.

32 Das Merkmal der **Personen** im Sinne dieser Norm ist dabei nicht beschränkt auf natürliche Personen. Einen Zugriff kann auch durch juristische Personen erfolgen. Dabei ist jedoch eine Zurechnung des Handelns der natürlichen Person mittels einschlägiger Zurechnungsnorm erforderlich.

33 **Programme** sind Arbeitsanweisungen an Computer zur Vornahme konkreter Funktionen und Aufgaben, die durch ein Computersystem bearbeitet werden sollen. Aufgrund der Eigenart der jeweiligen Programmierung ist es möglich, dass Programme auf Daten, Dienste und Funktionen zugreifen. Daher können sie auch in der Eigenschaft eines Akteurs auftreten. Gleiches gilt für Maschinen. Es handelt sich um technische Gebilde, die teils automatisch, teils aufgrund von Programmier- und Eingriffsschnittstellen für natürliche Personen auf die genannten Schutzgüter zugreifen können.

34 **2. Befugnis.** Die zuvor beschriebenen Personen, Programme oder Maschinen müssen auch befugt sein. Das Merkmal „befugt" ermöglicht Rückschlüsse auf die Berechtigung hinsichtlich des Zugangs zu den Daten, Diensten und Funktionen. Aufgrund eines Umkehrschlusses folgend aus dem in lit. a verwendet Merkmal der „Unbefugtheit" liegt demnach eine Befugnis vor, wenn die Daten, Dienste und

[10] Kochheim Cybercrime/*Kochheim*, Rn. 444f.

Funktionen gerade für die konkreten Personen, Programme und Maschinen bestimmt sind. Eine Befugnis kann insbesondere dann vorliegen, wenn der Akteur vom Berechtigten mit der Aufgabe des Zugriffs betraut wird, zB wenn es um die Überprüfung eines Sicherheitssystems durch einen Hacking-Angriff geht.[11]

3. Zugriff und Zugangsberechtigung. Der Zugriff auf Daten, Dienste und Funktionen soll nach lit. c nur zugangsberechtigten Personen, Programmen und Maschinen gestattet sein. Um Daten, Dienste und Funktionen effektiv – vor allem im Hinblick auf zukünftige Entwicklungen – schützen zu können, ist ein weites Verständnis des Zugriffs heranzuziehen. Der Begriff des **Zugriffs** muss demnach alle tatsächlichen, dh auch physische, sowie technischen Kenntnisnahme-, Einwirkungs- und Übertragungsmöglichkeiten erfassen. Sinn und Zweck der Norm ist es, jeden unberechtigten Dritten von jeglicher Art des Zugriffs auszuschließen. **35**

Ein Zugriff soll nur gewährt werden, soweit der Akteur auch eine Zugangsberechtigung aufweisen kann. Entscheidend dafür ist mit Blick auf die Definitionen zu „unbefugt" und „befugt" die Vorstellung des Berechtigten darüber, welche Personen oder welcher Personenkreis ein Zugriff bzw. Zugang zu den Daten, Diensten und Funktionen gewährt werden soll und wem gerade nicht. **36**

4. Daten, Dienste und Funktionen. Lit. c schützt Daten, Dienste und Funktionen vor unberechtigtem Zugriff. Für den Datenbegriff ist insoweit auf lit. a zu verweisen. Die Begriffe Dienst und Funktion sind in gewisser Weise voneinander abhängig. Die Aufgabe eines **Dienstes,** auf Basis eines technischen Verständnisses, besteht in der Zurverfügungstellung einer bestimmten Funktion. Von deren Nutzung sollen Unberechtigte ausgeschlossen werden. Eine **Funktion** hingegen stellt die Wirkungsweise eines bestimmten Dienstes dar. **37**

III. Lit. d

Lit. d definiert eine Mindestanforderung, bekannte Abhängigkeiten und Sicherheitslücken zu ermitteln und zu dokumentieren. **38**

1. Ermittlungs- und Dokumentationspflicht. Die Ermittlungs- und Dokumentationspflicht dient der Nutzbarmachung von bekannten Abhängigkeiten und Sicherheitslücken. Im Rahmen der Ermittlung werden Informationen über die Abhängigkeiten und Sicherheitslücken zusammengetragen. Die Dokumentation dient der Verkörperung dieser Informationen. Durch die Dokumentation stehen die zusammengetragenen Informationen einer weiteren Verwendung offen. Ermittlung und Dokumentationen stellen folglich Sicherungsinstrumente dar, durch welche zukünftig Rückschlüsse hinsichtlich neuer Gefahrensituationen gezogen werden können, mit der Folge, dass eine effiziente Anpassung der Sicherheitsstandards ermöglicht wird. Insbesondere dient dieses Vorgehen auch der Nachprüfbarkeit. **39**

2. Bekannte Abhängigkeiten und Sicherheitslücken. Bekannte Abhängigkeiten und Sicherheitslücken sind zu ermitteln und zu dokumentieren. Das Merkmal **„bekannt"** bezieht sich auf die Kenntnis der Abhängigkeiten und Sicherheitslücken gegenüber einem unbestimmten Personenkreis. Im Vergleich zu lit. j, der auf eine allgemeine Bekanntheit abstellt, ist dieses Merkmal weiter gefasst. Zwar kann auch hier nicht verlangt werden, dass die Kenntnis bei jedermann besteht, jedoch **40**

---

[11] Vgl. dazu mit dem ähnlichen Gedankengang bei: BeckOK StGB/*Weidemann,* § 202a Rn. 20.

erfordert eine Bekanntheit zumindest die Kenntnis eines nicht nur unerheblichen (überschaubaren) Personenkreises. Ausreichend für das Bekanntsein ist, dass den Berechtigten eine Mitteilung über die Existenz der Sicherheitslücke erreicht.[12] Gleiches muss folglich für den Fall gelten, in dem der Berechtigte die Abhängigkeiten und Sicherheitslücken, die nur ihm bekannt sind, geheim hält. Denn in beiden Fällen besteht das potenzielle Risiko, dass auch Dritte diese Sicherheitslücken entdecken und ausnutzen könnten.[13] Nicht selten kommt es daneben vor, dass Dritte Sicherheitslücken feststellen und diese veröffentlichen. Jedenfalls ab diesem Zeitpunkt ist davon auszugehen, dass eine Sicherheitslücke bekannt, wenn nicht sogar allgemein bekannt ist.[14]

41 Eine Definition der Sicherheitslücke existiert im Rahmen der Verordnung nicht.

42 § 2 Abs. 6 BSIG sieht eine Definition der Sicherheitslücke vor. Zwar kann die Norm als nationale Vorschrift nicht direkt zur Auslegung eines Begriffs auf europäischer Ebene herangezogen werden, jedoch sind da es sich um einen tatsächlichen Umstand handelt vergleichbare Überlegung bei der Begriffsbestimmung im Rahmen der Verordnung zugrunde zu legen. Eine Sicherheitslücke liegt folglich immer dann vor, wenn es durch die Ausnutzung von Eigenschaften von Programmen oder sonstigen informationstechnischen Systemen, möglich ist, dass sich Dritte gegen den Willen des Berechtigten Zugang zu fremden informationstechnischen Systemen verschaffen oder die Funktion der informationstechnischen Systeme beeinflussen können. Dies kann zum Beispiel ein Fehler in einer Soft- oder Hardware sein, durch welchen ein potenzieller Angreifer Zugriff auf bestimmte Daten, Dienste oder Funktionen erhalten kann. Rein tatsächlich handelt es sich daher um eine **unbeabsichtigte Zugriffsmöglichkeit Dritter auf die genannten Schutzgüter.** Geschützt wir die Vertraulichkeit, die Verfügbarkeit und die Integrität. Das Vorliegen einer Sicherheitslücke stellt grundsätzlich eine potenzielle Gefahr dar. Nicht notwendig ist, dass eine solche bereits ausgenutzt wurde. Anders so im Rahmen des Sicherheitsvorfalles nach lit. h. Dieser erfordert nämlich das Eintreten einer Verletzung der Vertraulichkeit, Verfügbarkeit oder Integrität der Schutzgüter.

43 Das Merkmal der Abhängigkeit beschreibt hingegen den Umstand, welche Personen und Unternehmen oder gar Behörden in ihrer Tätigkeit auf die Verfügbarkeit bestimmter Daten, Dienste und Funktionen angewiesen sind. Sofern es nämlich zu Beeinträchtigungen dieser kommt, können sie umgehend unterrichtet oder präventiv auf Alternativen verwiesen werden.

IV. Lit. e

44 Gem. Lit. e wird protokolliert, auf welche Daten, Dienste oder Funktionen zu welchem Zeitpunkt von wem zugegriffen wurde und welche Daten, Funktionen oder Dienste zu welchem Zeitpunkt von wem genutzt oder anderweitig verarbeitet worden sind. Diese **Protokollierungspflicht** soll Aufschluss darüber geben, wann und durch wen ein Zugriff, bzw. eine Nutzung oder anderweitige Verarbeitung der geschützten Daten, Dienste und Funktionen stattgefunden hat. Protokollierungspflichten sind dem Datenschutzrecht auf europäischer Ebene nicht fremd. So ist neben der Datenschutz-Grundverordnung am 5.5.2016 auch die JI-RL in Kraft getreten. Diese Richtlinie sieht in Art. 25 JI-RL Anforderungen für die Protokol-

[12] *Spindler,* NJW 2004, 3145 (3146).

[13] *Spindler,* NJW 2004, 3145 (3146).

[14] *Spindler,* NJW 2004, 3145 (3147).

lierung vor.[15] Da auch diese Richtlinie der Feder des europäischen Gesetzgebers entstammt, kann auslegungshalber auf Überlegungen im Zusammenhang mit der JI-RL zurückgegriffen werden. Dokumentationspflichten erfüllen demzufolge eine Nachweisfunktion.[16] Die angefertigten Protokolle dienen der Überprüfung der Rechtmäßigkeit des Zugriffs, der Nutzung oder der Verarbeitung.[17] Die Protokollierung der genannten Handlungen dient der späteren Nachprüfbarkeit. Insbesondere, wenn es um die Frage geht, ob eine Person rechtmäßig Zugriff hatte, Verarbeiter oder Nutzer war, kann das Protokoll herangezogen werden. So kann überprüft werden, ob eine Berechtigung zum fraglichen Zeitpunkt vorlag.

Hinsichtlich der geschützten Rechtsgüter, nämlich Daten, Dienste und Funktionen, ist insoweit auf die Begriffsbestimmungen die bereits im Rahmen von lit. a und lit. c dargestellt wurden, zu verweisen. **45**

Gleiches gilt für die Handlungsalternativen des Zugriffs und der Verarbeitung. Eine Nutzung von Daten, Diensten und Funktionen stellt im Vergleich zu den anderen Handlungsalternativen insofern einen Auffangtatbestand dar. Sie liegt immer dann vor, wenn Daten verwendet werden, ohne dass diese Verwendung eine Verarbeitung von Daten im Sinne der Verordnung darstellt. Dieses weite Verständnis dient dazu, möglichst viele Verwendungsalternativen abzudecken. **46**

V. Lit. f

Auf Grundlage von lit. f kann überprüft werden, auf welche Daten, Dienste oder Funktionen zu welchem Zeitpunkt und von wem zugegriffen wurde oder wer zu welchem Zeitpunkt Daten, Dienste oder Funktionen genutzt oder anderweitig verarbeitet hat. Grundlage dieser Überprüfung können die im Rahmen von lit. e erstellten Protokolle sein, welche Auskunft darüber geben, zu welchem Zeitpunkt von wem auf welche Daten, Dienste oder Funktionen zugegriffen wurde oder von wem diese genutzt oder anderweitig verarbeitet wurden. **47**

VI. Lit. g

Lit. g sieht die Nachprüfung von IKT-Produkten, -Diensten und -Prozessen hinsichtlich bekannter Sicherheitslücken vor und ist daher zusammen mit lit. d zu betrachten. Während im Rahmen von lit. d bereits bekannte Sicherheitslücken ermittelt und dokumentiert werden, bezieht sich lit. g darauf, dass die Schutzgüter dahingehend geprüft werden, ob sie eine der bekannten Sicherheitslücken aufweisen. Es handelt sich somit um eine präventive Maßnahme zur Vermeidung von unberechtigter Ausnutzung dieser Sicherheitslücken. **48**

VII. Lit. h

Gemäß lit. h werden bei einem physischen oder technischen Sicherheitsvorfall die Daten, Dienste und Funktionen zeitnah wieder verfügbar gemacht und der Zugang zu ihnen zeitnah wiederhergestellt. Dieses Vorgehen dient der Sicherung der Handlungsfähigkeit in Bezug auf die Verfügbarkeit und Integrität der betroffenen Daten, Dienste und Funktionen. **49**

---

15 Vgl. zur Protokollierung im Rahmen der JI-RL: *Piltz,* NVwZ 2018, 696.

16 Vgl. Erwgr. Nr. 56 JI-RL.

17 Vgl. Erwgr. Nr. 57 JI-RL.

50 **1. Physischer oder technischer Sicherheitsvorfall.** Der Anwendungsbereich von lit. g umfasst sowohl physische als auch technische Sicherheitsvorfälle. Dadurch soll der Anwendungsbereich möglichst weit ausgedehnt werden. Sicherheitsvorfälle können sich sowohl auf die Vertraulichkeit, die Verfügbarkeit sowie die Integrität von Daten, Diensten und Funktionen beziehen. Der Begriff des **Sicherheitsvorfalles** beschreibt im Gegensatz zur Sicherheitslücke – wie sie sich in lit. d und lit. g findet – eine aufgrund dieser Sicherheitslücke eingetretene unberechtigte Verwendung oder einen unberechtigt erfolgten Zugang.

51 **Technische Sicherheitsvorfälle,** die die Verfügbarkeit betreffen, können beispielsweise durch den Einsatz von Ransomware auftreten, denkbar sind aber auch völlig unbeabsichtigte Vorfälle, wie das versehentliche Überschreiben von Daten. Von einem **physischen Sicherheitsvorfall** ist immer dann auszugehen, wenn die Beeinträchtigung von physischen Faktoren, wie einer Beschädigung des Speichermediums ausgeht. Zurückzuführen sind solche Vorfälle auf die technische Lebensdauer bestimmter Datenträger wie CDs oder DVDs. Daneben kann auch der unsachgemäße Gebrauch und der Umgang Beschädigungen und Ausfall von Speichermedien bedingen.

52 **2. Zeitnah.** Lit. g enthält eine zeitliche Komponente. Danach sollen Daten, Dienste und Funktionen zeitnah wieder verfügbar gemacht werden und der Zugang zu ihnen zeitnah wiederhergestellt werden. Die Handlungen sollen ohne eine zeitliche Zäsur vorgenommen werden.

53 **3. Wiederverfügbar machen.** Daten, Dienste und Funktionen sollen zeitnah wieder verfügbar gemacht werden. Diese sind wieder verfügbar, soweit der vorgesehene Zugriff sowie deren Nutzung erneut besteht. Im Rahmen des Wiederverfügbarmachens stehen je nach Beeinträchtigung verschiedene Möglichkeiten zur Verfügung.

54 Liegt beispielsweise ein Sicherheitsvorfall in Gestalt der Ransomware vor und wurden Daten durch den Angreifer verschlüsselt, sind sie nicht mehr verfügbar. Sobald diese Daten wieder entschlüsselt werden und der Zugang wieder besteht, liegt ein Wiederverfügbarmachen vor. Gleiches gilt für Dienste und Funktionen, soweit der Server, über welchen sie betrieben wurden, durch einen Angreifer vom Netz genommen wurde. Sobald diese wieder online gehen, sind sie auch wieder verfügbar. Kraft Natur der Sache setzt ein Wiederverfügbar machen jedoch voraus, dass die fraglichen Daten, Dienste und Funktionen noch bestehen, dh existieren. Denn nur dasjenige, das noch existiert, kann auch wieder verfügbar gemacht werden.

55 **4. Wiederherstellen.** Gem. lit. h soll auch der Zugang zu Daten, Diensten und Funktionen zeitnah wiederhergestellt werden. Der Zugang ist wiederhergestellt, soweit Berechtigte entsprechend ihrer Zugriffsberechtigung **wieder auf die Daten zugreifen können.** Verloren geglaubte Daten können aufgrund einer erneuten Speicherung wiederhergestellt werden. Gleiches gilt, wenn beschädigte Daten, die dadurch unlesbar wurden, wieder lesbar gemacht werden. Im Gegensatz zum Wiederverfügbarkeit ist im Rahmen des Wiederherstellens nicht erforderlich, dass Daten, Dienste und Funktionen rein tatsächlich noch existieren. Eine Wiederherstellung, insbesondere von Daten, wird dadurch möglich, dass ein Löschen rein tatsächlich in der Regel zunächst nur zur Folge hat, dass die Daten ausgeblendet werden. Ein tatsächlicher Verlust tritt zumeist erst dann ein, wenn die Daten in der Folge vollständig überschrieben werden.

VIII. Lit. i

Lit. i sieht die Nachprüfung der Sicherheit von IKT-Produkten, -Diensten und -Prozessen hinsichtlich ihrer Voreinstellungen und Technikgestaltung vor. Denn Voreinstellungen und die Art der Technikgestaltungen bieten, soweit sie nicht den erforderlichen Sicherheitsanforderungen entsprechen, ein erhebliches Angriffspotential. Sofern Voreinstellungen und Technik jedoch sinnvoll gestaltet sind, bieten sie für Hersteller und gegebenenfalls unerfahrene Nutzer die Möglichkeit, die Einstellungen von Experten vornehmen zu lassen, um so IKT-Produkte, -Dienste und -Prozesse sicherer zu gestalten. **56**

1. Voreinstellungen. Auch die DS-GVO nennt in Art. 25 Abs. 2 den Begriff der Voreinstellung. Da es sich auch vorliegend um einen technisch geprägten Begriff handelt, der zudem dem Unionsrecht entstammt, kann auch im Rahmen des CSA auf diese Grundsätze zurückgegriffen werden. Datenschutz durch Voreinstellungen bzw. **„data protection by default"** stellt einen wichtigen Bestandteil der Sicherheit von IKT-Produkten, -Diensten und -Prozessen dar. Aufgrund eines technischen Verständnisses liegen Voreinstellungen vor, soweit eine vorkonfigurierte Programmierung gegeben ist, an welcher der Benutzer keine eigenen Einstellungen oder Abweichungen von der ursprünglichen Programmierung vornimmt. Voreinstellungen können bereits im Programmcode selbst niedergelegt oder über externe Quellen (wie zum Beispiel den Hersteller oder Programmierer) bezogen werden. **57**

2. Technikgestaltung. Sicherheit für IKT-Produkte, -Dienste und -Prozesse soll zudem durch eine entsprechende Technikgestaltung (sog. **data protection by design**) etabliert werden. Im Rahmen einer sicheren Technikgestaltung werden geeignete technische und organisatorische Maßnahmen zum Schutz der IKT-Produkte, -Dienste und -Prozesse getroffen. Dazu zählt beispielsweise die Pseudonymisierung von Daten.[18] **58**

IX. Lit. j

Nach lit. j sind IKT-Produkte, -Dienste und -Prozesse mit aktueller Software und Hardware, die keine allgemein bekannten Sicherheitslücken aufweisen, bereitzustellen und mit Mechanismen für sichere Updates auszustatten. **59**

1. Aktuelle Software und Hardware. Das Merkmal der **Aktualität stellt eine Qualitätsanforderung an Software und Hardware dar.** Andere europäische Regelungswerke weisen vergleichbare Formulierungen auf, die als Auslegungshilfen für diesen unbestimmten Rechtsbegriff herangezogen werden können. So spricht die DS-GVO zum Beispiel in Art. 25 Abs. 1 vom **„Stand der Technik"** (engl.: state of the art).[19] Eine Begriffsbestimmung nach der DS-GVO existiert allerdings nicht. Es hat sich jedoch im Laufe der Zeit ein Begriffsverständnis herausgebildet, nach dem Maßnahmen dem Stand der Technik entsprechen, soweit die zugrunde liegende Technologie zum relevanten Zeitpunkt auf einem neuesten, aber gesicherten Erkenntnisstand von Wissenschaft und Technik beruht und in der Praxis bereits in ausreichendem Maß zur Verfügung steht.[20] Wie bereits im Zusam- **60**

---

18 BeckOK DatenschutzR/*Paulus,* DS-GVO Art. 25 Rn. 5.

19 Darüber hinaus findet sich der Begriff des „Stand der Technik" auch im Umwelt-, IT-Sicherheits- und Telemedienrecht wieder.

20 Taeger/Gabel/*Lang,* DS-GVO Art. 25 Rn. 47.

menhang mit lit. a ausgeführt erscheint es auch im Rahmen der Verordnung sinnvoll, auf ein ähnliches Verständnis abzustellen.

61 Für die Ermittlung der aktuellen Software und Hardware sind insoweit jedoch andere Quellen heranzuziehen. Es entspricht der Natur eines Gesetzestextes, dass keine technisch exakten Anforderungen in den Wortlaut aufgenommen werden, um den ständigen Entwicklungen und Neuerung gerecht zu werden.

62 **2. Keine allgemein bekannten Sicherheitslücken.** Software und Hardware dürfen keine allgemein bekannten Sicherheitslücken aufweisen. Dieser Qualitätsanforderung wohnt zugleich eine Handlungspflicht inne. Danach dürfen Soft- und Hardware nicht mehr verwendet werden, wenn Sicherheitslücken allgemein bekannt sind. Das Merkmal „allgemein bekannt" setzt schon nach seinem Wortlaut voraus, dass eine Vielzahl von Personen (Allgemeinheit) Kenntnis von der Sicherheitslücke haben muss. Mit Blick auf den Sinn und Zweck dieser Norm kann jedoch nicht verlangt werden, dass diese Kenntnis bei jedermann besteht, da dies ein zu **restriktives Verständnis** darstellen würde. Dieses Merkmal dient gerade dazu, die Ausnutzung einer bestehenden Sicherheitslücke zu vermeiden. Gefahrenpotential bergen daher alle Informationen über Sicherheitslücken, die über **allgemein zugängliche Quellen** abgerufen werden können. Der Begriff der Sicherheitslücke ist insofern deckungsgleich zu lit. g. Parallelen ergeben sich darüber hinaus zu dem Begriff der allgemeinkundigen Tatsachen des Zivilprozesses. Im Rahmen einer Beweisaufnahme bedarf es für solche keines Beweises. Allgemeinkundige Tatsachen in diesem Sinne liegen vor, wenn sie generell oder in einem bestimmten Bereich einer beliebig großen Zahl von Personen bekannt sind oder zumindest wahrnehmbar sind.[21] Dabei soll es ausreichen, wenn man sich aus einer allgemein zugänglichen und zuverlässigen Quelle ohne besondere Fachkenntnis über diese sicher unterrichten kann.[22] Diese Beweisregeln des nationalen Prozessrechts finden auch auf europäische Gesetzgebungsakte Anwendung, sofern sie keinen Verstoß gegen unmittelbar wirksames Unionsrecht darstellen oder gegen den Grundsatz des fairen Verfahrens verstoßen.[23]

63 **3. Ausstattung mit Mechanismen und sicheren Updates.** IKT-Produkte, -Dienste und -Prozesse sollen mit Mechanismen für sichere Updates ausgestattet werden. Durch dieses Vorgehen soll vermieden werden, dass im Laufe der Zeit Sicherheitslücken in einen Programmcode eingebaut werden. Es gilt daher den Zeitraum zwischen der Etablierung einer Sicherheitslücke und dem neusten Update möglichst gering zu halten.

64 Es besteht zum einen die Möglichkeit dem Nutzer selbst die Wahl des Zeitpunktes des Updates zu überlassen. Dies bietet den Vorteil, dass die Nutzung nicht infolge des Updates gestört wird. Der Nachteil besteht allerding darin, dass häufig essenzielle Updates vernachlässigt werden. Insbesondere für kritische Strukturen bietet es sich folglich an, Mechanismen zur automatischen Updatedurchführung vorzusehen. Einen weiteren Angriffspunkt bietet die Quelle der Updates. Findet der Download eines Updates über ungesicherte Kanäle statt, besteht das Risiko eines sog. Man-in-the-Middle-Angriffs. Ein Mechanismus zum Schutz vor solchen Szenarien bietet verifizierte Updates.

---

[21] MüKo ZPO/*Prütting,* § 291 Rn. 5.

[22] MüKo ZPO/*Prütting,* § 291 Rn. 5.

[23] Rengeling/Middeke/Gellermann Rechtsschutz-HdB/*Andová,* § 24 Rn. 36ff.

Art. 52 Vertrauenswürdigkeitsstufen der europäischen Schemata für die Cybersicherheitszertifizierung

(1) [1]Ein europäisches Schema für die Cybersicherheitszertifizierung kann für IKT-Produkte, -Dienste und -Prozesse eine oder mehrere der Vertrauenswürdigkeitsstufen „niedrig“, „mittel“ und/oder „hoch“ angeben. [2]Die Vertrauenswürdigkeitsstufe muss in einem angemessenen Verhältnis zu dem mit der beabsichtigten Verwendung eines IKT-Produkts, -Dienstes oder -Prozesses verbundenen Risiko im Hinblick auf die Wahrscheinlichkeit und die Auswirkungen eines Sicherheitsvorfalls stehen.

(2) Europäische Cybersicherheitszertifikate und EU-Konformitätserklärungen beziehen sich auf die jeweilige Vertrauenswürdigkeitsstufe, die im europäischen Schema für die Cybersicherheitszertifizierung angegeben ist, nach dem das europäische Cybersicherheitszertifikat oder die EU-Konformitätserklärung ausgestellt wurde.

(3) Die jeder Vertrauenswürdigkeitsstufe entsprechenden Sicherheitsanforderungen, einschließlich der entsprechenden Sicherheitsfunktionen und der entsprechenden Strenge und Gründlichkeit für die Bewertung, die das IKT-Produkt, der IKT-Dienst oder der IKT-Prozess durchlaufen muss, werden in dem jeweiligen europäischen Schema für die Cybersicherheitszertifizierung festgelegt.

(4) Das Zertifikat oder die EU-Konformitätserklärung nimmt Bezug auf die diesbezüglichen technischen Spezifikationen, Normen und Verfahren einschließlich technischer Prüfungen, deren Zweck in der Minderung oder Prävention der Gefahr von Cybersicherheitsvorfällen besteht.

(5) [1]Ein europäisches Cybersicherheitszertifikat oder eine EU-Konformitätserklärung für die Vertrauenswürdigkeitsstufe „niedrig“ bietet die Gewissheit, dass die IKT-Produkte, -Dienste und -Prozesse, für welche dieses Zertifikat oder diese EU-Konformitätserklärung ausgestellt wird, die entsprechenden Sicherheitsanforderungen einschließlich der Sicherheitsfunktionen erfüllen und einer Bewertung unterzogen wurden, die darauf ausgerichtet ist, die bekannten grundlegenden Risiken für Sicherheitsvorfälle und Cyberangriffe möglichst gering zu halten. [2]Die durchzuführende Bewertung beinhaltet mindestens eine Überprüfung der technischen Dokumentation. [3]Ist eine solche Prüfung nicht geeignet, werden alternative Prüfungen mit gleicher Wirkung durchgeführt;

(6) [1]Ein europäisches Cybersicherheitszertifikat für die Vertrauenswürdigkeitsstufe „mittel“ bietet die Gewissheit, dass die IKT-Produkte, -Dienste und -Prozesse, für welche dieses Zertifikat ausgestellt wird, die entsprechenden Sicherheitsanforderungen einschließlich der Sicherheitsfunktionen erfüllen und einer Bewertung unterzogen wurden, die darauf ausgerichtet ist, bekannte Cybersicherheitsrisiken und das Risiko von Cybersicherheitsvorfällen und Cyberangriffen seitens Akteuren mit begrenzten Fähigkeiten und Ressourcen möglichst gering zu halten. [2]Die durchzuführende Bewertung beinhaltet mindestens Folgendes: eine Überprüfung, die zeigt, dass keine allgemein bekannten Sicherheitslücken vorliegen, und die Prüfung, dass die IKT-Produkte, -Dienste und -Prozesse

die erforderlichen Sicherheitsfunktionen korrekt durchführen. [3]Falls diese Bewertungstätigkeiten nicht geeignet sind, werden alternative Tätigkeiten mit gleicher Wirkung durchgeführt;

(7) **[1]Ein europäisches Cybersicherheitszertifikat für die Vertrauenswürdigkeitsstufe „hoch" bietet die Gewissheit, dass die IKT-Produkte, -Dienste und -Prozesse, für welche dieses Zertifikat ausgestellt wird, die entsprechenden Sicherheitsanforderungen einschließlich der Sicherheitsfunktionen erfüllen und dass sie einer Bewertung unterzogen wurden, die darauf ausgerichtet ist, das Risiko von dem neuesten Stand der Technik entsprechenden Cyberangriffen durch Akteure mit umfangreichen Fähigkeiten und Ressourcen möglichst gering zu halten. [2]Die durchzuführenden Bewertungstätigkeiten beinhaltet das Folgende; eine Nachprüfung, die zeigt, dass keine allgemein bekannten Sicherheitslücken vorliegen; eine Prüfung, die zeigt, dass die IKT-Produkte, -Dienste und -Prozesse die erforderlichen Sicherheitsfunktionen entsprechend dem neuesten Stand der Technik ordnungsgemäß durchführen, und eine Beurteilung ihrer Widerstandsfähigkeit gegen kompetente Angreifer mittels Penetrationstests Falls diese Bewertungstätigkeiten nicht geeignet sind, alternative Tätigkeiten durchgeführt.**

(8) **[1]In einem europäischen Schema für die Cybersicherheitszertifizierung können je nach Strenge und Gründlichkeit der verwendeten Evaluierungsmethode mehrere Bewertungsniveaus angegeben werden. [2]Jedes Bewertungsniveau entspricht einer der Vertrauenswürdigkeitsstufen und wird durch eine entsprechende Kombination von Vertrauenswürdigkeitskomponenten definiert.**

A. Allgemeines

1 Art. 52 definiert die **Vertrauenswürdigkeitsstufen** der europäischen Schemata für die Cybersicherheitszertifizierung. Differenziert wird zwischen den Vertrauenswürdigkeitsstufen **„niedrig", „mittel"** und/oder **„hoch".** Diese Vertrauenswürdigkeitsstufen finden auf IKT-Produkte, -Dienste und -Prozesse Anwendung. Nach Erwgr. 10 sollen Unternehmen und einzelne Verbraucher über präzise Informationen darüber verfügen, auf welcher Vertrauenswürdigkeitsstufe die Sicherheit ihrer IKT-Produkte, -Dienste und -Prozesse zertifiziert wurde. Bisher wurden IKT-Produkte, -Dienste und -Prozesse, im Hinblick auf ihre Cybersicherheit kaum zertifiziert und wenn geschah dies auf Ebene der Mitgliedsstaaten ohne einheitliche Zertifikate. Die Etablierung der Vertrauenswürdigkeitsstufen stellt somit nach Erwgr. 67 ein **wichtiges Element der gegenseitigen Anerkennung** innerhalb der Union dar.

B. Einzelerläuterungen

2 Die Vertrauenswürdigkeitsstufe bezeichnet gemäß Art. 2 Nr. 21 die Grundlage für das Vertrauen dahingehend, dass ein IKT-Produkt, -Dienst oder -Prozess den Sicherheitsanforderungen eines spezifischen europäischen Schemata für die Cybersicherheitszertifizierung genügt. Sie gibt darüber hinaus an, auf welchem Niveau das IKT-Produkt, der IKT-Dienst oder der IKT-Prozess, bei der Bewertung ein-

gestuft wurde. Eine Bemessung der Sicherheit des IKT-Produkts, -Dienstes und -Prozesses als solches findet darüber hinaus nicht statt.

I. Abs. 1

Abs. 1 gibt drei Vertrauenswürdigkeitsstufen vor: niedrig, mittel und hoch. Die Vertrauenswürdigkeitsstufe muss in einem angemessenen Verhältnis zu der beabsichtigten Verwendung der IKT-Produkte, -Dienste und -Prozesse stehen. **Zu berücksichtigen ist insofern das Risiko im Hinblick auf die Wahrscheinlichkeit und die Auswirkungen eines Sicherheitsvorfalles.** Die Vertrauenswürdigkeitsstufe knüpft damit an das potenzielle Gefährdungsrisiko an, das mit der Verwendung der IKT-Produkte, -Dienste und -Prozesse einhergeht. 3

Durch die gewählte Formulierung „und/oder" besteht die **Möglichkeit mehrere Vertrauenswürdigkeitsstufen gleichzeitig anzugeben.** Diese Formulierung ermöglicht somit sowohl eine Verknüpfung als auch eine Angabe als Alternative. Ein Exklusivitätsverhältnis besteht demnach nicht. Genauere Angaben, in welchen Fällen die Angabe mehrerer Vertrauenswürdigkeitsstufen erfolgen kann, enthält die Vorschrift nicht. 4

1. Niedrige Vertrauenswürdigkeit. Erwgr. 88 sieht für die Vertrauenswürdigkeitsstufe „niedrig" vor, dass sich die Bewertung mindestens auf die folgenden Vertrauenswürdigkeitskomponenten zu stützen ist: Die Bewertung sollte mindestens eine Überprüfung der technischen Dokumentation des IKT-Produkts, -Dienstes oder -Prozesses durch die Konformitätsbewertungsstelle umfassen. Die niedrige Vertrauenswürdigkeitsstufe stellt somit Mindestanforderungen auf, die IKT-Produkts, -Dienstes und -Prozesses erfüllen müssen, um vertrauenswürdig zu sein. 5

Sofern die Zertifizierung auch IKT-Prozesse einschließt, sollte darüber hinaus das Verfahren zur Konzipierung, Entwicklung und Pflege eines IKT-Produkts oder -Dienstes einer technischen Überprüfung unterzogen werden. Dabei wird im Rahmen des Erwgr. 88 davon ausgegangen, dass soweit für ein europäisches Schemata für die Cybersicherheitszertifizierung eine Selbstbewertung der Konformität nach Art. 53 vorgesehen ist, es genügen sollte, wenn der Hersteller oder Anbieter von IKT- Produkten, -Diensten oder -Prozessen eine Selbstbewertung der Konformität des IKT-Produkts, -Dienstes oder -Prozesses, mit dem Zertifizierungsschema vornimmt. Eine nähere Ausgestaltung der Vertrauenswürdigkeitsstufe „niedrig" findet sich in Abs. 5. 6

2. Mittlere Vertrauenswürdigkeit. Bei der Vertrauenswürdigkeitsstufe „mittel" sollte sich nach Erwgr. 89 die Bewertung – zusätzlich zu den Anforderungen bei der Vertrauenswürdigkeitsstufe „niedrig" – mindestens auf eine Überprüfung der Konformität der Sicherheitsfunktionen des IKT-Produkts, -Dienstes oder -Prozesses mit seiner technischen Dokumentation stützen. Eine nähere Ausgestaltung der Vertrauenswürdigkeitsstufe „mittel" findet sich in Abs. 6. 7

3. Hohe Vertrauenswürdigkeit. Nach Erwgr. 90 ist bei der Vertrauenswürdigkeitsstufe „hoch", neben den zusätzlich zu den Anforderungen bei der Vertrauenswürdigkeitsstufe „mittel", mindestens ein Wirksamkeitstest erforderlich. Im Rahmen des Testes sind die Widerstandsfähigkeit der Sicherheitsfunktionen des IKT-Produkts, -Dienstes oder -Prozesses gegen gründlich vorbereitete Cyberattacken, die von Akteuren mit umfangreichen Fähigkeiten und Ressourcen durchgeführt werden, zu bewerten. Eine nähere Ausgestaltung der Vertrauenswürdigkeitsstufe „hoch" findet sich in Abs. 7. 8

II. Abs. 2

9 Die Vertrauenswürdigkeitsstufen sind gemäß Abs. 2 Grundlage für die europäischen Cybersicherheitszertifikate und EU-Konformitätserklärungen und sind im europäischen Schemata für die Cybersicherheitszertifizierung anzugeben nach dem das europäische Cybersicherheitszertifikat oder EU-Konformitätserklärung ausgestellt wurde.

III. Abs. 3

10 Die jeder Vertrauenswürdigkeitsstufe entsprechenden Sicherheitsanforderungen, einschließlich der Sicherheitsfunktionen und der entsprechenden Strenge und Gründlichkeit für die Bewertung, die das IKT-Produkt, der IKT-Dienst oder der IKT-Prozess durchlaufen muss, werden gemäß Abs. 3 in dem jeweiligen europäischen Schemata für die Cybersicherheitszertifizierung festgelegt. Ausweislich Erwgr. 86 ist die Vertrauenswürdigkeit eines europäischen Zertifizierungsschemas die Grundlage für das Vertrauen, dass ein IKT-Produkt, -Dienst oder -Prozess den Sicherheitsanforderungen eines spezifischen europäischen Schemas für die Cybersicherheitszertifizierung genügt. Zur Gewährleistung einheitlicher europäischer Schemata für die Cybersicherheitszertifizierung sollen die Vertrauenswürdigkeitsstufen für europäische Cybersicherheitszertifikate und EU-Konformitätserklärungen, die im Rahmen dieses Schemata ausgestellt werden, angeben können. Nach Erwgr. 86 könnte darüber hinaus jedes europäische Cybersicherheitszertifikat sich auf eine der Vertrauenswürdigkeitsstufen „niedrig“, „mittel“ oder „hoch“ beziehen, wohingegen sich die EU-Konformitätserklärung nur auf die Vertrauenswürdigkeitsstufe „niedrig“ beziehen könnte. Die Formulierung **Strenge und Gründlichkeit** gibt den Prüfungsmaßstab der Bewertung vor. Art und Umfang der Bewertung werden in dem jeweiligen Schemata für die Cybersicherheitszertifizierung festgelegt.

IV. Abs. 4

11 Nach Abs. 4 soll das erteilte Zertifikat oder die EU-Konformitätserklärung Bezug auf die diesbezüglichen technischen Spezifikationen, Normen und Verfahren einschließlich technischer Prüfungen, deren Zweck in der Minderung oder Prävention der Gefahr von Cybersicherheitsvorfällen besteht, nehmen.

V. Abs. 5

12 Gemäß Abs. 5 bietet ein europäisches Cybersicherheitszertifikat oder eine EU-Konformitätserklärung für die Vertrauenswürdigkeitsstufe „niedrig“ die Gewissheit, dass die IKT-Produkte, -Dienste und -Prozesse, für welche dieses Zertifikat oder diese EU-Konformitätserklärung ausgestellt wird, die entsprechenden Sicherheitsanforderungen einschließlich der Sicherheitsfunktionen erfüllen und einer Bewertung unterzogen wurden, die darauf ausgerichtet ist, die bekannten grundlegenden Risiken für Sicherheitsvorfälle und Cyberangriffe möglichst gering zu halten. Dabei muss die durchzuführende Bewertung mindestens eine Überprüfung der technischen Dokumentation beinhalten. Soweit die Überprüfung der technischen Dokumentation nicht geeignet ist, werden alternative Prüfungen mit gleicher Wirkung durchgeführt. Damit soll gewährleistet werden, dass eine geeignete

Überprüfung stattgefunden hat, ob eine Prüfung gleiche Wirkung hat, ist jedoch abhängig vom Einzelfall.

Im Rahmen von Abs. 5–7 findet eine Steigerung der Anforderungen zwischen den Vertrauenswürdigkeitsstufen statt. Sodass neben die Voraussetzungen der niedrigsten Stufe weitere Voraussetzungen treten, die bei Vorliegen einer höheren Stufe kumulativ erfüllt sein müssen. 13

VI. Abs. 6

Auf Grundlage von Erwgr. 89 soll sich bei der Vertrauenswürdigkeitsstufe „mittel" die Bewertung – zusätzlich zu den Anforderungen bei der Vertrauenswürdigkeitsstufe „niedrig" – mindestens auf eine Überprüfung der Konformität der Sicherheitsfunktionen des IKT-Produkts, -Dienstes oder -Prozesses mit seiner technischen Dokumentation stützen. Die Vertrauenswürdigkeitsstufe „mittel" soll die Gewissheit dafür bieten, dass bekannte Cybersicherheitsrisiken und das Risiko von Cybersicherheitsvorfällen und Cyberangriffen seitens der Akteure mit begrenzten Fähigkeiten und Ressourcen möglichst gering sind. 14

Mindestens ist nach dieser Vertrauenswürdigkeitsstufe eine Überprüfung durchzuführen, die zeigt, dass keine allgemein bekannten Sicherheitslücken vorliegen und dass die IKT-Produkte, -Dienste und -Prozesse die erforderlichen Sicherheitsfunktionen korrekt durchführen. Im Rahmen von Abs. 6 besteht ebenso, wie im Rahmen von Abs. 5 die Möglichkeit, soweit die zuvor beschriebene Bewertungstätigkeit nicht geeignet ist die geforderte Überprüfung zu gewährleisten, auf alternative Tätigkeiten mit gleicher Wirkung zurückzugreifen. 15

VII. Abs. 7

Die Vertrauenswürdigkeitsstufe „hoch" bietet gemäß Abs. 7 die Gewissheit, dass die IKT-Produkte, -Dienste und -Prozesse, für welche das Zertifikat ausgestellt wird, die entsprechenden Sicherheitsanforderungen einschließlich der Sicherheitsfunktionen erfüllen und dass sie einer Bewertung unterzogen wurden, die darauf ausgerichtet ist, das Risiko von den neusten Stand der Technik entsprechenden Cyberangriffen durch Akteure mit umfangreichen Fähigkeiten und Ressourcen möglichst gering zu halten. Sie stellt damit die höchste Vertrauenswürdigkeitsstufe mit den strengsten Anforderungen an das Schutzniveau dar. 16

In Bezug auf den Stand der Technik sind die im Rahmen von Art. 51 lit. j gemachten Überlegungen heranzuziehen. Es ist insoweit davon auszugehen, dass die den Angriffen zugrundeliegende Technologie zum relevanten Zeitpunkt auf einem neuesten Erkenntnisstand beruht. Durch die Formulierung soll den ständigen Entwicklungen und Neuerung gerecht geworden werden und gleichzeitig den Herstellern die Pflicht zur ständigen Anpassung auferlegt werden. Durch die umfangreichen Fähigkeiten und Ressourcen des Angreifers sollen auch die Sicherheitsanforderungen gesteigert sein, um etwaige Angriffe noch effektiv abwehren zu können. 17

VIII. Abs. 8

Je nach Strenge und Gründlichkeit der verwendeten Evaluierungsmethode können in einem europäischen Schemata gemäß Art. 51 Abs. 8 mehrere Evaluierungsmethoden angegeben werden. Dabei entspricht jedes Bewertungsniveau einer der 18

Vertrauenswürdigkeitsstufen („niedrig", „mittel" und „hoch") und wird durch eine entsprechende Kombination von Vertrauenswürdigkeitskomponenten definiert.

19 Entsprechend zu Abs. 3 geben auch hier Strenge und Gründlichkeit die Art und den Umfang der verwendeten Evaluierungsmethoden vor. Die Evaluierung stellt eine anhand von Fachkenntnissen durchgeführte Überprüfung der Anforderungen dar, die im Ergebnis zum Bewertungsniveau führen. Das ermittelte Bewertungsniveau bildet die Grundlage der verschiedenen Vertrauenswürdigkeitsstufen.

Art. 53 Selbstbewertung der Konformität

(1) [1]**Ein europäisches Schema für die Cybersicherheitszertifizierung kann die Durchführung einer Selbstbewertung der Konformität unter der alleinigen Verantwortung des Herstellers oder Anbieters von IKT-Produkten, -Diensten und -Prozessen zulassen.** [2]**Die Selbstbewertung der Konformität ist nur für IKT-Produkte, -Dienste und -Prozesse mit niedrigem Risiko erlaubt, die der Vertrauenswürdigkeitsstufe „niedrig" entsprechen.**

(2) [1]**Der Hersteller oder Anbieter von IKT-Produkten, -Diensten und -Prozessen kann eine EU-Konformitätserklärung ausstellen, die bestätigt, dass die Erfüllung der im Schema festgelegten Anforderungen nachgewiesen wurde.** [2]**Durch die Ausstellung einer solchen Erklärung übernimmt der Hersteller oder Anbieter der IKT-Produkte, -Dienste und -Prozesse die Verantwortung dafür, dass das IKT-Produkt, der IKT-Dienst oder der IKT-Prozess den in diesem Schema festgelegten Anforderungen entspricht.**

(3) [1]**Der Hersteller oder Anbieter von IKT-Produkten, -Diensten oder -Prozessen hält die EU-Konformitätserklärung, die technische Dokumentation und alle weiteren einschlägigen Informationen in Bezug auf die Konformität der IKT-Produkte oder -Dienste mit dem Schema während eines Zeitraums, der im entsprechenden europäischen Schema für die Cybersicherheitszertifizierung festgelegt ist, für die in Artikel 58 genannte nationale Behörde für die Cybersicherheitszertifizierung bereit.** [2]**Eine Kopie der EU-Konformitätserklärung ist der nationalen Behörde für die Cybersicherheitszertifizierung und der ENISA vorzulegen.**

(4) **Sofern im Unionsrecht oder im Recht der Mitgliedstaaten nicht anders bestimmt, ist die Ausstellung einer EU-Konformitätserklärung freiwillig.**

(5) **Die ausgestellte EU-Konformitätserklärung wird in allen Mitgliedstaaten anerkannt.**

A. Allgemeines

1 Art. 53 gestattet **Herstellern oder Anbietern** eines IKT-Produkts, -Dienstes oder -Prozesses auf Grundlage eines europäischen Schemata für die Cybersicherheitszertifizierung eine **Selbstbewertung der Konformität unter alleiniger Verantwortung** durchzuführen. Dabei bezeichnet die Selbstbewertung der Konformität gemäß Art. 2 Nr. 22 eine Maßnahme eines Herstellers oder Anbieters von IKT-Produkten, -Diensten oder -Prozessen zur Bewertung, ob diese IKT- Pro-

dukte, -Dienste oder -Prozesse die Anforderungen, die in einem spezifischen europäischen Schemata für die Cybersicherheitszertifizierung festgelegt sind, erfüllen. Gemäß Erwgr. 79 soll in den Fällen der Selbstbewertung der Konformität ausreichen, dass der Hersteller oder Anbieter von IKT-Produkten, -Diensten oder -Prozessen selbst alle Überprüfungen vornimmt, um sicherzustellen, dass die IKT-Produkte, -Dienste oder -Prozesse mit dem europäischen Schemata für die Cybersicherheitszertifizierung konform sind.

Die Selbstbewertung der Konformität sollte nach Erwgr. 79 für IKT-Produkte, 2
-Dienste oder -Prozesse von geringer Komplexität, die ein geringes Risiko für die Öffentlichkeit darstellen, wie bei einfacher Konzeption und einfachem Herstellungsmechanismus, als angemessen angesehen werden. Zudem sollte die Selbstbewertung der Konformität nur dann für IKT-Produkte, IKT-Dienste oder IKT-Prozesse erlaubt sein, wenn sie der Vertrauenswürdigkeitsstufe „niedrig" entsprechen.

Nach Erwgr. 80 können europäische Schemata sowohl eine Zertifizierung als 3
auch eine Selbstbewertung zulassen. Beide Verfahren sind demnach nebeneinander anwendbar und schließen sich nicht gegenseitig aus. Dabei sollten jedoch durch für Verbraucher und andere Nutzer klare und verständliche Instrumente vorgesehen werden, anhand derer eindeutig erkennbar wird, ob eine Zertifizierung der IKT-Produkte, -Dienste oder -Prozesse unter der Verantwortung des Herstellers oder Anbieters oder eines Dritten stattgefunden hat. Dies ist auf den beschränkten Anwendungsbereich der Selbstbewertung nach Abs. 1 und das damit verbundene geringe Risiko, an das angeknüpft wird, zurückzuführen.

B. Einzelerläuterungen

I. Abs. 1

Hersteller und Anbieter von IKT-Produkten, -Diensten und -Prozessen sind be- 4
rechtigt unter alleiniger Verantwortung eine Selbstbewertung der Konformität durchzuführen, wenn diese durch ein europäisches Schemata für die Cybersicherheitszertifizierung zugelassen ist.

1. Hersteller oder Anbieter. Die Verordnung enthält **keine Definition von** 5
Herstellern und Anbietern. Im Rahmen von Art. 2 Nr. 18 wird zur Begriffsbestimmung der Konformitätsstelle Bezug genommen auf die Akkreditierungs-VO. Diese enthält darüber hinaus in Art. 2 Nr. 3 auch eine Definition des Herstellers. Da es sich insoweit um eine europäische Norm handelt können die Überlegungen, insbesondere vor dem Hintergrund des bereits im Rahmen von Art. 2 Nr. 18 erfolgten Verweises auch zur Bestimmung des Herstellerbegriffs herangezogen werden.

Ein **Hersteller** ist danach jede natürliche oder juristische Person, die ein Pro- 6
dukt herstellt bzw. entwickeln oder herstellen lässt und dieses Produkt unter ihrem eigenen Namen oder ihrer eigenen Marke vermarktet. Ob es sich bei dem Produkt insofern um ein analoges oder digitales Produkt handelt, hat keine Auswirkung auf die Herstellereigenschaft.

Anbieter eines (digitalen) Produkts ist, wer dieses zum Kauf- oder Weiterver- 7
kauf anbietet und bereitstellt. Eine Übereinstimmung von Hersteller und Anbieter ist nicht zwingend. Ein Produkt kann aber auf dem Markt auch durch den Hersteller angeboten werden. Indem Hersteller und Anbieter in den Wortlaut der Norm

aufgenommen werden, wird deutlich, dass ein relativ weiter Anwendungsbereich der Norm gegeben sein soll.

8 **2. Zulässigkeit der Selbstbewertung.** Die Selbstbewertung der Konformität durch den Hersteller oder Anbieter hat nach S. 2 nur einen eingeschränkten Anwendungsbereich. Der Selbstbewertung zugänglich sind danach nur IKT-Produkte, -Dienste und -Prozesse, die ein niedriges Risiko aufweisen und daher der Vertrauenswürdigkeitsstufe „niedrig" entsprechen. Hinsichtlich der Vertrauensstufe „niedrig" gelten die im Zusammenhang mit Art. 52 Abs. 1 und Abs. 5 gemachten Ausführungen.

9 Der beschränkte Anwendungsbereich der Selbstbewertung ist dem Umstand geschuldet, dass Hersteller und Anbieter im Vergleich zu staatlichen Stellen, oftmals nicht um die gleichen Kompetenzen und Überprüfungsmöglichkeiten verfügen. Um dennoch eine vereinfache Überprüfung der Konformität zuzulassen, ist diese auf den Bereich der IKT-Produkte, -Dienste und -Prozesse beschränkt, die lediglich ein geringes Risiko bilden.

10 IKT-Produkte, -Dienste und -Prozesse, die ein höheres Risiko aufweisen und daher den Vertrauenswürdigkeitsstufen „mittel" oder „hoch" zuzuweisen sind, sollen anhand höherer Standards und Anforderungen überprüft werden. Da dies unter Umständen, aufgrund fehlender Ressourcen, nicht durch die Hersteller und Anbieter geleistet werden kann, sind IKT-Produkte, -Dienste und -Prozesse mit höherem Risikopotential dem Anwendungsbereich entzogen.

II. Abs. 2

11 Nach Abs. 2 können Hersteller oder Anbieter von IKT-Produkten, -Diensten und -Prozessen EU-Konformitätserklärungen ausstellen. Diese bestätigen, dass die Erfüllung der im Schemata festgelegten Anforderungen nachgewiesen wurde. Der Hersteller oder Anbieter übernimmt durch die Ausstellung einer solchen Erklärung die Verantwortung dafür, dass den in dem Schemata festgelegten Anforderungen entsprochen wurde.

12 Ein Hersteller oder Anbieter von IKT-Produkten, -Diensten oder -Prozessen, der eine Selbstbewertung der Konformität durchführt, sollte nach Erwgr. 81 die EU-Konformitätserklärung im Rahmen des Konformitätsbewertungsverfahrens abfassen und unterzeichnen können. Eine EU-Konformitätserklärung in diesem Sinne ist ein Dokument, welches bestätigt, dass das betreffende IKT-Produkt, der betreffende IKT-Dienst oder der betreffende IKT-Prozess die Anforderungen des Schemas erfüllt. Der Hersteller oder Anbieter übernimmt durch die Abfassung und Unterzeichnung der EU-Konformitätserklärung die Verantwortung dafür, dass das IKT-Produkt, der IKT-Dienst oder der IKT-Prozess die rechtlichen Anforderungen des europäischen Schematas für die Cybersicherheitszertifizierung erfüllt. Im Anschluss ist eine Kopie der EU-Konformitätserklärung der nationalen Behörde für die Cybersicherheitszertifizierung und der ENISA vorzulegen.

III. Abs. 3

13 Abs. 3 sieht eine Bereitstellung der EU-Konformitätserklärung, der technischen Dokumentation und aller weiteren einschlägigen Informationen in Bezug auf die Konformität der IKT-Produkte oder -Dienste zugunsten der in Art. 58 genannten nationalen Behörde für die Cybersicherheitszertifizierung durch den Hersteller oder Anbieter vor. Darüber hinaus ist eine Kopie der EU-Konformitätserklärung

der nationalen Behörde für die Cybersicherheitszertifizierung und der ENISA vorzulegen.

In der technischen Dokumentation sollten nach Erwgr. 82 die in diesem System geltenden Anforderungen aufgeführt werden und die Konzeption, Herstellung und Funktionsweise des IKT-Produkts, -Dienstes oder -Prozesses erfasst werden. Die technische Dokumentation sollte dabei so erstellt werden, dass es möglich ist, die Konformität eines IKT-Produkts oder -Dienstes mit den in diesem System geltenden Anforderungen zu bewerten. **14**

IV. Abs. 4

Gemäß Abs. 4 ist, sofern im Unionsrecht oder im Recht der Mitgliedstaaten nichts anderes bestimmt ist, die Ausstellung einer EU-Konformitätserklärung freiwillig. Es besteht demnach keine Ausstellungspflicht. **15**

V. Abs. 5

Die ausgestellte EU-Konformitätserklärung ist gemäß Abs. 5 in allen Mitgliedstaaten anzuerkennen. Die Vorschrift dient daher der Vereinheitlichung auf europäischer Ebene. Ein Beurteilungsspielraum der Mitgliedstaaten bei der Anerkennung besteht nicht. **16**

Art. 54 Elemente der europäischen Schemata für die Cybersicherheitszertifizierung

(1) **Ein europäisches Schema für die Cybersicherheitszertifizierung muss mindestens folgende Elemente enthalten:**

a) den Gegenstand und Umfang des Zertifizierungsschemas, einschließlich der Art oder Kategorie der erfassten IKT-Produkte, -Dienste und -Prozesse;

b) eine eindeutige Beschreibung des Zwecks des Schemas und der Art und Weise, wie die ausgewählten Normen, Bewertungsmethoden und Vertrauenswürdigkeitsstufen mit den Erfordernissen der vorgesehenen Nutzer des Schemas in Einklang gebracht wurden;

c) eine Bezugnahme auf die für die Bewertung maßgeblichen internationalen, europäischen oder nationalen Normen oder, wenn keine solchen Normen verfügbar oder geeignet sind, auf technische Spezifikationen, die die Auflagen des Anhangs II der Verordnung (EU) Nr. 1025/2012 erfüllen, oder – wenn solche Spezifikationen nicht verfügbar sind – auf die im europäischen Schema für die Cybersicherheitszertifizierung festgelegten technischen Spezifikationen oder Cybersicherheitsanforderungen;

d) gegebenenfalls eine oder mehrere Vertrauenswürdigkeitsstufen;

e) die Angabe, ob eine Selbstbewertung der Konformität im Rahmen des Schemas zulässig ist;

f) falls anwendbar, spezielle oder zusätzliche Anforderungen an die Konformitätsbewertungsstellen, um deren technische Kompetenz für die Evaluierung der Cybersicherheitsanforderungen zu gewährleisten;

g) besondere Bewertungskriterien und -methoden – wie auch Bewertungsarten – für den Nachweis, dass die in Artikel 51 festgelegten Sicherheitsziele eingehalten werden;
h) falls anwendbar, für die Zertifizierung erforderliche Informationen, die ein Antragsteller der Konformitätsbewertungsstelle vorzulegen oder auf andere Weise zur Verfügung zu stellen hat;
i) Bedingungen für die Verwendung von Siegeln oder Kennzeichen, sofern das Schema solche vorsieht;
j) Vorschriften für die Überwachung der Einhaltung der mit dem europäischen Cybersicherheitszertifikat oder der EU-Konformitätserklärung verbundenen Anforderungen an IKT-Produkte, -Dienste und -Prozesse, einschließlich der Mechanismen für den Nachweis der beständigen Einhaltung der festgelegten Cybersicherheitsanforderungen;
k) falls anwendbar, Bedingungen für die Ausstellung, Aufrechterhaltung, Fortführung und Verlängerung eines europäischen Cybersicherheitszertifikats sowie Bedingungen für die Ausweitung oder Verringerung des Zertifizierungsumfangs;
l) Vorschriften, wie mit IKT-Produkten, -Diensten und -Prozessen zu verfahren ist, die zertifiziert wurden oder für die eine EU-Konformitätserklärung ausgestellt wurde, die aber den Anforderungen des Schemas nicht genügen;
m) Vorschriften für die Meldung und Behandlung bislang nicht erkannter Cybersicherheitslücken von IKT-Produkten und -Diensten und -Prozessen;
n) falls anwendbar, Vorschriften für die Konformitätsbewertungsstellen über die Aufbewahrung von Aufzeichnungen;
o) Angabe nationaler oder internationaler Schemata für die Cybersicherheitszertifizierung für dieselbe Art oder Kategorie von IKT-Produkten, -Diensten und -Prozessen, Sicherheitsanforderungen, Evaluierungskriterien und -methoden und Vertrauenswürdigkeitsstufen;
p) Inhalt und Format des europäischen Cybersicherheitszertifikats oder der EU-Konformitätserklärungen, die auszustellen sind;
q) die Dauer der Verfügbarkeit der EU-Konformitätserklärung, der technischen Dokumentation und aller weiteren bereitzuhaltenden Informationen des Herstellers oder Anbieters von IKT-Produkten, -Diensten und -Prozessen;
r) die maximale Gültigkeitsdauer der nach diesem Schema ausgestellten europäischen Cybersicherheitszertifikate;
s) eine Offenlegungspolitik für nach diesem Schema ausgestellte, geänderte oder entzogene europäische Cybersicherheitszertifikate;
t) Bedingungen für die auf Gegenseitigkeit beruhende Anerkennung von Zertifizierungsschemata von Drittländern;
u) falls anwendbar, Regeln für etwaige im Schema vorgesehene Verfahren zur gegenseitigen Begutachtung für die Behörden oder Stellen, die im Einklang mit Artikel 56 Absatz 6 europäische Cybersicherheitszertifikate für die Vertrauenswürdigkeitsstufe „hoch" ausstellen. Diese Verfahren gelten unbeschadet der gegenseitigen Begutachtung gemäß Artikel 59;
v) Format und Verfahren, die von den Herstellern oder Anbietern von IKT-Produkten, -Diensten und -Prozessen bei der Bereitstellung und

Aktualisierung der ergänzenden Informationen zur Cybersicherheit gemäß Artikel 55 zu befolgen sind.

(2) **Die für das europäische Schema für die Cybersicherheitszertifizierung festgelegten Anforderungen stehen in Einklang mit allen geltenden rechtlichen Anforderungen, vor allem jenen, die sich aus dem harmonisierten Unionsrecht ergeben.**

(3) **Soweit dies in einem bestimmten Rechtsakt der Union so festgelegt ist, kann eine Zertifizierung oder eine EU-Konformitätserklärung, die auf der Grundlage eines europäischen Schemas für die Cybersicherheitszertifizierung ausgestellt wurde, dafür verwendet werden kann, die Vermutung zu begründen, dass eine Übereinstimmung mit den Anforderungen jenes Rechtsakts gegeben ist.**

(4) **Fehlt harmonisiertes Unionsrecht, so kann das Recht der Mitgliedstaaten auch festlegen, dass ein europäisches Schema für die Cybersicherheitszertifizierung dafür verwendet werden kann, die Vermutung zu begründen, dass eine Übereinstimmung mit den gesetzlichen Anforderungen gegeben ist.**

Inhaltsübersicht

A. Allgemeines

1 Art. 54 stellt Mindestanforderungen auf, die ein europäisches Schema für die Cybersicherheitszertifizierung erfüllen muss. Neben dem Katalog des Abs. 1 enthalten die Abs. 2–4 harmonisierende Vorschriften sowie Vermutungsregelungen, die dazu dienen die Übereinstimmung der Rechtsakte mit den geltenden Vorschriften nachzuweisen.

B. Einzelerläuterungen

I. Abs. 1

2 Die Vorschrift enthält einen Katalog mit Mindestanforderungen, die ein europäisches Schema der Cybersicherheitszertifizierung zu enthalten hat. Die Angabe weiterer Elemente ist danach nicht erforderlich, jedoch zum Zwecke eines gesteigerten Informationsumfanges möglich.

3 **1. Lit. a.** Nach Lit. a muss ein europäisches Schema der Cybersicherheitszertifizierung den Gegenstand und den Umfang des Zertifizierungsschemas, einschließlich der Art der Kategorie der erfassten IKT-Produkte, -Dienste und -Prozesse enthalten. Durch die Festlegung des Gegenstandes und des Umfangs des Zertifizierungsschemas soll der Bezugspunkt bestimmt werden. Die Angabe der Art oder Kategorie der erfassten IKT-Produkte, -Dienste und -Prozesse, dient im Gegensatz dazu den Umfang des Risikos und der daran anknüpfenden Bewertungsmaßstäbe zu ermitteln.

4 **2. Lit. b.** Daneben soll das Schema eine eindeutige Beschreibung des Zwecks und der Art und Weise, wie die ausgewählten Normen, Bewertungsmethoden und Vertrauenswürdigkeitsstufen mit den Erfordernissen der vorgesehenen Nutzer des Schemas in Einklang gebracht wurden, enthalten. Der Zweck und die Umsetzung des Schemas sollen in Bezug auf den vorgesehenen Nutzer aufgeschlüsselt werden. Dazu ist die Verknüpfung der ausgewählten Normen, Bewertungsmethoden und Vertrauenswürdigkeitsstufen darzustellen. Für die Begriffe der Bewertungsmethoden und Vertrauenswürdigkeitsstufen ist auf die Ausführungen im Rahmen von Art. 52 und Art. 53 zu verweisen. Es ergeben sich insoweit keine Abweichungen.

5 **3. Lit. c.** Das europäische Schema sollte darüber hinaus eine Bezugnahme auf die für die Bewertung maßgeblichen internationalen, europäischen oder nationalen Normen oder, wenn keine solchen Normen verfügbar oder geeignet sind, auf technische Spezifikationen, die die Auflagen des Anhangs II der VO (EU) 1025/2012 erfüllen, oder – wenn solche Spezifikationen nicht verfügbar sind – auf die im europäischen Schema für die Cybersicherheitszertifizierung festgelegten technischen Spezifikationen oder Cybersicherheitsanforderungen enthalten.

6 Durch die Bezugnahme sollen die Zusammenhänge und Faktoren des Schemas abgebildet werden. Anknüpfungspunkte dafür sind entweder die maßgeblichen Normen, die zugrundeliegenden technischen Spezifikationen oder die im Schema festgelegten Spezifikationen oder Cybersicherheitsanforderungen.

7 Vorrangig ist Bezug auf die maßgeblichen Normen zu nehmen. Nur für den Fall, dass diese nicht verfügbar oder nicht geeignet sind, ist anschließend zunächst

auf technische Spezifikationen, die die Auflagen des Anhangs II der VO (EU) 1025/2012 erfüllen Bezug zu nehmen. Subsidiär ist eine Bezugnahme auf die im europäischen Schema für die Cybersicherheitszertifizierung festgelegten technischen Spezifikationen oder Cybersicherheitsanforderungen vorgesehen.

Lit. c sieht eine **Bezugnahme auf internationale, europäische und nationale Normen** vor. Welche Normen davon erfasst werden, wird durch lit. c nicht vorgegeben. Im Zusammenhang mit den technischen Spezifikationen findet aber ein Verweis auf Anhangs II der VO (EU) 1025/2012 statt. Die Verordnung stammt ebenfalls von dem europäischen Gesetzgeber. Außerhalb des Anhangs, im Zusammenhang mit den Begriffsbestimmungen nach § 2 Nr. 1 der VO (EU) 1025/2012, sieht die Verordnungen Regelungen zu den Begriffen der internationalen, europäischen und nationalen Norm vor. Im Sinne einer einheitlichen Rechtsordnung sieht diese Begriffe auch vorliegend heranzuziehen. 8

Eine **Norm** ist nach § 2 Nr. 1 der VO (EU) 1025/2012 eine von einer anerkannten Normungsorganisation angenommene technische Spezifikation zur wiederholten oder ständigen Anwendung, deren Einhaltung nicht zwingend ist. Nach § 2 Nr. 1 lit. a der VO (EU) 1025/2012 liegt demnach eine **internationale Norm** vor, wenn sie von einer internationalen Normungsorganisation angenommen wurde. Um eine **europäische Norm** nach § 2 Nr. 1 lit. b der VO (EU) 1025/2012 handelt es sich, wenn eine europäische Normungsorganisation die Norm angenommen hat. Hat hingehen eine nationale Normungsorganisation die Norm angenommen so liegt nach § 2 Nr. 1 lit. d der VO (EU) 1025/2012 eine **nationale Norm** vor. Wer als Normungsorganisation in diesem Sinne anzusehen ist bestimmt sich nach § 2 Nr. 8–10 der VO (EU) 1025/2012 in Verbindung mit Anhang I. 9

Der Anhangs II der VO (EU) 1025/2012 enthält Anforderungen für die Identifizierung technischer IKT-Spezifikationen, der darin enthaltene Katalog wird durch den Verweis in den Regelungsumfang des CSA mitaufgenommen. Eine **technische Spezifikation** in diesem Sinne stellt nach § 2 Nr. 4 VO (EU) 1025/2012, der bedingt durch den Verweis auf den Anhang II auch zur Definition des Begriffes herangezogen werden kann, ein Schriftstück dar, in dem die technischen Anforderungen dargelegt sind, die ein Produkt, ein Verfahren, eine Dienstleistung oder ein System zu erfüllen hat. Die weiteren Voraussetzungen der technischen Spezifikation ergeben sich insoweit aus § 2 Nr. 4 lit. a–lit. d VO (EU) 1025/2012. 10

Auf die im europäischen Schema für die Cybersicherheitszertifizierung festgelegten technischen Spezifikationen oder Cybersicherheitsanforderungen ist nur nachrangig Bezug zu nehmen, wenn die beiden zuvor genannten Möglichkeiten nicht verfügbar sind. Angeknüpft wird insoweit nicht an äußere Vorgaben, sondern an die im Schema selbst festgelegten Anforderungen. 11

4. Lit. d. Als weitere Mindestvoraussetzung ist nach lit. d anzugeben, ob gegebenenfalls eine oder mehrere Vertrauenswürdigkeitsstufen vorliegen. Die Möglichkeit zur Angabe einer oder mehrere Vertrauenswürdigkeitsstufen ergibt sich auf Grundlage von Art. 52 Abs. 1. Bezugspunkt der Vertrauenswürdigkeitsstufen ist dabei das erwartete Risiko. Hinsichtlich der Anforderungen an die Vertrauenswürdigkeitsstufen „niedrig", „mittel" und „hoch" wird auf die Ausführungen im Rahmen des Art. 54 verwiesen. 12

5. Lit. e. Darüber hinaus ist nach lit. e als Mindestvoraussetzung anzugeben, ob eine Selbstbewertung der Konformität im Rahmen der Schemata zulässig ist. Die Zulässigkeit richtet sich nach Art. 53 Abs. 1 und ist nach S. 2 auf IKT-Produkte, -Dienste und -Prozesse mit niedrigem Risiko beschränkt, die der Vertrauenswür- 13 digkeitsstufe „niedrig" entsprechen. Da die Selbstbewertung der Konformität durch Hersteller und Anbieter vorgenommen wird, soll durch die Angabe der Zulässigkeit im Rahmen des Schemas gesichert werden, da diese folglich unabhängig von staatlichen Stellen erfolgt.

14 **6. Lit. f.** Zur Gewährleistung der technischen Kompetenz der Konformitätsbewertungsstellen für die Evaluierung der Cybersicherheitsanforderungen soll das Schema falls anwendbar, spezielle oder zusätzliche Anforderungen enthalten. Die Konformitätsbewertungsstellen sind nach Erwgr. 88 an der Bewertung im Rahmen der Vertrauenswürdigkeitsstufen, insbesondere der Überprüfung der technischen Dokumentation beteiligt. Nach Art. 2 Nr. 18 bezeichnet eine Konformitätsbewertungsstelle eine Konformitätsbewertungsstelle iSv. Art. 2 Nr. 13 Akkreditierungs-VO. Dies ist eine Stelle, die Konformitätsbewertungstätigkeiten einschließlich der Kalibrierungen, Prüfungen, Zertifizierungen und Inspektionen durchführt. Eine erfolgreiche Bewertung setzt insoweit voraus, dass die Konformitätsbewertungsstellen über alle erforderlichen Anforderungen in Kenntnis gesetzt werden. Dies soll durch lit. f gewährleistet werden.

15 **7. Lit. g.** Das Schema sollte darüber hinaus auch besondere Bewertungskriterien und -methoden – wie auch Bewertungsarten – für den Nachweis, dass die in Art. 51 festgelegten Sicherheitsziele eingehalten werden, enthalten. Bei den in Art. 51 festgelegten Sicherheitszielen der europäischen Schemata für die Cybersicherheitszertifizierung handelt es sich ebenfalls um Mindestanforderungen.

16 Während Art. 51 insoweit an inhaltliche Aspekte der Schemata anknüpft, handelt es sich im Rahmen von Art. 54 um formelle Anforderungen an das Schema. Die formellen Mindestanforderungen dienen insoweit der Gewährleistung der inhaltlichen und damit materiellen Mindestanforderung. Anhand der angegebenen Bewertungskriterien und -methoden muss daher nachvollziehbar sein, dass die sich aus Art. 51 ergebenden Sicherheitsziele eingehalten wurden. Die Art des Nachweises wird durch lit. g nicht vorgegeben. Der Nachweis muss jedenfalls nach Art und Umfang dazu geeignet sein, die Bewertungskriterien und -methoden darzulegen.

17 **8. Lit. h.** Lit. h enthält eine Mindestanforderung hinsichtlich des Antragsverfahrens. Danach sind die für die Zertifizierung erforderlichen Informationen, die ein Antragsteller der Konformitätsbewertungsstelle nach § 2 Nr. 18 vorzulegen oder auf andere Weise zur Verfügung zu stellen hat, anzugeben. Die Art, Umfang und Kategorie der erforderlichen Informationen wird durch lit. h nicht bestimmt. Es müssen jedoch alle Informationen angegeben werden, die für eine erfolgreiche Antragstellung erforderlich sind.

18 **9. Lit. i.** Das Schema soll, sofern in diesem vorgesehen, nach lit. i die Bedingungen für die Verwendung von Siegeln und Kennzeichen enthalten. Unter **Siegeln und Kennzeichen** versteht man in der Regel bildliche, dh grafische oder schriftliche Markierungen, die Herstellern oder Anbietern durch staatliche Stellen als Nachweis der Erfüllung der gesetzlichen Anforderungen zur Verfügung gestellt werden. Sie ermöglichen einen schnellen Überblick hinsichtlich der durch das Schema vorgegebenen Anforderungen und dienen damit einem vereinfachten Umgang mit dem Schema. Siegel und Kennzeichen werden bereits in vielen anderen wirtschaftlichen Bereichen als Nachweis und Vertrauenselement eingesetzt.

19 Dritten wird auf diese Weise, ohne weitreichende Fachkenntnisse, eine Beurteilung der Qualität und der Risiken des IKT-Produktes, -Dienstes und -Prozesses ermöglicht. Siegel und Kennzeichen dienen damit der Schaffung eines besonderen

Vertrauens und sind daher Element der Mindestvoraussetzungen an ein europäisches Schema zur Cybersicherheitszertifizierung.

10. Lit. j. Des Weiteren soll das Schema die Vorschriften für die Überwachung der Einhaltung der mit dem europäischen Cybersicherheitszertifikat oder der EU-Konformitätserklärung verbundenen Anforderungen an IKT-Produkte, -Dienste und -Prozesse, einschließlich der Mechanismen für den Nachweis der beständigen Einhaltung der festgelegten Cybersicherheitsanforderungen enthalten. 20

11. Lit. k. Lit. k enthält Mindestanforderungen, die die Geltung eines europäischen Cybersicherheitszertifikats sowie dessen Umfang betreffen. Anzugeben sind demnach Bedingungen, die die Ausstellung, Aufrechterhaltung, Fortführung und Verlängerung sowie die Ausweitung oder Verringerung des Umfangs betreffen. 21

12. Lit. l. Das Schema sollte Vorschriften, wie mit IKT-Produkten, -Diensten und -Prozessen zu verfahren ist, die zertifizierten wurden oder für die eine EU-Konformitätserklärung ausgestellt wurde, die aber den Anforderungen des Schemas nicht genügen, enthalten. Denn diese IKT-Produkte, -Dienste und -Prozesse bieten ein höheres Risiko und ihnen ist nicht das gleiche Vertrauen entgegenzubringen wie IKT-Produkten, -Diensten und -Prozessen, die zertifiziert wurden und den Anforderungen des Schemata entsprechen. Zur Vermeidung eines falschen Sicherheitsniveaus sind daher Vorschriften zum Verfahren mit diesen IKT-Produkten, -Diensten und -Prozessen anzugeben. 22

13. Lit. m. Zudem sollen Vorschriften für die Meldung und Behandlung bislang nicht erkannter Cybersicherheitslücken von IKT-Produkten, -Diensten und -Prozessen, enthalten sein. Die so gesammelten Informationen können der ENISA nach Auftrag der Kommission dazu dienen mit der Ausarbeitung von neuen möglichen Zertifizierungsschemata nach Erwgr. 84 zu beginnen, die nicht im fortlaufenden Arbeitsprogramm der Union enthalten sind. Die Meldung dient insoweit der Beschaffung der erforderlichen Informationen. Vorschriften zur Behandlung sollen für einen einheitliches Vorgehen bei Vorliegen bisher nicht erkannter Sicherheitslücken sorgen. 23

14. Lit. n. Nach lit. n soll das europäische Schema für die Cybersicherheit Vorschriften für die Konformitätsbewertungsstellen über die Aufbewahrung von Aufzeichnungen enthalten. Archivierungsvorschriften sind jedoch nur anzugeben, falls sie im konkreten Schema vorgegeben sind. 24

15. Lit. o. Das europäische Schema sollte darüber hinaus die Angabe nationaler und internationaler Schemata für die Cybersicherheitszertifizierung für dieselbe Art oder Kategorie von IKT-Produkten, -Diensten und -Prozessen, Sicherheitsanforderungen, Evaluierungskriterien und -methoden sowie Vertrauenswürdigkeitsstufen, enthalten. 25

16. Lit. p. Mindestens anzugeben sind auch Inhalt und Format des europäischen Cybersicherheitszertifikats oder der EU-Konformitätserklärungen, die auszustellen sind. 26

17. Lit. q. Enthalten sein soll auch die Dauer der Verfügbarkeit der EU-Konformitätserklärung, der technischen Dokumentation und aller weiteren bereitzuhaltenden Informationen des Herstellers oder Anbieters von IKT-Produkten, -Diensten und -Prozessen. 27

28 **18. Lit. r.** Mindestens ist nach lit. r auch die maximale Gültigkeitsdauer der nach dem Schema ausgestellten, geänderten oder entzogenen Cybersicherheitszertifikate anzugeben. Mit Ablauf der maximalen Gültigkeitsdauer verlieren die Cybersicherheitszertifikate ihre Geltung. Die Angabe der maximalen Gültigkeitsdauer dient der Bestandsaufnahme. Erfasst werden daher ausgestellt, geänderte, aber auch entzogene Cybersicherheitszertifikate.

29 **19. Lit. s.** Das europäische Schema sollte darüber hinaus auch mindestens eine Offenlegungspolitik für die nach dem Schema ausgestellten, geänderten oder entzogenen europäischen Cybersicherheitszertifikate enthalten. Die maximale Gültigkeitsdauer ist bereits nach lit. r anzugeben. Die Offenlegungspolitik im Sinne des lit. s ist insofern als eine Übersicht hinsichtlich der genannten Vorgänge in Bezug auf das europäische Cybersicherheitszertifikat zu verstehen. Die Ausstellung der Zertifikate soll auf diese Weise dokumentiert werden. Die bestehenden Zertifikate werden darüber hinaus erfasst, soweit sie Änderungen unterzogen worden sind oder durch die zuständige Behörde entzogen wurden.

30 **20. Lit. t).** Anzugeben sind auch die Bedingungen für die auf Gegenseitigkeit beruhende Anerkennung von Zertifizierungsschemata von **Drittländern.** Die Einbeziehung von Drittländern wird bedingt durch Erwgr. 54. Dieser macht deutlich, dass Cyberbedrohungen weltweit bestehen. Um die Cybersicherheitsstandards effektiv zu verbessern, bedarf es einer engen internationalen Zusammenarbeit. Vor diesem Hintergrund ist die ENISA angehalten auch nach Art. 12 die Zusammenarbeit mit Drittländern zu unterstützen. Ein wichtiger Schritt dabei ist die gegenseitige Anerkennung. Drittländer in diesem Sinne sind alle Länder, die nicht selbst Vertragspartei der Verordnung sind.

31 **21. Lit. u.** Falls anwendbar sind nach lit. u Regeln für etwaige im Schema vorgesehenen Verfahren zur gegenseitigen Begutachtung für die Behörden oder Stellen anzugeben, die im Einklang mit Art. 56 Abs. 6 europäische Zertifikate für die Vertrauenswürdigkeitsstufe „hoch" ausstellen. Diese Verfahren gelten unbeschadet der gegenseitigen Begutachtung gemäß Art. 59. Die gegenseitige Begutachtung dient nach Art. 59 Abs. 1 der Erreichung gleichwertiger Standards in der gesamten Union. Lit. u ist damit Teil des in Erwgr. 99 aufgeführten Systems der gegenseitigen Bewertung der nationalen Behörden für die Cybersicherheitszertifizierung. Anzugeben sind die Regelungen in Bezug auf Behörden und Stellen, die Zertifikate für die Vertrauenswürdigkeitsstufe „hoch" angeben, da diesen im Rahmen des CSA ein besonderes Vertrauen entgegengebracht wird.

32 **22. Lit. v.** Das Schema muss nach lit. v Formate und Verfahren, die von den Herstellern oder Anbietern von IKT-Produkten, -Diensten und -Prozessen bei der Bereitstellung und Aktualisierung der ergänzenden Informationen zur Cybersicherheit gemäß Art. 55 zu befolgen sind, enthalten. Art. 55 Abs. 1 regelt die Bereitstellungsverpflichtung der Hersteller und Anbieter gegenüber der Öffentlichkeit hinsichtlich ergänzender Cybersicherheitsangaben. Nach Art. 55 Abs. 2 werden die Angaben nach Art. 55 Abs. 1 in elektronischer Form zur Verfügung gestellt und bleiben mindestens bis zum Ablauf des jeweiligen EU-Cybersicherheitszertifikats oder der EU-Konformitätserklärung verfügbar. Damit dies gewährleistet werden kann muss das europäische Schema für die Cybersicherheitszertifizierung das Format und Verfahren enthalten, durch welche die Angaben bereitgestellt werden soll. Art. 55 Abs. 1 regelt insoweit die Verpflichtung und lit. v die Aufnahme der formellen Anforderungen in das Schema. Eine Detailregelung hinsichtlich des Formates

und des Verfahrens enthalten beide Normen, ausgenommen die Möglichkeit zur Bereitstellung in elektronischer Form, nicht.

II. Abs. 2

Die für das europäische Schemata für die Cybersicherheitszertifizierung festgelegten Anforderungen müssen gemäß Abs. 2 im Einklang mit allen geltenden rechtlichen Anforderungen stehen. Dies gilt insbesondere für die Anforderungen, die sich aus harmonisiertem Unionsrecht ergeben. Abs. 2 dient daher der Schaffung eines einheitlichen Rechtsrahmens auf europäischer Ebene. **33**

Die Verordnung enthält keine Definition des harmonisierten Unionsrechts. Durch den obengenannten Verweis des Art. 2 Nr. 18 auf die Akkreditierungs-VO kann der dort zugrunde gelegte Begriff einer harmonisierten Norm auch vorliegend herangezogen werden. Nach Art. 2 Nr. 1 lit. c Akkreditierungs-VO 2008 handelt es sich um harmonisiertes Recht, soweit eine europäische Norm, die auf der Grundlage eines Auftrages der Kommission zur Durchführung von Harmonisierungsvorschriften der Union angenommen wurde. **34**

III. Abs. 3

Abs. 3 stellt eine Vermutungsregelung dar. Danach kann eine Zertifizierung oder eine EU-Konformitätserklärung, die auf der Grundlage eines europäischen Schemata für die Cybersicherheitszertifizierung ausgestellt wurde, die Vermutung begründen, dass eine Übereinstimmung mit den Anforderungen eines Rechtsaktes gegeben ist, soweit dies in dem Rechtsakt festgelegt wurde. **35**

Aufgrund der Vermutung ist kein Nachweis hinsichtlich der Übereinstimmung mit den Anforderungen des Rechtsaktes erforderlich. Die Vorschrift dient daher der Vereinfachung von Verfahren und trägt zum gegenseitigen Anerkenntnis auf europäischer Ebene bei. **36**

IV. Abs. 4

Soweit harmonisierendes Unionsrecht fehlt kann als Mindestanforderung nach Abs. 2 durch das Recht der Mitgliedstaaten auch festgelegt werden, dass ein europäisches Schema für die Cybersicherheitszertifizierung dafür verwendet werden kann, die Vermutung zu begründen, dass eine Übereinstimmung mit den gesetzlichen Anforderungen gegeben ist. Vorrangig sind daher harmonisierende Rechtsvorschriften zur Schaffung eines einheitlichen Rechtsrahmens heranzuziehen. Bezügliches des harmonisierten Rechts ist auf die Ausführungen im Rahmen des Abs. 2 zu verweisen. **37**

Subsidiär kann auf nationale Vorschriften zurückgegriffen werden. Das Recht der Mitgliedstaaten vermag es jedoch lediglich eine Vermutung dahingehend aufzustellen, dass ein Schema für die Cybersicherheitszertifizierung mit den gesetzlichen Anforderungen übereinstimmt. Es kann davon ausgegangen werden, dass es sich dabei nicht um eine unwiderlegbare Vermutung handelt. **38**

Art. 55 Ergänzende Informationen über die Cybersicherheit von zertifizierten IKT-Produkten, -Diensten und -Prozessen

(1) **Hersteller oder Anbieter von zertifizierten IKT-Produkten, -Dienste oder -Prozessen oder von IKT-Produkten, -Diensten und -Prozessen, für die eine EU-Konformitätserklärung ausgestellt wurde, machen folgende ergänzende Cybersicherheitsangaben der Öffentlichkeit zugänglich:**

a) Leitlinien und Empfehlungen zur Unterstützung der Endnutzer bei der sicheren Konfiguration, der Installation, der Bereitstellung, dem Betrieb und der Wartung der IKT-Produkte oder -Dienste;

b) Zeitraum, während dessen den Endnutzern eine Sicherheitsunterstützung angeboten wird, insbesondere in Bezug auf die Verfügbarkeit von cybersicherheitsbezogenen Aktualisierungen;

c) Kontaktangaben des Herstellers oder Anbieters und zulässige Verfahren für den Erhalt von Informationen über Sicherheitslücken von Endnutzern und im Bereich der IT-Sicherheit tätigen Wissenschaftlern;

d) Verweis auf Online-Register mit öffentlich offengelegten Sicherheitslücken in Bezug auf das IKT-Produkt, den IKT-Dienst oder den IKT-Prozess und gegebenenfalls relevante Cybersicherheitsratgeber.

(2) **Die in Absatz 1 aufgeführten Angaben werden in elektronischer Form bereitgestellt und bleiben mindestens bis zum Ablauf des jeweiligen EU-Cybersicherheitszertifikats oder der EU-Konformitätserklärung verfügbar und werden bei Bedarf aktualisiert.**

Literatur: *Säcker/Rixecker/Oetker/Limperg* (Hrsg.), Münchener Kommentar zum Bürgerlichen Gesetzbuch, 8. Aufl. 2018.
Simitis/Hornung/Spieker gen. Döhmann (Hrsg.), Datenschutzrecht, 2019.
Sydow (Hrsg), Europäische Datenschutzgrundverordnung, 2. Aufl. 2018.

A. Allgemeines

1 Art. 55 enthält Regelungen über ergänzende Informationen über die Cybersicherheit von zertifizierten IKT-Produkten, -Diensten und -Prozessen. Die Vorschrift beinhaltet die Verpflichtung der Hersteller und Anbieter von IKT-Produkten, -Diensten und -Prozessen ergänzende Cybersicherheitsangaben der Öffentlichkeit in elektronischer Form bereitzustellen.

B. Einzelerläuterungen

2 Abs. 1 bestimmt die Art und den Umfang der ergänzenden Information über die Cybersicherheit von zertifizierten IKT-Produkten, -Diensten und -Prozessen, wohingegen Abs. 2 deren Bereitstellung, Verfügbarkeit und Aktualisierung regelt.

I. Abs. 1

3 Gemäß Abs. 1 sind Hersteller oder Anbieter von zertifizierten IKT-Produkten, -Diensten oder -Prozessen oder von IKT-Produkten, -Diensten und -Prozessen,

für die eine EU-Konformitätserklärung ausgestellt wurde, verpflichtet ergänzende Cybersicherheitsangaben der Öffentlichkeit zugänglich zu machen. Bezüglich der Hersteller- und Anbietereigenschaft sind auf die Ausführungen zu Art. 53 Abs. 1 zu verweisen. Der Umfang der zugänglich zumachenden ergänzenden Cybersicherheitsangaben ergibt sich aus dem Katalog des Abs. 1 lit. a–lit. d.

Zugänglichmachen im Sinne der Verordnung bedeutet, dass die Angaben allgemein, ohne besondere Voraussetzungen abrufbar gemacht werden. Ein Zugriff muss durch jedermann, jedenfalls innerhalb der Grenzen des Abs. 2, möglich sein. Dieser sieht jedoch lediglich eine Bereitstellung in elektronischer Form vor. Andere Arten des Zugänglichmachens können folglich nicht nach Abs. 1 verlangt werden. 4

Die Angaben sind der **Öffentlichkeit zugänglich zu machen.** Auf europäische Ebene existiert im Zusammenhang mit dem Urheberrecht bereits eine Definition der Öffentlichkeit. Nach Auffassung des Europäischen Gerichtshofs (EuGH) ist von einer Öffentlichkeit im Sinne des Urheberrechts auszugehen, wenn eine unbestimmte Zahl potenzieller Leistungsempfänger und recht vielen Personen Zugang geschaffen wird.[1] Übertragen auf die Verordnung bedeutet dies, dass die ergänzenden Informationen einer unbestimmten möglichst großen Anzahl von Personen zugänglich gemacht werden sollen. 5

1. Lit. a. Nach lit. a sind Leitlinien und Empfehlungen zur Unterstützung der Endnutzer bei der sicheren Konfiguration, der Installation, der Bereitstellung, dem Betrieb und der Wartung von IKT-Produkten oder -Diensten der Öffentlichkeit zugänglich zu machen. 6

Inhaltlich beschränkt sich lit. a auf die Bereiche der sicheren Konfiguration, der Installation, der Bereitstellung, dem Betrieb und der Wartung von IKT-Produkten oder -Diensten. Im Gegensatz zu anderen Vorschriften der Verordnung werden von lit. a IKT-Prozesse nicht erfasst. 7

Leitlinien in diesem Sinne sind als Orientierungshilfen zu verstehen. Sie können bestimmte Verhaltensweisen vorgeben, an welchen sich der Endnutzer orientiert. Dabei dienen sie der Festlegung eines bestimmten Standards. Dieser kann durch den Endnutzer übernommen werden. 8

Der Begriff der Empfehlungen ist im Vergleich zu den Leitlinien noch extensiver zu verstehen. Auf europäischer Ebene existiert bereits der Begriff der Empfehlung im Zusammenhang mit Art. 288 AEUV. Diese haben keinen verbindlichen Inhalt. Ein eben solches Verständnis ist auch vorliegend anzuwenden, auch wenn anders als bei Art. 288 AEUV kein Rechtsakt der Europäischen Union vorliegt. Es ist davon auszugehen, dass **Empfehlungen im Sinne dieser Verordnung keinen verbindlichen Inhalt haben,** aber zur Unterstützung der Endnutzer die Auffassung der zuständigen Behörde widerspiegeln. Es handelt sich daher um einen **unverbindlichen Vorschlag mit Korrektur- und Abhilfemaßnahmen.** Von der Unverbindlichkeit der Empfehlung kann jedoch nicht auf eine Bedeutungslosigkeit geschlossen werden, denn sie haben direkten Einfluss auf das Handeln der Endnutzer in den genannten Bereichen. 9

Unter **Endnutzern** sind natürliche oder juristische Personen zu verstehen, die IKT-Produkte oder -Dienste zu eigenen Zwecken nutzen. Der Endnutzer ist ein wichtiger Bezugspunkt im Rahmen der Verordnung. So soll insbesondere die ENISA in Zusammenarbeit mit den Mitgliedstaaten und den Organen, Einrichtungen und sonstigen Stellen der Union nach Erwgr. 40 regelmäßige öffentliche Auf- 10

---

[1] *EuGH,* Urt. v. 15.3.2012 – C-162/10, GRUR 2012, 597 Rn. 42.

klärungskampagnen durchführen, die sich an die Endnutzer richten, um sicherere Verhaltensweisen der Nutzer im Internet und digitale Kompetenzen zu fördern sowie die Nutzer stärker für potenzielle Bedrohungen im Internet zu sensibilisieren. Darüber hinaus sollen nach Erwgr. 93 die europäischen Cybersicherheitszertifikate und die EU-Konformitätserklärung den Endnutzern helfen, kundige Entscheidungen zu treffen.

11 **2. Lit. b.** Darüber hinaus soll nach lit. b der Zeitraum, während dessen den Endnutzern eine Sicherheitsunterstützung angeboten wird, insbesondere in Bezug auf die Verfügbarkeit von cybersicherheitsbezogenen Aktualisierungen zugänglich gemacht werden. Diese Information dient als Bewertungshilfe für den Endnutzer hinsichtlich der Fragestellung, ob die verwendeten IKT-Produkte, -Dienste und -Prozesse noch dem Stand der Technik entsprechen oder ob mangels Aktualisierungen ein gesteigertes Risiko bei der Verwendung gegeben ist und daher zu berücksichtigen ist.

12 **3. Lit. c.** Der Hersteller oder Anbieter hat daneben nach lit. c Kontaktdaten und zulässige Verfahren für den Erhalt von Informationen über Sicherheitslücken von Endnutzern und der im Bereich der IT-Sicherheit tätigen Wissenschaftlern zugänglich zu machen. Art und Umfang der erforderlichen Kontaktdaten werden durch die Vorschrift nicht festgelegt. Nach Sinn und Zweck sind sie jedoch in der Gestalt anzugeben, dass den Endnutzern die Kontaktaufnahme ohne besondere Beschränkungen ermöglicht wird. Neben postalischen Adressen bieten sich daher auch Kontaktformulare an.

13 **4. Lit. d.** Daneben soll ein Verweis auf Online-Register mit öffentlich offengelegten Sicherheitslücken in Bezug auf das IKT-Produkt, den IKT-Dienst oder den IKT-Prozess und gegebenenfalls relevante Cybersicherheitsratgeber zugänglich gemacht werden. Der Begriff der Sicherheitslücke findet sich bereits in Art. 51 lit. d und lit. g. Auf Basis der dort angestellten Überlegungen ist eine Sicherheitslücke im Sinne der Norm ein Fehler in einer Soft- oder Hardware, durch welchen ein potenzieller Angreifer Zugriff auf bestimmte Daten, Dienste oder Funktionen erhalten kann. Rein tatsächlich handelt es sich daher um eine unbeabsichtigte Zugriffsmöglichkeit Dritter auf die genannten Schutzgüter. Im Gegensatz zu Art. 51 lit. d müssen die Sicherheitslücken vorliegend jedoch zusätzlich öffentlich offengelegt sein. Während die Sicherheitslücken im Rahmen von Art. 51 ermittelt und dokumentiert werden müssen, ist die Verpflichtung des Art. 55 Abs. 1 lit. d auf die Zugänglichmachung eines Verzeichnisses beschränkt, welches lediglich öffentlich offengelegte Sicherheitslücken erfasst. Öffentlich offengelegte Sicherheitslücken sind erkannte Schwachstellen, die – zur Verhinderung der Ausnutzung durch Angreifer – zugänglich gemacht werden. Der Verweis auf das Online-Register dient dazu über die bestehenden Risiken zu informieren und Betroffene zur Behebung des Risikos zu animieren oder jedenfalls die Kenntnis über das Risiko zu vermitteln. Dazu können gegebenenfalls auch relevante Cybersicherheitsratgeber herangezogen werden.

II. Abs. 2

14 Nach Abs. 2 werden die in Abs. 1 aufgeführten Angaben in elektronischer Form bereitgestellt und bleiben mindestens bis zum Ablauf des jeweiligen Cybersicherheitszertifikats oder EU-Konformitätserklärung verfügbar und werden bei Bedarf aktualisiert. Die Vorschrift beinhaltet drei Aspekte die Bereitstellung der Angaben

durch den Hersteller oder Anbieter in elektronischer Form, die Verfügbarkeit während der Lebenszeit des Zertifikats oder der EU-Konformitätserklärung sowie die Aktualisierung der Angaben bei Bedarf.

Die in Abs. 1 genannten Angaben sind durch den Hersteller oder Anbieter bereitzustellen. Hersteller und Anbieter tragen insoweit die Sorge dafür, dass die Angaben vorhanden sind und der Öffentlichkeit zugänglich gemacht werden können. Die Bereitstellung erfolgt in elektronischer Form. Eine Legaldefinition oder Begriffsbestimmung enthält die Verordnung nicht. Da insoweit keine weiteren Anforderungen an die Form gestellt werden, kann davon ausgegangen werden, dass durch die Art der Bereitstellung jedenfalls ein elektronischer Datenaustausch ermöglicht werden soll, da die Angaben der Öffentlichkeit zugänglich gemacht werden sollen und folglich ein besonders großer Personenkreis erreicht werden soll. Bei der Frage, ob Angaben in elektronischer Form vorliegen, handelt es sich weniger um eine rechtliche als eine tatsächliche Fragestellung. In anderen rechtlichen Zusammenhängen, die auf die elektronische Form abstellen – wie zum Beispiel im Rahmen von § 126a BGB – wird verlangt, dass die Daten auf einen Schriftträger verkörpert werden und in Schriftzeichen lesbar sind und der Schriftträger dazu geeignet ist die Daten dauerhaft festzuhalten.[2] Zwar kann die Norm in diesem Zusammenhang weder direkt noch analog angewandt werden, entscheidend ist jedoch, dass es in tatsächlicher Hinsicht entsprechendem dem Sinn und Zweck des Abs. 2 darauf ankommt, dass die Angaben für die Öffentlichkeit bereitgestellt werden. Dies erfordert mindestens, dass sie **in irgendeiner Form verkörpert und festgehalten werden und, dass eine Wahrnehmung, insbesondere durch Schriftzeichen,** gegeben sein muss. **15**

Die Verpflichtung der Hersteller und Anbieter geht über das einfache Bereitstellen der Angaben hinaus, denn die Angaben müssen auch verfügbar gehalten werden. Der Begriff der Verfügbarkeit von Daten findet sich auch in Art. 32 Abs. 1 lit. a und lit. b DS-GVO. Im Sinne einer einheitlichen Rechtsordnung können Überlegungen zu Art. 32 DS-GVO auch im Rahmen dieser Verordnung herangezogen werden. Zur Sicherung der Verfügbarkeit müssen Angaben vor Beeinträchtigungen des Zugriffs geschützt werden.[3] Diese drohen zum Beispiel durch Verlust oder Zerstörung insbesondere durch Löschung.[4] **16**

Die bereitgestellten Angaben sind bei Bedarf zu aktualisieren, dh die bereits bestehenden Angaben sind durch den Hersteller oder Anbieter mit weiteren sich im Laufe der Zeit ergebenden Angaben zu ergänzen und zu vervollständigen. Dadurch soll verhindert werden, dass ab dem Zeitpunkt der Bereitstellung bis zum Zeitpunkt des Zugriffs Lücken in den Angaben entstehen, denn nur eine vollständige Information entspricht dem Sinn und Zweck der Norm und damit der Unterstützung des Endnutzers. Die Aktualisierungspflicht besteht jedoch nur bei Bedarf, insoweit handelt es sich nicht um eine ständige Verpflichtung. Ein Bedarf der Aktualisierung besteht zum einem bei einem ausdrücklichen Begehren eines Endkunden oder wenn sich der Bedarf aus anderen tatsächlichen und rechtlichen Gründen dem Hersteller oder Anbieter aufdrängen müsste. **17**

---

[2] MüKoBGB/*Einsele,* § 126a Rn. 3.

[3] Übertragung der Überlegungen zu Art. 32 DS-GVO aus: Sydow DS-GVO/*Reto/Mantz,* Art. 32 Rn. 16.

[4] Übertragung der Überlegungen zu Art. 32 DS-GVO aus: Simitis/Hornung/Spiecker gen. Döhmann/*Marit/Hansen,* DS-GVO Art. 32 Rn. 41.

Art. 56 Cybersicherheitszertifizierung

(1) **Für IKT-Produkte, -Dienste, und -Prozesse die auf der Grundlage eines nach Artikel 49 angenommenen europäischen Schemas für die Cybersicherheitszertifizierung zertifiziert wurden, gilt die Vermutung der Einhaltung der Anforderungen dieses Schemas.**

(2) **Sofern im Unionsrecht oder im Recht der Mitgliedstaaten nicht anders bestimmt, ist die Cybersicherheitszertifizierung freiwillig.**

(3) **[1] [1]Die Kommission bewertet regelmäßig die Effizienz und Nutzung der angenommenen europäischen Cybersicherheitszertifizierungsschemata sowie die Frage, ob ein bestimmtes europäisches Cybersicherheitszertifizierungsschema durch das einschlägige Unionsrecht verbindlich vorgeschrieben werden soll, um ein angemessenes Maß an Cybersicherheit von IKT-Produkten, -Diensten und -Prozessen in der Union sicherzustellen und das Funktionieren des Binnenmarktes zu verbessern. [2]Die erste Bewertung findet bis zum 31. Dezember 2023 statt und danach nachfolgende Bewertungen finden mindestens alle zwei Jahre statt. [2] Die Kommission stellt auf der Grundlage der Ergebnisse der Bewertung fest, welche IKT-Produkte, -Dienste und -Prozesse, die unter ein bestehendes Zertifizierungsschema fallen, unter ein verpflichtendes Zertifizierungsschema fallen müssen. [3] Die Kommission konzentriert sich dabei vorrangig auf die Sektoren, die in Anhang II der Richtlinie (EU) 2016/1148 aufgeführt sind und die spätestens zwei Jahre nach der Annahme des ersten europäischen Cybersicherheitszertifizierungsschemas bewertet werden. [4] Bei der Vorbereitung der Bewertung verfährt die Kommission wie folgt:**

a) Sie berücksichtigt die Auswirkungen der Maßnahmen auf die Hersteller oder Anbieter solcher IKT-Produkte, -Dienste und -Prozesse und auf die Nutzer hinsichtlich der Kosten dieser Maßnahmen und des gesellschaftlichen oder wirtschaftlichen Nutzens, der sich aus dem erwarteten höheren Maß an Sicherheit für die betreffenden IKT-Produkte, -Dienste und -Prozesse ergibt;

b) sie berücksichtigt das Bestehen und die Umsetzung von Rechtsvorschriften der Mitgliedstaaten und von Drittländern;

c) sie führt eine offene, transparente und inklusive Konsultation mit allen relevanten Interessenträgern und mit den Mitgliedstaaten durch;

d) sie berücksichtigt die Umsetzungsfristen sowie die Übergangsmaßnahmen oder -zeiträume und insbesondere in Hinblick auf die möglichen Auswirkungen der Maßnahme auf die Anbieter oder Hersteller von IKT-Produkten, -Diensten und -Prozessen, einschließlich KMU;

e) sie schlägt die schnellste und effizienteste Art und Weise für die Durchführung des Übergangs von freiwilligen zu obligatorischen Zertifizierungsschemata vor.

(4) **Die in Artikel 60 genannten Konformitätsbewertungsstellen stellen ein europäisches Cybersicherheitszertifikat nach diesem Artikel mit der Vertrauenswürdigkeitsstufe „niedrig“ oder „mittel“ auf der Grundlage der Kriterien des nach Artikel 49 durch die Kommission angenommenen europäischen Schemas für die Cybersicherheitszertifizierung aus.**

(5) [1]**Abweichend von Absatz 4 kann in hinreichend begründeten Fällen ein europäisches Schema für die Cybersicherheitszertifizierung vorsehen, dass ein im Rahmen dieses Schemas erteiltes europäisches Cybersicherheitszertifikat nur von einer öffentlichen Stelle auszustellen ist.** [2]**Bei einer solchen Stelle muss es sich um eine der folgenden Stellen handeln:**

a) eine nationale Behörde für die Cybersicherheitszertifizierung nach Artikel 58 Absatz 1;

b) eine als Konformitätsbewertungsstelle akkreditierte öffentliche Stelle nach Artikel 60 Absatz 1.

(6) **Ist im Rahmen eines europäischen Schemas für die Cybersicherheitszertifizierung nach Artikel 49 die Vertrauenswürdigkeitsstufe „hoch" erforderlich, so kann das europäische Cybersicherheitszertifikat nach diesem Schema nur von einer nationalen Behörde für die Cybersicherheitszertifizierung oder in den folgenden Fällen von einer Konformitätsbewertungsstelle ausgestellt werden:**

a) wenn die nationale Behörde für die Cybersicherheitszertifizierung zuvor für jedes einzelne, von einer Konformitätsbewertungsstelle ausgestellte europäische Cybersicherheitszertifikat ihre Zustimmung erteilt hat oder

b) wenn die nationale Behörde für die Cybersicherheitszertifizierung die Aufgabe der Ausstellung solcher europäischen Cybersicherheitszertifikate zuvor allgemein einer Konformitätsbewertungsstelle übertragen hat.

(7) **Die natürliche oder juristische Person, die ihre IKT-Produkte, -Dienste oder -Prozesse zur Zertifizierung einreicht, hat der in Artikel 58 genannten nationalen Behörde für die Cybersicherheitszertifizierung – sofern diese Behörde die Stelle ist, die das europäische Cybersicherheitszertifikat erteilt – oder der in Artikel 60 genannten Konformitätsbewertungsstelle alle für das Zertifizierungsverfahren notwendigen Informationen vorzulegen.**

(8) [1]**Der Inhaber eines europäischen Cybersicherheitszertifikats informiert die in Absatz 7 genannte Behörde oder Stelle über etwaige später festgestellte Sicherheitslücken oder Unregelmäßigkeiten hinsichtlich der Sicherheit des zertifizierten IKT-Produkts, -Dienstes oder -Prozesses, die sich auf die mit der Zertifizierung verbundenen Anforderungen auswirken könnten.** [2]**Die Behörde oder Stelle leitet diese Informationen unverzüglich an die betreffende nationale Behörde für die Cybersicherheitszertifizierung weiter.**

(9) **Ein europäisches Cybersicherheitszertifikat wird für die im jeweiligen europäischen Zertifizierungsschema für Cybersicherheit festgelegte Dauer erteilt und kann verlängert werden, sofern die einschlägigen Voraussetzungen weiterhin erfüllt sind.**

(10) **Ein nach diesem Artikel ausgestelltes europäisches Cybersicherheitszertifikat wird in allen Mitgliedstaaten anerkannt.**

Literatur: *Klindt* (Hrsg.), Produktsicherheitsgesetz, 3. Aufl. 2021.

Inhaltsübersicht

A. Allgemeines

1 Art. 56 regelt sämtliche Grundzüge der Cybersicherheitszertifizierung. Dabei werden insbesondere Rechtsfolgen der Cybersicherheitszertifizierung, Voraussetzungen der Erlangung und Anerkennungsgrundsätze zwischen den Mitgliedstaaten aufgestellt. Dies verdeutlicht erneut den einheitlichen Rechtsrahmen, der für sämtliche Mitgliedstaaten gelten soll.

B. Einzelerläuterungen

I. Abs. 1

2 Nach Abs. 1 gilt die widerlegliche Vermutung, dass nach Art. 49 vorgenommene Cybersicherheitszertifizierungen die Anforderungen des europäischen Schemas erfüllen. Die Vermutung kann durch das Auftauchen von beweisbaren Sicherheitslücken oder anderen technischen Vorfällen erschüttert werden. Die Erfüllung der Anforderungen muss damit nicht im Einzelfall nachgewiesen werden, sondern ihr Vorliegen wird durch die gesetzliche Bestimmung unterstellt.

3 Ähnliche Überlegungen werden auch im Rahmen des Produktsicherheitsgesetzes angewandt. Dieses dient der Umsetzung europäischer Richtlinien ins deutsche Recht. Grundsätzliche Gedanken zur Harmonisierung und Vermutungswirkung können auch hier herangezogen werden. So dient die Vermutungswirkung hinsichtlich der Cybersicherheitszertifizierung dazu, ein verlässliches Maß an Rechtssicherheit zu gewähren, sodass die vorhandenen Zertifikate den Anforderungen der Schemata entsprechen.[1] Die Vermutungswirkung kann sich insofern nur auf die Aspekte erstrecken, die tatsächlich durch die Schemata abgedeckt werden. Das Vorliegen der Anforderungen muss grundsätzlich nicht mehr im Einzelfall nachgewiesen werden, sondern nur noch in Zweifelsfällen. Es handelt sich insofern um eine Nachweiserleichterung.

[1] Klindt ProdSG/*Menz*, § 4 Rn. 3.

II. Abs. 2

4 Abs. 2 enthält eine Öffnungsklausel für die Mitgliedstaaten. Demnach können diese bestimmen, dass die Cybersicherheitszertifizierung entgegen Abs. 2 nicht freiwillig ist. Zudem kann eine Nachjustierung durch das Unionsrechts erfolgen, sofern dies notwendig werden sollte. Bis solche Regelungen durch die Mitgliedstaaten oder die Union getroffen werden, ist die Cybersicherheitszertifizierung allerdings freiwillig.

III. Abs. 3

5 Nach Abs. 3 wird durch die Europäische Kommission regelmäßig die Effizienz und die Nutzung der bisher erstellten europäischen Cybersicherheitszertifizierungsschemata bewertet. Aufgrund dieser Bewertung kann auch durch das Unionsrecht ein bestimmtes europäisches Cybersicherheitszertifizierungsschema als verbindlich vorgeschrieben werden. Ist dies der Fall, können die Befugnisse nach Abs. 2 ausgenutzt werden. Gründe für die Verpflichtung zur Nutzung eines bestimmten Cybersicherheitsschemas sind die Gewährleistung und Sicherstellung eines angemessenen Maßes an Cybersicherheit in der europäischen Union von IKT-Produkten, -Diensten und -Prozessen und die Verbesserung des Funktionierens des Binnenmarktes. Bei der Bewertung ist auf den gemeinsamen europäischen Binnenmarkt abzustellen.

6 Die erste Bewertung durch die Europäische Kommission muss spätestens bis zum 31.12.2023 stattgefunden haben. Die nach der ersten Bewertung nachfolgenden Bewertungen finden dann ab diesem Zeitpunkt im Zweijahresrhythmus statt. Diese Bewertung stellt die Grundlage für eine etwaige Verpflichtung zu bestimmten Zertifizierungsschemata dar. Bei der Bewertung durch die europäische Kommission sind vornehmlich die Sektoren aus Anhang II der NIS-RL zu bewerten. Diese werden spätestens zwei Jahre nach der Annahme des ersten europäischen Cybersicherheitszertifizierungsschemas bewertet.

7 Abs. 3 Nr. 1–5 regelt die Vorbereitung des Bewertungsverfahrens durch die Europäische Kommission. Diese muss die Auswirkungen der Cyberzertifizierungsmaßnahmen auf die Hersteller und Anbieter solcher IKT-Produkte, -Dienste und -Prozesse berücksichtigen und wie sich diese auf die Nutzer auswirken. Weiterhin muss sie die Kosten der Maßnahmen in Verhältnis zu dem gesellschaftlichen oder wirtschaftlichen Nutzen, der aus dem höheren Maß an Cybersicherheit resultiert, setzen. Hier muss also sowohl eine Art Ermessensprüfung und eine Verhältnismäßigkeitsprüfung durch die Europäische Kommission erfolgen. Dabei müssen bereits bestehende Maßnahmen zur Schaffung von Cybersicherheit in den Mitgliedstaaten und in Drittstaaten berücksichtigt werden. Die Europäische Kommission ist dazu verpflichtet, mit allen relevanten Interessenträgern und mit den Mitgliedstaaten eine offene, transparente und inklusive Konsultation zu führen. Dadurch soll die Bewertung durch die Europäische Kommission eine hohe Akzeptanz in allen Mitgliedstaaten erreichen. Umsetzungsfristen und Übergangsmaßnahmen sind mit Rücksicht auf die Anbieter und Hersteller von IKT-Produkten, -Diensten und -Prozessen zu treffen. Insbesondere muss der schnellste und effizienteste Weg zur Durchführung eines Übergangs von freiwilligen zu obligatorischen Zertifizierungsschemata gewählt werden. Dies betrifft den Fall, dass die Europäische Kommission ein Zertifizierungsschemata nach der Bewertung als verpflichtend einführen will.

IV. Abs. 4

8 Die in Art. 60 genannten Konformitätsbewertungsstellen (Begriffsbestimmung folgt aus Art. 2 Nr. 18 stellen gemäß Abs. 4 ein europäisches Cybersicherheitszertifikat mit der Vertrauenswürdigkeitsstufe „niedrig" oder „mittel" aus. Die Konformitätsbewertungsstellen bestimmen sich nach Art. 60 Abs. 1 Akkreditierungs-VO. Grundlage für die Ausstellung des Zertifikats bilden die durch die Kommission nach Art. 49 angenommenen Kriterien. Die Vertrauenswürdigkeitsstufen „niedrig" und „mittel" richten sich inhaltlich nach Art. 52 Abs. 5 und Abs. 6.

V. Abs. 5

9 Abs. 5 stellte eine Ausnahmeregelung zu Abs. 4 dar. Danach kann in hinreichend begründeten Fällen ein europäisches Schema für die Cybersicherheitszertifizierung vorsehen, dass ein im Rahmen des Schemas erteiltes europäisches Cybersicherheitszertifikat nur von einer öffentlichen Stelle auszustellen ist. Es handelt sich daher um eine Zuständigkeitsnorm. Durch das besondere Begründungserfordernis wird deutlich, dass von Abs. 5 nur in Ausnahmefällen Gebrauch gemacht werden soll. Einfach gelagerte Fälle sind vom Anwendungsbereich ausgeschlossen.

10 Die nach Abs. 5 mit der Ausstellung betraute Stelle muss eine der in Abs. 5 lit. a oder lit. b genannten Stellen sein. Es muss sich entweder um eine nationale Behörde für die Cybersicherheitszertifizierung nach Art. 58 Abs. 1 handeln oder um eine als Konformitätsbewertungsstelle akkreditierte öffentliche Stelle nach Art. 60 Abs. 1 handeln.

VI. Abs. 6

11 Abs. 6 regelt ergänzend zu Abs. 5 die Zuständigkeit hinsichtlich der Vertrauenswürdigkeitsstufe „hoch". Ist im Rahmen eines europäischen Schemas nach Art. 49 die Vertrauenswürdigkeitsstufe „hoch" erforderlich, so kann das europäische Cybersicherheitszertifikat nur von einer nationalen Behörde für die Cybersicherheitszertifizierung ausgestellt werden. Abweichend davon besteht nach Abs. 2 lit. a und lit. b die Zuständigkeit einer Konformitätsbewertungsstelle, in den dort angegebenen Fällen.

12 Nach Erwgr. 101 sollen die Mitgliedstaaten eine oder mehrere nationale Behörden für die Cybersicherheitszertifizierung benennen. Ihre Aufgabe besteht in der Beaufsichtigung der Einhaltung der Verordnung. Die nationale Behörde kann eine bereits bestehende oder eine neue Behörde sein. Darüber hinaus sollten die nationalen Behörden nach Erwgr. 102 die Verpflichtung der Hersteller und Anbieter in Bezug auf die EU-Konformitätserklärung überwachen und durchsetzen. Die nationalen Behörden sind daneben zur Beaufsichtigung der Tätigkeiten der Konformitätsbewertungsstellen ermächtigt. Dazu sollen die ihre Sachkenntnis bereitstellen und mit einschlägigen Informationen unterstützen. Sie können Konformitätsbewertungsstellen ermächtigen, die Aufgaben der nationalen Behörden wahrzunehmen, wenn dies in einem europäischen Schema für die Cybersicherheitszertifizierung festgelegt ist.

13 Die Konformitätsbewertungsstelle stellt das Cybersicherheitszertifikat aus, wenn die nationale Behörde für die Cybersicherheitszertifizierung zuvor für jedes einzelne, von einer Konformitätsbewertungsstelle ausgestellte europäische Cybersicherheitszertifikat ihr Zustimmung erteilt hat oder wenn die nationale Behörde für die Cybersicherheitszertifizierung die Aufgabe der Ausstellung solcher europäi-

schen Cybersicherheitszertifikate zuvor allgemein einer Konformitätsbewertungsstelle übertragen hat. Abs. 6 lit. a zeigt damit deutlich die untergeordnete Rolle der Konformitätsbewertungsstellen gegenüber den nationalen Behörden.

VII. Abs. 7

Gemäß Abs. 7 haben Antragsteller die notwendigen Informationen der zuständigen Behörde zur Erteilung des Zertifikats vorzulegen. Antragsteller können natürliche oder juristische Personen sein, die ihre IKT-Produkte, -Dienste oder -Prozesse zur Zertifizierung einreichen. Einzureichen sind die Informationen bei der in Art. 58 genannten Behörde, sofern dies die Stelle ist, die das europäische Sicherheitszertifikat erteilt. Die Informationen können darüber hinaus auch der in Art. 60 genannten Konformitätsbewertungsstelle vorgelegt werden. **14**

VIII. Abs. 8

Abs. 8 regelt die Informationspflicht des Inhabers eines europäischen Cybersicherheitszertifikates gegenüber der in Abs. 7 genannten Behörde oder Stelle. Der Inhaber hat über etwaige später festgestellte Sicherheitslücken oder Unregelmäßigkeiten hinsichtlich der Sicherheit des zertifizierten IKT-Produkts, -Dienstes oder -Prozesses, die sich auf die mit der Zertifizierung verbundenen Anforderungen auswirken könnten. **15**

Bezüglich des Begriffs der Sicherheitslücke gelten die im Rahmen von Art. 51 lit. d gemachten Angaben. Auch für den Begriff der Unregelmäßigkeit gibt die Verordnung keine Begriffsbestimmung vor. Ausgehend vom Wortlaut liegt jedoch nahe, dass die Unregelmäßigkeit in ihrer Intensität hinter der Sicherheitslücke zurückbleibt. Während im Rahmen der Sicherheitslücke aufgrund der Eigenart der Programmierung bereits ein Zugriff droht, bleibt die Unregelmäßigkeit dahinter zurück. Das Auftreten von Unregelmäßigkeiten bei IKT-Produkten, -Diensten oder -Prozessen kann ein Indiz für das Vorliegen einer Sicherheitslücke sein. Als Vorstufe ist es daher auch von Abs. 8 erfasst. **16**

Darüber hinaus leitet die Behörde oder Stelle die Informationen unverzüglich an die betreffende nationale Behörde für die Sicherheitszertifizierung weiter. Im deutschen Recht existiert bezüglich des Begriffs „unverzüglich" eine Legaldefinition. § 121 Abs. 1 BGB kann als nationale Vorschrift nicht das europäische Recht definieren. Anknüpfend an die Bedeutung und den Sinn und Zweck kann jedoch auch vorliegend davon ausgegangen werden, dass die Information ohne eine erhebliche zeitliche Zäsur an die genannten Behörden oder Stellen weitergegeben werden soll, denn nur auf diese Weise kann gewährleistet werden, dass frühzeitig Kenntnis über die Sicherheitslücken und Unregelmäßigkeiten zugunsten der Behörde entsteht. Der Inhaber hat daher die Behörden und Stellen möglichst zeitnah nach seiner eigenen Kenntnisnahme zu informieren. Hinsichtlich des genauen zeitlichen Umfangs dürfte allerdings die Art und Schwere der Beeinträchtigung auch Einfluss, auf den für die Weitergabe der Informationen zur Verfügung stehenden Zeitraum haben. **17**

Abs. 8 ist folglich ein Sicherungs- und Kontrollinstrument. Sicherheitslücken oder Unregelmäßigkeiten, die bei einem nach aktuellen Anforderungen erteilten Cybersicherheitszertifikat auftreten, sollen zukünftig vermieden werden. Dies ist nur durch eine kontinuierliche Rückmeldung durch die Inhaber der Zertifikate möglich, da diese in der Lage sind die Sicherheitslücken oder Unregelmäßigkeiten **18** in ihrer Sphäre zu erkennen und daher anschließend den zuständigen Stellen mitteilen können.

IX. Abs. 9

19 Nach Abs. 9 soll ein europäisches Cybersicherheitszertifikat für die im jeweiligen europäischen Zertifizierungsschema für Cybersicherheit festgelegte Dauer erteilt werden. Zudem kann es verlängert werden, sofern die einschlägigen Voraussetzungen weiterhin erfüllt sind. Die Vermutung nach Abs. 1 bleibt danach unberührt. Sofern die geltenden Voraussetzungen erfüllt sind, ermöglicht Abs. 9 ein vereinfachtes Verfahren zur Verlängerung der Zertifizierung.

X. Abs. 10

20 Ein nach Art. 56 ausgestelltes Cybersicherheitszertifikat wird in allen Mitgliedstaaten anerkannt. Abs. 10 dient insofern der Harmonisierung des Binnenmarktes. Das Vertrauen in die ausgestellten Sicherheitszertifikate soll gestärkt werden. Sie sind allgemein gültig. Durch dieses Vorgehen soll das Zertifikat, unabhängig von der ausstellenden Behörde und dem Ausstellungsort Anerkennung finden.

21 Damit soll dem in Erwgr. 67 beschriebenen Problem begegnet werden, wonach es im Rahmen von nationalen Zertifikaten an einer unionsweiten Anerkennung mangelte und daher eine Zertifizierung in mehreren Staaten erforderlich war. Auf diese Weise sollen auch unterschiedliche Anforderungsniveaus, die zu einem „Zertifizierungshopping" führen, vermieden werden.

Art. 57 Nationale Cybersicherheitszertifizierungsschemata und Cybersicherheitszertifikate

(1) [1]**Unbeschadet des Absatzes 3 dieses Artikels werden nationale Schemata für die Cybersicherheitszertifizierung und die zugehörigen Verfahren für die IKT-Produkte, -Dienste und -Prozesse, die unter ein europäisches Schema für die Cybersicherheitszertifizierung fallen, ab dem Zeitpunkt unwirksam, der in dem nach Artikel 49 Absatz 7 erlassenen Durchführungsrechtsakt festgelegt ist.** [2]**Nationale Schemata für die Cybersicherheitszertifizierung und die zugehörigen Verfahren für die IKT-Produkte, -Dienste und-Prozesse, die nicht unter ein europäisches Schema für die Cybersicherheitszertifizierung fallen, bleiben bestehen.**

(2) **Die Mitgliedstaaten führen keine neuen nationalen Schemata für die Cybersicherheitszertifizierung von IKT-Produkten, -Diensten und -Prozessen ein, die unter ein geltendes europäisches Schema für die Cybersicherheitszertifizierung fallen.**

(3) **Vorhandene Zertifikate, die auf der Grundlage nationaler Schemata für die Cybersicherheitszertifizierung ausgestellt wurden und unter ein europäisches Schema für die Cybersicherheitszertifizierung fallen, bleiben bis zum Ende ihrer Geltungsdauer gültig.**

(4) **Um die Fragmentierung des Binnenmarkts zu vermeiden, unterrichten die Mitgliedstaaten die Kommission und die Europäische Gruppe für die Cybersicherheitszertifizierung über die Absicht zur Ausarbeitung neuer nationaler Schemata für die Cybersicherheitszertifizierung.**

A. Allgemeines

1 Art. 57 widmet sich dem Verhältnis vom nationalen Cybersicherheitszertifizierungsschemata und Cybersicherheitszertifikaten zu denen auf europäischer Ebene. Dabei enthält die Vorschrift Regelungen hinsichtlich der zeitlich begrenzten Geltung nationaler Schemata (Abs. 1 und Abs. 3), Verbote zur Einführung neuer nationaler Schemata sowie eine Unterrichtungspflicht der Mitgliedstaaten hinsichtlich ihrer Absicht zur Einführung neuer nationaler Cybersicherheitsschemata.

B. Einzelerläuterungen

I. Abs. 1

2 Gem. Abs. 1 werden unbeschadet des Abs. 3 nationale Schemata für die Cybersicherheitszertifizierung und die zugehörigen Verfahren für die IKT-Produkte, -Dienste und -Prozesse, die unter ein europäisches Schema für die Cybersicherheitszertifizierung fallen, ab dem Zeitpunkt unwirksam, der in dem nach Art. 49 Abs. 7 erlassenen Durchführungsrechtsakt festgelegt ist. Nationale Schemata für die Cybersicherheitszertifizierung und die zugehörigen Verfahren für die IKT-Produkte, -Dienste und-Prozesse, die nicht unter ein europäisches Schema für die Cybersicherheitszertifizierung fallen, bleiben bestehen. Nationale Schemata, die unter ein europäisches Schema fallen, werden folglich ab dem Zeitpunkt unwirksam, der sich aus dem Art. 49 Abs. 7 erlassenen Durchführungsakt ergibt. Diese Durchführungsakte können von der Kommission auf Grundlage des von der ENISA erarbeiteten Schemata erlassen werden. In ihnen wird für IKT-Produkte, -Dienste und -Prozesse, die die Anforderungen der Art. 51, 52 und 54 erfüllen, ein europäisches Schema für die Cybersicherheitszertifizierung festgelegt. Dieses Konstrukt beschreibt einen Vorrang der europarechtlichen Vorschriften im Falle der überschneidenden Schemata. Ab dem in den Durchführungsakten genannten Stichtag verlieren die betroffenen nationalen Schemata ihrer Geltung. Sie werden im Gegensatz zum Anwendungsvorgang nicht bloß unanwendbar, sondern treten vielmehr außer Kraft. Dies entspricht insofern einem Geltungsvorrang. Nationale Schemata für die Cybersicherheitszertifizierungen hingegen, die nicht unter ein europäisches Schema fallen, bleiben bestehen. Mit diesem Vorgehen wird sichergestellt, dass nicht anlasslos alle nationalen Schemata ihre Geltung verlieren sollen, sondern diejenigen, mit denen keine Überscheidung zu den europäischen Schemata besteht, insofern ihre Geltung behalten sollen, um Rechtslücken in diesen Bereichen entgegenzuwirken.

3 Die Vorschrift dient insoweit der Vereinheitlichung der Cybersicherheitszertifizierung auf europäischer Ebene durch Schaffung eines gemeinsamen Konsenses. Nationale Schemata haben insofern nur ergänzenden Charakter. Auf lange Sicht wohnt diesem Vorgehen die Intention bei nationale Schemata für die Cybersicherheitszertifizierung durch europäische Schemata zu ersetzen, um einen einheitlichen europäischen Rechtsraum zu schaffen. Einzelstaatliche Lösungen sind insofern abzulösen.

II. Abs. 2

4 Nach Abs. 2 ist es den Mitgliedstaaten untersagt, neue nationale Schemata für die Cybersicherheitszertifizierung von IKT-Produkten, -Diensten und -Prozessen einzuführen, die unter ein geltendes europäisches Schemata für die Cybersicherheitszertifizierung fallen. Es handelt sich insofern um eine Verbotsnorm.

5 Ebenso wie Abs. 1 dient Abs. 2 dazu einheitliche europäische Schemata für die Cyberzertifizierung zu schaffen. Die lediglich ergänzend herangezogenen nationalen Schemata dienen somit – zumindest übergangsweise – der Sicherung des Status Quo. Gedanke hinter dem Verbot ist jedoch eine Auswechslung der nationalen Schemata durch europäische.

III. Abs. 3

6 Vorhandene Zertifikate, die auf der Grundlage nationaler Schemata für die Cybersicherheitszertifizierung ausgestellt wurden und unter ein europäisches Schema für die Cybersicherheitszertifizierung fallen, bleiben gem. Abs. 3 bis zum Ende ihrer Geltungsdauer gültig. Durch diese Vorschrift soll verhindert werden, dass mit Einführung der europäischen Schemata die vorhandenen Zertifikate ihre Aussagekraft verlieren und Hersteller zunächst ein neues Zertifikat erwerben müssen. Abs. 3 dient insofern dem Bestandsschutz und stellt eine Übergangsvorschrift für die nach nationalen Schemata ausgestellten Zertifikate dar. Dieses Vorgehen würde auch bei der Einführung anderer Regelungswerke wie dem technischen Regelwerk der Zollunion verwendet.

7 Hersteller, die sich bereits in der Vergangenheit erfolgreich ein Zertifikat zumindest auf der Grundlage der nationalen Schemata erworben haben, sollen nicht durch die Einführung eines europäischen Schemata schutzlos gestellt werden. Lediglich für die Zukunft sollen die europäischen Schemata für die Cybersicherheitszertifizierung herangezogen werden.

IV. Abs. 4

8 Um die Fragmentierung des Binnenmarkts zu vermeiden, unterrichten nach Abs. 4 die Mitgliedstaaten die Kommission und die Europäische Gruppe für die Cybersicherheitszertifizierung über die Absicht zur Ausarbeitung neuer nationaler Schemata für die Cybersicherheitszertifizierung. Abs. 4 stellt eine Unterrichtungspflicht der Mitgliedstaaten dar.

9 Diese Vorschrift dient der Sicherung der Zusammenarbeit zwischen der Kommission und den Mitgliedstaaten. Auf Basis des Verbots des Abs. 2 ist es grundsätzlich nicht gewollt, dass Mitgliedstaaten eigenverantwortlich nationale Schemata für die Cybersicherheitszertifizierung ausarbeiten. Sofern jedoch durch die Mitgliedstaaten nationale Schemata für erforderlich gehalten werden, ist jedenfalls die Kommission und die Europäische Gruppe für die Cybersicherheitszertifizierung von dieser Absicht zu unterrichten. Die Unterrichtungspflicht trägt damit zur Harmonisierung der Schemata auf europäische Ebene bei. Nach Abs. 4 ist es daher jedenfalls denkbar, dass nationale Schemata zumindest dann eingeführt werden können, soweit sie nicht unter ein europäisches Schema fallen. Denn Erwgr. 94 sieht jedenfalls vor, dass es den Mitgliedstaaten freisteht, aus Gründen der nationalen Cybersicherheit nationale Cyberzertifizierungsschemata einzuführen oder beizubehalten.

Insofern handelt es sich bei Abs. 4 um eine Öffnungsklausel für nationale Vorschriften. Diese dürfen jedenfalls den europäischen nicht entgegenstehen. Diese Möglichkeit führt zu mehr Flexibilität der anzuwendenden Schemata.

Die Aufgabe der Kommission und der Europäischen Gruppe für die Cybersicherheitszertifizierung besteht nach Erwgr. 94 darin, die Auswirkungen der neuen nationalen Schemata für die Cybersicherheitszertifizierung auf das ordnungsgemäße Funktionieren des Binnenmarkts und im Hinblick auf das strategische Interesse bewerten, stattdessen einen Auftrag für ein europäisches Schema für die Cybersicherheitszertifizierung zu erteilen. **10**

Art. 58 Nationale Behörden für die Cybersicherheitszertifizierung

(1) **Jeder Mitgliedstaat benennt eine oder mehrere nationale Behörden für die Cybersicherheitszertifizierung in seinem Hoheitsgebiet oder im Einverständnis mit einem anderen Mitgliedstaat eine oder mehrere nationale Behörden für die Cybersicherheitszertifizierung mit Sitz in diesem anderen Mitgliedstaat, als für die Aufsichtsaufgaben im benennenden Mitgliedstaat zuständig.**

(2) **[1]Jeder Mitgliedstaat teilt der Kommission den Namen der benannten nationalen Behörden für Cybersicherheitszertifizierung mit. [2]Sofern ein Mitgliedstaat mehr als eine Behörde benennt, teilt er der Kommission auch die Aufgaben mit, die diesen Behörden jeweils zugewiesen wurden.**

(3) **Unbeschadet des Artikels 56 Absatz 5 Buchstabe a und Absatz 6 ist jede nationale Behörde für die Cybersicherheitszertifizierung im Hinblick auf ihre Organisation, Finanzierungsentscheidungen, Rechtsform und Entscheidungsfindung unabhängig von den Stellen, die sie beaufsichtigt.**

(4) **Die Mitgliedstaaten stellen sicher, dass die Tätigkeiten der nationalen Behörden für die europäische Cybersicherheitszertifizierung im Zusammenhang mit der Ausstellung von Zertifikaten nach Artikel 56 Absatz 5 Buchstabe a und Absatz 6 von den Aufsichtstätigkeiten nach diesem Artikel streng getrennt sind und dass diese Tätigkeiten unabhängig voneinander durchgeführt werden.**

(5) **Die Mitgliedstaaten stellen sicher, dass die nationalen Behörden für die Cybersicherheitszertifizierung eine angemessene Ausstattung zur Ausübung ihrer Befugnisse und zur wirksamen und effizienten Wahrnehmung ihrer Aufgaben besitzen.**

(6) **Im Hinblick auf eine wirksame Durchführung dieser Verordnung ist es angemessen, dass die nationalen Behörden für die Cybersicherheitszertifizierung in der Europäischen Gruppe für die Cybersicherheitszertifizierung in aktiver, wirksamer, effizienter und sicherer Weise mitarbeiten.**

(7) **Die nationalen Behörden für die Cybersicherheitszertifizierung haben folgende Aufgaben:**

a) Überwachung und Durchsetzung der Vorschriften im Rahmen der europäischen Schemata für die Cybersicherheitszertifizierung gemäß Artikel 54 Absatz 1 Buchstabe j im Hinblick auf die Beobachtung der Übereinstimmung der IKT-Produkte, -Dienste und -Prozesse mit den Anforderungen der in ihrem jeweiligen Hoheitsgebiet ausgestellten

europäischen Cybersicherheitszertifikate in Zusammenarbeit mit anderen zuständigen Marktüberwachungsbehörden;

b) Überwachung und Durchsetzung der Verpflichtungen der in ihrem jeweiligen Hoheitsgebiet niedergelassenen Hersteller oder Anbieter von IKT-Produkten, -Diensten oder -Prozessen, die eine Selbstbewertung der Konformität durchführen, insbesondere Überwachung und Durchsetzung der Verpflichtungen dieser Hersteller oder Anbieter nach Artikel 53 Absätze 2 und 3 und nach dem entsprechenden europäischen Schema für die Cybersicherheitszertifizierung;

c) unbeschadet des Artikels 60 Absatz 3 aktive Unterstützung der nationalen Akkreditierungsstellen bei der Überwachung und Beaufsichtigung der Tätigkeiten der Konformitätsbewertungsstellen für die Zwecke dieser Verordnung;

d) Überwachung und Beaufsichtigung der Tätigkeiten der in Artikel 56 Absatz 5 genannten öffentlichen Stellen;

e) gegebenenfalls Ermächtigung der Konformitätsbewertungsstellen nach Artikel 60 Absatz 3 und Beschränkung, Aussetzung oder Widerruf bestehender Ermächtigungen, wenn die Konformitätsbewertungsstellen gegen die Anforderungen dieser Verordnung verstoßen;

f) Bearbeitung von Beschwerden, die von natürlichen oder juristischen Personen in Bezug auf europäische Cybersicherheitszertifikate, die von der nationalen Behörde für die Cybersicherheitszertifizierung ausgestellt wurden, oder in Bezug auf europäische Cybersicherheitszertifikate, die nach Artikel 56 Absatz 6 von Konformitätsbewertungsstellen ausgestellt wurden, oder in Bezug auf EU-Konformitätserklärungen nach Artikel 53 eingereicht werden, und Untersuchung des Beschwerdegegenstands in angemessenem Umfang, und Unterrichtung des Beschwerdeführers über die Fortschritte und das Ergebnis der Untersuchung innerhalb einer angemessenen Frist;

g) Vorlage eines zusammenfassenden Jahresberichts über die ausgeführten Tätigkeiten gemäß den Buchstaben b, c und d dieses Absatzes oder gemäß Absatz 8 an die ENISA und die Europäische Gruppe für die Cybersicherheitszertifizierung;

h) Zusammenarbeit mit anderen nationalen Behörden für die Cybersicherheitszertifizierung und anderen öffentlichen Stellen; dies beinhaltet auch den Informationsaustausch über die etwaige Nichtkonformität von IKT-Produkten, -Diensten und -Prozessen mit den Anforderungen dieser Verordnung oder mit den Anforderungen bestimmter europäischer Schemata für die Cybersicherheitszertifizierung; und

i) Verfolgung einschlägiger Entwicklungen auf dem Gebiet der Cybersicherheitszertifizierung.

(8) **Jede nationale Behörde für die Cybersicherheitszertifizierung hat mindestens die folgenden Befugnisse:**

a) Sie kann die Konformitätsbewertungsstellen, die Inhaber europäischer Cybersicherheitszertifikate und die Aussteller von EU-Konformitätserklärungen auffordern, ihr sämtliche Auskünfte zu erteilen, die sie für die Erfüllung ihrer Aufgaben benötigt;

b) sie kann Untersuchungen in Form von Rechnungsprüfungen bei den Konformitätsbewertungsstellen, den Inhabern europäischer Cyber-

sicherheitszertifikate und den Ausstellern von EU-Konformitätserklärungen durchführen, um deren Einhaltung der Bestimmungen dieses Titels zu überprüfen;

c) sie kann im Einklang mit dem nationalen Recht geeignete Maßnahmen ergreifen, um sicherzustellen, dass die Konformitätsbewertungsstellen, die Inhaber von europäischen Cybersicherheitszertifikaten und die Aussteller von EU-Konformitätserklärungen den Anforderungen dieser Verordnung oder eines europäischen Schemas für die Cybersicherheitszertifizierung genügen;

d) sie erhält Zugang zu den Räumlichkeiten von Konformitätsbewertungsstellen und von Inhabern europäischer Cybersicherheitszertifikate zum Zweck der Durchführung von Untersuchungen im Einklang mit den Verfahrensvorschriften der Union oder des Mitgliedstaats;

e) sie kann im Einklang mit dem nationalen Recht europäische Cybersicherheitszertifikate widerrufen, die von den nationalen Behörden für die Cybersicherheitszertifizierung oder europäische Cybersicherheitszertifikate, die nach Artikel 56 Absatz 6 von den Konformitätsbewertungsstellen ausgestellt wurden, wenn diese Zertifikate den Anforderungen dieser Verordnung oder eines europäischen Schemas für die Cybersicherheitszertifizierung nicht genügen;

f) sie kann im Einklang mit dem nationalen Recht Sanktionen nach Artikel 65 verhängen und die unverzügliche Beendigung von Verstößen gegen die in dieser Verordnung festgelegten Verpflichtungen anordnen.

(9) **Die nationalen Behörden für die Cybersicherheitszertifizierung arbeiten untereinander und mit der Kommission zusammen, indem sie insbesondere Informationen, Erfahrungen und bewährte Verfahren im Zusammenhang mit der Cybersicherheitszertifizierung und technischen Fragen in Bezug auf die Cybersicherheit von IKT-Produkten -Diensten und -Prozessen austauschen.**

Literatur: *Calliess/Ruffert* (Hrsg.), EUV/AEUV, 6. Aufl. 2022; *Dreier* (Hrsg.), Grundgesetz-Kommentar, 3. Aufl. 2013; *Grabitz/Hilf/Nettesheim* (Hrsg.), Das Recht der Europäischen Union, 76. EL 2022; *Jarass* (Hrsg.), Charta der Grundrechte der Europäischen Union: GRCh, 4. Aufl. 2021; *Dürig/Herzog/Scholz* (Hrsg.), Grundgesetz-Kommentar, 98. EL 2022.

Inhaltsübersicht

A. Allgemeines

1 Die nationalen Behörden für die Cybersicherheitszertifizierung nehmen eine zentrale Rolle bei der Durchsetzung des durch den CSA etablierten Zertifizierungsrahmens ein. Neben organisatorischen Vorgaben im Hinblick auf die Behördenstruktur und -ausstattung bestimmt Art. 58 die Aufgaben und Befugnisse der nationalen Behörden. In erster Linie fungieren sie dabei als Aufsichtsbehörden über Konformitätsbewertungsstellen, welche europäische Cybersicherheitszertifikate ausstellen, sowie für die Hersteller und Anbieter der zertifizierten IKT-Produkte, -Dienste und -Prozesse.[1]

B. Einzelerläuterungen

I. Benennung (Abs. 1)

2 Abs. 1 verpflichtet jeden Mitgliedstaat, mindestens eine nationale Behörde für die Cybersicherheitszertifizierung als zuständige Aufsichtsbehörde in seinem Hoheitsgebiet zu benennen. Dabei bleibt es den Mitgliedstaaten überlassen, sämtliche in Art. 58 vorgesehenen Aufgaben und Befugnisse in einer Behörde zu vereinen oder aber mehrere nationale Behörden für die Cybersicherheitszertifizierung zu benennen, welchen jeweils ein Teilbereich des Aufgabenkreises zugewiesen ist (vgl. Abs. 2 S. 2). Regelmäßig dürfte es jedoch effektiver und zielführender sein, die Aufgaben und Befugnisse in einer Behörde zu bündeln, da ansonsten die Gefahr einer uneinheitlichen Rechtsdurchsetzung besteht.[2] Vor diesem Hintergrund ist die Entscheidung des deutschen Gesetzgebers, das Bundesamt für Sicherheit in der Infor-

[1] Erwgr. 101 und 102.

[2] Zu der von verschiedener Seite kritisierten uneinheitlichen Auslegungspraxis durch die Landesdatenschutzbehörden s. etwa Stellungnahme Nr. 69/2020 der Bundesrechtsanwaltskammer.

mationstechnik (BSI) als einheitliche nationale Aufsichtsbehörde iSd Abs. 1 festzulegen, als sachgerecht zu bewerten (vgl. § 9a Abs. 1 BSIG).

Bereits der Wortlaut des Abs. 1 („benennen") deutet an, dass die Mitgliedstaaten **3** nicht verpflichtet sind, neue Behörden zu errichten, sondern bereits bestehende Behörden als nationale Behörde für die Cybersicherheitszertifizierung iSd Art. 58 bestimmen können.[3] Freilich müssen bereits bestehende Behörden den in Abs. 3–5 enthaltenen Anforderungen an Behördenstruktur und -ausstattung genügen, sodass die Benennung mit einer erheblichen Aufstockung von Personal- und Sachmitteln verbunden sein kann.

Grundsätzlich haben die Mitgliedstaaten eine Behörde mit Sitz in ihrem eigenen **4** Hoheitsgebiet zu benennen. Jedoch besteht auch die Möglichkeit, eine Behörde eines anderen Mitgliedstaates zu benennen, sofern ein diesbezügliches Einverständnis des anderen Mitgliedstaates vorliegt. Auf diese Weise können etwa diejenigen Mitgliedstaaten, für die die Einrichtung einer jeweils eigenen Aufsichtsbehörde aufgrund einer geringen Anzahl dort ansässiger und zu überwachender Konformitätsbewertungsstellen bzw. Anbieter und Hersteller von IKT-Produkten, -Diensten und -Prozessen isoliert einen unverhältnismäßigen Aufwand darstellen würde, kooperieren und eine länderübergreifende Behörde etablieren.

II. Mitteilung gegenüber der Kommission (Abs. 2)

Nach S. 1 haben die Mitgliedstaaten der Kommission den Namen der Behörde **5** mitzuteilen. Benennt ein Mitgliedstaat mehrere Behörden, so ist er verpflichtet, der Kommission auch die den einzelnen Behörden jeweils zugewiesenen Aufgaben mitzuteilen. Die Notifikationspflicht verschafft der Kommission einen Überblick über die am Zertifizierungsrahmen beteiligten nationalen Stellen und die Umsetzung des CSA in den einzelnen Mitgliedstaaten. Ein solcher Überblick ist notwendig, damit die Kommission ihren Verpflichtungen wie der Überwachung der Anwendung des Unionsrechts durch die Mitgliedstaaten (vgl. Art. 17 Abs. 1 S. 2 EUV) sowie der Bewertung der Wirksamkeit, Wirkung und Effizienz des Zertifizierungsrahmens (vgl. Art. 67 Abs. 2) nachkommen kann.[4]

III. Unabhängigkeit der Aufsichtstätigkeit (Abs. 3 und 4)

Abs. 3 und 4 verpflichten die Mitgliedstaaten, die Unabhängigkeit der Aufsichts- **6** tätigkeit der nationalen Behörden für die Cybersicherheitszertifizierung sicherzustellen, um eine einflussfreie und damit wirksame Kontrolle des Zertifizierungsrahmens zu gewährleisten.

Abs. 3 verlangt, dass die nationalen Behörden für die Cybersicherheitszertifizie- **7** rung im Hinblick auf ihre „Organisation, Finanzierungsentscheidungen, Rechtsform und Entscheidungsfindung" unabhängig von den von ihnen zu beaufsichtigenden Konformitätsbewertungsstellen iSd Art. 60 sind. Die Aufzählung der verschiedenen strukturellen Aspekte verdeutlicht dabei, dass Abs. 3 auf die Gewährleistung einer umfassenden, organisatorisch-strukturellen Unabhängigkeit der nationalen Behörden abzielt. Bedenken in Bezug auf die Einflussfreiheit der Aufsichtstätigkeit der nationalen Behörden für die Cybersicherheitszertifizierung

[3] Erwgr. 101.

[4] Vgl. Grabitz/Hilf/Nettesheim/*Martenczuk*, EUV Art. 17 Rn. 15ff.

können sich insbesondere ergeben, wenn es sich auch bei der Konformitätsbewertungsstelle um eine öffentliche Stelle handelt.

8 Neben ihrer Aufsichtsfunktion gegenüber den Konformitätsbewertungsstellen können nationale Behörden für die Cybersicherheitszertifizierung auch selbst als Konformitätsbewertungs- bzw. Zertifizierungsstelle tätig werden (vgl. Art. 56 Abs. 5 lit. a und Abs. 6). In einem solchen Fall erfordert Abs. 4, dass die beiden Tätigkeitsbereiche der Behörde „streng getrennt" sind und beide Tätigkeiten „unabhängig voneinander" durchgeführt werden. Auch wenn an die behördeninterne Unabhängigkeit iSd Abs. 4 nicht dieselben Anforderungen wie an die Unabhängigkeit der nationalen Behörden gegenüber den externen Konformitätsbewertungsstellen nach Abs. 3 gestellt werden können, ist eine strikte Trennung und ein größtmögliches Maß an Einflussfreiheit der beiden Tätigkeitsbereiche zu realisieren.

IV. Angemessene Ausstattung (Abs. 5)

9 Abs. 5 verpflichtet die Mitgliedstaaten, die Aufsichtsbehörden mit einer „angemessenen Ausstattung zur Ausübung ihrer Befugnisse und zur wirksamen und effizienten Wahrnehmung ihrer Aufgaben" zu versehen. Unter dem Begriff der „Ausstattung" sind finanzielle Ressourcen sowie Personal- und Sachmittel, wie entsprechend ausgebildetes Fachpersonal und leistungsfähige Hard- und Software zu fassen. Angemessen ist eine Ausstattung, sofern sie zur Erfüllung der Aufgaben der nationalen Behörde für die Cybersicherheit notwendig und erforderlich ist.

10 Mit Blick auf das umfangreiche und komplexe, von sich stetig ändernden Anforderungen geprägte Aufgabenfeld der nationalen Behörden für die Cybersicherheitszertifizierung ist mit erheblichem finanziellem Aufwand aufseiten der Mitgliedstaaten zu rechnen. Der deutsche Gesetzgeber rechnet für das BSI als nationale Behörde für die Cybersicherheitszertifizierung der Bundesrepublik Deutschland mit einem personellen Mehrbedarf von 120 Stellen mit Personalkosten von jährlich 11,15 Mio. EUR, jährlichen Sachkosten von nahezu 3,5 Mio. EUR und einmaligen Sachkosten in Höhe von 3,45 Mio. EUR.[5]

V. Aufgaben und Befugnisse

11 Art. 58 unterscheidet zwischen Aufgaben (Abs. 7) und Befugnissen (Abs. 8) der nationalen Behörden für die Cybersicherheitszertifizierung. Relevant ist diese Unterscheidung im Hinblick auf den aus dem Rechtstaatsprinzip entsprechenden und auch im Unionsrecht verankerten Grundsatz des Vorbehalts des Gesetzes.[6] Während Befugnisnormen die Rechtsgrundlage für konkrete Grundrechtseingriffe bilden, stecken die Aufgaben den Tätigkeitsbereich der Behörde ab, ohne jedoch entsprechende Eingriffe legitimieren zu können.

12 **1. Aufgaben (Abs. 7). a) Überwachung des Zertifizierungsrahmens (lit. a–d).** Die nationalen Behörden für die Cybersicherheitszertifizierung fungieren als Aufsichtsbehörde über die Einhaltung des Zertifizierungsrahmens für die Cybersicherheit. Grundsätzlich ist die Konformität von IKT-Produkten, -Diensten und -Prozessen mit den Vorgaben eines Zertifizierungsschemas durch Konformitätsbewertungsstellen zu überprüfen, welche die Konformität des Produktes,

---

[5] BT-Drs. 19/26106, 38.

[6] Jarass GRCh/*Jarass,* Art. 52 Rn. 23ff.; Dürig/Herzog/Scholz/*Grzeszick,* GG Art. 20 Abs. 3 Rn. 75ff.

Dienstes oder Prozesses durch die Ausstellung eines europäischen Cybersicherheitszertifikats bestätigen (vgl. Art. 60 Abs. 2). Gem. Art. 53 Abs. 1 und 2 kann ein Zertifizierungsschema der Vertrauenswürdigkeitsstufe „niedrig" (vgl. Art. 52) ferner vorsehen, dass Hersteller und Anbieter eine Selbstbewertung der Konformität ihrer IKT-Produkte, -Dienste und -Prozesse durchführen und bei festgestellter Konformität eine EU-Konformitätserklärung ausstellen.

Die nationalen Behörden für die Cybersicherheitszertifizierung überwachen die Einhaltung der Vorschriften des CSA und der Vorgaben der europäischen Zertifizierungsschemata durch die Hersteller und Anbieter von IKT-Produkten, -Diensten und -Prozessen (lit. a und b) sowie durch die Konformitätsbewertungsstellen (lit. c und d). Zur Durchsetzung der Vorgaben des CSA stehen ihnen gegenüber den Herstellern bzw. Anbietern und gegenüber den Konformitätsbewertungsstellen die in Abs. 8 lit. a–f normierten Eingriffsbefugnisse zu. 13

b) Ermächtigung der Konformitätsbewertungsstellen (lit. e). Gem. lit. e sind die nationalen Behörden für die Cybersicherheitszertifizierung für die „Ermächtigung" der Konformitätsbewertungsstellen nach Art. 60 Abs. 3 zuständig. Sofern ein Zertifizierungsschema spezifische oder zusätzliche Anforderungen iSd Art. 54 Abs. 1 lit. f an die Konformitätsbewertungsstelle stellt, unterliegt die entsprechende Konformitätsbewertungs- und Zertifizierungstätigkeit einem Erlaubnisvorbehalt. Bevor die Konformitätsbewertungsstelle ihre Tätigkeit unter einem solchen Schema aufnehmen kann, bedarf sie einer „Ermächtigung" durch die nationale Behörde für die Cybersicherheitszertifizierung, welche die Einhaltung der in dem Schema normierten Anforderungen überprüft. 14

Die Ermächtigung der in der Bundesrepublik Deutschland ansässigen und im Anwendungsbereich des CSA tätigen Konformitätsbewertungsstellen durch das BSI richtet sich nach § 9a Abs. 2 BSIG. Gem. § 9a Abs. 2 S. 2 BSIG unterliegen Konformitätsbewertungsstellen in der Bundesrepublik Deutschland einem generellen Erlaubnisvorbehalt, unabhängig davon, ob das jeweilige Zertifizierungsschema spezifische oder zusätzliche Anforderungen iSd Art. 54 Abs. 1 lit. f enthält. Der Anspruch auf Erteilung einer entsprechenden Erlaubnis ergibt sich aus § 9a Abs. 2 S. 1 BSIG. 15

Die nationalen Behörden für die Cybersicherheitszertifizierung sind auch für die „Beschränkung, Aussetzung oder Widerruf" dieser Ermächtigungen zuständig. Während die Behörde die Ermächtigung mittels einer „Aussetzung" lediglich temporär entzieht, ist unter einem „Widerruf" ein zeitlich unbegrenzter Entzug der Ermächtigung zu verstehen. Bei einer „Beschränkung" handelt es sich um eine partielle „Aussetzung" bzw. einen partiellen „Widerruf". Der Konformitätsbewertungsstelle wird lediglich die Erlaubnis entzogen, Zertifikate nach einem spezifischen Schema auszustellen. Sie bleibt jedoch befugt, Zertifikate im Rahmen anderer Zertifizierungsschemata auszustellen. Das grundsätzlich bestehende Auswahlermessen der nationalen Behörden für die Cybersicherheitszertifizierung ist beschränkt durch den Verhältnismäßigkeitsgrundsatz. Insbesondere bei nur geringfügigen Verstößen der Konformitätsbewertungsstelle gegen Vorschriften des CSA kommt vorrangig eine „Beschränkung" bzw. „Aussetzung" der Ermächtigung in Betracht. 16

c) Bearbeitung von Beschwerden (lit. f). Lit. f regelt die Zuständigkeit der nationalen Behörden für die Cybersicherheitszertifizierung im Rahmen des Beschwerdeverfahrens nach Art. 63. Grundsätzlich sind Beschwerden natürlicher und juristischer Personen gegen ein Cybersicherheitszertifikat bei der ausstellenden und 17 damit sachnahen Konformitätsbewertungsstelle einzulegen. Wurde das Cybersicherheitszertifikat jedoch von einer nationalen Behörde für die Cybersicherheitszertifizierung ausgestellt, handelt es sich um ein Zertifikat der Vertrauenswürdigkeitsstufe „hoch" (vgl. Art. 56 Abs. 6) oder richtet sich die Beschwerde gegen eine EU-Konformitätserklärung iSd Art. 53, so fungiert die nationale Behörde für die Cybersicherheitszertifizierung als Beschwerdestelle. Dass Beschwerden gegen Cybersicherheitszertifikate der Vertrauenswürdigkeitsstufe „hoch" stets von der nationalen Behörde für die Cybersicherheitszertifizierung – und nicht etwa von der ausstellenden Konformitätsbewertungsstelle – bearbeitet werden, ist auf die gesteigerte Sicherheitsrelevanz der Zertifikate zurückzuführen. Die nationale Behörde ist verpflichtet, die Beschwerde „in angemessenem Umfang" zu bearbeiten und den Beschwerdeführer über den Fortschritt der Untersuchung und die anschließende Entscheidung „innerhalb einer angemessenen Frist" zu unterrichten.

18 **d) Jahrestätigkeitsbericht (lit. g).** Lit. g verpflichtet die nationalen Behörden für die Cybersicherheit, jeweils einen jährlichen Tätigkeitsbericht zu erstellen und diesen der Agentur der Europäischen Union für die Cybersicherheit (ENISA) sowie der Europäischen Gruppe für die Cybersicherheitszertifizierung vorzulegen. Der Bericht muss nicht sämtliche Aufgabenbereiche der nationalen Behörde beleuchten, sondern soll im Rahmen einer überblicksartigen Darstellung lediglich Informationen zur Aufsichtstätigkeit der Behörde nach Abs. 7 lit. b–d sowie Informationen zu den auf Grundlage von Abs. 8 ergriffenen Maßnahmen enthalten. Die „zusammenfassende" Darstellung ermöglicht eine Überprüfung der Tätigkeit der nationalen Behörde im Hinblick auf ihre Unabhängigkeit, Wirksamkeit und Effizienz. So lassen sich aus dem Bericht etwa Rückschlüsse ziehen, ob der betroffene Mitgliedstaat die Behörde mit einer „angemessenen Ausstattung" iSd Abs. 5 versehen hat. Ferner können die Jahrestätigkeitsberichte als Erkenntnisquelle für die gem. Art. 59 durchzuführende, gegenseitige Begutachtung der nationalen Behörden für die Cybersicherheitszertifizierung dienen.

19 **e) Zusammenarbeit und Informationsaustausch (lit. h).** Im Rahmen ihrer Aufsichtstätigkeit haben die nationalen Behörden für die Cybersicherheitszertifizierung untereinander und mit anderen öffentlichen Stellen zu kooperieren. Lit. h hebt dabei hervor, dass die Zusammenarbeit insbesondere den Austausch von Informationen über die „Nichtkonformität" von IKT-Produkten, -Diensten und -Prozessen mit den Anforderungen des CSA oder einzelner Zertifizierungsschemata umfasst. Der unionsweite Informationsaustausch erspart Verwaltungsaufwand und ermöglicht ein zeitnahes und unionsweites Vorgehen gegen Cybersicherheitszertifikate und EU-Konformitätserklärungen, die nicht den Anforderungen der Verordnung genügen.

20 **f) Monitoring aktueller Entwicklungen (lit. i).** Die nationalen Behörden für die Cybersicherheitszertifizierung haben die Pflicht, aktuelle Entwicklungen auf dem Gebiet der Cybersicherheitszertifizierung zu verfolgen. Die auf diese Weise erlangten Informationen können sie in die Europäische Gruppe für die Cybersicherheitszertifizierung einbringen, welche sich aus Vertretern der nationalen Behörden zusammensetzt und mit Hilfe der Informationen ihrer Beratungsfunktion gegenüber der Kommission gerecht werden kann (vgl. Art. 62 Abs. 2 und Abs. 4 lit. a und f).

21 **2. Befugnisse (Abs. 8).** Sowohl bei den in Abs. 7 geregelten Aufgaben als auch den in Abs. 8 geregelten Befugnissen handelt es sich um unmittelbar geltendes Ver-

ordnungsrecht, das keiner Umsetzung in nationales Recht der Mitgliedstaaten bedarf.[7] Die nationalen Behörden für die Cybersicherheitszertifizierung können ihre Maßnahmen unmittelbar auf Abs. 8 stützen.

a) Auskunftserteilung (lit. a). Nach lit. a ist die nationale Behörde befugt, von Konformitätsbewertungsstellen, Inhabern europäischer Cybersicherheitszertifikate und den Ausstellern von EU-Konformitätserklärungen die Mitteilung sämtlicher Informationen zu verlangen, die zur Erfüllung ihrer Aufgaben notwendig sind. Zur Erfüllung ihrer Aufgaben „benötigt" die nationale Behörde für die Cybersicherheitszertifizierung etwa technische Details zu den zertifizierten IKT-Produkten-, -Diensten- und -Prozessen sowie Informationen zur Ausgestaltung des Prüfverfahrens durch die Konformitätsbewertungsstellen. 22

b) Durchführung von Rechnungsprüfungen (lit. b). Lit. b gestattet den Behörden, Rechnungsprüfungen bei den Konformitätsbewertungsstellen, den Inhabern europäischer Cybersicherheitszertifikate und den Ausstellern von EU-Konformitätserklärungen vorzunehmen. Die Rechnungsprüfungen müssen stets der Überprüfung der Einhaltung von Vorgaben des CSA dienen. 23

c) Generalklausel (lit. c). Nach lit. c kann die Behörde geeignete Maßnahmen ergreifen, um sicherzustellen, dass die Konformitätsbewertungsstellen, die Inhaber von europäischen Cybersicherheitszertifikaten und die Aussteller von EU-Konformitätserklärungen den Anforderungen dieser Verordnung oder eines europäischen Schemas für die Cybersicherheitszertifizierung genügen. Als Generalklausel ist lit. c subsidiär gegenüber den speziellen Eingriffsbefugnissen und stützt lediglich Maßnahmen mit vergleichsweise geringer Eingriffsintensität.[8] Zeigt sich, dass die nationalen Behörden für die Cybersicherheit zur Erfüllung ihrer Aufsichtsaufgaben weitere Befugnisse benötigen, sind die Mitgliedstaaten und der Unionsgesetzgeber angehalten, weitere Ermächtigungsgrundlagen zu schaffen. 24

d) Zugang zu Räumlichkeiten zum Zwecke der Untersuchung (lit. d). 25
Nach lit. d haben die nationalen Behörden ein Recht auf Zugang zu den Räumlichkeiten von Konformitätsbewertungsstellen und von Inhabern europäischer Cybersicherheitszertifikate sowie ein anschließendes Untersuchungsrecht. Dieses Recht steht ihnen „im Einklang mit den Verfahrensvorschriften der Union bzw. des Mitgliedstaates" zu. Im Falle behördlicher Betretungs- und Kontrollbefugnisse können sich Verfahrensvorgaben bereits aus dem europäischen Primärrecht und dem Grundgesetz ergeben. Zwar fallen auch Betriebsstätten, Geschäfts- und Betriebsräume nach ständiger Rechtsprechung unter den grundgesetzlichen Wohnungsbegriff des Art. 13 Abs. 1 GG. Jedoch sind behördliche Betretungs- und Kontrollbefugnisse grundsätzlich nicht als Durchsuchungen zu qualifizieren und unterliegen daher regelmäßig nicht dem in Art. 13 Abs. 2 GG verankerten Richtervorbehalt.[9] Auch das Unionsrecht sieht für diese Fälle keinen generellen Richtervorbehalt vor.[10] Die Betretung und Prüfung von Betriebsstätten, Geschäfts- und Betriebsräumen darf jedoch nach der Rechtsprechung des BVerfG nur zu Zeiten erfolgen, in denen die Räume normalerweise für die jeweilige geschäftliche oder

---

[7] Vgl. Grabitz/Hilf/Nettesheim/*Nettesheim,* AEUV Art. 288 Rn. 101.

[8] Vgl. Calliess/Ruffert/*Kingreen,* GRCh Art. 52 Rn. 62 f.; Jarass GRCh/*Jarass,* Art. 52 Rn. 27.

[9] Dreier/*Hermes,* GG Art. 13 Rn. 46 u. 119 f.; Dürig/Herzog/Scholz/*Papier,* GG Art. 13 Rn. 24.

[10] Jarass GRCh/*Jarass,* Art. 7 Rn. 44 f.

betriebliche Nutzung zur Verfügung stehen.[11] Hiermit in Einklang stehend sieht § 9a Abs. 5 S. 1 BSIG vor, dass das BSI seine Prüfungen nur zu diesen Zeiten vornehmen kann.

26 **e) Widerruf europäischer Cybersicherheitszertifikate (lit. e).** Gem. lit. e kann die Behörde europäische Cybersicherheitszertifikate der Vertrauenswürdigkeitsstufe „hoch" sowie Zertifikate, die sie selbst ausgestellt hat, widerrufen. Voraussetzung des Widerrufs ist, dass die Zertifikate den Anforderungen der Verordnung bzw. des jeweiligen Zertifizierungsschemas nicht entsprechen. Europäische Cybersicherheitszertifikate treffen keine Zulassungsentscheidungen über die zu zertifizierenden IKT-Produkte, -Dienste und -Prozesse, sondern bestätigen lediglich ihre Konformität mit den Anforderungen des CSA. Durch den Widerruf des Zertifikats erlischt folglich nicht das Recht der Hersteller bzw. Anbieter, das betroffene IKT-Produkt herzustellen und zu vertreiben bzw. den IKT-Dienst anzubieten.

27 **f) Verhängung von Sanktionen und Anordnung der Beendigung von Verstößen (lit. f).** Nach lit. f sind die Behörden befugt, Sanktionen nach Art. 65 zu verhängen sowie die unverzügliche Beendigung von Verstößen gegen die Verordnung anzuordnen. Art. 65 verpflichtet die Mitgliedstaaten dazu, wirksame, verhältnismäßige und abschreckende Sanktionen bei entsprechenden Verstößen vorzusehen. Die entsprechenden Ermächtigungsgrundlagen ergeben sich somit aus dem nationalen Recht. Zur Umsetzung des Art. 65 hat der deutsche Gesetzgeber in § 14 Abs. 2 Nr. 10 und Abs. 4 Nr. 1 und 2 BSIG Bußgeldtatbestände vorgesehen. Bußgeldbewehrt ist demnach das Tätigwerden als Konformitätsbewertungsstelle ohne die nach § 9a Abs. 2 S. 2 BSIG erforderliche Erlaubnis (§ 14 Abs. 2 Nr. 10 BISG) sowie die Verletzung der in Art. 55 Abs. 1 und 56 Abs. 8 S. 1 normierten Informationspflichten durch die Hersteller bzw. Anbieter von IKT-Produkten, -Diensten oder -Prozessen. Die maximale Bußgeldhöhe beträgt 500.000 EUR (§ 14 Abs. 5 S. 2 BSIG).[12]

28 **3. Befugnisse nach § 9a Abs. 2–7 BSIG.** Abs. 8 regelt die Befugnisse der nationalen Behörden für die Cybersicherheitszertifizierung nicht abschließend, sondern enthält lediglich einen Mindestkatalog („mindestens"), sodass es den Mitgliedstaaten überlassen ist, den nationalen Behörden weitere Befugnisse einzuräumen oder aber unionsrechtlich vorgegebene Befugnisse auszuweiten.

Soweit sie sich mit den unionsrechtlichen Befugnisnormen in Abs. 8 decken, sind die zur Umsetzung des CSA mit dem IT-SiG 2.0 eingeführten Befugnisnormen (§ 9a Abs. 3–7 BSIG) rein deklaratorischer Natur und dienen lediglich der Ergänzung der bereits im CSA normierten, unmittelbar geltenden Befugnisse. So dient etwa § 9a Abs. 3 S. 1 BSIG lediglich der Klarstellung und verdeutlicht, dass das BSI im Rahmen seines Rechts auf Auskunftserteilung nach Abs. 8 lit. a die Informationen auch in Form von Unterlagen oder Mustern verlangen kann. Auch § 9a Abs. 4 S. 1 BSIG hat keinen eigenständigen, über Abs. 8 lit. b hinausgehenden Regelungsgehalt.

29 **a) Widerruf von Cybersicherheitszertifikaten und Ungültigerklärung von EU-Konformitätserklärungen.** Durch § 9a Abs. 6 BSIG hat der deutsche Gesetzgeber die unionsrechtliche Befugnis zum Widerruf von Cybersicherheitszertifikaten aus Abs. 8 lit. e erheblich ausgeweitet. So kann das BSI die Cybersicher-

[11] Dreier/*Hermes*, GG Art. 13 Rn. 119f.

[12] Zu den Bußgeldtatbeständen des BSIG s. Art. 65 Rn. 9.

heitszertifikate nicht nur dann widerrufen, wenn das jeweilige Zertifikat den Anforderungen der Verordnung bzw. des Zertifizierungsschemas nicht entspricht, sondern auch dann, wenn es nicht in der Lage ist, dies festzustellen, weil der Inhaber des Zertifikats seinen Mitwirkungspflichten nach § 9a Abs. 3 BSIG nicht nachgekommen ist oder weil er das BSI bei der Wahrnehmung seiner Befugnisse nach § 9a Abs. 4 und Abs. 5 BSIG behindert hat (§ 9a Abs. 6 Nr. 2 BSIG). Unter denselben Voraussetzungen kann das BSI ferner auch EU-Konformitätserklärungen für ungültig erklären.

b) Widerruf der Ermächtigung von Konformitätsbewertungsstellen. 30
Das BSI kann eine von ihm erteilte Ermächtigung einer Konformitätsbewertungsstelle widerrufen, sofern die Voraussetzungen des maßgeblichen Zertifizierungsschemas nicht erfüllt sind oder das BSI die Erfüllung der Voraussetzungen nicht feststellen kann, weil die Konformitätsbewertungsstelle ihren Mitwirkungspflichten nach § 9a Abs. 3 BSI nicht nachgekommen ist bzw. weil diese das BSI bei der Wahrnehmung seiner Befugnisse nach § 9a Abs. 4 und 5 BSIG behindert hat (vgl. § 9a Abs. 7 Nr. 1 und 2 BSIG). Eine solche Widerrufsbefugnis ist in Abs. 8 nicht vorgesehen, wird jedoch vom CSA implizit vorausgesetzt (Abs. 7 lit. e). Insofern erscheint es begrüßenswert, dass der deutsche Gesetzgeber diesbezüglich eine entsprechende Ermächtigungsgrundlage geschaffen hat. Zwar regelt § 9a Abs. 7 BSIG seinem Wortlaut nach nur den Widerruf der Ermächtigung, jedoch können auch die Aussetzung und Beschränkung der Ermächtigung als weniger einschneidende Maßnahmen auf § 9a Abs. 7 BSIG gestützt werden.

VI. Kooperation mit anderen öffentlichen Stellen (Abs. 9)

Abs. 9 verpflichtet die nationalen Behörden für die Cybersicherheitszertifizierung zum gegenseitigen Austausch von Informationen, Erfahrungen und bewährten Verfahren im Zusammenhang mit der Cybersicherheitszertifizierung sowie zur gegenseitigen Konsultation in technischen Fragen in Bezug auf die Cybersicherheit von IKT-Produkten, -Diensten und -Prozessen. Relevant sind insbesondere Informationen zur Vereinbarkeit von IKT-Produkten, -Diensten und -Prozessen mit den Vorgaben der Verordnung bzw. mit spezifischen europäischen Schemata für die Cybersicherheitszertifizierung (vgl. auch Abs. 7 lit. h).[13] Auch die Kommission ist in diese Zusammenarbeit miteinzubeziehen. Die Kommission wiederum soll den Informationsaustausch durch die Einrichtung und den Betrieb eines „allgemeinen elektronischen Informationssystems" fördern. Sie kann dabei auf bereits bestehende und im Einklang mit der Akkreditierungs-VO von Marktüberwachungsbehörden genutzte Systeme wie das internetgestützte Informations- und Kommunikationssystem zur europaweiten Marktüberwachung (ICSMS) und das gemeinschaftliche System zum raschen Austausch von Informationen über die Gefahren bei der Verwendung von Konsumgütern zurückgreifen. 31

[13] Erwgr. 102.

Art. 59 Gegenseitige Begutachtung

(1) Um in der gesamten Union gleichwertige Standards in Bezug auf die europäischen Cybersicherheitszertifikate und EU-Konformitätserklärungen zu erreichen, unterliegen die nationalen Behörden für die Cybersicherheitszertifizierung einer gegenseitigen Begutachtung.

(2) Die gegenseitige Begutachtung erfolgt auf der Grundlage fundierter und transparenter Bewertungskriterien und -verfahren und erstreckt sich insbesondere auf die Strukturen, Personalressourcen und Verfahren betreffenden Anforderungen sowie auf Vertraulichkeit und Beschwerden.

(3) Die gegenseitige Begutachtung umfasst die Bewertung folgender Aspekte:

a) gegebenenfalls die Frage, ob bei den Tätigkeiten der nationalen Behörden für die europäische Cybersicherheitszertifizierung im Zusammenhang mit der Ausstellung von Zertifikaten nach Artikel 56 Absatz 5 Buchstabe a und Absatz 6 eine strenge Trennung der Aufgaben und Zuständigkeiten von den Aufsichtstätigkeiten nach Artikel 58 gewahrt wird und beide Tätigkeiten unabhängig voneinander durchgeführt werden;

b) die Verfahren für die Überwachung und Durchsetzung der Vorschriften für die Beobachtung der Übereinstimmung von IKT-Produkten, -Diensten und -Prozessen mit den europäischen Cybersicherheitszertifikaten nach Artikel 58 Absatz 7 Buchstabe a;

c) die Verfahren für die Überwachung und Durchsetzung der Verpflichtungen der Hersteller und Anbieter von IKT-Produkten -Diensten oder -Prozessen nach Artikel 58 Absatz 7 Buchstabe b;

d) die Verfahren für die Überwachung, Genehmigung und Beaufsichtigung der Tätigkeiten der Konformitätsbewertungsstellen;

e) gegebenenfalls die Frage, ob das Personal von Behörden oder Stellen, die gemäß Artikel 56 Absatz 6 Zertifikate für die Vertrauenswürdigkeitsstufe „hoch“ ausstellen, über die erforderlichen Sachkenntnisse verfügt.

(4) [1]Die gegenseitige Begutachtung erfolgt durch mindestens zwei nationale Behörden für die Cybersicherheitszertifizierung anderer Mitgliedstaaten und die Kommission, und sie wird mindestens einmal alle fünf Jahre durchgeführt. [2]Die ENISA kann sich an der gegenseitigen Begutachtung beteiligen.

(5) [1]Die Kommission kann Durchführungsrechtsakte erlassen, um einen Plan für die gegenseitige Begutachtung festzulegen, der sich auf einen Zeitraum von mindestens fünf Jahren erstreckt, und darin die Kriterien für die Zusammensetzung des die gegenseitige Begutachtung durchführenden Teams, die Methode für die gegenseitige Begutachtung und den Zeitplan, die Häufigkeit und die übrigen damit verbundenen Aufgaben vorzugeben. [2]Beim Erlass dieser Durchführungsrechtsakte trägt die Kommission den Erwägungen der Europäischen Gruppe für die Cybersicherheitszertifizierung angemessen Rechnung. [3]Diese Durchführungsrechtsakte werden gemäß dem in Artikel 66 Absatz 2 genannten Prüfverfahren erlassen.

(6) **Die Europäische Gruppe für die Cybersicherheitszertifizierung prüft die Ergebnisse der gegenseitigen Begutachtung, erstellt eine Zusammenfassung, die der Öffentlichkeit zugänglich gemacht werden kann, und erlässt erforderlichenfalls Leitlinien oder Empfehlungen zu den von den betreffenden Stellen zu ergreifenden Maßnahmen.**

Literatur: *Calliess/Ruffert* (Hrsg.), EUV/AEUV, 6. Aufl. 2022; *Geiger/Khan/Kotzur* (Hrsg.), EUV/AEUV, 6. Aufl. 2017; *Grabitz/Hilf/Nettesheim* (Hrsg.), Das Recht der Europäischen Union, 76. EL 2022; *Kühling/Buchner* (Hrsg.), DS-GVO BDSG, 3. Aufl. 2020.

A. Allgemeines

Art. 59 sieht ein verpflichtendes Verfahren zur gegenseitigen Begutachtung der nationalen Behörden für die Cybersicherheitszertifizierung vor. Die Regelung trägt der zentralen Rolle der nationalen Behörden bei der Durchsetzung des Zertifizierungsrahmens Rechnung und beabsichtigt die Herstellung unionsweit gleichwertiger Bewertungsstandards, die Erleichterung der gegenseitigen Anerkennung von europäischen Cybersicherheitszertifikaten und EU-Konformitätserklärungen in den einzelnen Mitgliedstaaten sowie die Förderung der Akzeptanz des Zertifizierungsrahmens durch die Öffentlichkeit.[1] 1

Art. 59 ist dabei abzugrenzen von Art. 54 Abs. 1 lit. u, der ebenfalls ein Verfahren zur gegenseitigen Begutachtung vorsieht: Während das Verfahren zur gegenseitigen Begutachtung nach Art. 59 die gesamte Tätigkeit der nationalen Behörden betrifft, bezieht sich das Verfahren zur gegenseitigen Begutachtung nach Art. 54 Abs. 1 lit. u ausschließlich auf die Umsetzung eines spezifischen Zertifizierungsschemas.[2] 2

B. Einzelerläuterungen

I. Das Verfahren der gegenseitigen Begutachtung

1. Verfahrensvorgaben (Abs. 2 und 4). Abs. 2 und Abs. 4 enthalten die grundsätzlichen Vorgaben für das Verfahren der gegenseitigen Begutachtung. Gem. Abs. 2 sind im Rahmen der gegenseitigen Begutachtung „fundierte und transparente" Bewertungskriterien und -verfahren heranzuziehen. Während weder der Normtext noch die Erwägungsgründe näher bestimmen, welche Bewertungskriterien und -verfahren im Kontext der gegenseitigen Begutachtung als „fundiert" zu verstehen sein sollen, ist die Verpflichtung zum Rückgriff auf „transparente" Bewertungskriterien und -verfahren auf das in Art. 1 Abs. 2 EUV verankerte Transparenzgebot zurückzuführen.[3] Die gegenseitige Begutachtung ist demnach so zu gestalten, dass die Entscheidungsfindung für die Öffentlichkeit und die betroffenen Stellen möglichst nachvollziehbar und verständlich ist.[4] Hinsichtlich der „Fundiertheit" der Bewertungskriterien und -verfahren dürfte zu verlangen sein, dass sie 3

[1] Erwgr. 99.
[2] Erwgr. 100.
[3] Zum unionsrechtlichen Transparenzgebot s. Grabitz/Hilf/Nettesheim/*Nettesheim,* EUV Art. 1 Rn. 35ff.
[4] Grabitz/Hilf/Nettesheim/*Nettesheim,* EUV Art. 1 Rn. 39–41.

sachgerecht gewählt werden und die Ergebnisse, soweit möglich, wissenschaftlich belegbar sind.

4 Abs. 4 S. 1 und 2 definieren Mindestanforderungen in zeitlicher Hinsicht sowie mit Blick auf die Verfahrensbeteiligten. Die gegenseitige Begutachtung hat mindestens alle fünf Jahre unter Beteiligung der nationalen Behörden wenigstens zweier Mitgliedstaaten sowie der Kommission zu erfolgen. Die Agentur der Europäischen Union für Cybersicherheit (ENISA) hat das Recht, sich an der gegenseitigen Begutachtung zu beteiligen.

5 **2. Konkretisierung des Verfahrens durch die Kommission (Abs. 5).** Innerhalb des durch Abs. 2 und 4 vorgegebenen Rahmens kann die Kommission das Verfahren der gegenseitigen Begutachtung durch den Erlass von Durchführungsrechtsakten iSd Art. 291 Abs. 2 AEUV weiter präzisieren (S. 1). Hierbei gelten die in Abs. 5 aufgestellten Mindestanforderungen: So hat die Kommission mindestens einen Fünfjahresplan zu erstellen, der mit den Kriterien für die Zusammensetzung der mit der jeweiligen Begutachtung durchführenden Gruppe (im Normtext als „Team" bezeichnet), der Zeitplanung sowie der anzuwendenden Methode die zentralen Aspekte der gegenseitigen Begutachtung abdeckt.[5] Den Detailgrad der Verfahrensvorgaben überlässt der CSA jedoch der Kommission. Diese kann sich dazu entscheiden, keine oder bestimmte Einzelaspekte detaillierter auszugestalten.

6 Die Mitgliedstaaten sind auf unterschiedliche Weise in die Ausgestaltung und den Erlass der Durchführungsrechtsakte eingebunden. Nach S. 2 ist die Kommission etwa verpflichtet, im Rahmen der Erstellung des Plans den Erwägungen der aus Vertretern nationaler Cybersicherheitsbehörden bestehenden Europäischen Gruppe für die Cybersicherheitszertifizierung (Art. 62) „angemessen Rechnung zu tragen". An die Erwägungen der Gruppe ist die Kommission somit nicht gebunden, muss diese jedoch nachvollziehbar in ihren Willensbildungsprozess einbeziehen.[6] Gem. S. 3 iVm Art. 66 Abs. 2 erfolgt der Erlass der Durchführungsrechtsakte im sog. Prüfverfahren. Auf Grund des Verweises auf Art. 5 Abs. 4 lit. b Komitologie-VO hängt der Erlass der Durchführungsrechtsakte von der Zustimmung eines aus Vertretern der Mitgliedstaaten zusammengesetzten Ausschusses ab.

II. Umfang der gegenseitigen Begutachtung (Abs. 2 und 3)

7 Der Mindestumfang der gegenseitigen Begutachtung ergibt sich aus Abs. 2 und 3. Zwingend von der Bewertung umfasst sind hiernach

- die nach Art. 58 Abs. 5 erforderliche und angemessene Ausstattung der nationalen Behörde für die Cybersicherheitszertifizierung mit Personalressourcen (Abs. 2),
- der vertrauliche Umgang mit Geschäftsinformationen der Hersteller bzw. Anbieter von IKT-Produkten, -Diensten und -Prozessen durch die Konformitätsbewertungsstellen und nationalen Behörden für die Cybersicherheitszertifizierung (Abs. 2),[7]
- das Beschwerdeverfahren nach Art. 63 (Abs. 2),

---

[5] Erwgr. 99.

[6] Vgl. Grabitz/Hilf/Nettesheim/*Schorkopf*, AEUV Art. 9 Rn. 20f.

[7] Die genannten Stellen erhalten im Zuge ihrer Tätigkeit notwendigerweise Zugriff auf sensible Informationen. Die Gewährleistung eines vertraulichen Umgangs mit diesen Informationen ist eine Akkreditierungsvoraussetzung, s. Anhang Nr. 16 des CSA.

- die gem. Art. 58 Abs. 4 erforderliche strikte Trennung zwischen der Aufsichtstätigkeit der nationalen Behörden für die Cybersicherheitszertifizierung und ihrer Tätigkeit als Zertifizierungsstelle (Abs. 3 lit. a),
- die Verfahren der nationalen Behörde für die Cybersicherheitszertifizierung im Rahmen ihrer Aufsichtstätigkeit über europäische Cybersicherheitszertifikate und EU-Konformitätserklärungen nach Art. 58 Abs. 7 lit. a und b sowie im Rahmen ihrer Aufsichts- und Genehmigungstätigkeit gegenüber den Konformitätsbewertungsstellen gem. Art. 58 Abs. 7 lit. c und e (Abs. 3 lit. b–d) und
- die erforderliche Sachkenntnis der im Rahmen der Ausstellung von Cybersicherheitszertifikaten der Vertrauenswürdigkeitsstufe „hoch" tätigen Personen (Abs. 3 lit. e).[8]

Dieser umfassende Katalog von Prüfaspekten bedingt, dass das Verfahren zusammenfassend als ein umfassendes Audit der Praktiken, Organisation und personellen Ausstattung der jeweils anderen Behörden zu verstehen ist.

III. Auswertung durch die Europäische Gruppe für die Cybersicherheitszertifizierung (Abs. 6)

Die Auswertung der Ergebnisse der gegenseitigen Begutachtung erfolgt gem. 8
Abs. 6 durch die nach Art. 62 eingesetzte Europäische Gruppe für die Cybersicherheitszertifizierung. Ergibt diese Auswertung, dass zum Zwecke der einheitlichen Umsetzung des Zertifizierungsrahmens weitere Maßnahmen der nationalen Behörden für die Cybersicherheitszertifizierung sowie der Konformitätsbewertungsstellen erforderlich sind, hat die Europäische Gruppe für die Cybersicherheitszertifizierung entsprechende „Leitlinien oder Empfehlungen" zu erlassen, wobei eine klare Abgrenzung beider Instrumente nicht möglich erscheint. Wesentlich ist, dass weder den Leitlinien noch den Empfehlungen rechtliche Bindungswirkung zukommt.[9] Aufgrund der Zusammensetzung der Europäischen Gruppe für die Cybersicherheitszertifizierung aus Mitgliedern der nationalen Behörden für die Cybersicherheitszertifizierung ist jedoch trotz dieser mangelnden Verbindlichkeit mit einer hohen Akzeptanz auf Seiten der nationalen Behörden zu rechnen.

Wird im Rahmen der gegenseitigen Begutachtung festgestellt, dass ein Mitglied- 9
staat gegen die Bestimmungen des Zertifizierungsrahmens verstößt, zB weil die entsprechende nationale Behörde für die Cybersicherheitszertifizierung ihren in Art. 58 Abs. 7 niedergelegten Aufgaben nicht hinreichend gerecht wird, kann die Kommission nach Art. 258 AEUV bzw. können die Mitgliedstaaten nach Art. 259 AEUV ein Vertragsverletzungsverfahren vor dem EuGH anstreben.[10]

---

[8] Cybersicherheitszertifikate der Vertrauenswürdigkeitsstufe „hoch" können gem. Art. 56 Abs. 6 nur von nationalen Behörden für die Cybersicherheitszertifizierung oder von hierzu ermächtigten Konformitätsbewertungsstellen ausgestellt werden. Voraussetzung der Akkreditierung einer solchen Zertifizierungsstelle ist, dass das an der Zertifizierung beteiligte Personal die erforderliche fachliche Kompetenz besitzt, s. Anhang Nr. 8 des CSA.

[9] Vgl. Kühling/Buchner/*Dix*, DS-GVO Art. 70 Rn. 8 in Bezug auf die Leitlinien und Empfehlungen des Europäischen Datenschutzausschusses.

[10] Calliess/Ruffert/*Cremer*, AEUV Art. 259 Rn. 1 ff.; Grabitz/Hilf/Nettesheim/*Karpenstein*, AEUV Art. 258 Rn. 29 und 59; Geiger/Khan/Kotzur/*Kotzur*, AEUV Art. 258 Rn. 1 f. und 4.

10 Die von der Europäischen Gruppe für die Cybersicherheitszertifizierung erstellte Zusammenfassung der Ergebnisse der gegenseitigen Begutachtung kann der Öffentlichkeit zugänglich gemacht werden. Da Abs. 6 keine spezielle Form für die Veröffentlichung vorsieht, kommt hierbei u.a. eine Veröffentlichung über den Internetauftritt der Europäischen Gruppe für die Cybersicherheitszertifizierung in Betracht.

Art. 60 Konformitätsbewertungsstellen

(1) [1]Die Konformitätsbewertungsstellen werden von den nach der Verordnung (EG) Nr. 765/2008 benannten nationalen Akkreditierungsstellen akkreditiert. [2]Diese Akkreditierung wird nur ausgestellt, wenn die Konformitätsbewertungsstelle die im Anhang der vorliegenden Verordnung aufgeführten Anforderungen erfüllt.

(2) Hat eine nationale Behörde für die Cybersicherheitszertifizierung nach Artikel 56 Absatz 5 Buchstabe a und Absatz 6 ein europäisches Cybersicherheitszertifikat ausstellt, so wird die Zertifizierungsstelle der nationalen Behörde für die Cybersicherheitszertifizierung nach Absatz 1 des vorliegenden Artikels als Konformitätsbewertungsstelle akkreditiert.

(3) Sind in einem europäischen Schema für die Cybersicherheitszertifizierung spezifische oder zusätzliche Anforderungen gemäß Artikel 54 Absatz 1 Buchstabe f festgelegt, so darf nur solchen Konformitätsbewertungsstellen von der nationalen Behörde für die Cybersicherheitszertifizierung die Befugnis erteilt werden, Aufgaben im Rahmen dieses Schemas wahrzunehmen, die diese Anforderungen einhalten.

(4) [1]Die Akkreditierung nach Absatz 1wird den Konformitätsbewertungsstellen für eine Höchstdauer von fünf Jahren erteilt und kann unter denselben Bedingungen verlängert werden, sofern die Konformitätsbewertungsstelle die Anforderungen dieses Artikels weiterhin erfüllt. [2]Die nationalen Akkreditierungsstellen treffen innerhalb einer angemessenen Frist alle angebrachten Maßnahmen, um die nach Absatz 1 erteilte Akkreditierung einer Konformitätsbewertungsstelle zu beschränken, auszusetzen oder zu widerrufen, wenn die Voraussetzungen für die Akkreditierung nicht oder nicht mehr erfüllt sind oder wenn die Konformitätsbewertungsstelle gegen diese Verordnung verstößt.

Literatur: *Anhalt/Dieners* (Hrsg.), Handbuch des Medizinprodukterecht, 2. Aufl. 2017; *Bloehs/Frank* (Hrsg.), Akkreditierungsrecht, 2015; *Klindt* (Hrsg.), Produktsicherheitsgesetz, 2. Aufl. 2015; *Plünder,* Zertifizierung und Akkreditierung – private Qualitätskontrolle unter staatlicher Gewährleistungsverantwortung, ZHR 170 (2006), 567; *Stelkens/Bonk/Sachs* (Hrsg.), VwVfG: Verwaltungsverfahrensgesetz, 9. Aufl. 2018; *Terhechte* (Hrsg.), Verwaltungsrecht der Europäischen Union, 2. Aufl. 2022.

A. Allgemeines

1 Der CSA greift auf das im Recht der Produkt- und Dienstleistungssicherheit weit verbreitete und auf europäischer Ebene durch die Akkreditierungs-VO harmonisierte[1] Konzept akkreditierter Konformitätsbewertungsstellen zurück. Im Zertifi-

[1] Bloehs/Frank/*Frank,* Systematische Einführung Rn. 11 ff.

zierungsrahmen für die Cybersicherheit kommt den Konformitätsbewertungsstellen die Aufgabe zu, die Konformität von IKT-Produkten, -Diensten und -Prozessen mit den Anforderungen der europäischen Schemata für die Cybersicherheitszertifizierung zu überprüfen und die Konformität durch die Ausstellung europäischer Cybersicherheitszertifikate zu bestätigen (Art. 56 Abs. 4 und 6). Vor Aufnahme ihrer Tätigkeit bedürfen die Konformitätsbewertungsstellen nach Art. 60 einer Akkreditierung durch die nach der Akkreditierungs-VO benannte nationale Akkreditierungsstelle sowie ggf. einer Ermächtigung durch die nationale Behörde für die Cybersicherheitszertifizierung.

B. Einzelerläuterungen

I. Rechtsnatur der Konformitätsbewertungsstellen

Regelmäßig handelt es sich bei Konformitätsbewertungsstellen um private Stellen, die mit der Überprüfung der Sicherheit und Qualität von Produkten, Diensten und Prozessen jedoch eine grundsätzlich öffentliche Aufgabe übernehmen.[2] Aufgrund dieser Zwitterstellung werden Konformitätsbewertungsstellen im Produktsicherheits- bzw. Medizinprodukterecht von einem Teil der Literatur als Beliehene eingeordnet.[3] Da es sich bei dem Konformitätsbewertungsverfahren jedoch nicht um ein Zulassungsverfahren handelt, dessen Durchführung auf hoheitlichen Befugnissen basiert, lehnen Rechtsprechung und Literatur eine Einordnung der Konformitätsbewertungsstellen als Beliehene zurecht mehrheitlich ab und gehen davon aus, dass das Rechtsverhältnis zwischen Konformitätsbewertungsstelle und dem Hersteller bzw. Anbieter eines Produktes, Dienstes oder Prozesses allein auf privatrechtlichen Verträgen fußt.[4] 2

Cybersicherheitszertifikate bestätigen lediglich, dass das entsprechende IKT-Produkt bzw. der IKT-Dienst oder -Prozess den Anforderungen des einschlägigen Zertifizierungsschemas genügt, ohne eine rechtliche Bindungswirkung gegenüber den zuständigen Aufsichtsbehörden zu entfalten. Cybersicherheitszertifikate unterscheiden sich insofern nicht von den EU-Konformitätserklärungen, die sich die Hersteller bzw. Anbieter von IKT-Produkten, -Diensten und -Prozessen eigenständig im Rahmen einer Selbstzertifizierung nach Art. 53 ausstellen können. Dies gilt unabhängig von der Frage, ob die Zertifizierung eines IKT-Produktes, -Dienstes oder -Prozesses obligatorische Voraussetzung für den Marktzugang ist. Zuständig für die Überwachung der Konformität der IKT-Produkte, -Dienste und -Prozesse mit den Anforderungen des jeweiligen Zertifizierungsschemas bleiben gem. Art. 58 Abs. 7 lit. a und b auch nach Zertifikatsausstellung die nationalen Behörden für die Cybersicherheitszertifizierung. 3

---

[2] Bloehs/Frank/*Frank,* VO 765/2008 Art. 2 Rn. 27 ff.; *Plünder,* ZHR 170 (2006), 567.

[3] Anhalt/Dieners MedProdukteR-HdB/*v. Czettritz,* § 14 Rechtsschutz bei Widerruf des CE-Kennzeichens und der Benennung der Benannten Stelle Rn. 17 ff.; Stelkens/Bonk/Sachs/*Schmitz,* VwVfG § 1 Rn. 256.

[4] *BGH,* Urt. v. 22.6.2017 – VII ZR 36/14, NJW 2017, 2617 (2618); *VGH Kassel,* Beschl. v. 2.2.2017 – 6 B 2740/16, NVwZ 2017, 1718 (1719 ff.); Bloehs/Frank/*Frank,* Systematische Einführung Rn. 27 ff.; Klindt ProdSG/*Kapoor,* Einleitung zu §§ 9–19 Rn. 22 ff.; *Plünder,* ZHR 170 (2006), 578 ff.; Terhechte EU-VerwR/*Augsberg,* § 6 Europäisches Verwaltungsorganisationsrecht und Vollzugsformen Rn. 61.

II. Akkreditierung

4 Gem. Abs. 1 S. 1 werden die Konformitätsbewertungsstellen von den nach der Akkreditierungs-VO benannten nationalen Akkreditierungsstellen akkreditiert. Die in der Akkreditierungs-VO niedergelegten Akkreditierungsvoraussetzungen, das Akkreditierungsverfahren und die Befugnisse der nationalen Akkreditierungsstellen finden damit grundsätzlich auch auf Konformitätsbewertungsstellen iSd Art. 60 Anwendung. Nationale Akkreditierungsstelle der Bundesrepublik Deutschland ist die Deutsche Akkreditierungsstelle GmbH (DAkkS), welche ihre Aufgaben nach § 1 Abs. 1 der AkkStelleG-Beleihungsverordnung als Beliehene wahrnimmt.

5 **1. Begriff der Akkreditierung.** Nach Art. 2 Nr. 10 Akkreditierungs-VO ist eine Akkreditierung die von einer nationalen Akkreditierungsstelle ausgesprochene Bestätigung, dass eine Konformitätsbewertungsstelle die in harmonisierten Normen festgelegten sowie etwaige zusätzliche Anforderungen, einschließlich solcher in relevanten sektoralen Akkreditierungssystemen, erfüllt, um eine spezielle Konformitätsbewertungstätigkeit durchzuführen. Die Legaldefinition macht deutlich, dass es sich bei der Akkreditierung nicht um eine Erlaubniserteilung handelt, sondern ausschließlich um eine Bestätigung, dass die Konformitätsbewertungsstelle den gesetzlichen Anforderungen genügt. Dadurch unterscheidet sich die Akkreditierung von der „Ermächtigung“ iSv Abs. 3, durch die der Konformitätsbewertungsstelle – sofern die Konformitätsbewertungstätigkeit einem Erlaubnisvorbehalt unterliegt – die Befugnis erteilt wird, die Konformitätsbewertung durchzuführen. Folgerichtig wird die Akkreditierung als feststellender Verwaltungsakt eingeordnet, wohingegen die Ermächtigung (auch Erlaubnis- oder Befugniserteilung genannt) als rechtsgestaltender Verwaltungsakt qualifiziert wird.[5]

6 **2. Akkreditierungsvoraussetzungen (Abs. 1).** Die Akkreditierung wird einer Konformitätsbewertungsstelle jeweils für eine spezifische Konformitätsbewertungstätigkeit (bspw. das Prüfen, Zertifizieren oder Kalibrieren) erteilt.[6] Voraussetzung der Akkreditierung der Konformitätsbewertungsstelle ist, dass sie die für die jeweilige Konformitätsbewertungstätigkeit geltenden, sog. harmonisierten technischen Normen sowie etwaige sektorspezifische Anforderungen des jeweiligen Akkreditierungssystems erfüllt. Liegen die Akkreditierungsvoraussetzungen vor, hat die Konformitätsbewertungsstelle einen Anspruch auf die Akkreditierung. Die nationale Akkreditierungsstelle ist dann zur Akkreditierung verpflichtet, ohne dass ihr diesbezüglich Ermessen zustünde.[7]

7 Harmonisierte technische Normen sind untergesetzliche Vorschriften, die von europäischen Normungsgremien im Auftrag der Kommission erarbeitet und im Anschluss an eine eventuelle Überarbeitung und Annahme durch internationale Normungsorganisationen im Amtsblatt der Europäischen Union veröffentlicht werden.[8]

8 Im Anhang des CSA findet sich ein Katalog von insgesamt 20 sektorspezifischen Akkreditierungsvoraussetzungen (Abs. 1 S. 2), die die Kompetenz der Konformitätsbewertungsstelle zur Ausübung ihrer Tätigkeit im Zertifizierungsrahmen für die Cybersicherheit sicherstellen sollen. Hiernach ist bspw. zu gewährleisten, dass

[5] Bloehs/Frank/*Frank*, AkkStelleG § 1 Rn. 8ff.
[6] Bloehs/Frank/*Frank*, VO 765/2008 Art. 2 Rn. 8ff.
[7] Bloehs/Frank/*Frank*, VO 765/2008 Art. 5 Rn. 28.
[8] Bloehs/Frank/*Frank*, VO 765/2008 Art. 2 Rn. 2ff.

die am Zertifizierungsverfahren beteiligten Personen über den für ihre Tätigkeit notwendigen technischen und juristischen Sachverstand verfügen und keiner Einflussnahme von Dritten, insbesondere von den Herstellern bzw. Anbietern der zu zertifizierenden Produkte, Dienste und Prozesse, ausgesetzt sind. Die Konformitätsbewertungsstellen müssen weiterhin mit ausreichenden sachlichen und personellen Mitteln ausgestattet sein. Um unsorgfältigen Konformitätsbewertungen entgegenzuwirken, ist es den Konformitätsbewertungsstellen untersagt, das Leitungspersonal nach der Anzahl der durchgeführten Konformitätsbewertungen zu vergüten. Hervorzuheben ist die Pflicht der Konformitätsbewertungsstellen, „ihre Tätigkeiten im Einklang mit einer Reihe kohärenter, gerechter und angemessener Geschäftsbedingungen" auszuüben und dabei insbesondere die Gebührenhöhe sowie die Interessen kleiner und mittlerer Unternehmen in den Blick zu nehmen. Der CSA soll auch und insbesondere der Verbesserung des IT-Sicherheitsniveaus kleinerer und mittlerer Unternehmen dienen.[9] Diesem Ziel wird mit der Verpflichtung der Konformitätsbewertungsstellen, ihre Zertifizierungstätigkeit zu einem angemessenen Preis anzubieten, Rechnung getragen. Grundsätzlich können die Konformitätsbewertungsstellen im Rahmen ihrer Tätigkeit auch auf Unterauftragnehmer zurückgreifen, sofern sie sicherstellen, dass diese den Anforderungen an eine kompetente und unabhängige Bewertungstätigkeit genügen.

3. Dauer und Verlängerung der Akkreditierung (Abs. 4 S. 1). Gem. Abs. 4 S. 1 wird die Akkreditierung für eine Höchstdauer von fünf Jahren erteilt und kann anschließend verlängert werden, sofern die Konformitätsbewertungsstelle die Akkreditierungsvoraussetzungen weiterhin erfüllt. Durch die befristete Erteilung der Akkreditierung wird eine periodische Überprüfung der Akkreditierungsvoraussetzungen sichergestellt. Dabei ist der Wortlaut der Vorschrift missverständlich: Erfüllt die Konformitätsbewertungsstelle die Akkreditierungsanforderungen, so hat sie – wie im Rahmen des ursprünglichen Akkreditierungsverfahrens[10] – einen Anspruch auf die Verlängerung der Akkreditierung. 9

4. Beschränkung, Aussetzung und Widerruf der Akkreditierung (Abs. 4 S. 2). Gem. Abs. 4 S. 2 können die nationalen Akkreditierungsstellen eine Akkreditierung beschränken, aussetzen oder widerrufen, wenn die betroffene Konformitätsbewertungsstelle die Akkreditierungsvoraussetzungen nicht (mehr) erfüllt oder sonstige Vorschriften des CSA verletzt. Als spezialgesetzliche Befugnisnorm geht S. 2 der allgemeinen Ermächtigungsgrundlage zur Beschränkung, Aussetzung und zum Widerruf von Akkreditierungen aus Art. 5 Abs. 4 Akkreditierungs-VO vor.[11] Der nationalen Akkreditierungsstelle steht im Hinblick auf die zu ergreifende Maßnahme zwar ein gewisses Auswahlermessen zu, sie ist bei Vorliegen der Tatbestandsvoraussetzungen jedoch verpflichtet, die Beschränkung, die Aussetzung oder den Widderruf der Akkreditierung „innerhalb einer angemessenen Frist" vorzunehmen. 10

Unterstützt wird die nationale Akkreditierungsstelle bei ihrer Aufsichtstätigkeit durch die nationale Behörde für die Cybersicherheitszertifizierung (Art. 58 Abs. 7 lit. c), welche ihrerseits jedoch nicht über die Befugnis verfügt, eine Akkreditierung zu beschränken, zu widerrufen oder auszusetzen. 11

---

[9] Erwgr. 3.
[10] Bloehs/Frank/*Frank,* VO 765/2008 Art. 5 Rn. 28.
[11] Vgl. Bloehs/Frank/*Frank,* VO 765/2008 Art. 5 Rn. 61 und 71 ff.

12 **5. Akkreditierung von nationalen Behörden für die Cybersicherheitszertifizierung (Abs. 2).** Neben privaten und sonstigen öffentlichen Stellen können auch nationale Behörden für die Cybersicherheitszertifizierung iSd Art. 58 Konformitätsbewertungen vornehmen und europäische Cybersicherheitszertifikate ausstellen. Abs. 2 stellt hierbei klar, dass die Zertifizierungsstellen der nationalen Behörden für die Aufnahme ihrer Zertifizierungstätigkeit keiner vorherigen Akkreditierung bedürfen. Vielmehr wird das Zertifizierungsverfahren erst durchgeführt, nachdem die nationale Behörde ein europäisches Cybersicherheitszertifikat ausgestellt hat.

III. Spezifische oder zusätzliche Anforderungen eines europäischen Schemas für die Cybersicherheitszertifizierung (Abs. 3)

13 Ein europäisches Schema für die Cybersicherheitszertifizierung kann gem. Art. 54 Abs. 1 lit. f weitergehende Anforderungen an die Konformitätsbewertungsstellen aufstellen, um sicherzustellen, dass sie über die notwendige technische Kompetenz zur Durchführung der Konformitätsbewertungstätigkeit verfügen. Neben einer Akkreditierung bedarf die Konformitätsbewertungsstelle in einem solchen Fall gem. Abs. 3 ergänzend der Ermächtigung durch die nationale Behörde für die Cybersicherheitszertifizierung, welche überprüft, ob die Konformitätsbewertungsstelle diese zusätzlichen Vorgaben des Zertifizierungsschemas erfüllt (vgl. Art. 58 Abs. 7 lit. e). Die Durchführung von Konformitätsbewertungen im Rahmen eines solchen Zertifizierungsschemas unterliegt folglich einem präventiven Verbot mit Erlaubnisvorbehalt. Die Ermächtigung bzw. Erlaubniserteilung erfolgt nach deutschem Recht in Form eines rechtsgestaltenden Verwaltungsaktes.[12]

Art. 61 Notifikation

(1) [1]**Für jedes europäische Schema für die Cybersicherheitszertifizierung notifizieren die nationalen Behörden für die Cybersicherheitszertifizierung der Kommission die Konformitätsbewertungsstellen, die für die Erteilung von Zertifikaten entsprechend den in Artikel 52 genannten Vertrauenswürdigkeitsstufen akkreditiert und gegebenenfalls nach Artikel 60 Absatz 3 ermächtigt wurden.** [2]**Die nationalen Behörden für die Cybersicherheitszertifizierung teilt der Kommission etwaige diesbezügliche Änderungen unverzüglich mit.**

(2) **Ein Jahr nach Inkrafttreten eines europäischen Schemas für die Cybersicherheitszertifizierung veröffentlicht die Kommission im *Amtsblatt der Europäischen Union* eine Liste der nach diesem Schema notifizierten Konformitätsbewertungsstellen.**

(3) **Geht der Kommission nach Ablauf der in Absatz 2 genannten Frist eine Notifikation zu, so veröffentlicht sie die Änderungen der Liste der notifizierten Konformitätsbewertungsstellen innerhalb von zwei Monaten ab dem Zeitpunkt des Eingangs dieser Notifikation im *Amtsblatt der Europäischen Union*.**

---

[12] Bloehs/Frank/*Frank*, AkkStelleG § 1 Rn. 8ff.

(4) [1]**Eine nationale Behörde für die Cybersicherheitszertifizierung kann bei der Kommission die Streichung einer von dieser Behörde notifizierten Konformitätsbewertungsstelle aus der in Absatz 2 genannten Liste beantragen.** [2]**Die Kommission veröffentlicht die entsprechenden Änderungen der Liste innerhalb eines Monats ab dem Zeitpunkt, zu dem der Antrag der nationalen Behörde für die Cybersicherheitszertifizierung eingegangen ist, im *Amtsblatt der Europäischen Union*.**

(5) [1]**Die Kommission kann im Wege von Durchführungsrechtsakten Einzelheiten, Form und Verfahren für die Notifikationen nach Absatz 1 festlegen.** [2]**Diese Durchführungsrechtsakte werden gemäß dem in Artikel 66 Absatz 2 genannten Prüfverfahren erlassen.**

Literatur: *Anhalt/Dieners* (Hrsg.), Handbuch des Medizinprodukterecht, 2. Aufl. 2017; *Dauses/Ludwigs* (Hrsg.), Handbuch des EU-Wirtschaftsrechts, 57. EL 2022; *Klindt* (Hrsg.), Produktsicherheitsgesetz, 3. Aufl. 2021; *Schwarze/Becker/Hatje/Schoo* (Hrsg.), EU-Kommentar, 4. Aufl. 2019; *von der Groeben/Schwarze/Hatje* (Hrsg.), Europäisches Unionsrecht, 7. Aufl. 2015.

A. Allgemeines

Art. 61 regelt die Pflicht der nationalen Behörden für die Cybersicherheitszertifizierung zur Notifikation der nach Art. 60 Abs. 1 akkreditierten und ggf. nach Art. 60 Abs. 3 ermächtigten Konformitätsbewertungsstellen gegenüber der Kommission. Die Notifikationspflicht sowie die anschließende Veröffentlichung der Liste aller notifizierten Konformitätsbewertungsstellen im Amtsblatt der Europäischen Union gewährleisten einen unionsweiten Überblick über diejenigen Konformitätsbewertungsstellen, die den Anforderungen des jeweiligen Zertifizierungsrahmens für die Cybersicherheit entsprechen. 1

B. Einzelerläuterungen

I. Notifikationspflicht (Abs. 1)

Abs. 1 S. 1 verpflichtet die nationalen Behörden für die Cybersicherheitszertifizierung, der Kommission im Hinblick auf jedes in Kraft getretene Zertifizierungsschema die gem. Art. 60 Abs. 1 akkreditierten und ggf. nach Art. 60 Abs. 3 ermächtigten Konformitätsbewertungsstellen zu notifizieren. Eine Notifikation iSd Art. 61 ist eine Mitteilung darüber, dass eine Konformitätsbewertungsstelle über eine Akkreditierung verfügt und dass sie – sofern erforderlich – gem. Art. 60 Abs. 3 ermächtigt wurde, als Konformitätsbewertungsstelle im Rahmen eines europäischen Schemas für die Cybersicherheitszertifizierung tätig zu sein. Die Notifikation ist ein reiner Benennungsakt, dem nach deutschem Recht mangels Regelungswirkung keine Verwaltungsaktqualität zukommt.[1] 2

Zuständig für die Notifikation einer Konformitätsbewertungsstelle ist diejenige nationale Behörde für die Cybersicherheitszertifizierung, die von dem Mitgliedstaat, in dessen Hoheitsgebiet die Konformitätsbewertungsstelle ansässig ist, 3

[1] https://ec.europa.eu/growth/tools-databases/nando/; so auch Klindt ProdSG/*Kapoor,* § 15 Rn. 6 in Bezug auf die Notifikation von Konformitätsbewertungsstellen nach dem ProdSG.

nach Art. 58 Abs. 1 als Aufsichtsbehörde benannt wurde. § 9a Abs. 1 BSIG bestimmt das Bundesamt für die Sicherheit in der Informationstechnik (BSI) als nationale Behörde für die Cybersicherheitszertifizierung in der Bundesrepublik Deutschland.

4 Änderungen in Bezug auf die Akkreditierung bzw. Ermächtigung der notifizierten Konformitätsbewertungsstellen sind der Kommission gem. Abs. 1 S. 2 unverzüglich mitzuteilen. Da das Notifikationsverfahren auf die Schaffung von unionsweiter Transparenz über den Akkreditierungsstatus der Konformitätsbewertungsstellen und ihre Befugnis zur Wahrnehmung von Aufgaben im Rahmen des Zertifizierungsschemas abzielt, ist der Begriff der „Änderungen" weit zu verstehen. Umfasst sind das Erlöschen durch Zeitablauf, den Widerruf, die Beschränkung, Aussetzung und die Erweiterung der Akkreditierung (vgl. Art. 60 Abs. 4) bzw. der Ermächtigung (vgl. Art. 58 Abs. 7 lit. e).

II. Veröffentlichung im Amtsblatt der Europäischen Union

5 **1. Veröffentlichung der Liste (Abs. 2).** Gem. Abs. 2 veröffentlicht die Kommission ein Jahr nach Inkrafttreten eines europäischen Schemas für die Cybersicherheitszertifizierung eine Liste aller nach dem jeweiligen Schema notifizierten Konformitätsbewertungsstellen im Amtsblatt der Europäischen Union. Die Annahme eines europäischen Schemas für die Cybersicherheitszertifizierung durch die Kommission erfolgt gem. Art. 49 Abs. 7 in Form von Durchführungsrechtsakten iSd Art. 291 Abs. 2 AEUV. Da sie keinen Gesetzescharakter aufweisen, richtet sich der Zeitpunkt des Inkrafttretens von Durchführungsrechtsakten und damit auch des Inkrafttretens eines europäischen Zertifizierungsschemas nach Art. 297 Abs. 2 UAbs. 2 S. 2 AEUV.[2] Sie treten zu dem im Durchführungsrechtsakt festgelegten Zeitpunkt oder, falls in dem Durchführungsrechtsakt kein Zeitpunkt bestimmt ist, am zwanzigsten Tag nach ihrer Veröffentlichung im Amtsblatt der Europäischen Union in Kraft.

6 Die erstmalige Veröffentlichung der Liste nach einem Zeitraum von einem Jahr, wie in Abs. 2 vorgesehen, verdeutlicht die Annahme des Unionsgesetzgebers, dass innerhalb eines Jahres nach Inkrafttreten eines Zertifizierungsschemas die Akkreditierungsverfahren für eine hinreichende Anzahl von Konformitätsbewertungsstellen abgeschlossen sein werden und eine umfassende Anpassung der die in diesem Zeitpunkt veröffentlichten Liste folglich nicht erforderlich sein wird.

7 **2. Nachträgliche Änderung der Liste (Abs. 3 und 4).** Abs. 3 und 4 enthalten Vorgaben zur nachträglichen Änderung der nach Abs. 2 im Amtsblatt der Europäischen Union veröffentlichen Liste. Abs. 3 regelt die nachträgliche Erweiterung der Liste für den Fall, dass der Kommission eine Notifikation erst nach der in Abs. 2 genannten Jahresfrist zugeht. Innerhalb von zwei Monaten nach Zugang der Notifikation bei der Kommission hat diese die aktualisierte Liste im Amtsblatt der Europäischen Union zu veröffentlichen.

8 Nach Abs. 4 S. 1 sind die nationalen Behörden für die Cybersicherheitszertifizierung ebenfalls berechtigt, bei der Kommission die Streichung einer von ihnen notifizierten Konformitätsbewertungsstelle aus der Liste zu beantragen. Ohne dass der Wortlaut der Vorschrift dies explizit verlangen würde, steht den nationalen Be-

---

[2] Dauses/Ludwigs EU-WirtschaftR-HdB/*Wischmeyer,* A. II. Institutioneller Aufbau der Europäischen Union Rn. 312.

hörden das Recht zur Beantragung der Streichung nur hinsichtlich solcher Konformitätsbewertungsstellen zu, die tatsächlich nicht mehr über die erforderliche Akkreditierung bzw. Ermächtigung verfügen. Innerhalb eines Monats nach Eingang des Antrags der nationalen Behörde bei der Kommission veröffentlicht diese eine aktualisierte Liste im Amtsblatt der Europäischen Union (Abs. 4 S. 2).

III. Erlass von Durchführungsrechtsakten iSd Art. 291 AEUV (Abs. 5)

Nach S. 1 ist die Kommission befugt, das Notifikationsverfahren im Wege von 9
Durchführungsrechtsakten iSd Art. 291 AEUV näher auszugestalten. Gem. S. 2 iVm Art. 66 Abs. 2 ist das in Art. 5 Abs. 4 lit. b Komitologie-VO normierte Prüfverfahren anzuwenden, welches den Erlass der Durchführungsrechtsakte durch die Kommission von der Zustimmung eines aus Vertretern der Mitgliedstaaten bestehenden Ausschusses abhängig macht.[3] Zur einheitlichen Ausgestaltung der unionsrechtlichen Notifikationsverfahren bestünde etwa die Möglichkeit, auf das unter anderem im Produktsicherheits- und Medizinprodukterecht verwendete elektronische Notifikationsinstrument „NANDO“ (New Approach Notified and Designated Organisations) zurückzugreifen.[4]

Art. 62 Europäische Gruppe für die Cybersicherheitszertifizierung

(1) **Die Europäische Gruppe für die Cybersicherheitszertifizierung wird eingesetzt.**

(2) **[1]Die Europäische Gruppe für die Cybersicherheitszertifizierung setzt sich aus Vertretern der nationalen Behörden für die Cybersicherheitszertifizierung oder Vertretern anderer einschlägiger nationaler Behörden zusammen. [2]Ein Mitglied der Europäischen Gruppe für die Cybersicherheitszertifizierung darf nicht mehr als zwei Mitgliedstaat vertreten.**

(3) **Interessenträger und maßgebliche Dritte können zur Teilnahme an den Sitzungen der Europäischen Gruppe für die Cybersicherheitszertifizierung und zur Beteiligung an ihrer Arbeit eingeladen werden.**

(4) **Die Europäische Gruppe für die Cybersicherheitszertifizierung hat folgende Aufgaben:**

a) **Sie berät und unterstützt die Kommission bei ihren Tätigkeiten zur Gewährleistung einer einheitlichen Umsetzung und Anwendung dieses Titels – insbesondere in Bezug auf das fortlaufende Arbeitsprogramm der Union – in politischen Fragen der Cybersicherheitszertifizierung, bei der Koordinierung von Politikkonzepten und bei der Ausarbeitung europäischer Schemata für die Cybersicherheitszertifizierung;**

---

[3] Schwarze/*Schoo,* AEUV Art. 291 Rn. 10f.; von der Groeben/Schwarze/Hatje/*Schmidt,* AEUV Art. 291 Rn. 28ff.

[4] Nando (New Approach Notified and Designated Organisations) Information System, https://ec.europa.eu/growth/tools-databases/nando/; zur Verwendung von NANDO im Produktsicherheitsrecht bzw. Medizinprodukterecht Anhalt/Dieners MedProdukteR-HdB/*Soltau/Edelhäuser,* § 11 Zentralstelle der Länder für Gesundheitsschutz bei Arzneimitteln und Medizinprodukten (ZLG) Rn. 33 und Klindt ProdSG/*Kapoor,* § 15 Rn. 7.

b) sie unterstützt und berät die ENISA bei der Ausarbeitung eines möglichen Schemas nach Artikel 49 und arbeitet hierbei mit der ENISA zusammen;
c) sie gibt nach Artikel 49 eine Stellungnahme zu den von der ENISA vorbereiteten möglichen Schemata ab;
d) sie beauftragt die ENISA mit der Ausarbeitung von möglichen Schemata nach Artikel 48 Absatz 2;
e) sie gibt an die Kommission gerichtete Stellungnahmen zur Pflege und Überprüfung vorhandener europäischer Schemata für die Cybersicherheitszertifizierung ab;
f) sie prüft die einschlägigen Entwicklungen auf dem Gebiet der Cybersicherheitszertifizierung und tauscht Informationen über und bewährte Verfahren für Cybersicherheitszertifizierungsschemata aus;
g) sie erleichtert die Zusammenarbeit zwischen den nationalen Behörden für die Cybersicherheitszertifizierung nach diesem Titel im Wege des Kapazitätsaufbaus und des Informationsaustauschs, insbesondere durch die Festlegung von Methoden für einen effizienten Austausch von Informationen über Fragen der Cybersicherheitszertifizierung;
h) sie leistet Unterstützung bei der Anwendung des Mechanismus der gegenseitigen Begutachtung gemäß den Regeln, die in einem europäischen Cybersicherheitszertifizierungsschema nach Artikel 54 Absatz 1 Buchstabe u festgelegt wurden;
i) sie erleichtert die Anpassung europäischer Schemata für die Cybersicherheitszertifizierung an international anerkannte Normen, indem sie unter anderem bestehende europäische Schemata für die Cybersicherheitszertifizierung überprüft und der ENISA erforderlichenfalls Empfehlungen unterbreitet, sich mit den einschlägigen internationalen Normungsorganisationen in Verbindung zu setzen, um Unzulänglichkeiten oder Lücken in verfügbaren international anerkannten Normen anzugehen.

(5) **Die Kommission nimmt gemäß Artikel 8 Absatz 1 Buchstabe e die Sekretariatsgeschäfte der Europäischen Gruppe für die Cybersicherheitszertifizierung wahr, und führt mit Unterstützung der ENISA ihren Vorsitz.**

Literatur: *Hornung/Schallbruch* (Hrsg.), IT-Sicherheitsrecht, 2021.

A. Allgemeines

1 Art. 62 regelt die Einrichtung der sog. Europäische Gruppe für die Cybersicherheitszertifizierung sowie ihre Zusammensetzung und legt ihren Aufgabenbereich abschließend fest. Die aus Vertretern nationaler Behörden bestehende Gruppe unterstützt und berät sowohl die Kommission als auch die Agentur der Europäischen Union für die Cybersicherheit (ENISA) bei der Erfüllung ihrer Aufgaben im Rahmen des CSA. Sie soll ferner den Erfahrungsaustausch zwischen den nationalen Behörden für die Cybersicherheitszertifizierung fördern, um zu einer einheitlichen Anwendung des Zertifizierungsrahmens beizutragen.[1]

---

[1] Erwgr. 103.

Dabei ist die Europäische Gruppe für die Cybersicherheitszertifizierung von der ebenfalls im Zuge des CSA eingeführten „Gruppe der Interessenträger für die Cybersicherheitszertifizierung" (Art. 22) abzugrenzen, welche eine angemessene Einbeziehung der verschiedenen Interessenträger im Rahmen der Durchführung des Zertifizierungsrahmens sicherstellen soll und der zu diesem Zweck ebenfalls eine beratende Funktion zukommt.[2] Gemeinsam unterstützen sie die Kommission bei der Ausarbeitung des fortlaufenden Arbeitsprogramms der Union für europäische Schemata für die Cybersicherheitszertifizierung und prägen damit die strategische Ausrichtung des Zertifizierungsrahmens.[3] 2

B. Einzelerläuterungen

I. Zusammensetzung und Organisation (Abs. 2, 3 und 5)

Abs. 2, 3 und 5 regeln die Zusammensetzung und Organisation der Europäischen Gruppe für die Cybersicherheitszertifizierung. 3

Nach Abs. 2 S. 1 setzt sich die Europäische Gruppe für die Cybersicherheitszertifizierung aus Vertretern der nationalen Behörden für die Cybersicherheitszertifizierung (Art. 58) oder Vertretern anderer einschlägiger nationaler Behörden zusammen. Nationale Behörde für die Cybersicherheitszertifizierung der Bundesrepublik Deutschland ist gem. § 9a Abs. 1 BSIG das Bundesamt für Sicherheit in der Informationstechnik (BSI). Da die Europäische Gruppe für die Cybersicherheitszertifizierung in erster Linie der einheitlichen und effektiven Durchsetzung des europäischen Rahmens für die Cybersicherheitszertifizierung dient,[4] ist eine Beteiligung von Vertretern der in die Umsetzung des Zertifizierungsrahmens eingebundenen nationalen Behörden für die Cybersicherheitszertifizierung zweckdienlich. Darüber hinaus kommen mit den Vertretern „anderer einschlägiger nationaler Behörden" auch Vertreter weiterer nationaler Behörden mit Zuständigkeiten im Bereich der IT-Sicherheit als Mitglieder der Europäischen Gruppe für die Cybersicherheitszertifizierung in Betracht, womit dem Umstand Rechnung getragen wird, dass die Mitgliedstaaten Aufgaben im Zusammenhang mit der Gewährleistung der IT-Sicherheit vielfach auf mehrere Behörden verteilen. IT-sicherheitsbezogene Aufgaben sind in der Bundesrepublik Deutschland etwa dem Bundesamt für Verfassungsschutz, dem Bundesamt für Bevölkerungsschutz und Katastrophenhilfe sowie den sektorspezifischen Aufsichtsbehörden im Bereich Kritischer Infrastrukturen zugewiesen,[5] deren Mitarbeitende damit nach dem CSA ebenfalls als Vertreter der Bundesrepublik Deutschland in der Europäischen Gruppe für die Cybersicherheitszertifizierung in Betracht kommen. 4

Gem. Abs. 2 S. 2 darf ein Mitglied der Europäischen Gruppe für die Cybersicherheitszertifizierung höchstens zwei Mitgliedstaaten vertreten. Diese Doppelvertretung kommt in Betracht, wenn eine Behörde IT-sicherheitsrelevante Aufgaben für mehr als nur einen Mitgliedstaat wahrnimmt. 5

---

[2] Erwgr. 83.
[3] Erwgr. 84.
[4] Erwgr. 103.
[5] Hornung/Schallbruch IT-SicherheitsR/*Gitter,* § 15 Recht der IT-Sicherheitsbehörden Rn. 36ff.

6 Nach Abs. 3 können neben den Mitgliedern nationaler Behörden nach einer entsprechenden Einladung auch „Interessenträger" sowie „maßgebliche Dritte" an den Sitzungen der Europäischen Gruppe für die Cybersicherheitszertifizierung teilnehmen und sich an ihrer Arbeit beteiligen. Mangels einer expliziten Zuständigkeits- und Verfahrensregelung ist davon auszugehen, dass ihr das Recht zur Einladung weiterer Teilnehmer in die Gruppe im Rahmen ihrer Selbstorganisation zusteht. Unter Interessenträgern sind insbesondere Vertreter aus der Branche der IKT-Produkte, -Dienste und -Prozesse, aber auch Vertreter von Verbraucherorganisationen, europäischen und internationalen Normungsgremien, nationalen Akkreditierungsstellen, Konformitätsbewertungsstellen, Datenschutz-Aufsichtsbehörden, des Europäischen Parlaments und des Rates sowie Vertreter aus Wissenschaft und Forschung zu verstehen.[6] Die Verwendung des offenen Begriffs der „maßgeblichen Dritten", die neben den „Interessenträgern" ebenfalls eingeladen werden können, räumt der Europäischen Gruppe für Cybersicherheitszertifizierung einen erheblichen Spielraum zur Einladung weiterer Akteure ein. Im Ergebnis dürfte damit jede Person eingeladen werden können, die sich an der Aufgabenerfüllung der Europäischen Gruppe für die Cybersicherheitszertifizierung sinnvoll beteiligen kann.

7 Gem. Abs. 5 ist die Kommission für die Sekretariatsgeschäfte der Europäischen Gruppe für die Cybersicherheitszertifizierung zuständig. Diese besitzt folglich kein eigenständiges Sekretariat, sondern greift für die administrative Durchführung ihrer Aufgaben auf das Sekretariat der Kommission zurück. Der Vorsitz der Europäischen Gruppe für die Cybersicherheitszertifizierung steht der Kommission zu. Unterstützt wird die Kommission hierbei gem. Art. 8 Abs. 1 lit. e von der ENISA.

II. Aufgaben (Abs. 4)

8 Abs. 4 zählt die Aufgaben der Europäischen Gruppe für die Cybersicherheitszertifizierung abschließend auf.

9 **1. Unterstützung der Kommission.** Zentrale Funktion der Europäischen Gruppe für die Cybersicherheitszertifizierung ist die Beratung und Unterstützung der Kommission bei ihren Aufgaben im Rahmen des Zertifizierungsrahmens (Abs. 4 lit. a). Ziel der Unterstützungstätigkeit ist die Sicherstellung der einheitlichen Umsetzung und Anwendung des Zertifizierungsrahmens in den einzelnen Mitgliedstaaten, um die Entstehung unterschiedlicher Prüfmaßstäbe zu verhindern. Sie wird dabei sowohl im Rahmen der Ausarbeitung des „fortlaufenden Arbeitsprogramms der Union" und bei der Koordinierung von Politikkonzepten in Fragen der Cybersicherheitszertifizierung als auch bei der Ausarbeitung und Überarbeitung konkreter Schemata unterstützend tätig. Das „fortlaufende Arbeitsprogramm der Union" ist ein übergreifendes, strategisches Dokument, das den nationalen Behörden für die Cybersicherheitszertifizierung und den Normungsgremien einen Ausblick auf die zukünftigen, sich in Planung befindenden Schemata gewähren soll.[7] Die Überarbeitung bereits angenommener Schemata begleitet die Europäische Gruppe für die Cybersicherheitszertifizierung durch an die Kommission gerichtete Stellungnahmen (Abs. 4 lit. e).

---

[6] Erwgr. 61 und 62.

[7] Erwgr. 84.

2. Unterstützung und Beauftragung der ENISA. Bei der Ausarbeitung neuer Zertifizierungsschemata arbeitet die Europäische Gruppe für die Cybersicherheitszertifizierung mit der ENISA zusammen und unterstützt sie insbesondere durch Stellungnahmen zu den Schemata-Entwürfen (Abs. 4 lit. b und c). Nach Art. 49 Abs. 6 S. 2 ist die ENISA an den Inhalt dieser Stellungnahmen allerdings nicht gebunden. 10

Um die Anerkennung europäischer Schemata in Drittstaaten zu fördern, unterstützt die Europäische Gruppe für die Cybersicherheitszertifizierung die ENISA weiterhin bei der Abstimmung mit internationalen Normungsorganisationen und der Anpassung der Schemata an internationale Normen (Abs. 4 lit. i). Auf Empfehlung der Kommission schließt die Europäische Union anschließend völkerrechtliche Abkommen mit Drittstaaten zur gegenseitigen Anerkennung der Zertifizierungsschemata.[8] 11

Der Aufgabenkreis der Europäischen Gruppe für die Cybersicherheitszertifizierung beschränkt sich jedoch nicht rein auf unterstützende und beratende Tätigkeiten: So kann sie die ENISA gem. Art. 48 Abs. 2 eigenständig beauftragen, ein Cybersicherheitszertifizierungsschema zu entwickeln oder ein bereits bestehendes Schema zu überarbeiten (Abs. 4 lit. d). Damit kommt ihr – neben der Kommission – die wichtige Rolle zu, die zukünftige Ausrichtung des Zertifizierungsrahmens initiativ mitzugestalten. Im Gegensatz zu einem Auftrag seitens der Kommission kann die ENISA einen Auftrag der Europäischen Gruppe für die Cybersicherheitszertifizierung jedoch nach Art. 49 Abs. 2 S. 2 ablehnen, ohne dass der Europäischen Gruppe für die Cybersicherheitszertifizierung Rechtsmittel zustünden, um gegen eine solche Ablehnung vorzugehen. Ihr bleibt im Falle der Ablehnung damit nur die Möglichkeit, nochmals einen Entwicklungs- oder Überarbeitungsauftrag vorzulegen und ggf. besser zu begründen oder aber sich explizit an die Kommission zu wenden, damit diese von ihrer Befugnis der verbindlichen Aufgabenerteilung Gebrauch macht. 12

3. Vermittlung zwischen den nationalen Behörden für die Cybersicherheitszertifizierung. Auf Grund ihrer Zusammensetzung aus Vertretern einzelner nationaler Behörden kommt der Europäischen Gruppe für die Cybersicherheitszertifizierung eine Vermittlerrolle zwischen den nationalen Behörden für die Cybersicherheitszertifizierung zu. Sie erleichtert und fördert die Zusammenarbeit der nationalen Behörden durch 13

- den Aufbau von Kapazitäten, den gegenseitigen Austausch von Informationen und die Etablierung von Methoden für einen effizienten Informationsaustausch (Abs. 4 lit. g),
- die Unterstützung bei der gegenseitigen Begutachtung der nationalen Behörden im Rahmen europäischer Schemata der Vertrauenswürdigkeitsstufe „hoch“ nach Art. 54 Abs. 1 lit. u (Abs. 4 lit. h) und
- das Monitoring der aktuellen Entwicklungen auf dem Gebiet der Cybersicherheitszertifizierung und den Austausch bewährter Verfahren für Cybersicherheitszertifizierungsschemata (Abs. 4 lit. f).

---

[8] Erwgr. 105.

Art. 63 Beschwerderecht

(1) **Natürliche und juristische Personen haben das Recht, bei dem Aussteller eines europäischen Cybersicherheitszertifikats oder – wenn sich die Beschwerde gegen ein von einer Konformitätsbewertungsstelle nach Artikel 56 Absatz 6 ausgestelltes europäischen Cybersicherheitszertifikat richtet – bei der zuständigen nationalen Behörde für die Cybersicherheitszertifizierung eine Beschwerde einzulegen.**

(2) **Die Behörde oder Stelle, bei der die Beschwerde eingelegt wurde, unterrichtet den Beschwerdeführer über den Stand des Verfahrens und die getroffene Entscheidung und informiert den Beschwerdeführer über die Möglichkeit eines wirksamen gerichtlichen Rechtsbehelfs nach Artikel 64.**

Literatur: *Kühling/Buchner* (Hrsg.), DS-GVO BDSG, 3. Aufl. 2020.

A. Allgemeines

1 Art. 63 sieht ein umfassendes Beschwerderecht natürlicher und juristischer Personen im Zusammenhang mit europäischen Cybersicherheitszertifikaten und EU-Konformitätserklärungen vor. Das Beschwerderecht eröffnet für Hersteller und Anbieter von IKT-Produkten, -Diensten und-Prozessen die Möglichkeit, außergerichtlich gegen die Ablehnung einer Zertifizierung oder Anerkennung der Zertifizierung ihrer IKT-Produkte, -Dienste und -Prozesse vorzugehen. Ferner können nicht am Zertifizierungsverfahren beteiligte Dritte Beschwerde einlegen und damit die Überprüfung der Konformität eines IKT-Produktes-, Dienstes- oder -Prozesses mit den Anforderungen des jeweiligen Zertifizierungsschemas erwirken. Sowohl gegen die Entscheidung über die Beschwerde als auch gegen die Untätigkeit der zuständigen Beschwerdestelle im Anschluss an eine eingelegte Beschwerde kann der Beschwerdeführer gem. Art. 64 Klage erheben.

B. Einzelerläuterungen

I. Beschwerdegegenstand (Abs. 1)

2 Gegenstand einer Beschwerde können nach dem Wortlaut des Abs. 1 zunächst bereits erteilte europäische Cybersicherheitszertifikate sein. Darüber hinaus ergibt sich aus Art. 58 Abs. 7 lit. f, dass sich Beschwerden nach Abs. 1 nicht nur gegen europäische Cybersicherheitszertifikate, sondern auch gegen EU-Konformitätserklärungen iSd Art. 53 richten können. Eine Beschwerde „gegen“ ein europäisches Cybersicherheitszertifikat oder eine EU-Konformitätserklärung ist dem Wortsinn nach auf eine Überprüfung der Rechtmäßigkeit der Zertifizierung und damit der Konformität des IKT-Produktes, -Dienstes- oder -Prozesses mit den Anforderungen des zugrundeliegenden Zertifizierungsschemas gerichtet.

3 Darüber hinaus ist aus Art. 64 Abs. 1 lit. a, welcher den sich an das Beschwerdeverfahren anschließenden gerichtlichen Rechtsbehelf regelt, zu schließen, dass auch die Nichterteilung bzw. -anerkennung sowie die Verweigerung der Erteilung bzw.

Anerkennung eines europäischen Cybersicherheitszertifikates Gegenstand einer Beschwerde iSd Abs. 1 sein können.

II. Beschwerdeberechtigung

Beschwerdeberechtigt ist nach Abs. 1 jede natürliche und juristische Person. Wie auch im Rahmen von Beschwerden gegen Europäische Datenschutzsiegel[1] ist es keine zwingende Voraussetzung, dass der Beschwerdeführer die Verletzung einer eigenen Rechtsposition geltend macht. Neben einer proaktiven Überwachung der Cybersicherheitszertifikate und EU-Konformitätserklärungen durch die nationalen Behörden für die Cybersicherheitszertifizierung (Art. 58 Abs. 7 lit. a und b) setzt der europäische Gesetzgeber somit parallel auf die Initiative privater Akteure. Mit Blick auf den erforderlichen technischen und juristischen Sachverstand sowie eventuelle Kosten des Beschwerdeverfahrens erscheint ein übermäßiges Beschwerdeaufkommen jedenfalls nicht wahrscheinlich. 4

III. Zuständige Beschwerdestelle

1. Beschwerden im Zusammenhang mit Cybersicherheitszertifikaten. 5
Die Beschwerde gegen ein europäisches Cybersicherheitszertifikat oder gegen die mangelnde Erteilung bzw. Anerkennung des Zertifikats ist gem. Abs. 1 grundsätzlich bei dem (potenziellen) Aussteller des Zertifikats einzulegen. Als Aussteller von Cybersicherheitszertifikaten kommen – je nach zugrundeliegendem Zertifizierungsschema – nationale Behörden für die Cybersicherheitszertifizierung (Art. 58) und EU-Konformitätsbewertungsstellen (Art. 60) in Betracht. Damit sind die Beschwerden von denjenigen Stellen zu bearbeiten, die die ursprüngliche Zertifizierungsentscheidung getroffen haben oder (im Falle der Untätigkeit) zu treffen hatten, da sie die größte Sachnähe zu dem individuellen Sachverhalt aufweisen. Zu beachten ist, dass es sich bei den Konformitätsbewertungsstellen idR um private Akteure handelt, die auch nicht durch Beleihung mit hoheitlichen Befugnissen ausgestattet sind.[2] Zwischen ihnen und den Herstellern bzw. Anbietern von IKT-Produkten, -Diensten und -Prozessen besteht eine auf privatrechtlichen Verträgen fußende Rechtsbeziehung, sodass es sich bei dem Beschwerdeverfahren gegenüber solchen Stellen folgerichtig auch nicht um Verwaltungsverfahren handelt.

Beschwerden im Zusammenhang mit Cybersicherheitszertifikaten der Vertrauenswürdigkeitsstufe „hoch“ (Art. 52 Abs. 1) sind – auch wenn diese gem. Art. 56 Abs. 6 lit. a und b von einer Konformitätsbewertungsstelle ausgestellt wurden oder auszustellen sind – stets bei der zuständigen nationalen Behörde für die Cybersicherheitszertifizierung einzulegen.[3] Zuständig ist dabei die nationale Behörde desjenigen Mitgliedstaates, in dessen Hoheitsgebiet das entsprechende Zertifikat ausgestellt wurde (Art. 58 Abs. 7 lit. a). 6

2. Beschwerden gegen EU-Konformitätserklärungen. Beschwerden gegen die von den Herstellern und Anbietern von IKT-Produkten, -Diensten und -Prozessen im Rahmen einer Selbstbewertung eigenständig ausgestellten EU-Konformitätserklärungen iSd Art. 53 sind ebenfalls bei den nationalen Behörden für die 7

---

[1] Dazu etwa Kühling/Buchner/*Bergt/Pesch,* DS-GVO Art. 43 Rn. 11f.
[2] → Art. 60 Rn. 2f.
[3] Erwgr. 102.

Cybersicherheitszertifizierung einzulegen (vgl. Art. 58 Abs. 7 lit. f). Zuständig ist die nationale Behörde desjenigen Mitgliedstaates, in dessen Hoheitsgebiet der Hersteller bzw. Anbieter niedergelassen ist (vgl. Art. 58 Abs. 7 lit. b).

8 Unterhält der Hersteller bzw. Anbieter von IKT-Produkten, -Diensten und -Prozessen Niederlassungen in mehreren Mitgliedstaaten, so kommt dem Beschwerdeführer im Hinblick auf die Beschwerdestelle ein Wahlrecht zu. Hier bleibt abzuwarten, inwiefern sich dieses Wahlrecht auf die Gewährleistung der Integrität der Verfahren auswirken wird, wenn die nationalen Behörden der verschiedenen Mitgliedstaaten unterschiedliche Prüfmaßstäbe anlegen.

IV. Bearbeitungspflicht

9 Korrespondierend zum Beschwerderecht der natürlichen und juristischen Personen besteht die Pflicht der zuständigen nationalen Behörden für die Cybersicherheit und der Konformitätsbewertungsstellen, die bei ihnen eingelegten Beschwerden zu bearbeiten. Für die nationalen Behörden für die Cybersicherheit ergibt sich die Bearbeitungspflicht unmittelbar aus Art. 58 Abs. 7 lit. f. Die Bearbeitungspflicht der Konformitätsbewertungsstellen ist hingegen nicht ausdrücklich geregelt, wobei mit Blick auf den Sinn und Zweck des Beschwerdeverfahrens als rechtliches Instrument zur Überprüfung einer getroffenen Entscheidung für sie nichts anderes gelten kann.

10 Die Bearbeitung hat nach Art. 58 Abs. 7 lit. f in „angemessenem Umfang" zu erfolgen. Zur Durchführung des Beschwerdeverfahrens haben die Beschwerdestellen folglich ausreichende Ressourcen vorzuhalten, um eine eingehende Auseinandersetzung mit den vorgebrachten tatsächlichen und rechtlichen Erwägungen zu gewährleisten.

V. Informationspflichten der Beschwerdestelle (Abs. 2)

11 Nach Abs. 2 unterliegt die Beschwerdestelle gegenüber dem Beschwerdeführer gewissen Informationspflichten. So hat sie den Beschwerdeführer während des laufenden Beschwerdeverfahrens über den aktuellen Stand sowie bei Abschluss des Verfahrens über die getroffene Entscheidung zu informieren. Ferner ist sie verpflichtet, über die Möglichkeit eines gerichtlichen Rechtsbehelfs nach Art. 64 zu unterrichten. Der genaue Zeitpunkt und der Umfang der Informationspflichten sind zwar nicht geregelt. Laut Erwgr. 102 hat die Information jedoch „innerhalb einer angemessenen Frist" zu erfolgen, sodass den Beschwerdestellen grundsätzlich ein recht weiter zeitlicher Spielraum für die Bearbeitung zur Verfügung steht. Eine Pflicht zur Begründung der Entscheidung über die Beschwerde ist nicht vorgesehen. Die Rechtsbehelfsbelehrung hat zusammen mit der Information über die Entscheidung zu erfolgen. Da der gerichtliche Rechtsbehelf gem. Art. 64 Abs. 1 lit. b auch bei Untätigkeit der Beschwerdestelle zur Verfügung steht, erscheint es geboten, eine Information über die Möglichkeit des gerichtlichen Rechtsbehelfs (etwa auf der Website der Beschwerdestelle) vorzuhalten.

Art. 64 Recht auf einen wirksamen gerichtlichen Rechtsbehelf

(1) **Jede natürliche oder juristische Person hat unbeschadet eines anderweitigen verwaltungsrechtlichen oder außergerichtlichen Rechtsbehelfs das Recht auf einen wirksamen gerichtlichen Rechtsbehelf in Bezug auf**

a) Entscheidungen einer Behörde oder einer Stelle gemäß Artikel 63 Absatz 1, gegebenenfalls auch in Bezug auf die mangelnde Erteilung, Verweigerung der Erteilung oder Anerkennung eines europäischen Cybersicherheitszertifikats, das diese natürliche oder juristische Person innehat bzw. beantragt hat;

b) Untätigkeit im Anschluss an eine Beschwerde bei einer Behörde oder Stelle gemäß Artikel 63 Absatz 1.

(2) **Verfahren nach diesem Artikel werden bei den Gerichten des Mitgliedstaats eingeleitet, in dem die Behörde oder Stelle, gegen die der Rechtsbehelf gerichtet ist, ihren Sitz hat.**

Literatur: *Anhalt/Dieners* (Hrsg.), Handbuch des Medizinprodukterecht, 2. Aufl. 2017; *Calliess/Ruffert* (Hrsg.), EUV/AEUV, 6. Aufl. 2022; *Grabitz/Hilf/Nettesheim* (Hrsg.), Das Recht der Europäischen Union, 76. EL 2022; *Klindt* (Hrsg.), Produktsicherheitsgesetz, 2. Aufl. 2015; *Paal/Pauly* (Hrsg.), DS-GVO BDSG, 3. Aufl. 2021; *Saenger* (Hrsg.), Zivilprozessordnung: ZPO, 9. Aufl. 2019; *Stelkens/Bonk/Sachs* (Hrsg.), VwVfG: Verwaltungsverfahrensgesetz, 9. Aufl. 2018; *Streinz* (Hrsg.), EUV/AEUV, 3. Aufl. 2018; *Sodan/Ziekow* (Hrsg.), Verwaltungsgerichtsordnung, 5. Aufl. 2018; *Sydow/Marsch* (Hrsg.), DS-GVO BDSG, 3. Aufl. 2022.

A. Allgemeines

Art. 64 räumt natürlichen und juristischen Personen das Recht auf gerichtlichen Rechtsschutz gegen Entscheidungen im Rahmen des Beschwerdeverfahrens nach Art. 63 sowie gegen die Untätigkeit der Beschwerdestellen nach Einlegung einer Beschwerde ein. Eventuell bestehende nationale Rechtsbehelfe bleiben von Art. 64 unberührt. **1**

B. Einzelerläuterungen

I. Verfahrensgegenstand

Gegenstand des Rechtsbehelfs sind zum einen Entscheidungen der nationalen Behörden für die Cybersicherheitszertifizierung und der Konformitätsbewertungsstellen im Rahmen des Beschwerdeverfahrens nach Art. 63 (Art. 64 Abs. 1 lit. a). Zum anderen stellt die Untätigkeit der genannten Stellen im Anschluss an die Einlegung einer Beschwerde einen weiteren Verfahrensgegenstand dar (Art. 64 Abs. 1 lit. b). **2**

Unter „Entscheidungen" sind sämtliche das Beschwerdeverfahren nach Art. 63 abschließende Beschlüsse der nationalen Behörden für die Cybersicherheitszertifizierung und der Konformitätsbewertungsstellen zu verstehen. Einige der hiervon erfassten Sachverhalte zählt Abs. 1 lit. a exemplarisch auf: **3**

- Hersteller bzw. Anbieter können eine Beschwerde gegen die mangelnde Erteilung, Verweigerung der Erteilung oder Anerkennung eines europäischen

Cybersicherheitszertifikats einlegen, um auf eine Zertifizierung ihres IKT-Produktes, -Dienstes oder -Prozesses bzw. auf eine Anerkennung ihres Zertifikats hinzuwirken.
- Darüber hinaus haben nicht am Zertifizierungsverfahren beteiligte Dritte die Möglichkeit, mittels einer Beschwerde gegen ihrer Ansicht nach rechtswidrige Cybersicherheitszertifikate oder EU-Konformitätserklärungen vorzugehen.

4 Verfahrensgegenstand kann ferner die Untätigkeit der Beschwerdestelle nach Einlegung einer Beschwerde sein (Abs. 1 lit. b). Dabei verzichtet Abs. 1 lit. b auf die Festlegung eines Zeitraums, der den Beschwerdestellen für die Entscheidung über eine Beschwerde zusteht, bevor ihr Verhalten als „Untätigkeit" iSd Vorschrift zu qualifizieren ist. Den Mitgliedstaaten verbleibt insofern bei der Festsetzung der materiellen Voraussetzungen für die erfolgreiche Geltendmachung einer Beschwerde wegen Untätigkeit ein gewisser Spielraum, wobei eine allzu großzügig gewählte Entscheidungsfrist die Effektivität des gerichtlichen Rechtsbehelfs negativ beeinträchtigen würde. Eine zu kurz bemessene Entscheidungsfrist der Beschwerdestellen wäre jedoch mit der unionsrechtlich geforderten „angemessenen Bearbeitung" der Beschwerde nicht vereinbar (vgl. Art. 58 Abs. 7 lit. f).

II. Verfahrensbeteiligte

5 Der gerichtliche Rechtsbehelf steht nach Abs. 1 „jeder" natürlichen oder juristischen Person zu. Weitergehende Anforderungen an die Klageberechtigung stellt Abs. 1 nicht. Zu beachten ist jedoch, dass sich der gerichtliche Rechtsbehelf an das Beschwerdeverfahren nach Art. 63 anschließt. Die Durchführung des vorgelagerten Beschwerdeverfahrens (bzw. die Einlegung der Beschwerde im Falle der Untätigkeit der Beschwerdestelle) durch die natürliche oder juristische Person ist damit obligatorische Voraussetzung der Erhebung einer Klage nach Art. 64.

6 Der Rechtsbehelf richtet sich nach dem Wortlaut des Abs. 2 „gegen" die jeweilige nationale Behörde für die Cybersicherheitszertifizierung bzw. die Konformitätsbewertungsstelle, bei der die Beschwerde nach Art. 63 Abs. 1 eingelegt wurde. Klagegegner ist folglich die nationale Behörde für die Cybersicherheitszertifizierung und nicht ihr Rechtsträger. Der Unionsgesetzgeber hat sich damit ausdrücklich gegen das im deutschen Recht verbreitete Rechtsträgerprinzip entschieden und verfolgt das Behördenprinzip.[1]

III. Gerichtliche Zuständigkeit

7 Gem. Abs. 2 sind die nationalen Gerichte desjenigen Mitgliedstaates zuständig, in dem die nationale Behörde für die Cybersicherheitszertifizierung oder die Konformitätsbewertungsstelle, gegen die der Rechtsbehelf gerichtet ist, ihren Sitz hat. Der Rechtsbehelf nach Abs. 1 richtet sich stets gegen die Stelle, bei der die vorgeschaltete Beschwerde nach Art. 63 Abs. 1 eingelegt wurde, sodass die Einlegung der Beschwerde bereits die spätere gerichtliche Zuständigkeit bestimmt.

8 Während Abs. 2 die internationale Zuständigkeit regelt, richtet sich die gerichtliche Zuständigkeit innerhalb eines Mitgliedstaates nach dem jeweiligen nationalen Prozessrecht. Im deutschen Recht ist im Hinblick auf den Rechtsweg zwischen

[1] Vgl. auch Paal/Pauly/*Körfer,* DS-GVO Art. 78 Rn. 14; aA Sydow/Marsch/*Sydow,* BDSG § 20 Rn. 29f.

Klagen gegen das Bundesamt für Sicherheit in der Informationstechnik (BSI) als nationale Behörde für die Cybersicherheitszertifizierung (s. § 9a Abs. 1 BSIG) und Klagen gegen die im Hoheitsgebiet der Bundesrepublik niedergelassenen Konformitätsbewertungsstellen zu unterscheiden. Im Falle von Klagen gegen das in Bonn ansässige BSI ist nach § 53 Nr. 2 S. 1 und 2 VwGO iVm § 17 Nr. 5 JustG NRW die Zuständigkeit des VG Köln begründet. Entgegen teilweise vertretener Ansicht[2] handelt es sich bei den Konformitätsbewertungsstellen hingegen nicht um hoheitlich handelnde Beliehene, sodass das zwischen ihnen und den Herstellern bzw. Anbietern von IKT-Produkten, -Diensten und -Prozessen bestehende Rechtsverhältnis dem Privatrecht zuzuordnen ist.[3] Bei Klagen gegen Konformitätsbewertungsstellen ist folglich der Rechtsweg zu den ordentlichen Gerichten eröffnet.[4]

IV. Verfahren

Das Verfahren vor den mitgliedstaatlichen Gerichten richtet sich im Grundsatz **9** nach den Vorschriften des nationalen Prozessrechts.[5] Trotz dieser grundsätzlichen Verfahrensautonomie der Mitgliedstaaten haben die nationalen Gerichte weiterhin den Vorrang des Unionsrechts zu beachten, sodass nationale Vorschriften (auch solche des Prozessrechts) unionsrechtskonform auszulegen sind und im Konfliktfall hinter Unionsrecht zurücktreten müssen.[6]

Art. 64 enthält – abgesehen von dem Erfordernis der „Wirksamkeit" des Rechts- **10** behelfs – keine Verfahrensanforderungen. Die Pflicht zur wirksamen gerichtlichen Durchsetzung des Unionsrechts ergibt sich jedoch bereits aus dem Primärrecht. Die mitgliedstaatlichen Gerichte haben insbesondere die in Art. 4 Abs. 3 EUV verankerten Grundsätze der Effektivität und Äquivalenz zu beachten.[7] Nach dem Grundsatz der Effektivität darf das nationale Verfahrensrecht einer wirksamen Durchsetzung des Unionsrechts nicht entgegenstehen. Das Äquivalenzgebot hingegen verlangt, dass das Verfahren zur Durchsetzung des Unionsrechts grundsätzlich gleichwertig gegenüber dem Verfahren bei rein nationalen Sachverhalten ausgestaltet ist.[8]

V. Verhältnis zu nationalen Rechtsbehelfen

Der in Art. 64 normierte Rechtsbehelf steht den natürlichen und juristischen **11** Personen „unbeschadet" weiterer Rechtsbehelfe zu. Er besteht daher parallel zu weiteren nationalen Rechtsbehelfen wie etwa Dienstaufsichtsbeschwerden.

---

[2] Anhalt/Dieners MedProdukteR-HdB/*v. Czettritz*, § 14 Rn. 17 ff.; Stelkens/Bonk/Sachs/*Schmitz*, VwVfG § 1 Rn. 256.

[3] → Art. 60 Rn. 2 f.

[4] Vgl. Saenger/*Rathmann*, GVG § 13 Rn. 11 ff.; Sodan/Ziekow/*Sodan*, VwGO § 40 Rn. 226.

[5] Streinz/*Streinz*, EUV Art. 4 Rn. 56 und 61 ff.

[6] Calliess/Ruffert/*Ruffert*, AEUV Art. 1 Rn. 24; Streinz/*Streinz*, EUV Art. 4 Rn. 37.

[7] Grabitz/Hilf/Nettesheim/*Schill/Krenn*, EUV Art. 4 Rn. 93 ff., 102 und 109 f.; Streinz/*Streinz*, EUV Art. 4 Rn. 61.

[8] Grabitz/Hilf/Nettesheim/*Schill/Krenn*, EUV Art. 4 Rn. 92 ff.

Art. 65 Sanktionen

[1]Die Mitgliedstaaten erlassen Vorschriften über Sanktionen, die bei Verstößen gegen diesen Titel und bei Verstößen gegen die europäischen Schemata für die Cybersicherheitszertifizierung zu verhängen sind, und treffen alle für die Anwendung der Sanktionen erforderlichen Maßnahmen. [2]Die vorgesehenen Sanktionen müssen wirksam, verhältnismäßig und abschreckend sein. [3]Die Mitgliedstaaten teilen der Kommission diese Vorschriften und Maßnahmen unverzüglich mit und melden ihr etwaige spätere Änderungen.

Literatur: *Bloehs/Frank* (Hrsg.), Akkreditierungsrecht, 2015; *Calliess/Ruffert* (Hrsg.), EUV/AEUV, 6. Aufl. 2022; *Grabitz/Hilf/Nettesheim* (Hrsg.), Das Recht der Europäischen Union, 76. EL 2022; *Jarass* (Hrsg.), Charta der Grundrechte der Europäischen Union: GRCh, 4. Aufl. 2021; *Karpenstein/Kottmann,* Vom Gegen- zum Mitspieler – Das BVerfG und die Unionsgrundrechte, EuZW 2020, 185; *Kühling/Buchner* (Hrsg.), DS-GVO BDSG, 3. Aufl. 2020; *Schulze/Janssen/Kadelbach* (Hrsg.), Europarecht, 4. Aufl. 2020; *Simitis/Hornung/Spiecker gen. Döhmann* (Hrsg.), Datenschutzrecht, 2019; *Stelkens/Bonk/Sachs,* VwVfG: Verwaltungsverfahrensgesetz, 9. Aufl. 2018; *Streinz* (Hrsg.), EUV/AEUV, 3. Aufl. 2018; *Vedder/Heintschel von Heinegg* (Hrsg.), Europäisches Unionsrecht, 2. Aufl. 2018.

A. Allgemeines

1 Art. 65 enthält einen an die Mitgliedstaaten gerichteten Regelungsauftrag, Sanktionstatbestände aufgrund von Verstößen gegen den Dritten Titel des CSA und gegen die europäischen Schemata für die Cybersicherheitszertifizierung zu erlassen. Da der CSA selbst keine Sanktionsvorschriften enthält, bedarf es eines effektiven, nationalen Sanktionsregimes, um die Einhaltung der Vorgaben des CSA sicherzustellen und dem Grundsatz der praktischen Wirksamkeit des Unionsrechts iSd Art. 4 Abs. 3 EUV („effet utile") Rechnung zu tragen.[1] Zwar überlässt Art. 65 die Ausgestaltung der Sanktionsnormen weitgehend den Mitgliedstaaten, jedoch müssen sie dabei dem europäischen Primärrecht entstammende Vorgaben beachten.

B. Einzelerläuterungen

I. Umfang der Pflicht zum Erlass von Sanktionsvorschriften

2 Nach S. 1 bezieht sich die Pflicht zum Erlass von Sanktionsvorschriften auf Verstöße gegen den Dritten Titel des CSA sowie auf Verstöße gegen die Vorgaben der europäischen Schemata für die Cybersicherheitszertifizierung. Die Vorschriften des Dritten Titels (Artikel 46–65) enthalten den rechtlichen Rahmen für die europäische Cybersicherheitszertifizierung und sehen dementsprechende Verpflichtungen für die am Zertifizierungsverfahren beteiligten nationalen Konformitätsbewer-

[1] Calliess/Ruffert/*Kahl,* EUV Art. 4 Rn. 118 und 122; Grabitz/Hilf/Nettesheim/*Schill/Krenn,* EUV Art. 4 Rn. 87; Schulze/Janssen/Kadelbach EuropaR-HdB/*Magiera,* § 13 Durchsetzung des Europarechts Rn. 79 ff.; Vedder/Heintschel v. Heinegg/*Vedder,* EUV Art. 4 Rn. 32.

tungsstellen sowie für die eine Zertifizierung oder eine EU-Konformitätserklärung anstrebenden oder innehabenden Hersteller und Anbieter von IKT-Produkten, -Diensten und -Prozessen vor.

Die Hersteller und Anbieter unterliegen im Zuge des Zertifizierungsverfahrens bspw. umfassenden Informations- und Mitwirkungspflichten nach Art. 53 Abs. 3, 55 Abs. 1 sowie 56 Abs. 7 und 8. Als Inhaber eines Zertifikates oder einer EU-Konformitätserklärung haben sie sicherzustellen, dass das jeweilige IKT-Produkt sowie der -Dienst bzw. -Prozess den Anforderungen des entsprechenden Zertifizierungsschemas entspricht (Art. 53 Abs. 2 S. 2 und Art. 54 Abs. 1 lit. j). 3

Die nationalen Konformitätsbewertungsstellen bedürfen nach Art. 60 Abs. 1 für die Ausübung ihrer Tätigkeit einer Akkreditierung, welche sie nur erhalten, wenn sie den jeweils einschlägigen sog. harmonisierten technischen Vorschriften entsprechen und die im Anhang des CSA aufgelisteten Vorgaben erfüllen.[2] Darüber hinaus können die einzelnen Zertifizierungsschemata weitergehende Anforderungen an die Konformitätsbewertungsstellen aufstellen. Um Konformitätsbewertungen nach einem solchen Schema durchführen zu können, bedürfen die Konformitätsbewertungsstellen gem. Art. 60 Abs. 3 einer speziellen Ermächtigung durch die zuständige nationale Behörde für die Cybersicherheitszertifizierung. 4

II. Inhaltliche Vorgaben

Den Mitgliedstaaten kommt im Hinblick auf die konkrete Ausgestaltung der Sanktionen ein erheblicher Spielraum zu. S. 1 spricht insoweit lediglich von „Vorschriften über Sanktionen“ und trifft dabei keine weiteren Vorgaben wie bspw. zum Sanktionstypus oder -rahmen. Neben der Einführung verwaltungsrechtlicher Sanktionen kommen somit strafrechtliche Sanktionen in Betracht.[3] 5

Während der Sanktionstypus als solcher im Ermessen der Mitgliedstaaten steht, müssen die Sanktionen gem. S. 2 wirksam, verhältnismäßig und abschreckend sein. Nach der Rechtsprechung des EuGH entstammt diese in der Rechtssetzung der Union regelmäßig verwendete Trias dem primärrechtlichen Legalitätsprinzip aus Art. 4 Abs. 3 UAbs. 2 und 3 EUV, welches die Mitgliedstaaten verpflichtet, alle geeigneten Maßnahmen zu treffen, um dem Unionsrecht zur Geltung zu verhelfen.[4] Zwischen den Begriffen der Wirksamkeit und Abschreckung wird dabei in der Regel nicht trennscharf differenziert.[5] Im Zusammenspiel beider Begriffe sind Sanktionsnormen gefordert, deren Tatbestand und Rechtsfolge so ausgestaltet sind, dass sie eine effektive Präventionswirkung aufweisen.[6] Der Verhältnismäßigkeitsgrundsatz gehört zu den fundamentalen, primärrechtlich verankerten Grundsätzen des Unionsrechts (Art. 49 Abs. 3 und 52 Abs. 1 S. 2 GRCh).[7] In Bezug auf Sanktionsvorschriften erfordert er, dass das Sanktionsmaß in einem angemessenen Verhältnis 6

---

2 Bloehs/Frank/*Frank*, VO 765/2008 Art. 5 Rn. 4f.

3 Schulze/Janssen/Kadelbach EuropaR-HdB/*Magiera*, § 13 Durchsetzung des Europarechts Rn. 85ff.

4 *EuGH*, Urt. v. 21.9.1989 – Rs 68/88, NJW 1990, 2245 (2246); Kühling/Buchner/*Bergt*, DS-GVO Art. 84 Rn. 14.

5 Streinz/*Satzger*, AEUV Art. 325 Rn. 18.

6 Zur Höhe der im Entwurf für ein IT-SiG 2.0 vorgesehenen Bußgelder s. Entwurf der Bundesregierung für ein Zweites Gesetz zur Erhöhung der Sicherheit informationstechnischer Systeme vom 16.12.2020, S. 111f.

7 Jarass GRCh/*Jarass*, Einleitung: Grundlagen und Bedeutung der Grundrechte Rn. 39f.

zu der Schwere des Verstoßes steht und statuiert folgerichtig sowohl eine Ober- als auch eine Untergrenze.[8]

7 Neben dem bereits im Normtext des Art. 65 zum Ausdruck kommenden Legalitätsprinzip sind weitere Vorgaben des Unionsprimärrechts zu beachten. Der Anwendungsbereich der Grundrechte-Charta ist eröffnet, da die nach Art. 65 zu erlassenden nationalen Vorschriften Verstöße gegen Unionsrecht sanktionieren und somit der Durchführung des Rechts der Union dienen (Art. 51 Abs. 1 S. 1 GRCh).[9] Zu nennen sind insbesondere das Art. 49 Abs. 1 S. 1 GRCh zu entnehmende Bestimmtheitsgebot und das in Art. 50 GRCh normierte transnationale Doppelbestrafungsverbot.[10]

8 Verbleibt den Mitgliedstaaten – wie im Rahmen des Art. 65 – bei der Durchführung des Unionsrechts ein Spielraum, so finden nach der Rechtsprechung des BVerfG neben der GRCh primär die nationalen Grundrechte Anwendung.[11] Die nationalen Sanktionsvorschriften sind folglich auch an grundgesetzlichen Vorgaben zu messen.

III. Pflicht zur Durchsetzung der Sanktionen

9 Die Mitgliedstaaten müssen nach S. 1 alle für die Anwendung der Sanktionen erforderlichen Maßnahmen treffen. Es handelt sich hierbei um eine rein deklaratorische Aussage, da sich diese Pflicht bereits aus dem primärrechtlichen Legalitätsprinzip des Art. 4 Abs. 3 S. 2 EUV ergibt.[12] Durch behördliche Kontrollmaßnahmen und die tatsächliche Verhängung von Sanktionen im Falle von festgestellten Verstößen ist sicherzustellen, dass die von den Sanktionsvorschriften bezweckte Präventionswirkung eintritt. Zuständig für die Verhängung der Sanktionen nach Art. 65 sind gem. Art. 58 Abs. 8 lit. f die nationalen Behörden für die Cybersicherheitszertifizierung, welche folglich mit ausreichenden Personal- und Sachressourcen auszustatten sind.

IV. Notifikationspflicht gegenüber der Kommission

10 Nach S. 3 sind die Mitgliedstaaten verpflichtet, die Kommission unverzüglich über die erlassenen Vorschriften und getroffenen Maßnahmen zu informieren, um zu gewährleisten, dass die Kommission die ihr nach Art. 17 Abs. 3 S. 3 EUV zustehende Aufsichtsfunktion über die Umsetzung und Anwendung von Unionsrecht[13] effektiv ausüben kann. Mitteilungspflichtig sind dementsprechend auch spätere Änderungen der Vorschriften und Maßnahmen.

11 Denkbar erscheint, dass die Kommission langfristig auf unionsrechtliche Sanktionsnormen hinwirkt, um europaweit geltende, harmonisierte Standards zu gewährleisten. Ein Beispiel hierfür sind die Sanktionsvorschriften in der DS-GVO

---

[8] Kühling/Buchner/*Bergt,* DS-GVO Art. 84 Rn. 15; Simitis/Hornung/Spiecker gen. Döhmann/*Boehm,* DS-GVO Art. 83 Rn. 18–21.

[9] Jarass GRCh/*Jarass* Art. 51 Rn. 34, Stelkens/Bonk/Sachs/*Stelkens,* Europäisches Verwaltungsrecht Rn. 214a.

[10] Jarass GRCh/*Jarass* Art. 49 Rn. 11; Schulze/Janssen/Kadelbach EuropaR-HdB/*Weißer,* § 16 Strafrecht Rn. 136.

[11] *BVerfG,* Urt. v. 6.11.2019 – 1 BvR 16/13, BVerfGE 152 (180ff.); *Karpenstein/Kottmann,* EuZW 2020, 185 (187).

[12] Vgl. Kühling/Buchner/*Bergt,* DS-GVO Art. 84 Rn. 20.

[13] Calliess/Ruffert/*Ruffert,* EUV Art. 17 Rn. 7.

oder aber auch die Sanktionsnormen in Art. 52 Digital Services Act[14] und Art. 71 des Entwurfs der europäischen KI-Verordnung[15].

V. Nationales Recht

Zur Umsetzung des Art. 65 hat der deutsche Gesetzgeber im Zuge des Zweiten Gesetzes zur Erhöhung der Sicherheit informationstechnischer Systeme (IT-SiG 2.0) in § 14 BSIG Bußgeldtatbestände bei Verstößen gegen den CSA vorgesehen.[16] Ordnungswidrig handelt demnach, wer vorsätzlich oder fahrlässig **12**

- entgegen § 9a Abs. 2 S. 2 BSIG als Konformitätsbewertungsstelle tätig wird (§ 14 Abs. 2 Nr. 10 BSIG),
- entgegen Art. 55 Abs. 1 eine dort genannte Angabe nicht, nicht richtig, nicht vollständig oder nicht binnen eines Monats nach Ausstellung zugänglich macht (§ 14 Abs. 4 Nr. 1 BSIG) oder
- entgegen Art. 56 Abs. 8 S. 1 eine Information nicht, nicht richtig, nicht vollständig oder nicht unverzüglich nach Feststellung einer Sicherheitslücke oder Unregelmäßigkeit gibt (§ 14 Abs. 4 Nr. 2 BSIG).

Die Ordnungswidrigkeit kann in den genannten Fällen mit einem Bußgeld in Höhe von bis zu 500.000 EUR geahndet werden (§ 14 Abs. 5 S. 2 BSIG).

Mit der Einführung der § 14 Abs. 2 Nr. 10, Abs. 4 Nr. 1 und 2 BSIG ist der Gesetzgeber seinem Regelungsauftrag aus Art. 65 bisher nicht umfassend nachgekommen. Zwar können Bußgeldbeträge von bis zu 500.000 EUR regelmäßig eine hinreichende Präventionswirkung entfalten und dementsprechend „wirksame" und „abschreckende" Sanktionen iSd S. 2 darstellen, jedoch erfassen die Bußgeldtatbestände des § 14 BSIG nicht sämtliche nach Art. 65 zu sanktionierenden Verstöße. Die Sanktionierungspflicht bezieht sich gem. S. 1 ausdrücklich und umfassend auf Verstöße gegen den Dritten Titel des CSA sowie Verstöße gegen die europäischen Schemata für die Cybersicherheitszertifizierung.[17] § 14 BSIG sieht die Möglichkeit zur Verhängung von Bußgeldern indes lediglich bei Verstößen gegen den Erlaubnisvorbehalt aus Art. 60 Abs. 3 sowie bei Verstößen gegen die in Art. 55 Abs. 1 und 56 Abs. 8 S. 1 normierten Informationspflichten vor. Verstöße gegen die übrigen Mitwirkungs- und Informationspflichten des Dritten Titels (s. etwa Art. 56 Abs. 7) adressiert das deutsche Umsetzungsgesetz dagegen nicht. Auch Verstöße gegen die Zertifizierungsschemata verbleiben nach derzeitiger Rechtslage ohne Sanktionsmöglichkeit. Diese Lückenhaftigkeit erscheint in Anbetracht des Schutzzwecks des CSA vor dem Hintergrund misslich, dass gerade die durch die Anbieter und Hersteller selbstständig durchgeführte Bewertung der Konformität ihrer IKT-Produkte, -Dienste und -Prozesse mit den Anforderungen eines Zertifizierungsschemas (Art. 63) ein gesteigertes Missbrauchspotenzial birgt, dem mittels Bußgeldtatbeständen oder sonstigen Sanktionen entgegenzuwirken wäre. **13**

---

14 Verordnung (EU) 2022/2065 des Europäischen Parlaments und des Rates vom 19.10.2022 über einen Binnenmarkt für digitale Dienste und zur Änderung der Richtlinie 2000/31/EG (Gesetz über digitale Dienste) (ABl. L 277, 1).

15 Vorschlag für eine Verordnung zur Festlegung harmonisierter Vorschriften für Künstliche Intelligenz (Gesetz über Künstliche Intelligenz) und zur Änderung bestimmter Rechtsakte der Union, COM(2021) 206 final.

16 BT-Drs. 19/26106.

17 → Rn. 2–4.

Titel IV Schlussbestimmungen

Art. 66 Ausschussverfahren

(1) [1]**Die Kommission wird von einem Ausschuss unterstützt.** [2]**Dieser Ausschuss ist ein Ausschuss im Sinne der Verordnung (EU) Nr. 182/2011.**

(2) **Wird auf diesen Absatz Bezug genommen, so gilt Artikel 5 Absatz 4 Buchstabe b der Verordnung (EU) Nr. 182/2011.**

Literatur: *Calliess/Ruffert* (Hrsg.), EUV/AEUV, 6. Aufl. 2022; *Geiger/Khan/Kotzur* (Hrsg.), EUV/AEUV, 6. Aufl. 2017; *Grabitz/Hilf/Nettesheim* (Hrsg.), Das Recht der Europäischen Union, 76. EL 2022; *Schulze/Janssen/Kadelbach* (Hrsg.), Europarecht, 4. Aufl. 2020; *Schwarze/Becker/Hatje/Schoo* (Hrsg.), EU-Kommentar, 4. Aufl. 2019; *Streinz* (Hrsg.), EUV/AEUV, 3. Aufl. 2018.

A. Allgemeines

1 Die Durchführung des Unionsrechts obliegt grundsätzlich den Mitgliedstaaten, welche es nach den Vorschriften des jeweiligen nationalen Rechts ausführen (Art. 291 AEUV).[1] Wenn und soweit einheitliche Bedingungen bei der Durchführung des Unionsrechts erforderlich sind, kann der Unionsgesetzgeber der Kommission jedoch gem. Art. 291 Abs. 2 AEUV die Befugnis erteilen, Durchführungsrechtsakte zu erlassen, um die Rechtsakte der Union verbindlich zu konkretisieren.[2] Auch der CSA enthält an einigen Stellen derartige Ermächtigungen der Kommission zum Erlass von konkretisierenden Durchführungsrechtsakten.[3] Durch Verweisungen auf die Komitologie-VO[4] legt Art. 66 das Verfahren zum Erlass dieser Durchführungsrechtsakte im Rahmen des CSA fest.

2 Abs. 1 ordnet die Schaffung eines Ausschusses iSd Komitologie-VO an, der die Kommission im Rahmen ihrer Befugnis zum Erlass von Durchführungsrechtsakten kontrolliert. Abs. 2 bestimmt durch den Verweis auf Art. 5 Komitologie-VO, dass hierbei das im Unionsrecht vorgesehene sog. Prüfverfahren anzuwenden ist. Im Gegensatz zu dem in Art. 4 Komitologie-VO normierten Beratungsverfahren ermöglicht es dem aus Vertretern der Mitgliedstaaten bestehenden Ausschuss, den Erlass eines Durchführungsrechtsaktes durch die Kommission zu verhindern.[5]

---

[1] Geiger/Khan/Kotzur/*Kotzur,* AEUV Art. 291 Rn 2.

[2] Schulze/Janssen/Kadelbach EuropaR-HdB/*König/Kleinlein,* § 2 Gesetzgebung Rn. 102f.; Schwarze/*Schoo,* AEUV Art. 291 Rn 10; Streinz/*Gellermann,* AEUV Art. 291 Rn. 10; abzugrenzen sind die Durchführungsrechtsakte iSv Art. 291 AEUV von den sogenannten delegierten Rechtsakten iSv Art. 290 AEUV; s. hierzu Schulze/Janssen/Kadelbach EuropaR-HdB/*König/Kleinlein,* § 2 Gesetzgebung Rn. 96.

[3] Erwgr. 106.

[4] Verordnung (EU) Nr. 182/2011 des Europäischen Parlaments und des Rates vom 16. 2. 2011 zur Festlegung der allgemeinen Regeln und Grundsätze, nach denen die Mitgliedstaaten die Wahrnehmung der Durchführungsbefugnisse durch die Kommission kontrollieren (ABl. L 55, 13).

[5] Schwarze/*Schoo,* AEUV Art. 291 Rn. 10f.

B. Einzelerläuterungen

I. Ausschuss (Abs. 1)

Nach Abs. 1 wird die Kommission von einem Ausschuss iSd Komitologie-VO unterstützt, der sich aus stimmberechtigten Vertretern der Mitgliedstaaten sowie einem nicht stimmberechtigten Vertreter der Kommission zusammensetzt. Dabei hat der Vertreter der Kommission den Vorsitz des Ausschusses inne (Art. 3 Abs. 2 Komitologie-VO).[6] 3

II. Prüfverfahren (Abs. 2)

Die Komitologie-VO sieht mit dem Beratungsverfahren und dem Prüfverfahren zwei Verfahrensarten für den Erlass von Durchführungsrechtsakten durch die Kommission vor.[7] Das Prüfverfahren wird vom Unionsgesetzgeber ausschließlich für Befugnisse mit besonderer politischer Bedeutung angeordnet, da es dem Ausschuss ein Vetorecht gegenüber der Kommission zuspricht und den Mitgliedstaaten auf diese Weise erhebliche Kontrollmöglichkeiten einräumt.[8] 4

Sofern eine Vorschrift des CSA, welche der Kommission die Befugnis zum Erlass von Durchführungsrechtsakten einräumt, auf Abs. 2 Bezug nimmt, ist für den Erlass des entsprechenden Durchführungsrechtsaktes die Durchführung des Prüfverfahrens in der Form des Art. 5 Abs. 4 lit. b Komitologie-VO vorgesehen. Da sämtliche im CSA geregelten Befugnisübertragungen auf Abs. 2 verweisen, richtet sich der Erlass von Durchführungsrechtsakten im Rahmen des CSA stets nach dem Prüfverfahren.[9] 5

Der CSA räumt der Kommission die Befugnisse ein, mittels Durchführungsrechtsakten 6

- europäische Schemata für die Cybersicherheitszertifizierung anzunehmen (Art. 49 Abs. 7),
- einen Plan für die gegenseitige Begutachtung der nationalen Behörden für die Cybersicherheitszertifizierung zu erstellen (Art. 59 Abs. 5) und
- Einzelheiten, Form und Verfahren für die Notifikation der Konformitätsbewertungsstellen durch die nationalen Behörden für die Cybersicherheitszertifizierung festzulegen (Art. 61 Abs. 5).

Das Prüfverfahren sieht vor, dass die stimmberechtigten Ausschussmitglieder in einem ersten Schritt mit qualifizierter Mehrheit über den Entwurf der Kommission abstimmen. Fällt die Stellungnahme des Ausschusses gegenüber der Kommission positiv aus, erlässt die Kommission den jeweiligen Durchführungsrechtsakt. Wenn die Ausschussmitglieder den Erlass mit qualifizierter Mehrheit ablehnen, kann die Kommission innerhalb eines Monats einen Berufungsausschuss anrufen oder alternativ binnen zwei Monaten einen neuen Entwurf erarbeiten und diesem dem Aus- 7

---

[6] Grabitz/Hilf/Nettesheim/*Nettesheim,* AEUV Art. 291 Rn. 48.

[7] Grabitz/Hilf/Nettesheim/*Nettesheim,* AEUV Art. 291 Rn. 48.

[8] Calliess/Ruffert/*Ruffert,* AEUV Art. 291 Rn. 15; Grabitz/Hilf/Nettesheim/*Nettesheim,* AUEV Art. 291 Rn. 48; Schwarze/*Schoo,* AEUV Art. 291 Rn 10.

[9] Eine Aufzählung aller Befugnisübertragungen im Rahmen des Cybersecurity Act enthält Erwgr. 107.

schuss zur Abstimmung vorlegen.[10] Der in Art. 6 Komitologie-VO geregelte Berufungsausschuss entscheidet mit qualifizierter Mehrheit über die endgültige Annahme oder Ablehnung des Entwurfs.

8 Wenn der Ausschuss – etwa mangels qualifizierter Mehrheit – keine Stellungnahme abgibt, kann die Kommission den Durchführungsrechtsakt auch im Prüfverfahren grundsätzlich ohne eine zustimmende Stellungnahme des Ausschusses erlassen.[11] Mit der Verweisung auf die spezielle Variante des Prüfverfahrens nach Art. 5 Abs. 4 lit. b Komitologie-VO stellt Abs. 2 jedoch klar, dass die Kommission Durchführungsrechtsakte nach dem CSA nicht ohne eine Stellungnahme des Ausschusses erlassen darf.

Art. 67 Bewertung und Überarbeitung

(1) [1]**Bis zum 28. Juni 2024 und danach alle fünf Jahre bewertet die Kommission die Wirkung, Wirksamkeit und Effizienz der ENISA und ihrer Arbeitsmethoden und prüft, ob das Mandat der ENISA möglicherweise geändert werden muss und welche finanziellen Auswirkungen eine solche Änderung hätte.** [2]**In der Bewertung werden alle Rückmeldungen an die ENISA in Bezug auf ihre Tätigkeiten berücksichtigt.** [3]**Gelangt die Kommission zu der Auffassung, dass Ziele, Mandat und Aufgaben der ENISA deren Tätigkeit nicht länger rechtfertigen können, kann sie eine Änderung dieser Verordnung im Hinblick auf die für die ENISA geltenden Bestimmungen vorschlagen.**

(2) **Die Bewertung erstreckt sich auch auf die Wirkung, Wirksamkeit und Effizienz der Bestimmungen des Titels III dieser Verordnung im Hinblick auf die Ziele, für IKT-Produkte, -Dienste und -Prozesse in der Union ein angemessenes Maß an Cybersicherheit und einen besser funktionierenden Binnenmarkt zu gewährleisten.**

(3) **Bei der Bewertung wird beurteilt, ob wesentliche Anforderungen an die Cybersicherheit für den Zugang zum Binnenmarkt erforderlich sind, damit keine IKT-Produkte, -Dienste und -Prozesse auf den Unionsmarkt gelangen, die den grundlegenden Anforderungen an die Cybersicherheit nicht entsprechen.**

(4) [1]**Die Kommission übermittelt bis zum 28. Juni 2024 und danach alle fünf Jahre den Bericht über die Bewertung zusammen mit ihren Schlussfolgerungen dem Europäischen Parlament, dem Rat und dem Verwaltungsrat.** [2]**Die Ergebnisse des Berichts werden öffentlich bekannt gemacht.**

Literatur: *Calliess/Ruffert* (Hrsg.), EUV/AEUV, 6. Aufl. 2022; *Grabitz/Hilf/Nettesheim* (Hrsg.), Das Recht der Europäischen Union, 76. EL 2022; *Hornung/Schallbruch* (Hrsg.), IT-Sicherheitsrecht, 2021; *Taeger/Gabel* (Hrsg.), DSGVO – BDSG – TTDSG, 4. Aufl. 2022.

[10] Schwarze/*Schoo,* AEUV Art. 291 Rn 10.

[11] Grabitz/Hilf/Nettesheim/*Nettesheim,* AEUV Art. 291 Rn. 50; Schulze/Janssen/Kadelbach EuropaR-HdB/*König/Kleinlein,* § 2 Gesetzgebung Rn. 105.

A. Allgemeines

Art. 67 unterwirft die Vorschriften des zweiten und dritten Titels des CSA einer kontinuierlichen Evaluierung. Die Kommission bewertet das Mandat der ENISA (zweiter Titel) und den Zertifizierungsrahmen für die Cybersicherheit (dritter Titel) in periodischen Abständen im Hinblick auf ihre Wirkung, Wirksamkeit und Effizienz, um potenziellen Anpassungsbedarf frühzeitig zu identifizieren. Wirksamkeitshindernisse tatsächlicher oder rechtlicher Art, wie bspw. eine uneinheitliche oder unzureichende Umsetzung des CSA in den Mitgliedstaaten oder das durch den technologischen Wandel bedingte Aufkommen neuer Bedrohungsformen, sollen festgestellt und durch legislatorische Anpassungen adressiert werden. Die Ergebnisse der Bewertung sind dem Europäischen Parlament, dem Rat sowie dem Verwaltungsrat der ENISA mitzuteilen und zu veröffentlichen. 1

Bereits die Vorgängerverordnung (EU) Nr. 526/2013 enthielt ein solches Evaluationsverfahren (Art. 32 VO (EU) 526/2013), dessen Ergebnisse maßgeblichen Einfluss auf die Regelungen des CSA hatten. Insbesondere das dauerhafte Mandat der ENISA sowie die Ausweitung ihrer Befugnisse, Aufgaben und Ressourcen gehen auf die Evaluierungsberichte der Kommission zurück.[1] 2

B. Einzelerläuterungen

I. Umfang der Bewertungspflicht

1. Mandat der ENISA (Abs. 1). Abs. 1 S. 1 verpflichtet die Kommission zur Bewertung der „Wirkung, Wirksamkeit und Effizienz" der Tätigkeit der ENISA und ihrer Arbeitsmethoden sowie zur Überprüfung, ob ein Anpassungsbedarf ihres Mandats besteht. Diese Überprüfung umfasst auch die finanziellen Implikationen potenzieller Änderungen. 3

Im Rahmen der Bewertung der „Wirkung" und „Wirksamkeit" ist zu untersuchen, inwieweit die Tätigkeiten und Arbeitsmethoden der ENISA ihren beabsichtigten Zweck, das Cybersicherheitsniveau in der Europäischen Union anzuheben, auch tatsächlich zu erreichen vermögen.[2] Zur Bewertung der „Effizienz" der Tätigkeiten und Arbeitsmethoden der ENISA sind die eingesetzten Ressourcen und die erreichte Wirkung zueinander in Verhältnis zu setzen.[3] Laut Erwgr. 108 ist insbesondere die Relevanz der Aufgaben der ENISA im Rahmen der operativen Zusammenarbeit auf Unionsebene in den Blick zu nehmen. Die Bewertung hat somit der Frage nachzugehen, ob die ENISA ihrer Mittlerrolle zwischen den Cybersicherheitsbehörden der einzelnen Mitgliedstaaten mit ihrem derzeitigen Aufgabenbereich und ihrer derzeitigen Ausstattung ausreichend gerecht werden kann. 4

Stellt die Kommission im Anschluss an ihre Bewertung fest, dass die Tätigkeit der ENISA nicht mehr mit ihrem Mandat, ihren Zielen und ihren Aufgaben zu „rechtfertigen" ist, kann sie nach Abs. 1 S. 3 konkrete Änderungen der relevanten Bestim- 5

---

[1] Bericht der Kommission über die Bewertung der ENISA vom 13.9.2017, COM (2017) 478 final; Erwgr. 16 und 17; vgl. Hornung/Schallbruch IT-SicherheitsR/*Gitter,* § 15 Recht der IT-Sicherheitsbehörden Rn. 26.

[2] Vgl. Erwgr. 14, 16 und 108.

[3] Vgl. Grabitz/Hilf/Nettesheim/*Krajewski/Rösslein,* AEUV Art. 298 Rn. 20–23.

mungen vorschlagen. Die Bewertung, ob eine solche Rechtfertigung besteht, richtet sich nach der vorangegangenen Bewertung der Wirkung, Wirksamkeit und Effizienz der Tätigkeit der ENISA. Die Kommission hat sodann die Möglichkeit, ihre Änderungsvorschläge unmittelbar in Form von Gesetzgebungsinitiativen nach Art. 17 Abs. 2 S. 1 EUV einzubringen. Die Änderungsvorschläge können sowohl auf eine Verringerung als auch auf eine Ausweitung des Aufgabenkreises und der Ressourcen der ENISA gerichtet sein. In Anbetracht der in den letzten Jahren konstant wachsenden Bedrohungslage[4] ist zwar kurz- bis mittelfristig mit einem Mehrbedarf an behördlichen Kompetenzen und somit mit einer Erweiterung der Aufgabengebiete der ENISA zu rechnen, jedoch erscheint es auch nicht ausgeschlossen, dass zukünftig Behörden bzw. Agenturen mit speziellen Aufgabengebieten parallel aufgebaut werden.

6 **2. Zertifizierungsrahmen für die Cybersicherheit (Abs. 2 und 3).** Gem. Abs. 2 erfasst der Evaluierungsprozess auch die Vorschriften des Dritten Titels des CSA, die ebenfalls im Hinblick auf ihre Wirkung, Wirksamkeit und Effizienz zu bewerten und auf Verbesserungsbedarf zu überprüfen sind.[5] Im Dritten Titel des CSA ist der Zertifizierungsrahmen für die Cybersicherheit geregelt, dessen Ziel die Sicherstellung eines angemessenen Maßes an Cybersicherheit in der Union sowie die Stärkung des digitalen Binnenmarktes ist.[6]

7 Abs. 3 rückt einen spezifischen Aspekt des Zertifizierungsrahmens in den Fokus der Bewertung: So ist zu beurteilen, ob der bisherige, fakultative Ansatz ausreicht, um das Niveau der Cybersicherheit in der Union zu erhöhen, oder ob für gewisse IKT-Produkte, -Dienste und -Prozesse vielmehr verpflichtende Sicherheitsstandards und entsprechende Zertifizierungen notwendig sind. Soweit das Unionsrecht oder das Recht der Mitgliedstaaten nichts Gegenteiliges anordnen, sind Hersteller und Anbieter von IKT-Produkten, -Diensten und -Prozessen nach dem CSA nicht verpflichtet, ihr Produkt bzw. ihren Dienst oder Prozess zu zertifizieren (Art. 53 Abs. 4 und 56 Abs. 2).[7]

8 Die Cybersicherheitszertifikate und EU-Konformitätserklärungen sollen die Nutzer nach ihrer bisherigen Ausgestaltung lediglich in die Lage versetzen, informierte und selbstbestimmte Entscheidungen über den Einsatz des entsprechenden IKT-Produktes, -Dienstes oder -Prozesses zu treffen.[8] Da die Wirksamkeit des Zertifizierungsrahmens maßgeblich von dem Verbreitungsgrad der Cybersicherheitszertifikate und EU-Konformitätserklärungen abhängt, hat die Kommission zu untersuchen, inwieweit die Hersteller und Anbieter auf den Zertifizierungsrahmen zurückgreifen und wie sich dies auf die „Verfügbarkeit sicherer IKT-Produkte, -Dienste und -Prozesse im Binnenmarkt“ auswirkt.[9] Dabei ist nach Erwgr. 92 insbesondere die Cybersicherheitslage von „Betreibern wesentlicher Dienste“ iSd NIS-RL in den Blick zu nehmen und zu analysieren, ob die von ihnen verwendeten Netz- und Informationssysteme ein ausreichendes Sicherheitsniveau aufweisen. In Deutschland sind die Betreiber „wesentlicher Dienste“ gleichzusetzen mit den

[4] Lagebericht des BSI zur IT-Sicherheit in Deutschland 2019.

[5] Erwgr. 108.

[6] Hornung/Schallbruch IT-SicherheitsR/*Skierka,* § 8 Messung, Prüfung und Nachweis von IT-Sicherheit Rn. 22–26.

[7] Erwgr. 91.

[8] Erwgr. 93.

[9] Erwgr. 92.

Betreibern Kritischer Infrastrukturen iSd Verordnung zur Bestimmung Kritischer Infrastrukturen nach dem BSI-Gesetz (BSI-KritisV).[10]

Parallel zu der Bewertung des gesamten Zertifizierungsrahmens nach Abs. 3 sieht **9**
Art. 56 Abs. 3 ein Verfahren zur Bewertung der einzelnen Zertifizierungsschemata vor. In einem Turnus von zwei Jahren beurteilt die Kommission für jedes Zertifizierungsschema, ob eine freiwillige Ausgestaltung des jeweiligen Schemas ausreicht oder ob eine obligatorische Zertifizierung notwendig ist, um den Zwecken des CSA gerecht zu werden. Auf die Ergebnisse der Beurteilung der einzelnen Schemata kann die Kommission wiederum im Rahmen ihrer Gesamtbewertung nach Abs. 3 zurückgreifen.

II. Zeitrahmen und Verfahren der Bewertung (Abs. 4)

Die Evaluierungen haben in einem Turnus von fünf Jahren zu erfolgen, wobei **10**
die erste Überprüfung und Bewertung bis zum 28.6.2024 vorzunehmen ist. Das Intervall von fünf Jahren ist vergleichsweise lang, bspw. im Vergleich zur Evaluierung der DS-GVO gem. Art. 97 Abs. 1 S. 1 DS-GVO, die alle vier Jahre erfolgt. Insbesondere unter Berücksichtigung der vielfach rasanten technischen Entwicklung, die auch Auswirkungen auf die potenziellen Arbeitsfelder und die Bewertung der Ressourcen der ENISA haben kann, hätten sich kürzere Evaluierungsintervalle ohne Weiteres rechtfertigen lassen.

Nach Abs. 4 hat die Kommission die Bewertung in Form eines Berichts zusam- **11**
men mit ihren Schlussfolgerungen dem Europäischen Parlament, dem Rat und dem in den Art. 13 und 14 geregelten Verwaltungsrat der ENISA vorzulegen und zu veröffentlichen.

Die erste Übermittlung und Veröffentlichung muss jeweils bis zum 28.6.2024 **12**
erfolgt sein und hat dann alle fünf Jahre zu erfolgen. Für die Veröffentlichung des Berichts bestimmt Art. 67 keine besondere Form. Der Bericht könnte etwa im Amtsblatt der EU oder aber im Rahmen des Internetauftritts der Kommission allgemein zugänglich gemacht werden. Der mit der Veröffentlichung verfolgte Zweck besteht darin, die Transparenz des Evaluierungsprozesses zu gewährleisten und damit eine effektive Kontrolle der europäischen Rechtssetzung durch die Öffentlichkeit zu ermöglichen.[11]

III. Informationsgrundlage

Die für den Evaluierungsprozess erforderlichen Informationen erhält die Kom- **13**
mission von der ENISA (Art. 5 Nr. 1, 3 und Nr. 6), den nationalen Behörden für die Cybersicherheitszertifizierung (Art. 58 Abs. 9) und von der sog. Gruppe der Interessensträger für die Cybersicherheitszertifizierung (Art. 22 Abs. 3 lit. a). Dabei kommt der ENISA die Aufgabe zu, der Kommission Analysen und Stellungnahmen zur Cybersicherheitslage in der EU und zum Rechtsrahmen im Bereich der Cybersicherheit zur Verfügung zu stellen und sie auf diese Weise bei der Überprüfung und Aktualisierung der Rechtsvorschriften zu unterstützen.[12] Auch über die eigene Tätigkeit hat die ENISA die Kommission regelmäßig in Kenntnis zu set-

---

[10] Hornung/Schallbruch IT-SicherheitsR/*Fischer,* § 13 IT-Sicherheitsanforderungen an Kritische Infrastrukturen und digitale Dienste Rn. 22–26.

[11] Vgl. Grabitz/Hilf/Nettesheim/*Nettesheim,* EUV Art. 10 Rn. 82ff.

[12] Erwgr. 35 und 52; zur Informationsgewinnung durch die ENISA s. Erwgr. 38.

zen.[13] Nach S. 2 ist die Kommission verpflichtet, sämtliche die Tätigkeit der ENISA betreffende Rückmeldungen zu berücksichtigen. Informationspflichten der Mitgliedstaaten können sich aus dem in Art. 4 Abs. 3 EUV verankerten Kooperationsprinzip[14] ergeben.[15]

Art. 68 Aufhebung und Rechtsnachfolge

(1) **Die Verordnung (EU) Nr. 526/2013 wird mit Wirkung vom 27. Juni 2019 aufgehoben.**

(2) **Bezugnahmen auf die Verordnung (EU) Nr. 526/2013 und auf die durch jene Verordnung errichtete ENISA gelten als Bezugnahmen auf die vorliegende Verordnung und auf die durch die vorliegende Verordnung errichtete ENISA.**

(3) **[1]Die durch die vorliegende Verordnung errichtete ENISA ist in Bezug auf das Eigentum und alle Abkommen, rechtlichen Verpflichtungen, Beschäftigungsverträge, finanziellen Verpflichtungen und Verbindlichkeiten die Rechtsnachfolgerin der durch die Verordnung (EU) Nr. 526/2013 errichteten ENISA. [2]Alle vom Verwaltungsrat und vom Exekutivrat gemäß der Verordnung (EU) Nr. 526/2013 getroffenen Entscheidungen bleiben gültig, sofern sie der vorliegenden Verordnung nicht zuwiderlaufen.**

(4) **Die ENISA wird zum 27. Juni 2019 für unbegrenzte Zeit errichtet.**

(5) **[1]Der nach Artikel 24 Absatz 4 der Verordnung (EU) Nr. 526/2013 ernannte Exekutivdirektor bleibt im Amt und übt die Funktion des Exekutivdirektors nach Artikel 20 der vorliegenden Verordnung für die restliche Dauer seiner Amtszeit aus. [2]Die übrigen Bestimmungen seines Vertrags bleiben unverändert.**

(6) **Die nach Artikel 6 der Verordnung (EU) Nr. 526/2013 ernannten Mitglieder des Verwaltungsrats und ihre Stellvertreter bleiben im Amt und üben die Funktion des Verwaltungsrats nach Artikel 15 der vorliegenden Verordnung für die restliche Dauer ihrer Amtszeit aus.**

Literatur: *Grabitz/Hilf/Nettesheim* (Hrsg.), Das Recht der Europäischen Union, 76. EL 2022; *Hornung/Schallbruch* (Hrsg.), IT-Sicherheitsrecht, 2021; *von Wintzingerode/Müllmann,* Ein Europäisches Netzwerk für Cybersicherheit, DSRITB 2020, 475.

A. Allgemeines

1 Art. 68 stellt klar, dass der CSA die VO (EU) 526/2013 ersetzt. Um einen widerspruchsfreien Übergang sicherzustellen, trifft Art. 68 Regelungen zum Umgang mit bestehenden gesetzlichen Verweisen auf die Vorgängerverordnung und zur Rechtsnachfolge der durch die VO (EU) 526/2013 errichteten Agentur der Europäischen Union für Cybersicherheit (ENISA).

---

13 Erwgr. 22.

14 Calliess/Ruffert/*Kahl,* EUV Art. 4 Rn. 101 ff. und Rn. 106 ff.

15 Vgl. Taeger/Gabel/*Golland,* DS-GVO Art. 97 Rn. 18.

B. Einzelerläuterungen

Abs. 1 ordnet die Aufhebung der VO (EU) 526/2013, als Vorgängerregelung des CSA, mit Wirkung vom 27.6.2019 an. Ab dem 27.6.2019, dem Datum des Inkrafttretens des CSA, entfaltet die VO (EU) 526/2013 folglich keine Regelungswirkung mehr. 2

Verweisungen auf die VO (EU) 526/2013 und die im Zuge ihres Inkrafttretens errichtete ENISA sind gem. Abs. 2 nunmehr als Verweisungen auf den CSA bzw. die durch den CSA errichtete ENISA zu verstehen. Dem offenen Wortlaut entsprechend sind sowohl Verweise durch nationales Recht der EU-Mitgliedstaaten als auch Verweise innerhalb des europäischen Rechtsrahmens erfasst. Abs. 2 greift ferner unabhängig von der Frage, ob die jeweilige Verweisungsnorm auf einzelne Bestimmungen oder auf die gesamte Verordnung Bezug nimmt. 3

Verweisungen auf die VO (EU) 526/2013 einschließlich der ENISA finden sich primär in der NIS-Richtlinie, die zum Zwecke der Bekämpfung von IT-Sicherheitsrisiken auf eine verstärkte Kooperation der Mitgliedstaaten setzt. Der ENISA kommt mit der Koordinierung und Unterstützung der Mitgliedstaaten eine zentrale Mittlerrolle im Rahmen der NIS-RL zu.[1] Teilweise sehen aber auch andere Richtlinien und Verordnungen eine zumindest punktuelle Koordinierungs- oder Unterstützungstätigkeit der ENISA in Fragen der IT-Sicherheit vor. So finden sich Verweise auf die ENISA in Art. 40 GEREK-Verordnung, nach dem die ENISA die Zusammenarbeit der Mitgliedstaaten im Bereich der IT-Sicherheit öffentlicher elektronischer Kommunikationsnetze und öffentlich zugänglicher elektronischer Kommunikationsdienste fördert, und im Erwägungsgrund 19 GEREK-Verordnung, der klarstellt, dass die ENISA in Fragen der IT-Sicherheit elektronischer Kommunikationsdienste mit dem Gremium europäischer Regulierungsstellen für elektronische Kommunikation (GEREK) und der Agentur zur Unterstützung des GEREK (GEREK-Büro) zusammenarbeitet. 4

Nach Abs. 3 S. 1 tritt die durch den CSA errichtete ENISA „in Bezug auf das Eigentum und alle Abkommen, rechtlichen Verpflichtungen, Beschäftigungsposition, finanziellen Verpflichtungen und Verbindlichkeiten" in die Rechtsposition der Vorgängereinrichtung ein. Der Wortlaut der Norm ist dabei etwas missverständlich, da die ENISA schließlich bereits seit dem Jahr 2004 existiert und (erstmals) durch die VO (EG) 460/2004 errichtet wurde. Es soll aber offensichtlich verdeutlicht werden, dass eine Gesamtrechtsnachfolge in jegliche Rechte und Pflichten, die die ENISA bereits vor dem Inkrafttreten des CSA innehatte, beabsichtigt ist.[2] Diese Rechtsnachfolge betrifft insbesondere auch das im Zeitpunkt des Inkrafttretens des CSA beschäftigte Personal und umfasst ferner etwaige zivilrechtliche Verpflichtungen der ENISA. 5

Nach Abs. 3 S. 2 behalten die unter der Vorgängerverordnung ergangenen „Entscheidungen" des Verwaltungsrates und des Exekutivrates ihre Gültigkeit, wenn sie im Einklang mit den Vorschriften des CSA stehen. Der Begriff der „Entscheidung" ist – dem Telos des Art. 68, einen widerspruchsfreien Übergang zu gewährleisten, entsprechend – weit zu verstehen und umfasst grundsätzlich jegliche internen Akte 6

---

[1] S. etwa Erwgr. 36, 38, 62 und 66 NIS-RL; *v. Wintzingerode/Müllmann,* DSRITB 2020, 475 (485); Hornung/Schallbruch IT-SicherheitsR/*Gitter,* § 15 Recht der IT-Sicherheitsbehörden, Rn. 26.

[2] Erwgr. 17 CSA.

des Verwaltungsrates und des Exekutivrates. Neben der nach „außen" wirkenden Rechtsnachfolge sowie der von Abs. 3 S. 1 erfassten personellen Kontinuität soll auch der Fortbestand der agenturinternen Strukturen und Abläufe gewährleistet werden. Bezogen auf den Verwaltungsrat ist insbesondere an die Festsetzung des Arbeitsprogramms und der Geschäftsordnung der Agentur, die Erstellung eines Haushaltsplans sowie die Wahl eines Vorsitzenden zu denken (vgl. Art. 5 VO (EU) 526/2013).[3] Hingegen ist es fraglich, ob Abs. 3 S. 2 im Hinblick auf den Exekutivrat anwendbar ist, da diesem eine lediglich unterstützende und beratende Funktion zukommt (vgl. Art. 10 Abs. 2 VO (EU) 526/2013).

7 Seit ihrer Errichtung im Jahre 2004 wurde das stets befristete Mandat der ENISA mehrmals und zuletzt durch die VO (EU) 526/2013 verlängert.[4] Abs. 4 sieht nun erstmals ein dauerhaftes Mandat der ENISA vor. Hintergrund dieser Verstetigung ist die Erkenntnis, dass angesichts der sich verschärfenden Cyber-Bedrohungslage eine nachhaltige und in die Zukunft gerichtete Unterstützung der Mitgliedstaaten in Fragen der Cybersicherheit notwendig ist.[5] Dementsprechend sind auch die in der NIS-RL vorgesehenen Unterstützungsaufgaben der ENISA bereits permanenter Natur.[6] Mit dem unbefristeten Mandat der ENISA schafft der Unionsgesetzgeber die institutionellen Voraussetzungen für eine dauerhafte Aufgabenerfüllung.

8 Abs. 5 und 6 treffen weitere Regelungen zur personellen Kontinuität. Nach Abs. 5 S. 1 besteht das Beschäftigungsverhältnis des Exekutivdirektors bis zum Ende seiner fünfjährigen Amtszeit fort. Wie bereits die Vorgängerverordnung (Art. 24 Abs. 3 VO (EU) 526/2013) sieht auch der CSA eine Amtszeit von fünf Jahren vor. Der Exekutivdirektor ist Zeitbediensteter iSd Art. 2 lit. a VO (EWG, Euratom, EGKS) Nr. 259/68 (Art. 36 Abs. 1). Mit Inkrafttreten des CSA kommt ihm jedoch ein erweiterter Aufgabenbereich zu, dessen Einzelheiten in Art. 20 normiert sind. Darüber hinaus erfährt der seinem Beschäftigungsverhältnis zugrunde liegende Dienstvertrag gem. Abs. 5 S. 2 keine Änderungen.[7] Ähnliches gilt gem. Abs. 6 für die Mitglieder des Verwaltungsrates und ihre Stellvertreter. Auch diese üben ihre Funktion nach der Rechtsnachfolge bis zum Ende ihrer vierjährigen Amtszeit (Art. 6 Abs. 4 VO (EU) 526/2013) weiterhin aus. Die Dauer von vier Jahren, wie im CSA vorgesehen, stimmt dabei mit der in der Vorgängerverordnung vorgesehen Dauer überein (Art. 14 Abs. 4).

Art. 69 Inkrafttreten

(1) **Diese Verordnung tritt am zwanzigsten Tag nach ihrer Veröffentlichung im *Amtsblatt der Europäischen Union* in Kraft.**

(2) **Die Artikel 58, 60, 61, 63, 64 und 65, gelten ab dem 28. Juni 2021.**

---

[3] Vgl. Erwgr. 44 VO (EU) Nr. 526/2013.
[4] Art. 36 VO (EU) Nr. 526/2013.
[5] Gesetzgebungsvorschlag der Kommission für das CSA, COM(2017) 477 final, S. 84ff.
[6] Gesetzgebungsvorschlag der Kommission für das CSA, COM(2017) 477 final, S. 18 Fn. 10.
[7] Zur Rechtsstellung von Zeitbediensteten s. in Grabitz/Hilf/Nettesheim/*Eggers/Linder,* AEUV Art. 336 Rn. 61.

Literatur: *Geiger/Khan/Kotzur* (Hrsg.), EUV/AEUV, 6. Aufl. 2017; *Grabitz/Hilf/Nettesheim* (Hrsg.), Das Recht der Europäischen Union, 76. EL 2022; *Hofmann,* Der Tag, der fast nichts veränderte: Wissen Sie eigentlich, wann die DS-GVO in Kraft getreten ist?, ZD-Aktuell 2017, 05853.

A. Allgemeines

Art. 69 regelt den Zeitpunkt des Inkrafttretens sowie den Beginn der Geltung bestimmter Artikel des CSA. 1

B. Einzelerläuterungen

Nach Abs. 1 tritt der CSA am 20. Tag nach seiner Veröffentlichung im Amtsblatt der EU in Kraft. Dies ergibt sich bereits aus der in Art. 297 Abs. 1 UAbs. 3 S. 2 AEUV normierten Grundregel, sodass der Vorschrift ein rein deklaratorischer Charakter zukommt.[1] Der CSA wurde am 7.6.2019 im Amtsblatt der Union veröffentlicht und trat somit am 27.6.2019 in Kraft.[2] 2

Gem. Abs. 2 gelten die Art. 58, 60, 61, 63, 64 und 65 – im Gegensatz zu den übrigen Vorschriften des CSA – erst ab dem 28.6.2021. Unter „Geltung" ist die unmittelbare Anwendbarkeit in den Mitgliedstaaten zu verstehen.[3] Diese zweijährige Übergangsfrist betrifft ausschließlich Vorschriften des Dritten Titels der Verordnung („Zertifizierungsrahmen für die Cybersicherheit"). Erfasst sind die Regelungen über die Benennung der nationalen Behörden für die Cybersicherheitszertifizierung (Art. 58), über die Akkreditierung und Notifikation der Konformitätsbewertungsstellen (Art. 60 und Art. 61), über das Beschwerderecht gegenüber dem Aussteller eines europäischen Cybersicherheitszertifikats und des sich anschließenden gerichtlichen Rechtsbehelfs (Art. 63 und 64) und über die Sanktionen bei Verstößen gegen die Verordnung (Art. 65). Die allgemeinen Bestimmungen des CSA sowie die Regelungen über die Agentur der Europäischen Union für Cybersicherheit (ENISA) gelten bereits ab dem Zeitpunkt des Inkrafttretens der Verordnung, also folglich seit dem 27.6.2019. 3

Sämtlichen Artikeln, für die die Übergangsfrist Anwendung findet, ist gemein, dass sie ein weiteres Tätigwerden seitens der Mitgliedstaaten erfordern. Beabsichtigt ist hierbei, den Mitgliedstaaten durch den zeitlich versetzten Geltungsbeginn ausreichend Zeit für eine Anpassung der nationalen Gesetzeslage sowie der Behördenausstattung und -struktur an die Vorgaben der Verordnung zu gewähren. Der deutsche Gesetzgeber ist diesbezüglich in Form des „IT-SiG 2.0" tätig geworden, das am 23.4.2021 beschlossen wurde und dessen Regelungen am 28.5.2021 in Kraft getreten sind. 4

---

[1] Geiger/Khan/Kotzur/*Kotzur,* AEUV Art. 297 Rn. 8f.

[2] ABl. 2019 L 151, 15; zur Fristenberechnung s. *Hofmann,* ZD-Aktuell 2017, 05853.

[3] Grabitz/Hilf/Nettesheim/*Nettesheim,* AEUV Art. 1 Rn. 67.

Verordnung (EU) 2016/679 des Europäischen Parlaments und des Rates vom 27. April 2016 zum Schutz natürlicher Personen bei der Verarbeitung personenbezogener Daten, zum freien Datenverkehr und zur Aufhebung der Richtlinie 95/46/EG (Datenschutz-Grundverordnung)

(Text von Bedeutung für den EWR)

(ABl. L 119 S. 1, ber. L 314 S. 72, 2018 L 127 S. 2 und 2021 L 74 S. 35)

Celex-Nr. 3 2016 R 0679

– Auszug –

DAS EUROPÄISCHE PARLAMENT UND DER RAT DER EUROPÄISCHEN UNION –

gestützt auf den Vertrag über die Arbeitsweise der Europäischen Union, insbesondere auf Artikel 16,

auf Vorschlag der Europäischen Kommission,

nach Zuleitung des Entwurfs des Gesetzgebungsakts an die nationalen Parlamente,

nach Stellungnahme des Europäischen Wirtschafts- und Sozialausschusses[1],

nach Stellungnahme des Ausschusses der Regionen[2],

gemäß dem ordentlichen Gesetzgebungsverfahren[3],

in Erwägung nachstehender Gründe:

[...]

(39) Jede Verarbeitung personenbezogener Daten sollte rechtmäßig und nach Treu und Glauben erfolgen. Für natürliche Personen sollte Transparenz dahingehend bestehen, dass sie betreffende personenbezogene Daten erhoben, verwendet, eingesehen oder anderweitig verarbeitet werden und in welchem Umfang die personenbezogenen Daten verarbeitet werden und künftig noch verarbeitet werden. Der Grundsatz der Transparenz setzt voraus, dass alle Informationen und Mitteilungen zur Verarbeitung dieser personenbezogenen Daten leicht zugänglich und verständlich und in klarer und einfacher Sprache abgefasst sind. Dieser Grundsatz betrifft insbesondere die Informationen über die Identität des Verantwortlichen und die Zwecke der Verarbeitung und sonstige Informationen, die eine faire und transparente Verarbeitung im Hinblick auf die betroffenen natürlichen Personen gewährleisten, sowie deren Recht, eine Bestätigung und Auskunft darüber zu erhalten, welche sie betreffende personenbezogene Daten verarbeitet werden. Natürliche Personen sollten über die Risiken, Vorschriften, Garantien und Rechte im Zusammenhang mit der Verarbeitung personenbezogener Daten informiert und darüber aufgeklärt werden, wie sie ihre diesbezüglichen Rechte geltend machen können. Insbesondere sollten die bestimmten Zwecke, zu denen die personenbezogenen Daten verarbeitet werden, eindeutig und rechtmäßig sein und zum Zeitpunkt der Erhebung der per-

---

[1] **Amtl. Anm.:** ABl. C 229 vom 31.7.2012, S. 90.

[2] **Amtl. Anm.:** ABl. C 391 vom 18.12.2012, S. 127.

[3] **Amtl. Anm.:** Standpunkt des Europäischen Parlaments vom 12. März 2014 (noch nicht im Amtsblatt veröffentlicht) und Standpunkt des Rates in erster Lesung vom 8. April 2016 (noch nicht im Amtsblatt veröffentlicht). Standpunkt des Europäischen Parlaments vom 14. April 2016.

sonenbezogenen Daten feststehen. Die personenbezogenen Daten sollten für die Zwecke, zu denen sie verarbeitet werden, angemessen und erheblich sowie auf das für die Zwecke ihrer Verarbeitung notwendige Maß beschränkt sein. Dies erfordert insbesondere, dass die Speicherfrist für personenbezogene Daten auf das unbedingt erforderliche Mindestmaß beschränkt bleibt. Personenbezogene Daten sollten nur verarbeitet werden dürfen, wenn der Zweck der Verarbeitung nicht in zumutbarer Weise durch andere Mittel erreicht werden kann. Um sicherzustellen, dass die personenbezogenen Daten nicht länger als nötig gespeichert werden, sollte der Verantwortliche Fristen für ihre Löschung oder regelmäßige Überprüfung vorsehen. Es sollten alle vertretbaren Schritte unternommen werden, damit unrichtige personenbezogene Daten gelöscht oder berichtigt werden. Personenbezogene Daten sollten so verarbeitet werden, dass ihre Sicherheit und Vertraulichkeit hinreichend gewährleistet ist, wozu auch gehört, dass Unbefugte keinen Zugang zu den Daten haben und weder die Daten noch die Geräte, mit denen diese verarbeitet werden, benutzen können.

[...]

(74) Die Verantwortung und Haftung des Verantwortlichen für jedwede Verarbeitung personenbezogener Daten, die durch ihn oder in seinem Namen erfolgt, sollte geregelt werden. Insbesondere sollte der Verantwortliche geeignete und wirksame Maßnahmen treffen müssen und nachweisen können, dass die Verarbeitungstätigkeiten im Einklang mit dieser Verordnung stehen und die Maßnahmen auch wirksam sind. Dabei sollte er die Art, den Umfang, die Umstände und die Zwecke der Verarbeitung und das Risiko für die Rechte und Freiheiten natürlicher Personen berücksichtigen.

(75) Die Risiken für die Rechte und Freiheiten natürlicher Personen – mit unterschiedlicher Eintrittswahrscheinlichkeit und Schwere – können aus einer Verarbeitung personenbezogener Daten hervorgehen, die zu einem physischen, materiellen oder immateriellen Schaden führen könnte, insbesondere wenn die Verarbeitung zu einer Diskriminierung, einem Identitätsdiebstahl oder -betrug, einem finanziellen Verlust, einer Rufschädigung, einem Verlust der Vertraulichkeit von dem Berufsgeheimnis unterliegenden personenbezogenen Daten, der unbefugten Aufhebung der Pseudonymisierung oder anderen erheblichen wirtschaftlichen oder gesellschaftlichen Nachteilen führen kann, wenn die betroffenen Personen um ihre Rechte und Freiheiten gebracht oder daran gehindert werden, die sie betreffenden personenbezogenen Daten zu kontrollieren, wenn personenbezogene Daten, aus denen die rassische oder ethnische Herkunft, politische Meinungen, religiöse oder weltanschauliche Überzeugungen oder die Zugehörigkeit zu einer Gewerkschaft hervorgehen, und genetische Daten, Gesundheitsdaten oder das Sexualleben oder strafrechtliche Verurteilungen und Straftaten oder damit zusammenhängende Sicherungsmaßregeln betreffende Daten verarbeitet werden, wenn persönliche Aspekte bewertet werden, insbesondere wenn Aspekte, die die Arbeitsleistung, wirtschaftliche Lage, Gesundheit, persönliche Vorlieben oder Interessen, die Zuverlässigkeit oder das Verhalten, den Aufenthaltsort oder Ortswechsel betreffen, analysiert oder prognostiziert werden, um persönliche Profile zu erstellen oder zu nutzen, wenn personenbezogene Daten schutzbedürftiger natürlicher Personen, insbesondere Daten von Kindern, verarbeitet werden oder wenn die Verarbeitung eine große Menge personenbezogener Daten und eine große Anzahl von betroffenen Personen betrifft.

(76) Eintrittswahrscheinlichkeit und Schwere des Risikos für die Rechte und Freiheiten der betroffenen Person sollten in Bezug auf die Art, den Umfang, die Umstände und die Zwecke der Verarbeitung bestimmt werden. Das Risiko sollte anhand einer objektiven Bewertung beurteilt werden, bei der festgestellt wird, ob die Datenverarbeitung ein Risiko oder ein hohes Risiko birgt.

(77) Anleitungen, wie der Verantwortliche oder Auftragsverarbeiter geeignete Maßnahmen durchzuführen hat und wie die Einhaltung der Anforderungen nachzuweisen ist, insbesondere was die Ermittlung des mit der Verarbeitung verbundenen Risikos, dessen Abschätzung in Bezug auf Ursache, Art, Eintrittswahrscheinlichkeit und Schwere und die Festlegung bewährter Verfahren für dessen Eindämmung betrifft, könnten insbesondere in Form von genehmigten Verhaltensregeln, genehmigten Zertifizierungsverfahren, Leitlinien des Ausschusses oder Hinweisen eines Datenschutzbeauftragten gegeben werden. Der Ausschuss kann ferner Leitlinien für Verarbeitungsvorgänge ausgeben, bei denen davon auszugehen ist, dass sie kein hohes Ri-

siko für die Rechte und Freiheiten natürlicher Personen mit sich bringen, und angeben, welche Abhilfemaßnahmen in diesen Fällen ausreichend sein können.

(78) Zum Schutz der in Bezug auf die Verarbeitung personenbezogener Daten bestehenden Rechte und Freiheiten natürlicher Personen ist es erforderlich, dass geeignete technische und organisatorische Maßnahmen getroffen werden, damit die Anforderungen dieser Verordnung erfüllt werden. Um die Einhaltung dieser Verordnung nachweisen zu können, sollte der Verantwortliche interne Strategien festlegen und Maßnahmen ergreifen, die insbesondere den Grundsätzen des Datenschutzes durch Technik (data protection by design) und durch datenschutzfreundliche Voreinstellungen (data protection by default) Genüge tun. Solche Maßnahmen könnten unter anderem darin bestehen, dass die Verarbeitung personenbezogener Daten minimiert wird, personenbezogene Daten so schnell wie möglich pseudonymisiert werden, Transparenz in Bezug auf die Funktionen und die Verarbeitung personenbezogener Daten hergestellt wird, der betroffenen Person ermöglicht wird, die Verarbeitung personenbezogener Daten zu überwachen, und der Verantwortliche in die Lage versetzt wird, Sicherheitsfunktionen zu schaffen und zu verbessern. In Bezug auf Entwicklung, Gestaltung, Auswahl und Nutzung von Anwendungen, Diensten und Produkten, die entweder auf der Verarbeitung von personenbezogenen Daten beruhen oder zur Erfüllung ihrer Aufgaben personenbezogene Daten verarbeiten, sollten die Hersteller der Produkte, Dienste und Anwendungen ermutigt werden, das Recht auf Datenschutz bei der Entwicklung und Gestaltung der Produkte, Dienste und Anwendungen zu berücksichtigen und unter gebührender Berücksichtigung des Stands der Technik sicherzustellen, dass die Verantwortlichen und die Verarbeiter in der Lage sind, ihren Datenschutzpflichten nachzukommen. Den Grundsätzen des Datenschutzes durch Technik und durch datenschutzfreundliche Voreinstellungen sollte auch bei öffentlichen Ausschreibungen Rechnung getragen werden.

(79) Zum Schutz der Rechte und Freiheiten der betroffenen Personen sowie bezüglich der Verantwortung und Haftung der Verantwortlichen und der Auftragsverarbeiter bedarf es – auch mit Blick auf die Überwachungs- und sonstigen Maßnahmen von Aufsichtsbehörden – einer klaren Zuteilung der Verantwortlichkeiten durch diese Verordnung, einschließlich der Fälle, in denen ein Verantwortlicher die Verarbeitungszwecke und -mittel gemeinsam mit anderen Verantwortlichen festlegt oder ein Verarbeitungsvorgang im Auftrag eines Verantwortlichen durchgeführt wird.

[…]

(83) Zur Aufrechterhaltung der Sicherheit und zur Vorbeugung gegen eine gegen diese Verordnung verstoßende Verarbeitung sollte der Verantwortliche oder der Auftragsverarbeiter die mit der Verarbeitung verbundenen Risiken ermitteln und Maßnahmen zu ihrer Eindämmung, wie etwa eine Verschlüsselung, treffen. Diese Maßnahmen sollten unter Berücksichtigung des Stands der Technik und der Implementierungskosten ein Schutzniveau – auch hinsichtlich der Vertraulichkeit – gewährleisten, das den von der Verarbeitung ausgehenden Risiken und der Art der zu schützenden personenbezogenen Daten angemessen ist. Bei der Bewertung der Datensicherheitsrisiken sollten die mit der Verarbeitung personenbezogener Daten verbundenen Risiken berücksichtigt werden, wie etwa – ob unbeabsichtigt oder unrechtmäßig – Vernichtung, Verlust, Veränderung oder unbefugte Offenlegung von oder unbefugter Zugang zu personenbezogenen Daten, die übermittelt, gespeichert oder auf sonstige Weise verarbeitet wurden, insbesondere wenn dies zu einem physischen, materiellen oder immateriellen Schaden führen könnte.

Kapitel II Grundsätze

Art. 5 Grundsätze für die Verarbeitung personenbezogener Daten

(1) Personenbezogene Daten müssen

a) auf rechtmäßige Weise, nach Treu und Glauben und in einer für die betroffene Person nachvollziehbaren Weise verarbeitet werden („Rechtmäßigkeit, Verarbeitung nach Treu und Glauben, Transparenz");

b) für festgelegte, eindeutige und legitime Zwecke erhoben werden und dürfen nicht in einer mit diesen Zwecken nicht zu vereinbarenden Weise weiterverarbeitet werden; eine Weiterverarbeitung für im öffentlichen Interesse liegende Archivzwecke, für wissenschaftliche oder historische Forschungszwecke oder für statistische Zwecke gilt gemäß Artikel 89 Absatz 1 nicht als unvereinbar mit den ursprünglichen Zwecken („Zweckbindung");

c) dem Zweck angemessen und erheblich sowie auf das für die Zwecke der Verarbeitung notwendige Maß beschränkt sein („Datenminimierung");

d) sachlich richtig und erforderlichenfalls auf dem neuesten Stand sein; es sind alle angemessenen Maßnahmen zu treffen, damit personenbezogene Daten, die im Hinblick auf die Zwecke ihrer Verarbeitung unrichtig sind, unverzüglich gelöscht oder berichtigt werden („Richtigkeit");

e) in einer Form gespeichert werden, die die Identifizierung der betroffenen Personen nur so lange ermöglicht, wie es für die Zwecke, für die sie verarbeitet werden, erforderlich ist; personenbezogene Daten dürfen länger gespeichert werden, soweit die personenbezogenen Daten vorbehaltlich der Durchführung geeigneter technischer und organisatorischer Maßnahmen, die von dieser Verordnung zum Schutz der Rechte und Freiheiten der betroffenen Person gefordert werden, ausschließlich für im öffentlichen Interesse liegende Archivzwecke oder für wissenschaftliche und historische Forschungszwecke oder für statistische Zwecke gemäß Artikel 89 Absatz 1 verarbeitet werden („Speicherbegrenzung");

f) in einer Weise verarbeitet werden, die eine angemessene Sicherheit der personenbezogenen Daten gewährleistet, einschließlich Schutz vor unbefugter oder unrechtmäßiger Verarbeitung und vor unbeabsichtigtem Verlust, unbeabsichtigter Zerstörung oder unbeabsichtigter Schädigung durch geeignete technische und organisatorische Maßnahmen („Integrität und Vertraulichkeit");[1]

(2) Der Verantwortliche ist für die Einhaltung des Absatzes 1 verantwortlich und muss dessen Einhaltung nachweisen können („Rechenschaftspflicht").

Literatur: *Albrecht/Jotzo,* Das neue Datenschutzrecht der EU, 2017; *Artikel-29-Datenschutzgruppe,* Leitlinien für Transparenz gemäß der Verordnung 2016/679, WP 260 rev.01, 29.11.2017/11.4.2018; *Artikel-29-Datenschutzgruppe,* Opinion 03/2013 on purpose limitation, WP 203, 2.4.2013; *Bergt,* Die Bestimmbarkeit als Grundproblem des Datenschutzrechts – Über-

[1] Zeichensetzung amtlich.

blick über den Theorienstreit und Lösungsvorschlag, ZD 2015, 365; *Berning,* Erfüllung der Nachweispflichten und Beweislast im Unternehmen – Überlegungen zur Organisation entsprechender Vorkehrungen, ZD 2018, 348; *Buchner,* Grundsätze und Rechtmäßigkeit der Datenverarbeitung unter der DS-GVO, DuD 2016, 155; *Breyer,* Verarbeitungsgrundsätze und Rechenschaftspflicht nach Art. 5 DS-GVO, DuD 2018, 311; *Culik/Döpke,* Zweckbindungsgrundsatz gegen unkontrollierten Einsatz von Big Data-Anwendungen – Analyse möglicher Auswirkungen der DS-GVO, ZD 2017, 226; *Ehmann/Selmayr* (Hrsg.), Datenschutz-Grundverordnung, 2. Aufl. 2018; *Eßer/Kramer/v. Lewinski* (Hrsg.), Auernhammer, DSGVO/BDSG – Datenschutz-Grundverordnung/Bundesdatenschutzgesetz und Nebengesetze, 7. Aufl. 2020; *Gierschmann/Schlender/Stentzel/Veil* (Hrsg.), Kommentar Datenschutz-Grundverordnung, 2017; *Gola* (Hrsg.), DS-GVO, 2. Aufl. 2018; *Hammer,* DIN 66398 – Die Leitlinie Löschkonzept als Norm, DuD 2016, 528; *Herbst,* Was sind personenbezogene Daten?, NVwZ 2016, 902; *Hofmann/Johannes,* DS-GVO: Anleitung zur autonomen Auslegung des Personenbezugs – Begriffsklärung der entscheidenden Frage des sachlichen Anwendungsbereichs, ZD 2017, 221; *Hoeren,* Fake News? – Art. 5 DS-GVO und die Umkehr der Beweislast, MMR 2018, 637; *Jung,* Datenschutz-(Compliance-)Management-Systeme – Nachweis- und Rechenschaftspflichten nach der DS-GVO, ZD 2018, 208; *DSK,* Erfahrungsbericht der unabhängigen Datenschutzaufsichtsbehörden des Bundes und der Länder zur Anwendung der DS-GVO, 11/2019, www.datenschutzkonferenz-online.de/media/dskb/20191213_erfahrungsbericht_zur_anwendung_der_ds-gvo.pdf; *Kühling/Buchner* (Hrsg.), DS-GVO BDSG, 3. Aufl. 2020; *Kühling/Martini,* Die Datenschutz-Grundverordnung: Revolution oder Evolution im europäischen und deutschen Datenschutzrecht?, EuZW 2016, 448; *Lepperhoff,* Dokumentationspflichten in der DS-GVO, RDV 2016, 197; *Paal/Pauly* (Hrsg.), DS-GVO BDSG, 3. Aufl. 2021; *v. Lewinski,* Die Matrix des Datenschutzes, 2014; *Piltz,* Die Datenschutz-Grundverordnung. Teil 1: Anwendungsbereich, Definitionen und Grundlagen der Datenverarbeitung, K&R 2016, 557; *Richter,* Big Data, Statistik und die Datenschutz-Grundverordnung, DuD 2016, 581; *Roßnagel,* Datenschutzgrundsätze – unverbindliches Programm oder verbindliches Recht? – Bedeutung der Grundsätze für die datenschutzrechtliche Praxis, ZD 2018, 339; *Schwartmann/Jaspers/Thüsing/Kugelmann* (Hrsg.), Heidelberger Kommentar DS-GVO/BDSG, 2. Aufl. 2020; *Simitis/Hornung/Spiecker gen. Döhmann* (Hrsg.), Datenschutzrecht, 2019; *Specht/Mantz* (Hrsg.), Handbuch Europäisches und deutsches Datenschutzrecht, 2019; *Sydow* (Hrsg.), Europäische Datenschutzgrundverordnung, 2. Aufl. 2018; *Taeger/Gabel* (Hrsg.), DSGVO BDSG, 3. Aufl. 2019; *Veil,* Accountability – Wie weit reicht die Rechenschaftspflicht der DS-GVO?, ZD 2018, 9; *Wolff/Brink* (Hrsg.), BeckOK Datenschutzrecht, 34. Ed., 2020; *Ziegenhorn/von Heckel,* Datenverarbeitung durch Private nach der europäischen Datenschutzreform, NVwZ 2016, 1585.

Inhaltsübersicht

A. Allgemeines

I. Funktion der Vorschrift innerhalb der DS-GVO

1 Art. 5 normiert eine Reihe von allgemeinen Grundsätzen, die bei der Verarbeitung personenbezogener Daten zu beachten sind. Diese Grundsätze werden jeweils in allgemeiner Form umschrieben und durch einen Klammerzusatz mit Bezeichnungen versehen. Zahlreiche Vorschriften der DS-GVO lassen sich als **Konkretisierungen von Grundsätzen** des Art. 5 verstehen. So wird der Grundsatz der Integrität und Vertraulichkeit (Abs. 1 lit. f) u.a. in Art. 32 konkretisiert, insbesondere indem dort in Abs. 1 beispielhaft technische und organisatorische Maßnahmen aufgezählt werden, durch die ein angemessenes Schutzniveau für Integrität und Vertraulichkeit gewährleistet werden kann.[2] Auch die Vorschriften in Art. 25 Abs. 1 und 2 konkretisieren schon ausweislich ihres Wortlauts Grundsätze des Art. 5, indem sie den Verantwortlichen verpflichten, zu bestimmten Zeitpunkten geeignete technische und organisatorische Maßnahmen einschließlich datenschutzfreundlicher Voreinstellungen und ggf. Pseudonymisierung anzuwenden, um die Datenschutzgrundsätze wirksam umzusetzen.[3] Ähnlich verpflichtet Art. 24 Abs. 1 den Verantwortlichen in allgemeinerer Form zur Umsetzung technischer und organisatorischer Maßnahmen, „um sicherzustellen und den Nachweis dafür erbringen zu können, dass die Verarbeitung gemäß dieser Verordnung erfolgt"; letztere Formulierung umfasst auch die Einhaltung der Grundsätze des Art. 5. Vorschriften der DS-GVO, die einzelne Grundsätze des Art. 5 konkretisieren, haben als speziellere Regelungen Vorrang vor den jeweiligen Grundsätzen. Grundsätze können jedoch die Auslegung speziellerer Regelungen anleiten[4] und sie können zur Füllung von Regelungslücken herangezogen werden.

2 Die Grundsätze des Art. 5 können ihrerseits als Anknüpfungen an bzw. Konkretisierungen von Art. 16 Abs. 1 AEUV, Art. 8 Abs. 1 und 2 GRCh und Art. 8 EMRK verstanden werden;[5] außerdem knüpfen sie an Art. 5 und 7 der Konvention Nr. 108 des Europarats an.[6] Insoweit bilden die Grundsätze des Art. 5 auch eine **Brücke zu diesen primärrechtlichen Normen bzw. Konventionen des Europarats.**

---

[2] Kühling/Buchner/*Jandt,* Art. 32 Rn. 1.
[3] Vgl. Kühling/Buchner/*Hartung,* Rn. 10.
[4] Vgl. Simitis/Hornung/Spiecker gen. Döhmann/*Roßnagel,* Rn. 26.
[5] Vgl. insoweit auch KOM(2012) 11 endgültig, 7.
[6] Der Bezug zur Konvention Nr. 108 findet sich etwa in Erwägr. 11 zur Datenschutz-RL, die die Vorgängernorm der DS-GVO darstellt.

Die zitierten Normen haben folgenden Wortlaut:

Art. 16 Abs. 1 AEUV und Art. 8 Abs. 1 GRCh (gleichlautend): 3

Jede Person hat das Recht auf Schutz der sie betreffenden personenbezogenen Daten.

Art. 8 Abs. 2 GRCh: 4

Diese Daten dürfen nur nach Treu und Glauben für festgelegte Zwecke und mit Einwilligung der betroffenen Person oder auf einer sonstigen gesetzlich geregelten legitimen Grundlage verarbeitet werden. Jede Person hat das Recht, Auskunft über die sie betreffenden erhobenen Daten zu erhalten und die Berichtigung der Daten zu erwirken.

Art. 8 EMRK: 5

(1) Jede Person hat das Recht auf Achtung ihres Privat- und Familienlebens, ihrer Wohnung und ihrer Korrespondenz.

(2) Eine Behörde darf in die Ausübung dieses Rechts nur eingreifen, soweit der Eingriff gesetzlich vorgesehen und in einer demokratischen Gesellschaft notwendig ist für die nationale oder öffentliche Sicherheit, für das wirtschaftliche Wohl des Landes, zur Aufrechterhaltung der Ordnung, zur Verhütung von Straftaten, zum Schutz der Gesundheit oder der Moral oder zum Schutz der Rechte und Freiheiten anderer.

Art. 5 Konvention Nr. 108: 6

Personenbezogene Daten, die automatisch verarbeitet werden:

a) müssen nach Treu und Glauben und auf rechtmäßige Weise beschafft sein und verarbeitet werden;
b) müssen für festgelegte und rechtmäßige Zwecke gespeichert sein und dürfen nicht so verwendet werden, daß es mit diesen Zwecken unvereinbar ist;
c) müssen den Zwecken, für die sie gespeichert sind, entsprechen, dafür erheblich sein und dürfen nicht darüber hinausgehen;
d) müssen sachlich richtig und wenn nötig auf den neuesten Stand gebracht sein;
e) müssen so aufbewahrt werden, daß der Betroffene nicht länger identifiziert werden kann, als es die Zwecke, für die sie gespeichert sind, erfordern.

Art. 7 Konvention Nr. 108: 7

Für den Schutz personenbezogener Daten, die in automatisierten Dateien/Datensammlungen gespeichert sind, werden geeignete Sicherungsmaßnahmen getroffen gegen die zufällige oder unbefugte Zerstörung, gegen zufälligen Verlust sowie unbefugten Zugang, unbefugte Veränderung oder unbefugtes Bekanntgeben.

Als Verordnung der EU kommt der DS-GVO **unmittelbare Geltung** in 8
jedem Mitgliedstaat zu (Art. 288 Abs. 2 AEUV); das gilt auch für die Grundsätze des Art. 5. Die Grundsätze sind also auch dann zu beachten, wenn sich keine konkretisierenden Regelungen im Unionsrecht oder im nationalen deutschen Recht finden. Die Grundsätze gelten dabei als objektives Recht; sie sind also unabhängig von der Geltendmachung subjektiver Rechte zu beachten und **ergänzen insoweit die Betroffenenrechte** des Kapitels III (Art. 12–22) der DS-GVO. Das hat etwa zur Konsequenz, dass der Verantwortliche unrichtige personenbezogene Daten nicht nur dann berichtigen muss, wenn der Betroffene sein Recht auf Berichtigung aus Art. 16 geltend macht, sondern auch im Rahmen der aus dem Grundsatz der Richtigkeit (Abs. 1 lit. d) folgenden objektiven Pflichten des Verantwortlichen zur Gewährleistung der Richtigkeit personenbezogener Daten.

9 Die Grundsätze des Art. 5 können auch konkretisiert werden durch Leitlinien des **Europäischen Datenschutzausschusses** (EDSA) nach Art. 70 Abs. 1 wie auch durch diejenigen Leitlinien der nach der früheren Datenschutz-RL (der Vorgängernorm der DS-GVO) gebildeten Artikel-29-Datenschutzgruppe, die vom EDSA übernommen worden sind.[7]

II. Anwendungsbereich

10 Schon nach dem Wortlaut des Abs. 1 gelten die hier geregelten Grundsätze für die Verarbeitung personenbezogener Daten. Diese Einschränkung im Anwendungsbereich (der auch für die übrigen Vorschriften der DS-GVO gilt, vgl. Art. 2 Abs. 1) ist auch im Hinblick auf Fragen der **Sicherheit in der Informationstechnik** zu beachten, denn soweit Daten betroffen sind, die keine personenbezogenen Daten sind, ist Abs. 1 (ebenso wie die gesamte DS-GVO) nicht anwendbar. **Personenbezogene Daten** sind nach Art. 4 Nr. 1 „alle Informationen, die sich auf eine identifizierte oder identifizierbare natürliche Person […] beziehen; als identifizierbar wird eine natürliche Person angesehen, die direkt oder indirekt, insbesondere mittels Zuordnung zu einer Kennung wie einem Namen, zu einer Kennnummer, zu Standortdaten, zu einer Online-Kennung oder zu einem oder mehreren besonderen Merkmalen, die Ausdruck der physischen, physiologischen, genetischen, psychischen, wirtschaftlichen, kulturellen oder sozialen Identität dieser natürlichen Person sind, identifiziert werden kann".

11 In persönlicher Hinsicht gelten die Grundsätze des Art. 5 jedenfalls für den Verantwortlichen. **Verantwortlicher** ist nach Art. 4 Nr. 7 „die natürliche oder juristische Person, Behörde, Einrichtung oder andere Stelle, die allein oder gemeinsam mit anderen über die Zwecke und Mittel der Verarbeitung von personenbezogenen Daten entscheidet".

12 Bei der näheren Bestimmung der Begriffe „personenbezogene Daten" und „Verantwortlicher" kommt es darauf an, ob die natürliche Person, deren Daten verarbeitet werden, im Sinne der Definition des Art. 4 Nr. 1 schon dann **identifiziert oder identifizierbar** ist, wenn ein anderer als der Verantwortliche zur Identifizierung der Person in der Lage ist bzw. wenn dafür Zusatzinformationen erforderlich sind, über die der Verantwortliche nicht verfügt (**absoluter** Begriff der Personenbezogenheit), oder ob es nur darauf ankommt, ob der Verantwortliche selbst mit den ihm zur Verfügung stehenden Informationen zur Identifizierung in der Lage ist (**relativer** Begriff der Personenbezogenheit). Der Unterschied wird etwa in dem Fall deutlich, in dem der Verantwortliche Daten von Personen verarbeitet, von denen er nur Pseudonyme kennt, die zwar nicht er selbst, aber ein Dritter den betroffenen Personen zuordnen kann: Geht man vom absoluten Begriff der Personenbezogenheit aus, dann liegt in diesem Fall eine Verarbeitung personenbezogener Daten durch den Verantwortlichen vor; der relative Begriff der Personenbezogenheit führt dagegen zu der Annahme, dass jedenfalls der betreffende Verantwortliche keine personenbezogenen Daten verarbeitet, so dass die Grundsätze des Art. 5 dann ebenso wenig wie die übrigen Regelungen der DS-GVO Anwendung finden. Vor allem der notwendige Schutz auch solcher Daten, deren Personenbezug zwar nicht der Verantwortliche selbst, aber ein Dritter herstellen kann, spricht für die Anwen-

[7] So sind etwa die „Leitlinien für Transparenz gemäß der Verordnung 2016/679" (Artikel-29-Datenschutzgruppe, WP 260 rev.01) vom EDSA übernommen worden (EDSA, Endorsement 1/2018, Nr. 2).

dung der DS-GVO auch in solchen Fällen und damit für den absoluten Begriff der Personenbezogenheit.[8] Die Frage nach dem richtigen Begriff der Personenbezogenheit ist freilich umstritten; auch ein relativer Begriff der Personenbezogenheit wird vertreten.[9]

Für **Auftragsverarbeiter** (also gem. Art. 4 Nr. 8 Stellen, die personenbezogene Daten im Auftrag des Verantwortlichen verarbeiten, zB Rechenzentren) gelten die Grundsätze des Art. 5 dagegen wohl nicht; dafür spricht jedenfalls die ausdrückliche Regelung in Abs. 2, wonach der Verantwortliche für die Einhaltung der Grundsätze verantwortlich ist, und es wird beispielhaft am Grundsatz der Richtigkeit (Abs. 1 lit. d) deutlich, deren Gewährleistung grundsätzlich vom Auftragsverarbeiter nicht erwartet werden kann.[10] Pflichten der Auftragsverarbeiter ergeben sich aus anderen Vorschriften der DS-GVO; dazu zählen insbesondere die Pflichten aus dem Vertrag mit dem Verantwortlichen, dessen Mindestinhalte in Art. 28 Abs. 3 geregelt sind, und die Pflichten bezüglich der Sicherheit der Verarbeitung, die in Art. 32 ausdrücklich auch dem Auftragsverarbeiter zugeordnet werden. 13

Die Regelungen der DS-GVO und damit auch des Art. 5 finden **keine Anwendung** auf die folgenden in Art. 2 Abs. 2 aufgezählten, teilweise auch für die Sicherheit in der Informationstechnik relevanten Bereiche: 14

- lit. a: Tätigkeiten, die nicht in den Anwendungsbereich des Unionsrechts fallen; dazu zählt nach Art. 4 Abs. 2 S. 3 EUV insbesondere die nationale Sicherheit (dazu auch → Rn. 17)
- lit. b: die in Titel V Kapitel 2 (Art. 23–42) des EUV geregelte Gemeinsame Außen- und Sicherheitspolitik
- lit. c: die Datenverarbeitung durch natürliche Personen zur Ausübung ausschließlich persönlicher oder familiärer Tätigkeiten
- lit. d: die Verarbeitung personenbezogener Daten „durch die zuständigen Behörden zum Zwecke der Verhütung, Ermittlung, Aufdeckung oder Verfolgung von Straftaten oder der Strafvollstreckung, einschließlich des Schutzes vor und der Abwehr von Gefahren für die öffentliche Sicherheit". Für das Datenschutzrecht speziell in diesem Bereich gilt vielmehr die JI-RL, die inzwischen in zahlreichen Bundes- und Landesgesetzen umgesetzt wurde (zB im Teil 3 des BDSG und entsprechenden Abschnitten in den Datenschutzgesetzen der Länder, aber auch in Gesetzen des Polizei- und Ordnungsrechts auf Bundes- und Landesebene)

---

[8] In diese Richtung auch etwa *Bergt,* ZD 2015, 365 (368 ff.); näher *Herbst,* NVwZ 2016, 902 (904 f.) mit einem Überblick über die verschiedenen in dieser Frage vertretenen Positionen. Der EuGH beschränkt in seiner jüngeren Rspr. (allerdings noch zur Datenschutz-RL, die aber eine praktisch deckungsgleiche Definition personenbezogener Daten enthielt) die für die Herstellung des Personenbezugs einzubeziehenden Informationen nicht auf solche, die sich „in den Händen einer einzigen Person befinden": *EuGH,* Urt. v. 19.10.2016 – C-582/14, NJW 2016, 3579 Rn. 43; Urt. v. 20.12.2017 – C-434/16, NJW 2018, 767 Rn. 31.

[9] So etwa von *Hofmann/Johannes,* ZD 2017, 221 ff.

[10] Die Geltung der Grundsätze des Abs. 1 für den Auftragsverarbeiter ist umstritten. Im Ergebnis wie hier Gierschmann/Schlender/Stentzel/Veil/*Buchholtz/Stentzel,* Rn. 6; aA Sydow DS-GVO/*Reimer,* Rn. 9.

III. Überblick über den Inhalt

15 Abs. 1 normiert die Grundsätze der Rechtmäßigkeit, Verarbeitung nach Treu und Glauben und Transparenz (lit. a → Rn. 23 ff.), Zweckbindung (lit. b → Rn. 34 ff.), Datenminimierung (lit. c → Rn. 46), Richtigkeit (lit. d → Rn. 47), Speicherbegrenzung (lit. e → Rn. 48 f.) sowie Integrität und Vertraulichkeit (lit. f → Rn. 50 f.); Abs. 2 regelt die Rechenschaftspflicht des Verantwortlichen (→ Rn. 52 ff.).

IV. Beschränkungen der Grundsätze

16 Art. 23 ermöglicht Beschränkungen der Grundsätze des Art. 5 durch Rechtsvorschriften der Union oder der Mitgliedstaaten, sofern die Bestimmungen des Art. 5 „den in den Artikeln 12 bis 22 vorgesehenen Rechten und Pflichten entsprechen" (Art. 23 Abs. 1). Die Art. 12–22 enthalten Regelungen zu den Betroffenenrechten, die wiederum selbst unter den Voraussetzungen des Art. 23 beschränkt werden können. Ein Grundsatz aus Art. 5 kann nur dann nach Art. 23 beschränkt werden, wenn er **einem Betroffenenrecht korrespondiert;** damit sollen letztlich Beschränkungen der Betroffenenrechte ermöglicht werden, indem auch der jeweils korrespondierende Grundsatz beschränkt werden kann, so dass ein Verantwortlicher, der von einer Beschränkung eines Betroffenenrechts Gebrauch macht, nicht gegen die Pflichten aus dem korrespondierenden objektiv-rechtlichen Grundsatz verstößt. Zuordnungen zwischen Betroffenenrechten und Grundsätzen lassen sich jedenfalls feststellen für den Grundsatz der Transparenz (Abs. 1 lit. a) einerseits und die Informationspflichten und Auskunftsrechte nach Art. 13–15 DS-GVO andererseits, für den Grundsatz der Richtigkeit (Abs. 1 lit. d) einerseits und das Recht auf Berichtigung aus Art. 16 andererseits, für den Grundsatz der Speicherbegrenzung (Abs. 1 lit. e) einerseits und das Recht auf Löschung aus Art. 17 Abs. 1 lit. a andererseits sowie den Grundsatz der Integrität und Vertraulichkeit (Abs. 1 lit. f) einerseits und das Recht auf Löschung aus Art. 17 Abs. 1 lit. d andererseits; weitere solche Zuordnungen können sich je nach Einzelfall ergeben.

17 Beschränkungen nach Art. 23 sind nur zulässig zur Verfolgung der **in Art. 23 Abs. 1 aufgezählten Ziele.** Im Bereich des Rechts der Informationssicherheit können grundsätzlich alle diese Ziele in Betracht kommen. Folgende Ziele werden in Art. 23 Abs. 1 genannt:

- lit. a: die **nationale Sicherheit** (also die Sicherheit des Staates im Sinne seines fundamentalen Bestandsinteresses, deren Gewährleistung insbesondere Aufgabe des polizeilichen Staatsschutzes und der Nachrichtendienste ist)[11]
- lit. b: die **Landesverteidigung** (also der Schutz des eigenen Hoheitsgebiets vor Angriffen von außen mit militärischen Mitteln sowie die Bündnisverteidigung etwa im Rahmen der NATO;[12] hierunter können auch Maßnahmen gegen einen Cyber-Angriff eines anderen Staates fallen)[13]
- lit. c: die **öffentliche Sicherheit** (also – anders als bei dem im deutschen Polizei- und Ordnungsrecht gebräuchlichen Begriff der öffentlichen Sicherheit – der Schutz besonders bedeutsamer Rechtsgüter und elementarer rechtlicher Standards)[14]

---

[11] Vgl. Kühling/Buchner/*Bäcker,* Art. 23 Rn. 15; Auernhammer/*Herbst,* Art. 23 Rn. 11.

[12] Vgl. Kühling/Buchner/*Bäcker,* Art. 23 Rn. 17.

[13] Vgl. Simitis/Hornung/Spiecker gen. Döhmann/*Dix,* Art. 23 Rn. 24; Auernhammer/*Herbst,* Art. 23 Rn. 12.

[14] Vgl. Kühling/Buchner/*Bäcker,* Art. 23 Rn. 19; Auernhammer/*Herbst,* Art. 23 Rn. 13.

- lit. d: die Verhütung und Verfolgung von **Straftaten,** die Strafvollstreckung und die Abwehr von – straftatenbezogenen[15] – Gefahren für die öffentliche Sicherheit
- lit. e: der Schutz **sonstiger wichtiger Ziele** des allgemeinen öffentlichen Interesses der Union oder eines Mitgliedstaats, insbesondere eines wichtigen wirtschaftlichen oder finanziellen Interesses der Union oder eines Mitgliedstaats, etwa im Währungs-, Haushalts- und Steuerbereich sowie im Bereich der öffentlichen Gesundheit und der sozialen Sicherheit (wobei sich dieser Punkt auf „wichtige" Ziele beschränkt und daher eng ausgelegt werden sollte)[16]
- lit. f: der Schutz der Unabhängigkeit der **Justiz** und der Schutz von Gerichtsverfahren (insbesondere auch die Sachverhaltsermittlung in gerichtlichen Verfahren)[17]
- lit. g: die Verhütung, Aufdeckung, Ermittlung und Verfolgung von Verstößen gegen die **berufsständischen Regeln** reglementierter Berufe[18]
- lit. h: **Kontroll-, Überwachungs- und Ordnungsfunktionen,** die dauernd oder zeitweise mit der Ausübung öffentlicher Gewalt für die unter den Buchstaben a bis e und g genannten Zwecke verbunden sind (diese Funktionen werden auch schon von den Zielen der genannten Buchstaben selbst erfasst, insoweit ist lit. h nur deklaratorisch zu verstehen)[19]
- lit. i: der **Schutz der betroffenen Person** oder der Rechte und Freiheiten **anderer Personen** („andere Person" kann auch der Verantwortliche sein; „Rechte und Freiheiten" meint nur rechtlich geschützte Interessen, nicht rein wirtschaftliche Interessen)[20]
- lit. j: die Durchsetzung **zivilrechtlicher Ansprüche**[21]

Im Zusammenhang mit den Beschränkungszielen des Art. 23 Abs. 1 lit. d muss beachtet werden, dass die DS-GVO nach Art. 2 Abs. 2 lit. d **keine Anwendung findet im Bereich der Verhütung und Verfolgung von Straftaten** durch die zuständigen Behörden (→ Rn. 14). Die Grundsätze des Art. 5 und auch die Betroffenenrechte der DS-GVO gelten daher hier nicht; vielmehr gelten hier die mitgliedstaatlichen Regelungen, die in Umsetzung der JI-RL ergangen sind. Die Grundsätze des Art. 5 (und damit die Beschränkungsregelung des Art. 23 Abs. 1 lit. d) können aber etwa in solchen Fällen Anwendung finden, in denen **Daten zunächst zu nicht straftatenbezogenen Zwecken verarbeitet werden** und dann zu Zwecken der Verhütung oder Verfolgung von Straftaten an die hierfür zuständigen Behörden übermittelt werden sollen. In solchen Konstellationen könnten durch eine entsprechende gesetzliche Regelung etwa Auskunfts- oder Löschungsansprüche der betroffenen Person gegenüber dem ursprünglichen Verantwortlichen **18**

---

[15] Kühling/Buchner/*Bäcker,* Art. 23 Rn. 21; Auernhammer/*Herbst,* Art. 23 Rn. 14.

[16] Auernhammer/*Herbst,* Art. 23 Rn. 15.

[17] Auernhammer/*Herbst,* Art. 23 Rn. 17; vgl. auch *VGH Mannheim,* Beschl. v. 15.2.2019 – 1 S 188/19, VBlBW 2019, 325 Rn. 21 = BeckRS 2019, 2625 Rn. 21 (zur Aktenvorlagepflicht von Behörden aus § 99 Abs. 1 S. 1 VwGO).

[18] Ein reglementierter Beruf ist nach Art. 3 Abs. 1 lit. a Berufsanerkennungs-RL ein Beruf, dessen Aufnahme oder Ausübung an den Besitz bestimmter Berufsqualifikationen gebunden ist; vgl. Kühling/Buchner/*Bäcker,* Art. 23 Rn. 26; Auernhammer/*Herbst,* Art. 23 Rn. 17.

[19] Kühling/Buchner/*Bäcker,* Art. 23 Rn. 28.

[20] Kühling/Buchner/*Bäcker,* Art. 23 Rn. 32.

[21] Dazu Kühling/Buchner/*Bäcker,* Art. 23 Rn. 33ff.

ausgeschlossen und damit der Transparenz- oder Speicherbegrenzungsgrundsatz beschränkt werden.[22]

19 Ähnliche Konstellationen können sich ergeben im Bereich der **nationalen Sicherheit** (Art. 23 Abs. 1 lit. a), der nicht in den Anwendungsbereich des Unionsrechts fällt (Art. 4 Abs. 2 S. 3 EUV) und in dem daher die DS-GVO aufgrund von Art. 2 Abs. 2 lit. a keine Anwendung findet (→ Rn 14),[23] und im Bereich der **Landesverteidigung** (Art. 23 Abs. 1 lit. b), die in den Anwendungsbereich von Titel V Kapitel 2 (Art. 23–42) EUV (Gemeinsame Außen- und Sicherheitspolitik) fällt, so dass hier die DS-GVO gem. Art. 2 Abs. 2 lit. b keine Anwendung findet (→ Rn. 14).[24] In diesen Bereichen gelten für die Datenverarbeitung zu den entsprechenden Zwecken nur die nationalen Regelungen.

20 Nach Art. 23 Abs. 1 sind Beschränkungen der Grundsätze nur zulässig im Wege von Gesetzgebungsmaßnahmen; diese müssen dabei den **Wesensgehalt der Grundrechte** (insbesondere der Grundrechte aus Art. 7 und 8 GRCh auf Achtung des Privatlebens und auf Schutz der personenbezogenen Daten) und **Grundfreiheiten** (also der im AEUV geregelten Freiheiten des Warenverkehrs, Personenverkehrs, Dienstleistungsverkehrs und Kapitalverkehrs) achten und **verhältnismäßig** sein.[25] Außerdem müssen entsprechende gesetzliche Regelungen die in Art. 23 Abs. 2 genannten Mindestinhalte umfassen.

V. Aufsichtsbehördliche Kontrolle und Sanktionierung von Verstößen

21 Zu den Aufgaben der datenschutzrechtlichen Aufsichtsbehörden gehören nach Art. 57 Abs. 1 lit. a die Überwachung und Durchsetzung der Anwendung der DS-GVO und damit auch der Grundsätze des Art. 5. Zu diesem Zweck verfügen diese Behörden über die **Untersuchungsbefugnisse** nach Art. 58 Abs. 1 (unter anderem Auskunftsrechte und Zugang zu Räumlichkeiten und Computern) und über die **Abhilfebefugnisse** nach Art. 58 Abs. 2 (unter anderem Befugnisse zur Anweisung zu bestimmten Handlungen und zur Verhängung von Beschränkungen der Verarbeitung).

22 Bei Verstößen gegen die Grundsätze des Art. 5 können durch die Aufsichtsbehörden nach Art. 83 Abs. 5 lit. a **Geldbußen** von bis zu 20 Mio. EUR oder im Fall eines Unternehmens von bis zu 4 Prozent seines gesamten weltweit erzielten Jahresumsatzes des vorangegangenen Geschäftsjahres verhängt werden. Die gleiche Sanktion ist nach Art. 83 Abs. 6 möglich bei Nichtbefolgung einer Anweisung der Aufsichtsbehörde im Rahmen ihrer Abhilfebefugnisse. In der Praxis dürfte in den meisten Fällen nicht schon wegen des bloßen Verstoßes gegen einen der abstrakten Grundsätze des Art. 5 eine Geldbuße verhängt werden, sondern erst wegen der Nichtbefolgung einer daraufhin ergehenden Anweisung der Aufsichtsbehörde.[26]

---

[22] Vgl. zu dieser Problematik Kühling/Buchner/*Bäcker,* Art. 23 Rn. 13 f., 21; Auernhammer/*Herbst,* Art. 23 Rn. 14.

[23] Dazu Kühling/Buchner/*Bäcker,* Art. 23 Rn. 16.

[24] Dazu Kühling/Buchner/*Bäcker,* Art. 23 Rn. 18.

[25] Zu diesen Anforderungen näher Kühling/Buchner/*Bäcker,* Art. 23 Rn. 34 ff.

[26] Simitis/Hornung/Spiecker gen. Döhmann/*Roßnagel,* Rn. 18 hält die Grundsätze des Art. 5 generell für zu unbestimmt, um allein wegen eines Verstoßes gegen einen der Grundsätze eine Geldbuße zu verhängen.

B. Einzelheiten

I. Rechtmäßigkeit, Verarbeitung nach Treu und Glauben, Transparenz (Abs. 1 lit. a)

Abs. 1 lit. a regelt die drei Grundsätze der Rechtmäßigkeit, der Verarbeitung nach Treu und Glauben und der Transparenz. Trotz einiger inhaltlicher Bezüge zwischen ihnen handelt es sich um verschiedene Grundsätze, die im Folgenden getrennt voneinander behandelt werden sollen.[27] 23

1. Rechtmäßigkeit. Nach Abs. 1 lit. a Var. 1 müssen personenbezogene Daten „auf rechtmäßige Weise" verarbeitet werden.[28] Der Wortlaut dieser Formulierung ist nicht eindeutig. Sie kann in einem **engen Sinne** in der Bedeutung verstanden werden, die die Regelung des Art. 6 Abs. 1 dem Begriff „rechtmäßig" zugrunde legt,[29] nämlich als das Vorhandensein einer der in Art. 6 Abs. 1 aufgezählten Rechtsgrundlagen oder einer nach Art. 6 Abs. 3 zulässigen unionsrechtlichen oder mitgliedstaatlichen Rechtsgrundlage für die Verarbeitung personenbezogener Daten. Eine Verarbeitung wäre demnach nur dann nicht rechtmäßig, wenn für sie keine ausreichende Rechtsgrundlage existiert. 24

Die Formulierung kann aber auch in dem **(weiten) Sinne** verstanden werden, dass sämtliche Anforderungen und Pflichten beachtet werden, die sich aus dem unionsrechtlichen oder mitgliedstaatlichen Datenschutzrecht für die jeweilige Verarbeitung personenbezogener Daten ergeben.[30] Dazu würde dann etwa auch die Beachtung der Informationspflichten aus Art. 13, 14 gehören. 25

Für das enge Verständnis von „Rechtmäßigkeit" spricht zunächst Erwgr. 40. Dort heißt es: „Damit die Verarbeitung rechtmäßig ist, müssen personenbezogene Daten mit Einwilligung der betroffenen Person oder auf einer sonstigen zulässigen Rechtsgrundlage verarbeitet werden, die sich aus dieser Verordnung oder – wann immer in dieser Verordnung darauf Bezug genommen wird – aus dem sonstigen Unionsrecht oder dem Recht der Mitgliedstaaten ergibt […]" Für das enge Verständnis spricht außerdem ein Blick auf mögliche Konsequenzen des weiten Verständnisses: Demnach könnte ein bloß geringfügiger Verstoß gegen Informationspflichten (etwa das Fehlen der Kontaktdaten des Datenschutzbeauftragten auf dem Informationsblatt) zur Rechtswidrigkeit der gesamten Verarbeitung führen; das hätte etwa nach Art. 17 Abs. 1 lit. d eine Pflicht des Verantwortlichen zur Löschung der betreffenden Daten zur Konsequenz, was als unangemessen erscheint (angemessen wären hier ggf. aufsichtsbehördliche Maßnahmen). Gegen das weite Verständnis spricht auch der Umstand, dass bei seiner Zugrundelegung Verstöße gegen beliebige datenschutzrechtliche Normen zu einer Geldbuße nach Art. 83 Abs. 5 lit. a führen könnten; die Regelung zur Geldbuße würde damit jede Kontur verlieren und könnte auf diese Weise gegen den rechtsstaatlichen Bestimmtheitsgrundsatz verstoßen. Vorzugswürdig ist also das enge Verständnis von „Rechtmäßigkeit" im 26

---

[27] Vgl. dazu Paal/Pauly/*Frenzel,* Rn. 13.

[28] Vgl. zum Folgenden auch Kühling/Buchner/*Herbst,* Rn. 8ff.

[29] Zur Bedeutung der „Rechtmäßigkeit" nach Art. 6 Abs. 1 vgl. etwa *Buchner,* DuD 2016, 155 (157f.).

[30] So Paal/Pauly/*Frenzel,* Rn. 14ff.; Simitis/Hornung/Spiecker gen. Döhmann/*Roßnagel,* Rn. 38f.

Sinne des Vorhandenseins einer ausreichenden Rechtsgrundlage für die Verarbeitung.[31]

27 Ein **Angriff auf die Sicherheit in der Informationstechnik,** durch den Unbefugte Zugriff auf personenbezogene Daten erhalten, stellt auch einen Verstoß gegen den Grundsatz der Rechtmäßigkeit dar, indem die Verarbeitung der Daten durch die Angreifer ohne Rechtsgrundlage erfolgt.

28 **2. Verarbeitung nach Treu und Glauben.** Was eine Verarbeitung „nach Treu und Glauben" (in der englischen Sprachfassung „fairly") bedeuten soll, erschließt sich nicht auf den ersten Blick. Der Gesetzgeber der EU kann jedenfalls nicht den mit umfangreicher Rechtsprechung und Literatur aufgeladenen Begriff „Treu und Glauben" aus dem deutschen Zivilrecht (§ 242 BGB) gemeint haben.[32] Der Begriff „Treu und Glauben" muss vielmehr **autonom als unionsrechtlicher Begriff** ausgelegt werden.[33]

29 Die Datenschutz-RL enthielt als Vorgängernorm der DS-GVO in Art. 6 Abs. 1 lit. a Datenschutz-RL ebenfalls den Grundsatz der Verarbeitung „nach Treu und Glauben" (englisch auch dort „fairly"); dieser Grundsatz wurde in Erwgr. 38 der Datenschutz-RL dahingehend erläutert, dass die betroffenen Personen in der Lage sein müssen, „das Vorhandensein einer Verarbeitung zu erfahren und ordnungsgemäß und umfassend über die Bedingungen der Erhebung informiert zu werden, wenn Daten bei ihnen erhoben werden." Im Kontext der Datenschutz-RL sollte der Grundsatz also insbesondere heimliche Verarbeitungen ausschließen; die betroffene Person sollte umfassend über die Verarbeitung ihrer Daten informiert werden. Die Datenschutz-RL kannte allerdings noch nicht den erst mit der DS-GVO eingeführten Grundsatz der **„Transparenz",** in dem nunmehr die Forderung nach Ausschluss heimlicher Verarbeitungen und umfassender Information der betroffenen Person zu verorten ist (→ Rn. 31 f.).[34] Betrachtet man außerdem die parallel zur DS-GVO geschaffene JI-RL, die für straftatenbezogene staatliche Maßnahmen wie etwa verdeckte Ermittlungen und heimliche Datenverarbeitungen gilt und zwar keinen Grundsatz der „Transparenz" enthält, aber in Art. 4 Abs. 1 lit. a JI-RL den Grundsatz der Verarbeitung „nach Treu und Glauben" („fairly"), dann wird deutlich, dass sich mit der Einführung des Grundsatzes der Transparenz die Bedeutung des Grundsatzes der Verarbeitung nach Treu und Glauben verschoben hat; der neue Grundsatz der Transparenz hat gleichsam die auf die Informiertheit des Betroffenen abzielenden Aspekte aus dem Grundsatz der Verarbeitung nach Treu und Glauben abgezogen und in sich aufgenommen.

30 Damit stellt sich die Frage, welche Bedeutung der Grundsatz der Verarbeitung „nach Treu und Glauben" gem. lit. a nunmehr hat. Auch mit Blick auf den englischen Terminus „fairly" bietet es sich an, in ihm einen Auffangtatbestand zu sehen, der vor allem solche Situationen erfasst, in denen die betroffene Person durch eine Verarbeitung ihrer personenbezogenen Daten einen Nachteil erfährt, der dem durch die DS-GVO etablierten Gesamtbild des **Kräftegleichgewichts** zwischen

---

[31] Ähnlich BeckOK DatenschutzR/*Schantz,* Rn. 5; Ehmann/Selmayr/*Heberlein,* Rn. 8; Gola/*Pötters,* Rn. 6; Taeger/Gabel/*Voigt,* Rn. 9 f.; Schwartmann/Jaspers/Thüsing/Kugelmann/*Jaspers/Schwartmann/Hermann,* Rn. 19 ff.; Specht/Mantz DatenschutzR-HdB/*Mantz/Marosi,* § 3 Rn. 51 f.

[32] Dazu und zum Folgenden ausf. Kühling/Buchner/*Herbst,* Rn. 13 ff.

[33] So auch Simitis/Hornung/Spiecker gen. Döhmann/*Roßnagel,* Rn. 46.

[34] Ähnlich Simitis/Hornung/Spiecker gen. Döhmann/*Roßnagel,* Rn. 45.

der betroffenen Person und dem Verantwortlichen widerspricht, ohne zwingend gegen ein konkretes gesetzliches Verbot zu verstoßen.[35] Der auch im Deutschen übliche Ausdruck **„Fairness"** würde das besser wiedergeben als der in der deutschen Fassung der DS-GVO verwendete Ausdruck „Treu und Glauben".[36]

3. Transparenz. Die Bedeutung des – in der Datenschutz-RL noch nicht vorhandenen – Grundsatzes der Transparenz in Abs. 1 lit. a stimmt in wesentlichen Teilen mit dem Grundsatz der Verarbeitung nach Treu und Glauben in seiner früheren, noch in der Datenschutz-RL zugrunde gelegten Bedeutung überein (→ Rn. 29). Transparenz verlangt nach dem **Ausschluss heimlicher Verarbeitungen** personenbezogener Daten und nach **umfassender Information** der betroffenen Person über die Verarbeitung der auf sie bezogenen Daten.[37] Transparenz ist eine Vorbedingung für informationelle Selbstbestimmung und versetzt die betroffene Person in die Lage, als autonomes Individuum insbesondere ihre Betroffenenrechte wahrzunehmen.[38] Hinsichtlich eines Teilaspekts, nämlich des Rechts einer Person auf Auskunft über die sie betreffenden erhobenen Daten, findet sich dieser Grundsatz auch in Art. 8 Abs. 2 S. 2 GRCh. 31

Erwgr. 39 kann zur Erläuterung des Transparenzgrundsatzes herangezogen werden. Demnach soll sich die Transparenz insbesondere darauf beziehen, dass personenbezogene Daten „erhoben, verwendet, eingesehen oder anderweitig verarbeitet werden und in welchem Umfang die personenbezogenen Daten verarbeitet werden und künftig noch verarbeitet werden." Das Transparenzerfordernis umfasst auch die Information über die „Identität des Verantwortlichen und die Zwecke der Verarbeitung und sonstige Informationen, die eine faire und transparente Verarbeitung im Hinblick auf die betroffenen natürlichen Personen gewährleisten", sowie das Recht auf Auskunft darüber, welche personenbezogenen Daten des Betroffenen verarbeitet werden. Die Betroffenen sollen auch „über die Risiken, Vorschriften, Garantien und Rechte im Zusammenhang mit der Verarbeitung personenbezogener Daten informiert und darüber aufgeklärt werden, wie sie ihre diesbezüglichen Rechte geltend machen können." Informationen und Mitteilungen sollen dabei „leicht zugänglich und verständlich und in klarer und einfacher Sprache abgefasst" sein. Erwgr. 100 weist außerdem darauf hin, dass Zertifizierungsverfahren sowie Datenschutzsiegel und -prüfzeichen (vgl. Art. 42) den betroffenen Personen „einen raschen Überblick über das Datenschutzniveau einschlägiger Produkte und Dienstleistungen ermöglichen" und dadurch die Transparenz erhöhen können. 32

Konkretisierungen des Transparenzgrundsatzes finden sich insbesondere in den Vorschriften der Art. 12–15 über Informationsmodalitäten, Informationspflichten und Auskunftsrechte.[39] Kommt es bei einem **Angriff auf die Sicherheit in der Informationstechnik** zu einer „Verletzung des Schutzes personenbezogener Daten" („personal data breach") iSv Art. 4 Nr. 12, also zu einer „Verletzung der 33

---

[35] Ebenso Simitis/Hornung/Spiecker gen. Döhmann/*Roßnagel,* Rn. 47; ähnlich Sydow DS-GVO/*Reimer,* Rn. 14.

[36] So auch *Roßnagel,* ZD 2018, 339 (340).

[37] Ausführlicher dazu Kühling/Buchner/*Herbst,* Rn. 18.

[38] Vgl. v. Lewinski, Die Matrix des Datenschutzes, S. 50; Simitis/Hornung/Spiecker gen. Döhmann/*Roßnagel,* Rn. 50.

[39] Hinweise zur Umsetzung der in Art. 12–15 enthaltenen Anforderungen hat die Artikel-29-Datenschutzgruppe in den „Leitlinien für Transparenz gemäß der Verordnung 2016/679" (WP 260 rev.01) veröffentlicht.

Sicherheit, die, ob unbeabsichtigt oder unrechtmäßig, zur Vernichtung, zum Verlust, zur Veränderung, [sic] oder zur unbefugten Offenlegung von beziehungsweise zum unbefugten Zugang zu personenbezogenen Daten führt, die übermittelt, gespeichert oder in sonstiger Weise verarbeitet wurden", dann ist der Verantwortliche nicht nur gem. Art. 33 zur Meldung an die Aufsichtsbehörde, sondern gem. Art. 34 auch zur **Benachrichtigung der betroffenen Person** verpflichtet; auch diese Benachrichtigung dient dem datenschutzrechtlichen Grundsatz der Transparenz.[40]

II. Zweckbindung (Abs. 1 lit. b)

34 **1. Überblick.** Der Zweckbindungsgrundsatz ist ein Kernbestandteil des Datenschutzrechts.[41] Er stellt eine Reaktion des Rechts auf die faktische Möglichkeit dar, einmal erhobene personenbezogene Daten nicht nur für den Erhebungszweck zu verarbeiten, sondern sie aufzubewahren, weiterzugeben und in neuen Kontexten zu beliebigen anderen Zwecken weiterzuverarbeiten, ggf. unter Zusammenführung mit weiteren Daten aus wiederum anderen Kontexten. Das **BVerfG** hatte in seinem für den grundrechtlichen Datenschutz im deutschen Recht grundlegenden Volkszählungsurteil ausgeführt: „Wer nicht mit hinreichender Sicherheit überschauen kann, welche ihn betreffende Informationen in bestimmten Bereichen seiner sozialen Umwelt bekannt sind, und wer das Wissen möglicher Kommunikationspartner nicht einigermaßen abzuschätzen vermag, kann in seiner Freiheit wesentlich gehemmt werden, aus eigener Selbstbestimmung zu planen oder zu entscheiden. Mit dem Recht auf informationelle Selbstbestimmung wären eine Gesellschaftsordnung und eine diese ermöglichende Rechtsordnung nicht vereinbar, in der Bürger nicht mehr wissen können, wer was wann und bei welcher Gelegenheit über sie weiß."[42] Das Gericht zog daraus u.a. folgende Konsequenz: „Ein Zwang zur Angabe personenbezogener Daten setzt voraus, daß der Gesetzgeber den Verwendungszweck bereichsspezifisch und präzise bestimmt und daß die Angaben für diesen Zweck geeignet und erforderlich sind. Damit wäre die Sammlung nicht anonymisierter Daten auf Vorrat zu unbestimmten oder noch nicht bestimmbaren Zwecken nicht zu vereinbaren. […] Die Verwendung der Daten ist auf den gesetzlich bestimmten Zweck begrenzt. Schon angesichts der Gefahren der automatischen Datenverarbeitung ist ein – amtshilfefester – Schutz gegen Zweckentfremdung durch Weitergabeverbote und Verwertungsverbote erforderlich."[43] Der in diesen Formulierungen zum Ausdruck kommende und auch dem Abs. 1 lit. b zugrundeliegende Grundgedanke des Zweckbindungsgrundsatzes besteht darin, dass schon bei Erhebung personenbezogener Daten der Zweck festgelegt werden muss, zu dem die Daten erhoben und verarbeitet werden sollen, und dass die Daten dann (zunächst) nur zu diesem Zweck verarbeitet werden dürfen. Aus dem festgelegten Zweck ergibt sich auch, welche Daten verarbeitet werden dürfen und wie lange sie

---

[40] Kühling/Buchner/*Jandt,* Art. 34 Rn. 1.

[41] Zum Zweckbindungsgrundsatz (schon mit Blick auf die seinerzeit noch im Entwurf befindliche DS-GVO) *Artikel-29-Datenschutzgruppe,* Opinion 03/2013 on purpose limitation, WP 203. Vgl. zum Folgenden auch ausf. Kühling/Buchner/*Herbst,* Art. 5 Rn. 20ff.

[42] *BVerfG,* Urt. v. 15.12.1983 – 1BvR 209/83, BVerfGE 65, 1 (43).

[43] *BVerfG,* Urt. v. 15.12.1983 – 1BvR 209/83, BVerfGE 65, 1 (46). Zur jüngeren Entwicklung des Zweckbindungsgrundsatzes in der Rechtsprechung des BVerfG vgl. *BVerfG,* Beschl. v. 18.12.2018 – 1 BvR 2795/09, 3187/10, BVerfGE 150, 309 (340f.).

gespeichert werden dürfen; diese Aspekte greifen die ebenfalls in Abs. 1 normierten Grundsätze der Datenminimierung (→ Rn. 46) und der Speicherbegrenzung (→ Rn. 48f.) auf. Kommt es bei einem **Angriff auf die Sicherheit in der Informationstechnik** zu einem Zugriff Unbefugter auf personenbezogene Daten und werden diese Daten dann zu kriminellen Zwecken wie etwa einer Erpressung oder einem Computerbetrug verwendet, dann liegt darin im Hinblick auf die Grundsätze des Abs. 1 nicht nur ein Verstoß gegen den Grundsatz der Rechtmäßigkeit (→ Rn. 27), sondern zugleich ein Verstoß gegen den Zweckbindungsgrundsatz.

Abs. 1 lit. b normiert keine strikte Bindung jeglicher Verarbeitung an den ursprünglichen Erhebungszweck. Schon aus dem Wortlaut der Vorschrift wird deutlich, dass eine **Weiterverarbeitung** personenbezogener Daten auch **zu anderen Zwecken** zulässig sein kann; eine solche Weiterverarbeitung zu anderen Zwecken muss allerdings mit dem ursprünglichen Erhebungszweck „vereinbar" sein (Zweckvereinbarkeit → Rn. 40ff.). **35**

Abs. 1 lit. b Hs. 2 entbindet unter bestimmten Voraussetzungen Weiterverarbeitungen für Archivzwecke, Forschungszwecke oder statistische Zwecke von dem Erfordernis der Zweckvereinbarkeit (→ Rn. 45). **36**

2. Datenerhebung für festgelegte, eindeutige und legitime Zwecke. **37** Schon aus dem Wortlaut des Abs. 1 lit. b ergibt sich, dass die Verarbeitungszwecke **schon zum Zeitpunkt der Datenerhebung festgelegt** sein müssen; Erwgr. 39 verlangt dies auch ausdrücklich („zum Zeitpunkt der Erhebung der personenbezogenen Daten feststehen"). Für die Zweckfestlegung ist keine bestimmte **Form** vorgegeben. Allerdings ist zu berücksichtigen, dass der Verantwortliche nach Abs. 2 die Einhaltung des Zweckbindungsgrundsatzes nachweisen können muss; eine bloß mentale Festlegung genügt daher nicht. Die Zweckfestlegung kann auch in der Mitteilung der vorgesehenen Verarbeitungszwecke an die betroffene Person gesehen werden, zu der der Verantwortliche gem. Art. 13 Abs. 1 lit. c bzw. Art. 14 Abs. 1 lit. c ohnehin verpflichtet ist. Auch in dem Verzeichnis von Verarbeitungstätigkeiten gem. Art. 30 Abs. 1 kann eine Zweckfestlegung erfolgen (nach Art. 30 Abs. 1 lit. b muss dieses Verzeichnis auch die Verarbeitungszwecke angeben).

Das Erfordernis, dass die Zwecke „eindeutig" sein müssen, verlangt nach **hinreichender Bestimmtheit** ihrer Beschreibung. Dem genügt etwa eine Zweckangabe wie „improving users' experience" nicht;[44] dagegen kann die Angabe bestimmter Bereiche wissenschaftlicher Forschung, in denen die Daten verwendet werden sollen, genügen.[45] **38**

Mit der Anforderung, dass die Zwecke „legitim" (in der englischen Fassung: „legitimate") sein sollen, ist gemeint, dass die Zwecke **rechtlich zulässig** sind.[46] **39**

3. Zweckvereinbarkeit bei Weiterverarbeitung zu anderen Zwecken. **40** Die Verarbeitung der personenbezogenen Daten erfolgt in der Regel zunächst zu den bei ihrer Erhebung festgelegten Zwecken. Unter bestimmten Voraussetzungen kann von diesen Zwecken aber auch abgewichen werden und eine Weiterverarbeitung zu anderen Zwecken erfolgen. Zu einer solchen Zweckänderung ist jedenfalls erforderlich, dass die Weiterverarbeitung nicht mit den bei der Datenerhebung festgelegten Zwecken unvereinbar ist (dazu sogleich). Der neue Zweck muss – wie je-

---

44 *Artikel-29-Datenschutzgruppe,* Opinion 03/2013 on purpose limitation, WP 203, 16.

45 Vgl. dazu Erwgr. 33.

46 Vgl. *Artikel-29-Datenschutzgruppe,* Opinion 03/2013 on purpose limitation, WP 203, 19f.

der Verarbeitungszweck – festgelegt und **der betroffenen Person mitgeteilt** werden (die Mitteilungspflicht bei Zweckänderung ergibt sich aus Art. 13 Abs. 3, Art. 14 Abs. 4). Die Weiterverarbeitung ist nunmehr an den neuen festgelegten Zweck gebunden.

41 Die Prüfung der **Vereinbarkeit mit dem Erhebungszweck** (Zweckvereinbarkeit) kann nicht schematisch erfolgen, sondern erfordert eine wertende Beurteilung. Die Artikel-29-Datenschutzgruppe hatte im Jahr 2013 – schon mit Blick auf die DS-GVO – einige Kriterien zusammengetragen, die in den Mitgliedstaaten im Hinblick auf die Zweckvereinbarkeitsprüfung nach der Datenschutz-RL entwickelt worden waren.[47] Diese **Prüfkriterien** finden sich nun mit kleinen Abwandlungen in **Art. 6 Abs. 4 lit. a–e** wieder. Demnach ist bei der Beurteilung der Zweckvereinbarkeit „unter anderem" (die Kriterien sind nicht abschließend) Folgendes zu berücksichtigen:[48]

- jede Verbindung zwischen den Zwecken, für die die personenbezogenen Daten erhoben wurden, und den Zwecken der beabsichtigten Weiterverarbeitung (Art. 6 Abs. 4 lit. a);
- der Zusammenhang, in dem die personenbezogenen Daten erhoben wurden, insbesondere hinsichtlich des Verhältnisses zwischen den betroffenen Personen und dem Verantwortlichen (Art. 6 Abs. 4 lit. b);
- die Art der personenbezogenen Daten, insbesondere ob besondere Kategorien personenbezogener Daten gem. Art. 9 verarbeitet werden oder ob personenbezogene Daten über strafrechtliche Verurteilungen und Straftaten gem. Art. 10 verarbeitet werden (Art. 6 Abs. 4 lit. c);
- die möglichen Folgen der beabsichtigten Weiterverarbeitung für die betroffenen Personen (Art. 6 Abs. 4 lit. d) und
- das Vorhandensein geeigneter Garantien, wozu Verschlüsselung oder Pseudonymisierung gehören kann (Art. 6 Abs. 4 lit. e).

42 Erwgr. 50 weist außerdem darauf hin, dass es bei der Prüfung der Zweckvereinbarkeit insbesondere auf die **vernünftigen Erwartungen der betroffenen Person** in Bezug auf die weitere Verwendung der Daten ankommt.

43 Art. 6 Abs. 4 sieht zwei **Ausnahmen** vom Erfordernis der Zweckvereinbarkeit vor. Demnach ist eine Zweckänderung ohne Rücksicht auf das Kriterium der Zweckvereinbarkeit zulässig, wenn entweder eine **Einwilligung** der betroffenen Person vorliegt oder die Verarbeitung auf Unionsrecht oder mitgliedstaatlichem Recht beruht, das in einer demokratischen Gesellschaft eine notwendige und verhältnismäßige Maßnahme **zum Schutz der in Art. 23 Abs. 1 genannten Ziele** darstellt (zu diesen Zielen → Rn. 17).[49]

44 Kontrovers wird beurteilt, ob die im Rahmen der Zweckvereinbarkeit erfolgende Weiterverarbeitung zu einem geänderten Zweck einer **eigenen Rechtsgrundlage** bedarf, die sich ggf. von der Rechtsgrundlage der Datenerhebung unterscheidet. Nach Erwgr. 50 S. 2 („In diesem Fall ist keine andere gesonderte Rechtsgrundlage erforderlich als diejenige für die Erhebung der personenbezogenen Daten") scheint das nicht der Fall zu sein.[50] Träfe das zu, dann hätte allerdings

---

[47] *Artikel-29-Datenschutzgruppe,* Opinion 03/2013 on purpose limitation, WP 203, 23 ff.

[48] Näher zu diesen Kriterien etwa Kühling/Buchner/*Buchner/Petri,* Art. 6 Rn. 187 ff.

[49] Zur Auslegung des etwas missverständlichen Wortlauts des Art. 6 Abs. 4 näher Kühling/Buchner/*Herbst,* Art. 5 Rn. 46.

[50] So etwa Paal/Pauly/*Frenzel,* Rn. 31; Auernhammer/*Kramer,* Art. 6 Rn. 65; Simitis/Hornung/Spiecker gen. Döhmann/*Roßnagel,* Rn. 98 (zusätzlich mit Hinweis auf Erwgr. 50

der traditionell die Verarbeitungsmöglichkeiten bei bestehenden Rechtsgrundlagen begrenzende Grundsatz der Zweckvereinbarkeit nun eine gegenteilige Funktion erlangt, nämlich die Erweiterung der Verarbeitungsmöglichkeiten auf Konstellationen, für die keine Rechtsgrundlage besteht. Für ein solches grundlegend geändertes Verständnis des Grundsatzes der Zweckvereinbarkeit gibt es – außer dem erwähnten Satz in Erwgr. 50 – keinen Hinweis in der DS-GVO. Es spricht viel dafür, dass es sich bei diesem Satz entweder um ein Redaktionsversehen handelt oder dass der Satz im Gesetzgebungsverfahren anders verstanden wurde (nämlich in dem Sinne, dass lediglich die Notwendigkeit einer Neuerhebung der weiterzuverarbeitenden Daten fortfallen sollte),[51] so dass für die Weiterverarbeitung zu einem anderen Zweck in jedem Fall eine eigene Rechtsgrundlage erforderlich ist, wie es auch von Art. 6 Abs. 1 und Abs. 1 lit. a verlangt wird.[52] Die DSK hat jüngst eine ähnliche Auffassung vertreten und die Streichung des Erwgr. 50 S. 2 vorgeschlagen.[53]

4. Privilegierte Zwecke. Nach Abs. 1 lit. b Hs. 2 entfällt bei Weiterverarbei- 45
tungen für im öffentlichen Interesse liegende **Archivzwecke,** für **wissenschaftliche oder historische Forschungszwecke** oder für **statistische Zwecke** die Zweckvereinbarkeitsprüfung; eine Weiterverarbeitung zu diesen in der Regel im öffentlichen Interesse liegenden Zwecken wird dadurch privilegiert. Voraussetzung ist dabei die Einhaltung der Anforderungen des Art. 89 Abs. 1, also insbesondere das Bestehen technischer und organisatorischer Maßnahmen zur Datenminimierung wie etwa die Pseudonymisierung oder Anonymisierung.[54]

III. Datenminimierung (Abs. 1 lit. c)

Der Grundsatz der Datenminimierung ergänzt den Grundsatz der Zweck- 46
bindung dahingehend, dass personenbezogene Daten **nur in einem solchen Umfang** verarbeitet werden dürfen, wie es zur **Erreichung des festgelegten Verarbeitungszwecks erforderlich** ist. Bei der entsprechenden Prüfung ist insbesondere zu bedenken, ob der Zweck der Verarbeitung nicht auch mit aggregierten oder anonymisierten Daten erreicht werden kann.[55] Der Grundsatz der Datenminimierung dient nicht zuletzt auch dazu, den Schaden eines möglichen **Angriffs auf die Sicherheit in der Informationstechnik** zu begrenzen, indem der Umfang personenbezogener Daten, die dem Zugriff Unbefugter bei einem solchen Angriff ausgesetzt sein könnten, möglichst klein gehalten wird.

S. 5); *Kühling/Martini,* EuZW 2016, 448 (451); *Richter,* DuD 2016, 581 (584); *Ziegenhorn/von Heckel,* NVwZ 2016, 1585 (1589f.); *Piltz,* K&R 2016, 557 (566); *Culik/Döpke,* ZD 2017, 226 (230).

[51] Zum Ganzen ausf. Kühling/Buchner/*Herbst,* Rn. 48ff.

[52] Ähnlich iErg Ehmann/Selmayr/*Heberlein,* Rn. 19f.; Sydow DS-GVO/*Reimer,* Rn. 24; BeckOK DatenschutzR/*Albers/Veit,* Art. 6 Rn. 75; Simitis/Hornung/Spiecker gen. Döhmann/*Albrecht,* Einf. Art. 6 Rn. 13; Schwartmann/Jaspers/Thüsing/Kugelmann/*Jaspers/Schwartmann/Hermann,* Rn. 43; Specht/Mantz DatenschutzR-HdB/*Mantz/Marosi,* § 3 Rn. 91f.

[53] *DSK,* Erfahrungsbericht der unabhängigen Datenschutzaufsichtsbehörden des Bundes und der Länder zur Anwendung der DS-GVO, November 2019, 13f.

[54] Zu diesen Anforderungen vgl. etwa Kühling/Buchner/*Buchner/Tinnefeld,* Art. 89 Rn. 17ff.

[55] Näher dazu Kühling/Buchner/*Herbst,* Rn. 55ff.

IV. Richtigkeit (Abs. 1 lit. d)

47 Abs. 1 lit. d fordert die sachliche Richtigkeit personenbezogener Daten.[56] Das bedeutet, dass die über die betroffene Person gespeicherten Informationen **mit der Realität übereinstimmen** müssen. Diese Richtigkeit muss aber nur „im Hinblick auf die Zwecke der Verarbeitung" gegeben sein; soweit es auf die Richtigkeit für den konkreten Verarbeitungszweck nicht ankommt, wird sie vom Richtigkeitsgrundsatz auch nicht verlangt (allerdings muss dann gefragt werden, ob die Verarbeitung dieses Datums nicht den Grundsatz der Datenminimierung verletzt). Der Grundsatz verlangt außerdem, dass personenbezogene Daten „erforderlichenfalls auf dem neuesten Stand sein" müssen. Die Einschränkung „erforderlichenfalls" ist dahingehend zu verstehen, dass sich die **Anforderungen an die Aktualität** der Daten aus dem Zweck der Verarbeitung ergeben. Unrichtige Daten sind nach Abs. 1 lit. d Hs. 2 unverzüglich zu löschen oder zu berichtigen; entsprechende Löschungs- oder Berichtigungspflichten ergeben sich auch aus den Betroffenenrechten in Art. 17 Abs. 1 lit. d und Art. 16. Kommt es bei einem **Angriff auf die Sicherheit in der Informationstechnik** zur Veränderung personenbezogener Daten, die Auswirkungen auf deren Informationsgehalt hat, dann kann dadurch der Grundsatz der Richtigkeit verletzt sein. Dem Schutz des Grundsatzes der Richtigkeit können daher Maßnahmen dienen, die die Veränderung verhindern (etwa die Verwendung von WORM-Speichern – „write once read many") oder auch Maßnahmen, durch die Modifikationen von Daten sicher erkannt werden können (etwa das Hinzufügen qualifizierter elektronischer Signaturen).[57]

V. Speicherbegrenzung (Abs. 1 lit. e)

48 Der Grundsatz der Speicherbegrenzung verlangt nach einer **zeitlichen Grenze der Verarbeitung** personenbezogener Daten. Demnach muss die Speicherung personenbezogener Daten beendet werden, sobald sie für die Zwecke der Verarbeitung nicht mehr erforderlich ist.[58] Ähnlich wie der Grundsatz der Datenminimierung (→ Rn. 46) dient der Grundsatz der Speicherbegrenzung auch dazu, den Schaden eines möglichen **Angriffs auf die Sicherheit in der Informationstechnik** zu begrenzen, indem der Umfang personenbezogener Daten, die dem Zugriff Unbefugter bei einem solchen Angriff ausgesetzt sein könnten, auch auf Dauer möglichst klein gehalten wird. Ist die Speicherung nicht mehr erforderlich, dann können die Anforderungen der Speicherbegrenzung etwa durch **Löschung** der betreffenden Daten erfüllt werden; aus der etwas umständlichen Formulierung in Abs. 1 lit. e, die sich auf die Identifizierung der betroffenen Personen bezieht, ergibt sich als weitere Möglichkeit zur Erfüllung der Anforderungen der Speicherbegrenzung die Aufhebung des Bezugs der Daten zur betroffenen Person, also die **Anonymisierung** der Daten. Erwgr. 39 ergänzt den Grundsatz der Speicherbegrenzung dahingehend, dass der Verantwortliche Fristen für die Löschung oder regelmäßige Überprüfung personenbezogener Daten vorsehen sollte, um sicherzustellen, dass diese Daten nicht länger als nötig gespeichert werden. Dies kann umgesetzt werden zB durch die Implementierung eines (ggf. automatisierten) Lösch-

---

[56] Vgl. zum Folgenden auch Kühling/Buchner/*Herbst,* Rn. 60 ff.

[57] Vgl. Kühling/Buchner/*Jandt,* Art. 4 Nr. 12 Rn. 7.

[58] Dazu auch Kühling/Buchner/*Herbst,* Rn. 64 ff.

konzepts mit Löschfristen für bestimmte Arten von Daten.[59] Der Grundsatz der Speicherbegrenzung wird konkretisiert durch die Löschungspflicht aus Art. 17 Abs. 1 lit. a.

Ähnlich wie Abs. 1 lit. b für den Zweckbindungsgrundsatz sieht Abs. 1 lit. e für den Speicherbegrenzungsgrundsatz eine **Ausnahme** vor für die Verarbeitung personenbezogener Daten für im öffentlichen Interesse liegende Archivzwecke oder für wissenschaftliche und historische Forschungszwecke oder für statistische Zwecke. Solche Daten dürfen länger als für ihren ursprünglichen Verarbeitungszweck erforderlich gespeichert werden, wobei die Anforderungen des Art. 89 Abs. 1 zu erfüllen sind (zu diesen Anforderungen → Rn. 45). **49**

VI. Integrität und Vertraulichkeit (Abs. 1 lit. f)

Der Grundsatz der Integrität und Vertraulichkeit verlangt nach einer angemessenen **Sicherheit der personenbezogenen Daten** insbesondere im Hinblick auf die hier aufgezählten Risiken.[60] Zu diesen Risiken zählen die **unbefugte Verarbeitung** (also insbesondere die Verarbeitung durch unbefugte Dritte im Sinne von Art. 4 Nr. 10, zu denen auch Personen aus dem Bereich des Verantwortlichen gehören, die nach den internen Regelungen des Verantwortlichen keine Befugnis zur Verarbeitung der konkreten Daten haben[61]) und die **unrechtmäßige Verarbeitung** (also eine Verarbeitung, für die keine Rechtsgrundlage gem. Art. 6 Abs. 1 existiert). Als Risiken nennt Abs. 1 lit. f auch explizit **„unbeabsichtigte" Beeinträchtigungen** personenbezogener Daten, nämlich den Verlust, die Zerstörung oder die Schädigung. Solche Beeinträchtigungen liegen vor, wenn Daten etwa aufgrund von Fehlern oder Nachlässigkeiten des Verantwortlichen oder der für ihn tätigen Personen abhandenkommen oder gelöscht oder derart geändert werden, dass sie nicht mehr oder nur noch eingeschränkt für den vorgesehenen Zweck verarbeitet werden können. Die Bedeutungen der im Klammerzusatz verwendeten Begriffe „Integrität" und „Vertraulichkeit" liegen gewissermaßen quer zu den im Text des Abs. 1 lit. f genannten Risiken: Integrität bedeutet Unversehrtheit der Daten, Vertraulichkeit bedeutet den Schutz vor unbefugter Kenntnisnahme.[62] Dabei zielt die Integrität, die sowohl durch unrechtmäßige bzw. unbefugte Verarbeitungen als auch durch unbeabsichtigte Beeinträchtigungen wie Löschung oder Veränderung verletzt sein kann, in dem hier vorliegenden datenschutzrechtlichen Kontext auf die Gewährleistung der auch im Interesse der betroffenen Person liegenden Richtigkeit der Daten und verstärkt damit den Richtigkeitsgrundsatz aus Abs. 1 lit. d (→ Rn. 47).[63] **50**

Abs. 1 lit. f verpflichtet zum Schutz vor den genannten Risiken durch geeignete **technische und organisatorische Maßnahmen.** Konkretisierende Regelungen hierzu finden sich insbesondere in Art. 32. Erwgr. 39 verlangt zur Gewährleistung der Sicherheit und Vertraulichkeit personenbezogener Daten außerdem, dass Unbefugte keinen Zugang zu den Daten haben und weder die Daten noch die Geräte, **51**

---

[59] Kühling/Buchner/*Herbst,* Art. 17 Rn. 20; vgl. auch Simitis/Hornung/Spiecker gen. Döhmann/*Dix,* Art. 17 Rn. 7. Empfehlungen dazu finden sich in der DIN 66398 („Leitlinie Löschkonzept"; dazu *Hammer,* DuD 2016, 528 ff.).

[60] Vgl. zum Folgenden auch Kühling/Buchner/*Herbst,* Rn. 72 ff.

[61] Vgl. Simitis/Hornung/Spiecker gen. Döhmann/*Petri,* Art. 4 Nr. 10 Rn. 4.

[62] Vgl. BeckOK DatenschutzR/*Schantz,* Art. 5 Rn. 35; Paal/Pauly/*Frenzel,* Rn. 47 f.

[63] Vgl. Sydow DS-GVO/*Reimer,* Rn. 46.

mit denen diese verarbeitet werden, benutzen können. Als Maßnahme gegen den Verlust, die Zerstörung oder die Schädigung personenbezogener Daten kommt insbesondere das Anlegen von Sicherungskopien in Betracht.[64] Als Maßnahme gegen unbefugte Verarbeitung innerhalb des Bereichs des Verantwortlichen bietet sich etwa ein Datenschutzkonzept an, das für die dort Tätigen Zugriffsrechte für einzelne Datenarten festlegt.[65] Der Grundsatz der Integrität und Vertraulichkeit verpflichtet – wie die anderen Grundsätze des Abs. 1 auch – nur den Verantwortlichen, geeignete Maßnahmen zur Gewährleistung des Grundsatzes zu treffen. Dritte, die sich im Zuge eines **Angriffs auf die Sicherheit der Informationstechnik** unrechtmäßig Zugriff auf personenbezogene Daten verschaffen, verstoßen in datenschutzrechtlicher Hinsicht jedenfalls gegen den Grundsatz der Rechtmäßigkeit (Abs. 1 lit. a → Rn. 24ff., insb. → Rn. 27).[66] Daneben kann ein solcher Angriff natürlich strafrechtliche Tatbestände erfüllen (zB §§ 202a–202c, 242, 263a, 303 StGB) und zivilrechtliche Konsequenzen nach sich ziehen (zB aus §§ 823, 1004 BGB).[67]

VII. Rechenschaftspflicht (Abs. 2)

52 Aus Abs. 2 ergibt sich zum einen, dass der Verantwortliche für die Einhaltung der Grundsätze des Abs. 1 zu sorgen hat, und zum anderen, dass er nachweisen können muss, dass er diese Pflicht befolgt.[68]

53 **1. Verantwortlichkeit (Hs. 1).** Hs. 1 stellt klar, dass die Einhaltung der Grundsätze des Abs. 1 **Sache des Verantwortlichen** ist. Der Verantwortliche kann sich also auch nicht etwa durch einen entsprechenden Vertrag mit einem Auftragsverarbeiter dieser Pflichten entledigen. Konkretisierungen der Verantwortlichkeit regelt insbesondere Art. 24.

54 **2. Nachweispflicht (Hs. 2).** Der Verantwortliche muss nach Hs. 2 die Einhaltung der Grundsätze des Abs. 1 nachweisen können. Diese Pflicht besteht insbesondere **gegenüber den Aufsichtsbehörden,** die im Rahmen ihrer Untersuchungsbefugnisse u.a. nach Art. 58 Abs. 1 lit. a den Verantwortlichen anweisen können, alle Informationen bereitzustellen, die für die Erfüllung ihrer Aufgaben erforderlich sind. Im Fall der **Auftragsverarbeitung** muss nach Art. 28 Abs. 3 lit. h der Vertrag mit dem Auftragsverarbeiter vorsehen, dass der Auftragsverarbeiter dem Verantwortlichen alle erforderlichen Informationen zum Nachweis der Einhaltung der für die Auftragsverarbeitung geltenden Pflichten zur Verfügung stellt. Das ermöglicht es wiederum dem Verantwortlichen, insoweit seiner Nachweispflicht nachzukommen.[69] Die sehr allgemein formulierte Nachweispflicht in Hs. 2 trifft keine Aussage über den **Umfang** der zu erbringenden Nachweise; die Pflicht dürfte jedenfalls nicht so weit gehen, dass jeder einzelne Verarbeitungsschritt protokolliert werden muss.[70]

---

[64] Vgl. Sydow DS-GVO/*Reimer,* Rn. 46.

[65] Vgl. Simitis/Hornung/Spiecker gen. Döhmann/*Petri,* Art. 4 Nr. 10 Rn. 4.

[66] Vgl. Sydow DS-GVO/*Reimer,* Rn. 50.

[67] Sydow DS-GVO/*Reimer,* Rn. 50.

[68] Dazu auch Kühling/Buchner/*Herbst,* Rn. 78ff.

[69] Simitis/Hornung/Spiecker gen. Döhmann/*Roßnagel,* Rn. 181.

[70] Vgl. *Breyer,* DuD 2018, 311 (315f.); für eine restriktive Interpretation der Nachweispflichten *Veil,* ZD 2018, 9 (16).

Nach dem Wortlaut des Abs. 2 ist die Nachweispflicht **zeitlich unbegrenzt;**[71] in der Literatur werden einzelne Vorschläge für eine zeitliche Begrenzung gemacht.[72] **55**

Ein Verstoß gegen die Nachweispflicht kann gem. Art. 83 Abs. 5 lit. a mit **Geldbuße** bis zu 20 Mio. EUR oder im Fall eines Unternehmens mit bis zu 4 Prozent des weltweit erzielten Jahresumsatzes geahndet werden.[73] Je nach den Umständen des Einzelfalls kann die Erfüllung der Nachweispflicht aus Hs. 2 es dem Verantwortlichen auch ermöglichen, bei einem Verstoß gegen die DS-GVO im Schadensfall das Fehlen seines Verschuldens nachzuweisen und dadurch von der **Haftung** nach Art. 82 Abs. 2 **befreit** zu werden (Art. 82 Abs. 3).[74] **56**

Hs. 2 macht keine Vorgaben hinsichtlich der **Form** der zu erbringenden Nachweise; empfehlenswert ist jedenfalls eine **schriftliche Dokumentation.**[75] Die DS-GVO verpflichtet die Verantwortlichen verschiedentlich zu Maßnahmen, die zugleich der Erfüllung der Nachweispflicht aus Hs. 2 dienen können. Dazu zählt die – freilich nicht für alle Verantwortlichen geltende – Pflicht zur Führung eines **Verzeichnisses der Verarbeitungstätigkeiten** nach Art. 30. **Technische und organisatorische Maßnahmen** können nach Art. 24 Abs. 1 nicht nur dazu dienen, die Einhaltung der DS-GVO sicherzustellen, sondern auch zur Erbringung des Nachweises dafür.[76] Auch die nach Art. 35 Abs. 7 für eine **Datenschutz-Folgenabschätzung** erforderlichen Angaben können für den Nachweis der Einhaltung der Grundsätze des Abs. 1 herangezogen werden.[77] Nach Art. 24 Abs. 3 kann darüber hinaus die Einhaltung der **genehmigten Verhaltensregeln** nach Art. 40 oder eines **genehmigten Zertifizierungsverfahrens** nach Art. 42 als Gesichtspunkt herangezogen werden, um die Erfüllung der Pflichten des Verantwortlichen nachzuweisen. Erwgr. 78 deutet außerdem an, dass Maßnahmen des **Datenschutzes durch Technikgestaltung und durch** datenschutzfreundliche Voreinstellungen nach Art. 25 geeignet sein können, die Einhaltung der DS-GVO (und damit auch der Grundsätze des Abs. 1) nachzuweisen. **57**

---

71 Für eine zeitlich unbegrenzte Pflicht offenbar Simitis/Hornung/Spiecker gen. Döhmann/*Roßnagel*, Rn. 183.

72 Sydow DS-GVO/*Reimer*, Rn. 55 erörtert eine zeitliche Begrenzung auf die Verjährung möglicher Ansprüche Dritter; Taeger/Gabel/*Voigt*, Rn. 44 empfiehlt die Frist für die Verfolgungsverjährung von Ordnungswidrigkeiten und kommt so zu einem „Richtwert von drei Jahren".

73 AA (ohne Begründung) *Breyer*, DuD 2018, 311 (315): Die Nachweispflicht sei nicht bußgeldbewehrt.

74 Vgl. Kühling/Buchner/*Bergt*, Art. 82 Rn. 51 f. Die Regelung des Art. 82 Abs. 3, die man als widerlegliche Verschuldensvermutung einordnen kann (*Albrecht/Jotzo*, Datenschutzrecht, Teil 8 Rn. 22), führt im Ergebnis zu einer Art von „Beweislastumkehr". Gegen eine Beweislastumkehr aufgrund der Nachweispflicht aus Abs. 2 aber offenbar (freilich ohne Berücksichtigung der Regelung des Art. 82 Abs. 3) *Hoeren*, MMR 2018, 637 ff.

75 So auch Simitis/Hornung/Spiecker gen. Döhmann/*Roßnagel*, Rn. 183; ähnlich Taeger/Gabel/*Voigt*, Rn. 45. Beispiele für Maßnahmen zur Erfüllung der Nachweispflicht bei *Berning*, ZD 2018, 348; Vorschläge für ein Dokumentationssystem bei *Lepperhoff*, RDV 2016, 197 ff.; zu Datenschutzmanagementsystemen, die insbesondere die Nachweispflicht berücksichtigen, *Jung*, ZD 2018, 208.

76 Simitis/Hornung/Spiecker gen. Döhmann/*Petri*, Art. 24 Rn. 18.

77 Gola/*Pötters*, Rn. 32.

Kapitel IV Verantwortlicher und Auftragsverarbeiter

Abschnitt 1 Allgemeine Pflichten

Art. 24 Verantwortung des für die Verarbeitung Verantwortlichen

(1) **[1]Der Verantwortliche setzt unter Berücksichtigung der Art, des Umfangs, der Umstände und der Zwecke der Verarbeitung sowie der unterschiedlichen Eintrittswahrscheinlichkeit und Schwere der Risiken für die Rechte und Freiheiten natürlicher Personen geeignete technische und organisatorische Maßnahmen um, um sicherzustellen und den Nachweis dafür erbringen zu können, dass die Verarbeitung gemäß dieser Verordnung erfolgt. [2]Diese Maßnahmen werden erforderlichenfalls überprüft und aktualisiert.**

(2) **Sofern dies in einem angemessenen Verhältnis zu den Verarbeitungstätigkeiten steht, müssen die Maßnahmen gemäß Absatz 1 die Anwendung geeigneter Datenschutzvorkehrungen durch den Verantwortlichen umfassen.**

(3) **Die Einhaltung der genehmigten Verhaltensregeln gemäß Artikel 40 oder eines genehmigten Zertifizierungsverfahrens gemäß Artikel 42 kann als Gesichtspunkt herangezogen werden, um die Erfüllung der Pflichten des Verantwortlichen nachzuweisen.**

Literatur *Artikel-29-Datenschutzgruppe,* Stellungnahme 05/2012 zum Cloud Computing, 1.7.2012; *Brink/Wolff* (Hrsg.), BeckOK Datenschutzrecht, 33. Ed. 2020; *Ehmann/Selmayr* (Hrsg.), Datenschutz-Grundverordnung, 2. Aufl. 2018; *Forgó/Helfrich/Schneider* (Hrsg.), Betrieblicher Datenschutz, 3. Aufl. 2019; *Gola* (Hrsg.), DS-GVO, 2. Aufl. 2018; *Jung,* Datenschutz-(Compliance-)Management-Systeme, ZD 2018, 208; *Kühling/Buchner* (Hrsg.), DS-GVO BDSG, 3. Aufl. 2020; *Paal/Pauly* (Hrsg.), Datenschutz-Grundverordnung, 2. Aufl. 2018; *Schantz/Wolff,* Das neue Datenschutzrecht, 2017; *Simitis/Hornung/Spiecker gen. Döhmann* (Hrsg.), Datenschutzrecht, 2019; *Spindler,* Selbstregulierung und Zertifizierungsverfahren nach der DS-GVO, ZD 2016, 407; *Spindler/Schuster* (Hrsg.), Recht der elektronischen Medien, 4. Aufl. 2019; *Sydow* (Hrsg.), Europäische Datenschutzgrundverordnung, 2018; *Taeger/Gabel* (Hrsg.), DS-GVO/BDSG, 3. Aufl. 2019; *Veil, DS-GVO: Risikobasierter Ansatz statt rigides Verbotsprinzip, ZD 2015, 347; Veil, Accountability – Wie weit reicht die Rechenschaftspflicht der DS-GVO?, ZD 2018, 9; Wybitul,* Immaterieller Schadensersatz wegen Datenschutzverstößen, NJW 2019, 3265.

Inhaltsübersicht

A. Allgemeines

I. Zweck und Entstehung der Vorschrift

1 Art. 24 steht als **Generalnorm**[1] zu Beginn des 1. Abschnitts des Kapitels 4 der DS-GVO. Der 1. Abschnitt normiert allgemeine Pflichten der in Kapitel 4 adressierten Verantwortlichen und Auftragsverarbeiter. Die systematische Stellung ist Ausdruck der – nach Erwgr. 74 S. 1 voneinander zu unterscheidenden – Verantwortung und Haftung des Verantwortlichen.[2]

2 Die Vorschrift selbst enthält kaum konkrete Handlungsvorgaben, sondern ist im Gesamtgefüge zu betrachten, namentlich den konkreteren nachfolgenden Vorschriften in Art. 25, 32 und 35.[3] Als grundlegende Vorschrift strahlt Art. 24 auf diese nachfolgenden Vorschriften aus und beschreibt den allgemeinen Grundsatz der Pflicht des Verantwortlichen, die Vorgaben der DS-GVO einzuhalten, mithin nur eine zulässige Datenverarbeitung vorzunehmen, und deren Einhaltung nachzuweisen.[4] Erreicht werden soll dies durch einen risikobasierten Ansatz in dem Sinne, dass dem jeweiligen Risiko angemessene und geeignete TOM umzusetzen sind.[5] Als zweiter wichtiger Pfeiler der Vorschrift ist über diese Umsetzung sodann auch der Nachweis zu erbringen. Als zentrales Element der DS-GVO ist der risikobasierte Ansatz auch abseits von Art. 24 Gegenstand zahlreicher Vorschriften und zwar vornehmlich dann, wenn diese die Datensicherheit betreffen.[6]

3 Das Element der **Risikobewertung** selbst und die innerhalb der Risikobewertung zu berücksichtigenden Faktoren finden sich insbesondere in Erwgr. 76. Eine umfassende Aufzählung möglicher Risiken enthält der Erwgr. 75. Letzterer betrifft nicht lediglich abstrakte Risiken, sondern vor allem Folgen, die aus einem unsachgemäßen Umgang mit personenbezogenen Daten resultieren können: physische, materielle oder immaterielle Schäden, insb. Diskriminierung, Identitätsdiebstahl oder -betrug, finanzieller Verlust, Rufschädigung, Verlust der Vertraulichkeit von dem Berufsgeheimnis unterliegenden personenbezogenen Daten, unbefugte Aufhebung der Pseudonymisierung und weitere risikoträchtige Datenverarbeitungsvorgänge, die zB auch die Verarbeitung von sensiblen personenbezogenen Daten oder solche von Kindern betreffen.

---

1 Paal/Pauly/*Martini*, Rn. 1; Kühling/Buchner/*Hartung*, Rn. 9; Gola/*Piltz*, Rn. 3.
2 Kühling/Buchner/*Hartung*, Rn. 9.
3 Kühling/Buchner/*Hartung*, Rn. 1; Gola/*Piltz*, Rn. 3.
4 Gola/*Piltz*, Rn. 1.
5 Kühling/Buchner/*Hartung*, Rn. 1; zum risikobasierten Ansatz der DS-GVO insgesamt siehe auch *Veil*, ZD 2015, 347.
6 BeckOK DatenschutzR/*Schmidt/Brink*, Vor Rn. 1; so insb. Art. 32, 33 und 35.

4 Weder die Datenschutz-RL noch das BDSG aF enthielten eine Vorschrift, die dem Art. 24 gleichen würde.[7] Sehr wohl lassen sich aber Parallelen ziehen zu Art. 6 Datenschutz-RL (Einhaltung der Datenschutzgrundsätze), der die Pflicht zur Einhaltung der Datenschutzgrundsätze dem Verantwortlichen auferlegte und Art. 17 Abs. 1 Datenschutz-RL (Sicherheit der Verarbeitung), in dem die Pflicht zur Schaffung und Einhaltung technisch-organisatorischer Maßnahmen, etwa zur Verhinderung unberechtigter Änderungen, bereits angelegt war.[8] Eine Nachweis- oder eine Aktualisierungs- und Überprüfungspflicht enthielt Art. 17 Datenschutz-RL demgegenüber aber nicht.[9] Ebenfalls verpflichtete schließlich noch § 9 BDSG aF zur Realisierung technisch-organisatorischer Maßnahmen.[10]

5 Die heutige Fassung des Art. 24 ist Resultat zahlreicher Änderungen an dem von der Kommission eingebrachten Entwurf. Dieser enthielt anfangs spezifische Pflichten, wozu in nicht abschließender Aufzählung Dokumentationspflichten, Überwachungspflichten und Überprüfungen der Wirksamkeit der Maßnahmen gezählt wurden.[11] Verkürzt und nach zahlreichen Änderungen[12] gibt Art. 24 die Grundidee des Art. 22 des KomE[13] dennoch wieder.[14]

6 Die von Art. 24 geforderten **technisch-organisatorischen Maßnahmen** sind an unterschiedlicher Stelle innerhalb der DS-GVO normiert; so in Art. 5 Abs. 1 lit. f, Art. 25, Art. 28 Abs. 1, Art. 32 Abs. 1 und Art. 89 Abs. 1. Außerhalb der DS-GVO findet sich außerdem eine deckungsgleiche Entsprechung der Abs. 1 und 2 des Art. 24 in Art. 19 JI-RL zum Datenschutz bei der Verarbeitung personenbezogener Daten durch Strafverfolgungs- und Gefahrenabwehrbehörden.

II. Verhältnis zu anderen Normen

7 Art. 24 ist **Ausgangspunkt des Pflichtenkatalogs** des Verantwortlichen. Als Generalnorm beschreibt er den generell risikobasierten Ansatz der DS-GVO.[15] Verglichen mit den nachfolgenden Art. 25 ff. ist Art. 24 abstrakt und wirkt vornehmlich in die anderen Vorschriften hinein. Gleichwohl verfügt die Vorschrift aber über einen eigenen Regelungsbereich, den zu bestimmen jedoch nur über die Konkretisierung in anderen Normen gelingt. Solch eine Konkretisierung kann durch Leitlinien, Empfehlungen und bewährte Verfahren des EDSA erfolgen, vgl. Art. 70 Abs. 1 lit. e.[16]

8 Mit Blick auf Art. 5 Abs. 2 konkretisiert Art. 24 die Rechenschaftspflicht des Art. 5 Abs. 2 dahingehend, dass die dort angeordnete **Einhaltung** der Grundsätze für die Verarbeitung aus Art. 5 Abs. 1 primär durch technisch-organisatorische Maßnahmen zu gewährleisten ist.[17] Eine weitere Konkretisierung dieser Maßnah-

---

[7] Kühling/Buchner/*Hartung*, Rn. 2 f.
[8] Simitis/Hornung/Spiecker gen. Döhmann/*Petri*, Rn. 6; Kühling/Buchner/*Hartung*, Rn. 2.
[9] Kühling/Buchner/*Hartung*, Rn. 2.
[10] Sydow DS-GVO/Raschauer, Rn. 5.
[11] BeckOK DatenschutzR/*Schmidt/Brink*, Rn. 2.
[12] Kühling/Buchner/*Hartung*, Rn. 4 ff. mit detaillierten Nachweisen zu den im Gesetzgebungsverfahren an der Vorschrift erfolgten Änderungen.
[13] KOM(2012) 11 endgültig.
[14] Kühling/Buchner/*Hartung*, Rn. 4.
[15] Kühling/Buchner/*Hartung*, Rn. 11.
[16] BeckOK DatenschutzR/*Schmidt/Brink*, Rn. 36.
[17] Gola/*Pötters*, Art. 5 Rn. 31.

men erfolgt in Art. 32. Die Form des **Nachweises** der Einhaltung ist konkretisierend hingegen nicht in Art. 24, sondern zB in Art. 30 mit dem Verzeichnis der Verarbeitungstätigkeiten geregelt. Mit Regelungen zu (technischen) Vorkehrungen in Art. 25 sowie der Folgenabschätzung in Art. 35 beinhaltet Kapitel 4 insgesamt noch weitere spezifizierende Bestimmungen.

Raum für die Schaffung nationaler Spezialregelungen in Gestalt einer Öffnungsklausel enthält Art. 24 nicht.[18] **9**

B. Einzelerläuterungen

I. Adressat der Norm

Art. 24 adressiert den **Verantwortlichen,** also gem. Art. 4 Nr. 7 diejenige Stelle, die allein oder gemeinsam mit anderen über die Zwecke und Mittel der Verarbeitung von personenbezogenen Daten entscheidet. Verantwortlicher idS können außer natürlichen auch juristische Personen, Behörden oder andere Stellen sein.[19] **10**

Während die Pflicht des Verantwortlichen auch die sorgsame Auswahl (hinreichende Garantien, Art. 28 Abs. 1) der Auftragsverarbeiter umfasst,[20] ist der Auftragsverarbeiter aber nicht selbst Adressat der Vorschrift,[21] sondern dessen Pflichten folgen stattdessen aus eigenen Vorschriften wie etwa Art. 30f. (beachte in diesem Zusammenhang aber Art. 28 Abs. 10; die Vorschrift fingiert die Verantwortlichkeit desjenigen Auftragsverarbeiters, der sich die Tätigkeit eines Verantwortlichen, also über die Zwecke und Mittel der Verarbeitung zu bestimmen, anmaßt)[22].[23] Ein Produkthersteller, der zumeist nicht über die eigentliche Datenverarbeitung entscheidet, sondern diese vorgeschaltet und unabhängig vom Personenbezug nur ermöglicht, ist ebenfalls nicht Verantwortlicher iSd Vorschrift.[24] **11**

II. Gegenstand der Verpflichtung

Die Verpflichtung in Art. 24 ist doppelter Natur: Der Verantwortliche muss erstens geeignete und wirksame Maßnahmen zur **Einhaltung** der Pflichten aus der DS-GVO treffen, und er muss zweitens den **Nachweis** dafür erbringen, dass er diese Pflichten auch umgesetzt und eingehalten hat. **12**

Im Einzelnen ist die Implementierung technisch-organisatorischer Maßnahmen (TOM) gefordert (Abs. 1 S. 1), die erforderlichenfalls überprüft und aktualisiert wird (Abs. 1 S. 2). Sofern verhältnismäßig, umfassen diese TOM auch geeignete Datenschutzvorkehrungen (Abs. 2). Als Nachweis der Erfüllung der Pflichten des Verantwortlichen können Verhaltensregeln und Zertifizierungsverfahren herangezogen werden (Abs. 3). **13**

---

[18] Kühling/Buchner/*Hartung,* Rn. 25.
[19] BeckOK DatenschutzR/*Schmidt/Brink,* Rn. 7.
[20] Taeger/Gabel/*Lang,* Rn. 21; BeckOK DatenschutzR/*Schmidt/Brink,* Rn. 9.
[21] Gola/*Piltz,* Rn. 5; BeckOK DatenschutzR/*Schmidt/Brink,* Rn. 8.
[22] Paal/Pauly/*Martini,* Art. 28 Rn. 76; ebd. als Aufgaben- oder Funktionsexzess beschrieben; so auch Simitis/Hornung/Spiecker gen. Döhmann/*Petri,* Art. 28 Rn. 94, der vom eigenmächtig handelnden Auftragsverarbeiter oder ebenfalls Aufgabenexzess spricht.
[23] Taeger/Gabel/*Lang,* Rn. 21.
[24] Paal/Pauly/*Martini,* Rn. 18; BeckOK DatenschutzR/*Schmidt/Brink,* Rn. 8.

14 **1. Technisch-organisatorische Maßnahmen (TOM) (Abs. 1 S. 1).** Die Implementierung geeigneter TOM zielt als **Compliance-Maßnahme** darauf ab, die rechtskonforme Datenverarbeitung zu gewährleisten, mithin auf die umfassende Einhaltung der Vorschriften der DS-GVO. Die Pflichten sind weitreichend und verlangen vergleichbar mit § 9 BDSG aF sämtliche Handlungen, die geeignet sind, um die Rechtmäßigkeit der Datenverarbeitung zu erreichen.[25] Die Verpflichtung bezieht sich dabei auf sämtliche Verarbeitungsschritte von der Erhebung, über die Verarbeitung ieS bis hin zur sonstigen Nutzung der personenbezogenen Daten.[26]

15 **a) Rechtskonformität der Datenverarbeitung.** Rechtskonformität der Datenverarbeitung gem. DS-GVO ist auf mehreren Ebenen zu betrachten: So kommt es nicht allein auf die Umsetzung von **TOM** an, sondern es müssen auch überhaupt erst die **Erlaubnistatbestände** zur Datenverarbeitung eingehalten werden. So gesehen ist die Einrichtung von TOM immer nur als ein nachgelagerter Schritt zu sehen, nachdem personenbezogene Daten schon rechtmäßig erhoben wurden. Ohne TOM wiederum wird eine Datenverarbeitung regelmäßig nicht den Rechtmäßigkeitsanforderungen genügen, denn wenn schon nicht die Vertraulichkeit der personenbezogenen Daten gewährleistet ist, wird man kaum annehmen können, dass eine Datenverarbeitung dem Recht auf informationelle Selbstbestimmung gerecht wird. Zuvorderst wird dies bei einer Bezugnahme auf die **Grundsätze** für die Verarbeitung personenbezogener Daten gem. Art. 5 Abs. 1 lit. f deutlich, wenn festgestellt wird, dass personenbezogene Daten in einer Weise verarbeitet werden müssen, die ihre angemessene Sicherheit gewährleistet, einschließlich des Schutzes vor unbefugter oder unrechtmäßiger Verarbeitung und vor unbeabsichtigtem Verlust, unbeabsichtigter Zerstörung oder unbeabsichtigter Schädigung durch das Ergreifen geeigneter technischer und organisatorischer Maßnahmen, um die Schutzziele der **Integrität und Vertraulichkeit** sicherzustellen. Deshalb wird richtigerweise vertreten, dass nach Art. 24 umgesetzte Maßnahmen durchaus dazu beitragen können, die Voraussetzungen einer zulässigen Datenverarbeitung zu erfüllen, aber eben nicht allein stehen können, soweit es darum geht, eine rechtskonforme Datenverarbeitung zu betreiben – siehe in diesem Zusammenhang auch die weiteren, in Art. 5 aufgezählten Schutzziele.[27]

16 **b) Technisch-organisatorische Maßnahmen.** Eine trennscharfe Unterscheidung der „technischen" von den „organisatorischen" Maßnahmen ist weder möglich, mit Blick auf den Wortlaut des Art. 24 und der weiteren Vorschriften, die sich dieser Begriffe bedienen, aber auch nicht unbedingt erforderlich. Ein Rückgriff auf die Auslegung der Begriffe in § 9 BDSG aF und Art. 17 Datenschutz-RL führt dazu, dass **technische Maßnahmen** den Verarbeitungsvorgang selbst betreffen, während **organisatorische Maßnahmen** die Ausgestaltung der äußeren Umstände beschreiben.[28] Erwgr. 78 S. 3 schlägt dazu einige Beispielmaßnahmen vor: Datenminimierung, Pseudonymisierung, Transparenz in Bezug auf die Funktionen und die Verarbeitung personenbezogener Daten, Schaffung von Möglichkeiten der betroffenen Person, Datenverarbeitungsvorgänge zu überwachen, und der Mög-

---

[25] Paal/Pauly/*Martini*, Rn. 20a; BeckOK DatenschutzR/*Schmidt/Brink*, Rn. 12.

[26] BeckOK DatenschutzR/*Schmidt/Brink*, Rn. 16.

[27] vgl. Gola/*Piltz*, Rn. 9, der in diesem Zusammenhang insbesondere auf die Anforderungen aus Art. 5 Abs. 1 lit. c (Datenminimierung) und Art. 5 Abs. 1 lit. d (Richtigkeit) abstellt.

[28] Taeger/Gabel/*Lang*, Rn. 23; Paal/Pauly/*Martini*, Rn. 21f.; Gola/*Piltz*, Rn. 14f.; Schantz/Wolff Neues DatenschutzR/*Wolff*, Rn. 825; Kühling/Buchner/*Hartung*, Rn. 17.

lichkeit für den Verantwortlichen, Sicherheitsfunktionen zu schaffen und zu verbessern. Die aufgezählten Maßnahmen bieten allerdings lediglich Anhaltspunkte; weder ist die Umsetzung dieser Maßnahmen zwingend notwendig, noch führt sie ausnahmslos zur Erfüllung der Pflichten.[29]

Der Unterschied im Wortlaut des Art. 24 („geeignete technische und organisatorische Maßnahmen") verglichen mit dem weiter gefassten Erwgr. 74 („geeignete und wirksame Maßnahmen") mag zunächst verwirrend erscheinen.[30] Im Ergebnis dürfte die konkrete Begriffswahl aber zweitrangig sein, da die getroffenen technisch-organisatorischen Maßnahmen letzten Endes auch immer wirksame Maßnahmen sein müssen, und Maßnahmen in der modernen Datenverarbeitung im Regelfall nur wirksam sein können, wenn sie auch technisch-organisatorischer Natur sind. Die **rechtliche Regulierungsgrenze** für technische Sachverhalte wird anhand dieses Beispiels im Besonderen deutlich. Insoweit kann der Auffassung, dass lediglich geeignete, aber nicht auch wirksame TOM getroffen werden müssen,[31] nicht unbedingt gefolgt werden. 17

c) Datensicherheit. Welche Anforderungen an die technisch-organisatorischen Maßnahmen zu stellen sind, ergibt sich auch durch die Betrachtung der Datensicherheitsanforderungen nach Art. 32. Insoweit wird – insbesondere auch mit einem Blick auf den Wortlaut der Vorschrift deutlich – dass es sich bei Art. 24 zwar um eine Vorschrift handelt, die explizit die technisch-organisatorische Verantwortlichkeit des Datenverarbeiters als zwingendes Erfordernis zur DS-GVO-Konformität festschreibt, nicht aber aussagt, dass TOM nur auf die Datensicherheit zu beziehen sind. Diese Erkenntnis kann erhellend sein, da das klassische Recht der Informationssicherheit vor allem darauf ausgerichtet ist, die Sicherheit der Daten zu gewährleisten. Soweit aber die Verarbeitung von speziell personenbezogenen Daten in Rede steht, sind denknotwendigerweise noch weitere Anforderungen zu berücksichtigen, um eine rechtskonforme Datenverarbeitung zu erzielen. 18

d) Maßnahmenauswahl: Risikoanalyse. Ist die Unterschiedlichkeit der möglichen, zu treffenden Maßnahmen und die Abhängigkeit der Wahl der Maßnahme vom Einzelfall bereits oben angesprochen, stellt sich sodann die Frage nach Maß und Kriterien dieser Entscheidung. Der Wortlaut stellt dazu auf bestimmte Kriterien ab, unter deren Berücksichtigung geeignete Maßnahmen umzusetzen sind. In Zusammenschau mit Erwgr. 76 rückt das „Risiko für die **Rechte und Freiheiten der betroffenen Person**" als zentraler Bewertungsmaßstab in das Zentrum der Betrachtung. Welche Rechte und Freiheiten hierunter im Einzelnen zu verstehen sind, wird im Gesetz nicht direkt ausgedrückt. Letztlich handelt es sich aber um einen Verweis auf die **Charta der Grundrechte** der Europäischen Union (GRCh) und, wie eine Auslegung des Erwgr. 75 zeigt, auf solche Rechte aus der DS-GVO (etwa **Auskunft** gem. Art. 15 oder **Löschung** gem. Art. 17).[32] 19

Vor[33] **der Verarbeitungstätigkeit** ist daher nach objektiven Kriterien deren Risiko festzustellen.[34] An deren Ende kann dann wahlweise ein **„Risiko"** oder ein 20

---

[29] BeckOK DatenschutzR/*Schmidt/Brink,* Rn. 16.

[30] „wie so oft in der DS-GVO" Widerspruch und daher Rechtsunsicherheit meint Gola/*Piltz,* Rn. 14.

[31] So Gola/*Piltz,* Rn. 16.

[32] Vgl. Paal/Pauly/*Martini,* Rn. 27; Gola/*Piltz,* Rn. 27.

[33] Gola/*Piltz,* Rn. 19.

[34] Sydow DS-GVO/Raschauer, Rn. 23.

„hohes Risiko" als Ergebnis stehen. Eben diese zwei Varianten ergeben sich aus Erwgr. 76, sodass letztlich jede Verarbeitung von personenbezogenen Daten zumindest ein Risiko birgt, so geringfügig dieses letztlich auch sein mag.[35] Es gilt dann das allgemein (auch aus der Informationssicherheit) bekannte Prinzip: Je höher die Wahrscheinlichkeit eines Schadenseintritts, und je schwerwiegender der sich realisierende Schaden ist, umso höher sind die Anforderungen, die an die TOM zur Einhaltung der Vorgaben aus der DS-GVO anzulegen sind.[36]

21 Die Analyse des Risikos erfolgt zunächst anhand der folgenden vier Faktoren: Art, Umfang, Umstände und Zwecke der Verarbeitung von personenbezogenen Daten.[37] Im Einzelnen definieren sich diese wie folgt:

- **Art:** Hier ist zunächst die Art der Verarbeitung im Sinne der Verarbeitungsvorgänge des Art. 4 Nr. 2[38] und die Unterscheidung zwischen einer manuellen oder automatisierten Verarbeitung gemeint.[39] Aber auch – ggf. jedoch nicht direkt hiervon „umfasst"[40] – Datenarten, also insbesondere, ob **besondere Kategorien personenbezogener Daten** betroffen sind, bei denen der Schaden im Falle einer Risikorealisation bereits deshalb schwerwiegender ist.[41]
- **Umfang:** Dieser bestimmt sich nach dem Produktwert der verarbeiteten personenbezogenen Daten, wobei ein hoher Multiplikand (Zahl der Personen) oder Multiplikator (Zahl der Datensätze) selbst, oder aber beide in der Zusammenschau zu einer kritischen Menge führen können.[42] Letztere ist dabei jedoch (auch in Erwgr. 75) nicht definiert, sondern lediglich in Erwgr. 91 S. 4 für einzelne berufliche Konstellationen negativ beschieden.
- **Umstände:** Hier sind insbesondere eingesetzte Systeme, sowohl zur Verarbeitung als auch solche zum Schutz der verarbeiteten personenbezogenen Daten ausschlaggebend.[43] Ferner auch die Erhebung (bei der betroffenen Person oder bei Dritten) und etwa innerhalb sozialer Abhängigkeitsverhältnisse als ein besonderer, die Erhebung prägender Kontext.[44]
- **Zwecke:** Es stellt sich hier die Frage nach dem Anlass der Verarbeitung. Hierbei können durchaus mehrere unterschiedliche Zwecke verfolgt werden und auch unterschiedlich zu bewerten sein. Erwgr. 75 nennt einige Zwecke, bei denen besonders die Aufhebung der Pseudonymisierung, Personalanalysen und Persönlichkeitsprofile (Profiling) ein erhöhtes Risiko bedingen können.[45]

22 Die **Indikatoren**[46] des Erwgr. 75 können, da Art. 24 selbst davon abgesehen hat, im Sinne einer Kasuistik bestimmte Fallgestaltungen risikoreicher Verarbeitungs-

---

35 Gola/*Piltz,* Rn. 21.
36 Spindler/Schuster/*Nink,* Rn. 2; Kühling/Buchner/*Hartung,* Rn. 10.
37 Kühling/Buchner/*Hartung,* Rn. 13.
38 Paal/Pauly/*Martini,* Rn. 32.
39 So Kühling/Buchner/*Hartung,* Rn. 14.
40 So Paal/Pauly/*Martini,* Rn. 32 und dabei krit. zu Kühling/Buchner/*Jandt,* Art. 32 Rn. 12.
41 So auch Gola/*Piltz,* Rn. 33.
42 Gola/*Piltz,* Rn. 34.
43 Zu den Verarbeitungssystemen Kühling/Buchner/*Hartung,* Rn. 14; zu den Schutzvorkehrungen Gola/*Piltz,* Rn. 35.
44 Simitis/Hornung/Spiecker gen. Döhmann/*Petri,* Rn. 12.
45 So auch Gola/*Piltz,* Rn. 36.
46 „erhebliche Indizwirkung für oder gegen relevantes Risiko" meint etwa Kühling/Buchner/*Hartung,* Rn. 15.

situationen zu benennen, generell als ausschlaggebendes Kriterium für die allgemeine Risikoabwägung nach Art. 24 angesehen werden.[47] Mittels dieses allgemeinen Rückgriffs zur Auslegung des ansonsten recht konturlosen Art. 24 ist es auch besser möglich, Sinn und Zweck der Vorschrift und der vorgeschlagenen Maßnahmen zu TOM nachzuvollziehen.

Die mangelnde Trennschärfe einzelner Faktoren lässt sich im Rahmen der vorzunehmenden **Gesamtabwägung** vernachlässigen. Gerade bei der Verwendung neuer Datenverarbeitungs- und -auswertungstechnologien stellt sich beispielsweise die Frage, welcher Kategorie diese zuzuordnen sein können. Datenanalysen mittels Big Data und KI-gestützter Verfahren zielen so einerseits auf den Umfang, andererseits aber auch auf die Umstände der Datenverarbeitung ab. **23**

Überdies sind noch die **Eintrittswahrscheinlichkeit** und die **Schwere des Risikos** in die Abwägung einzustellen: Wie auch bei der Datenschutzfolgenabschätzung erfordert die Bestimmung der Eintrittswahrscheinlichkeit eine Prognose.[48] Mit Hinweis auf die zunehmende Missbrauchsgefahr dabei jedenfalls auch die Dauer der Verarbeitung einzubeziehen, überzeugt.[49] Ob Eintrittswahrscheinlichkeit und Schwere zu einem Risiko führen, kann indiziell analog mittels Art. 35 Abs. 3 und der dazu ergehenden Listen der Aufsichtsbehörden bestimmt werden.[50] Der betont **einzelfallbezogen**e Art. 24 verbietet allerdings eine ungefilterte, unbedingte Übertragung derselben.[51] **24**

e) Nachweispflicht. Die Nachweispflicht in Abs. 1 S. 1 ist zunächst Wiederholung der **Rechenschaftspflicht** aus Art. 5 Abs. 2 und der darin enthaltenen Pflichten.[52] Letztere sind treffend beschrieben als die „die Fähigkeit des Verantwortlichen, nachzuweisen, dass er angemessene Schritte zur Umsetzung der Datenschutzgrundsätze unternommen hat".[53] Die Nachweispflicht aus Abs. 1 S. 1 ist aber noch weiter zu sehen und erstreckt sich nicht bloß auf eben jene in Art. 5 Abs. 1 genannten Grundsätze. **25**

Der Verantwortliche hat stattdessen den Nachweis zu führen, dass die Datenverarbeitung auch den (übrigen) Anforderungen der DS-GVO entsprechend erfolgt.[54] Ob hieraus gleichfalls eine **Beweislastumkehr** im Verhältnis zu betroffenen Personen folgt, wird unterschiedlich beurteilt.[55] Damit wäre die Nichterfüllung bei mangelndem Nachweis indiziert.[56] Wesentliche Bedeutung für den Nachweis erhält das Verarbeitungsverzeichnis nach Art. 30. **26**

---

47 Gola/*Plitz,* Rn. 37f.

48 Kühling/Buchner/*Hartung,* Rn. 15.

49 So Paal/Pauly/*Martini,* ARn. 35a.

50 Paal/Pauly/*Martini,* Rn. 36; zu Art. 35 Abs. 3 DS-GVO auch Kühling/Buchner/*Hartung,* Art. 24 Rn. 15 mit Beispielen.

51 Paal/Pauly/*Martini,* Rn. 36.

52 Kühling/Buchner/*Hartung,* Rn. 20.

53 *Artikel-29-Datenschutzgruppe,* Stellungnahme 05/2012, S. 20.

54 Kühling/Buchner/*Hartung,* Rn. 20.

55 Bejahend: Kühling/Buchner/*Bergt,* Art. 82 Rn. 46; Schantz/Wolff Neues DatenschutzR/*Wolff,* Rn. 828; dagegen: *Wybitul,* NJW 2019, 3265 (3268); wohl auch dagegen *Veil,* ZD 2018, 9 (16); jedenfalls Forgó/Helfrich/Schneider Betr. Datenschutz-HdB/*Veil,* Teil II Kap. 1 Rn. 62.

56 Schantz/Wolff Neues DatenschutzR/*Wolff,* Rn. 828.

27 **2. Überprüfung der TOM (Abs. 1 S. 2).** Nach Abs. 1 S. 2 müssen die getroffenen TOM erforderlichenfalls überprüft und aktualisiert werden – eine einmalige Umsetzung ohne jeglichen weiteren Änderungsbedarf ist somit nicht ausreichend, um der Vorschrift zu genügen. Technisch-organisatorisch ist dies auch nicht möglich. Den übrigen Bestimmungen folgend obliegt die Überprüfung dem Verantwortlichen allein.[57]

28 Die Anforderung kann interpretiert werden als ein zeitlich unbegrenzter, kontinuierlicher Verbesserungsprozess **(PDCA – Plan-Do-Check-Act).**[58] Ein bestimmtes **Überprüfungsintervall** sieht die Vorschrift, anders als noch der Parlamentsentwurf (mindestens alle zwei Jahre), nicht vor, sondern verzahnt es mit dem Begriff der **Erforderlichkeit.** Eine erforderliche Überprüfung ergibt sich aus der Feststellung, dass implementierte Maßnahmen unzureichend sind, oder aus geänderten Rahmenbedingungen.[59] Letztere sind zuvorderst Veränderungen in Art und Umfang der Verarbeitungstätigkeit selbst, außerdem Gesetzesänderungen und Änderungen der genehmigten Verhaltensregeln oder Zertifizierungsverfahren, aber auch gerichtliche oder aufsichtsbehördliche Entscheidungen.[60] Auch, ob die TOM noch dem gegenwärtigen **Stand der Technik** entsprechen und damit ein geeignetes Mittel darstellen, um notwendige Abwehr- und Schutzmaßnahmen zu ergreifen, bedarf der Überprüfung.

29 Die Möglichkeit der Feststellung, ob die Ziele mit den getroffenen Maßnahmen noch erreichbar sind, setzt wiederum voraus, dass ein Anlass zur Überprüfung erkannt wird – dies dürfte für den Regelfall ein systematisches **Datenschutzmanagementsystem (DSMS)** erfordern.[61]

30 **3. Geeignete Datenschutzvorkehrungen (Abs. 2).** Abs. 2 schreibt fest, dass die gem. Abs. 1 getroffenen TOM auch die Anwendung geeigneter Datenschutzvorkehrungen durch den Verantwortlichen umfassen müssen, sofern dies in einem angemessenen Verhältnis zu den Verarbeitungstätigkeiten steht (Anforderungen an die zu treffenden TOM). Inwieweit sich die in Abs. 2 beschriebenen „geeigneten Datenschutzvorkehrungen" möglicherweise von den TOM nach Abs. 1 unterscheiden, wird nicht weiter ausgeführt. Eine Legaldefinition oder anderweitige Konkretisierung oder Verwendung erfährt der Begriff der Datenschutzvorkehrungen in der DS-GVO nicht.[62] Daraus, dass die TOM die Datenschutzvorkehrungen „umfassen", wird lediglich deutlich, dass letztere also ein Bestandteil der TOM sind.[63] Dies ergibt Sinn, denn schon der Begriff „TOM" ist weit gefasst und kann ein ganzes Bündel datenschutzrelevanter, aber nicht näher beschriebener Maßnahmen betreffen. Andererseits wäre der Abs. 2 obsolet, würde man annehmen, die bereits von Abs. 1 erfassten Maßnahmen seien schlicht zum Teil wiederholt.[64]

31 So gesehen wird man wohl davon ausgehen dürfen, dass der Abs. 2 im Verhältnis zum Abs. 1 vor allem missverständlich formuliert ist. Da die TOM die geeigneten

---

[57] BeckOK DatenschutzR/*Schmidt/Brink,* Rn. 22.
[58] BeckOK DatenschutzR/*Schmidt/Brink,* Rn. 22.
[59] Paal/Pauly/*Martini,* Rn. 38.
[60] Ehmann/Selmayr/*Bertermann,* Rn. 8; Paal/Pauly/*Martini,* Rn. 38.
[61] *Jung,* ZD 2018, 208 (212); BeckOK DatenschutzR/*Schmidt/Brink,* Rn. 23.
[62] Gola/*Piltz,* Rn. 56; Taeger/Gabel/*Lang,* Rn. 72.
[63] Taeger/Gabel/*Lang,* Rn. 72; Gola/*Piltz,* Rn. 55; krit. dazu Simitis/Hornung/Spiecker gen. Döhmann/*Petri,* Rn. 23.
[64] Gola/*Piltz,* Rn. 57.

Datenschutzvorkehrungen umfassen – und letztlich nicht einmal deutlich wird, worin sich beide unterscheiden, da TOM im Wesentlichen auch geeignete Datenschutzvorkehrungen sein dürften – erschöpft sich die eigentliche Aussage des Abs. 2 in der Feststellung, dass das angemessene Verhältnis zu den jeweiligen Verarbeitungstätigkeiten zu wahren ist.[65] Die **„Angemessenheit"** kann daher – wie schon bei Art. 17 Datenschutz-RL[66] – als eine Abhängigkeit zum Einzelfall verstanden werden. Deren Bezugspunkt – die Verarbeitungstätigkeiten, also „bezogen auf die konkreten Verarbeitungen und das konkrete Unternehmen"[67] – wird dabei mitunter als im Dogma des Datenschutzrechts fehlgeleitetes Abstellen auf „Wirtschaftlichkeitsbetrachtungen" kritisiert und der Vorschrift damit jeder Regelungsgehalt abgesprochen.[68]

Unabhängig von dieser Einschätzung dürfte sich das **Verhältnismäßigkeitsprinzip** regelmäßig schon aus der gesetzlichen Anordnung von TOM ergeben, 32
denn auch diese setzen schon begriffsnotwendig im Sinne eines Managementsystems voraus, dass vom Verantwortlichen nicht das technisch mögliche Höchstniveau zu garantieren ist, sondern ein Niveau an Maßnahmen geplant und umgesetzt wird, das der regelmäßigen Überprüfung unterliegt, ob der **notwendige Standard** eingehalten wird – der nicht zwangsläufig auch der höchstmögliche Standard sein muss.[69]

4. Nachweis durch Verhaltensregeln und Zertifizierungsverfahren 33
(Abs. 3). Der in Abs. 1 verlangte Nachweis der Konformität der Datenverarbeitung mit der DS-GVO kann sich nach Abs. 3 aus der Einhaltung von Verhaltensregeln gem. Art. 40 oder eines genehmigten Zertifizierungsverfahrens gem. Art. 42 ergeben. Abs. 3 enthält damit das Konzept der **regulierten Selbstregulierung** des Datenschutzrechts.[70]

Von Bedeutung ist hierbei zweierlei: Die Einhaltung genehmigter Verhaltens- 34
regeln wie auch die Zertifizierung „kann als Gesichtspunkt" herangezogen werden, um den in Abs. 1 S. 1 geforderten Nachweis zu erbringen. Weder zwingt also die Nachweispflicht zur Einhaltung von Verhaltensregeln oder Zertifikaten, sondern kann auch durch andere, geeignete Möglichkeiten des Nachweises erfüllt werden, ohne dass der Wortlaut der DS-GVO hierauf ausdrücklich Bezug nimmt.[71] Noch ist außerdem die Einhaltung von Verhaltensregeln oder Zertifikaten in jedem Falle ausreichend, die Pflicht zu erfüllen. Sowohl Verhaltensregeln wie auch Zertifikate sind damit lediglich ein „Baustein"[72] mit **„Indizwirkung"**[73], weder aber notwendige noch hinreichende Bedingung für die Erfüllung der Nachweispflicht.[74]

---

65 Gola/*Plitz,* Rn. 58.
66 Kühling/Buchner/*Hartung,* Rn. 2.
67 Kühling/Buchner/*Hartung,* Rn. 22.
68 BeckOK DatenschutzR/*Schmidt/Brink,* Rn. 25.
69 Kühling/Buchner/*Hartung,* Rn. 22.
70 *Veil,* ZD 2018, 9 (16); Kühling/Buchner/*Hartung,* Rn. 23; BeckOK DatenschutzR/*Schmidt/Brink,* Vor Rn. 1.
71 *Spindler,* ZD 2016, 407 (409).
72 BeckOK DatenschutzR/*Schmidt/Brink,* Rn. 32.
73 Kühling/Buchner/*Hartung,* Rn. 23.
74 Spindler/Schuster/*Nink,* Rn. 16; Gola/*Piltz,* Rn. 60.

C. Haftung und Sanktionen

35 Im Unterschied zur entsprechenden Vorschrift im Kommissionsentwurf (Art. 22 KomE)[75] ist Art. 24 nicht bußgeldbewehrt.[76] Diese Änderung scheint deshalb konsequent, weil die Entwurfsfassung wie dargestellt konkretere Anforderungen an den Verantwortlichen richtete, als dies in Art. 24 aktuell der Fall ist.[77] Weil die Anforderungen stattdessen und insbesondere in den nachfolgenden Vorschriften konkretisiert werden, sind folgerichtig diese in die Kataloge des Art. 83 Abs. 4 lit. a und Abs. 5 aufgenommen und bußgeldbewehrt und einzig Art. 24 ist davon ausgenommen.

36 Gleichwohl ist die Umsetzung der Vorgaben des Art. 24 indirekt doch sanktionsbewehrt und damit sichergestellt. Zur Umsetzung kann die zuständige Aufsichtsbehörde **Weisungen** erteilen, vgl. Art. 57 Abs. 1 lit. a iVm Art. 58 Abs. 2 lit. d. Im Falle der Zuwiderhandlung/Nichtbefolgung kann dieses dann als eigener Verstoß durch eine Geldbuße geahndet (vgl. Art. 58 Abs. 2 lit. d, Art. 83 Abs. 5 lit. e bzw. Abs. 6) und die Umsetzung der Regelung damit sichergestellt werden.[78]

37 Und auch die **Haftung** gegenüber der betroffenen Person gem. Art. 82 Abs. 1 und Abs. 2 S. 1 ist weiterer Antrieb, die Anforderungen des Art. 24 umzusetzen. Bei Verstoß droht aus diesen Vorschriften die Haftung für sowohl materielle als auch immaterielle Schäden.[79] Eine Entlastung kommt nur nach Art. 82 Abs. 3 durch Nachweis fehlender Verantwortung für den haftungsbegründenden Umstand in Betracht.[80] Ob in diesem Zuge verschärfend auch eine **Beweislastumkehr** wirkt und dadurch die Einhaltung der Vorschrift letztlich weiter angetrieben wird, ist wie dargestellt umstritten.[81]

Abschnitt 2 Sicherheit personenbezogener Daten

Art. 32 Sicherheit der Verarbeitung

(1) **Unter Berücksichtigung des Stands der Technik, der Implementierungskosten und der Art, des Umfangs, der Umstände und der Zwecke der Verarbeitung sowie der unterschiedlichen Eintrittswahrscheinlichkeit und Schwere des Risikos für die Rechte und Freiheiten natürlicher Personen treffen der Verantwortliche und der Auftragsverarbeiter geeignete technische und organisatorische Maßnahmen, um ein dem Risiko angemessenes Schutzniveau zu gewährleisten; diese Maßnahmen schließen gegebenenfalls unter anderem Folgendes ein:**

a) die Pseudonymisierung und Verschlüsselung personenbezogener Daten;

---

[75] KOM(2012) 11 endgültig.

[76] Gola/*Piltz*, Rn. 61.

[77] Zur Entstehungsgeschichte und einem Maßnahmenkatalog vgl. Simitis/Hornung/Spiecker gen. Döhmann/*Petri*, Rn. 7.

[78] Taeger/Gabel/*Lang*, Rn. 79.

[79] BeckOK DatenschutzR/*Schmidt/Brink*, Rn. 38.

[80] BeckOK DatenschutzR/*Schmidt/Brink*, Rn. 38.

[81] S. bereits oben → Rn. 26.

b) die Fähigkeit, die Vertraulichkeit, Integrität, Verfügbarkeit und Belastbarkeit der Systeme und Dienste im Zusammenhang mit der Verarbeitung auf Dauer sicherzustellen;
c) die Fähigkeit, die Verfügbarkeit der personenbezogenen Daten und den Zugang zu ihnen bei einem physischen oder technischen Zwischenfall rasch wiederherzustellen;
d) ein Verfahren zur regelmäßigen Überprüfung, Bewertung und Evaluierung der Wirksamkeit der technischen und organisatorischen Maßnahmen zur Gewährleistung der Sicherheit der Verarbeitung.

(2) **Bei der Beurteilung des angemessenen Schutzniveaus sind insbesondere die Risiken zu berücksichtigen, die mit der Verarbeitung verbunden sind, insbesondere durch – ob unbeabsichtigt oder unrechtmäßig – Vernichtung, Verlust, Veränderung oder unbefugte Offenlegung von beziehungsweise unbefugten Zugang zu personenbezogenen Daten, die übermittelt, gespeichert oder auf andere Weise verarbeitet wurden.**

(3) **Die Einhaltung genehmigter Verhaltensregeln gemäß Artikel 40 oder eines genehmigten Zertifizierungsverfahrens gemäß Artikel 42 kann als Faktor herangezogen werden, um die Erfüllung der in Absatz 1 des vorliegenden Artikels genannten Anforderungen nachzuweisen.**

(4) **Der Verantwortliche und der Auftragsverarbeiter unternehmen Schritte, um sicherzustellen, dass ihnen unterstellte natürliche Personen, die Zugang zu personenbezogenen Daten haben, diese nur auf Anweisung des Verantwortlichen verarbeiten, es sei denn, sie sind nach dem Recht der Union oder der Mitgliedstaaten zur Verarbeitung verpflichtet.**

Literatur: *Ambrock,* Mitarbeiterexzess im Datenschutzrecht, ZD 2020, 492; *Auer-Reinsdorff/Conrad* (Hrsg.), Handbuch IT- und Datenschutzrecht, 3. Aufl. 2019; *Bartels/Backer,* Die Berücksichtigung des Stands der Technik in der DSGVO, DuD 2018, 214; *BayLfD,* Die Datenschutz-Grundverordnung (DSGVO): Anforderungen an Technik und Sicherheit der Verarbeitung, 6.11.2017; *BayLDA,* Good Practice bei technischen und organisatorischen Maßnahmen – Generischer Ansatz nach Art. 32 DS-GVO zur Sicherheit, Stand: 13.10.2020; *BayLfD und BayLDA,* Cybersicherheit für medizinische Einrichtungen – Best-Practice-Prüfkriterien Art. 32 DS-GVO, Stand: 27.5.2020; Bieker/Bremert, Identifizierung von Risiken für die Grundrechte von Individuen, ZD 2020, 7; *Brink/Wolff* (Hrsg.), BeckOK Datenschutzrecht, 36. Ed. 2021; *BÄK und KBV,* Technische Anlage: Hinweise und Empfehlungen zur ärztlichen Schweigepflicht, Datenschutz und Datenverarbeitung in der Arztpraxis, 9.3.2018; *BSI,* BSI TR-02102 Kryptographische Verfahren: Empfehlungen und Schlüssellängen, Version: 2021-01, 2021; *BSI,* IT-Grundschutz-Kompendium – Werkzeug für Informationssicherheit, 2021, *BSI,* Mindeststandard des BSI zur Verwendung von Transport Layer Security nach § 8 Absatz 1 Satz 1 BSIG, Version: 2.2, 3.5.2021; *BfDI,* Positionspapier zur Anonymisierung unter der DSGVO unter besonderer Berücksichtigung der TK-Branche, 29.6.2020; *TeleTrusT,* IT-Sicherheitsgesetz und Datenschutz-Grundverordnung Handreichung zum „Stand der Technik" Technische und organisatorische Maßnahmen, 2021; *CNIL,* Security of Personal Data, 2018; *Datatilsynet,* Bødevejledning, Udmåling af bøder til virksomheder, 2021; *DSK,* Das Standard-Datenschutzmodell, Version 2.0b, 17.4.2020; *DSK,* Konzept der unabhängigen Datenschutzaufsichtsbehörden des Bundes und der Länder zur Bußgeldzumessung in Verfahren gegen Unternehmen, 14.10.2019; *DSK,* Kurzpapier Nr. 19, Unterrichtung und Verpflichtung von Beschäftigten auf Beachtung der datenschutzrechtlichen Anforderungen nach der DS-GVO, 29.5.2018; *DSK,* Maßnahmen zum Schutz personenbezogener Daten bei der Übermittlung per E-Mail, 13.3.2020; *DSK,* Zur Anwendbarkeit des TMG für nicht-öffentliche Stellen ab dem 25. Mai 2018, 26.4.2018; *Däubler/Wedde/Weichert/Sommer* (Hrsg.), EU-DSGVO und BDSG, 2. Aufl. 2020; *Ehmann/Selmayr* (Hrsg.), Datenschutz-Grundverordnung, 2. Aufl. 2018; *ENISA,* Data Pseudonymisation: Advanced Techniques and Use Cases, 28.1.2021; *ENISA,* Pseudonymisation techniques and best practices – Recommendations on shaping technology according to data protection and privacy provisions, November 2019;; *ENISA,* Recommendations for a methodology of the assessment of severity of personal data breaches, 20.12.2013; *Eßer/Kramer/Lewinski* (Hrsg.) Auernhammer, DSGVO/BDSG Datenschutz-Grundverordnung/Bundesdatenschutzgesetz und Nebengesetze, 7. Aufl. 2020; *EDSA,* Guidelines 4/2019 on Article 25 – Data Protection by Design and by Default, 13.11.2019; *EDSA,* Leitlinien für die Meldung von Verletzungen des Schutzes personenbezogener Daten gemäß der Verordnung (EU) 2016/679, WP250rev.01, 6.2.2018; *Fetzer/Scherer/Graulich* (Hrsg.), Berliner Kommentare TKG – Telekommunikationsgesetz, 3. Aufl. 2020; *Forgó/Helfrich/Schneider* (Hrsg.), Betrieblicher Datenschutz, 3. Aufl. 2019; *Gastmeyer,* Verschwiegenheitspflicht und Datenschutz: Was das Recht von Kanzlei fordert, AnwBl Online 2019, 557; *Geppert/Schütz* (Hrsg.), Beck'scher TKG-Kommentar, 4. Aufl. 2013; *Gierschmann/Schlender/Stentzel/Veil* (Hrsg.), Kommentar Datenschutz-Grundverordnung, 2017; *Gola* (Hrsg.), DS-GVO, 2. Aufl. 2018; *Härting,* DAV-Merkblatt: Umsetzung der Datenschutz-Grundverordnung in Anwaltskanzleien, AnwBl Online 2018, 194; *HmbBfDI,* Vermerk: Abdingbarkeit von TOMs (Art. 32 DSGVO), 18.2.2021; *Hornung/Schallbruch* (Hrsg.), IT-Sicherheitsrecht, 2021; *Irish Data Protection Commission,* Guidance for Controllers on Data Security, Februar 2020; *Jandt,* Spezifischer Datenschutz für Telemedien und die DS-GVO, ZD 2018, 405; *Jandt/Steidle* (Hrsg.), Datenschutz im Internet, 2018; *Jarass,* Charta der Grundrechte der Europäischen Union: GRCh, 4. Aufl. 2021; *Kiparski/Sassenberg,* Internet of Things – Aktuelle Entwicklungen und Branchenbesonderheiten bei Connected Cars, eHealth und Co., CR 2018, 596; *Kipker* (Hrsg.), Cybersecurity, 2020; *Kranig/Sachs/Gierschmann,* Datenschutz-Compliance nach der DS-GVO, 2. Aufl. 2019; *Kühling/Buchner* (Hrsg.), DS-GVO BDSG, 3. Aufl., 2020; *LfD Niedersachsen,* Handlungsempfehlung sichere Authentifizierung, 5.2.2020; *LfD LSA,* Dokumentation der getroffenen technischen und organisatorischen Maßnahmen für die folgende Verarbeitung personenbezogener Daten; *Maunz/Dürig* (Hrsg.), Grundgesetz – Kommentar, 94. EL. 2021; *Müller-Broich,* Telemediengesetz, 2012; *Paal/Pauly* (Hrsg.), DS-GVO BDSG, 3. Aufl. 2021; *Peltzer/Selz,* PinG – Schlaglichter – Ausgewählte Rechtsprechung und Verfahren, Ping 2020, 114; *Plath* (Hrsg.), DSGVO/BDSG, 3. Aufl., 2018; *Piltz/Zwerschke,* „Rechte an Daten": Neuere Entwicklungen und Haftungsfragen, GRUR-Prax 2021, 11; *Ritter/Reibach/Lee,* Lösungsvorschlag für eine praxisgerechte Risikobeurteilung von Verarbeitungen, ZD 2019, 531; *Römermann* (Hrsg.), BeckOK BORA, 32. Ed.2021; *Schaffland/Holthaus* (Hrsg.), Schaffland/Wiltfang, Datenschutz-Grundverordnung (DS-GVO)/Bundesdatenschutzgesetz (BDSG), 2017; *Schantz/Wolff,* Das neue Datenschutzrecht, 2017; *Scheurle/Mayen* (Hrsg.), Telekommunikationsgesetz: TKG, 3. Aufl. 2018; *Schuster/Grützmacher* (Hrsg.), IT-Recht, 2020; *Schwartmann/Jaspers/Thüsing/Kugelmann* (Hrsg.), Heidelberger Kommentar DS-GVO/BDSG, 2. Aufl. 2020; *Schwartmann/Weiß,* Ein Entwurf für einen Code of Conduct zum Einsatz DS-GVO-konformer Pseudonymisierung, RDV 2020, 71; *Schwarze/Becker/Hatje/Schoo* (Hrsg.), EU-Kommentar, 4. Aufl. 2019; *Simitis/Hornung/Spiecker gen. Döhmann* (Hrsg.), Datenschutzrecht, 2019; *Specht-Riemenschneider/Buchner/Heinze/Thomsen* (Hrsg.), Festschrift für Jürgen Taeger, 2020; *Spindler/Schmitz* (Hrsg.), TMG, 2. Aufl. 2018; *Spindler/Schuster* (Hrsg.), Recht der elektronischen Medien Kommentar, 4. Aufl. 2019; *Sydow,* Europäische Datenschutzgrundverordnung, 2. Aufl. 2018; *Taeger/Gabel* (Hrsg.), DSGVO BDSG, 3. Aufl. 2019; *Vogt,* Das dänische Bußgeldmodell: Ein Vorbild für Deutschland?, DSB 2021, 142; *von dem Bussche/Voigt* (Hrsg.), Konzerndatenschutz, 2. Aufl. 2019; *Wybitul* (Hrsg.), EU-Datenschutz-Grundverordnung, 2017.

Inhaltsübersicht

A. Allgemeines

I. Vorherige Rechtslage

1 Als Vorgängernorm existierte auf europäischer Ebene Art. 17 Datenschutz-RL. Inhaltlich ähnelt Art. 32 dieser Norm bereits. Ein wichtiger Unterschied ist jedoch, dass in Abs. 1 nun auch ausdrücklich Auftragsverarbeiter als Normadressaten aufgenommen sind.

2 In Deutschland waren Datensicherheitsbestimmungen bis zum Geltungsbeginn der DS-GVO ab 25.5.2018 insbesondere in § 9 BDSG aF sowie in der Anlage zu § 9 BDSG aF normiert.

II. Entstehungsgeschichte der Norm

3 Während Abs. 3 und 4 des Kommissionsentwurfs (Art. 30 KOM-E) noch eine Ermächtigung der Kommission zum Erlass delegierter Rechtsakte und/oder Durchführungsbestimmungen vorsahen, ersetzte der Entwurf des Europäischen Parlaments (Parl-E) die Abs. 3 und 4 durch einen Abs. 3, der den Europäischen Datenschutzausschuss (EDSA) ermächtigen sollte, Leitlinien, Empfehlungen und bewährte Praktiken für geeignete technische und organisatorische Maßnahmen zu veröffentlichen. Auch wenn sich diese Regelung im nahezu schlussendlichen Ratsentwurf nicht mehr wiederfindet, ist dennoch nach zutreffender Ansicht davon auszugehen, dass der EDSA gemäß Art. 70 Abs. 1 S. 2 lit. e zur Ausarbeitung entsprechender Leitlinien ermächtigt ist.[1]

4 Im Rahmen seiner ersten sprachlichen Änderung wurde in Abs. 1 letzter Hs. das Wort „gegebenenfalls" eingefügt.[2]

III. Zweck und Systematik

5 Art. 32 konkretisiert den Grundsatz der Integrität und Vertraulichkeit aus Art. 5 Abs. 1 lit. f DS-GVO. Dieser findet wiederum seine Grundlage in Art. 8 Abs. 1 GRCh[3] und Art. 8 Abs. 1 EMRK[4]. Die entsprechende datenschutzrechtliche Regelungsbefugnis der Union findet sich (allgemein) in Art. 16 Abs. 1 AEUV wieder.

6 Die Voranstellung von Art. 32 im Abschnitt 2 („Sicherheit personenbezogener Daten") des Kapitel IV weist darauf hin, dass in allen Phasen der Datenverarbeitung die Sicherheit der personenbezogenen Daten zu gewährleisten ist. Ist diese Sicherheit nicht gewährleistet und kommt es gemäß Art. 4 Nr. 12 infolgedessen zu einer Verletzung der Sicherheit der Daten, muss nach den Art. 33f. evaluiert werden, ob eine Meldepflicht gegenüber der zuständigen Aufsichtsbehörde besteht und ob die Betroffenen über den Vorfall zu informieren sind.

---

1 Simitis/Hornung/Spiecker gen. Döhmann/*Hansen,* Rn. 7.

2 ABl. 2018 L 127, 4.

3 In Bezug auf Art. 17 Datenschutz-RL: *EuGH,* Urt. v. 8.4.2014 – C-293/12, C-594/12, BeckRS 2014, 80686 Rn. 66f.

4 Allgemein: *EGMR,* ZD 2017, 571 Leitsatz 3 der Redaktion aE; Schwarze/*Knecht,* GRC Art. 8 Rn. 4.

Art. 32 weist zudem ein enges Verhältnis zu den Art. 24 und 25 auf. Art. 24 Abs. 1 S. 1 weist die Verantwortung für die Gewährleistung der Datensicherheit allgemein dem Verantwortlichen zu und fordert entsprechend Art. 5 Abs. 2 die Erbringung von Nachweisen zur Einhaltung der Datensicherheit.[5] Art. 32 stellt daher in gewisser Weise eine Konkretisierung zu Art. 24 dar. Art. 25 Abs. 1 und 2 fordern hingegen eine datenschutzfreundliche Konzeption der Datenverarbeitung(-sanlage) sowie entsprechender Voreinstellungen, während sich Art. 32 allgemeiner an die konkreten Umstände (wie etwa die genutzte Technologie, aber auch organisatorische Prozesse im Unternehmen) richtet, innerhalb derer die Daten verarbeitet werden. Aufgrund dessen führt die Herstellung eines unsicheren Produkts, Dienstes oder einer Anwendung auch nicht per se zu einem direkten Verstoß gegen Art. 32.[6] Gleichwohl ist ein indirekter Verstoß gegen Art. 32 durch die Verwendung einer nicht dem Risiko und Schutzniveau angemessenen Anwendung denkbar, der jedoch dem Verantwortlichen und/oder Auftragsverarbeiter, nicht aber dem Hersteller zuzurechnen ist. Denkbar wäre auf den ersten Blick dann noch eine Pflicht des Herstellers aus Art. 25 Abs. 1 und 2. Allerdings adressiert auch Art. 25 den Verantwortlichen iSd Art. 4 Nr. 7 für die Einhaltung der dort normierten Pflichten und nicht direkt den Hersteller. Denkbar ist daher nur ein Rückgriff des Verantwortlichen gegenüber dem Hersteller. 7

Darüber hinaus wird man auch annehmen können, dass sich der Auftragsverarbeiter für Produkte, Dienste oder Anwendungen, die nicht die Einhaltung von Art. 25 sicherstellen, beim Hersteller wird schadlos halten können. Zwar wird der Auftragsverarbeiter von Art. 25 nicht ausdrücklich erwähnt. Gleichwohl findet sich Art. 25 systematisch im Kapitel IV, das den Titel „Verantwortlicher und Auftragsverarbeiter“ trägt, was zumindest für eine indirekte Miterfassung des Auftragsverarbeiters spricht.[7] Zudem muss der Verantwortliche Auftragsverarbeiter auswählen, die hinreichend Garantien dafür bieten, dass geeignete technische und organisatorische Maßnahmen so durchgeführt werden, dass die Verarbeitung im Einklang mit den Anforderungen der DS-GVO erfolgt. Könnte der Auftragsverarbeiter die Einhaltung der Anforderungen aus Art. 25 nicht vom Hersteller verlangen, so dürfte der Verantwortliche ihn von Vornherein nicht für eine Verarbeitung auswählen. Andernfalls müsste der Auftragsverarbeiter im Rahmen einer laufenden Datenverarbeitung außerdem immer erst den Verantwortlichen einschalten, um vom Hersteller die Einhaltung von Art. 25 verlangen zu können. 8

Umstritten ist schließlich, ob Art. 32 selbst als Erlaubnistatbestand[8] einer Datenverarbeitung oder aber zumindest als gesetzliche Verpflichtung iSv Art. 6 Abs. 1 S. 1 lit. c[9] fungieren kann. Letzteres ist nach hiesiger Ansicht zutreffend. 9

---

[5] → Art. 5 Rn. 52ff.

[6] Simitis/Hornung/Spiecker gen. Döhmann/*Hansen,* Rn. 15.

[7] Simitis/Hornung/Spiecker gen. Döhmann/*Hansen,* Art. 25 Rn. 22.

[8] Gola/*Piltz,* Rn. 2 mwN.

[9] Dafür: *Piltz,* FS Taeger 2020, S. 7ff.; dagegen: Schuster/Grützmacher IT-Recht/*Freund,* Rn. 7, der aber unter Rn. 68 sagt, dass das Unterlassen gebotener Schutzmaßnahmen auf die Rechtmäßigkeit der Datenverarbeitung selbst durchschlägt.

B. Einzelerläuterungen

I. Anwendungsbereich

10 **1. Persönlich.** Ausweislich des Wortlauts von Abs. 1 und 4 ist sowohl der Verantwortliche gemäß Art. 4 Nr. 7 als auch der Auftragsverarbeiter nach Art. 4 Nr. 8 vom Anwendungsbereich des Art. 32 erfasst. Damit sind folglich auch gemeinsam Verantwortliche iSv Art. 26 Abs. 1 S. 1 von der Pflicht zur Einhaltung des Art. 32 erfasst.[10] Bei einer gemeinsamen Verantwortlichkeit ist es aber durchaus möglich, dass sich eine Partei faktisch um die Umsetzung der technischen und organisatorischen Maßnahmen kümmert. Eine interne Delegation der Pflichtenerfüllung zwischen den gemeinsam Verantwortlichen ist mithin möglich und praktisch oftmals auch sinnvoll. Dies entbindet die übrigen Parteien freilich nicht von ihrer Rechtspflicht, entsprechende Maßnahmen vorzusehen.

11 Zu beachten ist, dass auch Privatpersonen die Pflichten des Art. 32 einhalten müssen, wenn sie als Verantwortliche agieren und nicht unter die sog. Haushaltsausnahme nach Art. 2 Abs. 2 lit. c fallen.

12 **2. Sachlich.** Art. 32 ist die zentrale Norm zur Datensicherheit in der DS-GVO. Die Norm wurde so allgemein formuliert, dass sie technologieneutral auf unterschiedlichste Verarbeitungssituationen anwendbar ist. Da die DS-GVO nach Art. 2 Abs. 1 auch für die nichtautomatisierte Verarbeitung personenbezogener Daten gilt, die in einem Dateisystem gespeichert werden, gilt natürlich auch in diesem Fall (also etwa bei einem Ordnungssystem mit Papierakten[11]) Art. 32

13 Abs. 1 verlangt vom Normadressaten, dem Risiko der Verletzung des Schutzes der personenbezogenen Daten im Rahmen der Datenverarbeitung durch geeignete technische und organisatorische Maßnahmen zur Herstellung eines entsprechenden Schutzniveaus Rechnung tragen zu müssen. Verlangt wird also kein absoluter Schutz der personenbezogenen Daten, sondern ein relativer Schutz („risikobasierter Ansatz").[12] Der Schutz muss dem Risiko angemessen sein, dieses aber nicht gänzlich ausschließen.

II. Abs. 1

14 **1. Stand der Technik.** Weder die DS-GVO noch andere datenschutzrechtliche Rechtsquellen liefern eine Definition des Begriffs „Stand der Technik". Auch der EuGH hat sich bisher nicht entsprechend geäußert. Allerdings findet sich der Begriff sowohl an anderer Stelle in der DS-GVO,[13] als auch in anderen relevanten nationalen Gesetzen, wie zB § 107 Abs. 2 S. 3 TKG aF, § 13 Abs. 7 S. 2 TMG aF oder § 22 Abs. 2 S. 2 BDSG. Man kann sich dem Begriff auf unterschiedliche Weise nähern:

---

[10] Däubler/Wedde/Weichert/Sommer/*Wedde*, Rn. 7.

[11] So hinsichtlich Vermerken und Notizzetteln: *OLG Köln*, Urt. v. 26.7.2019 – 20 U 75/18, BeckRS 2019, 16261 Rn. 63.

[12] *BSG*, Urt. v. 20.1.2021 – B 1 KR 15/20, BeckRS 2021, 13884, Leitsatz 8 der Redaktion und *BSG*, Urt. v. 20.1.2021 – B 1 KR 7/20, BeckRS 2021, 13901, Leitsatz 8 der Redaktion.

[13] S. Art. 25 Abs. 1.

Der EDSA[14], Vertreter der deutschen Aufsichtsbehörden[15] und der Literatur knüpfen an die Kalkar-Entscheidung des Bundesverfassungsgerichts[16] an, nach der der Begriff „Stand der Technik" zwischen den „anerkannten Regeln der Technik" und dem „Stand von Wissenschaft und Technik" einzuordnen sei. Gemäß diesem Begriffsverständnis stellt der „Stand der Technik" einerseits ein höheres Niveau als die „anerkannten Regeln der Technik" dar, nach denen sich ein Produkt, eine Technologie oder Methode in der breiten Anwendung bekannt und sich in der praktischen Anwendung bewährt haben muss. Andererseits ist der Begriff „Stand der Technik" im Niveau unter dem „Stand von Wissenschaft und Technik" zu verorten, bei welchem die Praxistauglichkeit noch nicht erwiesen ist. Stand der Technik kann danach als das Technologieniveau einer Dienstleistung, Technologie oder eines Produkts identifiziert werden, das auf dem Markt existiert und am effektivsten ist, um die identifizierten Ziele zu erreichen. **15**

Unterschiede bestehen zwischen den Vertretern dieses Begriffsverständnisses dahingehend, ob nur die beste verfügbare Technik[17] den Stand der Technik erfüllt oder ob der Begriff lediglich eine untere Grenze der Mindestanforderungen[18] definiert. Entscheidend wird für die Beantwortung dieser Frage nach hier vertretener Auffassung sein, welches Risiko gemäß Abs. 2 bei der Datenverarbeitung im Rahmen der konkreten Umstände droht. Anhaltspunkte liefern immer häufiger auch die Aufsichtsbehörden, wenngleich auch diese mitunter divergierenden Standpunkte zu einzelnen Technologien und der damit verbundenen besten Technik vertreten. **16**

Andere Stimmen der Literatur verweisen darauf, dass der Begriff aufgrund seines europarechtlichen Hintergrunds als „beste verfügbare Techniken" („best available techniques") einzuordnen sei.[19] **17**

Wieder andere referenzieren auf die Gesetzesbegründung zu § 8a BSIG, wonach Stand der Technik der Entwicklungsstand fortschrittlicher Verfahren, Einrichtungen oder Betriebsweisen, der die praktische Eignung einer Maßnahme zum Schutz der Funktionsfähigkeit von informationstechnischen Systemen, Komponenten oder Prozessen gegen Beeinträchtigungen der Verfügbarkeit, Integrität, Authentizität und Vertraulichkeit gesichert erscheinen lässt.[20] Zwar scheint eine hilfsweise Heranziehung dieser Definition denkbar. Dogmatisch ist sie allerdings als nicht belastbar anzusehen, da § 8a BSIG nicht den Schutz personenbezogener Daten, sondern gemäß § 8a Abs. 1 S. 1 BSIG den Schutz informationstechnischer Systeme adressiert. **18**

Unabhängig von den Differenzierungen der vorstehenden Ansichten kann eine rein nationale Auslegung allerdings eher als Leitlinie denn als verbindliche Definition dienen. Dafür spricht einerseits, dass der Begriff „Stand der Technik" nach der DS-GVO als direkt anwendbarer Verordnung iSv Art. 288 UAbs. 2 AEUV unions- **19**

---

[14] *EDSA,* Guidelines 4/2019 on Article 25, Data Protection by Design and by Default, S. 7, Fn. 6.

[15] Kranig/Sachs/Gierschmann Datenschutz-Compliance/*Kranig/Sachs/Gierschmann,* S. 63.

[16] BVerfG, Beschl. v. 8.8.1978 – 2 BvL 8/77, BVerfGE 49, 89, 96 ff.

[17] *BfDI,* 27. Tätigkeitsbericht 2017 – 2018, 9.2.5; Plath/*Grages,* Rn. 3; scheinbar: Kühling/Buchner/*Jandt,* Rn. 10.

[18] Simitis/Hornung/Spiecker gen. Döhmann/*Hansen,* Rn. 24 f.

[19] Wohl: Ehmann/Selmayr/*Hladjk,* Rn. 5 Fn. 3; offen: Kipker Cybersecurity/*Ekrot/Fischer/Müller,* Kapitel 3 Rn. 5, 9.

[20] Schwartmann/Jaspers/Thüsing/Kugelmann/*Ritter,* Rn. 83 mwN.

rechtlich ausgelegt werden muss.[21] Gegen die ausschließliche Anwendung der nationalen Begriffsprägung des „Stands der Technik" spricht zudem, dass sich diese Definition des Bundesverfassungsgerichts aus dem Umweltrecht herleitet und dort feste Grenzwerte als Stand der Technik definiert werden, die durch den Normadressat einzuhalten sind.[22] Solche messbaren Vorgaben existieren im Bereich der Datensicherheit dagegen nur zu einem geringen Teil.

20 Unabhängig von der dogmatischen Begriffsklärung ist es in der Praxis teilweise problematisch, wie der Stand der Technik im Einzelfall konkret bestimmt werden kann. Der Bundesverband IT-Sicherheit e. V. (TeleTrusT) hat hierzu eine Handreichung veröffentlicht, die nicht nur zu verschiedenen Technologien Einschätzungen gibt, sondern auch eine Methodik zur Bestimmung des jeweiligen Stands der Technik.[23]

21 Jedenfalls sind die Normadressaten zu einer subjektiven Einschätzung des Standes der Technik hinsichtlich der von ihnen eingesetzten Datenverarbeitungstechnologie gehalten. Da es sich außerdem um einen dynamischen Begriff handelt, müssen die Normadressaten fortlaufend überprüfen, ob die getroffenen Schutzmaßnahmen noch dem Stand der Technik entsprechen.[24] Dafür spricht auch, dass der Normadressat gemäß lit. d ein Verfahren zur regelmäßigen Überprüfung, Bewertung und Evaluierung der Wirksamkeit der getroffenen technischen und organisatorischen Maßnahmen zur Gewährleistung der Sicherheit der Verarbeitung implementieren soll.

22 **2. Implementierungskosten.** Die Implementierungskosten umfassen zunächst die Anschaffungskosten für die technisch-organisatorische Maßnahme. Uneinigkeit besteht jedoch darüber, ob der Begriff der Implementierungskosten auch die Folgekosten einer technisch-organisatorischen Maßnahme umfasst.[25] Da es bei den Implementierungskosten um eine Wirtschaftlichkeitsbetrachtung[26] hinsichtlich der zu treffenden technischen und organisatorischen Maßnahmen geht, ist der Begriff weit auszulegen.[27] Andernfalls würden zB Anbieter, die schlechtere Schutzmaßnahmen zu niedrigen Installationskosten aber mit höheren Folgekosten anbieten, entgegen dem Normzweck gegenüber denjenigen Anbietern bevorteilt, die bessere Schutzmaßnahmen zu höheren Installationskosten aber mit geringeren Folgekosten anbieten. Umfasst sind also bspw. Lizenzkosten einer Sicherheitssoftware[28] ebenso wie Hardware, Personalkosten, Installationskosten sowie Betriebs- und Wartungskosten[29].

---

[21] Kipker/*Ekrot/Fischer* Cybersecurity/*Müller,* Kapitel 3 Rn. 5; *Bartels/Backer,* DuD 2018, 214 (215 ff.).

[22] Kipker Cybersecurity/*Ekrot/Fischer/Müller,* Kapitel 3, Rn. 8.

[23] *TeleTrusT,* Handreichung zum „Stand der Technik", 2.2.

[24] von dem Bussche/Voigt Konzerndatenschutz/*Voigt,* Teil 5. Kapitel 3. Technischer Datenschutz Rn. 23.

[25] Dafür: Paal/Pauly/*Martini,* Art. 25 Rn. 41 mwN; dagegen: HK-DS-GVO/*Mantz,* Art. 25 Rn. 45.

[26] Kühling/Buchner/*Jandt,* Rn. 11.

[27] *EDSA,* Guidelines 4/2019 on Article 25, Data Protection by Design and by Default, Rn. 23.

[28] S. *EDSA,* Guidelines 4/2019 on Article 25, Data Protection by Design and by Default, Rn. 23.

[29] Simitis/Hornung/Spiecker gen. Döhmann/*Hansen,* Rn. 26.

Im Übrigen besteht Einigkeit dahingehend, dass unzureichende Schutzmaßnahmen nicht allein mit zu hohen Implementierungskosten gerechtfertigt werden können.[30] Außerdem können im Einzelfall auch Maßnahmen mit geringeren Implementierungskosten genauso effektiv oder sogar effektiver sein als teurere Schutzmaßnahmen.[31] **23**

3. Risikobeurteilung und Schutzniveau. Hs. 1 regelt, dass der Normadressat einerseits die Datenverarbeitung beurteilen muss und andererseits das Risiko, das mit ihr einhergeht. Dies ist bereits deshalb von entscheidender Bedeutung, um im nächsten Schritt ableiten zu können, welche geeigneten technischen und organisatorischen Maßnahmen zur Begrenzung oder Beseitigung des Risikos geeignet sind. Die Beurteilung der Datenverarbeitung als auch des damit korrespondierenden Risikos ist Ausfluss des u.a. in Art. 24 Abs. 1 geregelten risikobasierten Ansatzes. **24**

Der Normadressat muss die Risikobeurteilung vor der beabsichtigten Verarbeitung durchführen und diese ab Beginn der Datenverarbeitung fortlaufend wiederholen.[32] Für die Risikobeurteilung im Einzelnen, → Rn. 30 ff. **25**

a) Art, Umfang, Umstände und Zwecke der Datenverarbeitung. Die **Art der Datenverarbeitung** bezieht sich zunächst auf die Verarbeitung iSv Art. 4 Nr. 2 also zB das Erheben, Auswerten, Übermitteln usw. Auch die besonders in der DS-GVO geregelten Datenverarbeitungen, wie zB die automatisierte Entscheidung im Einzelfall einschließlich Profiling nach Art. 22, fallen hierunter. Darüber hinaus bezieht sich die Art der Datenverarbeitung mit Blick auf den sachlichen Anwendungsbereich gemäß Art. 2 Abs. 1 auch darauf, ob die Verarbeitung ganz, teilweise oder nichtautomatisiert in einem Dateisystem gespeichert sind oder werden sollen. Darüber hinaus ist insoweit auch zu klären, ob es sich um personenbezogene Daten iSv Art. 4 Nr. 1 oder aber um besondere Kategorien personenbezogener Daten gemäß Art. 9 Abs. 1 handelt.[33] Zusammengefasst bezieht sich die Art auf die inhärenten Charakteristiken der Datenverarbeitung.[34] **26**

Der **Umfang der Datenverarbeitung** bezieht sich in erster Linie auf die Quantität der zu verarbeitenden personenbezogenen Daten.[35] Die Menge der zu verarbeitenden Daten korrespondiert zudem mit der Anzahl der betroffenen Personen, über die Daten verarbeitet werden. **27**

Die **Umstände der Datenverarbeitung** zielen zum einen auf den Verarbeitungskontext ab. So können die personenbezogenen Daten gemäß Art. 13 und 14 entweder beim Betroffenen selbst oder aber bei einem Dritten erhoben werden. Einen Hinweis hierauf liefert Art. 14 Abs. 3 lit. a, der hinsichtlich der Information **28**

---

[30] Statt vieler: Simitis/Hornung/Spiecker gen. Döhmann/*Hansen,* Rn. 26; Plath/*Grages,* Rn. 3.

[31] *EDSA,* Guidelines 4/2019 on Article 25, Data Protection by Design and by Default, Rn. 24.

[32] *EDSA,* Guidelines 4/2019 on Article 25, Data Protection by Design and by Default, Rn. 37 f.

[33] AA wohl Kühling/Buchner/*Jandt,* Rn. 12, die die verschiedenen ergänzend zu speichernden Daten, wie zB Logdateien, Veränderungs- und Abrufprotokolle, Ortungs- und Sensordaten, dem Umfang der Datenverarbeitung zuordnet.

[34] *EDSA,* Guidelines 4/2019 on Article 25, Data Protection by Design and by Default, Rn. 27.

[35] Vgl. ErwG 75 DS-GVO aE.

der Betroffenen auf die Umstände der Verarbeitung abstellt. Zum anderen sind die Rahmenbedingungen der Verarbeitung zu berücksichtigen, also zB, ob die personenbezogenen Daten des Betroffenen bei der Inanspruchnahme eines ungesicherten Kontaktformulars im Internet verarbeitet werden oder aber bei der Eingabe der Daten im Rahmen eines Gewinnspiels in einem Geschäft, wenn nach dem gesicherten Auslesen und Abspeichern das papiergebundene Formular zeitnah gelöscht wird.[36] MaW geht es darum, wie gut die Daten im Rahmen der jeweiligen Situation tatsächlich und auch rechtlich geschützt sind.[37] Weiterhin ist hinsichtlich der Umstände auch die Dauer der Verarbeitung von Relevanz.[38] Schließlich können die Verarbeitungsumstände auch die Erwartungen der betroffenen Person beeinflussen.[39]

29 Die **Zwecke der Datenverarbeitung** sind mit Blick auf den Zweckbindungsgrundsatz aus Art. 5 Abs. 1 lit. b von zentraler Bedeutung bei der Verarbeitung personenbezogener Daten. Aus der Zweckbindung folgt zunächst, dass jeder spezifische Verarbeitungszweck seine eigens abgestimmten Schutzmaßnahmen erfordert. Sollen die Daten für einen anderen als den festgelegten Zweck verarbeitet werden,[40] wirkt sich auch dies auf die Beschreibung der Datenverarbeitung und in der Folge auf die Beurteilung des daraus resultierenden Risikos aus. Gleiches gilt, wenn die Daten nicht absichtlich vom Verantwortlichen oder Auftragsverarbeiter erhoben werden, sondern diesem zB ohne dessen Einfluss zugespielt werden.[41] Schließlich umfassen die Zwecke der Datenverarbeitung auch die Frage der Sensibilität der Datenverarbeitung. Es bedarf daher effektiverer Schutzmaßnahmen, wenn Daten beispielsweise aus und über eine Blutprobe verarbeitet werden gegenüber der Konstellation, dass Daten zB zu Marketingzwecken verarbeitet werden.

30 **b) Eintrittswahrscheinlichkeit und Schwere des Risikos für die Rechte und Freiheiten natürlicher Personen.** Eintrittswahrscheinlichkeit und Schwere des Risikos für die Rechte und Freiheiten natürlicher Personen begründen gemeinsam die Risikobeurteilung. ErwG 76 S. 1 liefert, wenn auch nur abstrakte Beurteilungskriterien, die sich so ebenso in Abs. 2 wiederfinden. Zur Kommentierung von Abs. 2 → Rn. 59f.

Hervorzuheben ist, dass die Risikobeurteilung gemäß ErwG 76 S. 2 einen in erster Linie objektiven Maßstab verlangt.[42] Eine nicht abschließende Aufzählung der drohenden Risiken liefert zudem ErwG 75. Dabei sind mit Blick auf den Schutzzweck der DS-GVO[43] und insbesondere des Abs. 1 nicht die Schutzinteressen des Normadressaten, sondern die Grundrechte und Grundfreiheiten der betroffenen Person, deren personenbezogene Daten verarbeitet werden, von entscheidender Bedeutung.

---

[36] AA wohl: Schwartmann/Jaspers/Thüsing/Kugelmann/*Ritter,* Rn. 88, der auf die Rahmenbedingungen beim Verantwortlichen abstellt.

[37] Gola/*Piltz,* Art. 24 Rn. 35.

[38] Taeger/Gabel/*Lang,* Art. 24 Rn. 43.

[39] *EDSA,* Guidelines 4/2019 on Article 25, Data Protection by Design and by Default, Rn. 27.

[40] Vgl. Art. 6 Abs. 4.

[41] S. dazu: BeckOK DatenschutzR/*Wolff,* Grundlagen und bereichsspezifischer Datenschutz, Syst. A. Prinzipien des Datenschutzrechts Rn. 40.

[42] Plath/*Grages,* Rn. 10; Schuster/Grützmacher IT-Recht/Freund, Rn. 70.

[43] S. Art. 1 Abs. 1 und 2.

31 Derzeit existiert (noch) kein verbindlicher Maßstab, der festlegt, mit welcher Methodik **Eintrittswahrscheinlichkeit** und **Schwere des Risikos** beurteilt werden sollen. Vertreter des BayLDA orientieren sich am dreistufigen Aufbau der Agentur der Europäischen Union für Cybersicherheit (ENISA).[44] In der Literatur werden u.a. ein dreistufiger[45] oder fünfstufiger[46] Aufbau zur Bestimmung des Risikos vorgeschlagen. Darüber hinaus existieren in der Literatur noch weitere methodologische Modelle zur Bestimmung des tatbestandlichen Risikos. Es ist zwar von Vorteil, gegebenenfalls vorhandene methodische Vorgaben oder Empfehlungen der zuständigen Datenschutzaufsichtsbehörde bei der Bestimmung des konkreten Risikos zu beachten. Von entscheidenderer Bedeutung ist jedoch vor allem, dass im Rahmen der jeweiligen Methode alle in Betracht kommenden Risikofaktoren hinsichtlich der zu beurteilenden Datenverarbeitung vollständig mit abgebildet werden.

32 Unabhängig von den vorstehenden methodischen Fragen hat sich der EDSA in seinen Leitlinien zur Meldung von Datenschutzverletzungen nach Art. 33 und 34 mit den Kriterien zur Bestimmung eines (hohen) **Risikos** auseinandergesetzt,[47] die im Rahmen der Risikobestimmung berücksichtigt werden sollten. Für den Rückgriff auf diese Kriterien spricht nicht zuletzt die systematische Verortung der Normen im gleichen Abschnitt.

33 Bei der Beurteilung der **Eintrittswahrscheinlichkeit** des tatbestandlichen Risikos können statistische Daten aus der Vergangenheit als auch eine fundierte Abschätzung für die Zukunft Berücksichtigung finden.[48] Hinsichtlich der Prüfungstiefe zur Beurteilung der Eintrittswahrscheinlichkeit und Schwere des Risikos ist nicht der gleiche erhebliche Aufwand wie bei einer Datenschutz-Folgenabschätzung erforderlich.[49] Gleichwohl bemisst sich Prüfungsumfang und -tiefe flexibel an der zuvor festgestellten Art, dem Umfang, den Umständen und den Zwecken der Datenverarbeitung. Darüber hinaus sind weitere Beurteilungskriterien zur Festlegung der erforderlichen Prüfungstiefe denkbar. Es kommt also hinsichtlich der Risikobewertung zB darauf an, ob personenbezogene Daten gemäß Art. 4 Nr. 1 oder Art. 9 Abs. 1 verarbeitet werden. Jedenfalls verbietet sich eine pauschal „grobe“ Prüfungstiefe.

34 **c) Gewährleistung eines dem Risiko angemessenen Schutzniveaus.** Die **Gewährleistung eines angemessenen Schutzniveaus** stellt das Bindeglied zwischen der Risikobeurteilung und den zutreffenden technischen und organisatorischen Maßnahmen dar. Wurde lediglich ein geringes Risiko für die zu verarbeitenden Daten festgestellt, besteht also eher ein geringeres Schutzniveau und es können in der Folge weniger umfangreiche technische und organisatorische Maßnahmen angemessen sein. Bei der Beurteilung der Angemessenheit sind außerdem die Implementierungskosten als auch der Stand der Technik zu berücksichtigen.

---

[44] *ENISA,* Recommendations for a methodology of the assessment of severity of personal data breaches (nur auf Englisch verfügbar).

[45] *Bieker/Bremert,* ZD 2020, 7.

[46] *Ritter/Reibach/Lee,* ZD 2019, 531.

[47] *EDSA,* Leitlinien für die Meldung von Verletzungen des Schutzes personenbezogener Daten gemäß der Verordnung (EU) 2016/679, S. 26ff.

[48] Schwartmann/Jaspers/Thüsing/Kugelmann/*Ritter,* Rn. 92.

[49] HK-DS-GVO/*Mantz,* Art. 25 Rn. 8.

35 Der Begriff **„angemessen"** verdeutlicht, dass die vorgenannten Aspekte im Rahmen einer Verhältnismäßigkeitsbeurteilung in Ausgleich zu bringen sind. Eine hundertprozentige Sicherheit wird daher nicht als angemessenes Schutzniveau zu verlangen sein.[50] Denn bei den meisten technischen und organisatorischen Maßnahmen, die einem jeweils angemessenen Schutzniveau Rechnung tragen sollen, wird dennoch immer ein Restrisiko verbleiben.

36 **4. Geeignete technische und organisatorische Maßnahmen.** Wurde vom Normadressaten ein dem Risiko angemessenes Schutzniveau bestimmt, sind dementsprechende, geeignete technische und organisatorische Maßnahmen zu treffen, um es zu erreichen.

Der Begriff der **„geeigneten"** Maßnahmen[51] bringt einerseits zum Ausdruck, dass eine Verhältnismäßigkeitsprüfung durchgeführt werden muss. Andererseits wird deutlich, dass geeignete Maßnahmen zur Minimierung des ermittelten Risikos zu treffen sind. Von der Geeignetheit ist dabei auszugehen, wenn die Maßnahme die Erreichung des Schutzniveaus zumindest fördert und zur Vermeidung des Risikos beiträgt. Bewirkt eine Maßnahme für sich allein kein dem Risiko angemessenes Schutzniveau, so ist sie im Zusammenspiel mit den übrigen vom Normadressaten beabsichtigten oder getroffenen Maßnahmen dahingehend zu überprüfen, ob ein angemessenes Schutzniveau erreicht werden kann.

37 Mit **technischen Maßnahmen** sind neben dem Bezug auf Hard- und Software vor allem Maßnahmen bezogen auf den Datenverarbeitungsvorgang selbst gemeint.[52] **Organisatorische Maßnahmen** beziehen sich hingegen eher auf die äußeren Umstände und den Ablauf der Datenverarbeitung. Organisatorische Maßnahmen können vor allem auch interne Handlungsanweisungen an Beschäftigte darstellen.

38 Mangels abschließender Katalogaufzählung und der Technologieneutralität von Art. 32 ist grundsätzlich jede technische und organisatorische Maßnahme mit umfasst, sofern sie zur Risikovermeidung und Erreichung des angemessenen Schutzniveaus geeignet ist. Es besteht insoweit also ein „Auswahlermessen" des Normadressaten hinsichtlich der konkret zu ergreifenden Maßnahmen.[53] Gleichwohl ist denkbar, dass dieses „Auswahlermessen" in Einzelfällen besonders kritischer Datenverarbeitungen „auf null reduziert" ist und der Normadressat bestimmte, zwingende Maßnahmen ergreifen muss, um ein angemessenes Schutzniveau der Datenverarbeitung sicherzustellen. Allerdings haben Betroffene keinen Anspruch auf konkret durch den Normadressaten zu ergreifende Maßnahmen.[54] Ein entsprechendes subjektives Recht und ein damit einhergehender Anspruch wird auch mit dem Argument abgelehnt, dass Art. 32 objektive Pflichten enthalte und einer Disponibilität nicht zugänglich sei.[55] Die Kehrseite dieser Freiheit hinsichtlich der kon-

---

50 Kühling/Buchner/*Jandt,* Rn. 8.

51 S. dazu: Vorabentscheidungsersuchen des Obersten Verwaltungsgerichtshofs von Bulgarien (Varhoven administrativen sad), eingereicht am 2.6.2021 — C-340/21 („VB/Natsionalna agentsia za prihodite").

52 Taeger/Gabel/*Lang,* Art. 24 Rn. 23.

53 Schuster/Grützmacher IT-Recht/*Freund,* Rn. 26.

54 *Österreichische Datenschutzbehörde,* Bescheid v. 13.9.2018 – DSB-D123.070/0005-DSB/2018, D., 2.; so wohl auch *OLG Düsseldorf,* Beschl. v 7.11.2019 – I-16 W 67/19 Rn. 4; *OLG München,* Beschl. v. 29.10.2019 – 15 W 1308/19 Rn. 17.

55 *Österreichische Datenschutzbehörde,* Bescheid v. 16.11.2018 – DSB-D213.692/0001-DSB/2018, D., 3.2.4.

kret zu ergreifenden Maßnahmen ist, dass unter den Normadressaten teilweise Unsicherheit herrscht, wie den Anforderungen des Art. 32 hinreichend Rechnung zu tragen ist. Eine nicht ausreichende Erfüllung von Hs. 1 wird nach der bisher ergangenen Rechtsprechung jedenfalls dann angenommen, wenn das vom Verantwortlichen verwendete Authentifizierungssystem nur wenige, auch Dritten zugängliche Daten abfragt, um die Identität einer Person zu authentifizieren.[56] Ein Bußgeldbescheid der britischen Datenschutzbehörde (Information Comissioner's Office (ICO))[57] veranschaulicht, welche konkreten, nicht abschließenden technischen und organisatorischen Maßnahmen in einem großen Unternehmensnetzwerk zu treffen sein können, um Abs. 1 zu erfüllen:

- regelmäßige Überprüfung eines zu erstellenden Zugangs- und Berechtigungskonzepts für interne und externe Mitglieder des Netzwerks;
- Etablierung einer Multi-Faktor-Authentifizierung insbesondere bei externem Zugriff auf das Netzwerk;
- Unterbindung der Speicherung von Account-Passwörtern im Klartext;
- Etablierung einer Account Policy, nach der Administrator-Accounts nur ausnahmsweise zu nutzen sind;
- Logging der Netzwerkaktivitäten;
- Etablierung eines Code Review-Prozesses, um die Implementierung von Schadcode möglichst zu unterbinden;
- Implementierung eines file integrity monitorings, damit Änderungen an Dateien im System überwacht werden können.

Darüber hinaus existieren unterschiedliche Maßnahmenkataloge, an denen man **39** sich für die Bestimmung geeigneter technischer und organisatorischer Maßnahmen orientieren kann:

- Standarddatenschutz-Modell der Datenschutzkonferenz (DSK)[58]
- Leitfäden der Aufsichtsbehörden[59]
- Handreichung des Bundesverbands IT-Sicherheit e. V. (TeleTrusT)[60]
- das IT-Grundschutz-Kompendium mit Umsetzungshinweisen des Bundesamtes für Sicherheit in der Informationstechnik (BSI)[61]
- die Industrienorm ISO/IEC 27001 mit der datenschutzspezifischen Erweiterung nach ISO 27701

Das Standarddatenschutz-Modell der DSK, das in weiten Teilen an das IT- **40** Grundschutz-Kompendium und den Umsetzungshinweisen des BSI angelehnt ist, bietet konkrete technische und organisatorische Maßnahmen zur Umsetzung an. Die Industrienorm ISO/IEC 27001 bietet hingegen nur Hinweise an, die bei der Umsetzung von Maßnahmen zu beachten sind. Gleichwohl kann eine Umsetzung der ISO 27001 nach der bisherigen Rechtsprechung ein angemessenes Schutzniveau

[56] Im Fall eines Call Center-Supports nur Name und Geburtsdatum: *LG Bonn,* Urt. v. 1.11.2020 – 29 OWi 1/20, BeckRS 2020, 35663 Rn. 48.

[57] *ICO,* Bescheid v. 16.10.2020 – COMO0783542 Rn. 6.1 ff.

[58] *DSK,* Das Standard-Datenschutzmodell, Version 2.0b, S. 31 ff., welche zwar „nur" generische Maßnahmen auflistet. Jedoch werden sukzessive auch verbindliche Maßnahmenbausteine unter https://www.datenschutz-mv.de/datenschutz/datenschutzmodell/veröffent licht.

[59] ZB *DPC,* Guidance for Controllers on Data Security; *CNIL,* Security of Personal Data.

[60] *TeleTrusT,* IT-Sicherheitsgesetz und Datenschutz-Grundverordnung, Handreichung zum „Stand der Technik" technischer und organisatorischer Maßnahmen, Stand: 2020, 3.

[61] *BSI,* IT-Grundschutz-Kompendium – Werkzeug für Informationssicherheit.

gewährleisten.[62] Zu beachten ist dabei dennoch, dass es sich grundsätzlich um eine IT-sicherheitsrechtliche Normenreihe handelt, die ggf. im Einzelfall weitere technische und/oder organisatorische Maßnahmen notwendig macht, um den spezifischen Anforderungen des personenbezogenen Datenschutzes Rechnung zu tragen.

41 Schließlich bildet § 64 Abs. 3 S. 1 BDSG, der eine Umsetzung des Art. 29 JI-RL darstellt und der Anlage zu § 9 BDSG aF weitgehend nachempfunden ist, einen hilfsweisen Orientierungspunkt für die zutreffenden Maßnahmen, wie nämlich zB die Einrichtung einer Zugangskontrolle, einer Benutzer- sowie einer Zugriffskontrolle.

42 Umstritten ist in Anlehnung an die Debatte um § 9 BDSG aF, ob auch Abs. 1 ganz oder teilweise abbedungen werden kann. Ob also vor allem Betroffene in bestimmte (verringerte) Schutzmaßnahmen einwilligen können. Überwiegende Einigkeit besteht unter Verweis auf den fehlenden Regelungsspielraum der Mitgliedstaaten und die Beschaffenheit der Einwilligung nach Art. 6 Abs. 1 S. 1 lit. a und Art. 9 Abs. 2 lit. a darüber, dass Art. 32 **nicht vollständig abdingbar** ist.[63] Gleichwohl wird diskutiert, ob zumindest eine Absenkung des Schutzniveaus durch Einwilligung des Betroffenen oder eine Vereinbarung zwischen dem Betroffenen und/oder eine Erklärung gegenüber dem Verantwortlichen möglich ist.[64] Praktischen Eingang gefunden hat diese Frage vor allem in der Debatte um eine Pflicht zur Verschlüsselung von E-Mails (zur Thematik der E-Mail-Verschlüsselung → Rn. 77). Teile der Literatur und der Aufsichtsbehörden sind der Ansicht, dass in engen Grenzen auch eine Absenkung dieses Schutzniveaus möglich ist; im Fall der E-Mail-Verschlüsselung sei also eine Absenkung auf eine mindestens nach Stand der Technik einzusetzende Transportverschlüsselung möglich.[65] Die DS-GVO schützt gemäß Art. 1 Abs. 2 die Grundrechte und Grundfreiheiten der Betroffenen insbesondere in Bezug auf personenbezogene Daten. Dieser Schutz personenbezogener Daten manifestiert sich in Deutschland durch das Grundrecht auf informationelle Selbstbestimmung als Ausprägung der allgemeinen Handlungsfreiheit aus Art. 2 Abs. 1 iVm Art. 1 Abs. 1 GG. Da die deutschen Grundrechte weitgehend disponibel sind,[66] spricht dies dafür, dass auch ein Absenken des Schutzniveaus hinsichtlich spezifischer Schutzmaßnahmen im Verhältnis zum Betroffenen durch diesen veranlasst werden kann. Zudem erlaubt das Grundrecht auf informationelle Selbstbestimmung nach der verfassungsgerichtlichen Rechtsprechung auch die Entscheidung des Einzelnen darüber, welche personenbezogenen Daten preisgegeben und verwendet werden dürfen.[67] Ausweislich des Art. 52 GrCH ergibt sich nichts

---

[62] So für die Verarbeitung von Sozialdaten durch einen Dienstleister: *BKartA,* Beschl. v 19.7.2019 – VK 1 -39/19, BeckRS 2019, 19883 Rn. 41 f.

[63] Spindler/Schuster/*Laue,* Rn. 20; Kühling/Buchner/*Jandt,* Rn. 39 f.; offengelassen: *VG Mainz,* Urt. v. 17.12.2020 – 1 K 778/19.MZ, BeckRS 2020, 41220 Rn. 42.

[64] Forgó/Helfrich/Schneider Betr. Datenschutz-HdB/*Helfrich/Forgó/Schneider,* Teil I., Kap. 5 Rn. 100; Plath/*Grages,* Rn. 2.

[65] Dafür: *HmbBfDI,* Abdingbarkeit von TOMs, S. 11; *BayLDA,* Tätigkeitsbericht 2017/2018, S. 137 f.; *SächsDsb,* Tätigkeitsbericht 2019, 4.1.7 bezüglich Steuerberatern; dagegen: *Österreichische Datenschutzbehörde,* Bescheid v. 16.11.2018 – DSB-D213.692/0001-DSB/2018, D., 2.

[66] Maunz/Dürig/*Di Fabio,* Art. 2 Abs. 1 Rn. 228.

[67] *BVerfG,* Urt. v. 15.12.1983 – 1 BvR 209/83, BeckRS 1983, 107398 Leitsatz 1 des Gerichts; *BVerfG,* Beschl. v. 12.4.2005 –– 2 BvR 1027/02, BeckRS 2005, 27151 Rn. 81 ff.; *BVerfG,* Beschl. v. 24.1.2012 – 1 BvR 1299/05, BeckRS 2012, 47556 Rn. 121 ff.

anderes hinsichtlich der europäischen Grundrechte,[68] sodass ein Absenken des Schutzniveaus zumindest in gewissen Grenzen möglich ist. Dennoch ist zu beachten, dass die Vereinbarung eines Absenkens des Schutzniveaus nur inter partes zwischen dem Verantwortlichen und dem Betroffenen wirkt und der Verantwortliche einen hinreichenden Nachweis für den entsprechenden Willen des Betroffenen erbringen muss. Eine pauschale Absenkung bspw. des Verschlüsselungsniveaus gegenüber allen Betroffenen durch den Verantwortlichen ist dagegen nicht möglich.

Die Debatte um die Absenkung des Schutzniveaus dreht sich im Rahmen des Abs. 1 überwiegend um die Verschlüsselung nach Hs. 2 lit. a. Anders als die vergleichsweise konkrete Maßnahme der Pseudonymisierung und Verschlüsselung in Hs. 2 lit. a, werden in Hs. 2 lit. b–d weitestgehend abstrakte Maßnahmen, wie zB die Sicherstellung der Vertraulichkeit, Integrität, Verfügbarkeit und Belastbarkeit von Systemen und Diensten genannt. Es scheint daher fragwürdig, ob auch diese übrigen in Hs. 2 lit. b–d aufgezählten Maßnahmen auf Wunsch des Betroffenen abgesenkt werden können. Eine pauschale Einwilligung oder Vereinbarung hinsichtlich der in Hs. 2 lit. b aufgezählten Maßnahmen wird wohl nicht möglich sein. Denkbar ist jedoch im Einzelfall auch eine Absenkung hinsichtlich spezifischer Maßnahmen nach den Hs. 2 lit. b–d, sofern sie konkret das Verhältnis zum Betroffenen berühren.[69] Dafür spricht wiederum die Dispositionsbefugnis des Betroffenen hinsichtlich des Schutzes der ihn betreffenden personenbezogenen Daten. Man könnte bspw. daran denken, dass der Betroffene auch in die Nutzung eines unsicheren Authentifizierungsverfahrens einwilligt. Denkbar scheint in Anlehnung an Art. 49 S. 1 lit. a, dass der Verantwortliche den Betroffenen über die getroffenen Schutzmaßnahmen und über die aus diesem Schutzniveau resultierenden Risiken aufklärt und auf Basis dieser Informationen eine Einwilligung vom Betroffenen einholt. **43**

Unabhängig von alledem kann sich der Normadressat auf diesem Weg jedoch nicht der Ergreifung grundsätzlicher Schutzmaßnahmen entziehen, die dann im Einzelfall hinsichtlich der Höhe des Schutzniveaus partiell abgesenkt werden können. Als Lösungsansätze könnte man auch zwischen den Schutzzielen einerseits und den spezifischen Maßnahmen zur Erreichung dieser Ziele andererseits unterscheiden. Eine Einwilligung von Betroffenen in den Verzicht auf bestimmte Schutzmaßnahmen (wie Verschlüsselung) könnte man daher als möglich ansehen. Jedoch daneben einen nicht disponiblen Kern des Art. 32, die Schutzziele, bestehen lassen.

5. Beispielmaßnahmen (Hs. 2). a) Allgemein. Die in Hs. 2 aufgezählten Maßnahmen sind nicht abschließend und lediglich beispielhaft, was bereits durch die Termini „gegebenenfalls unter anderem" deutlich wird.[70] Eine Pflicht zur Implementierung der in lit. a–d aufgezählten Maßnahmen lässt sich der Norm bereits eingedenk der Mannigfaltigkeit unterschiedlichster Arten von Datenverarbeitungen nicht entnehmen. Jedoch wird teilweise vertreten, dass die in lit. a–d normierten Maßnahmen zumindest für den jeweils betrachteten Fall und somit wohl verpflichtend für jede Datenverarbeitung auf die Möglichkeit der Implementierung geprüft **44**

---

[68] *Jarass,* GrCh Art. 52 Rn. 18 mwN.

[69] In diese Richtung wohl auch: Plath/*Grages,* Rn. 6f.

[70] Dokument des Rats der Europäischen Union vom 13.11.2015, 13885/15.

werden müssen.[71] Auch wenn eine Pflicht zur Implementierung der in lit. a–d geregelten Maßnahmen eher abzulehnen ist, wird es zur Herstellung eines dem Risiko angemessenen Schutzniveaus ohnehin im Interesse des Normadressaten liegen, die Verwendung einer Pseudonymisierung und/oder Verschlüsselung zu prüfen, um die Daten gegen die Kenntnisnahme durch Dritte hinreichend schützen zu können und sich gegen Haftungsansprüche der Betroffenen oder der Aufsichtsbehörde zu schützen. Ob die Regelbeispiele des Hs. 2 im Rahmen der jeweiligen Datenverarbeitung Anwendung finden, sollte daher im eigenen Interesse geprüft werden. Ein Pflichtverstoß resultiert jedenfalls nicht aus der fehlenden expliziten Prüfung der Regelbeispiele.[72]

45 **b) Pseudonymisierung/Verschlüsselung (lit. a).** Als konkreteste der in lit. a–d normierten Beispielmaßnahmen sind in lit. a die Pseudonymisierung und die Verschlüsselung geregelt. Was unter einer **Pseudonymisierung** zu verstehen ist, wird näher in Art. 4 Nr. 5 legaldefiniert. Das Verfahren der Pseudonymisierung ist abzugrenzen von der **Anonymisierung** von Daten, für die nach ErwG 26 S. 5 die DS-GVO keine Anwendung finden soll. Auch wenn die Voraussetzungen einer wirksamen Anonymisierung noch nicht abschließend geklärt sind,[73] wird sie vielfach als wirksamste Maßnahme zum Datenschutz bezeichnet. Trotzdem ist eine Anonymisierung nicht zwingend in jedem Fall erforderlich, um lit. a Rechnung zu tragen, sofern der Grundsatz der Verhältnismäßigkeit im Rahmen der betreffenden Datenverarbeitung gewahrt ist.[74] Konkrete Vorgaben zu Pseudonymisierungsmaßnahmen finden sich in lit. a nicht. Allerdings hat die ENISA Empfehlungen zu Pseudonymisierungstechniken und best practices im Lichte der DS-GVO veröffentlicht.[75] Praktisch lässt sich eine Pseudonymisierung zB durch eine sog. Referenzliste sicherstellen, in der das personenbezogene Datum tabellarisch mit einem zufälligen Ersatzwert, also zB einer Zahl oder einem Buchstaben, verknüpft wird. Anstelle des tatsächlichen personenbezogenen Datums wird dann im Rahmen der Datenverarbeitung nur noch der Ersatzwert eingesetzt. Neben dieser Variante wird als Form der Pseudonymisierung vielfach auch die Verwendung von Hashfunktionen genannt.[76] Hierbei wird aus dem personenbezogenen Datum, also zB dem Namen, ein Code erstellt und anstelle des personenbezogenen Datums im Rahmen der Datenverarbeitung verwendet. Des Weiteren ist auch noch die Einbindung eines Dritten als Treuhänder denkbar, der ggf. in der Lage ist, die Verbindung zwischen dem pseudonymisierten und dem tatsächlichen personenbezogenen Datum

---

[71] So wohl: Simitis/Hornung/Spiecker gen. Döhmann/*Hansen,* Rn. 31; Auernhammer/*Kramer/Meints,* Rn. 21, die von einem „Mindestmaßnahmenkatalog" sprechen; Paal/Pauly/*Martini,* Rn. 32.

[72] AA in Hinblick auf die Pseudonymisierung: Auernhammer/*Kramer/Meints,* Rn. 26.

[73] S. dazu näher: *BfDI,* Positionspapier zur Anonymisierung unter der DS-GVO unter besonderer Berücksichtigung der TK-Branche, 2.

[74] So für die Übermittlung von Sozialdaten durch eine Unfallversicherung an den Bundesrechnungshof: *VG Köln Beschl. v. 7. 6. 2018 – 4 L 711/18,* BeckRS 2018, 18484 Rn. 106ff.

[75] *ENISA,* Pseudonymisation techniques and best practices und *ENISA,* Data Pseudonymisation: Advanced Techniques and Use Cases (beides nur in Englisch verfügbar).

[76] S. zB Schuster/Grützmacher IT-Recht/*Freund,* Rn. 37; aA Gierschmann/Schlender/Stentzel/Veil/*Jergl,* Rn. 23, der kryptografische Hashfunktionen als Verschlüsselungen einordnet; aA *LG Frankfurt a. M.* Urt. v. 18.9.2020 – 2-27 O 100/20, ZD 2020, 639 Rn. 52, das Hashes ohne nähere Begründung als Verschlüsselung einordnet.

offenzulegen.[77] Schließlich wird außerdem noch ein Code of Conduct für die einheitliche Pseudonymisierung personenbezogener Daten diskutiert.[78]

Ein Anspruch des Betroffenen gegen den Normadressaten auf Pseudonymisierung seiner personenbezogenen Daten wird regelmäßig ausscheiden.[79] Obgleich keine Pflicht zur Umsetzung der in lit. a normierten Pseudonymisierung besteht, wird sich diese regelmäßig als effektive Datensicherheitsmaßnahme anbieten. **46**

Umstritten bleibt insoweit noch die Frage, ob § 19 Abs. 2 S. 1 TTDSG, der ebenfalls eine Regelung zur Pseudonymisierung vorsieht, neben lit. a anwendbar bleibt.[80] Zwar scheint Art. 32 dem Wortlaut nach nicht so konkret wie § 13 Abs. 6 S. 1 TMG. Bei näherer Betrachtung sind mit der Zumutbarkeit aus § 13 Abs. 6 S. 1 TMG allerdings die gleichen Abwägungskriterien (Implementierungskosten, Art der Daten) geregelt wie in Art. 32,[81] was für eine Deckungsgleichheit der Normen spricht. Gegen die Anwendung des § 13 Abs. 6 S. 1 TMG spricht aber vor allem der mit der DS-GVO beabsichtigte Gedanke der Vollharmonisierung des Datenschutzrechts.[82] Denn § 13 Abs. 6 TMG, der im Wesentlichen bereits in der Vorgängerregelung des TMG enthalten war, galt bereits vor der Verabschiedung der DS-GVO als Konkretisierung des damals noch in § 3a BDSG aF enthaltenen Datenvermeidungsgebots[83] und damit als datenschutzrechtliche Vorschrift.[84] Nach hier vertretener Ansicht verdrängt lit. a daher § 13 Abs. 6 S. 1 TMG. **47**

Eine Legaldefinition für **Verschlüsselung** existiert nicht. Nähert man sich dem Begriff auf einer funktionalen Ebene, handelt es sich gemäß Art. 34 Abs. 3 lit. a um die Methoden, Techniken und Maßnahmen, durch die die personenbezogenen Daten für alle Personen, die nicht zum Zugang zu den personenbezogenen Daten befugt sind, unzugänglich gemacht werden. Als Verschlüsselungsmethoden können vor allem symmetrische und asymmetrische Verschlüsselungsverfahren unterschieden werden. **48**

– Bei der asymmetrischen Verschlüsselungsmethode werden Informationen mit dem öffentlichen Schlüssel in ein nicht lesbares sogenanntes Chiffrat überführt und können nur mit dem geheimen (privaten) Schlüssel wieder in ihre ursprüngliche Form zurückgeführt werden.[85]
– Bei der symmetrischen Verschlüsselungsmethode wird hingegen mit dem gleichen Schlüssel aus dem Klartext der sog. Schlüsseltext erstellt und anschließend wiederum der Klartext.[86]

Darüber hinaus existiert noch die hybride Verschlüsselungsmethode, bei der die Public-Key-Kryptographie zum Schlüsseltransport für ein symmetrisches Ver-

---

[77] S. zB *Unabhängige Treuhandstelle der Universitätsmedizin Greifswald.*, www.toolpool-gesundheitsforschung.de/produkte/unabhaengige-treuhandstelle-der-universitaetsmedizin-greifswald.

[78] *Schwartmann/Weiß,* RDV 2020, 71.

[79] *OLG München,* Urt. v. 8.12.2020 – 18 U 2822/19 Pre, BeckRS 2020, 34203 Rn. 51 f.; Taeger/Gabel/*Arning/Rothkegel,* Art. 4 Rn. 121 mwN.

[80] Dies zur Vorgängerregelung § 13 Abs. 6 S. 1 TMG aF bejahend: *OLG München,* Urt. v. 8.12.2020 – 18 U 2822/19 Pre, BeckRS 2020, 34203 Rn. 43 ff.

[81] Jandt/Steidle Datenschutz-HdB/*Krasemann,* B III Rn. 26.

[82] Schantz/Wolff Neues DatenschutzR/*Schantz/Wolff,* C Rn. 305.

[83] Spindler/Schmitz/*Schmitz,* TMG § 13 Rn. 61; *Müller-Broich,* TMG § 13 Rn. 10.

[84] So auch *OLG München,* Urt. v. 8.12.2020 – 18 U 2822/19 Pre, BeckRS 2020, 34203 Rn. 45.

[85] *BSI,* Glossar der Cyber-Sicherheit, Asymmetrische Verschlüsselung.

[86] *BSI,* Glossar der Cyber-Sicherheit, Asymmetrische Verschlüsselung.

schlüsselungsverfahren genutzt wird, was wiederum zur Verschlüsselung der Nachricht verwendet wird.

49 Konkrete Vorgaben zur Verschlüsselungsmethode oder sonstigen praktischen Fragen macht die Norm nicht. Da alle existierenden Verschlüsselungsverfahren, abgesehen vom One Time Pad-Verfahren, (theoretisch betrachtet) mit der hinreichenden Rechenleistung überwindbar sind,[87] ist die Schlüssellänge von entscheidender Bedeutung. Pauschale Aussagen zur Schlüssellänge verbieten sich bereits mit Blick auf die verschiedenen Verschlüsselungsmethoden. Hinweise und Empfehlungen zur Schlüssellänge der einzelnen Verschlüsselungsmethoden können allerdings den Technischen Richtlinien des BSI entnommen werden.[88]

50 **c) Vertraulichkeit, Integrität, Verfügbarkeit und Belastbarkeit von Systemen und Diensten (lit. b).** Die Vertraulichkeit, Integrität, Verfügbarkeit und Belastbarkeit von Systemen und Diensten wird in der DS-GVO nicht näher definiert.

51 Die Begriffe der **Systeme und Dienste** sind aufgrund der Technologieneutralität von Art. 32 weit auszulegen.[89] Mit Blick auf Art. 2 Abs. 1 kommen daher als Systeme und Dienste grundsätzlich alle ganz, teilweise oder nichtautomatisierten Datenverarbeitungsanlage in Betracht. Der Fall einer nichtautomatisierten Verarbeitungsanlage wird dann miterfasst, wenn die Daten in einem Dateisystem gespeichert sind oder gespeichert werden sollen.[90] Papiergebundene Datenverarbeitungen sind daher begrifflich miterfasst. In erster Linie sind mit den Begriffen aber Hard- und Software von Servern, Arbeitsplatzrechnern, Netzwerktechnik oder Embedded Systems gemeint.[91]

52 Für die Begriffe **Vertraulichkeit, Integrität, Verfügbarkeit und Belastbarkeit** kann auf die Definitionen des von der DSK veröffentlichten Standarddatenschutz-Modell zurückgegriffen werden:

Vertraulichkeit: „Das Gewährleistungsziel Vertraulichkeit bezeichnet die Anforderung, dass keine unbefugte Person personenbezogene Daten zur Kenntnis nehmen oder nutzen kann.“[92]

Integrität: „Das Gewährleistungsziel Integrität bezeichnet einerseits die Anforderung, dass informationstechnische Prozesse und Systeme die Spezifikationen kontinuierlich einhalten, die zur Ausübung ihrer zweckbestimmten Funktionen für sie festgelegt wurden. Integrität bezeichnet andererseits die Eigenschaft, dass die zu verarbeitenden Daten unversehrt, vollständig, richtig und aktuell bleiben.“[93]

Verfügbarkeit: „Das Gewährleistungsziel Verfügbarkeit bezeichnet die Anforderung, dass der Zugriff auf personenbezogene Daten und ihre Verarbeitung unverzüglich möglich ist und sie ordnungsgemäß im vorgesehenen Prozess verwendet werden können.“[94]

---

[87] Schwartmann/Jaspers/Thüsing/Kugelmann/*Ritter,* Rn. 33.
[88] *BSI,* BSI TR-02102 Kryptographische Verfahren: Empfehlungen und Schlüssellängen.
[89] So auch: Schwartmann/Jaspers/Thüsing/Kugelmann/*Ritter,* Rn. 43.
[90] *EuGH,* Urt. v. 10.7.2018 – C-25/17, BeckRS 2018, 14563 Rn. 76.
[91] Schwartmann/Jaspers/Thüsing/Kugelmann/*Ritter,* Rn. 43.
[92] S. *DSK,* Das Standard-Datenschutzmodell, Teil C, C1.4.; hinsichtlich konkreter Maßnahmen s.: *LfD Niedersachsen,* Handlungsempfehlung sichere Authentifizierung, 2.2.
[93] S. *DSK,* Das Standard-Datenschutzmodell, Teil C, C1.3.
[94] S. *DSK,* Das Standard-Datenschutzmodell, Teil C, C1.2.

Belastbarkeit: „Belastbarkeit bedeutet, dass die zur Verarbeitung verwendeten Systeme und Dienste auch unter widrigen Einflüssen, die insbesondere von Dritten herrühren können, die Eigenschaften aufrecht erhalten, die eine rechtmäßige Verarbeitung gewährleisten."[95] Dabei räumt auch das Standard-Datenschutzmodell ein, dass das Ziel der Belastbarkeit weder aus dem Datenschutzrecht, noch aus dem IT-Grundschutzkatalog des BSI bekannt ist.[96] An anderer Stelle beschreibt das Standard-Datenschutzmodell die Belastbarkeit als Ziel mit Querschnittscharakter, das dann erfüllt ist, wenn die anderen Gewährleistungsziele, also insbesondere die Verfügbarkeit, Integrität und Vertraulichkeit, mit einem hohen Reifegrad umgesetzt worden sind.[97]

Die Gewährleistungsziele sind **auf Dauer** sicherzustellen. Dies verdeutlicht auch mit Blick auf lit. d, dass die Einhaltung der Gewährleistungsziele und der insoweit eingesetzten Systeme und Dienste fortwährend auf ihre Wirksamkeit hin während der gesamten Dauer der Datenverarbeitung zu überprüfen und sicherzustellen sind. **53**

Die Formulierung „die Fähigkeit, … der Systeme und Dienste im Zusammenhang mit der Verarbeitung …" verdeutlicht, dass die tatbestandlichen Fähigkeiten primär nicht in Bezug auf die Datenverarbeitung selbst, sondern eher auf die Systeme und Dienste sichergestellt werden muss,[98] obgleich die Systeme und Dienste dies wiederum mittelbar für die Datenverarbeitung selbst bewirken. Umstritten ist, ob mit der Formulierung „**Fähigkeit** … der Systeme und Dienste" ein absolutes[99] oder ein relatives[100] Schutzverständnis gemeint ist. Mit Blick auf den risikobasierten Ansatz in Hs. 1 und die Tatsache, dass zB fast alle gängige Verschlüsselungsverfahren keinen absoluten Schutz bieten, ist eher von einem relativen Schutzverständnis auszugehen. **54**

d) Fähigkeit, die Verfügbarkeit der personenbezogenen Daten und den Zugang zu ihnen bei einem physischen oder technischen Zwischenfall rasch wiederherzustellen (lit. c). Die Vorschrift konkretisiert das Gewährleistungsziel der Verfügbarkeit aus lit. b. Die **„Verfügbarkeit der personenbezogenen Daten"** verdeutlicht im Zusammenspiel mit der Formulierung **„und den Zugang zu ihnen"** zunächst, dass es nicht auf die theoretische, sondern die faktische Verfügbarkeit und den Zugang zu den Daten ankommt. **55**

Unter einem **physischen oder technischen Zwischenfall** sind sowohl zufällige wie auch gezielte Attacken auf die Verfügbarkeit und den Zugang zu den personenbezogenen Daten zu verstehen.[101] Es kommt hinsichtlich des Zwischenfalls nicht darauf an, ob es sich hierbei um eine Sondersituation oder ein unerwartetes und nicht regelmäßig auftretendes Phänomen handelt, sondern darauf, ob der Zwischenfall zu einer Einschränkung der Verfügbarkeit und des Zugangs zu den personenbezogenen Daten führt.[102] Andernfalls würde dies zu einer Absenkung des Gewährleistungsziels der Verfügbarkeit der Daten führen. Auch die ausdrückliche **56**

---

[95] S. *DSK,* Das Standard-Datenschutzmodell, Teil B, B1.19.
[96] S. *DSK,* Das Standard-Datenschutzmodell, Teil B, B1.19.
[97] *DSK,* Das Standard-Datenschutzmodell, Teil D, 4.3.
[98] HK-DS-GVO/*Mantz,* Rn. 14.
[99] Schwartmann/Jaspers/Thüsing/Kugelmann/*Ritter,* Rn. 43.
[100] HK-DS-GVO/*Mantz,* Rn. 14.
[101] *DSK,* Das Standard-Datenschutzmodell, Teil B, B1.20; aA Schaffland/Wiltfang/*Schaffland/Holthaus,* Rn. 72 mwN.
[102] AA wohl Kühling/Buchner/*Jandt,* Rn. 27.

Erwähnung physischer oder technischer Zwischenfälle ist eher nicht als Begrenzung der Arten möglicher Zwischenfälle zu verstehen.[103]

57 Stark umstritten ist nach wie vor, wie der Begriff der **„raschen"** Wiederherstellbarkeit zu verstehen ist. Während einerseits vertreten wird, der Begriff „rasch" sei mit „unverzüglich" gemäß § 121 Abs. 1 S. 1 BGB gleichzusetzen,[104] verweisen andere auf die ausdrückliche Verwendung des Begriffs „unverzüglich" zB in Art. 16 und 17 Abs. 1 und schließen daraus für den Begriff „rasch" auf eine längere Zeitspanne als „unverzüglich."[105] Diese Einschätzung wird auch durch den Vergleich zu anderen IT-sicherheitsrechtlichen Vorschriften gestärkt.[106] Schließlich wird in Anlehnung an die englische *(„in a timely manner")* und die französische *(„dans des délais appropriés")* Verordnungsfassung vertreten, dass „rasch" als angemessener Zeitraum für die Wiederherstellung zu verstehen sei.[107] Vertreter der letztgenannten Ansicht, die hinsichtlich der Angemessenheit auf die Schwere des Zwischenfalls, die Bedeutung der Datenverarbeitungsprozesse und der Systeme abstellen, lassen sich einerseits dahingehend unterscheiden, dass der Verantwortliche die Wiederherstellung der Daten so schnell wie möglich versuchen sollte[108] oder dass er hiermit zumindest nicht zu lange warten sollte.[109] Andere wiederum sind der Ansicht, dass die Wiederherstellung (selbst) so schnell wie möglich erfolgen sollte.[110] Der Wortlaut legt nahe, dass es eher auf die tatsächliche Wiederherstellung der Verfügbarkeit der betroffenen Daten ankommt. Sofern der Normadressat zur Wiederherstellung sich der Systeme Dritter bedient, sollte er daher unbedingt Haftungsklauseln in die mit diesem abgeschlossenen Verträge implementieren, um die tatsächliche Wiederherstellbarkeit vor allem in Fällen besonders sensibler Daten(-verarbeitungen) sicherstellen zu können.

Die Verlagerung der Debatte auf den Begriff der Angemessenheit bringt letztlich noch keine weitere Klarheit. Zwar knüpft sie an handhabbarere Beurteilungskriterien. Unklar bleibt aber, ob die Schwere des Zwischenfalls, die Bedeutung der Datenverarbeitungsprozesse und der Systeme den Horizont des Verantwortlichen oder der betroffenen Person[111] adressiert. Vorzugswürdig scheint der Erwartungshorizont der betroffenen Person, wobei auf eine durchschnittlichen und nicht den konkret Betroffenen abzustellen ist.

58 **e) Verfahren zur regelmäßigen Überprüfung, Bewertung und Evaluierung der Wirksamkeit der technischen und organisatorischen Maßnahmen zur Gewährleistung der Sicherheit der Verarbeitung (lit. d).** Was im Einzelnen unter den Begriffen „**Überprüfung, Bewertung und Evaluierung**" zu verstehen ist, bleibt unklar. Begrifflich gibt es teils Überschneidungen.[112]

---

[103] Simitis/Hornung/Spiecker gen. Döhmann/*Hansen*, Rn. 47.

[104] Schwartmann/Jaspers/Thüsing/Kugelmann/*Ritter*, Rn. 71, der entsprechend Art. 33 Abs. 1 S. 1 DS-GVO davon ausgeht, dass ein Zeitraum von 24 – 72 Stunden regelmäßig als „rasch" anzusehen ist.

[105] Gola/*Piltz*, Art. 24 Rn. 33.

[106] S. zB „unverzüglich" in Art. 16 Abs. 3 S. 1 NIS-RL und „rasch" in Art. 12 Abs. 1 NIS-RL.

[107] Schuster/Grützmacher IT-Recht/*Freund*, Rn. 5 mwN.

[108] Kühling/Buchner/*Jandt*, Rn. 28.

[109] HK-DS-GVO/*Mantz*, Art. 25 Rn. 19.

[110] Auernhammer/*Kramer/Meints*, Rn. 46.

[111] *DSK*, Das Standard-Datenschutzmodell, Teil D, 4.3; Auernhammer/*Kramer/Meints*, Rn. 46.

[112] Paal/Pauly/*Martini*, Rn. 44a.

Vielfach wird jedoch ein dreistufiger Aufbau vorgeschlagen, der sich wie folgt gliedert:[113]

- **1. Schritt (Überprüfung):** Überprüfung der konkret eingesetzten technischen und organisatorischen Maßnahmen.
- **2. Schritt (Bewertung):** Nachprüfung der Risikoprognose und des damit korrespondierenden Schutzniveaus. Anschließend wird überprüft, ob die technischen und organisatorischen Maßnahmen das Schutzniveau sicherstellen. Auch Anpassungen hinsichtlich der vorstehenden Punkte aufgrund von Änderungen oder Aktualisierungen sind dabei zu berücksichtigen.
- **3. Schritt (Evaluierung):** In einem dritten Schritt wird schließlich überprüft, ob die Effektivität der Maßnahmen gewährleistet ist. Dies wird üblicherweise aber nicht ausschließlich durch Penetrationstests sichergestellt.

Das vorstehend beschriebene Verfahren dient einerseits der (Selbst-)Versicherung der Funktionsfähigkeit der getroffenen Maßnahmen. Andererseits dient dies auch dem Nachweis und der Dokumentation. Es empfiehlt sich, das Verfahren so zu dokumentieren, dass die Implementierung eines entsprechenden Prozesses und die Wirksamkeit der getroffenen Maßnahmen zumindest gegenüber der Aufsichtsbehörde glaubhaft nachgewiesen werden kann.[114]

Als entsprechendes **„Verfahren“** wird in der Literatur regelmäßig auf den sog. **59** Plan-Do-Check-Act-Zyklus (PDCA) referenziert, der von der DSK auch im Rahmen des Standard-Datenschutzmodells verwendet wird.[115] Daneben existieren im IT-Grundschutz und der Industrienorm ISO 27001 weitere mögliche Verfahren. Grundsätzlich ist aber auch ein anderes Verfahren denkbar, sofern es die Überprüfung, Bewertung und Evaluierung der Wirksamkeit der technischen und organisatorischen Maßnahmen hinreichend sicherstellt.

Die Forderung eines Verfahrens zur **„regelmäßigen“** Evaluation der Wirk- **60** samkeit der getroffenen Sicherheitsmaßnahmen verdeutlicht, dass die Erfüllung der Anforderungen aus Art. 32 ein dynamischer Prozess ist. Mangelt es an einem solchen Verfahren, kann dies durch die Aufsichtsbehörde gemäß Art. 83 Abs. 2 S. 2 lit. d, Abs. 4 lit. a u.a. mittels eines Bußgelds sanktioniert werden.[116] Welche Zyklen hinsichtlich der Wirksamkeitsevaluation zu beachten sind, lässt die Verordnung offen. Nach einer Ansicht der Aufsichtsbehörden sollte ein Überprüfungsturnus alle zwei bis drei Jahren durchgeführt werden.[117] Andere Stimmen in der Literatur halten einen Zeitraum von maximal zwei Jahre für vertretbar.[118] Allerdings sollte man sich für die Bestimmung der Regelmäßigkeit nicht zu sehr an statischen, unternehmensweiten Vorgaben orientieren. Vielmehr empfiehlt sich eine differenzierte Ausrichtung anhand des Risikos und der Bedeutung der verarbeiteten personenbezogenen Daten für den Betroffenen innerhalb des

---

[113] Statt vieler: Kühling/Buchner/*Jandt,* Rn. 30.

[114] Auernhammer/*Kramer/Meints,* Rn. 49.

[115] *DSK,* Das Standard-Datenschutzmodell, Teil D, 4.4.

[116] Die polnische Aufsichtsbehörde, Urząd Ochrony Danych Osobowych (UODO), sanktionierte ein Unternehmen u.a. für einen Verstoß gegen Abs. 1 Hs. 2 lit. b und d mit einem Bußgeld iHv umgerechnet ca. 235.300 EUR (*UODO,* Bescheid vom 17.12.2020 – DKN. 5130.1354.2020).

[117] *BayLfD,* Die Datenschutz-Grundverordnung (DS-GVO): Anforderungen an Technik und Sicherheit der Verarbeitung, 5.

[118] Schwartmann/Jaspers/Thüsing/Kugelmann/*Ritter,* Rn. 77.

jeweiligen Organisationsbereichs des Verantwortlichen oder Auftragsverarbeiters.[119]

III. Abs. 2

61 Die Vorschrift konkretisiert, welche Risiken insbesondere bei der Beurteilung eines angemessenen Schutzniveaus zu berücksichtigen sind. Die beispielhaft und nicht abschließend aufgezählten Risiken fokussieren bereits dem Wortlaut nach jene, die bei der Verletzung des Schutzes personenbezogener Daten gemäß Art. 4 Nr. 12 eintreten können. Abs. 2 verlangt daher, dass im Rahmen der Risikoanalyse die Fälle der Verletzung der Verfügbarkeit, Vertraulichkeit und Integrität[120] zu berücksichtigen sind. Hinsichtlich möglicher Risikokonstellationen kann auf die vom EDSA aufgestellten Beispielsituationen der Verletzung des Schutzes personenbezogener Daten verwiesen werden.[121] Die Berücksichtigung der Vorgaben von Abs. 2 im Rahmen der Risikoanalyse ist zudem verpflichtend.[122]

62 Die Vorschrift beschreibt verschiedene Risikosituationen im Rahmen von Datenverarbeitungen, wie zB den unbefugten Zugang zu Daten. Diese beispielhaft aufgezählten Risiken sollten daher unbedingt im Rahmen jeder Risikoanalyse berücksichtigt werden. Dabei kommt es bereits dem Wortlaut nach nicht darauf an, ob das betreffende Risiko durch absichtliches Handeln oder durch eine unrechtmäßige Datenverarbeitung zustande kam.

IV. Abs. 3

63 Die Vorschrift ist eine Konkretisierung der in Art. 5 Abs. 2 verankerten Rechenschafts- und Nachweispflicht des Verantwortlichen. Sie findet sich u.a. auch in Art. 24 Abs. 3 wieder.

64 **Genehmigte Verhaltensregeln gemäß Art. 40** sowie **genehmigte Zertifizierungsverfahren gemäß Art. 42** existieren bisher eher nur vereinzelt.[123] Ihre Bedeutung als Nachweiskriterium für die Einhaltung der Anforderungen aus Abs. 1 ist daher noch eher gering. Sobald solche Instrumente aber erst einmal etabliert sind, werden sie vor allem kleineren und mittleren Unternehmen eine Unterstützung bei der Nachweisführung sein. Überdies scheint es denkbar, dass auch **nicht genehmigte** Zertifizierungen als Nachweis dienen.[124] Gleichwohl wird die Nachweiskraft eines solchen Zertifikats auch davon abhängen, ob die prüfende Behörde gewillt ist, dies zu berücksichtigen. Aus Sicht des Normadressaten empfiehlt es sich daher, in Abstimmung mit der zuständigen Aufsichtsbehörde frühzeitig Klarheit hinsichtlich der Berücksichtigung solcher Zertifizierungen zu verschaffen.

---

119 Schuster/Grützmacher IT-Recht/*Freund*, Rn. 60 mwN.

120 *EDSA*, Leitlinien für die Meldung von Verletzungen des Schutzes personenbezogener Daten gemäß der Verordnung (EU) 2016/679, S. 8f.

121 *EDSA*, Leitlinien für die Meldung von Verletzungen des Schutzes personenbezogener Daten gemäß der Verordnung (EU) 2016/679, S. 9ff.

122 Gola/*Piltz*, Rn. 39.

123 *EDSA*, Register for Codes of Conduct, amendments and extensions, https://edpb.europa.eu/our-work-tools/accountability-tools/register-codes-conduct-amendments-and-extensions-art-4011_de) und Register of certification mechanisms, seals and marks, https://edpb.europa.eu/our-work-tools/accountability-tools/certification-mechanisms-seals-and-marks_de.

124 Schwartmann/Jaspers/Thüsing/Kugelmann/*Ritter*, Rn. 112.

Die Formulierung **„als Faktor"** verdeutlicht, dass genehmigte Verhaltensregeln oder Zertifizierungen regelmäßig keinen Vollbeweis für die Einhaltung von Abs. 1 darstellen. Gleichwohl scheint es im Einzelfall denkbar, dass, nach Umsetzung aller Maßnahmen einer genehmigten Verhaltensregel oder Zertifizierung, in ausreichendem Umfang geeignete technische und organisatorische Maßnahmen ergriffen wurden, um ein dem Risiko angemessenes Schutzniveau zu gewährleisten.[125] Regelmäßig wird es für einen Nachweis der umfassenden Einhaltung von Art. 32 daher zusätzlicher Evidenzen bedürfen. Mit Blick auf die Rechenschafts- und Nachweispflicht des Normadressaten kann sich dieser zudem auch nicht ohne nähere Prüfung darauf verlassen, dass die Umsetzung der Verhaltensregel oder die Durchführung der Zertifizierung allen Anforderungen aus Art. 32 hinreichend Rechnung trägt.[126] Er sollte daher durch eigene Überprüfungen sicherstellen, dass allen Anforderungen insoweit Rechnung getragen wurde. **65**

Da es sich um eine **„kann"**-Vorschrift handelt, steht der prüfenden Aufsichtsbehörde ein **(Entschließungs-)Ermessen** hinsichtlich der Berücksichtigung der Verhaltensregel oder der Zertifizierung zu.[127] Allerdings wird die Behörde die Berücksichtigung des Nachweisinstruments nur bei schwerwiegenden Sachverhalten ablehnen können.[128] Ein solch schwerwiegender Fall könnte zB angenommen werden, wenn sich der Verantwortliche (wahrheitswidrig) auf die Umsetzung und/oder Einhaltung von Maßnahmen gemäß Verhaltensregeln beruft, dies aber nicht mal ansatzweise der Fall ist. Ein weiterer denkbarer Fall ist, dass das vom Verantwortlichen vorgelegte Zertifikat lediglich abstrakt die Einhaltung von Art. 32 bescheinigt, ohne die konkreten Anforderungen aus Abs. 1 zu berücksichtigen.[129] **66**

Da die Einhaltung von Verhaltensregeln und Zertifizierungen „nur" einen Faktor bei der Beurteilung der Erfüllung von Abs. 1 kann, wird der prüfenden Aufsichtsbehörde darüber hinaus auch noch ein (Auswahl-)Ermessen dahingehend zustehen, wieviel Gewicht sie der jeweils eingehaltenen Verhaltensregel oder der Zertifizierung zumisst.

V. Abs. 4

Die Vorschrift trägt dem Umstand Rechnung, dass nicht nur die Sicherheit der jeweiligen Datenverarbeitung gewährleistet werden muss. Vielmehr müssen auch der Weisung des Normadressaten unterstehende Personen für die Einhaltung der Datensicherheit sensibilisiert werden, sofern diese Zugang zu personenbezogenen Daten haben. Neben dem Verantwortlichen wird auch der Auftragsverarbeiter explizit gegenüber ihm unterstehenden Personen verpflichtet, was sich auch in Art. 28 Abs. 3 lit. b widerspiegelt. Eine Ausnahme vom Gebot der weisungsgebundenen Verarbeitung ist gegeben, wenn eine Norm des Unionsrechts oder des Rechts Mitgliedstaaten den Mitarbeiter zur entsprechenden Verarbeitung verpflichtet. **67**

Die Normadressaten sind dann zur Ergreifung entsprechender Schritte verpflichtet, wenn es sich um eine **„ihnen unterstellte natürliche Person"** handelt. Der Begriff ist weit auszulegen, sodass zB auch weisungsgebundene freie Mitarbeiter oder überlassene Arbeitnehmer erfasst werden. Die Grenze ist dort zu ziehen, **68**

---

[125] Gola/*Piltz,* Rn. 45f.

[126] Simitis/Hornung/Spiecker gen. Döhmann/*Hansen,* Rn. 63.

[127] AA Paal/Pauly/*Martini,* Art. 25 Rn. 63.

[128] Schaffland/Wiltfang/*Schaffland/Holthaus,* Rn. 88.

[129] Simitis/Hornung/Spiecker gen. Döhmann/*Hansen,* Rn. 64.

wo der Normadressat keine unmittelbare Weisungsbefugnis mehr gegenüber der unterstellten natürlichen Person ausübt. Diskutiert wird die Frage der unmittelbaren Weisungsbefugnis bspw. bei Einschaltung externer Dienstleister, denen ein Verantwortlicher direkte Weisungen für die Ausführung eines Auftrags geben kann. Da die Person in diesem Fall weiterhin dem Dienstleister unterstellt bleibt, sind Mitarbeiter externer Dienstleister nicht als unterstellte natürliche Personen anzusehen.[130] Sofern der vom Verantwortlichen beauftragte Dienstleister im Einzelfall nicht als Auftragsverarbeiter einzuordnen ist, ist dieser im Verhältnis zum beauftragenden Verantwortlichen ohnehin als eigenständiger Verantwortlicher anzusehen, der gemäß Abs. 4 verpflichtet ist.

69 Auf die den tatsächlichen **„Zugang zu personenbezogenen Daten"** kommt es insoweit nicht an. Vielmehr reicht bereits die bloße Möglichkeit des Zugangs aus.[131] Anders wäre es, wenn die jeweilige Tätigkeit vollkommen ohne die Möglichkeit des Zugangs zu personenbezogenen Daten möglich wäre, was heutzutage aber kaum vorstellbar ist. Der Wortlaut *(„Zugang … haben")* legt es nahe, dass grundsätzlich nur der Zeitraum des zwischen Verantwortlichem und Mitarbeiter bestehendem Weisungsverhältnisses erfasst ist. Gleichwohl ist es empfehlenswert, im Rahmen der zu ergreifenden Schritte auch den Zeitraum der Anbahnungsphase und nach dem Ende des Weisungsverhältnisses mit zu erfassen.[132]

70 Welche konkreten **„Schritte"** die Normadressaten unternehmen müssen, um eine weisungsgetreue Verarbeitung sicherzustellen, lässt die Vorschrift offen. Eine absolute Sicherstellung der weisungstreuen Verarbeitung wird von der Norm nicht verlangt. Dafür spricht bereits der Wortlaut, nach dem die Normadressaten *„Schritte"* („auf dem Weg") zur Sicherstellung der weisungsgetreuen Verarbeitung unternehmen sollen. Auch der risikobasierte Ansatz des Art. 32, der auch das Risiko absichtlichen rechtswidrigen Verhaltens, wie zB den Mitarbeiterexzess,[133] umfasst, sprechen für eine solche Auslegung. Jedenfalls sind sowohl organisatorische, technische wie auch rechtliche Schritte erfasst. Vor Geltungsbeginn der DS-GVO mussten verantwortlichen Stellen gemäß § 5 S. 2 BDSG aF alle beschäftigten Personen auf das Datengeheimnis verpflichten. Eine im Vergleich zur alten Rechtslage umfassendere Vertraulichkeitsverpflichtung wird regelmäßig empfohlen, wobei bestimmte Tätigkeiten zusätzliche Belehrungen in der jeweiligen Vertraulichkeitsverpflichtung erforderlich machen können.[134] Gleichwohl ist eine Verpflichtung auf das Datengeheimnis nicht mehr zwingend erforderlich und kann auch mit anderen Schritten sichergestellt werden.[135] Anstelle einer separaten Vertraulichkeitsvereinbarung kann auch der Arbeitsvertrag eine hinreichend konkrete Regelung zur Geheimhaltung enthalten.[136]

71 **„Anweisungen des Verantwortlichen"** unterliegen grundsätzlich keinem Formerfordernis. Gleichwohl gebietet es sich aus Dokumentationsgründen, Weisungen möglichst schriftlich zu fixieren. Neben der Anweisung der unterstellten

---

[130] Schwartmann/Jaspers/Thüsing/Kugelmann/*Ritter,* Rn. 115; aA Spindler/Schuster/*Laue,* Rn. 26.

[131] Däubler/Wedde/Weichert/Sommer/*Wedde,* Rn. 55.

[132] HK-DS-GVO/*Mantz,* Rn. 27.

[133] *Ambrock,* ZD 2020, 492.

[134] *DSK,* Kurzpapier Nr. 19, Unterrichtung und Verpflichtung von Beschäftigten auf Beachtung der datenschutzrechtlichen Anforderungen nach der DS-GVO, S. 1 und S. 4 Fn. 2.

[135] AA wohl: Simitis/Hornung/Spiecker gen. Döhmann/*Hansen,* Rn. 68 f.

[136] *CNIL,* Security of Personal Data, S. 6.

Person muss der Normadressat auch die Einhaltung der getroffenen Anweisungen überprüfen.[137] Sofern im Rahmen entsprechender Kontrollmaßnahmen personenbezogene Daten der unterstellten Personen verarbeitet werden, kann dies mit Blick auf ErwG 49 S. 1 nach Art. 6 Abs. 1 S. 1 lit. f erlaubt sein, sofern sich dies auf unbedingt notwendige und verhältnismäßige Maßnahmen beschränkt.[138] Kontrollmaßnahmen gemäß Art. 6 Abs. 1 S. 1 lit. f DS-GVO werden sich wegen des Wortlauts von ErwG 49 S. 1 allerdings eher nur auf den Bereich der IT-Sicherheit beziehen. Hinsichtlich weiterer Kontrollmaßnahmen zur Einhaltung der Anweisungen, die sich nicht konkret auf den Bereich der IT-Sicherheit beziehen, wird sich der Verantwortliche im Rahmen des Notwendigen und Verhältnismäßigen darüber hinaus noch auf Art. 6 Abs. 1 S. 1 lit. c iVm Art. 32 berufen können.[139]

Unterstellte Personen können **„nach dem Recht der Union oder der Mitgliedstaaten zur Verarbeitung verpflichtet"** sein. Denkbar wäre einer solcher Fall zB, wenn Beschäftigte bezogen auf Gesundheitsgefährdungen gesetzliche Meldepflichten aus dem Bereich des Arbeitsschutzrechts treffen.[140] **72**

Es ist dringend empfohlen, auch die Anforderungen des Abs. 4 einzuhalten, da die Normadressaten zugleich auch Haftungsobjekt im Fall von Datenschutzverstößen insbesondere nach Art. 82 ff sind. Denn nach zutreffender Ansicht kann das Ergreifen von Sicherheitsmaßnahmen zu einer Reduzierung des Haftungsrisikos führen.[141] **73**

Folgende **konkrete Maßnahmen** kommen zur Umsetzung der Norm in Betracht: Unternehmensweite Datenschutz- und IT-Sicherheitsrichtlinie, Vertraulichkeitsverpflichtungen von Mitarbeitern mit Zugang zu Datenverarbeitungen, (schriftliche/digitale) Arbeitsanweisungen, Schulungen.

C. Praktische Umsetzung der Regelung

I. Praktische Nachweise

Normadressaten stehen häufig vor der Problematik, wie die teils unbestimmte Norm hinreichend erfüllt werden kann. Eine Unterstützung bei der Kontrolle der umfassenden Einhaltung von Art. 32 bieten unterschiedliche Checklisten der Aufsichtsbehörden zur Dokumentation der getroffenen technischen und organisatorischen Maßnahmen, die ggf. auch einen effektiven Nachweis gegenüber einer anfragenden Aufsichtsbehörde ermöglichen.[142] **74**

II. Praktische Maßnahmen von Berufsgeheimnisträgern

Die nachfolgende Darstellung soll einen knappen Überblick zu den aktuellen praktischen Fragen von Berufsgeheimnisträgern im Kontext von Art. 32 geben. **75**

---

137 Auernhammer/*Kramer/Meints,* Rn. 86 mwN.

138 Wybitul DS-GVO/*Schreibauer/Spittka,* Rn. 22.

139 *Piltz,* FS Taeger, S. 7 ff.

140 Däubler/Wedde/Weichert/Sommer/*Wedde,* Rn. 58.

141 Schuster/Grützmacher IT-Recht/*Freund,* Rn. 67.

142 *LfD LSA,* Dokumentation der getroffenen technischen und organisatorischen Maßnahmen für die folgende Verarbeitung personenbezogener Daten; *BayLDA,* Selbst-Check: Sicherheit der Verarbeitung nach Art. 32.

76 **1. Ärzte.** Ärzte müssen vor allem mit Blick auf die Verarbeitung der von der DS-GVO als besonders sensibel eingestuften Gesundheitsdaten aus Art. 4 Nr. 15; 9 Abs. 1 geeignete technische und organisatorische Maßnahmen ergreifen. Konkret können dies zB sein[143]:

– unter Berücksichtigung der baulichen Umstände, hinreichende Trennung des Anmelde- und Wartebereichs (vor allem optisch und akustisch) um eine Kenntnisnahme Dritter vom Anliegen des jeweiligen Patienten zu unterbinden,
– Trennung des für Patienten zugänglichen Bereichs vom Aufbewahrungsort der Patientenakten,
– Unterbindung des unbefugten Zugriffs auf Daten im Behandlungszimmer und
– Implementierung einer SSL-/TLS-Verschlüsselung auf der Website, insbesondere dann, wenn über die Website zB eine Terminvergabe möglich ist.

Neben diesen allgemeinen Anforderungen existieren auch noch umfassendere Checklisten der Aufsichtsbehörden für medizinische Einrichtungen und technische Empfehlungen der Bundesärztekammer.[144]

77 Bemerkenswert ist in diesem Zusammenhang eine jüngst ergangene Entscheidung, wonach hinreichende technische und organisatorische Maßnahmen eine Datenverarbeitung nach Art. 9 Abs. 2 lit. d iVm. § 15 DSG NRW legitimieren sollen, wenn der Verantwortliche als Berufsgeheimnisträger gemäß § 203 Abs. 1 Nr. 1 StGB verpflichtet ist, sofern die konkreten Umstände der Schwere der möglichen Risiken für den Betroffenen hinreichend berücksichtigt wurden.[145]

78 Hervorzuheben ist zudem, dass nach einer Ansicht unter den Aufsichtsbehörden der Patient auf eigenen Wunsch gegenüber dem Arzt in eine Absenkung des Schutzniveaus der E-Mail-Verschlüsselung einwilligen kann.[146] Allerdings gilt es dabei die Umstände zu beachten, unter denen dies möglich sein soll. Beim derzeitigen Stand der Debatte sollten Verantwortliche unbedingt prüfen, ob und wenn ja, welche Position die zuständige Aufsichtsbehörde vertritt.

79 Da Instant-Messenger auch im Alltag von Berufsgeheimnisträgern inzwischen einen festen Platz einnehmen, ist auch auf die teilweise bei den Aufsichtsbehörden vertretene Ansicht zu beachten, wonach WhatsApp von Berufsgeheimnisträgern grundsätzlich nicht eingesetzt werden darf.[147]

80 **2. Rechtsanwälte.** Auch bei den Rechtsanwälten ist die Frage der Ende-zu-Ende-Verschlüsselung ein stark umstrittenes Thema. Nach Ansicht des Anwaltsgerichtshofs Berlin soll eine Nutzung der Ende-zu-Ende-Verschlüsselung beim besonderen elektronischen Anwaltspostfach (beA) gesetzlich nicht gefordert sein.[148]

81 Wie auch im Fall der Ärzte ist es nach einer Ansicht unter den Aufsichtsbehörden auch bei der Kommunikation des Rechtsanwalts mit dem Mandanten möglich, dass Letzterer in ein Absenken der Verschlüsselung unter bestimmten Umständen einwilligen kann.[149] Begründet wird dies u.a. mit dem berechtigten In-

---

143 *LDI NRW,* 25. Datenschutzbericht 2019, 9.4.

144 *BayLfD u. BayLDA,* Cybersicherheit für medizinische Einrichtungen, Best-Practice-Prüfkriterien Art. 32 DS-GVO; *BÄK u. KBV,* Technische Anlage: Hinweise und Empfehlungen zur ärztlichen Schweigepflicht, Datenschutz und Datenverarbeitung in der Arztpraxis.

145 *VG Gelsenkirchen,* Beschl. v. 4.11.2020 – 11 L 1494/20, BeckRS 2020, 31550 Rn. 44 ff.

146 *BayLDA,* 8. Tätigkeitsbericht 2017/2018, 16.7.

147 *BayLDA,* 8. Tätigkeitsbericht 2017/2018, 8.6.

148 *AGH Berlin,* MMR 2020, 126.

149 *BayLDA,* 9. Tätigkeitsbericht 2019, 18.5; *LfDI R-P,* 28. Tätigkeitsbericht 2019, 3.8.

teresse des Rechtsanwalts (oder eines anderen Berufsgeheimnisträgers) gemäß Art. 6 Abs. 1 S. 1 lit. f an der effizienten Abwicklung des Schriftverkehrs. Im Rahmen des kommunikativen Austauschs besonderer Kategorien personenbezogener Daten gemäß Art. 9 Abs. 1 DS-GVO soll dies nach einer ersten ergangenen Entscheidung nicht möglich sein.[150] Befeuert wird diese Frage zusätzlich durch die Neuregelung des § 2 Abs. 2 BORA[151]. Nach § 2 Abs. 2 S. 1 und 2 BORA muss der Rechtsanwalt risikoadäquate und für den Anwaltsberuf zumutbare organisatorische und technische Maßnahme ergreifen, wobei letztere ausreichend sind, sofern sie den Anforderungen der Vorschriften zum Schutz personenbezogener Daten entsprechen. Gemäß § 2 Abs. 2 S. 5 und 6 BORA soll die Kommunikation auf einem mit Risiken für die Vertraulichkeit verbundenen Weg jedenfalls erlaubt sein, wenn der Mandant diesem zustimmt. Dabei ist nach § 2 Abs. 2 S. 6 BORA von einer Zustimmung auszugehen, wenn diesen Kommunikationsweg vorschlägt oder beginnt und ihn, nachdem der Rechtsanwalt zumindest pauschal und ohne technische Details auf die Risiken hingewiesen hat, fortsetzt. Denkbar erscheint auf den ersten Blick also, dass auch die unverschlüsselte Kommunikation zwischen Rechtsanwalt und Mandant möglich ist, sofern Letzterer in diesen Kommunikationsweg einwilligt. Zu beachten ist allerdings, dass bereits der Wortlaut von § 2 Abs. 2 S. 1 und 2 BORA sowohl die Erfüllung der berufsrechtlichen als auch der datenschutzrechtlichen Pflichten durch den Rechtsanwalt verlangt.[152] § 2 Abs. 2 S. 5 und 6 BORA adressiert daher in erster Linie eine berufsrechtliche Frage. Gleichwohl orientiert sich auch § 2 Abs. 2 S. 3 BORA am Stand der Technik aus Art. 32.[153] Stand der Technik ist bezogen auf den Bereich der E-Mail-Kommunikation nach weitgehend einhelliger Ansicht aber mindestens eine sog. Transportverschlüsselung (TLS).[154] Sie ist dem Rechtsanwalt auch zumutbar, da sich eine Transportverschlüsselung kostenlos, mit wenig Aufwand und auch ohne technische Begabung einrichten lässt. Da § 2 Abs. 2 S. 5 BORA auch sonstige Kommunikationswege miterfasst, könnte bspw. ein Strafverteidiger andernfalls zugespitzt formuliert auch mittels Postkarte mit seinem wegen Vergewaltigung angeklagten Mandanten kommunizieren ohne datenschutzrechtliche Konsequenzen fürchten zu müssen. Diese Aufweichung des Mandatsgeheimnisses kann aber nicht im Interesse der Rechtsanwaltschaft liegen. Daher kann eine Zustimmung des Mandanten nach § 2 Abs. 2 S. 5 und 6 BORA nur so verstanden werden, dass die Zustimmung des Mandanten nach derzeitigem Stand der Technik höchstens zu einer Absenkung auf eine transportverschlüsselte nicht aber auf eine unverschlüsselte E-Mail (oder sonstige Kommunikationsform) bezie-

---

150 *VG Mainz,* Urt. v. 17.12.2020 – 1 K 778/19.MZ, BeckRS 2020, 41220 Rn. 37.

151 Berufsordnung für Rechtsanwälte, in der Fassung vom 22.3.1999, BRAK-Mitt. Nr. 3 S. 123, zuletzt geändert durch BRAK-Beschl. vom 6.5.2019 (BRAK-Mitt. Nr. 5 S. 245).

152 BeckOK BORA/*Römermann/Praß,* § 2 Rn. 12e.

153 AA BeckOK BORA/*Römermann/Praß,* § 2 Rn. 12b, die für die Bestimmung des Stands der Technik zusätzlich die Implementierungskosten sowie die Art, den Umfang, die Umstände und die Zwecke der Verarbeitung und die unterschiedliche Eintrittswahrscheinlichkeit und die Schwere des Risikos für die Rechte und Freiheiten natürlicher Personen berücksichtigen wollen.

154 *VG Mainz,* Urt. v. 17.12.2020 – 1 K 778/19.MZ, BeckRS 2020, 41220, Leitsatz 2 der Redaktion; *BSI,* Mindeststandard des BSI zur Verwendung von Transport Layer Security nach § 8 Abs. 1 S. 1 BSIG, S. 7; *TeleTrusT,* Handreichung zum „Stand der Technik", S. 29; *DSK,* Maßnahmen zum Schutz personenbezogener Daten bei der Übermittlung per E-Mail, S. 3ff.

hen kann. Diese Einschätzung wird dadurch bestätigt, dass das Datenschutzrecht im Rahmen von § 2 Abs. 2 BORA zwingend eingehalten werden muss und auch die Aufsichtsbehörden mindestens von der Verwendung einer Transportverschlüsselung im Rahmen der Kommunikation zwischen Mandant und Rechtsanwalt ausgehen.[155] Dogmatisch betrachtet genießt die DS-GVO ohnehin Vorrang gegenüber der BORA.[156]

82 Rechtsanwälte sollten daher sicherstellen, dass die Kommunikation mit den Mandanten regelmäßig mindestens transportverschlüsselt stattfindet. Sofern ganz ausnahmsweise nicht einmal eine Transportverschlüsselung möglich ist, kann wohl auch eine Verschlüsselung mit dem Passwortschutz einer Kompressionssoftware verwendet werden, sofern die versendete E-Mail selbst – ggf. abgesehen von der E-Mail-Adresse – keine personenbezogenen Daten enthält, sondern sich diese alle in der komprimierten Datei befinden. Aber auch hier gilt es, dass nicht jede Kompressionssoftware das gleiche Schutzniveau erreicht, weshalb Rechtsanwälte auch bei dieser Methode genau prüfen sollten, welche Software sie verwenden. Auch deshalb sollte diese Methode nur ganz ausnahmsweise verwendet werden, da sie bei Verwendung einer Kompressionssoftware mit niedrigem Verschlüsselungsniveau dazu führt, dass die Datei von einem Dritten wiederum entschlüsselt werden kann.

83 Für erste Datensicherheitsmaßnahmen können Rechtsanwalte die vom Deutschen Anwaltsverein zur Verfügung gestellten Checkliste nutzen, die sich allerdings noch weitgehend an der Anlage zu § 9 BDSG aF orientiert.[157]

III. Bewerbungsverfahren

84 Unabhängig davon, dass das gesamte Bewerbungsverfahren den Anforderungen des Art. 32 genügen muss, sollten nach Ansicht der Aufsichtsbehörden Bewerbungsunterlagen insbesondere auch gegen den Zugriff unbefugter Mitarbeiter sowie sonstiger unbefugter Dritter gesichert werden.[158]

IV. E-Mail- und Website-Verschlüsselung

85 Umstritten ist auch, abgesehen von den Tätigkeitsfeldern der Berufsgeheimnisträger, ob und wenn ja, inwieweit E-Mails regelmäßig zu verschlüsseln sind. Nach Ansicht der Aufsichtsbehörden bedarf es im Fall des Empfangs und/oder Versands personenbezogener Daten, deren Bruch der Vertraulichkeit und/oder Integrität zu einem normalen Risiko führen würde, mindestens einer Transportverschlüsselung.[159] Führt der Bruch der Vertraulichkeit und/oder Integrität zu einem hohen Risiko, so soll nach Ansicht der Aufsichtsbehörden überdies eine Inhaltsverschlüsselung (zB mittels S/MIME oder PGP) erforderlich sein.[160] Zudem soll den Verantwortlichen gemäß der Ansicht der Aufsichtsbehörden eine Prüfpflicht bei der Auswahl und Inanspruchnahme der E-Mail-Dienstleister dahingehend treffen, dass

---

155 AA BeckOK BORA/*Römermann/Praß,* § 2 Rn. 44 mwN.

156 *Gastmeyer,* AnwBl Online 2019, 557 (558).

157 *Härting,* AnwBl Online 2018, 194.

158 *ULD S-H,* 37. Tätigkeitsbericht 2019, 5.4.11.

159 *DSK,* Orientierungshilfe Maßnahmen zum Schutz personenbezogener Daten bei der Übermittlung per E-Mail, 4.1.1 und 4.2.1.

160 S. *DSK,* Orientierungshilfe Maßnahmen zum Schutz personenbezogener Daten bei der Übermittlung per E-Mail, 4.1.2 und 4.2.2.

dieser die vorgenannten Anforderungen auch sicherstellen kann.[161] Der Verantwortliche soll dabei nicht nur seine eigene Verschlüsselungsmöglichkeit sicherstellen, sondern auch die seines beabsichtigten Kommunikationspartners überprüfen. Eine Ausnahme liegt dagegen vor, wenn es zu einem unbeabsichtigten E-Mail-Versand oder -Empfang kommt. In vorstehendem Fall scheinen die vorstehenden Anforderungen nicht zwingend einzuhalten zu sein. Die erste zu diesem Thema bekannt gewordene Entscheidung scheint die Ansicht der Aufsichtsbehörden insoweit zu unterstützen, als dass regelmäßig ein Verschlüsselungsgebot zumindest beim Versand von E-Mails existiert, bei deren Bruch der Vertraulichkeit und/oder Integrität ein hohes Risiko besteht.[162] Für eine Verschlüsselungspflicht und gegen den Versand unverschlüsselter E-Mails spricht auch, dass Behörden inzwischen teils ausdrücklich eine gesicherte Kommunikation beim Kontakt mit Bürgern festschreiben.[163]

Auch bei der Kommunikation mit einer Website ist nach Ansicht der Aufsichtsbehörden eine Transportverschlüsselung erforderlich.[164] Welche Verschlüsselungsversion (zB TLS Version 1.2 oder 1.3) dabei erforderlich ist, richtet sich vor allem nach dem Stand der Technik. **86**

V. Registrierung von E-Mail-Accounts

Betroffene registrieren sich heute in unterschiedlichsten Situationen insbesondere unter Angabe einer E-Mail-Adresse. Dabei können sich Verantwortliche nie vollkommen sicher sein, ob hinter der E-Mail-Adresse, die zB in einem Registrierungsformular eingegeben wurde auch tatsächlich der Inhaber der E-Mail-Adresse steht. Aus diesem Grund nutzen Verantwortliche häufig das sog. Double Opt-In-Verfahren, bei welchem an die angegebene E-Mail-Adresse eine Bestätigungs-E-Mail gesendet wird und in der sich häufig ein Bestätigungslink befindet, der zum Nachweis der Inhaberschaft des angegebenen E-Mail-Kontos angeklickt werden muss. Nach Ansicht der österreichischen Aufsichtsbehörde kann das Unterlassen der Einrichtung eines Double Opt-In-Verfahrens ein Verstoß gegen Art. 5, 6 und 32 darstellen, zumindest wenn aus der fehlenden Verifikation der E-Mail-Adresse ein Missbrauch der Daten folgt.[165] Auch wenn die Bejahung eines Verstoßes gegen Art. 32 hier durchaus diskutabel ist, ist es bereits aus Nachweisgründen empfehlenswert in entsprechenden Situationen ein Double Opt-In-Verfahren einzuführen.[166] **87**

---

[161] S. *DSK,* Orientierungshilfe Maßnahmen zum Schutz personenbezogener Daten bei der Übermittlung per E-Mail, 3.

[162] *AG Bochum,* Beschl. v. 11.3.2019 – 65 C 485/18, BeckRS 2019, 14869 Rn. 4, wonach eine Bestellungsurkunde implizit nur „normale" personenbezogene Daten iSv Art. 4 Nr. 1 und keine Gesundheitsdaten iSv Art. 4 Nr. 15; 9 Abs. 1 enthält. Gleichwohl handelt es sich bei der Bestellungsurkunde nach hier vertretener Ansicht zumindest um sensiblere personenbezogene Daten.

[163] Ziff. 6.5 BW VwV IT-Standards (Az.: 5-0272.1/34).

[164] *BayLDA,* 8. Tätigkeitsbericht 2017/2018, 4.3; UDZ Saarland, 27. Tätigkeitsbericht 2017/2018, 12.5.

[165] *Österreichische Datenschutzbehörde,* Bescheid v. 9.10.2019 – DSB-D130.073/0008-DSB/2019, S. 7 ff.

[166] *Peltzer/Selz,* Ping 2020, 114, 116.

D. Sanktionen und Rechtsschutz

I. Bußgelder

88 Verstößt ein Normadressat gegen die Pflichten aus Art. 32, so kann die Aufsichtsbehörde gemäß Art. 83 Abs. 4 lit. a ein Bußgeld iHv bis zu 10 Mio. EUR verhängen oder im Fall eines Unternehmens von bis zu 2 Prozent seines gesamten weltweit erzielten Jahresumsatzes des vorangegangenen Geschäftsjahrs verhängt, je nachdem, welcher der Beträge höher ist. Da Art. 32 eine Konkretisierung von Art. 5 Abs. 1 lit. f darstellt, wird diskutiert, ob die regelmäßig gleichzeitig vorliegende Verletzung von Art. 5 Abs. 1 lit. f und 32 dazu führt, dass der Bußgeldrahmen für Verstöße gemäß Art. 83 Abs. 5 lit. a zu einem Bußgeldrahmen von 20 Mio. EUR führt oder im Fall eines Unternehmens von bis zu 4 Prozent seines gesamten weltweit erzielten Jahresumsatzes des vorangegangenen Geschäftsjahrs verhängt, je nachdem, welcher der Beträge höher ist.[167] Dagegen spricht die Miterfassung des Art. 32 in Art. 83 Abs. 4 lit. a, dessen voller Bußgeldrahmen ohnehin nur in wenigen schwerwiegenden Fällen ausgeschöpft sein wird. Gleichwohl ist es denkbar, dass der Normadressat systematische Verstöße begeht, indem er es zB unterlässt, ein Verfahren zur regelmäßigen Überprüfung, Bewertung und Evaluierung der Wirksamkeit der technischen und organisatorischen Maßnahmen zu implementieren.[168] Für die Annahme eines gleichzeitigen Verstoßes gegen Art. 5 Abs. 1 lit. f und 32 und der Eröffnung des insoweit höheren Bußgeldrahmens nach Abs. 5 lit. a bedarf es allerdings eines Nachweises der fundamentalen Verletzung der Integrität und Vertraulichkeit. Art. 83 Abs. 5 lit. a ist daher eher eng auszulegen.[169] Damit auch Art. 5 Abs. 1 lit. f verletzt ist, ist es also nach hier vertretener Ansicht erforderlich, dass der Normadressat hinsichtlich der Datensicherheit schlichtweg gar keine Vorkehrungen getroffen hat. Selbst geringfügige Bemühungen werden daher regelmäßig zu einer Anwendung des Bußgeldrahmens nach Art. 83 Abs. 4 lit. a führen. Eine pauschale Miterwähnung der Norm kann regelmäßig also nicht für Erhöhung des Bußgeldrahmens ausreichend sein.

89 Bei der Bemessung der Höhe der Geldbuße sind zudem gemäß Art. 83 Abs. 2 lit. d ausdrücklich auch die nach Art. 25 und 32 getroffenen technischen und organisatorischen Maßnahmen zu berücksichtigen. Die Bedeutung von Art. 32 und den konkret getroffenen Maßnahmen sollte daher nicht unterschätzt werden.

90 Neben der Verhängung eines Bußgeldes kommen als Sanktionsmittel für Verstöße gegen Art. 32 bspw. auch die Anweisung der Aufsichtsbehörde gemäß Art. 58 Abs. 2 lit. d oder der Widerruf einer Zertifizierung nach Art. 58 Abs. 2 lit. h in Betracht.[170] Überdies stehen der Aufsichtsbehörde nach Art. 58 Abs. 1 auch umfassende Untersuchungsbefugnisse zu, um die Einhaltung von Art. 32 sicherzustellen.

91 Seit Geltungsbeginn der DS-GVO wurden wegen Verletzung des Art. 32 europaweit bereits mehrere Bußgelder im (teils zweistelligen) Millionenbereich verhängt. Normadressaten sollten zwar zunächst prüfen, welche spezifischen Anforderungen die für sie zuständige Aufsichtsbehörde hinsichtlich Art. 32 fordert.

---

[167] Schuster/Grützmacher IT-Recht/*Freund*, Rn. 68.

[168] So zB *UODO*, Bescheid v. 17.12.2020 – DKN. 5130.1354.2020, Leitsatz 1.

[169] Gola/*Gola*, Art. 83, Rn. 26; Schwartmann/Jaspers/Thüsing/Kugelmann/*Schwartmann/Jacquemain*, Art. 83 Rn. 113.

[170] Umfassend Schwartmann/Jaspers/Thüsing/Kugelmann/*Ritter*, Rn. 119 ff.

Gleichwohl empfiehlt es sich vor allem im Fall größerer Unternehmen auch die schwereren Bußgelder anderer Aufsichtsbehörden auf konkret ableitbare Datensicherheitsmaßnahmen zu prüfen. Ein einheitliches, europaweites Bußgeldkonzept des EDSA existiert bisher noch nicht. Das von der DSK erlassene Bußgeldkonzept[171] zur Vereinheitlichung der Bebußung datenschutzrechtlicher Verstöße in Deutschland wurde in einer ersten gerichtlichen Entscheidung dem Grunde nach bestätigt.[172] Es ist daher davon auszugehen, dass dieses Konzept in Zukunft zu einer Verschärfung der Bußgelder (auch) wegen Verstößen gegen Art. 32 führen wird. Daneben sollte in Streitfällen ggf. auch das Bußgeldkonzept der dänischen Aufsichtsbehörde vergleichend berücksichtigt werden.[173]

II. Ansprüche Betroffener

Neben aufsichtsbehördlichen Reaktionen sind gegen die vom Normadressaten **92** gemäß Art. 32 getroffene Maßnahmen auch Klagen der Betroffenen denkbar. Insbesondere könnte der Betroffene gemäß den Art. 77 ff. ein Handeln oder Unterlassen vom Verantwortlichen und/oder Auftragsverarbeiter verlangen oder die Aufsichtsbehörden für entsprechende Maßnahmen gegenüber dem Verantwortlichen und/oder Auftragsverarbeiter in Anspruch nehmen. Die bisher zu Art. 79 ergangene deutsche Rechtsprechung sieht allerdings eher keinen Anspruch des Betroffenen gegenüber dem Verantwortlichen und/oder Auftragsverarbeiter auf spezifische Datensicherheitsmaßnahmen.[174]

Für die Verletzung von Art. 32 sind überdies Schadensersatzansprüche des Be- **93** troffenen nach Art. 82 denkbar. Materielle und immaterielle Vermögensschäden können nach der bisherigen Rechtsprechung auf Grundlage des Art. 82 Abs. 1 allerdings nur ersetzt werden, wenn die betroffene Person einen Schadenseintritt schlüssig und objektiv darlegen kann.[175]

E. Verhältnis zu anderen Normen

I. BDSG

Der deutsche Gesetzgeber hat mit § 22 Abs. 2 S. 2 BDSG eine Datensicherheits- **94** regelung geschaffen, die vor allem im Kontext der Verarbeitung besonderer Kategorien personenbezogener Daten gemäß Art. 9 Abs. 1 zur Anwendung kommt und die an Abs. 1 anknüpft.[176] Daher kann hinsichtlich der dort verwendeten wortgleichen Tatbestandsmerkmale auf die Ausführungen zu Art. 32 verwiesen wer-

---

171 *DSK,* Konzept der unabhängigen Datenschutzaufsichtsbehörden des Bundes und der Länder zur Bußgeldzumessung in Verfahren gegen Unternehmen.

172 *LG Bonn,* Urt. v. 11.11.2020 – 29 OWi 1/20, BeckRS 2020, 35663 Rn. 19 ff.; aA *LG Berlin,* Beschl. v. 18.2.2021 – (526 OWi LG) 212 Js-OWi 1/20 (1/20), BeckRS 2021, 2985 Rn. 10 ff., das eine Zurechnung zum Handeln der Organmitglieder oder der Repräsentanten verlangt.

173 *Datatilsynet,* Bødevejledning, Udmåling af bøder til virksomheder (bisher nur auf Dänisch verfügbar); dazu: *Vogt,* DSB 2021, 142.

174 *Piltz/Zwerschke,* GRUR-Prax 2021, 11 (12) mwN.

175 *Piltz/Zwerschke,* GRUR-Prax 2021, 11, 12 f. mwN; LG Frankfurt am Main, GRUR-RS 2020, 24557 Rn. 45.

176 *LAG Düsseldorf,* Urt. v. 11.3.2020 – 12 Sa 186/19, NZA-RR 2020, 348 Rn. 79.

den.[177] Hinsichtlich des konkreten Anwendungsbereichs von § 22 Abs. 2 BDSG besteht im Verhältnis zu Art. 9 Abs. 2 Unsicherheit.[178] Gleichwohl bedeutet dies keine ausschließliche Anwendung von § 22 Abs. 2 BDSG nur im Rahmen von Art. 9. Vielmehr können die in § 22 Abs. 2 S. 2 Hs. 2 BDSG normierten technischen und organisatorischen Maßnahmen gleichsam als unterstützende Blaupausen hinsichtlich der Verarbeitung personenbezogener Daten gemäß Art. 4 Nr. 1, 2 und 6 dienen. Allerdings sind wie auch im Fall von Art. 32 die in § 22 Abs. 2 S. 2 BDSG aufgezählten Maßnahmen nicht als umfassend, sondern beispielhaft zu verstehen.[179] Art. 32 geht allerdings bereits aufgrund des unionsrechtlichen Anwendungsvorrangs und dem insoweit korrespondierenden § 1 Abs. 5 BDSG vor, sodass mitgliedstaatliche datensicherheitsrechtliche Vorschriften insoweit zurückstehen. Friktionen sollten bereits aufgrund des weitgehend deckungsgleichen Wortlauts nicht zu befürchten stehen.

95 § 64 BDSG, der ebenfalls Datensicherheitsmaßnahmen vorsieht, stellt eine eigenständige Regelung und Umsetzung des Art. 29 JI-RL dar. Gemäß § 45 S. 1 BDSG kommt § 64 BDSG also zur Anwendung, wenn öffentliche Stellen personenbezogene Daten zur Verhütung, Ermittlung, Aufdeckung, Verfolgung oder Ahndung von Straftaten oder Ordnungswidrigkeiten verarbeiten. Erfolgt die Verarbeitung nicht zu den vorstehenden Zwecken, ist ein Rückgriff auf Art. 32 möglich. § 64 BDSG ist in seiner Konzeption vorwiegend eine Symbiose aus den Vorgaben von Abs. 1 sowie der Anlage zu § 9 BDSG aF, weshalb hinsichtlich der mit Art. 32 deckungsgleichen Termini auf die vorstehenden Ausführungen verwiesen werden kann.

II. DS-GVO

96 Verschiedene Normen der DS-GVO referenzieren auf Art. 32, wie zB Art. 28 Abs. 3 S. 2 lit. c und f; Art. 30 Abs. 1 lit. g und Abs. 2 lit. d oder Art. 40 Abs. 2 lit. h. Da Art. 32 die zentrale Norm der Datensicherheit in Bezug auf personenbezogene Daten darstellt, ergeben sich innerhalb der DS-GVO keine Fragen des Anwendungsvorrangs. Zum Verhältnis zwischen Art. 32 und Art. 24 und 25 siehe die Kommentierung zu Art. 32.

III. TTDSG

97 Mit § 19 Abs. 4 TTDSG existiert auch im TTDSG eine Regelung zur Datensicherheit. Erneute Relevanz erhielt diese Norm mit der Streitfrage, ob die §§ 11 ff. TMG aF auch nach Geltungsbeginn der DS-GVO noch anwendbar sind.[180] Der BGH entschied zwar, dass § 15 Abs. 3 TMG aF auch nach Geltungsbeginn der DS-GVO anwendbar bleibt.[181] Mangels umfassender Klärung durch den BGH ist daher weiterhin offen, ob auch die restlichen Vorschriften der §§ 11 ff. TMG aF nach Geltungsbeginn der DS-GVO anwendbar bleiben. Zutreffend wird vertreten,

---

[177] Auernhammer/*Kramer/Oberbeck*, BDSG § 22 Rn. 43.

[178] Däubler/Wedde/Weichert/Sommer/*Wedde*, BDSG § 22 Rn. 23.

[179] Taeger/Gabel/*Rose*, BDSG § 22 Rn 44.

[180] Instruktiv: *Jandt*, ZD 2018, 405; dagegen: *DSK*, Zur Anwendbarkeit des TMG für nichtöffentliche Stellen ab dem 25.5.2018, S. 1 ff.

[181] *BGH*, Urt. v. 28.5.2020 – I ZR 7/16, NJW 2020, 2540 Rn. 60 ff.

dass § 19 Abs. 4 TTDSG eine datenschutzrechtliche Norm sei und mit dem Geltungsbeginn der DS-GVO durch Art. 32 verdrängt wurde.[182]

IV. TKG

Neben den datenschutzrechtlichen Vorschriften im Telekommunikationsbereich 98
in den §§ 3ff. TTDSG („Teil 2 Datenschutz und Schutz der Privatsphäre in der Telekommunikation") finden sich auch mit den §§ 165ff. TKG Regelungen zum technischen Schutz personenbezogener Daten und der Meldung entsprechender Schutzverletzungen an die Bundesnetzagentur und den BfDI im TKG.[183] Allerdings ist das Verhältnis der Normen zu Art. 32 noch nicht umfassend geklärt. Während weitgehend Einigkeit besteht, dass § 109a Abs. 1 und 4 TKG aF (nunmehr § 169 TKG) eine Umsetzung von Art. 4 Abs. 3 und 4 ePrivacy-RL darstellt und damit weiterhin vorrangig gegenüber den Regelungen der DS-GVO anwendbar ist,[184] besteht Uneinigkeit über das Verhältnis von § 165 TKG zu Art. 32. Die Ansichten reichen von einer nahezu vollständigen Anwendbarkeit von § 165 TKG und nur ergänzender Anwendung von Art. 32 im Verhältnis zu § 165 Abs. 1 und 3 TKG hinsichtlich nicht-öffentlich zugänglicher Telekommunikationsdienste[185] bis zu einer Verdrängung des § 165 TKG durch die DS-GVO, abgesehen von § 165 Abs. 1 S. 1 TKG.[186] Zutreffend wird vertreten, dass Art. 32 zumindest ergänzend neben § 165 TKG anwendbar ist.[187] Siehe im Übrigen die Ausführungen unter § 165 TKG.

V. BSIG

Insbesondere in den §§ 8a ff. BSIG existieren Vorschriften, die dem Wortlaut 99
nach starke Ähnlichkeiten zu Art. 32 aufweisen. Gleichwohl bezweckt das BSIG und die darauf basierende Kritis-Verordnung den Schutz kritischer Infrastrukturen während Art. 32 die Sicherheit personenbezogener Daten adressiert. Daher ist Art. 32 neben den §§ 8a ff. BSIG anwendbar.[188] Die §§ 8a ff. BSIG stellen weitgehend eine Umsetzung des IT-Sicherheitsgesetzes sowie der europäischen NIS-Richtlinie dar. Da die NIS-Richtlinie in Art. 2 Abs. 1 bereits auf die alte Datenschutz-RL verweist, spricht auch dies für ein Nebeneinander des Nachfolgers der

---

[182] Zur alten Rechtslage: Hornung/Schallbruch IT-SicherheitsR/*Spindler,* § 10 Rn. 42 mwN; *OLG Hamburg,* Urt. v. 18.6.2020 – 5 U 33/19, GRUR-RR 2020, 422 Rn. 46; differenzierend: von dem Bussche/Voigt Konzerndatenschutz/*Voigt,* Teil 5. Kapitel 3. Rn. 47f.; aA *OLG Hamburg,* Urt. v. 28.11.2019 – 15 U 29/19, GRUR-RS 2019, 39901 Rn. 60; wohl: Auernhammer/*Schreibauer,* TMG § 13 Rn. 65 mwN.

[183] Umfassend zur alten Rechtslage: *Kiparski/Sassenberg,* CR 2018, 324.

[184] Zur alten Rechtslage: Hornung/Schallbruch IT-SicherheitsR/*Spindler,* § 10 Rn. 47; Auer-Reinsdorff/Conrad IT-R-HdB/*Eckhardt,* § 33 Rn. 304.

[185] Zur alten Rechtslage: Auernhammer/*Heun,* TKG § 109 Rn. 3; in diese Richtung wohl auch *VK Berlin,* Beschl. v. 24.9.2020 – VK – B 1 – 10/19, BeckRS 2020, 28026 Rn. 59.

[186] Zur alten Rechtslage: Auer-Reinsdorff/Conrad IT-R-HdB/*Eckhardt,* § 33 Rn. 304.

[187] Zur alten Rechtslage: Scheurle/Mayen/*Schommertz/Gerhardus,* § 109 Rn. 9; wohl auch: Wybitul DS-GVO/*Schreibauer/Spittka,* Rn. 27ff.; zur alten Rechtslage: Geppert/Schütz/*Eckhardt,* TKG § 109 Rn. 9; Fetzer/Scherer/Graulich/*Graulich,* TKG § 109 Rn. 17.

[188] von dem Bussche/Voigt Konzerndatenschutz/*Voigt,* Teil 5. Kapitel 3. Rn. 38; wohl: Forgó/Helfrich/Schneider Betr. Datenschutz-HdB/*Schneider/Forgó/Helfrich,* Teil XII. Kap. 4 Rn. 10; aA Schantz/Wolff Neues DatenschutzR/*Schantz/Wolff,* E. Rn. 844.

Datenschutz-RL in Art. 32 und den §§ 8a ff. BSIG.[189] Siehe im Übrigen die Ausführungen unter §§ 8a ff. BSIG.

VI. BORA

100 § 2 BORA enthält in Abs. 2 ebenfalls eine Regelung, die den Adressaten zur Ergreifung organisatorischer und technischer Maßnahmen verpflichtet. Art. 32 und Berufsrecht stehen hier bereits kraft des Wortlauts von § 2 Abs. 2 S. 2 BORA nebeneinander. Siehe im Übrigen die Ausführungen unter → Rn. 80ff.

VII. Cyber Security Act

101 Grundlegendes Ziel des Cyber Security Act ist insbesondere gemäß Art. 1 Abs. 1 S. 1 ein hohes Niveau in der Cybersicherheit, bei der Fähigkeit zur Abwehr gegen Cyberangriffe und beim Vertrauen in die Cybersicherheit zu erreichen. Diese Ziele werden gemäß Art. 5ff. Cyber Security Act der ENISA zugewiesen, der insoweit eine umfassende Koordinierungs-, Unterstützungs- und Beratungsfunktion zukommt. Ausdruck dieser Unterstützungsfunktion ist u.a. auch gemäß Art. 5 Nr. 5 lit. c Cyber Security Act die Unterstützung der Mitgliedstaaten durch die ENISA bei der Umsetzung bestimmter auf die Cybersicherheit bezogener Aspekte der Politik und des Rechts der Union im Bereich des Datenschutzes und des Schutzes der Privatsphäre, was – auf Ersuchen des EDSA – dessen Beratung mit einschließt. Denkbar ist also, dass die ENISA für den EDSA technische Empfehlungen insbesondere in Bezug auf die Konkretisierung von Art. 32 ausarbeitet, die dann im Rahmen der Anwendung von Art. 32 zu berücksichtigen sind. Dies spricht dafür, dass der Cyber Security Act und Art. 32 nebeneinander stehen.[190] Dafür spricht auch, dass laut ErwG 15 S. 5 Cyber Security Act ausdrücklich auch die DS-GVO zu einem hohen Maß an Cybersicherheit im digitalen Binnenmarkt beiträgt. Die Formulierung „auch" stärkt die Sichtweise, dass es sich um ein Nebeneinander der Normen handelt. Schließlich spricht ErwG 74 Cyber Security Act dafür, der besagt, dass Zertifizierungen nach der DS-GVO vom Cyber Security Act unberührt bleiben.

102 Friktionen hinsichtlich der Anwendung stehen zwischen den Normen ohnehin kaum zu befürchten, da sich der Cyber Security Act maßgeblich auf Cybersicherheitszertifizierungen und die Aufgaben der ENISA als Behörde bezieht, während Art. 32 konkret Schutzmaßnahmen bezüglich personenbezogener Daten fordert.

---

189 Wybitul DS-GVO/*Schreibauer/Spittka,* Rn. 27ff.

190 AA Paal/Pauly/*Martini,* Rn. 17c.

Stichwortverzeichnis

Fettgedruckte Zahlen = Paragraphen bzw. Artikel, magere Zahlen = Randnummern

Stichwortverzeichnis

Stichwortverzeichnis

Stichwortverzeichnis